Canada

guide de voyage

Mark Lightbody
Tom Smallman

Canada – guide de voyage

5e édition

Traduite de l'ouvrage *Canada – a travel survival kit* (5th edition)

Publié par

Lonely Planet Publications
71*bis*, rue du Cardinal Lemoine, 75005 Paris, France
Siège social : PO Box 617, Hawthorn, Victoria 3122, Australie
Filiales : Oakland (Californie), États-Unis – Londres, Grande-Bretagne

Imprimé par

Colorcraft Ltd, Hong Kong

Photographies de

Mark Lightbody (ML) Tom Smallman (TS) Richard Everist (RE)
Deanna Swaney (DS) Michael Abraham (MA) Province de la Colombie-Britannique (PCB)
Colleen Kennedy (CK)) James Lyon (JL)

Photo de couverture : lac Peyto, le long du Columbia Icefields Parkway, parc national de Jasper, Wally Hampton, Scoopix Photo Library
Photo de 4e de couverture : totem (PCB)
Page de titre : silo à grains, Saskatchewan (DS)

1ère édition en anglais

Mars 1983

Traduction de

Anne Dechanet, Élisabeth Kern, Christine Rimoldy

Dépôt légal

Avril 1995

ISBN : 2-84070-021-2
ISSN : 1242-9244

Mark Lightbody

Mark est né et a grandi à Montréal. Il a fait ses études dans cette ville mais aussi dans l'Ontario et à Londres. Titulaire d'une licence de journalisme, il a été, entre autres métiers, présentateur d'un journal radio. Mark a voyagé dans quelques 50 pays, couvrant ainsi tous les continents excepté l'Antarctique. C'est à l'âge de quatre ans qu'il a effectué son premier raid au Canada. Depuis lors, il y est revenu à maintes reprises, se déplaçant en avion, en train, en voiture ou en auto-stop. Outre ce guide sur le Canada, Mark a rédigé seul ou en partie d'autres ouvrages pour Lonely Planet : Papua New Guinea, Australia, Malaysia, Singapore & Brunei et South-East Asia on a shoestring. Il vit aujourd'hui à Toronto.

Tom Smallman

Tom est né au Royaume-Uni où il a fait ses études. Il a exercé de nombreux métiers dont plongeur, ouvrier, assistant de bloc opératoire, professeur de lycée... Tom a voyagé en Europe, en Amérique du Nord, au Moyen-Orient et en Asie. En 1988, il a rejoint l'équipe de Lonely Planet en tant que rédacteur. Il vit à Melbourne (Australie).

Un mot des auteurs

Un mot de Marc. Il est flatteur de constater qu'un livre en est à sa cinquième édition et qu'il résiste à l'épreuve du temps ainsi qu'à l'œil critique des vrais voyageurs. Mais cette satisfaction s'accompagne du défi toujours renouvelé de s'améliorer, en distillant et en concentrant davantage l'information. Cette quête me conduit systématiquement à rechercher la faille, le point essentiel que j'ai peut-être oublié. Même si j'accepte désormais de croire que très peu d'informations ont été omises, je suis convaincu que plus on parcourt le Canada, moins on a la sensation d'en avoir fait le tour.

Pour réaliser cette édition, Tom Smallman et moi-même avons couvert une très grande partie du pays. Nous avons arpenté les villes et passé de nombreuses heures sur les routes en parlant aux gens autant que possible.

Je remercie tout particulièrement Colleen Kennedy pour nous avoir aidés dans nos recherches, dans la phase rédactionnelle de cet ouvrage, pour tous les conseils qu'elle nous a donnés et les innombrables coups de téléphone qu'elle a passés. Diane Carpentier nous a aussi beaucoup aidés sur le chapitre consacré à Montréal, tout comme Jill Sechley sur Ottawa. De son côté, Mary Theresa Lawlor nous a beaucoup apporté concernant la section sur le nord de l'Ontario.

Tous mes remerciements vont aussi à Bill Butler de l'office du tourisme de St John's et à Nina Chung de l'Association des auberges de jeunesse du Canada (Youth Hostelling) à Ottawa.

Merci également à Michael Abraham pour son hospitalité et ses conseils, ainsi qu'à ma mère et à mon père pour avoir répondu à tant de questions.

Je remercie chaleureusement ceux qui nous ont écrit ; beaucoup pourront constater que les informations qu'ils nous ont données nous ont non seulement intéressés, mais également aidés.

Un mot de Tom. Tom souhaite remercier les personnes suivantes pour leur coopération et la diligence avec laquelle elles lui ont fourni autant d'informations utiles : Julie Matson du consulat canadien de Sydney, Tony Bulman de l'office du tourisme d'Alberta, Maya Araki de l'office du tourisme de Victoria, Andres Arabski du centre d'informations aux voyageurs (Visitor Information Centre) des Territoires du Nord-Ouest au 60e parallèle, le personnel du centre de réception des voyageurs (Visitor Reception Centre) à Watson Lake, Carolyn Thompson de l'office du tourisme du Yukon, Sue de la société de conservation du Yukon (Yukon Conservation Society), l'office du tourisme de Victoria (Tourism BC de Victoria) et l'Association des auberges de jeunesse du Canada à Vancouver.

Remerciements particuliers à : Bert Noble ainsi qu'à Gwen Going pour m'avoir accueilli et avoir fait un petit bout du voyage avec moi ; David, Robyn et Carly Edwards pour m'avoir hébergé une nuit ; Joy, Bill et les autres membres du clan Derry ; Lindy Mark pour avoir contribué de manière si efficace à l'organisation générale ; Heather Noble ; la famille Gowan-McKenna et enfin, merci à Sue Graefe pour sa patience et son soutien.

A propos de l'ouvrage

Les trois premières éditions de cet ouvrage ont été réalisées puis mises à jour par Mark Lightbody. La quatrième et la cinquième, celle-ci, sont l'œuvre de Mark Lightbody et de Tom Smallman.

Un mot de l'éditeur

Philippe Maître a créé la maquette et effectué la mise en page de cet ouvrage. Isabelle Muller en a assuré la coordination éditoriale.

Nous remercions Esther Baumann, Catherine Roussel-Marembert, Yolaine de Montliveau et Christophe Corbel pour leur collaboration au texte. Merci également à l'office du tourisme d'Edmonton (Alberta), à Wendy Bond de la société de diffusion Raincost à Vancouver pour toutes les bonnes adresses transmises et à Erik et Matthieu Bagge pour leur aide précieuse. Enfin, un grand merci à Janine Bouvet et à Martine Wilkes pour leur recherches sur les communautés indiennes.

Les cartes sont l'œuvre de Richard Stewart, Adam McCrow, Michelle Stamp et Indra Kilfoy. Leur conversion en français est due à Jane Hart. Richard Stewart, Tamsin Wilson, Rose Keevins et Tracey O'Mara ont réalisé les illustrations de cette édition.

Merci à Diana Saad, Adrienne Costenzo et Graham Imeson pour leur constante collaboration avec le bureau français.

Remerciements

Le volume de lettres que nous recevons est considérable et la valeur des informations délivrées est inestimable. Tous récits d'anecdoctes ou d'expériences sont également les bienvenus (les noms des lecteurs que nous remercions se trouvent page 979).

Attention !

Comme dans bien d'autres pays, au Canada les prix augmentent, les horaires changent, les bonnes adresses se déprécient et les mauvaises font faillite. Si vous découvrez des endroits, ouverts récemment ou fermés depuis peu, écrivez-nous. Vos lettres seront utilisées pour mettre à jour les prochaines éditions et, dans la mesure du possible, les changements importants seront insérés dans un encart spécial lors des réimpressions.

Toute information est la bienvenue. Les auteurs des meilleures lettres se verront offrir un exemplaire de la prochaine édition, ou de tout autre titre Lonely Planet de leur choix. En effet, nous offrons de nombreux guides mais, malheureusement, nous ne pouvons pas en envoyer à tous ceux qui nous écrivent.

Table des matières

MANITOBA

SASKATCHEWAN

ALBERTA 711

COLOMBIE-BRITANNIQUE 791

YUKON ET TERRITOIRES DU NORD-OUEST 915

GLOSSAIRE 960

LEXIQUE FRANCO-QUÉBÉCOIS 963

INDEX 964

Légendes des cartes

LIMITES ET FRONTIÈRES

- Limites internationales
- Limites provinciales

ROUTES

- Transcanadienne
- Autoroute
- Route nationale
- Route principale
- Route sans revêtement ou piste
- Rue
- Voie de chemin de fer
- Ligne de métro
- Tramway
- Sentier pédestre
- Circuit pédestre
- Route de ferry
- Téléphérique ou télécabine

TOPOGRAPHIE

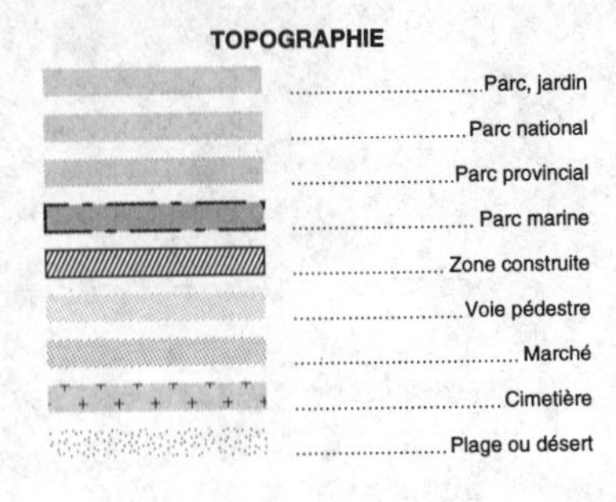

HYDROGRAPHIE

- Bande côtière
- Rivière ou ruisseau
- Rivière ou ruisseau intermittent
- Lac, lac intermittent
- Canal
- Marais

SYMBOLES

- CAPITALE ... Capitale nationale
- CAPITALE ... Capitale provinciale
- Grande ville ... Ville importante
- Grande ville ... Grande ville
- Ville ... Ville
- Village ... Village
- Hôtel, pension
- Restaurant
- Pub, bar
- Poste, téléphone
- Office du tourisme, banque
- Transport, parking
- Musée, monument
- Caravaning, camping
- Église, cathédrale
- Mosquée, temple bouddhiste
- Synagogue, temple hindou
- Hôpital, commissariat
- Aéroport, aérodrome
- Piscine, centre commercial
- Rue à sens unique, jardin
- Vignoble, aire de pique-nique
- 125 Zoo, numérotation routière
- Site archéologique ou ruines
- Location de vélos, piste de ski
- Château fort, tombeau
- Point de vue, hutte ou chalet
- Montagne ou colline, grotte
- Phare, épave
- Col, source
- Mur d'enceinte
- Rapides, chutes
- Falaise ou escarpement, tunnel
- Gare ferroviaire

Note : tous les symboles ne sont pas utilisés dans cet ouvrage

Introduction

Contrée aux paysages grandioses, le Canada est, par sa superficie, le plus grand pays au monde. En effet, il s'étend sur plus de 7 000 km, de l'océan Atlantique à la côte Pacifique. Si les étés y sont souvent chauds et humides, les hivers sont, en revanche, extrêment rigoureux. On dit que c'est la rudesse du grand Nord sauvage qui a forgé le caractère des premiers habitants et des pionniers.

Sur ce gigantesque territoire, vous pourrez passer d'un extrême à l'autre, de l'exploration des endroits encore vierges à la visite des métropoles où l'art et la culture jouent un rôle considérable.

Le Canada offre une très large palette d'activités qui vous permettront de canoter sur les eaux silencieuses d'un lac du nord, d'observer le monde depuis les remparts d'un fort français datant du XVIIe siècle ou du sommet d'un gratte-ciel, de skier au cœur des montagnes enneigées ou encore de marcher dans les plaines infinies.

Amoureux de linguistique francophone, c'est avec les chaleureux Québecois et Acadiens que vous aurez le plus de plaisir à enrichir votre vocabulaire. Les différentes cultures du Canada forment en effet une véritable mosaïque composée de populations d'origines indienne, française, anglaise mais aussi des représentants des communautés venant d'Europe de l'Est et d'Extrême-Orient.

En raison de sa jeunesse, le Canada est un pays encore à la recherche de son identité. Il ne cesse d'affirmer ses spécificités vis-à-vis de son grand voisin du sud, les États-Unis.

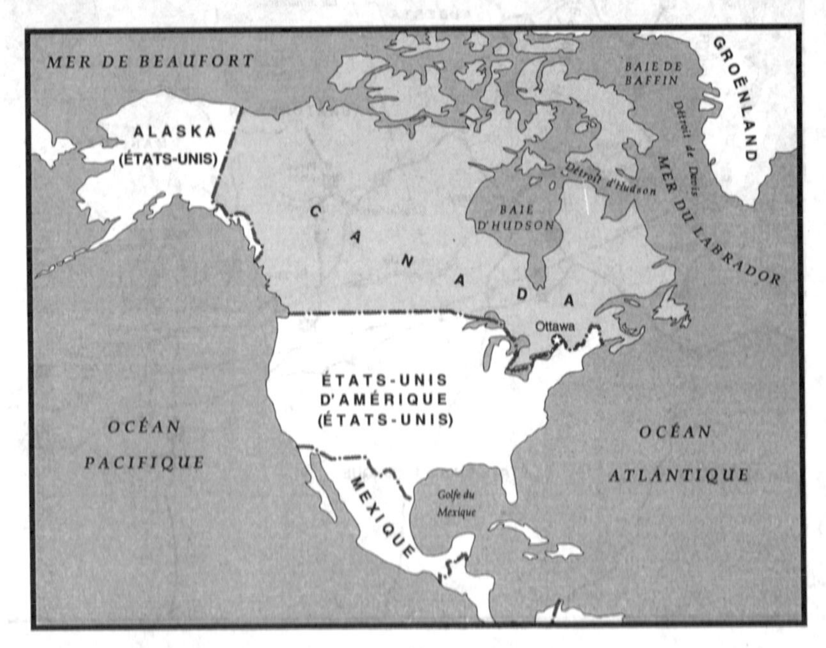

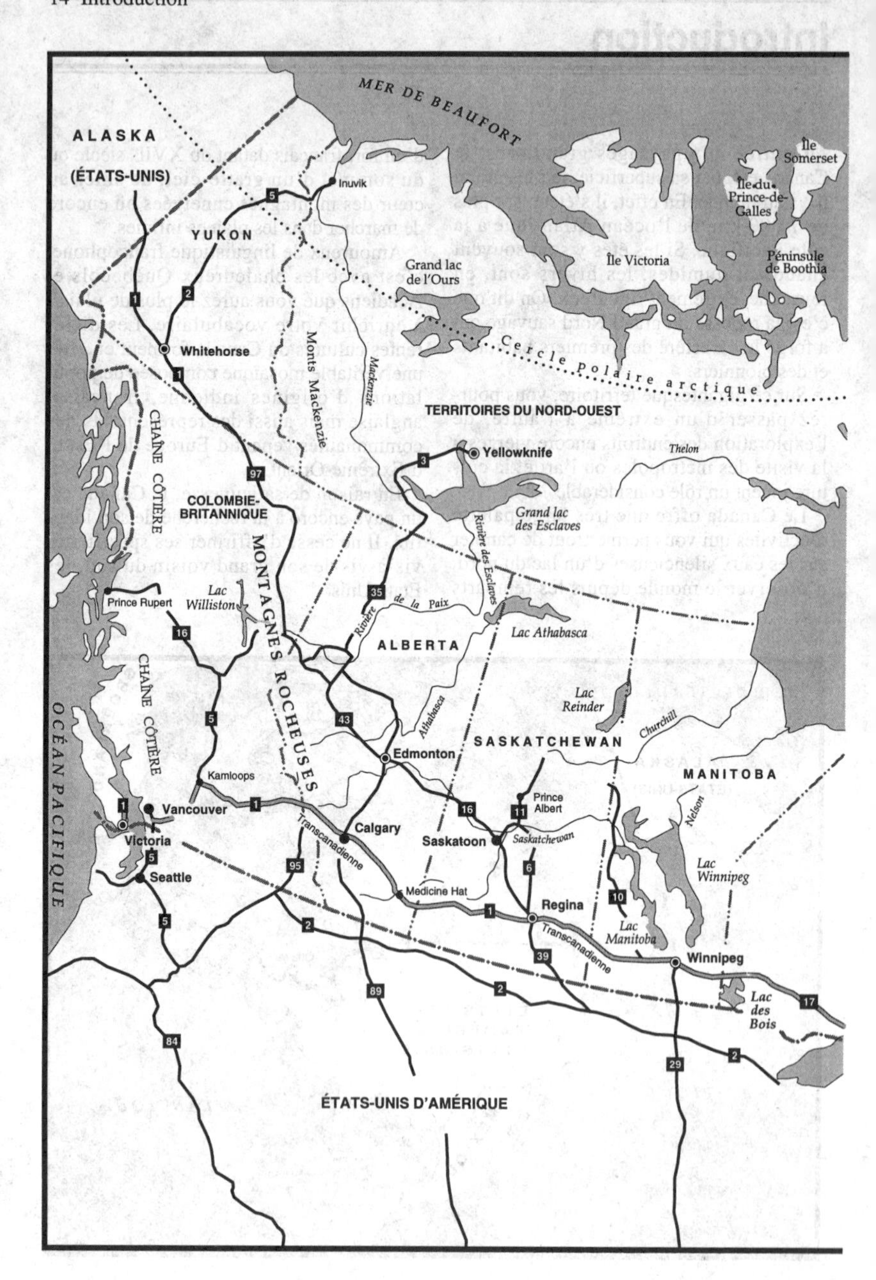
MER DE BEAUFORT
ALASKA
(ÉTATS-UNIS)
Inuvik
YUKON
Grand lac
de l'Ours
Île Victoria
Île
Somerset
Île du
Prince-de-
Galles
Péninsule
de Boothia
Whitehorse
Monts Mackenzie
Mackenzie
Cercle Polaire arctique
TERRITOIRES DU NORD-OUEST
Yellowknife
Thelon
CHAÎNE CÔTIÈRE
COLOMBIE-
BRITANNIQUE
MONTAGNES ROCHEUSES
Grand lac
des Esclaves
Rivière des Esclaves
Prince Rupert
Lac
Williston
Rivière de la Paix
ALBERTA
Lac Athabasca
Lac
Reinder
Athabasca
Churchill
SASKATCHEWAN
Edmonton
MANITOBA
OCÉAN PACIFIQUE
Kamloops
Vancouver
Victoria
Seattle
Calgary
Transcanadienne
Prince
Albert
Saskatoon
Saskatchewan
Nelson
Lac
Winnipeg
Medicine Hat
Regina
Lac
Manitoba
Winnipeg
Lac
des
Bois
ÉTATS-UNIS D'AMÉRIQUE
5
1
2
97
3
35
16
5
43
1
1
16
11
6
10
95
5
2
1
39
89
2
84
29
2
17

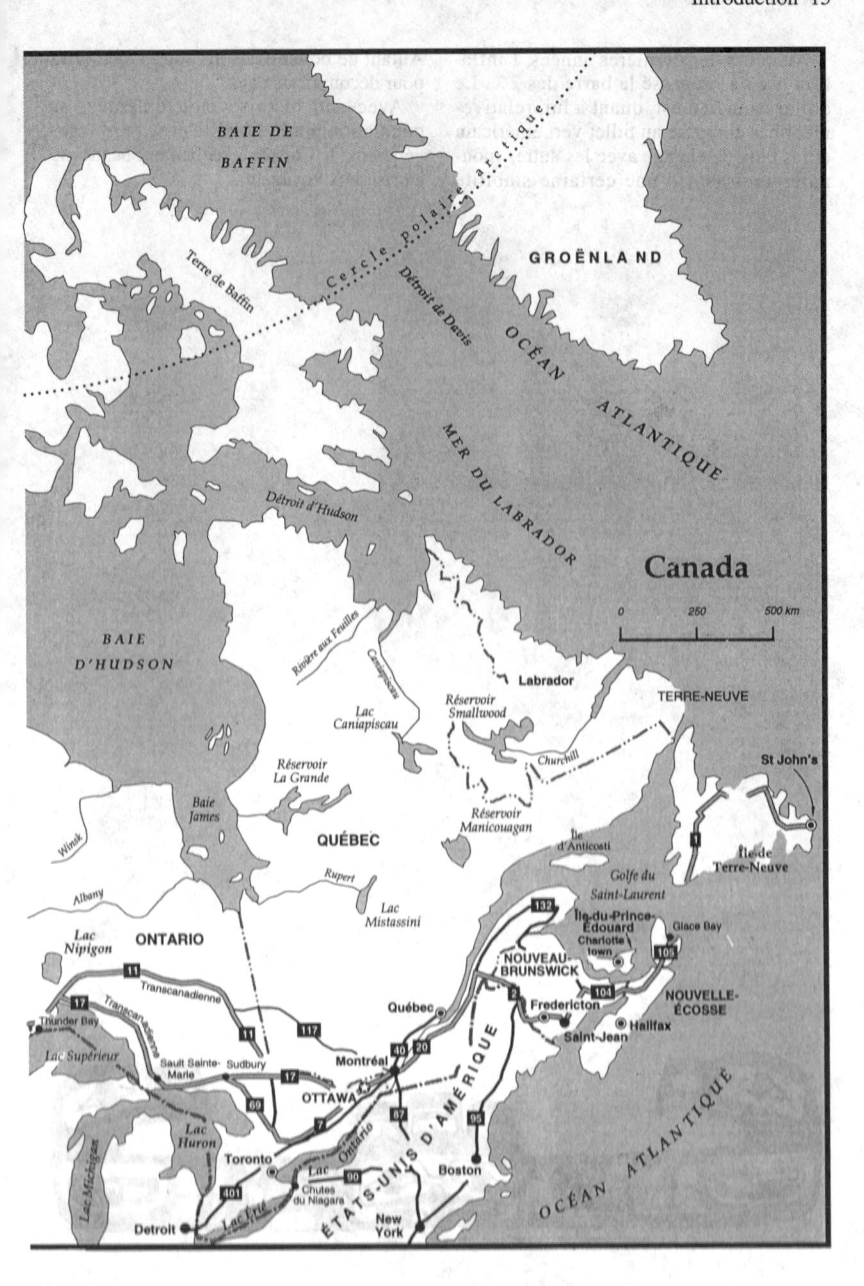
BAIE DE
BAFFIN
Cercle polaire arctique
Terre de Baffin
GROËNLAND
Détroit de Davis
OCÉAN
ATLANTIQUE
MER DU LABRADOR
Détroit d'Hudson
Canada
0
250
500 km
BAIE
D'HUDSON
Rivière aux Feuilles
Caniapiscau
Labrador
TERRE-NEUVE
Réservoir
Smallwood
Lac
Caniapiscau
Churchill
St John's
Réservoir
La Grande
Baie
James
Réservoir
Manicouagan
Île
d'Anticosti
Winsk
QUÉBEC
Île de
Terre-Neuve
Rupert
Golfe du
Saint-Laurent
Albany
Lac
Mistassini
132
Île-du-Prince-
Édouard
Glace Bay
Lac
Nipigon
ONTARIO
Charlotte
town
105
11
NOUVEAU-
BRUNSWICK
Transcanadienne
104
NOUVELLE-
ÉCOSSE
17
Transcanadienne
2
Fredericton
Québec
Thunder Bay
11
117
Halifax
Saint-Jean
Lac Supérieur
40
20
Sault Sainte-
Marie
Sudbury
Montréal
17
ÉTATS-UNIS D'AMÉRIQUE
69
OTTAWA
87
95
Lac
Huron
7
Lac Ontario
OCÉAN ATLANTIQUE
Toronto
Boston
Lac Michigan
Chutes
du Niagara
90
401
Lac Érié
Detroit
New
York

Au cours des dernières années, l'inflation n'a pas dépassé la barre des 2%. Le dollar canadien est, quant à lui, relativement bas comparé au billet vert américain et les taux de change avec les autres monnaies jouissent d'une certaine stabilité. Autant de bonnes raisons supplémentaires pour découvrir ce pays.

Avec son histoire mouvementée, sa population pluriculturelle et ses paysages généreux, le Canada a réellement beaucoup à offrir aux voyageurs.

Présentation du pays

Avec une superficie presque égale à celle de l'Europe, le Canada est le plus vaste pays au monde. Sa population dépasse les 27 millions, avec une moyenne de 2,7 habitants au kilomètre carré et, dans les campagnes, la surface d'une propriété est généralement d'au moins 200 hectares.

Environ 90% des Canadiens résident le long des 6 379 km de la frontière sud avec les États-Unis – la plus longue frontière du globe à ne pas être surveillée. La plus agréable et la plus hospitalière, la région méridionale est notamment dotée des meilleures terres et d'un vaste réseau fluvial.

Les trois quarts de la population canadienne vivent concentrés dans les villes de cette région, et plus particulièrement à Toronto, première métropole du pays avec 2,5 millions d'habitants.
Le Canada est composé de dix provinces et de deux territoires septentrionaux. A l'est se trouvent les quatre provinces côtières, également appelées Provinces atlantiques, tandis qu'à l'ouest s'étendent trois provinces plates ou prairies.

L'Ontario et le Québec, pour leur part, constituent la zone centrale du pays.

Les provinces (d'est en ouest) regroupent : Terre-Neuve, la Nouvelle-Écosse, l'Île-du-Prince-Édouard, le Nouveau-Brunswick, le Québec, l'Ontario, le Manitoba, la Saskatchewan, l'Alberta, la Colombie-Britannique, auxquels s'ajoutent les Territoires du Nord-Ouest et le Yukon.

Le gouvernement est une monarchie constitutionnelle. La capitale canadienne, Ottawa, est située dans l'Ontario et les deux langues officielles sont le français et l'anglais. Pays jeune, le Canada est doté d'un formidable potentiel et d'une population désireuse d'affirmer son identité nationale.

HISTOIRE

Bien que relativement récente, l'histoire du Canada abonde en événements spectaculaires, tragiques, étonnants ou pittoresques. Une richesse qui a passionné autant les historiens que les écrivains, et un développement historique relativement bref permet aux visiteurs d'en saisir plus facilement les différentes étapes. Il fallut plusieurs siècles aux Européens pour découvrir, puis explorer le Canada. Particulièrement fascinants, les récits de leurs voyages, tout comme ceux des pionniers, dévoilent une part importante de l'histoire de l'humanité. Une histoire dont certains chapitres sont surtout consacrés à la rencontre des premiers colons avec les Indiens, et au commerce de four-rures ; d'autres aux affrontements entre les Anglais, les Français et les Américains.

Les Canadiens ont appris à apprécier et à admirer l'histoire de leur nation. Sites et bâtiments historiques sont dispersés sur tout le territoire et méritent une visite.

Les premiers habitants

Lorsque Christophe Colomb "découvrit" l'Amérique en 1492, il était persuadé d'aborder les côtes méridionales de la Chine, que l'on appelait vaguement "les Indes", et donna alors aux autochtones qu'il rencontra le nom d'Indiens. Ces peuples étaient venus d'Asie, par le détroit de

Béring, quelque trente mille ans plus tôt, après la grande période glaciaire. On a retrouvé le premier site à Old Crow Flats, dans le Yukon.

A l'arrivée de Christophe Colomb, les descendants de ces "Indiens" vivaient dispersés sur tout le continent américain, du Grand Nord canadien à la Terre de Feu, à la pointe sud de l'Argentine et du Chili. Les principales cultures amérindiennes – maya, aztèque et inca – se développèrent en Amérique centrale et en Amérique du Sud. Les diverses nations indiennes installées sur le territoire canadien connurent une évolution spectaculaire au cours de la préhistoire. Lorsque les Européens abordèrent les côtes canadiennes, ils découvrirent des populations dotées de langues diverses, de coutumes complexes, de croyances religieuses, de pratiques commerciales et d'un artisanat, de techniques sophistiquées, de lois et d'institutions politiques.

Au moment de la conquête, à l'aube du XVe siècle, on pouvait discerner six groupes de population disposant de leur propre langue et de leurs coutumes. Ces peuplades étaient réparties en six zones, déterminées en fonction de leur situation géographique.

Dans le Grand Nord vivaient les peuples de l'Arctique. Puis venait le groupe subarctique, dispersé sur tout le territoire, qui s'étend de Terre-Neuve à la Colombie-Britannique. Les nations des terres boisées du Nord vivaient au-dessus des Grands Lacs, le long du Saint-Laurent et dans la région devenue aujourd'hui la Nouvelle-Écosse, le Nouveau-Brunswick et l'Île-du-Prince-Édouard. Les Indiens des plaines du Nord sillonnaient les prairies qui s'étendent du lac Winnipeg aux collines des montagnes Rocheuses. La région du Plateau recouvrait les zones sud et centrale de la Colombie-Britannique. Les Indiens de la côte nord-ouest, enfin, avaient étendu leur territoire de Vancouver à l'Alaska, le long de la côte pacifique, mais aussi aux îles de la Colombie-Britannique.

La plupart de ces peuples vivaient de la chasse, de la pêche et de la cueillette. Les sociétés les plus complexes étaient implantées soit sur la côte ouest ou aux alentours de l'Ontario, dans la partie sud, la plus fertile, et dans la vallée du Saint-Laurent, à l'est. Les Indiens des terres boisées du Nord avaient développé une agriculture et un mode de vie plus ou moins sédentaire, tandis que les nations du Nord et de l'Ouest menaient une existence plus précaire. Le mode de vie des Inuits (terme qui signifie "gens") enfin, que l'on appelait autrefois les Eskimos, n'évolua guère jusque dans les années 50.

Chaque groupe rassemblait de nombreuses nations qui se subdivisaient elles-mêmes en bandes. Celles-ci se regroupaient l'hiver, mais aussi pour célébrer certaines fêtes, affronter ensemble les épreuves les plus dures, ou lorsque plusieurs membres souhaitaient se marier. Aujourd'hui, 53 langues indigènes sont encore parlées – pour la plupart composées de dialectes – alors que d'autres ont disparu. Celles qui ont subsisté sont

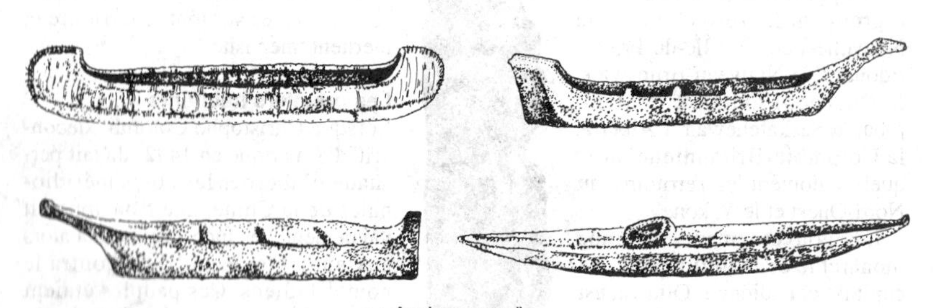

Anciens canoës

regroupées en onze familles, pour la plupart indépendantes les unes des autres sur le plan linguistique. De fait, on considère généralement l'Amérique du Nord comme l'une des régions linguistiques les plus complexes au monde. Environ la moitié des peuples autochtones du Canada parlent encore leur langue maternelle.

Les Inuits, qui arrivèrent d'Asie bien après les Indiens d'Amérique, appartiennent à un groupe ethnique spécifique. Ils sont environ 100 000, disséminés dans les régions arctiques des États-Unis, de la Russie, du Groënland (Danemark) et du Canada. Environ le quart réside sur le sol canadien.

Les Inuits nouèrent peu de contacts avec les nations indiennes, établies plus au sud, et, à l'exception de quelques rencontres avec des explorateurs européens aux alentours de la côte nord-est, ils vécurent dans un relatif isolement. Cette nation représente le dernier groupe des Canadiens indigènes à avoir abandonné son mode de vie nomade. Aujourd'hui encore, malgré un habitat plus moderne, ils continuent à chasser comme autrefois. Bien que confrontés à des conditions atmosphériques très dures et à de fréquentes famines, les Inuits étaient d'une étonnante robustesse et leur mode de vie contribua à les préserver de la maladie. Mais, avec l'arrivée des Européens et leur lot de microbes, la population inuite se trouva décimée au point que sa survie parut même incertaine.

Aujourd'hui leur nombre approche les 30 000, un chiffre supérieur au recensement à l'arrivée des Blancs. Les Beothuks de Terre-Neuve s'en tirèrent moins bien. Ils cessèrent définitivement d'exister en tant que peuple, avec la mort des deux dernières femmes de la nation, au début du XIXe siècle.

Dans tout le reste du Canada, explorateurs et pionniers détruisirent, intentionnellement ou non, le mode de vie des Indiens. A l'est, certaines nations, comme celles des Iroquois, durent se battre les unes contre les autres, aux côtés des Anglais et des Français, et finirent par perdre leurs terres. Les Indiens des Plaines, notamment les Cris et les Pieds Noirs, durent abandonner leurs tipis, leurs chevaux, leurs arcs et leurs flèches, leurs étonnantes coiffes de plumes – symbole de l'Indien du Nord –, avec la disparition des bisons décimés par les Européens, et furent contraints d'adopter le mode de vie des colons. Quant aux nations de la côte ouest, notamment les Haida, leur isolement, leur indépendance et leur passé historique leur permirent de préserver leur authenticité.

Toutefois, la découverte et la colonisation du Canada par les Européens réduisirent la population des Indiens de 350 000 à 100 000, même si les massacres ne furent pas systématiques comme aux États-Unis. En maigre contrepartie, quelques traités, la formation de réserves et des mesures de protection assurées notamment par le RCMP, tentèrent d'assurer leur sauvegarde.

Les explorateurs européens

Venus d'Islande et du Groënland, les Vikings furent les premiers Européens à débarquer au Canada. On possède des preuves de leur implantation à l'est des côtes nord de Terre-Neuve, vers l'an mille. Toutefois, on ignore la durée de leur séjour, l'étendue de leurs explorations et leur devenir.

Ainsi, c'est au début du XVIe siècle que commença véritablement la découverte de ces contrées lorsque Français, Espagnols, Anglais et Italiens succombèrent à l'attrait des Amériques.

Les Français furent les premiers à toucher les côtes canadiennes. Après diverses explorations préliminaires, Jacques Cartier, sujet de François Ier et originaire de Saint-Malo, atteignit le golfe du Saint-Laurent, en 1534, et revendiqua, au nom de la France, la région environnante. C'est sans doute aussi à Cartier que le Canada doit son nom. On trouve en effet dans son journal le terme huron-iroquois de *Kanata* qui signifie "village" ou "petite communauté". L'appellation servit d'abord à désigner la région du Saint-Laurent, puis devint le nom officiel de ce nouveau pays.

Pendant tout le XVIe siècle, les Français ne se préoccupèrent guère de leur toute récente colonie, mais mirent en place une politique économique dont les effets se font encore sentir aujourd'hui. En résumé, ce système mercantiliste consistait à vendre des marchandises à qui souhaitait en acheter, pour acquérir en retour ce dont le pays avait besoin. La France s'intéressait tout particulièrement au poisson de la côte est et aux fourrures canadiennes.

Au début du XVIIe siècle, Samuel de Champlain, un autre Français, originaire de Brouage, engagea des explorations plus poussées vers l'intérieur des terres, cartographiant le territoire et forgeant des alliances avec diverses nations amérindiennes, notamment les Hurons. Il fonda la ville de Québec en 1608. En 1627, Richelieu prit les choses en main et créa la Compagnie des Cent-Associés, à qui il attribua le monopole du commerce. Il lui concéda également la Nouvelle-France en seigneurie et lui imposa d'y amener des colons. A partir des années 1630, l'Église catholique commenca à jouer un rôle important dans la colonie. Les Jésuites fondèrent un collège à Québec en 1635. Pendant tout le XVIIe siècle, le commerce des fourrures domina le Nouveau Monde. Ville-Marie, ou Montréal, avant-poste missionnaire, fut fondée en 1642.

En 1663, le Canada devint une province française. La Nouvelle-France comptant alors moins de 3 000 colons, la France stimula l'immigration en financant notamment la venue de femmes célibataires, les Filles du Roy, qui, dotées, trouvèrent rapidement à se marier.

Les Indiens prirent très vite conscience de leur rôle à jouer dans le commerce des fourrures et le développement de leur pays. Par ailleurs, les Français poursuivaient leurs explorations. Ils implantèrent toute une ligne de forts jusqu'à la Louisiane – une autre de leurs colonies – qui se trouve aujourd'hui au sud des États-Unis. Dans les années 1730, un autre explorateur, Pierre Gaultier de Varennes, sieur de La Vérendrye, érigea une seconde ligne de places fortes qui traversait les provinces du Sud, aujourd'hui appelées l'Ontario, le Manitoba et la Saskatchewan.

La lutte pour le pouvoir

Il n'était, bien évidemment, pas question pour les Anglais d'assister en spectateurs à cette colonisation. Aux alentours de 1670, bien qu'implantée sur la côte est des États-Unis, la Hudson Bay Company (devenue aujourd'hui la première chaîne de grands magasins au Canada) s'installa dans la région de la baie d'Hudson, au nord de l'Ontario.

L'Angleterre renforça ensuite ses implantations sur la côte est du Canada. En 1713, par le traité d'Utrecht, elle contrôlait la quasi-totalité de la Nouvelle-Écosse et de Terre-Neuve, époque où régna la paix.

En 1745, des troupes britanniques en provenance de la Nouvelle-Angleterre, en Amérique, se dirigèrent vers le nord et s'emparèrent d'un fort français implanté en Nouvelle-Écosse. La lutte pour le contrôle du nouveau pays était engagée. Ce que l'on a appelé la guerre de Sept Ans (1756-1763) ou guerre de la Conquête débuta néanmoins en 1754. En 1755, les Anglais décidèrent de renforcer leurs positions en Nouvelle-Écosse. Parce que les Acadiens prétendaient rester neutres dans le conflit qui opposait Français et Anglais, les dirigeants anglais adoptèrent une solution radicale : la déportation des Acadiens, dispersés dans diverses colonies anglaises. Ce Grand Dérangement entraîna l'exode de plus de 7 000 Acadiens, paysans de langue française mais citoyens britanniques depuis 1713. L'opération se poursuivit jusqu'en 1762 et toucha les îles Saint-Jean et Royale.

En 1759, lors d'une bataille célèbre, les troupes anglaises s'imposèrent devant les Français, à Québec. Le général Wolfe et le marquis de Montcalm, qui commandaient respectivement les troupes anglaises et françaises, furent tués au cours de l'affrontement. Cette victoire anglaise marqua un tournant dans la guerre : en 1763, la France dut signer le traité de Paris par lequel elle cédait le Canada à l'Angleterre.

Toutefois, les Anglais ignoraient comment administrer cette colonie nouvellement acquise. La population en était presque exclusivement française et donc catholique. En 1774, le traité de Québec octroya aux Canadiens français le droit de conserver leur religion, leur code civil ou de devenir fonctionnaires. En revanche, le droit anglais s'appliquait et les Anglais continuèrent à exercer leur contrôle sur la vie économique et politique. Le Traité de Québec agrandit également le territoire de la province. C'est durant cette période que l'on vit apparaître les prémices d'un mouvement séparatiste.

Pendant la guerre d'Indépendance (1775-1783) livrée par l'Amérique contre l'Angleterre, environ 50 000 colons – appelés loyalistes en raison de leur loyauté à l'Angleterre – rejoignirent le Canada. Ils s'installèrent principalement dans les Provinces atlantiques (Nouvelle-Écosse) et dans l'Ontario.

Cette migration contribua à rétablir l'équilibre entre les populations françaises et anglaises. Les nouveaux arrivants, ne voulant pas être soumis au droit civil français qui prévalait dans la colonie, exigèrent la création d'institutions parlementaires semblables à celles qu'ils avaient quittées. Les provinces du Québec et de l'Ontario furent alors dotées de leur propre système représentatif. D'où l'Acte constitutionnel de 1791, à la suite duquel le territoire de la province de Québec fut divisé en deux colonies : le Haut-Canada, peuplé d'Anglo-Saxons, au sud de l'Ontario, et le Bas-Canada, massivement francophone. Pendant la fin du XVIIIe siècle et tout le XIXe siècle, les frontières furent repoussées toujours plus loin. Sir Arthur Mackenzie explora le Nord (d'où le fleuve Mackenzie) et une bonne partie de la Colombie-Britannique. Simon Frazer suivit le fleuve, qui reçut par la suite son nom, jusqu'à l'océan Pacifique. David Thompson s'aventura sur le fleuve Colombia, également en Colombie-Britannique, tandis qu'en 1812 lord Selkirk fondait avec des émigrants écossais une implantation dans la vallée de la rivière Rouge, à proximité de Winnipeg, dans le Manitoba.

En 1812 éclata la dernière guerre entre le Canada et les États-Unis, à la suite du blocus naval de la France par l'Angleterre. Les belligérants remportèrent tour à tour plusieurs victoires et décidèrent de signer une trêve en 1814, le traité de Gand.

La période des dominions britanniques

Avec la disparition de la menace américaine, de nombreux colons s'affirmèrent et commencèrent à désavouer certains aspects du gouvernement britannique. Quelques-uns réclamèrent même leur indépendance. Dans l'Ontario et le Québec, de brèves révoltes éclatèrent. En 1840, ces deux provinces furent réunies sous un même gouvernement (Acte d'Union), responsable devant son propre parlement. Les finances publiques furent unifiées ; l'anglais devint la seule langue officielle de cette nouvelle union et il fallut attendre 1848 pour que le français soit reconnu au même titre que l'anglais au Parlement du Canada.

L'Angleterre, bien évidemment, ne souhaitait ni voir le Canada lui échapper, ni renouveler son expérience américaine. Elle choisit la prudence et opta pour une confédération qui répartissait le pouvoir politique entre le gouvernement central (Ottawa) et des autorités provinciales. Aussi, en 1867, le gouvernement britannique adopta le British North America Act (BNA Act), qui réunissait au sein d'une même confédération l'Ontario, le Québec, la Nouvelle-Écosse et le Nouveau-Brunswick. Chacune de ces provinces disposait d'une Assemblée législative et d'un gouvernement distincts.

A la signature de l'Acte, en 1867, il fut décidé que d'autres régions seraient incluses à la confédération dès que possible. De fait, l'Acte visait à l'unité politique du continent "d'un Océan à l'autre" (la devise du pays), dans le cadre du dominion. John Macdonald devint le Premier ministre du Canada. La population comptait alors 3,5 millions d'individus, dont la quasi-totalité était rurale.

En 1870, les Métis, avec à leur tête Louis Riel, après avoir constitué un gouvernement provisoire, obtinrent du gouvernement d'Ottawa la création d'une province, le Manitoba, englobée dans la confédération. En 1871, c'est le tour de la Colombie-britannique, appâtée par la création du chemin de fer, le "Pacific Canadian" ou Canadien-Pacifique.

L'objectif du gouvernement fédéral concernant les Amérindiens nomades était de les amener à renoncer à leurs droits territoriaux, de les sédentariser en les installant sur des réserves et en leur fournissant le matériel agricole. Ils devinrent alors pupilles de l'État qui, avec l'aide des missionnaires catholiques et protestants, tenta de les "civiliser" par l'éducation, la pratique de l'agriculture et de leur imposer les valeurs des Blancs. Une grande partie des Métis avait quitté le Manitoba, envahi par de nouveaux colons, et s'était établie dans les Territoires du Nord-Ouest. A nouveau rejoints par des spéculateurs dans la région de Rivière Rouge, les Métis reprirent les armes et, sous la houlette de Louis Riel et avec l'appui de nations amérindiennes, fomentèrent une rébellion contre le gouvernement fédéral. Rapidement matée, cette révolte s'acheva en 1885 par la pendaison du francophone Louis Riel. L'émotion fut considérable au Québec et un profond malaise s'installa entre les deux communautés linguistiques.

En 1873 s'était ralliée à la confédération l'Île-du-Prince-Édouard et, en 1912, toutes les provinces dépendaient du gouvernement central, à l'exception de Terre-Neuve qui attendit 1949 pour les rejoindre.

Le début du XXe siècle vit affluer au Canada de nombreux immigrants, principalement d'Europe. Les nouveaux venus se dirigèrent vers l'ouest et, pour faire face à cette croissance rapide, le gouvernement fédéral créa en 1905 deux provinces issues des Territoires du Nord-Ouest, l'Alberta et la Saskatchewan. Au recensement de 1911, 22% de la population canadienne était née à l'étranger. 57% des immigrants étaient d'origine britannique, 31% d'origine française, 6% d'origine allemande, plus d'autres populations plus faiblement représentées (Ukrainiens, Italiens, Juifs d'Europe centrale) et moins bien acceptées.

Les différends entre Français et Anglais se répétaient, et la Première Guerre mondiale, avec l'entrée en guerre du Canada aux côtés de la Grande-Bretagne en 1914, ouvrit la porte à de nouveaux conflits. De nombreux Canadiens d'origine britannique s'enrôlèrent dès le début de la guerre et, en 1917, malgré l'opposition du Québec, le gouvernement fédéral se prononça pour la conscription obligatoire. L'effort de guerre du Canada fut important : 420 000 hommes envoyés outre-mer (dont 60 000 furent tués) qui se sont illustrés dans diverses batailles ; une forte production d'avions, de navires et une part considérable de l'approvisionnement des alliés en produits alimentaires assurèrent naturellement au Canada sa propre délégation au traité de Versailles.

L'époque moderne

Après la Première Guerre mondiale, le Canada connut une certaine prospérité, mise à mal par la Grande Dépression.

En 1931 le statut de Westminster accorda la souveraineté du Canada au sein du Commonwealth.

A la Seconde Guerre mondiale, le Canada s'engagea immédiatement aux côtés de l'Angleterre mais conclut également des accords militaires avec les États-Unis et, après l'attaque de Pearl Harbour, déclara la guerre au Japon.

Pour le Canada, développer un effort de guerre, c'était aussi accéder à un haut niveau de productivité et d'innovation industrielle. En fabriquant entre autres 16 000 avions et un million de fusils, ce pays devint une grande puissance industrielle. Il avait également la responsabilité de la formation de tous les pilotes d'aviation du Commonwealth britannique et de la protection des convois maritimes sur l'Atlantique-Nord. Cette croissance l'entraîna vers un rapprochement tant économique, stratégique que culturel avec les États-Unis.

Un million de Canadiens servit dans les forces armées, au pays ou à l'étranger. Ils s'illustrèrent notamment à Dieppe le 19 août 1942 et également lors du Débarquement en Normandie, en 1944. On a pu chiffrer les pertes humaines canadiennes à 40 000 personnes.

A partir de l'entrée en guerre des États-Unis, une coopération s'organisa entre les deux pays et le Canada devint alors créditeur à l'égard de l'Europe. Là aussi, des conflits émergèrent entre Canadiens francophones et anglophones.

Après la Seconde Guerre mondiale, le pays connut un important *baby boom* ainsi qu'une nouvelle vague d'immigration européenne : au total, deux millions d'immigrants entre 1946 et 1960. Expansion économique et prospérité marquèrent la période de l'après-guerre et les années 50 furent particulièrement florissantes. On assista également à l'épanouissement de la classe moyenne.

Les années 60 furent marquées par un réveil social, des programmes teintés d'idéalisme et de libéralisme. La première Déclaration des Droits (Bill of Rights) fut signée en 1960.

Par ailleurs, le mouvement séparatiste du Québec commença à se médiatiser. Un groupuscule eut même recours au terrorisme pour appuyer sa revendication d'indépendance du Québec. En 1976, le Parti québécois (PQ), défenseur du séparatisme, remporta les élections. Mais déjà l'idée de partition semblait obsolète. En 1980, lors d'un référendum, les Québécois votèrent majoritairement contre l'indépendance.

Au début des années 90, la séparation fut à nouveau d'actualité et le Parti québécois connaît aujourd'hui un regain de popularité dans toute la province. A la différence d'une grande majorité des Canadiens, certainement la moitié des Québécois estiment qu'à terme une indépendance politique est préférable, voire inévitable. A ce sujet, reportez-vous également à la rubrique *Histoire et vie politique* dans le *Québec*.

En 1967, le pays célébra son centenaire au cours de l'Exposition universelle de Montréal. En 1968, Pierre Elliot Trudeau, un libéral, devint Premier ministre du Canada et, hormis une brève période en 1979, détint le pouvoir jusqu'à son retrait en 1984. Mais, nonobstant un fort soutien initial et un appui international, il ne jouissait guère d'une grande popularité lorsqu'il quitta le pouvoir.

Trudeau fut responsable de la mise en place d'une constitution canadienne, ultime étape avant l'indépendance vis-à-vis de la Grande-Bretagne. Elle prit effet en 1982, en même temps que la charte des Droits et des Libertés. Les Québécois ne ratifièrent pas cette décision qui fut votée sans leur participation. Ils souhaitaient être reconnus comme une "société distincte" et se voir attribuer des droits spécifiques. Maintes discussions ne parvinrent pas à les faire revenir sur leurs décisions. Cette polémique fut un temps abandonnée, mais son éventuel règlement joua un rôle majeur lors des élections de 1993.

Les élections de 1984 virent la victoire des conservateurs progressistes avec, à leur tête, Brian Mulroney. Ils l'emportèrent avec une éclatante majorité, annihilant définitivement l'ère Trudeau. En 1988, le sommet mondial des sept pays les plus industrialisés eut lieu à Toronto, tandis que les jeux Olympiques d'hiver se déroulaient à Calgary. Deux événements qui accrurent considérablement le prestige du Canada et consolidèrent son image sur la scène internationale. Le gouvernement fut réélu pour un nouveau mandat de cinq ans en 1988.

Selon un schéma traditionnel, l'état de grâce du nouveau gouvernement auprès des électeurs ne dura guère. Le traité commercial signé avec les États-Unis, notamment, lui fut violemment reproché. De même que l'accord du lac Meech, destiné à statuer sur les distinctions entre pouvoirs fédéral et provincial. L'introduction du GST (Goods & Services Tax), un nouvel impôt sur les biens de consommation et les services, sombra également dans la discorde. Enfin, le montant colossal de la dette nationale ainsi que le déficit annuel impressionnant du pouvoir fédéral attisèrent encore le mécontentement. Par ailleurs, le gouvernement dut faire face aux revendications des Indiens réclamant la restitution de leurs terres et l'application de leurs droits.

A l'orée des années 90, les Canadiens accusèrent des signes de lassitude vis-à-vis de la politique, de l'économie (déficiente), du chômage, et firent preuve d'un pessimisme croissant. Le Premier ministre Mulroney se retira et la première femme du parti, Kim Campbell, fut choisie au printemps 1993 comme nouveau leader de la convention des conservateurs. Mais son mandat fut de courte durée. Lors de l'élection fédérale d'octobre, on assista à une véritable révolution à Ottawa. Pour se tirer d'embarras, le pays opta pour une solution radicale.

Avec à leur tête le Québécois Jean Chrétien, les libéraux mirent en déroute les conservateurs. Autrefois associé à Trudeau, Chrétien connaît toutes les ficelles de la politique mais cette fois la tâche qui l'attend risque de lui faire perdre le soutien massif de ses électeurs.

Les États-Unis ne cessèrent d'accentuer leur pression pour étendre l'accord sur la libre circulation des marchandises, incluant le Mexique à l'Accord de libre-échange nord-américain (ALENA). Un acte favorable aux grandes entreprises, mais contesté par moult Canadiens qui y voient une source de chômage supplémentaire. Après avoir exigé certains aménagements, le Canada ratifia l'accord. Tâche ô combien difficile, Chrétien dut également redresser une économie déficitaire qui provoqua la chute des conservateurs.

Le surendettement menace de plus en plus le maintien des lois sociales – assistance médicale gratuite, assurance chômage, aide au plus démunis – dont les Canadiens sont, à juste titre, si fiers. Déjà écrasés par les impôts, ils refuseront tout autre sacrifice. A ces difficultés viennent s'ajouter les problèmes soulevés par la défense nationale et l'immigration. Depuis la fin de la guerre froide et l'éclatement de l'URSS, personne ne sait comment résoudre la question des dépenses militaires. Faut-il ou non les réduire ? Quant à l'immigration, les Canadiens souhaiteraient l'endiguer, mais redoutent les allégations de racisme qu'entraînerait une telle décision.

Les libéraux se heurtent également à un Parlement entièrement nouveau. Les traditionnels partis d'opposition, les conservateurs et les nouveaux démocrates ont certes disparu, après avoir essuyé une cuisante défaite aux élections. Ils furent remplacés par deux partis régionaux, le Parti réformiste, à l'ouest, et le Bloc québécois (parti fédéral du Québec). Ce dernier, sous la conduite de Lucien Bouchard, représente aujourd'hui l'opposition officielle et arrive en seconde position de par le nombre de représentants élus.

A l'international, le Canada maintient sa position au sein de l'OTAN et des pays du G7 (la France, l'Allemagne, les États-Unis, la Grande-Bretagne, le Japon, l'Italie et le Canada se rencontrent régulièrement pour développer des politiques économiques communes).

Enfin, les troupes canadiennes continuent à œuvrer pour le maintien de la paix (Moyen-Orient, Chypre, etc.), et jouèrent un rôle décisif en Somalie, au Koweit et dans l'ex-Yougoslavie.

GÉOGRAPHIE

De l'Atlantique au Pacifique, du nord au sud, le Canada s'étend sur 9 975 millions de km². On comprend qu'avec une telle superficie le pays puisse offrir les paysages les plus variés : des lacs et des forêts, mais aussi des montagnes, des plaines et même un petit désert.

Le Canada partage avec les États-Unis sept des plus grands lacs et possède trois des vingt plus longs fleuves du globe. Ses ressources en eau douce sont uniques au monde. Les forêts couvrent environ 25% du territoire et son plus haut sommet, le mont Logan (5 951 m), se trouve dans le Yukon, au sud-ouest.

Bien que bordé sur trois côtés par des océans, le Canada n'est généralement pas considéré comme un pays maritime. Cela est dû en partie à la domination exercée par les régions centrales, qui regroupent l'essentiel de la population canadienne. Par ailleurs, les deux sites touristiques les plus visités, les montagnes Rocheuses et les chutes du Niagara, occupent également une position largement en retrait des côtes.

Du Québec à la lisière est du pays, l'océan Atlantique joue un rôle majeur dans la vie quotidienne de la population et offre aux visiteurs de nombreux sites à découvrir. Une constatation qui vaut également pour la Colombie-Britannique avec l'île de Vancouver, à l'ouest, et nombre d'autres îles plus petites de l'océan Pacifique.

On divise généralement le Canada en sept régions géographiques, dotées chacune de reliefs et de paysages caractéristiques.

A l'extrémité est du pays, la région des Appalaches regroupe Terre-Neuve, l'Île-du-Prince-Édouard, le Nouveau-Brunswick, la Nouvelle-Écosse et une partie du Québec, au sud du Saint-Laurent. Collines et forêts en articulent le paysage.

La région des Grands Lacs et du Saint-Laurent s'étend approximativement de la ville de Québec à celle de Windsor, dans l'Ontario, et regroupe les principales agglomérations et industries du pays. Environ la moitié de la population canadienne y est concentrée. Autrefois forestier, le paysage généralement plat est devenu beaucoup plus agricole.

Au centre, la région qui réunit les environs de la baie d'Hudson, véritable creuset des caractéristiques dominantes du relief canadien, et les basses terres arctiques, est plate et marécageuse. Elle est peu habitée ou visitée, à l'exception de la ville de Churchill dans le Manitoba.

Pour l'essentiel, le Nord est occupé par le Bouclier canadien, également appelé Bouclier précambien, une formation vieille de plus de deux milliards et demi d'années. Cette région couvre la totalité du Manitoba septentrional, l'Ontario et le Québec, et s'étend plus à l'est au-delà du Labrador, et à l'ouest jusqu'à la limite nord de l'Alberta. On retrouve sur ce territoire très ancien, rocheux et sablonneux, les paysages de forêts, de lacs et de rivières si caractéristiques du Canada. Dans cette région sauvage, accidentée et froide, les colons exercèrent les deux activités essentielles à leur survie : l'exploitation minière et celle des forêts. Pour la visiter, et/ou y camper, mieux vaut profiter des parcs nationaux implantés sur tout le territoire.

La cinquième région, celle des Grandes Plaines, qui inclut le Manitoba, la Saskatchewan et l'Alberta – et déployait autrefois de vastes pâturages – constitue aujourd'hui le grenier à blé du Canada.

Hérissée de sommets comme son nom l'indique, la région des Montagnes ou Cordillère occidentale couvre la Colombie-Britannique, le Yukon et une partie de l'Alberta. A l'est, la hauteur des Rocheuses varie entre 2 000 m et 4 000 m. Entre ces chaînes montagneuses et le littoral se succèdent plusieurs vallées et massifs moins élevés, notamment l'étroite tranchée des Rocheuses.

L'intérieur de la Colombie-Britannique consiste en d'innombrables plateaux, collines, gorges, bassins et deltas. Elle est sans conteste la contrée la plus spectaculaire du pays, aux paysages flamboyants. Plùs au nord, dans le Yukon, vous attendent les vingt montagnes les plus hautes du Canada.

Enfin, à l'extrême nord, se trouve la région arctique. La zone la plus septentrionale est composée d'îles prises dans les glaces presque toute l'année.

CLIMAT

Les saisons

Le Canada jouit de quatre saisons bien distinctes sur tout son territoire, même si elles se produisent à des dates différentes. Par ailleurs, la latitude joue un rôle déterminant sur le climat. Un voyage de quelques heures plus au nord permet de mesurer des chutes de température parfois considérables.

La zone la plus chaude se situe le long de la frontière des États-Unis. Ce n'est pas un hasard si toute la population ou presque est concentrée dans la région la plus méridionale. C'est en effet dans le sud de la Colombie-Britannique et de l'Ontario, et plus particulièrement aux alentours de la

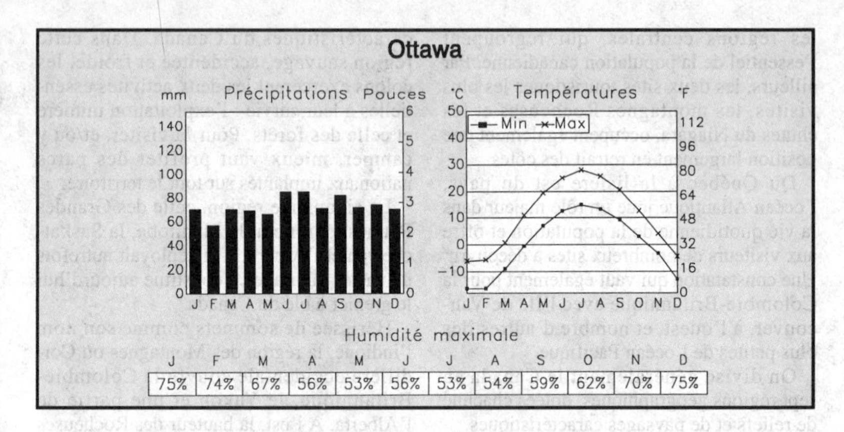
Ottawa
mm Précipitations Pouces
°C Températures °F
Min Max
Humidité maximale
J F M A M J J A S O N D
75% 74% 67% 56% 53% 56% 53% 54% 59% 62% 70% 75%

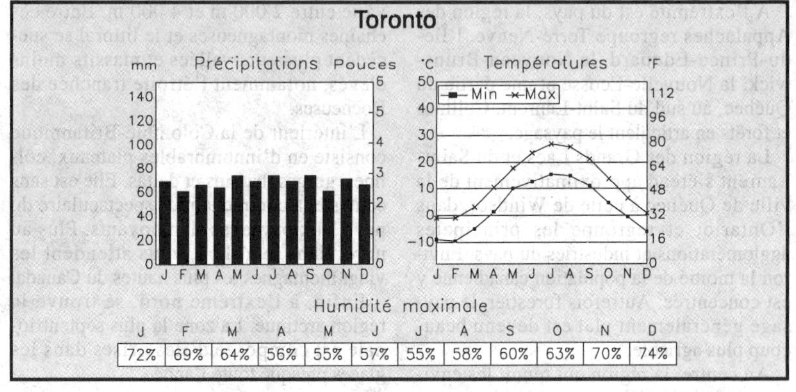
Toronto
mm Précipitations Pouces
°C Températures °F
Min Max
Humidité maximale
J F M A M J J A S O N D
72% 69% 64% 56% 55% 57% 55% 58% 60% 63% 70% 74%

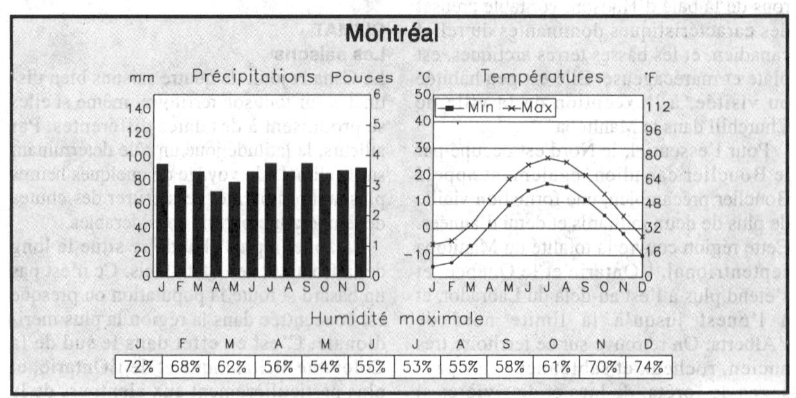
Montréal
mm Précipitations Pouces
°C Températures °F
Min Max
Humidité maximale
J F M A M J J A S O N D
72% 68% 62% 56% 54% 55% 53% 55% 58% 61% 70% 74%

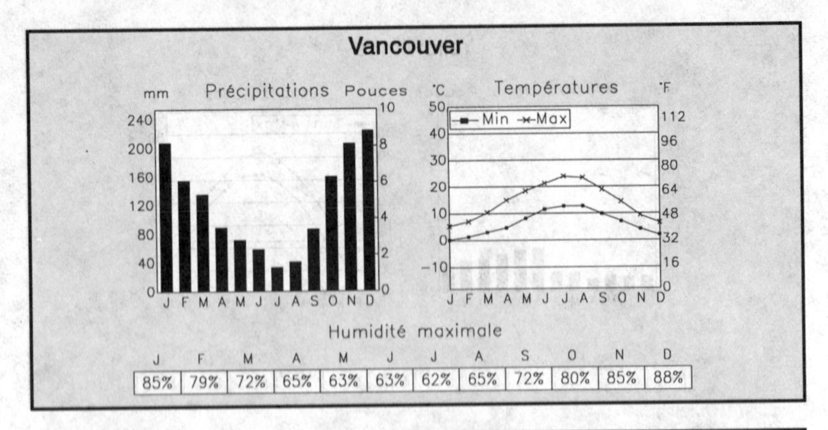

J	F	M	A	M	J	J	A	S	O	N	D
85%	79%	72%	65%	63%	63%	62%	65%	72%	80%	85%	88%

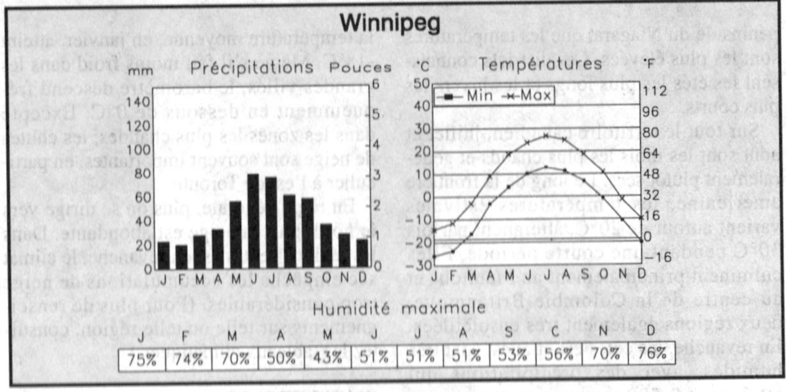

J	F	M	A	M	J	J	A	S	O	N	D
75%	74%	70%	50%	43%	51%	51%	51%	53%	56%	70%	76%

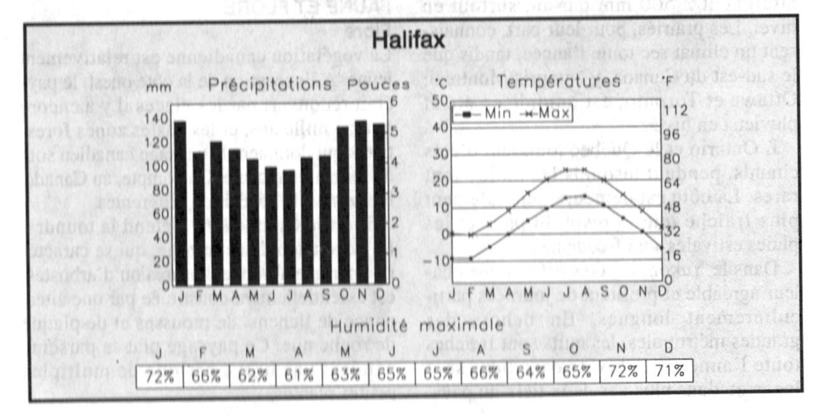

J	F	M	A	M	J	J	A	S	O	N	D
72%	66%	62%	61%	63%	65%	65%	66%	64%	65%	72%	71%

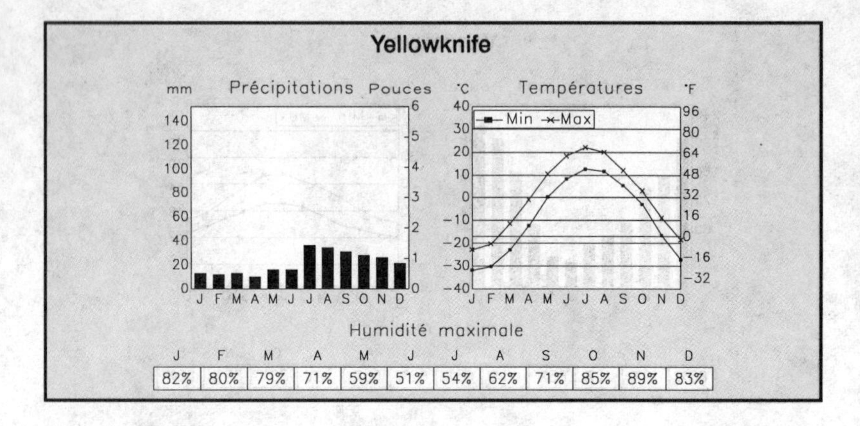

péninsule du Niagara, que les températures sont les plus élevées. Ces districts connaissent les étés les plus longs et les hivers les plus courts.

Sur tout le territoire canadien, juillet et août sont les mois les plus chauds et généralement plutôt secs. Le long de la frontière américaine, les températures estivales varient autour de 20°C, atteignent parfois 30°C pendant une courte période. Elles culminent principalement au Manitoba et au centre de la Colombie-Britannique, deux régions également très ensoleillées. En revanche, les côtes est et ouest sont très humides, avec des précipitations qui atteignent 2 500 mm par an, surtout en hiver. Les prairies, pour leur part, connaissent un climat sec toute l'année, tandis que le sud-est du Canada, y compris Montréal, Ottawa et Toronto, est humide en été et pluvieux en hiver.

L'Ontario et le Québec jouissent d'étés chauds, pendant lesquels les pluies sont rares. La côte est demeure généralement plus fraîche que le reste du pays et les pluies estivales sont fréquentes.

Dans le Yukon, les étés offrent une chaleur agréable et profitent de journées particulièrement longues. En dehors des grandes métropoles, les nuits sont fraîches toute l'année. Les hivers canadiens sont longs et, dans plus des deux tiers du pays, la température moyenne, en janvier, atteint -18°C. Même s'il fait moins froid dans les grandes villes, le baromètre descend fréquemment en dessous de 0°C. Excepté dans les zones les plus chaudes, les chutes de neige sont souvent importantes, en particulier à l'est de Toronto.

En règle générale, plus on se dirige vers le nord, plus la neige est abondante. Dans les régions centrales, en revanche, le climat sec empêche les accumulations de neige trop considérables. (Pour plus de renseignements sur telle ou telle région, consultez les tableaux climatiques.)

FAUNE ET FLORE

Flore

La végétation canadienne est relativement jeune. A l'exception de la côte ouest, le pays était recouvert par les glaces il y a encore quinze mille ans, et les vastes zones forestières qui dominent le paysage canadien sont de formation récente. On compte, au Canada, huit zones de végétation différentes.

Dans le Grand Nord s'étend la toundra. La végétation de cette zone, qui se caractérise par une absence d'arbres ou d'arbustes, est essentiellement constituée par une alternance de lichens, de mousses et de plaque de roche nue. Ce paysage plat se parsème pendant une brève période de multiples petites plantes.

Vient ensuite la forêt boréale, la formation végétale la plus vaste et peut-être la plus représentative du paysage canadien. Elle s'étend sur tout le pays et est largement dominée par les épinettes blanches et noires. A l'est, le sapin baumier et le pin commun prennent le dessus, tandis qu'à l'ouest on rencontre plus fréquemment des formations de pins des Alpes et de pins à feuilles tordues (*Pinus contorta*).

A l'est, dans la région des Grands Lacs, la forêt laurentienne s'étend au sud de la forêt boréale. C'est une forêt mixte, composée plus au nord de conifères (feuilles persistantes, bois tendre) et d'arbres à feuilles caduques (larges feuilles, bois dur) dans les régions méridionales. S'y mêlent plusieurs variétés de pins, dont le majestueux pin blanc et divers types d'épinettes, mais aussi des érables, des chênes, des bouleaux et plusieurs autres espèces, aux feuillages éblouissants, caractéristiques des automnes canadiens.

L'érable à sucre est une des ressources symbole la plus célèbre du Canada et la feuille de cet arbre est représentée sur le drapeau national. L'érable sert notamment à la fabrication d'un délicieux sirop, une spécialité à laquelle vous devrez absolument goûter. Au sud, on retrouve des hêtres, des noyers d'Amérique et divers arbres fruitiers.

La quatrième région, la forêt du Nouveau-Brunswick, l'île du Prince-Édouard et la Nouvelle-Écosse est surtout composée d'épicéas, de pins baumiers, de bouleaux jaunes et de pins. Elle ne se différencie pas beaucoup de la forêt laurentienne.

La région des parcs, située entre les forêts de l'Est et les prairies de l'Ouest, est couverte principalement de peupliers trembles.

Le Manitoba, la Saskatchewan et l'Alberta sont surtout connus pour leur vastes prairies, où dominent aujourd'hui les zones céréalières. Autrefois, elles étaient formées d'une alternance d'herbes hautes et basses, mais elles ont pratiquement disparu. Il n'existe plus aujourd'hui que de petites enclaves protégées que vous pourrez visiter (pour plus de détails, voir les chapitres sur les différentes provinces). Il y pousse également des saules et des peupliers trembles.

La Colombie-Britannique offre une végétation d'une plus grande diversité que partout ailleurs et possède une des flores les plus riches. La forêt des montagnes Rocheuses consiste en espèces subalpines comme l'épicéa d'Engelmann, le pin des Alpes et le mélèze. Dans les secteurs à plus haute altitude, on trouve le pin à feuilles tordues et le peuplier tremble. Dans le Sud-Ouest, les forêts abritent également quelques espèces qui poussent surtout sur la côte, sans jamais atteindre les mêmes dimensions spectaculaires.

C'est autour des régions côtières, dans la forêt de la côte pacifique, que l'on peut voir les arbres les plus impressionnants, notamment le séquoia géant, le sapin Dou-

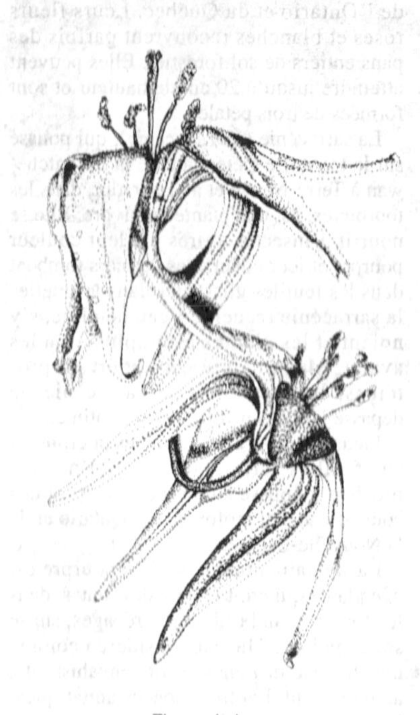

Fleurs de lys

glas, le tsuga de Californie et l'épicéa Sitka. Ce sont ces forêts qui font l'objet d'une lutte acharnée entre partisans de l'exploitation forestière et défenseurs de l'environnement. Ces formations de la côte ouest sont les plus anciennes du Canada, avec quelques spécimens vieux de plus d'un millénaire.

Nous nous contenterons ici de citer les espèces les plus communes des nombreuses fleurs sauvages qui couvrent le pays.

A l'est, les amateurs de canoë apprécieront tout particulièrement le parfum des nénuphars, une grande fleur blanche à cœur jaune et à feuilles rondes et plates qui reposent sur l'eau.

Le trille (*trillium*), l'emblème floral de l'Ontario, est l'une des fleurs les plus populaires du Canada. Il fleurit au printemps dans les zones ombragées des forêts de l'Ontario et du Québec. Leurs fleurs roses et blanches recouvrent parfois des pans entiers de sol forestier. Elles peuvent atteindre jusqu'à 20 cm de hauteur et sont formées de trois pétales.

La sarracénie (*sarrasacenia*), qui pousse sur le territoire s'étendant de la Saskatchewan à Terre-Neuve et au Labrador, dans les tourbières, est une plante carnivore. Elle se nourrit d'insectes attirés par leur couleur pourpre et leur odeur. Ces derniers tombent dans les feuilles glissantes dans lesquelles la sarracénie recueille l'eau de pluie, s'y noient et les plantes n'ont plus qu'à les avaler. Mais malgré cet apport en protéines, la hauteur de la sarracénie ne dépasse jamais une dizaine de centimètres.

Fleur bleu foncé, aux hampes pourpres et aux feuilles vertes, lancéolées, l'herbe à brocheton pousse autour des étangs et des cours d'eau peu profonds de l'Ontario et de la Nouvelle-Écosse.

La salicaire commune rose-pourpre est une plante qui croît le long des routes, dans les fossés et au bord des marécages, sur le sol canadien. Elle est considérée comme nuisible, car devient très vite envahissante, au détriment d'autres espèces aquatiques. Sur le littoral, enfin, vous rencontrerez sûrement des lupins de loup (bleus, roses, etc.), aux fleurs disposées en grappes, qui se dressent comme des flèches et poussent à l'état sauvage dans les champs ou au bord des routes.

Au printemps, les lichens *sea blush* émaillent de taches roses les rochers de la côte ouest. Déjà les premiers explorateurs s'empressèrent de décrire la beauté de cette espèce qu'ils découvrirent dans le détroit de Juan de Fuca.

L'*Indian paint-brush* (ou *castilleja coccinea*), rouge vif, offre un contraste saisissant avec les teintes gris et bleu des montagnes Rocheuses.

Les voyageurs, dotés d'une bonne vue et qui apprécient les promenades en dehors des sentiers battus, apercevront sans doute le suce-pin à une fleur (ou *monotropa*). Plante rare, elle pousse dans les débris du sol forestier, en zones humides et ombragées. C'est une plante évanescente, blanc argenté, sans feuilles vertes ou fleurs de couleur. Elle avoisine la longueur d'un doigt et, au moment de la floraison, la partie supérieure se courbe en forme de pipe.

On trouve des baies sauvages un peu partout sur le territoire canadien. Les myrtilles, ou bleuets du Canada, sont les plus courantes et particulièrement abondantes. Avec quelque chance, vous pouvez également tomber sur un parterre de framboisiers sauvages, qui restera un des grands moments de votre existence.

Les forêts, tourbières et marécages abondent, pour leur part, en plantes et en champignons comestibles, ou vénéneuses. Même après des années d'expérience, et à l'aide d'un ouvrage spécialisé, il est malaisé de faire la différence. Si vous avez le moindre doute, ne tentez pas le diable. En effet, certaines espèces sont mortelles.

Méfiez-vous aussi de l'arbre à gale, moins dangereux, mais très irritant pour l'épiderme, et difficile à identifier, qui sévit dans les régions boisées du Sud. Si vous vous frottez malencontreusement contre cet arbuste, votre peau se couvrira immédiatement de petites boursouflures, et la démangeaison sera infernale !

Faune

Doté de territoires vastes et parfois très reculés, le Canada abrite une vie sauvage importante, même si la préservation des espèces demeure une nécessité. Il arrive souvent aux campeurs et aux randonneurs d'apercevoir des bêtes sauvages lors de leurs déplacements.

Vous trouverez ci-dessous une description des espèces les plus intéressantes et les plus fréquemment rencontrées.

Ours. Ce sont les animaux les plus largement représentés et les plus dangereux du Canada. Ils sont dispersés sur tout le territoire, répartis en quatre espèces. Pour plus de renseignements sur les dangers que peut entraîner leur rencontre, consultez la rubrique *Dangers et désagréments* au chapitre *Renseignements pratiques*.

Grizzli. C'est l'ours le plus connu. On le rencontre sur les hautes pentes des Rocheuses et des Selkirk de la Colombie-Britannique, de l'Alberta et du Yukon. Énorme, il peut atteindre debout jusqu'à 2,75 m. Il est facilement reconnaissable à sa fourrure brune, parsemée de blanc, et à sa bosse à la base de la nuque. Doué d'une mauvaise vue, il compense cette infirmité par un odorat et une ouïe excellents. C'est également un animal très rapide. En revanche, il ne peut pas grimper aux arbres. Comme tous les ours, il a peur des hommes, mais ses réactions sont souvent imprévisibles si on le provoque.

Ours noir. On le trouve sur tout le territoire canadien. Il rôde souvent autour des terrains de camping, des fermes et des dépôts d'ordures. En règle générale, sa taille ne dépasse pas 1,50 m et son poids 90 kg. Il se montre très actif pendant la journée et, à la différence du grizzli, sait malheureusement grimper aux arbres.

Ours brun. C'est en réalité un ours noir au pelage brun. Animal nocturne, il réside essentiellement en Colombie-Britannique, dans l'Alberta et le Yukon.

Ours polaire. Animal impressionnant – il pèse jusqu'à 680 kg – à la fourrure épaisse et blanche. On ne le trouve que dans le Grand Nord, à Churchill, dans le Manitoba, ou dans les zoos. C'est une bête majestueuse, aujourd'hui protégée. Il nage avec grâce malgré sa taille.

Castor. L'un des symboles du Canada, le castor est connu pour son activité intense (d'où l'expression : "occupé comme un castor"). Répandu dans tout le

pays, on le rencontre souvent tôt le matin ou à la tombée de la nuit, occupé à patauger dans une rivière ou un lac, la tête émergée. Il ronge les arbres dont il tire nourriture et matériaux pour construire son terrier. Sa tanière ressemble à un tas arrondi fait de boue et de branches qu'il installe sur les cours d'eau et les étangs, ceux-ci faisant office de barrage.

Buffle/bison. On n'en rencontre plus aujourd'hui que dans les parcs protégés. C'est un animal énorme, d'aspect impressionnant, mais en réalité à peine plus dangereux qu'une vache. L'extinction de l'espèce est devenue le symbole des conséquences de l'incursion européenne sur les Indiens d'Amérique du Nord et sur leur environnement. En réalité, le buffle canadien est un bison. Depuis quelque temps, l'élevage du bison pour sa viande fait l'objet de tentatives sporadiques et il est parfois proposé sur certains menus.

Loup. Il ressemble à un grand chien au pelage gris argenté. Toutefois, sa réputation de bête féroce est davantage liée à une méconnaissance de l'espèce qu'à la réalité. Une chasse intensive l'a poussé à se réfugier dans les territoires du Grand Nord, où vous pourrez encore l'entendre hurler la nuit. Il se déplace en hordes et s'attaque rarement aux humains.

Coyote. Plus répandu que le loup, il est aussi plus petit et plus farouche. Il émet un hurlement étrange ou des jappements qui lui servent à communiquer. Plus intéressé par la fouille des décharges d'ordures que par la chasse, il est souvent victime des appâts empoisonnés, posés par les fermiers et les propriétaires de ranches.

Daim. Plusieurs variétés de daims vivent dans toutes les forêts canadiennes. C'est un animal tranquille et timide, victime d'une chasse intensive.

Orignal. Animal de taille impressionnante, c'est l'une des cibles favorites des chasseurs. On le rencontre dans toutes les forêts du Canada, en particulier autour des marécages. En règle générale, il vit plus au nord que le daim. Il arbore des bois impressionnants.

L'orignal est un animal solitaire. Pour échapper aux piqûres des insectes, il peut rester des heures dans les eaux d'un lac. A la saison des amours, en octobre ou en novembre, le mâle part à la recherche d'une femelle. Durant cette période, son comportement devient parfois étrange, et cet animal plutôt timide peut se montrer extrêmement agressif. Vous pourrez apercevoir des daims et des orignaux sur les routes, en particulier la nuit. Leur présence dans la région est toujours indiquée par des panneaux.

Élan. Cousin de l'orignal, il appartient lui aussi à la famille des cervidés. On le trouve en Europe et en Asie. Il diffère de l'élan américain, également appelé wapiti. Vous pourrez notamment en rencontrer dans les montagnes Rocheuses. Animal étrange, il se laisse parfois caresser lorsque les visiteurs cherchent à l'approcher pour le prendre en photo. Mais attention, il peut se montrer agressif pendant la saison des amours.

Chèvre des Rocheuses. Animal proprement canadien, elle réside en Colombie-Britannique et dans le Yukon. Elle porte des bois et, avec sa longue fourrure blanche, ressemble à un vieillard. Dans les régions habitées, la chèvre est devenue un animal quasi domestique. Mais généralement, elle préfère les régions isolées des hautes montagnes. L'un de ses mets préférés est la boue, et vous pourrez l'apercevoir gratter la terre, puis en avaler de petits tas. Étrange mais vrai !

Lynx. Autre animal presque exclusivement canadien, le lynx a des allures de gros chat gris et mesure 90 cm de long. On le rencontre dans les forêts peu exploitées. Il est facilement reconnaissable à ses oreilles très pointues et à la fourrure particulièrement fournie qui entoure son museau. Animal nocturne, il se nourrit de petites proies. L'homme est son principal ennemi, car il détruit son habitat. Plus rare, et plus difficile à apercevoir, le couguar est un chat d'une taille beaucoup plus impressionnante !

Squonx. Il ressemble à un gros chat noir mais sa fourrure dorsale est ornée d'une longue bande blanche. Il est aussi doté d'une belle queue touffue. Le squonx déambule partout – dans les bois, dans les parcs des grandes villes, et même dans les quartiers résidentiels où il fréquente assidûment les poubelles. Il n'est pas dangereux, mais dégage pour se défendre la puanteur la plus insoutenable que l'on puisse imaginer… Soyez donc vigilant !

Porc-épic. Ce curieux animal de 90 cm de long, et hérissé de piquants, pèse jusqu'à 18 kg. De couleur grise, il vit dans les forêts et se nourrit principalement d'écorce et de bourgeons. Pour se protéger des intrus, il se roule en boule.

Caribou. Il vit en troupeau dans le Grand Nord. Sa chair et sa peau sont très appréciées par les Inuits. Leur nombre est aujourd'hui soigneusement recensé, car les caribous ont été progressivement décimés par la chasse et la pollution nucléaire.

Le spectacle d'un troupeau en période de migration est impressionnant. Quelques groupes de caribous sont disséminés plus au sud, notamment sur la péninsule de Gaspé au Québec, et dans la région du lac Supérieur. Un des cousins du caribou est le renne que l'on rencontre en Europe et en Asie.

Oiseaux. On a dénombré cinq cents espèces d'oiseaux, dont certaines sont très rares. L'un des plus célèbres "résidents à plumes" du Canada est le grand plongeon, dont le cri, triste mais superbe, trouble la quiétude des lacs à l'aube ou au crépuscule. Il sévit surtout dans le nord de l'Ontario.

L'envol du grand héron bleu, l'un des grands oiseaux du Canada, est tout particulièrement impressionnant. Très timide, il se cache près des marécages et s'envole au moindre bruit suspect.

Durant les migrations du printemps et de l'automne, on peut apercevoir les formations en V des oies du Canada sillonner le ciel. Grosses, noires et grises, celles que l'on surnomme familièrement les "couin-couin" se montrent souvent agressives.

Il existe de nombreuses variétés de canards, le mulard étant le plus répandu, le canard huppé le plus pittoresque. Ébouriffé, familier jusqu'à venir manger dans votre main, le geai gris réside surtout dans les Rocheuses. L'aigle à tête blanche et l'aigle pêcheur comptent parmi les oiseaux de proie les plus impressionnants. Dans les bois et les forêts, vous pourrez entendre le hululement des hiboux, et les moineaux ont envahi les parcs et les jardins. Vous pourrez aussi apercevoir et entendre des fringilles, des geais bleus, des mésanges et des cardinaux.

Sur les côtes, enfin, résident des espèces très diverses, parmi lesquelles des macareux et des godes.

Baleines et phoques. L'observation des baleines s'est transformée en entreprise commerciale très lucrative. Différentes espèces sillonnent le Saint-Laurent, au Québec, et au large des côtes de la Colombie-Britannique, ainsi que dans l'océan Atlantique. (Pour plus de renseignements, consultez les rubriques concernant ces régions.)

Dans les provinces atlantiques, l'interdiction des importations de fourrures (destinées à la confection de chaussures, de manteaux, etc.) a réussi à restreindre la chasse aux phoques (autre point positif pour la préservation de la vie animale).

En revanche, les touristes pourront s'aventurer sur la banquise de la côte est, sous la surveillance d'un guide, pour observer, caresser ou photographier les bébés phoques.

Pêche. Le brochet, la perche et la truite (plusieurs variétés) sont les poissons de rivière les plus répandus. Le saumon (plusieurs espèces) est particulièrement abondant sur la côte ouest. Les amateurs classent celui du Québec et des côtes atlantiques en seconde position après la variété d'eau douce. L'omble chevalier (*arctic char*), que l'on trouve uniquement dans le Grand Nord (et sur quelques menus du Sud !) est également très apprécié pour la finesse de sa chair.

Au large des côtes, on pratique la pêche hauturière. La pêche est un sport très populaire au Canada et attire quantité de touristes américains.

Parcs nationaux

Le Canada possède 36 parcs nationaux, dispersés sur tout le territoire de l'Atlantique au Pacifique, et de la frontière des États-Unis au Grand Nord. Chacun est

a) Baleine bleue (30 m)
b) Rorqual (21 m)
c) Cachalot (20 m)
d) Baleine franche (18 m)
e) Jubarte (15 m)
f) Épaulard (9 m)
g) Baleine de Mink (8 m)
h) Hyperhoodon (8 m)
i) Béluga (4,5 m)
j) Dauphin (2,40 m)
k) Marsouin (2 m)
l) Homme (1,80 m)

consacré à la protection et à la préservation d'un environnement spécifique. Le nombre des parcs ne cesse de s'accroître et de nouveaux sont déjà en chantier. Tous méritent amplement une visite.

L'Office des parcs (Environment Canada, ☎ 1-800-668-6767), 351, Saint Joseph Blvd, Hull (sur la rive opposée d'Ottawa), Québec, K1A 0H3 publie des brochures (gratuites) dans lesquelles sont décrites les caractéristiques des parcs et les commodités qu'ils offrent.

La plupart disposent de campings. Certains sont installés à proximité d'agglomérations et sont largement fréquentés, d'autres, plus isolés, permettent de profiter pleinement d'une nature encore sauvage. Mais beaucoup combinent ces deux aspects. Parmi les plus connus, on retiendra les noms de l'île du Cap-Breton en Nouvelle-Écosse, de l'Île-du-Prince-Édouard ou I-P-É, de Riding Mountain dans le Manitoba, de Pacific Rim sur l'île de Vancouver et tous les parcs des montagnes Rocheuses occidentales.

Certains louent des canoës et/ou des barques. Dans les parcs où abondent lacs et rivières, le canoë est un mode de déplacement idéal, quoique pas toujours d'un maniement facile. Mais la paix et la solitude qui vous attendent sur ces eaux silencieuses couronneront largement vos efforts. Dans d'autres encore, vous pourrez louer des vélos. Beaucoup sont veinés de sentiers de marche et de randonnée. Les villes de Banff et de Jasper sont situées à l'intérieur des parcs de montagne du même nom.

Le prix d'entrée varie d'un parc à l'autre (de zéro à plusieurs dollars). En revanche, les nuits de camping sont toujours payantes. Dans certains parcs, comme à Cap-Breton ou dans les Rocheuses, sont délivrées des autorisations à la journée, pour plusieurs jours ou annuelles. Cette dernière solution est de loin la plus intéressante.

Outre les parcs nationaux, le Canada compte plus de 70 sites naturels et historiques. En une seule journée, vous pourrez ainsi découvrir divers aspects de l'histoire du Canada, des forts aux cabanes des pionniers ou aux vestiges des premiers Vikings. La plupart disposent de centres d'accueil, au personnel parfois vêtu de costumes folkloriques, qui offrent une brève évocation d'un passé révolu. Beaucoup possèdent des aires de pique-nique.

Pour tout renseignement sur les parcs nationaux, adressez-vous à Environment Canada, autrefois le ministère de l'Environnement (☎ 1-800-668-6767 appel gratuit ou 997-2800 à Ottawa), 351, Saint Joseph Blvd, Hull, Québec, K1A 0H3. Vous pouvez aussi contacter le bureau de Parks Canada (☎ 613-938-5866), 111 Water St East, Cornwall, Ontario, K6H 6S3. Il pourra vous fournir des renseignements sur les sites historiques et les parcs fédéraux.

Pour de plus amples renseignements sur les parcs nationaux et provinciaux, voir *Camping* à la rubrique *Hébergement*, au chapitre *Renseignements pratiques*.

Les parcs provinciaux

Les provinces disposent de leur propre système de parcs et de réserves. Certains sont surtout des aires de loisirs, d'autres cherchent à protéger certains vestiges historiques, d'autres encore à préserver la faune, la flore ou la beauté unique de tel site géographique. Certains fournissent des aires de camping et autres aménagements. Dans de nombreuses provinces, l'entrée des parcs est gratuite dans la journée, mais payante si l'on veut y dormir.

Vous pourrez vous renseigner auprès des responsables sur les promenades et autres centres d'intérêt offerts par leur parc. Dans certains, un biologiste ou un naturaliste travaille sur place. D'autres, enfin, se limitent à une plage sablonneuse.

Les offices de tourisme provinciaux pourront vous fournir des brochures et des renseignements sur les parcs qui dépendent de leur juridiction, notamment en ce qui concerne leurs spécificités ou les campings.

De nombreux sites historiques sont également disséminés sur tout le territoire. Généralement petits, ils sont conçus pour être visités rapidement (en une demi-heure, voire une demi-journée). Ils concernent généralement un événement significatif ou une période précise de l'histoire de la province.

Terres domaniales, réserves et aires de loisirs

Vous pourrez sillonner à pied ou en canoë certaines terres domaniales non exploitées, ou encore y camper gratuitement. Certains parcs nationaux ou provinciaux jouxtent ces propriétés de la Couronne qui sont souvent concentrées dans les zones nord des provinces et les territoires les plus inaccessibles du pays.

D'aucuns disposent d'aires de camping qui ont été aménagées dans les forêts ou au bord des lacs, de voies de transport ou de sentiers de randonnée.

Les réserves provinciales et les zones inhabitées sont généralement fréquentées par tous ceux qui souhaitent savourer les plaisirs d'une nature encore sauvage. Certaines sont indiquées sur les cartes des différentes provinces.

Un équipement approprié est indispensable et prenez toutes les précautions nécessaires si vous allumez un feu dans ces endroits inexploités.

Sites inscrits au Patrimoine mondial culturel et naturel

Le Canada possède dix sites que l'Unesco a reconnu appartenir au Patrimoine mondial. Sept sont des zones naturelles, et tous des parcs nationaux ou provinciaux : le parc national de Gros-Morne ; le parc national Kluane ; le parc national Nahanni ; le parc national des montagnes Rocheuses ; le parc national Wood Buffalo ; le parc provincial Dinosaur ; et le Head-Smashed-In Buffalo Jump, dans l'Alberta.

Les trois autres sites sont plus centrés sur les réalisations humaines : le parc provincial d'Anthony Island dans les îles de la Reine-Charlotte, en Colombie-Britannique, où l'on a conservé un très ancien camp indien haida ; l'Anse-aux-Meadows, à Terre-Neuve, dans lequel subsiste un camp viking vieux de mille ans ; et la ville de Québec, un joyau de style européen. Tous méritent amplement une visite.

INSTITUTIONS POLITIQUES

Le Canada est une monarchie constitutionnelle, dont le pouvoir exécutif revient à la reine du Royaume-Uni. Celle-ci nomme son représentant sur le sol canadien, le gouverneur général.

Le Premier ministre, issu du parti politique majoritaire, nomme ses ministres et détient le droit de dissolution du Parlement.

Le Parlement est composé du Sénat et de la Chambre des communes. Les sénateurs (104 sièges) sont nommés par le gouverneur général alors que les 282 députés sont élus selon le scrutin majoritaire uninominal à un tour. La reine d'Angleterre est aussi à la tête du pouvoir législatif. La réforme du Sénat, voire son abolition, est une question largement débattue dans tout le pays.

Le chef du parti politique qui dispose du plus grand nombre de représentants élus à la Chambre des communes devient le Premier ministre et, par là même, le chef du pays. Pour constituer un cabinet, il choisit plusieurs membres du Parlement, appartenant bien évidemment à son parti. Les élections fédérales ont lieu au moins tous les cinq ans et, à la différence de ce qui se passe aux États-Unis, les élus sont rééligibles selon le souhait des électeurs. Les gouvernements sont élus pour cinq ans, mais les élections peuvent être anticipées.

Les dix provinces sont largement autonomes et présidées chacune par un Premier ministre provincial (ou Premier), élu au niveau provincial.

Nommé par le gouvernement fédéral, un lieutenant-gouverneur représente la monarchie, mais reçoit ses instructions d'Ottawa. Il demande au chef du parti victorieux aux élections, Premier virtuel, de constituer son gouvernement.

En revanche, les deux territoires du Nord dépendent largement du gouvernement fédéral, même s'ils souhaitent plus d'indépendance (accordée en partie à la région orientale des Territoires du Nord-Ouest).

La constitution repose sur des proclamations écrites et de conventions orales. Modernisation, modification et clarification de la constitution, réajustement de l'équilibre des forces entre les provinces, mais aussi entre elles et le gouvernement fédéral sont des problèmes sans cesse remis à l'ordre du jour.

Les partis politiques

Le seuil des années 90 fit perdre la tête à plus d'un électeur canadien, comme s'en plaignait récemment encore un homme politique. Un mécontentement largement répandu les poussa à bouleverser leurs habitudes de vote.

A Ottawa, les dernières élections fédérales ont modifié la scène politique dans des proportions inattendues. Les conservateurs progressistes et leur figure de proue, Kim Campbell, ont essuyé une cuisante défaite consécutive aux remaniements du Parlement. Le Bloc québécois constitue aujourd'hui l'opposition officielle, après avoir occupé le deuxième plus grand nombre de sièges. Ils ne sont représentés par aucun autre membre de leur parti dans le reste du pays et leur principal objectif reste la séparation du Québec (voir plus bas ainsi que le chapitre sur le *Québec*). C'est d'ailleurs dans la province de Québec qu'ils ont surtout connu un succès retentissant.

En troisième position, on retrouve un autre parti régional, le parti réformiste du Canada, dont le siège est installé dans l'Alberta. Leur programme, qui propose des allégements fiscaux et plus de responsabilités régionales leur attira des électeurs dans tout le pays, mais plus particulièrement dans l'Alberta et la Colombie-Britannique.

Dans la mesure où les libéraux et les deux partis régionaux se sont partagé la presque totalité des votes, les résultats obtenus par les conservateurs et le NPD (Nouveau Parti démocratique) ne leur permettent pas de conserver leur statut de parti officiel et les privilèges qu'une telle position entraîne. Au niveau fédéral, l'avenir de ces deux partis semble bien compromis.

Avant ce véritable raz-de-marée politique, la structure des partis était pour le moins stable. Les libéraux (qui détinrent pendant longtemps les rênes du pouvoir), les conservateurs progressistes (proches des libéraux, mais qui ne connurent pas les mêmes succès) et le NPD (considéré comme la "menace socialiste") constituaient les trois principaux partis politiques.

Les électeurs semblent voter pour les conservateurs, uniquement lorsqu'ils souhaitent donner une petite leçon de modestie aux libéraux. Quant au NPD, il ne parvint jamais à constituer un gouvernement fédéral et occupa toujours la troisième place. En revanche, ils gouvernèrent dans plusieurs provinces et acceptent volontiers leur statut de mouvement d'opposition. Ils se considèrent eux-mêmes comme la "conscience de la nation", toujours prêts à étayer quelques initiatives de type socialiste.

A l'échelon provincial, les trois principaux partis sont à nouveau représentés par les libéraux, les conservateurs progressistes et le NPD. En Colombie-Britannique, le Parti social constitue régulièrement un gouvernement. Ces partis provinciaux gardent généralement leurs distances vis-à-vis de leurs homologues fédéraux et agissent en toute indépendance. Leurs électeurs les considèrent également différemment et ont élu le NPD dans quatre provinces au cours des dix dernières années.

Le Parti québécois (parti provincial), fondé par René Lévesque en 1968 et dirigé aujourd'hui par Jacques Parizeau, défend les droits du Québec et revendique la partition de cette province.

Drapeaux et hymne nationaux

Le drapeau canadien fut choisi en 1965 par le Parlement. Les deux bandes sur le côté représentent les frontières dessinées par les océans. Et si elles ne sont pas bleues, c'est pour bien marquer l'indépendance du pays vis-à-vis de la France et de l'Angleterre. D'où leur couleur rouge ! Avant l'apparition de ce nouveau drapeau, le Red Ensign, sur lequel on pouvait reconnaître le pavillon britannique, flotta sur tout le pays de 1924 à 1965. Chaque province possède également son propre drapeau, que beaucoup de Canadiens seraient bien en peine de reconnaître. A l'exception, sans doute, de la "Fleur de lys" bleu et blanc du Québec.

L'hymne national, *Ô Canada* fut composé par Calixa Lavalée en 1880.

ÉCONOMIE

Les Canadiens connaissent le même niveau de vie élevé que les habitants des pays occidentaux les plus riches. Mais revenus et emplois ont chuté depuis une dizaine d'années et il devient beaucoup plus difficile, voire illusoire, de vouloir maintenir le niveau de vie dont put profiter la génération précédente. Aujourd'hui, près de la moitié de la main-d'œuvre est féminine et la majorité des foyers disposent de deux revenus, souvent par nécessité.

L'économie canadienne se fonde, comme elle l'a toujours fait, sur d'abondantes ressources naturelles. En simplifiant à l'extrême, les Canadiens sont des coupeurs de bois et des tireurs d'eau. Ces richesses naturelles, renouvelables pour certaines, comprennent le poisson, le bois et tous les produits forestiers, les minerais, le gaz naturel, le pétrole et l'hydroélectricité. Avec seulement 5% du sol cultivable, le secteur agricole (blé et orge) représente une part importante des exportations canadiennes.

L'industrie reste le point faible de l'économie et emploie aujourd'hui encore seulement 14% de la main-d'œuvre canadienne. L'industrie automobile arrive en tête, suivie par la haute technologie, notamment dans le domaine informatique ou aéronautique, mais ces pôles représentent toujours une part infime du marché canadien.

En revanche, les services, et plus particulièrement les entreprise de service public, constituent 75% de l'économie canadienne. Par ailleurs, la banque, les assurances, l'enseignement ou la communication favorisent les échanges avec l'étranger.

Le premiers partenaires commerciaux du Canada sont bien évidemment les États-Unis, même si les hommes d'affaires canadiens cherchent à consolider leurs relations avec le Japon, la Chine et tout le Pacifique. Le Mexique est voué à devenir, à travers l'ALENA signée en 1992, un partenaire majeur.

Une certaine mainmise de groupes étrangers sur l'économie canadienne n'est pas non plus exempte de problèmes, les bénéfices n'étant pas réinvestis sur place. Au total, environ 40% de l'industrie canadienne appartient à des entreprises étrangères, avec à leur tête les Américains.

Le chômage avoisine les 10% – avec quelques variantes selon les régions – et le taux d'inflation ne dépasse pas 2%.

Le Canada véhicule également une formidable "économie parallèle". Cette expression ne fait pas seulement référence à diverses activités criminelles, mais aux transactions effectuées "sous le manteau"

L'État-providence

La politique généreuse de couverture des risques les plus divers a fait de la protection sociale canadienne un des systèmes sociaux les plus performants. Les années 60 ont vu se mettre en place des programmes audacieux (pour l'époque et en comparaison avec les États-Unis voisins), tels que le régime d'aide sociale touchant les plus défavorisés, l'amélioration des pensions de vieillesse et des allocations familiales, l'assurance-chômage, l'assurance-hospitalisation complétée par l'assurance-maladie, qui couvre la plupart des soins médicaux pour l'ensemble de la population, mais aussi l'accès à la justice et à la protection des consommateurs. Par l'intermédiaire fédéral, les provinces les plus riches doivent subventionner les plus pauvres.

Avec la croissance des coûts, cette politique, ambitieuse mais onéreuse, a conduit dans les années 80 à envisager des révisions des programmes à la baisse. Par ailleurs, la collaboration obligatoire des gouvernements provinciaux et du gouvernement fédéral est très compliquée, chacun ayant des compétences et des attributions de subventions propres. Aussi, la protection sociale n'est pas uniformisée au Canada, comme on le constate avec la différence de nom attribué au système ; au Québec, il porte le nom évocateur de *Bien-être social*. ■

par les entreprises pour éviter le paiement de certaines taxes. On estime que ce marché parallèle représente plus de 20% de la production économique nationale ! Des taxes impayées qui entraînent nécessairement un manque à gagner et donc une augmentation des impôts. D'où l'impression des Canadiens d'être victimes d'un marché de dupe, qui les poussent davantage encore à chercher des solutions de rechange. Le mécanicien répare votre voiture, vous arrangez sa plomberie. Il vous loge dans son motel, vous lui dessinez une brochure... les possibilités sont infinies. Il existe même des clubs où l'on peut s'échanger verbalement les services rendus.

De nombreuses transactions s'effectuent "sous la table", autrement dit sont payées en liquide, sans factures ni garanties écrites. Offrir de payer en liquide entraîne immédiatement une baisse du prix d'achat et permet d'éviter les taxes. On pense d'abord aux marchandises passées en fraude, à la frontière, dans un camion, ou à une échelle plus modeste, camouflées sous le bébé qui dort. On ne compte plus les bouteilles d'alcool et les cartouches de cigarettes qui traversent ainsi la frontière. Le gouvernement canadien est parfaitement conscient de ces problèmes mais, à ce jour, n'a toujours pas trouvé les solutions pour les résoudre.

POPULATION ET ETHNIES

La population du Canada ne dépasse pas les 27 millions d'habitants et 40% de la population est d'origine anglaise. Voici encore quelques années, on évaluait à un tiers les descendants français des premiers pionniers, mais ce chiffre est tombé à un quart (et ne cesse de chuter). La plupart d'entre eux vivent au Québec, mais aussi au Nouveau-Brunswick, en Nouvelle-Écosse, dans l'Ontario et au Manitoba.

En règle générale, les Canadiens francophones sont catholiques, les anglophones protestants, mais la religion ne joue plus un rôle déterminant dans la vie canadienne.

Les premiers colons en provenance d'Europe centrale et de l'Est s'installèrent dans les prairies, mais on retrouve aujourd'hui leurs descendants sur tout le territoire, et plus particulièrement dans les grandes villes. Le troisième groupe ethnique est d'origine germanique. Le Canada compte aussi des communautés italienne, ukrainienne, hollandaise, grecque, polonaise et scandinave. Récemment, elles furent rejointes par des Asiatiques – notamment des Chinois de Hong Kong – et, à un degré moindre, par un assez grand nombre d'Américains du Sud et de Caribéens. Le Canada accueille aussi des réfugiés du monde entier. A la différence des pionniers des premiers jours, les arrivants se concentrent dans les grandes agglomérations. Centre de l'immigration internationale, Toronto est l'une des villes les plus cosmopolites au monde.

Les peuples aborigènes

Le pays compte aujourd'hui 330 000 Indiens et 27 000 Inuits, un tiers de plus qu'à l'arrivée des premiers Blancs. Les Métis sont également au nombre de 400 000, ce terme désignant les descendants d'Indiens et d'Européens blancs. Ces trois groupes représentent seulement 4% de la population globale du Canada. La plupart vivent dans le Yukon, les Territoires du Nord-Ouest et l'Ontario, mais des communautés aborigènes sont disséminées dans toutes les provinces. Inuit est le terme général qui sert à désigner les peuples esquimaux du Canada. Il permet de les distinguer des Esquimaux d'Asie ou des Aléoutes des îles Aléoutiennes.

Ces trois groupes sont également appelés les Canadiens autochtones ou les Premières Nations, une expression qui souligne l'indépendance perdue des peuples aborigènes du Canada.

Dès l'arrivée des premiers pionniers, les Indiens connurent un destin tragique. D'abord décimés par les maladies transmises par les colons, ils perdirent leur liberté, leurs traditions dans bien des cas, leur dignité, et furent dépossédés de leurs terres. Aujourd'hui, 2 280 réserves sont disséminées sur tout le territoire et 600 nations,

Droit des Indiens

La communauté indienne se compose de plusieurs nations distinctes et, après l'arrivée des premiers colons sur le sol canadien, a été profondément divisée par des conflits. La plupart des nations n'ayant signé aucun traité avec les colons, elles n'ont jamais été en position de négocier véritablement.

Le mode de vie indien a été terriblement affecté par la présence d'Européens, chrétiens et avides de commerce, sur ces terres. La création des réserves et l'obligation d'y vivre ont dénaturé la culture des Indiens, qui vivaient en nomades de la chasse, et le reste des territoires leur a été spolié ; le christianisme, par le biais de missionnaires de toutes sortes mais principalement des jésuites, a été développé dans tout le pays.

Piégés par un lourd système de protection sociale, leur mode de vie traditionnel anéanti, les peuples amérindiens subissent aujourd'hui les maux de la société moderne sans en percevoir les avantages : alcoolisme, fuite vers les villes, chômage forcé, délinquance sous toutes ses formes ont conduit cette communauté au bord du gouffre.

Depuis les années 60, on assiste à un réveil de la fierté amérindienne et à l'affirmation des droits et de la spécificité culturelle des premiers habitants, notamment à travers la charte des Droits et Libertés, signée en 1982, qui reconnaît leurs caractères distincts. En 1990, des Mohawks armés, en bloquant l'un des ponts reliant l'île de Montréal à la rive sud du Saint-Laurent, ont obtenu l'attention des médias et cette crise a peut-être porté préjudice à la cause indienne. Néanmoins, le gouvernement fédéral, en signant l'accord de création du territoire de Nunavut dans les Territoires du Nord-Ouest, a commencé un processus de restitution des terres aux peuples autochtones. Le territoire et le gouvernement de Nunavut, dont la création est prévue pour le 1er avril 1999, devra faire face à de nombreux défis : une main-d'œuvre jeune aux prises avec un taux élevé de chômage, la sous-scolarisation, des revenus moyens très bas et le coût élevé des biens et services publics. Aujourd'hui, la population locale espère que le règlement final de la revendication territoriale des Inuits stimulera l'économie de la région. ■

enregistrées par le gouvernement. Certaines possèdent plusieurs réserves. Chaque Indien est officiellement affilié à une nation.

Environ 72% des Indiens vivent dans ces réserves, pauvrement pour la plupart et grâce à une allocation du gouvernement. Dans les villes, ayant bénéficié d'un faible degré d'instruction et sans qualification professionnelle, ils sont rapidement marginalisés. Les taux de mortalité infantile, d'espérance de vie, d'instruction, de chômage ou d'incarcération sont nettement en leur défaveur comparés aux chiffres du reste de la population canadienne.

Depuis le début des années 80, les leaders indiens se sont efforcés de politiser leurs revendications, qu'il s'agisse d'invoquer la Constitution, de réclamer des terres ou de défendre leurs droits miniers. Plusieurs organisations nationales, telles que l'Assemblée des Premières Nations, s'activent aujourd'hui à défendre les intérêts des Indiens. C'est grâce à ces actions que leur voix pourra enfin se faire entendre. Il semble par ailleurs que la plupart des Canadiens approuvent aujourd'hui les revendications des Indiens.

Quoi qu'il en soit, les Indiens attendent toujours que des mesures concrètes améliorent véritablement leur situation. Même s'il est de plus en plus difficile aux gouvernements fédéraux et provinciaux de fermer les yeux. Régulièrement les revendications des Indiens sont portés devant les tribunaux, notamment le droit à l'autonomie pour les peuples aborigènes. La création d'écoles indiennes, qui permettrait de contrôler l'instruction religieuse et l'enseignement de la langue vernaculaire, ainsi que la mise en place d'un système judiciaire indiens font également l'objet de pourparlers. Nombre d'Indiens participent aussi de plus en plus à divers mouvements qui cherchent à encourager le respect de la religion, de la culture, de la langue et de l'histoire de leur peuple.

SYSTÈME ÉDUCATIF

Sous la juridiction des provinces, le Canada fournit un enseignement gratuit pendant tout le primaire. Au-delà, les études deviennent payantes et sont dispensées dans des collèges d'enseignement général et professionnel (CEGEP) et à l'université, qui reçoivent également des subventions de l'État. Les collèges proposent des programmes d'études (d'une durée d'un à trois ans) dans des domaines aussi diversifiés que le graphisme, la joaillerie ou la profession d'infirmière. Ces spécialisations appartiennent à des sections aussi vastes que l'art, l'économie, les sciences et techniques et le service médical. L'université fournit un enseignement classique et professionnel d'un niveau plus

Les innovations, inventions et découvertes canadiennes

Les Canadiens peuvent revendiquer la paternité de multiples inventions nées de l'ingéniosité humaine. Les Indiens nous ont ainsi donné les mocassins et les canoës en écorce de bouleau ; les Inuits, les parkas, les chaussures connues sous le nom de mukluks, et les kayaks. Plus récemment, les Canadiens ont inventé le microscope électronique, ainsi que le bras articulé et manipulable dans l'espace, utilisé dans les vaisseaux spatiaux américains.

Les Canadiens se sont montrés aussi très actifs dans le domaine alimentaire. Des recherches ont mis au point des variétés de blé adaptées aux climats les plus divers. Pablum, des céréales pour bébé, furent les premières du genre et, plus importante encore, fut l'apparition de la purée instantanée ! Le plus célèbre fruit du pays, la pomme Macintosh, provient d'un pommier sauvage trouvé dans l'Ontario et qui fut reproduit par greffage. La tablette de chocolat fut créée par Ganong Brothers Ltd, toujours en activité à St Stephen, dans le Nouveau-Brunswick. Enfin le Canada Dry est célèbre dans le monde entier.

Les autres innovations regroupent le rouleau à peindre (une invention simple, et pourtant indispensable), le téléphone, la canadienne (veste, canot et tente), l'allumette à friction, les chaînes pour les pneus, le tracteur pour déblayer la neige. Les Canadiens ont aussi inventé en 1911 les chasse-neige rotatifs et, dix ans plus tard, la souffleuse.

Le Canada est aussi à l'origine du développement de l'avion à décollage et à atterrissage courts (STOL). Concernant les trains, la voiture d'observation appelée le vistadôme fut également conçue sur le sol canadien.

C'est encore un Canadien, Thomas Wilson, qui découvrit l'utilisation du gaz acétylène pour l'éclairage. Il remplaça le kérosène, autre invention canadienne, et aboutit à la formation de la gigantesque Union Carbide Company. C'est aussi les Canadiens qui ont conçu le système de calcul horaire GMT adopté dans le monde entier.

Dans l'univers de la mode (ou plus exactement, des relations entre les sexes), le Canada revendique la création par Canadelle du soutien-gorge pigeonnant, à Montréal, en 1963 et des fermetures à glissière.

L'insuline fut découverte par Banting et best en 1921. C'est également au Canada que se développa l'utilisation du cobalt, source de radiations plus puissante que les rayons X, dans le traitement du cancer.

C'est toujours au Canada que l'on inventa les premiers postes de radio sans batterie, en 1925, et, deux ans plus tard, la première station de radio entièrement électrique. Appelée CFRB, c'est aujourd'hui la station de Toronto la plus écoutée dans tout le pays. N'omettons pas les pellicules grand format IMAX mises au point par une société canadienne. Le Young Peoples Theatre (YPT) de Toronto lança une forme théâtrale spécialement adaptée aux enfants, avec des acteurs prenant leur public très au sérieux.

Greenpeace, le mouvement pour la défense de l'environnement, fut fondé à Vancouver, et le sac de plastique vert, qui a envahi l'Amérique du Nord, est une création canadienne.

Ce sont aussi deux Canadiens qui inventèrent le Trivial Pursuit, un jeu de société qui réussit l'exploit de détrôner le Monopoly. Il s'en est vendu environ 50 millions dans le monde.

Toujours canadien, le laser, un voilier bon marché, devenu populaire dans le monde entier ; mais aussi le hockey sur glace, qui date des années 1850 ; et surtout le basket-ball, même si cette information risque de chagriner quantité d'Américains. ■

élevé. De fait, il existe deux systèmes scolaires (public et libre) ouverts à tous. Outre l'enseignement primaire traditionnel (la lecture, l'écriture et l'arithmétique), les écoles libres offrent également un enseignement religieux plus poussé. Certains programmes d'immersion, qui permettent aux élèves anglophones de recevoir un enseignement dispensé entièrement en français, sont très populaires au Canada.

Il existe aussi un certain nombre d'écoles privées, mais pas de véritable système privé. Certaines de ces écoles s'apparentent aux méthodes alternatives prônées par Waldorf ou Montessori.

Ces dernières années, le système éducatif a fait l'objet d'une surveillance accrue. On s'est en effet aperçu que, à la sortie du secondaire, les étudiants ne répondaient pas aux critères exigés sur le plan international, mais aussi par les universités canadiennes, et qu'ils étaient mal préparés par les entreprises. Les éducateurs invoquent autant de problèmes insolubles : le manque de fonds, des aménagements déficients, mais aussi la nécessité pour eux d'assumer simultanément le rôle d'enseignant, de surveillant, de conseiller pédagogique et de travailleur social.

Moins de la moitié des Canadiens entreprennent aujourd'hui des études supérieures. Environ 10% possèdent un diplôme universitaire. En revanche, de nombreux étudiants viennent du monde entier pour étudier dans les universités canadiennes.

ARTS ET CULTURE

Littérature francophone

Les écrivains québécois de langue française sont très largement représentés. Gabrielle Roy, née dans la banlieue francophone de Winnipeg, a donné ses lettres de noblesse au roman canadien français en peignant l'homme dans tous ses états, avec *la Montagne secrète* ou *la Rivière sans repos*.

Marie-Claire Blais, avec *Une Saison dans la vie d'Emmanuel*, reprend les poncifs du roman de terroir du type *Maria Chapdelaine* qui a enchanté des générations, pour mieux les dévaloriser. La palme de l'auteur le plus subversif revient sans doute à Réjean Ducharme, avec la parution en 1967 du roman l'*Avalée des Avalées*, où il entreprend le procès de tout ce qui fait rêver les hommes…

Anne Hébert nous transporte dans un univers poétique où la langue est magnifique et l'esprit québecois omniprésent (*les Fous de Bassant*). Louis Jolicœur, linguiste et traducteur, fait également partie de cette génération d'écrivains québécois qui excelle dans le genre de la nouvelle.

Si Michel Tremblay a émergé grâce à la dramaturgie (*les Belles Sœurs*), il semble qu'il se tourne de plus en plus vers une œuvre romanesque.

Littérature anglophone

Si ce n'est la longue saga de *Jalna* de Mazo de la Roche (1927), et les traits du célèbre humoriste Stephen Leacock (*Literary Lapses*, *Last Leaves*), c'est surtout depuis les années 40 que la littérature anglophone a commencé à s'imposer.

Elle compte notamment de nombreux poètes dont l'un des plus connus est incontestablement E. J. Pratt (1882-1964). Originaire de Terre-Neuve, il fut professeur à Toronto jusqu'en 1953 et publia treize recueils de poèmes d'inspiration épique (*Titans* ou *Towards The Last Pike*, qui décrit la construction du chemin de fer transcanadien). Robertson Davis, quant à lui, est resté attaché aux valeurs littéraires de l'Angleterre et il est considéré comme le plus britannique des écrivains canadiens contemporains.

Alors que Mordecai Richler a parié sur l'Angleterre pour devenir célèbre, ce sont des auteurs de romans et de nouvelles typiquement canadiens qui ont réussi à obtenir une notoriété internationale. Parmi eux, Margaret Atwood, poète (*Journals of Susanna Moodie*) puis romancière (*Surfacing*) et nouvelliste, a publié récemment *The Handmaid's Tale*.

Les chansons poétiques du musicien et chanteur Leonard Cohen ont facilité son succès comme auteur d'un roman, *Beautiful Losers*. Alice Munro, très connue au

Canada, a publié de remarquables nouvelles (*Dance of the Happy Shades*, *The Moons of Jupiter*). On pense également à B. P. Nichol pour sa poésie expérimentale, ou encore au célèbre Michael Ondaatje.

Le moraliste Morley Callaghan connaît la célébrité dans les années 50 mais son public est surtout nord-américain (*The Love and the Lost*). Hugh MacLennan pose la question de l'identité canadienne à travers *Two Solitudes* et *The Watch that ends the Night*.

Le cas de Mavis Gallant est paradoxal : née à Montréal en 1922, elle vit en France depuis 1950 mais c'est le *New Yorker* qui publie ses nouvelles, son genre favori. Écrivain prolifique, elle situe son œuvre parfois dans un contexte montréalais. Elle est très connue aux États-Unis. Par ailleurs, Malcolm Lowry (*Au-dessus du volcan*) écrivit l'essentiel de son œuvre en Colombie-Britannique, dans une simple cabane sur la plage, à proximité de Vancouver.

Littérature indienne et acadienne

La littérature indienne existe désormais à part entière, grâce notamment à plusieurs écrivains, dont George Clutesi, Markoosie, Wa-Sha-Quon-Asin (autrement dit Hibou Gris) ou Odjiboway ; ce dernier écrivit en anglais, dans les années 30, plusieurs ouvrages qui furent traduits dans le monde entier, parmi lesquels *Pilgrims of the Wild*.

Nancy Huston, née à Calgary dans l'Alberta, a écrit des fictions et des essais qui prennent souche dans son pays d'origine.

Antonine Maillet, en faisant revivre l'Acadie avec *la Sagouine* et *Pélagie la Charrette* (prix Goncourt en 1979), a recréé un pays dont le passé avait été spolié. Le long poème de Henry Longfellow, *Evangeline*, fit connaître au monde entier l'histoire des Acadiens.

Musique

Les musiciens canadiens ont vu leur notoriété internationale se développer depuis ces trente dernières années. Les plus célèbres ont parfois choisi de poursuivre leur carrière à l'étranger (en France ou aux États-Unis).

Les chanteurs québécois bénéficient souvent d'une autre carrière en Europe francophone. Qu'il s'agisse des chanteurs à texte comme Gilles Vigneault ou Félix Leclerc, de musiciens plus rock comme Robert Charlebois ou le groupe Beau Dommage, la chanson québécoise s'affiche avec brio en comptant Diane Dufresne, Fabienne Thibault, Carole Laure (aussi comédienne, inoubliable interprète de Maria Chapdelaine) en harmonie avec Lewis Furey, Daniel Lavoie, Diane Tell, Michel Rivard, sans oublier le co-auteur de la comédie musicale *Starmania*, Luc Plamondon.

Pianiste, le Montréalais Oscar Peterson est, quant à lui, une légende vivante et une des figures les plus représentatives du jazz. Son touché subtil et sa sensibilité sont le plus souvent mis en valeur dans sa formation de prédilection, le trio (piano, basse, batterie). Célèbre depuis 20 ans, l'Ontarien Neil Young émergea d'abord avec le groupe Crosby, Steel, Nash and Young, puis continua sa carrière en solo. Le chanteur manitobais Leonard Cohen, folk-singer sexagénaire à la voix d'or, a lui aussi une belle et déjà longue carrière, depuis les années 70 avec des chansons folk comme *Suzanne* jusque dans les années 90, fortes de rythmes rock, en passant par un langoureux *I am your Man*...

Dans le domaine classique, on retiendra surtout Glenn Gould (né à Toronto), pianiste virtuose et d'exception. Son interprétation très personnelle de l'œuvre de Jean-Sébastien Bach est une merveille, notamment *les Variations de Goldberg*.

Charles Dutoit et l'Orchestre symphonique de Montréal enregistrent régulièrement et se produisent en tournées internationales.

Peinture

Les premiers peintres canadiens firent leur apparition dès le début du XVIIIe siècle. De styles très divers, leurs œuvres subirent l'influence européenne. De cette période on retiendra le nom de Cornelius Krieghoff, pour lequel la région du Saint-Laurent fut le sujet d'inspiration privilégié. A l'ouest, Paul Kane se passionna pour les Indiens et leur mode de vie. Les paysagistes sillonnaient et exploraient le pays en suivant le nouveau tracé des lignes de chemin de fer.

Tom Thompson et le Groupe des Sept, fondé juste avant la Seconde Guerre mondiale, privilégièrent le paysage et définirent un style qui allait dominer l'art canadien pendant une trentaine d'années. Le Groupe des Sept réunissait Franklin Carmichael, A. J. Casson, Lawren Harris, A. Y. Jackson, Arthur Lismer, J. E. H. MacDonald et Frederick Varley. S'inspirant des paysages de la région des lacs, à l'est, leur œuvre a su séduire un public tant national qu'international. Dans la même tradition, Emily Carr s'appliqua à peindre la côte ouest, ses forêts, les villages indiens et leurs totems.

Signé par un groupe de peintres automatistes, le manifeste du Refus Global (1948) a entraîné une révolution qui toucha tous les arts au Québec.

Dans les années 50, un autre groupe de peintres, dont Jack Bush, Tom Hodgson et Harlod Town, favorisa l'éclosion d'une nouvelle abstraction dans la peinture canadienne. Joyce Wieland et Michael Snow figurent parmi les noms les plus représentatifs de l'art contemporain de cette période. Parmi les réalistes, il faut citer Ken Danby, Alex Colville, Christopher et Mary Pratt et, pour les études d'après nature, Robert Bateman.

Cinéma

Le cinéma canadien jouit d'une certaine notoriété à l'étranger, grâce au travail accompli par l'Office national du film (National Film Board/NFB) dont les productions connaissent toutefois une audience étonnamment restreinte sur place. Fondé en 1939, l'Office produit chaque année de nombreux films d'animation, de fiction et

Le cinéma québécois

Depuis les années 60, les réalisatrices québécoises participent largement à la vie du 7e art, notamment Anne Claire Poirier avec un discours assez féministe (*les Filles du roy*, *Mourir à tue-tête*) ou Léa Pool avec un rythme chaotique caractéristique (*Anne Trister*, *la Femme de l'hôtel*). L'actrice Micheline Lanctôt devient réalisatrice pour parler du suicide et de la difficulté de communication des jeunes (*Sonatine*, Lion d'argent à Venise).

Les femmes en général mais aussi le thème de l'opposition ville/campagne sont souvent le pivot des œuvres ; on pense alors à *Isabel*, de Paul Almond, qui suit une jeune fille dans son retour vers sa Gaspésie natale, à *La vraie nature de Bernadette*, où l'héroïne, Bernadette (Micheline Lanctôt), quitte la ville pour la campagne où elle pense retrouver la nature profonde de la vie, ou encore à *la Mort d'un bûcheron*, qui met en scène Carole Laure dans son rôle fétiche de Maria Chapdelaine, et situe l'action à Montréal, ville fatale où l'innocence se perd (ces deux derniers films sont de Gilles Carle). Geneviève Bujold, actrice de prédilection de Michel Brault, a tourné dans *les Noces de papier*, sur le thème du mariage blanc entre un réfugié politique chilien et la sœur de l'avocate chargée de le défendre.

Les adolescents sont aussi présents, notamment dans *l'Eau chaude l'eau frette*, portrait d'une jeune fille, du grinçant André Forcier, ou dans *Mon Oncle Antoine*, de Claude Jutra, considéré comme l'un des meilleurs films jamais produits au Québec, qui relate tendrement les premières désillusions d'un jeune garçon. A l'autre bout de la vie, les deux vieillards des *Dernières Fiançailles* de Jean-Pierre Lefebvre, ont également recueilli les suffrages populaires.

Sur un ton plus léger et ironique, Denys Arcand est devenu célèbre depuis que sont sortis sur les écrans internationaux *le Déclin de l'Empire américain* où angoisses et trahisons masquent la vérité d'heureux "quadras", et *Jésus de Montréal*, qui remet en question les certitudes des plus jeunes.

Le désespoir est cependant devenu un genre familier des films québécois. *Seul avec Claude* (*Being at Home with Claude*), de Jean Beaudin, explique les raisons du crime commis par un homosexuel envers son amant et la dure vie menée par les marginaux. *Leolo*, de Jean-Claude Lauzon, relate les conditions difficiles de la vie d'un jeune garçon dans un taudis et sa fuite grâce à l'écriture, son seul moyen de sauvegarde qui l'aide à distinguer le vrai du faux. ■

des documentaires. On lui attribue d'ailleurs la création du genre documentaire. Il dispose de bureaux installés dans les grandes métropoles canadiennes, où l'on peut assister à la projection de ses diverses productions. De nombreuses cassettes vidéo sont également disponibles à la location.

Le Canada possède aussi une industrie cinématographique plus commerciale, d'une qualité variable, à l'image des productions hollywoodiennes (comme *Faux-Semblants* de D. Cronenberg avec Geneviève Bujold et Jeremy Irons), mais à une échelle beaucoup plus restreinte. Depuis quelques années, c'est le cinéma québécois qui s'est montré le plus prolifique et qui a obtenu les plus grands succès.

Art des peuples autochtones

Les Inuits du Nord se sont rendus maîtres de la sculpture sur bois et sur os. Leurs œuvres restent souvent d'un prix accessible, à l'exception bien entendu de celles signées par des artistes jouissant d'une certaine notoriété.

Les matériaux utilisés par les Inuits sont l'os, l'ivoire, l'andouiller de cervidés, et parfois la corne ou le bois. Mais les objets les plus courants sont exécutés dans des roches qui répondent au terme générique de pierre savonneuse : la stéatite et la serpentine, l'argilite, la dolomite, entre autres. Extraites dans le Grand Nord, ces pierres sont noires, grises ou vertes, brutes ou polies.

Les styles de sculpture varient d'une nation à l'autre sur tout le territoire du Grand Nord, et certains sont plus connus que d'autres. Tous ces objets sont sculptés à la main, à l'aide d'instruments très rudimentaires. Au nord du Québec, la tendance est à l'inspiration réaliste, voire naturaliste : oiseaux, scènes de chasse, etc. Sur la Terre de Baffin, on privilégie une sculpture plus raffinée, plus soucieuse de représentations humaines. Dans la région arctique, l'art s'inspire surtout de thèmes spirituels et l'os de baleine est fréquemment utilisé.

Cet intérêt croissant pour la sculpture inuite a malheureusement entraîné la production massive d'imitations, exposées et vendues un peu partout. Les œuvres véritables portent toujours une étiquette, ainsi qu'un symbole représentatif de l'igloo. Beaucoup sont également signées par l'artiste.

La qualité des objets vendus est souvent indiquée aussi par le type de revendeur. Mieux vaut s'adresser à une boutique dont la respectabilité est notoire qu'à une boutique de souvenirs. Pour certaines contrefaçons, il arrive même que l'on utilise n'importe quel matériau, jamais employé par les Inuits.

Les artistes inuits produisent aussi des estampes très appréciées. D'inspiration sur-

Masque indien

tout mythologique, elles s'attachent aussi à dépeindre diverses activités quotidiennes.

Bien que célèbres pour leur sculpture ou leur vannerie, les Indiens s'illustrent surtout aujourd'hui également dans l'art de l'estampe et de la gravure. Norval Morisseau est incontestablement considéré comme le peintre indien le plus célèbre du pays. Avec ses sculptures et ses totems, Bill Reid est devenu, quant à lui, une figure majeure sur le plan international. Sur tout le territoire, vous trouverez à vendre de l'artisanat indien, bon marché mais d'une qualité bien médiocre comparée aux objets fabriqués autrefois. Les vêtements fabriqués par les artisans inuits ou indiens sont souvent de bonne qualité : mocassins (*mukluks*), pull-overs tricotés (originaires de l'île de Vancouver) et parkas (manteaux d'hiver). Vous pourrez aussi acheter bijoux et objets en perles.

Véhiculant une image toute symbolique, le mât totémique reste l'apanage des Indiens du Nord-Ouest. Exclusivement objet de décor des poutres et des piliers porteurs dans les habitations à leur apparition, ces sculptures témoignent de la position sociale d'une famille, et honorent également la mémoire des défunts. Face à la fragilité des bois et à la malveillance des chrétiens, la présence de ces mâts déclinera avant d'être intelligemment restaurés et reconstruits avec le soutien du gouvernement et des minorités.

Sports

Le sport national canadien est le *lacrosse*, un ancien jeu indien qui rappelle le football, mais qui est pratiqué avec une petite balle et des bâtons. Au bout de chaque bâton est accroché un panier en cuir avec lequel le joueur attrape et transporte la balle.

Mais le sport qui déchaîne véritablement la passion des Canadiens est le hockey sur glace. C'est particulièrement vrai au Québec, siège des Canadiens de Montréal, équipe légendaire du hockey national et l'une des meilleures sur la scène du sport professionnel. Si vous vous trouvez au Canada en hiver, ne ratez pas un match entre deux équipes de la Ligue nationale de hockey (National Hockey League/NHL). La saison couvre la période d'octobre à avril. Il existe des équipes dans huit villes canadiennes, mais deux fois plus aux États-Unis, bien que la plupart des joueurs proviennent du Canada. Sur place, les équipes de la Ligue nationale sont établies à Québec, Montréal, Ottawa, Toronto, Winnipeg, Calgary, Edmonton et Vancouver. Nombre d'autres villes possèdent des équipes de moindre importance.

La Ligue du football canadien (Canadian Football League/CFL) pratique un football américain, dont les règles ont subi quelques modifications. Le pays compte huit équipes. Bien que le jeu pratiqué par les Canadiens soit plus rapide et plus passionnant, sa popularité ne cesse de chuter à tel point que la ligue risque de disparaître. La coupe de championnat, la Grey Cup, se déroule parfois en novembre.

Le base-ball américain a su conquérir le public canadien, surtout depuis que Montréal (les Expos) et Toronto (Blue Jays) possèdent deux équipes. Toronto a remporté la Coupe du monde en 1992 et en 1993.

Le football européen et le basket-ball restent des sports très peu pratiqués au Canada. La ligue de basket professionnel américain, connue sous le nom de National Basket Association (NBA) espère modifier cette situation et se développer sur l'ensemble du territoire canadien dans les années à venir.

Le patinage sur les rivières gelées et les patinoires en extérieur est un spectacle familier. Tout comme le jogging, abondamment pratiqué, et les patins à roulettes qui sont devenus à la mode depuis quelques années. Le golf et le tennis font également partie des sports en vogue au Canada. Quant au *curling* (jeu écossais qui rappelle le jeu de boules), il est pratiqué dans tout le pays, indifféremment par les hommes et les femmes, en hiver.

La popularité du cyclisme ne cesse aussi de s'accroître chaque année.

Le Canada a toujours largement participé aux jeux Olympiques d'été et d'hiver, qui réunissent de nombreux spectateurs. (Pour plus de détails sur les rencontres sportives, consultez les chapitres consacrés aux différentes provinces.)

RELIGION

Dans la colonisation du Canada, l'impact de la religion fut important. Soutenant les catholiques français et irlandais, les jésuites furent en perpétuel conflit avec les protestants anglais et hollandais.

Sujet d'étude et d'évangélisation, les Indiens devinrent, au XVIIe siècle, l'instrument d'une guerre de pouvoir entre catholiques et protestants. Dès lors, les jésuites furent massacrés par les Iroquois, ceux-ci aux ordres des Anglais.

Malgré cette meurtrière opposition, le rôle des jésuites ne reste pas moins essentiel dans l'exploration scientifique du Canada et la prédominance de leur doctrine auprès des Indiens d'aujourd'hui.

Parallèlement, les catholiques constituent la première communauté religieuse du pays, et sa prééminence fut renforcée par l'immigration italienne, grecque et polonaise, entre autres.

Au sein de la communauté protestante, les anglicans représentent le groupe majeur, suivi par les unitariens. A Montréal, Winnipeg et Toronto, la population israélite est également très importante, et une immigration plus récente a introduit l'hindouisme et l'islam au Canada. A Vancouver, les Sikhs représentent aujourd'hui une communauté non négligeable. Par ailleurs, les populations chinoises de Vancouver et de Toronto maintiennent la tradition bouddhiste. Le pays possède aussi quelques sectes religieuses rurales, peu représentées mais déterminées, notamment les mennonites, les hutterites et les doukobhors.

Quoi qu'il en soit, la religion joue un rôle de moins en moins déterminant dans la vie canadienne. La fréquentation des églises ne cesse de diminuer depuis la Seconde Guerre mondiale.

A l'exemple de leur génération, les enfants d'immigrants font également preuve d'un manque d'intérêt pour la religion, qui est souvent à l'origine de dissensions familiales.

Au sein de la communauté indienne, la plupart sont catholiques, autre preuve de l'efficacité des premiers jésuites. On assiste cependant à un retour aux anciens systèmes de croyances fondés sur la nature et le monde des ancêtres.

LANGUE

Le français et l'anglais sont les deux langues officielles du Canada. Elles figurent sur les panneaux, les cartes, les brochures touristiques et les boîtes de céréales. A l'ouest, l'usage du français est moins sensible. Au Québec, il domine nettement. Panneaux de signalisation et d'information sont souvent uniquement en français. En dehors de Montréal et de Québec, il subit même certaines modifications selon les régions.

Les Indiens et les Inuits continuent à utiliser leur langue maternelle, comme le font de nombreux immigrants. Dans certaines communautés indiennes toutefois, seuls les membres les plus vieux sont encore capables de pratiquer la langue vernaculaire de leur nation. La plupart des Canadiens blancs ignorent les langues des Indiens ou des Inuits et seuls quelques mots, comme *igloo*, *parka*, *muskeg* et *kayak* sont passés dans le langage courant.

Les langues inuites sont intéressantes pour leur étonnante précision et utilisent plusieurs mots pour indiquer une même chose : "eg" – qui désigne le phoque – sera employé en fonction de l'âge de l'animal et selon qu'il est dans ou hors de l'eau. De même qu'il existe une vingtaine de mots qui signifient la "neige" selon sa consistance et sa texture.

Le français canadien

Outre les 5 640 000 Québécois francophones, d'autres communautés importantes pratiquent quotidiennement une variante du français : au Nouveau-Brunswick, au Manitoba, en Nouvelle-Écosse et sur l'Île-du-Prince-Édouard !

Le français employé au Canada diffère parfois du français parlé en France, et peut sembler typique pour un métropolitain. La langue du Québec, dont la population est essentiellement francophone, parle le québécois ou *joual*, qui connaît quelques variantes selon les régions. Toutefois c'est le "français de France" qui est enseigné aux étudiants anglophones et francophones du Québec. Même si dans les rues de Québec vous entendrez plus souvent : *Y'est quelle heure ?* pour *Quelle heure est-il ?*. Quoi qu'il en soit, pas d'inquiétude. Les Québécois vous comprendront parfaitement et trouveront sans doute quelque charme à votre accent, comme vous serez séduit par le leur, même s'il vous semble parfois original.

Le français québécois utilise aussi quantité de mots anglais… prononcés à la québécoise ! Toutefois les journalistes de la radio et télévision québécoise s'efforcent d'employer un français plus raffiné, plus proche de la langue métropolitaine et, malgré l'influence américaine, la préservation de la langue française reste un souci majeur pour les Québécois et l'une des revendications du mouvement séparatiste.

Fait surprenant, le Nouveau-Brunswick est la seule province officiellement bilingue. Le français y est largement utilisé, en particulier au nord et à l'est. En revanche, il diffère sensiblement du français québécois. Il est également parlé en Nouvelle-Écosse et dans le Manitoba, mais peu représenté dans les autres provinces.

Vous trouverez ci-dessous un guide anglais des termes les plus courants utilisés par les voyageurs. Un lexique du français québécois se trouve à la fin de l'ouvrage

Il faut se souvenir que, en québécois, le "n" ne se prononce pas, et que la diphtongue "on" est nasale. Par ailleurs, les Québécois francophones utilisent nombre de mots anglais qu'ils prononcent avec le même accent qu'en français.

Anglais canadien

L'anglais pratiqué au Canada et importé sur place par les premiers colons au début du XIXe siècle diffère peu de la langue parlée en Angleterre. Certaines règles de grammaire ont également subi des modifications. Par ailleurs, le vocabulaire canadien s'est trouvé considérablement enrichi par l'apport de termes nouveaux adaptés à un pays neuf par l'influence des langues autochtones et du français. On ne retrouve pas au Canada quantité de dialectes comme en Angleterre ou en Allemagne. On notera toutefois quelques nuances selon les régions. A Terre-Neuve, notamment, certains habitants parlent avec un accent qui rappelle l'ouest de l'Angleterre (Devon et Cornouailles). Tandis que, dans la région d'Ottawa, l'anglais parlé a subi l'influence des nombreux colons irlandais arrivés au milieu du XIXe siècle. En Colombie-Britannique enfin, certaines expressions reflètent l'histoire de cette province.

Les États-Unis ont eu aussi une influence considérable sur le développement de l'anglais canadien, en particulier ces dernières années, par l'intermédiaire des mass media et l'utilisation de dictionnaires et d'ouvrages scolaires américains. L'orthographe en revanche n'a guère subi de modifications, à quelques exceptions près, telles que *tire* (tyre/pneu) et *aluminum* (aluminium). La différence la plus connue entre l'américain et l'anglais canadien tient sans doute à la prononciation de la dernière lettre de l'alphabet. Les Américains disent "zee", les Canadiens "zed".

Salutations et formules de politesse

oui	*yes*
non	*no*
s'il vous plaît	*please*
merci	*thank you*
je vous en prie	*you're welcome*
salut	*hello*
comment ça va ?	*how are you ?*
ça va bien	*I'm fine*
pardon	*excuse me*
bienvenu	*welcome*

Termes et expressions utiles

grand	*big*
petit	*small*
bon marché	*cheap*
cher	*expensive*

ici	*here*
là	*there*
beaucoup	*much, many*
avant	*before*
après	*after*
demain	*tomorrow*
hier	*yesterday*
toilettes	*toilet*
banque	*bank*
chèque de voyage	*travellers' cheque*
l'addition, le reçu	*bill*
magasin	*store*
une allumette	*a match*
musée	*museum*
gaz	*gas*
sans plomb	*lead-free (gas)*
libre-service	*self-service*

Questions

où/où est... ?	*where/where is...?*
comment ?	*what ?*
quoi ? (argot)	*huh ? (slang)*
combien ?	*how much ?*

Panneaux de signalisation

entrée	*entrance*
sortie	*exit*
quai	*platform*
renseignements	*information*
interdiction de camper	*no camping*
stationnement interdit	*no parking*
bureau de tourisme	*tourist office*

Quelques phrases utiles

Je suis touriste	*I am a tourist*
Parlez-vous français ?	*Do you speak french ?*
Je ne parle pas anglais	*I don't speak english*
Je comprends	*I understand*
Je ne comprends pas	*I don't understand*

Hébergement

hôtel	*hotel*
auberge de jeunesse	*youth hostel*
chambre	*room*

Nourriture

restaurant	*restaurant*
casse-croûte	*snack bar*
œufs	*eggs*
pommes de terre	*potatoes*
frites	*french fries (chips)*
pain	*bread*
fromage	*cheese*
légume	*vegetable*
fruit	*fruit*

Boissons

eau	*water*
lait	*milk*
bière	*beer*
vin	*wine*
rouge	*red*
blanc	*white*

Transports

autobus	*bus*
train	*train*
billet	*ticket*
avion	*plane*
aller et retour	*return ticket*
gare ferroviaire	*train station*
gare routière	*bus station*

Directions

à gauche	*left*
à droite	*right*
tout droit	*straight ahead*

Nombres

1	*one*
2	*two*
3	*three*
4	*four*
5	*five*
6	*six*
7	*seven*
8	*eight*
9	*nine*
10	*ten*
11	*eleven*
12	*twelve*
13	*thirteen*
14	*fourteen*
15	*fifteen*
16	*sixteen*
17	*seventeen*
18	*eighteen*
19	*nineteen*

20	*twenty*	60	*sixty*
21	*twenty-one*	70	*seventy*
22	*twenty-two*	80	*eighty*
25	*twenty-five*	90	*ninety*
30	*thirty*	100	*a/one hundred*
40	*forty*	500	*five hundred*
50	*fifty*	1 000	*a/one thousand*

Renseignements pratiques

VISAS ET AMBASSADES

Les citoyens de France, de Suisse, de Belgique ou du Luxembourg ainsi que la plupart des autres pays occidentaux n'ont pas besoin de visa, à l'exception des Portugais. Les ressortissants des pays d'Afrique, du Maghreb et de l'ex-bloc de l'Est doivent posséder un visa.

Les visas de tourisme sont gratuits, valables pour une période de six mois, et peuvent être prolongés moyennant finances. La demande de prorogation se fait auprès du bureau de l'Immigration. Les conditions d'obtention des visas changent fréquemment, et, comme vous devez vous en procurer un avant votre arrivée au Canada, renseignez-vous avant votre départ. Les touristes ayant l'intention de travailler ou de suivre des études au Canada doivent posséder un visa de travail ou d'études, certifié par le Bureau de l'Immigration de l'ambassade du Canada dans le pays de départ.

La possession d'un passeport et/ou d'un visa ne garantit pas votre entrée dans le pays. L'admission des touristes est à la discrétion du bureau de l'Immigration à la frontière. Elle dépend de divers facteurs, et vous pouvez contrôler plusieurs d'entre eux. Un billet de retour (quel que soit le mode de transport) ou l'attestation de l'agence de voyages et une certaine somme d'argent ne sont pas officiellement requis, mais on peut vous demander de produire l'un et/ou l'autre. Mais il s'agit avant tout de faire preuve de bon sens. En vous présentant à la frontière l'air dépenaillé et 20 $ en poche alors que vous comptez rester six mois, renoncez tout de suite. Nous vous conseillons donc d'emporter une somme d'argent raisonnable et/ou une carte bancaire internationale et de pouvoir, si besoin est, fournir une estimation de vos dépenses journalières dans le pays.

Si vous avez la possibilité de loger chez des amis ou des parents, précisez-le, de préférence en montrant une lettre d'invitation. Possesseur de la carte internationale de membre des auberges de jeunesse, n'hésitez pas à la montrer. Les ressortissants des pays occidentaux ne devraient pas rencontrer de difficultés.

Si vous êtes refoulé à la frontière alors que vous possédez un visa, vous avez le droit de recourir à l'instance d'appel des affaires d'immigration du port d'arrivée. Les mineurs doivent être en possession d'une lettre d'un de leurs parents ou d'un tuteur.

Ambassades du Canada

Voici les adresses de quelques ambassades et consulats du Canada à l'étranger :

Allemagne
- Bureau du Commerce gouvernemental, Immermannstrasse 65D, 4000 Düsseldorf 1

Belgique
- Ambassade, 2, avenue de Tervuren, 1040 Bruxelles (☎ 735-6040)
- Délégation générale du Québec, 46, avenue des Arts, 7e étage, 1040 Bruxelles (☎ 512-0036)

Espagne
- Ambassade, Edificio Goya, Calle Nunez de Balboa 35, Madrid (☎ 1-430-4300)

États-Unis
- Consulat général, 1251 Avenue of the Americas, New York City, New York 10020-1175 (☎ 596-1600)

France
- Ambassade, 35, avenue Montaigne, 75008 Paris (☎ 44 43 29 00)
- Service culturel, 5, rue de Constantine, 75007 Paris (☎ 45 51 35 73) Minitel : 3615 code CANADA
- Délégation générale du Québec, 66, rue Pergolèse, 75016 Paris (☎ 40 67 85 00) Minitel : 3615 code QUEBEC
- Consulat, 74, rue de Bonnel, 69000 Lyon (☎ 72 61 15 25)
- Consulat, 30, boulevard de Strasbourg, 31000 Toulouse (☎ 61 99 30 16)
- Consulat, Place du Général-de-Gaulle, Saint-Pierre-et-Miquelon (☎ 508- 414 020)

Grande-Bretagne
- Maison du Canada, Trafalgar Square, Cockspur St, London SW1Y 5BJ (☎ 258-6600)

Italie
Ambassade, Via G. B. de Rossi 27, 00161 Rome (☎ 6-44598-1)
Pays-Bas
Ambassade, Sophialaan 7, 2514 JP La Haye (☎ 70-361-4111)
Suède
Ambassade, Tegelbacken 4 (7th Floor), Stockholm (☎ 8-613-9900)
Suisse
Ambassade, Kirchenfeldstrasse 88, 3005 Berne (☎ 31-352-63-81)
Taiwan
Bureau du Commerce, 13th Floor, 365 FU SING North Road, Taipei 10483

Prorogations de visas

Faites une demande de prorogation avant expiration de votre visa. Cela vous reviendra à 60 $ par personne. Pour obtenir des renseignements complémentaires et faire votre demande, téléphonez ou déplacez-vous à l'un des bureaux de l'Immigration qui se trouvent dans les villes principales. Pour obtenir la prolongation de votre visa, vous êtes tenu de fournir un passeport en règle, votre billet aller, et la somme nécessaire.

Ambassades et consulats étrangers au Canada

Espagne
Ambassade, 350 Sparks St, Suite 802, Ottawa, Ont. K1R 7S8 (☎ 613-237-2193)
États-Unis
Ambassade, 100 Wellington St, Ottawa, Ont. K1P 5T1 (☎ 613-238-5335)
France
Ambassade, 42 Sussex Drive, Ottawa, Ont. K1M 2C9 (☎ 613-789-1795)
Consulat, 1, place Ville-Marie, bureau 2601, Montréal, P.Q. H3B 4S3 (☎ 514-878-4381 à 4387)
Consulat, 1110, avenue des Laurentides, Québec, P.Q. G1S 3C3 (☎ 418-688-0430)
Consulat, 130, Bloor Street West, Suite 400, Toronto, Ont. M5S 1N5 (☎ 416-925-8041)
Consulat, 1201-736 Granville Street, Vancouver, B.C. V6Z 1H9 (☎ 604-681-2301)
Consulat, 300, Highfield Place 10010, 106th Street, Edmonton, Alberta T5J 3L8 (☎ 403-428-0232)
Italie
Ambassade, 275 Slater St, 21st Floor, Ottawa, Ont. K1P 5H9 (☎ 613-232-2401)
Luxembourg
Consulat, 3877, avenue Draper, Montréal H4A 2N9 (☎ 514-489-6052)
Pays-Bas
Ambassade, 350 Albert St, Ste 2020 Ottawa, Ont. K1R 1AY (☎ 613-237-5030)
Suède
Ambassade, 377 Dalhousie St, Ottawa, Ont. K1N 9N8 (☎ 613-241-8553)
Suisse
Ambassade, 5 Marlborough Ave, Ottawa, Ont. K1N 8E6 (☎ 613-235-1837)
Consulat, 1572, avenue Dr Penfield, Montréal, P.Q. H3G 1C4 (☎ 514-932-7181 ou 7182)
Consulat, 154, University Avenue, Suite 601, Toronto, Ont. M5H 3Y9 (☎ 416-593-5371)
Consulat, World Trade Center, 790-999 Canada Place, Vancouver, B.C. V6C 3E1 (☎ 604-684-2231)

Escapades aux États-Unis

Les touristes qui viennent au Canada avec l'intention de passer quelque temps aux États-Unis doivent être informés des facteurs suivants ; tout d'abord, les conditions d'entrée dans le pays peuvent varier considérablement suivant que vous arrivez de votre pays d'origine par voie aérienne, terrestre ou maritime. De plus, ces conditions sont sujettes à des changements fréquents. Aussi, mieux vaut ne jamais faire de pronostics. Que vous prévoyiez de séjourner un après-midi ou trois mois aux États-Unis, les règles sont les mêmes. Les ressortissants de la plupart des pays occidentaux n'auront pas besoin de visa, à de rares exceptions près (voir plus haut en tête de rubrique).

La plupart des touristes qui arrivent aux États-Unis (par voie aérienne ou maritime) doivent posséder un billet aller-retour ou leur billet d'arrivée. Ceux-ci peuvent être "ouverts", c'est-à-dire non datés. Les touristes arrivant aux États-Unis par voie terrestre ne sont pas obligés de posséder de billet, mais ils peuvent avoir à produire une certaine somme d'argent ainsi que la preuve d'une adresse à l'étranger, par exemple un papier attestant leur destination de retour. Les ressortissants des pays pour lesquels les visas sont obligatoires doivent s'en occuper, dans leur pays d'origine, avant de partir. Le Canada n'en délivre pas.

Ainsi, la frontière séparant le Canada des États-Unis s'est durcie, même pour les citoyens de ces deux pays. Si vous voyagez avec des enfants en bas âge, que ce soit en avion, bus, train ou voiture, vous ne pouvez ignorer la nécessité d'emporter quantité de papiers et preuves de filiation ; en effet, la peur grandissante des rapts d'enfants fait qu'un parent peut se retrouver dans la situation peu enviable d'avoir à prouver que le bébé qu'il tient dans les bras est bien sa progéniture.

Cela vaut particulièrement pour les mères ou les pères célibataires, ou pour quiconque franchit la frontière sans son conjoint. Dans le second cas, nous recommandons d'emporter une lettre signée de ce dernier, et de préférence certifiée devant notaire, vous donnant son accord pour voyager seul avec votre enfant.

On peut en effet vous demander d'apporter la preuve juridique que vous avez bien la garde de l'enfant. Les compagnies de transport telles qu'Amtrak et Greyhound, ayant été menacées de payer de lourdes amendes si elles acceptaient des passagers incapables de produire ces preuves, sont obligées de se montrer plus strictes concernant les papiers à présenter pour pouvoir franchir l'un ou l'autre côté de la frontière. Pour toute difficulté, présentez les passeports en règle de tous les membres de la famille.

En outre, les personnes intéressées par les boutiques duty free doivent pour cela séjourner aux États-Unis pendant 48h minimum. Le choix et les prix offerts par ces boutiques ne sont pas si intéressants que cela sauf pour les cigarettes.

Assurez-vous que votre visa d'entrée, quel qu'il soit, est bien multi-entrées. Ce genre de visa est généralement accordé aux personnes se rendant dans les pays occidentaux. Mais soyez vigilant, sinon vous courez le risque de voir votre petite escapade d'un après-midi de l'autre côté de la frontière, aux États-Unis, prolongée contre votre gré par les douaniers canadiens qui refuseront de vous laisser rentrer ! Enfin, sachez que le temps que vous consacrerez à une balade aux États-Unis sera compris dans la durée de votre séjour au Canada, afin de respecter la durée totale que vous avez déclarée à votre arrivée.

Ainsi, si vous deviez rester six mois au Canada et que, trois mois après, vous décidez de partir un mois en Californie, il ne vous restera plus, à votre retour, que deux mois à passer au Canada.

FORMALITÉS COMPLÉMENTAIRES

Les ressortissants de tous les pays, sauf des États-Unis, doivent avoir un passeport. Les deux exceptions mineures sont les habitants du Groënland (Danemark) et de Saint-Pierre-et-Miquelon (France), qui n'en ont pas besoin s'ils arrivent directement de leur pays.

Si vous avez loué une voiture, une caravane ou un véhicule quelconque aux États-Unis, et que vous le transportez avec vous au Canada, n'oubliez pas d'emporter l'accord de location afin d'éviter tout litige avec les douaniers. Cet accord doit stipuler que vous êtes autorisé à transporter le véhicule au Canada.

DOUANE

La fouille à laquelle vous serez soumis en arrivant au Canada dépendra d'un certain nombre de facteurs, dont votre point de départ, votre nationalité et votre apparence générale. Si vous arrivez d'un pays réputé pour être une plaque tournante de la drogue ou de l'immigration clandestine, la fouille n'en sera que plus complète. Aussi, ayez toujours les papiers nécessaires, et en règle.

N'essayez pas de faire passer de la drogue au Canada, même s'il s'agit de marijuana ou de haschich, classés narcotiques dans ce pays. Vous risqueriez une peine de sept ans minimum, et vous auriez beau vous montrer aussi charmant que possible, la loi ne laisse pas beaucoup le choix aux juges.

Agé d'au moins 19 ans, vous avez le droit, à l'arrivée, d'importer les produits suivants : une bouteille d'alcool ne dépassant pas 1,1 litre ou un pack de 24 canettes de bière (moins chère aux États-Unis), 200 cigarettes, 50 cigares, 1 kg de tabac (également moins cher aux États-Unis). Vous pouvez également importer des cadeaux d'une valeur ne dépassant pas 60 $.

Les articles de sport, ainsi qu'appareils photo, pellicules ne posent aucun problème non plus. Enregistrer des articles de sport, des appareils photo, etc., nombreux ou onéreux peut vous éviter bien des tracas au moment de quitter le pays, surtout si vous avez l'intention de franchir la frontière Canada-États-Unis à plusieurs reprises.

Les denrées alimentaires périssables (fromages, viandes) sont soumises au contrôle des douanes ; il faut donc les déclarer à votre entrée, tout comme les animaux (qui doivent être vaccinés contre la rage). Si vous voyagez avec votre animal familier, renseignez-vous auprès des autorités canadiennes ou de l'un de leurs représentants avant de partir, cela vous épargnera bien des maux de tête.

Les gens qui emportent leur bateau peuvent l'acheminer dans leur caravane ou par voie maritime, il pourra rester jusqu'à un an au Canada. Un permis d'entrée, délivré par la douane, leur sera demandé. Tous les bateaux dont le moteur dépasse 10 ch doivent avoir une licence.

Les armes (pistolets, armes automatiques et toutes armes à feu d'une longueur inférieure à 65 cm) et fusils de chasse sans permis sont interdits.

Attention

Ne faites aucun commentaire, plaisanterie ou signe qui pourrait laisser soupçonner que vous êtes en possession de quoi que ce soit d'illégal, surtout d'une arme, et spécialement si vous vous trouvez à la douane. Avec ce genre d'attitude, vous risquez d'être emmené plus vite que vous ne l'auriez voulu, éventuellement après qu'on vous a passé les menottes. Soyez patient et videz vos poches sans faire de commentaires.

QUESTIONS D'ARGENT

Monnaie nationale

La monnaie canadienne est très proche de la monnaie américaine, à quelques importantes différences près. Il existe des pièces de 1, 5, 10, 25 cents, et de 1 $. Ces dernières, qui ont remplacé le billet, sont des pièces à onze côtés en métal doré, communément appelées *loonies* parce qu'elles représentent un *loon*, espèce d'oiseau aquatique connu chez nous sous le nom de huart. Il existe également des pièces, plus rares, de 50 cents. On les utilise davantage à l'ouest qu'à l'est du Canada.

Les billets en circulation sont de 2, 5, 10 et 20 $. Les billets de 50 et 100 $ et plus sont moins fréquents et peuvent être difficiles à écouler dans les petites agglomérations ou le soir. Par exemple, les stations essence acceptent rarement ce genre de gros billets. Les billets canadiens sont tous de la même taille mais leur couleur et leur effigie peuvent varier. La version ancienne de certains billets est toujours en circulation.

Sauf exception, tous les prix mentionnés dans cet ouvrage sont en dollars canadiens.

Taux de change

France	10 FF	=	2,58 $
Belgique	100 FB	=	4,12 $
Suisse	1 FS	=	1$
Grande-Bretagne	1 £UK	=	2,09 $
États-Unis	1 $US	=	1,38 $

Pour changer votre argent, adressez-vous de préférence à des agences spécialisées dans les transactions internationales telles que Thomas Cook. Celles-ci ont des bureaux et des comptoirs de change dans les rues principales de certaines grandes villes. Sinon, optez pour les banques, les caisses d'épargne ou, en dernier recours, les hôtels (tout le temps ouverts), les magasins, les lieux d'attractions et les stations essence. Mais les taux proposés risquent de vous être défavorables.

En $ ou en $US, American Express et Thomas Cook sont les chèques de voyage les plus avantageux. Dans certaines petites villes, on ne pourra vous renseigner sur les taux de change, et vous devrez payer le prix de la communication qui vous les donnera, ainsi que les frais postaux si votre demande est écrite. Certaines banques exigent désormais une petite somme pour encaisser les chèques de voyage, aussi renseignez-vous avant. Si vous devez effectivement payer quelque chose, encaissez plusieurs chèques à la fois : que vous en encaissiez un ou cinq, le prix demandé sera le même.

En dépit de cette commission, les banques proposent généralement des taux de change plus avantageux que les hôtels, les restaurants et les centres d'attractions touristiques. La différence varie à quelques points de pourcentage près. Les commerces acceptent rarement les chèques personnels.

Banques françaises au Canada

Certaines grandes banques françaises possèdent une ou plusieurs agences au Canada. Voici la liste des principales :

BNP

1981 Mac Gill Collège, Montréal, P.Q. (☎ 514-285-6000)

500, Est Grande Allée, Québec, P.Q. (☎ 418-647-3858)

36, Toronto Street, suite 750, Toronto, Ont. (☎ 416-360-8040)

700, West Pender Street, suite 1201, Vancouver, C.B. (☎ 604-688-2212)

Société Générale

1155, rue University, Bureau 1100, Montréal, P.Q. (☎ 514-875-0330)

100, Yonge St, Scotia Plaza, Suite 1002, Toronto, Ont. (☎ 416-364-2864)

Cartes de crédit

Posséder une carte de crédit (plastifiée) quand on se rend au Canada est une bonne idée. D'un usage très répandu là-bas, elle s'avère utile en maintes circonstances. D'abord elle tient lieu de pièce d'identité et est relativement indispensable lorsqu'on souhaite, par exemple, louer une voiture ou un vélo ; elle servira alors de caution. Idem quand on réserve une chambre ; même dans les auberges de la chaîne Fédération unie des auberges de jeunesse (FUAJ), elle tiendra lieu d'acompte pour la réservation, puis servira de moyen de paiement.

Vous pouvez aussi utiliser votre carte de crédit pour réserver et acheter des billets de ferry, d'avion, ou des places de théâtre. Enfin, vous l'utiliserez dans les banques pour tirer du liquide, ce qu'on appelle *obtenir des avances "cash"*.

Les cartes de crédit Visa, MasterCard et American Express sont acceptées dans de nombreux endroits de la plupart des grandes agglomérations. American Express a l'avantage de proposer un service de poste restante gratuite dans la plupart de ses bureaux. Dans les villes de taille plus modeste, nous vous conseillons de payer plutôt avec des chèques de voyage ou en liquide.

Distributeurs automatiques de billets

Ils sont aujourd'hui très répandus au Canada et, outre les banques, se trouvent dans certains magasins d'alimentation, stations-service, grandes surfaces, centres commerciaux, aux dépôts de bus, dans les gares et bien d'autres endroits. Ils fonctionnent jour et nuit, tous les jours de la semaine. Faites la demande d'une carte dans votre pays, auprès de votre banque. Assurez-vous qu'elle sera valable sur tout le réseau de distribution automatique de billets du Canada.

Coût de la vie

Pour se loger et se restaurer au Canada, il en va de même qu'en Europe ou dans les pays occidentaux en général. Le mode de vie et le tempérament canadiens ont un petit quelque chose de britannique, un petit quelque chose d'américain, mais diffèrent à la fois des deux.

Il n'y a pas de classes sociales bien marquées au Canada, mais l'échelle des revenus est extrêmement large, aussi les prix des logements, de la nourriture et des loisirs varient-ils considérablement.

Pour la plupart des visiteurs, c'est l'hébergement qui constituera la majeure partie des frais, même si les solutions de rechange aux hôtels courants sont nombreuses. C'est généralement dans les plus importantes villes que l'on trouve les prix les plus onéreux, alors que les petites villes de campagne peuvent être beaucoup plus abordables. A l'extrême nord du pays, les tarifs des logements sont un peu plus élevés qu'au sud, et il arrive – mais c'est rare – que la différence soit très exagérée. Les régions très touristiques telles que les chutes du Niagara et la ville de Québec ne pratiquent pas des prix excessifs, car la multitude d'endroits où loger engendre une concurrence féroce, surtout hors saison. Une exception : Banff, dans les Rocheuses. En règle générale, les prix des chambres et des appartements sont un peu plus élevés pendant les mois d'été. Passé cette période, n'hésitez pas à demander une réduction si celle-ci n'est pas déjà incluse.

La nourriture est plus abordable au Canada que dans la plupart des pays d'Europe de l'Ouest, mais plus chère qu'aux États-Unis.

Le prix de l'essence varie d'une province à l'autre, mais demeure plus élevé qu'aux États-Unis, et ce, de manière parfois choquante. Si vous venez des États-Unis, faites le plein avant de franchir la frontière. Néanmoins, l'essence est moins chère au Canada que dans la plupart des pays d'Europe.

C'est dans les provinces de l'Est et à l'extrême nord qu'elle est la plus coûteuse. En outre, la règle veut que plus une station d'essence est retirée, plus elle pratique des prix élevés. Habituellement, c'est dans l'Alberta qu'on trouvait les prix les moins chers. Évidemment, ces derniers affectent les tarifs de tous les moyens de transport.

Les autobus restent le moyen de transport le moins onéreux. Quant aux prix des trajets en train, ils sont moyens, sauf si l'on choisit un tarif spécial. Là encore, les prix sont plus chers qu'aux États-Unis et inférieurs à ceux qui sont pratiqués en Europe.

Les tarifs des vols intérieurs sont élevés, les distances considérables et la concurrence est quasi inexistante. Là non plus, n'omettez jamais de vous renseigner sur les tarifs exceptionnels, les prix "spécial excursions", etc.

La plupart des prix indiqués ne comprennent pas les taxes, lesquelles peuvent considérablement les majorer (reportez-vous à la rubrique *Taxes* ci-dessous). Dans tous les cas, il est préférable de demander si les tarifs que vous voyez incluent bien les taxes.

Pourboires

Il convient de laisser entre 10 et 15% du prix hors taxe. En règle générale, on donne un pourboire aux chauffeurs de taxi, aux serveurs, aux coiffeurs, au personnel hôtelier et aux grooms.

Dans les bars, cela peut faciliter le service, surtout à la première commande : en offrant un pourboire généreux, vous ne mourrez pas de soif toute la soirée. Dans les quelques restaurants qui font payer un supplément pour le service, sentez-vous libre de ne pas laisser de pourboire.

D'ailleurs, il faut savoir que les Canadiens eux-mêmes ont la réputation d'être plutôt chiches sur les pourboires.

Taxes

Taxe de vente provinciale. Dans la plupart des provinces du Canada, une taxe de vente doit être payée pour tous les articles. Dans l'Alberta, cette taxe ne concerne que les chambres d'hôtels et de motels, mais dans les autres provinces elle porte aussi sur la majorité des articles achetés en magasins, et sur la nourriture vendue dans les restaurants et les cafés.

Cette taxe n'existe pas dans les Territoires du Nord-Ouest et du Yukon.

Certaines provinces – l'Ontario, le Manitoba, la Nouvelle-Écosse, Terre-Neuve et le Québec – accordent des réductions sur les biens que l'on remporte dans son pays. Renseignez-vous auprès d'un office du tourisme qui vous remboursera dans les termes habituels – cela en vaut la peine dans le cas d'une tente, d'un appareil photo, ou de tout autre objet de valeur. Les renseignements relatifs à la taxe provinciale figurent dans les brochures touristiques de ces dernières.

Sachez que vous devez envoyer l'original des factures pour obtenir le remboursement de la taxe. Il vous sera également nécessaire pour obtenir celui de la taxe sur les produits et services (TPS). Contournez cette obligation en sollicitant à l'achat le remboursement de cette taxe. Les organismes de remboursement ne renvoient pas les factures. Diverses conditions sont requises, et vous devez adresser un formulaire de demande au bureau de la taxe provinciale concerné après votre retour chez vous. Pour tout renseignement concernant les remboursements dans les provinces du Manitoba et du Québec, référez-vous au paragraphe ci-dessous.

Taxe sur les produits et services. Très controversée, cette taxe a pris force de loi le 1er janvier 1991, malgré l'opposition massive des citoyens et les critiques prévisibles des partis d'opposition. Connue sous le nom de Taxe Gouge et Screw, elle remplace en fait une taxe fédérale de 13,5%, en grande partie dissimulée, portant uniquement sur les produits manufacturés, et revient à une imposition de 7% sur pratiquement tous les produits, services et transactions. Le gouvernement lui-même concède que cette taxe est responsable de l'augmentation de l'inflation, mais dans quelles proportions exactement... voilà qui suscite des controverses.

Malheureusement pour les touristes, cette taxe frappe de plein fouet l'industrie du voyage. Les prix des trajets en avion, en train et des trajets interurbains en autobus ont tous augmenté de 7%. La même chose vaut pour le prix des courses en taxi, celui de l'essence, des places de parking, des services des dépanneuses, et même des réparations de bicyclette.

Mais le plus ennuyeux peut-être est que les prix des hôtels, des locations dans les campings, des locations de voitures, de bateaux et de matériels divers (par exemple de skis) ont également augmenté de 7%.

Sans parler des restaurants, de tous les repas et boissons vendus dans les snacks, de l'alcool, des téléphones publics, des articles de papeterie et des timbres, des articles de toilette, des terrains de golf et des caddies, des développements de films et de photos, tous frappés par la TPS. Qui plus est, celle-ci vient en supplément de la taxe de vente provinciale. Dans l'Ontario, par exemple, une facture peut donc augmenter de 15%, aussi n'oubliez pas de faire vos calculs avant de vous présenter aux caisses. Pour les voyageurs qui préparent eux-mêmes leurs repas, il n'y a pas de taxe sur les articles d'épicerie.

Certains gîtes (les plus petits), ainsi que les pensions et les B&B ne sont pas touchés par la TPS ; en outre, nous vous encourageons à essayer de demander d'en être exemptés au moment de payer votre note d'hôtel. Le remboursement de la taxe vaut pour tous les modes de logement, excepté le camping. Bien qu'entrée en vigueur il y a deux ans déjà, cette taxe est toujours sujette au ressentiment des citoyens, et le gouvernement a envisagé d'essayer de la remplacer par une autre.

Les touristes ont la possibilité d'obtenir une remise ou un remboursement sur les articles non comestibles qu'ils veulent rapporter, pourvu que ceux-ci soient expédiés hors du pays dans un délai de soixante jours. En revanche, la taxe sur les services et les transports n'est pas remboursée. De plus, il faut que les produits taxés dépassent 100 $ et que vous possédiez l'original des factures. Un ticket de carte de crédit ou une photocopie ne suffira pas. La plupart des boutiques "touristiques" ou des magasins de "Duty Free" tiennent à la disposition des clients une brochure concernant les réductions possibles de la taxe sur la TPS avec les formulaires à remplir pour les obtenir. Vous pouvez également contacter Revenue Canada, Custom And Excise, Visitor's Rebate Program, Ottawa, Ontario K1A 1J5. Les formulaires sont également disponibles dans les offices du tourisme. Ils peuvent aussi être utilisés pour faire une demande de réduction sur la taxe de vente provinciale au Québec et dans le Manitoba. Pour de plus amples informations à ce sujet, reportez-vous au paragraphe *Taxe de vente provinciale* ci-dessus.

QUAND PARTIR

Printemps, été et automne sont des saisons idéales pour visiter le Canada. L'extrême nord est plus agréable en été, car les routes sont ouvertes, les ferries peuvent traverser les rivières et les jours sont plus longs. C'est l'été qu'ont lieu les principales fêtes canadiennes, une exception non négligeable étant le carnaval du Québec, qui a lieu en hiver. Mais si vous souhaitez skier ou simplement visiter les villes, l'hiver conviendra parfaitement. C'est pendant les mois d'hiver que se déroulent ballets, opéras et concerts.

Sachez qu'en dehors de la pleine saison estivale, allant de mi-juin à mi-septembre, nombre d'établissements, d'attractions, de spectacles, et même de logements prévus pour les touristes peuvent être indisponibles, surtout dans les provinces de l'Atlantique. En contrepartie, vous bénéficierez hors saison d'un rythme plus tranquille, de l'absence de monde, de prix moins élevés et peut-être d'une plus grande disponibilité du personnel hôtelier. Mais pour les campeurs, les mois auxquels ils peuvent escompter de la chaleur sont juillet et août. Pour de plus amples informations, reportez-vous aux cartes météorologiques au chapitre *Présentation du pays*.

QUE PRENDRE AVEC SOI

Les touristes se rendant au Canada n'ont pas besoin d'emporter quoi que ce soit de spécial. Les personnes sujettes aux allergies, à des obligations ou à des troubles de santé particuliers doivent emporter leurs médicaments et matériel habituels. Ainsi, lunettes de soleil et/ou lentilles de contact serviront toujours. Un petit réveil de voyage peut s'avérer utile et, au Canada, vous trouverez sans peine des piles de rechange.

Pour les personnes envisageant de voyager en dehors de la saison estivale, emportez le strict nécessaire pour vous protéger du froid. Des épaisseurs de vêtements représentent la solution la plus efficace et la plus pratique. Nous vous conseillons de prendre un pull léger et un autre plus épais, ainsi qu'un vêtement pouvant faire office de coupe-vent. Pour les jours particulièrement doux, un tee-shirt porté sous une chemise à manches longues, le tout associé à l'un ou l'autre des vêtements mentionnés plus haut conviendra parfaitement. En hiver, considérez que des gants, une écharpe et un chapeau sont obligatoires.

Même en hiver, pensez à glisser un maillot de bain dans votre valise : très léger, il peut se révéler utile. Outre d'éventuelles baignades dans l'océan et les lacs l'été existent des piscines municipales et d'autres dans les hôtels et motels ; certaines sont chauffées ou couvertes. Quelques hôtels possèdent des saunas dont vous aurez peut-être plaisir à profiter. Un autre article pratique et utile à emporter est un parapluie pliant. Enfin, dernière chose plus ou moins indispensable pour tous les voyageurs à l'exception de l'homme d'affaires qui n'a pas le temps de flâner : une solide paire de chaussures ou de bottines de marche.

Aux gens qui se déplacent en voiture nous recommandons d'emporter quelques articles de base tels que pneu de rechange dont la pression aura été vérifiée, trousse à pharmacie et lampe de poche.

OFFICES DU TOURISME

Sur place

Dans chaque province du Canada existe un ministère du Tourisme et, souvent, les villes principales ont un office du tourisme dont la tâche est de redistribuer les informations relatives aux provinces. De surcroît, la plupart des grandes et moyennes villes disposent au moins d'un office de tourisme saisonnier d'informations locales. Nous vous indiquons la plupart d'entre eux dans la liste ci-dessous. Vous obtiendrez le plus de renseignements locaux dans les petites agences, mais celles-ci restent spécialisées dans leur région.

Offices du tourisme dans les provinces et les territoires. Les offices du tourisme provinciaux peuvent vous fournir gratuitement des informations et des outils de base tels qu'une carte, des adresses pour vous loger et des lieux où camper. Ils disposent également d'informations relatives aux manifestations culturelles prévues pour l'année en cours ou l'année suivante. Sur votre demande, les offices du tourisme vous apporteront des informations plus pointues, concernant, par exemple, une activité spécifique ou des voyages organisés dans une région particulièrement reculée du pays. Ils ne possèdent en revanche aucune information détaillée sur une région précise de leur province ou territoire. Pour en obtenir, contactez une grande ville appartenant à la région de votre choix.

Dans chaque province, vous trouverez un ou plusieurs offices du tourisme. Ils peuvent être situés dans une grande ville de la province, aux frontières de cette dernière ou dans un lieu de loisir quelconque. En voici la liste :

Terre-Neuve et Labrador
: Département du Tourisme et de la Culture de Terre-Neuve, Visitor Services Section, PO Box 8730, St John's, Terre-Neuve A1B 4K2 (☎ 1-800-563-6353, appel gratuit depuis l'Amérique du Nord)

Nouvelle-Écosse
: Département du Tourisme et de la Culture de Nouvelle-Écosse, PO Box 456, Halifax, Nouvelle-Écosse B3J 3N8 (☎ 1-800-565-0000, appel gratuit depuis le Canada ; 1-800-341-6096, appel gratuit de n'importe quel endroit des États-Unis)

Île-du-Prince-Édouard
: Département du Tourisme, des Parcs et Activités récréatives de l'Île-du-Prince-Édouard, PO Box 940, Charlottetown, Île-du-Prince-Édouard C1A 7M5 (☎ 1-800-565-7421, appel gratuit depuis la Nouvelle-Écosse et le Nouveau-Brunswick ; 1-800-565-0267, appel gratuit depuis les États-Unis)

Nouveau-Brunswick
: Département du Développement économique et du Tourisme de Nouveau-Brunswick, PO Box 6000, Fredericton, Nouveau-Brunswick A1B 4K2 (☎ 1-800-561-0123, appel gratuit de n'importe quel endroit d'Amérique du Nord)

Québec
: Québec Tourisme, PO Box 979, Montréal, Québec H3C 2W3 (☎ 1-800-363-7777, appel gratuit de n'importe quel endroit d'Amérique du Nord)

Ontario
: Ontario Voyages, Queen's Park, Toronto, Ontario M7A 2E5 (☎ 1-800-668-2746, appel gratuit depuis le Canada, les États-Unis continentaux et Hawaii ; ☎ 1-800-268-3736, appel en français et gratuit de n'importe quel endroit du Canada)

Manitoba
: Manitoba Voyages, Department 3219, 7th Floor, 155 Carlton St, Winnipeg, Manitoba R3C 3H8 (☎ 1-800-665-0040, appel gratuit de n'importe quel endroit de l'Amérique du Nord continentale)

Saskatchewan
: Saskatchewan Voyages, 1919 Saskatchewan Drive, Regina, Saskatchewan S4P 3V7 (☎ 1-800-667-7191, appel gratuit de n'importe quel endroit de l'Amérique du Nord continentale)

Alberta
: Tourisme et Développement Économique de l'Alberta, 3rd Floor, 10155-102nd St, Edmonton, Alberta T5J 4L6 (☎ 1-800-661-8888, appel gratuit de n'importe quel endroit de l'Amérique du Nord continentale)

Colombie-Britannique
: Tourisme de Colombie-Britannique, Parliament Buildings, Victoria, Colombie-Britannique V8V 1X4 (☎ 1-800-663-6000, appel gratuit depuis l'Amérique du Nord continentale, Hawaii et certaines régions de l'Alaska)

Yukon
: Tourisme du Yukon, PO Box 2703, Whitehorse, Territoires du Yukon, Y1A 2C6 (☎ 403-667-5340)

Territoires du Nord-Ouest
: Marketing Touristique et Développement Économique des Territoires du Nord-Ouest, PO Box 1320, Yellowknife, Territoires du Nord-Ouest X1A 2L9 (☎ 1-800-661-0788, appel gratuit de n'importe quel endroit de l'Amérique du Nord continentale)

Offices du tourisme à l'étranger. Eu égard aux restructurations et aux restrictions imposées par le gouvernement canadien, il n'existe plus de département du Tourisme fédéral susceptible de renseigner le public. Dans le cadre de la décentralisation, toutes les informations touristiques sont traitées individuellement par les provinces.

Pour obtenir les premiers renseignements utiles à la planification d'un voyage au Canada, contactez l'ambassade, le consulat ou la haute délégation canadienne, en vous reportant au paragraphe *Visas et ambassades* quelques pages plus haut.

Ils pourront vous fournir des détails sur les conditions d'entrée, la météo, la législation du pays, les endroits où vous renseigner pour votre voyage, etc. Vous pouvez aussi contacter des agences de voyage et les offices du tourisme dans les provinces dont nous vous donnons la liste plus haut.

Office du tourisme du Québec en France
4, avenue Victor-Hugo, 75016 Paris (☎ 44 17 32 39)

Office franco-québécois pour la Jeunesse
5, rue Logelbach, 75017 Paris (☎ 40 54 67 67)
Minitel : 3615 code OFQJ

ORGANISMES A CONNAÎTRE

Associations culturelles en France

Plusieurs associations franco-canadiennes existent en France et vous aideront à obtenir des renseignements, vous proposeront des contacts, ou vous accueilleront à l'occasion de manifestations culturelles.

Amitiés Acadiennes
17, quai de Grenelle, 75015 Paris (☎ 45 75 09 99). Très active, cette association propose, entre autres, des échanges culturels et scolaires.

Association culturelle France-Ontario
Allée de Clotomont, 77183 Croissy-Beaubourg (☎ 60 06 44 50)

Association nationale France-Canada
5, rue de Constantine 75007 Paris (☎ 45 55 35 73)

Association France-Québec
24, rue Modigliani, 75015 Paris (☎ 45 54 35 37). Cette association comporte de nombreuses ramifications en province. Consultez-les pour obtenir la liste des bureaux.

Association France-Terre-Neuve
16, rue du Manège, 33000 Bordeaux (☎ 56 98 04 99)

Festival du Film québécois de Blois
Chaque année depuis cinq ans, ce festival présente début octobre la production cinématographique du Québec, très souvent inédite en France. En 1995, sera organisée une rétrospective de Michel Brault, cinéaste et pionnier du Cinéma Direct (documentaire).
Pour tout renseignement, contactez l'organisation 23, rue Véron, 75018 Paris (à Paris ☎ (1) 42 52 90 98 ou à Blois ☎ (16) 54 74 19 16).

Institut France-Canada
9, avenue Franklin-Roosevelt, 75008 Paris (☎ 43 59 51 00)

Organisme de voyages des universités canadiennes (Canadian University Travel Service)

Pour les voyageurs disposant d'un budget limité (jeunes ou étudiants), ce service, appelé Travel CUTS, est une véritable mine d'informations. Il s'agit d'un organisme de voyages pour étudiants du Canada avec des bureaux à Halifax, à Ottawa, à Toronto, à Saskatoon, à Edmonton et à Vancouver. Certains se trouvent même sur les campus universitaires, d'autres tiennent boutiques dans les centres-villes.

Pour bénéficier de réductions étudiants, vous devez posséder la carte d'étudiant internationale (International Student Identity Card ou ISIC), disponible dans leurs locaux. Vous devez pouvoir produire une carte d'identité.

CUTS vend aussi des cartes d'abonnement aux trains européens, organise des voyages d'études et des cours de langues. Il peut également vous fournir des billets et des conseils pour visiter le Canada.

Au Canada, CUTS organise des excursions en canoë et vous aide à choisir vos vols intérieurs.

Les bureaux possèdent un *Discount Handbook* qui recense plus de 1 000 magasins et services proposant des réductions aux voyageurs détenteurs de l'ISIC.

Association internationale des auberges de jeunesse (Hostelling International)

Le Canada est membre de l'"Hostelling International" (HI). Outre proposer des chambres à prix réduits, les auberges affiliées à cette association financent des formules permettant aux touristes de travailler pendant leur séjour, des agences de voyage ou des magasins d'alimentation et des guides de voyage.

Ces auberges représentent également une source d'informations non négligeable, grâce aux voyageurs, au personnel de l'établissement et aux tableaux d'affichage. Pour de plus amples informations sur ces auberges, reportez-vous au paragraphe *Hébergement* de ce chapitre.

Club automobile du Québec (Canadian Automobile Association)

Connu sous l'acronyme CAA, ce club s'occupe de l'assistance aux personnes motorisées. Il existe différents niveaux d'assistance.

Tout d'abord, l'assistance en urgence lors d'un incident au bord de la route. Quels que soient l'endroit et l'heure, si votre voiture tombe en panne, appeler CAA signifie déjà être secouru. Les dépanneurs feront redémarrer votre voiture ou la confieront gratuitement à quelqu'un qui s'en chargera. Néanmoins, vous devrez rémunérer cette personne. En fait, l'assistance CAA se limite essentiellement à relancer la batterie, à réparer les pneus crevés, etc. Ce service est disponible 24 heures sur 24. Malheureusement, il y a des risques que, lorsque vous le sollicitiez, d'autres fassent de même ; par exemple lors d'une tempête de neige particulièrement redoutable ou un jour de froidure exceptionnelle où aucune batterie de voiture ne démarre.

Dans ces cas-là, vous devrez probablement vous montrer très patient. En revanche, si vous avez un pneu crevé ou tout autre problème en pleine nuit sur une autoroute déserte, vous serez rapidement dépanné. Bien sûr, il vous faut accéder à un téléphone.

Le deuxième service proposé par CAA est l'organisation et le conseil pour les excursions. Quelle que soit votre destination, le personnel de l'agence locale vous aidera à optimiser votre parcours et vous proposera des cartes et des guides de qualité variable.

Troisièmement, les agences CAA peuvent vous fournir des chèques de voyage.

Mais globalement si vous possédez une voiture en bon état, vous n'aurez pas besoin de faire appel à CAA ; la rentabilité s'annule après deux pannes car les frais de dépannage sont élevés.

L'agence centrale CAA (☎ 613-226-7631) se trouve au 1775 Courtwood Crescent, Ottawa, Ontario, K2C 3J2. Chaque province possède sa propre agence, et vous trouverez des succursales dans la plupart des grandes villes.

La cotisation annuelle de membre du club s'élève à 54 $.

HEURES D'OUVERTURE

Banques

Petit à petit, les banques ont adopté des horaires plus extensibles et plus commodes, mais ceux-ci sont quand même variables. La plupart des banques sont ouvertes du lundi au jeudi de 10h à 16h30, et de 10h à 17h ou 18h le vendredi. Les sociétés fiduciaires restent ouvertes plus longtemps, peut-être jusqu'à 18h, et au moins le samedi matin. Maintenant, certaines banques vous accueillent aussi quelques heures le samedi. Toutes les banques sont fermées les dimanches et jours fériés. De nombreuses banques disposent maintenant de distributeurs automatiques de billets, accessibles 24 heures sur 24.

Magasins

Les heures d'ouverture des magasins restent floues. Depuis plusieurs années déjà, le débat sur l'ouverture des magasins le dimanche bat son plein, mais n'a jusqu'à ce jour donné lieu à aucun consensus. La Colombie-Britannique, l'Alberta et, dans une moindre mesure, les autres provinces de l'ouest, ainsi que le Québec et l'Ontario, tendent à avoir quelques magasins ouverts le dimanche. A l'est, en revanche, tous sont fermés ce jour-là.

Généralement, c'est dans les grandes agglomérations et leurs banlieues que les magasins restent ouverts le plus longtemps. Leurs heures d'ouverture varient entre 9h et 10h, et ils ferment autour de 18h. Le vendredi, et parfois le jeudi, les magasins restent ouverts jusqu'à 21h. Centres commerciaux, aires de service, grands magasins et magasins du centre-ville peuvent vous accueillir tous les jours jusqu'à 21h.

Dans les agglomérations plus modestes, les petites villes et les villages de campagne, les heures d'ouverture des magasins sont généralement écourtées. Ils sont rarement ouverts le soir, et le dimanche on ne trouve pas grand-chose excepté du lait, du pain… et une séance de cinéma.

Les grandes agglomérations et certaines grandes villes comptent quelques magasins ouverts 24 heures sur 24. La grande majorité sont des "dépanneuses" vendant des denrées de première nécessité, des cigarettes et des journaux. Dans les villes les plus importantes du Canada, on peut trouver des pharmacies ouvertes toute la nuit. Pour savoir où en trouver, téléphonez à l'hôpital ou à la police.

Sur les principales autoroutes, vous trouverez des stations-service (essence et nourriture) ouvertes 24 heures sur 24.

Bars

Les heures d'ouverture des bars varient suivant les provinces. La plupart ouvrent à minuit et ferment autour de 2h du matin. Dans l'Ontario, la fermeture se fait quelques minutes avant 1h du matin. Au Québec, la loi est plus souple : les bars restent ouverts jusqu'à 3h ou 4h du matin. Dans les grandes villes, on trouve des bars qui restent ouverts après les heures de fermeture classiques, où l'on peut écouter de la musique et danser, mais qui cessent de servir de l'alcool. Au Canada, les bars n'ont pas le droit de vendre des boissons alcoolisées à emporter. Et seuls ceux qui affichent la licence peuvent vous servir des boissons alcoolisées.

FÊTES ET JOURS FÉRIÉS

Au Canada, les vacances d'été durent de fin juin au jour de la fête du Travail, début septembre. C'est aussi pendant cette période que la majorité de la population prend ses vacances. Pour les étudiants, les vacances d'été durent plus longtemps, parfois du mois de mai jusqu'à début ou mi-septembre. La fête du Travail est une date charnière puisque ce long week-end est officieusement considéré comme marquant la fin de l'été. Au-delà, de nombreux commerces et attractions du pays ferment, et, pour beaucoup, ce jour représente le début d'un changement de leurs horaires de travail.

Bien que n'étant pas officiellement un jour férié, Halloween, le 31 octobre, est une fête canadienne importante (et amusante). Inspirée d'une fête païenne celte, elle marque l'époque des fantômes, des gnomes, des sorcières, etc. Aujourd'hui, elle s'adresse essentiellement aux enfants qui, déguisés, vont le soir de maison en maison où on leur offre des sucreries. Les maisons sont décorées de citrouilles que l'on a creusées et à l'intérieur desquelles on a placé des bougies. Il y a aussi des fêtes nocturnes costumées pour les adultes à cette période de l'année. Traditionnellement, les costumes s'inspiraient du surnaturel mais, aujourd'hui, les thèmes se diversifient. La plupart des costumes sont fait à la main chez soi, mais on peut également en acheter ou en louer. Dans les grandes villes, la communauté gay a fait d'Halloween une fête majeure et les nightclubs sont souvent le théâtre de fêtes costumées absolument délirantes.

Jours fériés nationaux

Janvier
- Nouvel an (1er janvier)

Avril – mai
- Pâques (Vendredi saint et lundi de Pâques pour les établissements publics et les écoles)
- Fête de la Reine (lundi précédant le 24 mai – jour non férié dans les provinces de l'Atlantique)

Juillet
- Fête du Canada, appelée "Memorial Day" à Terre-Neuve (1er juillet)

Septembre – octobre
- Fête du Travail (premier lundi de septembre)
- Action de Grâces (deuxième lundi d'octobre)

Novembre – décembre
- 11 novembre (pour les banques et les établissements publics)
- Jour de Noël (25 décembre)
- Lendemain de Noël (26 décembre – de nombreux magasins de détail sont ouverts, les autres commerces sont fermés)

Jours fériés dans les provinces

Février – mars
- Alberta – fête de la Famille ("Family Day"), troisième lundi de février
- Terre-Neuve – fête de la Saint-Patrick (le lundi le plus près du 17 mars) ; fête de la Saint-Georges (le lundi le plus près du 23 avril)

Juin – juillet
- Québec – fête nationale du Québec, autrefois connue sous le nom de "fête de saint Jean-Baptiste" (24 juin)
- Terre-Neuve – fête de la Découverte ("Discovery Day") (le lundi le plus près du 24 juin) ; Orangeman's Day (le lundi le plus près du 13 juillet)

Août

Yukon – fête de la Découverte, troisième lundi d'août.

Dans toutes les autres provinces : Civic Holiday (1er août ou premier lundi d'août)

MANIFESTATIONS CULTURELLES

Vous trouverez la liste des principales manifestations culturelles sous la ville ou le village dans lesquels elles ont lieu. Il en existe beaucoup d'autres.

Dans le cadre de leur plan de promotion touristique, les gouvernements provinciaux publient une liste annuelle des manifestations et des spectacles exceptionnels qui s'y déroulent. Dans chacune d'elles, vous trouverez les dates, les lieux et souvent une brève description de ces événements culturels. Les départements du Tourisme locaux peuvent faire paraître des listes exhaustives, mentionnant aussi les manifestations culturelles, sportives et les événements de toutes sortes. Les fêtes historiques, militaires, ethniques, et les spectacles musicaux y figurent également. Certaines provinces publient même des brochures séparées pour les manifestations estivales et hivernales.

Les principaux jours fériés nationaux ou spécifiques aux provinces sont la plupart du temps l'occasion de fêtes, surtout en été où les manifestations culturelles comportent souvent des spectacles de feux d'artifice. Les fêtes du 1er juillet sont célèbres pour cette raison ; le ciel s'illumine d'une côte à l'autre.

POSTE ET TÉLÉCOMMUNICATIONS

Poste

Si le service postal n'est ni rapide ni économique, il est fiable. Les bureaux de poste canadiens conservent pendant deux semaines le courrier poste restante avec la mention "c/o General Delivery" ; passé ce délai, il est réacheminé à l'envoyeur. Voici quelques informations utiles :

Une lettre par avion 1re classe classique est limitée à 50 g pour le nord des États-Unis mais peut peser jusqu'à 500 g pour toutes les autres destinations dans le monde. Vers les États-Unis, les courriers plus lourds

peuvent être acheminés par voie terrestre, ou – mais c'est plus cher – par voie aérienne et petit colis postal. Tout envoi de plus de 1 kg est envoyé par voie de terre.

Pour toutes les autres destinations internationales, les lettres jusqu'à 2 kg peuvent être acheminées par avion. Les petits colis ne dépassant pas ce poids peuvent l'être par voie terrestre ou aérienne. Quant aux paquets de plus de 2 kg, ils sont pris en charge par les services de colis postaux, et les tarifs sont différents. Pour obtenir tous les détails, adressez-vous à un bureau de poste : vous y trouverez des fascicules complets vous renseignant sur les différentes options, catégories, conditions, et sur tous les prix. Nous nous contenterons de préciser ici qu'il existe maintes possibilités pour faire un envoi postal, suivant le temps dont dispose l'expéditeur et ses moyens financiers : voie aérienne, terrestre, ou combinaison des deux. Les tarifs varient suivant la destination. Les paquets supérieurs à 10 kg ne sont acheminés que par voie de terre – ce qui prend du temps.

Pour plus de sécurité, ou des raisons de rapidité et autres, les paquets peuvent être envoyés en recommandé, livrés dans des conditions spéciales et acheminés par terre ou air. Les postes canadiennes proposent en outre un service postal international.

Certains pays demandent une déclaration à la douane des paquets importés. Renseignez-vous à la poste.

Hormis les bureaux de poste, les timbres et autres services postaux sont souvent disponibles dans les drugstores et certaines supérettes. Renseignez-vous pour savoir où en trouver. En outre, les établissements hôteliers vendent fréquemment des carnets de timbres.

Tarifs postaux

Lettre ou carte postale 1re classe au Canada même : 43 cents (jusqu'à 30 g ; prix comprenant la TPS)

Lettre ou carte postale 1re classe, destinations européennes : 86 cents (jusqu'à 20 g). (Les aérogrammes (rares) coûtent le même prix.)

Lettre ou carte postale à destination des États-Unis : 49 cents (jusqu'à 30 g).

Téléphone

Au Canada, le système téléphonique fonctionne à merveille. En général, les communications urbaines sont peu chères, contrairement aux communications interurbaines. Globalement, les tarifs sont semblables à ceux des États-Unis mais sont, pour les communications interurbaines, plus élevés qu'en Europe. Les cabines téléphoniques sont directement accessibles ; elles se tiennent dans les bars, restaurants, grands magasins et l'arrière-salle des hôtels, et de nombreux établissements publics. Dans les grandes et moyennes villes existent partout des cabines téléphoniques bleues ou rouges.

Le tarif de base par appel est variable, mais s'élève généralement à 25 cents pour une communication urbaine. L'appel par opératrice (composez le 0) est gratuit. Gratuité également pour le 411, numéro des renseignements, ou le 911, numéro des urgences. Pour de plus amples informations concernant les appels interurbains, composez le 1 (indicatif régional), suivi du 555-1212, moyennant une faible somme.

Au Canada, les communications interurbaines sont moins chères entre 23h et 8h. La deuxième plage horaire la plus économique se situe entre 18h et 23h tous les jours excepté le dimanche, où elle se situe entre 8h et 23h. En revanche, si vous appelez entre 8h et 18h, vous paierez plein tarif – ce, du lundi au vendredi.

Les numéros 1-800 qu'utilisent nombre de sociétés, de ferries, d'hôtels et d'offices du tourisme ne sont soumis à aucune taxe, et sans frais supplémentaires si la communication reste interurbaine.

Toutes les communications téléphoniques passées depuis des sociétés et des résidences sont payées sur la base d'un tarif mensuel, quel que soit le nombre d'appels.

Avant de vous servir du téléphone dans les hôtels, motels, pensions, etc., sachez que la plupart de ces établissements, sinon tous, en font payer l'usage sur la base du nombre d'appels passés, même locaux. Attention donc à la facturation !

Nombre de sociétés canadiennes, de centres d'attractions et d'informations touristiques ont opté pour l'information sur répondeur. Ce système peut s'avérer utile si l'on souhaite connaître les heures d'ouverture d'un musée.

Indicatifs régionaux au Canada

Yukon	403
Territoires du Nord-Ouest (ouest)	403
Territoires du Nord-Ouest (est)	819-709
Colombie-Britannique	604
Alberta	403
Saskatchewan	306
Manitoba	204
Toronto	416
Agglomération de Toronto	905
Ouest de l'Ontario	807
Centre de l'Ontario	705
Sud-ouest de l'Ontario	519
Sud-est de l'Ontario	613
Québec	819
Montréal	514
Est du Québec	418
Labrador	709
Terre-Neuve	709
Île-du-Prince-Édouard	902
Nouveau-Brunswick	506
Nouvelle-Écosse	902

La société Bell Canada a commercialisé une carte pour communications interurbaines prépayées. La seule version disponible dispose de 20 $ d'appels et est valable deux ans. Cette carte vous sera proposée prochainement dans des machines situées dans les aéroports, les gares d'autobus et de train. Avant d'acheter quelque carte que ce soit, renseignez-vous sur la durée de sa validité et les destinations pour lesquelles vous pouvez l'utiliser.

Une nouvelle carte à se procurer est la carte CardCaller Canada (☎ 733-2163 Toronto), en vente dans certaines "dépanneuses" et hôtels. Disponibles dans des versions de 10 $ à 100 $ d'appels, cette carte permet de passer des communications interurbaines à partir de n'importe quel téléphone, jusqu'à épuisement de la carte. En appelant le numéro indiqué, vous obtiendrez des informations sur les communications dans la langue de votre choix (six langues disponibles). Vous pouvez appeler à partir de n'importe quel téléphone à touches, et ce, 24 heures sur 24 et 7 jours sur 7.

Appels internationaux

De toutes les cabines, vous pouvez passer des appels internationaux, mais les tarifs se modulent en fonction du lieu et de l'heure d'appel. Une opération effectuée sans opératrice est économique et plus rapide. Vous pouvez y arriver si vous connaissez l'indicatif de la région où appeler ainsi que le numéro du correspondant. Par une opératrice, les communications s'échelonnent par ordre croissant de la manière suivante : appel d'un poste à un autre (personne demandée ou non), appel en PCV (appel à frais virés), appel de personne à personne. Vous pouvez obtenir des réductions pour des appels outre-mer. Vous trouverez la liste de tous les tarifs internationaux et les indicatifs des pays dans les premières pages de l'annuaire téléphonique.

Les possesseurs de la carte Telecom Internationale ont la possibilité de passer des appels interurbains et d'en faire transférer les frais sur leur ligne téléphonique personnelle en France. Pour téléphoner de cette manière, les numéros d'appel France Direct depuis le Canada sont les suivants : 18 00 363 40 33 (par opérateur) et 18 00 463 62 26 (automatique).

Fax, télex et télégramme

L'usage du fax est aujourd'hui largement répandu au Canada. Ces machines sont accessibles au public dans les grands hôtels, les bureaux de poste et commerces des villes principales. Pour en trouver une, consultez les rubriques "fax", ou "Papeteries" dans les pages jaunes de l'annuaire.

En revanche, les télex ne sont pas facilement accessibles, sinon dans certaines entreprises privées.

Pour envoyer un télégramme, contactez les CN-CP Telecommunications dont les coordonnées se trouvent dans l'annuaire téléphonique. Ils pourront se charger de votre envoi pour n'importe quelle destination nationale ou internationale.

HEURE LOCALE

Le Canada couvre six des 24 fuseaux horaires du monde. Comme cela est indiqué sur la carte en début de chapitre, la partie orientale, avec la province de Terre-Neuve a ceci d'inhabituel qu'elle n'a qu'une demi-heure de décalage avec la région voisine. Le décalage horaire de la côte atlantique à la côte pacifique est de cinq heures et demie.

Du dernier dimanche d'avril au dernier dimanche d'octobre, le Canada se met à l'heure d'été, ce qui signifie une heure de plus par jour ; l'exception est la Saskatchewan, conservant l'heure légale toute l'année.

Voici quelques exemples de décalages horaires à l'intérieur du Canada même, et par rapport aux États-Unis et à Paris : lorsqu'il est midi à Paris, il est 6h à Toronto, 3h à Vancouver et à Los Angeles. Quand il est 24h à Paris, il est 18h à Toronto, 15h à Vancouver et à Los Angeles.

ÉLECTRICITÉ

Au Canada, le courant est de 110 volts alternatif. A moins d'arriver d'Amérique du Nord apportez un adaptateur-transfor-

mateur si vous souhaitez utiliser des appareils électriques personnels tels que rasoirs, sèche-cheveux, etc. Au Canada, les prises des appareils électriques ont deux, parfois trois dents, auquel cas une prise de terre est jointe. Celles-ci s'adaptent à la plupart des prises femelles.

BLANCHISSAGE/NETTOYAGE

Dans la plupart des grandes villes, vous trouverez des lavomatics comprenant toute une série de machines à laver et de sécheuses à linge fonctionnant à jetons. En général, ces laveries automatiques sont ouvertes toute la journée jusqu'à 22h ou 23h. Il est très rare d'y trouver un gardien. Certains lavomatics disposent de machines fournissant monnaie et lessive. Mais il est moins problématique, plus fiable, plus pratique et moins cher d'apporter l'une et l'autre avec soi. Le lavage-séchage coûte un ou deux dollars, que vous paierez la plupart du temps en pièces de 1 $ ou de 25 cents.

Existent aussi des maisons de nettoyage à sec et teinturerie auxquelles vous pouvez confier chemises, robes, pantalons et manteaux, que vous récupérerez propres un, parfois deux ou trois jours plus tard. Généralement, ce type de service est rapide. Les grands hôtels peuvent posséder un service de nettoyage, mais vous risquez de payer plus cher qu'en allant vous-même chez le teinturier.

De nombreux campings et B&B possèdent aussi une machine à laver et une sécheuse dont les clients peuvent disposer, en général moyennant supplément.

POIDS ET MESURES

Dans les années 70, le Canada est officiellement passé du système de mesure de l'Empire britannique au système métrique. Lentement, la plupart des citoyens l'ont adopté et, aujourd'hui encore, les deux systèmes sont employés en maintes circonstances de la vie quotidienne. Mais le premier est plus ancré dans certaines régions du Canada que dans d'autres.

Sur les routes, tous les panneaux de signalisation sont indiqués en système métrique – alors, ne roulez pas à 100 km/h ! L'essence est vendue au litre mais viande et pommes de terre le sont encore fréquemment à la livre. Quant aux stations de radio, elles annoncent souvent la température en degrés Celsius et en Fahrenheit.

Cette conversion coûteuse engendra une inextricable pagaille. L'ancien système ne peut être complètement abandonné car les Américains – premiers partenaires commerciaux du Canada – continuent à l'utiliser. Et aussi parce que des expressions telles que “ça se voyait à une lieue” ne se justifient pas dans le système métrique ! En cas de doute, reportez-vous au tableau figurant au dos de ce guide.

Il est à noter que le système de mesures américain, qui est, à la base, identique à celui de l'Empire britannique, diffère quant à la mesure des liquides et particulièrement (pour les automobilistes) dans la contenance des gallons.

LIVRES ET CARTES

Il existe de très nombreux ouvrages en français sur le Canada, souvent consacrés à un thème particulier.

La liste ci-dessous n'est donc pas exhaustive et ne saurait remplacer un choix personnel (reportez-vous également à la rubrique *Littérature* du chapitre *Présentation du pays*).

En France, les ouvrages conseillés – souvent publiés par un éditeur québécois comme B.Q. (Bibliothèque Québécoise) – sont disponibles à la *Librairie canadienne-Abbey Bookshop*, 29, rue de la Parcheminerie, 75005 Paris (☎ 1-46 33 16 24).

La libraire *Urubamba*, 4, rue de la Bûcherie, 75005 Paris (☎ 1-43 54 08 24) est une librairie spécialisée sur les nations indiennes du continent américain.

Ouvrages généraux

Fortement documenté et plein de détails qui font toute sa richesse, l'ouvrage de Jacques Portes, *Le Canada et le Québec au XXe siècle* est publié par Armand Colin, coll. U. Si vous manquez de temps, *L'Histoire du Canada*, de Paul-André Linteau (PUF, coll. Que sais-je ?) est vraiment l'ouvrage le plus utile pour saisir tout le Canada. *Le Canada*, sous la direction de P.-M. Duhet, issu des Presses universitaire de Nancy, présente un état sérieux de la situation du pays. *L'Histoire générale du Canada* de MM. Brown et Linteau (Boréal) est une mine d'informations. *Les Missions jésuites* est un livre de base pour comprendre l'influence des missionnaires en terre d'Amérique (Gallimard, coll. Découvertes). *La Constitution canadienne* est publié chez Boréal Express.

Aventures au Nord de l'hiver, de Jean-Louis Sers, décrit la vie des Indiens, trappeurs et bûcherons et meneurs de chiens qui ont choisi la forêt (Arthaud).

Sur la production et l'industrie cinématographique francophone et anglophone du Canada, les éditions du Centre Beaubourg donnent d'excellents détails avec *Les Cinémas du Canada.*

Les Provinces maritimes

L'Acadie. *De Nantes à la Louisiane*, de G.-M. Braud (Ouest éditions) relate l'odyssée des Acadiens, leur exil et comment, en 1785, 1600 Acadiens quittèrent le Vieux Continent à destination du Nouveau Monde. Yves Cazaux a écrit *L'Acadie, l'histoire des Acadiens* (Albin Michel).

Les ouvrages d'Antonine Maillet, *la Sagouine* et *Pélagie-la-Charrette* sont publiés en poche (B.Q.). Le long poème d'Henry Longfellow, *Évangeline*, relate l'histoire de la communauté acadienne. Traduit en français, il est introduit par quinze pages d'explication historique (éd. Perce-Neige).

Terre-Neuve. Les deux tomes de *l'Histoire de la pêche française de la morue dans l'Amérique septentrionale* de Charles de La Morandière sont à consulter pour la richesse de leurs illustrations (Maisonneuve/Larose). *Les Deux Traditions* de G. Thomas est un recueil de contes populaires chez les Franco-Terreneuviens (Maisonneuve/Larose).

L'Île-du-Prince-Édouard. Le roman célèbre dans le monde entier sous le titre original *Anne and The Green Gables*, de L. Montgomery est disponible en français sous le nom d'*Anne...La maison aux pignons verts* (éd. Québec/Amérique).

Saint-Pierre-et-Miquelon. *L'Histoire de l'archipel et de sa population* a été publiée par J.J.O. sur l'archipel même.

Le Québec

Histoire et culture. *Les anciens Canadiens* de P. Aubert de Gaspé est le roman de la conquête des terres, écrit en 1863 (B.Q.). *Québec – une ville et sa population au temps de la Nouvelle-France* de Danielle Gauveau (Presses universitaires de Québec, 1991) est l'étude démographique reposant sur les 35 000 actes religieux enregistrés par la paroisse de Québec entre 1621 et 1765.

L'Histoire du Québec contemporain, 1867 à 1929, est l'œuvre de MM. Linteau, Durocher et Robert, professeurs à l'université de Montréal et de Québec (Boréal compact). *Le Québec de 1944 à nos jours*, de Y. H. Nouailhat, propose une vision globale de la province (Imprimerie nationale). *Brêve Histoire du Québec* de J. Hamelin et J. Provencher et *Brêve Histoire de Montréal* de P. A. Linteau sont publiés chez Boréal. Le deuxième tome de la série *Québec 1945-2000, Les intellectuels et le temps de Duplessis (1944-1960)*, de L. Dion, explique la théorie du Refus global de la période de Grande Noirceur (Presses universitaires de Laval, Québec, 1993). *Refus global et autres écrits* de Paul-Émile Borduas est disponible chez Typo.

Le Québec : un pays, une culture, de F. Têtu de Labsade (Boréal) saura vous renseigner utilement sur les us et coutumes de la province. *Québec sauvage*, de Marc Poirel et de Catherine Raoult (Anako), est le témoignage de deux auteurs qui plaident pour la sauvegarde du Grand Nord québécois et amérindien, avec ses phoques, ses rorquals, ses fous de Bassan, ses bélugas... *La France et nous, journal d'une querelle* de Robert Charbonneau (B.Q.) fait le point sur la relation très forte entre la France et le Québec.

Guide culturel, *Montréal, oasis du Nord* (Autrement, 1992) vous fera aborder la capitale de la province québécoise par un autre angle.

Écologie. Les Publications du Québec proposent divers ouvrages relatifs à l'environnement et à l'écologie. Parmi eux, citons *Le Québec au naturel*, qui fait découvrir 27 régions, la *Petite flore forestière du Québec* ou la *Faune menacée du Québec* qui, avec un guide pédagogique, porte un regard sur 20 espèces, dont la baleine noire, le béluga, le caribou, etc. *L'Encyclopédie des oiseaux du Québec*, de W. Earl-Godfrey, vous donnera toutes les précisions sur la faune volatile (Éd. de l'Homme).

Romans et théâtre québécois. La pièce *Les Belles-Sœurs* de Michel Tremblay est disponible chez Leméac, alors que l'ouvrage le plus connu de la série "Chronique du Plateau Mont-Royal", *La Grosse Femme d'à côté est enceinte* est publié chez B.Q.

Le caustique Réjean Ducharme reste un auteur à succès, avec *L'Avalée des Avalées* (Folio), *Le Nez qui voque* ou encore *Va savoir* (ces deux derniers titres chez Gallimard, coll. Blanche).

Le Seuil (Coll. Points) édite les romans d'Anne Hébert, comme *Kamouraska*, une histoire du XIXe siècle, dans la ville de Québec, *Les Enfants de sabbat*, ainsi que *Les Fous de Bassan*, prix Femina 1982, drame qui se passe à Griffin Creek, lieu perdu au bout des terres face au ciel et au vent, et *Le Premier Jardin*. Le roman le plus célèbre de Marie-Claire Blais est *Une Saison dans la vie d'Emmanuelle* (Boréal). Également un grand succès, *Juliette Pomerleau* d'Yves Beauchemin (Le Livre de Poche) ; du même auteur, *Le Matou* (éd. Québec/Amérique) dont l'histoire se passe à Montréal et qui reprend le thème de prédilection québécois de la vie urbaine. Romancier de l'indépendance, Hubert Aquin a publié *Prochain épisode* et *Journal* chez B.Q. Le *Guide de la Littérature québécoise* est édité par Boréal.

Contes et textes d'auteur québécois. Le conte est à l'origine de la littérature québécoise, aussi c'est un genre très apprécié de nos jours. Jacques Ferron est l'auteur imaginatif de *Contes* (B.Q.) ; Pierre Morency, conteur attaché à la nature, a écrit une histoire naturelle du Nouveau Monde avec *L'Œil américain* (Boréal). Le chanteur à texte Félix Leclerc est aussi grand écrivain à succès, avec *100 Chaussures* ou *Moi, mes souliers* (B.Q.), comme son alter ego Gilles Vigneault qui est l'auteur du *Grand Cerf-volant* (Seuil, coll. Point).

Poésie québécoise. Recueil de poésies typiquement ancrées dans le Québec, *La Poésie québécoise* de L. Maillet et de P. Nepveu est disponible chez Typo. Les *Poésies complètes* d'Émile Nelligan sont éditées par B.Q. Dans un genre assez drôle, le *Dictionnaire des Expressions québécoises* de Pierre Desruisseaux est un best-seller (B.Q.).

Les nations indiennes

Le Grand Voyage du pays des Hurons est le récit de voyage datant de 1623 de G. Sagard qui retrace les premiers contacts entre les Hurons et les Français (B.Q.). Écrit par Champlain au temps de la conquête, *Des Sauvages* est réédité par Typo. Sur la question améridienne, *Canada, derrière l'épopée, les autochtones*, de R. Savard et de J.-R. Proulx (L'Hexagone) ainsi que *L'Indien généreux, ce que le monde doit aux Amériques*, de Denis Vaugeois (Boréal). *L'Histoire des Indiens* de Bernard Assiniwi est disponible chez Leméac, tandis que, chez Payot coll. Documents, est sorti *Mœurs et histoire des Indiens d'Amérique du Nord*, de René Thévin et de Paul Cozel, sur la vie quotidienne des premiers habitants. L'ouvrage paru chez Armand Colin (coll. Civilisations), *Les Indiens d'Amérique du Nord*, est un manuel très documenté et une source particulièrement sérieuse. La petite collection Express de Boréal a publié *La Question indienne au Canada* de Renée Dupuis, qui fait le portrait socio-économique de la communauté contemporaine en faisant le point sur les revendications et les statuts actuels.

Les éditions du Rocher ont également une collection largement ouverte sur les Amérindiens, Nuage Rouge, dont le superbe ouvrage, *Les Indiens d'Amérique*.

Parmi les romans, on peut trouver *Le Dernier Été des Indiens* de Robert Lalonde (Seuil) et les ouvrages de Nancy Huston, dont *Cantique des Plaines* qui est paru chez Actes Sud. *Pays Innu* est un recueil de poèmes sur la vie des peuples nomades, illustré par J. Ouellet (éd. Plumes d'Elles). *Je suis une maudite sauvagesse* et *Qu'as-tu fait de mon pays* d'An Antane Kapesh sont les œuvres du chef de la communauté de Schefferville (Lémeac).

L'*Histoire de la littérature amérindienne au Québec* de Diane Boudreau est publiée à L'Hexagone, coll. Essai, 1994.

Romans et nouvelles en français

Très célèbre, notamment par son adaptation à l'écran, le roman de terroir *Maria Chapdelaine*, de Louis Hémon, est publié en poche chez B.Q. Gabrielle Roy, bien qu'originaire du Manitoba, s'exprime en français, notamment dans *Bonheur d'occasion* (Boréal Compact).

Les nouvelles de Mavis Gallant sont traduites en français, notamment *Les Quatre Saisons* (Fayard). Également en français, le texte de Margaret Atwood, *Faire surface* est sorti dans la collection de poche du Serpent à Plumes (1994). Les romans de Robertson Davis sont disponibles en français dans la coll. Points au Seuil, dont *L'Objet du scandale*, *Un homme remarquable*, *Les Anges rebelles*, *Le Monde des merveilles* ou encore *Le Manticore*, qui plonge le lecteur dans le Canada des années 30.

La livraison n°23 de l'excellente revue *Le Serpent à Plumes* (printemps 1994), ouverte aux écrivains canadiens, propose à la lecture des nouvelles de Timothy Findley, d'Emile Ollivier, de Mavis Gallant, d'Isabel Huggan, de Neil Bissoondath et de Ying Chen.

Littérature en anglais

Les poèmes de Margaret Atwood font partie du patrimoine littéraire du Canada, et *Selected Poems 1966-1984* (Oxford) vous donneront une idée assez juste de son talent.

Le célèbre romancier Michael Ontdaaje est l'auteur d'un recueil de nouvelles, *Contemporary Canadian Short Stories* (Faber & Faber).

Cartes

De bonnes cartes provinciales sont disponibles dans les offices de tourisme de chaque province. Les stations-service ont en général un petit stock d'atlas routiers de la région. Pour obtenir la liste de toutes les cartes topographiques existantes et un bon de commande par correspondance, contactez le Canada Map Office (615, Booth St, Ottawa, Ont. K1A 0E9, ☎ 613-952-7000). La boutique à cette adresse ne propose pas grand-chose, alors que la librairie située 130, Bentley St, à Nepean a un vaste choix.

Dans le centre de Toronto, Canada Map Company (211, Yonge St, Ont. M5B 1M4, ☎ 416-362-9297) accepte votre commande par écrit et par téléphone.

A Winnipeg, la Global Village Map & Travel store (213, Osborne St, ☎ 204-453-7081) a une bonne sélection de cartes des villes et des régions de l'Ouest.

Au Québec, plusieurs librairies proposent des cartes en français dont Quatre Pointe Cardinale, 551 Ontario East à Montréal (☎ 514-843-8116). La Boutique Temps Libre est installée à Montréal, 3603 rue Saint-Denis, et à Québec, Place Laurier, 2700 boulevard Laurier, Sainte-Foy (ligne d'information depuis Montréal : ☎ 514-252-3117). La librairie Ulysse a également deux antennes, 4176 rue Saint-Denis, Montréal (☎ 514-843-9447) et 4, bd René-Levesque, Québec (☎ 418-529-5349)

Souvent en édition bilingue, MapArt et La Cartothèque se partagent le marché des cartes du Québéc et du Canada.

MÉDIAS

Journaux et magazines

En France, la revue des Indiens d'Amérique *Nitassinan notre terre* est diffusée en librairie. Survival International a publié un document consacré aux *Indiens des Amériques, envahis mais non conquis* (45, rue du Faubourg-du-Temple, 75010 Paris).

Au Québec, parcourez le journal fédéraliste *La Presse*, quotidien français le plus vendu au Canada, ainsi que *Le Devoir*, journal sérieux à tendance séparatiste. Mais il existe d'autres quotidiens français, comme *Le Journal de Montréal*, plus populaire.

Le *Globe and Mail* est quotidien et national. Les autres journaux importants sont le *Toronto Star*, la *Montreal Gazette*, l'*Ottawa Citizen* et le *Vancouver Province*. *Maclean's* est un magazine d'informations hebdomadaire analogue au *Time* américain.

Dans chaque grande ville du Canada, vous trouverez un ou plusieurs magasins spécialisés dans la presse et les périodiques du monde entier. En outre, certains grands hôtels, sans omettre les kiosques d'aéroports, fournissent des journaux étrangers.

Radio et télévision

La Canadian Broadcasting Corporation (CBC) propose des émissions nationales et régionales radiophoniques (fréquences AM et FM) et télévisées, diffusées dans tout le pays, même dans certaines régions les plus reculées. Elle programme plus de chansons canadiennes et d'informations relatives au Canada qu'aucune autre compagnie privée. CBC Radio, en particulier, est une chaîne de qualité qui réunit à travers certaines de ses émissions tous les auditeurs du pays.

Si vous voulez pratiquer votre anglais, nous vous recommandons vivement de ne pas manquer l'émission "Morningside" de Peter Gzowski, diffusée en semaine à partir de 9h et jusqu'à midi. Divertissante et didactique, celle-ci propose aux auditeurs un panorama de la mentalité et des idées canadiennes. Malheureusement, elle n'a lieu qu'à partir de début septembre et se termine fin mai. "Summerside", l'émission qui la remplace pendant l'été, reçoit divers invités ; bien que différant de la précédente, elle vaut vraiment la peine d'être écoutée. En outre, les meilleurs moments de "Morningside" y sont reprogrammés.

CBC possède également un réseau radiophonique et un réseau télévisé français, tous deux réunis sous le nom de Radio-Canada, que l'on peut capter de tout endroit du Canada. L'autre grand réseau national de télévision est le CTV Television Network (CTV), principale chaîne commerciale diffusant aussi bien des programmes régionaux, nationaux et américains. Son journal d'informations diffusé en soirée est suivi par tout le pays. On peut facilement capter les programmes de télévision et de radio américains.

Outre ses programmes quotidiens à chercher sur les grandes ondes, on peut capter Radio France Internationale sur 730 KHz (CKAC 73 AM) à Montréal, sur 89 MHz (CHUO FM) à Ottawa et au Québec sur tous les réseaux câblés.

PELLICULES ET PHOTOS

Les magasins de photos situés dans le centre des villes principales sont sérieux, bien informés, et proposent une kyrielle d'articles de photos. Vous pouvez vous y procurer toutes les marques de pellicules, y compris Ilford. En outre, c'est dans ces magasins que vous trouverez aussi les pellicules les plus "fraîches" (vérifiez toujours la date d'expiration) et les prix les plus intéressants.

Autrefois très courants et faciles à se procurer, les films diapo sont aujourd'hui introuvables en dehors des véritables magasins de photo. Chez les droguistes, dans les grands magasins et à l'épicerie du coin, vous ne trouverez que les pellicules standard Kodak et Fuji.

Au Canada, le développement est rarement compris dans le prix d'achat de la pellicule, sauf pour les films Kodachrome (c'est alors l'option la moins chère), dont le développement est compris ou moyennant supplément. Le principal labo de développement Kodachrome se trouve à Toronto. Vous pouvez y envoyer vos négatifs ou passer par l'intermédiaire d'un magasin de photos qui se chargera de l'envoi et de la réception de vos pellicules moyennant une somme modeste. Black's sont de bons points de vente photo que l'on trouve partout au Canada, excepté au Québec. Ils offrent un choix intéressant de pellicules et assurent un développement rapide.

Nous vous conseillons d'emporter une pile de rechange pour votre flash.

Dans les aéroports canadiens, les contrôles de sécurité se font avec de nouveaux appareils de scannerisation à rayons X. Sauf exception, cela ne devrait pas poser de problèmes pour les pellicules. Pour ne subir aucun dommage, les rouleaux de pellicules ne doivent pas être scannerisés plus de 5 ou 6 fois. De même, les rayons X peuvent endommager les pellicules d'une sensibilité particulière (400 ASA ou plus). Pour préserver vos films, sachez que la plupart des bons magasins de photos proposent maintenant des étuis cerclés de plomb pouvant contenir plusieurs rouleaux et assurant une protection totale.

Nombre de personnes utilisent des caméscopes aujourd'hui, et les Canadiens ne font pas exception à la règle. Les quatre standards de bandes Caméscope coexistent dans le pays : VHS, VHS C, Beta et 8 mm. Pour faire le meilleur choix, rendez-vous dans un magasin spécialisé. Vous pourrez également en trouver chez Radio Shack, détaillant de matériel électronique possédant des points de vente dans tout le pays.

SANTÉ

Le Canada est un pays dans lequel vous ne courez aucun risque et peu de précautions sont nécessaires en matière de santé. La santé en voyage dépend du soin avec lequel on prépare le départ, et, sur place, du respect d'un minimum de règles quotidiennes. Si nous listons les dangers éventuels, c'est que ces derniers sont différents de ceux que l'on connaît et que l'on prévient habituellement chez nous.

Il suffit d'identifier ces risques et de prendre les quelques précautions élémentaires pour ne pas en pâtir.

Guides de la santé en voyage

Voyages internationaux et santé, Organisation mondiale de la santé (OMS) ; *Les Maladies en voyage* du Dr Éric Caumes, Points Planète ; *Saisons et Climats* de Jean-Noël Darde, Balland. Pour ceux qui lisent l'anglais, le guide *Travel with Children*, de

Maureen Wheeler, Lonely Planet Publications (conseils pratiques pour la santé de vos enfants en bas âge).

Avant le départ

Assurances. Il est conseillé de souscrire une police d'assurance qui vous couvrira en cas d'annulation de votre voyage, vol, perte de vos affaires, maladie ou accident. Les assurances internationales pour étudiants sont en général d'un bon rapport qualité/prix. Attention, accordez une attention particulière aux clauses spéciales !

- Vérifiez notamment que les sports "dangereux" (plongée, moto ou randonnée) ne sont pas exclus de votre contrat ou encore que le rapatriement médical d'urgence, en ambulance ou en avion, est couvert. De même, le fait d'acquérir un véhicule dans un autre pays ne signifie pas nécessairement que vous serez couvert par votre propre assurance.
- Vous pouvez contracter une assurance qui réglera directement les hôpitaux et les médecins, vous épargnant ainsi d'avancer des sommes qui ne vous seront remboursées qu'à votre retour. Dans ce dernier cas, gardez bien tous les documents nécessaires.
- Attention : avant de souscrire une police d'assurance, vérifiez bien – comme c'est souvent le cas – que vous ne bénéficiez pas déjà d'une assistance *via* votre carte de crédit, votre mutuelle ou votre assurance automobile.

Au Canada, les soins médicaux, hospitaliers et dentaires sont excellents mais onéreux. Le prix standard d'une chambre dans un hôpital urbain s'élève, pour les étrangers, entre 500 $ et 2 000 $ par jour !

La plus grande compagnie d'assurances en soins médicaux et hospitaliers pour touristes est la John Ingle Insurance. Les polices qu'elle propose couvrent un minimum de 7 jours en hôpital ("hospital medical care", HMC) jusqu'à un an, avec possibilité de reconduction au bout d'une année. Une assurance d'un mois revient à 87 $ pour tout adulte de moins de 65 ans, et à 117 $ pour les plus de 65 ans. Existent également des tarifs familles. Cette assurance comprend le prix du séjour en hôpital, les honoraires des médecins, des soins ultérieurs et autres prestations. En revanche, les touristes à destination du Canada ne sont *pas* couverts pour des affections dont ils souffraient déjà avant d'arriver.

Si vous projetez de faire quelques escapades aux États-Unis, au Mexique ou dans les Caraïbes, soyez sûr que votre assurance les couvrira également.

La John Ingle Insurance propose aussi des assurances aux étudiants étrangers (à des prix réduits) et aux personnes en possession de visas de travail. Ces assurances peuvent être très profitables en comblant la marge non couverte avant que l'État, dans le cas des étudiants, ou que l'entreprise, dans le cas des travailleurs étrangers, ne paient eux-mêmes. Là encore, les polices d'assurances peuvent varier en fonction de la région où vous êtes installé.

La Ingle a des bureaux dans toutes les villes principales du pays, et des représentants dans les territoires du Nord. Le siège social (☎ 416-961-0666, 1-800-387-4770) se trouve au 800 Bay St, Toronto, Ontario, M5S 9Z9. Partout, on vous fournira des brochures d'informations dans plus de 15 langues, et au siège social vous les entendrez parler presque toutes. La brochure comprend un formulaire de souscription et vous pouvez verser votre règlement avant ou après votre arrivée au Canada.

La compagnie Blue Cross est la principale concurrente de la Ingle. Sa police d'assurance voyage pour touristes, "couverture en urgence" (*emergency coverage*) coûte de 3 $ par jour pour les célibataires jusqu'à 54 ans, à 6 $ par jour pour une famille, mais ces prix varient légèrement en fonction de la durée du séjour. Ils augmentent sérieusement pour la tranche d'âge située entre 55 et 69 ans, et sont encore plus élevés pour les personnes de plus de 69 ans. Cette assurance-là ne couvre pas non plus les dépenses occasionnées par une grossesse ou une affection dont vous étiez atteint avant votre arrivée au Canada. Vous pouvez y souscrire avant ou à votre arrivée. Pour de plus amples informations, écrivez au siège social (☎ 416-429-2868, 1-800-268-3763) au 150 Ferrand Drive, Don Mills, Ontario, M3C 1H6.

Vous pouvez également vous procurer les brochures éditées par ces deux compagnies d'assurances dans les bureaux de postes, les banques, les pharmacies, les cabinets médicaux et certains centres commerciaux. Attention, celles-ci comportent des exceptions, des conditions, etc., que vous devez bien comprendre. Renseignez-vous également sur les sommes maximales que ces assurances peuvent payer ; des différences entre les polices peuvent entraîner une majoration chez l'une ou l'autre.

Trousse à pharmacie. Veillez à emporter avec vous une petite trousse à pharmacie contenant quelques médicaments indispensables. Prenez des médicaments de base :

- De l'aspirine ou du paracétamol (douleurs, fièvre)
- Un antihistaminique (en cas de rhumes ; allergies ; démangeaisons dues aux piqûres d'insectes, ou morsures ; mal des transports. Évitez l'alcool et soyez prudent car les antihistaminiques provoquent des somnolences)
- Une préparation à base de kaolin contre les troubles digestifs
- Un antiseptique, une poudre ou un spray désinfectant pour les coupures et les égratignures superficielles, des pansements pour les petites blessures et du produit contre les moustiques
- Une petite trousse de matériel stérile comprenant une seringue, des aiguilles, du fil à suture, une lame de scalpel, des ciseaux et une petite pince
- Un thermomètre (ceux qui sont à mercure sont interdits par certaines compagnies aériennes), les comprimés pour stériliser l'eau.
- Un baume répulsif anti-insecte, un écran solaire, une lotion de bronzage et une crème pour les gerçures

Des antibiotiques (si vous voyagez loin des sentiers battus) à demander à votre médecin et emmenez l'ordonnance avec vous. Certaines personnes sont allergiques à certains antibiotiques courants comme la pénicilline et les sulfamides. Si vous êtes allergique, pensez à avoir cette information sur vous. Ne prenez des antibiotiques que sous contrôle médical et à bon escient. Utilisez-les aux doses prescrites et pendant toute la période également prescrite, même si vous avez l'impression d'être guéri avant. Chaque antibiotique soigne une affection précise : ne les utilisez pas au hasard. Cessez immédiatement le traitement en cas de réactions graves, ne prenez pas du tout d'antibiotiques si vous n'êtes pas sûr d'avoir celui qui convient.

Quelques conseils. Assurez-vous que vous êtes en bonne santé avant de partir. Si vous partez pour un long voyage, faites contrôler l'état de vos dents.

Porteurs de lunettes ou de lentilles de contact, emportez une paire de secours et la copie de votre ordonnance : ne pas avoir de lunettes peut être source de réels problèmes. Sachez toutefois qu'en de nombreux endroits au Canada on peut se faire faire de nouveaux verres rapidement et à un prix raisonnable, à condition bien sûr de connaître sa correction (demandez à n'importe quel opticien).

Si vous suivez un traitement de façon régulière, n'oubliez pas votre ordonnance (avec le principe actif plutôt que la marque du médicament, afin de pouvoir trouver un équivalent local le cas échéant).

De plus, l'ordonnance vous permettra de prouver que vos médicaments vous sont légalement prescrits, des médicaments en vente libre dans certains pays étant interdits dans d'autres.

Vaccins. Aucune vaccination n'est obligatoire pour se rendre au Canada, mais plus vous vous éloignez des circuits classiques, plus il faut prendre vos précautions. En effet, il est important de faire la différence entre les vaccins recommandés lorsqu'on voyage dans certains pays et ceux obligatoires. Au cours des dix dernières années, le nombre de vaccins inscrit au registre du Règlement sanitaire international a beaucoup diminué. Seul le vaccin contre la fièvre jaune peut encore être exigé pour passer la frontière, parfois seulement pour les voyageurs venant de régions contaminées. Faites inscrire vos vaccinations dans un carnet international de vaccination que vous pourrez vous procurer auprès de votre médecin ou d'un centre spécialisé.

Planifiez vos vaccinations à l'avance (au moins six semaines avant le départ) car certaines demandent des rappels ou sont incompatibles entre elles. Les vaccins ont des durées d'efficacité très variables ; certains sont contre-indiqués pour les femmes enceintes.

Centres de vaccination à Paris : Air France (☎ 43 20 13 50), aérogare des Invalides, 2 rue Esnault-Pelterie, 75007 Paris, ou l'Institut Pasteur (☎ 45 68 81 98), 209 bd de Vaugirard, 75015 Paris.

Il existe de nombreux centres en province, en général liés à un hôpital ou à un service de santé municipal.

Précautions élémentaires

Faire attention aux aliments et à la boisson est la première des précautions à prendre. Les troubles gastriques et intestinaux sont fréquents même si la plupart du temps ils restent bénins.

Ne vous privez pas de goûter la cuisine locale, cela fait partie du voyage !

Stérilisation de l'eau. Au Canada, l'eau du robinet est potable partout. Les informations suivantes s'adressent aux voyageurs qui, ayant l'intention de séjourner dans les bois ou de partir en excursion en pleine nature, devront donc boire l'eau des lacs et des rivières.

Comme les expéditions les plus longues se font dans les parcs nationaux, renseignez-vous auprès des gardes forestiers sur la qualité de l'eau.

Pour stériliser l'eau, le plus simple est de bien la faire bouillir. Même à haute altitude, la faire bouillir cinq minutes devrait être suffisant. N'oubliez pas que, à haute altitude, elle bout à une température plus basse et que les germes ont plus de chance de survivre.

Un simple filtrage peut être très efficace mais n'éliminera pas tous les micro-organismes dangereux. Par conséquent, si vous ne pouvez faire bouillir l'eau, il faut la traiter chimiquement. Le Micropur ou l'Hydrochlonazone tueront la plupart des germes pathogènes.

Nutrition. Si votre alimentation est quantitativement et qualitativement pauvre, votre santé risque très vite de s'en ressentir.

Assurez-vous que votre régime est équilibré. Œufs, tofu, légumes secs, lentilles et noix variées vous fourniront des protéines. Les fruits que l'on peut éplucher (bananes, oranges et mandarines par exemple) sont sans danger et vous apportent des vitamines. Essayez de manger des céréales et du pain en abondance. Si la nourriture présente moins de risques quand elle est bien cuite, n'oubliez pas que les plats trop cuits perdent leur valeur nutritionnelle. Si votre régime est mal équilibré ou insuffisant, prenez des vitamines et des comprimés à base de fer. Pour de longues randonnées, munissez-vous toujours d'une gourde d'eau. Une transpiration excessive fait perdre des sels minéraux et peut provoquer des crampes musculaires. Il est déconseillé de prendre des pastilles de sel de façon préventive, mais dans les régions où la nourriture est peu salée, il n'est pas inutile de rajouter du sel dans son plat.

Santé au jour le jour. La température normale du corps est de 37°C ; deux degrés de plus représentent une forte fièvre. Le pouls normal d'un adulte est de 60 à 80 pulsations par minute (celui d'un enfant est de 80 à 100 pulsations ; celui d'un bébé de 100 à 140 pulsations). Il est important de savoir prendre la température par le pouls. Celui-ci augmente d'environ 20 pulsations à la minute avec chaque degré de fièvre.

La respiration est aussi un bon indicateur en cas de maladie. Comptez le nombre d'inspirations par minute : entre 12 et 20 chez un adulte, jusqu'à 30 pour un jeune enfant et jusqu'à 40 pour un bébé, elle est normale. Les personnes atteintes de forte fièvre ou d'une maladie respiratoire grave (pneumonie par exemple) respirent plus rapidement (plus de 40 respirations/minute en cas de pneumonie).

Problèmes de santé et traitement

Les éventuels problèmes de santé sont répartis en plusieurs catégories. Tout d'abord les problèmes liés au climat et à la géographie, dus aux températures extrêmes, à l'altitude ou aux transports. Puis les maladies dues au manque d'hygiène ; celles transmises par les animaux ou les hommes ; et enfin les maladies transmises par les insectes. Enfin, de simples coupures, morsures ou égratignures peuvent aussi être source de problèmes. L'autodiagnostic et l'autotraitement sont risqués, aussi, chaque fois que cela est possible, adressez-vous à un médecin. On peut trouver de l'aide dans n'importe quel service d'urgence des hôpitaux.

Affections liées au climat

Coups de soleil. En haute altitude, on attrape des coups de soleil étonnamment vite, même par temps couvert. Utilisez un écran solaire et pensez à couvrir les endroits qui sont normalement protégés, les pieds par exemple. Si les chapeaux fournissent une bonne protection, n'hésitez pas à appliquer également un écran total sur le nez et les lèvres. Les lunettes de soleil s'avèrent souvent indispensables.

Froid. Malgré la croyance largement répandue selon laquelle le Canada serait une étendue perpétuellement recouverte de glace, très peu de gens risquent d'être victimes de problèmes de santé à la suite d'une froidure extrême. Les jours d'hiver où la morsure du gel risque de se faire sentir (causée presque toujours par un facteur d'abaissement de la température dû au vent), vous en serez averti. Tout le monde en parlera, la radio diffusera des informations sur le nombre de minutes pendant lesquelles il est raisonnable d'exposer sa peau au froid, et surtout... l'atmosphère sera effectivement glaciale.

Si vous effectuez une randonnée en haute altitude, ou, plus simplement, un trajet de nuit en autocar dans la montagne, prenez vos précautions. Au Canada, il faut toujours être équipé contre le froid, le vent et la pluie, même si vous ne faites qu'une promenade. L'hypothermie a lieu lorsque le corps perd de la chaleur plus vite qu'il n'en produit et que sa température baisse. Le passage d'une sensation de grand froid à un état dangereusement froid est étonnamment rapide quand vent, vêtements humides, fatigue et faim se combinent, et même si la température extérieure est supérieure à 0°C. Il est préférable de s'habiller par couches : soie, laine et certaines fibres synthétiques nouvelles sont toutes de bons isolants. Un chapeau est important, car on perd beaucoup de chaleur par la tête. La couche supérieure des vêtements doit être solide et imperméable, car il est vital de rester au sec. Emportez du ravitaillement de base comprenant des sucres rapides, qui génèrent rapidement des calories, et des boissons en abondance.

Symptômes de l'hypothermie : fatigue, engourdissement, en particulier des extrémités (doigts et orteils), grelottements, élocution bredouillante, comportement incohérent ou violent, léthargie, démarche trébuchante, vertiges, crampes musculaires et explosions soudaines d'énergie. La personne atteinte d'hypothermie peut déraisonner au point de prétendre qu'elle a chaud et de se dévêtir.

Pour soigner l'hypothermie, protégez le malade du vent et de la pluie, enlevez-lui ses vêtements s'ils sont humides et habillez-le chaudement. Donnez-lui une boisson chaude (pas d'alcool) et de la nourriture très calorique, facile à digérer. Cela devrait suffire pour les premiers stades de l'hypothermie, mais si son état est plus grave, il faut le coucher dans un sac de couchage chaud. Ne pas le frictionner, ne pas lui changer ses vêtements s'il y a du vent. Placez-le auprès d'un feu et, si possible, faites-lui prendre un bain tiède (pas chaud).

Mal des montagnes. Le mal des montagnes a lieu à haute altitude et peut être mortel. Il peut survenir à des altitudes variables et fait des victimes à 3 000 m, mais en général frappe plutôt entre 3 500 et 4 500 m. Il est recommandé de dormir à une altitude inférieure à l'altitude maximale atteinte dans la journée. Le manque d'oxygène nous affecte tous de façon variable. Vous pouvez prendre certaines mesures à titre préventif :

- Ne faites pas trop d'efforts au début, reposez-vous souvent. A chaque palier de 1 000 m arrêtez-vous pendant au moins un jour ou deux afin de vous acclimater progressivement.
- Buvez plus que d'habitude, l'air de la montagne est sec et froid. On perd de l'eau en respirant.
- Mangez légèrement et des repas riches en hydrates de carbone pour avoir de l'énergie.
- Évitez l'alcool et tout sédatif afin de ne pas risquer la déshydratation.

Même si vous prenez le temps de vous habituer progressivement à l'altitude, vous aurez probablement de petits problèmes passagers. Les symptômes disparaissent généralement au bout d'un jour ou deux, mais s'ils persistent ou empirent, le seul traitement consiste à redescendre, ne serait-ce que de 500 m. Manque de souffle, toux sèche irritante (qui peut aller jusqu'à produire une écume teintée de sang), mal de tête violent, perte d'appétit, nausée et parfois vomissements sont autant de signaux d'alerte. Une fatigue grandissante, un comportement incohérent, des troubles de la coordination et de l'équilibre indiquent un réel danger. Chacun de ces symptômes pris séparément, même une simple migraine persistante, sont des signaux à ne pas négliger.

Mal des transports. Pour réduire le risque d'avoir le mal des transports, mangez légèrement avant et pendant le voyage. Si vous êtes sujet à ces malaises, essayez de trouver un siège dans une partie du véhicule où les oscillations sont moindres : près de l'aile dans un avion, au centre sur un bateau et dans un car. Si en général l'air frais requinque, il faut éviter de lire et de fumer. Tout médicament doit être pris avant le départ ; une fois que vous vous sentez mal, il est trop tard.

Affections liées aux conditions sanitaires

Giardase. Si vous faites beaucoup de camping, spécialement dans l'arrière-pays et dans les bois des provinces de l'Alberta et de la Colombie-Britannique, méfiez-vous de ce parasite intestinal, présent dans l'eau souillée ou dans les aliments souillés par l'eau. Symptômes : crampes d'estomac, nausées, estomac ballonné, selles très liquides et nauséabondes et gaz fréquents. La giardase peut n'apparaître que plusieurs semaines après la contamination. Les symptômes peuvent disparaître pendant quelques jours puis réapparaître et cela pendant plusieurs semaines. Le Flagyl est recommandé, mais ce médicament ne doit être pris que sous contrôle médical. Les antibiotiques ne sont d'aucune utilité.

Rage. Peu répandue au Canada, la rage doit néanmoins être envisagée par les voyageurs qui séjournent un certain temps dans les bois ou les régions très peu développées. Les principaux vecteurs en sont les écureuils, les mouffettes, les ratons laveurs et surtout les renards. Paradoxalement, ces animaux ont appris à s'adapter aux régions peuplées, si bien qu'on peut en voir dans les parcs des villes, dans les aires de divertissement, les zones boisées qui entourent les cours d'eau, et même sur les trottoirs des quartiers résidentiels après la tombée de la nuit. Surtout si ceux-ci sont encombrés d'ordures !

La rage est transmise par une morsure ou une griffure faite par un animal contaminé. Morsures, griffures ou même simples coups de langue d'un mammifère doivent être nettoyés immédiatement et à fond. Frottez avec du savon et de l'eau courante, puis nettoyez avec de l'alcool. S'il y a le moindre risque que l'animal soit contaminé, allez immédiatement voir un médecin. Même si l'animal n'est pas enragé, toutes les morsures doivent être surveillées de près pour éviter les risques d'infection et de tétanos. Un vaccin antirabique est désormais disponible. Songez-y si vous pensez prendre certains risques, comme explorer des grottes (les morsures de chauves-souris peuvent être dangereuses) ou travailler avec des animaux. Sachez cependant que la vaccination préventive ne dispense pas de la nécessité de se faire administrer le plus vite possible un traitement antirabique après contact avec un animal enragé ou dont le comportement peut paraître suspect.

Maladies sexuellement transmissibles (MST). A l'instar des autres pays occidentaux, le Canada a sa part de maladies sexuellement transmissibles ; comme on peut s'y attendre, c'est dans les grandes villes qu'elles sont le plus présentes.

La blennorragie et la syphilis sont les maladies les plus répandues ; plaies, cloques ou éruptions autour des parties génitales, suppurations ou douleurs lors de la miction en sont les symptômes habituels ; ils peuvent être moins forts ou inexistants chez les femmes. Les symptômes de la syphilis finissent par disparaître complètement mais la maladie continue à se développer et à entraîner de graves problèmes. On traite la blennorragie et la syphilis par les antibiotiques.

Les maladies sexuellement transmissibles sont nombreuses, mais on dispose d'un traitement efficace pour la plupart d'entre elles. Cependant il n'y a pas de remède contre l'herpès pour le moment. L'utilisation de préservatifs est le moyen préventif le plus efficace qui soit. Le slogan de la campagne publicitaire anti-sida lancée actuellement par le gouvernement canadien est : "Pas d'amour sans protection" (*No glove, no love*).

HIV/sida. L'infection à HIV (virus de l'immunodéficience humaine), agent causal du sida (Syndrome d'immunodéficience acquise) est présente dans pratiquement tous les pays et épidémique dans nombre d'entre eux. La transmission de cette infection se fait par rapport sexuel (hétérosexuel ou homosexuel – anal, vaginal ou oral) d'où l'impérieuse nécessité d'utiliser des préservatifs à titre préventif ; par le sang, les produits sanguins et les aiguilles contaminées. Il est impossible de détecter la présence du HIV chez un individu apparemment en parfaite santé sans procéder à un examen sanguin.

Il faut éviter tout échange d'aiguilles. Non stérilisés, tous les instruments de chirurgie, les aiguilles d'acupuncture et de tatouages, les instruments utilisés pour percer les oreilles ou le nez peuvent transmettre l'infection. Il est fortement conseillé d'emporter seringues et aiguilles, car celles que l'on vend en pharmacie ne sont pas toujours fiables. Toute demande de certificat attestant la séronégativité pour le HIV (certificat d'absence de sida) est contraire au Règlement sanitaire international (article 81).

Coupures, piqûres et morsures

Maladie de Lyme. Bien qu'elle constitue une menace moins importante, la maladie de Lyme, découverte récemment, ne doit pas être ignorée. Depuis la fin des années 80, on enregistre chaque été davantage de cas de maladie de Lyme, même si la grande majorité de ceux qui concerne le nord de l'Amérique se sont trouvés aux États-Unis. La maladie en elle-même est en réalité plus un symptôme transmis par une espèce particulière de tiques de cerfs, semblables, en plus petit, aux tiques de chien. La tique infecte la peau avec une bactérie appelée spirochète, qui est à l'origine de la maladie.

C'est en 1975, dans le Connecticut, que cette dernière a été identifiée pour la première fois, par un certain M. Lyme qui lui a donné son nom. Aujourd'hui encore, elle n'est pas toujours, ou mal, diagnostiquée, et de nombreux cas continuent de ne pas être rapportés. La maladie de Lyme est en effet difficile à diagnostiquer, car elle peut présenter des symptômes très divers. Consultez un médecin si, dans les trente jours qui suivent la piqûre, vous observez une petite bosse rouge entourée d'une zone enflammée ; elle ne s'accompagne pas systématiquement de symptômes comparables à ceux d'une grippe.

A condition de prendre la maladie à ce stade, les antibiotiques constitueront un traitement simple et efficace. Certains symptômes ultérieurs peuvent s'avérer bien plus graves, comme par exemple une sorte d'arthrite gagnant les genoux.

Le meilleur moyen d'éviter ce type de complications est de prendre ses précautions lorsqu'on traverse des régions où l'on connaît des cas de maladie de Lyme. Jusqu'à présent, les quelques cas de Canadiens atteints ont été repérés aux extrémités occidentale et orientale du pays. Ainsi, la Californie, Washington, le Minnesota et la Nouvelle-Angleterre sont les régions des États-Unis où l'on a enregistré le plus de cas. Si vous entendez parler de quelque risque que ce soit alors que vous traversez des zones forestières, emmitouflez-vous le plus possible dans vos vêtements, utilisez un produit répulsif contenant un diethylmetatoluamide, ou un substitut plus léger pour vos enfants ; à la fin de chaque journée, vérifiez que ni vous, ni vos enfants, ni votre animal familier n'avez attrapé de tiques. Bien sûr, la plupart des tiques ne peuvent elles-mêmes transmettre la maladie et même les plus "méchantes" ne sont pas porteuses de la vilaine bactérie.

Morsures de serpent. Portez toujours bottes, chaussettes et pantalons pour marcher dans la végétation. Ne hasardez pas la main dans les trous et les anfractuosités et faites attention lorsque vous ramassez du bois pour faire du feu. Les morsures de serpents ne provoquent pas instantanément la mort et il existe généralement des antivenins. Il faut calmer la victime, lui interdire de bouger, bander étroitement le membre comme pour une foulure et l'immobiliser avec une attelle. Trouvez ensuite un médecin et apportez-lui si possible le serpent mort. N'essayez en aucun cas d'attraper le serpent s'il y a le moindre risque qu'il pique à nouveau. On sait désormais qu'il ne faut absolument pas sucer le venin ou poser un garrot.

Punaises et poux. Les punaises affectionnent la literie douteuse. Si vous repérez de petites taches de sang sur les draps ou sur les murs autour du lit, cherchez un autre hôtel. Les piqûres de punaises forment des alignements réguliers ; une pommade calmante apaisera la démangeaison. Les poux provoquent des démangeaisons. Ils élisent domicile dans les cheveux, les vêtements ou les poils pubiens. On en attrape par contact direct avec des personnes infestées ou en utilisant leur peigne, leurs vêtements, etc. Poudres et shampooings détruisent poux et lentes ; il faut également laver les vêtements à l'eau très chaude.

Santé au féminin

Problèmes gynécologiques. Une nourriture pauvre, une résistance amoindrie par l'utilisation d'antibiotiques contre des problèmes intestinaux, voire la pilule contraceptive peuvent favoriser les infections vaginales lorsqu'on voyage dans des pays à climat chaud. Respectez une hygiène intime scrupuleuse et portez jupes ou pantalons amples et sous-vêtements en coton. Les champignons, caractérisés par une éruption cutanée, des démangeaisons et des pertes, peuvent se soigner facilement. En revanche, les trichonomas sont plus graves ; pertes blanches et sensation de brûlure lors de la miction en sont les symptômes. Le partenaire masculin doit également être soigné. Sachez encore qu'il n'est pas rare que le cycle menstruel soit perturbé lors d'un voyage.

Grossesse. La plupart des fausses couches ont lieu pendant les trois premiers mois de la grossesse, c'est donc la période la plus risquée pour voyager. Pendant les trois derniers mois, il vaut mieux rester à distance raisonnable de bonnes infrastructures médicales, en cas de problèmes. Les femmes enceintes doivent éviter de prendre inutilement des médicaments ; cependant, certains vaccins et traitements préventifs contre le paludisme restent nécessaires. Mieux vaut consulter un médecin avant de prendre quoi que ce soit.

SEULE EN VOYAGE

Phénomène encore rare, un nombre croissant de femmes partent seules au Canada. Il s'agit essentiellement de touristes et de femmes d'affaires. Il n'existe pas de différence majeure entre un homme et une femme voyageant seul(e) au Canada et, s'agissant d'un pays occidental, il ne présente pas de piège culturel ou "classique" à signaler aux personnes du sexe féminin.

Pourtant, dans bien des pays, les femmes se trouvent confrontées à des attitudes sexistes et les actes de violence menacent certainement plus les Canadiennes que les Canadiens. Voici donc quelques conseils élaborés par des femmes :

Essayez toujours d'arriver à destination avant la tombée de la nuit. Si vous débarquez dans une gare de bus ou de train (mais il est vrai que les endroits de ce genre ne sont jamais les plus sûrs), prenez un taxi pour rejoindre le lieu où vous devez passer la nuit. Dans la plupart des grandes villes, les gares d'autobus ou de train donnent directement accès au métro. Au Canada, les métros sont propres et sûrs. Une fois proche de votre destination finale, quittez le métro et prenez un taxi pour vous y rendre.

Il est recommandé d'éviter certains bas quartiers des villes principales le soir, surtout le vendredi et le samedi. Vous trouverez dans ce guide la liste de ces quartiers.

En voiture, veillez au bon état général de votre véhicule et évitez de tomber en panne d'essence. Si cela vous arrive sur l'autoroute, surtout le soir, il peut être judicieux de glisser derrière votre vitre une pancarte que vous aurez fabriquée au préalable et portant la mention "Appelez la police". Il m'est récemment arrivé de voir une pancarte telle que celle-là ; quand j'ai fait halte pour téléphoner à la police, les gendarmes m'ont répondu qu'ils avaient déjà reçu une dizaine d'appels tels que le mien et qu'une voiture était déjà en chemin ; autrement dit, les automobilistes réagissent à ce type d'appel au secours. Il est déconseillé aux femmes qui tombent en panne de sortir de leur voiture et d'attendre dehors, surtout le soir. Restez à l'intérieur et fermez les portières à clef. Dans les villes, évitez les parkings souterrains.

Faites bien attention si vous voyagez en stop, surtout si vous êtes seule ; faites preuve de bon sens et n'hésitez pas à refuser d'être emmenée par certains automobilistes. Mais il est rarissime de voir des femmes seules faire du stop, et nous ne pouvons que le déconseiller. Être accompagnée d'une ou de plusieurs personnes de l'autre sexe est le moyen le plus sûr pour une femme de voyager en stop, si elle le souhaite vraiment.

Les femmes seules auront intérêt à réserver une chambre avant de débarquer dans une ville inconnue. Lors de la réservation, beaucoup préfèrent ne mentionner que l'initiale de leur prénom, suivie de leur nom ; par exemple, C. Dupont plutôt que Colette Dupont, mademoiselle ou madame Dupont, etc. Nombre de chaînes d'hôtels ou de motels proposent le numéro de téléphone 800, permettant de passer des appels interurbains gratuits pour réserver une chambre.

Les auberges de jeunesse et les B&B sont des lieux sûrs et les prestations y sont de bonne qualité. Au Canada, nombre d'entre eux sont tenus par des couples ou des femmes. Dans les B&B et les pensions, demandez si les portes ont des verrous, ce n'est pas forcément le cas.

Lorsque vous vous présentez dans un motel, demandez d'abord à voir votre chambre et assurez-vous que les portes et les fenêtres ne sont pas susceptibles d'être forcées. Dans les motels, presque toutes les chambres sont pourvues d'un téléphone.

Parmi les hôtels urbains les moins chers dont nous vous fournissons la liste plus loin, certains sont à éviter si vous voyagez seule ; chaque fois que nous vous le conseillons, cherchez une chambre ailleurs.

Qu'elles le cherchent ou non, les femmes non accompagnées qui fréquenteront les night-clubs ou les bars ne tarderont pas à s'apercevoir qu'elles attirent l'attention (et, éventuellement, se verront offrir un verre).

Celles qui apprécient les promenades en plein air doivent savoir que le parfum des eaux de toilette et d'autres cosmétiques attire les ours ; aussi, si vous vous rendez dans un endroit où vous êtes susceptible d'en rencontrer, nous vous conseillons d'éviter d'en mettre ! Les insectes, eux aussi, sont de notoires amateurs de parfum.

LES VOYAGEURS HANDICAPÉS

Le Canada a fait d'énormes efforts pour faciliter la vie quotidienne des handicapés moteurs, principalement ceux qui circulent en fauteuil roulant. Dans l'ensemble, le Canada a, à cet égard, dépassé la majorité des pays dans le monde, et cette évolution se poursuit encore. La plupart des immeubles publics, y compris les principaux offices de tourisme, sont accessibles aux chaises roulantes. Idem pour les principaux musées, les galeries d'art et les lieux de spectacles. Toutes les structures hôtelières dont nous parlons au paragraphe précédent possèdent des lavabos accessibles aux handicapés moteurs. Les grands hôtels sont également équipés pour les recevoir, de même que les motels moins onéreux appartenant à de grandes chaînes telles que Journey's End (que nous évoquons souvent dans ce guide), auxquels ils peuvent accéder par des passerelles.

Dans la plupart des parcs provinciaux et nationaux, les centres d'information sont aussi facilement accessibles. Certains des chemins de randonnée les plus courts et/ou certains passages en bois ont été conçus pour handicapés ou selon des critères de transport autopropulsés.

Le système ferroviaire VIA dispose de structures pour les handicapés moteurs mais doit être averti de leur présence 48 heures à l'avance. Toutes les compagnies d'autobus canadiennes ont prévu une assistance aux passagers de ce type ; sièges spéciaux et autres équipements sont admis à la seule condition d'être pliables et de pouvoir s'insérer dans les espaces réservés aux bagages. Quant aux compagnies aériennes, elles ont l'habitude d'accueillir des passagers handicapés moteurs et ont instauré à leur intention un système d'embarquement et de débarquement préalable à ceux des autres voyageurs.

Dans les villes principales, les parkings ont tous des endroits spéciaux réservés aux handicapés, qui sont généralement signalés par le dessin d'une chaise roulante. Situés à proximité des portes ou des points d'accès de l'endroit visité, ces endroits ne peuvent être utilisés par les personnes valides sous peine d'amende. Les agences de location de voitures peuvent fournir des accessoires spéciaux tels que commandes à main, mais là encore il faut les commander à l'avance. A Toronto, le réseau de transports publics, le TTC, comprend un service d'autobus spécial qui dessert toute la ville, avec élévateurs pour fauteuils roulants.

POUR LES PLUS DE 60 ANS

Nous recommandons aux touristes âgés de plus de 65 ans, parfois 60 ans, de chercher à bénéficier des nombreuses réductions qui leur sont offertes au Canada. Là-bas, les personnes appartenant à cette tranche d'âge sont appelées "seniors", et ce terme est très répandu. Les réductions prévues à leur intention portent sur tous les moyens de transport et peuvent être à l'origine d'économies substantielles. De nombreux parcs nationaux, comme la plupart des attractions du pays, les musées, les sites historiques et les cinémas offrent des tarifs réduits au troisième âge. Certains hôtels et motels le font aussi – vous avez tout intérêt à vous renseigner.

Les voyages organisés pour le troisième âge que l'on trouve dans de nombreux pays existent aussi au Canada. Ils consistent en séjours culturels peu onéreux réservés aux plus de 60 ans. Le programme classique s'articule comme suit : débats et conférences le matin, excursions et visites des lieux étudiés l'après-midi. Les participants sont logés en chambres universitaires. Généralement, le prix du voyage inclut à la fois les repas, le logement et certains déplacements. Les cours sont de durée variable mais peuvent couvrir plusieurs semaines. Leurs thèmes empruntent à l'histoire, la nature, la géographie, etc. Le bureau central des voyages organisés pour le troisième âge au Canada se trouve au 308 Wellington St, Kingston, Ontario K7K 7A7 (☎ 613-530-2222).

DÉSAGRÉMENTS ET DANGERS

Reportez-vous à la rubrique *Santé* pour connaître les risques que vous pourriez courir dans ce domaine. Voyez aussi la rubrique *Code de la route et mesures de sécurité préventives* du chapitre *Comment circuler* pour en savoir plus sur la conduite au Canada.

Incendies

Avant de dormir à l'extérieur des campings officiels, veillez à ne pas provoquer d'incendie. C'est un phénomène extrêmement dangereux qui peut causer des dégâts considérables, particulièrement pendant les mois chauds d'été.

Un couple qui avait provoqué un incendie fut confronté aux autorités locales et, désignant le livre que vous avez entre les mains, déclara : "L'auteur dit qu'on peut camper n'importe où !" De grâce, pour votre tranquillité comme pour la mienne, faites attention !

Mark Lightbody

Si vous séjournez dans un camping officiel, vérifiez que tout ce qui est susceptible de brûler, y compris les cigarettes, est bien éteint lorsque vous avez fini de l'utiliser.

Ours

Un grave problème auquel vous risquez d'être confronté en campant dans les bois est celui des animaux, et particulièrement celui des ours, perpétuellement à la recherche d'un casse-croûte facile. Conservez vos vivres dans des sacs en Nylon ; un sac de couchage est une bonne idée. Attachez le sac à une corde et placez-le sur une branche assez loin de votre tente et de sorte qu'il ne touche pas le tronc, car certains ours grimpent aux arbres. Il faut qu'il se situe suffisamment loin du sol, de manière à ce qu'un ours debout ne puisse l'atteindre – mettons, à trois mètres du sol. Ne laissez aucun reste de repas alentour, et ne laissez *jamais* de nourriture dans la tente.

N'essayez pas de photographier les ours de près et ne vous placez jamais entre un ours et ses petits. Si vous apercevez des oursons, disparaissez discrètement et rapidement. Et si vous rencontrez un ours, essayez de vous mettre contre le vent de façon à ce qu'il ne puisse vous sentir ; en outre, de cette manière, vous ne le surprendrez pas. Lors de randonnées en forêt ou en montagne dans des zones fréquentées par les ours, certaines personnes emportent quelque chose qui fait du bruit, une cloche par exemple. Mais l'on peut également parler ou chanter. Quoi que vous fassiez, ne donnez jamais à manger aux ours, car leur peur des êtres humains les abandonnerait, et ils devraient remettre leur vie entre les mains des gardiens de parcs.

Mouches noires et moustiques

Dans les forêts canadiennes, spécialement au nord du pays, les mouches noires et les moustiques peuvent être mortels – leur pouvoir semble être plus fatal à mesure qu'on monte vers le nord.

La conséquence d'une piqûre de moustique est une petite bosse qui démange. Le moment où l'insecte vous pique se résume à une douleur très supportable et éphémère. Certaines personnes sont allergiques aux piqûres de mouches noires et la plaie risque de s'enflammer gravement. Mais, si l'on fait abstraction de l'aspect inesthétique qu'elle prendra alors, elle ne présente pas de véritable danger. Il peut y avoir problème si les piqûres sont nombreuses et, là encore, les conséquences dépendent essentiellement de chaque personne.

En règle générale, les vêtements sombres sont reconnus pour attirer davantage les insectes que les vêtements de couleur claire. De même, le parfum n'a pas toujours l'effet que l'on souhaiterait. Achetez des lotions anti-insectes ou des vaporisateurs répulsifs, disponibles dans toutes les pharmacies (ou chez les droguistes). Nous vous recommandons les marques "Muskoil" et "Off" ; ce dernier produit existe aussi dans une version plus forte, "Deep Woods Off". N'employez pas sur des enfants les répulsifs de la marque "Deet". Dans tous les cas, essayez de réduire au minimum la surface de peau susceptible d'être piquée – en portant une chemise à manche longue, un pantalon, et un chapeau ou une casquette qui encadre bien tout le visage.

Le mois de juin est celui qui présente le plus de risques ; à mesure que l'été se déroule, l'atmosphère s'assèche et les insectes disparaissent. Certaines années, ils ne posent aucun problème, mais peuvent se révéler redoutables à d'autres, selon le climat et d'autres facteurs encore.

C'est au cœur des bois qu'ils sont en fait les plus terribles ; dans les clairières, sur le littoral, comme à tout endroit où souffle une brise, vous ne risquez rien, excepté des taons, qui sont littéralement des dents montées sur ailes...!

C'est au crépuscule que les moustiques sortent ; faites un feu, cela contribuera à les éloigner. Pour les campeurs, une tente avec fermeture Éclair est absolument indispensable ! Si, vous étant égaré, vous manquez de vous faire dévorer vivant par les piqûres d'insectes, jetez-vous dans le point d'eau le plus proche, s'il y en a un. Dépourvu de répulsif, frottez-vous la peau à l'aide de pelures d'orange ou de citron, cela vous soulagera !

Autres morsures et piqûres

Au Canada, vous ne rencontrerez pas de problème particulier quant aux morsures ou piqûres d'insectes. Il n'y a pas d'araignées ni d'insectes venimeux. Il existe bien des serpents à sonnette dans certaines régions de l'Ontario et de la Colombie-Britannique, mais on en rencontre très rarement – même les adeptes de randonnées ; en fait, ils sont généralement très timides. Mais, si morsure il y a, ne la prenez pas à la légère et assurez un secours médical immédiat. Dans tout le pays, vous rencontrerez une quantité normale d'abeilles, de guêpes et de frelons. Nous recommandons aux voyageurs sujets aux allergies d'emporter le nécessaire s'ils quittent les zones urbaines.

Dans certaines régions, vous pouvez rencontrer des moucherons et des punaises “invisibles”, baptisées ainsi parce qu'on ne les voit jamais mais qu'on ressent leur morsure. Il n'y a pas grand-chose à faire pour s'en défendre ; heureusement, ni les uns ni les autres ne se manifestent trop fréquemment. Nous conseillons aux campeurs d'emporter des tentes à la toile très serrée de manière à empêcher toute invasion nocturne. Tous ces troubles horribles que peuvent causer les insectes ne sont en réalité pas si terribles que cela, mais il est préférable de s'attendre au pire plutôt que de se faire prendre au dépourvu. Les millions de personnes qui passent chaque année un certain temps dans la brousse en savent quelque chose... En outre, les insectes représentent la seule forme de terrorisme que vous pourriez redouter au Canada ; et après tout, mieux vaut encore des insectes que des bombes !

Animaux spécifiques aux lieux de camping

Si les campeurs ne risquent pas de rencontrer des ours, en revanche les écureuils, les tamias, les souris et les sconses sont monnaie courante. Et tous adorent les aliments dont l'homme se nourrit ; ils passent donc beaucoup de temps à fourrager dans les sacs de nourriture ou les ordures qu'on laisse alentour et n'hésitent pas à foncer tête baissée dans les pots et les casseroles qu'ils trouvent, faisant un vacarme en pleine nuit. La meilleure façon de vous en défendre est de ne pas leur donner à manger, aussi mignons soient-ils, et de veiller à mettre vos aliments sous clef.

EN CAS D'URGENCE

Dans la plus grande partie du pays, et surtout dans les zones urbaines, appelez le 911 pour toute urgence intéressant la police, les pompiers ou les secours médicaux. Pour de plus amples renseignements, référez-vous aux introductions concernant chaque province. Si vous vous trouvez dans une autre région, ou en cas de doute, composez le 0 et demandez l'aide de l'opératrice. Elle vous mettra en contact avec le service que vous recherchez. Mais en composant le 911, vous obtiendrez une réponse plus rapide. Pour les questions concernant la police mais non urgentes, consultez l'annuaire local. Vous trouverez les numéros d'appel des postes de police dans les premières pages.

En cas de perte ou de vol de votre passeport, contactez le consulat le plus proche. Il vous fournira temporairement une pièce de remplacement et vous indiquera quand et comment vous en procurer un nouveau. Mais il se peut que vos projets de voyage vous dispensent de la possession d'un passeport.

En cas de perte ou de vol de vos chèques de voyage, contactez la banque émettrice ou son représentant. A l'achat de vos chèques, on vous remet une liste des numéros de téléphone que vous pouvez appeler en cas de perte. Notez scrupuleusement les chèques que vous encaissez. Ainsi, en fournissant la liste des chèques volés, le remboursement en sera facilité.

Pour tout vol pour lequel vous aurez à remplir une déclaration d'assurance, appelez la police afin de lui signaler les objets dérobés. Faites-vous préciser le numéro de référence de votre déposition – il pourra vous être demandé.

ÉTUDIER OU TRAVAILLER AU CANADA

Permis étudiants et permis de travail doivent vous être délivrés par l'ambassade du Canada avant votre départ, ce qui peut prendre six mois. Un permis de travail concerne une activité spécifique à une durée et un employeur définis. Pour faire des études au Canada, renseignez-vous et effectuez la demande dans votre pays.

Il est difficile d'obtenir un permis de travail : les possibilités d'emploi sont accordées préférentiellement aux Canadiens. Mais souvent, les entreprises employant du personnel ponctuel ou temporaire – dans des secteurs de service (hôtels, bars, restaurants), ou encore des ouvriers dans le bâtiment, des ouvriers agricoles ou forestiers – ne demandent pas de permis. Les étrangers qui travaillent légalement au Canada se voient attribuer un numéro de sécurité sociale commençant par “9”. De nombreuses jeunes femmes européennes viennent au Canada pour travailler au pair, ou plutôt en aide familiale.

Depuis la France, les services culturels de l'ambassade du Canada ainsi que les principales associations (voir plus haut la rubrique *Organismes à connaître*) sauront vous donner des renseignements généraux. Pour les annuaires, contactez la Chambre de commerce franco-canadienne (9, avenue Franklin-Roosevelt, 75008 Paris, ☎ 43 59 32 38). Pour trouver un job temporaire, les secteurs où vous aurez le plus de chances sont la cueillette de fruits, la récolte du tabac ou le reboisement de forêt. Le travail bénévole est également ouvert aux étrangers, surtout dans les associations caritatives d'aide aux communautés indiennes. Si vous souhaitez participer à un chantier, contactez Concordia/Solidarité Jeunesse (38, rue du Faubourg-Saint-Honoré, 75010 Paris, ☎ 45 23 00 23), qui propose plusieurs possibilités, aussi bien dans la province de Québec que dans les provinces anglophones.

Pour de plus amples informations, reportez-vous au *Guide du Job-Trotter*, de J.-D. Lepère et S. Mayoux (Dakota éditions, coll. Guides Travels).

N'oubliez pas que si vous êtes travailleur clandestin et que vous vous faites prendre, vous serez obligé de quitter le pays.

ACTIVITÉS SPORTIVES

De par son environnement naturel, unique et féerique, le principal intérêt du Canada réside dans la multiplicité des sports qu'on peut y pratiquer : randonnée, promenades en canoë, pêche, ski, observation de la faune et de la flore... Sans oublier la myriade d'excursions possibles.

Les offices du tourisme provinciaux recensent des informations sur les activités régionales proposées et vous fourniront des centaines de détails concernant les entreprises privées, organisations et spécialistes susceptibles de vous proposer des “circuits aventure” et autres excursions.

Dans de nombreuses provinces, également, vous trouverez des brochures et des cartes sur les circuits à découvrir en canoë ou en randonnée à pied. Toutes seront à même de vous apporter des renseignements sur les parcs nationaux et provinciaux, dont beaucoup peuvent constituer les principales destinations d'un voyage au Canada.

Nombre d'entre eux sont décrits dans ce guide.

Ces dernières années, les longs trajets à bicyclette connaissent un succès croissant. Le ski de descente est très fréquent dans de nombreuses régions – les pistes des Rocheuses sont idéales et bien plus élevées que toute piste des Alpes. Le deltaplane attire constamment de nouveaux adeptes. Certaines personnes survolent même la côte ouest. N'hésiter pas à tenter l'orpaillage. Bien que la saison soit courte, le canotage est très pratiqué dans tout le pays. On dit même qu'il y a plus de bateaux par habitant au Canada que dans n'importe quel autre pays, excepté la Suède.

Propres et extrêmement vivantes, les villes, que vous pourrez découvrir en toute sécurité, sont également très attirantes et, si vous commencez à vous lasser des activités de plein air, vous y trouverez nombre d'activités culturelles et artistiques.

Quant aux jeux de loterie, ils constituent un passe-temps nettement moins prenant mais très prisé des Canadiens. Le bingo est également un de leurs jeux favoris. Une variation originale de ce dernier se rencontre dans certaines zones rurales ; le plus souvent, elle a pour but de recueillir des fonds pour des organisations caritatives :

On divise un pâturage en portions de même taille, que l'on délimite et numérote. Ensuite, chaque participant choisit l'une de ces parties, sur laquelle il mise. On introduit une vache dans le pré. Le "propriétaire" de la portion du champ sur laquelle la vache choisit de soulager ses besoins est le gagnant ; voilà qui, à défaut d'être vraiment hygiénique, promet du bon temps !

Randonnée

Si vous avez l'intention de faire du trekking dans les sentiers, sachez que le Canada offre des chemins longs ou courts, accidentés ou doux, montagneux ou côtiers. Presque tous les chemins de randonnées du pays, dont certains sûrement parmi les plus intéressants, se trouvent dans les parcs nationaux ou provinciaux.

La majorité des parcs proposent un chemin de randonnée ; certains ne constituent qu'une simple et brève promenade dans la nature. En règle générale, plus un parc est vaste, plus le chemin proposé sera long. Certains nécessitent même une ou plusieurs nuits de camping sur place. Dans les réserves d'animaux, on trouve aussi fréquemment des chemins de randonnée tracés. Dans ce guide, nous vous fournissons une description des chemins de randonnée que vous trouverez dans les parcs, et des autres.

Dans les Rocheuses, les parcs nationaux de l'Alberta et de la Colombie-Britannique offrent des possibilités de randonnée. Les autres régions montagneuses comportant des sentiers de randonnée intéressants sont les suivantes : le parc national de Gros-Morne à Terre-Neuve, le parc national de Cap-Breton en Nouvelle-Écosse, les parcs de la Gaspésie et de mont Tremblant au Québec. Le parc provincial de Killarney dans l'Ontario possède un long sentier de randonnée autour des sommets de ses montagnes arrondies. Dans le Manitoba, le parc de Riding Mountain comporte également une série de chemins de randonnée.

Parmi les plus difficiles, on peut citer celui qui longe la côte ouest de l'île de Vancouver dans le parc national de Pacific Rim et un autre, de plusieurs jours, sillonnant le parc national de Pukaskwa dans la région du lac Supérieur (Ontario).

Outre les parcs, plusieurs longs sentiers de randonnée traversent des terrains publics et privés. En voici quelques-uns que vous pourriez envisager de découvrir : le Bruce Trail au sud de l'Ontario va du lac Ontario jusqu'à la baie Géorgienne, à 700 km au nord. Sous Gros-Cap, à Sault-Sainte-Marie, dans l'Ontario, vous trouverez des détails sur le Voyageur Trail, long sentier non encore achevé. Dans le Nouveau-Brunswick existe le Dobson Trail (voir la rubrique *Les environs de Moncton*) et le chemin de randonnée situé entre St Martins et le parc national de Fundy (voir la rubrique *St Martins*).

Un autre chemin de randonnée est le Chilkoot Trail, lieu historique de la ruée vers l'or, allant de la région de Skagway en Alaska jusqu'au Yukon.

Canoë-kayak

Les possibilités de promenades en canoë-kayak sont presque illimitées : cela va d'une balade facile d'une demi-journée à une confrontation avec les courants les plus redoutables. Là encore, les parcs nationaux peuvent servir de points de départ, et la plupart sont tout à fait accessibles. Dans certains, vous trouverez même des dépositaires d'articles de sport capables de vous fournir l'équipement complet et, à l'extérieur d'autres parcs, des organismes de voyages privés proposant les mêmes services.

Dans la plupart des grandes villes existent des établissements pouvant vous aider à organiser une excursion, ainsi que d'excellents magasins de sport spécialisés dans les articles de plein air. Les offices du tourisme provinciaux vous renseigneront sur les endroits où vous pourrez faire du canoë et vous procurer l'équipement nécessaire. Vous pourrez acheter de bons guides de canoë dans des librairies, comme *Les Parcours canotables du Québec*, édité par la fédération québécoise du canot-camping.

Voici les principaux endroits où vous pourrez pratiquer ce sport ; vous trouverez des descriptions détaillées de plusieurs d'entre eux dans ce guide. En Nouvelle-Écosse, essayez le parc national de Kejimkujik ou renseignez-vous sur les nombreuses réserves naturelles intérieures. Au Québec, vous trouverez toute une série de circuits de canoë-kayak dans le parc national de La Mauricie, le parc provincial de La Verendrye, et un circuit côtier formidable destiné soit au canoë, soit au kayak dans le parc national de l'archipel Mingan.

Vous ne serez pas déçu non plus par les circuits qu'offrent, dans l'Ontario, le parc provincial d'Algonquin, le parc provincial de Killarney, ainsi que Temagami et ses environs sauvages.

De l'autre côté des prairies, les régions orientales sont de vastes étendues forestières parsemées de lacs. Regardez donc du côté du parc national de Prince Albert dans la Saskatchewan.

Quant à la Colombie-Britannique, elle possède un itinéraire en canoë très réputé ; il s'effectue en une semaine, et vous le trouverez aux alentours du parc provincial de Bowron Lake près de Barkerville. Le parc provincial de Wells Gray possède également de grandes étendues d'eau propices à la pratique du canoë. Les eaux marines des régions côtières près des îles du Golfe se prêtent à la fois au canoë et au kayak.

Nombre de cours d'eau du Canada et les régions situées à l'extrême nord du pays permettent aux plus expérimentés de relever des défis en eau vive.

L'une des excursions les plus spectaculaires qu'ils puissent faire est celle qu'offre, dans les Territoires du Nord-Ouest, le parc national de Nahanni.

Pêche

La pêche en eau douce et surtout le lancer de ligne sont très prisés dans tout le Canada, à la fois par les Canadiens et par les touristes. L'hiver, de nombreuses régions septentrionales s'organisent et louent de petites huttes en bois, près des lacs gelés. A l'intérieur, on trouve en tout et pour tout un banc, parfois un radiateur, un trou pratiqué dans la glace, et souvent plus d'une bouteille de bière.

Pour tout renseignement concernant les poissons, reportez-vous à la rubrique *Faune* du chapitre *Présentation du pays*. Les pêcheurs à la ligne sont tenus de se procurer des permis de pêche dont la durée de validité et le prix varient d'une province à l'autre. N'importe quel office du tourisme vous renseignera et vous conseillera sur l'endroit où en acheter un. N'oubliez pas de vous procurer un guide concernant les différentes périodes d'ouverture de la pêche suivant les espèces, et un autre sur la façon dont accommoder le poisson.

Dans les régions du Sud, des règles de consommation bien précises ont été érigées en raison de la pollution et de substances nocives naturelles telles que le mercure ; ces règles revêtent une importance toute particulière pour les femmes enceintes et les jeunes enfants. Renseignez-vous également sur les quantités maximales de poisson que vous pouvez prendre par jour et sur l'interdiction éventuelle d'utiliser certains hameçons. Ainsi, dans certaines régions, le fretin vairon ou d'autres appâts ne sont pas autorisés.

Baignades et plages

Bien que trois façades du Canada soient battues par l'océan, la grande majorité des baignades se passent à l'intérieur du pays, dans l'eau bien plus chaude des lacs et des rivières. Cependant, pendant les mois de juillet et d'août, les Canadiens préfèrent nager dans l'océan, et c'est sur les côtes que l'on trouve certaines plages parmi les plus agréables du pays. Même si la température de l'eau n'est pas assez chaude au goût d'une majorité de personnes, les plages constituent les lieux de rassemblement et de détente collective estivaux. A de très rares exceptions près (surtout les plages à forte population gay), on ne pratique ni le nudisme ni même le monokini sur les plages du Canada. Vous trouverez ci-après la liste des plus agréables du pays.

A l'extrémité orientale, en Nouvelle-Écosse, Ingonish Beach, juste au-dessous du parc national de Cap-Breton, est une belle arche de sable entourée de collines vertes où, au cœur d'un été particulièrement chaud, la natation peut se révéler fort agréable.

Si vous appréciez l'eau plus chaude, vous en trouverez sur les plages longues et vastes de Melmerby et de Caribou, près de Pictou et de New Glasgow ; à ces endroits, l'eau provient directement du Gulf Stream, ce qui veut dire qu'elle atteint 19°C.

Au sud de Halifax, Rissers Beach est facile d'accès, relativement calme, proche de la ville et également bordée de dunes.

La côte nord de l'Île-du-Prince-Édouard est bordée d'agréables plages dont la plus connue est Cavendish, et qui peuvent être légèrement plus chaudes que celles de la Nouvelle-Écosse.

Dans le Nouveau-Brunswick, Parlee Beach, située à l'est de Moncton, attire des visiteurs de toute la province en raison de ses eaux relativement chaudes et de l'ambiance de fête qui y règne.

C'est dans l'Ontario que l'on trouve certaines des plus belles plages. Située au nord de Toronto, sur la baie Géorgienne, Wasaga est la plage digne de ce nom la plus proche de la ville et qui, de plus, est surpeuplée le week-end.

Plus grande, plus vaste et aussi plus calme, il y a la belle plage de Sauble Beach sur le lac Huron : eaux chaudes et peu profondes, et superbes couchers de soleil sont ses principaux atouts.

On trouve aussi d'immenses plages de sable dans les parcs provinciaux, très fréquentés, de Sandbanks et de Presqu'ille près de Belleville sur le lac Ontario. Sandbanks s'enorgueillit également de ses dunes, parmi les plus grandes du Canada.

Au nord de Winnipeg dans le Manitoba, Grand Beach, sur le lac de Winnipeg, représente aussi l'une des plus belles plages du Canada, qui attire les foules pendant tout l'été.

A l'intérieur de la Colombie-Britannique, on trouve une agréable plage en bordure de la ville de Kelowna ; le paysage alentour et le ciel d'un bleu profond confèrent tout son prix à une journée passée au bord de cette plage.

A Vancouver, Kitsilano Beach est la plage où l'on se rend pour "se montrer" ; chaque jour d'été un peu chaud, elle attire des milliers de gens. L'eau n'y est pourtant pas aussi propre que sur les plages mentionnées ci-dessus, mais y vient-on vraiment pour se baigner ?... L'extrême inverse est représenté par la plage sauvage de Long Beach dans le parc national de Pacific Rim sur l'île de Vancouver.

Tout en haut du Yukon, la petite plage de Kookatsoon Lake offre un décor ravissant, avec une température extrêmement clémente l'été, et un soleil quasiment omniprésent aux mois de juillet et d'août.

Mais c'est peut-être dans un des milliers de lacs du nord du Canada, dont la surface sera semblable à une grande plaque de verre, que vous ferez la baignade la plus agréable qui soit, lorsque vous vous retrouvez seul avec la lune pour unique compagnie au terme d'une journée de canoë.

Ski

Le Canada est réputé à juste titre pour les possibilités de ski de descente qu'il offre. Il existe quatre principales stations de ski alpin au Canada. Les pentes des Laurentides sont situées à moins de deux heures en voiture au nord de Montréal et de la ville de Québec. Au sud de Montréal, on trouve également des stations de ski dans les Appalaches, bien connues des skieurs fidèles du Vermont et du New Hampshire.

Ensuite, au nord de Toronto, en direction de la baie Géorgienne et entre les villes de Barrie et de Collingwood, il y a de bonnes pistes de descente, bien que ces dernières ne soient pas aussi nombreuses ni aussi élevées que dans la région des Laurentides, particulièrement propices. Vous pouvez également pratiquer ce sport dans l'Ontario, dans la région de la baie de Thunder. Référez-vous aux informations concernant Montréal et Toronto pour de plus amples informations. Vous pouvez louer le matériel nécessaire sur les pistes mêmes.

Enfin, c'est dans les Rocheuses que vous trouverez les pistes les plus grandioses, dans les stations internationales de Banff et de Lake Louise. Calgary est située à l'est, à deux heures de voiture.

Quant à la région de Whistler, au nord de Vancouver, c'est un domaine skiable majeur et toujours en expansion, qui a servi de décor à de nombreuses compétitions internationales.

Les offices du tourisme provinciaux fournissent des guides spécialisés pour le ski, et le personnel peut vous préparer des excursions organisées à un prix englobant à la fois le transport et le logement. Toutefois, les principales stations de ski étant toutes situées à proximité de villes, il est très facile de s'y rendre soi-même pour skier une journée et de reprendre le soir même le chemin de la ville.

Tous ces endroits et bien d'autres encore offrent des possibilités de randonnées à ski.

Tourisme écologique

Il y a des années, avant l'apparition du mouvement écologique, le Canada se préoccupait de ce qu'on a baptisé aujourd'hui "tourisme écologique". Cependant, le pays étant vaste et sauvage, les lieux de séjour en plein air et les repaires reculés comptent depuis longtemps parmi les options proposées par les voyages organisés.

Certains changements ont été mis en place. Ainsi, au lieu de proposer de chasser avec des fusils, certains voyagistes spécialistes de faune sauvage ne mitraillent plus qu'avec un appareil photo. Aller observer les ours polaires à Churchill, dans le Manitoba, est une activité qui plaît aux voyageurs du monde entier et est relativement facile à entreprendre.

Mais le meilleur exemple de tourisme écologique réside sans doute dans les excursions organisées aux îles de la Madeleine au Québec, pour aller voir et photographier des bébés phoques. C'est la publicité faite autour du meurtre sanglant de ces derniers (on avait vu Brigitte Bardot sur la banquise avec les phoques se confronter aux chasseurs) qui mit fin à la chasse très controversée qui servait depuis très longtemps les intérêts de la pelleterie.

Comme c'est souvent le cas des voyages très coûteux de type "tourisme écologique" organisés dans le monde, ceux du Canada sont réservés à quelques privilégiés. Par Nortour, des excursions au départ de Montréal peuvent être mises sur pied par l'intermédiaire d'agences de voyage ; sinon, contactez Québec Tourisme.

A NE PAS MANQUER

Terre-Neuve et le Labrador

Avec son fabuleux port aux multiples escaliers fichés à côté des rochers de Signal Hill, la ville pentue et toujours fraîche de St John's est le bastion de la culture de Terre-Neuve. Il faut absolument réserver une soirée à un concert ou à une pièce de théâtre satirique.

C'est à Twillingate et aux îles de la baie Notre-Dame qu'on trouve les caractéristiques les plus frappantes de la région côtière de Terre-Neuve, dont des icebergs à la dérive. Dans le parc national de Gros-Morne, vous verrez des fjords, pourrez faire des randonnées et découvrirez certains traits géographiques et historiques propres à la région. Au-dessus de ce parc, à l'extrême pointe nord de l'île, il y a un ancien campement viking datant de mille ans. Les villages de pêcheurs retirés de la côte sud représentent un phénomène unique dans toute l'Amérique du Nord.

Retiré, quoique de plus en plus accessible grâce à de nouvelles routes et voies ferrées, le Labrador offre au voyageur déterminé toute la noblesse et la solitude du Canada septentrional. Activités de plein air et petits villages retirés sont des centres d'intérêt nécessitant une certaine préparation dans cette partie du pays. Pour des suggestions d'itinéraires, reportez-vous au chapitre *Terre-Neuve*.

La Nouvelle-Écosse

C'est, à juste titre, pour son île du Cap-Breton au relief accidenté qui rappelle les Highlands écossaises, que la Nouvelle-Écosse est le plus connue. Les coutumes écossaises traditionnelles se rencontrent toujours à Ste Anne, et l'on entend encore parler le gaélique dans diverses petites communautés de la province, dont la plus belle partie est protégée par les limites du parc national de Cap-Breton. Le Cabot Trail, qui entoure une magnifique étendue côtière du parc montagneux, est l'une des plus belles routes touristiques du Canada. Le parc offre également quelques très agréables chemins de randonnée. Au cap Breton, on trouve aussi le parc historique national de Louisbourg, ancien siège d'une forteresse française qui abrite aujourd'hui l'un des plus beaux lieux de reconstitution historique.

Ville chargée d'histoire, Halifax, la capitale, est verdoyante, attrayante, dense et très bien entretenue ; ses hôtels, restaurants et ses spectacles de musique variés sont autant d'atouts. La citadelle, qui domine le centre-ville, est une construction imposante datant du XVIIIe siècle anglais.

Digby Neck, qui s'étend jusque dans la baie de Fundy, est un bon point de départ pour aller observer les baleines. A Digby, projetez de prendre un repas préparé par la flottille de pêche.

La vallée d'Annapolis, où s'installèrent les premiers arrivants européens, a un passé historique absolument fascinant où se succèdent les Acadiens, les premiers fermiers français, et leur expulsion par les Anglais au milieu du XVIIIe siècle. C'est au printemps que cette vallée, où croissent les pommiers, est la plus magnifique ; les arbres sont en fleurs et le nombre des visiteurs inférieur à ce qu'il est au plus fort de la saison estivale.

L'Île-du-Prince-Édouard

Parmi les charmes qu'offre l'île, il faut citer les plages de la côte septentrionale et la propriété champêtre qui a servi de décor au roman de notoriété mondiale, *Anne...la maison aux pignons verts* de L. Montgomery. A ne pas manquer non plus, les soupers au homard, qui ont traditionnellement cours dans toute la région ; d'une qualité exceptionnelle, ils sont également l'occasion de festivités.

A Charlottetown, berceau célèbre de la confédération, visitez la maison de la Province (Province House) où les représentants des colonies britanniques ont posé les fondations de la création du Canada. Essayez d'assister à une reconstitution des faits avec les costumes de l'époque.

Si vous souhaitez faire une brève excursion, nous vous suggérons de prendre le ferry à Summerside jusqu'aux plages du parc national, puis de vous rendre à Charlottetown. De là, vous pouvez prendre un autre ferry pour la Nouvelle-Écosse.

Le Nouveau-Brunswick

C'est la seule province véritablement bilingue du Canada. Au nord, le mont Carlton est un immense parc non exploité, excellent pour la randonnée et l'observation d'animaux sauvages. La Transcanadienne se déroule du coin nord-ouest de la province jusqu'à la verte et fertile vallée du fleuve Saint-Jean que les loyalistes de l'Empire britannique occupèrent après la révolution américaine. Les lieux historiques, qu'il est instructif de comparer, sont deux villages de pionniers qui ont été reconstitués : le village historique de King's Landing près de Fredericton et le village historique acadien près de Caraquet, sur la péninsule Acadienne. Le fleuve prend fin dans la baie de Fundy où l'on peut voir les marées les plus hautes du monde. Et au large de la baie, les îles de Fundy sont un lieu de retraite paisible au milieu de l'Océan.

Le Québec

Montréal est un mélange de sophistication française et britannique. Au diable votre budget : faites des folies pour un repas, flânez dans les rues pavées du vieux Montréal par une chaude soirée ou allez boire un verre quelque part rue Saint-Denis. Les Canadiens apprécient particulièrement une bonne partie de hockey sur glace au Forum. La ville de Québec n'est qu'à trois heures de Montréal ; c'est la seule ville fortifiée de toute l'Amérique du Nord, un véritable "joyau historique", d'après l'expression des Nations unies ; elle est inscrite au Patrimoine mondial de l'Unesco. C'est aussi le centre de la culture française au Canada. Allez passer la journée sur le champ de bataille sur lequel s'est jouée l'histoire du pays. Chaque année au mois de février a lieu le carnaval de Québec, le plus grand festival d'hiver du pays.

Descendez le Saint-Laurent jusqu'à Tadoussac et au fjord du Saguenay. Il y a de belles promenades à faire dans la région et des excursions pour aller observer les baleines à la jonction des deux fleuves. Ceux qui sont venus en voiture peuvent traverser le Saint-Laurent en ferry, visiter Rivière-du-Loup et retourner à Québec ou à Montréal en longeant la rive sud du fleuve.

Avec plus de temps, nous vous recommandons de vous rendre dans la baie de Gaspé à l'extrême sud-ouest du Québec ; la topographie des côtes et des montagnes y est très plaisante, des petites communautés québécoises typiques y sont installées et vous pourrez camper, randonner et admirer flore et faune dans les parcs. Impressionnant, le Rocher Percé est l'une des curiosités géographiques les plus célèbres du pays.

A ceux qui se rendent au Nouveau-Brunswick ou en reviennent, nous suggérons d'emprunter la route traversant la vallée Matapédia au Québec. Elle peut aussi être la partie occidentale d'une excursion autour de la baie de Gaspé.

Les voyageurs se rendant au Québec au départ de n'importe quel coin de Nouvelle-Angleterre (États-Unis) peuvent aisément passer un jour ou deux à visiter les localités orientales propices au ski au sud en direction de Montréal.

L'Ontario

Ottawa, la capitale du Canada, possède près d'une douzaine de musées et de galeries parmi les plus importants du pays. Il faut y ajouter plusieurs puissants édifices, tels que les bâtiments du Parlement, la Cour suprême, etc. Ottawa, Montréal et la ville de Québec représentent un bref circuit couvrant à la fois les centres culturels français et britanniques, et riche de moments historiques parmi les plus anciens et les plus importants du pays.

A partir d'Ottawa, vous pouvez effectuer une brève excursion dans l'Ontario, visiter Kingston, ancienne ville militaire, et jeter un coup d'œil à une université majeure située en direction de Toronto, la plus grande ville du Canada. C'est certainement là que l'on trouve les cohabitations ethniques les plus variées du pays, d'où des spectacles, des musiques et des coutumes alimentaires provenant du monde entier. Récemment, un rapport des Nations unies a établi que Toronto était la ville où l'on trouvait la plus grande diversité culturelle au monde. Depuis le sommet du bâtiment le plus élevé du monde, la tour CN (Canadian National Tower), on peut admirer la ville entière ou assister à un match de baseball incontournable avec l'équipe des Blue Jays. Une petite expédition en ferry vous conduira dans les îles paisibles de Toronto, où vous pourrez admirer à peu de frais la silhouette de la ville et visiter le port.

A deux heures en direction du sud-ouest, vous trouverez l'une des attractions majeures du Canada, les chutes du Niagara. Promenez-vous sous la gorge encore sauvage.

Une brève excursion dans le sud-ouest de l'Ontario vous conduira dans la région vinicole du Niagara, à Kitchener, avec ses communautés de mennonites formées par les descendants des premiers immigrants allemands, à Stratford, où a lieu le Shakespeare Festival, et dans le centre touristique rural d'Elora. En outre, vous pourriez, au départ de Toronto, prendre la direction du nord pour visiter Midland et ses sites Huron, ainsi que la baie Géorgienne, avec son littoral rocailleux et bordé de pins. De là, vous ne serez pas loin de l'une des régions naturelles les plus réputées du pays, le parc provincial d'Algonquin, qui offre des possibilités très intéressantes de camping, de canoë et d'observation d'animaux sauvages. Ottawa étant à peu près à la même distance d'Algonquin que de Toronto, elle peut faire partie d'une excursion autour du sud de l'Ontario.

Le Manitoba

Le musée de l'Homme et de la Nature (Museum of Man and Nature) de Winnipeg est l'un des principaux musées du Canada où il vaut la peine de passer au moins deux heures. Aux abords de Winnipeg se tient chaque année la plus grande fête populaire du Canada. Au sud de la ville, on peut admirer le spectacle aussi inhabituel qu'unique de champs de tournesols mesurant trois mètres de haut.

A l'extrême nord, à Churchill, aux confins du Canada, on peut admirer la nature sous diverses formes. Aurores boréales, phoques, baleines et – attraction majeure – ours polaires. C'est également dans cette région que s'est écrite l'histoire des premiers temps du pays.

La Saskatchewan

Les champs de blé à perte de vue et les cieux au-dessus des prairies centrales sont les principales caractéristiques de la région du sud de la Saskatchewan. Ne manquez à aucun prix le Wanuskewin Heritage Park au nord de Saskatoon, capital pour sa géographie, son histoire et sa culture indigène. A partir de là, vous pouvez vous rendre au parc national de Prince-Albert, intéressant pour la topographie du Bouclier canadien. Ensuite, vous pouvez vous rendre à pied ou en canoë jusqu'à l'ancienne maison de Grey Owl, l'un des aventuriers les plus insolites du pays et l'un des pionniers de la défense de l'environnement.

L'Alberta

Outre les stations célèbres que sont Banff et Jasper, c'est pour la région des Rocheuses, à l'ouest, que l'Alberta est le plus réputée. Le lac Louise, très fréquenté, et le lac Peyto, moins connu, sont indéniablement les deux joyaux de ces montagnes. Suivre en voiture ou à bicyclette le Icefields Parkway permet de voir l'un des plus beaux paysages alpestres qui soient ; c'est l'un des circuits inoubliables du Canada.

Ne manquez pas les Badlands de la région centrale du sud de l'Alberta, autrefois lieux favoris des dinosaures – autour de Drumheller. Avec ses magnifiques possessions, le musée de Paléontologie (Royal Tyrell Museum of Paleontology), au nord-ouest de Drumheller, est aussi à voir.

Le rodéo de Calgary (Stampede) est l'une des manifestations culturelles les plus célèbres du pays qui perpétue les traditions de l'ouest de la province. Toujours à Calgary, le musée Glenbow est un lieu de visite indispensable pour comprendre certains pans de l'histoire et de la culture canadiennes.

La Colombie-Britannique

Vancouver est la troisième ville du Canada, et celle dont l'essor est le plus rapide ; elle a connu une croissance ininterrompue alors que le reste du pays souffrait de la récession économique mondiale. Elle bénéficie de l'environnement le plus agréable parmi tous les centres urbains du Canada, avec l'océan d'un côté et les montagnes à proximité. Victoria, qui s'enorgueillit de ses racines britanniques, est le point de départ de toute découverte de l'île de Vancouver et de ses environs, dont le spectacle authentique des arbres ayant présidé à l'origine au développement de la forêt canadienne.

La partie occidentale de la province est dominée par les chaînes de la Colombie et des Rocheuses qu'on peut découvrir dans un certain nombre de parcs nationaux. Parmi les principales attractions, une bonne douche sous l'une des sources chaudes de la région de bonne heure le matin, quand l'air est frais, ainsi qu'une promenade en pleine nature ; pas d'itinéraire bien précis à conseiller, car il existe des centaines de chemins de randonnée possibles.

L'intérieur de la province, aux environs de la région d'Okanagan, est semblable, du point de vue géographique, au sud de la France, avec ses jolies collines vallonnées sèches et buissonneuses, ses vergers et ses vignes.

Le Yukon et les Territoires du Nord-Ouest

Dans le Yukon, vous pouvez partir en randonnée dans les plus hautes montagnes du Canada, dans le parc national de Kluane, ou en suivant le Chilkoot Trail, jadis fréquenté par les chercheurs d'or, ou encore flâner dans les environs de Dawson City, dont nombre de constructions remontent à l'époque de la ruée vers l'or.

Dans les Territoires du Nord-Ouest vous découvrirez la nature virginale du parc national de Nahanni, verrez des animaux sauvages dans le delta du Mackenzie, ou prendrez le bateau en direction de l'océan Arctique pour aller observer les bélugas et autres figures de la faune marine.

En été, les journées durent plus longtemps et, au printemps et en automne, l'aurore boréale offre, de nuit, un spectacle magnifique.

HÉBERGEMENT

Camping

Il existe des terrains de camping dans tout le Canada – nationaux, provinciaux ou privés. Les premiers sont souvent mieux et moins chers, aussi n'est-ce pas étonnant qu'ils soient rapidement complets. Les parcs nationaux sont verdoyants, bien agencés et soigneusement entretenus. Généralement calme, leur emplacement permet de profiter de l'environnement ; en outre, on vous y proposera un programme de manifestations culturelles et de conférences. Les campings privés sont, en général, moins adaptés aux possesseurs de tente que pour ceux qui voyagent en caravane ou mobile homes ; ils sont souvent plus confortables et proposent plus de services, sont souvent équipés de piscines et d'autres aires de loisirs.

La gamme des mobile homes va du petit appartement sur camionnette à une maison motorisée. La plupart de ceux que vous verrez au Canada appartiendront à des Américains, mais les touristes peuvent aussi louer ce genre de mobile homes au Canada – il existe des fournisseurs à Whitehorse, à Vancouver et à Edmonton. Vous pourrez être surpris par la taille et les options qu'offrent certains d'entre eux ; rien d'étonnant à cela : ils sont inhérents aux prix pouvant dépasser 5 000 $.

Dans les parcs nationaux, les frais de camping s'échelonnent de 9 $ à 15 $ si le camping n'offre aucun confort particulier, et jusqu'à 19 $ si on peut, par exemple, y trouver l'électricité. Reportez-vous à la rubrique *Offices du tourisme* pour de plus amples informations.

Dans les parcs provinciaux, les prix des campings varient selon la province, mais ils s'inscrivent dans une fourchette de 8,50 $ à 18 $. Dans les parcs sauvages, les campings sont toujours moins élevés, environ 4 $. Quant aux prix des campings privés, ils affichent toujours quelques dollars de plus que les campings des parcs provinciaux ou nationaux.

Ces derniers commencent à fermer début septembre. Les dates peuvent varier en fonction de leur situation géographique. Certains restent ouverts pour cause d'entretien même quand les campeurs ne sont plus acceptés. Parfois, on vous permettra de continuer à camper à moindres frais ; peut-être les douches seront-elles coupées.

D'autres terrains de camping seront gratuits vers la fin de l'automne ou au début du printemps. La porte sera ouverte et vous ne verrez pas âme qui vive. A d'autres endroits, encore, la route vous sera barrée et vous ne pourrez pénétrer dans le camping, même si le parc en lui-même peut toujours se visiter. Donc, en dehors de la saison estivale, il vous faudra mener votre enquête, mais utiliser les parcs après la fermeture officielle de leurs terrains de camping fera économiser aux plus téméraires un pécule non négligeable.

Vous trouverez aussi des terrains de camping tous les 150 km environ le long de la Transcanadienne.

Enfin, nombre de gens font le tour du Canada en camping sans jamais débourser un centime. Pour ceux qui se déplacent en voiture ou en caravane, il est conseillé d'utiliser les aires de repos et de pique-nique qui bordent les routes. Pour ma part, je l'ai fait maintes fois. Si des panneaux vous indiquent que l'endroit ne peut servir de terrain de camping, n'y plantez pas votre tente. Si vous dormez dans votre voiture et qu'un policier vous réveille, expliquez simplement que vous étiez en train de conduire quand vous vous êtes senti fatigué, donc que vous vous êtes arrêté pour prendre un peu de repos, et que, ce faisant, vous vous êtes endormi ; puis inquiétez-vous de l'heure qu'il peut bien être. Si vous ne voulez pas être dérangé, quittez plutôt l'autoroute pour emprunter une petite route secondaire ou un sentier.

Les cyclistes et les auto-stoppeurs peuvent simplement s'enfoncer dans les bois ou les champs à l'écart de la route et déplier leur sac de couchage. Tout le monde le fait dans le pays. Ce peut être un peu embêtant dans les prairies où il n'y a guère de végétation derrière laquelle s'abriter, mais globalement, ce n'est pas impossible.

Auberges de jeunesse

Le Canada compte quelques très bonnes auberges de jeunesse, semblables à celles que l'on trouve dans le monde entier. Néanmoins, le terme d'*hostel* (auberge), tout comme les personnes qu'on lui associe – ses directeurs et le personnel –, est assez mal connoté dans ce pays ; en effet, ce terme a longtemps été (et est encore aujourd'hui) utilisé pour qualifier les refuges publics et privés pour personnes défavorisées, malades et maltraitées. Ainsi, il existe des "hostels" pour femmes battues, victimes de la violence de leur conjoint, et d'autres pour les drogués essayant de se désintoxiquer. Vous saurez pourquoi on vous regarde de travers quand vous annoncez que vous vous apprêtez à passer une nuit dans une "hostel". Précisez donc que vous vous rendez dans une *traveller's hostel* ou une *international hostel*.

Il existe aujourd'hui deux associations d'auberges de jeunesse au Canada, destinées aux petits budgets. Ces auberges sont les lieux d'hébergement les moins chers du pays et c'est probablement là que vous rencontrerez le plus de voyageurs.

Hostelling International (HI). C'est de loin la plus grande association du Canada. Cette organisation désormais bien établie fait partie du réseau d'auberges de jeunesse international, autrefois connu sous le nom de "Canadian Hostelling Association", qui fonctionnait en collaboration avec ce qui s'appelait alors le International Youth Hostels Federation (IYHF). Aujourd'hui les "hostels" ne désignent plus uniquement des auberges "de jeunesse", bien qu'on les appelle encore de cette façon. Dans ce guide, nous les avons regroupés sous le sigle HI (ex : HI auberge de jeunesse de Niagara Falls). Leur symbole est un arbre à feuilles persistantes et une maison stylisée à l'intérieur d'un triangle bleu.

Au Canada, HI regroupe à peu près 80 auberges dont les membres sont issus d'un peu partout dans le pays. Le prix d'une nuit varie de 10 $ à 20 $, mais la plupart du temps il se situe plutôt entre 12 $ et 15 $. Nombre d'entre elles accueillent les non-membres moyennant un supplément de 2 $ à 5 $. Il va sans dire qu'être membre se rentabilise très vite. Vous trouverez des auberges dans la plupart des villes et certaines provinces en possèdent quelques-unes, disséminées çà et là plus ou moins au hasard. Fort heureusement, il y en a plusieurs dans et autour des parcs nationaux des Rocheuses.

En juillet et en août, vous risquez de rencontrer des problèmes de place dans certaines auberges, surtout dans les grandes villes et dans certains petits coins de montagne. Pour Montréal, Québec, Toronto et Vancouver, il serait judicieux de téléphoner quelques jours avant. Ottawa et Victoria risquent également d'être surpeuplées. Vous pouvez réserver des places dans les auberges nord-américaines depuis des auberges en Europe, en Australie, en Nouvelle-Zélande et au Japon par courrier informatique ou par fax. Ceci peut être pratique pour ceux qui ont l'intention de s'envoler vers des villes phares et ne veulent pas se préoccuper de chercher une chambre en arrivant.

En dehors des mois de juillet et d'août, le nombre des voyageurs s'amenuise et vous ne devriez pas avoir de problème à trouver un lit. Nombre d'auberges canadiennes sont fermées en hiver mais ce sont surtout les plus petites, dans les villes de taille moyenne ou les zones plus rurales.

Les membres des auberges peuvent non seulement bénéficier d'une réduction sur le prix d'une nuit, mais également de rabais sur des articles divers, tels qu'équipements de sport et autres. Les auberges locales peuvent vous fournir une liste des magasins dans lesquels vous pourrez en bénéficier.

Guides, draps et autres accessoires de voyage peuvent également être achetés dans l'une des dizaines de boutiques des auberges que l'on trouve au Canada.

Certains offices du tourisme ou même certaines auberges organisent des activités sportives en plein air, telles que canoë, escalade ou ski. D'autres proposent des excursions guidées dans la ville.

La carte de membre vous reviendra à 25 $ par adulte, et sera valable un an dans tous les pays du monde. Vous pouvez aussi vous procurer, pour moins cher, des cartes familiales ou des cartes du troisième âge. Nombre d'auberges prévoient maintenant des chambres pour familles. Les moins de 18 ans peuvent aussi bénéficier de réductions, grâce à la carte de voyage à tarif préférentiel American Express : ne l'oubliez pas chez vous. Il est généralement moins cher et plus commode d'obtenir une carte de membre dans votre propre pays.

En même temps que cette carte, on vous remettra un petit guide contenant la liste des auberges, leurs périodes d'ouverture, le sigle de l'auberge, les procédures de réservation, etc. Néanmoins, ne vous fiez pas uniquement à ce guide ; certains points de détail évoluent très rapidement.

L'office national se trouve dans la banlieue d'Ottawa à l'adresse suivante : Hostelling International (HI) Canada (☎ 613-748-5638 ; fax 613-748-5750), National Office, 1600 James Naismith Drive, Suite 608, Gloucester, Ontario K1B 5N4.

Vous pouvez vous procurer une carte de membre valable un an à cette adresse-là ou dans les différents offices provinciaux. Chaque province possède le sien. N'importe quelle auberge sera à même de vous aiguiller dessus.

Auberges Backpackers. Le second groupe d'auberges est lié à Backpackers' International et s'appelle Backpackers' Hostels Canada. Le symbole de ces auberges est un rond avec, à l'intérieur, un loup hurlant et une carte du Canada à l'arrière-plan. Pour plus d'informations sur ce groupe et ses membres au Canada, contactez le Longhouse Village Hostel (☎ 807-983-2042), RR 13, Thunder Bay, Ontario, Canada, P7B 5E4. Outre les auberges, il vous communiquera des adresses de terrains de camping, de motels, de campus et de chambres d'hôtes offrant des réductions aux petits budgets. Aucune adhésion formelle n'est requise pour occuper ces auberges.

Autres auberges. En dehors de ces deux organisations, on peut trouver quelques auberges indépendantes çà et là dans le pays, mais en nombre restreint. La plupart du temps, c'est le bouche à oreille qui vous informera de leur existence. En Colombie-Britannique existe un réseau officieux d'auberges privées qui pratiquent à peu près les mêmes tarifs que les auberges officielles. Vous en trouverez aussi très probablement au Québec, et même partout dans le pays.

Armée du Salut. Les voyageurs de sexe masculin en quête d'une solution de dépannage pourront parfois trouver refuge dans les locaux de l'Armée du Salut. Souvent gratuits, ou quasiment, ils servent des repas, mais n'oubliez pas que leur objectif n'est pas de subvenir aux besoins alimentaires des voyageurs. Les auberges ou locaux de l'Armée du Salut (Sally Ann) abritent essentiellement des chômeurs devenus SDF. Vous les trouverez dans le centre de la plupart des grandes villes.

YMCA/YWCA. Les célèbres YMCA abandonnent progressivement leur vocation d'hébergement pour se concentrer davantage sur l'organisation d'activités de remise en forme, de loisirs et autres réalisations en faveur de la collectivité. Cela dit, nombre d'entre elles offrent encore des chambres tout à fait correctes, à mi-chemin entre l'auberge et l'hôtel, mais leurs prix ont augmenté. Dans les YMCA complètement rénovées, ils peuvent être aussi élevés que dans un hôtel de dernière catégorie.

Si vous partagez une chambre double avec un ami ou quelqu'un d'inconnu, la facture sera beaucoup plus raisonnable. D'autres endroits admettent les couples et, dans ce cas, les chambres doubles sont également à un prix raisonnable.

Propres et calmes, les YMCA sont souvent équipées de piscines et de cafétérias peu chères. En règle générale, elles sont situées dans le centre-ville, atout non négligeable. De surcroît, elles sont ouvertes toute l'année et certaines proposent des dortoirs dans le style de ceux que l'on trouve dans les auberges de jeunesse. Nous vous donnons la liste de nombreuses YMCA dans ce guide à la rubrique *Hébergement*. Pour les hommes, les prix s'échelonnent entre 24 $ et 32 $ pour une chambre simple, et généralement un peu plus pour les femmes (YWCA).

Pour de plus amples informations, écrivez à : YMCA Canada, 2160 Yonge St, Toronto, Ontario M4S 2A9 (☎ 416-485-9447). Demandez si la liste de toutes les YMCA proposant un hébergement a été réactualisée.

Universités. Nombre d'universités canadiennes louent des lits dans leurs dortoirs pendant les mois d'été. La saison estivale court du mois de mai au mois d'août si l'on excepte quelques fermetures pour conférences académiques, etc. Les prix moyens s'élèvent à 30 $ par jour, et, dans de nombreux endroits, on propose une réduction supplémentaire aux étudiants.

Les chambres situées sur les campus sont ouvertes à tous, familles et personnes du troisième âge comprises.

Les réservations sont acceptées mais non nécessaires. Parfois, le petit déjeuner est compris dans le prix de la chambre ; si tel n'est pas le cas, il y a généralement une cafétéria qui vous le préparera pour un prix très raisonnable. Les autres éléments de confort que l'on peut trouver sur les campus, tels qu'une piscine, sont parfois accessibles aux invités.

Il arrive qu'un annuaire annuel des différentes possibilités de logement en campus soit publié et disponible sur le campus même ; vous pourrez vous le procurer également auprès de la direction ou de l'association des anciens élèves du campus, ou encore à l'accueil.

Nous vous donnons la liste de ces possibilités à la rubrique *Auberges de jeunesse*.

Dans tous les cas, cette formule pourtant économique ne semblant pas très répandue au Canada, vous ne devriez pas avoir de mal à trouver de chambres si vous choisissez d'y recourir.

Studios

Les studios comprennent généralement un coin cuisine (cuisine ou kitchenette), ou offrent la possibilité d'une aide ménagère. Plusieurs motels proposent cette formule, pour les besoins de laquelle ils ont transformé ou agrandi certaines de leurs chambres, qu'ils peuvent louer à un prix plus élevé. Quelques pensions et B&B comportent également une ou deux chambres équipées d'une cuisine. Avec cette formule, vous disposez donc d'une petite cuisine et des ustensiles de cuisine de base ; bien souvent, cet équipement est plus que sommaire. Nombre de ces petites cuisines comportent des plaques chauffantes mais pas de four ; aujourd'hui, on y trouve néanmoins des fours à micro-ondes.

Dans les grandes villes, certains groupes d'appartements accessibles à tous ont été agencés pour offrir ce type de service. On peut les appeler des *suites*.

Pensions et chambres d'hôtes

Une autre solution réside dans les pensions et les chambres d'hôtes. Il peut s'agir d'une chambre en location chez un particulier, mais ce sont plus fréquemment des chaînes de logement qui proposent ce type de chambre. On les trouve essentiellement dans les villes très touristiques telles que Niagara, Banff, Victoria, Québec et Montréal. Dans les principaux centres de Montréal, elles ont beaucoup de succès et, très confortables, sont certainement le meilleur choix. Les chambres sont d'une taille et d'un niveau de confort variables. Certaines ont des salles de bains privées, d'autres, non. Le prix courant d'une chambre double va de 40 $ à 65 $, mais peut s'avérer légèrement inférieur ou très supérieur.

Certaines chambres d'hôtes sont situées dans des maisons louées la plupart du temps pour une semaine, parfois un peu plus, et qui possèdent fréquemment des cuisines communes. Ces maisons accueillent généralement des Canadiens, mais on peut fort bien y séjourner pendant un certain temps. Les prix sont inversement proportionnels à la durée du séjour.

Bed and Breaksfast (B&B)

Il n'y a qu'une douzaine d'années que la formule des B&B a gagné le Canada, mais ce mode d'hébergement a connu un essor rapide et le nombre des B&B continue de croître. S'ils sont aussi appréciés, c'est parce qu'ils constituent une solution de rechange de qualité et plus personnelle au tandem habituel motel/hôtel.

Dans la plupart des grandes villes, les B&B locaux sont gérés par des associations ; vous trouverez dans les offices du tourisme la liste d'autres B&B, gérés par des particuliers. Certains constituent de véritables commerces, d'autres n'assurent à leur personnel qu'un revenu à mi-temps pendant les mois d'été. Ce type de logement se rencontre dans toutes les provinces et aussi bien en ville qu'à la campagne.

Un nombre croissant d'hommes d'affaires trouvent qu'il s'agit d'une solution à la fois plus confortable et plus économique. Détail très commode : dans les villes, nombre de B&B ont une situation centrale. Les prix des B&B peuvent varier sensiblement ; dans l'ensemble, ils courent de 30 $ pour une chambre simple à 80 $ pour une chambre double, la moyenne se situant entre 45 $ et 65 $ pour ces dernières.

Les plus chers offrent en général des meubles et un décor plus sophistiqué, pouvant inclure des pièces provenant de magasins d'antiquaires. Certains sont installés dans des propriétés de famille classiques, surtout dans l'est où l'histoire est plus marquée. Propres et bien entretenues, les chambres se trouvent presque toujours dans la maison du propriétaire lui-même.

Sachez qu'il est toujours interdit de fumer. Certains B&B de cette catégorie accepteront les enfants, tandis que d'autres, plus fantasques, accepteront aussi les animaux domestiques.

Le petit déjeuner peut aller du type continental léger à un petit déjeuner complet, c'est-à-dire typiquement canadien, avec œufs, bacon, toasts et café. Renseignez-vous sur la teneur du petit déjeuner avant de faire votre réservation.

Dans les librairies canadiennes, vous trouverez pléthore de guides exclusivement consacrés aux B&B.

Le gîte du passant

Typique du Québec, la formule du gîte du passant consiste en une autre appellation des B&B. Recensés à l'office du tourisme local, ils proposent les mêmes services que les B&B mais offrent en outre l'avantage d'optimiser les réservations par une unité centrale. De plus, vous trouverez une liste exhaustive de ces gîtes dans tous les offices du tourisme québécois.

Hôtels

Les hôtels de bonne tenue et peu onéreux ne sont pas l'apanage du Canada. Bien qu'il existe une grande variété d'hôtels, le mot en lui-même ne signifie que deux choses pour un Canadien : un endroit luxueux où se loger ou bien un lieu très bon marché où boire un verre. La plupart des nouveaux hôtels font partie d'une chaîne internationale et sont conçus soit pour une clientèle de luxe, soit pour les hommes d'affaires.

Les lois canadiennes sur l'alcool sont historiquement liées à la location de chambres, c'est pourquoi les anciens hôtels, peu chers, sont essentiellement des bars, et la plupart du temps de très basse classe. On en trouve dans tout le pays. Mais pour les voyageurs peu fortunés, que le bruit et une chambre modeste ne dérangent pas outre mesure, ce type d'hôtel peut très bien faire l'affaire. Les prix s'y échelonnent généralement entre 25 $ et 35 $ pour une chambre simple, mais les chambres sont souvent louées pour un mois par des hôtes plus sédentaires.

Certains hôtels de cette catégorie sont néanmoins tout à fait corrects ; nous les mentionnons dans ce guide. Ils ne conviendraient pas à des familles ou à des femmes voyageant seules, mais les couples et les hommes célibataires pourront les trouver sufisants, au moins à l'occasion. Entre les hôtels très anciens et les hôtels très modernes, il est donc assez difficile de trouver une catégorie intermédiaire. Dans les grandes villes en particulier existent encore de bons petits hôtels démodés qui font essentiellement la location de chambres. Les prix varient en fonction du niveau de confort et s'égrènent de 30 $ pour une chambre simple à 75 $ pour une double.

Au Canada, excepté au Québec, on trouve difficilement les anciens hôtels charmants et pittoresques que l'on rencontre dans les villes européennes. Mais, ne désespérons pas, il en existe plus aujourd'hui qu'à l'époque de la première édition de ce guide. De toute façon, il y a d'autres alternatives : motels, B&B, chambres d'hôtes, gîtes du passant et différents types d'auberges. C'est sur ces endroits que nous avons mis l'accent dans ce guide.

Motels

Au Canada comme aux États-Unis (tous deux pays de l'automobile), les motels sont omniprésents et, jusqu'au début des années 80, ils représentaient la seule formule acceptable d'hébergement à prix modéré. A défaut d'avoir du caractère, la plupart sont simples et propres. Ils se trouvent essentiellement le long des autoroutes, ou concentrés sur les routes principales de part et d'autre des grandes villes. Leurs prix vont généralement de 35 $ pour une chambre simple à 70 $ pour une double, mais le tarif moyen est de 50 $ environ.

Dès qu'on quitte les villes, ces prix baissent automatiquement, si bien que les motels peuvent vraiment constituer une affaire, surtout si vous voyagez à deux ou plus. Avant de pénétrer dans une grande ville, il est préférable de quitter la route principale et d'emprunter une petite route moins bien entretenue. C'est peut-être sur le chemin que vous trouverez des motels aussi peu chers qu'abondants. Les régions les moins visitées du pays pratiquent aussi des prix plus modestes.

C'est en été, ou à l'occasion d'une manifestation culturelle bien particulière, que ces derniers ont tendance à augmenter. Hors saison, marchander pour les faire baisser peut s'avérer profitable et est tout à fait acceptable. Il ne s'agit pas de harceler votre hôte comme dans un souk marocain ; mais annoncer simplement un prix en arrivant à l'accueil du motel peut parfois marcher. Contrairement à de nombreux hôtels, les motels sont des entreprises beaucoup plus familiales, donc plus souples, et qui reflètent souvent le tempérament de leurs propriétaires.

Journey's End est une chaîne de motels que l'on trouve d'une côte à l'autre, et on la rencontre également sous les appellations "Comfort Inn", "Quality Inn" et "Econolodge". Ses prix sont raisonnables ; ce ne sont pas les moins chers, ni les plus élevés, mais vous êtes sûr de ne jamais être déçu. Si les chambres, modestes, sont dépourvues de fioritures, elles sont très propres et toujours bien entretenues. L'avantage de cette chaîne est que vous pouvez réserver une chambre de n'importe quel endroit en appelant le numéro en service libre suivant : 1-800-668-4200.

Certains motels proposent des suites. En général, cela signifie que vous bénéficiez d'une deuxième chambre (avantageux pour les personnes accompagnées d'enfants) mais également, à l'occasion, que vous aurez un salon avec canapé et poste de télévision, que vous ne pourrez donc regarder au lit. Dans les hôtels plus chers, le terme "suite" implique généralement qu'il y a deux chambres, une dans laquelle vous dormirez, et l'autre équipée d'un bureau, si bien que vous pourrez y travailler ou y rencontrer des clients.

Vacances à la ferme

Chaque province propose un programme de vacances à la ferme qui permet aux touristes de loger un jour, une semaine ou plus, dans une ferme. La taille et le style des fermes varient considérablement, tout comme les activités auxquelles on peut participer. En général, il y a toujours des tâches à effectuer, et les bêtes à nourrir. Dans l'Ouest, il y a possibilité de loger dans des ranches. L'échelle des prix se situe environ entre 30 $ et 35 $ pour une chambre simple, et entre 40 $ et 65 $ pour une double, en fonction des repas choisis. Mais on peut bénéficier de tarifs familiaux et de réductions pour les enfants. Vous vous procurerez le détail de ces programmes dans les offices du tourisme provinciaux.

ALIMENTATION

La gastronomie canadienne a longtemps été fondée sur la tradition britannique voulant que "les saveurs douces soient le summum" (bien que ce principe n'ait jamais atteint les profondeurs dénuées d'imagination de la cuisine anglaise).

Bien qu'il n'existe toujours pas de plats nationaux bien spécifiques au Canada, on mange souvent très bien. L'extrême diversité des nations que l'on rencontre dans tout le pays a certainement contribué à son développement épicurien. En outre, les magasins de spécialités ont joué un rôle important dans la naissance d'un certain raffinement et d'une culture gastronomique (souvent à l'issue de voyages), tandis que les mouvements de nourriture diététique se sont largement imposés face aux gigantesques réseaux internationaux de fast-foods.

Dans la plupart des villes, on peut très facilement manger grec, italien, indien ou chinois. De petits restaurants de type bistros, souvent abondamment décorés de plantes, se rencontrent dans tout le pays ; les menus qu'ils proposent mettent l'accent sur la fraîcheur, les épices, et les dernières inventions culinaires du moment. Ils servent un peu de pont entre les restaurants de troisième et de première catégorie. Comme toute la série des *soup and salad bars*, la plupart de ces bistros proposent des repas de bonne qualité ; la concurrence est rude pour essayer de conquérir les estomacs des employés de bureau !

Dans les villes principales du Canada, on peut trouver quelques restaurants végétariens. Nous évoquons un certain nombre de ces *natural food* ou *health-food restaurants* dans ce guide. Les restaurants indiens servent aussi des plats végétariens.

Sur la côte est du Canada, et dans toutes les provinces de la côte atlantique, la nourriture frite est largement répandue ; beaucoup trop, au goût de certains. Demander un autre type de cuisine ou choisir attentivement les plats proposés sur le menu ne fera certainement pas de mal.

Un peu partout au Canada, on rencontre également des endroits baptisés "Chez

En haut : chiot husky (TS)
En bas : jardin horticole près de Saint-Jean, Nouveau-Brunswick (CK)

En haut : vue depuis le sommet de la World Highway, Yukon (TS)
En bas à gauche : Market Square, Saint-Jean, Nouveau-Brunswick (ML)
En bas à droite : escaliers Break Neck, Québec (ML)

George" ("George's") ou "Chez Linda" ("Linda's Place"). Ces petits locaux tout simples, qui ont peu évolué depuis les années 30, sont les restaurants des cols bleus. Certains sont délicieux, d'autres se révèlent une mauvaise surprise, mais ils sont toujours bon marché. En général, on y sert un petit déjeuner "spécial" pour 3 $ jusqu'à 11h, puis un ou deux menus du jour. A défaut d'être autre chose que nourrissant, un repas relativement équilibré revient à 6 $ environ.

En règle générale, le pain canadien est une véritable catastrophe. Pour obtenir un peu mieux que le pain en sachet, allez chez un boulanger, dans une épicerie fine, ou dans un magasin de diététique.

En été, les fruits sont réellement une affaire et pommes, pêches, cerises, etc. sont superbes ; en juin ce sont les fraises ; en août, les myrtilles ; on voit fréquemment des fermiers installés sur le bord des autoroutes et des nationales avec leurs stands.

Le Canada produit d'excellents fromages, en particulier les cheddars – doux, fruités et bien faits. Au Québec, l'oka, plus cher, est un fromage plus subtil et de goût très prononcé fabriqué par les moines trappistes.

Sur une côte comme sur l'autre, on trouve énormément de poisson ; délicieux, il est très abordable. Sur la côte ouest, les différentes variétés de saumon sont toutes un véritable régal, il se déguste frais ou fumé, et le crabe est à profusion. Sur la côte est, on trouvera le saumon d'eau douce de l'Atlantique ; moins connu, il est pourtant très apprécié, et certains le considèrent même comme le plus fin de tous. La côte atlantique est également réputée pour son homard et ses coquilles Saint-Jacques. L'omble-chevalier de l'Arctique est une spécialité de l'extrême nord du Canada. Mais, d'un point de vue gastronomique, le roi des poissons fluviaux est le *walleye*.

En ce qui concerne les tablettes de chocolat, les productions locales les plus appréciées sont les Caramilk et les Crispy Crunch, en vente dans n'importe quelle boutique. Pour finir, n'omettons pas de mentionner une invention typiquement canadienne : la *butter tart*. Cette délicieuse petite confiserie est… eh bien, achetez-en une et vous verrez.

Cuisine française

Les "repas" plus ou moins authentiques que l'on trouve dans tout le Canada ont été introduits par les Français du Québec. Épaisse et consistante, la soupe de pois est délicieuse. Les tourtières (tartes à la viande) valent également le détour.

En outre, le Québec est le premier producteur mondial de sirop d'érable, fabriqué au printemps au moment de la montée de la sève ; vous l'apprécierez sur les crêpes ou les glaces. C'est au Québec que l'on déguste les frites parmi les meilleures au monde ; on peut se les procurer tout simplement sur les petits stands de rues.

Plus à l'est, dans les Provinces maritimes, les Acadiens perpétuent certaines spécialités gastronomiques telles que le pâté à la viande ou aux palourdes, la râpure de pommes de terres dont on a extrait l'amidon que l'on déguste avec le fricot acadien. Le hareng et la morue sont aussi à l'honneur dans cette région.

Cuisine indienne

Si l'occasion se présente, goûtez donc les plats indiens locaux de gibier tel que cerf et le faisan. Certains menus peuvent aussi vous proposer de la viande de buffle, qui commence seulement à être commercialisée dans un petit nombre d'endroits. Viande maigre, elle contient plus de protéines et moins de cholestérol que le bœuf.

D'un vert très caractéristique, le *fiddlehead* n'est comestible qu'au printemps. A l'origine, on le cueille dans les bois des Provinces maritimes.

Avec son enveloppe presque brune et son goût qui rappelle celui de la noisette, le riz sauvage est vraiment très savoureux et accompagne presque la totalité des plats de style indien.

Il est cueilli manuellement aux frontières de l'Ontario et du Manitoba, mais on se le procure très facilement dans tous les magasins d'alimentation diététique.

Marchés

Dans maintes grandes villes, on trouve des marchés où, une ou plusieurs fois par semaine, les fermiers viennent proposer leurs produits frais à des prix intéressants. Dans toutes les régions rurales, les bords des routes sont émaillés de stands exposant le produit des récoltes de la saison.

Le blé peut être un achat judicieux, et il est très facile à préparer. Sur les côtes, des fruits de mer sont fréquemment en vente sur les quais.

Prix

La variété et la qualité des repas au Canada se sont sensiblement améliorées depuis la dernière édition de ce guide (1983). Bien sûr, les prix ont aussi augmenté, mais ne sont pas exorbitants comparés à ceux que vous pouvez payer dans d'autres pays.

Il en va des denrées alimentaires comme de tout : elles sont plus chères ici qu'aux États-Unis. Mais si l'on vient d'Europe, les prix paraissent raisonnables.

Généralement, payer un dîner moins de 8 $ est une affaire en or, de 8 $ à 15 $ bon marché, de 15 $ à 25 $ raisonnable, de 25 $ à 40 $ déjà moins intéressant, et au-dessus, cher. A l'exception des plus bas, ces prix comprennent le vin. Le déjeuner est nettement moins onéreux, puisqu'il vaut presque toujours moins de 10 $.

La plupart des endroits que nous mentionnons dans ce guide appartiennent aux trois premières catégories de prix donnés ci-dessus, mais nous en avons indiqué d'autres plus chers si vous souhaitez inviter des gens et dépenser sans compter.

BOISSONS

Alcool

Boire un verre peut s'avérer une entreprise un peu compliquée ou du moins peu commode, en raison de la série de lois et de réglementations qui régissent la consommation d'alcool.

En règle générale, les boissons alcoolisées doivent être achetées dans les magasins publics qui sont généralement fermés le soir, et toujours le dimanche et les jours fériés. Au Québec, on peut se procurer de la bière et du vin dans les épiceries. Et dans d'autres régions du pays, les magasins publics sont en train de se privatiser. Les bars et les night-clubs ferment généralement à 1h ou 2h du matin. Au Québec, à 3h ou 4h du matin. Dans les grandes villes, certains bars restent ouverts plus tard mais ne servent plus d'alcool après l'heure de fermeture légale.

Dans la plupart des provinces, on ne peut boire d'alcool qu'à partir de 19 ans.

Les restaurants possédant des licences applicables, c'est-à-dire les meilleurs et les restaurants des hôtels, servent de l'alcool mais doivent se conformer aux mêmes heures de consommation que les bars.

Bière. La bière canadienne est généralement bonne, mais pas excellente. Plus forte et d'un goût plus prononcé que la bière américaine, elle est toujours servie froide. Les bières blondes sont de loin les bières les plus réputées, mais les ales, les bières légères, les bières brunes et les bières épaisses sont aussi en vente. Les deux entreprises de fabrication principales sont Molson et Labatts, dont les bières les plus prisées sont les suivantes : Molson Export Ale et Canadian Lager, ou Labatts 50 Ale et Blue Lager.

On assiste à l'émergence de petites brasseries produisant des bières artisanales et naturelles ainsi qu'au développement des bars qui brassent la bière sur place selon leur besoin. Ces deux tendances, en rupture avec la production traditionnelle, connaissent actuellement un essor rapide dans tout le pays, mais de manière plus évidente dans les grandes villes.

Dans un bar, une pinte de bière (340 ml) coûte entre 1,75 $ et 4,50 $. La bière à la pression, que l'on ne trouve que dans les bars, est la moins chère ; le verre de 170 ml ne coûte que 1,20 $. La bière en bouteilles ou en canettes vous reviendra à environ 1,25 $ pièce. Dans les endroits où l'on joue de la musique live, les prix commencent généralement à augmenter à l'arrivée des groupes.

Vin. Le vin canadien a longtemps pâtit de sa mauvaise réputation, d'ailleurs justifiée. Dernièrement, la production s'est considérablement améliorée dans certains cas, mais cette réputation n'a pas changé. Certes, les vins bon marché sont les vins de table et leur saveur est aussi faible que leur prix. Mais la plupart des établissements vinicoles apportent désormais beaucoup de soin à la fabrication de leurs vins, du moins pour certaines marques.

Il existe deux grandes régions productrices de vin au Canada : la péninsule du Niagara, dans l'Ontario, qui est de loin la plus importante, et la vallée de l'Okanagan en Colombie-Britannique. On trouve d'autres établissements vinicoles au sud du Québec, dans d'autres régions de l'Ontario, et en Nouvelle-Écosse. Les plus réputés sont ceux de la région du Niagara.

Au sud de l'Ontario, il existe trois zones vinicoles : la péninsule du Niagara, le lac Érié et l'île Pelee, située dans le lac Érié. Ces trois zones ont constitué leur propre "Vintners Quality Alliance" (VQA) avec système de classification et de notation, dans l'objectif d'établir et de respecter les critères des meilleurs vins, comme on peut le faire en Europe. Les vins portant le label VQA sont vivement recommandés.

On trouve du vin rouge, blanc, sec et sucré, ainsi que des vins pétillants, mais les blancs secs et les vins glacés – qui coûtent une fortune – représentent les productions les plus savoureuses du Canada.

En dépit des taxes d'importation qui, pour protéger l'industrie canadienne du vin, maintiennent les prix des vins étrangers à un niveau élevé, on peut toujours se procurer une bouteille de vin français à un prix raisonnable.

Spiritueux. Le Canada fabrique ses propres gin, vodka, rhum, liqueur, cognac et *cooler*. Mais c'est le whisky canadien qui est le plus connu, et également le plus réputé. Canadian Club et le whisky VO sont les boissons les plus célèbres du Canada – et vraiment bonnes. On consomme généralement le whisky avec une boisson gazeuse au gingembre ou un soda, mais certains le préfèrent pur avec des glaçons. Le Canada distille son whisky depuis le milieu du XIXe siècle et il est réputé dans le pays ainsi qu'aux États-Unis depuis les premiers temps.

Le prix élevé des spiritueux au Canada est imputable à la taxe.

Boissons non alcoolisées

Les régions arboricoles du Québec, de l'Ontario et de la Colombie-Britannique produisent d'excellents cidres de pomme et de cerise, dont certains peuvent être alcoolisés. Au Québec et dans les provinces de le côte atlantique, les touristes pourront goûter un breuvage local non alcoolisé, la bière d'épicéa (*spruce beer*). Produite en petits lots par des particuliers, elle n'est pas vraiment en vente sur le marché, mais on la trouve quand même dans certaines petites boutiques locales. Son goût peut varier sensiblement et l'on reste dans l'expectative quand on décapsule la bouteille, mais certaines personnes adorent.

Les eaux minérales et eaux de source canadiennes ont remporté un très vif succès et sont maintenant largement disponibles. Mais on peut également se procurer des bouteilles d'eau venant d'Europe, en particulier de France.

Une tasse de café canadien ne laisse pas un souvenir impérissable, mais ne coûte pas non plus une fortune. Frais, le café peut même s'avérer tout à fait correct. Les restaurants servent presque toujours du café filtre. Dans les provinces occidentales, il est fréquent de se voir offrir une ou plusieurs tasses gratuites après la première qu'on a commandée. Mais cela ne se fait pas dans le reste du pays. Les amateurs de café ne doivent à aucun prix acheter un café provenant d'une machine. Dans les grandes villes, les cafés et les restaurants proposent souvent des expresso, cappuccino, etc. Les cafés spécialisés tels que ceux qui appartiennent au réseau "The Second Cup" connaissent un succès croissant dans le pays et proposent une sélection de cafés de bonne qualité. Vous pourrez aussi boire une bonne tasse de café dans les petites boutiques qui vendent des beignets (*doughnuts*), omniprésentes au Canada.

Fidèle à la tradition britannique, le Canada consomme aussi beaucoup de thé. On le sert avec du lait chaud (ajoutez la quantité que vous souhaitez), contrairement aux États-Unis où il se présente souvent sous la forme d'une boisson glacée accompagnée de citron. Dans les restaurants, il s'agit presque toujours de thé en sachet et il n'est pas vraiment de la meilleure qualité, quoique certainement comparable à la majorité des thés fabriqués de cette façon dans les autres pays. On le sert fréquemment dans un petit pot de métal qu'il est malheureusement impossible d'incliner sans répandre le contenu à côté.

DISTRACTIONS

Dans les villes principales du Canada, les distractions sont d'une excellente qualité. On peut assister à des pièces de théâtre, des ballets, des opéras et des concerts dans tout le pays bien que la saison "culturelle" se déroule de mai à novembre, période durant laquelle la majorité des Canadiens sont chez eux, de retour au travail et enfermés une bonne partie du temps. Mais on peut également assister à des spectacles de premier choix pendant tout l'été.

Toronto et Vancouver (les plus grandes villes de langue anglaise) proposent des représentations théâtrales et des soirées dîner-théâtre hors pair.

Montréal est la capitale du théâtre français et des manifestations artistiques. En soirée, les night-clubs et les bars proposent des spectacles de jazz, de blues et de rock de qualité très variable. Des vedettes nationales et internationales donnent souvent des concerts dans les grandes agglomérations. La plupart des grandes et moyennes villes ont maintenant un ou deux théâtres de comédie.

Longtemps illégaux, les casinos commencent à faire leur apparition au Canada dans les villes de Winnipeg, de Calgary et de Montréal où le divertissement bat son plein, ainsi qu'à Windsor, dans l'Ontario, et d'autres endroits encore où ils sont sur le point d'ouvrir leurs portes.

Dans la plupart des grandes villes, on peut assister à des matches professionnels de sports "grand public" tels que le hockey, le base-ball et le football ; nous vous indiquons où exactement dans ce guide.

Pour de plus amples informations sur les activités artistiques et sportives au Canada, référez-vous aux rubriques *Arts* et *Culture* au chapitre *Présentation du pays*.

ACHATS

Bien que société de consommation occidentale submergée par des produits venus du monde entier, le Canada propose néanmoins un certain nombre d'articles intéressants ou uniques.

Les adeptes des sports de plein air ou du camping sont susceptibles de rapporter quelque chose que vous n'aurez jamais vu, et les vêtements de plein air sont un achat particulièrement avantageux – ils sont durables, bien conçus, et n'ont pas trop vilaine allure. Parmi les marques canadiennes, demandez Tilley. Ces vêtements ne sont pas vraiment économiques, mais leur solidité fait que leur prix est largement amorti.

En ce qui concerne les consommables, le saumon fumé de Colombie-Britannique est un délice et, bien emballé, vous pouvez rapporter chez vous du saumon frais de la côte ouest. Au Québec, vous trouverez du sirop et du sucre d'érable qui peuvent constituer des cadeaux originaux et peu onéreux. Les vins de la région du Niagara sont souvent excellents ; on vous prodiguera tous les conseils que vous souhaiterez dans les boutiques de vins du sud de l'Ontario. Quant au whisky, c'est une spécialité canadienne.

La plupart des bonnes librairies possèdent un rayon réservé aux livres sur le Canada ou aux œuvres littéraires canadiennes. De même, vous trouverez des cassettes de musique canadienne chez les disquaires. La musique populaire traditionnelle est particulièrement abondante à l'est du Canada. Dans les boutiques de cadeaux des galeries d'arts, on trouve des reproductions d'œuvres de peintres canadiens.

La sculpture sur bois est une vieille tradition du Québec, surtout dans la ville de Saint-Jean-Port-Joli. Dans une moindre mesure, une autre région spécialisée dans cette activité est la côte francophone de la Nouvelle-Écosse. Également dans cette province, mais à Cheticamp, on trouve de très beaux tapis.

A l'ouest, on peut acheter du jade de Colombie-Britannique dans les bijouteries entre autres. La Saskatchewan et l'Alberta sont les détentrices de traditions propres à l'ouest du pays, qui passent notamment par le travail du cuir ; ceintures et vestes en cuir repoussé, ainsi que bottes et chapeaux de style cow-boy peuvent constituer de beaux achats, avantageux.

Les draps et les manteaux 100% pure laine de la baie d'Hudson peuvent être acquis dans les grands magasins de la baie, dirigés par la plus ancienne société du Canada. Pour l'un et l'autre de ces articles, repérez les bandes vertes, rouges, jaunes et noires sur fond blanc, caractéristiques de la fabrication. Les blousons de toile classiques à carreaux rouges ou bleus sont bon marché et stylés, voire élégants.

Brocantes, marchés aux puces et magasins de spécialités en tout genre permettent d'apprécier le travail des artisans canadiens. Potiers, tisserands, bijoutiers, etc., proposent de jolis articles typiques.

Pour de plus amples informations concernant les œuvres d'art et d'artisanat local à acheter, consultez la rubrique *Art local* dans les sections *Art* et *Culture*. Les objets cités constituent les souvenirs typiquement canadiens les plus valables.

Quant aux boutiques comme celles que vous rencontrerez dans des lieux touristiques tels que les chutes du Niagara, elles ne proposent rien de vraiment intéressant ; si vous avez un penchant pour la mode kitsch, vous adopterez alors les montagnes en plastique, les poupées pseudo-indiennes bon marché et les castors miniatures. On trouve des tee-shirts pour tous les goûts, même les plus excessifs…

Comment s'y rendre

VOIE AÉRIENNE

Trouver un billet à prix raisonnable au départ de l'Europe est de plus en plus facile. Les compagnies charters et celles moins connues, plus petites, décollant de pays comme l'Islande ou la Belgique, ont amené Air Canada et British Airways à proposer des tarifs compétitifs.

Toutefois, que vous ayez opté pour la voie directe ou indirecte par les États-Unis, la recherche du bon prix peut se révéler une aventure confuse mais il y a beaucoup d'agences spécialisées dans les voyages vers l'Amérique du Nord et qui ont connaissance des bonnes affaires et de l'affrètement des charters.

Le B A BA du voyage en avion

Agences de voyages. Il en existe de toutes sortes : choisissez-en une qui répond à vos besoins. Vous recherchez le tarif le plus avantageux ? Adressez-vous à un spécialiste du vol à prix réduit. Vous voulez louer une voiture et réserver des chambres d'hôtel ? Prenez un véritable voyagiste.

Apex. (advance purchase excursion : voyage payé à l'avance) Tarif réduit applicable aux billets payés un certain temps avant le départ. Pénalités en cas de changement.

Bagages autorisés. Précision figurant sur le billet. En général, un bagage de 20 kg en soute, plus un bagage à main en cabine.

Billets à prix réduit. Il faut distinguer les réductions officielles (cf. Tarifs promotionnels) de toutes les autres. Les billets bradés ont souvent leurs points noirs (petites compagnies ; horaires, itinéraires ou correspondances peu commodes). Mais certains billets à prix réduit n'offrent pas qu'un intérêt pécuniaire : on peut souvent profiter des tarifs Apex sans avoir à réserver aussi longtemps à l'avance. En fait, les prix baissent sur les destinations où la concurrence est acharnée.

Cession de billets. Les billets d'avion sont personnels. Certains voyageurs essaient de revendre leur billet retour, mais sachez qu'on peut vérifier votre identité, surtout sur les vols internationaux.

Confirmation. La possession d'un billet avec numéro et date de vol ne vous garantit pas de place à bord tant que l'agence ou la compagnie aérienne n'a pas vérifié que vous avez bien une place (ce dont vous êtes assuré avec le signe OK sur votre billet). Sinon, vous êtes sur liste d'attente.

Contraintes. Les tarifs réduits impliquent souvent certaines contraintes (paiement à l'avance par exemple, cf. Apex). On peut également vous imposer une durée minimale et maximale de validité du billet (14 jours/1 an). Cf. Pénalités d'annulation.

Enregistrement. Les compagnies aériennes conseillent de se présenter au comptoir un certain temps avant le départ (une à deux heures pour les vols internationaux). Si vous ne vous présentez pas à temps à l'enregistrement et qu'il y ait des passagers en attente, votre réservation sera annulée et votre siège attribué à quelqu'un d'autre.

Liste d'attente. Réservation non confirmée (cf. Confirmation).

Passager absent. Empêchement grave, étourderie ou négligence, certains passagers ne se présentent pas à l'embarquement. En général, les passagers plein tarif qui ne se présentent pas à l'embarquement ont le droit d'emprunter un autre vol. Les autres sont pénalisés (cf. Pénalités d'annulation).

Si possible, recherchez un billet au départ d'une ville couverte par un important réseau de voyagistes indépendants (Londres, Paris ou Athènes) ; c'est là que vous obtiendrez les meilleures conditions.

Une des règles de base en matière de voyage aérien est que la plupart des compagnies, en particulier les plus importantes (y compris les compagnies canadiennes effectuant des vols internationaux), pratiquent des remises plus intéressantes sur un aller-retour que sur un aller simple.

Certains voyageurs exploitent ce fait en utilisant un billet aller-retour pour se rendre au Canada puis en revendant le trajet non utilisé.

Évidemment, ceci n'est pas du tout orthodoxe. Toutefois, les billets sont encore rarement nominatifs.

Un aller simple offre la plus grande flexibilité. D'un autre côté, la réservation du vol de retour, accompagné d'une palette de restrictions possibles, procure, en général, les meilleurs prix.

Passager débarqué. Le fait d'avoir confirmé votre vol ne vous garantit pas de monter à bord (cf. Surbooking).

Pénalités d'annulation. Si vous annulez ou modifiez un billet Apex, on vous facturera un supplément, mais vous pouvez souscrire une assurance couvrant ce type de pénalités. Certaines compagnies aériennes imposent également des pénalités sur les billets plein tarif, afin de dissuader les passagers fantômes.

Période. Certains tarifs réduits comme les tarifs Apex varient en fonction de l'époque de l'année (haute ou basse saison, avec parfois une saison intermédiaire). En haute saison les tarifs réduits (officiels ou non) augmentent, quand ils ne sont pas tout bonnement supprimés. C'est généralement la date du vol aller qui compte (aller haute saison, retour basse saison = tarif haute saison).

Perte de billets. La plupart des compagnies aériennes remplacent les billets perdus et délivrent, après les vérifications d'usage, un billet de remplacement. Légalement cependant, elles sont en droit de considérer le billet comme définitivement perdu, auquel cas le passager n'a aucun recours. Moralité : prenez grand soin de vos billets.

Plein tarif. Les compagnies aériennes proposent généralement des billets de 1ère classe (code F), classe affaires (code J) et classe économique (code Y). Mais il existe maintenant tant de réductions et tarifs promotionnels que rares sont les passagers qui paient plein tarif.

Reconfirmation. Vous devez reconfirmer votre place 72 heures au moins avant votre retour (ou votre prochaine destination si vous faites un ou plusieurs arrêts), sinon la compagnie peut vous rayer de la liste des passagers. Inutile de reconfirmer pour le premier vol d'un itinéraire, ou si l'arrêt a duré moins de 72 heures.

Standby. Billet à prix réduit qui ne vous garantit de partir que si une place se libère à la dernière minute. Souvent applicable aux seuls vols intérieurs.

Surbooking. Pour améliorer leur taux de remplissage et tenir compte des inévitables passagers fantômes, les compagnies aériennes ont l'habitude d'accepter plus de réservations qu'elles n'ont de sièges. En général, les voyageurs en surnombre compensent les absents, mais il faut parfois "débarquer" un passager. Et qui donc ? Eh bien, celui qui se sera présenté au dernier moment à l'enregistrement...

Tarifs promotionnels. Réductions officielles, comme le tarif Apex, accordées par les agences de voyages ou les compagnies aériennes elles-mêmes.

Titre de sortie. Certains pays ne laissent entrer les étrangers que sur présentation d'un billet de retour ou d'un billet à destination d'un autre pays. Si vous n'avez pas de programme précis, achetez un billet pour la destination étrangère la moins chère ; ou encore, prenez un billet auprès d'une compagnie fiable, après avoir vérifié qu'il vous sera remboursé si vous ne l'utilisez pas. ■

Préparation au voyage

Depuis l'Europe francophone, vous trouverez des adresses et des informations utiles dans le magazine *Globe-Trotters*, publié par l'association Aventure du Bout du Monde, 7, rue Gassendi, 75014 Paris, France (☎ 43 35 08 95), tout comme dans la lettre d'informations *Farang* (La Rue 8a 4261, Braives, Belgique). Le *Guide du voyage en avion* de Michel Puysségur (48 F, éd. Michel Puysségur), vous renseignera sur la destination et le parcours de votre choix.

Le Club Voyageurs organise des soirées d'informations et des forums qui permettent aux voyageurs, avant leur départ ou avant le choix définitif d'une destination ou d'un circuit, d'obtenir les réponses à toutes les questions qu'ils se posent.

La bibliothèque du Club compte plus de 1 500 ouvrages consacrés au voyage (55, rue Sainte-Anne, 75002 Paris, ☎ (1) 42 86 17 17).

En Suisse, Artou (Agence en recherches touristiques et librairie), 8 rue de Rive, 1204 Genève, fournit des informations sur tous les aspects du voyage : librairie du voyageur (☎ 311 45 44) ; billetterie (☎ 311 02 80) ; tour operating (☎ 311 84 08).

Le Centre d'information et de documentation pour la jeunesse (CIDJ, 101 quai Branly, 75015 Paris, France, ☎ 44 49 12 00) édite des fiches très bien conçues, remplies de renseignements utiles : "Réduction de transports pour les jeunes" n°7.72, "Vols réguliers et vols charters" n°7.74, "Voyages et séjours organisés à l'étranger"n°7.51. On peut se les procurer par correspondance (Minitel 3615 + CIDJ, fiches entre 10 et 15 F) en envoyant un chèque au Service Correspondance.

Le guide *Travels,* publié par Dakota Editions (49 F en librairie), est une bonne source d'informations pour les réductions pour les jeunes sur les moyens de transports. On peut trouver gratuitement dans les universités, lycées, écoles de commerces françaises le magazine du même nom avec d'autres conseils et notamment des promotions sur les vols.

Depuis/vers l'Europe francophone

La date de voyage est la clef des vols transatlantiques. Dans un sens comme dans l'autre, la saison fait le prix. Ceci dit, la façon dont les hautes et basses saisons sont définies dépend de la compagnie aérienne, du jour de la semaine, de la durée du séjour et d'autres paramètres encore.

Généralement le tarif aller simple n'est pas négociable, et il est inférieur de peu à l'aller-retour. Aussi, de nombreuses personnes revendent l'autre moitié de leur billet aller-retour quand elles ont décidé de rester au-delà de la date de validité du billet ou bien de repartir pour une autre destination. Les voyageurs à la recherche de billets noteront, bien sûr, que cela signifie qu'il est possible d'acheter ces billets, à un prix parfois inférieur à la valeur nominale. Les transactions se font *via* les suppléments d'annonces des journaux ou les bulletins des universités et ceux des hôtels.

Beaucoup des grands centres européens sont desservis soit par Canadian Airlines, soit par Air Canada. A l'exception des vols promotionnels aux alentours de 1 850 FF, en général, pour un aller-retour direct Paris/Montréal sur un vol quotidien, il faut compter à partir de 2350 FF plus la taxe d'aéroport de 170 FF. Pour un aller-retour Paris/Vancouver, prévoyez plutôt 3 550 FF plus taxes, avec une escale gratuite à Toronto ou Montréal.

Depuis la Suisse, on vous proposera des vols aller-retour Genève/Montréal pour 890 FS et Genève/Vancouver pour 1 170 FS.

Au départ de la Belgique, vous pourrez trouver des vols aller-retour Bruxelles/ Montréal aux environs de 20 000 FB, tandis que l'aller-retour Bruxelles/Vancouver tourne autour de 39 500 FB.

Charters. La plupart des vols charters en connexion avec le Canada se font entre le Canada et l'Europe. Les compagnies charters canadiennes effectuent des vols vers divers pays européens. Souvent, un bon lieu d'observation se situe dans les agences de voyage des quartiers d'une grande ville comportant une importante minorité ethnique, là où les immigrants sont souvent à la recherche de billets bon marché pour retourner chez eux.

Certains parmi les plus importants et mieux établis des tour-opérateurs et compagnies charters du Canada travaillent en collaboration avec l'une des deux principales compagnies aériennes du pays. Air Canada Vacances propose ainsi des *packages* pour les visiteurs venant d'Europe. Au Canada ou à l'étranger, les agences de voyage et les centres universitaires possèdent des informations sur les éventuels vols charters.

Access Voyages
6, rue Pierre Lescot, 75001 Paris (☎ 40 13 02 02, 42 21 46 94)
Tour Crédit Lyonnais, 129, rue Servient, 69003 Lyon (☎ 78 63 67 77)

Air France
119 avenue des Champs Elysées, 75008 Paris (☎ 44 08 22 22)

Air Canada
10, rue de la Paix, 75002 Paris (☎ 44 50 20 20)

Air Liberté
131, bd Sébastopol, 75002 Paris (☎ 40 28 47 31)

Air Transat
67, bd Richard-Lenoir, 75011 Paris (☎ 43 55 42 42)

Anyway
46, rue des Lombards, 75001 Paris (☎ 40 28 00 74)

Compagnie des voyages
28, rue Pierre Lescot, 75001 Paris (☎ 45 08 44 88)

Éole (Belgique)
Chaussée Haecht 33, 1030 Bruxelles (☎ 2 219 48 70)

Forum Voyages
67, av. Raymond Poincaré, 75016 Paris (☎ 47 27 89 89)
140, rue du Faubourg-Saint-Honoré, 75008 Paris (☎ 42 89 07 07)
N° Vert pour la province : 05 05 36 37

Go Voyages
Des agences à Paris, dans les FNAC et les 3500 agences agréées :
22, rue de l'Arcade, 75008 Paris (☎ 42 66 18 18)

Nouveau Monde
8, rue Mabillon, 750006 Paris (☎ 43 29 40 40)

Nouvelles Frontières
De très nombreuses agences en France et dans les pays francophones :
87, bd de Grenelle, 75015 Paris (☎ 41 41 58 58)
60, rue Galliéni, 97200 Fort-de-France (☎ 70 59 70)
2, bd M. Lemonnier, 1000 Bruxelles (☎ 2 513 76 36) et également à Anvers, Bruges, Liège et Gand.
19, rue de Berne et rue Chaponnière, 1201 Genève (☎ 22 732 04 03)
3, av. du Rond-point, 1600 Lausanne (☎ 21 26 88 91)
25, bd Royal, 2449 Luxembourg (☎ 46 41 40)

O.T.U.
L'Organisation du tourisme universitaire propose des réductions pour les étudiants et les (jeunes) enseignants sur de nombreux vols.
39, av. Georges Bernanos, 75005 Paris (☎ 44 41 38 50, 43 29 90 78) et dans les CROUS de province.

SSR (Suisse)
Cette coopérative dispose de vols à prix négociés pour les étudiants jusqu'à 26 ans et des vols charters pour tous (souvent moins chers au départ de Zurich)
20, bd de Grancy, Lausanne (☎ 21 617 58 11)
3, rue Vignier, 1205 Genève (☎ 22 329 97 33)
Leonhardstrasse, 5 & 10, Zürich (☎ 1 297 11 11).

Voyageurs Associés
28, rue du Pont-Louis-Philippe, 75004 Paris (☎ 42 74 27 28, 42 74 27 53)
39, rue des Trois Frères-Barthélémy, 13006 Marseille (☎ 91 47 49 00)

Voyageurs du Monde
55, rue Sainte-Anne, 75002 Paris (☎ 42 86 16 00)

Depuis/vers le Royaume-Uni et le reste de l'Europe

Air Canada propose également des vols depuis Londres et Francfort. Les tarifs varient énormément en fonction de la date, les mois d'été et Noël étant les créneaux les plus chers. Dans tous les cas une réservation 21 jours à l'avance est absolument nécessaire pour profiter des meilleurs prix.

Depuis Londres, les prix d'un aller-retour débutent à 299 £ en basse saison. Air Canada propose des vols simples Londres - St John's (Terre-Neuve) deux fois par semaine pour 350 £ (693 $C) ou 700 £ (1 386 $C) l'aller-retour en classe économique sans frais de réservation. Avec une réservation 14 jours à l'avance, ce même aller-retour tombe à 477 £ (949 $C) en haute saison et à 318 £ (632 $C) en basse saison. Ce vol est intéressant pour plusieurs raisons. C'est ce qu'on appelle communément un "vol open", autorisant l'atterrissage dans une ville et le re-décollage dans une autre, quelquefois sans aucune charge supplémentaire, quelquefois avec un petit paiement additionnel. Le vol pour Toronto vaut le même prix, si bien que vous pouvez vous rendre à St John's, partir à la découverte de l'est du Canada puis regagner votre point de départ à partir de Toronto.

Les destinations principales de Canadian Airlines sont Londres, Amsterdam et Munich mais de nombreuses autres villes européennes sont également desservies. Depuis Munich, en mi-saison, l'aller-retour coûte 1 299 DM, soit 1 009 $C. Le même vol vaut 30% de moins en basse saison. Les prix les plus élevés se pratiquent du 15 juin au 15 août.

Aucune des compagnies mentionnées ci-dessus ne propose de circuit au Canada tel que Londres-Montréal-Toronto-Vancouver-Londres. Un voyagiste ou un soldeur doivent, eux, pouvoir faire quelque chose.

Vers/depuis les États-Unis

Les vols entre les États-Unis et les villes canadiennes sont nombreux et fréquents. Des vols directs relient les plus grandes villes. Montréal, Toronto et Vancouver sont les destinations les plus actives mais toutes les grandes villes sont reliées au vaste réseau nord-américain.

Canadian Airlines relie Los Angeles en Californie à Vancouver pour 288 $US, taxes non comprises, aller simple. Air Canada relie New York à Montréal et Toronto dans les deux sens. Un aller simple New York-Toronto revient 170 $US. American Airlines dessert également cette route.

Le *New York Times*, le *Chicago Tribune*, le *San Francisco Chronicle Examiner* et le *Los Angeles Times* publient chaque semaine dans leurs rubriques *Voyage* les tarifs en vigueur. Vous pouvez également vous adresser à CUTS ou STA Travel qui possèdent des bureaux dans toutes les grandes villes.

Vers/depuis l'Océanie et le Pacifique

Continental Airlines, Canadian Airlines, United Airlines, Qantas et Air New Zealand proposent des vols réguliers vers Vancouver depuis l'Australie et la Nouvelle-Zélande. Venir d'Australie, de Nouvelle-Zélande ou d'Asie et atterrir aux États-Unis est souvent meilleur marché que de se rendre directement au Canada. Après avoir atterri à Los Angeles, San Francisco ou éventuellement Seattle (État de Washington) sur la côte ouest, un train (si vous venez de Seattle) ou un bus vous amènera à Vancouver. En outre, ils offrent de nombreuses escales dans le Pacifique – Fidji, Rarotonga, Hawaï et même Tahiti.

Vers/depuis l'Asie

Depuis l'Asie, il revient souvent moins cher de voler d'abord vers les États-Unis plutôt que directement vers le Canada. Singapour Airlines et Korean Airlines effectuent des vols bon marché sur tout le pacifique, jusqu'à la côte ouest des États-Unis. Renseignez vous à Singapour et dans les agences de voyage de Bangkok et Kuala Lumpur. Depuis Hong-Kong, les tarifs d'un aller simple vers Los Angeles, San Francisco ou Vancouver sont également raisonnables et d'ordinaire moins chers que le voyage dans l'autre sens.

Billets tour-du-monde

Si vous devez couvrir une grande distance, un billet tour-du-monde (Round-the-World, RTW) vaut le coup. Un bon billet peut comprendre de nombreuses escales un peu partout dans le monde avec une validité de 12 mois au maximum.

Renseignez-vous sur l'immense variété des billets RTW disponibles.

Air Canada et Singapour Airlines proposent chacune un RTW à 3 131 $C avec arrêts illimités (vers leur pays d'origine seulement), dans un sens et valable sur une période ne dépassant pas 12 mois. Des voyages sur place peuvent être préparés depuis l'Europe à un prix compétitif. Des prix similaires sont possibles depuis de nombreux autres pays mais il faut vous renseigner dans le pays du premier départ.

Depuis la France, vous obtiendrez des tarifs assez compétitifs auprès de Voyageurs du Monde (voir la liste des agences de voyages plus haut).

VOIE TERRESTRE

Bus

Le réseau de bus Greyhound relie la plupart des villes continentales US à la majorité des principales destinations au Canada avec toutefois un changement de bus à la frontière ou dans la ville la plus proche. Notez cependant que le forfait (*pass*) valable aux États-Unis ne peut être utilisé au Canada. Si vous utilisez un tel *pass*, essayez de déterminer le trajet maximum que vous pouvez faire avant de devoir payer un nouveau billet.

Il existe une exception à cette règle. La seule ville du Canada desservie directement par Greyhound est Montréal. Le dernier voyage pris sur un *pass* Greyhound peut être utilisé pour se rendre de New York à Montréal. Les autres lignes de bus américains desservent directement les villes du Canada sans arrêt ni changement.

Les bus Gray Line d'Alaska relient Fairbanks, Anchorage, Skagway et Haines en Alaska à Whitehorse dans le Yukon.

Train

Amtrak possède trois routes principales entre les États-Unis et le Canada : il s'agit de New York-Montréal (dix heures), New York-Toronto (douze heures ; *via* les chutes du Niagara) et Chicago-Toronto (onze heures et demie).

Sur la côte ouest, Seattle est le centre le plus au nord qu'atteigne Amtrak. Les bus vont de Seattle à Vancouver. Pour plus d'informations au sujet des tarifs et des horaires, contactez Amtrak (☎ 1-800-872-7245), 50 Massachusetts Ave NE, Washington, DC 20002, États-Unis.

VIA Rail n'est présent que sur le territoire canadien (reportez-vous au chapitre *Comment circuler*).

Voiture

Le réseau autoroutier des États-Unis est connecté à de nombreux endroits tout le long de la frontière au réseau canadien qui, à son tour, rejoint la Transcanadienne plus au nord. Pendant les mois d'été, les vendredi et dimanche sont particulièrement chargés aux principaux points de passage de la frontière lorsque les gens effectuant leur shopping, les vacanciers et les visiteurs convergent à la même période. Les retours peuvent être particulièrement difficiles lors de ces longs week-ends de vacances estivales. Pendant ces périodes, l'attente peut atteindre plusieurs heures, aussi évitez-les si vous le pouvez. Les passages de Detroit-Windsor, Buffalo-Fort Erié, Niagara Falls et NY-Niagara Falls, Ontario et Rouse's Point, NY-Québec, sont spécialement enclins aux longues files d'attente. Les points de passage secondaires, plus petits, sont toujours tranquilles. Parfois si tranquilles que les douaniers n'ont rien de mieux à faire que de mettre vos bagages en pièces !

Entre le Canada et l'Alaska les routes principales sont les voies rapides Alaska, Klondike et Taylor.

Les visiteurs possédant un passeport américain ou britannique bénéficient de l'autorisation d'entrée de leur véhicule pour une période de six mois.

VOIE MARITIME

Yacht

De nombreux yachts en provenance de l'Asie australe font escale à Hawaï. Avec un peu d'obstination et de chance, il peut être possible de trouver quelqu'un possédant un bateau et ayant besoin d'un coup de main. Hawaï est un lieu de vacances très prisé avec les îles de l'ouest du Canada, mais n'espérez pas toucher le jackpot.

Vous pouvez également trouver un bateau aux Caraïbes. La plupart rejoignent la Floride et, de là, remontent le long de la côte est. Les marins confirmés ont les meilleures chances de trouver une place à bord.

Paquebot

Les paquebots long-courriers ont disparu avec l'avènement du voyage aérien bon marché ; ils ont été remplacés par quelques luxueux navires de croisière. L'ouvrage de référence sur ces navires est le *ABC Passenger Shipping Guide* publié par Reed Travel Group (☎ 0582-60-0111), Church St, Dunstable, Bedfordshire, LU5 4HB, UK. Le *Queen Elizabeth II*, de la compagnie Cunard, vogue entre Southampton au Royaume-Uni et New York 20 fois dans l'année ; le voyage dure cinq nuits dans un sens.

Seabourn Cruise Line (☎ 415-391-7444), 55 San Francisco St, San Francisco, California 94133, États-Unis, organise des croisières vers et autour de la côte est du Canada à partir de Boston et New York. Des voyages de sept et quatorze jours sont proposés, comprenant des relâches dans de nombreux ports canadiens et s'achevant à Montréal. Ces croisières avoisinent 1 000 $US la journée.

Canada Travel Specialists (☎ 210-690-2514 et ☎ 1-800-829-2262) possède son bureau principal au Texas et commercialise diverses croisières au Canada pour des clients américains. Ainsi, une croisière école de douze jours au départ de Seattle (que possède Adventure Canada en Colombie-Britannique). On y insiste sur la vie en liberté, l'histoire et la nature, et différents invités à bord donnent des conférences et apportent leur concours. Pour plus d'informations, contactez 10999 IH 10 West, Suite 210, San Antonio, Texas, 78230.

Cargo

Le Guide des voyages en cargo de Hugo Verlomme (JC Lattès, 1993) vous donnera les renseignements nécessaires sur ce type de transport. Aventureux mais pas forcément économique, il est possible de payer sa place passager sur un cargo. Les cargos sont plus nombreux que les navires de croisière et il existe davantage de lignes entre lesquelles choisir. Ce genre de cargo transporte 6 à 12 passagers (au-delà de 12, il faudrait un médecin à bord) ; bien que moins luxueux que les bateaux dont c'est la mission, il procure la véritable sensation de la vie en mer. Le *ABC Passenger Shipping Guide* mentionné plus haut constitue une autre source de renseignements.

Ferry

Sur la côte ouest, il existe des ferries entre l'État de Washington et Victoria, sur l'île de Vancouver. Depuis Port Hardy, au nord de l'île de Vancouver, les ferries remontent aussi au nord à travers le passage intérieur vers l'Alaska. En ce qui concerne Port Hardy et Victoria, consultez le paragraphe *Comment s'y rendre* du chapitre *Colombie-Britannique*.

A l'est, le Canada est accessible des États-Unis par plusieurs ferries. Yarmouth, en Nouvelle-Écosse, est relié à la fois à Bar Harbour et Portland, dans le Maine, par deux routes différentes. Voyez sous *Yarmouth* pour plus de détails.

Depuis l'extrémité sud de Deer Island dans le Nouveau-Brunswick dans la baie de Fundy, un ferry rejoint Eastport dans le Maine.

Un autre ferry relie la pointe nord de Deer Island et la partie continentale du Nouveau-Brunswick.

QUITTER LE CANADA

Taxes de départ

Il existe une taxe d'aéroport de 40 $US perçue lors de tout départ du Canada pour une destination autre que les États-Unis. Pour une destination américaine, la taxe s'élève à 7 % de la valeur du billet plus 10 $US avec un plafond de 40 $US.

La majorité des billets achetés au Canada comprennent cette taxe mais les billets de sortie du Canada achetés dans un autre pays n'en tiennent pas compte habituellement. Si ce cas-là est le vôtre, vous aurez à vous en acquitter après le passage des formalités de douane et d'immigration. Quand vous changerez de l'argent, pensez donc à garder de quoi régler cette taxe.

De même, les taxes à l'achat et la taxe sur les produits et services (TPS) peuvent être ou non inclues dans tout billet pour le Canada, alors renseignez-vous. A Vancouver, il y a une taxe pour le développement de l'aéroport.

Un vol quittant le Canada pour une destination aux États-Unis demandera 10 $US et tout autre vol international, 15 $US.

Cette taxe n'est pas comprise dans le prix d'achat du billet et sera perçue à l'aéroport. Gardez de quoi la régler ou utilisez votre carte de crédit.

Souvenez vous par ailleurs que si vous comptez obtenir un abattement de la TPS, c'est votre dernière chance d'obtenir un reçu (pour de plus amples informations, reportez-vous au paragraphe *Taxes* du chapitre *Renseignements pratiques*).

VOYAGES ORGANISÉS

Au départ de la France, de nombreuses agences de voyages organisés qui vous proposeront des circuits sportifs de qualité (à pied, en VTT, en kayak, en raquettes et ski, en traîneau...), vous entraîneront en hydravion, en bateau ou en motoneige.

La découverte des populations du Grand Nord et de leur mode de vie est souvent au cœur des randonnées.

Allibert
   Route de Grenoble, 38530 Chapareillan (☎ 76 45 22 26)
   14, rue de l'Asile Popincourt, 75011 Paris (☎ 48 06 16 61)

Canadaventure
   42, rue de l'Université, 69007 Lyon (☎ 78 69 35 06)

Club Aventure
   122, rue d'Assas, 75006 Paris (☎ 46 34 22 60)

Déserts
   23, rue du Pont-Neuf, 75001 Paris (☎ 40 26 20 71)

Grand Angle
   38112 Meaudre (Vercors) (☎ 76 95 23 00)

Grand Nord-Grand Large
   15, rue du Cardinal-Lemoine, 75005 Paris (☎ 40 46 05 14)

Nouveau Monde
   8, rue Mabillon, 75006 Paris (☎ 43 29 40 40)
   57, cours Pasteur, 33000 Bordeaux (☎ 56 92 98 98)
   8, rue Bailli de Suffren, 13001 Marseille (☎ 91 54 51 30)
   6, place Édouard-Normand, 44000 Nantes (☎ 40 89 63 64)

Paysages du Monde
   11, rue Meslay, 75003 Paris (☎ 42 77 08 11)

Terres d'Aventure
   6, rue Saint-Victor, 75005 Paris (☎ 43 29 94 50)
   9, rue des Remparts-d'Ainay, 69002 Lyon (☎ 78 42 99 94)

Vélonature
   12, rue Saint-Victor, 75005 Paris (☎ 40 46 87 65)

ATTENTION

Ce chapitre est particulièrement sujet à modifications. Les prix des vols internationaux sont fluctuants, des lignes sont créées puis supprimées, les horaires changent, les lois sont modifiées et les offres spéciales vont et viennent.

Les compagnies aériennes et les gouvernements semblent prendre un malin plaisir à mettre en place les structures les plus compliquées possibles ; aussi, prenez soin de vérifier auprès de la compagnie ou de votre agent que vous avez bien compris les conditions d'application d'une tarification.

La morale de tout ceci est qu'il vous appartient de recueillir les avis, conseils et confirmations d'un maximum de compagnies et d'agences de voyages avant d'engager votre argent si durement gagné. Les détails publiés dans ce chapitre constituent des points de repère et ne sauraient se substituer à une recherche de l'information la plus récente possible.

Comment circuler

Pour vos déplacements à l'intérieur du Canada, la route et le train vous reviendront beaucoup moins cher que l'avion, tout en étant beaucoup plus intéressants. Le réseau de bus est le système de transport le plus complet et coûte généralement moins cher que le service ferroviaire, maintenant limité. VIA Rail, le service national de trains, propose néanmoins des *passes* touristiques valables plusieurs jours, ainsi que des réductions certains jours bien précis, par exemple en milieu de semaine. Voyager en train peut aussi être plus rapide que d'emprunter le bus.

Les frais occasionnés par une voiture sont raisonnables, car le prix de l'essence est considérablement moins élevé qu'en Europe. Mais le Canada est un vaste pays et si vous voulez vraiment le visiter rapidement, le contenu de votre portefeuille risque de s'amenuiser.

Que vous ayez recours au réseau de trains, de bus, ou à une combinaison des deux, souvenez-vous que si le Canada est grand, sa population est peu nombreuse. C'est, à bien des égards, un atout qui contribue au charme du pays, mais qui explique aussi que les moyens de transport ne soient pas toujours fréquents, pratiques ni même possibles. Si, dans bien des pays d'Europe, on peut sauter dans un bus ou un train sur un simple coup de tête, au Canada, ce n'est pas envisageable, à moins de se trouver en plein centre d'une des villes principales. Mais, comme le savent tous les voyageurs, plus les obstacles sont nombreux, moins on risque de rencontrer de touristes.

Les prix des trajets en avion sont élevés, mais, pour ceux qui ont quelque économie et peu de temps, cette solution peut être utile. Prendre l'avion au Canada revient à quelques centimes moins cher par kilomètre que de posséder et d'utiliser une voiture à plein temps. Ayez l'œil bien ouvert et tendez l'oreille : vous pouvez bénéficier d'invendus (réductions de dernière minute).

AVION

Au Canada, les compagnies aériennes se livrent bataille depuis plusieurs années ; beaucoup d'entre elles ont disparu, et d'autres ont fusionné. Les deux principales compagnies aériennes du Canada, privées l'une et l'autre, sont Air Canada et Canadian Airlines International (composées de ce qui était autrefois CP Air, Pacific Western, Eastern Provincial et d'autres compagnies plus petites), qu'on appelle simplement *Canadian*. Ces deux compagnies travaillent en collaboration avec des compagnies régionales, leurs partenaires. Canadian Airlines est également en train de mettre au point un accord avec la compagnie américaine American Airlines. Quant à Air Canada, elle a établi des relations financières avec la compagnie américaine Continental.

Ces dernières années, les compagnies aériennes américaines ont été autorisées à avoir davantage de vols sur le Canada et des pourparlers se poursuivent pour accentuer cette tendance. La politique de déréglementation du trafic aérien – sorte de libre-échange du système aérien – aboutirait à l'implantation de compagnies aériennes américaines au Canada, et peut-être des prix réduits.

Au Canada, les partenaires d'Air Canada sont Air Ontario, Air BC, Air Nova, Bearskin Airways, Northwest Territories Airlines, First Air (NWT) et Air Creebec (nord de l'Ontario et nord du Québec). Les partenaires de Canadian Airlines ont, eux, fusionné en un seul groupe, Canadian Regional Airlines ; en font partie les ex-Air Atlantic, Time Air, Calm Air, Ontario Express et Inter-Canadienne. Ces noms continuent d'être employés alors que les compagnies en elles-mêmes n'ont plus d'existence formelle – seuls leurs circuits existent encore.

On trouve aussi quelques compagnies locales et régionales indépendantes qui tendent à se concentrer sur de petites régions bien spécifiques, notamment septentrionales, et sur d'autres très reculées.

Le cumul des compagnies couvre la majorité des petites et moyennes villes du pays. Si vous passez par une petite compagnie, il vaut la peine de vous renseigner sur les tarifs étudiants, mais on vous demandera une carte d'étudiant internationale (ISIC).

Les vols intérieurs sont généralement onéreux. Les tarifs et destinations sont souvent fluctuants. Le mieux que vous puissiez faire est de prospecter vous-mêmes – directement auprès de la compagnie ou par l'intermédiaire d'une agence de voyages – et de rester aussi souple que possible. Attendre un ou deux jours de plus pour éviter un vol de week-end pourrait vous faire économiser une somme non négligeable. Si vous avez le temps, réservez votre vol à l'avance : c'est toujours la solution la plus économique.

Un vol pourra être bon marché chez Air Canada, un autre chez Canadian Airlines, mais chacune des deux compagnies se tient généralement très au fait des prix pratiqués par l'autre.

Afin de ne jamais payer cher un trajet en avion, il convient de suivre quelques règles générales. Tout d'abord, planifiez votre déplacement à l'avance car les meilleures affaires sont les tarifs excursions, les vols aller-retour réservés à l'avance pour des séjours de durée minimum ou maximum. Les vols réservés au moins 7 jours à l'avance sont moins onéreux que ceux choisis sur un coup de tête. Et si vous réservez entre 14 et 30 jours à l'avance, vous pouvez obtenir des réductions encore plus importantes. En second lieu, ne prenez pas l'avion aux heures de pointe, c'est-à-dire entre 7h et 19h. Troisièmement, soyez prêts à faire des détours ; les vols directs sont souvent les plus onéreux.

Les deux compagnies citées plus haut offrent toute l'année des tarifs étudiants sur les vols intérieurs.

Sur Air Canada et "Canadian", les jeunes bénéficient jusqu'à 24 ans des tarifs de billets sans garantie, ce qui implique une réduction d'environ 30% et plus.

Il existe des promotions destinées à faire la publicité de telle ou telle destination. Les deux compagnies aériennes proposent occasionnellement des promotions sur les invendus.

Un autre fait à considérer est l'éventualité de se rendre d'un point A à un point B et de s'arrêter au milieu. On peut souvent le faire pour à peine plus cher qu'un trajet direct.

Parfois, Canadian Airlines et Air Canada proposent des formules couvrant à la fois le prix du vol et celui d'une location de voiture. Celles-ci, valables seulement pour les trajets aller-retour, peuvent aussi comprendre l'hébergement.

D'autres possibilités liées à ces formules incluent des réductions sur les voitures, les hôtels et les excursions en bus. Mais les hôtels proposés sont chers.

Les agences de voyage offrent des vols en charters et des voyages organisés à destination de diverses villes canadiennes et régions des États-Unis. Cela se fait toute l'année, mais surtout aux environs de Noël et pendant toute la période estivale. Réservez votre billet bien à l'avance pour profiter de ces offres spéciales. Une durée minimum et une durée maximum de séjour sont associées à ces vols charters. Il n'y a aucune réduction étudiants ou jeunes sur ces billets.

Une manière d'obtenir des billets à prix réduit à destination de villes canadiennes est de consulter les petites annonces figurant aux rubriques *Voyages* ou *Personnel* dans la presse nationale et les revues de divertissement locales. Vous y trouverez parfois des offres de revente, pour cause d'inutilité, de la moitié d'un aller-retour. Vous verrez également des offres de ce genre sur des tableaux d'affichage dans les universités et les auberges de jeunesse. Cette pratique n'est pas complètement légale, puisqu'il est interdit de revendre des billets, mais elle est très répandue.

Au Canada, les tarifs aériens annoncés représentent souvent les prix de base. Il faut y ajouter toutes les taxes, y compris la TPS. Même si le personnel qualifié peut calculer tout cela à votre place, il vaut mieux vous renseigner, car les taxes, en augmentant passablement le prix des billets, pourraient vous causer une désagréable surprise. A Vancouver, les passagers sont tenus de payer une taxe supplémentaire afin de contribuer à l'expansion financière de l'aéroport. Cette taxe s'élève à 5 $ pour un vol à l'intérieur de la province, à 10 $ pour un vol à l'intérieur de l'Amérique du Nord, et à 15 $ pour un vol permettant de quitter l'Amérique du Nord. Comme cette taxe ne figure pas sur la facture du billet et que vous devez la payer en arrivant à l'aéroport, ayez bien sur vous la somme demandée. Mais si vous n'avez pas de liquide, vous pouvez également payer avec votre carte de crédit.

Les tarifs des vols variant régulièrement, et les taxes changeant à chaque nouveau gouvernement, fédéral ou provincial, considérez les prix mentionnés dans ce guide comme de simples indications. Les vols en classe économique augmentent pendant la période de Noël et en été.

Le Canada ne fait pas exception à la règle des contrôles de sécurité assommants. Comme ceux-ci nécessitent beaucoup de temps, nous vous conseillons d'arriver bien avant l'heure de votre vol, bien que les deux heures requises par certaines compagnies aériennes soient exagérées.

De même, confirmer votre vol semble tout indiqué. En effet, les compagnies aériennes canadiennes ont, comme toutes les autres, coutume d'attribuer deux fois les mêmes sièges sous le prétexte souvent justifié qu'il y aura des désistements. Mais quand tous les passagers se présentent, certaines personnes se voient refuser le vol et sont obligées d'attendre le prochain départ. En fait, la soi-disant confirmation d'un billet auprès de l'agence de voyages ou de la compagnie elle-même ne signifie pas forcément qu'on a réellement confirmé votre présence à bord de l'avion, et il n'est pas certain qu'on ne vous mette pas de bâtons dans les roues.

Aussi, pour vous assurer une place assise, demandez qu'on vous attribue un numéro de siège. Vous pouvez le faire au moment de la réservation ou plus tard, lorsque vous téléphonerez pour confirmer le vol. Une fois que l'on vous aura attribué ce numéro, vous pourrez être soulagé.

BUS

Ce sont les bus qui desservent le plus de destinations dans le pays. Ils vous conduisent presque partout, et sont normalement meilleur marché que les trains. Ils sont généralement propres et confortables, et vous y serez en sécurité. En outre, ils respectent leurs horaires.

Les deux grandes compagnies d'autobus sont Voyageur Colonial Ltd au Québec et dans l'Ontario, et Greyhound depuis Toronto en direction de l'ouest. Parmi les autres compagnies importantes, citons Greyhound-Gray Coach Lines dans l'Ontario, Orleans Express à l'est du Québec, SMT dans le Nouveau-Brunswick, Acadian Lines en Nouvelle-Écosse et Roadcruiser à Terre-Neuve. Il existe en outre d'autres lignes provinciales, régionales et locales. Les services sont indiqués dans ce guide.

Sachez toutefois que le système de bus n'est ni exhaustif ni toujours très commode. Ainsi, un trajet entre deux destinations bien précises peut n'être que rarement effectué, et, dans certains cas, même pas quotidiennement. D'autres ne seront effectués que trois fois par semaine environ. Et, dans certains endroits reculés, il peut même n'y avoir aucun passage de bus.

Certaines compagnies d'autobus proposent des tarifs aller-retour à prix réduit, et d'autres des tarifs exceptionnels, de temps en temps.

Les longs trajets peuvent être décomposés en un nombre illimité d'étapes. Un billet aller est généralement valable 60 jours, et un aller-retour une année entière.

A l'intérieur du territoire couvert par Greyhound il existe des billets directs pour de nombreux trajets au centre et à l'est du Canada, mais pas pour l'ouest.

Certaines compagnies proposent des tarifs étudiants sur quelques trajets, aussi renseignez-vous. Par exemple, Voyageur

Colonial prévoit de tels tarifs (sur présentation d'une carte d'identité) au départ de Toronto en direction de Montréal ou d'Ottawa. Et sur certains trajets, il y a de bonnes affaires à faire puisque, quand vous en êtes à votre quatrième billet acheté, cette compagnie vous en donne deux gratuits. Il n'y a pas d'âge limite étudiant.

Dans les grandes villes, d'autres compagnies proposent aussi des visites de villes allant d'un jour à plusieurs semaines. Pour certaines, les prix incluent le logement, les repas et les billets d'entrée dans les centres d'attractions. Vérifiez attentivement les prix et renseignez-vous exactement sur ce à quoi votre billet vous donnera droit. Ce genre d'excursions nécessite une réservation à l'avance.

Forfait autobus (pass)

Au Canada, vous pouvez vous procurer un *pass* pour certains bus.

Greyhound propose quatre *passes* différents, permettant de voyager à l'intérieur du Canada. Ils ne sont pas valables si l'on voyage avec d'autres compagnies. Leur achat nécessite une demande préalable de 7 jours. Le principal *pass* est le Canada Travel Pass, qui vous permet de parcourir un nombre illimité de kilomètres. Il existe en différentes versions : 7 jours (192 $), 15 jours (256 $), 30 jours (352 $) et 60 jours (459 $), disponibles toute l'année sauf pendant les périodes de vacances telles que Noël et Pâques.

Le deuxième *pass* est l'Excursion Pass, qui permet de faire quatre haltes avec un billet aller-retour. Il reste valable 60 jours. Son coût est de 298 $.

Le troisième est le Companion Pass, idéal si vous voyagez à deux. L'un paie plein tarif et l'autre 50% de ce tarif. Ces conditions sont valables aussi bien sur un aller simple que sur un aller-retour.

Distances routières entre les grandes villes (en km)

	Calgary	Charlottetown	Edmonton	Fredericton	Halifax	Montréal	Ottawa	Québec	Regina	St John's	Saskatoon	Thunder Bay	Toronto	Vancouver	Victoria	Whitehorse	Winnipeg
Charlottetown	4917																
Edmonton	299	4949															
Fredericton	4558	359	4598														
Halifax	5042	232	5082	346													
Montréal	3743	1184	3764	834	1318												
Ottawa	3553	1374	3574	1024	1508	190											
Québec	4014	945	4035	586	912	270	460										
Regina	764	4163	785	3813	4297	2979	2789	3249									
St John's	6183	1294	6212	1622	1349	2448	2638	2208	5427								
Saskatoon	620	4421	528	4070	4554	3236	3046	3507	257	5684							
Thunder Bay	2050	2878	2071	2527	3011	1693	1503	1963	1286	4141	1543						
Toronto	3434	1724	3455	1373	1857	539	399	810	2670	2987	2927	1384					
Vancouver	1057	5985	1244	5634	6119	4801	4611	5071	1822	7248	1677	3108	4492				
Victoria	1123	6051	1310	5700	6185	4867	4677	5137	1888	7314	1743	3174	4558	66			
Whitehorse	2385	7034	2086	6684	7168	5850	5660	6120	2871	8298	2614	4157	5528	2697	2763		
Winnipeg	1336	3592	1357	3241	3726	2408	2218	2678	571	4855	829	715	2099	2232	2298	3524	
Yellowknife	1811	6460	1511	6109	6593	5275	5086	5546	2297	7723	2039	3582	4966	2411	2477	2704	2868

Enfin, il faut citer le Family Pass, avec lequel les adultes paient plein tarif, un enfants âgé de 5 à 15 ans voyage gratuitement, tandis que les autres enfants paient demi-tarif. Le voyage est gratuit pour tous les enfants de moins de 5 ans.

Voyageur Colonial propose le Tour Pass Voyageur, qui permet de couvrir, pendant 14 jours consécutifs entre le mois de mai et le mois de septembre, une quantité de kilomètres illimitée au Québec et dans l'Ontario. Son coût est de 170 $; il peut être valable quelques jours de plus moyennant une somme calculée à la journée. Nombre d'autres compagnies d'autobus au Québec et dans l'Ontario acceptent ce *pass*, si bien que vous pouvez obtenir des changements gratuits à destination de lieux qui ne sont pas desservis par Voyageur. Néanmoins, sachez qu'il n'est pas valable sur les autobus de la compagnie Greyhound.

Il se peut que vous trouviez des *passes* pour les autobus canadiens dans certaines agences de voyages françaises. Comparez-les soigneusement à ceux dont nous vous parlons dans cette rubrique.

Conseils

Dans toutes les villes du Canada, toutes les compagnies d'autobus (à de rares exceptions près) empruntent les mêmes gares centrales de bus, si bien qu'on peut prendre une autre ligne de bus ou changer au même endroit. Si les bus sont pratiques, c'est aussi parce que l'on n'a pas besoin de réserver sa place. En fait, ils ne proposent aucune réservation mais souvent quand un bus est plein, un autre arrive, si bien qu'on n'est pas obligé d'attendre le suivant pendant des heures. C'est pourquoi il vaut mieux prendre le bus à la station de départ. La possibilité de s'asseoir repose sur la règle "les premiers arrivés sont les premiers servis", et il est interdit de fumer.

Arrivez à la gare environ une demi-heure avant le départ et achetez votre billet. Si cela est plus pratique pour vous, vous pouvez également vous le procurer quelques heures, quelques jours, ou même longtemps à l'avance. Attention : ce n'est pas parce que vous achèterez votre billet à l'avance que vous aurez un siège dans un bus bien précis. Vous devrez quand même arriver plus tôt et vous n'échapperez pas à la file d'attente.

Les week-ends fériés, et surtout le vendredi soir ou aux périodes de vacances principales comme Pâques, les gares d'autobus peuvent être vraiment bondées et la confusion peut régner. Ces jours-là, où les guichets sont particulièrement sollicités, nous vous conseillons d'acheter votre billet ou d'arriver bien à l'avance.

Pour les trajets plus longs, demandez toujours s'il y a un bus direct ou express. En effet, sur certains trajets, les bus sont directs, tandis que sur d'autres, ils s'arrêtent manifestement partout et le voyage peut s'avérer interminable. Le prix est généralement le même sur les express. En été, la climatisation dans les bus peut être bien trop poussée, aussi, n'oubliez pas d'emporter un pull.

A chaque fois que vous le pouvez, apportez aussi votre propre pique-nique. Les bus interurbains font halte dans les restaurants des stations d'essence, où vous paierez des aliments sous Cellophane à un prix exorbitant.

Dans la majorité des grandes gares routières, vous trouverez des consignes automatiques fonctionnant avec des pièces de monnaie, ainsi que de petites cafétérias ou restaurants tout simples où vous pourrez prendre, à un prix très raisonnable, un petit déjeuner ou autre collation.

TRAIN

Le chemin de fer ayant fait partie intégrante du développement du Canada, il a joué un rôle majeur dans l'histoire du pays. C'est la promesse d'une liaison de chemin de fer qui rallia l'ouest dans la Confédération du Canada et c'est cette même ligne qui transporta les premiers colons européens à l'autre bout du pays. C'est à cause de l'histoire de la Canadian Pacific Railway (CPR) et du labeur fourni par tant d'hommes pour cette immense compagnie, que les Canadiens éprouvent un attachement nationaliste particulier envers les *rubans d'acier* qui s'étendent d'une côte à l'autre. Malheureusement, cela ne veut pas dire pour autant qu'ils prennent le train très souvent. Cette désaffection est même l'une des causes de la lente désagrégation gagnant le réseau ferroviaire.

Cependant, malgré toutes les histoires qu'on entend concernant l'effondrement total dont il devrait être victime, ce système ferroviaire est suffisamment étendu pour être à la fois vraiment utile et attractif. Si certains itinéraires sont les seuls possibles par voie terrestre, ils permettent aussi aux passagers d'apercevoir certains paysages qu'ils n'auraient jamais l'occasion de découvrir autrement.

En raison des mesures de réduction des coûts prises par le gouvernement, le nombre des voyages en train a considérablement baissé depuis le début des années 90. Il y a moins de lignes, et sur celles qui restent, les trains sont moins fréquents. D'autres encore sont menacées. Il n'y pas de trains de voyageurs à Terre-Neuve (sur l'île) ni dans la province de l'île du Prince-Édouard. Toutefois, un service de train local continue de fonctionner dans la plupart des villes principales.

En général, un voyage interurbain par le train revient plus cher qu'un voyage en bus, et il est important de réserver, surtout les week-ends et les jours fériés.

D'après mon expérience personnelle, les trains ne sont pas aussi fiables que les bus ; en outre, ils ont souvent du retard, mais un effort d'organisation continue d'être fourni pour remédier à cette situation, qui s'est améliorée. Sur certains trains, un service de boissons-restauration passe dans les couloirs – de très bonne qualité, mais passablement onéreux. Si la nourriture qu'on peut acheter au snack-bar du wagon restauration – s'il y en a un – est d'ordinaire franchement mauvaise, l'ambiance qui règne dans ce wagon peut être amusante.

C'est sur les lignes au départ de Québec en direction de Windsor et du couloir de l'Ontario que le service des trains est le plus satisfaisant. Dans cette région formée par Montréal, Ottawa, Kingston, Toronto et Niagara Falls, où la population est particulièrement dense, les trains sont fréquents et le service rapide. A bord de ces trains, on vous servira des repas exactement comme dans un avion, et leur prix sera compris dans celui du billet. Si vous voyagez en première classe, vous bénéficierez des conditions suivantes : salles d'attente luxueuses, embarquement avant les autres passagers, fauteuils tout confort et repas plus substantiels.

Il existe deux principales compagnies ferroviaires au Canada : Canadian National (CN), propriété de l'État, et CPR, compagnie privée. Oui, c'est bien la même CPR qui possédait autrefois une part du marché aérien, et à laquelle appartiennent toujours activités de camionnage, de navigation, hôtels, exploitations minières, etc. C'est l'une des compagnies canadiennes les plus importantes et les plus solides.

VIA Rail

VIA Rail est une agence fédérale publique. Mis à part les exceptions mentionnées plus haut (et quelques trains de banlieue), VIA Rail possède tous les trains de voyageurs au Canada. Le terme VIA est devenu synonyme de voyages en train et de gares, et c'est lui qui figure sur les panneaux, en ville, pour indiquer la direction de ces dernières. En passant par VIA Rail, on a accès aux trains et aux lignes CN et CPR, mais VIA est responsable du service de manière indépendante.

Pour avoir connaissance des horaires des trains et des trajets possibles, demandez la brochure *National Timetable* dans n'importe quelle gare VIA Rail.

Dans les petites villes, il se peut que les gares ne soient ouvertes qu'aux heures de départ et d'arrivée des trains, c'est-à-dire pas systématiquement tous les jours. Mais si vous téléphonez à la gare, vous aurez peut-être la possibilité de parler à un employé d'une gare centrale dans une toute autre région du pays, chargé de répondre à toutes les questions et de faire toutes les réservations. A la base, la politique des prix pratiquée par VIA Rail est la suivante : tout trajet est considéré comme un aller simple. Ainsi, un aller-retour entre les points A et B équivaut à un aller simple de A à B, plus un aller simple de B à A. Autrement dit, il n'existe pas de billets aller-retour, ni de billets d'excursions.

Vous avez cependant la possibilité de diminuer considérablement vos frais de transport. Dans l'Ontario, et dans les régions de l'est, vous paierez plein tarif le vendredi, le dimanche et les jours fériés. Pour un trajet effectué n'importe quel autre jour, vous bénéficierez d'une réduction de 40% si vous avez réservé votre billet 5 jours à l'avance ou plus. Cette réduction ne s'applique pas pendant l'été aux trains assurant la liaison entre les provinces maritimes et le Québec, mais concerne toute l'année les trains circulant à l'intérieur de ces dernières. Dans les provinces situées à l'ouest de l'Ontario, votre billet vous coûtera 33% moins cher – et ce, tous les jours – à partir de la fin du mois d'octobre jusqu'au début du mois de mai, à condition que vous le réserviez au moins 7 jours à l'avance car les places à prix réduit ne sont pas nombreuses.

Sachez en outre que ces bonnes affaires ne sont pas valables pendant les périodes d'intense activité comme Noël. Les enfants, les personnes du troisième âge (de plus de 60 ans) et les étudiants bénéficient de réductions toute l'année.

Voyages sur longs parcours. Pour les voyages sur longs parcours, VIA Rail propose différents types de compartiments et de couchages, depuis l'installation la plus simple jusqu'aux compartiments privés. Tout système de couchage d'un niveau de confort un peu supérieur au simple siège dans une *voiture coach* vient en sus du prix du trajet ou du *pass* multi-usages. Les repas servis dans les trains peuvent être chers, et, comme indiqué plus haut, la qualité des snacks laisse plutôt à désirer.

Les trains les plus célèbres au Canada sont les transcontinentaux qui traversent tout le pays, et que l'on connaissait autrefois sous l'appellation *Canadian* (CPR), et *Continental* (CN). Ce service ferroviaire a également perdu beaucoup de son importance, mais il est toujours possible de traverser une grande partie du Canada ; le voyage, qui dure environ 5 jours, couvre presque toutes les provinces du Canada avec la grande diversité de paysages que cela implique, dont une bonne partie est vraiment spectaculaire. Ce voyage peut s'avérer extrêmement agréable et détendant, surtout si vous possédez votre compartiment privé. Pendant les mois d'été, réservez votre billet longtemps à l'avance.

Le trajet direct le plus long du pays va de Toronto à Vancouver. VIA Rail a rebaptisé le train *Canadian*. Ce train ressemble à ceux des années 50 ; en acier inoxydable, il comporte un wagon dôme à deux étages dotés de fenêtres par lesquelles on peut observer le paysage. Le trajet qu'il emprunte passe par Sudbury, Sioux Lookout, Winnipeg, Saskatoon, Edmonton, Jasper et les Rocheuses. Le train assure le voyage trois fois par semaine ; celui-ci dure 4 jours et revient à 443 $ toute l'année. Si vous souhaitez le commencer davantage à l'est et traverser tout le pays, vous pouvez attraper le train à Halifax, mais vous devrez changer à Montréal et à Toronto. Le prix du billet Halifax-Vancouver est de 624 $ (181 $ pour Halifax-Toronto plus 443 $).

A partir de la fin juin jusqu'à fin août, à l'intérieur de la zone "couloir" mentionnée plus haut, vous pouvez bénéficier de tarifs familiaux. Les adultes paient 40% du plein tarif et les enfants voyagent gratuitement.

Le Canrailpass. Pour les voyageurs ayant l'intention de voyager beaucoup, ou loin, ou les deux, VIA Rail propose le Canrailpass. La brochure *National Timetable* vous aidera à planifier votre voyage. Le *pass* est accessible à tous et permet de voyager en *voiture coach* pendant 12 jours à l'intérieur d'une période de 30 jours consécutifs à partir du premier jour du voyage.

Le Canrailpass est valable pour un nombre illimité de voyages d'une côte à l'autre avec possibilités d'arrêt. Il est néanmoins conseillé de réserver votre billet à l'avance, car le nombre de sièges est limité pour les détenteurs de pass. Celui-ci peut être acheté au Canada ou en Europe (renseignez-vous auprès d'une agence de voyages), sans aucune différence de prix.

Le Canrailpass est édité en deux versions : une version basse saison va du 6 janvier au 6 juin et du 1er octobre au 15 décembre. Son prix est de 329 $ pour les voyageurs âgés de 24 ans et moins, et de 299 $ pour ceux âgés de 60 ans et plus ; la version haute saison court du 7 juin au 30 septembre. Pendant cette période, le Canrailpass coûte 489 $ et 439 $ pour les catégories de voyageurs respectives mentionnées ci-dessus.

Ceux qui possèdent le pass peuvent obtenir des réductions dans les agences de location de voitures.

Autres compagnies ferroviaires

Au Canada, on trouve quelques petites compagnies locales susceptibles d'intéresser les voyageurs, dont celle d'Algoma Central Railway à Sault-Sainte-Marie, dans l'Ontario, qui permet de se rendre dans une région sauvage au nord du pays. Une autre est Ontario Northland, qui dessert le nord à partir de l'Ontario, et dont le Polar Bear Express va jusqu'à Moosonee dans la baie d'Hudson.

La Quebec North Shore & Labrador Railway part de Sept-Îles, au Québec, jusqu'au nord, dans le Labrador.

La British Columbia Rail part de Vancouver jusqu'au nord, à Prince George.

Trains de luxe

Le train de luxe "Rocky Mountaineer", qui emprunte l'ancienne ligne CPR, traversant les Rocheuses, entre Vancouver et Banff permet aux passagers de bénéficier du plus spectaculaire paysage de montagne. Il y a possibilité de poursuivre la route jusqu'à ou à partir de Calgary. On peut aussi choisir de passer par Vancouver ou Jasper. Les deux trajets passent par Kamloops où il y a un arrêt la nuit.

Le Rocky Mountaineer est mis en œuvre par la Great Canadian Railtour Company (☎ 1-800-665-7245), Suite 104, 340 Brooksbank Ave, North Vancouver, Colombie-Britannique V7J 2C1.

Ce train est en service trois fois par semaine à partir de la fin mai jusqu'à début octobre. Le tarif normal de Calgary à Vancouver et vice versa s'élève à 548 $. Il descend jusqu'à 448 $ au cours de deux brèves périodes ; de la fin mai à la mi-juin et de fin septembre à début octobre.

Afin d'assurer votre place à bord, nous vous conseillons de la réserver longtemps à l'avance mais vous pouvez en obtenir une à n'importe quel moment.

Compagnie de voyages privée de Toronto, Blyth & Company (☎ 1-800-387-1387) envisage d'organiser des voyages luxueux à travers tout le pays, mais surtout de Toronto à Vancouver, en passant par les Rocheuses.

Le prix de ces voyages excédera très probablement celui que peuvent payer la majorité des voyageurs.

Amtrak

Amtrak est l'équivalent américain de VIA Rail. Vous trouverez dans la plupart des gares ferroviaires canadiennes des cartes d'abonnement à des prix intéressants et de nombreuses informations sur les services proposés par Amtrak. Pour de plus amples informations, consultez la rubrique *Train* au chapitre *Comment s'y rendre*.

VOITURE

La voiture est, à bien des égards, le moyen de transport le plus commode. On peut aller où on veut quand on veut, emprunter des nationales et des routes secondaires, et quitter ainsi les sentiers battus. Ceci est particulièrement agréable en été quand on peut camper ou dormir dans la voiture. A cet effet, les voitures possédant des sièges inclinables sont idéales, et peuvent se révéler étonnamment confortables si on les utilise avec un sac de couchage.

Les routes canadiennes sont bien entretenues et bien indiquées. Dans les offices de tourisme provinciaux, vous pourrez vous procurer, en général gratuitement, des cartes routières pour les provinces et souvent tout le pays. Vous en trouverez également dans les stations-service et les grandes surfaces.

Le Canada compte peu de routes à péages, mais pour traverser certains ponts, vous serez obligé de verser une somme modique.

La Transcanadienne part de St John's (Terre-Neuve) et couvre 7 000 km jusqu'à Victoria, en Colombie-Britannique. Le long de la route, vous trouverez des terrains de camping et des aires de piquenique environ tous les 100 ou 150 km. Parmi les plus petites routes du Canada, il y a les routes de campagnes, indiquées de la manière suivante : RR1, RR7, etc.

Les automobilistes ayant l'intention de couvrir un grand nombre de kilomètres ou de se diriger vers des endroits un peu à l'écart peuvent avoir envie d'emporter des cassettes. Si le réseau radiophonique CBC couvre la quasi-totalité du pays, le nombre de stations disponibles peut être limité, et ces dernières peuvent même s'avérer inexistantes dans certaines régions.

Dans les grandes villes, en particulier Montréal, Toronto et Vancouver, les heures de pointe – surtout vers 17h et le vendredi – peuvent être particulièrement difficiles. Les principales voies d'accès à Toronto sont obstruées jour et nuit et tout le monde est énervé. A Montréal, ce sont les automobilistes possédant des nerfs d'acier, une foi à toute épreuve et un tempérament intrépide qui s'en sortiront le mieux.

Dans certains endroits, il n'y a aucune bande de signalisation sur les routes et la conduite devient une sorte d'activité à grande vitesse accessible à tous. Sachez quand même que c'est au Québec qu'il y a le plus fort taux d'accidents du pays. Évitez donc au maximum de conduire en ville, quelle que soit l'heure.

En raison du prix élevé des parkings, marcher, ou même prendre le bus, revient généralement moins cher et est surtout beaucoup plus reposant pour les nerfs.

Code de la route et mesures de sécurité préventives

Les Canadiens roulent sur le côté droit de la route (comme aux États-Unis), mais ils utilisent maintenant le système métrique pour mesurer les distances : 60 mph équivalent à 90 km/h ou 100 km/h ; 30 mph à 50 km/h. Sur les autoroutes, la vitesse est généralement limitée à 100 km/h ; dans les villes de moyenne importance, à 50 km/h ou moins.

Attacher sa ceinture de sécurité est obligatoire dans tout le Canada. Dans certaines provinces, telles que le Québec et l'Ontario, vous risquez de payer de fortes amendes si vous ne le faites pas. Toute violation du code de la route vous coûtera une somme très importante, aussi ne jouez pas au plus fin. Les amendes pour non-respect des limitations de vitesse sont également onéreuses dans l'Ontario. Dans la majorité des provinces, les motocyclistes et leurs passagers sont tenus de porter des casques, et de rouler avec les phares allumés.

Qu'elles roulent dans un sens ou dans l'autre de la route, les voitures doivent s'arrêter lorsque les cars de ramassage d'écoliers ont leurs clignotants allumés : cela indique en effet que les enfants sont en train de monter dans le car ou d'en descendre. Dans les villes principales ou l'on trouve des passages piétonniers, comme à Toronto, les voitures doivent s'arrêter pour laisser traverser les piétons. Pourvu que cela ne soit pas imprudent au moment où vous le faites, vous avez le droit, dans certaines provinces, de tourner à droite au feu rouge (après vous être, dans un premier temps, complètement arrêté).

En fait, il vous suffira d'observer comment se comportent les autres automobilistes ou d'entendre leurs klaxonnements impatients résonner derrière vous pour savoir quoi faire.

Vous pouvez parfaitement dormir dans les parkings situés au bord des routes, les aires de pique-nique ou d'autres endroits, mais ne montez pas de tente.

Au Canada, un permis de conduire délivré dans n'importe quel pays est valable trois mois, tandis qu'un permis de conduire international, que vous pourrez obtenir en France, est peu cher (17 FF) et restera valable trois ans dans tous les pays du monde. D'autre part, il est interdit de conduire sans être assuré et votre assurance est susceptible de ne pas vous couvrir à l'étranger – renseignez-vous avant de partir.

Il serait préférable que vous évitiez de conduire au Québec et dans d'autres régions par temps de neige mais si vous le faites, vous pouvez être obligé d'acheter des pneus spéciaux pour la neige. La plupart des voitures sont maintenant équipées de pneus à carcasse radiale convenant pour toutes les saisons.

Si vous crevez, ne restez pas à l'intérieur de votre voiture avec le moteur en marche ; chaque année en effet, des gens qui le font meurent suffoqués par le monoxyde de carbone pendant une grosse tempête. Une simple bougie allumée dans votre voiture suffira à réchauffer la température.

Si vous roulez dans les provinces septentrionales, le Yukon et les Territoires du Nord-Ouest, sachez qu'il peut y avoir des distances importantes entre les stations-service, aussi n'attendez pas que votre réservoir soit à moitié vide, et emportez toujours un bidon d'essence de dépannage. En outre, assurez-vous que le véhicule que vous conduisez est en bon état et prenez quelques outils et pièces de rechange, ainsi que de l'eau et des vivres.

Sur les routes de graviers, les problèmes les plus ennuyeux sont la poussière et les petits caillou : gardez donc vos distances par rapport au véhicule qui vous précède et si vous voyez une voiture s'avancer en face de vous, ralentissez et gardez bien votre droite (ce conseil vaut aussi si une voiture vous double). Si vous-même devez doubler, attendez de voir un panneau indiquant que vous avez dépassé une zone poussiéreuse. Nous vous conseillons d'avoir un pare-brise protégeant des insectes et de la poussière, ainsi qu'une bâche pour votre réservoir et vos phares, un pneu de rechange, une courroie de ventilateur et une durit.

Dans une grande partie du pays, des animaux sauvages tels que daims et orignaux représentent un danger potentiel sur les routes. C'est surtout le soir qu'ils les traversent, au moment où leur activité est la plus grande et la visibilité moindre. Dans les régions où vous rencontrerez des panneaux mettant en garde les automobilistes contre l'éventuelle présence de ces animaux, ne quittez pas des yeux les deux côtés de la route, et soyez prêts à freiner ou à faire une embardée. Souvent, les phares des voitures semblent les hypnotiser, et ils restent debout au milieu de la route. Essayez donc d'allumer puis d'éteindre les vôtres tout en klaxonnant.

Location

Les agences de location de voitures sont présentes dans tout le pays. Les principales sont Hertz, Avis, Budget et Tilden, mais il en existe bien d'autres. Les plus importantes pourront vous réserver une voiture dans n'importe lequel de leurs points de location à travers le pays. Elles ont aussi des points de vente dans presque tous les aéroports. Pour être assurés d'en trouver un et de ne pas perdre de temps, il vaut la peine de réserver une voiture avant votre arrivée.

Rent-A-Wreck est une agence de location bien connue pratiquant des prix un peu moins élevés que les autres.

Vous aurez besoin d'une carte de crédit pour louer une voiture. Le liquide n'est pas bien considéré ! Il y a bien une agence ici ou là qui acceptera de vous louer une voiture si vous ne possédez pas de carte, mais même après vous être décarcassé pour en trouver une, attendez-vous à rencontrer d'autres difficultés. Tout d'abord, l'agence mettra plusieurs jours (au moins) à vérifier votre identité. Si vous ne travaillez pas, la situation risque d'être assez compliquée : dans la mesure du possible, apportez une lettre de votre employeur ou de votre banquier, et autant de pièces d'identité que vous pouvez. Vous pouvez également être obligé de laisser une caution, susceptible d'aller jusqu'à plusieurs centaines de dollars canadiens par jour.

Certaines agences ne louent qu'aux personnes âgées de plus de 21 ans, d'autres, de plus de 26 ans. Suivant votre âge, on peut vous demander d'acheter une assurance supplémentaire, mais les primes requises ne sont pas très élevées.

En ce qui concerne les prix de location, vous avez intérêt à mener votre propre enquête. La plupart des agences pratiquent un tarif journalier allant de 35 $ à 40 $, plus un supplément lié au nombre de kilomètres. D'autres proposent un tarif constant qui est presque plus avantageux si vous avez l'intention de voyager très loin. Sachez que vous aurez à débourser une somme plus que ronde, c'est-à-dire quelques centaines de dollars en plus, si vous souhaitez déposer la voiture dans une agence autre que celle où vous l'avez prise, mais cela est tout à fait possible. Le tarif à la semaine de location est généralement 10% moins élevé que le tarif à la journée, et nombre de compagnies proposent des tarifs spécial week-end encore plus avantageux. Si vous souhaitez bénéficier d'une location, surtout pour le week-end, réservez à l'avance, et demandez une petite voiture économique.

Les frais d'une voiture de location peuvent facilement atteindre des sommets : même si vous louez une voiture au prix alléchant de 29 $ la journée, quand vous aurez réglé l'assurance, tous les pleins (faites-en un avant de rapporter la voiture, sans quoi l'agence vous le fera payer à son propre tarif, plus un supplément parce que c'est elle qui devra s'en charger), le nombre de kilomètres, la taxe de vente provinciale, la TPS et *tutti quanti*, vous risquez d'avoir un choc en réalisant la somme totale que vous aurez déboursée.

Certaines agences de location proposent des caravanes et, si vous êtes plusieurs à partager les frais, ce peut être une solution très économique. Certaines agences se spécialisent dans la location de camping-cars et autres variantes de caravanes.

Les enfants de moins de 18 kg doivent occuper un siège de sécurité dans les voitures et porter une ceinture de sécurité. Les plus grandes agences de location pourront vous fournir ce genre de sièges moyennant une somme calculée à la journée. Si vous vous trouvez à l'extérieur d'une ville principale, vous pouvez avoir à attendre plusieurs jours avant d'en obtenir un.

Achat

En Amérique du Nord, il est possible de se procurer des voitures d'occasion à très bon marché. Consultez les journaux locaux ou, dans les agglomérations plus importantes, les hebdomadaires *Buy & Sell Bargain Hunter Press*, *Auto Trader*, ou l'équivalent. Dans certaines villes, vous trouverez un hebdomadaire spécialisé uniquement dans la vente de voitures d'occasion. Mais les affaires conclues de personne à personne sont presque toujours les plus économiques. Nombre de sociétés de vente de voitures d'occasion ne sont plus fiables, et doivent augmenter leurs prix de manière à pouvoir réaliser un bénéfice. Parmi les meilleures occasions, il y a les grosses consommatrices d'essence dont les propriétaires cherchent à se débarrasser.

A ceux qui préfèrent une approche raisonnable et plus scientifique de l'achat, nous recommandons la lecture de l'excellent *Lemon-Aid* de Phil Edmunston, ouvrage publié annuellement par le Club automobile du Québec (CAA). En vente dans les librairies et disponible dans les bibliothèques, il donne le détail de toutes les voitures d'occasion sur le marché, leur attribue une note et indique un ordre de prix général. Que vous vous adressiez à un détaillant ou à un particulier, la règle du jeu est de marchander sur les prix lorsque vous achetez une voiture. En fonction de la valeur de la voiture, vous pouvez vous attendre à faire baisser le prix de plusieurs centaines, ou même milliers de dollars.

Si vous devez conduire pendant quelques mois, une voiture d'occasion peut être un excellent investissement, surtout si vous voyagez à deux. En général, vous pouvez quasiment revendre la voiture au prix où vous l'avez payée. Vous pourrez vous procurer un vieux tacot pour une somme avoisinant 1 000 $. Une bonne vieille voiture en état de marche correct mais qui ne durera pas des années vous coûtera moins de 4 000 $. Sur la côte ouest, les voitures durent plus longtemps car elles ne nécessitent pas d'être badigeonnées de sel en hiver, et de ce fait, elles rouillent moins vite.

Un jour, j'ai acheté une vieille guimbarde de break datant de 1958 pour 50 $, et j'ai pu en tirer 19 000 km pendant un été avant que la boîte de vitesses ne se détraque, que l'installation électrique ne saute et que le plancher ne s'effondre.

Mark Lightbody

Le problème éventuel auquel les touristes peuvent se trouver confrontés est de souscrire une assurance à un prix raisonnable. La plupart des agences vous proposeront une assurance valable six mois mais les prix varient considérablement et peuvent être totalement différents d'une province à l'autre.

En 1990, un couple de voyageurs anglais a raconté qu'on leur avait dit que les prix des assurances au Québec étaient beaucoup moins élevés que dans l'Ontario. Après avoir creusé la question, ils ont en effet découvert que le tarif de Montréal équivalait à un peu plus du dixième de celui pratiqué à Toronto ! Quelle économie ! Et vraiment étrange, car pour les habitants de l'Ontario, cette région est beaucoup moins chère.

Mark Lightbody

Indépendamment de l'endroit où vous achetez votre police d'assurances, il est utile d'avoir une preuve que vous êtes assurés dans le pays dont vous êtes ressortissant. Cela facilitera la transaction, et pourra de surcroît vous valoir une réduction, car vous deviendrez un risque potentiel plus crédible. En règle générale, les femmes paient sensiblement moins cher que les hommes du même âge et dotés de la même expérience au volant. Si vous projetez de faire une petite escapade aux États-Unis, assurez-vous que l'assurance à laquelle vous souscrivez est valable de l'autre côté de la frontière. Souvenez-vous également que les tarifs sont liés à l'âge du conducteur et au type de sa voiture.

Drive-Aways

L'un des meilleurs systèmes à utiliser si vous avez l'intention de voyager en voiture est le North American Drive-Away. A la base, vous conduisez à sa place la voiture d'une personne à l'endroit où elle doit se rendre. Généralement, la voiture appartient à quelqu'un qui doit effectuer un déplacement professionnel et a dû prendre l'avion, ou à quelqu'un qui n'a pas le temps, la patience ou la capacité de conduire pendant un long trajet. L'organisation du voyage se fait par l'intermédiaire d'une agence Drive-Away. Vous en trouverez dans les villes principales.

Après avoir contacté l'agence, vous remplissez un formulaire indiquant où vous souhaitez vous rendre, et quand. Lorsqu'on vous a trouvé une voiture répondant à votre demande, vous déposez une caution allant de 300 $ à 500 $, et on vous indique le délai dans lequel vous devez remettre la voiture. Si vous ne le respectez pas, la justice est saisie. La plupart des agences suggèrent un itinéraire à emprunter et peuvent vous indiquer très grossièrement le nombre de kilomètres que vous allez parcourir.

Vos services en tant que chauffeur ne vous seront en général pas rémunérés (à moins que vous décrochiez le gros lot en tombant sur quelqu'un qui est vraiment très pressé), et vous devrez assurer les frais d'essence. Néanmoins ceux-ci peuvent aussi vous être payés en partie, et si vous avez de la chance (dans le cas, là encore, où il s'agit d'une affaire urgente), vous pouvez même être remboursé intégralement. Si vous voyagez à deux ou à plusieurs, vous pouvez faire là une excellente affaire. L'agence vous demandera d'ailleurs combien vous serez à conduire.

Vous devrez également fournir des papiers d'identité, la caution et quelques photos. Si vous cherchez une agence Drive-Away, regardez les petites annonces des journaux à la rubrique *Transports* ou *Personnel*, ou les pages jaunes de l'annuaire à la rubrique *Drive-Away Automobiles* ; la plupart des grandes villes possèdent au moins une de ces agences. Elles existent également aux États-Unis. Certains voyages peuvent vous conduire de l'autre côté de la frontière : le trajet de Montréal vers la Floride est très fréquent. Huit jours représentent une durée normale pour un voyage de la côte est à la côte ouest. Essayez d'obtenir une voiture récente et plus petite, qui sera moins confortable, mais plus économique quant à la consommation d'essence.

En été, quand la demande est à son maximum, vous pouvez avoir plus de difficultés à obtenir une voiture, et vous pouvez avoir à verser une somme de l'ordre de 100 $, qui ne vous sera pas remboursée.

Une des questions à poser concerne ce qui arrive en cas de panne de la voiture. Essayez d'obtenir la réponse par écrit, si possible. En général, des réparations mineures de l'ordre de 100 $ par exemple ou moins, vous seront remboursées. Conservez la facture, et vous serez remboursés lorsque vous rapporterez la voiture. Si vous n'avez vraiment pas de chance et qu'une réparation importante doit être effectuée, la situation peut se révéler plus délicate. L'agence peut contacter le propriétaire de la voiture et lui demander ce qui doit être fait. Cela peut prendre un certain temps et causer quelques difficultés.

Mais en général, les voitures proposées par les Drive-Aways sont neuves et en bon état de marche. Dans le cas contraire, le propriétaire refusera de s'exposer à des soucis et à des dépenses d'argent, et laissera tout bonnement tomber sa voiture.

Partage de voiture

Née au Québec, Allo Stop est une société qui s'occupe de trouver des voitures à partager entre plusieurs voyageurs. Elle met en contact des personnes qui souhaitent se déplacer avec d'autres qui possèdent une voiture et recherchent une compagnie en même temps que quelqu'un susceptible de partager les frais d'essence. Apparu il y a quelques années, ce type de services est très satisfaisant et continue de se développer.

Allo Stop possède aujourd'hui des bureaux à Montréal, à Québec, Toronto, Ottawa et dans beaucoup d'autres petites villes à la périphérie de la province du Québec. Vous trouverez d'autres informations dans ce guide au chapitre *Comment s'y rendre*. Les prix sont intéressants, et parmi les destinations proposées vous trouverez le Québec, l'Ontario, des régions plus lointaines encore, même la ville de New York.

Téléphonez un jour ou deux avant la date à laquelle vous avez prévu de partir, et Allo Stop essaiera de vous mettre en contact avec quelqu'un. Ce service ne vous coûtera pas cher.

Un nouveau service dont l'activité se concentre en dehors de Montréal, Toronto et Ottawa permet à des passagers d'aller d'une ville à l'autre en camionnette. Ces camionnettes font la navette entre ces villes principales selon des horaires réguliers et planifiés, et prennent de six à douze passagers environ, ce qui est bien inférieur au nombre de passagers qu'acceptent les bus. Pour trouver des adresses et numéros de téléphone proposant ce service essentiellement illégal, consultez les tableaux d'affichages dans les auberges ainsi que les revues hebdomadaires de divertissement.

Si ce type de service est illégal, c'est parce que seules les entreprises inscrites au registre du commerce ont le droit de prendre des passagers pour de l'argent. En outre, la couverture de l'assurance peut s'avérer insuffisante en cas d'accidents ou d'urgence. Néanmoins, ces camionnettes ont beaucoup de succès et représentent un moyen amusant et courant de faire le trajet entre les villes principales. Certains expéditions peuvent vous conduire à New York. Téléphonez quelques jours avant votre départ pour réserver une place et obtenir tous les détails.

Essence

Les prix de l'essence varient suivant la région où vous vous trouvez ; c'est à l'extrême nord, et sur la côte est qu'elle est la plus chère. A l'est, c'est au Québec, à Terre-Neuve et dans le Labrador que les prix sont les plus onéreux. Les automobilistes arrivant au Québec par l'Ontario doivent remplir leur réservoir avant d'atteindre la frontière. Ceux en provenance des États-Unis devraient toujours avoir acheté là-bas un bidon plein d'essence, car les bas prix américains ne se retrouvent nulle part au Canada. Moins taxés, les prix de l'Alberta sont relativement faibles. Faites votre plein là-bas avant de pénétrer en Colombie-Britannique.

En général, c'est dans les grandes villes qu'on trouve les prix les plus intéressants. Plus un endroit sera isolé, plus le prix de l'essence sera élevé. Loin de proposer de bonnes affaires, les stations essence qui émaillent les autoroutes vont même jusqu'à augmenter leurs prix pendant les longs week-ends ou les vacances, escroquant ainsi les automobilistes pris à la gorge. L'essence est toujours vendue au litre. Un litre d'essence vaut en moyenne 60 cents, ou 2,70 $ le gallon légal. Au Canada, ce dernier est 1/5e plus important qu'aux États-Unis.

Les stations d'essence acceptent les cartes de crédit ; nombre d'entre elles sont maintenant des self-services qui n'acceptent pas les gros billets le soir. Dans les grandes villes, il y a des stations-service ouvertes 24h sur 24, mais il vous faudra probablement chercher un certain temps avant de le trouver. Sur les autoroutes, les restaurants routiers restent ouverts très tard, et certains sont équipés de douches.

BICYCLETTE

Ce moyen de transport devient de plus en plus populaire au Canada pour effectuer de longs parcours. Bien sûr, il vous faudrait beaucoup de temps pour couvrir le pays. On ne peut vraiment envisager de traverser des régions entières à bicyclette ; mieux vaut se concentrer sur une seule en particulier. Les plus populaires sont celles situées autour de la péninsule de Gaspé au Québec et des provinces de la côte Atlantique, à l'exception de Terre-Neuve. La péninsule de Gaspé est très vallonnée, l'île du Prince-Édouard est plate, tandis que le Nouveau-Brunswick et la Nouvelle-Écosse présentent des paysages extrêmement variés et sont des provinces relativement petites, avec des villes très proches les unes des autres. Vous y trouverez un harmonieux mélange de ville et de campagne. Toutes ces régions offrent de beaux paysages.

L'autre région très fréquentée par les cyclistes se situe autour des Rocheuses, et dans toute la Colombie-Britannique. En été, le temps y est assez beau et là encore, les paysages sont grandioses et variés.

Entre les parties orientale et occidentale du pays, se déplacer à bicyclette serait plus une corvée qu'autre chose, et le paysage reste le même des kilomètres durant. Pourtant, chaque année, des cyclistes prennent la direction du nord des Grands Lacs, traversant tout le nord de l'Ontario. Dans l'Ontario également, la péninsule de Bruce est très bien pour le vélo, tout comme la route des 1 000 îles, autour de Kingston.

VIA Rail permet aux voyageurs d'emporter gratuitement leur bicyclette à bord de trains dotés de wagons réservés aux bagages. Ceci devrait s'appliquer à tout train parcourant une grande distance, mais non aux trains locaux et de banlieue. Point n'est besoin d'emballer votre bicyclette ni de la démonter, mais elle risque de ne pas être couverte par votre assurance. Pour être complètement protégées, les bicyclettes doivent être mises en carton.

Les cartes routières provinciales indiquent davantage de petites routes et routes secondaires que les cartes vendues dans les stations essence. Vous pouvez vous les procurer dans les offices du tourisme provinciaux. En librairie, vous trouverez également des guides spéciaux pour voyages à bicyclette, et les magazines spécialisés peuvent également contenir des informations utiles.

Dans certaines grandes villes telles que Montréal, Ottawa, Toronto et Vancouver, vous trouverez des routes réservées uniquement aux cyclistes. Leur longueur varie considérablement. Celle de Toronto est toute petite, celle d'Ottawa est très bien.

La majorité des cyclistes, du moins ceux qui visitent le pays, portent maintenant des casques ; ce n'est pas obligatoire, mais dans l'Ontario, le port d'un casque pour toute personne circulant à vélo va bientôt acquérir force de loi. Celle-ci sera sans doute applicable à partir de 1995.

Au Canada, il existe plusieurs associations de cyclistes, mais celles-ci sont plutôt réservées aux personnes qui font des compétitions. Les cyclistes moins chevronnés ou les voyageurs trouveront toutes les informations nécessaires sur la pratique du vélo dans telle ou telle province à l'office du tourisme de cette province. Dans plusieurs grandes villes, les offices du tourisme vous remettront une carte routière spéciale et vous renseigneront sur la pratique du vélo dans cette ville.

Les magasins de cycles sont également de bonnes sources d'informations. Vous pourrez vous y procurer toutes sortes d'accessoires et d'équipements.

Les coursiers à vélo, qui représentent à eux seuls toute une culture underground avec leurs radios, leurs vêtements fluos, leurs chapeaux et leurs bijoux très personnels, sont une vision familière dans les grandes villes ; ils passent à toute allure pour aller livrer des paquets aux sociétés.

Les offices du tourisme provinciaux et agences de voyages peuvent également vous aider à trouver des sociétés spécialisées dans l'organisation de voyages à vélo d'un seul jour ou sur long parcours. Ces dernières années, ce type de voyages est devenu extrêmement populaire. Le logement, le guide et l'assistance éventuelle d'une automobile sont compris dans le prix.

EN STOP

Les lettres de nos lecteurs nous apprennent qu'ils n'ont pas rencontré de problèmes en voyageant en stop au Canada ; toutefois, ce type de moyen de transport n'étant jamais totalement sûr dans aucun pays du monde, nous ne le recommandons pas.

Les touristes qui le choisissent doivent savoir qu'ils courent un risque minime, mais potentiellement très sérieux.

Pour ma part, j'ai toujours trouvé agréable le fait de voyager en stop au Canada même si ce n'est pas la Grande-Bretagne, véritable paradis pour auto-stoppeurs. Nombre de personnes comptent sur ce moyen pour effectuer ne serait-ce qu'une partie de leur voyage. Et, bien sûr, cela permet de rencontrer des gens auxquels on n'aurait jamais parlé autrement. Faire du stop à deux, un homme et une femme, est l'idéal. Si vous voyagez à trois et plus, autant renoncer, et idem si vous êtes deux femmes.

Si vous avez le sentiment d'avoir attendu longtemps avant d'être pris en stop, souvenez-vous que vous allez peut-être effectuer plus de 1 500 km. A l'extérieur des grandes villes, restez sur les principales autoroutes. La circulation peut être assez rare sur les petites routes. Descendez toujours près d'une station essence ou d'un restaurant, non sur une route secondaire ou à l'entrée d'une ferme.

Aux environs des moyennes et grandes villes, choisissez soigneusement l'endroit où vous allez vous installer pour tendre le pouce. Faites en sorte d'être visible, et de vous placer à un endroit où les automobilistes peuvent facilement s'arrêter. Un T-shirt indiquant que vous venez d'un pays étranger, par exemple portant l'inscription "Université de Paris", peut être un choix vestimentaire judicieux. Certains auto-stoppeurs se munissent d'un morceau de carton sur lequel figure la destination qu'ils souhaitent atteindre. Un jour que je faisais du stop dans la région des Prairies, j'ai utilisé un carton portant l'inscription "Moscou". J'ignore si cela m'a aidé à me faire prendre plus rapidement, mais nombre de gens montraient du doigt mon carton en riant de bon cœur.

Si vous vous rendez dans une grande ville, assurez-vous que vous allez être mené jusqu'à votre destination finale. Sinon, faites-vous déposer à un endroit où vous pourrez prendre un bus urbain, surtout après la tombée de la nuit. Lorsque vous quittez une ville, mieux vaut prendre un bus qui vous conduira un peu à l'extérieur.

Ne vous placez pas au bord des voies express à plusieurs files. A Toronto et à

Vancouver en particulier, la police vous interdira de rester sur ces voies.

Il est déconseillé de faire du stop dans les villes. Nombre de prostituées ont recours à ce moyen ; on considère généralement que les auto-stoppeurs des villes sont moins recommandables que ceux que l'on voit sur les routes, et on a tendance à les ignorer. Il est illégal de faire du stop dans certaines zones urbaines bien précises ; les amendes infligées aux contrevenants peuvent être sévères. En règle générale, plus vous avez l'air miteux, plus vous avez intérêt à avoir sur vous des papiers d'identité.

Aux environs des grandes villes, il risque d'y avoir beaucoup d'automobilistes qui partent pour le week-end le vendredi, et beaucoup qui reviennent le dimanche. Malgré le nombre de véhicules disponibles pendant ces créneaux, il est difficile de se faire prendre en stop car ces derniers transportent déjà des familles entières. Vous aurez plus de chance en semaine, quand arrivent les vendeurs et les camions. Bien que certaines sociétés interdisent à leurs camions de prendre des gens en stop, certains le font néanmoins. Si vous êtes pressé, vous ne devriez pas mettre plus de 5 jours à effectuer le trajet de Toronto à Vancouver ; je l'ai même fait en 3 jours.

Un dernier truc : si vous ne voulez pas perdre de temps dans le nord de l'Ontario, arrangez-vous pour trouver un automobiliste qui aille directement de Sault-Sainte-Marie à la baie de Thunder, ou le contraire si vous effectuez le trajet inverse.

Wawa, petite ville située entre Sault-Sainte-Marie et la baie de Thunder, est un lieu d'attente bien connu. Sa réputation de ville minière difficile, où l'on aime la boisson et déteste les auto-stoppeurs, est dépassée depuis longtemps, mais, du point de vue d'un auto-stoppeur, c'est toujours un petit endroit froid et ennuyeux. On m'a raconté l'histoire d'un homme qui avait attendu tellement longtemps de se faire prendre en stop qu'il avait fini par trouver un travail, se marier et s'installer à Wawa. Le sud de la Saskatchewan est aussi un endroit réputé pour les longues périodes d'attente auxquelles il condamne les auto-stoppeurs.

Mark Lightbody

BATEAU

Avec les océans qui bordent les deux extrémités du pays, et l'intérieur des terres rempli de lacs et de rivières, il est souvent nécessaire de voyager en bateau au Canada. Sur la côte est, les principaux ferries relient les provinces et les îles au continent. Une connexion est assurée entre le Nouveau-Brunswick et la Nouvelle-Écosse et l'île du Prince-Édouard. Des ferries relient cette île avec les îles de la Madeleine, au Québec, au golfe du Saint-Laurent. Quant à la Nouvelle-Écosse, elle est reliée à l'État du Maine, aux États-Unis, par deux itinéraires de ferries et au Nouveau-Brunswick de l'autre côté de la baie de Fundy par un autre.

Une connexion est assurée entre Terre-Neuve et la Nouvelle-Écosse.

D'autres ferries contournent les côtes de Terre-Neuve et remontent en direction du Labrador. La principale compagnie maritime au Canada est Marine Atlantic (☎ 904-794-5700).

Pour tout renseignement ou réservation, écrivez à Marine Atlantic Reservations Bureau, PO Box 250, North Sydney, Nouvelle-Écosse B2A 3M3. Vous trouverez de plus amples détails au chapitre *Comment s'y rendre*, dans les rubriques concernant les villes portuaires.

Le long du St Laurent, il y a plusieurs points de connexion entre la côte nord et la côte sud du centre du Québec.

Vous pourrez effectuer diverses excursions en bateau et trouver différents services de ferries pour de longs ou courts trajets.

Sur la côte ouest du Canada, des ferries assurent la connexion entre la Colombie-Britannique continentale et l'île de Vancouver, les îles du Golfe et les îles de la Reine Charlotte. Pour obtenir les horaires et les tarifs, contactez BC Ferries (☎ 604-386-3431, 24h sur 24, et ☎ 604-669-1211 à Vancouver), 1112 Fort St, Victoria, Colombie-Britannique V8V 4V2.

VOYAGES ORGANISÉS

C'est par l'intermédiaire des compagnies d'autobus, des agences de voyages ou des compagnies touristiques elles-mêmes que vous trouverez les meilleurs voyages organisés. Nombre de compagnies touristiques privées figurent dans les brochures diffusées par les autorités provinciales et territoriales. Les plus grandes compagnies de transport sont vraiment fiables et représentent la meilleure option si vous recherchez un genre classique de voyage organisé.

Plusieurs grandes compagnies d'autobus régionales proposent des voyages de durée variable, dont les prix comprennent le transport et le logement. Certaines proposent aussi des visites guidées.

AmeriCan Adventure organise des voyages dans tous les États-Unis pour les 18-35 ans. La plupart d'entre eux durent entre deux et cinq semaines et sont orientés vers les visites de villes. Certains voyages permettent de traverser le Canada dans un sens et de revenir en passant par les États-Unis. D'autres sont plus orientés vers les activités de plein air, et se chargent de tout sauf des sacs de couchage. Il s'agit là de voyages du type "circuit aventure" et camping. Les participants doivent contribuer aux tâches quotidiennes et à la préparation des repas. Vous pouvez ainsi effectuer un voyage de huit jours en canoë dans le parc d'Algonquin, dans l'Ontario. Pour de plus amples informations, contactez AmeriCan Adventures (☎ 322-1034), 2300 Yonge St, Toronto, Ontario M4P 1E4.

La Canadian Outward Bound Wilderness School, qui a des bureaux à Vancouver et à Toronto, organise des circuits aventures strictement en plein air et de bonne qualité, qui ressemblent plus à des cours qu'à des vacances. D'une durée de 7 à 24 jours, ils se déroulent dans diverses régions rocailleuses du pays ; de nombreux programmes prévoient un séjour en solitaire. A Toronto, vous pouvez contacter la Canadian Outward Bound Wilderness School au 150 Laird Drive (☎ 421-8111), elle vous enverra une brochure résumant ses programmes.

Le Canadian Universities Travel Service Ltd (Travel CUTS), mentionné au chapitre *Renseignements pratiques,* organise diverses excursions et expéditions comportant des activités telles que randonnée, bicyclette et canotage. Il peut aussi mettre sur pied des vacances de ski ou des séjours au soleil. Cette organisation a des bureaux dans chaque ville principale du Canada. A Toronto, contactez le 187 College St, M5T 1P7 (☎ 979-2406).

Hostelling International (HI) au Canada organise également des voyages et des excursions spéciales comportant randonnées, ski nordique, etc. Renseignez-vous dans les auberges sur les activités organisées.

Nombre de petites compagnies dans le pays proposent toutes sortes de circuits aventure de durée et de difficulté variables. Vous trouverez souvent des brochures éditées par ces compagnies dans les bons magasins d'équipement de camping mais aussi dans les auberges de jeunesse et les offices du tourisme.

Les principaux musées et galeries d'art organisent parfois des excursions spécialisées de type éducatif/récréatif, qui vous conduiront, par exemple, dans la partie Arctique du Canada et chez les sculpteurs inuits. Quand elles s'accompagnent de conférences, ces intéressantes excursions peuvent être onéreuses.

En outre, renseignez-vous exactement sur la nature du voyage organisé ou de l'excursion auxquels vous allez participer, et sur le prix que vous allez payer. Si vous avez le moindre doute sur l'agence ou la compagnie qui organise l'excursion, versez la somme d'argent requise sur ce que l'on appelle au Canada "le compte des compagnies de voyages organisés escroquant leurs clients". La loi exige que le numéro de ce compte figure sur les brochures touristiques (vous pouvez passer un certain temps à le chercher). Ce faisant, vous vous protégerez, vous et votre argent, même si, pour une raison ou pour une autre, le voyage devait tomber à l'eau. Il peut être judicieux de payer par chèque, car il est toujours plus difficile de récupérer du liquide ; au recto du chèque, inscrivez le détail de l'excursion, sa destination et les dates entre lesquelles elle a lieu, et au verso, "acompte seulement".

Terre-Neuve et Labrador

Entrée dans la confédération : 31/03/1949
Superficie : 404 520 km²
Population : 568 474 habitants
Capitale de la province : St John's

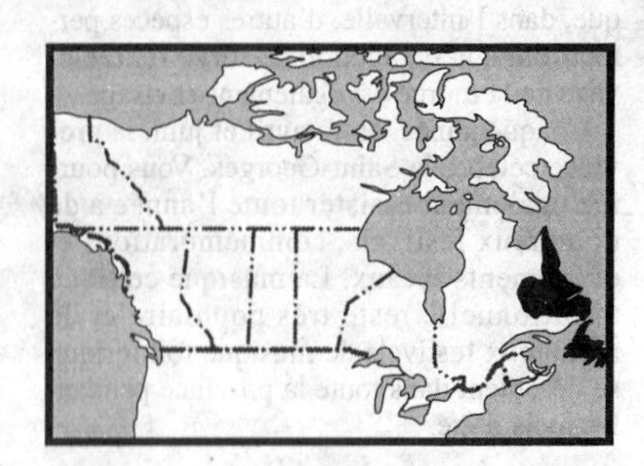

Cette province se divise en deux zones géographiques qui forment chacune une entité politique. Les résidents aimeront à vous rappeler qu'il ne faut pas confondre Terre-Neuve et le Labrador. La première est une île, la seconde, plus grande, délimite la partie septentrionale de la province. Bien que ces deux régions aient des similitudes, on peut remarquer des différences culturelles, historiques, géologiques, mais aussi de niveau de développement. La majeure partie de la population est concentrée dans les contrées les plus accessibles de Terre-Neuve, également les plus fréquentées par les visiteurs. La province, enfin, fut la dernière à rejoindre le Canada, en 1949.

Vous serez inévitablement frappé par la singularité de Terre-Neuve, même si vous ne lui consacrez qu'une brève visite. C'est une région aux paysages accidentés, au climat rude, et qui, par certains aspects, rappelle le Grand Nord. En revanche, vous n'y rencontrerez ni sconses, ni serpents, ni pollen d'ambrosie (provoque le rhume des foins). Entre 1919 et 1937, c'est également de Terre-Neuve que 40 aviateurs décollèrent pour effectuer la traversée de l'Atlantique, notamment Lindbergh et Amelia Earhart. Les centres d'informations touristiques sont installés dans des "chalets".

Des côtes enfouies dans le brouillard, les pêcheurs naviguent vers le large dont les eaux sont célèbres pour la morue et les dizaines d'autres espèces de poissons. Sur les Grands Bancs de Terre-Neuve, situés au sud-est de la région la plus peuplée (péninsule d'Avalon), des bateaux de pêche venus du monde entier se rassemblent comme ils l'ont toujours fait avant même la découverte de l'Amérique par Christophe Colomb. Une pêche intensive aux conséquences dramatiques : au début des années 90, les prises avaient chuté de manière spectaculaire et des milliers de pêcheurs de Terre-Neuve se retrouvèrent sans travail. Les bancs de morues sont surveillés et les années à venir devraient se révéler déterminantes pour une bonne partie de la population locale, mais aussi pour toute la province. En 1992, la pêche à la morue fut interdite dans la presque totalité de la province, une décision qui entraîna le chômage de 25 000 Terre-Neuviens. Il faut espérer que les bancs de morues décimés pourront se reformer et que, dans l'intervalle, d'autres espèces permettront à la population de survivre. L'élevage de la morue est également envisagé.

Chaque année, entre avril et juin, la province célèbre la Saint-Georges. Vous pourrez également assister toute l'année à de nombreux festivals, commémorations et événements locaux. La musique celtique traditionnelle reste très populaire et de nombreux festivals de musique folklorique se déroulent dans toute la province pendant les mois d'été.

GÉOGRAPHIE

La totalité du Labrador et les régions septentrionales de l'île font partie du bouclier laurentien, l'une des formations géologiques les plus anciennes de la planète. C'est sans doute la seule zone, datant d'une époque où la vie animale n'avait pas encore fait son apparition, à n'avoir pas subi de transformations.

L'intérieur de la province est parsemé de zones forestières sauvages, de tourbières, de lacs innombrables et de rivières. La presque totalité de la population vit le long de la côte, jalonnée de fjords, de baies et de rades.

CLIMAT

Le climat de Terre-Neuve est frais toute l'année, en particulier au Labrador, avec les courants arctiques et les vents du nord. Les précipitations sont également abondantes, en particulier sur les côtes où le brouillard et le vent sont fréquents.

L'été est court, mais juillet et août sont généralement très chauds. Les endroits les plus ensoleillés et les plus secs sont les régions centrales.

Macareux

En haut : lac Boya, Nord de la Colombie-Britannique (DS)
En bas : silo à grains à Denholm, Saskatchewan (DS)

En haut : rodéo québécois (RE)
En bas à gauche : le château Frontenac dominant la ville basse de Québec (ML)
En bas à droite : ancien pavilicn de l'Exposition universelle, devenu un casino, Montréal, Québec (JL)

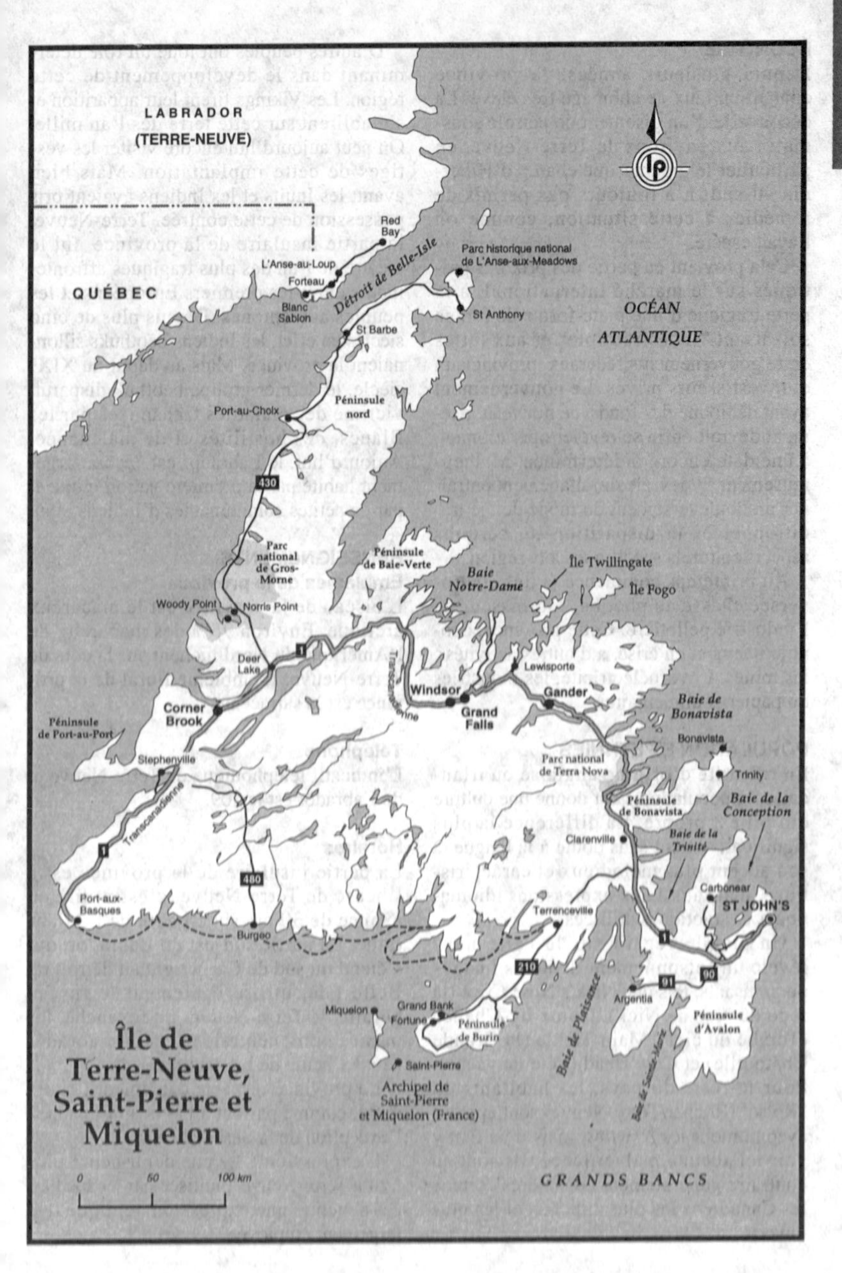
LABRADOR
(TERRE-NEUVE)
QUÉBEC
Red Bay
L'Anse-au-Loup
Forteau
Blanc Sabion
Détroit de Belle-Isle
Parc historique national de L'Anse-aux-Meadows
St Anthony
St Barbe
OCÉAN ATLANTIQUE
Port-au-Choix
Péninsule nord
430
Parc national de Gros-Morne
Péninsule de Baie-Verte
Baie Notre-Dame
Île Twillingate
Île Fogo
Woody Point
Norris Point
Deer Lake
1
Transcanadienne
Lewisporte
Windsor
Grand Falls
Gander
Corner Brook
Baie de Bonavista
Péninsule de Port-au-Port
Bonavista
Parc national de Terra Nova
Stephenville
Trinity
Baie de la Conception
Péninsule de Bonavista
Transcanadienne
Clarenville
Baie de la Trinité
1
480
Carbonear
ST JOHN'S
Port-aux-Basques
Burgeo
Terrenceville
1
210
90
91
Argentia
Miquelon
Grand Bank
Fortune
Péninsule de Burin
Baie de Plaisance
Baie de Sainte-Marie
Péninsule d'Avalon
Saint-Pierre
Archipel de Saint-Pierre et Miquelon (France)
Île de Terre-Neuve, Saint-Pierre et Miquelon
0
50
100 km
GRANDS BANCS

ÉCONOMIE

Depuis plusieurs années, la province connaît un taux de chômage très élevé. La découverte d'un gisement de pétrole sous-marin aux environs de Terre-Neuve, en particulier le gigantesque champ d'Hibernia au sud, n'a toujours pas permis de remédier à cette situation, comme on l'avait espéré.

Cela provient en partie des prix bas pratiqués sur le marché international, à la perte tragique d'une plate-forme de forage soi-disant "indestructible" et aux luttes entre gouvernements fédéraux, provinciaux et investisseurs privés. Le gouvernement ayant débloqué des fonds, ce nouveau gisement devrait enfin se révéler opérationnel, à une date encore indéterminée. Malheureusement, il devrait simultanément entraîner un bouleversement du mode de vie traditionnel et la disparition de certains aspects culturels spécifiques à la région.

Au printemps commence la très controversée chasse au phoque, fournisseur de l'industrie pelletière. Cette province, économiquement en crise, a d'autres activités : les mines, l'hydroélectricité, les industries du papier et alimentaires.

POPULATION ET ETHNIES

En majorité d'origine anglaise ou irlandaise, la population s'est donné une culture qui lui est propre. La différence la plus significative tient sans doute à la langue, à son accent plus mélodieux et caractéristique, mais aussi aux expressions idiomatiques et argotiques utilisées.

Un simple regard sur la carte nous révèle un foisonnement de noms imagés ou amusants, tels que Nick's Nose Cove (la rade du Nez de Nick), Come-by-Chance (Tombé du ciel), Main Tickle (la Grande Chatouille) et Cow Head (Tête de vache). Pour le reste du pays, les habitants du "Rock" (Rocher/Terre-Neuve) sont appelés avec humour les *Newfies*, mais il ne faut y voir ici aucune malveillance. Ils sont au contraire généralement considérés comme les Canadiens les plus amicaux et les plus ouverts.

D'autres peuples ont joué un rôle déterminant dans le développement de cette région. Les Vikings firent leur apparition et s'établirent sur cette terre dès l'an mille. On peut aujourd'hui encore visiter les vestiges de cette implantation. Mais bien avant, les Inuits et les Indiens avaient pris possession de cette contrée. Terre-Neuve, la partie insulaire de la province, fut le théâtre de l'un des plus tragiques affrontements entre les premiers Européens et les peuples autochtones. Depuis plus de cinq siècles en effet, les Indiens beothuks sillonnaient la province. Mais au début du XIXe siècle, le dernier groupe beothuk disparut, victime des maladies transmises par les Blancs, des hostilités et de malchance. Aujourd'hui, le Labrador est encore largement habité par la première nation inuite et par de petites communautés d'Indiens innu.

RENSEIGNEMENTS

Emblèmes de la province

L'oiseau de la province est le macareux arctique. Environ 95% des macareux de l'Amérique du Nord nichent sur la côte de Terre-Neuve. L'emblème floral de la province est la sarracénie.

Téléphone

L'indicatif téléphonique de Terre-Neuve et du Labrador est le 709.

Horaires

La partie insulaire de la province est à l'heure de Terre-Neuve, c'est-à-dire en avance de 30 mn sur l'heure de l'Atlantique. La partie sud-est du Labrador, qui s'étend du sud de Cartwright au détroit de Belle Isle, utilise également le fuseau horaire de Terre-Neuve. En revanche, les parties nord, centrale et est du Labrador sont à l'heure de l'Atlantique.

La province respecte également l'heure d'été, comme partout ailleurs au Canada, à l'exception de la Saskatchewan.

L'expression : "...une demi-heure plus tard à Terre-Neuve", utilisée par les médias, est devenue une expression comique très largement employée.

Taxes

A Terre-Neuve et au Labrador, la taxe à la valeur ajoutée est de 12%.

HÉBERGEMENT

Les prix appliqués à Terre-Neuve en matière d'hébergement sont sensiblement équivalents à ceux que l'on rencontre dans le reste du Canada, mais la région offre un moindre choix. Au Labrador, les prix sont plus élevés, et les possibilités plus restreintes encore. Disséminées sur toute la province, de petites pensions de famille appelées *hospitality homes* vous attendent. Elles constituent souvent la meilleure solution en rapport qualité/prix et accueil ; voire parfois, la seule possibilité d'hébergement qui vous est offerte. Certaines se rapprochent de maisons meublées, d'autres ressemblent davantage à de petits hôtels, mais la grande majorité se limite à une chambre dans une maison privée. Malgré leur diversité, elles sont généralement accueillantes, intéressantes, économiques et vous pourrez y prendre vos repas.

La nourriture sera familiale (pain et confiture faits maison, plats de poisson traditionnels) et très différente de celle qui est servie dans les restaurants. L'office du tourisme publie des listes de ces "hospitality homes", mais elles sont toujours incomplètes. On peut en trouver d'autres dans certaines petites bourgades isolées ; interrogez le patron du café qui pourra vous suggérer une ou deux adresses.

Un autre mode d'hébergement est les motel. Généralement de construction récente, les motels sont confortables mais plus chers et quelque peu uniformes. Dans les grandes villes, vous trouverez également des hôtels.

De nombreux visiteurs préfèrent camper. Le système des parcs provinciaux est pratique, bon marché et la majorité de ces aires de camping sont seulement situées à une journée de voyage les unes des autres. En revanche, les aménagements y sont réduits au strict minimum. Il existe aussi des campings privés, mais en nombre réduit, à la différence des autres provinces. Si vous utilisez une tente, prévoyez un équipement adapté aux conditions atmosphériques. Pas question de tendre un drap entre quatre branches !

COMMENT CIRCULER

Circuler dans la province présente quelques difficultés. Le réseau routier, en pleine expansion, relie les principales villes ainsi que la plupart des centres d'intérêt, mais il reste inexistant dans de nombreuses régions. En dehors des deux métropoles, St John's et Corner Brook, et de quelques villes importantes, comme Gander et Port-aux-Basques, les bourgades sont généralement petites et le trafic touristique est très réduit. A l'exception de la ligne trans-île, le système des bus consiste en une série de services régionaux, qui relie généralement une ou deux localités importantes.

Bien que peu étendu, ce système fonctionne bien et vous mènera généralement selon votre souhait. Il n'est pas toujours facile d'obtenir des renseignements sur ces lignes de bus (voir plus loin concernant les lignes les plus utiles).

Le service ferroviaire de l'île a disparu mais une ligne circule encore dans l'ouest du Labrador.

La Transcanadienne (905 km sur l'île) est la seule route qui relie St John's, la capitale, à Port-aux-Basques, située de l'autre côté de l'île. Aux deux extrémités, la route retrouve un paysage côtier rocheux et dénudé, caractéristique du littoral de la province. Dans l'intervalle, elle traverse de vastes régions boisées, parsemées de lacs et de paysages souvent spectaculaires et sillonne, à l'extrémité ouest de l'île, une fertile vallée bordée de montagnes.

C'est un trajet interminable de St John's à Port-aux-Basques, mais quelques endroits méritent qu'on s'y arrête et plusieurs villes interrompront agréablement votre voyage.

Les baies et les criques du littoral sont plus attrayantes. Les baies de Bonavista et de Notre-Dame au nord, la terre de Burin au sud, avec leurs nombreuses bourgades, leur paysage côtier et leur beaux points de vue, offrent un condensé des véritables attraits de cette province. Rendez-vous dans les parcs : on vous y fournira de multiples informations et vous pourrez vous y promener ou y camper gratuitement pour une nuit. Ils sont souvent situés dans des endroits particulièrement beaux et intéressants.

Une chose que j'aime tout particulièrement à Terre-Neuve, c'est que l'on peut se promener en toute liberté. Choisir un endroit au bord de la route ou d'une plage et passer une demi-journée à marcher, prendre des photos, nager, cueillir des baies, etc. On peut même pêcher le saumon dans des eaux d'une parfaite pureté, à quelques mètres seulement d'une route. On ne rencontre jamais des pancartes interdisant de faire ceci ou cela.

Mark Lightbody

Pour bon nombre de ces villages de pêcheurs appelés *outports*, le bateau est le seul lien avec le reste de la province, le seul moyen de transport. Certains de ces petits ports sont reliés entre eux par un service de ferries étonnamment bon marché, mais réservés au transport de passagers et de marchandises, qui dessert régulièrement une ou deux régions.

Entreprendre un circuit sur un de ces ferries vous permettra de découvrir quelques-unes des communautés les plus isolées d'Amérique du Nord. Les visiteurs sont rares, mais leur nombre risque d'augmenter rapidement.

Les voyageurs disposant d'un petit budget renoncent parfois, à regret, à entreprendre un circuit dans cette province par peur des dépenses en transport et des allers-retours inévitables. Mais vous pouvez toujours :

Prendre le ferry de la Nouvelle-Écosse à Port-aux-Basques, pour un voyageur non motorisé le prix reste raisonnable. De Port-aux-Basques, empruntez le ferry côtier, très bon marché, sur lequel vous pourrez dormir, et qui longe le littoral sud. De Terrenceville, un bus vous conduira à St John's. Passez-y deux jours, puis reprenez un bus pour Port-aux-Basques et le ferry pour la Nouvelle-Écosse. Vous aurez ainsi un bon aperçu de toute la province, sans vous embarrasser d'un véhicule. Autre possibilité : visite à Gros-Morne depuis Port-aux-Basques, puis retour.

St John's

Il ne faut pas confondre St John's, la capitale et la plus grande ville de la province de Terre-Neuve, avec Saint-Jean, située dans le Nouveau-Brunswick. En même temps cité moderne et village de pêcheurs, elle a su garder le charme d'une petite bourgade : stimulante et chaleureuse, active et secrète. Son irremplaçable situation géographique et son histoire tumultueuse et romanesque en font une destination touristique très privilégiée.

La terre est peu hospitalière, le climat plutôt rude et l'économie inhérente aux caprices de la mer. Une situation qui risque de se modifier avec l'exploitation d'un gisement pétrolifère sous-marin. Mais les habitants de St John's ne semblent guère apprécier les changements. Il y a quelques années déjà, le développement du centre-ville avait suscité de virulentes controverses. La récession qui marqua le début des années 90 et le moratoire sur la pêche à la morue favorisèrent la progression du taux de chômage.

Ville la plus ancienne de l'Amérique du Nord et première colonie anglaise outre-mer, St John's marqua, dit-on, la naissance de l'Empire britannique.

En 1497, John Cabot fut le premier à découvrir le port remarquablement abrité qui allait contribuer au développement de la ville. Point du Nouveau Monde le plus proche de l'Europe et surtout des célèbres Grands Bancs aux eaux si poissonneuses, des colons européens s'y implantèrent dès 1528. Malheureusement, cette colonisation entraîna à terme la disparition de la nation des Beothuks.

Dès le début, cette colonie européenne fut le théâtre de conflits, de raids, d'incendies, de scènes de pirateries, de spoliations et de fêtes.

Les Hollandais l'attaquèrent en 1665. Les Français la gouvernèrent à trois reprises mais, à chaque fois, les Anglais en reprirent le contrôle. Dans les années 1880,

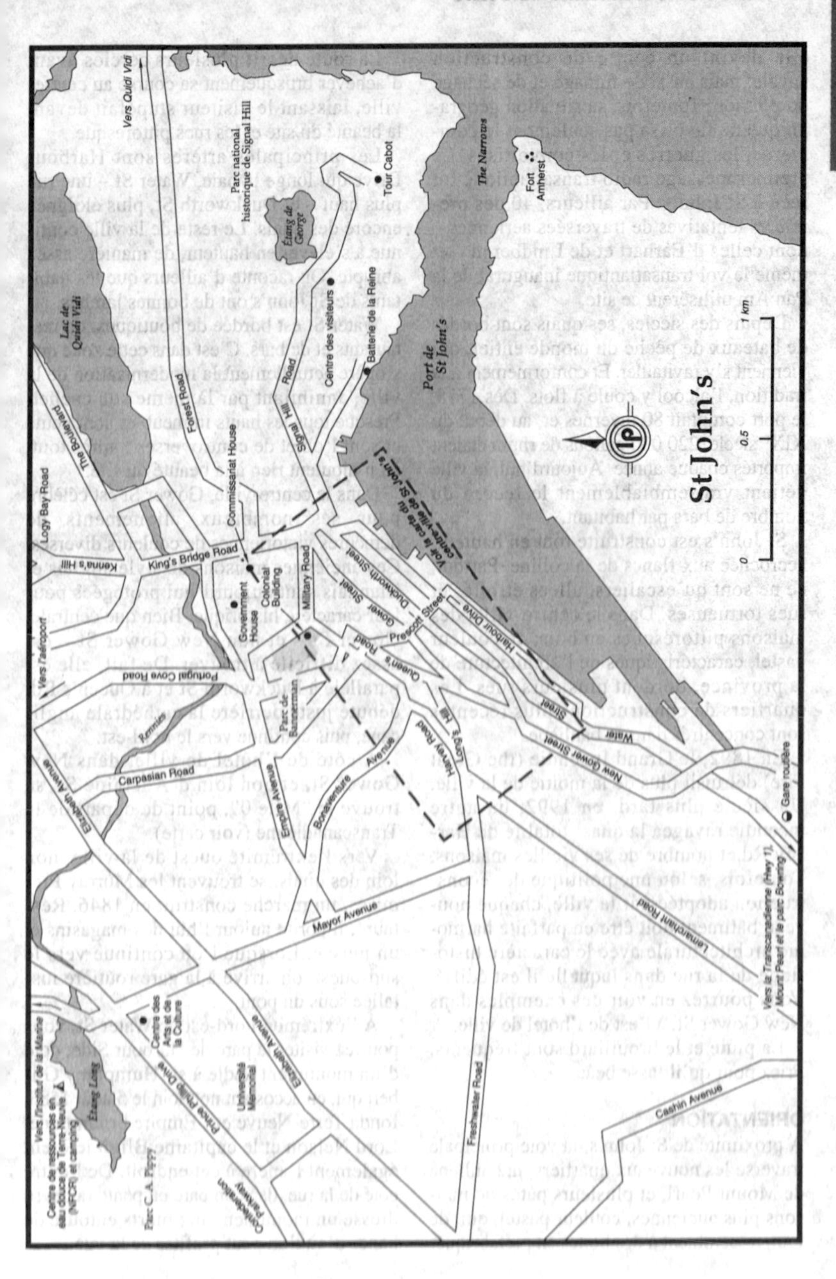
St John's
0
0,5
1 km
Port de St John's
The Narrows
Fort Amherst
Tour Cabot
Parc national historique de Signal Hill
Étang de George
Centre des visiteurs
Batterie de la Reine
Lac de Quidi Vidi
Vers Quidi Vidi
Forest Road
Signal Hill Road
Commissariat House
The Boulevard
Logy Bay Road
Kenna's Hill
King's Bridge Road
Government House
Colonial Building
Military Road
Duckworth Street
Gower Street
Voir la carte du centre-ville de St John's
Harbour Drive
Prescott Street
Queen's Road
Parc de Bannerman
Vers l'aéroport
Portugal Cove Road
Rennies
Carpasian Road
Empire Avenue
Bonaventure Avenue
Long's Hill
Harvey Road
Water Street
New Gower Street
Gare routière
Vers la Transcanadienne (Hwy 1), Mount Pearl et le parc Bowring
Lemarchant Road
Mayor Avenue
Elizabeth Avenue
Centre des Arts et de la Culture
Université Memorial
Prince Philip Drive
Freshwater Road
Cashin Avenue
Étang Long
Parc C.A. Pippy
Vers l'Institut de la Marine
Centre de ressources en eau douce de Terre-Neuve (NFCR) et camping
Confederation Building

elle devint un centre de construction navale, mais aussi de fumage et de séchage du poisson. Toutefois, sa situation géographique ne favorisa pas seulement le commerce, les guerres et les convoitises. Le premier message radio transatlantique fut reçu à St John's. Par ailleurs, 40 des premières tentatives de traversées aériennes – dont celles d'Earhart et de Lindbergh – et même le vol transatlantique inaugural de la Pan Am utilisèrent ce site.

Depuis des siècles, ses quais sont bordés de bateaux de pêche du monde entier, qui viennent s'y ravitailler. Et conformément à la tradition, l'alcool y coule à flots. Dès 1775, le port comptait 80 tavernes et, au début du XIXe siècle, 220 000 gallons de rhum étaient importés chaque année. Aujourd'hui, la ville détient vraisemblablement le record du nombre de bars par habitant.

St John's est construite tout en hauteur, accrochée aux flancs de la colline. Partout, ce ne sont qu'escaliers, allées étroites et rues tortueuses. Dans le centre-ville, des maisons pittoresques en bois, de couleur pastel, caractéristiques de l'architecture de la province, bordent plusieurs rues. Les quartiers de constructions plus récentes sont concentrés dans la banlieue.

En 1892, le Grand Incendie (the Great Fire) détruisit plus de la moitié de la ville. Un siècle plus tard, en 1992, un autre incendie ravagea la quasi-totalité de Harvey Rd et nombre de ses vieilles maisons. Toutefois, selon une politique de reconstruction adoptée par la ville, chaque nouveau bâtiment doit être en parfaite harmonie architecturale avec le caractère historique de la rue dans laquelle il est édifié. Vous pourrez en voir des exemples dans New Gower St, à l'est de l'hôtel de ville.

La pluie et le brouillard sont fréquents. Priez pour qu'il fasse beau.

ORIENTATION

A proximité de St John's, la voie principale traverse les nouveaux quartiers, la banlieue de Mount Pearl, et plusieurs pâtés de maisons plus anciennes, couleur pastel, qui, de loin, ressemblent à des boîtes en préfabriqué.

La route décrit plusieurs cercles avant d'achever brusquement sa course au centre-ville, laissant le visiteur stupéfait devant la beauté du site et les rues pittoresque.

Les principales artères sont Harbour Drive qui longe la baie, Water St – une rue plus haut – et Duckworth St, plus éloignée encore des quais. Le reste de la ville continue à s'élever en hauteur, de manière assez abrupte. On raconte d'ailleurs que les habitants de St John's ont de bonnes jambes.

Water St est bordée de boutiques, de restaurants et de bars. C'est dans cette zone que s'opère actuellement la modernisation de la ville, annihilant par là même son cachet. Presque tous les hauts immeubles sont neufs et sont l'objet de controverses : après tout, ils n'ajoutent rien à la beauté du site.

Dans le centre-ville, Gower St est célèbre pour ses nombreux alignements de demeures victoriennes de couleurs diverses. Ces anciennes maisons de style anglais et irlandais sont aujourd'hui protégées pour leur caractère historique. Bien que centrale, Gower St – et non New Gower St – est assez difficile à trouver. De fait, elle est parallèle à Duckworth St et à Queen's Rd, débute juste derrière la cathédrale anglicane, puis continue vers le nord-est.

A côté de l'hôtel de ville, dans New Gower St, et non loin d'Adelaide St, se trouve le "Mile 0", point de départ de la Transcanadienne (voir carte).

Vers l'extrémité ouest de la ville, non loin des quais, se trouvent les Murray Premises, un marché construit en 1846. Restauré, il abrite aujourd'hui des magasins et un musée. Lorsque l'on continue vers le sud-ouest, on arrive à la gare routière installée sous un pont.

A l'extrémité nord-est de Water St, vous pourrez visiter le parc de Harbour Side, doté d'un monument dédié à sir Humphrey Gilbert qui, en accostant non loin le 5 août 1583, fonda Terre-Neuve et l'Empire britannique. Lord Nelson et le capitaine Bligh jetèrent également l'ancre à cet endroit. De l'autre côté de la rue, dans un parc en pente raide, se dresse un monument aux morts entouré de bancs d'où l'on peut profiter de la vue.

Prescott St coupe en deux Water St (Water St East et Water St West). Pour être plus précis, la rue se dirige nord-est et sud-ouest. Le vieux magasin sis à l'angle de Military Rd et Rawlins Cross, où l'on trouve de tout, du charbon aux langues de morue, mérite une visite.

Plus à l'est, vous ne pourrez pas rater Signal Hill, qui domine le port et le centre-ville. Au pied de cette colline, un petit pâté de maisons, connu sous le nom de Battery, est l'une des portions les plus anciennes de la ville. De nombreux bateaux de pêche y sont amarrés et, en demandant çà et là, vous trouverez bien un skipper qui acceptera de vous emmener en mer pour une journée.

Des navires en provenance de nombreux pays mouillent le long des quais à Harbour Drive. Les pavillons les plus courants sont russes, espagnols et japonais. Pour avoir une vue d'ensemble sur la ville, montez en voiture ou à pied au sommet du parc de stationnement, de couleur marron, de l'autre côté de la rue.

L'aéroport se trouve à environ 6 km de la ville, non loin de Torbay.

RENSEIGNEMENTS

Le bureau principal de la Tourist Commission (☎ 576-8455) est installé dans l'hôtel de ville, dans New Gower St. Il est ouvert du lundi au vendredi, toute l'année. Le personnel y est très accueillant et pourra vous fournir une mine de renseignements.

Vous pourrez aussi vous y procurer une excellente brochure qui contient une description détaillée de plusieurs promenades à pied proposées dans le centre-ville, des bâtiments intéressants qui jalonneront votre trajet, ainsi que des explications historiques. On vous y propose aussi plusieurs circuits en voiture des environs de la ville.

Pendant la période estivale, un bureau d'information est ouvert dans un vieux wagon de chemin de fer (☎ 576-8514), dans Harbour Drive, à droite du front de mer, dans le centre-ville.

Il est ouvert tous les jours, sauf le dimanche. Un autre vous attend également à l'aéroport.

A l'est de la ville, à mi-chemin en direction de Signal Hill par la route, un autre centre d'information est installé dans les bâtiments du parc. Il pourra vous fournir des renseignements sur le site de Signal Hill et dispose également de quelques brochures sur d'autres aspects historiques de la ville.

Pour les automobilistes, un chalet d'information (☎ 368-5900) se cache à 16 km à l'ouest de la ville, à l'étang de Paddy, dans Kenmount Rd. En se dirigeant vers l'est, la Transcanadienne devient la Kenmount Rd, puis la Freshwater Rd lorsqu'elle redescend en direction du centre-ville.

Située 100 Water St, la librairie Breakwater Books offre un excellent choix d'ouvrages sur la ville et la province de Terre-Neuve.

Musée de Terre-Neuve

Bien que petit, ce musée (☎ 729-2329) présente plusieurs expositions qui méritent une visite. Vous pourrez notamment y voir quelques objets et un squelette, seuls vestiges que l'on possède de la nation des Indiens beothuks, aujourd'hui disparus. Le musée est aussi consacré aux Vikings et à l'histoire de St John's. Situé 285 Duckworth St, il est ouvert tous les jours, sauf les jours fériés et congés. Il est également fermé en semaine, de 12h à 13h et en matinée les samedis et dimanches. La seconde section du musée se trouve aux Murray Premises (voir ci-dessous).

A l'occasion, signalons une autre attraction du voisinage : un agent de la circulation, un des derniers rescapés de ce métier en voie de disparition, qui exerce son autorité à l'angle des rues Prescott et Duckworth.

Murray premises

Ce marché restauré construit à l'angle de Water St West et de Beck's Cove abrite des boutiques, un café et l'autre section du musée de Terre-Neuve. Plus vaste que le premier, il présente ses collections sur trois étages et il est largement consacré à l'histoire militaire et navale de la province. Il fournit notamment des informations très intéressantes sur les Basques qui s'aventurèrent dans la région dès le début du XVIe siècle pour y chasser la baleine. Une énorme statue de chien de Terre-Neuve signale l'entrée du musée. Les horaires d'ouverture, ainsi que le numéro de téléphone sont les mêmes que ceux du musée de Terre-Neuve. Il est également gratuit.

Musée de la pharmacie James O'Mara

Situé au 488 Water St, dans Apothecary Hall, cet édifice art nouveau, qui abrite aujourd'hui le musée de la Pharmacie (☎ 753-5877) est une réplique d'une boutique d'apothicaire datant de 1885, avec ses bouteilles cachetées, ses tiroirs, ses ustensiles et ses médicaments. Il est ouvert de la mi-juin à la mi-septembre, de 11h à 17h. L'entrée est gratuite. Pendant le reste de l'année, on peut le visiter sur rendez-vous.

Tribunal

A proximité du musée de Terre-Neuve, dans Duckworth St, le tribunal date de 1904. Sa façade fut rénovée à la fin des années 80, et il a retrouvé son apparence d'origine. C'est l'un des édifices les plus imposants de la ville.

Hôtel de ville

Dans New Gower St, cinq pâtés de maison à l'ouest du tribunal, (au croisement de Duckworth St et de New Gower St), se trouvent le nouvel hôtel de ville et le "Mile 0", point de départ de la Transcanadienne qui s'étire vers l'ouest sur 7 775 km, jusqu'à Victoria, en Colombie-Britannique.

Temple maçonnique

Datant de 1897 et transformé en club privé, ce temple surprenant domine le musée de Terre-Neuve situé dans Duckworth St.

Cathédrale anglicane

De l'autre côté de la rue, lorsque l'on vient du temple, la cathédrale anglicane de saint Jean-Baptiste se dresse au 22 Church Hill. Aujourd'hui site historique national, elle fut achevée vers 1850. Endommagée par le Grand Incendie de 1892, elle fut reconstruite en 1905 et on réussit à conserver les murs extérieurs. A l'intérieur, vous ne manquerez pas de remarquer les murs de pierre, les plafonds en bois et les fins vitraux d'une taille imposante. Pour pénétrer à l'intérieur, gagnez le côté face au port, puis entrez par la porte à côté des toilettes. Faites tinter la cloche, on viendra vous ouvrir. Des visites sont organisées pendant la période estivale.

Basilique Saint Jean-Baptiste

Plus au nord dans Church St, en direction de Garrison Hill, puis à droite dans Military Rd, se trouve une basilique catholique de style roman, également site historique national. Construite en 1855, elle paraît impressionnante de l'extérieur. Sa façade plutôt gothique domine toute la ville. L'intérieur, en revanche, est assez quelconque, à l'exception de son plafond à l'italienne avec ses rehauts à la feuille d'or et de son orgue exceptionnel. Elle abrite un petit musée d'objets religieux liés à l'histoire du bâtiment.

De l'escalier, on a une vue magnifique sur toute la baie. En se promenant on peut trouver cinq ou six autres églises.

Parc national historique de Signal Hill

A elle seule, la vue mérite le déplacement. Sis à l'est de la ville le long de Duckworth St, le parc s'étend sur la colline qui borde le chenal d'accès au port de St John's. De nuit comme de jour, on y a une vue exceptionnelle sur la ville et la mer et vous pourrez assister aux allées et venues des bateaux de pêche.

A mi-chemin, une fois que l'on a quitté Duckworth St, se trouve le centre d'information touristique avec son petit musée, où l'on pourra vous fournir des renseignements sur le parc et la ville en général.

Durant la bataille de Signal Hill, en 1762, les Anglais s'emparèrent de St John's et, par cette victoire, stoppèrent tout contrôle des Français sur l'Amérique du Nord. Les troupes françaises avaient déjà perdu la bataille décisive de Québec en 1759. La **batterie de la Reine** montre encore quelques canons et quelques vestiges de la batterie britannique datant de la fin du XVIIIe siècle. Au sommet de la colline, la **tour Cabot** commémore l'arrivée de John Cabot en 1497. Elle fut érigée en 1900, et c'est dans cette même tour que Marconi reçut le premier message transatlantique en 1901 – envoyé de Cornouailles, en Angleterre. Des guides organisent des visites.

L'entrée est gratuite et le parc est ouvert en été jusqu'à 20h. A proximité de la tour, le panorama des Dames, situé à 175 m, est le point le plus élevé du parc et offre une vue qui semble s'étendre à l'infini sur toute la province.

Nous ne saurions trop vous recommander la promenade à pied de 1,7 km qui relie la tour Cabot à la batterie en contrebas de la ville, dans le port. Lorsque l'on emprunte le chemin inverse, le trajet dure une heure et demie. Cette petite excursion est à éviter l'hiver à cause de la glace, par temps de brouillard ou même la nuit. Un simple faux pas et ce serait une sacrée chute.

L'office du tourisme dispose d'une carte du parc.

Fort Amherst

De l'autre côté des Narrows, vous pourrez apercevoir les restes de cet ancien fort. Pris entre la batterie et le fort, les navires ennemis auraient eu des difficultés à pénétrer dans la baie. Tout au bout, le phare situé du côté du fort date de 1813. A cet endroit, vous serez sans vous mouiller aussi proche que possible de l'Europe !

AUTRES SITES HISTORIQUES

Commissariat House

Installé dans King's Bridge Rd, à proximité de New Gower St, la Commissariat House est l'un des sites historiques les plus complets. Dans cette demeure construite en 1818, et datant de la fin de l'époque géorgienne, résidait l'officier d'intendance de l'armée britannique. Lorsque les troupes britanniques quittèrent la ville en 1870, le bâtiment fut transformé en presbytère, en pouponnière et en hôpital pour enfants. On l'a restauré en respectant le style des années 1850. A l'intérieur, l'ameublement date également de cette période. Il est ouvert tous les jours, en été, et sur rendez-vous le reste de l'année. L'entrée est gratuite. Vous y trouverez aussi un centre d'information.

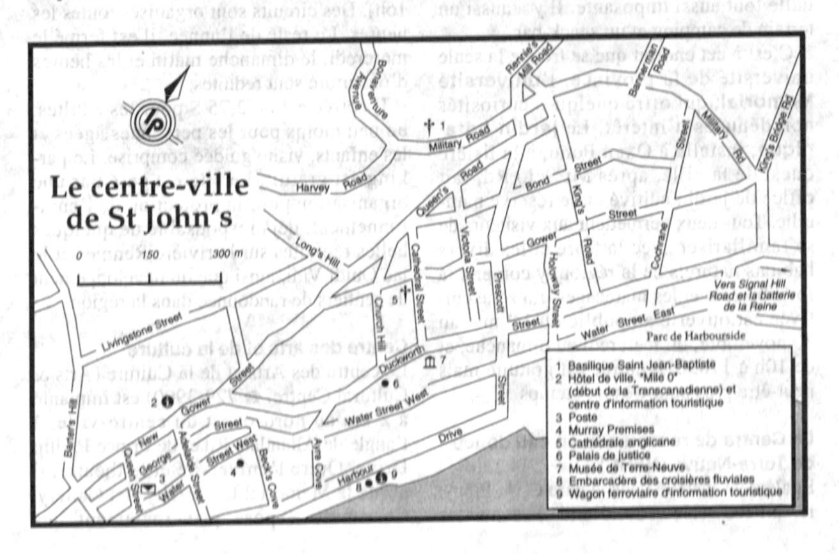

Colonial Building

Non loin de Military Rd se dresse l'ancien siège du parlement provincial (de 1850 à 1960). Il fut construit en pierre provenant d'Irlande – d'abord utilisée pour lester les navires – et abrite nombre des archives de la province. Le bâtiment est ouvert en été, du lundi au vendredi, de 9h à 16h15. L'entrée est gratuite.

Government House

Construite en 1830, elle jouxte le parc Bannerman, à proximité de la Commissariat House. Elle servit de résidence officielle au gouverneur de Terre-Neuve jusqu'au rattachement de la province au Canada, puis devint celle des lieutenants-gouverneurs.

Parc C. A. Pippy

La lisière nord-ouest de la ville, en bordure de la Confederation Parkway, offre un certain nombre d'attractions, dont un immense parc de 1 343 hectares. A l'intérieur vous attendent des sentiers, des aires de pique-nique et des terrains de jeux. Au marais de Long Pond, vous pourrez observer les oiseaux et, avec un peu de chance, apercevoir un élan, ou autre mammifère d'une taille tout aussi imposante. Il y a aussi un terrain de camping et un snack-bar.

C'est à cet endroit que se trouve la seule université de la province, l'**université Memorial**, qui offre quelques curiosités non dénuées d'intérêt. Le **jardin botanique**, installé à Oxen Pond, à la lisière ouest de la ville, après Mt Scio Rd, fait office de jardin cultivé et de réserve naturelle. Tous deux permettent aux visiteurs de se familiariser avec la flore et les divers habitats naturels de la région, y compris la forêt boréale et les marécages. La zone cultivée est ouverte au public du 1er mai au 30 novembre, du mercredi au dimanche, et de 10h à 17h30. L'entrée est gratuite mais peut-être plus pour très longtemps

Le Centre de ressources en eau douce de Terre-Neuve (NFRC)

Également installé dans le parc C. A. Pippy, le NFRC (Newfoundland Freshwater Resource Centre, ☎ 754-3474) est un étonnant bâtiment de forme hexagonale avec balcons, situé de l'autre côté du camping. Un fluvarium de 25 m en constitue la principale attraction. Cette reconstitution dans une gigantesque structure en verre d'une rivière "vivante" – dans le cas précis, le Nagle's Hill Brook – permet aux visiteurs d'observer ce qui se passe sous l'eau dans un écosystème fluvial. Vous y apercevrez de nombreuses truites et parfois des anguilles. Mais l'activité de cet écosystème est très variable et dépend notamment des conditions atmosphériques. En cas de vents violents ou de pluie, l'eau devient opaque et il est impossible d'y discerner la moindre vie. Appelez pour vous renseigner sur la visibilité avant de vous déplacer.

Beaucoup de travaux restent à faire pour rendre l'endroit suffisamment agréable et instructif si l'on souhaite y passer au moins deux heures. Aquariums, expositions de spécimens et de photos vous aideront à mieux comprendre les divers aspects des marécages, tourbières, mares, étangs et autres environnements aquatiques.

En été, le centre est ouvert tous les jours de 9h à 17h (nourriture des animaux à 16h). Des circuits sont organisés toutes les heures. Le reste de l'année, il est fermé le mercredi, le dimanche matin et les heures d'ouverture sont réduites.

L'entrée est de 2,75 $ pour les adultes, un peu moins pour les personnes âgées et les enfants, visite guidée comprise. Le parking est gratuit. Le site est géré par une organisation pour la protection de l'environnement, déjà responsable de quelques belles réussites sur la rivière Rennies et le lac Quidi Vidi, ainsi que du développement de sentiers de randonnée dans la région.

Centre des arts et de la culture

Le centre des Arts et de la Culture (Arts & Cultural Centre, ☎ 729-3900) est implanté à 2 km au nord-ouest du centre-ville, à l'angle de Allandale Rd et de Prince Phillip Drive. Outre l'université et le théâtre, il abrite la Memorial University Art Gallery. Ce musée expose principalement des peintures et de sculptures d'art contemporain signés d'artistes terre-neuviens ou canadiens. Il est ouvert du mardi au dimanche, de 12h à 17h ; le jeudi et le vendredi soir, jusqu'à 22h. L'entrée est gratuite.

Confederarion bulding

A proximité, un peu après la Confederation Parkway, se dresse le siège du gouvernement provincial. On peut visiter le bâtiment et le petit musée militaire (entrée gratuite). Il est fermé le week-end.

L'institut de la marine

Bien que son nom puisse prêter à confusion, l'institut de la Marine (☎ 778-0372) présente plus d'intérêt que le NFRC. C'est en réalité davantage un musée des Sciences

Orignal

Animal présent dans tout le Canada, l'orignal réside surtout dans les régions nord peu peuplées et très boisées. C'est à Terre-Neuve que vous avez le plus de chance d'en rencontrer, car quelque 40 000 orignaux y vivent, pour beaucoup à proximité des agglomérations et des routes, y compris de la Transcanadienne. Ce qui favorise par là même les rencontres inopportunes. On compte au moins une collision par jour entre un véhicule et un orignal dans toute la province et heurter un animal d'un poids équivalent à celui d'un cheval (400 kg environ), aux bois à larges empaumures d'une envergure de 2 m de large, constitue, même pour les amoureux de la nature, une rencontre sans doute un peu trop brusque !

Les orignaux aiment les routes pour plusieurs raisons. L'espace ouvert par les artères leur permet de circuler plus librement, il est généralement plus venté, les insectes y sont moins nombreux, et, au printemps, ils apprécient tout particulièrement le sel provenant de la fonte des glaces. C'est pour les mêmes raisons qu'ils affectionnaient les voies de chemins de fer, une habitude qui, hélas, coûta la vie à environ 2 000 orignaux par an, jusqu'à la disparition du trafic ferroviaire.

Les zones de forte concentration sont clairement indiquées, et vous devrez en tenir compte tout particulièrement si vous voyagez la nuit, moment où se produisent la plupart des accidents. Environ 90% des collisions ont lieu entre 23h et 4h du matin. Si vous apercevez un orignal sur la route, ralentissez et, s'il ne se sauve pas, éteignez vos phares car ils sont souvent hypnotisés par cette forte lumière.

J'en ai rencontré, dans la journée, sur la Transcanadienne, à chacun de mes voyages. Vous pouvez sortir de la voiture et les prendre en photo, car l'orignal n'est généralement pas un animal agressif mais très timide. Toutefois ils peuvent avoir des réactions imprévisibles, et il ne faut jamais s'approcher de trop près d'un animal de cette taille ou l'effrayer. Durant la saison des amours, en octobre et en novembre, les mâles deviennent belliqueux et peu conciliants ; durant cette période, mieux vaut rester dans sa voiture et s'écarter prudemment de leur chemin.

Les petits naissent au printemps et, pendant l'été, il n'est pas rare de rencontrer une mère avec sa progéniture. Les femelles et les jeunes orignaux n'ont pas de bois.

Les adultes mâles développent chaque année en été de larges empaumures, qui tombent à l'automne. ■

et de la Technologie. A une échelle plus réduite que les établissements des métropoles canadiennes, il parvient à organiser des expositions qui méritent amplement une visite d'une heure sur des sujets aussi complexes que les fibres optiques.

L'institut est ouvert tous les jours et propose, pendant l'été, deux visites guidées tous les après-midi. Appelez pour vérifier les horaires. Vous pourrez aussi visiter un planétarium qui présente un spectacle évoquant le ciel. Il est installé au 155 Ridge Rd (au sommet de la colline), dans le parc C A Pippy. Appelez pour les horaires et les prix.

Parc Bowring

Cet autre parc vaste et populaire se trouve à l'ouest du centre-ville, après Pitts Memorial Drive, dans Waterford Bridge Rd. Il est sillonné de cours d'eau et de sentiers et vous pourrez y admirer une statue de Peter Pan, réplique parfaite de celle qui se dresse dans les jardins de Kensington, à Londres, et qui fut exécutée par le même sculpteur.

Centre océanographique

Des circuits sont organisés sur place (☎ 737-3706). Unité de recherche du département des sciences de l'université Memorial, ce centre se consacre à l'étude du cycle de vie des saumons, au déplacement des phoques, aux courants maritimes et à bien d'autres aspects de la vie dans les régions océaniques plus froides. Un centre explicatif pour les visiteurs est à votre disposition et une visite guidée des installations dure environ une heure. Vous pourrez y observer des phoques et, dans certains bassins, toucher différentes espèces aquatiques.

Il est ouvert en juillet et en août, tous les jours, lorsque des circuits sont mis en place ; du lundi au vendredi, le reste de l'année. Des circuits démarrent toutes les demi-heures, commencent à 10h et, sur une partie du trajet, vous entraîneront à l'extérieur. Aussi n'oubliez pas d'emporter vêtements et chaussures appropriés. L'entrée coûte 2,50 $. Le centre se trouve à environ 8 km, au nord de la ville, juste avant Logy Bay, tout au bout de Marine Lab Rd. En provenance de la ville, empruntez Logy Bay Rd (route 30), puis suivez Marine Drive.

Chiens de Terre-Neuve

Les énormes terre-neuve, au poil noir et si affectueux, dont les actions héroïques sont légendaires et parfois un peu imaginaires, semblent disparaître peu à peu. Aujourd'hui, il est plutôt rare d'en apercevoir un, vu l'investissement qu'ils représentent ! Avec un peu de chance, vous en rencontrerez un déambulant dans un village de pêcheur. Pour éviter qu'ils ne disparaissent complètement, des éleveurs se chargent de maintenir la tradition en élevant ces merveilleux chiens. Le propriétaire du Logy Bay Kennels (☎ 722-4799) autorise les visites, mais mieux vaut téléphoner avant.

Quidi Vidi

Au-delà de Signal Hill, hors de la ville, se trouve le pittoresque village de Quidi Vidi. Ce petit port possède l'une des plus anciennes maisons de toute l'Amérique du Nord, qui date du début du XVIIIe siècle. En partant de Signal Hill, vous pouvez vous y rendre à pied, en vingt minutes environ, ou faire un détour par la route depuis St John's. Empruntez Forest Rd, qui longe le lac, puis tournez dans Quidi Vidi Village Rd.

Batterie française

Construit en 1762, ce site historique, également connu sous le nom de batterie Quidi Vidi, domine le village depuis la colline et surveille ainsi la baie. Les Français l'édifièrent après s'être emparés de St John's. Il fut ensuite repris par les Anglais, et resta en service jusque dans les années 1800. On peut se promener gratuitement tout autour et en été un guide costumé est à votre disposition tous les jours.

Lac de Quidi Vidi

Situé à l'intérieur des terres, ce lac accueille la régate de St John's, qui se déroule le premier mercredi d'août. Elle fut organisée pour la première fois en 1818, et c'est sans doute la plus ancienne compétition d'Amérique du Nord. Si vous souhaitez plus d'informations sur cet événement sportif, rendez-vous au musée de la Régate (Regatta Museum) (☎ 576-8058), sis au deuxième étage d'une péniche sur le lac.

Aujourd'hui quartier situé à l'extrémité ouest du lac, **Pleasantville** demeura une base militaire américaine jusque dans les années 50 ou 60, date à laquelle les soldats plièrent bagages.

La rivière Rennies qui se déverse dans le lac, à l'ouest, est un excellent cours d'eau à truites. La Quidi Vidi Rennies River Development Foundation, une organisation pour la préservation de la nature, cherche actuellement à développer la région et a ouvert un sentier de 3 km qui longe la rivière, du lac à l'ouest de Long Pond.

Le Centre de ressources en eau douce de la fondation se trouve à Long Pond. Les truites sautent de la rivière en automne, car elles sont prêtes à déposer leur frai. D'autres sentiers, notamment aux alentours du lac Quidi Vidi, sont en chantier. L'office du tourisme dispose d'une brochure avec une carte de la rivière.

CIRCUITS ORGANISÉS

Pour une ville relativement petite, St John's offre un nombre et une variété de circuits touristiques remarquables. La Newfoundland Historic Trust propose des promenades à pied dans la vieille ville, deux fois par jour en été, au départ des Murray Premises. Par ailleurs, la ville organise certaines années un circuit identique (et gratuit), de mi-juin à mi-septembre, au départ de l'hôtel de ville. Pour obtenir les horaires, appelez l'office du tourisme (☎ 576-8455).

McCarthy's Party (☎ 781-2244), un tour operator qui jouit d'une bonne réputation, offre trois excursions. La visite de la ville en trois heures est bien organisée, ne coûte que 13 $, mais ne vous fera pas découvrir beaucoup plus que si vous vous étiez promené par vous-même. Les deux autres, l'une à destination de Cap Spear, l'autre dans la direction opposée vers Marine Drive, sont beaucoup plus intéressantes. Le commentaire, plein d'humour, est truffé d'anecdotes amusantes ou historiques, d'informations générales sur la population et la province.

Fleetline (☎ 722-2608) propose des circuits d'une demi-journée à dix jours complets dans toute la province, y compris Saint-Pierre-et-Miquelon. Une autre excursion couvre le nord de la péninsule. La compagnie dispose d'une agence en ville mais certains circuits partent des grands hôtels du centre-ville, tous les jours, en été.

L'office du tourisme pourra également vous fournir une liste détaillée des autres voyagistes organisant des excursions en bus à divers endroits de la province.

D'autres circuits s'effectuent par bateau. Dee Jay Charters (☎ 753-8687) est implanté dans le port, non loin du chalet touristique. Il propose une agréable excursion de trois heures en mer, dans l'espoir d'apercevoir des baleines ou des icebergs, pour 20 $. Pour les icebergs, la meilleure saison se situe en juin, voire début juillet. Lorsqu'un iceberg flotte aux alentours des Narrows, l'air se refroidit sensiblement dans St John's et aux environs (le meilleur endroit est Twillingate, à la baie Notre-Dame, au nord). Si les icebergs désertent la côte, vous pouvez toujours vous rabattre sur les réserves d'oiseaux et les autres curiosités des environs. Des visites sont organisées tous les jours.

Essayez de partir un jour de mer calme. Le bateau pourra ainsi s'éloigner davantage des côtes et poursuivre les bancs de morues. Les vues sur la côte sont exceptionnelles, mais la mer peut devenir houleuse et le temps se rafraîchir brusquement (c'est l'Atlantique Nord après tout – et plus d'un voyageur a vu son sac ou son sandwich passer par-dessus bord !). Aussi emportez des vêtements chauds, et ne vous fiez pas à la douce température qui règne dans le port car après les Narrows, c'est tout à fait différent.

Bird Island Charters (☎ 753-4850) propose des visites des **îles-réserves d'oiseaux de mer** de la Witless Bay Sea bird Ecological Reserve, qui abrite notamment la plus importante colonie de macareux de toute la côte est de l'Amérique du Nord. Cette réserve d'oiseaux de mer est une des plus vastes au monde. Bird Island offre des départs quotidiens de Bay Bulls, au sud de la ville. Une navette est assurée des hôtels du centre-ville au port.

Installé à Mount Pearl, 42 McCrath St, mais opérant depuis le village de Garden Cove, à deux heures de la ville, Island Rendez-Vous (☎ 747-7253) organise un seul type d'excursions. Le périple de deux jours à l'un des nombreux villages de pêcheurs aujourd'hui abandonnés est très apprécié des autochtones. Les visiteurs se rendent en bateau jusqu'à Woody Island, une ville presque fantôme, à l'exception de quelques personnes qui y viennent pour la pêche saisonnière. Puis ils sont hébergés dans une vaste demeure ancienne. Après une journée à visiter la vieille ville et l'île, ils peuvent même faire le tour de la baie de Placentia en bateau. Cette excursion donne un aperçu de ce qu'était le mode de vie traditionnel d'un village de pêcheurs et l'occasion d'échapper pendant quelque temps à la vie moderne qui l'a remplacé.

Enfin, Canoe Newfoundland (☎ 726-5900), 67 Circular Rd, est recommandé à tous ceux que passionnent les excursions aventureuses. Bien que travaillant essentiellement avec des groupes scolaires, Stan Cook, qui dirige l'agence, est une véritable mine de renseignements et pourra vous fournir toutes sortes de conseils et d'astuces sur les tours en canoë, kayak, l'observation de la faune et de la nature, dans la région et dans toute la province.

L'office du tourisme pourra également vous donner des informations sur d'autres possibilités de circuits.

FESTIVALS

Les principaux festivals sont cités ci-dessous. Pour les autres – ils sont nombreux pendant l'été – renseignez-vous auprès de l'office du tourisme.

Juin

Fêtes de St John's : elles commencent dès le 18 juin, durent deux jours et commémorent la création de la ville. Les festivités incluent des concerts (événement indispensable à toute fête dans la région de Terre-Neuve), un défilé, des bals et des événements sportifs.

Juillet-septembre

Foire de l'artisanat : la Foire de l'artisanat de Terre-Neuve et du Labrador a lieu deux fois l'an, la première début juillet, la seconde en septembre dans le St John's Memorial Stadium.

Parade militaire de Signal Hill : très divertissante, elle se déroule de mi-juillet à mi-août, deux fois par jour, tous les jeudi, samedi et dimanche.

George Street Festival : toutes les musiques y sont représentées et exécutées dans George St, vers la fin juillet.

La fête folklorique de la province : elle s'égrène pendant trois jours, durant la première semaine d'août, et mérite le déplacement. Outre de la grande musique, vous y entendrez des conteurs et y verrez des danses traditionnelles. Elle a lieu dans le parc Bannerman, mais se tient à l'intérieur en cas de pluie.

Régate de Quidi Vidi : elle a lieu le premier mercredi d'août.

OÙ SE LOGER

Comme on pouvait s'y attendre, la ville offre plus de possibilités d'hébergement que le reste de la province, mais pratique des prix généralement plus élevés.

Camping

Il est commodément situé à l'intérieur même de la ville, non loin de l'université, dans le *parc C. A. Pippy* (☎ 737-3655). On vous demandera seulement 5,5 $ pour la tente, 11 $ pour une zone sans service, 15 $ avec service. Le terrain se trouve après Higgins Line, au nord-ouest du parc, à proximité du Confederation Building.

Auberges de jeunesse

Leur disponibilité est très variable et reste insatisfaisante, souvent réduite au strict minimum. Officiellement, il n'existe pas d'auberges de jeunesse à St John's, et la rubrique ci-dessous devrait vous être utile.

Quelques chambres à louer vous attendent, en effet, à l'*université Memorial*. Appelez Hatcher House (☎ 737-8000, 737-7590) pendant les mois d'été, de mi-mai à mi-août. Les simples coûtent 13 $ pour les étudiants, 16 $ pour les autres. Vous y trouverez même des doubles meilleur marché. Des réductions sont pratiquées en semaine, et on peut y prendre ses repas. Des bus se rendent en ville, accessible à pied en moins d'une demi-heure, même si le trajet n'est pas direct. Du campus, Newtown Rd mène au centre-ville.

Dans Lemarchant St, les propriétaires d'une maison privée, qui ont eux-mêmes beaucoup voyagé avec des moyens réduits, louent deux chambres aux randonneurs et aux visiteurs peu prévoyants. Ils disposent parfois de suffisamment de place pour accueillir trois personnes. Mais il m'est impossible de vous donner leur adresse car ils ne tiennent pas à attirer trop l'attention et à retrouver des voyageurs agglutinés devant leur porte (ils se déplacent souvent dans la journée). Pour plus de renseignements, appelez Donna ou Jerry (☎ 754-5626). Comptez 25 $ par personne, petit déjeuner compris. Ils viendront vous chercher à la gare routière ou à l'aéroport. La maison est bien située, à cinq minutes à pied de l'hôtel de ville.

Le YM-YWCA de St John's ne dispose pas d'hébergement.

Tourist homes et B&B

En dehors des adresses officielles citées ci-dessous, l'office du tourisme dispose d'un répertoire continuellement réactualisé des chambres disponibles chez l'habitant. Leur adresse est en effet rarement mentionnée sur les listes d'hébergement et les brochures de la province. L'office du tourisme reçoit journellement des appels de particuliers souhaitant louer une chambre pour la nuit – une sorte de système hôtelier à temps partiel. Si vous ne trouvez pas à vous loger, appelez leur bureau plusieurs fois dans la journée, car la situation évolue très vite. Quoi qu'il en soit, vous ne devriez pas connaître de difficultés majeures à trouver un hébergement.

Le *Sea Flow Tourist Home* (☎ 753-2425, 781-2448), 53-55 William St, est ouvert toute l'année. Mme Hutchens propose quatre chambres à 30/35 $ et plus en simple/double. La chambre la plus économique ne dispose pas de s.d.b., la plus chère (60 $) est équipée d'un coin cuisine.

Il ne faut pas confondre Gower St avec New Gower St, qui débouche dans Gower, à Bulley St. Rue historique attrayante, Gower St est également recommandée aux visiteurs car bordée de pensions de famille.

Situé dans le centre-ville, non loin de la cathédrale anglicane, au 180 Gower St, la *Gower St House* (☎ 754-0047) loue des chambres confortables avec s.d.b. L'une dispose même d'un balcon. Demandez à voir le parquet, au rez-de-chaussée, qui provient de la tour Cabot. Comptez 40/50 $ pour des simples/doubles, petit déjeuner compris. Les prix baissent en automne, en hiver et au printemps. Vous pourrez utiliser la cuisine, la laverie et le parking.

A proximité de cette adresse, au 5 Gower St, le *Fort William* (☎ 726-3161) est ouvert toute l'année. Il propose des simples/doubles à 46/62 $, ainsi qu'une partie d'habitation aménagée, un peu plus chère. Implantée au n°115 de la même rue, la *Gables Hospitality Home* (☎ 754-2318) propose des simples/doubles à 45/55 $, petit déjeuner compris. Il y a aussi une laverie. Demandez une chambre avec vue.

Le *Oh ! What a View* (☎ 576-7063), 184 Signal Hill Rd, est un B&B réputé pour sa propreté, son confort et la vue spectaculaire qu'il offre sur le port et la ville. Pour pouvoir profiter du panorama, les propriétaires ont fait construire une estrade en bois. Ouvert seulement l'été, l'établissement propose 4 simples/doubles/triples à 45/55/65 $, petit déjeuner continental (pain grillé et muffins) compris. Deux des chambres, modernes et confortables, sont situées au sous-sol. Les bus urbains passent à proximité, mais le centre-ville n'est qu'à dix minutes à pied.

B&B dont la réputation n'est plus à faire, le *Prescott Inn* (☎ 753-6036), 19 Military Rd, occupe une position centrale, à l'est du centre-ville. C'est une vieille demeure bien entretenue avec des balcons donnant sur le port. Les simples/doubles coûtent 46/62 $, copieux petit déjeuner compris. Comptez 10 $ par personne supplémentaire.

Au 36 Kings Bridge Rd se trouve le *Kincora Hospitality Home* (☎ 576-7415), une maison victorienne bien installée, au mobilier ancien, ouvert toute l'année. Il loue des simples/doubles 50/60 $ (davantage avec s.d.b.), petit déjeuner continental compris.

Monroe House (☎ 754-0610) date du début du siècle et servit autrefois de résidence à un éminent politicien de Terre-Neuve. Les chambres sont confortables, spacieuses et décorées avec goût, les propriétaires très accueillants et le petit déjeuner est substantiel. Elle est implantée dans une rue tranquille, sise à quelques minutes à pied du centre, au 8A Forest St, juste derrière le Newfoundland Hotel. Si vous recherchez le confort et un bon rapport qualité/prix, c'est l'adresse qu'il vous faut. Comptez 59/65 $.

En dehors du centre-ville vous attend le *Bird Island Guest Home* (☎ 734-4850), 150 Old Topsail Rd. En partant du centre-ville, empruntez Cornwall Ave qui tourne dans Old Topsail Rd. Les simples/doubles coûtent 45/55 $, petit déjeuner continental compris.

Toujours en dehors du centre-ville se tient le très avantageux *Fireside Guesthouse* (☎ 726-4869), 28 Wicklow St, non loin du centre commercial Avalon Mall. Appelez pour le trajet. Il propose des simples/doubles à 35/40 $, petit déjeuner compris. C'est l'une des meilleures adresses de cette catégorie, rapport qualité/prix. A quelques mètres de la maison, vous disposez même d'une piscine couverte.

Hôtels

Les hôtels ne sont guère le point fort de St John's (généralement chers et réservés aux hommes d'affaires). Vous devriez toutefois trouver quelques adresses économiques et confortables à l'entour de la ville.

Établissement simple et central, propre et bon marché, le *Catherine Booth House* (☎ 738-2804), 18 Springdale St, se trouve à quelques mètres à pied de la gare routière. Les simples/doubles coûtent 34/39 $ (45 $ pour une famille de 4 personnes). Quatre adultes pourront obtenir une chambre pour 48 $, y compris le petit déjeuner et un en-cas en soirée. L'établissement est géré par l'Armée du Salut. Il est interdit de fumer, même dans la pièce TV.

Le très central *Rawlin's Cross Inn* (☎ 754-8989) est une vaste demeure verte aux boiseries blanches, en forme de grange, sise 118 Military Rd, à l'angle de King's Rd. Connu autrefois sous le nom de Parkview Inn, il changea de propriétaire au moment de la rédaction de cet ouvrage, et proposait des chambres de 40 $ à 60 $. Aujourd'hui les prix ont pu changer.

Le *Olde Inn* (☎ 722-1171), tenu par Amon Rosato, est un hôtel de 14 chambres avec des simples/doubles à partir de 30/40 $. Il pratique des tarifs avantageux pour les séjours d'une semaine. C'est le bâtiment blanc et noir, datant de 1892, situé 157 Lemarchant Rd. Il est très excentré du centre à pied, mais un bus longe Lemarchant Rd.

Implanté en plein centre-ville, le *Victoria Station Inn* (☎ 722-1290), 290 Duckworth St, offre un bon rapport qualité/prix de par ses simples/doubles à 75/85 $ avec s.d.b. Les chambres sont joliment meublées et la plupart disposent d'une cheminée. L'établissement possède également un excellent restaurant de fruits de mer et un café où vous pourrez déguster de délicieux gâteaux et desserts à toute heure de la journée.

Établissement historique, l'*Hotel Newfoundland* (☎ 726-4980) est l'adresse haut de gamme de la ville. Son imposante façade en pierre donne sur Cavendish Square, au bout de Duckworth St. Dirigé par la société des Canadian Pacific Hotels, il est très cher mais les prix baissent le week-end (environ 90 $ une double).

Situé à 6 km de la ville, 102 Kenmount Rd, l'*Hotel St John's* (☎ 722-9330), propose 85 simples/doubles, dont un tiers avec un coin cuisine, à partir de 65/70 $. Toujours dans Kenmount St, mais au n°199, la *Best Western Travellers Inn* (☎ 722-5540) qui appartient à la chaîne bien connue, de classe moyenne et de bonne réputation, largement répandue dans tout le pays, loue des chambres 5 $ moins cher que le St

John's. L'hébergement est gratuit pour les enfants.

A la sortie de l'aéroport, dans Airport Rd, se dresse l'*Airport Inn* (☎ 753-3500) qui offre des simples/doubles à 45/50 $.

Motels

Les motels pratiquent des prix moyens ou élevés. Le *1st City Motel* (☎ 722-5400) se trouve à environ 6 km du centre-ville, 479 Kenmount Rd. Comptez 45 $ pour une simple, 5 $ de plus pour une double et toute personne supplémentaire.

Le *Center City Motel* (☎ 726-0092), 389 Elizabeth Ave, pratique des prix similaires et l'hébergement est gratuit pour les enfants. Les chambres plus récentes sont un peu plus chères.

Dans la même gamme de prix, le *Greenwood Lodge & Motel* (☎ 364-5300) vous attend à proximité de la ville, une fois quitté la route 60, en direction de Mount Pearl. Il dispose d'une salle de jeux et propose des unités d'habitation aménagées pour un prix plus élevé.

Moins cher, le *Crossroads Motel* (☎ 368-3191) se dresse au croisement des routes 1 et 60. Les simples/doubles coûtent 35/40 $ avec tout le confort.

OÙ SE RESTAURER

La ville offre un choix varié d'endroits où "manger un morceau". Les fruits de mer sont à l'honneur, et des menus aussi bien locaux qu'internationaux sont fréquemment proposés.

Au 190 Duckworth St, le très confortable *Duckworth café* est très populaire auprès des étudiants et des artistes de la ville. On y sert des petits déjeuners maison, de bons sandwiches, des repas légers, du thé, du café, etc., à des prix abordables. Quantité de journaux sont à la disposition de la clientèle.

Plus petit, le *Stella's*, situé de l'autre côté de la rue, au n°183, propose des plats végétariens et diététiques, dont les prix varient de 5 $ à 10 $. La salade Caesar est succulente.

Également bon marché et très fréquenté, le *Ports of Food* est un petit comptoir d'alimentation proposant uniquement des repas rapides : plats chinois, soupes et salades, beignets, etc. Installé dans l'Atlantic Place Mall, dans Water St, il est ouvert tous les jours. La cafétéria du magasin discount *Woolco*, dans Water St, non loin de Queen St, à l'ouest du bureau de poste, est également bon marché, et propose des déjeuners régionaux "spécifiques", du type Arctic Char, au prix ridiculement bas de 5 $! Partout ailleurs vous le paierez au moins deux fois plus cher !

Au 377 Duckworth St, le *Mary Jane's*, prépare une nourriture diététique, des sandwiches que l'on peut manger sur place et des plats à emporter. Il possède également une boulangerie, un coin artisanat, et une librairie qui mérite qu'on s'y attarde un moment. Il sert des plats légers au comptoir, de 11h à 15h, composés d'ingrédients faits maison et diététiques.

St John's possède aussi quelques-uns des meilleurs *fish & chips* du monde. Les habitants ont souvent leurs préférés et ils organisent des compétitions pour déterminer la qualité de ces divers établissements, mais ces mets sont tous excellents. Pour un bref aperçu, rendez-vous au croisement des rues Harvey, Lemarchant et Freshwater, à une petite distance à pied du centre. C'est là qu'ils sont concentrés pour la plupart.

Le populaire *Ches's* est installé au 5 Freshwater Rd, le *Big R* au 69 Harvey Rd et *Scamper's* au 1 Lemarchant Rd. Au n°4 se trouve *Leo's*, avec une entrée au 27 Freshwater Rd et une autre au 586 Water St. De nombreux pubs servent également des fish & chips. La morue est *le* poisson privilégié dans cette région du monde et elle y est particulièrement succulente.

Au 73 Duckworth St, le *Cavendish Café* est recommandé pour ses soupes et ses sandwiches. Vous y trouverez un patio et pourrez profiter de la vue sur le port.

Le *House of Haynes*, 207 Kenmount Rd, consiste en une salle de restaurant improvisée, qui propose du poisson comme du saumon, des coquilles Saint-Jacques et un plat local appelé *brewis*, un mélange de poisson, d'oignon et de mie de pain qu'on laisse reposer toute une nuit. Autre spécialité locale : les langues de morue, constituées en réalité de morceaux des joues. Elles sont souvent servies frites, mais le résultat n'est guère convaincant. Demandez-les plutôt sautées à la poêle.

Le *Casa Grande* est un restaurant mexicain décoré avec goût, situé au 108 Duckworth St. Il dispose d'une dizaine de petites tables en bois entourées de chaises en osier et propose des plats à partir de 6 $. Il est ouvert tous les jours, mais ne sert pas à déjeuner le dimanche.

Si vous aimez la cuisine indienne, essayez l'*India Gate*, 286 Duckworth St, qui propose pour 7 $ un excellent déjeuner, du lundi au vendredi, de midi à 15h.

Le *Stone House Restaurant* (☎ 753-2380), 8 Kenna's Hill, est considéré comme le meilleur restaurant de luxe. Très cher, il est surtout spécialisé en fruits de mer, en gibier et en plats traditionnels de Terre-Neuve. C'est l'un des établissements les plus anciens de la ville.

Enfin, vous pourrez tenter votre chance au *Fish Market*, tout au bout de Harbour Drive, à l'extrémité ouest de la ville.

DISTRACTIONS

La nuit, St John's connaît une vie très animée. Vous n'aurez pas à chercher longtemps une adresse si vous souhaitez boire un verre, car c'est la ville canadienne possédant le plus de bars par rapport au nombre d'habitants. La sobriété affichée qui règne partout ailleurs y est singulièrement absente. Ici, le *happy hour* (ou deux pour un), souvent interdite dans les autres provinces, a tendance à s'étendre de 11h à 19h30, et toute la journée dans bien des établissements de la ville, et davantage encore le week-end !

George St est souvent envahie par les attroupements et les files d'attente devant les bars. A l'angle de Queen St, le *Corner Stone* propose des vidéos et des concerts rock, et le *Sundance* du karaoké, les mardis et mercredis. D'autres s'adressent à des publics d'âges différents et aux goûts musicaux les plus divers. L'entrée est bon marché voire même gratuite.

En bas de l'escalier qui longe l'Arts Council, le *Ship Inn*, situé 245 Duckworth St, propose de bons concerts live.

Le *Bridgett's Pub*, 29 Cookstown Rd, mais dont l'entrée donne sur Freshwater Rd, offre repas et musiques diverses – folk le mercredi, blues ou traditionnelle les autres jours.

Plusieurs pubs sont rassemblés le long de Water St, tandis qu'un autre est implanté dans les Murray Premises.

Essayez de découvrir un endroit où l'on joue de la musique newfie – excellente musique folklorique d'origine celte, dans laquelle le violon joue un rôle essentiel. Pigeon Inlet Productions (☎ 754-7324) est une compagnie terre-neuvienne qui enregistre, produit, distribue et cherche à promouvoir le très riche héritage musical de la province. Leurs enregistrements sur cassettes ou CD sont disponibles chez Duckworth Distribution, 198 Duckworth St. Pendant tout l'été, le musée de Terre-Neuve, 285 Duckworth St, organise des concerts gratuits de musique traditionnelle, le dimanche après-midi.

Vous pouvez aussi boire tranquillement un verre dans un des salons des hôtels de luxe, ou encore aller au théâtre ou assister à un ballet au Centre des arts et de la culture (☎ 729-3900), dans Confederation Parkway.

Le *LSPU Hall*, situé en haut des escaliers de Duckworth St, près de Arts Council, propose souvent des pièces de théâtre, des concerts, des comédies en soirée, etc. C'est un centre très actif d'artistes de la ville qui mérite une visite.

Enfin, pourquoi ne pas goûter au *screech* ? C'est un rhum particulièrement fort, que l'on ne trouvait autrefois qu'à St John's, mais aujourd'hui répandu dans tout le Canada, et qui reste toujours aussi savoureux.

COMMENT S'Y RENDRE

Avion

Air Canada (☎ 726-7880) assure la liaison avec Halifax pour 295 $, avec Montréal pour 405 $. Canada Airlines (☎ 576-0274) relie Charlottetown pour 301 $. Les deux compagnies assurent respectivement avec Air Nova et Air Atlantic les vols locaux. Pour les vols à l'intérieur de la province, vous pouvez également tenter votre chance auprès de Provincial Airlines (☎ 576-1804) et Labrador Airways (☎ 896-8113).

Bus

Le système des bus est quelque peu complexe. Mais une fois compris son fonctionnement, vous pourrez vous en tirer. En effet, à la différence des structures en place dans les autres provinces, les services de bus ne sont pas assurés par une ou deux sociétés mais par une kyrielle de petites compagnies locales et régionales. Trouver à quelle compagnie ils appartiennent et leur destination est parfois un véritable casse-tête. Les listes que je possède font état de bus dont, j'en suis sûr, les trajets indiqués correspondent à ceux d'autres bus. Sans compter ceux qui ne disposent pas réellement de gare routière. A vous de trouver où ils s'arrêtent.

La principale gare routière (☎ 737-5912, de 7h30 à 17h30 ; message enregistré, ☎ 737-5911) est installée à l'extrémité sud-ouest de la ville, 495 Water St, sous le pont autoroutier. Comptez vingt minutes de marche depuis la ville.

CN Roadcruiser, une succursale des chemins de fer Canadian National, assure un seul trajet depuis St John's. Principale liaison de la province, elle traverse Terre-Neuve, en longeant la Transcanadienne, jusqu'à Port-aux-Basques, et s'arrête en chemin dans de nombreuses petites bourgades. Pour quantité de destinations, en fait, ce périple se transforme en véritable marathon. Il existait aussi autrefois un bus direct. Renseignez-vous. Le bus pour Port-aux-Basques part tous les jours à 8h (80 $ l'aller, durée : quatorze heures). Deux bus se rendent à Grand Falls à 8h et à 17h30, tous les jours (46 $, durée : six heures et demie). A noter que dans la province le bus CN Roadcruiser est appelé plus simplement le bus CN.

Pour Argentia, Placentia et Freshwater, la liaison est assurée par Newhook's Transportation (☎ 726-4876) dont les bus couvrent le sud-ouest de la péninsule d'Avalon. La compagnie dispose d'un bureau à l'angle des rues Prince et George. Fleetline Bus Service (☎ 722-2608) rejoint Carbonear et la région sud de Conception Bay tous les jours.

Bonavista North Transportation (☎ 579-3188) dessert la région de Bonavista.

St John's dispose encore d'autres compagnies, telle la North Shore Bus Lines (☎ 722-5218) qui couvre la région d'Old Pelican, au-delà de Carbonear, jusqu'au bout du bras nord de la péninsule d'Avalon. Le personnel de la principale gare routière ou de l'office du tourisme pourra utilement vous renseigner, mais vous devrez sans doute interroger plusieurs personnes avant d'obtenir une réponse satisfaisante.

Train

Les derniers trains de voyageurs arrêtèrent de circuler en 1984. Cette disparition a marqué la fin d'une époque, et les impératifs économiques ont eu raison de ces trains dont chaque voiture était chauffée par un poêle à essence. Le dernier train de marchandises a lui aussi cessé de circuler et l'on a même démonté les voies. Les bus sont devenus aujourd'hui les seuls moyens de transport public.

Taxis

Des taxis collectifs circulent entre St John's et le terminal des ferries. A Argentia (☎ 227-2552), vous pourrez en trouver au port pour St John's.

Cheeseman's Transportation (☎ 753-7022) assure un service de taxis collectifs pour diverses destinations sur la péninsule de Burin. Il dispose par ailleurs d'une station à Burin et d'une autre à St John's.

Ferry

Le ferry Marine Atlantic pour North Sydney, en Nouvelle-Écosse, fait escale à Argentia (☎ 227-2431), sur la côte sud-ouest de la péninsule d'Avalon. Newhook's assure la liaison en minibus entre Argentia et St John's. Le tarif est d'environ 12 $ pour un aller simple. La compagnie dispose d'un bureau au centre-ville de St John's (voir précédemment la rubrique *Bus* pour plus de détails).

Le MV *Joseph & Clara Smallwood* assure la navette entre les deux destinations, deux fois par semaine, du 1er juin au 21 octobre. Il part d'Argentia le mercredi et le samedi, de North Sydney le mardi et le vendredi. Vérifiez bien car les heures de départ varient selon les mois. La traversée dure quatorze heures, c'est-à-dire quatre heures de moins qu'au début des années 80, sur un ferry plus ancien, mais le prix est resté sensiblement le même (46,25 $ pour un passager adulte, 103 $ pour une voiture). Chambres et lits sont en supplément. De nombreux visiteurs trouvent ces tarifs prohibitifs et préfèrent faire escale à Port-aux-Basques, quitte à effectuer deux fois la traversée de la province.

De même que sur le ferry pour Port-aux-Basques, le MV *Caribou* (de Port-aux-Basques à North Sydney, en Nouvelle-Écosse), un cinéma, un bar avec orchestre, un bureau de tourisme, une aire de jeu pour les enfants et des promenades sur le pont sont à la disposition des voyageurs. Lors des traversées de nuit, les passagers s'installent pour dormir un peu partout, y compris à même le sol. N'oubliez pas d'apporter une couverture ou un sac de couchage.

En juillet ou en août, il est plus prudent de réserver au moins un ou deux jours à l'avance (☎ 902-794-5700 à North Sydney pour toutes les régions du Canada, ou au 709-772-7701, dans la région est de Terre-Neuve).

En voiture, vous bénéficierez d'un lavage gratuit à l'embarquement pour retrouver le continent. Une mesure de protection visant à éliminer deux coléoptères nuisibles aux pommes de terres, qui ne sévissent qu'à Terre-Neuve.

Voiture et moto

Si vous désirez une voiture à votre arrivée à l'aéroport (ou en ville), mieux vaut la réserver à l'avance car il est fréquent qu'il ne reste plus un véhicule (voiture ou moto) à louer dans toute la ville pendant plusieurs jours ! Pour la réservation, vous pouvez vous adresser à l'une des agences des compagnies internationales installées en Nouvelle-Écosse et un peu partout sur le sol canadien.

En ville, il y a plusieurs agences de location de voitures. La plupart sont implantées à St John's, le long de Topsail Rd. Les compagnies représentées sont notamment Budget (☎ 747-1234), 954 Topsail Rd ; Thrifty (☎ 576-4351), 685 Topsail Rd ; et Rent-A-Wreck (☎ 753-2277) qui proposent des véhicules meilleur marché, mais usagés, au 43 Pippy Place.

A Terre-Neuve, l'essence est la plus chère du Canada. Par ailleurs, si vous vous rendez à Port-aux-Basques sans ramener la voiture à St John's, vous devrez acquitter des frais de retour d'au moins 150 $, une somme toutefois équivalente à celle qui est exigée dans tout le Canada.

COMMENT CIRCULER

Desserte de l'aéroport

Il n'existe pas de bus pour l'aéroport, situé à environ 6 km au nord de la ville, sur la route 40, en direction de Torbay. Comptez 12 $ environ, en taxi.

Le service officiel de l'aéroport est assuré par les Dave Gulliver Cabs (☎ 722-0003). Essayez de partager un taxi, cela vous reviendra moins cher.

Bus

La St John's Transportation Commission gère Metrobus (☎ 722-9400), le service des bus urbains. Plusieurs lignes se rendent aux environs de la ville et, dans l'ensemble, couvrent la plupart des quartiers. Le n°1 dessert notamment la zone centrale.

En empruntant ce bus, puis l'une des lignes en correspondance, comme le bus n°12, vous pourrez effectuer un agréable tour de la ville pour seulement 2 $. Le bus n°2 se rend au parc Bowring et à la batterie de la Reine.

Location de bicyclettes

Essayez Canary Cycles (☎ 579-5972), 294 Water St.

Environs de St John's

Marine Drive, au nord de St John's, vers Torbay, longe un spectaculaire paysage côtier. **Middle Cove** et **Outer Cove** abritent des plages rocheuses – idéales pour une promenade à pied ou un pique-nique.

Au large de **Torbay**, la mer est propice à l'observation des baleines. Vous pourrez aussi y apercevoir des macareux. Marine Drive se termine à **Pouch Cove**, mais une route de gravier continue vers le **cap St Francis**, qui offre de magnifiques points de vue. A l'ouest de la ville, en direction de **Topsail**, vous pourrez profiter d'un beau panorama sur Conception Bay et quelques-unes de ses îles.

A 10 km au sud de St John's, vers **Petty Harbour**, ne manquez surtout pas le supermarché Bidgood's. Il est célèbre pour ses spécialités de Terre-Neuve. Très apprécié des habitants, c'est aussi là que les visiteurs achètent leurs produits préférés avant de retourner sur le continent. On y voit de plus en plus de touristes. A quel autre endroit pourriez-vous acheter un steak de caribou, de l'élan en pot ou un pâté à la viande de phoque ? Selon la saison, le magasin propose également de la langue de morue, du poisson de mer ou du homard. Vous y trouverez aussi des pots de confitures typiques de la région – essayez la gaulthérie Canadadu ou, le nec plus ultra, les billardieras... et surtout, allez jeter un coup d'œil à la section pâtisserie.

Le **cap Spear** se trouve plus au sud, le long de la côte, à environ 13 km de la ville. Vous pourrez y découvrir son parc national historique qui entoure un phare datant de 1835. Un guide vous montrera les environs et vous fournira toutes sortes de renseignements : combien de couches de papier recouvrent les murs intérieurs, par exemple (vous n'en croirez pas vos oreilles). Cap Spear est le point le plus à l'est de l'Amérique du Nord. Prochaine étape : l'Irlande.

En continuant vers le sud, vous y verrez un spectacle inhabituel pour la région, aux environs de **Goulds** : des vaches et des champs de légumes. C'est en effet l'un des rares districts agricoles de la province.

A **Bay Bulls** et à **Witless Bay**, vous pourrez observer les oiseaux. Trois îles au large de Witless Bay, au sud, abritent des réserves ornithologiques qui constituent aujourd'hui l'un des endroits privilégiés où les oiseaux de mer viennent nicher, sur la côte est-américaine. Chaque été, des milliers de macareux, de mouettes tridactyles, de marmettes, de cormorans, de pétrels tempête et de nombreuses autres espèces viennent s'établir sur ces îles rocheuses et y couver leurs œufs. Plusieurs voyagistes y organisent des visites guidées.

Les embarcations ne sont pas autorisées à accoster sur les îles, mais peuvent s'en approcher suffisamment pour que vous envisagiez d'emporter des boules Quiès ainsi que des jumelles ou un appareil photo ! Le vacarme est véritablement incroyable. Juin et juillet sont les meilleurs mois pour visiter les colonies d'oiseaux – et observer les baleines. Les baleines à bosse et de Mink sont très courantes à cet endroit. Elles y sont visibles jusqu'au début du mois d'août et la baleine à bosse est réellement spectaculaire pour ses performances respiratoires. Si vous avez de la chance, vous apercevrez peut-être un iceberg.

En dehors de Bay Bulls, Bird Island Charters (☎ 753-4850) organise des circuits de deux heures et demie, longeant deux des îles. A noter qu'il dispose aussi d'une navette qui relie le port aux principaux hôtels de St John's, 30 km plus loin.

Gatherall's (☎ 334-2887) propose des visites similaires en bateau, ainsi qu'une pension de famille dans Bay Bulls dans North Side Rd. La ville abrita un port de réparation pour les navires alliés pendant la Seconde Guerre mondiale et un sous-marin allemand arriva jusque-là. Un peu plus loin sur la côte, **cap Broyle** possède aussi une réserve d'oiseaux. Les circuits organisés par Great Island Tours comprennent une vue sur la mer depuis un village de pêcheur abandonné, au milieu des falaises. Ils disposent également de navettes pour la ville. Indépendamment du temps, emportez un pull-over et, une pilule contre le mal de mer, du type Nautamine, on ne sait jamais !

Un peu plus au sud, à environ 80 km de St John's, la ville de **Ferryland,** sur la côte, abrite des fouilles archéologiques que l'on peut visiter. C'est le site de l'une des premières implantations anglaises en Amérique du Nord, datant de 1625 environ. Un centre d'informations propose quelques expositions "didactiques" et plusieurs objets mis au jour sur les lieux. Vous pourrez notamment y découvrir un jardin du XVIIe siècle parsemé des différentes espèces dont les colons disposaient à cette époque.

On peut aussi visiter le laboratoire du champ et des fouilles. Le centre d'informations est ouvert tous les jours en été et les fouilles sont fermées le dimanche.

ENVIRONS DE LA PÉNINSULE D'AVALON

La péninsule, qui ressemble davantage à une île rattachée au reste de la province par une mince bande de terre, est la région la plus densément peuplée de Terre-Neuve : elle abrite en effet près de la moitié de sa population.

La **baie de la Conception** est bordée par une multitude de hameaux, tandis que toute la côte alentour est émaillée de villages de pêcheurs.

A **Argentia**, au sud-ouest, se trouve le terminal des ferries pour la Nouvelle-Écosse. L'office du tourisme pourra vous fournir des itinéraires si vous vous déplacez en voiture ou souhaitez camper.

Au sud d'Avalon

Malgré sa proximité avec St John's, cette région est idéale pour l'observation de la faune. Elle abrite plusieurs parcs et la côte, au très riche passé historique, reçut la visite de colons en provenance de divers pays européens dès le début du XVIIe siècle.

Plus au sud, en descendant la côte, vous attend le **parc provincial de La Manche**, doté de deux sentiers pédestres aux panoramas superbes : l'un se dirige vers une chute d'eau, l'autre vers les ruines d'un village de pêcheurs.

A l'intérieur des terres, la vaste **réserve sauvage d'Avalon** est peuplée d'un gigantesque troupeau d'environ 100 000 caribous. Un permis, délivré à St John's par le département gouvernemental des parcs, est exigé pour visiter la réserve à pied ou en canoë. Mais il arrive que l'on puisse apercevoir des caribous à droite de la route (la Hwy 10, sur la colline) entre **Biscay Bay** et **Trepassey**, en bas de la péninsule. C'est notamment de Trepassey que s'envola Amelia Earhart, la première femme à avoir effectué la traversée de l'Atlantique en avion, en 1928.

De fait, vous aurez tout intérêt à garder les yeux bien ouverts de la ville de Cappahayden jusqu'à Biscay Bay. Interrogez les habitants de la région pour savoir où se cachent les caribous. Animaux migrateurs, ils ont en effet tendance à se déplacer en troupeau, un spectacle que vous ne devez pas rater. Même si vous n'en apercevez qu'un, vous serez sans doute impressionné par la puissance qu'il dégage.

Vous pourrez camper à Chance Cove, au sud de Cappahayden. Le *Lawlor's Hospitality Home* (☎ 363-2164) est ouvert de juin à août. Situé dans Cappahayden même, il propose 5 simples/doubles à 30/40 $, petit déjeuner non compris.

En remontant vers la côte, la région qui s'étend de St Vincent's à St Mary's fournit une excellente opportunité d'observer des baleines, en particulier les variétés à bosse qui viennent se nourrir près du rivage. La meilleure période se situe entre mi-juin et mi-juillet. En bateau de pêche, vous pourrez contempler de plus près d'autres variétés, comme la baleine bleue, la baleine de Mink, le rorqual ou le cachalot.

Sur la Hwy 90, le **parc naturel Salmonier** se trouve au centre de la péninsule d'Avalon, à 12 km au sud du croisement avec la Transcanadienne. Vous y verrez de nombreux animaux caractéristiques de cette province. Un sentier tracé à travers bois vous permettra de passer à proximité des différentes espèces – orignal, caribou, castor, etc. – ainsi que de découvrir la flore locale. Le parc est ouvert tous les jours, de juin à septembre, à partir de midi. Vous devrez payer une petite participation.

Baie de la Conception

Comme dans toute la partie orientale de Terre-Neuve, la baie de la Conception possède un riche passé historique et de magnifiques paysages. La route serpente le long d'une côte densément peuplée et traverse des dizaines de bourgades et de villages. C'est à cet endroit que se joua les débuts de l'histoire du Canada. **La baie de Verde**, au nord, n'est qu'à une demi-journée en voiture de St John's. Mais vous pourrez dormir sur place, si votre emploi du temps vous le permet. La compagnie de bus Fleetline relie St John's à Carbonear en faisant de nombreux arrêts tout le long du chemin.

Brigus

Sise à 80 km à l'ouest de St John's, Brigus n'est qu'une petite bourgade qui jouit d'une excellente renommée, due à son agréable atmosphère européenne. Son originalité attire de nombreux visiteurs. Un ancien habitant, le capitaine Bartlett, accompagna Peary pendant une partie de son voyage vers le pôle Nord, en 1909. Sa maison a été transformée en site historique. Autre curiosité offerte par Brigus, son tunnel, qui fut creusé à travers la roche, en 1860, pour que les navires du capitaine Bartlett puissent accoster. La ville possède également deux boutiques d'artisanat.

Avec ses quatre hôtels, plus un autre situé à 20 km, Brigus est la ville offrant le plus vaste choix d'hébergement de toute la baie de la Conception. Le *Brittoner Guest Home* (☎ 528-3412), dans Water St, occupe une situation centrale, et loue des simples/doubles à 40/47 $, petit déjeuner compris.

Harbour Grace

Une fois dépassé Cupid's, où fut implantée la première colonie anglaise de Terre-Neuve, en 1610, on arrive à Harbour Grace, que les Français et les Espagnols investirent dès le début du XVIe siècle. Au XVIIIe siècle, la ville servit de refuge aux pirates. L'ancien hôtel des douanes abrite aujourd'hui un musée.

Nombre des premières traversées de l'Atlantique en avion partirent d'Harbour Grace, dès 1919. En 1932, quatre ans après son vol de Trepassey (péninsule d'Avalon) jusqu'en Europe, Amelia Earhart réitéra son exploit et devint la première femme à avoir traversé l'Atlantique en solitaire. La piste d'atterrissage est devenue un site historique. Aujourd'hui, la principale activité locale est l'industrie de la pêche.

Île Carbonear

Autrefois, l'île Carbonear fut le théâtre de conflits internationaux, de querelles entre pirates, de naufrages et plus récemment d'une controverse sur la chasse au phoque. Elle fut classée site historique, et vous pourrez y admirer de nombreuses demeures anciennes. Mais surtout, ne ratez pas le festival estival de musique folklorique.

Autres curiosités

E.J. Pratt (1883-1964), l'un des plus célèbres poètes canadiens, est né à Western Bay et une plaque commémore cet événement. Les vers ci-dessous sont extraits de son poème *The Titanic*, une description lyrique de la beauté destructrice de l'iceberg qui précipita le naufrage du navire.

Mais lorsque viennent les mois où il faut partir au lieu
De rencontre entre Gulf Stream et courant polaire,
Le soleil quitte ses sommets cristallins, et en plein midi
Subarctique, découpe ses arches, strie ses flèches,
Déforme ses lignes, en attendant que l'orage
Orchestre ses grondements au-dessus de la plaine érodée
Et démolisse le dernier temple de la grâce.

Plus au nord de la côte, vous pourrez profiter des plages magnifiques du **parc provincial de Northern Sands**. Vous pourrez vous baigner, côté terre, en eau douce, car la mer est trop froide.

De superbes paysages côtiers vous attendent à **Lower Island Cove**. A **Bears Cove**, non loin de la **baie de Verde**, un petit sentier mène à un point de vue exceptionnel.

Au sommet, à **Grates Cove**, John Cabot aurait écrit son nom, raconte-t-on, sur l'un des rochers du rivage. Ce qui fait sans doute du célèbre navigateur le premier homme à avoir inscrit des graffitis sur le continent américain !

Le long de la baie de la Trinité
De l'autre côté de la péninsule sont regroupées plusieurs bourgades qui portent toutes des noms étonnants, comme on en rencontre souvent dans toute la province. Comment ne pas s'émerveiller devant **Heart's Delight** (Plaisir du Cœur) ou **Heart's Content** (Cœur Satisfait) ?

Heart's Content, la station d'où partit le premier câble transatlantique, est devenue site historique.

Ces deux villages proposent un hébergement (mais vous n'en trouverez pas, comme son nom l'indique, à Heart's Desire !). A Heart's Delight, la *Legge's Hospitality Home*, 2 Farm Rd, se trouve à proximité de la Irving Station. Elle est tenue par Mme Gertie Legge (☎ 588-2577), qui demande 30/35 $ pour des simples/doubles, petit déjeuner non compris. A Heart's Content vous attend le petit, mais plus cher, *Legge's Motel* (☎ 538-2929) qui consiste en 7 unités d'habitation entièrement aménagées et en 2 chambres ordinaires, plus abordables.

Tout en bas de la baie de la Trinité, **Dildo** est encore un endroit idéal pour l'observation des baleines. Du rivage vous pourrez apercevoir des bancs de baleines Pothead ou des baleines à bosse, espèce plus répandue, que l'on peut voir aussi en été.

Argentia
Le principal attrait de la partie sud-ouest de la péninsule d'Avalon est la ville d'Argentia, terminal des ferries à destination de la Nouvelle-Écosse. Pour les horaires, renseignez-vous à St John's. Newhook's Transportation relie Argentia (☎ 227-2552) et Placentia à St John's par la route.

Après la Seconde Guerre mondiale, les États-Unis avaient implanté sur place une base navale et aérienne, mais elle a été progressivement mise hors service.

En dehors du port des ferries, Argentia présente peu d'intérêt et ne dispose d'aucun hébergement.

Plaisance (Placentia)
A proximité de Plaisance, vous pourrez visiter les restes d'un château fort français construit en 1662, sur le site historique national de Castle Hill (☎ 227-2401). Vous y trouverez un centre d'information et de beaux points de vue. Au début du XIXe siècle, Plaisance était la capitale française de Terre-Neuve, et c'est de cette bourgade que partaient les attaques françaises contre les troupes anglaises basées à St John's. Disséminées dans le parc, des tables pour pique-niquer sont à votre disposition et le site est ouvert tous les jours, toute l'année.

Le vieux cimetière qui jouxte l'église anglicane vous fournira plus de renseignements historiques sur le site que le Placentia Area Museum (☎ 227-3621), installé dans la O'Reilly House, 48 Riverside Drive. Le musée propose quelques informations sur cette demeure, édifiée en 1902, et qui fut soigneusement restaurée en 1989, mais aussi sur les environs. Il est ouvert de juin à septembre. Les deux autres bâtiments historiques dignes d'intérêt sont le palais de justice et l'église catholique. Des plaques et des canons signalent l'emplacement des anciennes fortifications et des planches longent la plage.

Non loin de Placentia, une partie de la côte est plantée d'arbres, un paysage plutôt inhabituel pour la province, où toute la côte est rocheuse et désertique.

Point Verde possède un phare, qui remplace aujourd'hui le premier bâtiment construit en 1876.

Le *Harold Hotel* (☎ 227-2107), situé à 5 km du ferry, propose des doubles à 54 $. Il y a aussi un restaurant. Implanté à la même distance des ferries, la *Unicorn Guest House* (☎ 227-5424) loue des doubles à 47 $, petit déjeuner continental compris.

Cap St Mary's
A la pointe sud de la péninsule se trouve la **réserve écologique de St Mary's**, particulièrement favorable à l'observation des oiseaux. A l'embranchement de la route 100, une voie non pavée de 16 km mène à la réserve où vous trouverez un centre d'infor-

mations et un phare. Comptez une demi-heure de marche jusqu'au Bird Rock, la seconde plus vaste réserve de fous de Bassan d'Amérique du Nord. Pendant tout l'été, la côte et les falaises abritent des milliers d'oiseaux, notamment des mouettes tridactyles, des marmettes et des pingouins torda (godes). L'entrée est gratuite et, pendant la saison estivale, des guides sont présents pour répondre à vos questions.

Est de Terre-Neuve

C'est la plus petite région de la province, sise à l'ouest de la péninsule d'Avalon, à la lisière de la partie centrale de l'île. Sur le plan géographique, elle s'en distingue par la présence de deux péninsules à chaque bout : Bonavista au nord et Burin au sud.

A l'image de la péninsule d'Avalon, l'est de Terre-Neuve fut colonisée très tôt et de très vieux villages de pêcheurs bordent le littoral.

Les ferries à destination de l'archipel de Saint-Pierre-et-Miquelon partent de Fortune, au sud. Ces îles sont toujours possessions françaises, et vous vous en rendrez compte non seulement aux noms des bourgs mais à l'atmosphère qui y règne.

Terrenceville se trouve à l'une des extrémités de la ligne sud de ferries, qui dessert tous les ports sur le chemin de Port-aux-Basques, situé à la pointe sud-ouest de la province. Lorsque l'on s'éloigne de la partie orientale de l'île, la route principale traverse le parc national de Terra Nova, véritable microcosme de la topographie, de la faune et de la flore régionale.

PÉNINSULE DE BONAVISTA

La péninsule offre quelques superbes paysages en bord de mer, émaillés de nombreux petits villages de pêcheurs traditionnels, dont quelques-uns parmi les plus vieux de la province. Selon certains, Trinity serait la plus vieille ville de l'Amérique du Nord. Plusieurs compagnies proposent des circuits en bateau et le parc national de Terra Nova assure la préservation écologique d'une partie de la péninsule.

Clarenville

C'est le meilleur point d'accès à la péninsule. En 1955, la bourgade devint le terminus nord-américain des câbles téléphoniques sous-marins reliés à Oban, en Écosse. A l'ouest sont disséminés de nombreux hameaux qui bordent les trois bras de terre jusqu'à la mer. Au nord de la ville, le long de la Hwy 230, se trouve une réserve d'oiseaux où nichent quantités d'oies du Canada.

Le long de la côte

La Hwy 235, qui longe **Southern Bay**, offre de superbes panoramas et une aire de pique-nique avec un beau point de vue depuis le parc Jiggin'Head. Au village **Keels**, vieux de trois cents ans, des circuits en bateau sont organisés le long du littoral accidenté.

Fin juin et début juillet, le long des plages de la péninsule d'Avalon, des millions de capelans de Terre-Neuve – un petit poisson argenté – sont rejetés sur le rivage par la marée. Ce phénomène est en partie dû au cycle de reproduction et en partie à la chasse par les morues dont ils font l'objet. C'est en tout cas une pêche facile pour les habitants de la région qui viennent avec des seaux et des sacs ramasser leur butin.

Bonavista

Cette bourgade de 5 000 habitants est installée à la pointe de la péninsule, à l'endroit même où John Cabot accosta le 24 juin 1497 et aperçut pour la première fois la "nouvelle terre". De là, il se dirigea vers la rade de St John's et s'y arrêta. Pour le récompenser de ses efforts, le roi d'Angleterre le gratifia de la somme royale de 10 £. De fait, ce n'est qu'au début du XVIIe siècle que Bonavista devint une implantation permanente et, jusqu'au XVIIIe siècle, Anglais et Français se disputèrent sa possession, comme ils le firent pour nombre d'autres implantations du littoral.

Construite au sommet et à flanc de collines, Bonavista, avec ses ruelles étroites et tortueuses, se visite à pied. Même le bureau d'informations touristiques vous expliquera que les rues de noms sont impossibles à retenir et que vous avez toutes les chances de vous perdre.

Le **Bonavista Museum**, installé dans Church St, offre des renseignements précieux sur la ville et son histoire. Dans le jardin du vieux palais de justice, vous pourrez voir un poteau où était rendue la justice. Autre site historique, le Mockbeggar Property qui, comme nombre de bâtiments, permet d'apprécier divers aspects de la vie traditionnelle des Terre-Neuviens.

Datant de 1843, le **phare** domine le cap Bonavista. Il a été restauré et est devenu un monument historique provincial avec des guides vêtus de costumes du XIXe siècle. A cet endroit, le panorama est exceptionnel. Le **Donjon** consiste en une étrange formation rocheuse qui domine le littoral. Au début de l'été, on peut apercevoir des baleines. En 1997, la région célébrera le 500e anniversaire de l'arrivée de Cabot au cap. Une statue de l'explorateur se dresse à côté du phare.

A l'extérieur de la ville, au village de **Maberly**, vous pourrez profiter d'un agréable parc avec plusieurs points de vue sur quelques-unes des îles où viennent se nicher des milliers d'oiseaux de mer, notamment des macareux, des mouettes tridactyles et des marmettes. Le parc provincial possède une belle plage de sable.

Où se loger. Principale localité de la péninsule, Bonavista n'a néanmoins qu'un seul hébergement à offrir aux visiteurs, l'*Hotel Bonavista* (☎ 468-1510), sur la Hwy 230. Il loue des doubles à 58 $, gratuites pour les enfants âgés de moins de 12 ans. Des Hospitaly homes sont disséminées dans toute la péninsule, en particulier aux alentours de Trinity.

Comment s'y rendre. Newhook's Transportation assure un service de bus quotidien entre St John's et Bonavista.

Port Union

La Fisherman's Protective Union fut créée en 1910. Un monument et un musée honorent son fondateur. La plus importante usine de poisson y est implantée, et les plus gros chalutiers partent de ce port épargné par les glaces.

Trinity

L'explorateur portugais Corte-Real fut le premier à jeter l'ancre à cet endroit en 1500, où fut implantée une bourgade dès 1580. C'est l'une des plus anciennes de la province et, sans doute, la plus ancienne localité du continent américain. Le village possède une histoire fascinante, avec notamment la première réunion américaine d'une cour de justice en 1615. Nombre de bâtiments qui bordent les rues étroites ont été restaurés ou rénovés. Un centre d'informations (☎ 729-2460), ouvert tous les jours en été, pourra vous fournir des renseignements sur l'histoire, les bâtiments et l'architecture de la ville. Rendez-vous également au musée de Trinity, au site provincial historique de la Hiscock House et aux vestiges du fort.

Vous attend aussi un centre d'observation et d'étude des baleines, l'Ocean Contact. Il propose des excursions quotidiennes, de courts séjours et des croisières d'une semaine particulièrement onéreux, qui incluent notamment la visite des autres curiosités locales, géographiques et historiques, ainsi que la découverte de la flore et la faune régionales (baleines, tortues et dauphins). Les circuits partent de Trinity tous les jours pendant la saison estivale.

Il existe une autre bourgade de Trinity dans la péninsule de Bonavista, mais plus petite et à l'intérêt moindre. Pour éviter toute confusion, sachez que la première est souvent appelée Trinity Bay, ou Trinity, TB.

Où se loger et se restaurer. Ocean Contact est installé au *Village Inn* (☎ 464-3269), qui propose des simples/doubles agréables à 40/50 $. Vous pourrez y voir des films et des diapositives sur les baleines et autres aspects de la vie marine.

Une autre possibilité vous est offerte par le *Trinity Cabins* (☎ 464-3657), qui possède des cabines aménagées, de 40 à 45 $, pour

2 personnes. Il existe une piscine et, pour les plus courageux, une plage à proximité.

Deux B&B fourniront aux voyageurs un hébergement inhabituel mais irrésistible. Le plus modeste est le *Beach B&B* (☎ 464-3695), tandis que la *Campbell House* (☎ 464-3377) est installée dans un ancien édifice magnifiquement restauré.

Enfin, dans le village de Trinity East, le *Peace Cove Inn* (☎ 464-3738) est une maison restaurée datant du début du siècle. Le petit déjeuner est inclus dans le prix de la chambre, et vous pourrez y prendre vos autres repas.

Parc national de Terra Nova

Ce parc de la côte est (☎ 533-2801), que traverse la Transcanadienne, résume parfaitement la géographie de la région. Le littoral rocheux, découpé, de la magnifique baie de Bonavista s'ouvre sur de longues baies, des lacs, des étangs, des tourbières et collines boisées. Vous pourrez y faire du canoë, des randonnées, pêcher, camper, profiter de ses plages sablonneuses et même nager dans le Sandy Pond.

Vous pourrez aussi louer des bicyclettes dans le parc – un moyen idéal pour le visiter – et y observer une faune très riche – orignal, ours, castor, loutre et aigle à tête blanche. De surcroît, vous pourrez apercevoir des icebergs, de mai à août. Des sentiers pédestres, courts ou plus longs, sillonnent le parc. L'un d'eux, à Malady Head, mène à de beaux points de vue.

Au centre touristique de Newman Sound ou de Twin Rivers, on pourra utilement vous indiquer des activités adaptées à la durée de votre séjour. Le principal camping du parc se trouve à Newman Sound (épicerie et location de vélos). Quelque 2 km plus loin, à Sandy Pond, vous pourrez louer des canoës et des kayaks.

Diverses formes d'hébergement vous attendent à l'extérieur du parc, dans les villages voisins.

A l'intérieur du parc, Ocean Watch Tours nous a été recommandé pour ces excellents circuits en bateau. L'un se propose d'explorer les fjords et îles avoisinantes, avec arrêt à certains ports abandonnés. Un autre se spécialise dans la découverte de la faune et l'observation des baleines, des phoques, des oiseaux, etc. Un autre encore permet d'observer la dérive des icebergs au large du Groënland.

Cette compagnie assure également un service de ferries exceptionnels qui déposeront les campeurs en mal de vie sauvage dans une rade autrement inaccessible et viendront les rechercher. Des sentiers de randonnée mènent au parc depuis ces deux rades. Vous devrez emprunter un des ferries pour arriver jusque-là, mais ils ne vous feront sans doute rien payer et le camping dans l'arrière-pays est gratuit.

Le parc est situé à 240 km à l'ouest de St John's et à 80 km à l'est de Gander.

PÉNINSULE DE BURIN

Cette péninsule qui avance dans l'océan Atlantique, au sud, sert de base aux bateaux de pêche européens depuis le XVIe siècle. Les Grands Bancs au large de la péninsule (qui fait partie du bouclier continental) regorgent de poissons. Ou du moins tel était le cas jusqu'au début des années 90, lorsque les bancs abondaient. La partie septentrionale de la péninsule, vallonnée et boisée, fournissait le bois de construction pour les bâtiments et les bateaux. La pointe sud est dénudée, plaque rocheuse striée de glaciers et parsemée de marais et de tourbières.

Cheeseman's Transportation, qui possède des terminus à St John's et à Burin (☎ 891-1866), relie différents points de la péninsule par des taxis collectifs.

Terrenceville et ferries côtiers

Terrenceville est le port oriental du ferry de la compagnie Marine Atlantic pour la côte méridionale. Celui-ci dessert le sud de la province depuis Port-aux-Basques. Ce voyage est l'une des grandes attractions qu'offre la province et, avec le développement du réseau routier, il est vraisemblable qu'il n'existera plus dans une dizaine d'années. Le ferry relie une dizaine de villages qui, sans lui, seraient complètement isolés. Il transporte les malades chez le médecin, puis apporte la note de frais dans son sac postal. A chaque voyage, les arrêts sont différents. Il dure généralement dix-neuf heures, parfois plus longtemps.

Il est donc possible de s'arrêter en route et si aucun village ne possède d'hôtel, il n'est pas rare de trouver quelqu'un qui accepte de vous héberger pour la nuit. Le tarif du ferry varie en fonction de la distance. Comptez 19 cents par mile marin, moins pour les personnes âgées et les enfants. Il y a 259 miles jusqu'à Port-aux-Basques. Pour un petit supplément, on peut louer des couchettes en cabine, mais seulement l'hiver. Pour les réservations, vous devrez appeler Marine Atlantic (☎ 1-800-563-7381). La communication est gratuite.

Les ferries partent de Terrenceville trois fois par semaine, pendant la saison estivale (voir la rubrique *Outports* plus bas pour plus de détails).

Terrenceville ne possède malheureusement pas d'hôtels, mais les ferries arrivent la veille au soir du départ, le lendemain matin, et vous pourrez coucher à bord.

Marystown

Bien qu'étant la ville la plus grande de la péninsule, elle ne présente que peu d'intérêt pour les visiteurs, excepté un office du tourisme et la plupart des boutiques et services de la région. Il y a un camping et une piscine d'eau douce au **parc provincial de Frenchman's Cove**.

Burin

Fondée par des pêcheurs venus d'Europe au XVIIIe siècle, Burin est l'une des plus anciennes bourgades de la côte méridionale. C'est une jolie ville, composée en réalité d'une suite de villages disséminés autour de rades et de collines dénudées et bosselées.

A la différence de certaines villes de la région, Burin joue toujours un rôle important dans les Grands Bancs. Elle dispose d'un atelier de réparation pour les chalutiers ainsi que d'une usine alimentaire (poisson).

Le **point de vue du capitaine Cook** (Captain Cook's Lookout) fournit de beaux panoramas sur le port et les environs. Les fortifications anglaises datent de 1812, tandis que les Français étaient basés de l'autre côté de la baie, à Plaisance. Le long de la côte septentrionale, **Tides Point** possède un phare.

La **Golden Sands** est une plage populaire et une aire de camping a été aménagée dans le parc provincial.

St Lawrence

Un peu plus bas se dresse St Lawrence, une ville minière possédant les seuls gisements de fluorine du Canada. C'était autrefois le plus gros producteur au monde, et même si ce n'est plus le cas aujourd'hui, la mine est toujours en activité. Un petit musée raconte son histoire.

Grand Bank

Ce fut autrefois l'un des premiers grands centres de pêche des Grands Bancs de Terre-Neuve et il reste des traces de ce passé. La péninsule de Burin servit longtemps de base aux activités des célèbres Bancs. Une promenade dans la ville vous fera découvrir l'architecture variée des maisons, des églises et des fronts de mer de Water St, datant des années 1880.

Le Southern Newfoundland Seaman's Museum présente diverses expositions sur les goélettes et sur l'évolution de la pêche. L'entrée est gratuite et, en été, ouverte tous les jours. Vous ne pouvez pas le rater – il ressemble à un grand bateau blanc, sur Marine Drive.

Si vous souhaitez passer une nuit à Grand Bank, rendez-vous à la vieille et vaste demeure historique, *Thorndyke* (☎ 832-0820), 33 Water St, à 6,5 km du ferry de Fortune. Elle offre des chambres d'un très bon rapport qualité/prix. Téléphonez pour réserver car elle affiche souvent complet. Du toit on a une belle vue sur la ville et la baie, et un restaurant vous attend au sous-sol. Grand Bank possède aussi un motel.

Fortune

C'est le point de départ pour les voyages à destination de Saint-Pierre-et-Miquelon. Plus

Les Grands Bancs

La célèbre portion de l'océan Atlantique appelée les Grands Bancs, sise juste au sud-est de Cape Race, dans la partie sud de la péninsule d'Avalon, explique partiellement l'attrait éprouvé par les explorateurs pour le Nouveau Monde. Après cinq siècles de pêche intensive, elle demeure l'un des endroits les plus poissonneux au monde. Et ce n'est qu'au début des années 90 que les organisations internationales finirent par tirer longuement et bruyamment la sonnette d'alarme. Une espèce, notamment, la plus représentée, se trouve aujourd'hui réduite à une population minimale : la morue.

Les biologistes, les pêcheurs et le gouvernement ont réuni leurs efforts pour mettre au point un plan afin que les bancs de morue puissent se reconstituer suffisamment.

Les Bancs consistent en une série de plateaux sous-marins qui s'étirent du nord-ouest au sud-est, à environ 80 km de Cape Race. Ils couvrent une surface d'environ 500 km de long sur 300 km de large, sur une profondeur qui peut aller de 5 m à 350 m.

Bien que dépendant largement du courant du Labrador, les eaux rencontrent le Gulf Stream, et ce mélange de courants chaud et froid explique les légendaires brouillards qui nappent la mer. Il favorise également le développement du plancton, qui nourrit ces millions de poissons. La morue a toujours été l'espèce la plus pêchée, mais l'on trouve aussi entre autres flétants, carrelets et harengs. Les bateaux viennent du monde entier, notamment de Norvège, du Japon, du Portugal, d'Espagne et de Russie. Le Canada a imposé des quotas de pêche mais il a bien du mal à faire appliquer ces règles.

C'est John Cabot, un Italien au service de l'Angleterre, qui, le premier, y lança un filet, et n'en crut pas ses yeux lorsqu'il le remonta. Depuis cette date, 1497, les Européens affluèrent et implantèrent des villages de pêcheurs. Ces derniers durent, de tout temps, faire face au brouillard, aux tempêtes et aux icebergs à la dérive.

Ces vingt dernières années, on y a découvert du pétrole et l'exploitation de ce gisement laisse planer certains doutes sur l'avenir des Grands Bancs. ■

de 20 000 personnes y font escale chaque année. Outre s'occuper des visiteurs, une bonne partie de la population est employée à l'usine de poisson. Il y a aussi un chantier naval et un atelier de réparation.

Foote's Taxi (☎ 832-0491) relie Fortune à St John's. Comptez cinq heures de voyage.

L'*Eldon House* (☎ 832-0442), 56 Eldon St, est ouverte de la mi-juin à début septembre. Elle dispose de 3 chambres, à 40 $ la double, petit déjeuner continental compris. Le *Fair Isle Motel* (☎ 832-1010) loue 10 simples/doubles à 60 $. Vous disposez aussi, en bordure de la ville, d'un vaste camping avec emplacements pour tentes et caravanes.

Saint-Pierre et Miquelon

C'est probablement l'une des destinations les plus pittoresques du Canada. Autrefois appelées les "îles aux 11 000 vierges", car aperçues pour la première fois par un navigateur européen le jour de la sainte Ursule, ces deux îles minuscules, situées à 16 km à l'ouest de la péninsule de Burin (Terre-Neuve), appartiennent à la France.

La France les revendiqua dès le XVIe siècle, les Anglais s'en emparèrent après la guerre de Sept Ans, en même temps que le cap Breton, puis elles furent cédées à la France par l'Angleterre, en 1783, à la faveur du traité de Paris.

Les conflits suscités par les droits de pêche se poursuivirent à Terre-Neuve et les îles changèrent par deux fois de souveraineté jusqu'en 1816. Elles sont sous contrôle français depuis cette date, la réglementation de la pêche demeure cependant un point sensible et, en 1989, la vieille querelle concernant les limites territoriales de pêche s'intensifia à nouveau.

Saint-Pierre joua un rôle bien particulier durant la prohibition. Le Canada pouvait, en effet, exporter légalement des millions de litres d'alcool vers l'île française où des contrebandiers venaient les chercher et les importaient sur le sol américain.

Comptez quelques jours pour visiter ces deux îles – vous promener, vous détendre et découvrir avec plaisir une culture différente. Comme sur toute la côte terre-neuvienne ou presque, les îles sont rocheuses et dénudées (mais vous rencontrerez aussi des falaises et des plages de sable).

Comme dans la majeure partie du Canada atlantique, la principale ressource est la pêche et l'entretien des bateaux. La fermeture de nombreuses pêcheries mais aussi le moratoire sur la pêche à la morues, ont largement contribué à réduire les possibilités économiques des îles.

La France s'emploie à verser des allocations aux chômeurs et cherche à promouvoir le tourisme qui, depuis une dizaine d'années, constitue un apport non négligeable. La construction d'un nouvel aéroport pour répondre aux besoins d'un trafic plus dense est en cours, et on envisage la construction de casinos pour attirer plus de visiteurs.

L'archipel est composé de nombreuses petites îles. Sans être la plus grande, Saint-Pierre en est la principale. C'est la plus peuplée et la ville du même nom est la plus importante. Miquelon est en réalité constitué de deux îles séparées par une étroite bande de sable. La partie septentrionale, le Grand Miquelon, est la plus peuplée et possède une petite ville. Le sud de l'île, appelé Langlade ou Petite Miquelon, est resté sauvage. Les autres îles sont minuscules.

Passeports et visas ne sont pas exigés pour les visiteurs canadiens et américains. Sont seulement recommandés une fiche d'état civil ou un permis de conduire avec photo. Pour les citoyens de la CEE, les Suisses et les Japonais, un passeport est obligatoire. Pour toutes les autres nationalités, un visa est également nécessaire.

Le fuseau horaire de ces deux îles est en avance d'une demi-heure sur celui de Terre-Neuve. Sachez aussi que vous pourrez y faire des achats en duty-free (alcool, cigarettes, etc.).

A voir

A Saint-Pierre, vous pourrez visiter la cathédrale et le musée qui présente l'histoire de l'île. Il y a aussi un intéressant **cimetière français**.

A l'extérieur de la ville se dresse un phare à **Gallantry Head**, et vous pourrez profiter de points de vue magnifiques depuis le **cap aux Basques**. Au large du port, à environ dix minutes en bateau, se trouve l'**île aux Marins** avec un petit musée. Vous pourrez suivre la visite guidée autour de l'île qui possédait encore son propre petit village de pêche au début du siècle.

Située à 45 km de là, Miquelon est moins développée et moins visitée. La population est essentiellement d'origine acadienne tandis que les habitants de Saint-Pierre sont français (bretons, normands) ou basques insyallés là plus récemment.

Le village de **Miquelon**, centré autour de l'église, se trouve à la pointe nord de l'île.

Saint-Pierre-et-Miquelon, enclave française au Canada

Depuis la prise de possession de l'archipel par Jacques Cartier en 1535, les navires français se sont pressés dans les eaux canadiennes poissonneuses pour y pêcher la morue. C'est à Saint-Pierre qu'ils la faisait sécher avant de réembarquer.

De nos jours, la pêche est encore l'activité essentielle de l'archipel, bien que sa situation dans les eaux territoriales canadiennes soit remise en cause par le conflit qui oppose la France et le Canada sur la délimitation des zones économiques maritimes. L'épineuse question des quotas alloués aux pêcheurs français fut également soulevée et, malgré l'intervention des tribunaux internationaux, reste pour le moment sans solution.

Département d'outre-mer depuis 1976, il lui est conféré le statut de collectivité territoriale en 1984, qui peut s'enorgueillir aujourd'hui de 6 000 habitants. ■

A proximité de l'**étang de Mirande**, un sentier pédestre mène à un point de vue et une cascade. Depuis le pont du village, une route panoramique de 25 km traverse l'isthme jusqu'à **Langlade**. L'île de Langlade n'a guère changé. Il est resté quelques habitations estivales, mais pas un seul habitant n'y séjourne toute l'année. En revanche, vous y verrez des chevaux sauvages ou des lapins et, aux alentours des falaises et des lagunes, des phoques et des oiseaux. A pied ou à cheval, vous pourrez ainsi vous promener à travers bois, le long des plages ou dans les prairies sablonneuses.

Fêtes et jours fériés

De nombreuses festivités se déroulent en juillet et en août. Sont notamment célébrés le 14 juillet et le 4 août, date de l'arrivée de Jacques Cartier sur ces îles. La semaine suivante, une fête de deux jours sur Miquelon commémore l'héritage acadien, tandis que, un peu plus tard, une autre manifestation de deux jours, sur Saint-Pierre cette fois, célèbre l'héritage basque. Ces diverses festivités rendent la visite des îles d'autant plus attrayante. Par ailleurs, de la mi-juillet à la fin août, des danses folkloriques ont lieu sur la place de Saint-Pierre.

OÙ SE LOGER ET SE RESTAURER

Saint-Pierre possède une demi-douzaine d'hôtels, ainsi qu'un nombre identique de pensions de famille, d'un prix plus raisonnable et où l'on vous offrira le petit déjeuner. En front de mer, l'*Hotel Robert* (☎ 722-3892) avec ces 54 chambres est l'établissement le plus vaste. L'*Hotel Paris-Madrid* (☎ 412933), 14 quai de la République, est plus petit, plus simple et moins cher. Le *Motel Roger Rode* (☎ 722-3892) dispose de 5 chambres équipées d'une cuisine.

Concernant les pensions, demandez-en la liste à l'office du tourisme. A deux de ces adresses, vous pourrez prendre vos repas. Pendant la période estivale, il est parfois difficile de trouver un hébergement. Mieux vaut réserver à l'avance. Les offices du tourisme de Terre-Neuve pourront vous fournir un guide des dernières chambres disponibles. Sinon, renseignez-vous auprès de l'office du tourisme de Saint-Pierre (☎ 412384).

Miquelon ne dispose que d'un hôtel, une pension et un petit camping à l'étang de Mirande, non loin de la ville.

Comme on pouvait s'y attendre sur des îles françaises, les restaurants sont nombreux par rapport au nombre d'habitants et l'on y mange très bien. A Saint-Pierre comme à Miquelon, vous pourrez déguster de la cuisine française traditionnelle. Un voyageur nous a notamment recommandé *Chez Dutin*, à Saint-Pierre, ville qui offre aussi un choix plus vaste d'établissements bon marché où grignoter une pizza ou un sandwich. *Le Maringouin'fre* sert d'excellentes crêpes.

COMMENT S'Y RENDRE

Avion

Air Saint-Pierre relie Montréal, Halifax et Sydney (Nouvelle-Écosse), durant l'été. Pour toute information et réservation, adressez-vous à Canadian Airlines International.

Ferry

Deux ferries sont à votre disposition. Ils ne prennent pas de véhicules et relient Fortune et Saint-Pierre. Il est conseillé de réserver.

Avec une capacité de 200 passagers, le MV *St Eugene 5* exécute le voyage en une heure (29 $ l'aller, 48 $ aller et retour, tarif réduit pour les enfants). De juin à début septembre (avec quelques exceptions début juin et la deuxième quinzaine de septembre) est assurée une traversée quotidienne aller-retour, avec départ en début d'après-midi. Si vous êtes pressé, renseignez-vous sur l'aller-retour moins onéreux, effectué dans la journée. Pour obtenir renseignements et billets, appelez Lloyd Lake Ltd (☎ 832-2006) à Fortune.

Le MV *Arethusa* effectue aussi des voyages quotidiens durant la même période, mais également en mai et durant la première quinzaine de juin, à une fréquence plus réduite. Bien que neuf et confortable, ce ferry est considérablement plus lent (une heure trois quarts), ce qui est un moindre mal car vous pourrez en profiter pour admirer le littoral depuis le pont découvert et, avec un peu de chance, apercevoir une baleine. Pour obtenir des renseignements ou acheter des billets, rendez-vous à une de leurs agences (☎ 832-0429), installée dans le terminal, à Fortune. Une autre vous attend (☎ 738-1357) à St John's, 38 Gear St. Elle est ouverte toute l'année, à la différence de la première qui est ouverte seulement en saison.

Mieux vaut arriver une heure avant le départ du bateau. A Fortune, le terminal dispose d'un parking. Vérifiez soigneusement les heures de départ et d'arrivée des ferries. Certaines risquent d'être mieux adaptées à vos projets.

Plusieurs compagnies proposent des voyages organisés qui incluent le trajet en bus jusqu'au ferry, traversée, hôtel et visite des sites. Notamment Lloyd Lake Ltd à Fortune, et SPM Tours, implantée à Fortune et à St John's.

COMMENT CIRCULER

Entre les îles

Le MV *St Eugene 5* assure la traversée jusqu'à Miquelon et le retour, dans la même journée, trois fois par semaine. Le billet aller-retour coûte environ 30 $ (tarif réduit pour les enfants) et le voyage dure moins d'une heure.

Aux alentours des îles

A Saint-Pierre louez un "rosalie", vélo à quatre roues existant en deux tailles. Des modèles pour deux et quatre personnes sont disponibles. Vous pourrez aussi trouver des vélos ordinaires et des motos de petites cylindrées. A Saint-Pierre comme à Miquelon sont aussi organisées des promenades à cheval.

A Saint-Pierre, des circuits en bus et en minitrain sont proposés, et à Miquelon une excursion en bus vous permettra de faire le tour de l'île et de traverser l'isthme jusqu'à Langlade.

Vous pouvez aussi découvrir les îles à pied. Comptez deux jours.

Centre de Terre-Neuve

Peu peuplée, la partie centrale est la région la plus vaste de l'île. Pour les visiteurs, elle présente peu d'intérêt, à l'exception de quelques sites, en particulier le littoral de la baie Notre-Dame et ses étonnantes petites îles. Plusieurs ferries quittent Lewisporte pour rejoindre le nord de Terre-Neuve et le Labrador. Terres boisées parsemées de lacs, la partie méridionale est presque totalement inaccessible. Une seule route mène à la côte en reliant tous les petits villages isolés au reste de la province.

GANDER

Peuplée de 13 000 habitants, Gander est située au croisement de la Transcanadienne et de la Hwy 330 qui conduit à la baie Notre-Dame. La ville n'est pas très riche en curiosités touristiques, mais constitue une étape, quelle que soit votre destination. Gander est surtout connue pour son aéroport et sa base militaire canadienne.

C'est de là que partirent les premiers vols transatlantiques, puis, durant la Seconde Guerre mondiale, la ville servit de principale escale aux avions en route pour l'Europe. La première formation de bombardiers, fabriqués aux États-Unis à l'intention de l'Angleterre, décolla de Gander, en février 1940. L'endroit fut choisi pour sa proximité géographique avec l'Europe, et pour l'absence de brouillard – due à l'éloignement des côtes – qui sévit si souvent à St John's.

De nombreuses compagnies d'aviation américaines et canadiennes utilisèrent également cet aéroport pour leurs vols transatlantiques, dans les années 30. L'aéroport, un important port de ravitaillement pour la compagnie Aéroflot, est célèbre pour avoir accueilli des milliers de réfugiés en provenance d'Union soviétique, de Cuba et des anciens pays de l'Est. Dès que l'avion avait touché le sol, les passagers demandaient l'asile politique. Aujourd'hui, il reçoit surtout des voyageurs qui souhaitent obtenir le statut de réfugiés, qui leur permettra de rester au Canada. L'aéroport est situé à 3 744 km de Londres, 2 782 km de Chicago, 12 536 km de Tokyo et 5 625 de Paris.

Un chalet d'informations touristiques vous attend sur la Transcanadienne, à la sortie de la ville. Les passionnés d'aviation remarqueront que presque tous les noms de rues sont liés à l'aviation et à son histoire.

Gander constitue un arrêt important sur le trajet des bus CN Roadcruiser (☎ 256-4874) qui sillonnent la province.

Curiosités aériennes

Trois avions sont exposés aux alentours de la ville. Du côté ouest trône un Beech 18 de la marine canadienne. Au centre-ville, à proximité de l'hôtel de ville, vous pourrez admirer un McDonnell CF100 Voodoo et, à la sortie de l'aéroport, un Hudson Bomber.

Toujours à l'aéroport, vous pourrez visiter une petite exposition sur l'histoire de Gander et y découvrirez une intéressante tapisserie décrivant l'histoire de l'aviation. Elle est accrochée dans la salle d'attente des voyageurs. Si vous n'avez pas de billets, on vous laissera sûrement y jeter un coup d'œil.

A l'est de la ville, au sud de la Transcanadienne, le Silent Witness Monument, inauguré en juin 1990, commémore l'endroit où, en décembre 1985, un avion militaire s'écrasa, avec à bord 248 soldats américains et 8 membres d'équipage rentrant chez eux pour Noël. On ignore toujours les raisons exactes de l'accident.

Où se loger

Vous trouverez un camping à 16 km au nord de la ville, à Jonathan's Pond, et un autre à Square Pond, à 34 km à l'est de Gander. Le *Cape Cod Inn* (☎ 651-2269), 66 Bennet Drive, est installé dans une zone résidentielle assez récente, proche du centre-ville. Les doubles coûtent de 45 à 65 $, petit déjeuner compris. Il sert aussi des repas (cuisine traditionnelle de Terre-Neuve).

De nombreux motels sont concentrés sur la nationale, mais ils sont vraiment très chers. Le *Fox Moth* (☎ 256-3535), très simple, est le plus économique, avec des simples à 52 $. Vous pouvez aussi tenter votre chance au *Skipper's Inn* (☎ 256-2534), où vous trouverez même une salle à manger. Mais la meilleure solution consiste encore à passer la nuit à la baie Notre-Dame où les prix pratiqués sont plus abordables.

Où se restaurer

Sur Airport Drive sont rassemblés les habituels snacks. A l'angle d'Elizabeth St et d'Airport Blvd, les deux principales rues de la ville, un restaurant chinois, le *Highlight,* se cache dans un petit centre commercial. Il est très populaire, sert une bonne nourriture, et certains ne viennent même que pour son décor flamboyant qui mérite le coup d'œil. Il prépare aussi des plats de cuisine canadienne traditionnelle.

Poursuivez vers l'est dans Airport Blvd, en direction de l'aéroport, puis tournez au sud (à gauche) dans Bennet St. Au n°136, à côté du centre commercial Gander, vous attend une boulangerie (le *Bread Shoppe*) avec un choix de pains et de pâtisseries.

LA BAIE NOTRE-DAME ET LES ENVIRONS

Cette partie nord du littoral est l'une des plus pittoresques de cette région du centre de Terre-Neuve. Bien que très peuplé, ce site rappelle le paysage accidenté et spectaculaire de la côte terre-neuvienne. Quelque 80 petits villages environnent la baie, nichés dans de petites rades ou perchés sur les rochers de la falaise. Depuis Gander, la route dessine deux boucles – l'une passe par Lewisporte, l'autre à l'est de Wesleyville – qui vous permettront d'en faire le tour. Plusieurs bourgades possèdent de petits musées qui vous informeront sur divers aspects de l'histoire locale.

Au large sont regroupées plusieurs îles, dont New World, Fogo et Twillingate, que vous ne devez pas rater et d'où vous pourrez voir des baleines et des icebergs.

Si vous continuez au nord, par la Hwy 330 (attention aux orignaux), vous arriverez à Gander Bay où vous pourrez vous arrêter. Le *Doorman's Cove Lodge* (☎ 676-2254), installé dans une maison datant du siècle dernier, se trouve de l'autre côté de la rue, lorsque l'on vient de la mer, dans le village de Doorman's Cove. Il loue des simples/doubles à 35/40 $, petit déjeuner compris (les confitures sont redoutables). Une triple est également disponible. On peut aussi y prendre ses repas. Les propriétaires organisent des excursions le long de la rivière Gander, avec observation de la nature, pêche et chasse. N'hésitez pas à louer des canoës.

Îles Change

Ces deux îles, que l'on atteint en ferry depuis Farewell, et qui donnent l'impression d'être perdues au bout d'une interminable route, ne changent guère, en dépit de leur nom. Cinq traversées (quatre le dimanche) sont assurées dans les deux sens. Elles durent vingt minutes et coûtent 2 $ pour la voiture et le chauffeur, 50 cents par passager supplémentaire. Le premier ferry quitte Farewell à 8h30, le dernier à 21h, les autres départs s'échelonnant sur toute la journée. Vérifiez les horaires car ils changent – eux – fréquemment. Il n'y a pas de véritable bourg à Farewell, mais un restaurant est située à l'embarcadère des ferries.

Avec une population de seulement 500 habitants, les deux îles Change sont reliées par une courte digue, à l'extrémité nord où se dresse le principal village. Elles sont parsemées de maisons en bois traditionnelles et de vieux bâtiments destinés à la pêche, peints en ocre, couleur propre à la région. A la pointe nord se tiennent une petite boutique et un hôtel. Le *Seven Oakes Island Inn & Cottages* (☎ 621-3256) propose des simples/doubles à 50/60 $. Les bungalows de 2 chambres sont plus chers. Il est interdit de fumer dans certaines chambres. Il sert des repas et organise des promenades en bateau.

Île Fogo

Située à l'est de la baie Notre-Dame, Fogo est la plus grande des îles de cette région, (25 km de long). Faites attention en marchant car on raconte que Brimstone Head se trouve à l'un des quatre coins de la terre. Une impression que l'on n'est pas loin de ressentir lorsque l'on contemple l'Océan.

Il faut prendre le ferry à Farewell. Une fois encore, la traversée est assurée cinq fois par jour (quatre le dimanche). Comptez 4 $ pour la voiture et le chauffeur, 1 $ par passager adulte. Le voyage dure environ quarante-cinq minutes.

L'île mérite que l'on s'y attarde un peu pour profiter des paysages du littoral. Par ailleurs, son histoire n'est pas dénuée d'intérêt car elle fut colonisée par les Européens dans les années 1680. Une dizaine de villages sont disséminés sur l'île, regroupant une population totale de 4 500 habitants. Il y a un parc provincial où vous pourrez pique-niquer, faire un plongeon dans l'eau, profiter de très agréables sentiers pédestres, d'une plage à **Sandy Cove**, ou observer un petit troupeau de caribous et quelques poneys sauvages. A **Burnt Point** se dresse un phare. On peut visiter plusieurs usines de poissons.

On y aperçoit parfois des icebergs et, en juillet, a lieu un festival folklorique. Enfin, on a transformé l'ancienne habitation d'un marchand en petit **Bleak House Museum**.

Où se loger. Pour loger sur place, le *Payne's Hospitality Home* (☎ 266-2359), implanté dans la ville de Fogo, est l'un des établissements les plus intéressants de la province. Il loue des simples de 32 à 40 $, et des doubles de 52 à 60 $, selon les aménagements. Les trois repas sont compris. Autre solution, le *Quiet Canyon Hotel* (☎ 627-3477), situé non loin du terminal des ferries à Stag Harbour. Il dispose de 11 chambres à 55/59 $ les simples/doubles, et d'un restaurant. Sinon il vous restera le *Fogo Island Motel* (☎ 266-2556). Mieux vaut réserver si vous souhaitez vous y rendre en juillet ou au début d'août.

Île New World

Du continent, des digues relient imperceptiblement l'**île Chapel**, la minuscule **île Strong** et les îles New World et Twillingate.

A **Newville**, l'office du tourisme pourra vous fournir des cartes de la région, des conseils sur les curiosités à voir ainsi qu'un plan de plusieurs sentiers et chemins qui sillonnent l'île Twillingate.

A **Dildo Run**, vous pourrez visiter un très beau parc provincial, avec aire de camping et de pique-nique, implanté dans une forêt donnant sur une baie. En raison des courants, il est recommandé de ne pas se baigner.

La partie ouest de l'île reçoit beaucoup moins de visiteurs et possède quelques-unes des plus vieilles maisons de la région, dans de petits villages de pêcheurs perchés au bord des falaises découpées et rocheuses.

A **Moreton's Harbour**, l'ameublement du musée installé dans une ancienne demeure semble un souvenir d'une époque où la ville était un centre de pêche autrement plus prospère qu'aujourd'hui. Existe également un petit magasin, mais peu ravitaillé.

Plusieurs petits parcs entourent la ville. On peut y camper et y pique-niquer, mais les aménagements ont été réduits au strict nécessaire. L'un d'entre eux, le **parc Wild Cove**, n'est pas très éloigné, au nord, de Moreton's Harbour : cherchez la clairière environnée de collines rocheuses, à gauche de la route.

ÎLE TWILLINGATE

Constituée en réalité de deux îles, Twillingate nord et sud, c'est certainement la région de la baie Notre-Dame qui mérite le plus notre attention. Le paysage est d'une beauté à couper le souffle, où l'on découvre à chaque tournant un point de vue différent sur la mer, des embarcadères aux teintes chaudes, des groupes de maisons couleur pastel perchées au sommet de falaises.

Phare de Long Point

Depuis le phare, on a une vue spectaculaire sur les falaises. Je suis sûr que c'est l'air le plus pur que vous n'avez jamais eu la chance de respirer.

On y voit là des icebergs, fréquents en mai et en juin, voire en juillet. Ils ont tendance à dériver vers le sud en provenance du Labrador, puis vers l'est en direction de la baie de Bonavista, où ils commencent à fondre dans une eau plus chaude. On a même aperçu des icebergs d'une taille respectable au large de St John's.

En juin et en juillet l'observation des baleines est tout indiquée à cet endroit et dans toutes les îles alentour. Si vous ratez ces deux attractions, vous pourrez toujours profiter de mémorables couchers de soleil qui, eux, se produisent toute l'année !

Le phare est vieux de plus d'un siècle, et en suivant son escalier en colimaçon, vous remarquerez comment les maisons sont reliées entre elles par des allées couvertes, une indication du brouillard et du mauvais temps qui peuvent sévir ici.

Musée de Twillingate

Le musée de la ville, autrefois un presbytère anglican, fournit aujourd'hui un bon aperçu de l'histoire locale. Twillingate est l'une des plus anciennes bourgades de cette région, fondée par des marchands anglais au milieu du XVIIIe siècle. Dans une des pièces sont exposés des objets rapportés par les capitaines de vaisseaux des quatre coins du globe. Une autre pièce est consacrée à la chasse au phoque et aux controverses qu'elle suscite. Il y a aussi une boutique d'artisanat dans le musée.

A quelques pas de là se dresse l'**église de Saint-Pierre**, datant de 1844 ; c'est une des plus anciennes églises en bois de Terre-Neuve. L'église unitarienne est un monument classé.

Durrell

Ne négligez surtout pas de passer par Durrell. On a du mal à croire que les habitants de cette bourgade puissent profiter d'un tel panorama en se levant chaque matin !

Quantité de maisons en bois à deux étages, en forme de boîte, ont plus d'un siècle. La **Iceberg Shop**, qui vend de l'artisanat, est installée dans une maison vieille de cent trente ans. On nous a également recommandé l'excursion en mer pour y retrouver les baleines, les icebergs et les falaises déchiquetées, attractions obligées dans cette région.

Le **musée de Durrell**, perché en haut d'une colline, offre aussi un beau point de vue. Vous vous y informerez sur la vie d'un village de pêcheurs au début du siècle. Il est ouvert tous les jours et le droit d'entrée n'est que symbolique.

Les promenades ne manquent pas : consultez la carte de l'office du tourisme pour celles qui mènent à la French Beach et à l'arche naturelle. Le Smith's Lookout (le panorama de Smith) fournit un point de vue exceptionnel de l'île.

Fish, Fun & Folk Festival

Chaque année, durant la dernière semaine de juillet, se déroulent pendant quatre jours des festivités que vous ne devez absolument pas manquer si vous vous trouvez dans la région. Vous y assisterez à des spectacles de danse et de musique traditionnelles dont certaines remontent au XVIe siècle. Le poisson est omniprésent, on y mange beaucoup et bien.

Réservez le plus tôt possible car tout le monde vient aussi pour voir les baleines et les icebergs au large.

Où se loger

Le *Dildo Run Provincial Park*. Le *Sea Breeze Park*, qui jouxte le phare Long Point, est en endroit prestigieux et bon marché. On peut aussi y pique-niquer. Contactez l'office du tourisme pour les locations disponibles.

Le *Hillside B&B* occupe une situation centrale, 5 Young's Lane (☎ 884-5761), dans une maison construite en 1874. Vous y aurez de belles vues sur le port et le phare et l'établissement pratique des prix très corrects : 30/40 $ pour une simple/double, petit déjeuner léger compris.

L'*Anchor Inn* (☎ 884-2776), avec vue du sommet de la colline, dispose de plusieurs chambres dans le bâtiment principal, d'autres d'un style plus proche du motel, et d'autres encore avec un coin cuisine. Les simples/doubles coûtent 55/60 $, plus 5 $ pour les équipements proposés. Il y a également une salle à manger avec du poisson au menu.

Ne pas passer la nuit dans l'un de ces établissements signifie retourner à l'île New World, voire plus loin. Le *Friday's Bay Summer Cottage* (☎ 629-3459), dans Virgin Arm, sur l'île New World, se trouve à 20 km au sud de Twillingate. Vous pouvez louer une cabine à la semaine ou pour une nuit. Si vous êtes plusieurs, c'est une solution particulièrement intéressante, car elles sont très spacieuses et équipées d'une cuisine. Celles-ci sont disponibles seulement en juillet et en août.

Où se restaurer

Le *R&J* dispose d'un fish & chips et d'une belle vue sur l'un des nombreux ports. L'*Anchor Inn* possède une salle à manger et un bar.

A Durrell, le *Bayside Restaurant* sert du poulet ou de la pizza, mais nous vous recommandons surtout le poisson.

DE TWILLINGATE A LEWISPORTE

Depuis Twillingate, la route traverse Birchy Bay, une zone d'exploitation forestière et agricole que sillonnaient autrefois les Indiens beothuks. A proximité de Campbellton, faites un tour dans l'Indian Cove Neck, un petit parc avec une plage et de beaux points de vue. Les passionnés de pêche souhaiteront peut-être lancer leur ligne dans la rivière Campbellton pour y attraper le saumon du dîner.

Lewisporte

Avec une population de 4 500 habitants, Lewisporte est la ville la plus importante de la côte, mais elle est surtout connue pour son terminal de ferries Marine Atlantic. Pour le reste, elle ne présente guère d'intérêt pour le voyageur. A l'ouest, la baie est moins peuplée et le réseau routier, étant plus réduit, est moins accessible.

Le **Bye The Bay Museum** (☎ 535-2737), qu'abrite le vaste Women's Institute Building en bois, dans Main St, expose des objets et des témoignages historiques concernant la région. Pour ma part, j'ai été tout particulièrement fasciné par une paire de lunettes de soleil datant de 1895, mais le chef-d'œuvre de la collection est un long tapis de couleur, tissé à la main, qui dépeint divers aspects de la vie à Lewisporte, à des époques différentes. Le musée est fermé de fin décembre à début juin. Une boutique d'artisanat occupe le rez-de-chaussée et propose des objets fabriqués localement.

Plusieurs personnes organisent des excursions en bateau pour pêcher la morue ou visiter les **îles Exploits**, côtes rocheuses et paisibles, où les habitants de la région possèdent des résidences d'été.

Où se loger et se restaurer

Vous pouvez camper au *Municipal Park* de la ville, ou à *Notre-Dame Provincial Park*, situé à 14 km. La ville offre quelques possibilités d'hébergement pour la nuit, y compris 3 pensions de famille regroupées dans Main St. Au n°92, le *Northgate B&B* (☎ 535-2258), sis à une courte distance à pied du terminal des ferries, propose des simples/doubles à 40/50 $, petit déjeuner compris (pain, muffins et confitures maison). L'établissement est installé dans une vieille maison avec vue sur le port. Au n°313 de la même rue, le *Seaside Lodge* (☎ 535-6305) loue des simples/doubles à 40/45 $. Il y a un balcon donnant sur la rue.

Dans la Hwy 341 qui rejoint le centre-ville se dresse un *Brittany Inns* (☎ 535-2533) avec 34 chambres réparties entre l'hôtel et le motel, ainsi que des chambres entièrement équipées, à partir de 52 $. Il y a une salle à manger.

Pour vous restaurer, vous pouvez tenter votre chance au centre commercial qui se trouve à la jonction de la Hwy 340 et de la Hwy 341. Il y a une boulangerie et une épicerie Sobey où vous pourrez utilement vous ravitailler si vous prenez le ferry. Vous trouverez aussi un restaurant chinois dans Main St.

Comment s'y rendre

Bus. Le bus CN Roadcruiser qui relie Port-aux-Basques à St John's s'arrête à Notre-Dame Junction, à la station-service d'Irving, au sud de la ville, au croisement de la Hwy 340 et de la Transcanadienne. L'arrêt se trouve à environ 16 km de la ville et de l'embarcadère des ferries. Le bus passe aussi devant le Brittany Inns, implanté à seulement 3 km du centre-ville. Les taxis attendent à l'arrivée du bus.

Ferry. Deux ferries Marine Atlantic (☎ 535-6876) font route vers le nord. Le premier, un ferry pour véhicules, rejoint Cartwright, sur la côte du Labrador, puis de là traverse Hamilton Inlet en direction du lac Melville (qui aurait reçu la visite des Vikings) et de Happy Valley-Goose Bay, sis au cœur du Labrador, où est implantée une importante base militaire.

Si vous êtes motorisé, vous pourrez ensuite traverser le centre du Labrador jusqu'à Churchill Falls, puis rejoindre la ville de Labrador à la frontière du Québec. La route au sud traverse ensuite le Québec et se dirige vers Baie Comeau.

Le ferry pour Goose Bay entreprend un long voyage d'environ trente-huit heures avecune seule escale. Il existe aussi un voyage direct, permettant de gagner trois heures sur la durée totale du voyage.

Un aller simple coûte 80 $, prix auquel il faut ajouter 130 $ pour la voiture. Les enfants et les personnes âgées bénéficient de tarifs réduits. Des cabines sont disponibles en payant un supplément. Deux ferries par semaine circulent dans les deux sens (l'un direct, l'autre avec arrêt), de mi-juin à environ mi-septembre.

Le second ferry, qui rallie une autre partie du Labrador, longe la péninsule nord, s'arrête à St Anthony, puis fait route vers la côte du Labrador et dessert plusieurs petits villages de pêcheurs. Il est strictement réservé au transport des passagers et des marchandises – pas de véhicules. Une option logique, puisque le réseau routier est inexistant, ou presque excepté à un ou deux endroits, dans toute la région qu'il dessert, d'où son charme.

Le voyage aller et retour dure approximativement de quatorze à seize jours. En effet la destination la plus au nord, Nain, se trouve à environ 2 100 km de Lewisporte. Les ferries empruntent ce trajet de juillet à mi-décembre, date à laquelle les glaces de la côte et de l'Arctique se rejoignent. La mer est alors complètement gelée jusqu'au dégel de l'été.

Vers la fin de la saison, de novembre à décembre, le climat module les horaires et le seul trajet aller peut prendre des semaines. Par vents violents et vagues de 15 m de haut, le bateau est souvent contraint de rester à quai pendant plusieurs jours.

En règle générale, c'est un voyage confortable (deux ferries différents effectuent le trajet), avec quatre repas par jour (pas question d'oublier le "souper") et un choix de plats équivalant à celui qui est proposé dans un restaurant, mais aux prix sensiblement plus élevés. Les tarifs du voyage, assez bas, sont calculés en fonction du nombre de miles marins parcourus. La moyenne est de 19 cents par mile, auxquels il faut ajouter 18 cents par mile pour une cabine de deux personnes en classe économique. Il y a 130 miles jusqu'à St Anthony, 194 jusqu'à Red Bay et 700 jusqu'à Goose Bay.

Quelque 46 ports d'escale s'échelonnent tout le long du trajet et le nombre d'arrêts détermine en partie la longueur du voyage. Vous pourrez débarquer dans la bourgade de votre choix. Certains villages de pêcheurs offrent des possibilités d'hébergement, mais vérifiez soigneusement à quel moment repasse le ferry. Vous pouvez aussi dormir sur le bateau – dans le port ou en mer.

Les prix bas pratiqués explique la popularité de ce voyage auprès des visiteurs qui peuvent ainsi découvrir les localités les plus isolées du pays, et profiter de superbes paysages – falaises de granit et fjords. La place est limitée, en majeure partie occupée par les habitants avec tout leur équipement, et il est indispensable de réserver depuis Terre-Neuve.

Attendez-vous à payer une caution de 25% au moment de faire les réservations. Une carte de crédit est, dans ce cas, généralement indispensable, à moins de vous rendre à l'une des agences de Marine Atlantic. Il semble qu'il soit possible de réserver des places sur ces ferries depuis une autre province. Si c'est le cas, et si votre réservation est acceptée, vous devrez payer immédiatement la totalité du billet.

Si vous êtes motorisé, vous pourrez laisser votre voiture au terminal des ferries, à Lewisporte. L'endroit est gardé mais vous devrez signer une décharge de responsabilité.

Quatre voyages par mois sont assurés de juillet à octobre, et deux avant la mi-novembre.

Pour l'un ou l'autre des ferries au départ de Lewisporte ou de Happy Valley-Goose Bay, arrivez une heure et demie avant le départ et faites vos réservations. Pour tout renseignement ou réservation, appelez le numéro à Lewisporte, ou le ☎ 709-772-7701 à l'est de Terre-Neuve, ou encore le ☎ 709-695-7081 à l'ouest de Terre-Neuve.

Sur l'un ou l'autre parcours, il n'est pas rare de voir d'énormes icebergs.

Le gouvernement fédéral, qui cherche à développer les communications aériennes avec ces localités du Nord, envisage de suspendre ces liaisons maritimes...

GRAND FALLS ET WINDSOR

Ces deux petites villes sont situées au cœur du pays de la pâte à papier. De fait, Windsor apparaît davantage comme une banlieue de Grand Falls qui présente le plus d'intérêt pour le visiteur. L'impressionnante fabrique de papier Abitibi-Price fut construite au centre même de Grand Falls et organise des visites en été. Prenez contact avec le chalet d'informations touristiques.

Ce dernier (☎ 489-6332) se trouve sur la route, à 2 km à l'ouest de la ville. Situé à l'angle de Cromer Ave et de St Catherine St, le **musée Mary March** retrace la vie des Indiens beothuks aujourd'hui disparus. Ils vivaient dans cette région de la province avant l'arrivée des Européens, mais le heurt de ces deux cultures entraîna la disparition de cette nation. Les deux dernières femmes beothuks moururent au début du XIXe siècle, après avoir fourni de précieux renseignements sur leur nation, dont fait état le musée. Mary March était le nom donné à l'une d'entre elles par les Britanniques, mais elle s'appelait en réalité

Desmasduwit. Le musée est ouvert tous les jours. L'entrée est gratuite.

A côté du musée établi dans les bois, on a reconstitué un **village indien beothuk**. La visite est gratuite, mais les dons sont acceptés.

Non loin de la ville, à l'ouest, le **parc provincial beothuk** propose, pour sa part, la reconstitution d'un campement forestier du début du siècle.

Où se loger et se restaurer

La ville possède deux motels très onéreux, mais aussi un B&B, le *Poplar Inn* (☎ 489-2546) qui propose des doubles à 40 $. Il est installé au 22 Poplar Rd, à la sortie de la Lincoln Rd donnant derrière le Mt Peyton Hotel, visible de la Transcanadienne. Situé à environ 3 km, l'arrêt du CN Roadcruiser est accessible à pied. Le Poplar Inn est ouvert toute l'année.

A Grand Falls vous attendent un restaurant chinois, dans Church Rd et une pizzeria. Deux autres restaurants sont établis sur la route.

Comment s'y rendre

Le bus CN Roadcruiser s'arrête à Windsor, dans Main St. Le service des bus Bay d'Espoir relie Grand Falls à St Alban's par la Hwy 360, au sud. Deux autres petites compagnies assurent divers trajets.

AU SUD DE GRAND FALLS

Une route relativement récente traverse sur 130 km le centre de la province jusqu'à la côte sud. Le trajet est long jusqu'aux premières implantations tout au bout de **Bay d'Espoir**, un fjord gigantesque. Les falaises de **Morrisville** offrent les plus beaux points de vue. Des bus relient **St Alban's**, principale ville de la région, à Grand Falls. **Conne River** est une bourgade indienne micmac. La région subvient à elle-même grâce à une puissante industrie hydroélectrique et à l'élevage du saumon. Un motel et un camping se tiennent à l'extrémité de la baie.

Plus au sud sont rassemblés de petits villages de pêcheurs, dont certains sont inaccessibles par la route et seulement reliés entre eux par les ferries de la côte sud. Le long de la Hwy 364, le paysage est particulièrement impressionnant.

Où se loger et se restaurer

Harbour Breton possède un motel l'*Olde Oven Inn* (☎ 888-3461) est meilleur marché, avec des doubles à 50 $, petit déjeuner compris. Il est installé dans l'English Harbour West, connu pour ses pull-overs tricotés main. On peut y prendre ses repas.

LAC RED INDIAN

Situé dans une vaste contrée déserte, à l'ouest de Grand Falls, le lac est un lieu de pêche privilégié. Il attire aussi la faune de la région, notamment des groupes importants d'orignaux et de caribous. Les bourgades environnantes vivent de l'exploitation minière et forestière.

PÉNINSULE DE BAIE VERTE

Peu visitée, Baie Verte est une région traditionnelle aux petits villages de pêcheurs et de mineurs. L'implantation humaine y est très ancienne. Des Indiens ("Maritime Archaic") s'installèrent les premiers aux abords de la péninsule, bientôt suivis par des Inuits Dorset qui établirent leur campement à **Fleur de Lys** et aux alentours dès le premier millénaire avant J.-C., et demeurèrent sur place durant plusieurs siècles. Des affleurements de saponite (pierre de savon) qui abondent aux environs, les Inuits tirèrent les matériaux nécessaires à la fabrication d'objets utilitaires ou de sculptures. Les traces de leurs excavations sont encore visibles.

Aux alentours de Baie Verte et des îles, les archéologues ont mis au jour des objets beothuks. Enfin, certains noms de bourgades révèlent que la présence française fut elle aussi déterminante.

La région de Baie Verte est très pittoresque avec ses collines arrondies et verdoyantes qui dominent le rivage. De courts trajets en ferry relient entre elles plusieurs îles. Springdale, la principale bourgade, offre quelques possibilités d'hébergement.

A Baie Verte, ville à l'extrémité nord-ouest de la péninsule, vous pourrez visiter le **Miners' Museum** et le **tunnel**. Il y a aussi un office du tourisme en ville. A la sortie de la ville, on peut apercevoir route une mine d'amiante à ciel ouvert. La péninsule possédait également des gisements de cuivre, d'or, d'argent et de zinc, aujourd'hui épuisés ou presque. Vous pourrez vous aventurer dans des mines abandonnées. Autrefois, on extrayait de **Tilt Cove**, situé sur la côte, 5% du nickel mondial. A **La Scie**, un iceberg est visible. Il est possible d'y faire des excursions en bateau.

Ouest de Terre-Neuve

DEER LAKE ET SES ENVIRONS

La contrée présente peu d'intérêt pour le visiteur. Mais centre d'une zone agricole, elle diffère en cela totalement du reste de la province où l'agriculture est rare. Elle constitue aussi un point de départ aux excursions dans la péninsule nord.

En ville, le *Driftwood Inn* (☎ 635-5115) est une vaste maison en bois blanc et vert, sise 3 Nicholas Rd – une promenade agréable depuis Main St. Il loue des chambres confortables mais un peu chères, (52 $ la simple) et possède un bar et un restaurant très fréquentés. Pour vous restaurer, vous disposez aussi du *Tai Lee Garden*, un restaurant chinois simple, bon marché, situé au centre de Main St, qui sert des plats vraiment délicieux.

Entre les villes de Deer Lake et de Corner Brook, la route traverse un paysage spectaculaire où nombre d'habitants du coin possèdent une maison d'été ou une caravane. Aux environs de Pasadena Beach, quelques motels et cabines sont disponibles aux visiteurs.

Les Indiens beothuks

Disséminés au nord de la région centrale de Terre-Neuve, les Beothuks, un groupe culturel bien distinct, vécurent dans ces contrées pendant cinq siècles, jusqu'en 1829, date de la mort de la dernière femme beothuk. Ce sont eux, dont le visage était recouvert d'ocre rouge, que les premiers Européens surnommèrent les Peaux-Rouges, une appellation bientôt appliquée à tous les peuples autochtones d'Amérique du Nord. Semi-nomades, ils se déplaçaient le long des rivières – notamment les Exploits – dans des canoës en écorce de bouleau, entre les lacs et la mer, à la baie Notre-Dame. Ils étaient pacifiques, et leur population était peu importante. Les Européens, avec leur fusil et leurs maladies, se chargèrent de les faire disparaître. Avant même que ne soit prise la moindre mesure, il ne restait plus qu'une poignée de Beothuks. Au début du XIXe siècle, seules avaient survécu deux femmes qui transmirent tout ce qu'elles savaient sur leur nation.

Un musée leur est dédié à Grand Falls, et l'on a reconstitué un village. Une partie du musée de St John's est également consacrée à la nation beothuk. Il expose notamment un squelette, le seul qui fut jamais retrouvé. La Beothuk Trail, la Hwy 380, mène à certaines de leurs anciennes terres, mais aujourd'hui ce n'est plus qu'un nom sur une carte. ■

Canoës en écorce de bouleau

PÉNINSULE NORD

Depuis Deer Lake, la péninsule s'étend sur 430 km au nord, en direction du Labrador, et longe l'une des routes les plus belle de la côte est d'Amérique du Nord. Appelée la Viking Trail (piste des Vikings), la très peu connue Hwy 430 s'étire entre la côte et les monts Long Range jusqu'à deux sites inscrits au patrimoine mondial de l'UNESCO (il y en a 10 au Canada). Elle traverse un site historique national, deux parcs provinciaux – aux paysages merveilleusement dénudés du Grand Nord et aux points de vue sur le détroit de Belle-Isle – et de là rejoint la côte du Labrador. Cette contrée est aussi une formidable réserve animale et végétale, aux variétés infinies de baies comestibles, et un petit paradis pour les pêcheurs de saumon. Vous serez sans doute ébloui par ses fjords spectaculaires et prendrez plaisir à vous arrêter dans ses petits villages de pêcheurs où vous serez amicalement accueillis.

Même disposant de peu de temps, un circuit de Port-aux-Basques à la péninsule nord, au moins jusqu'à Gros-Morne s'impose et vous en garderez un inoubliable souvenir. De nombreux voyageurs choisissent cette contrée comme point de chute pour leur circuit vers le Rock et ne dépassent jamais, à l'est, la limite de Deer Lake. L'Anse-aux-Meadows, ancien habitat fondé vers l'an mille par les Vikings, est devenu une sorte de lieu de pèlerinage. Chaque année, il attire de petits groupes de visiteurs venus des États-Unis et d'Europe.

Malgré l'enthousiasme que fait naître la grande beauté de cette contrée, quelques avertissements sont de règle. Tout d'abord, les transports publics se réduisent au strict minimum : il n'y a qu'un bus qui dessert la seule route existante, très longue avec des étendues monotones, au point qu'on se passerait bien de faire le trajet dans l'autre sens ! le prix de l'essence est excessif et plus on avance vers le nord, plus il augmente (le pire est à St Anthony). Pour le reste, l'hébergement est très restreint et la nourriture se réduit au strict nécessaire. C'est pourquoi la plupart des gens qui visitent cet endroit viennent en caravane ou en camping-car. Si c'est votre cas, il sera judicieux de vous approvisionner à Corner Brook. Le temps est peu engageant – vent, humidité, brouillard, et même en été il peut y faire froid. Et les insectes feront peut-être aussi partie de la fête....

De Deer Lake au parc national de Gros-Morne

De nombreuses fermes de baies diverses sont établies au nord de Deer Lake et, si vous passez par là en août, profitez-en pour faire votre cueillette de fraises, de myrtilles ou de framboises dans une de ces fermes où les clients cueillent eux-mêmes ce qu'ils veulent acheter. Au bord des routes, les vendeurs abondent et vous pourrez faire l'achat de confitures maison.

A **Wiltondale**, vous pourrez visiter la reconstitution d'un ancien petit village de pionniers, qui datait du début du siècle. Il y a aussi un salon de thé.

Parc national de Gros-Morne

Ce parc mérite absolument une visite, avec ses paysages spectaculaires, très variés, qui lui ont valu le statut de patrimoine universel. Vous pourrez notamment y admirer les majestueuses Tablelands dénudées. Vous pourrez aussi profiter de ses excellents sentiers de montagne, de ses plages sablonneuses et de ses petits villages de pêcheurs. Vous y rencontrerez des rivières, des lacs, une toundra montagneuse et une faune abondante, notamment des caribous et des orignaux. Au large, on aperçoit des phoques et parfois des baleines.

C'est la partie rocheuse précambrienne, cambrienne et ordovicienne qui a valu au parc son statut de patrimoine universel, décerné par l'UNESCO. En particulier, les preuves fournies aux chercheurs par ses masses rocheuses, qui semblent étayer la théorie des plaques tectoniques. La présence d'un habitat humain vieux de quatre mille cinq cents ans contribua aussi à sa reconnaissance universelle.

Woody Point, Norris Point et Rocky Harbour sont les principaux centres commerciaux du parc. Dans la partie sud du parc, la Hwy 431 mène à Woody Point, et, plus loin, aux Tablelands. Avec ses grandes maisons anciennes, le village de Woody Point constitue un point de chute idéal pour visiter le parc.

Il y a 5 campings aménagés, plusieurs autres nettement plus précaires, des aires de pique-nique et des villages, bourgades et villes disséminées alentour qui, bien qu'implantés à l'intérieur du parc, ne dépendent officiellement pas de sa juridiction. Toutes ces implantations commerciales offrent hébergement, restaurants et autres services. Le centre d'information du parc (☎ 458-2066) est installé à quelque 25 km de l'entrée, sur la Hwy 430, mais des cartes sont disponibles à l'entrée et sur les aires de camping. De fait, ce centre est assez pauvre, mais les gardes pourront répondre à vos questions sur les sentiers, la faune, etc. Une brochure y est également disponible, dans laquelle sont décrits tous les sentiers classés par ordre de difficulté – du chemin facile et court (de 1 à 2 km) à la marche de trois à quatre jours. La principale localité du parc est Rocky Harbour, où vous trouverez toutes les commodités, de la laverie automatique à l'épicerie.

A voir et à faire. Un jour de marche par le James Callahan Trail jusqu'au sommet du parc du même nom, Gros-Morne, à 806 m, vous permettra de profiter d'exceptionnels points de vue. Il faut compter une bonne journée de marche (16 km aller et retour). C'est un des sentiers les plus difficiles du parc, aussi préparez-vous à connaître un épuisement et un bonheur à la mesure de l'enjeu. Des caribous circulent parfois au sommet.

Plus accessibles, mais tout aussi attrayantes, les **Tablelands** ne sont pas très éloignées de Woody Point. Elles consistent en une plate-forme rocheuse de 80 km, une échancrure profonde de 700 m au-dessus de l'Océan – comme si l'on pouvait jeter un coup d'œil dans les entrailles de la terre. Elles sont souvent recouvertes de neige toute l'année.

Vers l'ouest, **Green Gardens** offre une randonnée, avec plage et possibilité de camper. A **Trout River**, un petit village de pêcheurs, le *Seaside Restaurant* sert d'excellents fruits de mer.

Deux croisières en bateau (deux heures) dans la **baie Bonne** partent tous les jours de Norris Point, avec arrêt à **Woody Point** pour embarquer plus de voyageurs avant de croiser les Arms. Le dimanche, les croisières sont plus longues et incluent de la musique traditionnelle.

De retour sur la Hwy 430, vers le nord, le fjord East Arm offre de beaux points de vue. Le James Callahan Trail qui rejoint le mont Gros-Morne commence ici. Non loin de Rocky Harbour se trouve une aire de loisirs avec une piscine et un bain à remous. Elle est ouverte tous les jours et des casiers y sont disponibles. Prévoir une petite participation. Plus loin sur la côte, une fois dépassée Sally's Cove, on peut apercevoir sur la plage l'épave du SS *Ethie* qui s'échoua en 1919.

L'étang Western Brook est un fjord aux falaises abruptes de quelque 700 mètres de haut, qui jaillissent à la verticale des eaux froides. Des croisières en bateau, très populaires, sur une distance de 15 km organisent une promenade de deux heures et demie au pied de falaises dressées vers le ciel. Vous devrez faire vos réservations au centre touristique du parc ou à l'Ocean View Motel (☎ 458-2730) à Rocky Harbour, avant de gagner le quai.

Les croisières sont assurées du 1er juin à fin septembre, trois fois par jour en haute saison, et elles acceptent jusqu'à 40 passagers. Le billet coûte 20 $, tarif réduit pour les enfants. Le quai se trouve à 30 mn de marche, et cette promenade vaut la peine, même si vous n'effectuez pas la croisière.

Sans dangers, la plage aux dunes de sable fin, sise à **Shallow Bay**, géographiquement à l'opposé du reste de la région, donne l'impression d'avoir été transportée des Caraïbes par quelque mystérieux courant. Mais l'eau se charge de vous rappeler à la réalité, car elle dépasse rarement 15 °C.

A **Broom Point**, l'ancien marché aux poissons a été restauré et retrace la petite pêche côtière à la fin des années 60. Il est ouvert tous les jours, de juin à septembre. Les Inuits, au paléolithique, utilisèrent le site pour chasser le phoque de 300 av. J.-C. à 600 après J.-C.

St Paul's est un petit village de pêcheurs, où l'activité se fait rare. Les croisières en bateau prennent des passagers pour Seal Island où l'on peut voir des phoques et profiter de points de vue sur les monts Long Range. Plusieurs croisières sont organisées par jour. La bourgade située la plus au nord, **Cow Head**, propose un petit musée, une hospitality home et des promenades le long de la plage. Vous pourrez aussi descendre au *Shallow Bay Motel & Cabins* (☎ 243-2471) qui possède un restaurant. Le bus Viking Express s'arrête à Cow Head.

Où se loger et se restaurer. A Woody Point, vous pourrez loger à deux adresses. Le HI *Woody Point Hostel* (☎ 453-2442) n'a guère d'équivalent à Terre-Neuve. En tout cas, il sera apprécié par tous. Il est ouvert de fin juin à début septembre et possède seulement 10 lits à 10 $ pour les membres, un peu plus pour les autres. Il se trouve dans School Rd, non loin de la gare routière et est ouvert toute la journée. Il y a une cuisine et on peut y louer des bateaux.

Autre solution, le *Victorian Manor* (☎ 453-2485) qui propose des chambres dans une charmante vieille maison, ou des cabines à 2 lits plus récentes, bien aménagées, où vous pourrez préparer vos repas. Dans la maison principale, les 4 simples/doubles coûtent 40/45 $, petit déjeuner léger compris. Vous pourrez laver votre linge et louer un vélo ou un canoë.

De l'autre côté de la baie, à Norris Point, le choix est plus large. Le *Shear's* (☎ 458-2275) loue de juin à septembre 2 simples/doubles à 35/40 $, petit déjeuner léger compris. Un peu plus cher, le *Terry's B&B* (☎ 458-2373) propose un petit déjeuner plus complet. Toujours à Norris Point, vous trouverez aussi quelques restaurants, des épiceries et une pharmacie.

A Rocky Harbour, vous pourrez séjourner au *Gros Morne Cabins* (☎ 458-2020), dans des bungalows individuels avec cuisine et vue sur l'océan. Une grande pièce pour deux adultes et deux enfants coûte 55 $ (renseignements au magasin Endicott). L'*Ocean View Motel* (☎ 458-2730) loue des doubles à 60 $.

Une petite faim ? Rendez-vous chez *Jackie's* où les frites et les gâteaux aux fruits sont délicieux. D'autres restaurants servent des repas plus substantiels.

Comment circuler. Le service des bus Martin's relie Woody Point à Corner Brook une fois par jour, du lundi au vendredi. A Woody Point, renseignez-vous auprès de Martin's Auto Service (☎ 453-2207).

Le bus Viking Express qui part de Corner Brook pour St Anthony, *via* Deer Lake, circule trois fois par semaine avec arrêts à Norris Point (de l'autre côté de la baie Bonne) et à Rocky Harbour plus au nord.

A Corner Brook, les deux bus partent du centre commercial Millbrook Mall (voir *Corner Brook*).

Depuis Woody Point, un ferry traverse la baie Bonne et rejoint Norris Point en contournant la partie sud du parc. Le trajet dure vingt minutes et la traversée quotidienne est assurée dans les deux sens, toutes les deux heures de l'aube à l'heure du dîner (10 $ pour la voiture et le chauffeur, 3 $ par passager, demi-tarif pour l'aller-retour).

Les Arches

Lorsque l'on quitte le parc vers le nord, sur la Hwy 430, les Arches méritent que l'on s'arrête un moment pour marcher sur la plage, faite de pierres rondes, lisses, colorées, de la grosseur d'un ballon de football.

Mais la véritable attraction de l'endroit sont les trois arches de calcaire et les vestiges de trois ou quatre autres datant de quelque 400 millions d'années. Des tables pour pique-niquer donnent sur la plage.

Daniel's Harbour

A l'extérieur de la ville, on extrait le zinc le plus pur au monde, une activité qui vient s'ajouter à la pêche. Le *Mountain View Motel* (☎ 898-2211) possède un restaurant.

Réserve écologique de Table Point

Au nord de Bellburns, le rivage abrite de larges sections de terrains calcaires, vieilles de 470 millions d'années, où abondent les fossiles.

Parc provincial de River of Ponds

On y a aménagé le seul camping provincial de la péninsule nord, avec celui qui se trouve plus haut, à l'extrémité nord.

La rivière Pond regorge de saumons, et l'on peut aussi y nager, y faire du canoë, mais par endroits les eaux paraîtront bien calmes aux pagayeurs expérimentés.

Hawke's Bay

Situé à mi-chemin entre St Anthony et Deer Lake, Hawke's Bay était un port baleinier au début du siècle. Le saumon y abonde, et à l'échelle de saumon – un système destiné à aider les poissons à remonter le courant – on peut les observer entreprendre leur difficile voyage vers l'intérieur, avant le frai. Les truites sont également nombreuses.

Juste derrière l'office du tourisme se cache un petit terrain de camping où commence le Hogan Trail, sentier fait d'un cheminement en planches sur sa presque totalité, qui longe la rivière Torrent sur 6 km et conduit à travers bois et marécages à l'échelle de saumon. On peut nager à un endroit, et trois postes d'observation à oiseaux jalonnent le sentier.

Hawke's Bay est une localité dont toutes les routes mènent, à l'est, vers les monts Long Range. Si vous disposez d'un véhicule capable d'emprunter des voies mal entretenues et étroites, 150 km de route conduisent à de petits lacs et rivières. L'office du tourisme vous indiquera les endroits à voir, les routes praticables, etc.

Le *Maynard's Motel* (☎ 248-5225) possède 20 unités d'habitation et une demi-douzaine entièrement aménagées. Les unités ordinaires ne sont pas économiques, mais d'un prix moyen pour la région : comptez 54/62 $ pour les simples/doubles. Existent un restaurant (nous vous conseillons le week-end le steak spécial), un salon, un bar et une laverie automatique. Ils organisent aussi des pêches au saumon.

Port-au-Choix

Ville dynamique et attrayante, sise entre Gros-Morne et St Anthony, c'est aussi la principale étape des voyageurs empruntant la Viking Trail. C'est un important port de pêche avec ses bateaux amarrés au quai et provenant de toute la côte et, par-delà le détroit, du Labrador.

La principale attraction est le parc national historique (☎ 623-2601) dont le personnel est si coopératif. L'entrée est gratuite. Le parc se divise en deux sections, dont chacune présente les vestiges de peuples différents, vieux de plusieurs millénaires. Dans le centre-ville, le principal site, un **cimetière indien** datant de 3 200 à 4 300 ans, jouxte le musée et le centre touristique. Les restes de quelque 100 individus ainsi que des outils, des armes et des ornements, furent mis au jour, par hasard, en 1967. Certains objets sont exposés au musée. On ignore encore à peu près tout de ces peuples qui vécurent dans la région pendant des siècles. En revanche, on sait qu'ils n'étaient pas cultivateurs, mais vivaient de la pêche et de la cueillette.

L'autre partie du parc se trouve de l'autre côté de la ville, à une courte distance par la route, suivie d'une marche de vingt minutes par un sentier. Il abrite des vestiges du peuple inuit Dorset, qui s'établit sur la péninsule de Cap Riche il y a 1 500 à 2 200 ans. Les fouilles du site, appelé **Philip's Garden**, furent effectuées dans les années 60, et mirent au jour les restes de plusieurs maisons anciennes. Toujours présents à cet endroit, les archéologues espèrent découvrir d'autres objets, mais aussi quelques indices explicatifs de la disparition des Dorset.

Une fois dépassé le site, continuez jusqu'au **phare de Pointe-Riche**, où l'on peut aussi se rendre en voiture en faisant le tour par l'autre côté.

Un jour que je me trouvais sur les lieux, un visiteur aperçut un requin énorme échoué sur la plage, à proximité du site historique.

Mark Lightbody

Si l'on s'intéresse à l'histoire plus récente, une plaque commémore les conflits entre Français et Anglais (sur les droits de pêche dans cette zone poissonneuse) qui se poursuivirent du XVIIe au début du XXe siècle. En 1904, les Français signèrent un nouveau traité par lequel ils abandonnaient leurs droits sur la région en échange d'un monopole au Maroc. Le cimetière français date du XVIIIe siècle.

La ville et ses environs offrent suffisamment d'attraits touristiques pour que vous y passiez un jour ou deux.

Où se loger. Le choix le plus économique revient incontestablement à la *Jean-Marie Guest Home* (☎ 861-3023), situé près de la Viking Trail, qui loue 2 simples/doubles à 35/45 $, petit déjeuner léger compris, de mi-juin à mi-septembre. Un en-cas est également offert dans la soirée, mais le dîner est en supplément. Pour compléter ce tableau des rares hébergements offerts par la localité, vous disposez aussi d'une auberge de jeunesse non loin de Port Saunders. La *Biggin's Hospitality Home* (☎ 861-3523), implantée dans le centre-ville, propose des simples à un prix similaire et des doubles un peu plus chères, mais le petit déjeuner est plus copieux.

Beaucoup plus cher, mais très bien tenu, le *Sea Echo Motel* (☎ 861-3777) dispose de 19 chambres. La salle à manger est accueillante, et l'on y sert notamment d'excellents saumons frais de l'Atlantique.

A environ 50 km au nord de la ville, un camping privé, le *Three Mile Lake Campground*, jouxte le parc provincial. Aménagé sur le modèle des parcs publics, il est tout aussi agréable. Tranquille et boisé, il dispose d'une plage au bord du lac. Emportez le ravitaillement nécessaire, car vous ne trouverez rien sur place. Il comporte 30 emplacements.

Au nord de Port-au-Choix

Non loin de la ville, une chaîne de montagnes à pic borde la route, mais sa hauteur moyenne reste en deçà de celle des monts du parc national de Gros-Morne (650 m en moyenne). Puis elle décrit un virage vers

Baies sauvages

De délicieuses baies prolifèrent dans toute la province, que vous pourrez cueillir et déguster avec le plus grand plaisir. Comparés au reste de la région, ces fruits apparaissent très tard. Quantité de baies mûrissent en effet fin août, d'autres plus tardivement.

Les variétés semblent infinies, dont certaines, je l'avoue, m'étaient parfaitement inconnues : crackerberries, mûres des baies, cornouilles, marshberries, gaulthéries du Canada, groseilles rouges, squashberries, ainsi que les plus communes framboises, bleuets du Canada (airelles) et mûres sauvages. Les fraises sont cultivées pour le commerce et, dans de nombreuses fermes, vous devrez les cueillir vous-même.

La reine des baies est sans nul doute la *backe apple* (*Rubus chamaemorus* ou framboise) qui est vendue jusqu'à 50 $ le gallon (4,5 l). C'est une petite baie dorée qui pousse près du sol, sur les terres dénudées. Elle sert généralement à la confection des confitures et des parfaits.

Voir des gens penchés sur des buissons ou déambuler dans la campagne en bottes de caoutchouc, un bâton à la main, est un spectacle courant. Aux aires de pique-nique et terrains de camping, desserts de fruits frais et céréales accompagnées de fruits sont les plats généralement proposés. Le long des principales routes sont souvent installés des vendeurs de baies ou, parfois, de confitures faites maison. Quantité de boutiques d'artisanat vendent également des confitures. Celle de gaulthéries rouges est tout particulièrement appréciée. Enfin, nombre d'hospitality homes proposent des baies à leurs repas et les restaurants s'en servent pour confectionner des gâteaux. ■

l'est et sa présence s'amenuise. Le paysage se dénude jusqu'à ressembler à celui du Grand Nord – vastes étendues sans relief, parsemées d'étang. Il se dégage de cette plaine déserte une simplicité majestueuse qui impose le respect et qui, malgré sa dureté, la rend moins impressionnante.

A **Plum Point** se tiennent une station-service et un motel. Profitez-en, car ensuite vous ne trouverez plus grand-chose jusqu'à St Anthony. Depuis Plum Point, une route de graviers rejoint la côte est. A **Main Brook**, le *Tuckamore Lodge* (☎ 865-6361) est un B&B qui loue 4 simples/doubles à 45/55 $, petit déjeuner léger compris. Il y a aussi une salle à manger, une cheminée et un sauna. Mieux vaut réserver, car l'endroit est principalement utilisé par les circuits organisés, avec observation d'oiseaux, de caribous, etc. Pêcheurs et chasseurs s'y arrêtent aussi fréquemment.

La principale ville à venir ensuite est **Roddickton** qui, comme Main Brook, est le domaine réservé des chasseurs et des pêcheurs. Il y a même un motel grand standing. Les environs se prêtent à diverses promenades et, à la faveur d'une randonnée jusqu'au **Cloud Hill**, vous pourrez profiter de beaux points de vue sur les îles au large.

De retour sur la Hwy 430, **St Barbe** offre un ferry jusqu'au Labrador (voir la rubrique *Labrador*). Là, par temps clair on peut apercevoir la côte du Labrador.

Une fois dépassé Eddie's Cove, une autre réserve écologique se cache à **Watt's Point**, en dehors de la route principale. Elle protège surtout les plaques de calcaire sur lesquelles persistent encore quelques fleurs rares.

Au nord d'Eddie's Cove, on remarque de petits potagers, en bordure de la route, où le sol est assez humide et profond pour y planter des légumes comme des pommes de terre. Beaucoup sont différenciés par des épouvantails étonnants, d'autres par un nom peint sur une simple planche de bois, comme Christopher's ou Matthew's. L'ancien aéroport de St Anthony se trouve à mi-chemin entre Eddie's Cove et l'autre côté de la péninsule. On utilise maintenant celui d'Hare Bay.

Parc provincial de Pistolet Bay

Avec ses 30 emplacements dans une zone sauvage mais boisée, situés à 20 km de la route principale et à 40 km environ du site viking, c'est l'endroit rêvé pour ceux qui souhaitent camper.

Le premier matin, réveillé à 6h, je suis sorti de la tente et je me suis retrouvé face à face avec un renard, à quatre mètres de moi.

Mark Lightbody

Ce parc n'est pas sur l'eau bien sûr, mais il est quand même préférable d'être entouré d'arbres même rabougris, qui servent de brise-vent dans cette région ! Préparez-vous à affronter moustiques et mouches, qui m'ont paru insatiables. Dans le parc, on a aménagé une unité confortable avec des douches chaudes et une laverie et, mieux encore, elle est chauffée ! Quel luxe !

Toujours à Pistolet Bay, le *Viking Trailer Park* est privé et adapté aux campeurs motorisés.

Raleigh

La bourgade la plus proche pour trouver du lait, du pain (et de la bière) est Raleigh, un petit village de pêcheurs où tous les habitants se précipitent vers l'embarcadère pour accueillir le retour de la pêche. Un couple de vaches s'y promène aussi en liberté dans les rues, comme leurs comparses indiennes. Rien n'est plus agréable que de déambuler dans ces villages isolés tout au bout de la péninsule – où la vie a gardé la tradition et une certaine simplicité – et de bavarder amicalement avec les habitants.

De Saint-Lunaire à Straitsview

Cinq anciens villages de pêcheurs jalonnent la route jusqu'au site historique de l'Anse-aux-Meadows. Vous y verrez sûrement des enfants vendre des baies au bord de la route. A la mi-août, ils vous proposeront même la "reine" de toutes les baies de Terre-Neuve, la *billarderia* dorée, vendue sur place 35 $ le gallon (autrement dit 4,5 litres – les habitants préfèrent employer les anciens termes de mesure) et qui peut atteindre jusqu'à 50 $, plus au sud. Pas étonnant que les petits vendeurs n'en offrent jamais à goûter ! Les billarderias sont souvent utilisées pour confectionner de la confiture qui, avec un peu de chance, accompagnera votre pain grillé du matin, dans l'un des B&B.

St Anthony est réputé pour ses parkas douillets, mais ils sont également disponibles dans une boutique à Saint-Lunaire et à Straitsview, où ils seront peut-être un peu moins chers. A Griquet, il y a un restaurant ouvert tous les jours à partir de 11h. Vous ne trouverez rien à grignoter ni à boire au parc historique.

Au village de Gunner's Cove, à 5 km du site, on nous a recommandé le *Valhalla Lodge* (☎ 623-2018), l'hébergement le plus proche de l'Anse-aux-Meadows. Du 15 mai au 1er octobre les 6 chambres de style scandinave sont louées. Deux sont équipées d'une s.d.b. Les simples/doubles coûtent 35/45 $, plus 5 $ pour le petit déjeuner. On vous y indiquera le chemin de randonnée à proximité.

Parc national historique de l'Anse-aux-Meadows

C'est un endroit réellement fascinant, rendu plus attrayant encore grâce à la discrète intervention des responsables de son aménagement, dont l'approche sut rester sobre sans "modifier" la nature. Sur un site non profané, au bord de l'eau, qui ressemble beaucoup à ce qu'il était en l'an mille, lorsque les Vikings de Scandinavie et du Groënland furent les premiers Européens à accoster en Amérique du Nord, les vestiges de leur habitat ont été conservés. Des répliques des habitations non encore excavées, et enfumées, vous transporteront dans le passé.

Avec à leur tête Leif Eriksson, le fils d'Erik le Rouge, les Vikings construisirent leurs propres bateaux, sillonnèrent toute la côte de l'Atlantique Nord, puis s'arrêtèrent là et construisirent des maisons, toujours debout. Ils avaient une vingtaine d'années et subvinrent à leurs propres besoins. Il y a 1 000 ans, ils savaient déjà extraire le fer des marais et forger des clous. A la différence de leurs successeurs, ils n'accostèrent pas sur le sol américain dans l'idée de sauver quelques âmes, de rapporter des trésors à leur monarque ou de revendiquer la moitié de la planète.

Consacrez deux ou trois heures à visiter le centre d'informations (☎ 623-2601) qui présente divers objets. Vous pourrez y assister à la projection d'un film et déambuler au milieu de huit habitations en bois, de restes de constructions enfouis dans le sol et de trois reconstructions. Le centre et les visites guidées sont gratuits.

L'histoire de l'explorateur norvégien, Helge Ingstad, est tout aussi passionnante. Il découvrit le site en 1960, après des années de recherches. Sa biographie et celle de sa femme archéologue sont relatées dans le centre d'informations. Derrière les trois reconstructions, un petit sentier mène à un cimetière où est enterré George Decker, qui indiqua à Ingstad la présence de monticules de pierres sur le site.

Le parc est ouvert de 9h à 20h, tous les jours, de mi-juin à début septembre (fête du Travail), et du jour de la fête du Travail au 1er octobre de 9h à 16h30. Le parc se trouve à 43 km de St Anthony.

St Anthony

Enfin arrivé ! Malheureusement, le climat n'est guère accueillant. Avec 3 500 habitants, c'est la ville la plus peuplée au nord de la péninsule. Peu esthétique, elle est surtout fonctionnelle et sert de centre de ravitaillement et de dépôt pour l'industrie alimentaire (poisson).

Au Viking Mall, dans le centre-ville, vous attend une épicerie Sobey où vous pourrez acheter des vivres si vous embarquez pour le nord ou redescendez vers Deer Lake.

Musée Grenfell. L'ancienne demeure (☎ 454-3333) de sir Wilfred Grenfell, un héros local, mérite le coup d'œil. Né en Angleterre et devenu médecin, il se rendit d'abord à Terre-Neuve en 1892, puis durant les quarante années qui suivirent, multiplia la construction d'hôpitaux, d'infirmeries et organisa des coopératives de pêche le long de la côte du Labrador et aux environs de St Anthony. Le musée qu'abrite cette maison ancienne au beau porche arrondi vous informera sur sa vie et son œuvre. Sont également présentés des souvenirs et divers objets qu'il collectionna. Pour ma part, je fus tout particulièrement frappé par le coffre en bois, tiré par des chiens, qui servait à transporter les patients à l'hôpital, dans les années 30.

Le musée est ouvert tous les jours, de mi-juin à début septembre, et quelques jours par semaine en mai et fin septembre. L'exposition est bien faite et l'entrée n'est pas chère. La Grenfell Mission et le Curtis Memorial Hospital demeurent les plus gros employeurs de la ville. Mr et Mrs Grenfell furent enterrés à Teahouse Hill, à proximité du musée.

Autres curiosités. En août, ne ratez pas le concours annuel de pêche à la morue, au filet, qui se déroule en ville. Le spectacle est gratuit. Pas de doutes, ils savent pêcher !

La rotonde de l'hôpital est décorée de mosaïques exécutées par l'artiste montréalais, Jordi Bonet, en 1967, qui décrivent la vie dans la région et au Labrador.

Quelques sentiers de randonnée partent des abords de la ville : ils sont indiqués sur la carte disponible au musée.

Où se loger et se restaurer. St Anthony dispose de deux pensions de famille et de deux motels. L'*Howell's Tourist Home* (☎ 454-3402), 76B East St, est un établissement reconnu qui propose 4 simples/doubles à 28/35 $. On peut y prendre ses repas et il est ouvert toute l'année. Une autre possibilité vous est offerte par l'*Olde House B&B* (☎ 454-3974), 9 American Drive, ouvert seulement de mai à octobre. Comptez 35/42 $ pour des simples/doubles, copieux petit déjeuner compris.

Le *St Anthony Motel* (☎ 454-3200), 14 Goose Cove Rd, propose 22 chambres, assez chères, à 65 $ la double. Plus récent, plus spacieux, le *Vinland Motel* (☎ 454-8843) est meilleur marché et propose également quelques unités d'habitation, ainsi que des emplacements aménagés pour caravanes.

Les deux motels possèdent des restaurants. Sinon, le choix est très limité. *Pizza Delight* dispose d'une boutique et vous pourrez y emporter l'habituel poulet frit (les habitants sont sans doute fatigués de manger du poisson chez eux).

Achats. Trois boutiques d'artisanat sont à votre disposition, y compris la Grenfell Handicrafts qui propose des parkas brodés main, des objets sculptés en os de baleine et en ivoire, et divers autres articles. A la Mukluk Factory, vous pourrez acheter des articles en peau de phoque, quelques objets sculptés et des bijoux. Un mukluk est une botte traditionnelle inuit, pour les hivers "doux", faite en peau de phoque ou de caribou, parfois bordée de fourrure. Northern Crafts vend un peu de tout.

Comment s'y rendre. C'est le dernier arrêt du bus Viking Express (☎ 454-8451). Vous pourrez prendre le ferry depuis Lewisporte qui se rend dans les villages bordant la côte du Labrador. Consultez la rubrique *Lewisporte.*) Le bus quitte St Anthony pour Corner Brook, trois fois par semaine. A Corner Brook, correspondances possibles pour le bus transîles CN Roadcruiser, vers Port-aux-Basques ou vers St John's.

CORNER BROOK

Avec 30 000 habitants, c'est la seconde ville de Terre-Neuve. Les curiosités touristiques ne manquent pas. Le promontoire qui domine les eaux de l'Humber Arm est assez spectaculaire, malgré l'odeur persistante – histoire de vous rappeler que la fabrication de la pâte à papier est la principale activité de la ville. La région de Corner Brook est vraisemblablement la région la plus ensoleillée de la province, et ses ciels clairs d'été sont attendus avec joie. Les environs offrent quelques belles promenades, et vous pourrez nager en eau douce dans les deux parcs situés au sud de la ville.

La route qui traverse la ville et longe ensuite Humber Arm jusqu'à la mer offre plusieurs beaux points de vue. Vous pourrez apercevoir de grands mâts de voiliers dans la baie. Pour faire un tour de bateau ou pêcher en mer, renseignez-vous auprès de l'office du tourisme.

Une section de l'université Memorial de St John's, y compris le département des Beaux-Arts, est implantée à Corner Brook. Au centre-ville, Main St se trouve à proximité de Remembrance Square et est perpendiculaire à Park St, bordée de pommiers, qui mène à l'Heritage District. Quelques restaurants sont rassemblés à cet endroit, ainsi que la poste et, un peu plus loin, l'hôtel de ville.

Renseignements

Vous ne pourrez pas rater l'office du tourisme, grand bâtiment, (☎ 634-5831) et la boutique d'artisanat, établis sur la Transcanadienne, à proximité des bifurcations pour entrer dans la ville. Le personnel y est très accueillant et on vous y fournira de précieux renseignements sur la région.

Le magasin More or Less, 35 Broadway, à l'extrémité ouest de la ville non loin du centre commercial Valley Shopping Mall, est idéal pour acheter vivres de randonnée et de camping.

Monument du capitaine James Cook

Au nord-ouest du centre-ville, le monument historique national dédié au capitaine James Cook se dresse sur les falaises qui dominent l'Humber Arm et le site offre quelques vues exceptionnelles sur la ville et les environs. Il est indispensable de se procurer une carte à l'office du tourisme, car l'accès routier est passablement tortueux. James Cook explora toute cette région dans les années 1760 et nombre d'îles, de ports et de voies navigables portent son nom. Il fit ensuite plusieurs expéditions en Nouvelle-Zélande et en Australie. Des fac-similés de certaines cartes marines de Cook sont exposés.

Maison en pierres et bâtonnets

De l'autre côté de la ville, dans un quartier résidentiel, se cache un véritable chef-d'œuvre d'art populaire (☎ 634-3275), une maison qui fut aussi la seule obsession d'un homme durant toute sa vie. Pendant trente ans en effet, son propriétaire, Mr Clyde Farnell, consacra ses loisirs à décorer les murs et les plafonds de cette maison avec des objets trouvés et jetés.

Lorsqu'il décéda, ses voisins pénétrèrent dans la maison et furent éblouis par le spectacle. On avertit l'université et très vite la maison devint site protégé, puis fut transformée en musée d'Art populaire. Le matériau de base utilisé avec une constance impressionnante fut les bâtonnets d'esquimaux – quelque 53 000 !

Les étudiants en psychologie apprendront sans doute avec un vif intérêt que Farnell perdit un œil lorsqu'il était enfant à cause d'un bâtonnet de glace. Les autres matériaux utilisés avec esprit incluent des cailloux, des cendriers, des verres, des boutons et un flash cube, imitant la lumière d'un phare.

La maison est ouverte de 13h à 17h tous les jours, au 12 Farnell's Lane, et sa conservation mérite amplement la contribution minime demandée à l'entrée.

Heritage District

Construit entre 1925 et 1940, un des plus vieux quartiers de la ville entoure Central St. C'est un quartier avant tout résidentiel, mais vous y trouverez quelques boutiques et restaurants.

Exposition de vieux trains

Même lorsqu'ils étaient en service, les trains de Terre-Neuve utilisaient un écartement de voie plus étroit que partout ailleurs. Est notamment exposé un train datant d'avant la Confédération, avec une locomotive à vapeur et ses cinq wagons différents. On peut l'apercevoir durant l'été à proximité de Station Rd, pas très loin de l'usine de gypse implantée à l'est de la ville.

Élevage de chiens terre-neuve

C'est un chenil privé (☎ 785-2038) dont le propriétaire, Gord Grant, élève des chiens terre-neuve, si célèbres et devenus rares. Les visiteurs qui souhaitent seulement

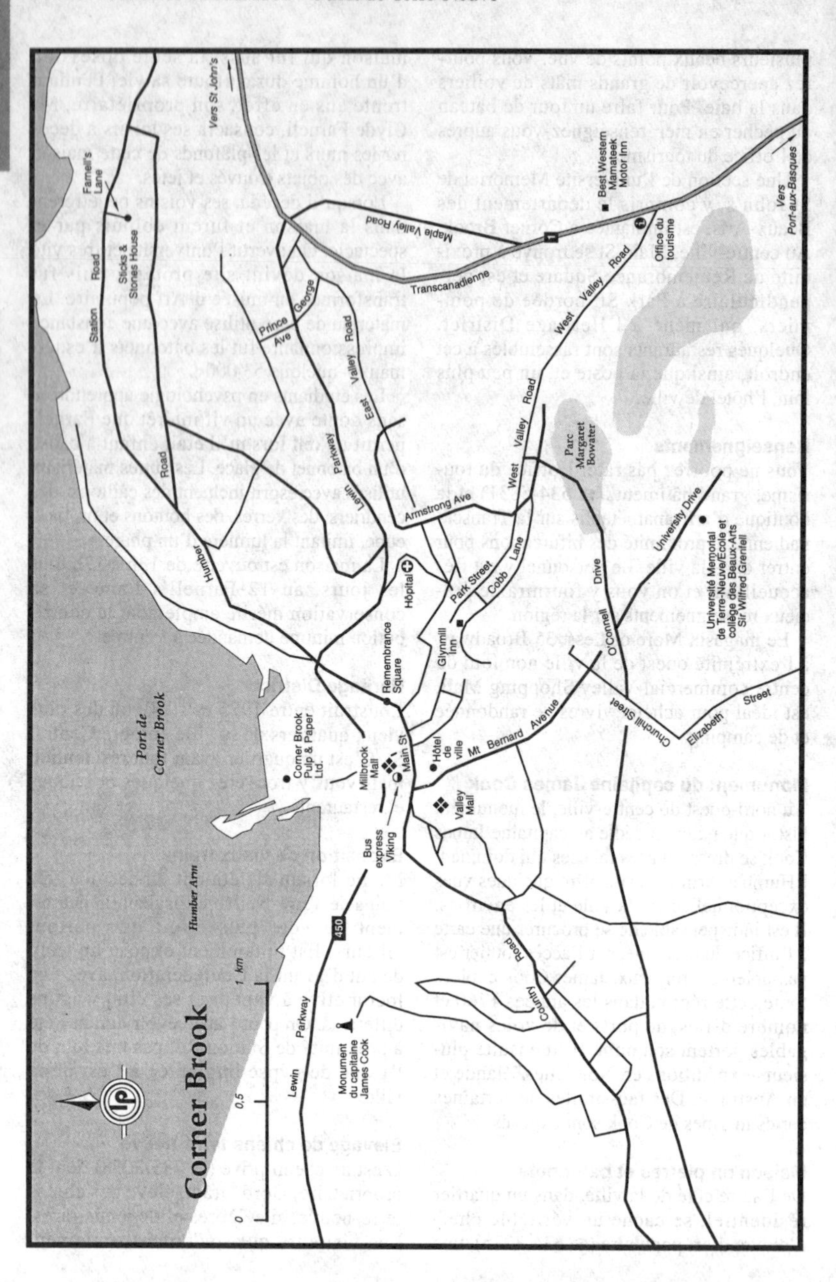
Corner Brook
0
0,5
1 km
Port de Corner Brook
Humber Arm
Lewin Parkway
Monument du capitaine James Cook
450
Bus express Viking
Corner Brook Pulp & Paper Ltd.
Millbrook Mall
Main St
Valley Mall
Hôtel de ville
Remembrance Square
Glynmill Inn
Hôpital
Park Street
Cobb Lane
Armstrong Ave
Humber Road
Lewin Parkway
East Valley Road
Prince George Ave
Station Road
Sticks & Stones House
Farrell's Lane
Vers St John's
Maple Valley Road
Transcanadienne
1
West Valley Road
Best Western Mamateek Motor Inn
Office du tourisme
Vers Port-aux-Basques
Parc Margaret Bowater
University Drive
Université Memorial de Terre-Neuve/École et collège des Beaux-Arts Sir Wilfred Grenfell
O'Connell Drive
Elizabeth Street
Churchill Street
Mt Bernard Avenue
Country Road

admirer ses gros et beaux chiens noirs (ou en acheter un) peuvent se rendre au chenil installé 6 Clifton Ave. Plus volumineux encore que le saint-bernard, le terre-neuve est réputé pour sa gentillesse, son amour de l'eau et ses actions héroïques de sauvetage.

Où se loger et se restaurer

Pour camper, rendez-vous au *Blow Me Down Park*, tout au bout de la route 450 qui longe Humber Arm. A l'extrémité de la péninsule, le panorama sur la baie des Îles est exceptionnel. Corner Brook possède une demi-douzaine de tourist homes, où les simples/ doubles coûtent 25/30 $, petit déjeuner parfois compris.

Central, le *Bell's B&B* (☎ 634-5736) est situé à une distance à pied raisonnable du centre-ville, 2 Ford's Rd. Il est ouvert toute l'année et loue 4 simples/doubles à 39/49 $, petit déjeuner continental compris.

Vous pouvez aussi tenter votre chance au *Brake's Hospitality Home* (☎ 785-2077), excentré à l'ouest, à Bartlett's Point. Un bus urbain vous dépose presque devant la porte, 25 Cooper's Rd. Il propose 3 simples/ doubles à 30/40 $, petit déjeuner compris. Plus haut se trouve un parc agréable avec sentiers de randonnée au bord de l'eau.

Si vous recherchez un décor sophistiqué, rendez-vous au *Glynmill Inn* (☎ 634-5181), sur Cobb Lane dans le centre-ville. C'est un bel édifice de style tudor, entouré de pelouses, avec une agréable salle à manger.

Près de l'artère principale, on peut également trouver deux motels. L'Heritage District possède quelques restaurants.

Comment s'y rendre

La gare CN Roadcruiser (☎ 634-8244), pour les destinations situées à l'est et à l'ouest, qui jalonnent la Transcanadienne, est située dans la partie nord-est de la ville, à l'angle du Lewin Parkway et de Prince George Ave.

Le bus Viking Express (☎ 634-4710) qui remonte la péninsule nord arrive et part du centre commercial Millbrook Mall, implanté non loin de Main St, au centre de Corner Brook. Martin's Bus Service (☎ 634-4710) rejoint Woody Point dans le parc national de Gros Morne. Il assure une liaison par jour dans les deux sens, du lundi au vendredi. Eddy's Bus Service (☎ 643-2134) dessert tous les jours Stephenville. Devin's Bus Line (☎ 634-7777) rejoint sur la côte sud Burgeo, qui se trouve sur le trajet des ferries côtiers. Pour toute autre destination, renseignez-vous au guichet de Viking Express.

Environs de Corner Brook

Des bateaux de croisières voguent langoureusement sur le Humber Arm et font le tour de la panoramique **baie des Îles**. Une autre compagnie, Goose Arm Boat Tours (☎ 688-2610) part de Cox's Cove et entreprend un circuit de deux heures et demie jusqu'à l'étroit Goose Arm, au nord de Corner Brook.

Prenant sa source à Deer Lake, la **rivière Humber**, réputée pour ses saumons, débouche dans le Humber Arm. La contrée qui s'étend de l'Humber Arm – une anse étroite et longue – et remonte jusqu'à **Little Rapids** est pittoresque et regorge de poissons. A Spruce Brook, le *Log Cabin Lodge* (☎ 634-6087) organise des séances de pêche, fournit des guides, etc.

Marble Mountain sise à 8 km à l'est de la ville, dans la vallée Humber, est devenue une station réputée de ski de descente. La région est également très attrayante à l'automne, avec son feuillage coloré. Un sentier de moins de 500 m conduit de l'arrière du parking de Marble Mountain aux **chutes de Steady Brook** (Steady Brook Falls). Un autre chemin, long de 3,5 km, mène au sommet de Marble Mountain (500 m).

Pour les marcheurs plus courageux, et ceux qui souhaitent dormir à la belle étoile, les **monts Blomidon** (ou "Blow Me Down") offrent de nombreuses randonnées, au sud de la baie des Îles, le long de la Hwy 450 qui mène à Lark Harbour. La formation de ces montagnes de roche péridotite brunâtre date d'environ 500 millions d'années. Elles résultent du heurt des plaques géographiques de l'Amérique du Nord et de l'Europe. Mais la spécificité de cet endroit tient au fait que Terre-Neuve est l'une des rares contrées au monde où ce type de roche affleure à la surface, permettant ainsi d'y marcher.

Les autres attractions de ces montagnes sont le panorama grandiose sur la baie et les îles, et la petite population de caribous qui y a élu domicile. Certains sentiers, en particulier ceux qui rejoignent les terres dénudées, ne sont guère balisés. Il est recommandé d'emporter des cartes topographiques et un équipement approprié. L'office du tourisme pourra vous fournir une petite brochure sur les sentiers locaux.

L'une des randonnées les plus faciles et les plus populaires commence au parking situé sur le côté gauche de la Hwy 450 (à 500 m du pont qui traverse Blow Me Down Brook). Elle dure environ une heure et, pour les sportifs, s'enfonce ensuite dans les montagnes où vous devrez vous débrouiller tout seul. Au parc Blow Me Down – qui marque non loin la fin de la Hwy 450 – vous trouverez également des sentiers très fréquentés qui offrent un panorama superbe sur le littoral.

Au sud de la ville, vous pourrez vous baigner dans les eaux du **lac Stag** et dans les eaux chaudes du **parc provincial de Blue Ponds**, un peu plus loin.

STEPHENVILLE

Ancienne grande base militaire, c'est aujourd'hui une ville de 10 000 habitants. Elle compte principalement sur son usine de pâte à papier Abitibi-Price pour survivre (vous pourrez la visiter). La ville est campée sur la baie de Saint-George, entre Corner Brook et Port-aux-Basques. Elle marque aussi l'entrée à Port-au-Port (territoire français). La chambre de commerce (☎ 643-5621) saura vous renseigner.

Le festival de théâtre de Stephenville se déroule généralement à la fin juillet, pendant deux semaines. Il réunit des participants de notoriété locale et internationale. Le répertoire va de Shakespeare aux pièces contemporaines terre-neuviennes, toutes en anglais. Des réductions sont proposées aux étudiants. Actuellement, le festival connaît quelques difficultés financières. Vérifiez qu'il existe toujours avant de vous déplacer.

Où se loger et se restaurer

Sont rassemblés dans Main St deux restaurants, l'*Ildi's* où prendre un café, et deux hôtels pour les retardataires. Le moins cher est le *Harmon House* (☎ 643-4673), un B&B installé 144 New Mexico Drive, non loin de l'hôpital. Un léger en-cas à l'heure du souper et le petit déjeuner sont inclus dans le prix et ils préparent vos autres repas à la demande.

Durant la saison du homard (d'avril à juillet), ces satanés délicieux crustacés sont vendus à même la rue dans des camions ou des remorques à un prix très avantageux.

PÉNINSULE DE PORT-AU-PORT

La vaste péninsule sise à l'ouest de Stephenville est la seule zone française de la province, et l'est depuis le début du XVIIIe siècle, époque où elle était connue sous le nom de **French Shore**. Elle fut utilisée par les Français pour pêcher dans le **détroit de Belle-Isle** jusqu'au début du XXe siècle. **Red Island** était autrefois le premier port de pêche français implanté au Nouveau Monde.

Aujourd'hui, plus vous vous déplacez vers l'ouest, plus se fait sentir le poids de la culture française. A l'extrémité sud-ouest de la péninsule de Port-au-Port, à **cap Saint-George**, les enfants vont toujours à l'école française afin de préserver leur dialecte quelque peu différent du français parlé en France ou au Québec. Mainland, Lourdes et Black Duck Brook sont également des enclaves fortement françaises. A la fin juillet ou début août, chaque année, se déroule à cap Saint-George un important festival folklorique français, avec de la musique et diverses autres manifestations.

A **Port-au-Port ouest**, l'église Notre-Dame-de-la-Miséricorde (Our Lady of Mercy), sise non loin de Stephenville, mérite une visite. Commencé en 1914, c'est le plus grand bâtiment en bois jamais construit à Terre-Neuve. En juillet et en août, un guide pourra vous fournir de précieux détails sur l'église. Lorsque l'on vient de Stephenville, après avoir traversé le petit pont, il faut continuer tout droit sur la petite route et ne pas suivre celle qui tourne à gauche. Il y a aussi un petit musée Lady of Mercy, avec une boutique d'artisanat et un salon de thé où l'on peut admirer des collections d'objets locaux.

Sud-ouest de Terre-Neuve

Cette petite partie, à l'angle sud-ouest de la province, offre au visiteur une étonnante diversité géographique et historique. L'endroit mérite qu'on lui consacre quelque temps, au lieu de filer pour attraper le ferry. Port-aux-Basques est juché sur une péninsule découpée, avançant dans l'eau. Véritable centre de la région, la ville offre tous les services nécessaires, y compris un office du tourisme.

A l'est, on peut avoir une bonne vue d'ensemble sur les surfaces dénudées et les petits villages de pêcheurs qui entourent largement la province, dont l'accès se fait par la route avant qu'elle ne s'achève à Rose Blanche. Au nord de la ville, le paysage, sans arbres, fait place à l'un des rares paysages agricoles de la province, la très luxuriante vallée de Codroy qui recèle aussi quelques belles promenades pour les randonneurs.

VALLÉE DE CODROY

Au nord de Port-aux-Basques, une fois dépassée Cap Ray, s'étale sur 50 km depuis la côte nord-est la fertile et verdoyante vallée de Codroy. Sise en bordure des monts Long Range, c'est l'une des principales ressources agricoles de la région, dont la luxuriance contraste avec le paysage dénudé et rocailleux du reste de la province.

La rivière Grand Codroy et ses nombreux affluents sillonnent la vallée et la rendent particulièrement belle, offrant de belles promenades alentour. L'une des plus agréables part de Doyles, à l'extrémité sud de la vallée. Beaucoup connaissent l'endroit, vous pourrez vous renseigner à la ronde ou encore auprès de l'office du tourisme de Port-aux-Basques. Il y a un terrain de camping tout près, à la sortie de la Transcanadienne, et vous pourrez loger au *Chignic Lodge* (☎ 955-2306) situé à environ 16 km plus au nord. En descendant le long de la mer, près de la ville de **Searston**, vous jouirez d'un beau point de vue. L'accès y est possible en voiture.

Plus loin, la route commence à grimper jusqu'à **cap Anguille**. Par temps clair, on peut même voir le continent. A l'intérieur de l'anse, l'estuaire de la rivière Grand Codroy constitue une zone de marécages inestimables pour les oiseaux. Si vous vous trouvez dans les parages au moment des migrations, vous serez impressionné par le spectacle de milliers d'oies, canards noirs et autres espèces. Au parc de Grand Codroy, vous pourrez profiter d'une plage et d'aires de pique-nique.

En dépit de l'ancienneté de son peuple et de ses nombreuses fermes tranquilles, cette région n'offre pas que des avantages. C'est sans doute, en effet, la contrée la plus ventée de Terre-Neuve. La vitesse des vents peut atteindre 200 km/h. Autrefois on devait arrêter les trains pour éviter qu'ils ne déraillent !

La population offre un savant mélange d'Anglais, de Français, d'Irlandais et d'Écossais, mais autrefois elle était essentiellement écossaise. A tel point que jusque dans les années 50 on y parlait encore le gaélique. Aujourd'hui, seules quelques personnes âgées le parlent encore. En revanche on retrouve dans les chants et la musique une très nette influence écossaise.

PORT-AUX-BASQUES

Pour beaucoup de visiteurs, cette ville confère la première impression de Terre-Neuve. Lorsqu'ils arrivent en ferry de Nouvelle-Écosse, ils sont à la fois impressionnés et attirés par ce paysage dénudé, rocheux, où les arbres se font rares. Cette austérité est aujourd'hui l'un des principaux attraits de la région pour beaucoup de voyageurs. La ville elle-même, du moins la partie ancienne construite sur la colline, et aux alentours, à gauche du ferry, est magnifique avec ses rues étroites et tortueuses, bordée de traditionnelles maisons en bois, qui offrent des angles et des vues différents à chaque tournant.

Port-aux-Basques tient son nom de la présence des baleiniers et des pêcheurs basques qui, au début du XVIe siècle, naviguèrent dans les eaux du détroit de Belle-Isle qui sépare la province de Québec. Les Français et les Portugais y vinrent également pêcher. Aujourd'hui, avec ses 6 100 habitants, la ville est le principal terminal des ferries Marine Atlantic qui relient l'île au reste du Canada.

La compagnie de ferries est aujourd'hui le premier employeur de la ville, malgré la présence d'industries alimentaires et de zones de fret. La ville est parfois appelée Channel-Port-aux-Basques.

Orientation

Le ferry fait escale dans une baie petite mais bien protégée. Le centre-ville se trouve à l'est de l'embarcadère. Il consiste en rues étroites et en pente qui dominent la mer. Elles sont bordées de maisons en bois de couleurs vives, caractéristiques de la province. Pour vous rendre dans le vieux quartier de la ville, traversez le pont une fois descendu du ferry, puis tournez à gauche. Pour rejoindre les quartiers neufs, tournez à droite dans la Transcanadienne. Dépassez plusieurs stations-service, puis tournez à gauche au Motel Port-aux-Basques, à l'angle de Grand Bay Rd et de High St. Vous arriverez alors devant un centre commercial, point névralgique de ces quartiers neufs. Si vous avez quelques heures à passer avant de reprendre le ferry, il y a un cinéma dans le centre commercial.

Renseignements

Le chalet touristique (☎ 695-2262), qui vous fournira des informations sur toutes les régions de la province. est installé sur la Transcanadienne, à quelques kilomètres de la ville, en direction de St John's. Il se trouve du côté est de la route.

Musée de Port-aux-Basques

Sis dans la vieille ville, au 118 Main St, à proximité du carrefour d'Avalon Lane, le musée de deux étages (☎ 695-7604) mérite amplement le dollar réclamé à l'entrée. L'essentiel de l'exposition consiste en objets provenant de naufrages.

La pièce maîtresse du musée est un instrument de navigation datant du XVIIe siècle appelé astrolabe. L'objet consiste en un engin de cuivre d'environ 17,5 cm de diamètre qui fut exécuté au Portugal en 1628. Sa conception se fonde sur un principe découvert par les Grecs permettant de calculer la hauteur des astres. Des variantes de cet appareil sont utilisées dans la navigation depuis 1470. Cet astrolabe est en parfait état et l'un des trente ou quarante au monde à avoir été conservés. Il fut retrouvé par un plongeur au large de l'Isle aux Morts, sur la côte sud, en 1982. C'est le seul que possède le Canada, bien qu'un autre, celui de Samuel de Champlain, ait été découvert à Ottawa. On pense que l'astrolabe de Port-aux-Basques se trouvait à bord d'un bateau de pêche portugais ou basque.

Le musée expose aussi de vieilles photos de la vallée Codroy, prise au début du siècle, et des objets en pierre à savon, mis au jour sur le site inuit Dorset de Cap Ray, et datant de 100 à 500 après J.-C.

Où se loger

Le *JT Cheeseman Provincial Park*, situé au nord, à environ 12 km de la Transcanadienne est tout près de la ville.

L'*Heritage Home* possédant 3 chambres (☎ 695-3240), sis au 11 Caribou Rd, à côté du quai, loue des simples/doubles à 37/42 $, petit déjeuner continental compris.

Plus loin, le *Caribou House* (☎ 695-3408), un B&B installé au 30 Grand Bay Rd, à environ 3 km du ferry et du terminus des bus, propose des simples/doubles de 40/45 $ à 45/50 $.

Le *St Christopher's Hotel* (☎ 695-7034) dispose d'une belle vue sur Caribou Rd, est un hôtel plus spacieux, plus confortable, offrant plus de charme avec une salle à manger. Comptez 70 $ pour une double.

Plusieurs motels pratiquent des prix similaires. Le *Grand Bay* (☎ 695-2105) est tout proche du centre-ville, du ferry et du centre commercial. Il possède un bar et un restaurant.

Le *Motel Port-aux-Basques* est encore plus cher. Le *Gulfside Inn* (☎ 695-7091) dispose de 20 chambres et se trouve à 4 km du ferry, sur la Transcanadienne.

Pour obtenir des prix plus abordables, le *Tompkins Motel & Tourist Home* (☎ 955-2901), implanté à Doyles, à 34 km, tient du prodige, avec des chambres à 20 $. Nombre d'établissements sont disséminés dans la vallée Codroy. Le *Muise's Tourist Home* (☎ 955-2471) est établi à South Branch, à 57 km de Port-aux-Basques. Il loue des simples à partir de 28 $, petit déjeuner compris, ou des cabines entièrement aménagées pour 35 $ en double.

Où se restaurer

Le *Blue Rose Café*, qui jouxte Radio Shack dans la vieille ville au 77 Main St, est l'endroit idéal pour un en-cas économique. Il sert du pain fait maison, des soupes et des desserts. En été, en prévision de l'afflux des visiteurs, il prépare aussi des plats de pois-

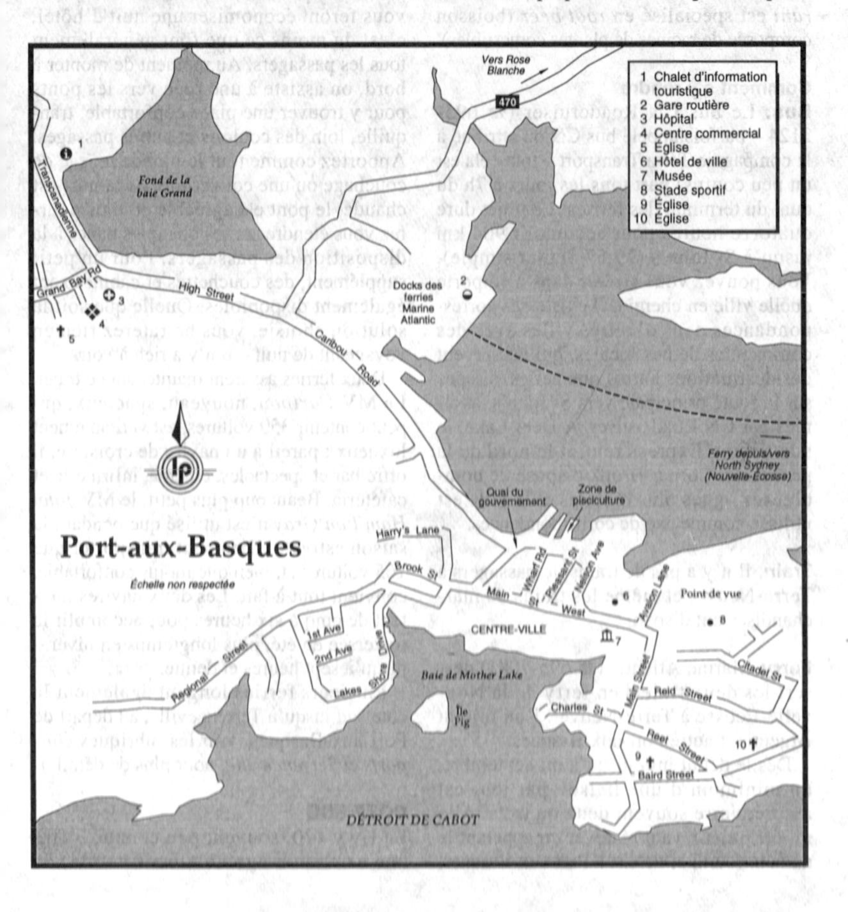

son et une spécialité terre-neuvienne, le *brewis*, un mélange de poisson, d'oignon et de pain trempé toute la nuit dans un bouillon. Le café est fermé le dimanche.

Le *Harbour Restaurant*, dans Main St, plus proche du terminal des ferries, est aussi ouvert plus tard en soirée. Vous y profiterez d'une belle vue sur le bord de mer si vous attendez le ferry de minuit.

Au 116 Main St se tient un restaurant chinois, le *San Yuan* et pas très loin se trouve une *Pizza Delight*.

Au cœur du centre commercial, dans les quartiers neufs de la ville, un *A&W Restaurant* est spécialisé en *root beer* (boisson composée de racines de plantes comestibles).

Comment s'y rendre

Bus. Le bus CN Roadcruiser (☎ 695-2124 – parfois appelé bus CN ou attribué à la compagnie Terra Transport – tout cela est un peu confus) part tous les jours à 7h du quai du terminal des ferries. Le trajet dure quatorze heures pour accomplir 904 km jusqu'à St John's (79,57 $/aller simple). Vous pouvez vous arrêter dans n'importe quelle ville en chemin. Il existe des correspondances dans d'autres villes avec des compagnies de bus locales, qui desservent des destinations autres que celles, situées sur la route principale vers St John's, assurées par CN Roadcruiser. A Deer Lake, le bus Viking Express rejoint le nord de la péninsule. Corner Brook dispose de nombreuses lignes plus réduites et la ville est utilisée comme axe de correspondances.

Train. Il n'y a pas de trains de passagers à Terre-Neuve, et même les trains de marchandises ont disparu.

Ferry. Marine Atlantic (☎ 695-7081) dessert les deux trajets en ferry de la Nouvelle-Écosse à Terre-Neuve : l'un rejoint Argentia, l'autre Port-aux-Basques.

Dès le début juin jusqu'à mi-septembre, un minimum d'une liaison par jour est assuré, voire souvent deux ou trois. A la mi-été, mieux vaut réserver en appelant le numéro fourni ci-dessus à Port-aux-Basques, ou l'agence de Marine Atlantic's North Sydney (☎ 702-794-5700) en Nouvelle-Écosse. Généralement, un ou deux jours à l'avance suffisent. Les voyages au petit matin ou de nuit sont moins chargés et, si vous êtes à pied ou à vélo, vous ne devriez pas connaître de problèmes. Durant le reste de l'année, réserver n'est pas nécessaire, même si les ferries se font plus rares. Ils circulent toute l'année.

Le billet coûte 16,50 $ (tarif réduit pour les enfants et les personnes âgées) ; 51,50 $ par voiture, davantage avec une caravane ou un camping-car. Les ferries nocturnes vous feront économiser une nuit d'hôtel, c'est du moins ce que font généralement tous les passagers. Au moment de monter à bord, on assiste à une ruée vers les ponts pour y trouver une place confortable, tranquille, loin des couloirs et autres passages. Apportez comme tout le monde un sac de couchage ou une couverture. Si la nuit est chaude, le pont est agréable et vous pourrez vous étendre sur les quelques bancs à la disposition des passagers. Pour un petit supplément, des couchettes et cabines sont également disponibles. Quelle que soit la solution choisie, vous ne raterez rien en voyageant de nuit – il n'y a rien à voir.

Deux ferries assurent maintenant ce trajet. Le MV *Caribou*, nouveau, spacieux, qui peut contenir 350 voitures, est véritablement luxueux ; pareil à un navire de croisière, il offre bar et spectacles, cinéma, infirmerie et cafétéria. Beaucoup plus petit, le MV *John Hamilton Gray* n'est utilisé que pendant la saison estivale. Il ne peut transporter que 165 voitures et, bien que moins confortable, convient tout à fait. Les deux navires mettent de cinq à six heures pour accomplir la traversée en été, plus longtemps en hiver – jusqu'à sept heures et demie.

Plusieurs ferries longent également la côte sud jusqu'à Terrenceville, au départ de Port-aux-Basques (voir les rubriques *Outports* et *Terrenceville*, pour plus de détails).

CÔTE SUD

La Hwy 470, souvent peu connue, offre une excursion agréable mais courte, de

50 km, depuis la sortie est de Port-aux-Basques. Si vous devez attendre le ferry un après-midi ou une journée, c'est la promenade idéale pour les voyageurs motorisés. La route suit la côte, en décrivant des montées et des descentes au milieu d'un paysage érodé, bombé, balayé par les vents. Comme si elle suivait difficilement le chemin creusé encore hier par un glacier. Il n'y a pas un arbre en vue, seulement des points d'eau et des étangs (parfois de la taille d'un lac), nichés dans les nombreuses failles rocheuses et les fondrières (terre marécageuse non drainée).

L'**Isle-aux-Morts** tient son nom des nombreux naufrages survenus au large, il y a quelque 400 ans. L'astrolabe, le précieux instrument de navigation exposé au musée de Port-aux-Basques, fut retrouvé ici. Il y a un restaurant en ville qui sert les plats habituels de la région pour un prix abordable.

Plus à l'est, le **parc provincial d'Otter Bay** vous attend avec plusieurs sentiers de randonnée conduisant aux collines environnantes. On peut y camper, mais l'endroit ne dispose d'aucun aménagement. Pour boire, j'ai dû me rabattre sur un cours d'eau qui traverse le parc.

La grande attraction du voyage est le dernier village qui borde la route, **Rose Blanche**, une adorable bourgade nichée dans une petite anse et dotée d'un joli port naturel – un exemple parfait du traditionnel village de pêcheurs terre-neuvien. Suivez les pancartes indiquant le chemin du phare. Elles conduisent à plusieurs maisons perchées sur une colline qui domine une petite baie. De là, un sentier vous entraînera dans une promenade à pied de vingt minutes jusqu'au phare en décrivant des tours et des détours le long des pentes rocheuses.

La vue est très belle tout le long du chemin, et vous serez sans doute surpris par le nombre de villageois qui, en fin d'après-midi ou dans la soirée, se promènent à la ronde. Le phare en pierre datant de 1873 fut partiellement restauré, mais c'est un édifice moderne qui est aujourd'hui en activité. Sur le chemin, vous trouverez un petit restaurant/café, le *Hook, Line & Sinker*, accessible seulement à pied, et un établissement très agréable, sans prétention, recommandé pour y prendre un repas léger ou un thé.

Pour les voyageurs qui souhaitent poursuivre plus loin, on peut se rendre par bateau (demandez sur les quais à la ronde) de l'autre côté de la baie au village plus minuscule encore de **Petites**, qui abrite seulement trente familles. Vous y verrez (ou depuis le phare de Rose Blanche) la plus vieille église en bois de l'Église unitarienne d'Amérique du Nord (aujourd'hui propriété anglicane), datant d'environ 1860. C'est un bâtiment très simple, conservé en parfait état, et qui possède les registres de naissances, décès, mariages, etc., qui permettent d'éclairer davantage l'histoire locale.

NORD DE PORT-AUX-BASQUES

Si vous voyagez tôt le matin, vous aurez plus de chances d'observer l'abondante faune de la province. Embarqué sur le ferry à 6h du matin, j'eus le temps de voir, en une heure de voyage depuis Port-aux-Basques, une demi-douzaine de chevaux à longue crinière, ainsi qu'une mère orignal avec son petit.

A proximité de Cape Ray, une agréable promenade mène à Table Mountain, situé à plus de 518 m. Trouvez la pancarte plantée de l'autre côté de la rue lorsque l'on débouche de l'embranchement de Cape Ray Rd. Cape Ray dispose d'une plage sablonneuse, d'un terrain de camping et fut le site d'un camp inuit Dorset de 400 av. J.-C. à 400 ap. J.-C. Vous pourrez aussi camper un peu plus au nord, au **parc Mummichog**.

Outports

Outport est le nom donné à tous les minuscules villages de pêcheurs de la côte, accessibles seulement par bateau. Certains sont desservis par l'une des trois principales compagnies interprovinciales de ferries, d'autres non et constituent quelques-unes des localités les plus isolées d'Amérique du Nord. La vie y est restée très traditionnelle, malgré les changements qui s'accélèrent partout ailleurs. Nombre de ces villages n'ont pas encore la télévision, ou tout autre contact avec le reste du monde, et certaines personnes âgées n'ont, semble-t-il, jamais vu une voiture. Accrochés aux falaises, ces villages constituent sans doute le meilleur endroit pour comprendre la culture unique des Terre-Neuviens, d'origine européenne.

C'est le moment de rendre visite à ces sites qui, tôt ou tard seront balayés par le monde moderne. On ne cesse de construire des routes pour les rendre accessibles, tandis que d'autres localités disparaissent, la pêche devenant insuffisante pour assurer la survie des habitants.

Vous n'avez le choix qu'entre deux services côtiers, tous deux assurés par Marine Atlantic. L'un relie Lewisporte sur la baie Notre-Dame à la côte du Labrador. Il est réservé aux passagers (voir les rubriques *Labrador* et *Lewisporte*). Un autre part de Lewisporte pour se rendre plus ou moins directement à Happy Valley-Goose Bay, où cantonnent des soldats de différents pays. Il accepte les passagers et les véhicules.

L'autre service longe la côte sud, de Port-aux-Basques à Terrenceville. Il s'arrête dans une douzaine de villages et de nombreux outports, escales possibles. Le voyage dure dix-neuf heures et quitte Port-aux-Basques deux ou trois fois par semaine, selon l'époque de l'année. Ils fonctionnent toute l'année. Pendant la période estivale, il faut changer de ferry car il n'assure que la moitié du voyage avant de rejoindre son port d'origine. Pendant le reste de l'année, en revanche, il assure la totalité du voyage. Bon marché, les tarifs sont calculés en fonction des miles parcourus (19 cents par mile/2 000 m environ), auquel s'ajoute le prix de la cabine, également calculé en fonction du nombre de miles.

En été, on peut emprunter les circuits courts sur une partie du trajet seulement, de Terrenceville à Burgeo par exemple, ou de Port-aux-Basques à Hermitage-Sandyville. Un service de restauration est assuré à bord, mais vous pouvez apporter votre nourriture.

Concernant les villages situés sur la côte nord ou sud, pour un bref séjour informez-vous à la ronde avant de monter à bord, ou tentez votre chance à l'arrivée. Vous pouvez toujours rester sur le ferry, sans jamais faire escale. Un voyage qui risque d'être épuisant : dormir sur le sol ou dans une chaise est plutôt inconfortable au bout de quelques jours, en particulier si la mer est très agitée. En cas de longs voyages, envisagez la location d'une cabine. Les tarifs sont abordables. Renseignez-vous sur les escales et sur la durée de validité du billet.

Si vous souhaitez faire le tour de la province, y compris les outports, il existe une solution qui vous dispense de la location d'une voiture. Prenez le ferry à Port-aux-Basques, puis le service côtier jusqu'à Terrenceville. Rendez-vous ensuite en bus jusqu'à St John's ou ailleurs, puis attrapez le principal bus qui traverse la province pour rejoindre Port-aux-Basques.

Concernant les horaires, contactez Marine Atlantic (☎ 695-7081) à Port-aux-Basques ou Marine Atlantic (☎ 1-800-563-7381), de partout ailleurs à Terre-Neuve.

Labrador

Le Labrador est cette partie de Terre-Neuve, trois fois plus grande que l'île, qui jouxte le Québec. Le détroit de Belle-Isle sépare le Labrador de l'île de Terre-Neuve. Cette vaste terre accidentée est l'une des dernières régions non totalement explorées du pays, l'une des plus sauvages, l'une des moins polluées.

Le Labrador fait partie de l'ancien bouclier laurentien – la région de la terre à avoir subi le moins de changements géologiques depuis l'apparition de la vie sur la planète. Quatre gigantesques troupeaux de caribous, dont le plus grand au monde avec 750 000 bêtes, traversent chaque année le Labrador avant la période de mise à bas.

Jusqu'à une date récente, de petites communautés d'Inuits, d'Indiens et des descendants d'Européens, connus sous le nom de *liveyers*, étaient les seuls résidents de la région. Ils vivaient de la pêche et de la chasse dans de petits villages disséminés le long des côtes rocheuses. L'intérieur des terres était vierge et sauvage.

Aujourd'hui, une nouvelle population s'est installée. Blancs venus du Sud, surtout attirés par les formidables ressources et le potentiel qu'offrent la région. C'est ainsi que, non loin de ce mode de vie plus ou moins traditionnel, se trouvent quelques-uns des complexes industriels les plus sophistiqués au monde. L'essentiel du développement s'est effectué à proximité de la frontière avec le Québec. Labrador City et Wabush produisent la moitié du minerai de fer canadien. A Churchill Falls est installée une énorme centrale hydroélectrique qui alimente le nord-est des États-Unis.

Happy Valley-Goose Bay est une localité plus ancienne, base militaire aérienne pendant la Seconde Guerre mondiale. Vous pourrez y parvenir par ferry depuis Lewisporte, à Terre-Neuve. Ces quatre centres regroupent plus de la moitié de la population du Labrador qui ne dépasse pas 30 000 habitants. La côte est, accessible par bateau de Terre-Neuve, présente quelque intérêt pour le voyageur. De minuscules villages jalonnent la côte jusqu'au Grand Nord. Comme dans l'ouest de Terre-Neuve, vous pourrez vraiment faire un voyage unique sur les ferries de marchandises.

Camper est également possible dans tout le Labrador, mais essentiellement en caravane ou en camping-car. En effet, même si les étés sont d'une chaleur agréable, cette région est souvent froide, humide et très ventée. Le nombre d'hébergements ne cesse d'augmenter et dans les bourgades les plus importantes vous devriez trouver un hôtel.

Entité politique distincte de Terre-Neuve, le Labrador possède son propre drapeau. Les résidents se considèrent également comme une population à part.

DÉTROIT DU LABRADOR

Située à 18 km de l'autre côté du détroit de Belle-Isle, et visible de la péninsule nord de Terre-Neuve, cette région du Labrador est la plus accessible. C'est également la contrée la plus anciennement habitée du Labrador. Elle compte une demi-douzaine de petites localités reliées par la route le long de cette côte historique. Nombre d'habitants sont les descendants de pêcheurs européens venus il y a des siècles de Terre-Neuve. Parmi les attractions : l'impressionnant paysage dénudé du Grand Nord, les icebergs, les oiseaux de mer et les baleines, le site historique basque de Red Bay. La région qui s'étend de Blanc-Sablon à Cartwright et ses environs est en partie boisée, en particulier au nord.

Le ferry en provenance de Terre-Neuve fait escale à **Blanc-Sablon**, située au Québec, à la frontière provinciale. Vous y trouverez deux ou trois pensions de famille assez chères, tandis qu'à Tilden est installée une agence de location de voitures. De là, la route longe la côte québécoise en traversant une kyrielle de minuscules villages au sud, tandis qu'au nord elle suit la côte du Labrador sur 80 km. A noter que les commerces autres que les restaurants, le long de la côte, ont tendance à fermer de 12h à 13h. Au restaurant, on vous apportera peut-être des glaçons d'iceberg – de la glace vieille de plusieurs millénaires.

A **l'Anse-au-Clair**, la première localité sise au nord de Blanc Sablon, au Labrador, vous attend le *Beachside Hospitality Home* (☎ 931-2662), 9 Lodge Rd. Il loue des simples/doubles à 32/38 $, utilisation de la cuisine comprise. On y sert également des repas, et le propriétaire organise des circuits aux environs ainsi que des promenades en bateau. Le ferry à destination de St Barbe se trouve à 8 km au sud. Le *Northern Light Inn* (☎ 931-2332), un motel moderne de taille moyenne, qui dispose de quelques unités d'habitations tout équipées, et d'une salle à manger, reste une adresse de second choix. Comptez 60/65 $ pour les simples/doubles.

A proximité, on peut pêcher la truite et le saumon.

L'Anse-Amour

On a retrouvé à cet endroit les vestiges d'un lieu de sépulture indien archaïque, recouvert d'une pierre et datant de 7 500 ans. C'est le plus ancien tumulus de ce type jamais mis au jour. Il contenait les restes d'un adolescent et quelques objets. Il y a 9 000 ans, un peuple vivait déjà dans cette contrée, juste derrière les glaciers. Par la suite, des Inuits et des Indiens utilisèrent cette région pour pêcher l'été, puis furent suivis par des Européens.

Forteau et les environs

Plus grande localité sur la côte, Forteau reçoit chaque année le Bakeapple Festival qui dure trois jours. Il propose des spectacles, de l'artisanat et des dégustations. La promenade de Forteau à Overfalls Brook est conseillée aux randonneurs. L'endroit ne présente pas de difficultés, à l'exception de quelques rochers. Longue de 4 km, elle s'achève devant des chutes hautes de 30 m.

Le phare très haut de **Point-Amour**, beau panorama sur le détroit avec parfois des baleines ou des phoques, se trouve à 8 km.

A Forteau, le *Seaview Housekeeping Units* (☎ 931-2840), un petit hôtel, propose 4 doubles à 60 $.

Sur la route 510 qui mène à l'Anse-au-Loup se dresse le **Labrador Straits Museum** (☎ 927-5659) qui présente des expositions sur les premiers habitants et sur la vie traditionnelle de la région. Il est ouvert tous les jours en été.

L'Anse-au-Loup

Une zone de randonnée s'étend jusqu'à Schooner Cove, à environ 3 km de l'endroit où s'arrête la route du port. La rade était autrefois le site d'une usine alimentaire. Une autre promenade, qui dure environ deux heures, aboutit à l'Anse-au-Loup, avec cueillette de baies le long du chemin.

Entre l'Anse-au-Loup et Red Bay s'étend le *parc provincial de Pinware*, avec 15 aires de camping et quelques tables de pique-nique. N'oubliez pas votre anti-moustiques.

Le *Barney's Hospitality Home* (☎ 927-5634) est incontestablement le meilleur logement des environs, avec des simples doubles à 30/38 $, petit déjeuner (léger) inclus. On peut y prendre ses repas. Téléphonez pour réserver.

Red Bay

Red Bay se trouve au bout de la route 510. Le site national historique est la principale attraction de la région. Le centre d'information (☎ 920-2197) retrace la découverte à la fin des années 70 de trois galions baleiniers datant du XVIe siècle, au large de Red Bay. Les eaux glacées les ont conservés en parfait état et on les a laissés à l'endroit même où on les a trouvés, créant ainsi un véritable musée sous-marin. Des recherches ont révélé que cet endroit abritait le plus grand port baleinier du monde à la fin du XVIe siècle. On peut visiter certains sites excavés en bateau, y compris un cimetière sur l'**île Saddle** où l'on a mis au jour 140 squelettes humains. On peut aussi se rendre sur les fouilles en cours, et le centre expose une collection d'objets. Le parc est ouvert tous les jours, pendant l'été. L'entrée est gratuite.

Le centre touristique de Red Bay pourra vous fournir davantage d'informations sur le port baleinier basque. Renseignez-vous également sur le sentier menant au sommet de Tracey Hill, d'où l'on découvre une vue impressionnante sur la côte et la ville. Red Bay se trouve aussi sur le trajet du ferry Marine Atlantic en provenance de Lewisporte et St Anthony.

Comment s'y rendre

Avion. Air Nova, partenaire d'Air Canada, assure des vols de Deer Lake (à Terre-Neuve) à Blanc-Sablon. Tentez également votre chance auprès de Provincial Airlines au départ de Corner Brook, Deer Lake ou Happy Valley-Goose Bay. Canada Airlines et Air Atlantic assurent également les liaisons entre Blanc-Sablon et des destinations québécoises, telles que Sept-Îles et la ville de Québec.

Ferry. Du 1er mai à la fin de la saison, en novembre, un ferry pour passagers et véhicules part de St Barbe (Terre-Neuve) pour Blanc-Sablon (Québec). Il appartient à la

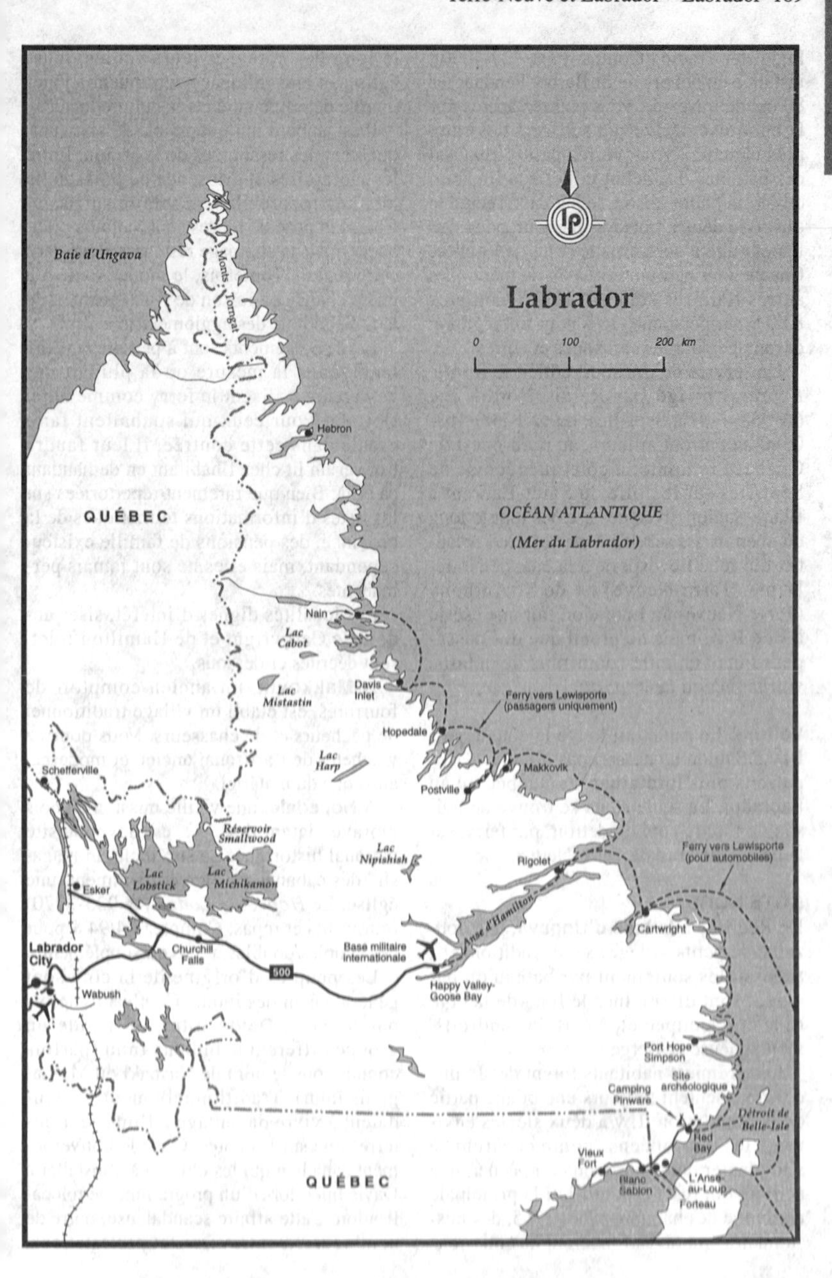

Labrador
0
100
200 km
Baie d'Ungava
Monts Torngat
Hebron
QUÉBEC
OCÉAN ATLANTIQUE
(Mer du Labrador)
Nain
Lac Cabot
Davis Inlet
Lac Mistastin
Ferry vers Lewisporte
(passagers uniquement)
Hopedale
Lac Harp
Makkovik
Postville
Schefferville
Réservoir Smallwood
Lac Nipishish
Rigolet
Ferry vers Lewisporte
(pour automobiles)
Lac Lobstick
Lac Michikamau
Esker
Anse d'Hamilton
Cartwright
Churchill Falls
Labrador City
Base militaire internationale
500
Wabush
Happy Valley-Goose Bay
Port Hope Simpson
Site archéologique
Camping Pinware
Détroit de Belle-Isle
Red Bay
Vieux Fort
Blanc Sablon
L'Anse-au-Loup
Forteau
QUÉBEC

Puddister Trading Company (☎ 722-4000), installée en dehors de St Barbe. Pendant les 80 mn de traversée, vous pourrez apercevoir la banquise dériver au sud vers des eaux plus chaudes. Vous verrez peut-être aussi des baleines. De début juillet à la fin août, durant la haute saison, le bateau effectue la traversée deux à trois fois par jour, pour seulement une à deux fois le reste de l'année. Chaque jour part un ferry à 8h du matin ; les autres horaires sont variables. Comptez 8,50 $ par personne, 16 $ pour une voiture, davantage pour les caravanes et autres.

Un service de transport côtier, le *Nordic Express*, dirigé par Relais Nordik Inc (☎ 968-4707 à Sept-Îles, ou ☎ 1-800-463-0680 de partout ailleurs, au nord-ouest du Québec) remonte la côte québécoise de Sept-Îles sur le golfe du Saint-Laurent à Blanc-Sablon, avec des escales tout le long du chemin. Le service côtier Marine Atlantic, qui relie Lewisporte à la baie de Notre-Dame (Terre-Neuve) ou de St Anthony (Terre-Neuve) au Labrador, fait une escale à Red Bay, mais ne prend que des passagers sans véhicule (pour plus de détails, voir la section *Lewisporte*).

Voiture. La route qui longe la côte depuis Blanc Sablon ne dessert pas d'autres destinations plus lointaines au Québec ou au Labrador. La seule route se trouve de liaison de l'autre côté du détroit, par ferry, sur la péninsule nord de Terre-Neuve.

CÔTE NORD

De Red Bay à **la baie d'Ungava**, une douzaine de petits villages semi-traditionnels, accessibles seulement par bateau ou par avion, sont disséminés le long de la côte rude et découpée et, à certains endroits, montagneuse et vierge.

Les premiers habitants furent des Inuits, qui représentent toujours une bonne partie de la population. Il y a deux siècles environ, les Européens commencèrent à s'implanter dans la région et à pêcher, une activité qui reste aujourd'hui la principale ressource des habitants. Dès 1765, des missionnaires moraves fondèrent des missions le long des côtes, et leurs écoles, leurs églises et leur influence continuent à jouer un rôle déterminant dans la culture locale.

Il est aujourd'hui impossible de vivre uniquement des ressources de la région. Entre les moratoires et l'absence de poisson, la mer ne procure plus un salaire suffisant. Chasse et pose de pièges sont toujours pratiquées, mais le chômage reste très élevé dans cette région. Toutefois, le mode de vie n'a guère changé en raison de l'isolement et de la taille réduite des agglomérations.

Les hébergements sont à peu près inexistants, dans la mesure où la plupart des voyageurs utilisent le ferry comme hôtel flottant. Pour ceux qui souhaitent faire escale dans cette contrée, il leur faudra trouver un lit chez l'habitant en demandant çà et là. Bien que rarement répertoriées sur les listes d'informations touristiques de la province, des pensions de famille existent cependant, mais elles ne sont jamais permanentes.

Les localités dignes d'intérêt, sises au-delà de Cartwright et de Hamilton Inlet, sont décrites ci-dessous.

A **Makkovik**, un ancien comptoir de fourrures, est établi un village traditionnel de pêcheurs et de chasseurs. Vous pourrez y acheter de l'artisanat ancien et moderne, ainsi que du matériel.

A **Hopedale**, une vieille mission en bois morave, datant de 1782, est devenue site national historique. Le site inclu un magasin, des cabanes et, bien évidemment, une église. Le *Hopedale Lodge* (☎ 933-3770) fournit lits et repas. Comptez 74/94 $ pour des simples/doubles, repas en supplément.

Les peuples d'origine de la côte sont généralement des Inuits. Ce n'est toutefois pas le cas à **Davis Inlet**, où réside un groupe différent d'Indiens Innu (parfois connus sous le nom de Naspaki ou Montagnais innu). Traditionnellement, ils tendaient à vivre davantage à l'intérieur des terres que sur les côtes. C'est le gouvernement canadien qui les obligea à s'installer à Davis Inlet, lors d'un programme de relocalisation. Cette affaire scandaleuse, outre de nombreuses controverses et protestations, provoqua à terme l'érosion d'une culture unique, et les problèmes soulevés ne sont toujours pas résolus. Au début des années 60, de nombreux membres de cette nation vivaient en nomades. Consommation de drogue, d'alcool, et, chez les jeunes, usage de dissolvants hallucinogènes et essence, auxquels s'ajoute un taux de suicides élevé, sont révélateurs de la crise traversée par cette communauté. Si leurs revendications territoriales sont entendues, leur peuple pourra peut-être reprendre espoir en l'avenir.

Nain et les environs

C'est la dernière escale du ferry Marine Atlantic et, avec une population de 1 000 habitants, la dernière ville de cette ampleur au nord. La pêche est la principale activité, et l'usine alimentaire (poisson) constitue un employeur important. Comme dans les autres localités, après la saison de la pêche, chasse et pose des pièges sont pratiquées depuis des siècles. Le **Piulimatsivik-Nain Museum** est l'une des anciennes missions donnant un bon aperçu de l'histoire inuit et morave. Il expose des objets appartenant à ces deux traditions.

Nain possède aussi une boutique d'artisanat et un hôtel, l'*Atsanik Lodge* (☎ 922-2910) qui loue des simples/doubles à 73/83 $. Il y a souvent aussi une ou deux pensions de famille.

Au nord, **Hebron** abrite également un site historique morave. Près de la pointe nord du Labrador, les **monts Torngat** sont sauvages, très appréciés des alpinistes en raison de leur altitude (quelques-uns des pics les plus élevés à l'ouest des Rocheuses) et de leur isolement.

Comment s'y rendre

Le ferry Marine Atlantic réservé aux passagers (pas de véhicules) en provenance de Lewisporte fait escale à St Anthony, à la pointe nord de Terre-Neuve, puis longe la côte du Labrador depuis Red Bay, jusqu'à Goose Bay, et remonte jusqu'au Grand Nord, à la ville de Nain. On peut louer des embarcations privées pour se rendre plus au nord. C'est le seul moyen d'avoir un aperçu de la côte du Labrador et de ses anciennes implantations. La durée du voyage varie, mais il faut compter au moins une semaine car le ferry s'arrête un peu partout (entre 25 et 40 villages). Sur ce ferry, la place est très limitée et les réservations doivent impérativement être faites à Terre-Neuve. (Si vous avez des projets précis, appelez le bureau des réservations à Lewisporte, même si vous ne vous trouvez pas dans la province) Les principales attractions sont le littoral et les icebergs (voir *Lewisporte*, à la rubrique *Centre de Terre-Neuve*, pour plus de détails).

CENTRE DU LABRADOR

La surface territoriale du Labrador est complétée par la partie centrale, territoire immense, très peu peuplé et encore vierge. Paradoxalement toutefois, la plus grande ville du Labrador, Happy Valley-Goose Bay, avec une population de 7 000 habitants, se trouve au sud de cette région.

L'Église morave

Au milieu du XVe siècle, les Moraves fondèrent l'Église de la Fraternité. Ils se séparèrent ainsi de l'Église de Rome, et durent fuir les persécutions subies dans leur pays d'origine, les provinces d'expression germanique, la Bohême, la Moravie et la confrérie tchèque. Fort mouvement évangélique, ils établirent des missions en Asie, en Afrique, aux Antilles, en Amérique. A la fin du XVIIIe siècle, ils commencèrent à évangéliser les Inuits du Nouveau Monde, cherchant à éradiquer leurs croyances et leur culture. Un groupe important était installé le long du détroit de Belle-Isle, à Terre-Neuve, mais plus encore sur la côte du Labrador. Il y subsista une importante communauté jusque dans les années 50. Nombre de leurs anciens bâtiments sont encore utilisés, certains comme sites historiques. ■

Happy Valley-Goose Bay

Goose Bay fut fondée pendant la Seconde Guerre mondiale pour servir d'étape aux avions en direction de l'Europe, et elle est restée un centre d'aviation. Aujourd'hui, c'est une base militaire canadienne utilisée par les pilotes du Canada et d'Europe pour tester les appareils de haute technicité, en particulier les très controversés jets volant à basse altitude qui perturbent le mode de vie des Inuits.

La ville dispose de tous les services, y compris des hôtels. Toutefois elle présente peu d'intérêt pour le voyageur et est très isolée. En revanche, les régions boisées et éloignées attirent de nombreux chasseurs et pêcheurs, et les possibilités de camper sont nombreuses. Pour tout renseignement, contactez la Mokami Regional Development Association (☎ 896-3100).

Le **Labrador Heritage Museum** (☎ 896-2762) donne un aperçu de l'histoire de la région. Il expose notamment un abri traditionnel de trappeur, des fourrures et quelques morceaux de minerai. Le musée est situé au nord de la ville, sur l'ancienne base de l'armée canadienne. L'histoire militaire de la région est présentée au **Northern Lights Military Museum** (☎ 896-5939), 170 Hamilton River Rd. Visitez aussi le **Trappers Brook Animal Displays**, dans l'immeuble Northern Lights, qui vous feront découvrir nombre d'animaux et d'oiseaux de la région. L'entrée est gratuite (fermé le dimanche).

Où se loger et se restaurer

Trois hôtels de taille correcte, mais relativement chers, vous y attendent. Le *Royal Inn* (☎ 896-2456), qui propose des simples/doubles à partir de 56/67 $, est le plus économique. Il est situé 5 Royal Ave et dispose également de quelques unités d'habitation aménagées, mais d'un prix plus élevé. Il y a aussi quelques hospitality homes, mais elles changent souvent. Renseignez-vous auprès de l'office du tourisme. Le *79 MacDonald* (☎ 896-5031), 79 MacDonald St, loue 2 simples/doubles à 35/45 $, petit déjeuner compris. Des vélos y sont disponibles. Un lecteur nous a également suggéré le *Labrador Friendship Centre*, dans Happy Valley, qui sert avant tout de centre d'accueil pour la population innu, mais où vous pourrez trouver des chambres bon marché et manger du ragoût de caribou.

Comment s'y rendre

Avion. Goose Bay est correctement desservie par les compagnies aériennes. Provincial Airlines relie Blanc-Sablon et Goose Bay aux principales villes de Terre-Neuve. Labrador Airways assure la liaison avec St Anthony et couvre tous les petits villages qui bordent la côte du Labrador.

Voiture. Depuis Happy Valley-Goose Bay, une nouvelle route, la Hwy 500, recouverte de graviers, traverse le centre du Labrador et se dirige à l'ouest, vers Churchill Falls, puis bifurque. Elle continue alors vers Wabush, Labrador City et Fermont (Québec) au sud.

Grâce à cette route, l'intérieur des terres devient accessible pour la première fois en voiture. Les automobilistes peuvent mettre leurs véhicules sur le ferry au départ de Happy Valley-Goose Bay pour Terre-Neuve, et faire ainsi un circuit complet de la région. A noter que cette route n'est praticable que de juin à octobre et que les services y sont réduits au minimum. De fait, ils ne sont disponibles que dans les grandes villes entre Happy Valley-Goose Bay et l'extrémité ouest du Labrador. Ne vous attendez pas à trouver une station-service, voire une simple pompe à essence en bordure de la route. Les étapes vous paraîtront sans doute bien longues sans un café ou pause-toilettes. Comptez neuf heures de Goose Bay à Labrador City. La portion de route entre Goose Bay et Churchill Falls est lente et difficile.

Vous pourrez louer une voiture à Happy Valley-Goose Bay, chez Avis et Tilden (bureaux à l'aéroport). Réservez avant votre arrivée.

Ferry. Le très lent ferry de Lewisporte fait escale à Goose Bay, mais il existe un ferry pour véhicules plus rapide, également en provenance de Lewisporte, qui rejoint directement Goose Bay, ou fait une seule escale à Cartwright (voir *Lewisporte* dans le *Centre de Terre-Neuve*, pour plus de détails sur ce marathon de trente-cinq à quarante heures de ferry !).

OUEST DU LABRADOR

Tout dans cette région, accessible du Québec, est surdimensionné à l'extrême : méga-développements dans un mégapaysage que le voyageur peut découvrir assez facilement. Souvenez-vous qu'il y a une heure de décalage entre le Québec et Labrador City.

Labrador City/Wabush

Sises à seulement 15 km du Québec, ces deux villes minières jumelles, dotées d'une population de 12 000 habitants, représentent le Labrador moderne et industriel. La première exploitation minière de minerai de fer à ciel ouvert se trouve à Labrador City. Depuis 1958, une ville moderne s'est développée autour de la ville. Une autre mine à ciel ouvert est exploitée à Wabush. On peut les visiter toutes les deux. Les ressources de ces deux gisements sont colossales, comme vous pourrez vous en rendre compte. Et comme le prouve la démesure des camions à bascule de 18 m de long, aux roues de 3 m de haut (presque d'absurdes œuvres d'art).

Un chalet touristique régional (☎ 944-7132) se trouve dans le centre des Arts et de la Culture de Labrador City.

Le **Height of Land Heritage Centre** (☎ 944-2209) est une ancienne banque transformée en musée. Des œuvres du peintre Tom Thompson sont exposées à l'hôtel de ville de Labrador City.

La plupart des visiteurs souhaitent explorer la contrée alentour. Vous y découvrirez un paysage de montagnes peu élevées, onduleuses, boisées et entrecoupées çà et là de zones de toundra, au nord, effleurées par les glaciers.

Les **monts Wapusakatto** se dressent à 5 km de la ville. On peut y faire du ski. A environ 10 km de Labrador City s'étend le **parc provincial de Duley Lake** qui dispose même d'une longue et large plage sablonneuse et d'une baignade agréable. Vous y trouverez aussi 100 aires de camping. Un autre parc, à 43 km de Wabush, sur la Trans-Labrador Hwy, le **Grand Hermine**, possède aussi une plage, des emplacements de camping et offre un beau panorama.

Long de 15 km, le sentier de randonnée Menihek traverse des zones boisées émaillées de chutes d'eau et toundra. Des spécialistes pourront emmener les pêcheurs à divers points d'eau particulièrement poissonneux.

Des circuits des villes et des environs, en bus, sont à votre disposition. La principale attraction reste le spectacle de l'aurore boréale, qui se produit deux nuits sur trois. Le nord du Canada est le meilleur endroit au monde pour assister à ce spectacle, en raison de la présence du pôle nord magnétique. Ces rayons féeriques, colorés, forment des ondulations et sont chargés de particules provenant du soleil, faites prisonnières par le champ magnétique de la terre.

Pour ma part, je crois fermement aux théories des peuples autochtones, qui nous fournissent plusieurs explications à ces phénomènes. Selon une croyance inuit, ces lumières seraient tout simplement le peuple du ciel qui joue à la balle. Selon une autre, ce sont les bébés à venir qui s'amusent. Les Ojibways appelaient ces arcs Waussnodae et pensaient qu'ils étaient des torches tenues par leurs grands-pères défunts pour éclairer le sentier des âmes. Les âmes des défunts récents empruntaient en effet ce chemin, la Voie Lactée, pour rejoindre leur destination finale.

Mark Lightbody

Où se loger et se restaurer

Plusieurs hôtels et motels onéreux, dont certains avec salle à manger, vous attendent. A Labrador City, dans Avalon Drive, le *Two Seasons Inn* (☎ 944-2661) loue des doubles à 83 $, ce qui vous donne une idée des prix pratiqués dans cette région. Le *Carol Inn* (☎ 944-7736), 215 Drake Ave, propose 23 unités d'habitation avec un coin cuisine, et des simples/doubles à 75/85 $. Le *Wabush Hotel* (☎ 282-3221) est l'établissement le plus cher avec des doubles à 90 $. Il est recommandé de réserver à l'avance. Les pensions de famille sont inexistantes.

Les quelques restaurants sont rassemblés à Labrador City, dont deux pizzerias et le *Ted's Pub*. Poisson et parfois caribou sont proposés au menu.

Churchill Falls

A mi-chemin de Goose Bay, ou presque, la ville moderne de Churchill Falls s'est développée au début des années 70. Elle est construite autour de l'une des plus grosses centrales hydroélectriques du monde. La rivière Churchill, détournée de son lit, qui tombe d'une corniche de plus de 300 m, alimente les turbines souterraines et produit 550 mégawatts, une quantité suffisante pour répondre à la presque totalité des besoins en énergie de la Nouvelle-Angleterre. Des visites sont organisées (☎ 709-925-3211), mais il faut réserver au moins une journée à l'avance.

La ville est reliée par la Hwy 500 à Goose Bay à l'est, et à Wabush à l'ouest. Banques, laverie, garage (essence et réparation) sont réunis à Churchill Falls. C'est la seule localité entre Goose Bay et Labrador City où vous trouverez tous les services indispensables. Faites vos approvisionnements !

Pour l'hébergement, le *Churchill Falls Inn* (☎ 925-3211), central, possède un café et un bar. Mieux vaut réserver à l'avance. Les simples sont relativement bon marché, à 59 $, les doubles commencent à 65 $.

Comment s'y rendre

Bien que ces conditions se soient très nettement améliorées, le transport dans l'ouest et le centre du Labrador reste une aventure.

Avion. Plusieurs compagnies, dont Canadian Airlines et leur partenaire régional, Air Atlantic, assurent la liaison de Labrador City avec Terre-Neuve et le reste du Canada et Air Alliance de Québec City.

Voiture. Provenant de Happy Valley-Goose Bay, la Hwy 500 rejoint depuis Churchill, à l'ouest, Wabush et Labrador City, puis Fermont au Québec. De là, elle devient la Hwy 389, puis continue sur 581 km vers le sud, et traverse la région peu développée du Manicougan nord (Québec), après Manic 5 et son gigantesque barrage jusqu'à Labrador City. Vous pourrez parcourir ce trajet en une seule journée, mais à certains endroits, la route est en mauvais état, se rétrécit et serpente. Sur certains petits ponts, le trafic s'effectue dans un seul sens.

Des motels et des aires de camping sont disséminés le long de la route, notamment à Manic 5, et un motel, un restaurant et une station-service sont implantés à Bassin Manic 5. Pour les voyageurs à destination du nord, depuis Baie Comeau, mieux vaut vérifier les conditions routières auprès de la police de cette ville. Pour ceux qui se dirigent vers le sud, si vous avez le moindre doute sur les améliorations apportées à la route, la police de Labrador vous renseignera.

De retour sur la Hwy 500, à Churchill Falls, un embranchement nord de la n°501 rejoint Esker. Cette bourgade, à mi-chemin entre Labrador City et Schefferville où s'achève la route, n'est en réalité qu'une gare ferroviaire.

Tilden et Avis disposent d'agences à Wabush.

Train. L'ouest du Labrador est également accessible par train. La ligne part de Sept-Îles, au Québec (un peu plus à l'est que Baie Comeau). De là, empruntez la ligne Quebec North Shore & Labrador pour Labrador City, pour Esker et Schefferville, avec retour au Québec. Il n'y a pas d'autres lignes ferroviaires au Labrador. Avec l'ouverture de la route de Happy Valley-Goose Bay à Labrador City/Wabush, le train est accessible à la région est du Labrador.

Dans Labrador City, la ligne Québec North Shore & Labrador (☎ 944-8205) se trouve dans Airport Rd. Un aller simple pour Sept-Îles coûte 48 $. Pendant l'été, deux départs par semaine sont assurés. Le train est équipé d'un bar qui sert des repas légers. Consultez la rubrique *Sept-Îles* au chapitre *Québec* pour plus de détails sur les trains et les excursions dans la région de Labrador City.

Nouvelle-Écosse

Entrée dans la Confédération : 1/07/1867
Superficie : 55 491 km^2
Population : 899 942
Capitale de la province : Halifax

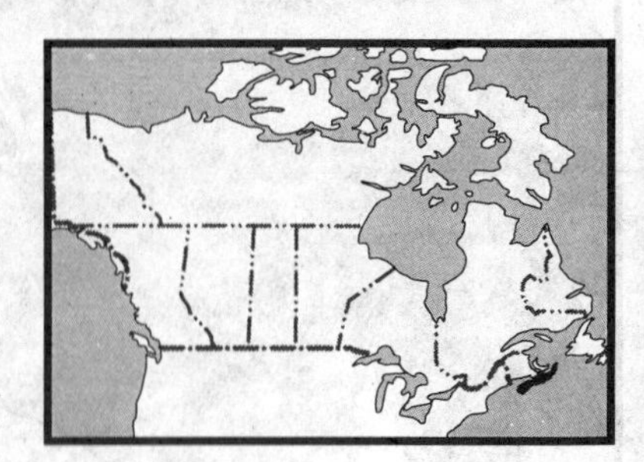

En Nouvelle-Écosse, vous n'êtes jamais à plus de 56 km de la mer, une spécificité qui a largement influencé l'histoire et le caractère de la province. Lorsque les Européens débarquèrent pour la première fois dans la région qui allait devenir la Nouvelle-Écosse, le territoire était essentiellement habité par la nation indienne micmac, qui dominait alors la région atlantique.

Pendant des générations, la côte déchiquetée, avec ses innombrables rades et criques, fournit aux petits villages de pêcheurs un endroit où s'installer, en particulier sur le littoral sud. C'est dans cette contrée qu'accostèrent les premiers colons et pirates, bientôt suivis par les loyalistes et les immigrants venus d'Europe. La pêche demeure une activité importante. Lunenburg entretient notamment une flotte non négligeable et fournit largement la côte en poisson frais. Le *Bluenose*, la goélette représentée sur les pièces de 10 cents canadiennes (dîme), fut construit dans cette ville.

Les paysages et bourgades maritimes qui longent la côte contrastent avec le complexe urbain Halifax-Dartmouth, l'un des plus attrayants du Canada. Dans le centre-ville cosmopolite, modernisme et présence du passé se mêlent harmonieusement.

CLIMAT

Le climat est tempéré par la présence de l'Océan. L'été et l'automne sont généralement ensoleillés, bien que les régions est et l'île du Cap-Breton soient souvent ventés. Sur la côte est, les précipitations sont très abondantes. De Shelburne à Canso, le littoral sud est souvent nappé de brouillard, qui attend parfois midi pour disparaître, voire plus tard. Les hivers enfin sont souvent très enneigés.

ÉCONOMIE

Les produits manufacturés représentent l'industrie majeure de la région. Construction navale, produits laitiers et production de papier jouent un rôle économique déterminant. La pêche constitue, bien évidemment, l'activité principale – morue, homard et coquille Saint-Jacques. Mais la Nouvelle-Écosse, comme Terre-Neuve, a été durement frappée par les mesures prises pour limiter la pêche (quotas).

POPULATION ET ETHNIES

Nombre d'Indiens micmacs vivent encore sur leur terre d'origine, à Cap-Breton. Aujourd'hui, toutefois, la population de la province est essentiellement d'origine anglaise, écossaise, irlandaise et française.

Les Écossais des Highlands débarquèrent dans l'île du Cap-Breton en 1773, bientôt suivis par des milliers d'autres Écossais qui s'installèrent en Nouvelle-Écosse, d'où le nom de la région.

Dans certaines contrées, vous entendrez encore parler le gaélique ; dans d'autres, ce sont la langue et la culture françaises qui dominent.

RENSEIGNEMENTS

Emblèmes de la province

L'emblème floral est l'aubépine ; l'oiseau, le balbuzard (non officiel).

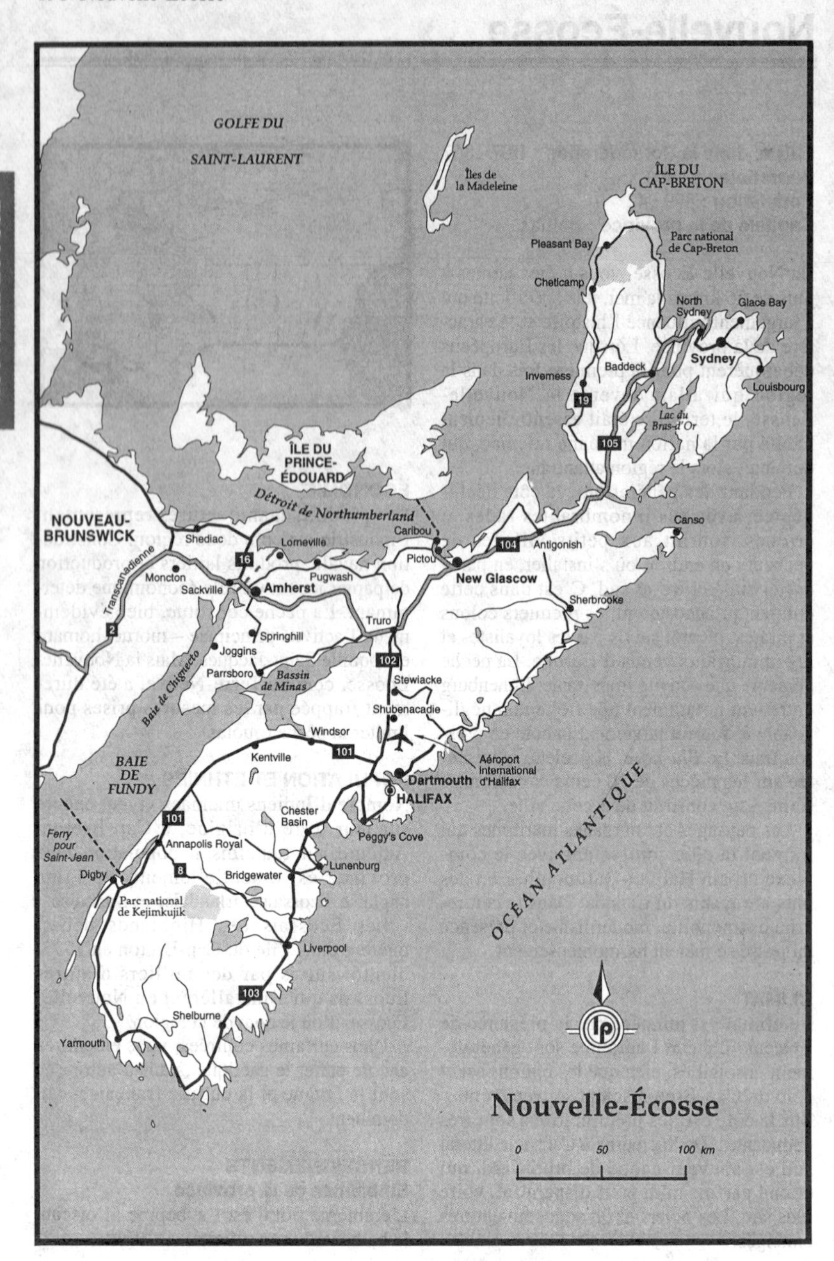

Nouvelle-Écosse

Téléphone
L'indicatif téléphonique de la province est le 902.

Heure
La province se trouve dans la zone horaire atlantique.

Taxes
La taxe provinciale est de 11%.

A NE PAS MANQUER
A l'intérieur des terres, la province est couverte de forêts, tandis que des collines se dessinent au nord. Célèbre pour ses pommes, la vallée d'Annapolis présente un agréable paysage de terres cultivées – superbe au printemps avec ces fleurs blanches et roses. La région abrite aussi les plus anciens et les plus passionnants vestiges du Canada.

La région de la baie de Fundy est dominée par les marées les plus hautes au monde. En conséquence, les cours d'eau, nombreux et idéaux pour la pratique du canoë, charrient des eaux saumâtres très loin à l'intérieur des terres, jusqu'à quelque 400 lacs. On peut aussi pratiquer la plongée le long des côtes.

Le long du détroit de Northumberland, de larges plages sablonneuses, lavées par les eaux les plus chaudes de la province, offrent un endroit propice à la détente, pendant un jour ou deux.

Visiter l'île du Cap-Breton, au paysage déchiqueté, montagneux, qui présente un autre aspect de la variété topographique de la province, est l'une des principales attractions de la Nouvelle-Écosse.

L'office du tourisme de la Nouvelle-Écosse a déterminé 10 circuits différents qui permettent de découvrir les plus beaux paysages et sites de la province. Ces circuits empruntent généralement d'anciennes routes secondaires.

Une brochure gratuite avec tous les détails sur ces itinéraires touristiques est disponible à l'office du tourisme. Méfiez-vous toutefois de certaines descriptions enjolivées.

Les touristes qui passent trois jours, voire davantage, dans la province, peuvent devenir membres de l'Ordre du Bon Temps (Order of the Good Time). Cette organisation fut fondée à Port-Royal (devenue aujourd'hui Annapolis Royal) en 1606 par l'explorateur français, Samuel de Champlain. Demandez des détails aux bureaux d'information qui pourront aussi vous renseigner sur les programmes de vacances rurales.

La Nouvelle-Écosse reçoit chaque année plus de visiteurs que les autres provinces atlantiques et son excellent réseau d'information facilite amplement la tâche des touristes. En règle générale, les prix sont légèrement plus élevés que dans la région atlantique, et les hôtels, comme les restaurants, plus sophistiqués et plus luxueux.

HÉBERGEMENT
Comme c'est le cas dans tout le Canada oriental, la saison touristique est éphémère, la plupart des voyageurs choisissant juillet ou août. Durant ces deux mois, l'hébergement se fait rare dans presque toute la province. Prévoir des chambres supplémentaires qui resteront vides le reste de l'année n'est pas assez rentable. Les régions du Centre et de la côte sud sont moins fréquentées, mais dans les autres localités mieux vaut chercher une chambre, chaque soir, avant la tombée de la nuit.

D'octobre à mai, les visiteurs trouveront souvent lieux de loisirs, campings et pensions de familles fermés.

Halifax

Avec une population de 114 450 habitants, et près du triple dans la zone métropolitaine, Halifax, la capitale de la Nouvelle-Écosse, est la plus grande ville à l'est de Montréal. Elle abrita le premier gouvernement représentatif du Canada, la première église protestante et donna naissance au premier journal. Ses habitants sont appelés des Haligoniens.

Le port est le plus actif de toute la côte est car, libre de glace, il fonctionne toute l'année. Y est également établie la plus grande base navale du Canada.

L'histoire d'Halifax est plus ancienne que celle des autres villes. La région fut d'abord occupée par les Indiens micmacs, et Halifax fondée en 1749 par les Britanniques pour servir de place forte à 2 500 colons. De fait, la ville devait remplir les fonctions de base militaire et contrebalancer ainsi la présence du fort français de Louisbourg, sis à la pointe sud-est de la Nouvelle-Écosse.

Le port fut utilisé comme base militaire britannique durant la guerre d'Indépendance américaine (1775-1783) et la guerre de 1812. Durant les deux guerres mondiales, Halifax servit de centre de distribution aux navires de ravitaillement à destination de l'Europe, une activité qui attira une importante main-d'œuvre vers la ville.

En 1917, un navire de munitions français qui transportait une énorme cargaison de TNT entra en collision avec un navire étranger dans le port. Il en résulta la plus gigantesque explosion jamais survenue avant que ne soient lâchées les bombes A sur le Japon, en 1945. Elle est connue aujourd'hui sous le nom de Grande Explosion. La moitié de la ville fut rasée, 2 000 personnes périrent et des vitres éclatèrent jusqu'à Truro. Aujourd'hui, l'implantation militaire contribue largement à l'économie, avec six bases à proximité. Les autres principales industries sont les produits manufacturés, alimentaires et le raffinage de pétrole.

ORIENTATION

Halifax se dresse à côté de l'un des plus grands ports naturels du monde, à mi-chemin de la côte atlantique sud de la Nouvelle-Écosse. La ville s'étend sur une péninsule prise entre le port et une rade appelée le North West Arm. Le centre-ville est vallonné et des parcs sont disséminés sur toute la zone urbaine. De la citadelle, on jouit d'un superbe panorama de la ville et du bord de mer s'ils ne sont pas nappés par le brouillard.

Le centre-ville, qui date des toutes premières implantations, s'étire de Lower Water St, en bordure de mer, à la citadelle, à l'ouest, un fort en forme d'étoile qui domine la colline. Cogswell St et Spring Garden Rd délimitent les confins du cœur de la capitale, au nord et au sud. C'est à cet endroit que sont réunis les principaux centres d'intérêt pour les visiteurs. Il se visite à pied.

Les restaurations caractérisent la ville, en particulier le long du front de mer, dans le quartier des Historic Properties. C'est un endroit très animé où sont rassemblés restaurants et bars, ouverts dans des bâtiments anciens ou alentour. Cet habile mélange du passé et du moderne et sa situation en bordure de mer sont les deux attraits d'Halifax. L'endroit mérite vraiment une visite.

Depuis le centre, la ville se déploie dans trois directions. A l'extrémité est se trouvent les Historic Properties, ancienne zone commerciale de la cité, aujourd'hui restaurée et dans laquelle sont concentrés bureaux, boutiques, restaurants, office du tourisme, etc. C'est un quartier vivant et touristique, qui vous donnera une bonne idée de l'atmosphère de la ville.

Lorsque l'on quitte les Historic Properties, au nord, on arrive à un intéressant mélange de bâtiments anciens et modernes. Les rues sont larges et plantées d'arbres. Au bout de Granville St, Duke St est une petite rue piétonnière, agréable et bordée de vieux édifices de style italianisant, datant de 1860 environ.

Les principales artères menant à l'ouest, depuis le bord de mer, sont Sackville St et Spring Garden Rd. Boutiques, restaurants et centres commerciaux jalonnent cette dernière. A l'angle de South Park St et Spring Garden Rd se trouvent les très vastes jardins publics (Public Gardens), un attrayant parc victorien, situé dans la diagonale, en face de la citadelle.

Nombre de boutiques, hôtels et autres complexes du centre-ville, sis au croisement de Barrington St et de Duke St, sont reliés entre eux par un système couvert d'artères piétonnières. Vous pourrez vous

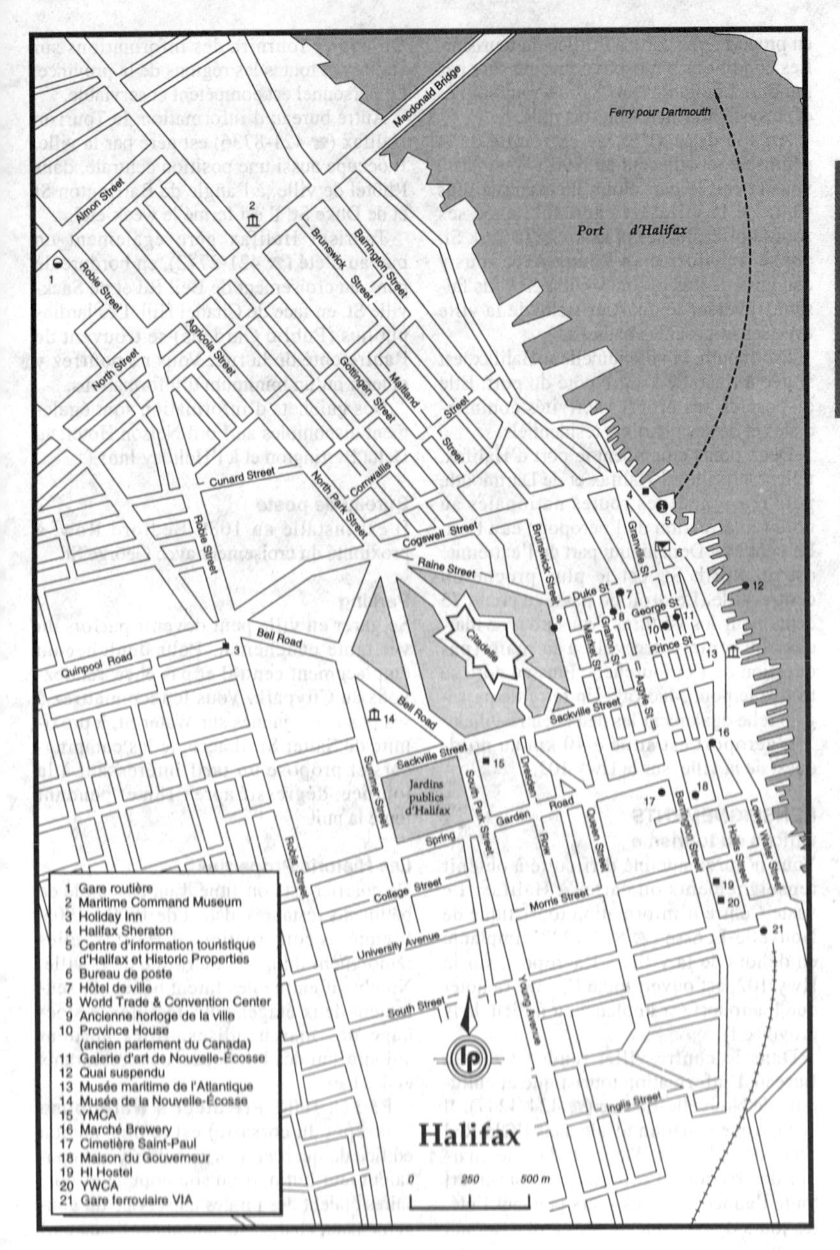
Halifax
Ferry pour Dartmouth
Port d'Halifax
Macdonald Bridge
Almon Street
Robie Street
Brunswick Street
Barrington Street
Agricola Street
North Street
Gottingen Street
Maitland Street
Cunard Street
Cornwallis
North Park Street
Cogswell Street
Raine Street
Granville St
Duke St
George St
Market St
Grafton St
Argyle St
Prince St
Citadelle
Bell Road
Quinpool Road
Sackville Street
Summer Street
Jardins publics d'Halifax
South Park Street
Dresden Row
Garden Road
Spring
Queen Street
Hollis Street
Lower Water Street
College Street
Morris Street
University Avenue
South Street
Young Avenue
Inglis Street
0 250 500 m
1 Gare routière
2 Maritime Command Museum
3 Holiday Inn
4 Halifax Sheraton
5 Centre d'information touristique d'Halifax et Historic Properties
6 Bureau de poste
7 Hôtel de ville
8 World Trade & Convention Center
9 Ancienne horloge de la ville
10 Province House (ancien parlement du Canada)
11 Galerie d'art de Nouvelle-Écosse
12 Quai suspendu
13 Musée maritime de l'Atlantique
14 Musée de la Nouvelle-Écosse
15 YMCA
16 Marché Brewery
17 Cimetière Saint-Paul
18 Maison du Gouverneur
19 HI Hostel
20 YWCA
21 Gare ferroviaire VIA

en procurer une carte à l'office du tourisme. Les conditions atmosphériques ne sont pas toujours favorables aux visites touristiques et ce système s'avère parfois utile.

Au sud de la ville, à l'extrémité de la péninsule, et adjacent au North West Arm, vous attend le parc Point Pleasant, le plus vaste de la ville, très agréable avec ses zones boisées et ses plages. South Park St, qui se transforme en Young Ave, vous y conduira depuis le centre-ville en vous faisant traverser le quartier riche de la ville avec ses imposantes bâtisses.

Dartmouth, la ville jumelle d'Halifax, est située à l'est, de l'autre côté du port. Elle dispose de ses propres activités commerciales et de ses quartiers résidentiels.

Deux ponts enjambent le port d'Halifax, reliant les villes d'Halifax et de Dartmouth, puis rejoignant les routes nationales au nord (en direction de l'aéroport) et à l'est. Le pont MacDonald, qui part de l'extrémité est de North St, est le plus proche du centre-ville. Le droit de passage coûte 75 cents pour les voitures. Vous pouvez marcher ou tenir votre vélo à la main (pas question de l'enfourcher). Plus au nord se trouve le pont MacKay. Un ferry de passagers relie également les deux centre-villes.

L'aéroport est situé à 40 km au nord-ouest de la ville, sur la Hwy 102.

RENSEIGNEMENTS

Offices du tourisme

Vous n'aurez aucune difficulté à obtenir renseignements ou cartes à Halifax. Le vaste Centre d'information touristique de Nouvelle-Écosse (☎ 873-1223), implanté en dehors de la ville, à l'aéroport, sur la Hwy 102, est ouvert toute l'année (à noter que l'aéroport est implanté au milieu de la province !).

Dans le centre-ville, rendez-vous au Bureau d'information touristique et culturelle de Nouvelle-Écosse (☎ 424-4247). Il occupe une situation idéale dans l'Old Red Store de la Lower Water St, dans le quartier des Historic Properties. Il est ouvert toute l'année, tous les jours pendant l'été, les jours de semaine de mi-octobre à mai. On vous y fournira des informations sur Halifax et toutes les régions de la province. Le personnel est compétent et serviable.

Autre bureau d'information, le Tourism Halifax (☎ 421-8736) est géré par la ville. Il occupe aussi une position centrale, dans l'hôtel de ville, à l'angle de Barrington St et de Duke St. Il est fermé le week-end.

Tourism Halifax gère également un bureau d'été (☎ 421-2772), en bordure du parc, au croisement de Bell Rd et de Sackville St, en face de Citadel Hill. Les jardins publics (Public Gardens) se trouvent de l'autre côté de la rue. Vous ne pourrez y obtenir qu'un minimum d'informations.

Des guichets d'information sont également disponibles au Lord Nelson Hotel, au Delta Barrington et à l'Holiday Inn.

Bureau de poste

Il est installé au 1080 Bedford Row, à proximité du croisement avec George St.

Parking

Se garer en ville peut devenir parfois un véritable cauchemar. Pour dénicher un emplacement central et pas cher, rendez-vous au Citypark. Vous le reconnaîtrez à ses panneaux jaunes sur Water St, à proximité de Salter St. Il accepte les camping-cars et propose un tarif intéressant à la journée, dégressif après 18h et pendant toute la nuit.

Les Historic Properties

Ce quartier est constitué d'un ensemble de bâtiments restaurés, datant de 1800 à 1905. Premières constructions d'Halifax, elles témoignent du passé maritime de la ville. Nombre d'entre elles furent bâties sur seulement deux étages pour faciliter le stockage des marchandises. Elles abritent aujourd'hui des boutiques, des restaurants et des bars.

Bâti en 1800, **Privateer's Warehouse** (Entrepôt du corsaire) est le plus ancien édifice du quartier. Les corsaires y entreposaient leur butin, d'où son nom. (Les corsaires étaient des pirates au service du gouvernement, chargés de rançonner l'ennemi.)

Parmi les autres bâtiments de cette époque, il faut aussi citer l'**Old Red Store** autrefois utilisé pour des opérations de navigation – et un **grenier à voiles**, devenu l'office du tourisme. Le **Simon's Warehouse**, bâtisse en granit datant de 1850, servait de bureau et d'entrepôt. Autrefois destiné pour entreposer de l'alcool, il fut réinvesti par un marchand de ferraille et d'objets de récupération. Le ferry à destination de Dartmouth est amarré au dock rénové. Il coûte seulement 85 cents et part toutes les demi-heures. La traversée dure dix minutes et permet de contempler le port et Halifax. Sur l'eau, vous pourrez apercevoir yachts, remorqueurs, cargos, ainsi que des vaisseaux militaires canadiens, du type destroyers ou sous-marins. Environ 3 500 navires de commerce accostent annuellement à cet endroit.

Le **quai suspendu** bleu, construit le long de la jetée, tout à côté du terminal des ferries, réunit des boutiques de souvenirs et d'artisanat. Y sont aussi installées deux agences qui organisent des circuits en bateaux, y compris sur le ferry de l'île McNabs. De petits bateaux de pêche sont amarrés tout du long. Le *Bluenose II*, une réplique de la plus célèbre des goélettes canadiennes, est souvent ancré au quai, à proximité du Privateer's Warehouse.

Le schooner original, le *Bluenose*, fut construit en 1921, à Lunenburg. Il ne perdit jamais une seule course en vingt ans de carrière et, en hommage, fut représenté sur les pièces de 10 cents. Le *Bluenose* est devenu un symbole du Canada presque aussi populaire que la feuille d'érable. Le schooner est essentiellement consacré aux voyages touristiques. Mais les années et les vagues commencent à faire sentir leurs effets, et l'on parle déjà de construire une seconde réplique.

Construit en 1963, le *Bluenose II* est maintenant amarré en permanence aux Historic Properties, quand on ne l'exhibe pas dans un autre port canadien.

On peut y faire des promenades de deux heures dans la baie ou, lorsqu'il est à quai, monter à bord et visiter ce chef-d'œuvre.

Musée maritime de l'Atlantique

Le grand musée maritime de l'Atlantique (☎ 424-7490) mérite absolument une visite, surtout si vous êtes passionné de bateaux. Spacieux, il abrite des reproductions grandeur nature de nombreux navires de la région, ainsi que quantité de maquettes, de photographies et de documents historiques. La lentille provenant du phare d'Halifax est impressionnante, mais, pour ma part, j'ai tout particulièrement apprécié les figures de proue peintes provenant de divers bateaux, dont beaucoup avaient fait naufrage. On s'amuse également beaucoup dans la coque de bateau qui reproduit le mouvement marin. Il y a aussi une exposition sur le *Titanic* et une autre sur la Grande Explosion.

A l'extérieur, sur le dock, vous pourrez explorer la CSS *Acadia*, un navire d'inspection anglais. Le musée est ouvert de 9h30 à 17h30, du lundi au samedi (jusqu'à 20h le mardi), et de 13h à 17h30 le dimanche. Il est établi 1675 Lower Water St, à l'ouest des Historic Properties. L'entrée est gratuite.

Vous pourrez aussi monter à bord du HMCS *Sackville*, amarré au même endroit. C'est le dernier des 122 vaisseaux de guerre de ce type. Vos dons seront destinés à sa restauration.

Aquarium océanique

Implanté non loin du HMCS Sackville (voir ci-dessus), dans la zone des docks, au tout début de Price St, un petit aquarium permet aux Terriens que nous sommes de découvrir diverses plantes et mammifères marins. Des étudiants sont à votre disposition pour répondre à vos questions. L'aquarium est ouvert tous les jours, dès 10h30, lorsque le temps le permet, de juin à août.

Marché Brewery

Ce complexe, qui fait également partie du front de mer restauré, se cache dans l'édifice Keith's Brewery, 1489 Hollis St. Cet édifice qui date de 1820, abrite aujourd'hui des boutiques, des restaurants et un ou deux pubs. Tout paraît flambant neuf et manque d'atmosphère, comparée à celle qui règne alentour. Un marché aux légumes se tient à l'étage inférieur, le vendredi et le samedi, de 7h à 13h en été, uniquement le samedi le reste de l'année.

CENTRE VILLE HISTORIQUE

L'office du tourisme dispose de cartes indiquant l'itinéraire pédestre à suivre pour visiter seul les Historic Properties, la promenade en bord de mer et les anciens bâtiments sis à l'ouest lorsque l'on remonte la colline. La plupart des édifices, qui faisaient partie de l'ancien quartier commercial, sont indiqués par une plaque qui donne un bref aperçu de leur histoire. Si vous suivez le circuit indiqué, comptez une heure.

Voici quelques-uns des plus beaux monuments à découvrir :

Province House

Sis dans Hollis St, non loin de Prince St, ce bel exemple d'architecture géorgienne abrite le plus ancien parlement du Canada, datant 1819.Le musée est ouvert du lundi au vendredi, de 9h à 17h et le week-end, de 10h à 16h. Visites guidées gratuites.

Maison du gouverneur

Elle se trouve entre Hollis St et Barrington St, non loin du croisement avec Bishop St. Elle sert de résidence au lieutenant-gouverneur depuis 1807 (c'est la plus ancienne du Canada) et fut construite par le gouverneur John Wentworth.

Cimetière Saint-Paul

Également connu sous le nom de Old Burying Ground, le cimetière se trouve de l'autre côté de la rue, lorsque l'on arrive de la maison du gouverneur, dans Barrington St. Utilisé dès 1749, il abrite des tombes d'hommes de toutes confessions, jeunes pour la plupart. De nombreux soldats et marins y sont notamment enterrés.

Église Saint-Paul

L'église est située dans Barrington St, non loin de Prince St. Ce fut la première église protestante du Canada (datant de 1749) et la première église d'origine britannique implantée au Nouveau Monde. Elle est ouverte du lundi au vendredi, de 9h à 17h. Un guide est prêt à répondre à vos questions. Y sont exposés des objets étonnants, notamment une silhouette moulée dans un vitrail. Ou ce morceau de métal fixé au-dessus de la porte du mur nord, à l'intérieur du porche. Il provient du *Mont Blanc*, le cargo de munitions qui explosa à 3 km de là, dans le port d'Halifax en 1917.

Hôtel de ville

Construit en 1890, à l'autre bout de la cour ensoleillée de l'église Saint-Paul, l'hôtel de ville est un joyau de l'architecture victorienne. En été, les visiteurs peuvent se joindre au maire pour prendre le thé, du lundi au vendredi, de 15h30 à 16h30.

Ancienne horloge de la ville

Tout en haut de George St, à la Citadel Hill, se dresse l'un des symboles de la cité, l'ancienne horloge de la ville. Les mécanismes arrivèrent à Halifax en 1803, après avoir été construits à Londres. La tour fut érigée selon des plans du prince Édouard, le duc de Kent, alors commandant de la citadelle.

Site national historique de la citadelle

Fort énorme, à la découpe en angles très originale, la citadelle (☎ 425-3923) est perchée sur la colline centrale de la ville, dont elle est le point de repère dominant. Sa construction fut entreprise en 1749, en même temps que celle d'Halifax.

Au milieu des années 1750, les Britanniques se rendirent compte qu'un conflit avec la France pour la possession du Nouveau Monde était proche. Halifax occupait alors une position idéale : la ville pouvait servir de siège pour contrôler la Nouvelle-Écosse, et, plus important, de base militaire, en cas d'affrontement avec les Francais qui disposaient de forts à Louisbourg et à Québec.

Érigé entre 1828 et 1861, le fort que l'on aperçoit aujourd'hui est le quatrième du nom. Il est ouvert de 9h à 18h en été, et de 9h à 17h du début septembre à la mi-juin. L'entrée coûte 2 $ en été, gratuite le reste de l'année. Je vous recommande tout particulièrement les visites guidées, qui incluent des représentations théâtrales. On y passe également un film intéressant.

Se trouve également sur le site le musée de l'Armée, qui présente des expositions relatives à l'histoire militaire du Canada atlantique.

La Citadel Hill constitue en elle-même un vaste parc, très populaire auprès des amateurs de bains de soleil et offre des vues extraordinaires de la ville, de Dartmouth et des bords de mer.

Musée de Nouvelle-Écosse

Le Nova Scotia Museum ne désigne pas un seul musée, mais plusieurs disséminés dans toute la province. Celui-ci (☎ 424-7353) est installé 1747 Summer St, à proximité du croisement avec Sackville St, au sud-ouest de la citadelle. Il est considéré comme le siège de ce réseau provincial de musées. Il couvre des domaines aussi variés que l'histoire, la faune et la flore, la géologie, l'ethnologie et l'industrie. La présentation d'animaux, en trois dimensions, est parfaite – vous aurez l'impression de pouvoir les toucher. Le département des poissons est également très intéressant. Il y a aussi une excellente section historique, avec une vieille diligence et une maquette de scierie datant de la fin du XIXe siècle, qui fonctionne. A noter aussi l'exposition consacrée aux champignons et la collection d'objets micmacs.

Du 1er juin au 15 octobre, le musée est ouvert du lundi au samedi, de 9h30 à 17h30 (mercredi jusqu'à 20h) et le dimanche de 13h à 17h30. Pendant cette période, l'entrée est payante. Le reste de l'année, elle est gratuite, mais le musée ferme à 17h tous les jours (fermé le lundi).

Maritime Command Museum

Ce musée (☎ 427-8250) est installé sur une base militaire canadienne (CFB Halifax), au-delà de Gottingen St, entre North St et Russell St, non loin du pont MacDonald. C'est un beau bâtiment en pierre, protégé par de nombreux canons. Vous pourrez y découvrir des souvenirs militaires des provinces maritimes (uniformes, médailles, etc). Il est ouvert du lundi au vendredi, de 9h30 à 18h ; le samedi et le dimanche, de 13h à 17h.

Collection du *Titanic*

On ignore souvent que la population d'Halifax joua un rôle important dans un des plus grands naufrages de ce siècle. Cinq ans avant la Grande Explosion de 1917, le *Titanic* coula au large de la côte de Terre-Neuve, après avoir heurté un iceberg, lors de son voyage d'inauguration de Southampton (Angleterre) à New York. Des bateaux en provenance d'Halifax prirent part aux opérations de sauvetage, mais on ne réussit à sauver que 705 passagers sur 2 227. Plus de 150 cadavres furent transportés jusqu'à Halifax pour y être enterrés.

Présentée dans le Roy Building, 1 661 Barrington St, la collection du *Titanic* consiste en objets offerts par les survivants, débris de l'épave, photographies et autres documents liés au naufrage. Est également exposé le premier signal de détresse envoyé du navire.

L'institut Bedford d'océanographie (Bedford Institute of Oceanography of Nova Scotia ; voir la rubrique *Dartmouth*, un peu plus loin) a participé pendant des années à la recherche du *Titanic*. Deux expéditions en mini sous-marins, qui durent descendre à 2 km de profondeur pour approcher l'épave, prirent des photos et parvinrent même à prélever des matériaux, des échantillons et des objets. En 1993, l'institut Bedford et l'Institut français de recherche et d'exploration maritime publièrent un rapport d'après l'analyse d'échantillons d'acier relevés au fond de l'eau. Ils en arrivèrent à la conclusion que la qualité de l'acier utilisé pour le navire était autant responsable de la catastrophe que la collision avec l'iceberg. De toute évidence, l'acier choisi était fragile, et ne pouvait résister aux températures glaciales de l'Atlantique nord. A noter que la collection est exposée dans une section partagée avec l'Atlantic Arts Alliance Cooperative.

Galerie d'art de Nouvelle-Écosse

La galerie d'art (☎ 424-7542) se trouve dans l'ancienne poste, un Dominion Building de 1868, classé monument historique et restauré, 1741 Hollis St, en face de la Province House. Elle présente essentiellement des œuvres d'artistes néo-écossais et canadiens. Accrochages permanents et temporaires. L'entrée est de 2,50 $ (gratuit le mardi). Elle est ouverte du mardi au samedi, de 10h à 17h30 ; le dimanche, uniquement l'après-midi.

Mimac Heritage Gallery

Elle appartient à la nation micmac, qui en assure également la gestion. Elle expose et vend des œuvres traditionnelles et contemporaines d'artisans et artistes micmacs. Vous pourrez notamment y admirer la vannerie et la décoration à l'aide de piquants de porcs-épics, deux domaines dans lesquels excellent les artisans micmacs. La galerie d'art contemporain présente des œuvres en provenance de tout le Canada. Elle se trouve dans le complexe Barrington Place Shops, au Granville Level, 1903 Barrington St.

Centre de Découverte

Installé à l'étage supérieur du complexe Scotia Square, à l'angle de Barrington St et de Duke St, le nouveau centre de Découverte (☎ 492-4422) propose une série d'expériences scientifiques "sur le tas". Expositions et démonstrations, qui font appel à une participation du public, traitent de divers problèmes chimiques, physiques, etc. Il est surtout destiné aux enfants, mais tout le monde peut y apprendre quelque chose.Le centre est ouvert du mardi au samedi, de 10h à 17h ; le dimanche et le lundi, de 13h à 17h. En dehors de la période estivale, il est fermé le lundi (à moins qu'il s'agisse d'un jour scolaire férié). L'entrée est de 4 $ pour les adultes, de 2,50 $ pour les enfants.

Nova Scotia Sport Heritage Centre

Essentiellement salle de sports des célébrités, le centre (☎ 421-1266) est implanté dans le World Trade & Convention Centre, 1800 Argyle St, Suite 403, entre George St et Prince St.

Il est consacré aux héros et équipes de la province, dont vous pourrez admirer trophées et photographies. Certains équipements anciens vous feront sans doute sourire. Il est ouvert du lundi au vendredi, de 9h à 16h. L'entrée est gratuite.

Jardins publics d'Halifax

Petit parc urbain de style victorien, formel, mais agréable, il est situé à l'angle de South Park St et de Spring Garden Rd. Il est considéré comme l'un des plus beaux jardins de style victorien d'Amérique du Nord. Des orchestres y donnent des concerts dans le pavillon, le dimanche après-midi, pendant tout l'été.

Parc de Point Pleasant

Nous ne saurions assez vous le recommander. Sentiers pédestres, aires de pique-nique, un restaurant, une plage et une vieille tour Martello (structure de défense circulaire) sont en effet réunis sur 75 hectares de parc boisé.

Les amateurs de jogging et de bains de soleil ne manquent pas, et l'endroit offre quelques beaux points de vue. Les voitures sont interdites.

Le parc est implanté à l'extrémité sud de la ville, à la pointe de la péninsule. Le bus n°9 relie le parc avec le Scotia Centre (centre ville), jusqu'à 21h. Vous pouvez aussi vous rendre en voiture jusqu'aux abords du parc. Quel que soit le moyen de locomotion choisi, vérifiez la taille des maisons qui bordent Young St.

A la limite urbaine du parc se trouve le port d'Halifax, particulièrement animé, avec ses empilements de conteneurs et son va-et-vient incessant de navires en provenance du monde entier. Rendez-vous jusqu'au phare en longeant le port. De là, vous aurez une vue impressionnante sur son activité. Les enfants y viennent aussi jeter leurs lignes en espérant faire une grosse prise.

Le parc appartient au gouvernement britannique qui l'a loué, pour un bail de 999 ans, aux contribuables canadiens (coût de la location par personne : 10 cents/an).

Redoute d'York

Perchés sur un promontoire au sud du North West Arm (au sud du centre), les vestiges de ce fort, vieux de deux siècles, dominent le port. Il était destiné à protéger la ville des attaques par mer et fut construit à la pointe la plus étroite du port. Le site fut militairement utilisé jusqu'en 1956.

En dehors de la vue, vous pourrez y découvrir divers canons, une tour Martello et y obtenir des informations historiques. Les jardins sont ouverts toute l'année, les bâtiments du 15 juin au 1er mai seulement, de 10h à 18h.

Parc de Seaview et Africville

A l'extrémité nord de Barrington St, sous le pont MacKay en direction de Dartmouth, le parc Seaview offre des vues superbes sur le bassin de Bedford. Des sentiers pédestres sillonnent le vaste parc, dont l'aspect historique n'est pas dénué d'intérêt. Dans les années 1840 en effet s'y établit une communauté noire connue sous le nom d'Africville. Nombre de ses membres étaient d'anciens esclaves en provenance des États-Unis. Ils y demeurèrent jusque dans les années 60, date à laquelle la zone fut entièrement démolie et les résidents déplacés vers le centre d'Halifax. Il n'est pas recommandé de s'y promener la nuit.

Île de McNabs

Sise au large du port, cette petite île, que l'on aperçoit de la redoute d'York, constitue une halte agréable, loin de l'agitation de la ville. Vous y attendent promenades guidées, plages, tables de pique-nique et randonnées. Un salon de thé sert des snacks et des fruits de mer. Toute la journée, des ferries quittent la zone des docks pour l'île. Vous pourrez acheter votre ticket (8 $) au petit bureau attenant au Cable Wharf Market (marché du quai suspendu).

Ravin de Hemlock

Un réseau de sentiers pédestres sillonne cette vaste zone boisée, où résida autrefois Édouard, duc de Kent et père de la reine Victoria. Vous y aurez un point de vue sur le bassin de Bedford, et pourrez admirer quelques arbres très impressionnants, de 30 m de haut. Pour vous y rendre en voiture, suivez la Bedford Hwy (Hwy 2), dépassez Birch Cove, puis guettez les panneaux. Une fois arrivé, vous vous sentirez très loin de la ville.

Plages

Si vous cherchez une plage, essayez celle de Black Rock, dans le parc de Point Pleasant ; la plage Crystal, située à 20 km de la ville, avec quelques zones réservées au nudisme ; ou encore la plage Queensland, à 35 km à l'ouest de la ville.

ACTIVITÉS SPORTIVES

Canoë

Si vous souhaitez louer un canoë pour explorer les cours d'eau de la région, adressez-vous à la Trail Shop (☎ 423-8736). Elle pourra également vous indiquer les meilleurs endroits où pratiquer ce sport. Vous pouvez aussi vous renseigner auprès de l'office du tourisme. Le service des Loisirs de la ville (Recreation Department) loue des canoës sur le North West Arm, sur lequel vous pourrez pagayer.

Plongée

Environ une cinquantaine d'épaves gisent à l'embouchure du port d'Halifax. Vous pourrez aussi pratiquer la plongée le long de la côte.

Pour tout renseignement et location de matériels, adressez-vous à l'Aqua Dive Shop (☎ 469-6948), 77 Prince Albert Rd, à Dartmouth.

CIRCUITS ORGANISÉS

De nombreuses excursions en bus, en bateau ou à pied sont proposées. Rendez-vous à l'office du tourisme pour en obtenir la liste complète. La compagnie de bus représentée dans tout le Canada, Gray Line (☎ 454-9321), organise également des circuits en ville et aux environs. On viendra vous chercher à votre hôtel. Elle a toujours pratiqué des tarifs compétitifs. La visite de la ville dure deux heures et demie, coûte 15 $ et vous fera découvrir les principaux sites.

Double Decker (☎ 420-1155) propose des circuits dans des bus de style londonien qui partent des Historic Properties plusieurs fois par jour. Le billet coûte 13 $ (tarifs réduits pour les enfants et les personnes âgées). Excursions disponibles de mi-juin à mi-octobre.

Cabana Tours (☎ 455-8111) pourra vous fournir des guides, et organise aussi bien des visites guidées de la ville, en bus, que des circuits plus longs, à divers endroits de la province (tels que Peggy's Cove, Lunenburg et la vallée d'Annapolis), en groupes relativement restreints. Le voyage jusqu'au Peggy's Cove, par exemple, dure quatre heures et coûte 22 $. Pour une excursion d'une journée, comptez environ 50 $. Le bus se charge de ramasser les voyageurs en divers points et hôtels de la ville.

Le splendide *Bluenose II* (☎ 422-2678), sans doute le voilier canadien le plus célèbre, offre aux visiteurs une croisière de deux heures dans le port, pour un prix très raisonnable de 14 $. En règle générale, les voiles ne sont pas déployées tant que le navire n'a pas atteint les limites extérieures du port, et seulement par temps clair. Pour les tickets, renseignez-vous au dock ou à l'office de tourisme de Red Store, ou encore appelez le numéro fourni ci-dessus et réservez à l'avance.

Depuis le quai suspendu aux Historic Properties, Murphy's on the Water (☎ 420-1015) organise des visites en bateau du port d'Halifax. Le voyage de deux heures, à bord du *Harbour Queen*, avec commentaires d'un guide, vous permettra de découvrir les principaux monuments, anciens et nouveaux, de la ville. Et tout cela pour seulement 13,50 $. Le bateau peut transporter 200 passagers et dispose de ponts à l'air libre et fermés, d'un comptoir qui sert des snacks et d'un bar. Du 15 juin au 25 août il assure 4 croisières par jour. Hors saison, seulement 2, et en hiver aucune. Vous pouvez aussi opter pour des dîners en mer. Un autre bateau assure également un plus large circuit. La compagnie possède aussi le *Mar II*, un magnifique voilier, pour diverses excursions dans le port.

Plusieurs entrepreneurs privés proposent des sorties en mer pour pêcher, des sorties de minuit, des circuits dans le port ou des affrètements sur des yachts, en particulier, pour cette dernière option, pendant les week-ends et les vacances (en été). Renseignez-vous auprès des patrons de bateaux amarrés le long du quai. Certains proposent même l'observation des baleines, au large, ce qui, pour ma part, me laisse sceptique, car la région n'est guère connue pour être fréquentée par ce type de cétacés.

Si vous en avez le temps, profitez des circuits qui partent de Digby Neck, au nord-ouest de la Nouvelle-Écosse.

Halifax Ghost Walk (☎ 469-6716) organise une promenade de deux heures, en soirée, en juillet et en août. Départ à 20h30 à l'ancienne horloge de la ville. Le circuit s'inspire de diverses histoires de pirates, trésor caché et fantômes du folklore de la vieille ville.

D Tours (☎ 429-6415) offre des promenades plus traditionnelles, et très bon marché, dans les quartiers historiques de la ville. L'office du tourisme dispose aussi d'une brochure qui décrit les itinéraires à pied que l'on peut suivre sans guide, ainsi que les monuments historiques à ne pas manquer. Freewheeling Adventures (☎ 857-3600), RR1, Hubbards, Nova Scotia B0J 1T0, propose des excursions à vélo de plusieurs jours, parfaitement organisées, à destination de maintes localités du Canada atlantique, telles que Cabot Trail. Sont inclus l'hébergement et les repas (excellents). La plupart des excursions reviennent à environ 1 000 $.

FESTIVALS

Juillet

Parade militaire de Nouvelle-Écosse – cet événement se déroule à Halifax durant la première semaine de juillet, chaque année. Il est considéré comme le "divertissement le plus extravagant" de la province.

Fête d'Halifax – un événement majeur qui se déroule à la fin du mois de juillet, avec parade, courses de bateaux, fêtes dans les rues, concerts et feux d'artifice.

Courses de voiliers – la ville accueille également ces courses en juillet.

Le *DuMaurier Atlantic Jazz Festival* – il a lieu fin juillet.

Août

Halifax Buskers Fest – ce festival des musiciens de rues attire chaque année des participants venus d'un peu partout. Ils se produisent surtout en bord de mer, et l'on s'amuse beaucoup. Ils ne manquent pas d'énergie ! Le festival dure dix jours en août.

OÙ SE LOGER

Camping

Vous pourrez camper dans la ville de Dortmouth au *Shubie Municipal Campground* (☎ 464-2334), dans le parc Shubie, sur la rive du lac Charles. Il se trouve dans Jaybee Drive, non loin de Shubenacadie Canal – appelez pour obtenir plus de précisions. Le parc provincial de Laurie (☎ 861-1623) est situé sur la route 2, à 6 km au nord de la Hwy 102, au village de Grand Lake, qui jouxte le lac appelé Shubenacadie Grand Lake. Les premiers arrivés seront les premiers installés – le camping ne fait pas de réservations.

A l'ouest, plusieurs terrains de camping longent la Hwy 333, à environ 25 km de la ville. Le *Seaside Camping* (☎ 823-2732) sis sur la route 333, à Glen Margaret, est ouvert de début juin à fin septembre. Toujours à Glen Margaret vous attend le vaste *Wayside Camping Park* (☎ 823-2547, 1-800-565-7105), avec des emplacements pour tentes et pour camping-cars. Le *King Neptune Campground* (☎ 823-2582) se trouve à 3 km à l'ouest de Peggy's Cove, à l'Indian Harbour.

Le *Woodhaven Park* (☎ 835-2271) est implanté dans Hammond Plains, une petite bourgade située à proximité de Bedford, à la sortie de la Hwy 213, à quinze minutes en voiture au nord d'Halifax.

Auberges de jeunesse

La HI *Halifax Heritage House Hostel* (☎ 422-3863) vient de déménager. Elle est maintenant installée dans une très belle maison ancienne, au 1253 Barrington St, autrefois occupée par un B&B. Elle est accessible à pied de la gare VIA Rail, du centre-ville et du bord de mer. Elle peut recevoir 50 personnes et on peut y faire la cuisine. Il y a aussi un patio extérieur et une petite agence de voyage. Des chambres familiales sont disponibles. Comptez 12,75 $ pour les membres, 15,75 $ pour les non-membres. Réservations de 17h à 21h. L'auberge est ouverte toute l'année. Depuis l'aéroport, la navette se rend au Hilton Hotel, tout proche. De la gare routière, empruntez le bus n°7, au sud, du croisement de Robie St et d'Almon St, à l'angle de Barrington St et de South St. On aperçoit l'auberge du croisement.

Le bureau de l'Hostelling International (HI) du Canada (☎ 425-5450) pour la province est installé au 5516 Spring Garden Rd. Il vous fournira tous les renseignements indispensables sur les auberges de jeunesse dans la région.

La *YMCA* (☎ 422-6437) occupe une situation idéale, au 1565 South Park St, de l'autre côté des jardins publics, non loin de la citadelle. Elle loue des singles pour homme ou femme à 26 $ et des doubles pour 35 $. Tarifs dégressifs à la semaine. Il y a une petite cafétéria bon marché, une salle de gymnastique et une piscine. Elle est ouverte toute l'année.

La *YWCA* (☎ 423-6162), réservée aux femmes, se trouve 1239 Barrington St, entre le centre-ville et la gare VIA Rail. Elle compte 30 chambres. Les simples/doubles coûtent 22/34 $, mais vous pouvez aussi ne payer que 17 $ pour la moitié d'une double. Ils se chargeront de vous trouver une colocataire. Tarifs dégressifs à la semaine très intéressants.

Halifax dispose du taux le plus élevé d'infrastructures universitaires par habitant de tout le continent américain. Ce qui présente un avantage pour le voyageur, qui peut ainsi profiter d'une compagnie "érudite" mais aussi de l'abondance de chambres économiques proposées dans les dortoirs pendant les mois d'été.

A la *Dalhousie University*, des chambres sont disponibles de mi-mai à mi-août dans les résidences Howe et Sherref Hall. Contactez la Room 120, dans le Dalhousie Student Union Building (☎ 494-3831), 6136 University Ave. Les deux résidences sont installées sur le campus : Howe à l'angle de Coburg Rd et LeMarchant St ; Sherref Hall, à l'angle de South St et d'Oxford St. Les réservations sont obligatoires. Les simples/doubles coûtent 29/38 $, petit déjeuner compris. Pour les étudiants, les simples/doubles reviennent à 17/22 $, petit déjeuner non compris. On peut y prendre les trois repas, bon marché.

Des chambres sont également disponibles de mi-mai à mi-août au *Fenwick Place*, résidence hors campus, 5599 Fenwick St. Pour toute information, contactez l'Accommodation Office (☎ 424-2075) du bâtiment. Il est central et proche de l'université. Si vous n'obtenez pas de réponse, appelez la résidence de la Dalhousie University.

La *Technical University of Nova Scotia*, ou TUNS (☎ 420-7780), loue également des chambres de mi-mai à fin août. Les simples/doubles coûtent 23/38 $ (20/34 $ pour les étudiants). Elle se trouve au croisement de Barrington St et de Bishop St, à 10 mn à pied, à l'est, du centre-ville. Service de laverie gratuit. Il y a aussi une cafétéria.

La *Mount St Vincent University* loue des chambres du 15 mai au 15 août. Contactez le Conference Officer (☎ 457-6286), 166 Bedford Hwy (Hwy 2) sur le campus. Tarifs pour les étudiants : 20/32 $; pour les autres : 26/39 $. Elle propose également des tarifs dégressifs à la semaine et au mois très intéressants, en particulier pour les étudiants. On peut y prendre ses repas, et il y a une laverie.

L'université est à environ quinze minutes en voiture.de l'ouest de la ville, dans la Bedford Hwy, et elle domine le bassin de Bedford.

Autre université où l'on peut se loger, la *St Mary's University* (☎ 420-5486) est également bon marché et non loin du centre, 923 Robie St. Les simples/doubles coûtent 22/32 $. Il y a aussi des unités d'habitation de deux pièces, idéales en famille, à 60 $.

Bed and Breakfast, tourist homes et hôtels

Halifax offre un choix formidable de logements agréables, bon marché et confortables. S'offrent à vous notamment de nombreux B&B et pensions de famille, dans le centre-ville, aux alentours ou à Dartmouth. Plus chers, certains hôtels sont installés des demeures et des immeubles anciens.

A la différence de nombreuses autres villes, Halifax ne dispose pas d'agence B&B. Pendant la période estivale, la ville a tendance à se remplir de touristes, et mieux vaut ne pas attendre le dernier moment pour chercher une chambre.

L'*Old 362* (☎ 422-4309), 1830 Robie St, offre le meilleur choix, rapport qualité/prix. Il ne dispose que de 3 chambres agréables et confortables. La propriétaire, Carolyn Smedley, a beaucoup voyagé et comprend parfaitement les problèmes rencontrés par les voyageurs disposant d'un petit budget. Les simples coûtent de 30 à 40 $, les doubles 45 $, petit déjeuner compris (complet et délicieux). Les locataires peuvent profiter de l'étage supérieur pour se préparer un café ou un thé.

La très simple *Fountain View Guesthouse* (☎ 422-4169) est la maison bleu vif et blanc installée au 2138 Robie St, entre Compton Ave et Williams St, de l'autre côté du parc, à l'ouest de la citadelle. Comme l'Old 362, elle est confortable et ouverte toute l'année. Halifax Common se trouve de l'autre côté de la rue et la citadelle à une distance raisonnable à pied. Elle propose 7 simples, toutes équipées d'une TV, de 24 $ à 28 $ pour les simples, de 24 $ à 30 $ pour les doubles, plus les taxes. Comptez 5 $ par personne supplémentaire. C'est un établissement très fréquenté, essayez de réserver dès le matin, après le départ de certains hôtes. La propriétaire, Helen Vickery, pourra vous trouver une chambre à proximité, si tout est loué.

Très bien situé, à une distance raisonnable à pied du centre-ville, le *Waken'n'Eggs B&B* (☎ 422-4737) occupe une demeure restaurée au 2114 Windsor St. Il propose des simples/doubles à 35/45 $, avec s.d.b. commune (supplément de 5 $ pour une s.d.b. dans la chambre). Le petit déjeuner est compris.

Au 1520 Robie St, l'*Illusions Tourist Home* (☎ 425-6733) pratique des prix modérés, avec des simples de 30 $ à 35 $, et des doubles à 40 $. Il est ouvert d'avril à octobre. C'est l'un des rares établissements où il n'est pas interdit de fumer. Les s.d.b. sont communes. Il occupe également une position centrale.

Uniquement ouvert l'été lui aussi, le *Birdland B&B* (☎ 443-1055) est situé au 14 Bluejay St. Excentré, à proximité de Mt St Vincent University, c'est un endroit tranquille et bon marché, avec des simples/doubles à 25/35 $, petit déjeuner compris. Les triples sont particulièrement intéressantes, à 45 $ ou 50 $. Il est ouvert de juin à octobre. Cyclistes, enfants et animaux familiers sont les bienvenus. Diana, l'hôtesse, connaît très bien la ville et les environs, et pourra vous conseiller utilement.

Le *Running Lights Inn* (☎ 423-9873) est un bâtiment de trois étages, installé au 2060 Oxford St, à la sortie de Quinpool Rd. L'endroit est propre, soigné, mais un peu prohibitif. Comptez 32/39 $ pour des simples/doubles sans s.d.b., 48/60 $ avec s.d.b., petit déjeuner compris (continental). Plus chère, l'unité d'habitation du deuxième étage dispose d'une kitchenette. On est autorisé à fumer à l'intérieur. Cet hôtel est ouvert toute l'année.

Spacieux, confortable, le *Fresh Start B&B* (☎ 453-6616) occupe une belle demeure ancienne, 2720 Gottingen St. Il est décoré avec goût, bien entretenu, et l'on s'y sent à l'aise. Il loue 5 simples/doubles à partir de 40/45 $. Les chambres disposant d'une s.d.b. sont plus chères. Dans le prix est inclus un excellent et copieux petit déjeuner, servi dans la salle à manger. Il est ouvert toute l'année et les prix baissent après la saison estivale. Seul désagrément de cet établissement hautement recommandé : le voisinage. Le quartier alentour n'est pas très sûr, on hésitera à se promener dans Gottingen St et les rues avoisinantes, et les femmes préféreront ne pas s'y aventurer seules le soir. Si vous êtes motorisé, toutefois, un parking est à votre disposition sur le site. Des bus sillonnent également Gottingen St dans les deux sens.

Le *Twin Elms Hotel* (☎ 423-8974), 5 492 Inglis St, à proximité du parc, propose des simples/doubles à 42/53 $, ainsi que des tarifs dégressifs intéressants à la semaine, pour les simples. Les propriétaires gèrent également la très confortable *Harvey House Inn* (☎ 423-4140), 5220 Harvey St. Les grandes chambres qui donnent sur le devant sont équipées de deux doubles lits, trois sofas, une cuisine et une s.d.b. communes. Tout cela pour 40 $!

Les adresses qui suivent appartiennent à une catégorie supérieure. Elles sont généralement plus chères, plus confortables et souvent installées dans des bâtiments anciens.

Concernant les hôtels, essayez le *Gerrard* (☎ 423-8614), 1234 Barrington St. Il offre 9 simples/doubles, le café et un parking pour 35/50 $. Il occupe une résidence historique datant de 1860.

Le *Queen St Inn* (☎ 422-9828), 1266 Queen St, à proximité de Morris St, est également installé dans un vieil immeuble datant des années 1860. Il loue 6 simples/doubles à 40/45 $, décorées avec goût. Elles sont toutes différentes.

Le *King Edward Inn* (☎ 422-3266, 1-800-565-5464) est une impressionnante demeure victorienne, rénovée et dont la présence détonne presque au 2 400 Agricola St. Il dispose de 40 simples/doubles, décorées avec goût, à partir de 50/85 $, petit déjeuner compris (continental). La citadelle est facilement accessible à pied.

Parfaitement tenue et rénovée, la *Halliburton House Inn* (☎ 420-0658), 5184 Morris St, date de 1820. Elle est dotée de meubles anciens, d'une bibliothèque et d'un agréable jardin. Elle loue 30 simples/doubles à partir de 85/100 $, petit déjeuner compris (continental) ; les suites sont plus chères. La plupart des chambres disposent d'une s.d.b.

Plusieurs hôtels plus traditionnels sont également concentrés au cœur de la ville. Le *Prince George* (☎ 425-1986), notamment, occupe une situation idéale, à l'angle de George St et de Price St, non loin de la citadelle et du bord de mer. Il faut compter 160 $ pour une double.

Plusieurs établissements de catégories variées vous attendent aux abords de l'aéroport, si vous ne trouvez rien de plus proche.

Motels

Les motels sont généralement assez onéreux et jalonnent la Hwy 2 (Bedford Hwy), au nord-ouest de la ville, le long de la baie appelée bassin de Bedford. Ils offrent de beaux points de vue sur la baie et profitent agréablement de la brise.

Les bus n°80 ou 81 rejoignent le centre-ville, situé à quinze minutes.

Le *Travellers Motel* (☎ 835-3394, 1-800-565-3394) est ouvert toute l'année. Installé en bordure de la ville, il dispose de petits bungalows, très simples, d'un meilleur rapport qualité/prix que les unités d'habitation modernes, à 35 $ pour deux personnes, avec douche, TV et piscine.

L'*Econo Lodge* (☎ 443-0303, 1-800-561-9961), la grande bâtisse marron, sise au 560 Bedford Hwy, loue 33 simples/doubles, entièrement équipées, à 51/58 $. On peut y prendre son petit déjeuner et il y a une piscine.

Troisième option qui s'offre à vous : le *Bluenose Days Inn* (☎ 835-3388), 636 Bedford Hwy, propose des simples/doubles à 50/58 $. Le petit déjeuner, en supplément, est servi de 7h à 11h. Des tarifs hors saison sont appliqués du 1er octobre au 15 mai. L'endroit est tranquille et loin de la route.

Plus loin, le *Stardust Motel* (☎ 835-3316), 1067 Bedford Hwy, possède 51 chambres, dont 31 équipées d'une kitchenette. Les simples/doubles coûtent de 50 $ à 55 $, davantage avec un coin cuisine.

OÙ SE RESTAURER

Halifax dispose d'un bon choix de restaurants, offrant les nourritures les plus variées, à tous les prix. Ils sont généralement de très bonne qualité. Pour le petit déjeuner, rendez-vous à l'*Athens*, à l'angle de Barrington St et de Blowers St. Il vous en coûtera 2,99 $. Ou tentez votre chance au *Smitty's*, de l'autre côté des jardins publics, au croisement de Tower Rd et de Spring Garden Rd. On vous y servira des crêpes bon marché et du café à volonté.

En bas de Spring Garden Rd, zone de repopulation récente, le très avantageux marché du Spring Garden Place Mall, à l'angle de la place Dresden, propose une nourriture meilleure que celle qui est servie habituellement dans les centres commerciaux. Vous pourrez y déguster des soupes, des salades, des sandwiches, et le restaurant grec prépare quelques plats savoureux.

Au *Juicy Jane's*, 1723 Barrington St, ils vendent de bons sandwiches à emporter.

Le *Midtown Tavern*, à l'angle de Prince St et de Grafton St, nous a été chaudement recommandé. Bon exemple de taverne canadienne, l'endroit est souvent bondé, bruyant, amical et bon marché. Un excellent steak d'aloyau accompagné de légumes, de frites et de salade de chou cru, arrosés de bière à la pression ne risquent pas même d'entamer dangereusement votre budget.

Autre endroit bondé à l'heure du déjeuner, le *Bluenose*, installé au croisement de Duke St et de Hollis St, est bon marché, sans prétention et idéal pour les enfants.

Halifax dispose également de nombreux pubs, dans lesquels vous pourrez prendre vos repas.

Pour vous rendre au *Thirsty Duck*, 5470 Spring Garden Rd, traversez le magasin et montez l'escalier. Il offre burgers, fish & chips, etc., ainsi que de la bière à la pression, bon marché. Il y a aussi un patio à l'extérieur.

Le *Granite Brewery*, 1222 Barrington St, un établissement plus haut de gamme, brasse sa propre bière, qui est excellente. La nourriture y est aussi très bonne. Essayez le jambalaya.

Plusieurs autres pubs sont rassemblés dans la zone commerciale de Granville St, à l'angle de Duke St. Le *Split Crow* et le *Peddlar's Pub* disposent de bars à l'extérieur et le second organise des concerts le samedi après-midi. Il sert essentiellement des hamburgers, de 3 $ à 4 $.

Pour déjeuner ou dîner, le restaurant végétarien *Satisfaction Feast* jouit d'une bonne réputation. Il est installé 1581 Grafton St, dans le bâtiment bleu pâle, et il est ouvert de 11h à 21h. Il est très apprécié et un repas ne vous coûtera pas plus de 10 $. Le curry aux épinards et au fromage mérite le déplacement. Ils proposent maintenant un brunch, le dimanche, à 8 $ et disposent même d'un menu pour enfants.

Difficile de trouver plus économique que le plat de spaghettis servi par le *Lawrence of Oregano*. De 16h à 20h, il vous en coûtera seulement 3,95 $, pain à l'ail compris. Les autres plats italiens reviennent à 7 $ environ. Il est situé 1712 Argyle St, en face du parc.

Pour déguster de la cuisine indienne , allez au *Guru*, 1580 Argyle St, est bon, mais il est devenu un peu onéreux : 7 $ minimum pour un plat mais il n'y a rien à dire sur la qualité. Au déjeuner, les buffets à volonté, excellents, reviennent à 5,50 $. Il est fermé le dimanche et le lundi, et il ne sert pas de déjeuner le samedi.

Meilleur marché, le *Chicken Tandoor* est ouvert uniquement le soir, et propose des plats à partir de 6 $. Il est installé en bas de l'escalier, au 1264 Barrington St et est fermé le mardi.

Halifax possède également un bon restaurant vietnamien. Établissement sans prétention, le *King Spring Roll* se trouve au 1284 Barrington St, à proximité de la gare ferroviaire. Il prépare une cuisine savoureuse, propose un riche menu, des prix bas et sert des plats de curry, certains accompagnés de vermicelles, d'autres d'un ingrédient très apprécié en Asie du Sud-Est, la citronnelle. Un repas peut ne pas dépasser 10 $. Il est ouvert tous les jours, de 11h30 à 22h.

Autre établissement peu cher et excellent, le *Kit's Ethnic Delight* se trouve bizarrement implanté dans le Park Lane Shopping Centre, 5657 Spring Garden Rd. La cuisine est essentiellement originaire du Sri Lanka, mais on y prépare aussi des plats d'Inde orientale et de Singapour. La nourriture est délicieuse et très bon marché. Il est fermé le dimanche.

Poursuivant notre tour du monde culinaire, nous aboutissons au *Czech Inn*, un restaurant petit, confortable mais beaucoup plus cher. Installé 5237 Blowers St, c'est un endroit très populaire qui sert des schnitzels, du bortsch, etc. Un repas complet pour deux avec vin et dessert revient à environ 70 $. Tout près, au 5215 Blowers St, l'*Hungary Hungarian* (tenu par le même propriétaire) est spécialisé en goulasch.

Vous attendent aussi, bien évidemment, des restaurants de poisson. Si vous voulez faire une petite folie, un soir, le *Silver Spoon*, installé au deuxième étage du bâtiment en pierre, 1813 Granville St, sert un menu généreux avec de nombreux plats de poisson. Restaurant assez cher, il vaut surtout pour ses sauces, ses épices et assaisonnements originaux. Il est fermé le dimanche. Vous pourrez déguster le dessert au rez-de-chaussée, dans le café.

Le vaste *McKelvie's*, 1680 Lower Water St, et le *Five Fishermen*, 1740 Argyle St, jouissent également d'une bonne réputation, avec des repas à partir de 14 $. Le McKelvie's propose un menu moins cher de 16h à 18h.

Tout à côté des Historic Properties, le *Sheraton* sert du homard à 15 $, tous les soirs pendant l'été, dans le patio.

Cogswell St et son prolongement, Quinpool Rd, sont des rues commerçantes qui regorgent d'endroits où se restaurer. Si vous rêvez de fish & chips, rendez-vous au *Camille's*, 6443 Quinpool Rd.

Vous apercevrez des camions de frites dans toute la ville. Essayez en particulier le *Bud the Spud*, garé dans Spring Garden Rd, devant la bibliothèque, non loin de Grafton St.

Le *Trident Booksellers & Café*, situé au 1570 Argyle St, avec son immense vitrail en vitrine, est irremplaçable pour déguster tranquillement un café ou un thé. Les divers cafés italiens, de l'*expresso au latte*, sont délicieux et bon marché, et lorsque vous avez fini de lire le journal, l'autre moitié du café offre un choix intéressant de livres, neufs ou d'occasion. Ce refuge particulièrement confortable est ouvert tous les jours.

Enfin, le *Cave*, dissimulé dans le petit passage, 5244 Blowers St, est ouvert jusqu'à 4h30 du matin, le week-end. Au sous-sol, ce petit bistro sert de savoureux desserts et son *cheese-cake* est tout particulièrement réputé.

Si vous souhaitez préparer vous-même vos repas de poisson, allez au *Fisherman's Market* implanté dans l'immeuble blanc derrière le terminal du ferry. Le homard cuit est vendu 6,99 $ la livre – comptez une bête d'une livre pour un repas, le poids minimal qu'il est légalement autorisé de pêcher (on peut également les acheter vivants). Le *Mary Jane's Alternative Tastes* est un magasin diététique, 1313 Hollis St, non loin de Morris St.

DISTRACTIONS

Halifax est très animée le soir. Pubs et spectacles musicaux abondent.

Le *Privateer's Warehouse*, dans les Historic Properties (à proximité du *Bluenose II*, en bord de mer) possède deux restaurants et un bar, bon marché et animé, au sous-sol. Le *Lower Deck* présente souvent des spectacles de musique folklorique des Provinces maritimes. Les grandes tables en bois ressemblent à celles des anciennes brasseries.

Le *Scoundrels*, 1786 Granville St, est un endroit populaire, du style pub, qui ne sert pas à manger. Le *Secretary's*, dans Sackville St, à proximité de Granville St, n'est sûrement pas destiné aux intellectuels, avec ses concours pour buveurs novices.

Le *Misty Moon* (☎ 422-5871), au croisement de Barrington St et de Sackville St, est l'un des bars rock les plus connus. Il reçoit parfois des groupes canadiens célèbres, et toujours excellents. Il est ouvert tous les jours jusqu'à 3h du matin. Le prix d'entrée est variable, parfois très cher.

Au très vaste et bruyant *New Palace Cabaret* (☎ 429-5959), 1721 Brunswick St, de l'autre côté de la citadelle, des groupes rock and blues se produisent tous les soirs.

Dans le quartier des Historic Properties – le long de Hollis St et de Granville St, et aux alentours, sont également réunis plusieurs pubs, dont l'entrée est gratuite.

Le Harbour Folk Society (☎ 425-3655) présente des concerts le premier samedi de chaque mois, ainsi qu'une participation ouverte à tous le mercredi soir, au *Earl of Dalhousie Pub*. Appelez pour plus de détails.

Concerts et théâtre

Le Symphony Nova Scotia se produit au *Rebecca Cohn Auditorium* (☎ 421-7311), 1646 Barrington St. Le *Dalhousie Arts Centre* (☎ 424-2646), dans l'université, accueille des spectacles de théâtre, de danse, etc. Des artistes de renommée internationale se produisent au *Halifax Metro Centre* (☎ 451-1221), 5284 Duke St.

Le *Neptune Theatre* (☎ 429-7070) est le principal théâtre de la ville.

Cinéma

Pour les films classiques, rendez-vous au *Wormwood's Cinema* (☎ 422-3700), 2015 Gottingen St.

COMMENT S'Y RENDRE

Avion

Air Canada (☎ 429-7111) assure des vols pour Montréal (280 $) et Toronto (360 $). Canadian Airlines (☎ 427-5500) et Air

Canada desservent également St John's, à Terre-Neuve.

Bus

La principale compagnie de bus de Nouvelle-Écosse est la Acadian Lines qui assure des correspondances avec les SMT lines du Nouveau-Brunswick. Il existe également plusieurs compagnies régionales, moins importantes, qui desservent uniquement certaines régions. Toutes ces compagnies utilisent la gare routière Acadian (☎ 454-9321), 6040 Almon St, située au sud de Robie St et à l'ouest de la citadelle. Le bus urbain n°3, dans Robie St, relie la gare routière au centre-ville.

Une ligne Acadian traverse la vallée Annapolis, puis redescend jusqu'à Yarmouth. Plusieurs autres desservent la région centrale, la côte du Northumberland et certaines contrées de Cap-Breton.

Voici quelques tarifs allers pour diverses destinations : pour North Sydney (un express par jour) 42 $; pour Yarmouth, 37 $; pour Amherst, 25 $; pour Saint-Jean dans le Nouveau-Brunswick, 52 $; et Fredericton, 58 $.

La MacKenzie Bus Line dessert la côte sud de la Nouvelle-Écosse, entre Halifax, Lunenburg, Bridgewater et Yarmouth.

La compagnie Zinck couvre la côte est d'Halifax à Sherbrooke, en s'arrêtant dans tous les petits villages. Le bus circule une fois par jour vers l'est (sauf le dimanche) et vers l'ouest (sauf le dimanche et le lundi).

Train

La gare VIA Rail (☎ 429-8421, 1-800-561-3952) est assez loin à pied, à six pâtés de maison du centre-ville, après Hollis St. Implantée dans Terminal Rd, elle jouxte le vieil Halifax Hilton Hotel. C'est un bel exemple d'architecture de gares ferroviaires canadiennes. Ici, comme partout ailleurs, toutefois, on a considérablement réduit les services, et le train vous sera plus utile pour vous rendre en dehors de la province que pour circuler en Nouvelle-Écosse. Les trains pour Saint-Jean, dans le Nouveau-Brunswick (55 $), partent le lundi, le jeudi et le samedi, à 13h. Les trains pour Montréal (143 $) partent tous les jours à 14h (excepté le mardi), traversent le Maine, aux États-Unis, et arrivent le lendemain matin, quelque vingt heures plus tard. Pour éviter toute complication inutile, assurez-vous que vos visas et papiers sont en règle.

Vous économiserez pas mal d'argent en réservant une semaine à l'avance.

Voiture

Byways (☎ 429-0092), 2156 Barrington St, prend 43 $ par jour ou 230 $ par semaine (kilométrage illimité).

Autres agences de location de voitures, Budget (☎ 454-8501), à l'angle de Hollis St et de Sackville St, dans la gare Ultramar, et Avis (☎ 423-6303), dans Scotia Square. Tous disposent de bureaux à l'aéroport, où vous trouverez d'autres agences.

COMMENT CIRCULER

Desserte de l'aéroport

L'aéroport est situé très loin de la ville, sur la Hwy 102, au nord en direction de Truro.

Il n'y a pas de bus urbain à destination de l'aéroport, mais il existe une navette, la Aerocoach City Shuttle (☎ 468-1228, 873-3525). Elle relie l'aéroport au centre-ville, avec des arrêts à plusieurs grands hôtels. Elle est assez chère : 11/18 $ (33 km, quarante-cinq minutes) pour un aller/retour. Pendant les week-ends et les vacances, appelez le ☎ 454-2490. Prévoyez une heure et demie avant l'heure de vol.

Autre solution, Share-A-Cab (☎ 429-5555). Appelez au moins trois heures avant l'heure de vol. Ils trouveront d'autres passagers pour partager un taxi avec vous. Coût équivalent au prix en bus.

Bus

Metro Transit (☎ 421-6600) gère le réseau de bus urbains, qui est bien et bon marché. Appelez pour connaître les trajets et les horaires. Le bus n°1 part du Halifax Shopping Centre, traverse la ville et remonte la Bedford Hwy, où sont regroupés les motels. Les bus n°7 et 80 relient la ville à la gare routière.

Ferry

Un ferry assure continuellement la liaison entre l'embarcadère situé non loin des Historic Properties et la ville de Dartmouth. Un billet aller coûte 85 cents, et vous pourrez profiter d'une agréable mini promenade dans le port. Les ferries partent toutes les quinze minutes, jusqu'à 18h, puis toutes les trente minutes. Le dernier est à 23h30. Le dimanche, ils circulent de 12h à 17h30.

Bicyclette

Trail Shop (☎ 423-8736), 6210 Quinpool Rd, loue des bicyclettes à l'heure ou à la journée. La boutique dispose aussi d'équipements pour le camping. Pour tout renseignement ou pour participer à un circuit à vélo de la ville ou de la région d'Halifax, téléphonez au Velo Bicycle Club (☎ 443-5199).

Rickshaw

Vous pourrez louer dans le centre-ville de véritables rickshaws, véhiculés par des jeunes gens musclés.

DARTMOUTH

Ville jumelle d'Halifax, Dartmouth se trouve à une courte distance au nord-ouest, de l'autre côté du port d'Halifax. Toutefois, les similitudes s'arrêtent à la situation géographique de leur centre-ville en bord de mer. Dartmouth est une ville de 70 000 habitants qui s'étend sur une vaste superficie, et qui, comparée à Halifax, est plus résidentielle et moins commerciale. Le centre-ville ne possède pas le charme, le dynamisme et les vestiges historiques d'Halifax. A quelques exceptions près, elle présente peu d'intérêt pour le voyageur. Le bord de mer et les quartiers plus anciens, situés non loin du terminal de ferry Halifax-Dartmouth, méritent en revanche une petite visite. Le gigantesque terminal de ferry porte le nom d'Aldernay Gate.

Ceux qui aiment les activités aquatiques seront comblés. La ville en effet compte pas moins de 23 lacs, dont beaucoup sont propices à la baignade. Sept disposent de plages surveillées, tandis que certains regorgent de poissons. On peut aussi y faire du canoë. Les plages les plus fréquentées sont Birch Cove et Graham's Grove, sur le lac Bannock.

La ville fut fondée en 1750, un an après Halifax, lorsque le gouverneur Cornwallis envoya des troupes chercher du bois de construction et de chauffage.

Aujourd'hui, les deux localités sont reliées par un ferry de passagers et deux ponts – le "vieux" MacDonald Bridge et, plus à l'intérieur des terres, le "nouveau" MacKay Bridge. Le ferry en provenance d'Halifax accoste au centre-ville de Dartmouth.

Orientation

Aldernay Gate abrite, outre le terminal de ferry, la bibliothèque publique de Dartmouth, des bureaux, un comptoir d'alimentation et quelques boutiques.

Portland St, qui remonte du terminal de ferry, est l'artère principale. Il y a quelques années, elle fut entièrement refaite. Les trottoirs furent plantés d'arbres et élargis. Malheureusement, cela fut insuffisant, et les boutiques n'ont pas la vie facile. Sont rassemblés plusieurs restaurants bon marché, des pizzerias, deux magasins d'antiquités/brocanteurs et un ou deux bars, plus ou moins louches.

Plusieurs monuments historiques sont également réunis aux abords du front de mer et du centre-ville, tout proche. Renseignez-vous auprès des offices de tourisme de l'une ou l'autre ville si vous souhaitez suivre une visite guidée à pied. A Dartmouth, les bâtiments anciens sont essentiellement en bois ; à Halifax, plutôt en brique ou en pierre.

A côté du terminal de ferry se trouve un petit parc qui offre de beaux points de vue. Un sentier piétonnier longe l'eau de chaque côté du terminal, puis les abords du parc. Depuis le parc on aperçoit un chantier naval, les Halifax-Dartmouth Industries.

Installé à côté des docks, le chantier naval de Dartmouth Cove abrite la principale base du Canada. Les navires blanc et rouge, facilement reconnaissables, sont utilisés pour la protection, la sauvegarde, le bris des glaces, l'assistance de la navigation côtière et les secours en mer. Une escadre d'hélicoptères est également implantée sur le site, et cela depuis maintenant près de quatre-vingt-dix ans.

Le Micmac Mall est le plus grand centre commercial des Provinces maritimes.

Renseignements

Un bureau d'information vous attend au terminal de ferry, du côté d'Halifax, à proximité du guichet de vente des billets.

Le principal centre d'information de Dartmouth, le Dartmouth Tourism (☎ 464-2220), est situé 100 Wyse Rd, à l'angle d'Alderney Drive, à l'ouest du centre-ville. Il se trouve tout à côté du Dartmouth Heritage Museum.

Canal Shubenacadie

Un peu plus loin, à l'angle des chantiers navals, est installé le centre d'information du canal Shubenacadie, 140 Alderney Drive. Le canal relie Dartmouth (par une série de voies navigables, de lacs et de boucles) à la baie de Fundy, de l'autre côté de la province. Construit au milieu du XIXe siècle, le long d'une ancienne route de portage micmac, une partie du canal a été restaurée. Il est utilisé par les amateurs de canoë. On peut se rendre en voiture aux divers parcs et sites historiques qui le bordent. Le centre d'information vous renseignera sur son fonctionnement, mais surtout sur l'histoire de ce "chemin de fer" marin qui transportait les vaisseaux du port, à quelque 200 m à l'intérieur des terres, à l'endroit où commençait véritablement le réseau aquatique.

Il est ouvert tous les jours de mai à septembre (uniquement l'après-midi pendant le week-end). L'entrée est gratuite.

Pour plus de détails sur le canal et son histoire, mais aussi pour jeter un coup d'œil à deux des boucles restaurées, visitez le **centre Fairbanks** (☎ 462-1826), 54 Locks Rd, au lac Charles, au nord de Dartmouth. Il est ouvert seulement l'été, tous les jours (uniquement l'après-midi pendant le week-end).

Dartmouth Heritage Museum

Le musée se trouve à la jonction d'Alderney Drive et de Wyse Rd, à environ 15 mn à pied, une fois quitté le ferry d'Halifax. Il abrite une collection éclectique, représentative de l'histoire naturelle et culturelle de la ville, notamment des objets indiens, des outils et habits variés, ainsi qu'un bric-à-brac de produits industriels. L'entrée est gratuite. Le musée est ouvert toute la journée, du lundi au vendredi ; l'après-midi, le samedi. A la porte à côté se trouve l'office du tourisme.

Evergreen House

Construite pour un juge en 1862, l'Evergreen House fait partie de l'Heritage Museum. C'est un bel exemple de demeure du XIXe siècle, destinée aux habitants les plus aisés. Nombre des 20 pièces, meublées dans le style des années 1880, sont ouvertes au public.

L'entrée est gratuite et la demeure est ouverte tous les jours en été (le week-end, seulement l'après-midi). Elle s'élève au 26 Newcastle St, dans le voisinage du centre d'information du Shubenacadie.

Autres curiosités historiques

Au 59 Ochterloney St, non loin du musée et de l'office du tourisme, à une distance raisonnable à pied du ferry, vous attend la **Quaker Whaler House**, la plus ancienne maison de la région d'Halifax, qui fut construite en 1786. Les quakers arrivèrent de Nouvelle-Angleterre comme baleiniers. Des guides en costume d'époque vous feront visiter la maison.

Le **Farm Museum** occupe une position excentrée, au 471 Poplar Drive.

Brasserie Moosehead

On peut visiter gratuitement l'usine (☎ 468-7040), sise au 656 Windmill Rd, pendant les mois d'été. Vous y apercevrez peut-être un élan d'une taille impressionnante.

Institut d'océanographie Bedford

Juste à l'extérieur de Dartmouth est implanté ce vaste centre de recherche océanographique (☎ 426-4093) qui autorise les visites. L'examen des expositions concernant la pêche et diverses études océanographiques demande moins d'une heure. Vous y trouverez une salle vidéo et vous pourrez y observer quelques spécimens en aquarium. Principale installation océanographique du Canada, elle occupe une position internationale. Il lui arrive fréquemment de mener des études en collaboration avec d'autres instituts étrangers.

Le centre est ouvert seulement du lundi au vendredi, de 9h30 à 16h. Pour vous y rendre en voiture depuis Dartmouth, empruntez la Windmill Rd jusqu'à la sortie Shannon Park, à proximité du pont MacKay. Sinon vous pouvez prendre un des bus qui partent du terminal des ferries.

Centre culturel de la communauté noire

Première initiative du genre au Canada, le centre (☎ 434-6223) réunit musée, services culturels et éducatifs. Son principal objectif est de préserver et de présenter l'histoire du peuple noir en Nouvelle-Écosse.

La province fut en effet l'un des premiers centres de la communauté noire au Canada et une gare importante pour la Underground Railway (voir *Windsor*, dans l'Ontario, et les environs).

Le centre propose de petites expositions, notamment d'instruments de musique africains, et dispose d'une salle vidéo. Il organise également des manifestations, conférences, concerts, etc. Téléphonez pour plus d'informations.

Tous les visiteurs intéressés par l'histoire de la communauté noire en Nouvelle-Écosse peuvent aussi se procurer au centre, ou à l'un des principaux offices du tourisme, un exemplaire de la brochure Black Heritage Trail. Elle fournit divers trajets à travers la province, certains faits historiques peu connus, et explicite certains détails.

Le centre est ouvert toute l'année, de 9h à 17h, du lundi au vendredi, et de 10h à 16h le samedi. Il se trouve à Westphal, juste après la lisière est de Dartmouth sur la route 7, dans Cherrybrook Rd (à 6 ou 7 km au sud-est du centre-ville).

Shearwater Aviation Museum

Au sud de la ville, dans Pleasant St, à la base aérienne canadienne (CFB Shearwater), le musée d'aviation (☎ 466-1083) fournit d'amples détails sur l'histoire de l'aviation militaire maritime canadienne. Certains modèles sont exposés, ainsi que des photos, uniformes et autres objets significatifs. L'entrée est gratuite. Il est ouvert le week-end, en juillet et août. Pendant le reste de l'année, téléphonez pour plus de renseignements.

Le Shearwater International Airshow se déroule à cet endroit chaque année, généralement en septembre.

Activités

Les lacs de la ville sont utilisés pour la pêche, la baignade et le canotage.

Le canal de Shubenacadie relie Dartmouth au bassin de Minas, dans la baie de Fundy. Autrefois les Micmacs s'en servaient pour traverser la province. Il est aujourd'hui coupé à certains endroits, mais reste un trajet agréable en canoë (nécessité de quelques portages).

Festivals

Les festivals incluent la parade militaire, qui se déroule en bord de mer, en juillet ; le Maritime Old-Time Fiddlers' Contest (concours des violonistes d'autrefois), début juillet ; la fête de la ville de Dartmouth, début août ; et le carnaval d'hiver qui dure dix jours, début février. Un festival multiculturel (cuisine et arts de différentes cultures) a également lieu, pendant trois jours, en juin, en bord de mer. Le Olands Grand Prix Hydroplane Regatta, qui se déroule début août, est devenu un événement majeur, auquel participent quelques-uns des bateaux les plus rapides au monde – 260 km/h !

Où se loger

Vous trouverez également à vous loger de ce côté de la baie. Les établissements sont souvent plus disséminés et excentrés qu'à Halifax. Un camping se trouve dans le parc de Shubie Beach.

A proximité du port, le *Martin House B&B* (☎ 469-1896), 62 Pleasant St, loue des chambres de 45 $ à 58 $. Moins cher, le *Caroline's* (☎ 469-4665) propose 3 simples/doubles à 25/30 $, petit déjeuner compris (continental). Il est installé non loin du pont MacDonald, 134 Victoria Rd.

Où se restaurer

En dehors des fast-foods avec vue sur le terminal des ferries, deux établissements vous attendent dans le vieux quartier, à proximité du quai. *Tea and Temptations*, 44 1/2 Ochterloney St, à l'est de l'embarcadère des ferries, est idéal pour faire une pause dans l'après-midi.

L'*Incredible Edibles*, à l'angle de King St et de Portland St, propose d'excellents déjeuners (soupes et sandwiches), pour 5 $ environ.

Dans Portland St, vous trouverez aussi deux comptoirs de plats à emporter, et vous pourrez pique-niquer dans le parc qui jouxte le terminal des ferries.

Centre de la Nouvelle-Écosse

D'un point de vue géographique, le centre de la province s'étire sur un long couloir de terre, de la frontière du Nouveau-Brunswick à Halifax. Les voyageurs se contentent généralement de traverser cette région pour se rendre ailleurs.

Elle constitue toutefois une bonne introduction à la Nouvelle-Écosse, lorsque l'on arrive en voiture d'une autre province canadienne. Ne vous contentez pas de juger cette région en fonction du paysage plat, dénué d'intérêt, que l'on aperçoit de la Transcanadienne pour rejoindre la route principale à Truro, qui se dirige en droite ligne vers Halifax.

Springhill constitue une étape intéressante, au sud d'Amherst et offre quelques beaux panoramas vers l'ouest, depuis la côte de la baie de Fundy.

AMHERST

Carrefour de communications, c'est le centre géographique des Provinces maritimes. Tout voyageur qui souhaite traverser la Nouvelle-Écosse doit passer par Amherst. La route 104 mène au sud, vers Halifax, puis coupe à l'est vers l'île de Cap-Breton. La ville n'est également pas très éloignée de la côte de Northumberland et de la route côtière nord qui traverse la province. La route 16 vers le ferry pour l'île du Prince-Édouard se trouve de l'autre côté de la frontière, dans le Nouveau-Brunswick.

L'office du tourisme (☎ 667-1888) est installé dans une voiture de chemin de fer, datant de 1905, et aujourd'hui garée dans LaPlanche St, après la deuxième sortie sur la route principale.

La ville offre peu de sites dignes d'intérêt, mais l'atmosphère y est agréable et vous pourrez y admirer quelques beaux bâtiments. Ceux qui datent du XIXe siècle ont, généralement, été restaurés. Beaucoup bordent Victoria St, l'artère principale, dont l'intersection avec Church St est la plus importante de la ville.

Au XIXe et au début du XXe siècle, Amherst était un centre d'industries de transformation très actif.

Le **Cumberland County Museum** se trouve 150 Church St.

La **Réserve ornithologique d'oiseaux migrateurs d'Amherst Point** (Amherst Point Migratory Bird Sanctuary) n'est pas très éloignée de la ville. Elle longe la côte marécageuse du bassin de Cumberland, qui fait partie de la baie de Fundy, au sud-ouest. La majeure partie de la réserve consiste en une zone nationale protégée (faune et flore), mais elle ne présente véritablement d'intérêt que pour les ornithologues amateurs, mais réellement motivés. La réserve est difficile à trouver : cherchez des pancartes bleues en bordure de la Hwy 6. Divers sentiers sillonnent les zones boisées et contournent les points d'eau. L'office du tourisme dispose d'une brochure détaillée. De fait, Amherst Marsh fait partie des marécages de Tantramar, considérés comme les plus vastes au monde.

Sur la côte est vous attend une plage agréable, à Lorneville, dans le détroit de Northumberland.

Où se loger

Vous trouverez quelques tourist homes en ville, et plusieurs motels aux environs. Quelques terrains de camping se trouvent à proximité, dont 3 au sud, une fois que l'on a quitté la Transcanadienne.

La *Brown's Guest Home* (☎ 667-9769), 158 East Victoria St, pratique des prix raisonnables, avec des simples à 28 $ et des doubles de 30 $ à 35 $. Elle dispose de 3 chambres pour une à trois personnes. En matière de motel, je vous aurais autrefois conseillé le *Tantramar*. Aujourd'hui, vous pouvez tenter votre chance au *Victorian Motel* (☎ 667-7211), 150 East Victoria St. Il est ouvert toute l'année, à la différence de la tourist home.

Où se restaurer

Le traditionnel *Hampton Diner* est recommandé pour sa nourriture délicieuse, bon marché, et son service rapide, agréable. Il est ouvert tous les jours, de 7h à 21h depuis 1956 ! Vous ne pouvez pas le rater lorsque vous empruntez la sortie 2 de l'autoroute pour pénétrer dans Amherst.

En plein centre-ville, 125 Victoria St, le *Country Rose Tea Room* prépare d'excellents sandwiches et salades. C'est un endroit tranquille, petit, doté de meubles en pin et de rideaux de dentelles, idéal pour prendre un thé l'après-midi.

Comment s'y rendre

Le terminal des bus Acadian est installé à deux pâtés de maisons de Church St, à l'angle de Prince Arthur St et de Havelock St. Il assure trois bus par jour pour Halifax. Les destinations est et ouest sont également bien desservies.

CHIGNECTO

Comme il n'existait pas de nom pour désigner la région sise au sud et à l'ouest d'Amherst, je lui ai donné le nom de la baie, le cap situé à la pointe ouest, ainsi que la réserve de gibier qui se trouve au centre. C'est l'une des régions les moins visitées, et les moins peuplées de la province. Le réseau routier est réduit au minimum, bien que la route touristique appelée Glooscap Trail traverse la zone est. C'est pourtant une contrée dotée de richesses géologiques et d'un passé historique non dénués d'intérêt, qui attirent géologues et passionnés de dinosaures et de fossiles.

Le bassin de Minas possède quelques beaux points de vue et des falaises. Les marées du bassin sont très hautes, même pour la baie de Fundy.

Joggins

Sis à une courte distance d'Amherst, dans la baie de Chignecto, le village de Joggins est connu pour ses falaises en bord de mer, remplies de fossiles. Il montre l'un des plus beaux ensembles de fossiles de la période carbonifère, consistant en arbres, insectes, reptiles et autres vestiges vieux de trois cents millions d'années. Un sentier mène à la plage et longe les 50 m de falaise de grès. Commencez d'abord par visiter le Fossil Centre (☎ 251-2727), dans Main St, ouvert tous les jours de 9h30 à 18h30, du 1er juin au 30 septembre. Vous pourrez y examiner des fossiles de toutes sortes, y compris des empreintes de pied, et en apprendre davantage sur le site. Le prix d'entrée est de 3,50 $.

Les visites guidées des falaises de fossiles sont assez chères (10 $), mais elles durent deux heures et vous permettront de profiter au maximum du site. Le centre organise une visite par jour, les horaires variant en fonction des marées. L'office du tourisme d'Amherst pourra peut-être vous renseigner à ce sujet. Sinon, il pourra vous indiquer les heures des marées basses, et vous pourrez ainsi vous y rendre par vos propres moyens. C'est une zone protégée, mais les visiteurs sont autorisés à garder les petits fossiles dénichés sur place.

Cap-d'Or

Si vous rejoignez l'extrémité de la péninsule, ne ratez pas le parc du Cap-d'Or, au phare. La vue sur le canal de Minas et la baie de Fundy y est spectaculaire.

Diligent River

Vous y trouverez un sentier pédestre de deux kilomètres qui mérite le déplacement jusqu'à Ward's Falls, pour ses gorges et ses chutes d'eau.

Parrsboro

C'est la plus grande des petites bourgades qui bordent la côte du bassin de Minas, dans cette région relativement peu visitée de la Nouvelle-Écosse. Un office du tourisme est à votre disposition dans le centre-ville, à côté de l'hôtel de ville. A l'est du port, Two Islands Rd offre une belle vue du bassin de Minas, en face du cap Blomidon.

La région présente un réel intérêt géologique, et elle est réputée pour ses pierres semi-précieuses, ses fossiles et ses empreintes de dinosaures. Les géologues amateurs creusent les nombreuses plages locales et les parois rocheuses pour y découvrir agates et améthystes. A l'annuel rendez-vous des géologues (Rock Hound Roundup), les collectionneurs de pierres, de minéraux et de fossiles ne manquent pas de se retrouver. Cet événement qui réunit expositions, promenades guidées, circuits en bateau, concerts, etc., en août, dure depuis plus de vingt-cinq ans.

Visitez le musée géologique de Fundy : paysage et vie (Fundy Geological Museum : Landscape & Life) (☎ 254-3814), avec sa collection de roches provenant de la région et de fossiles. Établi dans Two Islands Rd, il est ouvert tous les jours. Des visites guidées sont organisées. Il existe d'autres musées géologiques. Le plus gros gisement d'os fossilisé jamais découvert en Amérique du Nord fut mis au jour à **Wassons Bluff** en 1986, et l'on peut apercevoir des milliers d'empreintes préhistoriques de pieds, le long du littoral.

Partridge Island, sur la côte, est l'endroit idéal pour ramasser des pierres, avec une paroi rocheuse de deux cents millions d'années. Vous trouverez aussi plusieurs B&B en ville, notamment le *White House* (☎ 254-2387), dans Upper Main St, qui loue des simples à 25 $, des doubles ou des triples à 40 $, petit déjeuner (continental) compris. Il y a également un motel et une auberge plus chère.

Parc provincial de Five Islands

A l'est de Parrsboro, le parc dispose d'un terrain de camping, d'une plage et d'aires de pique-nique. Les sentiers pédestres permettent de découvrir la diversité géographique de la région, certains aboutissant à des falaises de 90 m de haut, à la lisière du bassin de Minas, avec une belle vue sur les îles. A proximité, les laisses de vase sont propices au ramassage des palourdes.

La ville possède quelques restaurants simples et n'a pas grand-chose d'autre à offrir.

Economy et les environs

Plus proche de Five Islands que la ville d'Economy, le mont Economy, à plus de 200 m, offre un beau panorama. A 6 km au nord d'Economy, dans River Phillip Rd, un sentier pédestre mène aux chutes d'Economy, où le cours d'eau tombe des monts Cobequid pour se jeter dans le bassin de Minas. Vous serez récompensé de vos efforts par une vue superbe et des quantités de mûres.

Au sud de la ville, l'Economy Point Rd mène à la zone marécageuse de la côte, à l'endroit où les eaux douces du fleuve Economy rencontrent l'eau saline de la baie de Fundy. A l'extrémité de la route, à Thomas Cove, il y a une plage sablonneuse, quelques falaises de grès et, à marée basse, de vastes plages de vase, parfaites pour le ramassage des palourdes.

SPRINGHILL

Petite ville ouvrière, Springhill est connue de nombreux Canadiens pour deux raisons : les accidents miniers qui endeuillèrent la région et Anne Murray, une des chanteuses canadiennes les plus populaires, qui y naquit. Deux musées leur sont consacrés. On prétend aussi que Springhill est la première ville du globe à être chauffée thermiquement en utilisant des mines de charbon inondées.

Centre Anne Murray
Situé dans Main St, au cœur de la ville, ce centre rend hommage à la personnalité la plus célèbre de Springhill. Il est réservé aux fans de la chanteuse, et le prix d'entrée est plutôt élevé : 4,50 $. Vous pourrez y apprendre de multiples détails sur la carrière d'Anne Murray (photos, vidéos, disques d'or, récompenses). Le centre est ouvert de mai à octobre, tous les jours, de 10h à 19h.

Musée de la Mine
Situé à 3 km du centre Anne Murray (suivez les panneaux), ce musée évoque les difficultés et les tragédies vécues par les mineurs, mais aussi leur courage. Il est intéressant, éducatif et parfois émouvant.

Springhill devint un centre minier de charbon dès 1834. A partir de 1872, lorsque commença l'exploitation sur une grande échelle, le charbon fut extrait et acheminé par quantités énormes. Deux accidents majeurs en 1891, puis en 1956, firent un total de 164 morts.

Deux ans plus tard, la mine la plus profonde d'Amérique du Nord (4,3 km) s'effondra. Soixante-quinze mineurs furent tués lors de cet accident, qui fut l'un des plus meurtriers du continent. Il fit les gros titres des journaux qui commentèrent largement la recherche des 12 hommes emmurés qui furent retrouvés vivants six jours et demi plus tard.

Cet accident mit fin à l'exploitation de cette partie de la mine et, en 1970, la mine cessa toute activité. Aujourd'hui le Miners' Museum permet aux visiteurs de descendre dans la mine, de découvrir équipements, outils, et photographies. Les guides, tous des mineurs à la retraite, conduisent la visite avec une chaleur humaine particulièrement émouvante.

L'entrée est de 2 $ pour le seul accès aux expositions du rez-de-chaussée, de 3,50 $ pour le circuit complet, y compris la visite guidée et la descente par un puits. Choisissez la seconde option.

Le musée est ouvert tous les jours, de mi-mai à mi-octobre.

Miners' Monument
Le monument dédié aux mineurs se dresse dans le centre-ville, à côté du Miners' Hall. Beaucoup sont morts à la suite de maladies provoquées par le charbon.

TRURO

La ville occupe une position centrale en Nouvelle-Écosse, géographiquement et économiquement parlant. La Transcanadienne traverse le nord et l'est de la ville ; la Hwy 102 se dirige au sud vers Halifax. La ligne VIA Rail passe par Truro, où les bus établissent de nombreuses correspondances. Le centre-ville, doté d'une population de 13 000 habitants, se trouve à l'angle de Prince St et d'Inglis St, où les rues se sont quelque peu "embourgeoisées" à la suite de rénovations.

L'office du tourisme est installé dans Victoria Square, à l'extrémité est du centre-ville, au croisement de Prince St et fr Commercial St.

Parc Victoria
Si vous faites une halte à Truro ou si vous vous contentez de traverser la ville, le parc Victoria mérite une petite visite. Il s'étend sur des centaines d'hectares boisés, sillonnés de sentiers pédestres. Vous y trouverez aussi deux petites chutes d'eau, un cours d'eau et une piscine.

C'est l'endroit idéal pour se reposer d'une journée à vélo ou en voiture. L'accès est un peu compliqué, mais à partir de Bible Hill, le point de repère de la ville, vous trouverez toujours quelqu'un pour vous renseigner. Le parc ferme à 22h.

Colchester Museum
Situé 29 Young St, dans le centre-ville, ce petit musée se cache dans un bâtiment impressionnant. Il est consacré à l'histoire et à l'environnement de la ville et de la région.

Tidal Bore
La baie de Fundy est connue pour ses marées les plus hautes du monde. Conséquence de ce phénomène : un mascaret, ou longue vague déferlante qui vient à la ren-

contre des fleuves lorsque monte la marée. Celle-ci est souvent réduite, mais lors de la phase lunaire adéquate, elle peut mesurer un mètre de hauteur et se jette en amont, donnant l'impression de reculer. Vous pourrez assister à ce phénomène à plusieurs endroits de la ville, et aux alentours. Le plus proche se trouve au fleuve Salmon, qui traverse le nord de la ville. Un autre n'est pas très loin de la ville, sur le fleuve Shubenacadie, au parc Tidal Bore Day, une fois que l'on a quitté la Hwy 215. Les horaires des marées sont disponibles à l'office du tourisme.

Réserve indienne de Millbrook

Cette réserve se trouve au sud de la ville, sur la Hwy 102. Les Indiens micmacs y vendent des objets d'artisanat, notamment des paniers.

Festivals

La plus grosse foire exposition et foire agricole de Nouvelle-Écosse se déroule à Truro en août.

Où se loger

Plusieurs B&B vous attendent à Truro même, ainsi que quelques motels aux abords de la ville. Le YMCA ne possède pas de chambres à louer et l'auberge de jeunesse la plus proche est près de Wentworth, sur la route d'Amherst. Lorsque l'on arrive à Truro *via* Bible Hill, on aperçoit le *Foothill Motel & Cabins* (☎ 897-4143) à 7 km à l'est de la ville. C'est une adresse bon marché, avec des cabines équipées d'un coin cuisine à 40 $ pour deux personnes. Il est ouvert du 1er mai au 31 octobre. A proximité, une boulangerie vend de délicieux gâteaux.

Plus confortable, la victorienne *Blue House* (☎ 895-4150), 43 Dominion St, est l'un des quelques B&B à avoir ouvert ses portes il y a deux ans pour combler un vide en matière d'hébergement bon marché. Il occupe une position centrale et propose 3 simples/doubles à 34/45 $, petit déjeuner et thé (en soirée) compris. Si vous lui téléphonez, le propriétaire viendra vous chercher à la gare ou au bus.

Dans une catégorie supérieure, la meilleure adresse parmi les motels est le *Berry's Motel* (☎ 895-2823), 73 Robie St. Il loue 31 unités d'habitation, à 40 $ la simple et 50 $ la double/triple.

Le HI *Wentworth Hostel* (☎ 548-2379), installé dans une ancienne ferme datant d'un siècle, n'est pas tout à fait à mi-chemin d'Amherst, non loin de Wentworth, sur la Valley Rd. Il est ouvert toute l'année et coûte 9,50 $ pour les membres, 11,50 $ pour les non-membres. L'arrêt de bus se trouve à 3 km. Pour les visiteurs motorisés, quittez la Transcanadienne à la Valley Rd. Après quelque 2 km, à l'endroit où la chaussée se transforme en graviers, vous devriez apercevoir une autre route. L'auberge de jeunesse se trouve en bas. Elle est indiquée par des panneaux. Il y a de belles promenades à faire dans les environs. Des chambres familiales sont disponibles et on peut y préparer ses repas.

Où se restaurer

Au 517 Prince St, le *Iron Kettle* est un restaurant accueillant, bon marché, installé dans un bâtiment datant de 1875. Les petits déjeuners sont excellents, mais il est fermé le dimanche.

Le *Chow Family Restaurant*, 344 Prince St, sert une cuisine chinoise sans surprise. Un nouveau restaurant et deux pubs sont réunis dans l'entrepôt restauré, situé à l'angle d'Inglis Place et d'Esplanade, au centre.

A la sortie 14 de la Transcanadienne, une série de restaurants appartenant à des chaînes bordent la Hwy 2 (qui devient la Robie St dans Truro). Le *Smitty's* pour ses crêpes et le *Ponderosa* pour ses steaks bon marché et sa délicieuse salade à volonté sont deux bons choix. A proximité, le *Deluxe*, qui appartient à une petite chaîne locale, bien représentée dans le Nouveau-Brunswick, est réputé pour son fish & chips.

Comment s'y rendre

Bus. La gare routière (☎ 895-3833), 280 Willow St, est proche de l'hôpital et des motels. On aperçoit l'enseigne bleu et blanc

NOUVELLE-ÉCOSSE

du terminal Acadian. Trois bus par jour desservent Halifax (10 $) et quatre par jour, avec plusieurs arrêts, Sydney (33 $). Pour Saint-Jean dans le Nouveau-Brunswick (43 $), sont assurés un bus le matin et un autre l'après-midi, avec un arrêt à Amherst.

Train. La gare ferroviaire (☎ 1-800-561-3952) est implantée dans Truro, Esplanade St, non loin du croisement avec Inglis St. Tous les trains qui entrent et sortent de Nouvelle-Écosse passent par Truro. Sont ainsi assurées des correspondances pour Halifax, diverses localités du Nouveau-Brunswick et pour Montréal, *via* une ou plusieurs lignes.

Les trains pour Halifax (15 $) partent une fois par jour (excepté le mercredi) et pour Saint-Jean dans le Nouveau-Brunswick (42 $), le lundi, le jeudi et le samedi.

MAITLAND ET LE CANAL DE SHUBENACADIE

A l'ouest de Truro, dans la baie de Fundy, se trouve la petite bourgade de Maitland, à l'embouchure du fleuve Shubenacadie. En longeant le fleuve vers le sud, puis en passant par divers boucles et lacs, le réseau hydraulique aboutit finalement à la ville de Dartmouth et à l'océan. Ouvert en 1861, le canal est devenu aujourd'hui un site historique national. Il est bordé, tout du long, par de nombreux parcs et sites que l'on peut visiter, notamment le parc de Tidal Bore Day (cité à la rubrique *Truro*). Il est également utilisé par les amateurs de canots et de canoës. Des cartes disponibles aux offices du tourisme dressent la liste de tous les sites dignes d'intérêt, des sentiers pédestres, etc. Le principal centre d'information se trouve à Dartmouth, au port.

STEWIACKE

Dans cette petite ville au sud de Truro, vous êtes à mi-chemin du pôle Nord et de l'équateur.

SHUBENACADIE

Située au sud de Truro, sur la Hwy 2 en direction d'Halifax, Shubenacadie est l'un des endroits les plus propices à l'observation du mascaret de Fundy (Fundy Tidal Bore). On a même installé des ponts d'observation au parc de Tidal Bore. La hauteur de la vague peut varier ici de 30 cm à 3 m. Des balades en rafting le long du fleuve sur les vagues déferlantes sont organisées. La présence de quantités d'aigles chauves est un des aspects positifs de ce phénomène naturel. Pour plus d'informations sur les marées et les mascarets, consultez la rubrique sur *Moncton*, dans le chapitre sur le *Nouveau-Brunswick*.

Le parc naturel de Shubenacadie abrite des spécimens de la faune néo-écossaise, notamment des oiseaux, du gibier d'eau, des renards et des daims, dans de vastes enclos. Il se trouve à la sortie 10 sur la Hwy 102, à 38 km de Truro, au nord de la ville de Shubenacadie. Il est ouvert tous les jours, durant les heures diurnes, de mi-mai à mi-octobre. L'entrée est gratuite.

Côte sud

La côte sud fait référence aux zones sud et ouest d'Halifax, qui s'étire le long de la côte jusqu'à Yarmouth. Elle compte de nombreux petits villages de pêcheurs et plusieurs bourgades historiques. Certains paysages de la côte sont spectaculaires : rocheux, déchiquetés et nappés de brouillard. Des caractéristiques géographiques qui rendent cette côte particulièrement favorables aux activités des contrebandiers (drogues aujourd'hui et rhum autrefois).

Le premier tiers de cette région, la plus proche d'Halifax, présente un paysage urbain assez développé et très actif. L'itinéraire touristique, qui emprunte de petites routes secondaires, est appelé la "route des Phares". C'est probablement la région la plus visitée de la Nouvelle-Écosse, exception faite de Cap-Breton.

De nombreux musées et sites dignes d'intérêt bordent cette route, qui doit son nom aux multiples phares qui jalonnent la côte. L'hébergement est assez réduit, comparé à l'affluence que connaît la région en haute saison, et vous devrez trouver où dormir avant la nuit. En revanche, vous ne mourrez pas de faim, et, comme on pouvait s'y attendre, les fruits de mer frais sont excellents.

Les bus MacKenzie desservent la région d'Halifax à Yarmouth, avec au moins un ou deux départs quotidiens, dans les deux sens. On peut aussi rejoindre Yarmouth avec les bus Acadian, *via* une route septentrionale qui traverse la vallée d'Annapolis, depuis Halifax.

PROSPECT

Au sud-ouest d'Halifax se cache un petit village côtier, attrayant et paisible, mais peu visité : Prospect. Du cimetière perché sur la colline, on a une vue très impressionnante sur la ville, en particulier si la brume nappe certaines îles et le littoral. Il y a un quai, dès rochers pour faire de l'escalade en bord de mer, et un phare.

PEGGY'S COVE

Situé à 43 km à l'ouest d'Halifax, sur la Hwy 333, ce village de pêcheurs est le plus célèbre du Canada. C'est une agréable petite bourgade, avec des bateaux de pêcheurs, des filets, des nasses à homards, des docks et de vieilles maisons couleur pastel. Guère différente des autres localités de ce type, Peggy's Cove dégage toutefois une atmosphère qui explique son succès.

Les énormes blocs de granit, vieux de 415 millions d'années (considérés par les géologues comme un phénomène erratique), disséminés dans les environs, ajoutent encore à sa singularité.

Le littoral rocheux qui entoure le phare ne demande qu'à être exploré (mais ne vous approchez pas trop près – chaque année des visiteurs sont emportés dans l'eau froide par de brusques houles). L'atmosphère créée par le brouillard accroît encore l'effet de séduction. Un brouillard dont vous devez aussi tenir compte : il enveloppe la contrée un jour sur trois et fait son apparition presque tous les matins.

Peggy's Cove est sans doute l'une des destinations les plus visitées des Provinces atlantiques. Sa proximité de la capitale explique aussi qu'elle attire tant de touristes. Si vous aimez la solitude, mieux vaut arriver avant 10h, ou tard dans l'après-midi. De nombreux bus touristiques arrivent en milieu de journée. Le village, qui date de 1811, ne compte que 60 résidents, des pêcheurs pour la plupart. Un monument taillé dans la roche, exécuté par un artiste local, DeGarthe, se dresse à proximité du parking provincial, à l'entrée du village.

Lorsque l'on redescend vers le phare, on tombe sur un restaurant et un café où vous pourrez acheter quantité de souvenirs. Le homard y est, paraît-il, excellent, et il est servi avec une petite note explicative sur l'art de le déguster. Le phare a été transformé en petit bureau de poste qui dispose de son propre tampon d'oblitération en forme de phare.

BAIE ST MARGARET

Un peu au-delà de Peggy's Cove, la vaste baie St Margaret est peuplée de petites bourgades, de boutiques d'artisanat et de petites plages sablonneuses, ainsi que de motels, de terrains de camping et de bungalows. Certains visiteurs préfèrent ainsi s'établir à cet endroit pour explorer la région Halifax/Peggy's Cove. C'est une contrée largement développée, où vit une majeure partie de la population qui travaille en ville. Certains toutefois se contentent d'y avoir une résidence d'été.

Le Bowaters Hiking Trail part presque du sommet de la baie St Margaret. Il autorise une randonnée à pied de deux heures, voire de toute une journée. Au sommet de la baie sont également réunies plusieurs plages. La plage Queensland, la plus à l'ouest, est la plus spacieuse et la plus fréquentée. Elle dispose d'un snack-bar.

Où se loger

Le *Baybreeze Motel & Cottages* (☎ 826-2213) est l'un des établissements les plus attrayants pour y passer une nuit. Il est situé en bordure de mer, à la pointe de Boutilier. En règle générale, les bungalows sont loués à la semaine, mais les unités d'habitation du motel coûtent de 38 $ à 50 $ en double, pour une nuit. Les bungalows sont entièrement aménagés, et certains peuvent recevoir jusqu'à sept personnes.

BAIE DE MAHONE

Avec ses îles et son passé historique, la baie de Mahone est devenue un lieu de villégiature loin de l'agitation urbaine. La bourgade du même nom s'est d'ailleurs transformée en centre de loisirs et d'hébergement. Beaucoup y viennent le dimanche d'Halifax, située à 100 km, ou pour y prendre le thé. La bourgade possède des magasins d'antiquités et d'artisanat, et s'est résolument orientée vers le tourisme. Pendant la période estivale, un marché aux puces a souvent lieu le week-end. L'arrivée en provenance d'Halifax mérite le coup d'œil avec les trois flèches d'église qui se détachent à l'horizon. Vous pourrez y admirer de remarquables exemples d'architecture victorienne tarabiscotée. Le cimetière présente également un certain intérêt, avec de nombreuses tombes portant des inscriptions en allemand.

Au 578 Main St, le **Settlers' Museum & Cultural Centre** est essentiellement consacré aux premiers colons allemands. Les expositions présentées dans les deux pièces du musée couvrent la période 1850. Les dons sont acceptés.

Où se loger et se restaurer

La ville compte une douzaine de B&B, une indication de la popularité de la région de Mahone Bay. Ils pratiquent généralement des prix moyens, mais sont parfois un peu plus chers que dans le reste du pays.

Le *Fairmont B&B* (☎ 624-6173), 654 Main St, occupe une position centrale et pratique des prix abordables. De mai à octobre, il loue 3 chambres, de 35 $ à 45 $ en simple, et de 45 $ à 55 $ en double. Les prix les plus élevés concernent les chambres avec s.d.b. Toujours dans le centre-ville vous attend aussi le *Heart's Desire B&B* (☎ 624-8766), 686 Main St.

Vous y trouverez aussi deux pubs, un café, et, au 662 Main St, le *Zwicker's Inn* – un restaurant très animé, mais assez cher, qui sert divers plats de poisson et de pâtes, généralement très appréciés.

CHESTER

Vieux village de 1 000 habitants, Chester surplombe la baie de Mahone. Fondé en 1759, il servit de repaire aux pirates et, durant la prohibition, aux contrebandiers de gin. Cette petite station balnéaire offre aujourd'hui peu de distractions, mais reste, l'été, très appréciée des touristes.

Le centre-ville longe Pleasant St, entre King St et Queen St. Le Chester Playhouse, qui présente des comédies musicales et des pièces de théâtre pendant juillet et août, se trouve également dans Pleasant St.

Île de Tancook

Au large, on aperçoit l'île de Tancook, accessible en 45 mn par un ferry de passagers, très bon marché, qui part du quai de Chester plusieurs fois par jour. Chester possède aussi un arrière-port, essentiellement utilisé pour la navigation de plaisance. Les îles – la **Grande et la Petite Tancook** – sont surtout résidentielles. La Grande Tancook dispose d'un office du tourisme, d'un B&B et d'une épicerie. Une brochure des randonnées pédestres est disponible à l'office du tourisme de Chester. L'île est célèbre pour ses choux et sa choucroute. De petits entrepôts de choux sont disséminés sur toute l'île. On y aperçoit aussi quelques vieilles maisons, notamment un cottage de Cape Cod datant de 1790.

Où se loger

Il existe un parc provincial avec un camping à l'est de la ville. Au 78 Queen St, le *Mecklenburgh Inn B&B* (☎ 275-4638), très attrayant, est installé dans une vieille demeure datant de la fin du siècle dernier. Certaines chambres disposent d'un balcon. Comptez 50/60 $ pour des simples /doubles, petit déjeuner compris. Pour les sportifs, vélos et canots à rames sont disponibles. Il est ouvert de mi-mai à mi-octobre.

La *Casa Blanca Guest House & Cabins* (☎ 275-3385), 463 Duke St, moins chère, est située près du centre. Une simple avec s.d.b. commune coûte 35 $, petit déjeuner compris.

Où se restaurer

Pour un repas simple, rendez-vous au *Fo'c's'le Tavern* ou au *Rosie Grady's*, à l'angle de Pleasant St et de Queen St. Au 69 Queen St se trouve le *Thirsty Thinker's Tearoom*, affilié à une association caritative, et, en bord de mer, le *Rope Loft*, qui offre un menu varié – si vous souhaitez faire des économies, ils vous fourniront les aliments et vous pourrez les cuire vous-mêmes.

NEW ROSS

Dans cette petite bourgade de l'intérieur de la province, sise à 26 km au nord-ouest de Chester, se tient un **musée vivant de l'Agriculture**, organisé sur le modèle d'une ferme en activité du XIXe siècle.

LE GOLD

Situé à l'extrémité ouest de Chester, ce cours d'eau est propice à la pêche au saumon.

ÎLE D'OAK

C'est une île au trésor... sans trésor ! Du moins, jusqu'à présent. On prétend que le capitaine Kidd, ou Barbe-Bleue ou le capitaine Morgan, y aurait enterré un butin – ou qu'il s'agirait de l'or inca volé par les Espagnols, ou encore... la liste est trop longue pour tous les citer ! Deux cents ans de fouilles n'ont pas permis d'y trouver la moindre chose et l'île abrite l'un des mystères les plus passionnants du Canada.

En 1795, trois fermiers découvrirent un puits d'une étonnante profondeur et, depuis, cette invraisemblable course au trésor – une des plus chères et des plus longues de l'histoire – a déjà tué six chercheurs et coûté plusieurs millions de dollars.

Avant de vous emparer à votre tour de votre pelle et de creuser, vous aurez besoin d'un permis. Que vous n'obtiendrez pas ! Les recherches sont désormais poursuivies par un consortium international déterminé à résoudre ce mystère, à grands renforts de matériel sophistiqué.

Cette société organise des visites du site qui vous renseigneront sur son histoire, les puits, les tunnels, les chambres et leur système d'inondation. Vous y découvrirez aussi les objets déjà découverts lors de ces investigations. Pour accéder à l'île, quittez la Hwy 3 à la Oak Island Rd. L'île a fait l'objet de plusieurs ouvrages. Renseignez-vous auprès des librairies locales.

LUNENBURG

Cette attrayante ville de 3 000 habitants est connue pour avoir été le port de construction de la goélette *Bluenose*, en 1921, qui est représentée sur les dîmes canadiennes. Ville de pêcheurs et de chantiers de constructions navales, c'est aussi le centre de l'industrie provinciale de pêche et elle possède l'une des principales flottes de l'Atlantique nord. Y est aussi implantée la plus grosse usine alimentaire (conditionnement du poisson) d'Amérique du Nord, avec 1 000 employés. C'est de là que proviennent les produits des supermarchés Highliner. La Nouvelle-Écosse, comme Terre-Neuve, a été durement touchée par la diminution des bancs de poissons et les quotas de pêche imposés par le gouvernement fédéral. On en ignore les effets à long terme sur des localités telles que Lunenburg.

Lunenburg est une ancienne bourgade où vécurent les Acadiens jusqu'à la moitié du XVIIIe siècle. Elle fut officiellement fondée en 1753, lorsque les Britanniques encouragèrent les protestants à quitter l'Europe. Elle devint la première colonie germanique du pays, un héritage qui se retrouve dans certaines pratiques alimentaires.

Orientation et renseignements

Lincoln St est la principale artère de la ville. Montague St, parallèle au port, est la rue qui présente le plus d'intérêt pour le visiteur. Elle est bordée par de nombreux commerces, y compris de restaurants et de deux hôtels. On y trouve aussi des boutiques de souvenirs, d'artisanat, d'antiquités et de gravures.

Nombre des restaurants qui jalonnent Montague St disposent de patios sur l'arrière, qui font face à Bluenose Drive, le long des quais. Le Lunenburg Fisheries Museum vous y attend également, ainsi que des croisières en bateau. Dans la soirée, on vient y pêcher des maquereaux depuis les docks où sont amarrées les petites embarcations de pêche. Plus à l'est, le long de Montague St, sont concentrés les chantiers navals et les docks pour les plus gros chalutiers. La principale intersection est celle de King St.

King St regroupe plusieurs banques, y compris la banque Royal dotée de structures bancaires qui fonctionnent 24 heures sur 24. Vous trouverez aussi quelques boutiques dans Pelham St, une artère qui remonte vers la colline, depuis Montague St. Au n°134 se dresse la plus vieille maison de Lunenburg, la maison de Bailly (Bailly House), construite en 1760. C'est là qu'Earl Bailly vécut et travailla. Il fut l'un des peintres de marines les plus célèbres de la région. Atteint de polio, il était obligé de tenir ses pinceaux avec les dents. Son frère habite maintenant sa maison, que l'on peut visiter pour y admirer quelques peintures.

En longeant Lincoln St vers Blockhouse Hill Rd, on arrive à l'office du tourisme d'où l'on a une vue superbe sur les alentours.

Édifiée au 69 Townsend St, en 1775, la maison Koch-Solomon est considérée comme l'une des plus belles réussites architecturales de la ville datant du XVIIIe siècle. Malgré la popularité de Lunenburg, les rues résidentielles sont paisibles et les touristes absents. Vous pourrez y découvrir de belles maisons en bois, certaines dotées de bardeaux, beaucoup de couleurs éclatantes. A remarquer aussi quelques bâtiments, de style victorien tarabiscoté, qui seuls méritent le nom de demeures.

La ville est construite sur une péninsule et possède un arrière-port, ainsi qu'une infrastructure portuaire de l'autre côté de la baie, d'où l'on aperçoit un terrain de golf sur Kaulback Head. L'arrière-port, situé dans la principale zone résidentielle, est surtout utilisé pour les bateaux de plaisance et quelques embarcations de pêche côtière.

Lunenburg Fisheries Museum

Cet intéressant petit musée provincial est installé en bord de mer, sur Bluenose Drive. Il est composé d'un bâtiment et de deux navires d'inspection : un chalutier et une goélette. Le musée est consacré à la pêche et au conditionnement alimentaire du poisson. Vous pourrez aussi assister à la projection d'un film de 25 mn sur la vie marine. Il y a aussi un aquarium.

Il est ouvert tous les jours, de mi-mai à mi-septembre. L'entrée est de 2 $. Il y a beaucoup de choses à voir et la visite prend au moins deux heures.

Églises

Pour une petite ville, les églises sont impressionnantes. Le centre-ville en compte cinq à lui tout seul. L'église anglicane St John, à l'angle de Duke St et de Cumberland St, est une merveille. Le bois noir et blanc date de 1753 et c'est l'une des plus vieilles églises du Canada. Des visites sont organisées pendant l'été. L'église luthérienne, située au croisement de Cornwallis St et Fox St, fut construite en 1772. Quant à l'église St Andrew, c'est la plus vieille église presbytérienne du pays.

A noter également l'église luthérienne de Sion. Bien que la congrégation date de 1772, l'église ne fut édifiée qu'il y a une centaine d'années. L'intérieur recèle l'une des cloches originales provenant du fort de Louisbourg, sur l'île de Cap-Breton. Lorsque le gouvernement fédéral envisagea sa restitution à son site national historique d'origine, elle fut retirée de l'église et cachée dans l'arrière-port de Lunenburg.

Académie de Lunenburg

L'académie est l'énorme structure noir et blanc, dotée de tours, qui domine la colline et que l'on aperçoit en arrivant d'Halifax. Entièrement construite en bois en 1895, pour servir de collège d'enseignement secondaire de prestige, c'est l'une des rares rescapées d'un certain système éducatif. Bien que classée aujourd'hui site historique national, elle est toujours en activité et vous ne pourrez donc y pénétrer. Attenant à

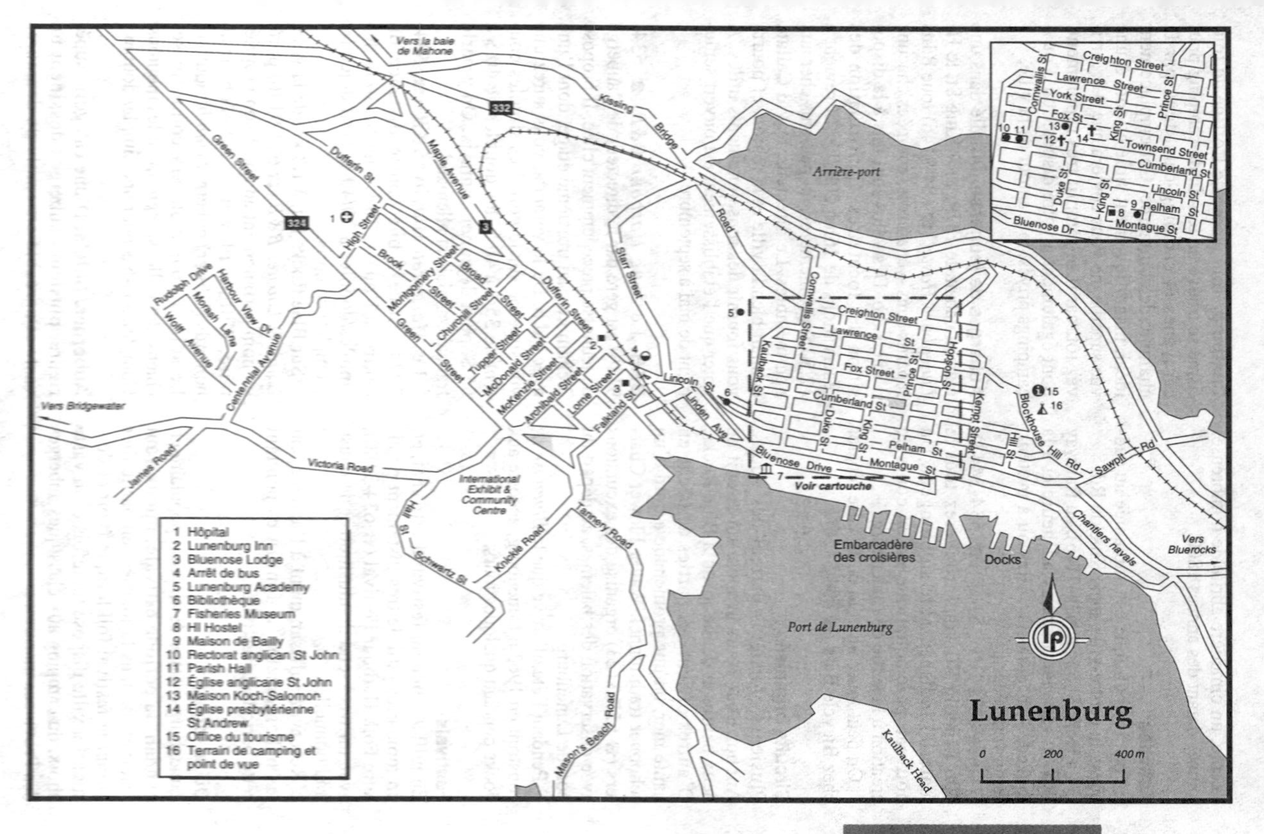
Lunenburg
0 200 400 m
Port de Lunenburg
Arrière-port
Embarcadère des croisières
Docks
Chantiers navals
Kaulback Head
Vers Bluerocks
Vers la baie de Mahone
Vers Bridgewater
Voir cartouche
International Exhibit & Community Centre
Blockhouse Hill Rd
Sawpit Rd
Kempt Street
Hopson St
Creighton Street
Lawrence St
Prince St
Fox Street
Cumberland St
Pelham St
King St
Duke St
Montague St
Cornwallis Street
Kaulback St
Bluenose Drive
Hill St
Lincoln St
Linden Ave
Falkland St
Lorne Street
Archibald Street
Dufferin Street
Starr Street
Kissing Bridge
Road
Maple Avenue
High Street
Broad Street
Green Street
Brook Street
Montgomery Street
Churchill Street
Tupper Street
McDonald Street
McKenzie Street
Dufferin St
Victoria Road
Tannery Road
Knickle Road
Hall St
Schwartz St
Mason's Beach Road
Harbour View Dr
Morash Lane
Wolff Avenue
Rudolph Drive
Centennial Avenue
James Road
Townsend Street
York Street
Lincoln St
Bluenose Dr
332
3
324
1 Hôpital
2 Lunenburg Inn
3 Bluenose Lodge
4 Arrêt de bus
5 Lunenburg Academy
6 Bibliothèque
7 Fisheries Museum
8 HI Hostel
9 Maison de Bailly
10 Rectorat anglican St John
11 Parish Hall
12 Église anglicane St John
13 Maison Koch-Salomon
14 Église presbytérienne St Andrew
15 Office du tourisme
16 Terrain de camping et point de vue
NOUVELLE-ÉCOSSE

l'école, un cimetière abrite de nombreuses tombes datant des années 1800.

Activités

La piscine publique est implantée au sud-ouest du centre-ville, dans Knickle Rd.

La Dory Shop (☎ 634-9146), au Railway Wharf, loue des bateaux à l'heure et à la journée – à rames, à voiles ou à moteur, selon votre énergie.

Chez Jo's Dive Shop (☎ 634-3443), 296 Lincoln St, vous trouverez tout le matériel indispensable au plongeur. Un nouveau parc aquatique est en cours de création à la sortie de Lunenburg.

On peut louer un vélo ou le faire réparer chez Bicycle Barn (☎ 634-3426).

Circuits organisés

Plusieurs croisières partent des docks. Anchor Boat Tours propose un circuit de deux heures et demie jusqu'à Blue Rocks. D'autres offrent des parties de pêche en haute mer, ou une promenade à bord d'un schooner traditionnel. Walter Flower Charters (☎ 527-3123) organise des excursions avec observation des baleines, au départ du port de Lunenburg.

Pendant l'été, il arrive que le *Bluenose II*, construit en 1963 à Lunenburg, accoste aux docks pendant quelques jours.

Festivals

En juillet a lieu un festival d'artisanat, et, un mois plus tard, le très justement populaire Folk Harbour Festival (☎ 634-3180), avec un week-end de musique et de danse traditionnelles.

Réservez suffisamment à l'avance, car les hébergements se font rares pendant cette période de festivités.

Où se loger

Lunenburg est une destination populaire et, pendant la période estivale, mieux vaut réserver tôt dans la journée, en particulier durant le festival folklorique (voir ci-dessus). La ville dispose toutefois d'un vaste choix, du camping aux classiques auberges des Provinces maritimes.

Camping. Tout à côté de l'office du tourisme se trouve un terrain de camping pour caravanes et camping-cars, tenu par la chambre de commerce. Cet emplacement idéal, magnifiquement situé et doté d'une vue superbe, ne vous coûtera que 9 $. Arrivez tôt, car il se remplit très rapidement. Sont également à votre disposition 3 ou 4 campings privés, tout autour de la ville.

Auberges de jeunesse. Installé dans une maison datant de 1879, au 9 King St, le HI *Lunenburg Hostel* (☎ 634-9146) loue 8 lits répartis dans 4 chambres, équipées chacune d'une s.d.b. Des vélos sont mis à la disposition des locataires. Confirmation des réservations de 16h à 20h. Un lit revient à 12,50 $ aux membres, un peu plus cher aux non-membres. Le directeur, David Callan, connaît bien la ville et la région, et pourra vous fournir des renseignements utiles. A noter que l'établissement est ouvert seulement de mai à septembre.

B&B. Le *Snug Harbour B&B* (☎ 634-9146) est géré par le directeur de l'auberge de jeunesse précédemment citée. Il propose 3 chambres, au troisième étage, dont l'une avec s.d.b. De la véranda, vous aurez une vue superbe sur le port. Les simples coûtent de 35 $ à 40 $, les doubles de 40 $ à 55 $, petit déjeuner compris. On y parle français, anglais et allemand.

Le *Margaret Murray B&B* (☎ 634-3974), situé à une courte distance du centre, à l'ouest, 20 Lorne St, loue des simples/doubles à 30/40 $, petit déjeuner (complet) compris.

Sur Blue Rocks Rd, à 1,3 km de la ville, *Lamb & Lobster B&B* (☎ 634-9146) porte un nom parfaitement adapté à son propriétaire, William Flower, grand pêcheur de homards (*lobster*) et berger (*lamb*/mouton). Le soir, il vous montrera comment ses chiens, des colleys, regroupent les moutons. Comptez 35/45 $ pour une simple/ double.

Auberges/ hôtels. D'une catégorie supérieure, plusieurs auberges dessinent un vaste et agréable ensemble de demeures historiques. En plein centre-ville, la *Compass Rose Inn* (☎ 1-800-565-8509), 15 King St. C'est une agréable vieille maison dotée d'un excellent restaurant et de chambres moins chères que l'on aurait pu le craindre, avec des simples/doubles de 50 $ à 60 $, petit déjeuner (léger) compris, et thé ou café dans la chambre.

Le *Bluenose Lodge* (☎ 634-8851), 10 Falkland St, est un édifice imposant, vieux d'environ cent vingt-cinq ans, qui se dresse au croisement avec Lincoln St. Les simples coûtent de 50 $ à 65 $, et les doubles de 50 $ à 70 $, petit déjeuner compris. On peut y prendre ses repas. Les non-locataires pourront essayer le restaurant. Le buffet du petit déjeuner est particulièrement avantageux.

Le *Lunenburg Inn* (☎ 1-800-565-3963) est un autre établissement, vaste, confortable, ancien et meublé d'antiquités.

Motels. Le *Ranch-o-Motel* (☎ 634-8220) est installé 303 Masons Beach Rd, à la lisière de la ville.

Où se restaurer

La plupart des restaurants en bord de mer, avec souvent vue sur le port, sont spécialisés dans les fruits de mer. Nous avons essayé le *Dockside*, 90 Montague St, un des établissements les moins chers, et avons commandé le menu "poisson du jour". Le dîner composé de flétan nous a coûté 10,95 $ par personne, du pain au dessert, avec des portions de poisson énormes. Le restaurant dispose d'un patio à l'extérieur, et d'une salle à manger. Toujours pour déguster du poisson ou du homard, rendez-vous au *Capt'n Angus*, qui surplombe la mer. Installé dans le bâtiment du Fisheries Museum, il sert des fruits de mer frais, délicieux, pour un prix modéré, dans une salle simple mais propre.

En retrait du bord de mer, essayez le *Magnolia's Grill*, 128 Montague St. A l'intérieur, l'éclectisme évoque à la fois le décor d'un café/bistro d'artistes et d'une petite maison campagnarde confortable. Le menu est bon marché et privilégie les fruits de mer et le poisson, préparés souvent selon des recettes acadiennes. Il est ouvert le midi et le soir, tous les jours.

Autre adresse bon marché : *Knot Pub*, dans le centre-ville, 1 Dufferin St.

D'une catégorie nettement supérieure, le *Compass Rose* dispose d'une très élégante salle à manger. La nourriture y est excellente et on peut aussi y loger (voir rubrique ci-dessus). Il occupe un magnifique bâtiment datant de 1830, à l'angle de King St et Pelham St.

Le *Lunenburg Dinner Theatre*, 116 Montague St, présente des comédies sur l'histoire de la ville, et sert quatre délicieux repas.

Comment s'y rendre

Il n'existe pas de véritable gare routière, même si la compagnie des bus MacKenzie dessert Lunenburg. Au départ d'Halifax, le tarif est de 11 $. En ville, le bus s'arrête au Blue Nose Mini Mart (☎ 634-8845), une boutique très pratique, située au 35 Lincoln St. Le bus assure également la liaison avec Yarmouth.

BRIDGEWATER

Ville industrielle sur le fleuve LaHave, Bridgewater est la première zone urbaine de la côte sud, avec une population proche des 7 000 habitants. Les visiteurs y trouveront tous les services indispensables, ainsi que deux musées.

Le **Desbrisay Museum** est établi dans un parc de 10 hectares. Il expose une petite collection d'objets ayant appartenu aux premiers colons allemands installés dans le comté de Lunenburg. L'entrée est gratuite.

Le **Wile Carding Mill** (moulin à carder de Wile – carder la laine consistant à en démêler les fibres avant le filage), dans Victoria Rd, est un authentique moulin à eau datant de 1860. L'entrée est gratuite.

L'Exposition de la côte sud, qui se déroule chaque année, en juillet, dure cinq jours et donne lieu à des compétitions traditionnelles entre équipes canadiennes et américaines.

En amont de la rivière, la **Nouvelle Allemagne** réunit de nombreuses exploitations d'arbres de Noël. Les arbres sont transportés des docks de Bridgewater jusqu'aux propriétés où ils sont attendus, le long de la côte américaine.

LES OVENS

La route 332, au sud de Bridgewater, longe le fleuve LaHave jusqu'à la mer. C'est une pittoresque route de campagne jalonnée d'arbres énormes et de vieilles maisons d'une taille imposante, associées à l'histoire d'une belle période des Provinces maritimes. Tout au bout de la route, on découvre les Ovens (☎ 766-4621), parc naturel et terrain de camping, chaudement recommandés pour leur atmosphère détendue et le paysage alentour.

De l'or y fut découvert en 1861, et l'on en trouve encore à Cunard Beach. Vous pourrez louer du matériel au bureau d'entrée et tenter votre chance. L'or est assez abondant à cet endroit et, pour ma part, j'ai vu plusieurs personnes ramasser de petites pépites. A un autre endroit, un sentier longe le littoral et mène à de multiples grottes. Le terrain de camping est parfait, avec ses nombreux sites en bord de mer qui offrent une vue magnifique sur l'Océan et des récifs que l'on peut explorer à marée basse. Vous y trouverez aussi deux bungalows à louer, une piscine et un confortable petit restaurant qui sert un fish & chips délicieux et bon marché.

LAHAVE

Depuis Riverport, un ferry par câble vous fera traverser le fleuve en cinq minutes jusqu'à la ville de LaHave (50 cents) avec un arrêt obligé à l'une des meilleures boulangeries du pays. Vous ne pouvez la rater – elle se trouve juste au sud du débarcadère du ferry, dans la rue principale.

Au premier étage, le petit HI *LaHave Marine Hostel* (☎ 688-2908) est idéal pour les cyclistes, randonneurs et autres voyageurs qui cherchent une adresse bon marché pour y passer la nuit. Il est ouvert de mai à octobre.

Également installé dans la boulangerie, LaHave Outfitters organise des excursions en bateau.

A la lisière ouest du village se trouve le **Fort Point Museum**, site national historique. C'est là qu'en 1632 débarquèrent les premiers colons français connus sous le nom d'Acadiens. Par la suite, ils construisirent un fort, Sainte-Marie-de-Grâce, dont il reste aujourd'hui très peu de vestiges. Le site fut supplanté par Port-Royal, sur la côte, et ne parvint jamais à devenir une localité importante. Le musée qu'abrite l'ancien phare vous en apprendra davantage sur cette première colonie française et son chef, Razilly. Il est ouvert l'été tous les jours. Lorsque l'on quitte LaHave, le même paysage vert et paisible se poursuit jusqu'à Liverpool, tandis que la route côtière traverse plusieurs villages. A l'ouest de **Petite Rivière**, on aperçoit un cimetière de pionniers sur la colline.

Le parc provincial de Rissers dispose d'un terrain de camping très fréquenté et d'une belle plage sablonneuse. L'eau n'y est mal- heureusement pas très chaude. Il y a aussi des marais d'eau salée avec une promenade (en planches). A **Broad Cove** vous attend une auberge avec un salon de thé.

MILL VILLAGE

Cette bourgade offre une attraction insolite, unique sur toute la côte sud : la **Mill Village Satellite Earth Station**, un centre international de télécommunications.

La visite guidée gratuite de 45 mn inclut un aperçu de la salle de contrôle, des trois antennes paraboliques et la projection d'un film. Le centre est ouvert de mi-juin à début septembre.

Le cours d'eau Medway est considéré comme l'un des plus abondants en saumons de la province.

LIVERPOOL

Située au point de rencontre du Mersey et de l'Océan, Liverpool est une ville historique de style anglais, dont l'économie est basée sur la pêche et le bois. L'office du tourisme est installé dans Henry Hensey Drive, à la sortie de Main St, dans Centennial Park. Il dispose d'une brochure sur la visite à pied de Liverpool dans laquelle sont indiqués les bâtiments les plus remarquables du centre-ville et du bord de mer.

Édifiée en 1766, **Perkins House** est aujourd'hui un musée qui présente des objets et des meubles datant de la période coloniale. A côté, le **Queen's County Museum** possède quelques objets indiens et divers vestiges liés à l'histoire de la ville, ainsi que des témoignages rédigés par quelques-uns des premiers habitants.

C'est à **Fort Point**, signalé par un cairn, que débarqua Samuel de Champlain en provenance de France, en 1604. S'y dresse également un mémorial dédié aux corsaires britanniques qui sévirent dans les eaux alentour, au début du XIXe siècle, afin de protéger les routes commerciales anglaises des incursions américaines.

Se succèdent quatre **plages** à proximité : Beach Meadows, White Point, Hunt's Point et Summerville. Elles se trouvent à 11 km de la ville. Plusieurs autres se profilent plus à l'ouest. A l'église anglicane, un sentier pédestre de 10 km part de Bog Rd, à la sortie de White Point Rd, qui n'est autre que la route 3 en direction de Yarmouth. C'est en réalité une ancienne voie de chemin de fer, qui a été recouverte de gravier. Elle serpente à travers les bois, traverse un ruisseau et les Five Rivers, pour aboutir à la côte, non loin de White Point.

Où se loger et se restaurer

Vous pourrez passer la nuit dans l'un des B&B ou l'un des motels situés à proximité de la ville. Le *Lane's Privateer Inn* (☎ 354-3456), 33 Bristol Ave, est une maison blanche en bois, dotée de balcons. Construite en 1798, elle se trouve sur la Hwy 3, qui jouxte le pont sur le Mersey, à l'est du centre-ville. Une double coûte 45 $, petit déjeuner (continental) compris, et il existe un excellent restaurant spécialisé en fruits de mer. Vous pourrez aussi vous rabattre sur une ou deux adresses meilleur marché (une économie de 5 $), mais le confort et l'emplacement du Lane méritent largement ce petit supplément. A l'angle de Bristol Ave et de Main St, le *Lunch Kettle* propose une nourriture familiale bon marché.

Le *Liverpool Landing Pub* est installé dans Legion St, en face de la boutique Canadian Tire.

PARC NATIONAL DE SEASIDE ADJUNCT KEJIMKUJIK

La zone principale de ce vaste parc national s'étend à l'intérieur de Liverpool, au nord-ouest et au sud-est de Digby. En 1985, la région peu développée de la côte sud, sise entre Port Joli Bay et Port Mouton Bay fut intégrée au parc.

La "Keji Adjunct" protège une partie sauvage du littoral et la faune, notamment l'espèce menacée du pluvier.

Les services sont inexistants – pas d'aire de camping (à l'exception de quelques emplacements pour tentes), pas de toilettes, pas d'eau potable et les feux ne sont pas autorisés. Vous y trouverez en revanche une côte vierge, avec deux grandes plages, des criques, des points de vue, des formations rocheuses et quantité d'oiseaux.

Deux sentiers, qui partent des deux extrémités du parc, constituent le seul accès. Ils sont souvent humides. Depuis **South West Port Mouton**, un chemin de 8 km rejoint Black Point et le rivage. De **St Catherine's River**, un petit village, un sentier pédestre de 3 km aboutit à la mer, sur la façade ouest.

Adjacent au parc, le **bassin de Port Joli** renferme aussi des sites non dénués d'intérêt pour les amoureux de la nature. Le bassin est composé d'un port, Joli Bay, emprisonné entre deux promontoires côtiers. Sur le côté ouest de la baie, le **parc provincial de Thomas Raddall**, un parc naturel avec camping, peut servir de point de départ à l'exploration de cette contrée sauvage. Des sentiers mènent à la côte et aux marais alentour. Le parc contient de nombreuses espèces animales, y compris des orignaux, ainsi qu'un centre d'information qui pourra vous fournir des renseignements sur les sites à visiter. Tout au bout du port naturel, non loin du village de Point Joli, se trouve la **réserve ornithologique de Point Joli**. Les ornithologues pourront y observer des oiseaux d'eau et d'autres espèces, en nombre important, en particulier pendant les périodes de migration. Les visiteurs devront explorer la réserve par leurs propres moyens. Dans Port Joli, on pourra vous indiquer la direction du parc. Au parc même, des gardes forestiers pourront vous fournir des informations sur la réserve.

LOCKEPORT

La petite ville de Lockeport est juchée tout au bout d'un promontoire qui avance dans la mer. La ville fut fondée au XVIIIe siècle par des colons en provenance de la Nouvelle-Angleterre, accéda à une certaine prospérité grâce à la pêche, au milieu du XIXe siècle, et devint un comptoir commercial en relation avec les Antilles. C'est à cette époque que les habitants aisés entreprirent la construction des imposantes demeures qui longent le front de mer. Dans une des rues, vous pourrez admirer cinq de ces immeubles, particulièrement impressionnants, et dont la construction fut entreprise par des membres de la famille Locke entre 1836 et 1876, selon des styles architecturaux bien différents. Cette petite artère est devenue un site historique protégé.

Après la chaussée vous attendent un office du tourisme et, la porte à côté, un petit musée qu'abrite une ancienne école composée d'une seule pièce. Il présente divers vestiges locaux, y compris une réplique d'une salle de classe du siècle dernier. Juste derrière s'étend une vaste plage sablonneuse en forme de croissant. Une rapide visite vous suffira pour faire le tour de la ville, qui n'offre aucun endroit où se restaurer. Si vous souhaitez passer la nuit sur place, vous ne pourrez pas rater le *Locke's Island B&B* (☎ 656-3222), situé à quelque 16 km de la Hwy 103. Il est ouvert toute l'année et possède 3 simples/doubles, à 30/40 $, petit déjeuner (léger) compris.

Un petit salon de thé est ouvert toute la journée, pour les locataires ou les visiteurs.

SHELBURNE

Pour les petits budgets, c'est l'une des villes les plus attrayantes et intéressantes de la côte sud. La bourgade tout entière ressemble à un musée, avec ses bâtiments superbes et ses sites historiques que l'on découvre à chaque tournant. Perchée sur une colline, elle surplombe le port, offre un agréable front de mer, quelques excellents établissements où se loger et se restaurer, et vous pourrez vous rendre à pied partout par de pittoresques rues bordées d'arbres.

Cette ville de chantiers navals, dotée d'une population de 2 200 habitants, est réputée pour ses yachts. Mais l'on y construit aussi d'autres bateaux. Elle fut également rendue célèbre par un crieur public, Perry Wamback, qui remporta des compétitions nationales et internationales.

Comme d'autres localités de la région de Fundy, Shelburne fut fondée par des loyalistes. En 1783, elle comptait 10 000 habitants, une population qui faisait d'elle la plus grande communauté britannique de l'Amérique du Nord. Nombre de ses habitants étaient d'anciens membres de l'aristocratie new-yorkaise, dont on peut encore admirer certaines demeures. Les loyalistes étaient des résidents américains qui conservèrent leur allégeance à la Grande-Bretagne pendant la guerre d'indépendance américaine. La vie devint difficile pour ceux qui étaient restés fidèles à la reine d'Angleterre, et des milliers d'entre eux émigrèrent au Canada.

Water St, l'artère principale, possède de nombreuses demeures datant d'un siècle ou deux. La date de leur construction est indiquée sur certaines maisons en bois, d'un étage. De nombreux bâtiments historiques et musées jalonnent également Dock St, qui longe le port. Vous y trouverez aussi l'office du tourisme.

Le matin, sur le quai aux poissons, vous pourrez assister au déchargement de la morue dans des casiers remplis de glace, puis à son chargement dans des camions. C'est un port important, où sont amarrés des bateaux en provenance de Gaspé (Québec), des îles Magdalen, du Nouveau-Brunswick et de l'île du Prince-Édouard. Mais les récentes mesures imposées (quotas de pêche) ont entraîné un net ralentissement de l'activité des pêcheurs. En revanche, on continue à pêcher le maquereau au large du port. Un peu plus loin sont installés les chantiers navals où sont réparés les ferries de la Marine Atlantic et autres navires.

Maison Ross-Thompson

Construite en 1784, cette maison (avec une boutique adjacente) appartenait à de riches marchands qui débarquèrent de Grande-Bretagne *via* Cape Cod. Transformée aujourd'hui en petit musée, elle renferme des meubles, des tableaux, des objets et des produits datant de l'époque où le magasin était en activité. Elle est entourée de jardins, comme autrefois. Le musée est ouvert de mai à octobre. L'entrée est gratuite.

Shelburne County Museum

Tout à côté vous attend une maison loyaliste datant de 1787, qui expose une collection de meubles de l'époque, des documents sur la pêche locale, et d'autres souvenirs concernant l'histoire de la localité. Vous y verrez notamment la plus vieille voiture de pompiers, une charrette en bois datant de 1740, qui mérite le coup d'œil. Il existe aussi une petite collection d'objets micmacs, dont certains sont ornés de décorations faites de piquants de porc-épic caractéristiques. Le musée est situé à l'angle de Dock St et de Maiden Lane.

Dory Shop

Shelburne était autrefois réputée pour ses doris, de petites embarcations d'abord utilisées pour la pêche au large en compagnie d'un schooner, puis pour la pêche côtière et comme chaloupe de sauvetage. Beaucoup furent construites entre 1880 et 1970. Le musée vous informera sur leur histoire et présente quelques exemplaires de doris toujours construits dans l'atelier, à l'étage.

Le bâtiment imposant, en face, servait autrefois d'entrepôt et fut, également, à une époque, le plus gigantesque des grands magasins du pays.

Où se loger

A quelques kilomètres à l'ouest de la ville vous attend un très agréable parc provincial, le *Town Islands*. Les aires de camping sont disséminées dans la forêt et vous pourrez vous baigner. L'endroit est assez calme pendant la semaine, mais il est malheureusement envahi le week-end par des bandes de fêtards qui organisent des réjouissances bruyantes et arrosées toute la nuit. Renseignez-vous pour savoir s'ils ont choisi un autre lieu de réunion ou joignez-vous à eux.

Le *Bear's Den* (☎ 875-3234) est un petit B&B, accueillant et économique, situé à l'angle de Water St et de Glasgow St. Vous passerez devant en vous rendant au centre-ville. Les simples/doubles coûtent 30/40 $, petit déjeuner (complet) compris.

Central, le B&B *Toddle In* (☎ 875-3229) est situé à l'angle de Water St et de King St. Il loue des simples/doubles à partir de 40/50 $, plus 10 $ pour une s.d.b. Le petit déjeuner est servi dans une agréable salle à manger, au rez-de-chaussée, où l'on peut également déjeuner.

Le *Cooper's Inn* (☎ 875-4656) et le *Loyalist Inn* (☎ 875-2343), plus vastes, installés dans de superbes bâtiments historiques, sont également plus chers.

Quelques motels sont également réunis en bordure de la ville, y compris le très attrayant *Cape Cod Colony Motel* (☎ 875-3411), 234 Water St.

Où se restaurer

Le *Toddle In* possède une petite salle à manger, accueillante et confortable, où l'on vous servira des petits déjeuners et des déjeuners peu chers et bons.

Le *Claudia's Diner*, dans Water St, ouvert tous les jours, est un restaurant bon marché, excellent, qui prépare une cuisine sans surprises. Les petits pains à la cannelle sont excellents.

Si vous avez envie de faire une folie, le *Coopers Inn* (datant de 1785) sert une cuisine succulente. On y propose seulement, chaque soir, quatre plats et quatre desserts. Les fruits de mer font bien évidemment partie du menu.

Le *Hamilton House* a également la réputation d'être nettement supérieur à tous les autres établissements.

Le *Bruce's Wharf* est un pub installé en bord de mer, dans Dock St.

Comment s'y rendre

Les bus MacKenzie reliant Halifax et Yarmouth s'arrêtent devant Donna's Kitchen, dans le centre commercial de Shelburne, le seul de la ville.

BARRINGTON

Le petit village de Barrington possède 4 musées, tous situés à une distance raisonnable à pied les uns des autres. L'office du tourisme présente un exemplaire du bateau de Cape Island, classique petite embarcation de pêche de l'Atlantique nord, originaire de Cape Sable Island, mais que l'on peut apercevoir aujourd'hui dans tout le Canada oriental.

La **Barrington Meetinghouse** reflète l'influence exercée sur la ville par les premiers quakers et servait, autrefois, en même temps d'église et d'hôtel de ville. La **Woollen Mill** est représentative des petites filatures de la fin du XIXe siècle. Elle resta en activité jusqu'en 1962.

Le **Seal Island Light Museum** est une réplique du phare découvert sur l'île Seal, à 30 km du rivage. Du sommet, on a une belle vue sur la baie de Barrington.

De l'autre côté de l'Historical Society Centre, le **Western Counties Military Museum** expose des uniformes, des médailles et d'autres objets.

En dehors des musées, qui sont tous gratuits, vous pourrez admirer quelques magnifiques demeures anciennes. Pour plus de détails sur la visite à pied de la ville, voir la brochure publiée par l'office du tourisme local. Il pourra également vous fournir des informations sur des sentiers pédestres, notamment celui qui longe l'ancienne voie ferrée, de Yarmouth à Halifax.

Dans le passage de Barrington se trouve le *Old School House Restaurant*, qui dispose aussi d'un magasin de produits diététiques et d'une boulangerie. Il sert de délicieux sandwiches et salades, ainsi que des repas plus substantiels. Le menu change tous les jours et tous les aliments sont parfaitement frais. Le sentier mentionné ci-dessus passe devant le restaurant. L'établissement applique un système plus ou moins communautaire, de type kibboutz, et l'on peut y échanger quelques menus travaux contre un hébergement pour une nuit. Le restaurant et la boulangerie sont ouverts toute l'année, mais sont fermés du vendredi soir au dimanche matin.

Lorsque l'on quitte Barrington, la région ne présente guère d'intérêt jusqu'à Yarmouth. **Cape Sable** et **West Pubnico** étaient autrefois des localités acadiennes, possédant toutes deux un petit musée. Pubnico est resté français et c'est le plus vieux village canadien encore habité par les descendants de ses fondateurs. La pêche est l'activité principale de la plupart des villages traditionnels de la région.

De Yarmouth à Windsor

Cette région de Nouvelle-Écosse s'étend de Yarmouth, au nord, à Windsor et le bassin de Minas, au sud, en longeant la côte sud de la baie de Fundy. Elle est composée de deux zones géographiques et culturelles bien distinctes.

La contrée située entre Yarmouth et Digby fut l'une des premières implantations européennes du Canada. La municipalité de Clare fait partie de l'Acadie, la région française des colonies du Nouveau Monde. Une "côte française" où l'on retrouve encore aujourd'hui de nombreux témoignages de cette époque.

La vallée d'Annapolis demeure toutefois la région la plus visitée. Célèbre pour la beauté de ses paysages, en particulier au printemps, lorsque ses pommiers sont en fleurs, elle s'étire de Digby à Wolfville.

La route touristique Evangeline Trail traverse la région de part en part.

YARMOUTH

Avec une population de presque 9 000 habitants, Yarmouth est la localité la plus importante de l'ouest de la Nouvelle-Écosse. C'est aussi le centre d'un vaste réseau de transports, par l'autoroute, l'aéroport, et les ferries en provenance de Portland et de Bar Harbour (Maine). Les aménagements récents n'ont fait que souligner l'aspect historique de la ville. Ces dernières années, plusieurs boutiques de souvenirs et autres commerces ont ouvert leurs portes. C'est un endroit agréable à visiter.

Un office du tourisme de taille impressionnante, installé aux docks des ferries, 228 Main St, vous fournira des informations sur Yarmouth et la province. Il dispose d'un guide sur les visites à pied de la ville, avec une carte et quelques indications historiques. Il est ouvert du 1er mai au 31 octobre.

Pendant la période estivale, un marché aux puces a lieu tous les samedis, à Centretown Square, à l'angle de Main St et de Central St.

Au croisement de Main St et de Brown St se dresse un magasin, Toots, que vous ne pouvez rater si vous prenez le ferry. Outre les bonbons, il propose un choix ahurissant de magazines.

Yarmouth County Museum

Ouvert tous les jours en été (le dimanche, à partir de midi), le musée du Comté de Yarmouth (☎ 742-5539), 22 Collins St, est installé dans une ancienne église de pierre grise, et mérite une visite. L'entrée est très bon marché, et le personnel aimable et compétent. La plupart des expositions sont liées au thème de la mer – modèles de bateaux, importante collection de peintures, etc. De nombreux objets furent ramenés par des capitaines de navires lors de leurs voyages en Extrême-Orient, tels que les éléphants en ébène originaires de Sri Lanka, ou les ivoires du Japon.

L'un des joyaux du musée est une pierre runique, mise au jour à proximité de la ville, en 1812, et qui aurait été gravée par le Viking Leif Erikson, quelque mille ans plus tôt. D'autres vestiges retrouvés depuis sembleraient confirmer le passage des Vikings dans cette région. Procurez-vous la brochure concernant toutes les théories liées à la découverte de la pierre runique.

Autre curiosité, le "pleasure vehicule" qui n'est en réalité qu'une voiture électrique datant de 1915.

En été, le musée est ouvert du lundi au samedi, de 9h à 17h, et le dimanche, de 13h à 17h. Hors saison, les heures d'ouverture sont réduites, et il est fermé le dimanche. L'entrée est de 1 $.

Firefighters' Museum

Ce musée des Pompiers (☎ 742-5525), 431 Main St, possède une superbe collection de voitures de pompiers des années 30. Elles rappellent étonnamment les voitures "personnifiées" dans les contes pour enfants. L'entrée est de 1 $. Le musée est ouvert de 9h à 21h (jusqu'à 17h le dimanche).

Les quais

Comme tous les grands ports de pêche, le front de mer est bordé de quais. Attenant au terminal des ferries à destination du Maine, se trouve le Public Wharf (quai public), où sont amarrés quantité de petits bateaux de pêche. Nombre d'embarcations destinées à la pêche au hareng partent de là, au coucher du soleil. Vous pourrez également observer le départ des bateaux au Fish Point, reconnaissable à son monument dédié à tous les "travailleurs de la mer". Toujours au quai public accostent des navires venus du monde entier.

Le quai voisin, plus à l'est, est le nouveau Killam Brothers Wharf, principalement utilisé pour les yachts et les voiliers. Il est jalonné de nombreux restaurants.

Tous ceux, enfin, que la pêche passionne, devront se rendre à Lower West Pubnico et au Port Maitland Wharf, non loin de la ville.

Où se loger

Pour sa taille, la ville offre un choix appréciable d'hébergements, avec quelques adresses de catégorie supérieure. Elle dispose en effet d'une demi-douzaine de B&B, de deux hôtels et de nombreux motels.

A un pâté de maisons du ferry, la *Murray Manor Guest House* (☎ 742-9625), 225 Main St, loue 3 simples/doubles à

40/50 $, petit déjeuner compris, et cuisine commune. Elle n'est ouverte que pendant la période estivale.

Installé dans un bâtiment ancien, 109 Brunswick St, le *Victorian Vogue B&B* (☎ 742-6398) est ouvert toute l'année. Il est d'un bon rapport qualité/prix avec des simples/doubles à 30/45 $, et une quadruple à 60 $, petit déjeuner (complet) compris.

Au 21 Clements St, le *Clementine's B&B* (☎ 742-0079) propose des simples à 35 $ et des doubles à un prix exorbitant de 60 $. Petit déjeuner compris.

Central, le *Mid-Town Motel* (☎ 742-5333), 13 Parade St, loue une double pour 52$, café compris. En dehors de 21 chambres standard, il propose 2 unités d'habitation confortables, avec cuisine.

Le *Rodd Colony Harbour Inn* (☎ 742-9194, 1-800-565-RODD), en face du terminal des ferries, est un hôtel/motel, spacieux, moderne, qui pratique des prix très compétitifs. Il offre tout le confort, y compris un restaurant et un bar.

Le plus économique des motels reste toutefois le *Lakelawn* (☎ 742-3588), 641 Main St, qui sert aussi le petit déjeuner. Il est ouvert de mai à octobre.

Où se restaurer

Situé 351 Main St, le *Dawn's* est idéal pour prendre son petit déjeuner. Il sert aussi des pizzas. Le *Lotus Garden* prépare une cuisine chinoise sans surprise et pratique des prix honnêtes.

La cafétéria du *Met*, un magasin de style Woolworth, 386 Main St, non loin de Lovitt St, est étonnamment bon marché, avec des plats qui ne dépassent jamais 6 $.

Non loin, dans un bâtiment à pignons, 577 Main St, le *Captain Kelley's* est un pub spécialisé dans le poisson et le bœuf.

La meilleure adresse reste le *Harris' Quick'n' Tasty*, situé à 4 km de Yarmouth, sur la route 3 (Main St) en direction de Digby. Très fréquenté, il sert un excellent poisson à un prix abordable.

En ville, vous pourrez trouver des endroits plus chers ou meilleur marché. Au 3 Jenkins St, dans le centre-ville, est implantée une boutique de produits diététiques et une excellente boulangerie.

Comment s'y rendre

Bus. La gare routière est installée dans l'ancienne gare ferroviaire, qui devint inutile lorsque, dans les années 80, fut supprimé le service ferroviaire dans la région.

Acadian Lines (☎ 649-2621), la compagnie la plus importante de Nouvelle-Écosse, assure deux liaisons par jour avec Halifax, *via* Digby et la vallée d'Annapolis (cinq heures). Le bus du matin s'arrête au moins une douzaine de fois (d'où son nom le *limited*). Le second, le *regular* (régulier), part vers midi et s'arrête partout – à la moindre petite jonction si un passager le souhaite. Pour Digby, le tarif est de 10,75 $; pour Halifax, de 33 $.

MacKenzie Bus Line (☎ 742-5011), qui dessert également Halifax, passe par la côte sud, *via* Shelburne, etc. Les départs et arrivées de ces bus s'effectuent à la station-service Texaco, à l'angle de Main St et Beacon St, en face de la gare ferroviaire.

Train. Tous les services ferroviaires ont été supprimés dans cette partie de la province.

Ferry. Il existe deux principales lignes de ferries au départ et à l'arrivée de Yarmouth, toutes deux en direction de l'État du Maine, aux États-Unis. L'une dessert Bar Harbour, l'autre Portland.

Le ferry de Marine Atlantic (☎ 742-6800 à Yarmouth ; 1-800-341-7981, ailleurs), le MV *Bluenose* à destination de Bar Harbour, met six heures pour parcourir 160 km. Il quitte Yarmouth à 16h30 tous les jours, durant les mois d'été, moins fréquemment le reste de l'année. Le tarif d'un aller simple est de 45 $ par adulte, 60 $ par voiture et 10 $ par vélo. Tarifs dégressifs d'octobre à mai. Il existe aussi un billet aller-retour, à moitié prix, pour environ douze heures. Des cabines sont également disponibles pour un petit supplément. L'autre possibilité au départ de Bar Harbour inclut une nuit à Yarmouth. Renseignez-vous auprès de Marine Atlantic

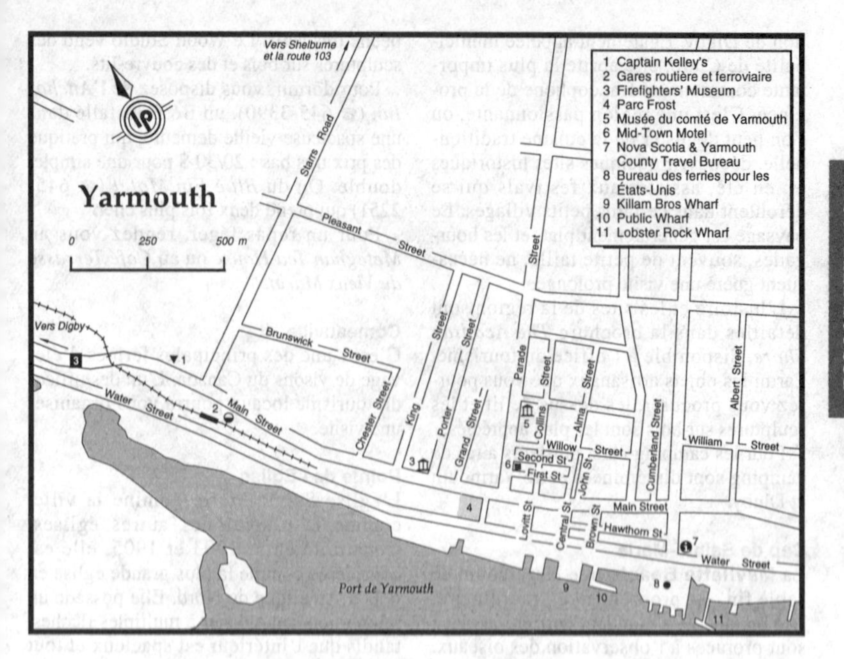

L'autre ferry dépend de Maine's Prince of Fundy Cruises (☎ 742-6460 à Yarmouth ; 1-800-341-7540, ailleurs), et assure la liaison avec Portland, dans le Maine. Le trajet pour Portland est de 320 km – le double en distance, et par conséquent en durée – et le prix plus élevé. C'est une ligne très fréquentée et, pour beaucoup de visiteurs, le voyage représente plus une croisière qu'une simple traversée en ferry. De même que le ferry de Bar Harbour, il est confortable et bien aménagé, mais le casino ajoute encore à l'agrément du voyage. Un billet de croisière permet de disposer dune cabine, du petit déjeuner et d'un excellent buffet au dîner. Diverses possibilités vous sont proposées, avec ou sans véhicule.

La traversée dure environ onze heures. En été, le ferry quitte tous les jours Yarmouth (excepté le mercredi) à 10h et Portland à 21h (excepté le mardi). Le tarif est de 55 $, moins cher hors saison. Il faut compter 80 $ pour un véhicule. Réduction de 10% sur les billets aller et retour, excepté pendant le week-end. Notez que les prix indiqués ci-dessus sont en dollars américains.

Quelle que soit la destination envisagée, renseignez-vous auprès des compagnies, car les réservations sont sûrement obligatoires.

A Portland vous attend un office du tourisme de la Nouvelle-Écosse, dans le quartier de la jetée (Portland Pier), en face du vieux bâtiment Thomas Block.

Comment circuler

Pour louer une voiture, adressez-vous à Budget (☎ 742-9500), 150 Starrs Rd. La station-service Texaco, installée à l'extrémité sud de la ville, loue également des voitures.

CÔTE FRANÇAISE

La vieille Acadie s'étend approximativement depuis Salmon River, à 50 km au nord, sur la baie de Sainte-Marie, en direction de Digby. Également appelée municipalité de Clare, elle abrite la plus importante communauté francophone de la province. C'est une région passionnante, où l'on peut déguster de la cuisine traditionnelle, découvrir quelques sites historiques et, en été, assister aux festivals qui se déroulent dans certains petits villages. Le paysage est généralement plat, et les bourgades, souvent de petite taille, ne nécessitent guère une visite prolongée.

L'histoire et les sites de la région sont détaillés dans la brochure *The Acadian Shore*, disponible à l'office du tourisme. Parmi les objets artisanaux que vous pourrez vous procurer, les dessus de lit et les sculptures sur bois sont les plus appréciés.

Pour les camping-cars, plusieurs aires de camping sont disséminées entre Yarmouth et Digby.

Cap de Sainte-Marie

La **Mavilette Beach**, une large voûte de sable fin, est proprement extraordinaire. Les marais qui s'étendent derrière la plage sont propices à l'observation des oiseaux. De l'autre côté de la rue, le *Cape View Motel* (☎ 645-2258) propose des chambres de motel et quelques cabines individuelles. Comptez 40/45 $ pour les simples/doubles dans les unités d'habitation. Les bungalows entièrement aménagés sont plus chers.

Du *Cape View Restaurant*, la plage paraît grandiose au coucher du soleil. L'établissement sert par ailleurs une excellente cuisine. Le menu est essentiellement composé de fruits de mer – les palourdes sont une spécialité locale – mais il sert aussi du pâté à la râpure, un vieux plat acadien (pour plus de détails, voir la rubrique ci-après, *Pointe de l'Église*). Comptez de 8 $ à 10 $ pour un plat.

Meteghan

Dans la rue principale se dresse **la Vieille Maison**, une des plus anciennes demeures de la région. Transformée en musée, elle dépeint la vie acadienne de la bourgade, au XVIIIe siècle. Aujourd'hui, de nombreux navires accostent à Meteghan, port de pêche très actif. Le Wood Studio vend des sculptures sur bois et des couvre-lits.

Pour dormir, vous disposez de l'*Anchor Inn* (☎ 645-3390), un B&B installé dans une spacieuse vieille demeure, qui pratique des prix très bas : 20/30 $ pour une simple/double. Ou du *Blue Fin Motel* (☎ 645-2251) qui prend deux fois plus cher.

Pour un repas léger, rendez-vous au *Meteghan Tea House* ou au *Café Terrasse du Vieux Marin*.

Comeauville

C'est l'une des principales fermes d'élevage de visons du Canada. L'un des offices du tourisme locaux pourra vous organiser une visite.

Pointe de l'Église

L'église Sainte-Marie domine la ville, comme la plupart des autres églises. Construite entre 1903 et 1905, elle est considérée comme la plus grande église en bois d'Amérique du Nord. Elle possède un impressionnant clocher à multiples flèches, tandis que l'intérieur est spacieux et tout particulièrement lumineux.

A proximité de l'autel se trouve un petit musée qui contient des objets liés à l'histoire de l'église, y compris de nombreux vêtements sacerdotaux et calices. Un guide vous le fera visiter et répondra à vos questions.

Non loin, l'**université de Sainte-Anne**, est la seule université française de la province et fait office de centre de culture acadienne.

Le plus ancien des festivals annuels acadiens, le festival acadien de Clare, a lieu la seconde semaine de juillet.

Où se loger et se restaurer. *Chez Benoit Stuart* (☎ 769-2715) est un B&B particulièrement bon marché. Quant aux campeurs, ils peuvent se rendre au *Belle Baie Park* (☎ 769-3160), situé juste à la sortie de la ville, où les meilleurs emplacements face à la mer sont réservés aux campeurs d'une nuit.

Au-delà de l'église, sur le côté de la route qui longe la mer, en direction de Yarmouth, le drapeau acadien signale l'emplacement de la *Râpure acadienne*. C'est là que tous les établissements locaux s'approvisionnent en pâté à la râpure. A l'intérieur, plusieurs cuisinières s'activent à préparer les trois variétés : bœuf, poulet ou palourdes. Ce plat consiste en une sorte de pâté garni de pommes de terre râpées dont on a ôté tout l'amidon. D'un goût assez fade mais bon marché, ils se consomment chauds. On vous servira même un café sur place si vous le désirez. La plupart des restaurants français proposent ce pâté, souvent en apéritif, mais il vous coûtera moitié moins cher à la Râpure acadienne.

Belliveau Cove

Les marées sont particulièrement fortes à l'un des quais de ce pittoresque petit port. Arrêtez-vous au très agréable *Roadside Grill*, un petit restaurant à l'ancienne mode, qui sert des sandwiches (bon marché) mais aussi des repas légers et des fruits de mer – essayez les palourdes à la vapeur, une spécialité locale, ou la râpure acadienne. Les murs sont décorés d'animaux empaillés et de nombreux souvenirs.

Il y a aussi plusieurs boutiques de sculptures sur bois. Si cet artisanat vous intéresse, ne manquez pas d'aller à la cabane de Clement Belliveau, comme il l'appelle luimême, de l'autre côté de la rue, lorsque l'on vient de Roadside. Tout en taillant les morceaux de pin qui lui ont valu sa renommée, il se fera un plaisir de converser avec vous.

Saint-Bernard

A cet endroit se dresse la plus gigantesque des églises de la côte – un monument colossal en granit de style gothique, dont la construction demanda trente-deux ans, et qui débuta en 1910. Un guide est à la disposition des visiteurs.

DIGBY

Bourgade ancienne et attrayante de 2 500 habitants, Digby fut construite tout autour d'une colline, en bordure du bassin d'Annapolis, une crique de la baie de Fundy. Dotée d'une flotte spécialisée dans la pêche des coquilles Saint-Jacques, elle abrite également le terminal du ferry, la *Princess of Acadia*, qui parcourt les eaux entre Digby et Saint-Jean dans le Nouveau-Brunswick. La ville est aussi réputée pour ses *Digby chicks*, une sorte de hareng fumé. En été se dégage de Water St une atmosphère balnéaire, avec ses nombreux visiteurs venus déguster des coquilles.

La ville fut fondée par des loyalistes en 1783 et, depuis, la pêche est restée la principale activité. Le centre-ville peut se visiter à pied. Au parc Loyaliste, dans Water St, vous attend l'office du tourisme de la ville. En haut de Mount St se dresse l'église anglicane de la Trinité, avec son cimetière attenant. Deux pâtés de maisons plus loin, à la lisière sud du centre-ville, se trouve le vieux cimetière loyaliste, dans Warwick St. Du sommet de la colline, à côté du collège implanté dans King St, entre Church St et Mount St, à cinq pâtés de maisons de Water St, on a une vue superbe sur la ville.

Environ 5 km séparent l'embarcadère du ferry de Water St, dans le centre-ville.

Admiral Digby Museum

Situé au 95 Montague Row, ce petit musée présente des photographies et des documents relatifs à l'histoire maritime de la ville, ainsi qu'aux premiers colons. Il est ouvert tous les jours en juillet et en août, mais est fermé le dimanche le reste de l'année. L'entrée est gratuite.

Où se loger

L'*Admiral's Landing B&B* (☎ 245-2247) occupe une position idéale au 115 Montague Row, en face de Digby Bandstand, avec une vue sur le front de mer. Il loue des simples/doubles à partir de 36/43 $. La plupart des chambres sont équipées d'au moins un évier, et certaines de TV. Il est ouvert toute l'année et les tarifs sont dégressifs après octobre.

Le *Westway House* (☎ 245-5071) est un B&B implanté 6 Carlton St, une rue plus calme mais à une distance raisonnable à pied des sites intéressants. Les simples/doubles coûtent 30/37 $, petit déjeuner (complet) compris. On peut se servir du barbecue et de la table de pique-nique, à l'extérieur. Sont également disponibles une triple et un berceau d'enfant.

Le *Thistle Down Inn* (☎ 245-4490), autre B&B, est la vieille maison blanche, 98 Montague Row. On a disposé des chaises sur la pelouse, derrière la maison, d'où l'on peut contempler le port. Un peu plus cher que les précédentes adresses.

Le *Lovett Lodge Inn* (☎ 467-3917) propose des simples/doubles à 30/37 $, petit déjeuner compris. Il est situé à 8 km à l'est, sur la Hwy 101, dans Bear River.

Toujours en dehors de la ville, mais dans Sandy Cove, le *Wingberry House* (☎ 834-2516) loue une double à 40 $, petit déjeuner compris. On peut se baigner à proximité. Pour vous y rendre, empruntez la Hwy 217 à l'ouest de Digby. Tournez à gauche au pied de la première grande colline dans Sandy Cove, puis poursuivez jusqu'au bout de la route. Tournez à droite et vous l'apercevrez au bout de la rue.

En ville sont également disséminés trois motels, ainsi que plusieurs terrains de camping privés autour de Digby.

Où se restaurer

La ville possède quelques restaurants de fruits de mer où vous pourrez notamment déguster des coquilles Saint-Jacques.

Le *Fundy Restaurant,* 34 Water St, n'est pas donné mais il sert une cuisine excellente, et vous aurez une vue superbe sur le port depuis les deux balcons. S'il fait trop chaud dans le patio, vous disposez d'un agréable solarium, plus frais, donnant sur l'Océan.

Le *Captain's Cabin*, à l'angle de Water St et Birch St, est plus simple, mais accueillant, et sert également des fruits de mer (et des steaks). Comptez de 10 $ à 15 $ pour un repas.

Toujours dans Water St, le *Red Raven Pub* est bon marché et propose des tisanes.

Un peu plus loin, dans First St, entre Church St et Sydney St, s'ouvrent régulièrement de petits établissements où l'on peut manger rapidement, loin de l'agitation touristique, mais ils semblent voués à disparaître tout aussi brusquement.

Enfin, si vous souhaitez acheter des fruits de mer frais, rendez-vous au *Royal Fundy Seafood Market* (marché de fruits de mer de Royal Fundy), près des docks, dans Prince William St. Le choix est impressionnant et les prix sont très bas. Si vous campez ou si vous pouvez faire la cuisine à votre motel, un simple sac de coquilles Saint-Jacques composera un repas délicieux et bon marché. Faites-les bouillir jusqu'à ce qu'elles deviennent blanches, puis faites-les sauter dans du beurre. Vous pourrez également vous offrir quantité de crevettes et de poissons de toutes sortes, y compris différentes variétés de poisson fumé, qui peuvent se garder plusieurs jours en dehors du réfrigérateur. Le *Digby chicks* notamment, une sorte de hareng fumé auquel la ville doit en partie sa célébrité, peut se conserver deux semaines.

Comment s'y rendre

Bus. La gare routière est implantée à la station-service Irving, à l'angle de Montague Row (une extension de l'artère principale, Water St) et de Warwick St, à une courte distance à pied du centre-ville. Deux bus desservent chaque jour Yarmouth (11 $) et deux autres Halifax.

Ferry. En été, Marine Atlantic (☎ 245-2116) assure tous les jours trois services de ferries de Digby à Saint-Jean dans le Nouveau-Brunswick, excepté le dimanche (deux ferries). L'une des liaisons se déroule vers minuit. La traversée dure un peu plus de deux heures et demie, et les tarifs sont très élevés – 20 $ par adulte, 45 $ par voiture, 10 $ par vélo. Mieux vaut réserver et arriver au dock une heure avant le départ. Tarifs dégressifs entre septembre et fin juin, mais les traversées sont moins fréquentes.

Un aller et retour dans la journée vous fera économiser environ 40% et vous permettra de faire une mini croisière de cinq heures dans la baie de Fundy.

Le navire dispose d'une cafétéria, d'un bar, d'une vidéo et de ponts supérieurs.

Le voyage en voiture vous reviendra moins cher, mais il durera plus longtemps, car vous devrez contourner la baie et passer par Moncton, dans le Nouveau-Brunswick.

DIGBY NECK

La longue bande de terre qui avance dans la baie de Fundy, au nord de la ville, est connue sous le nom de Digby Neck, et on peut l'apercevoir de presque toute la côte française. Tout au bout se trouvent les îles Long et Brier. On peut s'y rendre en ferry, tandis qu'une route relie Westport (sur l'île Brier, à la pointe extrême) à Digby. Le trajet est jalonné de nombreux petits villages de pêcheurs et permet d'admirer le magnifique paysage alentour.

Tiverton possède un petit musée, doté d'un bureau d'informations touristiques. Renseignez-vous sur le rocher en équilibre, une curiosité locale, en bord de mer, et sur les moyens de s'y rendre.

L'île Brier dispose de trois phares, avec des tables de pique-nique, une belle vue sur le littoral et de nombreux sentiers pédestres. On trouve des agates le long des plages.

Mais ce qui attire les visiteurs, c'est principalement la vie marine au large des **îles Long et Brier**. De juin à octobre, des croisières spécialisées dans l'observation des baleines et des oiseaux partent de Tiverton et Westport. Les conditions sont propices à l'observation des baleines ; la saison est relativement longue, débute en mai et se stabilise en juin. La population des baleines est essentiellement composée de trois espèces : rorqual, baleine de Mink et baleine à bosse. Vous pourrez aussi apercevoir des dauphins, des marsouins et des phoques, en août. Des baleines blanches circulent parfois aussi dans les parages. C'est le meilleur endroit de toute la Nouvelle-Écosse pour l'observation des baleines. La région renferme aussi une douzaine d'espèces différentes d'oiseaux de mer et autres représentants de la vie marine. La migration automnale est la période la plus propice à l'observation des oiseaux.

Trois compagnies organisent des circuits. Mieux vaut réserver (possible par téléphone). Installé à Westport, Brier Island Whales & Seabird Cruises (☎ 839-2995) travaille en collaboration avec BIOS, le Brier Island Ocean Study, un centre de recherche. Les deux autres compagnies sont installées à l'extérieur de Tiverton, sur l'île Long. L'une d'entre elles, Ocean Explorations (☎ 839-2417), utilise de préférence un Zodiac qui, de petite taille, autorise les approches plus rapides et le transport de groupes plus réduits. Les passagers se muniront de vêtements chauds (même si la journée est ensoleillée), d'une crème solaire (écran total) et de jumelles. Mieux vaut également prendre une pilule contre le mal de mer avant de quitter le dock.

Westport se trouve à environ 90 mn de Digby. Prévoyez suffisamment de temps si vous devez prendre un ferry. N'oubliez pas aussi qu'il existe deux ferries. Leurs horaires sont synchronisés, et si vous arrivez directement en voiture, vous ne pourrez jamais attraper le second. Contactez l'une des compagnies qui organisent des circuits en mer pour réserver, et vérifiez les horaires des ferries.

Il n'existe pas de transport public à Digby Neck. Aussi aurez-vous besoin d'une voiture, ou devrez-vous faire de l'auto-stop.

Pour rendre votre voyage moins mouvementé, vous pouvez dormir à Westport, qui compte 3 hébergements. Le plus économique, le *Westport Inn* (☎ 839-2675), loue 3 simples/doubles à 35/45 $ et sert des repas. Pour l'observation des baleines, un déjeuner à emporter vous est offert.

Perché sur un promontoire de 40 m, le *Brier House* (☎ 839-2879) dispose de 3 chambres. Les simples/doubles coûtent 55/65 $, petit déjeuner (complet) compris.

Pratiquant des tarifs équivalents, le *Brier Island Lodge* (☎ 839-2300) est plus spacieux, avec 10 chambres et un restaurant ouvert à tout le monde. Le menu propose divers fruits de mer – essayez les croquettes de poissons – mais on peut aussi commander un hamburger. On peut louer des vélos et surtout des caméscopes, parfaits pour les expéditions en mer à la recherche des baleines. Ces trois établissements sont ouverts de mai à fin octobre.

VALLÉE D'ANNAPOLIS

Le sentier Evangeline, qui traverse la vallée, est moins touristique que l'on pouvait s'y attendre, bien que passant par toutes les bourgades principales et sites historiques de la contrée. Pour avoir un véritable aperçu de la vallée et profiter de la campagne, mieux vaut emprunter les routes secondaires, parallèles, au nord ou sud de la route 1. Elles vous feront découvrir les fermes et vergers, invisibles généralement depuis les artères principales. Nombre de bourgades paisibles, pittoresques, sont disséminées dans la vallée, ainsi que plusieurs localités historiques fascinantes, telles que Port-Royal et Grand Pré.

Les voyageurs qui cherchent un travail temporaire, à la fin de l'été, se renseigneront sur le ramassage des pommes, dans toutes les bourgades de la vallée – Bridgetown, Lawrencetown, Middleton, etc. Prenez vos dispositions au moins deux semaines avant le début du ramassage. Les pommes MacIntosh sont les premières à arriver, à la fin d'août, mais la saison commence véritablement autour de la première semaine de septembre.

ANNAPOLIS ROYAL

La plus ancienne colonie du Canada, Annapolis Royal est l'une des principales attractions de la vallée et elle mérite le déplacement pour son passé historique. C'est aussi une charmante petite bourgade, connue pour ses délicieux restaurants et son hébergement.

Le site de la première colonie permanente européenne du Canada, fondée par Samuel de Champlain en 1604, est aujourd'hui une ville sise non loin de Granville Ferry. Durant de longues années, Anglais et Français se disputèrent la vallée et l'embouchure de l'Annapolis, et la colonie changea souvent de mains. En 1710, les Anglais remportèrent une victoire décisive et transformèrent le nom de la colonie de Port-Royal en Annapolis Royal (en l'honneur de la reine Anne).

En dépit de son ancienneté, la bourgade compte moins de 800 habitants. En été, la localité connaît une activité importante, essentiellement concentrée dans St George St, ou aux alentours. Une promenade en front de mer, derrière le King's Theatre situé dans St George St, autorise une belle vue sur le village de Granville Ferry.

Un marché de primeurs a lieu tous les samedis matin, en été.

Très accueillant, le centre d'information touristique de Nouvelle-Écosse (☎ 532-5454) se trouve à l'emplacement du Tidal Power Project, à côté de la chaussée de la rivière Annapolis. On vous y fournira une brochure sur le circuit à pied de la ville.

Parc historique national de Fort-Anne

En plein centre-ville, ce parc préserve le souvenir de la première colonie acadienne et les vestiges du fort français de 1635. On peut visiter deux vastes magasins de poudre et examiner les fortifications des remblais et des douves. Le musée expose des répliques de pièces de diverses époques, des objets, des uniformes et des armes. La chambre acadienne vient d'une ancienne ferme. Il est ouvert tous les jours, de mai à octobre ; uniquement en semaine, le reste de l'année. L'entrée est gratuite.

Lower St George St

Cette rue est l'une des plus anciennes du pays. Située au bord de l'eau, elle est bordée de bâtiments historiques, qui s'échelonnent sur trois siècles. L'**O'Dell Inn Museum**, un ancien poste de diligence, et la **Robertson McNamara House**, autrefois une école, sont consacrés tous deux à l'histoire, le premier à l'ère victorienne, la seconde à l'histoire locale. L'entrée est gratuite. A noter la **de Gannes-Cosby House** (1708), la plus vieille maison en bois du pays, et le **Farmer's Hotel** (1710), également l'un des plus anciens édifices du Canada britannique.

La **Runciman House**, datant de 1817 et meublée en style Régency, est gérée par l'Heritage Canada. Elle offre un aperçu assez exact de la vie d'autrefois.

Jardins historiques

Nombre de jardins différents, y compris d'inspiration acadienne ou victorienne, sont

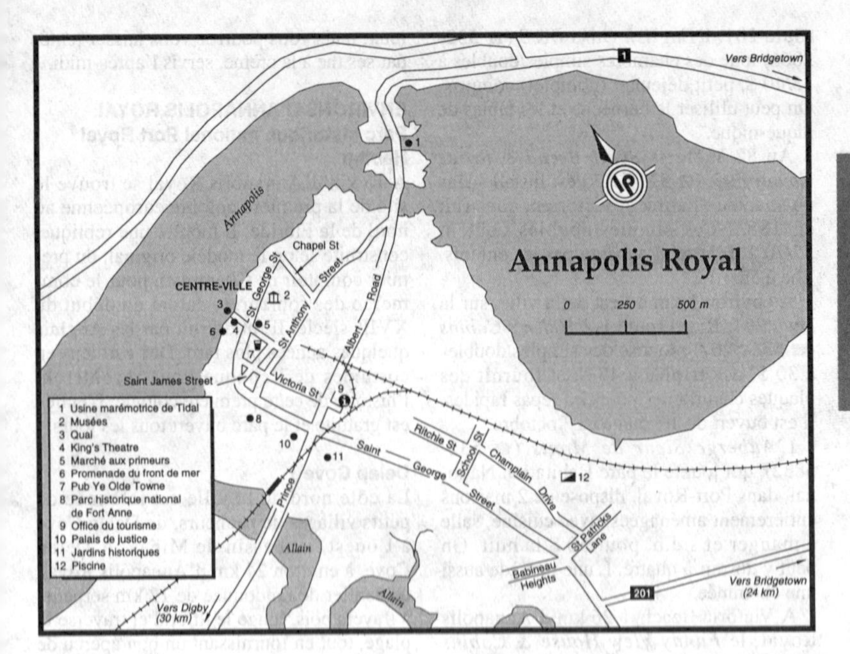

répartis sur 400 ha. Vous y trouverez un centre d'information, un restaurant, une boutique de souvenirs et, adjacent, une réserve d'oiseaux. L'entrée est payante. Les jardins ne sont pas très éloignés de la ville, dans St George St, non loin du croisement avec Prince Albert Rd. Ils sont ouverts tous les jours, de mai à octobre.

Tidal Power Project

En bordure de l'Annapolis, ce projet d'usine marémotrice permet aux visiteurs de découvrir un prototype d'usine hydroélectrique qui exploite la force des marées de la baie de Fundy. Un centre d'information vous en expliquera le fonctionnement. L'entrée est gratuite et le site ouvert tous les jours en été.

Où se loger

Toutes les catégories d'hébergement sont largement représentées, de l'auberge au motel, ou aux cabines en bord de mer. Une bonne demi-douzaine de B&B sont éparpillés dans la ville, ou alentour, et deux motels sont à votre disposition sur les routes principales.

A environ 25 km d'Annapolis Royal, le HI *Sandy Bottom Lake Hostel* (☎ 532-2497) se cache dans South Milford, sur la Hwy 8. Il est ouvert de mi-mai à mi-octobre et dispose de 9 lits à 8/10 $ pour les membres/non-membres. Très bien situé, l'hôtel donne sur l'eau et loue des canoës. Il se trouve dans le terrain de camping du parc Beachside. Pour y arriver, tournez à l'ouest dans South Milford, dans la Clementvale-Virginia Rd et cherchez les panneaux.

En plein cœur de la ville, au 372 St George St, le *Turret B&B* (☎ 532-5770) est une demeure ancienne, avec 3 simples/doubles à seulement 30/40 $, petit déjeuner (complet) compris.

A l'extrémité est de la ville, à Aulden Hubley Drive, lorsque l'on quitte la route 201, l'*English Oaks B&B* (☎ 532-2066) loue des chambres simples/doubles à 35/40 $, petit déjeuner (complet) compris. On peut utiliser le barbecue et les tables de pique-nique.

Au 82 Victoria St, le *Bread & Roses Country Inn* (☎ 532-5727) est installé dans un spacieux bâtiment victorien, construit en 1882. Les simples/doubles coûtent 55/70 $. L'hôtel n'accepte pas les enfants. Thé à 5h.

A environ 1 km à l'est de la ville, sur la Hwy 201, Rural route 1, l'*Helen's Cabins* (☎ 532-5207) propose des simples/doubles à 30 $, des triples à 48 $, et fournit des plaques chauffantes pour des repas rapides. Il est ouvert du 1er mai au 1er octobre.

L'*Auberge Sieur de Monts* (☎ 532-5832), qui jouxte le parc Habitation National, dans Port-Royal, dispose de 2 maisons entièrement aménagées, avec cuisine, salle à manger et s.d.b. pour 50 $ la nuit. On peut y dormir à quatre. L'une possède aussi une cheminée.

A Victoria Beach, à 26 km d'Annapolis Royal, le *Fundy View House & Cabins* (☎ 532-5015) loue des chambres dans la maison ou des cabines avec cuisine. Les simples coûtent de 25 $ à 30 $, les doubles de 33 $ à 39 $. Il est ouvert du 15 juin au 15 septembre. On peut s'y baigner et y pêcher.

Où se restaurer

Le *Ye Old Town Pub*, dans Church St, qui donne dans St George St, à côté du quai, est un quartier très animé, parfait pour y déjeuner. Le *Fort Anne Café*, dans St George St, est bon marché et convient bien pour un petit déjeuner. Pour le déjeuner, essayez les soupes ou les sandwiches servis non loin, au *Leo's Café*, 22 St George St.

Cher et décoré avec ostentation, le *Newman's*, 218 St George St, est réputé pour son menu varié, qui inclut poisson frais, agneau et bière noire locale. Il est ouvert tous les jours, midi et soir.

Au 350 St George St, le *Garrison House*, établi dans une maison de 1854, jouit également d'une bonne réputation. Il est onéreux, mais vous pourrez vous laisser tenter par ses thé à la crème, servis l'après-midi.

ENVIRONS D'ANNAPOLIS ROYAL

Parc historique national Port Royal Habitat

A 15 km d'Annapolis Royal se trouve le site de la première colonie européenne au nord de la Floride. Il montre une réplique, construite selon le modèle original, du premier comptoir de Champlain pour le commerce des fourrures, datant du début du XVIIe siècle. Il fut détruit par les Anglais quelques années plus tard. Des gardiens en costumes de l'époque vous raconteront l'histoire de cette première colonie. L'entrée est gratuite et le parc ouvert tous les jours.

Delap Cove

La côte nord de la ville est jalonnée de petits villages de pêcheurs, de Delap Cove à l'ouest, au bassin de Minas. A Delap Cove, à environ 24 km d'Annapolis Royal, un sentier de randonnée de 12 km serpente à travers bois, longe le littoral et traverse la plage, tout en fournissant un bon aperçu de la variété du paysage côtier de la province. On rencontre de nombreux cours d'eau et cascades, ainsi que divers oiseaux et animaux. A l'ouest de Delap Cove sont rassemblés un centre d'information (où l'on vous fournira une carte) et des toilettes, d'où partent les sentiers, qui constituent les seuls aménagements.

PARC NATIONAL DE KEJIMKUJIK

Ce parc possède l'une des rares parcelles de la province encore totalement vierges. On y trouve des lacs glaciaires propices au canoë, des forêts d'espèces à feuilles persistantes, plantées sur des collines peu vallonnées qui facilitent les randonnées. Certaines routes de portage, dont beaucoup étaient utilisées par les Indiens micmacs, sont balisées. Grenouilles et reptiles prolifèrent dans les tourbières, tandis que les daims abondent dans tout le parc.

Des terrains de camping rudimentaires jalonnent les sentiers. L'aire de camping principale est située à Jeremy's Bay. Les accès au nord et au sud s'effectuent par la Hwy 8. On peut louer des canoës.

Le *Whitman Inn* (☎ 682-2266) est un établissement confortable pour les voyageurs qui ne campent pas. Maison restaurée datant du début du siècle, elle contient aujourd'hui une piscine couverte, des saunas, et pratique des tarifs moyens : 50 $ pour la double la plus sobre. On peut y prendre ses repas.

BRIDGETOWN

Implanté dans la vallée de l'Annapolis, Bridgetown possède de nombreux arbres et de superbes exemples de maisons des Provinces maritimes. Un office du tourisme saisonnier se trouve dans le parc Jubilee, dans Granville St. Le **James House Museum** est perdu au milieu des boutiques dans Queen St. Il y a un salon de thé dans le musée, idéal pour une halte l'après-midi. Essayez la tarte à la rhubarbe.

MIDDLETON ET KINGSTON

Middleton et Kingston, deux des plus grandes bourgades de la vallée, présentent peu d'intérêt comparé à Annapolis Royal ou Bridgetown. Ce sont plus ou moins des centres commerciaux destinés aux résidents des nombreux villages avoisinants. Pour le panorama, empruntez la route 1, qui traverse la région centrale. Dans cette contrée, sol et climat se combinent pour créer l'un des districts de vergers les plus beaux du pays. En dehors des pommes et autres fruits, il est réputé pour ses céréales, ses légumes et ses vaches laitières. Sur la route, des vendeurs offrent leurs produits à un prix très intéressant.

COLDBROOK

Ce village est le fief de Scotian Gold, une importante usine de pommes, où sont produits jus et sauce. On peut visiter les installations à la fin de l'été et en automne, au moment où l'usine déborde d'activité.

KENTVILLE

Dotée d'une population de 5 000 habitants, Kentville marque l'extrémité est de la vallée d'Annapolis et sert également de point de départ à la visite de plusieurs localités des environs.

La ville est fonctionnelle et offre surtout des établissements où l'on peut se loger et se restaurer. Des véhicules en provenance de la base militaire, installée à proximité, sillonnent fréquemment les routes.

A l'extrémité est de la ville, l'**Agriculture Research Station** dispose d'un musée relatif à l'histoire agricole de la région, et plus particulièrement à ses pommiers. Un agréable sentier pédestre traverse les bois, qui contiennent une parcelle de forêt originale, l'une des seules de la province.

Dans le voisinage, **New Minas** est une ville strictement commerçante, avec deux centres commerciaux et une succursale de chaque chaîne de restaurant existante au Canada. Kentville se trouve à deux heures en voiture de Digby et à environ une heure d'Halifax.

Où se loger et se restaurer

Adresse chaudement recommandée, le *Camelot Campground* (☎ 678-3343) donne l'impression de se trouver à mille lieues de toute habitation, avec ses forêts alentour et son ruisseau. En réalité, il n'est situé qu'à 1,6 km de la principale intersection de la ville – la jonction entre Main St et Cornwallis St. La piscine chauffée, entourée d'arbres, est idéale en fin d'après-midi.

Autre choix bien situé en centre-ville : le *Wildrose Inn* (☎ 678-8466), 160 Main St, est installé en bordure du centre, en direction de New Minas, dans une vieille maison rose et grise, particulièrement pittoresque. Il loue des simples/doubles à 35/40 $, petit déjeuner (complet) compris. Vous pouvez utiliser la piscine.

La ville possède aussi 2 motels. Non loin de la précédente adresse, dans Main St, dans Port William, le *Country Squire* (☎ 542-9125) est similaire au Wildrose.

Toujours dans Main St se trouve le *King's Arms Pub*, tandis que le *Paddy's*, un établissement semblable, est implanté plus loin, dans Aberdeen St. Tous deux servent des déjeuners bon marché.

NORD DE KENTVILLE

La contrée qui s'étend jusqu'au cap Blomidon, dans la baie de Fundy, offre une agréable excursion d'une demi-journée, voire plus, avec de beaux paysages, une vue magnifique de la vallée et deux plages. Au cap Split, un sentier de randonnée spectaculaire domine le bassin de Minas et le canal.

Canning

Vous y trouverez une pension de famille et un petit restaurant. En raison de la multitude d'arbres qui la bordent, la rue principale vous paraîtra bien sombre, même par une journée ensoleillée.

Point de vue

En bordure de la route, à une altitude d'environ 200 m, ce point de vue, appelé le Lookoff, offre sans doute le panorama le plus impressionnant sur la vallée d'Annapolis, ses allées d'arbres fruitiers et ses fermes qui paraissent miniaturisées. De l'autre côté de la rue se trouvent un terrain de camping et un snack-bar.

Blomidon

Le parc provincial possède une plage et une aire de camping. Comme à la plage sablonneuse de Kingsport, plus au sud, l'eau est parfois très chaude.

Baie de Scots

La route se poursuit au nord vers la baie de Scots, dotée d'une grande plage de galets. Au bout de la route, un spectaculaire sentier de randonnée de 13 km mène aux falaises du cap Split. Le sentier ne forme pas une boucle et vous devrez revenir sur vos pas.

Halls Harbour

Situé sur la côte souvent envahie par le brouillard, à l'ouest, Halls Harbour représente le classique petit village de pêcheurs de homards, avec sa jetée et son comptoir de homards où l'on fait cuire des homards vivants de 13h à 18h, vendus aux prix les plus bas que vous ne pourrez jamais rencontrer. Il y a des tables de pique-nique aux alentours des docks.

Certaines maisons sont particulièrement bien entretenues et décorées et vous pourrez profiter des quelques boutiques sises en face du quai. Les marées sont très fortes et la zone environnant le quai entièrement sèche lorsque l'eau s'est retirée.

Sur la Hwy 359, en direction de Halls Harbour, vous devriez apercevoir quelques champs de tabac.

WOLFVILLE

C'est une agréable ville universitaire, verdoyante, et le lieu de résidence de l'artiste Alex Colville. Avec sa galerie d'art, ses confortables auberges et ses impressionnantes demeures anciennes, elle dégage une atmosphère éminemment "culturelle".

L'office du tourisme se trouve dans le parc Willow, à l'extrémité est de Main St. L'arrêt de bus de la compagnie Acadian Lines se trouve à Nowlan's Canteen, à l'extrémité ouest de la ville, dans Main St, à l'angle de Hillcrest Ave. C'est à une bonne distance à pied du centre-ville.

L'église anglicane St Andrew, dans Main St, m'a paru d'une architecture particulièrement intéressante.

Acadia University Art Gallery

Située dans l'immeuble du Beveridge Arts Centre, à l'angle de Main St et de Highland Ave, la galerie (☎ 542-2201) expose principalement des œuvres d'artistes originaires d'autres Provinces maritimes. Elle possède également une collection d'œuvres d'Alex Colville (essentiellement des sérigraphies), dont certaines bénéficient d'une exposition permanente. Petite participation, au choix du donateur, exigée à l'entrée.

Carriage House Gallery

Située au milieu de Main St, cette galerie vend des œuvres d'artistes locaux, ainsi que des lithographies de Colville.

Randall House Museum

Installé dans une maison datant des années 1800, ce musée (☎ 542-9775) est consacré aux premiers planteurs ou colons de la

Nouvelle-Angleterre, qui remplacèrent les Acadiens et les loyalistes. Il se trouve 171 Main St, et est ouvert tous les jours en été. L'entrée est gratuite.

Martinets des cheminées

Renseignez-vous à l'office du tourisme sur les martinets des cheminées. De mai à août, ces oiseaux se rassemblent, planent et descendent en piqué par centaines, au crépuscule, avant de disparaître dans une cheminée. Ce phénomène donne lieu à une interprétation publique dans Front St.

Où se loger

Bon marché, les résidences de l'université centrale Acadia (☎ 542-2201) sont ouvertes aux visiteurs en été. Le modeste *Birchcliff B&B* (☎ 542-3391), 84 Main St, loue 2 simples/doubles à 30/40 $, pendant l'été, petit déjeuner (complet) compris.

Le *Victoria's Inn* (☎ 542-5744), 416 Main St, propose des chambres très décorées dans le bâtiment central ou dans des unités d'habitation. Les chambres du bâtiment central, avec s.d.b. commune, sont d'un meilleur rapport qualité/prix avec des simples à 49 $, des doubles ou des triples à 59 $. Il y a aussi une salle à manger.

Trois hôtels haut de gamme sont également disséminés dans la ville.

Où se restaurer

Des restaurants de toutes catégories, bon marché ou plus chers (qui servent des fruits de mer), sont rassemblés dans Main St. Le *Colonial Inn*, doté d'un décor historique et de serveuses en costume d'époque, propose un excellent menu varié, composé de plats classiques. Il fonctionne pour les trois repas et les prix pratiqués restent abordables.

Si vous souhaitez faire la fête, rendez-vous au *Chez La Vigne*, 17 Front St. Il est ouvert tous les jours à midi et le soir, mais il est fermé le lundi, en hiver. Son chef a été élu meilleur cuisinier canadien de l'année.

GRAND-PRÉ

Devenu une petite bourgade anglophone, Grand-Pré fut le théâtre de l'un des événements les plus dramatiques de l'histoire du Canada oriental. Vous pourrez en apprendre davantage sur cet épisode malheureux mais fascinant, au site national historique, situé au nord de la route principale et de la ville, à 5 km à l'est de Wolfville.

Parc historique national de Grand-Pré

Grand-Pré fait référence aux terres cultivées, mises en place par les Acadiens grâce à la création de digues le long du littoral, comme ils l'avaient fait dans le nord-ouest de la France pendant des générations. Mille deux cents hectares s'étendent ainsi au-dessous du niveau de la mer. C'est une région superbe qui donne envie d'y séjourner quelque temps. Le parc est dédié à la mémoire des Acadiens qui y vécurent de 1675 à 1755, avant d'en être chassés par les Britanniques (voir la page suivante).

Il regroupe un centre d'information, une église, des jardins et quelques belles vues. Des visites gratuites sont organisées. La boutique de souvenirs dispose, entre autres, d'un bon ensemble d'ouvrages sur les Acadiens.

Monument dédié à la mémoire des Acadiens, une nouvelle église en pierre, construite dans le style acadien, se dresse au milieu du site. A l'intérieur, plusieurs peintures colorées, exécutées en 1987 par le peintre du Nouveau-Brunswick, Claude Picard, décrivent la vie des Acadiens.

Promenez-vous dans les jardins jusqu'à l'ancien atelier du maréchal-ferrant. Vous y aurez une vue magnifique sur les champs fertiles et les pâturages alentour, qui se détachent sur les collines vertes à l'arrière-plan. Dans l'air se mêlent la brise de la mer et les senteurs champêtres.

Dans les jardins, vous pourrez apercevoir un buste de Longfellow, qui immortalisa l'aventure épique des Acadiens dans un long poème, et une statue d'Évangeline, symbole romantique du peuple acadien.

Le parc est ouvert tous les jours, de juin à septembre. L'entrée est gratuite. Les Acadian Days, festival annuel qui se déroule souvent à la fin du mois de juillet, consiste en des concerts, des expositions d'art et artisanat, avec la présence de conteurs.

Établissement vinicole de Grand-Pré
C'est l'un des deux seuls de la province, l'autre se trouvant à Jost, non loin de Malagash, sur la côte du Northumberland. Il est attenant à la route principale qui traverse la ville et se visite. Un circuit sans guide du domaine et des vignes vous informera sur l'histoire de l'établissement et sur les procédés de fabrication du vin. Dans la cave, vous pourrez procéder à une dégustation, puis acheter les vins à l'étage.

WINDSOR
Petite bourgade sise en bordure de l'Avon, elle se trouve à mi-chemin du pôle Nord et de l'équateur. Autrefois, c'était la seule forteresse britannique de ce district aux mains des Français et des fermiers acadiens.

La Hwy 1 devient la Water St en pénétrant dans la ville. Sa principale intersection est avec la Gerrish St. A proximité, dans King St, se dresse un vieux fortin toujours intact, au milieu des vestiges d'un fort britannique, au **Site national historique du fort Édouard** (datant de 1750). Il fut utilisé comme salle de rassemblement lors des expulsions des Acadiens. Autre site historique, l'**Haliburton House**, dans laquelle vécut autrefois le juge Thomas Chandler Haliburton, l'un des fondateurs de la littérature humoristique américaine, bien que peu lu aujourd'hui. On lui doit le personnage de Sam Slick, héros de nouvelles proches de celles de Mark Twain. On peut la visiter de mi-juin à mi-septembre, et l'entrée est gratuite. Elle se trouve dans Clifton Ave, qui débouche de Grey St, une artère qui part de Gerrish St, au nord du lac Pesaquid, dans le quartier est de la ville.

La **Shand House**, qui fait partie du réseau provincial des musées, est un petit musée sis dans Water St, sur Ferry Hill. Il est consacré à la vie d'une famille aisée de la ville, au tournant du siècle. Ouvert tous les jours (excepté le dimanche). L'entrée est gratuite.

Windsor possède un théâtre de marionnettes de renommée internationale, le **Mermaid Theatre** dans Gerrish St. La devanture du théâtre mérite le coup d'œil, que vous assistiez ou non à un spectacle.

Dans la région de Wolfville/Windsor, les fermes produisent régulièrement les citrouilles les plus grosses au monde. Vous devrez utiliser une tronçonneuse pour en faire un masque de Halloween. Le Pumpkin Festival a lieu chaque année au moment de Thanksgiving (en octobre).

Marées
Les marées de la baie et du fleuve d'Avon, non loin de Windsor, sont impressionnantes – elles peuvent atteindre 12 m de hauteur. A Poplar Grove, après la Hwy 14 Est, vous pourrez assister à un mascaret. L'office du tourisme vous renseignera sur les périodes et les endroits les plus appropriés à l'observation de ce phénomène, très peu stable.

Vous pourrez également observer des différences impressionnantes entre marées hautes et basses à Port Williams, à proximité de Wolfville.

Où se loger
Le *Meander Inn* (☎ 798-2325), 153 Albert St, propose des simples/doubles à partir de 30/45 $. Il y a aussi plusieurs B&B et un motel.

Comment s'y rendre
Les bus Acadian Lines, qui relient Halifax à Windsor, poursuivent leur route jusqu'à Yarmouth, avec de nombreux arrêts dans la vallée d'Annapolis.

Côte du Northumberland

District côtier septentrional de la province, elle s'étend de la limite du Nouveau-Brunswick à l'île du Cap-Breton. Le détroit du Northumberland sépare cette rive de l'île du Prince-Édouard et possède l'une des mers les plus chaudes au nord de la Caroline. La Hwy 6, également appelée la route touristique de Sunrise Trail, est jalonnée de petites bourgades, de plages et évoque l'histoire de l'Écosse.

Sur la Hwy 104, à la frontière du Nouveau-Brunswick, un grand office du tourisme dispose de cartes des circuits à effectuer en voiture en Nouvelle-Écosse.

Bien que la côte ne présente pas d'attractions particulières, elle reste fréquentée et les hébergements, en nombre restreint, se remplissent rapidement. En juillet et en août, il

Les Acadiens

L'histoire des Acadiens est l'une des plus passionnantes et dramatiques de l'histoire générale du Canada. Elle eut pour champ d'action cinq provinces canadiennes, les États-Unis, les Antilles et l'Europe et, ayant débuté au XVIIe siècle, poursuit son évolution.

Lorsque les Français colonisèrent la région qui entoure le bassin de Minas, dans la baie de Fundy, en 1604, ils lui donnèrent le nom d'Acadie. Au siècle suivant, les colons se considéraient comme des Acadiens à part entière. Pour les Anglais, en revanche, ils étaient toujours "français". La rivalité et la méfiance développées entre ces deux puissances du Nouveau Monde dès les premières implantations se transformèrent rapidement en animosité et en hostilité.

La croissance de la population acadienne se poursuivit durant les XVIIe et XVIIIe siècles et, à la faveur de divers batailles et traités, l'Acadie changea régulièrement de mains. Après le traité d'Utrecht, en 1713, l'Acadie devint la Nouvelle-Écosse anglaise. Les Acadiens refusèrent toutefois de prêter allégeance à la couronne anglaise, même s'ils ne défendaient pas davantage la position française. Ce qu'ils souhaitaient avant tout, c'était conserver leur indépendance. Pendant quelque temps, la situation évolua peu et la région de Grand-Pré rassembla la plus importante localité acadienne. A cette époque, la population acadienne de cette implantation ne dépassait pas 10 000 habitants, à laquelle s'ajoutait une concentration de 3 500 personnes à Louisbourg, et quelques communautés disséminées sur l'île du Prince-Édouard.

Malheureusement pour les Acadiens, les tensions entre la France et l'Angleterre se ravivèrent. Querelles et compromis se multiplièrent sur la côte est. Dès sa nomination en 1754, le lieutenant-général Charles Lawrence fit preuve de méfiance à l'égard des Acadiens et de leur supposée neutralité, auquel il ne croyait guère. Aussi décida-t-il de passer à l'action. Il exigea que les Acadiens prêtent allégeance à la couronne anglaise, mais ces derniers, comme ils l'avaient toujours fait précédemment, refusèrent.

A la fin d'août 1755, tandis que la France et l'Angleterre étaient toujours en guerre, débuta l'expulsion massive des Acadiens. Environ 14 000, semble-t-il, furent ainsi contraints de quitter la région. Leurs villages furent brûlés et les populations embarquées de force sur des navires.

Cet exil forcé inspira à Longfellow un poème devenu célèbre par la suite, intitulé "Évangeline", du nom de l'héroïne fictive de cet exode. De nombreux Acadiens s'installèrent en Louisiane, à la Nouvelle-Orléans, où ils reçurent le nom de "Cajun". Certains Cajuns parlent français encore aujourd'hui et ont réussi à conserver leurs traditions culturelles et leur mode de vie. D'autres s'exilèrent dans différentes Provinces maritimes, sur la côte nord-est américaine, à la Martinique, à Saint-Domingue, aux îles Malouines, ou retournèrent en Europe. D'autres encore parvinrent à se cacher sur place. Par la suite, quantité d'exilés choisirent de revenir en "Acadie".

Aujourd'hui, la plupart des francophones des Provinces atlantiques sont les descendants des Acadiens exilés et restent très attachés à leur tradition. En Nouvelle-Écosse, la région de Cheticamp (Cap-Breton) et la côte nord francophone de Yarmouth abritent quelques implantations acadiennes. Une autre est installée sur l'île du Prince-Édouard, et une autre encore à la péninsule de Port-au-Port, à Terre-Neuve. Une importante communauté francophone est également concentrée sur la côte est du Nouveau-Brunswick, à Caraquet, et tout autour de la frontière avec le Québec.

Ces dernières années, on a pu assister à un réveil de la fierté nationale acadienne. Dans la plupart de ces régions, vous apercevrez sans doute flotter le drapeau acadien, et nombreux sont les musées axés sur l'histoire et la culture acadiennes. Une visite au site historique national implanté près de St Joseph, dans le Nouveau-Brunswick (à proximité de la limite avec la Nouvelle-Écosse), et consacré à l'expulsion des Acadiens, s'impose. Les festivals qui se déroulent dans certaines de ces régions vous permettront aussi de découvrir vêtements traditionnels, nourriture et la merveilleuse musique traditionnelle (violon) des Acadiens. ■

est fortement recommandé de louer une chambre d'hôtel dès l'heure du déjeuner.

PUGWASH

Sur la côte qui longe le Sunrise Trail depuis Amherst se niche le petit port de Pugwash, doté de quelques belles plages alentour. En règle générale, la température de l'eau dépasse légèrement les 20°C en été. Pugwash est célèbre pour sa mine de sel et son festival très animé, Gathering of the Clans, qui a lieu chaque année le 1er juillet. Les noms des rues sont aussi bien écrits en gaélique qu'en anglais.

Pugwash accueillait autrefois les International Thinkers' Conferences, organisées par Cyrus Eaton, un Néo-Écossais et l'un des plus grands financiers américains.

Plusieurs artisans sont installés à Pugwash et leur production est vendue dans la rue principale.

WALLACE

Aucune raison de s'y arrêter, bien que la ville fasse preuve d'une activité non dénuée d'intérêt. Le grès extrait de la carrière aux abords de Wallace fut utilisé pour la construction de nombreux bâtiments de prestige, y compris le parlement d'Ottawa et la Province House de Nouvelle-Écosse.

MALAGASH

La Jost Winery (☎ 257-2636), sur la route 6, est l'une des deux exploitations vinicoles de la Nouvelle-Écosse, l'autre étant implantée à Grand-Pré, dans la vallée d'Annapolis. Dirigée par une famille allemande, l'entreprise entra en activité en 1970 et, aujourd'hui, avec 13 ha, produit différents vins, dont le plus réputé est sans doute son riesling. En été, des visites gratuites sont organisées à 15h. Il y a un magasin sur les lieux. Les produits peuvent également être achetés dans les magasins de liqueurs gouvernementaux, le meilleur choix étant proposé par les boutiques locales.

TATAMAGOUCHE

Avec une population de seulement 550 habitants, Tatamagouche est un véritable centre touristique, très visité. La plupart des centres d'intérêt sont regroupés le long de Main St, artère principale de la ville, d'est en ouest.

Ne ratez surtout pas le très étrange **Fraser Culture Centre**, une sorte de musée/galerie d'art. En particulier, la salle dédiée à Anna Swan dont le poids (187 kg) et la hauteur (2,40 m) lui valut la réputation de "géante" de Nouvelle-Écosse. Née dans un des villages alentour en 1896, elle tira profit de sa taille pour faire une carrière lucrative avec le cirque Barnum & Bailey. Anna rencontra même la reine Elizabeth II, à Londres, où elle se maria. Vêtements, coupures de journaux et photographies vous en dévoileront davantage sur cette destinée hors mesure.

La pièce attenante abrite deux veaux empaillés – chacun doté de deux têtes (on a raison de dire que ce musée est bizarre). Mais la galerie expose également quelques objets anciens et des tableaux.

Il existe un charmant petit salon de thé, bon marché, où l'on peut déguster des pâtisseries faites maison, dans une des salles. Tandis que l'office du tourisme occupe une autre des innombrables pièces.

Un peu plus loin se trouve le **Sunrise Trail Museum**, nettement moins original. Il est consacré à l'histoire locale, en particulier, la construction navale, autrefois très active à Tatamagouche. Il présente aussi des outils agricoles et domestiques, notamment une baratte activée par un chien. Vous y verrez aussi une exposition sur les Acadiens qui s'installèrent dans cette contrée au XVIIIe siècle, et sur leur expulsion.

Une Octoberfest (fête d'octobre) annuelle se déroule à Tatamagouche fin septembre ou début octobre.

Où se loger et se restaurer

Pour dormir, le *Train Station Inn* (☎ 657-3222), installé dans une vieille gare routière, dans Main St, est d'un bon rapport qualité/prix (à partir de 40/50 $ pour une simple/double, petit déjeuner et thé du soir compris). Il est ouvert toute l'année. Il y a aussi un café. A Brule Beach, à environ 10 km, le *Brule Shore Cabins* (☎ 474-

7240) est petit, rudimentaire et a connu des jours meilleurs. Il affiche toutefois complet presque tous les soirs et n'est pas dénué d'un certain charme. Bon marché, ii loue des doubles ou des triples à 34 $. En revanche ne comptez pas trop sur la baignade annoncée – la promenade jusqu'à la mer n'est guère attrayante, et l'eau encore moins.

En dehors du café du musée, vous pourrez vous restaurer au *Villager Inn & Restaurant*, qui propose des "spéciaux" bon marché, des fruits de mer et une excellente soupe de palourdes. Le *Balmoral Motel* sert de la cuisine allemande, tandis qu'en ville vous attendent une pizzeria et une boutique de grands sandwiches mixtes.

Le marché aux primeurs de Tatamagouche a lieu le samedi matin en été.

ENVIRONS DE TATAMAGOUCHE

Vous pourrez visiter deux autres petits musées aux alentours de Tatamagouche. Au sud de la route 311, le **Balmoral Mills** possède l'un des plus anciens moulins à blé de la province. Il entra en service en 1874. Impossible de rater le bâtiment de briques rouges en aval du cours d'eau. On y organise des démonstrations de la fabrication de la farine (avoine, orge, blé) de la première à la dernière étape. Elle est ensuite vendue sur place. Le musée est ouvert tous les jours, du 15 mai au 15 octobre. L'entrée est gratuite. Quelques tables de pique-nique voisinent le cours d'eau.

Non loin, aux abords du village de Denmark, le **Sutherland Steam Mill** fut construit en 1894 et dirigé par les membres d'une même famille jusqu'en 1953. La scierie n'a plus d'activité commerciale, mais la machine à vapeur et la machinerie sont toujours en état de marche.

Cette partie de la province fut essentiellement une colonie allemande, et le *Bavarian Garden Restaurant*, à Denmark, propose divers produits allemands faits maison. Il est ouvert tous les jours, en juillet et août, seulement le week-end en mai, en juin et en septembre. Le Pork Shop, à côté, vend différentes variétés de saucisses allemandes, kassler, jambons, etc.

A **River John**, renseignez-vous sur les dîners de homards organisés de mai à juillet et sur les barbecues de poulets en août. Les bateaux pour la pêche au homard opèrent au large de la petite jetée, qui dispose d'entrepôts à proximité, à **Cape John**.

CAPE SKINNER

Toujours sur la côte, le quai de Cape Skinner est utilisé par les embarcations spécialisées dans le ramassage de mousse irlandaise. De cette algue on extrait une gélatine qui sert à la confection des glaces et autres produits nécessitant une gelée émulsifiante.

PICTOU

C'est l'une des villes les plus attrayantes et dignes d'intérêt de la côte nord. C'est là qu'accostèrent les premiers Écossais des Highlands en 1773, bientôt suivis par des milliers d'autres qui fondèrent la province de la Nouvelle-Écosse. Ils s'étendirent de la côte du Northumberland à Cap-Breton, dans une contrée dont le paysage et le climat leur rappelaient leur terre natale. A Pictou, plusieurs bâtiments et sites historiques sont liés à l'implantation des premiers pionniers écossais. Demandez une brochure sur le circuit à pied de la ville, à l'office du tourisme, sis au rond-point nord-ouest du centre-ville.

Jalonné par les principaux commerces, Water St est la rue principale, dont les bâtiments reflètent le style architectural des premiers colons écossais. En amont, Church St, High St et Faulkland St sont bordées d'imposantes vieilles demeures, en partie responsables de la notoriété de la ville.

Un marché aux primeurs, où vous trouverez produits laitiers et légumes, se déroule tous les samedis, d'avril à décembre dans le Community Centre, dans Front St.

Le deCoste Entertainment Centre dans Water St est le théâtre de divers spectacles qui se déroulent toute l'année.

Le ferry à destination de l'île du Prince-Édouard part du nord de la ville, à Caribou. Pour plus de détails, voir la rubrique *Charlottetown/Comment s'y rendre* au chapitre concernant l'*Île du Prince-Édouard*.

Hector Heritage Quay
Une partie du front de mer a été rénovée afin de préserver l'accès et l'héritage historique qu'il représente. Au chantier naval on construit une réplique grandeur nature du premier bateau qui transporta les colons écossais, le trois-mâts *Hector*. Entreprise en 1993, cette reconstitution devrait exiger une dizaine d'années. Les guides pourront vous informer davantage sur la traversée et l'implantation des colons, et répondront à vos questions.

Il existe un centre d'information (☎ 485-8028), qui propose divers diaporamas et expositions dépeignant la vie et l'époque des premiers immigrants écossais, un appentis de maréchal-ferrant, une collection d'objets liés à la construction navale, une marina et une boutique de souvenirs.

Olde Foundry Art Centre
Dans Front St, cet ancien complexe restauré abrite les ateliers et les boutiques des artisans locaux, ainsi qu'un certain nombre d'antiquaires.

Grohmann Knives Ltd
L'excellente coutellerie (de cuisine et de plein air) produite par cette petite entreprise familiale (☎ 485-4224), 88 Water St, jouit d'une très bonne réputation. Disponible dans de nombreux pays, le classique couteau de ceinture est exposé au musée d'Art moderne de New York.

De nombreuses étapes de la fabrication sont encore exécutées à la main, comme dans les années 50, à l'ouverture. Des visites guidées et gratuites de l'usine sont organisées trois fois par jour, du lundi au vendredi, de mai à septembre. Vous pourrez notamment y observer l'utilisation d'épaisses ceintures en peau de morse pour polir. Autre attraction, l'affilage d'un couteau par le guide. Un grand choix de couteaux est proposé à la vente.

Northumberland Fisheries Museum
Installé dans la vieille gare ferroviaire de Front St, ce musée est axé sur l'histoire passée et actuelle de la pêche dans la région. Vous pourrez notamment y visiter le bâtiment dortoir des pêcheurs. Activité toujours importante, la construction navale fait également l'objet d'une exposition. Il est ouvert tous les jours, en juillet et en août. L'entrée est gratuite.

Hector National Exhibit Centre
Loin du centre-ville, mais encore accessible à pied, dans Haliburton Rd (qui prolonge High St), ce centre (☎ 485-4563) présente diverses expositions temporaires. L'étang, qui jouxte le musée, est envahi par d'innombrables grenouilles.

McCullogh House
Ouverte tous les jours, de mai à octobre, cette demeure fut construite en 1806 pour Tom McCullogh, ministre et éducateur éminent. Elle présente des objets relatifs à sa carrière et à sa vie, ainsi qu'aux premiers colons écossais. Elle domine la colline lorsque l'on vient de l'Hector National Exhibit Centre.

Plages
Deux très belles plages s'étendent aux abords de Pictou. La plus populaire, la **Melmerby Beach** ("la Merb") se trouve au nord de New Glasgow, mais attire des visiteurs de beaucoup plus loin. Cette longue plage sablonneuse, sans ombre, abrite l'échoppe d'un vendeur de hamburgers.

Pour ma part, je préfère **Caribou Beach**, également sablonneuse, mais qui offre de plus beaux panoramas. Des tables de pique-nique jalonnent une petite crête boisée audessus de la plage, très agréable lorsque le soleil devient trop violent. Elle est plus proche de Pictou, au nord, non loin du terminal des ferries de l'île du Prince-Édouard. Les plages ne sont pas payantes et l'eau y est aussi chaude que partout en Nouvelle-Écosse. Chauffée par le Gulf Stream, elle avoisine les 19°C en été, une température supportable si l'on reste en mouvement.

Festivals
Le carnaval du homard, une fête qui dure trois jours, au début de juillet, marque la

fin de la saison de la pêche au homard. Musique, défilés, etc.

Le festival Hector, qui se déroule à la mi-août, pendant quatre jours, célèbre le rôle de l'influence écossaise dans la région (concerts, etc.).

Où se loger

Pictou dispose d'une douzaine d'hébergements. Sans être envahi par les touristes, la ville est un lieu de passage très fréquenté en été et les hôtels affichent souvent complet.

Le plus économique et central, le *Munro's* (☎ 485-8382), 66 High St, une rue bordée d'arbres, est accessible à pied du port. Il loue 3 simples/doubles pour 25/30 $, de juin à octobre, petit déjeuner (complet) compris.

B&B plus spacieux, le *Willow House Inn* (☎ 485-5740) est installé dans une demeure datant de 1840, et appartint autrefois au maire. Également central, 3 Willow St, il propose 10 simples/doubles à 35/40 $ (plus chères avec une s.d.b.).

A l'écart du centre-ville, non loin de l'office du tourisme, le *Johnston's Motel* (☎ 485-4157) possède plusieurs cabines individuelles équipées d'une cuisine, et, pour certaines, de 2 chambres, et quelques unités d'habitation plus récentes. Les simples coûtent 45 $, les doubles et triples seulement 5 $ de plus. S'il affiche complet, il y en a un en aval, de l'autre côté de la route, en direction de la ville.

Où se restaurer

Pour le petit déjeuner, rendez-vous chez *Smith's*, dans Church St, une rue parallèle à Water St. Il est ouvert dès 6h du matin, tous les jours, excepté le dimanche.

Au cœur du centre-ville, 11 Water St, le *Stone House Café & Pizzeria* est très quelconque, mais le choix des plats étonnamment varié. Il y a un charmant patio à l'extérieur, et l'atmosphère est souvent à la fête le soir. Comptez environ 6 $ pour un repas.

Le *Golden Boat*, un restaurant chinois installé 93 Water St, est ouvert jusqu'à minuit.

Si vous rêvez d'un festin, dans un cadre de bon goût, chaleureux, optez pour le *Braeside Inn*, perché sur une colline, 80 Front St. Il surplombe l'Océan et la cuisine y est excellente, le menu varié, avec une nette préférence pour les fruits de mer. Construit en 1938, l'hôtel a été rénové et dispose de 20 chambres.

Inaccessible sans voiture, ou presque, l'un des meilleurs restaurants de la région est le *Lobster Bar*, sis de l'autre côté de la baie, lorsque l'on vient de Pictou, au Pictou Landing, où se trouve une réserve indienne. Vous devrez emprunter une route aux nombreux détours, qui passe par l'un des ponts en direction de New Glasgow. Pour éviter de vous perdre, procurez-vous la carte distribuée par l'office du tourisme de Pictou.

C'est un établissement très animé, décontracté, où l'on peut emmener les enfants, spécialisé dans le homard. De surcroît, il pratique des prix très corrects. Un repas complet, avec homard, vous coûtera environ 16 $. Il n'y a pas de buffet où l'on se sert soi-même comme dans certains restaurants de homard, mais les portions sont satisfaisantes. On y prépare du poisson, des palourdes et autres fruits de mer depuis la fin des années 50. Il a même eu pour hôte l'ancien président des États-Unis, Jimmy Carter, de même que l'ancien Premier ministre, Brian Mulroney, et sa femme Mila.

NEW GLASGOW

Avec une population de 10 000 habitants, New Glasgow est la plus grande ville de la côte du Northumberland. Petit centre industriel, la ville présente peu d'intérêt, mais constitue une étape intéressante si vous arrivez de l'île du Prince-Édouard, ou si vous y rendez, par le ferry.

Provost St, la principale avenue commerçante, possède deux restaurants. Temperance St, parallèle à Provost St, et juchée sur la colline qui surplombe la rivière, est agréable avec ses nombreux arbres, ses quelques vieilles maisons imposantes, ses deux églises et la **Stewart House**.

Sis 86 Provost St, ce bâtiment historique abrite un petit musée axé sur l'histoire de la ville (construction navale et mine de charbon).

Si vous êtes passionné de chemin de fer, ne ratez pas la **Samson**, la première locomotive à vapeur d'Amérique du Nord. Elle entra en fonction en 1837. Entièrement rénovée, elle repose dans une structure de verre, à côté de la bibliothèque, dans Archimedes St.

Le **mont Fraser**, à proximité de la ville, offre des vues magnifiques sur toute la région. Traversez la ville, vers l'est, par Archimedes St, puis tournez à droite dans George St. Remontez ensuite la colline, contournez l'église à gauche, et poursuivez tout droit jusqu'au sommet. En dehors de la ville, non loin d'Abercombie St, en direction de Pictou, la **Sobey Collection of Canadian Art** présente des œuvres de peintres canadiens des XIXe et XXe siècles, parmi les plus célèbres. L'entrée est gratuite.

Où se loger

Le *Wynwood Inn* (☎ 752-4527), B&B depuis 1930, constitue un choix excellent. Ancienne charmante demeure, elle occupe une position centrale au 71 Stellarton Rd. Elle possède de surcroît un balcon. Les chambres simples coûtent de 28 $ à 38 $, les doubles de 32 $ à 40 $, petit déjeuner (léger) compris. Une chambre dispose d'une s.d.b. Le *Mackay's B&B* (☎ 752-5889), 44 High St, est également central, mais plus rudimentaire. Les prix sont équivalents (30/40 $ pour une simple/double).

Plusieurs motels sont regroupés à l'entrée et à la sortie de la route principale.

ANTIGONISH

Si vous arrivez du Nouveau-Brunswick ou de l'île du Prince-Édouard, vous pourrez y passer la nuit, voire deux jours. Antigonish est une bonne étape entre Sydney et Halifax. C'est une ville plaisante, petite, dotée de quelques sites intéressants, d'hébergements agréables et d'une plage à proximité. C'est également une ville universitaire et résidentielle, dénuée de toute industrie.

Renseignements

L'office du tourisme est situé en bordure de la route principale, à l'entrée ouest d'Antigonish, lorsque l'on arrive de New Glasgow par la sortie 32.

Cathédrale Saint-Ninian

Siège du diocèse catholique des trois comtés limitrophes et de Cap-Breton. Entreprise en 1868, elle est construite en calcaire bleu et granit provenant des carrières voisines. A l'intérieur, les éléments décoratifs proviennent de sources aussi diverses que le Québec, le New Hampshire et l'Europe. Saint Ninian était un obscur prêtre irlandais qui voyagea et prodigua au IVe siècle son savoir aux Écossais des Highlands.

Université Saint-François-Xavier

Le campus de cette université vieille de cent vingt-cinq ans se situe derrière la cathédrale, non loin du centre-ville. C'est un endroit agréable pour s'y promener.

Tribunal du comté

En 1984, ce bâtiment vieux de cent vingt-neuf ans fut classé monument historique national. Restauré en 1970, il sert toujours de tribunal du comté. L'architecture (conçue par Alexander MacDonald) est caractéristique de nombreux palais de justice de la province, datant du milieu du XIXe siècle.

Heritage Association

L'association a rassemblé une vaste collection d'objets datant des pionniers, vestiges des écoles et des cimetières de l'époque, cartes et photographies qui constituent un témoignage sur la ville.

L'ancienne gare ferroviaire, 20 East Main St, abrite aujourd'hui cette exposition. L'entrée est gratuite et le musée est ouvert tous les jours, excepté le dimanche.

Festivals

Antigonish est célèbre pour ses jeux des Highlands annuels, qui se déroulent à la mi-juillet. Cet événement date de 1861. Vous y verrez des joueurs de cornemuses, des régiments de tambour, des danseurs et des athlètes venus de partout. Compétitions, spectacles, chants, danses, violons et défilé de joueurs de cornemuses animent ces festivités qui durent une semaine. Le Gathering of the Clans international eut lieu à Antigonish en 1983.

Les représentations du festival théâtral d'été d'Antigonish se déroulent toutes dans l'un des auditoriums de l'université.

Où se loger

A l'ouest de la ville, non loin d'Addington Forks, sur la Transcanadienne, *Beaver Mountain* (☎ 863-3343) est un parc provincial tranquille, idéal pour camper. Perché sur une colline boisé, il est très peu fréquenté.

Le *Whidden's Campground & Trailer Court* (☎ 836-3736), sis au cœur de la ville, à l'angle de Main St et de Hawthorne St, fait preuve d'originalité. Très spacieux, il offre en effet les modes d'hébergement les plus divers. Le camping coûte 14 $ pour une tente, mais la moitié pour les randonneurs, les cyclistes, et toute personne ne disposant pas d'une voiture. Les aires dotées de services sont plus chères. Unités d'habitation équipées d'une cuisine (à partir de 60 $) et mobile homes avec tout le confort (65 $ pour une double, plus 5 $ par personne supplémentaire), le terrain dispose aussi d'une piscine et d'une laverie automatique à la disposition de tous.

Si vous êtes intéressé par les chambres louées par l'université, de mi-mai à mi-août, contactez le Residence Manager (☎ 867-3970, 867-2258). Vous y trouverez une salle à manger, une laverie et une piscine. Comptez 24/32 $ pour les simples/doubles. Tarifs dégressifs pour les locations à la semaine.

Vous disposez aussi de nombreux hôtels, motels, bungalows et de deux B&B. Le B&B *Green Haven* (☎ 863-2884), central, au 27 Greening St, non loin de la gare routière, loue des simples/doubles à 25/35 $.

Autre B&B, l'*Old Manse* (☎ 863-5696) est installé dans une maison datant de 1874, 5 Tigo Park, à deux pâtés de maisons du croisement de Main St et de West St.

Les *Hillside Housekeeping Cottages* (☎ 232-2888), à 19 km à l'est de Tracadie, sont d'un rapport qualité/prix plus intéressant que les motels avoisinants. Les bungalows coûtent 34/40 $ en simples/doubles, 40/46 $ avec une cuisine. Ils se trouvent à 10 minutes de la plage.

Où se restaurer

Les restaurants sont regroupés dans Main St et aux abord de la ville. L'*Adam's Bakery* sert une bonne cuisine pour un prix correct. Le *Sunshine Café*, 194 Main St, prépare des soupes, des salades et des sandwiches excellents, pour moins de 5 $. Les muffins (au son) sont également délicieux mais le restaurant est fermé le dimanche. La boutique diététique attenante propose un bon choix de pains et de pitas.

Le *Farmer Brown's*, dans l'immense grange rouge et blanc, à côté de l'ancienne gare ferroviaire, est idéale pour le petit déjeuner. Il sert aussi des repas rapides (hamburgers) toute la journée. Le *Wong's* est le restaurant chinois de la ville, avec des plats classiques qui ne dépassent jamais 7 $. Le *Venice* propose quelques spécialités grecques, mais sert avant tout de la cuisine italienne. A l'ouest de la ville, le plus onéreux *Lobster Treat*, sur la Transcanadienne, est un excellent restaurant de fruits de mer et de steaks.

Comment s'y rendre

Bus. La gare routière (☎ 863-6900) est implantée sur la Transcanadienne, à l'angle de James St, à l'ouest de la ville. Elle est accessible du centre-ville à pied. Les bus assurent la liaison avec Halifax (une fois par jour, 23 $), Sydney (un le matin et un le soir. 20 $) et Charlottetown (à 13h15 tous les jours : 30 $, ferry compris).

Train. Le service ferroviaire a été supprimé.

ENVIRONS D'ANTIGONISH

Monastery

A l'est de la ville, dans le petit village de Monastery, le vieux monastère accueille aujourd'hui des moines de l'ordre de Saint-Augustin. C'était à l'origine un monastère trappiste, établi par des moines français en 1825. Les visiteurs sont les bienvenus et pourront visiter bâtiments et jardins.

Plages

Il y a quelques belles plages sablonneuses sur les côtes est et nord de la ville. Pour les premières, suivez Bay St.

Excursions en voiture

Procurez-vous à l'office du tourisme la brochure concernant les excursions en voiture aux environs – jamais plus de 80 km. Ils vous feront découvrir quelques beaux points de vue et sites historiques. L'un d'entre eux, notamment, " hors des sentiers battus", se dirige vers le nord, longe la côte jusqu'à Cape George, sur la Hwy 337. En chemin, à Crystal Cliffs, vous pourrez observer de gigantesques perchoirs de cormorans.

Côte est

Cette expression désigne la région située à l'est de Dartmouth jusqu'au cap Canso, à la pointe extrême du continent. C'est l'une des régions les moins visitées de la province et elle compte peu de grandes villes et d'industries. La route principale lente, étroite, décrit de nombreux détours le long de la côte. Comme dans le reste de la province, la population est disséminée dans de petits villages côtiers. Marine Drive, la route touristique, est la seule voie possible, mais elle est moins spectaculaire qu'on ne le prétend. Elle offre cependant quelques panoramas magnifiques et des sites non dénués d'intérêt. Des terrains de camping et plages bordent la côte, mais dans cette région, l'eau est souvent trop froide pour s'y risquer.

VALLÉE DE MUSQUODOBOIT

A l'écart de la côte, une route suit le cours d'eau Musquodoboit, dans une contrée boisée, et longe des régions agricoles jusqu'au village d'Upper Musquodoboit. En dépit de sa très faible population, cette zone fut colonisée par les Européens dès 1692. Au siècle suivant, des colons arrivèrent d'Irlande et de Nouvelle-Angleterre. L'endroit offre peu d'intérêt, à l'exception de quelques sentiers de randonnée. Cet itinéraire rejoint la côte nord et mène directement à New Glasgow.

PARC PROVINCIAL DE MARTINIQUE BEACH

Sise à 4,8 km au sud du village de Musquodoboit Harbour, la plage de Martinique est la plus longue de la province. Idéale pour faire une halte.

PARC A HUÎTRES DE JEDORE

Visitez le petit **Fisherman's Life Museum** – modèle d'une maison familiale de pêcheurs caractéristique des années 1900. Il est ouvert tous les jours, en été. L'entrée est gratuite. Vous pourrez aussi déguster des fruits de mer au *Golden Coast Restaurant.*

CLAM HARBOUR

Vous y profiterez d'une belle plage dotée d'un petit restaurant rudimentaire et d'une aire de pique-nique. Mi-août, chaque année, a lieu un concours de sculptures de sable.

SHIP HARBOUR

Au large du rivage, on aperçoit les bouées et les filets de l'aquaculture locale. C'est le plus grand centre d'élevage de moules d'Amérique du Nord. Une industrie qui devrait connaître une ampleur croissante avec la raréfaction des bancs naturels due à une pêche trop intensive depuis des siècles.

TANGIER

Une visite à la **Willy Krauch's Smokehouse** (fumerie de Willy Krauch), située à proximité de la route principale de Tangier, s'impose. Fondée par Willy, un Danois, puis reprise par ses fils, cette fumerie jouit d'une excellente réputation.

On y fume le saumon, le maquereau et l'anguille, mais à mon avis, le fin des fins est représenté par la truite fumée de Cap-Breton. Une denrée par ailleurs intéressante en voyage, puisqu'elle se conserve à la température ambiante.

On peut aussi en expédier, comme on le fit pour la reine d'Angleterre, à Buckingham Palace. L'entrepôt est ouvert tous les jours, jusqu'à 18h. Demandez à la personne derrière le comptoir si vous pouvez assister au fumage du poisson.

A Tangier même, Coastal Adventures Sea Kayaking (☎ 772-2774) proposent des cours de navigation, des locations de bateau, et des excursions au large des îles.

PARC PROVINCIAL DE TAYLOR HEAD

Situé juste à l'est du village de Spry Harbour, ce parc, ouvert seulement dans la journée, possède une très belle plage de sable fin en face d'une baie protégée. L'eau, toutefois, n'y est pas très chaude. Un sentier pédestre (environ deux heures de marche) suit le rivage et traverse les bois. A plusieurs endroits, vous pourrez y observer de bons exemples de végétation Krummholz – arbres et plantes rabougries et tordues en raison des mauvaises conditions atmosphériques.

A proximité du parking, on a installé des tables de pique-nique sous les arbres. Le parc est gratuit.

RÉSERVE DU PARC LISCOMB

Au nord de Sheet Harbour s'étend une gigantesque réserve de 518 km². Elle renferme une faune importante, et l'on peut y faire du canoë, nager, pêcher et marcher. Sheet Harbour possède un motel du même nom, qui pratique des tarifs raisonnables.

PORT DUFFERIN

Le minuscule port Dufferin, avec 157 habitants, mérite d'être mentionné pour le *Marquis of Dufferin Seaside Inn* (☎ 654-2696), un lieu de villégiature très apprécié, avec son panorama sur la côte, ses brises et sa tranquillité. Les chambres sont regroupées dans un complexe hôtelier proche du motel, tout en longueur, en bordure du bâtiment original. Les simples/doubles coûtent 65/75 $, petit déjeuner (continental) compris. La salle à manger se trouve dans le bâtiment principal, rénové, et datant de 1859. On y sert d'excellents plats traditionnels des Provinces maritimes, généralement composés de fruits de mer. L'établissement est fermé de mai à octobre.

Port Dufferin se trouve à deux heures en voiture d'Halifax, d'Antigonish, ou de l'aéroport international d'Halifax.

LISCOMB MILLS

Dans une région boisée et verdoyante, à l'endroit où la rivière Liscomb se jette dans la mer, vous attend l'un des hôtels côtiers les plus luxueux de la province, le *Liscomb Lodge* (☎ 779-2307). Équipé de tout le confort, il pratique des tarifs en conséquence, mais vous pourrez y prendre le thé ou y déguster leurs fruits de mer.

SHERBROOKE

A l'intérieur des terres, en direction d'Antigonish, la plaisante petite ville de Sherbrooke est éclipsée par le site historique, à proximité. On a en effet recréé à **Sherbrooke Village** la vie des pionniers il y a cent vingt-cinq ans, avec ses maisons, ses ouvriers en costumes et ses manifestations. Ce "musée vivant", comme on l'appelle, possède encore presque la totalité de ses maisons, magasins, ateliers et édifices d'époque. L'environnement paisible et verdoyant contribue à rendre plus véridique encore cette évocation du passé.

Le site est ouvert tous les jours, du 15 mai au 15 octobre. L'entrée est étonnamment peu chère : 2,25 $. L'hôtel sert des en-cas et des déjeuners très simples.

A environ 500 m de là, l'ancien moulin à grains du village, le **Sherbrooke Village Sawmill**, est toujours en état de marche, et un guide répondra à vos questions. De l'autre côté de la rue, après une agréable promenade dans les bois, le long d'un cours d'eau, vous arriverez à la cabane dans laquelle vivaient les ouvriers du moulin.

Bien qu'elle ait perdu de son importance depuis le début du siècle, Sherbrooke est une des plus grandes villes de la région. Vous y trouverez office du tourisme, épiceries et station-service. Il y a aussi quelques tables de pique-nique devant l'office du tourisme et deux boutiques d'artisanat qui méritent le coup d'œil.

Tout à côté, le St Mary est l'un des meilleurs cours d'eau à saumon. Un parc provincial, ouvert dans la journée, jouxte le cours d'eau. Il dispose de tables de pique-nique et se trouve à seulement 400 m au nord de la ville.

Où se loger et se restaurer

Le *St Mary's River Lodge* (☎ 522-2177), central, loue des simples/doubles à partir de 24/28 $, avec s.d.b. On peut y prendre son petit déjeuner.

Installé en ville, dans une auberge jaune vif datant de 1850, le *Bright House* est spécialisé dans le bœuf rôti et les fruits de mer. Il est ouvert tous les jours, pour le déjeuner – où l'on vous servira peut-être une soupe de palourdes – et le dîner. Il pratique des prix moyens, avec des plats qui varient entre 8 et 10 $, à l'heure du déjeuner.

La boulangerie attenante, avec ses buns à la cannelle, ses muffins, ses pâtés et autres desserts, mérite absolument une visite. Elle est ouverte de mai à octobre.

Un terrain de camping est réparti en deux zones au nord et au sud de la ville.

CANSO

Avec une population de seulement 1 200 habitants, cette bourgade est sans doute la plus importante de toute la côte est. Depuis la première tentative d'implantation en 1518, Canso a tout connu : batailles avec les Indiens, conflits entre les Français et les Anglais, pirates, flottes de pêche et difficultés quotidiennes dictées par la présence de l'océan. Un musée, le **Whitman House**, à l'angle de Main St et Union St, présente des souvenirs de cette époque tumultueuse et offre une belle vue du toit.

Un centre d'information, en front de mer, est axé sur l'histoire du **site historique national de l'île Grassy**, située au large, et facilement accessible en bateau. En 1720, les Britanniques y construisirent un petit fort, pour se protéger des Français, dont le quartier général était établi à Louisbourg. En dépit des événements et conflits qui se déroulèrent sur l'île, ou peut-être à cause d'eux, elle ne présente aujourd'hui guère d'intérêt. Les ruines du fort sont inexistantes.

Île du Cap-Breton

Cap-Breton, l'île voisine de l'extrémité nord-est de la Nouvelle-Écosse, est célèbre pour sa beauté sauvage. Une visite à cette région, la plus rude, la plus froide, la plus élevée de la province, s'impose. La côte est rocheuse et découpée, l'arrière-pays entremêle montagnes, vallées, cours d'eau et lacs. La route principale, longue de presque 300 km, la Cabot Trail, contourne le parc national de Cap-Breton. C'est l'un des itinéraires les plus connus et spectaculaires du Canada qui serpente et grimpe à 500 m, entre la montagne et la mer. C'est aussi une voie d'accès à diverses attractions géographiques, historiques et culturelles.

Outre ses superbes paysages, l'île possède un passé historique passionnant dont furent acteurs les Indiens, les Britanniques, les Français et plus particulièrement les Écossais. La très forte ressemblance de cette partie de la province avec les Highlands d'Écosse explique en effet qu'elle attira tant d'immigrants écossais.

Même si ce n'est plus vrai, Cap-Breton fut longtemps considérée comme une région tout spécialement isolée. A l'exception des villes industrielles de Sydney et de Glace Bay, la plupart des bourgades ressemblent davantage à des villages, par leur taille. La population est francophone ou parle le gaélique. Les conditions de vie sont difficiles et le taux de chômage très élevé. La pêche et la mine, autrefois les principales activités, connaissent actuellement de graves difficultés.

Pour le visiteur, en revanche, son isolement rend cette région tout particulièrement séduisante, de même que son magnifique parc national, perché dans les montagnes, et le site historique de Louisbourg.

Les fruits de mer y sont abondants, la pêche au saumon est inoubliable, sur les plages l'eau est suffisamment chaude pour s'y baigner, les sentiers pédestres sont superbes et la musique est irrésistible. Enfin, n'oubliez pas que le téléphone fut inventé par Alexander Bell. Celui-ci vécut à Baddeck sur le lac du Bras-d'Or, où se trouve aujourd'hui un musée qui lui est consacré.

North Sydney est le terminal des ferries pour Terre-Neuve.

La Cabot Trail, la route touristique la plus populaire, est souvent très animée, voire encombrée, en juillet et en août. Mais l'isolement n'est pas loin, si c'est ce que vous cherchez. La région est généralement ventée, humide, brumeuse et froide. L'été toutefois peut être chaud et ensoleillé. En revanche, le réseau de communications rend difficile la circulation dans l'île sans voiture. Depuis Port Hawesbury et Canso, le bus McKinnin dessert Inverness, au nord-ouest de la côte, *via* Long Point et Mabou. Les bus Acadian Lines relient Halifax, New Glasgow et Antigonish à Baddeck. Transoverland Ltd assure la liaison en bus de Baddeck à Cheticamp, *via* la vallée Margaree, et de Baddeck à Sydney. Des bus relient aussi Halifax à Sydney.

RENSEIGNEMENTS

Au moment de traverser le détroit de Canso pour l'île, vous devez payer 1,50 $ (pour emprunter la chaussée). Le passage est gratuit dans le sens inverse, c'est pourquoi l'on raconte que les habitants de l'île qui s'en vont ne reviennent jamais. Un office du tourisme très actif est installé du côté est de la chaussée et vous fournira toutes les informations nécessaires sur Cap-Breton. Des offices du tourisme moins importants sont disséminés dans de nombreuses bourgades. Le parc national dispose, par ailleurs, de ses propres centres d'information. Enfin, mieux vaut réserver ses places sur le ferry pour Terre-Neuve plusieurs jours à l'avance.

L'office du tourisme possède une liste complète des B&B de l'île. Outre ceux qui sont installés dans le parc national, vous disposez aussi de nombreux terrains de camping, pour la plupart privés. Quant aux auberges de jeunesse internationales (une ou deux) implantées à Cap-Breton, elles ne restent jamais plus de deux ans à la même adresse.

CÔTE NORD

Depuis la chaussée de Canso, la Hwy 19, connue sous le nom de Ceilidh Trail, remonte vers la partie septentrionale de l'île dans les montagnes. Le premier tronçon de la route est dénué d'intérêt, mais reste toutefois plus attrayant que la Transcanadienne (n°105), qui traverse directement la région.

A **Mabou**, les choses s'arrangent. C'est une contrée verdoyante, montagneuse, avec des vallées sillonnées de nombreux cours d'eau et émaillées de petites bourgades traditionnelles. C'est l'une des régions de Cap-Breton, où la population s'exprime encore en gaélique, enseigné dans les écoles. En plein centre de Mabou vous attend le Gaelic & Historical Society Centre. Outre des informations, sont rassemblés des livres, des enregistrements et divers objets liés à l'influence écossaise. Le 1er juillet a lieu un pique-nique écossais, avec musique, danse, etc. La ville possède aussi un restaurant.

Sur la côte, aux environs de Mabou Harbour et de Mabou Mines, les **monts Mabou** offrent quelques beaux sentiers pédestres.

Entre Mabou et Inverness, sur la Hwy 19, les voyageurs assoiffés voudront sans doute faire une halte à **Glenora Falls**. C'est là que l'on fabrique le seul whisky écossais pur malt, à la distillerie Glenora. Vous pourrez manger et boire à la charmante auberge de la distillerie et assister à la fabrication du whisky.

INVERNESS

Première ville d'une certaine importance sur la côte nord, elle offre des kilomètres de plage sablonneuse, très peu fréquentés, avec quelques endroits retirés. La température de l'eau oscille entre 19 et 21°C, à l'image de celle rencontrée sur la côte des Provinces atlantiques. On aperçoit parfois des baleines globicéphales, au large du rivage.

La ville offre en elle-même peu d'intérêt, à l'exception des vieilles maisons construites pour les mineurs, au nord, le long d'une rue bordée d'arbres. La mine est aujourd'hui fermée, mais un petit musée est consacré à cette période révolue.

Où se loger et se restaurer

L'*Inverness Lodge* (☎ 258-2193), dans le centre, combine hôtel et motel. Il possède aussi une salle à manger. Comptez 50 $ pour une double. Le *Gables Motel* (☎ 258-2314) est un peu moins cher. Pour vous restaurer, rendez-vous au confortable *Cayly Café,* à l'extrémité nord de la ville.

LAC AINSLIE

A l'intérieur des terres, l'immense lac Ainslie offre la possibilité de se baigner en eau douce dans deux parcs différents. Il y a aussi un terrain de camping.

VALLÉE DE MARGAREE

Au nord-est du lac Ainslie, plusieurs vallées forment une région accueillante connue sous le nom de vallée de Margaree. Dotée d'au moins une demi-douzaine de bourgades qui portent le nom de Margaree ceci, ou Margaree cela, elle constitue une sorte d'oasis au milieu de ces montagnes rudes, sauvages et peu peuplées.

Les cours d'eau locaux, en particulier le Margaree, sont réputés pour la pêche au saumon et à la truite. De nombreux sentiers pédestres sillonnent ce pittoresque paysage.

A North East Margaree, le **musée du Saumon** (Salmon Museum) vous informera sur la rivière, la pêche et les artifices utilisés. Un aquarium contient des saumons et des truites. Toujours en ville, le **Museum of Cape Breton Heritage** est axé sur l'implantation écossaise et française, et plus particulièrement les textiles qu'ils fabriquèrent. Il y a aussi une boutique de souvenirs. Les deux musées sont ouverts tous les jours.

Où se loger

Plusieurs hébergements et restaurants sont disséminés dans la vallée, région semi-balnéaire. Le plus connu de tous, le *Normaway Inn* (☎ 248-2987), est un hôtel trois étoiles qui fonctionne depuis 1928. Le logement y est très agréable, et la nourriture excellente (pension complète possible). Pendant la haute saison, attendez-vous à payer au moins 100 $ pour une double, petit déjeuner compris. Les hôtes et les visiteurs peuvent y prendre leurs repas.

D'un prix beaucoup plus abordable, le *Brown's Brunaich na H'Aibhne B&B* (☎ 248-2935) – ne me demandez pas comment cela se prononce – est installé dans Margaree Centre. Il loue des simples à partir de 32 $ et des doubles/triples à partir de 40 $. Appelez pour plus de détails et réserver. A Margaree Forks, un motel et un hôtel pratiquent tous deux des prix raisonnables. Il y a également un terrain de camping.

Où se restaurer

A Margaree Forks, *Van's* est d'abord une pizzeria, mais prépare d'autres plats. A Margaree Harbour, sur la côte, le *Schooner Village Tea House* sert des repas légers, des soupes de poissons bon marché et des plats dont le poisson est curieusement absent.

BELLE CÔTE

Depuis Belle Côte, à l'endroit où la Cabot Trail rencontre le littoral, au nord vers le parc national de Cap-Breton, une autre culture ajoute encore à l'intérêt de l'île. La population francophone y prédomine, descendante des Acadiens qui colonisèrent la région dans les années 1750, après avoir été chassés par les Britanniques de l'intérieur des terres, lors de la guerre de Sept Ans (voir encadré dans la partie *De Yarmouth à Windsor*). Cette région et celle qui s'étend au nord, sur la côte, depuis Yarmouth, constituent les deux plus importants districts français de la province.

La force de la présence française à Cap-Breton tient en partie à son isolement des autres populations francophones. Entre eux, les habitants s'expriment dans un français légèrement différent par l'accent et le vocabulaire de celui qui est utilisé au Québec. En dehors de la langue, la nourriture, la musique et les danses témoignent aussi de l'attachement à la culture française.

A Belle Côte, allez au **Theatre of Scarecrow** (théâtre de l'Épouvantail), à côté du restaurant Ethel's, qui prépare des plats à emporter. Y est réunie une collection assez drôle, voire macabre, de personnages

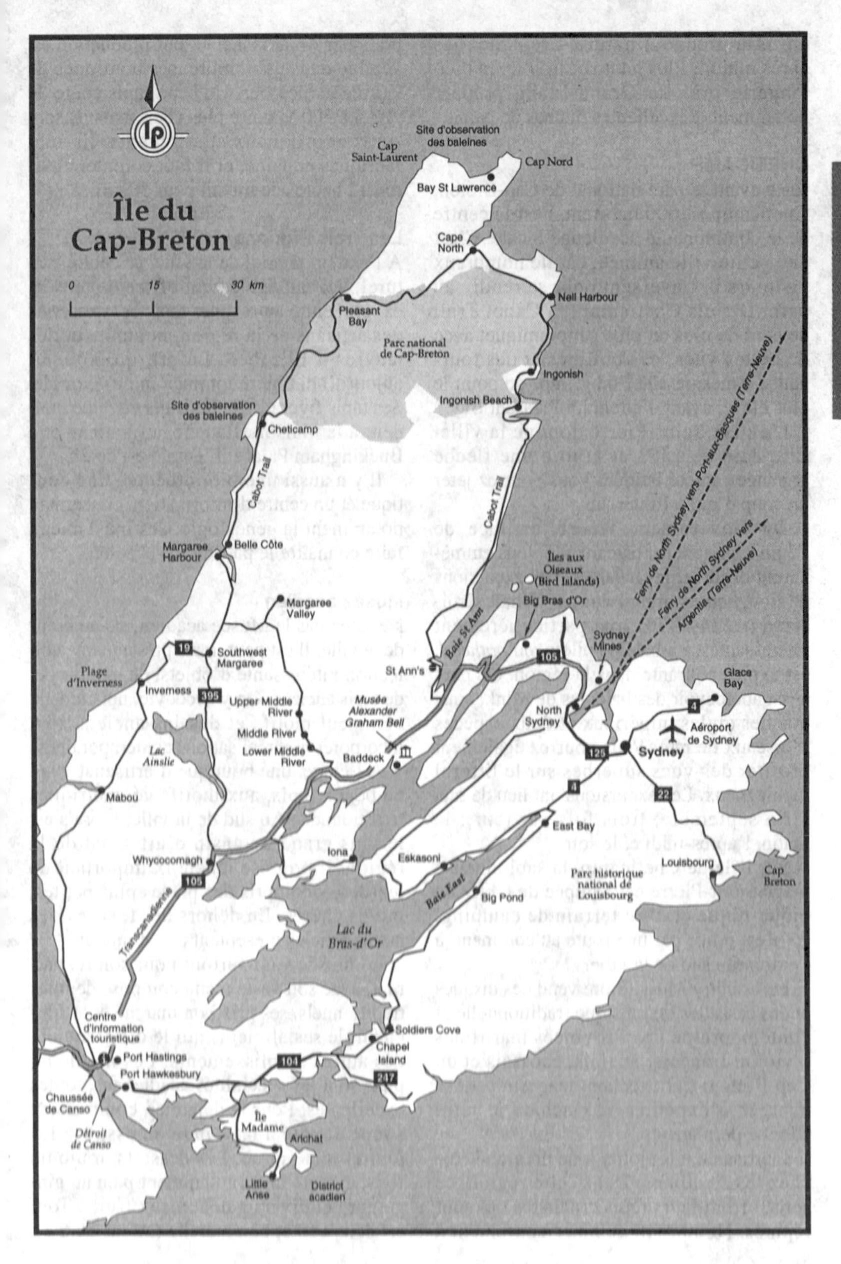

Île du Cap-Breton
0
15
30 km
Site d'observation des baleines
Cap Saint-Laurent
Cap Nord
Bay St Lawrence
Cape North
Pleasant Bay
Neil Harbour
Parc national de Cap-Breton
Ingonish
Ingonish Beach
Site d'observation des baleines
Cheticamp
Cabot Trail
Ferry de North Sydney vers Port-aux-Basques (Terre-Neuve)
Ferry de North Sydney vers Argentia (Terre-Neuve)
Margaree Harbour
Belle Côte
Îles aux Oiseaux (Bird Islands)
Big Bras d'Or
Margaree Valley
Baie St Ann
Sydney Mines
Southwest Margaree
St Ann's
Glace Bay
Plage d'Inverness
Inverness
Upper Middle River
Musée Alexander Graham Bell
North Sydney
Aéroport de Sydney
Middle River
Lower Middle River
Baddeck
Sydney
Lac Ainslie
Mabou
East Bay
Whycocomagh
Iona
Eskasoni
Louisbourg
Cap Breton
Parc historique national de Louisbourg
Baie East
Big Pond
Transcanadienne
Lac du Bras-d'Or
Centre d'information touristique
Soldiers Cove
Chapel Island
Port Hastings
Port Hawkesbury
Chaussée de Canso
Détroit de Canso
Île Madame
Arichat
Little Anse
District acadien

en tissu grandeur nature – regardez-les après minuit. Plus haut sur la côte, la boulangerie près de Grand-Étang prépare notamment d'excellentes miches de pain.

CHETICAMP

Juste avant le parc national de Cap-Breton, Cheticamp (3 000 habitants) est le centre de la communauté acadienne locale. C'est une petite ville animée, car de nombreux visiteurs la traversent pour se rendre au parc. Depuis Cheticamp, la Cabot Trail devient de plus en plus panoramique, avec de belles vues, des collines et des tournants, à mesure que l'on grimpe au point le plus élevé, avant d'atteindre Pleasant Bay.

L'église Saint-Pierre domine la ville. Elle date de 1883 et arbore une flèche argentée caractéristique. Vous pourrez jeter un coup d'œil à l'intérieur.

Du Government Wharf, en face de l'église, partent les bateaux qui vous emmèneront observer les baleines. Les excursions de trois heures organisées par Whale Cruisers (☎ 224-3376) sont particulièrement intéressantes. La baleine pilote, ou *pothead*, est la plus courante dans la région. On peut aussi apercevoir des baleines de Mink, ainsi que des aigles impériaux et deux espèces d'oiseaux de mer. Vous pourrez également profiter des vues superbes sur le littoral montagneux. Les excursions ont lieu de mai à fin septembre, trois fois par jour : le matin, l'après-midi et le soir.

Sur l'île de Cheticamp, la sablonneuse plage Saint-Pierre est équipée de tables de pique-nique et d'un terrain de camping. L'île est reliée par une route au continent, à l'extrémité sud de la ville.

Le Country Music Store vend des disques et des cassettes de musique traditionnelle et contemporaine des Provinces maritimes – violon français, anglais, écossais et du Cap-Breton. Cet excellent magasin peut se charger d'expédier vos achats à votre adresse permanente.

L'artisanat a toujours joué un grand rôle chez les Acadiens. Dans cette région, ce sont surtout leurs tapis crochetés qui sont réputés. Nombre de femmes continuent à pratiquer cet artisanat et leur production est vendue dans de nombreuses boutiques de la ville et alentour. Un beau tapis coûte de 200 $ à 300 $, voire plus cher, mais ils sont souvent originaux et attrayants. Ils sont fabriqués en laine, et il faut compter environ 12 heures de travail pour 30 cm^2.

Les Trois Pignons

A l'extrémité nord de la ville, ce centre culturel, qui fait également office de musée, expose, entre autres, des tapis et tapisseries des artisans de la région, notamment des œuvres d'Elizabeth Lefort, qui connaît aujourd'hui une renommée internationale. Ses tapis figuratifs et portraits en laine pendent à la Maison Blanche, au Vatican et à Buckingham Palace. L'entrée est de 2 $.

Il y a aussi une bibliothèque, une boutique et un centre d'information, concernant notamment la généalogie, destiné à mieux faire connaître le patrimoine acadien.

Musée acadien

Ne ratez pas le Musée acadien, sis au cœur de la ville. Il est petit, mais présente une collection intéressante d'objets, de meubles et de tapis anciens. On y découvre, notamment, comment motifs et dessins anciens sont incorporés aux réalisations contemporaines.

A l'étage, une boutique d'artisanat vend de beaux tapis, aux motifs géométriques traditionnels. Au sud de la ville, Flora's est le plus grand magasin d'artisanat de la région. Il propose un choix important de textiles, y compris des pièces plus petites, moins chères. En dehors des textiles, les autres articles présentent peu d'intérêt.

Le musée vaut surtout pour son restaurant, avec son vaste menu composé de plats traditionnels, ses prix bon marché et la fraîcheur de ses aliments qui le différencient des autres établissements. Les meilleurs plats sont les spécialités acadiennes, toutes excellentes. Pour le déjeuner, commandez soupe et pâté à la viande ou essayez les tourtes à la morue. Les desserts, toujours frais, comprennent notamment pain au gingembre et divers gâteaux aux fruits. Tout est délicieux et bon marché (moins de 6 $).

Les femmes, qui tiennent le restaurant, préparent la cuisine et la pâtisserie, sont vêtues du costume traditionnel.

Le musée et le restaurant sont ouverts tous les jours, de la mi-mai à la fin octobre.

Où se loger

Pendant juillet et août, les hébergements affichent souvent complet. Mieux vaut réserver à l'avance ou arriver très tôt dans l'après-midi. C'est tout particulièrement vrai si le mauvais temps oblige les campeurs à quitter les forêts, ou si survient un événement du même ordre. Vous ne trouverez presque exclusivement que des motels.

Le moins cher de tous (40 $ une double), mais confortable, l'*Albert's Motel* (☎ 224-2936), dans Main St, ne dispose que de quelques chambres. Juste avant d'arriver au parc, *Les Cabines du Portage* (☎ 224-2822) loue 6 unités d'habitation avec une cuisine et 2 doubles lits, à 50 $ la simple ou la double, plus 5 $ par personne supplémentaire. Il propose aussi 3 cabines plus grandes, légèrement plus chères, dotées de 2 chambres à coucher. Des tarifs à la semaine sont proposés pour toutes les cabines.

Le *Cheticamp Motel* (☎ 469-3380), dans Main St, dans la partie sud de la ville, est bien entretenu et accueillant. Il dispose aussi d'une salle à manger pour le petit déjeuner. Les doubles/triples coûtent de 40 $ à 50 $. Il y a aussi une unité d'habitation.

Comme indiqué plus haut, il y a un terrain de camping à l'île de Cheticamp.

Où se restaurer

En dehors du restaurant du musée, les endroits où se restaurer sont étonnamment nombreux pour une si petite ville. L'une des spécialités locales est le crabe, qui apparaît sur plusieurs menus. Le *Wilf's Restaurant*, 838 Main St, pratique des prix raisonnables, avec des plats de fruits de mer ou de poulet à environ 8 $. Vous pouvez aussi essayer le *Harbour Restaurant*, qui offre aussi un beau point de vue. Il sert du homard tout l'été, et il y a un menu pour les enfants. Ouverte depuis 1938, la salle à manger du *Laurie's Motel* est très prisée, mais beaucoup plus chère.

Comment s'y rendre

Les bus de la Transoverland Ltd relient Cheticamp à Baddeck. Ils assurent également la liaison de Baddeck à Sydney. Les horaires varient selon les saisons et les bus ne circulent pas tous les jours. De même qu'il n'existe pas de service de bus dans le parc ou alentour, mais on peut louer des vélos à Cheticamp.

PARC NATIONAL DE CAP-BRETON

Situé au milieu des montagnes, ce parc ne présente pas seulement le relief le plus impressionnant du pays, c'est aussi l'un des endroits les plus beaux du Canada.

Une entrée pour une journée coûte 5 $, mais des laissez-passer plus longs sont disponibles. En été, pluie, brume et vent sont fréquents, même s'il fait plutôt chaud. Juillet est généralement le mois le plus sec, suivi de près par juin et septembre. Les températures estivales ne dépassent pas 25°C et peuvent descendre jusqu'à 15°C.

Aux deux entrées, Cheticamp et Ingonish, sont installés des centres d'information, avec cartes (y compris des cartes topographiques), brochures et conseils à l'appui. Ils vendent un bon choix d'ouvrages sur la nature et louent des vélos tout terrain.

La Cabot Trail, l'une des routes les plus célèbres du Canada, doit en partie sa notoriété au tronçon de 106 km qui longe la côte nord, puis redescend vers Pleasant Bay. La route zigzague entre les montagnes le long du littoral, traverse des plaines et des vallées dénudées, puis remonte jusqu'au **mont Français**, le point culminant (459 m). Vous pourrez vous arrêter en chemin aux points de vue aménagés, le plus spectaculaire se situant au sommet. Si possible, prévoyez cette excursion par une journée ensoleillée. Vous pourrez ainsi apercevoir la côte, en aval. Pour redescendre vers Pleasant Bay, la route décrit des zigzags en épingles à cheveux, juste à l'extérieur du parc. Assurez-vous que vos freins sont en bon état avant de partir. Malgré les efforts à fournir, c'est aussi l'un des itinéraires préférés des cyclistes. Un exploit sportif qui n'est guère recommandé comme randonnée inaugurale.

Les sentiers pédestres sont nombreux, et ils constituent, bien évidemment, le meilleur moyen de découvrir le parc et, avec un peu de chance, d'en apercevoir la faune. Ours noirs, lynxs, renards, loutres et orignaux font partie des multiples animaux à y avoir élu domicile, ainsi que 185 espèces d'oiseaux. La plupart des sentiers sont courts et proches de la route. Pour les randonnées plus longues, avec camping la nuit, renseignez-vous auprès des bureaux d'information. Signalez toujours votre départ à l'un des gardiens.

Parmi les sentiers plus longs, le n°22 qui relie Ingonish au lac des Îles (14 km) est recommandé. Une carte topographique (disponible, mais chère) n'est pas nécessaire. La carte fournie par le centre d'information suffit.

Le parc contient 8 terrains de camping, dont certains réservés aux campeurs avec tentes. Ils sont généralement petits (pour 10 à 20 personnes). Comptez 12 $ pour une tente, quel que soit le nombre d'occupants. Choisissez le site qui vous convient et plantez-y votre tente. Un gardien passera dans la soirée pour récolter l'argent.

Si vous venez de Cheticamp, le sommet du **mont Mackenzie** offre des vues spectaculaires sur l'arrière-pays. La **vallée de la Grande Anse** abrite une forêt sauvage.

Dans la petite ville de **Pleasant Bay**, le restaurant *Black Whale* est recommandé pour ses fruits de mer frais, excellents, ses prix abordables et son décor agréable, décontracté. Le menu propose de tout, du homard au fish & chips. Vous pourrez vous asseoir dans le patio et observer les baleines globicéphales au large. Comptez environ 9 $ pour un repas de poisson. Les autres restaurants de Pleasant Bay sont également spécialisés dans les fruits de mer. Vous y trouverez aussi deux motels, beaucoup plus chers que ceux de Cheticamp.

En direction d'Ingonish, le court **Lone Sheiling Trail** traverse une forêt d'érables vieux de trois cents ans pour aboutir à une réplique d'une cabane de petit fermier écossais des Highlands, en souvenir des premiers colons dans la région. Les autres sentiers conduisent à des chutes d'eau, en bordure de la route.

Depuis le village de **Cape North**, à l'extérieur du parc, on peut visiter la portion septentrionale (également appelée Cape North) de Cap-Breton. Le village de Cape North possède une station-service et une boutique d'alimentation. Un peu plus au nord, au parc provincial Cabot's Landing, dans la baie d'Aspey, se situe l'endroit où John Cabot aurait accosté en 1497. Une nouvelle promulgation a lieu chaque année, le 24 juin, à la plage de Sugarloaf Mountain. A Bay St Lawrence, des **croisières pour l'observation des baleines** sont organisées plusieurs fois par jour pendant les mois d'été.

Charmant petit village de pêcheurs, **Neil Harbour** mérite le détour. De fait, c'est l'un des plus beaux de toute la Nouvelle-Écosse. Sur le quai vous pourrez acheter du poisson et du homard. Ou vous rendre au *Chowder House*, un restaurant bon marché situé au bord de l'eau, au phare.

A l'entrée est du parc vous attendent **Ingonish** et **Ingonish Beach**, deux petits bourgs qui offrent hébergement et fournitures de base. Il y a aussi plusieurs terrains de camping, publics et privés, ainsi que des motels et un bureau d'information du parc.

A Ingonish Beach, la plage est une merveille, avec sa longue bande de sable environnée de collines verdoyantes, au creux d'une baie. Après quelques jours ensoleillés, l'eau est souvent chaude et, en fin d'après-midi, la lumière y est surprenante.

Consultez la rubrique *Comment s'y rendre* (Cheticamp) pour plus de détails sur les bus qui desservent le parc.

Où se loger et se restaurer

Non loin d'Ingonish, à 8 km de l'entrée du parc, au nord, le *Driftwood Lodge* (☎ 285-2558) est tenu par Mrs Kulig. Les chambres de l'édifice ancien sont meilleur marché, avec des doubles à partir de 35 $, sans s.d.b. Pour profiter de la vue, vous devrez payer plus cher. Des tarifs hors saison sont appliqués début juin et de septembre à octobre. On y sert le petit déjeuner et des repas germano-polonais.

Toujours dans Ingonish, le *Sea Breeze Cottages & Motel* (☎ 285-2879) dispose d'une douzaine de bungalows de taille et d'aménagement très divers, certains étant entièrement autonomes. Comptez 48 $ en double pour les 6 unités d'habitation du motel.

Ingonish Centre offre également quelques hébergements, pour la plupart des cabines, comme à Ingonish Beach où, à flanc de colline, vous attend le *Keltic Lodge* (☎ 285-2880), un hôtel gouvernemental luxueux, particulièrement onéreux. Les autres hôtels pratiquent des prix plus abordables. Pour se restaurer, la cafétéria qui se tient en bas des escaliers, à *Doucette's Variety Store*, non loin d'Ingonish Beach, prépare des soupes, des sandwiches et des pâtés délicieux.

CAPE SMOKEY

D'Ingonish sud à Cape Smokey, vous pourrez profiter de quelques beaux paysages. Arrivé au sommet, à Cape Smokey, vous trouverez un petit parc avec des tables de pique-nique, une mer agréable et quelques points de vue sur la côte. Les sentiers qui mènent au nord et au sud offrent un panorama plus superbe encore.

La route marque ensuite une descente abrupte (attention à vos freins !) jusqu'à la sortie des montagnes.

ST ANN'S

Le **Gaelic College of Celtic Arts & Crafts** se niche au bout de la baie de St Ann. Fondé en 1938, c'est le seul établissement de ce type en Amérique du Nord. Il propose des cours en gaélique, des cours de cornemuse, de danses des Highlands, de tissage et de fabrication de kilts à des étudiants de tout âge. En été, vous aurez sans doute la chance d'entendre un étudiant chanter une ballade traditionnelle en gaélique, ou un autre jouer du violon. Des mini concerts et des récitals sont organisés toute la journée. Promenez-vous dans le jardin, visitez le musée (documents historiques, tartans) ou flânez dans la librairie, qui vend livres, cassettes et kilts. Il existe une cafétéria qui sert des repas légers ou du thé.

Chaque année, un festival écossais, le Gaelic Mod, a lieu durant la première semaine d'août (festivités quotidiennes).

Le campus constitue l'intérêt essentiel de la ville.

BIG BRAS-D'OR

Après avoir traversé le pont qui surplombe une crique jusqu'au lac du Bras-d'Or dans la direction de Sydney, une seconde route bifurque vers la côte et le village de Big Bras d'Or. Au large on aperçoit les **îles Bird** bordées de falaises, Hertford et Ciboux. Elles accueillent de gigantesques colonies de mouettes tridactyles, macareux, petits pingouins, hirondelles de mer, et autres espèces.

Des excursions en bateau sont organisées de mai à septembre. Les îles se trouvent à environ 1,6 km du rivage, à une quarantaine de minutes. Le circuit complet dure deux heures et demie. La période de nidification se situe en juin et en juillet, qui sont les meilleurs mois pour se rendre sur les îles. Mais on peut profiter de la présence des oiseaux de mai à septembre. On aperçoit aussi, parfois, des aigles impériaux dans le voisinage. Les jumelles sont pratiques, mais pas nécessaires (on peut en louer), dans la mesure où les bateaux s'approchent à 20 m des îles.

Les circuits partent de *Mountain View By The Sea* (☎ 674-2384), qui loue aussi des cabines aménagées, des chambres en B&B et dispose d'un terrain de camping.

NORTH SYDNEY

Cette petite bourgade sert de terminal aux ferries de Marine Atlantic, à destination de Port-aux-Basques ou Argentia, à Terre-Neuve (pour plus de détails, consultez les rubriques concernant ces localités.) La ville offre peu d'intérêt, mais constitue une halte agréable en attendant le ferry. Des informations vous seront fournies à l'embarcadère des ferries. Ou bien contactez la Cape Breton Tourist Association (☎ 539-9876).

La rue principale, Commercial St, est bordée de boutiques et de restaurants. Pour les voyageurs motorisés, un parking public se trouve derrière l'hôtel de ville, dans Commercial St, non loin du croisement avec Blowers St. En front de mer, au cœur de la ville, au pied même de Caledonia St, une promenade en planches mène aux Ballast Grounds du port. De là, on peut observer l'agitation sur le front de mer, contempler le va-et-vient des voiliers et des bateaux de pêche, des cargos et des ferries à destination de Terre-Neuve.

Où se loger

Au nord de la ville plusieurs terrains de camping privés jalonnent la Transcanadienne. Le *Arm of Gold Campground* (☎ 736-6516), essentiellement réservé aux caravanes, est le plus proche du ferry, à 3,2 km.

Surplombant la mer, l'*Alexandra Shebib's B&B* (☎ 794-4876), est situé à 2 km, à l'ouest, du terminal des ferries. Au 88 Queen St, une rue qui porte le nom de Commercial St, dans la ville même. C'est un établissement agréable, ouvert toute l'année et qui pratique des prix abordables (simples de 30 $ à 35 $, doubles à 40 $).

Des motels sont concentrés dans le voisinage (tarifs doubles du précédent). On peut essayer le *Clansman Motel* (☎ 794-7226), dans Peppett St, à la sortie 2 sur la Hwy 125.

Où se restaurer

La ville possède quelques restaurants simples, comme le *Papa J's*, qui sert des grands sandwiches mixtes et des plats italiens corrects. Si vous commandez des spaghettis à 5,50 $, la portion devrait suffire à nourrir la moitié du restaurant. Restaurant et salle de café, le *Rollie's Wharf* est planté au bord de l'eau, près du dock des ferries. A proximité, à l'embarcadère des ferries dans Commercial St, vous pourrez acheter quelque ravitaillement pour la traversée en ferry, au *Robert's Home-style Bakery*. A l'extérieur de la ville, attenant à la route principale vers Baddeck, vous attend le très réputé *Lick-a-Chick*, un restaurant dont la spécialité est le poulet.

Comment s'y rendre

Bus. Il n'existe pas de véritable gare routière à North Sydney. Toutefois, vous pourrez attraper un des bus Acadian Lines, qui relient Sydney à Halifax, au North Star Inn, attenant au terminal des ferries, trois fois par jour. Un bus local assure également la liaison entre Sydney et North Sydney pour 2,50 $. On peut aussi le prendre au dock des ferries, ou à plusieurs endroits de Queen St (voir la rubrique *Comment s'y rendre/Sydney*, pour plus de renseignements sur les bus Transoverland à destination de Baddeck.)

Train. Le service des trains a été entièrement supprimé à Cap-Breton.

Ferry. En été, les réservations sont vivement recommandées. Contactez Marine Atlantic (☎ 794-5700), à North Sydney. Central, le terminal des ferries, est implanté tout au bout de Commercial St, à Blowers St. La Transcanadienne (route 105) aboutit tout droit au terminal. Pour des informations détaillées sur les traversées en ferry, voir les rubriques *St John's* et *Port-aux-Basques*, au chapitre *Terre-Neuve*.

SYDNEY MINES

Longtemps connue sous le nom de Mines, cette petite ville côtière, sise au nord-est de North Sydney, est un centre minier depuis les années 1700. Les mines étaient encore exploitées tout récemment, et les conditions de travail n'y étaient guère faciles. La plupart des galeries courent sous la mer – l'une s'étend à 6,4 km du rivage. Après sa fermeture, une portion de la mine fut transformée en musée, mais il est aujourd'hui fermé. Glace Bay possède un petit musée consacré à la mine, ainsi que Springhill.

SYDNEY

Troisième ville de la province, c'est le seul véritable centre urbain de Cap-Breton et le principal secteur industriel de l'île. Localité très ancienne, ce noyau du district minier présenta longtemps peu d'intérêt touristique. La ville était terne, les conditions de vie difficiles, et le taux d'alcoolisme élevé. Mais dernièrement, elle a quelque peu changé d'aspect, semble plus fière de son passé et montre plus d'espoir en l'avenir. Il est vrai qu'elle regroupe la première aciérie d'Amérique du Nord, et quantité d'autres industries, y compris des fonderies, des fabriques de machine et des usines de pâte à papier. On a su préserver les bâtiments anciens, et divers hôtels et restaurants sont à la disposition des visiteurs.

Au cœur de la ville, l'artère principale, Charlotte St, est bordée de nombreuses boutiques et centres d'intérêt. Le cours d'eau Sydney longe la bordure est du centre-ville. Les activités proposées sont réduites, mais de nombreux voyageurs s'y arrêtent pour prendre le ferry vers le nord ou se rendre à Louisbourg au sud.

Au sud de la ville, un office du tourisme est installé dans King's Rd, la route des motels, également appelée Hwy 4.

Nord de Sydney

Au nord du centre-ville, dans Charlotte St, l'esplanade (parallèle au cours d'eau) et les rues adjacentes constituent le vieux quartier de la ville, avec une demi-douzaine de bâtiments datant des années 1700, et de nombreux édifices construits au XIXe siècle. Les rues bordées d'arbres offrent une promenade agréable, et si l'histoire vous passionne, vous pourrez également pénétrer à l'intérieur de certains bâtiments. De l'autre côté du Government Wharf, sur l'esplanade, vous pourrez visiter la plus vieille église catholique de Cap-Breton, l'**église Saint-Patrick**, datant de 1828.

Plus vieille maison de Sydney, la **Cossit House**, dans Charlotte St, date de 1787. Transformée en musée, elle renferme des meubles anciens.

Tout à côté, **Saint George**, une église anglicane, est la plus vieille de toutes les églises de Cap-Breton. Trois autres bâtiments ecclésiastiques sont concentrés sur Whitney Pier, vieux quartier résidentiel de la ville, non loin de l'aciérie. C'est là que les premiers immigrants venus de Pologne, d'Ukraine et des Antilles s'installèrent, trouvèrent du travail et édifièrent des édifices cultuels.

Le Lyceum, l'ancien centre culturel, 225 George St, abrite aujourd'hui le **Centre for Heritage & Science**. Ce musée, axé sur l'histoire de l'homme et de la nature, possède aussi une galerie d'art. Il est ouvert tous les jours, en été (horaires plus réduits le reste de l'année).

L'Action Week se déroule la première semaine d'août, chaque année. Les festivités incluent musique, sport et diverses autres activités.

Où se loger

En ville, le *Paul's Hotel* (☎ 562-5747), 10 Pitt St, loue 24 chambres, avec s.d.b. commune ou individuelle (plus cher) de 28 $ à 40 $.

Toujours au centre, 169 Park St, le *Park Place* (☎ 562-3518), un B&B datant du début du siècle, pratique des tarifs très compétitifs (simples/doubles à 32/40 $).

Le *Mansion Tourist Home* (☎ 539-5979), 259 King's Rd, dispose de 10 chambres et d'une chapelle (pour les mariages), en cas d'union urgente. Les doubles coûtent 45 $ avec s.d.b. et petit déjeuner (continental) compris.

Des établissements plus spacieux, plus modernes, sont pour la plupart concentrés dans King's Rd, qui longe le cours d'eau Sydney, en direction de la Hwy 125, au sud du centre. Vous y trouverez de nombreux motels, disposant généralement de restaurants. Le *Journey's End Motel* (☎ 562-0200), 386 King's Rd, pratique les tarifs les plus modestes (60 $ une double).

Où se restaurer

Le *Jasper's*, doté de plusieurs adresses en ville, dont une centrale, à l'angle de George St et de Dorchester St, est un restaurant familial bon marché, qui sert de bons plats du jour. Même le soir, les plats ne dépassent jamais 13 $.

Toujours dans le centre, le *Joe's Warehouse*, 424 Charlotte St, sert des menus variés et un grand buffet de salades. Un patio à l'extérieur donne sur l'eau.

Comment s'y rendre

Bus. La gare routière des bus Acadian Lines (☎ 564-5533) est située loin du centre (mais accessible à pied), en face du gigantesque centre commercial de la ville (Sydney Shopping Centre Mall), dans Terminal Drive. Cinq bus desservent chaque jour Halifax : le premier à 8h, le dernier à 18h. Le prix est de 35,50 $. Un des bus du matin est direct, les trois se rendent au terminal des ferries à North Sydney et s'arrêtent fréquemment sur tout le trajet.

Pour Charlottetown, dans l'île du Prince-Édouard, le tarif est de 40 $ et le bus part à 8h. Les bus Transoverland relient Baddeck *via* St Ann's, puis traversent la vallée Margaree, au nord, et remontent la côte jusqu'à Cheticamp.

Train. Par mesure gouvernementale, plus aucun service de train n'est assuré.

GLACE BAY

Dans cette ville de la région industrielle de Sydney, la population a connu les mêmes difficultés que les Bretons du Cap. Le travail fut toujours pénible, les conditions de vie difficiles, les salaires misérables avec un taux de chômage parmi les plus élevés du pays. En outre, les maladies professionnelles y sont beaucoup plus fréquentes. Des épreuves qui n'empêchent pas la population de se montrer généralement amicale et hospitalière avec les visiteurs. Récemment encore, Glace Bay vivait de l'exploitation des mines, aujourd'hui fermées, d'où la diminution constante de la population.

Le **musée de la Mine** (Miners' Museum, ☎ 849-4522), est implanté à moins de 2 km du centre de la ville, à l'est, à Quarry Point, 42 Birkley St (qui donne dans South St). Vous y aurez un bon aperçu de l'histoire locale de la mine, divers équipements sont exposés et l'on a recréé un village qui dépeint la vie des mineurs au début du siècle. Point culminant de la visite : la descente dans la mine en compagnie d'un mineur à la retraite. Le circuit dure vingt minutes et coûte 5 $. Le site dispose aussi d'un restaurant. Le musée est ouvert tous les jours, de juin à septembre, et seulement le week-end, le reste de l'année.

Le **site historique national Marconi** marque l'endroit d'où, en 1902, l'Italien Gugliemo Marconi envoya le premier télégramme de l'autre côté de l'Atlantique. Message qui fut reçu en Cornouailles, en Angleterre. Vous pourrez y observer un modèle de la station de transmission originale, et y recueillir des informations sur les développements ultérieurs des communications. Le site se trouve à Timmerman St, dans le quartier de Glace Bay désigné sous le nom de Table Head.

MARCONI TRAIL

Plusieurs villages de pêcheurs et plages rocheuses jalonnent la route côtière au sud de Glace Bay jusqu'à Louisbourg et son célèbre parc historique. La route la plus directe, qui passe au sud de Sydney, est bordée par une demi-douzaine de terrains de camping.

LOUISBOURG

Avec une population de 1 400 habitants, Louisbourg est le premier port de pêche de la région. La ville est également célèbre pour son fort. Il n'y a pas de transport public, mais le stop ne pose aucun problème.

Le port abrite toujours une importante flotte de pêche et une usine alimentaire (poisson) qui emploie une large main-d'œuvre. En dehors du parc, la vieille ville offre quelques sites dignes d'intérêt. Le **Sydney & Louisbourg Railway Museum** et l'office du tourisme se situent à l'entrée de la ville. Le musée est consacré à la ligne ferroviaire qui desservit Sydney de 1895 à 1968, transportant du poisson dans un sens, et du charbon au retour. L'entrée est gratuite.

Dans un bâtiment ancien de Main St, l'**Atlantic Statiquarium Marine Museum** regroupe des expositions sur la pêche, divers objets retirés des épaves, et la vie marine, y compris des spécimens vivants. L'entrée est payante. Les deux musées sont ouverts tous les jours, en été. La société du patrimoine local organise une exposition dans l'impressionnant **presbytère victorien**, attenant à l'église anglicane.

Le long du front de mer, on peut acheter divers objets d'artisanat. La **maison des Poupées** (House of Dolls) rassemble une collection de près de 2 000 miniatures humaines. Au sud de la ville, enfin, se cachent les ruines du plus vieux phare du Canada, ainsi qu'un centre d'information.

Où se loger et se restaurer

Pour ceux qui désirent passer la nuit sur place, Louisbourg propose 4 B&B bon marché. Dans Main St (vous ne pouvez pas le rater), l'*Ashley Manor* (☎ 733-3268) loue 3 simples/doubles ou triples à 32/40 $. Le *Manse* (☎ 733-3155), 10 Strathcona St, pratique des prix similaires, petit déjeuner compris. Autre option : le spacieux *Louisbourg Motel* (☎ 733-2844), 1225 Main St.

Deux restaurants servent une cuisine variée, à un prix abordable, largement composée de poissons. A côté de l'office du tourisme, l'*Anchor's Aweigh* est recommandé pour y prendre le petit déjeuner, mais aussi les autres repas. La soupe de palourdes y est particulièrement délicieuse. Plus bas dans Main St, le *Grubstake* prépare d'excellents plats de fruits de mer, mais appartient à une catégorie nettement supérieure.

Parc historique national de Louisbourg

Ce formidable site historique (☎ 733-2280) s'étale à environ 50 km au sud de Sydney, à la pointe sud-est de l'île du Cap-Breton. Il mérite absolument une visite. En été, il est ouvert tous les jours. L'entrée est de 7 $.

A la faveur du traité d'Utrecht en 1713, les Français perdirent leurs bases à Terre-Neuve. Ils ne purent conserver que l'île du Prince-Édouard, les îles de Saint-Pierre-et-Miquelon, et l'île de Cap-Breton, qui devint le centre d'exportation de la morue vers la France. Cette dernière fut également choisie pour y implanter une nouvelle base militaire. Massive construction fortifiée, englobant un fort et un village, Louisbourg demeura en chantier de 1719 à 1745 environ. Le complexe fut en réalité mal conçu et les Britanniques s'en emparèrent en quarante-six jours, dès son achèvement, en 1745. Il fut rendu à la France aux termes d'un autre traité, pour retomber aux mains des Britanniques en 1758. En 1760, après s'être emparé de Québec, Wolfe (qui avait conduit l'assaut contre Louisbourg) fit détruire les remparts de la ville de Louisbourg. Elle fut abandonnée et, sans perspective commerciale, déclina lentement.

Avec la fermeture de nombreuses mines de charbon de Cap-Breton, en 1961, le gouvernement fédéral mit sur pied un projet de vaste envergure : la reconstitution d'un site historique le plus gigantesque jamais entrepris au Canada. Aujourd'hui le site montre avec un souci du détail remarquable la vie des Français dans les années 1700. Tous les employés, en costume d'époque, mènent une vie identique à celle des habitants du fort. Vous pouvez les interroger sur tout : ce qu'ils mangeaient, de quels outils ils se servaient, comment ils étaient fabriqués, mais aussi avec qui untel était fiancé – ils répondront à toutes vos questions. Vous pourrez aussi visiter de nombreux bâtiments intéressants, meublés en conformité avec l'époque. Le restaurant sert également la cuisine de l'époque. Ne ratez surtout pas la boulangerie qui vend des miches de pain, destinées autrefois aux soldats, d'un kilo. Elles sont délicieuses. Accompagné de fromage, un morceau suffit à composer un repas (mais emportez un sac de plastique – ils ne vous en donneront pas, car en 1750 le plastique n'existait pas !)

Prévoyez une demi-journée environ pour la visite complète du parc, de préférence le matin, lorsque les touristes sont moins nombreux, et en juin ou septembre. Durant cette période, les employés pourront s'entretenir avec vous plus longuement. Ce site populaire est très fréquenté en juillet et août. Commencez par regarder le film projeté par le centre d'information du parc. Des visites guidées gratuites sont organisées toute la journée.

Le temps est très variable et généralement mauvais. Emportez un pull-over et un imperméable, même si la journée commence par être ensoleillée, et préparez-vous à parcourir des kilomètres. De nombreux sentiers de randonnée sillonnent le parc.

ENVIRONS DU LAC DU BRAS-D'OR

Baddeck

Vieille station balnéaire sise dans un cadre pastoral, Baddeck se trouve sur la rive nord du lac, à mi-chemin entre Sydney et la chaussée de Canso. Tous ceux qui visitent l'île du Cap-Breton s'y arrêtent. D'où son caractère un peu trop touristique, même si la ville reste attrayante. En particulier, ne manquez pas le **musée Graham Bell**.

Chebucto St, la principale artère, offre le nécessaire et le superflu, ainsi qu'une très agréable promenade. Dans Water St, en front de mer, sont amarrés au Government Wharf des bateaux de plaisance, des voiliers de croisière et parfois le *Bluenose*, qui embarquent des passagers pour une excursion dans le lac du Bras-d'Or (il y a des manières plus déplaisantes de passer un après-midi ensoleillé). En été, un service de navette gratuit est assuré pour traverser la baie jusqu'à l'**île Kidston**, au large, où il est très agréable de se baigner.

Les bus Acadian desservent New Glasgow et Antigonish et relient Baddeck à Halifax. Depuis Baddeck, les bus Transoverland remontent vers le nord, traversent la vallée Margaree, et longent la côte jusqu'à Cheticamp. Ils assurent également la liaison de Baddeck à North Sydney et Sydney.

Les bus partent de la station-service Ultramar implantée à l'extrémité est du centre de la ville. Pour New Glasgow, comptez 24 $.

Site historique national Alexander Graham Bell. Inventeur du téléphone, Alexander Graham Bell possédait une spacieuse résidence d'été à Baddeck. Ce musée est consacré à l'homme et à son œuvre. C'est un parc national historique qui couvre tous les aspects des inventions et innovations de cet homme remarquable. Explica-

Alexander Graham Bell

tions écrites, modèles, photographies et objets explicitent en détail la diversité de ses travaux. Sont exposés des appareils médicaux et électriques, des télégraphes, des téléphones, des cerfs-volants et des hydravions. Le musée nécessite une visite de plusieurs heures. Il est ouvert tous les jours jusqu'à 21h, en été. L'entrée est gratuite. Entouré de jardins et de tables de pique-nique, le musée est perché sur une colline. Du toit, on a une vue splendide sur la baie et une partie du lac salé du Bras-d'Or.

Où se loger. Quelques B&B sont disséminés dans la ville et aux environs, ainsi qu'une demi-douzaine de motels beaucoup plus onéreux. Tous les établissements implantés dans le centre-ville sont chers.

Le *Duffus House Inn* (☎ 295-2172), dans Water St, dispose de 9 chambres dotées de meubles anciens. Comptez à partir de 50 $ pour une double, avec s.d.b. commune.

Motel du centre-ville, le *Telegraph House* (☎ 295-9988) est très attrayant avec ses volets blancs sur murs gris, mais il demande de 60 $ à 80 $ pour une double, petit déjeuner compris. Comptez 75 $ environ pour les autres établissements du même genre.

Moins cher, le *Restawhyle Tourist Home* (☎ 295-3428), dans Shore Rd, loue des simples/doubles à partir de 25 $. Appelez pour plus d'informations, notamment concernant son emplacement exact.

L'*Eagle's Perch B&B* (☎ 295-2640) est assez éloigné du centre, sur la Hwy 105, à la sortie n°9. Tournez à gauche, au stop, puis poursuivez votre route sur environ 5 km. Implanté en bordure du cours d'eau Baddeck, il loue des canoës et des vélos. Les simples/doubles coûtent 35/45 $, petit déjeuner compris.

Où se restaurer. Baddeck offre un vaste choix d'excellents restaurants, généralement assez chers. Le meilleur et l'un des plus abordables est le *Highwheeler Café/Deli/Bakery*. Il propose quantité de plats alléchants à manger sur place, ou à emporter. Notamment un savoureux saumon fumé, ou un brie à déguster avec des petits pains en couronne.

Le *Old Chowder & Dessert Bar*, dans la rue principale, un pâté de maisons plus loin, et parallèle à Chebucto St, prépare de bonnes soupes et pratique des prix raisonnables. D'une catégorie supérieure, le *Bell Buoy*, sur le quai, sert d'excellents fruits de mer, assez chers. Des soupers composés de homard d'environ une livre, auquel s'ajoute un buffet à volonté, sont disponibles au centre de la ville, dans l'ancien Legion Hall, dans Ross St. A 25 $, le homard servi n'est pas d'une qualité comparable à la variété de l'île du Prince-Édouard, mais reste excellent. Le repas inclut une soupe de palourdes, des moules, des petits pains, de la salade, un dessert et les boissons. Il est ouvert tous les jours, de juin à octobre. Des spéciaux du jour sont proposés de 11h30 à 13h30. Le dîner est servi de 16h à 21h.

Le *Taj*, un restaurant indien installé dans les jardins du musée Graham Bell, constitue une bonne surprise avec des plats de 6 $ à 9 $.

Mieux vaut oublier les fish & chips à emporter, proposés sur les docks. Ils sont congelés et trop gras.

Le *Herring Chokee*, un délicatessen, est en revanche recommandé. Situé non loin de Baddeck, dans la localité de Nyanza (à 1,5 km à l'ouest de l'embranchement de la Cabot Trail), prépare une cuisine savoureuse, simple, et bon marché. Il y a aussi une boulangerie.

Iona

Petit village au sud de Baddeck, il est implanté sur le côté sud de la péninsule, au détroit de Barra, sur le lac du Bras-d'Or (Hwy 223). Iona se tient un peu à l'écart, mais c'est aussi ce qui fait son charme. Le **Highland Village Museum** est axé sur la vie des Écossais des Highlands, dans leur patrie, puis au Nouveau Monde.

Parmi les dix bâtiments historiques exposés, vous pourrez voir une maison écossaise chauffée à la tourbe, datant du début du XIXe siècle, les premières maisons de pionniers, mais aussi des habitations ultérieures édifiées à l'aide de matériaux et de procédés nouveaux.

Un festival des Highlands se déroule le premier samedi d'août, avec notamment de la musique celtique. De nombreuses manifestations sont prévues tout l'été. Ne ratez surtout pas les repas traditionnels.

Attenant au musée, le motel *Highland Heights Inn* (☎ 725-2360) loue des doubles assez chères, à 70 $. Dans cette région, comme dans d'autres contrées du comté de Victoria, vous entendrez parfois parler gaélique. Un ferry relie les routes au côté du sud du lac du Bras-d'Or.

SUD DU LAC DU BRAS-D'OR

Cette contrée peu visitée, partiellement inhabitée, englobe de petits villages, des lacs et des collines. Dans cette région agricole et forestière, les routes ne sont généralement pas pavées.

Eskasoni

A proximité du ferry, à la lisière est de la baie, Eskasoni constitue la plus grande réserve indienne micmac de la province. Les Micmacs représentaient la nation indienne la plus importante de la région atlantique à l'arrivée des Européens. Il en reste quelques représentants dans les quatre provinces orientales du Canada. Certains parlent toujours leur langue, en Nouvelle-Écosse, et les Micmacs vendent leur vannerie dans des boutiques en bord de route, dans certaines réserves (notamment celle sise non loin de Whycocomagh, sur la Transcanadienne).

Big Pond

Sur la rive sud d'East Bay, à Big Pond, vous attend le *Rita's Tea Room*, tenu par la chanteuse du Cap-Breton Rita MacNeil et des assistants. Si elle n'est pas en tournée, vous pourrez sans doute discuter avec elle, tout en dégustant votre boisson. Au mois de juillet a lieu le Big Pond Concert, une impressionnante manifestation musicale annuelle.

Soldiers Cove

Plus à l'est sur la route 4, à Soldiers Cove et à Chapel Island, se trouve une autre réserve micmac, dans une contrée qu'ils ont longtemps occupée. Chaque année, durant la dernière semaine de juillet, se déroule un important festival culturel.

Le French Corner

A l'image de la région de Cheticamp, l'extrême sud-ouest de Cap-Breton est essentiellement francophone. Les Acadiens s'implantèrent dans la région qui englobe l'île Madame. Après leur expulsion, ils tentèrent de s'installer en Martinique, puis regagnèrent la Nouvelle-Écosse. Arichat, sur l'Océan, est la plus grosse bourgade. Elle possède un restaurant et une auberge en bois acadienne, appelée comme il se doit *L'Auberge Acadienne*, qui sert quelques spécialités acadiennes. Sur la route 320, le musée LeNoir Forge est un atelier de maréchal-ferrant français datant du XVIIIe siècle, ouvert de mai à septembre.

Situé en contrebas de la route, Petit-de-Grat organise chaque année, en août, un festival acadien, avec musique, dégustation, etc. Cette petite bourgade est la plus ancienne de l'île Madame. Port commercial actif pendant la prohibition, c'est aujourd'hui un centre de pêche.

A proximité d'Arichat sont regroupés un terrain de camping et plusieurs parcs. Le littoral mérite d'être exploré. Depuis Little Anse, un sentier mène au phare.

Port Hawkesbury

Bien que de taille respectable, cette ville ne présente guère d'intérêt pour le visiteur. C'est essentiellement le centre commercial et industriel du district.

Île de Sable

Située au sud de Cap-Breton, à environ 150 km du continent, elle fut surnommée le "cimetière de l'Atlantique". Du XVIe siècle à nos jours, d'innombrables bateaux s'échouèrent alentour ; des naufrages provoqués par une mer souvent houleuse et des bancs de sable invisibles.

L'île, qui mesure 32 km de long sur 1,5 km de large, n'est elle-même qu'un banc de sable, dépourvue du moindre arbre ou arbuste. Elle compte une douzaine d'habitants, un petit troupeau de poneys sauvages et des quantités de canneberges. Les habitants entretiennent les deux phares, la station météorologique et plusieurs autres installations. Les poneys descendraient d'animaux survivants d'un naufrage survenu au XVIe siècle.

Île-du-Prince-Édouard

Entrée dans la Confédération : 1/07/1873
Superficie : 5 657 km²
Population : 129 765
Capitale de la province : Charlottetown

Les Indiens micmacs affirment que c'est un dieu nommé Glooscap qui a peint tous les beaux endroits que l'on trouve sur terre. Puis il a plongé son pinceau dans toutes les couleurs et a créé celui-ci, Abegweit, son île favorite.

Elle peut aussi devenir l'endroit préféré des visiteurs. Si vous êtes consumé par l'atmosphère qui règne dans une grande ville ou souffrez d'un mal-être quelconque dû à la vie moderne, et que vous voulez revenir quelques années en arrière, c'est là que vous devez aller. Et si, une fois sur place, vous ne parvenez pas à vous relaxer, alors, désolé, mais votre cas est désespéré.

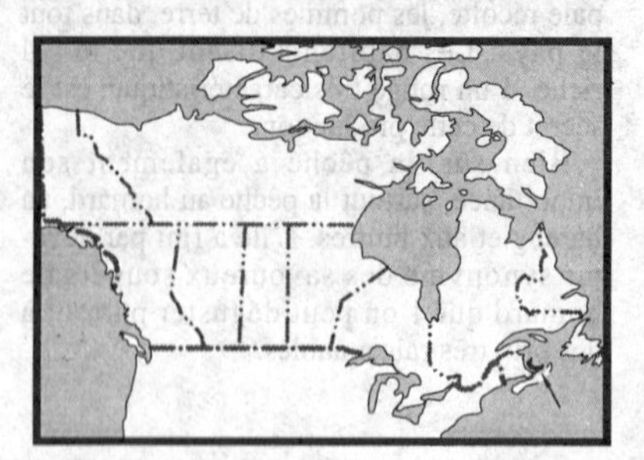

Aujourd'hui appelée "the Island" ou PEI (Prince Édouard Island), l'Île-du-Prince-Édouardest une étendue pastorale et sereine de paisible beauté d'un vert irlandais absolument merveilleux. On voit souvent, sur le bord des routes, les continentaux essayer de capturer sur pellicule le paysage qui s'offre à eux : quelques vaches noir et blanc de ce côté, quelques lupins mauves de celui-là, et peut-être un pan de mer au loin. Ici, le rythme de la vie est lent. La législation interdisant les panneaux d'affichage ajoute encore à la saveur de campagne traditionnelle dont l'île est empreinte. En fait, à bien des égards, celle-ci a très peu changé depuis l'époque dépeinte dans *Anne et le bonheur*, roman écrit dans l'île même au tout début du siècle et mondialement connu.

l'île-du-Prince-Edouard n'est pas un endroit passionnant ; il n'y a pas grand-chose à y faire, surtout après la tombée de la nuit, moment où la province cesse théoriquement toute activité et, si vous avez de la pluie pendant une semaine, il y a des risques pour que vous deveniez comme un lion en cage. Mais si vous souhaitez passer des vacances d'oisiveté totale, prenez donc ce risque. L'île est très appréciée des cyclistes, des familles et de toute personne recherchant le dépaysement à peu de frais – les prix sont parmi les moins chers du Canada.

L'Île-du-Prince-Édouard est la province la plus petite et possédant la plus forte densité de population. On ne le croirait jamais, pourtant, parce que c'est une région rurale et que les villes ne sont pas grandes du tout ; mais un nombre incalculable de petites routes très peu empruntées émaillent chaque segment de terre.

En mars 1993, la province a, pour la première fois dans toute l'histoire du Canada, élu une femme Premier ministre. Catherine Callbeck a conduit les libéraux à la victoire en obtenant 31 sièges sur 32.

CLIMAT ET QUAND PARTIR

Juillet et août sont les mois les plus secs d'une année franchement humide. Eu égard aux courants marins tièdes, le climat de la province est plus doux que dans la majeure partie du Canada et la mer est suffisamment chaude pour qu'on puisse s'y baigner. Comme dans toutes les provinces de la côte atlantique, la saison touristique est courte.

On le remarque ici peut-être plus qu'ailleurs, car de nombreux centres d'attractions, voyages organisés et pensions, ne fonctionnent que pendant les deux mois d'été.

ÉCONOMIE

A l'origine, l'Île-du-Prince-Édouard est une collectivité rurale qui vend sa principale récolte, les pommes de terre, dans tout le pays. Les habitants disent que le sol riche, d'un rouge très caractéristique, est le secret de cette production.

Bien sûr, la pêche a également son importance, surtout la pêche au homard, au hareng et aux huîtres. L'île a fini par devenir synonyme des savoureux soupers de homard que l'on peut déguster partout à des prix très raisonnables.

Les frais de transport étant prohibitifs, il y a très peu de fabrication dans l'île-du-Prince-Edouard. L'industrie n'a pas pu non plus se développer en raison du manque de ressources énergétiques.

Fin 1993, le gouvernement fédéral était sur le point de signer un contrat très controversé avec une compagnie privée pour construire un pont (baptisé "lien fixe") qui relierait l'Île-du-Prince-Édouard au Nouveau-Brunswick. C'est un problème qui dure depuis plusieurs années. Cette décision rencontre de nombreux détrac-

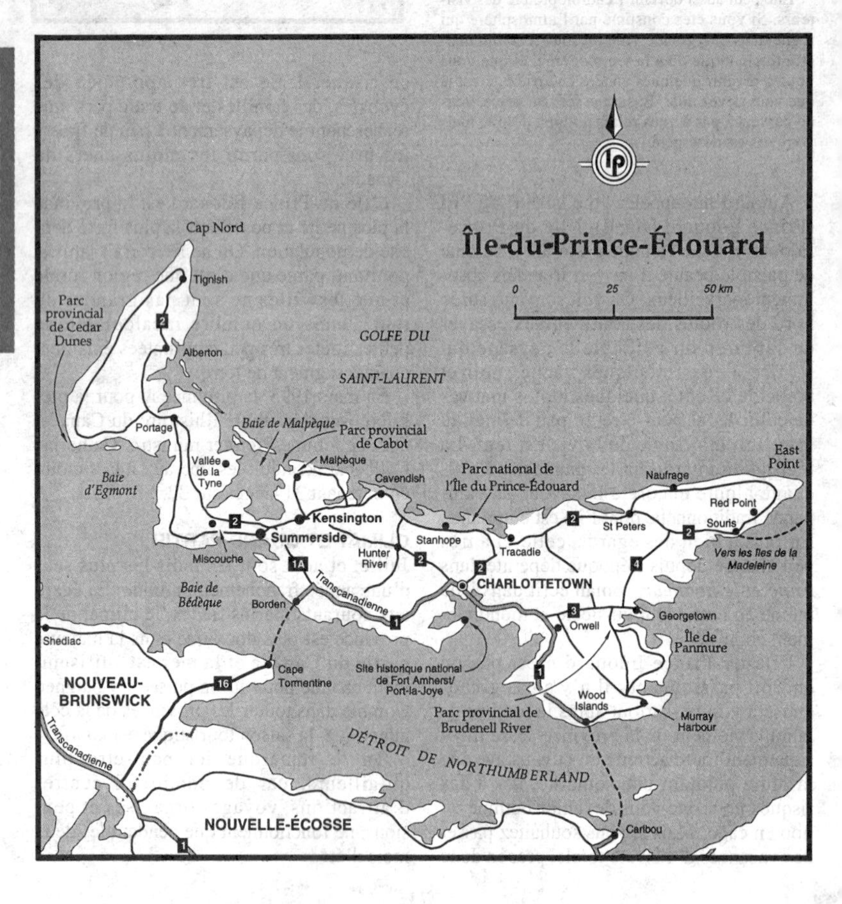

teurs, notamment les pêcheurs qui s'inquiètent des éventuelles conséquences négatives qu'elle pourrait avoir sur leurs prises, les écologistes, et les personnes soucieuses de faire l'économie des frais considérables qu'elle va engendrer. Certains pensent néanmoins que cela encouragerait le développement d'une indispensable activité économique.

ETHNIES

Les Européens de souches française, écossaise et irlandaise composent près de 90% de la population de l'île. Les indigènes qui occupaient les lieux à l'époque de la colonisation, les Indiens micmacs, représentent aujourd'hui 4% de cette population. Les aborigènes s'y sont installés il y a environ onze mille ans, bien avant que cette région ne soit séparée du continent ! Issus du peuple algonquin, les Micmacs sont arrivés à peu près à l'époque de Jésus-Christ.

RENSEIGNEMENTS

Emblèmes de la province

Le sabot de la Vierge est la fleur emblématique de la province et son oiseau, le geai bleu.

Téléphone

L'indicatif de la province est le 902. En cas d'urgence, composez le 0 (appel gratuit).

Heure locale

l'Île-du-Prince-Edouard est à l'heure de la côte atlantique.

Taxe

La taxe de cette province est de 10%.

Charlottetown

Charlottetown (45 000 habitants) est une vieille petite ville paisible qui est aussi la capitale historique de la province. C'est la plus petite capitale du Canada, avec un centre-ville tellement compact que tout est accessible à pied. Les rues victoriennes au rythme paisible et bordées d'arbres dans le style colonial font de Charlottetown le centre urbain idéal de cette île sereine et bucolique.

Quand les premiers Européens y sont arrivés au début du XVIIIe siècle, les Indiens micmacs occupaient déjà la région. En 1763, les colons décidèrent néanmoins de faire de Charlottetown leur capitale, la baptisant ainsi en hommage à Charlotte, reine de Grande-Bretagne et d'Irlande (1744-1818).

En 1864, la ville est le théâtre de la première conférence sur l'unification du Canada. C'est en 1867 qu'un accord est finalement signé, époque à laquelle un dominion voit le jour ; à partir de là, Charlottetown est considérée comme le berceau du Canada. Bien que l'époque actuelle soit beaucoup moins exaltante en matière de politique, nombre d'habitants de Charlottetown occupent une fonction à un échelon ou à un autre du gouvernement. En fait, une personne sur quatre dans l'île travaille directement pour le gouvernement.

Aujourd'hui, la ville est le lieu privilégié d'une industrie du tourisme florissante, ainsi que le centre des affaires et des commerces de la province. En juillet et en août, les rues sont noires de touristes, mais à la morte saison, l'atmosphère est plutôt calme.

Orientation

De Borden, la Hwy 1 (ne faites pas attention aux abords de la ville – c'est la seule portion de route vraiment laide sur l'île) devient University Ave, rue principale de la ville. Cette rue prend fin avec Grafton St, au niveau de la grande statue édifiée en mémoire de la guerre, et figurant trois soldats. L'immense complexe qui se trouve derrière comprend à la fois le bâtiment des archives de la province, celui du site historique national de la Maison de la province, et celui du centre d'art de la Confédération.

A mi-chemin de Grafton St, à l'ouest, on trouve Queen St, parallèle à University Ave. C'est la deuxième rue la plus importante de la ville et celle qui présente le plus d'intérêt pour les touristes.

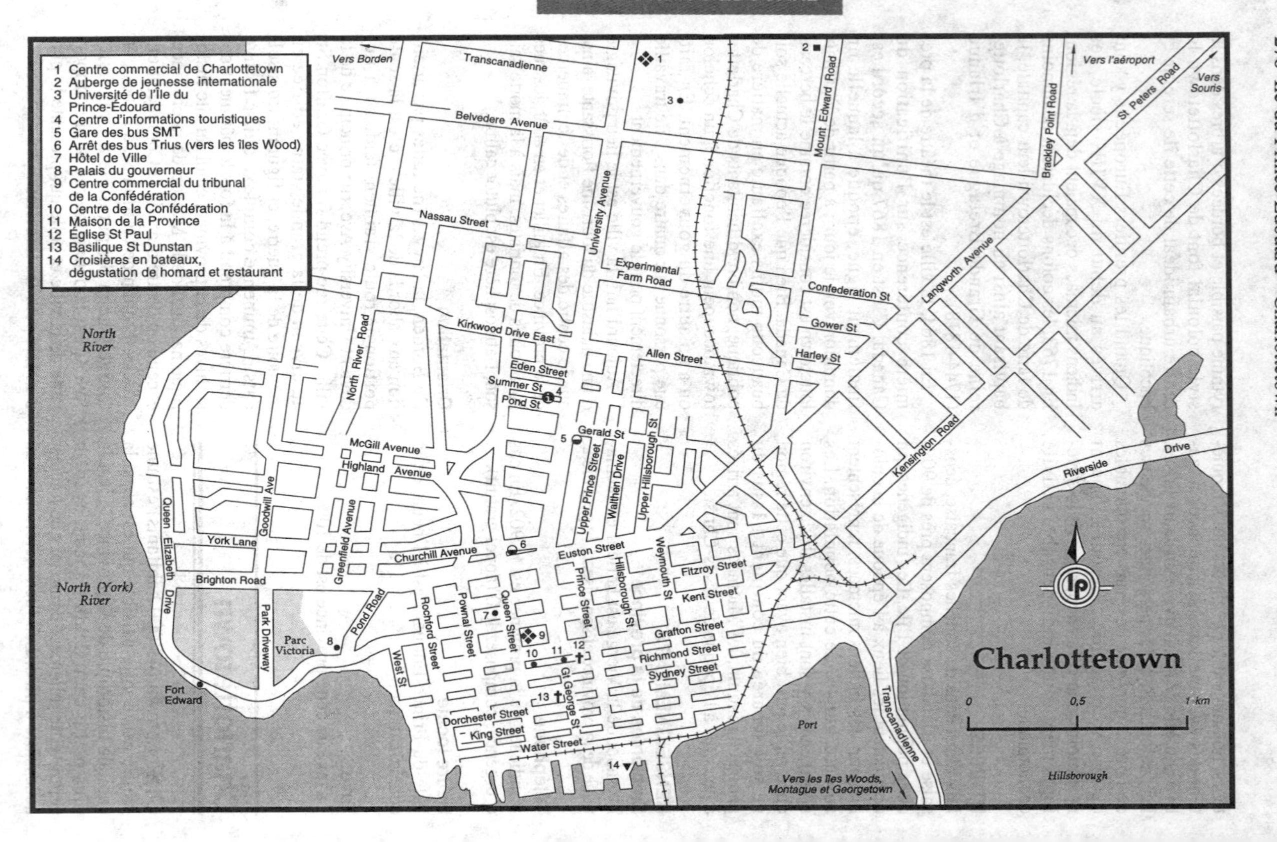
Charlottetown
0
0,5
1 km
Vers l'aéroport
Vers Souris
St Peters Road
Brackley Point Road
Riverside Drive
Hillsborough
Langworth Avenue
Kensington Road
Transcanadienne
Vers les îles Woods, Montague et Georgetown
Port
Mount Edward Road
Confederation St
Gower St
Harley St
Allen Street
Experimental Farm Road
University Avenue
Upper Hillsborough St
Walthen Drive
Upper Prince Street
Weymouth St
Fitzroy Street
Kent Street
Grafton Street
Richmond Street
Sydney Street
Hillsborough St
Euston Street
Prince Street
Gt George St
Water Street
Queen Street
Dorchester Street
King Street
Pownal Street
Rochford Street
West St
Pond Road
Gerald St
Summer St
Pond St
Eden Street
Kirkwood Drive East
Nassau Street
Belvedere Avenue
Transcanadienne
Churchill Avenue
McGill Avenue
Highland Avenue
Greenfield Avenue
North River Road
Vers Borden
Goodwill Ave
Parc Victoria
Park Driveway
York Lane
Brighton Road
Queen Elizabeth Drive
Fort Edward
North River
North (York) River
1 Centre commercial de Charlottetown
2 Auberge de jeunesse internationale
3 Université de l'Île du Prince-Édouard
4 Centre d'informations touristiques
5 Gare des bus SMT
6 Arrêt des bus Trius (vers les îles Wood)
7 Hôtel de Ville
8 Palais du gouverneur
9 Centre commercial du tribunal de la Confédération
10 Centre de la Confédération
11 Maison de la Province
12 Église St Paul
13 Basilique St Dunstan
14 Croisières en bateaux, dégustation de homard et restaurant

En partant de Queen St vers le sud, derrière le centre de la Confédération, on tombe sur Richmond St. A une rue à l'est de Queen St, le passage est interdit aux voitures et la rue devient piétonnière pendant l'été. On y trouve des marchands ambulants, des restaurants, des magasins d'artisanat et des galeries.

Le port de Charlottetown se situe à quatre rues au sud. En partant de Richmond St vers le sud et en contournant Queen St en direction des quais, on trouve la vieille ville. Nombre d'immeubles ont été rénovés et reconvertis en bureaux nationaux, en restaurants ou en magasins. La plupart comportent des plaques expliquant le contexte historique dans lequel ils ont été édifiés ; certains ont plus de cent ans. Tous les samedis matin, c'est dans ce quartier que se tient le marché des fermiers. Great George St, qui part de Richmond St au niveau de la Maison de la province, est très attrayante.

Au pied de Great George St, au sud de Water St, on débouche sur le Peakes Quay. Réaménagé, ce quai de marchandises comporte aujourd'hui des restaurants et des boutiques de souvenirs destinés aux touristes.

A l'ouest de la ville se trouve le grand parc Victoria, que longent le Queen Elizabeth Drive et la baie.

RENSEIGNEMENTS

L'office du tourisme (☎ 368-4444) de Charlottetown, qui est aussi celui de toute l'île, se situe au coin de University Ave et de Summer St. En entrant dans la ville en venant de Borden, vous le trouverez sur la droite dans un centre commercial, à 2 km environ du centre ville. Il est ouvert toute l'année, et jusqu'à minuit en été – ce qui est bien pratique –, y compris le dimanche.

Il y a aussi un bureau d'informations touristiques (☎ 566-5548) à l'hôtel de ville, au coin de Queen St et de Kent St. Ouvert de 8h à 19h tous les jours en été, il est spécialisé dans Charlottetown.

Centre d'art de la Confédération

Le style architectural de cette grande structure moderne située à l'intersection sud-est de Queen St et de Grafton St est en décalage avec le reste de la ville et, de ce fait, très controversée depuis sa construction, en 1960. Elle abrite un musée, une galerie d'exposition, une bibliothèque et un théâtre.

En juillet et en août, les prix d'accès au musée et à la galerie s'élèvent à 2 $, mais tous deux sont gratuits le reste de l'année, et toujours le dimanche.

Elle propose toute l'année des visites gratuites de la ville (☎ 628-6111). En été, le centre d'art de la Confédération est ouvert tous les jours de 9h à 20h.

Maison de la province

Situé juste à côté du précédent, ce bâtiment en grès à trois étages de style néo-classique abrite à la fois un site historique national (☎ 566-7626) et les locaux de l'actuelle législature provinciale. Au second étage, la salle de la Confédération est connue pour être le berceau du Canada, puisque c'est entre ses murs mêmes que, en 1864, les 23 députés des colonies britanniques du Nouveau Monde ont commencé à élaborer les détails de la formation du dominion du Canada.

Cette pièce, ainsi que deux autres, ont été restaurées de manière à retrouver l'apparence qu'elles avaient en 1864. A l'intérieur du bâtiment, ou peut-être même à l'extérieur, à l'entrée, vous pourrez voir des membres du personnel en costume d'époque, chacun représentant l'un des fondateurs du Canada. Une fois par jour en été, on peut assister à une reconstitution de la scène des pères de la Confédération. Renseignez-vous ici ou à l'office du tourisme pour connaître les horaires.

La Chambre législative se trouve aussi à cet étage, et la brise d'été pénétrant par les fenêtres ouvertes dans cette petite pièce confortable lui confère une atmosphère d'intimité tout à fait informelle qu'on ne retrouve pas du tout dans les Chambres législatives provinciales plus grandes. Le premier étage comporte d'autres salles "importantes". La Maison de la province est ouverte tous les jours et son entrée est gratuite.

Basilique St Dunstan
Cette grande basilique au sud de la Maison de la province se trouve à l'angle de Great George St et de Richmond St. Édifiée en 1898, l'intérieur de cette église catholique, la seule de la ville, est étonnamment décoré, avec des peintures d'un style inhabituel et un habillage vert qui se marie très bien avec les teintes bleu et vert du marbre. Des messes y sont célébrées quotidiennement de juin à début septembre.

Église St Paul
Sur Church St à l'est de la Maison de la province, cet édifice de grès rouge datant de 1747 est la plus vieille église protestante de l'île.

Maison Beaconsfield
Ce bel hôtel particulier jaune de style victorien situé au 2 Kent St (☎ 892-9127) a été édifié en 1877. C'est maintenant le siège de la Fondation des monuments historiques de PEI. Les pièces se trouvant au premier étage sont réservées à des expositions sur l'histoire locale. Il y a aussi une librairie spécialisée dans les ouvrages sur l'île-du-Prince-Edouard. La maison Beaconsfield est ouverte la semaine et son entrée coûte 2,50 $.

Palais du Gouverneur
De l'autre côté de Kent St se trouve le parc Victoria et le palais du gouverneur, autre bel hôtel particulier. Depuis 1835, celui-ci sert de lieu de résidence officielle au lieutenant-gouverneur de la province. Il est interdit aux visiteurs mais on peut en faire le tour.

CIRCUITS ORGANISÉS

Abegweit Sightseeing Tours, 157 Nassau St, Charlottetown (☎ 894-9966) propose des circuits autour de l'île en autobus à impériale. Il existe quatre excursions possibles : la partie nord, la partie sud, Charlottetown même, et, depuis peu, la région de Green Gables.

Les trois premières incluent certaines des attractions commerciales de la région visitée. La première dure environ six heures et coûte, tout compris, 27 $. Le circuit autour de la ville ne dure qu'une heure et coûte 5,50 $. Le circuit en direction du sud comporte une halte au dans le parc national historique de fort Amherst.

La grande excursion dans la région de Green Gables dure sept heures et inclut la ferme de Green Gables, lieu de naissance de Lucy Maud Montgomery, et le musée de Green Gables.

Si vous souhaitez simplement passer une journée à la plage, prenez donc le bus North Show Tour. Il viendra vous rechercher au retour de l'excursion. Son prix est de 7 $ ou 8 $ l'aller, et de 9 $ ou 10 $ le retour. Le dollar supplémentaire vous sera réclamé si vous souhaitez vous rendre à la plage de Cavendish.

Il existe nombre de possibilités d'excursions en bateau au large de Charlottetown. Une compagnie implantée depuis longtemps et fiable est Little Ferryboat Tours (☎ 368-2628). Ses excursions d'une heure et demie à 16 $ vous proposent de remonter un piège à homards à la surface de l'eau et de déguster de délicieuses moules cuites à la vapeur. Le samedi après-midi, sont organisées des excursions spéciales pour les familles et une fois par semaine, une excursion plongée, pour laquelle la compagnie vous louera tout l'équipement nécessaire. Les bateaux partent du port de marchandises de Prince St.

Si vous souhaitez affréter ou effectuer une croisière à bord d'un yatch de 12 m de long, contactez Gordon Miller (☎ 675-3666). Vous trouverez d'autres grands voiliers et compagnies de circuits organisés autour des quais du port de Charlottetown.

Gordon McQueen, du McQueen's Bike Shop, 430 Queen St (☎ 368-2463) organise des excursions à bicyclette.

Enfin, les visites à pied du quartier de la vieille ville de Charlottetown commencent à 9h30 au départ de l'hôtel de ville (☎ 566-5548). Départ toutes les heure en été.

Une brochure pour visiter la ville en solitaire est disponible à l'office du tourisme et traite en alternance la région du quai et Peake's Wharf.

FESTIVALS

Renseignez-vous sur les *ceilidhs* qui ont lieu dans toute la province : ce sont des mini-festivals dans lesquels il y a toujours de la musique (généralement dans le registre celte traditionnel) et l'on peut danser. Il y en a quasiment un par semaine. La billetterie Ticketworks (☎ 566-1267) vous donnera des informations et des billets pour ces spectacles qui ont lieu aux quatre coins de la province. Quelques-uns des principaux festivals de l'Île-du-Prince-Édouard sont les suivants :

Juin-septembre

Festival de Charlottetown – ce festival a lieu chaque année de mi-juin à mi-septembre. C'est un festival de théâtre comportant des drames et des comédies musicales ; chaque année, on peut assister à la représentation de *Anne et le bonheur.* La "comédie musicale préférée des Canadiens" est un spectacle que l'on va voir en famille. Vous pourrez vous procurer les billets pour toutes les pièces dans le centre de la Confédération ; la plupart coûtent entre 9 $ et 18 $, mais les prix d'*"Anne"* vont de 16 $ à 30 $. Ces dernières années, des pièces moins conservatrices, plus contemporaines ont été ajoutées au programme – il y a deux ans, l'une d'elle, consacrée à Elvis Presley, avait suscité quelques controverses en raison du langage peu châtié qui y était employé. Il existe aussi, l'été, des programmes de théâtre et de danse, à la fois en ville et dans toute la province.

Festival de musique Blue Grass – une nouvelle tradition semble se développer : ce festival se tient chaque année en juillet. C'est une manifestation de deux jours dans une ambiance de camping dans un parc ou sur un terrain de camping. Les billets ne sont pas onéreux.

Provincial Exhibition – cette manifestation a lieu la première ou les deux premières semaines d'août ; on peut y voir des tracteurs tirer des véhicules, un carnaval avec des promenades, des courses d'attelages, et trouver toutes sortes de divertissements ainsi que des jeux de hasard.

Festival Milton Acorn – c'est une manifestation culturelle unique à laquelle il vaut la peine d'assister. Poète populaire canadien, Acorn est né et a été élevé sur l'île-du-Prince-Edouard. Ce festival, qui a lieu la troisième semaine d'août, comprend lectures de poèmes et musique.

OÙ SE LOGER

Camping

L'île abonde en terrains de camping – privés, provinciaux, et un national. Les parcs provinciaux font payer 10 $ le séjour dans un site qui n'est pas exploité, suivant le confort qu'il présente. Les campings privés sont plus onéreux mais acceptent les réservations. Les parcs nationaux, qui pratiquent la politique du "c'est le premier arrivé le premier servi", sont généralement mieux et souvent bondés à la fin de la journée en juillet et en août. L'office du tourisme peut vous renseigner sur les places encore disponibles.

A 500 m à l'extérieur de Charlottetown et surplombant Hillsborough River, vous trouverez le *Southport Trailer Park,* 20 Stratford Rd (☎ 569-2287). Comptez 15 $ la nuit, moins si vous avez apporté votre tente ou si vous restez une semaine. C'est le seul terrain de camping proche de la ville.

Auberges de jeunesse

La sympathique et confortable *HI Charlottetown Hostel* (☎ 894-9696),153 Mount Edward Rd, est située à environ 3 km du centre-ville et près de l'université. Cette construction en forme de grange contient de quoi loger 54 personnes et dispose

Ceilidh

Ce mot gaélique qui se prononce KAY-lee fait référence à un rassemblement informel de gens dans le but d'assister à des spectacles de chants et d'histoires racontées (une fête, à la base) ; on l'emploie dans toute la province pour désigner les nombreuses manifestations nocturnes ou concerts auxquels tout le monde est bienvenu. Ces fêtes peuvent aussi se passer dans une maison. Proposant, comme le veut la tradition, de la musique, de la danse et des chansons, ces manifestations semblent se dérouler dans l'île au rythme d'une tous les trois soirs. La musique essentiellement celtique est formidable, et l'ambiance est décontractée et sympathique. Ces rassemblements ont parfois lieu dans les églises, les salles des fêtes, les parcs provinciaux, les terrains de sport – enfin, partout... ■

d'une cuisine avec micro-ondes pour préparation de plats légers. Les membres paieront 12,50 $, les autres 15 $. Pour vous y rendre, suivez University Ave en direction du nord et de Borden. Tournez à droite dans Belvedere Ave. L'auberge est située près du couvent Mount St Mary. Elle est ouverte de début juin à début septembre.

L'université de l'Île-du-Prince-Édouard (☎ 566-0442) propose des chambres de la mi-mai à la fin août. Il vaut mieux réserver. Une chambre avec petit déjeuner coûte 21,50 $ par personne. En outre, vous pourrez vous servir de la kitchenette. La YMCA et l'Armée du Salut à Charlottetown ne louent pas de chambre.

Tourist homes

Si la province compte peu d'hôtels, on trouve, à Charlottetown comme dans toute l'île, quantité de pensions, dont la qualité est en général excellente et les prix très avantageux. En fait, les pensions et chambres d'hôtes de l'Île-du-Prince-Édouard comptent parmi les meilleures du Canada. Une chambre double vaut en moyenne entre 25 $ et 30 $, dépasse rarement 40 $, et ces prix incluent le petit déjeuner. La plupart sont situées à l'intérieur de belles demeures anciennes en bois, dans le style de la côte est. L'office du tourisme vous remettra la liste complète de ces pensions et se chargera pour vous de la réservation. En ville, il en existe très peu. Nous vous recommandons :

Très centrale, au 234 Sydney St, la fort modeste *Aloha Tourist Home* (☎ 892-9944) est une grande maison ancienne comportant quatre chambres à louer. Pour deux personnes dans une chambre avec lit double comptez 32 $. Une chambre simple vaut 28 $. La pension tient une grande cuisine à la disposition des visiteurs. Les toilettes communes à côté de la cuisine ne permettent guère d'intimité. Les cyclistes peuvent mettre leur bicyclette à l'abri dans le garage.

Également central, le *Blanchard* (☎ 894-9756) est situé au 163 Dorchester St. Les chambres simples et doubles ne coûtent respectivement que 20 $ et 30 $.

Derrière l'office du tourisme, au 18 Pond St, le *Cairn's Tourist Home* (☎ 368-3552) est une maison moderne impeccable et sympathique située dans une rue résidentielle. Vous paierez 26 $ une chambre double, avec supplément de 5 $ pour toute personne en plus.

Au *Morais'Guest Home* (☎ 892-2267), 67 Newland Crescent, près de l'office du tourisme, on viendra vous chercher à l'aéroport ou au dépôt de bus. Le propriétaire parle français. La chambre double revient à 32 $.

Parmi les choix les moins onéreux, vous pouvez envisager la partie est du centre-ville, près de la piste de courses. Allez donc voir du côté de Edward St ou de York Lane. Les maisons y sont plus petites et moins jolies que bien d'autres, mais, de cet endroit, on peut facilement rejoindre le centre-ville.

B&B

Nombre d'établissements de cette catégorie sont similaires à des pensions mais servent en plus le petit déjeuner. En règle générale, ils ne sont pas situés dans les centre-villes, et ce sont des constructions récentes ; mais il y en a aussi de plus centraux, de catégorie supérieure, ravissantes demeures familiales comportant meubles d'époque et pièces de collections.

Le *Duchess of Kent* (☎ 566-5826), installé dans une maison datant de 1875, et possédant des meubles d'époque, est situé au 218 Kent St, dans le centre ville. Les sept chambres, toutes différentes, vont de 45 $ à 60 $ pour une chambre double, petit déjeuner compris. Les toilettes sont communes, mais il y en a tellement que ce n'est vraiment pas gênant.

Certains lieux historiques parmi les plus spacieux ont été reconvertis en auberges. L'un de ceux-là est le *Dundee Arms Inn* (☎ 892-2496), au 200 Pownal St, impressionnant hôtel de ville de la fin du siècle dernier et du début du XXe, qui a été restauré avec meubles et objets d'époque. Il comporte une salle à manger et un pub. Une chambre double vous reviendra à 95 $, petit déjeuner continental inclus.

Motels

Vous trouverez des motels le long de la Hwy 1 à l'ouest de Charlottetown, en direction de Borden. Dans cette zone très commerciale, vous trouverez également des cinémas, des restaurants et des stations-service. Ces motels propose la chambre double à 50 $ minimum. Ceux qui sont situés plus loin de la ville tendent à être plus modestes d'apparence. Les motels qui se trouvent en ville offrent plus de confort, et les prix sont par conséquent plus élevés.

Près de la ville et au sud, vous trouverez le *Garden Gate Inn* (☎ 892-3411). Petit et assez loin de l'autoroute, il n'en est pas moins cher, comme la plupart des motels – 58 $ la chambre simple ou double.

A 3 km de la ville, sur la Transcanadienne, se trouve le *Queen's Arms Motel* (☎ 368-1110), doté d'une piscine chauffée. Une chambre simple coûte environ 55 $.

Plus loin encore, près du carrefour de la Hwy 2, la *Banbridge Inn* (☎ 892-2981), toute marron, propose des chambres doubles à 65 $ et des chambres avec cuisine pour 85 $. Une laverie automatique est à disposition des clients.

OÙ SE RESTAURER

Pour une petite ville, Charlottetown offre un nombre surprenant de restaurants de qualité, mais la plupart d'entre eux se situent tout de suite dans une catégorie de prix élevés. Toutefois, l'Océan étant à quelques minutes, un dîner de fruits de mer frais n'est pas excessif et les bas prix pratiqués dans le reste de l'île compenseront ceux de Charlottetown.

Ouvert tous les jours et situé en plein centre de la ville sur University Ave, *Cedar's Eatery* est un petit endroit fort agréable.On y sert des spécialités libanaises, depuis les felafels jusqu'aux kebabs, plus chers. Mais vous pouvez aussi déguster des mets canadiens : soupes, salades, sandwiches, steaks accompagnés d'Old Abbey, une bière locale. Cedar's est l'un des seuls restaurants à rester ouvert tard le soir.

Pour prendre un petit déjeuner, un repas simple ou un snack, allez donc chez *Town & Country*, lieu de restauration modeste et bon marché situé au 219 Queen St, qui fait tout à fait l'affaire avec son menu canadien tout simple. Petit restaurant bon marché, mais possédant un certain charme, il y a aussi le *Linda's Old Town Coffee Shop*, au 32 Queen St.

Pour déjeuner, nous vous conseillons le *Potato Blossom Tea Room*, au 104 Water St (la maison originale continue de fonctionner dans la ville de York). Dans un cadre vert et blanc très reposant qui évoque celui de dîners dans des maisons anciennes, on vous sert un menu dont pratiquement chaque plat est à base de pommes de terre, principal produit de l'agriculture de l'île. La soupe au fromage gratinée aux pommes de terre et accompagnée d'un scone à la patate fait un repas savoureux et consistent. Confectionnés avec de fines tranches de pain maison, les sandwiches sont également tentants. Les prix des repas vont de 4 $ à 7 $.

Le *Old Dublin Pub*, situé à l'étage au 131 Sydney St, sert des repas à 6 $, avec possibilité très agréable de manger dehors. Spectacles le soir.

Dans Charlottetown, il y a aussi un ou deux restaurants chinois bon marché ; nous vous conseillons tout particulièrement le *King's Palace*, sur Queen St, à l'intersection de Grafton St, qui sert des repas de bonne qualité. Au milieu du centre commercial du tribunal de la Confédération, à l'intersection de Kent St et de Queen St, vous trouverez, au deuxième étage, toute une série de fast-foods bon marché vendant pizzas, poulet, burgers, etc.

Situé sur Richmond St derrière le centre de la Confédération à la grande façade vitrée, *Pat's Rose & Grey Room* jouit d'une excellente réputation et possède un côté bar très agréable. Chaque jour, vous pourrez goûter un nouveau plat du jour, toujours savoureux. Le soir, vous pourrez manger des pâtes et des steaks, mais sachez que ce restaurant ne s'adresse pas vraiment aux voyageurs à petit budget.

Toujours dans la catégorie de luxe, le restaurant du *Dundee Arms Inn*, situé au 200 Pownal St, propose une cuisine très fine dans un cadre traditionnel ; le service est de premier ordre.

Parmi les restaurants de fruits de mer les plus chers, il faut citer *Samuel's* et le *Claddagh Room*, situé dans la vieille ville, au 131 Sydney St, au rez-de-chaussée. Chez ce dernier, le dîner de fruits de mer est à 20 $. Sur les quais de Charlottetown, dans Prince St, on peut acheter des moules, palourdes et huîtres fraîches, ainsi que du homard vivant ou déjà cuisiné chez *Mackinnon's*.

Vous pourrez manger à peu de frais à la *university cafeteria*. Elle est ouverte du lundi au vendredi de 7h30 à 18h, et de 10h à 18h les samedis et dimanches, et on y sert des repas complets. Elle est située près de l'auberge de Charlottetown, de l'autre côté du terrain de jeux et après University Ave.

Toujours en ville, dans Sydney St ou dans le coin de bâtiment du centre de la Confédération, vous pourrez toujours trouver un café où boire un capuccino.

Cows, aujourd'hui une institution dans l'île, tient boutique dans Queen St près de Grafton St. L'endroit n'est pas grand mais on y sert de savoureuses glaces maison. Vous trouverez d'autres boutiques de cette chaîne, ouvertes seulement en été, à Cavendish et à North River. Dans tout le Canada, on voit des gens qui arborent des T-Shirts Cow vivement colorés et humoristiques.

A 10 mn en voiture, à l'ouest de Cornwall et en direction de Borden, se trouve le *Mc Crady's Green Acres Motel & Restaurant*. Tenu par un couple anglais, cet établissement sert des thés anglais à la crème l'après-midi, de 13h à 16h. Ses steaks et *kidney pies* sont également savoureux. En fait, si vous recherchez un motel, cet endroit n'est pas mal, et vous aurez une chambre double au prix plutôt inférieur à la moyenne de 45 $.

DISTRACTIONS

Si Charlottetown est la capitale de l'île, c'est aussi une vraie ville de campagne et il n'y a donc pas grand-chose à y faire le soir.

Au 151 Kent St, à quelques rues de University Ave, *Myron's* connaît beaucoup de succès, avec tous les styles de musique qui y sont proposés chaque soir. Plus loin, en descendant Kent St, le *Tradewinds* est un dancing beaucoup plus collet monté, ouvert jusqu'à 1h du matin.

Si vous voulez vraiment vous amuser, allez donc passer le vendredi soir à l'Irish Hall (☎ 566-3273), au 582 North River Rd, qui propose un mélange de musique et de danses irlandaises et écossaises traditionnelles. La soirée commence en général toute l'année aux alentours de 20h, mais pas systématiquement le vendredi – appelez pour avoir confirmation de l'heure.

COMMENT S'Y RENDRE

Avion

Charlottetown a un petit aéroport, situé au nord et à l'ouest de la Hwy 2, à 6 km du centre-ville. Air Canada et Canadian Airlines relient l'Île-du-Prince-Édouardaux principales villes canadiennes ainsi qu'avec certains endroits de Nouvelle-Angleterre tels que Boston. Un aller simple pour Toronto par Air Canada coûte 399 $. avec Canadian Airlines, un aller simple pour St John's, dans la province de Terre-Neuve, vous reviendra à 329 $, et pour Montréal, à 310 $. Quant à la compagnie Prince Edward Air (☎ 436-9703), elle assure un vol quotidien pour Halifax.

Bus

Il existe des bus journaliers pour et à partir de l'Île-du-Prince-Edouard, qui empruntent chacun des deux ferries. La compagnie Trius Bus Lines (☎ 566-5664), qui utilise le ferry pour Wood Islands, va à New Glasgow, en Nouvelle-Écosse, d'où l'on peut prendre des bus acadiens pour différentes destinations en Nouvelle-Écosse. Le dépôt de bus se trouve au 308 Queen St, dans les bâtiments de VIA Rail, à l'intersection de Queen St et d'Euston St.

La compagnie SMT Bus Lines (☎ 566-9744) utilise le ferry de Borden et assure la connexion avec Moncton, dans le Nouveau-Brunswick. Le ferry est compris dans le prix du billet. Un billet pour Moncton vous coûtera 28 $. Le dépôt de SMT est situé au 330 University Ave.

Train

Il n'y a pas de service de trains voyageurs en direction ou à partir de l'île, ni sur l'île même. VIA Rail vous conduira à Amherst ou à Truro, en Nouvelle-Écosse, ou à Moncton, dans le Nouveau-Brunswick, d'où vous pourrez prendre un bus pour Charlottetown. La traversée en ferry du détroit de Northumberland est comprise dans le prix du billet.

Ferry

La plupart des gens se rendent en ferry sur l'Île-du-Prince-Edouard, à partir du Nouveau-Brunswick ou de la Nouvelle-Écosse. Deux ferries assurent la liaison entre l'île et le continent canadien. Ils embarquent les voitures, les bus, les bicyclettes, et les piétons.

L'un d'eux relie Cape Tormentine, dans le Nouveau-Brunswick, avec Borden, située au sud-ouest de l'île-du-Prince-Edouard. Cette excursion de 14 km dure 45 mn et est organisée par Marine Atlantic, société de ferries publique. Le trajet aller-retour revient à 6,75 $ par personne, et à 17,50 $ par voiture et à 3 $ par bicyclette embarquées. Entre juin et septembre, on compte environ 20 traversées par jour.

A la pleine saison, arrivez avant 10h ou après 18h, afin d'éviter de trop attendre. Ce trajet en ferry est cependant l'un des plus empruntés, et il est assez habituel de devoir attendre deux, ou même trois ferries avant de pouvoir embarquer. On ne peut réserver sa place, mais téléphoner avant de partir pourra vous donner une idée de la situation. A Borden, appelez le (902) 855-2030. A Cape Tormentine, le (506) 538-7873. Il arrive que des mini-concerts soient organisés près des files d'attente pour passer le temps. Le ferry dispose d'une cafétéria. Charlottetown est située à 60 km environ de Borden, et le voyage dure à peu près 40 mn.

Le second ferry, mis en œuvre par Northumberland Ferries, relie Wood Islands (dans la partie orientale de l'Île-du-Prince-Edouard) à Caribou, en Nouvelle-Écosse. Cette excursion de 22 km dure une heure et demie et coûte 8 $ par personne (aller-retour), 25,75 $ par voiture et 3,75 $ par bicyclette (aller-retour). L'été, il existe 20 traversées par jour dans un sens comme dans l'autre. Ce trajet est lui aussi très emprunté – à la pleine saison, vous risquez d'attendre un ou deux ferries avant de pouvoir embarquer. Cafétéria à bord.

L'agence centrale se trouve à Charlottetown, au 54 Queen St. Pour réserver une place, vous pouvez également appeler le 1-800-565-0201.

Voiture

Pour le meilleur ou pour le pire, une voiture est le meilleur, voire parfois le seul moyen de visiter le maximum de l'île. On trouve plusieurs agences de location à Charlottetown. Mais le nombre de véhicules à louer est limité et, si le service de bus ne fonctionne pas, s'en procurer un peut devenir difficile. Toutes les voitures peuvent être louées pour une semaine, aussi essayez d'en réserver une longtemps à l'avance en contactant une agence de l'une des principales chaînes, quelle que soit la ville où vous vous trouviez.

Avis Rent-A-Car (☎ 892-3706) est situé à l'intersection de University Ave et d'Euston St. La location à la journée va de 34 $ à 40 $ par jour, selon la taille du véhicule, avec 200 km gratuits.

Si vous ne possédez pas de carte de crédit, il vous faudra payer à l'avance et verser en plus une caution.

COMMENT CIRCULER

Desserte de l'aéroport

Comme il n'y a pas de bus qui assure la desserte de l'aéroport, le seul moyen de transport sera le taxi. Charlottetown étant située à quelques kilomètres seulement de l'aéroport, la course vous reviendra à 5 $ environ. Consultez également les rubriques *Bus*, *Bicyclette* et *En stop* dans *Les environs de l'île*.

ENVIRONS DE CHARLOTTETOWN

Village des Indiens micmacs

Tout près de la ville en bateau, le site du village (☎ 675-3800), situé au sud de Charlottetown de l'autre côté du port,

Milton Acorn
Né en 1923 à Charlottetown, Milton Acorn devait devenir une sorte de mauvais garçon de la littérature canadienne. Bien que vivant comme le poète qu'il était, il n'entrait pas dans le moule académique et a toujours été réputé pour professer haut et fort de fermes convictions politiques de gauche. Soutenant un certain nombre de causes radicales, ses poèmes reflétaient souvent ses choix politiques, de même que le support sans faille qu'il apporta toute sa vie aux ouvriers. Il passa la majeure partie de son existence à Montréal, à Toronto et à Vancouver, et acquit la réputation de "poète du peuple" après avoir été célébré comme tel par ses congénères. Il est mort dans sa ville natale en 1986.

Dig up my Heart : Selected Poems 1952-1983 est le recueil le plus complet et le plus représentatif de l'œuvre poétique d'Acorn, et offre une vision assez complète de ses thèmes favoris et de son style. Personnellement, je préfère les nombreux poèmes, plus profonds, qu'il a écrits sur la nature, dont certains sont empreints d'un lyrisme spontané absolument merveilleux. ■

représente un trajet indirect quoique magnifique d'une demi-heure par la Hwy 19. En comptant la visite du village, vous pouvez en avoir pour une demi-journée – mais le déplacement vaut la peine. Reconstitué, le village est petit et modeste, mais cela contribue à son charme – les lieux ont été dirigés pendant des années par un vieil Indien micmac.

Un sentier serpente à travers les bois, le long duquel se trouvent des *teepees*, des pirogues et les habitations des esclaves, dont certaines comportent des notes explicatives. Une succession de pièges permet de comprendre les techniques de chasse traditionnelles. Simple, le musée contient des objets tels que flèches, paniers et vêtements d'époque. La visite dure entre trente minutes et une heure, et coûte 3,25 $. Vous trouverez aussi un petit magasin de souvenirs.

Parc historique national d'Amherst
Tout près du village micmac et de Rocky Point se trouve le site de l'ancienne capitale française, plus récemment Fort Amherst (☎ 675-2220), construit par les Anglais en 1758 après qu'ils eurent conquis l'île. Il ne reste plus grand-chose à voir en dehors des fondations, mais le centre d'interprétation propose des expositions et une projection audiovisuelle. Il y a différentes vues de la ville, trois phares et une plage aux alentours du parc. L'entrée y est gratuite.

Le port de Charlottetown

Le temps comme suspendu au creux de ses mains noueuses et usées
croisées sur ses genoux, un vieux docker aux joues creuses est assis,
envoûté par les flots miroitants.

Dans la lumière d'un soleil de cidre, il rêve d'une époque
où les mâts se dressaient comme le chaume ;
mais une mouette fait entendre un cri, s'illumine,
déploie ses ailes d'un mouvement vif et gracieux, les replie,
et les vagues déferlent sur les pilotis recouverts d'algues.

Milton Acorn

Environs de l'Île

L'île est petite et, en voiture, on en fait facilement le tour. En un jour, on peut remonter de Charlottetown en direction des plages pour aller se baigner, et suivre la côte nord jusqu'au cap Nord, puis revenir en longeant la côte ouest, passer par Summerside puis redescendre vers Borden pour prendre le ferry du soir. Et tout cela sans se presser !

Il existe environ 12 offices du tourisme dans l'île, dont un à chaque terminal de ferry. Tous pourront vous trouver un endroit où loger en l'espace d'une heure.

L'Île-du-Prince-Edouard offre une grande variété d'attractions : curiosités particulières, musées régionaux, sites historiques et nombre d'activités destinées aux enfants. Vous pouvez obtenir la liste des choses à faire dans les offices du tourisme ou simplement vous renseigner si elles se présentent à vous.

L'île est constituée de trois comtés de taille égale : Prince à l'ouest, Queen's au centre, et King's à l'est. Chacun possède un réseau de routes touristiques mis au point par le bureau du tourisme. Bien que loin de constituer les seules options possibles, ces routes incluent les attractions les plus connues et les points historiques et géographiques méritant d'être vus.

Hébergement et alimentation

Vous trouverez des chambres d'hôtes partout dans les villes et les fermes, et généralement à des prix raisonnables. Renseignez-vous dans les offices du tourisme.

Dans la région de la côte nord près du parc national, vous trouverez quantité de cabanes et de petites maisons à louer. Leurs caractéristiques et leurs prix varient, mais les locations se font en majorité à la semaine.

Il y a 15 parcs provinciaux comportant des terrains de camping ; dans les parcs non aménagés, vous paierez 12,50 $, 15 $ avec caravane. Il y a également de nombreux campings privés, qui offrent souvent des éléments de confort supplémentaires tels qu'activités de détente. Les prix peuvent aller jusqu'à 15 $ (généralement moins), pour les sites non aménagés, et entre 12 $ et 18 $ pour ceux qui sont équipés d'antennes radiophoniques.

On compte quelques 40 endroits dans l'île où l'on peut se procurer des fruits de mer fraîchement pêchés – ce qui vaut la peine si vous campez et si vous pouvez faire votre propre cuisine. Certaines pensions sont également équipées pour faire la cuisine et des barbecues.

Ne manquez pas non plus de vous renseigner pour participer à l'un des célèbres festivals de homard qui se tiennent aux sous-sols des églises, dans les salles des fêtes ou les restaurants – ce sont en général des buffets d'excellente qualité. Bien que peut-être moins amusants, les restaurants qui proposent des dîners de homard le font de manière régulière et sont fiables, tandis que les premiers sont parfois organisés "au petit bonheur la chance". Ces dernières années, de nouveaux établissements spécialisés dans le homard sont apparus en raison du succès et de l'excellente réputation dont jouissent ces repas simples à base de fruits de mer. Malheureusement, certains des nouveaux venus ne sont pas d'aussi bonne qualité que leurs prédécesseurs. Je vous recommande plutôt ces derniers, mais restez tout de même à l'affût de bonnes occasions éventuelles.

COMMENT CIRCULER

Bus

Island Transit, le service de bus provincial dirigé par la gare de VIA Rail (☎ 892-6167), 308 Queen St, a fermé à la fin de l'été 1993. Le choc n'a pas été mince, même parmi les autochtones, et a laissé la province dépourvue de tout moyen de transport public. Renseignez-vous tout de même – si le gouvernement libère quelques fonds, peut-être un service, même limité, reprendra-t-il.

Les touristes peuvent avoir recours à la navette de bus de plage bien commode, affrétée par Abegweit Tours. Elle dessert les endroits situés entre Charlottetown et les plages de la côte nord du parc national.(pour plus de détails, reportez-vous à la rubrique *Circuits organisés* dans *Charlottetown*).

Bicyclette

Émaillée de routes étroites serpentant à travers une campagne calme et paisible, l'île est très fréquentée par les cyclistes. Le paysage aux courbes douces ne présente aucune difficulté majeure, et c'est à bicyclette que l'on découvre l'île telle qu'en elle-même, sans touristes – ou quasiment.

Le McQueen's Bike Shop, au 430 Queen St à Charlottetown (☎ 368-2453) propose des locations de bicyclette à la journée et à la semaine.

Rent-A-Bike, situé à l'intersection des routes 6 et 13, dans le village de Cavendish au niveau de la station d'essence Petro

Can, près de la plage, loue des bicyclettes à l'heure et à la journée, et est ouvert tous les jours. Les belles possibilités de balades dans cette région ne manquent pas, telle s que celle qui longe le Gulf Shore Parkway. Vous pouvez aussi louer une bicyclette à Stanhope, à la Stanhope Beach Lodge.

En stop

Tendre le pouce est un phénomène courant dans l'île, accepté et souvent pratiqué par les habitants eux-mêmes. L'île étant un lieu où les agressions sont rarissimes, vous pouvez, de manière générale, circuler en stop sans courir de risque. Nous ne pouvons cependant vous garantir une totale sécurité, et hésiterons à vous conseiller ce moyen de transport. Nous vous recommandons plutôt la prudence.

AU NORD DE CHARLOTTETOWN

C'est dans la région nord de la capitale, le comté de Queens, que se déroule toute l'action qui anime l'Île-du-Prince-Édouard (référez-vous à la carte de la région de Cavendish). Vous y trouverez aussi le parc national, avec ses plages et ses campings, ainsi que la majorité des attractions de l'île. De nombreux lieux d'hébergement et de restauration sont situés non loin de la côte nord. Après York, la description suivante concerne les régions situées d'est en ouest en dehors du parc, puis, toujours dans la même direction, les régions situées à l'intérieur du parc.

York

Non loin de Charlottetown, le *Potato Blossom Tea Room* à York constitue une halte plaisante pour boire un verre et manger un morceau. Il se trouve dans le **Jewell's Country Gardens**, lequel possède un petit village de pionniers et un musée de verre.

Grand Tracadie

Situé un peu plus loin que le carrefour à la pointe sud-est du parc national et non loin du chemin qui conduit à ce dernier sur la route 6, Grand Tracadie constitue un "must" pour le *Beulah's Bake Shop*, minuscule étalage qui se trouve à côté de la maison et de la cuisine où sont mitonnés tous les plats. La tarte aux fraises et celle aux framboises sont un véritable délice et bon marché. On y trouve également une grande variété de petits pains au lait.

Stanhope

Il n'y a rien de particulier à voir dans cette ville, mais vous trouverez un ou deux restaurants près de l'entrée du parc. L'un d'eux est plutôt modeste, et l'autre plus chic ; c'est celui de l'hôtel *Stanhope by the Sea,* qui date de 1817 et a été entièrement rénové en 1988. Vous pouvez également manger un morceau sur le terrain de golf ou au *Captain Dick's Pub*, juste à côté de l'hôtel, ouvert seulement le vendredi soir (et pas systématiquement toutes les semaines).

Stanhope est l'un des principaux centres d'hébergement ; il y a abondance de locations de cottages, souvent à la semaine ou plus longtemps. Les prix hebdomadaires varient, mais la plupart se situent entre 300 $ et 450 $. Les services ménagers s'élèvent généralement à 50 $ environ par jour.

Le *Campbell's Tourist Home* (☎ 672-2421), à Stanhope, propose des doubles à 35 $. De Stanhope à Cavendish, on trouve environ 10 campings privés (reportez-vous au paragraphe suivant pour connaître les lieux d'hébergement à l'intérieur du parc national de l'île-du-Prince-Edouard).

Winsloe North

Au sud de Brackley se trouve une ferme laitière où l'on peut se procurer du gouda. Cela paraît intéressant au premier abord, mais il n'y a rien à voir et les différents fromages qu'on peut acheter sur place sont chers.

North Rustico

On y trouve un bureau de poste et un magasin d'alcools appartenant à l'État. Dans toute la province, ces magasins commercialisent de la bière, du vin et toutes sortes de boissons alcoolisées.

L'Île-du-Prince-Edouard est la patrie du *Fisherman's Wharf Lobster Suppers*, sans doute le restaurant le plus réputé et le plus fréquenté de la province. Bien qu'immense, il est vite bondé à la pleine saison, et les gens font la queue de 18h à 20h. C'est un restaurant sympathique, simple, où règne une ambiance de vacances, et qui propose des repas de très bonne qualité. Pour 22 $, on vous servira un homard de 500 g et vous jouirez d'un buffet de salades impressionnant ; vous pourrez déguster de la soupe de palourdes à volonté, d'excellentes moules de la région, des petits pains et quantité de desserts. Les tables placées contre le mur au fond de la salle bénéficient d'une vue sur l'océan.

Moins commercial, le *Barn*, situé à quelques kilomètres au sud de la ville en suivant la route 6, propose des dîners de poulet pantagruéliques pour 11 $. Tout est fait maison – à l'ouverture du restaurant, on voit les femmes du pays apporter les plats qu'elles ont préparés. On a vraiment l'impression de manger chez soi un repas dominical. Selon les dernières informations, l'endroit aurait fermé – une autre victime de la récession ?

A **Rusticoville**, des bateaux de pêche sont affrétés à quai, et l'on peut acheter du homard et du poisson frais.

C'est en dehors de South Rustico, sur la petite route 242, que se trouve, selon moi, la plus originale des curiosités de l'île, le **Jumpin' Jack's Old Country Store Museum**. Semblant surgir du néant, l'entrée y est gratuite – lors de notre première visite, la seule personne présente était un vieux monsieur qui attendait patiemment de pouvoir faire visiter les lieux à quelqu'un. Ce musée est un véritable rêve pour les collectionneurs de vieilleries – c'est une maison ancienne à deux étages dont les objets couverts de poussière répondent à toutes les descriptions et à toutes les finalités possibles, et qui ont été rapportés de très loin il y a un nombre indéterminé d'années. Ce musée est ouvert tous les jours (sauf le lundi) pendant tout juillet et tout août. Il est fermé le dimanche matin, et ouvre à 13h.

North Rustico comporte aussi nombre de possibilités d'hébergement, dont de nombreuses chambres d'hôtes que l'on peut très facilement trouver pour moins d'une semaine. Vous pouvez occuper une chambre double chez l'habitant pour une somme comprise entre 25 $ et 35 $.

Le port de North Rustico est un petit village de pêcheurs avec un phare où vous pouvez vous rendre en voiture à partir de North Rustico ou à pied de la plage lorsque vous vous trouvez dans le parc national. La région de Rustico est la base de l'une des flottes de pêche les plus importantes de la province. Sur l'Île-du-Prince-Edouard, l'industrie de la pêche est de type pêche côtière (et non marine), ce qui veut dire que les bateaux partis le matin reviennent le soir.

Cavendish

A l'intersection des routes 6 et 13 et au sud du parc, cette petite ville est le centre commercial de la région. Vous vous trouvez dans le centre-ville lorsque vous voyez la station essence, le Cavendish Arms Pub, l'église et le cimetière !

A l'est de la ville, vous trouverez un complexe de restaurants entièrement construit en bardeaux de cèdre. Il abrite un certain nombre de fast-foods, dont un qui sert uniquement des petits déjeuners. De l'autre côté de la rue, le *Thirsty's* est un bar. Tout près, on peut louer des bicyclettes.

Le Cavendish Tourist Mart est une épicerie ouverte tous les jours de 8h à 22h, où vous pourrez vous procurer toutes les denrées de base, et vous trouverez une boulangerie quelques mètres plus loin.

L'est de Cavendish est un grand **parc d'attractions** près duquel il existe un **musée de personnages en cire**, des **pistes de carting** et d'autres attractions "dernier cri" parmi lesquelles (pour une raison inconnue) on trouve la réplique grandeur nature d'une navette spatiale. A Stanley Bridge, le **Marine Aquarium** possède des spécimens vivants de certains poissons de la région et quelques phoques. L'endroit n'étant pas grand, on a ajouté, pour augmenter son intérêt, une collection de papillons et une autre de 700 oiseaux empaillés. L'entrée coûte 3,75 $ pour les adultes, moins pour les enfants. Gardez cette visite pour un jour de pluie.

A l'ouest de la ville, près de l'entrée du parc, **Cavendish Boardwalk** possède quelques magasins et lieux de restauration, où l'on peut notamment acheter des pizzas et du poulet. Juste à l'ouest de la ville, sur la route 6, on trouve l'une des attractions familiales les plus prisées : le **Rainbow Valley**, complexe de divertissements aquatiques incluant quantité de toboggans et de bateaux. On peut aussi y voir des animaux, et profiter des aires de pique-nique.

C'est autour de Cavendish, à l'intérieur du parc national ou près de la plage, que l'on trouve la plupart des chambres d'hôtes, des motels et des cottages. Souvenez-vous qu'il s'agit là de la région la plus prisée et la plus chère concernant l'hébergement. Référez-vous aussi aux plages et aux campings de Cavendish, dans la partie concernat le parc national de l'Île-du-Prince-Edouard.

Situé à 3 km à l'est de la ville sur la route 6, Fiddles n'Vittles a été décrit comme un endroit de restauration divertissant ; la nourriture y est bonne, et les enfants ont droit à des menus moitié prix. Ces derniers proposent différentes sortes de fruits de mer, mais aussi du steak, du poulet et des burgers, tout cela à des prix bas ou modérés.

Environs de Cavendish

Autres soupers de homard. Il existe trois restaurants de homard dans le coin : un à New London (8 km à l'ouest), un autre dans le village de New Glasgow et un à St Ann (à la même distance environ de Cavendish, sur la route 224). Tous trois proposent du homard, mais aussi de la soupe à la palourde, des moules, des salades, du pain et des desserts à volonté. On peut même écouter de la musique pour aider toute cette bonne chère à descendre. Aucun de ces trois restaurants ne ressemble vraiment à celui de North Rustico et le choix n'est pas aussi grand, mais les repas reviennent à quelques dollars de moins.

Celui de St Ann n'a pas changé par rapport à l'époque de sa construction, et, depuis les dizaines d'années qui se sont écoulées, il est toujours situé au sous-sol de l'église. Le rythme y est toujours soutenu, l'atmosphère est naturelle et amicale, et on y trouve quantité de gens venus des quatre coins du Canada, des États-Unis et d'Europe.

New London

Outre le *New London Lobster Supper*, ouvert tous les jours de 12h à 20h30, New London est réputé pour être le lieu de naissance de Lucy Maud Montgomery. La maison dans laquelle elle vint au monde en 1874 est aujourd'hui un musée.

A New London, on peut visiter plusieurs ateliers/magasins de poterie. Il existe un restaurant de fruits de mer en bas au bord de l'eau, ouvert tout l'été de 9h à 21h.

Non loin de là, dans le village de **Park Corner**, on découvre une maison que possédait l'oncle de Lucie quand celle-ci était petite. C'était l'un de ses endroits préférés. Il est aujourd'hui ouvert au public de juin à octobre et s'appelle le musée de Green Gables à Silver Birch.

Parc national de l'Île-du-Prince-Edouard

Situé à 24 km de Charlottetown, ce parc national est l'un des plus petits du Canada, mais comporte 40 km de côte aux paysages très variés, notamment certaines des plus belles plages de sable du pays.

Dunes de sables et falaises de grès rouge cèdent le pas à de larges plages (les plus vastes sont celles de Cavendish), et c'est là que l'eau est la plus chaude dans toute la province. Le Gulf Stream dessine une petite boucle autour de l'île ; de ce fait, la température de l'eau est plus élevée ici que dans une région située plus au sud, comme celle de la côte est. Bien que l'on n'ait pas l'impression d'être dans son bain, cette température avoisine 20°C.

Un billet valable pour une journée dans le parc vaut 5 $, pour toute une saison, 20 $, et une nuit de camping vous coûtera à partir de 13,50 $, en fonction de l'endroit choisi. Si vous souhaiter vous restaurer, vous ne trouverez pas grand-chose dans le parc en dehors des snack-bars des plages de Cavendish et de Brackley, et la salle de restaurant de l'hôtel Dalvay.

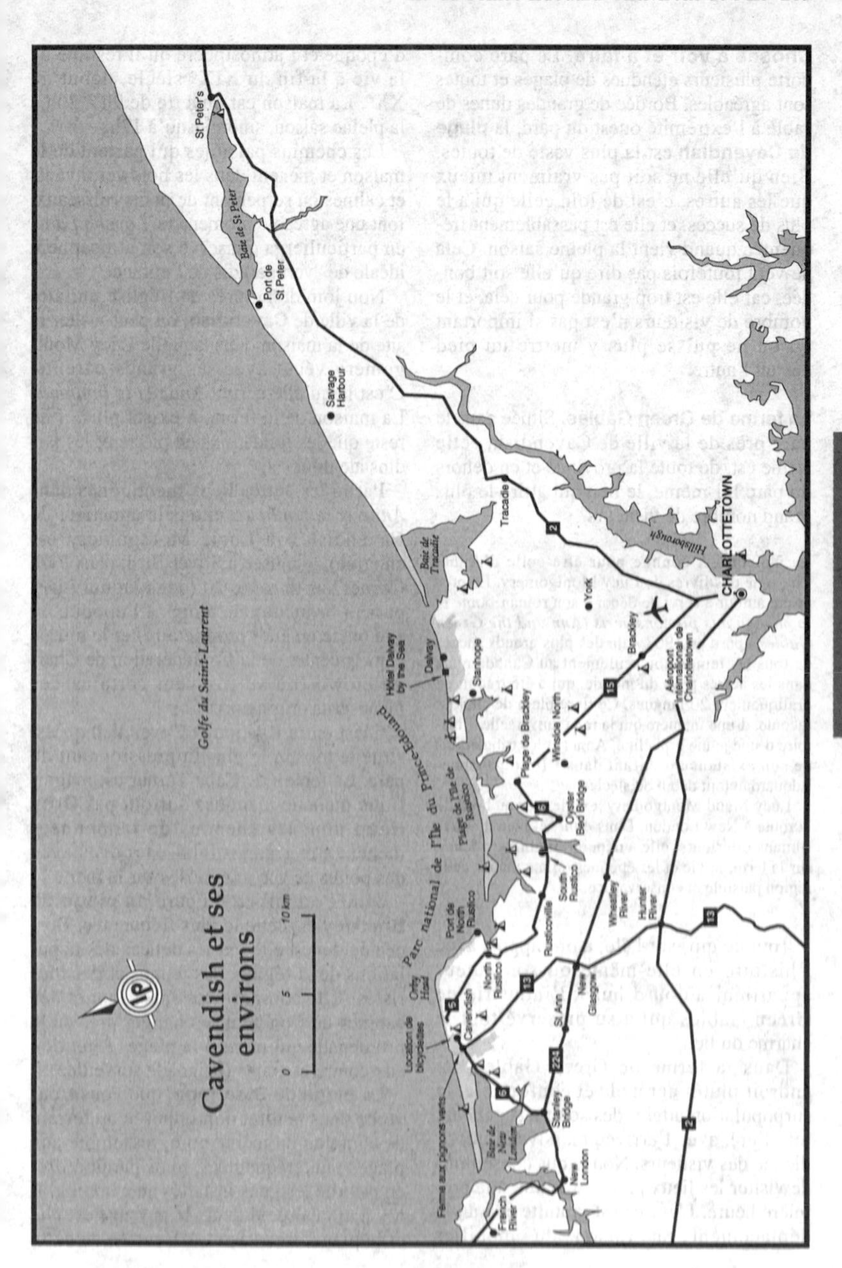
Cavendish et ses environs
0
5
10 km
Golfe du Saint-Laurent
Parc national de l'Île du Prince-Édouard
St Peter's
Baie de St Peter
Port de St Peter
Savage Harbour
Tracadie
Baie de Tracadie
Hillsborough
CHARLOTTETOWN
York
Bradley
Aéroport international de Charlottetown
Hôtel Dalvay by the Sea
Dalvay
Stanhope
Plage de Bradley
Winsloe North
Plage de l'Île de Rustico
Oyster Bed Bridge
South Rustico
Rusticoville
Wheatley River
Hunter River
Port de North Rustico
North Rustico
Orby Head
New Glasgow
St Ann
Location de bicyclettes
Cavendish
Ferme aux pignons verts
Stanley Bridge
Baie de New London
New London
French River

Choses à voir et à faire. Le parc comporte plusieurs étendues de plages et toutes sont agréables. Bordée de grandes dunes de sable à l'extrémité ouest du parc, la **plage de Cavendish** est la plus vaste de toutes. Bien qu'elle ne soit pas vraiment mieux que les autres, c'est de loin celle qui a le plus de succès, et elle est passablement fréquentée quand vient la pleine saison. Cela ne veut toutefois pas dire qu'elle soit bondée, car elle est trop grande pour cela, et le nombre de visiteurs n'est pas si important qu'on ne puisse plus y mettre un pied devant l'autre.

La ferme de Green Gables. Située dans le parc près de la ville de Cavendish, cette ferme est, de toute la province et en dehors du parc lui-même, le lieu qui attire le plus grand nombre de visiteurs.

La maison est connue pour être celle d'Anne, l'héroïne des livres de Lucy Montgomery. La propriété autour a servi de décor à son roman, *Anne et la maison aux pignons verts (Ann and the Green Gables)*, paru en 1908 – un des plus grands succès de tous les temps non seulement au Canada mais dans les autres pays du monde, qui a été traduit en pratiquement 20 langues. Ce livre plein de chaleur raconte, d'une manière qui la rend universelle, l'histoire d'une jeune orpheline, Anne, et les tribulations de son existence d'enfant dans l'Île-du-Prince-Édouardau tout début du siècle.

Lucy Maud Montgomery a vu le jour au bord de la route à New London. Dans *Anne,* et bien d'autres romans ultérieurs, elle a dépeint un univers fondé sur la terre, la vie et les époques qu'a connues cette région paisible et conservatrice.

Tout ce qui, sur l'île, a un rapport avec l'histoire en elle-même ou son auteur appartient aujourd'hui à l'industrie de Green Gables qui a su préservé tout le charme du lieu.

Dans la ferme de Green Gables, un endroit plutôt agréable et confortable, la surpopulation atteint des sommets pendant tout l'été, avec l'arrivée massive et quotidienne des visiteurs. Nous vous conseillons de visiter les lieux plutôt le matin, à la première heure. L'entrée est gratuite et vaut le déplacement en raison du mobilier d'époque et l'atmostphère qu'il restitue de la vie à la fin du XIXe siècle, début du XXe. La maison est ouverte de 9h à 20h à la pleine saison, sinon jusqu'à 17h.

Les chemins paisibles qui partent de la maison et mènent dans les bois verdoyants et calmes où serpentent de petits ruisseaux, font une agréable promenade. *Lover's Lane*, en particulier, a conservé son atmosphère idéale de "vert paradis de l'enfance".

Non loin de là, près de l'église unitaire de la ville de **Cavendish**, on peut visiter le site de la maison dans laquelle Lucy Montgomery vécut avec ses grands-parents. C'est là qu'elle écrivit *Anne et le bonheur*. La maison de la ferme n'existe plus, il ne reste que les fondations en pierre et les jardins alentour.

Parmi les autres lieux mentionnés dans *Anne et le bonheur*, citons le cimetière de Cavendish (où Lucie Montgomery est enterrée), le musée à Silver Bush dans Park Corner sur la route 20 (dans lequel Lucy passait beaucoup de temps à l'époque où son oncle en était propriétaire) et le musée dans le centre de la Confédération de Charlottetown (où se trouvent certains des manuscrits originaux).

C'est entre Rustico et Cavendish qu'est situé le terrain le plus impressionnant du parc. La région de Cape Turner est magnifique mais ne manquez surtout pas **Orby Head** dont les chemins de randonnées mènent aux grandes falaises rouges avec des points de vue grandioses sur la mer.

Située au milieu du parc, **la plage de Brackley** est celle la plus fréquentée. Bordée de dunes, elle fait les délices des populations de la région, des jeunes et des touristes. Elle comporte un snack-bar et des cabines où l'on peut se changer près de la promenade qui mène à la plage. Attention aux contre-courants (baignade surveillée).

La **plage de Stanhope**, que vous trouverez dans la direction opposée au terrain de camping du même nom, ressemble aux plages plus fréquentées, mais paraît attirer en priorité les gens installés au camping. Il n'y a ni falaise, ni dune, le paysage est plat et la plage, très vaste. A l'entrée de cette

ÎLE-DU-PRINCE-ÉDOUARD

dernière, vous trouverez un snack-bar et des cabines équipées de douches. Une promenade en planches conduit à la plage où des surveillants de baignade sont présents.

La **plage de Dalvay** est située plus à l'est, et c'est à cet endroit que démarrent un ou deux chemins de randonnée de la région. L'un d'eux, appelé Long Pond, est à recommander ; le long du chemin, vous trouverez un petit cimetière, des vestiges de vieux murs de pierre, ainsi qu'une source d'eau fraîche et potable.

Homard

Malheureusement pour cette merveille préhistorique mouchetée de vert, de bleu ou de noir, quelqu'un s'est aperçu un jour qu'elle avait diablement bon goût. De ce fait, nous en avons appris énormément à son sujet. Mais les informations dont on dispose sur ce crustacé existant depuis cent millions d'années ressemblent à un recueil d'histoires drôles. La saveur qu'il a des choses lui vient de ses pieds, son ouïe s'enracine dans ses pattes (au nombre de 10) et il possède des dents dans l'estomac (qui se trouve juste derrière sa tête). C'est cette même tête qui renferme son rein, tandis que le cerveau de la bête se trouve dans son cou et que ses os (sa carapace) sont à l'extérieur.

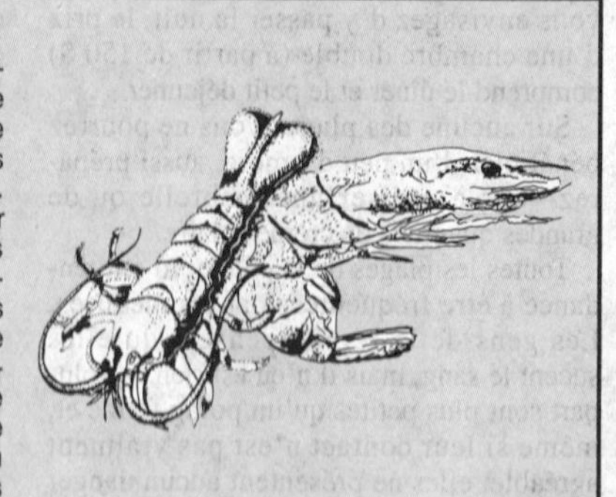

Si l'on associe couramment le homard avec la côte est du Canada, c'est l'Île-du-Prince-Edouard, avec ses fameux festivals de homard, qui est le plus étroitement liée avec ce symbole des repas de gourmets. Aujourd'hui, on aura peine à croire que ce met raffiné ait suscité très peu d'intérêt pendant une bonne partie de ce siècle. En fait, on utilisait le homard comme engrais pour les terres des fermiers de l'île !

Il y a deux saisons pour pêcher le homard : la première, qui commence au printemps, se termine fin juin, et la seconde est en hiver. On jette par dessus bord des pièges de bois, ou parfois, aujourd'hui, fabriqués dans un alliage de métal, accompagnés d'appâts de hareng, qui atterrissent au fond de l'eau et sont levés peu de temps après. Ingénieux, les pièges forcent les pinces du homard à se rétrécir tandis qu'elles s'y enfoncent, mais, une fois prisonnières, elles se déploient à nouveau et le homard n'a aucun moyen de s'échapper. On trouve des pièges de bois plus anciens dans toute l'île à environ 5 $ pièce, et un jour, ils deviendront des pièces de musée. Les gros réservoirs dans lesquels sont placés les homards permettent d'en acheter des vivants toute l'année.

Le homard classique servi dans les restaurants canadiens pèse une livre, soit un peu moins de 500 g. On peut s'en procurer à deux ou trois livres, mais il est rare d'en trouver de plus gros. Le long de la côte du Québec qui longe le Saint-Laurent, dans le coin de Rivière-du-Loup, j'ai toutefois vu des pièces de 2,5 kg qui étaient à vendre, mais qui pourrait bien acheter un spécimen de cette taille et réussir à le faire entrer dans une marmite d'eau bouillante ?

La majorité des gens se contente des pièces de taille moyenne, car le homard est une nourriture très riche. Néanmoins, il s'agit d'une chair maigre, autorisée même dans les régimes faibles en cholestérol. Mais n'ajoutez pas de beurre...

On peut cuisiner le homard au four, grillé, ou au barbecue mais l'une des meilleures façons de le préparer est bouilli. Faites-le bouillir de 12 à 15 mn dans une eau salée s'il pèse 500 g, et comptez 4 mn pour chaque demi-kilo supplémentaire. A l'issue de la cuisson, la carapace du homard a cette teinte orangée caractéristique, qui n'est finalement pas très éloignée de celle de certains baigneurs sur la plage de Cavendish. Les parties où l'on trouve le plus de chair sont la queue, et les pinces les plus larges. Bien que certaines personnes se hâtent de le laisser de côté, son foie vert et spongieux est considéré comme un mets extrêmement raffiné et l'une des parties les plus savoureuses du homard. ■

Magnifique construction à ne pas manquer, l'hôtel **Dalvay by the Sea**, édifié en 1895 et semblant sortir tout droit d'un roman de F. Scott Fitzgerald. Si vous voulez faire une folie, cet établissement victorien situé au bord de la mer propose un menu varié – depuis la bisque de homard au coq au vin. Réservez avant de vous y rendre. Si vous envisagez d'y passer la nuit, le prix d'une chambre double (à partir de 150 $) comprend le dîner et le petit déjeuner.

Sur aucune des plages vous ne pourrez bénéficier d'un peu d'ombre, aussi préparez-vous à utiliser une ombrelle ou de grandes quantités de crème solaire.

Toutes les plages de la côte nord ont tendance à être fréquentées par les méduses. Les gens de la région pensent qu'elles sucent le sang, mais il n'en est rien. La plupart sont plus petites qu'un poing fermé et, même si leur contact n'est pas vraiment agréable, elles ne présentent aucun danger réel ; se frotter à l'une d'elles peut irriter la peau. Mais les méduses ne sont jamais vraiment nombreuses et elles ne posent pas de véritables problèmes. Si on ne trouve pas de méduse sur les plages de la côte sud, on n'y trouve pas non plus le sable des précédentes – certaines ont une tendance vraiment rocheuse, avec roches détritiques et rondins de bois dispersés çà et là.

Activités sportives. Vous pouvez louer des planches à voile et prendre des leçons à l'intérieur du parc à la Stanhope Beach Lodge. La location d'une planche vous coûtera 10 $ l'heure, moins à la journée. On peut également louer des canoës et bateaux à voile. Le jeudi soir, des courses de planche à voile sont organisées

Où se loger. Le prix minimum d'une nuit dans un camping est de 13,50 $. Plus le confort est important, plus ce prix est élevé. Les aires où l'on peut simplement planter sa tente sont moins chères. Pour les petits budgets, le camping de Rustico (voir ci-dessous) est une bonne adresse. Comme on ne peut réserver sa place, ce sont vraiment les premiers arrivés les premiers servis. En juillet et en août, essayez d'arriver en milieu d'après-midi. Après le jour de la fête du Travail, on peut visiter le parc gratuitement mais le camping reste payant. Ces terrains de camping ont tous le même numéro de téléphone ; (☎ 672-6350).

Le *camping de Cavendish Beach* (☎ 672-6350), central car situé tout près des centres d'attractions et de restaurants, et aussi de la plage, est généralement plein. Si vous voulez y aller, renseignez-vous à la première heure sur les places libres, lesquelles vous reviendront à 13,50 $ sans aucun confort. Ce terrain de camping est situé à 3 km à l'ouest de Cavendish.

Relativement isolé, le *camping de Rustico* se trouve sur une île. Ce camping est très agréable, avec de nombreux arbres, mais la plage a été entièrement balayée par un orage à l'été 1987. La promenade longeant le rivage, jonchée de débris et d'arbres renversés, montre à quel point la mer peut devenir mauvaise – il ne reste pratiquement pas de sable. Ce camping ne comporte pas non plus de douche, mais ces inconvénients font que le prix est moins élevé qu'ailleurs, soit 9 $ la place.

Le *camping de Stanhope*, également situé à l'intérieur du parc, est conseillé pour la beauté de ses sites plantés de nombreux arbres et, juste en face, d'une plage de sable fin. Sur un site non aménagé, la place revient à 13,50 $. Le camping comprend un magasin bien approvisionné. Arrivez tôt la journée, car il peut être complet pour la nuit dès 15h ou 16h.

En dehors, et parfois tout près du parc, on trouve de nombreux campings privés. Le *Marco Polo* (☎ 964-2960), près de Cavendish, possède tout le confort, notamment deux piscines. A l'autre extrémité du parc national, près de Grand Tracadie sur la route 6, le *Ann's Whispering Pines* (☎ 672-2632), beaucoup plus petit, possède des endroits pour tentes et caravanes. Ces deux campings acceptent les réservations.

Certains des nombreux cottages sont situés dans ou dos au parc. Nombre de touristes louent un cottage pour une semaine ou deux mais les endroits situés non loin de

Un Yen pour Anne
Bien que la réputation internationale de l'Île du-Prince-Édouard soit relativement limitée, il y a maintenant 10 000 touristes japonais parmi tous ceux qui la visitent chaque année. De ce fait, c'est devenu au Canada l'une des premières destinations pour les voyageurs japonais. Il y a même un vol direct Tokyo-Charlottetown. Banff et les Rocheuses attirent aussi beaucoup ces visiteurs.

Cet attrait est en partie dû au fait que Charlottetown a été jumelée avec Ashibetsu, ville rurale du nord du Japon. Des échanges entre étudiants ont été mis en place, ainsi qu'un certain nombre d'activités touristiques.

Mais il s'explique essentiellement par la fascination qu'exerce sur les Japonais *Anne et le bonheur.*
Ce roman figure au programme des livres étudiés dans les écoles japonaises. Depuis les années 50, il est ancré dans l'inconscient collectif, surtout chez les femmes qui s'identifient très fortement avec le personnage d'Anne.

En outre, nombre de Japonais viennent aujourd'hui dans l'Île-du-Prince-Édouard pour se marier. Au Japon, les noces et les mariages peuvent atteindre des prix prohibitifs, et sont souvent difficiles à préparer. Ici, les couples peuvent jouir de la campagne paisible et, le cas échéant, bénéficier d'un mariage dans une église chrétienne et de la cérémonie dont rêvent beaucoup de jeunes gens. Un nombre non négligeable de couples célèbrent leurs noces à Silver Birch dans Park Corner, où l'écrivain Lucie Montgomery elle-même s'était mariée. C'est le ministère du Tourisme local qui se charge de toutes les dispositions nécessaires. ■

la plage tendent à être plus onéreux. On trouve aussi beaucoup de chambres d'hôtes près du parc, mais, sans voiture ou sans bicyclette, il est difficile de s'y rendre.

A L'OUEST DE CHARLOTTETOWN

Route du sabot de la Vierge

Le tiers occidental de l'île est occupé par le comté de Prince. La route du sabot de la Vierge fait 288 km de long ; c'est la route touristique élaborée autour de cette portion de l'île, et qui en fait tout le tour.

La partie septentrionale du comté de Prince est, comme une grande partie de la région, composée de paysages agrestes, tandis que la partie sud est plutôt plate, moins belle et sans doute la région la moins visitée de l'île. La partie située le plus au sud, qui longe la bais d'Egmont puis la baie de Bédèque, conserve certaines caractéristiques de son histoire de région acadienne française.

Summerside

Deuxième plus grande ville de la province, Summerside compte 10 000 habitants. A une époque, les habitants de la capitale avaient coutume, pendant les mois chauds d'été, d'émigrer de ce côté-ci de l'île. Aujourd'hui, Summerside existe davantage en tant que ville à part entière, bien que la fermeture de l'importante base militaire ait entraîné un net recul économique.

Les abords de la ville, sur la Hwy 1A, ressemblent beaucoup à ceux de Charlottetown, bordés de motels, de stands de vente de hamburgers et de quelques terrains de camping.

Summerside est un paisible village avec de vieilles maisons pittoresques dans des rues bordées de grands arbres. Les touristes y découvriront bien deux ou trois choses mais bien peu à faire. C'est dans l'unique rue principale, Water St, que l'on trouve le plus de boutiques.

Le **centre d'information du sabot de la Vierge** est situé sur la route 11, après Hwy 1A et à 2 km à l'est de Summerside. Vous y trouverez un grand choix de photographies, cartes routières, etc., qui mettent l'accent sur les principales attractions émaillant la route du sabot de la Vierge. La brochure touristique concernant l'histoire de Summerside décrit en détail certaines des plus belles constructions de la ville à partir de 1850 jusqu'au début du siècle.

Si vous allez derrière le centre-ville, vous avez de grandes chances de voir de grands hérons bleus occupés à "pêcher" pour leur déjeuner, surtout si la marée est basse. On peut également voir des cormorans noirs.

Renseignez-vous sur la date de l'International Highland Gathering à la fin du mois de juin qui se tient dans le College of Piping & Celtic Performing Arts.

Chaque année, au mois de juillet, pendant toute une semaine, se tient le Festival du homard, avec concours, jeux et musique en soirée. A la fin du mois a lieu une régate en hydroplane. Et fin août, Sleman Park sert de décor à un spectacle aérien. Située au sud de Summerside, **Borden** est le terminal des ferries en partance pour Cape Tormentine et le Nouveau-Brunswick.

International Fox Museum et Hall of Fame. Au 260 Fitzroy St (☎ 436-2400), à une rue de Water St, on vous fera le récit, intéressant quoique sujet à controverses, de l'histoire de l'île.

En 1890, c'est avec deux renards argentés sauvages capturés sur l'île qu'a commencé un commerce d'élevage. Ce fut la première entreprise réussissant à élever des animaux sauvages à fourrure en captivité. Les principes qui permirent de la mener à bien sont aujourd'hui exploités dans le monde entier. Dans les années 20, certaines fortunes se développèrent à Summerside grâce à la construction navale et à l'élevage d'animaux à fourrure. Pendant un temps, ce dernier constitua même l'activité économique la plus importante de l'île.

Entre mai et septembre, le musée, créé à Holman Homestead, et magnifique lieu historique possédant un ravissant jardin, est ouvert de 9h à 18h. Holman lui-même était éleveur de renards et, de nos jours, il existe encore des fermes d'élevage. L'une d'elles, Anglo Farms (☎ 882-2825) dans le village d'Anglo Tignish, est également un B&B.

The College of Piping & Celtic Performing Arts. L'école (☎ 436-5377), 619 Water St, propose toute la journée des divertissements à ses visiteurs – cornemuse, chants, danses. Faites un saut pour voir ce qui s'y passe à n'importe quelle heure du lundi au vendredi entre 11h et 17h. Il y a aussi des expositions, concernant, par exemple, la fabrication des violons, ainsi qu'une salle de restauration où l'on peut manger un repas léger. Le billet d'entrée vaut 3 $ et 6 $ le jeudi soir, où il y a un spectacle spécial de *Ceilidh* écossais. Celui-ci a souvent lieu à l'extérieur derrière le bâtiment – emportez un pull-over !

EPTEK National Exhibition Centre et stade. Gratuit et ouvert tous les jours en été, le centre (☎ 888-8373) propose de petites expositions, à caractère historique et artistique, qui changent souvent. La section des chiffres concernant les sports provinciaux est permanente. Le centre est situé sur les quais près de Spinnaker's Landing, nouveau centre commercial destiné aux touristes.

Croisières du port. Elles partent du centre d'information de Spinnaker's Landing, sur les quais.

Où se loger. A défaut d'être nombreuses, des possibilités d'hébergement à Summerside existe tout de même, mais c'est dans les environs que vous en trouverez le plus pendant la pleine saison. Vous trouverez des chambres d'hôtes dans les proches villages de St Eleanors et de Miscouche.

Pour les campeurs, citons le *Linkletter Provincial Park* (☎ 436-7438) sur la route 11 à 8 km à l'ouest de Summerside. Il comporte une plage ainsi qu'un magasin de denrées de première nécessité.

En ville, le *Arbor Inn* (☎ 436-6847) est un B&B situé au 380 MacEwan Rd. Il comprend 7 chambres de tailles et de cadres différents, depuis la modeste chambre simple et deux petites chambres doubles avec toilettes communes jusqu'à la superbe suite avec tout le confort, notamment un bain à remous. Le prix (de 35 $ à 50 $ la double) dépend de la chambre elle-même et inclut un petit déjeuner continental léger. La suite revient à 80 $ par jour et

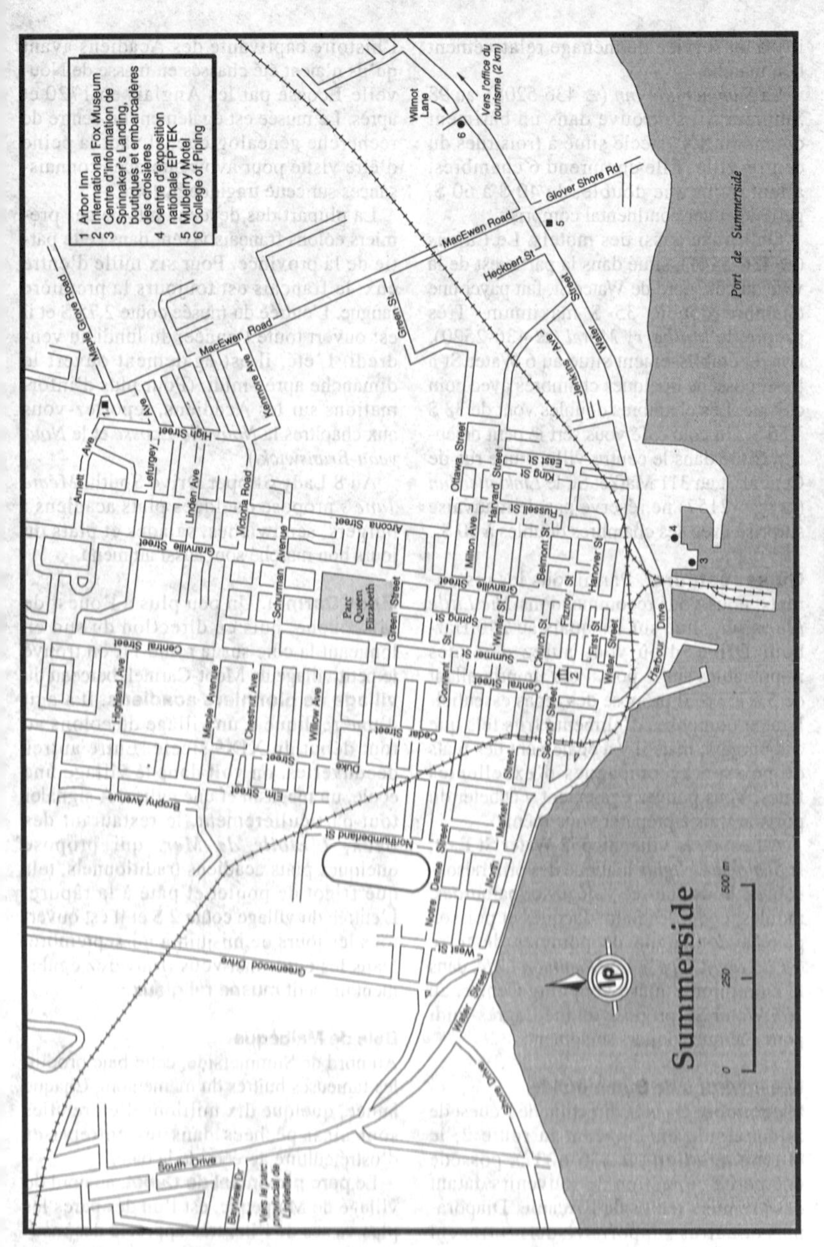
Summerside
1 Arbor Inn
2 International Fox Museum
3 Centre d'information de Spinnaker's Landing, boutiques et embarcadères des croisières
4 Centre d'exposition nationale EPTEK
5 Mulberry Motel
6 College of Piping
Port de Summerside
Vers l'office du tourisme (2 km)
Vers le parc provincial de Linkletter
Parc Queen Elizabeth
MacEwen Road
Glover Shore Rd
Water Street
Harbour Drive
Granville Street
Central Street
Notre Dame Street
South Drive
Greenwood Drive
Wilmot Lane
0 250 500 m

il y a un service de ménage relativement bon marché.

La *Summerside Inn* (☎ 436-5208), au 98 Summer St, se trouve dans un bâtiment datant du XXe siècle situé à trois rues du centre-ville. Elle comprend 6 chambres, allant, pour une double, de 40 $ à 60 $, petit déjeuner continental compris.

On trouve aussi des motels. Le *Cairns* (☎ 436-5841), situé dans la partie est de la ville du côté nord de Water St, fait payer une chambre double 35 $ maximum. Très propre, le *Mulberry Motel* (☎ 436-2520), nouvel établissement situé au 6 Water St à l'est, possède quelques chambres avec coin cuisine. Les chambres doubles vont de 38 $ à 55 $. Un coin café vous sert le petit déjeuner. Situé dans le centre-ville, à une rue de Central St au 311 Market St, le *Linkletter Inn* (☎ 436-2157) ne réserve pas de mauvaise surprise avec ses chambres doubles à 50 $.

Où se restaurer. Parmi tous les restaurants, nous vous recommandons *The Little Mermaid*, situé sur les quais au 240 Harbour Drive, d'où vous aurez des vues imprenables sur le port. Pour un prix allant de 5 $ à 7 $, il propose des repas essentiellement composés d'aliments frits tels que des burgers, mais il y a également des plats de poisson accompagnés d'excellentes frites. Vous pouvez également y acheter du poisson frais à préparer vous-même.

A l'est de la ville, au 652 Water St East, le *Seafood Delights* pratique des prix raisonnables. Vous pourrez y déguster palourdes, moules, coquilles Saint-Jacques et poisson pané accompagné de pommes de terre ("*Fish and Chips*"). Le *Dominion Café*, dans le Dominion Square Shopping Centre, au 250 Water St, propose du thé l'après-midi pour quelques dollars seulement.

Les environs de Summerside

Miscouche. Dans la direction de l'ouest de Summerside en longeant la route 2, le **Musée acadien** (☎ 436-6237), possède une petite collection de souvenirs datant des premiers temps de l'Acadie. Diaporamas et autres supports visuels retracent l'histoire captivante des Acadiens avant qu'ils n'aient été chassés en masse de Nouvelle-Écosse par les Anglais en 1720 et après. Le musée est également un centre de recherche généalogique. Il vaut la peine d'être visité pour avoir quelques connaissances sur cette tragique histoire.

La plupart des descendants de ces premiers colons français vivent dans cette partie de la province. Pour six mille d'entre eux, le français est toujours la première langue. L'entrée du musée coûte 2,75 $ et il est ouvert toute l'année, du lundi au vendredi. L'été, il est également ouvert le dimanche après-midi. (Pour plus d'informations sur les Acadiens, reportez-vous aux chapitres la *Nouvelle-Écosse* et le *Nouveau-Brunswick*.)

Au 8 Lady Slipper Drive South, *Mémé Jane's* propose quelques plats acadiens ; burgers, sandwiches, salades et plats du jours bon marché sont aussi au menu.

Mont-Carmel. Un peu plus à l'ouest de Miscouche, puis en direction du sud en longeant la côte sur la route 11, on trouve le petit village de Mont-Carmel, berceau du **village de pionniers acadiens**. Il s'agit d'une réplique d'un village de colons au tout début du XIXe siècle. Entre autres découvertes, on voit dans le village une école, un magasin et une église. A signaler tout particulièrement, le restaurant des lieux, *L'Étoile de Mer*, qui propose quelques plats acadiens traditionnels, tels que fricot de poulet et pâté à la râpure. L'entrée du village coûte 2 $ et il est ouvert tous les jours de mi-juin à mi-septembre. Dans les environs, vous trouverez également un petit **musée religieux**.

Baie de Malpèque

Au nord de Summerside, cette baie produit les fameuses huîtres du même nom. Chaque année, quelque dix millions d'entre elles sont ainsi pêchées dans les entreprises d'ostréiculture agréées de la baie.

Le **parc provincial de Cabot**, au nord du village de Malpèque, est l'un des parcs les plus vastes de l'île, très apprécié des insulaires. Il comprend un camping, une plage et de nombreuses aires de pique-nique.

Au sud de Malpèque en direction de Kensington, il y a des **jardins**, étendues de dahlias, de roses et de bégonias à perte de vue. Ils sont ouverts tous les jours pendant l'été et leur entrée revient à 2,50 $.

Autres découvertes dans les environs du comté de Prince

Si vous vous trouvez dans les parages, la **vallée de la Tyne** vaut le déplacement. Il existe également quelques boutiques d'artisanat à visiter, notamment un atelier de potier. Tout près, la *Doctor's Inn* (☎ 831-2164) est un agréable B&B de campagne qui offre une cuisine tirant parti des cultures biologiques pratiquées dans le jardin.

La *West Island Inn* (☎ 831-2495) est également un superbe lieu chargé d'histoire, avec un grand balcon et un belvédère équipé d'un tube d'eau chaude. Une petite chambre double coûte 38 $, moins aux mois de mai, de juin, de septembre et d'octobre.

Un groupe d'environ 50 familles micmacs vivent à **l'île Lennox**, dans la baie de Malpèque. Le paysage est beau, et il y a un musée consacré à l'histoire des premières personnes au Canada à avoir été converties au christianisme. Parmi les visites à faire, l'église St Ann datant de 1875, ainsi qu'un magasin d'artisanat indien. Pendant la semaine, on peut admirer des artefacts et des réalisations artisanales dans le complexe de bureaux.

Une route dessert l'île à partir de la région ouest de la baie, près du village d'East Bideford, au nord de la vallée de la Tyne.

A l'intérieur des terres, la ville **O'Leary**, au centre du comté de Prince, est un petit centre commercial peu fréquenté par les touristes. En réponse à cette situation – entre autres – a été créé le **musée de la pomme de terre de PEI** (☎ 859-2039), sur Parkview Drive dans le Centennial Park.

Ce petit musée s'occupe uniquement de l'histoire locale à travers des clichés de photographes qui habitaient la région, des outils agricoles, etc.

En ville, vous trouverez également plusieurs petites boutiques d'artisanat, dont l'article essentiel est le vêtement tricoté. Le **Macausland's Woollen Mill**, vieille entreprise de la ville, continue de fonctionner et peut être visité. Vous pouvez y acheter des articles en pure laine. En outre, vous pourrez déguster un souper de homard dans l'église.

Si vous vous trouvez près de **Tignish** à l'heure du repas, allez donc faire un tour à la Royal Canadian Legion. C'est un endroit bon marché, et vous avez des chances de trouver des gens avec qui discuter. La paroisse de St Simon et l'église St Jude possèdent d'impressionnantes grandes orgues construites à Montréal et installées ici en 1882. Celles-ci comportent 1 118 tuyaux mesurant de quelques centimètres à cinq mètres.

Près du village de Norway (renseignez-vous sur le trajet à suivre), **Elephant Rock**, importante érosion sur le rivage, vaut le coup d'œil.

A l'extrême pointe nord, le **cap Nord** est un promontoire balayé par les vents au bout duquel se trouve un phare. Une station de turbine à vent a été mise en place pour étudier l'efficacité de générateurs fonctionnant avec l'énergie éolienne. Au cap Nord même, un récif rocheux peut être exploré à marée basse – pour chercher la faune maritime et observer les oiseaux des côtes. Il existe aussi un restaurant au cap Nord.

A peu près à mi-chemin en descendant la côte sur la rive ouest le long de la route 14, on trouve le village de Miminegash, situé dans l'une des régions les plus isolées de la province. A l'extérieur de la ville, dans le centre de la recherche publique sur la route 152, on trouve le **centre d'information sur la mousse irlandaise** (☎ 882-2920), installé dans un vieux bateau de pêche. Sa création est due à des femmes de la région dont les familles étaient impliquées depuis des générations dans la cueillette ou la culture de la mousse, variété d'algues.

La curiosité des visiteurs est toujours éveillée par cette algue verte ainsi que par les gens et les animaux au bord de la plage qui viennent en perturber la croissance, et le but de ce centre est de répondre à toutes les questions qu'on peut se poser. Il explique aussi bien les anciennes et les nouvelles méthodes de cueillette, tout comme les usages qui sont faits de cette algue. C'est le composant principal d'une substance que l'on utilise comme émulsifiant dans la fabrication des glaces, du dentifrice et des sirops contre la toux. La moitié de l'approvisionnement mondial de mousse irlandaise provient de l'Île-du-Prince-Edouard.

Le **parc provincial Cedar Dunes**, à la pointe sud-est du comté de Prince, possède un phare, un restaurant et une plage. Construit en 1875, le phare a été restauré, et il y a maintenant un musée retraçant son histoire. Les voyageurs arrivés le soir peuvent loger à l'auberge, la *West Point Lighthouse* (☎ 859-3605), qui faisait autrefois partie du logement du gardien du phare. Autre possibilité : un camping et un B&B bon marché, *Red Capes Inn* (☎ 859-3150), à 4 km sur la route 14.

A L'EST DE CHARLOTTETOWN

King's Byway

La grande route touristique de 374 km de long qui fait le tour du comté de Kings (King's County) – tiers oriental de la province – s'appelle le King's Byway. Région à faible population, elle est constituée de communautés rurales et piscicoles. Elle est en grande partie peuplée par les ancêtres des colons écossais ; la partie ouest est occupée par ceux des Français et la partie centrale, par ceux des Irlandais. Le ferry pour la Nouvelle-Écosse est sur la côte sud, tandis que le ferry pour les îles de la Madeleine est sur la côte est, à Souris.

Le littoral est un mélange de parcs, de plages, de ports de pêche et de quelques villes un peu plus grandes, mais calmes. L'intérieur est émaillé de routes qui relient entre elles les exploitations agricoles.

Orwell

Juste en dehors de Charlottetown, le **village historique d'Orwell Corner** (☎ 651-2013) est une communauté du XIXe siècle restaurée et bien entretenue. Fondé à l'origine par les immigrants écossais en 1766, ce village comprend, parmi les constructions ayant conservé leur cadre d'origine, une ferme, la boutique d'un maréchal-ferrant, un bureau de poste et un magasin. Le village est ouvert tous les jours en été (entrée : 3 $). Le mercredi soir on y donne des concerts.

Wood Islands

Sur la côte sud, c'est à Wood Islands que vous trouverez le terminal des ferries qui assurent le trajet entre l'Île-du-Prince-Édouardet la Nouvelle-Écosse ; c'est donc un centre touristique très important, même s'il n'y a pas grand-chose à voir dans la ville elle-même. Le continent se trouve à 22 km (75 mn) de l'autre côté du détroit de Northumberland.

Le *Cozy Nest* (☎ 962-2030) est un B&B situé à 1 km du lieu d'amerrissage des ferries, sur la Transcanadienne en direction de Charlottetown. Une chambre double revient à 22 $, plus quelques dollars supplémentaires si vous souhaitez le petit déjeuner. Il existe aussi un motel, situé à 2 km à l'ouest du lieu d'amerrissage des ferries. En ville, il y a cinq ou six lieux de restauration.

Murray Harbour

Peu visitée et à l'écart, Murray Harbour est une ville de pêcheurs qui possède sa propre fabrique de conserves. Sur le quai, vous pouvez emprunter un bateau touristique pour aller observer les phoques.

Parc provincial de Brudenell River et ses alentours

Le terrain de camping dans le parc n'est qu'un champ nu, mais il y a un gîte avec terrain de golf pour ceux qui aiment vivre à la dure. Dans le **parc provincial de l'île de Panmure**, situé au sud de la côte, il y a une agréable plage, où l'on peut nager et pique-niquer.

Georgetown est un centre de construction et de réparation navales. **Cardigan**, ancien centre de construction navale situé au nord du parc, comporte un restaurant où l'on peut déguster un souper de homard tout en bas du port ; il est ouvert tous les jours de juin à octobre, à des heures plutôt précoces : entre 16h30 et 20h30.

Baie Fortune

La salle de restaurant de la *Inn at Bay Fortune* (☎ 583-2928) est considérée comme l'une des plus agréables de la province. En outre, cette auberge de campagne plutôt chère offre 11 chambres d'hôtes.

Fortune

Ce cours d'eau près de la Hwy 2 traverse l'île est un autre endroit favorable pour faire du canoë.

Souris

Quand on a traversé tant de petits villages, Souris, avec ses 1 500 habitants, fait l'effet d'une véritable ville. C'est, de fait, l'une des plus grandes villes de la province, ainsi que son centre commercial et d'approvisionnement. Fondée par les Acadiens français au début du XVIIIe siècle, c'est en raison d'épidémies provoquées par ces petites bêtes qu'elle a été baptisée "Souris". Aujourd'hui, ce nom a été anglicisé et l'on prononce le dernier "s". La ville est un important port de pêche et de traitement du poisson ; de plus, elle possède un ferry (☎ 986-3278) qui part des îles de la Madeleine au Québec, à cinq heures et 134 km au nord du golfe du Saint-Laurent. Pour de plus amples informations sur ce ferry, reportez-vous à la rubrique *Îles de la Madeleine* dans le chapitre *Québec*.

Main St, longue étendue constituée d'immeubles des années 20 et 30 et d'architecture pittoresque plus ancienne, possède un rythme agréablement lent ; on y voit les voitures s'arrêter pour laisser passer les piétons. On y trouve tous les magasins de la ville, un magasin de journaux et quelques restaurants simples.

L'**Église catholique romane St Mary**, édifiée avec du grès de l'île en 1901, est située sur Pacquet St en partant de Main St ; c'est le principal monument de Souris. Toutefois, l'**hôtel de ville** sur Main St, la **maison Beacon** de style georgien d'inspiration classique et autres monuments valent le coup d'œil en passant.

Vous trouverez un office du tourisme près de la plage à l'intersection sud-ouest de la ville. A l'autre bout de la ville, de l'autre côté de la petite baie, sur la digue, se trouve la grande conserverie de poisson et le quai du garde-côte rouge et blanc.

Où se loger. Pour une petite ville, il règne à Souris une grande animation en raison du trafic des ferries. Il existe un B&B en ville, la *Matthew House Inn* (☎ 687-3461) dans Breakwater St, à une rue du ferry. Cette grande habitation victorienne restaurée, qui comporte des meubles d'époque, des chambres avec s.d.b. attenantes, etc., n'est pas pour les "petits budgets". Il faut compter entre 50 $ et 125 $ pour une chambre double, petit déjeuner continental compris.

Très bien aussi, le *Hilltop Motel* (☎ 687-3315), n'est cependant pas bon marché. Il affiche complet quand les ferries en provenance du Québec débarquent à 4h ou à 5h du matin. Le restaurant du motel sert de très bons petits déjeuners. Il est situé dans la partie est de la ville. Si vous téléphonez du Québec, composez le 1-902 avant le numéro d'appel. La double est à 60 $.

Vous trouverez des chambres bien moins chère au *Souris West Motel* (☎ 687-2676), à 3 km à l'ouest du terminal des ferries sur la route 2.

Parc provincial de Red Point

Red Point est un petit parc avec une plage de sable et quelques campements agréablement ombragés. Dans cette région, les plages sont célèbres pour le grincement qu'émet le sable quand on le foule.

Basin Head

Basin Head, qui n'est pas vraiment un village, est situé au bord de l'Océan ; on y trouve un musée de la pêche où sont exposés des équipements, une plage, quelques vieux bâtiments de pêche, un snack bar et une boutique de location de canoës. A l'intérieur des terres, il y a de nombreux points d'eau à découvrir en canoë.

East Point

A East Point, la pointe nord-est de l'île, un château d'eau surplombe les falaises, que l'on peut visiter pour 2,50 $. Jusqu'à la fin des années 80, il était tenu par un gardien, mais il a été automatisé comme la plupart des autres phares au Canada. Tout près, la vieille maison du gardien abrite une salle des radios qui a été restaurée. On s'attend à ce que au fur et à mesure années l'endroit entier soit déménagé (comme le phare l'a lui-même déjà été) en raison de l'érosion qui gagne petit à petit le littoral. Le phare est ouvert de 10h à 18h tous les jours du 1er juin à la fin du mois de septembre.

La région du littoral nord du comté de Kings en direction de Cavendish est beaucoup plus boisée que le reste de l'île, mais cela ne veut pas dire que ce soit la fin des fermes et des pommes de terre. Notez que nombre des belles fermes en vieux cèdre sont aujourd'hui supplantées par des bungalows modernes, dotés d'un système d'électricité plus puissant, et assez semblables à ceux que l'on voit dans la banlieue de Toronto. Les lieux anciens restent souvent vides et se délabrent lentement, ou sont envahis par des buissons de lilas.

La pêche est l'activité principale de la côte. A l'intérieur des terres, un ou deux cours d'eau de truites qui méritent le détour.

North Lake

C'est l'un des quatre points de pêche que l'on trouve le long de la côte nord du comté de Kings. Bien que petite, la région du port vaut le coup d'œil, avec ses pièges à homards, ses abris où sont entreposés le matériel et ses bateaux. L'automne, la saison du thon, attire des pêcheurs à la ligne d'autres pays. C'est dans les eaux de ce lac qu'ont été pris certains des plus gros thons rouges du monde. De fait, le record mondial de la plus grosse prise (un poisson de 680 kg) y a été battu en 1979.

Parc provincial de Campbell's Cove

Calme et reposant toute la journée, ce petit parc, le meilleur de la région, se remplit le soir en juillet et en août.

St Margaret's

Dans la grande église St Margaret's, des soupers de homard ont lieu du jeudi au dimanche et coûtent légèrement moins cher que ceux de la région de Cavendish. Outre la pêche hauturière, on trouve quelques cours d'eau riches en truites le long de la route, et l'un d'eux, le **Naufrage**, est juste à l'ouest de la ville.

St Peter's

Aux environs de la baie de St Peter's, on peut voir jeter les filets utilisés pour l'élevage des moules. Dans la ville, ne manquez pas le *Wilma's Bake Shop*, pour son pain, ses muffins et ses petits pains à la cannelle.

Midgell

Sur la Hwy 2 au sud de la baie de St Peter's, on trouve le Midgell Centre (☎ 961-2963). Destinée surtout aux membres du Christian Centre, l'auberge accueille cependant d'autres visiteurs pour la nuit. Elle dispose de 60 lits, à 10 $ chacun. Il est possible de se préparer un repas léger. Le Midgell Centre est ouvert aux visiteurs du 1er juin au 1er septembre.

Nouveau-Brunswick

Entrée dans la confédération : 1/07/1867
Superficie : 73 437 km²
Population : 723 900 habitants
Capitale de la province : Fredericton

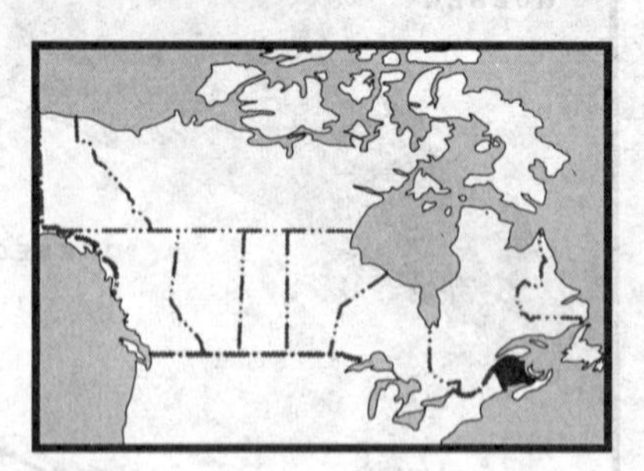

Le Nouveau-Brunswick, qui célébra le deuxième centenaire de sa création en 1984, est (avec la Nouvelle-Écosse et l'Île-du-Prince-Édouard) l'une des trois Provinces maritimes du Canada. C'est aussi l'un des quatre membres fondateurs du dominion instauré en 1867. La région est largement couverte de forêts et, curieusement, ce sont les zones non forestières qui ont la faveur des visiteurs.

Depuis la frontière du Québec, la région de terres cultivées de la vallée du Saint-Jean mène à la baie de Fundy avec ses falaises, ses rades et ses mascarets dus aux marées les plus fortes du monde. Saint-Jean, la plus grande ville de la province, et Fredericton, la capitale, furent le théâtre de nombreux épisodes loyalistes. La côte orientale dispose de plages sablonneuses, chaudes, et quelques rivières sillonnent la vaste zone forestière. Les hautes terres boisées du nord possèdent l'un des sommets montagneux les plus élevés du Canada oriental et offrent des possibilités très diverses d'activités de plein air.

La province du Nouveau-Brunswick était à l'origine la terre des Micmacs, et dans les régions sud, des Indiens Malecites et Passamaquoddy. Aujourd'hui la population est en majorité d'origine britannique. Environ 60% des Néo-Brunswickois vivent dans les zones urbaines, dont beaucoup sont francophones.

37% de la population est d'origine française et que 16% des habitants parlent encore aujourd'hui uniquement le français. Le Nouveau-Brunswick est la seule province du Canada officiellement bilingue.

Le Nouveau-Brunswick n'a jamais joui d'une grande notoriété touristique et, bien que traversée par de nombreux voyageurs, la province ne fut jamais une destination touristique comme la Nouvelle-Écosse.

CLIMAT

Les étés sont rarement très chauds et les hivers sont très froids et enneigés. Août est le mois le plus sec. En règle générale, il pleut davantage dans le Sud.

ÉCONOMIE

Le bois et la pâte à papier constituent les deux principales industries. Produits manufacturés et miniers jouent également un rôle déterminant, tout comme l'agriculture et la pêche.

RENSEIGNEMENTS

Emblèmes de la province

L'emblème floral est la violette pourpre ; l'oiseau, la mésange à tête noire.

Téléphone

L'indicatif téléphonique de la province est le 506. Pour les services d'urgence, appelez le 911 ou le 0.

Horaire

La province obéit à l'heure atlantique – que vous veniez du Québec ou du Maine, avancez vos montres d'une heure.

Taxes

La taxe provinciale est de 11%.

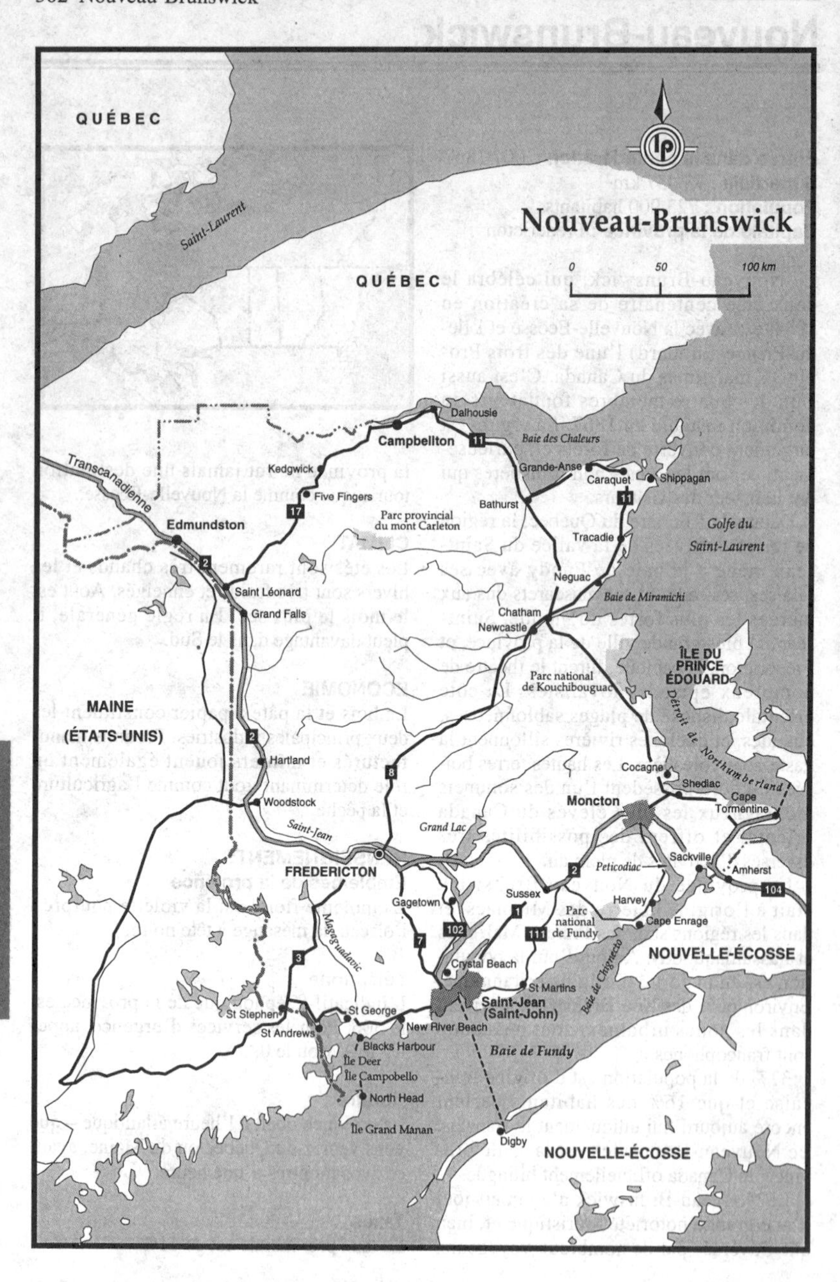
Nouveau-Brunswick
QUÉBEC
Saint-Laurent
QUÉBEC
0 50 100 km
Dalhousie
Campbellton
Baie des Chaleurs
Kedgwick
Grande-Anse
Caraquet
Shippagan
Transcanadienne
Five Fingers
Bathurst
Parc provincial du mont Carleton
Golfe du Saint-Laurent
Edmundston
Tracadie
Neguac
Saint Léonard
Baie de Miramichi
Grand Falls
Chatham
Newcastle
ÎLE DU PRINCE ÉDOUARD
Parc national de Kouchibouguac
Détroit de Northumberland
MAINE (ÉTATS-UNIS)
Hartland
Cocagne
Shediac
Cape Tormentine
Woodstock
Moncton
Saint-Jean
Grand Lac
FREDERICTON
Sackville
Peticodiac
Amherst
Sussex
Gagetown
Harvey
Parc national de Fundy
Cape Enrage
Magaguadavic
NOUVELLE-ÉCOSSE
Crystal Beach
St Martins
Baie de Chignecto
St Stephen
St George
Saint-Jean (Saint-John)
St Andrews
New River Beach
Blacks Harbour
Baie de Fundy
Île Deer
Île Campobello
North Head
Île Grand Manan
Digby
NOUVELLE-ÉCOSSE

Fredericton

Fredericton est la ville reine du Nouveau-Brunswick. C'est une bourgade tranquille, élégante, agréable, dont le centre mérite d'être visité pour son histoire.

Il y a trois siècles, les Indiens Malecites et Micmacs résidaient dans cette région. En 1762, les Britanniques fondèrent une ville à l'emplacement du comptoir abandonné par les Français. Ils la nommèrent Fredericton en l'honneur du prince Frederick, le second fils du roi George III. A la fin de la guerre d'Indépendance américaine, en 1783, environ 6 000 personnes vinrent s'y installer. Deux ans plus tard, elle devint la capitale de la province nouvellement créée, après sa séparation d'avec la Nouvelle-Écosse.

C'est à Fredericton que naquirent le premier poète canadien anglophone, le loyaliste Jonathan Odell et, beaucoup plus tard, lord Beaverbrook. Aujourd'hui, Fredericton abrite dans ses murs le lieutenant-gouverneur et diverses personnalités du corps législatif et de l'université.

Environ 1/5e des 45 000 habitants travaillent pour le gouvernement, car la ville est toujours la capitale du Nouveau-Brunswick. Les principales activités sont l'industrie alimentaire, la menuiserie et la fabrication d'objets en cuir. Par ailleurs, la ville a su conserver quelques édifices anciens remarquables et de très belles maisons, la rivière serpente doucement et ses rues bordées d'arbres lui ont valu le surnom de "ville des Ormes". C'est décidément l'endroit idéal où se reposer un jour ou deux.

Orientation

Le centre-ville est perché sur une petite péninsule arrondie qui fait saillie au sud du Saint-Jean. La ville s'étend jusqu'au nord du fleuve, mais ce quartier est résidentiel et offre peu d'intérêt pour les visiteurs. Il y a trois ponts : deux pour les voitures, celui du centre est réservé aux trains.

Le pont Westmorland St relie le centre-ville à la rive nord. On aperçoit quelques édifices imposants et deux flèches d'églises de l'autre côté du fleuve.

Plus à l'est, en longeant la rivière, le pont Princess Margaret, qui fait partie de la Transcanadienne, relie les deux tronçons de la route principale en contournant la lisière est de la ville et en enjambant la rivière depuis/vers Moncton. Non loin, au-delà du pont, ce sont des bois verdoyants et des terres agricoles typiques de la vallée du Saint-Jean.

En arrivant dans la ville de l'ouest, par la Transcanadienne, empruntez la sortie 292B (Regent St). Regent St vous mènera directement au centre-ville.

En ville, King St et l'artère parallèle Queen St sont les rues principales. Northumberland St et Saint John St marquent les lisières ouest et est de ce petit centre-ville. Le parc à l'angle de Queen St et de Regent St, appelé Officers' Square, est le point névralgique de nombre d'activités.

Lorsque vous faites route vers l'est, en venant de Queen St, s'étire un petit parc appelé "The Green", coincé entre la route et la rivière. Il s'étend à l'est sur plusieurs pâtés de maisons. Près de la galerie d'art se dresse une statue du poète écossais Robbie Burns. Plusieurs sites intéressants sont regroupés dans The Green.

Plus à l'est, Queen St se transforme en Waterloo Row. Les maisons qui jalonnent cette artère méritent toute votre attention. Elles sont toutes différentes les unes des autres, toutes imposantes et bien entretenues. Certaines arborent d'impressionnants balcons, des tourelles, et des formes bizarroïdes. Les n°50, 82 et 146 m'ont tout particulièrement impressionné. La résidence du lieutenant-gouverneur se trouve à proximité. Cherchez l'écusson. Dommage que le Canada ne possède pas davantage de rues comme celle-là.

De retour dans The Green, vous passerez devant le Mémorial loyaliste, à côté de Waterloo Row, dédié aux fondateurs britanniques. Pas très loin, dans Brunswick St, se cache le vieux cimetière loyaliste, très semblable à celui de Saint-Jean. Les tombes révèlent que nombre des défunts étaient nés en Angleterre, en Irlande ou dans d'autres pays étrangers, et moururent jeunes. Étrangement, ces inscriptions tendent à rendre vivants ces pionniers.

Church St et Brunswick St, qui débouchent non loin de la cathédrale Christ Church, sont également bordées de nombreuses maisons en brique ou en bois. La grise, au 767 Brunswick St, date de 1784.

RENSEIGNEMENTS

Le centre de renseignements des visiteurs (☎ 452-9500) est installé dans l'hôtel de ville, dans Queen St. Il est ouvert du lundi au vendredi, toute l'année, de 8h30 à 17h, mais ferme plus tard en été. Il y a aussi un bureau de renseignements touristiques (☎ 458-8331) sur la Transcanadienne, près de Hanwell Rd, à la sortie 289. Il est ouvert tous les jours, de début juin à la fin septembre, de 9h à 19h. Tourisme New Brunswick (☎ 800-561-0123) pourra également vous fournir des informations sur la province.

Dans le centre-ville, le bureau de poste, sis au 527 Queen St, non loin de Regent St, est ouvert du lundi au vendredi.

Si vous êtes en voiture, sachez qu'il y a un parking gratuit derrière l'Assemblée législative, dans Queen St. Expliquez que vous êtes un visiteur étranger à la ville.

Visite à pied

Le centre-ville, qui s'étend sur six pâtés de maisons, englobe la plupart des attractions et constitue aussi le quartier le plus séduisant sur le plan architectural. Une brochure et une carte sont fournies à l'office du tourisme et indiquent l'itinéraire à suivre, à pied, pour découvrir les principaux monuments et sites. Cette promenade inclut les 24 monuments historiques du centre-ville en partant de l'hôtel de ville.

Officers' square

C'est le parc central de Fredericton, dans Queen St, entre Carleton St et Regent St. Il servait autrefois aux parades militaires et de nombreux bâtiments militaires se dressent encore alentour. A 11h et 19h, du lundi au vendredi, de mi-juillet à la troisième semaine d'août, vous pourrez assister à la relève de la garde.

Toujours dans le parc, en été, le mardi et jeudi soir, à 19h30 ont lieu des concerts gratuits. On y joue de la musique militaire ou de la cornemuse, parfois de la musique classique. Dans le parc se dresse une statue de lord Beaverbrook, le magnat de la presse et l'enfant le plus illustre de la province.

A l'ouest du parc se trouvent les anciens quartiers des officiers (Officers' Barracks), construits entre 1839 et 1851. La partie la plus ancienne, la plus proche de l'eau, montre des murs plus épais et une charpente taillée à la main. L'autre partie, plus récente, est faite d'une charpente coupée à la scie.

Musée historique de York-Sunbury

Ce musée (☎ 455-6041) occupe l'ancien quartier des officiers, à l'extérieur du parc, un édifice caractéristique des réalisations des architectes royaux de la période coloniale. Il présente une collection d'objets liés à l'histoire de la ville : matériel militaire utilisé par les régiments locaux et les armées britanniques et allemandes pendant la guerre des Boers et les deux guerres mondiales ; meubles provenant d'un salon loyaliste et d'une chambre victorienne ; objets indiens et acadiens ; découvertes archéologiques. Le joyau du musée est une grenouille empaillée de 19 kg.!

En été, il est ouvert du lundi au samedi, de 10h à 18h ; le mardi et le jeudi, de 10h à 20h ; le dimanche, de 12h à 18h. En hiver, il est ouvert seulement le lundi, mercredi et vendredi, de 11h à 15h. L'entrée est de 1 $.

Quartier des soldats

A l'angle de Carleton St et Queen St, dans le camp militaire, vous pourrez découvrir comment vivaient les soldats dans les années 1820. Vous pourrez aussi visiter une salle de garde (datant de 1828) où l'on enfermait les indisciplinés.

Elle abrite aujourd'hui des souvenirs militaires. Une histoire des lieux, bien écrite et passionnante, est disponible. Les visites sont gratuites. Pour plus d'informations, appelez le musée historique de York-Sunbury.

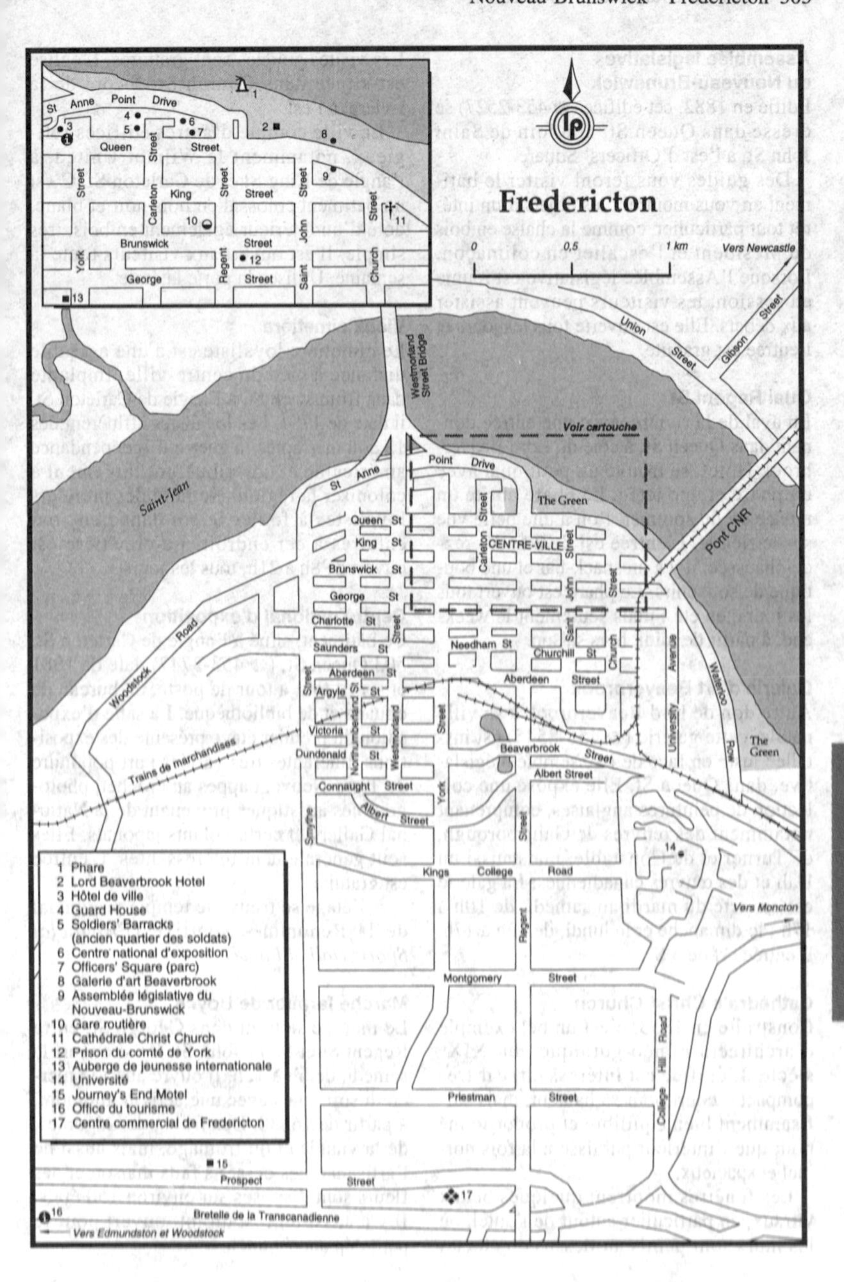

Fredericton
0
0,5
1 km
Vers Newcastle
Voir cartouche
Saint-Jean
Westmorland Street Bridge
Pont CNR
Union Street
Gibson Street
St Anne Point Drive
The Green
CENTRE-VILLE
Queen St
King St
Brunswick St
George St
Charlotte St
Saunders St
Aberdeen St
Argyle St
Victoria St
Dundonald St
Connaught Street
Albert Street
Needham St
Churchill St
Aberdeen Street
Beaverbrook Street
Albert Street
Woodstock Road
Trains de marchandises
Smythe Street
Northumberland St
Westmorland Street
Carleton Street
York Street
Regent Street
Saint John Street
Church Street
University Avenue
Waterloo Row
The Green
Kings College Road
Montgomery Street
Priestman Street
College Hill Road
Prospect Street
Bretelle de la Transcanadienne
Vers Moncton
Vers Edmundston et Woodstock
1 Phare
2 Lord Beaverbrook Hotel
3 Hôtel de ville
4 Guard House
5 Soldiers' Barracks (ancien quartier des soldats)
6 Centre national d'exposition
7 Officers' Square (parc)
8 Galerie d'art Beaverbrook
9 Assemblée législative du Nouveau-Brunswick
10 Gare routière
11 Cathédrale Christ Church
12 Prison du comté de York
13 Auberge de jeunesse internationale
14 Université
15 Journey's End Motel
16 Office du tourisme
17 Centre commercial de Fredericton

Assemblée législative du Nouveau-Brunswick

Édifié en 1882, cet édifice (☎ 453-2527) se dresse dans Queen St, non loin de Saint John St, à l'est d'Officers' Square.

Des guides vous feront visiter le bâtiment en vous montrant les objets d'un intérêt tout particulier, comme la chaise en bois du président et l'escalier en colimaçon. Lorsque l'Assemblée législative est réunie en session, les visiteurs peuvent assister aux débats. Elle est ouverte tous les jours et l'entrée est gratuite.

Quai Regent St

En aval de la rivière, avec une entrée donnant dans Queen St, à côté du Lord Beaverbrook Hotel, se trouve un petit quai avec un phare et une jetée. Le phare abrite un musée et, du sommet, l'on a une belle vue sur le fleuve. L'entrée est de 2 $. Au rez-de-chaussée, il y a un snack-bar et une boutique de souvenirs. Le phare est ouvert tous les jours, en été ; mais seulement le week-end, à partir de midi, hors saison.

Galerie d'art Beaverbrook

Autre don de lord Beaverbrook à sa ville natale, cette galerie (☎ 458-8545) est installée juste en face de l'Assemblée législative, dans Queen St. Elle expose une collection de peintures anglaises, comprenant notamment des œuvres de Gainsborough, de Turner et de Constable, mais aussi un Dali et des œuvres canadiennes. La galerie est ouverte du mardi au samedi, de 10h à 17h ; le dimanche et le lundi, de 12h à 17h. L'entrée est de 3 $.

Cathédrale Christ Church

Construite en 1853, c'est un bel exemple d'architecture néo-gothique du XIXe siècle. L'édifice est intéressant, car très compact – court pour sa hauteur, mais suffisamment bien équilibré et proportionné pour que l'intérieur paraisse à la fois normal et spacieux.

Les fenêtres montrent quelques beaux vitraux, en particulier autour de l'autel, où les murs sont peints au-dessus du chœur. Les visites guidées sont gratuites. L'église est située dans Church St, à côté de la rivière, à l'est.

La ville compte d'autres édifices religieux, notamment le Wilmot United, à l'angle de King St et de Carleton St. C'est un bâtiment colossal en bois noir et blanc, doté d'un intérieur également en bois, très simple. Il est ouvert aux visiteurs toute la semaine. Utilisez la porte latérale.

Vieux cimetière

Le cimetière loyaliste est à une agréable distance à pied du centre-ville. Implanté dans Brunswick St, à l'angle de Carleton St, il date de 1784. Les loyalistes affluèrent des 13 colonies après la guerre d'Indépendance américaine et contribuèrent largement à coloniser la région. Nombre des premiers loyalistes à fouler le sol canadien sont enterrés à cet endroit. Le cimetière est ouvert de 8h à 21h, tous les jours

Centre national d'exposition

Ce bâtiment, situé à l'angle de Carleton St, 503 Queen St, (☎ 453-3747) date de 1881 et servit tour à tour de poste, de bureau de douane et de bibliothèque. La salle d'exposition du premier étage présente des expositions itinérantes très variées : art populaire de Terre-Neuve, nappes au crochet, photographies artistiques provenant de la National Gallery et cerfs-volants japonais. Elles sont généralement intéressantes. L'entrée est gratuite.

A l'étage se trouve le temple provincial de la Renommée sportive (*Provincial Sports Hall of Fame*).

Marché fermier de Boyce

Le marché se tient dans George St, entre Regent St et Saint John St. Il est ouvert le samedi, de 6h à 12h. Il ouvre aussi le mercredi soir, mais avec une activité moindre, à partir de 16h30. Des fruits, des légumes, de la viande et du fromage, mais aussi de l'artisanat, des desserts faits maison et des fleurs sont disposés sur environ 150 étals. Il y a aussi un restaurant, ouvert pour le petit déjeuner/brunch.

Conserver House

Non loin du croisement de Brunswick St, au 180 Saint John St, cet édifice (☎ 458-8747), datant de 1890, est aujourd'hui utilisé comme modèle et centre d'information sur l'économie d'énergie. Il est ouvert du lundi au vendredi, de 9h à 17h.

Musée de l'énergie électrique

Ce musée (☎ 458-6805), 514 Queen St, présente moins les dernières et futures technologies que les équipements obsolètes, datant des premiers jours de l'électricité. Il est fermé le dimanche.

Parcs

Outre le parc en bordure de la rivière, et plusieurs autres disséminés dans la ville, deux parcs méritent une visite. L'**Odell Park** (parc Odell), au sud-ouest du centre-ville, dans Smythe St, couvre 175 ha et il est constitué, en partie, de forêt vierge. Il y a des tables de pique-nique, un zoo pour enfants et des sentiers pédestres. Le **Killarney Lake Park** (parc du lac Killerney) se profile à 5 km de la ville, après le pont de Westmorland St. On peut se baigner et pêcher dans le lac alimenté par une source.

Ferme Tula

A 20 mn en voiture, à l'ouest de Fredericton, sur la Transcanadienne, on arrive au Centre d'agriculture de Tula (☎ 459-1851). Le projet de 29 acres sur Keswick Ridge, qui surplombe la vallée de Saint-Jean, permet aux visiteurs de mieux apprécier les pratiques écologiques en agriculture. Des démonstrations leur font comprendre comment est produite la nourriture et comment on peut parvenir à ce résultat en utilisant la nature, au lieu de la combattre. Mieux vaut porter des bottes ou autres chaussures du même type. Appelez pour vérifier les heures de visite et l'itinéraire. Le centre n'est pas très loin de la sortie de la Transcanadienne, à la crête Mactaquac/Keswick.

ACTIVITÉS SPORTIVES

Louez un canoë pour suivre le cours de la rivière. Vous en trouverez chez A to Z Rentals (☎ 452-9758), 128 Prospect St. Ou chez McGivney Boat & Canoe (☎ 472-1655), Lower St Marys, 5 km à l'est de Howard Johnson's, sur la Transcanadienne.

Le Small Craft Aquatic Centre (☎ 458-5513) organise des excursions en canoë d'une heure à trois jours (circuits sportifs). Des stages de canoë ou de kayak sont offerts. Appelez Kerry Smith pour plus de renseignements sur toutes les options proposées.

Vous trouverez plusieurs piscines gratuites à Henry Park et à Queen Square. A la YM-YWCA, 28 Saunders St, il faut acquitter un modique droit d'entrée.

Eastern Canada Outdoor (ECO) Tours (☎ 452-0995), à l'extérieur de la ville, au Site 19 RR5, organise des circuits de deux à trois jours (randonnée le long du littoral de Fundy ou escalade jusqu'au mont Carleton, le sommet le plus haut de la province). Les promenades sont moyennement difficiles et une bonne condition physique est indispensable, ainsi qu'une certaine expérience de la vie en plein air. On pourra vous fournir tout l'équipement.

CIRCUITS ORGANISÉS

En juillet et en août, un des membres d'une active troupe de théâtre, costumée, vous fera visiter la ville à pied, pendant une heure gratuitement. La visite part de l'hôtel de ville, trois fois par jour. Renseignez-vous auprès de l'office du tourisme.

Trius Tours (☎ 459-3366) propose des circuits en voiture bon marché dans la ville (pour les groupes importants, le transport s'effectue en camionnette). A noter que Trius est d'abord une compagnie de taxis.

FESTIVALS

Fredericton est un des centres de l'étain traditionnel. Vous pourrez en voir toute l'année à Aitkens Pewter, 81 Regent St. D'autres artisans de la ville ont opté pour la poterie ou la sculpture sur bois. Voici quelques-unes des principales manifestations de la province :

Mai-septembre

Théâtre Playhouse – divers artistes de musique

country originaires du Canada atlantique se produisent au théâtre, chaque samedi, de mai à septembre.

Canadian National New Brunswick Day Canoe Race – cette course en canoë se déroule chaque année, début août, sur le Mactaquac Headpond.

Exposition d'artisanat – cette exposition d'artisanat provincial a lieu au parc Mactaquac le week-end qui précède la fête du Travail. Toutes sortes d'objets sont exposés et vendus.

Foire de Fredericton – c'est une foire annuelle qui débute le jour de la fête du Travail (premier lundi de septembre) et dure six jours. Elle se déroule dans le parc des expositions, à l'angle de Smythe St et Saunders St. La foire inclut une exposition agricole, un carnaval, une course de voitures à cheval et divers spectacles.

Scottish Highland Games Festival – ce festival de jeux écossais dure deux jours, chaque été, avec musique, danse et concours.

OÙ SE LOGER

Camping

Le meilleur emplacement à proximité, le *Mactaquac Provincial Park* (☎ 363-3011), est situé à 20 km à l'ouest, par la Transcanadienne, sur la Hwy 105, au nord de la rivière. Un emplacement pour tente coûte 12 $. Il y a une piscine et une épicerie. Un autre parc provincial se trouve au sud de King's Landing, sur le lac George.

Plusieurs terrains de camping sont regroupés plus près encore de Fredericton, mais ils sont nettement moins agréables que les parcs. Ils conviennent pour une nuit ou de courts séjours. Trois terrains privés jalonnent la Transcanadienne, avant d'atteindre Hanwell Rd.

Hartt Island Campground (☎ 450-6057) se trouve à 10 km à l'ouest de Fredericton sur la Transcanadienne.

Au sud-est, à 30 km de la ville, le *Sunbury Oromocto Provincial Park* (☎ 357-3708) est installé dans Waterville Rd, au French Lake, par la Hwy 7.

Auberges de jeunesse

Fredericton compte un membre des auberges de jeunesse internationales, la HI *York House Hostel* (☎ 454-1233), très confortable. Bien située au centre, elle occupe une ancienne école, 193 York St, à l'angle de George St, près de l'église. Elle est à une courte distance à pied de la gare routière et dispose de 30 lits. Les tarifs sont de 9 $ pour les membres, 12 $ pour les non-membres. Le petit déjeuner coûte 3 $ et on peut y dîner. On peut aussi y faire sa cuisine. L'auberge ouvre à 16h. Elle est ouverte de début juin à début septembre. Le personnel est amical et attentif, et l'auberge possède les toilettes les plus étranges que j'aie jamais vues.

L'*University of New Brunswick* (☎ 453-4891) loue des simples et des doubles en dortoirs, disponibles de mi-mai à mi-août. Pour les touristes, les simples/doubles coûtent 27/40 $ (étudiants : 13/23 $). Il y a une piscine. Le campus est à une distance raisonnable à pied du centre-ville, au sud de Beaverbrook St, à environ cinq pâtés de maisons de Regent St.

Hôtels et tourist homes

Les petits budgets ne disposent guère d'un choix étendu, mais les quelques adresses disponibles sont bonnes.

Le *Manger Inn* (☎ 454-3410) est une jolie maison jaune et noire, au 269 Saunders St. C'est une rue résidentielle bordée d'arbres, à deux pâtés de maisons au sud de Brunswick St. Comptez 30 $ pour une simple, pour un lit (deux personnes) 35 $, pour deux lits (deux personnes), 40 $. Cuisine disponible pour un petit supplément.

Le *Carriage House B&B* (☎ 452-9924), 230 University Ave, est également central, mais plus cher, avec des simples/doubles à partir de 40/50 $, petit déjeuner compris. Il y a un salon TV.

D'une catégorie supérieure, le très vénérable *Lord Beaverbrook* (☎ 455-3371), 659 Queen St, pratique des prix relativement modérés pour un établissement de cette classe, avec des simples/doubles à 60/70 $. Il possède 165 chambres avec tous les aménagements indispensables. Il est surtout fréquenté par les hommes d'affaires et les politiciens.

Motels

Installés en bordure de la ville, les motels fournissent l'essentiel de l'hébergement.

A l'ouest, sur la Rural Route 6, (la Transcanadienne ouest) sont regroupés plusieurs établissements. Le *Roadside Motel* (☎ 450-2080) loue des simples/doubles à 38/40 $. A l'est, sur la Rural Route 8 (la Transcanadienne 2, ou Transcanadienne pour Moncton), le *Norfolk Motel* (☎ 472-3278) propose des simples/doubles à seulement 27/30 $.

A la sortie de la grande route, avant le pont Princess Margaret, à l'est de l'université, au n°502 de la Forest Hill Rd, le *Fredericton Skyline Motel* (☎ 455-6683) offre des simples/doubles à 35/45 $. Pour y parvenir, empruntez la grande route, après le pont, en direction de Moncton ; Forest Hill Rd se trouve à l'est de la grande route. Depuis le centre-ville, un taxi revient à 5 $.

Le *Comfort Inn by Journey's End Motel* (☎ 453-0800) loue des simples/doubles, grandes, propres, à partir de 65 $. Appartenant à une chaîne connue, il est installé 255 Prospect St, au nord de la Transcanadienne, en direction de la ville, après Regent St. A une distance raisonnable à pied vous attendent quelques restaurants.

Le *Town & Country Motel* (☎ 454-4223), 967 Woodstock Rd, à environ 2 km au sud de la Transcanadienne, propose des unités d'habitation à 58 $ la double.

De l'autre côté de la rivière, à North Fredericton, *Fort Nashwaak Motel* (☎ 472-4411), 15 Riverside Drive, offre de belles vues, et des bungalows individuels à 45 $ la double.

OÙ SE RESTAURER

Le *JM&T Deli*, un petit mais confortable delicatessen, est implanté en bas de Regent St, au n°62. Il sert tous les plats canadiens typiques, y compris de la viande fumée en provenance de chez Ben's à Montréal. Sandwiches variés, fromages, etc., sont servis au comptoir pour 3,50 $ et plus. Il n'est pas ouvert le dimanche.

Au 349 King St, *Dimitri's* est un restaurant grec bon marché, pour y déjeuner ou y dîner de souvlaka, pita, brochettes, moussaka, etc.

Dans Queen St, au centre, près du bureau de poste, le *Capital Garden* sert de la cuisine chinoise. De 11h30 à 14h30, du lundi au vendredi, vous pourrez profiter du buffet à volonté pour 7,50 $. Il comporte notamment boulettes de porc, de poulet, rouleaux aux œufs et riz. Samedi et dimanche soir, dîner à 9,50 $.

Mei's, 73 Carleton St, est meilleur et propose quelques plats setchouanais. Comptez environ 25 $ pour un repas pour deux. Il y a aussi un bar à sushi.

Le *Subway* est un des seuls établissements ouverts le dimanche et, pour cela, méritait d'être mentionné. Il se trouve dans King St, près de Westmorland St. Il sert de bons sandwiches.

Dans le centre commercial de King's Place, à l'angle des rues Brunswick et York, le *Crispins* propose des déjeuners bon marché, style cafétéria.

Le *Lunar Rogue*, 625 King St, est ouvert tous les jours. Ce pub offre des spéciaux du jour, de la bière anglaise à la pression et, par beau temps, possède un patio en plein air. Un orchestre se produit aussi parfois le soir.

Au 594 Queen St, à l'angle de Regent St, *La Vie en Rose Café* est un petit établissement très sympathique pour déguster des desserts et un café.

Pour le thé, essayez *Keay's*, 72 York St, une sorte de café-restaurant à l'ancienne dans un marché à fruits.

Loin du centre, près de la Transcanadienne, voyez vers Prospect St West, après Regent St South. Vous y trouverez le Fredericton Mall, avec une épicerie, *Sobey's*, et un comptoir à alcool.

Plus loin se trouve le bar *O'Tooles*. A l'angle de Smythe St, le *Ponderosa* sert des crevettes et des steaks à 8 $. Le buffet végétarien revient à 5 $.

Pour ceux qui souhaitent faire la cuisine, traversez le pont de Westmorland St, et rendez-vous dans Main St, dans North Fredericton. Par-delà le pont, il y a une boulangerie et une boutique qui propose un vaste choix de fruits et légumes. La porte à côté, au 230 Main St, vous pourrez acheter viande, poisson et fromages. Ils sont ouverts toute la journée. Les produits sont de première qualité et les prix sont bas.

DISTRACTIONS

Des orchestres de musique celtique se produisent au *Lunar Rogue*, un bar, au 625 King St. Toujours dans King St, mais entre Regent St et Carleton St, le *Club Cosmopolitan* dispose d'un restaurant (plutôt cher), de salons et d'une discothèque.

L'université du Nouveau-Brunswick accueille souvent des concerts et des orchestres. Des films sont projetés pour un prix modique, au Tilley Hall Auditorium de l'université.

COMMENT S'Y RENDRE

Avion

Fredericton est une petite ville, mais bien desservie par les compagnies aériennes. De nombreux vols pour les destinations les plus diverses font escale à Fredericton. Air Canada (☎ 458-8561) assure aussi un vol direct par jour depuis Toronto.

Bus

La gare routière SMT (☎ 458-6000) est située à l'angle de Regent St et de Brunswick St. Voici quelques destinations :

Moncton – 10h25, 14h30 (quotidien, 25 $)
Québec *via* Campbellton – 14h30, 20h (59 $)
Halifax – identique à Moncton (58 $)
Amherst – identique à Moncton (34 $)

Train

Plus aucun train de voyageurs n'est assuré avec Fredericton. Mais un service de bus contrôlé par Trius (☎ 459-3366) garantit une correspondance avec divers trains à Fredericton Junction, à environ 40 km au sud de la ville. Pour toute information et achats de billets, plusieurs agences sont à votre disposition, notamment Blaine Thomas, 99 York St et Maritime Marlin Travel, dans le centre commercial de King's Place du centre-ville. Les bus partent du Lord Beaverbrook Hotel et du Student Union Building, à l'université, où vous pourrez également vous renseigner.

Voiture et moto

Pour louer une voiture, Budget (☎ 452-1107) est installé 407 Regent St. Leur tarif est de 36 $ par jour, dont 100 km gratuits. Des tarifs à la semaine avec 1 000 km gratuits sont également proposés.

Delta (☎ 458-8899), 304 King St, est un peu moins cher, à 33 $ par jour, plus 100 km gratuits et 12 cents par km. Le forfait week-end est intéressant. Troisième possibilité : Tilden dans Prospect St.

Les distances dans la région atlantique sont réduites : en quelques heures de voiture, vous aurez traversé la province. Cap Tormentine est à 300 km, *via* la Transcanadienne, et les Hwy 16 et 2. Pour Halifax (415 km), prenez les Hwy 102, 104, puis la Transcanadienne. Pour Québec (576 km), empruntez la Transcanadienne (appelée aussi la Hwy 2).

COMMENT CIRCULER

Desserte de l'aéroport

L'aéroport est situé à 16 km au sud-est de la ville. Il y a un bus qui assure la navette depuis le Beaverbrook Hotel, avant et après les vols. Il part de 45 à 60 mn avant le départ du vol et coûte 6,50 $. Pas de service assuré le dimanche et les jours fériés. Un taxi pour l'aéroport revient à environ 15 $.

Bus

La ville dispose d'un excellent réseau de bus, Fredericton Transit (☎ 458-9522). Les tarifs incluent les changements.

L'université se trouve à 15 mn à pied du centre-ville. Si vous souhaitez prendre le bus, le n°16S passe au sud, dans Regent St, à peu près toutes les 20 mn.

Pour faire de l'auto-stop sur la Transcanadienne, prenez le bus qui dessert le Fredericton Mall. C'est également le 16S. Pour revenir en ville, montez dans le 16N.

Voiture

Des cartes de stationnement gratuites sont disponibles au centre des visiteurs, à l'hôtel de ville.

Bicyclette

Vous pourrez louer un vélo, à l'heure ou à la journée, pour un tarif très avantageux, au Savage's (☎ 458-8985), 449 King St.

SUD-EST DE FREDERICTON

Gagetown

Ce nom fait référence à la fois à une petite bourgade et à la plus importante base militaire du Commonwealth. Toutes deux se trouvent en aval du Saint-Jean, non loin de Fredericton. A la base militaire, vous pourrez visiter le musée militaire et ses collections liées aux deux guerres mondiales, à la guerre sud-africaine et à celle de Corée. L'entrée est gratuite. Le long de la route, des marchés de fermiers proposent des produits frais.

La ville de Gagetown, sur la rivière, possède de nombreuses boutiques d'artisanat et de bons exemples d'architecture ancienne, certains remontant au XVIIIe siècle.

Grand Lake

A l'est de la ville, le long de la rivière, en venant de la Hwy 2, on découvre un beau paysage de terres cultivées, avant de pénétrer dans le centre de la production laitière du Sussex. A part quelques belles vues, il n'y a pas grand-chose à voir.

Grand Lake est le plus grand lac de la province. C'est aussi une région de villégiature estivale dotée de villas et de deux terrains de campings provinciaux.

A Cambridge Narrows, près du lac Washademoak, se trouve le *Lake Resort*, un R&R réputé, avec sauna et thermes. Le *Café Mozart* est un succulent restaurant et les tourtes à l'allemande sont célèbres.

Sussex

C'est un petit bourg perdu au milieu d'une région pastorale et productrice de produits laitiers. Heureusement, toutes les vaches n'ont pas la taille de celle que l'on aperçoit à l'entrée du village.

Sur la Hwy 2, à la sortie vers le centre, vous attend un office du tourisme tenu par des bénévoles à la retraite. L'une des rues, Queen St, a été rénovée dans l'esprit des précédentes décennies. Elle débouche de Main St, en face de la gare VIA Rail. Vous y trouverez le *Broadway Café*, une sorte de petit sanctuaire qui sert des spéciaux du jour, bon marché, délicieux, dans une atmosphère confortable et détendue, due en partie à une musique enregistrée "de qualité". Il est ouvert pour le petit déjeuner, et jusqu'à 21h le vendredi et le samedi.

Le *Pine Cone Motel* (☎ 433-3958), sur la Hwy 2, loue des doubles à 42 $. Pour camper, essayez le *Lakeside Provincial Park*, sur Grand Lake, sur la Hwy 2, près de Waterborough.

Le King's County environnant possède 17 des vieux ponts en bois couverts, souvent situés de manière si pittoresque que l'on croirait voir une couverture de calendrier.

Vers Moncton, vous devriez aussi apercevoir de vieilles remises à pommes de terre et des granges à demi-brûlées.

SUD-OUEST DE FREDERICTON

Parc provincial de Mactaquac

A 22 km à l'ouest de Fredericton, le plus grand parc du Nouveau-Brunswick (☎ 363-3011) longe sur 100 km le bassin formé par le barrage de Mactaquac. Le parc offre baignade, pêche, aires de pique-nique, camping et location de bateaux. Il y a aussi un terrain de golf et vous pourrez louer tout l'équipement.

Le terrain de camping connaît une grosse affluence pendant l'été et affiche souvent complet. Mais deux autres vous attendent un peu plus loin. Renseignez-vous auprès des gardiens.

Barrage de Mactaquac

Ce barrage est à l'origine de la création du petit lac et, par conséquent, de son emplacement. Sa production (400 000 kW) est la plus importante des Provinces maritimes. Des visites gratuites, qui durent environ 45 mn, incluent un aperçu des turbines et une explication sur leur fonctionnement. Le site est ouvert tous les jours, de 9h à 16h30.

Parc naturel de Woolastock

A quelques kilomètres à l'ouest du parc de Mactaquac, le parc naturel de Woolastock (☎ 363-2352) est ouvert tous les jours, de 9h au coucher du soleil. Le parc abonde en espèces animales canadiennes, la plupart typiques de cette région. Vous pourrez apercevoir des orignaux, des ours, des loups, des coyotes, des renards, des rennes, des faucons et des chouettes, entre autres. Il y a aussi des toboggans, des aires de pique-nique et de camping sauvage. En amont de la rivière sont regroupés plusieurs camping et de nombreuses activités : promenades à cheval, boutiques d'artisanat et petits musées.

Site historique de King's Landing

Le site (☎ 363-5805) se trouve à 37 km à l'ouest de Fredericton, sur le trajet de Woodstock. Prenez la sortie 259, sur la Transcanadienne. Reconstitution d'un village du XIXe siècle, l'endroit vous donnera un aperçu de la vie des pionniers dans les Provinces maritimes. Cette localité de 100 personnes, en costumes d'époque, comporte 11 maisons, une école, une église, une boutique et une scierie, typique de celles qui étaient utilisées il y a un siècle. Le *King's Head Inn* sert une nourriture et des boissons traditionnelles.

Le site est ouvert toute l'année. De fin juin au lendemain de la fête du Travail, en septembre, il est ouvert de 10h à 18h, tous les jours. Le reste de l'année, il ferme à 17h. L'entrée est de 7,50 $. Le week-end, en juillet et en août, et seulement de dimanche en juin, un bus part du terminal SMT à Fredericton en direction de King's Landing à 10h et à 13h. Le billet aller-retour coûte 6,50 $. Avec ce billet, l'entrée du site revient à seulement 6 $.

Le billet d'entrée au site vous permet aussi de visiter gratuitement le village historique acadien sis à proximité de Caraquet.

NOUVEAU-BRUNSWICK

Parc de loisirs Sainte-Croix Waterway

Ce parc couvre 336 km² au sud-ouest de Fredericton, non loin du Maine. La bourgade de McAdam constitue le centre commercial de ce territoire peu développé de forêts et de lacs. Dans McAdam, vous pourrez admirer la gare ferroviaire Canadian Pacific, qui date de 1900. C'est l'une des plus belles du Canada et elle fut classée monument historique national en 1983.

A 16 km de McAdam s'étend le **parc provincial de Spednic**, avec camping rustique et accès à plusieurs lacs de Chiputneticook. Le cours d'eau Sainte-Croix est propice à la pratique du canoë en rapides. D'autres itinéraires en canoë relient les lacs. Environ 100 km de sentiers de randonnée sillonnent également le parc. Il existe un autre terrain de camping à Wauklehegan.

Rive de Fundy

Les eaux impressionnantes de la baie de Fundy dominent la presque totalité de la lisière orientale de la province.

Un littoral magnifique, la station balnéaire de St Andrews, la merveilleuse tranquillité des îles de Fundy, le ville de Saint-Jean et le parc national de Fundy font de cette région l'une des plus séduisantes et des plus variées du Nouveau-Brunswick. Pourtant, elle ne subit jamais de grosses affluences de touristes.

ST STEPHEN

Sur la frontière américaine, de l'autre côté du cours d'eau lorsque l'on vient de Calais, dans le Maine, St Stephen est un poste frontière chargé pour les visiteurs américains en provenance de l'est. C'est une petite bourgade qui constitue la jonction nord du "Quoddy Loop" – une route circulaire qui circonscrit le sud-est du Nouveau-Brunswick et le nord-ouest du Maine par la baie de Passamaquoddy. Depuis St Stephen, la route décrit une boucle qui rejoint St Andrews, St George, puis l'île Deer et l'île Campobello, reliée par un pont au Maine. C'est un itinéraire très apprécié qui peut se parcourir en une journée ou deux et permet de profiter de quelques très beaux paysages et d'agréables stations balnéaires.

A St Stephen, le Festival de la Coopération internationale se déroule en août, avec concerts, défilés et manifestations de rues. A noter qu'il y a une boutique en duty-free pour l'alcool et les cigarettes en face du bâtiment des douanes canadiennes.

Aigle chauve

St Stephen est également une des capitales du chocolat. C'est en effet le siège de l'usine **Ganong's** (une affaire familiale depuis 1910) dont la production est réputée dans tout l'est du Canada. Selon certains, les frères Ganong seraient même les inventeurs de la barre de chocolat et ils sont crédités du développement de la boîte en forme de cœur que l'on trouve partout le jour de la Saint-Valentin. Vous pourrez visiter la vieille fabrique, dans la rue principale de la ville, Milltown Blvd. Elle a été transformée en boutique, où vous pourrez acheter du chocolat sous toutes ses formes, notamment la célèbre et excellente Pal O' Mine. L'usine moderne est excentrée, vers St Andrews, dans Chocolate Drive, non loin de Charlotte Mall. Les visites sont autorisées uniquement pendant la fête annuelle du chocolat, en août.

Dans la baie, un peu au nord et à l'est de St Stephen, **Milltown** se dresse sur la frontière. Cette petite bourgade possède l'une des plus anciennes centrales hydroélectriques du continent, dirigées par Power NB du Nouveau-Brunswick. Des visites gratuites sont organisées du 1er juin au 31 août, de 9h à 16h30, tous les jours.

A proximité, à 2,8 km de la frontière, vous attend le **Charlotte County Museum**, 443 Milltown Blvd, avec des expositions axées sur l'implantation des colons, le rôle joué par les loyalistes et les liens avec les États-Unis. Le musée occupe une belle maison datant de 1864. Fermé le dimanche.

Vous pourrez vous restaurer au *Carman's Diner*, dans Main St, ou, en dehors de la ville, dans la direction de St Andrews, au *Lobster House*.

Également excentrés, dans la même direction, sont regroupés plusieurs motels. Un office du tourisme se trouve à l'angle de Milltown Blvd et de King St, près de la bifurcation pour Fredericton ou St Andrews.

ST ANDREWS-BY-THE-SEA

C'est une station balnéaire estivale et plutôt élégante. Climat agréable et paysage pittoresque viennent s'ajouter au cadre historique de la ville – c'est l'une des plus anciennes villes de la province.

Histoire

Les Indiens Passamaquoddy, aujourd'hui très peu nombreux, occupaient autrefois la région. Les premiers colons blancs commencèrent à affluer en 1783, après la guerre d'Indépendance américaine. De nombreux pionniers britanniques, qui souhaitaient rester fidèles à la couronne, désertèrent leurs nouvelles villes et s'installèrent dans le territoire britannique du Maine, autour du fort de Castine.

La frontière américano-britannique fut modifiée à la fin de la guerre et ces colons se retrouvèrent à nouveau sur le sol américain. La pointe de la baie, de l'autre côté, fut explorée et reconnue comme étant d'une beauté équivalente à l'ancien territoire. Les pionniers chargèrent des navires et firent route vers cette nouvelle terre, chargeant même leurs maisons sur des radeaux derrière eux. C'est ainsi que St Andrews fut fondée en 1784.

La prospérité vint d'abord de la construction navale et, après sa disparition, du tourisme. La recherche océanique constitue également, aujourd'hui, une industrie majeure. Au début du siècle, la Canadian Pacific Railway possédait et dirigeait l'Algonquin Hotel, qui fut plus ou moins à l'origine de la transformation de St Andrews en station de villégiature. Bientôt, des Canadiens et des Américains fortunés se firent construire de luxueuses villas à côté des demeures du XIXe siècle des magnats de la construction navale et de l'exploitation forestière. Une centaine de ses magnifiques maisons, apportées du Maine, sont encore utilisées.

Orientation et renseignements

Water St, la rue principale, est bordée de restaurants, de boutiques de souvenirs et d'artisanat et de quelques hôtels. King St est la principale artère transversale ; à un pâté de maisons de Water St, Queen St joue également un rôle important. Des bureaux de renseignements touristiques sont implantés dans la ville et à proximité des jonctions des Hwy 1 et 127.

Visite à pied

La ville possède plus de 200 maisons vieilles d'au moins un siècle, dont beaucoup sont signalées par des plaques. Certaines sont de pures merveilles.

Suivez l'itinéraire fourni par l'office du tourisme – il inclut une carte et une brève description de 35 monuments tout particulièrement intéressants. Même sans guide, arpenter les rues résidentielles avec leurs maisons en bois colorées, bien entretenues, et leurs jardins fleuris, s'impose.

Algonquin Hotel

Cet hôtel datant de 1899 mérite également un coup d'œil, avec ses vérandas, ses jardins, ses courts de tennis et sa piscine. A l'intérieur, une fois passé le couloir, vous attendent deux salons où vous pouvez déguster une boisson.

En face de l'hôtel se profile au milieu d'un jardin la villa de style anglais, au toit de chaume, appelée Pansy Patch.

Site historique du Blockhaus

Le petit corps de garde en bois restauré (☎ 529-4270) est le seul bâtiment qui reste de tous ceux construits pendant la guerre de 1812 pour assurer la protection de la ville. Composées de bois taillé à la main, de telles structures étaient faciles à construire et à vivre, et assez robustes pour résister à la plupart des attaques. En descendant vers le rivage, on peut apercevoir trois canons. Le blockhaus est ouvert tous les jours, en été.

L'entrée est gratuite. Le parc se trouve au nord-ouest, au bout de Water St.

Laboratoire scientifique marin Huntsman

Une fois dépassé le blockhaus, puis le centre biologique de la Pêche et des Océans (Fisheries & Oceans Biological Station), on arrive au laboratoire marin Huntsman (☎ 529-4285).

Il fait partie du Centre fédéral de recherche sur les pêcheries – une des principales activités de St Andrews.

L'aquarium est ouvert au public, ainsi qu'un petit musée. Vous pourrez y observer la plupart des spécimens vivant dans les eaux locales, y compris des phoques et les algues sont également bien représentées. Le centre, à l'ouest de la ville, dans Brandy Cove Rd, est ouvert tous les jours, de mai à octobre. L'entrée est de 3,75 $.

Ross Memorial Museum

Ce musée (☎ 529-3906) est à l'angle de King St et de Montague St, dans le centre.

Il présente des meubles, des objets en métal et de style art déco. Il est ouvert tous les jours en été, mais seulement l'après-midi le dimanche.

Sheriff Andrew House
A l'angle de King St et de Queen St se dresse cette maison bourgeoise restaurée (☎ 529-4470), datant de 1820 et redécorée dans le style de l'époque (jusqu'aux peintures). Les guides sont également en costumes d'époque. Derrière, le jardin est également typique de ce passé révolu.

Centre des arts et de la nature de Sunbury Shores
C'est un centre éducatif et culturel, à but non lucratif, (☎ 529-3386) qui propose, en été, des cours de peinture, tissage, poterie et autres artisanats, ainsi que des cours de sciences naturelles.

Existent des expositions temporaires et variées en été. Il est installé dans la Centennial House, un vieux magasin, 139 Water St.

Le centre dispose aussi d'un secteur sauvegardé, à proximité, que traverse un sentier pédestre.

Katy's Cove
Située au nord de la ville, cette baie abritée est propice à la baignade.

Site historique de Minister's Island
L'île Minister fut achetée et transformée par W. van Horne, constructeur de la Canadian Pacific Railway et dernier président en date de la compagnie.

L'île est accessible à marée basse, même en voiture. Quelques heures après, cette route est sous 3 m d'eau. Des visites guidées de la propriété sont proposées aux

Famille indienne

visiteurs venus en voiture – contactez l'office du tourisme pour plus de détails. HMS Transportation (☎ 529-3371) organise des circuits pour les visiteurs à pied.

Centre du Saumon atlantique

Au nord de la ville, à environ 6 km, le centre du Saumon (☎ 529-8899) est installé dans le village de Chamcook. Prisé des pêcheurs et des gourmets, il retrace l'histoire du saumon de l'Atlantique. Des présentations vous familiariseront avec le cycle de vie du poisson.

Le centre est ouvert de mai à septembre, tous les jours, de 10h à 18h. Il vise à encourager la connaissance et la préservation de cet animal.

Île de Dochet

Sur le cours d'eau Saint-Croix, à 8 km de la ville, sur la Hwy 127, l'île de Dochet est l'endroit où, en 1604, l'explorateur français Samuel de Champlain passa son premier hiver en Amérique du Nord.

L'île est inaccessible sans bateau, mais on peut l'apercevoir du rivage. Il y a aussi une plaque sur le littoral du Maine, de l'autre côté de l'île.

Circuits organisés

Observation des baleines. Cline Marine (☎ 529-4188) organise de formidables circuits en bateau, au départ du quai. La même agence rallie l'île Deer à l'île Campobello. Les eaux les plus appropriées à l'observation des baleines se trouvant plus loin dans la baie, le circuit au départ de St Andrews est plus long et coûte plus cher. Comptez 40 $ pour une excursion de six heures qui vous permettra d'apercevoir différentes sortes de baleines. Vous pouvez aussi profiter d'une croisière plus courte le long du littoral en eaux plus abritées, et d'une autre au coucher du soleil. Emportez de nombreux vêtements chauds et réservez au moins un jour à l'avance.

Où se loger

Comme toute station balnéaire qui se respecte, St Andrews offre un hébergement important, y compris des pensions et des B&B. Les motels sont regroupés dans Reed Ave et Mowat Drive.

Camping. Plusieurs options s'offrent à vous. A l'extrémité est de la ville, à Indian Point, le *Passamaquoddy Park* (☎ 529-3439) est géré par le Kiwanis Club. Pour tentes et caravanes.

Près de St Andrews vous attendent deux parcs provinciaux avec plages. *Oak Bay* (☎ 466-2661) se trouve à 8 km à l'est de St Stephen, au nord de St Andrews. Il y a une baie protégée où l'eau est suffisamment chaude pour autoriser les baignades et on peut explorer le littoral à marée basse. Plus loin, *New River Beach* (☎ 755-3804) est situé presque à mi-chemin de Saint-Jean. Il offre 115 emplacements de camping.

B&B et hôtels. La très centrale *Heritage Guesthouse* (☎ 529-3875) est un établissement modeste mais séduisant, 100 Queen St. Elle fonctionne depuis des années et pratique des prix raisonnables avec des simples/doubles à 38/40 $, petit déjeuner compris.

Au 159 Water St, *McNabb House* (☎ 529-4368) propose 3 chambres d'un prix similaire, un peu moins pour les simples.

A quelques portes en aval, en bordure de l'eau, *Snore by the Shore* (☎ 529-4255), 153 Water St, est confortable. Il loue des simples/doubles de 30/40 $ à 40/60 $, petit déjeuner compris.

Le *Puff Inn B&B* (☎ 529-4191), 38 Ernest St, est l'adresse la moins chère de la ville, avec 9 simples/doubles à partir de 25/26 $. La plage est toute proche.

Le *Shiretown Inn* (☎ 529-8877), géré par Best Western, est un hôtel depuis 1881. S'y mélangent atmosphère à l'ancienne et aménagements modernes. Il y a aussi une salle à manger. Il est implanté en plein centre-ville, 218 Water St. Un peu plus cher avec des simples/doubles à partir de 45/65 $.

Le très classique *Algonquin Resort Hotel* (☎ 529-8823), géré pour sa part par Canadian Pacific, loue des chambres à partir de 110 $ (vous payez le charme d'une autre époque et les aménagements). Pour vous imprégner de l'atmosphère, il vous suffira de prendre un verre sur la véranda.

Où se restaurer
Le *Copper Grill* sert une nourriture correcte, simple et bon marché, dans Water St. Il est fermé le dimanche. Ouvert de 7h à 19h.

En plein centre-ville, le *Smuggler's Wharf*, entre autres avantages, est doté d'un agréable patio en bordure de l'eau. Le *Brass Bull* dispose également de table en plein air et sert des plats (style pub) pour environ 6 $.

Le *Shiretown Inn*, datant de 1881, est un établissement très bien tenu. Il propose des plats de fruits de mer plus onéreux. Mais c'est à *L'Europe*, un endroit confortable, de style germanique, au stuc blanc, que vous ferez sans doute votre meilleur repas. Situé

Les baleines
Grands mammifères des profondeurs, les baleines furent redécouvertes en Californie, puis en Colombie-Britannique, avant de devenir une des attractions majeures du Canada atlantique. Des excursions en bateau pour photographier ces impressionnantes créatures partent de nombreux ports disséminés du golfe du Saint-Laurent (Québec) à la côte est de Terre-Neuve. Il semble que ces promenades en mer soient correctement organisées et méritent le prix demandé (25 $ pour deux heures).

Les régions les plus appropriées pour de telles excursions sont les îles de la baie de Fundy (Nouveau-Brunswick), la pointe de Digby Neck (Nouvelle-Écosse) et la côte nord du cap Breton (Nouvelle-Écosse). A Terre-Neuve, les alentours de la baie de Notre-Dame sont également recommandés, avec quelques excursions au large de Twillingate. Mais on peut aussi apercevoir des baleines le long de la côte de St John's d'où partent nombre de circuits.

Dans le Saint-Laurent, au Québec, les bateaux sillonnent la région du Saguenay. Vous pourrez y voir des baleines bleues et de Mink, mais le béluga est l'espèce la plus fréquemment rencontrée. Malheureusement, leur population semble décroître de manière dramatique, en raison de la pollution. Des mesures ont également été prises pour que les bateaux ne s'approchent pas trop près des cétacés.

De fait, les deux zones privilégiées restent la baie de Fundy ou la haute mer, au large des Provinces atlantiques. Aux alentours de la région du Grand Manan, on aperçoit surtout des rorquals, l'une des plus grandes (20 m) ; la baleine à bosse (12 m) ; la baleine franche (12, beaucoup plus rare) ; et la baleine de Mink (8 m). Marsouins et dauphins abondent également dans ces eaux. La meilleure période pour observer les baleines s'étale de début août à fin septembre.

Depuis Westport, à la pointe de Digby Neck, la saison semble commencer un peu plus tôt, dès fin juin, et mi-juillet est particulièrement propice.

La baleine à bosse, l'un des plus gros cétacés de la côte est, est aussi l'un des plus spectaculaires, qu'elle vienne respirer à la surface ou qu'elle plonge, la queue nettement visible à la surface.

Aux environs du cap Breton, et à Terre-Neuve, les petites globicéphales sont très courantes et l'on en aperçoit parfois même du rivage. Les rorquals fréquentent également ces eaux. Dans ces deux dernières régions, les compagnies organisent des excursions en juillet et en août.

Indépendamment de la saison et du temps, emportez des pull-overs, un médicament contre le mal de mer et des quantités de pellicules ! ■

dans King St, il n'est ouvert que le soir. Le homard est le plat principal au *Lighthouse Restaurant*. En été, l'*Algonquin Hotel* sert un brunch de luxe, le dimanche, pour 16 $.

Comment s'y rendre

Un bus SMT par jour relie St Andrews et la région environnante à Saint-Jean (une heure et demie). Pour plus d'information, contactez HMS Transportation (☎ 529-3371), 260 Water St, qui loue des voitures et organise des circuits.

Algonquin Hotel assure un service de navette de l'aéroport, jusqu'au centre-ville de Saint-Jean pour 35 $ l'aller, moins si vous êtes client de l'hôtel.

Carriage House, 153 Water St, loue des bicyclettes.

ST GEORGE

Située à 40 km à l'est de St Stephen, sur le Magaguadavic, cette petite ville compte 1 500 habitants. La gorge de la rivière et les chutes d'eau, non loin de l'office du tourisme, entre la grande route et le centre-ville, sont une enclave de toute beauté. On a construit une échelle à saumon et on peut les voir sauter en été.

En ville, l'église presbytérienne datant de 1790 est l'une des plus anciennes églises du Canada. Le cimetière protestant de l'église anglicane St Mark date de la même époque. La O'Neill House, 7 Main St, construite en 1835, a été transformée en magasin d'antiquités et en café. Le restaurant est un endroit agréable pour le petit déjeuner ou le déjeuner. Goûtez-y l'eau de la ville, on dit que c'est la meilleure du pays. Elle provient de puits artésiens très profonds.

On peut se baigner en eau douce, au nord de la ville, dans le lac Utopia.

Où se loger et se restaurer

De l'autre côté de la rue, le *Town House* (☎ 755-3476) est un B&B grand et attrayant, datant des années 1840, avec des simples/doubles à 35/45 $.

Autre établissement recommandé, le *Fundy Lodge Motel* (☎ 755-2963) est situé à environ 15 mn en voiture, à l'ouest de la ville. Il est joliment placé au bord de l'eau. Les chambres sont entièrement boisées, à l'intérieur comme à l'extérieur. Il n'est pas véritablement onéreux, avec des doubles à 55 $. Plus confortable que la plupart des établissements de la région, il offre un petit déjeuner continental à volonté.

ÎLES DE FUNDY

Île Deer (île du Daim)

Depuis Letete, au sud de St George, un ferry gratuit se rend en 25 mn à l'île Deer, la plus proche des trois principales îles de Fundy. Les ferries circulent toutes les demi-heures. L'île est restée une modeste petite localité de pêcheurs, comme elle l'a toujours été. Le homard constitue la principale prise. Autour de l'île, vous pourrez voir une demi-douzaine de quais et de systèmes de filets utilisés en aquaculture. L'île présente peu d'intérêt, car elle est essentiellement résidentielle et couverte de bois. Plusieurs routes descendent de chaque côté vers l'île Campobello.

Il y a un bureau de renseignements touristiques au quai d'embarquement des ferries. Au **Northern Harbour** est installé un gigantesque bassin à homards, qui, parfois, durant l'année, contient jusqu'à 400 kg de crustacés vivants.

Observation des baleines. Cline Marine Charters (☎ 747-2287), qui possède un bureau à Leonardville, mais assure les départs de Richardson, sur l'île du Daim, propose des promenades d'observation des baleines pour 12 $ de l'heure. Il faut compter un minimum de trois heures. Cline Marine dispose également d'agences à St Andrews et sur l'île Campobello. Trois autres compagnies, toutes installées sur l'île Grand Manan, proposent diverses croisières. A l'autre bout de l'île, le **Deer Island Point Park** couvre 16 ha, d'où l'on peut apercevoir du rivage des baleines et **Old Sow.**

Où se loger et se restaurer. A proximité, dans Fairhaven, le *49th Parallel Restaurant & Motel* est le seul établissement où

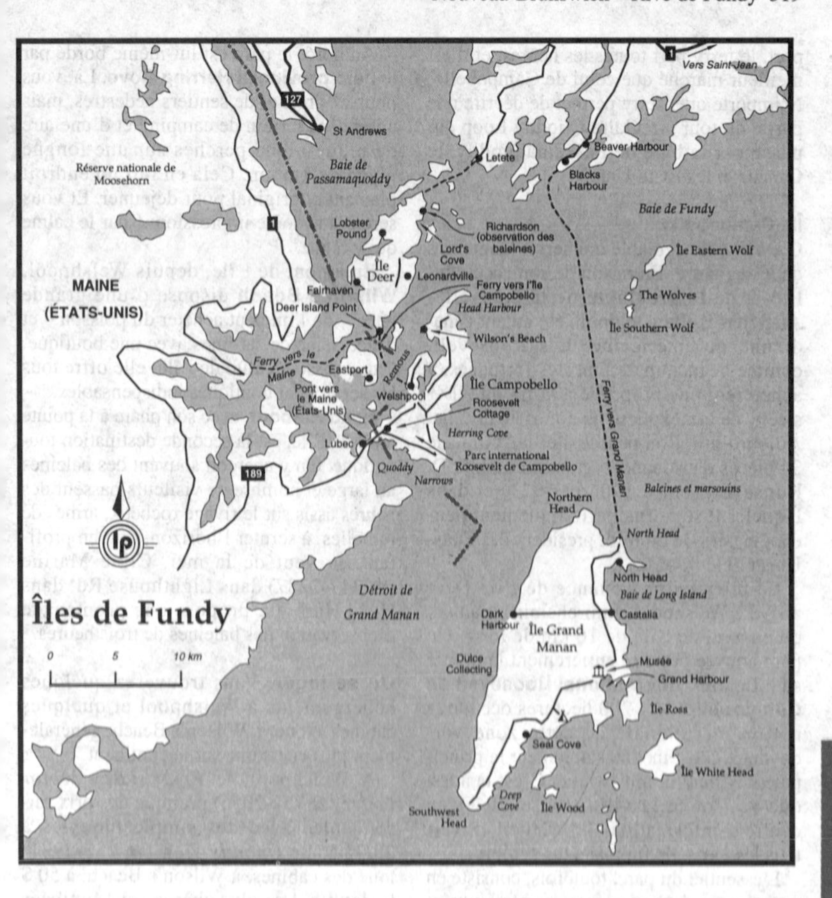

l'on peut manger assis sur l'île Deer. Fairhaven possède aussi deux B&B et le *Deer Island Log Guest House by the Sea* (☎ 747-2221), agréable, et d'un prix assez élevé avec des simples/doubles à 40/50 $, petit déjeuner (continental) compris.

A **Lambertville**, le *Darby Hill B&B* (☎ 747-2069) se trouve à 800 m du quai d'embarquement des ferries. Une double coûte 40 $.

A **Leonardville**, à mi-chemin de l'île, le *Camick's* (☎ 747-2929) loue des camping-cars pour 22 $ la nuit, vaisselle et literie incluses.

Comment s'y rendre. Deux ferries privés partent de Deer Island Point : l'un pour l'île Campobello, et l'autre pour Eastport, dans le Maine.

Le ferry pour Campobello coûte 2 $ par personne, de 12 $ à 16 $ par voiture. C'est en réalité un dock flottant attaché à un vieux bateau de pêche. Cette pittoresque traversée dure quarante-cinq minutes et vous permettra d'apercevoir nombre d'îles et Eastport, une attrayante ville maritime où sont généralement arrimés des cargos.

En été, six traversées par jour sont assurées, de 9h à 18h15. A destination d'Eastport, le ferry part toutes les heures, et il est meilleur marché que celui de Campobello. N'importe quel ferry permet de décrire une partie du tour circulaire Quoddy Loop qui passe par la baie de Passamaquoddy, le Canada et les États-Unis.

Île Campobello

C'est une île agréable qui servit longtemps de villégiature. En raison de son accessibilité et de la proximité de la Nouvelle-Angleterre, elle a toujours été autant canadienne qu'américaine. Les Roosevelt, comme beaucoup de familles fortunées, y achetèrent une propriété à la fin du XIXe siècle, ce qui explique la notoriété de l'île. Aujourd'hui, l'on peut visiter la "villa" de 34 pièces dans laquelle grandit Franklin D. Roosevelt (entre 1905 et 1921) et dans laquelle il séjourna périodiquement pendant la période où il fut président des États-Unis (1933-1945).

Le ferry en provenance de l'île Deer arrive à Welshpool, à mi-chemin en amont ou en aval de l'île de 16 km de long. Un parc couvre presque entièrement la moitié sud. Le **parc international Roosevelt de Campobello** de 1 200 hectares occupe la région méridionale de cette zone verdoyante. C'est incontestablement la principale destination touristique. C'est là aussi que se trouve la villa Roosevelt et un centre d'information et d'accueil, ouvert tous les jours, de fin mai à mi-octobre.

L'essentiel du parc, toutefois, consiste en une réserve destinée à protéger la faune et la flore. Deux sentiers recouverts de gravier serpentent jusqu'au rivage et aux plages. C'est un endroit étonnamment sauvage, peu visité de l'île. Daims et coyotes font partie des nombreux mammifères qui résident dans le parc, et l'on peut apercevoir des phoques au large, sur les récifs, non loin du **Lower Duck Pond**. Vous pourrez aussi observer de nombreux oiseaux, notamment des aigles, des balbuzards et des huards.

En dessous du parc, à la pointe sud, un pont relie l'île à Lubec, dans le Maine. Du côté insulaire, vous trouverez un office du tourisme et un bureau de change.

Au nord, le parc est lui-même bordé par le **parc provincial Herring Cove**. Là, vous pourrez profiter de sentiers pédestres, mais aussi d'un terrain de camping et d'une aire de pique-nique perchés sur une longue plage de 1,6 km. Cela en fait un endroit plaisant et original pour déjeuner. Et vous serez sans doute impressionné par le calme qui y règne.

En amont de l'île, depuis Welshpool, **Wilson's Beach** dispose d'une grande jetée – où l'on peut acheter du poisson – et d'une usine de sardines avec une boutique. Plus grosse localité de l'île, elle offre tous les services et boutiques indispensables.

Head Harbour, avec son phare à la pointe nord de l'île, est la seconde destination touristique. On y aperçoit souvent des baleines au large et nombre de visiteurs passent des heures assis sur le rivage rocheux, armés de jumelles, à scruter l'horizon, tout en profitant du vent de la mer. Cline Marine (☎ 747-2287) dans Lighthouse Rd, dans Head Harbour, propose une promenade d'observation des baleines de trois heures.

Où se loger. Vous trouverez quelques hébergements à Welshpool et quelques cabines à louer à Wilson's Beach, généralement plus chers que sur le continent.

A Welshpool, le *Friar's Bay Motor Lodge* (☎ 752-2056) pratique des prix raisonnables avec des simples/doubles à 25/35 $. Le *Quoddy View* (☎ 752-2981) loue des cabines, à Wilson's Beach, à 50 $ la double. Les plus chères sont équipées d'un coin cuisine.

Île Grand Manan

Sise au sud de l'île Campobello, c'est la plus grande des îles de Fundy – un endroit paisible, d'une réelle beauté, détendu et passionnant sur lequel je ne tarirai jamais assez d'éloges. C'est réellement un endroit merveilleux où passer deux jours, voire une semaine, loin du reste du monde, à observer et profiter de la nature.

La côte offre un paysage spectaculaire, idéal pour l'observation des oiseaux, d'agréables sentiers de randonnée, des plages sablonneuses et divers petits villages de pêcheurs qui jalonnent les 30 km de l'île.

D'un côté, elle est bordée par des formations rocheuses vieilles de plusieurs milliards d'années. De l'autre côté, par des dépôts volcaniques, vieux *seulement* de 16 millions d'années, dus au volcan sous-marin, un phénomène qui attire de nombreux géologues.

En 1831, James Audubon fut le premier à décrire les nombreux oiseaux qui résidaient dans l'île. Environ 312 espèces, y compris des macareux et des sternes de l'Arctique, passent ou vivent sur l'île chaque année. Ce qui explique le nombre élevé d'ornithologues amateurs. Essayez de surprendre un macareux en train de pêcher.

Au large, il n'est pas rare de voir des baleines engloutir des harengs et des maquereaux. Des baleines à bosses, des baleines de Mink, des rorquals, et des *potheads* sont visibles. Les excursions proposent plusieurs endroits.

Le relatif isolement et l'absence d'aménagements expliquent pourquoi l'île reste peu fréquentée et peu commercialisée. Elle est propice à la pratique du vélo, en revanche, et les cyclistes sont nombreux sur les routes.

Grand Manan est également réputée pour son algue comestible, le "dulce", plat très apprécié dans les Provinces maritimes. Elle est généralement vendue par les particuliers. Surveillez les pancartes.

North Head. Le terminal des ferries est installé à North Head. Il y a plus de commerces dans ce village que partout ailleurs, sur l'île, mais il est suffisamment petit pour être parcouru à pied.

Quelques boutiques d'artisanat ou pour touristes jalonnent la grand-rue, mais le **Centre de recherche sur les baleines et les oiseaux de mer** vous fournira notamment une mine d'informations sur la faune marine environnante. Sont notamment exposés des photographies, ainsi que des livres sur les baleines et l'île en général.

Ocean Search (☎ 662-8488) propose des promenades d'observation des baleines d'un type différent. Elles se déroulent sur un voilier, un biologiste à bord répondra à vos questions et, la plupart comportent une conférence, le soir. Ces promenades d'une catégorie supérieure sont plus coûteuses.

North End. Cette région englobe quelques-uns des chemins pédestres les plus appréciés de l'île, en particulier le "trou dans le mur", une étrange formation rocheuse. Il part de l'ancien aéroport, à North Head et mène à travers bois jusqu'à une arche naturelle à la lisière de la falaise.

Le sentier tracé sur un étroit promontoire en bordure d'une falaise et le pont suspendu qui permettent de gagner le phare à Swallow Tail sont vivement recommandés aux amateurs de sensations fortes (surtout s'il y a du brouillard). Plus haut, les formations rocheuses (qui atteignent 80 m à Seven Days' Work) et le phare de Northern Head offrent également d'agréables buts de promenade, avec vue sur la mer. On peut apercevoir des baleines des deux phares, en particulier par temps calme.

Grand Harbour. A Grand Harbour, le **musée de Grand Manan** (☎ 662-3524) est ouvert de mi-juin au 30 septembre tous les jours ; mais seulement l'après-midi, le dimanche.

Il est surtout consacré à la géologie et à la vie maritime de l'île, mais expose aussi des antiquités et des souvenirs datant de l'époque des loyalistes. Le clou du musée reste cependant sa collection d'oiseaux empaillés, avec des exemples des espèces visibles sur l'île.

L'écrivain américain Willa Cather passa de nombreuses années sur cette île et quelques objets personnels sont exposés, notamment sa machine à écrire. Une liste des oiseaux est également disponible. L'entrée est de 2,25 $.

Dark Harbour. C'est le seul village sur le côté ouest de l'île, centre de l'industrie de la "dulce". Les algues sont ramassées à la main, à marée basse, le long du rivage. Elles sont ensuite séchées au soleil et prêtes à manger. Un chemin en direction de Little Dark Harbour offre des vues grandioses de la côte.

Île Ross. Inhabitée, cette île peut se visiter à marée basse. Il faut compter quatre heures pour l'explorer, puis revenir avant que la marée ne soit trop haute. Cette île abrita la première localité de Grand Manan, établie par les loyalistes en 1784.

Seal Cove. Installée dans ce petit village, Sea Watch Tours (☎ 662-8296) est l'une des principales agences de promenades d'observation des baleines et des oiseaux. Ils opèrent depuis vingt-cinq ans dans la région et connaissent bien les eaux environnantes. La plupart des circuits sont longs (environ six heures), aussi emportez à manger, un médicament contre le mal de mer et un pull-over. En dehors des baleines, vous pourrez apercevoir des phoques, des marsouins, des oiseaux et admirer les paysages côtiers. La meilleure période pour l'observation des baleines va de début août à fin septembre.

En bas, aux docks, vous pourrez acheter de savoureux harengs fumés, chez Helshiron Sundries. Vous en trouverez aussi à deux autres adresses dans l'île, dont notamment MG Fisheries à Grand Harbour.

Anchorage Park est propice à l'observation des oiseaux – dindes sauvages et faisans notamment.

Southwest Head. La promenade qui mène au phare et, au-delà longe le bord des falaises (180 m de haut), s'impose. Le soleil, le vent qui courbe les fleurs en été – chardons, boutons d'or, marguerites – vous donneront brusquement l'impression que le temps s'est arrêté.

Où se loger. Autre bonne nouvelle : l'endroit compte plus de deux douzaines d'hébergements, économiques, confortables et simples. La plupart des établissements sont regroupés dans les environs de Seal Cove, les autres sont disséminés sur l'île.

La *Cross Tree Guesthouse* (☎ 662-8263), à Seal Cove, loue 3 chambres à 30/40 $ en simples/doubles, ou 45 $ pour deux personnes avec deux lits. On peut y dîner. Toujours dans Seal Cove, les *Spray Kist Cottages* (☎ 662-8640), tenus par Mrs M. Laffoley. Ses 4 unités d'habitation coûtent de 50 $ par jour pour une double à 265 $ par semaine. A côté, pratiquant des prix similaires, le *Cliff by the Sea Cabins* (☎ 662-3133) loue 5 bungalows dispersés au milieu des arbres dans un cadre superbe. A ces deux adresses, on peut cuisiner.

Vous trouverez aussi plusieurs établissements à North Head. Le *Fundy Folly Guesthouse* (☎ 662-3731) est un B&B d'un bon rapport qualité/prix, avec des simples/doubles à 30/40 $, petit déjeuner compris. La plage est à une courte distance à pied de cette maison vieille d'un siècle.

Enfin, à Grand Harbour, les *Drop Anchor Cottages* (☎ 662-3394) jouissent d'une excellente réputation avec des unités d'habitation entièrement aménagées pour 45 $ par nuit. Tarifs réduits pour les locations à la semaine. L'île dispose de nombreux autres hébergements, la plupart d'un prix très abordable. Comptez environ 250 $ pour une cabine ou une villa à la semaine.

Pour camper, vous disposez seulement de l'*Anchorage Provincial Park* (☎ 662-3215). La plupart des visiteurs disposent de tentes et, si vous arrivez assez tôt, vous pourrez vous installer sous les arbres. Sinon, vous vous retrouverez en terrain découvert, où le vent souffle très fort. Il y a un abri avec cuisine pour les jours de pluie, un terrain de jeu et une très longue plage sablonneuse. Le parc se trouve à proximité de Seal Cove.

Où se restaurer. Le village de North Head offre le choix le plus vaste de cafés préparant des plats à emporter, deux ou trois restaurants et la très agréable salle à manger du *Marathon Inn*. Le *Griff-Inn*n est parfait pour les petits déjeuners et les déjeuners légers. Deux autres restaurants sont implantés à Grand Harbour, à la moitié de l'île, dont l'un sert du homard.

A Seal Cove, le *Water's Edge*, simple, sert des plats italiens classiques mais prépare aussi des dîners de poisson, plus chers. Une de leurs spécialités est une tarte à la pâte feuilletée, fourrée au homard, nappée d'une sauce crémeuse à l'ail.

Comment s'y rendre. Le ferry (☎ 662-3724) dirigé par Coastal Transport Ltd relie Blacks Harbour, au sud de St George, sur le continent, à North Head, sur l'île Grand Manan. Il y a deux ferries – un vieux et un récent. Le *Grand Manan V*, qui a commencé à naviguer en juillet 1990, est plus grand et plus rapide, gagnant une demi-heure sur les deux heures de voyage traditionnel. Les deux navires possèdent des snack-bars, des ponts à l'extérieur, des chaises, et sont gérés par le gouvernement. La traversée consiste en une très agréable petite croisière avec de belles vues, en particulier près de Blacks Harbour lorsque le bateau dérive à proximité des îles et des baies. Il n'est pas rare de voir des baleines, et, pour ma part, j'ai aperçu plusieurs groupes de marsouins.

En été, six traversées sont assurées pendant la semaine, cinq pendant le week-end. Mais il faut toujours attendre si vous êtes en voiture, sans pouvoir réserver. Pour les visiteurs à pied ou à vélo, pas de problème. De septembre à fin juin, le nombre de traversées se réduit considérablement. On peut acheter un billet de retour, mais seulement pour la première traversée de la journée, et ces billets ne sont vendus qu'à North Head, sur l'île Grand Manan.

Sur l'un ou l'autre bateau, le billet aller-retour coûte 8 $, moins pour les enfants et 24 $ par voiture. Pour les camping-cars et les caravanes, le prix est calculé en fonction de la longueur du véhicule.

Comment circuler. Trois agences organisent des promenades d'observation des baleines, des oiseaux et du littoral. (Pour plus de détails, voir ci-dessus.)

A Grand Harbour, Avis Green Taxi service propose des visites guidées de l'île. Ils peuvent également vous déposer où vous le souhaitez. Seahawk Enterprises (☎ 662-3464), à North Head, loue des vélos.

Île White Head

Reliée par un ferry pour voiture gratuit depuis Ingalls Head, c'est la seule autre île habitée de l'archipel. Six ferries sont assurés par jour (vingt minutes). L'île dispose d'une belle plage, d'un phare, d'espèces animales et végétales non représentées sur Grand Manan. A noter que le dernier ferry part à 16h30.

NOUVEAU-BRUNSWICK

Bébé phoque

Île Machias Seal

Sise à 16 km au sud-ouest de Grand Manan, cette petite île abrite une réserve ornithologique. A la différence des autres réserves, les visiteurs sont autorisés à se rendre sur le rivage, accompagné d'un garde, mais leur nombre est limité à 25 personnes par jour. On y voit des macareux, des hirondelles de mer, des pingouins (godes) et plusieurs autres espèces. Sea Watch organise aussi des croisières jusqu'à l'île lorsque la mer est calme.

BEAVER HARBOUR

Si le temps ne permet pas de visiter ces îles, mais que vous souhaitiez voir des baleines, adressez-vous à Rawja Tours, dans le village de Beaver Harbour, sur le continent. Ils assurent des croisières de deux heures, tous les jours, jusqu'à The Wolves (les Loups), cinq petites îles, où viennent se nourrir les baleines.

Plage de New River

Située entre St Stephen et Saint-Jean, à environ 35 km de cette dernière, la plage de New River est l'une des plus belles de la rive de Fundy. On peut y camper.

SAINT-JEAN

Bourgade historique (qu'il ne faut pas confondre avec St John's, à Terre-Neuve), c'est aussi la plus grande ville de la province et un centre industriel majeur. Sise à l'embouchure du fleuve Saint-Jean, sur la baie, c'est un port important, jamais pris par les glaces.

Saint-Jean est fière de son passé. Surnommée la "Ville loyaliste", c'est la première cité qui fut incorporée au Canada. Des traces de son passé loyaliste sont nombreuses et visibles un peu partout. Datant de 1842, le musée municipal est le plus vieux du pays.

Les Indiens Malécites occupaient le territoire lorsque les Britanniques et les Français commencèrent à se quereller pour le commerce des fourrures. Samuel de Champlain accosta en 1604, et bientôt on fit construire un fort qui changea souvent de mains. Toutefois, la région demeura assez sauvage jusqu'en 1755, lorsque arrivèrent près de 4 000 Britanniques qui fuyaient l'Amérique révolutionnaire.

Ils bâtirent la ville et l'incorporèrent en 1785. Elle devint bientôt un chantier naval florissant. Bien que l'on ait aujourd'hui remplacé le bois par le fer et l'acier, la construction navale demeure une activité majeure de la ville. Le bassin de radoub est l'un des plus grands au monde. La pêche joue également un rôle important.

En 1985, la ville fêta le 200e anniversaire de son incorporation au Canada et accueillit les Jeux du Canada – sorte de mini jeux Olympiques réunissant de jeunes athlètes canadiens. Toujours à l'occasion des Jeux, un Centre aquatique fut inauguré près de l'hôtel de ville.

Très souvent Saint-Jean est plongée dans le brouillard, en particulier le matin. D'où la fraîcheur de la température, même lorsque la chaleur de l'été se fait sentir sur toute la province.

Orientation

Saint-Jean se dresse en bordure de mer, à l'embouchure du Saint-Jean. Le centre-ville occupe une péninsule carrée qui fait saillie dans la baie, à l'est de la rivière.

King Square, un charmant petit parc, délimite le centre de la ville. Ses allées reproduisent le dessin du drapeau du Royaume-Uni (l'Union Jack). A l'est du parc, de l'autre côté de la rue, se trouve le cimetière loyaliste avec des tombes datant de 1784.

A l'ouest du parc, les principales rues du centre – Charlotte, Germain, Canterbury et Prince William – débouchent de King St vers le sud. A l'angle de King St et de Germain St se dresse un centre commercial moderne, le Brunswick Square.

Un pâté de maisons plus à l'ouest, à Water St, se trouve le port de Saint-Jean (St John Harbour). C'est là que sont regroupés le front de mer et Market Square, avec magasins, restaurants et le Trade & Convention Centre. De l'autre côté de la rue, à l'est de la place du marché, se profile l'hôtel de ville.

Au sud de King Square, quelques pâtés de maisons plus loin, Queen Square est tracé de façon identique. Le quartier en contrebas est connu sous le nom de South End. Dans Courtenay Bay, à l'est, se trouvent le bassin de radoub et les chantiers navals.

A l'ouest du Harbour Bridge (25 cents) on arrive à Saint John West, de taille équivalente au centre-ville mais, à l'exception de quelques monuments, d'un intérêt moindre pour le visiteur. Nombre des noms de rues de ce quartier sont identiques à ceux de Saint-Jean proprement dit. Pour éviter toute confusion, les rues qui s'achèvent à cet endroit portent toutes la désignation "West", telles que Charlotte St West.

Les célèbres Chutes réversibles (Reversing Falls) se trouvent à l'endroit où la rivière se déverse dans le port, sous le pont de la Hwy 100. L'embarcadère des ferries pour Digby (Nouvelle-Écosse), et les terminaux de conteneurs, sont aussi installés de ce côté de la ville.

Plus à l'ouest s'étend un quartier essentiellement résidentiel et industriel, bâti sur des collines qui surplombent la rivière et la baie de Fundy. Le parc naturel Irving fait exception au caractère urbain du quartier.

Au nord de la ville se profile le vaste parc Rockwood, une aire de sports et de loisirs dotée d'un camping.

Renseignements

Le Visitor & Convention Bureau (☎ 658-2990) est au 11e étage de l'hôtel de ville, au pied de King St, à l'angle de Water St. Il dispose d'un bureau d'information et est ouvert toute l'année, du lundi au vendredi.

Sur le front de mer, à Market Square (de l'autre côté de Water St, en venant de l'hôtel de ville), vous attend, en été, le Centre d'informations touristiques (☎ 658-2855). Il occupe une ancienne école d'une seule salle où l'on a conservé deux bureaux de l'époque.

Un autre bureau d'information, le Centre des Visiteurs des Chutes réversibles (☎ 658-2937) est implanté dans Saint John West, sur la Hwy 100. Il est ouvert de mi-mai à mi-octobre.

Une quatrième possibilité (☎ 658-2940) est offerte sur la Hwy 1 (la Saint John Throughway), à Island View Heights, dans Saint John West. Il est ouvert de mi-mai à mi-octobre.

Les offices du tourisme mettent à votre disposition des coupons pour une heure de parking gratuit. Une liste des endroits où ces coupons sont valables au centre-ville vous sera fournie.

Le principal bureau de poste est implanté dans Saint John West, 41 Church St, Postal Station B, E2M 4P0. Vous trouverez également quelques antennes de la poste dans les drugstores, etc.

Promenade dans le centre-ville historique

Le centre et les rues latérales montrent souvent une belle architecture, et certaines façades méritent le coup d'œil. L'office du tourisme publie trois itinéraires séparés : la promenade Prince William aux alentours des anciens édifices commerciaux, la Loyalist Trail qui indique l'emplacement des bâtiments loyalistes, et une promenade victorienne (Victorian Stroll) au détour de nombreuses maisons de la fin du XIXe siècle.

Promenade Prince William. Cette promenade à travers la ville permet de découvrir l'architecture historique commerciale du centre-ville, englobant du même coup quelques édifices de la Loyalist Trail.

Au milieu du XIXe siècle, Saint-Jean était une ville industrielle florissante, la troisième plus grande ville du monde, dont l'importance tenait surtout à ses entreprises de construction navale en bois. En 1877, les deux tiers de la ville, y compris la majeure partie du quartier des affaires, furent réduits en cendres par un incendie.

Les nouveaux édifices, essentiellement en brique et en pierre (et non plus en bois) sont aujourd'hui considérés comme les plus beaux exemples d'architecture commerciale du Canada. Cette promenade se circonscrit à une vingtaine de pâtés de maisons.

Avec ses rangées de maisons en brique et bordée d'arbres, Germain St, tout comme au n°164, l'église Saint Andrew and Saint David United, m'a paru d'une étonnante beauté.

Construite dans Charlotte St, près de King Square, entre King St et Princess St, en 1880, Trinity Church est une remarquable réussite architecturale dotée de nombreux vitraux et d'un magnifique plafond en bois. Un guide pourra vous éclairer sur certains points d'histoire locale. L'Historic Trinity Royal est le quartier circonscrit autour de Prince William St et de Princess St, où de nombreux commerces se sont installés dans de vieilles maisons restaurées.

Loyalist Trail. Les loyalistes britanniques furent les véritables fondateurs de Saint-Jean, en transformant un fort en première ville légale du Canada. Quelques-uns des anciens monuments ont subsisté. La brochure distribuée par l'office du tourisme contient une carte et fournit des détails sur les édifices historiques du centre-ville. Certains bâtiments mentionnés ont disparu, il n'en reste plus que le site.

Suivre cet itinéraire vous autorise aussi à admirer les nombreux immeubles anciens restaurés ou en cours de restauration, qui contrastent singulièrement avec les édifices modernes à proximité.

Promenade victorienne. D'une durée d'environ une heure et demie, cette promenade vous emmènera dans le quartier au sud et à l'ouest de King Square, loin de la zone commerçante de la ville. Vous y verrez surtout des édifices victoriens, dont beaucoup étaient des maisons d'habitation.

Chutes réversibles

Les effets des marées de la baie de Fundy (voir *Marées* à la rubrique *Moncton*) constituent l'attraction prédominante de la région. Lorsque la marée monte dans la baie de Fundy, le courant de la rivière se trouve inversé, entraînant la remontée en amont de l'eau. Lorsque la marée redescend, l'eau s'écoule normalement.

De fait, j'ai toujours été frappé par l'utilisation inappropriée du terme "chutes" appliqué à ce phénomène. En réalité, il n'y a pas grand-chose à voir. Vous apercevrez peut-être des phoques sur le rivage à la marée haute. Consultez l'office du tourisme sur les horaires de marées et le meilleur moment pour assister à cette mini attraction.

Loyalist House

A l'angle de Union St et de Germain St, la Loyalist House (☎ 652-3590) date de 1810. C'est la plus vieille maison de Saint-Jean et qui n'a été modifié. Cet édifice de style géorgien abrite un musée consacré à la période loyaliste, qui contient aussi quelques belles pièces de menuiserie. Il est ouvert tous les jours en été, seulement en semaine en juin et en septembre, et sur rendez-vous en hiver. Les heures d'ouverture sont de 10h à 17h. L'entrée s'élève à 2 $.

Cimetière loyaliste

Situé en bordure de King Square en centre-ville, ce site intéressant réunit des tombes datant pour les premières de 1784, lentement érodées par le temps et qui tombent sur le sol.

Chubb Building

De retour au cœur de la ville, à l'angle de Prince William St et de Princess St, le Chubb Building fut érigé à la fin du XIXe siècle. Chubb, le propriétaire, a fait placer le portrait de tous ses enfants et de la moitié des politiciens de la ville sur la façade dans de petites rosaces. Chubb est lui-même immortalisé sous les traits d'une gargouille grimaçante.

Ancien tribunal

Le tribunal du comté de 1829 est célèbre pour son escalier en colimaçon, qui s'élève sur trois étages sans aucun support.

Vieux marché

Dans Market St, entre Germain St et Charlotte St, le marché pittoresque et intéressant a lieu dans le même bâtiment depuis 1876. A l'extérieur de la porte, dans Charlotte St, une plaque retrace l'histoire du marché. Réparé et rénové en 1990, on peut encore apercevoir les lourdes poutres du plafond

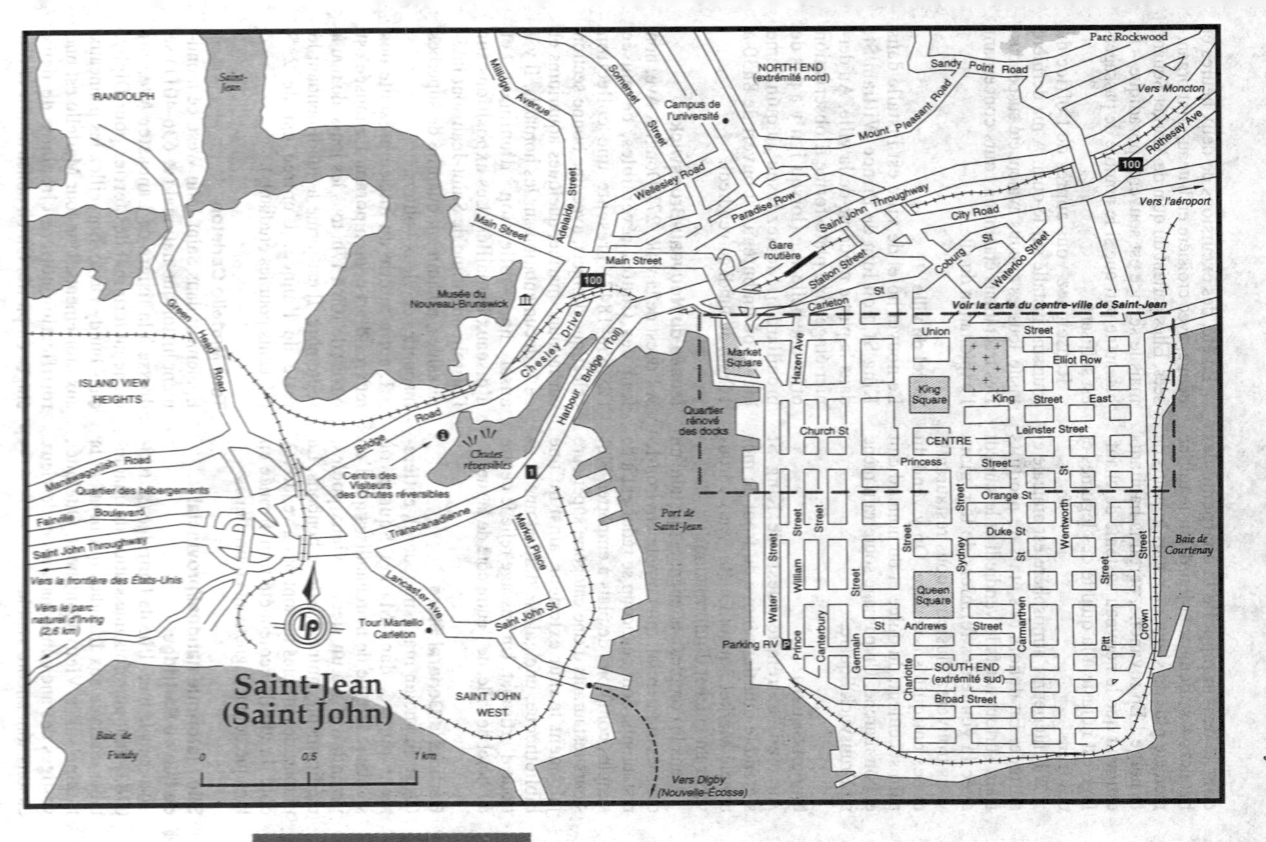

Saint-Jean
(Saint John)
0
0,5
1 km
Parc Rockwood
NORTH END
(extrémité nord)
RANDOLPH
Saint-Jean
Sandy Point Road
Vers Moncton
Rothesay Ave
100
Vers l'aéroport
Mount Pleasant Road
Campus de
l'université
Somerset Street
Millidge Avenue
Wellesley Road
Adelaide Street
Main Street
Paradise Row
Saint John Throughway
City Road
Gare
routière
Station Street
Coburg St
Waterloo Street
Carleton St
Voir la carte du centre-ville de Saint-Jean
Musée du
Nouveau-Brunswick
Green Head Road
Chesley Drive
Harbour Bridge (Toll)
Market Square
Hazen Ave
Union Street
Elliot Row
King Square
King Street East
ISLAND VIEW
HEIGHTS
Bridge Road
Chutes réversibles
Quartier rénové des docks
Church St
CENTRE
Leinster Street
Princess Street
Orange St
Manawagonish Road
Quartier des hébergements
Centre des
Visiteurs
des Chutes réversibles
Fairville Boulevard
Transcanadienne
Market Place
Port de Saint-Jean
Duke St
Wentworth St
Saint John Throughway
Vers la frontière des États-Unis
Water Street
William Street
Germain Street
Sydney Street
Queen Square
Baie de Courtenay
Vers le parc
naturel d'Irving
(2,6 km)
Lancaster Ave
Tour Martello
Carleton
Saint John St
Parking RV
Prince
Canterbury
St Andrews Street
Carmarthen
Pitt
Crown Street
Charlotte
SOUTH END
(extrémité sud)
Broad Street
SAINT JOHN
WEST
Baie de
Fundy
Vers Digby
(Nouvelle-Écosse)

dont le dessin rappelle la charpente des bateaux – seulement aujourd'hui le toit ne menace plus de s'écrouler sous le poids de la neige ! En revanche, certains habitants estiment que le nouveau système de chauffage est néfaste à la qualité des légumes et des fruits.

A l'intérieur, l'atmosphère est amicale et animée. En dehors des étals de produits frais, surtout actifs le vendredi et le samedi avec la venue des fermiers de la région, vous trouverez plusieurs bons restaurants, et des antiquités à vendre. On y vend du pain succulent, du dulce et du homard cuit et bon marché. Un passage souterrain mène au Brunswick Square.

Market Square

Au pied (extrémité ouest) de King St s'étend le quartier rénové du front de mer appelé Market Square.En été, vous y trouverez un guichet d'information.

Dans le complexe attenant est installé un centre commercial, qui compte environ 15 restaurants, dont beaucoup se réduisent à de simples comptoirs de plats à emporter. Plusieurs restaurants d'une catégorie supérieure jalonnent le mur extérieur, ainsi qu'une bibliothèque, une galerie d'art et une boutique d'artisanat. Un passage relie le centre à l'hôtel de ville, de l'autre côté de la rue.

Barbour's General Store

C'est un ancien magasin général, entièrement rénové, dans Market Square, où s'entasse le type de marchandises que l'on y vendait il y a un siècle : vieux poêles, médicaments, quincaillerie et bonbons. La plupart des articles ne sont pas à vendre. A côté, la vieille école a été transformée en kiosque de renseignements touristiques.

Site historique national/provincial de l'île de Partridge

Sise dans la baie, l'île de Partridge (☎ 635-0782) était autrefois une station de quarantaine réservée aux Irlandais qui fuyaient la famine sur le Vieux Continent. Quelques vestiges des anciennes maisons et de vieux canons sont encore visibles.

En été, des excursions de deux heures et demie, avec croisière en bateau, sont organisées. Elles partent du quai de Market Square, mais le service est souvent sporadique – le bateau ne part que si le nombre de passagers est suffisant.

Renseignez-vous auprès de l'office du tourisme installé sur le quai. A ma dernière visite, tous les circuits avaient été suspendus. Des tractations étaient en cours concernant l'exploitation du site.

Hôtel de ville

Le nouvel hôtel de ville est installé dans King St, non loin de Prince William St, dans la partie moderne de la ville. Au dernier étage, une plate-forme d'observation offre une belle vue (lorsqu'il n'y a pas de brouillard !). Montez jusqu'au quinzième étage, où un bureau est ouvert de 8h30 à 16h30, du lundi au vendredi.

Musée du Nouveau-Brunswick

A l'ouest de la ville, 277 Douglas Ave, non loin des Chutes réversibles, ce musée (☎ 658-1842) présente une collection éclectique d'objets, avec une bonne section sur la faune marine, quelques aquariums et de la documentation sur les homards. Il y a aussi une collection d'animaux et d'oiseaux empaillés. Les expositions sur l'histoire maritime de Saint-Jean sont intéressantes, notamment quantité de superbes maquettes de vieux voiliers.

L'autre moitié du musée présente des œuvres d'art contemporain. Le musée est ouvert de 10h à 17h, tous les jours, de mai à septembre. Il est fermé le lundi pendant le reste de l'année. L'entrée est de 2 $ (50 cents pour les étudiants).

Tour Martello Carleton

Également dans Saint John West, ce monument historique national (☎ 636-4011) se dresse à la lisière de Lancaster Ave, qui mène au terminal des ferries pour Digby, dans Fundy Drive. Surveillez les panneaux aux croisements. Une tour Martello est une fortification côtière circulaire de deux étages en pierre. On en construisit d'abord en Angleterre et en Irlande au début du XIXe siècle. En Amérique du Nord, les Britanniques en édifièrent seize, notamment à Halifax, à Québec et à Kingston dans l'Ontario. Des guides répondront à vos questions. Mieux vaut vous y rendre quand il n'y a pas de brouillard pour profiter de la vue du promontoire. La tour est ouverte tous les jours, du 1er juin au 31 septembre. L'entrée est gratuite.

Brasserie Moosehead

En arpentant Saint John West à la recherche de vestiges historiques, rendez-vous à la brasserie Moosehead (☎ 635-7000), la plus ancienne fabrique indépendante de bière du pays. Sa création remonte à 1867, l'année de la Confédération. Elle se trouve 89 Main St et propose des visites, en semaine l'été.

Musée des pionniers du téléphone

Ce musée (☎ 694-6388), situé dans le hall du 1 Brunswick Square, est petit, mais présente une riche collection d'équipements téléphoniques. Il est ouvert du lundi au vendredi, de 10h à 17h, de mi-juin à mi-septembre. L'entrée est gratuite.

Pour le trouver, entrez dans le centre commercial sur Germain St, en face du Reggie's Restaurant.

Musée juif historique

Considérablement réduite aujourd'hui, la communauté juive était importante et active entre les années 20 et les années 60. Le musée (☎ 633-1833) a été conçu pour préserver cet héritage. Il présente une collection d'objets de culte et retrace l'histoire de la communauté de Saint-Jean. Sis 29 Wellington Row, le musée est ouvert tous les jours en été, sauf le samedi, (heures d'ouverture limitées le dimanche, de 13h à 17h) ; il est fermé le week-end le reste de l'année.

Centre d'exposition Aitken

Ce centre (☎ 633-4870), également appelé City of Saint John Gallery, est situé 20 Hazen Ave, près de la YM-YWCA. C'est un séduisant bâtiment rond en grès, datant de 1904. Il devait servir de bibliothèque et comporte 6 galeries qui présentent des expositions temporaires sur l'art, la science et la technologie. Elles couvrent des sujets très divers, des images par satellite aux sculptures en bois, de la superproductivité aux espèces en voie d'extinction. Il y a aussi une galerie interactive réservée aux enfants. En été, le centre est ouvert tous les jours. Le reste de l'année, il est fermé le lundi.

Parc Rockwood

A la lisière nord-est du centre-ville, le parc couvre 800 hectares d'aires de loisirs, de pique-nique, de sentiers à travers bois et de petits lacs, de piscines. Il y a aussi un zoo.

Zoo Cherry Brook. Le zoo (☎ 634-1440) possède environ 25 espèces animales, y compris de nombreuses espèces en voie d'extinction. Il se cache en bordure nord du parc Rockwood, au nord de la ville.

Il est ouvert tous les jours, de 10h au crépuscule. L'entrée coûte 3,25 $, 2,25 $ pour les étudiants.

Plage de Lakewood

Sur la route 111, au sud-est de la ville (à 15 mn en voiture), il y a une plage sablonneuse où l'on peut se baigner au Lakewood Reservoir Park. La route 111 devient Loch Lomond Rd en ville.

Parc naturel Irving

Pour les voyageurs motorisés et amoureux de la nature sauvage, une visite à l'Irving Nature Park s'impose (à 20 mn en voiture du centre, au sud-ouest) C'est l'endroit idéal pour l'observation des oiseaux, des centaines d'espèces, affirme-t-on. On peut également y voir des phoques au large. Bien que l'on considère le parc situé sur l'île Taylors, celle-ci n'est pas véritablement une île, mais est seulement une péninsule montagneuse de 225 ha qui avancent dans la baie de Fundy. Quatre sentiers de longueurs différentes mènent aux plages, falaises, bois, laisses de sable, marais et rochers. De bonnes chaussures de marche sont recommandées. Attention aussi sur le rivage rocheux, car les fortes vagues ont surpris plus d'un visiteur. La route autour peut être boueuse.

Le parc est gratuit et ouvert tous les jours jusqu'à l'aube. Pour vous y rendre, empruntez la route 1, à l'ouest de la ville, puis tournez au sud, à la sortie 107, Bleury St. Puis tournez à droite sur Sand Cove Rd et continuez pendant 2 km jusqu'à l'entrée. Seul aménagement du parc : des toilettes. Avant votre visite, prenez une carte à l'office du tourisme.

Circuits organisés

La Saint John Transit Commission (☎ 658-4700) propose des excursions de trois heures dans la ville, en été. Départs et billets au Barbour's General Store, au Market Square. Un circuit par jour est assuré, tôt l'après-midi. En septembre et en octobre, vous pourrez profiter des excursions dans la vallée avec déjeuner compris. La vallée de Saint-Jean est l'une des plus belles contrées du Canada, appréciée pour les changements de couleurs selon les saisons.

Toujours au Barbour's General Store, des visites guidées, à pied et gratuites, sont proposées en juillet et en août dans les quartiers historiques de la ville.

Il n'existe plus de croisières en bateau dans le port, mais vous pouvez toujours vous embarquer pour une agréable journée sur l'île de Partridge (voir plus haut *Site de l'île de Partridge*).

Covered Bridge Bicycle Tours (☎ 849-9028) organise des promenades à vélo de plusieurs jours dans la région.

Festivals

Les Loyalist Days, une manifestation de cinq jours qui se déroule chaque année pendant la troisième semaine de juillet, commémore le passé loyaliste de la ville : reconstitution de la première arrivée de colons, costumes d'époque, défilés, artisanat, récitals de musique, nourriture et spectacles en abondance. Les festivités s'achèvent la dernière nuit par un feu d'artifice.

En août, chaque année, la ville accueille le très populaire Festival by the Sea. Pendant dix jours, des centaines de chanteurs, danseurs et autres artistes venus de tout le

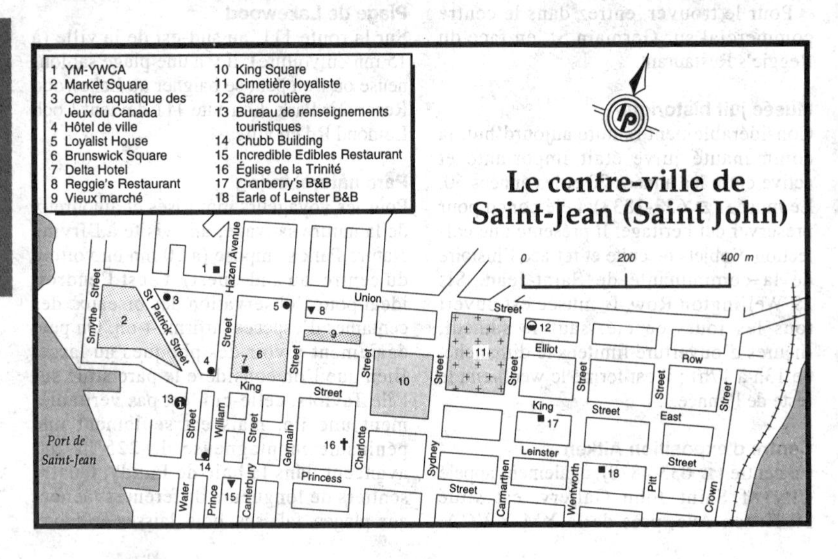

Canada participent nuit et jour à ce festival des arts du spectacle. Nombre des spectacles présentés dans les parcs et sur le port sont gratuits.

Où se loger

Campings. Au nord de Rothesay Ave et du centre-ville, le vaste *Rockwood Park* (☎ 652-4050), avec ses petits lacs, son aire de pique-nique et son terrain de golf, fait partie du campus de l'université du Nouveau-Brunswick. Vous ne pourrez pas trouver de site mieux situé (agréable, jolie vue sur la ville) – proche du centre-ville et des routes principales qui conduisent hors de la ville. Le tarif pour les tentes est de 11 $, moins en cas de séjour prolongé. Le bureau de vente des billets sert aussi de mini centre touristique.

Auberges de jeunesse. La HI *Hostel* (☎ 634-7720) dans Saint-Jean est maintenant rattachée à la YM-YWCA du 19-25 Hazen Ave. En fait, ce n'est nullement une auberge de jeunesse, mais les membres bénéficient d'une réduction sur les tarifs qui sont déjà très modestes. Centrale, propre, elle loue des simples à 28 $, 21 $ pour les membres. Vous pouvez utiliser tous les aménagements : piscine, pièce commune et snack-bar qui sert une nourriture bon marché. Il y a 30 chambres. Vous disposez de la clé de votre chambre et le hall est toujours ouvert.

B&B. Au 96 Leinster St, à une courte distance à pied de King Square, le *Earle of Leinster B&B* (☎ 693-3462) occupe un édifice de trois étages, datant du début du siècle. Il est à la fois le meilleur et le moins cher ! Ses 7 chambres sont particulièrement confortables et coûtent 39 $ en simple ou en double, petit déjeuner compris. Les personnes seules peuvent demander la petite chambre, la seule qui ne dispose pas de s.d.b., à 30 $. Vous pourrez aussi profiter de la laverie, du réfrigérateur et du four à micro-ondes. Mieux vaut réserver à l'avance, car il a tendance à afficher complet en été.

Le plus petit *Cranberry's B&B* (☎ 657-5173) occupe également un bâtiment historique soigneusement entretenu, dans le centre-ville. Construit à la fin du XIXe siècle, cette maison victorienne est bien située, 168 King St East. Les simples/doubles du second étage coûtent 50/55 $, bon petit déjeuner compris. La très agréable suite au sous-sol à 65 $ est équipée d'une kitchenette, et les enfants âgés de moins de dix ans ne payent pas. La propriétaire, Janice MacMillan, est très prévenante et connaît bien la ville.

Un peu plus à l'écart, le *Country Wreath 'n' Potpourri* (☎ 636-9919) est installé dans une maison du début du siècle de trois étages, 125 Mt Pleasant Ave, une rue tranquille bordée d'arbres à l'extrémité nord de la ville, vers le parc Rockwood. Il se trouve à 10 mn à pied de la gare ferroviaire, et à 20 mn du centre-ville. Il loue des simples/doubles à 45/50 $, petit déjeuner compris.

Au-delà, dans Saint John ouest, 238 Charlotte St West, le *Five Chimneys B&B* (☎ 635-1888) loue des simples/doubles pour 40/45 $. Il se trouve à 10 mn en voiture du centre-ville, après le Harbour Bridge. En revanche, il est difficile à joindre en bus. Il est aussi à quatre pâtés de maisons du terminal des ferries pour Digby, en Nouvelle-Écosse, et à une courte distance à pied des Chutes réversibles. Contactez le propriétaire qui vous indiquera l'itinéraire approprié en bus.

Manawagonish Rd regroupe de nombreux hébergements : pensions de famille, B&B, cabines et motels dont les prix sont variés mais, pour la plupart, raisonnables. Seul inconvénient, elle est très excentrée, à l'ouest, parallèle aux Hwy 1 et 100. Des bus urbains relient le centre-ville à Manawagonish Rd, mais même en voiture il faut compter 20 mn.

Le *Tartan B&B* (☎ 672-2592), 968 Manawagonish Rd, propose des simples/doubles depuis 25/30 $ à 50 $ pour une double (queen-size) avec s.d.b.

Hôtels. Saint-Jean compte peu d'hôtels, et ils appartiennent généralement à la catégorie moyenne ou supérieure. Le *Courtenay Bay Inn* (☎ 657-3610), central, 350 Haymarket Square, loue 125 chambres.avec des doubles à partir de 50 $. Le *Keddy's Fort Howe* (☎ 657-7320) propose de confortables simples/ doubles à 64/70 $. Il se trouve à l'angle de Main St et de Portland St. Le *Hilton* (☎ 693-8484), Market Square, demande 120 $ pour une double.

Motels. Les nombreux motels de Manawagonish Rd pratiquent des tarifs inférieurs à ceux qui sont attendus. D'octobre à mai, les prix tendent à tomber encore.

Le *Fundy Ayre Motel* (☎ 672-1125), au n°1711, a seulement 9 unités d'habitation, à 40 $ pour une simple ou une double avec un lit. Les tarifs augmentent si deux personnes utilisent deux lits. Les chambres sont tranquilles, à l'écart de la route et jouissent de belles vues sur la baie de Fundy et l'île Taylors. Des chambres avec kitchenette sont également disponibles.

Le *Island View* (☎ 672-1381), de l'autre côté de la rue, 1726 Manawagonish Rd, a quelques kitchenettes et une piscine chauffée. Les simples/doubles coûtent 40/45 $.

Plus loin, vers l'ouest, la route devient Ocean West Way. Au n°2121 vous attend le *Regent Motel* (☎ 672-8273) qui loue 10 chambres à 35 $ en simple ou en double.

A l'est de Saint-Jean, une série de motels bordent Rothesay Ave, sur la Hwy 100, qui mène à Moncton. L'artère au nord-est est plus proche du centre-ville que Manawagonish Rd, mais les motels y sont plus chers.

Une exception cependant, le petit *Bonanza Motel* (☎ 633-1710), 594 Rothesay Ave, avec des simples/doubles à 25/27 $.

Où se restaurer

Saint-Jean est en revanche limitée quand il s'agit de passer à table.

Le *Reggie's Restaurant*, 69 Germain St, près de la Loyalist House, jouit d'une assez bonne réputation. Vous pourrez notamment déguster de la viande fumée de chez Ben's, le célèbre delicatessen de Montréal. Le menu propose aussi des feuilletés de homard – une spécialité locale – et des soupes de palourdes pour 3 $. C'est un établissement agréable, détendu, ouvert dès 6h avec un spécial petit déjeuner.

L'*Incredible Edibles*, 42 Princess St, dans le Brodie Building, sert des pâtes, des currys, des omelettes, et quelques plats végétariens (c'est le seul de Saint-Jean). Ses spécialités sont les desserts tels que la tourte aux myrtilles – une couche de fruit recouverte d'une pâte croustillante et nappée de lait ou de crème. Comptez au moins 50 $ pour un dîner à deux.

Le marché est pratique lorsque l'on a une petite faim. Il compte aussi quelques petits restaurants et cafés qui préparent des plats à emporter. Au *Whale of a Café* vous pourrez prendre un en-cas ; le *Jeremiah's* est un delicatessen et un bar à sandwiches. Côté est vous attend un comptoir avec salade à volonté et fromages. Le marché est fermé le soir et le dimanche.

Si vous aimez la cuisine italienne, *Vito's* est un bon restaurant, dans Hazen Ave, à l'angle d'Union St. Comptez de 10 $ à 12 $ pour un plat, mais le lundi soir on y sert des spaghettis à volonté.

Market Square regroupe de nombreux restaurants, dont certains disposent d'un patio en plein air. *Grannan's* propose un bon choix de fruits de mer et des steaks. Il y a un bar au sous-sol. Le *Keystone Kelly's* est meilleur marché et plus décontracté avec différentes petites choses à grignoter. Comptez de 8 $ à 12 $ pour un repas.

Dans le *Food Hall*, à un angle de l'étage principal, sont réunis une dizaine de fast-foods avec tables communes. Ils servent une nourriture quelconque et bon marché. Un plat de riz avec légumes et poulet au restaurant chinois revient à 4,50 $.

Le *Bamboo East*, 136 Princess St, offre de la cuisine chinoise. Le week-end, le buffet coûte 7,95 $ à midi, 9,95 $ le soir.

Enfin, *La Belle Vie*, 325 Lancaster Ave, près des Chutes, est un endroit élégant, doté d'un menu continental cher et apprécié.

Distractions

Market Square compte aussi plusieurs boîtes de nuit, certaines avec orchestre et piste de danse. Plusieurs adresses disposent d'une terrasse.

Le *Harbour View Lounge*, au même endroit, mais près du Hilton Hotel dans le Trade & Convention Building, est parfait pour prendre tranquillement un verre.

Vous pourrez écouter du jazz et du blues au *Thumpers*, très fréquenté, 30 Water St. L'*Imperial Theatre* est le nouveau centre des arts du spectacle dans King Square.

Comment s'y rendre

Avion. Air Canada (☎ 632-1500) relie Montréal pour 244 $. Canadian (☎ 657-3860) assure des vols vers St John's (Terre-Neuve), pour 331 $.

Bus. SMT Bus Lines (☎ 648-3555) est le transporteur de la province. La gare se trouve au 300 Union St, à l'angle de Carmarthen St, à 5 mn à pied du centre-ville. Ils assurent la correspondance avec les bus Orleans Express à Rivière-du-Loup (Québec) et pour les villes de Nouvelle-Écosse, avec Acadian Bus Lines.

Trois bus par jour sont assurés pour Fredericton (15 $). Ce même bus est utilisé par les passagers qui continuent vers Québec (60 $). Le bus pour Moncton part à 10h et à 15h15 (20 $). Pour Cape Tormentine (vers l'Île-du-Prince-Édouard), rendez-vous à Moncton où vous changerez de bus.

Train. La gare VIA Rail (☎ 642-2916 ou 800-561-3952, après 17h), dans Station St, est à 10 mn à pied du centre-ville, au nord-ouest de King Square, près de la Loyalist House et de la YM-YWCA. Sont seulement affichés les tarifs aller. Pour Québec, le train se rend à Lévis (en face de Québec, sur l'autre rive) trois fois par semaine (105 $). Pour Fredericton, comptez 18 $ (y compris un bus de la gare ferroviaire Fredericton Junction au centre-ville), avec les mêmes horaires que pour le précédent. Les trains pour Truro en Nouvelle-Écosse coûtent 45 $ et partent le mardi, le vendredi et le dimanche. Pour Montréal (*via* le Maine) il y a des services (104 $) le lundi, le jeudi et le samedi.

Ferry. Le ferry Marine Atlantic (☎ 636-4048) *Princess of Acadia* relie Saint-Jean à Digby (Nouvelle-Écosse), de l'autre côté de la baie. Si vous êtes en voiture, il vous épargnera le détour par la baie de Fundy et Moncton, puis Amherst (Nouvelle-Écosse), mais il n'est pas bon marché.

Ce trajet est très utilisé par les touristes. Comptez 20 $ par personne pour un billet aller, 45 $ par voiture, 10 $ par bicyclette. La réduction sur le billet aller-retour n'est guère intéressante. Toutefois, les prix baissent en dehors de la saison haute (de mi-juin à la première semaine de septembre).

La traversée dure environ deux heures et demie. En été sont assurés trois services par jour : un le matin, un dans l'après-midi et un le soir. Arrivez tôt ou réservez à l'avance, car les demandes sont fortes en juillet et en août. Même muni d'une réservation, vous devrez arriver une heure avant le départ du ferry. Les visiteurs à pied et les cyclistes, en revanche, connaissent peu de problèmes. Il y a un restaurant et un bar à bord.

Voiture et moto. Plusieurs possibilités de location. Delta (☎ 634-1125), 378 Rothesay Ave, est ouvert sept jours sur sept. Ils prennent 29,95 $ par jour (premiers 100 km gratuits), puis 12 cents du km. Ils appliquent aussi des tarifs à la semaine : 149 $ (premiers 1 000 km gratuits).

Avis (☎ 634-7750) est bien situé derrière le marché, 17 North Market St. Pour une voiture de taille moyenne, les tarifs sont similaires aux précédents cités. Troisième option, Econo Leasing (☎ 632-8889), 390 Rothesay Ave, qui pratique des tarifs journaliers équivalents. A noter que la Hwy 1 traverse le Saint-Jean, à l'ouest du centre-ville. Les automobilistes devront acquitter 25 cents pour le péage du pont. Plus à l'ouest, ils pourront emprunter la Hwy 7 (au nord) pour Fredericton.

Comment circuler

Desserte de l'aéroport. L'aéroport se trouve à l'est de la ville, sur la Hwy 111. La navette coûte 6,50 $ et part une heure et demie environ avant le départ des vols, des hôtels de luxe tels que le Hilton dans Market Square et le Delta Brunswick dans Brunswick Square. Pour partager un taxi, appelez Vets (☎ 634-1554).

Bus. Pour toute information sur les trajets et les horaires, contactez Saint John Transit (☎ 658-4700) ou l'office du tourisme.

NORD DE SAINT-JEAN

Au nord de la ville s'étend une zone rurale verdoyante, émaillée de baies profondes, de rivières et de lacs, qui rejoint Grand Lake et Fredericton. C'est la superbe campagne bucolique du Nouveau-Brunswick. Le Saint-Jean traverse la région, au sud, jusqu'à l'embouchure de la baie de Fundy et les ferries sont tous gratuits. La **péninsule de Kingston** ne diffère pas des paysages de vallées typiques de la contrée avec ses couleurs flamboyantes en automne. **Crystal Beach** est un endroit réputé pour le camping et la baignade. Si vous vous rendez en voiture à Fredericton, poursuivez sur la Hwy 102, qui traverse de petits villages en décrivant des zigzags le long de la rivière. A **Gagetown** est implantée une importante base militaire.

Les marées

Les marées de la baie de Fundy sont les plus hautes au monde. Ce flux et reflux constant détermine toute la vie de la baie, l'apparence du littoral et jusqu'aux heures de pêche des habitants.

L'explication de ces marées record tient à la longueur, à la profondeur et à la forme en entonnoir de la baie. A marée haute, l'eau qui s'engouffre dans l'étroite baie est contrainte de se soulever sur les bords. Le fond de la mer très peu profond fait qu'elle se soulève plus haut encore. Se produit alors un effet de résonance, qui fait allusion au balancement de toute l'eau de la baie d'avant en arrière, comme dans une baignoire géante. Lorsque cette masse liquide grossit pour sortir de la baie et se heurte alors à la poussée de la marée, le volume de l'eau augmente sensiblement.

C'est à l'extrémité est de la baie de Fundy et aux alentours du bassin de Minas que le contraste entre flux et reflux est le plus prononcé avec des marée de 10 à 15 m deux fois par jour, à un intervalle de deux heures et demie. La marée la plus haute jamais enregistrée atteignit 16,6 m, la hauteur d'un édifice de quatre étages, à Burncoat Head, non loin du village de Noel, en Nouvelle-Écosse. Trois autres endroits dans le monde connaissent des marées presque équivalentes (plus de 10 m) : Bristol en Angleterre la baie de Saint-Malo en France et Turnagain en Alaska.

Au cours des siècles, diverses méthodes furent utilisées dans la baie pour canaliser l'énergie produite par les marées. On installa des moulins à blé, simples mais efficaces. Vous pourrez aussi visiter une centrale expérimentale à Annapolis Royal, en Nouvelle-Écosse. Les heures et hauteurs des marées diffèrent à plusieurs endroits de la baie, mais les nombreux offices du tourisme de la région pourront vous fournir tous les renseignements nécessaires.

Le mascaret

C'est une des caractéristiques des marées et un phénomène journalier dans certains fleuves qui se jettent dans la baie de Fundy, en particulier le Saint-Jean qui traverse la ville de Saint-Jean, le Petitcodiac à Moncton, et la Salmon River de Truro, en Nouvelle-Écosse.

A mesure que la marée pénètre dans la baie, elle se transforme en vague dont la hauteur peut varier de quelques centimètres à un mètre. Cette poussée force le niveau du fleuve à monter. Cette vague déferlante en amont est appelée un mascaret.

Sa taille et sa hauteur sont déterminées par la marée, elle-même réglée par la lune. Dans les régions où le mascaret mérite d'être vu, on vous en fournira les heures. Comme pour les marées, il y a deux mascarets par jour, à douze heures d'intervalle. ■

ST MARTINS

Après deux heures et demie d'une route sans intérêt, à l'est de Saint-Jean, vous arriverez à la très attrayante bourgade de St Martins, une des villes historiques de la province, sise sur la baie de Fundy. Elle est petite, charmante, et fut autrefois un centre important de construction navale. En pénétrant dans la ville, on découvre immédiatement un paysage caractéristique des Provinces maritimes : le **vieux quai Pejepscot**, le long duquel sont alignés des bateaux de pêche, qui attendent la marée haute pour partir, deux ponts en bois couverts et un phare. Le **musée Quaco** est axé sur la construction navale. Au-delà des deux ponts, une vaste plage vous attend. Tout au bout, vous pourrez explorer deux grottes creusées dans la falaise. Au parking, vous trouverez un snack-bar, sur la plage même.

Randonnée

La région côtière bordée de falaises, entre St Martins et le parc national de Fundy, et dans les terres, vers Sussex, est une région accidentée, d'une beauté sauvage. Les randonneurs expérimentés pourront suivre le sentier qui longe le littoral et s'étend sur 40 km jusqu'au parc. Comptez de trois à cinq jours. Depuis le parc, un autre chemin également très long mène à la ville de Riverview, près de Moncton.

Où se loger et se restaurer

De retour en ville, à St Martins, vous attend le *Fundy Breeze Lodge* (☎ 833-4723), où vous pourrez vous restaurer ou passer la nuit. Il y a aussi un B&B, le *Bayview* (☎ 833-4723), et vous pourrez camper en bordure de la ville, au *Seaside Tent & Trailer Park* (☎ 833-4413). Ces trois adresses sont dans Main St.

PARC NATIONAL DE FUNDY

Le parc national de Fundy (☎ 887-2000) est l'un des parcs les plus populaires du Canada. Outre ses marées les plus fortes du monde, le parc dans la baie de Fundy possède environ 80 km de sentiers de randonnée et quelques routes de terre que vous pourrez emprunter en voiture. Les falaises de grès aux formes bizarres et la vaste plage à marée basse offre des promenades attrayantes le long du rivage. Vous pourrez y observer la vie marine et le parc abrite quantité d'animaux. L'eau est assez froide, ce qui explique la présence d'une piscine d'eau salé, où vous pourrez vous tremper (un privilège pour lequel vous devrez payer). Il y a aussi une école d'artisanat parmi ses attractions plus sophistiquées.

Pour vous rendre au parc, situé à 129 km de Saint-Jean et à mi-chemin de Moncton, suivez la Hwy 114.

Où se loger

Le parc possède cinq terrains de camping qui prennent entre 6 $ et 15 $.

Par ailleurs, le *Caledonia Highlands Inn* (☎ 887-2930) loue des unités d'habitation style motels et des chalets, à l'intérieur du parc. Très confortables, les chalets disposent d'une kitchenette. Les *Fundy Park Chalets* (☎ 887-2808) coûtent de 15 $ à 45 $ en double, avec un coin cuisine.

Enfin, vous devez absolument vous arrêter dans la petite bourgade d'**Alma**, à l'est du parc, sur la Hwy 114, et acheter un "armful" au *Home of the Sticky Bun*.

CAP ENRAGE

Vers l'est, en direction de Moncton, prenez la Hwy 915, une route secondaire, qui se rapproche de la côte en décrivant un détour et offre de beaux paysages. Au cap Enrage, sur les falaises, tout au bout de la péninsule, les éléments sont souvent violents et de toute évidence stimulants.

RÉSERVE NATIONALE DE SHEPODY

Au sud de la ville de Riverside-Albert et du village de Harvey, à Marys Point, dans la baie de Fundy, se trouve le lieu de rassemblement de centaines de milliers d'oiseaux. De mi-juillet à mi-août, la plage est littéralement assiégée par les oiseaux, en nombre impressionnant, en particulier des bécasseaux semi-palmés. Le long des digues et des marais court un sentier.

Sud-Est du Nouveau-Brunswick

La contrée qui mène à la Nouvelle-Écosse et à l'Île-du-Prince-Édouard est la plus intéressante et la plus variée sur le plan géographique. Moncton en est le centre régional, remarquable pour ses sites qui semblent défier les lois de la gravité. En dehors de la ville, vous pourrez profiter de quelques belles plages sablonneuses et, sur la rivière Petitcodiac, les Rocks sont le résultat d'une très impressionnante érosion.

MONCTON

Avec une population de 60 000 habitants, Moncton est la troisième ville de la province ainsi qu'un centre de transport et de distribution important pour les Provinces atlantiques. Elle est proche du ferry pour l'Île-du-Prince-Édouard et traversée par le train pour la Nouvelle-Écosse. En dépit de la récession, un marketing agressif et une main-d'œuvre bilingue ont favorisé la for-

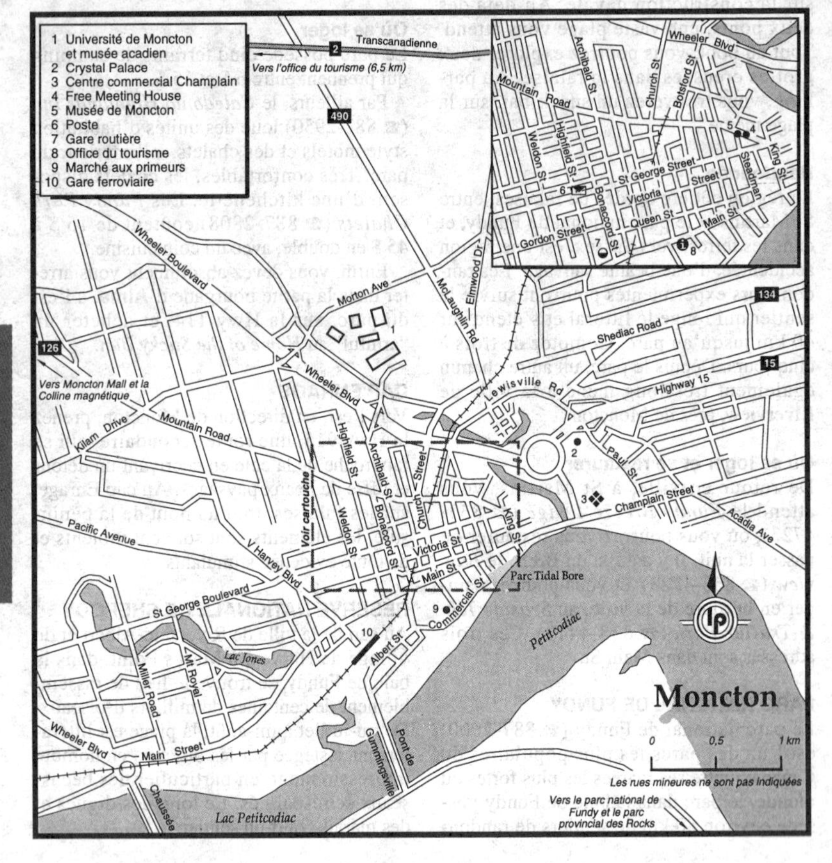

midable croissance économique de Moncton. A cela s'ajoutent deux étranges attractions – la Colline magnétique et le mascaret –, qui méritent le coup d'œil.

Les premiers Européens à coloniser la région furent des Allemands. A l'origine la ville fut appelée "The Bend", en raison du coude décrit par la rivière Petitcodiac, et spécialisée dans la construction navale. La population est largement francophone et nombre d'habitants sont bilingues. L'université de Moncton est la seule université française à l'extérieur du Québec.

Orientation

Le centre-ville s'étend au nord et au sud de Main St. La rivière serpente au sud et la Transcanadienne traverse d'est en ouest le nord de la ville. Entre Duke St et Foundry St, dans Main St, on a rénové quantité de vieilles maisons qui abritent maintenant des restaurants et des boîtes de nuit, et le quartier s'est embourgeoisé. A Moncton, la croissance signifie l'apparition de nouveaux centres commerciaux et l'implantation de chaînes nationales. Moncton, par exemple, compte à elle seule treize boutiques de beignets Tim Horton ! Ainsi, à l'est du centre-ville, de l'autre côté du pont, dans Champlain St, un prolongement de Main St, s'est implanté un gigantesque centre commercial.

La longue Mountain Rd qui traverse de part en part l'ouest de la ville, depuis la Transcanadienne, est jalonnée de stations-service, de restaurants appartenant à des chaînes, de fast-foods et de motels.

Renseignements

Moncton compte plusieurs offices du tourisme. Le principal bureau estival de renseignements (☎ 853-3540) est au 581 Main St, à l'angle de Lewis St. Saisonnier, ce bureau n'est pas stable d'année en année.

De septembre à mai, le centre des renseignements touristiques s'installe à l'hôtel de ville (☎ 853-3596), 774 Main St, mais il est fermé le week-end. Une troisième agence se trouve à côté de la Colline magnétique, à la jonction de Mountain Rd et de la Transcanadienne, au nord-ouest du centre-ville. Un autre office du tourisme est installé dans Riverview, au sud.

Colline magnétique

C'est l'attraction la plus célèbre (☎ 384-0303) de la région et elle mérite une visite. La gravité semble ici opérer en sens inverse : du bas de la colline, en voiture ou à vélo, vous serez insensiblement attiré vers le sommet. Vous pourrez répéter l'expérience à l'infini. Peut-être finirez-vous par comprendre ce qui se passe. La colline est perchée à l'angle de Mountain Rd (Hwy 126) et de la Transcanadienne. Elle est gratuite et passionne les enfants. Ces dernières années, elle est devenue le centre de diverses attractions, avec notamment un petit zoo, un parc aquatique avec différentes sortes de tobbogans, des restaurants et des boutiques. Un mini train relie toutes ces attractions.

Parc Tidal Bore

Le mascaret est une vague qui remonte deux fois par jour le fleuve Petitcodiac sous l'effet des marées de la baie de Fundy, célèbre pour ses marées les plus fortes du monde. Le mascaret se précipite en amont et soulève parfois l'eau jusqu'à 6 m de hauteur en quelques minutes. La vague elle-même peut varier de quelques centimètres à 30 cm.

Le parc Tidal Bore est le meilleur endroit pour assister à ce phénomène, à l'extrémité est de Main St, où est affiché un gigantesque horaire du mascaret. Ne vous attendez pas à quelque chose de spectaculaire – la vague en elle-même n'a rien d'impressionnant. Les meilleures périodes pour le mascaret sont le printemps et l'automne, s'il pleut ou si la lune est favorable.

Musée de Moncton

Au 20 Mountain Rd, près de Belleview St, le musée (☎ 856-4383) rassemble une collection de souvenirs relatifs à l'histoire de la ville, depuis l'époque des Indiens Micmacs et des premiers colons. Des expositions explicitent l'influence de la construction navale et des chemins de fer sur la région. On a même reconstitué une ancienne rue. Le musée est gratuit et ouvert tous les jours en été ; mais fermé le lundi, le reste de l'année. Le bâtiment voisin, le **Free Meeting House**, est le plus vieux de la ville. Il date de 1821 et fut utilisé par de nombreuses congrégations religieuses pendant des années.

Des visites guidées à pied de 90 mn partent du musée, du mardi au vendredi, à 9h30, pendant tout l'été.

Musée acadien

Implanté sur le campus de l'université, ce musée (☎ 858-4088) présente une collection d'objets acadiens. L'exposition retrace brièvement l'histoire et les aspects de la vie quotidienne des Acadiens, les premiers colons français de la région atlantique, qui furent chassés de Nouvelle-Écosse vers le Nouveau-Brunswick par les troupes britanniques. Le musée est gratuit et ouvert tous les jours ; mais seulement l'après-midi, le week-end.

Maison de Thomas Williams

Construite en 1883, cette maison victorienne de douze pièces demeura la propriété des Williams jusqu'en 1983, puis fut léguée à la ville. A l'intérieur comme à l'extérieur, elle a été largement préservée et le mobilier d'époque rehausse encore l'effet général. Ne ratez pas le salon de thé sur la véranda. Elle est ouverte du mardi au samedi, de juin à septembre. Elle est installée au 103 Park St, dans le centre-ville.

Crystal Palace

Au nord-est du cœur de la ville, au 499 Paul St, non loin de la Hwy 15 en direction de Shediac, se trouve le Crystal Palace, un parc d'attractions couvert avec un hôtel attenant et un centre commercial. Vous y trouverez des manèges, y compris des montagnes russes et des jeux.

Marché aux primeurs

Le samedi, de 7h à 13h, un marché a lieu dans Robinson St, au sud de Main St.

Festivals

Début mai se déroule le festival d'artisanat acadien ; en juillet, un festival de musique "blue grass" et de violon d'autrefois.

Où se loger

Auberges de jeunesse. La *YWCA* (☎ 855-4349), réservée aux femmes, se trouve près des gares routière et ferroviaire dans une ravissante vieille maison, en partie rénové en 1993, à l'angle de Highfield St et de Campbell St. Les chambres en dortoirs au deuxième étage coûtent 12 $ avec des draps, 8 $ si vous disposez de votre propre literie. A l'étage, elle loue des chambres à 20 $ en double, ou à 15 $ par personne.

L'*Université de Moncton* (contactez Housing Services au ☎ 858-4008) loue des chambres durant l'été dans deux de ses résidences. S.d.b. communes et une cafétéria. Les simples/doubles coûtent 23/28 $; pour les étudiants et les personnes âgées, 15/18 $. Tarifs intéressants à la semaine.

Tourist homes. Vous trouverez quelques pensions de famille et B&B. En été, ils affichent souvent complet.

Le *McCarthy's* (☎ 383-9152), 85 Peter St, avec 3 simples/doubles confortables à 25/35 $ est bon marché (ouvert de mai à septembre). Peter St se trouve à moins de 2 km au nord du centre-ville.

Le *Bonaccord House B&B* (☎ 388-1535), 250 Bonaccord St, à l'angle de John St propose 4 chambres simples/doubles confortables à 35/45 $, et une chambre familiale à 55 $.

Très central, au 101 Alma St, le *Downtown B&B* (☎ 855-7108), est ouvert toute l'année et loue 3 simples/doubles à 40/50 $.

Le *Mountain View Tourist Home* (☎ 384-0290), 2166 Mountain Rd, propose 3 simples/doubles au prix raisonnable de 30/35 $. C'est un endroit simple et agréable.

Hôtels. Au 46 Archibald St, derrière Main St, le *Canadiana Inn* (☎ 382-1054) occupe un bâtiment central, jaune, tout en bois. L'endroit est magnifique, il y a du bois partout et des lampes à suspension. De fait, la maison a plus d'un siècle. Elle possède au moins une douzaine de chambres à partir de 50/55 $ en simples/doubles.

L'*Hotel Beauséjour*, très grand, (☎ 854-4344), dans Main St, plus cher, est surtout réservée aux hommes d'affaires.

Motels. Les motels ne manquent pas, et ils offrent un large éventail de prix.

Le confortable *Beacon Light Motel* (☎ 384-1734), 1062 Mountain Rd, par la Hwy 126, propose des doubles à 48 $, ainsi que quelques chambres avec kitchenette. Deux autres motels d'un confort équivalent sont implantés dans Mountain Rd.

Sur la Hwy 2, près de la Colline magnétique, sont regroupés l'*Atlantic* (☎ 858-1988), qui offre des simples/doubles à 42/47 $ ainsi que le *Restwell* (☎ 858-0080), installé dans l'autre sens (est), loue des simples ou des doubles de 40 à 45 $. Piscine et chambres avec kitchenette.

D'une catégorie équivalente, le *Moncton Motor Inn* (☎ 382-2587), 1905 Main St, est un établissement plus ancien, bien entretenu, avec vue sur la rivière. Il dispose d'une piscine et n'est qu'à 5 mn en voiture de la ville. Comptez 48 $ pour une double.

En plein centre-ville, non loin des gares routière et ferroviaire, le tranquille *Midtown* (☎ 388-5000), 61 Weldon St, est plus cher avec des simples/doubles à 54/59 $. Quelques chambres ont une kitchenette.

Plusieurs autres motels jalonnent la Rural Route 1, en direction de River Glade.

Où se restaurer

Au 700 Main St, *Crackers* est un endroit agréable où déguster salades, côtelettes ou des plats italiens. La copieuse salade Caesar à 5 $ suffit pour un déjeuner. Le soir, l'établissement se transforme en sorte de boîte de nuit, ouverte très tard le week-end.

De l'autre côté de la rue, le *Spanky's* est une taverne rénovée proposant une nourriture bon marché et un happy hour.

Le *Len's*, 840 Main St, est un restaurant ouvert tous les jours, bondé à midi, où se retrouvent ouvriers et employés de bureau. Pas un plat ne dépasse 6 $. Le *Traveller's Café*, à la gare routière, sert des petits déjeuners peu onéreux.

En été, deux kiosques préparant des plats à emporter s'installent dans la petite zone commerciale à l'angle de Main St et de Robinson St, dans le centre-ville. Au magasin *Metropolitan*, dans le Highfield Mall, dans Main St, le département alimentation pratique les prix les plus bas de la ville avec des repas à environ 5 $.

Le *Cy's*, 170 Main St, est probablement le meilleur restaurant avec d'excellents fruits de mer. Il n'est pas bon marché, jouit peut-être d'une réputation légèrement surfaite, mais reste une bonne adresse.

797 Mountain Rd se trouve le *Ming Garden*, qui sert de la cuisine chinoise dont les buffets sont très appréciés. Le Ming Garden affirme proposer le plus gigantesque avec cent plats différents – pour 8 $. Le très bon marché *Ponderosa*, 956 Mountain Rd, prépare des steaks succulents, le soir, pour moins de 8 $. Le comptoir avec salades revient à seulement 5 $.

Pour déguster des spaghettis ou une pizza, rendez-vous chez *Vito's*, 726 Mountain Rd.

Deluxe French Fries est une institution locale, où vous pourrez manger des frites fraîches, accompagnées de poissons ou de fruits de mer. Fonctionnant depuis quarante ans, ils possèdent plusieurs établissements, notamment à l'angle de St George Blvd et de Church St, ou à l'angle de Mountain Rd et de Connaught Ave.

Distractions

L'*Urban Corral*, 6 Duke St, propose des concerts de musique country et western, de 21h à 1h, sauf le dimanche. Le *Ziggy's*, au 730 Main St, attire un public jeune avec un spectacle différent chaque soir. Au *Coliseum* se déroulent les principaux spectacles, concerts et événements sportifs.

Le *Capitol Theatre*, dans Main St, est un théâtre restauré des années 20 devenu le centre des arts du spectacle.

Comment s'y rendre

Bus. La gare des bus SMT (☎ 859-5060) se trouve au 961 Main St, entre la ville et la gare ferroviaire, à l'angle de Bonaccord St. Voici quelques horaires et prix du billet aller :

Fredericton – 11h15 et 17h45, tous les jours (25 $)
Saint-Jean – 13h15 et 18h, tous les jours (20 $)
Halifax – 13h45 et 18h, tous les jours (33 $)
Île du Prince-Édouard – 13h15 et 18h (28 $)

Train. La gare ferroviaire (VIA) (☎ 857-9830) est installée au sud-ouest du centre-ville, près de Cameron St qui donne dans Main St. Rendez-vous derrière le bâtiment du 1234 Main St, ou derrière l'épicerie Sobey's, au Highfield Mall.

La gare se trouve à 200 m de Main St. Elle est ouverte seulement de 10h à 18h30.

Les billets aller coûtent 38 $ pour Halifax, 23 $ pour Saint-Jean. Des services pour Montréal sont assurés tous les jours, excepté le mercredi, pour 117 $.

Pour Montréal, il existe deux trains empruntant un itinéraire différent, chacun trois fois par semaine. L'*Atlantic* traverse le Maine ; l'*Ocean* passe par le nord du Nouveau-Brunswick, Campbellton et le Québec.

ENVIRONS DE MONCTON

Ponts couverts

Dans un rayon de 100 km autour de Moncton, vous pourrez admirer 27 des ponts couverts de la province. On les appelle les "ponts à baisers", parce qu'au temps des voitures à cheval on y était à l'abri des regards indiscrets. Deux routes au sud de Moncton passent par ces ponts, la Scenic Trail et la Covered Bridge Trail.

Dobson Trail

Au sud de Moncton, dans Riverview, ce sentier de randonnée de 60 km traverse les collines de l'Albert County et les forêts d'érables jusqu'au parc national de Fundy. Pour plus de renseignements, contactez le Trailmaster, Edwin Melanson (☎ 855-5089) à Riverview.

Hillsborough

Sise à environ 20 km au sud-est de Moncton, cette petite ville domine le fleuve Petitcodiac. Une locomotive à vapeur restaurée (☎ 734-3195) tire de vieux wagons le long du fleuve jusqu'à Salem, à environ 8 km de là. Comptez une heure pour faire l'aller-retour. Le billet coûte 6 $ et demi-tarif les jours de pluie. Les horaires sont limités. En juillet et en août, le train circule seulement une fois par semaine, le dimanche.

Parc provincial des Rocks

En poursuivant au sud-est de Hillsborough, vous arriverez au parc de Hopewell Cape, à l'endroit où la rivière se jette dans la baie de Shepody. Les "Rocks" sont des rochers de formes étranges dues à l'érosion, surnommés *flowerpots*. Le rivage est bordé par ces formations géologiques irrégulières, mais aussi par des grottes et des tunnels creusés par les grandes marées. A marée basse, une promenade sur la plage s'impose : vérifiez les horaires des marées à l'office du tourisme. On ne peut pas atteindre la plage à marée haute, mais les tours rocheuses sont visibles des sentiers en hauteur. Le camping n'est pas autorisé.

Saint-Joseph

A 24 km au sud de Moncton, Saint-Joseph se cache dans la vallée de Memramcook, la seule contrée à proximité de la baie de Fundy où quelques Acadiens résident encore sur la terre de leurs ancêtres avant leur exil massif.

Le site historique national de l'Odyssée acadienne (☎ 758-9783) s'est ouvert en 1990. Il occupe l'un des bâtiments du collège Saint-Joseph créé en 1865 par le père Camille Lefebvre, où de nombreux Acadiens firent leurs études. Le Monument Lefebvre retrace l'histoire passionnante des Acadiens de cette région et du Grand Dérangement de 1755, après la bataille du fort Beauséjour (voir plus bas).

Le site est ouvert du 15 juin au 15 septembre, de 9h à 17h tous les jours. L'entrée est gratuite. Il se trouve entre Moncton et Dorchester, par la route 106.

SACKVILLE

C'est une petite ville universitaire un peu

NOUVEAU-BRUNSWICK

collet monté où vous pourrez vous dégourdir les jambes. Dans quelques rues transversales se dressent de massives bâtisses datant du XIXe siècle. Deux ont été restaurées et transformées en auberge et B&B.

Lorsque vous arrivez à Sackville par la Transcanadienne, cherchez le Booster Pump au sud de la route dans East Main St. Tous les habitants du coin s'y arrêtent pour boire un verre.

Aux environs de Sackville, les **marais de Tantramar**, étendue de 2 000 ha de terres humides, abritent de nombreuses cascades et sont devenus le refuge de 24 variétés de canards et autres oiseaux des marais.

En bordure de la ville, par East Main St, le **parc Sackville Waterfowl** se trouve sur le passage d'importantes migrations d'oiseaux. On a tracé des chemins, il y a un sentier de randonnée et un centre d'information. Là vous attend aussi la **réserve nationale de Tintamarre**. Sur la route au sud de la ville, on peut voir toutes les antennes du matériel international de la CBC radio ondes courtes.

Où se loger et se restaurer

La *Mt Allison University* (☎ 364-2251), en centre-ville, loue des chambres aux visiteurs de mai à août. Les simples/doubles coûtent 25/35 $, moins pour les étudiants. On y sert aussi des repas bon marché.

Le *Different Drummer* (☎ 536-1291), 146 West Main St, est un B&B confortable installé dans une vieille et belle maison victorienne. Les 4 chambres sont meublées d'antiquités et équipées d'une s.d.b. En revanche, les prix pourraient être plus modiques : simples/doubles à 40/48 $. Le *Borden's Motel* est un peu moins cher.

Au *Marshland's Inn*, 59 Bridge St, vous pourrez dîner même si vous ne logez pas à l'auberge. Demandez la spécialité du chef. Les repas sont succulents. Comptez 60 $ pour une double. Le *Borden's Motel* propose pour sa part des feuilletés de homard réputés. Dans York St, en face de l'université, le petit *Vienna Coffee House* est parfait pour prendre un café et un en-cas.

PARC HISTORIQUE NATIONAL DE FORT BEAUSÉJOUR

Juste à la frontière de la Nouvelle-Écosse, en bord de mer, le parc (☎ 536-0720) abrite les vestiges d'un fort français construit en 1751 pour contenir la pression britannique. Le fort Beauséjour en forme d'étoile, dont il ne reste rien, est le lieu où, en 1755, malgré la bravoure de Joseph Brossard dit Beausoleil, les Français rendirent les armes aux Anglais et signèrent ainsi leur exil.

Par la suite, le fort fut utilisé comme bastion pendant la guerre d'Indépendance américaine et la guerre de 1812.

A l'intérieur du fort, on pourra admirer quelques belles expositions et, à l'extérieur, des images évocatrices du passé. Un musée étoffe cette présentation et des guides répondront à vos questions.

Le parc est gratuit et ouvert tous les jours. Les vues sur les marais de la baie de Fundy méritent le déplacement.

SHEDIAC

Située sur la côte, à 22 km au nord-est de Moncton, Shediac est une station balnéaire réputée et essentiellement peuplée de descendants des Acadiens. Les plages qui bordent le détroit de Northumberland bénéficient d'une mer plus chaude, un phénomène dû à cet endroit à la présence de bancs de sable et d'une eau peu profonde. Les plus populaires sont la **plage de Parlee** (à l'est de Shediac) et la **Pointe du Chêne**, avec une température de l'eau qui avoisine les 20°C en été. Les eaux du détroit de Terre-Neuve sont sans doute les plus chaudes au nord de la Caroline (États-Unis).

D'autres petites plages sont disséminées au nord et au sud de Shediac, ainsi que nombre de terrains de camping.

La contrée est également un centre de homards réputé et Shediac accueille tous les ans, en juillet, le festival du Homard. De nombreux restaurants servent des fruits de mer pendant tout l'été.

La ville présente peu d'intérêt, mais la nuit on y ressent une atmosphère de fête. La **maison Pascal Poirer**, construite en 1835, est la plus vieille maison de Shediac. Elle a été transformée en musée.

Où se loger et se restaurer
Le *Parlee Beach Park* (☎ 532-1500), sans doute le meilleur terrain, est situé à côté de la plage provinciale et demande 11 $ par personne avec une tente. On peut réserver pour les week-ends fériés, mais pour les autres arrivez dès le vendredi.

Datant de 1853, l'*Hotel Shediac* (☎ 532-4405) central, propose des doubles à 50 $ et sert des fruits de mer. Le *Neptune Motel* (☎ 532-4299), pour sa part, loue des simples/doubles à 35/45 $. Deux autres adresses louent des cabines à la semaine.

A l'est de la ville vous attend une rangée de restaurants et de cafés avec plats à emporter. Vous y trouverez des palourdes et des homards, cuits ou vivants. Le *Fisherman's Paradise* pratique des prix abordables. La *House of Lobster* offre un buffet à volonté de fruits de mer. La *Shediac Pizza* est bonne et peu chère ; essayez la burger pizza. Au milieu des motels se sont également glissés un ou deux bars et un nouveau complexe de tobbogans.

Le homard est vendu dans diverses boutiques et sur les quais. Faites-le bouillir dans de l'eau de mer, puis dégustez-le accompagné d'une bonne bouteille de vin et du pain. Vous ferez un repas de luxe, pour une somme modique. Essayez aussi les palourdes et les moules.

CAP-PELÉ
A l'est de Shediac, plusieurs plages moins fréquentées jalonnent le littoral, notamment celle de Cap-Pelé, localité largement francophone. Plus au sud, à Murray Corner, s'étend un parc provincial avec une plage sablonneuse.

CAPE TORMENTINE
Plus à l'est de Shediac, toujours sur la côte, se cache Cape Tormentine, où est installé le terminal des ferries pour Borden, sur l'Île-du-Prince-Édouard. Au nord de Bayfield, sur une longue plage presque déserte, se profilent les restes d'une épave.

Nord et Est du Nouveau-Brunswick

Au nord de Fredericton et de Moncton s'étendent les vastes forêts de la province. Presque toutes les bourgades sont implantées le long de la côte est, ou à l'ouest en bordure du Saint-Jean, à la frontière avec les États-Unis. L'intérieur du Nouveau-Brunswick septentrional est une région boisée, rocheuse, émaillée de rivières et quasiment inaccessible.

A l'intérieur des terres, les routes sont monotones. Elles sont toutes droites, bordées de chaque côté d'épaisses forêts. On a l'impression de parcourir d'interminables couloirs, en particulier sur les artères reliant Campbellton au sud à Saint-Léonard, Bathurst à Chatham et Chatham à Moncton.

Dans la partie est de la province, les routes côtières sont plus attrayantes. Le parc national de Kouchibouguac protège l'environnement du littoral, sa faune et sa flore.

La péninsule acadienne avec ses îles peu fréquentées par les touristes et sa population française rassemblée autour de Caraquet est l'une des régions les plus séduisantes, en particulier sur le littoral de la baie des Chaleurs. C'est également une région riche en vestiges historiques.

En bordure des hautes terres du Nord, Campbellton et Dalhousie sont les portes d'accès à la province de Québec. Les fleuves Miramichi et Restigouche sont très appréciés, surtout pour la pêche au saumon.

COCAGNE
Sur la côte, au nord de Shediac, Cocagne accueille une régate d'hydravions pendant la seconde semaine d'août.

PARC NATIONAL DE KOUCHIBOUGUAC
L'attrait de ce parc (☎ 876-2443) tient à ses plages, à ses lagunes et à ses dunes de sable qui s'étendent sur 25 km au large de la côte. Vous pourrez y ramasser des coquillages,

des palourdes et observer les oiseaux. Vous pourrez aussi apercevoir des phoques, au large. L'eau est assez chaude pour s'y baigner, mais trop peu profonde pour nager, ce qui explique la présence de plusieurs bassins artificiels.

A l'intérieur, vous pourrez faire du canoë (en location), arpenter les sentiers de randonnée, et faire du vélo (également en location) sur des routes tranquilles. Des télescopes jalonnent la route cyclable en bordure de mer, qui permettent d'observer les nombreux hérons bleus.

On peut pêcher en eau douce et le parc abrite aussi des élans, des daims, des ours noirs et des mammifères de plus petite taille. Il y a même un marais salant et des marécages avec une plate-forme d'observation, d'où vous pourrez voir des orignaux au petit matin ou le soir.

Pour camper, la saison s'étend de mai à octobre, sur un vaste terrain avec le bois à brûler fourni. Il y a aussi quelques campings moins chers pour les randonneurs et les amateurs de canoë.

A Ryan's, un modeste restaurant sert quelques spécialités acadiennes et loue des vélos. A Kelly's, à côté de la plage principale, se trouve un café avec des plats à emporter aux tarifs habituels des plages.

Le parc est très populaire et très fréquenté en juillet et août, en particulier pendant le week-end. Arrivez tôt le matin pour obtenir un emplacement de camping à 11 $. Le parc est situé à 100 km au nord de Moncton. S'il est plein, le terrain privé de Daigles offre une bonne alternative (à 2 km).

LA BAIE DE MIRAMICHI

Au nord du parc national, plusieurs plages jalonnent la baie de Miramichi et les alentours. Les habitants prétendent que l'eau y est la plus chaude de la côte. Il est vrai que l'on peut parfaitement s'y baigner et qu'elle est réchauffée par les courants du Gulf Stream.

CHATHAM

Bourgade prospère lorsqu'elle était le centre de la construction navale, elle déclina avec l'apparition des vaisseaux en acier. Depuis la Seconde Guerre mondiale, elle abrite une base militaire. On pourra faire d'agréables promenades dans le centre rénové, dans Water St, en bordure du fleuve Miramichi.

Ville au passé irlandais très marqué, un festival irlandais s'y déroule chaque année en juillet, avec musique, danses, films et artisanat. Des experts en généalogie vous aideront à retrouver vos origines irlandaises. Chatham compte quelques B&B.

A deux pâtés de maisons du front de mer, le **centre culturel WS Logge**, qui occupe une maison victorienne restaurée au 222 Wellington St, est avant tout une galerie d'art. Au 149 Wellington St, à l'angle de University Ave, le **musée d'Histoire naturelle** présente une petite collection représentative de la région Il est ouvert de mi-juin à fin août.

A **Douglastown**, à mi-chemin entre le pont de Chatham et Newcastle, vous attendent un office du tourisme et le **Rankin House Museum**.

NEWCASTLE

Site d'une gigantesque usine de papier, Newcastle est malgré tout une charmante petite ville. La place est bordée de vieilles maisons en bois et de boutiques.

Sur la place centrale, délimitée par Castle St et Henry St, se dresse une statue dédiée à lord Beaverbrook, l'un des magnats de la presse de l'histoire britannique, homme d'État et philanthrope. Né sous le nom de Max Aitken en 1879, il passa la majeure partie de sa jeunesse à Newcastle. Il fit don à la province des bancs anglais du XVIIe siècle et d'un belvédère italien, entre autres. Ses cendres sont enterrées sous la statue.

La plupart des boutiques entourent la place et bordent Water St. Autre don de lord Beaverbrook, au sud de la ville, sur la Hwy 8, le parc forestier appelé **The Enclosure** fait maintenant partie d'un parc provincial. Si vous souhaitez simplement jeter un coup d'œil à l'intérieur, dites-le à l'entrée et l'on ne vous fera pas payer. Du 19 juin au

15 septembre, on peut camper et se baigner dans le parc. Des archéologues y pratiquent des fouilles, car le site a été occupé par différents peuples en deux mille ans. Il y a notamment un très vieux cimetière.

Chaque été depuis plus de trente ans a lieu le Miramichi Folk Song Festival, le plus ancien d'Amérique du Nord. A travers la chanson traditionnelle, histoire et culture locales sont ainsi préservées.

A la sortie du parc, à l'angle de Castle St et de Pleasant St, est installé un hébergement confortable malgré son apparence étrange : le *Castle Lodge* (☎ 622-2442). L'intérieur de cette maison en bois rouge et vert est recouvert de vigne vierge. Elle est tenue par une vieille dame qui loue 5 chambres. Les simples/doubles coûtent 28/34 $, avec une s.d.b commune.

Autre possibilité, la *Governor's Mansion* (☎ 622-3036), se trouve de l'autre côté du fleuve, dans Nelson-Miramichi. Également confortable, elle loue 5 simples/doubles à 35/40 $. Pour vous restaurer, rendez-vous au petit café de *Barett's Store*, près de la place.

FLEUVE MIRAMICHI

Au sud-ouest de Newcastle, l'estuaire du Miramichi s'étend au-delà de Doaktown, à mi-chemin de Fredericton. Il court sur 800 km et ses eaux sont d'une pureté cristalline. La région, en particulier le principal cours d'eau, est réputée pour la pêche au saumon. Avec les fleuves Restigouche et Saint-Jean, il jouit d'une réputation internationale auprès des vrais pêcheurs. Un permis est nécessaire aux résidents comme aux visiteurs qui bénéficient d'un règlement particulier. Vérifiez auprès de l'office du tourisme, ou du service des Forêts du ministère des Ressources naturelles.

Doaktown est devenue plus ou moins le centre de pêche de la région.

Vous pourrez y visiter le **musée du Saumon atlantique**, très intéressant, avec notamment des viviers de saumons, sur 1,5 ha. Vous y trouverez aussi l'un des meilleurs magasins du canada de pêche à la mouche, W. W. Doak & Sons. Ils vendent environ 60 000 mouches par an. Les autres centres d'intérêt incluent la **Glendella Mansion** (un bâtiment pour le moins inattendu), le **parc historique de Doak**, axé sur l'histoire locale, avec une maison ancienne du XIXe siècle et des guides costumés pour la section agricole. A proximité de la ville se trouve un **pont couvert** datant des années 1870, l'un des plus anciens de la province.

Où se loger

De nombreux gîtes de pêcheurs sont implantés dans la ville et aux alentours, ainsi que des motels et des B&B. Les pêcheurs de saumon confirmés opteront pour le *Pond's Resort* (☎ 369-2612), Porter Cove Rd, près de Ludlow. Les propriétaires disposent de 36 km des rives du Miramichi avec quelques emplacements de pêche mémorables. La plupart des clients sont des habitués du Pond's. Téléphonez ou écrivez pour obtenir plus de renseignements sur l'établissement.

PÉNINSULE ACADIENNE

La péninsule s'étend de Chatham et Bathurst à la baie des Chaleurs. Elle est essentiellement francophone, car peuplée par des descendants des premiers colons acadiens. Le drapeau acadien flotte sur toute la région et les habitants ont conservé de nombreuses traditions en matière de cuisine, musique et langue, différente de celle parlée au Québec.

Pour les visiteurs, la région de Caraquet est très belle et la plus intéressante.

Tracadie

Depuis Neguac, au nord de Chatham, la route traverse un paysage où se mêlent vieilles maisons et bungalows modernes. La région est pauvre et offre peu d'intérêt car la route passe loin du littoral. Dans la petite bourgade de Tabusintac, vous trouverez un petit musée et, à quelques portes, un B&B qui est seulement ouvert en été.

A noter à Tracadie, la double flèche argentée de l'église Saint-Jean-Baptiste, dans le style québecois, et la boulangerie la *Boîte à Pain*.

NOUVEAU-BRUNSWICK

Shippagan

Au bout du continent, le bourg possède un **centre marin**, dont la curiosité est l'aquarium. On peut y voir de nombreuses espèces, y compris des phoques, originaires du golfe du Saint-Laurent. On y découvre aussi l'équipement électronique utilisé par l'industrie de la pêche et d'autres renseignements liées à la pêcherie. Le centre est également utilisé pour la recherche. Il est ouvert tous les jours, de 10h à 18h, en été. L'entrée est très bon marché.

Attenant au centre vous attend une marina avec un restaurant et une boutique de souvenirs.

Une chaussée relie l'**île Lamèque**, une île marécageuse, où la collecte de la tourbe rivalise avec la pêche. Un ferry dessert gratuitement l'**île Miscou**, moins peuplée et parsemée de tranquilles plages de sable. Tout au bout se dresse un phare.

Caraquet

Plus ancien village de l'Acadie, fondé en 1757, Caraquet est aujourd'hui le centre de la communauté française de la péninsule. Ses petites maisons de bois aux toits colorés s'étendent le long d'une seule rue et le village possède l'une des plus vieilles églises de la province, Sainte-Anne-du-Bocage. Dans le quartier des docks, boulevard Saint-Pierre Est, se tient un grand marché de poisson frais, salé, et congelé. Il y a aussi un restaurant de poissons.

Musée acadien. Sis au centre de la ville, avec vue sur la baie depuis le balcon, le musée (☎ 727-3269) expose divers objets et souvenirs offerts par les habitants : ustensiles ménagers, outils, photographies et un superbe poêle à bois. Pour ma part, j'ai surtout été impressionné par le bureau-lit. Il appartenait à un supérieur du monastère de Caraquet, en 1880.

Le musée est ouvert tous les jours, en été ; il est fermé le dimanche, hors saison. L'entrée est payante (petite participation).

Autres attractions. Derrière le musée, le **théâtre populaire d'Acadie** présente des spectacles en été. En août a lieu un festival acadien aux manifestations les plus diverses. A quelques kilomètres à l'est de la ville, la chapelle de **Sainte-Anne-du-Bocage** se trouve à côté du parc de Caraquet.

Où se loger. 143 boulevard Saint-Pierre Ouest, l'*Hotel Paulin* (☎ 727-9981) est une vieille maison rouge, au toit vert, près de la rivière. Il est ouvert toute l'année, loue des doubles à 30 $ et possède un petit restaurant (déjeuner et dîner).

A proximité du sanctuaire, la *Maison Touristique Dugas* (☎ 727-3195), 683 boulevard Saint-Pierre Ouest (aussi appelé RR2), propose des doubles à 34 $ et des emplacements de camping meilleur marché. On peut aussi camper dans le parc provincial de Caraquet près de la chapelle.

Comment s'y rendre. Dans cette région, les réseaux de transport sont très limités. Les bus SMT qui couvrent la presque totalité de la province sont inexistants dans toute la péninsule. Deux camionnettes assurent les liaisons du lundi au vendredi.

La Gloucester Coach Lines (☎ 395-5812) relie Tracadie à Bathurst *via* Shippagan et Caraquet tous les jours de la semaine, dans les deux sens. A Caraquet, le bus s'arrête à la station-service Irving, dans le boulevard Saint-Pierre Ouest. A Bathurst, vous pourrez obtenir des renseignements à la gare SMT. La Tracadie Coach Lines (☎ 395-5639) couvre le trajet entre Newcastle/Chatham et Tracadie.

On peut contacter les conducteurs de ces deux compagnies aux numéros fournis le soir et le week-end. Le reste du temps, ils sont sur les routes.

Village historique acadien

A 14 km à l'ouest de Caraquet, cet important musée historique (☎ 727-3467) propose la reconstitution d'un village acadien composé de 17 bâtiments et d'un personnel en costumes d'époque. Il reflète la vie quotidienne des Acadiens entre 1780 et 1880.

Il faut compter deux heures pour visiter le site. Le restaurant sert des plats acadiens.

Le musée est ouvert de 10h à 18h, tous les jours, en été. Il se trouve sur la Hwy 11, en direction de Grande-Anse. L'entrée est de 7 $. Le billet est également valable pour la visite du site de King's Landing. La camionnette de la Gloucester Coach Lines vous déposera devant la porte.

Grande-Anse

Cette petite ville est célèbre pour son **musée des Papes**, qui expose 264 représentations de papes depuis saint Pierre jusqu'à nos jours, ainsi que divers objets religieux. Il y a aussi une maquette détaillée de la basilique Saint-Pierre de Rome.

L'*Auberge de l'Anse* (☎ 732-5204) est un B&B sis sur la route principale, à 8 km du Village historique acadien. La ville compte aussi deux motels bon marché et un restaurant.

DE GRANDE-ANSE A BATHURST

De Grande-Anse à Bathurst, la route est jalonnée de falaises, de vues sur la baie et au-delà, sur les montagnes de la péninsule de Gaspé. Il y a quelques plages (à **Maisonnette** notamment), des aires de pique-nique et on peut voir la côte dessinée par l'érosion au **parc provincial de Pokeshaw**. Si vous faites l'aller-retour vers Bathurst, empruntez la même route dans les deux sens, car le reste de la péninsule présente peu d'intérêt.

A proximité de **Janeville**, vous pourrez visiter une usine de meules restaurée. Vous pourrez aussi camper au *Chapman's Tent & Trailer Park* (☎ 546-2883), 14 km à l'est de Bathurst sur la Hwy 11, recommandé pour ses emplacements qui dominent la plage et l'océan.

BATHURST

Autre ville industrielle, basée sur l'exploitation des mines de zinc, du bois et la fabrication de pâte à papier, Bathurst est dotée de 15 000 habitants, et se divise en trois zones : Sud, Est et Ouest, à proximité du fleuve Nepisiguit et du bassin de Bathurst. Main St, la rue principale au sud, compte deux restaurants.

St Peter Ave est bordée de fast-foods, de stations-service et d'épiceries.

Au nord-est du port, en bordure de la ville, vous pourrez observer les oiseaux à la **réserve de Daly Point**. Plusieurs sentiers sillonnent les bois et longent un marais salant. Une tour d'observation offre des vues sur la péninsule de Gaspé et le littoral de la péninsule acadienne.

Au nord de la ville, vers Dalhousie, le **centre d'informations de la mine et du minerai du Nouveau-Brunswick** (☎ 783-8714), est installé à **Petit-Rocher**, sur la côte. Ce musée de la mine présente notamment un puits de descente et diverses expositions sur l'exploitation du zinc. Il se trouve sur la route 134 et il est ouvert tous les jours en été. Comptez 45 mn pour la visite.

Comment s'y rendre

Vous pouvez marcher jusqu'au vieux quartier de la ville, au bout de Nepisiguit Bay, en venant de la gare VIA Rail (☎ 546-2659), au 690 Thornton Ave, à l'angle de Queen St. La gare est ouverte seulement lorsque passe un train – une fois par jour, excepté le mercredi. Trois fois par semaine, le train VIA Rail dessert le Nord et le Sud. Contactez la SMT Bus Lines (☎ 546-4380), 15 St Peter Ave, à l'angle de Main St, concernant les liaisons avec la péninsule acadienne.

DALHOUSIE

C'est une petite ville agréable, tout en longueur, sur la côte nord-est du Nouveau-Brunswick, sur la baie des Chaleurs, face au Québec. Le papier journal est la principale industrie de la ville.

Les deux rues principales sont William St et Adelaide St, qui lui est parallèle, près des docks. C'est là que sont regroupés la plupart des commerces. Le **musée régional de la Restigouche** est installé à l'angle d'Adelaide St, au 437 George St.

Circuits organisés

Des excursions en bateau partent du quai, au pied de Renfrew St.

Le bateau de croisière *Chaleur Phantom* accomplit un circuit dans la baie ou sur la Restigouche. Vous pourrez apercevoir les diverses formations rocheuses de la côte, des oiseaux et quelques sites historiques. Les autres excursions proposent des parties de pêche. A 2 km à l'est du dock des ferries, tout au bout de Victoria St, l'**Inch Arran Park** longe le bord de l'eau. Vous y attend des aires de camping, une piscine, l'office du tourisme et la plage.

Entre Dalhousie et Campbellton, la Hwy 134 offre un panorama superbe sur la baie et les collines verdoyantes de la rive sud de la péninsule de Gaspé. Campings et motels jalonnent la baie des Chaleurs.

Comment s'y rendre

Vous pouvez prendre un ferry pour Miguasha, au Québec. Le ferry part toutes les heures, de 9h à 21h et raccourcit de 70 km le trajet qui contourne la baie. La traversée dure environ 15 mn et coûte 12 $ avec une voiture – pratique si vous faites route vers la péninsule de Gaspé. Il circule de la fin juin à septembre.

CAMPBELLTON

Sise sur la frontière québécoise, Campbellton jouit d'une situation géographique unique en bordure des hautes terres de la Restigouche. Bordée d'un côté par la baie des Chaleurs et par des collines verdoyantes aux formes irrégulières de l'autre, elle semble encaissée au fond d'une vallée. De l'autre côté de la frontière se trouve Matapédia et la Hwy 132 qui mène à Mont Joli, à 148 km de Québec.

La dernière bataille navale de la guerre des Sept Ans fut livrée au large de cette côte, en 1760.

Les principales rues de cette ville d'environ 10 000 habitants sont Water St et Roseberry St, qui rassemblent les principaux commerces. Par ailleurs, Campbellton est une ville entièrement bilingue.

A proximité, **Sugarloaf Mountain**, qui s'élève à près de 400 m d'altitude et domine la contrée, est la principale attraction et fournit d'excellentes vues de la ville et de la Restigouche. Il faut compter une demi-heure à pied pour atteindre le sommet. Un autre sentier en fait le tour. De l'office du tourisme, un téléphérique emprunte encore un autre trajet.

On peut camper dans le **parc de Sugarloaf** et y faire du ski en hiver. L'office du tourisme possède aussi un petit musée intéressant axé sur le saumon.

A environ 10 km à l'ouest de la ville, vers Matapédia, on jouit également de belles vues sur le cours d'eau du **Morrisey Rock**.

Le fleuve **Restigouche**, ainsi nommé par les Micmacs, est réputé pour la pêche au saumon. Il coule au sud-ouest de Campbellton. Il est bordé de camps de pêche, de clubs, de boutiques d'approvisionnement, de bassins de pêche ouverts au public.

Où se loger

Si vous êtes membre des auberges de jeunesse, la *Campbellton Lighthouse Hostel* (☎ 753-7044), 1 Ritchie St, dans le quartier riverain de la Restigouche, est ouverte de début juin à septembre. Elle dispose de seulement 20 lits dans cet ancien phare. Mieux vaut téléphoner avant de se déplacer.

Le *Caspian Motel* (☎ 753-7606), dans Duke St, est une bonne adresse, en plein centre-ville. D'autres motels sont regroupés dans Roseberry St. Entre cette artère et Dalhousie, la Hwy 134 est bordée de motels et terrains de campings, qui proposent de nombreuses attractions en bord de mer. D'autres sont installés sur la Hwy 134 West. Le *Sanfar Cottages* (☎ 753-4287), à l'ouest de la ville, à Tide Head, sur la Route 134, loue 12 cabines à 38 $ en double, petit déjeuner léger compris.

On peut camper au parc provincial de Sugarloaf, sur la route 270, par la Hwy 11.

Où se restaurer

Le *Dixie Lee* est un restaurant qui sert du poulet frit et appartient à une chaîne très présente dans la province. Des établissements d'une catégorie supérieure servent également du saumon et, au printemps, des *fiddleheads* – un légume local particulièrement savoureux.

Le saumon de l'Atlantique
Le saumon de l'Atlantique de l'est du Canada est une prise très appréciée des pêcheurs, mais aussi des gourmets pour sa chair délicate, à la saveur raffinée. Ils sont également connus pour leur saut spectaculaire lorsqu'ils remontent les cours d'eau au moment du frai. Au Canada, ils sillonnent les rivières de la baie Ungava au nord, et longent les côtes du Labrador et de Terre-Neuve, vers le sud, jusqu'à la rive maritime orientale du Nouveau-Brunswick. Le Restigouche et le Miramichi sont les deux cours d'eau les plus appréciés des pêcheurs. On trouve aussi quelques saumons dans les lacs des Provinces maritimes et du Québec. L'espèce fait partie de la famille des salmonidés, qui inclut le célèbre saumon du Pacifique, l'ombre, la truite et le corégone.

Les œufs éclosent dans l'eau. Après trois ans, les jeunes saumons migrent vers l'Océan. Ils y restent d'un à trois ans, et leur croissance est très rapide. Certains remontent du Nouveau-Brunswick jusqu'au Groënland. Après cette période, les saumons retournent à leur rivière ou cours d'eau natal pour frayer. A la différence de leurs cousins de la côte pacifique, les saumons de l'Atlantique ne meurent pas après le frai, mais rejoignent l'Océan, et le même cycle se répète à nouveau.

Le frai se produit en octobre et en novembre, bien que leur retour en eau douce se produise au printemps ou à l'été. Il arrive toutefois que des "retardataires" ne fassent leur apparition que vers la fin de l'été ou au début de l'automne. C'est durant leur migration en amont des cours d'eau que les rivières attirent pêcheurs et spectateurs en grand nombre. ■

Comment s'y rendre
La gare routière ou plutôt l'arrêt de bus SMT se trouve au magasin Pik-Quik, dans Water St, près de Prince William St. La gare VIA Rail est centrale, dans Roseberry St. Trois trains par semaine desservent Moncton et Halifax, au sud, tandis que d'autres font route vers Montréal.

PARC PROVINCIAL DU MONT CARLETON
Pour accéder au parc provincial du mont Carleton (☎ 551-1377), le parc le plus vaste et le plus sauvage de la province, il faut passer par **Five Fingers**, une bourgade au sud-ouest de Campbellton, sur la Restigouche. Il est situé à environ 130 km au sud de Campbellton.

La partie nord de la province appelée les **hautes terres de la Restigouche** constitue une région montagneuse, sillonnée de rivières, très peu habitée. De la ville de **Kedgwick** vous attend une formidable excursion en canoë, de 85 km, sur la Restigouche jusqu'à Campbellton. Comptez deux jours. Le parc provincial du mont Carleton, entouré de terres vierges et fréquenté par les bûcherons, emprisonne le mont Carleton (820 m) l'un des monts les plus hauts du Canada atlantique. Le parc a subi peu d'aménagements ; vous n'y trouverez ni essence, ni épicerie, mais les sentiers de randonnée et les aires de camping sont entretenus. On peut louer des canoës à Riley Brook et à Nictau.

Vallée du Saint-Jean

Le Saint-Jean prend sa source dans le Maine, aux États-Unis, à l'angle nord-ouest du Nouveau-Brunswick et coule au sud sur 700 km avant de se jeter dans la baie de Fundy, à Saint-Jean.

Il serpente le long de la frontière ouest de la province, traverse des forêts et des terres luxuriantes, puis Fredericton entre deux rangées d'arbres et toute une série de collines jusqu'à la baie. La vallée offre l'un des paysages les plus pittoresques de la province, en particulier au nord de Saint-Jean, à proximité de Woodstock.

La Transcanadienne, la Hwy 2, suit le fleuve jusqu'à Edmundston, puis pénètre au Québec. Autrefois le fleuve constituait le principal itinéraire emprunté par les Indiens. Le charme de son paysage, sa douceur, mais aussi la présence de la Transcanadienne le long du fleuve, qui relie les Provinces atlantiques au centre du Canada, expliquent la fréquentation de la région en été.

Aussi est-il parfois difficile de trouver un hébergement en juillet et en août. Mieux vaut arriver tôt ou réserver à l'avance ou contacter le numéro gratuit du service de réservation fourni par l'office du tourisme. Hors saison, en revanche, vous ne rencontrerez aucun problème.

Lors d'un de mes voyages, j'arrivais au crépuscule dans la région d'Edmundston. Il ne restait plus une chambre à louer jusqu'à Woodstock. Finalement, en compagnie d'un groupe de voyageurs harassés de fatigue nous dénichâmes des chambres hors de prix dans le sous-sol de la vieille maison d'un habitant à Grand Falls.

Mark Lightbody

En dehors des grandes villes, certaines petites bourgades possèdent un B&B ou deux. Quelques campings jalonnent également la route. L'itinéraire le plus rapide emprunte la Transcanadienne, à l'ouest de la rivière, ou la Hwy 105 à l'est. Le plus lent n'est guère plus pittoresque mais traverse quantité de petits villages.

WOODSTOCK

Petite bourgade d'une riche contrée agricole, Woodstock sert de carrefour touristique. En effet, la Transcanadienne traverse la ville, tout comme la route vers le Maine (États-Unis). La Hwy 95 vers Bangor, dans le Maine, puis la Hwy 2, offrent un itinéraire plus court vers Montréal plutôt que prendre par le Nord en traversant Edmundston, puis en longeant le Saint-Laurent. Main St est bordée de belles maisons anciennes typiques de l'architecture des Provinces maritimes. Un festival de musique blue grass a lieu en été en ville.

Où se loger et se restaurer

En matière d'hébergement, le choix est assez varié et les prix sont abordables. Au 133 Chapel St, le *Queen Victoria B&B* (☎ 328-8382) n'accepte que les adultes et loue des simples/doubles à 45/50 $.

Loin du centre, tranquille, le *Froelich's Swiss Chalet B&B* (☎ 328-6751) donne l'impression d'avoir été importé directement des Alpes. Comptez 39 $ pour une double, petit déjeuner compris. Il est situé à environ 15 km de la ville, sur la route 105, à 9 km au sud de Grafton Bridge. Le *Motel Haven* (☎ 272-2100), sur la Route 2, propose des simples/ doubles à 28/30 $.

Au nord de la ville, le *Hometown* prépare de bons repas.

HARTLAND

C'est une jolie petite ville, mais qui offre peu d'attractions à l'exception de son pont couvert en bois, le plus long du monde (400 m). La province ne compte pas moins de 74 ponts de ce type. On couvrait les ponts pour protéger les poutres de la pluie et du soleil. Ainsi couverts, ils pouvaient durer environ quatre-vingts ans. Ils étaient généralement larges et hauts pour faciliter le passage des charrettes tirées par des chevaux. La plupart des ponts se trouvent sur des routes secondaires.

A mi-chemin entre Hartland et Grand Falls, un parc provincial s'étend à Kilburn.

Où se loger et se restaurer

Le *Ja-Se-Le Motel* (☎ 375-4419) (ainsi appelé d'après les initiales des noms des filles du premier propriétaire), au nord de la ville, est le seul motel du coin. Il pratique des prix abordables et possède un très restaurant servant des plats allemands, mais vous pourrez obtenir un petit déjeuner typiquement canadien : œufs, bacon et pain grillé.

GRAND FALLS

Bourgade de 7 000 habitants, Grand Falls se réduit à une rue principale et aux chutes d'eau qui méritent le coup d'œil.

Les chutes d'eau sont situées dans le parc de la ville. En tombant de 25 m, l'eau a fini par creuser une gorge d'une longueur de 1,5 m et aux parois de 70 m de haut. Sur le site sont rassemblés un centre d'informations et plusieurs sentiers, avec des points de vue qui mènent à la gorge. L'entrée est de 2 $. On peut pique-niquer, il y a un restaurant et un endroit pour se baigner.

Le printemps est la meilleure saison pour voir les chutes, ou après une forte pluie. En été, une bonne partie de l'eau est détournée par le barrage hydroélectrique, qui a détruit un peu de la beauté du site. On peut atteindre le fond de la gorge par un escalier.

La ville célèbre sa principale ressource, la pomme de terre, lors d'un festival qui a lieu chaque année, vers le 1er juillet.

Où se loger et se restaurer

Au 142 Main St se trouve un B&B, le *Maple Tourist Home* (☎ 473-1763). Plusieurs motels jalonnent la route principale et l'on peut camper près des chutes.

Pour manger rapidement, rendez-vous à Broadway, où *Bob's Deli* prépare des salades et des plats au four. Au sud de la ville, sur la Transcanadienne, le *Patricus* sert de bons petits déjeuners. Le *Chinese Village* n'est guère recommandé.

ENVIRONS DE GRAND FALLS

A l'est de Grand Falls, la localité agricole de New Denmark compte la plus grosse communauté danoise d'Amérique du Nord. A la mi-juillet a lieu un festival typiquement danois. A New Denmark, un restaurant sert des plats danois toute l'année.

La Hwy 108, ou Plaster Rock Hwy, traverse la forêt vers la côte est. La faune est abondante et il arrive souvent que l'on aperçoive des daims ou des orignaux la nuit, sur la route.

SAINT-LÉONARD

C'est un bourg d'origine française, comme beaucoup dans la région, bien que les descendants des Acadiens soient plus concentrés au nord-est de la province.

A Saint-Léonard, le Madawaska Weavers, fondé en 1939, regroupe des tisserands qui fabriquent ponchos et écharpes. On peut visiter leur centre, 739 Main St.

De là, la Hwy 17 traverse au nord-est les forêts du Nouveau-Brunswick septentrional. Près de Saint-Quentin, la Hwy 180 bifurque à l'est et mène vers le parc provincial du mont Carleton.

EDMUNDSTON

Si vous arrivez du Québec, c'est sans doute la première ville des Provinces maritimes que vous visiterez, car elle se trouve à seulement 20 km de la frontière. De là, vous mettrez trois heures en voiture pour atteindre Fredericton.

C'est aussi un centre de fabrication de la pâte à papier, dont les usines sont disséminées dans la ville et alentour. Le cours d'eau Madawaska partage la ville en deux districts. Le vieux quartier, au centre, sur la rive ouest de la rivière, est construit autour de basses collines qui lui donnent un peu de caractère. La population compte environ 13 000 habitants à 85% francophones.

D'impressionnantes églises et cathédrales sont généralement le signe de la présence française catholique telle la cathédrale de l'Immaculée-Conception.

A la principale intersection de la ville, entre Church St et Canada Rd, sont regroupés de nombreuses boutiques, deux restaurants, l'hôtel de ville et un centre commercial. Victoria St est également une artère très commerçante. Sont également rassemblés autour de la sortie 18, l'office du tourisme, un centre commercial, une boutique Canadian Tire (outils, pièces automobiles et matériel de sport) et un motel à proximité. Vous devrez marcher car aucun service de bus urbain n'est assuré, mais les distances sont courtes.

Pour ses habitants, Edmundston serait la capitale d'un pays imaginaire appelé Madawaska et dont les habitants seraient les Brayons. Une légende qui tire son origine de la fin du XVIIIe siècle, à l'époque où la région connaissait une sorte de vide politique entre l'Angleterre et l'Amérique.

Renseignements

L'office du tourisme (☎ 735-2747) est installé dans le musée, à l'angle du boulevard Pichette, parallèle à la Transcanadienne, et du boulevard Hébert, qui mène au centre.

Musée Madawaska
Au 195 boulevard Hébert, à l'angle du boulevard Pichette, le musée Madawaska (☎ 737-5064) retrace l'occupation de la région depuis les Indiens Malecites jusqu'aux périodes coloniale et contemporaine. Il est ouvert tous les jours, en été ; mais fermé le lundi, le reste de l'année.

Festivals
Chaque année, pendant les neuf jours qui précèdent le premier lundi d'août, le festival des "Foires" célèbre la république imaginaire de Madawaska. Sont organisées des manifestations culturelles et sportives et vous pourrez goûter à la délicieuse cuisine traditionnelle brayon.

Où se loger
Dans Power Rd, à la sortie de la Hwy 2, vous attendent deux tourist homes bon marché, ouverts seulement en été. Le *Modern Tourist Home* (☎ 739-5236), 224 Power Rd, loue des simples/doubles à 20/22 $. Le *City View* (☎ 739-9058), au n°226, offre des simples/ doubles au même prix.

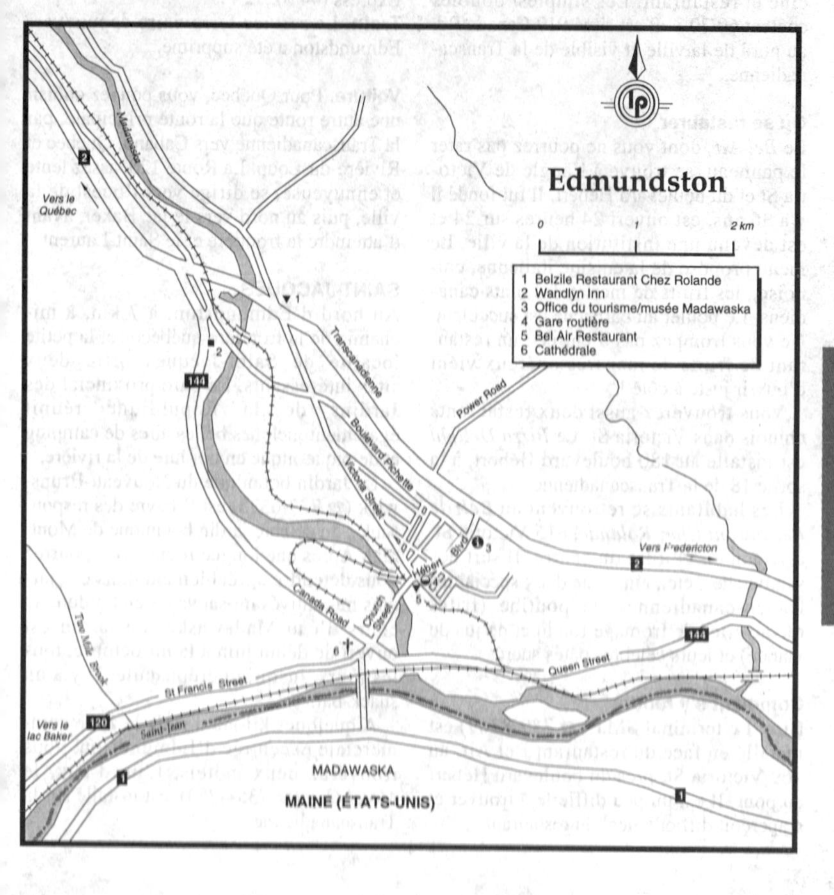

NOUVEAU-BRUNSWICK

Le Fief (☎ 735-0400), 87 Church St, central, est un B&B ouvert toute l'année. Il affiche souvent complet en été. Comptez 55 $ pour l'une des 4 chambres, petit déjeuner complet compris.

De nombreux motels sont disséminés aux alentours. *La Roma* (☎ 735-3305), à environ 1,5 km au sud de la ville (pancartes sur l'autoroute), prend 45 $ pour une double. Il dispose aussi de chambres familiales. Toujours au sud mais plus près de St Basil, le *Motel Le Brayon* (☎ 263-5656) est récent. Plus cher, le *Wandlyn Inn* (☎ 800-561-0000) est confortable, avec sauna, piscine et restaurant. Les simples/ doubles coûtent 60/70 $. Il est situé 919 Canada Rd, au nord de la ville et visible de la Transcanadienne.

Où se restaurer

Le *Bel Air*, dont vous ne pourrez pas rater le panneau, se trouve à l'angle de Victoria St et du boulevard Hébert. Il fut fondé il y a 36 ans, est ouvert 24 heures sur 24 et est devenu une institution de la ville. Le menu propose de la cuisine italienne, chinoise, des fruits de mer et des plats canadiens. Le poulet au barbecue est succulent. Ne vous trompez pas d'entrée : un restaurant de fruits de mer très onéreux vient d'ouvrir juste à côté !

Vous trouverez aussi deux restaurants chinois dans Victoria St. Le *Pizza Delight* est installé au 180 boulevard Hébert, à la sortie 18 de la Transcanadienne.

Les habitants se retrouvent au *Belzile Restaurant Chez Rolande*, 815 Victoria St, à 10 mn en voiture du centre. Il sert des sandwiches, etc., ainsi que deux spécialités franco-canadiennes, la poutine (frites recouvertes de fromage fondu et de jus de viande) et leurs célèbres pâtés sucrés.

Comment s'y rendre

Bus. Le terminal SMT (☎ 739-8309) est installé en face du restaurant Bel Air, au 169 Victoria St, près du boulevard Hébert au pont. Il est un peu difficile à trouver et s'aperçoit difficilement du restaurant.

Des bus sont assurés pour Québec et à l'est, Saint-Jean, Moncton ou Halifax, mais une correspondance est nécessaire pour les longs trajets. Pour le Maine (Bangor), New York, Boston, départs de Saint-Jean.

SMT Bus Lines est la principale compagnie du Nouveau-Brunswick et couvre la presque totalité de la province. Pour Halifax et Moncton, deux services quotidiens sont assurés. Le billet pour Halifax coûte 89 $; pour Moncton, 57 $. Pour Moncton, demandez le bus express.

Des bus quotidiens pour Québec sont aussi assurés par la compagnie Orleans Express (44 $).

Train. Le service ferroviaire depuis/vers Edmundston a été supprimé.

Voiture. Pour Québec, vous pouvez choisir une autre route que la route principale, par la Transcanadienne vers Cabano, Québec et Rivière-du-Loup. La Route 120, assez lente et ennuyeuse, se dirige vers l'ouest de la ville, puis au nord vers le lac Baker, avant d'atteindre la frontière et le Saint-Laurent.

SAINT-JACQUES

Au nord d'Edmundston, à 7 km, à mi-chemin de la frontière québécoise, la petite localité de Saint-Jacques offre deux sites intéressants. Le parc provincial des Jardins de la République réunit égalementquelques belles aires de camping et de pique-nique en bordure de la rivière.

Le Jardin botanique du Nouveau-Brunswick (☎ 739-6335) est l'œuvre des responsables du célèbre jardin botanique de Montréal. Après une longue route, vous pourrez vous détendre agréablement dans ces jardins mi-cultivés mi-sauvages en bordure du cours d'eau Madawaska. Le jardin est ouvert de début juin à la mi-octobre, tous les jours, jusqu'au crépuscule. Il y a un snack-bar.

A quelques kilomètres de la zone commerciale excentrée d'Edmundston, vous trouverez deux motels. L'un d'eux, le *Motel Guy* (☎ 735-4253), est installé sur la Transcanadienne.

En haut à gauche : sur le site historique de Forks, Winnipeg, Manitoba (ML)
En haut à droite : Parlement provincial, Winnipeg, Manitoba (ML)
En bas : le *Blue Nose II* dans le port de Toronto, Ontario (MA)

En haut à gauche : la vallée de Ten-Peaks, parc national de Banff, Alberta (ML)
En haut à droite : flore de l'Alberta (TS)
En bas à gauche : le glacier Athabasca, sur la Icefields Parkway, Alberta (ML)
En bas à droite : flore dans la vallée de Ten-Peaks, parc national de Banff, Alberta (

Québec

Entrée dans la confédération : 1/07/ 1867
Superficie : 1 540 687 km^2
Population : 6 895 963 habitants
Capitale de la province : Québec

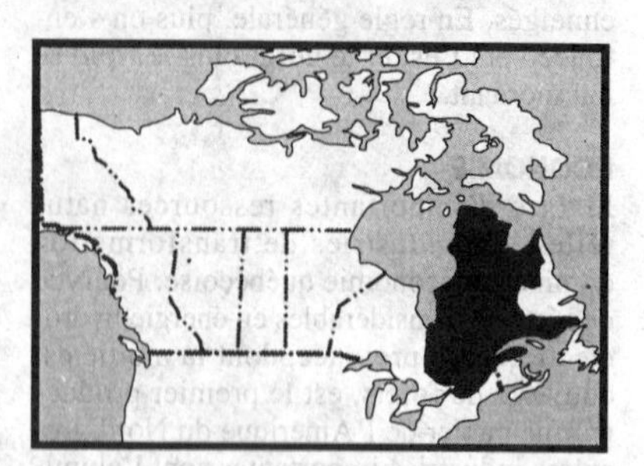

Le "Kebec", terme algonquin qui signifie "où la rivière se rétrécit", constitue le cœur du Canada. L'explorateur Samuel de Champlain fut le premier à entendre ce mot et à s'en servir lorsqu'il fonda la ville de Québec, en 1608, qui devint le premier établissement permanent français. Jacques Cartier, envoyé par François 1er à la recherche d'un passage maritime vers l'Asie, avait accosté au même endroit en 1535, époque à laquelle la localité portait le nom de Stadaconé, avant de pousser l'excursion plus loin, à Hochelaga (Montréal). (Pour plus de détails concernant les méandres de l'histoire unissant le Québec à la France, reportez-vous à la rubrique *Histoire* du chapitre *Présentation du pays*.)

La région qui borde le Saint-Laurent, de l'Ontario à Québec, était alors contrôlée par les Mohawks, qui appartenaient à la confédération iroquoise. Au nord et aux environs de Québec, les Montagnais représentaient le principal groupe indien. Plus au nord étaient établis les Cris, tandis qu'au Labrador dominaient les Naskapis et les Inuits. Les Montagnais et les Naskapis étaient aussi désignés sous le nom d'Innu. Dans la région sud de la péninsule de Gaspé, les Micmacs, surtout installés dans les Provinces atlantiques, constituaient le principal groupe autochtone.

La province du Québec est la plus vaste du Canada, et sa population largement francophone la différencie des autres régions d'Amérique du Nord. Une spécificité qui se reflète dans tous les domaines, y compris l'architecture, la musique, la cuisine et la religion. Environ 90% de la population est catholique, bien que l'Église ait largement perdu de son influence au cours des dernières décennies. En effet, l'Église catholique était une des institutions les plus solides du pays, depuis qu'un évêché avait été établi dans la ville de Québec en 1674 (les jésuites avaient un rôle prédominant dans la région et leurs missions pratiquaient abusivement le prosélytisme envers les Indiens).

Très vite, les visiteurs seront sensibles à cette différence, qui ne se limite pas à la langue. Même Montréal, où l'anglais est largement utilisé, ne ressemble pas aux autres villes canadiennes, tandis que Québec est une ville résolument européenne.

GÉOGRAPHIE ET CLIMAT

Les Laurentides accueillent des visiteurs toute l'année. Située au sud de Montréal, l'Estrie (aussi appelée Cantons du Nord), colonisée par les loyalistes, est une agréable région de fermes, de lacs et d'auberges. A l'est, la région de Gaspé présente un littoral découpé. Les immenses parcs des forêts septentrionales offrent la possibilité de découvrir faune et flore dans un milieu resté partiellement vierge. Le Grand Nord est actuellement en voie de développement. Le ministère provincial du Tourisme distribue d'utiles brochures d'information sur ces différentes régions.

Le Saint-Laurent assure le lien entre les Grands Lacs et l'océan Atlantique, et arrose les principaux ports canadiens et américains.

Le long du fleuve, où se rendent la plupart des touristes, les étés sont souvent chauds et les hivers toujours froids et enneigés. En règle générale, plus on s'enfonce vers l'est et le nord, plus le froid se fait mordant.

ÉCONOMIE

Malgré d'importantes ressources naturelles, les industries de transformation dominent l'économie québécoise. Pourvue de réserves considérables en énergie hydroélectrique, la province, dont la moitié est couverte de forêts, est le premier producteur de papier de l'Amérique du Nord. Les autres industries importantes sont l'aluminium, les minerais, le bois, les pommes et une spécialité locale : le sirop d'érable.

HISTOIRE ET VIE POLITIQUE

S'il est vrai que le Québec s'est souvent opposé dans le passé au reste du Canada anglophone (voir la rubrique *Histoire* dans le chapitre de *Présentation du pays*), il faut avouer que la province possède en effet sa propre histoire politique contemporaine, que l'on pourrait qualifier de vivace.

Après avoir subi la période dite de la "Grande noirceur" à l'époque du gouvernement Duplessis entre 1944 et 1959 – dont l'idéologie pouvait se résumer à un libéralisme débridé combiné à un nationalisme conservateur (religion, ruralité et gouvernement musclé) –, le Québec se tourna délibérément vers une voie qui l'éloigna des grandes orientations du Canada fédéral : il s'agissait entre autres de rendre la province

L'avenir de la population québécoise ou qui fait encore des bébés ?

Le problème majeur qui alimente toutes les conversations sur l'indépendance est la menace, réelle ou imaginaire, d'une assimilation culturelle par l'Amérique du Nord anglo-saxonne. Dans ce contexte, le premier souci des Québécois est la préservation et le maintien de l'élément déterminant de l'identité culturelle – la langue française. D'où l'existence de lois – parfois controversées – sur l'utilisation obligatoire du français dans le domaine économique, l'éducation, etc.

Mais le facteur sans doute le plus significatif d'un éventuel déclin culturel (voire d'une disparition selon certains démographes) est le taux ridiculement bas des naissances au Québec : 1,5 enfant par foyer en moyenne, l'un des plus faibles du monde occidental, alors qu'un taux de 2,1 est nécessaire pour remplacer la population existante.

Pendant des générations, depuis la colonisation dans les années 1500 et 1600, l'Église catholique québécoise était synonyme de familles nombreuses. Des couples avec dix, douze enfants, voire davantage, n'étaient pas rares. Jusque dans les années 50, les familles d'origine française de cinq ou six enfants étaient plus ou moins la norme.

Le changement se produisit avec l'impact du monde occidental sur les femmes québécoises. Celles qui sont en âge d'avoir des enfants refusent aujourd'hui de suivre une tradition dominée par l'Église catholique dans le domaine moral et par les règles anglo-saxonnes dans les domaines politique et économique. Par ailleurs, les bouleversements économiques, la lente disparition d'une certaine société rurale, et l'abandon des contraintes inhérentes à un certain style de vie traditionnel ont eu également leur effet. Le taux des mariages a proprement chuté, de même que celui des naissances, tandis que l'ont emporté les soucis d'indépendance et de liberté, de pouvoir et de satisfaction personnelle.

Le gouvernement provincial a réagi par un certain nombre de mesures à ces chiffres alarmants. Le Québec a notamment favorisé sur le plan fiscal les couples avec enfants. Plus vous avez d'enfants, plus vous recevez d'argent du gouvernement. On a cherché aussi à attirer des émigrants originaires de pays francophones. Mais on s'est vite aperçu que la venue de populations – francophones ou non – de pays aussi divers que le Sénégal, le Viêtnam ou Haïti ne constituait nullement la solution miracle.

Avec une population de 5,5 millions d'habitants, le Québec francophone n'est nullement voué à disparaître et peut envisager son avenir avec sérénité. Pour ce faire, un ensemble de mesures appropriées devraient suffire, et plus encore, un changement du comportement social. ■

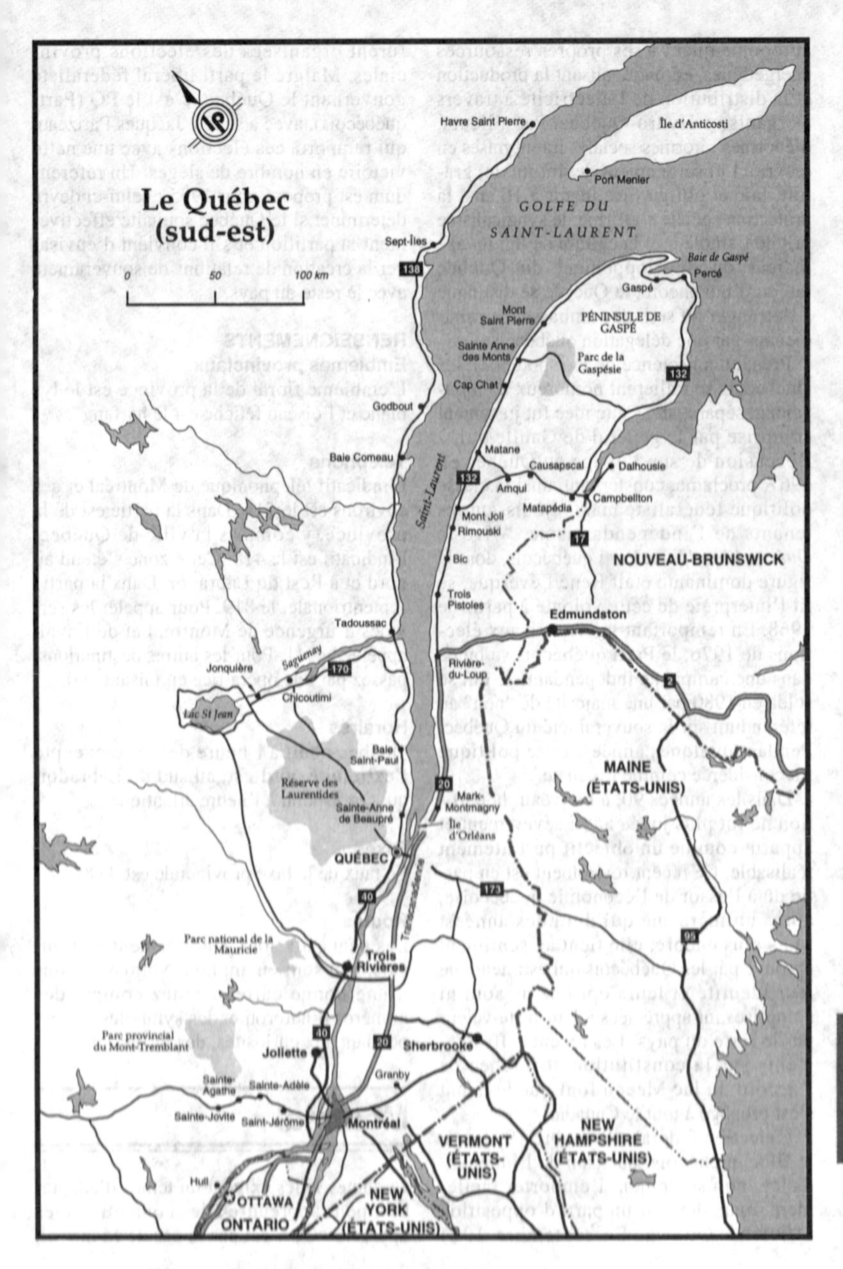
Le Québec
(sud-est)
0
50
100 km
Havre Saint Pierre
Île d'Anticosti
Port Menier
GOLFE DU
SAINT-LAURENT
Sept-Îles
138
Baie de Gaspé
Percé
Gaspé
Mont
Saint Pierre
PÉNINSULE DE
GASPÉ
Sainte Anne
des Monts
Parc de la
Gaspésie
132
Cap Chat
Godbout
Baie Comeau
Matane
Causapscal
Dalhousie
Saint-Laurent
132
Amqui
Campbellton
Matapédia
Mont Joli
Rimouski
17
Bic
NOUVEAU-BRUNSWICK
Trois
Pistoles
Edmundston
Tadoussac
Saguenay
170
Jonquière
Rivière-
du-Loup
2
Chicoutimi
Lac St Jean
Baie
Saint-Paul
MAINE
(ÉTATS-UNIS)
Réserve des
Laurentides
20
Mark-
Montmagny
Sainte-Anne
de Beaupré
Île
d'Orléans
QUÉBEC
173
40
Transcanadienne
95
Parc national de la
Mauricie
Trois
Rivières
Parc provincial
du Mont-Tremblant
40
20
Sherbrooke
Joliette
Granby
Sainte-
Agathe
Sainte-Adèle
Sainte-Jovite
Saint-Jérôme
Montréal
VERMONT
(ÉTATS-
UNIS)
NEW
HAMPSHIRE
(ÉTATS-UNIS)
Hull
OTTAWA
ONTARIO
NEW
YORK
(ÉTATS-UNIS)
QUÉBEC

autonome quant à ses propres ressources énergétiques, en nationalisant la production et la distribution de l'électricité à travers l'organisme Hydro-Québec. Par ailleurs, d'énormes réformes sociales furent mises en œuvre : l'enseignement devint mixte, gratuit, laïc et obligatoire jusqu'à 16 ans, la protection sociale s'affirma, le syndicalisme prit de l'ampleur et la culture devint un axe majeur de développement du Québec (aujourd'hui encore, le Québec se distingue à l'étranger au sein des ambassades canadiennes par une délégation québécoise).

Prenant conscience de leur potentiel, les Québécois se rallièrent nombreux au mouvement séparatiste. Cette idée fut justement comprise par le général de Gaulle qui, à l'occasion de son voyage au Québec en 1967, proclama, consternant ainsi la classe politique fédéraliste mais réjouissant les tenants de l'indépendantisme, "*Vive le Québec libre !*". Le Parti québécois, dont la figure dominante était René Lévesque, se fit l'interprète de cette volonté à partir de 1968. En remportant la victoire aux élections de 1976, le Parti québécois se lanca dans une campagne indépendantiste qui se solda en 1980 par une majorité de "non" au référendum sur la souveraineté du Québec. Pendant quelques années, cette politique fut considérée comme irréaliste.

Dans les années 90, à nouveau, la partition ne fut plus jugée aussi sévèrement et apparut comme un objectif parfaitement réalisable. Ce récent revirement est en partie dû à l'essor de l'économie québécoise, après un marasme qui dura des années. Mais plus encore, elle tient au sentiment éprouvé par les Québécois qui estiment que leur identité et leurs options ne sont ni comprises, ni appréciées à leur juste valeur par le reste du pays. Les récents affrontements sur la constitution et l'échec de l'accord du lac Meech font que le débat s'est propagé à tout le Canada.

L'élection fédérale d'octobre 1993 a vu le Bloc québécois, partisan de l'indépendance, non seulement l'emporter facilement, mais devenir un parti d'opposition officiel à Ottawa. En septembre 1994 furent organisées des élections provinciales. Malgré le parti libéral fédéraliste gouvernant le Québec, c'est le PQ (Parti québécois), avec à sa tête Jacques Parizeau, qui remporta ces élections avec une nette victoire en nombre de sièges. Un référendum est proposé pour 1995 ; celui-ci devra déterminer si le Québec souhaite effectivement la partition et s'il convient d'envisager la création de relations de souveraineté avec le reste du pays.

RENSEIGNEMENTS

Emblèmes provinciaux

L'emblème floral de la province est le lys blanc et l'oiseau fétiche est le harfang.

Téléphone

L'indicatif téléphonique de Montréal et des environs est le 514. Dans la partie est de la province, y compris la ville de Québec, l'indicatif est le 418. Cette zone s'étend au nord et à l'est du Labrador. Dans la partie septentrionale, le 819. Pour appeler les services d'urgence de Montréal et de Laval, appelez le 911. Pour les autres destinations, passez par une opératrice en faisant le 0.

Horaires

Québec obéit à l'heure de l'Est, excepté l'extrémité nord-est, au sud du Labrador, qui correspond à l'heure atlantique.

Taxes

Le taux de la taxe provinciale est de 8%.

Routes

Les panneaux sont généralement en français, peu sont en anglais. Munissez-vous d'une bonne carte et tenez compte des numéros d'autoroute, des symboles correspondant aux curiosités, des ferries, etc.

Montréal

Certaines villes exigent un temps d'adaptation pour apprendre à les connaître, à les apprécier. Ce n'est pas le cas de Montréal.

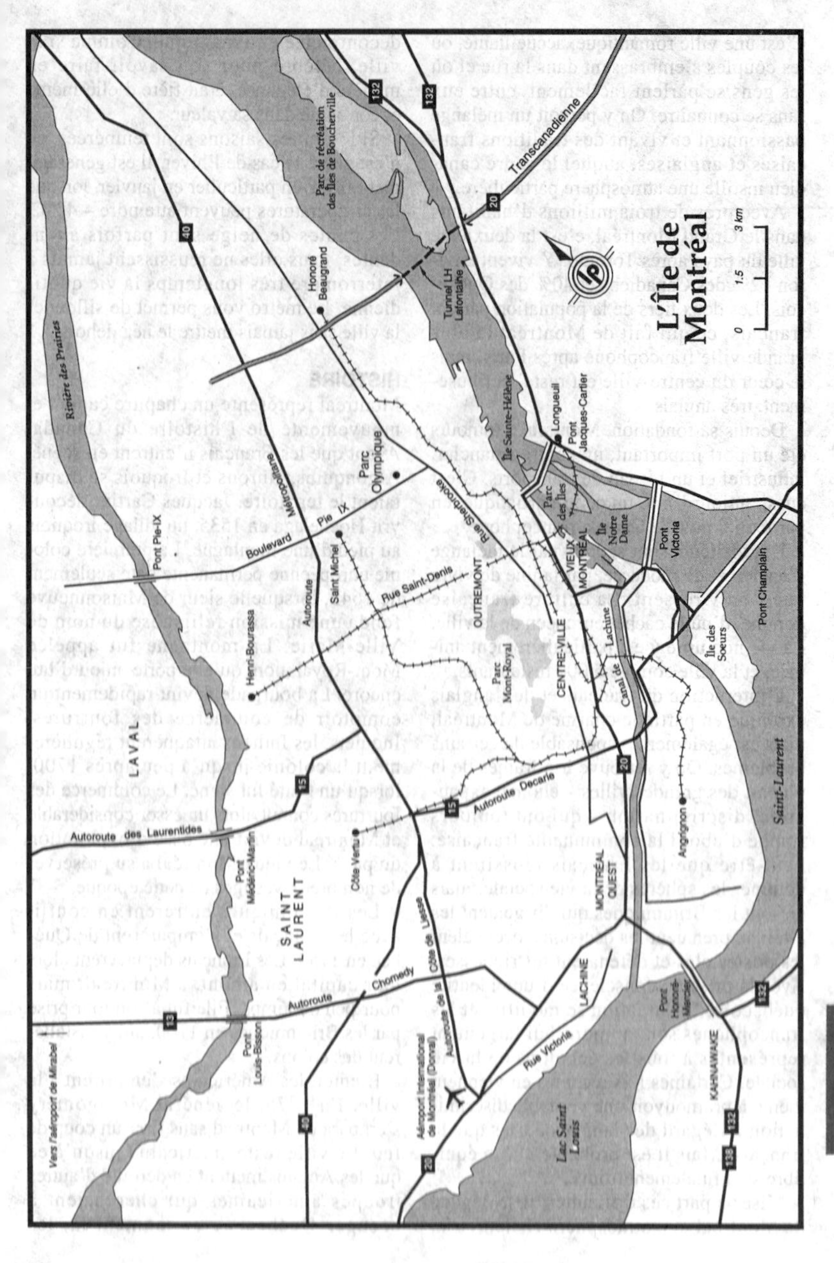
L'Île de Montréal
0 1,5 3 km
Rivière des Prairies
LAVAL
SAINT LAURENT
Autoroute des Laurentides
Autoroute Chomedy
Pont Médéric-Martin
Pont Louis-Bisson
Vers l'aéroport de Mirabel
Aéroport International de Montréal (Dorval)
Autoroute de la Côte de Liesse
Côte Vertu
Henri-Bourassa
Saint Michel
Autoroute Métropolitaine
Boulevard Pie IX
Pont Pie-IX
Parc Olympique
Honoré Beaugrand
Tunnel LH Lafontaine
Parc de récréation des Îles de Boucherville
Transcanadienne
Rue Saint-Denis
Rue Sherbrooke
OUTREMONT
Parc Mont-Royal
CENTRE-VILLE
VIEUX MONTRÉAL
Parc des Îles
Île Sainte-Hélène
Longueuil
Pont Jacques-Cartier
Île Notre Dame
Pont Victoria
Pont Champlain
Île des Soeurs
Canal de Lachine
Autoroute Decarie
MONTRÉAL OUEST
LACHINE
Angrignon
Saint-Laurent
Pont Honoré-Mercier
KAHNAWAKE
Lac Saint Louis
Rue Victoria

C'est une ville romantique, accueillante, où les couples s'embrassent dans la rue et où les gens se parlent facilement entre eux sans se connaître. On y perçoit un mélange passionnant et vivant des traditions françaises et anglaises, auquel le cadre canadien instille une atmosphère particulière.

Avec près de trois millions d'habitants dans le Grand Montréal, c'est la deuxième ville du pays après Toronto. Y vivent environ 12% des Canadiens et 40% des Québécois. Les deux tiers de la population parlent français, ce qui fait de Montréal la plus grande ville francophone après Paris, mais le cœur du centre-ville est resté, curieusement, très anglais.

Depuis sa fondation, Montréal a toujours été un port important, un centre financier, industriel et un réseau de transports. C'est aussi, aujourd'hui, un centre artistique, en particulier pour le Canada francophone.

Les visiteurs sont séduits par le mélange d'ancien et de moderne, par la joie de vivre que l'on y ressent. La culture française domine, d'où le cachet européen de la ville. La vie nocturne y est particulièrement animée, et la ville compte 5 000 restaurants.

L'interaction du français et de l'anglais explique en partie le charme de Montréal, mais est également responsable de certains problèmes. On y retrouve les drames de la plupart des grandes villes – chômage, pauvreté, discrimination – qui ont toujours frappé d'abord la communauté française. Peut-être que les Français réussirent à dominer les sphères de la vie sociale, mais ce sont les Britanniques qui dirigeaient les affaires, prenaient les décisions, occupaient les postes clés et détenaient les richesses. Avec la prise de conscience d'une identité québécoise, la situation se modifia, et les francophones sont aujourd'hui largement représentés à tous les échelons de la vie sociale. Certaines lois récentes en viennent même à promouvoir une véritable discrimination à l'égard des langues autres que le français. Mais il est probable qu'un équilibre sera finalement trouvé.

Mises à part ces difficultés, il se dégage de Montréal une atmosphère chaleureuse, décontractée et dynamique. Comme si la ville, célèbre pour son savoir-faire en matière d'élégance, était fière d'elle-même et confiante dans sa valeur.

Si les autres saisons sont tempérées, ce n'est guère le cas de l'hiver. Il est généralement froid, en particulier en janvier, lorsque les températures peuvent atteindre – 40°C. Les chutes de neige sont parfois abondantes, mais elles ne réussissent jamais à interrompre très longtemps la vie quotidienne. Le métro vous permet de sillonner la ville sans jamais mettre le nez dehors.

HISTOIRE

Montréal représente un chapitre capital et mouvementé de l'histoire du Canada. Avant que les Français n'entrent en scène, Algonquins, Hurons et Iroquois se disputaient le territoire. Jacques Cartier découvrit Hochelaga en 1535, un village iroquois au pied d'une montagne. La première colonie européenne permanente date seulement de 1642, lorsque le sieur de Maisonneuve fonda une mission religieuse du nom de Ville-Marie. La montagne fut appelée Mont-Royal, nom qu'elle porte aujourd'hui encore. La bourgade devint rapidement un comptoir de commerce des fourrures. Inquiets, les Indiens attaquèrent régulièrement la colonie jusqu'à peu après 1700, lorsqu'un traité fut signé. Le commerce des fourrures connut alors un essor considérable et Montréal devint une base d'exploration du pays. Le vieux Montréal a su préserver de nombreux vestiges de cette époque.

Les Britanniques entrèrent en conflit avec les Français et s'emparèrent de Québec en 1759. Les Français déplacèrent alors leur capital en amont, à Montréal, mais pour peu de temps. Elle fut à son tour prise par les Britanniques en 1760, qui y installèrent des colons.

Bientôt, les Américains s'en prirent à la ville. En 1775, le général Montgomery s'empara de Montréal sans tirer un coup de feu. La ville resta américaine jusqu'à ce que les Anglais mettent en déroute d'autres troupes américaines qui cherchaient à occuper Québec. A ce moment-là, les

Américains se retirèrent de Montréal. Au milieu du XIXe siècle, Montréal devint la capitale des Provinces unies du Canada. A la fin du siècle, la ville connut un nouvel essor. Navigation et chemin de fer apportèrent la prospérité. En 1900, la ville était devenue le centre commercial et culturel du Canada. De nombreux immigrants juifs s'installèrent à cette époque – encore aujourd'hui Montréal possède la communauté juive la plus importante du pays. Après les deux guerres, des immigrants de diverses nationalités affluèrent également.

De 1920 à 1940, Montréal se tailla la réputation d'être la ville du Péché. Une réputation due en partie à la prohibition. Maisons closes, maisons de jeu et gangsters y prospéraient, et la vie nocturne y était réputée. Politiciens et juges fermaient les yeux, semble-t-il. Mais cette situation changea avec l'arrivée de Jean Drapeau, qui fut élu maire en 1954 et le resta jusqu'au milieu des années 80, à l'exception d'une période de cinq années au début des années 60. Il nettoya la ville, encouragea son développement, organisa la Foire universelle de 1967 et les jeux Olympiques de 1976. Il ne fut cependant pas épargné par le scandale et certains qui le jugeaient mégalomane le surnommèrent l'"Empereur" Mais Drapeau resta populaire et contribua largement à la renommée internationale de la ville.

Pendant des années, voire des décennies, Montréal demeura une ville stable, et le centre changea peu. Revenir après une longue absence était toujours réconfortant, car rien n'avait réellement changé. Mais ces dernières années, une volonté de réaménagement et de modernisation semble avoir frappé le centre-ville. Le mélange d'architectures américaine et européenne adopté ne fait toutefois guère l'unanimité et les projets en cours continuent à susciter de vifs débats.

ORIENTATION

La ville se profile sur une île d'environ 40 km de long et 15 km de large, au confluent de la rivière des Outaouais et du Saint-Laurent. Des ponts relient le continent, ce qui renforce encore l'impression que l'on ne se trouve pas réellement sur une île. Il est facile de s'orienter dans Montréal et d'en visiter les alentours. Au milieu de l'île se dresse le Mont-Royal, un volcan éteint d'une hauteur de 233 m. Le cœur de la ville, d'une taille réduite, se cache juste en dessous, dans la partie sud-centrale de l'île.

Le centre-ville est limité par la rue Sherbrooke au nord, l'avenue Atwater à l'ouest, la rue Saint-Antoine au sud et le boulevard Saint-Laurent à l'est. C'est un quartier de gratte-ciel, de boutiques, de restaurants, de bureaux et d'hôtels luxueux, très animé.

Un petit parc, le **square Dorchester** (autrefois appelé Dominion Square) marque le centre de ce quartier. C'est un endroit paisible, environné par quelques bâtiments modernes et nombre de vieux édifices, dont certains arborent des toits de cuivre oxydé verdâtres.

L'office du tourisme se trouve dans le coin nord du square Dorchester. Des calèches vous emmèneront dans les différents quartiers de la ville. A l'angle sud-ouest, la gare ferroviaire de Windsor sert de terminal à la très vénérable Canadian Pacific (CP). Au sud se dresse l'hôtel CP, le Château Champlain, où vos moyens ne vous permettront sans doute pas de séjourner. A l'est se dresse l'immeuble en pierre de Sun Life Insurance.

La cathédrale de Montréal (Marie-Reine-du-Monde), avec son décor intérieur pastel et or, se profile à l'angle du boulevard René-Lévesque (anciennement boulevard Dorchester) et de la rue de la Cathédrale, à l'est du square.

A l'est de la cathédrale, le Queen Élizabeth Hotel se dresse en dessous de la gare ferroviaire centrale CN-VIA, d'où partent la plupart des trains de voyageurs. Au sud, en bas de la colline, dans la rue Peel, se trouve le principal bureau de poste (☎ 846-5390), 1025 rue Saint-Jacques Ouest. Le code postal pour adresser du courrier au bureau de poste est le H3C 1G0.

En remontant un pâté de maisons dans la rue Peel, au nord, on arrive à la rue Sainte-

Catherine, la principale artère est-ouest. C'est une rue essentiellement commerçante, où sont concentrés tous les grands magasins et de nombreux cinémas. Elle est en sens unique, vers l'est.

Au nord de la rue Sainte-Catherine court le boulevard de Maisonneuve, puis la rue Sherbrooke, les deux autres principales rues est-ouest. Au 2025 rue Peel, la Guilde canadienne des Métiers d'Arts présente d'intéressantes pièces d'artisanat indien, inuits et québécois.

En remontant encore la rue Peel de quelques pâtés de maisons, vous arriverez à l'avenue des Pins. De l'autre côté se profile le parc Mont-Royal. Vous apercevrez quelques marches. A leur sommet, vous aurez une excellente vue de la ville, du cours d'eau et des environs – de jour ou de nuit. C'est le plus vaste parc de la ville, et il est agréable de s'y promener par une chaude journée. La croix, au sommet, illuminée la nuit, symbolise la ville.

Vous profiterez d'un superbe panorama sur la ville depuis la tour du stade Olympique (entrée payante), du bar situé au sommet de l'hôtel Château Champlain, et du restaurant en haut de l'hôtel Radisson 777 rue University. Quelques belles vues aussi de l'oratoire Saint-Joseph et de la route qui gravite autour du Mont-Royal.

Au 705 rue Sainte-Catherine Ouest, à l'angle de la rue University, se trouve l'un des plus vastes complexes commerciaux de la ville, le tout nouveau et très moderne Centre Eaton – une attraction en soi. La promenade de la Cathédrale consiste en un tunnel piétonnier qui court sous la cathédrale.

L'avenue McGill College, au nord de la rue Sainte-Catherine, était autrefois une artère étroite, essentiellement estudiantine. Son élargissement récent souleva des controverses et il s'est transformé aujourd'hui en un boulevard imposant que dominent quelques-unes des innovations architecturales de la ville. Structures mises à part, le passage largement ouvert qui mène de la rue principale de la ville au campus de l'université de McGill est impressionnant. Diverses statues et sculptures, y compris la

1 Point de vue
2 Auberge de jeunesse de Montréal
3 Université McGill
4 Musée des Beaux-Arts
5 Musée McCord
6 Centre canadien d'architecture (CCA)
7 Office du tourisme/Infotouriste
8 Square Dorchester
9 Place Ville-Marie
10 Square Phillipps
11 Place des Arts et musée d'Art contemporain
12 Gare routière
13 Place du Canada
14 Cathédrale Marie-Reine-du-Monde
15 Gare centrale (VIA)
16 Chinatown
17 Gare Windsor
18 Place Bonaventure
19 Bureau de poste principal
20 Planétarium Dow

"Foule illuminée", bordent cette avenue. L'édifice de Place Montreal Trust, dans l'avenue McGill College, abrite pour sa part cinq niveaux de boutiques éclairées par des baies vitrées.

Le quartier qui englobe le centre-ville et l'ouest de Loyola Campus, dans la rue Sherbrooke, est largement anglophone et résidentiel. Au pied de la montagne, Westmount est l'un des districts les plus riches et les plus prestigieux de Montréal.

Croisant au nord et au sud la rue Sainte-Catherine, à l'ouest de la rue Peel, les rues Bishop, Crescent et de la Montagne constituent le cœur d'un des quartiers nocturnes. On y trouve de nombreux restaurants, cafés et discothèques. Les deux grands cafés sur le boulevard de Maisonneuve, entre la rue de la Montagne et la rue Crescent, conviennent bien pour prendre la mesure de l'ambiance du quartier.

En dessous et parallèle à la rue Sainte-Catherine s'étire le boulevard René-Lévesque, une large artère réputée pour ses gratte-ciel. Place Ville-Marie (parfois appelée PVM), à l'angle de la rue University, de l'autre côté du Queen Elizabeth Hotel, est

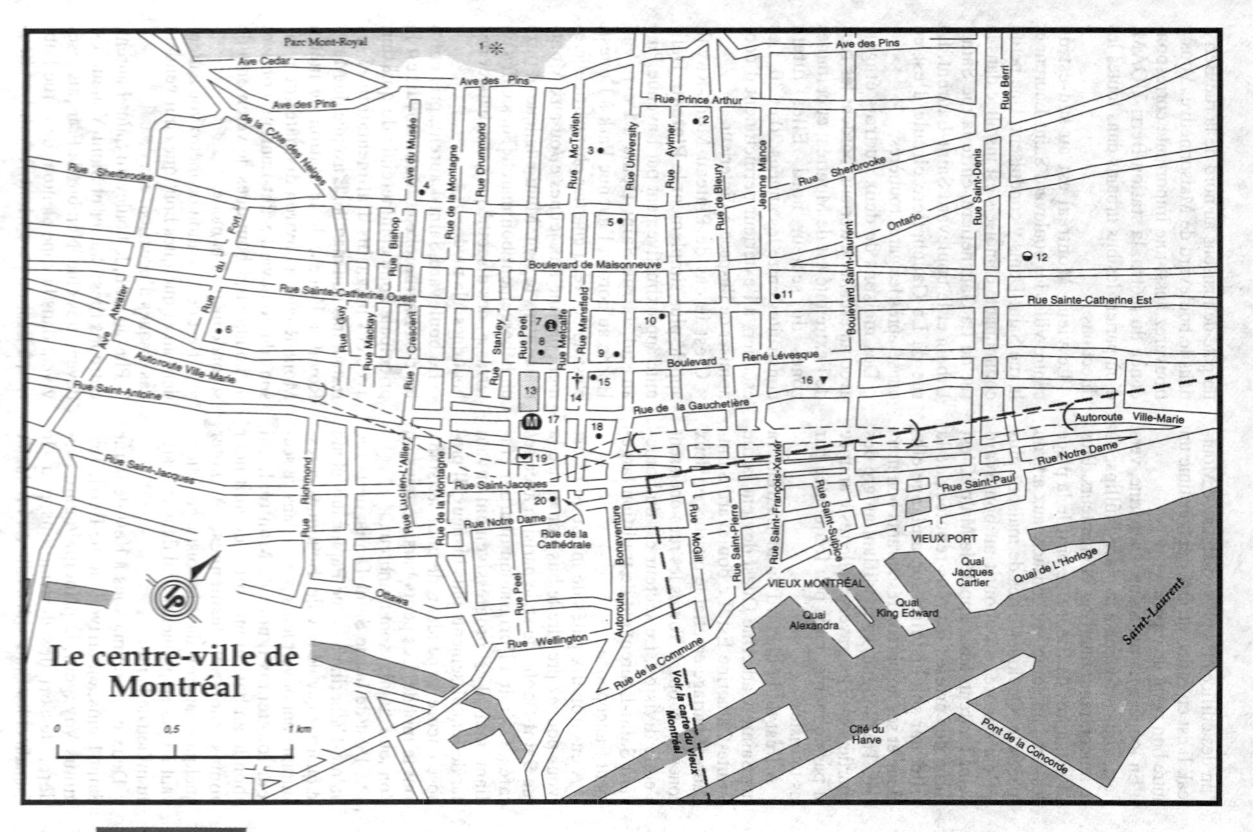
Le centre-ville de Montréal
Parc Mont-Royal
Ave Cedar
Ave des Pins
Rue Prince Arthur
Rue Berri
de la Côte des Neiges
Rue Sherbrooke
Ave du Musée
Rue de la Montagne
Rue Drummond
Rue McTavish
Rue University
Rue Aylmer
Rue de Bleury
Jeanne Mance
Rue Saint-Denis
Ontario
Rue du Fort
Rue Bishop
Boulevard de Maisonneuve
Boulevard Saint-Laurent
Rue Sainte-Catherine Ouest
Rue Sainte-Catherine Est
Ave Atwater
Rue Guy
Rue Mackay
Rue Crescent
Rue Stanley
Rue Peel
Rue Metcalfe
Rue Mansfield
Boulevard René Lévesque
Autoroute Ville-Marie
Rue Saint-Antoine
Rue de la Gauchetière
Rue Notre Dame
Rue Saint-Jacques
Rue Richmond
Rue Lucien-L'Allier
Rue Saint-Paul
Rue de la Cathédrale
Autoroute Bonaventure
Rue McGill
Rue Saint-Pierre
Rue Saint-François-Xavier
Rue Saint-Sulpice
VIEUX PORT
VIEUX MONTRÉAL
Quai Jacques Cartier
Quai de L'Horloge
Quai King Edward
Quai Alexandra
Ottawa
Rue Wellington
Rue de la Commune
Voir la carte du vieux Montréal
Saint-Laurent
Cité du Harve
Pont de la Concorde
0
0.5
1 km

l'un des édifices les plus célèbres de Montréal. Il est en forme de croix et constitue un autre bon point de repère.

En longeant la rue Sainte-Catherine, vers l'est, vous arriverez à la place Phillips, où se rencontrent guitaristes et chanteurs. Plus à l'est, après de Bleury, se profile la place des Arts, un complexe consacré aux arts du spectacle. Quelques pâtés de maisons plus à l'est encore, on aboutit au boulevard Saint-Laurent, aussi appelé **le Main**. C'est l'une des artères les plus réputées de la ville, par son histoire, son mélange ethnique et ses nombreux restaurants bon marché. Très longue, se modifiant au gré des quartiers qu'elle traverse, elle reste animée et passionnante, mais peu fréquentée par les touristes.

A l'est du boulevard Saint-Laurent, la rue Sainte-Catherine Ouest devient la rue Sainte-Catherine Est. Le boulevard Saint-Laurent partage en effet le quartier en deux zones est et ouest. Toutes les rues obéissent à cette division. Le secteur est du boulevard Saint-Laurent est de tradition largement francophone.

A environ dix pâtés de maisons à l'est (vous pouvez prendre le bus), on croise la rue **Saint-Denis**, de style parisien avec ses cafés. C'était à l'origine un quartier étudiant, mais il est progressivement envahi par des établissements plus luxueux. Il propose encore, cependant, de quoi satisfaire tout le monde. Les petits bars, certains où l'on joue du jazz, sont nombreux.

A l'est de la rue Saint-Denis, de la rue Sainte-Catherine à la rue Papineau s'étend le quartier gay de la ville. Boutiques et restaurants ont ouvert leurs portes dans ce secteur longtemps ignoré de Montréal, qui abonde en bars et en boîtes de nuit pour homosexuels et lesbiennes. A noter quelques bagarres dans le voisinage. Mieux vaut ne pas se promener seul dans les parcs au milieu de la nuit.

Deux pâtés de maisons à l'est de la rue Saint-Denis, on arrive à la rue Berri. Terminus Voyageur, la principale gare routière, dessert des destinations pour le Canada et les États-Unis. Elle est implantée un pâté de maisons au nord de la rue Berry, dans le boulevard de Maisonneuve. Vous y trouverez aussi une importante correspondance du métro, la station Berri-UQAM, d'où partent les bus urbains dans toutes les directions.

Le vieux Montréal est au sud-est du centre-ville. Le boulevard Saint-Laurent et la rue Saint-Denis y conduisent. Une petite communauté chinoise s'est installée dans la rue de La Gauchetière, entre la rue Saint-Urbain et le boulevard Saint-Laurent. La rue de La Gauchetière circule d'est en ouest, après les gares routières.

Des maisons de deux ou trois étages, avec un escalier extérieur, bordent les rues de l'extrémité est de Montréal et certaines zones du secteur nord. Elles furent construites entre les années 20 et 30. Les escaliers à l'extérieur permettaient d'économiser de l'espace à l'intérieur.

C'est le cas de Plateau Mont-Royal, appelé plus simplement le **Plateau**. Délimité approximativement par l'avenue Pine au sud, la rue Saint-Denis à l'est, Van Horne au nord et l'avenue Park à l'ouest, c'est un nouveau quartier plus particulièrement destiné aux jeunes et/ou aux Montréalais dans le vent. Multi-ethnique, il offre un hébergement bon marché, des cafés en terrasse, des discothèques, des bars et des boutiques à la mode.

Le boulevard Saint-Laurent, pris entre les rues Sherbrooke et Mont-Royal, est la principale zone commerciale du quartier, avec ces magasins d'alimentation et ses restaurants bon marché. L'avenue du Mont-Royal, à l'ouest de la station de métro Mont-Royal, à environ dix pâtés de maisons du boulevard Saint-Laurent, contient de nombreuses boutiques de vêtements de seconde main, à la mode.

A l'est de la station de métro vous attendent aussi quelques boutiques qui vendent des disques d'occasion, etc.

Plus au nord, le boulevard Saint-Laurent, entre les rues Laurier et Saint-Viateur, est devenu très chic. Nombre de Français aisés vivent dans la zone alentour de la rue Laurier, à l'est du parc Mont-Royal. Des boutiques et restaurants chers jalonnent un court tronçon de la rue, qui offre en réalité peu d'intérêt. De nombreux politiciens résident également dans ce quartier.

Les quartiers grecs, portugais, juifs hassidiques sont regroupés dans l'avenue du Parc, et alentour, de l'avenue du Mont-Royal au nord à la rue Bernard (environ quinze pâtés de maisons). On y trouve quantité de petits cafés et restaurants bon marché. Dans Saint-Viateur et la rue Fairmont, on peut acheter de délicieux petits pains tout chauds.

Plus au nord, dans la rue Jean-Talon, un grand marché se tient dans le quartier italien. Du sud de la rue Saint-Denis, au nord du Plateau, et jusqu'au marché italien, promenez-vous dans les rues et découvrez la vie quotidienne et terriblement active des Montréalais. Le samedi est le jour le plus animé.

Noms des rues

Montréal est une ville bilingue plutôt que francophone. Le centre-ville est largement anglophone et la plupart des rues furent baptisées par les Britanniques qui dominèrent longtemps la ville.

Les noms des rues dépendent aussi des sections est ou ouest. Ainsi, la partie est de la rue Sainte-Catherine est connue sous le nom de rue Sainte-Catherine Est, la partie ouest, sous celui de rue Sainte-Catherine Ouest. Par ailleurs, l'ancien boulevard Dorchester est devenu le boulevard René-Lévesque, en l'honneur du leader du Parti québécois.

RENSEIGNEMENTS

Montréal possède un seul numéro de téléphone central pour tous les bureaux d'information (☎ 873-2015). De l'extérieur de Montréal, on peut obtenir des informations en appelant le ☎ 1-800-363-7777, de 9h à 17h, du lundi au vendredi.

Le principal office du tourisme de Montréal, Infotouriste, occupe une position centrale, au 1001 rue Square-Dorchester, au nord du square Dorchester (autrefois appelé le square Dominion). Le square Dorchester est bordé par le boulevard René-Lévesque, la rue Metcalfe et la rue Peel. Les deux gares routières sont situées à proximité, et la rue Sainte-Catherine n'est qu'à une courte distance à pied. Efficace et accueillant, le personnel d'Infotouriste pourra vous fournir des renseignements sur toutes les régions du Québec. Il est ouvert de 9h à 19h, tous les jours, de juin à septembre, mais seulement jusqu'à 17h le reste de l'année. Outre les informations habituelles fournies par les offices du tourisme, ce centre propose une librairie, un bureau de change, des souvenirs, un bureau de poste et un fax. Il organise aussi des visites guidées.

Également bien situé, 174 rue Notre-Dame Est, dans le vieux Montréal, non loin de la place Jacques-Cartier, le principal autre centre d'information est souvent bondé, mais très actif. Il est ouvert de 9h à 19h, tous les jours, pendant la haute saison ; de 9h à 17h, avec un arrêt de 13h à 14h15 pour le déjeuner, le reste de l'année. Ce dernier s'occupe essentiellement de Montréal.

Les aéroports possèdent également des kiosques d'information, ouverts toute l'année. Le Convention & Tourist Bureau (☎ 871-1129) se trouve au 1555 rue Peel, suite 600, H3A 1X6.

Au 1109 rue Cypress, non loin du square Dorchester dans le centre-ville, Metropolitan News vend des journaux du monde entier, sept jours sur sept. A l'angle des rues Stanley et Sainte-Catherine, la librairie Coles vend de nombreux livres de voyage en français et en anglais.

L'Alliance française (☎ 514-272-3906) est située 1312 boulevard Mont-Royal, Montréal, Québec H2V 2J1.

Pour réserver gratuitement un hébergement, appelez le ☎ 878-1000.

A noter que les musées de Montréal sont généralement fermés le lundi.

Attention

Piétons, faites attention à Montréal ! La force prime le droit, et les automobilistes en profitent largement. Ils vous laisseront rarement une seconde chance.

VIEUX MONTRÉAL

C'est le quartier le plus ancien de la ville, datant essentiellement du XVIIIe siècle. La **Place royale** occupe l'emplacement de Ville-Marie, la première petite ville fortifiée de Maisonneuve, construite pour refouler les attaques des Iroquois.

Des rues étroites et pavées séparent de vieux bâtiments de pierre, dont beaucoup abritent aujourd'hui de petits restaurants et des clubs. Le quartier est parsemé de squares et d'églises, et le front de mer n'est pas très loin. Les voyageurs romantiques devront absolument visiter le vieux Montréal, malgré l'affluence des touristes durant la haute saison. C'est l'endroit idéal pour flâner. En revanche, évitez de vous y rendre en voiture – vous n'y trouverez jamais de place pour vous garer.

Les principales artères sont les rues Notre-Dame et Saint-Paul. Le quartier est délimité par la rue McGill à l'ouest, la rue Berri à l'est, la rue Saint-Antoine au nord, et le fleuve au sud, tandis que le boulevard Saint-Laurent divise le quartier d'est en ouest. Les stations de métro dans le vieux Montréal se nomment Place-d'Armes ou Champs-de-Mars.

A proximité de l'**hôtel de ville** et de l'office du tourisme de la rue Notre-Dame se trouve la **place Jacques-Cartier**, le centre du quartier. En été, elle se remplit de touristes, de calèches, de vendeurs des rues et de musiciens. A l'office du tourisme voisin est disponible une brochure gratuite, intitulée *Promenades dans le vieux Montréal*. Elle décrit, avec force détails historiques et anecdotes, les sites les plus intéressants.

De nombreux bâtiments arborent une plaque explicative.

Place d'Armes et basilique Notre-Dame

L'autre grande place du quartier est la place d'Armes. Au milieu se dresse un monument dédié à Maisonneuve. Sur la place, vous pourrez également admirer la basilique Notre-Dame. Construite en 1829, elle peut contenir jusqu'à 5 000 fidèles, et l'intérieur est magnifiquement décoré. Il serait dommage de rater les messes qui s'y déroulent aux alentours de Noël, en particulier le 25 décembre. Il y a un petit musée, derrière.

Église Notre-Dame-de-Bonsecours

Cet édifice se profile dans la rue Saint-Paul. C'est aussi l'église des Marins, et des maquettes de navires sont suspendues au plafond de la nef. Les miniatures du petit musée racontent l'histoire de Marguerite Bourgeoys, la première institutrice de Montréal et la fondatrice de la congrégation des religieuses de Notre-Dame.

Maison du Calvet

En face de l'église, la maison du Calvet (☎ 282-1725) date de 1725. Restaurée et transformée en musée, elle expose du mobilier de l'époque. L'entrée est gratuite, mais le musée est fermé le lundi.

Château Ramezay

Dans la rue Notre-Dame, en face de l'hôtel de ville, on aperçoit le château Ramezay (☎ 861-3708) qui servit de résidence aux gouverneurs français pendant une quarantaine d'années, au début du XVIIIe siècle. Ce bâtiment a, depuis, rempli diverses fonctions. Transformé aujourd'hui en musée, il présente une collection d'objets, d'outils et de souvenirs liés au début de l'histoire du Québec. Le musée est fermé le dimanche matin et le lundi. L'entrée est de 5 $, et de 3 $ pour les étudiants.

Centre d'histoire de Montréal

Toujours dans le vieux Montréal, ce centre (☎ 872-3207) est installé dans l'ancienne caserne des pompiers, place d'Youville. Expositions et animations audiovisuelles donnent un aperçu de l'histoire de la ville. Visites guidées toutes les 20 mn. Il est fermé le lundi et pendant les vacances. L'entrée est de 4,50 $.

Musée Marc-Aurèle-Fortin

A proximité, 118 rue Saint-Pierre, se profile le musée Marc-Aurèle-Fortin (☎ 845-6108), consacré au peintre paysagiste du même nom (1888-1970). Les œuvres d'autres peintres sont présentées lors d'expositions temporaires. Également fermé le lundi, l'entrée est de 3 $.

Parc national historique George-Étienne Cartier

Ce parc (☎ 283-2282), 458 rue Notre-Dame Est, consiste en deux maisons ayant autrefois appartenu à la famille Cartier. La première est axée sur la vie de l'éminent homme de loi et politicien, ainsi que sur les transformations de la société de son temps ; l'autre offre un aperçu d'une demeure bourgeoise à l'époque victorienne. Le parc est ouvert tous les jours en été, du mercredi au dimanche le reste de l'année. L'entrée est gratuite.

Musée d'archéologie et d'histoire de Pointe-à-Callière

Situé à l'emplacement même où sieur de Maisonneuve et Jeanne Mance fondèrent la première localité européenne, au sud de la place Royale, ce musée (☎ 872-9150) présente un intéressant panorama archéologique et historique de la ville de Montréal.

La plupart des salles du musée occupent, en sous-sol, les ruines des bâtiments et de l'ancien système de vidanges. Vous pourrez y voir le premier cimetière européen, une crypte, et il est question d'ouvrir cette zone de fouilles aux touristes qui pourront assister au déroulement des travaux.

Les objets découverts sur le site sont exposés sur différentes étagères selon leur datation. On a ainsi respecté un ordre volontairement chronologique, les vestiges préhistoriques se trouvant sur l'étagère du bas. Sont également organisées d'intéressantes expositions, utilisant des médias interactifs, dont une vidéo qui permet aux visiteurs de "converser" avec quelques-uns des premiers habitants du site, *via* une silhouette fantôme.

Du sommet de la tour du nouveau bâtiment, on a une vue superbe sur le vieux port. On peut visiter la tour sans payer l'entrée du musée.

Le musée, 350 place Royale (station de métro : Place-d'Armes), est ouvert du mardi au dimanche, de 10h à 20h en été ; jusqu'à 17h le reste de l'année. L'entrée est de 6 $ pour les adultes, gratuite pour les enfants de moins de 12 ans, et gratuite pour tous de 17h à 20h le mercredi.

Vieux port

Le front de mer du vieux port est un quartier riverain en perpétuelle transformation, au sud de la place Jacques-Cartier. Il ne cesse d'évoluer à mesure que se poursuivent travaux et aménagements. Il couvre 2,5 km de front de mer et englobe quatre quais. La promenade du Vieux Port est parallèle à la rivière, de la rue Berri Ouest à la rue McGill. Un bureau d'information bien situé (☎ 496-PORT) est établi à l'entrée du quai King-Edward. Vous y trouverez une liste des manifestations permanentes du quartier, mais chaque année, en particulier en été, le port est le théâtre de diverses expositions, spectacles et activités

temporaires. Vérifiez soigneusement le prix des principales attractions, parfois exorbitant.

A l'extrémité est du port, sur le quai Victoria, la **tour de l'Horloge dédiée aux marins**, est aujourd'hui utilisée comme tour d'observation. Elle est ouverte au public (exposition axée sur l'histoire). Des excursions sur le cours d'eau sont organisées à proximité.

Le quai Jacques-Cartier regroupe une galerie d'art, des restaurants, un grand marché aux puces à ciel ouvert et un centre d'artisanat. Des tours en trolleybus du port partent de là. Toujours du quai Jacques-Cartier, un ferry rejoint le **parc de la Cité du Havre**, où vous trouverez un restaurant et quelques tables de pique-nique. Un ferry se rend également au parc des Îles.

Sur le quai King-Edward, au pied du boulevard Saint-Laurent, est installé **Images du futur**, un centre d'holographie, avec des images générées par ordinateur, images satellite et diverses autres nouvelles technologies, jeux et formes d'art. Quai Alexandra, un pâté de maisons à l'est de la rue McGill, se profile le théâtre Imax et **SOS Labyrinthe**, un dédale de 2 km qui n'est pas réservé aux enfants. Un de mes amis a erré à l'intérieur pendant trois jours !

Le gigantesque port en activité et le terminal sont concentrés aux pieds de la rue McGill. Vous y trouverez aussi le terminal des passagers Iberville, le dock réservé aux navires de croisière qui remontent le Saint-Laurent jusqu'aux îles de la Madeleine dans le golfe du Saint-Laurent.

RUE SAINT-DENIS

Cette rue à l'est du boulevard Saint-Laurent, entre le boulevard de Maisonneuve et la rue Sherbrooke, est le quartier des cafés, des bistros et des bars, dans lequel abondent établissements et musique en plein air. Faites un tour dans les rues adjacentes. Certains endroits sont bon marché. Nombre d'étudiants fréquentent toujours le quartier, très animé la nuit. Vous pourrez aussi y dénicher quelques bons petits hôtels. En descendant la rue Saint-Denis, vers le sud, vous arriverez au vieux Montréal. En la remontant, une fois dépassé la rue Sherbrooke, vous déboucherez sur la place Saint-Louis, un petit square datant de 1876 et entouré de belles demeures victoriennes construites pour la bourgeoisie française aisée de l'époque. A l'ouest du square se trouve la rue Prince-Arthur, avec quelques bons restaurants des pays les plus divers.

BOULEVARD SAINT-LAURENT

Encore appelé par certains St Lawrence et par beaucoup le Main, le boulevard Saint-Laurent a toujours été une artère commerciale, animée et passionnante. Les deux côtés du boulevard sont bordés d'immeubles de deux à quatre étages. Des magasins occupent les rez-de-chaussée. L'axe nord-sud du boulevard Saint-Laurent partage la ville en deux zones est et ouest, historiquement française et anglaise, tandis que sur le boulevard même se concentrent des minorités de toutes origines. Aux alentours de la rue Sainte-Catherine, le quartier devient un peu sordide, puis de là le boulevard remonte au nord vers d'innombrables pâtés de maisons.

Vous y trouverez de petits commerces, des restaurants bon marché, des cafés et des boutiques qui vendent toutes sortes de produits. Alentour et le long de la rue Prince-Arthur, l'endroit est idéal pour se promener et manger, de même que, dans une moindre mesure, le secteur plus au nord, aux alentours de la rue Duluth.

L'Upper Main, connu sous le nom du Plateau, qui relie l'avenue Laurier à la rue Saint-Viateur, se métamorphosa énergiquement en quartier à la mode. Un des premiers établissements à donner le ton fut le Lux, 5220 boulevard Saint-Laurent, un original café-restaurant ouvert très tard.

MONT-ROYAL

Ce parc est le plus beau et le plus vaste de la ville. Il fut conçu par le paysagiste de Central Park, à New York. Le **Grand Chalet** offre des vues superbes sur la ville : vous pouvez y monter à pied depuis le centre-ville (voir la rubrique *Orientation*),

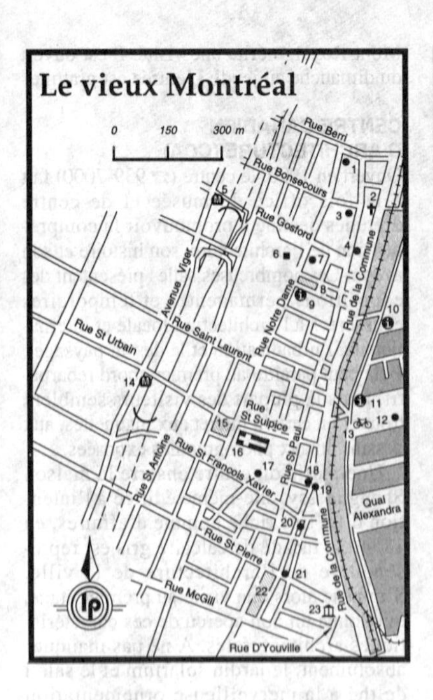

1 Parc national historique George-Étienne Cartier
2 Église Notre-Dame-de-Bonsecours et musée Marguerite-Bourgeoys
3 Maison du Calvet
4 Marché Bonsecours et palais de la Civilisation
5 Station de métro Champ-de-Mars
6 Hôtel de ville
7 Château Ramezay
8 Place Jacques-Cartier
9 Infotouriste
10 Centre d'informations touristiques
11 Centre d'informations touristiques
12 Cinéma Imax
13 Vélo-Aventure (location de vélos)
14 Station de métro Place-d'Armes
15 Place d'Armes
16 Basilique Notre-Dame
17 Théâtre Centaur
18 Place Royale
19 Pointe-à-Callière
20 Place d'Youville
21 Centre d'histoire de Montréal
22 Place d'Youville
23 Musée Marc-Aurèle-Fortin

ou parcourir une bonne partie du chemin en voiture. A l'est du chalet se dresse une gigantesque croix en acier, illuminée le soir et visible de partout. A l'intérieur du parc vous attend le **lac aux Castors**, qui fut aménagé sur les marécages qui se trouvaient autrefois à cet endroit. Le parc est massivement arboré et l'été l'on vient s'y promener, pique-niquer, monter à cheval ou jouer au frisbee. En hiver, on peut y faire du patin à glace, du toboggan et du ski. Quelques sentiers procurent de beaux points de vue. On peut aussi louer des calèches pour grimper jusqu'au chalet ou sillonner les sentiers.

Si vous vous y rendez en voiture, suivez la rue Guy depuis le centre-ville jusqu'au chemin de la Côte-des-Neiges, en suivant les panneaux. A gauche se trouve un autre petit parc, le **parc Summit**, d'où vous jouirez d'un beau panorama sur les quartiers résidentiels, à l'ouest.

VILLE SOUTERRAINE

Pour décongestionner la ville et échapper au froid de l'hiver, Montréal a créé une gigantesque ville souterraine sous le centre-ville. Bien que la quasi-totalité de cette cité soit souterraine, le terme recouvre en réalité tout ce qui est relié par des passages souterrains. Vous pouvez ainsi vous rendre aux gares ferroviaires, trouver un hôtel, aller au cinéma, manger au restaurant, aller danser ou faire des courses, sans mettre un pied à l'air libre.

Une conception fonctionnelle et novatrice, mais qui n'offre guère d'intérêt. Toutes les boutiques sont modernes et l'ensemble ne diffère guère des centres commerciaux classiques, si ce n'est par son gigantisme et la présence du métro.

Les principaux secteurs comme la place Ville-Marie, place Bonaventure et place du Canada, sont tous reliés ensemble et accessibles à pied. D'autres, comme la place des

Arts et le complexe Desjardins, se trouvent à une station de métro. Le centre Eaton fait également partie de ce réseau urbain. L'office du tourisme dispose d'une bonne carte de l'ensemble, utile les jours de pluie ou de neige.

MUSÉE DES BEAUX-ARTS

C'est le principal musée de la ville (☎ 285-1600), avec des collections d'œuvres précolombiennes, mais aussi originaires d'Europe, d'Afrique, du Moyen-Orient et d'autres pays. L'art inuit y est également bien représenté, ainsi que l'art moderne, et le musée organise d'intéressantes expositions temporaires. Comme beaucoup de musées de la ville, il est fermé le lundi. Ouvert de 11h à 18h les autres jours. Il est installé au 1379 rue Sherbrooke Ouest, à l'angle de la rue Crescent. L'entrée est de 9,50 $, de 4,75 $ pour les étudiants et les personnes âgées, voire davantage en cas d'exposition temporaire. Le musée est gratuit de 17h30 à 21h le mercredi. Le style architectural de la nouvelle annexe, de l'autre côté de la rue, mérite le coup d'œil.

MUSÉE D'ART CONTEMPORAIN

Depuis son transfert au centre de la ville, à côté du complexe de la place des Arts, 185 rue Sainte-Catherine, le musée (☎ 847-6212) présente des expositions permanentes et temporaires d'œuvres ultérieures à 1939. Plus vaste que le précédent, l'édifice autorise un meilleur accrochage et une meilleure présentation des œuvres.

C'est le seul musée public du pays exclusivement consacré à l'art contemporain, canadien et international. Le mardi, et du jeudi au dimanche, le musée est ouvert de 11h à 18h. Le mercredi il reste ouvert jusqu'à 21h et il est gratuit à partir de 18h. Il est fermé le lundi. L'entrée est de 4,75 $ et les tarifs sont réduits pour les étudiants et les personnes âgées. Il y a aussi un restaurant.

CENTRE SAIDYE-BRONFMAN

La collection d'art contemporain présentée par ce musée (☎ 739-2301), 5170 chemin de la Côte-Sainte-Catherine, à l'ouest du Mont-Royal, mérite une visite. Il est ouvert du dimanche au jeudi. L'entrée est gratuite.

CENTRE CANADIEN D'ARCHITECTURE (CCA)

Ouvert en 1990, le centre (☎ 939-7000) fait à la fois office de musée et de centre d'études destiné à promouvoir la compréhension de l'architecture, son histoire et son avenir. Les nombreuses salles présentent des expositions permanentes et temporaires consacrées à l'architecture locale et internationale, l'urbanisation et le dessin paysager. Cela peut paraître au premier abord rébarbatif, mais la plupart des visiteurs semblent trouver un certain intérêt aux maquettes, aux dessins ou aux photographies exposées.

Une partie du centre enserre la maison Shaughnessy, elle-même édifiée à l'intention d'un très riche homme d'affaires, en 1874. Sa façade de calcaire gris est représentative de l'architecture de la ville. S'impose alors une visite au premier étage, qui donne un bon aperçu de ces caractéristiques architecturales. A ne pas manquer absolument, le jardin solarium et le salon de thé à la merveilleuse ornementation (boiseries et cheminée) qui ne sert malheureusement pas de rafraîchissements.

Le centre dispose aussi d'une bonne librairie, avec des ouvrages sur les plus célèbres architectes, les styles internationaux ou la photographie.

Ne ratez surtout pas le jardin d'architecture et le point de vue, qui font face au centre d'architecture, boulevard René-Lévesque. Environ 15 sculptures de styles et de dimensions variés sont disséminées sur une terrasse qui domine le sud de Montréal. Différentes marques visibles sur le mur d'enceinte indiquent les bâtiments importants situés autrefois en dessous. Les traces des anciennes banques, fabriques, etc., montrent à l'évidence que l'étude de l'architecture se confond avec l'étude de l'histoire et des civilisations.

Le centre est ouvert de 11h à 17h tous les jours, jusqu'à 20h le jeudi. Il est fermé le lundi et le mardi. L'entrée est de 5 $, de 3 $ pour les étudiants et les personnes âgées. Le jeudi, l'entrée est gratuite pour les étudiants toute la journée, de 18h à 20h pour les autres. Il occupe une position centrale, au 1920 rue Baile, non loin de l'angle du boulevard René-Lévesque et de la rue du Fort. La station de métro est Atwater, mais un parking est disponible.

MUSÉE McCORD

Rénové en 1992, c'est le principal musée d'histoire de Montréal (☎ 398-7100). Il est petit. Comptez entre une heure à une heure et demie pour une visite complète. Situé au 690 rue Sherbrooke Ouest, ce musée construit sur deux niveaux est bien distribué, avec des expositions principalement axées sur l'arrivée des premiers Européens dans l'est du Canada. Une salle est consacrée à l'histoire des populations autochtones du Québec. D'autres mettent en valeur les très belles collections du musée, objets indiens et inuits, costumes et textiles des premiers Canadiens, art populaire et 700 000 photographies ! Il propose également des expositions permanentes et temporaires.

Ne ratez surtout pas la collection de photographies de William Notman qui, avec ses fils, photographia Canadiens, lieux et activités, de 1850 à 1930. Intitulé "Le tournant : Québec 1900", le second étage englobe la totalité de l'histoire des Canadiens français du Québec. La boutique de souvenirs propose quelques articles de qualité et une intéressante documentation.

L'entrée est de 5 $, tarif réduit pour les étudiants. Le jeudi soir, de 18h à 21h, l'entrée est gratuite. Du mardi au vendredi, le musée est ouvert de 10h à 18h ; le week-end, de 10h à 17h. Il est fermé le lundi. Si vous déclarez forfait avant d'avoir vu toute l'exposition de photographies (pas d'inquiétude, les 700 000 ne sont pas toutes exposées !), il y a un salon de thé. Mais ne comptez pas trop y faire un repas complet. Les prix pratiqués sont en effet très élevés.

MUSÉE MARGUERITE-D'YOUVILLE

Plus mentionné pour le bâtiment lui-même que pour le petit musée qu'il abrite (☎ 937-9501), c'est un bel exemple d'architecture québécoise, représentative des nombreux couvents disséminés dans la province. Il a reçu le nom de la fondatrice des religieuses en gris, mère d'Youville, une communauté active depuis l'ère coloniale. Ce sont elles qui se rendirent en canoë dans la région qui allait devenir le Manitoba et y fondèrent la mission de Saint-Boniface. Ce couvent datant de 1850 est maintenant un musée situé au milieu de la plus grande communauté française de l'ouest du Canada. Le musée est ouvert du mercredi au dimanche, de 13h30 à 16h30. Il contient le tombeau de Marguerite d'Youville et entre autres quelques objets religieux. Il occupe une position centrale, au 1185 rue Saint-Mathieu.

MAISON STEPHEN

Fondée par la George Stephen House Foundation, cette demeure de style Renaissance (☎ 849-7338), datant de 1880, fut construite à l'intention du premier président de la Canadian Pacific Railway, qui lui donna son nom. A l'intérieur, le décor des 15 chambres fait montre d'un art indéniable. Les boiseries sont somptueuses. Depuis longtemps siège du club privé Mount Stephen, il est ouvert au public, contre une petite contribution, du jeudi au dimanche, de 12h à 16h, en juillet et la première semaine d'août. Il se trouve au 1440 rue Drummond.

CHATEAU DUFRESNE ET MUSÉE DES ARTS DÉCORATIFS

Musée d'Arts décoratifs et d'Artisanat, le château Dufresne (☎ 259-2575) est un bel édifice datant de 1916-1918. Chaque pièce est meublée avec art et raffinement. Il est ouvert tous les jours de 11h à 17h, à l'exception du lundi et du jeudi. L'entrée est de 3 $. Le musée fait face au jardin botanique, à l'angle du boulevard Pie-IX.

ORATOIRE SAINT-JOSEPH

Impressionnante basilique modern-style (☎ 733-8211), elle fut achevée en 1960, et érigée sur une église datant de 1916, en l'honneur de saint Joseph, patron des gué-

risseurs et saint patron du Canada, et de frère André, un moine qui avait le pouvoir, dit-on, de guérir toutes les maladies. Les béquilles entassées témoignent assez de cette croyance. Le cœur de frère André, exposé dans l'oratoire, fut volé il y a quelques années mais retrouvé intact.

Vous pourrez apercevoir le dôme de l'oratoire de n'importe où, au sud-ouest de Montréal. Depuis le dôme, on a une belle vue sur cette partie de la ville. Le site est ouvert tous les jours. L'entrée est gratuite. Il y a un petit musée consacré au frère André. Le dimanche, des concerts d'orgue gratuits sont présentés à 15h30.

L'oratoire est au 3800 chemin Queen-Mary, sur la pente ouest du Mont-Royal. Depuis le centre-ville, prenez le métro jusqu'à Guy-Concordia, puis le bus n°65.

Pour ceux qui souhaitent passer une nuit tranquille, il est possible de séjourner à l'oratoire (voir la rubrique *Où se loger*).

CATHÉDRALE MARIE-REINE-DU-MONDE

C'est une version réduite de la basilique Saint-Pierre du Vatican. Elle fut construite entre 1870 et 1894. Elle se dresse sur le boulevard René-Lévesque, non loin de l'hôtel Queen Elizabeth, à deux pas du square Dorchester. A noter la présence d'un étrange baldaquin au-dessus de l'hôtel.

ÉGLISE ST JAMES UNITED

Sise 463 rue Sainte-Catherine Ouest, cette église est inhabituelle, car ses portails ouvrent sur la rue, mais des boutiques et des bureaux furent construits sur le devant du bâtiment. L'église se trouve derrière.

PARC OLYMPIQUE

Il semble que le complexe olympique de Montréal, tout comme ses structures, ne fassent guère l'unanimité auprès des Montréalais, qui font état de scandales, de corruption et d'incompétence gouvernementale. Quoi qu'il en soit, le complexe olympique (☎ 252-8687), créé pour les jeux Olympiques d'été de 1976, est magnifique.

Le chef-d'œuvre en est le **stade Olympique** omnisport, qui peut accueillir jusqu'à 80 000 spectateurs. C'est une structure gigantesque, dont la mise en place fut seulement achevée en 1990. Le toit rétractable arriva finalement de Paris, fin 1981 (cinq ans après les jeux Olympiques), et ne fut installé que plusieurs années plus tard, faute d'argent. Il fallut attendre encore quelques années pour le rendre opérationnel, et le Kevlar dans lequel il est fabriqué se déchira plusieurs fois, ce qui nécessita des réparations coûteuses. Des projets sont actuellement à l'étude pour le remplacer par un toit en acier non rétractable. Une opération qui devrait coûter 57 millions de $. En 1991, une partie du système de soutènement du toit s'effondra, et des blocs de béton de 55 tonnes s'écrasèrent sur le sol ! Il n'y eut heureusement pas de victime, mais on dut fermer le complexe et le remettre en état. Il fonctionne à nouveau.

En été, la principale ligue professionnelle de base-ball (les Expos de la National League) y dispute ses matches à domicile. Le stade est aussi utilisé pour des concerts.

Le **Biodôme** (voir plus loin), autre stade d'une conception pour le moins audacieuse, devait à l'origine servir de vélodrome, puis fut transformé en piste pour patins à roulettes.

Le **complexe nautique**, également impressionnant, comprend sept piscines, dont un bassin de plongée de 20 m de profondeur. L'entrée de la piscine publique est de 3 $. La station de métro est Viau. Difficile à croire, mais en septembre 1993, une partie du sol d'une des piscines s'effondra, provoquant quelques instants de panique lors d'une séance thérapeutique réunissant des personnages âgées ne sachant pas nager ! Cette piscine est fermée pour une durée indéterminée.

Une nouvelle attraction devrait ouvrir ses portes à la fin 1994. Le centre aéronautique devrait réunir un musée et des expositions sur la technologie spatiale.

Toujours dans le complexe, le **village Olympique** abrite des logements et des restaurants. Des visites guidées en français (☎ 252-TOUR) sont organisées au départ du hall du complexe nautique, tous les jours. Le tarif est de 7 $ Elles intéresseront les passionnés d'architecture ou de sport. Sinon elles sont trop chères pour l'intérêt qu'elles offrent.

Un funiculaire relie la tour qui domine le stade à une plate-forme d'observation en verre. Vous pourrez y profiter de vues magnifiques sur la ville et les environs, jusqu'à 80 km à la ronde. Comptez 7 $.

Un centre d'information jouxte le Biodôme, qui comprend une boutique de souvenirs. Le site se trouve dans le parc Maisonneuve, à l'extrémité est de la ville, à l'angle du boulevard Pie-IX, à quelques mètres de la rue Sherbrooke. La station de métro est Viau. Une navette gratuite assure la liaison du site olympique au Biodôme, par-delà le jardin botanique.

BIODÔME

Ancien stade vélodrome du complexe olympique, le Biodôme (☎ 868-3000), 4777 avenue Pierre-de-Coubertin, est un musée passionnant, axé sur l'environnement. Il présente quatre écosystèmes différents, composés de 4 000 animaux et de 5 000 plantes. Les visiteurs peuvent ainsi en apprendre davantage sur les impératifs de ces quatre environnements : la forêt tropicale humide, les régions polaires, les régions boisées du bouclier laurentien, et l'environnement océanique du golfe du Saint-Laurent.

Le secteur consacré à la forêt tropicale humide est tout particulièrement passionnant, avec ses singes perchés dans de grands arbres et ses alligators en rivières. Autres attractions : les vues sous l'eau des rivières, où les canards rivalisent avec les poissons pour se nourrir, le microcosme océanique et les reconstitutions de marées en bassins. Les manchots sont aussi très appréciés du public.

L'entrée est de 8,50 $ pour les adultes, de 6 $ pour les personnes âgées, et de 4 à 6 $ pour les enfants, selon leur âge. L'entrée est gratuite pour les enfants âgés de moins de 5 ans. Comptez deux heures pour une visite complète. Un billet combinant la visite du Biodôme, du jardin botanique et de l'insectarium est disponible pour 12,50 $. C'est un endroit très populaire.

Mieux vaut s'y rendre en semaine, et, si possible, évitez la mi-journée. Vous pouvez apporter votre déjeuner et vous installer sur les tables de pique-nique, non loin de la cafétéria. La boutique de souvenirs/librairie est très tentante – attention !

Une navette gratuite relie le Biodôme au jardin botanique et à l'insectarium.

JARDIN BOTANIQUE

Ce jardin de 81 hectares (☎ 872-1400) est le troisième du monde, après ceux de Londres et de Berlin. Quelque 26 000 espèces de plantes poussent dans 30 jardins et serres aux climats différents (sous contrôle). La collection d'orchidées, qui réunit 700 variétés, est particulièrement impressionnante, tout comme le jardin japonais, les bonzaïs et les *penjing* chinois aux plantes vieilles d'un siècle. Une visite au nouveau jardin chinois de style Ming s'impose. Les autres aménagements changent avec les saisons.

Le jardin est ouvert tous les jours, de 9h à 16h30, et jusqu'à 19h en été. L'entrée est de 7 $ en été, et comprend le jardin, les serres et l'insectarium. Hors saison, le tarif baisse à 2 $ (billet combiné disponible, voir le paragraphe *Biodôme*). Le jardin jouxte les bâtiments olympiques, dans le parc Maisonneuve. La station de métro est Pie-IX. Une navette rejoint le parc olympique.

INSECTARIUM

Que vous aimiez ou détestiez ces petites bestioles rampantes, cet ensemble (☎ 872-8753) d'insectes originaires du monde entier vous fascinera. L'insectarium se cache à l'extrémité est de la ville, 4101 rue Sherbrooke Est (station de métro : Pie-IX). Le musée est ouvert tous les jours, de 9h à 19h en été, moins longtemps en hiver. L'entrée est de 7 $, mais il existe des billets combinés avec le jardin botanique et le Biodôme.

NOUVEAU MUSÉE INTERNATIONAL DU RIRE

Récemment ouvert, 2111 boulevard Saint-Laurent, ce musée a dû fermer ses portes pour des problèmes de gestion – ce n'est pas une plaisanterie ! Des projets prévoient une modification des expositions, une réduction du tarif d'entrée. Pour les passionnés, appelez l'office du tourisme pour plus de détails sur la date de réouverture.

UNIVERSITÉ McGILL

Sise à l'angle des rues University et Sherbrooke, c'est l'une des plus prestigieuses universités du Canada. Au pied de la montagne, le campus offre un agréable lieu de promenade. Le **musée Redpath** abrite la collection d'histoire naturelle de McGill, qui inclut animaux, oiseaux, fossiles, roches, etc. L'entrée est gratuite, et il est ouvert tous les jours, excepté le vendredi et le samedi. Le dimanche, ouverture seulement l'après-midi.

PLACE DES ARTS

La place des Arts (☎ 844-1211) est le complexe des arts du spectacle de Montréal. Les trois principaux théâtres se trouvent rue Sainte-Catherine, à l'angle de la rue Jeanne-Mance. Ainsi que le nouveau musée d'Art contemporain. Des visites gratuites (trois quarts d'heure) sont organisées, mais renseignez-vous sur les horaires.

COMPLEXE DES JARDINS

C'est l'un des édifices modernes à multiples usages de la ville, regroupant bureaux, beaucoup de boutiques et un hôtel (le Méridien), tous reliés au vaste réseau souterrain de Montréal. Il se dresse sur plusieurs étages, avec un large espace ouvert au centre, où l'on peut se promener et assister à divers spectacles. Vous pourrez observer ce qui s'y passe depuis le café de l'hôtel Méridien, à l'étage supérieur.

Le centre commercial est ouvert 24 heures sur 24. D'innombrables bancs et endroits où l'on peut s'asseoir sont à votre disposition. Il est relié à la place des Arts, de l'autre côté de la rue et au métro.

La place Alexis-Nihon, à l'angle de la rue Sainte-Catherine et de l'avenue Atwater ressemble beaucoup au complexe Desjardins, tout comme la place Bonaventure, à l'angle de la rue de La Gauchetière Ouest et de la rue Mansfield.

PLANÉTARIUM DOW

Le planétarium (☎ 872-4530) se trouve 1000 rue Saint-Jacques Ouest, non loin de la gare Windsor. Il propose des spectacles laser et des programmes concernant le système astral et solaire. Ils sont souvent passionnants. L'entrée est de 4 $ (spectacles laser, 5 $).

HABITAT 67

A la pointe du Havre, la bande de terre en saillie entre le vieux Montréal et l'île Sainte-Hélène reliée à Montréal par le pont de la Concorde constitue un complexe résidentiel connu sous le nom d'Habitat 67. Il fut construit à l'occasion de la Foire universelle pour servir de modèle d'habitation futuriste. Il vieillit bien, son aspect modulaire reste séduisant, et c'est devenu un lieu de résidence très apprécié, et plutôt bon marché.

PARC DES ÎLES

Au sud de la ville, le parc des Îles englobe les îles Sainte-Hélène et Notre-Dame (☎ 872-4537), sises sur le Saint-Laurent, entre les ponts Jacques-Cartier et Victoria. Elles furent le site de l'Exposition universelle de 1967 (L'Homme et son monde), qui connut un immense succès. Pour l'événement, l'île Sainte-Hélène fut considérablement agrandie, et l'île Notre-Dame, artificielle, aménagée de toutes pièces au milieu du fleuve. Aujourd'hui, elles abritent un vaste parc, où l'on peut pratiquer diverses activités.

Île Sainte-Hélène

A l'extrémité septentrionale de l'île Sainte-Hélène se profile **La Ronde**, le plus grand parc d'attractions de la province, avec des restaurants, des bars et toutes sortes de jeux et d'activités. Les montagnes russes, appelées le "Monstre", sont considérées comme l'une des plus formidables attractions au monde du genre. Le petit train offre de belles vues du fleuve et de la ville. Divers concerts et spectacles se déroulent pendant l'été, y compris des spectacles de cirque et d'époustouflantes démonstrations pyrotechniques. Les horaires sont disponibles à l'entrée.

L'admission à toutes les attractions de La Ronde revient à 18 $. Il existe aussi un billet à moitié prix avec attractions limitées. En mai, La Ronde est ouverte seulement le week-end, de 11h à 23h. En l'été, tous les jours de 11h à minuit, voire une heure plus tard pendant le week-end.

Vous pourrez admirer quelques vestiges du vieux fort à proximité de la Ronde. A l'intérieur des remparts en pierre, le **musée David M. Stewart** (☎ 861-6701) présente de vieux objets et ustensiles canadiens. En été, des défilés militaires ont lieu tous les jours devant le musée. L'entrée est de 5 $.

Des promenades en planches sillonnent l'île et relient les vieux pavillons de l'Exposition universelle.

On peut accéder aux îles par différents chemins, mais tous les accès passent par l'île Sainte-Hélène. Si vous êtes en voiture, deux ponts mènent à l'île : le pont Jacques-Cartier et le pont de la Concorde. Mieux vaut toutefois prendre le métro et descendre à la station Île-Ste-Hélène, car les tarifs du parking sont exorbitants. De la station de métro, dotée d'un guichet d'information, partent des circuits en bus faisant le tour des diverses attractions de l'île. Autre possibilité, la navette sur le fleuve (☎ 281-8000) qui part du vieux port, au quai Jacques-Cartier. Comptez 2,75 $ par visiteur et par vélo.

Île Notre-Dame

Cette île possède ses propres attractions, parmi lesquelles la nouvelle et très populaire **plage de sable artificielle** (☎ 872-6093) qui peut accueillir 5 000 personnes. L'eau est filtrée et traitée chimiquement. On peut y pique-niquer et l'endroit dispose aussi de snack-bars.

Elle est ouverte tous les jours, du 24 juin à la fête du Travail (début septembre), de 10h à 19h, selon les conditions atmosphériques. Appelez pour vérifier qu'elle est ouverte – leur conception du mauvais temps n'est peut-être pas identique à la vôtre. Comptez 6 $, tarif réduit pour les enfants. Pour y parvenir, prenez le métro jusqu'à la station Île-Ste-Hélène, puis un bus jusqu'à la plage.

Toujours sur l'île Notre-Dame, le **centre nautique et de plein air** est installé sur l'ancien bassin olympique d'aviron. En été, vous pouvez louer des planches de surf et des canoës, mais l'endroit est plus attrayant encore l'hiver, lorsqu'il se transforme en gigantesque piste de patinage. Il y a des vestiaires avec casiers et un snack-bar où vous pourrez louer des patins. On peut également y pratiquer le ski nordique, et louer l'équipement nécessaire. Le centre est ouvert tous les jours, jusqu'à 21h.

Une nouvelle attraction vous attend dans le vieux pavillon de Québec, un **Dinasaurium** (☎ 861-3462). Expositions, démonstrations et maquettes détaillent avec précision la vie de ces animaux d'un passé très lointain. L'entrée est de 9 $.

Le **casino de Montréal** (☎ 392-2746) n'a ouvert ses portes que fin 1993. Il connut aussitôt une telle popularité (et gagna tellement d'argent) que des travaux d'agrandissement furent immédiatement entrepris. Il est ouvert tous les jours, de 11h à 3h du matin. Le week-end, les nuits connaissent souvent une grande fébrilité et de longues files d'attente ne sont pas rares. L'alcool est servi aux tarifs du bar. Il y a aussi un restaurant haut de gamme. Les jeans ne sont pas autorisés, et en soirée l'habillement est plutôt formel.

Ne tentez pas de vous y rendre en voiture car le parking gratuit se remplit à toute vitesse. Prenez plutôt le métro jusqu'à la station Île-Ste-Hélène, puis la navette gratuite jusqu'au casino.

Le casino est entouré d'un parc (gratuit) où vous pourrez vous promener. Au **circuit Gilles-Villeneuve** (du nom d'un coureur automobile québécois) se déroule la course du Grand Prix de Formule 1.

Un musée lui est consacré à Berthierville (voir *Berthierville*).

Les bus relient l'île Sainte-Hélène aux diverses attractions de l'île Notre-Dame.

MARCHÉS

Les deux marchés centraux sont le **marché Atwater**, au sud de l'avenue Atwater, en dessous de rue Sainte-Catherine, à la hauteur du canal Lachine, et le **marché Maisonneuve**, à l'angle de la rue Ontario Est et de l'avenue Létourneux, à l'extrémité est de la ville. Ils sont ouverts tous les jours, mais le samedi est le meilleur jour.

Au marché Atwater, vous pourrez acheter du sirop d'érable produit par les fermiers de la région. Ces derniers pourront répondre à vos questions sur cette délicieuse spécialité québécoise.

Le **marché Jean-Talon,** plus varié d'un point de vue ethnique, se tient dans la Petite Italie, entre l'avenue Henri-Julien et l'avenue Casgrain, au nord du quartier du Plateau.

BOURSE DE MONTRÉAL

Des visites de la Bourse (☎ 871-2424) sont organisées pour 5 $, tous les jours, en juillet et en août. Concernant horaires et détails, contactez le numéro fourni ci-dessus. La Bourse se trouve au quatrième étage du 800 place Victoria.

LACHINE

A Lachine, banlieue sud de Montréal, s'étend le **parc historique national du commerce de la fourrure à Lachine** (☎ 637- 7433), au 1255 boulevard Saint-Joseph à l'angle de la 12e avenue. Le musée retrace l'histoire du commerce de la fourrure au Canada, qui joua un rôle décisif dans le développement du pays. Prenez le métro jusqu'à la station Lionel-Groulx, puis le bus n°191.

L'entrée est gratuite. Il est assez peu connu et se trouve à environ 10 km du centre-ville, mais nous a été recommandé par un lecteur.

Tout à côté, sur le boulevard Saint-Joseph, mais plus près de la 7e avenue, vous pourrez profiter de visites guidées, à pied et gratuites, le long du canal de Lachine. Ce dernier fut construit à des fins commerciales. La visite est assurée du mercredi au dimanche seulement.

RÉSERVE INDIENNE DE KAHNAWAKE

Au sud de Lachine, au point de rencontre entre le pont Honoré-Mercier et la rive sud, s'étend la réserve indienne de Kahnawake (☎ 632-7500), où vivent quelque 5 000 Mohawks. Sise à environ 18 km du centre de Montréal, cette réserve fut le théâtre d'un affrontement qui dura plusieurs mois entre les Mohawks, le Québec et les gouvernements fédéraux, durant l'été 1990. Un événement qui fit les gros titres de la presse internationale. Les revendications territoriales des Mohwaks se transformèrent en opposition symbolique contre le traitement infligé aux Indiens dans tout le pays.

Le **musée** (☎ 632-1098) était fermé au moment de la rédaction de cet ouvrage. Renseignez-vous. Vous pourrez visiter les **bâtiments de la mission** datant du XVIIIe siècle. Vous y trouverez aussi une église dotée d'un petit musée et de quelques boutiques de souvenirs. L'entrée est gratuite. Ouverture quotidienne, de 10h à 12h, et de 13h à 17h. La messe dominicale de 11h est chantée en mohawk.

Toujours sur le site, le **centre culturel** possède une importante bibliothèque consacrée aux six nations de la Confédération iroquoise. Il présente aussi des expositions principalement axées sur la réserve et son histoire. Des spectacles de danses traditionnelles étaient organisés avant les événements de 1990. Renseignez-vous auprès du musée.

On peut acheter des cigarettes et de l'alcool bon marché dans la réserve. Le sport national canadien, le lacrosse, y est encore très populaire et vous apercevrez sans doute des jeunes gens s'entraîner sur les terrains de sport alentour.

VOIE MARITIME DU SAINT-LAURENT

Inauguré en 1959 sur le Saint-Laurent, ce système d'écluses, de canaux et de barrages permet aux navires de haute mer de remonter à 3 200 km à l'intérieur des terres, *via* les Grands Lacs. De l'autre côté du pont Victoria, lorsque l'on vient de la ville, une tour d'observation domine les écluses de Saint-Lambert, les premières du réseau, où les navires s'élèvent de 5 m. Il y a des expositions explicatives.

La zone d'observation est ouverte d'avril à décembre, entre 9h et 21h30. L'entrée est libre. En janvier, février et mars, les écluses sont fermées – elles sont gelées, tout comme le fleuve, jusqu'au dégel du printemps.

MUSÉE FERROVIAIRE CANADIEN

Ce musée (☎ 632-2410) se trouve au 122A rue Saint-Pierre, dans Saint-Constant, un quartier de la rive sud, non loin de Châteauguay. Il possède la plus riche collection du Canada, notamment des spécimens des premières locomotives à vapeur et des wagons de voyageurs. L'entrée est de 4,50 $. Il est ouvert tous les jours, de mai à début septembre. Pour y parvenir, empruntez le pont Champlain, en direction de la Hwy 15, puis la Hwy 137 à la bifurcation de Châteauguay vers la Hwy 209.

CIRCUITS ORGANISÉS

Visites en bus

A l'office du tourisme du square Dorchester, Gray Line (☎ 934-1222) organise 11 visites touristiques. Le tour ordinaire de la ville dure une heure et demie, coûte 17 $ et vous fera découvrir plusieurs sites majeurs et quartiers résidentiels. L'excursion "de luxe" est plus intéressante, et coûte 32,50 $, un tarif qui inclut l'admission à certaines attractions comme le Biodôme. Comptez 39 $ pour un tour de huit heures. Les autres excursions en bus proposent une escapade jusqu'aux Laurentides, au nord de Montréal, et un circuit au coucher du soleil.

Une autre agence, Murray Hill (☎ 871-4733), est également installée au 1001 de la rue du square Dorchester, dans le centre infotouriste. De là partent des promenades en pseudo trolleybus. Les options offertes sont très diverses et vous permettront de personnaliser votre circuit. Vous pouvez monter dans le bus et et descendre aux différents monuments et profiter de tarifs réduits pour certaines attractions. A l'image de Gray Line, Murray Hill est une agence qui jouit d'une excellente réputation.

Amphi Tour (☎ 849-5181) vous a préparé une surprise ! Un bus sillonne le quartier du vieux port pendant une trentaine de minutes, puis avance dans le fleuve et vous offre une croisière d'une autre demi-heure ! Il fonctionne tous les jours, de mai à la fin octobre. Le tour part du quai King-Edward. Il est indispensable de réserver.

Descentes des rapides

Deux agences proposent des promenades en bateau sur les rapides de Lachine, tout proches de Montréal. Lachine Rapids Tours (☎ 284-9607), 105 Esplanade de la Commune Ouest, organise des excursions d'une heure et demie au départ du vieux Montréal, pour 45 $.

Croisières fluviales

Deux autres agences offrent des croisières en bateau. Les navires de Montréal Harbour Cruises Ltd (☎ 842-3871) partent du quai Victoria (également appelé quai de l'Horloge) au pied de la rue Berri, dans le vieux Montréal. Comptez environ 12 $ pour une excursion d'une heure. Vous sont également proposées des croisières plus longues, au coucher du soleil, ou des soirées (le week-end) avec danse et boissons.

Les circuits à bord du confortable *Bateau Mouche* (☎ 849-9952), péniche de style parisien, plus luxueuse, sont vivement recommandées. Ils partent du quai Jacques-Cartier et durent une heure et demie. Appelez pour réserver.

Une troisième option vous est offerte par le *New Orleans* (☎ 842-7655), un bateau à aubes comme il en circule sur le Mississipi.

FESTIVALS

Voici quelques-uns des principaux festivals de Montréal :

Janvier

Fête des Neiges – festival d'hiver qui se déroule à la fin de janvier, aux alentours du vieux port et du parc des Îles.

Mai-juin

Concours international d'art pyrotechnique – vers la fin mai et début juin le week-end, le ciel de Montréal en est tout illuminé.

Festival international de jazz de Montréal – il a lieu à la fin du mois de juin et début juillet. C'est un événement majeur qui réunit des artistes locaux et internationaux. Les concerts se déroulent en salle et en plein air, à différents endroits de la ville. Beaucoup sont gratuits. Quelques-uns ont lieu habituellement dans le quartier Saint-Denis. Durant cette période, les hébergements se font rares. Réservez.

Fête nationale – autrefois appelée la fête de la saint Jean-Baptiste, et jour férié, elle donne lieu à un gigantesque défilé. Autrefois célébration religieuse, elle s'est transformée en une tapageuse démonstration politique québécoise, puis en joyeuse célébration du printemps, teintée d'un nationalisme de bon aloi.

Juillet-septembre

Festival Juste pour rire – festival franco-anglais composé de spectacles gratuits et payants, qui se déroule en juillet. Plus de 500 000 personnes assistent aux prestations de 200 artistes.

Festival international des Films du monde – il a lieu de la mi-août au début de septembre. Des projections sont organisées dans de nombreux cinémas de la ville.

Plusieurs courses de vélo ont également lieu pendant l'été, dont l'une autour de l'île et une autre dans les rues même de Montréal.

OÙ SE LOGER

Comme Québec, Montréal est une ville très appréciée des touristes en été. Il est parfois difficile de trouver un hébergement, souvent plus cher à cette époque de l'année.

Camping

Les terrains de camping sont rares à proximité de la ville. Vous pourrez tenter votre chance au *KOA* (Kampground of America) (☎ 763-5623) implanté sur la Hwy 138, à Coteau-du-Lac, avant d'arriver à l'île de Montréal, en venant de l'ouest. Il est situé en bordure de route, aux environs de Dorion, à 45 mn en voiture du centre-ville.

Toujours à 45 mn environ du centre-ville, à l'ouest, vous attend également le *Camping D'Aoust* (☎ 458-7301), sur la Hwy 342, dans Hudson-Vaudreuil. Empruntez la sortie 26 de la Hwy 40 (Transcanadienne) : le terrain se trouve 3 km plus loin, sur la route.

Au sud de la ville, un autre *KOA* (☎ 659-8626) est implanté 130 boulevard

Monette, dans Saint-Philippe. D'autres terrains sont également concentrés à environ 20 mn au sud de la ville, sur la Hwy 15.

Auberges de jeunesse

La très centrale HI *Auberge de Montréal* (☎ 843-3317) est bien située, 3541 rue Aylmer. Elle propose 275 lits en été, moins en hiver. Comptez 15 $ pour les membres, 19 $ pour les non-membres. Elle est ouverte toute l'année, de 9h30 à 2h du matin. La rue Aymler part de la rue Sherbrooke, à l'est de l'université McGill. Descendez à la station de métro McGill.

La plupart des chambres peuvent recevoir quatre personnes, certaines sont réservées aux étudiants. On peut y rester un maximum de sept jours, et mieux vaut réserver trois semaines à l'avance en été. De fait, il est conseillé de réserver toute l'année (moins longtemps à l'avance à la basse saison). L'établissement est petit et affiche rapidement complet. L'auberge dispose de cuisines collectives et organisent des visites de la ville gratuites. Elle est également bien située au centre de l'ancien district étudiant McGill. C'est un vieux quartier aux maisons de deux étages où résident de nombreux étudiants, malgré la hausse des loyers. En été, une auberge saisonnière (☎ 843-8890), appliquant des tarifs similaires, est installée au 1600 rue Saint-Hubert.

L'*Auberge Chez Jean* (☎ 843-8279), affiliée aux Backpackers, dirige un établissement à mi-chemin entre le B&B et l'auberge de jeunesse, dans un appartement privé. Comptez 14 $ par nuit, petit déjeuner compris. Selon la demande, les visiteurs pourront obtenir une chambre individuelle, ou devront la partager. Elle est ouverte de mi-juin à mi-novembre. Elle est installée au 4136 rue Henri-Julien, au nord de la rue Duluth, au sud de la rue Rachel, sur le Mont-Royal. Cherchez le nom de "Jean" sur la boîte aux lettres. C'est le propriétaire de l'appartement.

La *YMCA* (☎ 849-8393), 1450 rue Stanley, central, est un bâtiment énorme, avec 350 lits. Les simples/doubles coûtent 33/48 $ et acceptent les hommes et les femmes (mais les couples mariés seulement). Très bon marché, la cafétéria est ouverte de 7h à 19h, en semaine, jusqu'à 14h le week-end.

La *YWCA* (☎ 866-9941), réservée aux femmes, 1355 boulevard René-Lévesque Ouest, loue des simples/doubles à 40/54 $. Il y a une cuisine à chaque étage. Il y a aussi une cafétéria et une piscine. Descendez à la station de métro Peel.

Ouvert toute l'année, et d'un bon rapport qualité/prix, le *Collège Français* (☎ 495-2581, ou si ça ne répond pas, ☎ 270-9260) est au 5155 rue de Gaspé, où il propose toute une gamme de lits pas chers. Les dortoirs coûtent seulement 9,50 $. Les chambres avec 4 lits, confortables, équipées de toilettes, douche et évier, 12,50 $ par personne. Les doubles reviennent à 15,50 $ par personne, et les tarifs appliqués aux simples sont particulièrement intéressants. La cafétéria du restaurant, à proximité, propose des petits déjeuners bon marché. Il y a aussi un parking. Le collège se trouve non loin de croisement des rues Laurier et Saint-Denis. Station de métro Laurier, à 300 m à l'est de la rue de Gaspé. Bien que disposant de 120 lits, il est souvent bondé en été. Appelez pour vérifier qu'il reste de la place.

Le collège possède une autre résidence à l'extérieur du centre, à Longueuil, et une autre encore, sans doute plus intéressante, dans les contrées du Nord, où les hôtels pratiquent des tarifs généralement élevés.

L'*Université McGill*, à l'angle des rues Sherbrooke et University, ouvre ses résidences du 15 mai au 15 août. Le bureau de location des chambres (☎ 398-6367) est installé au 3935 rue University. Les simples (seule formule proposée) coûtent 37 $, 27 $ pour les étudiants. Elle dispose de cafétérias, de laveries, etc. et dans certaines résidences, plus chères, le petit déjeuner est inclus. Tarifs dégressifs si l'on reste plus d'une nuit. Prix à la semaine très intéressants.

La très centrale *Université Concordia* (☎ 848-4756), 7141 rue Sherbrooke Ouest, est encore meilleur marché, mais les résidences ne se trouvent pas sur place. Il y a une station de métro et le bus rejoint la partie ouest du centre-ville. Tarif pour les étudiants : 19 $ en simple ou double ; pour les non-étudiants, 26/40 $.

Enfin, l'*Université de Montréal* (☎ 343-6531), 2350 rue Édouard-Montpetit, à l'ouest du centre-ville, propose des chambres à 23/35 $ pour les étudiants/non-étudiants. Tarifs à la semaine intéressants.

Des chambres à un prix vraiment intéressant sont également disponibles à l'*Oratoire Saint-Joseph* (☎ 733-8211). Les simples/doubles coûtent 25/40 $. Rendez-vous au 4300 chemin Queen-Mary au pavillon Jean-XXIII.

Tourist homes et petits hôtels

La plupart des hôtels sont chers. Mais les tourist homes, nombreuses et regroupées dans le centre-ville, offrent une solution de rechange avantageuse. Presque toutes sont concentrées dans le quartier est du centre-ville, et installées dans des édifices anciens de 10 à 20 chambres. La qualité de l'hébergement varie de la simplicité fonctionnelle au confort à l'ancienne. Les tarifs appliqués sont souvent les meilleurs indices de la qualité, mais quelques dollars suffisent parfois à faire la différence. Les hébergements les plus petits offrent pratiquement tous une belle diversité de chambres, dont le prix dépend de leur confort – avec ou sans évier, toilettes ou s.d.b. Comptez quelques dollars de plus pour la climatisation. Prix plus élevés entre juin et octobre.

Mon premier choix se porte sur le quartier de la gare routière de Saint-Denis, où sont rassemblées quelques Tourist Homes.

Dans la rue Saint-Denis, dans le quartier des cafés, le *Castel Saint Denis* (☎ 842-9719), au n°2099, est perché sur une colline, au sud de la rue Sherbrooke. Proche de la gare routière, il a été rénové et redécoré à deux reprises. D'un bon rapport qualité/prix, mais dénué de toute originalité, il est propre et confortable. Les simples coûtent de 35 $ à 45 $, les doubles de 40 $ à 50 $. Plus au sud dans la rue Saint-Denis, entre Sherbrooke et le vieux Montréal, sont regroupés des établissements meilleur marché, comme l'*Hôtel de la Couronne* (☎ 845-0901), au n°1029. Plus coquet, l'*Hôtel Saint Denis* (☎ 849-4526) propose des chambres et des prix plus variés, au n°1254.

A l'Américain (☎ 849-0616), petit hôtel sis au 1042 rue Saint-Denis, est une bonne adresse. De style européen, il loue 20 chambres, avec des simples de 35 $ à 48 $ et des doubles de 40 $ à 55 $. Les chambres du dernier étage ressemblent à un décor de "nid d'amour" dans certains films français. Mais comme nous l'a affirmé le directeur de l'hôtel, rien à dire des autres chambres ! Le quartier gay de Montréal se trouve à proximité, et l'établissement est devenu populaire auprès des voyageurs qui souhaitent se rendre dans cette partie de la ville.

A l'est de la rue Saint-Denis, *Le Breton* (☎ 524-7273), 1609 rue Saint-Hubert, est une excellente adresse. La rue est agréable et la gare routière à proximité. Il loue des simples de 30 $ à 45 $, des doubles de 40 $ à 60 $. Certaines chambres disposent d'une douche ou d'une s.d.b, de la TV, etc. Plus au sud, au 1001 rue Saint-Hubert, à l'angle de l'avenue Viger, l'*Hôtel Viger Centre Ville* (☎ 845-6058) est meilleur marché, mais confortable. Il propose 22 simples/doubles à 30/45 $. Les moins chères sont équipées d'un évier, d'une TV couleur et d'un ventilateur. Le petit déjeuner (continental) est compris. A proximité de la rue Sainte-Catherine, au 1216 rue Saint-Hubert, la *Maison Kent* (☎ 845-9835) offre des simples de 29 $ à 48 $, et des doubles de 35 $ à 58 $. Si vous pouvez vous contenter d'une s.d.b. commune, vous ferez d'importantes économies.

A l'ouest de la rue Saint-Denis, deux établissements sont établis rue Ontario. Au n°307, la *Maison de Touriste Villard* (☎ 845-9730) est d'un bon rapport qualité/prix pour les simples, à 30 $, mais les doubles sont moins intéressantes à 44 $. La porte voisine, le *Karukera Hotel* (☎ 845-7932) pratique des prix similaires pour les simples, meilleur marché pour les doubles, et offre un choix plus important dans les deux catégories.

Dans la rue Sherbrooke Est, à l'hôtel de ville, entre le boulevard Saint-Laurent et la rue Saint-Denis, se jouxtent trois tourist homes, toutes installées dans de vieilles maisons. L'*Hôtel Pierre* (☎ 288-8519) se trouve au n°169. L'*Hôtel Manoir Sherbrooke*, au n°157, est tenu par les propriétaires de l'*Armor Tourist Lodge* (☎ 285-0140), à l'angle. Ce dernier est un établissement assez vaste, orné de boiseries en bois naturel à l'intérieur. Les deux adresses sont très appréciées avec des simples/doubles depuis 29/35 $, et ne dépassant pas 55 $.

Au 264 rue Sherbrooke Ouest, à l'ouest de la rue Jeanne-Mance, le *Casa Bella* (☎ 849-2777), jaune et vert, pratique des prix très variés, avec des simples de 40 $ à 60 $, et des doubles de 45 $ à 68 $, petit déjeuner et parking compris.

De nombreux établissements sont également disséminés dans le centre-ville. Plusieurs sont regroupés rue Sainte-Catherine, à proximité du boulevard Saint-Laurent, où, vers 18h apparaissent hommes, femmes maquillées et personnages indéterminés. Ils ne vendent certes *pas* des assurances, mais le quartier n'est pas vraiment dangereux. La *Villa de France* (☎ 849-5043), 57 rue Sainte-Catherine Est, est bien tenue, accueillante, avec une paire de bois d'élan accrochés sur le mur de l'entrée. Les simples/doubles coûtent 30/35 $ sans s.d.b. ; 5 $ ou 10 $ de plus, avec s.d.b.

Au 9 rue Sainte-Catherine Ouest, les chambres de l'*Hébergement l'Abri du Voyageur* (☎ 849-2922) sont simples, mais propres, et idéales si vous disposez d'un petit budget. Comptez 21/32 $ pour les simples/doubles. Les autres établissements à proximité ne sont guère recommandés.

Plus à l'ouest, l'*Ambrose* (☎ 844-0342), 3422 rue Stanley, est plus soigné et mieux situé, mais plus cher, avec des simples de 30 $ à 75 $, des doubles de 55 $ à 75 $. Comparez aux hôtels internationaux impersonnels, cela reste une affaire. L'hôtel dispose de 22 chambres.

Vous pourrez louer des chambres dans l'hôtel de luxe le moins onéreux, à seulement six pâtés de maisons du centre-ville. A l'angle des rues Peel et Sainte-Catherine, le petit *Hôtel Château Napoléon* (☎ 938-1500), 1030 rue Mackay, propose des doubles à 60 $.

Enfin, la porte adjacente dans la rue Mackay, au sud du boulevard René-Lévesque, *Aux Berges* (☎ 938-9393), 1070 rue Mackay, se limite à une clientèle homosexuelle masculine. Il est central mais situé dans une rue tranquille. Il loue des chambres de 35 $ à 40 $.

Bed & Breakfasts et Gîtes du passant

Comme indiqué dans le chapitre *Présentation du pays*, les Gîtes du passant sont des chambres sélectionnées selon les critères de qualité d'une fédération appelée Agricotours. Vous trouverez le répertoire et les coordonnées de tous les gîtes assez économiques, dans les librairies de voyage.

Une autre solution de rechange aux hôtels coûteux vous est offerte par les B&B. Bien que phénomène relativement nouveau dans la province, ils connaissent une telle vogue qu'il est difficile de discerner entre toutes les associations qui organisent des locations de chambres chez l'habitant. Certaines font l'objet de propositions individuelles ou d'établissements commerciaux, mais en majorité sont proposées par des agences. Si vous pensez séjourner quelque temps, renseignez-vous sur les tarifs à la semaine.

B&B Downtown Network (☎ 289-9749) est une agence dirigée par Bob Finkelstein qui opère avec succès depuis des années. Il a vérifié le confort, l'hospitalité et le caractère exceptionnel de plus de 50 chambres. Les locataires sont aussi bien des étudiants que des avocats. Quant aux établissements, ils vont du manoirs avec cheminées dans les chambres, aux demeures victoriennes, en passant par les appartements meublés d'antiquités. Les prix pratiqués sont raisonnables, avec des simples de 25 $ à 40 $, des doubles de 35 $ à 55 $. Des triples sont également disponibles. Pour obtenir des informations ou réserver, écrivez au 3458 Laval Ave, Montréal, H2X 3C8 (voici un numéro gratuit qui vous sera peut-être utile : ☎ 1-800-267-5180).

B&B à Montréal (☎ 738-9410), tenu par Marion Kahn, est une organisation similaire, qui propose des logements plus chers avec ce quelque chose en plus. Elle dispose aussi de quelques adresses à Québec, que l'on peut réserver de Montréal.

Une troisième agence, *Montreal Oasis* (☎ 935-2312), est tenue par une Suédoise, Lena Blondel, depuis son propre B&B, 3000 chemin de Breslay (à deux pas de l'avenue Atwater, au nord de la rue Sherbrooke). Toutes les adresses correspondent à d'anciennes maisons, au cœur de la ville, et leurs propriétaires sont souvent très fiers de leurs petits déjeuners. Renseignez-vous sur les établissements de la rue Souvenir, très tranquille et particulièrement attrayante, qui occupe une situation idéale, non loin de la rue Sainte-Catherine, ou sur la demeure ancienne du vieux Montréal. Les prix varient de 40 $ à 70 $ pour une simple, de 50 $ à 90 $ pour une double. Des triples sont là aussi disponibles. La plupart des adresses acceptent les enfants.

Agence moins chère, plus petite, *Welcome B&B* (☎ 844-5897) s'est spécialisée dans les demeures du début du siècle, sises dans le quartier français de la rue Saint-Denis et du Carré-Saint-Louis. Appelez ou écrivez au 3950 Laval Ave, Montréal H2W 2J2. Laval Ave se trouve à un pâté de maisons à l'ouest de la rue Saint-Denis, et leur agence à deux pâtés de maisons au nord de la rue Sherbrooke, à une courte distance à pied de la station de métro Sherbrooke. Les propriétaires, Carole Sirois et Allard Coté, gèrent eux-mêmes un B&B à l'adresse indiquée ci-dessus, toute proche du quartier des restaurants, Prince-Arthur. Il existe d'autres organisations – l'office du tourisme pourra vous en fournir la liste. Les prix pratiqués sont généralement très raisonnables.

QUÉBEC

Hôtels et studios

Si vous recherchez un hôtel moderne, plus conventionnel, mais dont les prix ne rivalisent pas avec ceux qui sont pratiqués par les établissements de luxe du centre-ville, rendez-vous à l'*Hôtel Europa* (☎ 866-6492), qui appartient à la chaîne Best Western. Vous devrez comptez 80 $ pour une double. Le restaurant Red Lobster de l'hôtel est correct, et les fruits de mer sont à un prix raisonnable. Préférez le déjeuner au dîner, d'un meilleur rapport qualité/prix. Central, l'hôtel se trouve 1240 rue Drummond, à proximité de la rue Sainte-Catherine.

Le *Comfort Suites* (☎ 878-2711), 1214 rue Crescent, revient à 99 $ par nuit, pour deux personnes.

Autre hôtel de catégorie moyenne, l'*Hôtel Montréal Crescent* (☎ 938-9797), 1366 boulevard René-Lévesque, loue des chambres de 75 $ à 90 $.

Le Riche Bourg (☎ 935-9224) occupe une position centrale, au 2170 avenue Lincoln. Il propose des chambres avec un lit double ou des lits jumeaux, et une kitchenette, pour 65 $. Tarifs intéressants à la semaine. Il y a une piscine.

Les hôtels cités ci-après appartiennent à la catégorie supérieure. En dépit de leurs tarifs élevés, qui visent essentiellement l'homme d'affaires en voyage, ils n'hésitent pas à faire payer outrageusement parking, appels téléphoniques, boissons dans la chambre. Certains établissements de cette catégorie baissent leur prix pendant le week-end. Ils sont aussi moins chers en été, car les hommes d'affaires se font rares.

Le *Château Champlain* (☎ 878-9000), place du Canada, loue des chambres de 140 $ à 240 $. L'hôtel se trouve de l'autre côté de la rue, en venant de la gare Windsor. Demandez une chambre face au square Dorchester, la vue est superbe. A l'étage supérieur, les fenêtres du bar surplombent également la ville. Il y a un restaurant où sont fréquemment présentées de revues de style Las Vegas. Tout à côté, le *Bonaventure Hilton* (☎ 878-2332), place Bonaventure, propose des chambres de 135 $ à 375 $.

Le *Ritz Carlton* (☎ 842-4212), 1228 rue Sherbrooke Ouest, jouit depuis sa création d'une excellente réputation, avec des chambres de 180 $ à 340 $. La suite-appartement est le logement le plus onéreux du Canada. Cet hôtel est surtout fréquenté par les hommes d'affaires, les vedettes du spectacle et de la politique.

Motels

Il y a deux principaux quartiers de motels à Montréal. Les autres sont disséminés un peu partout. Les prix sont moins élevés hors saison, et ceux qui sont fournis ici sont ceux pratiqués pendant la saison chaude (en été). Les plus proches sont implantés à l'ouest du centre-ville, au sud, dans une rue parallèle à la rue Sherbrooke, la rue Saint-Jacques en venant de la rue Sherbrooke. Cherchez à quel endroit la rue Cavendish retrouve la rue Saint-Jacques. Ce quartier se trouve à environ 10 mn en voiture du centre. En venant de l'ouest (de l'aéroport de Dorval, par exemple), les Hwys 2 et 20 débouchent dans la rue Saint-Jacques.

Le *Colibri* (☎ 486-1167), 6960 rue Saint-Jacques Ouest, loue des simples/doubles à 39/45 $. C'est une bâtisse blanche derrière le restaurant de hamburgers Harvey.

Le récent *Motel Sunrise* (☎ 484-0048), 6120 rue Saint-Jacques Ouest, à l'ouest du boulevard Decarie, est correct. Les simples/doubles coûtent 40/50 $.

Le tout petit *Aubin* (☎ 484-5198), 6125 rue Saint-Jacques Ouest, propose 20 simples/doubles pour 48/53 $.

L'*Ideal Motel* (☎ 488-9561), au n°6951 de la même rue, demande pas moins de 79 $ pour une simple ou une double. Tandis que, au n°7455, le *Motel Raphaël* (☎ 485-3344) offre un bon rapport qualité/prix avec des doubles à 44,50 $, avec piscine et restaurant.

Le second quartier des motels est situé sur la rive sud, de l'autre côté de la rivière, dans le boulevard Tashereau. La rue est également connue sous le nom de Hwy 134, et traverse la ville dans les deux sens. La plupart des motels sont installés à proximité des ponts – vérifiez aux ponts Jacques-Cartier (dans le vieux Montréal) et Champlain, à l'extrémité ouest. Le pont Victoria se trouve entre les deux.

Au 1277 boulevard Tashereau, *La Parisienne* (☎ 674-6291) loue des simples/doubles à 55 $. Le *Falcon Motel* (☎ 676-0215), 6225 boulevard Tashereau, propose des simples/doubles à partir de 35/45 $. Les chambres dans la partie plus récente sont plus chères. Demandez celles qui sont sans suppléments.

Plusieurs autres motels sont concentrés dans les pâtés de maisons autour du n°7000. En voici deux : *Le Paysan* (☎ 640-1415), 12400 rue Sherbrooke Est, avec des simples/doubles à 51/56 $, et *Le Marquis* (☎ 256-1621), au n°6720, où les simples sont moins chères, mais pas les doubles. Les autres motels environnants sont plus onéreux.

Le *Motel Métro* (☎ 382-9780), 9925 rue Lajeunesse, est d'un excellent rapport qualité/prix avec des simples/doubles à 37/45 $, TV et plans de la ville inclus. Depuis la Metropolitan East Hwy, prenez la sortie 73 (rue Saint-Hubert), poursuivez jusqu'à Sauvé d'où vous apercevrez la rue Lajeunesse. Ou bien descendez à la station de métro Sauvé.

Enfin, vous pouvez essayer le *Chomedey Inn* (☎ 681-9251), 590 boulevard Labelle – avec ses films pour adultes, ses lits flottants et ses miroirs au plafond. Prix réduits... le dimanche !

OÙ SE RESTAURER

Les Français sont largement à l'origine de l'excellente réputation de Montréal en matière de restauration. Français auxquels sont venus s'ajouter avec les années divers groupes d'immigrants. Les restaurants ne manquent pas à Montréal – la ville en compte 5 000 ! et vous trouverez à vous restaurer à tous les prix. Quantité d'établissements pratiquent les "spéciaux du jour" – toujours intéressants – et au dîner, un menu complet à prix fixe, en table d'hôte.

De nombreux restaurants montréalais, appartenant souvent aux catégories inférieure et moyenne, pratiquent la formule "apportez votre vin". Si vous souhaitez bénéficier de ce privilège, vous pourrez vous procurer du vin chez un *dépanneur* (épicerie de quartier), ouvert plus tard que les autres établissements commerciaux. Au Québec, vous pourrez vous procurer une bouteille de vin français, mis en bouteille dans la province, entre 7 $ et 9 $, chez les négociants en vin, ou dans une épicerie, où les prix sont généralement plus élevés d'un dollar ou un peu plus.

A Montréal, et dans tout le Québec, sévissait autrefois une tradition selon laquelle certains établissements, connus sous le nom de taverne, étaient "réservés aux hommes". Elles étaient généralement petites, conviviales et servaient de la bière et des repas bon marché. Depuis, elles ont été transformées en "brasseries", établissements plus vastes, plus claires, plus propres. Nombre d'entre elles, dont les anciennes tavernes (restées inchangées), arborent aujourd'hui encore des pancartes indiquant "Bienvenue aux dames", un souvenir datant d'une quinzaine d'années, à l'époque où les femmes commençaient timidement à pénétrer dans ces endroits pour profiter elles aussi de leur atmosphère décontractée et de leurs prix bon marché.

De nombreux restaurants, en particulier les meilleurs, ne font pas montre d'une véritable activité avant 20h, et cela pendant deux heures. Si vous dînez tôt, vous pourrez choisir votre table.

Un phénomène récent devrait attirer votre attention : les tam-tams ou battages tapageurs. Ouvrez bien vos yeux, vos oreilles et vos narines ! Nombreuses en effet sont ces gigantesques réunions inattendues, semi-spontanées, qui se forment, avec étals de nourriture, dans la rue, orchestre, boissons illégales et marihuana. Elles se déroulent généralement au Mont-Royal, le dimanche, en été. Les autorités semblent faire montre d'un bel acharnement contre ces manifestations intempestives (tout comme les propriétaires de magasins), mais beaucoup de Montréalais les apprécient et certains vendeurs sont bien décidés à continuer.

Centre-ville

A l'angle du boulevard de Maisonneuve et de la rue Metcalfe, *Ben's* est une institution. Montréal est réputée pour sa viande fumée et Ben's est célèbre dans tout le pays. C'est un delicatessen à l'atmosphère décontractée, surtout fréquenté par des employés de bureau à l'heure du déjeuner. Les sandwiches sont maigres ou gras – selon vos préférences. Comptez de 4 $ à 7 $ pour un sandwich accompagné de frites, de pickles et d'un café. Le *Bar B Barn*, 1201 rue Guy, est trop petit – on y est entassé, tandis qu'une file d'attente se forme inlassablement devant la vitrine – mais il sert les meilleures et les plus grosses côtes de porc que vous pourrez jamais déguster. L'autre plat proposé est du poulet. C'est une adresse d'un excellent rapport qualité/prix avec des repas de 11 $ à 16 $. Parking à l'arrière.

Rue de la Montagne et rue Crescent sont regroupés plusieurs restaurants. *Aida's*, 2020 rue Crescent, à l'angle du boulevard de Maisonneuve, propose des falafels et autres plats légers, pour un prix modique. Au 2170 rue de la Montagne, *Katsura* est un restaurant japonais très apprécié, qui pratique des prix raisonnables à midi (dîner plus cher). *O Blitz*, 1189 rue de la Montagne, est l'une des meilleures brasseries du quartier. Elles est très animée le midi, car on y sert une bière bon marché et des plats à partir de 4,50 $. Le week-end, elle ouvre à 16h.

Plus à l'est, dans la rue Sainte-Catherine Ouest, au troisième étage du centre Eaton, vous attend le *Magic Pan Crêperie*, avec des crêpes de 5,50 $ à 7,25 $ (adresse : 1500 avenue McGill College).

Toujours au centre-ville, 1122 rue Sainte-Catherine Ouest, le *Tramway* connaît une belle affluence. C'est essentiellement une brasserie, en plus agréable, qui prépare des plats standard. Les spéciaux du jour sont tout particulièrement intéressants. Le *McLean's Pub*, ancienne Rymark Tavern exclusivement réservée aux hommes, se cache à l'angle et au sud de la rue Peel, vers la gare Windsor. Un joyau du genre, dont vous pourrez admirer les boiseries. On y sert une bière bon marché et des plats aux tarifs taverne. De l'autre côté de la rue, 1243 rue Metcalfe, au sud de la rue Sainte-Catherine, le *Dominion Pub* prépare une grande spécialité des tavernes, jambon cuit à la bière accompagné de haricots. Les femmes y sont aujourd'hui parfaitement acceptées. Non loin, au 1205 rue Peel, le *Chenoy's Deli* est recommandé pour ses petits déjeuners bon marché.

En dehors des tavernes à bière, si de folles dépenses vous tentent, rendez-vous *Chez Pauzé*, autre établissement ancestral (il fut inauguré en 1862), doté d'une excellente réputation. Il est implanté au n°1657 de la rue Sainte-Catherine Ouest, en direction du Forum, à l'angle de l'avenue Atwater. Les fruits de mer sont leur spécialité. Repas de 12 $ à 25 $.

Dans la rue Metcalfe, lorsque l'on vient de la rue Sainte-Catherine, est installée la célèbre steak house, *Joe's*. Comptez de 8 $ à 17 $ pour un dîner composé d'un steak, d'une pomme de terre à l'eau ou de frites et d'une délicieuse salade dont vous pourrez vous servir à volonté au bar. La salade seule coûte 7 $. Tous les plats sont très bons.

Dunn's, 892 rue Sainte-Catherine Ouest, non loin de la rue Peel, consiste en un délicatessen (généralement très fréquenté) ouvert 24 heures sur 24. Idéal pour un en-cas léger, tard dans la nuit, ou pour un petit déjeuner très matinal.

Plusieurs restaurants indiens sont aussi réunis dans le centre. Au 1241 rue Guy se trouve l'excellent, mais très onéreux, *Woodlands New Indian Restaurant*. Les plats végétariens d'Inde du Sud sont les moins chers. Le masala dosa, crêpe farcie de pommes de terre, d'oignons et d'épices, à 4,25 $, est délicieux.

A la porte voisine, le *Phaya Tai*, 1235 rue Guy, est un établissement plus original, qui sert de la cuisine thaïlandaise. Les principaux plats végétariens coûtent 6 $; les plats de poisson et de viande, de 8 $ à 12 $. Le *Curry House*, 1433 rue Bishop, propose des dîners pour trois personnes pour un peu plus de 40 $. Il prépare quelques plats succulents. Quant au *Pique-Assiette*, 2051 rue Sainte-Catherine Ouest, c'est l'un des plus anciens restaurants indiens de la ville. Un dîner pour deux revient à environ 25 $. Ce fut le premier établissement de la chaîne internationale Bombay Palace.

Onéreux, mais véritable institution de la ville de Montréal, *Chez la Mère Michel* se dresse au 1209 rue Guy. Il sert une savoureuse cuisine française. Il faut compter environ 120 $ pour un dîner pour deux, vin, taxes et pourboire compris. Les déjeuners composés de trois plats sont très avantageux à seulement 13 $. Le service, la nourriture, le décor – tout est de grande classe. A noter qu'il est fermé le dimanche et ne sert pas de déjeuner le samedi.

Les cafés ne manquent pas dans le quartier de la rue Crescent et de la rue de la Montagne. Deux établissements de style parisien sont implantés boulevard de Maisonneuve. Plus modeste, le *Café Drummond* vous attend 2005 rue Drummond.

Si vous souhaitez préparer vous-même vos repas, rendez-vous chez *Le Fauberg*, 1616 rue Sainte-Catherine Ouest. Le sous-sol de ce centre commercial de style parisien est réservé à l'alimentation, avec aussi une boulangerie et un magasin de vins (voir la rubrique *Marchés*, à la fin de la section précédente).

Vieux Montréal

C'est l'endroit tout indiqué pour faire quelques folies. Les menus sont généralement affichés à l'extérieur du restaurant, avec les prix indiqués. Le charme de beaucoup de ces établissements tient souvent plus à leur décor et à leur emplacement qu'à leur valeur gastronomique. Quartier très touristique, les prix ont parfois aussi tendance à grimper. Quoi qu'il en soit, le quartier mérite largement cette petite dépense supplémentaire.

Si vous rêvez d'un bon repas de poisson à la française, essayez *Le Fripon*, 436 place Jacques-Cartier, en face de l'hôtel de ville, avec des plats de 14 $ à 17 $. On ne saurait trop vous recommander la sole Dover, accompagné d'une bisque de homard et d'escargots, proposé par le menu à prix fixe. Seul inconvénient : le prix exorbitant du vin.

Vous pourrez lui préférer *La Sauvagine* pour prendre le temps d'apprécier le repas, 115 rue Saint-Paul, à l'angle de la rue Saint-Vincent. Au déjeuner, les prix varient de 5 $ à 8 $, au dîner de 13 $ à 18 $. Ces deux restaurants sont très confortables et accueillants.

Troisième possibilité, le *Gibby's* (☎ 282-1837), très fréquenté, très populaire auprès des Montréalais et des visiteurs. Il est installé dans une ancienne étable vieille de deux siècles, au 298 place d'Youville. L'atmosphère y est particulièrement agréable et sa spécialité, le steak, succulent. Dîner à 30 $ par personne. Mieux vaut réserver pour dîner, surtout pendant le week-end.

Deux établissements bon marché vous attendent également dans ce quartier animé de la ville. Le *Bistro du Vieux*, 250 rue Saint-Paul, à l'angle de la place Jacques-Cartier, est d'un formidable rapport qualité/prix, avec des déjeuners à 4,25 $, tout compris. La nourriture est correcte et servie dans une vraie salle à manger, pas sur un coin de table douteux.

Au 273 rue Saint-Paul Est, *L'Usine de Spaghetti Parisienne* propose des plats de 6 $ à 12 $, pain et salade à volonté. Au 48 rue Notre-Dame Est, à l'angle de la rue Saint-Gabriel, deux restaurants de style cafétéria occupent le même établissement. L'un d'eux, le *Restaurant Sultan*, sert une cuisine libanaise bon marché.

La *Brasserie Lambert Closse*, 435B rue Saint-Vincent, non loin de la rue Thérèse, est également bon marché. Pas très éloignée de la rue Notre-Dame et de l'office du tourisme – en bas de l'allée. On peut manger à l'extérieur, en été. Il sert divers spéciaux du jour, de 3,75 $ à 5,50 $, et des chopes de bière bon marché. Le dîner, similaire, est servi jusqu'à 19h. A l'angle de la rue Saint-Paul et du boulevard Saint-Laurent vous attend le *Restaurant Le Coin du Vieux Montréal*, avec des omelettes, des hamburgers et des pizzas.

Chez Delmo, 211 rue Notre-Dame Ouest, se tient un peu à l'écart de la zone fortement touristique et compte surtout sur la clientèle montréalaise depuis de nombreuses années. Établissement très animé à l'heure du déjeuner avec des spécialités de fruits de mer à un prix modique. Les spéciaux du jour offrent la solution la meilleur marché. Il est ouvert pour le déjeuner jusqu'à 15h, plus tard pour le dîner. Comptez environ 8 $ pour un déjeuner servi sur de longs comptoirs appuyés contre les deux murs – une disposition pour le moins étrange. Les dîners sont plus chers, avec un plat principal à 16 $, mais excellents. Il est fermé le dimanche, mais ouvert le samedi soir, de 18h à 23h. En juillet, il est fermé pour congés annuels pendant deux semaines, à la fin du mois.

De nombreux cafés sont rassemblés autour de la place Jacques-Cartier. En été, on prend plaisir à savourer son café en terrasse, à reposer ses pieds ou à contempler les mystères de la vie. Le *Restaurant des Gouverneurs* est le meilleur marché, mais les consommations sont plus chères en terrasse. Le petit *Café St Paul*, 143 rue Saint-Paul Ouest, loin de la foule, pratique des prix plus abordables, avec des déjeuners légers à 4 $. Il sert aussi des croissants et des expressos.

Rue Prince-Arthur

C'est une petite rue qui fut transformée en zone de restaurants, il y a une dizaine d'années. Ce secteur s'étend à l'ouest de la place Saint-Louis, dans la rue Saint-Denis (au nord de la rue Sherbrooke), à un pâté de maisons à l'ouest du boulevard Saint-Laurent. De nombreux petits restaurants de cuisine étrangère bordent cette artère piétonnière. Les restaurants grecs et vietnamiens dominent, mais on y rencontre aussi établissements français et polonais. La plupart appliquent la formule "Apportez votre vin". Les restaurants grecs servent surtout des kebabs, mais pas de moussaka, des feuilles de vigne et des spanokopita en apéritifs, et de la salade grecque.

La *Casa Grecque*, 200 rue Prince-Arthur Est, jouit d'une excellente renommée et vous servira un succulent dîner pour deux pour 20 $ – une affaire.

J'ai aussi, pour ma part, très bien déjeuné à la *Cabane Grecque,* installée au 102 Prince-Arthur Est.

Autre très bonne adresse, japonaise cette fois, l'*Akita*, 166 rue Prince-Arthur Est. Avant 19h30, la table d'hôte est d'un excellent rapport qualité/prix.

En haut : cimetière des Loyalistes, Saint-Jean, Nouveau-Brunswick (CK)
En bas à gauche : festival de musique, Saint-Jean, Nouveau-Brunswick (ML)
En bas à droite : statues d'hommes d'affaires, Stephens Ave Mall, Calgary, Alberta (TS)

En haut à gauche : vieux Montréal, Québec (CK)
En haut à droite : architecture du vieux Montréal, Québec (CK)
En bas : base d'hydravions, île Latham, Yellowknike, Territoires du Nord-Ouest (TS)

Quartier Saint-Denis

Le *Café Croissant de Lune*, côté est de la rue Saint-Denis, en bas des marches, au sud de la rue Ontario, est l'endroit idéal pour prendre son petit déjeuner. Le café au lait accompagné d'un ou de deux beignets ou de croissants vous permettront de tenir largement quelques heures.

Dans la rue Ontario, à l'ouest de la rue Saint-Denis, dans le pâté de maisons 300, sont regroupés plusieurs cafés bon marché, surtout fréquentés par des étudiants et des artistes, qui proposent des repas légers. Au 2115 rue Saint-Denis, *Le Commensal,* hautement recommandé, est ouvert tous les jours de 11h à 24h, avec un self-service de repas végétariens, salade et desserts (prix au poids). N'hésitez pas à empiler les plats sur votre plateau, l'addition ne sera jamais très élevée. Il possède d'autres succursales au 680 Sainte-Catherine Ouest et au 1204 rue McGill College.

Au Vieux Calife, 1633 rue Saint-Hubert, est un endroit minuscule, sans prétention qui sert du couscous légumes avec du thé à la menthe ou du café pour 4,25 $. Il prépare aussi d'autres plats tunisiens.

Restaurant bon marché, populaire, le *Da Giovanni* est implanté 572 rue Sainte-Catherine Est. Vous pourrez obtenir un repas correct, complet (de la soupe au dessert), avec des spaghettis, pour moins de 5 $. Les autres plats, du type poisson ou viande, ne sont pas beaucoup plus chers. Arrivez avant 17h30 pour éviter de faire la queue. Il ferme à 20h.

Le Main et l'avenue Duluth

Le boulevard Saint-Laurent, la principale artère nord-sud, partage les rues de la ville d'est en ouest (les numéros des rues partent de là, dans chaque direction). Il est réputé pour son atmosphère, la diversité ethnique de sa population, ses commerces et ses restaurants. On l'appelle aussi Le Main.

Au sud de la rue Sainte-Catherine sont réunis quelques-uns des plus célèbres endroits à hot dogs/frites. Mémorablement très bons ! Beaucoup plus au nord, vous devrez impérativement vous rendre chez *Schwartz's*, au n°3895. C'est un petit délicatessen familial et convivial, qui ne ferme pratiquement jamais, toujours bondé, et qui sert incontestablement la meilleure viande fumée de la ville (vieillie naturellement, sans additifs chimiques).

Le secteur du boulevard Saint-Laurent, aux alentours de la rue Prince-Arthur, regroupe de nombreux restaurants, d'un prix généralement abordable. Vous y trouverez notamment quantité de restaurants indiens et africains.

L'avenue Duluth, qui s'étend d'est en ouest, coupe le boulevard Saint-Laurent à la hauteur du pâté de maisons n°4000. A l'image de la rue Prince-Arthur, c'est une ancienne rue étroite, autrefois un quartier chaud, qui fut transformé en secteur de restaurants. De l'est du boulevard Saint-Laurent, lorsque l'on rejoint à l'est la rue Saint-Denis, de nombreux établissements grecs, italiens et vietnamiens bordent la rue.

Non loin du boulevard Saint-Laurent, au 65 avenue Duluth Est, *L'Harmonie d'Asie* est un restaurant vietnamien qui pratique des prix raisonnables. Au n°450, essayez *La Maison Grecque*, qui connaît beaucoup d'affluence mais qui est vaste, avec un patio en plein air pour y déguster des brochettes le soir (prix intéressant). Vous pourrez vous munir d'une bouteille de vin chez le dépanneur tout près. Plus à l'est, à proximité de la rue Saint-Hubert, vous trouverez deux restaurants français, plus chers.

Chinatown

Le quartier chinois de Montréal est peu étendu, mais nettement délimité. Bien que l'on ne puisse comparer ses restaurants à ceux de Toronto ou de Vancouver, certains servent une bonne cuisine. Comme toujours, mieux vaut s'y rendre à plusieurs pour goûter aux plats les plus divers. Le quartier est ramassé autour de la rue de La Gauchetière Ouest, entre la rue Saint-Urbain et le boulevard Saint-Laurent, à l'est du square Dorchester, au nord du vieux Montréal. Une partie de la rue est fermée au trafic. La cuisine est essentiellement cantonaise, mais quelques plats épicés setchouanais apparaissent plus fréquemment sur les menus. De nombreux restaurants proposent des spéciaux du jour à 5 $ ou 6 $.

Des établissements plus ou moins bon marché jalonnent la rue de La Gauchetière. Au n°43 de la rue de La Gauchetière Est, à l'angle de la rue Saint-Dominique, le *Tong Por* offre un menu de plats cantonais et thaïlandais. Il est excellent et économique.

Sur le boulevard Saint-Laurent, le *Cristal de Saigon*, au n°1068, est aussi bon marché, mais sert uniquement de la cuisine vietnamienne. Au n°1071, de l'autre côté de la rue, le *Fung Lam* est cantonais. Au n°1437, le *Bon Ble Riz* est plus cher, mais reste raisonnable (cuisine de Canton et du Sichuan).

Avenue du Parc

L'avenue du Parc, qui continue au-delà de la montagne au nord, regroupe surtout des restaurants grecs plus traditionnels (pas de kebabs), beaucoup étant spécialisés dans le poisson. D'un prix abordable, convivial et très bon (dîner pour quatre à 90 $), le *Milos*, 5357 avenue du Parc, propose un menu essentiellement composé de poisson. Le repas vous reviendra d'autant moins cher si vous êtes quatre et pouvez partager un poisson entier (tarif à la livre). Il y a aussi quelques restaurants portugais alentour.

DISTRACTIONS

A Montréal, la vie nocturne est divertissante, variée et se déroule en deux langues (français/anglais) Les clubs servent de l'alcool jusqu'à 3h du matin -- les heures d'ouverture les plus tardives pour le Canada (c'est sans doute ça la civilisation !). De nombreux endroits n'ouvrent pas avant 22h, voire plus tard. Films, pièces et spectacles ne sont pas censurés comme dans certaines régions plus puritaines, par exemple l'Ontario.

Hebdomadaire gratuit en anglais sur les distractions montréalaises, le *Mirror* est distribué partout à Montréal. La *Montréal Gazette*, qui paraît le samedi, dresse également la liste des clubs et des distractions.

La Montréal Info Line (☎ 685-4636) dispose d'informations sur les spectacles, les night-clubs et vend des billets pour les concerts et autres manifestations.

Concerts et discothèques

Les rues Crescent, de la Montagne et Bishop connaissent une animation fiévreuse la nuit, avec des clubs genre discothèques (jeans non autorisés) et des endroits plus décontractés. C'est le quartier pour passer une nuit à l'anglaise, tandis que les Français se regroupent dans Saint-Denis. Le *Sir Winston Churchill Pub*, 1459 rue Crescent, est populaire et on peut y danser. *L'Esprit*, 1234 rue de la Montagne, en dessous de la rue Sainte-Catherine, s'est installé dans un ancien dépôt mortuaire. Une certaine élégance est de rigueur et l'entrée est de 7 $ le week-end.

Le *Thursdays*, 1449 rue Crescent, est réservé aux célibataires. Tout à côté, dans la rue Bishop, sont rassemblés plusieurs pubs. L'endroit se prête aux flâneries nocturnes, quitte à boire une bière. La plupart des bars ne commencent à servir à dîner que vers 22h ou 23h et, passé cette heure, il faut faire la queue pour pénétrer à l'intérieur.

Le *Metropolis*, 59 rue Sainte-Catherine Est, est la plus grande discothèque de la ville, avec ses bars répartis sur trois étages, sa musique assourdissante et son système d'éclairage. Il est ouvert du jeudi au dimanche. Au 1215 boulevard de Maisonneuve Ouest, à l'angle de la rue Drummond, le *Pacha* attire une clientèle d'hommes d'affaires et de professionnels.

L'*Old Munich* est installé dans le grand bâtiment carré, dans la rue Saint-Denis, à l'angle du boulevard René-Lévesque. A l'intérieur, une vaste salle caverneuse réunit des gens d'âge et de style très divers. Au centre, dans la fumée et le bruit, un orchestre vous encourage à abandonner votre verre et à venir danser sur une musique allemande de type Oktoberfest. Le couvert est de 3 $, voire plus selon les spectacles. C'est gratuit le mardi.

On s'amuse souvent à la *Salsathèque*, 1220 rue Peel. C'est un endroit élégant, animé, où se produisent des orchestres latino-américains.

Le *Yellow Door Coffee House* (☎ 392-6743), 3625 rue Aylmer, a survécu aux années 60, époque à laquelle les jeunes Américains venaient chercher refuge au Canada pour échapper à la conscription. Les concerts de musique folk sont devenus plus rares. Renseignez-vous. Il est fermé en été.

Dans le vieux Montréal, au 104 rue Saint-Paul, *Les Deux Pierrots* est un endroit gigantesque, sur deux étages, avec des chanteurs francophones et une atmosphère détendue. L'entrée est gratuite.

On peut écouter de la musique new-wave ou punk aux *Foufounes électriques*, 87 rue Sainte-Catherine Est. Bon marché.

On nous a également recommandé le *5116*, en haut du Plateau Mont-Royal, dans l'avenue du Parc, et le *Café Campus*, 57 rue Prince-Arthur Est.

Il existe plusieurs bons endroits pour écouter du jazz. L'*Air du Temps* (☎ 842-2002) se trouve dans le vieux Montréal, au 191 rue Saint-Paul Ouest, à l'angle de la rue Saint-François-Xavier. Les solistes se produisent à partir de 17h, les groupes après 21h30. Ce sont essentiellement des musiciens locaux. Couvert gratuit. Atmosphère et décor agréables.

Au *Biddles* (☎ 842-8656), 2060 rue Aylmer, vous pourrez profiter des prestations d'un trio, d'un orchestre ou d'un chanteur. Vous pouvez aussi y manger (couvert gratuit). Le *Grand Café*, 1720 rue Saint-Denis, présente des concerts de jazz et de blues pour un prix modique.

Pas très loin, dans la rue Ontario, des musiciens locaux se produisent au *Café Thélème* (couvert gratuit).

Cinéma

Le cinéma prend une place vraiment importante à Montréal. Pour preuve, les multiples festivals qui se déroulent dans la capitale du Québec : le festival des Films du monde fin août, le festival du Nouveau Cinéma, celui des films scientifiques, des films d'art, la Quinzaine du cinéma québécois, celle du jeune cinéma, ou celle du film multiculturel...

La *Cinémathèque québécoise*, 335, boulevard de Maisonneuve Est, propose des films en version originale (pour la plupart sous-titrés en français) et son programme est disponible gratuitement dans les cafés, restaurants, à l'université, etc. L'entrée est de 4 $ et le jour de fermeture au public est le lundi. Plusieurs cinémas projettent des films en français, dont *Le Parisien*, situé 480, rue Sainte-Catherine Ouest.

Des salles spécialisées dans les films de répertoire en langue anglaise (double séance et représentations après minuit le week-end), moins chères que celles qui passent des films en exclusivité, sont regroupées aux alentours de la ville. Plus central, le *Paris Cinema* (☎ 875-7284), 896 rue Sainte-Catherine Ouest, pratique une politique similaire. Il présente deux films par soirée. La plupart sont d'origine américaine, mais sont également proposés des films européens.

La vocation cinématographique de Montréal

"Le cinéma est partout à Montréal, mais Montréal est rarement au cinéma. C'est à Montréal qu'on venait lorsqu'il s'agissait de filmer le Moscou d'avant la perestroïka. C'est encore Montréal qu'on utilise pour donner à moindres frais l'illusion de Vienne, de New York, des cafés parisiens et des banques londoniennes. Ville d'ailleurs, ville de rassemblement temporaire, Montréal demeure fidèle à son intention première, celle du comptoir et du lieu d'arrêt obligatoire avant de s'enfoncer vers l'intérieur ou de revenir vers la civilisation. A Montréal, on célèbre la culture des autres et on y pratique le multiculturalisme comme s'il s'agissait d'une deuxième nature. [...]" ■

Daniel Latouche *in* **Montréal, l'oasis du Nord**

Éditions Autrement, série Monde-H.S. n°62, Paris, 1992 (extrait de la page 175)

Les campus McGill et Loyola présentent également des films. Le cinéma Imax (☎ 496-4629), dans le vieux port de Montréal, dispose d'un écran géant.

Autres distractions

Pour jouir d'un superbe panorama sur la ville, rendez-vous au bar du dernier étage du très luxueux *Château Champlain*, square Dorchester. Les boissons sont coûteuses, mais la vue est magnifique et mérite bien le prix d'un verre.

Le *Comedyworks*, à l'étage du 1230 rue Bishop, présente des comiques, généralement plusieurs dans une même soirée. L'entrée est payante. Le *Théâtre Centaur* (☎ 288-3161), 453 rue Saint-François-Xavier, est spécialisé dans les représentations théâtrales en anglais. Les *Ballets Jazz de Montréal*, une troupe de danse moderne, jouissent d'une bonne réputation et se produisent fréquemment à Montréal. *Place des Arts* sont présentés de nombreux concerts symphoniques concerts et des ballets.

Implanté à Montréal, le *Cirque du Soleil*, qui connaît aujourd'hui une renommée internationale, ne possède pas d'animaux. Les spectacles sont essentiellement basés sur des acrobaties et d'étonnants tours d'adresse. A ne pas manquer.

Le palais de la Civilisation est aujourd'hui installé dans l'impressionnant bâtiment du marché Bonsecours, au 330 rue Saint-Paul Est, dans le vieux Montréal. Ce musée présente de vastes expositions de vulgarisation, d'inspiration historique ou culturelle. Plusieurs lecteurs nous ont écrit qu'elles méritaient le déplacement.

ACHATS

La Guilde canadienne des Métiers d'Arts, 2025 rue Peel, présente un modeste ensemble d'œuvres d'artisans québécois et canadiens, ainsi que des imprimés et bois sculptés inuits, guère bon marché. L'entrée est libre.

La Galerie d'art inuit Baffin (☎ 393-1999), 4 rue Saint-Paul Est, à l'angle du boulevard Saint-Laurent, possède une belle collection de pierres gravées. Vous pourrez regarder et acheter, mais ce sont généralement des pièces de collection, donc assez chères.

COMMENT S'Y RENDRE

Avion

Il y a deux aéroports. Situé à 20 km du centre-ville, l'aéroport de Dorval est utilisé pour les vols intérieurs et les liaisons avec l'Amérique du Nord. L'aéroport de Mirabel, à plus de 50 km au nord-ouest du centre-ville, concerne tous les vols internationaux. De nombreuses compagnies desservent Montréal, notamment les canadiennes. Voici quelques tarifs : Air Canada (☎ 393-3333), pour Halifax, 281 $; Toronto, 213 $; Winnipeg, 457 $. Canadian Airlines (☎ 931-2233) pratique des prix identiques.

Voyages Campus (☎ 843-3851), 1613 rue Saint-Denis, propose des tarifs étudiants très avantageux. Il dispose également d'une agence au campus de l'université McGill.

Montréal offre aussi des tarifs bon marché pour la Floride, le Mexique et une partie des Caraïbes.

Bus

La gare routière (☎ 842-2281) occupe une position centrale, à l'angle du boulevard de Maisonneuve et de la rue Berri, non loin de la rue Saint-Denis. Elle se trouve juste à côté de la station de métro Berri-UQAM. La gare est utilisée par Voyageur Lines, Orléans Express, Greyhound en provenance des États-Unis, et Vermont Transit, qui relie Montréal à Boston, en quelque sept heures, avec un changement à Burlington (Vermont). Lorsque vous prenez un Greyhound pour les États-Unis, vérifiez si le prix du billet est en dollars US ou canadiens. Au Québec, Orléans Express assure les liaisons de Montréal vers l'est.

Les destinations assurées par Voyageur sont Ottawa, toutes les heures, pour 25 $; et Toronto, cinq fois par jour, davantage les week-ends, pour 60 $.

Orléans Express relie Montréal à Québec. Trajets directs ou plus lents, avec

QUÉBEC

arrêts dans diverses bourgades, tout le long du chemin. Un billet aller pour Québec coûte 35 $ (49 $, aller et retour, dans un délai de dix jours, tant que vous ne voyagez pas un vendredi).

Murray Hill (☎ 871-4733) assure des bus express pendant la saison de ski. Ainsi que deux stations dans les Laurentides et deux dans le Vermont.

Appelez pour plus de renseignements, notamment pour connaître les horaires et points de départ.

Train

Il y a deux gares l'une à côté de l'autre dans le centre-ville. Vous pourrez vous rendre de l'une à l'autre en 10 mn par le passage souterrain.

La gare CN-VIA Rail, également appelée gare centrale, sous le Queen Elizabeth Hôtel, à l'angle du boulevard René-Lévesque et de la rue Mansfield, reçoit la plupart des passagers de VIA Rail (☎ 871-1331). Station de métro : Bonaventure.

La gare Windsor, le terminal de CP, se trouve à l'angle de la rue Peel et de la rue de La Gauchetière, à quelques pâtés de maisons de la gare CN. Descendez à la même station de métro. Ce sont surtout des trains de banlieue qui utilisent aujourd'hui cette vénérable vieille gare.

Trois services de trains sont assurés quotidiennement pour Ottawa, cinq pour Toronto, le premier partant à 7h30. Tarifs : Ottawa, 32 $; Toronto, 75 $; Québec, 40 $.

Pour toute information sur les destinations aux États-Unis, contactez Amtrak (☎ 1-800-872-7245). Se rendre à New York par Amtrak revient à 69 $US l'aller simple (réductions avantageuses sur l'aller et retour). Les tarifs varient en fonction du mois où vous vous déplacez.

Vérifiez bien que les prix vous sont donnés en dollars US.

Voiture

La Transcanadienne traverse la ville. La Hwy 15 rejoint au sud la US 87, à destination de New York. La Hwy 401 relie Montréal à Toronto et continue vers l'ouest.

Location de voitures. Budget (☎ 866-7675) dispose de plusieurs agences dans Montréal, dont l'une à la gare centrale, qui prend 40 $ par jour (100 premiers kilomètres gratuits), et 14 cents par km pour les premiers modèles. Taxes en plus. Tilden (☎ 878-2771), 1200 rue Stanley, pratique des tarifs similaires, mais plus intéressants pour le week-end.

Via Route (☎ 871-1166), 1255 rue Mackay, et Mini-Prix (☎ 524-3009), 2000 rue Sainte-Catherine Est, sont moins chers. Ce dernier loue aussi des caravanes. Voyager en petit groupe est souvent beaucoup plus économique.

Il existe de nombreuses autres agences et succursales disséminées dans toute la ville, y compris aux aéroports. Les prix varient peu de l'une à l'autre, exception faite des offres pour le week-end et des forfaits pour plusieurs jours.

Partager une voiture. Allo Stop (☎ 985-3032), 4317 rue Saint-Denis, est une agence qui se charge de mettre en contact automobilistes et passagers. Appelez un jour à l'avance et dites-leur où vous souhaitez vous rendre, ou, si vous êtes automobiliste, quelle est votre destination. Les prix sont très avantageux, bien meilleur marché qu'un billet de bus : 15 $ pour Québec, par exemple. Allo Stop dessert également Toronto, New York et plusieurs autres villes. Les passagers doivent s'acquitter de 6 $ de cotisation, les automobilistes d'une somme plus élevée, mais ils peuvent avoir une partie de leurs dépenses payée par le(s) passager(s).

Allo Stop dispose d'agences à Toronto, Ottawa, Québec et dans nombre d'autres régions du Québec, comme Saguenay et Gaspé. Cette agence vaut la peine que l'on vérifie ses services.

COMMENT CIRCULER

Desserte de l'aéroport

Le moyen le meilleur marché de se rendre à l'aéroport international de Montréal (Dorval) est de prendre le métro à Lionel-Groulx. Puis de monter dans le bus n°211.

Le premier arrêt, 15 à 25 mn plus tard, est la gare routière de Dorval. De là, le bus n°204 vous emmènera gratuitement à l'aéroport.

Une autre solution, qui revient au même prix, mais plus lente (à moins que vous ne vous trouviez à proximité d'une des lignes de bus), consiste à prendre le métro jusqu'à Crémazie, puis le bus n°100 en direction de l'aéroport et de demander au chauffeur qu'il vous laisse descendre à la correspondance avec le n°209. Coût total par l'un ou l'autre trajet : 1,75 $.

Depuis l'aéroport, empruntez le 204 Est jusqu'à la gare routière de Dorval, puis le 211 Est, qui mènera jusqu'au métro. Il faut compter une demi-heure d'attente entre les bus parfois moins. Les bus n°204 et 211 circulent de 5h du matin à 1h du matin.

Compagnie Connaisseur (☎ 934-1222), dirigée par Grayline, assure des bus de l'aéroport de Dorval aux hôtels luxueux du centre-ville pour 8,50 $. Autobus Aéro Plus (☎ 633-1100) assure la liaison entre les deux aéroports et le centre-ville pour 11,15 $ (45 minutes). Entre l'aéroport de Dorval et le centre-ville, comptez un peu moins d'une demi-heure.

Un taxi du centre-ville à l'aéroport de Dorval revient approximativement à 23 $, de Mirabel au centre-ville, à au moins 56 $.

Bus et métro

Montréal dispose d'un système de métro/bus (☎ 288-6287) très étendu et très pratique. Le métro fonctionne jusqu'à 1h du matin et certains bus encore plus tard. Un billet suffit pour aller n'importe où. Il vous donne même droit à un changement avec un bus ou le métro. Sur les bus, adressez-vous au conducteur pour obtenir un billet de correspondance. Dans le métro, aux distributeurs prévus à cet effet après les tourniquets. Un coupon de six billets

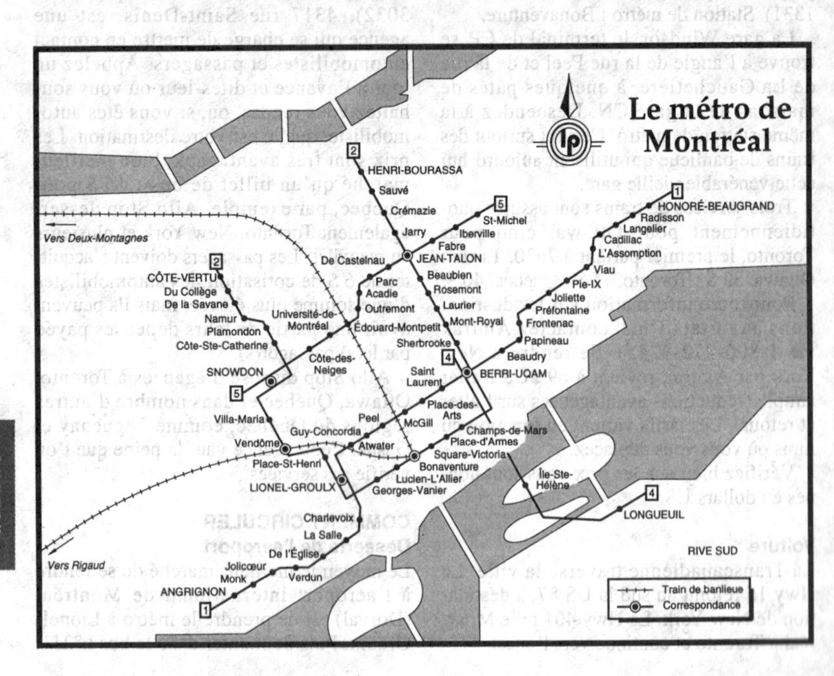

coûte 7 $, un billet individuel, 1,75 $. Les bus acceptent les billets simples, les billets de correspondance et la somme juste en monnaie. Si vous envisagez de rester un mois à Montréal et d'utiliser fréquemment les transports publics, une carte d'accès mensuelle est très avantageuse. On peut la partager avec d'autres, car aucune photo n'est exigée.

Les lignes de métro sont indiquées sur la carte et les stations signalées par de grands panneaux bleus dotés d'une croix blanche qui pointe vers le bas. Le système est essentiellement orienté est-ouest, avec une ligne nord-sud qui marque une intersection à Berri-UQAM. C'est un métro sur pneus, sûr, propre, rapide et silencieux.

Pour plus d'informations, téléphonez au numéro fourni ci-dessus.

Voiture

En ville, la plupart des rues sont en sens unique et les automobilistes passablement agressifs. Faites attention lorsque le feu passe à l'orange. Les piétons comptent peu et les passages cloutés ne signifient pas grand-chose. Ne circulez pas en voiture dans le vieux Montréal – les rues sont étroites, souvent encombrées et les parkings sont rares.

Bicyclette

La circulation à vélo ne cesse de s'améliorer à Montréal. Les offices du tourisme pourront vous fournir une carte des voies et pistes réservées aux cyclistes. Sinon adressez-vous aux bibliothèques ou aux postes de police.

Une route part de la lisière du vieux Montréal, au sud-ouest, vers Lachine, en longeant le vieux canal. Parks Canada (☎ 283-6054) organise des excursions historiques sur cette piste cyclable en été, du jeudi au dimanche.

Au parc des Îles-de-Boucherville, 22 km de piste sillonnent les îles reliées par des ponts. Le principal accès à l'île Sainte-Marguerite est reliée par la route à Montréal. Un ferry (☎ 873-2843) assure la liaison du quai de Boucherville avec l'île Grosbois, du jeudi au dimanche, de 10h à 16h, pour 3 $. La plupart des pistes offrent de belles vues sur la ville. On peut louer des vélos au parc, mais le dépôt ne se trouve pas à proximité du terminal du ferry. Mieux vaut, dans ces conditions, apporter son propre vélo ou disposer d'une voiture. A noter aussi que le ferry ne circule pas le mardi ou le jeudi.

Vélo Aventure (☎ 847-0666), sur le quai King-Edward, dans le vieux port, assure locations et réparations. Cette adresse nous a été recommandée. Ils sont ouverts tous les jours, de mai à octobre et leurs vélos sont généralement en bon état. Ils louent également des Roller blades, équipés d'un système de freinage complet pour les novices. Des locations à l'heure, à la mi-journée ou à la journée, sont disponibles. Tarifs avantageux pour les enfants et en famille. Ils pourront également vous procurer des sièges pour enfants.

Mieux encore, une piste cyclable part directement de la porte du magasin et parcourt des kilomètres. Vélo Aventure pourra aussi vous fournir des cartes des voies cyclables de la ville, dont l'une fait tout le tour de l'île.

On peut aussi louer des vélos au centre Infotouriste (☎ 393-1528), square Dorchester. On peut transporter son vélo dans le métro, dans les deux derniers wagons, et sur les navettes qui rejoignent par le fleuve le parc des Îles.

Événement à ne pas manquer pour passer un bon moment, le premier week-end de juin, le Tour des Îles réunit tous les cyclistes de la ville. On peut y apercevoir toutes sortes de vélos, et certains cycliste arborent des costumes aussi farfelus les uns que les autres. Renseignez-vous auprès de l'office du tourisme.

Calèches

Elle circulent principalement autour du square Dorchester, du vieux Montréal, ou sur le Mont-Royal. Comptez environ 40 $ pour une heure. Une calèche peut transporter jusqu'à quatre ou cinq personnes. En hiver, les promenades s'effectuent à traîneaux.

Environs de Montréal

OKA

Cette petite ville est située à 60 km à l'ouest de Montréal, au confluent de la rivière des Outaouais et du Saint-Laurent.

Elle se trouve en fait sur la rive nord, au nord de Dorion, en bordure du lac des Deux Montagnes, un renflement du cours d'eau.

L'endroit est célèbre pour son monastère de trappistes, vieux d'un siècle et pour le fromage qu'il produit. Cette entreprise fromagère est maintenant gérée par des hommes d'affaires, et le monastère de 70 moines est ouvert aux visiteurs. Vous pourrez y admirer de belles œuvres d'art, plusieurs bâtiments anciens en pierre, et un chemin de Croix de montagne.

En 1990, Oka connut une célébrité internationale en devenant le théâtre d'un affrontement durable entre les Mohawks et les autorités provinciales et fédérales. Provoquée tout d'abord par des questions de terrain locales, cette crise en vint bientôt à symboliser tous les problèmes nationaux que les Indiens souhaitaient voir résolus au plus vite – concernant notamment leurs droits territoriaux et leur indépendance.

RIVIÈRE ROUGE

Au nord-ouest de Montréal, non loin de la limite avec l'Ontario, les rapides de la rivière Rouge sont bien connus des passionnés de rafting.

Plusieurs agences organisent des descentes d'une journée ou d'un week-end, qui font généralement la joie des participants. Vous pouvez notamment vous adresser à New World River Expeditions (☎ 1-800-567-6881), qui dispose d'un bureau à Montréal et d'un autre à Calumet, au Québec, sur la rivière. Ils possèdent un hôtel avec une piscine et un bar, ce qui vous permettra de souffler un peu entre deux rapides ! Autre adresse : Adventure Eau Vive (☎ 819-242-6084), qui fonctionne depuis dix ans.

SUCRERIE DE LA MONTAGNE

Sise dans une forêt d'érables, la sucrerie (☎ 451-0831) est installée dans une cabane à sucre telle qu'il en existait vers 1900. C'est là que la sève d'érable était transformée en sirop et en sucre. La visite englobe un tour du site, des explications sur les techniques utilisées, un repas et autres attractions. Comptez 30 $ avec le déjeuner, 40 $ avec le dîner. Pour atteindre le site, à 45 km du centre-ville, prenez le train jusqu'à Rigaud, puis un taxi (environ 7 $).

LES LAURENTIDES

Cette zone montagneuse de l'ancien bouclier laurentien s'étend entre 80 km et 150 km au nord de Montréal. Région parsemée de lacs, elle se révéla inapte à l'exploitation forestière ou minière, mais parfaitement adaptée à la pratique du ski. Aujourd'hui, elle offre les meilleures stations de la côte est et elle est, en période estivale, largement fréquentée par les campeurs, les pêcheurs et autres amateurs de baignades. Ses nombreuses bourgades françaises, reconnaissables aux flèches de leurs églises, et ses magnifiques paysages l'ont rendue également populaire auprès de tous ceux qui recherchent une enclave où se reposer et se détendre. Hébergements et restaurants ne manquent pas, des hôtels de luxe aux somptueuses salles à manger aux modestes motels.

L'autoroute Laurentienne, aussi appelée Hwy 15, est la voie la plus rapide au nord de Montréal. C'est d'ailleurs le trajet emprunté par les bus. L'ancienne Hwy 117, au nord, est plus lente mais plus pittoresque. Une autre route principale rejoint Joliette, au nord-est de Montréal. De petites routes continuent ensuite vers le nord.

Les villes et stations les plus réputées sont toutes regroupées à proximité des grandes routes. Un paysage de "cottages" s'étend plus à l'est et à l'ouest. Approximativement, la région fréquentée s'achève au parc provincial du Mont-Tremblant. De plus petits villages, paisibles et typiquement "laurentiens", sont disséminés sur les hauteurs de la Hwy 117.

Pour dénicher des endroits moins touristiques ou camper, gagnez les grands parcs privés. Quantité de villes disposent d'offices du tourisme qui pourront répondre à vos questions. En dehors des parcs, les terrains de camping sont eux aussi généralement privés, petits et bondés.

Les motels offrent une autre solution économique. Les hôtels sont, en règle générale (mais pas toujours), onéreux. Vous trouverez sûrement aussi un gîte ici ou là, mais ils changent souvent d'adresse. Renseignez-vous à Montréal.

Les périodes les plus chargées dans cette région des Laurentides sont juillet, août, Noël, février et mars. Le reste du temps, les prix ont tendance à baisser, et l'affluence aussi. L'automne est une saison parfaite pour visiter la région, les collines sont teintées de superbes couleurs, et l'air frais est idéal pour marcher. Toute l'année cette région est baignée d'une atmosphère joviale et détendue.

Pendant la saison de ski, des bus spéciaux relient l'aéroport de Dorval aux diverses zones skiables. Ils pratiquent des tarifs légèrement plus élevés que les bus ordinaires. Les billets aller et retour sont très avantageux.

Des agences d'informations touristiques vous attendent toute l'année dans les villages de Sainte-Adèle, de Sainte-Agathe, de Saint-Jovite et de Mont-Tremblant (☎ 425-2434), 248 rue du Couvent.

Saint-Sauveur-des-Monts

Appelé aussi plus simplement Saint-Sauveur, ce village est la première étape vers le nord. Situé à quelque 60 km de Montréal, Saint-Sauveur est une agréable station, avec quatre pistes skiables. En été comme en hiver, de jour comme de nuit, la rue principale connaît une animation fébrile avec ses restaurants, ses cafés, ses bars et ses boutiques. Elle possède B&B, hôtels et motels.

Mont-Rolland

Centre récréo-touristique basé à Mont-Gabriel, il est idéal pour y faire du ski en hiver et, en été, la montagne se transforme en un gigantesque toboggan, une tendance qu'ont adoptée nombre de stations de la région. Mais celui-ci est différent, car il ne s'agit pas d'un toboggan aquatique. On utilise en effet des bobsleighs pour glisser sur des roulements à billes. Accrochez-vous bien !

La Rolland Paper Company, une des plus anciennes et importantes manufactures de pâte à papier du pays, est également installée à Mont-Rolland.

Perché au sommet de la montagne, l'Auberge Mont-Gabriel est l'un des hôtels les plus grands et les plus chers des Laurentides.

Sainte-Adèle

C'est un des plus jolis villages en bordure de route, doté aussi d'un centre de loisir populaire, le lac Rond.

Un musée s'est inspiré d'un des récits de Claude-Henri Grignon né à Sainte-Adèle en 1894, pour relater la vie dans les Laurentides au siècle dernier. Un autre musée, le musée-village de Séraphin, a recréé un petit village de l'époque des pionniers européens.

Où se loger. L'hébergement, et plus particulièrement les bons hôtels, a tendance à être onéreux. Les voyageurs disposant d'un petit budget pourront se rabattre sur l'*Auberge aux Croissants* (☎ 229-3838), 750 chemin Sainte-Marguerite.

Sainte-Agathe-des-Monts

Avec une population d'environ 9 000 habitants, c'est la plus importante bourgade des Laurentides. C'est aussi une station touristique très animée, avec de nombreux bars, cafés, restaurants, et boutiques où l'on peut se ravitailler. La boulangerie, rue Sainte-Agathe, est célèbre à des kilomètres alentour.

En bordure du lac des Sables, vous pourrez pique-niquer, et des croisières sur le lac sont organisées au départ du quai. Autour du lac sont disséminés plages et aires pour camper. A 1 km au nord de la ville, le Village-du-Mont-Castor est une création moderne dans le style québécois du début

Ski

Les Laurentides sont sans nul doute l'une des régions les plus propices à la pratique du ski. On y trouve des collines, de la neige, de magnifiques paysages, et surtout une atmosphère sportive, amicale et décontractée qui rehausse encore la valeur exceptionnelle d'un séjour dans cette région.

Elle est dotée de plus de 20 stations de ski à deux heures et demie de Montréal, qui permettent à des skieurs de tous les niveaux, débutants ou confirmés, de pratiquer le ski alpin. Plus d'un quart des 350 pistes sont éclairées la nuit – une expérience inoubliable d'autant que la fréquentation des pistes est moindre.

En hiver, on peut skier pendant quatre mois, les gîtes ajoutant de la neige artificielle si nécessaire. Bien que renommée pour ses descentes, la région est également propice à la pratique du ski de fond, nettement moins cher. On peut louer l'équipement dans deux boutiques installées aux environs de Montréal (consultez les pages jaunes de l'annuaire ou l'office du tourisme) et, plus couramment, aux stations de ski, au nord. Arrivez tôt dans la journée, vous disposerez ainsi d'un choix plus grand. Louer la totalité de l'équipement – chaussures, skis, bâtons – revient de 20 $ à 25 $ par jour, ce qui est relativement bon marché, car le matériel est généralement en parfait état.

Les prix de remontée mécanique varient d'une station à l'autre, mais tournent autour de 20 $ à 30 $ par jour. Des tickets demi-tarif sont disponibles à de nombreux endroits et il existe aussi un forfait pour le ski de nuit (moins cher). Les enfants peuvent également bénéficier de billets gratuits. Les tarifs sont moins élevés pendant la semaine, mais tous marquent une nette hausse pendant la période de Noël et du jour de l'an.

A moins d'une heure vous attendent de très agréables stations, telle qu'Habitant, et Olympia est l'endroit idéal pour les débutants comme pour les skieurs rouillés.

En règle générale, plus on s'éloigne de Montréal, plus les pistes deviennent pentues. Mais même les stations dotées de pistes noires comportent aussi des pentes plus douces, accessibles aux débutants ou aux skieurs moyens.

Le mont Tremblant offre la pente verticale la plus haute des Laurentides, à 650 m. Les stations de ski du mont Tremblant et de Grey Rocks offrent de multiples pistes. Vous pouvez descendre une face de la montagne le matin, puis passer de l'autre côté l'après-midi pour profiter constamment du soleil ! Cette station, qui espère bien attirer des skieurs du monde entier, a entrepris une modernisation majeure afin de disposer de tous les aménagements correspondant aux critères internationaux.

La région du Mont-Tremblant dispose également de quelque 150 km de pistes de ski de fond qui sillonnent le parc provincial de Saint-Jovite et les alentours du village de Mont-Tremblant. Nombre de pistes, même plus au sud, comme au mont Rolland, sont reliées entre elles et jalonnées de gîtes chauffés tout du long. ■

du siècle, lorsque l'on utilisait des rondins d'un seul tenant.

Où se loger. B&B, auberges et motels ont tendance à afficher complet, en particulier le week-end. Mieux vaut réserver. Vous pourrez tenter votre chance à *La Villa Verra* (☎ 326-0513), un B&B, 246 Saint-Venant. A la fin du mois de juillet, vous pourrez assister au festival annuel de musique et de danse.

Val-David

Proche de Sainte-Agathe, mais à l'est de la Hwy 15, ce petit village s'est transformé en centre d'art et d'artisanat. On peut visiter certains ateliers et plusieurs boutiques vendent des pièces artisanales.

Où se loger. Une auberge de jeunesse, *Le Chalet Beaumont* (☎ 322-1972), 1451 rue Beaumont, est installée dans un chalet rustique en rondins, perché au sommet d'une colline où la vue est superbe.

Si vous prenez contact depuis Montréal, une navette viendra vous chercher au bus en provenance de Montréal et vous conduira sur place.

C'est la seule auberge de la région, mais elle est magnifiquement située.

QUÉBEC

Saint-Faustin

Dotée d'une population de quelque 1 200 habitants, cette petite station dispose aussi d'un important centre d'interprétation de la nature, sillonné par 15 km de sentiers de randonnée. L'entrée est gratuite et des cartes sont disponibles au centre où vous pourrez aussi vous informer sur la faune et la flore de la région. Elle possède aussi un élevage de truites que vous pourrez visiter. Les poissons servent à repeupler rivières et lacs des Laurentides.

Saint-Jovite

Plus au nord, cette petite bourgade est proche du **mont Tremblant**, qui se dresse à l'extérieur du parc du même nom. Avec une hauteur de 650 m, c'est le plus haut sommet des Laurentides. Avec plus d'une vingtaine de pistes, c'est aussi la station de ski la plus fréquentée et la plus septentrionale des destinations laurentiennes facilement accessibles. Saint-Jovite sert de centre de ravitaillement à la région du mont Tremblant et des nombreux lacs environnants. Des restaurants bordent la rue Ouimet.

Le musée de la Faune, 65 rue Limoge, présente une intéressante collection d'animaux de la région.

Au pied de la montagne, à 146 km de Montréal, se niche Mont-Tremblant Village, un centre d'hébergement avec un télésiège jusqu'au sommet, qui fonctionne été comme hiver.

A Weir, au sud de Saint-Jovite, se trouve la **Laurentides Satellite Earth Station**, centre international de télécommunications. Des visites gratuites sont proposées (installations, antenne de 10 étages, diapositives). Elle est ouverte tous les jours, de mi-juin à la fête du Travail en septembre. Suivez les panneaux à partir de Weir.

Saint-Donat

Au nord-est de Sainte-Agathe, cette petite bourgade en bordure d'un lac sert de centre de ravitaillement pour l'entrée principale du parc provincial du Mont-Tremblant, au nord. Des plages environnent le **lac Archambault** et, en été, vous pourrez faire une excursion d'une heure et demie sur le lac. Vous trouverez aussi toutes sortes d'hébergements dans la ville et aux alentours. Les bars et les cafés qui jalonnent les rues principales sont très animés la nuit.

Parc provincial du Mont-Tremblant

Ouvert dès 1894, ce parc qui couvre un vaste territoire de plus de 1 500 km^2, englobe des lacs, des rivières, des collines et des bois. De nombreux terrains de camping sont éparpillés dans le parc – quelques-uns dotés d'équipements, mais la plupart très rudimentaires. La zone la plus aménagée, au nord de Saint-Donat, offre routes pavées, location de canoës ; les aires de camping sont équipés de douches, etc. A proximité de l'entrée vous attendent deux bons sentiers de randonnée avec de beaux points de vue et, un peu plus à l'intérieur, une chute d'eau avec des tables de pique-nique à proximité.

Vers l'intérieur, certains terrains de camping sont seulement accessibles à pied, en canoë ou par des routes non recouvertes dont certaines sont d'anciens sentiers datant de l'exploitation forestière. Les secteurs les plus reculés abondent en faune.

Au fin fond du parc, à l'est, un jour de septembre où nous étions seuls à profiter des lacs, nous aperçûmes un orignal ; et comme nous étions assis autour du feu, nous entendîmes, tout près, des loups hurler. La nuit était très froide.

Mark Lightbody

LANAUDIÈRE

Ce nom fait référence à la région nord-est de Montréal et, bien qu'on l'englobe dans les Laurentides, elle possède son identité propre. Dépourvue de pistes skiables et de nombreuses grandes villes, c'est une région populaire, mais moins fréquentée. Les parcs y sont notamment abondants, avec des sentiers de randonnée qui sillonnent les montagnes et longent les rivières. Le secteur sud dispose de ses propres "cowboys". Par ailleurs, nourriture et hébergement sont nettement moins chers que dans les zones plus à l'ouest, le long de l'autoroute. Pour tout renseignement, contactez l'office du tourisme de Lanaudière (☎ 1-800-363-2788).

Terrebonne

Difficile à croire, mais la région des Moulins, au sud-ouest de Lanaudière, qui encercle les bourgades de Terrebonne et Mascouche, et le long de la rive nord de la rivière des Mille-Îles est une région de cow-boys. A quelque 45 mn en voiture de Montréal sont regroupés une trentaine de ranches, des milliers de chevaux et beaucoup d'épreuves sont organisées pour se concurrencer. En été, démonstrations, rodéos et gymkhanas sont très fréquents.

Tous les samedis soir, ou presque, au Tico-Smokey Ranch, implanté en dehors de Terrebonne, se déroule une compétition. Les vendredi et samedi soir, fans et cavaliers se retrouvent pour écouter de la musique country et danser au chalet de la Vallée, 1231 chemin Pincourt, à Mascouche. Mais n'arrivez pas trop tôt – ces cow-boys n'ont pas à être debout avant le lever du soleil ! Fréquemment, pendant l'été, ont lieu des rodéos qui durent deux jours, avec prise d'un veau au lasso, affrontement d'un bouvillon, domptage d'un cheval sauvage, tout le grand jeu… Pour plus de détails sur les dates et le site de ces manifestations, contactez l'office du tourisme de Lanaudière. De nombreuses écuries organisent des promenades à cheval, qui s'achèvent rarement avant minuit.

Lorsque vos jambes n'en peuvent plus, abandonnez le Far West à son sort, pour une visite au village du vieux Terrebonne, en bordure de la rivière des Mille-Îles, en face de l'île des Moulins. De nombreux restaurants et cafés bordent la rivière.

Joliette

Principale ville de la région, c'est aussi le centre de l'industrie locale du tabac. Vous remarquerez sans doute que, à certains endroits, les terres cultivées sont divisées en longues bandes. Ces "rangs" comme on les appelait constituaient une méthode traditionnelle de division des terres, que l'on ne rencontre nulle part ailleurs.

La région produit également du sirop d'érable. Au printemps, de nombreux fermiers autorisent la visite des "cabanes à sucre", voire une dégustation. Chez Madeleine, à Mascouche, vous pourrez assister, toute l'année, à la fabrication du sirop. On vous y fournira de nombreuses informations. On y vend aussi divers produits à base de sirop. Je ne voudrais pas vous bousculer, mais il semble qu'avec le temps, les pluies acides pourraient bien avoir raison de cette industrie traditionnelle.

Joliette est le site du Festival international de Lanaudière. Ce festival de musique classique annuel très apprécié attire des milliers de personnes venues assister à quelque 50 concerts qui se déroulent tout l'été. De nombreuses manifestations ont lieu au nouvel amphithéâtre en plein air qui peut accueillir jusqu'à 10 000 personnes. Visites gratuites d'une demi-heure du site.

Rawdon

C'est dans cette autre ville importante que se trouve le **village Canadiana**, une reconstitution d'une bourgade du XIXe siècle, avec des personnages en costumes d'époque. La plupart des bâtiments sont authentiques (l'école date de 1835). Les autres attractions incluent un musée et une galerie d'art.

Site magnifique, des sentiers et de beaux points de vue jalonnent la rivière Ouareau qu'agrémentent les **chutes de Dorwin**. A proximité, d'autres zones boisées et vallonnées sont propices à la marche. Renseignez-vous auprès de l'office du tourisme.

Il existe de nombreux lacs dans la région, généralement bordés d'auberges, de stations touristiques ou de terrains de camping.

Berthierville

Gilles Villeneuve, champion de Formule 1, mort dans un accident, était originaire de Berthierville, sis à l'est de Joliette, sur le Saint-Laurent. Un musée retrace sa passionnante carrière sur les circuits du Grand Prix.

LES CANTONS DE L'EST (ESTRIE)

Les cantons de l'Est, ou "Jardins du Québec", plus communément appelés l'Estrie,

Sirop d'érable

C'est un produit naturel et traditionnel. Le Québec est le premier producteur au monde de sirop d'érable, et l'Estrie que couvrent en abondance des forêts d'érable, un centre de production majeur.

On pense que ce sont les Indiens qui, depuis toujours, maîtrisaient la fabrication du sucre, transmirent leur savoir aux premiers pionniers. Aujourd'hui, les techniques de production varient, mais c'est généralement au printemps, à l'écoulement de la sève, que l'on fixe des seaux aux arbres pour récolter le précieux liquide presque transparent, qui s'écoule goutte à goutte. La sève est ensuite conservée dans de grandes bassines que l'on fait bouillir pendant plusieurs jours pour évacuer toute l'eau. A mesure que le sirop s'épaissit, il devient plus foncé et le taux de sucre atteint 90 %. Il est ensuite refroidi, évalué et mis en bouteilles.

Il sert généralement à napper crèmes à la vanille ou p*ancakes* (crêpes). Il en existe aussi une version solide, le sucre d'érable. Les offices du tourisme du Québec et de l'Estrie pourront vous indiquer où l'on peut assister à la fabrication du sirop, au printemps.

Les pluies acides ont sérieusement endommagé les forêts d'érables du Québec et l'avenir du sirop d'érable semble menacé. On en produit également dans l'est et le centre de l'Ontario, ainsi qu'au Nouveau-Brunswick. ■

s'étendent de Granby à la limite du New Hampshire. Cette région est très appréciée pour ses collines, ses terres verdoyantes, ses bois et ses lacs – une extension de la région appalachienne américaine.

C'est une station touristique très populaire. On peut pêcher et nager dans ses nombreux lacs en été, faire du ski en hiver. L'Estrie abonde en cottages et chalets, privés ou hôteliers, et en auberges. La région est également réputée pour ses restaurants, excellents mais chers.

Au printemps, une même activité s'empare de toute la région : on récolte la sève d'érable, puis on la fait bouillir et on prépare le sirop. A l'automne, une période idéale pour séjourner en Estrie, c'est la cueillette des pommes en vue de la fabrication du cidre. L'hiver enfin, on vient skier aux stations du mont Orford et à Sutton.

Comme le montre à l'évidence le nom des localités, l'histoire de l'Estrie fut longue et mouvementée. Tout récemment encore, c'était une région surtout anglophone. Mais à l'origine, elle fut occupée par les Indiens Abenakis, puis colonisée par les loyalistes qui s'enfuirent des États-Unis, après la guerre d'Indépendance de 1776. Au cours du XIXe siècle, de nombreux immigrants irlandais s'y installèrent. Bientôt rejoints par des colons français, venus les seconder. D'où le mélange qui caractérise aujourd'hui la population de l'Estrie.

Nombre de villes et villages sont fréquentés par les passionnés d'antiquités. De petites boutiques d'artisanat et galeries d'art bordent les rues principales. Autre attrait de la région : ses stations thermales, climatiques et centres de remise en forme qui connaissent un engouement croissant où les personnes stressées sont traitées comme des stars hollywoodiennes. Dans la campagne alentour, essayez de repérer les anciens ponts en bois couverts et les granges rondes.

Un programme de B&B a été mis au point dans les contrées du Nord (l'office du tourisme disposera du guide le plus récent). Vous y trouverez aussi des dizaines de terrains de camping. C'est la seule région de la province où les B&B constituent l'essentiel de l'hébergement tout en pratiquant des prix raisonnables. Il existe aussi quelques hôtels somptueux, mais les tarifs sont en harmonie avec le luxe offert.

Le principal office du tourisme de l'Estrie (☎ 1-800-263-1068) est situé sur l'autoroute (Hwy 10) au sud de Montréal, à la sortie 68. Il est ouvert tous les jours, toute l'année. Autres offices du tourisme à Magog, à Granby et à Sherbrooke.

L'Estrie est également propice à la pratique du vélo, dont la location est offerte à Magog, Orford, North Hatley et dans d'autres bourgades. Des cartes des pistes cyclables et des B&B sont en vente dans les offices du tourisme régionaux. Une importante voie cyclable part de Granby et rejoint Waterloo. Le district est aussi producteur de vin, et surtout d'hydromel, un nectar fabriqué à partir de miel fermenté. Une visite des vignobles de la région ne manque pas d'intérêt.

Granby

Cette ville est surtout connue pour son **zoo**, bien que très ordinaire. Je suis prêt à parier que tous les habitants du Québec connaissent son existence et s'y sont rendus au moins une fois. Il semble qu'il ait toujours existé. Ces dernières années, on a aménagé un insectarium contenant 100 000 spécimens, une exposition de dinosaures, et le zoo s'est enrichi de quelques reptiles, autant d'innovations qui ont quelque peu relevé son intérêt. Granby possède aussi quelques restaurants réputés et accueille un festival de gastronomie chaque automne.

Knowlton (lac Brome)

A proximité, au sud de la Hwy 10, sur la Hwy 243, Knowlton se dresse en bordure du lac Brome. La ville est d'ailleurs souvent appelée Lac-Brome. On a restauré la plupart des édifices victoriens de la rue principale et Knowlton est devenue un centre touristique, avec boutiques de souvenirs et d'artisanat, etc. Le musée historique du comté de Brome possède un salon de thé. Le canard du lac Brome est l'une des spécialités culinaires de la contrée, fréquemment proposée sur les menus.

Sutton

Plus au sud, Sutton est synonyme de station de ski, avec une des collines les plus hautes de la région. En été, les visiteurs arpentent les sentiers de randonnée du parc Sutton. La région aux alentours de Sutton et au sud de Cowansville, non loin du village de Dunham, est largement productrice de vin québécois, et l'on peut visiter certains établissements vinicoles. C'est aussi une importante région de pommiers, où vous pourrez participer à la cueillette en automne. Vous pourrez également vous promener à dos de lama, une espèce élevée dans la ferme du parc naturel.

Cette contrée est réputée pour ses confortables auberges et ses délicieux restaurants où vous pourrez déguster les spécialités locales.

Le *Willow House* (☎ 538-0035), 30 rue Western, est un modeste B&B.

Près du village de Sutton Junction, sur la Route rurale 4, est établi ce qui fut autrefois la ferme de madame Benoît, la plus célèbre cuisinière du Canada. Elle fit son apparition à la Télévision nationale pendant des années, et écrivit plus d'une vingtaine d'ouvrages.

Lac Champlain

Lac essentiellement américain, qui sépare les États du Vermont et de New York, il pénètre aussi au Québec. C'est aujourd'hui un lieu de vacances privilégié des Canadiens et des Américains, en été.

Le lac est idéal pour la pêche et la nage, et certains paysages sont grandioses. A Plattsburg, dans l'État de New York, les Québécois se pressent en masse le week-end sur la plage. La courte traversée en ferry est agréable et vaut la peine si vous séjournez dans la région.

Magog

Située à droite de la pointe nord du gigantesque lac Memphrémagog, Magog est une ville attrayante de 15 000 habitants. De la rue principale se dégage l'atmosphère d'une station balnéaire avec ses nombreux cafés, bars, bistros et restaurants.

Dans cette même rue, mais à l'ouest, se tient l'office du tourisme qui pourra vous fournir des renseignements sur la région. Des excursions en bateau de plus de deux heures sont organisées sur le lac, en été.

Les hébergements ne manquent pas, dans la ville même et alentour. Pour la plupart, ce sont des motels avec des simples/

doubles à 40/60 $. Les 10 B&B pratiquent des prix similaires. Les hôtels sont sensiblement plus onéreux.

Lac Memphrémagog

C'est le lac le plus vaste et le plus connu de l'Estrie. La rive est essentiellement constituée de propriétés privées. A mi-chemin en descendant la rive, on arrive à Saint-Benoît-du-Lac, une **abbaye bénédictine**, où les moines perpétuent la tradition du chant grégorien. Les visiteurs peuvent assister aux services religieux. Si vous souhaitez loger sur place, il y a une auberge pour les hommes, et une autre pour les femmes. L'un des fromages québécois, l'Ermite – une sorte de bleu –, est fabriqué et vendu à l'abbaye. Goûtez aussi au cidre produit sur place.

Active ville frontière avec les États-Unis, **Rock Island** est située à l'extrémité sud du lac et compte quatre des meilleurs restaurants français des contrés du Nord.

Parc provincial du Mont-Orford

Juste à la sortie de Magog s'étend un parc relativement petit (mais le plus vaste de l'Estrie) et, somme toute, agréable. Dominé par le mont Orford (792 m), le parc sert de station de ski en hiver, et se remplit de campeurs en été. Vous pourrez vous y baigner, sillonner les sentiers de randonnée, et le télésiège fonctionne en été.

Chaque été, le centre d'arts d'Orford présente le festival des Jeunesses musicales du Canada.

North Hatley

A l'est de Magog, la ville est située à l'extrémité nord du lac Massawippi.

Adolescent, j'ai bien failli me noyer dans ce lac, lors d'une tempête. Dans ce boyau étroit, tout en longueur, environné de collines, j'ai compris pourquoi les eaux deviennent très vite dangereuses par mauvais temps.

Mark Lightbody

North Hatley servit de villégiature aux Américains qui appréciaient le paysage, mais plus encore l'absence de prohibition dans les années 20. Aujourd'hui nombre de ces vastes demeures ont été transformées en auberges et B&B. Essayez la bière brune Massawippi au pub Le Pilsen.

Sherbrooke

Principal centre commercial de la région, Sherbrooke est une ville assez étendue et bilingue. Elle possède plusieurs petits musées, un vaste choix de restaurants et elle est admirablement située au confluent du Magog et du Saint-François.

L'office du tourisme (☎ 564-8331) se trouve au 48 rue Dépôt.

Les 18 km de la voie cyclable et pédestre qui longe le Magog, connue sous le nom de *Réseau riverain*, offrent une très agréable promenade. Elle démarre de la **Maison de l'eau Charmes** (☎ 821-5893), un musée axé sur la vie aquatique, aménagé en bordure du Magog, 755 rue Cabana, dans le parc Blanchard.

Le **musée des Beaux-Arts**, rue du Palais, est une galerie d'art ouverte tous les après-midi, excepté le lundi. Manifestation locale majeure, une foire annuelle s'y déroule tous les ans, au mois d'août.

Aux abords de la ville, le **tombeau de Beauvoir**, datant de 1920, est un lieu de pèlerinage, qui offre de beaux points de vue sur la ville et les environs. A **Lennoxville** est implantée la Bishop's University, une université anglophone. Vous y trouverez aussi deux brasseries et quelques magasins d'antiquités et d'artisanat. Sur la Hwy 216, en direction de Stokes, se tient le centre d'information de l'Abeille, un centre de recherche ouvert aux visiteurs, avec des expositions sur ces petits insectes et le miel qu'ils produisent. Autres attractions à proximité : la gorge de la rivière Magog et la centrale hydroélectrique Frontenac.

Où se loger et se restaurer. Comme dans toute l'Estrie, les motels, hôtels et auberges ne sont pas bon marché. Vous pouvez vous rendre également dans les B&B qui, à Sherbrooke, restent également assez chers. Renseignez-vous auprès de l'office du tourisme local. En été, des chambres peu coûteuses sont également disponibles à l'université. L'*Hôtel-Motel La Réserve* (☎ 566-6464), 4235 rue King Ouest prend 55 $ pour une double.

La ville possède deux restaurants quatre étoiles très réputés, *Au Petit Sabot* et l'*Élite*. Pour une cuisine plus simple, le *Marie-Antoinette* vous attend au 333 rue King Ouest.

Comment s'y rendre. La ville compte une gare VIA Rail et des services de bus fréquents pour Montréal. Le train passe à Sherbrooke trois fois par semaine et relie, dans les deux sens, Montréal à Saint-Jean, dans le Nouveau-Brunswick. Durant son parcours, il traverse le Maine (États-Unis).

Au sud-ouest de la ville, plusieurs petites routes secondaires viennent rejoindre la Hwy 55, qui aboutit au sud à Rock Island, principale ville frontalière avec les États-Unis, proche des États de New York, du Vermont et du New Hampshire. En été, surtout pendant les week-ends, l'attente est parfois très longue à cet endroit. C'est tout particulièrement vrai pour les véhicules qui pénètrent au Québec, et qui sont consciencieusement fouillés. Si possible, trouvez un poste moins fréquenté, au sud de Coaticook par exemple.

Est de Sherbrooke

Terres doucement vallonnées, villes et villages historiques cèdent la place à une région moins peuplée, plus rude, dotées d'industries du secteur primaire et de forêts encore vierges. Dans le secteur nord de ce district s'étend le parc de récréation de Frontenac, voie d'accès à cette région restée sauvage.

Plus à l'est s'étend la frontière avec le Maine (États-Unis).

DE MONTRÉAL A QUÉBEC

En faisant route vers l'est, sur la Hwy 138, on découvre peu à peu les petites villes du Québec. Maisons de pierre à bordure bleu clair et au toit de tôle, églises au clocher argenté, camionnettes de frites appelées *cantines*, rues principales aux boutiques construites au ras de la route. Le tronçon le plus caractéristique part des Trois-Rivières vers le nord-est.

La Hwy 40 est plus rapide. Route à quatre voies, elle vous mène de Montréal à Québec en deux heures et demie, voire trois heures. Les stations-service sont rares en chemin, faites le plein avant de partir.

Il existe aussi une voie rapide, et une autre lente, au départ de Montréal. Elles longent la rive sud et continuent au-delà de Québec. L'ancienne Hwy 132 suit le fleuve, mais elle est moins belle que son homologue de la rive nord (Hwy 138). Quant à la Transcanadienne, elle est rapide mais ennuyeuse jusqu'à Québec, où elle se rapproche du fleuve. A Trois-Rivières, on peut traverser le Saint-Laurent.

Église Saint-Antoine-de-Padoue

Elle se dresse au nord du Saint-Laurent, à Louiseville. Difficile de la rater. Très impressionnante, c'est l'une des plus gigantesques églises du Canada et elle mérite le coup d'œil. Tout à côté, le bureau touristique pourra vous aider.

Odanak

Presqu'en face, de l'autre côté du fleuve, Odanak est un petit village abénakis fondé au début du XVIIe siècle. Un musée en bordure de la Hwy 226 présente l'histoire et la culture des Indiens Abénakis. Une assemblée abénakis se tient tous les ans, en juillet.

Trois-Rivières

Vieille de plus de trois cent-cinquante ans, c'est aussi la plus grande ville entre Montréal et Québec, et un important centre industriel de pâte à papier.

La **vieille ville**, qui entoure la rue des Ursulines, remplie de souvenirs, est petite mais offre une promenade agréable. Un office du tourisme est installé dans le manoir Boucher-de-Niverville, une maison historique sise au 168 rue Bonaventure, à proximité du croisement avec la rue Hart. Pendant les mois d'été, un autre office du tourisme est ouvert à côté du pont Laviolette, sur la Hwy 138, à l'ouest de la ville.

La gare routière se trouve au 1075 rue Champflour.

Dans la rue des Ursulines, plusieurs **demeures anciennes** sont aujourd'hui ouvertes au public. Transformées en petits musées gratuits, elles donnent un bon aperçu de divers styles architecturaux. Au n°734, le **musée des Ursulines** présente diverses expositions liées aux religieuses de l'ordre de Saint-Ursule, qui joua un rôle déterminant dans le développement de la ville.

Au 362 rue Bonaventure, la **cathédrale de l'Assomption**, construite en 1858, est la seule église néo-gothique s'inspirant du palais de Westminster, présente sur le continent américain. Elle est ouverte tous les jours.

Des **excursions** de deux heures à bord du MS *Jacques-Cartier* partent des docks situés dans le **parc portuaire**, au pied du boulevard des Forges, au centre de la vieille ville.

Toujours dans le parc est proposée une très instructive exposition qu'il faut visiter, avec maquettes et vidéos sur l'industrie locale de la pâte à papier. En revanche, aucune visite à l'usine même.

Au nord de la ville s'étend le **parc national des forges du Saint-Maurice**, où se déroulèrent les premières opérations importantes de la fonte en Amérique du Nord. Construites en 1730, les forges connurent un fonctionnement sporadique jusqu'en 1883. Un centre d'information fournit des détails sur la signification historique de la fonte, mais aussi sa production et son utilisation.

Toujours en dehors du centre-ville, 2750 boulevard des Forges, le **Musée archéologique** est consacré aux fossiles, aux premières poteries découvertes et aux Indiens d'Amérique du Nord. Il est gratuit et fermé le lundi. Au moment de la rédaction de cet ouvrage, ce musée était fermé pour cause de rénovation. Sa réouverture était prévue pour 1996. Renseignez-vous sur l'état des travaux.

Il y a une auberge de jeunesse en ville, *Auberge la Flotille* (☎ 378-8010), 497 rue Radisson. Les chambres coûtent 13/15 $ pour les membres/non-membres. On y sert un petit déjeuner bon marché. Il y a aussi une cuisine commune et une laverie. Elle est située à 10 mn à pied des gares routière et ferroviaire.

En dehors de la ville, la route se met à grimper, avec des côtes à 17 %. De nombreux terrains de camping bordent la route, mais aussi des vendeurs de fruits, de cidre et de sculpture sur bois – un art populaire québécois. Les doubles portes battantes en bois, vestiges d'un tradition ancestrale, sont courantes au Québec, mais rares dans le reste du pays.

Shawinigan et Grand-Mère

Ces deux villes de moyenne importance, riveraines du Saint-Maurice, plus au nord, ne présentent guère d'intérêt pour le visiteur. Centres industriels, elles produisent pâtes et papiers. Elles ont été pendant longtemps l'armature sociale et morale du pays. Toutes deux possèdent aussi des centrales électriques et, à Shawinigan, vous pourrez visiter une imposante centrale hydroélectrique. Si vous faites route vers les parcs plus au nord, vous ne trouverez pas meilleur ravitaillement que dans l'une de ces deux villes.

Entre ces deux bourgades et le parc national de La Mauricie, les hôtels sont rares, et vous aurez tout intérêt à vous rabattre sur un des quelques motels ordinaires proposés par Grand-Mère ou Shawinigan. Vous pourrez aussi convenablement vous y restaurer avant de partir à l'aventure en canoë, ou après.

Parc national de La Mauricie

Situé au nord des Trois-Rivières, au-delà de Shawinigan et de Grand-Mère, le parc national de La Mauricie (☎ 536-2638) est le seul parc national parmi les parcs provinciaux, au nord du Saint-Laurent.

Le parc couvre 550 km² de forêts d'arbres à feuilles persistantes septentrionaux et d'espèces à feuilles caduques plus méridionales, caractéristiques de la vallée du Saint-Laurent. Les basses montagnes arrondies des Laurentides, sans doute les plus anciennes du globe, font partie du bouclier canadien qui recouvre une grande partie de la province. Entre ces collines sont disséminés de nombreux lacs et vallées. Dans le parc vivent des orignaux, des renards, des ours et des castors.

Le parc est idéal pour faire du canoë. Il existe des cartes de cinq parcours en canoë, dont la longueur varie de 14 km à 84 km, des débutants aux pagayeurs confirmés. On peut louer des canoës pour environ 15 $ par jour, au lac Wapizagonke, lui-même panoramique avec ses plages sablonneuses, ses falaises rocheuses et ses chutes d'eau. On peut aussi y pêcher la truite et la perche.

Des sentiers de randonnée, des promenades avec guide et un centre d'interprétation sont à votre disposition. La route des Falaises offre notamment de beaux points de vue. Certains de ces sentiers longent le Saint-Maurice, l'une des derniers cours d'eau de la province sur lesquels on pratique encore la flottaison des rondins, de l'exploitation forestière à l'usine.

Des aires de camping aménagées sont disponibles à 11,50 $, bois à brûler compris. A l'intérieur, le camping (terrains seulement accessibles à pied ou en canoë) est gratuit, mais vous devez préparer votre itinéraire et signaler votre départ. En été, pendant les week-ends, mieux vaut s'informer des possibilités offertes. Les feux sont interdits, emportez un réchaud. Pour le ravitaillement, vous ne trouverez à Grand-Mère que le strict minimum. Aussi est-il plus prudent d'emporter avec soi les provisions nécessaires.

Le parc se trouve à 220 km au nord-est de Montréal. Voyageur Bus Lines relie Montréal à Shawinigan. Deux parcs provinciaux attenants offrent aussi la possibilité de pratiquer le camping sauvage. L'un au nord, l'autre à l'ouest, mais y accéder pose plus de problèmes.

QUÉBEC

Le domaine Joly de Lotbinière

Musée d'État situé sur la rive sud du Saint-Laurent, entre Lotbinière et Sainte-Croix, sur la route de Québec, lorsque l'on vient de Trois-Rivières. Il fut construit par Henri Gustave Joly de Lotbinière (1849-1908), qui fut Premier ministre du Québec. Il est resté presque dans l'état où il était au milieu du XIXe siècle. C'est l'un des manoirs les plus impressionnants édifiés pendant la période seigneuriale de Québec. Pris en charge par le gouvernement, c'est aujourd'hui un musée qui renferme un mobilier d'époque. Le parc et les bâtiments annexes méritent aussi une visite. On y sert déjeuner et thé.

Québec

Ville riche en histoire, culture et beauté, Québec est le cœur du Canada français. Si vous vous trouvez dans l'est du pays, faites un effort pour vous y rendre.

La ville est unique à plusieurs points de vue, mais avant tout pour son atmosphère et son apparence très européenne. On y retrouve le charme propre au Vieux Continent. Un sentiment déjà éprouvé à Montréal, mais jamais avec la même force qu'à Québec. La vieille ville, véritable musée vivant, a été inscrit par l'Unesco au patrimoine mondial, culturel et naturel.

Siège du gouvernement provincial et de l'université, c'est aussi le foyer de l'identité québécoise, dans ses manifestations modérées ou extrémistes. Depuis des siècles, Québec est le creuset du nationalisme francophone et nombre de politiciens et d'intellectuels qui revendiquent aujourd'hui l'indépendance sont implantés à Québec.

Bien que la population soit largement bilingue, elle s'exprime en français dans son immense majorité et 94% des habitants ont des ancêtres français. Mais c'est aussi une ville touristique, l'une des plus visitées du pays avec Banff et Victoria, en particulier en juillet et en août.

C'est également un port important, au confluent de la rivière Saint-Charles et du Saint-Laurent. Perchée au sommet d'une falaise, elle offre un panorama superbe sur

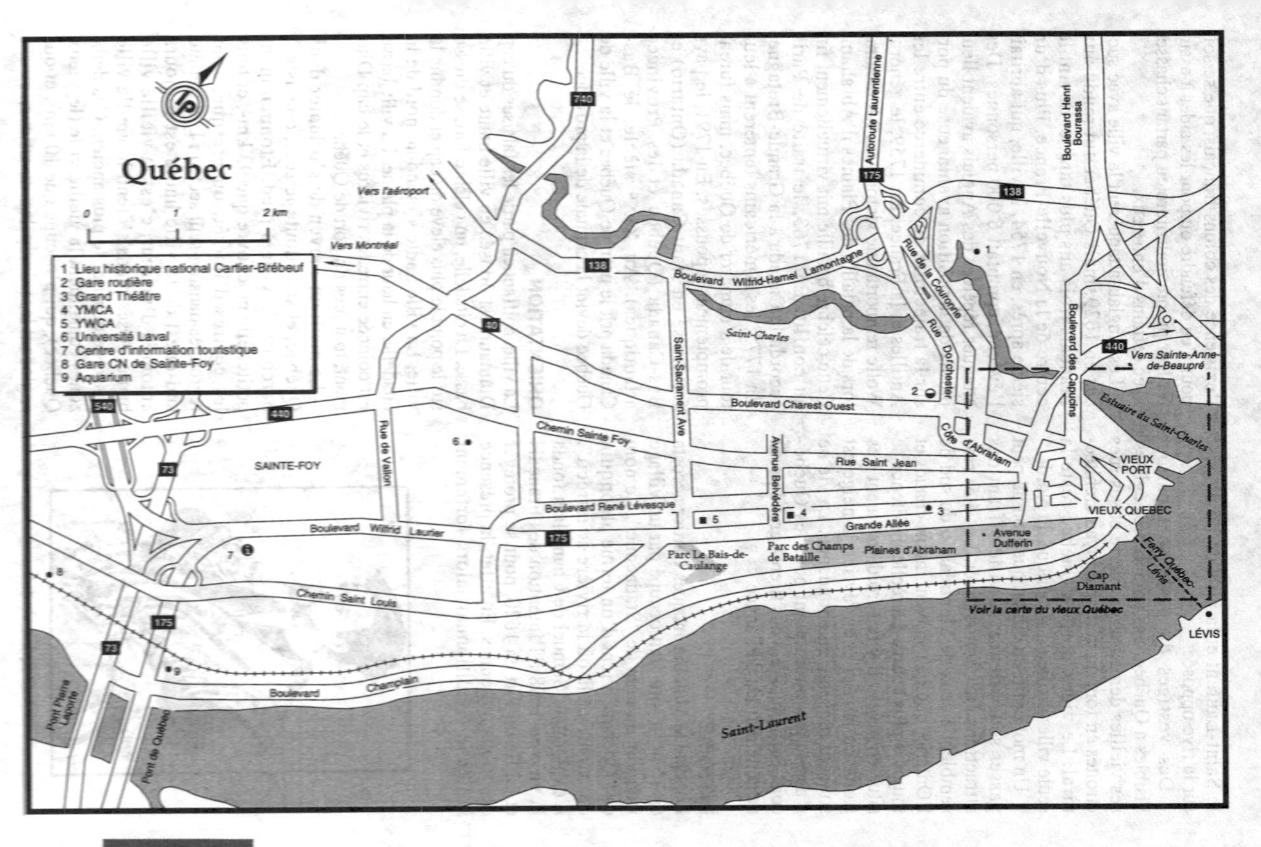
Québec
0
1
2 km
1 Lieu historique national Cartier-Brébeuf
2 Gare routière
3 Grand Théâtre
4 YMCA
5 YWCA
6 Université Laval
7 Centre d'information touristique
8 Gare CN de Sainte-Foy
9 Aquarium
Vers l'aéroport
Vers Montréal
Autoroute Laurentienne
Boulevard Henri Bourassa
Boulevard Wilfrid-Hamel Lamontagne
Rue de la Couronne
Rue Dorchester
Saint-Charles
Boulevard des Capucins
Vers Sainte-Anne-de-Beaupré
Estuaire du Saint-Charles
Saint-Sacrament Ave
Boulevard Charest Ouest
Chemin Sainte Foy
Côte d'Abraham
Rue Saint Jean
Avenue Belvédère
VIEUX PORT
VIEUX QUÉBEC
Boulevard René Lévesque
Grande Allée
Avenue Dufferin
Rue de Vallon
SAINTE-FOY
Boulevard Wilfrid Laurier
Parc Le Bais-de-Caulange
Parc des Champs de Bataille
Plaines d'Abraham
Ferry Québec-Lévis
Cap Diamant
Chemin Saint Louis
Voir la carte du vieux Québec
LÉVIS
Boulevard Champlain
Saint-Laurent
Pont Pierre Laporte
Pont de Québec
740
175
138
440
40
540
73

QUÉBEC

le Saint-Laurent et la ville de Lévis, sise sur la rive opposée.

Des vestiges du passé sont partout visibles à Québec. Ses nombreuses églises, ses vieilles demeures en pierre et ses rues étroites en font un véritable joyau architectural. Le vieux port de Québec reste la seule ville fortifiée d'Amérique du Nord.

Un mot enfin du climat que l'on ne peut passer sous silence, la ville offrant des attractions été comme hiver. Les étés ressemblent à ceux de Montréal ou du sud de l'Ontario, quoique souvent moins chauds et toujours plus courts. La réelle différence se situe en hiver : il y fait froid, vraiment très froid. En janvier et en février, la neige est souvent présente en abondance. La vie ne s'arrête pas pour autant pour les Québécois. Bien préparé, vous tirerez grand profit de cette période de l'année.

HISTOIRE

Lorsque le Malouin Jacques Cartier accosta en 1534, le site était occupé par un village iroquois du nom de "Stadacone". Le nom de "Québec" vient d'un terme algonquin qui signifie "là où la rivière se rétrécit". L'explorateur Samuel de Champlain fonda la ville en 1608 à l'intention des Français et édifia un fort en 1620, pour se protéger des tribus indiennes. En effet, la présence indienne conditionnait alors fortement l'existence des colons français, que se soit pour s'en défendre ou pour les aider à assurer leur propre nourriture en partant chasser avec certains d'entre eux.

Jacques Cartier

Les Anglais attaquèrent la ville avec succès en 1629, mais Québec fut rendu aux Français trois ans plus tard, et devint le centre de la Nouvelle-France. Plus d'un siècle après, en 1754, la ville, qui abritait l'évêché, comptait 6 000 personnes. Des attaques répétées des Anglais avaient lieu, jaloux de la position avantageuse du port sur la trajectoire du commerce entre les Antilles et la France. En 1759, le général Wolfe remporta une victoire sur Montcalm, lors de la bataille des Plaines d'Abraham. Cette célèbre bataille mit virtuellement fin au conflit. En 1763, le traité de Paris accorda le Canada à la Grande-Bretagne. En 1775, les Américains tentèrent à leur tour de s'emparer de Québec, mais furent promptement repoussés. En 1791, le pays fut divisé en Haut-Canada (Ontario) et Bas-Canada (Québec et les Provinces atlantiques). Au XIXe siècle, le Bas-Canada prit le nom de Québec et la ville de Québec devint la capitale de la province.

ORIENTATION

La ville, coiffant en partie les falaises du cap Diamant, est divisée en ville haute et ville basse. La citadelle, un célèbre fort, se dresse sur le point le plus élevé du cap et domine la ville. La ville haute s'étend au nord de la citadelle, en haut de la plaine. La ville basse est coincée entre les rivières et le cap Diamant, tout près du port de Québec.

Le meilleur moyen de s'orienter dans Québec, et sans doute le seul, consiste à parcourir la ville à pied. Étonnamment petite, elle ne couvre que 93 km², et tous les centres d'intérêt, ou presque, sont regroupés dans un seul secteur. L'extrémité sud-ouest de la ville haute est toujours entourée d'un mur, c'est la vieille ville haute. A ses pieds s'étend la vieille ville basse, le quartier le plus ancien. Ces deux zones constituent la vieille ville (le Vieux Québec), qui n'occupe que 10 km², et qui englobent les principales attractions.

A l'extérieur de l'enceinte, dans la ville haute, sont disséminées quelques adresses non dénuées d'intérêt, parmi lesquelles les bâtiments législatifs et plusieurs restaurants. Les portes des remparts offrent le seul accès pour sortir de la vieille ville. Les deux rues principales qui partent de la vieille ville haute, vers l'ouest, sont le boulevard René-Lévesque (anciennement Saint-Cyrille) et, au sud, Grande Allée, qui se transforme en boulevard Wilfrid-Laurier.

La ville basse est essentiellement un centre industriel et des affaires, qui s'étend au nord-est de la ville haute. Une petite partie de la ville basse appartient à la vieille ville, entre le fleuve, le port et les falaises du cap Diamant. On y trouve de très vieilles rues, telles que les rues Sous-le-Cap et Champlain, séparées seulement par quelque 2,50 m.

Le point névralgique de ce petit quartier, au sud-est du Vieux Québec, est la place Royale. De là, rendez-vous à pied, ou empruntez le funiculaire (75 cents l'aller) jusqu'au sommet de la falaise de la ville haute. Le terminal du funiculaire se trouve rue Petit-Champlain, dans la ville basse. Le ferry, qui relie le fleuve à Lévis, part des docks, également dans la ville basse.

A l'extrémité ouest de la ville, vous apercevrez les panneaux indiquant le pont de Québec ou le pont Pierre-Laporte. Tous deux mènent à la rive sud.

Le quartier nord du boulevard René-Lévesque est essentiellement résidentiel. A nouveau, on retrouve la falaise à l'extrême nord. En dessous, le secteur de la ville basse offre peu d'intérêt.

Plus au nord, dans la ville basse, on retrouve les grandes routes principales qui circulent d'est en ouest. Dans ce quartier sont regroupés quelques motels.

De retour dans la partie ceinturée de remparts de la ville haute, la rue Saint-Jean, l'artère principale, abonde en bars et restaurants. Se dirigeant vers le sud, la côte de la Fabrique est une autre rue importante, tout comme la rue Buade qui la croise, plus au sud. En bas de la rue Buade, un peu plus à l'est, se cache le bureau de poste, dans un vieux bâtiment en pierre. De l'autre côté, avec de belles vues sur l'eau, s'étend le petit parc Montmorency.

Le château Frontenac, du nom du premier gouverneur de la ville, aujourd'hui hôtel de luxe au célèbre toit de cuivre datant de 1892, est un des monuments les plus célèbres du Vieux Québec. Derrière, un chemin recouvert de planches longe la falaise, d'où l'on a une belle vue sur le fleuve. Il mène à la promenade des Gouverneurs, un sentier qui se faufile entre le bord de la falaise et la citadelle. Au-delà de la citadelle, à l'extérieur des remparts, s'étale l'immense parc des Champs-de-Bataille. C'est là que se déroulèrent les batailles pour la prise de Québec. Le parc possède plusieurs monuments historiques et quelques sites intéressants.

Le panorama est superbe depuis le chemin recouvert de planches, appelé la terrasse Dufferin, derrière le château Frontenac. On s'y promène, on y joue de la musique et présente des spectacles de rue. Vous pourrez aussi y admirer une statue de Samuel de Champlain. A l'autre extrémité, se trouve le toboggan en bois utilisé pendant le carnaval d'hiver.

Pour contempler la ville d'un point plus élevé, montez au 31e étage de l'édifice "G" (bâtiment gouvernemental), 675 boulevard René-Lévesque. La plate-forme d'observation est accessible de 9h à 16h, du lundi au vendredi, de mars à octobre. L'entrée est gratuite.

Autre possibilité : le dernier étage du restaurant de l'hôtel Loews Le Concorde, 1225 place Montcalm, non loin du chemin Saint-Louis, à l'extérieur des remparts.

RENSEIGNEMENTS

La ville dispose de plusieurs offices du tourisme bien fournis en cartes et informations. Le principal bureau se trouve au 60, rue d'Auteuil (☎ 692-2471), au nord de Grande-Allée, dans le parc de l'Esplanade, près de la porte Saint-Louis. Le personnel est serviable, compte tenu des files d'attente aux heures de pointe. En été, il est ouvert de 8h30 à 20h, tous les jours. Le reste de l'année, il ferme à 17h30. Une seconde agence (☎ 643-2280) est sur la place d'Armes, à l'est de l'hôtel Château de Frontenac, et s'occupe essentiellement des destinations à l'intérieur de la province.

Une autre encore est installée au 215 rue de Marché-Finlay (☎ 643-6631), à l'angle de la rue de l'Union, dans la ville basse. Elle est implantée sur une place, près du fleuve, au sud de la place Royale et concerne surtout le quartier de la place Royale.

Vous trouverez un bureau de poste dans la partie de la ville haute ceinturée par des remparts, en bas de la rue Buade, en face du parc Montmorency. Le principal bureau de poste est situé au 300 rue Saint-Paul, non loin du croisement avec la ruelle des Bains.

A noter
Presque tous les bâtiments du Vieux Québec présentent un intérêt. Pour plus d'informations, procurez-vous à l'office du tourisme la brochure sur la visite à pied de la ville. Un symbole en forme de clé signale les bâtiments présentant un quelconque intérêt historique. L'office du tourisme dispose d'un guide dans lequel sont répertoriés tous les sites "avec clé".

La vieille ville haute englobe non seulement les hôtels et restaurants les plus intéressants, mais aussi nombre de monuments importants.

VIEILLE VILLE HAUTE

Citadelle

Les Français entreprirent sa construction en 1750, avec l'édification de bastions pour emmagasiner la poudre. Le fort (☎ 648-3563) fut achevé par les Anglais afin de renforcer le système de défense sur le flanc est. Il fut entrepris en 1820 et achevé trente ans plus tard. Cette structure de forme irrégulière repose sur une plaine à 100 m du cours d'eau, à un endroit stratégique.

Aujourd'hui, la citadelle est le siège du Royal 22e régiment de l'armée canadienne (les Van Doos), un régiment français qui s'est illustré pendant les deux guerres mondiales et la guerre de Corée. Un musée est consacré à son histoire, tandis qu'un autre musée militaire, plus général, présente des documents, des uniformes et des maquettes répartis dans différents bâtiments, y compris l'ancienne prison, au sud-est.

L'entrée est de 4 $, donnant droit aux deux musées et à une visite guidée. La relève de la garde a lieu tous les jours, à 10h, en été. La sonnerie de la retraite qui suit le dernier tour de la garde se déroule à 18h, les mardi, jeudi, samedi et dimanche, en juillet et en août. Le canon est tiré à 12h et à 21h30, du bastion du Prince de Galles. La citadelle est considérée comme un site militaire et vous n'êtes pas autorisé à vous y promener seul.

Parc des Champs-de-Bataille

C'est un gigantesque parc qui s'étend au sud-ouest de la citadelle. Ses collines, jardins, monuments et parties boisées offrent une agréable promenade. Il fut toutefois le site de sanglantes batailles qui déterminèrent le cours de l'histoire canadienne. Le secteur le plus proche de la falaise est connu sous le nom de Plaines d'Abraham. C'est là qu'en 1759 le général Wolfe trouva la mort sur le champ de bataille, tout comme le général des Français, Montcalm. Le centre d'interprétation du parc des Champs-de-Bataille (☎ 648-4071) retrace l'histoire du parc. Il se trouve dans le musée du Québec (voir ci-après). Il est ouvert tous les jours en été, mais fermé le lundi le reste de l'année. Le parc renferme également une tour Martello (une petite tour de défense côtière) et une fontaine avec un point de vue.

Musée du Québec

A l'extrémité sud-est du parc, au 1 avenue Wolfe-Montcalm, vous attend un musée/galerie (☎ 643-2150), qui organise des expositions temporaires, principalement axées sur l'art québécois. Vous pourrez y contempler des œuvres modernes et plus traditionnelles, des céramiques et des pièces décoratives. Il est petit, non dénué d'intérêt, et gratuit le mercredi (ouvert de 10h à 22h ce jour-là). Les autres jours,

QUÉBEC

l'entrée est de 4,75 $ et il est ouvert de 10h à 18h, mais fermé le lundi, en dehors de la saison estivale. L'ancienne prison, à proximité, fait maintenant partie du musée. A noter que le musée englobe aussi le centre d'interprétation du parc des Champs de bataille.

Lieu historique national des Fortifications de Québec

Cette enceinte largement restaurée, devenue monument national protégé (☎ 648-7016), peut se visiter gratuitement. De fait, vous pourrez en faire le tour complet (4,6 km), tout autour de la vieille ville. Dans la Poudrière attenante à la porte Sainte-Louis, on a installé un centre d'interprétation, qui offre quelques explications sur l'histoire de l'enceinte. Deux autres centres d'information jalonnent le circuit, l'un sur la terrasse Dufferin et l'autre sur la promenade des Gouverneurs.

Parc d'Artillerie

A côté de l'enceinte, à la porte Saint-Jean, le parc d'Artillerie (☎ 648-4205), lieu historique national, est utilisé par l'armée depuis des siècles. Une usine de munitions fabriqua des cartouches pour les troupes canadiennes jusqu'en 1964. C'est aujourd'hui un centre d'interprétation qui présente notamment une maquette à l'échelle de Québec au début du XIXe siècle.

Dans la redoute Dauphine sont exposés costumes et documentations sur les soldats pour lesquels elle fut construite sous le gouvernement français. Édifiée entre 1712 et 1748, la redoute était destinée à protéger un point à découvert. Mais ici, la colline aurait très bien pu être défendue par des soldats postés à l'intérieur.

Les enfants pourront assister à une leçon d'histoire dans les quartiers des officiers. L'entrée est de 2,60 $.

Musée du Fort

C'est un petit musée (☎ 692-2175), 10 rue Sainte-Anne, proche de la place d'Armes, davantage axé sur l'histoire militaire de la province. Il tente de faire revivre six sièges et batailles à l'aide d'une gigantesque maquette de Québec au XVIIIe siècle et d'un spectacle son et lumière. Non dénué d'intérêt, le spectacle dure trente minutes et coûte 4,25 $.

Musée de Cire

Toujours face à la place d'Armes, ce musée (☎ 692-2289), 22 rue Sainte-Anne, retrace certains événements historiques, tels que l'arrivée de Christophe Colomb en Amérique. L'entrée est de 4 $ et de 3,50 $ pour les étudiants.

Monastère et musée des Ursulines

Ce monastère (☎ 694-0694), rue des Jardins, est le plus ancien collège pour filles d'Amérique du Nord. Il y a plusieurs bâtiments, dont certains ont été rénovés récemment. Le musée, dont l'entrée se trouve au 12 rue Donnacona, est consacré à la vie des ursulines pendant les XVIIe et XVIIIe siècles. Il présente aussi des tableaux, de l'artisanat, des meubles et autres objets ayant appartenu aux premiers colons français. Un lecteur nous a écrit que l'on pouvait maintenant y voir le crâne du général Montcalm. L'entrée est de 2,50 $, et de 1,25 $ pour les étudiants. Le couvent, la chapelle et le musée sont ouverts tous les jours de 9h30 à 12h, et de 13h30 à 16h45, mais fermés le dimanche matin.

Tout près, dans la même rue, se dresse la **cathédrale anglicane Holy Trinity**, construite en 1804. Elle est ouverte de 9h à 20h, du lundi au vendredi ; de 10h à 20h, le samedi ; et de 11h à 18h, le dimanche.

Quartier latin

Le Quartier latin fait référence à un secteur de la vieille ville haute qui entoure le vaste complexe du séminaire. Ce dernier fut à l'origine le site de l'université de Laval, qui, faute de place, dut déménager dans les années 60 à Sainte-Foy, à l'ouest du centre-ville. De nombreux étudiants résident toujours dans les vieilles rues étroites qui rappellent le quartier parisien du même nom. Pour entrer dans les jardins du séminaire, rendez-vous au 9 rue de l'Université

(☎ 692-2843). Y sont regroupés de nombreux bâtiments en bois et en pierre, un musée du jouet, le musée de l'Université et diverses cours tranquilles, tapissées d'herbe. Pour les visites guidées, l'entrée est au 2 côte de la Fabrique.

Parc de l'Esplanade

A l'intérieur de la vieille ville, à côté de la porte Saint-Louis et de la rue Saint-Louis, s'étend le parc de la ville qui accueillent plusieurs manifestations du carnaval de Québec, en hiver. Des calèches pour visiter la ville sont alignées en bordure du parc.

Environs de la vieille ville haute

Au XVIIIe siècle, la ville haute commença à se développer après les destructions répétées subies par la ville basse, après chaque bataille. La **place d'Armes** se trouve au nord du château Frontenac. Autrefois utilisée pour les défilés militaires, elle constitue un excellent point de repère.

La **rue du Trésor** donne dans la place d'Armes, en amont. Cette rue étroite relie la rue Sainte-Anne à la rue Buade. Elle est envahie de peintres qui y exposent leur œuvres destinées aux touristes, et de qualité médiocre, à quelques exceptions. Tout au bout de la rue Buade se profile l'**hôtel de ville**, datant de 1833. A côté, le parc accueille des spectacles et des manifestations pendant l'été, en particulier pendant la période du festival.

A l'angle des rues Buade et Sainte-Famille se dresse la **cathédrale Notre-Dame**, datant de 1632. L'intérieur est richement décoré et contient des peintures et des pièces françaises.

VIEILLE VILLE BASSE

C'est la partie la plus ancienne de Québec et, à l'image de la ville haute, elle mérite qu'on s'y attarde. Pour vous y rendre, descendez à pied la côte de la Montagne, près de la poste. A mi-chemin, sur la droite, il y a un raccourci – un escalier passablement raide qui mène directement rue Petit-Champlain. Sinon, vous pouvez suivre le trottoir en bordure du musée du Fort, en direction du fleuve et de la ville basse, puis emprunter l'escalier.

Autre possibilité encore, vous pouvez descendre par le funiculaire qui part de la terrasse Dufferin. Il rejoint aussi la rue Petit-Champlain, où se trouve la maison Louis-Jolliet, datant de 1683. C'est là que résidait Louis Jolliet lorsqu'il n'était pas en train d'explorer le Mississippi nord. La rue Petit-Champlain est une rue animée, agréable, sans doute la plus étroite d'Amérique du Nord et la plus vieille.

Place Royale

Chargée de quatre siècles d'histoire, cette place centrale est aussi la principale de la ville basse. Son nom est souvent utilisé pour faire référence au quartier en général. Lorsque Champlain fonda la ville de Québec, c'est là que les colons s'installèrent tout d'abord. Depuis quelques années, le quartier subit une restauration complète et ces travaux devraient bientôt s'achever.

Maisons et musées à visiter ne manquent pas, certains montrant des meubles et ustensiles d'époque. Les rues grouillent de visiteurs, de gens se rendant au café ou au restaurant, d'écoliers venus de toute la province prendre une leçon d'histoire. Et il n'est pas rare de voir des mariés descendre les marches de l'église. Vous y trouverez aussi des galeries, des boutiques d'artisanat, etc. Toujours sur la place se profilent de nombreux édifices des XVIIe et XVIIIe siècles, des boutiques pour touristes (les pellicules sont à un prix exorbitant) et au milieu trône une statue de Louis XIV.

Au 25 rue Saint-Pierre, près de la place, se cache un centre d'information qui brosse un aperçu (gratuit) de l'histoire de la ville basse et de Québec. A droite de la place, au n°3A, le centre du commerce en Nouvelle-France propose des expositions et un spectacle multimédia (également gratuits) axés sur les premiers pionniers français. Consultez la rubrique *Renseignements*, au début de ce chapitre, pour plus de détails sur l'office du tourisme spécialisé dans ce quartier. Ils pourront vous indiquer les manifestations, concerts et spectacles gratuits qui se déroulent fréquemment dans les rues de la ville basse et alentour. A droite du centre d'information de la place, la **maison des Vins de la Société des Alcools du Québec** est un séduisant magasin de vins installé dans un édifice restauré datant de 1689. L'entrée est libre et vous aurez peut-être droit à une dégustation gratuite. Elle est fermée le dimanche et le lundi.

Église Notre-Dame-des-Victoires

Datant de 1688, cette église en pierre est la plus vieille de la province. Elle fut édifiée à l'endroit même où, quatre-vingt années plus tôt, Champlain construisait sa première "habitation", une petite palissade. Une maquette de bateau en bois est suspendue au plafond. Elle était destinée à servir de porte-bonheur lors de la traversée de l'Atlantique et des premiers affrontements avec les Iroquois.

Batterie royale

Elle se trouve au pied de la rue Sous-le-Fort, où furent installés une dizaine de canons en 1691 pour protéger la ville qui ne cessait de se développer. Le bureau d'information de la ville basse est implanté à cet endroit.

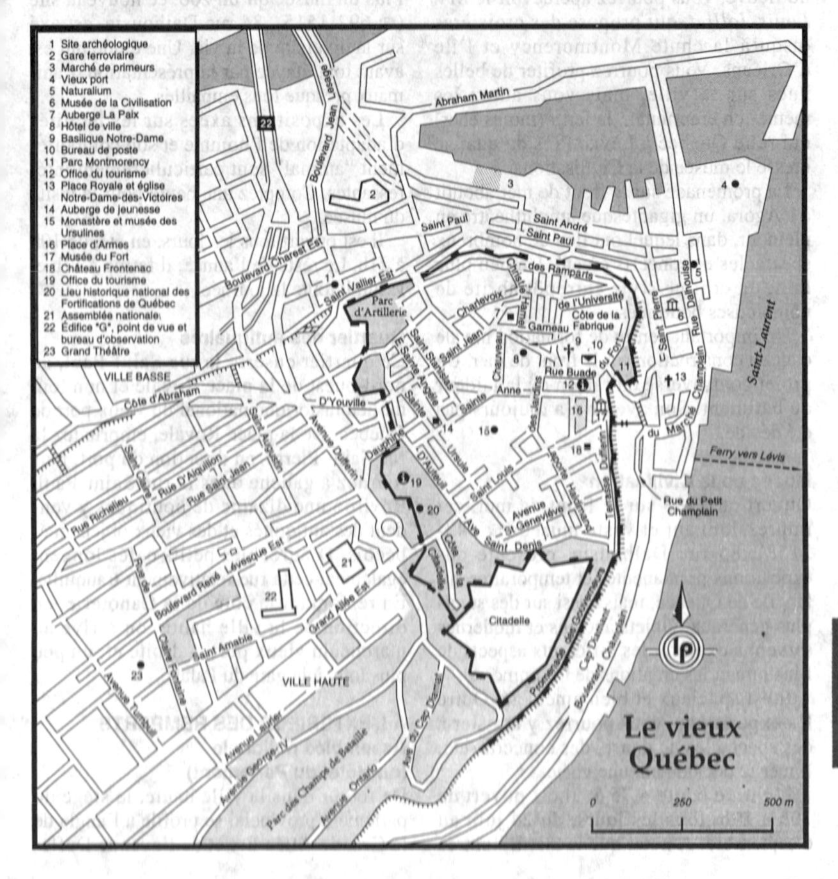

Un bureau de la gendarmerie maritime est situé à proximité du terminal des ferries, de l'autre côté de la rue.

VIEUX PORT

Construit dans la ville basse, à l'est de la place Royale, le vieux port a été récemment rénové. On y trouve maintenant tout un assortiment grand et spacieux de bâtiments administratifs, boutiques, d'immeubles et d'aires de loisirs, sans réel point névralgique, mais non dénué d'intérêt pour le visiteur.

Non loin de la place Royale, en bordure du fleuve, vous pourrez apercevoir le MV *Louis-Jolliet*, qui propose des croisières jusqu'à la chute Montmorency et l'île d'Orléans. Vous pourrez profiter de belles vues sur la ville, mais vous aurez les mêmes en empruntant le ferry (moins cher) qui relie Québec à Lévis. Près du quai se dresse le musée de la Civilisation.

La promenade sur le front de mer aboutit à l'Agora, un gigantesque amphithéâtre en plein air, dans lequel ont lieu de nombreux spectacles et concerts en été. Un peu plus loin, un édifice style entrepôt abrite de nombreuses boutiques.

Un important centre de formation navale était en construction sur le front de mer. Un projet controversé en raison de la laideur du bâtiment. Son avenir n'a toujours pas été décidé.

Musée de la Civilisation

Ouvert en 1988 sur le front de mer, cet impressionnant et vaste musée (☎ 643-2158), 85 rue Dalhousie, présente des expositions permanentes et temporaires sur la ville de Québec, mais aussi sur des sujets plus généraux. Objets anciens et modernes servent à explorer les différents aspects de l'histoire et les créations de l'homme.

Il est spacieux et bien aménagé. Outre les expositions, vous pourrez y assister à des spectacles de danse, des concerts, etc. Il mérite décidément une visite.

L'entrée coûte 4,75 $. Il est ouvert de 10h à 19h, tous les jours, du 24 juin au 6 septembre. A noter que le mardi l'entrée est gratuite. Le reste de l'année, il ferme à 17h et n'est pas ouvert le lundi.

Port de Québec au XIXe siècle

Au sud, à une courte distance de la ville, ce lieu historique national (☎ 648-3300) est installé dans un vaste bâtiment de quatre étages, au 100 rue Saint-André. Il retrace l'évolution de la constuction navale et de l'industrie du bois, grâce à d'excellentes expositions et à de fréquentes démonstrations en direct. L'entrée est de 2,25 $.

Naturalium

Plus un musée qu'un zoo, ce nouveau site (☎ 692-1515), 84 rue Dalhousie, est axé sur la diversité de la vie. Une étude qui est avant tout étayée par la présentation d'animaux presque tous empaillés.

Les expositions axées sur les facilités d'adaptation de l'homme et son comportement "animal" sont particulièrement intéressantes. Comptez une heure pour la visite du musée.

Il est ouvert tous les jours, en été, de 10h à 21h. Le reste de l'année, il ferme à 17h et le lundi toute la journée.

Quartier des antiquaires

Ce quartier enserre la rue Saint-Paul, au nord-ouest de la place Royale et non loin du lieu historique national du vieux port de Québec. De la place Royale, empruntez la rue Saint-Pierre, en direction du port, puis tournez à gauche dans la rue Saint-Paul. Environ une dizaine de boutiques y vendent des antiquités et des vieux objets québécois. D'agréables petits cafés longent également cette rue relativement tranquille. En remontant la côte de la Canoterie, en direction de la ville haute, on arrive au marché du vieux port, à droite et, un peu plus loin, à la gare du Palais.

A L'EXTÉRIEUR DES REMPARTS

Assemblée nationale (ou Hôtel du Parlement)

De retour dans la ville haute, le siège du parlement provincial se profile à l'angle de la Grande-Allée Est et de l'avenue Dufferin, non loin du parc de l'Esplanade. L'édifice construit entre 1877 et 1886 ressemble à un château. Trois visites gratuites permettent d'en découvrir l'intérieur somptueux. Les députés siègent dans le salon Bleu. Le salon Rouge n'est plus utilisé par le conseil législatif.

Grand Théâtre

A l'angle du boulevard René-Lévesque Est et de la rue Claire-Fontaine, se dresse cet impressionnant bâtiment de trois étages consacré aux arts du spectacle. Des visites gratuites d'une heure permettent de venir contempler la gigantesque fresque murale du peintre espagnol Jordi Bonet. Elle se divise en trois parties : Mort, Espace et Liberté.

Le parc du bois de Coulonge

Pas très loin, à l'ouest des plaines d'Abraham, cette vaste zone est exclusivement réservée à la flore. Pendant longtemps propriété privée de l'élite politique et religieuse, aires boisées et expositions horticoles sont aujourd'hui ouvertes au public. Le parc est coincé entre le boulevard Champlain et le chemin Saint-Louis.

Site archéologique

Au nord de la partie haute des remparts, à l'angle des rues Saint-Nicolas et Vallière (☎ 691-4606) (à un pâté de maisons au sud de la rue Saint-Paul), se trouve un site historique attrayant. Il constitue le site du palais de l'intendant. Les visiteurs ont ainsi accès aux voûtes, où se trouve un centre d'interprétation archéologique présentant vestiges et ruines du site. L'entrée est gratuite et le site est ouvert de fin juin à fin septembre tous les jours de 10h à 17h, et d'octobre à mai, les mardi et dimanche de 10h à 17h.

Parc historique national Cartier-Brébeuf

Sur la rivière Saint-Charles, au nord du secteur ceinturé de remparts de la ville, ce lieu historique (☎ 648-4038), 175 rue de l'Espinay, indique l'endroit où furent recueillis Cartier et ses hommes par les Indiens, pendant l'hiver 1535. Par la suite, les jésuites y établirent une colonie. Des expositions sont consacrées à Jacques Cartier, à ses voyages et aux missionnaires jésuites.

On peut admirer une réplique grandeur nature du navire de Cartier et une habitation indienne, à côté de la rivière. En été, il est ouvert tous les jours, mais seulement l'après-midi le lundi. L'entrée est gratuite. Depuis le centre-ville, empruntez la rue Dorchester au nord, si vous êtes en voiture, ou rendez-vous par bus jusqu'à la rue Julien, d'où vous marcherez jusqu'au parc.

Aquarium

Il est installé dans le quartier Sainte-Foy, 1675 Ave des Hôtels (☎ 659-5264) et compte 250 espèces de poissons d'eau douce et de mer. Il y a une cafétéria et, dans le jardin, des tables de pique-nique. Il est ouvert tous les jours. Comptez 5 $ pour les adultes, 75 cents pour les enfants.

CIRCUITS ORGANISÉS

Ce ne sont pas les possibilités qui font défaut. Certaines agences utilisent des minibus pour des circuits privés, d'autres mettent à votre disposition un chauffeur pour votre voiture. Plusieurs agences organisent des visites de la ville en bus ou des excursions d'une journée dans la région.

Gray Line (☎ 622-7420) propose divers circuits commentés au départ de la place d'Armes. Comptez 12,50 $ pour une excursion d'une heure et demie, 28 $ pour une promenade jusqu'à Sainte-Anne-de-Beaupré, la chute Montmorency et une courte visite à l'île d'Orléans. Plusieurs autres agences offrent des services équivalents, mais avec une excursion plus longue à l'île d'Orléans ou d'autres différences du même ordre. Gray Line semble pratiquer les prix les plus bas. L'office du tourisme distribue des dépliants publicitaires sur les circuits disponibles. Sur la terrasse Dufferin, un kiosque représente la plupart des agences de la ville.

Maple Leaf (☎ 649-9226), qui possède un bureau au 240 3rd Ave, organise six tours différents dans Québec et les environs, de 15 $ à 49 $. Une des excursions s'effectue en partie par bus, en partie par bateau. On viendra vous chercher gratuitement à votre hôtel. Il dispose aussi de navettes qui font le tour du vieux Québec. Pour un forfait de 3 $, vous pouvez monter dans le bus et y descendre à volonté, pendant une journée. Procurez-vous leurs horaires et leurs trajets. L'agence propose aussi un service de navette pour l'aéroport.

A un autre numéro (☎ 622-3677), Maple Leaf organise des visites de la ville à pied, deux fois par jour.

Une solution intéressante vous est offerte par Quebec by Foot (☎ 658-4799), qui propose un circuit à pied d'environ deux heures et demie, sous la conduite d'étudiants en histoire ou en architecture. La visite est instructive sans être ennuyeuse. Réservez au musée du Fort, place d'Armes. Il y a deux promenades par jour (12 $).

Les agences moins réputées ont tendance à prendre quelques dollars de moins, ou proposer des tours plus longs pour un prix équivalent.

Sonores (☎ 692-1223) loue des cassettes que vous pourrez utiliser en visitant la ville. Coût de la location : 7,95 $. Les cassettes sont disponibles dans les agences de tourisme, mais seulement pendant l'été.

Croisières sur le Saint-Laurent

Diverses promenades vous sont proposées sur le MV *Louis-Jolliet*, qui peut accueillir jusqu'à 800 passagers. Vous pourrez vous procurer les billets (☎ 692-1159) au kiosque sur la promenade en planches, derrière le Château, ou au guichet sur le front de mer, près de la place Royale.

L'excursion d'une heure coûte 13 $, mais il existe un tour plus long jusqu'à l'île d'Orléans et la chute Montmorency et des promenades nocturnes de trois heures, avec musique et danse, pour 21 $. Toutes ces croisières sont très appréciées. Achetez votre billet à l'avance.

Une autre agence, qui dispose d'un bateau plus petit, le *Saint-André* (☎ 659-4804), effectue les mêmes croisières dans Québec et en aval du fleuve, pour des tarifs moindres. Pour plus d'informations, contactez-les par téléphone, ou rendez-leur visite au quai n°22, au dock du vieux port, en face de l'Agora. D'autres agences proposent des services similaires.

A noter que le ferry à destination de Lévis offre, en un sens, une courte croisière et une vue superbe du Château, pour un prix dérisoire.

FESTIVALS

Les principales manifestations et festivités de Québec sont :

Février

Carnaval de Québec – célèbre manifestation annuelle unique à Québec. Le festival dure environ dix jours, incluant toujours deux week-ends, à la fin du mois de février. Si vous souhaitez vous y rendre, vous devrez vous y prendre à l'avance car la ville est bondée (et vous munir de nombreux vêtements chauds). Les manifestations incluent des défilés, sculptures sur glace, luge, courses de bateaux, danses, musique et beaucoup de boisson. La ville devient folle furieuse. Si vous prenez le train à Québec pendant le festival, préparez-vous à faire un voyage inoubliable.

De nombreuses activités se déroulent dans le parc de l'Esplanade. La luge prend place sur la terrasse Dufferin, derrière le château. D'autres manifestations ont lieu à la gare Saint-Rôche, entre le pont Dorchester et le pont de l'autoroute Dufferin.

Ces dernières années, certains participants ont, semble-t-il, dépassé la mesure, au point de susciter quelques problèmes. Si vous êtes en famille, renseignez-vous sur l'atmosphère de certaines festivités nocturnes.

Juillet-août

Festival d'été – il a lieu la première quinzaine de juillet et consiste essentiellement en spectacles (y compris danse et théâtre) et concerts gratuits dans toute la ville. Renseignez-vous à l'office du tourisme. Ils pourront vous indiquer les types de spectacles, l'endroit et l'heure. La plupart des places et parcs de la vieille ville accueillent tous les jours des spectacles, en particulier le parc derrière l'hôtel de ville, le midi et le soir.

Foire provinciale de Québec – autre événement important de l'été, il se déroule à la fin du mois d'août chaque année. Au programme : expositions commerciales et individuelles, artisanat, salle de black-jack, course de chevaux et fête foraine, la dernière ayant compté pas moins de 65 manèges et des loteries. L'entrée est de 10 $, tout compris, même les manèges. Elle accueille chaque année environ 750 000 personnes. Le parc de l'Exposition se trouve au nord du centre-ville, à la sortie de l'autoroute laurentienne n°175.

OÙ SE LOGER

Les hébergements ne manquent pas et, en règle générale, la compétition maintient les prix à un niveau raisonnable. Les hôtels traditionnels sont rares – pensions de famille, et petits hôtels de style européen constituant l'essentiel de l'hébergement québécois. Les endroits bon marché affichent souvent complet, le soir en particulier au moment du Carnaval et en été. Si vous ne trouvez pas à vous loger dans la vieille ville, vous devrez envisager de vous rabattre sur un des motels excentrés ou de payer plus cher.

En dehors des périodes de pointe, les prix chutent. L'office du tourisme de la rue d'Auteuil pourra vous fournir la liste des hébergements disponibles. Mais attention ! Un établissement peut afficher complet sur leurs listes, alors qu'une réservation a été annulée au dernier moment et qu'ils n'ont pas encore été prévenus. Le guide de l'hébergement touristique n'est pas plus complet. Enfin, souvenez-vous que le matin est le meilleur moment pour trouver une chambre, et que les deux jours les plus difficiles sont souvent le vendredi et le samedi.

Camping

Les terrains de camping sont nombreux à proximité de la ville. C'est le cas du *Camping Municipal de Beauport* (☎ 666-2228) au nord. Pour vous y rendre, empruntez la Hwy 40 en direction de Montmorency, puis tournez au nord dans la Hwy 369. Il s'étend non loin, sur la gauche. Comptez 19 $. D'autres terrains jalonnent la Hwy 138, vers l'est, en venant de Québec, aux alentours de Sainte-Anne-de-Beaupré, comme le *Parc du Mont Sainte-Anne* (☎ 826-2323). Sur la rive sud, à 1 km à l'ouest du pont de Québec, le *Camping du pont de Québec* (☎ 831-0777) propose aussi bien de simples emplacements pour tentes que des relais électriques.

De nombreux campings privés sont également disséminés sur cette rive sud, notamment à l'ouest de Québec.

Auberges de jeunesse

Deux auberges sont particulièrement bien situées et très fréquentées. La première, l'*Auberge La Paix* (☎ 694-0735), 31 rue Couillard, est ouverte toute l'année et dispose de 40 lits. L'auberge est signalée par un signe de paix sur le mur blanc du bâtiment de style européen.

Comptez 15 $, petit déjeuner compris, plus 2 $ si vous avez besoin d'un drap et d'une couverture. Elle ferme à 2h du matin. Elle est parfaitement située, avec une épicerie, un bar et un restaurant à quelques minutes. Mieux vaut arriver tôt le matin. Accessible à pied de la gare routière (30 mn) ou de la gare ferroviaire, plus proche, mais en haut d'une côte.

La seconde, le *Centre international de séjour de Québec* (☎ 694-0775), affiliée à l'Organisation internationale des auberges de jeunesse, est également bien située, 19 rue Sainte-Ursule. En dépit de ses dimensions imposantes, elle affiche généralement complet en été. Elle prend 15 $ pour un lit simple, mais loue aussi des doubles et des chambres familiales. La cafétéria sert les trois repas. Les activités organisées par l'auberge méritent que vous vous y intéressiez, avec notamment des visites à pied gratuites et des excursions jusqu'à Lévis, sur l'autre rive.

Il n'y a pas de chambre à la *YMCA*, mais la *YWCA* (☎ 683-2155), 855 Ave Holland, accepte les couples et les femmes seules. Les simples/doubles coûtent 28/40 $. Il y a une cafétéria et une piscine. Elle affiche souvent complet, mieux vaut réserver. L'avenue Holland débouche du chemin Sainte-Foy, qui devient le chemin Saint-Jean dans la partie ancienne. Le bus n°7 longe le chemin Sainte-Foy. Marchez dans l'avenue Holland, vers le sud – l'auberge n'est pas loin.

L'*Université Laval* (☎ 656-56322921), entre le chemin Sainte-Foy et le boulevard Wilfrid-Laurier, à l'est de l'autoroute du Vallon, loue des chambres de mai au 21 août. Comptez 25 $ pour les simples, un peu moins en chambre double. Pour les étudiants, 14,50 $, et moins cher, toujours, si vous partagez la chambre.

Le bus n°8 qui part de la vieille ville vous y conduira. Elle se trouve à mi-chemin entre les ponts et le secteur entouré de remparts.

Tourist homes

En dehors des auberges de jeunesse, ces petits hôtels, parfois familiaux, offrent l'hébergement le moins cher et le plus confortable. Souvent installés dans de vieilles demeures, la ville en compte des dizaines à l'intérieur des remparts, ce qui vous permet d'être bien placé et d'expérimenter leurs particularités.

Les meilleur marché sont pour la plupart regroupés dans un secteur spécifique, délimités par la rue d'Auteuil à l'ouest, la rue Sainte-Anne au nord, le château Frontenac à l'est et l'avenue Saint-Denis au sud. Les rues Sainte-Ursule et Saint-Louis sont les plus intéressantes. Viennent ensuite les rues Sainte-Anne et Laporte.

De nombreuses adresses affichent complet en début de soirée, l'été. Cherchez une chambre avant 14h, ou réservez par téléphone. Les prix sont souvent assez souples, en fonction de l'époque de l'année et des festivités de la ville. N'hésitez pas à marchander si vous restez plus de deux jours. Quoi qu'il en soit, ce type d'hébergement reste avantageux, comparé aux motels et aux hôtels du centre-ville. A noter aussi qu'elles disposent souvent d'un parking, mais vous devrez acquitter un supplément.

L'*Auberge Saint-Louis* (☎ 692-2424), 48 rue Saint-Louis, est l'un des moins chers. Les 23 chambres coûtent de 38 $ la simple ou la double, jusqu'à deux fois ce prix. Parking en supplément.

Plus bas, au 72 de la rue Saint-Louis, la *Maison du Général* (☎ 694-1905) loue 12 simples/doubles à partir de 33/38 $, sans s.d.b. Comme dans beaucoup de ces endroits, cela vous reviendra moins cher sans TV, douche, et vue (la plus grande chambre). Les chambres les moins chères donnent sur la rue et sont plus bruyantes, mais restent les plus intéressantes.

Toujours dans la rue Saint-Louis, au n°71, l'*Hôtel Le Clos Saint-Louis* (☎ 694-1311, 1-800-461-1311), avec 15 simples/doubles de 45 $ à 80 $ en haute saison, de 35 $ à 65 $ le reste du temps.

Donnant dans la rue Saint-Louis, la rue Sainte-Ursule est agréable, plus tranquille. Plusieurs adresses méritent votre attention.

Le *Manoir La Salle* (☎ 647-9361), 18 rue Sainte-Ursule, est devenu l'une des meilleures adresses, rapport qualité/prix, car il n'a pas fait grimper ses prix comme beaucoup d'autres. Il propose 9 chambres de 30 $ à 40 $ pour les simples, de 40 $ à 55 $ pour les doubles. Certains préfèrent les chambres à l'étage qui évitent de passer par le couloir pour se rendre à la s.d.b.

La *Maison Sainte-Ursule* (☎ 694-9794), au n°40, est plus chère, avec des simples de 39 $ à 59 $, et des doubles de 48 $ à 89 $. Des kitchenettes sont disponibles. C'est la seule adresse à offrir cet avantage précieux. Elle possède aussi des chambres dans la rue transversale adjacente.

De l'autre côté de la rue, au n°43, la *Maison Acadienne* (☎ 694-0280, 1-800-463-0280) loue des simples/doubles de 41/45 $ à 80 $ selon le nombre de personnes, la taille de la chambre et les commodités. C'est une bonne adresse et si vous disposez d'une petite voiture, vous pourrez vous garer derrière. Un petit déjeuner continental est servi dans le patio pour 2 $.

La *Maison Demers* (☎ 692-2487), au n°68, pratique des tarifs similaires pour 8 chambres. Les doubles les plus confortables avec TV sont plus chères.

Plus au nord-ouest, la rue Sainte-Anne donne dans la rue Sainte-Ursule. La *Maison Doyon* (☎ 694-1720), au n°9, propose 20 chambres dont certaines ont été rénovées. Comptez à partir de 35/45 $ pour les simples/doubles. Préférer un lavabo à une douche vous fera économiser au moins 10 $.

De nombreuses adresses également dans le jardin des Gouverneurs et alentour, au sud du château Frontenac. Le *Manoir sur le Cap* (☎ 694-1987), 9 avenue Sainte-Geneviève, dispose de 14 chambres dans une vieille maison, dont certaines ont la vue sur le parc, d'autres sur le fleuve et Lévis. Les simples/doubles coûtent de 40 $ à 75 $.

Le *Manoir de la Terrasse* (☎ 694-1592), 4 rue Laporte, offre des simples et des doubles au même prix, de 39 $ à 70 $.

A l'angle de la rue Saint-Louis et de la rue d'Auteuil, le *Manoir de l'Esplanade* (☎ 694-0834) est une vieille maison remise à neuf, qui pratique des tarifs plus élevés. Les 36 chambres coûtent entre 60 $ et 90 $. Les chambres d'angle sont parfois bruyantes.

Bed & Breakfasts

Ils ne font pas partie de la tradition québécoise, mais plusieurs ont fait leur apparition, qui servent même un petit déjeuner. Renseignez-vous auprès de l'agence *Bonjour Québec* (☎ 524-0524), 450 rue Champlain (code postal : G1K 4J3), tenue par Michelle Pacquet. Les adresses sont toutes centrales et reviennent à 42/60 $ en simples/doubles.

Si vous passez d'abord par Montréal, *B&B à Montréal*, citée à la rubrique concernant cette ville pourra s'occuper de votre réservation à Québec.

Motels

Je crois n'avoir jamais vu une ville compter autant de motels. Peu importe que vous possédiez une voiture, ils vous offriront une solution à vos problèmes si tous les hôtels du centre-ville affichent complet. Les motels sont répartis dans trois secteurs. Tous sont extérieurs au centre-ville, mais restent aux alentours et faciles à trouver.

Beauport. Premier secteur, au nord du centre-ville. Vous le traversez en vous rendant à Sainte-Anne-de-Beaupré, ou en longeant la côte nord. Si vous êtes en voiture, du centre-ville remontez au nord la rue Dorchester jusqu'au boulevard Hamel. Tournez à droite (à l'est) ; le boulevard Hamel devient la rue 18, puis, plus à l'est, le boulevard Sainte-Anne. Vous êtes arrivé à Beauport. Commencez vos recherches lorsque les numéros avoisinent les 1000. La plupart des motels donnent sur la route, avec le fleuve derrière eux.

Au 1062 du boulevard Sainte-Anne, le *Motel Chevalier* (☎ 661-3876) loue des simples/doubles de 45 $ à 60 $.

Le *Motel de la Capitale* (☎ 663-0587), 1082 boulevard Sainte-Anne, propose des simples/doubles à 55/60 $.

A proximité, au *Motel Olympic* (☎ 667-8716), 1078 boulevard Sainte-Anne, les prix passent de 40 $ à 90 $! Il ne dispose que de 16 chambres.

Au nord-ouest du centre, à l'intersection du boulevard Henri-IV et de la Hwy 138, en direction de l'aéroport, le *Journey's End Motel* (☎ 872-5900) est d'un bon rapport qualité/prix avec des simples/doubles à 47/54 $. Cette chaîne canadienne reste toujours digne de confiance.

Boulevard Wilfrid-Laurier. Second secteur, à l'ouest de la ville, le long du boulevard Wilfrid-Laurier. Ce secteur part de l'est du boulevard Henri-IV, qui retrouve les ponts de la rive sud. Vérifiez les numéros 3000. Les prix sont généralement plus élevés, mais les adresses plus proches du centre-ville.

Le *Motel Fleur de Lys* (☎ 653-9321), au n°3145, est avantageux avec des doubles de 65 $ à 95 $.

Plus à l'est, lorsque le boulevard Wilfrid-Laurier tourne dans Grande-Allée, des logements plus petits, à un prix raisonnable, sont regroupés autour des numéros 600. Les motels plus proches du centre-ville sont généralement plus luxueux, et donc plus chers.

Boulevard Wilfrid-Hamel. Troisième secteur, le boulevard Wilfrid-Hamel est simplement indiqué "Hamel" sur les panneaux. Pour vous y rendre, remontez au nord le boulevard Henri-IV depuis le fleuve, ou au sud depuis la Hwy 40. Il se trouve à environ 7 km de la ville. Commencez par inspecter le pâté de maisons 5000, et alentour, bien que la rue tout entière soit bordée de motels. Certains se sont regroupés dans Sainte-Foy.

Le *Motel Plaza* (☎ 872-1552), 7155 boulevard Hamel, loue des simples/ doubles à partir de 32/45 $.

Autres adresses intéressantes, le *Motel Le Sablier* (☎ 871-8916), 3290 boulevard Hamel, et le *Motel Pierre* (☎ 681-6191), 1640 boulevard Hamel, plus cher, avec des chambres de 60 $ à 80 $.

OÙ SE RESTAURER

Québec compte des dizaines de restaurants et la nourriture y est bonne, mais les prix sont élevés. Quelques établissements font heureusement exception, et les plus chers offrent généralement un service et un cadre appropriés. La plupart des restaurants affichent le menu à l'extérieur. Vous pourrez ainsi choisir en faisant vos courses, et si vous restez quelque temps, vous finirez par dénicher la perle rare.

Au dîner, le menu comporte de la soupe, un petit pain, un dessert et un café. La plupart offrent aussi un spécial du jour, à midi, très avantageux. Certains servent à déjeuner jusqu'à 15h, voire 18h pour un établissement ! Le déjeuner revient souvent moitié moins cher, mais les portions sont légèrement plus petites. Des adresses plus modestes offrent les habituels pizzas, sandwiches, etc., bon marché.

Les restaurants de cuisine étrangère ne sont guère nombreux au Québec. A l'intérieur des remparts, les établissements de la ville haute sont souvent chers. A l'extérieur, ou dans les secteurs plus paisibles de la ville basse, ils sont plus simples et meilleur marché.

Vieille ville haute

Prendre son petit déjeuner a toujours été un problème dans cette ville. Les délicieux œufs au bacon sont littéralement devenus un plat de luxe.

Pour obtenir des œufs à un prix abordable (mais pas bon marché !), rendez-vous à *l'Omelette*, au 66 rue Saint-Louis. Il est toujours plein, à tous les repas, et s'est spécialisé – on s'en douterait – dans les omelettes. Il en sert une dizaine de variétés, accompagnées de pommes de terre frites. Sont également offerts trois spéciaux petits déjeuners, avec jus de fruit, pain grillé, café et, au choix, des céréales, des œufs ou des croissants.

Pour un petit déjeuner plus français, *Le Petit Coin latin*, 8 1/2 rue Sainte-Ursule, près de la rue Saint-Jean, est ouvert tous les jours. Ce petit café sert des croissants, des beignets, des œufs, du café au lait, etc., et pratique des tarifs spéciaux du jour, à déjeuner, qui incluent un verre de vin. Il dispose maintenant d'un patio en plein air, l'été, avec un dîner à prix fixe de 10 $ ou 12 $. Au 25 rue Couillard, à un pâté de maisons à l'est de la rue Buade, *Chez Temporal* est un petit café qui offre café, croissants, salades, etc. Il est idéal pour les snacks, petits déjeuners et repas légers, et y déguster un café, le matin, tout en préparant le programme de la journée.

Le *Café Buade*, dans la vieille ville, 31 rue Buade, est un restaurant adapté aux repas familiaux. Il est situé au cœur de tous les centres d'intérêt, au sud de la rue des Jardins. En bas, vous pourrez obtenir un déjeuner simple, léger, pour 2,95 $ à 3,50 $. Le déjeuner et le dîner sont équivalents et tout aussi peu chers.

Plus loin, dans la rue Garneau, en face de l'hôtel de ville, au n°48, le *Croissant Plus* est plein jour et nuit. Il propose des snacks et des repas légers.

Pour un petit déjeuner bon marché, vous pouvez aussi vous rendre à la gare routière.

Le *Fleur du Lotus*, 38 côte de la Fabrique, est parfait pour le dîner. Menu thaïlandais, cambodgien ou vietnamien à partir de 16 $.

Place d'Armes, l'*Hôtel du Trésor* dispose d'une salle à manger agréable, avec boiseries, ventilateurs au plafond et nappes sur les tables. Le repas du soir vous reviendra à environ 20 $, un prix moyen.

La rue Saint-Jean regroupe de nombreux restaurants et pubs, à l'intérieur des remparts, comme à l'extérieur. Au 1136 rue Saint-Jean, près de la côte du Palais, le

Casse Crêpe Breton, petit restaurant spécialisé dans les crêpes de toutes sortes. Premier prix : 2,90 $. C'est un endroit très populaire car il est installé dans le quartier depuis des années et n'a pas été aménagé à l'intention des touristes. On est assis directement au comptoir et l'on assiste à la fabrication des crêpes.

Le *Café Mille Feuille*, 32 rue Sainte-Angèle, après la rue Saint-Jean, est un restaurant végétarien avec des spéciaux du jour à 7 $ et une cour à l'extérieur. Au 1087 de la rue Saint-Jean, le très animé *Saint Alexandre Pub* propose 200 bières différentes et une nourriture typique de pubs.

Si vous souhaitez préparer vous-même votre repas, rendez-vous au *Marché Richelieu*, une épicerie au 1097 rue Saint-Jean qui vend des pains faits maison, des fruits, des fromages et même des bouteilles de vin avec des bouchons en liège.

Si vous aimez la cuisine de l'Asie du Sud-Est, essayez l'*Apsara*, 71 rue d'Auteuil. Les plats coûtent environ 9 $, un dîner complet pour deux dans les 34 $. A quelques portes de là, au n°23, le *Restaurant Liban* est bon marché.

A proximité de la rue Saint-Jean, au 48A rue Sainte-Ursule, *Le Saint-Amour* jouit d'une excellente réputation et propose une table d'hôte à 25 $. Le menu est composé de six plats de viande et d'autant de poisson, chaque jour.

Si vous avez envie d'un extra, les endroits ne manquent pas. Situé dans une rue plus tranquille, à l'écart, au 136 rue Sainte-Anne, *Le Biarritz* est recommandé par les Québécois et un lecteur nous a écrit que les déjeuners, de la soupe au café, reviennent à moins de 7 $. Il sert aussi des plats de pâtes à 14 $ et du bœuf ou des fruits de mer à partir de 18 $.

Le *Café de la Paix*, 44 rue des Jardins, doté d'un décor et d'une ambiance très français, propose un menu varié de fruits de mer, de volailles et de viande. Il est très bien situé et très apprécié. Sans être bon marché, ses prix ne sont pas exorbitants. Le *Restaurant au Parmesan*, non loin, au 38 rue Saint-Louis, est toujours plein et très animé. Il possède une carte très riche de plats surtout italiens, de 14 $ à 20 $. Il dispose aussi d'une cave de 2 000 bouteilles et d'un orchestre.

Au 34 rue Saint-Louis, *Aux Anciens Canadiens*, dans la maison Jacquet, la plus vieille maison de Québec (1677), mérite une mention spéciale, en dehors de son cadre historique, pour son attachement aux spécialités traditionnelles québécoises. Il n'est pas bon marché, mais pas plus onéreux que les établissements d'une catégorie supérieure et il propose un menu original, composé par exemple de vin de pomme, de soupe de pois, de canard ou d'une truite, suivi d'un gâteau au sirop d'érable.

Le menu spécial table d'hôte, servi de 11h à 18h, est d'un bon rapport qualité/prix à 12,50 $.

Place Royale (vieille ville basse)

Au 46 boulevard Champlain, avec un cochon représenté sur l'enseigne, se tient *Le Cochon Dingue*. On y sert des repas, mais les petits déjeuners y sont surtout attrayants, avec café au lait dans un bol et croissants. Autre spécialité : le steak-frites.

Dans la rue Saint-Paul, vieille rue tranquille à l'écart des hordes de touristes, sont regroupées plusieurs adresses bon marché, récemment rénovées. *La Bouille Café*, au n°71, propose des repas légers et du café. Au n°95, le *Buffet de l'Antiquaine*, très simple, vend des sandwiches et des hamburgers très bon marché. Quelques tables sur le trottoir.

Au 77 de la rue Sault au Matelot, perpendiculaire à la rue Saint-Paul, vous attend *Le Lotus Royal*. Restaurant asiatique, c'est un des rares endroits de la ville qui pratique la formule "apportez votre vin". Meilleur marché, avec des plats de 10 $ à 12 $.

L'*Asia*, 91 rue Sault au Matelot, sert des plats vietnamiens et thaïlandais.

D'une catégorie supérieure, *Le Vendôme*, 36 côte de la Montagne, est un restaurant français onéreux, qui propose à sa clientèle de la cuisine européenne depuis une quarantaine d'années.

Le Pape-Georges, un bar à vin, dans Cul-de-Sac, non loin du croisement avec la rue Notre-Dame, propose aussi des jus de fruit au verre.

A l'extérieur des remparts

En dehors du centre-ville, l'ambiance est plus calme et les rues sont moins fréquentées. A l'ouest, au-delà de la porte de l'enceinte, la rue Saint-Jean est bordée de bars, de de de cafés, de tavernes et de restaurants vietnamiens, libanais et mexicains. C'est un quartier peu touristique et les tarifs pratiqués sont plus bas. Dans l'avenue Cartier, en vous promenant, vous trouverez d'autres restaurants (voir plus loin).

Au 780 rue Saint-Jean, *Le Kismett*, un restaurant indien, sert un buffet végétarien, au déjeuner, pour 7 $. Au n°821 de la rue Scott, au sud, à l'angle de la rue Saint-Jean, *La Paillotte* prépare une délicieuse cuisine vietnamienne. *Le Commensal*, 860 rue Saint-Jean, est d'un bon rapport qualité/prix, avec des plats végétariens facturés au poids.

Plus à l'ouest, à environ six pâtés de maisons, l'avenue Cartier croise au sud le boulevard René-Lévesque (autrefois le boulevard Saint-Cyrille Est). Vous y trouverez quelques restaurants chinois et français. A l'angle du boulevard René-Lévesque se trouve le *Restaurant La Nouvelle Réserve* avec, en dessous, un petit délicatessen, *Délices Cartier*. Il sert de délicieux croissants considérés comme les meilleurs du continent américain. Ainsi que différentes pâtisseries et tourtières (pâté québécois à la viande de porc).

A l'ouest, dans Grande-Allée, en venant du Vieux Québec, après l'Assemblée nationale, les autres édifices publics et la rue d'Artigny, sont rassemblés une dizaine de restaurants en plein air, populaires et animés. Tous servent des spéciaux du jour entre 6 $ et 9 $ (de la soupe au café) et, pour la plupart, des dîners entre 10 $ et 20 $. Le *Restaurant Patrimoine*, 695 Grande-Allée, est l'un des moins chers. Au n°625, *La Vieille Maison du Spaghetti* offre toute une variété de plats de pâtes en dessous des tarifs pratiqués habituellement.

Le marché de primeurs

Il se trouve dans la rue Saint-André, dans la vieille ville, près du bassin Louise, non loin du vieux port et de la gare ferroviaire. Bâtiment couvert, vous y trouverez pain, fromages, fruits et légumes. Le samedi matin est le moment le plus animé.

DISTRACTIONS

Bien que Québec soit une petite ville, la vie nocturne y est intense. Les adresses changent plus vite que les rééditions de cet ouvrage. Nombre de cafés et de restaurants – certains sont déjà mentionnés à la rubrique *Où se restaurer* – disposent d'orchestres. Les clubs ne sont ouverts que le soir.

La vie nocturne se déroule, pour l'essentiel, dans la vieille ville, ou en bordure des remparts. Les brasseries – tavernes pour les hommes et les femmes – ferment à minuit, tandis que les bars restent ouverts jusqu'à 3h ou 4h du matin. La rue Saint-Jean est très animée le soir. C'est là que l'on se rencontre, que l'on vient prendre un verre, discuter et écouter de la musique.

Les boîtes à chanson traditionnelles vont et viennent dans la rue Saint-Jean et alentour. Elles sont souvent bon marché, et l'atmosphère y est chaleureuse et détendue.

Au *Bar d'Auteuil*, 35 rue d'Auteuil, vous pourrez écouter du blues.

Enfin, il existe deux autres endroits dans la rue Saint-Pierre, dans la place Royale. Pour danser, les adresses changent fréquemment. Demandez autour de vous.

Le *Grand Théâtre de Québec* (☎ 643-8131) est le principal centre des arts du spectacle. Il accueille concerts classiques, ballets et représentations théâtrales, entre autres. Autre centre des arts du spectacle, le *Théâtre Capitole* (☎ 694-4444), 972 rue Saint-Jean.

Cinéma

Le *Cinéma Le Clap* (☎ 650-2527), 2360 chemin Sainte-Foy, à Sainte-Foy, présente des films en français et en anglais, généralement sous-titrés. Deux films par soirée. Le *Cinéma Sainte-Foy* projette des films américains en exclusivité, à Sainte-Foy.

Points de vue
Le restaurant doté d'un bar au dernier étage du Lowes Hôtel, dans Grande-Allée, à l'angle de la rue Bethelot, offre de belles vues. Loin des bars, vous pouvez vous contenter de vous asseoir sur la terrasse Dufferin, derrière le château Frontenac. Il y fait frais et le panorama sur le fleuve est superbe.

COMMENT S'Y RENDRE

Avion
L'aéroport est situé à l'ouest de la ville, sur la Hwy 40, près du croisement avec la Hwy 73 (direction nord). Air Canada (☎ 692-0770) assure la liaison avec Montréal, Ottawa et les principales villes canadiennes plus loin. Canadian Airlines (☎ 692-0912) dessert également Montréal et Ottawa, et couvre des trajets identiques.

Bus
Voyageur Colonial Ltd (appelé souvent Voyageur) dessert Québec, au départ de la gare centrale d'autobus (☎ 524-4692), 225 boulevard Charest Est, à l'ouest du centre-ville. Des bus pour Montréal partent presque toutes les heures dans la journée et le soir. Le tarif est de 35 $. Sont également assurés des services réguliers pour Rivière-du-Loup et Edmundston, dans le Nouveau-Brunswick. Le tarif pour Edmundston est de 45 $. Rivière-du-Loup sert de correspondance aux bus SMT à destination du Canada atlantique.

Il n'y a pas de bus direct depuis/vers les États-Unis. La plupart passent par Montréal. Pour vous rendre en ville depuis la gare de Voyageur, empruntez un bus urbain n°3 ou n°8. Dans le sens inverse, prenez un bus à l'angle de l'avenue de la Canonne et du boulevard Charest. De là, vous devrez encore marcher l'équivalent de deux pâtés de maisons, dans le boulevard Charest, à l'ouest, jusqu'à la station.

Train
Aussi étrange que cela puisse paraître, la petite ville de Québec dispose de trois gares ferroviaires (☎ 692-3940). Même numéro de téléphone pour les trois. La très belle ancienne gare, entièrement rénovée, avec son bar et son café, rue Saint-Paul, dans la ville basse, est centrale et pratique. Elle est utilisée par les trains depuis/vers Montréal, et au-delà de Montréal, vers l'ouest. La gare de Sainte-Foy, au sud-ouest du centre-ville, accessible par les ponts qui relient la rive sud, est utilisée par les mêmes trains. Elle est simplement plus pratique pour les résidents de la zone sud de la ville.

La troisième gare présente aussi quelque intérêt pour les voyageurs. Elle est implantée sur la rive sud, à Lévis, en face de Québec. Perchée sur une colline, elle domine l'embarquement des ferries. Les détenteurs d'un billet VIA Rail n'auront pas besoin de payer le ferry. Cette gare est avant tout utilisée par les trains à destination de l'est vers la péninsule de Gaspé ou des Provinces maritimes. Également fréquentée par quelques trains de Montréal.

Pour Moncton, au Nouveau-Brunswick, trois trains par semaine sont assurés le mercredi, le vendredi et le dimanche. Un train de nuit part à 22h30 (douze heures, 92 $). Pour Montréal, trains tous les jours (44 $).

Voiture
Pour louer une voiture, Budget (☎ 692-3660), 29 côte du Palais, dispose d'une agence à l'aéroport. Elle propose des modèles économiques à 45 $ par jour, avec kilométrage illimité si vous la louez le week-end. Les tarifs sont plus élevés en semaine. Toutes les agences vous invitent à réserver une voiture au moins deux jours à l'avance.

Partager une voiture. Allo Stop (☎ 522-0056), 467 rue Saint-Jean, met en contact automobilistes et passagers. La cotisation est de 6 $ pour les passagers, qui versent ensuite une partie des frais de voyage à l'agence, trois heures avant le départ, le reste revenant à l'automobiliste. Le coût de l'opération est avantageux : Montréal, 15 $; Ottawa, 29 $; Toronto, 41 $; New York (au départ de Montréal), 65 $; et

Gaspé, 35 $. Voyages assurés aussi jusqu'à Vancouver, en particulier en mai.

Allo Stop possède aussi des agences à Saguenay River, à Baie-Comeau et à Sept-Îles, entre autres. Si vous sillonnez la province, demandez-leur la liste de leurs agences (avec leurs numéros de téléphone).

Ferry

Le ferry entre Québec et Lévis fonctionne sans arrêt – toute la journée et une bonne partie de la nuit. L'aller revient à 1,25 $, moins pour les enfants et personnes âgées. Comptez 2,85 $ en plus, par voiture. Vous pourrez profiter de belles vues sur le fleuve, les falaises, Québec et le château Frontenac, même si la traversée ne dure que quelques minutes. A Québec, le terminal se trouve place Royale, dans la ville basse. A Lévis, à côté de la gare VIA Rail.

COMMENT CIRCULER

Circuler dans Québec n'est pas toujours facile. Conduire dans la vieille ville (et, ce qui est pire, s'y garer) est un vrai casse-tête. L'aéroport n'est pas tout près, et la gare routière, peu commode d'accès. Mais la situation s'améliore avec les années. La gare ferroviaire est centrale et une navette dessert l'aéroport.

Desserte de l'aéroport

Un service de bus assuré par Maple Leaf Sightseeing Tours (☎ 649-9226) vous permettra de ne pas payer 30 $ pour un taxi, depuis/vers l'aéroport. Le tarif est de 7,50 $. Le bus assure quatre liaisons par jour en semaine, mais le service est réduit en week-end. Il fait le tour de tous les grands hôtels, mais passera vous prendre, dans une zone excentrée, si vous appelez au moins une heure avant le départ.

Autre service de bus, Autobus La Québécoise (☎ 872-5525) dessert l'aéroport international de Mirabel, à Montréal.

Bus

Il existe un bon réseau de bus urbain (☎ 627-2511). Un billet coûte 1,80 $, changements compris. Les bus se rendent jusqu'à Sainte-Anne-de-Beaupré, sur la rive nord. La gare centrale d'autobus est installée au 225 boulevard Charest Est, dans la ville basse. On vous y fournira plans et informations. Vous pouvez aussi appeler le numéro ci-dessus. Le bus n°15 relie régulièrement le centre-ville à la gare ferroviaire de Sainte-Foy, dans les deux sens, toute la journée jusqu'à minuit. Vous pouvez l'attraper avenue Dufferin ou place d'Youville, à proximité de l'Assemblée nationale.

Pour les motels de Beauport, prenez le bus n°53, dans la rue Dorchester, au nord. Le bus n°8 relie le centre-ville à l'université Laval.

Voiture

Mieux vaut ne pas circuler en voiture dans Québec. Tout est accessible à pied. Les rues sont étroites et encombrées, et il est impossible de stationner.

Bicyclettes et scooters

Vélo Didacte (☎ 648-6022) est implanté 463 rue Saint-Jean. Également centrale, dans la vieille ville, Location Mobylettes & Vélos (☎ 692-2817), 92 rue Petit-Champlain dans la ville basse, loue effectivement des scooters et des vélos.

Vous trouverez également des vélos à louer, dans la rue Saint-Louis, près du château Frontenac. Des modèles à dix vitesses et tout terrain sont disponibles. Ou bien adressez-vous à l'Auberge La Paix, 31 rue Couillard, ils en louent aussi.

Calèches

Les calèches reviennent à 50 $ de l'heure.

Environs de Québec

RIVE NORD

A environ 15 km au nord-ouest de Québec, la petite bourgade de **Wendake** constitue une attrayante excursion pour ceux qui s'intéressent aux Indiens. A la fin du XVIIe siècle, des Hurons, un groupe originaire de l'Ontario, s'installèrent dans cette région pour fuir les épidémies propagées par les Européens et les conflits de tribus.

Vous pourrez notamment visiter la chapelle Notre-Dame-de-Lorette, datant de 1731, qui présente quelques vestiges de la première mission jésuite pour les Hurons. Le musée Aroünne, 10 rue Alexandre-Duchesneau, expose une petite collection d'objets indiens. Il est ouvert tous les jours, de début mai à la fin septembre, mais seulement l'après-midi le dimanche.

Onhoüa Chetek8e (*sic*) (☎ 842-4308), 575 rue Stanislas-Kosca, est une reconstruction d'un village huron. Vous y attendent des démonstrations d'artisanat, une boutique de souvenirs avec des livres, des cassettes de musique indienne et un restaurant qui sert des plats amérindiens traditionnels, tels que caribou, soupe de maïs et pain cuit sans levain. Il est ouvert tous les jours de 9h à 18h de mai à octobre. Optez pour la visite guidée.

Les Laurentides

Comme dans la région de Montréal, les Laurentides constituent un vaste parc de loisirs, hiver comme été. Le **lac Beauport** est l'un des plus proches et des plus accessibles.

Parc provincial de la réserve des Laurentides

Plus au nord, sur la Hwy 175, à environ 40 km de Québec, s'étend un gigantesque parc de collines et de montagnes boisées, de lacs et de cours d'eau. On peut s'y promener ou y pêcher, et la route est jalonnée de terrains de camping. Cette dernière continue vers Chicoutimi.

Dans la partie sud, le **parc Jacques-Cartier** (☎ 848-3169) est parfait pour une brève escapade loin de la ville. A moins d'une heure en voiture, vous pourrez camper, arpenter les sentiers de randonnée ou faire du canoë dans la rivière Jacques-Cartier. Près de l'entrée, un centre d'information fournit des détails sur les activités du parc et les aménagements disponibles. Vous pourrez louer équipement de camping, canoës et vélos. Plus à l'intérieur, de simples cabines sont à votre disposition. En hiver, on y pratique le ski de fond et des refuges ont été prévus à cet effet sur certains itinéraires.

Île d'Orléans

A l'est de Québec, cette longue île verdoyante de 30 km de long donne une bonne image de la vie rurale traditionnelle du Québec. Les paysages et les points de vue sont magnifiques, et vous pourrez apercevoir de vieilles maisons en bois et en pierre, qui rappellent parfois le style normand. Certains villages ont plus de trois cents ans. A cette lointaine époque, comme aujourd'hui, leur principale activité était l'agriculture à destination des marchés de Québec. Récemment, des Québécois sont venus s'installer dans la région, du moins à l'extrémité ouest. Les fruits, en particulier les pommes et les fraises, sont particulièrement abondants. Une vieille tour se dresse à la pointe est. Il y a aussi un terrain de camping, plus au sud, à Saint-Jean. L'île est reliée au continent par un pont à l'extrémité nord-ouest.

Chute Montmorency

A environ 7 km à l'est de Québec, sur la Hwy 138, après le pont de l'île d'Orléans, vous attendent d'agréables chutes d'eau, plus hautes que celles du Niagara, mais moins impressionnantes. Elles sont situées dans le parc de la Chute-Montmorency, récemment aménagé, où vous trouverez de bons sentiers de randonnée, un escalier pour grimper au sommet des chutes, des aires de pique-nique, un centre d'information avec des expositions historiques et géologiques et, en plus, des téléphériques et des balades en hélicoptère au-dessus de ces chutes. Les chutes sont accessibles par le bus urbain n°53, de la place Jacques-Cartier, à Québec.

Sainte-Anne-de-Beaupré

Cette charmante petite bourgade touristique se remarque, à juste titre, par sa gigantesque église. Depuis le milieu du XVIIe siècle, le village est un lieu de pèlerinage pour les Québécois. Un pèlerinage annuel se déroule notamment fin juillet, attirant des milliers de personnes. Les jardins se transforment alors en un gigantesque campement. La construction de la basilique actuelle, qui remplace d'anciennes chapelles, fut entreprise à la fin des années 20. A noter les nombreuses béquilles à l'intérieur. Vous pourrez admirer le superbe pavement au sol, les vitraux et les mosaïques au plafond.

L'hôtel en face a été conçu comme une chapelle, et comporte même des vitraux !

Vous y trouverez aussi un musée, un monastère avec un séminaire et quelques autres églises. La ville compte aussi un panorama à 360° de Jérusalem, une gigantesque peinture représentant le Jour de la Crucifixion. L'entrée est de 3,50 $.

Le bus urbain n°50 relie la place Jacques-Quartier, à Québec, au centre de Sainte-Anne-de-Beaupré.

A 3 km au nord, vers le mont Sainte-Anne, vous pourrez déguster de l'excellente cuisine française, à *La Camarine*. Sis dans une vieille maison de style québécois, des dîners sont servis à partir de 21 $.

Chutes Sainte-Anne

A 6 km à l'est de Beaupré, les chutes de Sainte-Anne (☎ 827-4057) tombent de 74 m dans une faille profonde. Vous pourrez les traverser par un escalier et un pont suspendu pour 5 $. Quoique très fréquenté, cet endroit est agréable, moins aménagé et spectaculaire que les chutes Montmorency. Au printemps, l'eau fait un bruit impressionnant en tombant ; mais, à l'automne, les chutes sont d'une beauté saisissante au milieu des érables aux feuilles rouges et or. Le site et le restaurant sont ouverts de mai à fin octobre.

Parc du Mont-Sainte-Anne

Un peu plus à l'est, à 50 km de Québec, le parc du Mont-Saint-Anne est surtout connu comme zone skiable – la meilleure des environs de Québec, et dotée d'une des

Ski

En hiver, la région de Québec est incontestablement la plus appropriée à la pratique du ski.

Le mont Sainte-Anne (☎ 827-4561), à 800 m d'altitude, abrite la meilleure station de ski de la région, voire de l'est du Canada, avec des descentes de ski alpin sur les faces nord, sud et ouest. Au plaisir incontestable de la descente s'ajoute un extraordinaire réseau de pistes de ski de fond. L'accès est situé à 8 km du centre alpin, sur la Route 360, dans le village de Saint-Ferreol-les-Neiges. Dans les deux cas (ski alpin et ski de fond), il existe des pistes pour skieurs débutants, moyens et confirmés. La saison s'étale de novembre à la fin mars. Vous trouverez de nombreux gîtes, stations et hôtels au pied de la montagne et alentour. L'office du tourisme dispose de brochures détaillées sur tous les forfaits vacances qui incluent hébergement et forfait remonte-pentes. En option sont également proposés les repas et la navette jusqu'aux remonte-pentes.

La seconde station importante est Stoneham (☎ 848-2411), dans le village du même nom, en remontant la Hwy 175, au nord de Québec. Avec 26 pistes de ski alpin, elle couvre une surface qui ne dépasse pas la moitié du Mont-Sainte-Anne. Le prix des tickets y est inférieur d'environ 25%.

Vous pouvez aussi trouver des centres plus petits, moins chers, notamment le centre de ski Le Relais et le mont Saint-Castin au lac Beaufort. Là aussi vous sont offerts neige artificielle, remonte-pentes et pistes de difficultés diverses.

Ces quatre stations proposent location de matériel, leçons, garde d'enfants, ski de nuit (une expérience magique) et hébergement sur la montagne – un luxe assez cher –, mais les gîtes ne manquent pas à proximité des centres. Réservez très à l'avance pour la semaine entre Noël et le jour de l'an, ou les vacances scolaires de mars. En dehors du Mont-Sainte-Anne, il existe d'autres stations de ski de fond, que vous pouvez aussi tout simplement pratiquer, en ville, au parc des Champs-de-Bataille. Connaissez-vous un autre endroit où l'on peut skier sur le site d'un champ de bataille qui décida de l'avenir du pays ? ■

plus belles descentes de la province. Elle compte une dizaine de remonte-pentes. En été, on peut camper et un téléphérique vous emmènera au sommet. Si vous vous en sentez les forces, des sentiers de randonnée pédestre et cyclable grimpent également jusqu'au sommet.

Des bus partent du centre de Québec.

A quelques kilomètres à l'est vous attendent **les Sept-Chutes**. Mais aussi une centrale hydroélectrique désaffectée et un barrage. Des sentiers longent les rivières en serpentant à travers bois. Vous pourrez obtenir des informations sur les anciens aménagements hydroélectriques au centre. Il y a aussi un restaurant et des tables de pique-nique. L'entrée est de quelques dollars.

RIVE SUD

Lévis

Mélange de petite ville et de quartier de banlieue de Québec, l'endroit ne présente guère d'intérêt pour le visiteur. La traversée en ferry se transforme en mini-croisière et réserve de belles vues sur Québec. A proximité du terminal se trouve la gare (☎ 692-3940) qui dessert l'est et la région de Montréal. (Pour plus d'informations, voir la rubrique *Comment s'y rendre/Québec*).

La seconde moitié de la colline abrite les vestiges d'un fort qui offre d'excellents points de vue. Entre 1865 et 1872, les Britanniques construisirent trois forts sur les falaises de la rive sud pour protéger Québec. Le premier, connu sous le nom de fort de Pointe-Lévis n°1, a été restauré et transformé en parc historique national, avec visites guidées gratuites. Il se trouve à Lauzon, à l'est de Lévis.

Vers l'est

Lorsque l'on quitte Québec, le paysage est assez joli mais plat. De l'autre côté du fleuve, en revanche, on aperçoit des montagnes et des collines.

La plus haute, dotée de pistes de ski, est le mont Saint-Anne. En suivant la Hwy 132 qui traverse de petites bourgades, on aperçoit l'île d'Orléans tout près au large. Pour ma part, **Saint-Michel** m'a paru attrayante et être un exemple parfait de petite ville québécoise.

Montmagny

A environ 60 km à l'est de Lévis, au large de Montmagny, s'étend le parc national de la Grosse Île, le premier site réellement digne d'intérêt.

La ville est également réputée, car elle se trouve sur le trajet des oies des neiges. Au printemps et à l'automne, chaque année, elles envahissent par milliers le rivage, aux abords de la ville. Les ornithologues passionnés seront comblés et apprécieront sans doute le festival organisé en l'honneur de ces oiseaux.

Au 45 du Bassin nord en ville, le centre d'information (☎ 248-9196) a deux objectifs : expliciter le phénomène migratoire des oiseaux, mais aussi celui des hommes. La première partie est consacrée à une exposition sur la grande oie blanche. La seconde retrace l'histoire de la Grosse Île et de la rive sud environnante, grâce à un spectacle son et lumière. Entrée payante aux deux expositions, mais vous pourrez bénéficier d'un tarif réduit pour les deux.

Dans Montmagny et aux alentours, gîtes, motels et terrains de camping abondent. Vous attendent également une douzaine de restaurants en ville, y compris un pub, 186 boulevard Taché Ouest.

Parc historique national de la Grosse Île

Ce site rappelle le rôle significatif joué par cette petite île dans l'histoire du Canada. Elle est située au large de Montmagny, le long de la Hwy 132. De 1832 à 1937, Grosse Île fut la principale station de quarantaine pour les immigrants européens.

Durant tout le XIXe siècle et la première moitié du XXe, quelque quatre millions de personnes passèrent par Québec pour s'éparpiller ensuite dans toute l'Amérique du Nord. L'île servait à dépister les arrivants atteints du typhus, du choléra, etc.

Il reste aujourd'hui plus de 100 bâtiments plus ou moins en bon état, y compris des églises, une école, des hôtels et un hôpital. Et, bien sûr, des cimetières.

Des excursions d'une demi-journée ou d'une journée sont organisées. Il est indispensable de réserver en contactant le ☎ 648-4168 à Québec, ou le ☎ 248-9196 à Montmagny. Le site est ouvert de mai à octobre et des guides le font visiter.

Au départ de Montmagny, plusieurs agences proposent des excursions en bateau jusqu'au parc, mais elles incluent un repas et sont souvent très chères. Pour plus d'informations, appelez les numéros ci-dessus ou la principale compagnie maritime au ☎ 622-2566. Renseignez-vous aussi sur les docks de Montmagny.

D'autres circuits se rendent à l'île aux Grues, autre petite île de l'archipel, où sont implantés deux auberges et un restaurant, encore plus chers. Il y a aussi un terrain de camping.

Saint-Jean-Port-Joli

Cette petite bourgade, qui possède une église à deux flèches, est le centre de la sculpture sur bois québécoise. Vous pourrez en admirer quelques exemples significatifs au **musée des Anciens Canadiens** (entrée 3,50 $), où sont exposées des œuvres des quelques-uns des meilleurs sculpteurs locaux, anciens ou contemporains. Il y a une boutique de souvenirs et un bar. Il est ouvert tous les jours, de mai à novembre.

Vous pourrez admirer d'autres pièces, de styles comparables ou très différents, dans les ateliers et boutiques de la ville et alentour. Certains sculpteurs se sont spécialisés dans les personnages, d'autres dans les scènes religieuses, d'autres encore dans les bateaux et ornements muraux. On y donne également des cours de sculpture. Céramique et textiles font également partie des artisanats locaux mais les œuvres en bois sont plus nombreuses.

A l'est de la ville, un avion Constellation de 1953 indique l'entrée du **musée Les Retrouvailles**, dans lequel est rassemblé tout un assortiment de machines agricoles et d'ustensiles ménagers datant des dernières décennies. Il y a aussi un **Musée maritime** pour les passionnés.

Représentation sur bois de Pier Cloutier

Au 322 rue de Gaspé Ouest, la **maison Médard-Bourgault** porte le nom du sculpteur qui l'habita. Murs et meubles donnent un bon aperçu de son œuvre.

L'impressionnante **église** date de 1890 et la maison du prêtre, attenante, fut construite plus tôt, en 1872.

Vous trouverez tout ce que vous cherchez rue de Gaspé. La ville compte aussi deux restaurants avec le *Dorian Casse-Croûte*, qui sert d'excellents hamburgers et fritures. Il y a quelques motels, un B&B et un terrain de camping. L'office du tourisme est implanté au centre.

A l'ouest de la ville, une agréable aire de pique-nique offre de beaux points de vue sur la rivière. Les bus Orléans Express s'arrêtent dans le centre-ville.

A l'est du Saint-Laurent

En longeant le Saint-Laurent vers l'est, on rencontre certains des plus beaux paysages de la province, caractéristiques de la côte est du Canada. On y découvre le Québec rural : de petites fermes propres et des villages que domine l'église au centre avec sa flèche argentée. Le mode de vie a subit peu de changements depuis un siècle et tout le monde, ou presque, est francophone.

Venant de Québec, vous pouvez suivre la rive nord ou sud en direction de Gaspé. Évitez la Hwy 20, vous ne verrez rien.

Des ferries traversent le fleuve à plusieurs endroits, mais plus on avance vers l'est, plus le Saint-Laurent s'élargit et plus la traversée coûte cher.

RIVE NORD ET CHARLEVOIX

La rive nord est plus vallonnée et plus spectaculaire que la rive sud, car elle est bordée par les montagnes, au nord. Elle réunit aussi la plupart des centres d'intérêt. Les bus Orléans Express desservent la région, en s'arrêtant dans nombre de bourgades et villages.

Au-delà de Sainte-Anne-de-Beaupré s'étire le district côtier de Charlevoix. Pendant plus de deux siècles, cette région pastorale de collines fleuries, de falaises abruptes et de zones boisées, coincée entre des étendues sauvages au nord et la rivière, constitua une retraite privilégiée pour les plus aisés et certains privilégiés. Aujourd'hui, c'est devenue une destination plus populaire, même si les prix restent très élevés. Par ailleurs l'Unesco a classé la région comme réserve mondiale de la Biosphère, ce qui entraîne inévitablement des restrictions importantes en matière d'aménagement.

Cette contrée fut longtemps très appréciée des artistes ; galeries et boutiques d'artisanat abondent dans les villes et villages. De même que les auberges et B&B plus abordables, et les restaurants ne manquent pas. En dehors de visiteurs de l'été, les Québécois aiment se rendre à Charlevoix pour le week-end ou pour de courtes vacances.

Une fréquentation dense et une volonté de luxe (et de qualité) qui expliquent que les prix des restaurants et des hôtels soient plus élevés que partout ailleurs le long du Saint-Laurent. Les parcs méritent toutefois une visite même pour les voyageurs disposant d'un petit budget.

Cap Tourmente

Vous pourrez y visiter la **réserve nationale de faune du cap Tourmente**. Des nuées d'oies blanches s'y arrêtent au printemps et à l'automne. Vous pourrez profiter des sentiers de randonnée qui traversent le parc plutôt marécageux. Il est ouvert tous les jours, de 9h à 17h.

Baie-Saint-Paul

Cette ville aux vieilles rues et à la gigantesque église marque la première étape urbaine après Québec. On y a de belles vues du chalet de touristes et une aire de pique-nique vous attend à l'est. La rue principale est bordée de maisons anciennes dont certaines ont été transformées en galeries ou restaurants. Ateliers d'artistes et boutiques d'artisanat sont disséminées dans les rues transversales.

Les galeries importantes sont le Centre d'exposition, 23 rue Ambroise-Fafard ; et le Centre d'art, 4 rue Ambroise-Fafard. Au 58 rue Saint-Jean-Baptiste se trouve une maison-musée où a vécu et travaillé un peintre local, qui a reçu chez lui les peintres les plus importants du pays jusque dans les années 50.

En bas de la rue, au 152 rue Saint-Jean-Baptiste, le centre d'histoire naturelle présente des expositions axées sur la géographie, la flore et la faune de la région de Charlevoix. Il est ouvert de juin à octobre.

Vous pourrez louer des bicyclettes à plusieurs endroits. Une promenade d'une journée dans les environs vaut la peine.

Vous pourrez passer la nuit, pour un prix modeste, à la *Maison Chez Laurent* (☎ 435-3895). Elle loue des simples/ doubles dans des unités d'habitation et des chalets à partir de 35 $. La simple *Auberge La Grande Maison* (☎ 435-5575), 160 rue Saint-Jean-Baptiste, pratique des tarifs similaires avec, là aussi, quelques chambres plus chères. Vous pourrez aussi camper sur le terrain proche du village de Saint-Louis, sur l'**île aux Coudres**, à 25 km de la ville. Des ferries relient l'île à Saint-Joseph de la Rive. Autrefois base d'observation des baleines, l'île dispose de quelques sites historiques peu importants, d'un moulin à vent et est principalement axée, aujourd'hui, sur l'agriculture. Au terminal des ferries, vous trouverez un bureau d'information et pourrez louer des vélos pour explorer l'île. Seule difficulté : l'adresse où louer les vélos est à 5 km des docks ! A la descente du ferry, tournez à gauche, à la lumière clignotante, et marchez un moment. La traversée en ferry prend 15 mn. Elles sont fréquentes, tout particulier en été.

La Hwy 381, au nord de Baie-Saint-Paul, longe la lisière du parc des Laurentides. Quelques belles vues et collines pentues.

Au nord de Baie-Saint-Paul, le **parc provincial des Grands-Jardins** vous réserve quelques beaux sentiers de randonnée et une topographie accidentée. C'est une zone de montagnes et de taïga (forêt septentrionale aux espèces à feuilles persistantes), dans laquelle on rencontre notamment des troupeaux de caribous. On peut camper dans le parc et louer des vélos ou des canoes.

Toujours vers l'est le long du Saint-Laurent, évitez la Hwy 138, mais empruntez la Hwy 362, une route côtière qui alternent montées et descentes le long du fleuve. Le paysage est particulièrement superbe aux alentours des **Éboulements**. Des fermes s'étagent les unes derrières les autres de la lisière de la ville au fleuve. Vous serez peut-être arrêté sur la route, par le passage d'un troupeau. A noter les tas de bois préparés pour l'hiver et les nombreux ateliers de sculpture. Dans les villages côtiers, tels que Saint-Joseph-de-la-Rive et Pointe-au-Pic, vous trouverez plusieurs petits hôtels qui servent une bonne nourriture.

QUÉBEC

Pointe-au-Pic

Petit village apparemment insignifiant, Pic était au début du siècle une destination de villégiature pour les gens aisés qui venaient d'aussi loin que New York. Le paysage, l'isolement et la mode poussèrent de gens à se faire construire des résidences d'été le long du rivage. Ce fut notamment le cas de l'ancien président des États-Unis, William-Howard Taft. Certaines de ces impressionnantes "villas" qui longent le chemin des Falaises ont été transformées en très confortables hôtels.

Le **musée** de la ville, 1 chemin du Havre, est axé sur la vie et l'histoire de Charlevoix. Une bonne partie consiste en une galerie d'art qui présente des expositions permanentes et temporaires destinées à promouvoir les œuvres d'artistes locaux. Il est ouvert tous les jours, en été, de 10h à 17h, moins longtemps tout le reste de l'année. L'entrée est de 4 $, moins pour les étudiants.

Dans l'avenue Richelieu est implanté un petit temple protestant.

Pointe-au-Pic compte un nombre considérable d'hébergements, les moins chers étant les motels. A l'extérieur de La Malbaie, le *Manoir Richelieu*, datant de 1928, est un gigantesque hôtel, élégant, romantique, qui mérite le coup d'œil. On y propose des séjours de un, deux ou trois jours, certains repas et loisirs compris, mais pour une somme qui dépasse certainement votre budget ! Seule exception, la cafétéria au sous-sol, qui sert des petits déjeuners bon marché.

La Malbaie

A environ 44 km au nord de La Malbaie et de Pointe-au-Pic, s'étend l'impressionnant **parc régional des Hautes-Gorges**, une contrée étonnante de montagnes traversée par la rivière Malbaie. Les falaises qui bordent la rivière atteignent 700 m à certains endroits. De beaux sentiers de randonnée sillonnent le parc. A Pointe-au-Pic, sont organisées des excursions en bateau le long de la partie nord de la rivière (18 $ pour une croisière d'une heure et demie). Randonnées organisées et circuits en bus dans le parc avec des guides naturalistes sont proposés au centre d'Histoire naturelle de Baie-Saint-Paul, 152 rue Saint-Jean-Baptiste.

Il y a deux endroits à signaler.

S'il existe encore, l'*Hôtel Lapointe*, un vieil établissement sis en face de l'église, offre des chambres bon marché. Mais selon certaines rumeurs, il serait fermé.

A Cap-à-l'Aigle, l'*Auberge des Peupliers*, recommandée, propose des déjeuners à 10 $ et des dîners à 24 $.

Saint-Siméon

Le ferry (☎ 862-5095) à destination de Rivière-du-Loup, sur la rive sud, part de Saint-Siméon. A cet endroit du fleuve, la traversée dure soixante-quinze minutes. C'est dans cette zone que le Saint-Laurent, en route pour l'océan Atlantique, devient salé. Le ferry est confortable, avec des cabines, un guichet d'information et peut accueillir 100 véhicules. Avec de la chance, vous apercevrez peut-être des baleines. Trois ou quatre traversées par jour sont assurées en été, au printemps et à l'automne, mais les dates varient en fonction des marées. Les visiteurs motorisés devront se présenter avec leurs véhicules, au dock, une heure avant le départ. (Pour les tarifs, voir la rubrique *Rive sud*).

Le terminal des ferries se trouve au centre de la ville.

Baie-Sainte-Catherine et Saguenay

Sise à l'embouchure de la rivière Saguenay, Baie-Sainte-Catherine marque la limite est du district de Charlevoix et, en même temps que Tadoussac, sert de point de départ à l'exploration du Saguenay et des cours d'eau environnants.

Le Saguenay est le plus important des quelques fjords du Canada oriental – un bras de mer impressionnant, bordé en partie par des falaises abruptes et plongeant jusqu'à une profondeur de 500 m dans une faille de la croûte terrestre. Les navires de haute mer peuvent remonter ses eaux noires et profondes jusqu'à Chicoutimi. Des croisières sont organisées à bord d'embarcations plus petites.

Attention, la rivière peut se déchaîner très rapidement, emportez des vêtements chauds. Les excursions en amont le long des falaises sont passionnantes, car on n'arrive plus à mesurer la distance qui nous séparent des parois rocheuses. La rivière et les terres environnantes font partie du parc provincial de Saguenay. Le parc marin du Saguenay englobe, pour sa part, la région où le Saguenay se déverse dans le Saint-Laurent.

Au confluent du Saguenay et du Saint-Laurent, crevettes et capelans de Terre-Neuve abondent, attirant bélugas, orquals, baleines à bosse, rorquals et même des baleines bleues.

L'**observation des baleines** est devenue une activité majeure. Les bélugas qui souffrent le plus de la pollution de la région, résident dans le Saguenay et alentour toute l'année. En juin, baleines minkes et rorquals remontent du golfe du Saint-Laurent, puis à la fin de l'été, c'est le tour des énormes baleines bleues qui viennent se nourrir du krill produit en quantités imposantes aux confluents des deux cours d'eau. D'août à octobre, c'est la meilleure période pour l'observation des baleines.

Plusieurs agences proposent des **excursions en bateau** au départ de ce petit port, la plus importante étant Navimex Cruises (☎ 237-4274).

En juillet et en août, ils assurent deux croisières par jour jusqu'au fjord. Comptez 40 $, repas compris. La croisière aller et retour prend quatre heures et demie. Pour ces croisières, on utilise souvent de gros bateaux qui offrent bars et extras.

Les tours d'observation des baleines sont assurés du début juin à mi-octobre. Un circuit de trois heures sur la rivière revient à 30 $. Quatre circuits par jour à la mi-été.

Emportez toujours des vêtements chauds, même si la température vous paraît estivale. Il y a toujours du vent sur la rivière et l'eau est très froide, même en juillet. Les excursions en Zodiacs sont recommandées.

Vous pourrez embarquer sur place ou à Tadoussac, où sont implantées plusieurs autres agences.

Vous pourrez également visiter la **station côtière de la Pointe-Noire**. Ce poste d'observation des baleines (☎ 237-4383) sur le Saguenay propose exposition, diapositives et films, ainsi qu'une tour d'observation avec télescope pour surveiller l'embouchure du fleuve. Le centre est ouvert de juin à septembre.

Autrefois 6 000, les bélugas ne sont plus que 500 aujourd'hui, et la contrée aux alentours de la Pointe-Noire est devenue leur refuge. D'autres variétés de baleines affluent dans la région à certaines périodes ; on peut ainsi apercevoir des baleines de Mink à quelques mètres du rivage. L'entrée au centre est de 3 $. Une visite recommandée si vous disposez d'une voiture. La station située à l'ouest de la ville n'est accessible qu'en transport individiduel.

Durant la première semaine d'août se déroule le festival de la morue.

Où se loger. A Baie-Sainte-Catherine, vous pourrez séjourner à l'*Hôtel Saguenay et Cabines* (☎ 237-4271), sur la Hwy 294, qui loue des simples/doubles à 30/40 $. La villa compte également quelques B&B abordables. Les *Gîtes du Saguenay* (☎ 237-4290), n°294, sur la route 138, prend 30 $ pour une double. Mieux vaut réserver à l'avance.

Vous trouverez aussi de petits restaurants bon marché le long de la grande route, sur place, ou à Tadoussac.

Comment s'y rendre. Du 15 juin au 15 septembre, un ferry traverse la rivière jusqu'à Tadoussac, toutes les 20 mn, de 8h à 20h, puis toutes les 40 mn. La traversée est gratuite (10 mn). Il n'est pas rare d'apercevoir des baleines.

Tadoussac

Sur l'autre rive, se dresse Tadoussac. Avec une population de seulement 832 habitants, mais de dimension trois fois plus importante que Baie-Sainte-Catherine, elle fait office de centre régional. C'est une localité attrayante et presque tous les sites dignes d'intérêt sont accessibles à pied. Elle sert aussi de centre d'observation des baleines et de port pour les excursions sur le Saguenay (voir la rubrique *Baie-Sainte-Catherine* pour plus d'informations sur la rivière et les baleines). Le bureau de renseignements touristiques (☎ 235-4776), ouvert de mi-juin au début septembre, se trouve au 196 rue des Pionniers, dans le centre de la ville. Il est ouvert de 8h à 20h. De la fin septembre au printemps, Tadoussac est désertée par les visiteurs.

Le quai et le front de mer, qui longe la rue du Bord-de-l'Eau, en face de la baie de Tadoussac, regroupent diverses agences d'excursions fluviales.

La contrée verdoyante alentour offre quelques belles destinations de promenade. De Pointe-de-l'Islet, un parc péninsulaire à la lisière sud de la ville, on peut apercevoir des baleines. Un sentier de randonnée qui part et aboutit à la rue du Bord-de-l'Eau, décrit le tour de la péninsule. Le parc du Saguenay offre également de beaux points de vue. Si vous êtes motorisé, vous trouverez facilement à vous garer de l'autre côté de la rue de la Pisciculture et pourrez marcher jusqu'au bureau de renseignements touristiques. De là, vous pourrez grimper les collines environnantes et profiter d'un panorama superbe sur le confluent des cours d'eau. Des sentiers plus longs en direction du nord débouchent de la rue de la Pisciculture. Renseignez-vous au bureau d'information. Le **parc du Saguenay** est un parc immense qui s'étend de chaque côté du Saguenay, de Tadoussac à Chicoutimi. Il englobe les terres autour du lac de l'Anse-de-l'Eau, au nord de la ville. L'un des sentiers pédestres qui part de la pisciculture longe la rive du lac.

Un autre sentier jalonne sur environ 6 km, au nord-est, la plage et le front de mer, du centre-ville aux dunes, un site géographique.

Les bureaux du **parc marin du Saguenay** (☎ 235-4703) se trouvent au 182 rue de l'Église. Il est destiné à protéger et développer le Saguenay, ses rives, les environs et la faune. Des naturalistes pourront répondre à vos questions. Des centres d'interprétation sont implantés à Pointe-Noire, dans Baie-Sainte-Catherine, et à cap de Bon-Désir, près de Grandes-Bergerons, 22 km au nord-est de Tadoussac, en amont du Saint-Laurent. On peut y observer les baleines.

Le **centre d'information des Mammifères marins** (CIMM) est situé au 108 rue de la Cale-Sèche. Il est ouvert tous les jours, de mai à novembre, et fournit aux visiteurs des informations sur les baleines et voir des expositions sur les mammifères marins. L'entrée est de 4,50 $ pour les adultes.

La **Maison Chauvin**, au 157 rue du Bord-de-l'Eau, est une réplique du premier comptoir canadien de commerce des fourrures et donne un aperçu des transactions entre Indiens et Européens. Il est ouvert tous les jours, mais seulement pendant la saison chaude. La **Vieille Chapelle des Indiens**, construite en 1747, est l'une des plus anciennes églises en bois du pays.

La **Pisciculture**, 115 rue du Bateau-Passeur, est gérée par l'administration provinciale (visite gratuite). Elle est chargée du repeuplement des rivières et des cours d'eau en saumons.

Plusieurs sentiers pédestres du parc du Saguenay partent du côté arrière de la pisciculture.

Au 143 rue du Bateau-Passeur, le petit **musée Molson-Beattie** retrace à l'aide de maquettes, de photographies et autres objets, l'histoire de la navigation sur le Saint-Laurent et le développement de la route maritime. Toujours dans la ville,

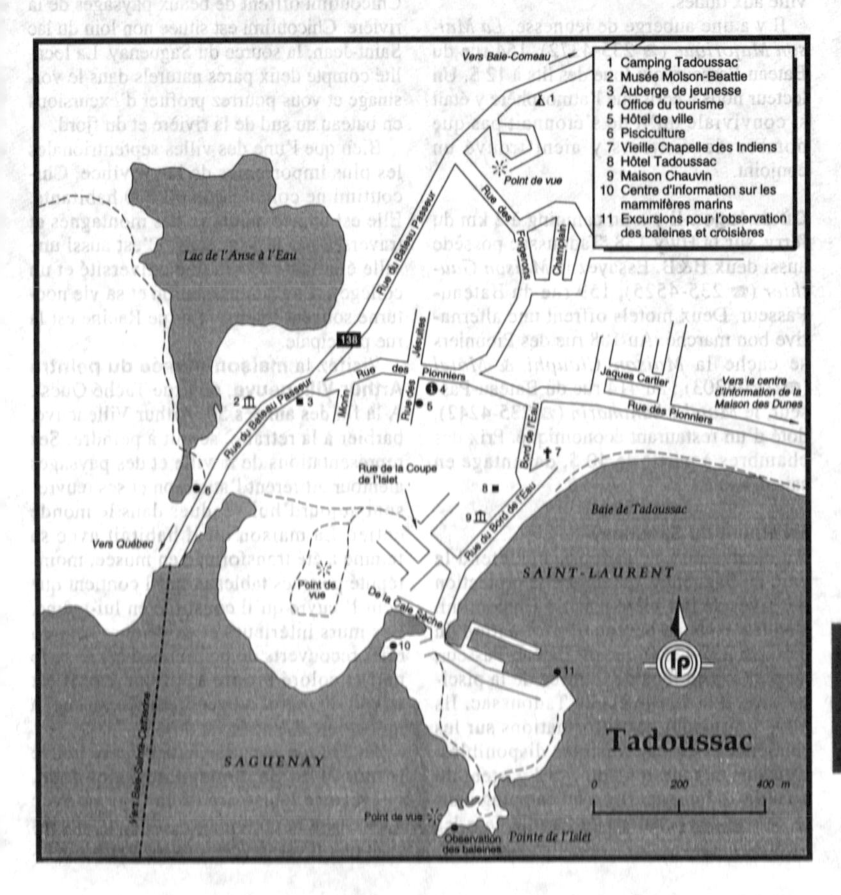

l'**hôtel Tadoussac** fut construit en 1941, mais rénové au milieu des années 80. Faites un extra, le dîner revient à environ 25-30 $. Allez voir, le hall et les dépendances valent la peine d'être vus.

A environ 6 km de la ville, au nord-est, se trouve le **centre d'information de la Maison des Dunes** sur le chemin du Moulin-à-Baude. Les dunes ont été sculptées par les glaciers. Le centre, qui fait partie du parc du Saguenay, vous fournira des informations sur leurs origines. Il est ouvert tous les jours, de la mi-juin à la fin septembre. Le sentier de la plage mène de la ville aux dunes.

Il y a une auberge de jeunesse, *La Maison Majorique* (☎ 235-4372), 154 rue du Bateau-Passeur, qui loue des lits à 12 $. Un lecteur nous a écrit que l'atmosphère y était si conviviale qu'il ne s'étonnait pas que nombre de visiteurs y aient trouvé un conjoint.

Où se loger. Il y a un camping à 2 km du ferry, sur la Hwy 138. Tadoussac possède aussi deux B&B. Essayez la *Maison Gauthier* (☎ 235-4525), 159 rue du Bateau-Passeur. Deux motels offrent une alternative bon marché. Au 188 rue des Pionniers se cache la *Maison Clauphi & Motel* (☎ 235-4303) ; au 414 rue du Bateau-Passeur, le *Motel Chantmarin* (☎ 235-4242), doté d'un restaurant économique. Prix des chambres à partir de 40 $, davantage en saison haute.

En amont du Saguenay

Au nord-ouest de Tadoussac, s'étend le parc du Saguenay, qui assure la protection des rives de la rivière jusqu'à Chicoutimi. Rendez-vous au bureau d'information du parc (☎ 235-4238), rue du Bateau-Passeur, au parking en face de l'entrée de la pisciculture, à la limite est de Tadoussac. Ils vous fourniront des informations sur les randonnées et les croisières disponibles. Certaines excursions du fjord partent du quai de Tadoussac. Il y a un camping dans le parc et des pensions de famille dans les villages avoisinants.

Du village du Sacré-Cœur, à 10 km de Tadoussac, à l'est de la rivière, une petite route mène à l'Anse-de-Roche, qui offre une vue superbe sur le fjord.

Une croisière part de l'Anse-Saint-Jean, au milieu du parc, à l'ouest du Saguenay. Deux départs par jour pendant tout l'été (18 $). Une autre de La Baie, au sud de Chicoutimi. Plusieurs autres excursions vous sont proposées au départ de points différents, le long du fjord.

Chicoutimi

Les routes qui longent le Saguenay jusqu'à Chicoutimi offrent de beaux paysages de la rivière. Chicoutimi est située non loin du lac Saint-Jean, la source du Saguenay. La localité compte deux parcs naturels dans le voisinage et vous pourrez profiter d'excursions en bateau au sud de la rivière et du fjord.

Bien que l'une des villes septentrionales les plus importantes de la province, Chicoutimi ne compte que 60 000 habitants. Elle est nichée au creux des montagnes et traversée par le Saguenay. C'est aussi une ville étudiante (il y a une université et un collège), d'où son animation et sa vie nocturne souvent intense. La rue Racine est la rue principale.

Visitez la **maison-musée du peintre Arthur Villeneuve**, 669 rue Taché Ouest. A la fin des années 50, Arthur Villeneuve, barbier à la retraite, se mit à peindre. Ses représentations de la ville et des paysages alentour attirèrent l'attention et ses œuvres sont aujourd'hui vendues dans le monde entier. La maison qu'il habitait avec sa femme a été transformée en musée, moins réputé pour les tableaux qu'il contient que pour l'œuvre qu'il constitue en lui-même. Les murs intérieurs et extérieurs sont en effet recouverts de peintures dans le style naïf et coloré propre à Villeneuve. Il est ouvert du mardi au vendredi, de mi-mai à mi-octobre. L'entrée est de 3 $.

Au 534 rue Jacques-Cartier Est se trouve le **musée du Saguenay-Lac-Saint-Jean**, qui retrace l'histoire de la région, avec notamment la présentation d'objets indiens et inuits. Il est ouvert tous les jours en été, mais fermé le week-end le reste de l'année. L'entrée est payante. Vous pourrez aussi visiter l'ancienne (elle ne fonctionne plus) usine de pâte à papier, autrefois la plus grande du monde, au 300 rue Dubuc.

Du vieux port et du marché partent des excursions en bateau sur le Saguenay.

Au nord de Chicoutimi, la grande route principale continue vers Lac-Saint-Jean, traverse la zone boisée septentrionale et une gigantesque réserve naturelle, et arrive à la ville de Chibougamou. De là, les routes commencent à se réduire fortement.

Où se loger. Au nord de Chicoutimi, non loin de la ville de Roberval, l'*Auberge Kukum* (☎ 275-0697), est une auberge de jeunesse implantée dans une réserve d'Indiens Montagnais. Renseignez-vous sur les excursions qui vous permettront de partager pendant une semaine la vie d'une famille indienne dans la forêt.

A Chicoutimi, le collège (CÉGEP) offre un hébergement bon marché de mai à mi-août. Tarifs réduits pour une semaine.

L'*Auberge Centre Ville* (☎ 543-0253), 104 rue Jacques-Cartier, nous a été recommandée, comme confortable, économique, centrale, mais elle est réservée aux hommes. Les chambres avec s.d.b sont plus chères, mais toutes sont équipées de la TV.

Également avantageux, le *Motel au Parasol* (☎ 543-7771), 1287 boulevard Saguenay Est, offre des chambres à prix modérés et une belle vue. La région compte de nombreux autres hôtels, motels et quelques très confortables auberges.

Où se restaurer. La rue Saint-Jacques est jalonnée de nombreux restaurants. *La Fourchette*, à proximité de l'Hôtel Chez Gérard, jouit d'une bonne réputation. Le soir, le *Guiness Pub*, rue Racine, offre un choix varié de bières. La rue Racine compte d'autres établissements où vous pourrez boire un verre et passer un bon moment.

Jonquière

A l'ouest de Chicoutimi, dans la Hwy 170, Jonquière est d'une taille sensiblement équivalente à Chicoutimi, et mérite un coup d'œil. Elle dispose d'une énorme haut-fourneau pour l'aluminium et de deux usines à papier.

Le point de vue, à la **centrale hydroélectrique de Shipshaw**, constitue une bonne halte. Tournez à droite après avoir traversé le pont d'Aluminium, qui se trouve à l'entrée de Jonquière lorsque l'on vient de Chicoutimi.

Un festival de marionnettes se déroule pendant la première semaine de juillet.

Vous pourrez dénicher quelques hôtels assez bon marché et le collège (CÉGEP), 2505 rue Saint-Hubert, propose un hébergement estival très économique.

La rue Saint-Dominique, la rue principale, est jalonnée de bars et de cafés très animés la nuit.

Baie-Comeau

Au-delà de Tadoussac, sur la rive nord du Saint-Laurent, la route continue vers le nord-est et traverse des régions vallonnées, moins peuplées, jusqu'à la ville de Baie-Comeau, productrice de papier journal, et dotée d'une population de 27 000 habitants.

Elle présente peu d'intérêt, à l'exception du **quartier résidentiel Sainte-Amélie**, où vous pourrez admirer l'Hôtel le Manoir, autre hôtel imposant des rives du Nord. Il est entouré de maisons beaucoup plus modestes datant des années 30.

Pour passer une nuit sans dépenser une fortune, l'*Hôtel Baie-Comeau* (☎ 296-4977), sis dans le centre de la ville haute, non loin de la grande route, au 48 place Lasalle, nous a été recommandé. Il loue des doubles à 40 $. Pour les voyageurs motorisés, plusieurs motels sont regroupés à Lasalle, à l'ouest du centre-ville.

Baie-Comeau est un des centres industriels un peu à l'écart, qui semblent proliférer dans cette région. La ville compte non seulement une usine de pâte à papier, mais un gigantesque haut-fourneau d'aluminium, **Reynold's**, qui organise des visites guidées, gratuites, deux après-midi par semaine, en été. Mais on associe surtout la ville à l'énergie hydroélectrique, en raison des vastes projets entrepris sur le Manicouagan. On peut visiter gratuitement les trois gigantesques **barrages** gérés par Hydro-Québec – Manic 2, 3 et 5. Le premier se trouve à 50 km au nord de la ville et le dernier à 200 km. L'envergure de ces projets a de quoi donner le vertige.

De Baie-Comeau, la Hwy 389 se dirige vers le nord, dépasse les barrages du Manicouagan, puis rejoint Wabush et la ville de Labrador, à la frontière du Québec et du Labrador, à Terre-Neuve (pour plus de détails sur les villes traversées et le trajet emprunté, consultez la rubrique consacrée au *Labrador*, au chapitre *Terre-Neuve*).

A environ 120 km au nord-ouest de Manic 5, se dressent les **monts Groulx** qui atteignent 1 000 m. Vous découvrirez un paysage fascinant du Grand Nord, des terres désertiques parsemées de lacs et la toundra. Baie-Comeau est reliée par le ferry à Matane (pour plus de détails, voir la rubrique *Matane*).

Sept-Îles

C'est la dernière localité d'une certaine importance sur la côte nord. Ville portuaire, ses docks accueillent des cargos internationaux. Malgré son isolement, c'est le second port canadien en tonnage.

Le long du parc en bord de mer, une promenade sur planches longe le rivage. Vous y trouverez aussi un office du tourisme (☎ 962-1238), 546 Ave Dequen, ouvert toute l'année.

Le Vieux-Poste est la reconstitution d'un ancien comptoir de commerce des fourrures, à l'époque où les Français traitaient avec les Indiens Montagnais qui occupaient alors la région. Il y a aussi un petit musée. Le centre culturel des Indiens vend quelques objets traditionnels.

De Sept-Îles, vous pourrez rejoindre **île Grand-Basque**, qui fait partie de l'archipel de Sept-Îles. Vous pourrez y camper, marcher, profiter des plages et de quelques sites. Des sentiers de randonnée sillonnent l'île. Le camping coûte 7 $ et les ferries pour île Grand-Basque sont fréquents (5 $). Île du Corosol abrite une réserve d'oiseaux.

On peut louer des vélos et des kayaks en ville, à Location Rioux, 391 Ave Gamache.

Vous pourrez également aller pêcher la morue dans les diverses îles, pour 15 $.

Le train qui part de Sept-Îles donne accès à une partie du Québec septentrional et aux régions ouest du Labrador (voir la rubrique *Labrador*). La route continue à l'est vers Havre-Saint-Pierre.

Où se loger et se restaurer. La ville compte une auberge de jeunesse (☎ 962-8180) et une demi-douzaine de motels, beaucoup plus chers. A Havre-Saint-Pierre, vous trouverez un camping. Le *Restaurant Saigon*, qui sert de la cuisine chinoise et vietnamienne, quelque peu insolite dans cet endroit retiré.

Comment s'y rendre. Des bus relient Baie-Comeau et Havre-Saint-Pierre, avec un arrêt à Sept-Îles. Contactez Autobus du Littoral au ☎ 962-2126 pour les horaires. Des bus assurent aussi la liaison de Baie-Comeau avec Québec.

Le train qui se rend deux fois par semaine de Sept-Îles à la ville de Labrador, réserve un fascinant voyage à travers une forêt d'épicéas et la toundra. Il traverse un pont d'une longueur de 900 m, 50 m au-dessus de la rivière Moisie et dépasse les chutes Tonkas (60 m de haut). Le wagon à dôme vient du célèbre train Wabush Cannonball, un nom qui apparaît souvent dans les chansons populaires américaines.

La route qui traverse cette zone reculée, accidentée, fut entreprise en 1950. Elle exigea la participation de 7 000 ouvriers et quatre ans de travaux.

Pour plus de renseignements, contactez Quebec and North Shore Railway au ☎ 418-968-7539.

La gare se trouve 100 rue Retty (pour plus de renseignements, voir la rubrique *Ville de Labrador)*.

Environs de Sept-Îles

Depuis Sept-Îles (ou Labrador, à Terre-Neuve), vous pouvez rejoindre Fermont (Québec), une ville minière sise à 27 km à l'ouest de la ville de Labrador, sur la frontière provinciale. Construite en 1974, elle fait montre d'une structure unique : un bâtiment de 1,5 km de long, à cinq étages, voûté, qui contient la plupart des établissements commerciaux de la ville. Les logements sont tous nichés dans la partie courbe pare-vent. Pour se rendre à Fermont, il faut prendre le train mentionné ci-dessus, qui continue vers Schefferville, une autre ville minière.

Havre-Saint-Pierre

La ville marque la fin de la route. C'est aussi le point de départ des visites au parc national sur l'île, au large. Le centre d'information et de réception du parc est installé au centre-ville. Par ailleurs, l'ancien magasin de la Compagnie de la Baie d'Hudson, 957 rue de la Berge, abrite le centre d'interprétation et de la culture. C'est un musée axé sur l'histoire locale, où vous pourrez aussi obtenir quelques renseignements sur la région. Un bureau de renseignements touristiques se cache également au 1081 de la Digue.

A la lisière est de la ville, se trouve le *Camping municipal* (☎ 538-2415). A 15 km est implantée une auberge de jeunesse, l'*Auberge de la Minganie A J* (☎ 252-3117). Mieux vaut réserver. Le bus en provenance de Sept-Îles vous déposera devant l'auberge sur son trajet vers Havre-Saint-Pierre. *Chez Louis* (☎ 538-2799), 1045 rue Boréal, est un B&B.

Pour les voyageurs aventureux, des ferries relient la ville à l'île d'Anticosti et longe la côte jusqu'au Labrador.

Parc national de l'Archipel-de-Mingan

Le parc montre d'étonnantes formations de calcaire, dues à l'érosion, le long du rivage. De nombreux oiseaux de mer survolent les 40 îles et, dans l'eau, on peut apercevoir des phoques et des baleines. Nombre de visiteurs apportent leur bateau – les kayaks sont parfaitement adaptés à l'endroit, mais vous disposez aussi de bateaux de croisière qui partent du continent. Certaines îles sont sillonnées de sentiers de randonnée et émaillées de terrains de camping gratuits. Il y a un centre touristique (☎ 949-2126), ouvert en été, au 30 rue du Bord-de-la-Mer, à Longue-Pointe-de-Mingan. Des guides sont proposés sur place.

Vers Labrador ou Terre-Neuve

De Havre-Saint-Pierre un ferry longe la côte nord déserte, et dessert une dizaine sur quinze petits villages de pêcheurs. La population, qui subsiste pauvrement et ne dispose pas toujours de l'eau courante, est composée d'un mélange de descendants français et d'Indiens Montagnais. A Harrington Harbour, vous pourrez loger chez l'habitant. Il vous suffira de demander autour de vous. Le ferry s'arrête à Blanc-Sablon, à 2 km du 54e parallèle et de la limite du Labrador. Ces ferries circulent d'avril à mi-janvier, en fonction de la glace.

De Blanc-Sablon, un autre ferry se rend à Sainte-Barbe, à Terre-Neuve (voir chapitre sur *Terre-Neuve*). Pour plus d'informations sur les ferries de Québec, contactez Relais Nordik Inc à Sept-Îles au ☎ 968-4707, ou à Havre-Saint-Pierre. Les ferries sont très bon marché, car partiellement subventionnés par le gouvernement.

ÎLE D'ANTICOSTI

C'est une grande île sise à l'embouchure du Saint-Laurent, à mi-chemin de la péninsule de Gaspé et de la rive nord. De 1680 à 1974, elle appartint à différentes compagnies et propriétaires individuels., notamment Henri Menier, un chocolatier français. Elle abrite aujourd'hui une réserve naturelle. C'est une île isolée, très boisée, aux falaises escarpées, avec des chutes d'eau et de bonnes rivières de saumon. Sa population de 120 000 cariacous (chevreuil à queue blanche) attire les chasseurs.

Elle compte aussi quelque 300 habitants, qui résident principalement dans Port-Menier, et alentour, à la pointe ouest, d'où s'aventure la seule route vers l'intérieur de l'île. Port-Menier possède un restaurant et gîte, location de voitures, essence et épicerie sont également disponibles. Il y a aussi un camping à proximité, en direction de

West Point, tout au bout de l'île. Les campeurs devront être bien équipés et préparés à affronter le mauvais temps. La seule route de l'île longe la côte nord, jalonnée d'un canyon de 4 km de long et deux aires de camping.

L'*Auberge Port-Menier* (☎ 535-0122) loue 25 chambres. Comptez 70 $ pour une double.

Un ferry relie la localité et Havre-Saint-Pierre, sur la côte nord du golfe du Saint-Laurent. Il est géré par Relais Nordik Inc (voir le ferry pour Blanc-Sablon, à la rubrique *Vers le Labrador ou Terre-Neuve*). Un ferry plus long assure la liaison Port-Menier-Sept-Îles. Il existe également des vols pour Anticosti.

RIVE SUD

Rivière-du-Loup

Sur la rive sud du Saint-Laurent, Rivière-du-Loup réserve une agréable surprise aux visiteurs. Bien que petite, au milieu de nulle part, c'est une localité animée et attrayante, qui dégage une séduisante atmosphère typiquement québécoise. Une massive église de pierre, Saint-Ludger, domine la partie haute de la ville.

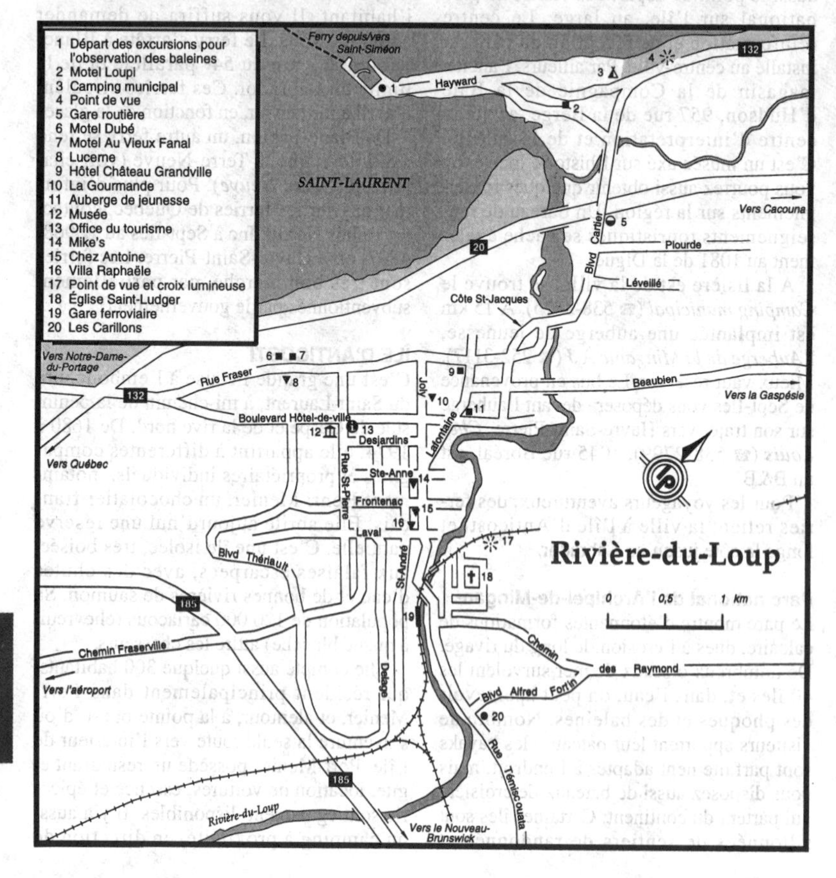

Depuis les rues en hauteur, sinueuses, on a une belle vue sur la rivière et les montagnes. L'endroit constitue aussi une escale on ne peut mieux adaptée aux voyageurs qui se rendent dans les provinces maritimes, ou plus à l'est dans la région de Gaspé. Il y a un parking gratuit dans le centre-ville. Il est indiqué par des panneaux portant la lettre "P".

La rue Lafontaine, rue principale, grimpe la colline depuis la Hwy 132 et le boulevard Hôtel-de-Ville. Vous y trouverez de nombreux restaurants.

L'office du tourisme (☎ 867-3051), 189 rue Hôtel-de-Ville, à l'angle de la rue Saint-Pierre. Il est ouvert tous les jours en été ; du lundi au vendredi, le reste de l'année. Vous ne pouvez pas le rater en pénétrant dans la ville. Un autre office du tourisme vous attend sur la Hwy 20, à l'ouest de la ville.

A voir. De l'autre côté de la rue, au 300 rue Saint-Pierre, se dresse le **musée du Bas-Saint-Laurent**, à l'angle du boulevard Hôtel-de-Ville. Le musée est consacré à l'histoire de la région et contient une petite galerie d'art. L'entrée coûte 3,50 $.

En suivant la rue Frontenac, à l'est de la rue Lafontaine, sur quelques pâtés de maisons, vous arriverez bientôt à plusieurs chutes d'eau, sur la Rivière-du-Loup, et deux tables de pique-nique.

La croix lumineuse, autre curiosité incontournable de la ville, d'où l'on peut profiter d'un superbe panorama sur la rivière, est difficile à atteindre. Du chemin des Raymond, tournez à gauche dans la rue Alexandre, à droite dans la rue Bernier, puis à gauche dans la rue Sainte-Claire. C'est central et on peut y aller à pied du centre-ville.

Le nouveau **point de vue**, encore moins accessible sans véhicule, mais qui offre une vue superbe du Saint-Laurent, en particulier au coucher du soleil, est perché à la lisière nord de la ville, sur la Hwy 132, après le grand hôtel l'Auberge de la Pointe. Suivez les panneaux jusqu'au petit parking. Une courte promenade à travers les bois mène à la plate-forme. En dessous, le parc du front de mer est un endroit populaire où pique-niquer.

Au 393 rue Témiscouata, vous pourrez découvrir **Les Carillons**, une importante collection de plus de 200 cloches anciennes et modernes, dont certaines sont énormes. Toutes sont étrangement exposées sur des pylônes Hydro-Québec. Cette collection est ouverte tous les jours, en été, jusqu'à 20h. Contre une petite participation vous serez autorisé à faire sonner les cloches, de la plus petite (35 kg) à la plus grosse (2 t).

Le Château de rêve est un petit parc d'amusement avec des manèges pour enfants, une piscine et des animaux de ferme, entre autres. Il se trouve sur la Hwy 20, à l'est du centre.

Renseignez-vous auprès de l'office du tourisme sur les croisières en bateau et l'observation des baleines. Sont aussi organisées des excursions jusqu'à certaines îles du Bas-Saint-Laurent, transformées en réserves protégées.

Au large, à l'ouest de la ville, les îles sont propices à l'observation des oiseaux et des phoques. A l'est, le fleuve commence à s'élargir considérablement.

Où se loger. Bien aménagé, le *Camping municipal* est proche de l'Ave Cartier, à côté de l'hôtel Auberge de la Pointe, au nord de la ville.

L'*Auberge internationale de Rivière-du-Loup* (☎ 862-7566), une auberge de jeunesse, occupe une position centrale, au 46 rue Hôtel-de-Ville. Elle est fermée de novembre à avril. Le collège (CÉGEP) (☎ 867-2733) offre également un hébergement économique, avec des simples à 20 $. Il est situé 335 rue Saint-Pierre.

Également bon marché, l'*Hôtel Château Grandville* (☎ 862-3551), 94 rue Lafontaine, à l'angle de la rue Iberville, propose des simples ou doubles à 35 $. Il se trouve au nord du centre-ville, près du quartier des motels. Les motels constituent l'essentiel de l'hébergement, la plupart étant implantés au nord du boulevard Hôtel-de-Ville, dans la rue Fraser. Ils sont disséminés dans les deux sens, depuis le centre-ville. La plupart sont assez coûteux, mais vastes et confortables. Certains offrent même piscine chauffée et vue sur le fleuve. Ils sont parfaitement tenus et pour quelques-uns d'une apparence exceptionnelle.

Le plus récent étant le *Motel Loupi* (☎ 862-6898), 50 rue de l'Ancrage, le motel le plus spectaculaire que j'aie jamais vu. Il est entouré de jardins en terrasse immaculés, sur lesquels sont disséminées piscines, volières, chaises longues et balancelles. Double à partir de 65 $.

Également confortable, le *Motel Dubé* (☎ 862-6354), 182 rue Fraser. De l'autre côté de la rue est implanté un terrain de camping avec piscine. *Au Vieux Fanal* (☎ 862-5255), 170 rue Fraser, offre vue sur le fleuve et piscine chauffée. Une double coûte 60 $.

Autre endroit agréable, pratiquant des prix similaires, le *Motel Bellevue* (☎ 862-5229) se cache à côté du terminal des ferries et surplombe le fleuve. Certaines chambres sont équipées de kitchenettes. *Journey's End* (☎ 867-4162) est légèrement moins cher et semble plus ordinaire en comparaison des autres motels.

Où se restaurer. On mange bien à Rivière-du-Loup. De nombreux restaurants et bars jalonnent la rue Lafontaine.

Le *Gina's*, au n°362, près de la rue Sainte-Anne, est d'un bon rapport qualité/prix avec un menu table d'hôte pour moins de 12 $, et une carte variée qui inclut des plats chinois.

De l'autre côté de la rue, *Mike's* vend de grands sandwiches mixtes, savoureux et bon marché. Au n°433, vous attend *Chez Antoine*, et la porte à côté, la *Villa Raphaële*, deux endroits animés, attrayants, mais qui propose des repas complets, plus chers. Pour le petit déjeuner, rendez-vous à *La Gourmande*, 120 rue Lafontaine. C'est un café et une boulangerie. Plus onéreux, *Madame Coucounette*, au n°274, sert des fruits de mer, des plats végétariens et de la viande. Comptez 7 $ pour un burger tofu. Les autres restaurants sont regroupés dans la rue Fraser et servent la clientèle des motels. Le *Lucerne* pratique des prix modérés (parfait en famille ou seul).

Comment s'y rendre. Le ferry pour Saint-Siméon circule du matin, très tôt, jusqu'en début de soirée. Le trajet dure une heure et quart. Environ sept services quotidiens sont assurés en été (23 $ par voiture, 9 $ par personne). Le premier (7h) et le dernier (20h) coûtent demi-tarif. Il y a un restaurant et un bar à bord. Pas de réservations, les premiers arrivés sont les premiers montés à bord et mieux vaut se présenter sur le quai une heure avant le départ. Mais cette règle ne s'applique qu'aux voyageurs motorisés. Pour les autres, il leur suffit d'arriver au dernier moment. Le ferry, qui peut accueillir 100 véhicules, circule d'avril à janvier. Pour les voyageurs à pied, il n'existe pas de bus jusqu'au terminal des ferries, situé à environ 6 km du centre-ville. Pour prendre un taxi, contactez Taxi Capitol (☎ 862-6333).

La gare routière se trouve 83 boulevard Cartier, à une courte distance à pied du centre. Elle est ouverte 24 heures sur 24 et dispose de consignes à jetons. VIA Rail (☎ 1-800-361-5390) relie Rivière-du-Loup à Québec et Campbellton, dans le Nouveau-Brunswick, *via* la vallée de Matapédia.

Des auto-stoppeurs qui souhaitaient que leurs demandes soient enregistrées par le système PA avant d'embarquer, furent tout surpris que leur annonce porte ses fruits.

Mark Lightbody

Vers le Nouveau-Brunswick

Avec ses usines de pâte à papier et ses forêts émaillées de fermes, la Hwy 185 fournit un avant-goût du Nouveau-Brunswick. Et puis quel plaisir de raconter ensuite que l'on est passé par l'étonnante ville de Saint-Louis-du-Ha ! Ha ! (en langue indienne, *hexcuewaska,* "Ha ! Ha !" s'apparente à quelque chose d'inattendu). Endroit inattendu, et tout aussi plaisant que le paysage superbe, verdoyant qui entoure le **lac Témiscouta**.

On peut y camper et, aux environs de Canso, vous attendent quelques motels, où, tradition caractéristique du Québec, vous trouverez toujours un bar.

Au cœur de la région de Témiscouta, *L'Auberge Marie Blanc* (☎ 899-6747), à Notre-Dame-du-Lac, 1112 rue Commerciale, est une adresse tout particulièrement recommandée. Construite en 1905 par un avocat pour sa maîtresse, Marie Blanc, la maison fonctionne comme auberge depuis le début des années 60. Elle est ouverte du début avril à fin octobre et sert une excellente cuisine. Il faut comptez 55 $ pour une double.

En été, un ferry traverse le lac, mais la région demeure peu développée.

SUD-EST DU SAINT-LAURENT

Trois-Pistoles

La côte se montre plus vallonnée et moins peuplée à mesure que l'on approche de la péninsule de Gaspé. Cette région ressemble aux Highlands en Écosse.

Une église massive, l'église Notre-Dame-des-Neiges, domine la ville de Trois-Pistoles. Un ferry (☎ 851-3099) rejoint Les Escoumins, de l'autre côté de la rivière, sur la rive nord. La traversée dure une heure et quart (15,50 $ par voiture, 8 $ par passager). Il circule de mai à novembre, trois fois par jour en juillet et en août. La ville possède aussi trois terrains de camping.

Au large, l'île aux Basques était utilisée par les baleiniers basques au XVIe siècle. La côte entre Saint-Fabien-sur-Mer et Le Bic est tout particulièrement spectaculaire.

Le Bic

Autrefois petit village situé à quelques kilomètres de Rimouski, dans un cadre splendide, c'est devenu aujourd'hui une sorte de banlieue. Le **parc du Bic** mérite cependant une visite et l'endroit offre encore quelques beaux paysages côtiers. Le village dispose d'une agréable aire de pique-nique et l'on peut camper dans le parc.

Le parc du Bic préserve un étonnant paysage de montagnes irrégulières, coniques, couvertes de bosses, que borde un littoral rocheux et escarpé. De nombreuses baies, anses et îles jalonnent la côte. Le parc offre une végétation de zone transitoire, où se mêlent forêt d'espèces à feuilles caduque méridionale et forêt boréale septentrionale. La diversité florale reflète bien ces deux influences. Le parc abrite également une faune très riche, notamment en oiseaux de mer et en phoques gris, au large.

Routes et sentiers de randonnée mènent au sommet des montagnes et aux plages en coupant à travers la forêt. Dans le parc, terrain de camping et aires de pique-nique sont agréables. Des itinéraires de promenade sont disponibles. L'endroit mérite vraiment une visite, et pensez à apporter vos jumelles. Il faut compter deux jours pour explorer le parc et seuls les séjours nocturnes sont payants. A noter qu'il est officiellement fermé de septembre à mai, mais les visiteurs campent à proximité et s'y promènent dans la journée.

En revanche, les excursions en bateau proposées en bordure du parc ne méritent pas la somme demandée.

Rimouski

C'est une ville industrielle en pleine expansion et un centre de distribution de pétrole. Les artères principales sont la rue Saint-Germain, qui court d'est en ouest depuis la place des Vétérans, où vous trouverez un office du tourisme (☎ 723-2322) au 50 rue Saint-Germain Ouest, et l'avenue Cathédrale. La place des Vétérans, au centre de la ville, est toute proche du **musée régional** qu'abrite la **cathédrale** néo-gothique datant des années 1850. Le musée, fermé le lundi, présente des expositions permanentes et temporaires, notamment d'artistes canadiens.

A environ 5 km à l'est de l'office du tourisme, dans la Hwy 132, la **maison Lamontagne**, vieille demeure du XVIIIe siècle, devenue site historique, se cache dans le parc. Elle est ouverte tous les jours, en été, et expose des meubles d'époque et autres objets. Elle représente un style d'architecture qui a aujourd'hui presque complètement disparu.

A 10 km à l'est de la ville, à **Pointe-au-Père**, après le terminal des ferries, se trouve un musée maritime et un phare qui expose, entre autres, une épave. L'entrée est de 3,75 $. La réserve naturelle est propice à la découverte de la flore et de la faune côtières.

La fin de l'été est une bonne période, car les mois d'août, septembre et octobre accueillent plusieurs festivals.

Où se loger. L'*Auberge la Voile* (☎ 772-8002) est une auberge de jeunesse qui occupe une position centrale au 58 rue Saint-Germain Est.

Les *Gîtes du Centre Ville* (☎ 723-5289) est un B&B central, sis au 84 rue Saint-Pierre, qui loue des doubles à 45 $.

Les motels sont nombreux, en particulier rue Saint-Germain Ouest, où vous trouverez aussi deux établissements dotés de petites cabines individuelles.

Où se restaurer. Le choix ne manque pas. *La Nature*, 208 rue Saint-Germain Est, est un restaurant végétarien bon marché, où vous devrez apporter votre vin. Le très renommé *Le Riverain*, 38 rue Saint-Germain Est, est spécialisé en fruits de mer. A l'est de l'avenue Cathédrale, dans la rue Saint-Germain, sont réunis trois ou quatre restaurants et bars populaires avec tables en plein air et orchestre. L'avenue cathédrale comporte aussi plusieurs salons de thé et quelques boîtes de nuit.

Le *Restaurant Marie-Antoinette*, sur la grande route, pratique des prix raisonnables et offre un bon choix de plats canadiens traditionnels. A l'est de la ville, sont regroupées plusieurs poissonneries où vous pourrez acheter à bon prix, soles, morue saumon, crevettes et les plus gros homards que j'aie jamais vue en dehors d'une vitrine de musée ! Certains pesant jusqu'à 2,5 kg. En dehors du poisson frais, vous y trouverez du poisson séché ou fumé. Quelques restaurants de poisson dans le quartier.

Comment s'y rendre. La gare routière est implantée au 186 rue des Gouverneurs. Rimouski se trouve sur la ligne VIA Rail (☎ 1-800-61-5390). Au Mont-Joli, le train fait route vers Campbellton, dans le Nouveau-Brunswick.

Au-delà de Rimouski, le paysage devient plus boisé à mesure que l'on pénètre dans la région de Gaspé.

Un ferry (☎ 463-0680) part de Rimouski pour accomplir les onze heures de traversée jusqu'à Sept-Îles, sur la rive nord. Il ne circule qu'une fois par semaine, à la différence des ferries de Trois-Pistoles (ouest) ou Matane (est), beaucoup plus réguliers.

Péninsule de Gaspé

De forme arrondie, elle fait saillie au nord du Nouveau-Brunswick, dans le golfe du Saint-Laurent. Les Québécois l'appellent la Gaspésie. Ces caractéristiques commencent à se révéler à l'ouest de Matane : les bois deviennent des forêts, les villes plus petites et plus distantes, le climat plus venteux et plus froid. Le paysage est vallonné et rocheux avec d'excellents points de vue sur la côte. C'est une région tout aussi impressionnante que l'île du Cap-Breton (Nouvelle-Écosse), plus connue et beaucoup plus fréquentée. Le tourisme y est moins développé, les attractions réduites et les communications parfois difficiles. En revanche, les nombreux parcs sont propices à l'exploration du littoral ou des zones escarpées, à l'intérieur.

La péninsule de Gaspé est très appréciée des cyclistes, malgré ces côtes périlleuses, et les auberges de jeunesse, terrains de camping et bois ne manquent pas pour y dormir. Quelle que soit leur taille, toutes les localités disposent de quelques motels et pensions de famille. On peut aussi y déguster quantité de fruits de mer, et les camionnettes préparent de délicieuses fritures et des hamburgers avec de la vraie viande ! Il peut faire froid le soir, même en été. Dans la région, les prix pratiqués sont généralement bas (excepté l'essence). Cette partie du Canada mérite vraiment une visite. Mais attention, les attractions ferment de septembre à mai – même le parc national Forillon n'est pas ouvert toute l'année. On peut se rendre dans les parcs, mais les aménagements sont inexistants.

SAINTE-FLAVIE/MONT JOLI

A Sainte-Flavie, sur la Hwy 132, est installé un centre d'information ouvert toute l'année, concernant la péninsule de Gaspé. Du Mont-Joli, la Hwy 132 traverse, au sud, la vallée de Matapédia, et se dirige directement vers le Nouveau-Brunswick, un itinéraire utile pour ceux qui veulent éviter la péninsule de Gaspé.

A Sainte-Flavie, le **centre d'art Marcel-Gagnon** (564 route de la Mer) mérite une visite. Il englobe une auberge, un restaurant et une école d'art, axés sur l'exposition d'environ 80 sculptures en pierre grandeur nature – œuvres du peintre et sculpteur Marcel Gagnon. Il est ouvert tous les jours, de mai à septembre. L'entrée est gratuite. D'autres œuvres d'art sont exposées. Vous pourrez vous y restaurer, mais aussi y déguster simplement un café.

Toujours en ville, le **centre d'information du saumon atlantique,** 900 route de la Mer, présente diverses expositions sur ce roi des poissons, avec aquarium, vidéos, restaurant et sentiers de randonnée. L'entrée est assez chère : 5,50 $

Le moins onéreux des quatre motels en ville est le *Motel Rita* (☎ 775-7269).

GRAND-MÉTIS

A l'ouest de Grand-Métis, les **jardins de Métis** (200 route 132) mérite le coup d'œil pour leur originalité. C'est un jardin de style japonais, impeccablement entretenu, avec des cours d'eau, des fleurs, des arbustes et des arbres – tous étiquetés. En outre, on y a une vue fantastique sur la côte, tout à côté du vieux manoir en bois. Le jardin fut entrepris par madame Reford, qui hérita de la terre de son oncle, le premier président de la Canadian Pacific. Commencé en 1910, il est maintenant géré par le gouvernement. L'entrée est de 4,25 $ pour un adulte. La maison, au centre du parc, abrite un musée et un restaurant où l'on peut déjeuner, de 6 $ à 10 $.

MATANE

Petite bourgade française caractéristique, Matane constitue une excellente étape. Il y a un bureau d'information au phare, ouvert tous les jours, en été ; en semaine, le reste de l'année. Le petit musée de Matane se trouve également à cet endroit. L'avenue Saint-Jérôme et le boulevard Saint-Pierre sont les rues principales. La promenade sur planches qui longe le front de mer est agréable. Matane est un port de pêche, notamment du saumon et de la crevette. A la mi-juin, a lieu le festival de la crevette.

Le saumon remonte le fleuve au début de juin pour frayer. Le gouvernement a mis au point un système de surveillance qui permet d'observer le trajet des poissons en amont. Un bureau d'informations se trouve dans le petit bâtiment à proximité du barrage Mathieu-D'Amours, adjacent au parc des îles et proche de l'hôtel de ville.

On peut acheter saumon et autres poissons à la conserverie, rue Saint-Pierre, à l'angle de l'avenue Fraser. On peut visiter gratuitement l'usine de crevettes, située 1600 Matane sur Mer.

Derrière l'hôtel de ville s'étend un vaste parc avec un théâtre en plein air pour les spectacles estivaux.

Réserve de Matane

On peut se rendre à la réserve (☎ 562-3700), au sud de Matane, par la Hwy 195. C'est un espace gigantesque où l'on peut camper, faire du canoë, pêcher, louer des bateaux et apercevoir des orignaux. La route continue vers le Nouveau-Brunswick, mais ne la suivez pas. Visitez d'abord le reste de la péninsule de Gaspé.

Où se loger

Les motels disséminés le long de la grande route offrent le meilleur hébergement. Certains sont onéreux, *Les Mouettes* (☎ 562-3345), 298 rue McKinnon, étant l'un des moins chers avec des doubles à 50 $. Prix similaires au *Motel Le Beach* (☎ 562-1350). Les autres alternatives sont l'*Hôtel du Roy*, 74 rue Saint-Pierre, et l'*Hôtel L'Ancre*, au n°292. Tous deux offrent un confort minimum pour 18 $ en simple et ne sont pas recommandés aux femmes seules. Ce sont surtout des établissements où l'on vient boire.

Le très moderne *Collège de Matane* (☎ 562-1240), à la lisière de la ville, 616 Ave Saint-Rédempteur, loue des chambres aux visiteurs à un tarif très bas, en été. Une solution idéale pour les voyageurs à petit budget.

Où se restaurer

Le Moussallin, 50 Ave d'Amours, est un établissement recommandé. Il sert des dîners de fruits de mer, mais aussi des repas plus légers, moins chers, en particulier à l'heure du déjeuner.

Le Vieux Rafiot est le restaurant rouge et blanc, qui ressemble à un bateau, au 1415 Ave du Phare Ouest. C'est une sorte de pub, à l'ambiance sympathique, spécialisé dans les fruits de mer, et les crevettes en été.

Comment s'y rendre

Bus. Le terminus (☎ 562-1177) se trouve 701 Ave du Phare Ouest. Deux bus par jour pour Gaspé, quatre par jour pour Québec.

Ferry. C'est le dernier ferry de toute une série depuis Québec, jusqu'aux rives nord du Saint-Laurent, tandis que le fleuve se dirige au nord-est vers la mer.

Ce ferry est capable d'accueillir 600 passagers et 125 voitures. A destination de Baie-Comeau sont assurés quatre liaison par jour, en été (deux heures vingt, 32 $ par voiture et conducteur). Le transport des vélos est gratuit et le tarif aller et retour revient moins cher. Pour toute information et réservation, contacter le ☎ 562-2500.

Un autre ferry rejoint Godbout, une petite bourgade plus à l'ouest de Baie-Comeau.

Le terminal des ferries se trouve à plusieurs kilomètres à l'ouest du centre-ville.

CAP-CHAT

Cap-Chat est située au confluent du Saint-Laurent et du golfe du Saint-Laurent. Les habitants vous emmèneront pêcher la morue pour 10 $ de l'heure. Mieux vaut opter pour une pêche de deux heures, tôt le matin, lorsque la mer est plus calme. Essayez auprès d'Olivier Boucher (☎ 786-5802), Jean Lepage (☎ 786-2143), ou Raymond Amiot (☎ 786-2229).

Quelques routes mènent à l'intérieur des terres, au sud, vers deux régions de parcs naturels très différents.

Les lacs Joffre, Simoneau et Paul sont propices à la pêche à la truite ; la rivière Cap-Chat, à la pêche au saumon.

Rocher Cap-Chat est un endroit réputé. Il se dresse en bord de mer, sur la plage, à environ 2 km du centre-ville, à l'ouest.

A environ 3 km, à l'ouest du pont, vous pourrez admirer l'éolienne à axe vertical la plus haute et la plus puissante au monde. On peut la visiter.

Où se loger et se restaurer

Les *Cabines Goémons sur Mer* (☎ 786-5715) se trouvent sur la plage. Équipées de cuisine, elles coûtent 34 $ et plus.

Plus à l'est, les *Cabines Sky Line* (☎ 786-2626), plus simples, plus petites, reviennent à seulement 24/28 $ en simples/doubles. Elles sont très jolies, mais mal situées.

Le *Motel Fleur de Lys* (☎ 786-5518), est plus moderne. Il dispose aussi d'un restaurant qui fonctionne toute la journée. Idéal pour prendre le petit déjeuner.

A l'est de la ville, le *Restaurant Cabillaud* est entouré de fleurs et l'on y mange bien. Il n'est pas véritablement bon marché, de 8 $ à 22 $. Spécialisé en fruits de mer.

SAINTE-ANNE-DES-MONTS

Dans cet autre petit port de pêche, vous pourrez déguster du poisson salé, vendu près des docks, en face de l'église.

Installé dans les Galeries gaspésiennes, non loin de la jonction des Hwys 132 et 299, *Le Patriote* sert une cuisine bonne et

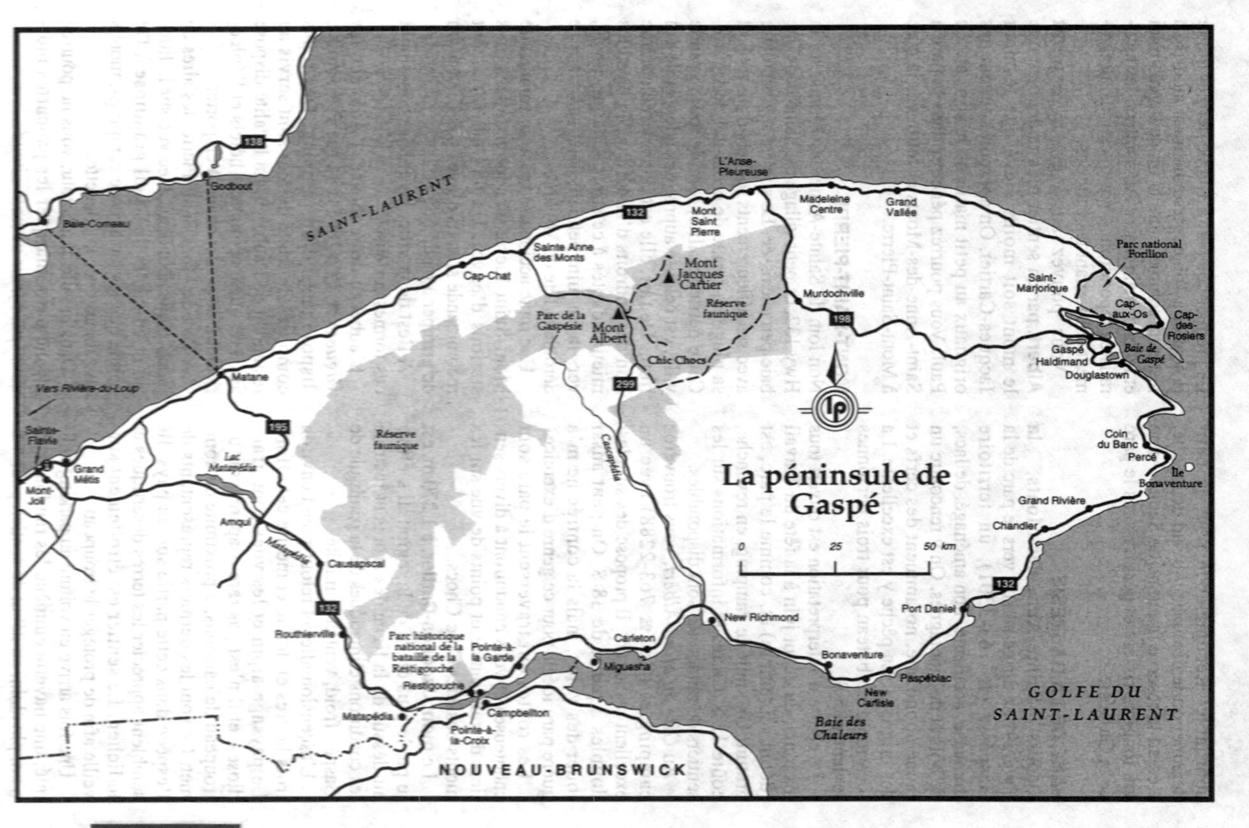
La péninsule de Gaspé
0
25
50 km
SAINT-LAURENT
GOLFE DU SAINT-LAURENT
NOUVEAU-BRUNSWICK
Baie des Chaleurs
Baie de Gaspé
Parc national Forillon
Saint-Marjorique
Cap-aux-Os
Cap-des-Rosiers
Gaspé
Haldimand
Douglastown
Coin du Banc
Percé
Île Bonaventure
Grand Rivière
Chandler
Port Daniel
Paspébiac
New Carlisle
Bonaventure
New Richmond
Carleton
Miguasha
Pointe-à-la Garde
Parc historique national de la bataille de la Restigouche
Restigouche
Campbellton
Pointe-à-la-Croix
Matapédia
Routhierville
Causapscal
Matapédia
Amqui
Lac Matapédia
Grand Métis
Mont-Joli
Sainte-Flavie
Vers Rivière-du-Loup
Matane
Baie-Comeau
Godbout
Cap-Chat
Sainte Anne des Monts
Parc de la Gaspésie
Mont Albert
Mont Jacques Cartier
Réserve faunique
Chic Chocs
Réserve faunique
Cascapédia
Mont Saint Pierre
L'Anse-Pleureuse
Madeleine Centre
Grand Vallée
Murdochville
138
132
198
299
195

abordable. Recommandé pour le petit déjeuner ou le déjeuner. Au sud de la ville, s'étend la réserve faunique de Sainte-Anne qui longe la rivière et pénètre dans le parc de la Gaspésie.

PARC DE LA GASPÉSIE

Depuis Sainte-Anne-des-Monts, la Hwy 299 se dirige au sud vers le parc de la Gaspésie (☎ 763-3301), un territoire immense, accidenté, non aménagé, de lacs, de bois et de montagnes. On y rencontre un faune abondante, notamment des cerfs et des orignaux. La pêche y est excellente. La location d'un bateau pour trois personnes revient à 35 $.

Le centre d'interprétation est ouvert tous les jours, du début juin à la fête du Travail (début septembre) et, comme le parc, est gratuit. Une nuit de camping, en revanche, coûte 12 $. Cartes et informations sur les sentiers de randonnée sont disponibles.

Au *Gîte du Mont-Albert*, vous trouverez camping et gîte (☎ 763-2288) avec un excellent restaurant. Il propose des simples/doubles à partir de 38 $. On peut aussi louer des vélos, mais la contrée ne m'a guère paru idéale pour ce genre d'exercice.

Les routes qui traversent le parc sont cahoteuses et vous conduiront à divers sentiers de randonnée et points de vue sur les monts bosselés Chic-Chocs.

Le **mont Jacques-Cartier**, à 1 270 m, est le pic le plus élevé de la région. Il s'élève au-dessus de la ligne des arbres et résume les conditions climatiques de la péninsule de Gaspé : froid, vent et humidité.

L'ascension aller et retour prend environ trois heures et demie et mérite cet effort. Le paysage alpin et les vues sont grandioses, et il n'est pas rare d'apercevoir un troupeau de caribous, à proximité du sommet. Ce sont les derniers représentants de l'espèce dans cette partie sud du pays. Ils semblent apprécier les terres désertiques et le lichen. Le sentier est étroitement surveillé afin de protéger le troupeau.

Une fois arrivé en voiture au parking indiqué, une navette emmène les randonneurs 6 km plus loin, au début du sentier, pour 4 $. Le premier bus part à 10h, le dernier quitte le sentier à 16h et personne n'est autorisé à rester au sommet entre la fin de l'après-midi et le lendemain matin. Au sommet, les naturalistes répondront à vos questions, notamment concernant les caribous.

Vous pouvez aussi gravir le **mont Albert**, par un sentier plus raide, bien que le mont soit moins élevé que le mont Jacques-Cartier. On aperçoit souvent des orignaux au petit matin ou le soir, au lac Paul. Vous pourrez pénétrer dans le parc à Saint-Anne-des-Monts et retrouver la côte à Mont-Saint-Pierre.

MONT-SAINT-PIERRE

Non loin de Sainte-Anne-des-Monts, sur la Hwy 132, ce petit village est niché dans une baie peu encaissée. Le site est spectaculaire avec ses affleurements rochers d'un côté, et sa plage en forme de croissant de l'autre. Cette petite localité, loin de toute grande ville, est célèbre auprès des adeptes de vol libre. De fait, elle est considérée comme l'un des endroits d'Amérique du Nord les mieux adaptés à ce sport. Chaque année, vers la fin juin, pendant deux semaines se déroule la fête du Vol libre.

Une route accidentée mène au sommet de Mont-Saint-Pierre où sont installées trois stations d'envol. Un 4x4 est fortement recommandé si vous n'avez pas l'intention de grimper à pied.

A l'est de la ville, les falaises dessinent des formes curieuses.

L'auberge de jeunesse, l'*Auberge les Vagues* (☎ 797-2851), 84 rue P.-Cloutier, dispose aussi d'un camping. Des repas composés de fruits de mer sont servis au restaurant de l'auberge. La localité dispose aussi de quelques motels-hôtels et l'épicerie vend du poulet chaud à emporter.

A l'est de Mont-Saint-Pierre, les aires de pique-nique abondent, avec vue sur le littoral et couchers de soleil grandioses. De même que les terrains de campings, motels ou cabines avec kitchenettes.

Dans la ville et alentour, vous ne pourrez pas ne pas remarquer les pancartes indiquant *pain frais* ou *pain chaud*.

VERS L'EST

A L'Anse-Pleureuse, bifurquez vers Murdochville, pour visiter sa **mine de cuivre**. A Madeline-Centre, un village d'une étonnante beauté, vous trouverez à vendre quantité de pains de toutes sortes. A Pointe-à-la-Frégate, l'*Auberge*, sise dans une vieille maison blanche, sert une bonne cuisine pour 25 $ à 35 $. A Cloridorme, il y a une agréable aire de pique-nique qui surplombe le golfe du Saint-Laurent.

PARC NATIONAL FORILLON

Le parc (☎ 368-5505) s'étend à l'extrême pointe nord-est de la péninsule et mérite une visite. La côte nord est constituée de falaises de calcaire abruptes – certaines d'une hauteur de 200 m –, et de longues plages de galet. Rendez-vous au cap Bon-Ami pour découvrir cette topographie particulière. Un télescope permet d'observer les baleines – de mai à octobre ; et, parfois, on peut les entendre à la surface de l'eau. Les phoques sont présents toute l'année.

De bons sentiers sillonnent le parc, certains avec camping pour la nuit. Il faut compter six heures de marche pour parcourir l'un des deux sentiers de 16 km de long, mais d'autres n'exigent que trente minutes à trois heures d'effort.

Les naturalistes du parc animent des programmes d'information et des circuits guidés gratuits. Le chalet d'information est également à votre disposition, et vous pourrez profiter des excursions en bateau aux réserves d'oiseaux et à proximité des colonies de phoques.

Dans les bois, résident des orignaux, des cerfs et des ours noirs en nombre croissant. Les falaises du littoral attirent de nombreux oiseaux de mer.

La côte sud possède davantage de plages – certaines sablonneuses – et des anses. La **plage de Penouille** est réputée pour offrir les eaux les plus chaudes. Petit Gaspé est le terrain de camping aménagé le plus populaire, car il est protégé des vents de la mer et il est équipé de douches chaudes.

La randonnée le long de la côte sud jusqu'au **cap Gaspé** est facile et agréable, et les vues y sont plaisantes sans être spectaculaires. A **Grand Grave**, le magasin Haymen & Sons vous permettra de faire quelques provisions.

CAP-DES-ROSIERS

C'est un petit village vieux et attrayant de la côte nord. Le **cimetière**, sur la falaise, retrace l'histoire de la ville – comment les Anglais arrivèrent de Guernesey et de Jersey, quels noms portaient les colons irlandais, Kavanagh, O'Connor, etc. Et comment ces deux populations se mêlèrent à une troisième, les Français. Des générations sont passées, mais les noms demeurent les mêmes.

Le **phare**, construit en 1858, est l'un des plus élevés du pays, avec une hauteur de 37 m. Il est aujourd'hui classé monument historique. On peut le visiter contre une petite participation.

Les parties de pêche partent du quai sur le *Anna-Lucie*.

Vous pourrez loger aux *Chalets Cap Cabins* (☎ 892-5641), pour 25 $ environ ; elles sont rustiques mais offrent la vue sur la baie. Il y aussi un restaurant en ville.

CAP-AUX-OS

Au sud du parc national Forillon, ce village porte ce nom étrange parce que, autrefois, des os de baleine venaient échouer sur la plage. Il peut servir de base pour explorer le parc. L'auberge de jeunesse (☎ 892-5153), 2095 boulevard Forillon, est confortable – c'est l'un des établissements les plus réputés de la province et la vue sur la baie est superbe. Il est vaste, sur trois étages, et peut accueillir 56 personnes (quelques chambres familiales). Il est ouvert 24 heures sur 24. Petit déjeuner et dîner disponibles. Le bus s'arrête devant l'auberge pendant l'été.

Seul inconvénient pour les voyageurs non motorisés : elle est loin des sentiers de randonnée, bien qu'elle loue des vélos.

SAINT-MARJORIQUE

Passé ce village, en direction de Gaspé, cherchez le *Marguerite's Mini Restaurant*

Casse-Croûte, un petit café hautement recommandé pour ses plats français bon marché, en particulier de poisson.

GASPÉ

Après les paysages grandioses et les villages attrayants qui caractérisent la région, cette ville qui a donné son nom à la péninsule vous paraîtra sans doute bien banale. Elle dispose, en revanche, de tous les services et aménagements indispensables, station-service, épiceries, etc. On trouve même quelques petites bourgades anglaises disséminées ici et là, le long de la baie des Chaleurs notamment.

Le **monument à Jacques Cartier**, au nord de la ville, mérite le coup d'œil. C'est à cet endroit que l'explorateur accosta en 1534, rencontra les Iroquois et revendiqua cette terre pour le roi de France. Il emmena avec lui, à Paris, deux fils du chef Donnacona, puis les ramena chez eux. A côté de la sculpture, un musée est consacré aux difficultés rencontrées par les colons de la péninsule de Gaspé. Vous y verrez aussi des expositions consacrées à la vie maritime, à divers objets usuels, ainsi qu'une section sur les aliments traditionnels. L'entrée est de 3,50 $. Il est ouvert tous les jours, mais seulement l'après-midi le week-end.

La **cathédrale du Christ-Roi** est intéressante. C'est en effet la seule cathédrale tout en bois d'Amérique du Nord. Une fresque commémore le quatrième centenaire de l'arrivée de Jacques-Cartier. Elle se profile au bout de la rue Jacques Cartier, à environ 15 mn à pied du musée.

Le **sanctuaire Notre-Dame-des-Douleurs** est devenu un lieu de pèlerinage depuis 1942. Il est ouvert tous les jours, de 7h à 21h, du début juin à fin octobre.

Au sud de la ville, vous pourrez profiter des plages Sandy et Haldimand, mais l'eau est froide. Il y a un camping à côté du motel Fort Ramsay, non loin de la mer.

Beaucoup préfèrent se loger et se restaurer à proximité de Percé. Le collège régional (☎ 368-2749), 94 rue Jacques-Cartier, loue nombre de chambres pendant l'été, à des tarifs raisonnables. Il y a aussi de nombreux motels, où vous pourrez déjeuner pour un prix modique.

DOUGLASTOWN

C'est une petite bourgade anglaise établie par les loyalistes. Leurs ancêtres continuent de pêcher et de cultiver la terre.

PERCÉ

Ainsi appelée en raison de l'immense rocher percé en bordure du rivage, cette ville constitue la principale attraction touristique de la péninsule. C'est de fait une localité agréable et le **Rocher percé** est réellement impressionnant.

Percé est le seul endroit de la péninsule à connaître une forte activité estivale. Aussi mieux vaut s'y rendre en juin ou en septembre. Le temps est généralement agréable. L'office du tourisme du centre-ville se trouve à côté du dock où sont amarrés les bateaux pour l'île Bonaventure.

Le pic de l'Aurore domine l'extrémité nord de la ville. De la colline voisine, on aperçoit le Rocher percé en bas, et plus au large, l'île Bonaventure, un réserve ornithologique. De la route, au sud de la ville, on a également de belles vues sur le Rocher percé.

On peut se promener sur le rocher et même en faire le tour à marée basse.

Pour 13 $, un bateau vous emmènera sur la verdoyante **île Bonaventure**, derrière le Rocher percé. Elle abrite une colonie de 50 000 fous de Bassan qui font partie des quelque 200 000 oiseaux qui nichent sur l'île. On peut facilement imaginer le vacarme ! Certaines plantes étonnantes poussent également sur l'île. Des promenades gratuites sont organisées par le service gouvernemental.

Le **centre d'information de Percé**, au sud de la ville, sur la route d'Irlande, est ouvert de 10h à 17h30. Il y a un sentier pédestre, des aquariums, des salles d'expositions sur les oiseaux de mer, et vous pourrez assister à la projection d'un film. Des naturalistes répondront à vos questions sur la géologie, la faune et la flore de la région. La carte de l'office du tourisme vous sera utile pour suivre les quelques promenades qui partent de derrière la ville. Grimpez jusqu'au **mont Sainte-Anne** d'où vous aurez une vue superbe, et apercevrez la grotte sur le sentier de 3 km qui débouche derrière l'église.

Un autre sentier pédestre mène à la **Grande Crevasse** qui se trouve derrière le célèbre restaurant, l'Auberge de Gargantua. Ce chemin de 3 km part du restaurant, situé lui-même à 2 km à l'ouest de la ville.

A l'extrémité sud de Percé, un musée expose des objets fabriqués par des enfants de la région.

En ville, nombreuses sont les boutiques de souvenirs qui vendent verrerie, poterie et couvertures. A proximité des plages, les géologues amateurs pourront dénicher des agates, qui abondent. On peut également pratiquer la plongée sous-marine. Vous trouverez une boutique spécialisée près de l'office du tourisme.

Où se loger

Pour les petits budgets, les pensions sont relativement nombreuses dans la ville et alentour. L'office du tourisme pourra vous trouver une chambre, voire téléphoner à divers endroits, y compris dans les fermes du voisinage, non loin du centre-ville, qui offre un hébergement bon marché.

Plusieurs pensions d'un bon rapport qualité/prix occupent une position centrale. La *Maison Ave House* (☎ 782-2954) est située rue de l'Église, qui débouche de la rue principale dans le centre-ville. Avant l'église, vous apercevrez une belle maison qui loue 5 chambres lambrissées de bois verni à seulement 20 $ la simple, et de 24 $ à 28 $ la double avec lavabos. La maison attenante loue également des chambres.

Un peu plus chère, la *Maison le Havre* (☎ 782-2374), est implantée dans la rue principale, Hwy 132, au n°114. Elle loue des chambres de 25 $ à 40 $.

Le *Gîte Maison Tommy* (☎ 782-5104), un B&B au 31 route 132, propose des simples/doubles à 24/36 $. Un autre, le *Gîte Rendez-Vous* (☎ 782-5152), 84 Hwy 132, des doubles à 40 $.

Au centre-ville, le vert et blanc *Fleur de Lys* (☎ 782-2772) est un motel qui pratique des prix raisonnables avec des chambres de 35 $ à 55 $. A la différence des pensions, où les prix ne changent pas, les factures des motels ont tendance à fluctuer en fonction de la saison, du temps et du trafic.

A la lisière nord de la ville, au 104 Hwy 132, l'*Auberge Le Coin et Chalets* (☎ 645-2907), loue des chambres à partir de 40 $. Il y a une piscine.

Au sud de la ville, certains établissements sont avantageux. L'*Hôtel-Motel aux Vagues vertes* (☎ 782-2382), propose 16 chambres et prend de 30 $ à 60 $ pour une double, en fonction de l'affluence.

Vous pourrez dénicher d'autres hébergements, pour la plupart des motels. Les moins chers sont généralement excentrés. Il y a aussi des terrains de camping avec vue sur les côtés de la ville.

Où se restaurer

Biard's, sur la grande route, au nord du centre-ville, est un endroit aux prix abordables. Il sert des petits déjeuners économiques, des spéciaux du jour à déjeuner et à dîner et offre sans doute le homard le moins cher de la ville.

Les Fous de Bassan est situé à côté d'une galerie d'art, au sud du centre-ville. C'est le café idéal pour déguster café, plats végétariens ou petits déjeuners, yogourts, muesli, croissants, etc. Au dîner (repas plus substantiels et fruits de mer), les prix grimpent en flèche. On vous servira en revanche des repas bon marché toute la journée à l'*Auberge La Table à Roland*, au n°190 de la rue principale (Hwy 132). Il y a une *brasserie* dans la rue de l'Église. On y sert une nourriture économique et des plats froids.

Le *Pantagruel*, à 5 km à l'est de la ville, propose des dîners complets pour 10,95 $. Morue fraîche, fruits de mer et plats de poisson régionaux sont au menu. Il est ouvert seulement le soir. Les fruits de mer sont également la spécialité de l'*Auberge au Pirate*, sur la rue le Bord-de-Mer.

Il y a aussi une boulangerie au nord de la ville, à gauche.

Distractions

La nuit, on peut écouter de la musique folk ou du jazz au café *Les Fous de Bassan*.

Comment s'y rendre

Bus. Les bus Orléans Express (☎ 368-1888) relient Percé à Matane, Rimouski et Québec. Mais aussi à Edmundston et Campbellton, dans le Nouveau-Brunswick, *via* Carleton et la rive sud de la péninsule. La station-service Petro Canada, dans la rue principale, sert de gare routière.

Train. Depuis Montréal, VIA Rail (☎ 368-4313) dessert la rive sud du Saint-Laurent, avec des arrêts à Lévis, Rivière-du-Loup, Rimouski et Matane.

Le train traverse ensuite la vallée de Matapédia et longe la baie des Chaleurs, dépasse Percé, puis parvient à la ville de Gaspé. Il dessert également nombre de petites localités sur son passage. Le train circule trois fois par semaine depuis Montréal, le lundi, le jeudi et le samedi. Le billet aller, de Lévis à Percé, revient à 78 $ (onze heures).

LES BAIES

La rive sud de la péninsule, le long de la baie des Chaleurs, est très différente de la côte nord. Le paysage est plus plat et moins rocheux, le temps plus chaud. L'agriculture et diverses petites industries jouent par ailleurs un rôle majeur.

On rencontre aussi quelques bourgades anglaises, contrairement à la côte nord, et la population française descend des colons acadiens.

Chandler

Pendant longtemps ville de la pâte à papier, Chandler dépend toujours de la gigantesque usine de papier journal Abitibi-Price, que l'on peut visiter gratuitement. Les cargos transportent le papier en Amérique du Sud et en Europe depuis le port. Du moins, tentent-ils de le faire mais ils n'y parviennent pas toujours, comme semble le prouver l'épave du navire péruvien au large.

Port-Daniel

Les habitants de cette ancienne implantation micmaque sont d'origine écossaise, irlandaise et acadienne. Des routes secondaires mènent aux réserves naturelles de Port-Daniel et de Rivière-Port-Daniel. Sis à mi-chemin de Chandler et de New Carlisle, Port-Daniel est également réputée pour son attrayante *Maison Enright B&B* (☎ 396-2062), bleue et blanche.

Paspébiac

Des descendants de Normands, Bretons et Basques résident dans cette bourgade. Un site historique, ouvert tous les jours en été, tente de faire revivre le village d'autrefois, lorsque c'était un petit port de pêche. Il y a un restaurant, une boutique de souvenirs et des visites sont organisées.

New Carlisle

Une des villes anglaises de la région, elle fut fondée par les loyalistes et montre quelques imposantes demeures coloniales. Hamilton House, au nord de la route, à l'extrémité est de la ville, peut se visiter.

Bonaventure

Petite ville plaisante en bordure de l'eau, Bonaventure est le centre névralgique de la population agricole de la région. Les attractions incluent un musée acadien, une belle plage sablonneuse et une boutique qui vend des objets fabriqués à partir de cuir de poisson. C'est doux, souple, original et ça ne sent pas.

Le musée est ouvert toute l'année et des guides vous retraceront l'histoire fascinante et tragique des Acadiens (sur les Acadiens, voir le chapitre *Nouveau-Brunswick*).

Au nord de la ville, à **Saint-Elzéar** (pas de transport public), on découvrit en 1976 quelques-unes des plus vieilles grottes de la province. Une visite au site (☎ 534-4335) est recommandée, mais vous ne pourrez pas vous offrir de succulents repas pendant quelques jours. Un centre d'information présente quelques os et des diapositives, mais la visite guidée de la grotte est la seule véritable attraction.

Le circuit de quatre heures, équipement de sauvetage et snack compris, vous fera découvrir la variété de stalagmites et stalactites la plus impressionnante du Québec. On estime l'âge de la grotte à 500 000 ans. Des vêtements chauds sont indispensables. Êtes-vous prêt maintenant à connaître le prix de cette petite balade ? 35 $. Les enfants âgés de plus de 10 ans sont admis (tarifs réduits). L'entrée du musée est de 2,50 $, avec quelques photos de la grotte. Cette dernière est ouverte du début juin à la fin octobre. Pour de mystérieuses raisons, le musée ouvre un mois plus tard et ferme un mois plus tôt.

New Richmond

Niché dans la baie, près de l'embouchure de deux rivières, New Richmond, autre centre loyaliste, compte 4 000 habitants. Le **Centre de l'héritage britannique de la Gaspésie**, à Duthie's Point, présente la reconstitution d'un village loyaliste datant de la fin du XVIIIe siècle.

Il est ouvert tous les jours, de mi-juin à septembre. Il est constitué de 14 bâtiments, y compris un centre d'interprétation, un magasin et un phare. Le centre s'intéresse aussi à l'influence des immigrants irlandais et écossais.

Carleton

Moitié moins grande que New Richmond, Carleton est bien située au bord de l'eau, appuyée contre des collines arrondies. Le site, la plage sablonneuse, la relative chaleur de la température et de l'eau de la baie des Chaleurs ont favorisé la transformation de la localité en mini station de villégiature. C'est là que les habitants de Gaspé viennent s'installer pour passer une journée à la plage.

Des docks partent des excursions en bateau (pêche ou balade). A la réserve ornithologique, on peut observer des hérons, des pluviers, des hirondelles de mer et autres espèces.

Des sentiers pédestres et une route mènent, derrière la ville, au sommet du mont Saint-Joseph qui, à 555 m, offre de belles vues sur la baie et le Nouveau-Brunswick. On peut visiter l'oratoire perché au sommet et après cette grimpée, le snack-bar vous paraîtra le bienvenu.

Le *Café l'Indépendant*, spécialisé dans le poisson, prépare une bonne cuisine. Le *Ciné Café*, 681 boulevard Perron, est un établissement plus petit, meilleur marché, parfait pour le petit déjeuner. Il y a aussi une aire de pique-nique et un terrain de camping à proximité du centre-ville.

La localité compte également une demi-douzaine d'hôtels, assez chers. Le plus économique, le *Motel Chic Choc* (☎ 364-3288) est aussi le plus éloigné du centre, au 1746 boulevard Perron.

Miguasha

Pour les visiteurs qui se rendent à Dalhousie, dans le Nouveau-Brunswick, un ferry part de Miguasha, en coupant par la baie des Chaleurs (voir *Dalhousie* pour plus de détails). La petite péninsule est connue pour ses fossiles. Le parc de Miguasha et le centre d'information sont installés autour d'un site de fossiles vieux de 365 millions d'années. La visite est gratuite. Des promenades guidées font découvrir aux visiteurs le musée, puis longent la plage jusqu'au falaises remplies de fossiles.

Parc historique national de la bataille de la Restigouche

Situé à quelques kilomètres à l'ouest du pont, en venant de Pointe-la-Croix, le parc retrace les détails de la bataille navale de la Restigouche (1760), qui bouleversa les ambitions françaises sur le Nouveau Monde. Un centre d'information explique la signification de cette bataille et expose de nombreux vestiges provenant de l'épave d'une frégate française. Il est ouvert de la fin juin au début septembre.

Il y a une excellente auberge de jeunesse internationale (☎ 788-2048) à Pointe-la-Garde, 155 boulevard Perron. Le gérant de l'établissement a également construit un étonnant château en bois dans la forêt. Il contient des chambres doubles, triples et familiales, et une salle à manger où, l'été,

Jean, le gérant, organisent des dîners dans le style banquet. Le petit déjeuner est compris dans le prix et l'auberge est ouverte toute l'année. Les bus qui traversent la ville s'arrêteront à 100 m de la porte si vous demandez au conducteur.

Restigouche

La localité a toujours été et demeure un village indien micmac. Ces Indiens de la côte excellent dans la vannerie. Vous pourrez admirer les plus belles pièces dans les musées, mais en acheter des versions modernes à Restigouche.

Le petit centre d'interprétation micmac donne un aperçu de certains aspects de la culture et de l'histoire des Micmacs, et la boutique de souvenirs vend leur production artisanale. Peu nombreux, les Micmacs sont disséminés dans les Provinces atlantiques.

VALLÉE DE MATAPÉDIA

La vallée de Matapédia s'étend au nord, du village de Matapédia, au Québec à Mont-Joli sis sur le Saint-Laurent de l'autre côté de la Restigouche, près de Campbellton, au Nouveau-Brunswick. Cette séduisante vallée ne ressemble à aucune autre contrée de la péninsule de Gaspé.

Longeant la rivière Matapédia et la ligne de chemin de fer, la Hwy 132 traverse de fertiles terres agricoles, sur fond de montagnes verdoyantes, pendant 70 km. Région agricole, la vallée diffère également de la péninsule rocailleuse, accidentée, à la végétation éparse, par ses forêts d'érable et d'ormes. La rivière est réputée pour la pêche au saumon. Plusieurs petites bourgades jalonnent la route, ainsi que quelques sites à visiter et, aux abords du lac de Matapédia, vous attendent deux aires de pique-nique et un terrain de camping.

Routhierville

Vous verrez dans ce petit village le premier des nombreux ponts en bois qui caractérisent la vallée. Certains sont couverts, comme ceux qui abondent davantage encore dans le Nouveau-Brunswick. L'aire de pique-nique est le seul aménagement proposé par le village. Observer les pêcheurs, avec leurs bottes cuissardes et leurs cannes à pêche, constitue la principale attraction.

Sainte-Florence

Cette bourgade dotée d'une importante usine à bois est située à l'endroit même où la vallée s'élargit et le paysage s'adoucit quelque peu. Il y a une pompe à essence et une cantine qui vend burgers et fritures.

Causapscal

Cette jolie petite ville constitue une étape idéale dans la vallée. Elle possède, entre autres, une magnifique église en pierre et de nombreuses vieilles maisons au toit argenté caractéristique du Québec. Elle se trouve aussi au confluent des rivières Causapscal et Matapédia. Deux ponts couverts vous attendent au sud de la ville, et, au centre, vous pourrez emprunter un pont suspendu au-dessus de la Matapédia, réservé aux piétons. Une fois encore, les scieries représentent le principal apport économique et les cheminées ne cessent de fumer.

Il y a un office du tourisme, non loin du très intéressant **domaine Matamajaw**, ou musée du Saumon. Le musée installé dans le Lodge, les dépendances et les terres jusqu'à la rive faisaient partie d'une propriété de pêche privée construit par lord Mount Stephen, de la Canadian Pacific Railway, en 1870. Au début du siècle, des hommes d'affaires canadiens et américains fortunés achetèrent l'endroit et y installèrent un club privé qui fonctionnant pendant 60 ans. Le lodge vous donnera une petite idée de l'art de vivre de ses anciens propriétaires. D'autres pièces sont consacrées au saumon atlantique. Le site est ouvert du 10 juin au 10 septembre, de 9h à 21h, tous les jours. L'entrée est de 3,50 $.

De l'autre côté de la rue, une boutique d'artisanat vend quelques articles uniques – valises, bijoux, etc., fabriqués avec du "cuir" de saumon et de morue. Vous y trouverez aussi des dessus de table et tapis tissés par des habitantes de la région et des confitures faites maison.

Oie des neiges

A 15 km au nord, vous pourrez profiter de quelques chutes d'eau et sentiers pédestres en bord de rivière.

Où se loger et se restaurer. Vous pourrez manger ou dormir à l'*Auberge la Coulée douce* (☎ 756-5270) qui se dresse sur la colline, en face du site historique. *Les Pignons Verts* (☎ 756-3754), 100 rue Morin, est un B&B légèrement moins cher avec des simples/doubles à 30/42 $. Vous trouverez également des chambres économiques au 122 rue Saint-Jacques Sud, à l'endroit où s'arrête le bus Orléans Express reliant le Nouveau-Brunswick à la rive du Saint-Laurent. La ville compte aussi quelques restaurants, cantines et camions.

Au nord de la ville sont regroupés un terrain de camping et le *Motel Du Vallon* (☎ 756-3433), avec des doubles à 45 $, moins chères hors saison.

Amqui

C'est la plus grande ville de la vallée, mais elle présente peu d'intérêt touristique. Après le pont, au nord de la ville, est installé un terrain de camping. A la fin de l'été, vous apercevrez des gens au bord de la route agitant des pots. Ils vendent les noisettes cueillies sur place à un prix très raisonnable. Aux alentours du **lac Matapédia**, vous pourrez profiter de plusieurs points de vue sur le lac et d'aires de pique-nique.

Les Îles du golfe

ÎLES DE LA MADELEINE

Plus proche des Provinces atlantiques que du Québec, un chapelet d'îles s'étire sur 100 km dans le golfe du Saint-Laurent. Elles sont environ une douzaine, à quelque 120 km au nord-est de l'île du Prince-Édouard, et la plupart sont reliées par des bancs de sable. De fait, certaines se réduisent à de simples bancs de sable, et de belles plages jalonnent le rivage.

Leur éloignement, de leur vie tranquille, le magnifique paysage offert par les falaises rouges et grises et leurs grandes plages attirent de plus en plus de visiteurs. Les Québécois constituent 90% des touristes. La plupart restent de deux à quatre jours, afin de faire le tour des îles. Mais on peut consacrer davantage de temps à parcourir les sentiers de randonnée, les plages et explorer la région plus en profondeur.

Les habitants vivent principalement de la pêche, comme ils l'ont toujours fait, mais aujourd'hui, les deux mois de tourisme

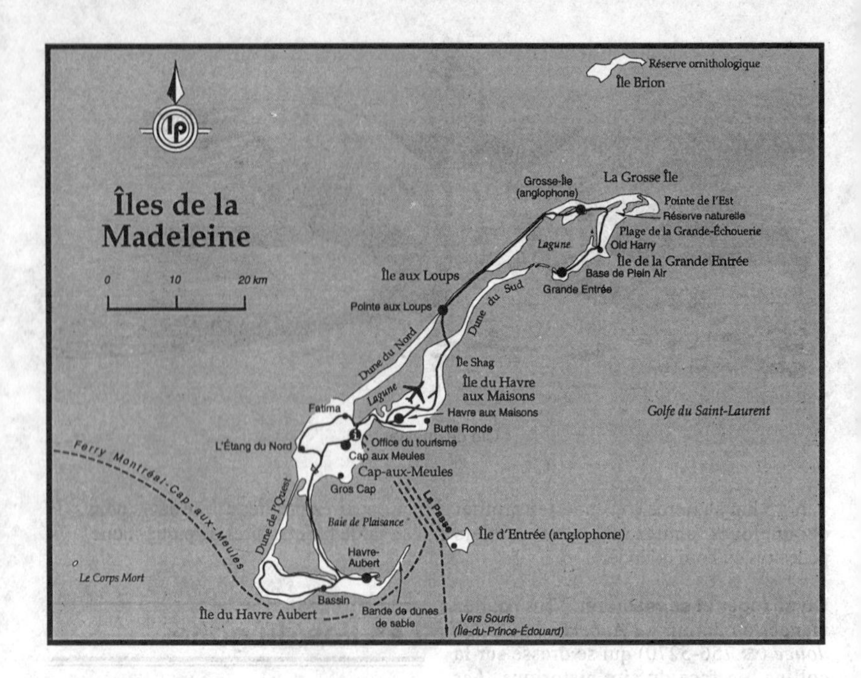

(juillet et août), viennent largement gonfler leurs revenus. Sous la pression internationale, la pêche au phoque a disparu. Quelques anciens chasseurs se sont transformés en guides et emmènent les touristes sur la banquise, au début du printemps, pour photographier les bébés phoques, en particulier aux îles de la Madeleine. Quoique chères, ces excursions sont les plus populaires auprès des touristes.

Plus de 90% des 14 000 habitants parlent différents dialectes français, mais de nombreux descendants d'Irlandais et d'Écossais résident sur l'île d'Entrée et la Grosse Île. Passablement sophistiquées malgré leur éloignement, villes et populations pourraient avoir été transplantées du centre-ville de Montréal. A la différence de nombreuses régions de pêche ou d'agriculture, les îles semblent prospères et ne dégagent nullement cette atmosphère un peu surannée, que l'on ressent aux îles du Prince-Édouard, par exemple. Le prix de la nourriture et de l'hébergement peuvent aussi refléter ces caractéristiques.

Les principales îles sont Havre-aux-Maisons, dotée d'un bon aéroport, et Cap-aux-Meules. La ville de Cap-aux-Meules est le port du ferry en provenance de Souris (île du Prince-Édouard). Il y a un bureau de renseignements touristiques (☎ 986-2245).

A voir et à faire

La plupart des activités de la ville sont liées à la mer. On peut passer plusieurs jours à se promener sur la plage, explorer les lagunes, les points d'eau et les falaises. On peut aussi partir à la recherche des vues les plus grandioses, emprunter de petites routes secondaires et visiter les petits villages de pêcheurs. L'eau n'atteint guère une température tropicale, mais est (légèrement) réchauffée par le Golfe Stream. On peut nager directement dans l'océan, mais mieux vaut préférer les lagunes. Les courants sont puissants et s'aventurer au large n'est guère prudent.

Par ailleurs, les vents quasi permanents favorisent la pratique de la planche à voile. Location de planches et leçons à plusieurs endroits.

Parties de pêche et plongée sous-marine sur les récifs sont également possibles.

Vous pourrez aussi visiter quelques sites historiques intéressants, comme les **vieilles églises** et certains **édifices traditionnels** spécifiques, comme les granges à foin qui tendent à disparaître. De même que les maisons qui servaient à fumer les harengs. Ne manquez pas, enfin, d'admirer les élégantes demeures disséminées dans le paysage largement désert.

Le soir, en été, avec un peu de chance vous pourrez profiter d'un concert, d'un spectacle, d'une représentation théâtrale ou d'une exposition, dans une des villes.

Festivals

A Grande-Entrée, un festival du homard a lieu durant la première semaine de juillet. Toujours en juillet, sont organisés des concours de châteaux de sable sur la bande de plage de 2 km, à Havre-Aubert.

Hébergement

De juin à septembre, l'affluence sur les îles est importante et les possibilités d'hébergement se font rares. Si, à votre arrivée, vous ne disposez pas de logement réservé, rendez-vous directement à l'office du tourisme. Ils vous y trouveront quelque chose. Avant votre arrivée, vous pouvez aussi contactez l'office du tourisme de l'île du prince Édouard pour réserver une chambre dans la localité de votre choix.

Une bonne partie de l'hébergement proposé sur les îles de la Madeleine est assuré chez les particuliers, en appartements, villas ou camping-cars. Ce type d'hébergement est de loin le plus avantageux rapport qualité/prix, avec des simples à 25 $ et des doubles entre 30 $ et 40 $. L'office du tourisme dispose d'une liste qui est loin d'être complète. Ils contacteront les adresses en leur possession, mais vous pourrez en trouver d'autres grâce à certaines annonces, ou en demandant simplement autour de vous. Les habitants sont très sympathiques.

Pour le reste, l'hébergement est essentiellement assuré par les motels, deux fois plus chers que les pensions. Comptez environ 300 $ par semaine pour une villa. La plupart des adresses sont regroupées à Cap-aux-Meules ou Havre-aux-Maisons.

Au moment de la rédaction de cet ouvrage, l'auberge de jeunesse à Havre-aux-Maisons avait fermé. En revanche, cinq ou six terrains de camping sont disséminés sur les îles. Ils n'affichent jamais complet, mais sont souvent humides et ventés.

Alimentation

L'autre attrait des îles sont les fruits de mer frais. En particulier le homard, dont la saison court de mi-mai à mi-juillet. Mais aussi les crabes, coquilles Saint-Jacques, moules, perche et morue. Une spécialité locale servie par nombre des meilleurs restaurants est le *pot-en-pot*, un plat de poisson et de fruits de mer en sauce et cuit en croûte. Vous pourrez demander de la viande de phoque, qui se prépare de deux façons différentes.

Tous les villages importants possèdent un restaurant, mais en dehors de Cap-aux-Meules, le choix est limité. Vous apercevrez ici et là des cantines servant burgers, hot-dogs et fritures.

Cap-aux-Meules

Dotée de la plus grande ville, du terminal des ferries, c'est le centre commercial de l'archipel. Moderne et très animée, l'île déconcerte plus d'un voyageur qui s'attend à y retrouver bourgades, villages et paysages caractéristiques des îles voisines. Vous y trouverez banques, services et pourrez y faire toutes les réservations nécessaires.

L'office du tourisme est à une courte distance du quai d'embarquement des ferries, sur la gauche. Cap-aux-Meules ne présente guère d'intérêt touristique, mais la ville regroupe à elle seule plus d'hôtels et de restaurants que toutes les autres îles. Elle est assez densément peuplée.

Où se loger et se restaurer. Hôtels et motels – une demi-douzaine en tout -, sont assez onéreux, et n'offre guère d'intérêt. Mieux vaut vous éloigner de la ville et profiter du paysage grandiose.

L'office du tourisme pourra sûrement vous dénicher une pension de famille, même si vous arrivez tard.

Un certain nombre de pensions sont rassemblées de l'autre côté de l'île, autour de Fatima ou de l'Étang du Nord. *Cummings* (☎ 986-2978) est installé près de la plage.

Le *Belle-Vue* est sans doute le restaurant le moins cher, en ville, avec un bon choix de mets chinois, italiens et canadiens.

Un peu plus cher, plus réputé et plus chic, la *Pizza Patio* sise dans la rue principale, Chemin-Principal, et se trouve à quelques pâtés de maisons, au sud, du terminal des ferries.

Le *Casse-Croûte Raymond* est parfait pour le petit déjeuner, les fritures et les burgers. L'*Alexandre* sert des fruits de mer.

La Belle-Anse

La côte qui borde la Belle-Anse, au nord-ouest, montre quelques falaises rouges spectaculaires et une érosion côtière très étonnante. Plusieurs sentiers longent les falaises, avec vue grandiose sur la mer.

La *Coopérative de Gros-Cap*, une usine de homard, sert des repas délicieux et bon marché. La cafétéria-restaurant est connue sous le nom de *La Factrie*. Elle se trouve à l'étage, avec une large baie qui surplombe l'usine. Suivez la route, le chemin du Gros-Cap, au nord de la ville de l'Étang-du-Grand-Nord. Vous n'êtes pas obligé de manger du homard, et pouvez préférer d'autres fruits de mer, servis avec une soupe et une salade pour un prix raisonnable. Elle est ouverte de midi à 21h, tous les jours ; le dimanche, de 15h à 21h.

A Fatima, Le *Decker Boy Restaurant* est simple, mais bon. Essayez leur soupe de palourdes.

Au nord de la Belle-Anse, à la plage de sable, à Anse-de-l'Hôpital, est implanté un complexe de boutiques pour touristes et un snack-bar.

Un après-midi que je me trouvais sur la plage pour y pique-niquer rapidement, j'entendis un violon jouer un air de musique traditionnelle en provenance du complexe. Sans fausse honte, nous nous dirigeâmes vers le porche et nous invitâmes à la réception qui réunissait une foule joyeuse qui buvait, riait, et tapait dans ses mains pour accompagner une guitare et le violon.

Un vieil homme que j'avais remarqué à cause de sa belle chevelure blanche et sa spendide chemise rouge, commença à traverser lentement la salle de danse pour se rendre aux toilettes. Après avoir tangué quelque peu, arrivé à mi-chemin, il fut harponné sans pitié par une femme qui avait bien la moitié de son âge et qui l'obligea à danser. Un instant il resta immobile et hésitant, puis ses pieds se mirent à bouger tout seuls. Pendant cinq bonnes minutes, ses mouvements endiablés au milieu des autres danseurs soulevèrent l'enthousiasme des spectateurs. Il encourageait les musiciens à accélérer la cadence et, tout en dansant, se rapprochait insensiblement des toilettes dans lesquelles il se glissa promptement, suivi par sa partenaire.

La porte se ferma sur les applaudissements des spectateurs, mais avant qu'ils ne commencent à s'estomper, la porte s'ouvrit à nouveau toute grande sur le vieil homme qui urinait. La femme, les mains sur les hanches, battait toujours la mesure du pied. Vous pouvez imaginer le déchaînement que provoqua ce spectacle parmi les spectateurs.

Mark Lightbody

Île du Havre-Aubert

Au sud de Cap-aux-Meules, reliée par de longues bandes de sable, à certains endroits à peine plus large que la route, vous attend la plus grande île de l'archipel.

Sis en bordure de l'eau, à la pointe sud-est de l'île, La Grave est le quartier le plus animé d'**Havre-Aubert**. La rue principale est bordée de boutiques d'artisanat et de souvenirs, de restaurants et de nombreuses vieilles maisons. Il y a un théâtre avec des productions estivales en français.

Les jours de pluie, les visiteurs se précipitent à l'aquarium. Un bassin contenant diverses créatures que l'on peut toucher en est la principale attraction. Le **musée de la Mer** est axé sur les naufrages, le transport maritime jusqu'aux îles et l'histoire de la pêche. Ils sont tous deux ouverts tous les jours, en été. L'entrée est payante.

Près de la ville, le **Centre nautique de l'Istorlet** organise des courses de voiliers, des concours de planches et loue du matériel. Il y a aussi un terrain de camping très simple.

Où se loger et se restaurer. L'*Auberge Chez Denis à François* (☎ 937-2371) loue 6 simples/doubles pour 42/47 $. Il dispose d'un restaurant ouvert à ceux qui ne logent pas à l'hôtel.

Dans La Grave, le *Café de la Grave* sert des repas simples, bon marché, mais vous pourrez aussi y déguster un simple café accompagné d'un gâteau. *La Saline* est ouverte pour le déjeuner et le dîner est un restaurant de fruits de mer plus onéreux, où vous pourrez goûter à la spécialité locale, le pot-en-pot.

Havre-aux-Maisons

Site ancien, qui possède les plus beaux paysages de toutes les îles de la Madeleine, Havre-aux-Maisons peut tout offrir. Empruntez absolument la route de la côte sud (le chemin des Montants) qui part de Pointe Basse, contourne la Butte Ronde et s'enfonce dans une magnifique petite vallée. Votre trajet sera jalonné, tout du long par de splendides panoramas, des maisons de style traditionnel, des usines à fumer le poisson et un phare.

Plusieurs restaurants sont disséminés le long de la route principale.

Où se loger et se restaurer. L'*Auberge Les Sillons* (☎ 969-2134) est accueillante, bien située et pratique des prix raisonnables avec des doubles à 45 $. On peut y prendre ses repas. Une pension, dans la rue principale, la *Rina Arseneau's* (☎ 969-2579) prend 30 $ pour une double. Elle est située à 5 mn à pied de la plage.

La zone côtière qui englobe Dune du Sud est également attrayante et offre quelques hébergements agréables, y compris quelques petites villas en bordure de l'eau, sur la plage aux énormes arches de grès.

Pointe-aux-Loups

De chaque côté de cette petite localité, au milieu des bandes de sables qui relient les îles nord et sud, s'étirent des plages de sable et des dunes. L'eau est plus chaude du côté de la lagune.

La Grosse Île

Principale zone anglaise des îles de la Madeleine, elle fut colonisée par des pionniers écossais. Tous les panneaux sont en anglais et nombre d'habitants ne parlent pas un mot de français. Principales localités : la Grosse Île, East Cape et Old Harry.

Trinity Church, célèbre pour ses vitraux représentant Jésus en pêcheur, mérite une visite. Par les fenêtres, on aperçoit les tombes, les tas de casiers à homards, quelques maisons solitaires, puis l'océan : le monde insulaire en microcosme.

Il y a une **mine de sel** en activité sur la route principale, vers Old Harry. Pas de visites, mais le bureau d'information est ouvert l'après-midi. Entreprise en 1983, la mine mesure 223 m de profondeur.

A environ 16 km de la Grosse Île, se trouve l'**île Brion**, une réserve écologique, que les hommes n'habitent plus. Elle abrite 140 espèces d'oiseaux et une très intéressante végétation. Mieux vaut la visiter quand il n'y a pas trop de vent. On peut même y camper. Pour plus de détails, contactez le bureau de l'Organisation à l'accès et à la protection de l'île de Brion, à Cap-aux-Meules, au ☎ 986-6622.

Où se loger et se restaurer. Nombre d'habitants de la Grosse Île louent une chambre ou deux, pendant l'été, mais ils ne sont pas répertoriés dans les guides.

Le *Country Kitchen* est un restaurant réputé pour son vaste choix de plats, ses prix modestes et son atmosphère détendue. La maison *Bordeaux* est agréable pour y déjeuner. Elle était en vente lors de ma dernière visite.

Île de l'Est

Reliant la Grosse Île et l'île de la Grande-Entrée, c'est une région sauvage, qui peut s'enorgueillir de posséder la plage la plus spectaculaire : depuis Pointe Old Harry, la **plage de la Grande-Échouerie** s'étire sur près de 5 km de sable clair. Une courte route dotée d'aires de parking et de sentiers qui mènent à la plage part non loin du port d'Old Harry. De la Hwy 199 (qui traverse l'île de l'Est, que couvre entièrement une réserve de faune nationale, à l'exception de la plage), quelques bifurcations aboutissent à des sentiers de randonnée.

Île de la Grande-Entrée

Old Harry est un port de pêche, avec une dizaine d'embarcations et quelques falaises spectaculaires alentour, émaillées de grottes. Autrefois des morses résidaient alentour, mais ils ont été exterminés dans l'indifférence la plus totale. Ils venaient échouer à Sea Caw Lane.

En venant de l'autre sens, ne ratez pas **Saint Peter's by the Sea**, une très belle petite église qui surplombe la mer. Elle est délimitée par les tombes des membres des familles Clark et Clarke, exclusivement. Elle est ouverte aux visiteurs. Par un jour de vent, elle offre une paix silencieuse que vient seulement rompre le craquement des chevrons. Elle est entièrement en bois, y compris la porte sculptée dédiée aux pêcheurs morts en mer. De l'autre côté de la rue, l'endroit est propice à l'observation des vagues qui viennent voler en éclats contre les rochers du littoral.

Où se loger et se restaurer. Le *Club Vacances "Les Îles"* (☎ 985-2833) est une station construite en fonction de la nature de l'île et des activités qu'elle autorise : marche, planche à voile, excursions en bateau, observation des oiseaux. Le forfait comprend la location de la chambre, les trois repas et diverses activités organisées. Le même forfait est offert aux campeurs sur leur terrain pour 45 $ par personne et par jour. Si vous souhaitez simplement planter votre tente, le tarif est de 10 $ et vous pouvez utiliser le restaurant-cafétéria.

A la pointe de l'île sont amarrés des bateaux de pêche colorés et vous y trouverez deux restaurants. Le *Restaurant du CEPIM* est le meilleur. Il sert des fruits de mer et le homard y est bon marché. A proximité, le *Café Spello* est également un endroit agréable.

Île d'Entrée

Île habitée, elle n'est pas reliée aux autres îles par des bancs de sable. Un ferry la relie au port de Cap-aux-Meules. Il circule deux fois par jour, du lundi au samedi : une fois tôt le matin, et une fois à la mi-journée. La traversée dure d'une demi-heure à une heure. Île anglophone d'environ 175 habitants, elle est dépourvue d'arbres et vie essentiellement de la pêche. D'une longueur de 4 km environ et de moins d'1 km de large, elle est sillonnée de sentiers pédestres.

La partie ouest, moins aride, est émaillée de quelques fermes avant de s'achever par de gigantesques falaises rouges. La zone orientale est montagneuse, avec le sommet le plus élevé, Big Hill, à 174 m au-dessus du niveau de la mer. Un sentier part de la Post Office Road et mène au sommet, d'où l'on a une vue magnifique.

Il y a une *pension de famille* (☎ 986-5744), mais appelez avant de vous présenter. L'île possède aussi deux épiceries et un snack-bar.

Comment s'y rendre

Avion. Canadian Airlines assure un vol quotidien depuis Halifax ; Air France, deux vols par jour depuis Montréal, Québec, Sept-Îles, Gaspé et d'autres villes.

Ferry. C'est le moyen le moins cher et le plus utilisé pour se rendre aux îles de la Madeleine. Il part de Souris, sur l'île du Prince-Édouard. Il part tous les jours à 14h, excepté le mardi (2h du matin).

En été, arrivez au moins deux heures avant le départ. Je dis bien au moins deux heures. Le bateau, le MV *Lucy Maud Montgomery*, qui peut accueillir 90 véhicules et 300 passagers, est toujours plein et on ne peut pas réserver. Si après avoir attendu pendant des heures, vous ne pouvez pas monter à bord, on vous donnera une réservation valable seulement pour le prochain ferry.

Parfois, en saison haute, un second ferry est mis en service, mais il quitte l'île du Prince-Édouard à 2h du matin. Lui aussi, est toujours bondé.

Pour le voyage du retour, on peut réserver. Ce qu'il est conseillé de faire dès son arrivée. Vous pouvez réserver sept jours à l'avance. Le ferry pour l'île du Prince-Édouard part à 8h, excepté le mardi (20h).

Ce n'est guère un voyage bon marché. Le prix est d'environ 33 $ par personne (cinq heures, 223 km). mais c'est surtout la voiture qui revient cher : 64 $. Des tarifs valables seulement pour le voyage aller. Les billets pour camping-cars, caravanes sont encore plus onéreux. Les bicyclettes reviennent à 8 $. Les cartes de crédit sont acceptées.

Le bateau est bien aménagé et dispose même d'une cafétéria, elle, étonnamment bon marché. Il y a aussi une salle à manger, avec nappe blanche sur les tables, où l'on sert des repas de 16 $ à 20 $, et un menu table d'hôte (de la soupe au dessert) d'un prix avantageux. Il y a quelques ponts à ciel ouvert, divers salons et un bar avec une animation. Des bateaux de passagers gérés par la même compagnie, croisent vers les îles en descendant le Saint-Laurent depuis Montréal, mais ils sont chers. Il y a aussi un cargo mixte, une fois par semaine, au départ de Montréal, moins onéreux. Mais l'aller coûte encore 325 $. Le CTMA *Voyageur* prend 12 passagers à Montréal, une fois par semaine, pour Cap-aux-Meules, avec retour deux jours plus tard. A Montréal, contactez le ☎ 257-0323. Les repas sont inclus dans le prix du billet. Hors saison, les tarifs baissent d'un tier.

Comment circuler

Plusieurs routes relient cinq des îles principales. Les distances sont courtes et l'on peut se déplacer à vélo, que vous pourrez louer chez Le Pedallier, à Cap-aux-Meules. L'agence est fermée le dimanche.

Une visite guidée en bus des îles est disponible à Cap-aux-Meules et des taxis pourront vous déposer où vous le souhaiter. Vous pourrez aussi louer voitures et motos à Cap-aux-Meules, ou à l'aéroport.

Un ferry relie l'île d'Entrée aux deux principales îles.

Une agence de croisières en bateau, Excursion de Pêche-Îles, propose des excursions d'une journée jusqu'à l'île d'Entrée, des parties de pêche et des circuits le long des falaises de la côte.

Ontario

Entrée dans la Confédération : 1/07/1867
Superficie : 1 068 587 km^2
Population : 10 084 885
Capitale nationale : Ottawa
Capitale de la province : Toronto

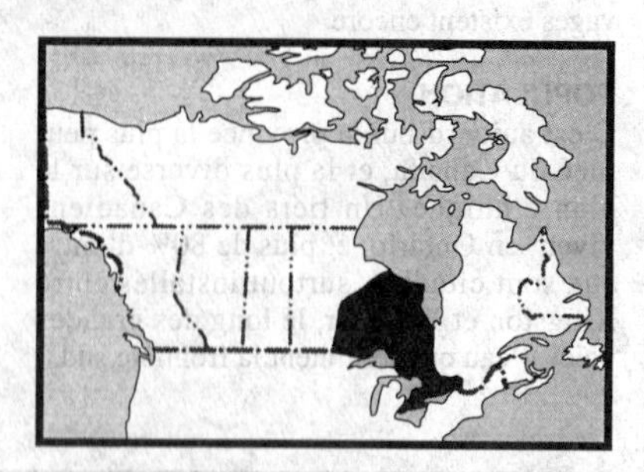

Le nom "Ontario" vient d'un terme iroquois qui signifie "rochers dressés au bord de l'eau", et qui fait probablement référence aux chutes du Niagara.

L'Ontario, situé en plein milieu du pays, possède nombre de très beaux parcs provinciaux propices aux activités de plein air. C'est en même temps le centre géographique, politique, économique et artistique du Canada, traditionnellement conservateur – sur le plan politique et social.

Au pouvoir pour la première fois, le Parti démocratique (NDP) ne pouvait pas choisir pire moment pour amorcer un virement à gauche en matière économique et sociale, et sa popularité est en chute libre.

HISTOIRE

Lorsque les Européens pénétrèrent dans la région, elle était occupée par de nombreuses nations indiennes. Les Algonquins et les Hurons furent les premiers à dominer la partie sud de la province, mais au XVIIIe siècle, période marquée par la colonisation européenne et le développement du commerce, la confédération des Iroquois, également appelée les Cinq Nations, contrôlait la zone qui s'étendait au sud de Georgian Bay et à l'est de Québec. Au nord et à l'ouest, les Ojibways occupaient le territoire au nord des Grands Lacs, et à l'ouest s'étendaient les prairies des Cris.

CLIMAT

L'Ontario est la région la plus méridionale du Canada. Aux environs de Niagara, les étés sont longs et les hivers doux. Le lac Ontario protège la population d'hivers trop rigoureux. Les étés sont souvent chauds et lourds. Les températures baissent progressivement (et considérablement) à mesure que l'on se dirige vers le nord.

ÉCONOMIE

C'est de loin la province la plus riche, malgré la récession qui s'est fait sentir durement en Ontario.

Sur le plan économique, la région qui englobe la rive sud du lac Ontario est une des plus productrices.

L'Ontario compte à lui seul autant d'industries manufacturières que toutes les autres provinces réunies, mais ce secteur fut le plus touché par la crise. Hamilton constitue le centre du fer et de l'acier canadien, tandis que les villes d'Oshawa et de Windsor, à proximité, font de l'Ontario le leader incontesté de la construction automobile sur le plan national.

Aussi étrange que cela puisse paraître, l'Ontario est également la première province agricole du pays, même si l'asphalte entraîne chaque année une réduction toujours plus grande des terres fertiles (autour des Grands Lacs). Les fruits représentent la production majeure, avec le tabac. La péninsule du Niagara, enfin, est une importante région vinicole.

Plus au nord sont massées d'énormes ressources premières. Sudbury produit un quart du nickel mondial ; Elliot Lake est construite sur le plus colossal gisement d'uranium jamais mis au jour. Malgré tout, cette région n'est pas surpeuplée et reste boisée, avec de grands lacs. Dans les régions du Nord, de grands espaces sauvages existent encore.

POPULATION

C'est aujourd'hui la province la plus peuplée du Canada, et la plus diverse sur le plan ethnique. Un tiers des Canadiens vivent en Ontario, et plus de 80% d'entre eux sont citadins, surtout installés entre Kingston et Windsor, le long des grandes voies d'eau qui délimitent la frontière sud.

RENSEIGNEMENTS

Emblèmes provinciaux

L'emblème floral est le trillium et l'oiseau est le huard.

Téléphone

L'indicatif téléphonique de Toronto et de l'immédiat voisinage est le 416. Pour la région qui entoure Toronto (dans toutes les directions), c'est le 905. Ce district inclut Colborne à l'est, jusqu'au lac Simcoe au nord, et Bradford, Hamilton et Niagara à l'est et au sud.

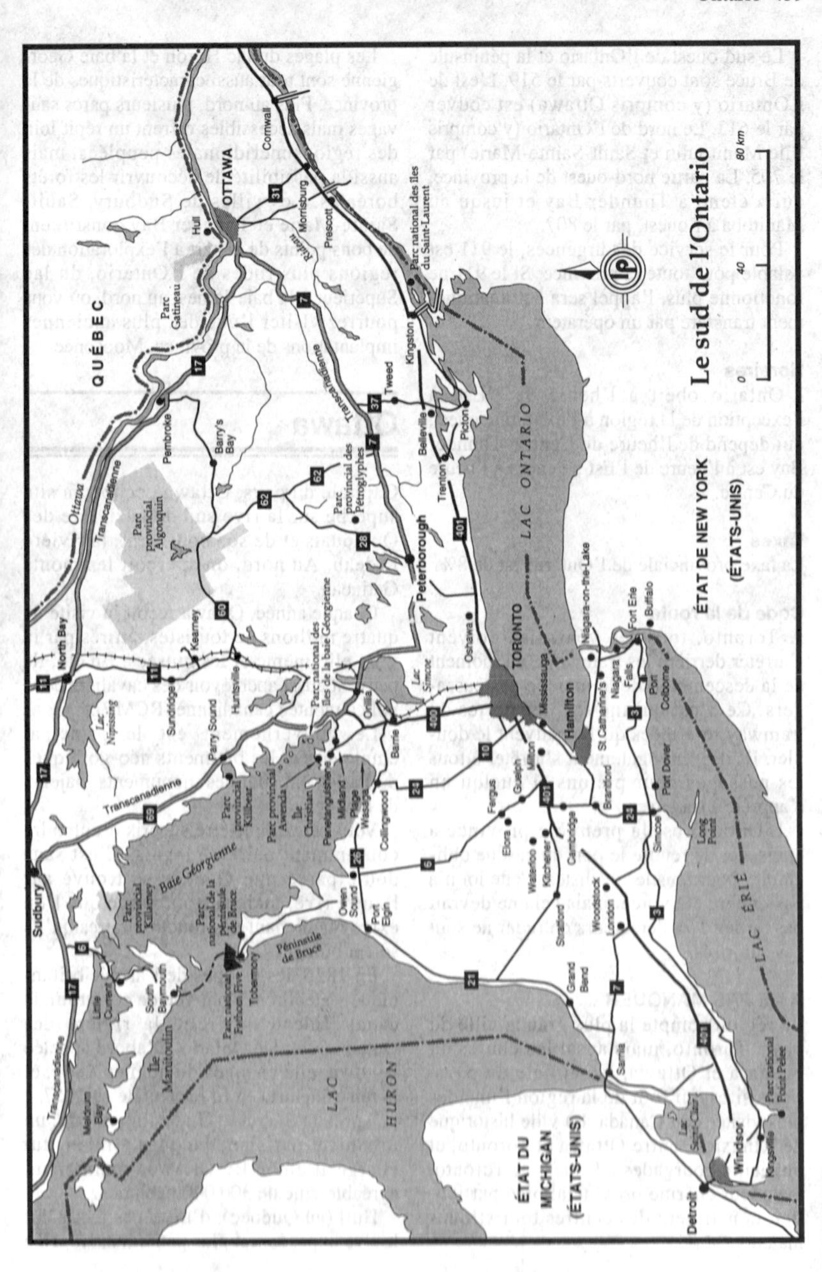
Le sud de l'Ontario
0
40
80 km
QUÉBEC
ÉTAT DE NEW YORK
(ÉTATS-UNIS)
ÉTAT DU
MICHIGAN
(ÉTATS-UNIS)
LAC ONTARIO
LAC ÉRIÉ
LAC
HURON
Baie Géorgienne
Lac Nipissing
Lac Simcoe
Lac Saint-Clair
Ottawa
Rideau
OTTAWA
Hull
Parc Gatineau
Cornwall
Morrisburg
Prescott
Parc national des îles du Saint-Laurent
Kingston
Tweed
Belleville
Picton
Trenton
Pembroke
Barry's Bay
Parc provincial Algonquin
Parc provincial des Pétroglyphes
Peterborough
Oshawa
TORONTO
Mississauga
Hamilton
Niagara-on-the-Lake
St Catharine's
Niagara Falls
Fort Erie
Buffalo
Port Colborne
Port Dover
Long Point
Simcoe
Brantford
Cambridge
Kitchener
Waterloo
Guelph
Milton
Fergus
Elora
Woodstock
London
Stratford
Grand Bend
Sarnia
Windsor
Detroit
Kingsville
Parc national Point Pelée
North Bay
Kearney
Huntsville
Sundridge
Parry Sound
Parc national des îles de la baie Géorgienne
Orillia
Barrie
Midland
Penetanguishene
Île Christian
Parc provincial Awenda
Parc provincial Killbear
Plage Wasaga
Collingwood
Owen Sound
Port Elgin
Péninsule de Bruce
Parc national de la péninsule de Bruce
Tobermory
Parc national Fathom Five
South Baymouth
Île Manitoulin
Little Current
Meldrum Bay
Parc provincial Killarney
Sudbury
Transcanadienne
17
6
69
11
60
28
62
7
37
31
401
400
10
24
26
6
21
8
7
3
403
401

Le sud-ouest de l'Ontario et la péninsule de Bruce sont couverts par le 519. L'est de l'Ontario (y compris Ottawa) est couver par le 613. Le nord de l'Ontario (y compris l'île Manitoulin et Sault-Sainte-Marie) par le 705. La partie nord-ouest de la province, qui s'étend à Thunder Bay et jusqu'au Manitoba à l'ouest, par le 807.

Pour le service des urgences, le 911 est valable pour toute la province. Si le 911 ne fonctionne plus, l'appel sera automatiquement transféré par un opérateur.

Horaires

L'Ontario obéit à l'heure de l'Est, à l'exception de la région à l'extrémité ouest, qui dépend de l'heure du Centre. Thunder Bay est à l'heure de l'Est ; Kenora à l'heure du Centre.

Taxes

La taxe provinciale de l'Ontario est de 8%.

Code de la route

A Toronto, tous les véhicules doivent s'arrêter derrière les tramways, au moment de la descente ou de la montée des passagers. Ce n'est qu'une fois les portes du tramway refermées qu'ils peuvent le doubler. Ils doivent également s'arrêter à tous les passages pour piétons si quelqu'un s'apprête à traverser.

L'Ontario est la première province à envisager de rendre le port du casque obligatoire pour tous les cyclistes. Cette loi n'a pas encore été votée, mais cela ne devrait pas tarder. Les détecteurs de radar ne sont pas autorisés.

A NE PAS MANQUER

La région compte la plus grande ville du pays, Toronto, mais aussi les chutes du Niagara et Ottawa, la capitale du pays. Trois sites qui font de la région l'une des plus visitées du Canada. La ville historique de Kingston, entre Ottawa et Toronto, et plusieurs bourgades à l'ouest de Toronto, avec leur charme provincial bien particulier, constituent des centres touristiques majeurs.

Les plages du lac Huron et la baie Géorgienne sont tout aussi caractéristiques de la province. Plus au nord, plusieurs parcs sauvages mais accessibles offrent un répit loin des régions méridionales peuplées, mais aussi la possibilité de découvrir les forêts boréales. Les villes de Sudbury, Sault-Sainte-Marie et Thunder Bay constituent de bons points de départ à l'exploration des régions plus rudes de l'Ontario, du lac Supérieur à la baie James, au nord, où vous pourrez visiter l'une des plus anciennes implantations de la province, Moosonee.

Ottawa

Capitale du pays, Ottawa occupe un site superbe sur la rive sud de la rivière des Outaouais et de son confluent, la rivière Rideau. Au nord, on aperçoit les monts Gatineau.

Chaque année, Ottawa reçoit la visite de quatre millions de touristes, attirés par la ville elle-même et les musées. En été, ils peuvent aussi apercevoir des cavaliers de la police montée canadienne (RCMP).

Le gouvernement est le principal employeur et les bâtiments néo-gothiques du Parlement sont des monuments majeurs de la ville.

Vous serez peut-être surpris d'entendre couramment parler français. C'est sans doute parce que Québec se trouve sur l'autre rive, mais surtout parce que l'on exige maintenant des fonctionnaires qu'ils soient bilingues.

En 1826, les troupes de l'armée britannique s'établirent là en vue de construire le canal Rideau qui relie la rivière des Outaouais au lac Ontario. D'abord appelée Bytown, elle changea de nom en 1855, et la reine Victoria en fit la capitale en 1857.

Après la Seconde Guerre mondiale, un urbaniste parisien, Jacques Greber, fut chargé d'embellir Ottawa, maintenant agréable ville de 300 000 habitants.

Hull (au Québec), d'un accès facile sur la rive opposée, est plus petite mais réputée

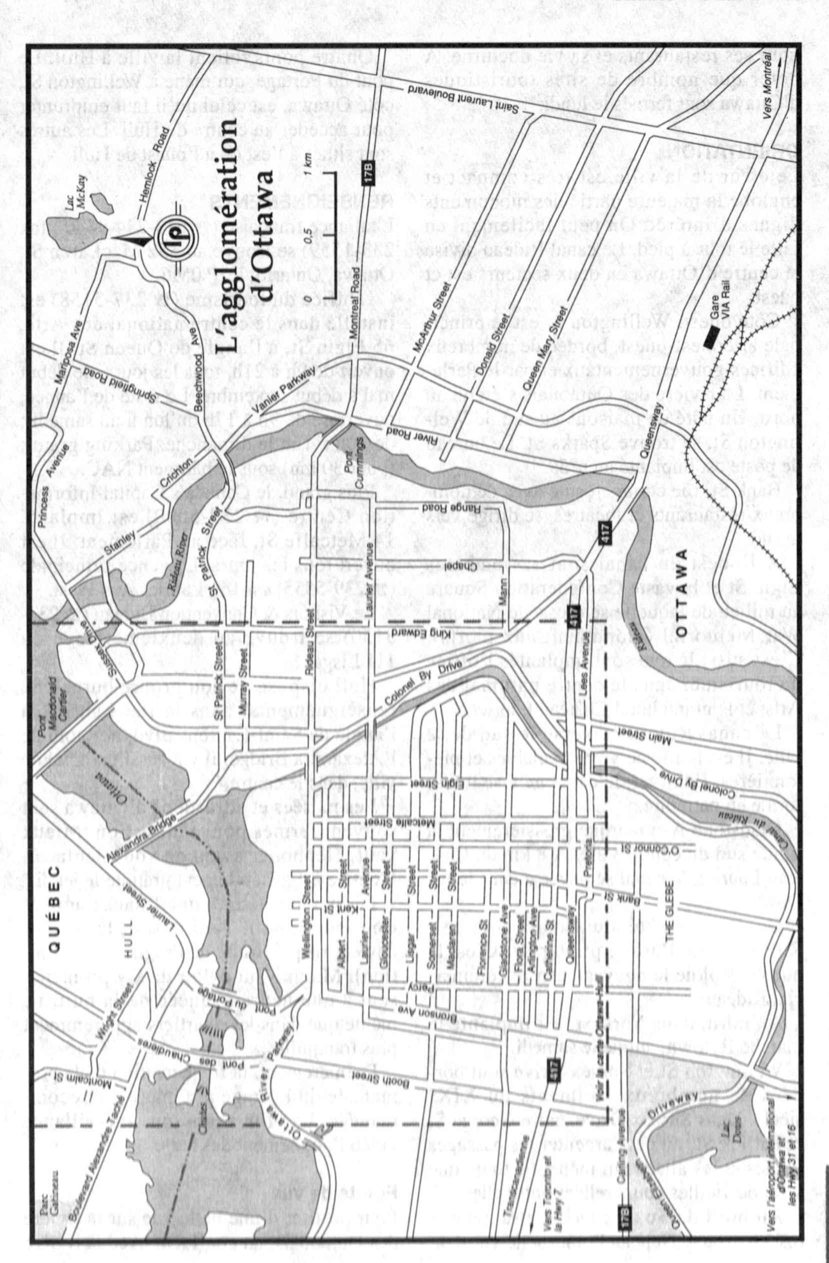
L'agglomération d'Ottawa
0 0,5 1 km
Lac McKay
Hemlock Road
Saint Laurent Boulevard
Vers Montréal
17B
Mariposa Ave
Springfield Road
Beechwood Ave
Montreal Road
Vanier Parkway
McArthur Street
Donald Street
Queen Mary Street
Gare VIA Rail
River Road
Queensway
Pont Cummings
Princess Avenue
Crichton
Stanley
Rideau River
St Patrick Street
Range Road
417
Chapel
Mann
OTTAWA
Rideau
King Edward
Laurier Avenue
Rideau Street
Murray Street
Sussex Drive
Pont Macdonald Cartier
Colonel By Drive
Lees Avenue
Main Street
Ottawa
Alexandra Bridge
Elgin Street
Metcalfe Street
O'Connor St
Canal du Rideau
QUÉBEC
HULL
Laurier Street
Wellington Street
Kent St
Albert Street
Gloucester Street
Lisgar Street
Somerset Street
Maclaren Street
Florence St
Gladstone Ave
Flora Street
Arlington Ave
Catherine St
Pretoria
Bank St
THE GLEBE
Percy
Bronson Ave
Pont du Portage
Wright Street
Chaudières
Pont des Chaudières
Booth Street
Montcalm St
Ottawa River Parkway
Chutes
Voir la carte Ottawa-Hull
Parc Gatineau
Boulevard Alexandre Taché
Transcanadienne
Vers Toronto et la Hwy 7
Carling Avenue
Driveway
Lac Dows
Vers l'aéroport international d'Ottawa et les Hwy 31 et 16

ONTARIO

pour ses restaurants et sa vie nocturne. A noter que nombre de sites touristiques d'Ottawa sont fermés le lundi.

ORIENTATION

Le cœur de la ville est très compact et englobe la majeure partie des monuments dignes d'intérêt. On peut facilement en faire le tour à pied. Le canal Rideau divise le centre d'Ottawa en deux secteurs est et ouest.

Côté ouest, Wellington St est la principale artère est-ouest, bordée de nombreux édifices gouvernementaux et par le Parlement. La rivière des Outaouais s'étend au nord. Un pâté de maisons au sud de Wellington St, se trouve Sparks St. Le bureau de poste est implanté au n°59.

Bank St, rue commerçante avec de nombreux restaurants et théâtres, se dirige vers le sud.

A l'ouest du canal sont rassemblées Elgin St et la vaste Confederation Square au milieu de laquelle se dresse le National War Memorial (monument aux morts). C'est aussi là que sont implantés l'office du tourisme, dans le centre national des Arts, et le grand hôtel Château Laurier.

Le canal Rideau traverse le sud de la ville. Il est bordé de voies cyclables et piétonnières. En hiver, le canal gelé se transforme en patinoire.

Gladstone Ave marque grossièrement la limite sud du centre-ville. A 8 km du Château Laurier, le canal se déverse dans le lac Dows.

De l'autre côté du canal, côté est, Rideau St est l'artère principale. C'est là que se déploie le nouveau centre commercial Rideau.

Au nord, dans York St, est implanté le marché Bytown, animé le samedi.

Wellington St et Sussex Drive sont bordées de nombreux bâtiments du XIXe siècle. Dans Sussex Drive, entre George St et Patrick St, on peut arpenter les passages voûtés et les allées qui mènent à toute une série de vieilles cours reliées entre elles.

Au nord de Sussex Drive et à gauche (est) se trouve Nepean Point (belle vue).

Quatre ponts relient la ville à Hull. Le pont du Portage, qui mène à Wellington St, côté Ottawa, est celui qu'il faut emprunter pour accéder au centre de Hull. Les autres sont situés à l'est ou à l'ouest de Hull.

RENSEIGNEMENTS

L'alliance française (☎ 613-234-9470 ; fax 233-1559) se trouve au 352 MacLaren St, Ottawa, Ontario, K2P 0M6.

L'office du tourisme (☎ 237-5158) est installé dans le centre national des Arts, 65 Elgin St, à l'angle de Queen St. Il est ouvert de 9h à 21h, tous les jours, de début mai à début septembre. Le reste de l'année, ouverture de 9h à 17h du lundi au samedi ; de 10h à 16h le dimanche. Parking gratuit (pour 30 mn) sous le bâtiment NAC.

Plus grand, le Canada's Capital Information Centre (☎ 239-5000) est implanté 14 Metcalfe St, face au Parlement. Il est ouvert tous les jours. L'agence principale (☎ 239-5555) est 161 Laurier Ave West.

Le Visitors & Convention Bureau (☎ 237-5150) se trouve au deuxième étage du 111 Lisgar St.

Hull dispose de son propre bureau de renseignements, dans la rue Laurier, à l'angle de Saint-Laurent Blvd, non loin de l'Alexandra Bridge. Il y a aussi un hôtel de ville, dans le centre.

Les musées et attractions d'Ottawa sont souvent fermés pour rénovation. Mieux vaut téléphoner avant de vous déplacer. L'entrée est généralement gratuite le jeudi.

Le marché connaît une franche animation jour et nuit. Tard le soir, le secteur devient risqué (trafic de drogue et prostitution). Mieux vaut éviter de s'y promener seul à une heure avancée de la nuit, de même que dans les quartiers apparemment plus tranquilles.

Dernièrement, la fréquentation de la promenade du Portage n'a guère été recommandée. La ville a mis sous surveillance vidéo l'alignement des bars.

Points de vue

Pour profiter d'une belle vue sur la rivière des Outaouais, au confluent avec la rivière

Rideau, et sur Hull, grimpez au huitième étage de l'hôtel de ville d'Ottawa, 111 Sussex Drive. Il est construit sur Green Island et domine les chutes du Rideau, à l'est du pont MacDonald-Cartier. Au moment de la rédaction de cet ouvrage, l'hôtel de ville subissait des rénovations importantes (et controversées) et la plate-forme d'observation était fermée. Un parc longe également la rivière, à côté de l'hôtel de ville.

Vous aurez une vue d'ensemble du centre-ville depuis la colline du Parlement.

Colline du Parlement

Le bâtiment du Parlement est le bâtiment le plus impressionnant.

Le Sénat et la Chambre des députés se trouvent à l'intérieur du Parlement, et les séances sont publiques. L'intérieur de grès et de calcaire est entièrement sculpté. Ne ratez pas la superbe bibliothèque avec son décor de boiseries et de fer forgé. Des visites gratuites (☎ 239-5000) d'environ 20 mn, sont fréquemment organisées et mènent jusqu'au belvédère de la tour de la Paix. Réserver est indispensable.

Lorsque le Parlement est en séance, la *Question Period* à la Chambre des députés a lieu en début d'après-midi et à 11h le vendredi matin. C'est gratuit, mais le contrôle de sécurité est très sévère. Contactez le ☎ 992-4793.

A 10h, tous les jours, en été, vous pourrez assister à la relève de la garde, sur les pelouses. Le coup d'œil est pittoresque.

La brochure gratuite, *Walking Tour of Parliament Hill*, fournit divers détails sur les bâtiments. On peut aussi visiter le bâtiment des Affaires étrangères, 125 Sussex Drive. En été, des spectacles gratuits son et lumière ont également lieu la nuit sur la colline.

National Gallery

Une visite à la National Gallery (☎ 990-1985), Sussex Drive, à 15 mn du Parlement, s'impose. C'est le principal musée des Beaux-Arts du Canada

Ouverte en 1988, cette structure de verre et de granit rose, qui domine l'Ottawa, fut conçue par Moshe Safdie, également l'auteur de l'Habitat de Montréal (un complexe résidentiel unique en son genre) et du musée des Civilisations de Québec. Si les artistes canadiens sont largement privilégiés, les grands noms de l'art américain et européen sont bien représentés.

Non seulement l'excellente présentation chronologique de la peinture et de la sculpture canadiennes fournit un bon aperçu de l'histoire de l'art canadien, mais elle permet aussi de mieux saisir le développement du pays, de la vie des Indiens à l'arrivée des premiers Européens.

Vous pourrez vous reposer dans deux très agréables cours. Entre elles se dresse l'un des éléments les plus insolites du musée, la **sainte chapelle Rideau**, datant de 1888.

Au niveau 2, la **galerie Inuit** jouxte les salles consacrées aux œuvres contemporaines et internationales.

Le musée est immense. Il est impossible de visiter toutes les galeries en quelques heures. L'entrée est de 5 $ (3 $ pour les personnes âgées), mais est gratuite pour les étudiants et pour tous, le jeudi. Pour assister à certaines manifestations, vous devrez acquitter un supplément. Le musée est ouvert de 10h à 18h tous les jours, en été, excepté le jeudi, où il est ouvert jusqu'à 20h. Le reste de l'année, il est ouvert de 10h à 17h, mais est fermé le lundi et les jours fériés.

Musée canadien de la Nature

Ancien musée des Sciences naturelles, le musée de la Nature (☎ 996-3102) occupe un ancien bâtiment victorien, à l'angle de McLeod St et d'Elgin St.

L'édifice inclut une passionnante section sur les dinosaures dont on a retrouvé les squelettes dans l'Alberta. Il dispose aussi d'excellents dioramas sur les mammifères et les oiseaux qui dépeignent la vie sauvage canadienne.

La galerie Viola MacMillan, consacrée à la minéralogie, est passionnante. Vous pourrez profiter de la reconstitution particulièrement réaliste d'une mine avec son ascenseur tremblotant, et de celle tout aussi surprenante d'un mascaret de la côte est. Une section a été conçue pour les enfants.

Le musée est ouvert de 9h30 à 17h tous les jours, en été ; à partir de 10h, le reste de l'année. Le jeudi, il est ouvert jusqu'à 20h. L'entrée est de 4 $ (tarifs réduits pour les enfants, personnes âgées et familles). Le jeudi, l'entrée coûte moitié prix jusqu'à 17h, puis est gratuite de 17h à 20h. Depuis Confederation Square, empruntez le bus n°5, 6 ou 14 dans Elgin St. Entre le Parlement et le musée, comptez 20 mn à pied.

Cour suprême du Canada

Cette structure quelque peu intimidante (☎ 995-4330), à l'angle de Wellington St et Kent St, est partiellement ouverte aux non-plaidants. Ces derniers peuvent se rendre dans les jardins et le hall, de 9h à 17h. La construction de cet édifice fut entreprise en 1939, et achevée en 1946. En été sont organisées des visites gratuites sous la conduite d'un étudiant. Téléphonez pour les horaires.

Musée Bytown et écluses d'Ottawa

Le musée Bytown est installé dans le plus vieil édifice en pierre de la ville, à l'est de la colline du Parlement, à côté du canal. Descendez l'escalier en venant de Wellington St et en tournant le dos aux écluses de la rivière. Utilisé pendant la construction du canal pour stocker équipement et argent, il abrite aujourd'hui des objets et des documents relatifs à l'histoire locale.

Au rez-de-chaussée, Parks Canada présente une exposition liée à la construction du canal, ouverte de mi-mai à mi-octobre, de 10h à 16h, du lundi au samedi (fermé le mardi) et de 14h à 17h le dimanche ; au printemps et à l'automne, elle est seulement ouverte du lundi au vendredi L'entrée est payante. Les écluses en bordure de l'Ottawa, dans Colonel By Valey, entre le château Laurier et le Parlement délimitent l'extrémité nord du canal Rideau (198 km) qui relie Kingston au Saint-Laurent. Le colonel By, qui fut chargé de la construction du canal, installa son quartier général à cet endroit même, en 1826. Le canal ne fut jamais utilisé à des fins militaires, mais seulement commerciales, pendant un certain temps puis fut abandonné. Les écluses sont aujourd'hui classées monument historique.

Musée canadien de la Guerre

Au 330 Sussex Drive, ce musée (☎ 992-2774) contient toutes sortes d'objets, vestiges et documents liés à l'histoire militaire du Canada. Vous pourrez aussi assister à plusieurs présentations, sonorisées, de l'invasion américaine de 1775 et du jour J du débarquement en Normandie. Le musée possède également la plus importante collection d'art militaire.

Le musée est ouvert de 9h30 à 17h, tous les jours (jusqu'à 20h, le jeudi). L'entrée est de 2,50 $, de 1,25 $ pour les étudiants et les personnes âgées ; gratuite pour les vétérans et pour tout le monde le jeudi.

Monnaie royale canadienne

Voisin du musée canadien de la Guerre, l'hôtel de la monnaie (☎ 993-8990) se contente aujourd'hui de frapper des pièces commémoratrices, lingots, etc. Les pièces courantes sont aujourd'hui fabriquées à la Monnaie de Winnipeg, dans le Manitoba.

Il est ouvert (en été seulement) de 8h30 à 11h et de 12h30 à 14h30, du lundi au vendredi. L'entrée est de 2 $.

Musée de la Monnaie

Le musée de la Monnaie (☎ 782-8914) est dans la Bank of Canada, 245 Sparks St. En été, il est ouvert du lundi au vendredi, ainsi que le dimanche après-midi. De septembre à mai, il est également fermé le lundi. L'entrée est de 2 $ (gratuit le mardi).

Musée national de l'Aviation

Un gigantesque hangar triangulaire abrite cette collection de plus de 100 avions, à l'aéroport de Rockcliffe (☎ 993-2010). Vous pourrez voir des avions allant du Silver Dart de 1909, ou du premier transporteur de passagers à Viscount, aux jets plus récents, y compris le célèbre Spitfire.

L'entrée est de 5 $ (tarifs réduits pour les enfants et les personnes âgées) et gratuite le jeudi. De mai à septembre, le musée est ouvert tous les jours, de 9h à 17h (jusqu'à 21h, le jeudi). En hiver, il est ouvert jusqu'à 20h le jeudi, mais fermé le lundi (à moins qu'il ne soit férié).

L'aéroport se trouve dans Saint-Laurent Blvd, au nord-ouest du centre-ville, non loin de la rivière et de la base militaire.

Musée national des Sciences et de la Technologie

1867 Saint-Laurent Blvd, à l'angle de Russell Rd, ce musée (☎ 991-3044) fait participer les visiteurs. Vous pourrez faire des expériences, observer différentes lois de la physique en action, ou illusions d'optique, etc. Le musée possède aussi une belle collection de bicyclettes et de motos, ainsi que des sections consacrées à la haute technologie. Mais surtout ne ratez pas l'incubateur, où vous pourrez voir des poussins vivants à différents stades de l'évolution.

La toute nouvelle exposition sur la technologie aérospatiale est très intéressante. Elle comporte nombre de présentations interactives, et tout un assortiment de modèles canadiens liés à l'espace. La section astronomie propose des films et des diapositives sur l'univers. Par nuits claires, jetez un coup d'œil à la gigantesque lunette d'approche. Il faut réserver par téléphone pour l'observation des étoiles.

L'entrée est de 5 $ (tarifs réduits pour les étudiants, les enfants et les personnes âgées) ; gratuite le jeudi, de 17h à 21h. En été, il est ouvert de 9h à 18h, tous les jours (jusqu'à 21h, le jeudi). Après septembre, il est fermé le lundi. En hiver, il ferme également plus tôt. Le parking est gratuit.

Musée canadien du Ski

Le musée du Ski (☎ 233-5832), 457A Sussex Drive, non loin du marché, expose une petite collection d'équipements et de souvenirs retraçant cinq millénaires de l'histoire du ski. Il est ouvert du mardi au samedi, de 11h à 16h, en été ; de 12h à 16h, en hiver. L'entrée est de 1 $.

Centre canadien de la Caricature

Au 136 St Patrick St, à l'angle de Sussex Drive, près du marché, cette étrange collection (☎ 995-3145) provenant des archives nationales, regroupe quelque 20 000 dessins humoristiques et caricatures liés à l'histoire du Canada. Ils sont extraits de périodiques des XIXe et XXe siècles, mais pour l'immense majorité ne dépassent pas les trente dernières années. Gratuit et ouvert tous les jours.

Musée canadien de la Photographie contemporaine

Coincé entre le Château Laurier et le canal, dans un tunnel de chemin de fer rénové, 1 Rideau Canal, le CMCP (☎ 990-8257) est le nouveau musée photographique d'Ottawa. A l'origine, le département photographie faisait partie du National Film Board, mais il a obtenu un bâtiment indépendant, où sont regroupés les archives photographiques du Canada et les départements de recherche photographiques.

La galerie est ouverte de mai à octobre, de 11h à 17h, tous les jours (jusqu'à 20h le jeudi), excepté le mercredi (seulement de 16h à 20h). Le reste de l'année, il est fermé le lundi et le mardi. L'entrée est de 2,5 $, gratuite pour les étudiants et pour tout le monde le jeudi.

Basilique Notre-dame

Construite en 1839, c'est l'un des édifices religieux les plus impressionnants de la ville. Elle se dresse dans Guigues Ave, en face de la galerie d'art, dans le quartier du Byward Market.

Ferme expérimentale

A l'angle de Queen Elizabeth Driveway et de Carling Ave s'étend une ferme expérimentale (☎ 995-5222) qui englobe 500 ha de fleurs, d'arbres, d'arbustes et de jardins. La ferme possède aussi des troupeaux, notamment de bovins, un observatoire, une serre tropicale et un arboretum. Des pistes cyclables relient la ferme à Ottawa. Elle est ouverte tous les jours et l'entrée est gratuite.

Maison Laurier

Cette maison victorienne, sise 335 Laurier Ave (☎ 992-8142), construite en 1878, fut la résidence de deux Premiers ministres : Wilfrid Laurier et l'excentrique William Lyon MacKenzie King. Elle est magnifiquement meublée – ne ratez surtout pas le bureau au dernier étage.

Elle est ouverte du mardi au samedi, ainsi que le dimanche après-midi. L'entrée est gratuite. Profitez de la visite matinale (avant l'arrivée des bus des circuits organisés).

Résidences du Premier ministre et du gouverneur général

Vous pouvez apercevoir l'extérieur de la résidence actuelle du Premier ministre, 24 Sussex Drive, ainsi que Rideau Hall, celle du gouverneur général, à l'angle de la rivière, au 1 Sussex Drive. Rideau Hall donne dans Princess Drive, qui prolonge Sussex Drive à l'est.

Pour des raisons de sécurité, les jardins de ces résidences ne sont pas ouverts au public, mais dans celle du gouverneur général, des visites guidées de 45 mn sont organisées. Ces visites n'ont lieu qu'en été. La demeure du gouverneur général a été construite au début du XXe siècle. Au portail principal, il y a une petite cérémonie de relève de la garde toutes les heures de fin juin à fin août.

Village Rockcliffe

Situé à l'est, dans Sussex Drive, c'est l'un des quartiers les plus chics et prestigieux du pays. C'est là que résident de nombreux diplomates étrangers et nombre de citoyens canadiens éminents.

Chutes du Prince-de-Galles

Au confluent du Rideau et du canal, à la jonction de Colonel By St et de Hog's Back Rd, vous attendent des chutes, des pistes cyclables et piétonnières.

Manège de la police montée (RCMP) et terrain d'entraînement

Même la police montée doit s'entraîner. C'est aux manèges de RCMP (☎ 993-3751) qu'est notamment préparée la grande parade musicale à cheval. Le public peut assister aux séances d'entraînement.

Tous les soirs, une semaine avant la fête du Canada (1er juillet), on peut assister à un défilé à cheval avec orchestre. Sinon, les entraînements du soir s'effectuent sans musique et sans uniformes. Téléphonez pour plus de renseignements. On peut visiter les écuries, du lundi au vendredi, de 9h à 11h et de 13h30 à 15h30.

Les terrains sont éloignés du centre. Si vous vous déplacez en voiture, empruntez Sussex Drive à l'est, en direction de Rockcliffe Parkway. A Birch St, tournez à droite. L'entrée est gratuite.

Ferme en rondins

C'est la reconstitution d'une ferme du XIXe siècle (☎ 825-4352), avec un personnel en costumes. Le site se trouve à 20 km à l'ouest de la colline du Parlement. Sur place, et au parc Jacques-Cartier, sont proposées des expositions historiques et des activités, auxquelles vous pourrez participer, dans certains cas. La ferme est ouverte tous les jours, en été ; mais seulement le dimanche, le reste de l'année. L'entrée est de 4,50 $ (réductions pour les personnes âgées et les familles).

ACTIVITÉS SPORTIVES

En été, vous pourrez faire du bateau sur le canal. Pour louer canoës ou barques, adressez-vous à Dows Lake Marina (☎ 232-5278) ou à la marina, dans Hog's Back Rd (☎ 736-9893). Les locations se font à l'heure ou à la semaine.

Une large bande de parcs reliés entre eux appelée la Greenbelt, encercle la ville à l'est, à l'ouest et au sud. Cette zone de bois, de marais et de champs est sillonnée de sentiers de randonnée, de pistes cyclables et de promenades. Dans la partie ouest de la Greenbelt, à 20 mn en voiture du centre-ville, sur Richmond Rd, le centre d'informations Stony Swamp propose l'aide d'un naturaliste, des sentiers de randonnée et des expositions sur la Greenbelt. Il est ouvert du vendredi au dimanche. Une autre zone de préservation de la nature occupe le côté est, Mer Bleue. La Greenbelt n'est pas entièrement une réserve : l'aéroport y est notamment implanté.

Non loin d'Ottawa, plusieurs agences proposent des descentes de rapides en rafting. Il n'est pas nécessaire d'être un rafter expérimenté. Les emplacements sont situés à moins de deux heures de la ville. Les deux organisations à contacter sont toutes deux implantées dans Foresters Falls : Wilderness Tours (☎ 646-2241 à Québec, ou ☎ 1-800-267-9166) et OWL Rafting (☎ 1-800-461-7238). Les deux rivières empruntées sont la rivière de l'Outaouais et le Magnetawan. Mieux vaut réserver pour le week-end. Les descentes en semaine sont nettement moins chères.

En hiver, on peut faire du ski à seulement 20 km de la ville, aux monts Gatineau. Deux stations offrent des pistes de difficultés diverses, Camp Fortune et Mont Cascades. Les forfaits de remontées mécaniques sont plus chers le week-end. Dans le parc Gatineau, les pistes de ski de fond sont excellentes et jalonnées de gîtes où l'on peut se réchauffer un peu.

En hiver, le canal Rideau est célèbre pour ses 5 km de patinoire. En chemin, on vous servira des énormes beignets, les *beavertails* (queues de castor), et du chocolat chaud. Renseignez-vous auprès de l'office du tourisme sur les locations de patins.

Pour louer des vélos, consultez la rubrique *Comment circuler*. L'office du tourisme dispose d'une carte détaillée de tous les parcs et leur description.

CIRCUITS ORGANISÉS

Gray Coach Line (☎ 748-4426) propose une excursion de 50 km (deux heures) dans la ville, tous les jours, d'avril à octobre. Le circuit part de Wellington St, non loin du Château Laurier, au nord de Confederation Square. Il offre également des circuits plus longs dans la région.

Capital City Trolley Tours (☎ 237-5158) utilise un bus décoré comme un trolley (!) pour faire des excursions dans la ville. Sur le chemin, les passagers peuvent descendre et monter à 14 arrêts. Un billet coûte 15 $. Le circuit part de Confederation Square.

Paul's Boat Lines (☎ 235-8409) organise des croisières sur la rivière des Outaouais et le canal Rideau. Chacune dure une heure et demie et coûte 9,50 $. Pour les billets et renseignements, rendez-vous au dock du canal Rideau, face au Centre national des arts.

Ottawa Riverboat Company (☎ 562-4888), 173 Dalhousie St, propose des croisières équivalentes, mais uniquement sur la rivière.

Choo Choo (☎ 778-7246) remonte la rivière Gatineau sur un bateau à vapeur jusqu'à Wakefield (deux heures), tous les jours de mai à fin septembre. Téléphonez pour plus de renseignements sur les tarifs (moins chers en semaine).

Ottawa Valley Tours (☎ 725-3045) offre plusieurs excursions d'une journée dans l'est de l'Ontario, y compris aux îles Thousand, au Upper Canada Village et à Kingston.

FESTIVALS

Voici quelques-unes des principales manifestations :

Janvier-février

Winterlude – le célèbre et populaire Winterlude a lieu fin janvier, début février. Les trois week-ends consécutifs de festivités se déroulent sur le lac Dows gelé et le canal. Les sculptures de glace méritent vraiment le coup d'œil.

Mai

Festival de la Tulipe – grande manifestation annuelle, le festival de la Tulipe se déroule en mai. La ville est décorée de 200 variétés de tulipes, provenant essentiellement de Hollande. Les festivités incluent des défilés, des régates, des rallyes automobiles, des bals, des concerts et des feux d'artifice.

Juin

Festival franco-ontarien – il a lieu en juin et permet à la culture française du Canada de se manifester (musique, artisanat, etc.).

Juillet-août

Astrolabe – en juillet et en août, la scène en plein air du parc de Major's Hill, appelée l'Astrolabe, est utilisée pour des concerts, ballets, des spectacles de mime, et autres divertissements. C'est gratuit et ouvert la nuit.

Festival international de jazz – cette manifestation dure dix jours, à la fin du mois de juillet, à Ottawa et à Hull.

Central Canada Exhibition – une foire annuelle qui se tient tous les ans à la fin du mois d'août et propose dix jours de manifestations, un carnaval et diverses attractions. Elle a lieu au parc Lansdowne.

OÙ SE LOGER

Camping

L'excellent *Camp Le Breton* (☎ 943-0467), est implanté à l'angle de Fleet St et de Booth St, après le Parlement. Comptez 7,50 $ par nuit et par personne et le séjour est limité à cinq nuits. Il offre de la place pour 200 tentes. Conçu d'abord pour les cyclistes et les randonneurs, il ne dispose ni d'électricité, ni de raccordements d'eau. Il est ouvert de la mi-mai à la fête du Travail (début septembre). Le bus urbain relie le centre-ville au camping, proche de la rivière et des chutes Chaudière.

Le *Camp Hither Hills* (☎ 822-0509), à 10 km au sud de la ville, sur la Hwy 31 (Bank St), prend 13 $ pour une tente.

D'autres campings sont regroupées à l'est et à l'ouest de la ville, sur la Hwy 17. L'office du tourisme pourra vous fournir la liste des terrains de la région d'Ottawa. On peut aussi camper dans le parc Gatineau, sur l'autre rive, dans la province de Québec.

Auberges de jeunesse

Le HI *Ottawa Hostel* (☎ 235-2595), 75 Nicholas St, à l'est du canal Rideau, est installé dans l'ancienne prison d'Ottawa – on aperçoit la potence à l'arrière du bâtiment. C'est l'une des auberges de jeunesse les plus réputées du pays. Centrale, non loin du Parlement, elle dispose de 150 lits dans le bâtiment restauré, dont certaines installés dans d'anciennes cellules. Comptez 14 $ pour les membres, 18 $ pour les autres. Les aménagements incluent une cuisine, une laverie et un café en été. Il vaut mieux réserver à la mi-été et en février, au moment du festival Winterlude. L'auberge est ouverte toute l'année, de 7h à 2h du matin.

Un service de péniches relie maintenant l'auberge à celle de Kingston par le canal Rideau (pour plus de détails, voir la rubrique *Kingston*).

1 Maison du Citoyen
2 Office du tourisme
3 Musée canadien des Civilisations
4 Hôtel de ville
5 Monnaie royale canadienne
6 Musée canadien de la Guerre
7 National Gallery
8 Musée canadien du Ski
9 Archives nationales
10 Musée Bytown
11 Marché
12 Château Laurier
13 Office du tourisme
14 Centre national des arts et office du tourisme
15 Nicholas St Jail Hostel
16 Terminal des bus
17 Musée canadien de la Nature
18 YMCA-YWCA

Le bus n°4 part de la gare routière, à l'angle de Arlington St et de Kent St, et s'arrête à deux pâtés de maisons de l'auberge. Depuis la gare routière, le bus n°95 effectue le même trajet.

La *YM-YWCA* (☎ 237-1320), 180 Argyle Ave, à l'angle d'O'Connor St, dans le sud du centre-ville, loue des simples plus chères à 40 $ avec s.d.b. commune. Les doubles sont plus intéressantes à 49 $. Des chambres avec s.d.b sont disponibles. Il y a une cafétéria et une piscine.

L'*University of Ottawa* (☎ 564-5400) offre l'un des hébergements les moins chers du Canada. Les visiteurs sont acceptés de mai à août. Les simples/doubles coûtent 19/34 $ pour les étudiants, 31/39 $ pour les non-étudiants. Il y a une laverie, une piscine, un parking et une cafétéria qui sert des repas bon marché. La réception se trouve au 100 Hastey St. Sise au sud-est du Parlement, l'université est facilement accessible à pied. Ils offrent aussi un hébergement au Little White Fish Camp, à Gracefield au Québec, qui compte d'importantes installations sportives.

La *Carleton University* (☎ 788-5609), 1233 Colonel By Drive, centrale elle aussi, loue des chambres l'été à 29 $ par personne, petit déjeuner inclus. Une salle de

Ottawa-Hull
0 250 500 m
HULL
Rue Laval
Rue Kent
Boulevard Maisonneuve
Rue Champlain
Rue Notre-Dame
Rue Laurier
Rue Hôtel-de-Ville
Promenade du Portage
Pont Alexandra
Pont MacDonald Cartier
Sussex Drive
Rideau
Nepean Point
OTTAWA
Pont du Portage
Écluses de Toronto
Parlement
Ottawa River Parkway
Wellington Street
Sparks St
Sparks St Mall
Queen St
Albert St
Slater St
CENTRE-VILLE
Laurier Avenue West
Gloucester St
Nepean St
OTTAWA
Lisgar St
Cooper St
CHINATOWN
Somerset St
Maclaren St
Gilmour St
James St
Florence St
Gladstone Ave
McLeod St
Flora St
Arlington Ave
Catherine St
Trans Canada Hwy
417
Chamberlain Ave
Queensway
Isabella Street
Vers l'aéroport
Bronson Avenue
Percy St
Bay St
Lyon St
Kent St
Bank Street
O'Connor St
Metcalfe St
Elgin Street
Boteler Street
Bolton St
Cathcart St
Bruyer St
St Andrew St
Guigues St
St Patrick Street
Murray Street
Mackenzie Ave
York Street
Rideau Street
Mackenzie King Bridge
Laurier Bridge
Laurier Ave East
Université d'Ottawa
Waller Street
Cumberland St
King Edward Avenue
Colonel By Drive
Queen Elizabeth Driveway
Nicholas Street
Cartier Street
Macdonald St
Robert St
Canal du Rideau
Main St
Vers la gare VIA Rail
1
2
3
4
5
6
7
8
9
10
11
12
13
14
15
16
17
18

gymnastique est à votre disposition et l'on peut y prendre ses repas. Contactez le Tour & Conference Centre dans le Commons Building de l'université. Les familles sont acceptées.

Tourist homes et B&B

Ottawa B&B (☎ 563-0161) est une organisation qui assure la promotion et la location des hébergements dont elle possède la liste. Comptez à partir de 45/55 $ pour des simples/doubles en ville, en banlieue ou en pleine campagne.

Agence similaire, Capital B&B Reservation Service (☎ 737-4129) dispose également d'adresses très variées.

L'office du tourisme vous informera sur les tourist homes.

En règle générale, les adresses proches du centre sont plus chères. Presque toujours, le petit déjeuner (continental ou complet) est inclus.

Dans le centre-ville, à l'est du canal et au sud de Rideau St, nombre de pensions de famille sont amassées dans un minuscule secteur. Daly St est bordée d'établissements confortables. A noter que dans les pensions disposant seulement de quelques chambres, vous n'aurez pas à acquitter de taxe.

Le *Gasthaus Switzerland Inn* (☎ 237-03335), tenue par des Suisses polyglottes, est l'une des meilleures adresses de la ville, au 89 Daly St, à deux pâtés de maisons au sud de Rideau St et du marché. Suivez Cumberland St au sud jusqu'à Daly St. La pension se trouve non loin de l'angle nord-est. Le bus n°4 emprunte Rideau St depuis le centre. La pension dispose de 17 chambres. Les moins chères sont les simples avec s.d.b. commune à 52 $, petit déjeuner compris. Les simples/doubles avec s.d.b. coûtent 68/78 $. En hiver, les prix baissent légèrement.

Au 201 Daly St, la *Maison McFarlane House*, classée, (☎ 241-0095) loue trois simples/doubles à 55/65 $, avec s.d.b., climatisation et parking.

185 Daly St, le *McGee's Inn* (☎ 237-6089) offre 14 chambres dans une maison victorienne restaurée. Il pratique des prix similaires, à partir de 62/68 $, petit déjeuner (complet) compris. Certaines chambres sont équipées de s d.b.

Des pensions de famille ne cessent d'ouvrir et de fermer dans Stewart St, à un pâté de maisons, au sud de Daly St. L'*Ottawa House* (☎ 789-4433), 264 Stewart St, jouit d'une bonne réputation et l'atmosphère y est sympathique. Elle est tenue par Connie McElman, qui loue trois simples/doubles avec s.d.b. commune pour 60/75 $, petit déjeuner compris.

Autre rue intéressante : Marlborough St, au sud-est de Daly St et de Stewart St, au sud de Laurier Ave, à l'ouest de la rivière Rideau. Elle est centrale, mais assez éloignée à pied du cœur de la ville. Il faut compter 30 mn jusqu'au Parlement. Les prix sont légèrement moins élevés.

L'*Australis Guesthouse* (☎ 235-8461), 35 Marlborough St, est d'un bon rapport qualité/prix. Elle propose trois simples/doubles avec s.d.b. commune à 40/50 $, petit déjeuner compris. Tarifs réduits en semaine.

A proximité, au 329 Laurier Ave East, la *Laurier Guesthouse* (☎ 238-5525) loue trois simples/doubles à 35/45 $, petit déjeuner compris. Il y a aussi une suite de luxe avec une cheminée.

Deux autres adresses méritent votre attention dans le quartier du marché de Bytown, au nord de Rideau St. La *Foisy House* (☎ 562-1287), 188 St Andrew St, de style rural, agréable, offre trois chambres à 45 $ en simple ou en double, petit déjeuner compris. Autre avantage précieux : la piscine.

Autre adresse centrale, *L'Auberge du Marché* (☎ 235-7697), 87 Guigues Ave. C'est un bâtiment plus ancien rénové, avec trois simples/doubles à 45/55 $. Il y a un parking.

Plus proche du centre-ville, de l'autre côté du canal, le *Beatrice Lyon* (☎ 236-3904), 479 Slater St loue trois chambres simples, confortables et parmi les moins chères de la ville (35/45 $, petit déjeuner compris). Il est ouvert toute l'année.

Non loin l'*Albert House* (☎ 236-4479), 478 Albert St, avec 17 chambres, est plus onéreuse, avec des simples/doubles à 59/69 $, mais elle est bien située dans une maison classée et offre tout le confort.

Hull compte quelques pensions (voir la rubrique *Hull* dans ce chapitre).

Hôtels – petits budgets

Les hôtels bon marché sont rares à Ottawa.

Le *Somerset House Hotel* (☎ 233-7762), 352 Somerset St West, est l'un des quelques vieux hôtels de la ville (sans étoile). Il propose 35 simples/doubles à partir de 34/45 $ avec s.d.b. commune, à 50/62 $ avec s.d.b. Somerset St est perpendiculaire à Bank St.

Les deux hôtels suivants sont sans caractère, mais d'un bon rapport qualité/ prix. Le *Townhouse Motor Hotel* (☎ 789-5555), 319 Rideau St, loue des simples/doubles à 55/58 $.

Le *Parkway Motor Hotel* (☎ 789-3781), 475 Rideau St, est également proche du centre-ville. Les simples/doubles coûtent environ 54/58 $, petit déjeuner compris.

Le *Butler Motor Hotel* (☎ 746-4641), 112 Montreal Rd, est comparable, avec 95 grandes simples/doubles à 50/58 $. Il est situé à 5 mn en voiture du centre-ville.

Studios

Le central *Doral Inn* (☎ 230-8055), 486 Albert St, est une bonne adresse. Il compte 35 chambres à 59/69 $ la simple/ double, plus quelques unités d'habitation (avec kitchenette). L'auberge dispose d'une cafétéria et d'une piscine.

Le *Capital Hill Motel & Suites* (☎ 235-1413), 88 Albert St, a été rénové. Comptez 59 $ pour une chambre de deux doubles lits, pouvant accueillir quatre personnes. Les prix ont tendance à grimper.

Hôtels – catégories moyenne et supérieure

Le *Journey's End Hotel* (☎ 789-7511), 290 Rideau St, propose des simples/ doubles à 79/89 $.

L'*Hotel Roxborough* (☎ 237-5171), 123 Metcalfe St, est l'un des hôtels de luxe d'Ottawa. Il est assez onéreux avec des chambres à partir de 70 $. Tarifs dégressifs pour le week-end. Le très classique *Château Laurier*, 1 Rideau St, en bordure du canal, est l'hôtel le plus réputé de la ville. Comptez de 100 $ à 150 $ pour une chambre. Il y a une grande piscine couverte.

En été, avec la suspension du Parlement et le ralentissement des affaires, nombre d'hôtels de cette catégorie proposent des tarifs spéciaux pour le week-end.

Ainsi, l'*Aristocrat Hotel* (☎ 232-9471), 131 Cooper St, loue des chambres à 55 $ pour deux personnes. L'ancien *Lord Elgin* (☎ 235-3333), 100 Elgin St (parking gratuit) pratique des prix d'été à partir de 79 $.

Motels

Deux rangées de motels bordent, de chaque côté, le centre de la ville. A l'est, vous en trouverez dans Montreal Rd, qui prolonge Rideau St et fait quitter la ville par l'est. Les motels sont à environ 6 km du centre.

Le *Miss Ottawa* (☎ 745-1531), 2098 Montreal Rd, loue des simples/doubles à 45/ 55 $. Il y a une piscine. Le *Beacon Hill Motel* (☎ 745-6818), 1668 Montreal Rd, est un peu plus onéreux et offre également une piscine. Le *Concorde Motel* (☎ 745-2112), 333 Mont-real Rd, dans Vanier, est plus simple et moins cher, à 45 $ la double.

1705 Carling Ave, le *Webb's Motel* (☎ 728-1881) a des chambres à 58 $ et possède son propre restaurant. Le *Stardust* (☎ 828-2748), 2965 Carling Ave, propose 25 chambres à 42 $ en simple ou double.

OÙ SE RESTAURER

Les meilleurs restaurants sont à Hull, mais Ottawa offre nombre d'établissements pour les petits budgets, ou d'un prix moyen. Ils sont classés ci-dessous par quartiers.

Marché

Pour le petit déjeuner, essayez le *Zak's Diner*, un restaurant de style années 50, 14 Byward St, qui ouvre tôt et ferme tard. Peu cher, il est généralement bondé. Si vous souhaitez un endroit plus tranquille, le *Domus Café*, 269 Dalhousie St, est réputé. Il est ouvert tous les jours à partir de 9h

(11h le dimanche) pour le petit déjeuner et le déjeuner.

Le *Café Bohemian*, 89 Clarence St, très animé, sert des plats entre 5 $ et 8 $.

De l'autre côté de la rue, *Bagel Bagel* prépare des bagels crémeux et des sandwiches, ainsi que des salades et autres plats légers. Il est ouvert tous les jours.

Le *William St Café*, 47 William St, est agréable, avec un côté de l'établissement réservé pour boire, l'autre pour manger. Snacks et repas de 4 $ à 9 $. Essayez notamment le gâteau aux carottes. De l'autre côté de la rue, le *Heritage Café*, est implanté dans le bâtiment du marché.

La Crêpe de France, 76 Murray St, à l'angle de Parent Ave, dispose d'un bar dans un patio et d'une terrasse couverte. Similaire, mais moins conviviale, et un peu plus chère, la *Crêperie*, à l'angle de York St et By Ward St, sert des salades et des crêpes, de 4,50 $ à 8,95 $.

L'*Oregano's*, à l'angle de William St et George St est très avantageux, avec des buffets à volonté (5,95 $) ou pour un dollar de plus, un dîner très tôt (de 16h30 à 19h). Le dimanche, le menu change légèrement et il sert un brunch.

Las Palmas, 111 Parent Ave, est recommandé aux amateurs de cuisine mexicaine. Ne ratez pas les fajitas.

Au *Haveli*, 87 George St, le poulet tandoori est succulent. Dans le bâtiment du marché, au bout de York St, cherchez l'étal qui vend des *beavertails*, ces beignets plats, chauds, populaires auprès des patineurs. Quelques bons restaurants sont situés dans le Centre Rideau.

Centre-ville

Le *Suisha Gardens*, dans Slater St, est un restaurant japonais très réputé. La nourriture y est succulente, le cadre authentique et le service parfait.

Des pubs de style britannique sont rassemblés alentour. Le *Royal Oak*, 318 Bank St, sert de la nourriture et de la bière anglaises. On peut y jouer aux fléchettes.

Le *Duke of Somerset*, 352 Somerset St West, est similaire.

Le *Kamal's*, 683 Bank St, propose de l'excellente cuisine libanaise (de 3 $ à 9 $) et peut servir de l'alcool.

Le *Flippers*, à l'étage, à l'angle de Bank St et de Fourth Ave, est un bon restaurant de poisson.

Plus au sud, le *Glebe Café*, 840 Bank St, sert des spécialités du Moyen-Orient et quelques plats végétariens. Essayez la soupe de lentilles. Les prix varient de 4 $ à 9 $. C'est un endroit à l'atmosphère détendue, où l'on peut lire les journaux et recueillir des informations sur les manifestations locales affichées sur un panneau.

Au 895 Bank St, le *Mexicali Rosa's* prépare une savoureuse cuisine mexicaine modérément épicée.

Vous pourrez déguster de la cuisine essentiellement végétarienne, bonne et peu chère, au *Roses Café*, 523 Gladstone Ave, entre Bay St et Lyon St. Il est fermé le dimanche.

Dans tout le centre-ville et autour du marché sont installées de nombreuses camionnettes de frites, qui portent des noms aussi évocateurs que *Chipsy Rose*.

Chinatown

Ottawa possède un petit quartier chinois, autour du croisement entre Bronson St et Somerset St West. Vous y trouverez quelques restaurants. Pour la cuisine cantonnaise, rendez-vous au *Yang Sheng*, au croisement. Il est bon marché et correct.

Le *Ben Ben*, 697 Somerset St, est recommandé pour sa cuisine sichouanaise et cantonaise. Le *Mekong*, 637 Somerset St, sert de bons plats chinois et vietnamiens.

Vous trouverez aussi quelques restaurants chinois dans Rideau St.

Si vous rêvez d'un festin, *Chez Jean-Pierre*, 210 Somerset St West, prépare une excellente cuisine française. En sortant, vous pouvez continuer jusqu'au 200 Preston St et prendre un dessert et un café au *Paticceria-Gelateria Italiana*.

Rideau St

De l'autre côté du canal, en venant de Wellington St, sont également regroupés plusieurs restaurants. Le *Sitar*, 417A Rideau St, est difficile à trouver. Il se cache en bas d'un très haut bâtiment, non loin à l'est du canal, et prépare une délicieuse cuisine indienne (de 22 $ à 34 $ pour deux).

Au n°316, *Nate's* fait figure d'institution locale. Ce restaurant juif est célèbre pour ses prix modiques. Le petit déjeuner spécial est le moins cher du pays (1,75 $). Commandez le Rideau Rye, un pain grillé succulent. Le service est d'une rapidité stupéfiante. Ils servent aussi des blintzes et des bagels au fromage blanc. Il est ouvert et particulièrement animé le dimanche.

Elgin St

Le secteur est également fréquenté pour ses boîtes de nuit. Le *Ritz*, au 274 Elgin St, est un restaurant italien si bon que l'on fait la queue pour y entrer. Les prix varient de 5 $ à 12 $. Le *Charlie's Party Palace*, ou plus simplement le Party Palace, 252 Elgin St est un endroit réputé. Le service est rapide et il est parfait pour le petit déjeuner.

DISTRACTIONS

Musique

Consultez l'*Ottawa Citizen* qui paraît le vendredi.

Le *Zaphod Beeblebrock*, 27 York St, est un endroit éclectique, populaire où vous pourrez écouter du rock new age, de la musique africaine et du rhythm and blues, etc. Le samedi et le dimanche en matinée se produisent respectivement des groupes de rock et de jazz. Ils disposent également d'un large éventail de bières à la pression.

Le *Barrymores*, dans Bank St, accueille des groupes de rock and blues. Le *New Live Penguin Café*, 292 Elgin St, propose du jazz, du blues et du folk. Le couvert est payant. Le très confortable *Irene's Pub Restaurant*, 885 Bank St, présente des groupes de musique celtique et folk et sert une grande variété de bières.

Le *Patty's Place* est un agréable pub irlandais avec de la musique du jeudi au samedi, et un patio en plein air, en été. Il se trouve à l'angle de Bank St et d'Euclid St. Le *Yuk Yuk's*, installé dans le Beacon Arms Hotel, 88 Albert St, présente des numéros comiques du jeudi au samedi. L'entrée est assez onéreuse. L'*Hotel Lafayette*, dans Bytown Market, dans York St, sert des bières à la pression jour et nuit.

Pour écouter du jazz, rendez-vous au *Friends & Company*, 221 Rideau St, où se produit un groupe le samedi après-midi et le mardi soir. Musique folk à l'étage, le soir. Pour plus de détails sur d'autres adresses, consultez la rubrique *Hull*.

Spectacles

Le *National Arts Centre*, appelé le NAC, accueille l'orchestre symphonique et produit des pièces de théâtre et des opéras. Il présente également divers films et concerts. Il se trouve sur la rive du canal, dans Confederation Square ; consultez le bureau de location ou les journaux.

Cinéma

Le *Mayfair* (☎ 234-3403), 1074 Bank St, coûte 7 $ (moins cher en matinée). Le *Bytown Cinema* (☎ 789-3456), 325 Rideau St, entre King St Edward St et Nelson St, pratique des tarifs similaires.

La *Cinémathèque du Canada* (☎ 232-6727) présente des productions non commerciales et des films d'Art et d'Essai au théâtre du musée des Civilisations de Hull.

COMMENT S'Y RENDRE

Avion

L'aéroport est à 20 mn au sud de la ville et étonnamment petit. Les principales compagnies qui desservent Ottawa sont Canadian Airlines (☎ 237-1380) et Air Canada (☎ 237-5000). Les destinations de Canadian Airlines incluent : Toronto (176 $) ; Halifax (301 $) ; Winnipeg (399 $). Les tarifs excursion (aller et retour) sont bien plus avantageux. Air Canada, en dehors des vols promotionnels, pratique des tarifs similaires.

Bus

La gare routière est située 265 Catherine St, au sud non loin de Bank St. Les principales compagnies de bus sont Voyageur, qui relie Montréal, et Greyhound, qui dessert Toronto. On peut contacter ces deux compagnies au ☎ 238-5900. Les allers simples incluent Toronto (50 $), Kingston (25 $), Montréal (24 $) et Sudbury (65 $). Les étudiants bénéficient de 30% de réduction avec l'achat d'un carnet de billets. Renseignez-vous.

Environ sept bus par jour assurent la liaison avec Montréal et Toronto, dont certains sont des express. Départs fréquents pour Kingston, Belleville, Sudbury, etc.

Train

La gare VIA Rail (☎ 244-8289) est installée loin du centre, au sud-est, 200 Tremblay Rd, près de la jonction entre Alta Vista Rd et Hwy 417, à l'est du canal Rideau. Elle occupe un grand bâtiment.

Il y a quatre trains par jour pour Toronto et Montréal. Les allers simples incluent Toronto (69 $), Kingston (29 $) et Montréal (32 $). Réserver au moins cinq jours à l'avance peut vous faire économiser jusqu'à 40%, si vous évitez les jours de pointe, comme le vendredi.

Pour les destinations à l'ouest – Sudbury par exemple –, il n'existe pas de train direct. Les correspondances s'effectuent à Toronto.

Voiture

Tilden (☎ 232-3536), 199 Slater St, dispose également d'une agence à l'aéroport. Leur tarif pour petite voiture est de 29 $ par jour (250 km gratuits, 10 cents du km ensuite) ou, plus intéressant, 169 $ pour une semaine (avec 1 500 km gratuits).

Budget et Hertz possèdent également d'agences centrales.

Partager une voiture

Allo Stop (☎ 778-8877), un service réputé à Montréal, à Québec et à Toronto, qui met les automobilistes en relation avec des passagers, dispose maintenant d'une antenne à Ottawa.

La station de radio de l'université de Carleton, CKCU (☎ 788-2898) met également en contact conducteurs et passagers.

En stop

Faire de l'auto-stop ne pose aucun problème entre Montréal et Ottawa, mais devient compliqué à destination de Toronto. Pour Montréal, prenez le bus de Montréal-Ogilvy, vers l'est, dans Rideau St qui vous amènera à la Hwy 17 East, où vous pourrez vous installer. Pour Toronto, empruntez la Hwy 31, au sud de la Hwy 401, non loin de la ville de Morrisburg. La Hwy 401 (probablement la route la plus fréquentée du Canada) relie Toronto à Montréal et le stop y est abondamment pratiqué.

Pour un parcours plus rural, empruntez la Hwy 7 jusqu'à Tweed et la Hwy 37 jusqu'à Belleville, puis la Hwy 401.

COMMENT CIRCULER

Desserte de l'aéroport

Le bus urbain est le mode de transport le moins cher pour se rendre à l'aéroport. Prenez le bus n°5 dans Elgin St, qui se dirige au sud vers Billings Bridge Mall, puis le n°96 jusqu'à l'aéroport. Vous pouvez aussi attraper ce dernier dans Slater St, dans le centre-ville.

Il y a aussi une navette, qui part toutes les 30 mn de l'hôtel du Château Laurier, de 6h30 à minuit. Elle coûte 7 $ et met environ 25 mn. Elle est moins fréquente le week-end.

Bus

Ottawa et Hull disposent de réseaux de bus séparés. Pour passer de l'un à l'autre, il faut acquitter un supplément. Le trajet des bus change souvent, de même que leurs tarifs. En règle générale, aux heures de pointe (de 6h30 à 8h30 et de 15h à 17h30, du lundi au vendredi), le billet coûte 2 $; le reste du temps, le prix tombe à 1, 30 $. Utiliser des billets, vendus dans de nombreux kiosques, revient moins cher que de payer en liquide.

Pour obtenir des renseignements concernant Ottawa, appelez le ☎ 741-4390. Tous les bus de la ville s'arrêtent de circuler vers 24h, voire plus tôt. Procurez-vous un Tourpass d'une journée (qui commence après

9h30), valable pour une utilisation illimitée, à l'agence de OC Transport (bus urbains), 294 Albert St. Vous pourrez prendre les bus suivants dans le centre-ville :

Gare routière – n°4, au sud de Bank St, ou plus fréquemment le n°1 ou le n°7 qui s'arrêtent à un pâté de maisons du terminal.
Gare ferroviaire – Transitway n°95 à l'est, dans Slater St.
Musée de la Nature – n°14 dans Elgin St, mais aussi n°99, 1, 4 et 7, dans un rayon d'un pâté de maisons.
Musée de l'Aviation – Transitway n°95 ou 99 vers le Saint-Laurent Blvd et changement pour le n°198 vers le musée.
Hull – n°8 à l'ouest, dans Wellington St, mais seulement pendant la journée ; le service de bus Outaouais relie Hull à Rideau St, le jour et la nuit.

Voiture et moto

Les visiteurs peuvent se garer gratuitement en de nombreux endroits ; renseignez-vous auprès d'un office du tourisme.

Bicyclette

Ottawa est la ville la mieux adaptée aux cyclistes avec un vaste réseau de sentiers qui sillonnent la ville, ses alentours et les parcs.

Pour louer un vélo, adressez-vous à Cycle Tour Rent-A-Bike (☎ 233-0268), au Château Laurier. Ils sont ouverts tous les jours, de mai à septembre. La présentation du passeport est exigée. Ils organisent aussi des circuits, avec tarifs réduits dans les auberges de jeunesse, et disposent d'un atelier de réparation qui se trouve à côté de l'hôtel, près de l'entrée du garage.

HULL

Construite sur l'autre rive, au Québec, Hull représente à la fois l'autre moitié d'Ottawa et une ville à part entière (ce qui explique sa présence dans le chapitre sur l'Ontario). Elle mérite amplement une visite, et pas seulement pour son musée des Civilisations. Elle abrite quelques bureaux du gouvernement, et des travailleurs traversent chaque jour la rivière dans les deux sens. C'est aussi à Hull que réside la population francophone. L'architecture est différente (du moins pour les édifices anciens) et vous y trouverez les meilleurs restaurants, ainsi qu'une vie nocturne plus animée.

La promenade du Portage, à laquelle on accède facilement du pont du Portage ou d'Alexandra Bridge, est la rue principale du centre-ville. Entre les deux ponts sont amassés de nombreux restaurants, bars et discothèques, Place Aubry (un square) mais aussi quelques bureaux.

L'hôtel de ville, appelé la maison du Citoyen, 25 rue Laurier, est une imposante structure moderne, conçue pour attirer l'œil, avec sa tour de verre. Elle abrite également une galerie d'art et un centre de méditation.

La maison du Tourisme est installée à l'angle de Saint-Laurent Blvd et de la rue Laurier, un peu au-delà d'Alexandra Bridge. Il y a aussi un guichet de renseignements touristiques dans la maison du Citoyen (☎ 778-2222). Il couvre la région de l'Outaouais à l'ouest du Québec. Le guichet est ouvert tous les jours en été ; seulement le week-end, le reste de l'année.

Une visite guidée gratuite et à pied de Hull part de la maison du Citoyen à 10h, du lundi au vendredi, en juillet et en août, avec découverte des principaux sites historiques et des parcs du centre-ville. Elle dure deux heures.

En juillet, Hull accueille pendant un week-end le Gatineau Clog, un festival de musique bluegrass.

Hull est également la ville principale de la région québécoise appelée l'Outaouais. Le gouvernement québécois publie une brochure sur les attractions et les activités de plein air de la région.

Musée des Civilisations

Le musée des Civilisations (☎ 776-7000) occupe un complexe moderne, aux dômes de cuivre, 100 rue Laurier à Hull, sur la rive opposée au Parlement. Le musée est essentiellement consacré à l'histoire des Canadiens. A l'étage supérieur, l'History Hall présente une exposition permanente consacrée aux voyages des explorateurs.

Vase indien

La section axée sur la navigation basque fait revivre les voyages entrepris pour atteindre le Nouveau Monde. On admirera aussi les répliques particulièrement réussies d'une ferme acadienne et d'une place de Québec.

La galerie d'art indien et inuit propose généralement des expositions d'artistes indiens – peinture, danse, artisanat, etc. Ne ratez pas l'occasion de découvrir l'art des Haidas. Environ trois heures sont nécessaires pour visiter les deux étages décrits ci-dessus.

Le Grand Hall présente une forêt et un littoral reconstitués, offre quelques explications concernant les totems et autres structures des Indiens de la côte.

Cineplus dispose de systèmes Imax et Omnimax qui permettent la projection de films sur un très grand écran. Les spectacles proposés sont extrêmement appréciés, d'où souvent une attente de deux à trois heures.

Le musée est ouvert tous les jours, d'avril à septembre ; le reste de l'année, il est fermé le lundi. Le jeudi, il est ouvert jusqu'à 20h. Sinon, il ferme à 18h en été, et une heure plus tôt le reste du temps. L'entrée est de 4,50 $ (tarifs réduits pour les enfants et les personnes âgées). Il faut acquitter un supplément pour le Cineplus. L'entrée est gratuite le jeudi, de 17h à 20h.

Où se loger

Si vous souhaitez séjourner sur cette rive, quelques adresses sont à votre disposition.

Le B&B *Couette & Croissant* (☎ 771-2200), 330 Champlain St, au nord-est, est implanté dans le centre de Hull. Il est tout près du musée des Civilisations.

En règle générale, l'hébergement est légèrement moins cher qu'à Ottawa. L'office du tourisme pourra vous fournir des renseignements sur les B&B installés dans les environs, notamment aux alentours du parc Gatineau et à Aylmer, au Québec, en amont de la rivière des Outaouais. Plusieurs motels jalonnent le boulevard Taché, qui longe la rivière à l'ouest du centre.

Plusieurs grands hôtels destinés aux hommes d'affaires sont regroupés dans le centre.

Où se restaurer

Le *Café Le Coquetier*, 145 promenade du Portage, est un petit bistro qui sert une cuisine correcte et bon marché. *Le Bistro*, dans la rue Aubry, au croisement avec la promenade du Portage, est un bar-café (déjeuners légers pour 5 $ à 6 $). Il y a un patio en plein air, l'été. Un établissement similaire est implanté 44 rue Laval.

La centrale *Brasserie Le Vieux Hull*, 50 rue Victoria, dans le complexe de bureaux de la place du Portage, est une taverne assez économique.

Les rues Papineau et Montcalm sont bordées de plusieurs restaurants, y compris quelques établissements français onéreux auxquels Hull doit sa réputation.

Distractions

Sur le boulevard Saint-Joseph sont regroupées plusieurs discothèques à la mode.

Excentré, mais avec orchestre dans une chaleureuse ambiance typiquement québécoise, *Les Raftsmen*, 60 rue Saint-Raymond, qui débouche à l'est du boulevard Saint-Joseph, propose un menu accompagné de bière. Ils servent jusqu'à 21h.

Après 1h du matin, lorsque ferment les bars ontariens, les noctambules traversent la rivière et gagnent Hull, où la fête peut se poursuivre jusqu'à 3h du matin, voire plus tard. Le long de la promenade du Portage, au cœur de la ville, vous trouverez de nombreux clubs.

Chez Henri, sur la promenade du Portage, est une discothèque haut de gamme. *Le Bistro*, où le son est poussé au maximum, attire une clientèle jeune. Il se trouve dans la rue Aubry, au sommet de la colline, sur la promenade piétonnière de briques. Les groupes de jazz se retrouvent au *Saint Jacques*, rue Saint-Jacques, le vendredi soir et le samedi soir.

Comment s'y rendre

Bus. Les bus du réseau Outaoutais (☎ 770-3242) longent Rideau St et Wellington St, dans Ottawa. Du centre-ville, les bus n°33, 35, 41 et 42 se rendent tous à la promenade du Portage. Dans Hull même, le bus n°37 ou 60 remontent et longent le boulevard Saint-Joseph.

Vélo. La piste cyclable d'Alexandra Bridge relie Ottawa au réseaux de sentiers qui sillonnent le centre de Hull et rejoint le Ruisseau de la Brasserie, un parc à l'est du centre-ville.

AUX ENVIRONS D'OTTAWA-HULL

Parc Gatineau

Il couvre 36 000 ha de forêts et de lacs sur les monts Gatineau, au Québec. Il s'étend sur l'autre rive, en face d'Ottawa, au nord-ouest du centre de Hull, à seulement 20 mn en voiture du Parlement d'Ottawa. Le week-end, certaines routes sont interdites à la circulation, et le parking est payant, si l'on souhaite se rendre à des destinations plus populaires encore, telles que le lac Meech ou King Estate.

Le parc accueille une faune abondante, y compris une centaine d'espèces d'oiseaux. Il est également sillonné par quelque 150 km de sentiers de randonnée. Les **lacs Meech, Phillipe et Lapêche** sont jalonnés de plages et, par conséquent, très fréquentés. Les aires de camping aux abords du lac Lapêche sont seulement accessibles par canoë (en location). Vous pouvez pêcher dans les lacs et les cours d'eau, et les sentiers de randonnée sont propices à la pratique du ski de fond en hiver.

Le petit **lac Pink** est joli mais la baignade n'est malheureusement plus autorisée. Un sentier recouvert de planches encercle le lac, très agréable en semaine, lorsque la fréquentation est plus faible. La plage nudiste du lac Meech est devenue le lieu de rendez-vous des homosexuels.

Toujours dans le parc, Kingsmere fut la résidence d'été de William Lyon MacKenzie King, Premier ministre dans les années 20, 30 et au début des années 40. Il put s'y adonner à sa passion, la collection de ruines, véritables ou fausses. En 1941, King récupéra des morceaux de la House of Commons de Londres, après les bombardements allemands. Sa demeure, **Moorside**, a été transformée en musée et comporte un salon de thé agréable.

Festivals. La **Rhapsodie d'automne** (Fall Rhapsody) se déroule en septembre ou en octobre. Elle célèbre le changement de saison, lorsque les feuilles des érables et des bouleaux des monts Gatineau jettent leur dernier éclat avant l'hiver. Les manifestations ont lieu pour la plupart dans le parc, à l'exception de certaines aux alentours de la ville. Durant la Rhapsodie d'automne, des bus bon marché relient Ottawa-Hull à différents endroits du parc Gatineau.

L'Est de l'Ontario

A l'ouest d'Ottawa, deux grands axes routiers traversent l'Ontario. La Hwy 17, la Transcanadienne, rejoint Pembroke, au nord-ouest, puis continue vers North Bay et Sudbury. C'est l'itinéraire le plus rapide pour l'ouest du Canada.

Depuis Pembroke, la Hwy 60 traverse à l'ouest la partie sud du parc Algonquin, en direction de Huntsville, où la Hwy 11 se dirige au nord vers North Bay et au sud vers Toronto.

L'axe sud qui part de Toronto aboutit à la région sud la plus peuplée de l'Ontario, le Saint-Laurent, les Grands Lacs et Toronto.

Depuis Ottawa, les Hwys 31 et 16 rejoignent directement la Hwy 401, la voie express vers Toronto.

La Hwy 7, qui traverse Perth et retrouve la Hwy 37, offre un trajet plus long mais plus pittoresque. La Hwy 37 traverse ensuite Tweed, au sud, avant de retomber sur la Hwy 401. Le fait d'emprunter la Hwy 7 plus à l'ouest rallonge inévitablement le trajet de plusieurs heures. Comptez environ cinq heures en voiture d'Ottawa à Toronto, par les Hwys 7 et 37.

EGANVILLE

Au nord-ouest d'Ottawa, cette petite bourgade abrite les **grottes Bonnechere**, situées à proximité, à 8 km au sud-est. Les grottes et les tunnels se trouvaient, il y a quelque 500 millions d'années, au fond d'une mer tropicale. Ils contiennent des fossiles d'animaux datant d'une époque très antérieure à celle des dinosaures.

Des sentiers sillonnent une partie de ce labyrinthe, où vous pourrez trouver fossiles et stalactites. Des visites sont organisées en été.

MERRICKVILLE

Cette charmante petite ville datant de la fin du XVIIIe siècle se dresse au sud-ouest d'Ottawa, sur le trajet du canal Rideau, d'Ottawa à Kingston. Merrickville possède deux B&B, ainsi que plusieurs restaurants et une boulangerie dans St Lawrence St.

Les sites historiques incluent les **écluses** (datant de 1830) et le **blockhaus**, avec ses murs de 1 m d'épaisseur, construit en 1832 par les Britanniques. Il a été transformé en musée.

SMITHS FALLS

A mi-chemin du réseau du canal Rideau, c'est un petit centre de navigation de plaisance pour ceux qui empruntent le canal.

Une visite à l'**usine de chocolat Hershey**, à laquelle Smiths Falls doit beaucoup de sa notoriété, s'impose. Elle est ouverte du lundi au samedi, et elle est implantée dans Hershey Drive, au croisement de la Hwy 43 East. Pas de visites le samedi.

Le **musée du canal Rideau** est le plus intéressant des trois musées de la ville. Il est installé dans une fabrique du XIXe siècle, 34 Beckworth St South. Des expositions retracent l'histoire et le fonctionnement du canal.

CORNWALL

C'est la première ville d'une certaine importance de l'Ontario sise dans la vallée du Saint-Laurent. Elle est reliée aux États-Unis par le pont international de la Voie maritime (Seaway international bridge). C'est ici que dans les années 1870 Thomas Edison, l'inventeur de la lampe à incandescence, participa à la première électrification d'une usine.

Bien que colonisée par des Écossais et des loyalistes, la population d'origine française est largement représentée à Cornwall.

Le Pitt St Mall est un complexe piétonnier composé de boutiques et de jardins.

La ville possède deux **musées** et le **RH Saunders Energy Information Centre** offre des renseignements sur les formidables ressources hydro-électriques de la région. Il est ouvert tous les jours, en juillet et en août ; seulement en semaine, en juin. On peut visiter le barrage. Le **musée-villa de la régence Inverarden** (Inverarden Regency Cottage Museum) constitue le plus bel exemple d'architecture de style Régence. Construite en 1816, la villa se trouve à l'angle de la Hwy 2 et de Boundary Rd. Le musée est ouvert d'avril à novembre.

Juste à la sortie de la ville, au collège situé dans la réserve indienne de l'île de Cornwall, vous pourrez visiter un **musée en rondins** ayant trait aux Cris, aux Iroquois et aux Ojibways. Il est fermé le week-end.

La grande fête indienne qui se déroule à la réserve en juillet ou en août est l'une des plus importantes de la province. Le pont qui relie Cornwall à Massena, dans l'État de New York, fait de Cornwall un poste frontière pour les visiteurs américains.

A **Maxville**, au nord, les Scottish Highland Games ont lieu au début d'août et visent à commémorer la présence écossaise dans la région. **St Raphael** possède d'intéressantes ruines d'une église datant de 1815.

A l'ouest de Cornwall, le **Long Sault Parkway** relie toute une série de parcs et de plages en bordure du fleuve.

MORRISBURG ET UPPER CANADA VILLAGE

Cette petite ville est construite à l'ouest de Cornwall, sur le Saint-Laurent. En dépit de sa taille modeste, elle jouit d'une étonnante notoriété due à la présence d'un passionnant site historique – l'Upper Canada Village (☎ 543-3704), une reconstitution minutieuse d'une bourgade de campagne d'il y a un siècle. Une quarantaine de bâtiments et un personnel en costumes se chargent de faire revivre le passé. Vous y verrez la boutique du maréchal-ferrant, une auberge, une scierie, une ferme, et l'emplacement est idéal, en bordure du fleuve.

Comptez plusieurs heures pour explorer entièrement le site, qui est ouvert du 15 mai au 15 octobre, de 9h30 à 17h. L'entrée est de 9 $.

Vous pourrez vous rendre au village par les bus qui relient Ottawa à Cornwall, ou ceux qui empruntent l'axe Montréal-Toronto. A proximité, le **Crysler Battlefield Park** est dédié à tous ceux qui sont morts en combattant les Américains, en 1812.

Parks of the St Lawrence (☎ 543-3704) est une agence gouvernementale implantée à Morrisburg, qui administre l'Upper Canada Village, le sanctuaire d'oiseaux migratoires du Haut-Canada, et le vieux fort Henry, ainsi que de nombreux terrains de camping et parcs le long du fleuve, entre Cornwall et Kingston.

Longeant la rivière, la Hwy 2 offre un trajet plus long mais au décor plus grandiose que la Hwy 401. Elle est notamment utilisée par les cyclistes, y compris sur de très longues distances entre Montréal et Toronto. La route est émaillée de nombreux parcs provinciaux, en particulier à l'est de la ville, en bordure du Long Sault Parkway.

En continuant vers l'ouest, on arrive à **Iroquois** d'où l'on domine la mer. Vous y trouverez un excellent terrain de camping pour cyclistes.

Morrisburg compte une douzaine d'hôtels et quatre terrains de camping, dont l'*Upper Canada Migratory Bird Sanctuary Awareness Campsite* (☎ 543-3704). Il se cache à 14 km à l'est de la ville sur la Hwy 2. Il dispose d'une cinquantaine d'emplacements pour tente, mais les aménagements sont réduits au minimum.

PRESCOTT

Autre bourgade du XIXe siècle, Prescott est le site du pont international qui relie le Canada à Ogdensburg (État de New York).

A l'est du centre-ville, et accessible à pied, se trouve le **site national historique du fort Wellington** (☎ 925-2896), construit pendant la guerre de 1812 qui opposa Canadiens et Américains. Il fut reconstruit en 1838 et demeura un poste militaire jusque dans les années 20. On peut encore voir certaines fortifications, ainsi que le blockhaus et les quartiers des officiers datant des années 1830. En été, des guides en costumes proposent des représentations historiques. Durant la troisième semaine de juillet, le fort accueille une gigantesque reconstitution militaire, rehaussée de tout le faste nécessaire.

Le site est ouvert tous les jours, de fin mai à mi-octobre.

BROCKVILLE

C'est un petit bourg sis en bordure du fleuve particulièrement attrayant, avec ses nombreux vieux bâtiments en pierre et sa rue principale caractéristique. Au centre, le tribunal et la prison datent de 1842. En été, nombre des plus beaux édifices sont éclairés, ce qui accentue encore l'atmosphère de station touristique de ce petit port fluvial.

Transformée en musée, la **maison Beecher** fournit un bref aperçu sur l'histoire de la région. Autre attraction : le plus vieux tunnel ferroviaire du Canada.

KINGSTON

Dotée d'une population de 137 000 habitants, Kingston est une belle ville qui a su préserver nombre de vestiges du passé, bâtiments historiques et fortifications. Elle occupe une position stratégique au confluent du lac Ontario et du Saint-Laurent, et constitue une halte idéale, presque à mi-chemin entre Montréal et Toronto. On peut y passer d'une à trois journées très agréables et instructives.

Autrefois comptoir pour le commerce des fourrures, elle devint ensuite le principal poste militaire britannique à l'ouest de Québec, et même, pour un temps, la capitale nationale. Les nombreux édifices du XIXe siècle en grès et les rues victoriennes aux maisons de briques rouges instillent à la ville un charme bien particulier.

Kingston dispose d'une importante université, Queen's, et la ville est célèbre dans tout le pays pour ses nombreuses prisons.

Le mardi, le jeudi et le samedi, un petit marché en plein air se tient dans le centre, derrière l'hôtel de ville, dans King St.

Orientation

La ville est construite à quelques kilomètres au sud de la Hwy 401. Princess St, la rue principale, débouche directement sur le Saint-Laurent, que bordent de très beaux bâtiments anciens. La ville est basse et les immeubles modernes sont rares.

En bas de Princess St, Ontario St longe le port, au point de départ du canal Rideau vers Ottawa. C'est un quartier ancien, restauré, doté d'un office du tourisme, d'une vieille batterie militaire et d'une tour Martello. On a une belle vue par-delà l'embouchure du canal sur l'école militaire. Le marché se tient à l'angle de Brock St et de King St East.

King St longe la berge du lac jusqu'à l'université. Elle est bordée de nombreux édifices datant du XIXe siècle et de parcs. L'impressionnant tribunal en grès se dresse à proximité du campus. Plus loin s'étend le parc du lac Ontario, avec un camping et une petite plage.

Renseignements

Le Kingston Tourist Information Office (☎ 548-4415), 209 Ontario St, de l'autre côté de l'hôtel de ville, dans Confederation Park, est le principal office du tourisme du centre-ville.

Très excentré, le Old Fort Henry Information Centre (☎ 542-7388) se trouve au fort, à la jonction des Hwys 2 et 15. Il est seulement ouvert de mai à septembre.

Old Fort Henry

Perchée au sommet d'une colline, cette fortification britannique restaurée (☎ 542-7388) datant de 1832, domine la ville et en est la principale attraction. Cette magnifique structure reprend vie lorsque sont effectués des exercices militaires par une garde en uniforme, avec exercices d'artillerie, tambours et fifres. L'entrée est de 9 $ (réduction pour les enfants) et inclut une visite guidée.

Les soldats effectuent périodiquement leurs exercices. Les manifestations les plus spectaculaires ont lieu le mercredi et le samedi, à 19h, avec tirs au fusil et au canon. Dans les salles du fort, vous pourrez voir quelques objets, des uniformes et des armes. Le fort est ouvert tous les jours, mais il est fermé du 15 octobre au 15 mai.

Sans voiture, le fort est difficilement accessible car il n'y a pas de bus. Vous

En haut à gauche : "The Big Nickel", Sudbury , Ontario (ML)
En haut à droite : ski de fond sur le Bruce Trail, Ontario (MA)
En bas : chutes du Niagara, Ontario (RE)

En haut : production de sirop d'érable de printemps, Sud de l'Ontario (ML)
En bas à gauche : trillium, fleur-emblême de l'Ontario (CK)
En bas à droite : téléphérique au-dessus des chutes du Niagara, Ontario (ML)

pouvez marcher – par la chaussée qui part de la ville –, mais les derniers cinq cents mètres grimpent sérieusement.

Hôtel de ville

C'est l'un des plus beaux bâtiments classiques du pays. Il fut construit en grès, en 1843, à l'époque où Kingston était encore la capitale des Provinces unies du Canada. Les visites sont gratuites en été.

Front de mer

Kingston était autrefois un port militaire, ce qui paraît évident lorsque l'on pénètre dans Confederation Park, qui s'étend de l'hôtel de ville à la rivière. Vous pourrez y voir aussi la Shoal Tower.

Musée de la Marine des Grands Lacs

Plus à l'est, le musée de la Marine (☎ 542-2261) est implanté 55 Ontario St. Kingston fut longtemps un centre de construction navale et le musée se trouve sur le site même des chantiers. En 1678, le premier vaisseau des Grands Lacs fut construit là, de même que les navires qui participèrent à la guerre de 1812. On peut monter à bord du brise-glace de 3 000 tonnes, l'*Alexander Henry*. De fait, on peut même dormir à son bord – il a été reconverti en B&B bon marché (voir la rubrique *Où se loger*). L'entrée du musée est de 3 $ (tarifs familiaux).

Parc MacDonald

A l'angle de Barrie St et de King St East s'étend le parc MacDonald, en bordure du lac Ontario. Au large, en 1812, le navire britannique *Royal George* défia l'USS *Oneida* américain.

A l'extrémité ouest du parc se dresse la **tour Murney Martello**, datant de 1846. Cette structure de défense ronde faisait partie des premières fortifications fluviales, et abrite aujourd'hui un musée militaire et

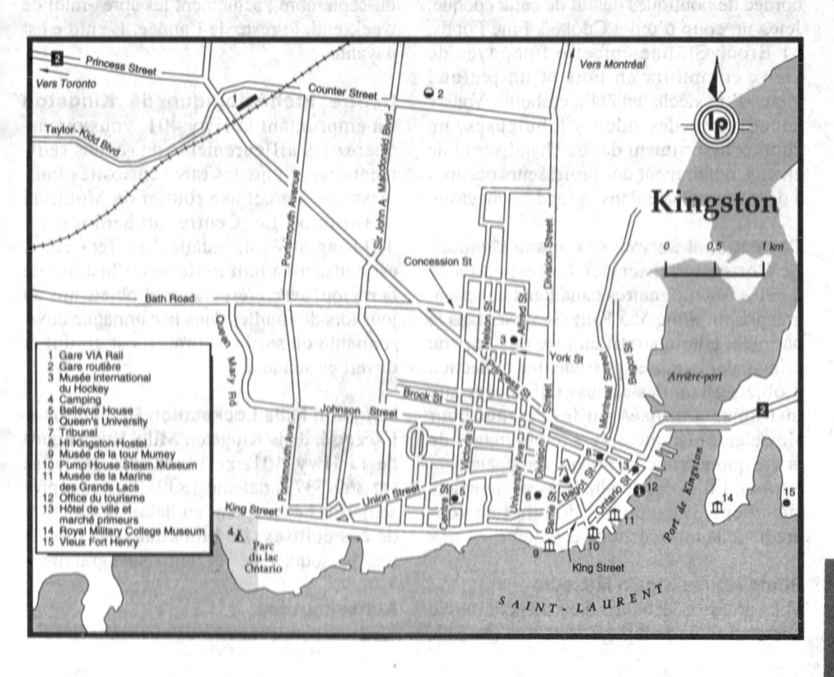

historique. L'entrée est payante. Le musée est ouvert tous les jours, de fin mai à début septembre.

Des pistes cyclables et chemins de randonnée longent le musée, puis le bord du cours d'eau plus loin à l'ouest.

A l'angle de King St East et de West St, la statue de sir John Alexander MacDonald se dresse dans un vaste parc urbain.

Villa Bellevue

Ce monument historique national (☎ 545-8666) est une villa de style toscan, arborant balcons et couleurs vives. Elle fut autrefois la résidence du Premier ministre Canadien, sir John Alexander MacDonald. Située au 35 Centre St, elle est meublée de magnifiques antiquités. Elle est ouverte toute l'année, de 9h à 17h. L'entrée est gratuite.

Brock St

Brock St délimitait le centre de la ville dans les années 1800, et elle est toujours bordée de boutiques datant de cette époque. Jetez un coup d'œil à Cooke's Fine Foods, 61 Brock St, une épicerie fine, avec de vieux comptoirs en bois et un plafond vieux d'un siècle, en étain embouti. Vous y découvrirez des odeurs fabuleuses, un curieux assortiment de marchandises et de clients, notamment des professeurs occupés à déguster un café dans le fond du magasin.

Correctional Service of Canada Museum

Le Correctional service correspond à ce que les fonctionnaires canadiens appellent une prison. Situé 555 King St West, dans le bâtiment administratif en face de la prison principale, le musée possède une collection d'objets allant des armes confisquées aux instruments utilisés par les détenus pour s'évader, ainsi que divers témoignages de la vie quotidienne en prison. Est également retracée l'histoire de plusieurs pénitenciers canadiens. Il est ouvert du lundi au vendredi, de la mi-mai au mois d'août.

Pump House Steam Museum

Vous pourrez découvrir dans ce petit musée une station de pompage restaurée (☎ 542-7388), 23 Ontario St. Utilisée pour la première fois en 1849, elle renferme aujourd'hui des machines et pompes à vapeur. Le musée est ouvert de début mai à la fête du Travail, mais est fermé le lundi.

Royal Military College Museum

Ce musée est installé dans la tour Martello du fort Frederick (☎ 541-5010). Il présente une collection axée sur l'histoire de l'école militaire vieille d'un siècle. C'est la plus grande tour historique d'une ville. Vous pourrez aussi admirer la petite collection d'armes du général Porfirio Diaz, président du Mexique de 1886 à 1912. Implanté à l'est de la ville, sur la Hwy 2, le musée est ouvert tous les jours en été.

Musée international du Hockey

A l'angle d'Alfred St et de York St, cette collection (☎ 544-2355) retrace l'histoire du sport préféré des Canadiens. Le musée est ouvert tous les jours, de la mi-juin à la mi-septembre ; seulement les après-midi de week-end, le reste de l'année. L'entrée est payante.

Centre archéologique de Kingston

En empruntant la Hwy 401, vous remarquerez les affleurements de roches sédimentaires, l'une des rares curiosités intéressantes sur cet axe routier de Montréal à Toronto. Le Centre archéologique, 370 King St West, installé dans Tet Centre, est consacré à huit mille ans d'histoire de la région. avec présentation d'objets mis au jour lors de fouilles dans la campagne environnante ou sur le littoral. Il est gratuit et ouvert en semaine.

Kingston Mills Lockstation Blockhouse

Excentré, dans Kingston Mills Rd, au nord de la Hwy 401, ce blockhaus restauré (☎ 359-5377) date de 1839. Plusieurs présentations expliquent en détail la fonction de ces écluses. Le blockhaus est ouvert tous les jours, en été. L'entrée est gratuite.

Autres musées

Plusieurs autres musées spécialisés sont

disséminés dans Kingston et aux alentours (voir la rubrique *Environs de Kingston*).

Île Wolfe

Vous pourrez profiter d'une mini-croisière gratuite en empruntant le ferry de voitures, qui relie Kingston à l'île Wolfe. Le trajet de 20 mn offre de belles vues de la ville, du fort et de quelques-unes des Mille-Îles. L'île Wolfe, la plus grande de toutes, se trouve à mi-chemin des États-Unis.

L'île n'offre pas grand-chose à voir, à l'exception du *General Wolfe Hotel*, à une courte distance à pied du dock. Il est réputé pour ses trois salles à manger. Les prix sont de modérés à légèrement élevés. L'île compte aussi quelques bungalows bon marché et un terrain de camping. Côté Kingston, le terminal des ferries se trouve au croisement d'Ontario St et de Barrack St. Le ferry circule toutes les heures, depuis tôt le matin jusqu'à très tard le soir, tous les jours. Il peut accueillir jusqu'à 50 véhicules. Un autre ferry relie l'île Wolfe à Cape Vincent (État de New York), qui est payant si vous êtes en voiture.

Activités sportives

La Kingston Boardsailing Academy, une école de planche à voile, possède un bureau dans le parc MacDonald, au pied d'Emily St. On peut y louer tout l'équipement nécessaire.

Si vous rêvez d'une baignade, rendez-vous dans le parc MacDonald, dans King St, à l'ouest de Princess St.

Circuits organisés

L'office du tourisme dispose d'une brochure avec une carte qui vous permettra de visiter le quartier historique de la ville.

Les jours d'été, un mini train part régulièrement de l'office du tourisme et décrit un circuit dans le centre de Kingston.

St Lawrence Cruise Lines, situé 253 Ontario St, propose des excursions en bateau de Kingston à Québec, jusqu'au Saguenay pour y observer les baleines, ainsi que plusieurs promenades sur la rivière des Outaouais jusqu'à Ottawa, à bord du MV *Canadian Empress* ou du *Colonial Explorer*, une réplique de bateau à vapeur. Ces excursions durent de deux à cinq jours.

Plusieurs autres promenades en bateau, au départ de Kingston, font le tour des Mille-Îles (voir la rubrique *Environs de Kingston* pour plus de détails).

Où se loger

Kingston compte peu d'hôtels, quelques motels et surtout de plus en plus de B&B.

Camping. Quelques terrains sont disséminés dans les environs. Un ferry de Kingston assure la liaison avec le *Hi-Lo Hickory* (☎ 385-2430), sur l'île Wolfe. Il y a une plage et un pont sur l'autre versant qui relie l'île à l'État de New York. Le camping se trouve à 12 km à l'est du ferry de Kingston.

En ville, à seulement 4 km du centre, vous pourrez camper au *Lake Ontario Park* (☎ 542-6574), dont la gestion est assurée par l'administration des parcs. Il s'étend à l'ouest de King St, et dispose également d'une plage. Un bus urbain relie le centre-ville au camping, du lundi au samedi, jusqu'à 19h30 ; et le vendredi jusqu'à 22h30. Il est rare qu'il affiche complet.

KOA (Kampgrounds of America) (on en trouve dans toute l'Amérique du Nord) dispose d'un camping à 1,6 km au nord de la Hwy 401, à la sortie de la Hwy 38. Les emplacements sont chers, spacieux et généralement très demandés. Ils sont essentiellement réservés aux caravanes, mais vous y trouverez quelques sites pour tentes.

Auberges de jeunesse. La HI *Kingston Hostel* (☎ 546-7203), 210 Bagot St, est centrale. Des bus urbains (n°1 à la descente du train, n°2 à celle du bus) vous amèneront près de l'auberge. Elle propose 30 lits en été (seulement une quinzaine en hiver), une chambre pour couples, et quelques chambres familiales.

On peut y prendre son petit déjeuner et elle possède même une véritable cuisine. Comptez 11/17 $ pour les membres/non-membres. L'établissement est fermé du 15 décembre au 15 janvier.

Des chambres sont disponibles à la *Queen's University* (☎ 547-2775), à l'angle de University St et de Union St, de mi-mai à mi-août, pour 30 $ (18 $ pour les étudiants). On peut y prendre ses repas.

La *Waldron Tower* (☎ 544-6100), 17 King St West, près du parc MacDonald, est un complexe résidentiel dans l'hôpital général de Kingston. C'est généralement complet. Mieux vaut réserver. Le prix est de 24 $ par jour (tarifs dégressifs à la semaine), et elle dispose aussi de chambres individuelles.

Le *YWCA* (☎ 546-2647), 100 Wright Crescent, est réservée aux femmes. Elle dispose d'une cuisine et d'une piscine.

B&B. Kingston & Area B&B Association (☎ 542-0214) dirige une agence de location à Kingston. Elle compte une quarantaine d'adresses dans la ville et alentour. Compétents et efficaces, ils louent des simples/doubles à partir de 40/50 $, petit déjeuner complet compris, plus de 10 $ à 15 $ par enfant. Tarifs dégressifs en cas de séjours prolongés.

En été, vous pourrez séjourner sur un ancien brise-glace de 64 m, *Alexander Henry* (☎ 542-2261), qui fait partie du musée de la Marine des Grands Lacs, en centre-ville. Les lits sont installés dans les anciens quartiers de l'équipage et un petit déjeuner continental est servi depuis la coquerie. Le vaisseau est sans prétention, fonctionnel et les chambres sont très simples et peu coûteuses : à partir de 36 $ pour une double, et jusqu'à 65 $ pour la cabine du capitaine.

L'*O'Brien House* (☎ 542-8660), 39 Glenaire Mews, près de la gare ferroviaire, au nord-ouest du centre-ville, est un peu moins cher que la norme en ville. Les simples/doubles coûtent 35/45 $, y compris un petit déjeuner complet.

Hôtels. Parmi les anciens établissements bon marché, il ne reste plus que le *Plaza Hotel*, 46 Montreal St, à l'angle de Queen St. Fréquenté pour son bar, il est correctement entretenu mais peu recommandé aux voyageurs en famille et aux femmes seules. Il pratique des prix modiques (26/32 $ pour une simple/double avec s.d.b)

Également bon marché, mais plus recommandable, le *Donald Gordon Centre* (☎ 545-2221), 421 Union St, est affilié à la Queen's University. Le centre loue des chambres tranquilles, climatisées, pour 38/45 $.

Dans une catégorie supérieure, le *Queen's Inn* (☎ 546-0429) offre de meilleurs aménagements. Il date de 1839, mais fut entièrement rénové en 1987. Il dispose de 17 chambres modernes, bien situées, dont les prix varient de 65 $ à 95 $ en haute saison (d'avril à novembre) ; de 45 $ à 75 $, le reste de l'année.

Le *Prince George Hotel* (☎ 549-5440) date de 1809 et a été restauré. Il propose des chambres confortables, avec balcons donnant sur le lac, mais très chères – de 80 $ à 140 $.

Motels. Ils sont très nombreux. Au 1454 Princess St, le *Journey's End* (☎ 549-5550) est un bâtiment de deux étages. Les chambres à l'étage sont deux dollars moins chères. Comptez de 61 $ à 64 $ pour les simples/doubles.

Un peu meilleur marché, le *Hilltop* (☎ 542-3846), 2287 Princess St, offre des simples/doubles à 40/46 $. Plusieurs autres motels jalonnent Princess St, ainsi que la Hwy 2 dans les deux sens.

Où se restaurer

Le *Sunflower Restaurant*, 20 Montreal St, est une bonne adresse. Il prépare une bonne cuisine végétarienne à partir de 5 $. Il est ouvert tous les jours (excepté le dimanche) jusqu'à 21h.

Le *Delightfully Different Café*, 118 Sydenham St, entre Brock St et Johnson St, sert de délicieux et légers déjeuners et des muffins et autres délices au petit déjeuner. Il est ouvert de 7h à 16h, du lundi au vendredi. Bon marché, il mérite le détour.

34 Clarence St, le *Kingston Brewing Co*, est un pub qui brasse lui-même ses bières brunes et blondes, mais il sert aussi de

nombreuses autres marques. Il propose un bon choix de plats bon marché, style brasserie, ainsi qu'un curry, tous les jours.

E P Murphey & Sons & Daughters, 70 Brock St sert des fish & chips. Au 479 Princess St, le *Darbar* prépare une excellente cuisine indienne du Nord. Il est ouvert tous les jours, pour le déjeuner et le dîner.

Pour prendre un en-cas, essayez le *Chinese Laundry Café*, 291 Princess St. Il dispose d'un patio et reste ouvert tard.

D'une catégorie supérieure, le *Canoe Club* est installé dans le Prince George Hotel, à proximité du front de mer. Situé de l'autre côté de Confederation Park, c'est un établissement agréable, de prix modique. Les fruits de mer sont leur spécialité, mais vous pouvez y prendre seulement un verre.

Si vous rêvez d'un véritable festin, *Chez Piggy*, 68 Princess St, est sans nul doute le meilleur restaurant de la ville. Sis dans un bâtiment rénové du XIXe siècle, l'établissement se trouve en réalité dans une petite allée qui donne dans King St, entre Brock St et Princess St. A déjeuner, de 11h30 à 14h, les soupes, sandwiches et salades sont relativement bon marché. Pour le dîner, servi dès 18h, comptez de 9 $ à 17 $ pour le plat principal. Ils préparent également un brunch original le dimanche, mais les prix sont en conséquence. Il est ouvert tous les jours.

Lino's, à l'angle de Division St et d'Ontario St, est ouvert 24 h sur 24.

Division St, qui débouche sur la Hwy 401, est jalonnée de restaurants appartenant à diverses chaînes. Au n°2455, un établissement très excentré, le *Bonanza*, prépare une cuisine d'un excellent rapport qualité/prix.

Distractions

Bars et boîtes de nuit. *Le Cocama*, 178 Ontario St, est un énorme bar dansant près de l'eau. Il s'inspire largement du Limelight de New York. Le *Dollar Bills*, dans le Prince George Hotel, est un bar fréquenté par les étudiants. Au *AJ's Hangar*, 393 Princess St, vous écouterez des groupes de rock et de blues, le week-end.

Kingston compte aussi quelques pubs de style anglais. Le *Toucan*, 76 Princess St, accueille souvent des orchestres.

A l'angle de King St East et Brock St, à proximité de l'hôtel de ville, le *Duke of Kingston Pub* sert des bières anglaises.

Cinéma. Le *Princess Court Cinema* (☎ 546-FILM), 394 Princess St, propose des films américains, canadiens et européens. Tarifs réduits le mardi.

Achats

La Canadian Shop, 219 Princess St, non loin de Montreal St, vend de l'artisanat, y compris des pull-overs Cowichan en provenance de l'île de Vancouver. Ils proposent aussi des sculptures inuites.

La Book Bin, 225 Princess St, vend des livres d'occasion.

Comment s'y rendre

Bus. La gare routière Voyageur (☎ 548-7738), 175 Counter St, se trouve à environ 2 km au sud de la Hwy 401. Les services à destination de Toronto sont fréquents (huit environ) ; Pour Montréal, les bus sont un peu moins nombreux.

Pour Ottawa, des bus partent le matin, l'après-midi et le soir. La compagnie dessert également des villes plus petites, comme Pembroke et Cornwall. Un aller simple revient à 37 $ pour Montréal, 25 $ pour Ottawa, et 32 $ pour Toronto.

Train. La gare VIA Rail (☎ 544-5600) est très éloignée du centre, mais le bus urbain n°1 s'arrête à l'angle de Princess St et de Counter St, à une courte distance à pied de la gare. Cette dernière se trouve dans Counter St, à proximité du croisement avec Princess St, au nord-ouest de la ville.

Il existe de six à huit trains par jour pour Montréal (matin, midi et soir, 44 $). Pour Ottawa (29 $), trois trains par jour (matin, après-midi et soir). Pour Toronto (47 $), huit trains par jour.

Des réductions sont appliquées le week-end, si les billets sont achetés au moins cinq jours à l'avance.

Voiture. Tilden, 2212 Princess St, loue des voitures à la journée, à la semaine, etc.

Comment circuler

Bus. Pour tout renseignement sur les bus, contactez Kingston Transit (☎ 544-5289). Le bureau des bus urbains est implanté à l'angle de Barrack St et de King St.

Pour se rendre en ville, il faut prendre le bus qui s'arrête en face de la gare routière. Les bus partent un quart d'heure avant et après chaque heure.

Vélo. On peut louer des vélos chez Source For Sports, 121 Princess St. Ou encore chez LaSalle Sports, 574 Princess St. La région est plutôt plate et les Hwys 2 et 5 disposent de bas-côtés pavés.

ENVIRONS DE KINGSTON

Thousand Islands Parkway

A l'est de Kingston, entre Gananoque et Mallorytown Landing, une petite route touristique (Thousand Islands Parkway) débouche au sud de la Hwy 401, longe la rivière, puis rejoint l'axe routier. C'est un itinéraire recommandé lorsque l'on doit emprunter la Hwy 401 dans l'une ou l'autre direction. Elle est jalonnée d'aires de pique-nique et de points de vue superbes sur de nombreuses îles. Il y a aussi une **piste cyclable** qui passe sur les lignes de téléphone à fibre optique. On peut louer des vélos au 1 000 Islands Camping Resort (☎ 659-3058), à 8 km à l'est de Gananoque. Le réseau des parcs du Saint-Laurent offre toute une série de sites historiques et d'aires de loisirs sur cette route et sur la Hwy 2 entre Adolphustown et Morrisburg (après Upper Canada Village), et jusqu'à Lancaster, près de la frontière avec le Québec.

Des croisières autour des îles partent de Rockport et de Gananoque.

A 16 km à l'est de Kingston, une maison en rondins abrite le **MacLachlan Woodworking Museum**, dans le parc Grass Creek. Le musée possède une importante collection d'outils qui retrace l'évolution de la menuiserie. Vous pourrez même assister à des démonstrations pratiques sur les arbres eux-mêmes et sur quelques ustensiles en bois de la vie courante.

Proche de la ville de **Lansdowne**, entre Gananoque et Rockport, se trouve le pont qui relie la région à l'État de New York. Le **Skydeck**, une tour d'observation d'environ 125 m de haut, est accessible tous les jours, de mai à octobre. Grâce à ses trois ponts (et à des jumelles), vous pourrez profiter de vues grandioses sur la région. L'entrée est payante.

A **Mallorytown Landing** sont installés les bureaux du **parc national des Mille-Îles**, le plus petit parc national du Canada.

La route est bordée de quelques terrains de camping privés, de nombreux motels et de quelques villas (en location pour les séjours prolongés). A Gananoque, 279 King St West, le *Victoria & Rose Inn* (☎ 382-3368) est un établissement véritablement grandiose, datant des années 1870. L'intérieur a été entièrement modernisé et les visiteurs ne manqueront pas de confort. Les prix sont en harmonie avec le décor. Comptez à partir de 65 $ pour une double.

La région abrite une importante colonie artistique et, à l'automne, quantité d'ateliers sont ouverts au public. L'office du tourisme de Kingston vous fournira la liste des peintres, sculpteurs, ébénistes, maîtres verriers, tisserands, etc.

Les Mille-Îles. Cette pittoresque région, sise à l'est de Kingston, est composée d'un millier d'îles qui parsèment le cours d'eau entre les rives canadienne et américaine. Au printemps, les îles se couvrent de trilles, une fleur blanche, devenue l'emblème floral de la province.

Des croisières partent de Kingston et font le tour de quelques îles. En été, deux agences organisent des excursions d'une journée. *Island Princess* (☎ 549-5544) propose un circuit d'une heure et demie le long du littoral de Kingston avec commentaires sur les sites. L'*Island Queen* organise une promenade de trois heures, en soirée, avec un dîner (jusqu'à trois excursions par jour en été). Les bateaux partent tous du dock de l'*Island Queen*, dans Ontario St, au pied de Brock St.

D'autres circuits partent de Rockport et Gananoque, deux petites bourgades à l'est du cours d'eau. La plupart durent trois heures et demie, coûtent 15 $ et incluent quelques visites dans divers sites, comme le **château Boldt**. La Rockport Boat Line (☎ 659-3402) propose des excursions de deux heures autour des îles internationales pour 10 $. Elles partent toutes les heures, à la saison haute, moins fréquemment au printemps et à l'automne, du dock situé à 3 km à l'est du pont international des Mille-Îles.

La Gananoque Boat Line (☎ 382-2144) organise le même type de promenades, ainsi qu'un circuit d'une heure et demie jusqu'aux groupes d'îles Admiralty et Fleet, et des croisières au coucher du soleil. Au château Boldt, vous pouvez descendre et prendre le prochain bateau.

Vous pouvez aussi louer un bateau. Cette solution est de plus en plus appréciée dans tout l'Ontario, mais revient plus cher. Adressez-vous à Thousand Islands Houseboats, à Kingston. Ils louent des bateaux à la journée, pour deux ou trois jours, ou à la semaine. Les prix dépendent du moment où vous partez – plus élevés le week-end qu'en semaine. Les embarcations disposent d'un coin cuisine et peuvent accueillir jusqu'à huit passagers.

A Kingston sont également implantées les St Lawrence Cruise Lines (☎ 1-800-267-7868). Elles organisent des croisières de luxe, de trois, cinq à sept jours, sur des répliques de bateaux à vapeur, qui descendent le Saint-Laurent jusqu'à Ottawa, Montréal, Québec et le Saguenay.

Parc national des îles du Saint-Laurent. Au milieu de ce verdoyant archipel aux formes douces, ce parc couvre 17 îles disséminées sur 80 km de fleuve. A Mallorytown Landing, ainsi qu'au centre de renseignements, vous trouverez un terrain de camping de 60 emplacements, sans raccordement d'eau. Il y a quelques sentiers de randonnée et une plage.

Nombre d'îles disposent de campings dotés d'un aménagement minimal, tandis que 13 îles offrent des terrains de camping rudimentaires, seulement accessibles par bateau. Bateaux-taxis et locations de bateaux sont proposés au bureau du parc et dans quantité de petites bourgades le long de la route. Offices du tourisme et bureaux du parc pourront aussi vous fournir des renseignements sur les disponibilités. Les îles sont éparpillées de Mallorytown à Gananoque.

Ouest de Kingston

A l'ouest de la ville, sur la côte, la Hwy 33 porte le nom de Loyalist Parkway. Elle retrace les étapes de l'installation des loyalistes dans la région il y a quelque deux cents ans, après la révolution américaine. La route relie Kingston à Trenton (94 km), en passant devant l'île de Quinte sur son chemin.

A l'ouest de Kingston, dans Amherstview, le **parc historique Fairfield** longe le littoral. Vous pourrez y visiter l'une des plus vieilles maisons de la province, la **maison Fairfield**, construite en 1793 par des loyalistes venus de Nouvelle-Angleterre. Au nord, à quelque 10 km, à Odessa, le **Babcock Mill** est un très vieux moulin à eau, à nouveau en activité.

A **Adulphustown**, empruntez le ferry gratuit pour Glenora (sur l'île de Quinte) et continuez vers Picton.

Nord de Kingston

Au nord de Kingston s'étend la région des **lacs Rideau**, une contrée où l'on peut pêcher et camper.

En une journée, voire un après-midi, vous pourrez explorer de minuscules villages ruraux de l'Ontario.

Wilton possède l'une des nombreuses fabriques de fromage régionales. Dans la petite bourgade de **Yarker**, sur la Hwy 6, en venant par la Hwy 401, le *Waterfall Tea Room* et jouit d'une bonne réputation.

Camden East, "lieu de naissance" du *Harrowsmith Magazine*, dispose d'une excellente librairie sur la nature, le jardinage, la vie de plein air, et d'un vaste choix d'ouvrages pratiques.

La région a attiré nombre d'écologistes et d'adeptes du "retour à la terre". Leur influence se mesure au nombre de magasins diététiques. A **Tamsworth**, où est installée une importante boutique d'artisanat, rendez-vous au *Devon Tea House*. Tout près, à **Marlbank**, vous attend les *Philoxia's Zoo, Bakery, B&B and Vegetarian Restaurant*.

Le **parc provincial de Frontenac** (☎ 376-3489) se trouve à cheval sur les terres basses du sud de l'Ontario et le Bouclier canadien plus septentrional, d'où la présence d'une flore, d'une faune et d'une géologie très diversifiée. Le parc est surtout destiné aux randonneurs et aux adeptes du canoë. Plusieurs aires de camping sont disséminées à l'intérieur du parc, accessibles seulement à pied ou en canoë. Des sentiers pédestres et des voies canotables ont été tracés.

L'entrée et le bureau de renseignements se trouvent à **Otter Lake**, par la Hwy 5A, au nord de Sydenham. On peut y nager mais mieux vaut faire bouillir l'eau avant de la boire. La pêche à la perche est réputée.

Au nord-ouest de Kingston, en remontant la Hwy 41, le **parc provincial Bon Echo** (☎ 336-2228) est également propice à la pratique du canoë. Vous y trouverez des sentiers de promenade et des terrains de camping aménagés.

A **Mazinaw Lake** vous pourrez admirer des peintures indiennes sur les falaises rocheuses de granit. C'est l'un des parcs les plus étendus de l'est de l'Ontario.

Canal Rideau. Ce réseau canal/rivière/lac vieux de cent cinquante ans et long de 200 km relie Kingston à Ottawa. Pour parcourir cette voie d'eau historique tout du long, il vous faudra traverser 47 écluses. Les bâtiments fortifiés qui la longent ont été restaurés.

Après la guerre de 1812, les Anglais craignaient qu'une autre guerre n'éclate contre ies Américains. Le duc de Wellington décida alors de relier Ottawa à Kingston par un canal afin d'établir une voie de communication et de ravitaillement sûre entre les deux bases militaires. Bien que d'une longueur de seulement 200 km, il exigea pour sa construction la participation de 4 000 hommes qui durent affronter le paludisme, le Bouclier canadien, et l'une des roches les plus dures du Canada. Il s'élève à 84 m au-dessus du Bouclier canadien au départ d'Ottawa, pour retomber à 49 m à proximité du lac Ontario. En réalité, il ne servit jamais à des fins militaires.

Il se révéla utile seulement par la suite, pour l'acheminement des marchandises dans la région et il est aujourd'hui utilisé à des fins éducatives et récréatives. Plusieurs routes suivent un tracé parallèle au canal, que l'on peut emprunter à pied ou à vélo.

Une péniche fait la navette le long du canal, reliant l'auberge de jeunesse de Kingston à sa contrepartie à Ottawa. Elle circule en juillet et en août. Pour plus de détails, contactez une des deux auberges. L'office du tourisme de Kingston pourra vous fournir des renseignements sur l'histoire, le tarif des écluses (minime) et la location de bateaux.

Rideau Trail. Ce réseau de sentiers de randonnée s'étire sur 400 km de Kingston à Ottawa. Il traverse Westport, Smiths Falls et de nombreuses zones protégées avec forêts, champs et marais et comportent quelques tronçons de route. Le long du sentier, vous apercevrez le canal Rideau. Des triangles orange balisent le sentier principal, des triangles bleus les sentiers annexes. La Rideau Trail Association, disposant d'un bureau à Kingston, édite une carte. Entre Kingston et Smiths Falls sont disséminés de nombreux terrains de camping. Le reste du chemin, camper devient difficile, mais on peut s'installer sur les terrains privés, il suffit d'en demander la permission au propriétaire.

BELLEVILLE ET SES ENVIRONS

Ville de 35 000 habitants, Belleville offre un point de départ vers l'île de Quinte, au sud. En juillet, le Waterfront & Folklorama Festival dure trois jours, avec manifestations diverses, musique et spectacles.

A 29 km à l'est de Belleville, à Deseronto, Native Renaissance II possède une belle collection d'artisanat indien. Implanté sur la Hwy 49, il est ouvert tous les jours.

A Shannonville, dans la même direction, à seulement 12 km de Belleville, la Mosport Speedway est le site de courses de motos en été. A Mapledale Cheese est fabriqué un excellent cheddar. La bourgade se trouve au nord de Belleville par la Hwy 37, à environ 10 km au nord de la Hwy 401. Après avoir traversé Tweed, la Hwy 37 se transforme en Hwy 7, principale route entre Toronto et Ottawa.

ÎLE DE QUINTE

L'île de Quinte constitue une retraite paisible et pittoresque loin de l'agitation du sud de l'Ontario. La plupart des bourgades datent des XVIIIe et XIXe siècles. Vous trouverez des témoignages de ce passé historique dans les petits cimetières adjacents aux églises des villages.

A voir et à faire

La circulation est moindre sur les routes de l'île, qui longent de vastes fermes anciennes et des champs cultivés. La contrée offre de beaux points de vue sur le **Saint-Laurent** qui n'est pas loin. La pêche est réputée dans la **baie de Quinte** où les habitants de l'île pratiquent également la voile. L'île est aussi très populaire auprès des cyclistes, car généralement plate et sillonnée de petites routes ombragées.

Vers la fin juin, la cueillette des fraises attire de nombreux visiteurs.

L'île compte trois parcs provinciaux dont **North Beach** et **Sandbanks**. Ce dernier (☎ 393-3319) est le seul à offrir des possibilités de camper et c'est aussi l'un des plus fréquentés de la province. Il faut réserver, en particulier pour les week-ends.

De l'autre côté de l'île, **Lake on the Mountain**, le troisième parc, mérite une visite pour son lac surplombant très nettement la route qu'il jalonne, et l'on a une vue plongeante spectaculaire sur le lac Ontario et sur plusieurs îles.

Picton. C'est la seule bourgade d'une certaine importance sur l'île. L'office du tourisme dispose de cartes détaillées sur l'île et de quelques renseignements concernant l'hébergement sur place. Procurez-vous le guide à pied de Picton – vous pourrez ainsi découvrir plusieurs des très beaux bâtiments historiques de la ville.

Les loyalistes

L'indépendance de l'Amérique vis-à-vis de la Grande-Bretagne divisa les colonies américaines en deux camps : les patriotes et les loyalistes. Durant la guerre d'Indépendance de 1775-1783, les loyalistes conservèrent leur allégeance à la Couronne britannique. Un tiers de la population des treize colonies resta fidèle à la Grande-Bretagne. Plusieurs lois très dures furent alors votées, obligeant notamment quelque 200 000 loyalistes à quitter le sol américain pendant et après la guerre d'Indépendance. Sur ce nombre, entre 50 000 et 60 000 s'installèrent dans la région du lac du Saint-Laurent dans le Haut-Canada (Ontario), les Provinces maritimes et le Bas-Canada. Tous n'étaient pas d'origine britannique, mais de nationalités très diverses mais il n'empêche que leur arrivée renforça la mainmise de la Grande-Bretagne sur cette partie de l'Empire. En Nouvelle-Écosse, par exemple, les Français ne constituèrent plus, dès lors, la majorité de la population.

Dans le Haut-Canada, l'arrivée des loyalistes favorisa essentiellement la formation de la province de l'Ontario. Britanniques et gouvernements locaux firent preuve d'un soutien généreux, en offrant vêtements, nourriture, aides diverses et en accordant des terres.

Bientôt les loyalistes canadiens devinrent autonomes et puissants. Aujourd'hui, leurs descendants représentent une part influente de la population anglophone.

On peut visiter des sites loyalistes dans le sud du Québec, à Gaspé, et plus particulièrement à Saint-Jean, dans le Nouveau-Brunswick, ou à Shelburne, en Nouvelle-Écosse. ■

Une autre brochure dresse la liste des attractions, dont la **Bird House City**, qui regroupe des dizaines de volières peintes.

Réserve indienne de Tyendinaga. Elle est située en dehors de l'île de Quinte. A la mi-mai a lieu une reconstitution de l'arrivée des Mohawks dans la région en costumes tribaux.

Où se loger

La région est surtout réputée pour le camping et vous y trouverez plusieurs terrains privés. Un d'entre eux, très agréable, se cache à la pointe de Salmon Arm. Il offre un aménagement rudimentaire mais des couchers de soleil incomparables.

La contrée est riche en résidences de vacances, bungalows, motels et B&B, aux prix les plus variés. Pour un séjour d'un ou deux jours, mieux vaut opter pour un B&B. Sinon privilégiez les bungalows. La vallée Cherry a la palme de l'hébergement le moins cher.

Pour plus de renseignements sur les B&B, adressez-vous au *B&B Prince Edward County* (☎ 399-1299), 76 Main St, à Wellington, sur l'île.

Isiah Tubbs Resort (☎ 393-2090), est l'adresse la plus luxueuse et la plus onéreuse de l'île.

Si tous les établissements de l'île affichent complet, prospectez dans le périmètre de Belleville.

TRENTON

La petite localité de Trenton est le point de départ du Trent-Severn Waterway, qui parcourt 386 km (44 écluses) jusqu'à la baie Géorgienne, au lac Huron. En été, yachts et embarcations les plus diverses suivent cette très vieille voie d'eau indienne. Le **parc provincial de la Presqu'Île** (☎ 475-2204) s'étend à l'ouest de la ville et au sud de Brighton. Une immense plage (en longueur et en largeur) caractérise notamment ce parc, et les ornithologues amateurs seront ravis. Le parc jouxte un vaste marais qui abrite quantité d'espèces et constitue une halte au moment des migrations (printemps et automne) pour beaucoup d'autres. Les promenades sur planches donnent accès aux zones inondées. Les aires de camping sont agréables et bien ombragées. A Beach 3, vous pourrez louer des bateaux, tout l'équipement nécessaire à la navigation et des vélos.

La Loyalist Parkway pénètre à l'intérieur de l'île de Quinte, puis fait route vers l'est.

Trent-Severn Waterway

La Trent-Severn Waterway traverse en diagonale le sud de l'Ontario agricole, en suivant rivières et lacs sur 386 km de Trenton (sur le lac Ontario) à la baie Géorgienne, à l'embouchure du cours d'eau Severn (près de Port Severn et Honey Harbour). Elle coupe, ou passe non loin des contrées et stations touristiques les plus réputées, telles que les **lacs de Kawartha**, de **Bobcaygeon**, de **Fenelon Falls** et **Lake Simcoe**.

Utilisé il y a un siècle pour le commerce, ce réseau sert aujourd'hui uniquement à des fins touristiques. Il est géré par Parks Canada. Le débit de l'eau est réglé grâce à une série de 125 barrages. Le canal est ouvert de la mi-mai à la mi-octobre. Une croisière en bateau vous en fera découvrir les beautés en sept jours. Des excursions plus courtes sont également disponibles. Renseignez-vous à Peterborough. La location de péniches est aussi devenu un moyen d'explorer le canal très à la modes. Plusieurs agences louent des bateaux tout le long du canal pour le week-end ou plus.

Les péniches sont louées avec un équipement plus ou moins complet et peuvent accueillir jusqu'à huit personnes (six adultes).

Egan House Boat Rentals (☎ (705) 799-5745) est situé à Egan Marine, RR4, dans le village d'Omemee, à l'ouest de Peterborough, sur la Route 7. Cette agence fonctionne depuis vingt ans, et la location, qui s'effectue à côté des lacs de Kawartha, vous offre la possibilité de sillonner les lacs alentour ou de vous aventurer jusqu'à Lake Simcoe. Une rapide initiation vous suffira pour manœuvrer ces embarcations sans difficulté.

Les tarifs sont très variés ; ils démarrent à environ 500 $ pour un week-end et grimpent jusqu'à 1 600 $ pour une semaine complète en pleine saison (juillet). En règle générale, vous devrez compter 100 $ d'essence par semaine.

LACS DE KAWARTHA

La plupart des très jolies bourgades de la région des lacs de Kawartha abritent quelques bons restaurants et, généralement, un ou deux magasins d'antiquités. **Bobcaygeon** et **Fenelon Falls**, notamment, méritent une visite (la première accueillant aussi un important concours de violon tous les ans en juillet).

Tout près, **Balsam Lake** est réputée pour la baignade et la pêche. A **Lindsay**, une petite ville plus ordinaire, ne manquez pas le *Dutch Treat*, dans Kent St, qui sert de succulents muffins et divers autres mets. Cette ville reçoit un festival de théâtre en été.

A **Burleigh Falls**, qui pourrait résister à un établissement au nom de *Lovesick Café* ? C'est une petite boutique caractéristique, où l'on trouvera nourriture, souvenirs, matériel de pêche, etc. Les gâteaux aux dattes sont recommandés.

Le **parc provincial des Pétroglyphes** possède probablement la plus importante collection de reliefs sculptés préhistoriques du pays, découverts en 1954 : 900 formes et silhouettes gravées sur les corniches de calcaire. Les reliefs visibles sont nettement moins nombreux. Depuis peu, cette section exposée est protégée des pluies acides, un problème très sérieux en Ontario. Cette région, tout comme le petit lac inclus dans le parc, demeurent des sites religieux de première importance pour les Indiens.

Le **parc provincial de Serpent's Mound** abrite un ancien cimetière indien. La **zone protégée des Warsaw Caves** (grottes de Varsovie) englobe plusieurs tunnels creusés dans le calcaire par l'érosion. Vous y trouverez également des sentiers de randonnée.

Peterborough

Ville de taille moyenne, Peterborough est plus ou moins le centre de la région des lacs de Kawartha. Le centre-ville regroupe quelques beaux bâtiments anciens. Vous y verrez aussi la Trent University.

La Trent-Severn Waterway passe par une importante écluse. Au centre de renseignements pour visiteurs, on vous expliquera le fonctionnement des écluses sur le canal. Vous pourrez faire une excursion sur la rivière Otonabee, ou une croisière de trois jours le long du canal.

Le canoë est une activité très populaire. Depuis Peterborough, vous pourrez atteindre le parc provincial de Serpent's Mound. Le ministère des Ressources naturelles édite une carte appelée *North Kawartha Canoe Routes*, qui propose diverses excursions en indiquant les distances des portages.

Fin juillet ou début août a lieu le Summer Festival, avec de multiples manifestations et spectacles.

Environs de Peterborough

Century Village. Au sud-est de Peterborough se cache le Century Village, un village de pionniers avec personnel en costumes, démonstrations, et vingt bâtiments datant de 1820 à 1899.

Réserve indienne de Curve Lake. Environ 900 Ojibways vivent sur cette réserve de 400 ha à 34 km environ, au nord de Peterborough. La Whetung Ojibway Arts & Crafts Gallery mérite le déplacement. Le bâtiment en rondins présente des exemples anciens et récents de l'art des Indiens et le musée regroupe diverses pièces traditionnelles et œuvres d'artistes renommés tels que Norval Morisseau.

Dans la partie galerie, les articles plus récents exposés sont généralement à vendre, y compris les vestes et paniers faits main. On peut y déjeuner de plats traditionnels indiens et goûter au steak de bison. Fondée en 1825, la réserve se trouve Curve Lake Rd, quand on vient de la Hwy 507.

NORD DES LACS DE KAWARTHA

En poursuivant au nord, on arrive dans une région de collines, plus paisible, moins peuplée, appelée les Haliburton Highlands. On y accède par la Hwy 507, qui part de Bobcaygeon et traverse Catchacoma et Gooderham.

Bancroft
Chef-lieu du district, Bancroft est réputée pour ses minerais et son festival de la pierre précieuse qui se déroule en août, chaque année. On peut y dénicher 80% des minerais présents au Canada.

Combermere
En remontant la Hwy 62 depuis Bancroft, on arrive à la **Madonna House Pioneer Museum** (☎ 756-3713), à 18 km au sud de Combermere.

Dirigé par une communauté religieuse fonctionnant sur le modèle collectiviste, le musée est consacré aux pionniers. Une boutique de souvenirs vend divers articles, dont les profits sont redistribués.

Barry's Bay
La vieille ville forestière est aujourd'hui un centre de ravitaillement pour les fermiers de la région et de **Lake Kaminiskeg**.

Elle est aussi très proche du **parc Algonquin**, et se trouve sur la route principale en direction d'Ottawa. C'est le centre d'une importante communauté polonaise, attirée dans la région par le paysage vert et vallonné. La petite bourgade de **Wilno** fut la première localité polonaise du Canada. Killaloe, en direction d'Ottawa, est un petit centre d'artisans.

Pour les bungalows à louer et des stations en bord de lacs, mieux vaut réserver.

A l'est de la frontière québécoise, **Pembroke** est la grande ville la plus proche.

Toronto

Avec une population de 2,6 millions d'habitants, Toronto est la première métropole du Canada, et elle ne cesse de se développer. Une croissance qui est due, en partie, à l'attrait qu'elle exerce sur des immigrants venus du monde entier. Ces nouveaux arrivants ont contribué à une stabilisation démographique. Le réveil économique de la fin des années 80 permit à Toronto de consolider son statut de capitale financière et économique du pays, mais aussi de centre artistique et culturel des Canadiens anglophones.

Vous remarquerez immédiatement l'animation et la propreté du centre-ville. Deux caractéristiques qui la distinguent de la plupart des villes d'Amérique du Nord. Autre singularité : Toronto est une ville sûre. Les rues sont bordées de restaurants et animées la nuit, et l'on peut emprunter tramways et métro en toute sécurité. Ce qui toutefois ne doit pas empêcher les femmes seules de faire preuve la nuit tombée d'une certaine prudence. Quelques secteurs de la ville sont également dangereux, mais ils sont généralement excentrés et peu touristiques.

Les nombreuses résidences du centre-ville font partie d'un plan d'urbanisme qui chercha à équilibrer la proportion des logements et des bureaux, un équilibre qui fait de Toronto une ville plus humaine que beaucoup d'autres. Malgré les coûts élevés des logements, il n'existe pas de quartier à forte concentration de pauvreté. Toronto est l'une des villes les plus onéreuses d'Amérique du Nord, une caractéristique que les visiteurs ne ressentent pas véritablement, car elle touche surtout l'habitat.

Plusieurs communautés ethniques se sont regroupées pour former des quartiers prospères et actifs. Ils constituent un des aspects les plus positifs de la ville et ont contribué à contrebalancer le caractère froid et réservé de Toronto.

Toronto a célébré son 150e anniversaire en 1984, mais n'a que très récemment atteint une envergure et une renommée internationales. Il y a quelque vingt-cinq ans, la ville parvint à surpasser en taille sa rivale de toujours, Montréal. Depuis cette réussite, largement symbolique, Toronto n'a cessé de se développer. Premier port canadien des Grands Lacs, c'est également un centre majeur de la finance, de l'industrie de transformation et de l'édition. La Bourse de Toronto est l'une des plus importantes d'Amérique du Nord. La ville est également la capitale de la province de l'Ontario.

Toronto est une cité neuve et étincelante. Une grande partie du centre-ville fut reconstruite durant les 15 à 20 dernières années.

HISTOIRE

Au XVIIe siècle, les Indiens Senecas occupaient cette région. Étienne Brule fut le premier à découvrir le site lors d'un voyage en compagnie de Samuel de Chaplain, en 1615. Les Indiens firent preuve d'une certaine hostilité à l'implantation des Européens, et c'est seulement vers 1720 que les Français parvinrent à établir un comptoir pour le commerce des fourrures et une mission à l'extrémité ouest actuelle de la métropole.

Après des années de conflit avec les Français, les Britanniques s'en emparèrent. En 1793, John Simcoe, lieutenant-gouverneur du nouveau Haut-Canada, choisit Toronto comme capitale. Elle remplaça Niagara-on-the-Lake et fut appelée York.

Durant la guerre de 1812, les Américains prirent York et brûlèrent le Parlement. En représailles, les forces britanniques firent marche sur Washington et incendièrent le bureau politique américain. Les traces de l'incendie furent recouvertes de peinture blanche, d'où le nom de Maison Blanche.

A la fin de la guerre, en 1814, York connut une période d'expansion. Un service de diligences fut créé dans Yonge St, en 1828. En 1834, York fut rebaptisée Toronto, un terme indien qui signifie "lieu de réunion", sur décision du maire William Lyon MacKenzie. Durant cette période, durant laquelle les conservateurs eurent le pouvoir, la ville devint "Toronto la Bonne", une formule qui ne disparut tout à fait que dans les années 70, et due aux règles religieuses (il était illégal de louer un cheval, le dimanche par exemple) et lois "de bonne moralité" alors en vigueur. Il n'y a pas encore si longtemps, on tirait les rideaux des grands magasins le dimanche, car le lèche-vitrines était considéré comme un péché, et les cinémas étaient également fermés le Jour du Seigneur.

Dans les années 20, la croissance démographique fit un bond, mais en 1941, la population comptait encore 80% d'Anglo-Celtiques. Après la Seconde Guerre mondiale, la ville commença à changer. Elle accueillit notamment 500 000 immigrants, pour la plupart européens. Aujourd'hui, les Italiens constituent le groupe ethnique le plus important après les Britanniques. L'apport de nouvelles langues, de coutumes et de cuisines différentes a ranimé et enrichi la ville.

Toronto fut dévasté en 1904 par un gigantesque incendie qui ravagea environ 5 ha du centre-ville : 122 bâtiments furent détruits mais il n'y eut aucune victime.

Sur le plan de l'urbanisme, Toronto s'est développé avec précaution, du moins jusque dans les années 80. Tendances progressives et conservatrices continuent de s'affronter dans ce domaine mais Toronto semble rester une ville essentiellement conservatrice.

ORIENTATION

Aux alentours de Toronto, le paysage est plat et la ville tend à s'étaler. Mais malgré sa taille, sa disposition en damier, avec des rues presque toutes axées nord-sud ou est-ouest, permet de s'y orienter facilement.

Yonge St, la principale artère nord-sud, serait la rue la plus longue du monde. Elle s'étend en effet sur 18 km, du lac Ontario, au nord, vers Steeles Ave, à la lisière de la ville, et au-delà. Le centre-ville est délimité par Front St au sud, Bloor St au nord, Spadina Ave à l'ouest et deJarvis St à l'est. Yonge St est parallèle à Spadina Ave et Jarvis St, et coincée entre les deux, seulement séparée par quelques pâtés de maisons. Les noms des rues changent d'"est" en "ouest" à Yonge St, d'où partent également les numéros de rues. Bloor St et College St (appelée Carlton St, à l'est de Yonge St), située à mi-chemin de Bloor St et du lac, sont les principales artères est-ouest.

En bas de Yonge St, non loin de York St, s'étendent le lac et le quartier réaménagé du front de mer, le Harbourfront. Les anciens docks ont cédé la place à des restaurants, des galeries, des studios d'artistes, des boutiques, des résidences et quelques parcs en bordure de Queen's Quay. Les ferries à destination des îles de Toronto sont amarrés là, de même que de nombreux bateaux privés.

A quelques pâtés de maisons au nord, Front St rassemble l'Union Station (le terminal de VIA Rail), le Royal York Hotel et le théâtre O'Keefe Centre. Deux pâtés de maisons à l'ouest d'Union Station se dresse la Tour CN et le grand stade Skydome.

En vous dirigeant vers Queen St, au nord, par Bay St, vous arriverez à Nathan Phillips Square, site des concerts et des rassemblements et à l'hôtel de ville de la métropole. A l'est, le bâtiment victorien datant de 1899 est l'ancien hôtel de ville, aujourd'hui surtout utilisé comme tribunal. Ne manquez pas d'examiner les gargouilles.

Un pâté de maisons à l'est se trouve Yonge St, bordée de boutiques, de bars, de restaurants et de théâtres s'adressant à une clientèle jeune. Dans Yonge St entre Dundas St et Queen St se profile le centre commercial Eaton Centre. Il abrite un des offices du tourisme de la ville. Plus à l'est s'étend un quartier à la mode appelé Cabbagetown, autrefois déprécié, mais qui a été entièrement rénové.

A l'ouest de l'hôtel de ville, l'Osgood Hall abrite la cour d'appel. Queen St West, entre University Ave et Spadina Ave, audelà de Bathurst St, semble connaître une renaissance, avec l'apparition, aujourd'hui, de nombreux restaurants et de librairies. Beaucoup de jeunes artistes ont notamment choisi de vivre dans ce quartier.

University Ave, jalonnée de bureaux et d'arbres, est l'artère la plus large de Toronto et le théâtre de nombreux défilés.

Les lumières qui scintillent au sommet du Canada Life Building, à l'angle de University Ave et de Queen St joue le rôle de baromètre. Les lumières émises sont codées : le vert signifie un temps clair ; le rouge, un temps nuageux ; le rouge clignotant annonce la pluie et le blanc, la neige. Si les lumières montent, la température fait de même. Si elles descendent, il faut s'attendre à un refroidissement. Si les lumières sont stables, la température l'est aussi.

Le quartier chinois s'étend à l'ouest, le long de Dundas St, entre Bay St et Spadina Ave. La vieille avenue Spadina délimitait autrefois le quartier juif de Toronto, dont il ne reste aujourd'hui que quelques delicatessen et boutiques de tissus voisinant avec des commerces orientaux prospères. Dundas St et College St West sont des rues essentiellement italiennes. University Ave mène, au nord, à Queen's Park, dans College St. C'est là que se trouve le Parlement provincial, tandis qu'à l'ouest se profile l'université de Toronto.

Au nord du parc, la rue se poursuit sous le nom de Queen's Park Ave. Elle débouche dans Bloor St où vous attend le principal musée de la ville, le Royal Ontario Museum. Au nord de Bloor St, entre Avenue Rd (Queen's Park Ave) et Yonge St, Yorkville St fut dans les années 60 le haut lieu de la musique folk et de la drogue, aujourd'hui remplacées par des boutiques et des restaurants de luxe.

Le long du lac, la Gardiner Expressway aboutit à l'ouest dans Queen Elizabeth Way (QEW), qui mène aux chutes du Niagara. A la lisière ouest de la ville, la Hwy 427 rejoint l'aéroport, au nord, et la Hwy 401. Cette dernière est orientée est-ouest en amont du centre-ville, à l'est de Montréal et à l'ouest de Windsor (Ontario), qui se trouve en face de Detroit (États-Unis). Côté est, la Don Valley Parkway relie la Hwy 401 à la Gardiner Expressway, en bordure sud de la ville.

RENSEIGNEMENTS

L'Alliance française (☎ 416-922-2014 ; fax 922-9164) est située 24 Spadina Road, Toronto, Ontario, M5R 2S7.

Office du tourisme

Le Centre de renseignements touristiques de Toronto (☎ 203-2500) dispose d'un

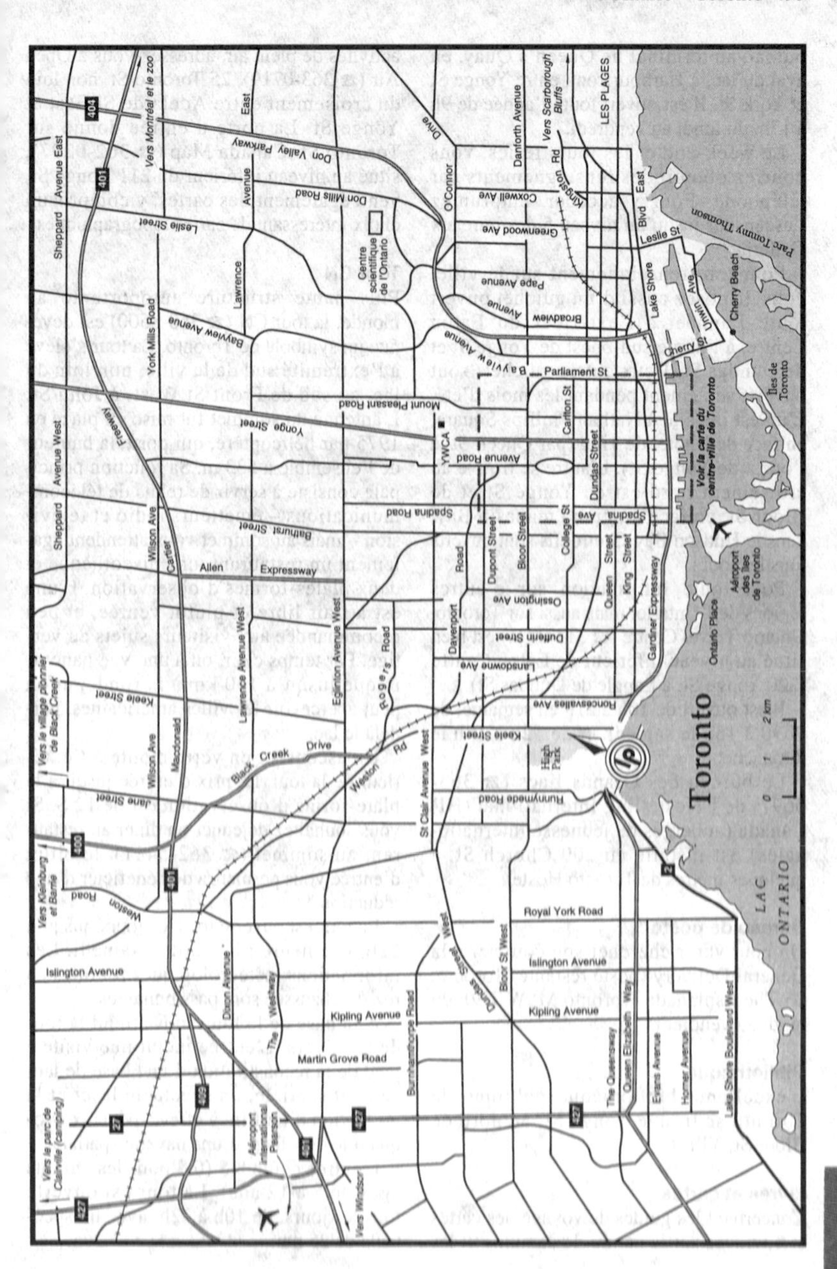
Toronto
LAC ONTARIO
Vers Montréal et le zoo
Vers Scarborough Bluffs
LES PLAGES
Parc Tommy Thompson
Cherry Beach
Îles de Toronto
Aéroport des Îles de Toronto
Ontario Place
High Park
Centre scientifique de l'Ontario
YWCA
Voir la carte du centre-ville de Toronto
Vers le village pionnier de Black Creek
Vers Kleinburg et Barrie
Vers le parc de Claireville (camping)
Aéroport International Pearson
Vers Windsor

bureau au terminal de Queen's Quay, en aval du lac, à Harbourfront, entre Yonge St et York St. Il est ouvert toute l'année de 9h à 17h, du lundi au vendredi.

Le week-end et les jours fériés, vous pourrez obtenir des renseignements par téléphone. Pour y accéder, empruntez l'ascenseur jusqu'au niveau 5 des bureaux Galleria.

Pour tout renseignement sur la ville, vous disposez aussi d'un guichet ouvert toute l'année, à l'extérieur du Eaton Centre, à l'angle sud-ouest de Yonge St et de Dundas St. Deux autres guichets sont ouverts seulement pendant les mois d'été. L'un est installé à Nathan Phillips Square, en face de l'hôtel de ville (par Queen St, à l'ouest de Yonge St). L'autre se trouve au croisement nord-est de Yonge St et de Bloor St, en face du grand magasin Bay, dans le Hudson Bay Centre. Ils sont ouverts tous les jours.

Pour toute information sur d'autres régions de l'Ontario, mais aussi sur Toronto, Ontario Travel Centre (☎ 314-0944) est bien situé au niveau inférieur de Eaton Centre (220 Yonge St, à l'angle de Dundas St).

Il est ouvert de 10h à 21h en semaine, de 9h30 à 18h le samedi, et de 12h à 18h le dimanche.

Le bureau des Grands Lacs (☎ 363-0697) de l'Hostelling International (HI) Canada (auberges de jeunesse internationales) est installé au 209 Church St, à quelques mètres de Toronto Hostel.

Bureau de poste

On peut venir chercher son courrier à la General Delivery (poste restante) Toronto, 25 The Esplanade, Toronto M5W 1E0, du lundi au vendredi.

Bibliothèque

L'excellente bibliothèque publique de Toronto se trouve Yonge St, au nord de Bloor St, à l'est.

Livres et cartes

Concernant les guides de voyage, les cartes et ouvrages sur la nature, le camping et les activités de plein air, adressez-vous à Open Air (☎ 363-0719), 25 Toronto St, non loin du croisement entre Adelaide St East et Yonge St. La porte d'entrée donne sur Toronto St. Canada Map (☎ 362-9297), situé au niveau inférieur du 211 Yonge St, vend également des cartes, y compris un choix intéressant de cartes topographiques.

Tour CN

Plus haute structure autoportante au monde, la tour CN (☎ 360-8500) est devenue un symbole de Toronto. La tour s'élève à l'extrémité sud de la ville, non loin du lac, au sud de Front St West, à John St. L'antenne du sommet fut mise en place en 1975 par hélicoptère, qui porte la hauteur de l'ensemble à 533 m. Sa fonction principale consiste à servir de relais de télécommunications – émetteurs radio et télévision – mais au sommet vous attendent également un restaurant, une discothèque et deux plates-formes d'observation. L'une est à l'air libre et plutôt ventée, et peu recommandée aux visiteurs sujets au vertige. Par temps clair, on a une vue panoramique jusqu'à 160 km à la ronde, et on peut apercevoir les villes américaines, par-delà le lac.

Un ascenseur en verre monte à l'extérieur de la tour. Le prix d'entrée jusqu'à la plate-forme d'observation est de 12 $. Si vous souhaitez déjeuner ou dîner au restaurant au sommet (☎ 362-5411), le billet d'entrée vous permettra de bénéficier d'une réduction.

La tour est ouverte tous les jours, jusqu'à 22h, une heure plus tard le samedi. Les informations météorologiques fournies au rez-de-chaussée sont passionnantes.

A la base de la tour vous attend la tour de l'Univers. L'entrée inclut une visite à pied de la reconstitution d'une base de lancement spatiale, un spectacle laser et la projection d'un film à effets spéciaux évoquant le décollage d'une navette spatiale.

L'entrée coûte 8 $ (6 $ pour les enfants âgés de 5 à 12 ans). La tour est ouverte tous les jours, de 10h à 22h, avec un spectacle de 25 mn.

Autres points de vue

Pour profiter gratuitement d'une vue sur la ville, rendez-vous au bar, sur le toit du Park Plaza Hotel. Il est planté à l'angle de Bloor St West et de University Ave. Vous pourrez vous asseoir au soleil à de petites tables blanches en fer forgé. En été, les hommes doivent porter une veste et une cravate et les jeans ne sont plus tolérés. Il est ouvert de 14h30 à 1h du matin.

L'Aquarius Lounge, au sommet du Manulife Centre, 55 Bloor St West (à l'angle de Bay St) est surtout fréquenté par une clientèle jeune. L'entrée est gratuite. Les boissons sont un peu chères, mais la vue et la musique sont formidable.

Skydome

A côté de la tour CN, 1 Blue Jay Way, ce stade au dôme rond fut ouvert en 1989. Célèbre pour son toit rétractable, le premier au monde du genre, le stade est d'abord utilisé pour les rencontres professionnelles de base-ball et de football, mais aussi pour des concerts et autres manifestations.

On peut le visiter tous les jours, au début de chaque heure, jusqu'à 17h, si le stade n'accueille pas de rencontres. La visite coûte 8 $.

On peut aussi observer le stade et assister à un match depuis l'un des trois restaurants du stade (voir la rubrique *Où se restaurer*). Ceux qui en ont les moyens peuvent aussi louer des chambres au Skydome Hotel, qui propose des chambres surplombant le terrain.

L'hôtel a connu une notoriété immédiate lorsque, lors d'un match, un couple installé dans l'une des chambres donnant sur le stade, par distraction ou par désinvolture, s'adonna à quelque activité amoureuse, toutes lumières allumées, au grand amusement des spectateurs. Depuis, l'hôtel veille à ce que de telles manifestations ne se reproduisent plus.

Mark Lightbody

Pour voir le Dôme, la solution la moins chère consiste à acheter une place assise pour une des rencontres de base-ball des Blue Jays (6 $). Consultez la rubrique *Sports* pour plus d'informations.

Royal Ontario Museum (ROM)

Le grand musée (☎ 586-5551), sis à l'angle de Queen's Park Ave et de Bloor St West couvre des domaines aussi variés que les sciences naturelles, le monde animal, l'art et l'archéologie et, d'une manière générale, l'histoire de l'humanité.

La collection d'artisanat, textiles et art chinois est considérée comme l'une des plus belles au monde. Les civilisations égyptienne, grecque, romaine et étrusque sont également bien représentées. Les nouvelles salles consacrées aux dinosaures et à l'histoire des mammifères sont superbes, notamment celles qui abritent une étonnante reconstitution d'une grotte de chauve-souris à la Jamaïque.

Une autre section retrace l'histoire des échanges commerciaux entre l'Orient et l'Occident, depuis les caravanes. On appréciera aussi la nouvelle galerie ornithologique, avec son albatros empaillé et ses casiers à tiroirs.

La S R Perron Gem & Gold Room (composée de quatre salles octogonales) ouvrit ses portes en juillet 1993. On peut y admirer une époustouflante collection de pierres précieuses, avec notamment le saphir Star of Lanka de 193 carats, une opale de 776 carats provenant d'Australie, ainsi que quantité de rubis, diamants et pépites d'or. Tous ces trésors sont rendus plus séduisants encore par un système d'éclairage par fibre optique.

Outre ces expositions permanentes, le musée accueille souvent des expositions temporaires itinérantes, mais le prix du billet s'ajoute à celui de l'entrée au musée.

Le musée est ouvert tous les jours, de 10h à 18h, et jusqu'à 20h le mardi et le jeudi. L'entrée est de 7 $ (réductions pour les étudiants et les personnes âgées), et gratuite le mardi, de 16h30 à la fermeture. Il existe aussi des tarifs familiaux. Si vous visitez le planétarium, vous bénéficierez de tarifs réduits.

Le métro est tout près (station Museum) mais si vous vous déplacez en voiture, il y a un parking dans Bedford St, à l'ouest de Avenue Rd, au nord de Bloor St.

Une annexe du musée est le *Canadian Decorative Arts Department*, en bas de la rue, dans le Sigmund Samuel Building, 14 Queen's Park Crescent West. Sont mis à l'honneur les premiers artistes et artisans canadiens. Il est ouvert du lundi au samedi, de 10h à 17h, et de 13h à 17h, le dimanche. L'entrée est gratuite.

Le billet du ROM permet également de rentrer gratuitement au musée Gardiner (voir ci-après).

Musée de Céramique G. R. Gardiner

Installé au 111 Queen's Park Ave, ce musée fait partie du ROM, de l'autre côté de la rue. La collection est divisée en quatre périodes de l'histoire de la céramique : précolombienne, majolique italienne du XVe au XVIe siècle, céramique de Delft anglaise du XVIIe siècle, et porcelaine anglaise du XVIIIe siècle.

L'entrée coûte 4 $. Le musée est ouvert de 10h à 17h, du mardi au dimanche.

Art Gallery of Ontario (AGO)

C'est l'un des trois plus grands musées des Beaux-Arts du Canada (☎ 979-6648), les deux autres se trouvant à Ottawa et à Montréal. Il se trouve au 317 Dundas St West, deux pâtés de maisons à l'ouest de University Ave.

Il abrite des essentiellement des peintures, du XIVe siècle à l'époque contemporaine. Il y a aussi une section canadienne et des salles réservées aux expositions temporaires. Le musée est surtout célèbre pour son importante collection de sculptures d'Henry Moore – une des salles en contient pas moins d'une vingtaine.

A la porte d'entrée, vous trouverez une brochure gratuite sur les films et conférences proposés dans le musée.

Il est ouvert de 10h à 17h30, du mercredi au dimanche (jusqu'à 22h le mercredi et le vendredi). Il est fermé le lundi et le mardi, mais il est ouvert les lundis fériés. L'entrée est de 7,50 $, de 4 $ pour les étudiants et les personnes âgées, mais gratuite pour tous, le mercredi soir. L'Ontario Art College jouxte le musée, dans McCaul St.

La Grange

Maison géorgienne restaurée, la Grange (☎ 977-0414) est voisine du AGO (accès par une porte au sous-sol, à côté de la cafétéria). L'entrée est incluse dans le billet du musée. Vous pourrez y admirer d'authentiques meubles du XIXe siècle surveillés par un personnel en costumes. Elle est ouverte de 12h à 16h, du mercredi au dimanche ; et jusqu'à 21h, le mercredi et le vendredi.

Casa Loma

Cet imposant manoir de style médiéval composé de 98 pièces fut construit entre 1911 et 1914 par sir Henry Pellat, homme fortuné et excentrique. Le manoir (☎ 923-1171) devint un site touristique dès 1937, lorsque son entretien commença à revenir trop cher. L'intérieur est somptueux, édifié avec les matériaux les plus rares importés du monde entier. H. Pellat fit même venir d'Écosse des tailleurs de pierre pour construire les murs d'enceinte de la serre.

En été, les jardins rénovés qui s'étendent derrière le château sont ouverts au public (il n'est pas nécessaire d'acheter un billet), un lundi par mois et tous les mardis, de 16h au crépuscule – appelez pour vérifier.

1	Bay Department Store et office du tourisme
2	Musée royal de l'Ontario
3	Planétarium McLaughlin
4	Parlement de la province
5	Marché Kensington
6	Art Gallery of Ontario
7	Gare routière
8	Office du tourisme
9	Auberge de jeunesse internationale
10	Hôtel de ville, centre de renseignements et Nathan Phillips Square
11	Ancien hôtel de ville
12	Cathédrale St James
13	Marché St Lawrence
14	O'Keefe Centre
15	Gare VIA Rail
16	Skydome
17	Tour CN
18	Terminal des ferries des îles

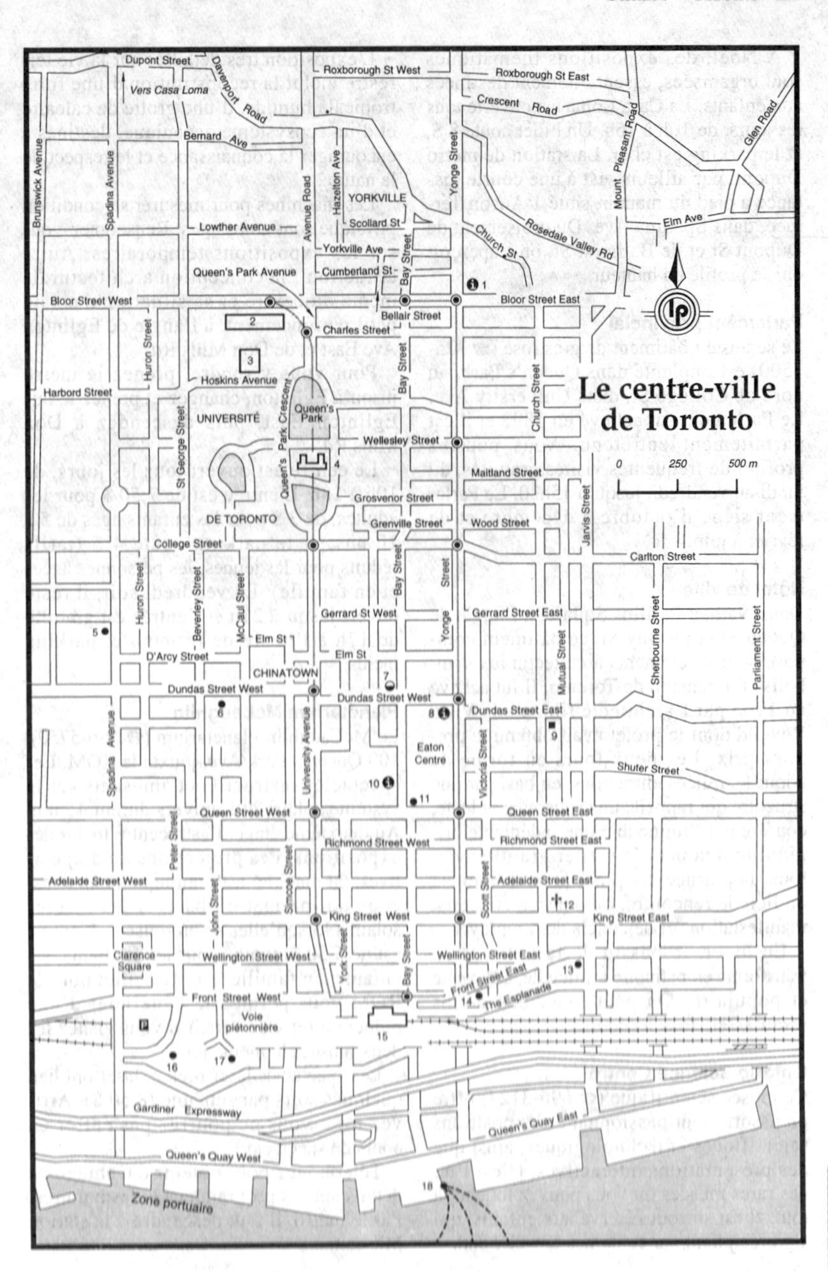
Le centre-ville de Toronto
0 250 500 m
Dupont Street
Vers Casa Loma
Davenport Road
Bernard Ave
Roxborough St West
Roxborough St East
Crescent Road
Glen Road
Mount Pleasant Road
Elm Ave
Rosedale Valley Rd
Church St
Yonge Street
YORKVILLE
Hazelton Ave
Avenue Road
Scollard St
Yorkville Ave
Cumberland St
Lowther Avenue
Queen's Park Avenue
Brunswick Avenue
Spadina Avenue
Bloor Street West
Bloor Street East
Bellair Street
Charles Street
Bay Street
Huron Street
Harbord Street
Hoskins Avenue
UNIVERSITÉ
DE TORONTO
Queen's Park
Queen's Park Crescent
St George Street
Church Street
Wellesley Street
Maitland Street
Grosvenor Street
Grenville Street
Wood Street
Jarvis Street
College Street
Carlton Street
Beverley Street
McCaul Street
Gerrard St West
Gerrard Street East
Sherbourne Street
Parliament Street
Mutual Street
Elm St
D'Arcy Street
CHINATOWN
Dundas Street West
Dundas Street East
University Avenue
Eaton Centre
Victoria Street
Shuter Street
Queen Street West
Queen Street East
Peter Street
Richmond Street West
Richmond Street East
Simcoe Street
Adelaide Street West
Adelaide Street East
Scott Street
John Street
King Street West
King Street East
Clarence Square
Wellington Street West
Wellington Street East
York Street
Front Street West
Front Street East
The Esplanade
Vole piétonnière
Gardiner Expressway
Queen's Quay East
Queen's Quay West
Zone portuaire
1 2 3 4 5 6 7 8 9 10 11 12 13 14 15 16 17 18

ONTARIO

A Noël, des expositions thématiques sont organisées, essentiellement destinées aux enfants. La Casa Loma est ouverte tous les jours, de 10h à 16h. Un billet coûte 8 $, et le parking est cher. La station de métro Dupont, par ailleurs, est à une courte distance à pied du manoir, situé 1 Austin Terrace, dans Spadina Ave. Du croisement de Dupont St et de Bathurst St, on l'aperçoit qui se profile en hauteur.

Parlement provincial

Le séduisant bâtiment de grès rose (☎ 325-7500) est implanté dans Queen's Park, au nord de College St, dans University Ave. Le Parlement fut achevé en 1892 et il est parfaitement entretenu. Vous pourrez profiter de fréquentes visites gratuites, du lundi au vendredi, jusqu'à 15h30. Le Parlement siège d'octobre à décembre et de février à juin.

Hôtel de ville

Dans Nathan Phillips Square, à l'angle de Queen St et de Bay St, ce bâtiment composé de trois éléments architecturaux symbolise l'ascension de Toronto. Il fut achevé en 1965 par l'architecte finlandais Viljo Revelld dont le projet avait obtenu le premier prix. Les deux tours en forme de coquille, reliées entre elles, en bas, par une structure qui rappelle une soucoupe volante, confèrent à l'immeuble une indéniable originalité. On peut le visiter gratuitement toute la journée. La place juste devant est un lieu de rencontre, où ont lieu concerts, manifestations et déjeuners des employés.

En hiver, le bassin de la fontaine se transforme en patinoire artificielle, attrayante et populaire. On peut louer des patins jusqu'à 22h, tous les jours.

Ontario Science Centre

Ce musée scientifique (☎ 696-3127) offre un assortiment passionnant d'expositions scientifiques et technologiques, ainsi que des présentations interactives. C'est l'un des rares musées où vous pouvez toucher à tout. Il est surtout réservé aux enfants, qui s'y précipitent par centaines le week-end.

L'exposition très détaillée sur la vie terrestre inclut la reconstitution d'une forêt tropicale humide, d'une grotte de calcaire et d'un écosystème océanique, destinés à encourager la connaissance et le respect de la nature.

Les machines pour mesurer sa condition physique sont amusantes. Renseignez-vous sur les expositions temporaires. Autre attraction : la conception architecturale même du centre et sa situation dans un petit renfoncement, à l'angle de Eglinton Ave East et de Don Mills Rd.

Pour vous y rendre, prenez le métro jusqu'à Eglinton, changez et prenez le bus Eglinton East, puis descendez à Don Mills Rd.

Le centre est ouvert tous les jours, de 10h à 18h. L'entrée est de 7,50 $ pour les adultes, de 3 $ pour les enfants âgés de 5 à 10 ans, et le parking coûte 4 $ (tarifs réduits pour les jeunes, les personnes âgées et en famille). Le vendredi soir, il reste ouvert jusqu'à 21h et l'entrée est gratuite de 17h à l'heure de fermeture, parking inclus.

Planétarium McLaughlin

Le McLaughlin Planetarium (☎ 586-5750), 100 Queen's Park Ave, jouxte le ROM. Les spectacles instructifs et amusants sur le système solaire et l'univers durent 45 mn. Au deuxième étage, l'astrocentre inclut des expositions, des projections de diapositives, du matériel astronomique et un télescope qui permet d'observer les facules solaires lorsqu'elles se produisent. L'entrée est de 5,50 $, moins pour les étudiants, les enfants, en famille, etc. Un billet pour le ROM vous permet de bénéficier d'une réduction (et vice versa) si vous visitez les deux musées le même jour.

Les spectacles laser rock et laser ont lieu quelques soirs par semaine (8,50 $). Arrivez tôt – vous ne pourrez pas entrer en cours de spectacle.

Téléphonez pour obtenir davantage de détails sur les programmes et les horaires. Par le métro, il faut descendre à la station Museum.

Quartiers de la ville

Toronto compte plusieurs importantes communautés ethniques, regroupées dans des quartiers où elles ont cherché à maintenir traditions et cultures de leur pays d'origine. On y trouve généralement quantité de restaurants (voir la rubrique *Où se restaurer*). Ces quartiers ne cessent de se transformer, avec l'arrivée de nouveaux groupes d'immigrants (Sri Lankais et Latino-Américains, par exemple).

Chinatown

Toronto possède la plus importante communauté chinoise du pays. L'ancien quartier chinois, dans le centre-ville, longe Dundas St, depuis Bay St, près de la station de métro, à l'ouest de University Ave. On y trouve de nombreux restaurants, mais le secteur est devenu très touristique.

La partie la plus importante de Chinatown, et la plus intéressante, s'étend plus à l'ouest. Elle longe toujours Dundas St West, entre Beverley St, non loin de l'Art Gallery, et Spadina Ave, et un peu au-delà. Le quartier chinois englobe aujourd'hui l'essentiel de Spadina Ave, de Dundas St au sud, à College St au nord, ainsi qu'à l'est et à l'ouest le long de College St.

Une fois encore, vous y trouverez de nombreux restaurants, mais aussi les boutiques les plus diverses – épiceries, ateliers, herboristeries et boulangeries. De nombreux étals sont installés sur les trottoirs. Ce quartier, bondé le week-end, connaît un afflux de restaurants japonais et vietnamiens de plus en plus important.

Quelques magasins et restaurants chinois sont également regroupés dans Gerrard St et Broadview Ave (à l'extrémité est de la ville), ainsi que dans la banlieue nord-est de Scarborough. Ces deux secteurs ne présentent guère d'intérêt pour le visiteur.

Elm Ave

C'est l'un des quartiers les plus riches de la ville, au nord-est du croisement de Yonge St et de Bloor St. En remontant à pied ou en voiture Park Rd, au nord de Bloor St, vous aboutirez à Elm Ave, dans laquelle toutes les maisons ou presque sont répertoriées dans le Historical Board comme présentant un intérêt architectural ou historique. Toutes les rues qui débouchent d'Elm Ave montrent aussi quelques immeubles impressionnants. A l'est, toujours, dans Elm Ave, vous attendent de très agréables jardins, Craigleigh Gardens.

Cabbagetown

A l'est de Yonge St, Cabbagetown est en même temps un quartier résidentiel (où voisinent immeubles modestes et plus confortables) et commerçant. On y retrouve le style caractéristique de l'architecture victorienne du XIXe siècle, avec ses alignements de maisons : il semble que le secteur offre le plus bel ensemble d'architecture victorienne de toute l'Amérique du Nord.

Cabbagetown est délimité par Gerrard St East au sud, Wellesley St au nord, Parliament St à l'ouest (qui demeure le principal centre d'affaires) et Sumach St à l'est. Durant ces deux dernières décennies, le quartier s'est considérablement embourgeoisé et s'y profilent aujourd'hui quelques beaux immeubles.

Lorsque l'on vient de Sumach St, le cimetière de Winchester St est l'un des plus vieux de la ville. De l'autre côté, la Riverdale Farm est un endroit prisé par les enfants et les familles. Elle fonctionne comme une véritable ferme, avec deux granges où l'on peut observer des oiseaux d'eau et des animaux. Le site est gratuit et accueille des expositions d'artisanat.

C'est l'endroit idéal pour débuter la visite à pied de Cabbagetown.

Danforth Ave

A l'extrémité est de la ville, dans Danforth Ave, entre Pape Ave et Woodbine Ave, se trouve le quartier grec.

Ses nombreux restaurants, ses cafés enfumés réservés à une clientèle masculine, mais aussi ses magasins de fleurs, de fruits et légumes, qui restent ouverts toute la nuit, l'ont rendu très populaire, en particulier, les soirs d'été, où une foule dense se presse dans les rues.

Little India

Dans la même partie de la ville, vous pourrez visiter Little India, avec ses nombreuses boutiques de saris, ses couleurs et ses odeurs d'épice. Elle s'étend le long de Gerrard St East, à un pâté de maisons à l'ouest de Coxwell Ave.

St Clair Ave West

Les Italiens se sont installés dans de nombreux quartiers de la ville, mais le centre de la communauté italienne se trouve dans St Clair Ave West, à l'est et à l'ouest de Dufferin St. Vous y attendent films italiens, boutiques, cafés servant des expressos, et des salles de billard. Un autre secteur italien important longe College St, entre Manning St et Ossington St.

A proximité se trouve le quartier portugais, le long de Dundas St West, entre Ossington St et Dufferin St.

Yorkville

Autrefois version réduite de Greenwich Village, ou de Haight-Ashbury, cet ancien bastion de la contre-culture est devenu le quartier des boutiques à la mode. Le secteur est central, juste au-dessus de Bloor St, entre Yonge St et Avenue Rd. Il englobe Cumberland Ave, Yorkville Ave et Hazelton Lane. Quantité de galeries d'art, cafés, restaurants, boîtes de nuit et magasins de luxe longent les rues étroites et animées, tandis que certaines boutiques de Hazelton Lane sont parmi les plus chères du Canada.

Tout le quartier a été rénové, et, en été, il est très agréable de prendre un verre à la terrasse d'un café. Certains visiteurs pourront toutefois être rebutés par la prétention et le snobisme qui émanent de ce secteur.

On y trouve cependant quelques boutiques étonnantes et des galeries originales. Inuit Gallery, dans Prince Arthur St, est spécialisée dans l'art inuit (très cher). Le Bellair Café est l'endroit obligé pour prendre un verre et reste abordable.

Markham Village

Lorsque l'on se rapproche du croisement de Bloor St et de Markham St (un pâté de maisons à l'ouest de Bathurst St), on aperçoit le magasin le plus criard de Toronto : le délirant Honest Ed's. D'immenses panneaux vous invitent : "à ne pas rester devant, mais à entrer acheter quelque chose". Un slogan qui semble efficace, à en juger par les files d'attente avant l'ouverture du magasin. Vous y trouverez quelques articles intéressants – chaussures de sport bon marché, tee-shirts et articles de cuisine. Avec l'argent que le magasin lui a rapporté, Eddie Mirvish s'est taillé une solide réputation d'hommes d'affaires, mais aussi de mécène des arts. Galeries, boutiques et librairies qui bordent Markham St, au sud de Bloor St, ont largement profité de son succès et appartiennent à la famille Mirvish. La librairie Mirvish propose notamment des soldes, le dimanche.

Les nombreux restaurants et cafés de ce tronçon de Bloor St sont dirigés par des étudiants ou des immigrants.

Harbourfront

Ce quartier riverain du lac s'étend du bas de Bay St à Bathurst St, à l'ouest. Il avait été prévu de réaménager ce secteur de vieux entrepôts, usines et docks désaffectés, en un quartier "artistique" de galeries d'art, de théâtres et d'ateliers, agrémenté d'espaces verts. C'est ce qui se passa jusqu'à un certain point seulement, à en juger par les constructions hideuses qui défigurent çà et là le bord du lac.

Pour les visiteurs, York Quay, 235 Queen's Quay, constitue le principal centre d'intérêt. Vous y trouverez un office du tourisme et, presque chaque soir, s'y déroule un nouveau spectacle : ballet, concert, etc. Certaines manifestations sont gratuites. Elles ont lieu en plein air, ou dans les divers théâtres et galeries. Pour tout renseignement, contactez le ☎ 973-3000.

Il y a aussi deux restaurants, tout près, et un ou deux bars. Des excursions en bateau partent de la rive.

A l'est se profile l'impressionnant terminal Queen's Quay, avec son toit en verre. Ancien entrepôt datant de 1927, entièrement rénové, il abrite quelques boutiques attrayantes de souvenirs, des restaurants et, à l'étage, des bureaux et des appartements.

L'art contemporain est exposé dans la Power Plant, une ancienne centrale électrique à proximité de Queen's Quay. L'entrée est de 2 $.

Le week-end, le quartier favorise les promenades le long du quai ou dans le marché à la brocante. La Canoe School loue des canoës, avec lesquels il est possible de rendre jusqu'au port ou longer la rive, à l'est ou à l'ouest.

Pour visiter Harbourfront, rendez-vous d'abord à Union Station, la gare ferroviaire dans Front St, à quelques pâtés de maisons au nord du lac. Le métro vous emmènera à l'extrémité sud. De là, soit vous pourrez emprunter Yonge St, vers le sud, ou prendre le tramway LRT qui longe le quartier d'Harbourfront, dans Queen's Quay, jusqu'à Spadina Ave, puis revient par le même itinéraire. Le service fonctionne dans la journée et en soirée, sans interruption. Se garer dans le quartier est parfois un vrai casse-tête et/ou revient cher. Mieux vaut emprunter les transports publics.

ÎLES DE TORONTO

Du bas de Bay St, non loin du Harbour Castle Hotel, vous pouvez prendre un ferry qui vous emmènera en 10 mn aux trois îles de Toronto : Ward, Centre et Hanlan's Point. Autrefois surtout résidentielles, les îles abritent essentiellement des parcs. Centre Island est celle qui offre le plus d'aménagements, de manifestations estivales et c'est la plus fréquentée. On peut louer des bateaux, et il y a une petite ferme avec des animaux et une aire de jeux pour les enfants. Plusieurs plages jalonnent les rives sud et ouest. Vous trouverez aussi deux restaurants (autorisés à servir de l'alcool) et quelques snack-bars.

Hanlan's, à l'ouest, est la meilleure plage. On peut y faire du nudisme à l'extrémité sud-est – fréquentée par les homosexuels – même si c'est illégal (la loi n'est que sporadiquement appliquée). En retrait de la plage, on a installé des tables de pique-nique et des lieux pour barbecue. En direction de Toronto, sur Hanlan's Point, est implanté un petit aéroport privé. Hanlan's possède aussi un étang à truites.

L'île Ward, située à l'est, a conservé quelques résidents permanents. Il y a un petit restaurant où l'on peut acheter de quoi déjeuner sur la pelouse.

Les ferries offrent de belles vues sur la ville. Ils sont fréquents en été et coûtent 3 $ aller et retour (réduction pour les enfants et les personnes âgées). Vous pouvez faire le tour des îles à pied en moins de deux heures. Il y souffle une brise très agréable par une étouffante journée d'été, et elles sont relativement peu fréquentées pendant la semaine. Vous pouvez aussi sillonner à vélo la rive sud des trois îles. Vous pouvez transporter votre vélo à bord du ferry ou en louer un sur l'île Centre.

L'île Ward étant habitée toute l'année, les ferries desservent l'île entre septembre et mai et en hiver, mais moins fréquemment. On peut se rendre sur les autres îles à pied, mais vous n'y trouverez pas grand-chose. Sachez aussi qu'il y souffle un vent glacial.

Ontario Place

Ce parc récréatif de 40 ha (☎ 314-9900) est construit sur trois îles artificielles au large du CNE, 955 Lakeshore Blvd West. L'entrée du site est gratuite, mais presque toutes les activités et attractions sont payantes. Les bâtiments et le parc de style futuriste comprennent environ une dizaine de restaurants, des brasseries avec jardins, une scène de spectacles en plein air appelée le Forum et un cinéma à écran géant Imax (le Cinesphere) dans lequel sont projetés des films 70 mm sur un écran panoramique d'une hauteur équivalente à six étages. Vous trouverez aussi une grande aire de jeu pour les enfants, des toboggans, un petit bassin, et d'autres activités nautiques. L'accès est gratuit. On peut aussi pratiquer le saut à l'élastique.

En été, des concerts ont lieu le soir au Forum, ainsi que les spectacles les plus divers, du ballet au rock. Apportez un pull-over, même par temps chaud : il fait froid la nuit, à proximité de l'eau. A l'extrémité ouest est dressée une autre scène avec une chute d'eau comme rideau de scène, où se produisent amateurs et artistes de moindre renom (concerts, spectacles, etc.). Tout près vous attend un toboggan de 700 m de long avec simulation de rapides et tunnels. Le billet coûte 3 $.

Amarré à l'une des îles, le *Haida*, un destroyer, est accessible aux visiteurs. L'entrée est payante.

Le parc est ouvert de la mi-mai à octobre, de 10h30 à 1h du matin (jusqu'à minuit, le dimanche). En cas de spectacle ou de concert, arrivez tôt si vous voulez voir quelque chose. Le prix des concerts varie de 4 $ à 12 $. Les tarifs de l'Imax vont de 5 à 9 $. Si vous venez en voiture, le parking revient à 9 $. Sinon, prenez le métro ou un tramway jusqu'à Bathurst St, puis un tramway jusqu'au parc d'exposition CNE. En été, une navette relie Union Station à la porte de l'Ontario Place et fait l'aller-retour fréquemment.

High Park

C'est le plus grand parc de la ville. On vient y pique-niquer, marcher, faire du vélo ou courir. Il y a un petit zoo pour les enfants, un lac où l'on peut pêcher et une piscine (gratuite). Certaines parties du parc sont aménagées en jardins et bien entretenues ; d'autres sont couvertes de bois. Les voitures ne sont pas autorisées à l'intérieur, en été.

Toujours dans le parc, la **Colborne Lodge**, est aujourd'hui classée monument historique avec personnel en costumes. Il est ouvert tous les jours.

Non loin de la piscine, sur la principale route qui traverse le parc, se trouve un restaurant qui sert un vaste choix de plats, à prix modestes. Accessible par Bloor St West, le parc s'étend à Parkside Drive et descend jusqu'au Lakeshore Blvd, à l'ouest du CNE. La station de métro est Keele ou High Park.

Parc Tommy Thompson et le port

Autrefois et encore appelée la pointe de Leslie St, cette langue de terre est présidée par la Metro Toronto Conservation Authority (☎ 661-6600). Elle s'avance dans le lac et connaît un succès inattendu auprès de la faune. Conçue au départ pour améliorer les conditions de pêche, elle est devenue en quelques années le second plus important lieu de reproduction des mouettes à collier. Les sternes et autres espèces y ont également élu domicile.

La langue de terre est aujourd'hui une réserve de canards, d'oies, de cygnes et de bécasseaux. Près de 300 variétés végétales uniques dans la région poussent également à cet endroit. Même des mammifères, du type renard, lapin ou vison font leur apparition.

Cette bande de terre longue de 5 km est ouverte au public le week-end et les jours fériés. Toujours en cours d'aménagement, les discussions sur son développement vont bon train. On y a construit plusieurs marinas. Pendant la semaine, de lourds camions poursuivent leur déversement de gravats. Le parc se trouve au sud de l'angle de Queen St East et de Leslie St, au croisement de Unwin Ave et de Leslie St.

En été, de juin à la fête du Travail, une navette gratuite part de l'arrêt de bus le plus proche, sur Leslie St, à Commissioners Rd (à environ trois pâtés de maisons de la porte principale), jusqu'à la porte du parc. Il circule toutes les demi-heures, de 9h à 17h. Tout au bout (appelé Vicki Keith Point, en souvenir d'un nageur de la région), à proximité de la lisière est des îles de Toronto, il y a un phare et on a de belles vues sur la ville. Le parc ferme à 18h. les véhicules ne sont pas autorisés, mais de nombreux visiteurs utilisent des vélos – le Martin Goodman Recreational Trail circule dans les deux directions.

A la porte, il y a une carte, une liste des oiseaux et un snack. Certaines sections restreintes sont boisées, mais pour le reste l'ombre est rare, pensez-y en été. Vérifiez les horaires des promenades (ornithologiques ou photographiques) guidées gratuites à la porte du parc.

Au pied de Cherry St, reliée à Leslie St par Unwin St, la plage sablonneuse, tranquille est fréquentée par des surfeurs et les adeptes des bains de soleil.

Le port de Toronto se trouve plus au nord, il longe Cherry St, en direction de Lake Shore Blvd. Des cargos sont parfois amarrés aux docks, mais il n'y a pas d'accès public. Par Cherry St, on accède à un petit parc au bout de Poulson St, d'où l'on a une belle vue sur le port, les îles et la ville.

Les Beaches et les Bluffs

Les Beaches, un quartier assez chic, longe Queen St East, à Woodbine Ave, en bordure du lac. Les Beaches désignent la plage elle-même et le parc qui longe le lac – très populaire en été, même si l'eau est polluée.

On peut louer des planches à voile et prendre des cours. Beach Park est le centre des activités, même s'il existe des parcs adjacents. A l'extrémité ouest, dans le parc Woodbine, il y a une piscine publique.

A environ 5 km plus à l'est s'élèvent les Scarborough Bluffs, des falaises de calcaire situées dans le parc, en bordure du lac. L'érosion a créé des formes étranges et a mis au jour des couches de sédiment, indiquant cinq glaciations différentes. Il y a quelques sentiers offrant de belles vues sur le lac. En dessous, dans le lac, une bande de terre a servi à la constitution d'un parc, le parc Bluffers, et d'une zone d'amarrage. Pour accéder au parc, bifurquez au sud de Kingston Rd, à Brimley Rd.

Si vous vous hissez au sommet des falaises, plusieurs parcs s'y étendent d'où l'on a une vue excellente sur les Bluffs et le panorama du lac Ontario. Si vous êtes en voiture, tournez au sud de Kingston Rd, dans Scarboro Crescent, puis Drake Crescent. Les promontoires (Bluffs) sont accessibles à pied. Une autre position excellente à la section la plus haute des falaises (environ 98 m) se trouve au parc de Cathedral Bluffs. Plus à l'est dans Kingston Rd, tournez au sud à Cathedral Bluffs Drive. Les falaises sont accessibles par transport public depuis le centre-ville – contactez le Toronto Transit Commission (TTC) concernant les itinéraires (voir plus loin la rubrique *Comment circuler*).

Non loin de l'est du parc (en voiture) est implantée la Guild Inn, avec son vaste jardin en bordure du lac. De derrière le bâtiment, on a de belles vues sur certaines falaises. Dans le jardin sont rassemblées une collection de statues et de sculptures, ainsi que des colonnes et des gargouilles provenant de vieux immeubles qui ont été démolis. Une façade presque complète rappelle le Parthénon.

La Guild Inn (qui loue des chambres) se dresse sur Guildwood Parkway, au sud de Kingston Rd, à Livingstone Rd.

Autres parcs

Allan Gardens est un parc auquel on fait beaucoup de publicité mais nettement surestimé. L'essentiel se limite à une zone herbeuse émaillée de quelques arbres et de bancs. La vaste serre au dôme rond, avec ses trois dépendances, mérite cependant une visite, en particulier en hiver ou lorsque le temps est déprimant. Il est ouvert de 10h à 17h et l'entrée est gratuite. Les plantes comprennent quelques variétés tropicales, parmi lesquelles des palmiers géants et des arbres à fleurs du monde entier. Une pièce est consacrée aux cactées.

La serre est installée à la lisière ouest du parc, à quelques pâtés de maisons à l'est de Yonge St. Il est délimité par Carlton St, Jarvis St et Gerrard St. L'endroit n'est pas très sûr la nuit.

A l'angle de Yonge St, au 40 Adelaide St West s'étend un parc urbain, véritable sanctuaire de paix en plein centre-ville. Construit à la verticale, c'est un espace vert bien conçu, doté d'une végétation très diverse, y compris une section tropicale et une chute d'eau. Il est ouvert seulement dans la journée.

Toronto possède aussi quelques beaux parcs naturels dans les ravins formés par les cours d'eau se jetant dans le lac. Commencez par **Edwards Gardens**, à l'angle de Lawrence Ave East et de Leslie St. C'est un grand parc cultivé avec des parterres de fleurs, un étang et des aires de pique-nique. Depuis le jardin, vous pouvez longer le ravin *via* le **parc Wilket Creek**. Le Science Centre se trouve contre le parc. Le long de Wilket Creek, vous pouvez marcher pendant des heures (la plupart du temps à travers bois) jusqu'à Victoria Park Ave, au nord de Danforth Ave.

Du croisement entre Yonge St et St Clair Ave, continuez à l'est vers le pont et le panneau du sentier de randonnée. Celui-ci mène à la **vallée du Don**.

Marchés

Le plus important, **Kensington Market**, est un marché vivant, à l'ancienne mode, où se retrouvent plusieurs communautés, coincé entre Baldwin St et Augusta Ave, par Spadina Ave, au sud de College St et à l'est de Bathurst St. Il est ouvert tous les jours, mais l'affluence est à son comble le samedi matin. Les fromagers sont excellents ; vous trouverez aussi fruits et légumes frais. Vous pouvez marchander si vous le voulez. Le marché constituait autrefois le cœur du quartier juif. Quelques restaurants vous attendent alentour. Le samedi, ne songez pas à vous y rendre en voiture.

Le **St Lawrence Market**, 92 Front St East (à Jarvis St), est installé dans ce qui fut le premier hôtel de ville de Toronto, datant de 1844. Les boutiques sont presque toutes anglaises et l'atmosphère est calme, on peut même y entendre des musiciens classiques dans les rues. Il est préférable de s'y rendre le samedi, mais il est ouvert tous les jours (sauf le lundi). La variété et la qualité des produits – des poissons aux riz les plus divers – sont excellentes. Le dimanche s'y tient également un marché aux puces et à la brocante.

Au nord de l'ancien hôtel de ville, le **St Lawrence Hall** est coiffé d'une tour d'horloge. C'est l'un des plus beaux bâtiments anciens de Toronto. Il servait autrefois de salle de réunion et accueille aujourd'hui – entre autres – les répétitions du National Ballet.

La **Market Gallery**, au deuxième étage de l'immeuble du marché, sert de salle d'exposition à la municipalité, avec des accrochages temporaires (peintures, photographies, documents, objets) sur l'histoire de Toronto. Elle est gratuite, mais fermée le lundi, le mardi et les jours fériés.

Les deux principaux magasins diététiques sont le Big Carrot Natural Food Market, 348 Danforth Ave, et le plus central mais plus petit Baldwin Natural Foods, au 20 1/2 Baldwin St.

SITES HISTORIQUES

Les amoureux des vieilles pierres sont peu gâtées, car la ville est très récente, mais l'office du tourisme pourra vous fournir un guide des demeures et sites historiques. Nombre de ces vieux bâtiments sont regroupés à l'emplacement de l'ancienne ville de York – dans le secteur sud de la ville. Vous trouverez ci-dessous une description des sites les plus intéressants (consultez aussi la rubrique *La Grange*, plus haut).

Fort York

Le fort (☎ 392-6907) fut fondé par les Britanniques en 1793 pour protéger la ville, qui s'appelait alors York. Il fut largement détruit à la fin de la guerre de 1812, mais fut rapidement reconstruit. Aujourd'hui restauré, il compte huit bâtiments originaux en rondins, en pierre et en brique. En été, des hommes revêtus d'uniformes du XIXe siècle effectuent des défilés et des exercices, et tirent des salves au mousquet. Le fort est ouvert tous les jours, toute l'année, de 9h30 à 17h. L'entrée est de 4,75 $ (tarifs réduits pour les enfants et les personnes âgées). Visites guidées gratuites à 16h. Il est implanté dans Garrison Rd, qui débouche de Fleet St West (qui se trouve non loin du croisement de Bathurst St et de Front St). Prenez le tramway, au sud, dans Bathurst St.

Villa MacKenzie

Propriété de William Lyon MacKenzie, le premier maire de la ville et le chef d'une rébellion contre le gouvernement, cette demeure mi-victorienne (☎ 392-6915) est meublée d'antiquités datant de la même époque. Au sous-sol se cache une vieille imprimerie où, dit-on, certaines nuits l'on entend mystérieusement fonctionner ces machines. Sise au 82 Bond St, à deux pâtés de maisons à l'est de Yonge St, non loin de

Dundas St East, la maison est ouverte tous les jours (seulement l'après-midi, le dimanche). L'entrée est de 3, 25 $.

Villa Spadina

C'est un charmant hôtel particulier (☎ 392-6910), 285 Spadina Ave, à l'est de Casa Loma, appartenant à l'homme d'affaires local, James Austin. Construite en 1866, elle est dotée d'un intérieur impressionnant, contenant un mobilier exceptionnel et des œuvres d'art accumulées pendant trois générations. La famille fit don de la maison à la municipalité en 1982. Dix des trente-cinq pièces qui la constituent sont ouvertes au public tous les jours (mais seulement l'après-midi, le dimanche et les jours fériés). L'entrée est de 4,75 $.

Villa Campbell

Au centre, au croisement de Queen St et de University Ave, cette maison (☎ 597-0227) était autrefois la résidence des juges du Haut-Canada. C'est une demeure en brique de style colonial, aux meubles datant du début du siècle dernier. Elle est ouverte tous les jours en été ; du lundi au vendredi, d'octobre à la fin juin. L'entrée est payante (petite participation).

Colborne Lodge

Située dans High Park, cette maison construite en 1836 (☎ 392-6916) est de style Régence, et abrite quantité de meubles d'origine, y compris la première chasse d'eau de la province !

Des visites guidées sont offertes par un personnel en costumes d'époque, avec démonstrations de travaux d'artisanat et de cuisson du pain. Le prix d'entrée est modique et l'endroit très populaire.

Villa Gibson

Cette demeure de style Géorgien (☎ 225-0146), qui appartint à un politicien célèbre, offre un aperçu de la vie quotidienne dans les années 1850. Un personnel en costumes d'époque fait des démonstrations de travaux d'artisanat et de boulangerie et propose une visite guidée de la maison, tous les jours, excepté le lundi. Des activités spéciales sont programmées pendant toute l'année. Le week-end, elle est seulement ouverte l'après-midi. Elle se trouve non loin de la station de métro Sheppard, dans la partie nord de la ville, au 5172 Yonge St, au nord de Sheppard Ave. Une petite participation est demandée à l'entrée.

Églises

L'**église anglicane de la Sainte-Trinité** (☎ 598-4521) se cache dans le centre, derrière le Eaton Centre, dans Trinity Square. Elle est exceptionnelle, à mi-chemin entre le lieu de culte et le centre d'accueil.

Ouverte en 1847, elle fut la première église de la ville à ne pas exiger de ses paroissiens une participation pécuniaire pour les bancs.

Si vous vous trouvez à Toronto en décembre, ne ratez pas les festivités extraordinaires à l'occasion de Noël. Les dons seront les bienvenus. Il faut des tickets, téléphonez pour plus de renseignements.

A l'angle de King St et de Church St fut construite la première église de la ville, en 1807. La **cathédrale St James**, érigée en 1853, l'a remplacée. C'est la plus haute église du pays. Tout à côté, au croisement de Queen St et de Parliament St, la première église catholique fut édifiée en 1822. Sur ce site se dresse maintenant une seconde **église anglicane Saint-Paul**, l'un des bâtiments de style Renaissance les plus impressionnants de Toronto.

Montgomery's Inn

Construite en 1832 par un capitaine irlandais du même nom, Montgomery's Inn (☎ 394-8113), 4709 Dundas St West, non loin d'Islington Ave, à l'extrémité ouest de la ville, est un bel exemple d'architecture loyaliste. Elle fut restaurée dans le style de 1830 à 1855.

On y sert le thé l'après-midi et un personnel en costumes répondra à vos questions, fera cuire le pain et exécutera divers travaux d'artisanat devant vous. Elle est ouverte tous les jours (seulement l'après-midi, le week-end et les jours fériés).

Enoch Turner Schoolhouse
L'école (☎ 863-0010), 106 Trinity St, non loin du croisement de King St et de Parliament St, date de 1848. C'est un bâtiment simple, restauré, où les enfants pourront se rendre compte, en semaine, de ce à quoi ressemblaient les petites classes autrefois. Ce fut la première école gratuite. Vous pourrez la visiter gratuitement en dehors des cours et autres manifestations pendant l'été. Téléphonez pour vérifier les horaires.

Bureau de poste
Datant des années 1830, la première poste de Toronto est implantée au 260 Adelaide St East. C'est l'un des deux bâtiments les plus anciens de la ville à occuper son site original (l'autre étant la Bank of Upper Canada). Elle est classée monument national historique. On peut encore y envoyer des lettres cachetées à la cire et les employés sont en costumes d'époque. Elle est ouverte 7 jours sur 7.

University of Toronto
Le principal campus de la prestigieuse université se trouve à l'ouest du Parlement de Queen's Park, par College St, dans University Ave. Vous pourrez admirer des bâtiments de styles architecturaux divers, de l'édifice de l'University College datant de 1859 à des constructions beaucoup plus actuelles. Des visites guidées gratuites du campus sont organisées en semaine, en été, avec départ de Hart House, trois fois par jour (si le temps le permet).

Autres sites historiques
Le site historique de Todmorden Mills, non loin d'une scierie datant de 1794 et d'un moulin à blé sur le Don, renferme deux maisons, avec des meubles d'époque, et une brasserie de 1825.

Sur le même site, une petite gare a été transformée en musée du chemin de fer et une ancienne usine de pâte à papier en théâtre. Ouvert tous les jours (excepté le lundi), de mai à décembre, le parc se trouve au 67 Pottery Rd. Une petite participation est exigée.

Les vastes maisons de briques rouges disséminées dans le centre-ville de Toronto furent construites dans les années 20. Les plus hautes et les plus étroites, souvent rehaussées de motifs décoratifs, sont, pour leur part, victoriennes, et datent généralement de 1890 à 1900 – quelques-unes sont plus anciennes encore.

Village de pionniers de Black Creek
La réplique d'un village de l'Ontario vieux d'un siècle, le village de Black Creek (☎ 736-1733) est la principale attraction de la ville. Il se trouve à environ une demi-heure en voiture du centre, à l'angle de Steeles Ave et de Jane St, dans le secteur nord-ouest de la ville. Il est accessible par les transports publics.

Les bâtiments restaurés et le personnel en costume d'époque recréent l'atmosphère de la vie rurale au XIXe siècle. Vous pourrez assister à des démonstrations d'artisanat avec les méthodes d'époque, à l'aide d'instruments anciens. L'un des bâtiments abrite un grand musée de jouets et une collection de sculptures sur bois. Il est ouvert de 10h à 17h tous les jours, d'avril à décembre. L'entrée est de 7 $. Des manifestations ont lieu tout l'été. Il y a un parking gratuit.

Zoo de Toronto
Ouvert en 1974, ce vaste zoo (☎ 392-5900) jouit d'une excellente réputation. C'est l'un des plus vastes et des mieux aménagés du Canada, et il continue de s'étendre. Il compte plus de 4 000 animaux sur 283 ha, certains résidant dans des enclos de la taille d'un terrain de football. Comptez une journée pour tout voir.

Les animaux sont répartis en cinq sections, correspondant à une zone géographique majeure. Le zoo compte des enclos extérieurs et des pavillons avec climat d'origine reconstitué. Une zone plongée dans une semi-obscurité permet d'observer les animaux nocturnes. Une autre vous mettra en face de castors, d'ours polaires et d'éléphants de mer dans leur milieu naturel avec une vue sous l'eau. Une section est destinée aux enfants, qui peuvent toucher les animaux et monter sur les poneys.

Le zoo est installé dans Meadwvale Rd, au nord de la Hwy 401, à la lisière est de la ville. Si vous utilisez un transport public, prenez le métro sur la ligne Bloor St, à l'est, en direction de Kennedy, la dernière station. De là, montez dans le bus Scarborough n°86A, vers le zoo. Comptez 20 mn de métro du centre-ville, 40 mn de bus, plus l'attente aux stations.

L'entrée est de 9,75 $ (tarifs réduits pour les enfants). Le parking est de 5 $. Il est ouvert de 9h à 18h30 tous les jours, une heure plus tard en été. Appelez pour vérifier les horaires.

Wonderland

Éloigné du centre-ville, Wonderland (pays des merveilles) (☎ 832-2205) – une sorte de Disneyland canadien – est ouvert depuis 1981. Vous trouverez sur ce parc qui a coûté 120 millions de dollars, expositions, jeux, animaux, spectacles et, bien sûr, manèges, y compris des montagnes russes (80 km/h). Racheté récemment par la Paramount, le parc devrait subir des réaménagements importants au cours des deux années à venir.

Couvrant 150 ha, le parc ne peut se visiter en une seule journée. Procurez-vous un guide à l'entrée. Les prix sont généralement assez chers. Le forfait pour une journée, valable pour toutes les attractions, revient à 27 $ (tarifs réduits pour les enfants). La simple entrée est de 17 $. Il faut aussi compter 6 $ pour le parking. Les spectacles organisés avec des artistes de renom au Kingswood Theatre en été sont en supplément. Wonderland est ouvert de début juin à début septembre, le week-end un mois avant et après ces dates. Les heures d'ouverture sont de 10h à 22h en pleine saison.

Le parc est situé sur la Hwy 400, à 10 mn en voiture au nord de la Hwy 401. Prenez la sortie à Rutherford Rd, si vous vous dirigez vers le nord, à Major MacKenzie Drive, pour le sud. Des bus relient les stations de métro Yorkdale et York Mills.

Wildwater Kingdom

Ouvert tous les jours de juin à septembre, ce vaste parc aquatique (☎ 369-9453) regroupe dse toboggans ainsi que des piscine à vagues et à remous. Le billet pour la journée coûte 15 $ (tarif réduit pour les enfants). Le parc s'étend à 1,6 km à l'ouest de la Hwy 427, dans Finch Ave, au nord-ouest du centre de Toronto. Vous y trouverez aussi un terrain de sport, et pourrez pratiquer diverses activités (tarifs en fonction du nombre pratiqué).

Musée des Textiles

Caché dans un secteur peu fréquenté, cet excellent musée (☎ 599-5321) est le seul du pays à rassembler et exposer exclusivement des tissus et tapisseries faites main provenant du monde entier. La collection tibétaine est exceptionnelle, tout comme celle qui est originaire d'Indonésie.

Lors de ces expositions temporaires, vous pourrez notamment découvrir des œuvres contemporaines, couvertures, tapis et autres exemples de l'art du tissage.

Le musée se trouve au 55 Centre Ave (qui débouche au sud de Dundas St West, dans Chinatown, entre Bay St et University Ave), derrière l'hôtel de ville. Regardez bien, la porte se voit mal de la rue. Il est ouvert du mardi au vendredi, de 11h à 17h ; de 12h à 17h, le week-end. L'entrée est de 5 $.

Musée de la Marine du Haut-Canada

Installé dans une caserne de 1841, à Exhibition Place, ce musée (☎ 392-1765) retrace l'histoire de la ville en tant que port. Sont exposés des maquettes et des vestiges de vieux bateaux et, en été, un vieux remorqueur à vapeur est amarré à l'extérieur. L'entrée est de 3,25 $ (tarif réduit pour les enfants). Il est ouvert du lundi au samedi, de 9h30 à 17h ; le dimanche, de 12h à 17h.

Au sous-sol du musée vous attend le *Officer's 1893 Restaurant* (☎ 868-6077) où du jeudi au samedi est recréé un dîner qui eut lieu en 1893 pour célébrer l'installation des Stanley Barracks. Des recettes de l'époque sont proposées au menu. Le prix du repas, comportant douze plats, est de 75 $ par personne, y compris les vins. L'établissement affiche généralement complet.

Hockey Hall of Fame

Installé dans le magnifique bâtiment de la vieille Bank of Montreal (datant de 1885), à l'angle nord-ouest de Front St et de Yonge St, ce temple du hockey (☎ 360-7765) répond à toutes les questions des supporters de tous âges. Pour les visiteurs peu familiarisés avec ce jeu, des expositions permettent de mieux comprendre l'histoire du hockey et surtout la passion des Canadiens pour ce sport. Vous y verrez notamment une réplique du plus grand trophée, la Stanley Cup, une reconstitution des vestiaires des Canadiens de Montréal, et pourrez profiter de diverses démonstrations interactives. L'entrée est de 7,50 $ (tarifs réduits pour les enfants et les personnes âgées). Il est ouvert tous les jours (seulement l'après-midi, le dimanche), en nocturne le jeudi et le vendredi.

Musée de la Police

Un nouveau musée de la Police, 40 College St, devrait être ouvert tous les jours, gratuitement. Les expositions présentées devraient couvrir la période de 1834 à nos jours, regroupant des uniformes, des véhicules, divers équipements et des documents sur les affaires les plus célèbres.

Redpath Sugar Museum

Dans le musée gratuit (☎ 366-3561), sur les quais, 95 Queen's Quay West, vous pourrez voir un film sur la production de cet aliment et des expositions sur les installations. Le musée est ouvert seulement le week-end, de 10h à 12h et de 13h à 15h30.

Toronto Dominion Gallery of Inuit Art

Abrité dans la mezzanine de la tour AETNA du Toronto Dominion Centre, dans Wellington St, entre Bay St et York St, ce musée (☎ 982-8473) présente une collection exceptionnelle de l'art du Grand Nord, regroupant essentiellement des œuvres datant de la Seconde Guerre mondiale à nos jours. Elle consiste surtout en sculptures en pierre et en os, une caractéristique de l'art inuit.

Le musée est gratuit et ouvert tous les jours, de 8h à 18h, du lundi au vendredi ; de 10h à 16h, le week-end. Parfois vous trouverez une corde tendue en travers de la porte. Que cela ne vous empêche pas de pénétrer à l'intérieur. Il n'y a pas toujours d'employé à l'entrée. Des visites guidées gratuites sont organisées le mardi et le jeudi, une fois par jour. Pour tout autre jour, contactez le musée.

Bourse de Toronto

La Bourse de Toronto (☎ 947-4700) est la plus importante du Canada et parmi l'une des plus modernes du monde. Chaque jour, les transactions s'élèvent à 100 millions de dollars. Vous pourrez assister à une présentation gratuite de 45 mn sur l'histoire de la Bourse et les diverses opérations, du mardi au vendredi à 14h précises.

La galerie publique est ouverte en semaine de 9h à 16h30. La Bourse est installée au 130 King St West, au carrefour nord-est de King St et de York St, en plein centre du quartier des affaires.

Urban Environment Centre

L'Urban Environment Centre (☎ 461-9654), bâtisse vieille d'un siècle, 16 Howland Rd, a été rénovée et sert à montrer comment adapter un habitat pour réduire au minimum son impact sur l'environnement. Notamment en matière de réduction des dépenses d'énergie.

Il est ouvert le mardi, le mercredi, le jeudi et le samedi après-midi. L'entrée est gratuite.

Chess Games Corner

Au cœur de la ville, à l'angle de Yonge St et de Gould St, se tient un club d'échecs non officiel. Là, par tous les temps, qu'il pleuve ou qu'il vente, nuit et jour, joueurs d'échecs et spectateurs passionnés se retrouvent. Tout commença avec l'"open highway" de Joe Smolij en 1977, cité dans le *livre Guinness des records* comme le joueur d'échecs le plus rapide au monde.

ACTIVITÉS SPORTIVES

Vélo. Le Martin Goodman Trail est une piste cyclable qui longe le bord du lac depuis les Beaches à l'est, traverse Harbourfront et le centre-ville, puis retrouve le cours d'eau Humber à l'ouest. De là, il est relié à d'autres sentiers du parc qui rejoignent, au nord, le Humber. Ce tronçon est idéal pour le vélo.

Vous pourrez ainsi aller au moins jusqu'à Eglinton, ce qui représente un certain nombre de kilomètres.

Une brochure gratuite sur les sites qui bordent le sentier est disponible à l'office du tourisme.

Le Toronto Bicycling Network (☎ 766-1985) organise pendant le week-end des excursions courtes, moyennes, ou longues, en été.

Sports aquatiques

Des piscines gratuites vous attendent dans High Park, la Gus Ryder Pool (autrefois appelé Sunnyside Natatorium), au sud du parc, au lac de Lakeshore Drive, et dans Woodbine Park, aux Beaches, à l'extrémité est de Toronto, au pied de Woodbine Ave. Quantité d'autres parcs urbains possèdent des piscines, mais celles qui sont citées plus haut sont réputées pour leur situation et leur taille.

Des plages sablonneuses, un chemin recouvert de planches et les chaudes journées d'été (en particulier le week-end), attirent des quantités de visiteurs aux Beaches. Kew Beach est la plus populaire.

A une plus petite échelle, on peut profiter des mêmes avantages à Sunnyside Beach, à l'extrémité est, au sud de High Park. Vous pourrez vous détendre sur la plage mais vous ne pourrez pas profiter de l'eau – elle est trop polluée.

On peut aussi pratiquer la planche à voile aux Beaches. A l'extrémité ouest de la plage, location de planches aux alentours de la baie Ashbridges.

Autres activités

En hiver, on peut patiner à l'hôtel de ville et au Harbourfront sur une patinoire de glace artificielle. Lorsqu'il fait très froid, on profite aussi de l'étang Grenadier de High Park. On peut également louer des patins à la patinoire de l'hôtel de ville.

Pour les activités de plein air en dehors de la ville, les deux meilleurs magasins pour le camping – Trail Head, 40 Wellington St East et Mountain Equipment Co-op, 35 Front St East – pourront vous fournir des informations sur les expéditions en canoë, les descentes de rapides et les randonnées en pleine nature.

Le Balloonery (☎ 620-7500) fournit l'opportunité de monter en ballon. Comptez environ 135 $ pour une heure ou plus. Vols en dehors de la ville, en été, avec champagne inclus dans le prix.

CIRCUITS ORGANISÉS

Compagnie sérieuse, Gray Line (☎ 594-3310) propose une promenade dans la ville de deux heures pour 20 $ (réduction pour les enfants et les personnes âgées). Plusieurs autres excursions, plus spécialisées, durent deux heures et demie. Une autre encore, d'une journée, vous emmènera, à l'ouest, jusqu'aux chutes du Niagara. Ils viennent chercher les passagers aux hôtels du centre-ville et au principal terminal des bus (610 Bay St).

On peut acheter les billets dans le bus ou au guichet Gray Line, dans le Royal York Hotel dans York St, de l'autre côté de la gare ferroviaire.

Si vous recherchez des circuits plus spécialisés, contactez Architectural Walks (☎ 922-7606). Les promenades à pied de deux heures et demie partent de la porte du vieil hôtel de ville, 60 Queen St West, et sillonnent les quartiers anciens et nouveaux au cœur de la ville. Ces visites guidées coûtent 10 $ et fonctionnent du mardi au samedi, de juin à septembre.

Un autre circuit à pied intéressant, de trois heures et demie, consiste à faire le tour du quartier chinois, avec visite dans les boutiques, les herboristes, etc., et déjeuner dans le restaurant du guide. Ce circuit est organisé par David Ko (☎ 595-6855) et il est valable tous les jours, toute l'année. Le prix (48 $) inclut le transport aller et retour à votre habitation, ainsi que le repas.

L'université de Toronto (☎ 978-5000) propose des visites gratuites du campus pendant l'été, trois fois par jour. C'est la plus grande université du pays et de magnifiques immeubles sont disséminés sur le campus. Les visites partent de la salle des cartes dans Hart House.

Plusieurs agences organisent des excursions en bateau dans le port et aux alentours des îles. La plupart partent de Harbourfront, à Queen's Quay, à John Quay et, plus particulièrement, à York Quay. Pour tout renseignement sur les croisières, contactez le ☎ 973-4094.

Mariposa Cruise Lines (☎ 203-0178) est la principale agence. Le *Chippewa*, un ancien Maid of the Mist du Niagara, est utilisé pour des tours avec commentaires d'une heure (12 $). La Mariposa propose également des excursions sur des voiliers et des croisières en soirée sur le *Northern Spirit*, avec buffet, bar et piste de danse. Pour toutes ces excursions, on peut acheter les billets à l'avance, quai d'embarquement n°6, au terminal de Queen's Quay.

Plusieurs propriétaires de voiliers proposent des excursions, d'une durée variable, dont certaines jusqu'à Niagara-on-the-Lake. Le *Challenge* (☎ 461-3866), un voilier de trois mâts, se rend au-delà des îles. D'autres bateaux pourront vous emmener à la pêche. Jetez un coup d'œil sur les docks : vous apercevrez sûrement des pancartes proposant tel ou tel type de croisières.

Le ferry des îles offre également de belles vues sur la ville pour un prix modique. Si vous visitez les îles, vérifiez l'heure du dernier retour. En été, les ferries partent toutes les demi-heures, mais ils s'arrêtent de circuler assez tôt (voir la rubrique *Îles de Toronto*).

FESTIVALS

Voici quelques-unes des principales manifestations :

Juin

Caravan – durant neuf jours ont lieu des échanges culturels entre les différents groupes ethniques, avec musique, danse, cuisine nationale. Un passeport (14 $) vous permet de visiter la cinquantaine de pavillons implantés dans toute la ville. Des bus effectuent la navette entre les pavillons.
Ces différentes manifestations se déroulent durant les derniers jours de juin. Demandez-en la liste complète à l'office du tourisme. Le pavillon japonais est l'un des plus apprécié.

Queen's Plate – principale course de chevaux annuelle et l'une des plus anciennes d'Amérique du Nord (depuis 1859), le Queen's Plate se court au Woodbine Track (☎ 675-6110) vers la fin du mois de juin.

Gay Pride Day Parade – organisée depuis déjà deux décennies, cette manifestation connaît un succès croissant et culmine avec un défilé provocateur dans le centre-ville, à la fin de juin. Les Torontois viennent nombreux assister à cette fête gigantesque qui réunit jusqu'à 100 000 participants. La communauté homosexuelle de Toronto est regroupée autour de Church St, entre Carlton St et Bloor St, où se déroule le défilé.

Juin-juillet

Festival de Jazz – réputé et jouissant d'une notoriété croissante, le festival de jazz annuel du Maurier, dans le centre-ville, se déroule en juin et début juillet, avec une semaine de concerts jour et nuit. Des musiciens locaux, américains et européens participent à ce festival qui réunit jusqu'à 1 000 participants. On y entend aussi plus de gospel et de blues qu'auparavant. Ateliers, films et même croisières sont proposés. Les spectacles vont des manifestations de rue aux soirées dans les night-clubs et aux concerts en salle. Les prix sont très variés mais généralement abordables.

Soul & Blues Festival – le festival précédent ne doit pas faire oublier celui de Soul & Blues qui se déroule chaque année fin juillet dans Harbourfront.

Pique-nique international – au début de juillet, chaque année, on organise un gigantesque pique-nique dans les jardins du CNE pour fêter l'arrivée de l'été. L'entrée est gratuite. Il offre musique, danse, concours et quantité de nourriture. C'est une manifestation très populaire auprès de la communauté italienne.

The Molson Indy – seule course de voitures importante de Toronto, elle est devenue une tradition annuelle. Début juillet, les grands noms du circuit international viennent concourir devant une foule dense pendant les deux jours de qualification, puis le troisième jour, celui de la grande course. Elle se tient dans

En haut : déploiement des couleurs à l'automne en Ontario (ML)
En bas : le littoral venteux de la baie géorgienne, Ontario (ML)

En haut : le centre-ville de Calgary (TS)
En bas : canyon Horseshoe, dans les Badlands près de Drumheller, Sud de l'Alberta (TS)

Exhibition Place et Lakeshore Blvd et alentour, dans la partie centrale sud de la ville.

Fringe Theatre Festival – avec plus de 400 spectacles étalés sur dix jours à six endroits différents, généralement en juillet,ce festival "off" est devenu une rencontre théâtrale majeure. Les participants sont choisis par une loterie, ce qui explique la variété des spectacles, leur forme et leur qualité si diverses. Attendez-vous à l'inattendu. Drame, comédie, comédies musicales et spectacles de cabaret font partie du festival. Demandez à l'office du tourisme le programme de l'année.

Juillet-septembre

Mariposa – fondé au début des années 60, Mariposa (☎ 778-9063) est un festival de musique folk, bluegrass et amérindienne. Se limitant d'abord à trois jours de spectacles, le festival inclut maintenant des concerts toute l'année à différents endroits de la ville.

La principale manifestation annuelle se tient en juillet ou en août, à Toronto, souvent sur l'une des îles. Ateliers, jam sessions et danses folkloriques font partie du programme. Pour tout renseignement sur les différentes manifestations et leur emplacement, appelez le bureau du festival ou l'office du tourisme.

Caribana – festival antillais annuel qui connaît une popularité croissante, le Caribana (☎ 925-5435) a célébré son 25e anniversaire en 1991. Il se déroule dans Centre Island, au début d'août. Il dure un week-end et est essentiellement consacré à la musique et à la danse reggae, steel drum et calypso.

La principale attraction, toutefois, consiste en un gigantesque défilé. Environ 6 000 personnes défilent pendant cinq heures, arborant des costumes étonnants ou provocants. D'autres manifestations et concerts se déroulent sur deux semaines jusqu'au week-end sur l'île. Téléphonez pour plus de renseignements sur les festivités et l'achat des billets.

Canadian National Exhibition (CNE) – elle prétend être la plus grande foire annuelle du monde. Elle inclut des expositions agricoles et techniques, des concerts, des démonstrations, des présentations artisanales, des défilés, un excellent spectacle en plein air, une démonstration hippique, toutes sortes de jeux et manèges, et des feux d'artifice. La foire se déroule pendant deux semaines jusqu'à la fête du Travail, qui tombe début septembre, à Exhibition Place, qui se trouve à côté de l'ancien stade de football CNE, dans Lakeshore Blvd West, près du lac.

Film Festival – le festival annuel du Film est un événement cinématographique de renommée internationale. Il a généralement lieu en septembre, et dure une dizaine de jours pendant lesquels sont projetés des films en tout genre. Pour plus de renseignements, adressez-vous à l'office du tourisme, ou consultez les journaux et revues. Vous pourrez acheter des billets séparés ou vous offrir un forfait valable pour toutes les projections.

Toronto Star Great Salmon Hunt – ce concours annuel de pêche, qui se déroule en été (en juillet ou en août), attire au bord du lac Ontario des pêcheurs venus de toute la province. Des prix de plusieurs milliers de dollars récompensent les vainqueurs.

Octobre

International Festival of Author – il a lieu en automne (généralement en octobre), à Harbourfront. Ce festival international de littérature réunit des romanciers, des poètes, des auteurs de nouvelles du monde entier, qui viennent présenter leurs œuvres. Chaque soirée est consacrée à trois ou quatre écrivains.

Des lectures sont également organisées pendant l'année, sur une semaine, avec la participation d'auteurs moins célèbres.

OÙ SE LOGER

Camping

Plusieurs terrains de camping/caravaning sont regroupés dans un rayon de 40 km. L'office du tourisme en possède la liste complète.

Un des plus proches, l'*Indian Line Campground*, qui fait partie du Clairville Conservation Area (☎ 678-1233), se trouve au nord d'Indian Line Rd, orientée nord-sud, à l'est de l'aéroport. Le terrain est implanté non loin de Steeles Ave, qui délimite la lisière nord de la ville. C'est probablement le site le mieux adapté au camping en tente, avec 224 emplacements.

Également proche de la ville, le *Glen Rouge Park* (☎ 392-2541), dans Kingston Rd (Hwy 2), à Altona Rd, non loin de Sheppard Ave East. Il est situé en face du lac, en bordure de Scarborough, qui fait partie de l'agglomération de la ville, et de Pickering, à la lisière est de Toronto. Il contient environ 120 emplacements.

Auberges de jeunesse

La situation des auberges de jeunesse s'est beaucoup améliorée depuis la précédente édition de cet ouvrage. La HI *Toronto Hostel* (☎ 368-0207) est située en plein centre-ville, au 223 Church St, au sud de Dundas St East, à trois pâtés de maisons à l'est du Eaton Centre, dans Yonge St. La station de métro est Dundas. Le bâtiment rénové est ouvert toute l'année et peut accueillir 154 locataires. En été, mieux vaut réserver. Les aménagements disponibles incluent laverie et cuisine. Elle est ouverte de 7h à 2h du matin et pratique des tarifs modiques pour le centre-ville – 14/20 $ pour les membres/non-membres. Des chambres semi-privées pour quatre sont également disponibles, pour un prix un peu plus élevé. Si vous ne disposez pas de sac à viande, on vous en fournira un.

Vous pourrez devenir membre de l'Hostelling International (HI) Canada (☎ 368-6469) au 209 Church St.

La *Leslieville Hostel* (☎ 461-7258), indépendante, offre une bonne solution de rechange, à 4 km du centre-ville, 185 Leslie St, dans un secteur résidentiel. Du centre, c'est à 20 mn par le tramway de Queen St, qui circule 24 h sur 24, jusqu'à Leslie St, à une courte distance à pied de l'auberge, au nord. Familiale, l'auberge dispose de 25 chambres, la plupart en petits dortoirs, à l'exception de deux chambres individuelles. Comptez 15 $ par lit en dortoir, petit déjeuner compris. Elle est ouverte toute la journée et possède un parking.

A proximité, la *Merry Mattress* (location par l'intermédiaire de la Lieslieville) est un peu moins chère sans le petit déjeuner (toutefois proposé). Également composée de dortoirs, elle propose aussi deux chambres individuelles en option. Pas de coin cuisine à l'une ou l'autre adresse.

La *Marigold International Hostel* (☎ 536-8824), également privée, est affiliée aux Backpackers, à l'extrémité ouest de la ville, 2011 Dundas St West. Elle se trouve sur le trajet des tramways provenant du centre-ville, de College St ou de Dundas St. Comptez 20 mn. Évitez les tramways qui passent par Dundas St le dimanche, car ils traversent Chinatown, où l'encombrement est tel ce jour-là que vous resterez des heures sur place ! Une autre solution vous est offerte par le métro jusqu'à la station Dundas West, d'où vous pourrez prendre le tramway vers l'est, jusqu'à l'auberge.

La Marigold fournit café et beignets chaque matin, mais ne dispose pas de coin cuisine. Inscription de 7h à 23h. Les lits en dortoir coûtent 17,50 $ par nuit (19,50 $, après 23h). Elle dispose de 36 lits et d'une chambre pour couple. Elle est ouverte toute l'année.

L'auberge *YWCA* (☎ 923-8454), pour femmes seulement, est centrale au 80 Woodlawn Ave, près de Yonge St. Vous y trouverez une cafétéria. Le prix d'une simple est de 42 $, moins si vous partagez une double ou un dortoir à 17 $. Le petit déjeuner est compris. L'hiver, si vous restez une semaine ou plus, négociez une réduction.

La *YMCA*, dans le centre-ville, ne loue pas de chambres.

Collèges

Centrale, l'*University of Toronto* (☎ 978-8735) loue des chambres dans diverses résidences universitaires. Le campus se trouve à l'angle de University Ave et de College St. Les chambres sont disponibles de la mi-mai à la fin août. Les simples/doubles coûtent 42/60 $, petit déjeuner et service d'une femme de chambre compris, et elle pratique de très avantageux tarifs à la semaine.

Des chambres sont également disponibles dans un autre campus, plus petit et moins excentré. Vous trouverez aussi des chambres dans certaines résidences du centre-ville, telles que Trinity College.

York University (☎ 736-5175) loue également des chambres de mai à la fin août. En revanche, elle est très excentrée, située à la limite nord de la ville, 4700 Keele St, non loin de Steeles Ave. Les simples/doubles coûtent 30/50 $, moins pour les étudiants. Mieux vaut réserver.

Le *Neil Wycik College Hotel* (☎ 977-2320), une résidence et un hôtel pour étudiants, en appartements, est située 96 Gerrard St East, près de Ryerson Polytechnic University. Il est maintenant affilié aux Backpackers Hostels. En été, les chambres de la résidence ne sont pas disponibles (pendant quatre mois), mais celles de l'hôtel sont proposées au tarif intéressant de 29/36 $ en simple/double. Des chambres familiales bon marché sont également disponibles. Vous pourrez prendre votre petit déjeuner (compris dans le prix) à la cafétéria tenue par des étudiants.

Le *Tartu College* (☎ 925-4747), 310 Bloor St West, non loin de Yonge St, propose des chambres en été. Pour une simple, comptez 30 $ par jour, ou 130 $ par semaine.

Tourist homes

Il y a peu de pensions de famille commerciales, mais celles qui existent sont généralement centrales, bien entretenues, confortables et à un prix moyen. A la différence des hôtels, elles ne modifient pas leur tarif selon les saisons.

La *Karabanow Guesthouse* (☎ 923-4004) est bien située, 9 Spadina Rd, au nord de Bloor St West. Les prix incluent parking, ménage quotidien et TV par câble. Elle loue des simples à partir de 45 $, des doubles de 50 $ à 60 $. Pour toute nuit passée après cinq jours de séjour, une réduction de 5 $ vous est offerte.

Autre établissement recommandé, la *Beverley Place* (☎ 977-0077), 235 Beverley St, une petite rue orientée nord-sud, qui relie College St à Queen St West, entre University Ave et Spadina Ave. La pension est bien située, non loin de College St, proche de l'université. Chinatown, Queen St West et même la tour CN sont accessibles à pied. Elle est installée dans une maison victorienne de trois étages, bien restaurée. Elle est meublée d'antiquités et d'objets de collection. Un petit déjeuner complet est également inclus dans le prix des chambres que les locataires sont vivement encouragés à prendre sur le patio.

Raisonnables, les prix varient selon les chambres : comptez à partir de 45/60 $ pour une simple/double. La "chambre de la Reine" (dotée d'un lit impressionnant) est plus chère, de même que l'appartement aménagé au troisième étage, avec balcon et vue sur la ville. Pendant la haute saison, qui dure de juin à novembre, mieux vaut réserver. Une précaution valable pour toutes adresses fournies à cette rubrique.

La *Burkin Guesthouse* (☎ 920-7842) est également bien située au nord de College St, 322 Palmerston Blvd, une agréable et tranquille avenue bordée d'arbres. C'est une vieille maison, vaste (8 chambres), bien entretenue, dotée d'un agréable balcon au deuxième étage. Les prix sont un peu plus élevés : de 45 $ à 55 $ pour une simple, de 60 $ à 65 $ pour une double, selon la taille de la chambre, petit déjeuner continental compris. Il est interdit de fumer. Quelques places de parking.

Au 1233 King St West, la *Candy Haven Tourist Home* (☎ 532-0651), plus simple, se trouve sur la ligne du tramway. Elle est centrale et les chambres sont équipées de lavabos. Les simples/doubles coûtent environ 40/45 $.

Encore plus à l'ouest, au 1546 King St, non loin de Roncesvalles Ave, la *Grayona Tourist Home* (☎ 535-5443) est une vieille demeure rénovée, tenue par Marie Taylor, une Australienne très accueillante. Comptez de 35 $ à 45 $ pour les simples, de 45 $ à 55 $ pour les doubles. A l'exception d'une minuscule chambre, toutes sont équipées d'un réfrigérateur et d'une TV. Les plus chères disposent d'un coin cuisine et sont idéales pour les familles (il y a même un berceau). La nouvelle chambre familiale (avec s.d.b. et cuisine) revient à 75 $.

La Grayona se trouve à environ 7 km du centre-ville. Le tramway qui emprunte King St s'arrête pratiquement devant sa porte. A l'ouest, deux autres pensions jalonnent Roncesvalles Ave.

A l'extrémité est, à quelques mètres de la station de métro Greenwood, à l'angle du quartier des restaurants grecs, vous attend l'*Allenby* (☎ 461-7095), 223 Strathmore Blvd. Les étages supérieurs de cette maison de trois étages comportent des chambres très confortables, ainsi qu'une cuisine, réservée aux visiteurs. Les tarifs varient, en fonction surtout de la taille des chambres, avec des simples de 45 $ à 60 $, des doubles de 50 $ à 65 $. Quelques unités d'habitation aménagées sont également disponibles, dont les tarifs à la semaine sont intéressants.

B&B

C'est une forme d'hébergement qui connaît une popularité croissante. Il est parfois difficile de trouver une chambre chez l'habitant, surtout en été.

Il existe plusieurs associations de B&B qui disposent de listes de chambres soigneusement contrôlées, et qui s'occupent des réservations. Inutile de vous rendre à l'agence, il suffit de téléphoner.

Metropolitan B&B Registry (☎ 964-2566) est l'agence la plus importante, avec des membres dans la ville et à l'extérieur. Elle est installée au 615 Mount Pleasant Rd, Suite 269, Toronto M4S 3C5. Ils semblent pratiquer les tarifs les plus bas en simple (à partir de 40 $). Les doubles coûtent de 50 $ à 75 $. Il est interdit de fumer.

Toronto B&B Inc (☎ 588-8800), à l'adresse postale Box 269, 253 College St, Toronto M5T 1R5, regroupe une vingtaine de membres. Les simples/doubles coûtent 45/55 $. L'agence ne possède pas de bureau ouvert au public. Si vous vous trouvez à Toronto, téléphonez.

Enfin, Downtown Toronto Association of B&B Guesthouses (☎ 690-1724) est implantée 153 Huron St (PO Box 190, Station B, Toronto, M5T 2W1). Les chambres proposées sont toutes au centre-ville, la plupart dans des maisons victoriennes rénovées, et coûtent de 45 $ à 65 $ en simple, de 55 $ à 75 $ en double. La fondatrice de l'association, Susan Oppenheim, loue des chambres dans sa propre maison.

Ces associations disposent de brochures contenant la liste des membres, la description de l'hébergement et les aménagements offerts.

Hôtels – catégories inférieure et moyenne

Vous trouverez quelques vieux hôtels bon marché, regroupés au cœur de la métropole, dans Church St, Jarvis St et Sherbourne St, à l'est de Yonge St. Certains secteurs de ce quartier sont peu recommandés et les chambres parfois louées à d'autres fins que le sommeil. Les femmes auront tout intérêt à ne pas s'y promener seules la nuit, en particulier aux alentours de Church St et de Jarvis St, à proximité d'Isabella St, et aux environs de Dundas St.

Mieux vaut éviter la nuit le secteur sud de Jarvis St, entre Carlton St et Queen St, ainsi que les rues à proximité.

Quoi qu'il en soit, quelques adresses restent parfaitement tranquilles et sûres. La meilleure affaire rapport qualité/prix, dans la catégorie petit budget, est le *Selby* (☎ 921-3142) 592 Sherbourne St, au nord de Wellesley St. Cette demeure victorienne à tourelles, classée monument historique, date de 1882. Ce fut d'abord une école de filles. Puis Hemingway y résida à l'époque où il travaillait pour le *Toronto Star*, avant son départ pour Paris. L'hôtel a été largement rénové. Les simples/doubles coûtent de 50 $ à 80 $, selon leur taille, leurs aménagements, et la présence éventuelle d'une s.d.b. Les prix baissent légèrement durant les mois d'hiver et un forfait à la semaine est proposé toute l'année. Un petit déjeuner continental est inclus dans le prix. Mieux vaut réserver de mai à octobre.

Plus au sud, le *St Leonard* (☎ 924-4902) est installé 418 Sherbourne St. Il est désuet, propre et accueillant. Il dispose de 22 chambres, certaines équipées d'une s.d.b. et d'une TV. Le prix des simples varie de 42 $ à 50 $. Doubles de 49 $ à 59 $.

Le *Whitehouse Hotel* (☎ 362-7491), 76 Church St, est un immeuble tout en hauteur, dont les 35 chambres sont réparties sur neuf étages. Il est très populaire auprès des visiteurs étrangers, en particulier les Américains, mais la qualité du service et de l'entretien a considérablement baissé depuis quelques années. Une simple/double revient à 65/75 $ en haute saison. Demandez à voir la chambre avant de réserver. Tous les sites intéressants du centre-ville sont accessibles à pied.

Pour ceux que les établissements peu recommandables ne rebutent pas, le *Gladstone*, 1214 Queen St West, est installé dans un magnifique immeuble ancien qui a connu des jours meilleurs (bien que ravalé). Il pratique des prix bon marché – moins de 30 $ – mais l'endroit n'est guère conseillé aux femmes seules.

De catégorie moyenne, le *Strathcona* (☎ 363-3321) est également un vieil établissement réaménagé. Il dispose aujourd'hui de tous les aménagements nécessaires, mais pour un hôtel du centre-ville, reste d'un prix modéré (75 $ pour les simples, 90 $ pour les doubles). Il est très bien situé, 60 York St, tout près de la gare ferroviaire. Il y a une salle à manger, une cafétéria et un aussi bar.

Le *Victoria* (☎ 363-1666), 56 Yonge St, est l'un des meilleurs petits hôtels du centre de Toronto. Entièrement rénové, il a conservé quelques vestiges du passé, tel son superbe couloir. Les prix varient de 75 $ à 95 $.

Le *Comfort Inn* (☎ 924-7381), 15 Charles St, pratique des prix similaires.

D'une catégorie supérieure, le *Bond Place* (☎ 362-6061) est surtout fréquenté par des touristes, dont les bus sont garés juste devant. Il est formidablement situé, près d'Eaton Centre, 65 Dundas St East. Il loue des simples/doubles de 69 $ à 109 $.

Plus proche du motel, mais très confortable, meilleur marché et doté d'un parking, l'*Executive Inn* (☎ 362-7441), 621 King St West, propose 75 chambres, à environ 75 $ la double. Il est central et le tramway passe devant.

Hôtels – catégorie supérieure

Le *Four Seasons* (☎ 964-0411) propose les chambres les plus chères de Toronto. Il est établi à Yorkville, 21 Avenue Rd, où les prix démarrent à 225 $ la nuit (moins cher le week-end). Jouissant également d'une excellente réputation, et doté d'un superbe hall, le *Hilton International* (☎ 869-3456), se trouve en plein centre-ville, 145 Richmond St West. Il loue des simples/doubles à partir de 185/200 $.

Le *Harbour Castle Westin* (☎ 869-1600) est bien situé, 1 Harbour Square, en bordure du lac, en face des îles de Toronto. Le restaurant tournant offre de belles vues sur la ville et le lac. Comptez environ 20 $ de moins qu'au Hilton.

Dans la même catégorie, vous disposez aussi du très confortable *King Edward* et du *Skydome Hotel*, près du stade du centre-ville.

Le *Royal York* (☎ 368-2511), une vénérable institution, 100 Front St, en face de la gare ferroviaire, mérite une mention particulière. C'est le plus ancien des hôtels haut de gamme, et il a accueilli aussi bien des stars du rock que des têtes couronnées. Au sous-sol, il dispose de plusieurs bars où l'on peut se restaurer. Comptez au minimum 150 $ pour une simple.

Sur le chemin de l'aéroport sont regroupés plusieurs hôtels de même catégorie, notamment le *Journey's End Hotel* (☎ 240-9090), 2180 Islington Ave.

Appartements

Ces dernières années, nombre de chambres toutes équipées avec cuisine ont fait leur apparition dans les immeubles, les maisons privées et les hôtels. Elles appartiennent généralement à la catégorie supérieure, avec tout le confort moderne, et sont principalement destinées aux membres d'une entreprise ou aux hommes d'affaires. Un séjour minimal est souvent exigé, pouvant aller de trois jours à un mois.

Très central, le nouveau *Town Inn Hotel* (☎ 964-3311) est installé 620 Church St, deux pâtés de maisons au sud de Bloor St. Pour un prix équivalent à une chambre d'hôtel, vous obtiendrez une suite avec cuisine. Il y a une piscine et un sauna. Une double coûte 95 $, petit déjeuner compris.

Vous devrez rester au moins trois semaines dans l'un des appartements (d'une à cinq chambres) du *Andrews Apartments* (☎ 267-1118). Il possède également quelques unités d'habitation, de type motel, au sous-sol, 2245 Kingston Rd, entre Midland Ave et Danforth Ave. Comptez environ 375 $ par semaine.

Executive Travel Suites (☎ 273-9641) dispose de quatre immeubles de ce type dans le centre-ville. Un séjour de trois jours minimum est exigé (environ 100 $

par jour). Chaque unité est composée d'une chambre à coucher, d'une salle à manger, et chaque immeuble offre divers aménagements tels que piscine, balcons, terrasse sur le toit ou restaurant. La signature d'un contrat est obligatoire. Avant d'emménager, vérifiez soigneusement que le logement est conforme aux engagements pris dans ce même contrat. On nous a signalé des plaintes concernant l'ameublement, le service, etc. Executive fonctionne depuis plusieurs années, mais est surtout destiné aux hommes d'affaires, et tend peut-être à négliger les simples touristes.

Autre adresse, le *Cromwell* (☎ 962-5604), 55 Isabella St, est central, mais situé dans le quartier de la prostitution, donc ennuyeux pour les femmes seules, le soir. Comptez 55 $ par jour (location de trois jours minimum).

L'office du tourisme pourra vous fournir d'autres adresses d'appartement à louer pour une courte durée.

Motels

Pour une métropole de cette taille, Toronto manque nettement de motels, qui affichent souvent complet en été. La plupart sont regroupés dans deux quartiers de la ville, les autres étant disséminés aux alentours.

Côté ouest, quantité de motels (menacés par le réaménagement) bordent le lac, dans Lake Shore Blvd West (autrefois la Hwy 2). Beaucoup sont rassemblés entre la rivière Humber et Park Lawn Ave, à l'ouest de High Park, quartier de la prostitution. Plusieurs motels se sont reconvertis dans ce commerce lucratif, mais quelques-uns parfaitement recommandables souffrent de ce voisinage et sont désertés.

Ce secteur n'est pas très éloigné du centre-ville, à environ 12 km de Yonge St, et il est sillonné par les tramways. Pour vous y rendre, empruntez le tramway de Queen St ou de King St en provenance de Roncesvalles Ave, dans le centre, puis continuez jusqu'au Humber. Changez alors de tramway pour celui du Humber (pas de supplément à acquitter) qui longe la rive du lac. Des motels bordent le rivage et plusieurs parcs, à proximité, qui donnent sur le front de mer, offrent une halte agréable où l'on peut profiter de la brise, en été, ainsi que des vues superbes sur la ville et les îles. Il y a environ une dizaine de motels de chaque côté. Les meilleurs affichent souvent complet en été.

Plus à l'ouest, on reconnaît le *Beach Motel* (☎ 259-3296), 2183 Lake Shore Blvd West, à sa pancarte jaune. Il loue 40 chambres confortables (à partir de 55 $) et un parc jouxte l'entrée.

Un peu meilleur marché, le *Silver Moon* (☎ 252-5051), 2157 Lake Shore Blvd, propose des chambres de 45 $ à 65 $.

Un peu plus proche de la ville, le *Hillcrest* (☎ 255-7711), 2143 Lake Shore Blvd, est également confortable et pratique des prix similaires. Le *North American* (☎ 255-1127), plus vaste, est un établissement de deux étages, de couleur verte. Situé au 2147 Lake Shore Blvd, il semble en perte de vitesse.

Le *Seahorse* (☎ 255-4433), moderne, bien entretenu, est sans doute le plus prospère. Il offre des chambres réservés aux amoureux, avec lits sur matelas d'eau, miroirs, etc. Il y a aussi une piscine. Il est plus cher, mais certaines simples restent abordables.

Plus proche de la ville, juste avant la longue rangée des motels, le *Inn on the Lake* (☎ 766-4392), 1926 Lake Shore Blvd, est très populaire auprès des visiteurs américains. Les prix sont généralement affichés sur la pancarte du motel, et démarrent aux alentours de 69 $. La crêperie avoisinante, Golden Griddle, est l'endroit idéal pour prendre son petit déjeuner ou un brunch, pendant le week-end.

Pas très loin, à l'ouest de Queensway au n°638, le *Queensway Motel* (☎ 252-5281) se tient à l'écart du trafic, dispose souvent de chambres lorsque les autres motels affichent complets et pratique des prix très bas. Plus à l'ouest encore, le *Deluxe* (☎ 252-5205) vous attend au n°1554.

Des motels sont disséminés de manière sporadique le long de Lake Shore Blvd, en direction de Hamilton (autrefois c'était la principale artère. Ils sont plus nombreux dans Dundas St West, à l'ouest de la Hwy 427 (davantage située dans la banlieue de Mississauga que dans Toronto proprement dit). Depuis Lake Shore Blvd, remontez vers le nord par la Hwy 427, puis tournez à gauche (ouest).

L'autre secteur principal des motels se trouve à l'est de la ville, dans Kingston Rd, qui débouche de Queen St East puis qui bifurque dans la Hwy 2 en direction de Montréal. Les motels commencent à l'est de Brimley Rd, secteur plus éloigné du centre et du trafic (en provenance des États-Unis), et donc moins cher et moins fréquenté. En revanche, il est d'un accès difficile. La gare Guildwood des trains GO, un service de correspondances, est installé à l'est de la rangée des motels. Elle dispose d'un parking et des trains se rendent fréquemment au centre-ville. Beaucoup plus lente, la Toronto Transit Commission peut également vous déposer dans Toronto.

Le *Avon* (☎ 267-0339), 2800 Kingston Rd, après le parc Bluffers, est un établissement attrayant qui loue des chambres de 35 $ à 50 $, avec TV et la piscine est chauffée.

Tout à côté, le *Royal Motel* (☎ 264-4381), 2746 Kingston Rd, est également confortable, avec des chambres de 38 $ à 55 $. Ces deux établissements sont proches de Brimley Rd. Un pâté de maisons au nord de Brimley Rd se trouve St Clair Ave, où des bus vous conduiront au métro.

Au 3126 Kingston Rd, le *Park* (☎ 261-7241) pratique des prix similaires, voire moins élevés que les précédents.

Plus excentré encore, à l'est d'Eglinton, le très attrayant *Idlewood Inn* (☎ 286-6861), 4212 Kingston Rd, est un motel vaste, moderne, doté d'un jardin bien entretenu et d'une piscine. Les tarifs sont plus élevés, de 50 $ à 70 $.

OÙ SE RESTAURER

Toronto offre un bon choix de restaurants, à tous les prix, et d'origines les plus diverses grâce aux nombreuses nationalités présentes dans la ville. La plupart des établissements cités ci-dessous sont situés au centre et accessibles en transport public. Ils sont répertoriés selon le quartier et le type de cuisine servie.

Yonge St et alentour

Bien que très fréquenté nuit et jour, Yonge St n'est pas le principal secteur des restaurants. Dans le centre, on trouve surtout des fast-foods et des comptoirs offrant des repas à emporter. La rue compte quelques exceptions qui servent surtout à déjeuner plutôt qu'à dîner.

Au sud d'Eaton Centre, Yonge St est particulièrement désert. Pour trouver un restaurant, il faut se rabattre vers le centre et le nord de Bloor St. Deux pubs sont notamment installés dans le gigantesque centre commercial. A l'étage inférieur, *Michel's Baguette* propose des plats bon marché mais quelconques. En revanche, il prépare de bons gâteaux, des salades, des sandwiches et un excellent café.

L'*Aida's* propose des falafels bon marché, du taboulé et plusieurs autres spécialités libanaises.

Au 362 Yonge St, le *Swiss Chalet* est une succursale de la très populaire chaîne canadienne de poulet rôti et pommes de terre. Les repas sont économiques et savoureux.

L'immense cafétéria, bruyante et souvent bondée, de la *Ryerson Polytechnic University*, offre des repas corrects à des prix étudiants, servis (seulement à l'heure des repas) à la cafétéria de Jorgenson Hall, à l'angle de Gerrard St East et de Victoria St.

Les meilleures adresses sont regroupées entre College St et Bloor St. Ce qui n'est pas le cas entre le quartier d'Eaton Centre et de College St. Au nord en revanche, le secteur s'anime à nouveau, en particulier vers Bloor St et au-delà. Au "hole-in-the-wall" (le trou dans le mur), le *Papaya Hut*, 513A Yonge St, sert une soupe de légumes faite maison, des sandwiche et une boisson à la papaye qui offre une savoureuse solution de rechange à la nourriture habituelle. Une cuisine de pub anglais et une bonne variété de bières vous attendent au *Artful Dodger*, avec un patio en plein air. Il se cache dans Isabella St, à quelques mètres à l'est de Yonge St.

De style cafétéria, *Vegetarian Restaurant*, 4 Dundonald St, à quelques mètres également de Yonge St, jouit d'une bonne réputation. Les plats variés et peu chers incluent des spéciaux du jour, des soupes, des salades, des sandwiches à préparer soi-même, et de bons desserts. C'est un endroit calme, discret, ouvert tous les jours, mais fermé le dimanche jusqu'en soirée.

Dans Yonge St, les restaurants *Mr Submarine* proposent d'excellents sandwiches mixtes pour 4 $ et plus. Deux autres restaurants de la chaîne *La Maison du Croissant*, sont parfaits pour prendre un petit déjeuner rapide ou un snack dans l'après-midi. L'établissement installé à l'angle de Yonge St et Maitland St est tout particulièrement succulent. Un autre est implanté au croisement de Yonge St et de Bloor St.

649 Yonge St, *Alfred's* sert un bon fish (flétan) & chips depuis 20 ans.

Cafés, restaurants et boîtes de nuit bordent Church St, aux alentours de Wellesley St. Ce quartier est très animé, et plus haut de gamme, en particulier le long de Church St. Pour déguster un bon steak, rendez-vous chez *Le Baron*, implanté plus au sud, 425 Church St, est là depuis trente ans et ne sert que des steaks.

A la porte voisine l'Hostelling International (HI) se trouve le petit *Passport Café*, bon marché et décontracté, où vous pourrez prendre un repas, un café ou une bière. Le patio en plein air est agréable en été.

Lorsque l'on redescend vers le 287 King St West, non loin du Skydome, le *Groaning Board*, récemment rénové, est une institution de Toronto. D'excellentes soupes, des salades et des plats végétariens sont disponibles. Il est réputé pour ses projections de publicité internationale, le soir. Il est ouvert tous les jours, de 8h à 24h.

Dans un ordre de prix et de catégorie croissants, les trois restaurants du Skydome sont le *Hard Rock Café*, le *Café on the Green* et le *Windows*. Les prix des repas sont plus élevés lorsqu'il y a un match. Comptez alors 30 $ au Windows pour un buffet froid et chaud. Le repas complet proposé au Café on the Green est un peu moins cher.

Au Hard Rock Café, il faut prévoir des réservations jusqu'à un mois à l'avance pour une table avec une bonne vue, et un repas au minimum est exigé lorsque se déroule un match ou une autre manifestation majeure. Lorsqu'il n'y a pas de match, l'établissement ressemble à un restaurant/pub ordinaire. Vous pouvez alors y déguster simplement un hamburger ou un café. Il est ouvert tous les jours de midi au soir, très tard. Pour tout renseignement et réservations contactez le ☎ 341-2424.

Bloor St

Bloor St offre toutes sortes de cuisines. Aux alentours de Yonge St, un secteur regroupant boutiques de luxe et de mode, vous attend un excellent restaurant, jamais signalé : le *Café at Holt's*, au troisième étage des grands magasins Holt Renfrew, situé au 50 Bloor St West. Autrefois très avantageux, il est devenu trop cher le midi. Toutefois, le thé avec scones et crème de Devon, servi après 15h, reste un plaisir que l'on peut encore s'offrir.

Endroit bon marché, qui mérite une visite si vous êtes dans le coin, le *Masters' Restaurant*, 310 Bloor St West, est installé dans le bâtiment de la faculté d'Éducation, à l'est de Spadina Ave. Essentiellement fréquenté par des étudiants, il est ouvert de 7h à 19h, du lundi au vendredi. Les repas de style cafétéria (agneau, sole, *shepherd's pie*) sont très bon marché. Des petits déjeuners complets sont également disponibles. Bloor St West, aux alentours de Bathurst St, est un quartier étudiant très vivant, doté de nombreux restaurants peu chers et bons, de quelques cafés, dont le *Brunswick Tavern* – une institution –, et du populaire Bloor St Cinema.

Le *Continental*, un restaurant hongrois implanté 521 Bloor St West, est confortable et intime. Sont proposés cinq repas par jour, y compris des plats de riz et de schnitzels, pour un prix moyen de 10 $.

Les végétariens pourront se rendre au *Kensington Natural Bakery Vegetarian Restaurant*, 460 Bloor St West. *By the Way Café*, qui arbore encore l'ancienne enseigne

"Lickin Chicken", est un endroit populaire et un lieu de rencontre. Il sert des plats du Moyen-Orient ou végétariens corrects et de succulents desserts. Il y a quelques tables dehors. Il se trouve à l'angle nord-ouest de Bloor St et de Brunswick Ave.

Queen St West

Dans Queen St West, entre Spadina Ave et University Ave, la renaissance générale du quartier a entraîné une formidable éclosion de restaurants. D'abord fréquentés par des artistes, de nombreuses boutiques et restaurants ouvrirent leurs portes, bientôt remplacés par d'autres avec le succès. Certains établissements se soucient plus de la mode que de la qualité, mais le quartier reste varié et attrayant, avec quelques bons restaurants à un prix abordable. L'un des meilleurs, est le très confortable *Queen Mother*, 208 Queen St West. Il propose un menu bon, varié, et sert café et snacks toute la journée.

Le *Barney's*, 385 Queen St West, est une vieille institution locale. Les quelques petites tables et les 13 chaises sont généralement toutes occupées à l'heure du déjeuner. Les spécialités sont le corned beef et les petits déjeuners. Le *Black Bull*, un établissement servant de l'alcool, et doté d'un patio toujours bondé, se trouve au 298 Queen St West, à l'angle de Soho St, au cœur de l'animation de Queen St.

Nombre des résidents jeunes et des artistes fauchés du quartier ont déménagé plus à l'ouest, entre Spadina Ave et Bathurst St, ou au-delà. Là aussi, vous trouverez quelques petits restaurants, et des boutiques spécialisées, y compris quelques librairies. Surtout ne ratez pas la *Future Bakery*, 739 Queen St West, l'endroit idéal pour un repas léger, un snack ou un café à n'importe quelle heure du jour ou de la nuit. L'atmosphère y est décontractée, confortable, et l'odeur du pain et des pâtisseries qui monte du sous-sol est irrésistible.

Quartier du théâtre

En redescendant, au croisement de King St et de Simcoe St, est implanté le complexe d'Ed Mirvish. Ses célèbres restaurants sont regroupés en face du Roy Thompson Hall, autour du Royal Alexander Theatre. Si les plats de viande sont bons, les légumes congelés et les pommes de terre déshydratées ne méritent aucun commentaire.

Old Ed's est un endroit sans prétention, où l'on sert des dîners entre 10 $ et 15 $ et des déjeuners pour quelques dollars de moins. Comme dans tous les restaurants de la chaîne, le plat principal est accompagné de pommes de terre, de salade et de petits pains. *Ed's Warehouse* (☎ 593-6676) est nettement plus chic. Les jeans ne sont pas autorisés et la veste est exigée. A la porte, ils fournissent généralement veste et cravate à ceux qui n'en portent pas. Téléphonez pour vérifier. Les prix varient de 13 $ à 17 $ pour le dîner (un peu moins pour le déjeuner). Le menu offre uniquement à choisir entre roast beef et steak. Le décor est la principale attraction de ces deux adresses – un incroyable bric-à-brac d'antiquités et d'objets étranges éclairés par des dizaines de lampes Tiffany. Alentour sont implantés quelques restaurants qui servent des spécialités italiennes, chinoises, ou des fruits de mer. Ils se trouvent tous à un pâté de maisons de la tour CN, au nord.

Le *Rotterdam*, 600 King St West (à Portland St) brasse sa bière, mais propose aussi des bières du monde entier. Le dîner composé de brochettes de poulet, à 6 $, est succulent et à un prix avantageux.

Plus à l'est, près du théâtre O'Keefe et de St Lawrence Market, le secteur compte nombre de restaurants, boîtes de nuit, très fréquentés tant par les visiteurs que par les Torontois. Comme beaucoup de villes canadiennes d'une certaine importance, Toronto possède sa *Spaghetti Factory*. Cette dernière est située 54 The Esplanade, derrière le théâtre O'Keefe Centre, qui se trouve dans Front St, non loin du croisement avec Yonge St. Le restaurant est d'un bon rapport qualité/prix. Les repas (de la salade au dessert) commencent à 7,50 $ et sont servis dans une atmosphère éclectique et animée. Au déjeuner, le menu est encore moins cher.

D'autres restaurants vous attendent dans les parages, beaucoup disposant de tables à l'extérieur. Au 12 Market St, de l'autre côté du marché, le *Old Fish Market*, décoré de nombreux objets marins, offre une belle variété de fruits de mer (de 15 $ à 22 $) le soir, ou de la cuisine anglaise courante avec des plats comme le shepherd's pie (7 $) au déjeuner. Deux repas pour le prix d'un sont proposés le mardi.

Chinatown

Le quartier chinois est centré autour du croisement de Spadina Ave et de Dundas St. Il abrite quantité de restaurants. Avec le développement du secteur, les cuisines proposées se diversifièrent. A côté des traditionnels établissements cantonais, vous trouvez maintenant des restaurants setchouanais, hunan et mandarin. Le quartier s'étend le long de Dundas St West, en particulier à l'est et au nord de Spadina Ave jusqu'à College St.

Pour déguster une cuisine chinoise bon marché, savoureuse et variée, rendez-vous au *Peter's Chungking Restaurant*, 281 College St. La nourriture y est supérieure, de même que le décor débarrassé de ses traditionnels éléments fluorescents en plastique, mais les prix restent abordables – de 25 $ à 35 $ environ pour deux. Le *Lee Garden*, 358 Spadina Ave, sert une cuisine cantonaise délicieuse, variée et bon marché.

Jusque dans les années 70, la communauté juive était installée dans Spadina Ave. Elle se déplaça vers le nord où l'on retrouve quelques anciens restaurants de Spadina Ave implantés dans Steeles Ave West, autour de Bathurst St, à la lisière de la ville.

Mais le quartier est à nouveau en train de changer, avec l'ouverture d'un nombre croissant de restaurants vietnamiens. Pour déguster d'excellentes soupes ou nouilles (de 5 $ à 15 $), rendez-vous au *Swatow*, 309 Spadina Ave. Il est ouvert pour le déjeuner et très tard dans la soirée (excepté le mercredi, jour de fermeture).

Restaurant sans prétention, le *Pho Hung*, 374 Spadina Ave, prépare une délicieuse cuisine vietnamienne. Malgré l'émergence de restaurants vietnamiens dans Spadina Ave et Dundas St, l'une des adresses les plus anciennes et parmi les meilleures ne se trouve pas dans le voisinage, mais dans une petite rue, à quelques mètres de Yonge St, au nord de Bloor St. Le *Saigon Star*, 4 Collier St, se cache derrière la massive bibliothèque publique de Toronto. Le menu inclut des soupes, des salades, des fruits de mer, etc. avec des plats principaux allant de 8 $ à 11 $ (moins cher le midi).

A la lisière du quartier chinois, Baldwin St, qui débouche à l'est dans Spadina Ave, à environ deux pâtés de maisons au nord de Dundas St, est une rue attrayante. A environ trois pâtés de maisons de Spadina Ave, en direction de l'extrémité est de Baldwin St, à l'angle de McCaul St, se trouve une petite enclave commerçante émaillée de restaurants bon marché, où se mêlent cultures occidentale et chinoise. Il est tout particulièrement agréable de s'y promener les soirs d'été.

Le *Chinese Vegetarian House*, 39 Baldwin St, offre un menu strictement végétarien original.

De l'autre côté de Spadina Ave, le secteur du marché dans Kensington Ave et tout particulièrement dans Augusta Ave est très animé dans la journée et compte quelques petits cafés bon marché. Un peu plus au nord, le *Kensington Kitchen*, 124 Harbord St, est un restaurant confortable qui sert une délicieuse cuisine moyen-orientale. Les portions sont généreuses. Vous apprécierez sans doute les hors-d'œuvre – 6 $ environ au déjeuner, 10 $ au dîner.

Pour ceux qui rêvent d'un sandwich de viande fumée, vous trouverez ce qu'il vous faut au petit délicatessen, *Zupas Deli*, 342½ Adelaide St West, à l'est de Spadina.

Little India

Little India, dans Gerrard St East, se trouve à l'ouest de Coxwell Ave et compte nombre de restaurants économiques. Le *Moti Mahal*, au n°1422, sert une cuisine délicieuse et incroyablement bon marché.

Le *Bar-Be-Que Hut*, n°1455, est plus luxueux. La aussi, la nourriture est bonne, mais les portions sont très petites.

Le *Madras Durbar*, 1435 Gerrard St East, un minuscule restaurant végétarien, sert de la cuisine d'Inde du Sud. Le plat de thali est correct et compose un repas complet pour seulement 5,50 $.

Le meilleur de tous, le *Haandi*, 1401 Gerrard St East, offre un choix varié. L'atmosphère y est très agréable, plus raffinée que dans beaucoup d'endroits similaires et les prix restent abordables.

Une communauté indienne plus petite s'est développée dans Bloor St West, dans le secteur de Lansdowne St et de Dufferin St.

Plus proche du centre-ville, l'*Indian Rice Factory*, 414 Dupont St, entre Spadina Ave et Bathurst St, propose une salle décorée avec goût et tranquille. On y sert une excellente cuisine. Les prix sont supérieurs à la moyenne, mais le seul défaut de l'endroit est l'extrême lenteur du service. Il est ouvert tous les jours.

Également recommandé, le minuscule *Babur Restaurant*, 279 Dundas St West, à la lisière du quartier chinois, est bon marché (un dîner pour deux, sans vin, revient de 30 $ à 50 $), mais sert une cuisine de premier ordre dans un décor quelconque. Lors de ma dernière visite, il était bondé. Il est ouvert 7 jours sur 7.

Danforth Ave

Le quartier grec qui longe Danforth Ave compte quelques bons restaurants. Ils sont généralement bruyants, quelconques et bien adaptés à la très jeune clientèle. Dans certains vieux établissements, vous avez un œil sur la cuisine et pouvez commander directement au chef. Malheureusement, ces endroits tendent à disparaître.

Ellas, 702 Pape Ave, propose la plupart des spécialités grecques. Le *Zorba's*, 713 Danforth Ave, est plus petit et nettement moins cher.

Les restaurants qui servent des brochettes (kebab) sont devenus très populaires au cours des dernières années. L'*Omonia*, 426 Danforth Ave, est bon et pas cher, comme le prouve l'éternelle file d'attente. Similaire, l'*Astoria*, 390 Danforth Ave, à proximité de la station de métro Chester, sert de bons plats cuits au barbecue.

D'une catégorie supérieure, l'*Ouzeri*, 500A Danforth Ave, très apprécié, propose un grand choix de plats raffinés dans un décor à la mode. Un repas complet avec hors-d'œuvre et vin revient à environ 50 $ pour deux. Le pâté de lapin m'a paru savoureux, mais la salade de calmars était un peu caoutchouteuse. Pratiquant des prix similaires, le *Kapilyo*, 401 Danforth Ave, sert une délicieuse nourriture, dans une agréable atmosphère de taverne.

La plupart des restaurants sont bondés en soirée, pendant le week-end.

Autres restaurants

Toujours dans le quartier grec, le *Round Window* (☎ 465-3892), 729 Danforth Ave, est un bon restaurant de fruits de mer. Téléphonez pour réserver – il est souvent plein. Un repas accompagné d'un ou deux verres de vin coûte de 35 $ à 55 $ pour deux.

Pour déguster de l'authentique cuisine mexicaine, rendez-vous à *La Mexicana*, 229 Carlton St, à quelques mètres, à l'est, de Parliament St. On y sert des enchiladas, des tamales, des moles et une variété de lasagne mexicaine. Il est ouvert pour le dîner, tous les jours, et le week-end commence à se remplir dès avant 18h. Un dîner pour deux accompagné de bière revient de 30 $ à 40 $.

Vous pourrez faire un excellent repas thaïlandais, très bon marché, au *Thai Shan Inn*, 2039 Eglington Ave West, qui mérite largement le déplacement dans ce secteur de la ville. Il est ouvert tous les jours. Comptez 25 $ pour un repas pour deux. Ne manquez surtout pas le kang ped, un plat de bœuf épicé à la citronnelle. C'est un endroit minuscule, très vite plein.

Autre restaurant asiatique, le *Ole Malacca*, 828 St Clair Ave West, sert des brochettes (satays) malaises, que vous pourrez faire cuire devant vous sur un petit barbecue individuel. Les repas coûtent de 30 $ à 45 $ pour deux.

Si vous redescendez dans le Harbourfront, le *Water's Edge Café*, à York Quay, est correct. Vous trouverez plusieurs autres restaurants dans le voisinage, au Terminal de Queen's Quay. Vous pouvez aussi essayer le *More Glorious Food Café*, au bord de l'eau, en bas de York St.

DISTRACTIONS

Toronto s'anime dès la nuit tombée, avec des boîtes de nuit, des concerts, des cinémas, des conférences et le plus grand nombre de théâtres du pays. Les bars sont ouverts de 11h à 1h du matin, comme dans tout l'Ontario. Nombre de clubs restent ouverts jusqu'à 3h ou 4h du matin, sans servir d'alcool, mais on peut en consommer dans quantité de bistros non officiels où il est vendu très cher à toute heure.

On peut acheter de la bière au détail au Brewers Retail Stores, souvent appelé maintenant Beer Store, et du vin et des alcools dans les boutiques du Liquor Control Board of Ontario (LCBO). Vous trouverez les adresses de tous ces magasins dans l'annuaire du téléphone. Ils sont tous fermés le dimanche et les jours fériés. La consommation de l'alcool est autorisée à partir de 19 ans et la conduite en état d'ivresse est un délit très grave.

Les trois quotidiens fournissent des listes des manifestations et des lieux de distractions. Consultez le *Thursday Star* ou le *Friday Sun*, dans lesquels vous trouverez des listes exhaustives, ou le *Saturday Globe* pour le cinéma et le théâtre. Le guide des distractions le plus complet est fourni par *Now Magazine*, un hebdomadaire gratuit. Vous le trouverez dans les cinémas, les restaurants, les cafés, les boutiques de disques et certains kiosques à journaux (où il est payant). Il sort tous les jeudis et offre des informations détaillées sur les arts, y compris les concerts, le théâtre et sur divers événements généraux et locaux.

Boire un verre en terrasse

Par beau temps, on peut boire un verre dehors, à Ontario Place ou Yorkville. Ontario Place accueille de nombreux concerts en soirée. On y trouve aussi plusieurs bars, et on y respire une agréable atmosphère de fête par les nuits d'été. Yorkville est un quartier où sont concentrés des cafés et des restaurants en plein air qui, il y a encore quelques années, faisaient cruellement défaut à la ville. C'est un endroit qui mérite une visite, même s'il est un peu cher.

Queen St West, à l'est de Spadina Ave, et Bloor St, non loin de Bathurst St, regroupent aussi plusieurs cafés où vous pourrez agréablement boire un verre en terrasse.

Concerts live

Le petit *El Mocambo*, toujours bondé, dans Spadina Ave, au sud de College St, est une institutions locales, et l'un des bars les plus connus. Les Rolling Stones y ont même joué. On peut assister à des concerts de rock et de blues. Le prix d'entrée varie en fonction des groupes invités à l'étage. Au rez-de-chaussée, l'entrée est gratuite et les boissons y sont moins chères car s'y produit toujours un groupe local.

Plus bas dans la rue, au 379 Spadina Ave, *Grossman's* est animé mais pas très propre, cependant c'est l'un des bars les moins chers. Il reçoit souvent d'excellents groupes et le public est très mélangé. Les après-midi et soirées du dimanche sont réservées au blues. L'entrée est gratuite. Quelques-uns des musiciens les plus connus de Toronto s'y sont produits au début de leur carrière.

Plus bas dans Spadina Ave, à King St, se trouve le *Cabana Room*, dans le Spadina Hotel (☎ 368-2864). Le spectacle inclut des groupes rock, des beaux-arts, ou new wave. L'entrée coûte environ 5 $ et les boissons sont bon marché. Le *Bamboo*, 312 Queen St, est très populaire, avec de l'excellente musique ska, reggae ou africaine. Il est toujours plein. En été, on peut aller prendre l'air sur le patio perché sur le toit. Par ailleurs, on y sert des repas savoureux, épicés. L'entrée coûte de 5 $ à 10 $. Tout près, Le *Horseshoe*, 370 Queen St West, présente de la musique folk, du rock, du blues, et parfois un mélange des trois.

Le *St Louis*, 2050 Yonge St, accueille souvent de bons groupes de R&B ou de blues, avec piste de danse. L'entrée est gratuite. L'*Island Club* à l'extrême ouest d'Ontario Place, également gratuit, propose de la musique latino-américaine, le samedi soir, en été. L'animation est au rendez-vous et vous y apprendrez sûrement quelques nouvelles danses, mais vos pieds risquent de souffrir.

Le *Brunswick*, 481 Bloor St West, est un endroit funky, moitié pub moitié rendez-vous d'étudiants. A l'étage de l'*Albert's Hall*, vous pourrez entendre d'excellents musiciens de jazz ou de blues. En bas, sont organisés des concours et de très étranges prestations d'amateurs. Le sous-sol est bon marché, l'étage un peu moins, mais les prix sont variables. Musique folk au *Free Times Café*, 320 College St.

Pour écouter du jazz, *C'est What*, 67 Front St East, propose un nouveau spectacle chaque soir. Vous pouvez aussi vous rendre au *Café des Copains*, 48 Wellington St. Si la musique plus expérimentale vous intéresse, la *Music Gallery* (on n'y sert pas d'alcool) se trouve 1087 Queen St West. Le *Meyer's Deli*, 69 Yorkville St, propose du jazz plus conventionnel.

Discothèques

RPM, 132 Queen's Quay, avec un disk-jockey chaque soir, où l'on peut danser après 1h du matin, sans consommer d'alcool. Le *Big Bop*, 651 Queen St West, à l'angle de Bathurst St, est également très populaire et animé. Attendez-vous à des files d'attente le week-end, même si l'endroit est vaste.

Cinéma

Plusieurs salles de cinéma d'art et d'essai sont disséminées dans la ville.

Le *Bloor Cinema* (☎ 532-6677), 506 Bloor St West, est fréquenté par les étudiants du quartier. On y passe des films très variés – américains, européens, vieux ou récents. Le *Revue* (☎ 531-9959), 400 Roncesvalles Ave, à l'extrémité ouest, projette des films différents presque tous les soirs.

Les places coûtent deux dollars de moins que dans les salles d'exclusivité, et reviennent encore moins cher aux possesseurs d'une carte de membre très bon marché. Trois ou quatre salles similaires sont répertoriées dans Toronto, et l'*Art Gallery of Ontario* comme la *Cinémathèque Ontario* proposent également des films d'art et d'essai. On peut également voir des films sur un écran grand format Imax à l'*Ontario Place*.

Théâtre

Il y a plus de salles de théâtre à Toronto que dans tout autre ville canadienne, et les productions vont des spectacles de type Broadway et comédies musicales aux pièces canadiennes contemporaines. Il existe aussi des théâtres avec dîner. Concernant les programmes, consultez les journaux ou les guides de Toronto disponibles dans les hôtels.

Les rubriques du *Sun* et du *Star* donnent la liste des billets disponibles pour tous les spectacles, de l'opéra aux Rolling Stones, du hockey au base-ball. Les prix sont très variables. Un repas avec spectacle revient de 40 $ à 60 $ par personne.

Le plus grand succès théâtral de Toronto, la pièce d'Agatha Christie, *The Mousetrap*, est jouée au Toronto Truck Theatre depuis seize ans. Un billet coûte environ 17 $. Un des théâtres les plus impressionnants est le traditionnel Royal Alex, dans King St West, qui présente des pièces et des interprètes confirmés.

Tout à côté se trouve le nouveau et somptueux *Princess of Wales Theatre*, doté de l'une des plus grandes salles d'Amérique du Nord. Le théâtre fut construit pour accueillir la comédie musicale *Miss Saigon*.

Le *Dream*, dans High Park, offre un festival shakespearien, en juillet et en août. Une pièce différente est présentée chaque soir. L'entrée est gratuite. Les spectacles proposés par le Toronto Free Theatre sont d'un très haut niveau. Pour plus de détails, appelez leur salle dans le centre-ville. Les représentations commencent à 20h, mais arrivez très à l'avance avec votre couverture et votre pique-nique, sinon vous devrez utiliser des jumelles. Une petite participation est exigée.

Five Star Tickets (☎ 596-8211) vend des billets de théâtre et de ballets à moitié prix – pour le jour même. Ils disposent d'un kiosque dans Eaton Centre, à l'angle de Dundas St et de Yonge St (on ne peut pas retenir les places par téléphone). Le guichet est ouvert de 12h à 19h30, du mardi au samedi ; le dimanche, de 11h à 15h.

Rencontres sportives

L'équipe de base-ball de Toronto, les Blue Jays, se produit au *Skydome* contre les équipes américaines. L'équipe canadienne s'est montrée très performante ces dernières années, et elle a remporté les World Series en 1992 et en 1993. Ce sont les deux seules fois où un équipe américaine ne remporta pas le trophée d'une rencontre majeure de base-ball.

Le Skydome connaît des records d'affluence lors des rencontres de *major leagues* et affiche généralement complet, bien qu'il puisse contenir 50 000 spectateurs.

Réservez le plus tôt possible (☎ 341-1234, carte de crédit obligatoire). Les billets sont également disponibles au guichet de la porte 9 du stade ou au Ticketmaster (une agence de billets avec des antennes dans tout l'Ontario). Il existe quatre fourchettes de prix. Les billets les moins chers coûtent 6 $, mais vous serez placé tout en haut. Sont recommandées les places à 18 $ autour de la 500e derrière le filet. Entre les 517e et 530e, par les portes 7, 8 ou 9. Les places les plus chères coûtent jusqu'à 23 $ et bordent le terrain. Attention au filet protecteur, qui peut être percé. Les enfants âgés de moins de 15 ans bénéficient de billets demi-tarifs (excepté pour les places les plus chères) lors des matches du samedi et pour toutes les rencontres qui commencent à 12h35.

On peut toujours acheter des billets au marché noir juste avant le match, devant le stade. Une fois la rencontre commencée, on trouve souvent des billets à des prix intéressants.

A noter que la nourriture et les boissons, en particulier la bière, ne sont pas bon marché à l'intérieur du stade. Par ailleurs, il est interdit d'emporter bouteilles ou canettes sous le dôme. Prenez une veste, il fait souvent froid la nuit, lorsque le toit est ouvert.

Les Toronto Argonauts de la Ligue canadienne de football professionnel (Canadian Football League/CFL) se produisent également sous le dôme.

Pour les courses de chevaux, *Woodbine Racetrack* (☎ 675-6110), 555 Rexdale Blvd, au nord-ouest du centre, présente des pur-sang, des chevaux ordinaires et reçoit le prestigieux Queen's Plate. Si vous empruntez les transports publics, prenez le métro jusqu'à Islington, puis le bus "Race" direct. L'entrée coûte 3,50 $ et les paris commencent à 2 $. Appelez pour les horaires.

En hiver, les rencontres de la Ligue nationale de hockey ont lieu au Maple Leaf Gardens (☎ 977-1641), dans le centre-ville, à l'angle de Carlton St et de Church St, à deux pâtés de maisons de Yonge St. Il est difficile d'obtenir des billets de manière officielle, mais vous pourrez toujours vous rabattre sur les revendeurs à l'entrée, juste avant le match. Les billets sont souvent très onéreux, les places les moins chères coûtant 19 $!

A la fin de 1993, Toronto se vit accorder un droit d'inscription à la National Basketball Association (NBA). C'est la première ville non-américaine à bénéficier de cet honneur. L'équipe, qui ne porte pas encore de nom, devrait commencer à jouer durant la saison 1995-1996. La construction d'un nouveau stade de 20 000 places est prévu au centre-ville, au carrefour de Bay St et de Dundas St.

Autres distractions

Toronto possède plusieurs salles réservées aux humoristes, les *Yuk Yuks*. Un des clubs (☎ 967-6425) est implanté dans le centre-ville, 1280 Bay St. Certains spectacles sont amusants, d'autres plutôt lourds. L'entrée coûte de 4 $ certains jours de la semaine à 15 $ pendant le week-end, lorsque sont présentés deux spectacles de deux heures.

Un forfait spectacle-repas est proposé. Second City (☎ 863-1111), 110 Lombard St, jouit d'une excellente réputation pour les spectacles présentés et les artistes qu'il permet de découvrir.

Le Toronto Symphony (☎ 598-3375) se produit au nouveau *Roy Thompson Hall*, 60 Simcoe St, non loin de la tour CN. Au début de l'automne, la Canadian Opera Company joue au *O'Keefe Centre* (☎ 393-7469), dans Front St. Le National Ballet of Canada se produit aussi en ville au O'Keefe Centre.

L'extraordinaire Recital Hall du tout nouveau North York Performing Arts Centre (☎ 324-9333), 5100 Yonge St (à l'angle de Sheppard Ave) accueille les plus grands noms de la musique classique. Le métro North York Centre est tout à côté.

La saison de ballet, musique symphonique et opéra commence en octobre et en novembre, et elle se poursuit pendant tout l'hiver.

Pantages, un superbe cinéma des années 20, entièrement restauré, présente maintenant des spectacles dans le style de Broadway, tel que *The Phantom of the Paradise*. Au 189 Yonge St, vous attendent les théâtres *Elgin* et *Winter Garden* (☎ 314-3580) qui accueillent des productions très diverses : opéras, conférences, etc.

Pour la danse, renseignez-vous sur ce qui se passe au *Premiere Dance Theatre*, au Harbourfront.

ACHATS

ABC, au 552 Yonge St, au sud de Wellesley St, est une bonne adresse où l'on peut acheter matériel de camping, tentes, sacs de couchage, sacs à dos et chaussures. Ce n'est guère une boutique luxueuse, avec des vêtements à la mode, mais vous y trouverez des articles de qualité, à un prix avantageux et le personnel est serviable.

Europe Bound, 2 McCaul St (par Queen St West, près de l'Art Gallery of Ontario), qui possède maintenant deux autres magasins, offre un bon choix de vêtements de camping et de randonnée, du matériel et des livres. Ils pourront même vous louer une tente ou vous faire des photos de passeport. Pour les vêtements de plein air, la meilleure adresse reste Tilley Endurables, une petite société fondée en 1980, qui est en passe de devenir l'une des meilleures boutiques de vêtements de plein air. Tous leurs articles semblent de bonne qualité, n'ont pas besoin d'être repassés et leurs vêtements (pantalons, chemises, jupes et chapeaux) sont utilisables dans les expéditions les plus diverses, en montagne comme sur mer. Les pantalons (95 $) sont garantis à vie. Leurs célèbres chapeaux coûtent environ 45 $. Le magasin principal se trouve 900 Don Mills Rd, mais une succursale vous attend au terminal de Queen's Quay, au Harbourfront.

Pour les cyclistes, quelques boutiques sont regroupées dans Bloor St, aux alentours de Dufferin St, d'autres sont disséminées dans toute la ville.

COMMENT S'Y RENDRE

Avion

L'aéroport, Pearson International, se trouve à quelque 24 km au nord-ouest du centre-ville, à Malton, ville distincte de Toronto. Les principales compagnies canadiennes desservent Toronto, de même que les compagnies internationales.

Pearson est incontestablement l'aéroport le plus actif du pays.

Longtemps congestionné et mal organisé, il bénéficie, depuis début 1991, de l'adjonction d'un troisième terminal, Trillium Terminal, qui permet de pallier retards, encombrements et désagréments. C'est le premier terminal à dépendre d'intérêts privés et non du gouvernement. On remarquera son hall, de 15 m de haut, voûté, doté d'un plafond en verre, mais aussi ses nombreuses boutiques.

Nourriture, boisson et parking sont assez chers à l'aéroport, en particulier au Trillium Terminal.

Au moment de partir, ou si vous venez cherchez quelqu'un, renseignez-vous soigneusement sur le numéro du terminal. A l'intérieur, des panneaux indiquent comment rejoindre les différents terminaux, et les compagnies qu'ils desservent. Trillium est ainsi le principal terminal de Canadian Airlines, American Airlines, British Airways, KLM, Lufthansa et Air France. A l'intérieur du même terminal, la jetée d'embarquement A dessert les vols nationaux, la jetée d'embarquement B les vols internationaux. Le Terminal 2 est réservé à Air Canada.

Voici quelques tarifs aller simple sur Air Canada (☎ 925-2311) : Montréal (199 $), Halifax (367 $) et Calgary (624 $). Canadian Airlines (☎ 675-7587) pratique les mêmes tarifs, qui varient toutefois en fonction des nombreuses promotions spéciales.

Pour l'achat de billets pour les villes canadiennes et étrangères, Travel Cuts (Canadian University Travel Services) est recommandé. Il possède six agences à Toronto, la principale étant centrale, 187 College St (☎ 979-2406). Ils offrent les prix les plus intéressants, ainsi que des tarifs jeunes (moins de 26 ans) et étudiants.

D'autres agences telles que Last Minute Club (☎ 441-2582) sont spécialisées dans les départs de dernière minute. Pour les vols à destinations du Mexique ou de la Floride, en particulier pendant l'hiver, des prix très modiques sont proposés.

Vous trouverez également des agences spécialisées en charters et les vols bon marché dans les quartiers d'immigrants, à destination de leur patrie d'origine, qu'il s'agisse de Hong Kong, des Philippines ou de la Pologne.

Les journaux, en particulier *Now Magazine*, un hebdomadaire, proposent également des listes de billets à vendre.

Les petites compagnies indépendantes qui assurent les liaisons entre Toronto et des destinations avoisinantes sont très bon marché, mais ont du mal à subsister.

Certaines utilisent le petit aéroport des îles de Toronto, sur le lac, au pied de Bathurst St. Il sert surtout aux compagnies qui assurent les correspondances, ainsi qu'aux avions privés.

Pour le moment, Air Ontario (☎ 925-2311) est la seule compagnie à utiliser régulièrement l'aéroport des îles de Toronto. Des avions plus petits assurent les liaisons plus rapidement. Air Ontario dessert surtout des destinations d'affaires, avec des allers-retours avec Montréal (Ottawa) et London (Ontario).

Une navette (gratuite pour les détenteurs d'un billet d'avion) relie le Royal York Hotel au ferry (2 mn) à destination de l'aéroport.

La station de métro Union se trouve de l'autre côté de la rue, depuis le Royal York. Sinon il existe un service TTC proche du ferry de l'aéroport – prenez le tramway dans Bathurst St, au sud, pour Lake Shore Blvd (appelé Lake Shore Road ou The Lakeshore). De là, le ferry est à deux pâtés de maisons, à pied.

Bus

La gare routière entièrement rénovée est centrale, à l'angle de Bay St et de Dundas St, en bordure de Chinatown, un bloc à l'ouest de Yonge St. Elle dessert les destinations extérieures à la ville et sert de dépôt à nombre de lignes couvrant l'Ontario. Pour les destinations dans l'est de l'Ontario et le nord de Toronto, contactez le ☎ 393-7911. Ce numéro est valable pour les compagnies Voyageur PMCL (Penetang-Midland Coach Lines), Canar et Ontario Northland. Ces lignes desservent Barrie, Orillia, Huntsville, Parry Sound, North Bay, Montréal et les environs.

Gray Coach (maintenant dirigé par Greyhound) et Greyhound (☎ 594-3310) couvrent l'Ontario, à l'ouest de Toronto, y compris la région de Niagara, Guelph, Kitchener, London, Windsor, Owen Sound, Sudbury et au-delà, jusqu'aux villes de Winnipeg et de Vancouver. Ils assurent également la liaison avec Detroit, New York et Boston. Greyhound dessert aussi Ottawa et Peterborough.

Des compagnies régionales moins importantes relient les villes de l'Ontario desservies par l'une ou l'autre des deux grosses compagnies citées ci-dessus. Renseignez-vous toujours sur les bus express.

Certains itinéraires sont lents, avec des arrêts très fréquents et d'autres rapides, directs et vous permettent de gagner plusieurs heures. Certaines lignes proposent des réductions sur les billets aller-retour. Renseignez-vous.

La gare sert également de dépôt aux bus panoramiques de Gray Line (☎ 594-3310).

Des départs pour Ottawa sont assurés à 9h30, 11h30, 14h30 et 17h30. Le trajet de cinq heures revient à 50 $ en aller simple.

Cinq ou six bus quotidiens, selon le jour de la semaine, relient Montréal. Le bus de nuit part à 0h15. Les billets pour Montréal coûtent 57 $. Montréal et Ottawa sont couverts par Voyageur Bus Lines. Greyhound assurent les liaisons avec le sud-ouest de l'Ontario, une bonne partie du nord et avec les villes américaines.

Quatre bus relient chaque jour les chutes du Niagara (22 $ l'aller simple, deux heures).

Pour Thunder Bay, les bus partent à 13h et à 17h (120 $ l'aller simple, environ vingt heures). Il y a des bus réguliers pour Buffalo, New York et Detroit.

La gare dispose de consignes au niveau inférieur et à l'étage supérieur d'un restaurant. Il y a aussi une boulangerie et un café, de l'autre côté de Bay St.

En soirée, avant un week-end ou un jour férié, attendez-vous à quelques encombrements et arrivez assez tôt pour obtenir un billet avant le départ du bus.

Adjacent au terminal, côté ouest, se trouve entre autres le dépôt des bus GO (☎ 665-0022), une ligne gouvernementale qui dessert de nombreuses villes avoisinantes, avec des arrêts fréquents sur tout le trajet. Cette ligne est surtout utilisée par les bus assurant les correspondances mais aussi pour quelques destinations assez éloignées (Hamilton, par exemple), à l'ouest de Toronto.

Les bus GO se rendent également dans les villes satellites de Barrie (au nord) et d'Oshawa (à l'est), en renforçant par là le service régulier. En revanche, ils sont moins fréquents que pour les destinations ouest et n'utilisent pas le terminal du centre-ville comme point de départ.

Pour Barrie, vous devrez attraper le bus à la station de métro Finch, en soirée, aux heures de pointe. Pour Oshawa, à la station York Mills, aux mêmes heures difficiles. Le matin, le bus pénètre dans la ville.

Train

Union Station, une vieille gare d'une taille imposante, est réservée aux trains VIA Rail (☎ 366-8411). Elle est bien située, dans Front St (orientée est-ouest), à l'extrémité sud de la ville, en bas d'University Ave, et de York St et de Bay St. La station de métro, Union, se trouve dans la gare.

Les trains pour Ottawa partent à 9h, 13h, 15h et 17h (70 $, environ six heures) ; d'autres rejoignent Kingston avec correspondances en bus pour Ottawa.

Pour Montréal sont assurés six trains par jour (80 $).

Pour Sudbury, il existe trois trains par semaine, le mardi, le jeudi et le samedi, à 12h45 (50 $, sept heures et demie). A noter que pour Sudbury, le train se rend en réalité à Sudbury Junction, une gare située à environ 10 km du centre-ville.

Autres villes desservies par le train : Niagara Falls, London, Kingston et Montréal. Ontario Northland (☎ 314-3750) dessert les destinations au nord de l'Ontario, notamment le train Polar Bear Express pour Moosonee.

Amtrak (☎ 800-872-7245) relie Toronto à New York, à Buffalo ou à Chicago, avec des arrêts ou des correspondances en chemin. La compagnie propose d'avantageux tarifs sur les billets aller et retour. Réservations nécessaires pour tous les trains.

La gare compte plusieurs restaurants, quelques fast-foods et un bar. A l'arrivée, vous trouverez parfois un guichet ouvert d'aide aux voyageurs, qui pourra utilement vous renseigner. Les trains GO empruntent également cette gare (voir plus loin la rubrique *Comment circuler*).

Voiture

Si vous souhaitez louer une voiture, sachez que la plupart des agences exigent que vous soyez âgé d'au moins 21 ans, voire

23 ans dans certaines. Les agences sont innombrables à Toronto. Pourtant, il est parfois difficile de trouver une voiture pour le week-end. Réservez à l'avance.

L'agence la moins chère, Rent-A-Wreck (☎ 961-7500), est implantée 374 Dupont St, entre Spadina Ave et Bathurst St. Comptez 35 $ par jour pour un véhicule de taille moyenne. Le kilométrage est gratuit si vous ne sortez pas de l'Ontario. Il existe des tarifs à la semaine et au mois. L'assurance est en supplément, et augmente en rapport inverse avec l'âge de l'automobiliste. Si vous louez une voiture d'occasion, vérifiez qu'elle est en parfait état.

Downtown Car & Truck Rental (☎ 585-7782), 77 Nassau St, dans Kensington Market (dans Spadina Ave), est située dans le centre, et loue des voitures neuves ou d'occasion. Ces dernières coûtent 10 $ minimum par jour, sans compter le kilométrage. Les véhicules neufs sont plus chers.

Tilden (☎ 364-4191), qui possède une agence à l'Union Station, ainsi que plusieurs autres disséminées dans le centre-ville, et une autre à l'aéroport, est une compagnie plus classique qui loue des véhicules neufs. Leur tarif est de 40 $ par jour, pour les plus petites voitures, plus 15 cents par km, après les premiers 200 km. Ils offrent des forfaits avantageux pour le week-end. réservez à l'avance. Sont également disponibles des sièges pour enfants et des porte-skis.

Avis (☎ 964-2051) est installé dans le hall de l'Hudson Bay Centre, à l'angle de Yonge St et Bloor St. Les tarifs sont similaires à ceux de Tilden et des autres compagnies. Mieux vaut une fois encore réserver. L'autre compagnie importante est Budget.

Partager une voiture et Drive-Away. Allo-Stop met en contact automobilistes et passagers. Leur agence de Toronto (☎ 323-0874) est centrale, 663 Yonge St. Ils s'occupent principalement des voyages pour Montréal et Ottawa, mais aussi pour New York, et même la Floride. Contactez-les deux jours avant votre départ. Les tarifs sont très avantageux.

Un nouveau service opérant à l'extérieur de Toronto et de Montréal offrent aux passagers un transport en camion entre ces deux villes. Les voyages sont fréquents, les tarifs bas et les opérateurs amicaux. Vous trouverez les coordonnées à la rubrique *Travel* dans les petites annonces de *Now Magazine* et de *Eye*. Ce service de camions n'est pas légal, et les noms changent fréquemment. Sont aussi organisés des voyages depuis/vers Kingston et Ottawa.

Pour les longs trajets, vous pouvez avoir recours au système du Drive-Away (qui consiste à conduire la voiture d'un particulier à une destination précise) – les pages jaunes de l'annuaire fournissent une demi-douzaine d'adresses. Une des agences est la Toronto Drive-Away Service (☎ 225-7754), qui couvre des destinations canadiennes et américaines. Vérifiez également dans les colonnes du *Toronto Sun* ou du *Star* et dans la rubrique loisirs de *Now Magazine* (consultez le chapitre *Comment circuler* en introduction de cet ouvrage).

Le stop

L'auto-stop est illégal sur les voies express de Toronto. A l'intérieur de la ville, il est autorisé mais rarement pratiqué. En revanche, vous pouvez faire de l'auto-stop sur la Hwy 401 à la sortie de la ville, ou à la hauteur des dos-d'âne, en ville.

Si vous vous dirigez vers Montréal, à l'est, le croisement entre Port Union Rd et la Hwy 401, dans Scarborough, non loin de la station de métro Zoo, est le meilleur emplacement. Pour y parvenir depuis le centre-ville, comptez au moins une heure et demie. Empruntez le métro jusqu'à la station Kennedy. De là, attrapez le Scarborough LRT jusqu'à la station Lawrence East Rt. Puis prenez le bus Lawrence East 54E. Dirigez-vous ensuite vers l'est d'East Drive à Lawrence East. Et changez une dernière fois (gratuit) pour le bus n°13 Rouge Hill, en direction de la Hwy 401.

Si vous vous dirigez vers l'ouest, prenez le métro jusqu'à la station Kipling, puis le bus West Mall (n°112 ou 112B), et continuez jusqu'au croisement de Carlingview

Drive et d'International Blvd, presque jusqu'à la hauteur de la Hwy 401. Vous êtes arrivé aux limites de la ville, mais aux heures de pointe, les voitures auront sans doute des difficultés à s'arrêter. Comptez environ une heure depuis le centre-ville.

Si vous vous rendez vers le nord, la meilleure solution consiste à prendre le bus pour Barrie, puis à faire du stop sur la Hwy 400 ou la Hwy 11. Vous retrouverez la Transcanadienne vers l'ouest à Sudbury.

COMMENT CIRCULER

Desserte de l'aéroport

Le moyen le plus économique consiste à prendre le métro jusqu'à la station Kipling, sur la ligne orientée est-ouest. De là, prenez les bus Kipling ou Martingrove (n°45 ou 46) remontant au nord vers Dixon Rd. Prenez ensuite un autre bus pour Malton, le n°58A, qui rejoint l'aéroport, à l'ouest. Conservez votre ticket de transfert délivré dans le métro ; le second bus vous coûtera un supplément de 1,50 $. Même trajet, en sens inverse, de l'aéroport au centre-ville.

Autre solution, prenez le métro à la station Lawrence West sur la ligne nord-sud Spadina-University, puis de là attrapez le bus n°58A pour Malton. Ce bus vous coûtera également 1,50 $.

Entre l'aéroport et la station de métro Islington (une station avant Kipling), à l'extrémité ouest de la Bloor Ligne, vous attend un bus direct de la Pacific Western (☎ 672-0293). Il part toutes les 20 mn, tous les jours, met une demi-heure et coûte 6 $ l'aller. Le bus relie aussi l'aéroport aux stations de métro Yorkdale et York Mills (un peu plus cher).

Pacific Western assure des bus toutes les 20 mn depuis/vers l'aéroport et une demi-douzaine d'hôtels importants. L'aller coûte 10,75 $ (80 mn).

Ces bus circulent de 4h à 22h30 selon votre destination. A l'extérieur du terminal, les bus partent au niveau des arrivées.

Il existe bien sûr des taxis, ainsi que plusieurs limousines pour au moins 2 $ de plus. En taxi, comptez 33 $ de Yonge St et de Bloor St à l'aéroport.

Toronto Transit Commission (TTC)

La ville dispose d'un bon réseau de métro, bus et tramways, appelé le TTC (☎ 393-4636). La ligne d'information sur les trajets et les tarifs est ouverte 24 h sur 24 (☎ 393-8663) Le tarif est de 2 $ le ticket, ou 6,50 $ les cinq tickets ou jetons. Ils peuvent s'acheter dans le métro ou dans certaines épiceries ou magasins.

Avec un seul ticket, vous pouvez changer de bus, mais aussi passer du bus au métro, ou au tramway, gratuitement dans un délai d'une heure. Demandez un coupon de changement au conducteur, ou dans le métro retirez-le aux tourniquets en passant votre ticket. Un forfait d'une journée (5 $) vous permet de vous déplacer comme bon vous semble, après 9h30. Le dimanche et les jours fériés, ce forfait est valable pour deux adultes et quatre enfants.

Le métro est propre, sûr et rapide.La ligne est-ouest longe Bloor St et Danforth Ave, et il y a deux lignes nord-sud, l'une remontant Yonge St, l'autre qui suit Spadina Ave, sur laquelle certaines stations sont décorées par des artistes canadiens.

Le train aérien Scarborough RT relie le métro à la partie nord-est de la ville, depuis la station Victoria Park jusqu'au Scarborough Town Centre.

Le Harbourfront LRT (Light Rail Transit) aérien et souterrain relie l'Union Station (dans Front St) à Harbourfront, le long de Queen's Quay West vers Spadina Ave.

Le métro fonctionne jusqu'à 1h30 du matin et part à 6h le matin (excepté le dimanche, où il commence à 9h). Les heures des bus varient. Certains circulent tard, mais ne sont pas fréquents.

Le réseau de Toronto relie les itinéraires des bus aux villes des environs comme Mississauga, Markham et Vaughan.

GO Train

Les Trains GO (☎ 665-0022) quittent l'Union Station tous les jours, de 7h à 23h30. Ils desservent les banlieues de Toronto, à l'est jusqu'à Whitby, à l'ouest jusqu'à Hamilton. Les trains sont rapides et fréquents durant les heures de pointe.

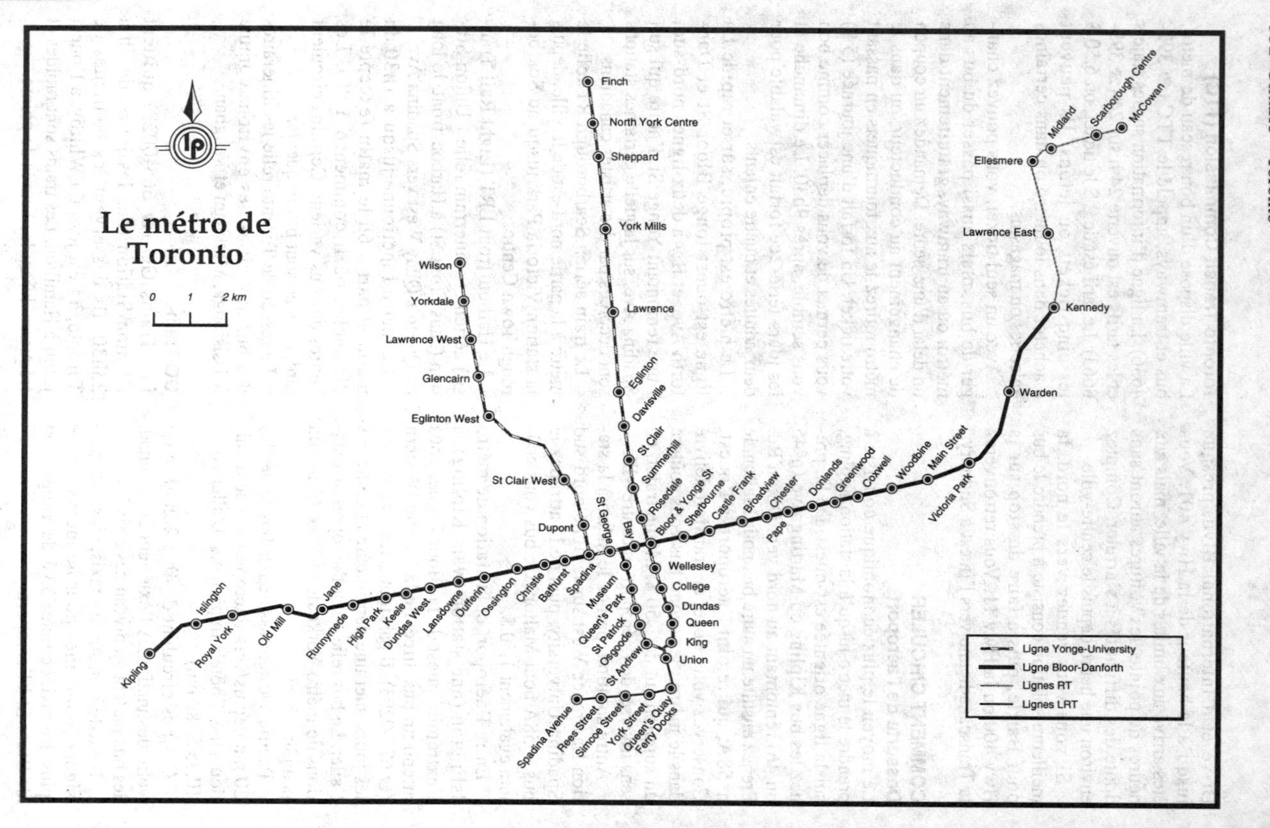
Le métro de Toronto
0 1 2 km
Ligne Yonge-University
Ligne Bloor-Danforth
Lignes RT
Lignes LRT
Finch
North York Centre
Sheppard
York Mills
Lawrence
Eglinton
Davisville
St Clair
Summerhill
Rosedale
Bloor & Yonge St
Wellesley
College
Dundas
Queen
King
Union
St Andrew
Osgoode
St Patrick
Queen's Park
Museum
St George
Bay
Spadina
Dupont
St Clair West
Eglinton West
Glencairn
Lawrence West
Yorkdale
Wilson
Kipling
Islington
Royal York
Old Mill
Jane
Runnymede
High Park
Keele
Dundas West
Lansdowne
Dufferin
Ossington
Christie
Bathurst
Sherbourne
Castle Frank
Broadview
Chester
Pape
Donlands
Greenwood
Coxwell
Woodbine
Main Street
Victoria Park
Warden
Kennedy
Lawrence East
Ellesmere
Midland
Scarborough Centre
McCowan
Spadina Avenue
Rees Street
Simcoe Street
York Street
Queen's Quay
Ferry Docks

Tramways
Les lignes sont toutes orientées est-ouest. Vous les trouverez dans St Clair Ave, et dans College St, Dundas St, Queen St et King St.

Voiture
Évitez à tout prix les heures de pointe. Vérifiez où vous vous garez pendant ces mêmes heures de pointe car la fourrière est sans pitié et vous coûtera très cher. Les voitures doivent s'arrêter devant les passages cloutés. Renverser un piéton est un délit sévèrement puni à Toronto. Prenez également la précaution de vous arrêter derrière les tramways lorsque s'ouvrent les portes.

Les parkings sont chers – généralement de 1,50 $ à 3,50 $ pour la première demi-heure, un peu moins ensuite. La plupart des emplacements pratiquent des taux fixes après 18h. Des panneaux verts indiquent la présence des parkings municipaux disséminés dans le centre-ville et alentour. Ils sont moins chers que les parkings privés.

Vélo
McBride Cycle (☎ 367-5651), 180 Queen's Quay West, au Harbourfront, est le magasin le plus central pour louer des vélos. Toronto Island Bicycle Rental (☎ 365-7901), est situé sur la rive sud de l'île Centre, non loin du quai des ferries.

Plus excentré, mais moins cher, Brown's Sports & Cycle (☎ 763-4176) est installé 2447 Bloor St West, non loin de Jane St. Ils louent des vélos à dix vitesses pour la journée et offrent des forfaits avantageux à la semaine. Ce n'est pas loin de High Park, de Lake Shore Blvd et du Martin Goodman Trail pour les randonneurs et les cyclistes. High Park Cycle (☎ 532-7300), 1168 Bloor St West, loue également des vélos.

Pour votre sécurité. A vélo, faites très attention aux rails des tramways – traversez à angle droit ou vous risquez de faire la culbute.

Pedicab
Ces *rickshaws* de luxe actionnés par des jeunes gens ont fait tout récemment leur apparition à Toronto. Vous pourrez les voir en été, le long de Yonge St et dans Yorkville. Comptez 7,50 $ environ pour 15 mn.

ENVIRONS DE TORONTO

A moins d'une heure et demie de Toronto sont disséminées des petites bourgades qui, encore récemment, étaient des localités essentiellement agricoles. La région constitue une des destinations favorites de week-end. Elle offre encore quelques beaux paysages et plusieurs parcs et réserves souvent agrémentés d'une rivière. Nombre de ces anciennes localités attirent aussi les passionnés d'antiquités, tandis que les boutiques d'artisanat et de souvenirs abondent.

Au nord-ouest de Toronto, **Caledon** est l'un des meilleurs exemples de ce phénomène récent, au milieu des collines. Non loin, au sud-ouest, vous attend à **Terra Cotta** une auberge du même nom (☎ 905-873-2223). Vous pourrez y faire une halte agréable l'après-midi, et y prendre le thé. Appelez l'auberge pour vérifier ses heures d'ouverture. Terra Cotta est l'une des localités les plus proches de Toronto où l'on puisse profiter d'un après-midi de randonnée le long du **Bruce Trail**, orienté nord-sud sur 700 km. La région de **Hockley Valley**, à proximité d'Orangeville, offre sensiblement les mêmes attraits.

La rivière **Credit** est réputée pour la pêche à la truite et, en hiver, on peut pratiquer le ski de fond dans les environs. En revanche, les collines ne sont pas assez pentues pour le ski alpin.

Kleinburg
La **collection McMichael** est présentée dans un excellent musée (☎ 893-1121), au nord de Toronto, dans le village de Kleinburg. Composé de bâtiments en bois sis dans un charmant cadre rural, le musée renferme les grandes figures de la peinture canadienne, réunies sous le nom collectif de Groupe des Sept. D'autres salles sont consacrées à l'art des Inuits et des Indiens de la côte ouest, avec des sculptures, des gravures et des peintures. Des expositions temporaires sont généralement consacrées

à un ensemble de photographies, ou à un artiste, ou encore à telle ou telle école de peinture. Le parc boisé alentour est sillonné de sentiers de promenade. On y aperçoit parfois des cerfs. Le musée dispose aussi d'une librairie/boutique de souvenirs et d'un restaurant.

L'entrée est de 6 $ (réductions pour les enfants, les personnes âgées et les familles). En semaine, le matin, il est souvent fréquenté par des groupes d'écoliers. Le musée est ouvert tous les jours, en été ; mais il est fermé le lundi, de novembre à avril. Heures d'ouverture : de 10h à 17h, en été ; de 11h à 16h, le reste de l'année.

Comment s'y rendre. Kleinburg se trouve à 18 km au nord du croisement d'Islington Ave et de la Hwy 401, à Toronto. Pour vous y rendre en voiture, empruntez au nord la Hwy 427 jusqu'à la Hwy 27, puis continuez au nord. Tournez à droite à Nashville Rd.

Le réseau de transports publics est limité et compliqué et aucun service n'est assuré le week-end ou les jours fériés. Prenez le métro pour Islington (vers l'ouest) sur la ligne orientée est-ouest. De là, empruntez le bus n°37 jusqu'à Steeles Ave (environ 35 mn). A l'intersection de Steeles Ave et d'Islington Ave, montez dans le bus Vaughan n°3. C'est le seul en circulation pour les visiteurs du musée, à 8h15. Comptez 20 mn de trajet. Puis marchez 10 mn. Au retour, le bus n°3 part à 17h et à 18h. Pour tout renseignement, contactez Vaughan Transit (☎ 832-2281).

Un nouveau service de bus, plus rapide et plus direct (entre le musée et la station de métro Yorkdale, à Toronto), est prévu. Appelez le musée pour plus de détails.

Observatoire Dunlap

Au nord de Toronto, l'observatoire Dunlap (☎ 884-2112) possède le plus grand télescope du Canada. D'avril à octobre, il est ouvert au public le samedi matin à 9h30. Une explication précède la projection de diapositives, suivie d'une observation au télescope. Le programme est gratuit, mais il faut impérativement appeler en semaine pour réserver. Tous les mardis, à 10h, on peut visiter le parc et les bâtiments. Pour vous rendre à l'observatoire, remontez la Hwy 11 (qui prolonge Yonge St) en direction de Richmond Hill. Pour tout transport public, vérifiez quelles sont les correspondances assurées par Vaughan Transit et TTC.

Cathédrale de la Transfiguration

Au nord de Toronto, en remontant le Hwy 404, la cathédrale catholique byzantine (☎ 887-5706) se dresse dans le village de Gormley (non loin de Markham), au 10350 Woodbine Ave. Ouverte en 1987, c'est l'une des plus grandes du Canada, avec une hauteur de 62,7 m jusqu'à la pointe de sa flèche de cuivre. S'inspirant d'une église tchécoslovaque, elle peut accueillir jusqu'à 1 000 fidèles. L'une de ses caractéristiques les plus originales tient à sa cloche principale, de fabrication française. D'un poids de 16,650 kg, elle vient en seconde position par la taille après celle du Sacré-Cœur à Paris. C'est également la première cathédrale d'Amérique à avoir été bénie par un pape (Jean-Paul II en 1984).

Centrale nucléaire de Pickering

A environ 40 km à l'est de Toronto, sur le lac Ontario, cette centrale nucléaire (☎ 839-0465) est en partie ouverte au public. Que vous soyez favorable ou non à l'énergie nucléaire, la visite vous permettra de parfaire vos connaissances dans ce domaine. Vous pourrez profiter de projections de documentaires, d'explications et d'une promenade sur le site. Elle est ouverte tous les jours, de 9h à 16h. Surveillez les panneaux sur la Hwy 401 – la centrale se trouve tout au début de Liverpool Rd.

Jardins Cullen et village miniature

A environ 45 mn en voiture à l'est de Toronto, sur la Hwy 401, la bourgade de Whitby abrite 10 ha de jardins soigneusement entretenus, émaillés de bâtiments miniature (☎ 294-7965). Un sentier serpente à travers les jardins. Comptez deux à trois heures de promenade. Les bâtiments, la population et les activités donnent un aperçu de la vie dans le sud de l'Ontario. Les plantes naines sculptées en forme d'arbres sont tout à fait dignes d'intérêt, comme les plantations florales, aux couleurs somptueuses. Le parc séduit les visiteurs de tous les âges, plus particulièrement les enfants.

Les jardins s'étendent sur la Taunton Rd West, par la Hwy 12, à environ 5 km au nord de la Hwy 401. Ils sont ouverts tous les jours, de la mi-avril au début janvier. L'entrée est de 9 $ (réductions pour les enfants et les personnes âgées). On peut pique-niquer ou profiter du snack-bar (apportez votre nourriture), ou du restaurant (assez cher).

Musée canadien de l'Automobile

Plus à l'est, non loin d'Oshawa (centre d'assemblage de voitures), ce musée (☎ 905-576-1222 depuis Toronto) renferme une collection de plus de 50 voitures. Y compris une Redpath Runabout de 1890, un Model T et autres modèles anciens. Situé au 99 Simcoe St South, il est ouvert toute l'année.

Parkwood

Toujours dans Oshawa, au 270 Simcoe St North, Parkwood (☎ 905-579-1311) appartient à RS McLaughlin, qui dirigea autrefois la succursale canadienne de General Motors. La propriété consiste en un manoir de quelque 55 chambres meublées d'antiquités, sis au milieu d'un vaste parc. L'entrée est de 5 $. Il est fermé le lundi (à moins qu'il soit férié). Dans l'après-midi, on sert le thé à l'extérieur en été, dans la serre en hiver.

Parcs protégés

Le sud-ouest de l'Ontario est essentiellement urbain. Pour contrebalancer cet état de fait, le gouvernement a institué plusieurs petits parcs naturels protégés, dans lesquels l'on peut se promener, pique-niquer et parfois, pêcher, se baigner et pratiquer le ski de fond. Ils sont très différents les uns des autres.

Certains sont davantage axés sur la protection de la nature, d'autres sur l'aspect historique du site. En règle générale, ils ne sont pas sauvages, parfois même peu attrayants, mais à proximité des agglomérations et contrebalancent ainsi la présence envahissante du béton.

L'office du tourisme dispose d'une liste des parcs aux alentours de Toronto, dans un rayon de 160 km. La Metro Toronto Conservation Authority (☎ 661-6600) est chargée de leur développement et de leur fonctionnement. La plupart sont difficiles à atteindre sans un véhicule.

Le **parc Albion Hills** est idéal pour une brève escapade, par un après-midi ensoleillée d'été. C'est essentiellement une zone tranquille, boisée, sillonnée de sentiers de promenade. En hiver, on peut y pratiquer le ski de fond. A l'ouest de la ville, empruntez l'Indian Line (à côté de l'aéroport), au nord. Elle se transforme en Hwy 50 et rejoint le parc.

Dans le même périmètre, non loin de Kleinburg, vous attend la **réserve du centre Kortright**. Également propice à la promenade, c'est davantage un centre de recherche, avec musée, expositions sur les ressources naturelles, la faune sauvage, l'écologie, etc. Elle est ouverte tous les jours jusqu'à 16h.

A l'ouest de Toronto, non loin de Milton, deux parcs méritent une visite. Le **lac Crawford** (☎ 905-854-0234) est l'une des zones naturelles les plus intéressantes du réseau. Un lac profond et froid se cache au milieu des bois, sillonnés de sentiers de randonnée. Le centre d'informations fournit d'amples renseignements sur sa formation et ses propriétés uniques.

Sur le site, vous pourrez également visiter la reconstitution d'un village iroquois du XVe siècle.

Le parc est ouvert le week-end, toute l'année ; tous les jours, en juillet et en août. Il s'étend à 5 km au sud de la Hwy 401, par une route appelée la Guelph Line. Il y a un snack-bar et quelques tables de pique-nique. Le Bruce Trail (voir la rubrique *Tobermory*) traverse également le parc.

Toujours dans le même périmètre, vous pourrez visiter le **parc Mountsberg** (☎ 905-854-2276). Pour vous y rendre, empruntez la Guelph Line à la sortie de la Hwy 401, puis continuez jusqu'à la route transversale n°9. Rejoignez Town Line, à l'ouest, et tournez au nord après 3, 2 km. Le parc se trouve à 19 km à l'ouest de la ville de Milton. Toute l'année il propose des programmes éducatifs sur la nature. L'un des plus passionnants concerne la fabrication du sirop d'érable, au printemps. On y explique l'histoire, la collecte et la production de cette spécialité canadienne.

Sud-ouest de l'Ontario

Cette région couvre le sud et l'ouest de l'Ontario jusqu'au lac Huron et au lac Érié, à la frontière des États-Unis. Cette partie de la province est plate et agricole. C'est aussi la seule région de l'Ontario où les forêts sont rares et le taux de population est élevé. En raison de son climat très doux, et par conséquent d'une croissance plus importante, elle fut colonisée très tôt.

Une urbanisation ininterrompue borde les rives du lac Ontario. Ce "Golden Horseshoe" contribua à faire de la région l'une des plus industrialisées et des plus riches du pays.

Hamilton, la plus grosse ville de la région, est un centre sidérurgique majeur. La région de Niagara, célèbre pour ses chutes, produit aussi des fruits et du vin.

Plus à l'ouest, le sol devient plus sablonneux et la culture du tabac prédomine, même si la situation risque de changer avec la baisse de la consommation de cigarettes.

Le lac Érié et, plus particulièrement, le lac Huron sont bordés de plages sablonneuses. Dans certaines villes plus anciennes, on peut trouver de l'artisanat et des antiquités.

Windsor – comme Detroit, dans le Michigan, sa contrepartie de l'autre côté de la rivière – est un centre de fabrication automobile.

Compte tenu de la forte densité de la population et de la proximité des États-Unis, attractions et parcs connaissent une forte fréquentation en été. En règle générale, cette région est plus recherchée pour ses activités et ses loisirs que pour sa nature sauvage.

HAMILTON

Parfois appelée Steeltown, c'est une ville très fortement industrialisée, d'environ 310 000 habitants. Elle est située à mi-chemin entre Toronto et Niagara Falls. Centre de l'industrie du fer et de l'acier canadien, les deux sociétés principales avec Stelco et Dofasco, c'est aussi une ville très polluée.

L'action entreprise pour lutter contre cette pollution se poursuit. Pas question en revanche de comparer l'air de la région à celui du Grand Nord, en particulier les jours où l'on peut voir des volutes de fumée s'échapper des cheminées.

A l'évidence, Hamilton n'est pas une ville touristique, mais elle offre quelques sites non dénués d'intérêt. La ville, par ailleurs, mérite que l'on s'y arrête une nuit, car elle propose un hébergement abordable, à la différence de Niagara-on-the-Lake où les tarifs sont très élevés.

Orientation

King St (en sens unique vers l'ouest) et Main St (en sens unique, vers l'est, parallèle à King St, un pâté de maisons au sud), sont les deux principales artères. King St est bordée par la plupart des magasins et des restaurants de la ville, dont elle constitue le cœur avec John St. Jackson Square, dans King St, entre Bay St et James St, est un immense centre commercial regroupant des restaurants, des cinémas et même une patinoire couverte.

Le Convention Centre (dotée d'une galerie d'art) se trouve à l'angle de King St et de MacNab St.

Au sud, de l'autre côté de Main St, se tient l'hôtel de ville.

Le terminal des bus est implanté dans Rebecca St, en venant de John St, à environ trois pâtés de maisons du centre-ville.

Renseignements
Vous trouverez l'Alliance française (☎ 416-529-8210) au 110 James St South, Hamilton, Ontario, L3P 2Z3.

L'office du tourisme du centre-ville (☎ 522-7772), 127 King St East, est ouvert 7 jours sur 7, toute l'année. D'autres ne fonctionnant que pendant la période estivale sont incorporés aux sites touristiques de Hamilton, comme le Royal Botanical Gardens ou l'African Lion Safari.

Royal Botanical Gardens
Il couvre près de 1 000 ha de fleurs, de parc naturel et de réserve animale. C'est probablement la première attraction de la région. C'est l'un des plus vastes du Canada et l'un des cinq au monde à avoir reçu le titre de "Royal". Le parc est divisé en plusieurs jardins, reliés par des sentiers.

Il faut absolument visiter le Trial Garden – le jardin de rocailles – et le parc Hendrie, en juillet ou en août. L'arboretum, qui possède le plus grand jardin de lilas au monde, en mai. La réserve couvre près de la moitié du terrain et consiste en sentiers qui serpentent à travers marais et ravins boisés – un aménagement peu habituel aux jardins entretenus. Il y a aussi un centre d'interprétation et deux restaurants dans les jardins.

Le parc se trouve entre Hamilton et la banlieue de Burlington, dans Plains Rd, non loin du croisement des Hwys 2 et 6. Il est ouvert toute l'année. L'entrée est gratuite, mais les participations sont les bienvenues.

Musée des Beaux-Arts de Hamilton
Le musée des Beaux-Arts (☎ 527-6610), le troisième plus important de la province, est spacieux et riche en œuvres canadiennes et internationales. Il propose aussi d'intéressantes projections de films, surtout le week-end. Pour les visites guidées, il faut en faire la demande à l'avance. Le musée est ouvert du mardi au samedi, de 10h à

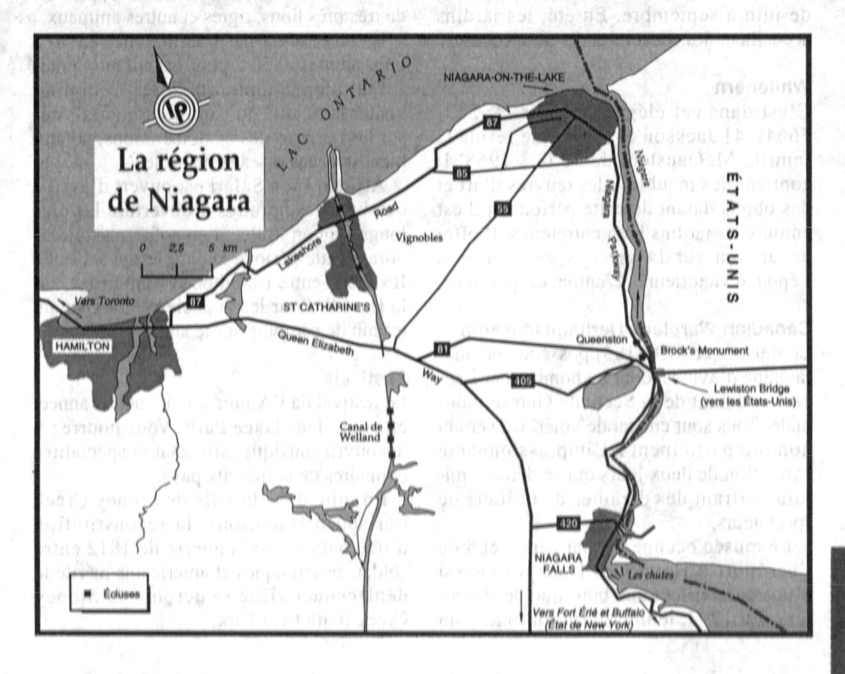

17h (jusqu'à 21h le jeudi) et le dimanche, de 13h à 17h. Il est fermé le lundi et les jours fériés. L'entrée est de 3 $, (1,50 $ pour les étudiants).

Hamilton Place

Sis dans le même complexe que le musée des Beaux-Arts, ce théâtre-auditorium est réservé aux arts du spectacle. Il présente des spectacles presque chaque soir, y compris des concerts par le Philharmonique et l'Opera Company. On peut le visiter.

Château Dundurn

Ce manoir (☎ 522-5313) de 36 pièces appartenait autrefois à sir Allan Napier McNab, qui fut le Premier ministre des Provinces unies du Canada, de 1854 à 1856. Les meubles sont de style XIXe. Il se dresse à la sortie de la ville, dans York Blvd, à environ 15 mn à pied du centre (vous pouvez aussi prendre le bus urbain de York). Il est ouvert tous les jours, toute l'année, mais seulement l'après-midi de juin à septembre. En été, les jardins accueillent des concerts et divers spectacles.

Whitehern

C'est dans cet élégant manoir (☎ 522-5664), 41 Jackson St West, que résida la famille McQuesten, de 1852 à 1968. Il contient des meubles, des œuvres d'art et des objets datant de cette période et il est entouré de jardins bien entretenus. Il offre un aperçu sur la vie des gens aisés à l'époque victorienne. L'entrée est payante.

Canadian Warplane Heritage Museum

Le musée (☎ 679-4183) possède une quarantaine d'avions, dont un bombardier Lancaster, datant de la Seconde Guerre mondiale. Tous sont en état de voler. Un certain nombre participent à l'impressionnante exhibition de deux jours qui se déroule mi-juin, attirant des dizaines de milliers de spectateurs.

Le musée occupe les hangars 3 et 4 de l'aéroport d'Hamilton. Il dispose aussi d'une cafétéria et une boutique de souvenirs. En 1993, le musée fut victime d'un incendie important et plusieurs pièces de collection furent détruites, notamment un Spitfire.

Musée de la Technologie et de la Vapeur

La vieille station de pompage (☎ 549-5225) datant de 1860, fut construite pour fournir de l'eau à une époque où épidémies de choléra et typhus menaçaient la ville. Aujourd'hui restaurée, cette machine à vapeur rehaussée d'acajou et de cuivre est parmi les plus grosses d'Amérique du Nord. Sont également présentées des expositions de photographies et de machines. L'entrée coûte 2,50 $ et le musée, situé 900 Woodward Ave, est ouvert tous les jours (mais seulement l'après-midi, d'octobre à mai).

African Lion Safari

Un millier d'animaux et d'oiseaux résident en liberté dans ce vaste parc (☎ 623-2620). On peut le sillonner en voiture et approcher de très près lions, tigres et autres animaux.

L'entrée n'est pas bon marché (13,50 $ pour adultes, 9,50 $ pour les enfants), mais il faut bien compter un après-midi pour visiter la totalité du parc. Renseignez-vous sur les horaires des démonstrations, notamment pour les oiseaux de proie.

African Lion Safari est ouvert d'avril à octobre. Les horaires d'ouverture les plus longs sont en juillet et en août, mais même durant cette période le parc ferme à 17h30. Il s'étend entre Hamilton et Cambridge, sur la Hwy 8. Pour les audacieux, il existe un terrain de camping sur le site.

Festivals

Le festival de l'Amitié a lieu chaque année, en août, dans Gage Park. Vous pourrez y découvrir musique, artisanat et spécialités culinaires de nombreux pays.

En juin, dans la ville de Stoney Creek (au sud d'Hamilton), la reconstitution d'une bataille de la guerre de 1812 entre soldats britanniques et américains mérite le déplacement. Elle se déroule au Stoney Creek Battlefield Park.

Où se loger

Camping. La contrée compte de nombreux terrains de camping, y compris celui de Confederation Park, juste au nord de la ville, sur Centennial Parkway.

Auberges de jeunesse. Pour les voyageurs disposant d'un petit budget, la *YMCA* (☎ 529-7102),se trouvant 79 James St, loue 171 chambres, réservées aux hommes, à 25 $ la simple. La *YWCA* (☎ 522-9922), 75 McNab St, est similaire, quoique beaucoup plus petite, avec des simples/doubles à 30/44 $. Les deux possèdent une piscine et une cafétéria bon marché.

Tourist homes. La *Cobblestone Lodge* (☎ 545-9735), une vieille bâtisse énorme transformée aujourd'hui en tourist home, 684 Main St East, à l'angle de Holton Ave, affiche souvent complet. Par ailleurs, la propriétaire, Aileen Harvey, préfère rencontrer ces futurs pensionnaires, mais vous pouvez toujours essayer de téléphoner. Les chambres coûtent de 32 $ à 55 $ en double, selon les aménagements.

Hôtels. Si les hôtels du centre-ville sont souvent récents et vastes, on note cependant quelques adresses moins chères. L'hébergement est généralement meilleur marché à Hamilton qu'à Toronto ou dans la région très touristique de Niagara-on-the-Lake.

Au 737 King St East, le *Budget Motor Inn* (☎ 527-2708) loue des simples/doubles à 40 $. Également central, le *Visitors Inn* (☎ 529-6979), 649 Main St West, est plus cher mais confortable.

Plus excentré, et proche de l'université McMaster, le *Mountainview Motel* (☎ 528-7521) 1870 Main St West, coûte de 45 $ à 50 $ pour deux. A l'autre bout de Main St vous attend le *City Motor Hotel* (☎ 549-1371), 1620 Main St East.

En bordure de la ville, à l'est ou à l'ouest, abondent les motels à un prix généralement modique, comparé à ceux qui sont pratiqués aux environs de Niagara-on-the-Lake.

Où se restaurer

Le centre-ville autour de King St dispose de nombreux restaurants, y compris chinois, indien, grec et italien.

Dans Ferguson St et King St, le *Black Forest Inn*, d'inspiration germanique et autrichienne, est un endroit agréable et à un prix abordable si l'on se contente de soupes ou de sandwiches. Le soir, le menu propose toute une variété de schnitzels, plus chers.

Le Ganges, 234 King St, n'est pas véritablement bon marché, mais sert une délicieuse cuisine indienne.

Dans Hess Village, le *Gown & Gavel*, un pub de style britannique, 24 Hess St, sert des repas légers et de la bière sous des parasols.

Le centre commercial de Jackson Square est bien fourni en restaurants bon marché. D'autres, pratiquant des prix très divers, sont disséminés dans King St, Main St et William St.

Le *Grapevine*, 157 Main St East, (qui appartient à l'un des plus célèbres journalistes de hockey, autant admiré que critiqué pour ses opinions) est un bar populaire, fréquenté par des sportifs et un point d'eau.

ST CATHARINE'S

Sise au bord du lac Ontario, entre Hamilton et la rivière Niagara, St Catharine's est la principale ville de la région vinicole et fruitière de Niagara. De chaque côté, la route est bordée de fermes et de petites bourgades dotées de vignobles et d'établissements vinicoles.

Port Dalhousie est un vieux port doté des premiers canaux reliés au lac Ontario. On y retrouve aujourd'hui un mélange d'ancien et de moderne, avec une écluse en bois entièrement reconstruite. A la fin septembre se déroule le festival du raisin et du vin de Niagara avec concerts, dégustation de vin et de fromages.

CANAL WELLAND

Le canal Welland est la principale attraction historique de la ville. Contournant les chutes du Niagara, ce canal reliait le lac Ontario au lac Érié. Une série d'écluses jalonnait le canal sur 42 km et permettait d'effacer la différence d'environ 100 m du niveau des deux lacs.

Le canal fut entrepris en 1829 par des hommes d'affaires de la région pour promouvoir le commerce. Il en est aujourd'hui à sa quatrième construction et fait partie de la route maritime du Saint-Laurent. Élément indispensable du transport international, il relie le noyau industriel de l'Amérique du Nord à l'océan Atlantique. Les principales cargaisons acheminées par le canal sont le blé, le minerai de fer et le charbon. La remontée du canal et de ses huit écluses dure en moyenne douze heures.

Des vestiges des trois premiers canaux (construits en 1829, en 1845 et en 1887) sont visibles à divers endroits. La quatrième version, encore utilisée mais qui a subi quelques modifications, fut construite entre 1914 et 1932.

A Lakeside Park, sur la rive de Port Dalhousie, les premiers canaux sont reliés au lac Ontario. On peut y voir de vieilles écluses, des phares et diverses structures datant du siècle dernier. A **Mountain View Park**, à l'angle de Mountain St et de Bradley St, on aperçoit des écluses au niveau de l'escarpement du second canal, ainsi que plusieurs autres constructions du XIXe siècle.

Pour avoir un aperçu plus moderne, rendez-vous au **Welland Canal Viewing & Information Centre,** dans Canal Rd, en venant de Glendale Ave (qui débouche de Queen Elizabeth Hwy), toujours dans St Catharine's. Il se cache à l'écluse 3 du canal le plus fréquemment emprunté et abrite un musée avec des expositions sur le canal et sa construction, une plate-forme d'observation et des informations audiovisuelles sur divers aspects de la voie fluviale.

La dernière écluse, numéro 8, se trouve à Port Colbourne (sur le lac Érié).

Fortune Navigation (☎ 646-2234) offre des croisières sur le canal, qui partent de Port Dalhousie où se trouve le premier canal. Cette excursion de trois heures coûte 15 $ et remonte jusqu'au nouveau canal de Port Wellar (sur le lac Ontario), mais la distance parcourue dépend du trafic fluvial à l'écluse 1 (tarifs réduits pour les enfants et familles).

Les croisières (de mi-mai à octobre) partent à 14h. Parvenir aux docks est un peu compliqué. Il sont situés près de Lakeside Park, dans Port Dalhousie. Si vous êtes en voiture, empruntez Ontario St qui débouche de Queen Elizabeth Way (QEW), puis continuez au nord jusqu'à la Lakeport Rd, où vous devrez tourner à gauche. De là, traversez les pont successifs, jusqu'à ce vous aperceviez un panneau.

Pour les randonneurs, le Merritt Trail s'étend de Port Dalhousie, dans St Catharine's, au Port Colbourne, en longeant le canal Welland sur l'essentiel du parcours. Consultez le guide consacré au Bruce Trail, mais aussi la rubrique *Tobermory*, plus loin dans ce chapitre. Les offices du tourisme de la région pourront également vous fournir des informations sur ce sentier.

WELLAND

Bien que l'agriculture prédomine dans la région, Welland est essentiellement une ville industrielle (acier). Un tronçon du canal traverse la ville, tandis qu'un autre canal, plus moderne, la contourne, à 2 km du centre.

La ville est réputée pour sa vingtaine de peintures murales qui retracent l'histoire de la région et celle du canal. Entreprises en 1988, elles couvrent plusieurs bâtiments. La plus forte concentration se trouve dans East Main St, et les rues qui la relient à Division St, parallèle, à un pâté de maisons. On peut en admirer d'autres dans King St et Niagara St. Cette idée intéressante a connu un immense succès à Chemainus, sur l'île de Vancouver, en Colombie-Britanique, où un artiste local a exécuté deux de ces fresques. A l'étage du Seaway Mall, 800 Niagara St, une agence distribue une brochure sur ces peintures. Vous pourrez également la trouver à l'un des offices du tourisme de la région. La chambre de commerce est installée au 32 Main St East.

Au 65 Hooker St, le musée offre de plus amples détails sur les canaux.

Dans le Seaway Mall, un centre commercial sis au 800 Niagara St, le Serpentarium possède une impressionnante collection de 300 espèces de reptiles, y compris plusieurs en voie de disparition, qui sont étudiés et élevés sur place.

Au début de juin, le festival de la Rose, célèbre pendant deux semaines la reine des fleurs.

PORT COLBORNE

Situé sur le lac Érié, à l'extrémité sud du canal Welland, Port Colborne est l'une des plus grosses écluses du monde. On peut l'apercevoir de Fountain View Park. Elle porte le n°8. Le guichet estival de renseignements touristiques se trouve également dans cette bourgade qui n'offre guère d'intérêt pour le visiteur. Au 280 King St, vous pourrez visiter un petit village de pionniers.

NIAGARA-ON-THE-LAKE

Ce charmant petit bourg (12 500 habitants) se trouve à environ 20 km en aval des chutes. Avec ses boutiques de luxe, ses restaurants et son célèbre festival George Bernard Shaw, il sert de repoussoir au battage publicitaire fait autour des chutes de Niagara. Les vignobles environnants et les parcs historiques ajoutent encore à son attrait. A l'origine un site indien, il fut colonisé par les loyalistes venus de l'État de New York, après la guerre d'Indépendance américaine. Devenue dans les années 1790 la première capitale de l'Ontario, elle est considérée comme l'une des bourgades du XIXe siècle les mieux préservées de l'Amérique du Nord.

La rue principale, Queen St, est jalonnée de nombreuses boutiques en parfait état, datant du XIXe siècle. Sa situation en bordure du lac, ses rues ombragées d'arbres et ses vieilles maisons font de Niagara-on-the-Lake un lieu de visite très agréable. Le village connaît une forte affluence en été, concentrée surtout dans la rue principale. En vous promenant dans les rues adjacentes, vous pourrez percevoir ce qu'était l'atmosphère d'une petite ville paisible de l'Ontario autrefois. Évoquant étrangement un paysage rural japonais, la maison qui se dresse à l'angle de Wellington St et de Byron St, non loin de l'office du tourisme, mérite une visite.

Renseignements

Le personnel de l'office du tourisme (☎ 468-4263), implanté dans la chambre de commerce, à l'angle de King St et des rues Prideaux/Byron, est efficace et amical. Ils pourront notamment s'occuper de vous réserver une chambre. De mai à début septembre, l'office du tourisme est ouvert tous les jours. Le reste de l'année, les heures d'ouverture sont plus limitées et l'agence est fermée le week-end. A l'est du centre-ville, en direction des chutes, King St traverse Queen St au vaste parc Simcoe, côté est de Queen St.

Demandez le *Historic Guide*, une brochure gratuite qui brosse un bref aperçu de l'histoire de la ville et propose un itinéraire de visite. Renseignez-vous également sur la tour du Jardin qui se dresse à côté de la serre et qui permet de jeter un coup d'œil aux splendides jardins de la ville.

La visite annuelle des B&B vous offre aussi la chance de pénétrer à l'intérieur des maisons.

Queen St

La principale artère de la ville, Queen St, en est aussi l'attraction majeure. Les maisons et boutiques en bois, restaurées et bien entretenues, abritent aujourd'hui des magasins d'antiquités ou de souvenirs écossais, des boulangeries et des restaurants.

A noter en particulier la pharmacie datant de 1866, aujourd'hui transformée en musée rempli de vieilles vitrines, de remèdes et de pots.

Il est également recommandé de goûter à la confiture du magasin Greaves. On y fabrique en effet de la confiture depuis quatre générations. Vous attendent aussi deux boutiques de caramels.

En direction des chutes, mais toujours dans Niagara-on-the-Lake, Queen St devient Picton St.

Musées

Le **Musée historique**, 43 Castlereagh St, est le plus vieux musée local de la province. Il ouvrit ses portes en 1907 et expose une vaste collection d'objets du début du siècle, liés à l'histoire de la ville : artisanat indien, mais aussi souvenirs des loyalistes et de la guerre de 1812.

L'entrée est de 2 $. De mars à décembre, il est ouvert tous les jours de 10h à 18h. En janvier et en février, il est seulement ouvert l'après-midi, le week-end.

Belle demeure de style georgien, la **maison McFarland** fut édifiée aux alentours de 1800 par John McFarland, un charpentier écossais. Restaurée en 1959, elle est aujourd'hui meublée d'objets datant d'avant 1840. Durant la guerre de 1812, elle servit d'hôpital. La maison se cache dans le parc McFarland, à 2 km au sud de la ville sur la Niagara Parkway. Elle est ouverte tous les jours, en été, de 11h à 17h. On y sert le thé. La ville possède aussi un **musée du Feu**, avec des équipements datant de 1816 à 1976.

Sites militaires historiques

A la sortie de Niagara-on-the-Lake, en direction des chutes, le **fort George**, qui date de 1797, est l'un des nombreux monuments historiques de la région. Il est ouvert tous les jours. L'entrée est de 2 $ pour les adultes. Le fort fut le théâtre de nombreuses batailles durant la guerre de 1812 et tomba tour à tour aux mains des Britanniques et des Américains. A l'intérieur, vous pourrez visiter les quartiers des officiers, une cuisine, le magasin de poudre et les réserves. Le site offre peu d'intérêt mais le personnel en costumes, en particulier les soldats en uniforme, suscite une certaine atmosphère.

Le **Navy Hall** se cache derrière le fort, au bord de l'eau. Du dépôt de ravitaillement des forts britanniques cantonnés sur les Grands Lacs, pendant le XVIIIe siècle, un seul bâtiment a subsisté. Le reste fut détruit pendant la guerre de 1812. L'American Fort Niagara se dresse sur l'autre rive.

Les quelques vestiges du **fort Mississauga** sont bien situés, à l'ouest de la ville, à l'autre bout de Ricardo/Front St. Vous y trouverez quelques plaques, mais aucun aménagement.

Toujours dans la ville, vous pourrez vous rendre aux **Butler's Barracks**, à King St. Les piétons peuvent y arriver depuis Mary St ou en longeant le sentier qui part de fort George. A la fin de la guerre de 1812, il servit d'entrepôt et de caserne aux Britanniques, puis l'armée canadienne l'utilisa à des fins diverses. Des troupes s'y entraînèrent pendant les deux guerres mondiales et la guerre de Corée.

Circuits organisés

Kiely House (☎ 468-4588) organise tous les jours des excursions à vélo (fournis par l'agence), avec halte à un ou deux vignobles. Kiely House est également un B&B.

L'escarpement de Niagara

Un escarpement est un versant rocheux en pente raide, ou une falaise d'une certaine hauteur. L'escarpement de Niagara s'étend sur 725 km, avec une hauteur maximale de 335 m. Autrefois littoral d'une mer disparue qui se trouvait à l'emplacement de l'actuel Michigan, aux États-Unis, l'escarpement part de l'Ontario, à la ville de Queenston, sur la rivière Niagara. Sur son trajet vers Tobermory et l'île Manitoulin, au nord, il traverse ou longe, selon les cas, Hamilton, Collingwood et Owen Sound. On peut apercevoir un affleurement majeur de l'escarpement depuis la Hwy 401, à l'ouest d'Oakville, au parc Kelso.

La Niagara Escarpment Commission, grâce à toute une série de parcs et de zones naturelles protégées, cherche à préserver la beauté naturelle de l'escarpement, sa flore et sa faune. Aujourd'hui, le site est surtout fréquenté par tous ceux qui veulent pratiquer le ski, observer les oiseaux et profiter du Bruce Trail. Pour plus de détails, sur ce sentier de randonnée, voir la rubrique *Tobermory*. ■

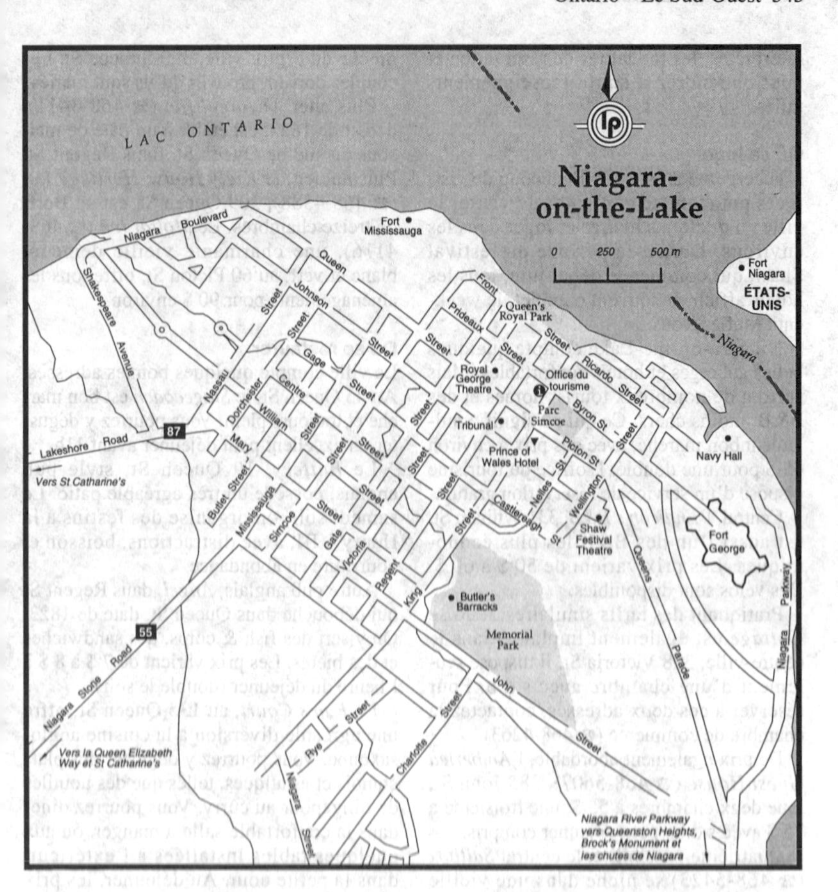

Festivals

Le festival Shaw est une manifestation théâtrale de renommée internationale. Il se déroule tous les ans, de mai à septembre. Des acteurs de renom y interprètent les pièces de George Bernard Shaw et de ses contemporains. Les trois théâtres sont accessibles à pied du centre-ville. Le prix des billets varie en fonction du théâtre. Les places les moins chères sont en matinée, en semaine.

Les billets coûtent de 20 $ à 50 $ pour les meilleures places, le samedi soir. Vous trouverez des places moins chères, le jour même de la représentation dès 9h30 le matin, excepté le samedi. Vous pourrez assister à de courtes pièces, à l'heure du déjeuner, pour 10 $.

Le guichet de location (☎ 468-2172) est ouvert de 10h à 21h, tous les jours, de juin à la mi-octobre. Si vous vous trouvez dans une autre ville du Canada, et souhaitez assister à une représentation, contactez le 1-800-267-4759 ; des États-Unis, appelez le 1-800-724-2934, très à l'avance. On vous y renseignera sur les programmes, les interprètes, les modalités de réservation et vous obtiendrez d'autres renseignements utiles.

Où se loger

L'hébergement est cher. Beaucoup de visiteurs pourront se contenter de visiter la ville en quelques heures et loger dans les environs. Durant la période du festival Shaw, qui commence début juin, tous les hôtels affichent souvent complet, le week-end. Méfiez-vous.

Niagara-on-the-Lake compte quelques belles auberges et hôtels confortables. Mais surtout de nombreux tourist homes et des B&B, moins chers. Ce qui ne signifie nullement bon marché, avec des prix à environ 65 $ pour une double. L'office du tourisme dispose d'un service de réservation gratuit.

Central, l'*Endicott's B&B*, 331 William St, est aussi l'un des B&B les plus économiques. Les prix varient de 50 $ à 60 $. Des vélos sont disponibles.

Pratiquant des tarifs similaires, le *Rose Cottage* est également implanté dans le centre-ville, 308 Victoria St. Il dispose seulement d'une chambre avec s.d.b. Pour réserver à ces deux adresses, contactez la chambre de commerce (☎ 468-4263).

De prix également abordable, l'*Amberlea Guest House* (☎ 468-5607), 285 John St, loue deux chambres à 55 $, une troisième à 75 $ avec s.d.b., petit déjeuner compris.

Quatrième possibilité, le central *Saltbox* (☎ 468-5423) se niche dans une vieille maison, 223 Gate St. Il est interdit de fumer. Il est ouvert toute l'année et demande 65 $ environ pour une double, petit déjeuner compris.

Si vous voyagez à quatre, le *Nautical Cottage* (réservation au ☎ 468-4263), 515 Regent St, est accessible à pied du centre-ville et des théâtres. Il propose un double lit, deux lits jumeaux et une cuisine pour 100 $.

Mrs Lynda Kay Knapp (☎ 468-3935) offre une unité d'habitation indépendante (petit appartement, avec un coin cuisine et un réfrigérateur) pour 75 $ pour deux. Ce n'est pas ouvert en hiver. La maison est proche du centre-ville, 390 Simcoe St. Les couples doivent prouver qu'ils sont mariés.

Plus cher, le *Angel Inn* (☎ 468-3411), datant de 1823, est établi à un pâté de maisons au sud de Queen St, dans Regent St. Plus ancien, le *Kiely House Heritage Inn* (☎ 468-4588), 209 Queen St, est un B&B de treize chambres. Le *Moffat Inn* (☎ 468-4116), une charmante vieille demeure blanc et vert, au 60 Picton St, offre tous les aménagements pour 90 $ environ.

Où se restaurer

La ville compte quelques bonnes adresses. Au 45 Queen St, le *Stagecoach* est bon marché et toujours plein. Vous pourrez y déguster un excellent petit déjeuner avant 11h.

Le *Buttery*, 19 Queen St, style pub anglais, possède un très agréable patio. Le samedi soir, on organise des festins à la Henry VIII, avec distractions, boisson et nourriture en abondance.

Autre pub anglais, *Angel*, dans Regent St qui débouche dans Queen St, date de 1823. On y sert des fish & chips, des sandwiches et des bières. Les prix varient de 7 $ à 8 $ à l'heure du déjeuner (double le soir).

Le *Fan's Court*, au 135 Queen St, offre une agréable diversion à la cuisine anglo-saxonne. Vous pourrez y déguster des plats chinois et asiatiques, telles que des nouilles de Singapour au curry. Vous pourrez dîner dans la confortable salle à manger, ou aux quelques tables installées à l'extérieur, dans la petite cour. Au déjeuner, les prix sont modiques, un peu plus élevés au dîner.

McCray Hall Gifts, une boutique au nord de Queen St, possède un charmant et calme petit salon de thé au fond et dans le patio, idéal pour une halte dans l'après-midi. Le *Prince of Wales Hotel* dispose d'une salle à manger confortable pour faire un repas plus raffiné, mais plus cher. La plupart des auberges et des hôtels possèdent leur propre salle à manger.

Pour prendre une bonne tasse de café, rendez-vous au *Monika's*, 126 Queen St.

A quelques pâtés de maisons de Queen St, vous pourrez pique-niquer au bord de l'eau dans le Queen's Royal Park.

Distractions

Le Simcoe Park, situé dans la ville, accueille souvent des concerts de musique classique le samedi, en été.

Comment s'y rendre

Bus. Un bus relie Niagara-on-the-Lake à Toronto, dans les deux sens, le mercredi, le vendredi, le samedi et le dimanche, mais seulement pendant l'été. Le tarif est de 20,50 $ (deux heures). Charterways Bus Lines assure la liaison entre St Catharine's et Niagara-on-the-Lake trois fois par semaine – durant ces trois mêmes jours Gray Coach ne desservant pas Toronto. Dans la mesure où Gray Coach (géré par Greyhound) relie St Catharine's tous les jours, vous pourrez vous y rendre depuis Toronto, en empruntant un bus de l'une ou l'autre compagnie. En ville, les bus depuis/vers St Catharine's s'arrêtent au Simcoe Park.

Difficile à croire, mais il n'existe pas de transport public entre Niagara-on-the-Lake et Niagara Falls. Une difficulté que l'on peut contourner. A Niagara Falls, Double Deck Tours organise des excursions dans la région, y compris un circuit des vignobles au départ de Niagara-on-the-Lake. Ces bus peuvent également être utilisés comme un service régulier. Ils assurent trois allers et retours, chaque jour. Prenez le bus de l'autre côté de la rue, en face de l'office du tourisme, dans King St, qui pourra également vous en fournir les horaires.

Taxi. Les taxis pour Niagara Falls coûtent 23 $.

Comment circuler

Vélo. C'est un bon moyen d'explorer la région. On peut louer des vélos à l'heure, à la demi-journée ou à la journée au 92A Picton St, après le Moffat Inn.

ENVIRONS DE NIAGARA-ON-THE-LAKE

Vignobles et routes du vin

Le triangle entre St Catharine's, Niagara-on-the-Lake et Niagara Falls est, avec la vallée Okanagan (Colombie-Britanique), la plus importante région vinicole du Canada. La région de l'Ontario produit environ 80% du raisin utilisé pour la production vinicole. Le microclimat créé par l'escarpement et le lac Ontario est largement à l'origine de ce succès.

Le nombre toujours croissant de vignobles – ils sont aujourd'hui une vingtaine –, permet la production d'un vin de qualité. Durant les cinq dernières années, les viticulteurs sont passés d'une industrie locale à une productivité internationale capable de fournir d'excellents crus. Vous pourrez visiter nombre de ces vignobles et profiter d'une dégustation. Pourquoi ne pas consacrer une journée à suivre la route du vin et en comparer les productions ? Les trois principales appellations de la région sont le riesling, le chardonnay et le gewurztraminer. Les vins blancs tendent à dominer la production, mais les rouges ne sont pas totalement absents. Plus chers, les vins glacés commencent à retenir très sérieusement l'attention des consommateurs. Les établissements vinicoles sont ouverts au public approximativement de mai à la fin d'octobre. Certains circuits incluent une visite à l'un ou deux de ces établissements dans leur parcours. La plupart sont organisés depuis Niagara Falls.

Les huit meilleurs vignobles sont regroupés sous le nom de Groupe des Sept Plus Un (Group of Seven Plus One). Ceux qui sont cités ci-après en font partie, avec une forte concentration au sud de Niagara-on-the-Lake.

Les meilleurs crus portent la désignation Vinter's Quality Alliance (VQA).

Le Reif Estate Winery (☎ 468-7738) se trouve au sud de Niagara-on-the-Lake, entre la Line 2 et la Line 3, sur la Niagara Parkway. L'établissement est ouvert tous les jours, toute l'année. Renseignez-vous sur les horaires des visites guidées. Des dégustations sont proposées.

Inniskillin (☎ 468-3554) est implanté tout à côté, Line 3. Il est ouvert de mai à octobre. Ce vignoble s'est taillé une belle réputation et a remporté le maximum de prix. Une démonstration permet de comprendre le processus de fabrication du vin et son histoire à Niagara.

Château des Charmes (☎ 262-4219), vous attend dans St David's, entre les chutes et Niagara-on-the-Lake, sur la Line 7, en venant de la Four Mile Creek Rd, non loin de la Hwy 55. Il est ouvert tous les jours, toute l'année. Une fois encore, la boutique est pratiquement toujours ouverte (dégustations).

Les autres vignobles du Group of Seven Plus One sont Marynissen, Konzelmann, Stonechurch, Hillebrand et Pillitteri.

Bright's (☎ 357-2400), pour sa part, est le plus vieux vignoble canadien bien qu'il ne fasse pas partie de ce groupe. L'établissement est installé 4887 Dorchester Rd, dans Niagara Falls, au nord de la Hwy 420. Appelez pour plus de renseignements sur l'itinéraire ; on vous dira d'où partir pour faire le meilleur tour. Des visites gratuites d'une heure avec dégustation ont lieu à 10h30, à 14h et à 15h30, tous les jours (excepté le dimanche et les jours fériés).

Les offices du tourisme de la région disposent de listes complètes des établissements vinicoles et leurs adresses.

NIAGARA PARKWAY ET CHEMIN DE DÉTENTE

Le parcours le plus agréable longe lentement sur 20 km la **Niagara Parkway** à deux voies jusqu'à Niagara Falls. Cette route à paysage aménagé est bordée de parcs, d'aire de pique-nique, de belles vues sur la rivière et de deux terrains de camping, qui font tous partie du réseau de la Niagara Parks Commission. Elle suit le trajet de la rivière Niagara, sur 55 km, de Niagara-on-the-Lake au lac Érié. Un sentier de 3m de large sur lequel on peut marcher, courir ou faire du vélo, longe la Parkway. Il est tout indiqué pour une excursion longue ou courte à bicyclette : le terrain est plat, le paysage riverain pittoresque et la fréquentation y est moindre. Il est également gratuit. Sites historiques et naturels sont signalés par des plaques. Mais le plus agréable de tout, ce sont les étals de cidre frais et de jus de fruits.

Dans le petit village de Queenston, juste avant le Lewiston Bridge qui relie l'Ontario aux États-Unis, vous attend la **Laura Secord Homestead**. Laura Secord, l'une des plus célèbres héroïnes du Canada (en partie à cause de la marque de chocolat qui porte son nom), vécut à Queenston, à l'angle de Queenston St et de Partition St, pendant la guerre de 1812. Durant cette même guerre, un jour, elle parcourut près de 30 km à pied pour prévenir l'armée anglaise d'une attaque imminente des Américains. On peut visiter la maison (contre une petite participation) et goûter au chocolat. Vous trouverez aussi une petite confiserie au sous-sol. On raconte que la roseraie aurait été plantée par Laura elle-même.

A la jonction de la Niagara Parkway et de Queenston St (la rue principale de Queenston) se dresse le **Samuel Weir Collection & Library of Art**, à côté du monument aux morts. Mr Wier fit construire cette maison en 1916 pour y réunir son extraordinaire collection d'œuvres d'art, d'antiquités et de livres. Il institua une fondation pour administrer ses richesses et en permettre l'accès au public, à la seule condition qu'il soit enterré sous la pelouse, devant la demeure. Sa volonté fut exaucée. Le musée, gratuit, est ouvert de mai à octobre, du mercredi au samedi, et le dimanche après-midi.

Dans la maison MacKenzie, toujours en ville, la **MacKenzie House Printery** est consacrée à l'imprimerie. Plusieurs expositions sont axées sur la publication d'anciens journaux, comme le *Colonial Advocate*, publié par William Lyon MacKenzie qui, par la suite, prit la tête de la Upper Canada Rebellion.

Toujours de Queenston, à l'extrémité sud, part le Bruce Trail, qui s'étend sur 700 km jusqu'au Tobermory dans la baie Géorgienne. Les points d'accès au sentier sont nombreux dans la région de Niagara et de Hamilton. (Pour plus de détails sur ce sentier, consultez la rubrique *Tobermory* dans ce chapitre.)

Un peu plus loin sur la parkway vous attend le **Queenston Heights Park**, connu pour son monument dédié au Major General Brock. Un escalier tournant de pierre intérieur vous mènera jusqu'au sommet, à 60 m, d'où vous aurez une vue fabuleuse. Sur le site est également installé le Queenston Heights Restaurant, qui offre aussi quelques beaux points de vue sur la rivière. L'établissement sert une nourriture correcte, mais assez chère.

Non loin du restaurant s'élève un monument dédié à Laura Secord, d'où part également une excursion de 45 mn aux alentours, avec un aperçu du site de la bataille de Queenston Heights. Procurez-vous une brochure concernant ce circuit à l'un des offices du tourisme. Vous y trouverez des détails sur la guerre de 1812 et sur la part importante prise par cette victoire anglaise dans l'histoire du Canada). Des guides sont à votre disposition au **monument Brock**, ainsi qu'une brochure explicative.

La Niagara Parkway traverse Niagara Falls, puis se poursuit au-delà, vers le sud. Les curiosités dignes d'intérêt, entre Queenston et Niagara Falls, sont toutes desservies par les bus Niagara Falls People Mover, pendant l'été, et détaillées à la rubrique *Niagara Falls*..

NIAGARA FALLS

Les chutes ont fait de cette ville l'une des premières destinations touristiques du Canada. C'est un endroit très visité – environ 12 millions de personnes chaque année, venues du monde entier.

Les chutes coupent la rivière Niagara entre l'Ontario et l'État de New York. Elles sont terriblement impressionnantes, en particulier les Horseshoe Falls. Elles offrent un spectacle unique de jour comme de nuit, lorsque les rayons des projecteurs scintillent sur l'écume vaporeuse. Même en hiver, lorsqu'une couche de glace masque partiellement le courant et que les bords sont gelés, le spectacle est tout aussi grandiose. Il arrive que les chutes s'arrêtent totalement. Ce phénomène se produisit pour la première fois un dimanche matin de Pâques, en 1848, et certains en conclurent immédiatement que la fin du monde était proche. Des blocs de glace avaient réussi à complètement stopper le flux de l'eau. Quelques résidents en profitèrent pour explorer le lit de la rivière sous les chutes !

Outre les chutes, la ville offre aujourd'hui un nombre impressionnant d'attractions qui, avec ses hôtels, ses restaurants et ses enseignes lumineuses, en arrivent à rappeler le clinquant et l'aspect tapageur de Las Vegas. Un spectacle à ne pas manquer.

Niagara Falls se trouve approximativement à 2 heures en voiture de Toronto par la Queen Elizabeth Way (QEW), une fois dépassé Hamilton et St Catharine's. Les transports publics entre Toronto et Niagara Falls sont fréquents et rapides.

Orientation

Niagara Falls se divise en deux principaux secteurs : le centre-ville des résidents, plus ancien, commerçant, et la zone touristique qui s'étend tout autour des chutes et qui est surtout fréquentée par les touristes. Les deux principales artères du centre-ville sont Queen St et Victoria Ave.

Le secteur de Bridge St, non loin du croisement avec Erie St, regroupe les gares routière et ferroviaire et deux hôtels bon marché. L'auberge de jeunesse se trouve également dans le centre, pas très loin de la gare ferroviaire.

A environ 3 km au sud, le long de la rivière, vous attendent les chutes et tous les aménagements propres au tourisme – restaurants, motels, boutiques et attractions. Dans le voisinage des chutes, les rues principales sont Clifton Hill, Falls Ave, Centre St et Victoria Ave. Cette dernière compte de nombreux hôtels et plusieurs restaurants.

Dans l'autre sens, au nord, un parc borde la rivière. Il s'étend sur environ 40 km, des chutes, en aval, à Niagara-on-the-Lake.

Vous trouverez également quantité de tourist homes dans ces deux secteurs.

Renseignements

Offices du tourisme. Le plus central, au Horseshoe Falls, est installé dans le bâtiment connu sous le nom de Table Rock

Centre. La Niagara Parks Commission y dirige un bureau efficace (☎ 314-0944). Il est ouvert tous les jours, de 10h à 18h (jusqu'à 22h en été).

Le principal office du tourisme, cependant, reste l'Ontario Travel Information Centre (☎ 358-3221). Excentré, à l'ouest, il se trouve sur la Hwy 420, lorsque l'on vient du Rainbow Bridge, en direction de la Queen Elizabeth Way, au 5355 Stanley Ave. Il est à mi-chemin entre le pont et la route principale. Vous pourrez vous y procurer des cartes de l'Ontario et des renseignements sur les diverses destinations touristiques de la province. Il est ouvert jusqu'à 20h en été.

Il existe aussi deux bureaux de renseignement dirigés par le Visitors & Convention Bureau, qui utilisent le même numéro de téléphone central (☎ 356-6061). L'un d'entre eux est implanté 5433 Victoria Ave.

Parking. A environ 15 mn à pied des chutes vous attend un parking gratuit, tout à côté du cinéma Imax, au sud de Murray St, lorsque l'on se dirige vers Robinson St, et non loin du Skylon. Une fois votre voiture garée, empruntez le pont de béton au nord du parking. Traversez-le jusqu'en haut des escaliers qui mènent à travers les bois à des jardins et à une rivière. Autre parking, le gigantesque Rapids View Parking Lot est situé à 3,2 km au sud des chutes, une fois que l'on a quitté River Rd, à l'emplacement du dépôt des bus. De là, on arrive aux chutes par une agréable promenade.

Les chutes

Pour les pessimistes, les chutes ne sont qu'un second sujet de déception des nouveaux époux, mais lorsque l'on voit l'eau vrombissante tomber de 56 m, à l'endroit où l'eau commence à se déverser, il est difficile de ne pas trouver le spectacle grandiose. La plate-forme d'observation de la boutique de souvenirs offre aussi un formidable point de vue sur les chutes.

Après avoir essayé tous les angles à toutes les heures du jour, vous pourrez encore profiter de la tour Skylon, 5200 Robinson St, avec ses ascenseurs extérieurs en verre ; ou de la plate-forme d'observation du Maple Leaf Village, un centre commercial, 5705 Falls Ave, près du Rainbow Bridge.

Le bateau *Maid of the Mist* emmène ses passagers jusqu'au pied des chutes – une excursion bruyante, passablement humide et qui vous coûtera 8,65 $. Embarquez au pied de Clifton Hill. Du Table Rock Centre, vous payerez 5,25 $ pour revêtir un imperméable et vous engouffrer dans des tunnels creusés dans la roche jusque derrière les cataractes d'eau, à mi-hauteur de la falaise. A tout prendre, je choisirai plutôt l'escapade par les tunnels panoramiques de Table Rock que la balade à bord du *Maid of the Mist*. C'est le moyen idéal de prendre un peu le frais par une chaude journée d'été, même si les tunnels sont souvent bondés et qu'il faut y faire la queue pour enfin profiter des embruns glacés des chutes. La paroi liquide est suffisamment épaisse pour arrêter la lumière. Chaque année, un million de personnes viennent contempler les chutes de cet endroit – le point le plus proche autorisé, à moins de s'embarquer dans un tonneau comme le firent quelques audacieux.

Plus au nord, le long de la rivière, le Great Gorge Adventure est un ascenseur qui descend vers certains rapides et remous. Soyez sans crainte, il est solide. Ils disposent aussi d'une belle collection de tableaux représentant les tonneaux et embarcations utilisés par les plus intrépides pour défier les chutes. On est étonné du nombre de ceux qui réchappèrent à cette expédition, hormis les suicides.

Mais un seul de ceux qui entreprirent accidentellement le voyage connut cette chance. Il était âgé de 7 ans lorsque son bateau se retourna en amont, qu'il fit le grand saut et qu'il put regagner la rive, sans une égratignure.

Dans ce domaine, les années 80 furent très actives, avec cinq farfelus qui firent le grand plongeon, toutes avec succès. Dans les années 90, la première tentative fut exécutée non à bord d'un tonneau, mais d'un

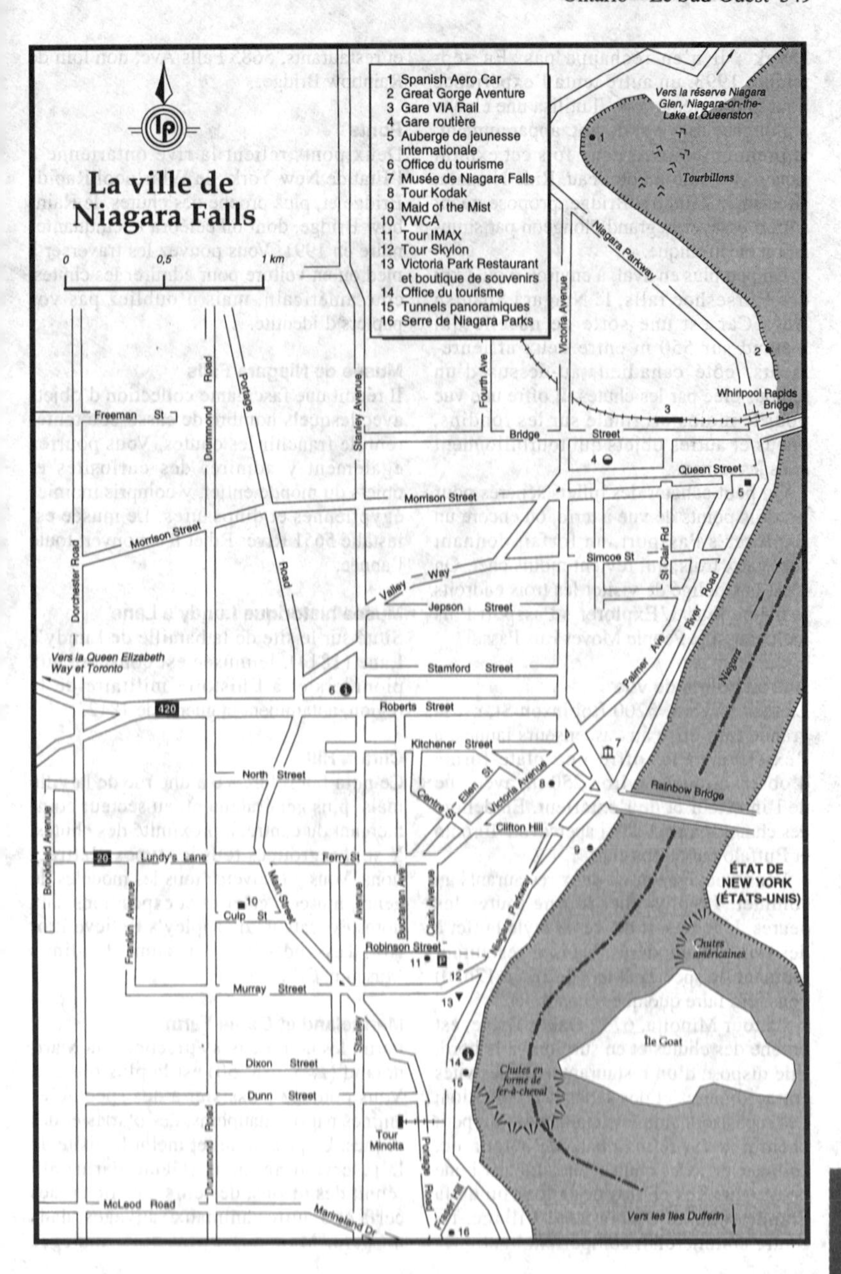
La ville de Niagara Falls
0
0,5
1 km
1 Spanish Aero Car
2 Great Gorge Aventure
3 Gare VIA Rail
4 Gare routière
5 Auberge de jeunesse internationale
6 Office du tourisme
7 Musée de Niagara Falls
8 Tour Kodak
9 Maid of the Mist
10 YWCA
11 Tour IMAX
12 Tour Skylon
13 Victoria Park Restaurant et boutique de souvenirs
14 Office du tourisme
15 Tunnels panoramiques
16 Serre de Niagara Parks
Vers la réserve Niagara Glen, Niagara-on-the-Lake et Queenston
Tourbillons
Niagara Parkway
Victoria Avenue
Fourth Ave
Stanley Avenue
Portage Road
Drummond Road
Freeman St
Bridge Street
Whirlpool Rapids Bridge
Queen Street
Morrison Street
Dorchester Road
Simcoe St
St Clair Rd
River Road
Valley Way
Jepson Street
Palmer Ave
Niagara
Vers la Queen Elizabeth Way et Toronto
Stamford Street
Roberts Street
420
Kitchener Street
North Street
Centre St
Ellen St
Rainbow Bridge
Clifton Hill
Brookfield Avenue
20
Lundy's Lane
Ferry St
Main Street
Buchanan Ave
Clark Avenue
Franklin Avenue
Culp St
ÉTAT DE NEW YORK (ÉTATS-UNIS)
Chutes américaines
Robinson Street
Murray Street
Île Goat
Dixon Street
Dunn Street
Chutes en forme de fer-à-cheval
Tour Minolta
McLeod Road
Marineland Dr
Fraser Hill
Vers les îles Dufferin

ONTARIO

kayak ; il n'en réchappa pas. En septembre 1993, un autre tenta l'expérience pour la deuxième fois. Il utilisa une cloche à plongeur ronde et devint, apparemment, le premier à réussir deux fois cet exploit sans rester au fond de l'eau. Ride Niagara, situé sous Rainbow Bridge, propose quant à lui d'essayer le grand plongeon par simulation électronique.

Un peu plus en aval, à environ 6 ou 7 km des Horseshoe falls, le Niagara Spanish Aero Car est une sorte de nacelle qui s'étend sur 550 m entre deux affleurements, côté canadien, au-dessus d'un remous créé par les chutes. Il offre une vue pour le moins originale sur les rondins, pneus et autres objets qui tourbillonnent dans les remous.

On peut acheter des billets séparés pour les trois points de vue à terre, ou encore un Explorer's Passport, un forfait donnant accès aux trois, qui revient moins cher. On n'est pas obligé de visiter les trois endroits le même jour. L'Explorer's Passport Plus inclut aussi le People Mover Bus Pass.

Autres points de vue

La tour Skylon, 5200 Robinson St, est la grande tour grise aux ascenseurs jaunes, à l'extérieur. Elle offre une plate-forme d'observation à environ 250 m, avec vue de l'intérieur et de l'extérieur. En dehors des chutes, on peut aussi apercevoir Toronto et Buffalo par temps clair.

Vous trouverez aussi deux restaurants au sommet. Le plus cher tourne toutes les heures. L'autre sert des repas style buffet à des prix plus modérés. Dans le restaurant tournant, le spécial dîner (de 16h à 17h30) vous fera faire quelques économies.

La tour Minolta, 6732 Oakes Drive, est proche des chutes et en surplombe le bord. Elle dispose d'un restaurant avec des vues extraordinaires et des salles d'observation. Les repas sont simples, mais bons. Un petit chemin de fer relie la base de la tour aux collines, près des chutes. On aura aussi une bonne vue des chutes de la tour ou de la grande roue au Maple Leaf Village, un centre commercial, comportant boutiques et restaurants, 5685 Falls Ave, non loin de Rainbow Bridge.

Ponts

Deux ponts relient la rive ontarienne à l'État de New York : le Whirlpool Rapids Bridge et, plus proche des chutes, le Rainbow Bridge, dont on célébra le cinquantenaire en 1991. Vous pouvez les traverser à pied ou en voiture pour admirer les chutes, côté américain, mais n'oubliez pas vos papiers d'identité.

Musée de Niagara Falls

Il réunit une fascinante collection d'objets avec lesquels nombre de casse-cou tentèrent de franchir les chutes. Vous pourrez également y admirer des curiosités et objets du monde entier, y compris momies égyptiennes et dinosaures. Le musée est installé 5651 River Rd et il est ouvert toute l'année.

Musée historique Lundy's Lane

Situé sur le site de la bataille de Lundy's Lane (1814), le musée est consacré aux pionniers et à l'histoire militaire de la région, notamment la guerre de 1812.

Clifton Hill

Ce nom fait référence à une rue de la ville mais, plus généralement, au secteur commerçant du centre, à proximité des chutes. Y sont regroupés tous les types d'attractions. Vous y trouverez tous les modèles du genre, musées, galeries et expositions, aux noms évocateurs de Ripley's Believe It or Not, Tussaud's Wax Museum, Houdini's Museum, Criminal's Hall of Fame.

Marineland et Game Farm

Parmi les nombreuses attractions, la Marineland (☎ 356-8250) est la plus réussie. Vous pourrez y assister à des spectacles animés par des dauphins, des otaries et des orques. Le prix du billet inclut la visite de la réserve d'animaux (Game Farm) qui réunit des bisons, des ours, des lions, des cerfs et d'autres animaux sauvages, dans un parc. Mais aussi plusieurs manèges

Ours bruns

(notamment les plus grandes montagnes russes du monde), compris également dans le prix du billet. Elle est ouverte de 9h à 18h et l'entrée est de 17 $ pour adultes. Elle est située à environ 2 km des chutes, au sud dans Portage Rd.

Cinéma Imax

Le cinéma Imax (☎ 374-IMAX) à écran géant (haut de six étages) vous attend 6170 Buchanan Ave, non loin de la tour Skylon. Il propose un film de 45 mn consacré aux chutes et à leur histoire. Les projections sont permanentes et coûtent 7,50 $. Le même bâtiment abrite aussi un musée.

Niagara Parks Greenhouse

Les fleurs et les jardins sont nombreux dans Niagara Falls et alentour, favorisés par le climat tempéré de la région. Au sud des Horseshoe Falls, la serre présente toute l'année une exposition florale gratuite. La présence d'oiseaux tropicaux ajoute encore à l'intérêt du site. La serre se trouve à moins d'un kilomètre des chutes.

Old Scow

De l'autre côté de la rue, le *Old Scow* est une vieille péniche toute rouillée qui attend depuis 1918 d'être emportée par les chutes. Trois hommes se trouvaient à bord ce jour-là, lorsqu'elle se détacha et dériva sur 750 m vers le bord. Sans hélicoptère ou vedette, sauver les passagers tenait du miracle. Ce qui n'empêcha pas Red Hill Senior de descendre le long d'une corde jetée depuis le toit de la centrale hydro-électrique, qui se trouve toujours en bordure de l'eau. Il lança une bouée aux trois passagers qui furent hissés et ramenés sur le rivage.

Jardin botanique et école d'horticulture

On peut se promener gratuitement sur ces 40 ha de jardins minutieusement entretenus. L'école et les jardins sont ouverts toute l'année, se trouvent au nord, sur la Parkway, en direction de Queenston, à environ 9 km des Horseshoe Falls.

Plus au nord, à 2,5 km, se dresse l'**horloge florale**, de plus de 12 m de diamètre. Ne ratez pas les Centennial Lilac Gardens, qui embaument tout particulièrement fin mai.

La ville compte plusieurs autres jardins floraux, dont l'un dans le Queen Victoria Park (à droite des chutes canadiennes) et un autre au Oakes Garden Theatre (en face du Maid of the Mist Plaza, à proximité des chutes). Côté américain, le Victoria Park offre également de splendides floralies pendant presque toute l'année.

Espaces verts

Réserve de Niagara Glen. Elle arrive en tête et mérite absolument une visite. C'est le seul endroit qui permet de mieux se rendre compte de l'aspect que pouvait avoir la région avant l'arrivée des Européens. Sept sentiers pédestres sillonnent les 4 km du parc à l'endroit où se trouvaient les chutes il y a huit mille ans. La réserve dépend de la Parks Commission (☎ 356-2241), qui propose des promenades gratuites avec guide, quatre fois par jour en été (de juillet à début septembre). Ces sentiers sont toujours ouverts au public (gratuitement). Ils serpentent jusqu'en bas de la gorge, passent devant d'énormes rochers, des grottes glacées, des fleurs sauvages et traversent des zones boisées. On peut pêcher du rivage. Le cours de la rivière remonte au nord vers Pebbly Beach et au sud vers les remous, site de l'attraction

Niagara Spanish Aero Car.

On a une vue impressionnante des remous depuis le terminal Aero Car, mais on ne peut réellement apprécier la taille de la gorge que depuis le littoral. Tout ce qui est jeté dans le lac Érié passe par les remous et l'on remarquera, entre autres, pneus, rondins et autres déchets, provenant des quais des villas. Officiellement, les sentiers praticables s'arrêtent là. Certains s'aventurent à escalader les rochers en bordure de l'eau, en amont des chutes. L'endroit où la rivière coule (plutôt se jette) dans les remous est spectaculaire, mais pas facilement accessible : les rochers sont glissants et la rivière dangereuse.

Un résident m'a affirmé qu'au bout de trente autres minutes d'escalade périlleuse on arrive à des rapides encore plus impressionnants (et plus dangereux). A 20 mn de là vous attend aussi un chemin recouvert de planches jusqu'à Great Gorge Adventure. A cet endroit, vous pouvez faire demi-tour et continuer pendant encore cinq heures jusqu'à un point proche des chutes, ou sauter dans l'ascenseur de Great Gorge. Les billets ne sont pas contrôlés en bas, seulement en haut, pour éviter que quelques malins tentent de descendre par leurs propres moyens. Les randonneurs devront emporter à manger et à boire, la rivière Niagara n'est guère potable – la région est l'un des grands centres industriels du continent américain.

La réserve de Niagara Glen se trouve à 1 km au nord de l'entrée du Whirlpool Golf Course, sur la Niagara Parkway (en direction de Niagara-on-the-Lake). Le bus People Mover s'arrête à cet endroit, ou au printemps et à l'automne à l'attraction Niagara Spanish Aero Car, d'où la réserve est accessible à pied (environ 3 km).

Îles Dufferin. Cette série de petites îles artificielles, reliées entre elles, furent créées pendant le développement du réseau hydraulique. C'est un parc vert, sillonné de chemins de promenade et d'un sentier de randonnée autour des îles et à travers bois. Vous y trouverez des tables de pique-nique et un petit coin pour se baigner, plutôt adapté aux enfants (bien que l'eau ne soit pas toujours assez chaude).

Les îles sont situées à moins de 2 km au sud des chutes, à l'ouest de la route. L'entrée est gratuite. Environ 250 m plus au sud s'étend le **parc King's Bridge**, avec une aire de pique-nique mieux aménagée et une petite plage.

Circuits organisés

Double Deck (☎ 374-7423) organise des circuits dans des bus rouges à impériale. Pour 17 $, l'une de ces excursions offre l'accès à trois des principales attractions de la ville, avec halte à d'autres sites gratuits. Vous pouvez quitter le groupe quand vous le désirez, voire étaler la visite sur deux jours. Un second circuit de 50 km permet de découvrir plus de sites. Comptez six heures. Un troisième rejoint Niagara-on-the-Lake et marque une halte à l'un des établissements vinicoles de la région.

Une excursion réunissant les programmes proposés par les deux premiers circuits, pour un forfait économique, par Honeymoon City Tours (☎ 357-4330), 4943 Clifton Hill.

Vous pouvez aussi survoler les chutes en hélicoptère avec Niagara Helicopters (☎ 357-5672), 3731 Victoria Ave. Mais ces circuits sont délaissés par les touristes depuis qu'un récent accident a remis leur existence même en question.

Festivals

Le Blossom Festival (festival des Fleurs) se déroule au début de mai (voire à la mi-mai) à l'éclosion des fleurs dans les nombreux parcs. Vous pourrez assister à des défilés et à des danses folkloriques.

Le Niagara Grape & Wine Festival (festival du Raisin et du Vin) annuel a lieu fin septembre. Il inclut des parades et des visites aux cinq principaux établissements vinicoles. Les festivités s'étendent à toute la région.

En hiver, les visiteurs pourront profiter du Festival of Lights (festival des Lumières) annuel, qui dure de fin novembre à la mi-février.

Où se loger

La ville est amplement pourvue en hébergements. Par ailleurs, les prix restent corrects, car la compétition est rude des deux côtés de la frontière. En dehors de la saison estivale, les prix chutent en hiver, on peut faire quelques bonnes affaires. A cette époque de l'année, nombre d'hôtels offrent des forfaits de deux ou trois jours, incluant souvent plusieurs repas, des réductions sur les attractions et, parfois, une bouteille de vin. Consultez la rubrique *Voyages* des journaux de la ville ou de Toronto, le week-end. Quantité d'hôtels offrent avec la chambre de multiples aménagements du type lits sur matelas d'eau, saunas, jacuzzis, stéréos FM, TV, etc.

Camping. Plusieurs terrains sont disséminés dans toute la ville. Trois sont implantés sur Lundy's Lane, à la sortie de Niagara Falls, deux autres dans Montrose Ave, au sud-ouest du centre-ville. Ils sont bien aménagés. Le *Niagara Glen View Campground* (☎ 374-7052), avec emplacements pour tentes et électricité, se trouve Victoria Ave et River Rd, au nord de la ville en direction de Queenston. D'autres jalonnent la Niagara Parkway, plus au nord.

Auberges de jeunesse. La meilleure adresse est la HI *Niagara Falls International Hostel* (☎ 357-0770), 4699 Zimmerman Ave, qui donne dans River Rd, non loin de Queen St dans la vieille ville, à proximité de la gare routière. Une maison de style Tudor abrite l'auberge, tout près de la rivière Niagara. Bien aménagée, elle revient à 12 $ pour les membres, 16 $ pour les non-membres. Elle peut accueillir 58 personnes et elle est ouverte tous les jours, toute l'année. On peut aussi y louer des vélos, et profiter de certaines réductions pour les musées et le *Maid of the Mist*. La *YWCA* (☎ 357-9922), 6135 Culp St, loue des chambres (20 $) réservées aux femmes. La *YMCA* ne dispose pas de résidence.

Tourist homes. Elles représentent le meilleur mode d'hébergement. Elles sont souvent moins chères (mais pas toujours) que les motels ou hôtels et sont plus confortables. Beaucoup sont centrales.

Il existe deux types de tourist homes : la catégorie bon marché, se limitant à une ou deux chambres à louer dans une habitation familiale. Ces tourist homes ont la fâcheuse tendance de fermer aussi vite qu'elles ont ouvert. Les autres sont installées dans des établissements à but commercial. Plus chères, elles sont aussi plus stables.

De nombreuses tourist homes, en particulier chez l'habitant, fonctionnent de mai à octobre. L'office du tourisme dispose parfois d'une liste complète. Adressez-vous également au Visitors & Convention Bureau, la meilleure adresse en matière de tourist homes. Vous trouverez peut-être aussi quelques annonces de locations affichées dans les rues. Les prix varient de 35 $ à 75 $. Comptez en moyenne 45 $ pour une simple, 60 $ pour une double.

Au 4407 John St (☎ 374-1845), en face du Rainbow Bridge, le *Rainbow View* loue quatre chambres (de 40 $ à 75 $, petit déjeuner continental inclus). Si vous êtes étudiant ou membre des auberges de jeunesse, vous pourrez sans doute bénéficier d'une réduction. Les chambres avec s.d.b. commune sont, bien évidemment, meilleur marché. Des tarifs réduits sont également offerts pour les séjours de quatre jours, voire plus longs. John St est une rue résidentielle tranquille, non loin des chutes.

River Rd relie le secteur des chutes à la vieille ville, à 3 km en aval. Quelques tourist homes sont disséminés dans ce quartier, avec de bonnes vues sur la rivière. La *White Knight Inn* (☎ 374-8767), 4939 River Rd, ressemble davantage à un petit hôtel avec s.d.b., climatisation, petits déjeuners complets et parking. Elle loue des doubles de 50 $ à 65 $, et des chambres pour quatre personnes de 70 $ à 85 $. Le *Butterfly Manor* (☎ 358-8988), 4917 River Rd, propose des doubles à 55 $ (gratuit pour les enfants âgés de moins de 12 ans), en semaine, 10 $ de plus le week-end, petit déjeuner compris.

Dotée de quatre chambres, la *Glen Mhor Guesthouse* (☎ 354-2600) 5381 River Rd, pratique des prix similaires. Des vélos pour se rendre aux chutes sont disponibles. Le *Eastwood Tourist Lodge* (☎ 354-8686) 5359 River Rd, est une belle maison ancienne, rehaussée de balcons qui surplombent la rivière. Chaque chambre dispose d'une s.d.b. Un peu plus cher.

Vous pouvez aussi explorer Robert St, Victoria Ave, ou encore Lundy's Lane.

B&B. Depuis la pension de famille du 4917 River Rd, un programme de B&B est mis en place (☎ 358-8988). Des chambres sont proposées dans toute la ville. Certaines incluent quelques aménagements supplémentaires, comme une piscine ou la climatisation. A noter que le petit déjeuner n'est pas servi partout. Les prix varient de 50 $ à 70 $ en double.

Hôtels. La ville compte quelques hôtels, mais quantité de motels. Les véritables hôtels ont tendance à être neufs et chers. Les deux moins chers sont implantés aux abords des gares ferroviaire et routière, loin des chutes. Le plus confortable, l'*Europa* (☎ 374-3231), à l'angle de Bridge St et d'Erie Ave, loue des chambres à moins de 30 $. Tout près, de l'autre côté de la gare ferroviaire, l'*Empire* (☎ 357-2550), dans Erie Ave, n'est guère recommandé aux femmes seules.

Motels. Ils sont légion. Les motels à meilleur marché bordent Lundy's Lane, qui débouche à l'ouest des chutes pour devenir ensuite la Hwy 20. Nombreux sont ceux aussi qui jalonnent Murray St et Ferry St. La large échelle des prix est due à la présence des chambres de noces équipées de deux baignoires, de lits sur matelas d'eau et autres aménagements dispendieux. Les tarifs varient aussi de manière spectaculaire selon les saisons, les mois les plus chers étant juillet et août. Hors saison, n'hésitez pas à discuter.

Tout près de Clifton Hill et des restaurants, et à moins de 30 mn à pied des chutes, vous attend le central *AAA Royal Motel* (☎ 354-2632), 5284 Ferry St. Les chambres sont simples mais agréables, et il y a une petite piscine. On vous y fournira des tickets repas avec lesquels vous pourrez bénéficier de réductions dans plusieurs restaurants alentour. Le prix des chambres varie de 30 $ à 60 $, avec une double à seulement 35 $ en juin, avant l'arrivée des touristes. Le *Thunderbird Motel* (☎ 356-0541), situé au 6019 Lundy's Lane, loue des chambres de 35 $ à 90 $. Au 6267 Lundy's Lane, le *Bonanza* (☎ 356-5135), propose 50 chambres de 30 $ à 68 $, selon le confort et la saison. Il y a une piscine chauffée.

D'une catégorie supérieure, le *Caravan Motel* (☎ 357-1104), 8511 Lundy's Lane, dispose de 37 chambres à un prix similaire. En hiver, les tarifs baissent de moitié. Des réfrigérateurs sont disponibles.

Au 7742 Lundy's Lane, le petit *Alpine Motel* (☎ 356-7016) offre des chambres de 40 $ à 58 $. Il y a aussi une piscine. Le *Melody Motel* (☎ 227-1023), 13065 Lundy's Lane, prend de 45 $ à 70 $ (également une piscine). La rue est littéralement bordée de dizaines d'autres motels.

D'un prix modeste, le *USA Motel* (☎ 374-2621), 6541 Main St, non loin de George's Parkway.

Enfin, vous trouverez toujours des chambres au *Travelodge* (☎ 357-1626), 5591 Victoria Ave. Prix à partir de 50 $.

Où se restaurer

Trouver un restaurant à Niagara Falls n'est pas un problème. En règle générale, on y mange correctement.

En aval des chutes, les alentours de Clifton Hill, de Victoria Ave et de Stanley Ave fourmillent de restaurants, notamment japonais, allemands, hongrois et, surtout italiens. Certains servent le petit déjeuner et/ou des déjeuners spéciaux – jetez un coup d'œil alentour. Ne négligez pas non plus les prospectus distribués dans la rue.

Le *Mama Mia's*, 5719 Victoria Ave, sert une cuisine italienne correcte, à un prix modéré, depuis des années. Également bon marché, la *Victoria Park Cafeteria* se cache, en face des chutes américaines, dans le bâtiment qui se dresse dans le parc du même nom. Au deuxième étage, vous trouverez un restaurant plus cher et un patio en plein air où l'on sert de la bière. La *Niagara House of Pancakes*, 7241 Lundy's Lane, est idéale pour prendre le petit déjeuner, mais très excentrée. Le soir, elle propose un buffet chinois.

D'un excellent rapport qualité/prix (de 7 $ à 10 $), le *Ponderosa* est un restaurant qui sert des steaks. Tous les repas sont accompagnés d'une énorme salade à volonté. On peut aussi avoir du poulet et des pâtes. Il se trouve à deux pâtés de maisons des chutes, 6519 Stanley Ave, à l'angle de Main St, au sud de Lundy's Lane.

Dans le secteur nord de la ville, plus ancien, le *Tony's Place*, 5467 Victoria Ave, est un établissement très populaire, spécialisé dans le porc et le poulet. Jusqu'à 18h30, il propose un spécial à 9,75 $. Comptez de 7 $ à 16 $ pour les plats à la carte. Il y a aussi un menu pour les enfants moins cher.

Lundy's Lane abonde également en restaurants. Vous en trouverez aussi aux tours Skylon et Minolta (voir plus haut la rubrique *Points de vue*).

Comment s'y rendre

Bus. La gare routière (☎ 357-2133) est située dans le secteur le plus ancien de la ville, loin des chutes, en face de la rue qui mène à la gare ferroviaire, à l'angle de Bridge St et d'Erie Ave.

Partent de cette gare les bus pour les autres villes de la région, mais aussi pour la navette qui dessert les chutes et pour les bus des circuits organisés.

Pour Toronto un service fréquent est assuré, avec un bus partant toutes les heures dès 7h30, et jusqu'à environ 22h30. L'aller simple coûte 22 $ (environ deux heures). Le week-end, les bus sont moins nombreux. Plusieurs bus desservent également l'aéroport de Buffalo (État de New York) et Detroit (État du Michigan).

La navette pour les chutes coûte 3,50 $.

Train. La gare (☎ 357-2133) se cache dans le vieux quartier de la ville, peu touristique, dans Bridge St.

Trois trains desservent chaque jour Toronto – deux le matin, et un vers l'heure du dîner (21 $, environ deux heures). Vous pouvez bénéficier d'un tarif réduit spécial si vous effectuez l'aller et retour entre Toronto et Niagara dans la même journée. Circule également un train quotidien pour London (Ontario) et un autre pour New York.

Comment circuler

La meilleure solution consiste à marcher. La plupart des curiosités sont regroupées dans un tout petit secteur.

Bus. Pour sillonner les environs, le réseau de bus Niagara Parks People Mover, très efficace, fonctionne du 1er mai à la mi-octobre. Il part en ligne droite du secteur en amont, par-delà les chutes, passe devant la serre et les Horseshoe Falls, longe River Rd, traverse Rainbow Bridge et Whirlpool Bridge, rejoint au nord le Niagara Spanish Aero Car et, selon la période de l'année, aboutit au Queenston Heights Park. De là, il fait demi-tour et suit le même trajet dans l'autre sens sur 9 km. Au départ des chutes, il s'arrête près des gares routière et ferroviaire. Un ticket suffit pour toute la journée et vous pouvez monter et descendre où vous le souhaitez, à n'importe lequel des douze arrêts. Pour un petit supplément, vous pouvez obtenir une correspondance sur le réseau régulier urbain qui vous déposera devant la porte de la gare routière ou ferroviaire. Le billet People Mover ne coûte que 3 $ et s'achète à n'importe quel arrêt. En été, le bus circule tous les jours, de 9h à 23h, mais après 20h ne dépasse pas le Rainbow Bridge. Au printemps et à l'automne, il est moins fréquent et, en hiver, ne fonctionne pas.

Niagara Transit (☎ 356-1179) assure deux navettes similaires. La Red Line Shuttle sillonne le centre-ville, passe près des gares routière et ferroviaire, et assure la correspondance avec le bus People Mover. La Blue Line Shuttle part du dépôt de Rapids View (à l'extrémité sud de l'itinéraire du bus People Mover, près des chutes, longe Portage Ave, et remonte Lundy's Lane. Comptez une demi-heure de trajet. Le bus circule de 8h30 à minuit. Des correspondances gratuites sont assurées avec les bus urbains. Des forfaits à la journée sont disponibles et vendus par le conducteur.

Voiture. Circuler en voiture dans Niagara relève du tour de force. Mieux vaut garer son véhicule dans l'un des parkings indiqués par les nombreux panneaux.

ENVIRONS DE NIAGARA FALLS

Voir la rubrique *Environs de Niagara-on-the-Lake* pour plus de renseignements sur la région entre Niagara Falls et Niagara-on-the-Lake. Au sud de Niagara Falls, la Niagara Parkway, qui part de Niagara-on-the-Lake, aboutit à Fort Érié. Le paysage qui borde la route est plus plat, et l'on aperçoit très nettement la rivière, car les chutes n'ont pas encore creusé une gorge dans le lit de la rivière. Un phénomène qui devrait inévitablement se produire dans quelques milliers d'années.

Fort Érié

Sis au confluent de la rivière Niagara et du lac Érié, en face de la ville de Buffalo, dans l'État de New York, Fort Érié est relié aux États-Unis par le Peace Bridge. C'est une importante ville frontière qu'empruntent les bus reliant Toronto aux nombreuses villes de l'est des États-Unis. Les week-ends d'été, attendez-vous à faire la queue. Certains voyageurs se rendent à Buffalo depuis Toronto, ou les environs, pour profiter des tarifs aériens américains meilleur marché. Ainsi, le vol de Buffalo à Seattle (avec, à chaque fois, un court trajet en bus) revient souvent moins cher que celui de Toronto à Vancouver.

Parfois, des bus assurent la liaison directe de Toronto à l'aéroport de Buffalo, certains correspondant même à des vols spécifiques. Une situation qui dépend largement de l'ouverture et de la fermeture de certaines compagnies aériennes, de la baisse ou de la hausse des tarifs.

Le principal attrait de la ville tient au **fort Érié**, construit en 1764 et dont les troupes américaines s'emparèrent en 1814 avant de faire retraite. Dans le fort, vous pourrez visiter le musée et assister à diverses manœuvres militaires. L'entrée est de 2 $.

Dans Central Ave est installé le **musée historique du Chemin de fer**, où vous pourrez notamment admirer une locomotive à vapeur.

Fort Érié est également connu pour son vieil hippodrome, à Bertie St, lorsque l'on vient de Queen Elizabeth Way. Les courses ont lieu de mai à octobre.

Légèrement au sud de la ville, la **Crystal Beach** est une petite station touristique avec une plage sablonneuse. Autrefois, la ville disposait d'un gigantesque parc d'attractions qui attirait des visiteurs d'un peu partout, y compris de nombreux Américains. Mais le parc n'existe plus et la station semble s'éteindre peu à peu.

Nombre d'anciens bâtiments commerciaux sont fermés, tout semble quelconque, y compris la plage elle-même. En plus, elle est payante.

Une chose en revanche n'a pas changé : c'est l'une des régions les plus chaudes et qui bénéficie de l'été le plus long.

BRANTFORD

A l'ouest de Hamilton, au milieu de terres agricoles, Brantford est célèbre pour plusieurs raisons. Tout d'abord, elle a longtemps été associée aux Indiens des Six-Nations et à leur chef, Joseph Brant. Ils contrôlaient un territoire qui s'étendait de la région à la partie nord de l'État de New York. Le **Brant County Museum,** 57 Charlotte St, présente des documents sur Brant et son peuple. **Her Majesty's Chapel of the Mohawks**, à 3 km du centre-ville, dans Mohawk St, est la plus vieille église protestante de l'Ontario et l'unique chapelle royale indienne au monde.

Elle est ouverte tous les jours, du 1er juillet à la fête du Travail ; du mercredi au dimanche, le reste de l'année.

Le **Woodland Cultural Centre Museum**, 84 Mohawk St, est consacré aux diverses populations autochtones de l'est du Canada et fournit des informations sur la confédération des Six-Nations. La confédération qui réunissait les nations mohawks, senecas, cayugas, oneidas, onendagas et Tuscaroras, avait une fonction politique et culturelle. Elle servait notamment à résoudre les conflits entre bandes.

C'est également à Brantford que vécut l'inventeur du téléphone, Alexander Graham Bell. La **Bell Homestead**, 94 Tutela Heights, expose plusieurs de ses autres inventions et on a conservé le même ameublement qu'à l'époque de l'inventeur. Elle est fermée le lundi. Autres attractions : la **Myrtleville House**, datant de 1837, et l'intéressante **Octagon House**, à huit côtés (comment aurait-il pu en être autrement ?), transformée aujourd'hui en restaurant.

RÉSERVE INDIENNE DES SIX-NATIONS

A l'est de Brantford, dans Ohsweken, cette réserve iroquoise est l'une des plus célèbres du Canada. Fondée à la fin du XVIIIe siècle, elle donne un aperçu de la culture indienne. En semaine (et le week-end sur rendez-vous), on peut visiter la réserve et la Band Council House (siège du conseil) où sont prises les décisions. Différentes manifestations ont lieu pendant l'année, y compris le Grand River Pow-wow, un festival de théâtre estival et une vente d'artisanat en novembre.

MUSÉE DE L'AGRICULTURE

Avec ses 30 bâtiments dispersés sur 32 ha de terres, le musée fait revivre le passé agricole de la région grâce à des démonstrations, des expositions et un personnel en costumes.

Il se trouve non loin de Milton, à 52 km au sud-ouest de Toronto (environ 45 mn en voiture). Quittez la Hwy 401 à la sortie 320 et suivez les panneaux jusqu'à la Townline (aussi appelée Tremaine Rd) où il est implanté. Il est ouvert tous les jours de la mi-mai à octobre.

GUELPH

Située sur la Hwy 401, à l'ouest de Toronto, Guelph est une vieille ville universitaire, de taille moyenne, attrayante, où il est agréable de vivre mais qui offre peu d'intérêt pour le visiteur. On peut admirer quelques belles maisons le long des rues bordées d'arbres, et profiter d'une vue superbe sur la rivière Speed et le centre-ville depuis la **Church of Our Lady** (église Notre-Dame).

Le **MacDonald Stewart Art Centre**, 358 Gordon St, abrite souvent de bonnes expositions, axées sur l'art inuit et canadien. Il est ouvert tous les après-midi, excepté le lundi. L'entrée est gratuite.

La **McRae House** est l'endroit où naquit John McRae, l'auteur du poème pacifique *In Flanders Fields*, écrit durant la Première Guerre mondiale, que tout petit écolier canadien apprend à l'école. Le musée, 108 Water St, est ouvert tous les après-midi.

En été, l'*University of Guelph* (☎ 824-4128) offre un hébergement bon marché. Le campus se trouve dans Old Brock Rd (Hwy 6), à College Rd.

Non loin de la principale intersection de la ville (Wyndham St et Quebec St),

41 Quebec St, est établi le *Bookshelf Café*. Cette bonne librairie abrite, au fond, un excellent restaurant, mais assez cher. Il y a aussi un patio en plein air, un bar et, à l'étage, un cinéma d'art et d'essai. Vous pourrez bien manger, et pour moins cher, au *Latino's*, 51 Cork St East, qui sert de la cuisine latino-américaine. La plupart des plats coûtent dans les 6 $.

PARC D'OISEAUX AQUATIQUES DE KORTRIGHT

Cette réserve naturelle est aussi un centre de recherche. Elle possède 3 000 oiseaux qui représentent près de 100 espèces.

Il y a une tour d'observation, un centre d'observation et quelques sentiers de promenade. Le parc est ouvert tous les jours, de mars à octobre.

L'entrée est de 4 $. Il est situé en bordure de la rivière Speed, non loin de Guelph, dans Kortright Rd, à 2 km à l'ouest de la Hanlon Expressway.

VILLAGE ET RÉSERVE DE ROCKWOOD

A environ 10 km à l'est de Rockwood, sur la Hwy 7, la réserve de Rockwood est l'endroit idéal pour passer un après-midi en pleine nature. C'est incontestablement l'une des zones les mieux protégées de la région de Toronto. L'entrée est de 5 $. On peut y nager, faire du canoë et pique-niquer, mais son intérêt tient surtout à un bel environnement boisé, avec falaises, grottes et gouffres, que l'on peut explorer à pied.

Dans le village de Rockwood, vous passerez une heure très agréable à flâner dans la rue principale, bordée de magasins d'antiquités et de brocante, de boutiques d'artisanat et de restaurants en tout genre. La *Saunders Bakery* existe depuis 75 ans. Le restaurant *Out-to-Lunch* sert une nourriture correcte, bon marché.

Il est ouvert tous les jours, excepté le lundi. L'après-midi, il sert un agréable thé avec des scones frais. Rockwood compte aussi un ou deux B&B.

Tout près, **Acton**, un bourg plus important, est connu pour ses tanneries de cuir et son restaurant *Tannery*.

KITCHENER-WATERLOO

Ces deux villes jumelles n'en font qu'une. Elles sont situées à une heure environ de Toronto, à l'ouest, au cœur de l'Ontario rural. Environ 55% des 210 000 habitants sont d'origine germanique. La ville fait également office de centre pour les communautés amish et mennonites avoisinantes. La ville qui n'est guère différente des autres bourgades de la région mérite toutefois une brève visite, en particulier, à l'époque de l'Oktoberfest. Les deux villes comptent deux universités et donc une importante population étudiante.

Orientation

Trois fois plus grande que Waterloo, Kitchener représente la partie sud de l'agglomération. Il est toutefois difficile de discerner ses limites. King St est la rue principale, orientée nord-sud. A l'extrémité nord, on arrive aux deux universités.

Le marché agricole, qui se tient à l'angle de King St et de Frederick St, délimite le centre-ville. C'est là que sont regroupés les gares routière et ferroviaire, les hôtels et les restaurants. King St se poursuit au sud vers la Hwy 8, qui rejoint la Hwy 401, à l'ouest, en direction de Windsor et à l'est en direction de Toronto. La Hwy 8 West, à la jonction de King St, se dirige vers Stratford.

Renseignements

Cartes et renseignements sont disponibles au Kitchener-Waterloo Visitors & Convention Bureau (☎ 748-0800), au sud du centre, 2848 King St East. De juin à la fin août, il est ouvert de 9h à 17h, du lundi au mercredi ; de 9h à 19h, le jeudi et le vendredi ; de 10h à 16h, le week-end. Le reste de l'année, il est ouvert de 9h à 17h, du lundi au vendredi.

Marché agricole

Un bâtiment moderne abrite le marché, à l'angle de King St East et de Frederick St. Il fut institué en 1839. Les amish et les mennonites viennent y vendre leurs produits : pains, confitures, fromages et saucisses, mais aussi objets artisanaux tels que couvertures, tapis, vêtements et jouets fabriqués à la main.

Certains adeptes de ces deux sectes, dont les ancêtres émigrèrent d'Allemagne *via* la Pennsylvanie, vivent encore comme au XIXe siècle. Ils utilisent comme moyen de transport des carrioles tirées par des chevaux, ne boivent pas d'alcool, ne votent pas et n'ont pas recours aux tribunaux. Les membres du strict Vieil Ordre sont facilement reconnaissables, pour les hommes à leur barbe noire, leurs chapeaux et leurs costumes noirs, pour les femmes à leurs bonnets et à leurs jupes qui leur tombent aux chevilles. Le marché attire aussi de nombreux marchands, boulangers, artisans

Les mennonites

Les mennonites constituent l'une des plus célèbres minorités religieuses du Canada et l'une des plus méconnues. Tout le monde ou presque vous dira que les mennonites sont vêtus de noir, circulent en carrioles tirées par des chevaux et, refusant la technologie de la vie moderne, cultivent leurs terres à l'ancienne. Des caractéristiques parfaitement vraies qui ne reflètent toutefois qu'une partie de la réalité.

Secte protestante faisant partie des anabaptistes, les mennonites virent le jour en Suisse au début du XVIe siècle. Obligés de fuir de pays en pays pour des raisons religieuses, ils se retrouvèrent en Hollande et adoptèrent le nom de l'un de leurs premiers chefs néerlandais, Menno Simons. Pour échapper aux persécutions qu'ils subissaient en Europe et pour développer leur communauté en milieu rural, ils commencèrent à émigrer aux États-Unis vers 1640, où ils s'installèrent d'abord dans le sud-est de la Pennsylvanie et où ils comptent encore aujourd'hui une importante représentation (la plupart des 250 000 mennonites américains vivent toujours dans cet État). Au début du XIXe siècle, attirés par les terres vierges et bon marché de l'Ontario, certains se déplacèrent vers le nord.

Une douzaine de groupes de mennonites sont installés dans l'Ontario, dotés chacun de conceptions, de pratiques et de principes différents. L'Église mennonite représente la principale communauté, tandis qu'il en existe nombre d'autres, plus ou moins libérales. La majorité des mennonites sont modérés. Les plus orthodoxes sont facilement reconnaissables à la simplicité de leur vêtement. Les femmes sont coiffées d'un bonnet et portent une longue robe. Les hommes sont vêtus de noir et généralement barbus. Automobiles, machines et autres accessoires du confort moderne sont proscrits. Les mennonites du Vieil Ordre sont les plus stricts en ce qui concerne l'obéissance aux traditions.

Les amish, qui tiennent leur nom de Jacob Ammon, un Suisse, représentent une autre branche mennonite. Ils se séparèrent de la formation principale, car ils jugeaient les mennonites trop attachés aux biens de ce monde. Les amish traditionnels sont les plus simples parmi les simples. Leurs vêtements ne portent même pas de boutons. Ils ne possèdent pas d'église et les cérémonies sont assurées dans les diverses maisons de la communauté. Leur habitat ne comporte pas de tapis, de rideaux ou de tableaux au mur.

En dépit de leur habitudes quotidiennes différentes, tous ces groupes respectent les mêmes grands principes, à savoir la liberté de conscience, la séparation de l'Église et de l'État, le baptême à l'âge adulte, le refus de prêter serment, la piété pragmatique et une éducation basée sur la morale. Beaucoup rejettent la science et prônent avant tout une vie simple. Les communautés mennonites et amish vivent en autarcie et ne pratiquent pas le prosélytisme. Seulement moins de 10 % des fidèles ne sont pas nés dans une famille mennonite. Vous pourrez visiter des communautés mennonites à Kitchener-Waterloo, St Jacob's et Elmira. Il n'est pas rare d'apercevoir leurs carrioles sur les petites routes, ou, le dimanche, aux abords des églises.

Nombre de boutiques locales et marchés agricoles vendent des produits mennonites. Les plus connus, et sans doute les plus recherchés, sont les dessus de lits. Ils sont superbes mais très chers. Les meubles artisanaux sont généralement très appréciés. Depuis peu, leurs produits biologiques et leur viande suscitent aussi un certain intérêt. Quant à leurs pains, gâteaux et confitures, ils sont excellents, bon marché et facilement disponibles. ■

et fermiers qui ne sont pas mennonites. Le marché a lieu le samedi, de 5h à 14h et, en été, également le mercredi, à partir de 7h.

De l'autre côté de la rue, à l'angle de King St et de Benton St, un glockenspiel – sorte de carillon à main – de 23 cloches sonne à midi et à 17h.

Parc national historique de Woodside

Ce parc renferme le manoir vieux d'un siècle où vécut autrefois le dizième Premier ministre canadien, William Lyon MacKenzie King. Il a été restauré dans le style des années 1890. Le sous-sol renferme une exposition sur la vie de MacKenzie King.

Le week-end, vous pourrez assister à des démonstrations d'artisanat, de musique et de cuisine par des guides costumés. Le parc se trouve au 528 Wellington St North, dans Kitchener. Il est ouvert tous les jours et l'entrée est gratuite.

Universités de Waterloo et de Wilfrid Laurier

A Waterloo, à l'ouest de King St North, dans University Ave, ces deux universités se jouxtent et offrent deux campus verdoyants, très agréables. La première est surtout spécialisée dans l'ingénierie ; la seconde, dans les sciences économiques. L'université de Waterloo possède aussi une galerie d'art, des **archives et un musée des Jeux**, ouvert pendant la semaine, qui retrace l'histoire des jeux de société dans le monde. Elle propose également un hébergement bon marché, en été.

Doon Heritage Crossroads

Le Doon Heritage Crossroads (☎ 748-1914), au sud de Kitchener, est une reconstitution d'un village de pionniers vers 1914. Les 23 bâtiments incluent un magasin général, des ateliers et une scierie. Il y a aussi une maquette d'un village mennonite russe et une réplique d'une gare de 1856. Pour rejoindre le site, descendez King St, tournez à droite dans Fairway, puis à gauche à Manitou St et encore à gauche dans Homer Watson Blvd. Il est ouvert tous les jours, mais fermé du 1er janvier au 1er mai. L'entrée est de 4 $ (réductions pour les étudiants, les personnes âgées et les familles). Le week-end, il y a souvent des manifestations culturelles.

Maison de Joseph Schneider

Au 466 Queen St South, non loin du marché, ce monument du patrimoine canadien (☎ 742-7752) est l'ancienne demeure, restaurée, d'un riche Allemand mennonite. Transformée en musée, elle dépeint la vie au milieu des années 1850. En été, elle est ouverte tous les jours ; le reste de l'année, elle est fermée le lundi. A noter aussi qu'elle est fermée pendant toute la dernière semaine de décembre et les six premières semaines après le nouvel an. L'entrée est payante.

Musée Seagram

Ce musée est installé dans l'ancienne distillerie Seagram de Waterloo (☎ 885-1857), 57 Erb St. Il présente l'histoire et les procédés technologiques liés à la fabrication de l'alcool. Il réunit notamment 2 000 objets du monde entier et d'époques très différentes, y compris de magnifiques outils. On peut aussi assister à la projection de documentaires. Au sous-sol vous attendent un élégant restaurant, une boutique de souvenirs et un magasin d'alcools.

Le musée est ouvert tous les jours, de mai à décembre, mais il est fermé le lundi le reste de l'année.

Maison et musée Homer Watson

L'un des premiers peintres paysagistes du Canada fait l'objet d'un petit musée. Watson (1855-1936) résida autrefois dans cette demeure, où vous pourrez admirer diverses pièces liées à sa vie et à son œuvre.

Le musée (☎ 748-4377), 1754 Old Mill Rd, est ouvert tous les après-midi (excepté le lundi) du mois d'avril au mois de décembre.

Festivals

Voici quelques-unes des manifestations majeures :

Mai

Mennonite Relief Sale – grande vente de nourriture et d'artisanat faits maison, y compris une vente aux enchères de couvre-lits. Elle a lieu le dernier samedi de mai à New Hamburg, à 19 km de Kitchener-Waterloo.

Juin

Festival musical d'été – ce festival dure quatre jours à la fin de juin, avec concerts en plein air gratuits ou très bon marché, dans le périmètre du centre-ville.

Août

Busker Carnival – spectacles de rue annuels qui se déroulent à la fin d'août. Certains artistes sont excellents et le tout est gratuit.

Octobre

Oktoberfest – c'est l'événement de l'année et la plus grosse fête du genre en Amérique du Nord, attirant jusqu'à 500 000 personnes. Ce festival de neuf jours commence à la mi-octobre et inclut vingt stands de bière, de la musique et de la nourriture allemandes, des bals. Un gigantesque défilé met fin le dernier jour à toutes ces festivités.

Pour plus de renseignements, contactez K-W Oktoberfest Inc (☎ 576-0571). A votre arrivée, rendez-vous à l'un des guichets de réception pour y obtenir une carte, des billets et tous les renseignements nécessaires. Pour l'hébergement pendant le festival, mieux vaut s'y prendre à l'avance. Outre les bus urbains, une navette gratuite est mise à la disposition des visiteurs.

Où se loger

Auberges de jeunesse. Backpackers' dispose d'un hôtel sur place, le *Waterloo International Home Hostel* (☎ 752-5202), 102B Albert St. La *YWCA* (☎ 744-0120), réservée aux femmes, se trouve dans Frederick St et Weber St, à Kitchener. Comptez 28 $ par nuit, petit déjeuner compris. Il existe des forfaits à la semaine. La *YMCA* ne possède plus de résidence. La *House of Friendship*, en contrebas de la YWCA, propose parfois quelques chambres à louer (réservées aux hommes), ou au sous-sol, mais n'est pas véritablement destinée aux voyageurs.

L'*University of Waterloo* (☎ 885-1211) loue des chambres en été. Les simples/doubles coûtent 28/45 $. Des repas sont servis sur le campus. On peut utiliser gratuitement tous les aménagements (piscine et parking compris).

Au *Wilfrid Laurier University* (☎ 884-1970), contactez le responsable au 75 University Ave West. Comptez 25/35 $ pour une simple/double. Des chambres sont disponibles du 1er mai au 15 août, mais sont généralement utilisées par ceux qui assistent aux conférences. La salle à manger est ouverte en été.

B&B. A l'extérieur de Millbank, un village à l'ouest de Kitchener, une association locale de B&B (☎ (519) 595-4604) s'occupe de toutes les pensions de famille de Kitchener. Leurs tarifs sont corrects, avec des simples/doubles à partir de 35/45 $. Pendant l'Oktoberfest, de nombreux résidents louent des chambres.

Hôtels. Pour les voyageurs à petit budget, pas question de loger dans le centre-ville.

Le *Walper Terrace Hotel* (☎ 745-4321) est central, 1 King St West. C'est un vieux bâtiment restauré, maintenant classé. Il possède plus d'une centaine de chambres, à partir de 80 $, d'un excellent rapport qualité/prix comparé à des établissements de luxe de la ville. Dans une catégorie intermédiaire, le *Barons Motor Inn* (☎ 744-2215), 901 Victoria St, coûte de 45 $ à 60 $ la chambre. Pendant l'Oktoberfest, les hôtels affichent souvent complet. Pour plus de renseignements, contactez K-W Oktoberfest Inc (☎ 576-0571).

Motels. Ils sont nombreux, confortables et propres. La plupart sont concentrés dans Victoria St, orientée est-ouest, au nord du centre-ville de Kitchener. Deux des motels à meilleur marché sont le *Mayflower* (☎ 745-9493), 1189 Victoria St, avec des simples/doubles à 34/46 $, et le *Shamrock* (☎ 743-4361), 1235 Victoria St, qui pratique des prix similaires à 35/45 $.

Où se restaurer

Quantité de restaurants sont regroupés dans King St, ou aux abords, à Kitchener. Au 607 King West, le *Koalaby's*, d'inspiration australienne, est ouvert tous les jours, le midi et le soir. Le *Macarthur's*, 103 King St

West, sert une cuisine canadienne simple, y compris le petit déjeuner. Si vous aimez la cuisine allemande, rendez-vous au *Concordia Club*, 429 Ottawa St South, pour le déjeuner ou le dîner. Attractions le vendredi et le samedi soir. Le restaurant est fermé le dimanche. D'une catégorie supérieure, le *Rathskeller*, 151 Frederick St, sert également de la cuisine allemande.

Comment résister aux odeurs de pâtisseries, souvent nappées de chocolat, qui se dégagent du *Café Mozart*, 53 Queen St. Il est ouvert tous les jours jusqu'à 22h (excepté le vendredi et le samedi soir, où il sert des snacks légers jusqu'à minuit).

Au 130 King St, dans Waterloo, le *Ali Baba* est un grill-room qui fonctionne depuis une trentaine d'années.

Distractions

Night-clubs. Kitchener-Waterloo possède deux night-clubs d'une indéniable originalité. Au *Pop the Gator*, 44 Queen St South, vous pourrez écouter du blues du meilleur niveau. Il est ouvert du jeudi au samedi. Connu dans toute la région, le *Lulu's*, sur la Hwy 8, est une immense discothèque, très populaire, considérée comme le bar le plus long au monde. Les soirs de week-end, des bus arrivent d'aussi loin que Toronto.

Parcs d'attractions. Sportsworld (☎ 653-4442) est un parc d'attractions avec, entre autres, un toboggan, une piscine avec des vagues, une piste de karting, des snacks-bars et des restaurants. Bingeman Park (☎ 744-1555), 1380 Victoria St North, sur la rivière Grand, est plus grand que Sportsworld et offre sensiblement les mêmes attractions. Il possède par ailleurs 600 emplacements de camping.

Comment s'y rendre

Bus. La gare (☎ 741-2600), 15 Charles St West, à Kitchener, est à 5 mn à pied du centre. Gray Coach relie fréquemment Toronto et Guelph.

Train. VIA Rail (☎ 745-9911) dessert toujours Kitchener. Deux trains par jour au départ de Toronto. La gare est installée à l'angle de Victoria St et de Weber St, facilement accessible à pied, au nord du centre-ville.

ENVIRONS DE KITCHENER-WATERLOO

St Jacob's

Au nord de la ville, St Jacob's est un petit village avec une **place centrale**, un petit musée et un centre d'interprétation sur les mennonites et leur histoire, ainsi que de nombreuses boutiques d'artisanat dans des bâtiments datant du XIXe siècle. Le musée, 33 King St, est ouvert tous les jours en été (le dimanche, seulement l'après-midi). En hiver, il est fermé en semaine. Une participation est la bienvenue. La boutique d'artisanat MCC vend des produits alimentaires mennonites.

Toujours en ville, jetez un coup d'œil au **musée du Sirop d'érable**, 8 Spring Rd, qui propose des expositions sur la production de cette spécialité canadienne. Il est ouvert tous les jours, toute l'année, excepté le lundi en janvier et en février.

Le **Waterloo Market** est une version plus authentique des marchés agricoles, avec des chevaux et des carrioles. Il se tient non loin de St Jacob's. Il est ouvert les mêmes jours que le marché de Kitchener-Waterloo (le samedi et le mercredi), mais il ne démarre pas aussi tôt le matin.

Si vous souhaitez séjourner en ville, au moins une nuit, sont à votre disposition une auberge, *Benjamin's*, et une pension de famille, *Jakobstetta*, ainsi que deux restaurants. La St Jacob's B&B Association (☎ 664-2622) pourra vous trouver une chambre encore meilleur marché dans la région. Comptez en moyenne 40/55 $ pour une simple/double.

Tour des pubs

A l'ouest de Kitchener-Waterloo, vous pourrez profiter des quatre anciennes tavernes des quatre villages voisins. Vieilles chacune d'au moins cent vingt ans, elles offrent une atmosphère bien spéciale, une nourriture correcte et des boissons appropriées. Commencez par Petersburg et le *Blue*

Moon (☎ 634-8405), un pub de style georgien datant de 1848, implanté à la sortie des Hwys 7 et 8, aux routes régionales 5 et 12.

Prochain arrêt à l'ouest, le *Ej's*, à Baden, au décor une fois encore original, avec notamment un plafond recouvert de carreaux peints à la main. Par beau temps, le patio en plein air est très agréable. Vous pourrez y déguster des bières à la pression du monde entier.

Troisième étape, la *Kennedy's Country Tavern* vous attend dans le petit village de St Agatha. L'atmosphère y est franchement irlandaise, même si la nourriture servie dénote une influence germanique.

Dernière étape enfin, le *Heildelberg Restaurant & Brew Pub*, à Heildeberg, au nord de St Agatha, à la jonction des Hwys 15 et 16. On vous y servira un repas de style germanique, accompagné d'une bière bavaroise, au sous-sol. Le bâtiment date de 1838.

Grand River

Prenant sa source à la baie Géorgienne, la Grand River serpente au sud, jusqu'à l'est de Kitchener-Waterloo, pour se jeter finalement dans le lac Érié. La ligne de partage des eaux constitue le plus important réseau fluvial de la partie sud de la province. La rivière est jalonnée tout du long de parcs et de réserves – l'office du tourisme pourra vous en fournir une liste.

A certains endroits, on peut faire du canoë. A d'autres, se baigner et emprunter les sentiers de randonnée.

CAMBRIDGE

Au sud de Kitchener, Cambridge est une ancienne ville de filatures qui s'étend aujourd'hui en bordure des cours d'eau Speed et Grand. Elle offre peu d'intérêt, à l'exception de la Riverbank, avec ses nombreuses usines. Cambridge célèbre ses origines écossaises, chaque année, avec les Highland Games d'été.

ELMIRA

Au nord-ouest de Kitchener-Waterloo, Elmira est un autre centre mennonite. Au printemps, vous pourrez assister au festival du sirop d'érable, avec diverses manifestations dans les rues et petits déjeuners de pancakes. Le Sap Bucket est une boutique d'artisanat local, y compris de superbes dessus de lit, mais elle est assez chère. Brox's Old Towne Village est un centre commercial qui cherche, par son décor, à évoquer le passé. A l'intérieur, Brubacher's Country Store est un magasin général du XIXe siècle. Le centre-ville compte aussi quelques antiquaires et restaurants.

Vous pourrez visiter l'église mennonite, 58 Church St West, et y voir un documentaire sur la congrégation. La MCC Thrift Shop vend des produits mennonites.

Quelques B&B sont dispersés alentour, dont beaucoup dans des fermes où leurs propriétaires parlent le hollandais de Pennsylvanie ou l'allemand. Pour plus de renseignements sur les chambres disponibles, contactez la B&B Association (☎ 669-2379) locale, dans Elmira, jusqu'à 17h. Comptez 45/65 $ pour une simple/double.

Washa Farms (☎ 846-9788), à 7 km au nord de la ville prend 55 $ pour deux personnes (petit déjeuner compris). La ferme se trouve sur une propriété agricole de 88 ha et date de 1877.

ELORA

Peu éloigné de Kitchener-Waterloo, au nord-ouest de Guelph, sur la Hwy 6, c'est une petite ville très touristique, ainsi appelée d'après la bourgade d'Elora (en Inde) et ses célèbres temples-grottes. Son moulin utilisait autrefois les chutes de la rivière Grand qui traverse la ville.

Les chutes, le vieux moulin, le site, la gorge et le parc à proximité, tout concourt pour faire de cette bourgade une destination privilégiée des visiteurs étrangers à la province et des Ontariens.

Les rues principales sont Metcalfe St, Mill St et Geddes St, toutes à proximité du moulin et de la rivière.

A voir et à faire

Non loin de la ville, à la **zone protégée de la gorge d'Elora**, la rivière coule au fond d'un canyon de calcaire escarpé. Un parc recouvre l'essentiel de la région, tandis que des sentiers mènent aux falaises et aux grottes en bordure de l'eau. Explorer la rivière sur une vieille chambre à air est une manière agréable de passer un chaud après-midi d'été. Quelques aires de pique-nique sont disséminées dans le parc.

A environ une douzaine de pâtés de maisons, à l'est de la ville, dans Mill St East, vous attend l'Elora Quarry (carrière d'Elora) qui mérite une visite et, mieux, un plongeon.

Festivals

L'Elora Festival (☎ 846-0331), festival de musique annuel, se déroule durant les deux dernières semaines de juillet et les deux premières semaines d'août. On y joue essentiellement de la musique classique (avec une préférence pour les œuvres chorales) et folklorique.

Certains concerts ont lieu à la carrière, avec les interprètes juchés sur une plate-forme flottante au milieu de l'eau. Un spectacle impressionnant.

Les autres manifestations incluent l'**Antique Show & Sale** (exposition et vente d'antiquités) qui se déroule tous les ans, en été et, en mai, l'**Open House Tour** (journée Portes ouvertes), pendant lequel la plupart des vieilles demeures sont ouvertes au public.

Où se loger

Vous trouverez un vaste camping au *Elora Gorge Conservation Area* (☎ 846-9742) qui affiche généralement complet les week-ends fériés, mais l'on peut réserver certains emplacements une semaine à l'avance.

Au 60 Mill St, en plein centre-ville, le *Naomi's B&B* (☎ 846-0822) loue des chambres à 60 $ par couple.

La ville et ses alentours compte encore une douzaine de B&B. Pour plus de renseignements, contactez le 846-9841. Les prix moyens sont de 45 $ pour deux, petit déjeuner compris. La *Gingerbread House* (à la même adresse, appelez le 846-0521 appartient à une catégorie nettement supérieure, avec ses aménagements luxueux, ses petits déjeuners spéciaux, son ameublement et son décor raffinés.

La *Clark House* (☎ 846-0218), 89 Water St, est centrale et bien moins chère, avec des simples/doubles à 30/40 $, y compris un lit pliant pour une personne supplémentaire ou un enfant, et le petit déjeuner.

Le *Elora Mill Inn* (☎ 846-5356) est l'adresse prestigieuse de la ville. Elle offre un site idéal, des vues sur la rivière, des cheminées et une salle à manger, mais préparez-vous à desserrer les cordons de votre bourse. Les prix sont en proportion du luxe offert.

Où se restaurer

Quelques bons restaurants sont regroupés à proximité du moulin. Meilleure adresse pour un repas simple, le *Wellington Fare*, 163 Geddes St, fait à la fois office de restaurant, de boulangerie et de delicatessen. *Tiffany's*, 146 Metcalfe St, est un fish & chips. Au fond du *Leyanders*, un magasin installé au 40 Mill St, se cache un paisible salon de thé, idéal pour déguster un thé en regardant la rivière.

D'autres restaurants longent Mill St, tandis que la salle à manger de la *Mill Inn* propose des menus onéreux. Vous pourrez aussi manger une glace chez *Jenny's*. La *Metcalfe Inn*, à l'angle de Mill St et de Metcalfe St, dispose d'un patio en plein air où l'on sert de la bière.

Achats

Quantité de petites boutiques proposent de l'artisanat, des bijoux, des peintures, de la poterie, etc., – pour l'essentiel une production des artisans de la région.

FERGUS

Ville voisine d'Elora, c'est une paisible bourgade rurale. Comme son nom le suggère, elle a des origines écossaises, dont on pourra mieux se rendre compte lors des Highland Games annuels, la seconde semaine d'août.

Ce festival inclut des danses, des orchestres de cornemuses, des dégustations et des événements sportifs tel que le jeu de tronc. C'est l'un des plus importants festivals écossais et Highland Games d'Amérique du Nord.

La rue principale est St Andrew St. La plupart des bâtiments sont en calcaire, autre souvenir de l'Écosse et ses bouches d'incendie peintes sont l'une des curiosités de la ville. Les **Templin Gardens** sont dans le centre-ville, le long de la Grand River. Un marché agricole s'y tient tous les week-ends.

Comme Elora, Fergus est une ville très touristique et les hébergements sont rares. Concernant les B&B, appelez le *4 Eleven* (☎ 843-5107), 411 St Andre St East, ou faites-y un saut. Il est facilement accessible à pied du centre-ville. Si vous n'y trouvez pas une chambre, ils vous fourniront d'autres adresses. Comptez à partir de 35/45 $ pour des simples/doubles (en règle générale, les prix sont un peu moins élevés qu'à Elora).

Pour vous restaurer, le *Honeycomb Café*, 135 St David St North, sert des soupes faites maison, des pains et des desserts.

STRATFORD

Avec une population de 25 000 habitants, ce centre typique de l'Ontario rural est plus joli que beaucoup d'autres. Par ailleurs, la ville est devenu mondialement célèbre grâce à son festival Shakespeare. De nombreux vieux bâtiments du centre ont été restaurés, et leur agencement le long de la rivière ajoute encore au charme de l'ensemble. La rivière Stratford's Avon, avec ses cygnes et ses pelouses, et les théâtres contribuent à l'étonnante ressemblance de la ville avec Stratford-upon-Avon, en Angleterre.

London (Ontario) se trouve à 45 mn en voiture (environ 60 km) au sud-ouest et Toronto à deux heures, à l'est.

Orientation

Ontario St est la rue principale et tout se trouve à courte distance de cette rue. En bas de Huron St se dresse la Perth County Courthouse, l'un des monuments les plus impressionnants de la ville.

Renseignements

Le personnel de l'office du tourisme (☎ 273-3352), au cœur de la ville à l'angle de York St et d'Erie St, est accueillant, bien informé et prévenant. Vous y verrez des photos des pensions de famille et des menus proposés par nombre de restaurants de Stratford.

Par beau temps, les visites guidées partent de l'office du tourisme, dans le centre-ville, à 9h30, du lundi au samedi, du 1er juillet à la fête du Travail (début septembre). Muni d'une des cartes descriptives disponibles vous pouvez visiter la ville tout seul. Un autre itinéraire, proposé par le Local Architectural Conservation Advisory Committee, entreprend une approche plus détaillée de l'histoire et de l'architecture du centre-ville.

De novembre à mai, vous pourrez obtenir des renseignements à l'office du tourisme de l'hôtel de ville, 1 Wellington St.

Musée des Beaux-Arts

Le musée est installé dans un superbe bâtiment ancien, non loin de Confederation Park, 54 Romeo St North. Il propose des expositions temporaires internationales de peinture moderne, avec une prédominance des artistes canadiens. Le musée est fermé le lundi.

Queen's Park

En aval de la rivière, non loin du Festival Theatre, ce parc est idéal pour pique-niquer ou se promener.

Des sentiers partent du théâtre, suivent la rivière, dépassent le barrage d'Orr et un vieux pont en pierre vieux de 90 ans pour finalement aboutir à un jardin floral anglais.

Shakespearean Gardens

Au nord du tribunal, à côté d'un pont en pierre datant de 1885, ces jardins sont sur le site d'un vieille filature de laine, en bordure de la rivière. Près du pont se dressent la cheminée de la filature et un buste de Shakespeare. On y trouve des tables pour pique-niquer.

Shakespeareland
C'est une réplique miniature de Stratford, en Angleterre, dans un parc qui longe Romeo St North. Il est ouvert tous les jours, de juin à septembre. L'entrée est de 4 $ (tarifs réduits pour les étudiants).

Stratford-Perth Museum
Ce petit musée (☎ 271-5311), 182 King St, présente des objets recueillis dans toute la région depuis le début du siècle. Petite participation à l'entrée. Il est ouvert de mai à septembre, de 10h à 16h.

Circuits organisés
Festival Tours propose des visites guidées de la ville, plusieurs fois par jour, en été, dans des bus anglais à impériale. Le circuit dure une heure. Pour plus de détails, renseignez-vous à l'office du tourisme.

Coach House Tours, organise une excursion similaire, ainsi qu'une plus longue dans la région mennonite.

Excursions en bateau. Une courte croisière en bateau part de derrière l'office du tourisme et fait le tour du lac jusqu'au bâtiment du festival.

Cette excursion de 35 mn coûte 5 $, tandis que le bateau longe le parc, les maisons, les jardins. On peut aussi louer des canoës et des canots à rames au dock.

Festival Shakespeare
Il débuta humblement sous une tente en 1953, et attire aujourd'hui l'attention du monde entier. Les productions sont du meilleur niveau, de même que les costumes et les acteurs. La saison se déroule chaque année, de juin à octobre.Les billets coûtent de 18,75 $ à 49,50 $, selon le jour, la place et le théâtre, et sont mis en vente dès la première semaine de mars. Au moment du festival, il ne reste généralement plus une place. Un nombre limité de places à prix réduits sont disponibles et, pour certaines représentations étudiants et personnes âgées bénéficient de tarifs réduits. Les billets pour les concerts, conférences (y compris les interventions d'écrivains renommés) et autres productions qui font partie du festival, sont plus faciles à obtenir. Les amateurs de bonnes affaires noteront que les représentations du mardi (deux entrées pour un billet) sont particulièrement avantageuses.

Écrivez pour obtenir le programme de la saison, avec tous les détails sur les représentations, les dates, les prix, etc. Vous y trouverez également un formulaire de réservation. Les billets sont vendus au guichet du Festival Theatre (☎ (519) 273-1600), ou bien encorepar correspondance (PO Box 520, Stratford, Ontario, N5A 6V2), ou par téléphone.

Il y a trois théâtres – tous dans la ville – qui accueillent des pièces et des œuvres musicales tant modernes que contemporaines, des opéras et des œuvres du Bard.

Les principales productions sont représentées au Festival Theatre, avec sa scène ronde en avancée. L'Avon Theatre, qui peut accueillir 1 100 spectateurs, vient en seconde position, suivi du Tom Patterson Theatre, le plus petit des trois.

Où se loger
En raison du nombre de visiteurs attirés à Stratford par le festival, les hébergements ne manquent pas, en particulier tourist homes, B&B et chambres chez l'habitant. Pour les plus fortunés, on a installé plusieurs auberges de style traditionnel, confortables, dans des hôtels restaurés, vieux d'un siècle.

Camping. Vous pourrez camper au *Stratford Fair Grounds* (☎ 271-5130), 20 Glastonbury Drive. Le marché agricole, notamment, se tient dans ce parc, central, à environ sept pâtés de maisons de l'office du tourisme. Il y a aussi un camping à St Mary's (voir plus loin).

Auberges de jeunesse. La *General Hospital Residence* (☎ 271-5084), 130 Yonge St, offre des chambres similaires à celles en dortoirs d'université. Elles sont petites, propres, avec des lits simples ou jumeaux, un réfrigérateur et un évier. Une simple/double coûte 29/35 $ et les forfaits à la semaine sont très avantageux. Il y a aussi une laverie et une cuisine, une cafétéria et une piscine découverte. C'est tout de même une bonne adresse. (Voir aussi la *Burnside Guest Home*, citée ci-après).

Tourist homes. A l'exception de l'adresse fournie ci-dessus, la solution la meilleur marché consiste à s'adresser au Stratford Festival Accommodation Department (☎ (519) 273-1600), 55 Queen St. Ils vous trouveront une chambre chez l'habitant pour 30/32 $ en simple/double, si vous disposez d'un billet pour une des représentations du festival. Pour deux dollars de plus, on vous servira le petit déjeuner. Vous devrez acquitter la location de la chambre au moment de la réservation des billets.

La Stratford & Area B&B Association (☎ 273-2052), 101 Brunswick St, propose sensiblement les mêmes services. Mais comme elle ne fait pas partie du festival, ses prix sont plus élevés. Elle fonctionne toute l'année.

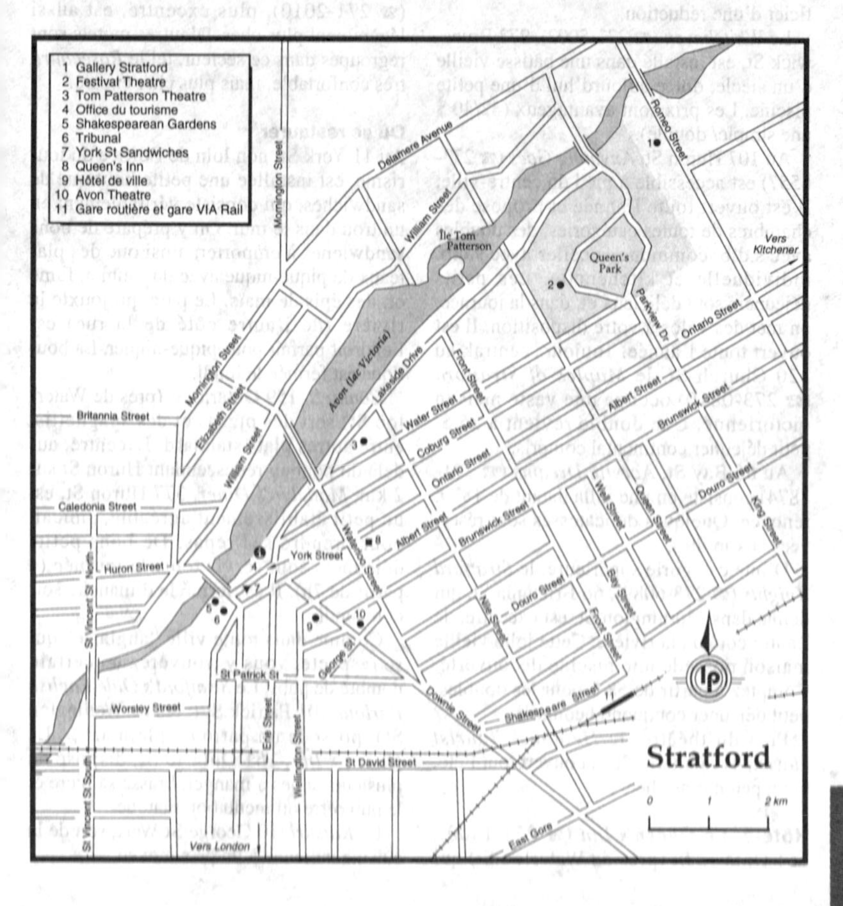

B&B. Parmi les dizaines de B&B disséminés dans Stratford et alentour, plusieurs sont regroupés au centre. Les tarifs varient de 30 $ à 40 $ pour les simples, de 45 $ à 65 $ pour les doubles.

La *Burnside Guest Home* (☎ 271-7076), est implantée 139 William St, qui longe le renflement de la rivière Avon (devenue à cet endroit le lac Victoria), de l'autre côté du cœur de la ville. Vous n'êtes qu'à 15 mn à pied des trois théâtres. Comptez à partir de 35 $ pour les simples et jusqu'à 60 $ pour les doubles. Les membres des auberges de jeunesse internationales pourront bénéficier d'une réduction.

Le *Whitehaven* (☎ 271-5002), 272 Brunswick St, est installé dans une bâtisse vieille d'un siècle, dotée aujourd'hui d'une petite piscine. Les prix sont avantageux (32/40 $ une simple/ double).

Au 107 Huron St, *Anything Goes* (☎ 273-6557) est accessible à pied du centre-ville. Il est ouvert toute l'année et propose des chambres de toutes catégories, des doubles avec s.d.b. commune, à celles avec s.d.b. individuelle et kitchenette. Les petits déjeuners sont délicieux et, dans la journée, on met des vélos à votre disposition. Il est ouvert toute l'année. Toujours central, au 220 Church St, le *Maples of Stratford* (☎ 273-0810) occupe une vaste maison victorienne. Une double revient à 55 $, petit déjeuner continental compris.

Au 66 Bay St, *Acrylic Dreams* (☎ 271-7874) consiste en une villa datant de 1879, rénovée. Quelques délicatesses sont réservées aux invités.

D'une catégorie supérieure, le *Stratford Knights* (☎ 273-6089), 66 Britannia St, qui donne dans Mornington St, est excentré, de l'autre côté de la rivière. Cette jolie vieille maison possède une piscine découverte. Comptez à partir de 58 $ pour les doubles, petit déjeuner continental compris.

Près du théâtre, le *Heinbuck Tourist Haven*, 411 Ontario St, est ouvert tout l'été, et un peu moins cher.

Hôtels. Le *Queen's Inn* (☎ 271-1400), 161 Ontario St (près de Waterloo St) qui date de 135 ans environ, est le plus vieil hôtel de la ville. Entièrement rénové, il a rouvert ses portes en 1988. C'est maintenant un endroit agréable, mais dont les prix ont sérieusement grimpé. Une double coûte au moins 85 $ en été, beaucoup moins hors saison. L'*Albert Place Hotel*, 23 Albert St, autre vieille auberge rénovée, est sensiblement meilleur marché.

Motels. Les motels sont généralement assez chers. Le *Noretta* (☎ 271-6110), sur la Hwy 7 en direction de Kitchener, loue des doubles à partir de 45 $. Le *Majers* (☎ 271-2010), plus excentré, est aussi légèrement plus cher. D'autres motels sont regroupés dans ce secteur, tel le *Rosecourt*, très confortable, mais plus cher encore.

Où se restaurer

Au 11 York St, non loin de l'office du tourisme, est installée une petite boutique de sandwiches, qui consiste véritablement en un trou dans le mur. On y prépare de bons sandwiches à emporter, ainsi que des plateaux de pique-nique avec du saumon fumé ou des épis de maïs. Le parc qui jouxte la rivière (de l'autre côté de la rue) est l'endroit parfait pour pique-niquer. La boutique est fermée le lundi.

Connie's, 159 Ontario St (près de Waterloo St) sert des pizzas et des spaghettis, entre autres plats standard. Excentré, audelà du pont en redescendant Huron St sur 2 km, *Madelyn's Diner*, 377 Huron St, est un petit établissement agréable, amical, pour prendre ses repas. De bons petits déjeuners sont servis toute la journée (à partir de 7h). Il est fermé le dimanche soir et le lundi.

Comme dans toute ville "anglaise" qui se respecte, vous y trouverez un certain nombre de pubs. Le *Stratford's Olde English Parlour* 101 Patrick St (près de Wellington St), possède un patio en plein air ; . Le *Queen's Inn*, 161 Ontario St, dispose de plusieurs salles à manger, brasse sa bière et le pub offre un menu bon marché.

Le *Katsuri*, 10 George St West, sert de la cuisine indienne à un prix moyen.

Les salles à manger de certaines auberges, y compris l'excellente du *Queen's Inn*, qui accueillent le public des théâtres, pratiquent des tarifs plus élevés. A l'exception des buffets du dimanche et du mercredi soir, au Queen's. Très cher, le *Rundles*, 9 Coburg St, jouit d'une bonne réputation. *Let Them Eat Cake* est un bar à desserts et café, 82 Wellington St.

Comment s'y rendre

Bus. Plusieurs petites lignes de bus desservant la région opèrent de la gare VIA Rail, 101 Shakespeare St, qui donne dans Downie St, à environ huit pâtés de maisons d'Ontario St. Les bus Cha-Co Trails (☎ 271-7870) relient Stratford à Kitchener, d'où vous pourrez rejoindre Toronto.

Également des bus pour Goderich, London et Owen Sound, entre autres villes du sud de l'Ontario.

Train. Les trains partent de la gare VIA Rail (☎ 273-3234). Il y a trois trains par jour pour Toronto. Vous pouvez aussi vous rendre à l'ouest, à London ou à Sarnia, avec des correspondances pour Windsor.

SHAKESPEARE

A 12 km à l'est de Stratford, sur la Hwy 8, ce village est essentiellement axé sur le tourisme. La rue principale compte de nombreux magasins d'antiquités, de meubles et d'artisanat. Le *Shakespeare Inn* est un vaste hôtel de catégorie supérieure. A l'extrémité ouest de la ville, vous trouverez un restaurant relativement économique.

ST MARY'S

A l'ouest de Stratford, St Mary's est un carrefour victorien avec un ancien opéra et quelques belles maisons en pierre, vestiges du siècle dernier.

Le *Westover Inn*, sis dans une rue adjacente, Thomas St, entouré de pelouses et d'arbres, est un hôtel cinq étoiles avec une salle à manger.

A quelques kilomètres de la ville, en sortant de la Hwy 7 lorsque l'on revient vers Stratford, s'étend le **parc Wildwood**. Il est peu attrayant, mais vous pourrez y camper ou vous y baigner.

TILLSONBURG ET DELHI

Ces deux petites villes semblent perdues au milieu de vastes étendues, plates et sablonneuses, de champs de tabac. Le nombre des fumeurs ayant diminué plus encore au Canada que dans les autres pays occidentaux, certains producteurs envisagent une reconversion.

Sur la Hwy 3, à l'ouest de Delhi, est établi le **musée du Tabac**, axé sur l'histoire et la production du tabac. Il est ouvert tous les jours en été ; seulement en semaine, le reste de l'année.

Le ramassage des feuilles de tabac commence mi-août. Adressez-vous aux agences Canada Manpower de ces deux villes, si ce travail temporaire qui dure environ un mois vous intéresse (réservé aux hommes). C'est un travail harassant, mais vous serez logé et nourri. Attention à ne pas vous faire voler dans les dortoirs.

RIVE OUEST DU LAC ÉRIÉ

Le moins profond des cinq Grands Lacs, le lac Érié eut, dans les années 70, à souffrir d'une pollution extrême. Des mesures furent prises avec une telle lenteur que l'on a frôlé le désastre.

Le long de la rive nord du lac, de Windsor à Fort Érié, sont disséminés des parcs du gouvernement, où l'on peut camper, pour certains. Ils attirent beaucoup de monde le week-end.

Turkey Point et, plus encore, **Long Point**, sont très populaires. Pour se baigner, toutefois, les parcs qui jalonnent la rive du lac Huron sont mieux. En dehors des parcs du lac Érié, la région est émaillée de petites résidences estivales, de petites bourgades et de fermes.

Port Dover est un centre de pêche, même si certaines personnes répugnent à manger le moindre poisson sorti d'un des Grands Lacs inférieurs, en raison de la contamination chimique. La ville compte un musée de la pêche et des croisières sur le lac sont disponibles.

A **Port Stanley**, une petite station touristique, un tronçon de 5 km de l'ancienne L&PS Railway, fonctionne encore, rejoignant au nord le village d'Union. Le voyage dure environ 45 mn, à raison de trois par jour en été en début d'après-midi.

Plus à l'ouest, le **parc national de Point Pelee** englobe la pointe méridionale du Canada. Il est surtout célèbre pour les milliers d'oiseaux qu'il abrite au printemps et à l'automne, au moment des migrations. On y a observé jusqu'à 342 espèces – 60% des espèces répertoriées sur le territoire canadien.

Les sentiers sont nombreux, et vous pourrez profiter d'un chemin recouvert de planches de 1,5 km à travers les marais et les plages sablonneuses du parc. On peut louer des bicyclettes et des canoës. Pas d'aménagement pour camper, mais vous trouverez des terrains privés dans le voisinage.

Hillman Marsh, sur la rive nord de Point Pelee, est également propice à l'observation des oiseaux. Il dispose même d'une tour de guet et d'un chemin recouvert de planches. Tout à côté, dans la ville de Wheatley, le *Burton House* (☎ 825-4956) est un B&B aux prix modérés. A noter que, durant la période migratoire des oiseaux, la région connaît une certaine affluence. Pour l'hébergement en B&B, contactez l'association locale (☎ 326-7169).

Tout près de Windsor, à environ 40 km à travers champs, plutôt qu'en suivant la rive du lac, vous pourrez visiter les deux villes de Leamington et de Kingsville, d'où partent les ferries pour la plus grande île du lac, l'**île de Pelee**. Elle se trouve aussi à mi-chemin de l'Ohio, et les ferries se rendent jusqu'à la frontière américaine. Ils circulent de mars à début décembre. Pour les réservations et le prix des billets, contactez le 1-800-661-2200. Les enfants et les personnes âgées bénéficient de réductions.

L'île est réputée pour ses belles plages et ses petits vignobles. Visitez les ruines de Vin Villa Winery et le vieux phare. On peut visiter l'établissement vinicole actuellement en service. L'île compte quelques restaurants, une auberge et un B&B.

LONDON

London (316 000 habitants) est la ville la plus importante de la région du lac Érié. Localité industrielle, elle possède aussi divers sièges de compagnies d'assurances et l'une des plus grandes universités du pays. Malgré cette activité, elle a su préserver une atmosphère paisible, due en partie aux rues bordées d'arbres et aux vieilles maisons du centre-ville.

La cité a pris modèle sur la capitale anglaise : la Tamise traverse la ville, dans le centre on trouve Hyde Park, et nombre de rues, telle Oxford St, portent des noms similaires à celles de Londres.

La ville et ses alentours n'offrent pas grand-chose à voir, mais elle constitue une bonne étape, à mi-chemin entre la frontière américaine, à Detroit-Windsor, et à Toronto.

Orientation

La principale rue, orientée est-ouest, est Dundas St. Richmond St est celle qui est axée nord-sud. Le centre est délimité par York St au sud, Talbot St à l'ouest, Oxford St au nord et Waterloo St à l'est.

Renseignements

Vous trouverez un office du tourisme (☎ 661-5000) au rez-de-chaussée de l'hôtel de ville, dans Dufferin Ave, à l'angle de Wellington St. Il est ouvert de 8h30 à 16h30, du lundi au vendredi.

Un autre bureau est installé dans Wellington Rd, entre la Hwy 401 et Commissioners Rd, qui pénètre dans la ville au nord. Ouvert tous les jours de 8h à 20h.

Musée d'Archéologie et village indien Lawson

Centre de recherche et de diffusion affilié à l'université, le musée (☎ 473-1360) expose des vestiges et des objets liés à onze mille ans d'histoire des Indiens de l'Ontario. Adjacent au musée, a été mis au jour un village indien vieux de cinq cents ans. On a reconstitué une partie du village, dont une maison communautaire.

Le musée mérite une visite. Il est ouvert tous les jours, de 10h à 17h. Le site du village indien est ouvert par beau temps, de mai à novembre. L'entrée est de 3,50 $ (réductions pour les étudiants, les personnes âgées et les familles). Il est implanté 1600 Attawandaron Rd, au nord-ouest de l'université.

Village de pionniers de Fanshawe
A la lisière est de la ville, un village de pionniers (☎ 457-1296), qui englobe 22 bâtiments, révèle comment vivaient les colons européens au XIXe siècle et fait découvrir leurs techniques et leur artisanat. Il y a un salon de thé, mais vous pouvez aussi apporter votre pique-nique (tables fournies). L'entrée est de 5 $ (réductions pour les étudiants, les enfants et les familles). Le site est ouvert du 1er mai au 31 octobre, tous les jours, de 10h à 16h30. Le reste de l'année, il est ouvert seulement l'après-midi et fermé le lundi et le mardi. L'entrée donne dans Fanshawe Park Rd, à l'est de Clark Rd.

Royal Canadian Regiment Museum
Appelé plus simplement le RCR (☎ 660-5102), c'est le plus ancien régiment d'infanterie du Canada. Le musée montre le rôle qu'il joua depuis la North-West Rebellion de 1885, aux deux guerres mondiales et à la guerre de Corée. Outre diverses expositions et dioporamas, l'endroit dispose aussi d'une boutique de souvenirs avec toute une série d'objets militaires. Le musée est implanté sur le site historique national de Wolseley Hall, sur la base militaire, dans Oxford St East (à l'angle d'Elizabeth St). L'entrée est gratuite. Il est fermé le lundi.

University of Western Ontario
Au nord du centre-ville, le superbe campus de l'université est un lieu de promenade très agréable. C'est l'une des plus grandes universités du pays, réputée notamment dans les domaines économique, médical et technologique. L'office du tourisme pourra vous fournir un guide sur l'histoire du site, avec un itinéraire explicatif, qui rendra votre promenade plus intéressante.

Eldon House
Sise au 481 Rideout St North, c'est la plus vieille maison de la ville, datant de 1834. Elle a été transformée en musée et renferme un ameublement de l'époque victorienne. Elle est ouverte tous les après-midi, du mardi au dimanche. Le mardi, l'entrée est gratuite (de 3 $, les autres jours).

Musée Guy Lombardo
Au 205 Wonderland Rd South, dans le parc Springbank, ce musée (☎ 473-9003) est dédié au musicien Lombardo, natif de London, et bien connu pour ses concerts du nouvel an. L'entrée est de 2 $. A noter que le musée est seulement ouvert de mai à septembre tous les jours, de 11h à 17h.

Parc Springbank
Situé en bordure de la Tamise, sur la rive ouest de la ville, Springbank est un vaste parc, bien entretenu, de pelouses et de jardins. Vous y trouverez notamment les Storybook Gardens, une aire de jeux pour les enfants avec des personnages sortis de contes de fée, un petit zoo, etc. L'entrée à ses diverses attractions est payante, celle du parc est gratuite.

Musée Banting
Occupant la maison où résida et travailla autrefois le Dr sir Frederick Banting, le musée (☎ 673-1752) retrace l'histoire des recherches sur le diabète et les travaux du prix Nobel Banting, qui participa à la découverte de l'insuline. On y voit aussi un cabinet de médecin, datant de 1920.

Le musée se trouve 442 Adelaide St North. Il est ouvert du mardi au samedi, de midi à 16h30. L'entrée est de 3 $ (réductions pour les étudiants et les personnes âgées).

Village indien de Ska-Nah-Doht
A 32 km à l'ouest de la ville, Ska-Nah-Doht (☎ 264-2420) est la reconstitution d'un petit village iroquois constitué de maisons communautaires et datant d'un millénaire. Des visites guidées sont organisées mais vous pourrez le visiter seul. Il se

trouve dans le parc de Longwoods Road, à la sortie de la Hwy 2. Il est ouvert tous les jours, en été, ainsi qu'en janvier et février. Le reste de l'année, il est fermé le week-end. L'entrée est de 6 $ par voiture.

Musée des Enfants
Accessible à pied depuis le centre-ville, le musée des Enfants (☎ 434-5726), 21 Wharncliffe Rd South, fournit plusieurs expositions interactives aux enfants, comme la mise au jour de fossiles de dinosaures, ou l'entrée dans une grotte. Il est ouvert tous les jours, de 10h à 17h. L'entrée est de 3 $ pour les enfants, de 3,50 $ pour les adultes.

Sifton Bog
Ce site est unique en son genre au sud de l'Ontario. C'est en effet un marécage qui abrite divers plantes et animaux rares, y compris des lemmings, des musaraignes, des plantes carnivores et neuf variétés d'orchidées. On peut accéder au marécage par Oxford St, entre Hyde Park Rd et Sanatorium Rd.

Westminster Ponds
Pour les amoureux de la nature, cette zone boisée, émaillée de marécages et d'étangs, abrite une faune importante, notamment des renards et des hérons. Il existe une tour de guet. Un chemin recouvert de planches relie certaines parties de la zone la moins développée. Il y a deux siècles, les Indiens campaient sur ce site. Un sentier traverse le parc et rejoint vers l'est l'office du tourisme, dans Wellington Rd South.

Circuits organisés
En bus. Des excursions de deux heures (☎ 661-5000) à bord de bus à impériale, partent de l'hôtel de ville, , 300 Dufferin Ave, tous les jours, de la fin juin à début septembre. Prix du billet : 6 $.

Route du vin. London Winery (☎ 686-8431) propose une visite de l'établissement vinicole (avec dégustation) et, à un endroit différent, de ses vignes et de son centre de recherche. Appelez pour plus de détails.

Croisière en bateau. Au départ du quai, dans le parc Springbank, le *London Princess* (☎ 473-0363) exécute un certain nombre de croisières sur la rivière. L'excursion dure 45 mn et coûte 7 $ (réductions pour les enfants, les étudiants et les personnes âgées). Il existe aussi des croisières avec brunch le dimanche matin, avec dîner en soirée. Mieux vaut réserver. Il circule de fin mai à octobre.

Festivals
Durant la première semaine de juin a lieu un International Air Show et, à la mi-septembre, une fête de l'agriculture et des loisirs pendant dix jours.

En juillet, essayez d'assister au Home County Folk Festival, dont on fêta le 20e anniversaire en 1993. Il se déroule dans le centre-ville, à Victoria Park. Vous reconnaîtrez quelques noms célèbres parmi les participants de cette manifestation qui dure quatre jours.

Où se loger
Camping. Dans la ville même, vous trouverez un camping très pratique à Fanshawe Conservation Area (☎ 451-2800), dans le secteur nord-est de la ville, par Fanshawe Park Rd. Il est ouvert du 1er mai à la mi-octobre.

Auberges de jeunesse. Bien que très actif, le YM-YWCA ne propose pas de chambres, et London ne compte pas de véritables auberges de jeunesse.

Une solution de rechange vous est offerte, en été, par l'*Alumni House* (☎ 661-3814), à l'University of Western Ontario. Elle est établie aux Richmond Gates, l'entrée sur le campus par Richmond St. Comptez 30 $ pour une simple (24 $ pour les étudiants), petit déjeuner continental compris.

Quelques chambres confortables sont disponibles au *Victoria Gartshore Hall* (☎ 667-6556), pour 29/38 $ en simple/double. Elles incluent TV, réfrigérateur, four à micro-ondes et cafetière. Il y a aussi une laverie.

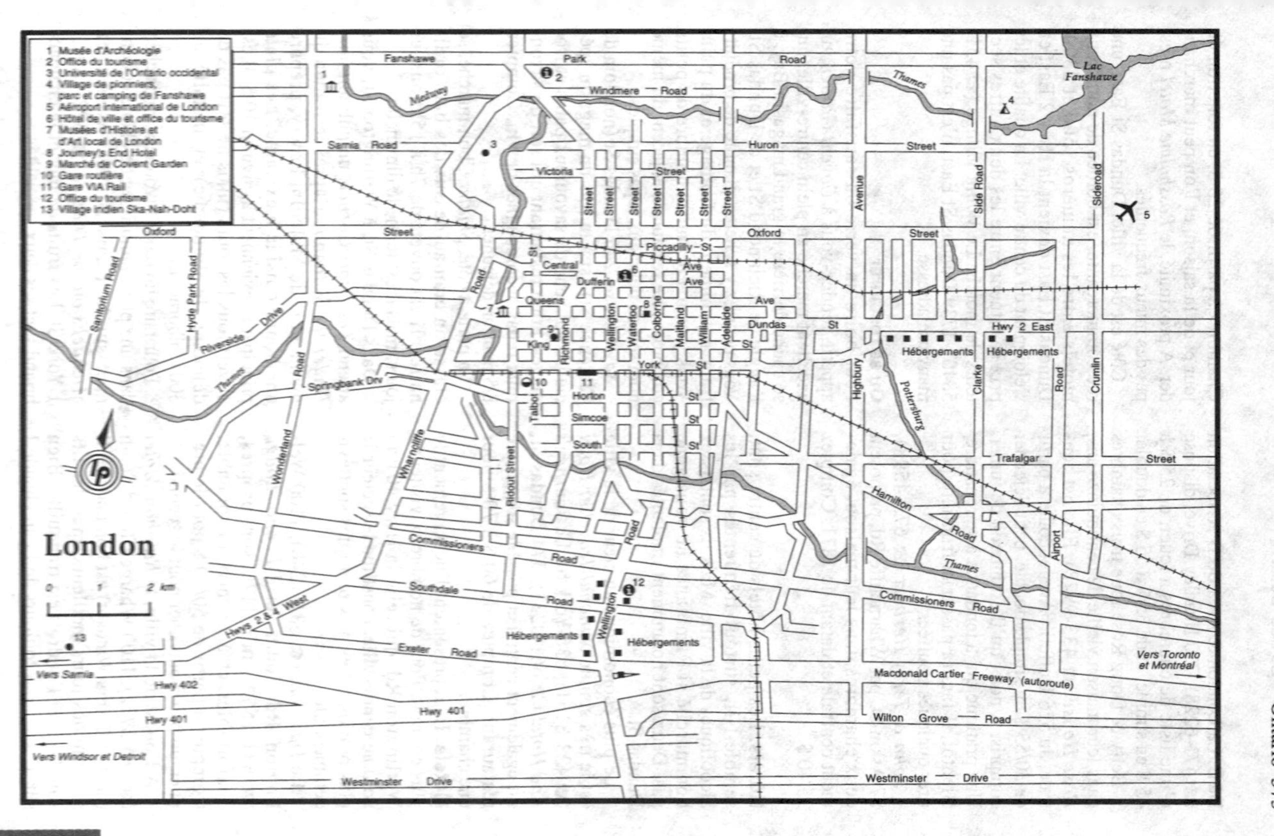
London
1 Musée d'Archéologie
2 Office du tourisme
3 Université de l'Ontario occidental
4 Village de pionniers, parc et camping de Fanshawe
5 Aéroport international de London
6 Hôtel de ville et office du tourisme
7 Musées d'Histoire et d'Art local de London
8 Journey's End Hotel
9 Marché de Covent Garden
10 Gare routière
11 Gare VIA Rail
12 Office du tourisme
13 Village indien Ska-Nah-Doht
Lac Fanshawe
Vers Toronto et Montréal
Vers Sarnia
Vers Windsor et Detroit
Macdonald Cartier Freeway (autoroute)
Hébergements

B&B. La London & Area B&B Association (☎ 471-6228), 720 Headley Drive, dispose d'une liste de chambres à louer, de 25 $ à 45 $ en simple, et de 35 $ à 55 $ en double.

Betty & Doug Rose loue trois chambres dans leur maison vieille de cent quinze ans, *Rose House* (☎ 433-9978). Elle est centrale, au 526 Dufferin Ave, et coûte à partir de 30/55 $ en simple/double, petit déjeuner compris. A noter qu'il est interdit de fumer. Une pratique qui a tendance à se répandre. Bientôt, il faudra passer la frontière pour tirer quelques bouffées !

John & Terry Herbert (☎ 673-4598), 87 Askin St, par Wharncliffe Rd, proposent deux chambres dans leur maison, également centrale et datant de 1871. Comptez 35/40 $.

Hôtels. Les petits hôtels du centre sont, semble-t-il, surtout fréquentés par les alcooliques de la ville. Mais ils sont assez bon marché si l'ambiance ne vous gêne pas. Deux sont notamment implantés dans Dundas St.

Le plus économique au cœur de la ville est le très simple *National Traveller Hotel* (☎ 433-8161), 636 York St. Le *Journey's End Hotel* (☎ 661-0233), 374 Dundas St, est également central et possède son propre restaurant. Comptez de 60 $ à 70 $ pour une chambre.

Motels. Ils représentent l'hébergement le plus courant. Pour de nombreux visiteurs, Wellington Rd, qui relie la Hwy 401 au nord au centre-ville, constitue le secteur le plus pratique. Les prix pratiqués sont évidemment plus élevés.

Le *Days Inn* (☎ 681-1240), 1100 Wellington Rd South, et l'*Econo Lodge* (☎ 681-1550), au n°1170, sont propres, confortables et à un prix raisonnable. Comptez à partir de 50/60 $ pour le premier, un peu moins cher pour le second.

A l'ouest de la ville, le *Rainbow Motel* (☎ 685-3772), 1100 Wharncliffe Rd South (la Hwy 2 vers Windsor) est bon marché. Il a connu des jours meilleurs, mais les lits sont bons et l'endroit est tranquille. Bien sûr, il n'y a pas toujours de l'eau chaude ! Chambres à partir de 25 $, en fonction du jour et de la saison, et l'on peut marchander. A proximité, le *Rossholme Motel* n'est pas des mieux fréquentés.

Côté est de la ville, Dundas St East, une rue commerçante, est bordée de nombreux motels entre les numéros 1500 et 2300. Dundas St.East devient la Hwy 2 East en s'éloignant du centre-ville. La qualité et les prix se situent entre les deux autres secteurs de motels. Le *White Village* (☎ 451-5840), 1739 Dundas St East, n'est pas une mauvaise adresse.

Où se restaurer

Pour boire un verre ou satisfaire votre appétit, rendez-vous à *Covent Garden*, un excellent marché en plein centre-ville, qui se cache derrière le grand magasin Bay, à l'angle de Richmond St et de Dundas St. Vous pourrez y acheter quantité de produits frais, notamment du fromage et du pain. Vous y trouverez aussi nombre de petits comptoirs. Le restaurant adjacent du même nom sert de délicieux repas simples.

Say Cheese, 246 Dundas St (non loin de Clarence St) est à la fois un magasin spécialisé qui vend de savoureux pains et fromages, et un restaurant qui sert de savoureux repas accompagnés de vin. Comptez 8 $ pour un déjeuner.

La porte à côté, *Shutters*, bon marché, se classe un cran au-dessus des bars ordinaires. Il est ouvert de 7h à 15h tous les jours, mais il est fermé le dimanche.

Dans Dundas St, à Wellington St, vous attend *The Scots Corner*, un pub anglais. *Under the Volcano*, d'après le roman du même nom de Malcolm Lowry, prépare une bonne cuisine mexicaine. Les plats principaux reviennent à environ 10 $. Il est ouvert tous les jours (mais ne sert pas de déjeuner, le dimanche) et installé au 300 Colborne St.

Pour faire un repas savoureux, mais cher, dans une pièce lambrissée de chêne et donnant sur la Tamise, rendez-vous chez *Michael's on the Thames* (☎ 672-2892), 1 York St. Les fruits de mer et le chateaubriand sont ses deux spécialités.

Distractions

Les bars ouvrent et ferment souvent, mais vous en trouverez toujours un pour écouter du jazz. Essayez notamment le *Leadbelly's*, 221 Dundas St.

Le *Basement* propose de la musique folklorique. Il est également central, 331 Richmond St.

Le *CEEPS*, 671 Richmond St (à Mill St), est un des établissements où les étudiants se retrouvent pour boire.

Comment s'y rendre

Bus. Le dépôt des bus Greyhound (☎ 434-3245) est implanté 101 York St, à l'angle de Talbot St, dans le centre. Des bus desservent Toronto toutes les deux heures et Windsor six fois par jour.

Train. La gare VIA Rail (☎ 667-1645),se trouve tout à côté, dans York St, en bas de Richmond St. Elle dessert Toronto quatre fois par jour, dont l'une *via* Stratford. Dans l'autre sens, le train rejoint Chicago *via* Sarnia. Pour Toronto, le train revient deux fois plus cher que le bus (22 $).

Comment circuler

Pour tout renseignement, la London Transit Commission (☎ 451-1347), le service des bus urbains, dispose d'une agence dans Dundas St, à quelques mètres à l'est de Richmond St.

ST THOMAS

Au sud de London, St Thomas est une petite localité agricole, non dénuée d'intérêt grâce à quelques beaux exemples d'architecture victorienne et autres.

Dans le centre, l'hôtel de ville, le tribunal et l'église St Thomas méritent le coup d'œil.

Les passionnés d'histoire pourront également visiter deux musées, l'un consacré à la vie des pionniers, l'autre au passé militaire de la région.

Le Guildhouse Building (datant de 1912), 180 Talbot St, renferme aujourd'hui un certain nombre de magasins d'art et d'artisanat et de galeries.

St Thomas est également célèbre pour une raison moins réjouissante : en 1885, Jumbo, un éléphant de cirque, fut tué par un train. Sa statue grandeur nature se dresse à l'extrémité ouest de la ville.

A 11 km à l'ouest et 3 km au sud de St Thomas, non loin du village d'Iona, vous pourrez apercevoir les restes d'un fort indien à double rempart. Avant sa découverte, on ignorait que les Indiens d'Amérique du Nord construisaient de telles structures.

WINDSOR

Dotée d'une population de 200 000 habitants, Windsor est campée à la pointe sud-ouest de la province, en face de la rivière Detroit, et de la ville du même nom, au Michigan. Ville frontalière majeure, mais peu touristique, elle est à deux heures en voiture de London, quatre heures et demie de Toronto.

Comme Detroit, Windsor est un centre de construction automobile, sa principale activité économique. Pour le reste, les deux villes sont très différentes. Le centre de Detroit ne présente plus aucun intérêt, tandis que, à Windsor, il est propre, abonde en parcs et jardins, en particulier le long de la rivière. Il englobe la jonction de Riverside St et de Ouellette St, en bordure de l'eau. Pitt St et Chatham St sont également des artères majeures. Des Dieppe Gardens, qui bordent la rivière, depuis le croisement d'Ouellette St et de Riverside St, on a une bonne vue sur Detroit. Le musée des Beaux-Arts est tout à côté, au 445 Riverside St. Pour tout renseignement, le bureau touristique se situe 80 Chatham St, près de la gare routière.

Au moment de la parution de cet ouvrage, le casino "patronné" par le gouvernement pour donner un petit coup de pouce à l'économie locale devrait avoir ouvert ses portes.

L'International Freedom Festival réunit la fête nationale canadienne du 1er juillet et la fête de l'Indépendance américaine du 4 juillet. Défilés, concerts et bals se terminent par un des plus gigantesques feux d'artifice du continent.

Communautés noires en Ontario

A l'histoire des colons français et anglais, qui furent en grande partie les maîtres d'œuvre de l'histoire canadienne, vient s'ajouter une autre dans le sud de l'Ontario. Les comtés d'Essex et de Kent, en effet, aux alentours de Windsor et de Chatham constituent l'une des deux régions où s'implantèrent les premières communautés noires (l'autre se situant autour de Halifax, en Nouvelle-Écosse).

Terminus du "Underground Railroad" (chemin de fer souterrain) comme on l'appelait, Windsor représenta une porte d'accès vers la liberté pour des milliers d'anciens esclaves noirs durant la guerre de Sécession (1861-1865), en Amérique. Le chemin de fer consistait en réalité en un réseau de gens (les conducteurs) qui aidaient, dirigeaient et nourrissaient les esclaves en fuite, tandis que chaque nuit ils suivaient l'étoile du Nord vers la "prochaine gare".

A côté du musée d'Amherstburg, de nombreux monuments et sites sont directement liés à cet épisode de l'histoire américaine.

Le **site historique John Freeman Walls** est situé à 1,6 km au nord de la Hwy 401, à la sortie 28 de Windsor, vers l'ouest. Le site comprend une cabane en rondins construite en 1876 par Walls, un esclave qui fuyait la Caroline du Nord. C'est là que se trouve le Underground Railroad Museum.

Plus à l'ouest, vous pourrez visiter le **Raleigh Township Centennial Museum**, à proximité de Chatham, sur la County Rd 6, au sud de la Hwy 401, après la sortie de Bloomfield Rd. Ce musée retrace la vie des colons noirs qui transformèrent Elgin en centre d'accueil pour les autres réfugiés.

Dans la ville de Dresden est installé le **site historique de la case de l'oncle Tom**. L'oncle Tom est le personnage principal d'un roman controversé du même nom, écrit par Harriet Beecher en 1852. Il est basé sur la vie de Josiah Henson, un autre Noir du sud des États-Unis. Le musée présente des articles liés au roman et au contexte historique.

On peut se rendre compte de l'importance que revêt encore aujourd'hui le Underground Railway pour les Noirs américains à l'épisode qui se déroula il y a quelques années au sein du football. L'équipe des Toronto Argonaut cherchait en effet à s'assurer les services d'une nouvelle star du ballon, Raghib "Rocket" Ismaïl, juste à sa sortie du collège, aux dépens des équipes américaines concurrentes. Après quelques jours passés à Toronto, dont il put mesurer la tolérance raciale, le joueur décida de signer pour l'équipe canadienne. Lorsque l'on demanda à sa mère ce qu'elle pensait de cette décision, elle répondit qu'ils allaient enfin prendre le train de la liberté vers le nord. ■

Où se loger

Les motels qui sont regroupés dans South Windsor, dans Dougall St, pratiquent des prix modérés. Ainsi, le *ABC* (☎ 969-5090), 3048 Dougall St, prend de 30 $ à 40 $ pour une simple/double. Le *Star Economy* (☎ 969-8200) pratique des tarifs similaires. Un peu plus cher, le *Cadillac Motel* (☎ 969-9340), 2498 Dougall St, loue des chambres à 50 $. Huron Church Rd et Division Rd (près de l'aéroport) sont également jalonnés de nombreux motels, tel que le *Casa Don* (☎ 969-2475), au n°2130.

Où se restaurer

Pour un repas rapide, l'*Himalaya*, 841 Ouellette St, sert de délicieux currys. *Cultures*, 300 Ouellette St, prépare des sandwiches bon marché. Le restaurant du musée des Beaux-Arts, 445 Riverside St, est excellent. Plusieurs restaurants sont rassemblés dans Pelissier St.

Comment s'y rendre

La gare routière est centrale, dans Chatham St, légèrement à l'est d'Ouellette St. La gare VIA Rail se trouve à environ 3 km à l'est du cœur de la ville, à l'angle de Walker St et de Wyandotte St. Des trains desservent Toronto *via* London.

AMHERSTBURG

Située au sud de Windsor, au confluent de la rivière Detroit, qui prend sa source au lac St Clair, et du lac Érié, Amherstburg est une petite ville historique.

Des vestiges historiques dont le **parc national historique de Fort Malden** souligne la présence. Il borde la rivière, au 100 Laird Ave. Vous y apercevrez des vestiges d'un fort britannique datant de 1840.

Dès l'arrivée des marchands de fourrures, des tensions éclatèrent entre Indiens, Français et Anglais, et, par la suite, Américains. C'est là que durant la guerre de 1812 contre les Américains, le général Brock mit au point la prise de Detroit avec son allié, le chef shawnee, Tecumseh.

Le **North American Black Historical Museum**, 277 King St West, retrace l'histoire des Noirs en Amérique du Nord en général, et plus particulièrement dans la région de Windsor. Il est ouvert du mercredi au dimanche.

Park House Museum, la plus vieille maison de la ville, ne fut pas construite à son emplacement actuel. On lui fit traverser la rivière en ferry, en 1799. Son ameublement est de style 1850. Il est ouvert tous les jours en été ; mais il est fermé le lundi et le samedi, le reste de l'année. Il se trouve au 214 Dalhousie St.

Les ferries relient le continent à l'**île Boblo**, où vous attend un immense parc d'attractions, vieux d'un siècle. Ils relient également l'île à Detroit.

RIVE DU LAC HURON ET ENVIRONS

Au nord de Windsor, à la pointe sud du lac Huron, **Sarnia** est un centre de raffineries de pétrole. C'est aussi le centre de "Chemical Valley", un grand ensemble moderne de production chimique et pétrolière de la région avoisinante.

De l'autre côté du Bluewater Bridge, sur la rivière St Clair, se trouve Port Huron, dans le Michigan.

Au sud-ouest de Sarnia, sur la Hwy 21, vous pourrez visiter le **Oil Museum of Canada**, un site national historique et l'emplacement du premier puits de pétrole du continent. Vous pourrez notamment y apercevoir des puits dont certains sont toujours en activité.

Les bords du lac Huron, jusqu'à Tobermory et la péninsule de Bruce, sont jalonnés de parcs, de belles plages de sable, de villas et de petites stations estivales. L'eau est chaude et claire, les plages sont larges et sablonneuses.

A **Kettle Point**, à environ 40 km au nord-est de Sarnia, vous verrez une attraction vieille de 350 millions d'années. Le littoral est en effet bordé de roches sphériques appelées *kettles* (bouilloires, et pour les géologues, des concrétions). Certaines de ces formations de calcite qui reposent sur une couche de schiste argileux, plus tendre, mesurent près de 1 m de diamètre. Les rares *kettles* retrouvées dans les autres pays sont souvent enterrées. Un peu plus loin, vous pourrez camper au parc provincial Ipperwash et au **parc provincial Pinery**, au sud de Grand Bend. Vaste parc doté de mille emplacements, le Pinery a longtemps pâti d'une assez mauvaise réputation, mais l'atmosphère semble s'être assagie ces dernières années. La plage s'étale sur 10 km et des sentiers sillonnent les zones boisées. Plus au nord, le parc Point Farms est d'une taille similaire à celle de Ipperwash.

Grand Bend est l'une des stations estivales du lac Huron, et ressemble beaucoup à Sauble Beach. C'est un endroit très animé en été, avec quelques cafés pour boire un verre en bordure du littoral.

Centre régional, **Goderich** est une petite ville attrayante, remplie de verdure, dotée d'une rue centrale circulaire. Elle se considère comme la plus jolie ville de l'Ontario. Un parc englobe un quart de la ville.

Au crépuscule, vous pourrez profiter des couchers de soleil les plus spectaculaires au monde, à proximité du Governor's House & Historic Gaol Museum. Il est perché sur une falaise qui surplombe le lac. C'est à voir absolument.

Toujours en ville, dans West St, vous pourrez visiter le musée de la Marine (avec démonstrations de navigation sur le lac) et le Huron County Pioneer Museum.

A 6,5 km de la ville, sur la Rural Route 2, vous attend une confortable petite HI *hostel*

(☎ 524-8428). Pour vous y rendre, prenez un taxi. L'auberge occupe un ancien gîte en rondins au bord du lac et peut accueillir huit personnes. Il faut réserver. Goderich est également réputée pour le *Benmiller Inn* (☎ 524-2191), luxueux mais cher.

A proximité, le petit village de **Blyth** accueille un festival de théâtre important en été, qui présente surtout des pièces canadiennes, classiques et récentes. Le *Blyth Station House* (☎ 523-9826) est l'unique B&B de la ville, installé dans une ancienne gare ferroviaire. Comptez 50 $ pour une double (plus 10 $ pour une ou deux personnes supplémentaires), brunch compris dans l'ancienne salle d'attente.

Plusieurs restaurants bordent la rue principale de la ville, Queen St (consultez la rubrique *Owen Sound/baie Géorgienne et Lakelands – régions des lacs* – ci-dessous, pour plus de détails sur la région nord du lac Huron et l'île Manitoulin).

Baie Géorgienne et Lakelands

Au nord de Toronto, la baie Géorgienne est environnée de lacs et de forêts, de villes et de stations touristiques, de plages et de bungalows, qui forment un agréable contraste avec le sud de l'Ontario.

Des collines boisées, de multiples lacs et rivières, des parcs à l'infini sont disséminés sur cette terre avant tout agricole où, l'été, on prend plaisir à pêcher, à se baigner, à camper et à se détendre. L'hiver, la neige offre d'autres loisirs, : ski, scooter des neiges et pêche sous la neige. En septembre et en octobre, les visiteurs viennent admirer les couleurs automnales.

En règle générale, c'est une région très fréquentée et très développée. Si l'on veut retrouver des espaces plus sauvages, il faut remonter plus loin, vers le nord, ou se rendre dans les parcs gouvernementaux plus étendus, comme le parc Algonquin.

Le secteur qui englobe Barrie et le lac Simcoe jusqu'à Orillia, et le Nord-Ouest jusqu'à Penetanguishene, puis la baie Géorgienne à l'ouest, jusqu'à Collingwood, est connu sous le nom de **Huronie**.

La région au nord d'Orillia (entre les villes de Gravenhurst et de Huntsville, sur la Hwy 11) et à l'ouest jusqu'à la baie Géorgienne est appelée **Muskoka** ou les Muskokas – un terme qui s'inspire d'un des grands lacs de la région.

A l'ouest de Collingwood, au sud de la baie de Nottawasaga – une petite baie à l'intérieur de la baie Géorgienne –, se trouve Owen Sound.

Située à la voie d'accès méridionale de la péninsule de Bruce, Owen Sound est la plus grande ville de la région. Le *Bruce* est une étroite bande de terre orientée vers le nord qui délimite la baie Géorgienne dans les eaux du grand lac Huron. Des ferries relient Tobermory, à la pointe de la péninsule, à l'île Manitoulin, et au nord de l'Ontario.

L'itinéraire suivi ci-après part d'abord de Barrie, à l'ouest et au nord de l'île Manitoulin en longeant la bordure occidentale de la baie Géorgienne, puis toujours au départ de Barrie, traverse au nord et à l'est la région Muskoka-Huronie sur la bordure orientale de la baie Géorgienne.

BARRIE

A environ une heure et demie de Toronto, Barrie est plus ou moins la porte d'accès à une région de villégiature.

En elle-même, la ville est assez quelconque, même si la plage populaire de Centennial Park (sur la baie de Kempenfelt du lac Simcoe) est agréable et connaît une forte affluence.

Renseignements

Sur la Hwy 400, direction nord, vous trouverez un important Ontario Travel Information Centre, où l'on vous fournira des détails sur les sites dignes d'intérêt dans la région. Il est ouvert toute l'année.

Plusieurs offices du tourisme plus petits sont disséminés dans Barrie même (au

17A Mulcaster St), à Collingwood (au 55 Hurontario St) et à Orillia (au 150 Front St South). Quantité d'autres petites bourgades disposent d'un centre d'information.

Comment s'y rendre

Bus. La gare routière (☎ 739-1500) est centrale, au 24 Maple Ave. Les bus se rendent dans toutes les directions.

Voiture et moto. De Toronto, empruntez la Hwy 400. Le vendredi après-midi, en particulier avant les week-ends fériés, en été, attendez-vous à une circulation monstre, du moins jusqu'à Barrie, voire au-delà. Pour le retour à Toronto, le dimanche soir connaît la même fréquentation.

WASAGA BEACH

C'est la plage la plus proche de Toronto. Wasaga Beach et la zone de plages qui s'étend sur 14 km, en bordure de la baie, sont jalonnées par des centaines de villas, un parc provincial et plusieurs terrains de camping privés. Le centre des activités est indissolublement lié à la ville de Wasaga Beach et à l'excellente plage du parc provincial de Wasaga Beach.

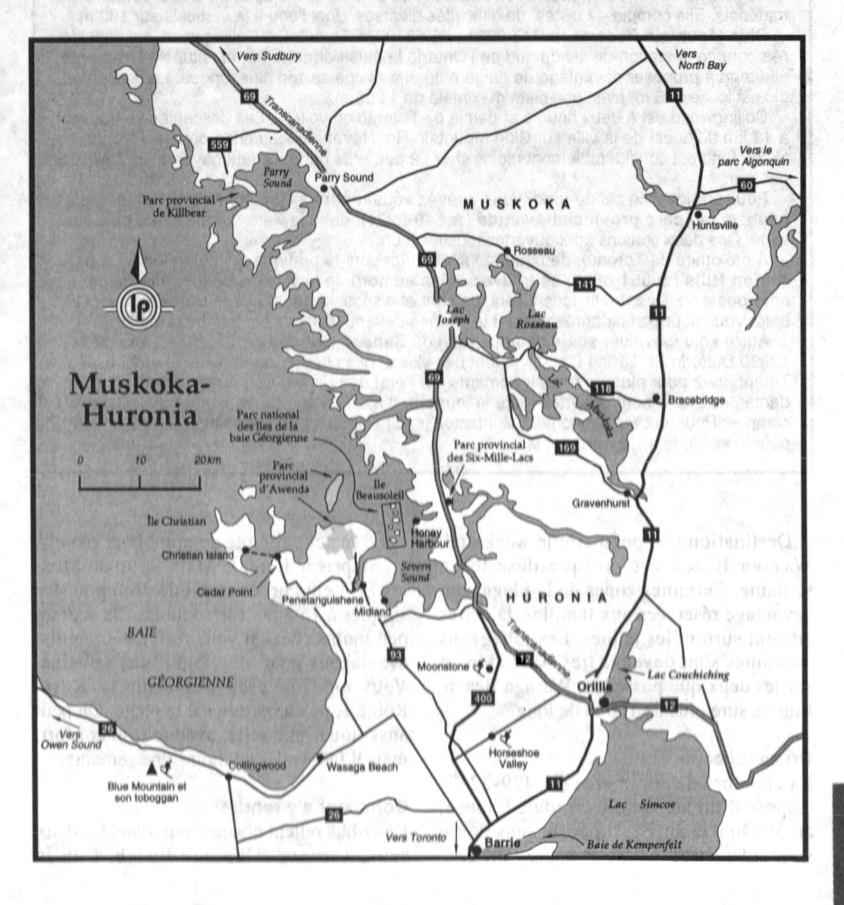

ONTARIO

Le ski

Même si la région au nord de Toronto connaît des hivers plus doux et si la topographie est nettement moins spectaculaire que celle du Québec ou des Rocheuses, le ski reste une activité hivernale majeure. La région compte trois principaux centres de ski alpin, où l'on peut louer l'équipement.

La **vallée Horseshoe** (☎ 835-2790 ; 283-2988, à Toronto) est la plus proche de Toronto (environ deux heures en voiture). Remontez la Hwy 400 après Barrie jusqu'à la Horseshoe Valley Rd. Puis bifurquez, la station de ski se trouvant 6 km à l'est. On peut y skier en nocturne jusqu'à 22h et les files d'attente sont courtes. Par ailleurs, vous disposez aussi d'un excellent réseau de pistes de ski de fond sur une quarantaine de kilomètres qui ferment à 16h30.

Mount St Louis Moonstone (☎ 835-2112 ; 368-6900, à Toronto) est l'une des plus hautes stations de la province, et la plus grande (en termes de descentes) du sud de l'Ontario. Elle est installée au village de Coldwater, à environ 10 à 15 mn au nord de Horseshoe Valley, lorsque l'on continue sur la Hwy 400. Bifurquez à la sortie 131, sur la droite. Elle propose de la neige artificielle, deux gîtes avec licence (pas d'hébergement) et diverses locations de matériels. Elle compte 42 pistes, de difficultés diverses, dont l'une à la verticale sur 160 m.

Blue Mountain Resorts (☎ 445-0231 ; 869-3799, à Toronto), à Collingwood, est considérée comme la station de ski du sud de l'Ontario la plus performante, et, située très au nord, elle tend à proposer davantage de neige naturelle et une saison plus longue. La descente à pic est ici de 216 m, avec une piste maximale de 1 200 m.

Collingwood est à deux heures et demie de Toronto en voiture. Les descentes se trouvent à 13 km à l'ouest de la ville sur Blue Mountain Rd. Navette quotidienne depuis Toronto. Le ski de fond est considérablement moins cher ; à peu près partout il faut payer entre 7 et 10 $ par jour.

Pour pratiquer le ski de fond, vous pouvez vous rendre à Horseshoe Valley (citée plus haut), ou au **parc provincial Awenda** (☎ 549-2231), dans le Penetanguishene, plus sauvage. Ces deux stations sont ouvertes tous les jours.

A proximité de Toronto, deux autres sites autorisent la pratique du ski de fond. Le **parc Albion Hills** (☎ 661-6600) se trouve à 8 km au nord de la ville de Bolton, elle-même au nord-ouest de Toronto. Ils louent l'équipement et disposent de 26 km de pistes à travers les bois. Vous pourrez finir agréablement la journée devant un snack au café de la station.

Autre solution, skier sur le campus King du **Seneca College** (☎ 833-3333, ext. 5024), 13990 Dufferin St, à King City. Ils louent des skis et des chaussures, "usées et archi-usées". Téléphonez pour plus de renseignements sur l'état des pistes. Lorsque la neige est abondante, les pistes sont ouvertes toute la journée. Il n'existe pas de transport public jusqu'au campus. Pour tout renseignement, contactez (☎ 314-0988, pour le ski alpin) et (☎ 314-0960, pour le ski de fond), à Toronto. ■

Destination très populaire le week-end, Wasaga Beach est presque déserte en semaine. Certaines zones de la plage sont davantage réservées aux familles. D'autres attirent surtout les jeunes. Les toboggans nautiques sont devenus très à la mode, et sur les deux que possèdent Wasaga Beach, l'un mesure plus de 100 m de long.

Où se loger

La chambre de commerce (☎ 429-2247) dispose d'un bureau ouvert toute l'année, au 35 Dunkerron St. Il pourra sans doute vous aider à trouver une chambre.

Le secteur compte de nombreux motels, y compris le long de Main St ou de Mosley St. Leurs prix varient de 35 $ pour les simples à 75 $ pour les doubles. Ils sont un peu moins chers si vous restez deux nuits, avantageux pour un séjour d'une semaine. Vous en trouverez aussi sur la Rural Route 1, ou en bordure de la plage. On peut aussi louer une villa, avec tout le confort, mais il faut rester au moins une semaine.

Comment s'y rendre

Deux bus relient chaque jour, dans les deux sens, Toronto à Wasaga Beach, l'un le matin, l'autre l'après-midi. Le voyage dure deux heures et demie, avec un changement à Barrie. A Wasaga Beach, les bus empruntent la route principale.

COLLINGWOOD

Sise au cœur de la région de ski Blue Mountain, au bord de l'eau, cette petite station touristique a la réputation d'être charmante. Ce qui est faux. Les environs sont certes pittoresques, avec la partie la plus élevée de l'escarpement de Niagara, à proximité. Un escarpement qui continue au sud, jusqu'à Niagara Falls. Les grottes qui émaillent les alentours de la ville jouissent d'une renommée qu'elles ne méritent pas. Ce ne sont en réalité que des failles dans la falaise. En revanche, l'endroit offre de belles promenades, et le sentier qui passe devant les grottes décrit une boucle au-dessus d'un splendide paysage et offre de belles vues alentour. Non seulement il faut payer pour traverser les alentours des grottes, mais aussi pour pénétrer à l'intérieur.

Un télésiège grimpe au sommet de la Blue Mountain, où l'on peut emprunter d'autres télésièges ou un toboggan, en été.

La région est réputée pour sa poterie "bleue" jolie, mais onéreuse. Un festival de musique bluegrass s'y déroule en été.

Où se loger

Collingwood possède une excellente auberge Backpackers. La *Blue Mountain Auberge* (☎ 445-1497) est ouverte toute l'année, mais affiche souvent complet. Elle dispose d'une soixantaine de lits, d'une cuisine et d'un sauna dans un chalet. Vous la trouverez sur la Rural Route 3, à proximité des pentes de ski, au nord de Craigleith – à environ deux heures et demie en voiture de Toronto. Les tarifs sont de 11 $ en été, 15 $ en hiver.

Les motels ne manquent pas. Le *Moore's Motel* (☎ 445-2478), sur la Rural Route 3, est un établissement de taille moyenne avec des chambres à 35 $ (un prix très modéré qui grimpe en pleine saison). Pour les petits budgets, mieux vaut se rendre au *Glen Lake Motel* (☎ 445-4676), sur la Rural Route 2, et le *Village Store* (☎ 444-286), sur la Rural Route 3, tout près des Blue Mountain Slides. Vous pourrez aussi trouver des établissements de catégorie nettement supérieure.

SHELBURNE

Petite bourgade rurale sise entre Toronto et Owen Sound, assez quelconque, Shelburne s'anime une fois par an lors du concours de violon "à l'ancienne". Il a lieu pendant deux jours, en août, et cela depuis une quarantaine d'années.

Il y a un défilé et des concerts gratuits. Assister aux finales coûtent seulement 4 $, aux grandes finales, le samedi soir, 8 $. Mieux vaut réserver.

Pour loger chez l'habitant pendant le week-end, appelez le ☎ (519) 925-5535. Pour camper, contactez le Kinsmen Camp, Box 891, Shelburne.

DURHAM

Au nord-ouest de Shelburne, cette petite ville accueille chaque année un concours de banjo nord-américain.

OWEN SOUND

Avec une population de 20 000 habitants, Owen Sound est la localité la plus importante de la région. Si vous vous rendez à la péninsule de Bruce, ou au nord, vers l'île Manitoulin, vous la traverserez nécessairement. Elle est construite à l'extrémité d'une baie profonde, entourée sur trois côtés par les falaises abruptes de l'escarpement de Niagara.

Bien qu'encore actif, le port n'est plus le centre fluvial qu'il fut de 1880 aux premières années de ce siècle. A cette époque, avant l'avènement du chemin de fer, la ville abondait en bars et en maisons closes, au grand dam des bien-pensants. Un carrefour, flanqué d'un bar à chaque angle, avait été surnommé le carrefour de la Damnation. Un autre qui arborait quatre églises était appelé le carrefour du Salut. Il est à supposer que ce dernier l'emporta, car les églises trônent toujours à la même place (mais pas les bars). De fait, pendant soixante-six ans, de 1906 à 1972, l'alcool fut interdit à Owen Sound.

Orientation et renseignements

La rivière Sydenham traverse la ville et la divise en deux secteurs est et ouest. La rue principale est Second Ave. Le Visitors & Convention Bureau (☎ 371-9833) est installé 232 Second Ave East.

Vous pourrez vous y procurer un dépliant sur la visite historique de la ville en deux heures. Sinon, rendez-vous à l'hôtel de ville. Le samedi, un marché se tient à côté de l'hôtel de ville.

Tom Thomson Memorial Art Gallery

Thomson fut un contemporain du Groupe des Sept et l'un des peintres les plus célèbres du Canada. Il vécut à Owen Sound et une bonne partie de son œuvre fut inspirée par les paysages de la région. Le musée, 840 First Ave West, expose aussi des œuvres d'autres peintres canadiens. Il est ouvert tous les jours, en juillet et en août ; il est fermé le dimanche et le lundi, le reste de l'année.

County of Grey & Owen Sound Museum

Le musée est axé sur l'histoire anthropologique et géologique de la région. Vous pourrez notamment y découvrir une réplique (mi-grandeur nature) d'un village indien ojibwa et un canoë de 8 m de long en écorce de bouleau. Le musée est implanté au 975 Sixth St East.

Barrage et échelle à poissons

Au printemps et à l'automne, il est passionnant d'observer la lutte des truites pour atteindre leurs zones de frai privilégiées – ce barrage et cette échelle sont là pour les aider à remonter le courant.

Billy Bishop Heritage Museum

C'est la ville où naquit Billy Bishop, un héros de l'aviation pendant la Première Guerre mondiale. Le musée occupe sa maison natale, 948 Third Ave West. Billy Bishop est enterré à Owen Sound, au cimetière Greenwood.

Marine & Rail Heritage Centre

Implanté dans la vieille gare ferroviaire, 1165 First Ave West, ce musée est consacré à la construction navale et au transport fluvial à Owen Sound.

Kelso Beach

Au nord du centre-ville, Kelso Beach se trouve en bordure de la baie Géorgienne. Des concerts gratuits s'y déroulent l'été.

Chutes d'Inglis

A 6 km au sud de la ville, par la Hwy 6, la rivière Sydenham dévale en cascades l'escarpement de Niagara. Les chutes, d'une hauteur de 24 m, appartiennent à une zone protégée qui est reliée au Bruce Trail. Ce sentier part de Tobermory, au sud de la rivière Niagara. (Voir la rubrique *Tobermory* pour plus de détails). Le tronçon qui passe par Owen Sound offre de belles vues, des sources et des chutes comme celles d'Inglis, de Jones et d'Indian.

Festivals

Le festival de musique Summerfolk, qui dure trois jours, se déroule tous les ans le week-end vers la seconde ou la troisième semaine d'août. C'est l'un des plus importants d'Amérique du Nord. Il a lieu dans le parc Kelso, au bord de l'eau, et attire jusqu'à 10 000 personnes. Les musiciens viennent de toutes les régions d'Amérique. Le billet coûte 18 $ par jour. Il y a un terrain de camping à proximité.

Où se loger

Camping. Très pratiques, plusieurs terrains sont installés en pleine ville. L'un se trouve de l'autre côté de la route en provenance de Kelso Beach, et est idéal pour le festival de musique. Un autre, dans le parc Harrison (☎ 371-9734), prend 12 $ par emplacement (sans l'électricité) et vous pouvez profiter de la piscine chauffée.

Hôtels. Les vieux hôtels du centre-ville comme le *Seldon*, 1005 Second Ave East, construit en 1887, ont été transformés à d'autres fins, mais plusieurs établissements modernes, plus chers surgissent dans la ville, alentour et en bordure de l'eau. Ainsi, le *Inn on the Bay* (☎ 371-9200), 1800 Second Ave East, est doté de 60 chambres.

Motels. Fournissant l'essentiel de l'hébergement, ils sont regroupés sur Ninth St, y compris le très bon marché *Travellers Motel* (☎ 376-2680). Le *Key Motel* (☎ 794-2350), à 11 km au sud de la ville, sur les Hwys 6 et 10, est plus cher, mais reste abordable avec des chambres de 41 $ à 55 $.

Où se restaurer

Quelques restaurants vous attendent en bordure de l'eau et servent, pour la plupart, des fruits de mer. L'un d'eux, le *Jolly Rodger*, occupe un bateau amarré au port. Le *Belamy's*, 865 Tenth St West, sert un peu de tout, des pâtes au steak.

PORT ELGIN

Cette petite station touristique est implantée sur le lac Huron, à l'ouest d'Owen Sound. Elle offre des plages de sable, les eaux chaudes du lac Huron, des villas et des terrains de camping.

Le **parc provincial MacGregor**, avec aires de camping et sentiers de randonnée, est situé à 5 km au sud.

Plus au sud encore, la présence de la **centrale nucléaire Bruce** est très controversée, comme celle de toutes les centrales nucléaires au Canada. Visites guidées gratuites avec, notamment, la projection d'un documentaire sur l'énergie nucléaire.

La **rivière Saugeen** a été divisée en tronçons destinés à la pratique du canoë, de 20 km à 40 km. Des excursions d'une demi-journée, voire plus longues, sont délimitées, avec camping à plusieurs endroits de la rivière. La **rivière Rankin** offre un circuit plus court.

SAUBLE BEACH

C'est une station estivale dotée d'une formidable plage sablonneuse de 11 km et d'eaux chaudes peu profondes. La côte est réputée pour ses magnifiques couchers de soleil. Hôtels, motels et bungalows à louer ne manquent pas, de même que les distractions. Les nombreux terrains de camping disséminés alentour connaissent une très forte affluence les week-ends d'été. Le *Sauble Falls Provincial Campground* (☎ 422-1952) est le meilleur. Mieux vaut réserver. Plus au nord, vous trouverez plusieurs terrains privés – comme le *White Sands* (☎ 534-2781), à Oliphant. Les emplacements à l'arrière sont tranquilles et ombragés d'arbres. En règle générale, les campings privés sont bruyants la nuit. En parcourant les rues transversales du centre-ville, vous tomberez peut-être sur le panneau d'une pension de famille ou d'un B&B.

Les bungalows sont généralement meilleur marché que les motels. *Chilwell's Cottages* (☎ 422-1692), 31 Third Ave North, possède six petits bungalows, et c'est l'un des établissements les moins chers, avec des doubles de 30 $ à 40 $. Les prix s'échelonnent plutôt de 40 $ à 75 $.

PÉNINSULE DE BRUCE

C'est un affleurement de calcaire long de 80 km, à l'extrémité nord de l'escarpement de Niagara. Faisant saillie dans le lac Huron, il dessine la lisière ouest de la baie Géorgienne qu'il sépare du lac. Cette région peu développée de la province offre des paysages spectaculaires, un littoral escarpé, des plages sablonneuses, des lacs encaissés entre des falaises et des zones boisées verdoyantes. L'extrémité nord possède deux parcs nationaux. De Tobermory (à la pointe de la péninsule), les ferries partent pour l'île Manitoulin.

Baie de Dyer

On peut faire le tour de la baie de Dyer en voiture, située à une vingtaine de kilomètres au sud de Tobermory. En partant de la Hwy 6, il faut prendre la petite route qui traverse le village, puis la route côtière au nord-est. C'est une excursion assez courte, mais circuler entre la baie Géorgienne d'un côté et les falaises de calcaire de l'escarpement de l'autre, est particulièrement impressionnant. La route aboutit à Cabot Head Lighthouse.

La route au sud de la baie, tout aussi pittoresque, redescend vers une formation en "pot de fleurs", appelée la Mitre des Diables. Ces "pots de fleurs" de la péninsule de Bruce sont en réalité des formations rocheuses, en forme de colonnes, façonnées par l'érosion. Cette route secondaire continue jusqu'à Lion's Head, où vous retrouverez la route principale.

Baie Dorcas

Sur le lac Huron, à environ 11 km au sud de Tobermory, s'étend une réserve florale appartenant à la Fédération des naturalistes de l'Ontario. Cette zone non aménagée attire de nombreux randonneurs et photographes en raison de ses fleurs sauvages – on a répertorié jusqu'à 50 espèces d'orchidées. Pour atteindre le site, bifurquez à l'ouest sur la Hwy 11 en direction du lac Huron.

Parc national de la péninsule de Bruce

Ce récent parc national (☎ 596-2233) protège et rend accessible les composantes caractéristiques de la péninsule de Bruce. Pour les randonneurs, les campeurs et les amoureux de la nature, c'est une destination obligée. Vous y retrouverez notamment le lac Cypress, un tronçon du littoral de la baie Géorgienne, l'escarpement de Niagara entre Tobermory et la baie de Dyer, ainsi qu'un important tronçon du Bruce Trail. (Voir ci-après la rubrique *Bruce Trail* pour plus de détails.) Le lac Cypress, avec terrain de camping, baignade et chemins de randonnée réunit la plupart des activités du parc.

Tobermory

Cette petite ville touristique, quelque peu terne, est construite à la pointe nord de la péninsule de Bruce, qui avance dans le lac Huron. D'un côté de la péninsule, ce sont les eaux froides et claires de la baie Géorgienne, de l'autre les eaux beaucoup plus chaudes de la partie centrale du lac Huron. La ville en elle-même offre peu d'intérêt, mais elle s'anime brusquement en été, et cela pour plusieurs raisons. Tout d'abord, c'est de là que part et arrive le ferry pour l'île Manitoulin. Par ailleurs, quantité de voyageurs qui traversent l'Ontario pour continuer vers l'ouest empruntent cette route parce qu'elle est plus rapide que celle qui suit la baie Géorgienne.

Enfin, Tobermory est le centre de plusieurs parcs gouvernementaux et marque la fin du Bruce Trail. C'est aussi un important centre de plongée. Au large, se cachent une cinquantaine d'épaves.

L'activité se concentre dans le centre-ville, dans le secteur du port appelé Big Tub et Little Tub. C'est là qu'est installé le centre d'information des visiteurs, notamment concernant la plongée au parc Fathom Five. C'est aussi là que sont amarrés les bateaux pour les excursions vers l'île Flowerpot (pour arriver à Tobermory du nord, voir la rubrique *île Manitoulin*.)

Parc national Fathom Five. Premier parc en partie sous-marin de l'Ontario, il vise à protéger et à rendre plus accessible les eaux, au large de cette région. Disséminées entre les nombreux petites îles, 19 épaves reposent en effet au fond de l'eau. A Little Tub Harbour, le centre d'information des visiteurs propose démonstrations, renseignements et conseils.

L'**île Flowerpot**, sise à 5 km, au large de Tobermory, est la partie du parc la plus visitée. Elle est connue pour ses étranges formations rocheuses en forme de pots de fleurs, dues à l'érosion. Des bateaux relient l'île à Tobermory.

Plusieurs sentiers sillonnent l'île. Comptez environ une heure pour le plus court à deux heures et quart pour le plus difficile. Vous apercevrez peut-être des orchidées sauvages. On peut explorer (après enregistrement) les grottes creusées dans les falaises de l'île.

Pour camper, il est nécessaire de réserver, en particulier le week-end, et vous devrez apporter votre ravitaillement.

Plusieurs agences et remorqueurs proposent des excursions en bateau jusqu'à l'île, où vous pourrez aborder et reprendre une autre bateau, quand vous le souhaitez.

Comptez environ 12 $. Le *True North* ne prendra pas de supplément pour vous déposer à l'île Flowerpot.

Bruce Trail. Tobermory marque la fin septentrionale de ce sentier de randonnée de 700 km, qui relie Queenston (sur la rivière Niagara) à la pointe de la péninsule de Bruce. Vous pourrez marcher une heure, une journée ou une semaine.

Le tronçon le plus au nord, de la baie de Dyer à Tobermory, est aussi le plus escarpé et le plus spectaculaire. Il est possible de sillonner le parc pendant toute une journée. Avec un peu de chance, vous apercevrez même des serpents à sonnettes timides et devenus très rares en Ontario.

La Bruce Trail Association (☎ 529-6821), à Hamilton, met à votre disposition une carte détaillée du sentier pour 20 $, moins pour les membres. Leur bureau se trouve Raspberry House, PO Box 857, Hamilton, L8N 3N9. Ils disposent aussi d'une antenne à Toronto. La Grey-Bruce Tourist Association publie une carte à 2 $ du tronçon nord du sentier.

Certains tronçons du sentier connaissent une très forte affluence les week-ends d'été. A proximité de Hamilton, à l'extrémité sud, la zone protégée Rattlesnake Point offre d'agréables promenades. De même au sud, à Terra Cotta, non loin de Toronto. Ou encore à l'embranchement de la rivière Credit.

On peut camper à certains endroits, le long du sentier, tandis que dans la partie sud très fréquentée, moins escarpée, vous attendent des refuges où vous pourrez même prendre une douche.

A d'autres endroits, vous trouverez des B&B ou de vieilles auberges. Les deux bureaux cités plus haut vous renseigneront sur ce mode d'hébergement. Les prix varient de 40/45$ à 65$ en simples/ doubles.

Plongée. Les eaux du lac, claires et riches en épaves et en formations géologiques, sont propices à la plongée avec bouteilles. En revanche, l'eau est froide. Des programmes sont prévus tant pour les débutants que pour les plongeurs confirmés. On peut se procurer un équipement à Tobermory. A certains endroits, on peut pratiquer la plongée avec un simple tuba et un masque.

Le gouvernement ontarien met gratuitement à votre disposition dans les offices du tourisme une brochure qui dresse la liste des sites de plongée avec leurs descriptions, leurs profondeurs, etc. S'y s'ajoutent certaines recommandations.

Lors de l'été 93, on découvrit une importante forêt sous-marine, en parfait état de conservation vieille de huit mille ans ! Les chercheurs de l'université avaient publié leurs travaux sur un ancien bloc de terre submergé, lorsqu'un plongeur fit savoir qu'il avait exploré les vestiges d'un site identique à l'est de la péninsule, à Colpoys Bay. Il est vraisemblable que la forêt fut submergée au cours des siècles qui suivirent la fin de la dernière glaciation et la montée du niveau du lac.

Autres activités. Se baigner dans la baie Géorgienne, en août, est agréable. Mais le lac Cypress, peu profond, est un meilleur choix. Plus au sud, dans la baie, une baignade à **Wasaga Beach** et à **Penetanguishene** ne manque pas d'attrait.

Les eaux du littoral du lac Huron sont également chaudes, même à l'ouest de la péninsule de Bruce.

Où se loger. La ville et ses alentours proposent quantité d'hébergements, mais les prix sont un peu élevés pendant la haute saison. Le *Grandview* (☎ 596-2220), sur le port, offre une belle vue et sert une bonne cuisine. A proximité, les motels sont moins onéreux.

ÎLE MANITOULIN

Île en eau douce la plus vaste au monde, l'île Manitoulin est essentiellement une région rurale de petites fermes. Un tiers de la population est indienne. Récemment, le tourisme est devenu la principale ressource économique de l'île, une tendance qui ne cesse de se développer. D'une longueur d'environ 140 km et d'une largeur de

40 km, l'île possède un beau paysage côtier, quelques plages sablonneuses, 100 lacs (pour certains, assez grands) quantités de petites bourgades et de villages, et de nombreux sentiers de randonnée. Globalement, l'île est peu développée, car difficilement accessible, comme s'en rendent très vite compte les visiteurs. Le transport sur l'île est tout aussi précaire.

Vous trouverez des bureaux d'information à South Baymouth, à Gore Bay et à Little Current ; ce dernier est le seul ouvert toute l'année.

A l'ouest du quai d'embarquement des ferries, au village de **Providence Bay**, s'étend la plus belle plage de l'île. Au-delà de **Meldrum Bay**, à **Mississagi Point**, à l'extrémité occidentale de l'île, un vieux phare (datant de 1873) offre des vues sur le détroit. Il y a aussi un terrain de camping, un restaurant et un musée. Medrum Bay possède, pour sa part, une auberge avec restaurant. Pour les plus beaux paysages enfin, suivez le nord de l'île, de Meldrum Bay à Little Current.

Gore Bay, sur le littoral rocheux, au nord, compte nombre de petits musées de l'île axés sur l'histoire des premiers colons. Vous pourrez ainsi voir la table sur laquelle mangeaient les détenus en prison. Côté est, en bordure de la ville, le cap offre un beau point de vue. Côté ouest, il abrite un phare et un terrain de camping. L'un des sites les plus pittoresques, **Bridal Veil Falls**, se trouve à 16 km, à l'est.

Little Current est la plus grosse localité, au début de la chaussée, au nord, en direction de la bourgade d'Espanola. Le principal office du tourisme de l'île y est installé, et il pourra vous aider à trouver un B&B. Les prix pratiqués sur l'île sont abordables, comparés à la région sud du continent. Deux points de vue méritent d'être cités, l'un près de Little Current, l'autre à une bonne distance à pied. Le Cup & Saucer Trail, à 19 km de la ville, à l'est, mène au plut haut point de l'île (351 m) d'où l'on jouit d'un panorama superbe sur le North Channel. Plus proche de la ville, **McLeans Mountain**, à 4 km à l'ouest, et 16 km au sud, sur la Hwy 6, est un bon point de vue d'où l'on aperçoit le village de **Killarney** (sur le continent).

Activités

La pêche et la navigation sont les principales activités proposées aux visiteurs. Plusieurs campements de pêcheurs sont disséminés sur l'île.

Pour la voile, les 225 km du North Channel sont irremplaçables. Le site est superbe : un fjord de 15 km de long, le **Baie Finn**, est bordé de falaises de quartzite blanc. En outre, l'eau est assez propre pour qu'on puisse la boire.

Circuits organisés

De l'embarcadère du ferry, à South Baymouth, des circuits panoramiques de quatre heures (☎ 282-2848, sur l'île) en bus fonctionnent du mardi au jeudi, en juillet et août. Ils partent en début d'après-midi et s'arrêtent à plusieurs sites ainsi qu'aux boutiques d'artisanat indiennes.

Festivals

L'île Manitoulin abrite une importante population indienne. A la **réserve Wikwemikong**, appelée Wiky, le plus grand powwow de la province se déroule durant le premier week-end d'août.

Y participent des Indiens venus de toutes les régions du Canada. Ces festivités de trois jours comportent des danses, de la musique, des dégustations et des expositions artisanales. Wikwemikong se trouve au nord-est de l'île.

Comment s'y rendre

Bus. Se rendre dans l'île n'est pas sans poser quelque difficulté, surtout sans voiture. Des bus relient Toronto à Tobermory seulement en été et sont peu fréquents. Greyhound dessert Owen Sound, où il faut changer de bus (d'un autre compagnie, qui change chaque année) pour le reste du trajet. Comptez la journée. Les horaires sont également modifiés chaque année, aussi renseignez-vous. Aux dernières nouvelles, le bus ne circulait – de façon peu commode – dans les deux sens que le vendredi, le samedi et le dimanche. Autrement dit, soit vous restez une semaine sur l'île, soit une journée. C'est un long voyage, assez onéreux. Aucun service de train n'est assuré dans ce sens.

Le bus Greyhound décrit un tour complet de la baie Géorgienne, de Toronto à Espanola, puis de là à Little Current (sur Manitoulin).

Ferry. Deux ferries relient Tobermory à South Baymouth, à la lisière méridionale de Manitoulin. Le ferry *Chi-Cheemaun* peut transporter 600 passagers et 115 voitures. Mais c'est insuffisant et, malgré la présence d'un second ferry, le MS *Nindawayma*, il faut souvent faire la queue avant d'embarquer.

Le *Chi-Cheemaun* assure quatre traversées par jour, en été, deux au printemps et à l'automne. De Tobermory, départs à 7h, 11h20, à 15h40 et à 20h. Les billets coûtent 11 $ par personne, 23 $ pour une voiture. C'est un peu moins cher au printemps ou en automne. Le *Nindawayma* fait la navette deux fois par jour. Petit supplément pour les bicyclettes.

La saison des ferries s'étale de mai à la mi-octobre. Le reste de l'année, le *Nindawayma* ne circule pas. Comptez une heure trois quarts pour accomplir la traversée (50 km).

Il existe des cafétérias à bord. Pour les réservations, appelez le ☎ 1-800-265-3163 (numéro gratuit).

Voiture et moto. L'île fournit aussi un bon raccourci à ceux qui se dirigent vers le nord de l'Ontario. Prenez le ferry à Tobermory, traversez l'île, puis empruntez les ponts jusqu'à la rive nord de la baie Géorgienne. Vous économiserez quelques heures de route. C'est agréable, mais c'est une solution toutefois plus coûteuse.

Comment circuler

AJ Bus Lines assurent des liaisons de bus entre South Baymouth, Gore Bay et Little Current.

MIDLAND

Au nord de Barrie, à l'est de la baie Géorgienne, le petit centre commercial de Midland est la localité la plus intéressante de l'Huronie. Les Hurons furent les premiers à occuper la région et y développèrent une confédération destinée à encourager la coopération entre les nations indiennes. Les villages hurons attirèrent d'abord les explorateurs français, puis les missionnaires jésuites.

Renseignements

Pour tout renseignement, consultez la chambre de commerce (☎ 526-7884), 208 King St.

Village huron

Le village huron (☎ 526-2844) établi dans le parc est une réplique d'une localité indienne au début du XVIIe siècle. La situation des Indiens se modifia peu après cette date, avec l'arrivée, en 1639, de jésuites français animés d'une farouche volonté missionnaire. Le **musée de la Huronie**, adjacent au site, présente une belle collection d'objets liés aux Indiens et aux pionniers, ainsi que des peintures et croquis dus à des membres du Group of Seven.

Sainte-Marie-au-Pays-des-Hurons

Excentré, ce site historique (☎ 526-7838) est une reconstitution de la mission jésuite du XVIIe siècle. Elle retrace un chapitre particulièrement dramatique de l'affrontement entre Indiens et Européens. Beaucoup de Canadiens se souviennent des gravures représentant des missionnaires torturés à mort, qui ornaient les anciens livres d'histoire, aujourd'hui remplacés.

Six des huit missionnaires martyrs de l'Amérique du Nord faisaient partie de la mission Sainte-Marie. Le **Martyrs' Shrine**, en face de la mission, est un monument dédié à leur mémoire et, chaque année, un lieu de pèlerinage. Même le pape s'y rendit en 1984. Sainte-Marie est à 5 km du centre, à l'est, sur la Hwy 12.

Ces quatre sites sont ouverts tous les jours, de la mi-mai à la mi-octobre.

Réserve de Wye Marsh

A côté de la mission, le centre (☎ 526-7809) propose des promenades en planches, des sentiers et une tour de guet permettant d'observer les nombreux oiseaux des marais.

Parmi les résidents à plumes, on notera la présence de cygnes trompettes qui avaient virtuellement disparu de la région et que l'on cherche à réimplanter. La première éclosion eut lieu au printemps 93.

Des excursions en canoë à travers les marais sont proposés (payantes) ainsi que des promenades guidées incluses dans le prix de l'entrée (6 $). Le site dispose aussi d'une agréable aire de pique-nique au milieu des jardins de fleurs locales. Il est ouvert tous les jours.

Parc Little Lake

A l'extrémité sud de la ville, au sud de Yonge St, ce parc borde un petit lac. Il possède une petite plage et plusieurs arbres centenaires.

Circuits organisés

Des docks partent des croisières de deux heures et demie à bord du *Miss Midland* (☎ 526-0161), avec passage dans la **baie Géorgienne** et autour des îles du **Honey Harbour**. Les croisières sont assurées de la mi-mai à la première semaine d'octobre, avec deux voyages par jour, en été.

Comment s'y rendre

Le bus Penetang & Midland Coach Lines ou PMCL (☎ 393-7911, à Toronto) part de la principale gare routière de Toronto et dessert Midland et Penetanguishene.

PENETANGUISHENE

Un peu au nord de Midland, cette petite bourgade abrite une population d'origines française et anglaise. Les premiers voyageurs français, des marchands de fourrures, s'installèrent à proximité des postes militaires britanniques, et les deux communautés s'implantèrent dans la région.

Un bureau d'information (☎ 549-2232) se trouve à l'embarcadère.

Le **Historic Naval & Military Establishments** (☎ 549-8064), dans Church St au nord, est la reconstitution d'une base navale construite par les Britanniques après la guerre de 1812, en cas de nouvelle contre-attaque américaine. Elle ne fut jamais utilisée. Ouvert tous les jours, en été, le site présente quinze bâtiments, un personnel en costumes et une réplique de navire. Pour vous restaurer, rendez-vous au restaurant des docks. Vous ne pouvez pas le rater.

Entre Penetanguishene et **Parry Sound** (au nord), les eaux de la baie Géorgienne sont parsemées de 30 000 îles – la plus grande concentration au monde. L'endroit, tout comme les plages avoisinantes, est propice à la pratique de la voile. Centre touristique, les docks accueillent de nombreux visiteurs, de la région et d'ailleurs, en été. Des croisières de trois heures, populaires en été mais aussi à l'automne, lorsque les feuilles se parent de leurs couleurs automnales, partent de cet endroit et de Midland. Essayez le *Georgian Queen* (☎ 549-7795), à trois ponts.

PARC PROVINCIAL AWENDA

A l'extrémité de la péninsule faisant saillie dans la baie, Awenda est un des parcs provinciaux les plus récents (☎ 549-2231). Bien que relativement petit, il connaît une belle affluence. Les aires de camping sont vastes, ombragées d'arbres et privées. Il y a quatre belles plages, toutes reliées par des chemins de promenade. On peut atteindre le premier en voiture. Le deuxième et le troisième sont les plus sablonneux. C'est l'un des rares endroits de la baie Géorgienne où l'eau est d'une chaleur agréable.

Deux sentiers, plus longs, moins fréquentés, sillonnent également le parc, l'un offrant de belles vues de la baie. Awenda se trouve au nord de Penetanguishene, où l'on peut acheter ravitaillement et autres fournitures. Le bois à brûler est vendu dans le parc. On peut aussi se procurer des articles de première nécessité non loin de l'entrée du parc, mais un véhicule est nécessaire. L'emplacement de camping coûte 14 $. Il

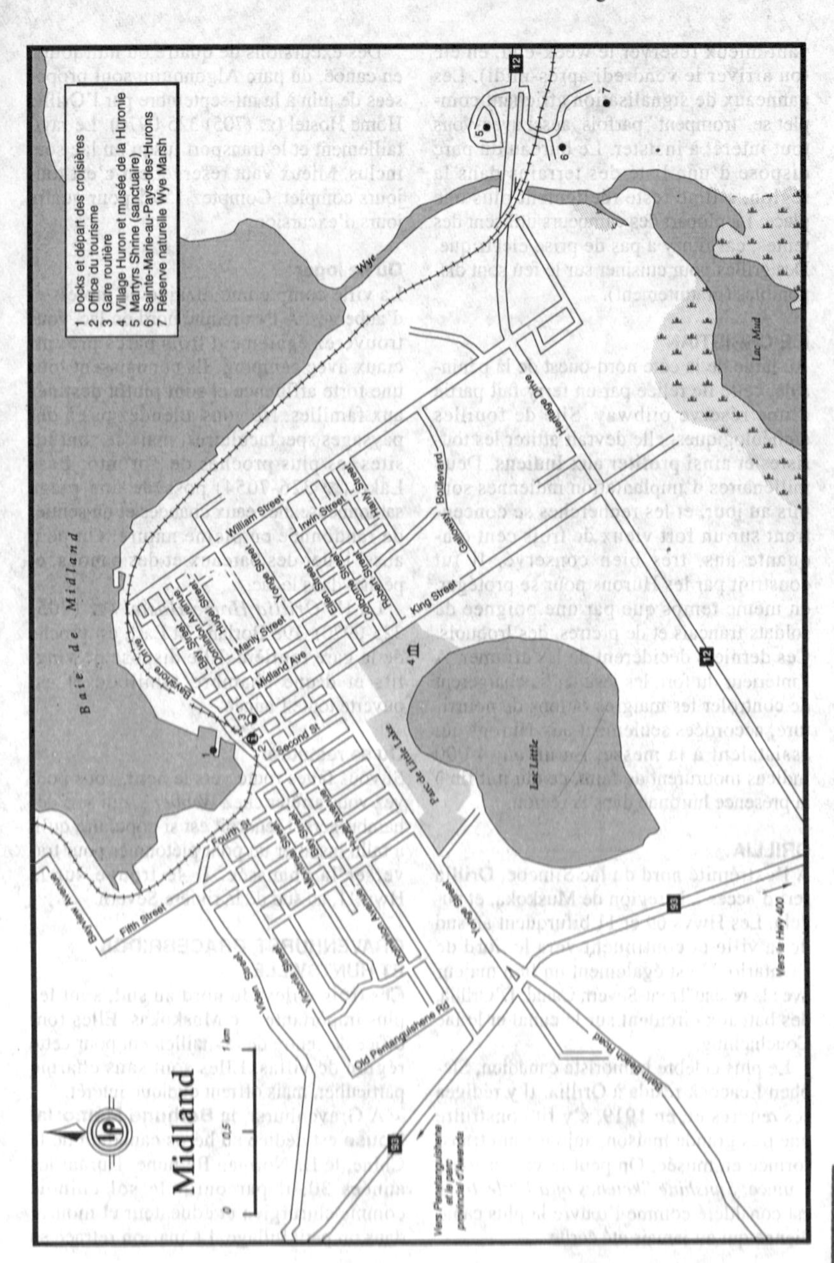
Midland
0
0,5
1 km
1 Docks et départ des croisières
2 Office du tourisme
3 Gare routière
4 Village Huron et musée de la Huronie
5 Martyrs Shrine (sanctuaire)
6 Sainte-Marie-au-Pays-des-Hurons
7 Réserve naturelle Wye Marsh
Baie de Midland
Lac Little
Lac Mud
Wye
Parc de Little Lake
Bayview Avenue
Fifth Street
Fourth St
Second St
Midland Ave
Marlty Street
William Street
Irwin Street
Bayshore Drive
Bay Street
Dominion Avenue
Hugel Street
Yonge Street
Elizabeth Street
Ellen Street
Robert Street
Hanly Street
King Street
Galloway Boulevard
Heritage Drive
Victoria Street
Dominion Avenue
Old Penetanguishene Rd
Balm Beach Road
Vers Penetanguishene et le parc provincial d'Awenda
Vers la Hwy 400
12
93

vaut mieux réserver le week-end, en été (ou arriver le vendredi après-midi). Les panneaux de signalisation affichant complet se "trompent" parfois, aussi avez-vous tout intérêt à insister. Le bureau du parc dispose d'une liste des terrains dans la région, s'il ne reste réellement plus une place. La plupart des campeurs utilisent des tentes, car il n'y a pas de prise électrique. Des grilles pour cuisiner sur le feu sont disponibles (gratuitement).

ÎLE CHRISTIAN

Au large de la côte nord-ouest de la péninsule, cette île reliée par un ferry fait partie d'une réserve ojibway. Site de fouilles archéologiques, elle devrait attirer les touristes et ainsi profiter aux Indiens. Deux millénaires d'implantation indiennes sont mis au jour, et les recherches se concentrent sur un fort vieux de trois cent cinquante ans, très bien conservé. Il fut construit par les Hurons pour se protéger, en même temps que par une poignée de soldats français et de prêtres, des Iroquois. Ces derniers décidèrent de les affamer. A l'intérieur du fort, les jésuites se chargèrent de contrôler les maigres rations de nourriture, accordées seulement aux Hurons qui assistaient à la messe. En un an, 4 000 Indiens moururent de faim, ce qui mit fin à la présence huronne dans la région.

ORILLIA

A l'extrémité nord du lac Simcoe, Orillia sert d'accès à la région de Muskoka, et audelà. Les Hwys 69 et 11 bifurquent au sud de la ville et continuent vers le nord de l'Ontario. C'est également un lien majeur avec le réseau Trent-Severn Canal. D'Orillia, des bateaux circulent sur le canal et le lac Couchiching.

Le plus célèbre humoriste canadien, Stephen Leacock résida à Orillia. Il y rédigea ses œuvres et, en 1919, s'y fit construire une très grande maison, aujourd'hui transformée en musée. On peut le visiter toute l'année. *Sunshine Sketches of a Little Town* est considéré comme l'œuvre la plus canadienne qui ait jamais été écrite.

Des excursions de quatre ou huit jours, en canoë, du parc Algonquin, sont proposées de juin à la mi-septembre par l'Orillia Home Hostel (☎ (705) 325-0970). Le ravitaillement et le transport jusqu'au lac sont inclus. Mieux vaut réserver car c'est toujours complet. Comptez 150 $ pour quatre jours d'excursion.

Où se loger

La ville compte une dizaine de motels et d'auberges. A l'extrémité nord du lac, vous trouverez également trois parcs provinciaux avec camping. Ils connaissent tous une forte affluence et sont plutôt destinés aux familles. Ne vous attendez pas à des paysages spectaculaires, mais ce sont les sites les plus proches de Toronto. Bass Lake (☎ 326-7054) possède une plage sablonneuse, des eaux chaudes et un sentier de randonnée en pleine nature. On peut aussi louer des bateaux et des canoës, et pêcher dans le lac.

La HI *Orillia Home Hostel* (☎ (705) 325-0970), 198 Borland St East, est proche de la gare routière. Elle dispose de vingt lits et d'une chambre familiale et est ouverte toute l'année.

Où se restaurer

Si vous faites route vers le nord, vous pouvez vous arrêter chez *Webber's*, qui sert des hamburgers. L'endroit est si populaire qu'il a fallu installer un pont piétonnier pour traverser la chaussée. Il se trouve sur la Hwy 11, au sud de la rivière Severn.

GRAVENHURST, BRACEBRIDGE ET HUNTSVILLE

Ces trois villes, du nord au sud, sont les plus importantes de Muskokas. Elles font office de centre de ravitaillement pour cette région de villas. Elles sont sans charme particulier, mais offrent quelque intérêt.

A Gravenhurst, la **Bethune Memorial House** est dédiée au héros canadien de la Chine, le Dr Norman Bethune. Durant les années 30, il parcourut le sol chinois comme chirurgien et éducateur et mourut dans un petit village. La maison retrace sa carrière et sa vie. En été, le Muskoka Festival accueille des représentations théâtrales, dans l'opéra rénové.

Le *Segwun* (☎ 687-6667), un paquebot du XIXe siècle entièrement restauré, est amarré à Gravenhurst et propose des croisières dans certains lacs Muskoka (y compris le lac Rosseau, avec ses retraites estivales pour millionnaires). Le bateau est le plus vieux paquebot en circulation d'Amérique du Nord, et fut largement utilisé dans la région avant l'apparition de l'automobile. Il y a un bureau au parc Sagamo, 820 Bay St à Gravenhurst.

D'autres bateaux décrivent le tour du lac Muskoka ou du lac Joseph, avec, pour l'un, départ de Bracebridge.

Huntsville est un centre commercial et la dernière localité importante où les visiteurs qui se rendent dans le parc Algonquin peuvent s'approvisionner.

Toutes ces bourgades ne manquent pas de restaurants, de motels et d'autres hébergements.

PARC PROVINCIAL ALGONQUIN

C'est le plus grand parc de l'Ontario et l'un des plus connus du Canada. C'est aussi le plus vieux de la province, il a célébré son centenaire en 1993. A environ 300 km au nord de Toronto, il offre des centaines de lacs, près de 7 800 km² de nature vierge, et 1 600 km de voies d'eau à explorer en canoë, la plupart étant reliées par des chemins de portage. Une seule route traverse le parc, la Hwy 60, au sud. Vous y trouverez des gîtes, 9 terrains de camping, et vous pourrez louer des canoës, entre autres. Des cartes sont disponibles au bureau du parc.

Ce parc est vivement recommandé aux amateurs de tranquillité et d'aventure. L'Algonquin et le Temagami sont les régions les plus sauvages à proximité de Toronto et du sud de l'Ontario et fournissent une belle opportunité de découvrir certaines caractéristiques du Canada. Le parc abrite une faune abondante et on peut y pêcher. Près de la porte d'entrée vous attend un musée. Le parc est ouvert tous les jours, toute l'année.

Renseignements

Un très compétent bureau d'information surplombe le Sunday Creek, à 43 km de la porte ouest du parc, sur la Hwy 60. Il propose des démonstrations et des diapositives sur la faune et la flore du parc, son histoire et sa géologie. Le centre contient aussi une excellente librairie, qui vend notamment des guides de randonnée bon marché. Il y a aussi une cafétéria. Le centre est ouvert tous les jours, de mai à octobre ; seulement le week-end, le reste de l'année.

Au dos des cartes de parcours en canoë, disponibles pour 3,50 $, vous trouverez quantité de renseignements sur le parc et des conseils en matière de camping.

Canoë

En raison de l'affluence, certains week-ends d'été, on a institué un système de quotas de visiteurs n'en autorisant qu'un certain nombre aux divers points d'accès. Arrivez tôt, ou réservez auprès d'Algonquin Interiors (☎ 705-633-5538, 633-5725), PO Box 219, Whitney, Ontario, K0J 2M0.

A deux points d'accès du parcours en canoë, sur la Hwy 60, à l'intérieur du parc – Canoe Lake et Opeongo Lake – vous attendent des loueurs de canoës (environ 20 $ par jour) et de matériel. C'est de là que partent la plupart des excursions en canoë dans le parc. Partir d'un autre point d'accès oblige à transporter le canoë à l'intérieur (ce terme fait référence à tous les endroits du parc seulement accessible à pied ou en canoë).

Une bonne excursion dure de trois à quatre jours. Les points d'accès à l'ouest (n°3, n°4 et n°5 sur la carte de l'Algonquin) m'ont paru bons, moins fréquentés, et les abords des lacs, plus petits, abondent en orignaux. Plus vous vous enfoncerez par voie de portage, plus votre solitude sera grande. Le terrain de camping sur l'île du lac Timberwolf est tout particulièrement recommandé. Il est accessible du sud ou de l'ouest.

La plupart des hébergements louent cordages et coussinets pour faciliter le transport du canoë sur le toit du véhicule. Si vous ne trouvez pas de coussinets en polystyrène expansé, vous pouvez caler votre gilet de sauvetage entre le canoë et la carrosserie.

Plusieurs types de canoës sont disponibles. Le modèle en aluminium, très lourd, est aussi le moins cher, mais son poids rend impossible tout portage. Ils sont également bruyants et les sièges deviennent brûlants au soleil. Pour pagayer dans les lacs, en revanche, ils sont bien adaptés et indestructibles. Si vous souhaitez explorer l'intérieur du lac, mieux vaut opter pour un modèle, plus onéreux, en kelvar (environ 30 kg).

L'un des nombreux loueurs de canoës en dehors du parc, Rick Ward's (☎ 705-636-5956), est installé à Kearney, au nord de Huntsville. Il propose des canoës à 18 $ par jour, pagaies et gilets de sauvetage compris. On nous a également recommandé Algonquin Outfitters, dans le village d'Oxtongue, à la bordure ouest du parc, sur la Hwy 60.

Le parc organise ses propres circuits en canoë pour 40 $ par jour, inclus tout l'équipement – canoë, ravitaillement, fournitures et sacs de couchage. Pour plus de détails, contactez le ☎ 633-5622, ou rendez-vous à l'un des magasins de location cités plus haut (voir également la rubrique *Orillia* concernant les excursions organisées par la HI Orillia Home Hostel).

Randonnée

De bons sentiers sillonnent le parc, de la petite marche d'une demi-heure à travers un marais, à la randonnée de plusieurs jours. La plupart des sentiers courts et des points de vue se trouvent sur la Hwy 60, ou à proximité. On peut emprunter gratuitement la Hwy 60 pour traverser le parc, mais si vous vous arrêtez à l'un des sites accessibles, vous devrez payer 6 $ par jour.

Excursions à traîneau

Algonquin Canoe Route Ltd (☎ 637-2699), à Whitney, à 3 km à l'est de la porte est du parc, sur la Hwy 60, propose des excursions en traîneau tiré par des chiens, en hiver. La longueur des circuits varie d'une journée à une semaine, avec hébergement en refuges. En dépit du froid, de la neige, de l'absence de tout confort, et de la difficulté à maîtriser traîneau et chiens, ces excursions sont réservées des mois à l'avance.

Où se loger

A l'intérieur, camper revient à 4 $ par personne et par nuit. Sur les terrains, disposant de douches et de vraies toilettes, un emplacement coûte 12 $, voire davantage. Pour les campings en bordure de la route, Mew Lake est recommandé. Il englobe un lac où l'eau est suffisamment chaude pour s'y baigner, de quelques emplacements éloignés de la route assez agréables, de plusieurs chemins de promenade, et d'un magasin accessible à pied.

Comment s'y rendre

Bus. Le parc est accessible par le bus, en été. Prenez le bus Ontario Northland (☎ 393-7911), de la gare centrale de Toronto à Huntsville. Puis, changez pour un bus Hammond Transportation (☎ 645-5431), qui traverse le parc par la Hwy 60.

Parc provincial des Six-Mile-Lake

Autre parc provincial de la région, Six Mile Lake (☎ 705-728-2900) s'étend le long de la Hwy 69, au nord de Port Severn, à mi-chemin entre Orillia et Parry Sound. Il ne présente guère de différence avec les autres parcs, mais il est commodément situé en bordure de la route et peut s'avérer utile pour une halte d'une nuit. Il compte 192 emplacements de camping, sans douche ou électricité. On peut se baigner dans le lac et louer des canoës. Le parc dispose d'un accès à un parcours en canoë.

PARC NATIONAL DES ÎLES DE LA BAIE GÉORGIENNE

Ce parc renferme une cinquante d'îles dans la baie Géorgienne. Il est constitué de deux secteurs séparés. Le premier est proche de Six Mile Lake – empruntez la Hwy 400 depuis Toronto, puis la Hwy 69 jusqu'à Honey Harbour. A cet endroit, des navettes vous emmèneront sur l'île.

L'**île Beausoleil** est la plus vaste et le centre du parc, avec terrains de camping et centre d'interprétation. Plusieurs autres îles offrent des terrains rudimentaires, où l'emplacement coûte seulement 5 $. Les îles abritent des serpents à sonnettes du Massasauga, une espèce rare et timide !

Vous pourrez vous baigner, pratiquer la plongée avec bouteilles ou tuba et pêcher – la baie abonde en perches et en brochets. La pratique du bateau est également très répandue dans les îles et sur le réseau Trent Severn Canal. Qu'il s'agisse de petites embarcations en aluminium de 4 m de long, ou de véritables palais flottants, la plupart amarrent pour la journée ou la nuit aux îles du parc, d'où l'affluence.

Le parc présente surtout un intérêt pour les passionnés de navigation. Pour les visiteurs qui recherchent avant tout la solitude, il se révèle un peu trop fréquenté. Les navettes sont chères et, bien que faisant preuve de souplesse concernant les destinations et les horaires, restent très limitées.

Pour tout renseignement sur le parc, rendez-vous au bureau (☎ 765-2415) à Honey Harbour, non loin de l'épicerie. En été, une navette relativement bon marché relie Beausoleil. Le second secteur du parc, qui regroupe des îles plus petites, s'étend plus au nord de la baie, à mi-chemin de Parry Sound. Plus tranquille, il est inaccessible si l'on ne dispose pas de son propre bateau.

PARRY SOUND

Sise à mi-hauteur de la baie Géorgienne, Parry Sound est le centre de ravitaillement le plus important entre le sud de la baie et Sudbury. Un vaste office du tourisme, récent, se dresse à l'est de la Hwy 69, à environ 10 mn en voiture au sud de la ville. A Parry Sound, une tour d'observation offre un beau point de vue sur la baie.

La ville prétend que Bobby Orr naquit entre ses murs. Célèbre joueur de hockey, il modifia définitivement le rôle uniquement défensif des arrières par ses prouesses offensives. Pour des raisons éminemment économiques, il partit jouer à Boston, aux États-Unis.

Des excursions vers les 30 000 îles, sur le *Island Queen*, partent du Government Wharf. Elles durent trois heures, quittent le quai en début d'après-midi, et sont assurées de juin à septembre.

La ville est aussi réputée pour son excellent et très populaire festival de musique classique, le Festival of the Sound. Des représentations théâtrales de qualité ont lieu en juillet et en août.

La région compte des dizaines de motels et de bungalows à louer, certains d'un prix abordable. La Parry Sound B&B Association (☎ 746-8372) fournit la liste des adresses disponibles en ville et alentour.

PARC PROVINCIAL KILLBEAR

Proprement grandiose, la baie Géorgienne du lac Huron éclipse la plupart des sites comparables. Le littoral irrégulier et escarpé de la côte est, avec ses myriades d'îles, est rehaussé de plaques de granite rose émaillés çà et là de pins couchés par le vent. Un site unique en son genre, symbole de l'identité canadienne, qui a notamment inspiré les peintres du Group of Seven.

Le **parc provincial Killbear** (☎ 342-5227) donne un bon aperçu de cet extraordinaire paysage. Vous pourrez en explorer le littoral, sillonner les trois petits chemins de promenade, les nombreuses plages de sable, minuscules et à l'abri des regards, et camper. En juillet et en août, mieux vaut téléphoner pour se faire une idée précise de l'affluence que connaît l'aire de camping. Lorsque je m'y trouvais en septembre, elle était à moitié remplie. Nombre de visiteurs passent leur journée à prendre des photographies ou à peindre. Mai et juin connaissent souvent une fréquentation moindre. Même si vous n'avez qu'un après-midi, on vous recommande d'y aller.

Nord de l'Ontario

Le nord de l'Ontario est une vaste région de lacs et de forêts, peu habitée. On s'en rend vraiment compte en traversant la région entre le lac Supérieur et le Manitoba. L'activité commerciale se limite presque exclusivement à l'exploitation de ressources naturelles; forêts et mines. Sudbury, notamment, est l'un des principaux centres miniers du monde. Au nord de Sudbury, dans la baie James, on arrive à la petite ville de Moosonee, l'une des plus anciennes localités de la province, accessible par train. Les métropoles des Grands Lacs, Sault-Sainte-Marie et Thunder Bay, sont des ports importants et des centres maritimes. En dehors des villes, le territoire est sauvage, parsemé de lacs et de rivières et abonde en faune et en flore.

NORTH BAY

Dotée d'une population de plus de 50 000 habitants, North Bay est construite à l'extrémité est du grand lac Nipissing. Sise à environ 350 km au nord de Toronto, c'est la plus méridionale des grandes villes de la région.

La Transcanadienne, qui rejoint Sudbury à l'ouest et Ottawa à l'est, traverse la ville. North Bay est aussi le point d'accès à quantité de villes minières, à la frontière Québec-Toronto.

Orientation

Main St est la rue principale. Au sud de la ville, elle devient la Lakeshore Drive. Le centre de North Bay est coincé entre Cassells St et Fisher St. Ferguson, la principale rue transversale, part du front de l'eau à l'est pour rejoindre la bretelle de North Bay (qui relie les Hwys 11 et 17). Lakeshore Drive bifurque au sud dans la Hwy 11 en direction de Toronto. Algonquin, au nord, devient la Hwy 11 vers Timmins, et rejoint la Hwy 17 à l'est et à l'ouest.

La gare routière se trouve à l'angle de Second St et de Cassells St, tandis que la gare ferroviaire (VIA Rail et Ontario Northland) est installée au croisement de Second St et Fraser St.

Au Canadore College, au nord-ouest de la ville, l'un des nombreux sentiers de randonnée mène aux chutes Duchesnay et à quelques beaux points de vue.

Renseignements

L'office du tourisme (☎ 472-8480) est implanté sur la Hwy 11, non loin de la jonction avec la Hwy 17 pour Ottawa.

Dionne Homestead Museum

Situé à côté de l'office du tourisme, sur la bretelle de North Bay, à Seymour St, ce musée est consacré aux quintuplés Dionne, nés en 1934. Il occupe l'ancienne ferme rénovée de la plus célèbre famille nombreuse du Canada et abrite aussi le Model Railroad Museum.

Excursions en bateau

Des croisières à bord du *Chief Commanda II* sur le lac Nipissing emprunte l'ancien trajet des explorateurs vers la Upper French River. Les six heures d'excursion impliquent la projection d'un documentaire. Il existe des circuits plus courts.

Où se loger

L'essentiel de l'hébergement consiste en motels. Beaucoup jalonnent Lakeshore Drive, à l'extrémité sud de la ville. Le *Star Motel* (☎ 472-3510), 405 Lakeshore Drive, loue des doubles de 40 $ à 50 $, mais, comme la plupart des motels, il est moins cher hors saison.

De l'autre côté de la rue, le *Holiday Plaza* (☎ 474-1431) coûte quelques dollars de plus, mais les chambres sont plus récentes. Ces deux établissements sont accueillants. D'autres, plus excentrés, sont disséminés sur la Hwy 11, au nord et au sud de la ville.

Où se restaurer

Le *Windmill Café*, au 168 Main St East, est la meilleure adresse bon marché du centre-ville et sert du poulet grillé et du poisson au dîner. Le *Magic Kettle*, 407 Ferguson St, est idéal pour un déjeuner léger. *Mike's Seafood* dispose de deux salles, l'une dans Main St, l'autre au 406 Lakeshore Drive. La nourriture est bonne, (notamment les fish & chips) et les prix sont raisonnables. *Casey's* est un endroit populaire, où se retrouve la jeunesse de la ville.

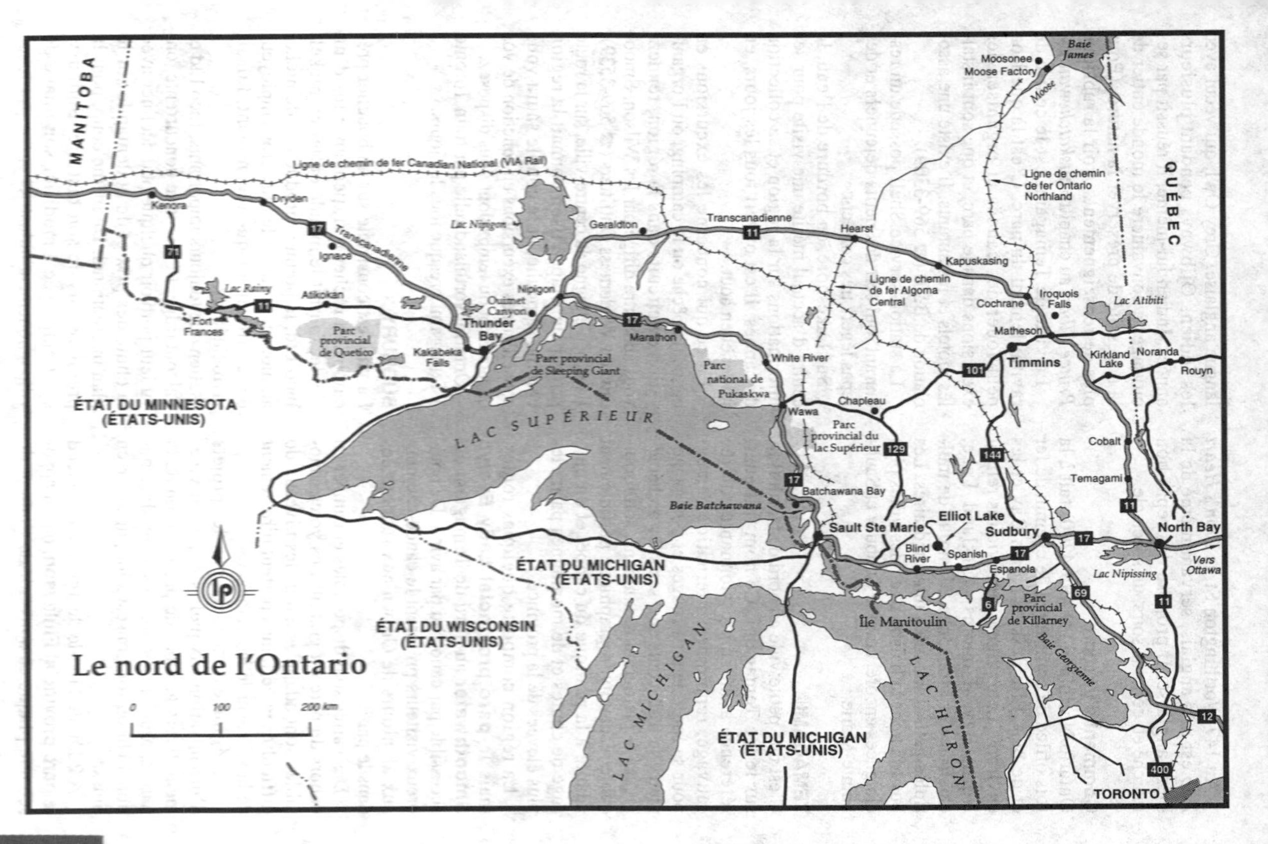
Le nord de l'Ontario
0
100
200 km
QUÉBEC
MANITOBA
ÉTAT DU MINNESOTA
(ÉTATS-UNIS)
ÉTAT DU MICHIGAN
(ÉTATS-UNIS)
ÉTAT DU WISCONSIN
(ÉTATS-UNIS)
ÉTAT DU MICHIGAN
(ÉTATS-UNIS)
LAC SUPÉRIEUR
LAC HURON
LAC MICHIGAN
Baie James
Moosonee
Moose Factory
Moose
Ligne de chemin de fer Ontario Northland
Ligne de chemin de fer Algoma Central
Ligne de chemin de fer Canadian National (VIA Rail)
Transcanadienne
Transcanadienne
Kenora
Dryden
Ignace
Lac Nipigon
Geraldton
Hearst
Kapuskasing
Cochrane
Iroquois Falls
Lac Atibiti
Matheson
Timmins
Kirkland Lake
Noranda
Rouyn
Lac Rainy
Atikokan
Fort Frances
Parc provincial de Quetico
Kakabeka Falls
Thunder Bay
Ouimet Canyon
Nipigon
Parc provincial de Sleeping Giant
Marathon
White River
Parc national de Pukaskwa
Wawa
Chapleau
Parc provincial du lac Supérieur
Batchawana Bay
Baie Batchawana
Sault Ste Marie
Elliot Lake
Blind River
Spanish
Espanola
Sudbury
Cobalt
Temagami
North Bay
Vers Ottawa
Lac Nipissing
Île Manitoulin
Parc provincial de Killarney
Baie Georgienne
TORONTO
17
71
11
101
129
144
6
69
12
400

ONTARIO

Au 147 Worthington St, le *Lion's Heart Pub* est très anglais, servant même de la bière anglaise. Il propose des repas bon marché et, certains soirs, un spectacle.

Comment s'y rendre

Ontario Northland (☎ 495-4200) fait à la fois office de compagnie de chemin de fer et de bus. Elle dessert North Bay et les environs. Leurs lignes ferroviaires relient North Bay, Timmins, Kirkland Lake, Cochrane et Moosonee, ainsi que de multiples petites localités intermédiaires. Les bus assurent la liaison avec des villes plus éloignées encore, comme Sudbury et Sault-Sainte-Marie.

TEMAGAMI

C'est une petite ville au nord de North Bay, sur le lac Temagami. Ce nom fait aussi référence à une impressionnante contrée sauvage, renommée internationalement pour sa forêt de pins rouges et pins blancs vieux de trois cents ans, ses sites archéologiques et pictogrammes indiens, son formidable réseau hydrographique parfaitement adapté à la pratique du canoë, et un paysage de chutes et de montagnes parmi les plus élevées de la province.

La région comporte quelques routes, mais le **parc provincial Lady Evelyn Smoothwater** au nord de Temagami est accessible par canoë ou par avion. De nombreux visiteurs préfèrent le canoë-camping aux alentours de Crown aux randonnées dans le parc.

Des cartes sont disponibles et camper en dehors du parc est gratuit. Les voies canotables sont adaptées à tous les niveaux de difficultés et certaines partent directement de la ville, sur le lac Temagami.

La région est menacée par des projets d'urbanisation auxquels s'opposent vivement divers groupes de préservation de la nature, ainsi que la très respectée International Union for Conservation, installée en Suisse.

A 2 km de la ville de Temagami s'étend le **parc provincial Finlayson**, où est apposée une plaque en souvenir de l'auteur de langue anglaise, Grey Owl, qui vécut avec les Indiens Ojibways pendant plusieurs années. Indien lui-même, il réussit par ses ouvrages à convaincre le monde entier de la nécessité de préserver la nature. (Pour plus de renseignements, voir la rubrique *Prince Albert* au chapitre *Saskatchewan*.)

La ville de Temagami est le centre de ravitaillement du parc. C'est là que l'on peut louer des canoës et organiser des excursions dans le parc, et que sont installés motels et restaurants. Il existe une association de B&B (☎ 569-3309).

La station-service Shell possède un restaurant, qui sert des petits déjeuners et des repas légers très corrects.

Sur Lakeshore, en bordure de l'eau, le centre d'accueil mérite une visite pour ses informations sur la région et sa collection de canoës. Il est ouvert tous les jours, en juillet et en août.

En ce qui concerne les excursions en canoë, la pêche ou le camping, ou l'organisation de circuits dans la région, rendez-vous au centre dirigé par les Wilson, Smoothwater Wilderness Outfitters (☎ 569-3539). Il est peu éloigné du centre-ville, sur la route principale. Hap Wilson connaît la région comme sa poche, et le couple saura vous conseiller des excursions en fonction de vos capacités et du temps dont vous disposez.

Ontario Northland relie par train Toronto à Temagami presque tous les jours.

SUDBURY

La ville est construite sur un bouclier précambrien rocheux et, pendant plus d'un siècle, fournit le monde entier en nickel. Inco Ltd, le premier producteur de nickel au monde, est aussi le plus gros employeur de la ville et, jusque récemment, faisait vivre Sudbury.

Bien que toujours importants, Inco Ltd et Falconbridge, l'entreprise concurrente, ont vu leur pouvoir quelque peu décliner avec la chute des prix et de la demande sur le plan international. Du même coup, pour la première fois de son histoire, Sudbury, s'est employée à modifier son image de ville uniquement industrielle.

La décentralisation du gouvernement provincial a entraîné la relocalisation de certains ministères, notamment celui de l'Énergie et de la Mine.

Sudbury a toujours eu la réputation d'être une ville laide. Le paysage rocheux a subi les attaques répétées de la pollution, de l'exploitation minière et des hauts-fourneaux. Le paysage désolé rappelle celui de la lune. Mais les choses sont en train de changer. Depuis quelque temps, on cherche à améliorer l'environnement grâce au développement de parcs et à la création de cheminées de dispersion des substances émises, à l'initiative de Inco.

Les zones désertiques n'ont toutefois pas toutes disparues. Une absence de végétation – dont le parc Big Nickel donne un bon aperçu – est largement due aux déchets industriels, mais aussi au relief propre au Bouclier canadien.

Aujourd'hui les abords de la ville ne ressemblent plus à un vaste désert. De fait, les forêts, les collines et les lacs qui entourent Sudbury, font de la ville un centre d'activité sportive et de plein air. A l'est, loin des mines, la région apparaît verdoyante et sauvage. Une douzaine de lacs sont disséminés autour de la ville, notamment le très beau lac Ramsey, au sud-est. Sudbury est aussi la ville industrielle la plus ensoleillée de l'Ontario. Le cœur de la ville, cependant, manque de caractère et offre peu d'intérêt. La plupart des sites sont liés à l'exploitation minière. La ville compte une importante population francophone et une communauté scandinave.

Orientation

Les rues principales du centre-ville sont Elm St (orientée est-ouest) et Durham St (orientée nord-sud). Le cœur de Sudbury est regroupé autour d'Elm St, de Notre Dame Ave à Lorne St.

Dans Elm St se trouve le complexe commercial City Centre et un Holiday Inn. La poste est implantée de l'autre côté de la rue. Les bus locaux partent de là.

Elgin St, qui débouche au sud d'Elm St, divise cette dernière en Elm St East et Elm St West. A l'extrémité sud est installée l'une des deux gares VIA Rail. En se dirigeant à l'est, vers Elm St, à Notre Dame Ave, on tombe sur une église ukrainienne avec son bulbe marron. Plus à l'est, la rue change de nom plusieurs fois. Elle est notamment bordée par un alignement de stations-service, de fast-foods, de motels et la gare routière, pour se transformer finalement en Hwy 17 vers Ottawa.

Au sud de la ville, Regent St devient la Hwy 69 vers Toronto. Elle traverse un secteur commerçant.

A l'ouest, Lorne St mène à la Hwy 17, la Transcanadienne. L'artère est jalonnée par des motels, le parc Big Nickel, Inco Ltd, hauts-fourneaux et le musée de Copper Cliff. La Laurentian University est perchée sur une colline, sur le lac Ramsey, au sud-est du centre-ville, dans Ramsey Rd. Elle offre de belles vues.

Renseignements

Un bureau de renseignements touristiques (☎ 675-4346) est installé 199 Larch St, dans le grand complexe municipal de couleur grise, Civic Square, à l'angle de Paris St. Il existe aussi un office du tourisme à l'étage (☎ 688-3035). Ils sont ouverts toute l'année, du lundi au vendredi, excepté les jours fériés. Par ailleurs, Ontario Travel Information dispose d'un vaste office du tourisme, récent, sur la Hwy 69, à 8 km au sud de la ville. La chambre de commerce (☎ 673-7133), 100 Elm St, pourra également vous fournir des renseignements.

Musée des Sciences (Science North)

Ouvert au milieu des années 80, ce vaste complexe scientifique (☎ 522-3701), à l'extrémité sud-ouest du lac Ramsey, est devenu l'une des attractions majeures de la région. Le musée occupe des bâtiments en forme de flocon de neige, construits dans un affleurement rocheux, à la lisière du lac, à côté du parc Alex Baumann (nom d'un champion olympique de natation, natif de Sudbury). Le parc Bell s'étend au nord, en direction du centre-ville.

Pour pénétrer à l'intérieur, il faut passer par un tunnel creusé dans la roche du Bouclier canadien, vieux de deux milliards et demi d'années. Sont exposées des collections traitant de tous les sujets scientifiques, de l'univers aux insectes, des moyens de communication à la bonne forme physique, de la vie animale aux roches.

On retiendra notamment la présentation d'un morceau de quartz blanç mis en valeur par un projecteur, l'excellente section consacrée aux insectes (ou comment caresser une tarentule ?), le lit de clous, ou le test pour mesurer sa forme physique (amusant, mais humiliant). Le film en 3-D présenté dans la grotte particulièrement sombre est également très étonnant.

D'importantes expositions temporaires sont également présentées sur des sujets comme les forêts tropicales humides dans le monde. On peut aussi assister à une nouveauté, la projection de *Shooting Star*, un film avec présentation laser sur la formation du bassin de Sudbury. Un cinéma avec écran géant Imax devrait bientôt être mis en place.

Des excursions d'une heure en bateaux (☎ 673-7844) sur le lac Ramsey partent des docks. Ces derniers font partie d'une promenade en planches qui ceinture le centre-ville sur une partie du lac.

L'entrée coûte 8 $ pour le Science North, 6 $ pour le Big Nickel, mais vous pouvez aussi acheter un billet jumelé (12,50 $). Un autre billet inclut une visite en bus de la ville (voir *Sentier de la découverte*, ci-dessous). Pour tout renseignement sur ces trois attractions, contactez le Science North.

Ils sont ouverts de 9h à 18h tous les jours, en été ; jusqu'à 17h, au printemps et à l'automne ; d'octobre à mai, ils sont ouverts de 10h à 16h, mais fermés le lundi. Des bus relient le centre-ville au Science North, tous les jours. Prenez le n°500.

Mine Big Nickel

A l'ouest de la ville, sur la Hwy 17 West, perchée sur la colline, se profile le symbole de la ville : Big Nickel. Cette gigantesque pièce de monnaie est toutefois en acier (et non en nickel). On peut descendre dans un puits de 20 m de profondeur, visiter les installations et une exposition sur l'exploitation, la technologie et l'histoire de la mine. Toujours dans la mine, vous découvrirez aussi un jardin potager et l'unique bureau de poste souterrain du Canada. La mine est ouverte tous les jours, de mi-mai à mi-octobre, aux mêmes horaires que le Science North. L'entrée est de 6,50 $, et le bus n°940 vous y conduira. De Big Nickel, on a une belle vue sur la région.

Sentier de la Découverte

Depuis Big Nickel, une excursion en bus de deux heures et demie propose de découvrir l'une des curiosités géologiques aux abords de la ville, le bassin de Sudbury, un cratère de 56 km de long, sur 27 km de large, vieux de deux milliards d'années. On attribue la formation de cette dépression à des activités volcaniques ou à la chute d'une météorite. Le circuit inclut le seul accès ouvert au public d'Inco Ltd avec aperçu des activités minières, à l'ouest de la ville. Les visiteurs pourront contempler la mine à ciel ouvert la plus profonde du Canada, ainsi que le broyeur, le haut-fourneau et la raffinerie. Ils verront aussi la cheminée la plus haute du monde. Le billet coûte 11 $. Les billets combinés pour plusieurs sites reviennent moins cher. Pour plus de détails, renseignez-vous au Science North (voir ci-dessus), qui gère les trois attractions. Le sentier de la Découverte fonctionne deux fois par jour, à 10h et à 14h, pendant tout l'été.

Musée de Copper Cliff

Située dans Balsam St, à Copper Cliff, cette cabane en rondins de l'époque des pionniers (☎ 674-3141) abrite les activités d'Inco. Le musée présente des meubles et des outils de l'époque. Il ouvre en juin, en juillet et en août, de 11h à 16h, du mardi au dimanche.

Flour Mill Heritage Museum

Également installé dans une cabane en rondins (☎ 674-2391), ce musée expose des

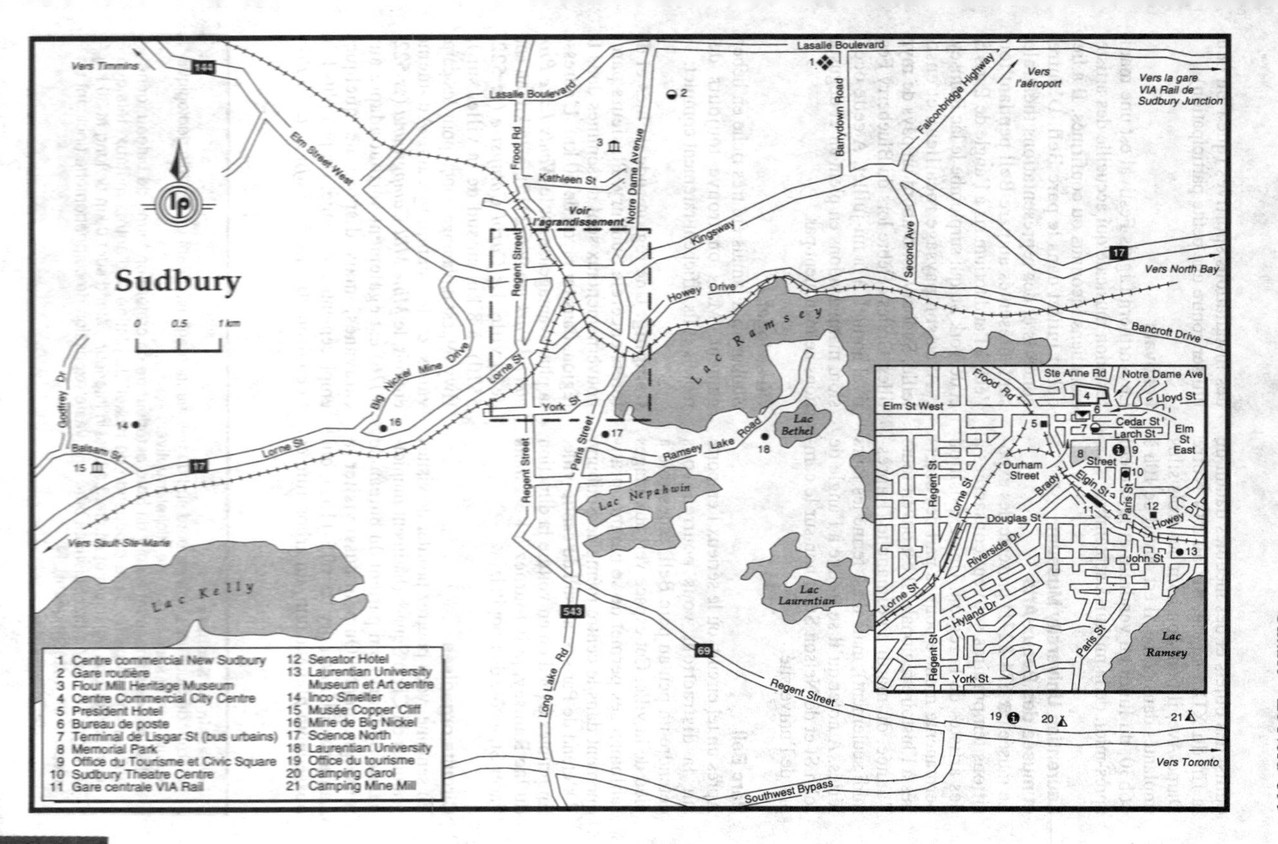
Sudbury
0
0.5
1 km
Vers Timmins
144
Lasalle Boulevard
Elm Street West
Frood Rd
Kathleen St
Notre Dame Avenue
Voir l'agrandissement
Regent Street
Barrydown Road
Falconbridge Highway
Vers l'aéroport
Vers la gare VIA Rail de Sudbury Junction
Kingsway
Second Ave
17
Vers North Bay
Howey Drive
Bancroft Drive
Lac Ramsey
Big Nickel Mine Drive
Lorne St
York St
Paris Street
Ramsey Lake Road
Lac Bethel
Godfrey Dr
Balsam St
Lac Nepahwin
Vers Sault-Ste-Marie
Lac Kelly
Lac Laurentian
543
Long Lake Rd
69
Regent Street
Southwest Bypass
Vers Toronto
Ste Anne Rd
Notre Dame Ave
Lloyd St
Elm St West
Cedar St
Larch St
Elm St East
Durham Street
Brady
Elgin St
Paris St
Howey Dr
Douglas St
Riverside Dr
John St
Hyland Dr
York St
Lac Ramsey
1 Centre commercial New Sudbury
2 Gare routière
3 Flour Mill Heritage Museum
4 Centre Commercial City Centre
5 President Hotel
6 Bureau de poste
7 Terminal de Lisgar St (bus urbains)
8 Memorial Park
9 Office du Tourisme et Civic Square
10 Sudbury Theatre Centre
11 Gare centrale VIA Rail
12 Senator Hotel
13 Laurentian University Museum et Art centre
14 Inco Smelter
15 Musée Copper Cliff
16 Mine de Big Nickel
17 Science North
18 Laurentian University
19 Office du tourisme
20 Camping Carol
21 Camping Mine Mill

ONTARIO

outils, des objets et des meubles datant de la fin du XIXe siècle. Sis au 514 Notre Dame Ave, il tient son nom des trois silos implantés dans la rue. Il est ouvert de 10h à 16h30, du lundi au vendredi et le samedi après-midi, de la mi-juin à septembre.

Laurentian University Museum et musée des Beaux-Arts

Le musée (☎ 674-3271) présente des expositions temporaires souvent consacrées à des artistes de la région. Une exposition permanente montre pour sa part des objets liés à l'histoire régionale. Il est ouvert toute l'année, du mardi au dimanche (l'après-midi seulement), mais il est fermé les jours fériés. A noter qu'il se trouve à l'angle de John St et de Nelson St, et non sur le campus de l'université.

Parc Bell

Après un tel circuit, où le sérieux l'emporte sur la distraction, vous pourrez vous détendre un peu au parc Bell, accessible à pied de la ville. Cet espace vert aux plages sablonneuses permet de se baigner pratiquement dans le centre même de Sudbury. Il s'étend de Paris St au sud du centre-ville. Empruntez à pied ou en voiture la direction du lac Ramsey, puis tournez à l'est dans Facer St, à côté de l'hôpital.

Circuits organisés

En semaine, vous pourrez profiter de visites gratuites du Civic Square (bâtiment municipal de Sudbury) qui partent du bureau de renseignements. On peut aussi visiter la Laurentian University (☎ 675-1151), qui possède un planétarium, un arboretum et des installations sportives (que l'on peut utiliser contre une petite participation).

Festivals

Le Northern Lights Festival est une manifestation musicale qui accueille des artistes canadiens inconnus ou confirmés. Il a lieu début juillet dans le parc Bell. D'autres concerts et des représentations théâtrales sont présentés au parc Bell pendant tout l'été, à l'auditorium sis à l'angle de Paris St et de York St, qui surplombe le lac Ramsey.

Avec son paysage rocailleux et ensoleillé, Sudbury est d'abord un pays de myrtilles. On les célèbre lors du Blueberry Festival annuel, à la mi-juillet. A cette occasion, manifestations en plein air et dégustations ne manquent pas.

Où se loger

Sudbury n'a jamais été très riche en hébergement. Mais on trouve toujours des motels et ils affichent rarement complet.

Camping. Une région rude de lacs et de forêts encercle Sudbury. Plusieurs parcs gouvernementaux sont disséminés dans la région, dans un rayon de 50 km. L'adresse la plus avantageuse est le *Windy Lake Provincial Park* (☎ 966-2315), à 26 km au sud de la ville. Le *Carol Campsite* (☎ 522-5570), à 8 km au sud de la ville, sur la Hwy 69, est davantage conçu pour les caravanes et les camping-cars. Au même endroit, le *Mine Mill Campground* (☎ 522-5076) est également surtout adapté aux caravanes, mais dispose de quelques emplacements pour tente. Un peu plus loin (à environ 90 km), le *Halfway Lake Pro-*

Le bassin de Sudbury

Le cœur de Sudbury siège au bord sud de basses montagnes, créant un modèle géologique unique, connu sous le nom de Nickel Irruptive.

Les mines s'agencent autour du bord extérieur de ce cratère en forme de bateau, générant la majeure partie de la production de nickel, de platine et d'autres métaux tels que cuivre, or, tellure, sélénium et soufre. Le bassin intérieur s'étend sur 60 km de long et 30 km de large. Le musée des Sciences offre une vaste exposition de ce phénomène (incluant un volcan et un météore géant). ■

vincial Park (☎ 965-2702) est implanté sur la Hwy 144, au nord-ouest de la ville.

Auberges de jeunesse. Sudbury ne compte plus d'auberge de jeunesse, à l'exception de celle qui est installée dans un ranch au nord de la ville, le *Rocky Mountain Horse Ranch* (☎ 897-4931). Il se trouve à environ 16 km du centre-ville (15 mn en voiture). Il propose diverses activités familiales de plein air : promenades à cheval, zoo, etc. Il abrite aussi le Northern Ontario Animal Hospital, un refuge pour la faune sauvage et un hôpital pour les animaux blessés et abandonnés.

L'autre solution est offerte par la *Laurentian University* (☎ 675-4814), affiliée à Backpackers, sur la Ramsey Lake Rd. Elle loue des chambres de la mi-mai à la mi-août. Elle comprend une cafétéria (fermée le week-end), des distributeurs automatiques et des installations d'éducation physique. Son seul inconvénient tient à son emplacement, au sud-est de la ville, de l'autre côté du lac Ramsey. La vue est belle et l'endroit agréable et paisible. Comptez 25/35 $ pour des simples/doubles (moins pour les membres des auberges de jeunesse). Le bus n°500 relie le centre-ville à l'université.

La *YWCA* (☎ 673-4754), en centre-ville, 348 Elm St, ne loue plus de chambres. Il en va de même pour la *YMCA*, 185 Elm St.

Hôtels. Les établissements les plus modestes ne sont guère recommandés. Dans Elgin St, non loin de la gare, sont implantés deux hôtels bon marché : le *Elgin*, 196 Elgin St, et le *Ledo* (☎ 673-7123), en face de la vieille gare ferroviaire, au milieu de bâtiments pour le moins poussiéreux. Le Ledo est assez propre et dispose de 25 chambres qu'il loue à 23/27 $ la simple/double. Renseignez-vous au bar.

Plus acceptable, mais n'appartenant pas à la catégorie supérieure, le *President* (☎ 674-7517), un établissement central au 117 Elm St West, propose des chambres à 60/80 $. Le *Senator* (☎ 675-1273) est plus confortable. Il se trouve de l'autre côté du centre-ville, au 390 Elgin St.

Motels. Le gros de l'hébergement est assuré par les motels situés en périphérie de la ville.

La Hwy 17 West devient Lorne St, aux abords de la ville, et à quelques kilomètres du centre, est bordée de motels. Au 965 Lorne St, le *Canadiana* (☎ 674-7585), reconnaissable à son porche de verre et sa pancarte noir et blanc, loue des simples ou des doubles à partir de 40 $. Le *Imperial* (☎ 674-6459), 1111 Lorne St, est un endroit très coloré, où l'on sert le petit déjeuner. Les simples/doubles coûtent de 45 $ à 60 $.

Les meilleurs motels sont regroupés au sud de la ville, sur la Hwy 69. Le *Journey's End* (☎ 522-1101), 2171 Regent St South, propose des chambres à 60 $.

Le *Brockdan Motor Hotel* (☎ 522-5270), à 5 km au sud, sur la Hwy 69, offre des chambres de 47 $ à 57 $.

D'autres motels sont dispersés sur la Hwy 69, ou sur Kingsway qui mène à la Hwy 17 East. Sur cette dernière sont implantés le *Sorrento* (☎ 566-1132) et le *Ambassador* (☎ 566-3601), avec des chambres autour de 60 $.

Où se restaurer

Comme pour l'hébergement et les bars, nombre de restaurants sont excentrés. Les journaux du vendredi ou du samedi donnent la liste des restaurants qui offrent des menus spéciaux le week-end et des brunches le dimanche. *Frank's*, un delicatessen installé 114 Durham St (près de Larch St) est correct et sert les trois repas par jour. Le *Friendly*, bon marché, dans Elgin St, propose une cuisine simple et sans prétention. L'endroit est accueillant, ouvert tard, et prépare de bons petits déjeuners.

Pour déguster des fruits de mer frais, rendez-vous au *Seafoods North*, 1543 Paris St, installé dans une petite boutique. Le restaurant, coincé au fond du magasin, sert de bons fish & chips ou de la soupe de palourdes à déjeuner, des plats plus complets au dîner. Le poisson est généralement frit, mais peut être servi grillé ; il est accompagné de pommes de terre, d'un petit pain et d'une salade de chou cru (*coles-*

law). Situé au sud de Walford St, il n'est pas accessible à pied.

Pat & Marios est excentré, à l'angle de Lasalle Blvd et de Barrydowne Rd, non loin de deux énormes centres commerciaux. C'est un établissement élégant, célèbre pour sa cuisine italienne.

Pour faire un festin, le *Snowflake Room*, à Science North, qui surplombe le lac Ramsey, est tout indiqué. Au déjeuner comme au dîner, le menu est varié. Brunch disponible le dimanche.

Regent St South (la Hwy 69 vers Toronto) est une artère commerçante dotée de quelques restaurants. Parmi lesquels, le *Marconi's*, au n°1620 (spécialisé en steaks et en plats italiens, auxquels il faut ajouter un immense bar à salades), et le *Smiley's* (où les petits déjeuners de *pancakes* sont avantageux). Au 1893 Lasalle Blvd, le *Teklenburg's* est un excellent restaurant de fruits de mer. Remarquez le phare !

Casey's, à la Cedar Point Plaza, au sud du centre-ville, dans Regent St, est un restaurant populaire, bruyant, qui offre un menu varié.

Distractions

Dans le centre, le *Coulson Hotel*, à l'angle de Durham St et de Larch St, attire une clientèle mélangée à ses concerts de musique rock ou country. L'entrée est gratuite et le prix des boissons modéré. En hiver, il y a un pub à l'université. Le *Mingles*, 762 Notre Dame Ave, dispose d'un disk-jockey.

Le vendredi, le *Sudbury Star* publie la liste complète des clubs.

Comment s'y rendre

Avion. L'aéroport se trouve au nord-est de la ville. Il est desservi par les compagnies Air Canada et Canadian Airlines.

Bus. La gare Greyhound (☎ 524-9900) est installée à environ 3 km au nord du centre, au 854 Notre Dame Ave. La gare sert aussi de dépôt pour les bus Northland Ontario (même numéro de téléphone), qui dessert Timmins au nord, et Toronto au sud. Vers l'est, trois liaisons de bus sont assurés chaque jour, pour North Bay/Ottawa/Montréal ; vers l'ouest, quatre par jour pour Sault-Sainte-Marie/Winnipeg/Vancouver. Plusieurs bus quotidiens pour Toronto. Renseignez-vous sur le trajet express. Un aller pour Ottawa coûte 64 $; pour Sault-Sainte-Marie, 36 $; pour Toronto, 53 $.

Train. Deux gares VIA Rail desservent Sudbury. La première (☎ 673-4771) est commodément située à l'angle de Minto St et d'Elgin St, à environ 10 mn à pied du centre. C'est un bâtiment gris, bas, au toit noir. Seulement un train utilise cette gare. Budd est le surnom donné à ce train équipé d'une seule voiture qui effectue le trajet trois fois par jour de Sudbury à White River, au nord du lac Supérieur, en traversant le bush septentrional et Chapleau.

C'est un voyage passionnant de huit heures à travers une région de forêts et de lacs. Pour beaucoup de villages et de localités – souvent composés seulement de quelques bâtiments et d'un gîte pour touristes – c'est le seul accès. Le train s'arrête aux signes que leur font les voyageurs souvent chargés de leur canoë et de leur matériel, le long de la voie. La présence d'un orignal ou d'un ours sur les rails oblige également le train à s'arrêter. Les oiseaux abondent dans cette contrée, et l'on y rencontre des grues des montagnes et des grands hérons bleus. Vous pourrez même pêcher ou ramasser des baies en attendant le passage d'un train de marchandises. Ce train n'est pas rentable et l'on parle régulièrement de l'annuler.

Les autres trains, notamment ceux qui partent pour Toronto ou pour l'Ouest, ont recours à une gare moins centrale, appelée Sudbury Junction (☎ 524-1591), à environ 10 km de la vieille gare du centre-ville. Elle est implantée dans Lasalle Blvd, après la Falconbridge Hwy, dans le secteur nord-est de la ville. Il n'y a pas de bus urbain pour la gare.

Toronto est desservie trois fois par semaine, le mardi, le jeudi et le dimanche. L'aller coûte 59 $.

Pour se rendre au nord et à l'ouest, les trains passent directement par un territoire désertique, jusqu'à Geraldton, puis le Sioux Lookout et finalement Winnipeg, dans le Manitoba. Aucun train direct pour Ottawa : vous devrez passer par Toronto.

Voiture. Louer une voiture est parfois utile à Sudbury. Tilden (☎ 560-1000), 1150 Kingsway, offre les tarifs les plus avantageux, et on viendra vous chercher. Hertz (☎ 566-8110) est installé au 450 Second Ave North.

En stop. La Hwy 17, qui devient la Kingsway en pénétrant dans la ville, rejoint Ottawa vers l'est. Regent St donne dans la Hwy 69 vers Toronto, au sud. A l'ouest, vous pouvez emprunter Lorne St, qui devient la Hwy 17 West.

Comment circuler

Bus. Pour tout renseignement, contactez le ☎ 675-3333. Les bus urbains s'arrêtent dans Lisgar St, à côté de la poste, entre Elm St et Larch St. C'est une correspondance importante. A l'extérieur du magasin Eaton, dans Notre Dame Ave, est implanté l'arrêt pour les bus régionaux à destination de plusieurs petites villes avoisinantes. La Route 940 rejoint la mine de Copper Cliff et le site de Big Nickel, 15 mn avant et après chaque heure.

ENVIRONS DE SUDBURY

La région aux alentours de Sudbury et plus au nord est l'un des secteurs miniers les plus riches au monde et l'une des destinations favorites des voyageurs en quête d'aventure.

Plusieurs mines et fonderies sont ouvertes au public, même si nombre de compagnies semblent annuler ce type de visites guidées. L'office du tourisme vous fournira le *Mine Guide* de la région. Pour les sportifs, gîtes, campements et services de guide abondent – en général assez chers, en particulier pour les excursions en avion.

French River

Au sud de Sudbury, la French River est célèbre pour la pêche. On peut aussi descendre les rapides en canoë. Deux groupes organisent de telles expéditions, l'un sur place, l'autre étant Voyageur Canoeing (☎ 705-932-2131), à Millbrook, dans l'Ontario. On peut aussi faire du rafting en rapides sur la **Spanish River**, non loin de la ville d'Espanola.

Parc provincial Killarney

Killarney (☎ 287-2368) est l'un des parcs les plus impressionnants de la province. Il mérite absolument une visite, même si vous vous contentez d'une journée de promenade en canoë. Les membres du Group of Seven vinrent même y peindre.

Les lacs étant relativement petits, le nombre de camping-cars autorisés à y passer la nuit est limité. Le parc est réputé pour la beauté de ses paysages, donc très populaire et souvent plein. Essayez de vous y rendre en semaine, et pensez à réserver le plus tôt possible, y compris un canoë, avant votre arrivée. Impossible de pénétrer dans le parc les week-ends fériés.

Le parc couvre une vaste région boisée et montagneuse à environ 80 km au sud-ouest de Sudbury, sur les rives de Georgian Bay. C'est l'un des trois parcs de nature vierge de l'Ontario, peu aménagé. L'accès au parc s'effectue par canoë, à pied ou à ski. Le paysage est superbe, avec des forêts de bouleaux et de pins en bordure de **La Cloche Mountains**. Plusieurs lacs sont bordés d'un côté par des montagnes de quartz blanc et de l'autre par des falaises de granit rouge, plus typiques. Les lacs offrent une eau étonnamment claire, mais cette transparence est malheureusement due, en partie, à des pluies acides. Certains lacs sont ainsi dépourvus de toute vie.

Le portage de lac en lac est relativement aisé, car les sentiers sont courts, du moins pour les premiers points d'eau, les plus visités. On peut explorer deux lacs depuis les docks, au **lac George**, et les visiteurs dépourvus de matériel de camping pourront profiter d'une agréable promenade d'une journée.

Il y a un terrain de camping au bureau du parc, près du lac George, et un autre au village de **Killarney**, mais pour découvrir réellement le parc il faut s'aventurer à l'intérieur, *via* les tronçons de 75 km de portage. On peut planter sa tente à proximité de la presque totalité des lacs. Le village de Killarney compte plusieurs boutiques de location de matériel, d'autres jalonnent la route entre l'entrée du parc et Killarney.

Toujours à Killarney, une petite auberge, rustique mais confortable, qui pratique des prix modérés, la *Sportsman's Inn* (☎ 287-2411) loue des chambres à 45 $. Vous pourrez déguster d'excellents fish & chips le long des docks.

Parc provincial Halfway Lake

C'est l'un des nombreux petits parcs, relativement bien aménagés pour le camping, qui entourent Sudbury (☎ 965-2702). Des sentiers de randonnée de 4, 10 et 34 km de longueur sillonnent le parc qui offre aussi de beaux points de vue. Le parc est à 90 km au nord-ouest de Sudbury, sur la Hwy 144.

Gogama

En continuant vers le nord, sur la Hwy 144, à environ deux tiers du chemin vers Timmins, on arrive à la ligne de partage des eaux arctiques, d'où toutes les rivières coulent au nord vers l'océan Arctique.

TIMMINS

Tout au nord de l'Ontario, Timmins est la ville la plus vaste – en surface – du Canada. Néanmoins, c'est une ville peu peuplée (environ 50 000 habitants), une ville du Nord particulièrement propre.

Autrefois la première mine d'or de l'hémisphère occidental, Timmins s'est aujourd'hui spécialisée, avec la même réussite, dans la production de cuivre, de zinc, d'argent, de minerai de fer et de talc ainsi que d'or.

Les mines Kidd Creek sont les premières mines au monde d'argent et de zinc et le principal employeur de la ville. Une autre, aujourd'hui fermée, était la plus profonde du pays, s'enfonçant à près de 2,5 km sous terre. Le secteur compte plus de 2 000 km de galeries souterraines.

L'exploitation forestière joue également un rôle déterminant dans cette région froide, rude, accidentée. Elle est parsemée de centaines de lacs et de 45 lignes de pièges.

Les sports sont populaires (sports d'hiver) et la région a produit nombre de patineurs et de joueurs de hockey de niveau international. On y boit aussi beaucoup, une autre caractéristique des villes du nord.

Les premiers colons à s'installer dans la région venaient d'Europe de l'Est : Polonais, Croates et Ukrainiens. Dans les années 20, ils furent rejoints par des Italiens, des Finlandais et des Écossais, tous attirés par les mines d'or.

Comme dans la majeure partie du nord-est de l'Ontario, la ville compte une importante population francophone, tandis que les Indiens, les premiers habitants de la région, sont largement représentés.

Un festival multiculturel a lieu en juin.

Orientation

Timmins est en réalité composée de petites localités, les plus importantes s'étendant d'est en ouest sur environ 10 km : Timmins proprement dit, Schumacher, South Porcupine et Porcupine.

La Hwy 101 traverse le centre-ville (où elle devient Algonquin Blvd) sur son itinéraire vers le lac Supérieur, à l'ouest, et vers Québec, à l'est. Les principales artères sont Third St (parallèle à la grande route), Pine St et Cedar St. Le cœur de la ville est marqué par des rues aux bâtiments en brique et aux lampadaires à l'ancienne.

Renseignements

La chambre de commerce (☎ 360-1900), 916 Algonquin Blvd East, à l'est de la ville, sur la route principale de Schumacher, sert d'office du tourisme. Outre les informations locales habituelles, il vous fournira des détails sur les visites des nombreux sites industriels du secteur Porcupine-Timmins, et en vend les billets. Renseignez-vous aussi pour savoir si le Musée ukrainien a rouvert ses portes. Il possède une belle collection d'objets liés à cette importante communauté, dont beaucoup de membres contribuèrent au développement du nord de l'Ontario.

Timmins Museum

Dans South Porcupine, 70 Legion Drive (près d'Algonquin Blvd East), ce musée (☎ 235-5066), petit mais passionnant, fait également office de galerie d'art, avec des expositions temporaires de peinture. Dans le musée, la cabane du prospecteur donne un bon aperçu de la vie que menaient les chercheurs d'or.

Le musée est ouvert tous les jours (seulement l'après-midi, le week-end). Il ferme également le midi durant la semaine, pendant une heure. L'entrée est gratuite.

Autres curiosités

Le bâtiment du **Daily Press**, aujourd'hui classé, mérite le coup d'œil. Il est considéré comme l'un des meilleurs exemples d'architecture moderne canadienne, d'inspiration art-déco.

A **Deadman's Point**, sur le lac Porcupine, à South Porcupine, vous pourrez visiter le cimetière où furent enterrés nombre des victimes du grand incendie de 1911.

Les vieilles boutiques de Schumacher, dans First Ave, entre Pine St et Hollinger Lane, ont été restaurées dans les années 20 et 30. Ce secteur a le taux le plus élevé de bars par rapport au nombre d'habitants n'importe quelle autre ville canadienne.

Circuits organisés

Gold Mine Tour. La visite de la vieille mine d'or Hollinger (☎ 268-9211), est la principale attraction de la ville. La mine fut découverte en 1909 et sa production est l'une des plus importantes de l'hémisphère occidental – il en fut extrait une quantité d'or équivalente à des centaines de millions de dollars. Le site comprend aujourd'hui des boutiques, un magasin d'artisanat, des joailleries et un restaurant. Mais la principale attraction demeure la visite des galeries souterraines de la mine, avec une descente à plus de 50 m de profondeur, une promenade en petit chemin de fer et une simulation d'explosion à la dynamite.

En surface, quelques attractions méritent une visite. Hollinger House occupe aujourd'hui la maison originale d'un mineur. La compagnie fit construire de nombreuses maisons identiques pour les mineurs et leurs familles, dont il reste quelques exemplaires à Timmins, à quelques pâtés de maisons au nord de la grande route. Celle-ci, toutefois, présente des objets et des souvenirs de cette époque. Des familles très nombreuses furent élevées dans ces bâtisses quelque peu rudimentaires. On peut aussi voir une mine à ciel ouvert et quelques sentiers menant aux affleurements rocheux d'où étaient extraits les minerais.

Ce site mérite une visite mais n'est guère bon marché. Comptez 16 $ pour un tour complet, (billets réduits pour les familles). Il dure environ une heure et demie et comprend la visite des parties souterraines et en surface. On peut acheter des billets séparés pour les seules attractions en surface (6 $).

De mai à octobre, des circuits sont assurés 7 jours sur 7, cinq fois par jour. Il est indispensable d'acheter les billets à l'avance à la chambre de commerce. Munissez-vous de pantalons, de chaussures plates et d'un pull-over ; le reste de l'équipement vous est fourni. La mine se trouve entre Timmins et Schumacher, sur James Reid Rd, qui donne dans la "route arrière" de Timmins à South Porcupine.

Site métallurgique de Kidd Creek et Buffalo Tour. La mine Kidd Creek propose une visite de leur concentrateur et de leur haut-fourneau de zinc. Vous y découvrirez comment les minerais précieux – zinc, argent, plomb et cadmium – sont séparés des résidus, puis comment le zinc est transformé en lingots transportables.

Le circuit dure deux heures et demie, coûte 3 $, et n'est proposé que le mercredi et le vendredi, en juillet et en août. Vous obtiendrez renseignements et billets auprès de la chambre de commerce.

Le site se trouve à 26 km à l'est du centre de Timmins, sur la Hwy 101. Toujours au site de Kidd Creek, les employés élèvent un troupeau de bisons, que l'on peut apercevoir de la route.

McChesney Lumber Tour. Vous pourrez également visiter la scierie aujourd'hui entièrement automatisée, sise en bordure du cours d'eau Mattagami, où elle fut implantée au début du siècle. Vous pourrez notamment suivre le processus de transformation d'un rondin en planches prêtes à être vendues en magasin. La scierie occupe une position centrale, par Algonquin Blvd. Le circuit dure environ une heure et coûte également 3 $. Réservations et billets auprès de la chambre de commerce, qui s'occupe de toutes les visites d'usines (la présence d'enfants en bas âge n'est pas autorisée).

Pulp Mill Tour. On peut visiter l'usine de pâte à papier, Abitibi-Price Pulp & Paper Mill, à Iroquois Falls, au nord-est de Timmins, trois fois par jour, du lundi au vendredi. Cette usine est un important producteur de papier journal.

Où se loger

A 35 km à l'est de la ville, puis 3 km au nord, s'étend le *Kettle Lakes Provincial Park* (☎ 363-3511). Il est recommandé pour le camping et la découverte de ses quelque 20 lacs datant de la glaciation. Une voiture est indispensable pour s'y rendre.

L'hébergement à Timmins même est limité. Quelques motels sont implantés de chaque côté de la ville. Le *Matagami Motor Hotel*, côté ouest, est correct. Il loue des doubles à 45 $, possède un restaurant et un bar (avec spectacle pour adultes). Côté est, à South Porcupine, le *Regal* (☎ 235-3393) est plus confortable, pour un prix similaire, mais aussi plus excentré. En ville vous attendent deux hôtels rudimentaires et le confortable *Venture Inn* (☎ 268-7171), 730 Algonquin Blvd East, avec des doubles à 65 $.

Où se restaurer

La grande route est bordée de restaurants entre les différentes villes. Plusieurs sont également installés dans le centre de Timmins et alentour.

Le *Bentley's*, 36 Wilson Ave, est recommandé pour ses déjeuners composés de soupes et de sandwiches.

A Schumacher, le *McIntyre Community Centre* (☎ 360-1758) sert un bon petit déjeuner, mais aussi des sandwiches et divers plats d'Europe de l'Est. Les pâtés faits maison et les tartes au beurre sont particulièrement succulentes.

Le *Porcupine Dante Club* (☎ 264-3185), 172 Cedar St South, prépare une cuisine italienne correcte et bon marché, au déjeuner comme au dîner. Appelez pour vérifier les heures d'ouverture.

A l'est de la ville, le *Casey's* fait partie d'une chaîne de restaurants très populaire, surtout fréquentée par une clientèle jeune. Parfait pour y prendre une bière.

Si vous rêvez d'un dîner plus luxueux, le *Airport Hotel* est un établissement historique, en bordure du lac Porcupine, à South Porcupine. On aperçoit le lac, de la fenêtre. Autrefois, c'était un petit aéroport d'hydravions, très actif, d'où son nom, et les pilotes mangeaient et dormaient à l'auberge. Une de leurs spécialités est le brocheton frais. Une école d'aviation jouxte toujours l'hôtel, comme vous vous en apercevrez assez vite aux décollages et atterrissages. Certains pilotes acceptent, pour une coquette somme, de faire faire un tour aux visiteurs dans leur avion. Essayez d'être de retour pour le dessert.

Comment s'y rendre

Bus. Les gares ferroviaire et routière (☎ 264-1377) sont installées dans le même bâtiment, 1 Spruce Ave, non loin d'Algonquin Blvd. Des bus Ontario Northland assurent tous les jours la liaison avec Toronto.

D'autres bus relient Sudbury et d'autres localités au nord à Timmins. En été, un bus relie Timmins à Cochrane, où vous attend le Polar Bear Express.

Train. Aucun service ferroviaire n'est assuré à Timmins, même si Ontario Northland dessert la ville toute proche de Matheson. De là, un bus relie Timmins en une heure. Un billet sur train en provenance, par exemple, de Toronto, inclut la correspondance en bus.

LE POLAR BEAR EXPRESS

Le *Polar Bear Express* est la ligne ferroviaire la plus célèbre du service assuré par Ontario Northland Railway (☎ 1-800-268-9281, ou 272-4428 à Cochrane). Le *Polar Bear* se rend au nord depuis Cochrane, en traversant les territoires vierges qui s'étendent jusqu'à Moosonee, la plus ancienne localité de la province, à la lisière de la baie James (qui fait partie de la vaste baie d'Hudson). Il y a trois siècles, c'était un important comptoir de commerce des fourrures.

Les visiteurs ont le choix entre deux possibilités. Un voyage aller et retour en une journée, ou un plus lent en deux jours. L'express est avant tout destiné aux touristes et voyageurs pressés. Il part tôt le matin et revient dans la soirée, le même jour. Comptez quatre heures et demie l'aller, avec arrêt à Moosonee et à Moose Factory. Le train local, plus lent, le *Little Bear*, est emprunté par des touristes, des Indiens, des trappeurs et des géologues.

Le tarif sur ces deux trains est de 44 $ aller et retour. Il est indispensable de réserver (tarifs réduits pour les familles, enfants et personnes âgées).

On peut réserver les billets auprès d'Ontario Northland Railway à Toronto, North Bay, Timmins ou Cochrane. A Toronto, vous trouverez un bureau de renseignements à l'Union Station, la principale gare ferroviaire, située dans Front St.

Ontario Northland Railway propose aussi des circuits de trois et quatre jours (repas non servis) au départ de North Bay et Toronto.

Le *Polar Bear Express* circule deux fois par jour (excepté le vendredi), du 21 juin au 1er septembre. Le *Little Bear* fonctionne au-delà de ces dates, mais pas tous les jours. On peut acheter des repas et sandwiches à bord du train, mais mieux vaut emporter son ravitaillement. Si vous rejoignez Cochrane en voiture, un parking gratuit jouxte la gare.

Les visiteurs doivent savoir que, en dépit du nom de ce train, il n'y a pas d'ours polaires dans la région.

Cochrane

Petite bourgade de moins de 5 000 habitants, Cochrane se profile à quelque 100 km au nord de Timmins. C'est le point de départ du *Polar Bear Express*. Une énorme statue d'ours polaire se dresse à l'entrée de la ville, symbolisant l'importance du train. Vous pourrez aussi visiter en ville le **Railway & Pioneer Museum**, dans lequel sont rassemblées des expositions sur les débuts du chemin de fer, les Indiens et les pionniers.

Où se loger. Cochrane dispose de plusieurs motels et d'un terrain de camping dans le parc provincial Drury, à proximité de la gare ferroviaire. En été, la demi-douzaine de motels de la ville affiche rapidement complet. Aussi est-il conseillé d'arriver tôt ou de réserver. Le *Northern Lites Motel* (☎ 272-4281) loue des doubles à 56 $, et possède un restaurant au sous-sol. Un peu moins cher, le *Country Haven B&B* (☎ 272-6802) se dresse sur une immense propriété, à environ 23 km de la gare ferroviaire. Le petit déjeuner est inclus.

Comment s'y rendre. Depuis Cochrane, Ontario Northland Railway relie le sud à Timmins (par Matheson et un bus), North Bay et d'autres villes de la région. Plusieurs bus circulent entre ses diverses destinations. Le train Ontario Northland assure la liaison entre Toronto et Cochrane.

Moosonee

Construite à la limite de la toundra, Moosonee constitue la destination la plus septentrionale jamais atteinte par la majorité des touristes, à l'est du Canada. Il n'y a pas de routes. Une fois sur place, visitez les monuments et les musées, et surtout, profitez des excursions en bateau sur le lac.

Ontario Northland vous fournira des renseignements sur les sites à visiter et les possibilités d'hébergement en ville.

Moose Factory Island, sur le cours d'eau Moose, est le site d'un comptoir de la Compagnie de la Baie d'Hudson, fondé en 1672. Il est installé à 2 km et 15 mn en bateau, de la ville. Moose Factory compte environ 1 500 habitants, essentiellement des Cris, à l'extrémité de l'île. Vous pourrez visiter plusieurs bâtiments historiques, le cimetière, une église anglicane datant de 1860 (avec nappes d'autel et livres de prières cris) et l'un des musées.

Pour une somme modique, un grand canoë de fret transporte les visiteurs jusqu'à l'île. Plus chers, des circuits incluent la traversée en bateau, un trajet en bus ainsi que plusieurs autres excursions au choix (notamment à la réserve ornithologique de Ship Sands Island, par le cours d'eau Moose ou par la baie James).

Sur la **Tidewater Island**, entre la terre ferme et Moose Factory, s'étend un parc provincial. On peut y camper et faire des excursions.

Bateaux et canoës de fret vous emmèneront aussi (pour 17 $), en amont, jusqu'à **Fossil Island**. On peut y trouver des fossiles vieux de plus de trois cents millions d'années.

De retour à Moosonee, le second musée, **Revillon Frères Museum**, est consacré à la compagnie concurrente de celle de la Baie d'Hudson, la North West Company, qui était implantée à Montréal. Le James Bay Educational Centre expose des objets exécutés par des Indiens cris.

Où se loger. La ville est riche en hébergements, mais ils ne sont guère bon marché.

Le prix des simples/doubles au *Polar Bear Lodge* (☎ 705-336-2345), ou au *Moosonee Lodge* (☎ 705-336-2351) est de 60/78 $. Mieux vaut réserver.

ROUTE NORD

A l'ouest, la Hwy 11 quitte Cochrane pour finalement rejoindre Thunder Bay. Principale route de la province au nord, elle traverse des forêts d'arbres rabougris et plusieurs villes minières. Des terrains de camping longent la route.

Le centre de la principale ville, **Kapuskasing**, est de forme circulaire. Une excursion en bateau remonte en amont, jusqu'à **Beaver Falls**, avec aperçu historique et géologique, mais aussi sur la faune locale (notamment castors et rats musqués).

Hearst (voir la rubrique *Sault-Sainte-Marie*) est le terminal nord de l'Algoma Central Railway.

OUEST DE SUDBURY

Depuis Sudbury, la Hwy 17 (la Transcanadienne) longe sur 300 km la rive nord du lac Huron. Comptez à peine quatre heures. La région offre quelques sites intéressants et plusieurs routes secondaires mènent à des destinations plus septentrionales. Au sud d'Espanola, la Hwy 6 aboutit à l'île Manitoulin, de l'autre côté du lac Huron.

Espanola

C'est la plus grosse bourgade entre Sudbury et Sault-Sainte-Marie. Une histoire passionnante est à l'origine de son nom.

Vers 1750, les Indiens Ojibways de la région firent un raid au sud, sur un territoire aujourd'hui occupé par les États-Unis, mais qui, à l'époque, était sous contrôle espagnol. Ils ramenèrent une captive qui, par la suite, apprit l'espagnol à ses enfants. Lorsque les explorateurs français firent leur entrée en scène, ils furent passablement surpris d'entendre parler espagnol. Du coup, ils donnèrent à la localité le nom d'Espanole, qui fut ensuite anglicisé en Espanola.

Espanola est une ville de pâte à papier (EB Eddy, l'une des compagnies les plus importantes du Canada, possède une usine à Espanola) et sert de porte d'accès à l'île de Manitoulin par le ferry. On peut atteindre l'île par la route, mais elle est reliée par ferry au sud de l'Ontario (voir plus haut la rubrique *Tobermory*).

En juillet et en août, EB Eddy Forest Products Ltd (☎ 1-800-663-6342) propose trois visites guidées. Contactez leur centre d'information à Espanola, pour plus de détails et pour réserver. L'un des circuits vous entraînera pendant huit heures à travers le Grand Nord, où vous vous familiariserez avec les méthodes d'exploitation forestière. De bonnes chaussures de marche sont nécessaires. Les deux autres circuits durent trois heures. L'un est circonscrit à la visite de l'usine de pâte à papier, l'autre à celle d'une scierie – la plus grosse située de ce côté des montagnes Rocheuses. Ces deux dernières visites sont interdites aux enfants âgés de moins de 12 ans, et le port d'un équipement de sécurité (fourni) est obligatoire. Ces trois circuits sont gratuits, mais ne sont pas assurés tous les jours. Vérifiez avant. Vous pourrez aussi pratiquer le rafting en rapides sur le cours d'eau Spanish. Enfin, la ville compte deux motels et quelques restaurants.

Deer Trail

Le Deer Trail désigne la route qui mène, au nord, de la grande route à Serpent Lake, traverse Elliot Lake, sillonne la région peu développée qui longe la rivière Little White et rejoint par le sud la Hwy 17 à Ironbridge.

Le parc provincial de Mississagi se trouve à peine à mi-chemin de Serpent Lake. Dans le parc, ainsi qu'à Flack Lake, vous attendent des sentiers de randonnée, avec quelques beaux exemples de fossiles, et une formation géologique appelée ride de roche. D'autres secteurs offrent un intérêt géologique, tels que les affleurements de tillite, dont la formation remonte à un million et demi d'années et que l'on peut admirer à 4 km au nord d'Elliot Lake, ville symbole de l'uranium.

Renseignez-vous à l'office du tourisme de Blind River sur les autres sites qui jalonnent le sentier. Une dizaine de voies canotables sillonnent la région.

Elliot Lake

Au nord de la Transcanadienne, Elliot Lake est une ville minière essentiellement concentrée sur l'uranium. Cité relativement nouvelle, elle fut fondée en 1954 avec la découverte du minerai. Ces dernières années, l'exploitation minière ayant connu quelques difficultés, Elliot Lake s'est transformée en centre de retraités, paisible et particulièrement bon marché.

Le **Mining & Nuclear Museum** (☎ 848-2287) est consacré à l'exploitation et à l'utilisation de l'uranium, mais propose aussi diverses expositions historiques et une section sur la faune de la région. Le musée est ouvert tous les jours du 1er juin au 1er septembre ; seulement en semaine, le reste de l'année.

On a une belle vue sur le North Channel du point de vue Firetower, au nord de la ville, à 5 km en amont de la route d'accès à la mine Milliken.

Blind River

Située à mi-chemin entre Sudbury et Sault-Sainte-Marie, Blind River est tout indiquée pour marquer une halte. Bien que petite, c'est une bourgade propre et agréable, avec quelques bons restaurants. Côté est de la ville se trouve un vaste office du tourisme, compétent (☎ 356-2555), qui pourra vous fournir des renseignements sur la région ainsi que sur Blind River.

Jouxtant l'office du tourisme, le **Timber Village Museum** retrace l'histoire de l'exploitation forestière dans la région. Vous pourrez aussi admirer des objets provenant des Indiens qui occupaient à l'origine la région, les Mississagis. Au sud de la ville, l'usine de placage propose des excursions, et Huron Beach, à 13 km de Blind River, est un endroit agréable, sablonneux, où l'on peut se baigner.

Le **North Channel Fiddle Jamboree** se déroule chaque année, en juillet, mais change à chaque fois d'emplacement.

Où se loger et se restaurer. On peut camper à proximité de la ville. Renseignez-vous auprès de l'office du tourisme. Blind River compte aussi cinq motels, et ils ne sont pas prêts d'afficher complet.

Pour vous restaurer, le *JR's*, à côté de la route principale, vend de bons hamburgers et frites à emporter, mais vous trouverez aussi quelques restaurants.

Arbre le plus haut (Tallest Tree)

Au nord, lorsque l'on remonte la Hwy 129 en direction de Chapleau, s'étend la Kirkwood Forest, où pousse, dit-on, l'arbre le plus haut de l'Ontario.

SAULT-SAINTE-MARIE

"The Soo", comme on l'appelle, occupe une position stratégique au confluent du lac Supérieur et du lac Huron. Autrefois comptoir de commerce des fourrures, la ville est devenue aujourd'hui une importante ville industrielle et un centre fluvial. Sur la rivière St Mary's, en effet, une série d'écluses permet aux navires de remonter le réseau maritime plus à l'ouest jusqu'au vaste lac Supérieur.

Outre le canal actif, les usines d'acier, de pâte à papier et de bois constituent les principaux employeurs. L'énorme usine Algoma Steel a dû cependant freiner considérablement ses activités après avoir perdu plusieurs marchés. La relocalisation de certains ministères du gouvernement provincial de Toronto à Sault-Sainte-Marie a favorisé la diversification des intérêts de la ville.

L'international Bridge relie la ville à son homologue américain, dans le Michigan. Se rendre à l'ouest, en direction de Winnipeg, est relativement plus court *via* le Michigan et Duluth que par le lac, mais le trajet n'est pas aussi impressionnant.

Avec la présence du pont et de la Transcanadienne, Sault-Sainte-Marie est devenue une halte et un centre de ravitaillement pour les touristes. Souvent trouvée plus attrayante que nombre de villes du nord, elle offre également quelques activités de plein air. Avec une population d'environ 85 000 habitants, c'est la plus grande ville jusqu'à Thunder Bay, à l'ouest. Sudbury se trouve à 300 km à l'est (comptez de trois à quatre heures en voiture).

Orientation

A l'est comme à l'ouest, les abords de Sault-Sainte-Marie sont jalonnés d'un alignement de restaurants, de stations-service et de motels. La Hwy 17 North devient la Great Northern Rd, puis Pim St en pénétrant dans la ville. Hwy 17 East se transforme en Wellington St, qui marque la bordure nord du cœur de la ville. Si vous souhaitez seulement traverser la ville, empruntez la bretelle pour éviter les embouteillages. Les visiteurs ne peuvent rêver ville mieux adaptée à leurs besoins. Le centre est petit et agréable, tous les sites intéressants étant regroupés le long de Queen St, entièrement rénové, ou alentour. Au sud de Queen St s'étend le quartier en bordure de l'eau, qui a connu aussi quelques restaurations ces dernières années. Une politique de rénovation qui se poursuit et qui a contribué à la création d'un centre-ville apprécié des habitants comme des visiteurs.

Nombre des attractions de la ville, mais aussi la gare routière, le Station Mall (un gigantesque centre commercial) et plusieurs hôtels sont regroupés dans ce secteur, à une distance accessible à pied les uns des autres. Dans le proche voisinage se cache également le principal office du tourisme.

La ville compte aussi deux bâtiments d'une indéniable originalité : l'imposant palais de justice qui se dresse au centre de Queen St, et la cathédrale Precious Blood, construite en calcaire gris rouge, en 1875, et qui, à l'origine, était une mission jésuite. Queenstown désigne le cœur de la ville rénové.

Renseignements

Vous trouverez un bureau de renseignements touristiques moderne, l'Ontario Travel Information (☎ 949-7912) à l'angle de Huron St et de Queen St West, tout à côté de l'International Bridge qui relie le Canada aux États-Unis. On vous y fournira cartes, guides et conseils. Vous pourrez même y changer de l'argent. Le bureau est ouvert tous les jours en été.

La chambre de commerce (☎ 949-7152), 360 Great Northern Rd (Hwy 17 North, près du grand château d'eau blanc, en forme de champignon), dispose aussi d'un bureau de renseignements, fermé le week-end. Il gère également deux guichets d'information saisonniers. L'un est central, dans la Bay St Caboose, à côté de la gare Algoma Central Railway (ACR). L'autre se trouve dans Trunk Rd, à côté d'un restaurant McDonald's.

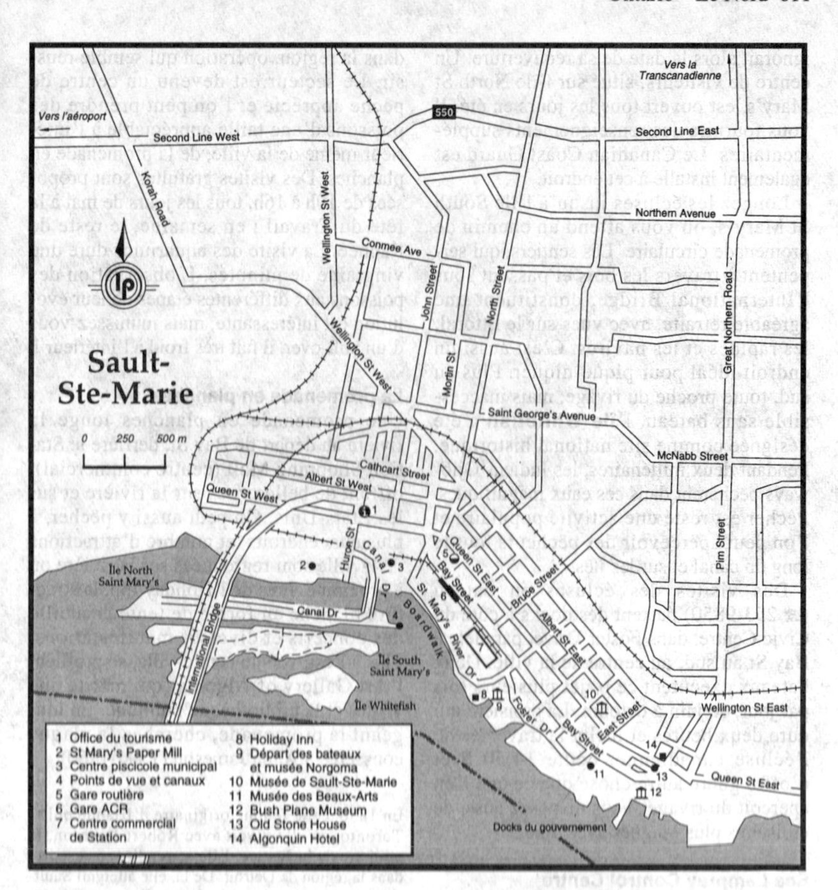

Écluses et canaux

Si Sudbury est une cité minière, Sault-Sainte-Marie est une ville d'écluses. A l'angle sud-ouest du centre-ville, en bas de Huron St (à côté de l'International Bridge) se trouvent les écluses qui relient le lac Supérieur au lac Huron. L'étroite rivière St Mary's, avec ses rapides, assure la liaison entre les deux lacs. C'est à cet endroit que furent construites les écluses, en 1895, pour permettre aux cargos de remonter plusieurs centaines de kilomètres à l'intérieur des terres.

La hauteur du lac Supérieur dépasse d'environ 7 m celle du lac Huron. On peut observer le trafic souvent continu sur le lac (environ 80 cargos le traversent chaque jour en été) d'un observatoire ou des écluses. Quatre écluses américaines et une écluse canadienne entrecoupent l'étroit canal entre l'île North St Mary's et l'île South St Mary's. L'écluse canadienne est la plus ancienne. Elle fut construite en 1895 et elle ne sert plus aujourd'hui qu'aux petites embarcations de croisière. En 1993, elle fut fermée pour des travaux d'entretien et l'on ignorait alors la date de sa réouverture. Un centre de visiteurs, situé sur l'île North St Mary's, est ouvert tous les jours en été. Il vous fournira des renseignements supplémentaires. Le Canadian Coast Guard est également installé à cet endroit.

Longez les écluses jusqu'à l'île South St Mary's, où vous attend un chemin de promenade circulaire. Les sentiers, qui serpentent à travers les bois et passent sous l'International Bridge, constituent une agréable retraite, avec vues sur le littoral, les rapides et les navires. C'est aussi un endroit idéal pour pique-niquer. Plus au sud, toute proche du rivage, mais inaccessible sans bateau, l'**île Whitefish** a été désignée comme site national historique. Pendant deux millénaires, les Indiens Ojibways pêchèrent dans ces eaux magnifiques. Pêcher est resté une activité populaire et l'on peut apercevoir des pêcheurs tout le long du canal et sur les îles.

Des visites des écluses en bateau (☎ 253-9850) partent des docks à côté du Civic Centre, dans Foster Drive, parallèle à Bay St au sud, au centre de la ville. Deux bateaux exécutent ce trajet plusieurs fois par jour, de juin à octobre. La croisière qui dure deux heures et inclut la traversée de l'écluse canadienne, coûte 14,50 $ et n'offre guère autre chose que ce que l'on aperçoit du rivage. Vous disposez aussi de croisières plus longues avec dîner.

Sea Lamprey Control Centre

En bas des écluses est installé ce petit centre de recherche où vous pourrez observer les lamproies et leurs victimes, et en apprendre davantage sur ces sangsues géantes. Il est ouvert du lundi au vendredi, en été seulement, et mérite une visite.

Centre de pisciculture municipal

En bas, près des docks, suivez Huron St au sud du canal. A gauche, sur Canal Drive, se dresse le centre de pisciculture (☎ 759-5446). On y élève des saumons (quinnats), des truites arc-en-ciel et de rivière que l'on relâche dans la rivière et dans les eaux environnantes afin de développer la pêche dans la région, opération qui semble réussir. Le secteur est devenu un centre de pêche apprécié et l'on peut prendre des poissons d'une taille appréciable à l'intérieur même de la ville, de la promenade en planches. Des visites gratuites sont proposées de 10h à 16h, tous les jours de mai à la fête du Travail ; en semaine, le reste de l'année. La visite des aquariums dure une vingtaine de minutes. L'observation des poissons aux différentes étapes de leur évolution est intéressante, mais munissez-vous d'un pull-over, il fait très froid à l'intérieur !

La promenade en planches

Une promenade en planches longe la rivière au départ de Bay St, derrière le Station Shopping Mall (centre commercial), offrant de belles vues sur la rivière et sur les États-Unis. On peut aussi y pêcher, à plusieurs endroits, et nombre d'attractions de la ville sont regroupées sur la rivière ou à proximité. Près de l'Holiday Inn, la structure blanche en forme de tente accueille des concerts et diverses manifestations. Plus à l'est, vers le centre-ville, se profilent l'Art Gallery of Algoma (qui mérite une visite) et la bibliothèque publique. En longeant la promenade, cherchez la plaque consacrée à Anna Jameson (1794-1860).

En 1836, cette femme originaire d'Irlande quitta Toronto, où elle vivait avec Robert Jameson, le ministre de la Justice. Elle se rendit sans escorte dans la région de Detroit. De là, elle atteignit Sault-Sainte-Marie par bateau, descendit les rapides et assista à une réunion d'Indiens sur l'île Manitoulin. Elle traversa ensuite la baie Géorgienne et se rendit au sud, au lac Simcoe, puis revint à Toronto et regagna la Grande-Bretagne, où elle publia un compte rendu de son voyage intitulé *Winter Studies and Summer Rambles in Canada.*

MS Norgama

Transformé aujourd'hui en musée (☎ 942-6984), le *Norgama*, ce navire de passagers, fut le dernier construit pour naviguer sur les Grands Lacs. Il ouvre tous les jours de mi-juin à début septembre. Il est amarré au dock du Norgama Marine Park, à côté de l'Holiday Inn, tout près du bas d'Elgin St.

Papeterie St Mary's
Vous pouvez visiter gratuitement la grande papeterie (☎ 942-6070) de Huron St, à la lisière sud-ouest du centre-ville, le mardi et jeudi après-midi. Inscrivez-vous à la porte de sécurité.

Musée Sault-Sainte-Marie
Occupant un bâtiment classé, 690 Queen St East, à l'angle d'East St, ce petit musée très bien organisé (☎ 759-7248) propose plusieurs expositions liées aux Indiens, aux explorateurs, au commerce des fourrures, à l'exploitation forestière, à la géologie et à d'autres aspects de la région. Une autre salle, consacrée aux Inuits, est passionnante. Le musée est ouvert de 9h à 16h30, du lundi au samedi, ainsi que le dimanche après-midi. Petite participation attendue (2 $).

Musée historique
Ce musée (☎ 256-2566) possède une petite collection d'objets et de curiosités liés au passé de la ville. Il occupe le deuxième étage de Pine St Armoury, à l'angle de MacDonald Ave et de Pine St. Le musée est fermé le dimanche, le lundi et les jours fériés. L'entrée est gratuite.

Parc Bellevue
A proximité de l'université, le plus vaste parc de Sault-Sainte-Marie s'étend à 2 km de la ville, le long de Queen St, en bordure de l'eau. Il possède un petit zoo, des aires de pique-nique, des terrains de sport et une marina.

Old Stone House
Également connue sous le nom de Ermatinger House (☎ 759-5443), elle fut construite en 1814 par un marchand de fourrures anglais et sa femme ojibway. C'est la plus vieille maison de pierre à l'ouest de Toronto, et c'est là que passèrent la nuit de nombreux explorateurs, notamment Simon Fraser et Alexander MacKenzie. L'intérieur de la maison a été restauré et contient des meubles datant du XIXe siècle. On y répondra à vos questions. Elle est ouverte tous les jours, en été ; du lundi au vendredi, le reste de l'année. L'entrée est gratuite. Elle est installée au 831 Queen St East, près de l'angle avec Pim St.

Bush Plane Museum et Forest Fire Education Centre
Ce musée (☎ 945-6242) occupe le vieux hangar gouvernemental en bordure de l'eau, à l'angle de Bay St et de Pim St. Le rôle des pilotes de brousse est essentiellement lié à la protection de la forêt et à la lutte contre les incendies. Quantité des premiers pilotes appartenaient à l'aviation militaire pendant la Première Guerre mondiale. Dès le départ, leur rôle consista en missions de repérage topographique, de surveillance, d'assistance médicale et de sauvetage. Le musée expose des avions grandeur nature, ainsi que des répliques, des moteurs et des pièces.

Le centre est ouvert tous les jours, de mai à octobre ; le week-end seulement, le reste de l'année. L'entrée est gratuite et des visites guidées sont organisées.

Ontario Forest Research Institute
Le centre de recherche (☎ 946-2981), 1235 Queen St East, propose des visites gratuites à 10h30 et à 14h, du lundi au vendredi. L'essentiel du travail effectué dans ce centre concerne les parasites de la forêt. Il y a aussi une présentation audiovisuelle.

Réserve de Kinsmen-Crystal Creek
Connue localement sous le nom de parc Hiawatha, elle s'étend à environ 10 mn en voiture de Great Northern Rd, au nord-ouest du centre-ville de Sault Ste Marie. Arrêtez-vous à la Hiawatha Lodge, où vous trouverez un bassin où vous pourrez vous baigner et des chutes à Crystal Creek. De là partent de nombreux sentiers de randonnée, dont la longueur varie de 2 à 10 km. L'entrée est gratuite.

Gros Cap
A environ 20 km à l'ouest, sur la Hwy 550, cette corniche s'élève à environ 150 m au-dessus du lac Supérieur et du parc Blue

Water. En escaladant les falaises, vous aurez une vue superbe sur le lac Supérieur. Ou bien empruntez le Voyageur Trail (signalé par des bandes blanches) qui serpente le long de la crête et offre de beaux points de vue sur la rivière St Mary's et le lac. Un jour, le sentier reliera l'île de Manitoulin à Thunder Bay, mais pour le moment s'étend de Gros Cap, à 200 km à l'est, à Serpent River, sur la Hwy 108, qui longe le North Channel du lac Huron.

A côté du parc et du parking, le *Blue Water Inn* (☎ 779-2530) est réputé pour sa cuisine, et il est tout particulièrement fréquenté certains week-ends, lorsque le propriétaire fait tourner d'énormes barbecues. L'auberge est ouverte seulement en été.

Canyon d'Agawa et Algoma Central Railway

Le canyon d'Agawa est une contrée sauvage seulement accessible par les trains ACR. Les 500 km de ligne reliant Sault-Sainte-Marie à la ville de Hearst au nord traversent un splendide paysage de montagnes, de chutes d'eau, de vallées et de forêts. La voie, construite au début du siècle, fut conçue à l'origine pour transporter des matériaux jusqu'aux usines de Sault- Sainte-Marie.

Plusieurs possibilités sont aujourd'hui offertes aux voyageurs qui souhaitent se rendre jusqu'au canyon et ses abords. Les meilleures places pour admirer le paysage sont celles qui sont situées à gauche du train.

Le voyage aller et retour dans la journée dure neuf heures, avec un arrêt de deux heures pour une rapide promenade, une partie de pêche ou un pique-nique dans le canyon. Il y a un wagon-restaurant à bord du train ; des snacks et des boissons sont également disponibles. Un billet coûte 44 $ (réductions considérables pour les enfants). Le train part à 8h tous les matins, de juin à octobre. C'est le voyage le plus populaire, aussi est-il conseillé de réserver au moins deux jours à l'avance.

A l'automne, le trajet est spectaculaire, lorsque les feuilles changent de couleur et que les forêts prennent des teintes rouges et jaunes. En particulier, durant les deux dernières semaines de septembre et au début octobre. En hiver vient s'ajouter une promenade sur la neige et la glace, le week-end seulement, de janvier à mars.

D'autres voyages vous emmèneront tout au bout de la ligne, jusqu'à la ville de **Hearst** (dotée de 5 000 habitants). Comptez neuf heures. Hearst est essentiellement une ville francophone, seulement 15% de la population étant anglophone. Elle vit surtout de l'exploitation forestière, mais possède une petite université.

Au-delà du canyon, la voie traverse une région de lacs et de forêts, avec ponts et tourbières, plus plate, moins impressionnante. Le voyage dure deux jours avec une étape nocturne au terminal nord. Il est aussi possible de rester à Hearst le temps que l'on veut. Vous y trouverez des motels et des B&B : renseignez-vous à l'office du tourisme de Sault-Sainte-Marie. Depuis Hearst, des bus vous emmèneront à l'ouest ou à l'est.

Enfin, il existe un train de passagers utilisé par les pêcheurs, les trappeurs, les chasseurs, les propriétaires de gîtes et autres habitants de la région. Ce train s'arrête où vous le souhaitez, ou à la demande des voyageurs qui attendent le long de la voie. Ce qui explique la lenteur du voyage, que certains trouveront pittoresque et qui fournit le seul véritable accès à la région.

Le tarif est calculé en fonction des miles parcourus (25 cents par mile).

On pourra vous fournir des renseignements sur les randonnées, la pratique du canoë, les baignades, le camping et les centres de pêche dans le canyon ou aux abords, à la gare ferroviaire. A bord du train, vous êtes autorisé à transporter canoë, bateau et jusqu'à trois caisses de bière par personne !

A Sault-Sainte-Marie, la gare (☎ 946-7300) est installée à l'angle de Bay St et de Gore St, à côté du Station Shopping Mall (un centre commercial), dans le centre-ville. Elle dispose d'un parking gratuit.

Randonnée
Partiellement achevé, le Voyageur Hiking Trail reliera un jour l'île Manitoulin à Thunder Bay. Le plus long tronçon achevé part à l'est de Soo (voir à la rubrique *Gros Cap*) pour rejoindre Serpent River, un petit village au sud d'Elliot Lake, sur une distance d'environ 200 km. C'est un itinéraire difficile. Pour des informations complètes, contactez la Voyageur Trail Association, qui dispose d'un bureau à Sault-Sainte-Marie.

Circuits organisés
Tour de la ville. Hiawathaland Sightseeing Tours (☎ 759-6200) possède un guichet de billets en bordure de l'eau, près de l'Holiday Inn, et assure quatre circuits différents en bus dans Sault-Sainte-Marie et alentour. La visite de la ville en bus à deux étages dure une heure et demie et coûte 8,75 $. Les excursions hors de Sault-Sainte-Marie s'arrêtent à divers sites. Il y a aussi un circuit nocturne et un autre à travers les forêts alentour. On peut aussi louer des vélos.

Visite d'une brasserie. Northern Breweries (☎ 254-7373), dans le centre-ville, 503 Bay St, propose des visites de 45 mn des installations, avec dégustation de diverses bières. L'une des plus anciennes brasseries du Canada, elle fonctionne dans le nord de l'Ontario depuis 1876.

Festivals
Le Tugboat Race annuel, qui se déroule sur la rivière St Mary's, le premier week-end de juillet, est une manifestation divertissante et sans prétention.

Où se loger
Camping. Plusieurs terrains de camping sont disséminés près de la ville, mais ne sont guère rustiques. Le *Rock Shop Campground* se trouve à 12 km de la ville sur la Hwy 17 North (appelée la Great Northern Rd, en ville).

KOA (☎ 256-2806), pour tentes et camping-cars, est installé à 8 km au nord de la ville, sur la Hwy 17. Bifurquez à l'ouest au feu orange (Fifth Line). Longeant la rivière, le parc est équipé d'une laverie, d'un magasin et d'une piscine.

Un peu plus loin se cache *Pointe des Chênes*, en bordure de la rivière St Mary's. Parcourez 12 km à l'ouest sur la Hwy 550 en direction de la Hwy 565, puis 10 km au sud, après l'aéroport vers le parc. Il contient 82 emplacements.

Tous ces terrains prennent entre 8 $ et 12 $ pour une tente pour deux personnes. Plusieurs autres terrains sont situés à proximité de ceux qui sont cités ci-dessus.

Auberges de jeunesse. Filiale de l'Hostelling International (HI), l'*Algonquin Hotel* (☎ 253-2311) est un établissement avantageux pour les membres et les non-membres. Sa situation centrale est unique, au 864 Queen St East (à l'angle de Pim St), à une distance raisonnable à pied de tous les centres d'intérêt. Les chambres sont simples, mais propres et disposent toutes d'au moins un évier. Les simples/doubles coûtent 19/21 $ pour les membres, un dollar de plus pour les non-membres, tarifs auxquels s'ajoutent les taxes. Une chambre à quatre revient au même prix que pour deux. L'auberge possède aussi un restaurant rudimentaire et un bar populaire – demandez une chambre à l'étage supérieur pour éviter d'entendre la musique jusqu'à 1h du matin. Elle est ouverte toute l'année.

B&B. La ville compte aujourd'hui quelques B&B. L'adresse la plus centrale et la moins chère, *Lil & Oscar Herzog* (☎ 253-8641), 99 Retta St, à l'est du centre-ville, par Wellington St, loue des simples/ doubles à 25/30 $.

D'une catégorie supérieure, le *Top O'The Hill* (☎ 253-9041), 40 Broos Rd, se trouve dans le secteur nord-est de la ville, à environ 10 mn en voiture du centre. Les prix sont de 45/55 $, petit déjeuner compris. Autre solution, le *Hillsview* (☎ 759-8819), qui propose des doubles à 40 $.

Hôtels. Consultez la rubrique *Auberges de jeunesse* ci-dessus, concernant l'Algonquin Hotel. Également central et confortable, le

Days Inn (☎ 759-8200), 320 Bay St, au bord de la rivière, propose des simples/ doubles à 70/85 $. Les aménagements incluent un restaurant et une piscine chauffée. Le bar Jolly Roger est la seule brasserie de la ville.

Motels. Ville de passage, Sault-Sainte-Marie abonde en motels. La plupart sont rassemblés sur la Hwy 17, à l'est ou à l'ouest de la ville, quelques-uns sont installés dans le centre. Les prix varient mais, en moyenne, tournent autour de 35 $ à 40 $ pour les simples, et de 45 $ à 55 $ pour les doubles – en règle générale, plus ils sont près de la ville, plus ils sont chers. Toutefois, les prix restent abordables et sont moins élevés que les tarifs pratiqués aux environs de Sudbury ou dans le sud de l'Ontario.

Le *Shady Pines Motel* (☎ 759-0088), à l'est, au 1587 Hwy 17, est le meilleur marché. Malgré son aspect, il est confortable. De grandes chambres modernes donnent sur une cour ombragée d'arbres avec tables de pique-nique et barbecues. Les simples/ doubles coûtent 30/35 $. Le *Evergreen Motel* (☎ 759-2626), 1447 Hwy 17 East, propose des simples/ doubles à 32/35 $.

L'établissement tout blanc au 859 Trunk Rd (tronçon de la Hwy 17 East), le *Travellers Motel* (☎ 946-4133) loue des doubles de 36 $ à 50 $. TV couleur et kitchenettes disponibles. Le *Holiday* (☎ 759-8608), 435 Trunk Rd, est un établissement charmant. Les simples ou les doubles coûtent 35 $.

Le *Journey's End* (☎ 759-8000), 333 Great Northern Rd au nord de Northern Ave, est confortable, propre et très fréquenté. Il fait partie d'une chaîne d'hôtels et de motels canadienne. Comptez 62 $ pour une double (un peu moins au deuxième étage). D'autres motels sont disséminés le long de Great Northern Rd, qui aboutit au nord à la Transcanadienne (vers l'ouest).

Où se restaurer

La plupart des restaurants bordent la route principale. Toutefois, vous trouverez principalement cités ci-dessous les établissements rassemblés dans le centre-ville. Queen St, notamment, abonde en bonnes gargotes du type comptoirs à l'ancienne, où l'on peut déjeuner. Le *Coral Coffee Shop*, 470 Queen St (près de Spring St), est un classique du genre. On y sert des soupes faites maison, des muffins, du chili, etc., ainsi que des petits déjeuners bon marché. A ma connaissance, c'est le seul établissement qui propose des menus en braille.

Recommandé pour son atmosphère bien spécifique, le *Garden of Eden*, 21 King St, est une boutique d'alimentation diététique et un restaurant végétarien. Il prépare une nourriture excellente, bon marché, dénuée de viande ou de laitages. King est une petite ruelle, coincée derrière Queen St au nord. Traversez la promenade en planches à côté du 344 Queen St East.

Minuscule, *Mike's* dispose d'une demi-douzaine de tabourets au 518 Queen St. Il fonctionne depuis 1932. Les repas coûtent moins de 5 $.

Au 663 Queen St East, non loin du croisement avec East St, le *Mary's Lunch*, établissement à l'ancienne, sert des mets faits maison, y compris le pain. Vous y trouverez notamment le petit déjeuner le meilleur marché de la ville. Le *Lunch Box*, 75 Elgin St, propose une cuisine d'inspiration germanique. Il est ouvert seulement en semaine.

Les deux spécialités de Sault-Sainte-Marie sont la truite de lac et le corégone. Le *Muio's*, à l'angle, au 685 Queen St East, est un endroit bon marché où ces deux poissons apparaissent sur le menu. Il offre aussi des spéciaux du jour, notamment un repas complet avec choux farcis pour 5, 25 $. Difficile de trouver moins cher. Il est ouvert le dimanche.

La cuisine italienne est populaire à Sault-Sainte-Marie. Vous y trouverez deux restaurants d'une catégorie supérieure, le *Suriano's*, 357 Trunk Rd, mais surtout *Arturo's* (☎ 949-0810), 116 Spring Rd, considéré comme le meilleur établissement de la ville. Il propose un menu continental chaperonné par un chef qui a longtemps travaillé dans un hôtel bien connu de Toronto (aujourd'hui fermé).

Le *Barsanti Small Frye*, 23 Trunk Rd (Hwy 17 East) est recommandé pour sa nourriture correcte, ses prix bon marché, son personnel accueillant et son atmosphère. Il fonctionne depuis une soixantaine d'années et il est ouvert tous les jours de 6h à minuit.

Le mercredi et le dimanche matin, un marché agricole se tient dans le centre-ville, dans le parking, au Memorial Gardens Arena.

Comment s'y rendre

Avion. Des vols réguliers Air Canada et Canadian Airlines desservent Sault-Sainte-Marie.

Bus. La gare routière (☎ 949-4711), utilisée par les bus Greyhound et Ontario Northland, se trouve dans le centre-ville, au 33 Queen St East (à l'angle de Tancred St).

Quatre bus par jour desservent Sudbury. De là, trois bus se rendent quotidiennement à Toronto (88 $) ou Ottawa (102 $). Il y a trois bus tous les jours pour Winnipeg (120 $). Ontario Northland dessert Wawa. En ce qui concerne les bus pour Detroit ou Chicago, vous devez vous rendre au terminal des bus urbains (pour plus de détails, voir la rubrique *Comment circuler*, ci-après.)

Train. Aucun service VIA Rail n'est assuré depuis/vers Sault-Sainte-Marie.

Le stop. Sault-Sainte-Marie sert de plaque tournante à tous les auto-stoppeurs en route pour l'est ou l'ouest. En été, des quantités de randonneurs envahissent la ville, sac au dos. Si vous vous dirigez vers l'ouest, n'oubliez pas que la route est longue jusqu'à Winnipeg et qu'elle offre peu à voir. Les nuits sont froides et les promenades rares. Essayez de vous rendre directement jusqu'à Thunder Bay (715 km), puis de là à Winnipeg.

Comment circuler

Desserte de l'aéroport. L'aéroport est situé à 13 km, à l'ouest, par la Hwy 550, puis à 7 km au sud par la Hwy 565. Des navettes relient l'aéroport et les grands hôtels comme l'Holiday Inn et l'Empire Hotel.

Bus. Le terminal des bus urbains (☎ 759-5438) se trouve à l'angle de Queen St et de Dennis St. Le bus Riverside en provenance du centre rejoint, à l'est, Algoma University, près de Belvedere Park.

Un autre bus part du terminal et traverse le pont pour se rendre dans le Michigan (États-Unis). Des taxis vous feront également traverser le pont.

ENVIRONS DE SAULT-SAINTE-MARIE

Baie de Batchawana

Vous pourrez passer un après-midi détendu, voire une journée, au nord du lac Supérieur, dans la baie de Batchawana et alentour. Le paysage est superbe et la baie offre plage (l'eau est froide) et quantité de motels, centres touristiques et bungalows.

Considérés comme le point central du Canada, les **Chippewa Falls** sont à 45 mn en voiture. Comptez 75 km de la ville aux Agawa Indian Crafts, un endroit réputé. Vous y trouverez deux cascades, deux parcs provinciaux et un agréable littoral. Vous pourrez aussi vous rendre à la décharge de la rivière Montréal, à environ 25 km au nord-ouest de la baie. Avec un peu de chance, vous y apercevrez des ours.

Île de Saint-Joseph

L'île se trouve dans le canal reliant le Michigan à l'Ontario, à 50 km à l'est de Sault-Sainte-Marie. C'est une île rurale où l'on vient se baigner, pêcher et visiter le **parc national de fort Saint-Joseph**. Le fort britannique date du début du XVIIIe siècle. Des gardiens en costumes d'époque vous en feront visiter les ruines. Le centre d'accueil expose des objets indiens, militaires et liés au commerce des fourrures. Une vaste réserve ornithologique entoure le fort. Celui-ci est ouvert de fin mai à la mi-octobre. Contactez l'office du tourisme de Sault-Sainte-Marie pour plus de détails.

Vous pourrez aussi visiter le **Museum Village**, qui abrite 4 000 objets relatifs à l'histoire de l'île et exposés dans six bâtiments anciens dont un magasin général et une école en rondins. Vous pourrez également observer les pierres "pudding" – des roches blanches tachetées de rouge, de noir et de marron. Les colons britanniques (de toute évidence affamés) affublèrent les conglomérats de jaspe trouvés alentour de ce nom étrange car ils leur rappelaient le pudding à la graisse de bœuf et aux baies.

L'île compte plusieurs terrains de camping privés, un motel et un B&B. On y accède par un pont gratuit, par la Hwy 17.

ENVIRONS NORD DU LAC SUPÉRIEUR

De Sault-Sainte-Marie à Thunder Bay, la Transcanadienne est l'une des rares routes à traverser les étendues à peine peuplées de l'Ontario septentrional. C'est une vaste région de lacs et d'exploitations forestières, où le développement se fait attendre et où les richesses minérales et naturelles ne sont toujours pas exploitées. En revanche, les incendies de forêt sont fréquents, chaque année, et vous en verrez sans doute des traces.

Cette belle et paisible contrée est dominée par le très impressionnant lac Supérieur – autrefois appelé Gitche Gumee (Grande Eau salée) par les Indiens Ojibways. Symbole de la nature, le plus vaste des cinq Grands Lacs, tantôt superbe, tantôt brutal, suscite toujours respect et admiration. Encore aujourd'hui, les naufrages sont terribles lorsqu'il se déchaîne.

Les environs du lac inspirèrent plusieurs peintres du Group of Seven, tout comme le poète Longfellow.

Parc provincial du lac Supérieur

La Hwy 17 traverse sur 80 km ce vaste parc naturel, situé au nord de Sault-Sainte-Marie. Parc magnifique, il offre de beaux paysages accidentés, avec des rivières serpentant dans les zones boisées, à l'intérieur, tandis que sur le littoral caps rocheux et plages sablonneuses alternent.

Le parc compte trois terrains de camping, des sentiers de randonnée longs et courts, généralement accessibles de la route principale, et sept voies canotables. Des naturalistes proposent des promenades guidées. On peut aussi y pêcher. Enfin, de nombreux mammifères résident dans le parc, y compris des ours.

A la **baie d'Agawa**, vous verrez des pictogrammes indiens sur les rochers du littoral qui, pense-t-on, commémoraient une traversée du lac. A noter les crevasses dans les rochers le long du chemin. Plus loin, arrêtez-vous à **Sand River** et descendez jusqu'à la plage. Même si l'eau est froide, la belle plage sablonneuse, longue et déserte, évoque irrésistiblement les îles Caraïbes.

Pour accéder à la partie est du parc, moins visitée, où il n'y a pas de route, renseignez-vous sur le train qui rejoint la bordure est. On peut le prendre à Frater, à l'extrémité sud du parc ou à Hawk Junction. Ce dernier est un petit village à l'extérieur de la limite nord du parc, à l'est de la ville de Wawa. La ligne ferroviaire fait partie de l'Algoma Central Railway. (Pour plus de détails, consultez la rubrique *Sault-Sainte-Marie, canyon d'Agawa.*)

Randonneurs et adeptes du canoë, attention à la pluie. C'est l'une des régions les plus arrosées de l'Ontario. Brouillard et brume enveloppent souvent les sentiers. Comme toujours, les campings situés à l'intérieur coûtent quelques dollars de moins que les terrains aménagés.

Wawa

Indiquée par l'énorme oie en acier qui se dresse en bordure de la ville, Wawa est un petit centre minier (fer). Le nom, un terme ojibway, signifie "oie sauvage". Il lui fut attribué à cause des milliers d'oies qui s'arrêtent sur le lac Wawa lors de leur migration.

La ville offre peu de choses à voir, mais compte plusieurs motels et restaurants. Dans ces derniers, commandez du poisson pêché dans les environs.

Wawa a longtemps souffert d'une très mauvaise réputation en matière d'auto-stop. On raconte qu'un voyageur dut attendre tellement longtemps qu'il finit par travailler sur place. Il rencontra une femme, l'épousa et aujourd'hui il vit toujours à

Caribou

Wawa. Avec l'intensification du trafic, les localités sont moins isolées et les auto-stoppeurs attendent moins. Mais attention la route principale est déserte, les nuits sont froides, même en été, et mieux vaut ne pas devoir faire escale en route. De fait, les cyclistes sont aujourd'hui plus fréquents que les auto-stoppeurs.

Wawa sert de centre de ravitaillement pour les visiteurs des parcs avoisinants.

Chapleau

Chapleau est un petit centre touristique et d'exploitation forestière à l'intérieur des terres. De nombreux parcs provinciaux sont disséminés dans la région – il y en a trois –, dans un rayon de 80 km. Le **parc de Missinaibi Lake** se trouve au milieu de la **réserve de Chapleau**, la plus étendue de l'hémisphère Nord. La forêt boréale y est idéale pour le camping sauvage, le canoë ou la pêche. Les offices du tourisme alentour vous fourniront la liste des voies canotables. On compte 12 itinéraires exigeant de 1 à 14 jours, avec 5 à 47 portages. Le plus long suit un parcours circulaire sur rivière et lac avec traversée d'une partie de la réserve ; vous apercevrez sans doute des orignaux. Les offices du tourisme pourront également vous informer sur les nombreux gîtes et campements de la région.

White River

De retour sur la Transcanadienne, c'est la bourgade la plus froide du Canada, avec des températures de l'ordre de - 50 °C.

On raconte que l'ours qui inspira les célèbres ouvrages pour enfants de AA Milne, *Winnie the Pooh*, était originaire de White River. Un soldat canadien y trouva un ourson et l'appela Winnipeg du nom de sa ville natale. Durant la guerre, l'ours finit au zoo de Londres, où il devint célèbre, puis fut immortalisé par la littérature.

White River dispose de deux motels, à un prix abordable.

VIA Rail relie la ville à Sudbury. La gare se trouve dans Winnipeg Rd, à une courte distance à pied de la route principale.

Parc national de Pukaskwa

Le parc est seulement accessible à pied ou en bateau (pas de route !). De Heron Bay, par la Transcanadienne, non loin de Marathon, part une petite route, la Hwy 627, qui rejoint la lisière du parc à Hatties Cove. Vous y trouverez un petit terrain de camping (67 emplacements) et un centre de renseignements pour les visiteurs.

Il y a aussi une aire de pique-nique, et on peut se baigner dans une baie protégée. Dans le lac, l'eau est froide et les houles peuvent être dangereuses même pour les nageurs confirmés. Le vieux sentier de randonnée, long de 68 km, qui longe la côte, est la principale attraction du parc.

Vous pourrez camper tout le long de ce sentier. Le terrain est difficile mais beau et le temps capricieux, passant rapidement du soleil à l'orage. Le sentier est souvent humide et glissant : mouches noires et moustiques seront au rendez-vous, voire quelques ours. Même les souris feront preuve d'agressivité en grignotant votre équipement !

A l'intérieur, on peut pratiquer le canoë et faire quelques descentes sur la Pukaskwa et la White River, plus accessible. Le parc est ouvert de la fin mai à la troisième semaine de septembre.

Parc provincial des îles Slate

Situé au large de la petite bourgade de **Terrace Bay**, cet ensemble d'îles abrite des centaines de caribous. Parfois, leur surabondance fait que la nourriture se raréfie et, certains hivers, ils doivent payer un lourd tribut.

Nipigon

Nipigon est construite à l'embouchure de la rivière du même nom, à la jonction de la Hwy 11 et de la Hwy 17, la Transcanadienne. Cette localité offre peu d'intérêt, si ce n'est qu'elle fut la première implantation européenne sur la rive nord du lac Supérieur. Des marchands y établirent un comptoir de fourrures, au cœur du territoire ojibway.

A l'est de la ville, sur la Hwy 17, vous aurez une belle vue de la rive du lac Supérieur, du Kama Lookout. Ce tronçon de la route principale est aussi appelé le Terry Fox Courage Hwy. (Pour plus de détails, voir la rubrique *Thunder Bay.*)

Réserve provinciale du canyon Ouimet

A environ 45 km de Nipigon et 40 km à l'est de Thunder Bay, au nord-est de la route principale, ce parc encercle un grand canyon de 3 km de long sur 150 m de largeur et de profondeur. Les parois du gouffre sont pratiquement perpendiculaires. On a récemment installé des barrières et des postes d'observation sur les crêtes les plus abruptes, d'où vous aurez une vue à couper le souffle.

Le canyon fut creusé à la fin de la période glaciaire, et au fond pousse une flore identique à celle que l'on trouve dans les régions arctiques. Le canyon mérite une visite. Vous y serez sûrement seul. Des chemins de randonnée serpentent autour du sommet et l'on y trouve quelques centres d'interprétation.

Officiellement, il n'y a pas possible de camper. Il n'y a pas non plus de transport public, une absence qui contribue à la propreté et à la sérénité de la réserve.

THUNDER BAY

Appelée "the Lakehead", Thunder Bay (sur la rive nord du lac Supérieur) est composée de deux villes, Fort William et Port Arthur. Bien que très en retrait à l'intérieur des terres, c'est l'un des principaux ports du Canada. Il assure notamment le transbordement des grains produits par les Prairies, et Thunder Bay est la première ville au monde en matière de stockage de céréales.

Sise à mi-chemin entre Sault-Sainte-Marie et Winnipeg – 720 km de chaque côté –, Thunder Bay constitue une bonne halte. La ville en elle-même offre peu d'intérêt, mais le paysage est superbe et vous pourrez vous y renseigner sur ce qu'il faut voir et faire dans la région forestière du nord de l'Ontario.

Un couple de Français furent les premiers Européens à pénétrer dans la région en 1662. Pendant des siècles, ce fut un comptoir de commerce des fourrures. En 1869, fut entreprise la route des pionniers vers l'ouest, la Dawson. En 1882, arriva le chemin de fer de la Canadian Pacific et, peu après, le premier chargement de blé de la prairie à destination de l'est par voie fluviale.

Lorsque l'on arrive par la Transcanadienne, à l'est, et par les montagnes, on aperçoit la ville qui se profile en bordure de la baie. Le long de la côte sont installés des usines de pâte à papier et des silos. Des bateaux sont amarrés dans le port et, audelà, se dessine une longue formation rocheuse ainsi qu'une ou deux îles. L'étrange péninsule rocheuse au large joue un rôle important dans la mythologie indienne. Elle serait le Grand Esprit, Nanabijou, qui fut transformé en pierre, à la suite d'une promesse non tenue. Aujourd'hui, la formation porte le nom du Géant qui dort (Sleeping Giant).

Orientation

Thunder Bay dispose encore de deux centres-villes, principalement reliés par Fort William Rd et Memorial Ave. Quant au secteur intermédiaire, il englobe uniquement quelques fast-foods et le vaste Inter City Shopping Mall (centre commercial).

Port Arthur (Thunder Bay North), plus proche de la rive du lac, semble plus prospère, plus moderne et, en règle générale, plus attrayante. Les rues principales sont Red River Rd et Cumberland St. Port Arthur's Landing, par Water St, consiste en un secteur de quais rénové et doté d'un parc. L'office du tourisme Pagoda se trouve de l'autre côté de la rue. Cette moitié de Thunder Bay compte une importante population finlandaise, comme le montrent plusieurs restaurants dans Bay St.

Bien que datant de la même époque, Fort William (Thunder Bay South) paraît plus ancien, plus terne, et dénué de l'activité caractéristique de l'autre centre-ville. Les rues principales sont May St et Victoria Ave. A leur croisement est implanté le centre commercial Victoriaville qui rassemble toute l'animation du secteur. L'office du tourisme se trouve tout à côté.

De chaque côté de Thunder Bay s'étire un cordon de motels et de restaurants.

Renseignements

L'un des offices du tourisme est installé à l'est de la ville, sur la Hwy 11/17, juste avant la bifurcation vers Lakeshore Drive et Port Arthur – à 40 km. Il est ouvert seulement en été. Situé dans le même secteur, un autre est implanté sur le parking du MacKenzie Inn.

Dans le centre-ville sont regroupés plusieurs bureaux de renseignements. A Port Arthur, le principal office du tourisme estival (☎ 345-6812) est central, dans la Pagode 1910 du parc, à l'angle de Red River Rd et de Water St. Il est ouvert tous les jours.

A Fort William, un bureau (☎ 623-7577) se cache dans le parc central Paterson, au croisement de May St et de Miles St. Hors saison, vous pourrez obtenir des informations du Visitors & Convention Bureau, 520 Leith St. Un autre guichet d'information est implanté à Old Fort William.

Le North of Superior Tourism, au 1184 Roland St, pourra vous fournir des renseignements supplémentaires sur la région.

Thunder Bay Museum

Ce petit musée historique (☎ 623-0801), 219 May St South (à l'angle de Donald St) est ouvert tous les jours, en été, de 11h à 17h. Le reste de l'année, il est fermé le lundi. Il contient des objets indiens et une collection de vestiges les plus divers sur l'histoire de la région, relatifs au commerce des fourrures, à l'exploitation minière et aux premiers pionniers. L'entrée est gratuite.

Le port

C'est le second plus grand port au monde, compte tenu des tonnes de grains stockées grâce aux gigantesques élévateurs sis en bordure du lac. Terminaux, élévateurs et autres procédés de stockage s'étendent sur 45 km de quais. Aux chantiers navals de Port Arthur sont construits et réparés de gigantesques cargos.

Au milieu des quais se trouve le Keefer Complex (☎ 345-6812), qui permet la circulation des cargos. Le terminal Keefer assure essentiellement la manutention des ressources en matériel et des grains. Il est installé tout au bout de Main St, qui donne dans Fort William Rd. Impossible de ne pas apercevoir les nombreux silos à grains gérés par différentes sociétés privées, tel que le Saskatchewan Wheat Pool Grain Elevator (☎ 623-7577).

Entre les deux moitiés de la ville, on remarquera aussi le très haut chevalet ferroviaire, CN High Dock. Il fut utilisé jusqu'au milieu des années 80, pour transférer le minerai de fer et la potasse des trains sur les cargos.

Pas de visite guidée des diverses activités du port, mais le *Welcome*, un bateau de croisière, sillonne dans le port, à proximité des terminaux, et le capitaine pourra répondre à vos questions concernant le fonctionnement du port et ses aménagements (voir ci-dessous à la rubrique *Circuits organisés*).

Prince Arthur's Landing

Situé dans Prince Arthur, près du lac, en face de l'office du tourisme Pagoda, le quai d'embarquement est une zone en rénovation. Elle regroupe la marina, le dock où sont amarrés le *Welcome* et des bateaux de pêche, une petite galerie d'art et un restaurant installé dans une vieille gare ferroviaire. Mais le site offre surtout des espaces verts avec quelques chemins de promenade qui serpentent autour des trois jetées. Le meilleur est celui qui rejoint Wilson St Headland, avec des vues sur le lac et les docks.

Parcs

Centennial Park. C'est un vaste parc naturel boisé, situé à l'extrémité est de Port Arthur, près de la Hwy 17. Il longe la rivière Current, qui coule dans le lac Boulevard avant de pénétrer dans le lac Supérieur. Le parc se trouve juste après le pont du lac Boulevard, par Arundel St. L'entrée est gratuite. Plusieurs sentiers longent la rivière et traversent les bois. On a reconstitué un camp forestier datant de 1910 – qui présente peu d'intérêt à l'exception des cabanes en rondins. Un petit musée présente une souche de pin blanc vieille de deux cent cinquante ans. Les dates correspondent aux divers cercles de croissance de l'arbre. Vous trouverez également des canoës et des bateaux à louer. Une fois sorti du parc, montez par la route jusqu'au Bluffs Scenic Lookout, pour une belle vue sur le lac et la côte.

International Friendship Gardens. Ce parc urbain d'une belle taille donne dans

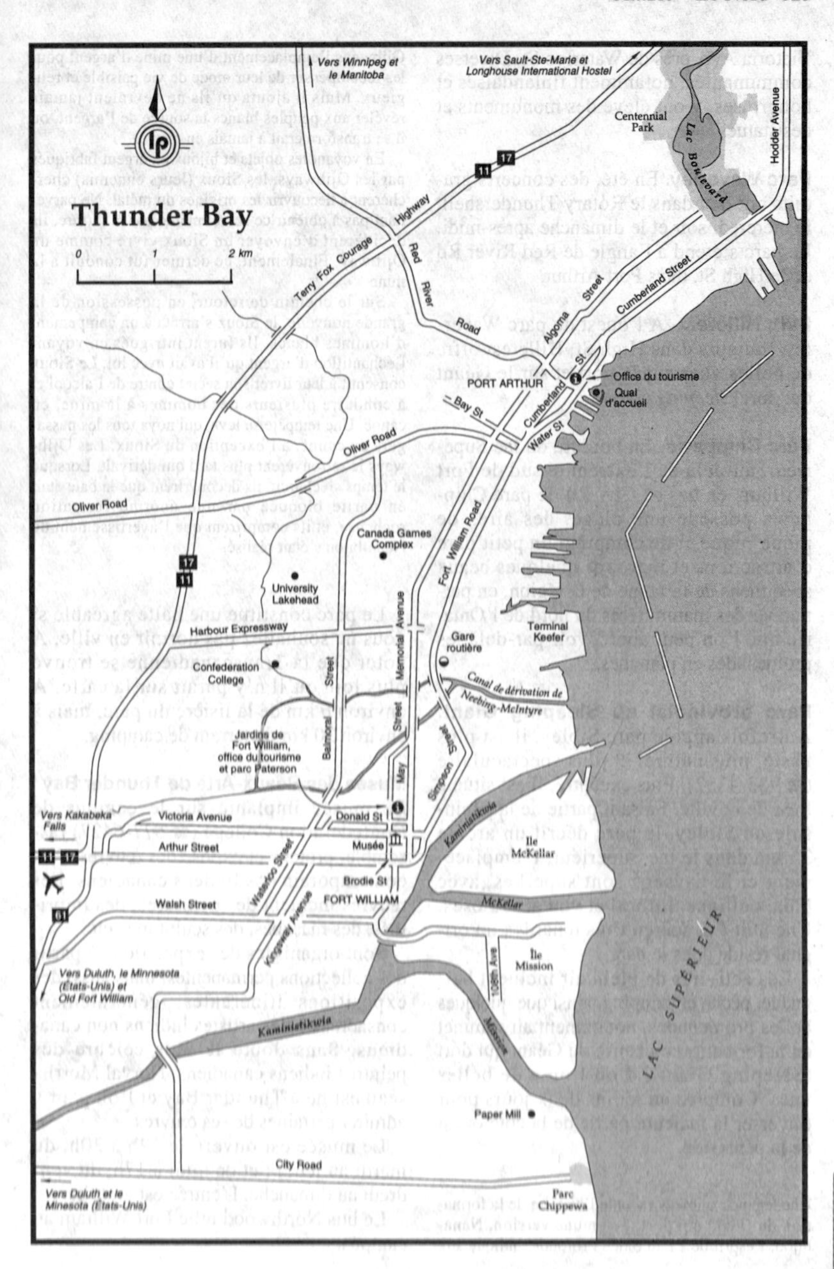

Thunder Bay
0
1
2 km
Vers Winnipeg et le Manitoba
Vers Sault-Ste-Marie et Longhouse International Hostel
Centennial Park
Lac Boulevard
Hodder Avenue
17
11
Highway
Terry Fox Courage
Red River Road
Algoma Street
Cumberland Street
PORT ARTHUR
Office du tourisme
Quai d'accueil
Bay St
Cumberland St
Water St
Oliver Road
Oliver Road
Canada Games Complex
University Lakehead
Fort William Road
Harbour Expressway
Memorial Avenue
Terminal Keefer
Gare routière
Confederation College
Balmoral Street
Canal de dérivation de Neebing-McIntyre
Jardins de Fort William, office du tourisme et parc Paterson
May Street
Simpson Street
Vers Kakabeka Falls
Victoria Avenue
Donald St
Arthur Street
Musée
Kaministikwia
Ile McKellar
Waterloo Street
Brodie St
FORT WILLIAM
Walsh Street
Kingsway Avenue
McKellar
61
Île Mission
106th Ave
Mission
LAC SUPÉRIEUR
Vers Duluth, le Minnesota (États-Unis) et Old Fort William
Kaministikwia
Paper Mill
City Road
Vers Duluth et le Minesota (États-Unis)
Parc Chippewa
ONTARIO

Victoria Ave, près de Waterloo St. Diverses communautés, notamment finlandaises et hongroises, y ont élevé des monuments et des statues.

Parc Waverley. En été, des concerts gratuits ont lieu dans le Rotary Thundershell, le mercredi soir et le dimanche après-midi. Le parc s'étend à l'angle de Red River Rd et de High St, dans Port Arthur.

Parc Hillcrest. A l'ouest du parc Waverley, toujours dans High St, Hillcrest offre de belles vues sur le port et sur le Géant qui dort (*Sleeping Giant*).

Parc Chippewa. En bordure du lac Supérieur, au-delà de l'extrémité sud de Fort William, en bas de City Rd, le parc Chippewa possède une plage, des aires de pique-nique et de camping, un petit parc d'attractions et regroupe quelques beaux spécimens de la faune de la région, en particulier des mammifères du nord de l'Ontario que l'on peut apercevoir par-delà les promenades en planches.

Parc provincial du Sleeping Giant. Autrefois appelé parc Sibley, il est plus vaste, plus naturel et plus spectaculaire (☎ 933-4332). Plus excentré, il est situé à l'est de la ville. Faisant partie de la péninsule de Sibley, le parc décrit un arc de 35 km dans le lac Supérieur. L'emplacement et le paysage sont superbes, avec bois, collines, littoral et vue grandioses. Une nuit j'ai aperçu trois renards ; un orignal réside dans le parc.

Les activités de plein air incluent baignade, pêche et camping, ainsi que quelques belles promenades, notamment au sommet de la formation rocheuse du Géant qui dort (Sleeping Giant), d'où l'on a de belles vues. Comptez au moins deux jours pour traverser la majeure partie de la côte ouest de la péninsule.

Une légende ojibway raconte l'histoire de la formation du Géant qui dort. Selon une version, Nanabijou, l'esprit de l'Eau Salée Profonde, indiqua aux Ojibways l'emplacement d'une mine d'argent pour les récompenser de leur mode de vie paisible et religieux. Mais il ajouta qu'ils ne devraient jamais révéler aux peuples blancs la source de l'argent, ou il se transformerait à jamais en pierre.

En voyant les objets et bijoux en argent fabriqués par les Ojibways, les Sioux (leurs ennemis) cherchèrent à découvrir les origines du métal. Ne parvenant pas à obtenir ce secret même par la torture, ils décidèrent d'envoyer un Sioux vivre comme un Ojibway. Finalement, ce dernier fut conduit à la mine.

Sur le chemin de retour, en possession de la grande nouvelle, le Sioux s'arrêta à un campement d'hommes blancs. Ils furent intrigués en voyant l'échantillon d'argent qu'il avait avec lui. Le Sioux consentit à leur livrer son secret contre de l'alcool et à conduire plusieurs des hommes à la mine, en canoë. Une tempête se leva, qui noya tous les passagers du canoë, à l'exception du Sioux. Les Ojibways le retrouvèrent plus tard qui dérivait. Lorsque le temps s'éclaircit, ils découvrirent que la baie était en partie bloquée par une énorme formation rocheuse, et ils comprirent que l'avertissement de Nana-bijou s'était réalisé.

Le parc constitue une halte agréable si vous ne souhaitez pas dormir en ville. A noter que la Transcanadienne se trouve plus loin qu'il n'y paraît sur la carte. A environ 6 km de la lisière du parc, mais à environ 30 km du terrain de camping.

Musée des Beaux-Arts de Thunder Bay

Le musée implanté sur le campus de Confederation College (☎ 577-6427) rassemble, protège et expose des œuvres d'art contemporain des Indiens canadiens. Les œuvres incluent des peintures, des imprimés, des masques, des sculptures, etc.

Sont organisées des expositions à partir des collections permanentes, mais aussi des expositions itinérantes, généralement consacrées à des artistes indiens non canadiens. Sans doute le plus célèbre des peintres indiens canadiens, Norval Morrisseau est né à Thunder Bay et l'on peut y admirer certaines de ses œuvres.

Le musée est ouvert de 12h à 20h, du mardi au jeudi ; et de midi à 17h, du vendredi au dimanche. L'entrée est gratuite.

Le bus Northwood relie Fort William au campus.

Site Biloski

Ce site archéologique indien fut découvert en 1984, au moment du développement du quartier de Cherry Ridge, en vue de la construction de nouvelles maisons.

Le site se trouve à l'est de la Hwy 11/17, près du rivage. Nombre d'outils et d'armes découverts sur le site sont exposés au Thunder Bay Museum.

Old Fort William

Plusieurs attractions de Thunder Bay parmi les plus réputées se trouvent en dehors de la ville, notamment le Old Fort William (☎ 577-8461). Cet ensemble fortifié, comprenant 42 bâtiments dispersés sur plus de 50 ha à l'ouest de la ville, non loin de l'aéroport et de Broadway Ave, mérite une visite.

De 1803 à 1821, Fort William servit de quartier général à la North West Fur-Trading Company. C'est là que voyageurs et Indiens faisaient le commerce des fourrures, que colons et explorateurs arrivèrent de l'est. En 1821, après bien des discussions, la compagnie fut absorbée par sa principale rivale, la Compagnie de la Baie d'Hudson, et Fort William périclita.

Le fort recrée certains aspects du comptoir d'autrefois, au moyen de bâtiments, d'outils, d'objets et de documents. Les gardiens en costume font revivre quelques activités de l'époque. Les présentations les plus intéressantes incluent un campement indien et la fabrication d'un canoë. On pourra aussi voir quelques animaux de ferme, dans un enclos séparé.

Comptez au moins une demi-journée sans vous presser pour visiter l'ensemble. Chaque année, les organisateurs semblent faire preuve de nouvelles idées. En août, essayez d'assister à l'Ojibway Keeshihunan, un festival indien qui dure deux jours.

Vous pourrez déguster à la cantine du fort de la cuisine préparée sur place. C'est bon et pas cher.

L'entrée est de 7,25 $ (réduction pour les familles). Des manifestations spéciales ont régulièrement lieu en été. Le fort est ouvert toute l'année ; de la fin juin au début de septembre, il est ouvert de 10h à 18h.

Bien que le fort soit très éloigné de la ville, des bus urbains vous déposeront à proximité. Ils partent des terminaux de Fort William ou de Port Arthur, toutes les heures. Le dernier bus quitte le fort à 17h45. Mais renseignez-vous pour l'horaire, et pour d'autres informations appelez le fort. Il est également possible de se rendre au fort *via* le bateau de croisière le *Welcome* (voir plus loin la rubrique *Circuits organisés*).

Kakabeka Falls

Sises dans un parc provincial, à 25 km à l'ouest de Thunder Bay, par la Hwy 17, ces chutes d'environ 40 m de haut méritent le coup d'œil. C'est au printemps qu'elles sont le plus impressionnantes, lorsque l'eau atteint une hauteur maximale dans la rivière, ou après de fortes pluies. Vers la fin de l'été 1993, qui fut particulièrement arrosé, les chutes ressemblaient à de "mini-Niagara". Des plaques retracent le sacrifice de la princesse ojibway Green Mantle, qui sauva son village d'une attaque des Sioux en les entraînant dans les chutes.

Les visiteurs se rendent surtout sur le site pour y prendre des photographies, mais le parc en lui-même est agréable, avec ses aires de camping et de pique-nique, ses petites plages et ses baignades. L'accès aux chutes est gratuit.

Mont Mackay

Le mont Mackay est la plus haute montagne de la chaîne du Nord-Ouest. Il s'élève en effet à 350 m et offre de belles vues sur Thunder Bay et les environs. Le point de vue se trouve sur une réserve ojibway et vous devrez payer 4 $ par voiture pour utiliser la route en zigzag jusqu'au sommet. Le panorama ne vaut pas réellement cette somme, et vous aurez une meilleure vue du Sleeping Giant du Terry Fox Lookout, par la Transcanadienne.

Le mont Mackay se dresse au sud-ouest de Fort William. Empruntez Edward St vers City Rd, en direction du parc Chippewa, et suivez les panneaux. La route qui mène au mont Mackay traverse une zone résidentielle de la réserve. Au sommet vous attend un snack-bar et une boutique de souvenirs. Un sentier de randonnée conduit jusqu'au pic. On peut camper, mais les aménagements sont très rudimentaires. Pas de transport public jusqu'au site.

La légende raconte que les Ojibways se mirent à cultiver la terre et à faire pousser du blé. Mais, un jour, la récolte fut détruite par d'incessantes volées de merles. Les chasseurs ne parvinrent pas à compenser la récolte perdue, en raison des neiges précoces. L'eau gela, rendant la pêche difficile, et bientôt il n'y eut même plus d'appâts. En désespoir de cause, la fille du chef préleva des bandes de chair sur ses jambes et les offrit aux pêcheurs comme appâts. On réussit à prendre suffisamment de poissons pour nourrir la tribu affamée, mais la fille du chef mourut. En son honneur, un prêtre fit construire une petite chapelle au sommet du mont Mackay, où elle se dresse toujours. Chaque année, à Thanksgiving, des prières sont dédiées à la prochaine récolte.

Terry Fox Courage Hwy

Au nord-ouest de la ville, un tronçon de la Transcanadienne a reçu le nom du jeune Canadien qui, au début des années 80, alors qu'il se mourait d'un cancer, tenta de traverser le Canada pour récolter des fonds pour la recherche sur le cancer. Après avoir été amputé d'une jambe, il se rendit de Terre-Neuve à Thunder Bay, recueillit des millions de dollars et devint un héros national avant de succomber. Chaque année se déroule dans plusieurs villes du Canada et du monde entier le Terry Fox Memorial Runs afin de collecter d'autres fonds pour la recherche. Le monument qui lui est dédié se dresse à l'est de la ville.

Activités

Canoë. Wildwaters Nature Tours (☎ 767-2022), à l'extérieur de la ville, dans Dog Lake Rd, propose des expéditions en canoë de longueur et de prix divers. Elles comprennent découverte de la faune, photographie et pêche. Est également assurée une expédition réservée aux femmes, ainsi que des descentes de rapides.

Pêche. Des charters pour la pêche dans le lac Supérieur (saumon) sont disponibles à la marina de Thunder Bay. On peut aussi pêcher la truite dans les cours d'eau avoisinants. L'office du tourisme vous fournira une liste des points d'eau de la région dressée par le ministère des Ressources naturelles.

De Thunder Bay à Kenora, près de la frontière du Manitoba, vous attendent d'innombrables gîtes et campements de pêche. Nombre de pêcheurs se rendent en avion jusqu'aux lacs les plus retirés. Consultez les offices du tourisme. On peut aussi louer des canoës.

Mines d'améthyste. L'améthyste (une variété de quartz) est une pierre pourpre semi-précieuse que l'on trouve à plusieurs endroits aux environs de Thunder Bay. De nombreuses superstitions entourent l'améthyste. Les Grecs, notamment, pensaient qu'elle protégeait de l'ivresse, d'où les nombreuses coupes de vin creusées dans cette pierre. Les veines d'améthyste affleurent généralement à la surface, et sont donc faciles à détecter. Dans un rayon de 50 km autour de la ville, cinq sites sont accessibles aux visiteurs. Si vous manquez de chance, des échantillons sont vendus sur le site même, tandis qu'en ville sont proposés bijoux et souvenirs. L'office du tourisme dispose d'une liste de toutes les mines.

L'accès aux sites est gratuit (à l'exception d'un seul). Vous devez juste payer pour les échantillons que vous avez dénichés et souhaitez garder.

Thunder Bay Amethyst Mine Panorama est une vaste propriété accessible par East Loon Lake Rd, à l'est de la Hwy 587 South. Le site s'étend à 7 km au nord de la Transcanadienne et, par endroits, la route est cahoteuse et raide. L'entrée est de 1 $.

Trois sites, plus petits, sont rassemblés sur Rd N°5 North, plus à l'est encore qu'East Loon. Impossible de manquer les trois entrées de mines, sises de 4 km à 6 km au nord de la Transcanadienne. On vous donnera une pelle et un seau, on vous indiquera le chemin à prendre et on vous souhaitera bonne chance ! Tous les sites sont ouverts tous les jours, de mai à octobre, avec, pour chacun, une boutique au sous-sol.

Sauna. Vous pourrez prendre un sauna chez Kanga's (☎ 344-6761), 379 Oliver Rd. Les saunas finlandais sont populaires dans la région. Chez Kanga's, on vous servira aussi des plats et de délicieux desserts finlandais. (Voir aussi plus haut la rubrique *Canada Games Complex*.)

Circuits organisés

Le bureau touristique de la Pagode distribue des dépliants sur les visites axées sur l'architecture de Port Arthur, avec description et localisation de quelques églises, plusieurs demeures et bâtiments intéressants. Il existe une brochure similaire pour le centre-ville de Fort William.

En été, des excursions en bateau du port et des quais sont offertes tous les jours à bord du *Welcome* (☎ 344-2512). Excursion l'après-midi et le soir pendant deux heures, avec commentaires. C'est réellement le seul moyen de visiter le port. Une autre option est proposée par la croisière Old Fort William, qui comprend le trajet jusqu'au site historique du vieux fort, une visite des lieux pendant trois heures, et le retour en ville en bus. Cet itinéraire est valable dans les deux sens. Téléphonez pour plus de détails et plus de précisions sur les horaires.

Festivals

Le Jamboree, une manifestation annuelle, se déroule dans le port, avec des festivités centrées autour de la marina à Prince Arthur's Landing, sur les quais de Port Arthur.

A la mi-août, vous pourrez assister à la Festa Italia, qui a lieu pendant une journée dans le quartier italien à l'extrême nord de la ville, avec jeux, attractions et spécialités.

Renseignez-vous sur le First Nation Powwow, qui accueille notamment des danseurs indiens, et se déroule sur le mont Mackay vers le 1er juillet.

Où se loger

Camping. Thunder Bay est l'une des rares villes disposant d'excellents terrains de camping à proximité. A l'ouest, le *Trowbridge Falls* (☎ 683-6661), sur la Hwy 11/ 17, à environ 500 m au nord de Copenhagen Rd, est dirigé par la municipalité de Thunder Bay, car adjacent au Centennial Park.

Plus à l'ouest, sur la Hwy 17 (Transcanadienne), à la jonction de la Hwy 800, se trouve un terrain de camping *KOA*. Un emplacement coûte environ 12 $. Cherchez la route qui mène à la zone skiable du mont Baldy : le camping est à proximité, en face de la route.

Il existe un camping municipal au sud-ouest de la ville, au *Chippewa Park* (☎ 623-3912), à une courte distance en voiture du site historique de Old Fort William. Depuis la jonction des Hwys 61 et 61B, parcourez 3,2 km sur la Hwy 61B, en direction de City Rd, et surveillez les panneaux. Le parc borde le lac. Des spécimens de la plupart des mammifères des terres vierges de l'Ontario septentrional résident dans le parc.

Vous trouverez aussi un agréable terrain de camping, plus à l'ouest, au parc provincial Kakabeka Falls.

Auberges de jeunesse. La *Longhouse Village Hostel* (☎ 983-2042), qui dépend des Backpackers, est confortable et ouverte toute l'année. Elle est éloignée de la ville – 22 km à l'est, au 1594 Lakeshore Drive (Rural Route 13) – mais mérite cet effort. L'emplacement est vert et tranquille, l'atmosphère amicale et détendue. Le couple qui la dirige, Lloyd et Willa Jones, passèrent six ans comme missionnaires et instituteurs baptistes à Bornéo (des souvenirs sont éparpillés un peu partout). C'est eux qui assurent le bon fonctionnement de la chaîne Backpackers des auberges de jeunesse internationales. Pour plus d'informations sur ce réseau, écrivez-leur (code postal P7B 5E4).

Les Jones connaissent bien la région et pourront vous renseigner sur les baignades, les promenades, le Mackenzie Point et la chute d'eau dans les bois.

Ils servent une nourriture simple et on peut utiliser la cuisine. Chambres et lits sont disséminés sur toute la propriété, dans diverses unités d'habitation, y compris une caravane, des cabines, la maison principale et même un bus. Comptez 13 $. On peut aussi planter sa tente sur la pelouse pour 9 $ (familles et couples sont admis).

Depuis la route principale, redescendez MacKenzie Station Rd (accessible à pied). L'hôtel se trouve près du croisement – à ma connaissance, c'est la seule auberge de jeunesse dotée d'une enseigne électrique. La ville ne dispose pas de bus urbains (voir la rubrique *Comment circuler* sur les bus Greyhound). Le *YM-YWCA* ne loue pas de lits.

On peut aussi loger à la *Lakehead University Residence* (☎ 345-2121), du 1er mai au 20 août. Les simples/doubles coûtent 28/38 $ (20/30 $ pour les étudiants). On peut y prendre son petit déjeuner. L'université est installée au 855 Oliver Rd, entre les deux centres-villes, un peu à l'ouest. Le bus qui sillonne la ville passe devant le campus dans les deux sens.

B&B. Économiques, les B&B prennent généralement 35 $ pour une simple, 50 $ pour une double, petit déjeuner compris. Malheureusement, ils changent souvent, et sont assez rares. Ce ne sont pas de véritables établissements commerciaux, ils ne fonctionnent souvent qu'en été, et par conséquent ne sont pas répertoriés. L'office du tourisme pourra toutefois vous communiquer les adresses les plus courantes.

Le *Unicorn Inn* (☎ 475-4200), est un endroit agréable. Les simples coûtent 47 $, les doubles 60 $. Les chambres au rez-de-chaussée de la vieille ferme sont confortables et le petit déjeuner mérite qu'on se réveille tôt ! L'établissement est situé hors de la ville, à environ une demi-heure en voiture, à Unicorn Road, Rural Route 1, South Gillies (voir la rubrique *Où se restaurer*, pour un itinéraire plus précis. Mieux vaut réserver).

Hôtels. Le *Prince Arthur Hotel* (☎ 345-5411), à l'angle de Cumberland St et de Red River Rd, à côté de l'office du tourisme de la Pagode, est vaste. Il dispose notamment de plusieurs salles à manger. Comptez 70 $ pour une simple ou une double. Certaines chambres donnent sur le lac.

A Fort William, d'un accès plus pratique à l'aéroport et aux gares routière et ferroviaire, l'*Intowner* (☎ 623-1565), à l'angle de Arthur St East et de Brodie St South, est petit, bon marché et propre. Il est adjacent à un restaurant et un bar populaire avec orchestre (bruit dans les chambres jusqu'à 1h du matin). Comptez 35 $ pour une simple.

L'établissement le meilleur marché est l'*Hotel Empire* (☎ 622-2912), 140 Simpson St, qui propose des simples/doubles à 18/24 $ (plus 2 $ pour la clé). Il y a aussi un snack et un bar.

D'une catégorie nettement supérieure, le *Best Western Crossroads Motor Inn* (☎ 577-4241) vous attend au 655 West Arthur St.

Motels. Les cordons de motels récents offrent un hébergement généralement bon marché. Les motels sont concentrés dans deux zones, aux abords de la ville, tandis que quelques-uns sont disséminés entre les deux centres, le long de Memorial Ave. C'est là que vous trouverez le *Circle Inn* (☎ 344-5744) et le *Sleeping Giant Motor Hotel* (☎ 345-7316), avec 50 chambres chacun. Comptez 43 $ pour une double. Tout près, le *Venture Inn* (☎ 345-2343) appartient à une catégorie supérieure.

A Port Arthur, la zone des motels se situe dans Cumberland St et alentour. Elle se dirige vers Hodder Ave, qui mène ensuite à l'Expressway ou à la Hwy 17 East. Les motels sont essentiellement agglutinés à proximité des élévateurs de grains, en bordure de l'eau. Cumberland St mène directement au centre-ville de Port Arthur.

Le *Strathcona* (☎ 683-8351), 546 Hodder St, est un petit établissement bien tenu, bleu et blanc. Les simples ou les doubles coûtent de 45 $ à 55 $.

Le *Hodder Avenue Motel* (☎ 683-8414), 321 Hodder Ave, est un endroit charmant. Comptez 32/36 $ pour une simple/double.

Le *Lakeview* est l'établissement jaune pâle qui se dresse au 391 Cumberland St, à gauche, lorsque l'on approche de Thunder Bay. Il loue des simples et des doubles à 42 $, avec la TV par câble. Cumberland St compte d'autres adresses meilleur marché.

L'autre secteur de motels longe Arthur St, vers la périphérie de la ville, du centre de Fort William à l'aéroport et au-delà. Quelques motels sont alignés de chaque côté de Kingsway Ave, par Arthur St, mais ils sont plus chers qu'ils ne le méritent.

Le *Ritz Motel* (☎ 622-4112), 2600 Arthur St East, est confortable et dispose de quelques kitchenettes. Dans ce bâtiment rouge brique à proximité de la ville, les chambres coûtent de 44 $ à 60 $.

Le *Paradise Motel*, 221 Arthur St West, est moins cher. Meilleur marché encore, mais confortable, le *Bob's Motel* (☎ 475-4546), 235 Arthur St West, loue des chambres à partir de 39 $.

Où se restaurer

Port Arthur. Au 11 South Cumberland St, le *Deli Greens Café* est recommandé pour ses soupes, ses sandwiches frais à des prix avantageux.

Tout à côté, au 25 South Cumberland St, le *Prospector*, bien connu, est un grill-room qui sert de la viande provenant d'un ranch de la région. Comptez de 15 $ à 20 $ pour un steack. Autre spécialité au menu, le *walleye*, un des meilleurs poissons canadiens d'eau douce. Le restaurant se trouve à l'angle de Cumberland St et Park Ave. Il est ouvert tous les jours à 17h, ferme à 21h du lundi au jeudi, à 22h le vendredi et le samedi, et à 20h le dimanche. Il y a aussi des menus pour enfants.

Le *Hoito*, 314 Bay St, est un restaurant finlandais ouvert depuis 60 ans. Il est réputé pour sa cuisine faite maison, servie dans un décor très simple. Vous trouverez deux autres restaurants similaires dans ce quartier finlandais, ainsi qu'une boulangerie finlandaise, dans Second St, non loin du croisement. Au 189 South Algoma St, près de Bay St, l'*Expresso* sert des expressos et des capuccinos.

Si vous rêvez de saveurs extrême-orientales, rendez-vous au *Cumberland*, 45 South Cumberland St (de l'autre côté du Keskus Mall), qui sert des plats de nouilles bon marché. A proximité, au n°10, le *Subway* vend des sandwiches géants à un prix intéressant.

Les centres commerciaux disposent également de restaurants. L'*Office*, dans le Keskus Mall, Red River Rd, est un pub qui offre repas bon marché et orchestre (Top 40 et blues) le soir.

Loin du cœur de la ville, 901 Red River Rd (à l'angle de Junot Ave), le *Port Arthur Brasserie* est une brasserie populaire, où l'on sert un brunch le dimanche.

De nombreux comptoirs proposent hamburgers et mets similaires dans Memorial Ave, qui relie les deux parties de la ville. Le meilleur est le *Bonanza*, au n°1075, qui sert des repas très bon marché. Célèbre pour ses steaks bon marché, il propose aussi du poulet et du poisson. Toujours dans Memorial Ave se dresse l'Inter City Shopping Mall (prix avantageux) et le *Casey's* (au n°450), ou l'*East Side Mario's* (au n°1170), tous deux surtout fréquentés par une clientèle jeune.

Fort William. Le *Columbia Grill & Tavern*, 123 May St, est un restaurant amical, fréquenté par la population locale. Il devint célèbre au début des années 90, pour avoir employé pendant quelque temps Laurie "Bambi" Bembenek, la protagoniste de l'une des affaires criminelles les plus passionnantes d'Amérique du Nord, alors qu'elle cherchait à échapper à la justice des États-Unis. Le restaurant est ouvert tous les jours dès 8h pour le petit déjeuner. Le *Venice Grill*, 636 Simpson St, est également un restaurant simple mais bon. Il sert d'excellents petits déjeuner à des prix raisonnable et il est ouvert tous les jours, sauf le dimanche.

Le *Royal Canadian Legion, Polish Branch*, 730 Simpson St, dispose d'une petite cafétéria et d'un bar où l'on sert des portions généreuses pour un prix modeste.

Victoria Mall, ou le Victoria Centre, en plein centre-ville, prépare une bonne cuisine. Le *Boston Pizza*, 217 Arthur St West, sert des pâtes et des côtes de porc bon marché.

Le *Williams Restaurant*, 610 Arthur St West, propose un menu canadien standard et quelques plats mexicains. La nourriture est excellente et les portions sont copieuses, mais assez chères. Comptez 20 $ pour un dîner. Le *Timbers*, 1 Valhalla Inn Rd, dans la Valhalla Inn, propose des repas mexicains le lundi et le mardi soir, des plats italiens les deux soirs suivants, et de la cuisine chinoise le vendredi et le samedi.

A environ une demi-heure en voiture au sud-ouest de la ville, le *Unicorn Inn*, une ferme datant du début du siècle, est le meilleur restaurant du nord de l'Ontario et est considéré comme l'un des meilleurs du pays. Empruntez la route principale 61 au sud de la ville, pendant 20,2 km, depuis l'aéroport, puis bifurquez dans la Hwy 608 pour South Gillies. Le restaurant est installé dans Unicorn Rd. Mieux vaut réserver (☎ 475-4200) au moins une semaine à l'avance pour le dîner. C'est un établissement élégant et cher – le prix fixe du repas, des entrées au dessert dépasse les 30 $ par personne. Une partie de la ferme fait également office de B&B.

Distractions

Bars et boîtes de nuit. Le *Innplace* est un bar d'hôtel populaire. Il est implanté dans Intowner, à l'angle d'Arthur St et de Brodie St. Vous y entendrez surtout de la pop-rock commerciale. Les spectacles changent souvent comme le prix du couvert.

Le *Pacific Club*, 201 Syndicate Ave, est une boîte de nuit avec piste de danse et musique enregistrée. L'*Elephant & Castle*, dans l'Inter City Shopping Mall, est un pub doté d'une vaste piste de danse. Le *Casey's*, 450 Memorial Ave, est d'abord un restaurant mais sert aussi de bar où l'on peut prendre un verre en écoutant de la musique pop. *Armani's*, un restaurant élégant du centre de Fort William, 513 East Victoria St, propose un bar sur le toit, en été.

Théâtre. Un programme estival, Moonlight Melodrama (☎ 623-7838), a lieu au théâtre situé au sous-sol du Kekus Harbour Mall, 230 Park Ave, dans Thunder Bay North.

Comment s'y rendre

Avion. L'aéroport de Thunder Bay est situé à environ 15 mn en voiture du sud-ouest de la ville, à la jonction de la Hwy 11/17 (Transcanadienne) et de la Hwy 61 vers Duluth, dans le Minnesota (États-Unis).

Air Canada (☎ 623-3313) et Canadian Airlines (☎ 577-6461) offrent des vols pour Winnipeg (280 $) et Toronto (295 $).

Bearskin Airlines (☎ 475-0066) dessert la région et les autres villes septentrionales de la province.

Bus. Le dépôt des bus Greyhound (☎ 345-2194) est plus proche de Fort William, mais situé entre les deux centres-villes, au 815 Fort William Rd (près de l'Inter City Shopping Mall). Il est très éloigné du centre de Fort William, au nord. Mieux vaut prendre un bus urbain. Le bus Mainline passe devant la porte du dépôt lorsqu'il relie Fort William à Port Arthur.

Pour Winnipeg (68 $) et quelques destinations plus à l'ouest, sont assurées trois liaisons de bus par jour, avec départ très tôt le matin et jusque tard dans la nuit. Pour Sault-Sainte-Marie (73 $) et diverses villes à l'est, comme Toronto, sont également prévus trois bus par jour, avec des horaires s'étalant là aussi sur vingt-quatre heures. Pour Sudbury (89 $), une seule liaison par jour, avec départ au début de la soirée.

Les bus Grey Goose rejoignent Fort Francis et le Manitoba *via* les États-Unis.

Train. Le terminal VIA Rail se trouve dans la gare de passagers Canadian Pacific, sise à Fort William, dans Syndicate St, juste au sud d'Arthur St, près de l'hôtel de ville. Tous les services ferroviaires au départ ou à l'arrivée de Thunder Bay ont été supprimés. Le train qui traverse l'Ontario passe maintenant au-dessus de Thunder Bay, au nord.

Voiture. Avis (☎ 577-5766), 1475 Walsh St West, prend 31,95 $ par jour, avec 200 km gratuits. Comptez 0,15 $ du kilomètre supplémentaire. Budget Rent-a-Car (☎ 345-2425), 899 Copper Crescent, offre des forfaits week-end intéressants. Plusieurs agences avec guichets sont installées à l'aéroport, dont Thrifty (tarifs week-end avantageux) et Tilden (bureaux en ville).

Thunder Bay est à 720 km de Sault-Sainte-Marie, 731 km de Winnipeg et 315 km de Duluth (dans le Minnesota aux États-Unis). Comptez huit heures jusqu'à Winnipeg.

On peut faire un tour circulaire du nord de l'Ontario en voiture en partant de Thunder Bay, pour rejoindre le lac Nipigon, puis suivre la Hwy 11 (la route provinciale la plus septentrionale), traverser Geraldton et Kapuskasing, et revenir vers le sud par Timmins, Sudbury ou North Bay. Les parcs provinciaux jalonnent à intervalles réguliers la Hwy 11. Les villes sont petites.

En stop. Les voyageurs en route pour l'ouest devront se diriger vers Arthur St. La navette de l'aéroport vous déposera à un endroit pratique. Ou bien, si vous arrivez jusqu'à la Hwy 102 (Red River Rd-Dawson Rd), à la bordure nord de Port Arthur, vous économiserez quelques kilomètres sur la Hwy 11/17, avant de bifurquer en direction de Winnipeg. Vers l'est, installez-vous n'importe où sur la Hwy 17. Pour 4 $, le Greyhound vous emmènera à la lisière est de la ville, mais demandez au chauffeur de vous laisser descendre avant l'arrêt.

Comment circuler

Desserte de l'aéroport. Une navette part du terminal des bus urbains, à côté de l'office du tourisme du parc Paterson (à Fort William, à l'angle de May St et de Miles St), toutes les 20 mn jusqu'à 18h, puis toutes les 40 mn. Le trajet prend environ un quart d'heure.

Un bus urbain, l'"Arthur", part également de Fort William et vous dépose devant l'aéroport. Il est plus lent, mais moins cher. Vous pouvez le prendre n'importe où dans Arthur St.

Bus. Le réseau de bus fonctionne bien et couvre tous les quartiers de la ville. Par ailleurs, les conducteurs sont parmi les plus amicaux et coopératifs du pays. Pour tout renseignement, appelez le ☎ 344-9666.

A Fort William, le terminal des bus se trouve en face de l'office du tourisme, à l'angle de May St et de Miles St. Pour se rendre à l'autre bout de Port Arthur, prenez le bus Memorial dans May St, ou le bus Mainline dans Fort William St (pour aller dans l'autre sens).

A Port Arthur, le terminal est installé à l'angle de Water St et de Camelot St (en bas de Cumberland St), près des quais. L'office du tourisme de la Pagode est la porte à côté.

Le bus qui traverse la ville dans les deux sens dessert l'université. Le bus Neebing relie le terminal de Fort William au site historique de l'Old Fort William.

Pour l'auberge de jeunesse, il n'existe pas de bus ubains. Prenez le Greyhound vers l'est au terminal, 815 Fort William Rd. Pour 4 $, il vous emmènera par Lakeshore Drive jusqu'à l'auberge (ou vous laissera du moins dans MacKenzie Station Rd, à la Transcanadienne, d'où vous devrez marcher 1 ou 2 km jusqu'à l'établissement). Indiquez au chauffeur votre destination.

OUEST DE THUNDER BAY

Au-delà de Kakabeka, le trafic s'amenuise considérablement. A Shabaqua, la route principale bifurque au sud pour Atikokan et Fort Frances, au nord pour Kenora et la frontière du Manitoba. Sur ce tronçon de la Transcanadienne, roulez prudemment la nuit, car les orignaux sont fréquents. Dans la région d'Upsala, un panneau indique la ligne de partage des eaux arctiques. De là, l'eau coule vers le nord. Un autre indique un changement de fuseau horaire – on gagne une heure en se dirigeant vers l'ouest.

Parc provincial de Quetico

Cet immense parc naturel (☎ 597-2735) s'étend sur 100 km de long et 60 km de large. Il est relié à un autre parc frontalier (dans le Minnesota). Quetico est dépourvu de tout aménagement, à l'exception d'un vaste terrain de camping. Ceux qui recherchent avant tout la paix et la tranquillité pourront pratiquer le canoë sur 1 500 km de voies canotables. Les portages sont souvent courts (400 m en moyenne). L'utilisation de bateaux à moteur est interdite (excepté dans quelques zones), et vous ne trouverez dans le parc ni route ni gîte.

Le parc est un labyrinthe de lacs et de rivières, avec une faune en abondance et quelques pictogrammes indiens. Littoral rocheux et pins alternent avec marécages et pins rouges et blancs. Le parc est accessible de plusieurs endroits, le principal, côté canadien, étant depuis le terrain de camping, le Dawson Trail, qui donne dans la Hwy 11, où vous trouverez aussi un centre de renseignements. On peut louer canoës et équipements.

Atikokan

C'est le centre de ravitaillement du parc. La ville compte aussi deux petits musées, plusieurs motels et gîtes, et quantités de restaurants. Les passionnés de géologie souhaiteront sans doute explorer les vieilles mines de Steep Rock et de Caland. On peut trouver jusqu'à 15 minéraux différents dans les puits fermés et les décharges. Procurez-vous une carte à l'office du tourisme, car les routes pour accéder aux mines sont accidentées et tortueuses.

Vous pourrez pratiquer le camping sauvage dans tout le secteur, mais vous aurez besoin de cartes topographiques. Entre Atikokan et Ignace se trouve le **lac de White Otter**, site du **château de White Otter**, une curiosité régionale célèbre, construite en 1904 par un immigrant écossais du nom de Jimmy McQuat. Il se chargea seul de toute la construction de l'édifice en bois ; bien que célibataire, il le dota de quatre étages, aujourd'hui restaurés et rénovés. Accessible seulement par canoë, il se dresse sur la rive du bras nord-ouest du lac.

Fort Frances

Sis sur le lac Rainy, en face d'International Falls (Minnesota), c'est un poste frontalier très actif. Des deux côtés sont disséminées des destinations de plein air très populaires, avec lacs innombrables, bungalows, pêche, camping, etc. En ville, vous pourrez visiter une usine à papier, la principale activité de la ville. Une chaussée sur le **lac Rainy**, en direction d'Atikokan, offre de belles vues sur le lac. Le **Fort Frances Museum** retrace notamment l'histoire des Indiens et du commerce des fourrures. Le musée gère également **Fort Saint Pierre**, une réplique d'un comptoir de commerce de fourrures et une tour d'observation au **parc Pither's Point**, à l'est de la ville.

Au nord, la Hwy 71 relie Fort Frances à Kenora et de Winnipeg.

Ignace

La ville est plantée sur la Transcanadienne. Elle compte plusieurs motels, deux restaurants de station-service et un vaste office du tourisme (à l'ouest, à côté de l'ancienne tour des pompiers). On vous y fournira des informations sur la région, en particulier sur la pêche et les voies canotables, y compris le secteur du lac White Otter.

Dans la soirée, faites route vers la décharge à l'est de la ville en remontant au nord la Hwy 599, après le club de golf sur la droite. C'est l'endroit idéal pour apercevoir des ours. En revanche, quoique habitués à la présence des hommes, ces animaux restent imprévisibles. Mieux vaut ne pas venir à vélo. De même que les automobilistes auront tout intérêt à rester dans leurs véhicules ou à ne pas trop s'en éloigner.

Dryden

Comme dans beaucoup de bourgades de la région, la passion de la pêche prend des proportions démesurées – j'ai vu une station-service offrir des vairons vivants avec chaque bidon d'essence.

Si vous n'êtes ni chasseur, ni pêcheur, vous pourrez toujours visiter l'usine de papier de Dryden, l'industrie majeure de la ville. On y organise des visites guidées gratuites, en semaine, en été.

A la radio, vous pourrez entendre le dimanche matin les sermons ecclésiastiques retransmis en cri.

Kenora

Centre industriel de pâte à papier, à quelque 200 km de Winnipeg, Kenora est la grande ville la plus proche de la frontière du Manitoba. C'est aussi un centre touristique très actif, avec location estivale de bungalows, pêche (les poissons sont pour le moins aussi gros que la maquette exposée sur la route principale, à l'ouest de la ville) et chasse. Le paysage est superbe, sur les rives du lac des Woods.

Plusieurs offices du tourisme sont implantés sur la Transcanadienne, des deux côtés de la ville, à 5 mn en voiture du centre.

Les deux artères principales sont Main St et Front St. Le quartier du port a été rénové. Vous y trouverez la marina et les docks d'où partent des croisières de deux heures sur le lac. Moins chère, une petite navette rallie l'**île Coney**, où vous pourrez profiter de la plus belle plage sablonneuse, près de la ville. D'autres plages sont disséminées à proximité, telles que la très populaire **Norman Beach**, à environ 3 km du centre, à la jonction de Parsons St et de la Transcanadienne.

Dans Main St South, au parc Memorial, le petit **musée du lac des Woods** retrace l'histoire de la région, en particulier les débuts du siècle, époque de changement pour Kenora. On peut visiter l'usine de papier Boise Cascade, 504 Ninth St North.

Des régates internationales se déroulent fin juillet autour des 14 000 îles du lac. Un festival folklorique a lieu début juillet, chaque année.

De nombreux Indiens Ojibways vivent dans la région (selon le Treaty 3 Territory). Ils ramassent le riz sauvage (manomin) à la main, qu'ils vendent sur place. Comptez 10 $ la livre. L'office du tourisme distribue des brochures sur les anciens pictogrammes indiens que l'on a retrouvés dans la région de Kenora. Ces peintures, exécutées sur la roche à l'aide de jus de baie, de gomme et de sève d'arbre, dépeignent histoire et légendes, dont on ignore souvent la signification exacte. Certaines sont accessibles. Vous pourrez assister à plusieurs manifestations ojibways, notamment des powwows régionaux. Contactez le bureau du tourisme régional Treaty 3 Territory (☎ 1-800-461-3786). En semaine, contactez le gîte (☎ 543-2532) à Washagamis Bay. On peut aussi acheter des objets au centre culturel ojibway, à Kenora. Un camping est implanté à quelques pâtés de maisons du centre-ville, au parc Anicinabe, sur la Sixth Ave South. Il dispose de douches et d'une plage. Autres parcs provinciaux à proximité. Des motels jalonnent la route principale. Il est difficile de recommander un hôtel en ville.

Le *Whispering Pines* (☎ 548-4025), à l'est, qui pratique des prix modérés, possède une plage et un camping.

Plusieurs restaurants bordent Main St, tandis que comptoirs de plats à emporter sont dispersés dans la ville et sur les quais.

Sioux Narrows

A environ 80 km au sud de Kenora, à l'est du lac des Woods, Sioux Narrows est une petite station touristique. Outre les habitants de la région, de nombreux Américains et Winnipegois viennent y séjourner pendant les mois d'été. La ville et ses environs sont émaillés de bungalows, d'auberges, de motels, de terrains de camping et même de péniches à louer. La pêche dans le lac de Woods est réputée. Au parc provincial de Sioux Narrows, vous trouverez un terrain de camping et quelques pictogrammes indiens.

Manitoba

Entrée dans la confédération : 15/07/1870
Superficie : 650 090 km^2
Population : 1 091 942 habitants
Capitale de la province : Winnipeg

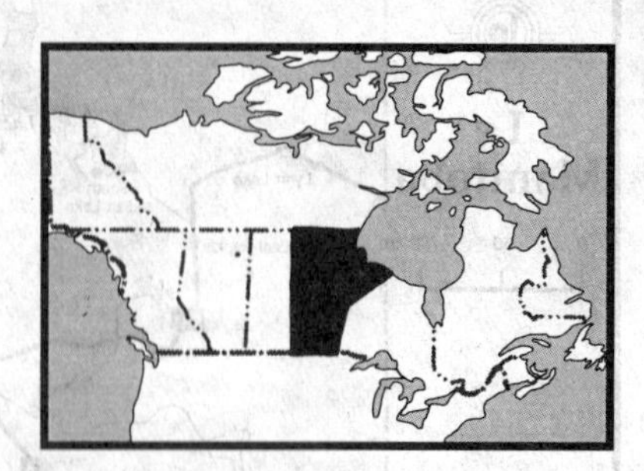

Cinquième province du Canada, le Manitoba tire probablement son nom des dialectes indiens de l'Algonquin. Il existe en effet au lac Manitoba un certain détroit où l'eau produit un écho étrange en battant les rives calcaires ; associant ce son au "grand esprit" (*manito*), les Indiens nommèrent l'endroit "Manito Waba", c'est-à-dire détroit du Manito. Avec le temps, Manito Waba devint Manitoba. A l'arrivée des premiers Européens dans la région, les Assiniboins et les Cris constituaient les principales populations du lieu. Très vite, les Chipewayens des zones nord et de la région de la baie d'Hudson commencèrent à s'investir dans le commerce de la fourrure. Les Ojibways, qui vivaient surtout de l'autre côté de l'Ontario, émigrèrent aussi vers l'ouest, parfois jusqu'aux grands lacs du Manitoba.

Winnipeg, la capitale, a une longue et passionnante histoire qui influença nettement le développement de tout l'ouest du Canada. Tout un éventail de centres d'inté-

Le Bouclier canadien

Le "Bouclier" représente l'un des traits physiques dominants du Canada. Il entoure la baie d'Hudson à l'est, au sud et à l'ouest, formant un vaste U. Au nord, il part de l'océan Atlantique et de la côte du Labrador pour s'étendre sur 3 000 km vers l'ouest, en passant par le lac Winnipeg, le lac Athabasca, le grand lac des Esclaves et le grand lac de l'Ours pour remonter jusqu'à l'océan Arctique. A partir de la zone de la baie d'Hudson, il s'étend vers le sud jusqu'au lac Supérieur et au SaintLaurent, aux environs de Kingston. Mais de quoi s'agit-il au juste ? Le bouclier canadien est une masse de roche stable très ancienne qui fut la première région du continent à s'élever de façon permanente au-dessus du niveau de la mer. Ces roches ignées, stratifiées et indemnes du moindre fossile, datant de la période antérieure au cambrien, comptent parmi les plus anciennes du globe. Les déplacements de glaciers, qui érodèrent et creusèrent la région, firent de celle-ci une zone pratiquement plate par moments, parfois très accidentée, recouverte de terre de façon intermittente et assez clairsemée. Rares sont les parties du Bouclier qui dépassent 500 m d'altitude. La plupart des déclivités, entailles, fissures et dépressions de sa surface sont remplies d'eau : lacs, rivières et étangs prennent ici toutes les formes et toutes les tailles possibles et imaginables. En divers points, constituant jusqu'à 40 % de la surface du Bouclier, on trouve de l'eau douce.

Les sections sud du Bouclier canadien sont généralement couvertes de forêts. Dans le Manitoba, ces forêts boréales s'étendent vers le nord jusqu'à Churchill. Plus haut, les arbres se raréfient jusqu'à disparaître pour laisser place au lichen et à la mousse.

Les zones sud, qui bordent la majorité des régions les plus peuplées du pays, composent désormais le paysage canadien tel qu'on se l'imagine. Synonyme de vie au grand air, de camping, de chalets, de randonnées, de pêche et de vie sauvage, ce relief généralement inhospitalier, mais très beau, est la quintessence du Canada. ■

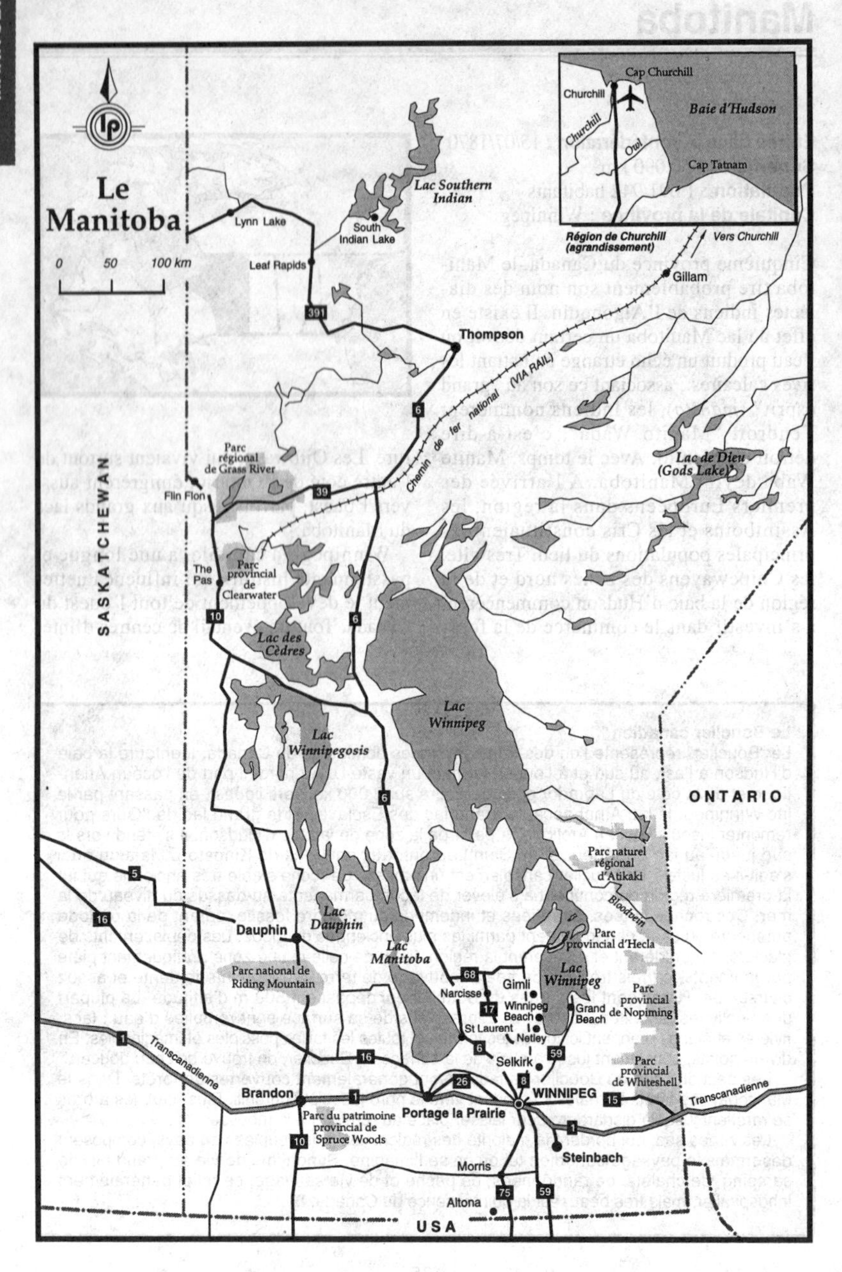

Le Manitoba
0
50
100 km
Région de Churchill (agrandissement)
Cap Churchill
Churchill
Baie d'Hudson
Cap Tatnam
Owl
Vers Churchill
Lynn Lake
Lac Southern Indian
South Indian Lake
Leaf Rapids
391
Gillam
Thompson
Chemin de fer national (VIA RAIL)
6
Parc régional de Grass River
Flin Flon
39
Lac de Dieu (Gods Lake)
SASKATCHEWAN
The Pas
Parc provincial de Clearwater
10
Lac des Cèdres
Lac Winnipeg
Lac Winnipegosis
ONTARIO
Parc naturel régional d'Atikaki
Bloodvein
5
16
Dauphin
Lac Dauphin
Lac Manitoba
Parc provincial d'Hecla
Parc national de Riding Mountain
68
Gimli
Narcisse
17
Winnipeg Beach
Grand Beach
St Laurent
Netley
Parc provincial de Nopiming
Transcanadienne
59
Selkirk
Parc provincial de Whiteshell
26
8
Brandon
WINNIPEG
15
Portage la Prairie
Parc du patrimoine provincial de Spruce Woods
Steinbach
Morris
75
Altona
USA

rêt sont concentrés dans un même secteur, ce qui permet de déambuler d'un endroit à l'autre en passant par des rues à l'architecture aussi diversifiée qu'originale.

Winnipeg, centre culturel majeur, offre un vaste choix d'hébergement et de restauration. Le quartier Saint-Boniface recense la plus importante communauté française de l'ouest du Canada. Dispersés un peu partout dans la province,de grands parcs, rendant l'exploration du terrain plus agréable encore, se découvrent çà et là. Au nord, sur la baie d'Hudson, Churchill, avec son monde animal fascinant, est l'une des destinations les plus attrayantes.

La pêche et la chasse attirent de nombreux visiteurs, surtout venus des États-Unis. L'office du tourisme de Winnipeg fournit des cartes indiquant tous les terrains de camping du Manitoba. Il existe un très bon guide précisant les itinéraires des excursions en canoë (dont quelques explorations dans les régions les plus sauvages). Des séjours à la ferme sont par ailleurs organisés.Si vous voyagez par la route, vous remarquerez les panneaux "Mettez vos poubelles en orbite" qui font référence aux containers de forme sphérique ponctuant les autoroutes.

GÉOGRAPHIE

Cette province est la première des trois régions de prairies que l'on aborde lorsqu'on traverse le pays d'est en ouest. La moitié sud est plate et de basse altitude, alors que la partie occidentale fournit le meilleur sol pour l'agriculture. La majorité du territoire est recouverte de forêts et clairsemée de lacs et de rivières. Le Bouclier canadien, qui s'étend sur près de la moitié du pays, coupe le nord du Manitoba : c'est lui qui façonne ce paysage escarpé et rocheux couvert de forêts.

Malgré des hivers longs et froids, les étés sont parfois très chauds et, en tout cas, bien ensoleillés. On constate généralement une baisse progressive de la température lorsqu'on se déplace du sud-ouest au nord-est. De plus, le Manitoba enregistre 130 cm de neige chaque année.

ÉCONOMIE

L'industrie, en particulier l'industrie alimentaire et la confection, constitue la principale source de revenus de la région. Côté champs, la culture du blé vient en tête, suivie de très près par les autres céréales et l'élevage. La zone nord du Bouclier comprend, quant à elle, de riches gisements d'or, de cuivre, de nickel et de zinc.

RENSEIGNEMENTS

Symboles de la province

L'oiseau de la province est la chouette grise, sa fleur, le crocus des prairies.

Téléphone

L'indicatif téléphonique 204 couvre toute la province du Manitoba. Vous obtiendrez le service d'urgence en composant le 911.

Heure locale

Il n'y a pas de décalage horaire dans le Manitoba.

Taxes

Le taux local de la TVA est de 7%.

Winnipeg

Située au centre géographique du pays, Winnipeg offre toutes les caractéristiques d'une ville occidentale. Le tracé de ses rues et son architecture lui confèrent, plus qu'à toute autre ville canadienne, Toronto comprise, une atmosphère très américaine. On la compare d'ailleurs souvent à Chicago.

Winnipeg paraît bien plus grande qu'elle n'est en réalité, même si, avec ses 650 000 habitants, elle est la quatrième plus grande ville du Canada. La moitié de la population du Manitoba vit ici.

Les Indiens Cris nommaient la région "Winnipee", "terres boueuses". Avant l'arrivée de La Vérendrye, le premier négociant blanc, en 1738, ils partageaient avec les Assiniboins la terre qu'occupe désormais Winnipeg. Au tout début du XIXe siècle, la région fut le théâtre de rivalités entre la Compagnie de la Baie d'Hudson et la North West Company, qui pratiquaient toutes deux le commerce de la fourrure. En 1812, lord Selkirk expatria ici des immigrants écossais et irlandais afin de créer la première colonie de peuplement permanente. Les années suivantes virent la construction de Fort Garry. Louis Riel, natif de cet endroit et l'un des grands personnages canadiens les plus controversés, incita les Métis à se révolter contre leurs conditions de vie. Il est aujourd'hui considéré comme le père du Manitoba. La voie ferrée arriva à Winnipeg en 1881, apportant avec elle population et industrialisation.

Au cours des années 70, on élabora un vaste programme de développement de la ville afin de revaloriser la capitale de province. Durant les années 80, Portage Ave, l'artère principale, subit ainsi des transformations radicales, avec la construction d'un immense centre commercial étendu à plusieurs immeubles. Aujourd'hui, dans les larges avenues du centre-ville, bâtiments neufs et anciens alternent élégamment, conférant à l'endroit une impression de permanence alliée à la modernité et au changement. Ici, les étés sont très chauds et les hivers très froids. L'angle de Portage Ave et de Main St est réputé comme le point le plus venté de tout le continent.

Si vous traversez le Canada, vous passerez immanquablement par Winnipeg, où vous pourrez faire une halte très sympathique.

Orientation

En arrivant à Winnipeg par l'est, vous verrez les arbres se raréfier à mesure que l'on approche de la ville. Sur une cinquantaine de kilomètres s'étend la prairie plate qui se prolonge jusqu'aux Rocheuses. Tout près de l'agglomération se tient le panneau marquant le centre longitudinal du Canada.

Main St est la grande artère qui traverse Winnipeg du nord au sud. Portage Ave, la principale avenue est-ouest, est la grande rue commerçante de la ville. En la suivant vers l'ouest, on atteint l'aéroport puis, plus loin, la Transcanadienne, qui part en direction de l'ouest. Le centre-ville se déploie tout autour du carrefour entre ces deux artères principales. C'est là que se situent les hôtels et les restaurants, ainsi que la plupart des sites historiques.

La gare se trouve en plein centre, à l'angle de Main St et de Broadway Ave. L'hôtel de ville et les bâtiments administratifs sont regroupés sur Broadway Ave.

Les nombreux immeubles de bureaux qui s'élèvent au carrefour entre Portage Ave et Main St offrent, avec d'autres bâtiments, des exemples d'architecture moderne. Portage Place, un projet de redéveloppement constitué de boutiques et de bureaux, s'étend de Carlton St à Vaughan St, transformant de façon radicale le côté nord de Portage Ave. Au-dessus de celle-ci, des passages couverts (qualifiés de "passages aériens") relient Portage Place avec les grands magasins situés du côté sud. La plupart des rues attenantes sont à sens unique, le sens autorisé variant d'une rue sur l'autre. Du côté nord-est du centre-ville, se trouve l'ancien quartier des entrepôts, connu sous le nom d'Exchange District (quartier des Échanges). Non loin de là, en remontant Main St vers le nord, on découvre le Centennial Centre, complexe artistique et culturel.

Le petit quartier chinois jouxte ce secteur. Au 180 King St, le Dynasty Building, qui abrite le centre culturel chinois, possède un petit jardin oriental, véritable havre de paix. Le Mandarin Building, à l'angle de King St et de James Ave, comporte une réplique de la peinture murale chinoise des neuf dragons impériaux et une statue de Bouddha. Ces deux bâtiments sont reliés par la porte de Chine, qui surplombe King St.

Au nord de Rupert St, sur Main St, vous parviendrez dans un quartier de bars bon marché et d'hôtels miteux où rôde une faune peu fréquentable malheureusement composée, en majeure partie, d'Indiens dépressifs et alcooliques.

Encore plus au nord sur Main St, vous rencontrerez les membres de communautés ethniques très diverses, surtout juives et ukrainiennes qui, autrefois, vivaient là en plus grand nombre.

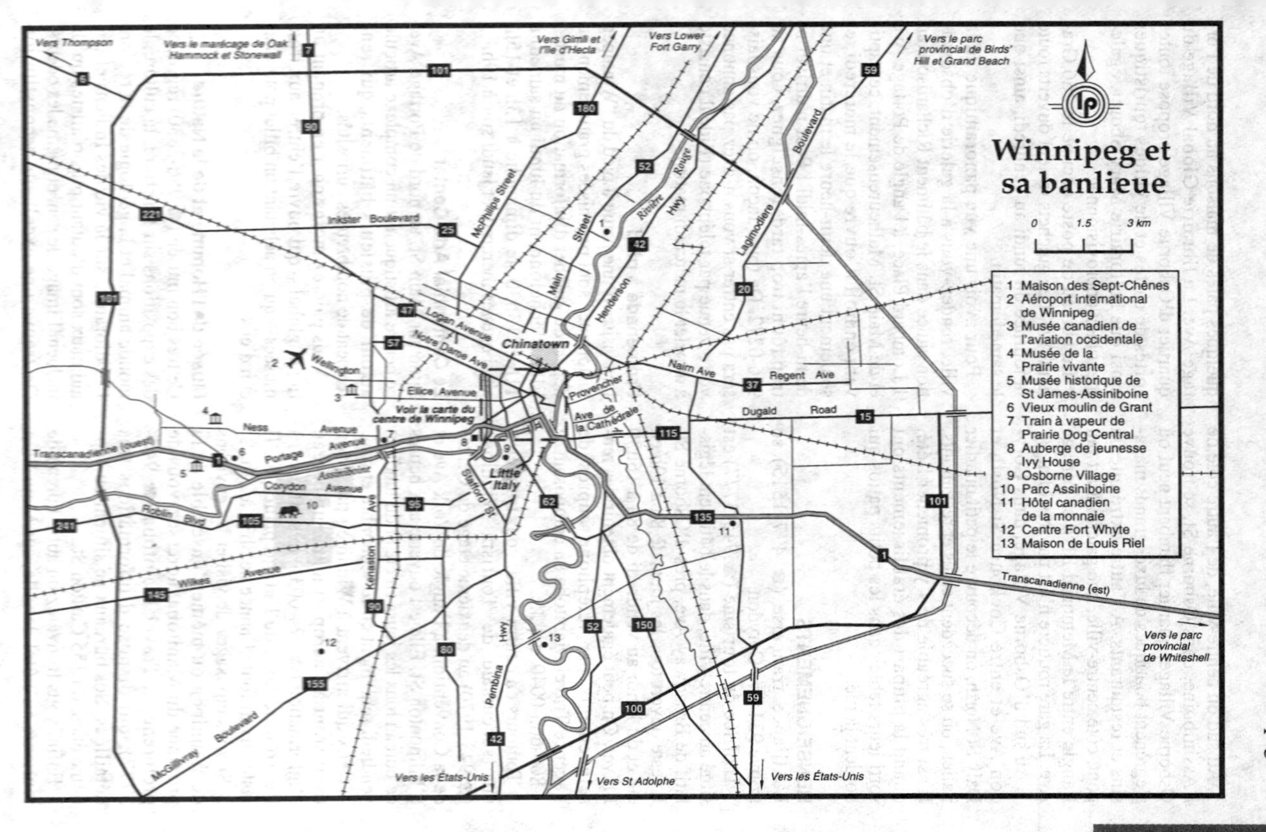
Winnipeg et sa banlieue
0
1.5
3 km
1 Maison des Sept-Chênes
2 Aéroport international de Winnipeg
3 Musée canadien de l'aviation occidentale
4 Musée de la Prairie vivante
5 Musée historique de St James-Assiniboine
6 Vieux moulin de Grant
7 Train à vapeur de Prairie Dog Central
8 Auberge de jeunesse Ivy House
9 Osborne Village
10 Parc Assiniboine
11 Hôtel canadien de la monnaie
12 Centre Fort Whyte
13 Maison de Louis Riel
Vers Thompson
Vers le marécage de Oak Hammock et Stonewall
Vers Gimli et l'île d'Hecla
Vers Lower Fort Garry
Vers le parc provincial de Birds' Hill et Grand Beach
Vers le parc provincial de Whiteshell
Transcanadienne (ouest)
Transcanadienne (est)
Vers les États-Unis
Vers St Adolphe
Vers les États-Unis
Chinatown
Little Italy
Voir la carte du centre de Winnipeg
Inkster Boulevard
McPhillips Street
Main Street
Henderson Hwy
Rivière Rouge
Lagimodiere Boulevard
Logan Avenue
Notre Dame Ave
Wellington
Ellice Avenue
Ness Avenue
Portage Avenue
Assiniboine
Corydon Avenue
Roblin Blvd
Kenaston Ave
Stafford St
Provencher
Ave de la Cathédrale
Nairn Ave
Regent Ave
Dugald Road
Wilkes Avenue
Pembina Hwy
McGillivray Boulevard

Au sud du centre-ville, de l'autre côté de l'Assiniboine, dans Osborne St, se trouve Osborne Village, quartier flambant neuf où s'égrènent boutiques de luxe, grands magasins et restaurants. A l'autre extrémité du pont, côté centre-ville, une galerie d'art fait l'angle entre le Memorial Blvd et Portage Ave. La gare routière n'est pas très loin.

Au sud d'Osborne Village, dans Corydon Ave et entre Cockburn St North et Daly St North, on découvre le petit quartier italien, où se succèdent cafés et restaurants. Il est très agréable de s'y promener l'été, quand la plupart des établissements ont sorti leurs tables dans les petits patios qui bordent la rue.

RENSEIGNEMENTS

L'Alliance française (☎ 477-1515) se trouve 934 Ave Corydon.

L'office du tourisme (☎.945-3777) est situé au centre-ville, dans le bâtiment législatif de Broadway Ave, près d'Osborne St. Il reste ouvert tous les jours de 8h à 19h en été et du lundi au vendredi de 8h à 16h30 l'hiver. On peut également obtenir des renseignements par téléphone auprès de l'agence Travel Manitoba en composant le 1-800-665-0040, ext 35.

Toujours en centre-ville, vous trouverez une succursale de Tourism Winnipeg (☎ 943-1970) au deuxième étage du Centre de la Convention, à l'angle de York Ave et d'Edmonton St. Elle est ouverte aux heures de bureau tous les jours en été et du lundi au vendredi seulement entre septembre et mai.

Ceux qui arrivent à Winnipeg par avion trouveront à l'aéroport même un bureau d'information (☎ 774-0031) très efficace, à l'extrémité nord de l'étage principal. Il reste ouvert toute l'année de 8h30 à 22h.

Si vous envisagez de visiter les environs de Winnipeg ou même l'ensemble de la province du Manitoba, adressez-vous de préférence à Travel Manitoba (☎ 945-3777), qui dispose d'informations très détaillées. Ses bureaux se situent au septième étage du 155 Carlton St.

Enfin, vous trouverez un autre bureau de tourisme à l'hôtel de ville, sur Main St, à quelques pâtés de maisons au nord de Portage Ave. La librairie Global Village du quartier d'Osborne Village propose toutes sortes de cartes et de guides touristiques ainsi que la librairie Mary Scorer, également bien approvisionnée.

Le bureau de poste occupe le 266 Graham Ave. Les guichets restent ouverts toute la journée du lundi au vendredi, ainsi que le samedi matin.

Pour avoir une vue panoramique de la ville, rendez-vous à la galerie d'observation située dans le bâtiment Richardson, au 1 Lombard Place, à l'angle de Portage Ave et de Main St. Malheureusement, ce captivant endroit n'ouvre que le mercredi, et seulement une demi-heure le matin et une demi-heure l'après-midi ! Pour n'arriver ni trop tôt ni trop tard, renseignez-vous au 956-0272. De toute façon, on ne vous laissera pas entrer si vous n'avez pas annoncé votre venue par téléphone (l'idéal consiste à appeler le mercredi matin).

Promenade à pied

Des visites d'une heure à pied du "Winnipeg historique" sont organisées gratuitement au départ du guichet d'information du musée. Elles s'échelonnent du lundi au samedi à 11h et 13h30, le dimanche à 13h et 15h, ainsi que les mercredi et jeudi soir à 19h.

Le Centennial Arts Center

Situé sur Main St, au nord de Portage Ave, ce centre artistique est un complexe articulé autour de plusieurs bâtiments qui renferment de nombreuses curiosités.

Vous paierez moins cher en prenant un ticket global – qui ouvre l'entrée aux trois musées – qu'en achetant un billet pour chacun d'eux.

Musée de l'Homme et de la Nature

Ce très bon musée (☎ 956-2830) regroupe des expositions sur l'histoire, la culture, le monde animal et la géologie de la région. Les dioramas sur la vie des Indiens et des animaux sont d'autant plus réalistes qu'ils incluent l'image, le son, et même les odeurs. On trouve une excellente reconstitution

Louis Riel et les Métis

Les Métis sont les descendants de couples mixtes Indiens/Français, généralement le fruit d'unions entre femmes indiennes et hommes blancs. La plupart d'entre eux sont capables de retracer leur généalogie jusqu'à l'époque de l'exploration de l'Ouest et du commerce de la fourrure, lorsque les voyageurs français parcouraient le pays, vivant avec les Indiens et adoptant leurs habitudes.

On utilise également le terme de Métis pour désigner les enfants de couples Anglais/Indiens.

A mesure que les années passaient et que leur nombre s'accroissait, les Métis commencèrent à faire de la région St Boniface/Winnipeg leur zone de prédilection, adoptant un mode de vie mi-européen, mi-indien. Ce mélange unique devint rapidement une véritable identité dont les dépositaires se considérèrent bientôt comme un peuple distinct aux besoins particuliers. Les rébellions qui s'ensuivirent contre les autorités politiques furent le résultat quasi inévitable de cette prise de conscience.

Né en 1844 à St Boniface, Louis Riel entraîna les métis dans un soulèvement antigouvernemental en 1869. Il s'agissait en partie de protester contre la décision d'ouvrir ce qu'ils considéraient comme *leurs* terres aux nouveaux immigrants, mais aussi de se protéger contre les risques d'assimilation. Voyant que leurs protestations n'étaient suivies d'aucun effet, Louis Riel et ses hommes s'emparèrent d'Upper Fort Garry. Les troupes du gouvernement ne tardèrent pas à les en déloger : aux yeux de l'État, Louis Riel était responsable, et donc coupable. On décida néanmoins d'attribuer des terres aux métis et l'on créa la province du Manitoba. Quant à Riel, il fut élu à la Chambre des communes, mais on lui interdit d'y siéger.

On ne sait pas très bien ce qui lui arriva durant les années qui suivirent. On pense que Riel passa quelque temps en asile psychiatrique. Quoi qu'il en soit, il trouva bientôt refuge au Montana, où il resta plusieurs années, fuyant les persécutions personnelles et les machinations politiques dirigées contre lui. Par la suite, il revint avec l'idée de conduire le nouveau mouvement de protestation des Métis, qui reprirent leur lutte en 1885 dans la Saskatchewan, où ils s'étaient enfuis pour tenter d'acquérir plus d'autonomie. Mais là encore, ils perdirent la bataille. Riel dut se rendre et, après un procès dramatique, fut condamné pour trahison et pendu. Cette exécution réveilla la colère et le ressentiment des Français à l'égard des Anglais.

La dépouille de Riel fut rapportée chez sa mère, à Winnipeg, puis enterrée à St Boniface. Riel fait désormais figure de père de la province.

On peut voir d'importants sites en rapport avec l'histoire des métis et de Riel à Winnipeg, à Saint-Boniface et à Saskatoon et ses environs. ■

d'une ville des années 20, avec une échoppe de barbier, un apothicaire et un cinéma à l'ancienne. L'une des salles renferme une réplique grandeur nature du *Nonsuch*, ce ketch du XVIIe siècle qui transporta vers l'Angleterre la première cargaison de fourrure de la Compagnie de la Baie d'Hudson. Ce musée mérite bien qu'on lui consacre quelques heures de visite. Le ticket d'entrée est à 3,50 $.

L'établissement est ouvert de 10h à 18h en été. De septembre à juin, ces horaires se réduisent : de 12h à 16h en semaine et jusqu'à 17h le week-end, avec une fermeture hebdomadaire le lundi.

Planétarium

Le planétarium (☎ 943-3142) propose de bons programmes sur l'espace, le système solaire et divers aspects de l'univers. Il présente également des spectacles laser de musique rock, des défilés de mode et diverses autres manifestations. Les programmes habituels coûtent 4 $, les spectacles laser sont plus chers. Renseignez-vous par téléphone sur les tarifs et les horaires des représentations.

Touchez l'univers

Au sous-sol du bâtiment se trouve la galerie des sciences. Les expositions interactives permettent au visiteur de découvrir comment nos sens perçoivent le monde. Le musée organise des démonstrations sur des thèmes scientifiques. Le prix d'entrée est de 3 $ (tarif réduit pour les enfants).

The Forks

Devenu le lieu le plus animé de Winnipeg, The Forks est le fruit d'un projet de redéveloppement particulièrement réussi. Situé dans un environnement enchanteur, au confluent de la Rivière Rouge et de la rivière Assiniboine, derrière la gare VIA Rail et Main St, The Forks a toujours été, d'une manière ou d'une autre, témoin de l'histoire du Manitoba. Un centre historique national (☎ 983-2007) y a donc été créé. Les employés du parc, en permanence à votre disposition (vous les trouverez dans le bâtiment rond qui renferme les bureaux), vous informeront avec force détails sur tout ce qui s'est passé au cours des siècles dans cette région où les deux cours d'eau se rejoignent et que les Indiens exploitaient déjà il y a six mille ans. Les tout premiers explorateurs s'y arrêtèrent, tout comme les chasseurs à l'affût de fourrure. Des forts y furent bâtis, puis détruits, avant que les Métis et les pionniers écossais s'y installent enfin définitivement.

Ce site est essentiellement un parc de loisirs. On peut se promener le long du fleuve et lire les plaques d'explications historiques rédigées en anglais, en français et en cri qui bordent le chemin. Certains points de la promenade offrent une vue panoramique sur la ville.

Le public est invité à aller rejoindre les archéologues qui poursuivent leurs fouilles sur le site. Pour cela, il vous faudra prévenir de votre passage en téléphonant au 942-6393 et payer un droit d'entrée modique. Vous pourrez également participer à l'une des visites gratuites organisées durant la journée.

The Forksest aussi un lieu de détente : on y trouve boutiques, restaurants, bars, ainsi que des spectacles centrés autour de reconstitutions d'écuries, d'ateliers d'artisans et de manufactures du début du siècle. Le bâtiment du marché recèle plusieurs boutiques d'artisanat, une galerie d'art, des stands de fabrication de produits (pain et fromage), ainsi que des restaurants, cafés et autres snacks. C'est l'endroit idéal pour siroter un café accompagné de biscuits à la cannelle tout en lisant son journal au petit déjeuner. Le Johnston Building est très similaire au marché, mais abrite également le stade du Manitoba (Manitoba Sports Hall of Fame), réservé aux amateurs de sport et de spectacles grandioses.

La municipalité projette de parfaire ce complexe d'un grand musée pour les enfants et d'un centre régional d'informations touristiques.

Le pavillon de The Forks propose des visites-promenades et l'on peut louer des canoës sur le site : pagayer le long de cette rivière historique – pourquoi pas jusqu'à Saint-Boniface – devient une promenade de deux heures inoubliable. Un bateau fait également la navette jusqu'à Osborne Village, avec un arrêt à hauteur du bâtiment législatif. Non loin de là ont lieu des départs pour une promenade sur l'eau beaucoup plus complète. L'hiver, vous pourrez chausser vos patins à glace ou même y marcher pour parcourir le même trajet sur le fleuve, jusqu'à l'impressionnante basilique Saint-Boniface. Si vous préférez la terre ferme, choisissez le ski de fond : des pistes sont tracées dans la neige le long du cours du fleuve. Dans les deux cas, n'hésitez pas à marquer une pause en entrant vous réchauffer à l'intérieur du pavillon.

Un service de bus relie le centre-ville au site, près du bâtiment du marché, mais on peut tout aussi bien effectuer le trajet à pied. En semaine, le bus n°99 vous conduira jusqu'à Broadway Ave et près de la galerie d'art. Le n°96, qui ne roule que le week-end, fait la liaison entre Portage Ave et The Forks.

Bâtiment législatif

Le bâtiment législatif (☎ 945-5813), situé sur Broadway Ave à l'angle d'Osborne St, est l'un des plus grands exemples mondiaux d'architecture néoclassique. Construit à partir d'un calcaire très rare, il est aujourd'hui

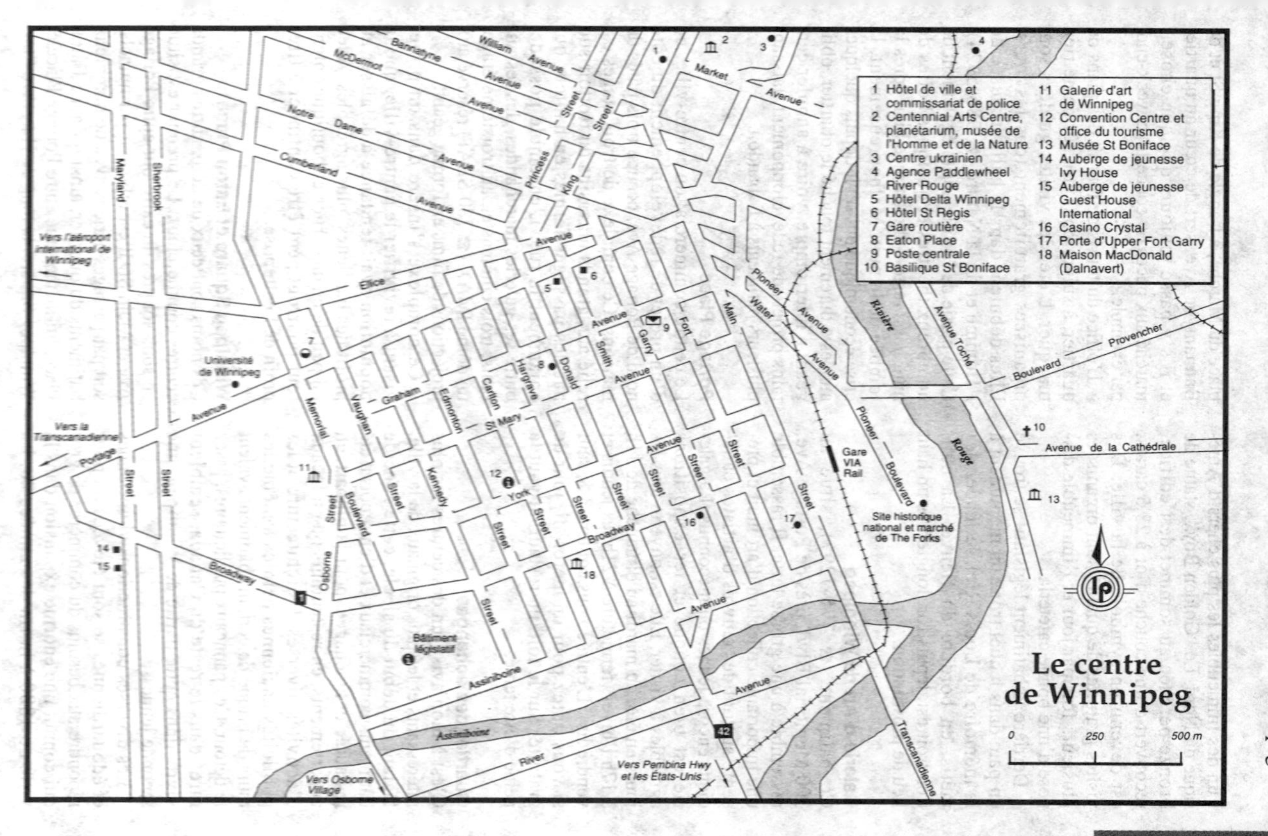
Le centre de Winnipeg
0 250 500 m
1 Hôtel de ville et commissariat de police
2 Centennial Arts Centre, planétarium, musée de l'Homme et de la Nature
3 Centre ukrainien
4 Agence Paddlewheel River Rouge
5 Hôtel Delta Winnipeg
6 Hôtel St Regis
7 Gare routière
8 Eaton Place
9 Poste centrale
10 Basilique St Boniface
11 Galerie d'art de Winnipeg
12 Convention Centre et office du tourisme
13 Musée St Boniface
14 Auberge de jeunesse Ivy House
15 Auberge de jeunesse Guest House International
16 Casino Crystal
17 Porte d'Upper Fort Garry
18 Maison MacDonald (Dalnavert)
Rivière Rouge
Assiniboine River
Site historique national et marché de The Forks
Gare VIA Rail
Bâtiment législatif
Université de Winnipeg
Transcanadienne
Vers Pembina Hwy et les États-Unis
Vers Osborne Village
Vers l'aéroport international de Winnipeg
Vers la Transcanadienne
Avenue de la Cathédrale
Provencher Boulevard
Avenue Taché
Pioneer Boulevard
Pioneer Avenue
Water Avenue
Main Street
Fort Street
Garry Street
Smith Street
Donald Street
Hargrave Street
Carlton Street
Edmonton Street
Kennedy Street
Vaughan Street
Memorial Boulevard
Broadway
York Avenue
St Mary Avenue
Graham Avenue
Portage Avenue
Ellice Avenue
Sherbrook Street
Maryland Street
Osborne Street
Assiniboine Avenue
Market Avenue
William Avenue
Bannatyne Avenue
McDermot Avenue
Notre Dame Avenue
Cumberland Avenue
Princess Street
King Street

l'un des immeubles les plus chers d'Amérique du Nord. Le "Golden Boy", statue de bronze perchée au sommet de l'édifice, recouvert d'une couche d'or à 23,5 carats, est devenu un symbole de la ville. Des visites gratuites de qualité sont organisées plusieurs fois par jour et l'immeuble dispose d'une bonne cafétéria.

Derrière le bâtiment législatif se trouve un parc dans lequel trône un monument à la mémoire de Louis Riel, le leader des métis, en bordure du fleuve. La nuit, l'endroit est depuis fort longtemps un haut lieu de prostitution.

Galerie d'Art de Winnipeg

Ce bâtiment (☎ 775-7297), situé au 300 Memorial Blvd, près de Portage Ave, ressemble à une grosse tarte. Il rassemble une importante collection d'art inuit et présente surtout des œuvres d'artistes canadiens encore jeunes ou méconnus. La galerie est bien conçue et les expositions agréables à visiter. Elle est ouverte tous les jours en été, du mardi au dimanche de 11h à 17h l'hiver (fermeture à 21h les jeudis et vendredis). L'entrée vous coûtera 3 $, sauf si vous optez pour un mercredi, jour de gratuité. Sur le toit, un restaurant vaut la peine d'être tenté.

Quartier des échanges

C'est à mon avis l'un des centres les plus intéressants et les plus originaux de la ville. Datant du début du siècle, cette zone de bâtiments commerciaux et d'entrepôts a été restaurée et aménagée, pour la plupart, en appartements, en restaurants ou en locaux d'activités diverses. L'architecture et les publicités anciennes peintes à même les murs de brique de certains bâtiments valent le détour. Ces panneaux publicitaires, assez rares dans le reste du Canada, semblent vivre, dans cette partie de Winnipeg, une seconde jeunesse.

Les diverses constructions victoriennes et édouardiennes se sont élevées ici pour répondre aux besoins du commerce de gros qui connut une énorme expansion dans la ville de 1880 à la fin des années 20. La place du Marché, à l'angle de King St et de Bannantyne Ave, sert de cœur au quartier et il s'y passe toujours quelque chose : marché aux puces ou concerts le week-end, par exemple.

L'office du tourisme fournit des plans du quartier, à suivre pour être sûr de ne rien manquer. L'été, des visites guidées sont organisées gratuitement tous les jours. Elles débutent dans le hall du musée de l'Homme et de la Nature (☎ 986-5924). Cette partie de la ville abrite également de nombreux théâtres et quelques boîtes de nuit, aussi reste-t-elle animée bien après la tombée de la nuit. Malheureusement, la crise économique qui sévit depuis quelques années a durement touché le quartier, obligeant à interrompre, voire à annuler certains projets de redéveloppement, laissant plusieurs bâtiments à l'abandon.

Portage Place

Le centre commercial du centre-ville, né d'un projet de redéveloppement du côté nord de Portage Ave, occupe trois pâtés de maisons. Ce complexe de trois étages est relié aux grands magasins du trottoir sud par des passages fermés en hauteur qui enjambent la rue. L'ensemble possède, outre ses galeries marchandes, des restaurants, trois cinémas et, au troisième étage, un dôme IMAX (☎ 780-SEAT) réservé aux projections de films en format géant.

Ce complexe s'insère dans un projet visant à revivifier le centre-ville, que la population avait tendance à délaisser au profit des banlieues, plus agréables. Avec un peu de chance, rues et boutiques alentour pourront peut-être continuer à tirer profit de l'entreprise.

Winnipeg Square et Eaton Place

Ces noms sont ceux de deux autres grands centres commerciaux. Le premier est situé en sous-sol près du carrefour entre Portage Ave et Main St. Il est relié soit par tunnels, soit par passages aériens avec de nombreux bâtiments du quartier, ainsi qu'avec Eaton Place, lui-même situé entre Portage Place et Winnipeg Square, le long de Hargrave St.

Il suffit de passer un hiver à Winnipeg pour comprendre pourquoi les galeries protégées et couvertes prolifèrent ici. Dans ces deux centres commerciaux, on trouve magasins d'alimentation et restaurants pour toutes les bourses.

Musée des Enfants du Manitoba

Voici un musée (☎ 957-0005) conçu tout spécialement pour les enfants de 3 à 11 ans. Des expositions "à toucher" favorisent l'apprentissage par le jeu. Les enfants peuvent se déguiser comme des vedettes de cirque. Is peuvent également voyager à bord d'un vaisseau spatial reconstitué dans ses moindres détails. Ce musée se trouve juste à côté de Main St, au 109 Pacific Ave, et le prix d'entrée est modique. Il est ouvert tous les jours, toute la journée, et à partir de 11h seulement dimanche et jours fériés.

Bourse de marchandises

Le plus important et le plus ancien marché à terme de marchandises (☎ 949-0495) du Canada s'organise ici. Une galerie réservée aux visiteurs surplombe la salle des transactions. On peut ainsi assister aux échanges de céréales et des autres cultures, dont les prix affichés varient avec la Bourse de Chicago. Des guides sont là pour vous renseigner gracieusement. Située dans la tour du 360 Main St, la Bourse est ouverte du lundi au vendredi de 9h30 à 13h15.

Saint-Boniface

Ce quartier, jadis résidentiel, situé de l'autre côté de la rivière Rouge, sur le Bd Provencher, abrite l'une des communautés françaises les plus anciennes du Canada. Il n'y a pas grand-chose à y voir, mais l'imposante façade de la **basilique Saint-Boniface**, qui date de 1908, vaut tout de même le coup d'œil. Le reste de l'édifice fut détruit par un incendie en 1968. Des églises, sans cesse construites et reconstruites, occupent ce site depuis 1818. En face, devant le fleuve, s'étend le cimetière où se font inhumer les Français depuis le début du XIXe. Louis Riel, le leader des Métis né à Saint-Boniface, y repose.

A la fin du XIXe siècle, le peuple Métis, né d'Indiens nord-américains et de Français canadiens, fonda une société distincte sur les plans culturel et politique. En 1885, Riel mena contre le gouvernement britannique de l'est une seconde rébellion qui se solda par un échec. Il fut exécuté à la suite de cette révolte.

Tout près, au 494 Rue Taché, se trouve le **musée Saint-Boniface** (☎ 237-4500) aménagé dans un ancien couvent datant environ de 1850. C'est le bâtiment le plus ancien de Winnipeg et la plus longue construction de bois de chêne du continent. On y trouve des reliques et des objets ayant appartenu à Riel et à d'autres Français, métis et Indiens, ainsi qu'à des sœurs du couvent, qui s'installèrent et travaillèrent ici après avoir parcouru en canoës de bois les 3 000 km qui séparent Winnipeg de Montréal !

Le musée vous renseignera également sur la vie du célèbre Jean-Baptiste Lagimodière, explorateur et trappeur. Il propose par ailleurs un diorama sur un camp de

Façade de Saint-Boniface

chasseurs métis, avec un spécimen de la fameuse charrette de la rivière Rouge, transformable en embarcation après repositionnement des roues. Enfin, il renferme quelques articles provenant de la basilique qui ont pu être sauvés des flammes.

L'entrée au musée est gratuite. En été, les portes restent ouvertes de 9h à 21h du lundi au vendredi, de 9h à 17h le samedi et de 10h à 21h dimanche et jours fériés. L'hiver, elles ferment à 17h tous les jours.

La Société historique de Saint-Boniface organise des promenades historiques et culturelles dans le quartier. L'office du tourisme dispose d'une brochure sur Saint-Boniface, avec plan du secteur et itinéraires de promenades.

Pour rejoindre Saint-Boniface depuis le centre-ville, prenez le bus qui remonte Portage Ave vers l'est et traverse le pont. Descendez après ce dernier, puis suivez le fleuve jusqu'à la basilique. La promenade de Taché, parallèle à la rivière Rouge, passe devant de nombreux sites historiques du quartier. Des panneaux d'information indiquent les sites les plus intéressants et fournissent des détails sur les sœurs qui vivaient dans le couvent.

La **maison de Gabrielle Roy** fut construite en 1905 par Léon Roy, le père de Gabrielle. Gabrielle Roy fut une romancière canadienne réputée, dont la maison servit de cadre à bien de ses romans. Elle est située au 375 Rue Deschambault où, hormis une petite plaque commémorative, elle ne présente d'intérêt que pour les inconditionnels des récits de Gabrielle Roy.

Au 340 boulevard Provencher se trouve le **Centre culturel français du Manitoba** (☎ 233-8972). Ouvert tous les jours, il a pour mission d'organiser, de créer et de promouvoir les événements culturels français dans la ville. On y trouve un restaurant canadien français, ouvert pour le déjeuner seulement.

Centre ukrainien

Le Centre ukrainien (☎ 942-0218), situé au 184 Alexander Ave, près du musée de l'Homme et de la Nature, comporte une galerie d'art et un musée. Créé pour préserver et promouvoir la culture ukrainienne, il présente des costumes, des tissus, des céramiques et des œufs de Pâques peints (*pysankas*). La galerie propose des œuvres anciennes et contemporaines. Une bibliothèque spécialisée renferme quelque 40 000 volumes concernant cet important groupe d'immigrants au Canada.

Le Centre ukrainien, dont l'entrée est gratuite, est ouvert tous les jours de 12h à 19h en juillet et en août, et aux mêmes heures, mais le week-end seulement, en mai eten juin.

Cathédrale orthodoxe ukrainienne de la sainte trinité

Dans cette église aux dômes byzantins en forme de bulbes se trouve la succursale provinciale du Musée ukrainien du Canada (☎ 334-6531). On peut y admirer des exemples de l'art et de l'artisanat traditionnels. Cette cathédrale est situé au 1175 Main St. Téléphonez pour connaître les horaires d'ouverture, variables selon les saisons et les jours de la semaine.

Hôtel canadien de la Monnaie

C'est au sud-est de la ville, au 520 Lagimodière Bvd (☎ 257-3359), à l'angle de la Transcanadienne, que sont fabriqués pièces et billets de banque. Cette pyramide de verre ultramoderne renferme les machines de fabrication de la monnaie les plus sophistiquées du monde. Des visites d'une demi-heure vous feront découvrir les procédés utiisés pour produire deux milliards de pièces par an. L'hôtel travaille également pour d'autres pays, surtout asiatiques. Il est ouvert du lundi au vendredi de 9h à 15h, de mai à septembre.

Jeux de hasard

Situé au septième étage de l'hôtel Fort Garry, au 222 Broadway Ave, le casino Crystal (☎ 957-2600) est fréquenté par la haute société et propose les jeux habituels : roulette, black-jack, baccara et, bien sûr, machines à sous.

Le casino est ouvert de 12h à 2h du matin, du lundi au samedi, à partir de 16h seulement le dimanche. La "tenue correcte exigée" comprend au moins une veste et une cravate pour les hommes, l'équivalent pour les femmes. Ce casino s'étant révélé fort rentable pour les autorités de la province, celles-ci ont décidé d'en construire deux autres, qui sont plutôt de magnifiques salles de bingo électronique et de machines à sous. La gare McPhillips, avec sa peinture murale représentant un train d'époque, est à l'extrémité nord de la ville. Outre les nombreuses machines à sous, ce monument, ouvert à tous sans impératif vestimentaire et où l'alcool est prohibé, ressemble à un McDonald's. Le club Regent, quant à lui, est décoré sur le thème d'une île des Caraïbes. Vous le trouverez dans la banlieue de Transcona.

Ces deux établissements, ouverts tous les jours de 12h à 2h du matin, ne manquent pas d'animation.

Musée canadien de l'Aviation occidentale

Ce musée (☎ 786-5503), l'un des plus grands du pays sur ce thème, s'adresse aux inconditionnels de l'aviation. Il possède une collection de 35 avions, dont quelques-uns seulement sont présentés simultanément. On peut en voir quelques spécimens originaux, comme par exemple le tout premier hélicoptère canadien. Parmi les autres curiosités exposées se trouvent des uniformes, des photographies, des moteurs, ainsi que divers objets liés à l'aviation. Le musée est un hangar T-2 situé sur l'aéroport international de Winnipeg, au 958 Ferry Rd, et il est ouvert tous les jours (sauf les matinées des dimanches et des jours fériés). Le droit d'entrée est très modique et une visite guidée est proposée moyennant un léger supplément. A partir du "pont d'envol", vous pourrez observer les allées et venues des avions sur l'aéroport de Winnipeg.

Musée de la Police

A l'école de police de Winnipeg (☎ 986-3976), au 130 Allard Ave, se tient un petit musée présentant des uniformes, des affiches "wanted" et divers matériel d'équipement. Les trésors de ce musée sont la Harley Davidson et une cellule de prison datant de 1911. L'entrée est gratuite, mais il faut téléphoner pour connaître les horaires d'ouverture.

Parc national historique de la maison de Riel

Au 330 River Rd, dans une zone résidentielle qui porte le nom de St Vital, très au sud du centre-ville, la maison de Riel (☎ 257-1783) retrace la vie de Louis Riel dans les années 1880. Riel est une personnalité marquante de l'histoire canadienne dont les réalisations restent à la fois fascinantes et controversées.

Cette ferme traditionnelle de style canadien français, restaurée et meublée, fut construite en 1881 et appartenait aux parents de Louis. Après son exécution en 1885 à Saskatchewan, le corps de ce dernier fut ramené ici pour y être enterré. Dans la maison, un guide vous expliquera tout sur la famille Riel et les Métis en général.

Pour vous y rendre, prenez le bus n°16 vers l'ouest à Portage Ave. Il vous conduira presque jusque devant la porte, peu après Osborne Village. L'endroit semble totalement incongru au milieu des bâtiments modernes qui l'entourent. La maison est ouverte de 10h à 18h, tous les jours en été et le week-end seulement en septembre (elle ferme le reste de l'année). L'entrée est gratuite, mais téléphonez avant de venir pour être sûr de ne pas trouver porte close.

Maison MacDonald (Dalnavert)

Située tout près du bâtiment législatif, cette magnifique maison victorienne du 61 Carlton St porte également le nom de Dalnavert (☎ 943-2835). Construite en 1895 pour le fils de John A. Macdonald, premier Premier ministre du Canada, elle est décorée de mobilier d'époque. Elle est fermée les lundi et vendredi. Le ticket d'entrée coûte 3,50 $ et le parking, derrière la maison, est gratuit. De juin à septembre, l'endroit est ouvert toute la journée, le reste de l'année l'après-midi seulement.

Maison des Sept-Chênes

C'est l'habitation la plus ancienne de la province. La maison des Sept Chênes (☎ 339-7429) fut construite en 1851 sans un seul clou. Située à 4 km environ au nord de Portage Ave et de Main St, sur Rupertsland Ave, elle ouvre tous les jours entre la mi-mai et le jour de la fête du Travail (début septembre), et le week-end seulement au printemps.

Vieux moulin de Grant

Cet édifice (☎ 837-5761) est une reconstitution d'un moulin à eau de 1829 qui, semble-t-il, fut le premier de la province à exploiter l'énergie hydraulique. Il n'y a pas grand-chose à voir, même si le grain est moulu chaque jour et proposé à la vente. Le moulin ouvre entre mai et le jour de la fête du Travail, de 10h à 20h du lundi au samedi et de 14h à 20h le dimanche. Il se trouve à l'angle de Booth Drive et de Portage Ave West, près du cours d'eau nommé Sturgeon Creek.

Porte de Fort Garry

Dans le petit parc de Main St, près de Broadway Ave et face à la gare ferroviaire, se trouve la vieille porte de pierre de Fort Garry ainsi qu'un pan de muraille (restauré en 1982). Depuis 1738, quatre forts différents se sont élevés à cet endroit ou tout près. La porte date de 1835 et faisait partie des installations de la Compagnie de la Baie d'Hudson.

Musée historique de St James-Assiniboine

Ce petit musée (☎ 888-8706) renferme une collection d'objets ayant appartenu à des Indiens, Métis et pionniers du début du siècle. Situé au 3180 Portage Ave, il ouvre tous les jours de 10h à 17h, mais ferme le week-end après la fête du Travail et jusqu'au printemps. L'entrée coûte 2 $. La maison mitoyenne, centenaire, renferme du mobilier d'origine.

Maison de Ross

La maison de Ross (☎ 943-3958), premier bureau de poste de l'Ouest, constitue un bel exemple des constructions en rondins de la rivière Rouge. Elle est ouverte de la mi-mai à la fête du Travail, du mercredi au dimanche à partir de 11h. L'entrée est gratuite. Elle est bâtie dans le parc du Patrimoine de Joe Zuken, du côté ouest de Mead St, entre Sutherland St et Euclid St.

North Point Douglas et Selkirk Ave

Cette partie de la ville, nommée le North End, est le seul quartier classé zone historique à l'ouest de Montréal. Beaucoup de maisons qui la composent sont centenaires. Des plaques et des monuments commémorent divers événements historiques.

Pour y parvenir, suivez Main St vers le nord ; parvenu à la Hwy 42, bifurquez vers le nord-est, passez le fleuve et quittez la ville. Avec sa population aux multiples origines, la Selkirk Ave est depuis longtemps le centre commerçant du nord de la ville. C'est aussi le premier quartier d'implantation des nouveaux immigrants venus de tous horizons. Organised Tours, dont vous trouverez les coordonnées plus bas, vous fournira tous les renseignements sur les visites gratuites du quartier.

Parc Assiniboine

C'est le plus grand parc de la ville. Ouvert de 7h à la tombée de la nuit, il est évidemment gratuit. On y trouve un jardin à l'anglaise ainsi qu'un zoo de 40 ha abritant des animaux du monde entier. N'oubliez pas d'aller admirer la statue de l'ours Winnie, un animal qui fut acheté à White River, Ontario, par un soldat de Winnipeg qui partait combattre en Angleterre durant la Première Guerre mondiale. L'ours se retrouva finalement au zoo de Londres. Il aurait, paraît-il, inspiré Alan Alex Milne pour la création du célèbre personnage de *Winnie l'Ourson*. Parmi les autres centres d'intérêt du parc figurent le conservatoire (à la végétation tropicale) et, tout près, le jardin de sculptures Leo Mol, ainsi qu'une petite galerie d'art. Le parc comporte aussi de nombreuses aires de jeux. Début juillet, des représentations de théâtre shakespearien ont lieu en extérieur. Renseignez-vous.Le parc est situé au sud de l'Assiniboine et au sud-ouest de Portage Ave, à environ 7 km du centre-ville. L'entrée se fait soit par Corydon Ave West (à Shaftesbury) soit à l'extrémité ouest de Wellington Crescent.

Forêt d'Assiniboine

Au sud du parc Assiniboine, entre Shaftsbury Ave et Chalfont Ave, cette immense zone forestière demeurée à l'état sauvage déborde du parc lui-même. Au milieu se trouve un étang avec un poste d'observation d'oiseaux. Il arrive aussi que l'on aperçoive un cerf le long des sentiers sinueux. L'entrée reste gratuite.

Musée de la Prairie vivante

Au 2793 Ness Ave, au nord de Grant's Mill, ce musée (☎ 832-0167) est en réalité un parc, ou plutôt une réserve naturelle dans laquelle une zone protégée de 12 ha de hautes herbes de prairie extrêmement rares fait l'objet d'une étude.

A l'intérieur de cette zone bien délimitée, on découvre quelque 200 plantes quasi introuvables ailleurs, ainsi que de nombreux oiseaux et animaux sauvages. Ce centre d'études naturelles est ouvert le week-end (et tous les jours en été), avec des naturalistes présents pour répondre à vos questions. Promenades ou visites guidées sont proposées et l'entrée au musée est gratuite.

Centre Fort Whyte

Situé dans une réserve naturelle qui comporte marécages, bois et lac, ce centre (☎ 989-8355) se consacre à l'environnement. Sentiers, expositions, démonstrations et projections de diapositives figurent au programme. Un aquarium d'eau douce regroupe des spécimens de la faune aquatique de la province. On trouvera ici une description exhaustive des caractéristiques du Manitoba rural et peu développé, ainsi que de la faune locale. Des sentiers vous guideront parmi des répliques de divers points d'eau de la province, où vous observerez des oiseaux et des mammifères peu courants, entre autres des cerfs. Des activités extérieures sont également organisées. L'entrée est payante. Le centre, ouvert tous les jours, se trouve au 1961 McCreary Rd, à 20 mn du centre-ville en voiture.

Autres parcs

Il existe de très nombreux parcs dans et autour de la ville, dont certains sont très vastes. Outre qui ceux ont déjà été mentionnés, figure entre autres le parc Little Mountain, sillonné de sentiers de randonnée qui permettent d'admirer la végétation de la forêt et de la prairie. Il se trouve à 2 km à l'est de Sturgeon Rd, près d'Oak Point Hwy.

ACTIVITÉS CULTURELLES ET/OU SPORTIVES

Natation

Plusieurs piscines de la ville sont ouvertes au public : parmi elles, la Central Outdoor Pool (découverte), gérée par le département des parcs et des loisirs de la ville, et la Pan-Am Pool (☎ 284-4031) au 25 Poseidon Bay, qui est l'une des plus grandes du pays. L'entrée est à 2 $.

Autres

L'été, il fait bon flâner dans les immenses parcs de la ville. L'hiver, on patine sur les rivières. L'endroit le plus propice au patinage est sans doute la rivière Rouge, près de The Forks, devant la basilique Saint-Boniface.

VISITES ORGANISÉES

Gray Line et Paddlewheel River Rouge (☎ 944-8000) proposent six visites en car ou en bateau, dont les prix et la durée varient. La visite de base du centre-ville, en bus à étage, dure trois heures et demie et coûte 17 $. Les visites en bateau les moins chères partent d'un quai situé près du site historique The Forks, au pied du pont de Provencher, à l'angle de Waller Ave et de Gilroy St. C'est également là que se prennent les billets.

D'autres excursions sur le fleuve sont organisées, certaines toutes simples, d'autres plus onéreuses, avec dîner dansant à bord d'une copie de bateau à aubes. Certaines promenades vous mèneront jusqu'à Lower

Fort Garry. La MS *River Rouge* organise par ailleurs des croisières dînatoires ou dansantes, ainsi que des promenades en bateau le dimanche après-midi.

Si vous préférez la terre ferme, des visites-promenades ont lieu tous les jours dans le quartier des Échanges (☎ 986-5924) en juillet et en août au prix de 3 $ par adulte. Au départ du musée de l'Homme et de la Nature, elles vous feront découvrir cet ancien quartier commercial en favorisant son histoire et son architecture.

Des visites-promenades gratuites d'une heure (☎ 586-2720) dans Selkirk Ave ont également lieu à partir de Main St, à l'ouest de McKenzie, dans le quartier historique, au nord de la ville. Au programme, deux promenades par jour, du mardi au samedi (voir *North Point Douglas*, plus haut dans ce chapitre).

Enfin, Beaten Trail (☎ 783-6735) propose trois visites guidées différentes incluant The Forks, le quartier des Échanges ou les sites de Saint-Boniface. Les promenades durent d'une à deux heures et ont lieu tous les jours. Téléphonez pour connaître les programmes exacts et les prix, toujours abordables.

FESTIVALS

Voici la liste des principaux festivals qui se tiennent dans la province :

Février

Le festival du Voyageur – ce festival, qui a lieu vers la mi-février, est une manifestation d'une semaine instituée pour commémorer le souvenir des premiers explorateurs français et des marchands de fourrures. Plusieurs concerts, une parade, des expositions d'art et d'artisanat y sont organisés, ainsi que de nombreuses activités en extérieur.

Juin-août

Festival populaire de Winnipeg (☎ 231-0096) (Winnipeg Folk Festival) – événement annuel, il est sans conteste le festival le plus célèbre et le plus grand du pays. Il a généralement lieu début juillet, dure trois jours et regroupe une centaine d'artistes organisant spectacles et expositions. Les manifestations se déroulent dans le parc de Bird's Hill, à 20 km du centre-ville vers le nord.

Festival de la rivière Rouge (The Red River Exhibition) – ce festival a lieu fin juin au stade Arena de Winnipeg ; il dure une semaine avec parc d'attractions, jeux, parcours à cheval et expositions diverses.

Winnipeg Fringe Festival – durant neuf jours, au mois de juillet, le quartier des Échanges sert de cadre à toutes sortes de représentations théâtrales.

Black-O-Rama – il s'agit d'un festival d'été de musique, de danse et de poésie d'origine antillaise.

Folklorama – c'est le grand festival populaire des Nations. L'office du tourisme vous fournira tous les détails de cet événement, qui se tient en août et célèbre, deux semaines durant, l'incroyable multiplicité des groupes ethniques qui composent la population de Winnipeg. Spectacles de musique, de danse, dégustation de spécialités, etc., ont lieu sous des chapiteaux dressés dans le centre-ville et tout autour. Devenu une formidable manifestation touristique, ce festival attire chaque année de plus en plus d'Américains.

OÙ SE LOGER

Campings

Il existe plusieurs terrains de camping autour de la ville, mais ils sont assez éloignés du centre, des routes principales et des plages du lac de Winnipeg. Le *Jones Campground* (☎ 864-2721) se trouve à 13 km à l'ouest, sur la Hwy 1. Le prix d'un emplacement sans services est de 10 $. Le *KOA* (☎ 253-8168) disposant d'un site sur la Transcanadienne est, à Murdock Rd. Les tarifs vont de 11 à 18 $. Ces deux terrains de camping sont ouverts de mai à mi-octobre.

Auberges de jeunesse

Ivy House Hostel (☎ 772-3022), l'auberge de jeunesse de la HI, est correcte et bien située. Elle est aménagée dans une ancienne maison à tourelles au 210 Maryland St, près du carrefour entre Broadway Ave et Sherbrook St, non loin de la gare routière. Elle dispose de 38 lits et offre la possibilité de cuisiner. Fermée toute la journée, elle n'ouvre qu'à 17h. Les tarifs sont de 12 $ pour les membres, 16 $ pour les non-membres. Tout près, dans Sherbrook St, vous trouverez le bureau régional des auberges de jeunesse (où vous pourrez, entre autres, acquérir une carte d'adhérent).

En venant de l'aéroport, prenez le bus n°15 jusqu'au carrefour de Sargent St et de Maryland St, puis le n°29 jusqu'à l'angle entre Broadway Ave et Maryland St. De la gare, marchez vers l'ouest sur Broadway Ave, ou prenez le bus n°29 à l'angle de Broadway Ave et de Sherbrook St, puis, de là, vous n'aurez plus qu'à marcher quelques mètres en direction de l'ouest.

A quelques immeubles de là, au 168 Maryland St, dans une vaste et confortable maison à trois étages datant de 1912, se trouve la *Guest House International* (☎ 772-1272), gérée par Bill MacDonald. Elle peut accueillir jusqu'à 40 personnes dans divers types de chambres, dont une double. Le prix est de 11 $ (pas de carte de membre exigée) et l'établissement reste ouvert toute la journée durant la saison d'été. En juillet et en août, ces deux auberges de jeunesse risquent d'être complètes, aussi vaut-il mieux téléphoner avant de venir. De novembre à mars, il est impératif d'appeler si vous comptez séjourner à la Guest House International, car il n'y a pas foule en hiver et Bill n'est pas toujours là.

Il n'y a ni YMCA ni YWCA à Winnipeg.

L'*University of Manitoba* loue des chambres de mi-mai à mi-août. Les tarifs sont assez élevés, à 28/40 $ pour une simple/double, et les chambres ne sont disponibles que sur réservation préalable, moyennant un acompte d'une nuit. Pour plus de renseignements, contactez le coordinateur au 474-9942 ou au 26 MacLean Crescent, Pembina Hall.

Bed & Breakfasts

Le siège provincial de la B&B Association (☎ 783-9797) se trouve à Winnipeg, tout comme beaucoup de ses membres. Il existe donc de nombreuses possibilités dans la ville et la province : l'office du tourisme vous en fournira une liste très fournie. Les prix, très intéressants, tournent pour la plupart autour de 30/40 $ la simple/double. Pour ce prix, on vous servira soit un petit déjeuner continental, donc assez léger, soit un petit déjeuner anglais, c'est-à-dire un repas chaud très complet.

Au 141 Furby St, dans le quartier proche de The Forks, se trouve la maison de *Daisy Paully* (☎ 772-8828). Réservée aux non-fumeurs, elle est située sur l'itinéraire de trois bus différents et pratique des prix modiques : 25/35 $.

La *Casa Antigua* (☎ 775-9708), 209 Chestnut St, se trouve dans une zone résidentielle très agréable près de Portage Ave et de Broadway Ave. La double coûte 35 $ et est, là encore, réservée aux non-fumeurs. Le dîner est offert et on y parle espagnol.

Troisième option et plus haut de gamme, le *West Gate Manor* (☎ 772-9788) est situé au 71 West Gate, dans le quartier historique d'Armstrong Point, il se trouve à proximité du centre-ville. Vingt minutes de marche seulement séparent de la galerie d'art et de la gare routière ce quartier calme et verdoyant. Les chambres, décorées avec goût, vont de 35 à 45 $ pour une simple, de 45 à 55 $ pour une double.

Enfin, la maison de Mary et de Walter Pederson (☎ 233-3218), au 476 St Mary's Rd, propose des simples/doubles à 25/35 $. Les propriétaires viendront vous chercher à la gare ou à l'aéroport pour une somme modique et vous offriront un petit déjeuner complet.

Vous trouverez de nombreuses autres possibilités d'hébergement en B&B, dont certaines, cependant, sont très excentrées. N'hésitez pas à demander quelles sont celles où l'on parle français.

Hôtels – basse catégorie

Le centre-ville de Winnipeg recèle d'innombrables petits hôtels un peu vieillots. La plupart, très rudimentaires, accueillent surtout des clochards, mais leurs prix défient toute concurrence. A l'exception du dernier de notre liste, ils sont déconseillés aux femmes voyageant seules qui préférer ont le bas de gamme de la catégorie moyenne.

Sur Main St, à quelques pâtés de maisons de la gare ferroviaire en allant vers Portage Ave, vous trouverez le *Winnipeg Hotel* (☎ 942-7762), un établissement propre et sympathique, le meilleur de sa catégorie. Les simples/doubles sont à 16/18 $.

La plupart des autres petits hôtels se regroupent autour du quartier des Échanges, près de l'intersection entre Notre-Dame Ave et Albert St. Le *Royal Albert Hotel* (☎ 943-8750) et l'*Oxford Hotel* (☎ 942-6712) ne sont pas particulièrement recommandables dans la mesure où la direction favorise surtout l'exploitation du bar situé en rez-de-chaussée. Le prix de base des chambres est de 15/18 $ environ pour une simple/double. Les chambres avec s.d.b. sont plus chères.

Le *Garrick* (☎ 943-7172), 287 Garry St, de l'autre côté (trottoir sud) de Portage Ave, paraît légèrement meilleur. Les simples/doubles sont à 17/22 $. Évitez le *Windsor* (☎ 942-7528), plus bas au 187 Garry St.

Le quartier comporte d'autres établissements similaires : tous pratiquent des tarifs à la semaine extrêmement modiques.

L'exception qui confirme la règle se trouve dans Osborne Village : avec ses 32 chambres à prix très raisonnables (32/34 $ la simple/double), l'*Osborne Village Motor Inn* (☎ 452-9824) représente le dessus du panier. Le quartier est bien plus agréable : l'hôtel est entouré de commerces et de bons restaurants. Il faut toutefois savoir qu'on y organise des concerts *live* : dans certaines chambres, on ne doit pas espérer dormir avant le petit matin !

Hôtels – catégorie moyenne

Winnipeg dispose également de nombreux hôtels aux prix raisonnables et aux chambres propres et sûres, généralement situés dans des quartiers centraux.

Le *Balmoral* (☎ 943-1544), dans la rue du même nom, se trouve à l'angle de Notre-Dame Ave et propose des simples/doubles à 38/48 $.

Le *Gordon Downtowner Motor Hotel* (☎ 943-5581), 330 Kennedy St, est très central à quelques pâtés de maisons de Portage Ave. Il possède un restaurant, deux bars et un parking gratuit. Les simples/doubles coûtent 47/52 $.

A peu près similaire, le *St Regis* (☎ 942-0171), au 285 Smith St, juste au sud de Portage Ave, dispose de tout le confort moderne. Ses chambres sont à 45/48 $.

Notons enfin deux autres établissements de qualité : le *Carlton Inn* (☎ 942-0881), une valeur sûre de la chaîne *Best Western*, et le *Charterhouse* (☎ 782-0175). Le premier, situé au 220 Carlton St, propose des simples/doubles à 52/57 $. Le second se trouve en plein centre, à l'angle de York Ave et de Hargrave St. Les chambres, toutes avec balcon, sont à 55/60 $.

Hôtels – catégorie supérieure

Le *Delta Winnipeg* (☎ 956-1410), au 288 Portage Ave, propose des simples/doubles à 125/135 $. Le *Westin* (☎ 957-1350), au 2 Lombard Place, dispose de doubles à partir de 140 $.

Construit en 1913, l'*Hotel Fort Garry* (☎ 942-8251) est l'apogée de l'hôtellerie classique de la ville. Il vous séduira au premier coup d'œil. Situé au 222 Broadway Ave, près de la gare ferroviaire, il fut initialement destiné à accueillir les voyageurs. L'hôtel abrite en outre le casino de la ville. La double coûte 140 $, mais vous pouvez obtenir des prix plus intéressants en choisissant une formule week-end.

Motels

L'*Assiniboine Gorden Inn* (☎ 888-4806), 1975 Portage Ave, sur le parc, propose des simples et des doubles à 44 $, ainsi qu'une salle à manger où l'on peut se restaurer pour un prix modique.

Le *Down's Motor Inn* (☎ 837-5831), au 3740 Portage Ave, demande quant à lui 36/40 $. Vous trouverez d'autres établissements sur Portage Ave à mesure que vous vous éloignerez de la ville.

Pembina Hwy (Hwy 42), qui descend vers le sud à la sortie de la ville, comporte elle aussi de nombreux motels. Le *Capri* (☎ 269-6990), au 1819 Pembina Hwy, possède des simples/doubles à 35/45 $. Ses chambres les moins chères se trouvent dans un petit bâtiment tranquille, à l'arrière de l'hôtel, qui dispose en outre d'une piscine. Certaines chambres bénéficient d'une mini cuisine. Le *Journey's End Motel* (☎ 269-7370), au 3109 Pembina Hwy, est immaculé, avec des simples/doubles à 42/49 $.

Il existe de nombreux autres établissements, qui sont plus chers mais plus grands et très bien entretenus. En général, plus un motel est grand, plus ses tarifs sont élevés.

OÙ SE RESTAURER

La *cafétéria* du bâtiment administratif offre le meilleur rapport qualité/prix au déjeuner. Elle est située dans le groupe des immeubles de bureaux gouvernementaux, entre Main St et King St, sur William Ave. Des menus différents sont proposés chaque jour. La cafétéria se trouve au deuxième étage et ouvre de 8h30 à 16h30, du lundi au vendredi.

La *cafétéria* du bâtiment législatif est un établissement similaire qui, lui, est véritablement ouvert au public.

Mieux vaut trouver un restaurant ouvert le dimanche en centre-ville. La ville comporte cependant plusieurs établissements de la chaîne *Salisbury House* qui ouvrent tôt et ferment tard tous les jours de la semaine. Vous en trouverez un au 212 Notre-Dame Ave, un autre au 352 Portage Ave et un troisième à la gare routière. Cette chaîne locale, née en 1931, sert des plats simples et bon marché dans des établissements de type cafétérias. Ils sont idéaux pour le petit déjeuner, même si leur réputation s'est fondée sur les hamburgers.

Délaissez le centre en suivant Portage Ave vers l'ouest et vous parviendrez chez *Ray and Jerry's*, au n°1405. Il s'agit là d'une véritable institution de Winnipeg. Cet établissement sert à dîner avec beaucoup de panache aux Américains et aux Canadiens depuis des décennies. Tous les habitants de Winnipeg le connaissent.

Le *Old Chocolate Shop Restaurant*, 269 Portage Ave, représente un lieu agréable pour le déjeuner, le dîner, le café, le quatre heures, ou encore pour le traditionnel tea time. On vous y lira la bonne aventure sur des cartes de tarot. Les prix sont modérés.

La *Old Swiss Inn*, au 207 Edmonton St, propose des steaks, du veau et des fruits de mer. La nourriture est bonne, le prix des plats va de 16 à 22 $. Le *Hy's*, au 216 Kennedy St, est un grill de bonne qualité.

Tout près de la gare ferroviaire, au 180 Main St, le *Grapes* est très populaire. Cet immense bar-restaurant est rempli de plantes et de fleurs. Le menu propose toutes sortes de plats à prix modérés. La cuisine, acceptable, n'est pas vraiment bonne. On vient surtout ici pour le cadre, l'animation et le bar.

Le quartier des Échanges dispose de nombreux restaurants. Autour de Market Square, sur Albert St, le *Old Market Café* est un petit établissement confortable recommandé aux amateurs d'expresso.

Tout près, au 120 King St, la *King's Head Tavern* est un pub de style britannique très fréquenté. Une partie de l'établissement a été aménagée en restaurant indien, le *Moti Mahal*. L'été, le parc est rempli de vendeurs ambulants. Le très européen *Chopin's Café*, à l'angle d'Albert St et de McDermot Ave, un peu à l'écart du parc, est légèrement plus cher pour ses sandwiches très élaborés, entre autres.

Winnipeg comporte également une *Old Spaghetti Factory* au 219 Bannantyne Ave. Il s'agit là d'une valeur sûre, même si la nourriture n'est pas fantastique. On y déguste des spécialités italiennes à prix modiques, au déjeuner et au dîner, dans un espace bien conçu.

Au 179 Bannantyne Ave, à l'est de Main St, l'*Ashdown Café* est ouvert pour le déjeuner. Le week-end, il accueille également les soupeurs après la sortie des théâtres et ferme donc très tard. On y consomme des sandwiches, des salades, ainsi que de nombreuses pâtisseries, dont un excellent *cheesecake*.

Au 180 King St se trouve le nouveau Chinese Dynasty Building, avec ses jardins de l'Héritage devant et la porte chinoise adjacente, de l'autre côté de la rue. Un peu plus loin s'étend le petit quartier chinois de la ville, sur Rupert Ave, Pacific Ave et Alexander Ave. Les restaurants sont surtout situés sur King St. Le *Marigold* est le plus grand et le plus chic de tous. Si vous voulez payer moins cher, allez au *Foon Hai*, au 329 William Ave (à Adelaïde), qui reste ouvert très tard toute la semaine.

Le site historique de The Forks est un endroit plaisant pour pique-niquer. Outre les vendeurs de sandwiches ambulants et les petits cafés, vous y trouverez le *Branigan's*, où vous pourrez faire un repas plus substantiel. Des brunches y sont proposés le week-end et l'établissement dispose d'un bar ouvert tard dans la nuit.

Dans le bâtiment Johnston tout proche, le *Right On Billiards Café* sert café et pâtisseries. Profitez-en aussi pour faire une petite partie de billard.

Le quartier de Sherbrook St et de Broadway Ave comporte plusieurs établissements sympathiques. Au 106 Sherbrook St, par exemple, le très animé *Impressions Café* reste ouvert chaque soir jusqu'à minuit. Dans l'ambiance européenne que créent (entre autres) les peintures et les photographies accrochées aux murs, on y déguste des sandwiches, des bagels et des omelettes, souvent pour moins de 5 $. Au petit déjeuner, les petits pains à la cannelle, tout juste sortis du four, donnent un sens à la vie…

Le *Bistro Dansk*, au 63 Sherbrook St, reste un classique de la nourriture danoise. On y sert une nourriture soignée, d'excellents déjeuners à 7 $ et des dîners spéciaux, plus chers. Il est ouvert tous les jours sauf dimanche, de 11h à 15h et de 17h à 21h30. Parmi les spécialités figurent le saumon fumé, le frideller et, le midi, plusieurs variétés de sandwiches sur assiette.

Plus bas, presque à l'angle de Broadway Ave, au 226 Sherbrook St, le *Cork & Fork* est plus cher, mais parfait pour le dîner. Sa spécialité est la fondue (essayez la fondue au bouillon à 15 $), mais le menu propose bien d'autres plats.

Juste à côté, en face de la station d'essence, le *Champions* sert une nourriture chinoise et vietnamienne très correcte. Il n'est pas cher du tout et se trouve à proximité des deux auberges de jeunesse.

Au 576 Broadway Ave, le *Wheatsong Bakery & Café* est un restaurant végétarien ouvert tous les jours sauf le dimanche. On peut aussi y prendre le petit déjeuner.

Main St North, un quartier où vivaient autrefois les communautés juive et ukrainienne, ainsi que d'autres groupes ethniques, a désormais ses beaux jours derrière lui. Toutefois, on y trouve encore quelques vestiges, comme le *Kelekis*, au 1100 Main St. Les murs de ce restaurant semi-juif, localement célèbre, portent les photographies de stars ou de pseudostars. Malgré une cuisine assez moyenne, le lieu reste très fréquenté, en partie pour sa valeur nostalgique (il existe depuis 1931), en partie pour ses hot-dogs.

Au 911 Main St, le *Blue Boy Café* propose des spécialités d'Ukraine ; toutefois, pour un budget similaire, mieux vaut entrer à l'*Alycia's*, au nord du quartier central de North End, au 559 Cathedral St. Cette institution locale sert, dans une ambiance bon enfant, des repas très substantiels pour des prix abordables.

Il existe de nombreux restaurants à Osborne Village, la plupart excellents. Essayez par exemple le *Courtyard Deli*, 100 Osborne St : on peut y prendre une soupe, une salade ou un sandwich, ou encore un café avec un gâteau. Il est très bon marché, mais ne reste ouvert que jusqu'à 18h. Plus grand et moins décontracté, le *Basil's Café*, au 117 Osborne St, sert diverses spécialités, des en-cas et des pâtisseries typiquement européennes, ainsi que des sandwiches et des salades. Il propose aussi une large variété de thés et douze cafés différents.

Le *Messob*, 106 Osborne St, propose une nourriture éthiopienne très bon marché tous les jours de 17h à 22h. L'établissement a ouvert depuis plusieurs années déjà et il a acquis la meilleure réputation du Village.

Au 133 Osborne St, le *Carlos & Murphy's* est un incontournable de la cuisine mexicaine. Il dispose d'un petit patio, dans lequel on peut manger en plein air, et d'une carte très fournie, et il pratique des tarifs modérés. Le *Baked Expectations*, salon de thé avant tout, est ouvert tard dans la nuit et n'est pas trop cher. Le *Pasquale's* propose des pizzas et des spaghettis très abordables, ainsi que d'autres spécialités italiennes. Il reste ouvert jusqu'à 2h du matin.

Vous trouverez beaucoup d'autres restaurants dans ce secteur ; certains sont un peu plus chers que ceux figurant ci-dessus. Le *Tea Cozy* est un établissement sélect aux prix prohibitifs. Le *Toad in the Hole*, un pub situé au 112 Osborne St est devenu un incontournable des buveurs de bière.

La Corydon Ave, dans le quartier italien, comporte quelques restaurants sympathiques, comme le *Soffia Caffe* au 635 Corydon Ave, qui dispose d'une merveilleuse petite cour intérieure et pratique des prix très raisonnables pour une cuisine italienne basique. Le *Bar Italia Caffe*, à l'angle de Cockburn St, est parfait pour siroter un *latte* ou un *cappuccino*.

Les centres commerciaux du centre-ville organisent parfois des foires gastronomiques et le Convention Centre dispose d'une cafétéria bon marché. De plus, la plupart des meilleurs hôtels de la ville proposent, le dimanche midi, des brunches de très bonne qualité.

En dehors du centre-ville, le quartier Saint-Boniface possède plusieurs restaurants français. Le *Café-Jardin/Terrasse Daniel Lavoie*, au 340 Bvd Provencher, est un petit établissement qui sert une nourriture franco-canadienne à des prix modiques.

Le Pembina Hwy, la route qui permet de quitter la ville vers le sud, comporte également de nombreux restaurants, dont beaucoup font partie des chaînes habituelles.

DISTRACTIONS

Vous pouvez vous procurer le *Winnipeg Free Press*, journal gratuit qui fournit chaque vendredi une liste complète des bars et un programme des manifestations organisées. On peut également consulter l'*Interchange*, un mensuel qui indique toutes les sorties gratuites.

Casinos

C'est à Winnipeg que fut ouverte la première maison de jeu permanente et légale du Canada. La ville en abrite aujourd'hui trois. Le *Crystal Casino*, assez controversé, se trouve au septième étage de l'hôtel Fort Garry, au 222 Broadway Ave. Il est ouvert de 18h à 2h du matin du lundi au vendredi, à partir de 12h le samedi. Blackjack, baccara, roulette ou machines à sous, à vous de choisir, à condition, bien sûr, d'arborer la tenue vestimentaire de rigueur, à savoir pantalon, veste et cravate pour les hommes. S'il vous manque l'un de ces accessoires, vous pourrez toujours vous rabattre sur les deux autres maisons de jeu de la ville. Pour cela, reportez-vous au paragraphe *Jeux de hasard*.

Musique

Au 176 Fort St, le *Spectrum* présente de nouveaux groupes, généralement jeunes. Le prix d'entrée varie en fonction de la musique, mais reste peu élevé. Au 65 Rorie St, le *Wise Guys* est un endroit décontracté où l'on mange en toute simplicité en écoutant des groupes locaux. Il y a foule le dimanche soir.

A l'angle de Main St et de St Mary Ave, près de la gare ferroviaire, entrez au *Times Change Café* pour écouter du jazz ou du blues sans vous ruiner. Les concerts *live* ont lieu le vendredi, le samedi et le dimanche soir. Le *Blue Note*, tout proche au 220 Main St, fut longtemps une véritable institution dans la ville. Le jeune Neil Young s'y produisit autrefois. Depuis, l'établissement a fermé, mais il pourrait bien rouvrir prochainement. Renseignez-vous.

Les noctambules ont encore le choix entre plusieurs bars situés sur McDermot Ave, près de Rorie St : le *Rollin' Stone* propose de la musique rock ou, le lundi soir, des orchestres de blues. Un peu excentré, le *Palladium*, 2935 Pembina Hwy, est une immense discothèque où des groupes se produisent le week-end.

Le bateau *River Rouge*, qui organise des promenades de nuit, accueille des orchestres pop du mercredi au samedi et des jazz bands le dimanche et le lundi soir.

Le *centre culturel West End* (☎ 783-6918), au 586 Ellice Ave, organise souvent des concerts folk ou classique à prix réduits dans une ambiance détendue et sympathique.

Le *Centre culturel franco-manitobain* (☎ 233-8972) présente des spectacles, concerts et manifestations intéressantes. Il se situe dans le quartier Saint-Boniface. Téléphonez pour obtenir les programmes.

Certains spectacles sont en français, d'autres encore utilisent l'anglais et le français.

Le *Red Cactus*, au 695 Corydon Ave, est un lieu sympathique pour prendre une bière l'été, lorsqu'on peut s'installer dans le patio. Toujours dans le quartier italien, vous trouverez d'autres établissements similaires.

L'été, des concerts en plein air sont souvent organisés dans les parcs qui bordent la ville. Renseignez-vous en particulier sur les manifestations qui se déroulent dans celui qui est situé du côté de Preston Ave, près des grands hôtels internationaux.

Danse, musique et spectacles classiques

Le *Royal Winnipeg Ballet* (☎ 956-0183) jouit d'une excellente réputation internationale. Son nouveau siège se trouve à l'angle de Graham Ave et d'Edmonton St, et les étudiants ont droit à un tarif privilégié.

Le *Centennial Concert Hall* (☎ 942-7479), à Portage Place, abrite l'Opéra du Manitoba. Le *Winnipeg Symphony Orchestra* (☎ 949-3999) joue des morceaux classiques comme de la musique pop. La saison va de novembre à mai. Divers concerts et pièces de théâtre sont par ailleurs présentés au centre symphonique, le *Centennial Arts Centre*, au 555 Main St. Théâtre également, mais aussi danse, mime, et bien d'autres spectacles se déroulent enfin au *Gas Station Theatre* (☎ 284-2757), au 445 River Ave, au centre d'Osborne Village.

Cinémas

Le *Cinema 3* (☎ 783-1097), à l'angle d'Ellice Ave et de Sherbrook St, est spécialisé dans les grands classiques et les prix y sont modérés. L'*Art Gallery Cinema*, dans la Winnipeg Art Gallery, propose des films étrangers ou d'art et d'essai. Les programmes changent souvent et les prix sont, là encore, raisonnables.

Manifestations sportives

Les Winnipeg Jets jouent environ 40 matches de ligue au niveau national pendant la saison d'hiver. Les parties se déroulent au stade Winnipeg Arena. L'été et l'automne, les Winnipeg Blue Bombers représentent la province en football américain. Ils jouent en professionnels dans le cadre de la Canadian Football League (CFL). Les matches ont lieu au stade de Winnipeg, situé à l'angle de Portage Ave et de King Edward St, à l'ouest du centre-ville. Des matches de hockey s'y déroulent également.

ACHATS

Vente directe d'usine

Winnipeg comporte un nombre surprenant de magasins d'usines ouverts au public. Ainsi y trouverez-vous le seul magasin de tout le Canada où l'on vend les vêtements Ralph Lauren directement du fabricant au particulier. Parmi les autres marques figurent Arrow, Izod, Lacoste et Woolrich.

Art aborigène

En tant que ville occidentale et centre d'activité de la Compagnie de la Baie d'Hudson, Winnipeg servit longtemps de cadre aux négociations avec les populations d'Inuits et d'Indiens. Elle reste aujourd'hui, avec la ville de Churchill, le point central de l'art aborigène. Pour admirer, voire acquérir ces œuvres, rendez-vous dans l'une des boutiques-galeries suivantes : Northern Images, à Portage Place, pour l'art et l'artisanat inuit ; Upstairs Gallery, 266 Edmonton St, qui possède l'une des collections les plus complètes d'art inuit ; Fourwinds Trading, au marché de The Forks, pour des réalisations indiennes plus populaires et moins onéreuses et Northern Bear, au 234 Donald St, pour les chaussures ou les bijoux.

COMMENT S'Y RENDRE

Avion

L'aéroport international se trouve au nord-ouest de la ville, à environ 20 mn du centre. Plusieurs compagnies desservent Winnipeg, assurant trajets locaux ou vols vers les États-Unis.

Canadian Airlines (☎ 786-4435) propose deux départs par jour pour Sault Sainte Marie. Air Canada (☎ 943-9361) dessert lui aussi Winnipeg.

Canadian Airlines assure la liaison avec Churchill, mais le billet n'est pas donné. Si vous devez vous y rendre, sachez qu'il faut réserver deux semaines à l'avance pour obtenir les meilleurs tarifs. Pour plus d'informations sur la ville de Churchill, voir la partie correspondante en fin de chapitre.

Bus

Greyhound et Grey Goose se regroupent dans la même gare routière, le Mall Centre Bus Depot, situé au 487 Portage Ave. Elle est ouverte de 6h30 à minuit et dispose de consignes à bagages et d'un restaurant.

Les bus Greyhound (☎ 783-8840) couvrent toutes les destinations de l'Ontario (ou vous mèneront tout au moins aux endroits où vous pourrez prendre des correspondances), ainsi que de nombreuses villes de l'ouest. Ainsi, trois bus partent chaque jour pour Thunder Bay (69 $), trois se rendent à Regina (53 $) et deux à Saskatoon. Avant de monter à bord, demandez si le bus est bien un express et s'il n'assure pas la distribution du courrier ; car sur une destination comme Saskatoon, par exemple, la différence peut représenter trois heures.

Le guichet de Greyhound gère également la petite ligne de Beaver Bus, qui dessert Fort Garry, Selkirk et d'autres points situés au nord de la ville. Il y a au moins un départ par heure pour ces destinations. Les bus de Grey Goose (☎ 784-4500) vous emmèneront à Regina, à Thunder Bay, ainsi que dans de nombreuses petites villes du Manitoba situées dans la région ou plus au nord.

Train

La gare VIA Rail (☎ 944-8780) occupe une position assez centrale au croisement de Broadway Ave et de Main St. L'été, un bureau de tourisme y est ouvert. Comme partout au Canada, la circulation ferroviaire a été considérablement réduite. Vers l'ouest, on peut se rendre à Edmonton et Jasper puis, vers le sud, jusqu'à Vancouver. En direction de l'est, la voie ferrée passe bien au-dessus du lac Supérieur pour continuer jusqu'à Sudbury et aux grandes villes de l'Ontario. Il n'existe aucun train pour Regina.

Le prix du billet pour Edmonton s'élève à 152 $. Les trains partent le dimanche, le mercredi et le vendredi. Trois trains par semaine desservent Sudbury (173 $).

Il existe également un train pour Churchill. Lisez la partie consacrée à cette ville pour plus de détails.

Voiture et moto

Thrifty (☎ 949-7600) possède un bureau en ville, au 155 Fort St, et un autre à l'aéroport. Ce loueur propose des forfaits week-ends et vous apportera gratuitement la voiture sur votre lieu de séjour, où il viendra également la rechercher.

Budget (☎ 989-8505) se trouve à l'angle de Sherbrook St et d'Ellice Ave. Discount (☎ 949-3770), situé au 1380 Sargent St, pratique des forfaits week-ends et des tarifs vacances et des réductions aux étudiants.

Dominion (☎ 943-4477), au 15 Marion St, près du pont de Norwood, dans le centre Dominion, propose des forfaits trois jours ainsi que des possibilités de location à la demi-journée.

En stop

Pour vous rendre en stop vers l'ouest, prenez le bus express de St Charles qui emprunte Portage Ave pour sortir de la ville. Après 18h, prenez le bus Portage Ave-St Charles.

Si vous allez vers l'est, vous ferez du stop sur la Hwy 1. Pour cela, prenez tout d'abord le bus pour Osborne Hwy 1 ou pour Southdale à Osborne St South, à l'angle de Broadway Ave.

COMMENT CIRCULER

Desserte de l'aéroport

Très pratique et très économique, un bus part toutes les vingt minutes pour l'aéroport de l'angle de Vaughan St et de Portage Ave. C'est le bus Sargent n°15. Le trajet vous coûtera 1,30 $ (préparez la monnaie).

Le taxi de l'aéroport au centre-ville revient à 10 ou 12 $. Il existe également un service de voitures avec chauffeurs à l'aéroport, de 9h à près d'1h du matin, mais il vous coûtera plus cher que le taxi.

Bus
Tous les bus de la ville coûtent 1,30 $, mais vous ne pourrez monter que si vous avez la monnaie. Pour tout connaître sur les itinéraires et les horaires, téléphonez au 986-5700 (24h sur 24). Le service urbain est très développé. Pensez à demander un “transfert” s'il vous faut changer de bus pour atteindre votre destination (un “transfert” est un ticket numéroté et daté, fourni par le chauffeur sur demande, qui permet de prendre un autre bus sans supplément).

Bicyclette
Il existe des pistes cyclables dans toute la ville et dans certains secteurs des environs. Demandez tous les détails aux offices de tourisme. Sachez également que les auberges de jeunesse proposent des locations de bicyclettes.

ENVIRONS DE WINNIPEG
Le Prairie Dog Central
Le Prairie Dog est un train à vapeur des années 1900 qui prend des passagers pour un voyage aller-retour de trois heures sur 50 km vers le nord, jusqu'à Grosse Isle. De juin à septembre, le train effectue deux trajets par semaine : les départs ont lieu le dimanche à 11h et à 15h, le prix est de 13 $, avec un tarif réduit pour les enfants. La gare (☎ 832-5259), difficile à trouver, se situe sur Portage Ave West, près de Kenaston Blvd, juste derrière Manitoba Hydro et en face du Viscount Gort Motor Hotel. Vous bénéficierez d'un parking gratuit au 1661 Portage Ave.

Lower Fort Garry
Situé à 32 km au nord de Winnipeg, au bord de la rivière Rouge, Lower Fort Garry (☎ 785-6050) est un fort restauré de la Compagnie de la Baie d'Hudson datant de 1830. C'est le seul fort de pierre construit à l'époque du commerce de la fourrure qui reste intact aujourd'hui.

Ce fort fut successivement transformé en centre de formation de policiers, en pénitencier, en asile psychiatrique. Il servit de résidence aux membres de la Compagnie de la Baie d'Hudson et devint par la suite un country club.

Les pièces du fort sont décorées de mobilier d'époque et les terres qui en dépendent peuplées d'employés costumés, présents pour répondre à vos questions. Pour éviter la foule, mieux vaut s'y rendre tôt le matin, en prévoyant une ou deux heures pour la visite. Le billet d'entrée est à 4 $. Le fort se visite tous les jours de 10h à 18h de la mi-mai à la fête du Travail (début septembre). Durant le reste du mois de septembre, il n'ouvre que le week-end. Vous y trouverez un restaurant et une aire de pique-nique.

Pour y parvenir, prenez le bus pour Beaver à la gare routière et dites au chauffeur que vous allez au fort. Il vous en coûtera environ 7 $ aller-retour.

Selkirk
Après le fort, à mi-chemin entre Winnipeg et son lac, se trouve Selkirk, capitale mondiale du poisson-chat. Les poissons que l'on pêche à ce niveau de la rivière Rouge vaudraient probablement deux fois plus cher dans le sud des États-Unis, où ils représentent un mets délicat.

Le musée de la Marine du Manitoba se trouve également à Selkirk, avec cinq navires reconstitués en cale sèche, dont un bateau à vapeur restauré et un brise-glace.

Marécage d'Oak Hammock
Le sud du Manitoba comporte plusieurs marécages très étendus. Ces terres humides servent de refuge à des milliers d'oiseaux aquatiques et autres volatiles, dont beaucoup y font généralement halte lors des grandes migrations.

Le marécage d'Oak Hammock est une zone de marais située au nord de la ville, à 8 km à l'est de Stonewall et à 15 km à l'ouest de Selkirk. On le connaît comme l'une des plus importantes réserves d'oiseaux du continent, avec plus de 260 espèces identifiées. Les amateurs d'ornithologie pourront déambuler le long des passerelles prévues pour l'observation ou louer des canoës. On trouve également un centre d'information qui présente des expositions avec toutes les explications nécessaires à l'interprétation. Puis allez à Stonewall et au salon de thé de May House, au 391 Centre St, prendre un thé et une pâtisserie. Situé dans une bâtisse fin de siècle, ce dernier est ouvert tous les jours sauf le mardi.

A l'est de Winnipeg

Dugald, à l'est de Winnipeg par la route n°15, abrite le **musée du Costume de Dugald**, qui renferme une collection de 5 000 vêtements et accessoires datant de 1765 à nos jours. Toutes les tenues sont présentées sur des mannequins. Le musée est ouvert tous les jours d'été de 10h à 17h. Le reste de l'année, il ferme le lundi et le mardi. Le billet d'entrée coûte 3 $ et l'établissement comporte un salon de thé.

A Dugald, vous pourrez également admirer l'intérieur restauré d'une maison de pionnier datant de 1886, meublée comme elle devait l'être à l'époque.

A environ 25 km à l'est de la ville par la Transcanadienne, le **musée de l'Enfance** présente une collection de meubles, jouets, vêtements et autres articles qui rappelleront sans doute aux visiteurs les jours dorés de leur enfance. Le ticket d'entrée coûte 3 $.

Au sud de Winnipeg

Au sud et légèrement à l'ouest de Winnipeg, bordé par l'État du North Dakota, se trouve une région connue sous le nom de **Pembina Valley**. La rivière Rouge coule vers le nord à travers cette région avant tout consacrée à l'agriculture.

Morris est le site d'un célèbre spectacle de rodéo annuel, le deuxième en importance après celui de Calgary. Il se tient durant cinq jours au début du mois d'août.

L'endroit est aussi le fief du tournesol. Un festival est organisé chaque année pour le rappeler. Il se déroule à **Altona**, le dernier week-end de juillet. Les Mennonites de la région apportent pour l'occasion de délicieuses spécialités culinaires faites maison. A l'est du village de Tolstoi, à 3 km vers le nord, près de la frontière avec le Minnesota et de la Hwy 59, on peut admirer l'un des plus beaux exemples de **prairie de hautes herbes** de la région. Cette zone de 130 ha fut autrefois achetée par la Manitoba Naturalists's Society, qui en fit la plus grande superficie protégée de cette végétation, qui devient de plus en plus rare.

Le Manitoba oriental

La région frontalière du Manitoba présente le même terrain boisé et accidenté qui caractérise l'Ontario voisin. Quand vous approchez de Winnipeg, cette végétation se transforme progressivement pour laisser place à un paysage plat, plus typique des prairies du Sud.

Au nord-est, les régions boisées, peu peuplées, se poursuivent en une série de gigantesques parcs gouvernementaux. La zone sud de la province est avant tout dédiée à l'agriculture.

VILLAGE DES MENNONITES

Au sud-est de Winnipeg, après une heure de route à travers un paysage où le tournesol prédomine, se trouve la ville de Steinbach. A 2 km au nord de celle-ci, par la Hwy 12, le musée des Mennonites vous attend. Ce groupe d'utopistes originaire d'Europe vint en effet s'installer dans le Manitoba après avoir traversé la Pennsylvanie et l'Ontario. Le centre d'information que vous découvrirez sur place vous fournira tous les détails de l'histoire de ce mouvement.

Mais le clou du site est sans aucun doute la reconstitution du village des Mennonites tel qu'il se présentait à la fin du XIXe siècle, avec certaines maisons aujourd'hui centenaires. L'été, diverses manifestations sont organisées dans ce cadre.

Le site comporte un restaurant où l'on déguste d'excellentes spécialités de cuisine mennonite traditionnelle. L'ensemble est ouvert du 1er mai au 30 septembre.

Si voulez en savoir plus sur les mennonites, reportez-vous au paragraphe *Kitchener*, dans le chapitre *Ontario*.

La Broquerie

A la sortie de Steinbach, ce petit village dont la population descend de pionniers belges et français célèbre ses origines gaéliques chaque 24 juin (fête nationale, jour de la Saint Jean-Baptiste) et durant la fête franco-manitobaine, commune à toute la province.

PARC PROVINCIAL DE WHITESHELL

A l'est de Winnipeg et à la frontière de la province avec l'Ontario s'étend ce parc, qui couvre non moins de 2 590 km^2. S'il est, par endroits, fortement commercialisé (en particulier autour de Falcon Lake), il conserve néanmoins quelques zones moins développées, surtout du côté nord. Il renferme quelque 200 lacs et l'on y pratique toutes sortes d'activités de plein air, hiver comme été. On y trouve de bons sentiers de randonnée, dont certains sont très courts et d'autres atteignent 60 km. La direction du parc (☎ 369-5232), installée dans le village de Rennie, sur la route n°44, à l'angle sud-ouest du parc, vous fournira tous les renseignements nécessaires, y compris des recommandations aux randonneurs... Le parc possède 17 terrains de camping. Des gîtes à prix modérés se louent à la journée ou à la semaine – un quart des maisons de pêcheurs de la province se situent là. D'autres modes d'hébergement, plus chers et bien équipés, sont disséminés dans le parc.

A Rennie, non loin des bureaux de la direction du parc, la réserve d'oies sauvages Al Hole mérite une petite visite, surtout durant l'époque des migrations (printemps et automne). Un centre d'observation y surplombe le petit lac où quelques centaines d'oies viennent passer l'été.

A Bannock Point, non loin du lac Betula, vous pourrez admirer des pétroformes réalisées par des Indiens il y a des centaines d'années : ce sont des morceaux de pierre sculptés en forme de poissons, de serpents ou d'oiseaux.

PARC SAUVAGE PROVINCIAL D'ATIKAKI

En vous dirigeant vers le nord, vous remarquerez que la province devient de plus en plus sauvage. Le parc d'Atikaki se visite (aussi) en canoë, mode de locomotion qui reste la meilleure façon de l'aborder. A l'intérieur, le long de la rivière Bloodvein, vous découvrirez des vestiges de peintures murales vieilles de six millénaires, réalisées par les Indiens. Pour accéder au départ des itinéraires de canoës, allez au lac Wallace, accessible en voiture par une mauvaise route.

Plus accessible, le parc provincial de Nopoming, au nord de Whiteshell, n'en offre pas moins un bon aperçu de la véritable végétation sauvage du Nord. Ce parc comporte plusieurs terrains de camping et au moins un réseau de routes sommaire. Avec beaucoup de chance, et à condition de ne pas venir en plein été, on peut y apercevoir quelques caribous.

Le lac Winnipeg

Cinquième lac du Canada en superficie, avec sa pointe sud s'étendant à une cinquantaine de kilomètres de Winnipeg, il donne, sans conteste, sa physionomie à toute la province. Le lac Winnipeg débute au-delà de la grande banlieue de la ville et s'étend jusque dans les régions du Nord, demeurées à l'état sauvage.

C'est autour de la partie sud du lac, très accessible, que viennent se détendre les Manitobains en été. Les deux principaux centres d'intérêt sont les belles plages de sable, les nombreux parcs et les marécages, idéaux pour l'observation des animaux et notamment des oiseaux. Du fait de sa proximité avec la ville, le marécage d'Oak Hammock est présenté dans le paragraphe *Environs de Winnipeg*.

La rive est du lac est constituée de plages ; **Grand Beach** représente le centre officieux des activités estivales. L'endroit, très populaire, convient parfaitement à la détente et au farniente. L'excellente plage possède un sable presque blanc, avec des dunes allant jusqu'à huit mètres de hauteur. La lagune formée derrière ces dunes sert de refuge à des centaines d'espèces d'oiseaux. L'autre rive du lac est moins accessible aux visiteurs dans la mesure où elle est constituée de propriétés privées, de nombreux Canadiens y ont en effet leur maison de campagne. Il reste toutefois quelques bonnes plages publiques comme **Winnipeg Beach**, centre balnéaire de la partie ouest du lac. Un parc régional protège les meilleures plages sablonneuses pour le public et la baie fait le bonheur des véliplanchistes. Winnipeg Beach et ses environs disposent d'un grand nombre de campings, de motels, de restaurants et d'autres installations touristiques. Pour les adeptes de la tente, le parc gouvernemental est plus agréable.

A l'extrémité méridionale du lac, le marais de Netley offre lui aussi une forte concentration d'oiseaux aquatiques.

Hébergement

Vous trouverez des campings dans le parc provincial de Grand Beach (☎ 754-2212) et, plus au sud, vers Patricia Beach. *Lakeshore Heights* (☎ 765-2791) est un B&B situé en bordure de la Hwy 59, près de Grand Beach, à 90 km de la ville. Pour savoir comment vous y rendre, consultez ci-dessus le passage sur Grand Beach ou appelez le 475-8173 à Winnipeg. De nombreux commerces et motels sont disponibles au sud du parc, à Grand Marais. L'hôtel *Grand Marais Inn* (☎ 754-2141) propose des doubles à 60 $.

Visites organisées

Au nord et à l'est du secteur des plages, on peut réaliser un mini circuit pour visiter la zone industrielle. A Pine Falls, les installations de production d'électricité (☎ 474-3233) sont ouvertes aux visiteurs tout l'été. Téléphonez pour demander les horaires. Tout près, la fabrique de papier d'Abitibi-Price (☎ 367-2432) organise des visites guidées de ses installations. Plus au sud, par la Hwy 11, se trouve le village du lac du Bonnet, qui comprend un laboratoire de recherche souterrain appartenant aux Whiteshell Laboratories (☎ 1-800-665-0436). Whiteshell possède également une usine au-dessus du sol à Pinewa et participe entre autres à la recherche sur le nucléaire. A Pinewa, femmes enceintes et jeunes enfants n'ont donc pas le droit d'assister aux visites, qui vous apprendront tout ce que vous avez toujours voulu savoir sur le nucléaire. Les installations souterraines, en revanche, sont ouvertes à tous : il faut une heure et demie pour visiter le laboratoire, creusé dans la roche du Bouclier canadien, au-dessous du niveau hydrostatique.

MARAIS DE NETLEY

A l'opposé s'étend le marais de Netley, formé à l'endroit où la rivière Rouge se jette dans la partie sud du lac Winnipeg. C'est l'une des principales zones de nidification du continent. Chasseurs et amoureux de la nature viennent y confronter leurs points de vue sur la façon dont il faut profiter de ces 18 espèces de canards ou de ces merveilleux envols d'oies sauvages.

L'automne reste la saison la plus propice à l'observation, car les oiseaux se réunissent là en grands nombres, mais n'oubliez pas que c'est aussi la saison de la chasse. La tour d'observation de Breezy Point, dans le parc régional de loisirs de Netley Creek, permet d'admirer certaines parties du marais. Netley est situé à 16 km au nord de Selkirk.

Interlake

La région qui s'étend au nord de Winnipeg, coincée entre le gigantesque lac Winnipeg à l'est et le lac Manitoba à l'ouest, est connue sous le nom d'Interlake. La partie sud de cette zone est détaillée dans le paragraphe *Environs de Winnipeg*. Dans sa partie nord, qui s'étend à l'est du lac Winnipegosis, la population s'amenuise nettement, les maisons de campagne se font plus rares : le vrai Nord commence.

GIMLI

A 90 km au nord de Winnipeg, sur les rives occidentales du Lac Winnipeg et caractérisé par sa statue de Viking, cette communauté de pêcheurs et d'agriculteurs est en majorité constituée de descendants de pionniers d'Islande. Connue autrefois sous le nom de république de Nouvelle-Islande, la région se peupla d'Islandais aux environs de 1880. Le **musée historique de Gimli** retrace leur histoire et présente, outre des objets remontant à cette première implantation, des éléments établissant l'influence des Ukrainiens, autre groupe d'immigrants majeur venu s'établir dans ces provinces occidentales. Chaque été, au début du mois d'août, l'Islendingadagurinn (le festival islandais) se tient là, avec trois jours de jeux, de concours, de parades et de musique folklorique.

Les larges plages de sable de la rive sud-ouest se poursuivent jusque dans la région de Gimli. La ville de Gimli possède quelques motels.

PARC PROVINCIAL D'HECLA

Plus au nord (Gimli se trouve à mi-chemin en venant de Winnipeg) et sans doute plus intéressant que Gimli s'étend Hecla, un parc insulaire qui traverse pratiquement le lac Winnipeg dans sa largeur. Une chaussée mène sur l'île principale, celle d'Hecla, avec ses campings et ses villages. Le village d'Hecla était jadis le site d'une implantation d'Islandais, qui s'y installèrent en 1876. Un musée et un court itinéraire-découverte retracent les moments forts de son histoire. L'île abrite de nombreux orignaux, ainsi que des cerfs et de petits mammifères, que l'on rencontre fréquemment. Le marais de Grassy Narrows est pour sa part peuplé d'oiseaux aquatiques. De nombreux sentiers de randonnée serpentent à travers les bois et en bordure de l'eau.

Tout à côté, le parc de **Grindstone** est encore en cours d'aménagement.

Où se loger

Le *Solmundson Gesta Hus* (☎ 279-2088) est le B&B du village. Une nuit en double y coûte 55 $. A l'extrémité nord de l'île se trouve Gull Harbour, qui dispose d'un camping et de magasins.

FOSSES A SERPENTS

Amoureux de serpents, réjouissez-vous ! C'est dans le Manitoba, et nulle part ailleurs, que se trouve la plus importante population de couleuvres-jarretières rouges au monde. Ces petits reptiles, qui adorent la compagnie, se concentrent dans des mégafosses pouvant en comporter jusqu'à 10 000 ! Chercheurs, vendeurs d'animaux de compagnie et amateurs de visions macabres viennent de continents lointains pour contempler ces fosses à serpents situées à environ 6 km au nord de Narcisse, en bordure de la Hwy 17 en allant vers Gimli à l'ouest, au cœur de la région de l'Interlake.

En fait, cette soudaine attention dont ces reptiles ont fait l'objet a conduit à un formidable déclin du nombre de fosses à serpents, lié aux régulations agricoles. Le rituel d'accouplement, qui pousse des dizaines de milliers de reptiles à émerger de leurs trous creusés dans le calcaire et à aller former des nœuds grouillants, a lieu aux environs de la dernière semaine d'avril et des deux premières semaines de mai, ou encore lorsque les rayons du soleil sont assez chauds pour stimuler les reptiles. L'activité la plus intense prend place après la fonte des neiges, à l'arrivée des premiers jours chauds et ensoleillés de printemps. Le spectacle est également palpitant à l'automne. Début septembre en effet, après un été de farniente, les serpents retournent dans leurs fosses, mais restent à l'entrée de celles-ci jusqu'au retour du froid qui les pousse à se mettre à l'abri pour l'hiver. Tous ces serpents ne sont pas dangereux et vous pouvez les toucher (inutile de crier !), à condition de ne pas les faire sortir du site.

La **Narcisse Wildlife Management Area** protège l'une des zones de fosses à serpents et a aménagé des sentiers de randonnée et un parking à 6 km au nord de Narcisse. Pour y parvenir, suivez la Hwy 17. L'endroit est situé à un peu moins de deux heures de route de Winnipeg. N'hésitez pas à venir y passer la journée, avec caméra et enfants, non sans avoir fait une petite halte à **Komarno**, où l'on peut admirer la statue du plus grand moustique du monde. Emportez également de quoi pique-niquer (ou au moins casser la croûte), car vous ne trouverez guère de quoi vous ravitailler dans le secteur.

On peut observer d'autres fosses à serpents à Chatfield et à Inwood.

PEGUIS ET FISHER RIVER

Au nord de Narcisse, la Hwy 17 mène à deux réserves d'Indiens assez isolées : Peguis et Fisher River. Dans cette région peu développée, ne comptez pas trouver de structures touristiques ; même les magasins sont rares. Le Peguis Powwow est un festival de cinq jours à l'occasion duquel jeux, chants et artisanat sont à l'honneur, ainsi que diverses autres activités auxquelles les Cris et les Ojibways de la réserve invitent le public. Il y a un terrain de camping dans ce secteur, et le parc provincial d'Hecla n'est qu'à une quarantaine de kilomètres à l'est.

RIVE DU LAC MANITOBA

La superficie qui s'étend entre les lacs est consacrée à l'élevage du bétail. Certaines des fermes qui y sont implantées proposent des chambres aux touristes.

Bien moins développé que le lac Winnipeg, mais doté d'une série de petites villes et de plusieurs groupes de maisons de campagne, le lac Manitoba dispose lui aussi de quelques belles plages de sable, surtout au sud, dans la zone de Twin Lakes, autour de la ville de Lundar et à Silver Bay (à l'ouest d'Ashern). St Laurent, une communauté à prédominance métisse et française, sert de ville d'approvisionnement à la région.

FORÊTS DU NORD ET ROUTE DE L'EAU

Plusieurs routes (désormais réunies en une seule) relient Winnipeg à la Colombie-Britanique, s'étendant dans les parties nord de la Saskatchewan et de l'Alberta. La plupart d'entre elles sont goudronnées, mais certaines sont caillouteuses. La région ne comporte pas de villes, mais des petites communautés, neuf parcs régionaux et d'innombrables terrains de camping. Les lacs et les forêts ne manquent pas, tout comme les zones de pêche et les animaux sauvages. Les nuits sont fraîches.

A partir de Winnipeg, la route se dirige vers The Pas (au nord-ouest de la province), continue vers Prince Albert (située dans la Saskatchewan, près du parc national Prince Albert), puis jusqu'à Alberta et Dawson Creek, en Colombie-Britanique, où elle prend fin. Cette route est régulièrement balisée par des panneaux "NWWR".

Le nord du Manitoba

Les deux tiers de la province s'étendent encore au-delà de The Pas, au-dessus des deux grands lacs du 53e parallèle. Le nord du Manitoba est une zone de forêts accidentée et où les lacs ne manquent pas. Elle se transforme peu à peu pour déboucher sur l'aride toundra sans arbres de l'extrême Nord. Flin Flon, Le Pas et Thompson représentent des villes importantes. Plus au nord encore, sur la baie d'Hudson, se trouve la ville de Churchill qui, malgré son isolement, reste l'une des métropoles phares de la province.

LE PAS

Après avoir été un important point de rencontre entre Indiens et vendeurs de fourrure français et britanniques. The Pas est désormais un centre régional qui tient le rôle de "porte du nord". Malgré l'importance du commerce du bois, l'agriculture reste intense. L'été, les journées sont longues et ensoleillées. Le petit **musée Sam Waller**, au 306 Fischer Ave, présente l'histoire de la ville et de ses environs.

L'**église du Christ** (☎ 623-2119), sur Edwards Ave, fut fondée par Henry Budd, premier Indien ordonné prêtre par l'Église anglicane. Sur l'un des murs, le Notre-Père et les Dix Commandements sont inscrits en cri. Pour visiter l'église, téléphonez avant de venir.

A ne pas manquer non plus, les journées indiennes d'Opasquiak, festival annuel organisé mi-août et animé par l'orchestre de jazz des Indiens de The Pas. Parmi les manifestations au programme, figurent les traditionnels concours, jeux et courses de canoës. A la sortie de la ville, après le cours d'eau, s'étend une réserve où vit presque toute la population non blanche. Depuis quelques années, une certaine tension, née à la suite d'un crime brutal perpétré à l'encontre d'une Indienne par un groupe de Caucasiens, oppose les deux groupes.

Dans le parc provincial de Clearwater, on peut voir de profondes fissures et d'énormes pâtés de maisons de roche arrachés aux falaises le long du sentier des Grottes. Et ce n'est pas sans raison que le parc porte le nom de Clearwater (eau claire) : malgré les dix mètres de profondeur de l'eau, on en aperçoit le fond.

Où se loger

On peut camper non loin de la ville, dans le parc de Clearwater. En ville, il existe par ailleurs une demi-douzaine d'hôtels et de motels et vous ne devriez pas avoir de difficulté à trouver une chambre.

Comment s'y rendre

The Pas est relié à Winnipeg par voie aérienne, par bus Grey Goose et par voie ferrée (VIA Rail). Le trajet entre les deux villes dure huit heures par la route 327 et la Hwy 6. Le bus met plus de temps. Quant à la voie ferrée, elle continue jusqu'à Thompson et Churchill.

FLIN FLON

Plus au nord, juste à la frontière de la Saskatchewan, Flin Flon est un centre d'exploitation minière du cuivre et du zinc. Son nom, plutôt original, lui viendrait, dit-on, du héros d'un roman que des prospecteurs y découvrirent en 1915. Une statue assez loufoque de ce personnage, Hosiah Flintabbatey Flonatin de son vrai nom, accueille les visiteurs à l'entrée de la ville.

Au même endroit, sur la Hwy 10, se trouvent un office du tourisme et un terrain de camping géré par la chambre de commerce. Dans le premier, jetez un coup d'œil aux exemplaires de gravures sur écorces de bouleau. Pratiqué par les vieilles femmes cris, cet art est en voie de disparition. Les artistes utilisent leurs dents pour graver des formes, souvent des animaux, dans le bois. J'ai pu admirer d'autres exemples de cette technique très particulière dans les meilleures boutiques d'art indigène de la Saskatchewan.

La ville, dont la population s'élève à 8 000 habitants, est construite sur le Bouclier canadien : en d'autres termes, sa visite vous obligera à monter et à descendre sans cesse.

La ville renferme une mine en surface de la Hudson Bay Mining & Smelting Company qui se visite en juillet et en août. Cuivre, zinc, or et argent y sont produits.

Tout autour de l'agglomération, on trouve un paysage de forêts et de lacs typique du Nord canadien. Les magasins de matériel de camping et de canoë ne manquent pas à Flin Flon, d'autant que l'immense parc provincial de Grass River est tout proche, à l'est. Le cours d'eau qui le traverse est particulièrement propice à la pêche et au canoë, avec environ 150 lacs répartis sur son cours. Caribous des bois, orignaux et cerfs figurent parmi les nombreuses espèces animales qui résident dans le parc. Le cours d'eau, quant à lui, a été utilisé pendant des siècles par les Indiens puis, plus tard, par les explorateurs et les négociants européens.

A mi-chemin entre Flin Flon et Grass River, au sud de la ville, se trouve le **parc de loisirs provincial de Bakers Narrows**, qui propose camping et canoë. Avec sa plage et son cadre paisible, il est idéal pour venir se détendre, ne serait-ce qu'un après-midi.

Flin Flon dispose de quelques vieux hôtels situés en centre-ville, sur Main St, et de plusieurs motels plus décentrés. Le *Victoria Inn* (☎ 687-7555) est plus cher, mais offre de nombreux services.

Des bus relient la ville à The Pas et à Winnipeg.

THOMPSON

Dernière ville du Nord reliée par la route, Thompson (15 000 habitants) est un centre minier d'exploitation du nickel. La longue route qui y mène n'offre pas grand-chose d'intéressant, hormis la nature à l'état sauvage, que l'on vienne de The Pas ou de Winnipeg. A peine sort-on de la ville que toute trace de civilisation disparaît.

Si vous êtes en voiture, assurez-vous que vous avez l'approvisionnement et l'essence nécessaires au voyage, car les stations-service sont à peu près inexistantes, surtout sur la Hwy 6, au nord du lac Winnipeg.

Il est possible de voir la mine de nickel d'Inco, mais la visite organisée ne descend pas dans les galeries souterraines : on ne peut assister qu'aux opérations qui se déroulent en surface. Le musée Heritage North, installé dans une impressionnante maison de rondins, présente des expositions retraçant l'histoire naturelle, le commerce de la fourrure et les premières implantations de Blancs. Le festival populaire de Thompson se tient chaque année durant le week-end le plus proche du solstice d'été, généralement, aux environs du 22 juin.

L'*Anna's B&B* (☎ 677-5075), au 204 Wolf St, est l'endroit idéal pour séjourner en ville. Les propriétaires, qui sont prêts à venir vous chercher à l'aéroport ou à la gare, parlent anglais et néerlandais. Une simple y coûte 35 $. Par ailleurs, vous trouverez un camping municipal juste à côté de la ville.

Les trains VIA en direction de Churchill desservent la ville, tout comme les bus Grey Goose.

GILLAM

Située à mi-chemin entre Thompson et Churchill sur la ligne ferroviaire, Gillam n'existe que par sa centrale hydroélectrique.

CHURCHILL

Si vous avez fait tout ce chemin, c'est sans aucun doute pour voir Churchill. Avec Winnipeg, c'est le pôle le plus intéressant de la province, surtout pour les visiteurs étrangers. La ville est l'un des quelques avant-postes les plus au nord du Canada qui restent relativement accessibles, grâce entre autres à la ligne ferroviaire qui la relie à Winnipeg.

Malgré sa situation éloignée et, de ce fait, peu séduisante, malgré aussi la rigueur du climat – les seuls mois sans neige sont juillet et août –, Churchill a toujours eu son importance. Le secteur géographique qu'elle occupe fut l'un des premiers du pays à avoir été exploré par les Européens. Le premier avant-poste de la Compagnie de la Baie d'Hudson y fut installé il y a plus de deux cent cinquante ans et une bonne partie des explorations et des implantations dans l'ouest se fit à partir de là. Explorateurs, négociants et militaires sont tous passés par ce port, qui fut jadis l'un des hauts lieux du commerce mondial de céréales. La construction de la voie de chemin de fer fut achevée en 1929, offrant aux prairies un port maritime plus proche de l'Europe que de Montréal. La ville a toutefois connu des années difficiles lors du déclin du commerce de céréales. Aujourd'hui, son petit millier d'habitants a appris à compter sur ses propres ressources naturelles pour subsister.

Ainsi le tourisme s'est-il beaucoup développé, la ville se présentant désormais comme la capitale mondiale des ours polaires. Elle est en effet située sur un itinéraire de migration emprunté par ces animaux, si bien que l'on aperçoit souvent leur fourrure blanche, tant aux alentours de la ville qu'à l'intérieur. Des circuits dans la glaciale toundra sont également organisés à bord de larges minibus pour permettre aux touristes d'aller voir de plus près ces ours, aussi énormes que dangereux.

Un nouveau projet, qui risque de se révéler plus rentable, vient d'être élaboré : l'installation en ville d'une station de lancement et de contrôle des communications par satellite. S'il est accepté, ce projet pourrait bien entraîner un accroissement de la population de quelques centaines d'individus, voire plus, ce qui donnerait à la ville un essor bénéfique.

Le centre-ville est assez réduit et tous les hôtels se trouvent à proximité de la gare. Le large Town Centre Complex, à l'extrémité nord de la ville, est un complexe regroupant un lycée, des installations de loisirs, une piscine et bien d'autres choses...

Attractions naturelles

Churchill bénéficie d'une situation unique pour les amoureux de la nature. Elle constitue tout d'abord un lieu privilégié pour admirer l'aurore boréale (de septembre à avril), ou encore les animaux sauvages, dont les ours polaires – de juillet à novembre, les chances d'en apercevoir augmentent progressivement chaque semaine pour atteindre un pic fin octobre et en novembre –, les baleines bélugas (de mi-juin à la dernière semaine d'août), les phoques (de mi-mars à fin août), les caribous (juillet et août) et les oiseaux (de mi-mai à début juillet, pour les migrations et les nidifications). La pêche et les fleurs attirent les visiteurs durant tout l'été.

Les ours polaires migrent en grand nombre en traversant Churchill. Beaucoup passent l'été au sud de la ville puis, lorsque l'atmosphère se rafraîchit, remontent vers le nord, où la glace commence à se former. Ils se servent de cette dernière pour chasser le phoque. S'ils ont l'air plutôt gauches sur la terre ferme, ces mastodontes (les femelles pèsent 300 kg, les mâles 600) sont étonnamment gracieux dans l'eau. Leurs balades en ville sont assez fréquentes pour avoir incité la municipalité à mettre en place un système d'alarme signalant leur présence. N'ayant pas de prédateurs naturels, ces ours ne craignent rien. Pour les visiteurs, toutefois, les promenades en minibus ou en Jeep organisées dans la toundra restent le meilleur moyen (et le moins dangereux) de les observer. Un dernier conseil : renseignez-vous sur la position et l'itinéraire des ours avant de partir explorer en famille la ville et sa région…

Les oiseaux migrateurs constituent une attraction intéressante. En mai et en juin, on en distingue plus de 50 espèces, dont des canetons, des oiseaux marins, des mouettes, des goélands et d'autres oiseaux chanteurs. Les ornithologues en repèrent davantage et il leur arrive même d'observer des oiseaux rares, comme le goéland de Ross.

Conseils au visiteur

Sachant que la vie sauvage représente l'attraction majeure, pensez à apporter jumelles et caméra ou appareil photo, sans oublier de vous munir de films et de pellicules supplémentaires. Les insectes risquent par ailleurs de se montrer très insistants en juillet et en août : préparez-vous à leur faire la guerre. Sachez que les températures moyennes s'élèvent *(sic)* à -2,3°C en mai, 6,1°C en juin, 12°C en juillet, 11,5°C en août, 5,7°C en septembre et -1°C en octobre. Inutile de préciser ce qui se passe le reste de l'année. Munissez-vous de vêtements chauds (pulls, gants et chaussures adéquates). Dès septembre, la neige est là.

L'été (juin, juillet, août) et les "mois à ours" (octobre, novembre), les touristes sont nombreux : pensez à réserver à l'avance transports, hébergement et excursions. Durant la saison des ours, vous risquez de ne pas trouver la moindre place pour les visites en minibus dans la toundra. Mieux vaut donc s'y prendre à l'avance, car ces visites organisées constituent la meilleure façon d'observer les ours polaires.

Centre d'accueil des visiteurs

Face au Town Centre Complex, dans le Bayport Plaza, ce centre (☎ 675-8863) sert d'office du tourisme et abrite un petit musée très général. On y visionne des films sur la région, son histoire et ses ours polaires. On y voit également des expositions sur la fourrure et les articles en rapport avec la Compagnie de la Baie d'Hudson, dont la célébrité et l'influence dans la région dépassent tout ce qu'on peut imaginer.

Musée des Esquimaux

Le musée, situé dans La Vrendrye Ave, possède une belle collection d'objets et de sculptures inuits, dont des kayaks datant de 1 700 avant J.-C. On peut aussi y admirer des expositions sur la faune du Nord. Le musée est ouvert du lundi après-midi au samedi et l'entrée est gratuite.

Sites historiques nationaux

Fort Prince of Wales. Parks Canada gère quatre sites historiques nationaux dans la région de Churchill. Lorsque les marées et

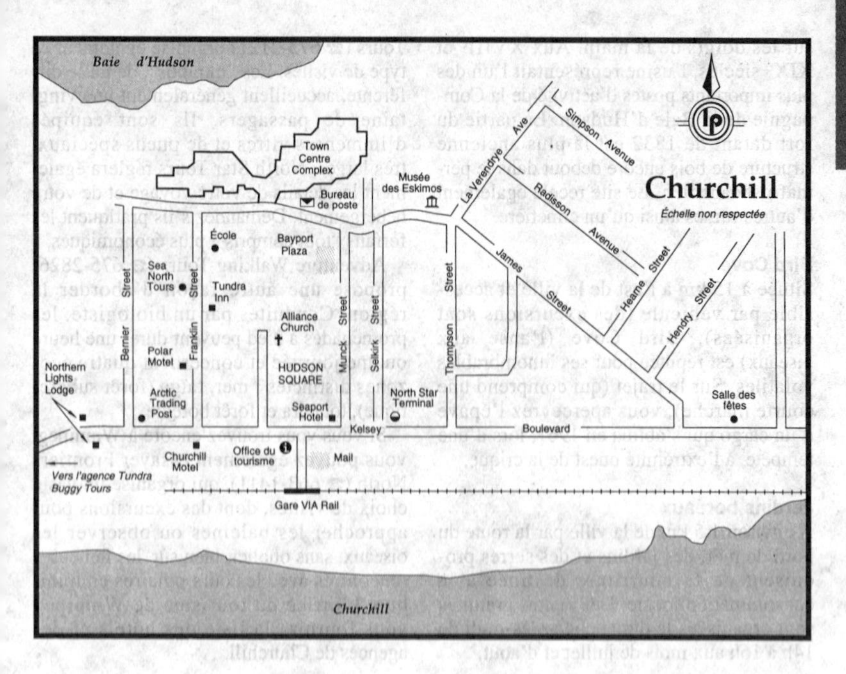

le temps le permettent, des bateaux-taxis traversent le Churchill jusqu'à Eskimo Point et Fort Prince of Wales, l'un des quatre parcs gouvernementaux. Ce fort de pierres partiellement restauré fut construit à l'origine pour protéger le commerce de fourrure de la Compagnie de la Baie d'Hudson contre d'éventuels rivaux. Une plaque rend hommage à sir Thomas Button, premier Européen connu à avoir pénétré en bateau dans l'embouchure du Churchill. Du 1er juillet au 1er septembre, des guides du ministère vous raconteront l'histoire du fort qui figure sur l'itinéraire de nombreux voyages organisés. Il existe une seconde batterie à l'embouchure du fleuve.

Crique de Sloop. Des compagnies privées organisent des excursions en bateau jusqu'à la crique de Sloop, à 4 km du fort en remontant le fleuve. Cette crique était autrefois utilisée par les bateaux européens qui partaient à la pêche à la baleine ou venaient commercer avec les Inuits du coin. On peut lire, gravés dans la roche du bord de mer, les noms des premiers hommes de la Compagnie de la Baie d'Hudson, dont celui de Samuel Hearn, gouverneur local au XVIIIe siècle.

Cap Merry. Ce troisième site, le cap Merry, se trouve à 3 km de la ville, à l'extrémité de la Cape Merry Centennial Parkway. Il recèle les vestiges d'une batterie de pierres construite en 1746. Des guides vous les feront découvrir du 15 juin au 15 septembre.

Usine d'York. Nettement plus à l'écart (240 km), l'usine d'York est un poste de commerce de fourrure qui fonctionne depuis près de deux cent cinquante ans. Comme il n'est accessible que par avion ou (pour les personnes très téméraires et expérimentées) en canoë, et comme Churchill ne peut même pas servir de point de départ à cette excursion, les visiteurs se comptent pratiquement sur les doigts de la main. Aux XVIIIe et XIXe siècles, l'usine représentait l'un des plus importants postes d'activité de la Compagnie de la Baie d'Hudson. La partie du fort datant de 1832 est la plus ancienne structure de bois encore debout dans le permafrost canadien. Le site recèle également d'autres ruines ainsi qu'un cimetière.

Bird Cove

Située à 15 km à l'est de la ville et accessible par véhicule (des excursions sont organisées), Bird Cove (l'anse aux oiseaux) est réputée pour ses innombrables volatiles. Sur le trajet (qui comprend une courte marche), vous apercevrez l'épave d'un cargo qui s'abîma en 1961, lors d'une tempête, à l'extrémité ouest de la crique.

Jardins boréaux

A environ 1,5 km de la ville par la route du bord de mer, des jardins et des serres produisent de la nourriture destinée à la consommation locale. Des visites gratuites sont organisées le dimanche après-midi de 14h à 16h aux mois de juillet et d'août.

Excursions organisées

Le nombre d'agences proposant des excursions à Churchill et dans ses environs est étonnant pour une si petite ville. Beaucoup d'entre elles se trouvent dans la ville même, d'autres sont situées dans le secteur de Winnipeg. Elles proposent aux voyageurs d'aller admirer baleines, oiseaux, icebergs, sites historiques et ours, ou de se balader en traîneaux tirés par des chiens.

Si vous vous y prenez à l'avance, vous pourrez donc organiser votre séjour à partir de Winnipeg. Mieux vaut réserver.

A Churchill, Sea North Tours (☎ 675-2198) est spécialisé dans les promenades en bateau et l'observation de la vie aquatique. North Star Tours (☎ 675-2629), également situé en ville, propose des visites en bus et des excursions en minibus à travers la toundra. En général, les prix ne sont pas excessifs, à l'exception des excursions pour aller voir les ours polaires, qui ne sont pas particulièrement bon marché. Tundra Buggy Tours (☎ 675-2121) organise également ce type de visites. Les "minibus", de taille différente, accueillent généralement une vingtaine de passagers. Ils sont équipés d'immenses vitres et de pneus spéciaux, très larges. North Star Tours réglera également les détails de votre voyage et de votre hébergement. Demandez s'ils pratiquent les forfaits "tout compris", plus économiques.

Adventure Walking Tours (☎ 675-2826) propose une autre façon d'aborder la région. Conduites par un biologiste, les promenades à pied peuvent durer une heure ou une journée et concernent quatre écozones distinctes : mer, taïga (forêt subarctique), toundra et forêt boréale.

Si vous vous trouvez encore à Winnipeg, vous pouvez également essayer Frontiers North (☎ 663-1411), qui organise un vaste choix de visites, dont des excursions pour approcher les baleines ou observer les oiseaux, sans oublier, bien sûr, les fameuses rencontres avec les ours polaires en minibus. L'office du tourisme de Winnipeg vous fournira la liste des hôtels et des agences de Churchill.

Festivals

Les plus téméraires d'entre vous seront sans doute ravis de participer, début juillet, à la fête de la Baie, au cours de laquelle les membres de différentes équipes sautent tour à tour dans les limpides eaux arctiques.

Où se loger et où se restaurer

Mieux vaut ne pas avoir à regarder à la dépense lorsqu'on visite Churchill. Toutefois, il existe une demi-douzaine d'hôtels abordables ; les restaurants qui restent à la portée de toutes les bourses se comptent, eux, sur les doigts d'une main. Les tarifs des hébergements sont tous alignés (à une exception près) entre à 65 $ la simple et 70 et 80 $ la double. Il est prudent de réserver.

La solution la plus économique est le *B&B* de Vera Gould (☎ 675-2544), 108 Hearne St. Une simple dans ce bungalow moderne coûte seulement 30 $, petit déjeuner (copieux, c'est-à-dire comprenant généralement des *pancakes* au sirop d'érable

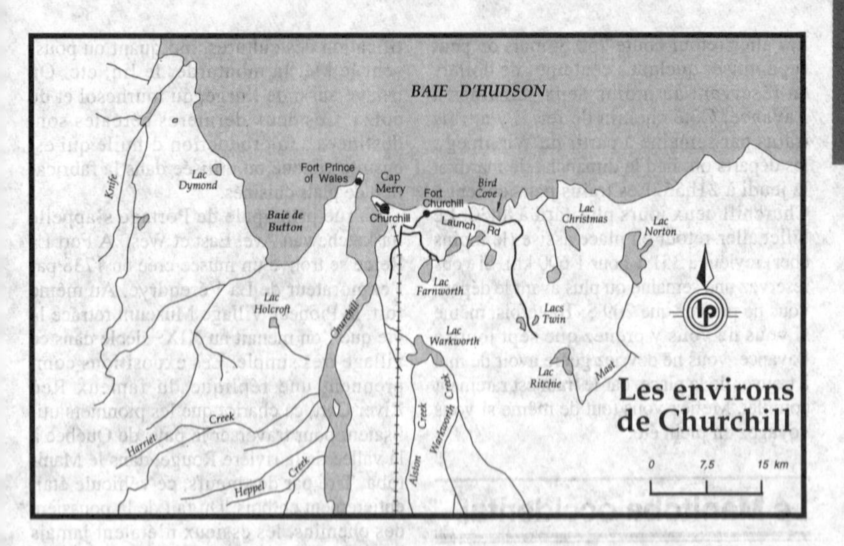

Les environs de Churchill

canadien ou des toasts à la confiture faite maison) compris. Ce B&B peut loger six personnes dans trois chambres à deux lits : autant dire qu'il est souvent complet. Mieux vaut réserver depuis Winnipeg.

Le *Northern Lights Lodge* (☎ 675-2403), 126 Kelsey Blvd et en face, au n°101 de la même rue, demande 58/68 $ pour une simple/double. Il est ouvert de juin à octobre seulement. Légèrement plus cher pour des prestations équivalentes, le *Polar Motel* (☎ 675-2647) se trouve au 16 Franklin St. En rajoutant encore quelques dollars, vous pourrez descendre au *Seaport Hotel* (☎ 675-8807), 299 Kelsey Blvd, qui dispose d'un salon de thé et d'un bar. Les simples/doubles y sont à 70/80 $. Dans la même rue que le Polar Motel, le *Tundra Inn* (☎ 675-8831) coûte 5 $ de plus que le Seaport et comporte lui aussi un snack pour les petites faims. Enfin, à l'angle de Kelsey Blvd et de Franklin St, se trouve le *Churchill Motel* (☎ 675-8853).

Un grand nombre de chambres d'hôtel sont monopolisées par les professionnels saisonniers travaillant pour le gouvernement ou sur des projets de recherche. D'autres sont occupées par des trappeurs, photographes, etc. Il deviendra sans doute encore plus difficile de trouver un hébergement le jour où le projet de station satellite sera mis sur pied. En dehors des hôtels, les restaurants sont très rares à Churchill et vous n'aurez pas l'embarras du choix aux heures de repas. Vous trouverez une cafétéria dans le Town Centre Complex. Un repas à Churchill vous coûtera de 8 à 20 $. Et si vous arriviez en ville avec vos propres provisions ?

Achats

Diverses boutiques proposent des objets d'art inuit contemporain. L'Arctic Trading Company permet d'acquérir d'intéressants souvenirs (sculptures sur bois, bottes inuites appelées *mukluks*). Allez voir également le Northern Store, qui était autrefois le magasin de la Compagnie de la Baie d'Hudson. Le musée des Esquimaux vend également quelques articles, en particulier des bijoux.

Comment s'y rendre

Aucune route ne mène à Churchill. Vous avez donc le choix entre l'avion (Canadian Airlines propose quatre vols par semaine à partir de Winnipeg) et le train. Le vol régulier aller-retour coûte 750 $, mais on peut économiser quelques centaines de dollars en réservant au moins deux semaines à l'avance. Côté chemin de fer, il y a trois trains par semaine à partir de Winnipeg : les départs ont lieu le dimanche, le mardi et le jeudi à 21h55. Les trains parviennent à Churchill deux jours plus tard à 8h30. Le billet aller-retour en place assise (le moins cher) revient à 351 $ pour 1 600 km. Si vous réservez une semaine ou plus avant le départ, vous ne paierez que 209 $. Toutefois, même si vous ne vous y prenez que sept jours à l'avance, vous ne devriez guère avoir de mal à trouver de la place, car le train est rarement complet. Méfiez-vous tout de même si vous voyagez en plein été.

Le Manitoba occidental

En direction de l'ouest et de la frontière de la Saskatchewan à partir de Winnipeg, c'est la prairie plate qui domine. Mieux vaut s'y habituer : le paysage ne commence à varier qu'à mi-chemin entre Winnipeg et l'Alberta. Heureusement, le paysage abrite quelques zones boisées, notamment quelques parcs gouvernementaux.

LA LÉGENDE DU CHEVAL BLANC

Non loin de Winnipeg, en bordure de la Transcanadienne, là où la Hwy 26 coupe l'autoroute en direction du nord, se dresse la statue d'un cheval blanc. Une légende indienne raconte qu'un Indien cri galopait ici sur son cheval blanc avec, en croupe, la femme qu'il venait d'épouser. Il était poursuivi par son rival, un Sioux, qui convoitait la jeune fille. Le Sioux parvint à rattraper le couple et, de dépit, les fit brûler vifs tous les deux. L'âme de la jeune femme alla s'incarner dans le cheval, qui continua à errer dans la prairie durant des années, souvenir vivant de la tragique fin du couple.

PORTAGE LA PRAIRIE

Portage est un centre agricole. Sur le chemin qui y mène, repérez les signes d'identification des cultures, indiquant où poussent le blé, la moutarde, le lin, etc. On trouve aussi de l'orge, du tournesol et du colza. Ces deux dernières céréales sont destinées à la production d'huile qui est ensuite vendue ou utilisée dans la fabrication de plats cuisinés.

La rue principale de Portage s'appelle Saskatchewan Ave, East et West. A Fort La Reine se trouve un musée créé en 1738 par l'explorateur de La Vérendrye. Au même fort, le Pioneer Village Museum retrace la vie que l'on menait au XIXe siècle dans ce village très simple. Les expositions comprennent une réplique du fameux Red River Cart, ce chariot que les pionniers utilisaient pour traverser le pays de Québec à la vallée de la rivière Rouge, dans le Manitoba. Tiré par des bœufs, ce véhicule était entièrement en bois. Du fait de la poussière des chemins, les essieux n'étaient jamais huilés, si bien que les craquements que produisait une caravane de tels chariots étaient audibles à des kilomètres à la ronde. Le site est ouvert de mai à septembre.

Le *camping de Portage La Prairie* (☎ 267-2228) s'étend à l'ouest de Winnipeg sur la Hwy 1 (Transcanadienne), à 16 km à l'est de Portage La Prairie. C'est une bonne adresse à 12 $ l'emplacement pour une tente. Le site est calme et verdoyant, les arbres sont nombreux. Du côté ouest de la ville, le long de la rue principale, se trouvent quelques snacks et restaurants, des motels et le dépôt des bus Greyhound. Toutefois, s'arrêter dans cette ville n'offre guère d'intérêt.

Au nord de la ville, le long du rivage sud du lac Manitoba, se trouvent d'autres grands marais de la province. Long de 8 km, le marais du Delta est mondialement connu comme l'un des sites d'Amérique du Nord où les oiseaux aquatiques sont les plus nombreux. L'accès au public a été restreint par les autorités de la recherche et de la protection de la nature, mais on peut néanmoins camper du côté est, au nord de la ville de St Amboise.

La Transcanadienne se divise en deux à 11 km à l'ouest de Portage. La Yellowhead

Route se dirige vers le nord, suivant la limite sud du parc national de Riding Mountain, puis vers Edmonton, dans l'Alberta. La portion sud, pour sa part, va vers l'ouest jusqu'à Brandon et Calgary, dans l'Alberta.

PARC DU PATRIMOINE PROVINCIAL DE SPRUCE WOODS

A l'intérieur du parc s'étend une zone de 25 km^2 de dunes dont la hauteur peut aller jusqu'à 30 m. Ce paysage désertique fait le bonheur des serpents, lézards et autres cactus qui n'existent nulle part ailleurs dans la province. Le parc comporte toutefois des secteurs plus accueillants avec des bois, des lacs et des terrains de camping. Des sentiers de promenade permettent d'accéder aux parties les plus intéressantes du parc, y compris aux dunes et à des bassins alimentés par des eaux souterraines. Si vous n'avez pas envie de marcher, vous pouvez emprunter les chariots tirés par des chevaux, qui se prennent au centre d'information.

BRANDON

Deuxième agglomération de la province, avec une population de 40 000 âmes, Brandon ne présente guère d'intérêt pour le visiteur, même si la ville passe pour être agréable à vivre. Avant tout fonctionnelle, elle se situe à 4 km au sud de l'autoroute. Vous trouverez des hôtels et des restaurants le long de cette dernière.

Agriculture Canada, un département du gouvernement fédéral, possède ici un centre de recherches qui travaille surtout sur les questions d'élevage et de cultures. Cette ferme expérimentale existe depuis les années 1880. La ville abrite également une université (Brandon University) et possède un immense dépôt de trains.

La rue principale se nomme Rossen Ave et l'Assiniboine, qui coule à travers la ville, donne à celle-ci un aspect verdoyant. Vous trouverez un bureau de tourisme sur la Transcanadienne. Le dépôt de bus Greyhound est situé à l'angle de Rossen Ave et de Sixth St. Le festival d'art et de musique populaires de Brandon se déroule chaque été au début du mois d'août.

Musée de la Formation d'aviateurs du Commonwealth

Situé à l'aéroport, ce musée raconte l'histoire de ces milliers de recrues venues de tout le Commonwealth britannique pour acquérir ici une formation de pilote ou de navigateur entre 1939 et 1945, avant de se rendre en Europe. On peut voir 13 avions d'entraînement entreposés dans un hangar d'époque. D'autres petits centres de formation comme celui-ci parsèment les prairies environnantes. Ce musée recèle des photographies, des moteurs d'avions, etc.

L'ensemble est ouvert tous les jours et le prix d'entrée est modique.

Où se loger et où se restaurer

La ville possède de nombreux hôtels ou motels, ainsi qu'une *YWCA* située au 148 de 11th St, conseillés à tous ceux qui n'ont pas envie de pousser jusqu'à Winnipeg.

Quant aux restaurants, ils se trouvent pour la plupart dans la 18 th St.

BASE MILITAIRE DE SHILO

Au sud-est de Brandon par la route 340, à Shilo, se trouve une base de l'armée canadienne. On peut y visiter le musée de l'Artillerie canadienne du Royal Regiment, qui renferme une large collection d'uniformes, armes, munitions, véhicules, etc., remontant à 1796.

Ce musée propose des expositions intérieures ou en plein air. Il est ouvert tous les jours en été, l'après-midi seulement le week-end et les jours fériés. Le reste de l'année, il ferme le week-end.

PARC PROVINCIAL DE LOISIRS DE GRAND VALLEY

A 10 km à l'ouest de la ville se trouve ce parc privé, tout comme le terrain de camping et l'aire de pique-nique et de ski nautique. Le plus intéressant est sans doute Stott Site, dans le parc. C'est là que les Indiens venaient chasser le bison il y a mille deux cents ans. Des expositions expliquent ce qu'ils faisaient de leurs proies et un campement indien a été reconstitué. On peut y voir de vrais bisons, histoire de faire revivre en imagination cette époque où des troupeaux de milliers de têtes sillonnaient les prairies. Lorsqu'ils galopaient, la terre tremblait littéralement.

NEEPAWA

Toujours au nord de Brandon, Neepawa était le village d'enfance de l'écrivain Margaret Laurence. Sa maison du 312 First Ave est aujourd'hui une sorte de musée Laurence et en un minicentre culturel, avec une galerie d'art et un espace artistique.

A L'OUEST JUSQU'A LA FRONTIÈRE

A l'ouest de Brandon, entre la ville et la frontière, se trouvent quelques petites villes, comme Virden, sans grand intérêt pour le visiteur. Dans quelques coins, on peut voir des derricks forant des puits de pétrole.

N'oubliez pas que, durant l'été, vous devrez retirer une heure à votre montre lorsque vous passerez la frontière de la Saskatchewan, car contrairement au reste du pays, cet État n'a pas adopté l'heure d'été.

Le bison

Peu avant l'arrivée de l'homme blanc dans l'Ouest, d'immenses troupeaux de bisons transitèrent de la région du Manitoba actuel jusqu'aux Rocheuses, du Texas aux rives du Grand Lac des Esclaves. Dans l'herbe verte des prairies, ces troupeaux comptaient des centaines de milliers de têtes.

Le bison, à ne pas confondre avec le buffle, qui vit en Asie et en Afrique, est un bovidé sauvage massif à poils longs. Un mâle âgé peut peser jusqu'à 900 kg, tandis qu'une femelle adulte n'en dépassera jamais 500. Pour les Indiens de l'Ouest, les bisons devaient être respectés, car ils possédaient une âme. Ils n'en restaient pas moins une inestimable source de nourriture. La peau et les poils servaient également de matière première, à partir de laquelle on réalisait vêtements, tentes ou literies. Les cornes, quant à elles, étaient exploitées par les artistes ou les prêtres et les os transformés en couteaux. En somme, rien ne se perdait... pas même les *chips* (excréments séchés), que l'on brûlait pour se chauffer.

Outre la viande fraîche que l'on consommait sans attendre, la chair était préparée pour être conservée durant tout l'été en prévision des très longs hivers. On la découpait en lamelles, on la pilait en y ajoutant des herbes et on la faisait sécher au soleil. Cela donnait des sortes de longs lambeaux de viande. J'ai moi-même tenté d'en confectionner à partir de bœuf, et le résultat fut un franc succès, si ce n'étaient les regards des voisins qui m'observaient à la dérobée tandis que j'accrochais la viande sur la corde à linge de ma fenêtre pour la faire sécher. Les groupes indigènes des régions situées plus au nord ajoutaient à cette recette des groseilles et des baies sauvages, puis faisaient bouillir la viande séchée avec de la graisse afin d'obtenir du *pemmican*, mélange très nutritif qui sauva la vie à bien des trappeurs et explorateurs.

Il existait diverses manières de chasser le bison. La première, qui consistait à s'en approcher furtivement, souvent camouflé en animal, puis à le cribler de flèches, était la plus simple. Plus tard, on se mit à le pourchasser à cheval (le cheval, icône de l'Ouest, demeurait inconnu en Amérique du Nord avant l'arrivée des Espagnols. Jusque-là, les Indiens parcouraient les prairies à pied, assistés par des chiens dressés qui transportaient matériel et provisions).

Lorsque c'était possible, les chasseurs exploitaient la configuration du terrain, comme à Head Smashed In, dans l'Alberta, ou à Stott Site (mentionné dans le paragraphe relatif au Parc de loisirs régional de Grand Valley). On s'arrangeait pour cerner l'animal et on l'obligeait à se précipiter du haut d'une falaise. Ni cette méthode, ni aucune autre tactique indienne, n'a jamais réduit de façon sensible le nombre des bisons du territoire.

Au tout début du XIXe siècle, en revanche, les Européens, armés de leurs fusils, commencèrent à décimer les immenses troupeaux, le plus souvent par pur divertissement. Pour les Indiens des plaines, cette raréfaction des bisons devait mener à la famine et mettre un terme à un mode de vie ancestral. Aujourd'hui, les plus gros troupeaux sauvages du Canada vivent dans le parc national de Buffalo Woods. Des groupes plus réduits et des spécimens individuels sont par ailleurs visibles dans divers parcs et zoos à travers le pays. ■

PARC NATIONAL DE RIDING MOUNTAIN

Au nord de Brandon, à 300 km au nord-ouest de Winnipeg, Riding Mountain représente l'attraction majeure de l'ouest du Manitoba. Étendu sur quelque 3 000 km², il constitue une sorte d'îlot gigantesque qui s'élève au-dessus des plaines environnantes. Cette région majoritairement montagneuse, surtout recouverte de forêts, s'étend du North Dakota à la Saskatchewan. Le parc comporte des lacs, des rivières, des prés et des forêts caduques. Car même si la zone qui entoure le **lac Clear** est assez développée, le reste du parc est resté à l'état sauvage.

On y trouve plus de 300 km de sentiers de promenade, de cyclotourisme ou d'équitation, qui permettent d'accéder à divers centres d'intérêt. Ainsi, au **lac Audy**, pourrez-vous peut-être apercevoir un petit troupeau de bisons dans une zone de forêts et de prés entourée de barbelés. Élans et orignaux sont par ailleurs abondants dans le parc.

Il est également possible de louer des canoës. L'endroit forme un point de départ idéal pour exploiter la liste d'itinéraires fluviaux de la province que l'on vous aura remise à l'office du tourisme de Winnipeg. Le parc est surveillé par des gardes forestiers qui patrouillent à cheval. Quelques agences organisent des visites en utilisant ce même mode de locomotion, traditionnel dans cette région qui fut toujours trop sauvage pour laisser passer les chariots des pionniers. Ces excursions durent d'un après-midi à trois jours, avec nuits en camping. Essayez Breezy Hill Horse Camp si vous préférez une courte promenade en soirée. Pour les sorties plus longues, adressez-vous à High Mountain Outfitters (☎ 967-2077), également basé à Kelwood. Sachez par ailleurs que la zone est du parc est la plus élevée et présente donc les plus beaux panoramas.

Sur la rive sud du lac Clear, **Wasagaming** est une station balnéaire sympathique où tout est prévu pour le touriste en mal de loisirs et de détente. C'est là que se situe le centre d'information. Sachez aussi que, début juin, se déroule la First Nation Celebration, qui vous donnera l'occasion de connaître les danses, costumes, jeux et artisanats locaux traditionnels.

Le camping est la solution la plus économique, soit dans des terrains aménagés, soit en camping sauvage.Si vous n'avez pas de tente, vous trouverez des motels ou des cabines à louer à Wasagaming et dans ses environs. Le *Manigaming Motel* (☎ 848-2459) est un établissement modeste, avec des doubles à partir de 50 $.

DAUPHIN

Au nord du parc par la Hwy 10, Dauphin est l'un des nombreux centres ukrainiens situés dans les provinces de la Prairie. Au sud-ouest de la ville se trouve Selo Ukraina (village ukrainien), où se déroule, début août, le Festival national ukrainien du pays. Danses, costumes traditionnels et spécialités culinaires figurent au programme des festivités.

Le camping est la solution la plus économique, soit dans des terrains aménagés, soit en camping sauvage. Si vous n'avez pas de tente, vous trouverez des motels ou des cabines à louer à Wasagaming et dans ses environs. Le *Wasagaming Motel* (☎ 848-2459) est un établissement modeste, avec des doubles à partir de 50 $.

Saskatchewan

Entrée dans la confédération : 1/09/1905
Superficie : 651 903 km^2
Population : 988 928 habitants
Capitale de la province : Regina

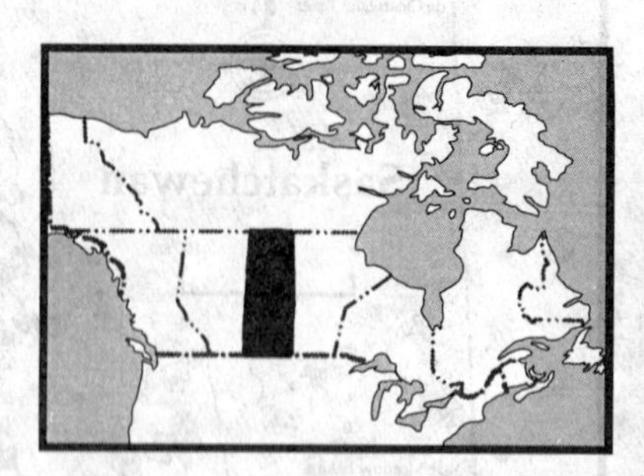

Saskatchewan est un mot de la langue indienne cri qui signifie "rivière qui coule en serpentant".

Avant l'arrivée des Européens, venus d'abord comme explorateurs, puis pour le commerce de la fourrure, et enfin pour s'y installer comme fermiers, la région était un territoire cri. La vie de ce peuple semi-nomade était inextricablement liée aux troupeaux de bisons qui parcouraient les vastes plaines.

Le tourisme ne représente pas une source de revenus majeure pour la province, mais de nombreux visiteurs la traversent tout de même. Les deux principales villes offrent quelques centres d'intérêt à ne pas négliger lorsqu'on y fait une halte, et la province comporte quelques beaux parcs chargés d'histoire qui permettent de reconstituer les modes de vie des Indiens.

Le parc national du Prince Albert, dont on exploite le bois, est accessible aux touristes, et le sud de la région offre de surprenants paysages avec, çà et là, une topographie de type désertique.

Certains trouvent le paysage monotone. Il est vrai que le sud de la province est désespérément plat, parfois sans un seul arbre en vue. Toutefois, cet espace si vaste représente un panorama grandiose que l'on a du mal à imaginer avant de l'avoir contemplé. Et la perspective de ces blés dorés en train de mûrir, qui s'étendent de chaque côté à perte de vue, est de toute beauté. Levers et couchers de soleil, amoncellements de nuages ou ciels étoilés constituent des visions fantastiques. Ici, l'espace ne manque pas. En quittant ce grandiose paysage pour aller admirer les montagnes Rocheuses, on serait tenté de dire, comme je l'ai entendu de la bouche d'un touriste : "Les Rocheuses, c'est joli, mais le problème, c'est que les montagnes cachent le paysage... !"

Au nord de la province, 55 itinéraires de canoë ont été balisés. Vous trouverez tout le matériel nécessaire à ce type de promenades au lac La Ronge et à Flin Flon, non loin de la frontière avec le Manitoba. La moitié nord de la Saskatchewan possède plus de 100 000 lacs et très peu de routes.

Avec tant de terres cultivables dans la province, il va sans dire que les visiteurs ont la possibilité de séjourner "à la ferme", ce qui peut représenter un hébergement économique : les offices du tourisme vous fourniront tous les détails à ce sujet.

Si vous êtes en voiture, vous ferez de préférence le plein dans les stations-service mohawk, qui vendent une essence sans éthane réputée réduire de 40% les émissions de gaz polluants.

GÉOGRAPHIE

L'extrême nord de la province – partie du Bouclier canadien – est constitué de montagnes recouvertes de forêts, de lacs et de régions sauvages pratiquement inhabitées, Les quelques rares habitants qui les peuplent sont surtout des métis.

Entre ces régions et les immenses prairies du Sud, on trouve une zone de transition qui s'étend en travers de la province. Elle est constituée de collines et de terres

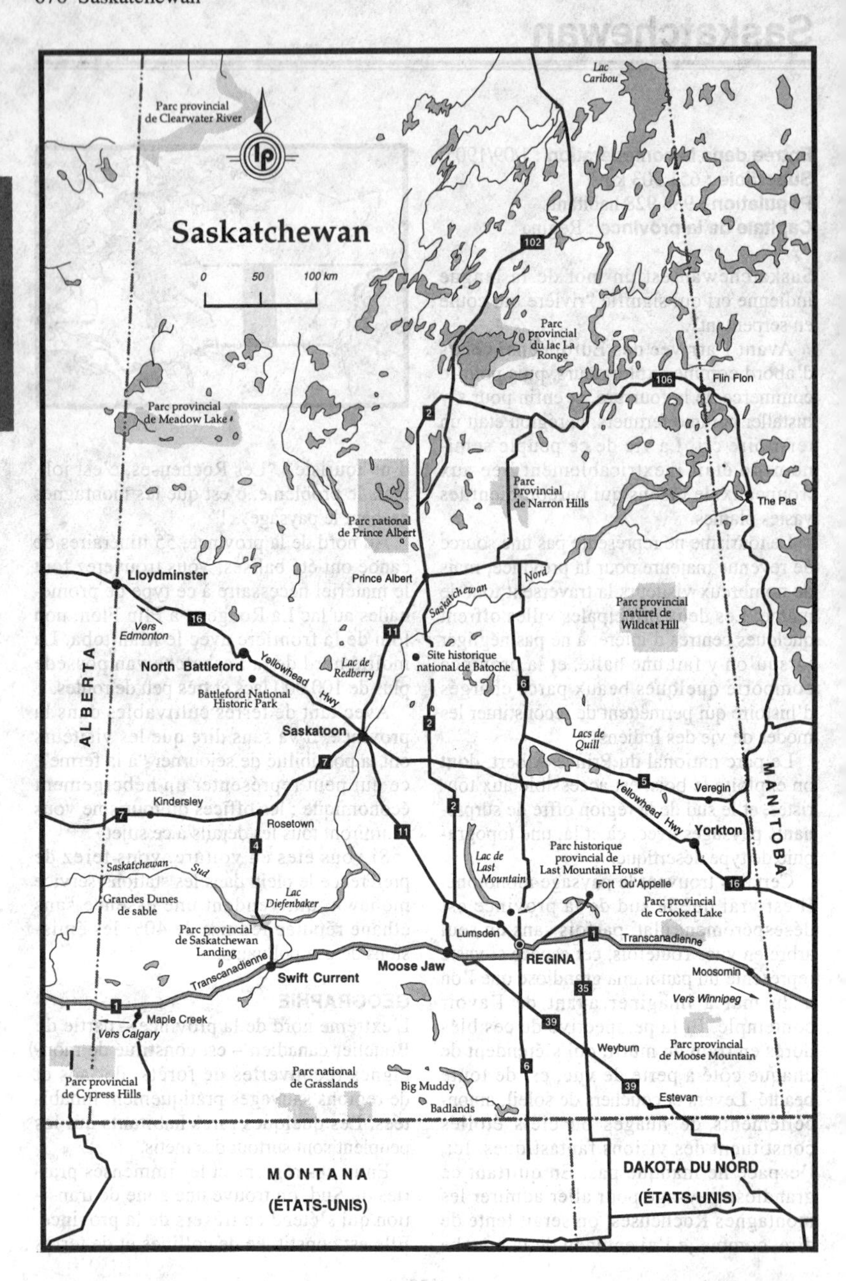
Saskatchewan
0
50
100 km
Parc provincial de Clearwater River
Lac Caribou
102
Parc provincial du lac La Ronge
106
Flin Flon
Parc provincial de Meadow Lake
2
Parc provincial de Narron Hills
The Pas
Parc national de Prince Albert
Prince Albert
Lloydminster
Nord
Saskatchewan
Parc provincial naturel de Wildcat Hill
16
Vers Edmonton
11
North Battleford
Yellowhead Hwy
Lac de Redberry
Site historique national de Batoche
Battleford National Historic Park
6
ALBERTA
2
Saskatoon
Lacs de Quill
7
MANITOBA
Kindersley
5
Veregin
7
Rosetown
2
Yellowhead Hwy
11
Yorkton
4
Lac de Last Mountain
Parc historique provincial de Last Mountain House
Saskatchewan
Sud
Fort Qu'Appelle
16
Grandes Dunes de sable
Lac Diefenbaker
Parc provincial de Crooked Lake
Parc provincial de Saskatchewan Landing
Lumsden
1
Transcanadienne
REGINA
Moose Jaw
Transcanadienne
Swift Current
Moosomin
35
Vers Winnipeg
1
Maple Creek
39
Vers Calgary
Weyburn
Parc provincial de Moose Mountain
6
Parc national de Grasslands
Big Muddy
39
Parc provincial de Cypress Hills
Badlands
Estevan
MONTANA
(ÉTATS-UNIS)
DAKOTA DU NORD
(ÉTATS-UNIS)

cultivées. Appelée *parklands*, elle renferme quelques grands parcs gouvernementaux, ainsi que les rivières North Saskatchewan et South Saskatchewan.

CLIMAT

La Saskatchewan offre un temps variable, avec une prédilection pour les extrêmes. Les hivers sont généralement longs et froids, les températures pouvant atteindre - 50°C. Les étés sont au contraire courts et chauds, avec des pointes à 40°C. Secs et chauds, août et septembre sont des mois agréables mais, même à cette époque, les nuits sont fraîches. En général, on le temps de voir les nuages s'amonceler dans le ciel, si bien qu'on est rarement surpris par la pluie.

ÉCONOMIE

"Saskatchewan" et "blé" sont presque synonymes. La province se place en effet au premier rang des régions productrices de blé d'Amérique du Nord. Avec une surface cultivée représentant un tiers des terres à blé du Canada, elle produit les deux tiers des récoltes du pays. Outre le blé, des céréales telles que l'orge et le seigle occupent une grande place, tout comme le tournesol et l'élevage de bovins.

Ces dernières années, le pétrole a gagné en importance : dans les champs, vous ne manquerez pas de remarquer la lente manœuvre des tours de forage. La province dispose également des plus riches gisements de potasse du monde. Le long de la Transcanadienne, le sol est souvent de couleur noire : il s'agit d'un phénomène naturel dans la mesure où cette zone était autrefois envahie par les eaux. De temps à autre, vous apercevrez de larges taches blanches qui ressemblent à de la neige. Il s'agit de sulfate de sodium, mais ce phénomène ne survient que dans certaines conditions climatiques particulières. Ce sulfate de sodium est exploité par certaines industries, en particulier pour la fabrication de détergents.

SASKATCHEWAN

Le blé

Étant donné que l'on ne voit que cela, un petit mot sur les grains dorés me semble de rigueur. Le blé, importé dans le Nouveau Monde par les colons européens, a largement contribué au développement des Prairies canadiennes. Cette céréale est la principale culture du Manitoba, de la Saskatchewan et de l'Alberta, mais c'est la Saskatchewan qui, de loin, détient le record de production.

Les champs de la région sont si fertiles qu'ils font du Canada le sixième producteur de blé après la Russie, la Chine, les États-Unis, l'Inde et la France. La majorité des récoltes sont destinées à l'exportation. Malgré l'importance de sa propre production, la Russie reste l'un des principaux clients du Canada. Le blé canadien est d'ailleurs très recherché pour sa qualité et sa haute teneur en protéines. Étant donné la rigueur du climat, la principale variété cultivée ici est le blé vert de printemps, idéal pour la fabrication du pain, que l'on plante au printemps et que l'on récolte en août et en septembre. L'autre variété majeure est le blé dur, parfait pour la production de pâtes.

A la fin de l'été, le blé mûr a pris une couleur brun doré. Il n'est pas rare alors de voir les énormes moissonneuses-batteuses au travail dans les champs, à toute heure du jour et de la nuit, souvent par équipes. La nuit, les vives lumières des phares de machines qui sillonnent les plantations constituent une vision mémorable.

C'est la Canadian Wheat Board qui commercialise la production. Cette organisation représente les agriculteurs, les consommateurs et le gouvernement pour l'achat, la vente, l'établissement des quotas et la régulation des exportations. Inutile de préciser que les décisions de cette institution sont toujours vivement débattues.

Les agriculteurs sont payés au moment où ils livrent leurs boisseaux aux silos à élévateurs, où l'ensemble de la production est réunie avant d'être vendu par le Board. Une fois cette étape accomplie, le blé est transporté vers les ports par voie ferrée puis chargé dans des avions de fret pour des destinations plus lointaines. ■

Les silos à grains

Ces silos gris, verts ou rouges, uniques au monde, que l'on voit le long des voies ferrées de toute la province représentent l'un des symboles du mid-West canadien. Ces réservoirs verticaux, surnommés "châteaux du Nouveau Monde", constituent jusqu'à nos jours les structures artificielles les plus visibles des plaines.

Très simples dans leur forme et leur matériau, construits uniquement dans un but utilitaire, ces silos passent aux yeux de certains pour la forme architecturale la plus caractéristique du Canada. Peintres, photographes et écrivains de l'Ouest les ont adoptés comme objets d'art, de méditation et d'iconographie.

Dans la majeure partie de la province, ils sont représentatifs de la vie économique des villes et des districts, à tel point qu'ils dépassent souvent en dimensions, si ce n'est en importance, les églises, autre symbole traditionnel.

Les premiers silos à grains furent construits dans les années 1880. Tandis qu'au début du siècle, le Canada devenait le grenier à blé du monde, ils commencèrent à se multiplier, si bien que, en 1938, leur nombre atteignait 5 800.

Depuis, les modifications apportées à leur construction ont permis de réduire ce nombre à 2 000. Ce déclin inquiète toutefois de nombreux groupes et individus, qui luttent aujourd'hui pour éviter qu'il ne se poursuive.

Autrefois en bois, les silos sont aujourd'hui fabriqués à base d'acier et de ciment. La forme classique – environ 10 m^2 et 20 m de hauteur – fait elle aussi l'objet d'expérimentations en vue d'en améliorer les performances.

La sombre beauté des silos captant la lumière ou se découpant à l'horizon représente sans nul doute un aspect indissociable du paysage de la prairie. ■

POPULATION

Les Cris restent majoritaires parmi les Indiens qui peuplent la Saskatchewan. Les autres peuples de la province sont, entre autres, les Dakotas, les Saulteaux, les Nakotas et les Denes.

Quant aux autres habitants, ils puisent leurs lointaines origines soit en Grande-Bretagne, soit en Europe de l'Est.

Ces peuples ont des caractéristiques matérielles et culturelles communes : régime alimentaire composé essentiellement de viande et de poisson, vêtement de peau, canoës en écorce, esprits protecteurs, isolement des jeunes filles à la puberté, inégalité des sexes – la femme assumant toutes les tâches fastidieuses et l'homme partant à la chasse – et enfin un art d'ornementation extrêmement délicat.

Quand, en 1821, des compagnies marchandes de fourrure fusionnèrent sous l'égide de la Compagnie de la Baie d'Hudson, l'alcool prohibé et la vaccination systématique sauvèrent à l'époque les Cris. Le paternalisme de la Compagnie mit fin aux guerres et protégea la nation indienne de fréquentes famines.

Aujourd'hui, certains Cris chassent toujours pour un marché pelletier qui s'amenuise ; quelques-uns s'adonnent à la boisson ; d'autres préfèrent se tourner vers la chasse de subsistance plutôt que de dépendre des allocations et pensions de l'État.

RENSEIGNEMENTS

Symboles de la province

L'oiseau de la province est la grouse, sa fleur, le lys.

Téléphone

L'indicatif 306 couvre toute la province. En cas d'urgence, composez le 911.

Heure locale

La Saskatchewan se fonde sur l'heure du Centre et, contrairement au reste du pays, n'a pas adopté l'heure d'été.

Taxes

Le taux local de la TVA s'élève à 9%.

Regina

Avec ses 180 000 habitants, Regina est la capitale de la Saskatchewan. Cette ville, la plus vaste de la région, sert de centre commercial, financier et industriel à la province. Cela ne l'empêche pas de demeurer une petite bourgade paisible, où chacun rentre chez soi dès la tombée de la nuit.

A l'origine, les Indiens cris vivaient dans cette zone, dépeçant les bisons, dont ils jetaient les restes dans les cours d'eau, ce qui valut à l'endroit le nom d'Oscana, mot cri signifiant "piles d'ossements", un nom que les immigrants européens se contentèrent d'abord de traduire en anglais (*Pile O'Bones*). Lorsqu'en 1882 l'agglomération devint capitale des territoires du Nord-Ouest, on transforma ce nom en "Regina", en l'honneur de la reine Victoria. La police montée du Nord-Ouest l'utilisa alors comme base et, en 1905, elle fut déclarée capitale de la toute nouvelle Saskatchewan.

En 1933, le Cooperative Commonwealth Federation (CCF), un parti socialiste, tint son premier congrès national à Regina, appelant à la fin du capitalisme. En 1944, elle fut le premier parti socialiste à former un gouvernement provincial canadien. En 1961, le CCF s'unit au Nouveau Parti démocratique (NDP) pour constituer l'actuel parti de gauche du pays.

Le Waskana Creek et son parc traversent la ville, offrant un changement bienvenu dans le paysage sec des champs de blé dorés qui s'étendent à perte de vue. Sachez que Regina est la capitale la plus ensoleillée du Canada et que chacun des arbres que vous verrez dans la ville fut planté par l'homme.

Orientation

Les deux artères principales de la ville sont Victoria Ave, qui la traverse d'est en ouest, et Albert St, qui va du nord au sud. Ces deux rues sont bordées de restaurants "fast-food" et de stations-service.

A l'est du centre-ville, Victoria Ave se transforme en Hwy 1 East (la Transcanadienne), qui mène à Winnipeg. Au sud, Albert St vous conduira à la Hwy 6 (vers le sud) ou à la Hwy 1 West (vers l'ouest). Au nord, cette même rue vous mènera jusqu'à la Hwy 11 en direction de Saskatoon.

Le véritable centre-ville est délimité à l'ouest par Albert St, au sud par 13th Ave, à l'est par Osler St et au nord par la voie de chemin de fer.

Le parc Victoria s'étend en plein cœur de cette zone. Scarth St et 12th Ave, qui le bordent, sont des rues très commerçantes. Entre 11th et 12th Ave, Scarth St a été aménagée en une sympathique petite zone piétonnière avec des boutiques, des arbres et des bancs. A l'angle nord-est se trouve l'ancien hôtel de ville, qui abrite désormais un théâtre, des magasins et un musée. Avec sa construction en forme de pyramide, le nouveau siège de la Continental Bank, à l'extrémité sud, vous surprendra. Le vaste Cornwall Centre, important centre commercial, se trouve en face de la zone piétonnière de Scarth St, sur 11th Ave.

Le Wascana Centre, parc de 1 000 ha, représente le trait dominant de la ville et, outre son attrait naturel, comporte plusieurs des principaux centres d'intérêt de Regina. Il se situe à quatre pâtés de maisons au sud de l'intersection entre Victoria Ave et Albert St.

L'aéroport se trouve à un quart d'heure de route au sud-ouest de la ville. La gare routière est dans Hamilton St, juste au sud de Victoria Ave.

Les panneaux indicateurs portant des ronds noir et blanc et situés en divers points de la ville signalent les principaux centres d'intérêt touristique.

RENSEIGNEMENTS

L'Alliance française (☎ 586-9251) se trouve 3273 Athol St.

Offices du tourisme

Tourism Regina a longtemps possédé un bureau d'information installé dans un ancien tramway garé dans la rue piétonne de Scarth St, en plein centre-ville. Lors de ma dernière visite toutefois, ce tramway a

SASKATCHEWAN

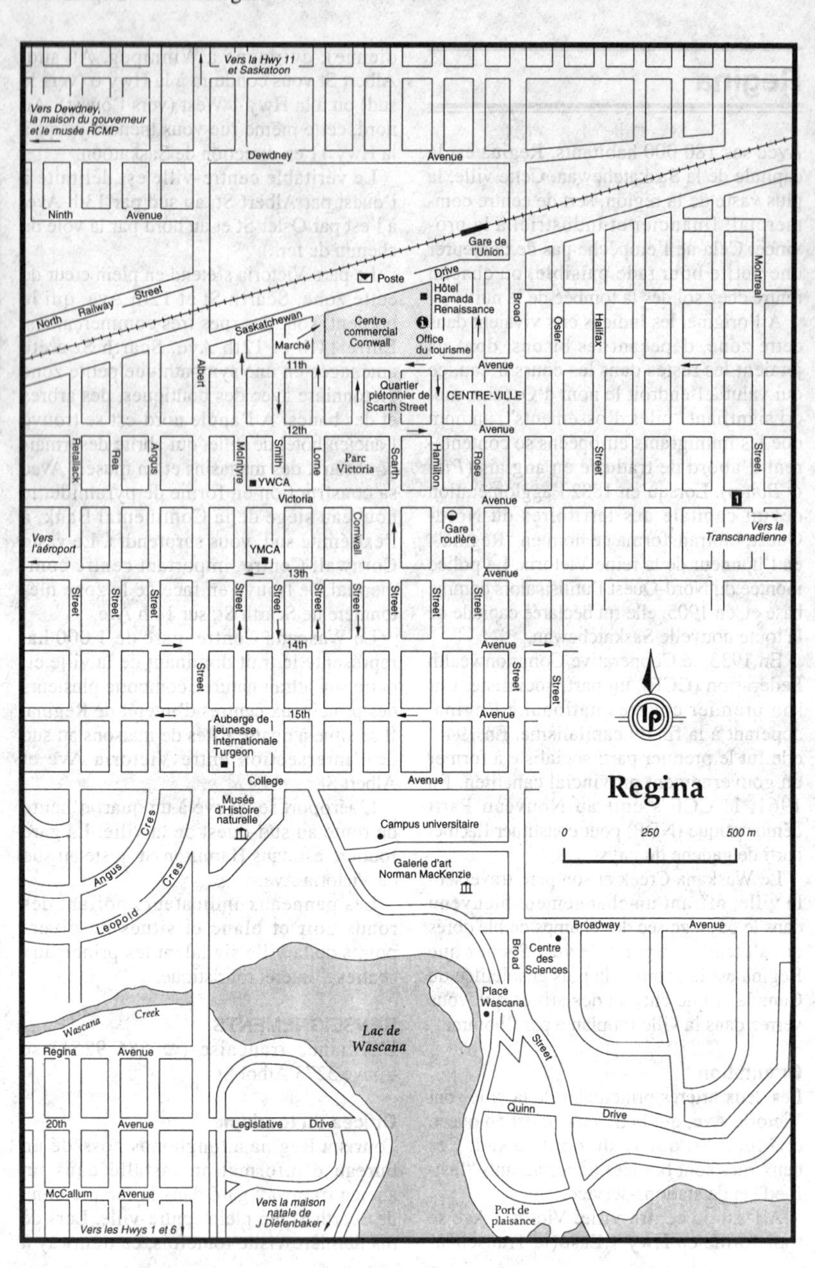

Regina
Vers la Hwy 11 et Saskatoon
Vers Dewdney, la maison du gouverneur et le musée RCMP
Dewdney
Avenue
Ninth
Avenue
Gare de l'Union
North
Railway
Street
Saskatchewan
Drive
Poste
Hôtel Ramada Renaissance
Centre commercial Cornwall
Office du tourisme
Marché
Albert
11th
Avenue
Broad
Osler
Halifax
Montreal
Quartier piétonnier de Scarth Street
CENTRE-VILLE
12th
Avenue
Retallack
Rea
Angus
McIntyre
Smith
Lorne
Scarth
Hamilton
Rose
Street
Parc Victoria
YWCA
Victoria
Avenue
Gare routière
1
Vers la Transcanadienne
Vers l'aéroport
YMCA
Cornwall
13th
Avenue
Street
14th
Avenue
15th
Avenue
Auberge de jeunesse internationale Turgeon
College
Avenue
Musée d'Histoire naturelle
Campus universitaire
Galerie d'art Norman MacKenzie
0
250
500 m
Angus
Cres
Leopold
Cres
Broadway
Avenue
Centre des Sciences
Place Wascana
Wascana
Creek
Lac de Wascana
Street
Regina
Avenue
Quinn
Drive
20th
Avenue
Legislative
Drive
McCallum
Avenue
Vers la maison natale de J Diefenbaker
Port de plaisance
Vers les Hwys 1 et 6

dû être déplacé pour cause de travaux et l'on ne savait pas encore s'il y reviendrait par la suite. Le bureau (☎ 789-5099) a été transféré non loin de son ancien emplacement, au rez-de-chaussée du centre commercial de Cornwall, à l'angle de Scarth St et de 11th Ave. Il est probable qu'il conservera définitivement cette adresse.

Ce bureau est ouvert (l'été seulement) du lundi au samedi de 9h30 à 18h, mais, au téléphone, on vous répondra du lundi au vendredi de 8h à 19h et le samedi et le dimanche de 10h à 18h. En dehors de la saison d'été, vous pourrez aussi obtenir des renseignements au même numéro.

Cependant, le principal bureau d'information est le Saskatchewan Travel Information (☎ 787-2300), au rez-de-chaussée de l'hôtel Ramada Renaissance, à l'angle de Saskatchewan Drive et de Rose St. Étant ouvert du lundi au vendredi de 8h à 19h et le samedi de 10h à 16h, il vous fournira des renseignements sur la ville, mais également sur toutes les destinations de la province. L'été, deux ou trois centres d'information accueillent les touristes le long des grands axes qui mènent à Regina.

Visites à pied

Il existe des visites guidées gratuites organisées dans les secteurs les plus intéressants de la ville.

Poste

Le bureau de poste principal se trouve dans Saskatchewan Drive, à quelques pâtés de maisons à l'ouest de Broad St.

Désagréments et dangers

Le secteur d'Osler St devient fort peu fréquentable après la tombée de la nuit, malgré le poste de police tout proche.

Aussi vaut-il mieux se montrer prudent lorsqu'il fait sombre : Regina est une petite ville et, la nuit, ses rues sont désertes. Évitez les promenades au clair de lune.

Panoramas

Immeuble de la SGI. De la cafétéria, située au dix-huitième étage de l'immeuble de cette compagnie d'assurance, au 2260 11th Ave, près de l'intersection avec Lorne St, on peut admirer la ville et la prairie omniprésente. La cafétéria, qui pratique des tarifs modérés, est ouverte du lundi au vendredi de 7h30 à 16h. Sachez que vous n'êtes pas obligé de consommer pour profiter de la vue.

Immeuble Sask Power. Situé dans un autre immeuble de bureaux assez central (☎ 566-3176), ce pont d'observation extérieur, mais couvert, fournit un merveilleux panorama sur la ville.

On y trouve également une galerie d'art : installée dans un couloir, juste à la sortie de l'ascenseur, elle présente les œuvres d'artistes locaux, avec des expositions qui alternent régulièrement.

Là encore, vous trouverez une cafétéria à des prix raisonnables. Le tout est situé au treizième étage de l'immeuble Power, au 2025 Victoria Ave, et l'entrée est gratuite. Vous pouvez vous y rendre tous les jours de 9h à 21h (l'après-midi seulement le week-end et les jours fériés).

Wascana centre

Regina a la chance de posséder de nombreux parcs, presque tous proches du Wascana Creek, un cours d'eau qui serpente en diagonale à travers la partie sud de la ville. Le parc de Waskana Centre, le plus vaste, couvre à peu près huit fois la superficie du centre-ville. Il débute à cinq pâtés de maisons au sud de12th Ave. Pour y parvenir, prenez Hamilton St, Lorne St ou Broad St. Le parc s'étend vers le sud-est.

C'est le lac artificiel de Wascana qui donne sa physionomie à ce parc verdoyant, qui comporte, outre ses aires de pique-nique et ses terrains de sports, de nombreux centres d'intérêt touristique. Il n'est pas facile de s'imaginer que à l'origine, il n'y avait ici qu'un minuscule cours d'eau nommé Pile O'Bones (tas d'ossements).

La direction du parc est installée à Wascana Place (☎ 522-3661), dans Wascana Drive, à l'ouest de Broad St, à l'est du lac de Wascana et au nord du port de plaisance. Vous y trouverez un bureau d'information et pourrez admirer un joli panorama à partir du quatrième étage de l'immeuble.

Un petit ferry vous emmènera pour un prix modique jusqu'à l'île Willow, cadre idéal pour les pique-niques. Prenez-le à Wascana Drive, à l'extrémité nord du lac. Bicyclettes, bateaux et rollers sont en location près de la piscine de Wascana et de College Ave. On ne se baigne pas dans le lac, mais la piscine est ouverte à tous.

Une réserve d'oiseaux d'eau, accessible par Lakeshore Drive, à l'est du Centre des arts, regroupe une soixantaine d'espèces différentes. Les expositions organisées vous permettront de les reconnaître sans peine. Une promenade en planches de bois mène au marais et toute la semaine, des naturalistes travaillent dans la réserve. Cette dernière est ouverte tous les jours de 9h à 21h du 1er mai au 1er novembre.

L'office du tourisme propose la carte de Wascana Centre, ainsi qu'un dépliant comportant six itinéraires de promenade à travers le parc. A Wascana Marina, port de plaisance du lac, vous trouverez par ailleurs Le Bistro, un restaurant fort sympathique où l'on mange bien, où les prix sont raisonnables et qui dispose d'un patio en plein air.

Le dimanche après-midi, des concerts gratuits sont donnés au Bandshell.

Centre des sciences de la Saskatchewan

Toujours dans le parc, le Centre des sciences de la Saskatchewan (☎ 791-7900) présente une série d'expositions interactives ainsi que des démonstrations sur la planète, sa place dans le système solaire, les lois de la physique et la vie sur la terre.

Le Centre des sciences est installé dans l'ancienne centrale électrique de Regina, qui a été aménagée pour l'accueillir (le hall d'entrée a conservé quelques souvenirs de l'usine d'origine). Vous le trouverez sur la rive nord du lac, à l'est de Broad St, près de l'intersection entre Wascana Drive et Winnipeg St. Un bus en provenance du centre-ville descend Broad St et vous dépose à quelques mètres de l'entrée, située deux pâtés de maisons plus loin. Le centre comporte également un snack-bar, un restaurant et une petite boutique.

Autres points intéressants du centre, un **dôme IMAX** géant et l'**observatoire de Kalium** proposent leurs propres programmes. Les nuits étoilées de l'observatoire valent le détour et ne vous coûteront que quelques dollars.

L'entrée au centre s'élève à 7 $ par adulte ; il existe des tarifs réduits pour les enfants et les familles nombreuses. Il faut s'acquitter d'un supplément pour assister aux spectacles du dôme IMAX, mais vous pouvez également acheter un ticket global à l'entrée, plus économique. De juin à la fête du Travail (début septembre), le centre est ouvert du lundi au jeudi de 9h à 18h, de 9h à 21h les vendredi et samedi, et de 10h à 18h le dimanche. Le reste de l'année, il ferme à 17h tous les jours, n'ouvre qu'à 12h le week-end et est fermé le lundi. Mieux vaut se faire confirmer les horaires par téléphone avant de se déplacer.

Parlement de la province

Du côté ouest du parc, dans Albert St, cette très belle construction date de 1919. Bâti dans un style Renaissance anglaise pas très rigoureux, il a coûté, à l'époque, 3 millions de dollars. Trente-quatre types de marbre différents ont été employés pour la décoration intérieure. Le parlement est ouvert tous les jours toute la journée, avec des visites guidées gratuites (sauf à l'heure du déjeuner) de juin à la fête du Travail. Vous pouvez aussi faire un tour dans la **Native Heritage Foundation Gallery**, située dans l'aile est, à l'étage principal. Cette galerie, qui s'attache à promouvoir l'art indigène canadien est ouverte tous les jours.

Musée d'Histoire naturelle

Toujours dans le parc, le musée se trouve au sud de l'intersection entre College Ave et Albert St (☎ 787-2815). Au premier étage, vous pourrez admirer des expositions réalistes et détaillées sur la vie animale d'Amérique du Nord, l'accent étant mis sur les espèces présentes dans la Saskatchewan. En bas, on s'intéresse à la biologie des insectes, oiseaux, poissons et à leur comportement. La paléontologie (étude des fossiles) et l'archéologie ne sont pas oubliées.

La First Nations Gallery, qui a ouvert durant l'été 1993, retrace l'histoire millénaire des Indiens de la Saskatchewan. On y projette des films sur de nombreux sujets.

Le musée est ouvert tous les jours de début mai à début septembre. Téléphonez pour connaître les horaires hors saison. L'entrée est gratuite et la visite demande une heure environ.

Galerie d'art Norman MacKenzie
A côté du muséum se trouve la galerie d'art Norman MacKenzie (3475 Albert St), qui s'est spécialisée dans les peintres canadiens. Les expositions changent régulièrement et peuvent aussi bien porter sur l'art classique que sur l'art contemporain. On peut également y admirer les œuvres d'artistes européens et américains. D'excellentes visites guidées sont organisées dans la galerie, ouverte tous les après-midi. L'entrée est gratuite.

L'été, cette galerie d'art sert de cadre à une série de représentations théâtrales intitulées *Le Procès de Louis Riel*. Vous trouverez tous les détails dans *Distractions*.

Maison natale de John Diefenbaker
Bien qu'elle ait quitté son emplacement d'origine pour être réinstallée dans Lakeshore Drive, à l'ouest de Broad St, dans le parc, cette maison a vu grandir l'ancien Premier ministre John Diefenbaker. Meublée en style "pionnier", elle renferme de nombreux objets ayant appartenu à la famille du politicien. Elle est ouverte tous les jours et l'entrée est gratuite.

Campus universitaire
L'université de Regina se trouve dans la zone est du parc.

Musée de la Plaine
Le musée de la Plaine (☎ 352-0844) de Regina est situé au quatrième étage de l'ancien hôtel de ville, à l'angle de Scarth St et de 11th Ave. Des guides peuvent vous faire visiter les salles et vous raconter des histoires pleines de tendresse sur le passé de la Saskatchewan. Le musée présente les différents peuples de la province (Indiens indigènes, métis et immigrants européens) et évoque la vie qu'ils menaient.

Ce petit musée est ouvert tout l'été du lundi au vendredi de 11h30 à 17h et le week-end de 13h à 17h. Il ferme les lundi et mardi le reste de l'année. Entrée : 2 $..

Maison du Gouverneur
La maison du Gouverneur (☎ 787-5726) est la maison restaurée du lieutenant-gouverneur des Territoires du Nord-Ouest et de la Saskatchewan entre 1891 et 1945. L'actuel lieutenant-gouverneur travaille – mais ne demeure pas – dans ce bâtiment.

Le gouvernement territorial du Nord-Ouest fut établi en 1870 pour superviser les immenses étendues de terres, dont les compagnies de commerce de la fourrure venaient de perdre le contrôle. A vous d'imaginer l'effet saisissant que devait produire ce bâtiment dans ce poussiéreux village de l'Ouest qu'était Regina à la fin du siècle dernier.

Le site se situe au nord-ouest du centre, au 4607 Dewdney Ave, légèrement à l'ouest de Lewvan Drive. Il est ouvert du mardi au samedi de 13h à 16h, le dimanche de 13h à 17h. Durant l'hiver, il ferme également le samedi. L'entrée est gratuite.

Musée centenaire RCMP et dépôt
Ce musée (☎ 780-5838) retrace l'histoire de la police montée royale du Canada (les Mounties) à partir de 1874, lorsqu'ils entreprirent de faire régner l'ordre dans l'Ouest. On y voit des uniformes, divers objets, des documents et des récits sur les célèbres exploits de ces hommes. C'est dans cette région que leur slogan : "Nous trouverons toujours notre homme", est devenu célèbre. Les baraquements et les salles de classe pour la formation, regroupées sous le nom de "dépôt", sont également à visiter.

Aujourd'hui encore, les Mounties continuent d'officier dans les villes et communautés les plus retirées de l'Ouest canadien, où ils ont diverses responsabilités au niveau fédéral : ainsi appartiennent-ils par exemple aux forces de la sécurité nationale. Des visites guidées sont organisées presque toutes les heures jusqu'à 15h30 du lundi au vendredi. De plus, on peut assister aux exercices de manœuvres quotidiens qui se déroulent à 12h45. Ouvert tous les jours, ce musée est situé dans Dewdney Ave East, après la maison du Gouverneur, non loin du croisement avec McCarthy Rd.

Au dépôt, vous pourrez assister à la très populaire cérémonie du Couchant, sorte de défilé militaire accompagné d'un lever de drapeau. Le spectacle traîne quelque peu en longueur (il dure plus d'une heure), mais les uniformes de couleur font beaucoup d'effet et, ma foi, les Mounties représentent l'un des symboles les plus connus du Canada ! La cérémonie, comme tout le reste, est gratuite, mais ne se déroule qu'une fois par semaine à 18h45 en juillet et en août. D'autres cérémonies se déroulent lors du festival de Pile O'Bones Sunday et le 1er août devant le Parlement. A partir du centre-ville, le bus n°1 ou 6 vous amène au musée.

HÔTEL DE VILLE

Le siège du gouvernement local de Regina (☎ 777-7770), au 2476 Victoria St, est ouvert en semaine de 8h à 16h30. Des visites guidées gratuites sont organisées. Téléphonez avant de prendre rendez-vous.

Musée du Sport et stade sportif

Situé dans l'ancien bâtiment des Land Titles, un site de l'héritage, ce petit musée provincial (☎ 780-9232) se trouve au 2205 Victoria Ave, en face du parc Victoria. Il retrace les exploits des équipes et des héros locaux. Ainsi ferez-vous, entre autres, la connaissance de Gordie Howe, un natif de la ville qui fut l'un de plus grands joueurs de l'histoire du hockey.

Le musée est ouvert tous les jours en semaine (seulement l'après-midi le week-end) et l'entrée est gratuite.

Téléphones d'époque

SaskTel, la compagnie de téléphone de la province, a créé une petite exposition historique à l'étage principal de ses locaux, au 2121 Saskatchewan Drive. Ouverte du lundi au vendredi, elle est gratuite.

Caserne de pompiers

Vous pourrez découvrir les anciens équipements de lutte contre le feu dans cette caserne moderne (☎ 777-7830) encore en fonction. Située au 1205 Ross Ave, elle est ouverte au public les jours de semaine et l'entrée est gratuite.

Galerie des Antiquaires

Pour flâner les jours de pluie ou le dimanche, lorsque tout est fermé, entrez dans la galerie des Antiquaires, qui regroupe quelque 25 boutiques au 1175 Rose St, près de 6th St. C'est ouvert toute l'année.

Notez que le dimanche, mieux vaut ne pas venir avant midi si l'on ne veut pas trouver porte close.

Marché aux primeurs

Un petit marché se tient deux fois par semaine durant l'été à la gare VIA Rail, dans Saskatchewan Drive. Des produits naturels et "faits maison" (confitures et gâteaux, entre autres) sont en vente, ainsi que des œuvres artisanales. Ouvert de 11h30 à 16h le mercredi et de 8h à 13h le samedi.

Folles glissades

A environ 1,5 km à l'est de la ville par la Hwy 1, ce parc de loisirs avec piscines et toboggans géants comporte de petits snacks et une aire de pique-niques. Il est ouvert tous les jours de juin à septembre.

ACTIVITÉS CULTURELLES ET/OU SPORTIVES

Une carte en vente à la YMCA vous permettra de profiter des courts de tennis, de la piscine et de la salle de gymnastique de cette dernière. L'office du tourisme vous renseignera par ailleurs sur les piscines de la ville. L'une d'elles se trouve au parc de Wascana Centre.

Le Devonian Pathway est un circuit de pistes cyclables de 11 km qui traverse quatre des parcs de la ville. Il débute et se termine au parc Rotary, situé au pont d'Albert St. Des bicyclettes en location sont à votre disposition à la piscine du parc de Wascana Centre tous les après-midi. La réception, ouverte seulement l'après-midi, se tient dans le bâtiment de la piscine situé sur College Ave.

La société d'astronomie de Regina a installé un télescope sur Broad St, en face de l'immeuble CBC, près de Wascana Centre. Il est accessible au public les nuits du mercredi durant tout l'été.

Heritage Regina (☎ 584-4025) propose des visites guidées gratuites le dimanche.

La Saskatchewan Wheat Pool (☎ 569-4411) pourra vous organiser une visite de silo à grains ou vous faire assister à une vente de bétail.

FESTIVALS

Festivals qui ont lieu à Regina :

Avril

Saskatchewan Indian Federated College Pow-wow – si vous êtes là au mois d'avril, vous pouvez toujours aller faire un tour à ce festival, organisé dans l'agridôme du palais des Expositions. On peut y voir des danses folkloriques d'Amérique du Nord, y admirer l'artisanat traditionnel ou y déguster des spécialités culinaires.

Juin

Mosaic – événement pluriculturel de trois jours, il se tient début juin et présente des spectacles, de la musique et des plats propres aux différentes ethnies.

Regina Folk Festival – ce festival, qui dure trois jours lui aussi, se tient essentiellement dans le parc Victoria, mais certains concerts sont organisés en d'autres points de la ville. Il a généralement lieu début juin.

Juillet-août

Buffalo Days – ce festival de 12 jours, à cheval sur fin juillet et début août, est sans doute le principal événement de l'année. A cette occasion, les magasins décorent leurs vitrines et certains habitants s'habillent en pionniers pour se rendre au travail. De nombreuses vedettes se produisent et des concours (dont un fameux concours de barbes), des petits déjeuners-crêpes et des parades sont organisés. Le tout se conclut par un barbecue/concert qui se tient au parc Wascana le dernier dimanche, connu sous le nom de Pile O'Bones Sunday. Parmi les spectacles présentés, vous pourrez assister à des rodéos et à des concerts, ou encore jouer au casino et visiter des expositions. Un immense feu d'artifice clôt le festival.

Novembre

Agribition – cette sorte de foire agricole de cinq jours se tient à la fin du mois de novembre.

OÙ SE LOGER

Campings

Si vous arrivez à Regina par la Hwy 1 à l'est, vous passerez devant quelques terrains de camping plutôt destinés aux caravanes ou aux mobile-homes qu'aux véritables campeurs. Si vous avez une tente, ils pourront toujours vous dépanner pour un jour ou deux, mais ne vous y attardez pas : ils manquent franchement de charme !

Auberges de jeunesse

L'auberge de jeunesse internationale *Turgeon Hostel* (☎ 791-8165) se trouve dans une belle maison ancienne qui appartenait jadis à un Acadien originaire de l'est du Canada. Elle est située au 2310 McIntyre St, emplacement assez central bien qu'il ne s'agisse pas du centre-ville proprement dit. McIntyre St est une rue résidentielle à proximité du parc de Wascana Centre. Une nuit à l'auberge, qui dispose de 50 lits, coûte 10 $ pour les membres, 13 $ pour les non-membres. Une laverie automatique et une cuisine sont à votre disposition. Elle est fermée durant la journée, mais reste ouverte jusqu'à minuit.

La *YMCA* (☎ 757-9622), réservée aux hommes, se trouve au 2400 13th Ave. Les chambres, tranquilles, sont à 17 $. L'établissement renferme une petite cafétéria et une piscine.Située au 1940 McIntyre St, la *YWCA* (☎ 525-2141) est réservée aux femmes et coûte légèrement plus cher : 27 $ la nuit, plus une caution de 2 $ pour la clé. Elle dispose d'une cafétéria, d'une cuisine, d'une piscine et d'un hammam.

Bed & Breakfasts

La province dispose de quelques B&B – surtout situés dans les petites villes –, qui

SASKATCHEWAN

représentent une solution assez économique. A Regina, vous trouverez *B&J's* (☎ 522-4575), 2066 Ottawa St, à trois pâtés de maisons environ du centre-ville, près du General Hospital. Dans cette maison à deux étages, 4 chambres sont à louer au prix de 20/30 $ la simple/double, café du soir et petit déjeuner compris..

S'il n'y a plus de place, vous vous rabattrez sur *Eileen's* (☎ 586-1408), au 2943 Grant St, près du Plains Hospital.

Hôtels

Parmi les petits hôtels bon marché de la ville, le seul que l'on puisse considérer comme fréquentable est l'*Empire* (☎ 522-2544), 1718 McIntyre St, à l'angle de Saskatchewan Drive. Il est situé à quelques minutes de marche au nord-ouest de la zone du centre-ville. Les chambres, simples et propres, ne disposent ni de toilette, ni de douche, mais ont tout de même un lavabo. Les simples/doubles coûtent 19/26 $. L'hôtel est déconseillé aux femmes seules. Tous les autres petits hôtels de la ville sont sordides.

En revanche, le *Plains Motor Hotel* (☎ 757-8661), 1965 Albert St, à l'angle de Victoria Ave, convient à tous et réclame des tarifs raisonnables. Les chambres y coûtent de 32 à 45 $ et sont toutes avec s.d.b. et télévision couleur. L'hôtel dispose d'un restaurant et d'un parking gratuit. Au sommet de l'établissement, une enseigne lumineuse indique les prévisions météorologiques : le bleu signifie "beau temps", le vert, "précipitations" et l'orange,"temps instable". Si les lumières sont pointées vers le haut, la température est en augmentation, et vice versa.

Un peu plus cher, le *Relax Inn* (☎ 565-0455), 1110 Victoria Ave East, est un bon hôtel d'environ 200 chambres, dont les tarifs vont de 40 à 58 $ pour les simples ou les doubles.

Les autres hôtels de la zone du centre-ville pratiquent des tarifs nettement plus élevés, quoiqu'au 1975 Broad St, le *Regina Inn* (☎ 525-6767) demande des prix raisonnables, avec des chambres à partir de 65 $, malgré son emplacement très central. Le vieil *Hotel Saskatchewan* (☎ 522-7691), entièrement rénové à l'angle de Scarth St et de Victoria Ave, propose des chambres à partir de 135 $.

Au *Ramada Renaissance* (☎ 525-5255), vous pourrez admirer une cascade intérieure haute de trois étages et profiter de la piscine et des bains à remous. Les prix commencent à 65 $ la simple et s'envolent ensuite dans les hauteurs, mais il existe des forfaits week-ends. L'hôtel est central au 1919 Saskatchewan Drive.

Motels

La plupart d'entre eux sont situés sur la Hwy 1, à l'est de la ville. Le moins cher est le *Siesta* (☎ 522-0977), à l'angle de Park St et de Victoria Ave, près du Pump Bar, avec des chambres allant de 25 à 44 $.

Le *North Star* (☎ 352-0723), à quelques kilomètres de la ville, est le dernier motel du côté nord de l'autoroute. C'est un bâtiment bleu pâle situé un peu en retrait par rapport à la route. Les chambres y coûtent de 30 à 50 $, air conditionné compris.

Le *Coachman Inn Motel* (☎ 522-8525) est plus proche de la ville. C'est un bâtiment orangé situé au 835 Victoria Ave. Le prix des chambres varie de 35 à 44 $.

Le *Sunrise* (☎ 527-5447) se trouve à côté du pont autoroutier de la Hwy 1 East, à la sortie de la ville. Les chambres avec TV et clim y coûtent de 35 à 60 $. L'*Inntowner* (☎ 525-3737), au 1015 Albert St, propose des chambres de 37 à 53 $.

OÙ SE RESTAURER

Vous n'aurez guère de difficulté à trouver de quoi manger en ville : outre ceux déjà existant, un certain nombre d'établissements proposant une cuisine internationale ont récemment ouvert leurs portes. La plupart des adresses proposées ci-dessous se trouvent en centre-ville et beaucoup ferment le dimanche. Le journal du samedi regorge de publicités pour le brunch dominical tout autour de la ville. La plupart des établissements de la banlieue restent en effet ouverts le dimanche.

Pour manger en toute simplicité, le *Town & Country*, 1825 Rose St, est une valeur sûre. Ouvert de 6h30 à 20h, c'est le lieu idéal pour le petit déjeuner. Surtout fréquenté par les employés des bureaux alentour, le *Sandwich Tree*, au 1829 Hamilton St, propose pour sa part un large choix d'excellents sandwiches, avec des ingrédients originaux tels qu'avocat, crevettes ou germes de soja.

Au sous-sol du 1928 Market Mall, bâtiment restauré situé dans Lorne St, à l'angle de la 11th Ave, *Olga's Deli & Desserts* propose des petits pains, des crêpes et des pâtisseries. Ouvert tous les jours pour le petit déjeuner et le déjeuner, il pratique des prix raisonnables. Au-dessus se trouve le gigantesque restaurant italien *Presutti's*, un endroit sympathique et pas très cher avec une cour extérieure. Pizzas cuites au feu de bois, pâtes et autres spécialités italiennes figurent au menu.

Si vous préférez manger chinois, le *Lang's Café*, 1745 Broad St, est ouvert à l'heure du déjeuner et ferme assez tard. Fermez les yeux sur les chaises en plastique et les nappes rouge et blanc et vous ne serez pas déçu par la nourriture et les prix modiques. Le *Mai Phuong*, un restaurant vietnamien situé 1841 Broad St, propose un déjeuner-buffet pas très cher non plus. Certes, aucun de ces deux établissements ne vous laissera un souvenir inoubliable, mais vous y mangerez à votre faim sans vous ruiner.

Au 2425 11th Ave, près de Smith St, le *Café Ashani* est ouvert le soir aux amateurs de cuisine indienne. Il n'est pas spécialement bon marché, mais c'est un lieu sympathique et les plats sont soignés.

Le *Copper Kettle*, au 1953 Scarth St, face au parc, est ouvert 24h sur 24 et propose des pizzas et des spécialités grecques et italiennes, ainsi que des petits déjeuners abordables.

L'*Elephant & Castle*, un pub anglais, se trouve au Cornwall Centre, où l'on entre à l'angle de la 11th Ave et de Scarth St. Une partie de la façade du restaurant est greffée sur le bâtiment de la banque construite ici en 1911. Dans le même centre commercial, au deuxième étage, vous trouverez un marché pas très cher.

Le *Bistro*, au port de plaisance de Wascana, près de Broad St dans le parc, est l'un de mes coups de cœur. Ce petit restaurant qui propose quelques tables agréables en terrasse est en fait une école de cuisine géré par une association pour la jeunesse. Il est ouvert tous les jours sauf le dimanche soir.

Amateurs de grillades, essayez le *Diplomat*, au 2032 Broad St. Ouvert du lundi au samedi de 11h à 14h et de 16h à minuit.

Le *Last Straw*, à l'angle d'Albert St et de 6th Ave North, est un restaurant-brasserie.

Un peu à l'écart du centre, au 3926 Gordon Rd, le *Brown Derby* est un grand établissement idéal pour un repas en famille, où vous ne pourrez pas vous tromper en prenant le menu. C'est bon, le choix est vaste et les prix sont modiques. Le restaurant est ouvert tous les jours.

Dans Victoria Ave, à l'angle de Lindsay St, *Robin's Donuts* reste ouvert 24h sur 24. Vous serez content d'y trouvez refuge si vous avez froid ou si vous êtes fatigué.

DISTRACTIONS

Le procès de Louis Riel

Cette mise en scène du célèbre procès du leader des métis (ces Canadiens nés de parents français et indiens), qui se tint en 1885, se déroule à la galerie d'art Norman MacKenzie (☎ 522-4242), 3475 Albert St. Grande figure de l'histoire canadienne, Riel mena deux soulèvements contre le gouvernement.

La pièce, l'un des spectacles du Canada restés le plus longtemps à l'affiche, mérite d'être vue. Les représentations ont lieu trois fois par semaine en juillet et en août. Les billets (9 $) se prennent à l'office du tourisme ou directement à l'entrée.

Manifestations sportives

L'été et l'automne, les Roughriders de la Saskatchewan (☎ 525-2181) disputent des matches de football américain au Taylor Field dans le cadre de la Ligue canadienne (CFL).

Le curling est un sport d'hiver de tout premier plan dans les prairies et le curlodrome de l'Exhibition Park organise de grandes compétitions (les *bonspiels*) durant les mois enneigés.

Autres distractions

Le *Bart's*, à l'angle de Broad St et de 12th Ave, est un bar-restaurant populaire à la décoration soignée et aux prix légèrement élevés.

The Plains, situé dans le Plains Hotel, propose des orchestres (souvent du blues le week-end). Le samedi, la clientèle de l'après-midi s'y attarde jusqu'à une heure avancée de la soirée.

Le restaurant *Copper Kettle* est très fréquenté par les étudiants. On peut y prendre seulement une bière.

Les meilleurs hôtels disposent de salons (certains sont calmes, d'autres proposent de la musique). L'*Applause Dinner Theatre* offre un dîner-spectacle très populaire qui ne vous ruinera pas. On y dîne tout en assistant à une comédie musicale en deux actes. Il est situé au Regina Inn, au 1975 Broad St.

Le *Saskatchewan Centre of Arts* se trouve dans le parc de Wascana Centre, 200 Lakeshore Drive. On y organise des concerts et des spectacles allant de la musique folk aux orchestres symphoniques, en passant par les comédies musicales et le rock.

Tout au long de l'été, à l'occasion du Festival populaire de Regina, vous pourrez assister à des représentations gratuites le dimanche dans le Bandshell du parc de Wascana Centre.

COMMENT S'Y RENDRE

Avion

Air Canada (☎ 525-4711), qui dispose d'un bureau au 2015 12th Ave, organise des vols vers l'est et l'ouest. Un aller simple en vol régulier pour Vancouver coûte 319 $, et 349 $ pour Thunder Bay. Les Canadian Airlines desservent également Regina. Pour vous rendre à Saskatoon, à Prince Albert ou dans d'autres petites villes du Nord, vous pouvez aussi choisir Athabaska Airways.

Bus

La gare routière se trouve en centre-ville, dans Hamilton St, au sud de Victoria Ave. Des consignes automatiques y sont disponibles, ainsi qu'un petit snack. Trois compagnies de bus exploitent cette gare.

Greyhound (☎ 787-3340), qui organise des départs quotidiens inter provinces, vous emmènera à Calgary et à Vancouver à l'ouest ou à Winnipeg et à Toronto à l'est.

La Saskatchewan Transportation Company (☎ 787-3340) couvre les petites villes de la province, ainsi que Saskatoon et Prince Albert. Il existe quatre départs par jour pour Saskatoon (23 $). Le voyage de 240 km dure 3 heures. Enfin, Moose Mountain Lines propose un itinéraire à travers la Saskatchewan rurale.

Train

Le beau bâtiment ancien qui abrite la gare de l'Union se trouve dans Saskatchewan Drive, non loin de Broad St, dans la partie nord de la zone du centre-ville. Depuis quelque temps, aucun train ne dessert plus Regina.

Voiture et moto

Le bureau Dollar Rent-A-Car (☎ 525-1000) est central au 1975 Broad St, à l'angle de la 12th Ave. Parmi les autres compagnies que l'on trouve en ville, figurent Avis, Thrifty et Hertz.

En stop

Si vous voulez aller vers l'est, prenez le bus n°4 en centre-ville.

COMMENT CIRCULER

Desserte de l'aéroport

L'aéroport se trouve à 15 mn du centre-ville en voiture. On ne peut s'y rendre qu'en taxi et le trajet coûte de 6 à 7 $. Il y a une demi-douzaine de loueurs de voitures à l'aéroport.

Bus

Regina Transit (☎ 777-7433) gère le réseau de bus de Regina et de ses environs. Les bus fonctionnent de 6h à minuit du lundi au samedi et de 13h30 à 20h30 le dimanche. Téléphonez pour connaître les itinéraires.

Bicyclettes
Vous trouverez des bicyclettes en location au parc de Wascana, dans le bâtiment de la piscine situé sur College Ave. Des réductions sont accordées aux membres de l'Hostelling International (HI). La location débute à 12h. Le Devonian Parthway, piste cyclable de 11 km, traverse quatre des parcs de la ville.

AU NORD DE REGINA

Lumsden

Au nord de Regina, Lumsden est nichée au cœur d'une petite vallée accidentée, sur la route principale (route 11) qui mène à Saskatoon. Des moines franciscains vivent dans la retraite de Saint Michel. Le musée de l'Héritage retrace l'histoire de la vallée Qu'Appelle.

Vallée Qu'Appelle

La vallée Qu'Appelle s'étend à l'est et à l'ouest de la ville de Fort Qu'Appelle, située au nord-est de Regina. Elle suit le cours d'eau du même nom. Cette zone très verte constitue l'un des secteurs les plus agréables de la Saskatchewan.

Il existe plusieurs parcs provinciaux ainsi que des sites historiques le long de cette vallée, formée durant la période glaciaire. Au nord de Lumsden, à Craven, le **parc historique provincial de Last Mountain House** est un ancien poste de trappeurs datant de 1869 à 1871. Les employés du lieu vous raconteront l'histoire de ce site, aidés par les expositions et les reconstitutions de bâtiments d'époque.

Le parc est ouvert de fin juillet à début septembre du jeudi au lundi, l'après-midi seulement. Le **Big Valley Jamboree**, qui s'y tient chaque année vers le milieu du mois de juillet, est l'un des principaux festivals de musique country de la province. Il attire des visiteurs venus de tout le pays et des États-Unis. La bière coule à flots, le camping est gratuit et des vendeurs ambulants proposent tout l'attirail du parfait cow-boy à l'occasion de cette manifestation, qui dure trois jours. Un peu plus tard, au mois d'août, l'autre événement marquant (pour les curieux de la culture de l'Ouest américain) est le **Craven Valley Stampede**. Courses de cantines ambulantes, concours de lancer de lasso et musique country font partie du programme. Vous ne trouverez guère d'hébergement à Craven. Ce n'est qu'à 37 km de Regina, donc rien ne vous empêche de loger en ville.

Fort Qu'Appelle

Fort Qu'Appelle, une petite ville d'un peu moins de 2 000 habitants, s'étend au nord-est de Regina, le long de la rivière Qu'Appelle. Le musée, situé à l'angle de Bay Ave et de 3th Rue, présente une collection d'objets ayant appartenu à des Indiens, à des pionniers ou prélevés dans l'ancien poste de la Hudson's Bay Company, installé là en 1864 et adjacent au musée. Il est ouvert tous les jours durant l'été. Chez Qu'Appelle Crafts, une boutique du 310 Broadway Ave, vous pourrez admirer ou acheter les produits de l'artisanat indien. Chaque année, vers le début ou la mi-août, le grand **Native Indian pow-wow** est organisé dans la réserve Standing Buffalo, à 9 km à l'ouest de la ville. Les danseurs viennent de tout le pays pour y concourir. Toujours à l'ouest de la ville, le **parc provincial d'Echo Valley** est idéal pour la baignade ou les randonnées.

A L'OUEST DE REGINA

Moose Jaw

Moose Jaw est une petite ville agricole assez typique où l'on trouve également quelques industries. Les théories sur les origines de son nom (qui signifie "mâchoire d'orignal") sont aussi diverses que nébuleuses. Retenons que *Moosegaw* est un mot cri qui a pour sens "brises chaudes".

Renseignements. L'office du tourisme (☎ 693-8097) se trouve 447 Main St. En été, une annexe est également ouverte le long de la Transcanadienne, près de la statue de l'orignal. Moose Jaw a longtemps eu la réputation de n'être pas très propice à l'auto-stop, tout comme Wawa et Nipigon, dans l'Ontario.

A voir et à faire. La zone du centre-ville comporte un certain nombre de bâtiments anciens datant de la glorieuse époque de la ville, dans les années 20. L'office du tourisme fournit un dépliant permettant d'effectuer la visite du quartier historique le long de Main St et de ses environs. En plein cœur de la ville, de grandes peintures murales retraçant un épisode du passé ornent 19 façades de bâtiments. Le Mural Centre, qui vous donnera tous les renseignements sur ce projet, se trouve 445 Main St. Installée à mi-chemin entre Winnipeg et Calgary, Moose Jaw fut choisie, à la fin du XIXe siècle, pour devenir une gare majeure sur la voie ferrée du Canadian Pacific Railway.

La province compte quatre **musées de l'Histoire de l'Ouest**. Chacun d'entre eux est spécialisé dans un aspect de l'histoire de la province. Celui de Moose Jaw traite du développement des moyens de transport dans l'Ouest, et l'on peut y admirer de vieux chariots, des voitures anciennes et des trains d'époque. L'entrée coûte 3,50 $.

Vous pourrez également visiter le **parc de la Vie sauvage,** qui n'est guère plus qu'un zoo en réalité, mais qui regroupe les espèces de la région, dont des bisons. C'est là aussi que l'on célèbre la victoire remportée par le chef Sitting Bull après la fameuse bataille du Bighorn en 1876 (située dans ce qui forme aujourd'hui l'État américain du Montana).

Les amateurs de curiosités apprécieront sans doute le **musée-village de Sukanen Ship et Pioneer**, installé à 13 km de la ville. Ce musée renferme de nombreux souvenirs du temps des pionniers. Cette étrange collection comporte également des voitures et des tracteurs anciens. Il n'est ouvert qu'en été.

La ville organise chaque année un **festival international de musique** et de chant. Elle abrite également une base militaire, où s'entraînent les fameux Snowbirds, une escadrille spécialisée dans les acrobaties aériennes qui se produit dans tous les spectacles aériens du continent. Le **Saskatchewan Air Show**, le plus important des prairies, a lieu ici chaque année en juillet.

Où se loger. Pour les campeurs, le *Besant Campground & Recreation Area* (☎ 756-2700) est situé à l'ouest de la ville, à 20 mn de voiture par la Transcanadienne. Le parc accueille aussi bien les tentes que les caravanes dans des zones séparées et il contient un plan d'eau où vous pourrez faire un petit plongeon.

Il existe environ 10 motels et hôtels en ville, ainsi qu'un B&B. Le *Prairie Oasis Tourist Complex* (☎ 692-4894) est un centre de loisirs pour familles (piscines avec toboggans, etc.) où l'on peut louer des mobile homes à partir de 36 $. Il se situe à l'angle de 9th Ave North-East et de la Hwy 1.

L'Est de la Saskatchewan

PARC PROVINCIAL DE MOOSE MOUNTAIN

En venant du Manitoba par la Transcanadienne, vous pouvez envisager de passer la nuit en camping ou de faire une petite pause à Moose Mountain (☎ 577-2144), au sud par la Hwy 9. Avec ses vastes forêts, ce parc, juché sur le plus haut plateau de la région, apporte un changement bienvenu après la plate monotonie des paysages environnants.

Il est assez étendu puisqu'il comporte un parcours de golf, des piscines avec toboggans, etc., que vous trouverez tout près de l'entrée principale. Les parties situées au centre et à l'ouest du parc sont plus calmes et des sentiers de randonnée y sont tracés.

Au sud de ce parc s'étend le **parc historique de Cannington Manor**. De 1882 à 1900, des pionniers anglais s'étaient installés là et les souvenirs de leur passage restent encore visibles. Le parc se visite de 10h à 18h. Vous trouverez quelques motels non loin de là, à Kenosee.

PARC PROVINCIAL DE CROOKED LAKE

Tout aussi intéressant, le parc de Crooked Lake (☎ 728-7840) est un peu plus à l'ouest, mais à 30 km seulement de la Transcanadienne, au nord. Il s'étend le long de l'extrémité est de la vallée et de la rivière Qu'Appelle. Là encore, vous pourrez camper.

YORKTON

Les dômes des églises de Yorkton, au nord du parc provincial de Crooked Lake, reflètent l'héritage ukrainien de cette grande ville de la Saskatchewan orientale. La ville renferme l'un des musées historiques de la province, qui dépeint les différents groupes d'immigrants installés ici, en particulier les Ukrainiens. L'**église Sainte-Marie** vaut le coup d'œil. Le dôme peint est admirable. Tout près s'étendent deux **parcs provinciaux** : celui de **Good Spirit**, idéal pour les baignades, et celui, plus vaste, de **Duck Mountain**, à la frontière du Manitoba.

Le *Corona Motor Inn* (☎ 783-6571), 345 West Broadway Ave, est à recommander. La double coûte 46 $. Le service est irréprochable, les chambres sont calmes et l'établissement dispose d'un restaurant et d'un bar.

VEREGIN

Veregin est une petite ville méconnue, complètement isolée, mais son incroyable histoire internationale mérite que l'on s'y attarde. Vers 1898-1899, les Doukhobours, une secte religieuse originaire de Russie, choisit de s'installer dans la ville et ses environs. A la fin du XIXe siècle, avec l'aide de l'écrivain Léon Tolstoï, bon nombre de Russes avaient en effet quitté leur pays et ses persécutions pour venir dans la Saskatchewan, où ils espéraient trouver la liberté religieuse et la tranquillité. Ainsi créèrent-ils ici, sous la direction de Peter Veregin, une petite communauté. Mais ce répit allait être de courte durée. Bientôt, les Doukhobours commencèrent à avoir des ennuis avec leurs voisins et le gouvernement. Il faut dire que la secte se refusait à se plier à une quelconque autorité, fût-elle étatique ou religieuse.

Cette impopularité s'explique sans doute par ces récits bien connus de manifestations de gens nus ou d'incendies criminels que l'on a, à tort ou à raison, associés au groupe.

Après une halte de vingt ans dans la ville, les Doukhobours reprirent donc leurs pérégrinations pour aller s'installer en Colombie-Britannique, où ils continuent de former une petite communauté. Au cours des années 50, certains d'entre eux retournèrent en Russie ou préférèrent migrer vers de nouveaux horizons, allant s'établir, cette fois, au Paraguay.

En ville, le **Doukhobour Heritage Village**, ensemble de maisons, généralement reconstruites, et d'intérieurs reconstitués, reproduit certains aspects de la vie de ces pionniers au début du XXe siècle.

La maison de prières et les habitations sont décorées comme elles l'étaient à l'époque, avec des meubles traditionnels et de ravissants tissus imprimés. Le musée renferme d'innombrables objets, ainsi que des photographies. Certains jours, vous pourrez acheter du pain frais cuit dans les anciens fours de briques.

Le village est ouvert tous les jours de la mi-mai à la mi-septembre, et seulement les jours de semaine le reste du temps. Le prix d'entrée est modique.

Cerf à queue blanche

Une statue de Léon Tolstoï commémore l'aide précieuse qu'il apporta aux Doukhobours pour leur permettre d'émigrer.

Veregin se trouve près de la frontière avec le Manitoba. Située au nord de Yorkton, elle est à 265 km au nord-est de Regina.

Le sud de la Saskatchewan

L'autoroute Red Coat Trail qui relie Winnipeg à Lethbridge, dans l'Alberta, traverse la région sud de la province. Cet itinéraire tire son nom (qui signifie chemin du Manteau-Rouge) des Mounties, car elle est à peu près parallèle à la route que prirent ces derniers lorsqu'ils partirent dompter l'Ouest.

Les offices du tourisme disposent d'un petit guide indiquant les centres d'intérêt historiques et géographiques qui bordent la route. Comme dans tout le reste de la région, les villes de ce secteur ne présentent guère d'intérêt pour le visiteur, mais les parcs gouvernementaux comportent, pour leur part, des zones significatives sur les plans géographique, historique ou culturel.

ESTEVAN

Près de la frontière américaine, Estevan (10 000 habitants) constitue l'une des plus grandes villes du sud de la Saskatchewan. Elle a pour caractéristique sa richesse en énergie, puisqu'elle possède les plus importants gisements de lignite au monde, trois centrales électriques et quelques poches de gaz naturel, sans oublier les champs de pétrole qui l'entourent.

Parmi les attractions locales, vous trouverez des formations de grès à **La Roche Percée**, qui était jadis un lieu de culte des Indiens, ainsi que le **parc sauvage d'Estevan Brick**, où l'on peut voir pratiquement tous les animaux vivant dans la région, en particulier des bisons et des antilopes.

Au **Sanderson Buffalo Kill Site**, les archéologues effectuent des fouilles auxquelles les visiteurs sont invités à participer. Ce site se trouve dans la vallée de la Souris, à environ 10 km à l'ouest nord-ouest de la ville.

Si vous souhaitez y prendre part, ou encore visiter les mines de charbon ou le barrage, renseignez-vous à l'office du tourisme. Il y a une demi-douzaine de motels convenables dans les environs immédiats.

Au sud de la ville, à North Portal, le célèbre gangster Al Capone venait souvent séjourner au Cadillac Hotel, haut lieu de la contrebande d'alcool au temps de la prohibition (1920-1933).

WEYBURN

A partir de Weyburn, un gros bourg agricole qui compte près de 10 000 habitants, le CANAM International Hwy mène à Regina au nord et, au sud, se dirige vers le Dakota du Nord et du Sud et le Wyoming. Un dépliant publicitaire recense les centres d'intérêt qui bordent cette route.

On ne trouve pas grand-chose à Weyburn, mais le parc comporte des installations pour les campeurs, ainsi qu'un office du tourisme et un petit musée, le musée historique de Soo Line, qui renferme divers objets indiens ou datant de l'époque des pionniers. C'est à Weyburn que naquit l'écrivain canadien William Ormond Mitchell, qui choisit la ville comme cadre de son livre le plus connu, *Qui a vu le vent ?*, qui raconte l'enfance et l'adolescence d'un petit garçon.

LES BIG MUDDY BADLANDS

Sur la Hwy 34, au sud de Regina et de Moose Jaw, près de la frontière américaine, cette vaste zone de formation de grès, où collines et vallées alternent, était autrefois fréquentée par les bandits de grands chemins, les voleurs de bétail et tous les habituels "méchants" que l'on rencontre dans les westerns. Le hors-la-loi Butch Cassidy lui-même s'y promenait.

Vous trouverez nourriture, hébergement et camping dans la ville de Bengough. Il y a également un terrain de camping à Big Beaver et des visites guidées dans les *badlands* sont organisées.

ASSINIBOIA

Au sud de ce petit centre, à l'intersection des Hwys 13 et 2, se trouvent deux parcs historiques non dénués d'intérêt. A St Victor, vous découvrirez en effet des pétroglyphes (gravures dans la roche) préhistoriques d'Indiens. Le **parc historique provincial de Wood Mountain Post** présente une histoire plus récente avec des expositions sur la police montée du Nord-Ouest et le peuple sioux. Quelques bâtiments ont été reconstitués et des visites guidées sont proposées. Attention : le parc est fermé le mardi et le mercredi et il ferme également pour la saison à partir de début septembre.

PARC NATIONAL DES PRAIRIES

Ce parc, non achevé, s'attache à préserver les spécimens rares de la faune et de la flore. Divisé en deux sections, il s'étend entre Val Marie et Killdear, au sud de Swift Current et à l'ouest d'Assiniboia. La partie est se trouve à l'ouest du parc provincial de Wood Mountain Post. Vous trouverez tous les renseignements à son sujet au Rodeo Ranch Museum, à Wood Mountain. La section ouest, elle, s'étend au sud-est de la ville de Val Marie, située à l'intersection des Hwys 4 et 18. Le Park Service Office et le centre des visiteurs (☎ 298-2257) de Val Marie vous donneront tous les détails nécessaires et vous renseigneront sur l'avancement des travaux d'aménagement du parc. Le camping sauvage est autorisé dans la mesure où le parc ne comporte encore aucune installation.

Entouré de ranches, le parc protège une zone de prairie naturelle d'origine, constituée d'herbes courtes). Mais ce n'est pas sa seule caractéristique, puisqu'on y trouve également les badlands de Killdear, la Butte de 70 miles, qui est le second sommet de la province, des falaises et des ravines (ravins, généralement secs). C'est une ville sans grand intérêt.

SWIFT CURRENT

Malgré son étendue, Swift Current n'a pas grand-chose à proposer au visiteur. Vous n'aurez toutefois aucune difficulté à y trouver le gîte et le couvert.

Les fans de musique country iront faire un tour dans le Country Music Hall of Fame (☎ 773-7854), sur la Transcanadienne, ou pourront assister aux concours de violon, qui se tiennent en septembre.

GRANDES DUNES

A l'ouest de Swift Current (ou au nord du lac de Gull et de Maple Creek) s'étend une zone semi-désertique avec des dunes et une végétation très aride. Pour l'admirer, le meilleur point d'observation se situe près du petit village de **Sceptre**, dans la partie nord-ouest des dunes, près de la ville de Leader. Peut-être aurez-vous la chance d'apercevoir quelques antilopes ou un cerf... Quelques fermes des environs font B&B : renseignez-vous à Swift Current.

PARC PROVINCIAL DE SASKATCHEWAN LANDING

Lorsqu'on se dirige vers le nord par la Hwy 4 en venant de Swift Current, on traverse la Saskatchewan en un point utilisé autrefois par les explorateurs européens puis, plus tard, par les colons blancs. L'Interpretive Centre, une maison de pierre bâtie par la police montée du Nord-Ouest, fournit des détails sur ce lieu de passage, ainsi que sur les sites indiens du parc. Il est possible de camper dans ce dernier.

PARC PROVINCIAL DE CYPRESS HILLS

Cette petite région située à la frontière du sud de la Saskatchewan et de l'Alberta, offre un répit bienvenu après les interminables prairies. C'est un joli coin semé de petits lacs, avec des torrents et des collines verdoyantes allant parfois jusqu'à 1 400 m d'altitude. L'ensemble forme un parc qui s'étend au-delà de la frontière entre les deux provinces. Côté Alberta, on trouve un camping aménagé en bordure d'un lac. L'emplacement pour une tente y coûte 10 $, mais l'endroit est souvent bondé en été.

Une route poussiéreuse relie cette région à Fort Walsh, où se trouve un parc historique national. Construit à la fin des années 1870 pour servir de base aux hommes de la police montée du Nord-Ouest, ce fort est un vestige de la riche mais dramatique histoire de ce secteur.

Les collines, qui ont toujours constitué une réserve d'animaux, servirent également, à une certaine époque, de précieux refuge pour les Indiens des Plaines. Les expositions du vieux fort vous conteront l'histoire de cette époque "où la vie d'un homme valait un cheval et où un cheval valait un verre de whisky".

MAPLE CREEK

A l'extrémité nord de Cypress Hills, Maple Hills mérite une petite visite, ne serait-ce que pour sa rue principale, typique de l'Ouest américain tel qu'on se le représente. La plupart des façades des magasins de cette ville de cow-boys sont d'époque. L'Oldtimer's Museum, au 218 Jasper St, est le plus vieux musée de la province. On y trouve de nombreux objets relatifs au RCMP et à certaines peuplades indiennes et à des communautés de pionniers.

Si vous voyagez là à la fin de l'été, renseignez-vous sur le Cow-boy Poetry Gathering & Western Art Show, un festival d'art et de poésie qui dure trois jours. Institué en 1989, ce festival a connu, contre toute attente, un succès fulgurant, attirant des conteurs et des chanteurs qui s'attachent à perpétuer les légendes et les traditions des cow-boys (et cow-girls). Une exposition permet au visiteur de flâner parmi les œuvres d'arti-

La police montée royale du Canada

Les Mounties, pour le meilleur ou pour le pire, représentent l'un des deux clichés les plus tenaces du Canada (le second est le castor). Il est vrai que le traditionnel uniforme écarlate a de quoi choquer, surtout s'il est porté par un beau jeune homme monté sur un magnifique alezan.

Hélas, les chances de rencontrer un tel équipage se font de plus en plus rares en dehors des cérémonies officielles et les chevaux ont aujourd'hui fait place aux engins motorisés.

Cependant, cet emblème de l'Ouest, comparable au cow-boy américain, puise bien ses origines dans la réalité. Formé à l'origine sous le nom de police montée du Nord-Ouest en 1873, cette force fut chargée de rétablir le calme et d'aller développer les régions ouest, qui forment aujourd'hui les Territoires du Nord-Ouest. Leur quartier général fut installé en 1882 dans une minuscule implantation proche du cours d'eau de Pile O'Bones, qui allait devenir Regina. Sans doute la police la plus connue au monde, les Mounties ne tardèrent pas à acquérir une réputation d'excellence. Que ce soit auprès des Indiens piégés au milieu de l'Ouest en pleine mutation, auprès des pionniers qui arrivaient, toujours plus nombreux, ou avec l'arrivée du chemin de fer, ils ne chômaient pas, ce qui leur valait le respect de beaucoup. Entre autres, grâce à eux, le Canada parvint à éviter les guerres de grande envergure contre les Indiens qui ensanglantèrent l'histoire de la conquête de l'Ouest aux États-Unis.

Désormais impliquées dans le contre-espionnage et la lutte contre le terrorisme et le trafic de drogue, les actions des Mounties sont très controversées, car moins visibles.

On peut encore voir des Mounties dans leur costume d'origine à Regina dans le musée RCMP et, souvent, autour des bâtiments du parlement d'Ottawa. Contrairement à ce que l'on croit souvent à l'étranger (et ce que suggèrent de nombreuses cartes postales), vous n'en rencontrerez jamais à cheval devant les chutes du Niagara, terrassant un contrebandier, avec, en fond, deux ou trois castors rongeant un morceau de bois. ■

sans, comme les tanneurs ou les orfèvres. Le samedi soir, un grand bal est organisé.

On trouve quelques motels dans la ville et ses environs. Le terrain de camping *Willow Bend Trailer Court* est destiné aux campeurs et aux véhicules de loisirs (RV).

Saskatoon

La paisible petite ville de Saskatoon est installée en plein centre des prairies canadiennes. Ses rues larges et propres, l'horizon bas et la platitude des paysages environnants lui confèrent une physionomie typique de l'Ouest américain. La Saskatchewan sud, qui serpente à travers de grands parcs verdoyants, contribue à créer cette atmosphère calme et bon enfant qui caractérise le lieu. Le plus gros employeur de la ville est l'université, ce qui a sans doute fait de Saskatoon le centre culturel de la province, avec une communauté artistique très active.

En tant que deuxième ville de la province cependant, Saskatoon représente aussi un centre agricole qui joue un rôle important dans les transports, la communication et le commerce. De plus, la ville s'enorgueillit d'un prestigieux institut de recherche agricole, appelé Innovation Place.

En 1883, 35 membres de la Temperance Colonisation Colony de l'Ontario fondèrent une implantation dans ces terres cri. La ville subsista (mais pas l'interdiction de l'alcool), tirant son nom du mot cri *Misaskwatomin*, qui désigne l'un de ces fruits rouges caractéristiques de la région, dont on fait aujourd'hui des confitures et des tartes. En 1890, le chemin de fer atteignit la ville, donnant le coup d'envoi à son développement. Après bien des hauts et des bas, elle est désormais bien établie entre ses mines d'uranium et certains des plus grands gisements de potasse du monde.

Le visiteur ne trouvera pas grand-chose pour retenir son attention. Un rapide tour de ville lui permettra de se faire une idée de l'endroit. Cette jolie petite bourgade renferme toutefois quelques centres d'intérêt et le Wanuskewin Heritage Park en fait une étape à la fois agréable et pratique pour le voyageur. On y trouve des hébergements à des prix raisonnables et l'on y mange bien sans se ruiner.

Légèrement à l'écart des grandes avenues, les rues résidentielles sont bordées de petites maisons propres et carrées (dont certaines sont récentes, d'autres très anciennes). Six ponts traversent la rivière, reliant les deux parties de la ville.

Orientation

La Saskatchewan sud coupe la ville en deux en diagonale, du nord-est au sud-ouest. La petite zone du centre se trouve sur la rive ouest, l'université est de l'autre côté.

Idylwyld Drive divise les rues en deux, leur donnant leur dénomination "ouest" ou "est". En dehors de la ville, Idylwyld Drive devient la Hwy 16, également appelée Yellowhead Hwy. La ville est également coupée en deux par 22th St, qui sépare pour sa part le côté nord du côté sud et de chaque côté, les rues prennent la dénomination "nord" ou "sud" selon leur position.

Le quartier du centre-ville s'étend jusqu'à la rivière au sud, à 1st Ave à l'ouest, 25th St au nord et à Spadina Crescent et à la rivière à nouveau (qui change de direction) à l'est.

Les rues vont d'est en ouest, les avenues du nord au sud. La principale artère est la 2nd Ave. Autre artère importante, 21th St East présente un assortiment d'architecture moderne et de vieilles bâtisses, ainsi que de nombreuses boutiques, délimitées par le Bessborough Hotel d'un côté et Midtown Plaza, ancien site de la gare ferroviaire, de l'autre.

Dans 23th St East, entre 3th et 2nd Ave North, se trouve la gare routière de Greyhound. La plupart des bus se prennent ici.

Derrière l'hôtel Bessborough s'étend l'un des plus grands parcs de la ville, le Kiwanis Memorial Park, qui longe la rivière. A chaque extrémité de ce séduisant espace vert, envahi de cyclistes et de joggers, Spadina Crescent prend le relais le long de la rivière.

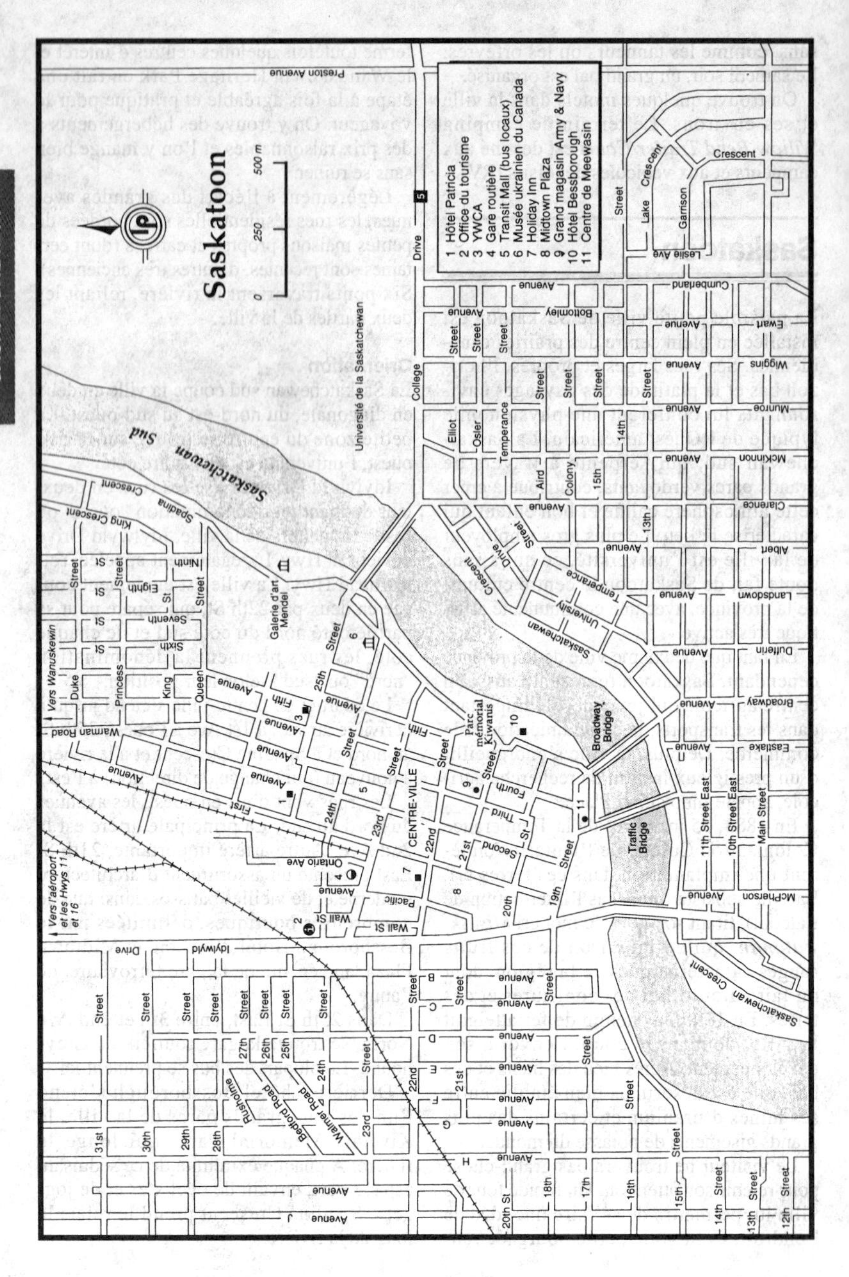
Saskatoon
0
250
500 m
1 Hôtel Patricia
2 Office du tourisme
3 YWCA
4 Gare routière
5 Transit Mall (bus locaux)
6 Musée ukrainien du Canada
7 Holiday Inn
8 Midtown Plaza
9 Grand magasin Army & Navy
10 Hôtel Bessborough
11 Centre de Meewasin
CENTRE-VILLE
Saskatchewan Sud
Université de la Saskatchewan
Galerie d'art Mendel
Parc mémorial Kiwanis
Broadway Bridge
Traffic Bridge
Vers Wanuskewin
Vers l'aéroport et les Hwys 11 et 16
College Drive
Preston Avenue
Warman Road
Idylwyld Drive
Ontario Ave
Pacific Avenue
Wall St
Spadina Crescent
King Crescent
Saskatchewan Crescent
University Drive
Temperance Street
Broadway Avenue
Main Street
11th Street East
10th Street East
Rusholme
Bedford Road
Walmer Road

Juste à l'ouest d'Idylwyld Drive, dans 20th St West, se trouve une ancienne zone commerçante aujourd'hui sur le déclin. Elle regroupe un certain nombre d'Indiens défavorisés, bien qu'elle fût longtemps un important quartier ukrainien. Quelques Ukrainiens l'habitent encore, témoins de ce passé, mais de nouveaux immigrants sont venus s'y installer dernièrement (en particulier des Chinois, regroupés au-delà de 20th St). Cette zone possède quelques hôtels bon marché, de nombreux bureaux de prêteurs sur gages, ainsi qu'une librairie vendant des livres d'occasion.

Nettement plus huppée, Broadway Ave est elle aussi un vieux quartier commerçant (et même le plus ancien de la ville). Depuis quelques années, elle a tendance à s'embourgeoiser. Boutiques et restaurants alternent le long de cette petite section historique de l'avenue, située au sud de la rivière et séparée du centre-ville par le pont de Broadway, au pied de 4th Ave South. Cette intéressante zone commence au pont pour s'étendre sur une demi-douzaine de pâtés de maisons jusqu'à Main St East.

RENSEIGNEMENTS

L'Alliance française (☎ 605-6058) est installée 312 10th St East.

L'office du tourisme de la ville (☎ 242-1206) est très central, au bureau 102, 310 Idylwyld Drive North, à l'angle de 24th St East, dans un petit complexe situé à environ quatre pâtés de maisons au nord-ouest du Midtown Plaza. Il est ouvert de 9h à 17h du lundi au vendredi ; l'été, il est ouvert plus tard ainsi que le samedi, tout comme les guichets d'information installés le long des principales artères qui mènent à la ville. Enfin, l'aéroport dispose lui aussi d'un bureau de renseignements.

Wanuskewin Heritage Park

Au nord de la ville, le long de la Saskatchewan sud, ce parc est la première attraction de la région de Saskatoon, et même de toute la province. Ce site de 100 ha (☎ 931-6767) installé autour de l'Opamihaw Valley, une zone remarquablement intéressante et diversifiée, présente et traduit la riche archéologie, la préhistoire et la culture des Indiens des plaines du Nord. Wanuskewin (mot cri signifiant "recherche de la paix de l'esprit") est un fascinant centre historique, géographique et culturel. Plus de vingt sites archéologiques préhistoriques y ont été découverts, attirant des chercheurs venus de tous les horizons. On sait que des chasseurs et des cueilleurs vivaient déjà là il y a au moins cinq mille ans. Il est possible de visiter les fouilles menées ici, et il y a un laboratoire archéologique sur le site.

Le centre des visiteurs, établi en collaboration avec les groupes d'Indiens de la province, retrace l'histoire et le mode de vie des ancêtres de ces derniers dans ces prairies autrefois envahies de bisons. Des expositions racontent également le passé plus proche de ces peuples. La plupart des gens qui travaillent sur le site sont des Indiens originaires de la région.

Mais le plus intéressant reste sans doute le paysage lui-même, laissé à l'état sauvage afin de révéler pourquoi tant de personnes, durant tant d'années, ont considéré l'endroit comme un lieu sacré. Pratiquement invisibles de la prairie environnante, quatre sentiers conduisent le visiteur à travers la vallée, parmi les fleurs sauvages, les chants d'oiseaux et les sites historiques, comme le sentier du vieux bison, un piège à bisons, la mystérieuse roue des remèdes et les bagues de tipis. Le parc comporte une forte concentration de flore et de faune, dont un petit troupeau de cerfs.

Le visiteur a intérêt à arriver de bonne heure : le plus tôt sera le mieux. Il n'y aura pas foule – peut-être même serez-vous seul – et vous pourrez suivre les sentiers en toute quiétude. Ainsi découvrirez-vous l'endroit tel qu'il se présentait aux Indiens de l'époque. De plus, en plein été, l'air sera plus frais et vous aurez plus de chances d'apercevoir des animaux sauvages, de plus en plus nombreux dans le parc.

Pour une visite approfondie du parc, avec un spectacle et une pause-déjeuner, prévoyez environ six heures.

Le restaurant offre l'opportunité de goûter la cuisine des Indiens. Essayez le bison, le riz sauvage et les desserts aux baies de Saskatoon. Le ragoût de buffle au bannock, un pain non levé, est un délice à la portée de toutes les bourses.

Vous aurez du mal à atteindre le site si vous n'êtes pas motorisé. D'après les prospectus, il n'est qu'à 5 km de la ville, mais il s'agit probablement de kilomètres particuliers à la Saskatchewan : la distance est en fait bien plus longue. Peut-être a-t-elle été calculée à partir de la limite nord de l'agglomération, qui se trouve assez loin du centre-ville. Quoi qu'il en soit, aucun transport en commun, aucune visite organisée ne permet d'accéder au parc. Les taxis reviennent à 18 $ environ au compteur, mais vous devez pouvoir négocier un forfait à 15 $.

A partir de la gare routière du centre-ville, prenez le bus express n°13 qui se dirige vers le parc. Dites au chauffeur que vous souhaitez vous y rendre à pied ; après vous avoir traité de fou, il vous déposera à l'endroit le plus proche, c'est-à-dire près d'Adilman Drive et de Rowles Rd. L'itinéraire le moins long pour atteindre votre but consiste à traverser le terrain de golf, puis à suivre la route. Cela représente bien trois ou quatre kilomètres, mais n'oubliez pas qu'une fois là-bas vous allez encore marcher quelques heures. La solution idéale consiste peut-être à louer un vélo en ville, même si elle n'est pas particulièrement économique (20 $ par jour). Pour cela, vous avez le choix entre plusieurs loueurs, dont Joe's Cycle, Bike & Blade, l'hôtel Ramada Renaissance et l'hôtel Bessborough.

Le Ramada Renaissance représente le meilleur choix, car vous pourrez emporter votre bicyclette à 9h et la rapporter à 21h le soir. En roulant à bonne vitesse (mais sans me presser), le trajet m'a pris une heure exactement. La promenade n'est d'ailleurs pas désagréable : il n'y a pas beaucoup de trafic, le terrain est plat et, une fois sorti de la ville, des champs cultivés bordent la route. J'ai trouvé que cela faisait une bonne entrée en matière pour le parc, cette oasis entourée de vastes prairies qui s'étendent à perte de vue…

Suivez Warman Rd à partir du centre (allez toujours tout droit), puis cherchez les panneaux portant le symbole du parc (un bison entouré d'un cercle). Vous les apercevrez également si vous sortez de la ville par Idylwyld Drive, qui se transforme en Hwy 11. Ceux qui disposent d'un peu de temps et d'une carte peuvent suivre l'agréable piste cyclable de Meewasin sur une partie du trajet. Le site est ouvert de 9h à 20h de fin mai à la fête du Travail (début septembre), et de 9h à 17h le reste de l'année. L'entrée coûte 5 $ pour les adultes, moins pour les plus de 60 ans et les enfants, des réductions sont accordées aux familles.

Ces tarifs devaient changer lors de ma dernière visite, et il est probable qu'ils aient augmenté.

Musée du Développement de l'Ouest

A peine a-t-on ouvert la porte de ce musée (☎ 931-1910) que l'on se retrouve soudain propulsé dans l'espace, sur Main St, et dans le temps, aux environs de 1910. Rien ne manque à ce véritable décor de cinéma : des échoppes, des ateliers, un hôtel, une imprimerie et quelques autres boutiques ont été reconstituées pour notre plaisir. Le grand magasin est très réussi. Ne manquez pas les joueurs d'échecs. On peut également admirer toutes sortes de marchandises, des étains, des reliques et des provisions, ainsi que d'authentiques chariots, des voitures et des machines agricoles d'époque.

Le musée se situe 2610 Lorne Ave, au sud de la ville. Pour y parvenir, prenez le bus n°1 dans 2nd Ave, en centre-ville. En repartant, vous reprendrez ce bus dans le même sens, car il fait demi-tour et retourne en ville par un itinéraire différent. Le musée, ouvert tous les jours, coûte 3,50 $. Il existe un tarif réduit pour les enfants et le troisième âge, dont vous bénéficierez peut-être en présentant votre carte d'auberges de jeunesse HI. L'établissement comporte un restaurant.

Musée ukrainien du Canada

Installé au 910 Spadina Crescent East, ce musée (☎ 244-3800) protège et présente le patrimoine ukrainien à travers des objets donnés par des immigrants ukrainiens. Le clou de l'exposition est la fabuleuse collection de textiles employés dans la fabrication des habits de fête et des vêtements de tous les jours, mais aussi pour les décorations d'intérieurs. Du point du vue du style, des couleurs et des motifs, ils rivalisent avec les textiles d'Amérique du Sud.

Très intéressante elle aussi, l'exposition sur le pain, présenté comme symbole : pains de fête ou pains cuits pour des occasions spéciales (mariages entre autres) sont exposés ici. Parmi les autres choses à voir figurent les œufs peints (*pysanka*) et une brève reconstitution historique de l'arrivée des pionniers. La visite ne coûte pas cher (2 $) et vaut le coup d'œil. Le musée se trouve près du centre-ville. Il est ouvert du lundi au samedi de 10h à 17h et le dimanche et les jours fériés de 13h à 17h.

On trouve des succursales de ce musée dans d'autres villes canadiennes comme Winnipeg ou Edmonton, mais celui-ci est le principal.

Musée de l'Ukraine

Ce petit musée (☎ 244-4212) situé 202 Ave M South, renferme des échantillons de l'art et des costumes ukrainiens. Ses expositions présentent plusieurs aspects de la culture ukrainienne, des temps préhistoriques au milieu du XXe siècle. L'établissement est ouvert tous les jours en été, le week-end seulement l'hiver, et le ticket d'entrée n'est pas très cher. Juste à côté, la cathédrale ukrainienne de style byzantin se visite elle aussi.

Résidence Marr

A un bloc de la rivière, au 326 11th St East, allez admirer le plus ancien bâtiment (☎ 975-8199) de Saskatoon, resté à son emplacement d'origine. Construit en 1884, il fut exploité comme hôpital dès l'année suivante, durant la rébellion du Nord-Ouest. L'entrée est gratuite.

Centre et Vallée de Meewasin

La belle vallée verdoyante de Meewasin suit la Saskatchewan sud jusqu'au milieu de la ville. *Meewasin* est un mot cri qui signifie "Belle vallée". Le parc de cette vallée débute derrière l'hôtel Bessborough et s'étend dans toutes les directions et de chaque côté de la rivière sur une distance totale de 17 km. Le parc permet d'admirer de beaux panoramas de la rivière. Le **Meewasin Valley Trail** est un sentier de promenade que l'on peut suivre à pied ou à vélo. Des tables de pique-nique sont disposées parmi les arbres, où volettent des pies noir et blanc. Des ponts enjambent la rivière en plusieurs endroits et un sentier la longe sur chacune de ses rives. De nombreux centres d'intérêt de la ville se trouvent le long de cette rivière. L'université, pour sa part, est installée sur la rive est.

Le **centre de Meewasin** (☎ 665-6888), 402 3th Ave South, est situé au bas de 3th Ave South, à l'angle de 19th St East. Il s'agit d'un véritable musée de l'histoire de la ville et de la rivière, qui propose quelques bonnes expositions.

Sans doute aurez-vous du mal à le concevoir, mais il faut savoir que la rivière est constituée par la fonte des eaux des glaciers des Rocheuses, situées à l'est près de Lethbridge, dans l'Alberta. Elle coule vers le nord à partir de Saskatoon et rejoint l'Assiniboine, qui se dirige vers Winnipeg. Le centre Meewasin est ouvert tous les jours et dispose de bonnes cartes des divers parcs et de leurs sentiers. L'entrée y est gratuite.

Zone protégée de Beaver Creek

A 13 km de la vallée de Meewasin (à partir du pont du Freeway) se trouve la zone protégée de Beaver Creek, un large parc qui vise à préserver la vallée de la rivière et les espèces sauvages qui la peuplent. Des sentiers de promenade sillonnent le lieu et le centre d'information renseigne les visiteurs sur son passé historique et géographique. Le parc comporte quelques-unes des rares prairies non exploitées de la province. Beaver Creek est ouvert tous les jours et l'entrée y est gratuite.

Serre et galerie d'art Mendel

Toutes deux se trouvent au 950 Spadina Crescent East, une courte promenade qui longe la rivière à partir du centre-ville. La galerie comporte trois salles avec des expositions temporaires, qui présentent presque toujours les œuvres d'artistes canadiens. L'une d'elle expose des œuvres anciennes, tandis que les deux autres concernent l'art contemporain. L'ensemble se visite gratuitement tous les jours de 10h à 21h. Vous y trouverez un petit salon de thé et un magasin de souvenirs.

Zoo et parc de Forestry Farm

Ce parc (☎ 975-3382) se trouve à 8 km au nord-est du centre-ville, de l'autre côté de la rivière et le long d'Attridge Drive, puis de Forest Drive. Situé dans l'enceinte du parc, le zoo renferme 300 animaux, principalement originaires de la Saskatchewan et d'autres régions du Canada : loups, lynx, caribous et bisons. Le parc comporte également des jardins et des aires de pique-nique. En hiver, une piste de ski y est ouverte. On y trouve également un restaurant. L'ensemble est situé de l'autre côté de l'University Bridge. Pour savoir comment vous y rendre, renseignez-vous à l'office du tourisme ou téléphonez au parc, mais vous trouverez des panneaux indicateurs pour vous guider sur Attridge Drive. Vous paierez 2 $ pour entrer en voiture dans le parc et il vous faudra acquitter séparément le prix des billets pour visiter le zoo. Le tout est ouvert tous les jours de l'année, jusqu'à 21h durant les mois d'été.

Université de la Saskatchewan

Le campus (☎ 966-8385) offre quelques centres d'intérêt pour le touriste. Installé sur un gigantesque espace de terrain le long de la rivière, il comporte en effet un petit musée de biologie, un observatoire pour contempler les étoiles, une galerie d'art et d'autres petits musées.

Également sur le campus se trouve le **centre Diefenbaker**, qui retrace la vie de l'ancien Premier ministre du même nom. On peut y voir des expositions temporaires sur ce grand homme, mais aussi d'autres présentations historiques ou artistiques. Le centre est ouvert tous les jours, mais l'après-midi seulement le week-end et les jours fériés. La tombe de Diefenbaker se trouve non loin de là.

L'**école de Little Stone**, qui date de 1905, est le plus ancien bâtiment public de la ville. Elle se visite tous les jours de mai à septembre, toute la journée en semaine, l'après-midi seulement le week-end et les jours fériés. Un guide en costume d'époque est là pour renseigner le public. L'entrée est gratuite, comme dans tous les sites du campus. Le musée des Sciences naturelles renferme quelques répliques de dinosaures grandeur nature.

Si vous avez l'intention de vous promener sur le campus, munissez-vous d'un exemplaire du livret d'architecture intitulé *Building the University*, qui évoque les diverses structures et leurs dates de construction.

Musée du rail de la Saskatchewan
Toute l'histoire du chemin de fer dans la province se trouve ici (☎ 382-9855), déployée sur 2,5 ha. Locomotives, fourgons, tout y est ; des gares entières ont même été transplantées de leur lieu d'origine. Divers petits objets de la Saskatchewan ont également été rassemblés ici.

Le musée est ouvert uniquement pendant le week-end. L'entrée est gratuite, mais les dons sont toujours appréciés. Le site est implanté à 4 km au sud-ouest de la ville, par les Hwys 7 ou 60. Téléphonez pour ne pas vous tromper de chemin.

La Berry Barn
Située dans une exploitation agricole, à 11 km au sud-ouest de la ville, la Berry Barn, la grange aux fruits rouges (☎ 382-7036) vend au public toute une variété de produits alimentaires fabriqués à partir des baies de Saskatoon. On peut également y faire des repas légers. En saison, vous irez ramasser vous-même les fruits dans les champs.

Téléphonez pour connaître les horaires (variables) et pour vous renseigner sur les saisons de cueillette.

ACTIVITÉS SPORTIVES

Il existe plusieurs piscines municipales en ville. L'office du tourisme vous aidera à repérer la plus proche de votre lieu de séjour. L'hiver, on patine dans le parc, près de l'hôtel Bessborough.

CIRCUITS ORGANISÉS

Les Northcote River Cruises (☎ 665-1818) proposent des promenades en bateau avec évocation de l'histoire de la ville. Les départs ont lieu les après-midi des mois de juin, de juillet et d'août, toutes les heures, juste derrière la galerie d'art Mendel. En mai et septembre, ces promenades ne sont organisées que le week-end. Elles coûtent 6,50 $ par adulte, moins pour les enfants.

Des visites guidées de l'université et de ses centres d'intérêt sont par ailleurs proposées du lundi au vendredi de juin à août. Renseignez-vous au 966-8384.

L'organisme Borealis Outdoor Adventures (☎ 343-6399) propose des excursions à bicyclette d'un week-end ou plus dans toute la province.

FESTIVALS

Manifestations majeures de Saskatoon :

Juin-août

Shakespeare sur la Saskatchewan – il s'agit d'un sympathique et très populaire festival de théâtre qui se tient tout l'été dans une tente dressée près de la galerie d'art Mendel. Chaque année, une pièce du célèbre dramaturge est montée pour la saison. Les représentations ont lieu chaque soir. Mieux vaut réserver ses billets en téléphonant au 653-2300.

Festival de jazz de la Saskatchewan – fin juin ou début juillet se tient le festival de jazz annuel de la Saskatchewan (☎ 652-1421), avec des orchestres dispersés dans toute la ville. La plupart des concerts et spectacles sont gratuits. L'accent est mis sur le jazz traditionnel, mais les orchestres présents ici vont du Dixieland aux formes de jazz les plus libres.

The Exhibition – organisé à la mi-juillet, ce festival de cinq jours met en scène concours de bétail, expositions, concerts, démonstrations équestres et parades.

Fringe Theatre Festival – à la fin juillet, ne manquez pas ce festival de théâtre marginal, qui présente des pièces d'avant-garde variées que l'on peut voir pour un prix modique et comprenant mime, comédies, danse et tragédies.

Louis Riel Day – comme son nom l'indique, cette manifestation, organisée durant la première semaine de juillet, ne dure qu'une journée.

Août-septembre

Folkfest – le Folkfest (☎ 931-0100) est un festival de trois jours qui se tient fin août ou début septembre. Pour 10 $ environ, vous aurez accès aux 25 pavillons pluriculturels installés dans toute la ville et présentant les spécialités culinaires, l'artisanat, la musique et les danses locales. Une navette gratuite effectue le circuit entre les pavillons.

OÙ SE LOGER

Campings
Très proche du centre, le *Gordon Howe Campsite* (☎ 975-3328) est un terrain de

camping situé dans l'avenue P, au sud de 11th St. Géré par l'Administration des parcs municipaux, il est assez vert, bien qu'il soit plutôt destiné aux camping-cars et aux caravanes. Il reste ouvert d'avril à octobre. On y trouve un petit magasin avec les produits de base. Les véritables campeurs iront planter leur tente un peu plus loin, au *Yellowhead Campground* (☎ 993-3343), à 15 mn de route de la ville, par la Hwy 16. Téléphonez avant de vous déplacer pour savoire s'il y a de la place.

Auberges de jeunesse

Une *auberge de jeunesse* HI (☎ 242-8861) est installée dans l'hôtel Patricia, un établissement très central et de bonne qualité situé dans 2nd Ave North, près de 25th St East et de la gare routière de Greyhound. Certaines des nombreuses chambres ont été transformées en dortoirs équipés de lits superposés. Vous paierez 10 $ par nuit si vous avez la carte HI, sinon 12 $. Les taxes, non comprises, sont à rajouter.

Les chambres de l'auberge de jeunesse sont placées juste au-dessus du bar, mais on ne joue pas de la musique tous les soirs. Le bar pratique des tarifs très abordables, tout comme le restaurant du sous-sol, où vous ne vous ennuierez pas en dégustant les plats délicieux et bon marché. L'hôtel dispose par ailleurs d'un salon TV.

La *YWCA* (☎ 244-0944), située du côté nord-ouest de 25th St East, au niveau de 5th Ave North, loue des chambres aux femmes (38 $ la simple). Cherchez le panneau bleu, près de 3th Ave.

Bed & Breakfasts

Très bien situé, le B&B *House of Aird* (☎ 668-6198), 1005 Aird St, près de l'intersection avec Clarence Ave, n'est qu'à trois pâtés de maisons du centre-ville. Construite en 1920, la maison dispose de trois chambres à louer (32/40 $ la simple/double, petit déjeuner continental compris).

Hôtels – catégorie moyenne

L'hôtel *Patricia* (242-8861), 345 2nd Ave Nord, près de 25th St East, est le meilleur et le plus propre des hébergements bon marché. C'est de plus l'un des moins chers du pays, sourires et service (impeccable) compris. Cet établissement, dont les prix varient de 25 à 34 $ selon les chambres, représente donc une valeur sûre. Son bar et son restaurant sont eux aussi bons et pas très chers. Sachez toutefois que certaines chambres, situées au-dessus du bar, sont bruyantes le week-end, lorsque des orchestres se produisent. Recensé sur la liste des auberges de jeunesse internationales, le "Pat" attire les touristes du monde entier.

Le *Senator* (☎ 244-6141) se trouve en plein centre-ville, à l'angle de 3rd Ave South et de 21th St East. Il est assez vieux, mais a subi des travaux de rénovation. Les chambres sont bonnes et coûtent 32 $ la simple. L'établissement dispose d'un très beau bar de style pub (certains clients semblent d'ailleurs l'apprécier un peu trop) et d'un restaurant sur le toit.

Dans 2nd Ave, on trouve quelques hôtels bon marché au niveau de la 20th St, mais aucun d'entre eux n'est à recommander. Et pour ma part, je préfère me tenir à l'écart de ceux de la 20th St West.

Dans une catégorie légèrement supérieure, on trouve plusieurs hôtels à prix modérés. Le *Westgate Inn* (☎ 382-3722), par exemple, situé 2501 22th St West, propose des chambres de 36 à 45 $.

A l'angle de 2nd Ave et de 20th St, se trouve le *Capri Motor Hotel* (244-6104).

Le *King George* (☎ 244-6133), 157 2th Ave North, est situé à un pâté de maisons à peine de la gare routière et propose de nombreuses chambres allant de 35 à 45 $.

Hôtels – catégorie supérieure

Vous trouverez plusieurs hôtels de luxe du côté de l'aéroport. Il en existe deux autres, plus centraux :

L'*Holiday Inn* (☎ 244-2311), 90 22th St East, propose des chambres de 66 à 100 $.

Le classique *Bessborough* (☎ 244-5521), véritable monument de la ville situé au 601 Spadina Crescent East, représente un meilleur choix pour un prix équivalent (69 à 100 $). Cette importante bâtisse aux allures de château se trouve au bas de la 21th St, au bord de la rivière. Construite en 1932, elle fut d'abord géré par le Canadian National, mais appartient désormais au groupe Delta Hotels.

Motels

Le *Travelodge Motel* (☎ 242-8881), proche de l'aéroport au 106 Circle Drive West, à l'angle d'Idylwyld, ressemble aux autres motels de sa chaîne. Cherchez donc un bâtiment jaune pâle avec une enseigne orange. La partie motel dispose de chambres allant de 60 à 99 $.

Les motels ci-dessous se trouvent tout près de la ville :

Le *Colonial Square Motel* (☎ 373-1676) est au 1301 de 8th St East, près de l'université. Les chambres y coûtent de 40 à 45 $.

Le *Journey's End* (☎ 934-1122), au 2155 Northridge Drive, se trouve près de l'aéroport. C'est un très bon hôtel, les chambres coûtent de 45 $ à 54 $.

Le *Circle Drive Suites* (☎ 665-8121) au 102 Cardinal Crescent, à l'angle d'Airport Drive, propose des simples/doubles de 35 à 55 $. Il est propre et certaines chambres ont un coin cuisine. Il existe également un tarif à la journée : 25 $ pour une chambre louée de 8h à 17h.

OÙ SE RESTAURER

La *Cage*, 120 2nd Ave North, est un restaurant correct qui propose un menu varié et dont le décor et le mobilier sortent de l'ordinaire. Les petits déjeuners, bons et copieux, vous permettront de tenir jusque bien après l'heure du déjeuner. Les frites maison sont excellentes. Toutes sortes de spécialités sont proposées au dîner à moins de 10 $. La Cage reste ouverte jusqu'à minuit tous les jours sauf le dimanche.

Juste à côté, le *Gotta Hava Java* est bien pour un petit café servi avec une pâtisserie.

Le *Smitty's* est une crêperie qui prépare de délicieux petits déjeuners. Il se trouve à l'angle d'Idylwyld Drive et de 20th St West. L'*Adonis*, sur 3th Ave, à l'angle de 22th St, convient parfaitement pour le déjeuner. On y sert d'excellentes soupes, des salades, sandwiches, plats végétariens, ainsi que quelques spécialités du Moyen-Orient. Tout est frais et bon marché. Quelques tables sont installées dehors. L'établissement est ouvert de 9h à 19h tous les jours sauf dimanche. On s'y presse à l'heure du déjeuner.

Le *Johnny's Inn*, sur la 3th St, au nord de l'intersection avec 22th St East, est une petite cafétéria où se retrouvent les employés du coin, qui apprécient ses délicieux hamburgers, son chili maison et ses larges sandwiches.

Mais c'est au *Saskatoon Asian* que vous ferez le meilleur repas de la ville, quel que soit votre budget. Ce petit établissement qui ne paie pas de mine est situé, 145 3th St South. Le menu ne comporte que des spécialités vietnamiennes, mais vous pourrez également goûter quelques plats d'influence thaïlandaise ou chinoise à la carte. Pour 5 $ à peine, le poulet frit aux pâtes de riz, accompagné de rouleaux vietnamiens et d'un thé offert par la maison, vous ravira. Les soupes sont également recommandées. Le restaurant ouvre tous les jours de l'heure du déjeuner à 22h.

L'*Artful Dodger*,119 4th Ave South, est une sorte de pub anglais avec des menus typiquement britanniques à 6 $. A peu près similaire, mais peut-être un peu plus cher, l'*Elephant & Castle* se trouve dans la Midtown Plaza (une galerie marchande intérieure à l'angle de 21th St East et de 1st Ave South, avec le grand magasin Eaton d'un côté et Sears de l'autre). Si vous avez un budget serré, allez au Food Court, au premier étage de cette même galerie.

Amateurs de cuisine grecque, le *Cousin Nik's* est fait pour vous, bien qu'il soit légèrement décentré au 1100 Grosvenor Ave, à environ un demi-bloc de 8th St East, au sud du centre-ville. Il est ouvert tous les soirs pour le dîner, propose des plats du jour variés et toute une gamme de spécialités grecques. On y mange bien, l'atmosphère est fort conviviale et les prix corrects.

Pour une orgie de grillades, essayez le *John's Prime Rib*, 401 21th St East. Un peu plus cher, mais très bon, le *Dreen's* (☎ 931-

8880), 718 Broadway Ave, sert un mélange de cuisine nouvelle et continentale qui inclut quelques spécialités végétariennes. Les menus, inscrits à la craie sur tableaux noirs, changent chaque jour. L'établissement est ouvert toute la semaine, mais le midi seulement le dimanche. Mieux vaut réserver pour le dîner.

Vous trouverez nombre de restaurants sur 20th St West. Le quartier, autrefois ukrainien, comprend aujourd'hui un petit Chinatown perdu parmi une population d'Indiens défavorisés. Les meilleurs restaurants chinois sont sur l'Ave C (ou à proximité), à quelques pâtés de maisons d'Idylwyld Drive. Le grand *Golden Dragon*, 334 Ave C South, existe depuis des années. Le *Wah Quo*, 402 de la même avenue, propose des déjeuners bon marché le week-end. Le *Yummy Yummy* est un peu plus modeste.

Dans les environs de la ville, 8th St East et 22th St West offrent toutes deux un choix abondant. La Saskatoon Brewing Company (brasserie de Saskatoon) vend la bière fabriquée sur place dans le *Cheers Pub & Restaurant*, 2105 8th St East. Pour une excellente côte de bœuf et une bonne ambiance, choisissez le *Granary*, 2806 de la même rue. Vous y mangerez pour 15 $ environ. Steaks et fruits de mer figurent également au menu. L'*Indian Restaurant* (nourriture de l'Inde), 3120 Laurier Drive, jouit d'une très bonne réputation. Il n'ouvre que pour le dîner et ferme le lundi.

A l'écart de la ville, *Taunte Maria's Mennonite Restaurant* (☎ 931-3212), à l'angle de Faithful Ave et de 51th St, propose une cuisine paysanne de bonne qualité.

DISTRACTIONS

Le *Bud's*, 817 Broadway Ave, propose des orchestres de rythm and blues chaque soir et l'on s'y presse aussi le samedi après-midi. L'*Amigo's*, 632 10th St East, accueille des orchestres locaux et régionaux assez connus.

Le *North 40 Inn*, à l'angle de 20th Ave West et de 6th St, est spécialisé dans la musique Country, que vous pourrez apprécier pour quelques dollars. Les lieux les plus cotés de la ville sont les bars qui passent de la musique Country et possèdent des terrains de volley ! Renseignez-vous sur les endroits *Wailin'* (dans le vent).

Pour écouter du jazz, allez faire un tour au *Bassment*, au 245 3th Ave South. On y trouve de bons musiciens et les prix restent raisonnables. Le mardi soir est réservé à l'improvisation.

L'orchestre symphonique de Saskatoon se produit au *Centennial Auditorium* et dans d'autres salles de façon régulière d'octobre à avril. Des productions théâtrales d'envergure et des spectacles de danse sont proposés par ailleurs au *Saskatchewan Centre of the Arts* (☎ 565-4500).

ACHATS

Cela vaut sans doute la peine de faire un tour au grand magasin Army & Navy, une boutique ancienne située à l'angle de 21th St East et de 3th Ave South. Ce magasin à prix "discount", l'un des plus vieux du Canada, est un classique du genre. Répartis sur trois étages, des articles bon marché comprennent vêtements et matériel de camping. L'ascenseur est encore activé par une femme, qui ouvre et ferme la grille métallique et dit à haute voix le numéro des étages (elle fait partie des quelques rares liftiers que l'on n'a pas encore mis au chômage).

Autre lieu à visiter, le Trading Post, au 226 2nd Ave South. Spécialisé dans l'artisanat et les souvenirs, il met l'accent sur les objets fabriqués par les Indiens canadiens. On y trouve des bibelots sans intérêt, mais aussi des pulls de style Cowichan, des sculptures et des imprimés inuits (dont les prix montent jusqu'à 1 000 $), quelques bijoux, des sculptures sur bois et du jade de Colombie-Britannique. Parmi les autres objets, figurent des mocassins, des mukluks (bottes inuits) mais aussi des thés, des épices et du riz sauvage.

COMMENT S'Y RENDRE

Avion

L'aéroport se trouve à 8 km du centre, au nord-est de la ville, sur Idylwyld Drive. Air Canada (☎ 652-4181) et Canadian Airlines

(☎ 665-7688) desservent toutes deux Saskatoon. Les vols vers Winnipeg, Calgary ou Edmonton durent tous 2 heures environ. Athabasca Airways dessert pour sa part Prince Albert et diverses petites villes du nord au départ de Saskatoon et de Regina.

Bus

L'importante gare routière de Greyhound (☎ 933-8000), pour toutes les destinations de la Saskatchewan, se trouve à l'angle de 23th St East et d'Ontario Ave. Cette dernière n'est qu'une petite rue, si bien que le principal angle de la gare routière est celui de 23th St et de 1st Ave North, à un petit bloc d'Ontario Ave. La gare dispose d'une cafétéria et d'un petit magasin. Dans les toilettes, on trouve également des douches, que l'on peut utiliser sur présentation de son ticket de bus.

Parmi les destinations desservies, figurent Regina (départ tous les jours à 8h, 13h30, 17h30 et 20h, pour 23 $), Winnipeg (deux par jour, un le matin et un l'après-midi, pour 78 $) et Edmonton (trois par jour, dont un tard dans la nuit, pour 56 $). Deux bus quotidiens partent également pour Prince Albert.

Train

Sans doute ne serez-vous pas ravi d'apprendre que la gare ferroviaire se trouve très loin à l'ouest de la ville, sur Chappell Drive. Le trajet en taxi jusqu'au centre-ville coûte 12 $, mais des bus effectuent également la liaison toutes les demi-heures. Les départs ont lieu à moins le quart et au quart sur Elevator Rd (près du terrain de curling, face à la gare). Malheureusement, ces bus ne fonctionnent pas très tard dans la soirée. Pour tout ce qui concerne les trains, renseignez-vous au 1-800-561-8630. Vous risquez d'être plus mécontent encore en prenant connaissance des horaires des trains de Saskatoon.

Pour Edmonton (71 $), puis pour Jasper et Vancouver, les départs ont lieu trois fois par semaine les lundi, jeudi et samedi à 2h25 le matin. Pour Winnipeg (101 $) et Toronto, il existe également trois trains par semaine, le lundi, mercredi et samedi à 3h10 le matin ! La ligne desservant Regina a été supprimée.

Voiture

Pour louer un véhicule, entrez chez Budget (☎ 244-7925) 234 1st Ave South. On trouve d'autres loueurs locaux ou internationaux en ville ou à l'aéroport, dont Dollar et Thrifty.

COMMENT CIRCULER

Desserte de l'aéroport

Le trajet entre l'aéroport et le centre-ville en taxi coûte 10 $ environ. Mais vous pouvez aussi prendre le bus n°21 dans la 23e Rue près du magasin Bay, en centre-ville. Après 20 mn de route, le chauffeur vous déposera non loin du terminal. Demandez-lui de vous indiquer l'arrêt. Les départs ont lieu environ toutes les demi-heures.

Bus

Vous pourrez connaître les itinéraires et les horaires de chaque bus en téléphonant au 975-3100. Sachez toutefois que tous les centres d'intérêt touristique sont aisément accessibles à pied à partir du centre-ville. La plupart des départs des bus se font à la gare routière, située dans la 23th St East, entre les 3rd et 2nd Ave North, où ne circulent que des bus. A la gare routière, que l'on appelle Transit Mall, vous trouverez la description des trajets de chaque bus, ainsi que des bancs et des centaines de gens qui s'impatientent.

Pour la gare ferroviaire, le bus à prendre dépend du moment de la journée. Aucun bus ne s'y rend directement, mais plusieurs vous déposeront à proximité.

Bicyclette

Vous pouvez louer des bicyclettes chez Joe's Cycle (☎ 244-7332) 220 20th St West, ou chez Bike & Blade (☎ 665-2453), 205 Idylwyld Drive.

Le Bessborough et le Ramada Renaissance, deux hôtels de luxe du centre-ville, en louent également. Les tarifs sont les mêmes, mais les horaires sont plus étendus, car l'établissement ne ferme pas et les employés ne sont donc pas pressés de rentrer chez eux.

ENVIRONS DE SASKATOON

Mine de potasse

Si vous avez la possibilité de vous y prendre au moins un mois à l'avance, vous pourrez visiter une mine de potasse. Vous descendrez à 1 000 m sous terre et parcourrez des galeries souterraines où vous verrez des machines à extraire la potasse. Vous assisterez également à l'affinage et au conditionnement de cette dernière en vue de son acheminement.

Pour obtenir tous les détails nécessaires, téléphonez au 933-8500 ou écrivez à "Tours", Public Affairs Department, Potash Corporation of Saskatchewan, 500-122 First Ave South, Saskatoon, Saskatchewan. Aucune des quatre mines visitables ne se trouve dans les environs immédiats ou dans l'enceinte de la ville.Peut-être vos pérégrinations vous mèneront-elles auprès de l'une d'elles. La plus proche de Saskatoon est à 45 mn de la ville en voiture.

Sources du Manitou

Près de la ville de **Watrous**, sur le lac Manitou, à 120 km au sud-est de Saskatoon, se trouvent les **sources thermales du Manitou**, qui figurent parmi les plus anciennes du pays. Le site est ouvert tous les jours aux baigneurs. Watrous comporte deux motels modestes et un hôtel de luxe, le *Manitou Springs Resort*, relié à l'établissement thermal.

Site historique national de Batoche

A 80 km au nord-est de Saskatoon par la Hwy 11, puis par la route 225 qui part de la Hwy 312 dans la ville de Rosthern, se trouve le site de la bataille de Batoche (qui, en fait, fut plutôt une rencontre, mais n'en eut pas moins de dramatiques résultats), que le gouvernement mena en 1885 contre les métis rebelles (dirigés par Louis Riel).

Le centre des visiteurs raconte l'histoire de cette bataille et propose une exposition audiovisuelle sur les métis de 1860 à nos jours. Vous verrez également quelques vestiges du village de Batoche, dont une église et quelques tranchées creusées à des fins militaires. Le site est ouvert tous les jours entre la mi-mai et la mi-octobre.

Batoche était autrefois le centre d'une implantation de métis et de son gouvernement provisoire à la fin des années 1800. Beaucoup de ses habitants avaient décidé de quitter le Manitoba à la suite de contestations territoriales.

Batoche se trouve à mi-chemin entre Saskatoon et Prince Albert. Juste au nord du village, sur la Hwy 11, **Duck Lake** mérite une halte. Dans toute la ville, qui a été agrémentée de lampadaires anciens et de trottoirs de briques, des peintures murales retracent des anecdotes historiques et culturelles de la région. L'une d'elle raconte par exemple comment un Cri, nommé Almighty Voice, et un policier blanc sont morts pour avoir tué une vache. Le Duck Lake Regional Interpretive Centre, à l'extrémité nord de la ville par la Hwy 11, présente une collection d'objets de l'époque des pionniers, des Indiens et des métis de la région. Plus à l'ouest, le **Parc historique de Fort Carlton** vous apprendra tout sur le commerce de la fourrure, sur les traités signés avec les Indiens des Plaines et sur la rébellion de Louis Riel : car, dans tous ces événements, le fort a joué un rôle.

Le nord de la Saskatchewan

La zone située au nord de Saskatoon fait figure de portion nord de la province et c'est ainsi que j'y fais référence, bien que, en fait, il s'agisse de la Saskatchewan centrale. Du point de vue géographique en effet, le parc national de Prince Albert ne se trouve même pas à mi-chemin de la frontière nord de la province. Logiquement, le nord devrait donc débuter à partir de ce point.

En partant de Saskatoon, la Yellowhead Hwy, branche de la Transcanadienne en provenance de Winnipeg, se dirige vers le nord-ouest en passant par North Battleford et continue vers Edmonton et la Colombie-Britannique. Demandez une carte et un dépliant sur la Yellowhead Hwy, qui a son histoire elle aussi, à l'office du tourisme.

Entre Saskatoon et Prince Albert, une région agricole s'étend sur toute la largeur de la province. Bien que située en plein centre de celle-ci, Prince Albert semble très éloignée. Au nord, d'ailleurs, la croissance de la végétation est de courte durée. A partir de cette ville, la végétation change. Le grand parc national, situé au nord de Prince Albert, marque le début de la vaste forêt boréale (nord) qui occupe toute la moitié nord de la Saskatchewan.

La Saskatchewan possède plus de 100 000 lacs, dont un bon pourcentage se situent dans les régions sauvages, au nord de Prince Albert. Ces régions offrent des paysages communs à tout le nord du Canada. Elles font partie de l'austère Bouclier canadien.

Le parc national de Prince Albert, tout comme plusieurs autres de ce secteur, constitue la limite nord des régions que visitent les touristes (et qu'habitent les Canadiens).

Demandez à l'office du tourisme de la province le dépliant intitulé *Heart of Canada's Old North-West* (Cœur du vieux Nord-Ouest canadien), qui donne un bon aperçu de la région s'étendant au nord et à l'ouest de Saskatoon, avec un historique et des informations sur les sites et autres curiosités de la région.

PRINCE ALBERT

Prince Albert (34 000 habitants) est la grande ville la plus au nord de la province. Elle est bordée de forêts au nord, de champs plats au sud. Elle se situe à égale distance du Manitoba et de l'Alberta. Connue sous le nom de PA, elle sert de point de départ à toute une série de promenades dans l'immense parc national du même nom. En 1776, un poste de commerce de fourrure fut construit dans cette zone, où vivait une population cree. La ville fut véritablement fondée en 1866, par un homme d'Église venu y établir une mission. On lui donna ensuite le nom du mari de la reine Victoria.

Un office du tourisme se trouve au sud de la ville par la Hwy 2. Le Tourism & Convention Bureau (☎ 953-4385) dispose par ailleurs d'un guichet d'informations au 3700 2nd Ave West.

A l'intérieur de Prince Albert, vous trouverez quelques centres d'intérêt mineurs. Le **musée Historique** (☎ 764-2992), installé dans une ancienne caserne de pompier, retrace l'histoire de la ville. Son salon de thé domine la rivière Saskatchewan Nord, qui traverse l'agglomération avant d'être rejointe, à l'est, par la Saskatchewan Sud.

Pour ceux que l'histoire de la ville intéresse, des visites guidées à travers les rues partent du musée. Renseignez-vous au musée avant de venir.

Prince Albert est le site de l'une des principales prisons de haute sécurité du pays. Le **Rotary Museum of Police & Corrections**, près de l'office du tourisme par la Hwy 2, à l'angle de Marquis Rd, évoque les grands moments de son histoire.

Où se loger

Les motels constituent la majorité des hébergements de la ville, qui dispose aussi d'un camping situé à 2 km au nord par la Hwy 2. Vous pouvez également choisir l'*Aurora's B&B* (☎ 764-8997), 619 4th Ave East, dont le tarif, avec un petit déjeuner complet, s'élève à 25 $ par personne. Le prix des motels est équivalent, à 50 $ la double (sans petit déjeuner toutefois). Le *Journey's End* (☎ 763-4466), 3863 2nd Ave West, est simple, mais propre et fiable.

ENVIRONS DE PRINCE ALBERT

A 18 km à l'est de la ville par la Hwy 55, on peut visiter le **Weyhaeuser Pulp & Paper Mill** (☎ 764-1521). Les deux heures que réclament la visite de cette fabrique de papier, au cours desquelles aucun stade de fabrication ne vous sera épargné, n'ont rien d'une promenade de santé. Habillez-vous en conséquence, choisissez vos chaussures avec soin et préparez-vous à entendre beaucoup de bruit.

De l'autre côté de Prince Albert, à 12 km par la Hwy 3, la **Satellite Communications Station** (☎ 764-3636) peut elle aussi être visitée.

En 1988, la compagnie sud-africaine de diamants De Beers revendiqua une portion de territoire s'étendant sur 40 km à partir de Prince Albert. Depuis, le respect évident qu'inspire la compétence de De Beer a poussé les chercheurs de diamants à prospecter sur des millions d'hectares à la ronde : l'exploitation de minerais a déjà commencé sur certains des sites.

La zone située au nord de la ville est appelée "quartier des lacs". C'est un secteur relativement peu développé avec des bois, des lacs et des maisons de campagne. Outre ceux que l'on trouve dans le parc national, les grands lacs de cette région sont le **Candle** (le lac de la Bougie) et le **Montreal** (le lac de Montréal).

Plus au nord encore s'étendent trois autres immenses parcs : **Nipawin** au nord-est, le **lac Meadow** au nord-ouest et le **lac La Ronge** au nord. Un parc provincial portant son nom entoure ce dernier, dans lequel les îles abondent et qui a la réputation d'être l'un des plus beaux de la province. Au-delà de ces étendues d'eau, la végétation est restée à l'état sauvage.

PARC NATIONAL DE PRINCE ALBERT

Ce parc national (☎ 663-5322) est une immense étendue de terrain surtout sauvage, légèrement accidenté, où les prairies du Sud font face aux forêts du Nord. Parmi les traits géographiques qui le caractérisent figurent de gigantesques lacs d'eau glacée,

Grey Owl

Dans les années 30, le naturaliste Grey Owl (Chouette grise) faisait figure de légende pour ses écrits et ses conférences sur la défense de l'environnement et pour son amour de la nature. Durant de longues années, il voyagea à travers tout le continent nord-américain et se rendit même en Grande-Bretagne pour plaider en faveur de la protection du continent.

Son premier livre, intitulé *The Men of the Last Frontier* (Les Hommes de la dernière frontière), parut en 1931. *Tales of an Empty Cabin* (Récits d'un chalet vide), publié cinq ans plus tard, est sans doute son œuvre la plus célèbre, bien qu'il en ait écrit plusieurs autres entretemps. A sa mort, qui survint en 1938 à Prince Albert, on découvrit qu'il n'avait rien d'un Indien canadien : Archibald Stansfield Belaney, de son vrai nom, venait de Hastings, en Angleterre. Cette confusion d'identité vient ajouter à l'aura qui entoure l'auteur. Ce dernier avait émigré au Canada, était devenu trappeur et guide, avait épousé une femme iroquoise et avait été adopté par la tribu des Ojibway.

Sa femme, Anahereo, qui s'éteignit en 1986, fut récompensée de l'Ordre du Canada pour ses actions en faveur de la défense de l'environnement. Ses cendres furent enterrées près des tombes de Grey Owl et de leur fille unique, à côté du chalet où ils avaient vécu et travaillé, dans le parc national de Prince Albert. La plupart des recherches du grand homme furent menées dans ce parc.

Le petit chalet d'une pièce d'Ajawaan Lake est devenu un lieu de pèlerinage. C'est là, dans ce que l'on appelait Beaver Lodge (l'abri des castors), que le couple travailla à sauvegarder la population de castors alors en voie de disparition. Ce chalet se situe en bordure du lac sur un abri pour castors.

L'endroit, que l'on atteint après un ou deux jours de marche, reste encore aujourd'hui pratiquement inaccessible. On y parvient – difficilement – par le sentier de Grey Owl, une marche de 20 km le long du lac de Kingsmere. On peut aussi s'embarquer dans un canoë à l'extrémité de la route, et remonter Kingsmere River à contre-courant jusqu'à Kingsmere Lake. Vous traverserez alors ce dernier en direction du nord, puis vous aurez le choix entre suivre un sentier sur 3 km ou porter votre canoë sur 1 km jusqu'au lac d'Ajawaan, d'où vous parviendrez au chalet en pagayant. ■

des marais bordés d'épinettes et des montagnes semées de forêts. On y trouve des sentiers de randonnée pour tous les goûts et d'excellents itinéraires de canoës permettent d'accéder à la majorité des zones du parc. On peut également y pêcher, faire du camping ou, en hiver, profiter des innombrables pistes de ski de fond.

Ne manquez pas le **lac Lavallee** (où vit la deuxième importante colonie de pélicans blancs du pays), le troupeau de bisons sauvages de la prairie située au sud-ouest du parc, ni le chalet occupé depuis sept ans par le défenseur très controversé de l'environnement **Grey Owl**.

La limite sud du parc se trouve à une cinquantaine de kilomètres au nord de Prince Albert.

Renseignements

Le centre de services du parc, où vous trouverez hébergements, épiceries, gaz, locations de canoës et baignades, est le village de Wakesiu, sur l'immense lac du même nom. Le bureau d'information du parc (☎ 663-5322) s'y trouve également.

Où se loger

Le parc compte de nombreux campings, mais ils sont complets tous les week-ends d'été surtout au moment des vacances. Mieux vaut donc arriver le plus tôt possible le vendredi matin.

L'un de ces campings est réservé aux caravanes et mobile homes, tous les autres sont ouverts aux campeurs. Les plus petits d'entre eux sont simples et calmes. Randonneurs et amateurs de canoë peuvent aussi faire du camping sauvage.

L'auberge de jeunesse de la HI, *Waskesiu Hostel* (☎ 663-5450), se trouve dans la partie accessible de l'est du parc, exactement au nord de Prince Albert. La nuit y coûte 10 $ pour les membres, sinon 13 $ (tarif spécial familles). Il est possible d'y prendre ses repas (à condition de prévenir), de faire la cuisine et de laver son linge. L'établissement peut recevoir jusqu'à 60 personnes et n'est pas très éloigné des installations du parc. Il reste ouvert de mai à mi-octobre mais, comme c'est souvent le cas, ferme pendant la journée.

PARC PROVINCIAL DU LAC LA RONGE

La Ronge est le plus vaste parc provincial de la Saskatchewan. Outre son lac principal, il en comporte plus d'une centaine d'autres, ainsi qu'une partie du Churchill réputée pour ses chutes et ses rapides. Des visites en bateau vous emmènent le long du fleuve vers les sites les plus impressionnants. Vous pouvez également louer des canoës (quelques-uns des 55 itinéraires fluviaux de la province sont ici). Vous trouverez des campings sur la rive ouest du lac et du côté nord, à Otter Lake.

Du côté ouest du parc, le village de La Ronge fait désormais office de petite station balnéaire du parc. Des visites guidées gratuites de La Ronge Wild Rice Corporation, qui conditionne le riz récolté par les producteurs locaux. Elle est ouverte de mi-août à mi-octobre. Si vous n'avez jamais goûté le riz sauvage, ne manquez pas cette occasion de le faire. Il est entouré d'une gaine brune et a un goût de noisette légèrement sucré. Toujours dans la ville, le **Centre d'information Mistasinihk Place**, sur La Ronge Ave, présente des expositions sur la vie, l'artisanat et l'histoire des peuples du Nord. Il ferme le week-end. Parmi les trois ou quatre motels, choisissez plutôt le *Drifters Motel* (☎ 425-2224), situé sur la Hwy 2 en arrivant en ville.

FLIN FLON

Située sur la frontière entre la Saskatchewan et le Manitoba, Flin Flon compte plusieurs boutiques spécialisées dans le canotage.

PARC PROVINCIAL DE MEADOW LAKE

Similaire au parc national de Prince Albert, celui-ci (☎ 236-3382) s'étend le long d'une chaîne de lacs le long de la frontière avec l'Alberta. Des sentiers naturels et une série de chemins de randonnée plus longs permettent d'admirer la nature restée ici à l'état sauvage. On trouve une faune nombreuse dans ce parc, ainsi que de belles plages autour des lacs. Outre les campings, on peut séjourner dans de petits chalets très simples loués par des particuliers.

Le parc est situé au nord de Meadow Lake par la Hwy 55. Il fait partie des forêts du Nord et figure sur la Water Route, ce réseau d'itinéraires de canoë, qui débute dans le Manitoba et se termine en Colombie-Britannique.

L'ouest de la Saskatchewan

LAC DE REDBERRY

Le lac de Redberry, situé à une heure de route au nord-ouest de Saskatoon, est l'endroit idéal pour observer les oiseaux. Le lac et son île constituent en effet une réserve naturelle fédérale. Parmi les oiseaux les plus intéressants figurent les grands pélicans blancs et les petits pluviers jacasseurs, plus rares, mais il y en a beaucoup d'autres. Pour les observer, vous pouvez choisir une visite guidée ou louer un bateau, un canoë ou une planche à voile. Vous trouverez tout ce qu'il vous faut dans la ville de **Hafford**.

A 13 km à l'est de la ville, par la Hwy 40, se trouve le centre d'information de la réserve. Là, on peut voir des expositions consacrées aux pélicans blancs, ou admirer leurs nids sur des télévisions avant de partir en visite organisée sur le lac. Le centre est ouvert tous les jours.

PARC HISTORIQUE NATIONAL DE FORT BATTLEFORD

Ce site historique se trouve à 5 km de la ville de North Battleford, à 140 km au nord-ouest de Saskatoon par la Yellowhead Hwy. La police montée du Nord-Ouest construisit le fort en 1876 pour contribuer à la colonisation de cette zone et surveiller les Indiens, les trappeurs et les colons blancs. A l'intérieur de ses murs se trouvent cinq bâtiments que l'on visite : on y admire des objets, outils et souvenirs divers ayant appartenu à la police ou aux Indiens. Les casernes comportent des expositions historiques et des guides en costumes d'époque se trouvent dans le parc. La parc historique national de Fort Battleford est ouvert tous les jours du 1er mai au 10 octobre et l'entrée est gratuite.

A North Battleford, sur l'autre rive de la Saskatchewan nord, le musée du Développement de l'Ouest retrace l'histoire de l'agriculture. Vous pourrez admirer d'intéressants paysages autour des Battlefords, car la topographie y est plus variée qu'en tout autre point de cette région de la Saskatchewan. Au nord de North Battleford, le parc provincial de Battlefords comporte de bons terrains de camping.

A partir de cette zone, la Hwy 16 – le Yellowhead – se dirige vers le nord-ouest pour atteindre Lloydminster (à la frontière), puis Edmonton, dans l'Alberta. Vous pourrez effectuer une courte halte à **Cut Knife**, à 50 km à l'ouest des Battlefords sur la Hwy 40, où se trouve le site d'une bataille entre les autorités gouvernementales et les populations indiennes au début de l'été 1885. A environ 15 km au nord de la ville par la réserve de Poundmaker, des plaques commémoratives marquent l'emplacement de la tombe du Chef Poundmaker et retracent l'histoire des affrontements. Dans Cut Knife même, vous ne pourrez pas manquer le gigantesque tomahawk de huit tonnes. Juste à côté se trouve un petit camping.

Alberta

Entrée dans la confédération : 1/09/1905
Superficie : 661 185 km²
Population : 2 500 000 habitants
Capitale de la province : Edmonton

Il n'y a pas si longtemps, l'Alberta était une vaste région sauvage faiblement peuplée. Aujourd'hui, la province comprend deux des plus grandes villes du Canada : Edmonton et Calgary. Ses immenses exploitations agricoles, ses élevages de bétail et ses riches gisements de minerais et de combustible fossile constituent sa richesse. Pour le visiteur, les principaux attraits de l'Alberta résident dans la variété de ses paysages et de sa faune animale, ainsi que dans la large gamme de divertissements qu'elle propose.

L'Alberta, la plus à l'ouest des provinces de la prairie, est bordée au nord par les territoires du Nord-Ouest, à l'est par la Saskatchewan, au sud par le Montana et à l'ouest par la Colombie-Britannique.

Bien qu'elle soit la plus septentrionale des grandes villes de l'Alberta, Edmonton reste géographiquement située dans la moitié sud de la province. Elle est reliée à Calgary par la Hwy 2. Au sud, à partir de Calgary, l'autoroute mène dans l'État du Montana, aux États-Unis. Au nord-ouest d'Edmonton, la Hwy 2 atteint Peace River, puis se dirige vers Dawson Creek, en Colombie-Britannique, où débute l'Alaska Hwy. Au nord de Peace River, la Hwy 35, également appelée Mackenzie Hwy, vous conduira vers les territoires du Nord-Ouest.

La Yellowhead Hwy en provenance de Lloydminster, sur la frontière de la Saskatchewan, se dirige vers l'est, traversant Edmonton pour continuer en direction des montagnes Rocheuses, puis vers Prince George, en Colombie-Britannique. La Transcanadienne se dirige pour sa part vers le nord-ouest, de Medicine Hat à Banff et à Lake Louise, dans les montagnes Rocheuses, en passant par Calgary. Elle continue ensuite jusqu'à Revelstoke.

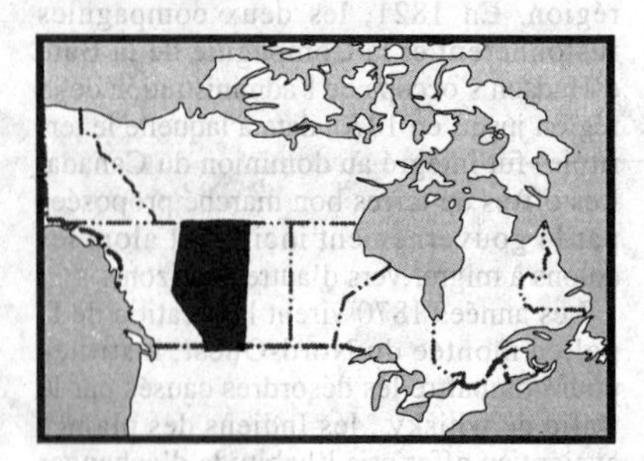

Également en provenance de Medicine Hat, la Crowsnest Hwy (Hwy 3) mène à Lethbridge, troisième ville de l'Alberta, au sud-ouest de l'État.

HISTOIRE

De 9500 à 5500 avant notre ère, l'Alberta – en particulier sa partie méridionale – était habitée par les Indiens des plaines. Durant des millénaires, ils y menèrent une existence nomade, traversant à pied des distances immenses sur lesquelles ils chassaient les vastes troupeaux de bisons qu'ils utilisaient pour se nourrir, se vêtir et se protéger.

Le cinéma et la télévision ont fourni d'innombrables images de ces peuples poursuivant les troupeaux à cheval. En réalité, cette période ne débuta qu'en 1750 environ, date de l'introduction du cheval, pour se poursuivre jusqu'à la fin du XIXe siècle, époque à laquelle les grands troupeaux furent décimés et à laquelle s'acheva ce mode de vie des Indiens.

La dénomination d'Indiens des plaines englobe les nations des Pieds Noirs, Bloods, Peigans, Atsinas (également appelés Gros Ventre), Cris, Sarcees et Assiniboines. Les Sioux arrivèrent du sud à la fin des années 1800.

Les premiers Européens de l'Alberta étaient des négociants de fourrure, qui y firent leur apparition au milieu du XVIIe siècle. Ils furent suivis, au XVIIIe, par l'installation de la Compagnie de la Baie d'Hudson et de sa grande rivale, la Northwest Company. Toutes deux implantèrent des comptoirs commerciaux dans toute la région. En 1821, les deux compagnies fusionnèrent et la Compagnie de la Baie d'Hudson s'occupa de l'administration de la région jusqu'en 1870, date à laquelle le territoire fut intégré au dominion du Canada. Les offres de terres bon marché proposées par le gouvernement incitèrent alors les colons à migrer vers d'autres horizons.

Les années 1870 virent la création de la police montée du Nord-Ouest, instituée pour combattre les désordres causés par le trafic de whisky : les Indiens des plaines avaient en effet pris l'habitude d'échanger des peaux de bisons contre des bouteilles d'alcool bon marché.

La création de la voie ferrée, dans les années 1880, rendit plus rapide et plus aisé l'accès vers l'ouest de la province, provoquant un fulgurant accroissement de la population. L'élevage et la culture du blé constituèrent dès lors la base de l'économie, quoique les mines de charbon et l'abattage des arbres eussent également leur importance. La découverte de gaz naturel et de pétrole, au début du siècle, vint ajouter à la prospérité de l'Alberta.

En 1905, l'Alberta devint une province canadienne à part entière et se choisit Edmonton comme capitale.

Entre la Première et la Seconde guerre mondiale, l'économie et l'immigration se ralentirent. Dès 1947 cependant, on découvrit de nouveaux gisements de pétrole et de gaz naturel. Avec la crise du pétrole des années 70, les choses changèrent rapidement. Pendant plus de dix ans, on vit affluer l'argent et les gens, venus de tout le pays. Edmonton et Calgary connurent alors une expansion et se modernisèrent, devenant ainsi les cinquième et sixième villes du pays.

Au milieu des années 80, la situation prit une tournure nouvelle. Avec la chute des prix du pétrole et des denrées agricoles, l'Alberta vit la fin de son expansion. Une dure période s'ensuivit. Quelques habitants quittèrent la province, revenant pour la plupart dans les maisons qu'ils avaient laissées lors du boom de l'Alberta.

Un nom pour la province
La province de l'Alberta porte le nom de la quatrième fille de la reine Victoria, la princesse Louise Caroline Alberta (1848-1939), qui épousa le quatrième gouverneur général du Canada, le marquis de Lome. ■

La récession économique a continué jusqu'à nos jours. La province est endettée, le taux de chômage élevé et les services gouvernementaux eux-mêmes ont revu leurs budgets à la baisse.

Pourtant, le potentiel reste grand et la province dispose désormais d'un poids politique accru. Son développement, certes ralenti, se poursuit et, bien entendu, les choses peuvent évoluer rapidement en fonction des fluctuations des prix du pétrole et des matières premières sur les marchés internationaux.

GÉOGRAPHIE ET CLIMAT

L'Alberta présente la topographie la plus variée de toutes les provinces. L'Est est la continuation des prairies canadiennes. Le Nord est parcouru d'innombrables rivières, lacs et forêts : c'est une région accidentée et en grande partie inaccessible (surtout le Nord-Est). La frange sud-ouest de la province, assez élevée, constitue quant à elle les contreforts des montagnes Rocheuses. Le reste du territoire, au sud, est en majorité sec et plat, avec des *badlands* (terrain aride, improductif) qui couvrent certaines zones.

L'Alberta compte environ deux mille heures d'ensoleillement par an, soit plus que toutes les autres provinces. L'hiver, le temps est sec, froid et ensoleillé. Au sud toutefois, la rigueur du climat est atténuée par les chinooks, ces vents chauds et secs qui soufflent de l'ouest et provoquent de brutales élévations de températures pouvant aller jusqu'à 20°C. Les étés de l'Alberta sont chauds. La moyenne annuelle des précipitations s'élève à 450 mm, dont une

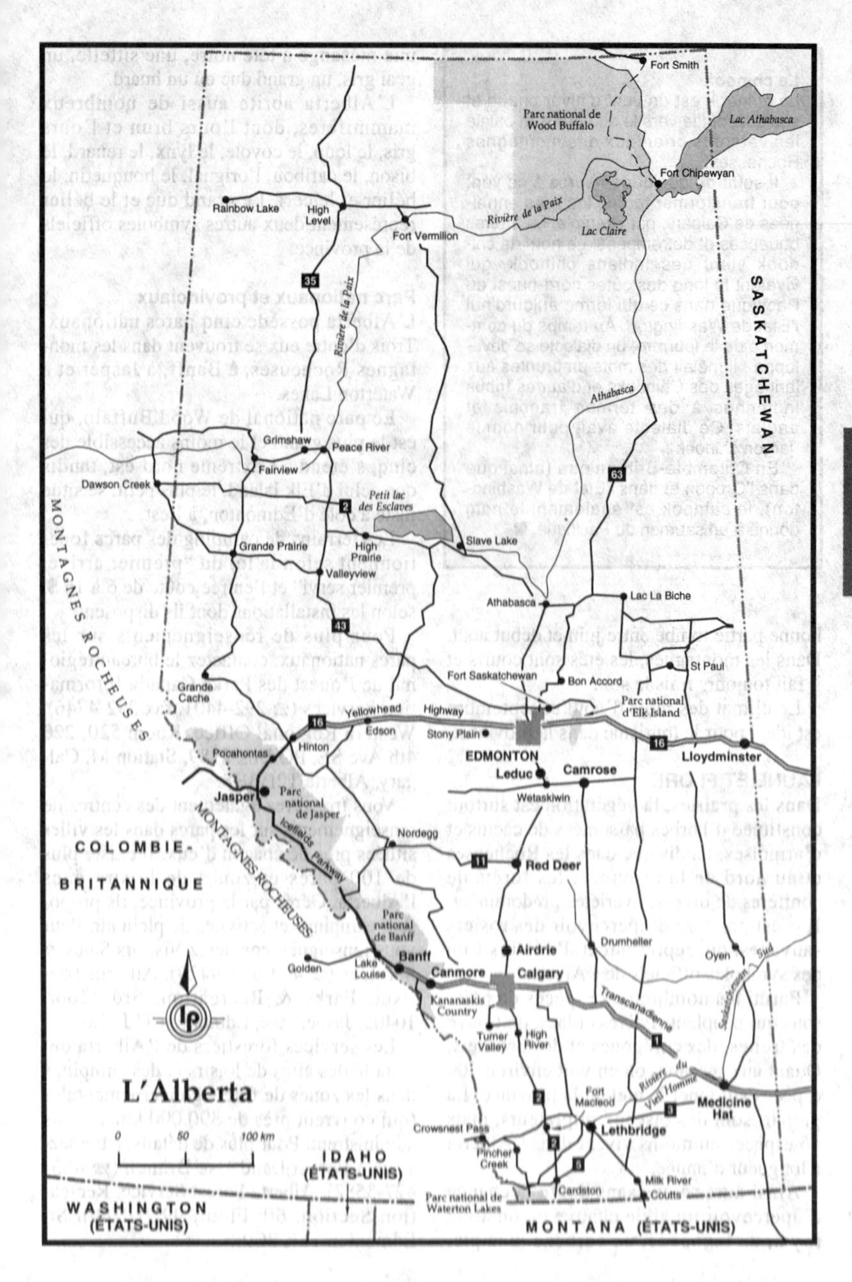
L'Alberta
Fort Smith
Parc national de Wood Buffalo
Lac Athabasca
Fort Chipewyan
Lac Claire
Rivière de la Paix
Rainbow Lake
High Level
Fort Vermilion
35
Rivière de la Paix
SASKATCHEWAN
Athabasca
63
Grimshaw
Peace River
Fairview
Dawson Creek
Petit lac des Esclaves
2
High Prairie
Slave Lake
Grande Prairie
Valleyview
MONTAGNES ROCHEUSES
43
Athabasca
Lac La Biche
St Paul
Fort Saskatchewan
Bon Accord
Parc national d'Elk Island
Grande Cache
16
Yellowhead Highway
Edson
Stony Plain
EDMONTON
Lloydminster
Hinton
Pocahontas
Leduc
Camrose
Wetaskiwin
Jasper
Parc national de Jasper
Icefields Parkway
MONTAGNES ROCHEUSES
Nordegg
11
Red Deer
COLOMBIE-BRITANNIQUE
Parc national de Banff
Drumheller
Airdrie
Oyen
Golden
Lake Louise
Banff
Canmore
Calgary
Kananaskis Country
Transcanadienne
Saskatchewan Sud
Turner Valley
High River
1
Rivière du Vieil Homme
Fort Macleod
Medicine Hat
3
Crowsnest Pass
Lethbridge
Pincher Creek
5
Cardston
Milk River
Coutts
Parc national de Waterton Lakes
0 50 100 km
IDAHO (ÉTATS-UNIS)
WASHINGTON (ÉTATS-UNIS)
MONTANA (ÉTATS-UNIS)
ALBERTA

Le chinook

Le chinook est un vent d'hiver chaud et sec qui souffle vers le sud-ouest et balaie les versants orientaux des montagnes Rocheuses.

Il suffit de quelques heures à ce vent pour transformer toutes les rues enneigées de Calgary, par exemple, en artères boueuses et détrempées. Le nom de chinook vient des Indiens chinook, qui vivaient le long des côtes nord-ouest du Pacifique dans ce qui forme aujourd'hui l'État de Washington. Au temps du commerce de la fourrure, un dialecte se développa : il mêlait des mots empruntés aux langages des Chinooks et d'autres tribus indiennes à des termes français et anglais. Ce dialecte avait pour nom le "jargon chinook".

En Colombie-Britannique (ainsi que dans l'Oregon et dans l'État de Washington), le chinook est également le nom donné à un saumon du Pacifique. ■

bonne partie tombe entre juin et début août. Dans les montagnes, les étés sont courts et il fait toujours frais le soir.

Le climat des mois d'août et septembre est idéal pour le tourisme dans la province.

FAUNE ET FLORE

Dans les prairies, la végétation est surtout constituée d'herbes parsemées de cactus et d'armoises, tandis que dans les Rocheuses et au nord de la province, les forêts de conifères de diverses variétés prédominent. Il n'est pas rare d'apercevoir des rosiers sauvages, qui représentent d'ailleurs l'un des symboles officiels de l'Alberta.

Parmi les nombreuses espèces de poissons qui peuplent rivières et lacs, on trouve des truites, des corégones et des brochets. Quant aux oiseaux, on en voit environ 300 espèces sillonner le ciel de la province. La plupart sont des oiseaux migrateurs, mais 46 espèces au moins vivent dans l'Alberta à longueur d'année.

Ainsi aurez-vous sans doute la chance d'apercevoir un aigle chauve ou un aigle royal, un lagopède, un corbeau, une pie, une mésange à tête noire, une sittelle, un geai gris, un grand duc ou un huard.

L'Alberta abrite aussi de nombreux mammifères, dont l'ours brun et l'ours gris, le loup, le coyote, le lynx, le renard, le bison, le caribou, l'orignal, le bouquetin, le bélier et le cerf. Le grand duc et le bélier représentent deux autres symboles officiels de la province.

Parc nationaux et provinciaux

L'Alberta possède cinq parcs nationaux. Trois d'entre eux se trouvent dans les montagnes Rocheuses, à Banff, à Jasper et à Waterton Lakes.

Le parc national de Wood Buffalo, qui est le plus grand et le moins accessible des cinq, s'étend à l'extrême nord-est, tandis que celui d'Elk Island, le plus petit, se situe juste à côté d'Edmonton, à l'est.

Les terrains de camping des parcs fonctionnent selon la loi du "premier arrivé, premier servi" et l'entrée coûte de 6 à 16 $, selon les installations dont ils disposent.

Pour plus de renseignements sur les parcs nationaux, contactez le bureau régional de l'ouest des Parks Canada Information Services (☎ 292-4401, fax 292-4746), Western Regional Office, Room 520, 220 4th Ave SE, PO Box 2989, Station M, Calgary, Alberta T2P 3H8.

Vous trouverez également des centres de renseignements sur les parcs dans les villes situées près de chacun d'eux. Il existe plus de 100 parcs et zones de loisirs dans l'Alberta. Gérés par la province, ils proposent campings et activités de plein air. Pour vous renseigner, contactez Visitors Sales & Services (☎ 403-427-9429), Alberta Tourism, Parks & Recreation, 3rd Floor, 10405, Jasper Ave, Edmonton T5J 4L6.

Les services forestiers de l'Alberta ont installé des aires de loisirs et des campings dans les zones de forêts gouvernementales (qui couvrent près de 390 000 km^2) qu'ils administrent. Pour plus de détails, adressez-vous à Forest Land Use Branch (☎ 403-427-3582), Alberta Forest Service, Recreation Section, 6th Floor, 9920 108th St, Edmonton T5K 2C9.

ÉCONOMIE

Parallèlement au pétrole et au gaz naturel, l'Alberta tire profit de ses gisements de minéraux, en particulier du charbon, et de l'abattage des arbres de ses vastes forêts, exploitées pour le bois et la pâte à papier. Les industries de transformation liées à ces productions forment la base de sa richesse industrielle. L'Alberta dispose également d'un secteur agricole très développé reposant sur le blé, l'orge, le seigle et le bœuf. Le tourisme représente la troisième source de revenus de la province.

RENSEIGNEMENTS

Offices du tourisme

Sur place. Alberta Tourism est l'organisme gouvernemental des provinces qui contrôle l'industrie du tourisme de l'Alberta et gère un réseau d'offices de tourisme nommés centre d'informations touristiques. Son siège se trouve à Edmonton ; il y en a également un à Ottawa, dans l'Ontario. Voici leurs adresses :

Alberta
Main Level, City Centre Building, 10155 1012th St, Edmonton T5J 4L6 (☎ 427-4321)
Ontario
Suite 1110, 90 Sparks St, Ottawa K1P 5B4 (☎ 237-2615)

Vous pouvez aussi composer un numéro de téléphone gratuit valable pour toute l'Amérique du Nord : ☎ 1-800-661-8888. Vous y obtiendrez des renseignements.

Régions touristiques. L'Alberta est divisée en 14 régions touristiques. Pour vous renseigner, téléphonez ou écrivez aux adresses suivantes :

Banff/Lake Louise Chamber of Commerce
PO Box 1298, Banff T0L 0C0, pour les villes de Banff et de Lake Louise et le parc national (☎ 426-4715)
Battle River Tourist Association
PO Box 1515, Camrose T4V 1X4, pour la région située au sud et au sud-est d'Edmonton.
Big Country Tourist Association
170 Centre St, PO Box 2308, Drumheller T0J 0Y0, pour la région qui s'étend à l'est de Calgary (☎ 823-5885)
Calgary Convention & Visitors Bureau
237 8th Ave SE, Calgary T2G 0K8 (☎ 263-8510) pour Calgary
Chinook Country Tourist Association
2805 Scenic Drive, Lethbridge T1K 5B7, pour la partie sud-ouest de la province (☎ 320-1222, 1-800-661-1222)
David Thompson Country Tourist Council
Old Court House, 4836 Ross St, Red Deer T4N 5E8, pour la majeure partie de la région située entre Calgary et Edmonton (☎ 342-2032)
Edmonton Convention & Tourism Authority
104 9797 Jasper Ave, Edmonton T51 1N9 (☎ 426-4715)
Evergreen Country Tourist Council
PO Box 6007, Edson T7E 1T6, pour la zone qui s'étend à l'ouest d'Edmonton (☎ 723-711)
Game Country Tourist Association
9932 111 Ave, Grande Prairie T8V 4C3, pour la région située au nord-ouest d'Edmonton et au sud du territoire de Mighty Peace (☎ 539-4300)
Jasper Park Chamber of Commerce
PO Box 98, Jasper T0E 1E0, pour la ville et le parc national de Jasper (☎ 852-858)
Lakeland & Tourist Association
PO Box 874, St Paul T0A 3A0, pour le nord-est de la province, à partir de la frontière des territoires du Nord-Ouest du sud jusqu'à l'est d'Edmonton (☎ 645-2913)
Land of the Mighty Peace Tourist Association
PO Box 6627, Peace River T8S 1S4, pour l'extrémité nord-ouest de la province (☎ 645-2913)
Midnight Twilight Tourist Association
1 Sturgeon Rd, St Albert T8N 0E8, pour la région située au nord d'Edmonton (☎ 458-5600)
South-East Alberta Travel & Convention Association
PO Box 605, Medicine Hat T1A 7G5, pour l'extrémité sud-est de la province (☎ 527-6422)

Offices du tourisme à l'étranger. Alberta Tourism possède également quatre bureaux à l'étranger :

Hong-Kong
Room 1003-4, Admiralty Centre, Tower 2, Harcourt Rd, Central Hong-Kong (☎ 5-284-729)
Japon
Place Canada 3F, 3-37 Akasaka, 7-chome, MinatoKu, Tokyo 107 (☎ 3-475-1171)
Grande-Bretagne
1 Mount St, Berkeley Square, London W1Y 5AA (☎ 71-491-3430)

États-Unis
27th Floor, General Motors Building, 767 5th Ave, New York City, New York 10153 (☎ 212-759-2222)

Questions d'argent

C'est dans l'Alberta que l'on trouve l'essence la moins chère du Canada. A vous de profiter également de l'absence de taxes sur les ventes de biens de consommation.

Symboles de la province

La fleur qui symbolise l'Alberta est la rose sauvage, tandis que le pin à branches tordues (*Pinus contorta*, variante *latifolia*) en est l'arbre officiel. Le grand duc est son oiseau et le bélier son mammifère fétiche.

Téléphone

L'indicatif téléphonique de l'Alberta est le 403 ; pour les urgences, composez le 911.

Heure locale

L'Alberta se règle sur le Mountain Standard Time, soit une heure de moins que dans la Saskatchewan et le Manitoba.

Taxes

La province n'impose aucune taxe sur les biens de consommation. Vous devrez toutefois payer 5% de taxe sur les hébergements.

ACTIVITÉS SPORTIVES

Avec ses montagnes, ses rivières, ses lacs et ses forêts sauvages, l'Alberta ne manque pas d'activités à proposer au touriste, qui les pratiquera individuellement ou en groupe organisé. La brochure gratuite distribuée par Tourism Alberta, intitulée *Alberta Accommodation & Visitors' Guide*, recense les organismes qui proposent pêche, équitation, bicyclette, escalade, rafting, randonnée, canoë-kayak et alpinisme. Éditée en anglais, vous l'obtiendrez dans n'importe quel centre d'informations touristiques.

Le guide de Bill Corbett intitulé *Outdoor Activities in Alberta's Heartland* (éd. Whitecap Books, Vancouver/Toronto, 1993, 14,95 $) décrit les meilleurs sites du sud de l'Alberta pour pratiquer tous ces sports de plein air.

A pied ou à vélo

Il existe d'innombrables sentiers de randonnée ou de pistes cyclables dans les parcs nationaux ou provinciaux et dans d'autres zones de loisirs comme Kananaskis Country. Deux itinéraires pour bicyclettes sont particulièrement recommandés pour le panorama qu'ils offrent : l'Icefields Parkway, entre Banff et Jasper, et le Bow Valley Parkway, entre Banff et Lake Louise.

Le livre de Gerhardt Lapp intitulé *Backcountry Biking in the Canadian Rockies* (éd. Rocky Mountain Books, Calgary, 1987) vous sera également très utile. Edmonton et Calgary sont sillonnées de pistes spéciales pour randonneurs et cyclistes.

Canoë-kayak

Les endroits les plus appréciés des amateurs de canoë sont les lacs et les rivières des parcs nationaux de Banff, de Jasper, de Waterton Lakes et de Wood Buffalo, ainsi que ceux du parc provincial de Writing-on-Stone.

Le parc national de Jasper offre de nombreuses possibilités de descentes en eaux vives, tandis que les rivières nommées Athabasca, Maligne et Sunwapta sont idéales pour le rafting. Les deux grandes universités fournissent des renseignements sur leurs zones respectives et sur les locations d'embarcations :

Campus Outdoor Centre
P153 Van Vliet Centre, University of Alberta, Edmonton T6G 2H9 (☎ 492-2767)
Outdoor Recreation Centre
University of Calgary, 2500 University Drive NW, Calgary T2N 1N4 (☎ 220-5038)

Pour en savoir plus, contactez l'Alberta White-Water Association Division (☎ 453-8585/6 ; fax 453-8553), Percy Page Centre, 11759 Groat Rd, Edmonton T5M 3K6.

Les cartes hydrologiques et typographiques sont disponibles chez Maps Alberta (☎ 427-3520), 2nd Floor, 108th St, Edmonton.

ALBERTA

Ski

Les meilleures stations de ski alpin sont à Nakiska, dans le Kananaskis Country, au mont Norquay et à Sunshine Village, dans le parc national de Banff, et à Marmot Basin dans le parc national de Jasper. De nombreux sentiers de randonnée des parcs nationaux et provinciaux deviennent des pistes de ski de fond l'hiver.

Escalade et alpinisme

Les montagnes Rocheuses combleront les amateurs. Le mont Rundle, près de Lake Louise, reste une de leurs destinations préférées. Des organismes basés à Banff, Calgary, Canmore et Jasper vous fourniront professeurs ou guides.

Banff Alpine Guides
PO Box 1025, Banff T0L 0C0 (☎ 678-6091)
Canadian School of Mountaineering
629 10th St, Canmore T0L 0M0 (☎ 678-4134)
Jasper Climbing Schools & Guide
PO Box 452, Jasper T0E 1E0 (☎ 852-3964)
Lac des Arts Climbing School
1116 19th Ave NW, Calgary T2M 0Z99 (☎ 289-6795)
Yamnuska
PO Box 1920, Canmore T0L 0M0 (☎ 678-4450)

HÉBERGEMENT

Les campeurs se procureront un exemplaire de *Campgrounds in Alberta*, brochure gratuite disponible dans les centres d'informations touristiques. Elle recense les sites à voir, avec les terrains de camping gouvernementaux et privés correspondants. Dans les parcs nationaux, vous paierez de 6 à 16 $ l'entrée, dans les parcs provinciaux de 5,50 à 17,25 $. Les prix des campings privés varient de 5 à 22 $ selon les installations. Vous pouvez également vous procurer l'*Alberta Accommodation & Visitors' Guide*, qui fournit la liste des hôtels et motels de la province. Ces deux guides, en anglais, sont publiés annuellement.

La chaîne internationale HI possède 18 auberges de jeunesse dans l'Alberta. Pour obtenir des renseignements sur celles qui sont situées dans le sud de la province, contactez Hostelling International Southern Alberta (☎ 283-5551), 203 1414 Kensington Rd NW, Calgary T2N 3P9. Pour l'Alberta du Nord, adressez-vous à Hostelling Association Northern Alberta (☎ 439-3089), 10926 88th Ave, Edmonton T6G 0Z1. Un certain nombre d'organismes de B&B proposent un service de réservation sur la province. Il s'agit de :

Affiliated Holiday Home Agencies
10808 54th Ave, Edmonton T6H 0T9. Cet organisme gère des B&B dans toute la province, mais aussi dans d'autres régions du Canada (☎ 436-0649/4196)
Alberta's Gem B&B
Mrs Betty Mitchell, 11216 48th Ave, Edmonton T6H 0C7 ; vous pourrez y réserver des B&B dans toute la province et dans certaines parties du nord-ouest du Canada (☎ 434-6098)
Big Country B&B
Jim & Marj Patterson, PO Box 1027, Drumheller T0J 0Y0 ; vous y trouverez la liste des B&B de la région de Drumheller (☎ 533-2203)
Edmonton B&B
Pat & Dave Yearwood, 13824 110A Ave, Edmonton T5M 2M9 ; ici, vous réserverez votre B&B à Banff, Calgary, Canmore, Drumheller, Edmonton, Hinton, Jasper et dans quelques autres sites (☎ 445-2297)
High Country B&B Association
PO Box 61, Millarville T5M 2M9 ; cet organisme vous trouvera un hébergement en B&B dans le sud-ouest de la province (☎ 931-3514)

Vous pouvez également réserver votre B&B à partir de Vancouver par l'intermédiaire d'Alberta B&B (☎ 604-944-1793), MPO Box 15477, Vancouver, British Columbia V6B 5B2.

Edmonton

Tout comme Calgary et l'Ouest en général, Edmonton traverse une phase de réévaluation après une série de revers de fortune. Connue autrefois comme "La porte du Nord", elle devint la "capitale pétrolière du Canada" dans les années 70, à l'époque du considérable essor de la province. Car si les bureaux des gestionnaires de l'exploita-

ALBERTA

tion se trouvaient à Calgary, les ingénieurs, scientifiques et techniciens vivaient pour la plupart à Edmonton. Devenue la plus importante agglomération de l'Alberta, Edmonton connut ainsi des années d'euphorie. On entreprit de grands travaux de rénovation du centre-ville, qui fut totalement transformé et modernisé. Vers la fin des années 80 toutefois, un dramatique revirement de situation dans le domaine pétrolier contraignit les habitants à freiner cet essor et à se forger une nouvelle identité dans une atmosphère moins fiévreuse.

La ville jouit d'une moyenne de six heures d'ensoleillement par jour. Les étés y sont courts, généralement secs et chauds, avec des températures diurnes s'élevant en moyenne à 22°C. En janvier, le mois le plus froid de l'année, la moyenne journalière est de -11°C.

HISTOIRE

A l'arrivée des explorateurs blancs et des négociants en fourrure, à la fin du XVIIIe siècle, la région était peuplée d'Indiens cris et pieds noirs, qui vivaient là depuis plus de cinq mille ans.

En 1795, la Compagnie de la Baie d'Hudson construisit le fort d'Edmonton, qui acquit de l'importance dans le commerce de fourrure jusqu'en 1870, date à laquelle le gouvernement canadien racheta les terres à la Compagnie et les mit à la disposition des pionniers. En 1891, la voie ferrée arrivait de Calgary et, en 1892, Edmonton devenait autonome avant d'être officiellement reconnue comme ville en 1904. En 1905, Edmonton, qui comptait 8000 habitants, devint capitale de la province de l'Alberta, créée cette année-là.

Lors de la découverte de mines d'or dans le Yukon en 1897, Edmonton constituait le dernier avant-poste de civilisation pour de nombreux chercheurs d'or, venus des quatre coins du monde, qui se dirigeaient vers Klondike. En 1938, la première mosquée d'Amérique du Nord fut bâtie dans la ville par 34 musulmans. La Seconde Guerre mondiale provoqua un afflux important de nouveaux venus, que l'on employa surtout à la construction de l'Alaska Hwy. Il fallut attendre les années 40 et 50 et l'exploitation intensive d'importants gisements de pétrole pour qu'Edmonton connaisse un réel essor. La montée en flèche des prix du pétrole qui survint au début des années 70 amplifia encore ce développement et marqua un tournant décisif dans la destinée de la ville.

Ces changements rapides entraînèrent différents problèmes qui restent toujours d'actualité. Ainsi, sur les 25 000 Indiens qui vivent en ville, rares sont ceux qui ont reçu une éducation sérieuse ou une formation professionnelle, si bien que, avec les changements survenus, la vie est pour eux de plus en plus difficile. Cependant, l'introduction de programmes de scolarisation a permis à certains d'entre eux, un peu plus nombreux qu'autrefois, d'atteindre le niveau du baccalauréat, voire de poursuivre leurs études. Même si, dans la ville et ses environs, les citadins présentent peu de ressemblance physique avec les Indiens, il faut savoir que l'agglomération doit une bonne part de sa longue histoire à leur présence.

Edmonton et sa banlieue comptent aujourd'hui une population de près de 800 000 habitants. Malgré leurs diverses origines, la plupart des nouveaux venus se considèrent désormais comme des Edmontoniens à part entière. L'envolée des prix des années 70 et 80 s'est un peu calmée et la vie culturelle de la ville a connu un essor notoire.

Orientation

Edmonton se trouve à 300 km à l'ouest des montagnes Rocheuses et au nord du pays des lacs et de l'Alaska Hwy. Lloydminster est située à l'est de la ville, Calgary au sud. La Saskatchewan nord dans les Rocheuses, qui prend sa source dans les glaciers de Colombie-Britannique, traverse l'agglomération en son centre.

Toutes les avenues vont d'est en ouest, toutes les rues du nord au sud.

Au nord de la rivière

Jasper Ave (101st Ave), principale artère d'Edmonton, est très longue et bordée de

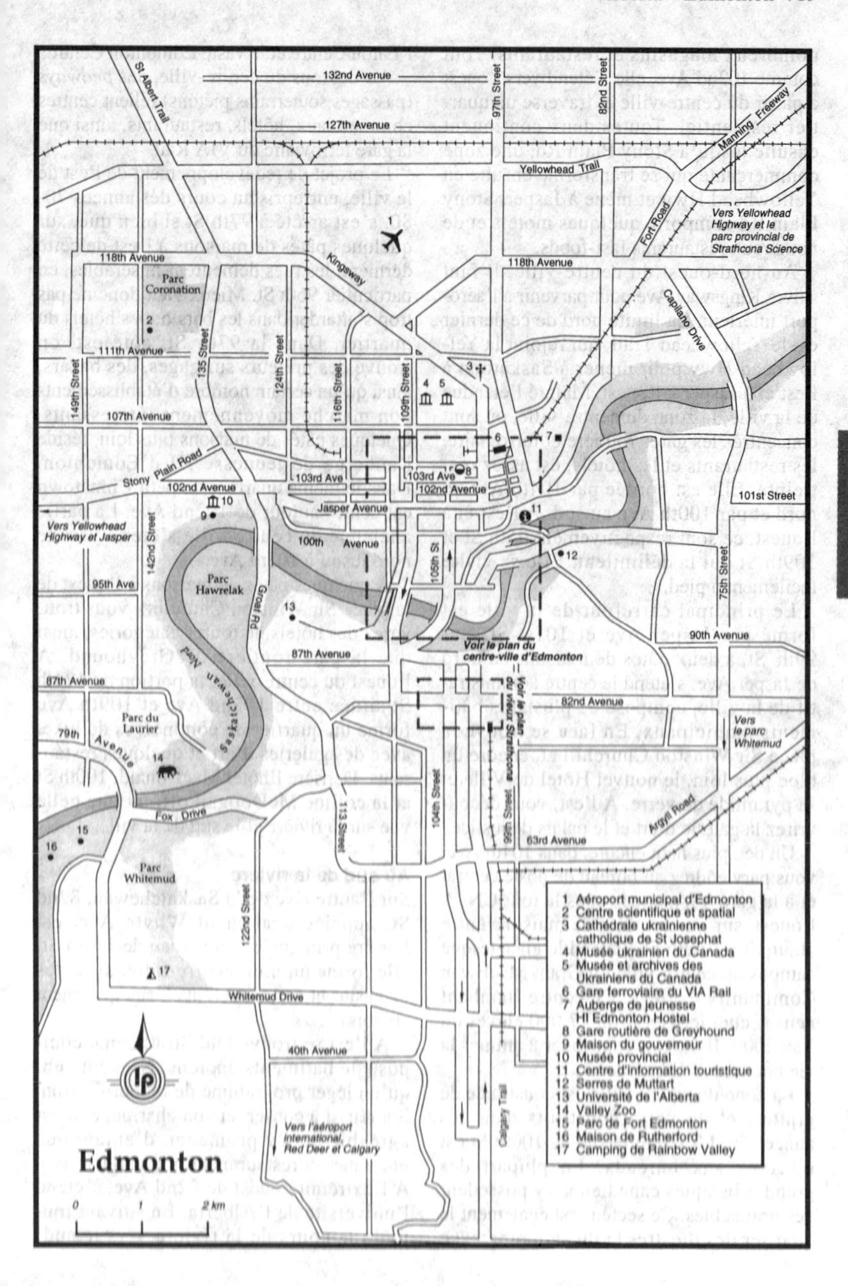

Edmonton
132nd Avenue
127th Avenue
St Albert Trail
97th Street
82nd Street
Manning Freeway
Yellowhead Trail
Fort Road
Vers Yellowhead Highway et le parc provincial de Strathcona Science
118th Avenue
Kingsway
Parc Coronation
Capilano Drive
111th Avenue
149th Street
135 Street
124th Street
116th Street
109th Street
107th Avenue
Stony Plain Road
103rd Ave
102nd Avenue
Jasper Avenue
101st Street
Vers Yellowhead Highway et Jasper
142nd Street
100th Avenue
105th St
95th Ave
Parc Hawrelak
Groat Rd
North Saskatchewan
75th Street
90th Avenue
87th Avenue
Voir le plan du centre-ville d'Edmonton
Voir le plan du vieux Strathcona
82nd Avenue
Parc du Laurier
79th Avenue
Vers le parc Whitemud
Fox Drive
113 Street
104th Street
99 Street
Argyll Road
63rd Avenue
Parc Whitemud
122nd Street
Whitemud Drive
40th Avenue
Calgary Trail
Vers l'aéroport international, Red Deer et Calgary
0 1 2 km
1 Aéroport municipal d'Edmonton
2 Centre scientifique et spatial
3 Cathédrale ukrainienne catholique de St Josephat
4 Musée ukrainien du Canada
5 Musée et archives des Ukrainiens du Canada
6 Gare ferroviaire du VIA Rail
7 Auberge de jeunesse HI Edmonton Hostel
8 Gare routière de Greyhound
9 Maison du gouverneur
10 Musée provincial
11 Centre d'information touristique
12 Serres de Muttart
13 Université de l'Alberta
14 Valley Zoo
15 Parc de Fort Edmonton
16 Maison de Rutherford
17 Camping de Rainbow Valley

nombreux magasins et restaurants. Tout comme 102nd Ave, elle s'étend vers l'ouest à partir du centre-ville et traverse un quartier résidentiel. Toutes deux continuent ensuite jusqu'à Stony Plain Rd, une zone commerçante qui se transforme ensuite en Yellowhead Hwy et mène à Jasper. Stony Plain Rd comporte quelques motels et de nombreux restaurants fast-foods.

Au nord-ouest du centre-ville, il faut suivre Kingsway Ave pour parvenir à l'aéroport intérieur. La limite nord de ce dernier est le Yellowhead Trail, qui rejoint la Yellowhead Hwy pour mener à Saskatoon à l'est et à Jasper à l'ouest. Malgré l'étendue de la ville, la zone du centre-ville, où sont concentrés les gares routière et ferroviaire, les restaurants et les hôtels, est assez restreinte. Elle est bordée par 104th Ave au nord et par 100th Ave au sud. A l'est et à l'ouest, ce sont respectivement 95th St et 109th St qui la délimitent. Elle se visite facilement à pied.

Le principal carrefour de la ville est formé par Jasper Ave et 101st St. Sur 99th St, à deux pâtés de maisons au nord de Jasper Ave, s'étend le centre administratif de la ville, composé de plusieurs bâtiments municipaux. En face se trouve la place Sir Winston Churchill et, encore un bloc plus loin, le nouvel Hôtel de Ville et sa pyramide de verre. A l'est, vous découvrirez la galerie d'art et le palais de justice.

Un peu plus haut encore, dans 104th Ave, vous parviendrez au bureau de poste central et à la gare VIA, située sous la tour CN. A l'ouest, sur quatre pâtés de maisons entre 105th St et 109th St, s'étend le gigantesque campus du centre-ville du Grant MacEwan Community College. Ce centre flambant neuf accueillera environ 27 000 élèves en l'an 2000. Il devrait contribuer à animer la vie nocturne d'Edmonton.

La zone du centre-ville est constituée de gratte-ciel de verre construits dans les années 70. L'extrémité sud de 100th St est réservée aux bureaux. La plupart des grandes banques canadiennes y possèdent des immeubles. Ce secteur est également le quartier des théâtres et du shopping avec l'Eaton Centre et le vaste Edmonton Centre.

Au-dessous du centre-ville, des *pedways* (passages souterrains piétons) relient centres commerciaux, hôtels, restaurants, ainsi que la gare ferroviaire du VIA Rail.

Le projet de redéveloppement de l'est de la ville, entrepris au cours des années 70-80, s'est arrêté à 97th St si bien que, sur quelques pâtés de maisons à l'est de cette dernière, les rues demeurent misérables, en particulier 96th St. Mieux vaut donc ne pas trop s'attarder dans les bars ou les hôtels du quartier. Dans la 97th St, côté est, on trouve des prêteurs sur gages, des bazars, ainsi qu'un certain nombre d'établissements bon marché moyennement intéressants. Quelques pâtés de maisons plus loin, réside l'auberge de jeunesse HI d'Edmonton. Dans le même quartier, un petit Chinatown est centré autour de 102nd Ave. La partie ancienne du centre-ville s'étend vers le nord jusqu'à 103rd Ave.

A quelques pâtés de maisons à l'ouest de la place Sir Winston Churchill, vous trouverez des hôtels de toutes catégories, ainsi que la gare routière de Greyhound. A l'ouest du centre-ville, la portion de 124th St située entre 102nd Ave et 109th Ave forme un quartier de commerces de luxe, avec des galeries d'art et quelques restaurants. Derrière l'hôtel MacDonald, 100th St et la colline McDougall offrent une belle vue sur la rivière et le sud de la ville.

Au sud de la rivière

Sur l'autre rive de la Saskatchewan, 82nd St, appelée également Whyte Ave, est l'artère principale. Au niveau de 104th St, elle forme un mini centre-ville, avec des magasins et des restaurants (principalement chinois).

A l'est se trouve Old Strathcona, composé de bâtiments anciens. N'ayant subi qu'un léger programme de modernisation, il a réussi à conserver son charme, et il est agréable de s'y promener, d'autant que boutiques et restaurants n'y manquent pas. A l'extrémité ouest de 82nd Ave, s'étend l'université de l'Alberta. En suivant toujours le cours de la rivière vers le sud-ouest, on atteint le Fort Edmonton, autour duquel s'est construite la ville d'origine. Cette partie sud est surtout résidentielle.

Plus au sud, 104th St rejoint Calgary Trail (Hwy 2), qui mène à l'aéroport international, à Red Deer et à Calgary.

RENSEIGNEMENTS

L'Alliance française est située Suite 300, 10 318, 82nd Ave (☎ 433-0671).

Offices du tourisme

Le centre d'informations touristiques (☎ 426-4715) se trouve dans l'Edmonton Convention Centre, 9797 Jasper Ave. Il ouvre tous les jours de 9h à 16h30. Il existe un autre centre (☎ 496-8400) dans le parc de Gateway, au sud de la ville, au 2404 Galgary Trail (en direction du nord) qui est ouvert tous les jours de 8h à 21h en été et, l'hiver, du lundi au vendredi de 8h30 à 16h30 et le week-end de 9h30 à 17h. Des bureaux sont également à votre disposition, l'été uniquement, sur la Yellowhead Hwy à l'est et à l'ouest de la ville.

Pour obtenir des renseignements sur d'autres zones de l'Alberta, adressez-vous à Alberta Tourism (☎ 427-4321 ; 1-800-661-8888), Main Level, City Centre Building, 10155 102nd St.

Questions d'argent

Les grandes banques possèdent toutes des agences sur Jasper Ave. L'American Express (☎ 421-0608), 10305 Jasper Ave, ouvre du lundi au vendredi de 8h30 à 17h30.

Poste

La poste centrale (☎ 944-3271), 9808 103A Ave, à l'angle de 99th St (Hull St), est ouverte du lundi au vendredi de 8h à 17h45.

Consulats étrangers

Certains pays disposent d'une représentation diplomatique à Edmonton :

Belgique
Suite 1500, 10250 101st St (☎ 425-0184)
France
Suite 300, 10010 106th St (☎ 428-0232, 425-0665)
Allemagne
Suite 1220, 10180 101st St (☎ 422-6175)
Italie
1900 Royal Trust Tower (☎ 423-5153)
Japon
2480 Manulife Place, 10180 101st St (☎ 422-3752, 423-4750)
Pays-Bas
Suite 930, Phipps McKinnon Bldg, 10020 101A Ave (☎ 428-7513)
Norvège
2310 80th Ave (☎ 440-2292)
Suisse
11207 103rd Ave (☎ 426-2292)

Agences de voyages

Pour bénéficier de tarifs avantageux sur les vols, adressez-vous à l'agence de voyage The Travel Shop (☎ 439-3096), 10926 88th Ave, ou à Travel Cuts (☎ 488-8477), 12304 Jasper Ave. Travel Cuts dispose d'un autre bureau dans le bâtiment des étudiants de l'université de l'Alberta.

Librairies

The Travel Shop (☎ 439-3809), 10926 88th Ave, est gérée par Hostelling International (HI) – Canada et propose une large gamme de cartes et de guides de voyages, ainsi que divers articles de voyage. Audrey's Books (☎ 423-3487), au 10702 Jasper Ave, à l'angle de la 107th St, offre deux étages de livres, dont un rayon d'auteurs canadiens et de nombreux guides de voyages et cartes. Greenwood's Bookshope (☎ 439-2005), même type de magasin, se trouve au 10355 82nd Ave, dans le Old Strathcona. Au n°10310 de la même avenue, The Wee Book Inn (☎ 432-7320) propose des livres et des magazines d'occasion. Il existe d'autres boutiques du même nom, dont une sur Jasper Ave.

Services médicaux

L'hôpital général d'Edmonton (☎ 482-8111) est situé au 11111 Jasper Ave, à l'angle de 111st St.

Organismes à connaître

Si vous vous intéressez aux problèmes d'environnement qui se posent dans l'Alberta, contactez le Western Canada

Wilderness Committee (☎ 497-7617), 9526 Jasper Ave.

Stationnement

Les difficultés de stationnement constituent un problème majeur à Edmonton. Toutefois, les centres d'informations touristiques vous fourniront une carte indiquant l'emplacement des parkings de la ville.

Travailler à Edmonton

Si vous cherchez un emploi temporaire, feuilletez les pages jaunes de l'annuaire. Vous y trouverez de nombreuses agences qui se chargent de placer du personnel. Vous pouvez également lire la publication intitulée *Careers & Jobs*, disponible gratuitement dans toute la ville.

Promenade à pied

Pour explorer la ville à pied, munissez-vous du petit guide en anglais et gratuit intitulé *Greater Edmonton Visitor Guide*, que vous obtiendrez dans les centres d'informations touristiques. Vous y trouverez quatre itinéraires-découverte, dont un à travers Old Strathcona. Si ce quartier vous intéresse, demandez également un exemplaire du dépliant intitulé *A Walk Through Old Strathcona*, qui comporte des explications sur de nombreux bâtiments de ce quartier.

Parcs

Plusieurs parcs agrémentent les deux rives de la Saskatchewan nord, qui coule vers le nord-est à travers le centre-ville. Ce qui ne paraît être qu'un long espace vert ininterrompu est en fait constitué d'une série de petits parcs reliés les uns aux autres. Dans **le parc Whitemud**, au sud-ouest du centre-ville, ou dans le **parc provincial de Strathcona Science**, au nord-est de la ville, les sentiers se transforment en pistes de ski de fond l'hiver. Le parc Whitemud dispose également d'une zone réservée au deltaplane. Pour s'y rendre, prenez la 75th St vers le sud, puis tournez à droite (vers l'ouest) dans Whitemud Drive.

Les 61 ha du **parc Hawrelak**, le plus vaste d'Edmonton, s'étendent au sud-ouest du centre-ville sur la rive sud de la Saskatchewan nord, sur Groat Rd. On y trouve un lac idéal pour le canotage et la pêche en été et pour le patinage l'hiver. Le festival annuel d'Edmonton Heritage s'y déroule à la fin du mois de juillet.

Musée provincial

Cet excellent musée (☎ 427-1786), au 12845 102nd Ave, à l'ouest du centre, est beau et bien conçu. Le musée comporte une importante collection de fossiles et de minéraux. La section consacrée à l'habitat recense, avec réalisme, les animaux et les oiseaux que l'on trouve aujourd'hui dans la province. La section anthropologique présente les Indiens de l'Alberta et leur mode de vie. On y voit des croquis, des photographies, ainsi que diverses plantes utilisées comme médicaments, aromates ou thé, ou destinées à être fumées. Vous y découvrirez également comment les Indiens exploitaient plumes, peaux de bêtes et écorces d'arbres pour la décoration de leurs vêtements et de leurs intérieurs. Parmi les autres expositions figurent des amulettes (dont un cordon ombilical), ainsi que de nombreux objets utilitaires ou artistiques.

La section historique du musée couvre la période s'étendant de l'arrivée des pionniers à la création de l'Alberta.

De fréquents spectacles culturels sont organisés, ainsi que des projections de films. Pour venir, prenez le bus n°1 ou 2 vers l'ouest dans Jasper Ave. Le musée est ouvert tous les jours de 9h à 20h et l'entrée coûte 3,25 $ (elle est gratuite le mardi).

Maison du Gouverneur

C'est dans cette imposante bâtisse proche du musée que se réunissent parfois les membres du gouvernement. On peut la visiter le dimanche de 13h à 16h30, à condition qu'aucune réunion ne soit prévue. Pour obtenir des précisions, téléphonez au 427-7362.

Parlement de l'Alberta

Le parlement de l'Alberta (☎ 427-7362), à l'angle de 97th Ave et de 108th St, est construit sur le site original de Fort Edmonton. Ce bel édifice édouardien de 1912 est entouré de fontaines et de gazons biens entretenus qui surplombent la rivière. Son dôme est l'un des points de repère d'Edmonton. Des visites gratuites, d'une demi-heure environ, sont organisées tous les jours. En semaine, elles se déroulent de 9h à 20h, le week-end de 9h à 16h30. Le bus n°43, dont l'arrêt se trouve dans 100th Ave en direction de l'ouest, vous y amènera.

Parc de Fort Edmonton

Sur la rive sud de la Saskatchewan, au-delà du pont Quesnell, qui débouche sur Fox Drive, dans le parc de Fort Edmonton (☎ 496-8787), on a reconstitué l'ancien fort de la Compagnie de la Baie d'Hudson et la ville qui l'entourait en 1885. Le fort renferme l'intégralité de l'avant-poste, installé en 1846 pour promouvoir le commerce de fourrure (et non à des fins militaires) et présidé par l'intendant en chef John Rowland, responsable du district de la Saskatchewan de 1828 à 1854.

Devant le fort, admirez la reconstitution d'une rue d'Edmonton entre 1871 et 1891, à l'époque de l'arrivée de la voie ferrée. Le long des trottoirs de bois, on trouve diverses échoppes avec leurs marchandises. On peut également voir la rédaction d'un journal et l'intérieur d'une école. Examinez les armoires de rangement, les fioles et les petites bouteilles du pharmacien. Prenez le train ou montez dans un chariot. Tout est compris dans le prix du billet d'entrée, qui coûte 6,25 $ pour les adultes et 3 $ pour les enfants.

De mi-mai à fin juin, Fort Edmonton ouvre du lundi au vendredi de 9h30 à 16h30, le week-end de 10h à 18h. De juillet à début septembre, il vous accueille tous les jours de 10h à 18h. Ensuite et jusqu'à début octobre, il n'ouvre que le dimanche et les jours fériés de 11h à 17h. Il est fermé en hiver. Pour y parvenir, prenez les bus n° 32 ou 132 en direction de l'ouest sur la 102A Ave, ou vers le sud sur 101st St. Sur les terres qui entourent le fort, se trouve le **John Janzen Nature Centre** (☎ 428-7900), où vous pourrez admirer des spécimens d'animaux, d'insectes et de reptiles locaux, morts ou vivants. Des expositions pédagogiques ont été créées dans des simulations d'environnement : la meilleure est sans doute la partie consacrée aux abeilles (vivantes). L'été, le centre reste ouvert tous les jours de 10h à 18h. L'entrée y est gratuite.

Valley zoo

Situé au nord-est du parc de Fort Edmonton dans le Laurier Park, ce zoo (☎ 496-6911) se trouve à l'extrémité sud de Buena Vista Rd et renferme quelque 500 animaux et oiseaux. Surtout destiné aux enfants, il est ouvert tous les jours en été de 10h à 18h et l'entrée coûte 4,75 $ pour les adultes et 2,50 $ pour les enfants.

Serres de Muttart

Au sud de la Saskatchewan, au-delà du pont MacDonald, les serres de Muttart (☎ 496-8755), au 9626 Rue 96A, se composent de quatre pyramides de verre. Dans chacune d'elles, un climat différent a été recréé, avec les plantes correspondantes. L'une reconstitue le désert, une autre les climats tempérés, une troisième les Tropiques, tandis que la quatrième change régulièrement pour marquer les saisons qui passent. Si vous grimpez sur les collines, vous pourrez en admirer l'intérieur sans avoir à payer l'entrée, mais vous ne bénéficierez ni de l'atmosphère ni des parfums. Les serres sont ouvertes du dimanche au mercredi de 11h à 21h et du mardi au samedi de 11h à 18h. Le billet d'entrée coûte 4 $ pour les adultes et 2 $ pour les enfants. L'endroit est desservi par les bus n°45 et n°51.

Musée de la Police

Ce petit musée (☎ 421-2274) se trouve au troisième étage du commissariat central situé 9620 St 103A en centre-ville. Il retrace l'histoire de la police montée royale du Canada (la RCMP), qui naquit en 1873, tout comme la police municipale. Vous pourrez admirer armes à feu, menottes, ancienne cellule de prison, et même un rat empaillé

ALBERTA

devenu la mascotte des RCMP. Le musée ouvre du mardi au samedi de 10h à 15h. L'entrée est gratuite.

Centre de l'aviation
On trouve ici une importante collection de maquettes, de photographies, d'expositions, de films et de biographies des personnages marquants de l'aviation canadienne. Vous y verrez le premier simulateur de vol du Canada, réplique exacte d'un cockpit de Douglas DC-6B. L'ensemble est situé à l'Edmonton Convention Centre (☎ 424-2458), 9797 Jasper Ave. L'entrée est gratuite et le centre ouvre tous les jours.

Centre scientifique et spatial d'Edmonton
Le Centre scientifique et spatial d'Edmonton (☎ 451-7722) se trouve à l'ouest de la ville au 11211 142nd St, dans Coronation Park. Le **planétarium** d'Edmonton, le plus grand du pays, présente des programmes multimédias sur le système solaire et l'univers. Les spectacles sont captivants. Le dôme IMAX (écran de cinéma géant) propose également un programme de films qui changent régulièrement. Des spectacles laser de musique rock passent fréquemment dans le **Margaret Ziedler Star Theatre**.

Des galeries avec photographies, films vidéo et expositions interactives présentent divers aspects des planètes, l'histoire de l'astronomie et du matériel d'observation des étoiles. N'oubliez pas d'aller jeter un coup d'œil à la météorite de Bruderheim, tombée près d'Edmonton en 1960. Elle a 4,6 milliards d'années, soit plus que toutes les roches de la terre : en fait, elle a l'âge du système solaire lui-même. Vous trouverez également une petite boutique scientifique avec quelques gadgets amusants et une cafétéria. L'entrée coûte 5 $ pour les adultes, 3 $ pour les enfants. Il vous faudra ajouter 7 $ à ce prix pour voir un film au dôme IMAX ou un spectacle laser. Vous pouvez également acheter un ticket global à l'entrée pour 10,25 $. A l'extérieur, un **observatoire** permet d'examiner gratuitement le soleil et les étoiles par temps clair.

■ OU SE LOGER

4 Hôtel Hilton International
5 YMCA
7 Grand Hotel
12 Mayfair Hotel
13 Inn on 7th
15 Ambassador Motor Inn
16 Hotel Cecil
19 Alberta Place Hotel
27 Westin Hotel
29 Hôtel MacDonald
31 Hôtel Holiday Inn
32 YWCA

▼ OÙ SE RESTAURER

8 Marché de Boardwalk
10 Michael's Deli & Bar
18 Russian Tea Room
20 Silk Hat
21 Bistro Praha
22 Mongolian Food Experience
23 Sherlock Holmes

DIVERS

1 Gare ferroviaire du VIA Rail
2 Poste centrale
3 Gare routière de Greyhound
6 Galerie d'art d'Edmonton
9 Hôpital d'Edmonton
11 Librairie Audrey's Books
14 Pub Jekyll & Hyde
17 Red Arrow Office
24 Place Sir Winston Churchill
25 Théâtre de la Citadelle
26 Edmonton Transit Information Centre
28 Centre d'informations touristiques
30 Tour AGT
33 Parlement de l'Alberta
34 Musée de John-Walter

Juste à côte du Centre scientifique et spatial, la **piscine couverte de Coronation** est ouverte au public tous les après-midi.

Prenez le bus n°22 vers l'ouest dans Jasper Ave, près de l'angle de la 103th St. Il vous mènera à Westmount, non loin du Coronation Park.

Galerie d'art d'Edmonton
Au 2 place Sir Winston Churchill, la galerie d'art d'Edmonton (☎ 422-6223) fait

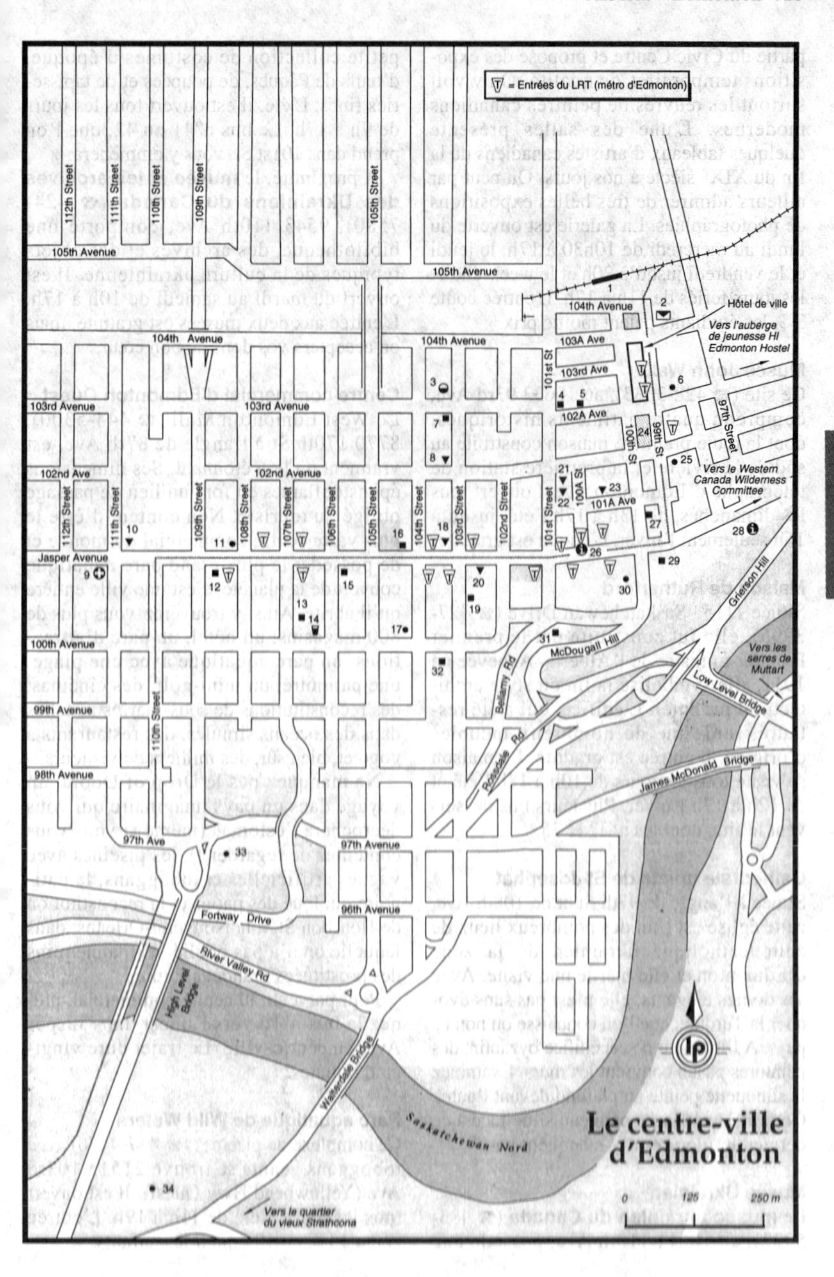
= Entrées du LRT (métro d'Edmonton)
112th Street
111th Street
110th Street
109th Street
108th Street
107th Street
106th Street
105th Street
104th St
103rd St
102nd Street
101st Street
100A St
100th St
99th St
97th Street
105th Avenue
104th Avenue
103A Ave
103rd Avenue
103rd Ave
102A Ave
102nd Avenue
102nd Ave
101A Ave
Jasper Avenue
100th Avenue
99th Avenue
98th Avenue
97th Ave
97th Avenue
96th Avenue
Fortway Drive
River Valley Rd
High Level Bridge
Walterdale Bridge
Bellamy Rd
Rosedale Rd
McDougall Hill
Grierson Hill
Low Level Bridge
James McDonald Bridge
Saskatchewan Nord
Hôtel de ville
Vers l'auberge de jeunesse HI Edmonton Hostel
Vers le Western Canada Wilderness Committee
Vers les serres de Muttart
Vers le quartier du vieux Strathcona
Le centre-ville d'Edmonton
0
125
250 m

partie du Civic Centre et propose des expositions temporaires de qualité. On y voit surtout les œuvres de peintres canadiens modernes. L'une des salles présente quelques tableaux d'artistes canadiens de la fin du XIXe siècle à nos jours. On peut par ailleurs admirer de très belles expositions de photographies. La galerie est ouverte du lundi au mercredi de 10h30 à 17h, le jeudi et le vendredi jusqu'à 20h et le week-end et les jours fériés de 11h à 17h. L'entrée coûte 3 $, les étudiants paient moitié prix.

Musée John Walter

Ce site (☎ 428-3033), au 10633 93rd Ave, comprend quatre bâtiments historiques, dont la toute première maison construite au sud de la rivière et la première station de télégraphe d'Edmonton. Il est ouvert tous les dimanches, de 13h à 17h l'été, jusqu'à 16h seulement l'hiver. L'entrée est gratuite.

Maison de Rutherford

Située 11153 Saskatchewan Drive (☎ 427-3995), elle fut construite par le premier Premier ministre de l'Alberta. Achevée en 1911, elle symbolise la fin du style architectural pionnier. L'édifice, qui a été restauré, renferme de nombreux meubles d'origine. L'entrée est gratuite. La maison se visite tous les jours de 10h à 18h l'été et de 12h à 17h l'hiver. Plusieurs bus desservent le site, dont les n°32 et 35.

Cathédrale uniate de St Josephat

Située à l'angle de 97th St et de 108th Ave, cette église est l'un des nombreux lieux de culte catholique ukrainien de la zone d'Edmonton et elle mérite une visite. Avec ses dômes élégants, elle n'est pas sans évoquer la Turquie, que l'on connaisse ou non ce pays. A l'intérieur de cet édifice byzantin, des peintures pastel couvrent les murs. Examinez la silhouette peinte au plafond devant l'autel. Comme sur le large panneau situé face à ce dernier, les dorures n'y manquent pas.

Musée Ukrainien

Le **musée ukrainien du Canada** (☎ 483-5932), au 10611 110th Ave, possède une petite collection de costumes d'époque, d'œufs de Pâques, de poupées et de tapisseries fines. L'été, il est ouvert tous les jours de 9h à 17h. Le bus n°41 ou 42, que l'on prend dans 101st St, vous y emmènera.

A proximité, le **musée et les archives des Ukrainiens du Canada** (☎ 424-7580), 9543 110th Ave, comporte une bibliothèque, des archives et des objets typiques de la culture ukrainienne. Il est ouvert du mardi au samedi de 10h à 17h. L'entrée aux deux musées est gratuite, mais on acceptera vos dons de bon cœur.

Centre commercial d'Edmonton Ouest

Le West Edmonton Mall (☎ 444-5300), 8770 170th St à l'angle de 87th Ave, est vraiment un lieu étonnant. Ses dimensions époustouflantes en font un lieu de passage obligé du touriste. Non content d'être le plus vaste centre commercial du monde et de posséder le plus grand parc aquatique couvert de la planète, c'est une ville entière qu'il abrite. Ainsi y trouverez-vous plus de 800 magasins, un hôtel, un parc d'attractions, un parc aquatique avec une plage, une patinoire, un mini-golf, des cinémas, des reconstitutions de sous-marins installés dans des océans simulés, des restaurants à gogo et, bien sûr, des milliers de visiteurs.

Ne manquez pas le Drop of Doom, un voyage dans un pays imaginaire qui vous décrochera l'estomac (même si vous vous contentez de regarder !), les piscines avec vagues artificielles et toboggans, la patinoire qui loue des patins et la reconstitution de Bourbon St, à la Nouvelle-Orléans, dans laquelle on n'a pas oublié les mannequins des prostituées grandeur nature.

Pour parvenir au centre commercial, prenez le bus n°10 vers l'ouest dans Jasper Ave, en centre-ville. Le trajet dure vingt-cinq minutes.

Parc aquatique de Wild Waters

Ce complexe de piscines (☎ 447-4476) avec toboggans géants se trouve 21515 103rd Ave (Yellowhead Hwy Ouest). Il est ouvert tous les jours d'été de 11h à 19h. L'entrée coûte 13 $, ou 10 $ pour les enfants.

Marché aux primeurs
Ce marché est situé en centre-ville, à l'angle de 102nd Ave et de 97th St. Il est ouvert tous les jours, mais c'est le samedi que les produits sont les meilleurs.

Quartier du vieux Strathcona
Le quartier situé au sud de la rivière, autour de l'intersection entre la 82nd Ave et la 106th St, constituait jadis la ville de Strathcona. Ce n'est qu'en 1912 que l'on décida de l'intégrer à Edmonton. Le quartier a conservé néanmoins sa richesse en sites historiques qui remontent à 1891. On y découvre pas moins de 75 maisons construites avant 1926 dans le quartier résidentiel et une quarantaine de beaux édifices subsistent dans ce qui formait autrefois le cœur commerçant de la ville.

Demandez une carte du quartier au centre d'informations touristiques du centre-ville d'Edmonton ou à celui qui est situé dans un wagon à Old Strathcona, à l'angle de 82nd Ave et de 103rd St, ou encore au bureau de la Old Strathcona Foundation (☎ 433-5866), au 8331 104th St. Cette carte vous indiquera l'itinéraire idéal pour visiter le quartier. Ainsi passerez-vous devant la vieille gare du CPR, l'hôtel Strathcona, le théâtre Princess, l'église de Knox et de nombreux autres joyaux. La zone de 82nd Ave située entre 103rd St et 105th St a été aménagée avec des trottoirs de briques, des réverbères à l'ancienne, etc. On y trouve de nombreux cafés et restaurants, des musiciens des rues, des vendeurs ambulants et plusieurs librairies. C'est une halte agréable après les gratte-ciel du centre-ville.

ACTIVITÉS SPORTIVES
Pour tout renseignement sur les parcs et les installations de loisirs, adressez-vous à Edmonton Parks & Recreation (☎ 496-8703) (consultez également la section *Parcs* ci-dessus). Le centre sportif de Kinsmen (☎ 428-7970), 9100 Walterdale Hill, possède une piscine ouverte au public et de nombreuses installations sportives. L'entrée coûte 3,60 $. Le centre est ouvert du lundi au vendredi de 5h30 à 22h et le week-end de 7h à 22h. Le Mill Woods Recreation Centre (☎ 428-2888), au 7207 28th Ave, propose piscine à vagues, saunas, terrains de sports et installations diverses. Il est ouvert en semaine de 5h30 à 21h, le samedi de 6h à 21h et le dimanche de 8h à 21h. L'accès à la piscine à vagues vous coûtera 4,90 $.

Le Commonwealth Stadium Recreation Centre (☎ 428-5555), situé au 11000 Stadium Rd, dispose d'une salle de gymnastique et de plusieurs terrains de sport.

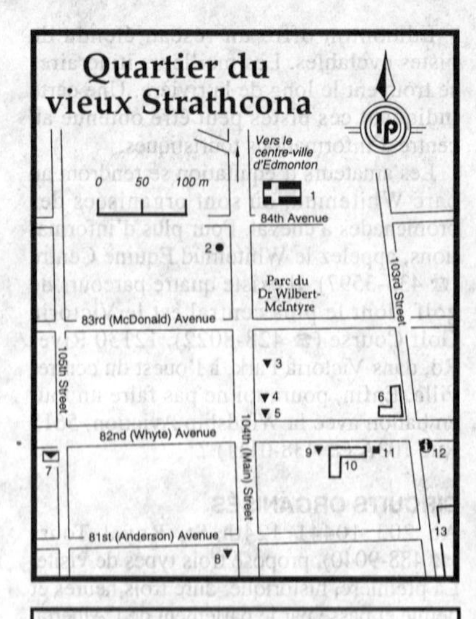

1 Église de Knox
2 Bureau de la Old Strathcona Foundation
3 Johann Strauss Coffee House
4 New York Bagel Café
5 Uncle Albert's
6 Strathcona Hotel
7 Poste
8 Bamboo Palace
9 Veggies
10 Princess Theatre
11 Commercial Hotel
12 Centre d'informations touristiques (Old Strathcona Caboose)
13 Gare du CPR

ALBERTA

Edmonton offre un réseau étendu de pistes cyclables. Les meilleurs itinéraires se trouvent le long de la rivière. Une carte indiquant ces pistes peut être obtenue au centre d'informations touristiques.

Les amateurs d'équitation se rendront au parc Whitemud, où sont organisées des promenades à cheval. Pour plus d'informations, appelez le Whitemud Equine Centre (☎ 435-3597). Il existe quatre parcours de golf, dont le plus central est le Victoria Golf Course (☎ 428-8022), 12130 River Rd, dans Victoria Park, à l'ouest du centre-ville. Enfin, pourquoi ne pas faire un tour en ballon avec la Windship Aviation, 5615 Rue 103A (☎ 438-0111) ?

CIRCUITS ORGANISÉS

Au 203 10441 124th St, Royal Tours (☎ 488-9040), propose trois types de visite. La première, historique, dure trois heures et demie et passe par le parlement de l'Alberta, l'université et le vieux Strathcona. Elle coûte 23,50 $. La deuxième, qui dure une heure de moins, se consacre à l'aspect écologique et coûte 20 $. Quant à la troisième, elle combine les deux premières et dure toute une journée pour 28 $. Tous les dimanches et les jours fériés d'été, Edmonton Transit met en circulation la navette Fort Edmonton-Valley Zoo, qui relie ce dernier à l'université de l'Alberta pour le prix d'un ticket de base. Son itinéraire circulaire permet d'admirer la plupart des sites touristiques de la ville. La navette quitte l'université toutes les heures à l'heure pile, de 11h à 17h, tandis qu'elle part du zoo avec la même fréquence, mais à la demie de chaque heure, de 11h30 à 17h30.

La North Saskatchewan Riverboat Company (☎ 424-2628), dont le siège se trouve 9797 Jasper Ave, propose des croisières le long de la rivière sur un ancien bateau à aubes. La promenade, qui coûte de 7 à 31 $, débute sur le quai situé sous l'Edmonton Convention Centre. Si vous vous sentez l'âme londonienne, Nite Tours (☎ 453-2134) vous fera visiter la ville de nuit, à bord d'un *double-decker bus* (bus à étage) pour 18,50 $.

Enfin, l'auberge de jeunesse HI d'Edmonton (☎ 429-0140) organise des sorties en groupe à la demande.

FESTIVALS

De nombreux festivals se déroulent à Edmonton tout au long de l'année. Voici les principaux :

Juin

Comedy Festival – ce festival d'humour local, national et international dure cinq jours. Il a lieu début juin dans divers salles de la ville. Téléphonez au ☎ 431-1763 pour obtenir les détails du programme.

Juillet

The Klondike Days – le plus célèbre festival d'Edmonton se tient à la fin du mois de juillet. Il célèbre une période peu glorieuse de l'histoire de la ville : en 1898, des entrepreneurs sans scrupules attirèrent les chercheurs d'or dans la ville en leur faisant miroiter une piste fabuleuse, nommée Klondike Trail, allant d'Edmonton à Dawson City, dans le Yukon, mais qui, en réalité, n'avait jamais existé. Nombreux furent ceux qui finirent par abandonner devant la difficulté de l'entreprise. Parmi eux, beaucoup décidèrent de s'établir à Edmonton.

Durant le festival, les habitants décorent les rues et les magasins et revêtent des costumes d'époque. Le long des rues, on dresse des estrades que chanteurs et danseurs viennent animer, et de nombreuses parades sillonnent les artères d'Edmonton. Au Northlands Coliseum, on peut assister à des spectacles de musique rock, pop ou country. Un village du Klondike, avec boutiques anciennes et tripot, est reconstitué à Northlands Park. Quant au théâtre de la Citadelle, il propose des représentations de mélodrames intitulés "Héros et Vilains". Toutes ces festivités se déroulent pendant cinq jours. Seule, l'exposition de Northlands Park dure cinq jours supplémentaires. Contactez l'Edmonton Klondike Days Association (☎ 426-4055), 1660 10020 101A Ave, pour obtenir toutes les précisions sur ce festival.

Juillet/août

Edmonton Heritage Festival – ce festival de trois jours, qui se déroule fin juillet, début août dans Hawrelak Park, célèbre la diversité ethnique de la ville (☎ 433-3378).

Août

Festival de musique folk – au début du mois d'août, la ville accueille un festival de musique folk qui se déroule dans Gallagher Park. Outre le folk traditionnel, on y écoute du blues, du jazz et de la musique country et bluegrass. Renseignez-vous au centre d'informations touristiques ou appelez le ☎ 429-1899.

Festival de théâtre d'avant-garde – sur dix jours, ce festival (également appelé Rex the Wonder Fringe) fait connaître au public toutes sortes de troupes de théâtre d'avant-garde, avec plus de 800 représentations des 150 créations présentées dans les 14 théâtres, mais aussi dans les parcs et les rues de la ville. La plupart de ces représentations sont gratuites. Aucun billet n'est vendu à plus de 8 $. Il n'existe pas de réservation : on choisit sa pièce et l'on fait la queue. Le festival se déroule dans le vieux Strathcona, au milieu du mois d'août. Pour obtenir tous les détails, contactez Chinook Theatre (☎ 448-9000), au 10329 83rd Ave, ou interrogez le centre d'informations touristiques.

Dreamspeakers – ce festival, qui se tient fin août sur la place Sir Winston Churchill, met en scène la culture et l'art aborigènes à travers la poésie, le conte, la danse, la musique, ainsi que les spécialités culinaires et l'artisanat. On passe également des films tournés par des cinéastes d'origine indienne. Vous obtiendrez tous les renseignements au ☎ 439-3456.

OÙ SE LOGER

Camping

Il existe plusieurs terrains de camping, dont certains sont gérés par le gouvernement de l'Alberta, à proximité de la ville. Ainsi, l'*Ardrossan Campground* (☎ 922-3293), à 18 km à l'est d'Edmonton par la Yellowhead Hwy, dispose de 24 emplacements à 5,50 $ sans aucune installation sanitaire, ni eau courante sauf des emplacements spécialement aménagés pour faire du feu. Dans le même style, le *Bretona Campground* (☎ 922-3293), à 18 km au sud-est d'Edmonton, se trouve près de Sherwood Park sur la Hwy 14, à l'intersection avec la Hwy 21. Il dispose de 28 emplacements.

Le camping privé de *Half Moon Lake Resort* (☎ 922-3045), au 21524 Twp Rd, dans Sherwood Park, coûte 12 $ l'emplacement, mais dispose de toutes les installations nécessaires, y compris des douches et une laverie automatique. Très étendu, il est situé en bordure de lac, ce qui permet les baignades. Il est installé à 29 km au sud-est d'Edmonton. Pour y parvenir, prenez 82nd Ave vers l'est jusqu'à Wye Rd, puis tournez vers le sud.

Plus proche de la ville, le *Rainbow Valley Campground* (☎ 434-1621), 14240 56th Ave, près de Whitemud Drive, se trouve dans le parc Whitemud. Il dispose de douches et de laveries automatiques. L'emplacement coûte 12 $.

Auberges de jeunesse

Edmonton Hostel (☎ 429-0140), l'auberge de jeunesse de la HI, est située au 10422 91st St, non loin du centre-ville. Elle dispose d'une cuisine équipée. Le couvre-feu est imposé à minuit, mais la direction reste assez souple, surtout durant les festivals de musique folk ou de théâtre. Le téléphone fonctionne 24h sur 24, mais n'appelez après minuit qu'en cas d'extrême détresse.

Le personnel de l'auberge, très sympathique, pourra même vous indiquer où trouver un emploi. Une nuit en dortoir coûte 12 $ pour les membres, 17 $ pour les non-membres.

L'établissement peut vous faire profiter de nombreuses réductions sur les musées, restaurants, centres sportifs et parcs d'attractions, ainsi que dans certains magasins et cafés et sur les locations de voitures. Vous pourrez y acheter des billets moitié prix pour les matches de base-ball des Edmonton Trappers ou y louer des bicyclettes pour 12 $ par jour, casque compris. Pour vous y rendre depuis le centre-ville, prenez Jasper Ave vers l'est ou 103rd Ave (qui débouche de toute façon sur Jasper Ave) jusqu'à 91st St, juste avant le pont. L'auberge de jeunesse se trouve quelques mètres plus loin sur la gauche. Malheureusement, ce trajet à partir du centre-ville oblige à traverser certaines rues assez mal fréquentées : faites attention la nuit.

La *YMCA* centrale (☎ 421-9622), au 10030 102A Ave, en face de l'Edmonton Centre et près de l'hôtel Hilton, n'est pas très éloignée de la gare routière de Greyhound et de la gare ferroviaire du VIA Rail. Elle accepte hommes et femmes. Les simples/doubles sont à 25/36 $, tandis qu'une nuit en dortoir coûte 20 $, avec un maximum de 3 nuits. L'établissement dispose d'une salle de télévision, d'une piscine et d'une cafétéria très bon marché qui ouvre dès 6h du matin.

La *YWCA* (☎ 423-4922) du 10305 100th Ave, à l'angle de 103rd St, est également assez centrale. Seules les femmes y sont acceptées. Comptez 12,50 $ pour une nuit en dortoir, 27,50 $ (ou 33,75 $ avec s.d.b.) pour une simple. Les doubles avec s.d.b. coûtent 42,50 $. Les draps sont fournis dans tous les cas. Vous y trouverez également une bonne cafétéria abordable, ouverte à tous.

L'*University of Alberta*, au sud-ouest d'Edmonton, loue des chambres à Lister Hall, en face de l'auditorium du Jubilée, durant tout l'été. On y trouve de bonnes installations et des cafétérias bon marché. Les prix sont de 26,80/35,70 $ (taxes comprises) pour une simple/double. Les étudiants bénéficient de tarifs préférentiels et il existe des forfaits avantageux à la semaine ou au mois. Contactez Guest Services (☎ 492-4281), au 44 Lister Hall, à l'angle de 87th Ave et de 116th St. Sur le campus, le *St Joseph's College* (☎ 492-7681), à l'angle de 89th Ave et de 114th St, loue également des chambres. Les simples/doubles sont à 20,75/31,50 $ (taxes comprises).

Bed & Breakfasts

Le centre d'informations touristiques vous renseignera sur les B&B de même que les agences indiquées en début de chapitre dans la rubrique *Hébergement,* et où vous pourrez faire vos réservations.

Norma's Place (☎ 434-6832), au 5220 Rue 104A, dans la partie sud de la ville, n'est pas trop excentrée et propose des simples/doubles à 30/40 $. Toujours proche du centre, mais au nord de celui-ci, *Edmonton B&B* (☎ 455-2297), 18603 68th Ave, dispose de simples/doubles à 35/55 $. Ces deux établissements n'ayant que quelques chambres, mieux vaut téléphoner avant de vous déplacer.

Hôtels – petits budgets

En matière de petits hôtels pas trop éloignés du centre et à un prix raisonnable, Edmonton est plutôt mal lotie. Quelques rares établissements susceptibles de correspondre à votre budget ont tout de même survécu aux travaux de redéveloppement.

Le *Grand Hotel* (☎ 422-6365), 10266 103rd St, à l'angle de 103rd Ave, juste avant la gare routière, est sans doute le meilleur dans sa catégorie. Une simple/double avec s.d.b coûte 26/34 $. L'hôtel est propre et toutes les chambres disposent d'une télévision couleur. Il existe un bar au rez-de-chaussée.

L'*Hotel Cecil* (☎ 428-7001), au 10406 Jasper Ave, paraît un peu plus fruste, surtout le bar. L'établissement est vieux et délabré, mais propre, et les chambres sont acceptables. Certaines disposent même d'une s.d.b. Toutes ont un lavabo et sont assez confortables. Les simples/doubles coûtent 32/48 $ (taxes comprises). Vous pourrez prendre vos repas dans le restaurant de l'hôtel, sympathique et bon marché. Il existe quelques autres hôtels pas très chers dans la partie ancienne du centre-ville, à l'est de 97th St, mais ils ne semblent guère recommandables.

A l'ouest de la ville, le *Klondiker Hotel* (☎ 489-1906), au 15326 Stony Plain Rd, à l'angle de 153th St, a une ambiance qui rappelle l'époque de la ruée vers l'or. Les chambres avec s.d.b. coûtent 32,48/37,70 $ (taxes comprises), auxquels il faut ajouter une caution de 10 $ pour la clé. Elles sont tout à fait correctes. L'établissement possède trois bars. L'ensemble est très fréquenté, car on y passe de la musique *live* le soir.

Dans le sud d'Edmonton, on peut aussi essayer l'hôtel *Strathcona* bon marché (☎ 439-1992), 10302 82nd Ave, à l'angle de 103rd St. Il propose des simples/doubles à 20/26 $. Ces chambres n'ont ni télévision ni téléphone. Elles se trouvent dans une vieille maison de bois datant de 1891, recensée parmi les monuments historiques de l'Alberta. Le *Commercial Hotel* (☎ 439-3981), 10329 82nd Ave, passe de la musique *live* dans son bar. Ses simples/doubles coûtent 25/28 $.

Hôtels – catégorie moyenne

Au 10815 Jasper Ave, le *Mayfair Hotel* (☎ 423-1650) propose appartements et chambres. Un petit déjeuner continental est inclus dans le prix de 59 $ la simple ou la double. Le *Quality Inn Downtown* (☎ 428-6442), 10209 100th Ave, vous offrira également le petit déjeuner si vous choisissez l'une de ses simples/doubles à 54/65 $.

Plus cher, l'*Alberta Place Hotel* (☎ 423-1565), 10049 103rd St, propose des chambres à partir de 75 $. L'établissement dispose d'un solarium, d'une salle de gymnastique et d'un parking couvert.

Hôtels – catégorie supérieure

Valeur sûre, l'*Inn on 7th* (☎ 429-2861), 10001 107th St, possède un restaurant gastronomique et des chambres à 99 $ la nuit. L'*Holiday Inn Crowne Plaza* (☎ 428-6611), au 10111 Bellamy Hill, à l'angle de 101st St, près du centre-ville, propose des simples/doubles à partir de 99/114 $, ainsi qu'un restaurant panoramique tournant. A quelques pâtés de maisons au nord-est, près du Théâtre de la Citadelle, se trouve le *Westin Hotel* (☎ 426-3636), 10135 100th St, à l'angle de 101A Ave, avec des simples et des doubles à partir de 99 $.

L'un des hôtels les plus anciens et les plus élégants d'Edmonton est l'*Hotel MacDonald* (☎ 424-5181), situé au 10065 100th St. Remis à neuf, il propose des chambres à partir de 129 $. Quant au *Hilton International* (☎ 428-7111), 10235 101st St, tout près de l'intersection avec 102A Ave, il coûte de 129 à 189 $ pour une simple et de 149 à 209 $ pour une double.

Motels

Les motels offrent une gamme de prix intéressants. La plupart d'entre eux sont équipés de *plug-ins* (prises électriques pour brancher les radiateurs destinés à réchauffer les moteurs) pour votre voiture : un détail non négligeable quand on connaît la rigueur des matins d'hiver à Edmonton. Pour la plupart, les motels se répartissent en deux grandes zones géographiques près de la ville.

La première s'étend le long de Stony Plain Rd et de la Yellowhead Hwy, à l'ouest du centre ville. Pour s'y rendre, il faut prendre Jasper Ave ou 104th Ave, qui débouche sur Stony Plain Rd. Plus à l'ouest, cette dernière devient la Yellowhead Hwy. L'autre zone des motels aux prix très raisonnables se trouve le long de Calgary Trail, au sud de la ville.

Le *Royal Scot Motel* (☎ 447-3088) se trouve au 20904 Stony Plain Rd, à environ 1,5 km d'Edmonton. Les simples/doubles sont à 36/40 $ la nuit, plus 5 $ de supplément pour la cuisine. Le *Rest E-Z Inn* (☎ 447-4455), au 21640 Stony Plain Rd, est un peu plus loin à 3 km de la ville. Ce motel dispose de 40 chambres avec TV couleur au prix de 35/38 $ la simple/double.

Moins éloigné, le *Confort Inn West Edmonton* (☎ 484-1136), au 18245 Stony Plain Rd, inclut le petit déjeuner dans ses tarifs, qui vont de 45/55 $ à 60/85 $ la simple/double. Au sud de l'agglomération, essayez le *Derrick Motel* (☎ 434-1402), 3925, Calgary Trail North, qui propose des simples/doubles à 32/38 $. Le *Chateau Motel* (☎ 988-6661), au 1414 Calgary Trail South-West, dispose de 40 chambres avec TV couleur et téléphone. Les simples/doubles coûtent 35/40 $.

Le *Beverly Motel* (☎ 479-3923), 4403 118th Ave, est tout petit, avec 12 chambres seulement, mais les prix sont étudiés : 30/32 $ la simple/ double. Plus haut de gamme, l'*Ambassador Motor Inn* (☎ 423-1925), 10041 106th St, offre de nombreux avantages : TVpar câble, air conditionné, restaurant, salon pour cocktails et pub. Les simples/doubles coûtent 40 $. Vous trouverez d'autres motels dans les environs.

OÙ SE RESTAURER

Petits budgets

La *cafeteria* du parlement de l'Alberta sert une nourriture simple et abordable. Elle est ouverte du lundi au vendredi de 7h à 16h ; le déjeuner y est servi de 11h30 à 13h30. Le *Sarah's Café*, situé dans la YWCA, est ouvert tous les jours à tous. Si le choix est limité, les prix sont intéressants : petit déjeuner spécial à 2,25 $, omelette à 3,50 $.

L'*Always Claudia's*, situé dans la YMCA, ouvert du lundi au vendredi de 7h à 18h30, propose des prestations équivalentes. Le

Boardwalk Market, à l'angle de 103th St et de 102nd Ave, est un ancien bâtiment rénové où l'on trouve bureaux et magasins, ainsi qu'un marché proposant toutes sortes de produits, y compris des spécialités indiennes et chinoises.

Le *Silk Hat*, 10251 Jasper Ave, existe depuis 1940 : ce fut l'un des premiers restaurants de la ville. Dans cet établissement, trônent d'anciens juke-boxes et les murs sont tapissés d'affiches de vieux films. Les prix restent très abordables. Il ouvre du lundi au vendredi de 6h30 à 20h, le samedi de 8h à 12h et le dimanche de 10h à 20h.

A l'angle de 111st St et de Jasper Ave, le *Michael's Deli & Bar* est un peu plus sélect. On peut prendre ses repas dehors, sous de grands parasols, et l'endroit est bondé au déjeuner. Les crêpes coûtent 3,95 $ et les hamburgers débutent à 4 $. Le restaurant est ouvert du lundi au vendredi de 7h à 21h, le samedi de 9h à 23h et le dimanche de 9h à 21h.

ALBERTA

Sur l'autre rive, dans le vieux Strathcona, à l'angle de 104th St et de 82nd Ave, l'*Uncle Albert's* est très populaire. On y sert des crêpes à 5 $ et du fish & chips à partir de 6,25 $. A Strathcona, sur 82nd Ave au niveau de 105th St, le *Basement* est un marché qui regroupe un boulanger et diverses boutiques d'alimentation. Au 8032, 104th St, à l'angle de 81st Ave, vous trouverez le *Bamboo Palace*, un restaurant chinois proposant au déjeuner un smorgasbord à 5 $.

Catégorie moyenne

Le *Russian Tea Room*, 10312 Jasper Ave, est le lieu idéal pour se donner rendez-vous en fin d'après-midi. Ouvert tous les jours, il propose thé, café, sandwiches (de 4 à 6 $) et pâtisseries (4 $).

A l'angle de 101A Ave et de 100ASt en plein centre-ville, un petit quartier de restaurants et de bars se niche entre les gratte-ciel. On y a planté des arbres et installé des bancs. Le tout invite à la flânerie. Le *Mongolian Food Experience*, fort recommandable, ouvre tous les jours et sert des plats de poisson allant de 9 à 13 $ et des menus végétariens à 8 $ environ. Tout près, au *Bistro Praha*, au 10168 100A St, vous dégusterez café et pâtisseries dans une ambiance européenne. L'établissement propose également des menus à 12 $ et des salades à 4 $, ainsi que du vin au verre. En dehors des heures de repas, il est agréable d'y siroter un café.

Tout près également, au 10012 101A Ave, à l'ombre des immenses tours qui le cernent, le *Sherlock Holmes*, pub à l'allure toute britannique, est parfait à la fois pour manger et pour boire une bière anglaise ou faite maison. Le fish & chips coûte 7,95 $. Il est ouvert tous les jours. Il existe un établissement du même style au troisième étage de l'Eaton Centre, l'*Elephant & Castle Pub & Restaurant*.

Vous trouverez une série de petits restaurants sans prétention à Boardwalk Market. Ainsi, la *Old Spaghetti Factory* est un bar-restaurant où l'on mange correctement à prix modérés, dans un environnement agréable. L'établissement est ouvert du dimanche au jeudi de 16h à 22h, le vendredi et le samedi de 16h à minuit. Juste à côté, le *Bones* a pour spécialité les côtes de bœuf (de 9 à 15 $) et ouvre du lundi au vendredi de 11h30 à 16h. Quelques mètres plus bas, *La Crêperie* propose des crêpes de 8 à 13 $. Vous découvrirez d'autres restaurants dans toutes les gammes de prix en flânant dans Boardwalk Market.

Dans le quartier du vieux Strathcona, on trouve bon nombre d'établissements de bonne qualité sur 82nd Ave ou à proximité. Le *New York Bagel Café*, 8209 104th St, près de l'Uncle Albert's, mérite qu'on s'y arrête. C'est un snack sympathique et confortable où l'on sert du café expresso et, sans doute, les meilleurs cappuccinos du Canada, ainsi que des repas légers. Des tables sont installées sur le trottoir. A 30 m de là, 104th St, le *Johann Strauss Coffee House* remporte tout autant de succès pour le même genre de prestations. Le *Veggies*, 10331 82nd Ave, est pour sa part un restaurant végétarien – et même végétalien –, parfait tant pour le déjeuner que pour le dîner. Les felafels sont à 4,25 $, les burgers végétariens à 5,75 $.

Des déjeuners-buffets et des brunches sont organisés par les grands hôtels à des prix raisonnables. Vous trouverez adresses et horaires dans les journaux du week-end. Ainsi, l'*Inn on 7th* (☎ 429-2861), 10001 107th St, et le *Mayfair Hotel* (☎ 423-1650), au 1018 Jasper Ave, organisent de grands buffets-déjeuner toute la semaine. Pour 8 $ en effet, vous pourrez vous servir à volonté dans un buffet de plats chauds et froids. Le déjeuner se déroule de 11h à 14h.

Un voyageur m'a par ailleurs recommandé le *Steak & Ale Restaurant*, situé au 14203 Stony Plain Rd, pour la qualité de sa cuisine et son large choix de bières.

Catégorie supérieure

Pour dîner, essayez *The Harvest Room*, le restaurant de l'hôtel MacDonald. Il propose des menus allant de 16 à 22 $. Pour jouir d'un magnifique panorama, entrez à *La Ronde* (☎ 428-6611), le restaurant tournant installé au dernier étage de l'Holiday Inn Crowne Plaza. Entrée, plat et dessert vous y seront servis pour 40 $ environ.

Dans le vieux Strathcona, 9602 82nd Ave, l'*Unheardof*, qui propose steaks, poulet et fruits de mer, pratique les mêmes prix. *La Bohème*, 6427 112th Ave, prépare pour sa part une bonne cuisine française et sert de bons vins français. Les plats coûtent de 10 à 20 $.

DISTRACTIONS

See, *Pique* et *Culture Shock* sont trois journaux locaux consacrés à l'art et aux spectacles, distribués gratuitement dans toute la ville. Le *Nightlife*, gratuit lui aussi, recense les sorties récentes en matière de théâtre et de musique. Pour obtenir la liste des spectacles au jour le jour, consultez la page *Entertainment* du quotidien local, l'*Edmonton Journal*.

Théâtre et vie nocturne

Edmonton possède une large variété de théâtres. Le *Citadel Theatre* (Théâtre de la Citadelle : ☎ 425-1820), au 9828 101A Ave, principal complexe théâtral de la ville, comporte diverses salles où se jouent comédies, tragédies, pièces expérimentales, concerts, films, et où sont également organisées des conférences. La saison s'étend de septembre à mai. Selon le spectacle, le ticket d'entrée coûte de 18 à 36 $. Le *Chinook Theatre* (☎ 448-9000/9011), 10329 83rd Ave, est ouvert aux auteurs d'avant-garde et participe au Fringe Theatre Event.

Le *Northlands Coliseum* (☎ 471-7345), 7428 118th Ave, à l'angle de 73rd St, dans le complexe d'Edmonton Northlands, et le *Jubilee Auditorium* (☎ 427-2760 et 433-7741), 11455 87th Ave, où se produisent des artistes de renom. L'entrée coûte 33 $ pour des spectacles allant du concert de musique rock au ballet de danse classique. C'est au Jubilee Auditorium que se produisent l'opéra et l'orchestre symphonique d'Edmonton (l'un des meilleurs du Canada).

Le *Yuk Yuk's* (☎ 466-2131), 7103 78th Ave, propose d'originaux spectacles de café-théâtre comique du mercredi au samedi. Le *Stage West* (☎ 483-4051) organise des dîners-spectacles au Mayfield Inn, 16615, 109th Ave. Des productions musicales d'envergure sont généralement au programme. Au *Centre scientifique et spatial*, vous pouvez assister à des concerts-spectacles laser (voir plus haut).

Le *City Stage*, à l'hôtel de ville, organise des représentations toute la journée. Aux quatre coins de la ville, vous trouverez par ailleurs d'innombrables salles avec des spectacles musicaux pour tous les goûts. A Old Strathcona, le *Commercial Hotel* (☎ 439-3981), 10329 82nd Ave, passe des orchestres de blues, tout comme le *Sidetrack Café* (☎ 421-1326), 10333 112th St. Le *El Zorro Loco Café* (☎ 428-6002), au 9533 Jasper Ave, présente des artistes de blues et de rock. Le *Yardbird Suite* (☎ 432-0428), 10203 86th Ave, est *le* bar de jazz de la ville. L'entrée y coûte 5 à 9 $. Quelques restaurants-pubs comme le *Jekyll & Hyde* (☎ 426-5381), 10610 100th Ave, organisent des soirées karaoké.

Cinéma

Il y a de nombreux cinémas dans la ville. Le *Paramount Cinema* (☎ 428-1307), au

10233 Jasper Ave, propose des projections en matinée pour 4,25 $.

Le *Princess Repertory Theatre* (☎ 433-5785/0979), 10337 82nd Ave, près de 104th St, est le meilleur cinéma de la ville. Il offre un choix varié de bons films. L'entrée pour les non-membres varie de 5 à 7 $ selon le film. Le samedi, des séances en matinée sont organisées, mais il s'agit surtout de films pour enfants. Le cinéma en lui-même est un site historique, puisqu'il fut le premier édifice à fronton de marbre construit à l'ouest de Winnipeg. A une certaine époque, on y visionnait les rushes des films de Mary Pickford.

L'*Edmonton Film Society* (☎ 488-4335, après 16h), 6243 112A St, passe régulièrement les grands classiques du cinéma dans l'auditorium du Provincial Museum (☎ 453-9100). L'entrée coûte 4 $ pour les adultes, 2 $ pour les enfants. A l'*Edmonton Art Gallery*, vous pourrez voir, pour le prix du billet d'entrée au musée, des films classiques et récents empruntés au National Film Theatre.

ALBERTA

Manifestations sportives

Si vous vous trouvez à Edmonton durant la saison de hockey sur glace, qui s'étend d'octobre à avril, essayez d'aller voir jouer les Edmonton Oilers au Northlands Coliseum (☎ 471-2791), 7428 118th Ave, à l'angle de 73rd St. Les billets d'entrée coûtent de 12 à 40 $. De juillet à octobre, vous pouvez par ailleurs assister à un match de football américain avec les Edmonton Eskimos au Commonwealth Stadium (☎ 448-3757), au 11000 Stadium Rd. Il vous en coûtera de 18 à 28 $. Enfin, l'équipe locale de base-ball, les Edmonton Trappers, jouent chez eux au John Dulcey Park (☎ 429-2934), 10233 96th Ave, d'avril à août. L'entrée est à 6,75 $.

COMMENT S'Y RENDRE

Avion

L'aéroport international d'Edmonton se trouve à 30 km au sud de la ville, à environ 45 mn de route du centre par Calgary Trail. Cet aéroport dessert la plupart des destinations, quoiqu'il ait tendance à se délester sur l'aéroport intérieur municipal. L'Edmonton Municipal Airport, situé à 3 km au nord du centre-ville sur 97th St, près de 118th Ave, est généralement utilisé par les petits avions et, donc, pour les vols courts. Des bus de la ville y mènent.

Edmonton est bien desservie. Les Canadian Airlines (☎ 421-1414), Main Floor, 10060 Jasper Ave, et Air Canada (☎ 423-1222), proposent des vols pour le Yukon, Vancouver et les grandes villes du Canada oriental. Time Air (☎ 421-1414), en collaboration avec les Canadian Airlines, constitue la compagnie aérienne de l'Alberta. Elle propose des vols quotidiens vers Grand Prairie, Calgary, Lethbridge, Medicine Hat, Red Deer et d'autres destinations du Canada occidental. Delta Air Lines (☎ 426-5990), 10135 100th St, relie Edmonton à l'Alaska et à de nombreux points des États-Unis. Northwest Airlines (☎ 1-800-225-2525), 10024 Jasper Ave, desservent Winnipeg et d'autres destinations des États-Unis.

Air Canada propose, tout au long de la journée, une liaison avec Calgary en 40 mn pour les personnes qui y travaillent. Si vous n'êtes pas là pour affaires, vous trouverez sans doute le tarif en vol régulier un peu cher, à 154,96 $ (taxes comprises), mais il existe aussi des vols en promotion en dehors des périodes de grands départs. Voici les tarifs (taxes comprises) en aller simple à destination des autres villes : Inuvik 704 $, Vancouver 332 $, Yellowknife 420 $, Toronto 697 $, Winnipeg 401 $ et Ottawa 732 $.

Bus

Ouverte de 5h à minuit, la grande gare routière de Greyhound (☎ 421-4211), 10324 103rd St (à l'angle de 103rd Ave, près de la gare ferroviaire VIA Rail), est très centrale., On y trouve une consigne automatique (1,50 $) et un restaurant fast-food. Les tarifs des bus sont en général moins élevés que ceux des trains. Greyhound organise deux départs par jour vers l'est pour Winnipeg : l'aller simple est à 125,19 $. La compagnie dessert également Jasper

(41,46 $), Calgary (21,96 $), Vancouver (107 $), Prince George (123,05 $), Yellowknife (171,15 $) et Whitehorse (222,40 $). De Whitehorse, vous pourrez prendre un bus Grey Line pour Fairbanks, en Alaska.

Une autre compagnie de bus dessert Calgary : c'est Red Arrow (☎ 424-3339, 425-0820), dont les bureaux se trouvent à l'hôtel Radisson, 10014 104th St. Ils sont ouverts du lundi au samedi de 7h à 21h30 et le dimanche de 10h à 21h45. Quatre de ces bus quittent chaque jour Edmonton (devant l'hôtel). L'aller simple coûte 31 $ (taxes comprises). Vous voyagerez en bus de luxe avec kitchenette.

Train

L'entrée à la gare ferroviaire VIA Rail (☎ 422-6032 pour les informations sur les arrivées et les départs, ou ☎ 1-800-665-8630 pour les tarifs et les réservations), située 10004 104th Ave, à l'angle de 100th St, se fait par la tour CN, en bas des escaliers. La gare est ouverte les lundi, jeudi et samedi de 7h à 15h30, les mardi et vendredi de 8h30 à 21h, le mercredi de 8h30 à 16h et le dimanche de 10h30 à 21h. Elle comporte un petit magasin et une consigne automatique à bagages (1 $).

Les trains partent trois fois par semaine vers l'est à destination de Saskatoon, Winnipeg, Toronto, Ottawa et Montréal, et vers l'ouest pour Jasper, Prince George et Prince Rupert. A Prince George, vous pourrez prendre la liaison BC Rail pour Vancouver. L'aller simple (taxes comprises) pour Jasper coûte 78,11 $, 123,05 $ pour Prince George et 186,18 $ pour Vancouver.

Voiture

Voici quelques-uns des loueurs de voitures qui officient en centre-ville :

Avis
  Hôtel Hilton, 10235 101st St (☎ 448-0066)
Budget
  10016 106th St (☎ 448-2000)
Rent-A-Wreck
  11225 107th Ave (☎ 448-1234)
Thrifty
  10036 102nd St (☎ 428-8555)
Tilden
  10131 Rue 100A (☎ 422-6097)

Rent-A-Wreck est le moins cher d'entre eux, à 27 $ par jour, plus 10 cents par km à partir du 201e km. Budget réclame pour sa part 40 $ par jour, plus 10 cents par km à partir du 101e km. Thrifty prend 38 $ par jour en kilométrage illimité.

Ces prix n'incluent pas les taxes ni l'assurance, qui peuvent faire monter sensiblement la facture. Ces compagnies proposent souvent des forfaits promotionnels : renseignez-vous !

COMMENT CIRCULER

Desserte de l'aéroport

Vers le sud, les bus de la ville ne poussent pas jusqu'à l'aéroport international, mais vous pouvez prendre le Grey Goose Airporter Bus (☎ 463-7520). Il quitte l'hôtel MacDonald toutes les demi-heures de 5h15 à 12h15 et vous conduira à l'aéroport pour 11 $ l'aller ou 18 $ l'aller-retour. Il prend également des passagers devant d'autres grands hôtels de la ville et à la gare routière de Greyhound. En taxi, le trajet du centre-ville à l'aéroport international vous coûtera environ 35 $.

Les bus de la ville, en revanche, desservent l'aéroport municipal. Prenez les n°41 ou 42 vers le nord dans 101st St jusqu'à Kingsway, puis changez pour le n°23. Le même trajet en taxi coûte environ 8 $. Une navette relie les deux aéroports.

Bus et LRT

Edmonton Transit (☎ 421-4636 pour tout renseignement sur les tarifs, les itinéraires et les horaires) gère des bus municipaux, ainsi que le plus petit réseau de métro du Canada, le Light Rail Transit (LRT). Le LRT dessert dix stations vers le nord-est à partir de l'université, vers l'est le long de Jasper Ave, vers le nord le long de 99th St, puis vers le nord-est jusqu'à 139th Ave à Clareview. Entre Clareview Station et Stadium Station, le LRT est souterrain, de Churchill Station à Grandin Station, il circule en plein air.

Le ticket valable sur un trajet en bus ou en LRT coûte de 1,35 $ à 1,60 $ selon que vous voyagez ou non aux heures de pointe. Vous passer de l'un à l'autre ; il suffit de demander, au moment de l'achat du ticket, un reçu de transfert utilisable dans les 90 mn qui suivent. Le pass journalier coûte 4,25 $. De 9h à 15h, du lundi au vendredi et de 9h à 18h le samedi, les cinq stations de métro LRT, de Churchill à Grandin, constituent une zone gratuite.

Vous trouverez un centre de renseignements (ouvert en semaine de 9h30 à 17h30) à la Central Station, à l'angle de Jasper Ave et de la 100A St. Churchill Station, à l'angle de 102nd Ave et de 99th St, dispose également d'un centre de renseignements (ouvert en semaine de 8h30 à 16h30), où vous pouvez acheter tickets et forfaits.

Le réseau des bus couvre toutes les parties de la ville, mais certains itinéraires ne sont pas desservis le dimanche et les jours fériés. Le bus n°46 va du centre-ville à l'université, le n°12 du centre-ville à Valley Zoo, dans Laurier Park.

Taxi

Edmonton possède plusieurs compagnies de taxis. Parmi elles figurent la Yellow Cab (☎ 462-3456), 10135 31st Ave et l'Alberta Co-Op Taxi (☎ 425-8310), 105440 110th St. Le tarif de cette dernière pour aller du centre-ville au West Edmonton Mall s'élève à 12 $. La prise en charge coûte 2 $, puis vous paierez 10 cents tous les cent mètres.

Bicyclette

River Valley Cycle & Sports (☎ 465-3863), 9124 82nd Ave, loue des vélos pour 7 $ l'heure ou 21 $ la journée. Il organise également des visites guidées de la ville en bicyclette. L'auberge de jeunesse HI Edmonton Hostel loue également des deux-roues (voir plus haut *Où se loger*).

ENVIRONS D'EDMONTON

Alberta Pioneer Railway Museum

Ce musée du rail (☎ 472-6229) renferme une collection de locomotives à vapeur et diesel et des wagons datant de 1877 à 1950. L'entrée coûte 3 $ pour les adultes, 1 $ pour les enfants. L'été, le musée est ouvert du jeudi au lundi de 10h à 18h. Vous pourrez faire un tour en train pour 1 $ supplémentaire. Pour vous y rendre, prenez 97th St vers le nord (Hwy 28) jusqu'à Namao, puis tournez vers l'est dans la Hwy 37, que vous suivrez sur 7 km. Bifurquez ensuite vers le sud dans 34th St et parcourez environ 2 km.

Parc national d'Elk Island

Dans les hauteurs de Beaver Hills qui s'étendent au nord, à 45 km à l'est d'Edmonton par la Yellowhead Hwy, se trouve cette réserve d'animaux sauvages formée de 194 km² de forêts. Des troupeaux d'orignaux et de bisons des plaines s'y promènent en liberté, de même qu'un petit groupe de bisons des forêts, une espèce en voie de disparition. On les aperçoit parfois de la route.

Quelque 35 autres espèces de mammifères peuplent ce parc, qui constitue un lieu de week-end idéal avec camping, randonnées, cyclotourisme, canoë et natation l'été, ski de fond l'hiver. Certaines parties ferment au public en octobre et rouvre au printemps. Pour plus de précisions, contactez l'administration du parc au 992-6392, Elk Island National Park, RR1, Site 4, Fort Saskatchewan T8L 2N7.

Village de l'héritage culturel ukrainien

Situé à 50 km à l'est d'Edmonton par la Yellowhead Hwy, ce village (☎ 662-3640/1) rend hommage aux immigrants ukrainiens, avec la réplique d'une maison de pionniers. De la mi-mai à la fin du mois d'août, le village est ouvert tous les jours de 10h à 18h. L'entrée coûte 5 $.

Vegreville

La communauté ukrainienne de cette ville (située à 120 km à l'est d'Edmonton sur la Yellowhead Hwy) a construit ici le plus grand *pysanka* (œuf de Pâques peint) du monde. Fabriqué à base d'aluminium, cet œuf fait 7 m de haut et 5,5 m de large. Il est installé en bordure d'autoroute, du côté est de la ville. L'Ukrainian Pysanka Festival se déroule ici chaque année au mois de juillet.

Parc polaire

Ce parc (☎ 922-3401), situé à 22 km au sud-est de la ville par la Hwy 14, est spécialisé dans les animaux du Nord : léopards des neiges, ours polaires et caribous y sont présents parmi une centaine d'autres espèces. On y trouve également de bons sentiers de randonnée et d'excellentes pistes de ski de fond. Le parc ouvre tous les jours, toute l'année, de 8h à la nuit. L'entrée coûte 4 $ pour les adultes, 2 $ pour les enfants.

Red Deer

A mi-chemin entre Edmonton et Calgary, cette vaste ville s'étend au centre d'une région consacrée à l'agriculture et à l'élevage. Un festival folklorique international s'y tient tous les ans en juillet et en août.

Les voyageurs à destination de Calgary ou d'Edmonton trouveront sans doute pratique de faire halte ici, notamment lors du *stampede* de Calgary ou des Edmonton Klondike Days. Vous aurez en effet moins de difficulté à trouver un hébergement, et vous paierez moins cher. Edmonton et Calgary se trouvent toutes deux à une heure et demie de Red Deer par l'autoroute.

D'Edmonton à Jasper

Jasper est située à 370 km d'Edmonton par la Yellowhead Hwy. De nombreux campings gouvernementaux et privés sont installés entre les deux villes, ainsi que des motels, gîtes ruraux et ranches-hôtels.

A environ 30 km à l'ouest d'Edmonton, vous trouverez **Stony Plain** et son Multicultural Heritage Centre (☎ 963-2777), 5411 51st St, avec des expositions sur les divers groupes de pionniers et leur artisanat. Depuis une centaine d'années, c'est-à-dire depuis que les prières de la mission catholique du **lac Sainte Anne** pour que la sécheresse prenne fin ont été exaucées, on a attribué des vertus curatives aux eaux de ce lac. Ici, à 50 km à l'ouest d'Edmonton (à environ 25 km au nord après avoir quitté la Yellowhead Hwy), un pèlerinage attire chaque année en juillet environ 10 000 personnes venues de toute la province, voire de toute l'Amérique du Nord. Cette manifestation dure cinq jours.

Edson, une petite communauté forestière, agricole et gazière s'étend en bordure de l'autoroute, à peu près à mi-chemin. En parcourant encore 85 km vers l'ouest, on atteint **Hinton** et l'Athabasca Nordic Lookout Centre, réputé l'une des meilleurs stations de ski de fond d'Amérique du Nord. On y trouve des pistes éclairées la nuit et d'autres réservées à la luge. Pour de plus amples informations, contactez l'Alberta Forest Service (☎ 865-2400), Hinton Ranger Station, 227 Kelly Rd, Hinton T7V 1H2.

Le nord de l'Alberta

Le territoire qui couvre le nord de l'Alberta forme une région vaste et peu peuplée composée d'exploitations agricoles, de forêts, de zones sauvages, de lacs, de prairies s'étendant à perte de vue et de champs de pétrole. Les Cris, les Slaveys et les Denes furent les premiers à habiter la région. Beaucoup y vivent encore de la pêche, de la chasse et de la fourrure. Ne comportant pratiquement aucune route, le Nord-Est se caractérise par le parc national de Wood Buffalo et par l'Athabasca et le lac du même nom. La puissante rivière de la Paix, qui prend sa source en Colombie-Britannique, coule jusqu'au lac Athabasca, au nord-est de la province. Le Nord-Ouest est plus accessible, puisqu'un réseau autoroutier relie l'Alberta au nord de la Colombie-Britannique et aux territoires du Nord-Ouest.

LA RIVIÈRE DE LA PAIX ET SES ENVIRONS

A partir d'Edmonton, la Hwy 43 se dirige vers le Nord-Ouest pour rejoindre la Hwy 34, puis la Hwy 2 à Dawson Creek (à une distance de 590 km), qui est le point de départ officiel de l'Alaska Hwy. De nombreux terrains de camping et parcs provinciaux agrémentent la route. Le paysage est plat ou légèrement ondulé, avec des exploitations agricoles et laitières et des silos à grains dans presque toutes les villes. **Grande Prairie**, vaste communauté en pleine expansion, constitue un centre administratif, commercial et agricole. La plupart de ses hébergements se situent sur 100th St et 100th Ave.

La Hwy 2 qui part d'Edmonton vers le nord représente un itinéraire plus intéressant. Elle suit la rive sud du **petit lac des Esclaves** sur une bonne distance. Juste au nord de McLennan, le **lac Kimiwan** et les marécages qui l'entourent constituent un site privilégié pour les amateurs d'ornithologie. Il se trouve à l'intersection de trois itinéraires de migration d'oiseaux, et ceux-ci sont donc quelque 300 000 à y passer chaque année. Le centre d'information, près de la Hwy 2, ouvre de mai à septembre et une promenade de planches en bois permet de sillonner l'endroit. Pour plus de renseignements, téléphonez au ☎ 324-2004.

La rivière de la Paix porte son nom depuis le jour où les premières nations cris et beavers, alors en guerre, décidèrent de signer la paix sur l'une de ses rives. La ville de **Peace River** se situe aux confluents de Heart River, de la rivière de la Paix et de Smoky River. Le centre d'informations touristiques, situé sur la Hwy 2, est ouvert de juillet à septembre de 9h à 21h tous les jours. La ville dispose de plusieurs motels et de deux campings. Des bus Greyhound partent chaque jour pour le Yukon et les territoires du Nord-Ouest. A l'ouest de la ville, par la Hwy 2, on parvient sur la Mackenzie Hwy.

LA MACKENZIE HIGHWAY

La petite localité de **Grimshaw** est le point de départ officiel (quoique vous n'y passerez pas si vous arrivez par la rivière de la Paix) de la Mackenzie Hwy (Hwy 35), qui se dirige vers le nord et les territoires du Nord-Ouest. La route est pavée sur toute sa longueur, mais il reste toutefois quelques passages de graviers ou de terre aux endroits où elle est en cours de reconstruction. Comme elle est relativement plate et droite, on a fixé la limite de vitesse à 100 km/h (dans la partie nord de la Colombie-Britannique, elle est à 90 km/h).

Le paysage, surtout composé de champs cultivés entre Grimshaw et Manning, fait ensuite place à des forêts de pins et d'épicéas. Prenez vos dispositions, car il s'agit là d'un territoire frontalier où les services se font rares (et chers) à mesure que la route s'enfonce dans les régions sauvages. **High Level**, dernière implantation digne de ce nom avant la frontière, est un centre d'abattage du bois et les ouvriers séjournent souvent dans les motels durant la semaine.

Entre High Level et Enterprise, dans les territoires du Nord-Ouest, l'unique station-service se trouve à Indian Cabins.

RÉGION DES LACS

A partir de St Paul, située à plus de 200 km au nord-est d'Edmonton, et jusqu'à la frontière avec les territoires du Nord-Ouest, s'étend l'immense région des lacs de l'Alberta. La pêche y est populaire (même l'hiver, où on la pratique sous la glace), mais la plupart des lacs, surtout ceux du nord de cette région, sont inaccessibles par la route et il faut s'y rendre en avion. **St Paul**, qui représente la porte de la Région des Lacs, est un centre de commerce. On y trouve la seule piste d'atterrissage pour soucoupes volantes du monde, qui attend toujours son premier client. La région qui entoure la ville comporte de nombreux parcs provinciaux et des campings situés le long des diverses routes.

On atteint les zones sauvages du nord-est de l'Alberta par la Hwy 63 qui est la principale route. Cette route, le long de laquelle se trouvent quelques petites implantations et principalement des campings gouvernementaux, mène à **Fort McMurray**. A l'origine avant-poste pour le commerce de la fourrure, cette ville possède désormais l'un des champs de pétrole les plus étendus au monde. Le centre d'informations touristiques (☎ 791-4336), au 400 Sakitawaw Trail, organise des visites guidées du gisement et de ses installations.

PARC NATIONAL DE WOOD BUFFALO

Créé en 1922, s'étendant sur près de 28 000 km², Wood Buffalo (☎ 872-2349) est le plus grand parc national du Canada, et l'un des plus vastes du monde. Patrimoine mondial, plus étendu que la Suisse, ce site est situé aux deux tiers dans l'Alberta et à un tiers dans les territoires du Nord-Ouest. Sa végétation comprend forêts boréales, plaines, marécages et marais.

Ce parc totalement sauvage comporte le plus important troupeau de bisons en liberté au monde (3 000 environ) et représente l'unique lieu de nidation de la très rare grue américaine. Grâce aux efforts entrepris pour protéger cette espèce en voie de disparition, les résultats se font désormais sentir et cette population d'échassiers est aujourd'hui en stabilisation. Orignaux, caribous, ours et loups abondent dans le parc Plus d'un million d'oiseaux d'eau (cygnes, canards et oies sauvages) le traversent lors des grandes migrations d'automne et de printemps. Par ailleurs, la zone des rapides de la Rivière des Esclaves, près de Fort Smith, héberge des pélicans blancs extrêmement rares.

Sur la rive du lac Athabasca, **Fort Chipewyan** est la plus ancienne implantation de l'Alberta.

La plupart des panoramas intéressants du parc ne sont pas visibles des routes, et ces dernières ne sont pas toujours ouvertes. Pour obtenir des précisions, contactez la direction du parc (☎ 872-2349), Box 750, Fort Smith, North-West Territories XOE 0P0. Si vous voulez vous faire une idée de ce que les premiers négociants en fourrure ont dû endurer, la visite de ce parc s'impose.

Activités culturelles et/ou sportives

On peut se baigner au **lac Pine,** faire de la randonnée le long des sentiers balisés ou explorer les deltas de **l'Athabasca** ou de la **rivière de la Paix** en canoë. Le personnel du parc organise des excursions, soit pour la journée, soit sur plusieurs jours avec nuits en camping, et il pourra vous emmener voir les troupeaux de bisons. L'hiver, des pistes de ski de fond sont tracées.

Northern Visions (☎ 872-3430), PO Box 1086, Fort Smith, NWT X0E 0P0, propose des visites du parc.

Où se loger

Le confort n'est pas le fort du parc national de Wood Buffalo. Le petit *Pine Lake Campground* (☎ 872-2349 à Fort Smith), à 56 km au sud de Fort Smith, dispose de 36 emplacements de camping à 6,50 $, avec eau à la pompe.

On trouve quelques autres campings en bordure du parc, à l'extérieur : l'un est situé à 17 km au nord-est de Fort Chipewyan, à Dore Lake. Il est géré par l'Alberta Forestry Service.

Un autre est installé près de Fort Smith (voir également le paragraphe *Fort Smith et le parc national de Wood Buffalo*, dans le chapitre consacré aux *territoires du Nord-Ouest*).

A l'intérieur du parc, de nombreux campings rudimentaires sont prévus pour les campeurs individuels avec remise et emplacement aménagé pour faire du feu. Vous pourrez aussi planter votre tente là où bon vous semble.

Comment s'y rendre

Avion. La Northwestern Air Lease (☎ 872-2216 à Fort Smith) propose une série de vols entre Fort Smith, Fort Chipewyan et Edmonton.

Route. Le parc national de Wood Buffalo est difficilement accessible par la route. Pour l'atteindre, vous pouvez néanmoins prendre la Mackenzie Hwy vers le nord-ouest à la sortie d'Edmonton en direction des territoires du Nord-Ouest, où la Hwy 1, puis la Hwy 2 vous mèneront à Hay River, sur la rive sud du Grand Lac des Esclaves. Au sud de Hay River, la Hwy 5 se dirige vers l'est jusqu'à Fort Smith.

A partir de Fort Smith, des routes partent vers le sud jusqu'au parc et s'arrêtent à Fort Chipewyan.

Au nord de 60th St, les Bus Lines (☎ 874-6411) organisent un service de bus entre Hay River et Fort Smith.

Calgary

Calgary, qui signifie "eau limpide" en gaélique, tire son nom de la baie de Calgary, sur l'île de Mull, en Écosse. Cette zone était autrefois peuplée de Pieds Noirs, qui furent toutefois rejoints au XVIIIe siècle par les Sarcees et les Stoneys. Au début du XIXe siècle, des guerres éclatèrent entre ces différents Indiens et des troubles commencèrent avec les trappeurs blancs et les négociants en fourrure, si bien que l'on envoya la police montée apaiser les choses.

Celle-ci s'établit donc à Fort Calgary en 1875. La voie ferrée du Canadian Pacific parvint en ville en 1883. On offrit alors des terres aux colons, ce qui provoqua un essor soudain de la population, qui atteignit 4 000 habitants en 1891. Bientôt, les éleveurs de bétail des États-Unis, à la recherche de meilleures terres pour faire paître leurs troupeaux, arrivèrent à leur tour. Calgary devint ainsi un grand centre de conditionnement de la viande et un point de rencontre de cow-boys. La ville constitue aujourd'hui un important point de distribution et de transit et reste le premier centre de bétail du pays.

Au cours des trois dernières décennies, la ville dut affronter une série de revers de fortune, passant, en moins de vingt ans, d'une ville principalement agricole à une mégapole ultramoderne de verre et d'acier.

L'explication de ce brusque revirement de situation tient en un mot : le pétrole. Si on le découvrit dès 1914, il fallut attendre 1960 pour s'apercevoir de l'immense étendue des gisements d'or noir dans la province. Avec la crise de l'énergie des années 70 et la fulgurante montée des prix, l'industrie réalisa un phénoménal bond en avant. Ainsi entraînée dans un processus de modernisation, la ville connut le développement le plus rapide du pays. Quelque 450 entreprises pétrolières choisirent d'y installer leurs bureaux et elle accueillit plus d'Américains que toute autre ville du monde à l'extérieur des États-Unis. Avec les 640 000 habitants qui y vivaient et travaillaient, on transforma le centre-ville. Pendant des années, ce dernier ressembla à un vaste chantier, avec des buildings qui semblaient éclore à tout instant.

La ville commença alors à se développer aussi sur le plan culturel. Toutefois, au cours des années 80, les choses se gâtèrent. La crise qui frappa le secteur pétrolier, qui employait non moins de 70% des habitants de Calgary, toucha de plein fouet l'agglomération. Au moment où elle tentait désespérément de se redresser, les jeux Olympiques d'hiver qui y furent organisés en 1988 donnèrent une impulsion opportune pour sa réputation et son économie. En 1993, l'évolution des marchés du pétrole et du gaz naturel semblait lui être à nouveau favorable.

On a donné toutes sortes de qualificatifs à Calgary, de "ville artificielle" à "grand centre urbain ultramoderne", en passant par "zone sinistrée". Indifférente à sa réputation, elle continue pourtant de se développer et n'en reste pas moins un véritable phénomène. La ville jouit d'un climat sec et ensoleillé. S'il y fait très chaud l'été, il y règne toutefois une surprenante fraîcheur à l'ombre. L'hiver, le tiède chinook y souffle des montagnes, ce qui élève la température, au moins temporairement.

L'un des atouts majeurs de Calgary, le parc national de Banff, s'étend à 120 km à l'ouest. Edmonton, pour sa part, se trouve à 294 km au nord.

Orientation

Tout comme la plaine qui l'entoure, Calgary est une ville plate. Installée à l'origine autour du confluent des rivières Bow et Elbow, elle s'est développée dans toutes les directions, mais la zone du centre reste délimitée au nord par la Bow. L'Elbow, quant à elle, coule dans la partie sud de la ville.

La ville est divisée en quatre segments géographiques : le nord-ouest (NW), le nord-est (NE), le sud-ouest (SW) et le sud-est (SE). Ces abréviations figurent sur les plaques des rues et sont incluses dans les adresses.

La Bow et le Memorial Drive séparent le nord du sud. Centre St divise pour sa part la partie nord et le centre-ville entre est et ouest. Enfin, le Macleod Trail délimite les parties est et ouest du sud de la ville.

Toutes les rues sont orientées du nord au sud, toutes les avenues d'est en ouest. Les artères du centre-ville sont toutes en sens unique, à l'exception de 7th Ave. Les voitures ne peuvent circuler que d'ouest en est, mais il existe des couloirs à bus qui permettent à ces derniers et aux taxis d'aller en sens inverse. Le Light Rail Transit (LRT, ou métro, connu ici sous le nom de C-Train) passe également dans 7th Ave.

Le centre-ville

Dans la zone du centre-ville, les itinéraires pour piétons qui constituent le "Plus 15 Walking System" sont des ponts suspendus et des passages couverts situés à 5 m au moins au-dessus du sol.

La tour de Calgary, en plein milieu de l'agglomération, sur 9th Ave au niveau de Centre St, vous servira de point de repère. Si vous la voyez devant vous de l'autre côté de la rue où vous vous tenez, c'est que vous êtes tourné vers le nord et le centre-ville. 9th Ave est bordée d'immeubles ultramodernes, d'hôtels de luxe, de banques et de parkings. On y trouve aussi la gare ferroviaire, le Calgary Convention Centre et le complexe musée Glenbow et galerie d'art.

Entre 3rd St SW et 1st St SE, 8th Ave forme un centre piétonnier, le Stephens Ave Mall, également appelé 8th Ave Mall. Il est bordé d'arbres, de bancs et de boutiques, dont plusieurs grands magasins, restaurants et fast-foods. A son extrémité ouest, le Stephens Ave Mall est relié au Barclay Mall (3rd St SW), qui s'étend vers le nord et mène à la YMCA, au marché d'Eau Claire et au parc de Prince's Island.

Aux environs de Centre St, avant qu'elle ne traverse la rivière vers le nord, entre 1st St SW et 1st St SE, vous trouverez le petit quartier chinois extrêmement chaleureux et animé, avec des épiceries de produits exotiques et des magasins de vidéo, ainsi que des restaurants.

La zone ouest du centre-ville est surtout réservée aux bureaux. La partie est fut la dernière à subir les chantiers de redéveloppement. Avec ses petits troquets bon marché et ses hôtels défraîchis, mais remis en état, elle était autrefois le havre des sans-le-sou. Seuls, le Single Men's Hostel et deux autres vieux hôtels échappèrent à la démolition. L'auberge de jeunesse HI Calgary Hostel se trouve dans ce secteur. Parmi les autres édifices anciens du quartier, certains des plus beaux ont conservé leur élégance, comme le City Council, qui date de 1907, dans 7th Ave SE, et de l'église anglicane dont la construction fut achevée en 1904, sur 7th Ave SE au niveau de 1st St SE. Cette église avait été construite pour remplacer une cathédrale provisoire bâtie en 1884. Côté nouveautés en revanche, la palme de la modernité revient au grand théâtre appelé Centre for the Performing Arts, à l'angle de 9th Ave et de 1st St SE, et à son parc tout proche.

De chaque côté du pont de Centre St trônent des lions de pierre. Ce pont traverse la Bow aux eaux gris-vert, comme celles des montagnes Rocheuses dont elle descend. La rivière marque la limite nord du centre-ville. A l'ouest du pont s'étend le parc de Prince's Island, l'île du Prince. A l'extrémité du pont, côté nord, plusieurs escaliers mènent sur la falaise. Un chemin suit cette dernière, offrant une très belle vue sur la ville, surtout si l'on arrive par l'escalier ouest. Si vous êtes en voiture, tournez à gauche dans 8th Ave NW, puis revenez en direction de la rivière. La plupart des sites intéressants de Calgary ne sont pas très éloignés les uns des autres.

Partie nord

Au nord de la rivière, la ville est surtout résidentielle. La Transcanadienne traverse cette zone d'est en ouest, sous le nom de 16th Ave NE et NW. Au nord-ouest, l'université de Calgary est située sur Crowchild Trail (Hwy 1A). Au nord-est, l'aéroport international borde Barlow Trail.

Au-delà de Memorial Drive, juste au NO après avoir franchi la rivière, on débouche

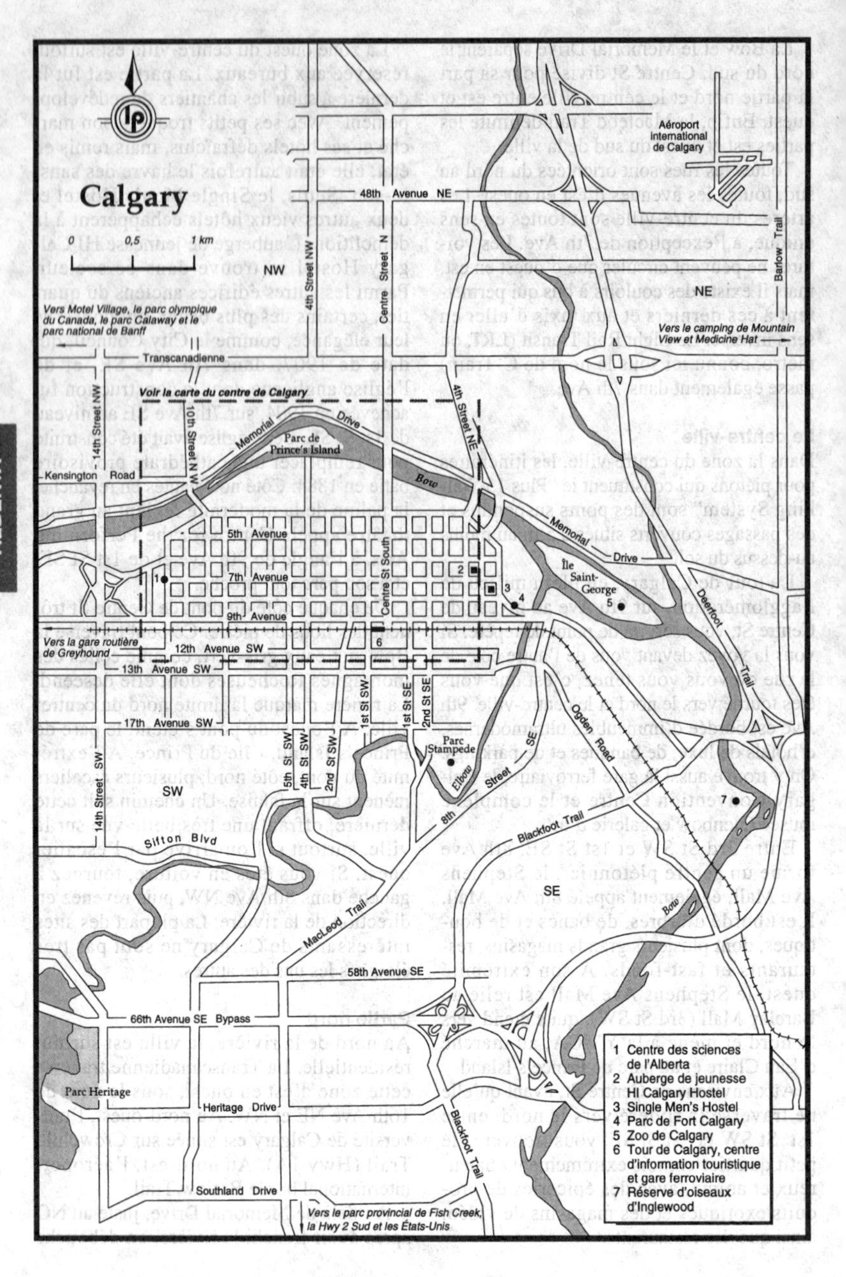

Calgary
0 0,5 1 km
Aéroport international de Calgary
48th Avenue NE
4th Street NW
Centre Street N
NW
NE
Barlow Trail
Vers Motel Village, le parc olympique du Canada, le parc Calaway et le parc national de Banff
Vers le camping de Mountain View et Medicine Hat
Transcanadienne
Voir la carte du centre de Calgary
Memorial Drive
Parc de Prince's Island
10th Street N W
14th Street NW
4th Street NE
Kensington Road
Bow
Memorial Drive
5th Avenue
7th Avenue
9th Avenue
Centre St South
Île Saint-George
Deerfoot Trail
Vers la gare routière de Greyhound
12th Avenue SW
13th Avenue SW
17th Avenue SW
1st St SW
1st St SE
2nd St SE
5th St SW
4th St SW
2nd St SW
Parc Stampede
Elbow
8th Street SE
Ogden Road
14th Street SW
SW
Blackfoot Trail
Sifton Blvd
SE
MacLeod Trail
Bow
58th Avenue SE
66th Avenue SE Bypass
Parc Heritage
Heritage Drive
Blackfoot Trail
Southland Drive
Vers le parc provincial de Fish Creek, la Hwy 2 Sud et les États-Unis
1 Centre des sciences de l'Alberta
2 Auberge de jeunesse HI Calgary Hostel
3 Single Men's Hostel
4 Parc de Fort Calgary
5 Zoo de Calgary
6 Tour de Calgary, centre d'information touristique et gare ferroviaire
7 Réserve d'oiseaux d'Inglewood
ALBERTA

dans le quartier de Kensington et ses restaurants, cafés et boîtes de nuit.

Partie sud

Au sud de la tour de Calgary, au-delà de la voie ferrée, s'étend une sorte de mini centre-ville, situé entre 10th Ave SW et 17th Ave SW et sur 4th St SW orientée nord-sud. Cinq pâtés de maisons plus loin, vers l'est, se trouve le parc du Stampede.

17th Ave SW part de Stampede Park et se dirige vers l'ouest. Elle est bordée de nombreux restaurants et autres commerces, dont plusieurs boutiques d'antiquités. Au sud de 17th Ave SW, 4th St SW offre elle aussi quelques magasins, galeries d'art et restaurants en abondance, sans oublier les boîtes de nuit. Plus au sud, Macleod Trail (Hwy 2) mène jusqu'aux États-Unis. Le meilleur quartier de Calgary se trouve à l'est de cette route, autour de la Bow.

RENSEIGNEMENTS

L'Alliance française est située Suite 301, 902 11th Ave SW (☎ 245-5662).

Offices du tourisme

Le centre d'informations touristiques (☎ 263-8510, 1-800-661-1678) est installé au rez-de-chaussée de la tour de Calgary, à l'intersection entre Centre St et 9th Ave SW. Géré par le Calgary Convention & Visitors Bureau, il fournit des plans de la ville et tout type de brochure. Il pourra également vous aider à trouver un hébergement. Il est ouvert du lundi au vendredi de 8h30 à 17h. Des bureaux saisonniers sont installés dans le secteur nord-ouest, au parc Olympique du Canada, à l'intersection de 16th Ave NW (Transcanadienne) et de Bowfort Rd NW. Un autre vous attend au niveau des "Arrivées" de l'aéroport international.

Questions d'argent

Plusieurs banques bordent Stephens Ave, mais la Hong-Kong Bank of Canada, dans le Good Fortune Plaza de 3st Ave SE du quartier chinois, offre l'avantage d'ouvrir le samedi. L'American Express (☎ 269-3757) est situé 200 8th Ave SW.

Poste

La poste centrale (☎ 292-5512), 220 4th Ave SE, est ouverte du lundi au vendredi de 8h à 17h45.

Consulats étrangers

Voici quelques-uns des consulats étrangers installés à Calgary :

Autriche
1131 Kensington Rd NW (☎ 283-6526)
Belgique
908 18th Ave SW (☎ 244-1478)
Danemark
1235 11st Ave SW (☎ 245-5755)
Allemagne
1970 700 4th Ave SW (☎ 269-5900)
Italie (Vice-consulat)
416 1st Ave NE (☎ 237-6603)
Mexique
3107 Vercheres St SW (☎ 245-0303)
Pays-Bas
2103 421 7th Ave SW (☎ 266-2710)
Norvège
1753 707 8th Ave SW (☎ 263-2270)
Suède
420 47th Ave SW (☎ 243-1093)
Suisse
700 Sunlife Plaza N Tower (☎ 233-8919)

Librairies

La librairie Hostel Shop (☎ 283-8311), 1414 Kensington Rd NW, ouverte tous les jours, vend des guides de voyages des cartes, ainsi que du matériel de voyage. Chez Map Town (☎ 266-2241), 6040 6th Ave SW, vous trouverez les mêmes guides, mais un choix de cartes plus étendu. Si vous recherchez des cartes topographiques, allez chez Maps Alberta (☎ 297-7389), 703 6th Ave SW, où l'on vous proposera également des publications sur la faune et la flore de la province. Côté livres d'occasion, l'Elephant's Knee, 1227 9th St SE, proche du Garry Theatre, à Inglewood, est bien approvisionnée. Vous pourrez y boire un café servi avec d'excellents gâteaux.

Services médicaux

Le Calgary General Hospital (☎ 268-9111) se trouve au nord-est du centre-ville, au-delà de la rivière dans le Bow Valley Centre, 841 Centre Ave NE. Le bus n°3 y conduit.

Tour de Calgary

Cette tour (☎ 266-7171), 101 9th Ave SW, est située au début de Centre St, en centre-ville. Elle sert de point de repère et de symbole à Calgary. Avec ses 191 m de hauteur, on l'aperçoit de très loin. On y trouve un restaurant tournant, une galerie d'observation et, tout en haut, une salle de réception. Il vous faudra 48 secondes (et 4,25 $) pour parvenir au sommet en ascenseur.

La galerie d'observation est ouverte tous les jours de 7h30 à 24h l'été, à partir de 8h30 seulement le reste de l'année.

Galerie d'art et musée Glenbow

Le remarquable musée/galerie d'art Glenbow (☎ 264-8300, 237-8988), 130 9th Ave SE, mérite une visite. Les collections sont variées et passionnantes, les expositions particulièrement bien conçues. Ouvert en 1966, ce complexe présente une partie de l'histoire de l'humanité à travers divers objets et œuvres d'art. Le deuxième étage accueille des expositions temporaires consacrées à l'art national, international et local. On y voit quelques œuvres d'art inuit et des toiles d'artistes locaux.

Le troisième étage présente des expositions historiques surtout en rapport avec la conquête de l'ouest du Canada. Une merveilleuse collection de vêtements et de bijoux ayant appartenu aux Indiens avoisine des sculptures sur bois. Une section est consacrée aux outils inuits et un kayak y est exposé. Vous verrez également une très vaste exposition sur l'époque des pionniers. Une autre section présente d'intéressants objets des années 20 et 30 : premières machines à laver, voiture, machines à sous, costumes de bain, et même un soutien-gorge de 1930.Au quatrième étage se trouve la collection d'armes et d'uniformes militaires. Le musée est ouvert tous les jours de 10h à 18h. L'entrée coûte 4,50 $, 3 $ pour les étudiants. Le samedi, journée à ne pas manquer, le tarif est à 1 $

Parc Héritage

Ce parc de 26 ha (☎ 259-1954/00), situé au 1900 Heritage Drive, à la hauteur de 14th St SW, retrace la vie dans une ville de l'Ouest canadien avant la Première Guerre mondiale. Par beau temps, on aperçoit les Rocheuses au loin. Le parc est installé sur une péninsule insérée dans le Glenmore Reservoir, formée au sud-ouest de la ville par l'Elbow.

Ici, un village de l'Ouest a été entièrement reconstitué, sans oublier ni le fort de la Compagnie de la Baie d'Hudson, ni le moulin à grain (qui fonctionne), ni l'église de 1896. Les terres qui entourent le village abritent un ranch, un teepee, une cabane de trappeur et d'autres maisons. L'ancienne école, avec ses petits bureaux et ses tableaux noirs, vaut le coup d'œil. Dans la section E, une admirable collection d'attelages comprend diligences à étage, charrettes anglaises, et des cabriolets à quatre places, etc.

En réalité, le parc couvre plus que la seule période des pionniers puisqu'il retrace l'évolution de la société dans les années 20.

Divers restaurants et une boulangerie vous accueilleront sur le site. De mai à juin, le parc ouvre du lundi au vendredi de 10h à 16h, le week-end jusqu'à 18h. De fin juin à début septembre, vous pourrez y aller 7 jours sur 7 de 10h à 18h, puis jusqu'à début octobre, jusqu'à 17h en semaine. L'entrée vaut 6 $ pour les adultes, 3 $ pour les enfants. Pour vous y rendre, prenez le bus n°53 vers le sud en centre-ville.

Jardins de Devonian

Les jardins de Devonian (☎ 268-5207) se trouvent à 15 m au-dessus du niveau de la rue, au quatrième étage du Toronto Dominion Square, un complexe situé dans le Stephens Ave Mall, entre 2sd et 3th St SW. C'est un havre de verdure bienvenu au milieu du béton qui domine le centre-ville de Calgary. Entièrement construit à l'intérieur, ce parc de 1 ha comporte plus de 20 000 plantes et offre l'atmosphère et la fraîcheur d'une serre. Plus d'un kilomètre de sentiers le parcourent, contournant fontaines, petits étangs, bancs et cours de sculpture. Des apprentis sculpteurs amateurs viennent en effet se former ici, géné-

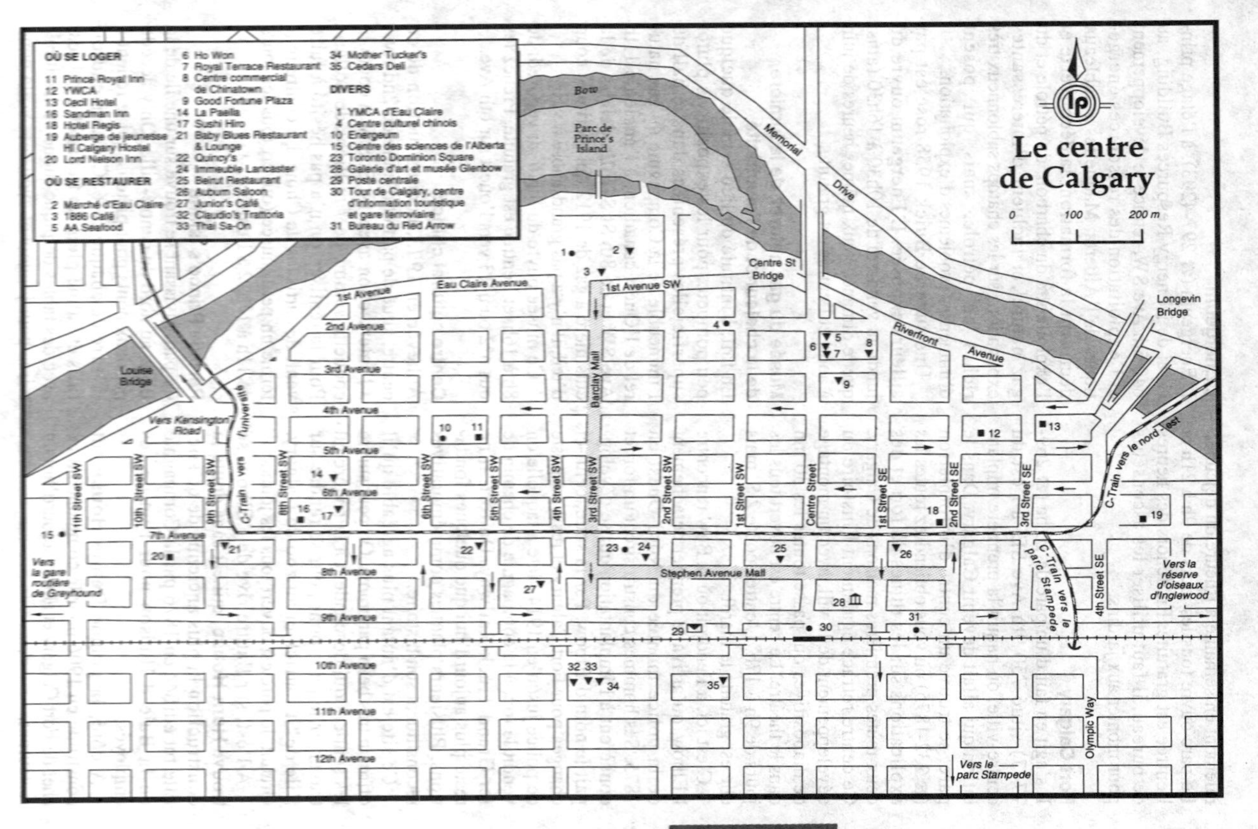
Le centre de Calgary
0 100 200 m
OÙ SE LOGER
11 Prince Royal Inn
12 YWCA
13 Cecil Hotel
16 Sandman Inn
18 Hotel Regis
19 Auberge de jeunesse HI Calgary Hostel
20 Lord Nelson Inn
OÙ SE RESTAURER
2 Marché d'Eau Claire
3 1886 Café
5 AA Seafood
6 Ho Won
7 Royal Terrace Restaurant
8 Centre commercial de Chinatown
9 Good Fortune Plaza
14 La Paella
17 Sushi Hiro
21 Baby Blues Restaurant & Lounge
22 Quincy's
24 Immeuble Lancaster
25 Beirut Restaurant
26 Auburn Saloon
27 Junior's Café
32 Claudio's Trattoria
33 Thai Sa-On
34 Mother Tucker's
35 Cedars Deli
DIVERS
1 YMCA d'Eau Claire
4 Centre culturel chinois
10 Energeum
15 Centre des sciences de l'Alberta
23 Toronto Dominion Square
28 Galerie d'art et musée Glenbow
29 Poste centrale
30 Tour de Calgary, centre d'information touristique et gare ferroviaire
31 Bureau du Red Arrow
Bow
Parc de Prince's Island
Memorial Drive
Centre St Bridge
Longevin Bridge
Louise Bridge
Riverfront Avenue
Eau Claire Avenue
1st Avenue SW
1st Avenue
2nd Avenue
3rd Avenue
4th Avenue
5th Avenue
6th Avenue
7th Avenue
8th Avenue
9th Avenue
10th Avenue
11th Avenue
12th Avenue
Barclay Mall
Stephen Avenue Mall
11th Street SW
10th Street SW
9th Street SW
8th Street SW
6th Street SW
5th Street SW
4th Street SW
3rd Street SW
2nd Street SW
1st Street SW
Centre Street
1st Street SE
2nd Street SE
3rd Street SE
4th Street SE
Olympic Way
Vers Kensington Road
C-Train vers l'université
C-Train vers le nord-est
C-Train vers le parc Stampede
Vers la gare routière de Greyhound
Vers la réserve d'oiseaux d'Inglewood
Vers le parc Stampede

ALBERTA

ralement en semaine à l'heure du déjeuner. Le parc ouvre tous les jours de 9h à 21h et l'entrée est gratuite. En dehors des heures de bureau, il faut utiliser les ascenseurs pour monter aux jardins.

Fort Calgary

Il s'agit en fait d'un parc de 16 ha (☎ 269-7747) situé 750 9th Ave SE, à l'est du centre-ville, où naquit la première implantation qui allait devenir Calgary. Dans le parc, se trouve un centre d'information (☎ 232-1875) où vous obtiendrez toutes les explications sur les ruines du fort et des deux toutes premières maisons de Calgary. Ce centre retrace également l'histoire du développement de la vill, avec un montage de diapositives qui passe toutes les 30 mn dans le théâtre. Le centre est ouvert tous les jours de 9h à 17h. L'entrée coûte 2 $, mais elle est gratuite le mardi.

C'est ici, à l'endroit où la Bow rencontre l'Elbow, qu'arriva le premier détachement de la police montée du Nord-Ouest en 1875. Ses hommes construisirent un fort et donnèrent à l'implantation qui se développait le nom d'Elbow. Par la suite, celui-ci changea pour Fort Calgary et resta un poste de police jusqu'en 1914, date à laquelle on vendit le tout à la compagnie de chemin de fer Grand Truck Railway. Du fort, il ne reste plus aujourd'hui que quelques fondations. Plusieurs plaques commémoratives reconstituent son histoire.

Ce site est d'autant plus agréable qu'il offre un très beau panorama. On peut suivre les sentiers qui descendent à la rivière ou traverser le petit pont pour se rendre sur l'île de St Patrick et au zoo de Calgary. Gratuit, le parc est ouvert tous les jours.

A l'est, sur l'autre rive de l'Elbow, se trouve **Hunt House**, qui est sans doute la construction la plus ancienne de ce site. Elle fut édifiée en 1876 par la Compagnie de la Baie d'Hudson pour l'un de ses employés.

A côté, la grande **Deane House** fut construite en 1906 pour le commandant en chef de Fort Calgary et abrite aujourd'hui un restaurant.

L'Energeum

L'Energeum (☎ 297-4293), à l'étage principal de l'Energy Resources Building, au 640 5th Ave SW, retrace le développement et l'exploitation des ressources énergétiques de l'Alberta. Maquettes et tableaux décrivent la formation, la découverte et l'exploitation du charbon, du pétrole et du gaz naturel et incluent d'intéressantes explications sur les champs sablonneux très riches en pétrole, mais qui posent d'immenses problèmes d'exploitation.

Une superbe Buick 1958 rose est par ailleurs exposée. L'Energeum ouvre du lundi au vendredi de 10h30 à 16h30 (ainsi que le dimanche aux mêmes heures de juin à août) et l'entrée est gratuite.

Musée du gaz naturel, de la lumière, de la chaleur et de l'électricité

En fait, l'intitulé du lieu semble quelque peu pompeux pour les expositions plutôt superficielles présentées dans le hall de l'immeuble de la Compagnie du gaz naturel de l'Ouest canadien, à l'angle de 11th Ave SW et de 8th St SW. En dehors de la cuisinière à gaz de 1912 qui mérite le coup d'œil, il n'y a pas grand-chose à voir.

Ce musée ouvre du lundi au vendredi de 8h à 16h, et l'entrée est gratuite. Prenez les bus n°2 ou n°13 vers l'ouest sur 6th Ave.

Centre culturel chinois

Achevée en 1993, la construction de ce centre, situé de part et d'autre de 2nd Ave, à l'intersection avec 1st St SW, a coûté la coquette somme de 7 millions de dollars. Pour la réaliser, on n'a pas hésité à faire venir des artisans de Chine. Le centre renferme un petit musée (ouvert tous les jours de 11h à 17h, 2 $ l'entrée).

Parc de Prince's Island

Ce parc ravissant se trouve sur une île de la Bow, au nord du centre-ville. On y accède par deux ponts pour piétons, qui le relient à la terre de chaque côté. C'est un endroit frais et calme plein de fleurs et d'arbres, avec des tables de pique-nique et des itinéraires pour joggers et cyclistes. Voilà donc l'antidote parfait à une torride journée d'été à Calgary. Comme l'indiquent les pancartes, les eaux de la Bow sont dangereuses et glacées et la baignade y est vivement déconseillée. Le pont qui relie le centre-ville à l'île se trouve à l'extrémité nord de 3th St SW.

Centre des sciences de l'Alberta

Ce centre (☎ 221-3700) à la fois divertissant et éducatif est situé 701 11st St SW, à l'ouest du centre-ville dans Mewata Park, à l'angle de 7th Ave SW. Son principal intérêt réside dans le **Centennial Planetarium** et son spectacle d'une heure présentant divers phénomènes de l'univers (le programme change régulièrement).

Tous les week-ends, des spectacles laser de musique rock sont proposés. Sur le site, ouvert le soir par temps clair, on trouve également un petit observatoire avec télescopes pour admirer, la nuit par beau temps, la lune, les planètes et autres constellations. Le **Discovery Hall** (salle des découvertes) vient d'ouvrir, avec des expositions temporaires sur des thèmes très variés. Enfin, le **Pleiades Theatre** (☎ 221-3707) présente des spectacles de variétés et des pièces à suspense quatre fois par an.

Ce centre ouvre tous les jours en été de 10h à 20h. L'entrée coûte 5,50 $ pour le musée ou pour le planétarium. Un billet global coûte 6,50 $.

Zoo de Calgary

Situé à l'est du centre-ville sur l'île St George et la rive nord de la Bow, ce zoo (☎ 232-9372) est l'un des plus grands et des meilleurs du Canada. Il regroupe 1 100 espèces de mammifères, des oiseaux, des batraciens et des reptiles. Des zones d'observation sous-marines permettent de voir ours polaires, phoques et autres créatures évoluer dans leur élément. Pour les animaux nocturnes, des chambres noires ont été spécialement conçues. Des enclos spéciaux accueillent les mammifères exotiques de grande taille, comme les girafes, les tigres ou les félins de l'Himalaya. Quant aux oiseaux, ils sont installés dans d'immenses serres remplies de plantes et de fleurs caractéristiques des climats chauds.

Le **jardin botanique** du zoo présente des expositions temporaires, une forêt tropicale humide et une réserve de papillons. Le **parc préhistorique des dinosaures**, de 3 ha, prolongement du zoo, renferme de nombreux fossiles et des répliques de dinosaures grandeur nature.

Le zoo est ouvert toute l'année, de 9h à 19h l'été et de 9h à 17h l'hiver. L'entrée coûte 7,50 $ pour les adultes et 3,75 $ pour

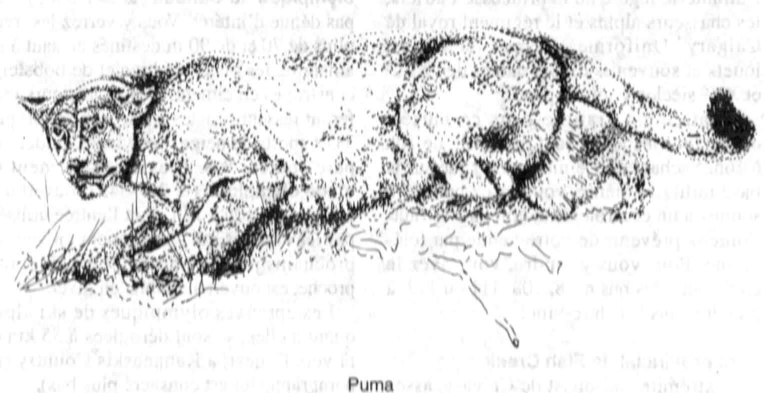

Puma

les enfants de moins de 16 ans. Pour y aller, prenez le C-Train vers l'est dans 7th Ave et descendez à Zoo-Station.

Réserve d'oiseaux d'Inglewood
Cette réserve de 32 ha (☎ 269-6688, 237-8811) s'étend au sud-est du centre-ville, à l'extrémité de 9th Ave, sur une partie forestière des marécages de la Bow. L'endroit accueille d'innombrables oiseaux : beaucoup s'y arrêtent pour se reposer au cours de leurs migrations. Des sentiers sillonnent la réserve, ouverte de 7h à 21h. L'entrée est gratuite. Le bus n°14 vous déposera à quelques dizaines de mètres du lieu (du lundi au vendredi uniquement).

Parc à bestiaux
Les parcs à bestiaux de Calgary (☎ 234-7429), au 100 2635 Portland St SE, constituent l'un des grands centres de négoce du bétail. On peut assister aux séances de vente aux enchères qui se déroulent en semaine. Pour cela, prenez le bus n°24 en centre-ville.

Musée des Régiments
Le musée des Régiments (☎ 240-7674) est installé à Currie Barracks, une base militaire de l'armée canadienne située au 4520, Crowchild Trail SW, entre 33rd et 50th Ave SW. Il rend hommage aux régiments de Calgary : la cavalerie de lord Strathcona, l'infanterie légère de la princesse Patricia, les chasseurs alpins et le régiment royal de Calgary. Uniformes, armes, écussons, jouets et souvenirs divers datant des XIXe et XXe siècles y sont exposés.

L'entrée est gratuite dans ce musée, ouvert tous les jours, sauf mercredi, de 10h à 16h. Sachant que le musée est situé sur la base militaire même, vous serez peut-être soumis à un contrôle d'identité, aussi vaut-il mieux prévenir de votre venue par téléphone. Pour vous y rendre, vous avez le choix entre les bus n°18, 108, 111 ou 112, à prendre dans le centre-ville.

Parc provincial de Fish Creek
A l'extrémité sud-ouest de Calgary, assez loin du centre-ville, s'étend un immense territoire de plus de 8 km² le long du Fish Creek, un petit cours d'eau qui se jette dans la Bow. L'endroit sert de refuge à de nombreux oiseaux et animaux, mais aussi à d'innombrables visiteurs le week-end. Les guides du parc présentent des montages de diapositives et organisent des visites guidées à pied. Pour plus de détails, faites un tour dans les bureaux du parc ou téléphonez à Calgary Parks & Recreation (☎ 221-3950/99). Pour vous y rendre, prenez la Macleod Trail vers le sud.

Parc Calaway
Ce vaste parc d'attractions (☎ 240-3822/24), situé à une dizaine de kilomètres à l'ouest de la ville par la Transcanadienne, propose plus de vingt manèges, un cinéma avec écran à 180°, des restaurants èt des spectacles divertissants. L'entrée au parc et aux spectacles coûte 8,95 $. Un tarif à 14,95 $ donne accès à toutes les attractions.

Site des jeux Olympiques d'hiver
C'est à Calgary que furent organisés en 1988 les 15e jeux Olympiques d'hiver, une grande première pour le Canada. Certaines pistes et installations existaient déjà, d'autres, spécialement construites pour l'événement, restent en fonctionnement.

A un quart d'heure de la ville en voiture par la Transcanadienne, à l'ouest, le **parc olympique du Canada** (☎ 247-5403) n'est pas dénué d'intérêt. Vous y verrez les tremplins de 70 et de 90 m destinés au saut à ski ainsi que les pistes de luge et de bobsleigh construites en ciment. Des simulateurs vous feront ressentir toutes les sensations propres à ces sports de neige. Les visites guidées du parc coûtent 8 $. Il existe également un **stade olympique** (☎ 247-5452) ouvert tous les jours de 10h à 17h, dont l'entrée utilisées par les athlètes qui s'entraînent en vue des prochains jeux. Le domaine skiable, tout proche, est ouvert au public en hiver.

Les épreuves olympiques de ski alpin, quant à elles, se sont déroulées à 55 km de là vers l'ouest, à Kananaskis Country (un paragraphe lui est consacré plus bas).

La Bow

La Bow prend sa source à Bow Lake, non loin de Banff dans les montagnes Rocheuses, où elle naît de la fonte des neiges. Claire et pure, elle traverse rapidement Calgary ; puis son cours se ralentit et se réchauffe pour atteindre finalement Medicine Hat, près de la frontière avec la Saskatchewan. Là, elle se mêle aux méandres d'autres rivières et finit par déboucher – sous un autre nom – dans la baie d'Hudson.

Le segment central de la Bow, qui couvre 60 km de l'est de Calgary à Carseland, passe pour l'un des meilleurs endroits d'Amérique du Nord pour pêcher la truite. C'est aussi la meilleure zone de pêche à la mouche sèche du monde. Les poissons, surtout des truites brunes ou arc-en-ciel, y sont gros et abondants. La natation, en revanche, est hors de question, l'eau étant encore bien trop fraîche...

Le meilleur endroit pour accéder à la rivière se situe à l'extrémité sud de l'agglomération de Calgary, sous le pont de la Hwy 22X. En ville, de nombreux services de conseils aux pêcheurs sont proposés.

Il existe également des magasins spécialisés qui, outre la vente de matériels, donnent des indications, par exemple Country Pleasures (☎ 271-1016) au 570 108 16, Macleod Trail South.

Dôme Imax

Le tout récent dôme Imax de Calgary, au 132 200 Barclay Parade SW, se trouve au marché d'Eau Claire, juste au sud de la Bow. Ces salles de cinéma particulières présentent des films sur écrans géants pouvant aller jusqu'à dix fois la taille normale d'un film en 35 mm. Renseignez-vous en appelant le ☎ 263-4629.

ACTIVITÉS SPORTIVES

Calgary dispose de 180 km de pistes cyclables et de sentiers de randonnée, surtout situés dans les parcs et les zones vertes. Cartes et informations sont disponibles chez Parks & Recreation (☎ 268-2300 et 221-3999). Chez Budget (☎ 263-0505), 140 6th Ave SE, vous pourrez louer des vélos pour 5 $ l'heure ou 15 $ la journée. Deux centres de détente gérés par Parks & Recreation comportent des piscines à vagues géantes, des patinoires praticables toute l'année, des terrains de sport et des bains à remous : Family Leisure Centre (☎ 278-7542), 11150 Bonaventure Drive SE, et Southland Leisure Centre (☎ 251-3505), 2000 Southland Drive SW, près de l'angle de 19th St SW En centre-ville, la YMCA d'Eau Claire (☎ 269-6701), au 101 3th St SW, comporte toutes sortes d'installations de remise en forme. L'entrée y coûte 9 $ en haute saison.

Le saut à l'élastique est de plus en plus en vogue et, dans le parc olympique, vous aurez la possibilité de vous lancer dans le vide au-dessus d'une piscine de 3,6 m de profondeur tout spécialement conçue à cette intention et située 37,5 m plus bas. Il vous en coûtera 79 $. Pour cela, contactez Bungee Canada (☎ 286-4334) qui vous fournira tous les détails.

Plus classiques, des promenades à cheval et des leçons d'équitation sont proposées dans le parc provincial de Fish Creek par le club hippique Happy Trails (☎ 251-3344). Une heure de promenade coûte 13 $.

CIRCUITS ORGANISÉS

La solution la plus économique pour visiter la ville en bus consiste à prendre le n°10 sur 6th Ave. Pour 1,25 $, vous suivrez un itinéraire circulaire de deux heures et demie à travers les quartiers anciens et récents et vous verrez les sites touristiques de la ville.

Brewster's Gray Line (☎ 221-8242), 808 Centre St SE, organise des visites de Calgary et de divers sites des montagnes Rocheuses. La visite de la ville dure environ quatre heures, couvre une cinquantaine de kilomètres et coûte 32 $. Vous verrez ainsi Fort Calgary, le parc olympique du Canada, la zone du centre-ville. Les billets d'entrée sur les différents sites sont compris dans le prix, et le guide vous racontera l'histoire de Calgary. White Stetson Tours (☎ 274-2281), 6312 Travois Crescent NW, propose un tour similaire pour 28 $. Vous pouvez également choisir Brewster's Gray Line ou White Stetson, qui vous emmèneront à Columbia Icefield, à Banff, ou encore admirer les lacs dans les montagnes. Avec Brewster's Gray Line, la visite de Banff – dont un trajet en ballon jusqu'au sommet de Sulphur Mountain– vous prendra neuf heures et vous coûtera 39 $. White Stetson effectue le même itinéraire et vous fait visiter Lake Louise pour 45 $.

Pacific Western Transportation (☎ 243-4990), 419 34th Ave SE, organise lui aussi des visites en bus.

Vous pourrez par ailleurs vous adresser à l'auberge de jeunesse HI Calgary Hostel, qui propose, outre les visites classiques, des randonnées-découvertes, des excursions en VTT et un circuit de six jours dans les forêts des montagnes Rocheuses et à Edmonton pour 135 $, hébergement (en auberges de jeunesse) non compris.

La Old Town Calgary Society (☎ 265-4171), 1917 9th Ave SE, organise pour sa part des visites à pied d'une heure et demie parmi les édifices historiques d'Inglewood. La promenade débute à 14h devant le Firehall Restaurant, 1030 9th Ave SE, et coûte 3 $. Les amateurs de rafting ont le choix entre le Kananaskis et la Red Deer River s'ils passent par l'intermédiaire de Rainbow Riders Adventure Tours (☎ 270-7678), 3312 3rd Ave NW. Deux heures et demie d'aventure et d'émotions leur coûteront 42 $. Enfin, Calgary Helicopters (☎ 291-0017), 575 Palmer Rd NE, proposent des visites de la ville en hélicoptère pour 80 $ par personne ou un survol des montagnes Rocheuses pour 295 $.

FESTIVALS

Voici quelques-uns des principaux festivals de Calgary :

Juillet

Le *Stampede de Calgary* – instauré en 1912, ce fabuleux festival de dix jours débute chaque année, au cours de la deuxième semaine de juillet, par une gigantesque parade. La plupart des manifestations se déroulent dans le parc du Stampede, au sud-ouest du centre-ville, mais les rues de la ville ne sont pas en reste et débordent d'activité. Le parc du Stampede prend donc vie avec de multiples concerts, spectacles, démonstrations, danses et dégustations. Un parc d'attractions est également aménagé avec toutes sortes de stands et de manèges, un casino et des concours en tout genre.

Parmi les "clous" du festival, figurent la course de chuck wagons (les roulottes des pionniers du Far West) et le rodéo, réputé comme le plus important et le plus turbulent d'Amérique du Nord. Vous verrez des cowboys mater chevaux sauvages ou taureaux enragés, attraper les veaux au lasso et marquer les bêtes au fer rouge. Le soir, danseuses, clowns, chanteurs et orchestres prennent le relais avec le Stampede Stage Show.

Les billets pour les manifestations principales, dont les prix vont de 16 à 42 $, sont pris d'assaut. Méfiez-vous des revendeurs, qui n'hésitent pas à réclamer des prix exorbitants. Pour l'hébergement, ne comptez pas trop trouver une chambre en ville ou dans les environs durant le festival si vous n'avez pas réservé des mois à l'avance, mais vous pouvez toujours tenter votre chance en arrivant très tôt le matin. Pour plus de renseignements ou pour réserver vos billets, contactez Calgary Exhibition & Stampede (☎ 269-9822; 1-800-661-1260), Box 1060, Station M, Calgary T2P 2K8.

Festival de folklore de Calgary – au cours de ce festival, de la fin juillet, vous pourrez assister gratuitement à des concerts à 12h en semaine dans le Stephens Ave Mall, le Century Park Garden et l'Olympic Plaza. Le soir, d'autres concerts ont lieu dans de nombreux établissements de la ville, dont le Kensington Delicafé et l'hôtel King Edward. Des artistes locaux, voire internationaux s'y produisent. Pour toute information, téléphonez au 225-5256.

Août

Festival international des arts indigènes – il se tient au milieu du mois d'août et comprend des spectacles de danse et de musique traditionnelles, ainsi que des expositions d'art et d'artisanat des peuples indigènes d'Amérique du Nord, et même du monde entier.

OÙ SE LOGER

Les prix indiqués ci-après sont les tarifs habituels, mais certains établissements ont tendance à augmenter leurs tarifs lors d'événements particuliers, comme à l'occasion du Stampede.

Camping

Les environs de la ville disposent de plusieurs campings qui accueillent tentes et caravanes. Ils disposent de toutes les installations nécessaires et représentent la solution-logement la plus économique, mais ils sont très développés et très organisés.

Le *Whispering Spruce Campground* (☎ 226-0097) se trouve à Balzac, sur la Hwy 2, à 15 mn de route du nord de la ville. Tout est prévu pour le campeur, y compris une petite épicerie. Le camping est ouvert de mi-mai à fin octobre. L'emplacement coûte 10 $.

Le *Mountain View Campground* (☎ 249-7372), situé dans l'enceinte d'une ferme à 3 km à l'est de Calgary, sur la Transcanadienne, reste ouvert toute l'année. On y trouve douches, laverie automatique, barbecue, et même un petit zoo. Les emplacements sont à 12 $. Le *Calaway Park* (☎ 249-7372), à 10 km à l'ouest de Calgary, sur la Transcanadienne, propose lui aussi tout le confort au campeur, avec douches et laverie automatique. Là encore, l'emplacement coûte 12 $.

Au sud de Calgary, à 5 km à l'est d'Okotoks, sur Railway St, se trouve l'*Okotoks Wilderness Campground* (☎ 938-6036). L'emplacement est à 11 $ et l'endroit dispose de douches et de sentiers de randonnée. Pour y parvenir, prenez la Hwy 2 vers le sud, puis la direction d'Okotoks ; tournez ensuite à gauche au feu et parcourez environ 1 km. Le camping est juste après la station de lavage de voitures.

Auberges de jeunesse

Calgary Hostel (☎ 269-8239), 520 7th Ave SE, l'auberge de jeunesse de la HI, tout près du centre-ville à l'est, non loin de Fort Calgary, est ouverte 24h sur 24. Il s'agit d'un assez grand complexe, avec laverie automatique, cuisine et snack-bar. Elle dispose d'une navette qui pourra vous conduire vers d'autres auberges de jeunesse à l'extérieur de la ville et organise des excursions dans les Rocheuses. L'été, l'établissement est bondé. Les prix sont de 13 $ pour les membres, 18 $ pour les autres.

La *YWCA* centrale (☎ 263-1550), 320 5th Ave SE, n'est ouverte qu'aux femmes. Les simples sont à 25/30 $ sans/avec s.d.b., les doubles à 30/40 $ sans/avec s.d.b. La nuit en dortoir coûte 15 $. Les chambres sont propres, une salle de gymnastique et une piscine sont à votre disposition, ainsi qu'une cafétéria, ouverte tous les jours.

L'*Université de Calgary* loue des chambres dans ses résidences de début mai à fin août. Vous obtiendrez tous les renseignements en contactant l'University Housing Office (☎ 220-3210/03), Room 18, Dining Centre, University of Calgary, 2500 University Drive NW, Calgary T2N 1N4. Les prix en dortoirs débutent à 18 $. Il existe deux tailles d'appartements : dans les petits, on paie 35/22 $ seul/à plusieurs, dans les grands, le prix s'élève à 46/28 $ seul/à plusieurs.

Le campus est bien équipé avec une salle de gymnastique et une cafétéria bon marché. L'université est desservie par le C-Train.

Bed & Breakfasts

Le centre d'informations touristiques vous fournira la liste des B&B et effectuera votre réservation si vous le souhaitez. La Calgary B&B Association (☎ 284-0010), 1633 7A St NW, recense et contrôle les chambres d'hôtes de la ville. Vous pouvez également vous adresser aux agences répertoriées dans le chapitre *Hébergements* en début de chapitre. Le livret *Alberta Accommodation & Visitors' Guide* propose lui aussi une liste d'environ 30 B&B à Calgary. Les tarifs débutent généralement à 30/50 $ la simple/double.

Hôtels

Le centre de Calgary n'est pas très riche en hébergements et la plupart des hôtels se trouvent à la périphérie. En centre-ville, dans la partie sud-est qui formait jadis les mauvais quartiers, on trouvait de nombreux petits hôtels. Aujourd'hui cependant, ce secteur a été assaini et la plupart des établissements de basse catégorie ont disparu. Seuls, quelques-uns subsistent.

C'est le cas du *Cecil Hotel* (☎ 266-2982), à l'angle de 4th Ave SE et de 3th St SE, un hôtel petit budget qui existe depuis des années, mais qui peut être très bruyant et où certains clients ont tendance à abuser de la boisson. Les chambres sont à 27,40/36,35 $ la simple/double sans TV, sans téléphone et sans s.d.b., mais avec lavabo. Au bar du rez-de-chaussée, on peut manger sur le pouce.

Le *St Louis Hotel* (☎ 262-6341), 430 8th Ave SE, est un établissement du même type, avec des tarifs légèrement plus avantageux, à 24,65/30,25 $ la simple/double avec s.d.b. et TV. Le bar est très fréquenté, sans doute en raison des orchestres de blues qui s'y produisent, et il y a un restaurant très ordinaire. Aucun de ces deux hôtels n'est recommandé aux femmes seules.

L'*Hotel Regis* (☎ 262-4641), 124 7th Ave SE, est une bien meilleure adresse, avec des simples/doubles à 26/46 $ ou 41/56 $ avec s.d.b.

Au sud-est, non loin du centre-ville et du parc du Stampede à pied, dans le quartier d'Inglewood, se trouve le *Shamrock Hotel* (☎ 290-0084), qui propose des chambres très propres avec TV et téléphone pour 35/45 $ la simple/double. Ne vous laissez pas dissuader par la laideur du paysage industriel qui l'entoure.

Un peu plus cher, le *Lord Nelson Inn* (☎ 269-8262), 1020 8th Ave SW, est pour sa part très central. Il offre tout le confort, y compris un frigidaire dans chaque chambre. Vous y paierez 65/70 $. Le *Prince Royal Inn* (☎ 263-0520), 618 5th Ave SW, est un hôtel moderne qui ne comporte que des suites. Il dispose d'un service de laverie et toutes les chambres ont une kitchenette, un réfrigérateur, le téléphone et la TV par câble. Les tarifs vont de 80 $ la simple à 90 et 110 $ la double, petit déjeuner compris. Des forfaits week-end économiques sont également proposés, et l'on peut louer à la semaine ou au mois. Le *Sandman Inn* (☎ 237-8626), 888 7th Ave SW, est à peu près équivalent, avec des chambres à 64/69 $. L'hôtel dispose d'une salle de gymnastique, d'une piscine, d'un restaurant et d'un bar. Le *Westward Inn* (☎ 266-4611), 119 12th Ave SW, n'est pas très loin du parc du Stampede à pied et propose des simples/doubles à 79/86 $.

Motels

Si l'on recherche un hébergement convenable et bon marché, on a tout intérêt à s'éloigner un peu du centre-ville. Calgary possède en effet des dizaines de motels répartis dans toute l'agglomération avec, toutefois, quelques zones à forte concentration, ce qui facilite le choix. L'une de ces zones se trouve le long de Macleod Trail, au sud de la ville. C'est une route bordée de commerces et de stations-service, de restaurants de fast-foods, de motels et de magasins de meubles.

Le *Cedar Ridge Motel* (☎ 258-1064), 9030 Macleod Trail South, pratique des tarifs raisonnables à 43/52 $ la simple/double. Le *Flamingo Motor Hotel* (☎ 252-4401), au 7505 Macleod Trail South, près de l'angle de 75th Ave SW, est indiqué par un grand flamant rose (qui est la signification de son nom : Flamingo). Les chambres y coûtent de 48 à 56 $ avec TV ; laverie automatique, piscine et sauna sont à la disposition des clients. Les environs du motel sont très agréables, avec de nombreux arbres et un large choix de restaurants.

Le *Travelodge Calgary South Gate* (☎ 253-7070), 9206 Macleod Trail South, près de 90th Ave SE, est un petit immeuble à deux étages avec piscine, sauna et bain à remous. Les chambres, climatisées, disposent de la TV par câble et du téléphone pour 68/78 $. La section nord-ouest de la ville, sur 16th Ave (la Transcanadienne) et juste à côté, constitue une autre zone de motels. Au sud-est de l'université de Calgary, 16th Ave rejoint Crowchild Trail. Associées à Banff Trail (également appelée Hwy 1A), qui les relie en diagonale, ces rues forment un triangle. En raison de la forte densité de motels dans ce triangle, on appelle cet endroit le "Motel Village". C'est assez loin du centre-ville, mais le C-Train et les bus de la ville le desservent.

Dans les premiers prix, on trouve le *Circle Inn Motel* (☎ 289-0295), 2373 Banff Trail NW, un établissement de 30 chambres à 36/38 $ la simple/double, avec un supplément de 5 $ pour bénéficier d'une kitchenette. L'ensemble comprend un restaurant et un pub. L'*Avondale Motel* (☎ 289-1921), au 2231 Banff Trail NW, comporte un restaurant, une piscine et une laverie automatique. Les simples/doubles sont à 53/63 $. Le *Budget Host Motor Inn* (☎ 288-7115), 4420 16th Ave NW, est simple, mais sympathique et vous offrira le café. Il propose des chambres à 59/64 $. Le *Panama Motor Inn* (☎ 289-2561), 2440 16th Ave NW, offre une atmosphère latino-américaine. Certaines de ses 55 chambres ont une kitchenette, mais aucun supplément n'est exigé pour en bénéficier. Les simples/doubles sont à 45/48 $.

OÙ SE RESTAURER

L'édition du samedi du *Calgary Herald* comporte des publicités pour des petits déjeuners ou déjeuners-buffets. Le nombre grandissant de groupes ethniques représentés à Calgary transparaît à travers la variété de la nourriture proposée.

Centre-ville

Les petits budgets qui souhaitent prendre un repas sans se ruiner en centre-ville auront le choix entre la cafétéria de la *YMCA* d'Eau Claire Ave et les restaurants du grand magasin Bay, situé à l'angle de 1st St SW et de Stephens Ave Mall.

Pour déjeuner ou dîner, allez faire un tour au second étage de l'immeuble Lancaster, au 304 Stephens Ave Mall, à l'angle de 2nd St SW. 17 petits kiosques y servent des spécialités chinoises, mexicaines, indiennes et autres. Les plats au curry ou les tacos coûtent 4 $ environ, vue panoramique sur la ville comprise. Il existe deux autres endroits similaires : le premier est situé près des jardins Devonian, à Eaton, 510 8th Ave SW, le second à l'étage principal du nouveau marché d'Eau Claire, du côté de 1st Ave SW.

Toujours dans l'immeuble Lancaster, mais en bas, vous trouverez le sympathique *Unicorn Pub* à la saveur toute irlandaise. Ce pub accueillant, qui sert des plats à prix modérés, comme le fish & chips à 6 $ ou le steak & rognons à 7,50 $, vous recommandera sa Warthog Ale, une bière concoctée sur place. L'établissement est ouvert du lundi au samedi de 11h à 1h du matin. Le *Beirut Restaurant*, au 112 Stephens Ave Mall, propose les sandwiches traditionnels, mais aussi des spécialités libanaises, avec des entrées de 3 à 5 $ et des felafels à 8 $. Vous trouverez aussi de nombreux autres petits établissements dans Stephens Ave Mall. Certains sortent leurs tables sur le trottoir par beau temps.

Le *Junior's Café*, 507 8th Ave SW, a un peu forcé sur le plastique, mais offre l'avantage d'ouvrir tous les jours pour le petit déjeuner et le déjeuner. Les menus vont de 3,50 à 8 $. Vous dégusterez de bonnes pizzas de 8 à 18 $ au *Baby Blues Restaurant & Lounge*, 937 7th Ave SW. L'établissement accueille également des orchestres le soir.

A l'angle de 3th St SW et de 1st Ave SW, le *1886 Café* est un intéressant petit établissement installé dans l'ancien bâtiment de la compagnie d'électricité de Calgary, édifié en 1886. Cette vieille construction de bois blanc, usée par les ans, est à l'écart du centre-ville, près de la rivière et du pont pour piétons de Prince's Island. Jadis isolée au milieu des parkings, elle bénéficie aujourd'hui de la présence du centre de loisirs de la YMCA et du marché d'Eau Claire, qui ont contribué à faire revivre cette partie de la ville. Malgré la concurrence que lui fait le marché, le 1886 Café est resté très populaire. Si vous parvenez à vous y frayer un passage, ne manquez pas de vous y installer. Il est ouvert pour le petit déjeuner et le déjeuner de 7h à 15h et l'on y sert surtout des omelettes à 5 $ environ.

Pour dîner en ville, l'*Auburn Saloon*, à l'angle de 7th Ave SE et de 1st St SE, propose de bons plats de pâtes allant de 5,50 à 9 $ et des salades à 5,50 $. Un peu plus cher, le *Quincy's*, 609 7th Ave SW, est un bar-restaurant agréable qui sert des steaks (de 17 à 40 $) et des plats de poissons et de fruits de mer (de 14 à 19 $). Près de l'angle de 7th St SW, 727 5th Ave SW, le *Sushi Hiro* est, comme son nom l'indique, un restaurant japonais qui propose des sushis en apéritif pour 5 à 7 $, ainsi que des plats principaux de 8 à 15 $. Il est ouvert en soirée, du lundi au samedi de 17h à 23h, mais également à l'heure du déjeuner de 11h30 à 14h. A *La Paella*, à l'angle de 6th Ave SW et de 7th St SW, vous mangerez espagnol, bien sûr : les soupes vont de 2 à 7 $ et les plats principaux de 7 à 10 $. Cet établissement est ouvert du lundi au vendredi de 11h30 à 23h30, le samedi de 17h à 23h.

Un petit Chinatown s'étend entre 2nd et 3rd Ave, sur Centre St. Là, au *Ho Won* et au *AA Seafood*, sur Centre St, vous déjeunerez pour 5 à 6 $ à peine. Le **Chinatown Shopping Mall**, à l'angle de 3th Ave SE et de 1st St SE, est amusant le dimanche vers midi, lorsque le quartier est plein de monde et que l'on brade les pâtisseries. A l'intérieur, vous trouverez également bon nombre de restaurants vietnamiens très bon marché. Ainsi, le *Diamond Bakery*, au sous-sol du Good Fortune Plaza, sur la 3rd Ave SE, est une minuscule boutique proposant de succulents gâteaux et bonbons chinois et occidentaux à partir de 70 cents. A l'étage, le *Royal Terrace Restaurant*, à l'angle de Centre St et de 3rd Ave SE, sert des menus composés de quatre plats à 5,50 $ pour le déjeuner. On peut aussi y dîner.

Au sud du centre-ville

Cela vaut la peine de marcher un peu vers le sud, de l'autre côté de la voie ferrée, audessous de 9th Ave, pour entrer au *Cedars Deli*, à droite, juste après le tunnel de 1st Ave SW. On y déguste en effet une merveilleuse cuisine libanaise à un prix très abordable. Les entrées, très bonnes, coûtent de 3 à 4 $, l'assiette de felafel 5 $.

Le *Thai Sa-On*, 351 10th Ave SW, est un bon restaurant thaï avec des menus spéciaux à 5 $ proposés au déjeuner. Il ouvre du lundi au samedi à l'heure du déjeuner et du dîner. Tout près, au *Mother Tucker's*, au 347, 10th Ave SW, on vous servira un sandwich géant ou une énorme salade pour 6,50 à 8 $, ou encore des plats de poisson de 13 à 18 $. L'endroit est très fréquenté et l'on vient y écouter de la musique le soir. A l'angle de 10th Ave SW et de 4th St SW, se trouve la *Claudio's Trattoria*, élégant restaurant italien qui sert des spécialités à prix raisonnables dans un décor raffiné, avec de la musique live. Les plats principaux vont de 9 à 11 $.

Plus au sud encore, se situent bon nombre de coins propices. C'est le cas par exemple de 17th Ave SW, à partir de 4th St SW, sur une dizaine de pâtés de maisons environ vers l'ouest. Le *Nellie's Kitchen*, au 738, 17th Ave SW, près de 7th St SW, est un agréable petit café où l'on sert des sandwiches de 2,50 à 6 $ dans un patio, lorsque le temps le permet. Dans le même ordre de prix, le *Bagels & Buns*, en face, 807 est très apprécié et parfait, lui aussi, pour le petit déjeuner ou le déjeuner. La portion de 4th St SW située entre 17th et 25th Ave SW, comporte également de nombreux restaurants (grecs, italiens, français, etc.).

Autres quartiers

Au nord de la rivière, non loin du centreville à pied, Kensington est un ancien quartier situé sur Kensington Rd et 10th St NW où l'on trouve beaucoup de restaurants et qui mérite le déplacement. En dehors de la zone centrale, les rues commerçantes qui longent Macleod Trail south et la Transcanadienne comportent des chaînes de restaurants.

DISTRACTIONS

Pour avoir la liste de toutes les distractions qu'offre la ville, prenez un exemplaire de *Tonite* ou de *Cityscope*, distribués gratuitement dans toute la ville, ou lisez les journaux locaux. L'édition du vendredi du *Calgary Herald* possède une section intitulée *What's Up* qui signale toutes les manifestations.

Théâtre

La ville dispose de plusieurs théâtres. Le *Lunchbox Theatre* (☎ 265-4292), dans le Bow Valley Square, à l'angle de 6th Ave et de 1st St SW, est une scène de spectacles devant laquelle viennent se divertir, les jours de semaine à l'heure du déjeuner, badauds et employés travaillant dans le quartier. Comédies, comédies dramatiques, comédies musicales, le programme change régulièrement. Les pièces commencent à 12h et un spectacle supplémentaire est généralement proposé l'après-midi. L'entrée coûte 7 $.

Le *Calgary Centre for the Performing Arts* (☎ 294-7444), connu sous le simple nom de The Centre, se situe sur Stephens Ave Mall, à l'angle de 1st St SE. Il présente des pièces de l'Alberta Theatre Projects (☎ 266-8888), mais aussi des ballets de danse classique, des concerts de l'orchestre philharmonique de Calgary, etc. Le *Garry Theatre* (☎ 233-9100), 1229 9th Ave SE, à Inglewood, à l'est de la zone du centre-ville, propose des comédies et des tragédies récentes ou classiques. Pour sa part, le *Pumphouse Theatre* (☎ 263-0079), 2140 9th Ave SW, présente des pièces d'avant-garde. L'*Alberta Science Centre* organise, quant à lui, des spectacles laser et le Pleiades Theatre qu'il renferme passe des spectacles de variétés et des pièces à suspense (voir plus haut le paragraphe *Centre des sciences de l'Alberta*). Enfin, *Stage West* (☎ 243-6642), 727 42nd Ave SE, est un restaurant-théâtre qui met en scène des stars américaines du showbiz.

Musique

L'été, le Calgary Philharmonic Orchestra donne des concerts gratuits en divers lieux de la ville. D'autres représentations sont organisées gratuitement par divers musiciens dans le McDougall Centre Park, 455 6th Ave SE. Pour écouter jouer de grands noms de l'interprétation, rendez-vous dans l'Olympic Saddledome du parc du Stampede ou dans l'auditorium du Jubilee, 1415 14th Ave SW ; l'entrée coûte environ 35 $.

Dans le centre-ville, le *Old Scotch* (☎ 269-7440), 820 10th St SW, à l'angle de 9th Ave SW, fait venir des orchestres de jazz, de folklore et de country. Le dimanche est réservé à l'improvisation. Pour le rock, allez au *Cecil Hotel*, à l'angle de 4th Ave SE et de 3th St SE, au *T Jay's*, sur 7th Ave SW ou, au nord du centre-ville, chez *Frankie & Johnny*, à l'hôtel North Centre Inn, 1621 Centre St N, à l'angle de 16th Ave. Le *King Edward Hotel*, à l'angle de 9th Ave SE et de 4th St SE, propose des orchestres de blues et l'*Unicorn Pub* de la musique irlandaise.

Le *Morgan's Pub*, 1324 17th Ave SW, près de 4th St SW, est une bonne adresse pour les amateurs de jazz et de blues. La rue comporte d'autres établissements du même style, parfois avec piste de danse. Sur 11th Ave SW, entre 4th St et 6th St SW, vous trouverez pubs et night-clubs. Au nord de la rivière, le *Kensington's Delicafé*, au 1414 Kensington Rd NW, dans Recreation Square, près de l'Hostel Shop, est un bon restaurant/boîte de nuit. On y mange à des prix raisonnables, dans une atmosphère décontractée en écoutant des orchestres dans une cour extérieure. C'est ouvert tous les jours. Tout près, le *Pancho's* propose rock and roll et blues.

Enfin, au sud de la ville, le *Lake Bonavista Inn*, au 747 Bonavista Drive SE, vous propose de siroter une boisson dans un décor nettement plus haut de gamme, avec une belle vue sur le lac et les montagnes voisines.

Cinéma

Calgary ne manque pas de cinémas. Les journaux locaux vous en donneront la liste. La section film & vidéo de la *bibliothèque municipale de Calgary* (☎ 260-2781), située au 616 Macleod Trail SE, passe parfois des films que l'on peut voir gratuitement. Le *Plaza Theatre* (☎ 283-3636), au 1113 Kensington Rd NW, passe deux films par soir. Une séance de minuit a également lieu les vendredi et samedi soir. La place coûte 5,50 $. L'*université de Calgary* présente elle aussi des films, généralement étrangers, soit au 148 Science Theatre, soit au Boris Roubakine Recital Hall.

Manifestations sportives

Les Calgary Flames (☎ 261-0475), ennemis jurés des Edmonton Oilers, jouent au hockey sur glace d'octobre à avril dans l'Olympic Saddledome. Les billets coûtent de 9,75 à 44 $. Les Calgary 88's, membres de la ligue internationale de basket, reçoivent eux aussi leurs adversaires dans l'Olympic Saddledome. Les Calgary Stampeders (☎ 289-0205) forment une équipe professionnelle de football canadien qui joue de juillet à septembre au McMahon Stadium, dans la partie nord-ouest de Calgary dans Crowchild Trail. Pour assister à un match, vous paierez de 15 à 28 $. Les Calgary Cannons (☎ 284-1111) reçoivent leurs adversaires au Foothills Baseball Stadium, où leurs parties de base-ball se disputent d'avril à septembre.

COMMENT S'Y RENDRE

Avion

L'aéroport international de Calgary se trouve à environ 15 km au nord-est du centre-ville par Barlow Trail, soit à 25 mn de route. Air Canada (☎ 265-9555), 100 5th Ave SW, et Canadian Airlines (☎ 235-1161), 407 2nd St SW, desservent de nombreuses villes canadiennes et américaines. Alaska Airlines (☎ 1-800-426-0333), American Airlines (☎ 1-800-433-7300) et Delta Airlines (☎ 263-0177), 905 530 8th Ave SW, relient Calgary à certains points de l'Alaska et des États-Unis. Northwest Airlines (☎ 1-800-225-2525) dessert Winnipeg et certaines destinations américaines. United Airlines (☎ 1-800-241-6522) possède un bureau à l'aéroport.

Avec Air Canada, il vous faudra 40 mn pour vous rendre à Edmonton : la liaison, destinée aux personnes qui travaillent dans cette ville tout en résidant à Edmonton, s'effectue tout au long de la journée. Pour les voyageurs occasionnels, le prix du billet est assez dissuasif, à 154,96 $ (taxes comprises), mais certains vols sont moins chers en dehors des heures de pointe. Le billet aller-retour (taxes comprises) coûte 456 $ pour Toronto, 370 $ pour Winnipeg, 513 $ pour Montréal et 767 $ pour Halifax.

Vous trouverez une liste de vols en promotion dans la section "Travel" du *Calgary Herald* du samedi.

Bus

La gare routière de Greyhound (☎ 265-9111), 850 16th St SW, à l'angle de 9th Ave SW, est un peu éloignée du centre. On peut s'y rendre à pied, mais mieux vaut opter pour les navettes gratuites qui y mènent. Dans la gare, on trouve une petite boutique, une cafétéria et une consigne automatique (1,50 $). L'ensemble est ouvert tous les jours de 5h à 1h du matin. Il y a de fréquents départs pour Edmonton (29,96 $), Vancouver *via* l'Okanagan ou Fraser Canyon (93,09 $), Banff (14,28 $), Drumheller (16,21 $), Lethbridge (24,82 $), Winnipeg (125,19 $) et Toronto (232,16 $). Tous ces tarifs incluent les taxes.

La compagnie Red Arrow Express (☎ 531-0350) organise des départs pour Edmonton dans quatre autocars de luxe à partir de son dépôt, situé à Westward Inn, 119 12th Ave SW. L'aller simple coûte 31 $.

Train

Malgré la fermeture de la voie ferrée sud du VIA Rail, il est encore possible d'aller en train de Calgary à Vancouver, *via* Banff et Jasper, par la voie ferrée privée nommée "Rocky Mountaineer", à condition d'y mettre le prix : l'aller simple direct pour Vancouver coûte 574 $ (un tarif qui comprend les repas et une nuit d'hôtel à Kamloops). Les trains fonctionnent de fin mai à début octobre.

Pour tout renseignement, contactez une agence de voyage ou la Great Canadian Railtour Company (☎ 604-984-3131; 1-800-665-7245), 104 340 Brooksbank Ave, North Vancouver.

La gare ferroviaire de Calgary est très bien placée : elle se trouve dans la tour de Calgary.

COMMENT CIRCULER

Desserte de l'aéroport

Le meilleur moyen d'effectuer le trajet entre la ville et l'aéroport consiste à emprunter l'Airporter Bus (☎ 531-3909), qui circule de 5h30 à 23h30, desservant tous les grands hôtels de la ville et l'aéroport pour 7,50 $. Les départs ont lieu toutes les vingt minutes environ devant le Westin Hotel, 320 4th Ave SW. On peut également prendre le C-Train vers le nord-est jusqu'à

Whitehorn, puis le bus n°57 jusqu'à l'aéroport. Quant au taxi, il vous fera payer le trajet environ 20 $.

Bus et LRT

Calgary Transit (☎ 262-1000), 240 7th Ave SW, gère le réseau de bus et de métro, appelé le Light Rapid Transit (LRT). Ses bureaux, qui vous fourniront billets, plans et renseignements, sont ouverts du lundi au vendredi de 8h30 à 17h. Le métro LRT de Calgary est connu sous le nom de C-Train. Il est gratuit dans la zone du centre-ville, le long de 7th Ave entre 10th St SW et 3rd St SE. Si vous allez plus loin ou si vous devez changer, procurez-vous un billet par l'intermédiaire des machines que vous trouverez sur le quai du C-Train. Un aller simple coûte 1,50 $, mais vous pouvez acquérir un pass pour la journée au prix de 4,50 $.

Le C-Train se rend à l'université au nord-ouest, à l'aéroport au nord-est et jusqu'à Macleod Trail au sud. Les bus n°3, 17 et 53 suivent Centre St du nord au sud entre les quartiers nord de Calgary et le centre-ville. Le n°19 circule d'est en ouest (et d'ouest en est) le long de 16th Ave (Transcanadienne). Enfin, le bus n°10 se dirige vers le sud sur Macleod Trail.

Taxi

On trouve bon nombre de compagnies de taxis à Calgary, entre autres l'Alberta South Co-Op Taxi Lines (☎ 531-8294), dont le siège est au 2016 25th Ave NE, et la Yellow Cab (☎ 250-8311), 3501 23rd St NE. Le tarif est de 2,05 $ pour les 225 premiers mètres, puis 20 cents tous les 225 mètres.

Voiture

Calgary compte de nombreux loueurs de voitures. Rent-A-Wreck (☎ 237-6880) est le moins cher, à 29,95 $ par jour, plus 13 cents par kilomètre au-delà de 150 km. Thrifty Car Rental (☎ 262-4400), 117 5th Ave SE, réclame 49 $ par jour en kilométrage illimité. Budget (☎ 263-0505), 140 6th Ave SE, demande 49,99 $ par jour, tout compris. Tous ces tarifs sont pratiqués en semaine.

En stop

Le stop est illégal à Calgary et ceux qui le pratiquent s'exposent à de très lourdes amendes. Les autorités de la ville ne plaisantent pas avec cette loi, aussi vaut-il mieux renoncer à ce mode de transport. Si vous allez vers Banff et l'ouest, prenez donc le bus n°105 en centre-ville et demandez au chauffeur s'il existe un autre bus, après le terminus, pour s'éloigner de la ville. Si la réponse est non, marchez jusqu'aux limites de la ville avant de commencer à faire du stop.

Le sud de l'Alberta

Le sud de l'Alberta est surtout le domaine du bétail et des ranches, mais la culture du blé y a également son importance. Vous y visiterez des badlands, avec leurs étranges formations rocheuses et leurs vestiges de monstres préhistoriques du côté de Drumheller et du parc provincial des Dinosaures, et vous y verrez le piège à bisons de Head-Smashed-In, où les Pieds Noirs tuaient les troupeaux de bisons pour se nourrir, etc. A l'extrémité sud-est, le parc provincial de Cypress Hills s'élève au-dessus des prairies. Dans le parc provincial de Writing-on-Stone, vous découvrirez des cheminées de fée et des inscriptions rupestres remontant à la nuit des temps. A l'ouest, vous vous émerveillerez devant les spectaculaires Rocheuses de l'Alberta.

LETHBRIDGE

Située sur la Crowsnest Hwy, Lethbridge est la plus grande ville du sud de l'Alberta et la troisième de la province. Elle sert de centre de rencontre aux agriculteurs de la région. En vous promenant dans les rues de cette ville, vous apercevrez certains habitants vêtus de costumes du XIXe siècle. Ce sont des Hutterites, membres d'une secte protestante, qui vivent en collectivité dans des fermes et qui fuient de nombreux aspects de la société moderne.

Renseignements

Le centre d'informations touristiques (☎ 320-1222) se trouve sur la colline de Brewery, à l'extrémité ouest de 1st Ave South. Pour tout renseignement sur le sud-ouest de l'Alberta, adressez-vous à la Chinook Country Tourist Association (☎ 329-6777), 2805 Scenic Drive South, à l'intersection avec Mayor Magrath Drive South. Le bureau de poste central (☎ 320-7133) se trouve 704 4th Ave South, à l'angle de 7th St South. La Toronto Dominion Bank, à l'angle de 4th Ave et de 5th St South, est ouverte le samedi de 9h à 16h.

Si la culture des Indiens vous intéresse, n'hésitez pas à contacter la Sik-Ooh-Kotok Friendship Society (☎ 328-2414, 327-0087), 10 535 13th St North.

A voir

Les **jardins japonais de Nikka Yuko** (☎ 328-3511), à l'angle de 7th Ave South et de Mayor Magrath Drive South, furent créés pour symboliser l'amitié nippo-canadienne. Ces authentiques jardins sont composés de petits étangs, de rochers et d'arbrisseaux, mais sans la moindre fleur. Les bâtiments et les ponts ont été construits au Japon, puis remontés sur place. Les jardins ouvrent de mi-mai à début octobre. L'entrée coûte 3 $, et 2 $ pour les étudiants.

Du côté ouest de la ville, près d'Oldman River, se trouve l'**Indian Battle Park**, qui tient son nom d'une bataille célèbre qui opposa Pieds Noirs et Cris et qui fut la dernière d'Amérique du Nord entre Indiens. Dans le parc, se trouve le **Fort Whoop-Up** (☎ 329-0444), une réplique du premier – et du plus célèbre – poste de trafic de whisky.

Environ 25 de ces avant-postes furent établis dans la province entre 1869 et 1874 dans le but d'échanger whisky, fusils, munitions et couvertures contre des peaux de bisons, de la fourrure, etc., avec les Indiens autochtones. L'existence de ces postes de commerce entraîna la création de la police montée du Nord-Ouest, qui arriva en 1874 à Fort Macleod afin de faire respecter la loi et l'ordre dans l'Ouest canadien.

Le Fort Whoop-Up est ouvert du lundi au samedi de 10h à 18h, le dimanche de 12h à 20h. L'entrée coûte 2 $. Toujours dans le parc, le petit musée **Sir Alexander Galt** (☎ 320-3898), à l'ouest de 5th Ave South, présente des objets retraçant l'histoire de Lethbridge. Ce musée, ouvert tous les jours de 10h à 16h, est gratuit.

Le **Birds of Prey Centre** (☎ 345-4262), à environ 10 km à l'est de Lethbridge, par la Crowsnest Hwy à Coaldale, est un centre de rééducation pour oiseaux prédateurs blessés : on y soigne hiboux, faucons, aigles, etc. Le prix d'entrée de 4 $ est reversé à une organisation de protection de la nature.

Où se loger et où se restaurer

Les deux terrains de camping les plus proches du centre-ville sont le *Bridgeview Campground* (☎ 381-2357), 910 4th Ave South, par la Crowsnest Hwy nord-ouest, et le *Henderson Lake Campground* (☎ 328-5452), dans Henderson Park, par Parkside Drive (7th Ave South). Tous deux disposent de douches et de laveries automatiques, demandent 11 $ par emplacement pour une tente et ferment tout l'hiver. La *YWCA* (☎ 329-0088), 604 8th St South, n'accueille que les femmes, comporte une laverie automatique et une salle de gymnastique et demande 22/40 $ pour une simple/double. L'*université de Lethbridge*, au sud-ouest du centre-ville, au-delà de la rivière du Vieil-Homme, propose, de mai à août, des appartements modernes entièrement équipés pour 30 à 43 $ ou des chambres avec douches communes pour 24,50/39 $ la simple/double. Pour plus de détails, contactez Housing Services (☎ 329-2793), University of Lethbridge, C420 4401 University Drive, Lethbridge T1K 3M4.

La plupart des motels se trouvent le long de Mayor Magrath Drive.

Si vous avez envie d'un bon fish & chips, entrez chez *Bill's Fish Market*, 543 13th St, à l'angle de 6th Ave.

Comment s'y rendre

La gare routière de Greyhound (☎ 327-1551), située 411 5th St South, est ouverte tous les jours de 9h à 19h. Voici quelques-unes des destinations et leurs tarifs respec-

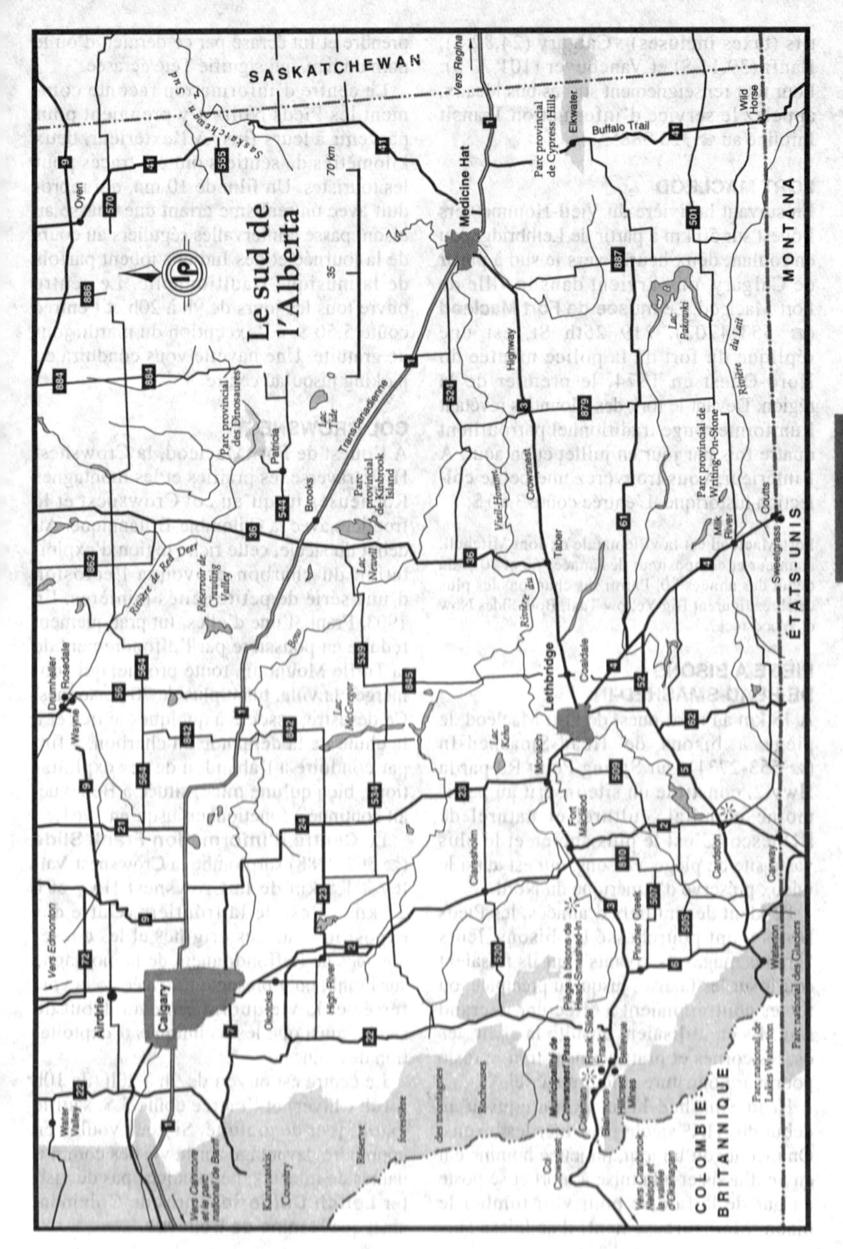
Le sud de l'Alberta
SASKATCHEWAN
MONTANA
ÉTATS-UNIS
COLOMBIE-BRITANNIQUE
Medicine Hat
Calgary
Lethbridge
Brooks
Drumheller
Rosedale
Wayne
Airdrie
Oyen
Patricia
Okotoks
High River
Claresholm
Fort Macleod
Pincher Creek
Cardston
Waterton
Taber
Coaldale
Monarch
Milk River
Coutts
Sweetgrass
Elkwater
Wild Horse
Vers Regina
Vers Edmonton
Transcanadienne
Buffalo Trail
Parc provincial des Dinosaures
Parc provincial de Kinbrook Island
Parc provincial de Cypress Hills
Parc provincial de Writing-On-Stone
Parc national de Lakes Waterton
Piège à bisons de Head-Smashed-In
Municipalité de Crowsnest Pass
Col Crowsnest
Frank Slide
Coleman
Blairmore
Hillcrest Mines
Bellevue
Frank
Rivière de Red Deer
Rivière du Lait
Lac Pakowki
Lac Newell
Lac McGregor
Kananaskis Country
Réserve forestière des montagnes Rocheuses
70 km
ALBERTA

tifs (taxes incluses) : Calgary (24,82 $), Banff (39,11 $) et Vancouver (101,70 $). Pour tout renseignement sur les bus locaux, appelez le service d'information Transit Infoline au ☎ 320-3885.

FORT MACLEOD

En suivant la rivière du Vieil-Homme vers l'ouest sur 50 km à partir de Lethbridge, ou en roulant deux heures vers le sud à partir de Calgary, on parvient dans la ville de Fort Macleod. Le **musée de Fort Macleod** (☎ 553-4703), 219 25th St, est une réplique du fort de la police montée du Nord-Ouest en 1874, le premier de la région. Devant le fort, des Mounties revêtant l'uniforme rouge traditionnel patrouillent quatre fois par jour en juillet et en août. A l'intérieur, vous trouverez une petite collection historique. L'entrée coûte 3,50 $.

Fort Macleod est la ville natale de Joni Mitchell, chanteur et compositeur des années 60 et 70 et du début des années 80. Parmi ses chansons les plus célèbres figurent Big Yellow Taxi, Both Sides Now et Woodstock.

PIÈGE A BISONS DE HEAD-SMASHED-IN

A 18 km au nord-ouest de Fort Macleod, le piège à bisons de Head-Smashed-In (☎ 553-2731), sur Spring Point Rd par la Hwy 2, constitue un site inscrit au patrimoine mondial, culturel et naturel de l'Unesco. C'est le plus ancien et le plus vaste site de piège à bisons, qui est aussi le mieux préservé d'Amérique du Nord.

Pendant des milliers d'années, les Pieds Noirs y ont pourchassé les bisons, leurs "grands magasins vivants", qu'ils faisaient courir sur les falaises jusqu'au précipice, où ils les contraignaient à effectuer le grand saut. Ils en utilisaient ensuite la chair, les os, les cornes et pratiquement tout le reste pour leur nourriture et leur matériel.

Head-Smashed-In fut exploité jusqu'au début du XIXe siècle pour tuer les bisons. On raconte qu'un jour, un jeune homme eut envie d'assister à la mise à mort et se poste au bas de la falaise pour voir tomber le bison. Malheureusement, il se laissa surprendre et fut écrasé par ce dernier, d'où le nom du lieu, qui signifie Tête écrasée.

Le centre d'information raconte comment les Pieds Noirs s'y prenaient pour parvenir à leurs fins. A l'extérieur, deux kilomètres de sentiers ont été tracés pour les touristes. Un film de 10 mn, qui reproduit avec un réalisme criant une chasse au bison, passe à intervalles réguliers au cours de la journée et des Indiens jouent parfois de la musique traditionnelle. Le centre ouvre tous les jours de 9h à 20h et l'entrée coûte 5,50 $, à l'exception du mardi, jour de gratuité. Une navette vous conduira du parking jusqu'au centre.

COL CROWSNEST

A l'ouest de Fort Macleod, la Crowsnest Hwy traverse les prairies et les montagnes Rocheuses jusqu'au col Crowsnest et la frontière avec la Colombie-Britannique. Au début du siècle, cette riche région d'exploitation du charbon provoqua l'éclosion d'une série de petites cités minières. En 1903, Frank, l'une d'elles, fut pratiquement réduite en poussière par l'effondrement de la Turtle Mountain, toute proche, qui submergea la ville, tuant plus de 70 personnes. Ce désastre, associé à quelques autres et à la chute de la demande en charbon, a fini par conduire à l'abandon de ces exploitations, bien qu'une mine, située à Bellevue, ait continué à fonctionner jusqu'en 1961.

Le **Centre d'information Frank Slide** (☎ 562-7388) surplombe la Crowsnest Valley à 1,5 km de la Crowsnest Hwy et à 27 km à l'est de la frontière. Outre des expositions sur les origines et les conséquences de l'effondrement de la montagne sur Frank, on y présente l'arrivée de la voie ferrée et la vie quotidienne au début du siècle, ainsi que les techniques d'exploitation des mines.

Le centre est ouvert de 9h à 20h (de 10h à 16h l'hiver) et l'entrée coûte 3 $, sauf le mardi, jour de gratuité. Si vous voulez en apprendre davantage sur la vie des communautés de mineurs, ne manquez pas de visiter **Leitch Collieries**, près de Coleman, ainsi que la **mine de Bellevue**.

CARDSTON

Située au sud-ouest de Lethbridge, à l'intersection entre les Hwy 5 et 2, près de la réserve indienne de Blood, Cardston est un centre de mormons. Cette ville doit son nom à Charles Ora Card, qui la fonda en 1887. Le gigantesque **temple Alberta** en forme de boîte (☎ 653-4142) récemment rénové, 348 3rd St, fut construit en 1923 et, bien que seuls les mormons soient autorisés à y pénétrer, un centre, ouvert tous les jours en été, a été créé pour les touristes.

Le **Remington Alberta Carriage Centre** (☎ 653-5139), au sud du Lee Creek, sur Main St, a été ouvert en 1993 pour retracer l'histoire des transports tirés par chevaux aux XIXe et XXe siècles. Ce centre comporte un musée, une fabrique de chariots, un maréchal-ferrant et une étable. Il accueille les touristes tous les jours de 9h à 20h (jusqu'à 17h seulement l'hiver) et l'entrée coûte 5,50 $.

DRUMHELLER ET SES ENVIRONS

Petite ville nichée dans un environnement surprenant, à 122 m au-dessous du niveau de la prairie, Drumheller se trouve à 150 km au nord-est de Calgary, dans ce pays des dinosaures qu'est la Red Deer River Valley. Des milliers d'années d'érosion par le vent, les glaciers et l'eau ont créé un fantastique paysage de badlands qui révèle des millions d'années d'évolution de la vie animale et de la géologie. Cette zone est réputée pour ses nombreux fossiles de dinosaures et ses formations de bois pétrifié aux formes étranges. On a découvert dans cette région plus de squelettes de dinosaures complets, datant de l'ère crétacée (il y a 64 à 140 millions d'années), que dans n'importe quelle autre zone de la planète. Le centre d'informationx touristiques se trouve dans le même bâtiment que la gare routière de Greyhound. Tous deux sont ouverts du lundi au samedi de 6h à 21h, le dimanche de 9h à 21h.

Musée des Dinosaures et des Fossiles de Drumheller

Ce petit musée (☎ 823-2593), 335 1st St East, est une bonne entrée en matière de la vie préhistorique et de la géologie des badlands et présente des fossiles et autres vestiges. La pièce maîtresse de l'exposition est un *Edmontosaurus*, sorte d'ornithorynque pesant quatre à cinq tonnes et mesurant neuf mètres de long, reconstitué à partir de fossiles découverts en 1923. Le musée est ouvert tous les jours de 10h à 17h en mai et en juin et de 10h à 18h en juillet et en août. L'entrée coûte 2 $.

Dinosaur Trail

Drumheller sert de point de départ au chemin des dinosaures, le Dinosaur Trail (Hwy 838), une boucle de 48 km à travers la région. Cet itinéraire comporte toutes les attractions, mais il vous faudra une voiture pour le suivre. Le paysage qui l'entoure ne manque pas d'intérêt, tout comme le panorama que l'on peut admirer du haut du **Horsethief Canyon** et du **Horseshoe Canyon**. Des pistes sont tracées pour vous permettre de descendre dans ces canyons, où vous découvrirez les huîtrières pétrifiées. Dans le **parc provincial de Midland**, au nord-ouest de Drumheller, vous n'aurez besoin de personne pour vous guider dans vos promenades. Le parc ne comporte pas de camping. A 27 km au nord-ouest de Drumheller, à l'extrémité de le Dinosaur Trail, vous pourrez prendre le *Bleriot*, un ferry gratuit actionné par câbles qui traverse la rivière.

Aux cheminées de fée, à environ 18 km au sud-est de Drumheller, par la Hwy 10, se trouve le plus bel exemple de colonnes de roches calcaires, qui doivent au travail de l'érosion leurs stupéfiantes formes de champignons.

Musée royal de Paléontologie de Tyrell

Cet excellent musée (☎ 823-7707), en bordure du North Dinosaur Trail (Hwy 838), au nord-ouest de la ville, retrace la naissance de la vie sur la terre à travers des expositions, des films, des fibres optiques, des ordinateurs, etc. Des fossiles de créatures préhistoriques aident à retracer l'histoire de l'évolution. Mais le clou du musée reste la gigantesque exposition de 30 squelettes complets de dinosaures.Le musée est ouvert tout l'été de 9h à 21h, et du mardi au dimanche de 10h à 17h seulement le reste de l'année. L'entrée coûte 5,50 $ sauf le mardi, jour de gratuité.

Où se loger

A quelques kilomètres au sud de Drumheller, les petits villages de Rosedale et de Wayne possèdent tous deux un terrain de camping gratuit, mais ne comportant aucune installation. Le *Bleriot Ferry Campground* (☎ 823-1749) possède une pompe à eau et des emplacements à 5 $. En ville, le *Shady Grove Campground* (☎ 823-2576), au 25 Poplar St, sur la rive nord de la rivière, est ouvert toute l'année. Il comporte tous les équipements nécessaires, y compris des douches, et l'emplacement y coûte 10 $. Un peu plus au nord, le *Dinosaur Trailer Park* (☎ 823-3291), près de l'intersection entre le Dinosaur Trail et la Hwy 9, propose à 14 $ des emplacements pour tentes et des douches.

L'auberge de jeunesse de la HI, l'*Alexandra Hostel* (☎ 823-6337), au 30 Railway Ave, peut accueillir 55 personnes et comporte douches, laverie automatique et cuisine. La nuit coûte 10,50 $ pour les membres, 14,50 $ pour les autres.

Drumheller propose plusieurs hôtels sur Railway Ave et dans ses environs immédiats, mais l'une des meilleures adresses reste le *Badlands Motel* (☎ 823-5155), situé au nord de la ville sur le Dinosaur Trail. On y loge dans des bungalows en rondins de bois pour 39/42 $ la simple/double.

Achats

Le magasin Fossil Shop, au 61 Bridge St, juste au nord du pont, mérite une petite visit. Le magasin propose d'innombrables ossements et fragments de dinosaures et le personnel est vraiment connaisseur.

PARC PROVINCIAL DES DINOSAURES

Non, vous n'êtes pas à Jurassic Park, mais presque. Le parc provincial des Dinosaures, qui s'étend sur 6 km^2, est un cimetière de dinosaures vieux de 76,5 millions d'années qu'il convient de visiter si vous passez dans la région. Situé à 48 km au nord-est de Brooks, à peu près à mi-chemin entre Calgary et Medicine Hat, on y parvient par la Hwy 544. L'entrée au parc est gratuite.

Les badlands forment un paysage sec, presque lunaire, qui ne s'est pas toujours présenté ainsi : à une certaine époque en effet, cette zone était couverte par une forêt tropicale qui bordait une mer intérieure, et les dinosaures s'y plaisaient bien. Les restes fossilisés de ces monstres ont été enterrés dans toute la vallée. La **Tyrell Museum Field Station** (☎ 378-4342) a organisé quatre zones d'exposition où des squelettes presque complets sont présentés tels qu'on les a trouvés.

Plus de 300 squelettes complets ont ainsi été mis au jour, dont beaucoup ont été expédiés dans des musées du monde entier. L'accès au parc est limité, mais des visites guidées sont organisées à travers cet étrange paysage érodé. L'été, on peut aussi bénéficier d'une visite en bus de 90 mn pour 4,50 $. L'endroit est particulièrement photogénique, notamment avec ses cheminées de fée. N'oubliez pas de vous munir de grandes quantités d'eau en été (il règne une chaleur torride dans la vallée), d'un chapeau et d'une crème solaire protectrice. Quant aux moustiques, qu'on ne peut oublier, ils s'attaqueront sans relâche aux imprudents qui n'ont pas pris les précautions nécessaires.

Le parc dispose d'un bon camping installé en bordure de rivière, qui constitue une petite oasis de verdure dans cet environnement sévère. L'emplacement coûte 7 $.

PARC PROVINCIAL DE KINBROOK ISLAND

Voilà un coin idéal pour faire une pause camping, au départ ou au retour de Calgary. On y parvient par la Transcanadienne, que l'on suit jusqu'à 13 km au sud de Brooks ; prenez ensuite sur 2 kilomètres la petite route secondaire n°873 vers l'est, près du lac Newell. Ce dernier est un lac artificiel qui accueille de nombreuses espèces d'oiseaux aquatiques, dont des oies du Canada, des hérons bleus, des cormorans et des pélicans. On peut s'y baigner ou y pêcher, ou simplement profiter de cette échappée à la monotonie du paysage plat et sans arbres qui prédomine jusqu'à Medicine Hat. Le terrain de camping (☎ 362-2962/4525) dispose de 167 emplacements et de l'eau courante.

PARC PROVINCIAL DE WRITING-ON-STONE

Ce parc s'étend au sud-est de Lethbridge, près de la frontière américaine. On aperçoit les Sweetgrass Hills du Montana au sud. Pour vous rendre dans le parc, quittez la Hwy 4 dans la ville de Milk River pour prendre la Hwy 501 vers l'est sur 42 km. Le parc tire son nom des sculptures et des peintures (la plus large collection d'art pariétal d'Amérique du Nord) réalisées par les Indiens des plaines il y a plus de trois mille ans sur les falaises calcaires qui bordent la **rivière du Lait**.

Bélier Dall

Vous pourrez admirer tout seul certains de ces pétroglyphes et de ces pictogrammes si vous suivez la piste des cheminées de fée le long de la limite nord de la vallée, mais les meilleures pièces sont regroupées dans une zone contrôlée (afin de les protéger du vandalisme) et ne se visitent qu'en compagnie de *rangers*. Dans la vallée se trouve un poste de police datant de 1887 que l'on a restauré pour lui faire retrouver son aspect initial.

La rivière est propice au canoë et à la baignade. Il y a même une petite plage juste à côté. L'hiver, des pistes de ski de fond sont tracées. Le parc comporte également une large variété d'habitats d'animaux sauvages, dont plus de 160 espèces d'oiseaux, 30 de mammifères, 4 de batraciens et 3 de reptiles, sans parler des poissons qui peuplent la rivière.

Vous obtiendrez des détails sur toute cette vie sauvage au bureau d'information du parc, ou en contactant Writing-On-Stone Provincial Park (☎ 647-2364), PO Box 297, Milk River T0K 1M0.

Au camping situé en bordure de rivière, les emplacements coûtent 11 $, eau courante comprise. Méfiez-vous : il y a beaucoup de monde le week-end.

MEDICINE HAT

Située en bordure de la Saskatchewan sud, à l'intersection entre la Transcanadienne et la Crowsnest Hwy, cette ville a été fondée en 1883, lorsque la compagnie de chemin de fer Canadian Pacific, qui prospectait la région à la recherche d'eau, y découvrit du gaz naturel. Elle en trouva tant que l'écrivain Rudyard Kipling qualifia Medicine Hat de "ville dont le sous-sol est un enfer". Aujourd'hui encore, les rues sont éclairées par des lampadaires à gaz.

Le centre d'informations touristiques (☎ 527-6422), 8 Gehring Rd SW, au sud du centre-ville, sur la Transcanadienne en jours toute l'année. Les horaires d'été s'étendent de 8h à 21h, ceux d'hiver de 9h à 17h. La gare routière de Greyhound (☎ 527-4418), située en centre-ville 557 2nd St SE, est ouverte tous les jours de 5h à 23h. On y trouve une consigne automatique et une cafétéria. La plupart des hébergements bordent la Transcanadienne.

Du centre d'informations touristiques ou de l'autoroute, vous pouvez voir **le plus grand teepee du monde**. Construit à base de métal, il fut utilisé lors des cérémonies d'ouverture et de clôture des jeux Olympiques d'hiver de 1988 à Calgary. Il est désormais installé définitivement à Medicine Hat, représentant un tribut permanent dédié aux tout premiers Canadiens, les Indiens.

Medicine Hat est également réputée pour ses parcs et ses sentiers de randonnée, dont certains longent la Saskatchewan sud. En centre-ville, on peut voir de beaux bâtiments anciens de briques rouges.Si vous avez manqué le Stampede de Calgary, un festival similaire se tient ici durant la dernière semaine de juillet aux Exhibition & Stampede Grounds (☎ 527-1234), qui s'étendent à 5 km au sud-est du centre-ville par 21st Ave SE.

PARC PROVINCIAL DE CYPRESS HILLS

Ce parc, oasis de forêts entourée de prairies qui semblent ne jamais devoir s'arrêter, enjambe la frontière avec la Saskatchewan. Vous en trouverez la description dans le chapitre consacré à cette région.

Les Rocheuses de l'Alberta

La majeure partie de la zone des montagnes Rocheuses de l'Alberta, qui s'étend le long de la frontière avec la Colombie-Britannique, est protégée par deux immenses parcs nationaux mitoyens : Banff au sud et Jasper au nord. L'Icefieds Parkway, une route de montagne, les relie, quoique, en fait, il n'existe pas entre eux de frontière réelle. Bordant la limite sud du parc national de Banff, on trouve aussi le domaine de loisirs de plein air nommé Kananaskis Country. Plus au sud, sur la frontière avec les États-Unis, s'étend le parc national de Waterton Lakes, moins touristique.

Toute la région est d'une beauté spectaculaire. On y trouve certains des plus beaux paysages du monde, mais aussi les endroits les plus propices à l'alpinisme, à la randonnée et au ski. Les parcs nationaux abondent en crêtes déchiquetées recouvertes de neige, en vallées paisibles, en torrents bouillonnants, en sources chaudes naturelles et en forêts d'alpage. Vous n'en croirez pas vos yeux lorsque vous découvrirez la couleur vert émeraude des innombrables lacs des montagnes Rocheuses. Les parcs disposent également d'aménagements modernes. Les sentiers de randonnée n'y manquent pas, tout comme la faune et la flore, en particulier dans le parc national de Jasper.

Le parc national de Banff fut le premier parc national du Canada. C'est le plus célèbre et le plus populaire, puisqu'il attire trois millions de visiteurs par an. Il couvre une zone de 6 641 km², avec 25 sommets dépassant 3 000 m d'altitude. La qualité du ski et de l'alpinisme qu'on y pratique est mondialement réputée.

Quant au parc national de Jasper, encore plus vaste, il est plus sauvage et moins exploré, mais offre lui aussi d'excellents sentiers de randonnée. Bien qu'il soit le plus petit de tous les parcs nationaux du pays, la vie animale, les paysages magnifiques et les activités proposées à Waterton Lakes autorisent ce parc à rivaliser avec ses voisins.

Afin de préserver cette région, le Service des parcs du Canada exerce un contrôle sur le tourisme en délimitant des zones spécifiques pour le camping, le pique-nique, les feux de camp, les centres touristiques, les zones urbaines, etc. Respectez-les et lisez la section *Backcountry Visitors' Guide* sur les moyens de minimiser l'influence de votre passage sur l'environnement du parc.

Les petites villes de Banff, de Lake Louise, de Jasper, de Canmore et de Waterton Lakes servent de points de repère. Elles permettent de s'orienter, de s'approvisionner et de s'informer. Dans le parc national de Banff, les hébergements sont rares et chers durant l'été. Aussi vaut-il mieux réserver ou séjourner dans l'une des villes situées non loin du parc, mais à l'extérieur : Canmore, Field, Golden, Radium Hot Springs, Windermere ou Invermere en Colombie-Britannique. Vous viendrez passer vos journées dans le parc.

Précautions

Lorsque vous vous retrouverez en pleine nature, n'hésitez pas à faire bouillir l'eau puisée sur place au moins dix minutes avant de la boire : vous éviterez ainsi d'attraper la fièvre du castor, ou giardiasis, provoquée par un parasite intestinal (*Giardia lamblia*) contenu dans les déjections des animaux.

Si vous comptez explorer les régions les plus sauvages, lisez la petite brochure éditée en français et intitulée *Vous êtes au pays des ours*, qui vous expliquera comment éviter les périlleuses rencontres avec ces bêtes, et comment vous comporter en cas de confrontation. Vous l'obtiendrez dans les centres d'informations touristiques.

Certains chemins, fréquentés par d'innombrables cavaliers, sont devenus quasiment impraticables pour le randonneur : mieux vaut donc les éviter si vous prévoyez de longues marches. Demandez aux bureaux des gardes forestiers lesquels sont les plus utilisés par les visiteurs à cheval.

Enfin, les campeurs doivent savoir que presque tous les campings des montagnes Rocheuses sont parsemés de cailloux, aussi ne faut-il pas compter s'endormir à même le sol ! Prévoir un tapis de sol suffisamment épais ou un matelas en mousse me paraît indispensable. Attendez-vous également à tordre, voire à casser quelques piquets et autres sardines…

BANFF ET SES ENVIRONS

Située à 138 km à l'ouest de Calgary, Banff est la première destination touristique du Canada, tant l'hiver que l'été. Avec 7 millions de visiteurs par an, cette station représente le cœur des montagnes Rocheuses. Pourtant, ses dimensions restent très réduites puisqu'elle ne comporte qu'une seule rue principale, aussi faut-il s'attendre à y croiser beaucoup de monde. Les mois les plus lourds sont juillet et août. Malgré tous les problèmes que cette affluence peut poser, ces nombreux estivants créent dans la ville une atmosphère de vacances et de fête. La plupart des employés travaillant dans la ville ou autour sont de nouveaux venus eux aussi, des *gorbies* (touristes).

La ville est propre et agréable, ses environs sont magnifiques. C'est une étape idéale, que l'on voyage en voiture ou à pied. Des magasins vendent ou louent le matériel de ski, de randonnée et de camping et l'on peut également s'y approvisionner. A partir de Banff, excursions et balades sont innombrables.

Orientation

Banff Ave, la rue principale, traverse la ville du nord au sud sur toute sa longueur. Au nord, elle rejoint la Transcanadienne. Elle est bordée d'hôtels, de boutiques, de restaurants et de magasins de souvenirs. Au-delà du pont, à l'extrême sud de Banff Ave, se trouve le bâtiment administratif des parcs. La vue y est très belle. Derrière ce bâtiment, on découvre des jardins où coule une rivière et des bassins agrémentés de quelques bancs. Au-delà du pont, à gauche, Mountain Ave mène à Sulphur Mountain et à ses sources chaudes, tandis que Spray Ave conduit au Banff Springs Hotel, l'établissement le plus célèbre de la ville. En suivant Cave Ave, sur la droite, vous parviendrez aux sources chaudes de Cave & Basin, les premières découvertes dans la région, qui entraînèrent la création du parc tribunal.

Les rues secondaires de la ville sont surtout résidentielles ; celles situées dans le quartier du centre possèdent également quelques boutiques et restaurants.

Banff Ave Mall n'est plus un centre commercial, mais il a gardé son nom.

Renseignements

Office du tourisme. Le bureau d'information du parc et la chambre de commerce possèdent tous deux un point-information dans le centre d'informations touristiques (☎ 762-1550), au 224 Banff Ave, non loin de Wolf St en centre-ville. Avant toute promenade, faites un tour ici : on vous fournira des cartes détaillées et l'on vous renseignera sur l'état des sentiers. Ce bureau est donc un passage obligé pour tous ceux qui prévoient de passer une ou plusieurs nuits en bivouac. Vous y trouverez la brochure *Vous êtes au pays des ours*. Des programmes de découverte de la nature et des randonnées gratuites avec guide sont régulièrement organisées. Le centre ouvre tout l'été de 8h à 20h.

Argent. Le Foreign Currency Exchange (☎ 762-4698), dans le centre commercial de Clock Tower Village, est ouvert tous les jours de 9h à 23h. La Bank of Montreal, au 107 Banff Ave, ouvre le samedi de 9h à 15h.

Poste. La poste centrale (☎ 762-2586), au 204 Buffalo St, à l'angle de Bear St, à l'extrémité sud du centre-ville, est ouverte du lundi au vendredi de 9h à 17h30.

Librairies et bibliothèque. La boutique Book & Art Den (☎ 762-3919), au 110 Banff Ave, est une excellente librairie qui dispose de toutes sortes de guides et de livres sur la montagne, la randonnée, le canoë et l'histoire de la région. La bibliothèque municipale (☎ 762-2661) se trouve au 101 Bear St, en face de la poste.

Services médicaux. L'hôpital de Mineral Springs (☎ 762-2222) est installé sur Bow Ave, près de l'angle avec Wolf St.

En cas d'urgence. Le Banff Warden Office (☎ 762-1470, ou 762-4506 pour les urgences) reste ouvert 24h sur 24.

Travailler à Banff. Il est assez aisé de trouver un emploi à Banff et dans les environs, que ce soit dans un hôtel, un bar, un restaurant, ou encore sur le domaine skiable. Toutefois, il devient de plus en plus difficile de travailler sans permis lorsqu'on est étranger, et de nombreux établissements réclament désormais des papiers en règle avant toute embauche. Si vous voulez avoir la certitude de gagner un peu d'argent ici, il est préférable de demander le visa nécessaire aux autorités compétentes de votre pays, avant de partir pour le Canada.

Ne vous attendez pas à des salaires mirobolants. Dans certains hôtels, l'hébergement est gratuit, dans d'autres, il vous faudra payer une somme modique. Pour trouver un emploi, consultez les annonces classées du quotidien local, le *Crag & Canyon*, et repérez les pancartes aux fenêtres.

Laverie automatique. Durant l'été, la laverie automatique Cascade Coin Laundry, au 317 Banff Ave, est ouverte tous les jours de 7h30 à 22h.

Attention ! La police est très stricte à Banff. Après 1h du matin, il n'est pas rare que les voitures soient arrêtées en vue de formaliser un conducteur qui aurait un peu forcé sur la boisson ou un détenteur de drogue. Les amendes sont très lourdes. Il est illégal de boire dans la rue, et même de porter à la main une boîte ou une bouteille de bière entamée. Les auto-stoppeurs, pour leur part, doivent savoir qu'ils s'exposent à un contrôle d'identité et à une fouille en règle. Quant aux voitures, elles sont fréquemment fracturées, aussi vaut-il mieux n'y laisser aucun objet de valeur, surtout la nuit.

Enfin, un avertissement envoyé par une lectrice sur les orignaux à Banff :

Les orignaux de Banff ont l'air doux comme des agneaux, et c'est vrai, on en trouve souvent dans les jardins des habitants, en train de mâchonner consciencieusement quelques fleurs, mais il ne faut pas oublier que ce sont des animaux sauvages et qu'ils chargent dès qu'ils se sentent menacés.

Pour ma part, je tremble quand je vois un touriste s'arrêter pour chercher à se faire photographier aux côtés de l'un d'eux. Plus d'un a été attaqué. Il est donc préférable de maintenir une distance de cent mètres entre eux et vous, surtout durant les saisons de rut et de vêlage.

Linda Broschofsky

Musées

Musée du Parc. Le musée du Parc (☎ 762-1558), situé 93 Banff Ave, près du pont de la Bow, à l'extrémité sud de la ville, est installé dans une ancienne maison de bois datant de 1903. Déclaré site d'intérêt national, il comporte des spécimens d'animaux, d'oiseaux et de plantes que l'on trouve dans le parc national de Banff. On peut y admirer en particulier deux petits grizzlis empaillés et un ours noir. On y voit également un arbre couvert d'inscriptions datant de 1841. Le musée est ouvert tous les jours de 10h à 18h en été et de 13h à 17h le reste de l'année. L'entrée est gratuite. A 16h, une visite commentée gratuite d'une demi-heure est organisée.

Musée d'Histoire naturelle. Ce musée (☎ 762-4747) est situé au deuxième étage du centre commercial de Clock Tower Village, 112 Banff Ave. On peut y voir des expositions sur les premières formes de vie, en particulier sur les dinosaures du Canada. Des films et des diapositives vous sont présentés, ainsi qu'un mannequin du fameux Sasquatch, l'abominable homme des neiges des Rocheuses. On raconte que ce Sasquatch de l'ouest du Canada, qui mesure environ 3 m, a été aperçu plus de 500 fois. Vous pourrez par ailleurs lire la description de la grotte de Castleguard, l'une des plus vastes du Canada, profonde de 12 km, qui se trouve au nord du parc national de Banff. Ce musée est ouvert tous les jours d'été de 10h à 22h et l'entrée coûte 2 $.

Musée de Luxton. Ce musée (☎ 762-2388), situé au 1 Birch Ave, dans le bâtiment de bois semblable à un fort que l'on aperçoit sur la droite en allant vers le sud, après le pont, mérite une visite. Il concerne surtout les Indiens des plaines du nord et des Rocheuses, mais évoque également les groupes indigènes de l'Alberta. Des expositions, des maquettes et des reconstitutions présentent les différents aspects de ces cultures traditionnelles. Remarquez les piquants de porc-épic tissés, les vieilles photographies et les scalps humains, sans oublier les animaux empaillés. L'entrée coûte 3,50 $ et le musée ouvre tous les jours de 9h à 21h l'été et de 10h à 17h le reste de l'année.

Musée de Whyte. Le complexe de Whyte (☎ 762-2291), au 111 Bear St, entre Buffalo St et Caribou St, comporte une galerie d'art et une large collection de photographies qui retracent l'histoire de la région. Les archives comprennent par ailleurs des manuscrits et des cartes. Sur le domaine se trouvent quatre chalets en rondins et deux maisons traditionnelles de Banff, datant de 1907 et de 1931. Plusieurs visites guidées sont organisées, dont une dans ces maisons, du mardi au dimanche.

La fondation présente régulièrement films, conférences et concerts. L'ensemble est ouvert tous les jours d'été de 10h à 18h. L'entrée coûte 3 $, mais 2 $ seulement pour le troisième âge ; elle est gratuite pour les étudiants.

Banff Centre

Le Banff Centre (☎ 762-6300), dans St Julien Rd, à l'est du centre-ville, renferme l'une des plus célèbres écoles de beaux-arts du Canada, avec des installations prévues pour la danse, le théâtre, la musique et les arts visuels. Expositions, concerts et autres manifestations s'y déroulent souvent. Durant tout l'été, à l'occasion du festival des Arts, les étudiants, aidés par des artistes internationalement connus, présentent leur travail dans des ateliers ou sur scène. L'entrée est généralement gratuite. Le centre d'informations touristiques vous fournira le programme complet.

Harmony Drug

Entrez dans ce drugstore, situé au 111 Banff Ave, pour voir les photographies anciennes datant de 1915 qui tapissent le plafond. Certaines ont été prises par Byron Harmon, à qui appartenait autrefois la boutique et qui possédait également un atelier photo. Beaucoup de ces toutes premières photos sont en vente dans la ville ou reproduites dans des livres ou en cartes postales.

Réserve de bisons

Juste à la sortie de Banff, au nord-ouest par la Transcanadienne (on n'y entre que par la voie en direction de l'ouest), cet enclos de 40 ha de forêts de peupliers renferme un petit troupeau de bisons d'élevage.

L'entrée est gratuite et l'on peut circuler librement en voiture. Mais attention : ne sortez *pas* de votre véhicule ! Le moment idéal pour visiter la réserve se situe soit tôt le matin, soit le soir : en effet durant la journée, les bêtes ont tendance à aller se reposer à l'abri des regards.

Télécabine de Sulphur Mountain

La télécabine de Sulphur Mountain (☎ 762-3324/2523) conduit les visiteurs au sommet qui, à 2 285 m d'altitude, offre un panorama grandiose sur les montagnes environnantes, la Bow et la ville de Banff. L'ascension à pied vous prendra une heure et quart, à condition de ne pas vous égarer et, pour vous récompenser de vos efforts,

En haut : petite grange dans la prairie, Saskatchewan (DS)
En bas à gauche : danseur indien au Saskatchewan (ML)
En bas à droite : teepee indien dans le Wanuskewin Heritage Site, Saskatchewan (ML)

En haut : musée d'anthropologie, Vancouver (PBC)
En bas à gauche : détail d'un totem, Victoria, Colombie-Britannique (TS)
En bas à droite : musiciens dans l'arrière-port et Parlement au second plan, Victoria, Colombie-Britannique (PBC)

vous aurez droit à une descente gratuite. En effet, on ne paie que pour monter.

En bas, la télécabine se prend à 3 km au sud de Banff sur Mountain Ave, près de Upper Hot Springs. Vous y parviendrez soit en stop (assez facilement), soit par le bus de Brewster Gray Line, à prendre en ville. Si vous décidez de monter à pied, empruntez le chemin qui débute sous les câbles de la télécabine. Cette dernière fonctionne de 9h à 20h en été. L'hiver, les horaires sont réduits. L'ascension coûte 8,50 $ (les télécabines du Mt Norquay et de Sunshine Village ont été supprimés.)

Upper Hot Springs

On trouve un bassin d'eau chaude aux vertus apaisantes et une sorte de hammam dans les thermes de Upper Hot Springs (☎ 762-2056), à 3 km au sud de la ville, près de Sulphur Mountain. On peut aussi s'y faire masser. L'entrée au bassin coûte 3 $, et l'on peut louer un maillot de bain (1,50 $) et une serviette (1 $). L'été, ces sources thermales sont ouvertes tous les jours de 10h à 23h. Le reste de l'année, ces horaires sont réduits.

Cave & Basin Centennial Centre

Au sud-ouest de la ville, à l'extrémité de Cave Ave, se trouve le centre de Cave & Basin (☎ 762-1557), avec sa piscine et son complexe reconstruit dans son style d'origine de 1914. Ce fut la découverte de ces sources d'eaux chaudes sulfureuses, dans l'une de ces grottes, qui conduisit à la création du parc national de Banff. Ici, l'eau n'est pas aussi chaude qu'à Upper Hot Springs, mais sa température reste très agréable. Lors de mon dernier passage, la piscine était fermée pour réparation. Le site comporte des courtes promenades fort sympathiques : le **Discovery Trail**, sentier de 400 m ; la **Marsh Loop**, une boucle de 2,7 km à travers les marais, et le **Sundance Trail**, un sentier de 3,7 km. Il propose des expositions, des films et un salon de thé. Il est ouvert tous les jours de 9h à 19h de fin mai à début septembre (de 9h30 à 17h le reste de l'année) et l'entrée est gratuite.

Lac Minnewanka

Situé à 11 km à l'est de Banff, ce lac est le plus étendu du parc. Entouré de forêts et de montagnes, dans un site d'une exceptionnelle beauté, il constitue une aire de loisirs et de détente où se pratiquent natation, voile, randonnées, canotage et pêche. Les Lake Minnewanka Boat Tours (☎ 762-3473 ou 762-6767 pour les bateaux bus) organisent des croisières de deux heures sur le lac, jusqu'à Devil's Gap (le précipice du Diable) pour 20 $.

Activités culturelles et/ou sportives

Randonnées pédestres. Il existe de nombreuses randonnées, soit assez courtes, soit sur une journée, dans les environs de Banff. Procurez-vous la brochure *Promenades et excursions à Banff et dans les environs*, publiée en français, au centre d'informations touristiques. Vous y trouverez la description de tous les itinéraires balisés de cette zone. Pour des excursions plus longues et plus éloignées, le *Guide des visiteurs de l'arrière-pays* comporte une carte avec tous les sentiers balisés du parc. Certaines promenades débutent plus ou moins dans la ville, comme celle de Tunnel Mountain ou du sentier des cheminées de fée, d'autres un peu plus à l'écart.

Pour une promenade décontractée et agréable, marchez le long de la **Bow**, à trois pâtés de maisons à l'ouest de Banff Ave, près de Bow Ave. Le chemin part de l'angle de Wolf St, au bord de la rivière sous le Bow River Bridge, et se termine un peu plus loin sur Buffalo St. Traversez le pont et vous continuerez sur la gauche à travers bois en empruntant le sentier qui mène aux **chutes de la Bow**, non loin de là.

Pour une bonne petite ascension, propre à vous faire admirer d'en haut la ville et sa région, choisissez **Tunnel Mountain**, une montagne trapue situé à l'est du centre-ville. Un chemin part de St Julien Rd pour vous y conduire. On peut y aller en voiture, mais le trajet entre le centre-ville et le début du sentier balisé est assez court. A partir de l'extrémité sud de Buffalo St, un autre sentier situé entre la Bow et Tunnel

OÙ SE LOGER

2 Tunnel Mountain Village (camping)
4 Auberge de jeunesse de Banff
6 Spruce Grove Motel
7 Irwin's Motor Inn
8 Red Carpet Inn
9 High Country Inn
10 B&B de Mme McHardy
12 Holiday Inn Lodge
14 B&B de Mme C. Riva
15 B&B de Mr et Mme Harnack
16 B&B de Mme J. Cowan
23 Banff Park Lodge
30 Mt Royal Hotel
44 YWCA
46 Banff Springs Hotel

OÙ SE RESTAURER

5 Bumper's Beef House
11 Gus's Family Restaurant
19 Rundle Restaurant
21 Rocky Mountain Ground
22 Smitty's Family Restaurant
24 Melissa's Restaurant
25 Joe Btfsplk's Diner
27 Grizzly House
28 Magpie & Stump
29 Rose & Crown
31 The Balkan Restaurant
35 Le Beaujolais

DIVERS

1 Réserve de bisons
3 Banff Warden Office
13 Gare ferroviaire
17 Banff Centre
18 RCMP
20 Centre d'information touristique
26 Centre commercial de Sundance Mall
32 Bank of Montreal
33 Barbary Coast
34 Silver City
36 Centre commercial de Clock Tower Village
37 Poste centrale
38 Musée de Whyte
39 Bibliothèque
40 Musée du Parc
41 Hôpital de Mineral Springs
42 Gare routière
43 Canoe Dock
45 Musée de Luxton
47 Manège Martin Stables
48 Thermes de Middle Springs
49 Upper Hot Springs
50 Cave & Basin Centennial Centre

ALBERTA

autre sentier situé entre la Bow et Tunnel Mountain vous conduira vers le nord, sur la route des **cheminées de fée** (*hoodoos*).

Juste à l'ouest du centre-ville, par Mt Norquay Rd, se trouve le **Fenland Trail**, un itinéraire de 2 km qui traverse les marécages et la forêt et relie la ville au premier lac Vermilion. Mais si vous suivez Banff Ave vers le nord en direction du lac Minnewanka sur 5 km environ, vous parviendrez aux **étangs Cascade**, juste après la Transcanadienne. De là, vous pouvez suivre le chemin qui se dirige vers le nord pour rejoindre le **Bankhead Interpretive Trail**, ou encore monter le long des chutes d'eau pour admirer le panorama.

Pour une bonne randonnée pas trop fatigante, rendez-vous à **Canyon de Johnston**, 25 km au nord-ouest de Banff, sur la **Bow Valley Parkway** (Hwy 1A), qui diverge de la Transcanadienne pour la rejoindre un peu plus loin en direction de Lac Louise. Ce sentier de 12 km passe par de nombreuses chutes d'eau, dont deux très impressionnantes, et par des bassins d'eau cristalline, alimentés par des eaux souterraines bleu vert connues sous le nom d'Ink Pots ("encriers"). L'endroit est idéal pour le pique-nique.

Le long de Bow Valley Parkway, admirez l'impressionnante **Castle Mountain**, également appelée Eisenhower Mountain : cet immense amas de rochers capte admirablement la lumière du soleil couchant. De Castle Mountain, on peut suivre le **Rockbound Lake Trail**, une boucle de 18 km qui réclame six à sept heures de marche et une bonne condition physique. Ce sentier débute en face de l'auberge de jeunesse. Castel Mountain.

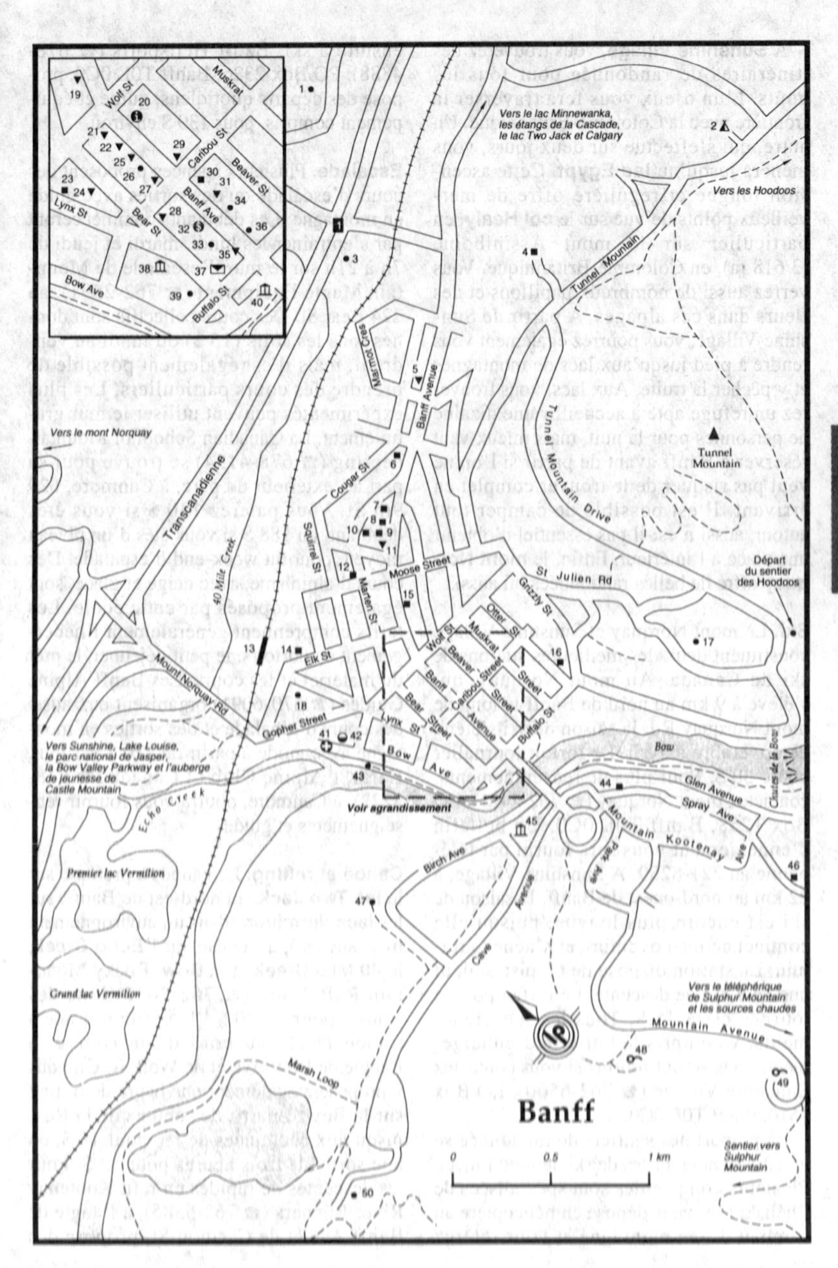
Banff
Vers le lac Minnewanka, les étangs de la Cascade, le lac Two Jack et Calgary
Vers les Hoodoos
Vers le mont Norquay
Tunnel Mountain
Départ du sentier des Hoodoos
Vers Sunshine, Lake Louise, le parc national de Jasper, la Bow Valley Parkway et l'auberge de jeunesse de Castle Mountain
Voir agrandissement
Premier lac Vermilion
Grand lac Vermilion
Marsh Loop
Vers le téléphérique de Sulphur Mountain et les sources chaudes
Sentier vers Sulphur Mountain
Transcanadienne
Mount Norquay Rd
Tunnel Mountain Drive
Tunnel Mountain
Banff Avenue
Marmot Cres
Cougar St
Squirrel St
Marten St
Moose Street
Elk St
Gopher Street
Lynx St
Bear Street
Bow Ave
Wolf St
Muskrat Street
Beaver Street
Caribou Street
Otter St
Grizzly St
St Julien Rd
Buffalo St
Banff Avenue
Glen Avenue
Spray Ave
Mountain Avenue
Kootenay Ave
Park Ave
Cave Avenue
Birch Ave
Bow
Echo Creek
40 Mile Creek
Cascades de la Bow
0
0,5
1 km
Wolf St
Muskrat
Caribou St
Beaver St
Banff Ave
Lynx St
Bear St
Bow Ave
Buffalo St

ALBERTA

A **Sunshine Village**, vous trouverez des itinéraires de randonnée pour tous les goûts. L'un d'eux vous fera traverser la frontière avec la Colombie-Britannique. Un autre, qui s'effectue sur deux jours, vous mènera jusqu'au **lac Egypt**. Cette ascension longue et régulière offre de merveilleux points de vue sur le **col Healy**, en particulier sur le mont Assiniboine (3 618 m), en Colombie-Britannique. Vous verrez aussi de nombreux papillons et des fleurs dans ces alpages. A partir de Sunshine Village, vous pourrez également vous rendre à pied jusqu'aux lacs de montagnes et y pêcher la truite. Aux lacs, vous trouverez un refuge apte à accueillir une dizaine de personnes pour la nuit, mais mieux vaut réserver à Banff avant de partir si l'on ne veut pas risquer de le trouver complet en arrivant. Il est possible de camper tout autour, aussi n'est-il pas essentiel d'obtenir une place à l'intérieur. Enfin, le **mont Norquay** offre de belles randonnées lui aussi.

Ski. Le mont Norquay et Sunshine Village constituent deux des meilleures stations de ski du Canada. Au mont Norquay, qui s'élève à 9 km au nord de Banff le long de mont Norquay Rd, la saison de ski s'étend de novembre à avril. Le forfait journalier coûte 30 $. Pour plus de renseignements, contactez mont Norquay (☎ 762-4421), PO Box 1258, Banff T0L 0C0. Un bulletin d'enneigement vous sera fourni par téléphone au 221-8259. A Sunshine Village, à 22 km au nord-ouest de Banff, la saison de ski est encore plus longue, puisqu'elle commence mi-novembre et s'achève mi-juin. La station dispose de 62 pistes, dont une de 8 km de descente. Le forfait pour la journée est à 35 $. Tous les renseignements, y compris le bulletin d'enneigement, vous seront fournis si vous contactez Sunshine Village (☎ 762-6500), PO Box 1510, Banff T0L 0C0.

La plupart des sentiers de randonnée se transforment en pistes de ski de fond l'hiver. Plusieurs compagnies sont spécialisées de l'héliski : on vous dépose en hélicoptère au sommet d'une montagne et vous rentrez ensuite à ski. Banff Helisports (☎ 678-4888), PO Box 2326, Banff T0L 0C0, propose des départs quotidiens, guide et équipement compris, pour 130 $ environ.

Escalade. Plusieurs agences proposent des cours d'escalade ou des sorties avec guide en montagne. Les débutants commenceront par s'entraîner les lundi, mardi et jeudi de 7h à 21h sur le mur d'escalade de Mountain Magic Equipment (☎ 762-2591), au 224 Bear St. Des cours collectifs sont donnés tous les soirs (15 $) du lundi au vendredi, mais il est également possible de prendre des cours particuliers. Les plus expérimentés peuvent utiliser le mur gratuitement. La Canadian School of Mountaineering (☎ 678-4134) se trouve pour sa part à l'extérieur du parc, à Canmore, 629 9th St. Vous paierez 130 $ si vous êtes débutant, ou 188 $ si vous êtes d'un niveau moyen, pour un week-end d'escalade. Des cours d'alpinisme, avec neige et glace, sont également proposés par cette école. Les tarifs comprennent généralement l'hébergement en dortoirs, le petit déjeuner, le prêt du matériel et les cours. Les Banff Alpine Guides (☎ 670-6091) organisent eux aussi des cours d'escalade et des sorties en montagne avec guide à partir de 220 $ par jour. Enfin, l'Alpine Club of Canada (☎ 678-2222), à Canmore, pourra vous fournir renseignements et guides.

Canoë et rafting. Le canoë se pratique sur le **lac Two Jack**, au nord-est de Banff, sur les **lacs Vermilion** (dans un environnement très sauvage), à l'ouest, sur l'**Echo Creek**, le **40 Mile Creek** et la **Bow**. Rocky Mountain Raft Tours (☎ 762-3632) loue des canoës pour 10/30 $ l'heure/la journée à Canoe Dock, au bord de la rivière, à l'angle de Bow Ave et de Wolf St. On vous y proposera également une heure de rafting sur la Bow, à partir des chutes de la Bow jusqu'aux cheminées de fée pour 18 $, ou une sortie de trois heures pour 33 $. Pour les descentes de rapides en raft, Kootenay River Runners (☎ 762-5385), à l'angle de Banff Ave et de Caribou St, propose des excursions d'une demi-journée ou d'une journée entière.

Bicyclette. On peut rouler en bicyclette sur les routes et sur certains sentiers balisés du parc. Contactez le centre d'informations touristiques pour connaître l'état des chemins et les itinéraires autorisés. Excursions de quelques heures, d'une journée ou de plusieurs jours, avec nuits en camping, en auberges de jeunesse ou en refuges, tout est possible. En revanche, il est interdit de rouler en dehors des sentiers aménagés. Près de Banff, vous trouverez entre autres deux bons itinéraires cyclables assez courts : **Vermilion Lakes Drive** et **Tunnel Mountain Drive**. S'ils ne sont pas assez longs pour vous, choisissez le **Bow Valley Parkway**, un magnifique parcours très apprécié de 24 km reliant Banff et Lake Louise.

Banff Mountain Bike Tours (☎ 762-5459) organise des circuits d'une heure et demie pour 10 $, ou d'une demi-journée pour 45 $. Parmi les destinations possibles, figurent Tunnel Mountain, les chutes de la Bow et les lacs Vermilion. Mountain Coasters (☎ 678-6770) vous emmènera pour sa part sur les routes d'Icefield et de Bow Valley Parkways pour 75 $. Pour les locations de bicyclettes, consultez ci-dessous le paragraphe *Comment circuler*.

Équitation. Les itinéraires les plus appréciés des cavaliers à Banff se trouvent au sud de la Bow, sur le chemin qui borde la **Spray River**, la **Marsh Loop**, le **Sundance Trail**, sur celui qui longe **Cave Ave** et celui qui mène à **Middle Springs**. Warner Guiding & Outfitting (☎ 762-4551), au 132 Banff Ave, propose des promenades à cheval allant d'une heure à une semaine. Martin's Stables (☎ 762-2832), sur Birch Ave, et Banff Springs Hotel (☎ 762-2848) organisent pour leur part des excursions d'une à trois heures. Leurs prix débutent à 18 $ l'heure.

Circuits organisés

La compagnie de bus Brewster Gray Line (☎ 672-6700) propose un tour de Banff de trois heures pour 29,50 $. Le bus passe devant les cheminées de fée, les chutes de la Bow, Tunnel Mountain Drive, la réserve de bisons et Sulphur Mountain.

Brewster Gray Line propose également des excursions jusqu'à Lake Louise, le Columbia Icefield et Jasper. La visite de Lake Louise vous fera passer devant les lacs Vermilion et par la Bow Valley Parkway, et vous vous arrêterez au canyon de Johnston et à Castle Mountain. L'ensemble dure quatre heures et coûte 35 $.

L'excursion jusqu'au Columbia Icefield du parc national de Jasper dure environ neuf heures et demie (aller simple) et coûte 59,50 $. Les tarifs sont moins élevés hors saison. Le voyage aller-retour jusqu'à Jasper prend quant à lui deux jours et vous obligera à passer la nuit dans cette ville ; vous passerez par Lake Louise et l'Icefield Parkway, vous vous arrêterez au Columbia Icefield, où l'on vous laissera le temps de monter au sommet du glacier de l'Athabasca, quoique ce petit plus ne soit pas inclus dans le prix. Le voyage de retour vous coûtera 83 $, hébergement en sus. Les tarifs sont moins élevés en dehors de la haute saison.

Pour vous offrir une vue spectaculaire sur le parc, choisissez les visites en hélicoptère. Parmi les plus populaires figurent celles du mont Rundle, du mont Assiniboine, de la Bow River Valley, et de chaînes de montagnes de Goat et de Sundance, des lacs de Spray, de Hidden Glacier et de Three Sisters. Les prix débutent à 75 $ pour vingt minutes de vol. Les organismes à contacter pour vivre cette expérience sont Mountain Wings (☎ 678-6465), Canmore Helicopters (☎ 678-4802), Canadian Helicopters (☎ 678-2207) ou Brewster Gray Line (☎ 672-6700).

Si vous êtes en voiture, vous pouvez louer ou acheter (19,95 $) une cassette audio qui vous guidera sur l'itinéraire entre Banff et Japser, *via* Lake Louise et le Columbia Icefield. Elle est vendue chez Thunderbird Gift Shop (☎ 762-4661), 215 Banff Ave, ou chez Miles High Image Centre, au n°119.

Où se loger

En règle générale, l'hébergement est assez cher à Banff. Si les nombreux motels pratiquent des prix qui restent raisonnables, les hôtels, eux, n'hésitent pas à dépasser les bornes. Si vous ne faites pas de camping et fuyez les auberges de jeunesse, vous vous rabattrez donc sur les B&B et les tourist homes, qui représentent une option raisonnable.

Si vous êtes obligé de regarder à la dépense, vous pouvez loger à Canmore, à l'extérieur du parc et venir dans le parc uniquement pour la journée.

Camping. Il y a de nombreux campings autour de Banff. La plupart ouvrent de mai ou de juin à septembre. Ils sont pris d'assaut en juillet et en août, et on n'y fait aucune réservation. Les premiers venus étant les premiers servis, il est préférable d'arriver avant 12h.

Le *Tunnel Mountain Village* n'est pas trop mauvais : proche de la ville, il dispose de trois sites, dont deux sont réservés aux caravanes et le troisième accueille les campeurs, au prix de 15,50 $ l'emplacement, douches en sus. La nuit, les jappements et les hurlements de coyotes risquent de troubler votre sommeil. A Two Jack Lake, on trouve deux terrains de camping : le *Two Jack Lakeside*, à 12 km au nord-est de Banff, sur Lake Minnewanka Rd, est ouvert de juillet à début septembre et coûte 13 $ l'emplacement.

A 1 km au nord, le *Two Jack Lake Main* dispose de 381 emplacements au prix de 10,50 $ l'un. Ces deux campings sont équipés de l'eau courante, mais n'ont pas de douches. Le long de la Bow Valley Parkway, au canyon de Johnston, à 26 km à l'ouest de Banff, on trouve un autre camping, tout comme à Castle Mountain, à 2 km au nord de Castle Junction. Là encore, l'emplacement est à 13 $.

Les aventuriers dérouleront leur sac de couchage en pleine forêt, par exemple dans les environs de Banff, près de la route qui mène à Sulphur Mountain : si vous êtes de ceux-là, *évitez* absolument d'allumer un feu ou d'utiliser un sac rempli de nourriture en guise d'oreiller. Qui sait quelle bête affamée rôde dans les parages ?

Auberges de jeunesse. Le *Banff Hostel* (☎ 762-4122), l'auberge de jeunesse de la HI située sur Tunnel Mountain Rd, à 3 km du centre-ville, dispose de 154 lits répartis en petites chambres, d'une cafétéria, d'une laverie automatique et d'une salle commune avec cheminée. La nuit coûte 16 $ pour les membres, 21 $ pour les autres. La *YWCA* (☎ 762-3560), au 102 Spray Ave, est plus centrale, mais moins bien équipée. Elle accepte hommes et femmes, peut accueillir jusqu'à 60 personnes et dispose d'une cafétéria, mais on ne peut y cuisiner. La nuit en dortoir coûte 17 $ et les simples/doubles sont à 47/51 $, avec ou sans s.d.b.

L'autre auberge de jeunesse de la HI, *Castle Mountain Hostel*, se trouvant le long de la Bow Valley Parkway, peut accueillir 36 locataires et est équipée de toilettes à la turque, de douches chaudes et de terrains de volley. Les membres paient 10 $ en dortoirs, les autres 15 $. L'auberge ferme le mercredi soir.

Bed & Breakfasts et tourists homes. Le bureau de la chambre de commerce installé dans le centre d'informations touristiques vous fournira la liste des B&B et des tourists homes. Deux agences effectuent vos réservations de B&B : Rocky Mountain B&B (☎ 762-4811), 223 Otter St, et Banff B&B Bureau (☎ 762-5070), PO Box 369, Banff T0L 0C0. Certains propriétaires louent des chambres dans leur propre maison ou appartement, d'autres proposent de petites maisons indépendantes.

Les prix varient en fonction de la taille et du standing des chambres, de la durée du séjour et de la saison, mais ils se situent généralement entre 25 et 80 $. B&B et tourists homes ne manquent pas à Banff, mais il est tout de même plus prudent de réserver. Certains propriétaires ne louent pas pour moins d'une semaine de séjour, d'autres refusent les jeunes, d'autres vous demanderont si vous êtes marié. Ce type d'hébergement est particulièrement chargé le week-end : vous vous éviterez quelques heures de marche en téléphonant.

Mrs J Cowan (☎ 762-3696), 118 Otter St, dispose de 8 chambres, qu'elle loue toute l'année. Les chambres avec/sans s.d.b. coûtent 20/45 $, petit déjeuner continental compris. *Mr & Mrs Harnack* (☎ 762-3619), 338 Banff Ave, possèdent six chambres à 25/45 $ la simple/double. Ils disposent également de deux bungalows indépendant à l'arrière. *Mrs C Riva* (☎ 762-3431), au 328 Elk St, dispose d'une chambre (40 $) et d'un bungalow (50 $) qui peut héberger jusqu'à 8 personnes.

On trouve de nombreux hébergements pour touristes dans Marten St. Au 311 Marten St, le *Holiday Inn Lodge* (☎ 762-3648), géré par George Baptist, est l'un des plus jolis de la ville. George représente une bonne source d'information sur Banff et sert de savoureux petits déjeuners. A l'arrière de la maison, il dispose en outre de deux bungalows pour 4 personnes équipés de kitchenettes. Les prix vont de 35 à 75 $. Quant à *Mrs McHardy* (☎ 762-2176), au 412 Marten St, elle propose des bungalows avec repas chauds pour 40 $ la double.

Hôtels. Il n'y a plus aucun hôtel bon marché à Banff. En centre-ville, le *Rundle Manor Apartment Hotel* (☎ 762-5544), au 348 Marten St, propose des simples ou doubles avec cuisine à 108 $. Les enfants de moins de 16 ans peuvent partager la chambre des parents sans supplément. Le *Mt Royal Hotel* (☎ 762-3331), au 138 Banff Ave, a racheté le Cascade Inn ; on y trouve sauna et jacuzzi. Les chambres sont à 148/158 $ la simple/double. Enfin ce monument historique qu'est devenu le *Banff Springs Hotel* (☎ 762-2211), dans Spray Ave, au sud du centre-ville, dispose de toutes les installations possibles et imaginables : green de golf, courts de tennis, manège pour l'équitation, bar et restaurants. Les simples et doubles vont de 165 à 337 $.

Motels. Ce sont les motels qui offrent le plus grand nombre d'hébergements de la ville. Situés sur Banff Ave, du côté nord d'Elk St, ils ne sont pas bon marché, mais ne coûtent cependant pas aussi cher que les hôtels. Ce type de logements est idéal pour les skieurs, puisqu'ils sont équipés d'une cuisine et peuvent accueillir quatre personnes ou plus. Bien entendu, le luxe existe aussi pour ce type d'établissement.

Le *Spruce Grove Motel* (☎ 762-2112), 545 Banff Ave, dispose de chambres correctes avec TV couleur. Les simples vont de 39 à 65 $. Le *Red Carpet Inn* (☎ 762-4184), 425 Banff Ave, est proche de la ville et réclame 75/85 $ pour une simple/double. On y trouve un restaurant et des thermes, si bien qu'il est souvent complet en été. Tout près, au 429 Banff Ave, l'*Irwin's Motor Inn* dispose de parkings couverts. Les simples/doubles sont à 65/80 $.

Au *High Country Inn* (☎ 762-2236), 419 Banff Ave, les chambres sont climatisées et les parkings chauffés, le tout pour 80/95 $ la nuit. Si vous ne tenez pas à séjourner en ville, le *Johnston Canyon Resort* (☎ 762-2971) figure parmi les moins chers, mais il se trouve tout de même à 26 km à l'ouest de la ville, par la Bow Valley Parkway. Les simples ou doubles y vont de 51 à 72 $. Il faut payer un supplément pour bénéficier d'une cuisine. Une petite épicerie permet de faire ses courses sur place. Ce motel est ouvert de mi-mai à fin septembre.

Où se restaurer

Banff possède d'innombrables restaurants. Cependant, si le choix est étendu, les prix sont élevés.

Où se restaurer – petits budgets. Pour manger à des prix raisonnables, essayez le *Café Alpenglow*, à l'auberge de jeunesse Banff Hostel, ou encore la *cafeteria* de la YWCA. Leur petit déjeuner spécial coûte 4 $. Si vous entrez dans la catégorie des lève-tôt, rendez-vous au sommet de Sulphur Mountain entre 8h30 et 9h30 : au *Summit Restaurant*, on vous servira un bon petit déjeuner pour 3,95 $. On trouve plusieurs établissements en face du centre d'informations touristiques. Au *Joe Btf-splk's Diner* (prononcez "bi-tif-splik"), au 221 Banff Ave, on mange dans une ambiance américaine très bruyante, au son de la musique des juke-boxes adossés aux murs. Le restaurant est ouvert tous les jours de 8h à 22h. Il propose des petits déjeuners comprenant deux œufs, du bacon et des toasts pour 4 $, et des hamburgers à partir de 6,25 $. Le *Smitty's Family Restaurant*, 227 Banff Ave, représente une valeur sûre dans la ville. Le clou de l'établissement est l'assiette de cinq crêpes au sirop pour 4,75 $. Le Smitty's est ouvert tous les jours de 6h30 à 22h.

Plus au nord, au 319 de la même avenue, le *Rundle Restaurant* est l'un des quelques rares établissements indifférents aux modes, qui tiennent la route. Il est parfait pour le petit déjeuner : crêpes à 3,75 $ et omelettes à partir de 4 $. On y mange également des spécialités chinoises. Tout près, le *Rocky Mountain Ground*, dans le Banff Ave Mall, est réservé aux amateurs de bon café. Les inconditionnels du chocolat, quant à eux, se précipiteront chez *The Fudgery*, dans le Sundance Mall, sur Banff Ave, ou chez *Welch's Chocolate Shop* au n°126.

ALBERTA

Où se restaurer – catégorie moyenne. Pour une nourriture un peu plus raffinée, essayez le très populaire *Magpie & Stump*, au 203 Caribou St, à l'angle de Bear St. Décoré dans le style saloon, il sert surtout des plats mexicains (dont quelques spécialités végétariennes) comme les tacos, les enchiladas et les burritos à partir de 10 $. Le restaurant est ouvert de 12h à minuit, et les prix sont moins élevés au déjeuner.

Savoureux lui aussi, le *Melissa's Restaurant*, au 217 Lynx St, près de Caribou St, ressemble à un chalet de bois de l'intérieur et à une sorte de cottage anglais à l'extérieur. La carte comporte pizzas, steaks et poisson, les plats de résistance allant de 8 à 20 $. L'établissement, qui fait aussi bar, est ouvert de 7h à 22h.

Le *Balkan Restaurant*, au 120 Banff Ave, est un restaurant grec qui pratique des prix modérés et jouit d'une très bonne réputation. Il ouvre tous les jours de 11h à 23h. Outre les spécialités grecques, on y déguste des pâtes et du poisson. Un menu complet avec salade coûte de 7 à 17 $. Au 415 Banff Ave, près du High Country Inn, le *Michael's Café* sert soupes, sandwiches, salades, hamburgers et plats végétariens. On peut y prendre le petit déjeuner pour 4 à 8 $ ou y dîner pour moins de 18 $.

Où se restaurer – catégorie supérieure. Si vous voulez faire une folie, entrez chez *Grizzly House*, au 207 Banff Ave, ouvert tous les jours de 11h30 à minuit. A l'origine, la fondue était la spécialité du chef. Les prix des plats principaux débutent à 17 $. On y déguste toutes sortes de mets fins, dont du bœuf, des fruits de mer et des escargots. Les entrées, par exemple la soupe à l'oignon, sont à 4,95 $, tandis que la fondue de crotale, plat le plus cher de la carte, s'envole à 56 $!

Le Beaujolais, au 212 Buffalo St, à l'angle de Banff Ave, est très cher, mais aussi très réputé pour son excellente qualité. On y savoure un plat de viande, de poisson ou de volaille pour 18 à 35 $. Le restaurant ouvre tous les jours de 18h à 23h. Le *Bumper's Beef House*, 603 Banff Ave, au nord du centre-ville, derrière une station-service, sert des spécialités de bœuf à 18 $ environ et des buffets de salades, le tout dans une ambiance conviviale.

Le *Terrace Lounge*, dans le Banff Park Lodge, au 222 Lynx St, est un restaurant de poisson. Le repas coûte entre 11 à 18 $. Toujours dans le Banff Park Lodge, le *Chinook Family Restaurant* propose, tous les dimanches matin, un brunch de bonne qualité et d'excellents desserts et pâtisseries.

Distractions

Banff est le centre culturel et social des Rocheuses. La liste des manifestations figure dans le *Bow Valley This Week*, un journal gratuit.

Le *Banff Centre* (☎ 762-6100), sur St Julien Rd, présente films, pièces de théâtre et concerts toute l'année, surtout de juin à fin août, durant le Festival des Arts, où se tiennent plus de 80 représentations. Le *Lux Cinema Centre* (☎ 762-8595), au 229 Bear St, à l'angle de Wolf St, dispose de quatre salles. L'été, le *Rundle United Church*, au 104 Banff Ave, à l'angle de Buffalo St, passe le film d'une heure intitulé *Challenge* à 16h, 19h et 21h. Tous les jours d'été (voir plus loin le paragraphe *Distractions* dans le chapitre consacré à Jasper). Pour tout renseignement, téléphonez au ☎ 762-4214.

Le *Rose & Crown*, 202 Banff Ave, à l'angle de Caribou St, est un restaurant-pub anglais où se produisent des orchestres de rock. *Grizzli House* passe de la musique ou des orchestres de jazz tous les soirs de 21h à 1h du matin. *Bumper's Beef House*, où les orchestres se produisent jusqu'à 1h du matin. Le *Silver City*, au 110 Banff Ave, est un bar avec orchestres le week-end. Il est ouvert de 16h à 2h du matin. Enfin, le *Barbary Coast*, en étage au 119 Banff Ave, propose lui aussi de la musique *live*, en particulier du blues, presque tous les soirs.

La plupart des grands hôtels et motels organisent concerts ou spectacles.

Comment s'y rendre

Bus. Les bus Greyhound (☎ 762-6767) se prennent à la gare routière de Brewster, au 100 Gopher St, près du poste de police. Ils ne desservent plus Jasper. En revanche, il y a cinq départs quotidiens pour Calgary et Vancouver. Tous les bus pour Vancouver s'arrêtent à Lake Louise, certains font également halte à Kelowna ou à Kamloops.

L'un des bus réalise le trajet en passant par Radium Hot Springs. Vous pouvez faire étape à Lake Louise sans supplément de prix si vous avez un billet pour Vancouver, à condition d'en informer la compagnie au départ. Le billet aller, taxes comprises, coûte 6,63 $ pour Lake Louise et 14,28 $ pour Calgary.

Sachez que certains bus pour Calgary vont jusqu'au centre-ville, mais que d'autres vous déposeront seulement à l'aéroport international. Brewster Transportation (☎ 762-6767) propose un départ par jour pour Jasper. Le trajet dure quatre heures et demie environ et coûte 37 $. Un autre bus circule quotidiennement entre l'aéroport international de Calgary et Banff : le trajet coûte 26 $. La Pacific Western (☎ 762-4558) organise elle aussi un service similaire. Tous ces tarifs incluent les taxes.

Train. Le VIA Rail ne dessert plus Banff, mais il existe une voie ferrée privée, la "Rocky Mountaineer", dont les trains font escale à Banff sur la ligne Calgary-Vancouver. Le voyage de Banff à Vancouver coûte 529 $, repas et nuit d'hôtel à Kamloops compris. Ce train circule de fin mai à début octobre seulement. Il quitte Banff les mardi, jeudi et dimanche à 9h20 à destination de Vancouver. Pour plus de renseignements, contactez une agence de voyages ou la Great Canadian Railtour Company (☎ 604-984-3131 ; 1-800-665-7245), 104 340 Brooksbank Ave, North Vancouver.

La gare ferroviaire est le bâtiment ocre situé à l'extrémité nord de Lynx St, après le poste de police, près du centre-ville.

Voiture. Les grands loueurs de voitures ont une agence à Banff. Voici leurs adresses :

Avis
: Cascade Plaza, Wolf St (☎ 762-3222, 1-800-879-2847)

Budget
: 204 Wolf St (☎ 762-4565)

Hertz
: Banff Springs Hotel, Spray Ave (☎ 762-2027, 1-800-263-0600)

Tilden
: Angle de Lynx St et de Caribou Ave (☎ 762-2688, 1-800-387-4747)

Tilden est le moins cher de tous, à 23 $ la journée, plus 16 cents le kilomètre pour le plus petit modèle, ou 138 $ la semaine, plus 16 cents le kilomètre. L'assurance coûte 11 $. Pour sa part, Hertz vous réclamera 32,95 $ par jour, avec les 200 premiers kilomètres gratuits, puis 12 cents du kilomètre. L'assurance s'élève à 12,95 $ par jour. Ces tarifs varient, aussi mieux vaut se renseigner par téléphone et réserver durant les mois d'été.

Comment circuler

Bus. Le Banff Explorer Transit Service propose deux itinéraires de bus dans la ville. Le premier passe par Banff Ave et Spray Ave, entre le Banff Springs Hotel et le parking pour caravanes au nord de la ville. Le second part du musée de Luxton et passe par Banff Ave, Wolf St, Otter St et Tunnel Mountain Rd jusqu'au camping de Tunnel Mountain Village One. Les départs ont lieu toutes les demi-heures et le ticket coûte 1 $.

Un bus de la Brewster Transportation effectue par ailleurs le trajet de Banff Springs Hotel à Sulphur Mountain. Les départs ont lieu devant l'hôtel toutes les heures entre 9h40 et 16h40. Cependant, le bus ne dépasse pas Upper Hot Springs. Une courte marche sera nécessaire pour prendre le téléphérique. L'aller simple est à 4 $. Le bus fait également office de navette entre l'hôtel et le centre-ville.

Bicyclette. Park n' Pedal (☎ 762-3191), 226 Bear St, près de l'angle de Wolf St, loue des vélos de 9h à 20h. Les tarifs sont en moyenne de 6/24 $ l'heure/la journée. Peak Experience (☎ 762-0581), 209 Bear St, loue des VTT pour 7/24 $, tandis que Performance Ski & Sports (☎ 762-8222), 208 Bear St, en réclame 6/26 $. Bactrax Bike Rental (☎ 762-8177) au Ptarmigan Inn, 339 Banff Ave, est un peu moins cher, à 5/20 $, et il ouvre de 8h à 20h.

En stop. Le stop est une pratique courante en ville et dans les environs.

LAKE LOUISE

A 57 km au nord-ouest de Banff, se trouve Lake Louise, le joyau des Rocheuses. Ce petit village ne présente guère d'intérêt pour le visiteur ; aussi poussez plutôt jusqu'au lac lui-même, situé à 5 km de là. Le site, bien que très touristique, est une vraie merveille. Le lac s'étend au cœur d'une petite vallée glaciaire, entouré de montagnes verdoyantes aux cimes enneigées. Venez très tôt le matin avant l'affluence. Il existe également de très belles promenades et randonnées aux alentours.

Renseignements

Le centre d'informations touristiques (☎ 522-3833), dans le village, est ouvert tous les jours de 8h à 20h en été et de 9h à 17h en hiver. Non loin, à Samson Mall, vous pourrez vous procurer l'approvisionnement de base et louer du matériel de camping. La laverie automatique qui s'y trouve dispose également de douches. La librairie Woodruff & Blum (☎ 522-3842) propose quant à elle des guides généraux sur les Rocheuses du Canada, ainsi que des guides et des cartes pour la randonnée, le cyclotourisme et l'escalade.

A voir et à faire

Mont Whitehorn. A l'est du village, Lake Louise Drive mène au mont Whitehorn. Un téléphérique (☎ 522-3555) conduit au sommet, d'où partent quelques sentiers de randonnée. La vue sur Lake Louise et le glacier de Victoria est grandiose. Le trajet en téléphérique coûte 9 $, descente comprise. L'hiver, le mont Whitehorn constitue un important domaine skiable.

Randonnée. Pour une courte balade, vous trouverez, sur la rive sud du lac Louise, un sentier qui débute près du hangar pour bateaux et traverse la forêt d'épicéas, offrant d'excellents points de vue sur le lac et l'hôtel de Chateau Lake Louise. Un autre sentier balisé suit la rive nord du lac vers l'ouest jusqu'à la **plaine des Six-Glaciers**. Sur le chemin, entre le lac et le point d'observation panoramique, situé à l'extrémité de la promenade, se trouve une maison de thé. Pour un itinéraire plus musclé, choisissez le sentier très accidenté qui mène au **lac du Miroir**. On y trouve une autre maison de thé et la vue sur **Little Beehive** ou **Big Beehive** (littéralement "petite ruche" et "grosse ruche", en raison de la forme de ces montagnes, qui rappelle celle d'une ruche). De là, vous pouvez monter plus haut encore jusqu'au **lac Agnès**, puis rejoindre le sentier de la plaine des Six-Glaciers et revenir à l'hôtel en longeant le lac Louise. Ces deux itinéraires réclament une bonne journée de marche.

ALBERTA

On peut aussi se rendre en voiture au **lac Moraine**, à 15 km au sud de Lake Louise. De là, la randonnée de 20 km à travers la **vallée de Ten-Peaks** est vivement recommandée. Faites un rapide détour jusqu'à **Larch** (vallée des Mélèzes), où coule un torrent et qui offre un décor stupéfiant de beauté. Avant Larch Valley, un chemin oblique vers l'ouest et passe devant le **lac Eiffel** pour entrer dans le parc national de Yoho. Mieux encore, marchez de Lake Louise au lac Moraine en passant par le cours d'eau **Paradise Creek** et le **col de la Sentinelle**.

Cet itinéraire d'une journée de marche comporte quelques passages délicats, mais la promenade est excellente et les paysages sont merveilleux. On peut également le parcourir dans l'autre sens, mais ce serait choisir la solution de facilité ! Monter au col de la Sentinelle, un chemin long et semé d'éboulis, n'est pas de tout repos, mais vous ne regretterez pas cet effort. Le sommet, situé à 2 600 m d'altitude, est frais et venté. Une fois parvenu au lac Moraine, vous pouvez revenir à Lake Louise par Moraine Lake Rd.

La région offre bien d'autres sentiers balisés : la brochure *Promenades et excursions au lac Louise et dans les environs* en fournit la liste.

Il n'est pas rare d'apercevoir des pikas (sorte de petits lapins dodus) ou des marmottes, plus grandes, mais plus craintives, le long de ces sentiers. Il vous arrivera aussi d'entendre des pans de glace se détacher des sommets et dévaler les pentes.

Une fois de retour dans l'hôtel de Chateau Lake Louise, allez reprendre des forces à la cafétéria, située au sous-sol, qui propose des en-cas à des prix raisonnables.

Alpinisme. L'escalade du **Back of the Lake**, rocher escarpé isolé, est très populaire. L'accès y est facile et les approches sont nombreuses et variées. Autres coins propices à l'escalade, le **mont Fairview**, le **mont Bell**, le **mont Niblock**, le **pic Eiffel**, le **mont Temple** et le **mont Whyte** sont de difficultés variables.

Où se loger

Camping. Les deux campings de Lake Louise sont gérés par le Canadian Parks Service et se trouvent en bordure de la Transcanadienne. Le terrain destiné aux tentes, sur Moraine Lake Rd, reste ouvert toute l'année et l'emplacement y coûte 12 $. Celui pour caravanes ouvre de mi-mai à début septembre, avec des emplacements à 14 $. Tous deux sont équipés de toilettes, mais n'ont pas de douches.

Auberge de jeunesse. L'ouverture du *Lake Louise Hostel*, (☎ 522-2200), l'auberge de jeunesse de la HI située sur Village Rd, au nord de Samson Mall, a accru la capacité d'accueil de Lake Louise, souvent bondée en été. Dotée de 105 lits, elle comporte une cuisine, des douches et une laverie automatique. La nuit en dortoir coûte 15 $ pour les membres, 20 $ pour les autres. L'auberge dispose de quelques chambres particulières.

Hôtels. De tous les hôtels de la région, le *Lake Louise Inn* (☎ 522-3791 ; 1-800-661-9237), au 210 Village Rd, présente sans doute le meilleur rapport qualité/prix. Il propose de nombreux services, dont une salle de gymnastique. Les prix des chambres débutent à 70 $. Si vous aimez les ambiances rustiques, essayez le *Baker Creek Chalets* (☎ 522-3761), à 12 km à l'est du village de Lake Louise par la Bow Valley Parkway. Il propose des bungalows de bois avec cheminées à partir de 70 $.

Comment s'y rendre

Le bus pour Jasper se prend devant le Lake Louise Inn et coûte 32 $. Aucun bus ne relie le village au lac, mais le stop fonctionne bien sur ce trajet, que l'on peut aussi effectuer en taxi pour 7 $.

L'ICEFIELDS PARKWAY

Cette route de 230 km (Hwy 93), ouverte à la circulation en 1940, relie Lake Louise à Jasper. Elle suit une vallée bordée de lacs entre les deux chaînes de montagnes qui constituent le Continental Divide, la ligne

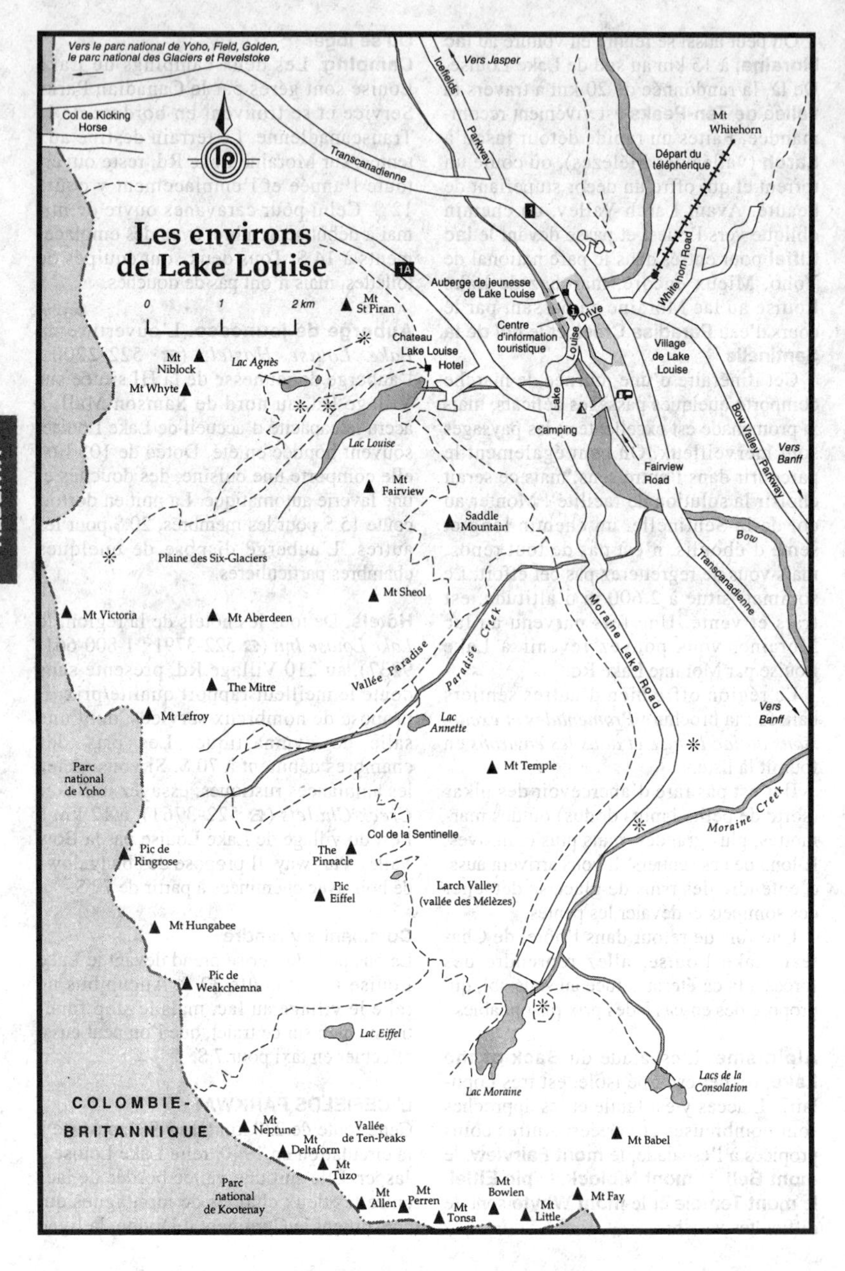

Vers le parc national de Yoho, Field, Golden, le parc national des Glaciers et Revelstoke
Vers Jasper
Icefields Parkway
Col de Kicking Horse
Transcanadienne
Mt Whitehorn
Départ du téléphérique
Whitehorn Road
Les environs de Lake Louise
0 1 2 km
1
1A
Auberge de jeunesse de Lake Louise
Mt St Piran
Chateau Lake Louise Hotel
Centre d'information touristique
Lake Louise Drive
Village de Lake Louise
Mt Niblock
Lac Agnès
Mt Whyte
Lac Louise
Camping
Bow Valley Parkway
Vers Banff
Fairview Road
Mt Fairview
Saddle Mountain
Bow
Plaine des Six-Glaciers
Mt Sheol
Transcanadienne
Mt Victoria
Mt Aberdeen
Moraine Lake Road
Vallée Paradise
Paradise Creek
The Mitre
Mt Lefroy
Lac Annette
Vers Banff
Parc national de Yoho
Mt Temple
Moraine Creek
Col de la Sentinelle
The Pinnacle
Pic de Ringrose
Pic Eiffel
Larch Valley (vallée des Mélèzes)
Mt Hungabee
Pic de Weakchemna
Lac Eiffel
Lac Moraine
Lacs de la Consolation
COLOMBIE-BRITANNIQUE
Mt Neptune
Vallée de Ten-Peaks
Mt Deltaform
Mt Tuzo
Mt Babel
Parc national de Kootenay
Mt Allen
Mt Perren
Mt Tonsa
Mt Bowlen
Mt Little
Mt Fay

de partage des eaux. Ici, les cours d'eau coulent soit vers l'ouest et l'océan Pacifique, soit vers l'est et l'Atlantique. Les montagnes de cette zone sont les plus hautes, les plus déchiquetées et sans doute les plus belles de toutes les Rocheuses. La route est bonne, mais soyez prêt à ralentir si une chèvre, un bélier ou un élan s'y aventure : cela arrive souvent !

Deux heures suffiraient pour parcourir les 230 km de cette route, mais on peut également mettre une journée entière, si l'on décide de s'arrêter pour admirer les fréquents points de vue ou emprunter à pied quelques-uns des nombreux sentiers qui la bordent. Les centres d'informations touristiques vous renseigneront sur ces chemins balisés.

L'Icefields Parkway est également très populaire parmi les cyclistes, mais étant donné la configuration du terrain, il est bien plus facile d'aller de Banff à Jasper que de Jasper à Banff. Sur la route, arrêtez-vous au **lac de Peyto**, l'un des plus beaux lacs glaciaires du monde. Là encore, c'est tôt le matin que la beauté du site est la plus saisissante. Plus au nord, autour du **lac Waterfowl**, les orignaux abondent.

A mi-chemin entre Lake Louise et Jasper se trouve le **glacier d'Athabasca**, qui se détache au-dessus du vaste **Columbia Icefield**. Ce dernier, immense champ de glace qui couvre une zone de 325 km², est composé d'une couche de glace atteignant jusqu'à 900 m d'épaisseur en certains points. A la fonte des neiges, il alimente le Mackenzie, la Saskatchewan et la Columbia. La compagnie de bus Brewster's Gray Line (☎ 762-6700), PO Box 1140, Banff T0L 0C0, organise des excursions d'une heure et demie sur la glace au prix de 18,50 $. L'Athabasca Glacier Walks (☎ 762-5385 ou 852-5665 à Jasper), 304 Caribou St, à Banff, propose une balade de trois heures sur le glacier d'Athabasca pour 20 $ et une autre de cinq heures vers diverses destinations pour 24 $. Les billets s'achètent au parking, près du glacier.

Le centre d'informations touristiques du Columbia Icefield, situé de l'autre côté de la route, en face du glacier, propose une exposition et une projection gratuites sur les glaciers. Il est ouvert tous les jours de mai à septembre de 10h à 17h (et jusqu'à 19h de mi-juin à fin août).

Les autres centres d'intérêt de la région sont les **chutes de Sunwapta** et les **chutes d'Athabasca**, plus près de Jasper.

Où se loger

De nombreuses auberges de jeunesse au style rustique jalonnent la route. Leur tarif s'élève à 10 $ la nuit pour les membres de la HI, 15 $ pour les autres. La plupart sont situées non loin de la route, dans des environnements enchanteurs. Elles sont assez petites et n'ont pas de douches, mais on trouve généralement un cours d'eau "rafraîchissant" dans les environs immédiats. Ainsi, le *Mosquito Creek Hostel*, le long de l'Icefields Parkway, à 27 km environ au nord de Lake Louise, dispose d'un sauna et offre la possibilité de cuisiner.

Le *Hilda Creek Hostel* (☎ 762-4122), à 7 km au sud du Centre d'information touristique, comporte 21 lits et une cuisine.

L'*Athabasca Falls Hostel* (☎ 439-3089), à 30 km au sud de Jasper, accueille 40 personnes.

Il existe quelques campings et des motels à prix modérés le long de la route.

JASPER ET SES ENVIRONS

Situé à 369 km à l'ouest d'Edmonton, Jasper est le pendant septentrional de Banff. Plus petite toutefois, elle offre moins d'intérêt, car le décor y est un peu moins grandiose. Certains la préfèrent pourtant pour ses rues paisibles : elle est en effet bien moins touristique. Elle est très bien desservie, avec la Yellowhead Hwy et le VIA Rail, qui la relie vers l'est à Edmonton et vers l'ouest à Prince George.

Au sud, l'Icefields Parkway mène à Lake Louise. La ville est le centre d'approvisionnement idéal pour tous ceux qui vont visiter le parc national de Jasper, où les animaux sauvages abondent et qui comporte d'excellents sentiers de randonnée pour tous les goûts.

Orientation

Dans Connaught Drive, la rue principale, on trouve à peu près tout : gare routière, gare ferroviaire, banques, restaurants et boutiques de souvenirs.

Devant la gare ferroviaire, aux allures de gros jouet, on peut voir un totem de 21 m de haut sculpté par un artisan haida originaire des îles de la Reine-Charlotte, en Colombie-Britannique. Non loin trône une antique locomotive à vapeur. Sur Patricia St, parallèle à Connaught Drive, les voitures roulent en sens unique vers le nord, en direction de Hazel Ave.

Tout autour de la rue principale, la ville est constituée de petits chalets de bois, souvent agrémentés de jardins fleuris qui mettent en valeur ce décor montagnard.

Renseignements

Offices du tourisme. En plein centre-ville, au 500 Connaught Drive, se trouve le centre d'informations touristiques de Jasper (☎ 852-6176), sans doute l'un des plus jolis du Canada. Ce bâtiment de pierres est en effet couvert de fleurs et de plantes. La large pelouse qui s'étend juste devant sert de lieu de rendez-vous. Il n'est pas rare d'y voir traîner des sacs à dos et des routards fatigués. Le centre vous fournira tous les renseignements nécessaires sur les pistes balisées du parc et vous conseillera sur les itinéraires à suivre selon votre niveau. Une bonne brochure est éditée en français sur les randonnées dans la région. Les anglophones se procureront également le *Backcountry Users' Guide*. Vous obtiendrez par ailleurs la liste des chambres chez l'habitant de la région. Le livret intitulé *Profiles* donne tous les détails sur le règlement du parc, la vie sauvage, les campings, etc. L'été, le centre ouvre tous les jours de 8h à 20h, l'hiver de 9h à 17h.

Au 632 Connaught Drive, plus au sud, la chambre de commerce (☎ 852-3858) vous renseignera sur la ville de Jasper, tous les jours de 8h à 20h. Dans le même immeuble, l'Alberta Tourism propose des cartes et des renseignements sur les autres secteurs de la province.

Poste. La poste centrale (☎ 852-3041), au 502 Patricia St, près de l'angle avec Elm Ave, ouvre du lundi au vendredi de 9h à 17h.

Services médicaux. L'hôpital (☎ 852-3344) se trouve au 518 Robson St.

Blanchissage. Près du bureau de poste, vous pourrez faire votre lessive à la Jasper Laundromat, ouverte de 9h à 22h. Il existe un café juste à côté. Chez Coin-Op Laundry, plus au sud sur Patricia St, en face de la Toronto Dominion Bank, on peut se doucher pour 1,50 $ et laver ses affaires. C'est ouvert de 8h à 23h.

Le Jasper Tramway

Le Jasper Tramway (☎ 852-3093) se prend à 6 km environ au sud de la ville, par Whistlers Mountain Rd, une route qui part de l'Icefields Parkway. Ce téléphérique mène au sommet de la montagne de Whistlers en sept minutes. D'en haut, on distingue le Columbia Icefield, situé à 75 km au sud, et le mont Robson, à 100 km à l'ouest en Colombie-Britannique. L'arrivée du téléphérique est à 2 285 m d'altitude. Là-haut, on trouve un restaurant et des sentiers de randonnée sillonnent le sommet. Le tramway fonctionne tous les jours de fin mai à début septembre, de 8h à 22h, et coûte 9,65 $.

Lac Patricia et lac des Pyramides

Situés à 7 km au nord-ouest de la ville par Pyramid Lake Rd, ces deux petits lacs sont relativement paisibles. On y trouve de petits sentiers de randonnée pour marcheurs ou cavaliers, des aires de pique-nique, des plages et des zones de pêche. On y loue des canoës, des kayaks, des voiliers et des planches à voile. L'hiver, on s'y consacre au patinage et au ski de fond. Il n'est pas rare d'apercevoir cerfs, coyotes et ours dans les environs.

Lac Annette et lac Édith

Près de la Yellowhead Hwy, à 3 km au nord-est de la ville, le long de Lodge Rd, les lacs Annette et Edith sont situés à envi-

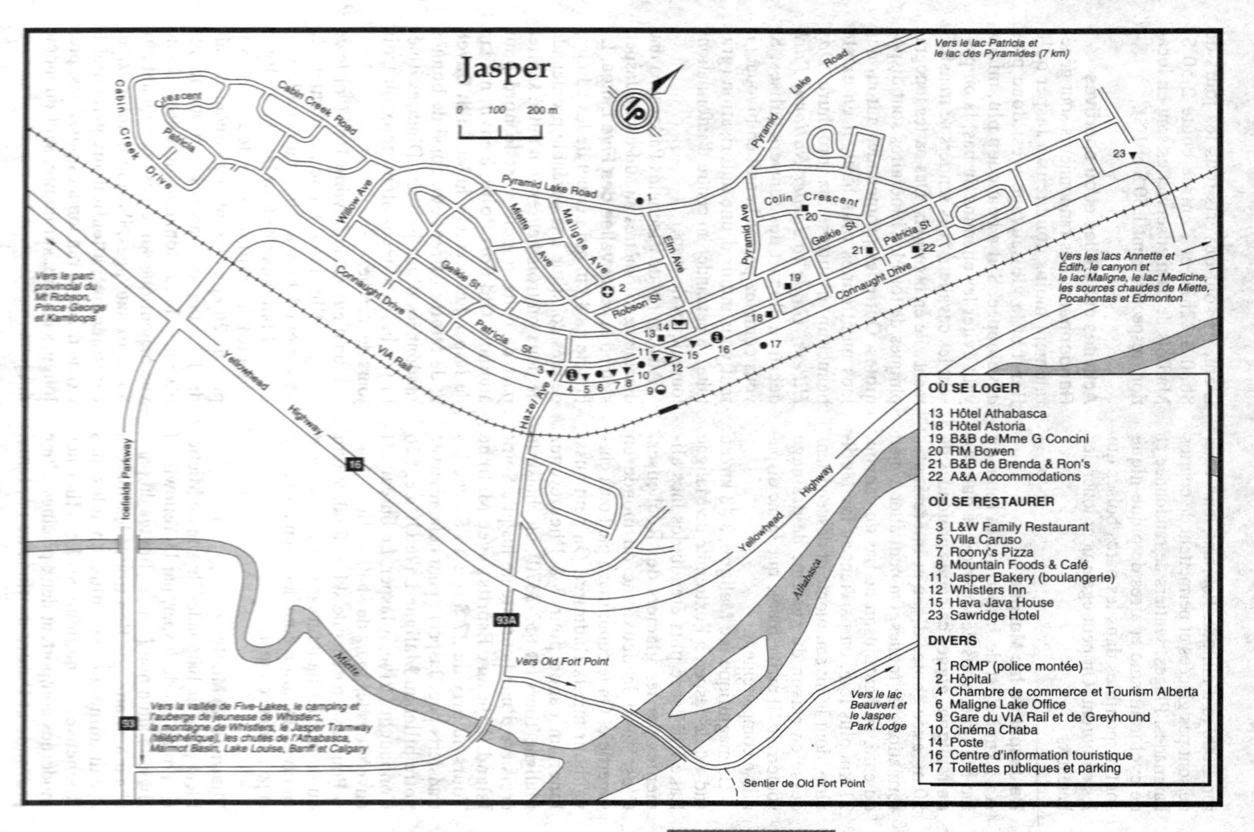
Jasper
0 100 200 m
OÙ SE LOGER
13 Hôtel Athabasca
18 Hôtel Astoria
19 B&B de Mme G Concini
20 RM Bowen
21 B&B de Brenda & Ron's
22 A&A Accommodations
OÙ SE RESTAURER
3 L&W Family Restaurant
5 Villa Caruso
7 Roony's Pizza
8 Mountain Foods & Café
11 Jasper Bakery (boulangerie)
12 Whistlers Inn
15 Hava Java House
23 Sawridge Hotel
DIVERS
1 RCMP (police montée)
2 Hôpital
4 Chambre de commerce et Tourism Alberta
6 Maligne Lake Office
9 Gare du VIA Rail et de Greyhound
10 Cinéma Chaba
14 Poste
16 Centre d'information touristique
17 Toilettes publiques et parking
Vers le lac Patricia et le lac des Pyramides (7 km)
Vers les lacs Annette et Édith, le canyon et le lac Maligne, le lac Medicine, les sources chaudes de Miette, Pocahontas et Edmonton
Vers le lac Beauvert et le Jasper Park Lodge
Sentier de Old Fort Point
Vers Old Fort Point
Vers la vallée de Five-Lakes, le camping et l'auberge de jeunesse de Whistlers, la montagne de Whistlers, le Jasper Tramway (téléphérique), les chutes de l'Athabasca, Marmot Basin, Lake Louise, Banff et Calgary
Vers le parc provincial du Mt Robson, Prince George et Kamloops
Pyramid Lake Road
Cabin Creek Road
Cabin Creek Drive
Patricia Crescent
Willow Ave
Connaught Drive
Geikie St
Patricia St
Miette Ave
Maligne Ave
Hazel Ave
Robson St
Elm Ave
Pyramid Ave
Colin Crescent
VIA Rail
Yellowhead Highway
Icefields Parkway
Athabasca
Miette
16
93A
93

ron 1 000 m d'altitude. Pourtant, leurs eaux ne sont pas glacées et permettent de courtes baignades. Plages, sentiers de randonnée et de cyclotourisme et aires de pique-nique sont disponibles dans les parcs boisés qui les entourent. On peut également louer des bateaux.

De Jasper au lac Maligne

A 11 km à l'est de Jasper, sur la route du lac Maligne, vous découvrirez le **canyon de Maligne**, gorges calcaires profondes de 50 m, avec chutes d'eau et intéressantes formations de roches. On peut aller à pied du café, en haut, jusqu'au bas du canyon. 21 km plus loin, on parvient au **lac Medicine**, dont le niveau monte et descend sans cesse en raison du système de drainage souterrain. Il arrive même que le lac disparaisse complètement.

Le magnifique **lac Maligne**, à 48 km au sud-est de Jasper, à l'extrémité de Maligne Lake Rd, est le plus étendu des lacs alimentés par les glaciers des Rocheuses. C'est aussi le deuxième du monde en superficie. On le contourne à pied ou à cheval pour mieux l'admirer. On peut aussi louer un canoë pour 7 $ l'heure chez Maligne Tours (☎ 852-3370), ou choisir la croisière d'une heure trente jusqu'à Spirit Island (l'île aux Esprits) avec Maligne Tours au prix de 27 $ (ou 45 $ avec les transferts pour Jasper) : pour cela, réservez votre billet au Maligne Lake Office, 626 Connaught Drive, à Jasper. Le bureau est ouvert tous les jours de 8h30 à 21h.

Pour les amateurs de ski de fond, le tour du lac sur les hauteurs est un ravissement en hiver (la saison commence en novembre et se termine en mai).

Thermes de Miette

Idéal pour les baignades, le site de Miette, 61 km à l'est de Jasper, par la Yellowhead Hwy, se situe non loin des limites du parc. C'est à Miette que l'on trouve les sources d'eau minérale les plus chaudes des Rocheuses canadiennes. Les thermes modernes comportent deux piscines, l'une profonde et l'autre destinée aux enfants. L'été, ils sont ouverts tous les jours de 8h30 à 22h30 et l'entrée coûte 2,50 $. Maillots de bain et serviettes sont en location (respectivement 1,50 $ et 1 $).

Activités culturelles et/ou sportives

Randonnées. Les randonneurs sont généralement moins nombreux à Jasper qu'à Banff et la vie sauvage y est donc plus développée. S'il a beaucoup plu, mieux vaut éviter les chemins du bas, là où passent les cavaliers : ces sentiers se transforment vite en bourbiers. Des cartes topographiques de tous les itinéraires sont disponibles. Outre les promenades autour des lacs mentionnés plus haut, il en existe beaucoup d'autres. La brochure *Day Hikers' Guide to Jasper National Park* décrit la plupart des sentiers balisés. Si vous comptez passer la nuit en bivouac, il faut vous munir d'une autorisation (gratuite), à demander au centre d'informations touristiques de Jasper.

Aux abords de l'Icefields Parkway, à une dizaine de kilomètres au sud-est de Jasper, s'étend la petite **vallée des Five Lakes**. La boucle de 8 km qui permet de les admirer de près constitue une agréable promenade de deux ou trois heures. Un autre sentier part de cette boucle vers le nord pour atteindre **Old Fort Point**, à environ 2 km de Jasper. Les secteurs du **Mt Édith Cavell** et de **Miette** offrent eux aussi de bonnes randonnées d'une journée. D'autres itinéraires balisés nécessitent deux ou trois jours de marche.

L'un d'eux est le **Skyline Trail** ("piste de la ligne d'horizon"), une promenade de 45 km qui débute à l'extrémité nord-ouest du lac Maligne et se termine sur Maligne Lake Rd, à environ 13 km de Jasper. Sur près de 26 km, ce sentier passe au-dessus de la cime des arbres (ou au même niveau) : le randonneur jouit donc d'une vue magnifique sur le paysage. Quant aux animaux sauvages, ils sont nombreux sur cet itinéraire ; attention aux grizzlis ! Il existe d'autres randonnées possibles, plus longues encore, sur quatre, sept ou même dix jours.

Cyclotourisme. Tout comme dans le parc national de Banff, on peut circuler à vélo sur les routes et sur certains chemins du parc. En revanche, il est interdit de quitter ces sentiers balisés. Des promenades de quelques heures, d'une journée ou de plusieurs jours, avec nuits en camping, en auberge de jeunesse ou en refuge, sont possibles. Pour en savoir plus, vous pouvez consulte la brochure *Trail Bicycling Guide, Jasper National Park*, distribuée par le centre d'informations touristiques.

Bon itinéraire, assez proche de la ville, la **Maligne Lake Rd** mène au canyon de Maligne ou, plus loin, au lac Medicine. Très apprécié pour ses panoramas, mais assez difficile, l'itinéraire qui traverse la vallée de Five Lakes jusqu'à Old Fort Point couvre une distance de 23,5 km. Pour louer des bicyclettes, consultez la section*Comment circuler* de ce chapitre.

Escalade. Le Jasper Climbing School & Guide Service (☎ 852-3964) PO Box 452, Jasper T0E 1E0, est une école d'escalade dirigée par Helen et Hans Schwartz. Elle propose des stages de deux à cinq jours, du niveau "débutant" au "confirmé", de mai à septembre. L'hiver, on peut aller escalader les chutes d'eau gelées ou faire de l'alpinisme. Il existe aussi des sorties d'une journée avec guide (200 $) au mont Morro, à la crête de Messner, au mont Athabasca, au mont Andromeda et au mont Édith Cavell.

Descente en eaux vives. L'**Athabasca**, près des chutes de l'Athabasca, se prête bien au rafting, tout comme la **rivière Maligne** et la **Sunwapta**. Maligne River Adventures (☎ 852-3370) organise une descente de la rivière Maligne sur 13 km au prix de 42,05 $ par personne. Les billets s'achètent au Maligne Lake Office, situé au 626 Connaught Drive. Il paraît que l'expérience est palpitante ! Whitewater Rafting Ltd (☎ 852-4386/ 7238), PO Box 362, Jasper T0E 1E0, propose pour sa part des sorties de trois heures et demie dans les chutes de l'Athabasca ou de quatre heures sur la rivière Maligne ou la Sunwapta, à partir de 35 $.

Ski

Le principal domaine skiable du parc national de Jasper est **Marmot Basin**, qui s'étend à 19 km au sud-ouest de la ville par la Hwy 93A. Il possède des pistes de ski alpin pour tous niveaux, mais aussi de magnifiques itinéraires de ski de fond. Téléphonez au ☎ 852-3816 pour vous renseigner ou demandez le bulletin d'enneigement au ☎ 488-5909. Le forfait pour la journée coûte 33 $. Près du lac Maligne, la **Moose Lake Loop** (8 km) et la piste des **Bald Hills** (11 km) représentent de bons itinéraires d'initiation au ski de fond et ne manquent pas de charme. La saison des sports d'hiver s'étend de décembre à mai. Pour plus de renseignements, contactez le centre d'informations touristiques.

Circuits organisés

La Jasper Travel Agency (☎ 852-4400), installée dans la gare du VIA Rail, coordonne les différentes visites, croisières et excursions et délivre les billets. La compagnie de bus Brewster's Gray Line (☎ 852-3332) organise des excursions de trois heures vers certains sites touristiques dont le Jasper Tramway, la Whistlers Mountain (montagne des Siffleurs), le lac des Pyramides et le lac Patricia et le canyon Maligne, le tout pour 29,50 $. La croisière sur le lac Maligne, à 45 $, dure cinq heures. Il existe également des visites guidées de sept heures et demie de l'Icefields Parkway à Lake Louise à 53,50 $ (retour non compris). Deux autres agences organisent des excursions similaires dans le parc : Jasper Heritage Tours (☎ 852-5254) et Mountain Meadow Tours (☎ 852-5595).

Jasper Raft Tours (☎ 852-3332/3613), au 614 Connaught Drive, propose des croisières d'une ou deux heures sur l'Athabasca à partir de 30,50 $: un guide est là pour vous décrire l'histoire naturelle et humaine de la région. Le tarif inclut le transfert en car.

Si vous êtes anglophone et disposez d'une voiture, procurez-vous les cassettes audio qui décrivent le trajet entre Jasper et Banff par le champ de glace de Columbia et le lac Louise. Produite par les Rocky Mountain Auto Tours, elles sont en location ou en vente (19,95 $) chez Exposures, 612 Connaught Drive.

Où se loger

En règle générale, tout est moins cher ici qu'à Banff. Toutefois, les prix des hôtels et des motels restent élevés. Les B&B et les chambres chez l'habitant restent la meilleure solution pour l'hébergement, après les campings et auberges de jeunesse.

Camping. Le parc national de Jasper dispose de 10 campings, tous gérés par le Canadian Parks Service. Le plus proche de la ville est le *Whistlers Campground*, à 3 km au sud par l'Icefields Parkway, puis Whistlers Rd. Très correct, il dispose de l'électricité, de douches et de toilettes. Attention toutefois : malgré ses 781 emplacements, il est souvent complet. Les soirs d'été, des projections et des réunions y sont organisées. L'emplacement coûte de 12 à 16,50 $.

Un troupeau de wapitis (élans américains) vit sur le camping à certaines époques de l'année. L'automne, un mâle se met en quête d'un grand nombre de femelles (son harem) et son brame s'entend de très loin.

Deux kilomètres plus loin vers le sud, sur l'Icefields Parkway, le *Wapiti Campground*, en bordure de l'Athabasca, est le seul camping du parc ouvert en hiver. Les emplacements vont de 12 à 14 $.

Toujours à distance raisonnable de la ville, le *Wabasso Campground*, à 17 km au sud par la Hwy 93A, propose des emplacement à 9,25 $, et le *Snaring River Campground*, à 17 km au nord sur la Yellowhead Hwy, à 7,25 $.

Auberges de jeunesse. L'auberge de jeunesse *Whistlers Hostel* (☎ 852-3215) est à 7 km au sud de la ville sur Skytram Rd, la route qui mène au Tramway. Les deux derniers kilomètres montent à pic. Cette auberge de jeunesse de la HI est l'une des plus modernes des Rocheuses, avec douches, machines à laver et vaste cuisine. Elle ouvre tous les jours à 17h et ferme à 24h. Sachez aussi que vous serez réveillé à 7h. Les membres paient 14 $, les autres 18 $. Des ouvriers locaux y séjournant semble-t-il plus ou moins à plein temps, téléphonez pour savoir s'il y a de la place.

Le *Maligne Canyon Hostel* (☎ 852-3584), à 11 km au nord-est de la ville par Maligne Canyon Rd, représente une bonne adresse malgré ses dimensions réduites. Les membres y paient 10 $ la nuit, les autres 14. Enfin, le *Mt Édith Cavell Hostel* (☎ 439-3089) est situé au sud de Jasper sur Mt Édith Cavell Rd, à 11 km de l'intersection avec la Hwy 93A. Ouverte de mi-juin à début septembre, elle coûte 10 $ pour les membres et 14 $ pour les autres.

Bed & Breakfasts et tourists homes. Le centre d'informations touristiques dispose d'une liste de 50 chambres chez l'habitant. D'une propreté impeccable, la plupart se trouvent en ville ou dans les environs immédiats. Les prix varient peu et l'on y accueille les touristes toute l'année. Le petit déjeuner y est parfois proposé. En juillet et août, elles sont prises d'assaut. Mieux vaut donc réserver. La simple/double coûte environ 35/40 $, mais on peut bénéficier de tarifs réduits hors saison.

L'adresse la moins chère de toutes est la *RM Bowen* (☎ 852-4532), 228 Colin Crescent : les chambres avec TV sont à 25 $ chacune. *Mrs G. Concini* (☎ 852-3744), 312 Patricia St, dispose de deux chambres à 35 $ avec s.d.b. commune. Le *Brenda & Ron's* (☎ 852-3822), 200 Patricia St, propose une chambre double à 40 $, également avec s.d.b. sur le palier. *A&A Accommodations* (☎ 852-5260), 110 Connaught Drive, disposent de deux chambres à 50 $ avec TV, s.d.b. individuelle et café offert par la maison.

Hôtels, motels et bungalows. En ville, l'*Athabasca Hotel* (☎ 852-3386), 510 Patricia St, propose des simples/doubles rudimentaires pour 51/54 $ et quelques chambres plus luxueuses pour

91/95 $. L'*Astoria Hotel* (☎ 852-4955), 404 Connaught Drive, dispose de simples/doubles avec téléphone et TV à 89/92 $. Ces deux hôtels possèdent un bar et un restaurant et proposent des spectacles en soirée. Le *Jasper Park Lodge* (☎ 852-3301), près du lac Beauvert, au nord-est de la ville, est l'équivalent à Jasper du Banff Springs Hotel. On y trouve tout, y compris un golf de niveau international. Les simples/doubles débutent à 267 $, les suites à 612 $.

La plupart des motels de Jasper se trouvent dans Connaught Drive. Certains, en dehors de la ville, proposent des petits appartements et des bungalows.

Le *Patricia Lake Bungalows* (☎ 852-3560), sur Patricia Lake Rd, à 5 km au nord de la ville, pratique des tarifs raisonnables à partir de 45 $ la simple/double. Le *Pyramid Lake Resort Bungalows* (☎ 852-3536) propose des chambres de 50 à 110 $. Situé en bordure de lac, il dispose d'une salle à manger sous licence. Le *Tekkara Lodge* (☎ 852-3058) se situe à 1 km au sud de Jasper par la Hwy 93A, au confluent de la Miette et de l'Athabasca. Vous aurez le choix entre le bâtiment principal et les bungalows. Les tarifs débutent à 65 $. Il ouvre de mai à fin septembre.

Où se restaurer

Connaught Drive. *Mountain Foods & Café*, sur Connaught Drive, en face de la gare, est un bon bar-restaurant diététique qui fait aussi boutique. On y sert des soupes, des salades à partir de 2,50 $, des sandwiches à partir de 3,45 $ et de bons desserts. La boutique propose toutes sortes de victuailles à emporter en randonnée. L'ensemble ouvre tous les jours de 8h à 22h. Chez *Roony's Pizza*, au 618 Connaught Drive, les pizzas débutent à 6,50 $ et le fish & chips et les spécialités moyen-orientales coûtent environ 7 $.

Le *Villa Caruso*, 628 Connaught Drive, est un bon restaurant haut de gamme où l'on déguste poissons, pâtes, pizzas et steaks. L'établissement est ouvert tous les jours à partir de 11h et un repas moyen coûte de 10 à 20 $.

La plupart des hôtels font restaurant. Ainsi, le *Whistlers Garden Restaurant* du Whistlers Inn, 105 Miette Ave, à l'angle de Connaught Drive, est un établissement simple parfait pour les petits déjeuners. Omelettes, hamburgers et crêpes y sont servis pour 4,50 $ environ.

Le *Sunrise Coffee Shop* du Sawridge Hotel, au 82 Connaught Drive, fournit également de bons petits déjeuners pour 5 $ environ. Il est ouvert de 6h30 à 22h30. Le *Papa George's*, à l'Astoria, est lui aussi recommandé pour ses petits déjeuners à 5 $ environ, mais propose en outre une nourriture végétarienne.

Patricia St. Le *L&W Family Restaurant*, à l'angle de Patricia St et de Hazel Ave, fait un peu "toc" mais sert des pizzas très correctes, des spaghettis et des lasagnes de 9 à 14,5 $, et le service est rapide. Le *Hava Java House*, 407 Patricia St, propose des petits déjeuners à 4,50 $ et différents types de pains pour 2,25 $. Le café y est bon, on peut s'installer dehors par beau temps et l'on rencontre souvent d'autres visiteurs. La *Jasper Bakery*, au 601 Patricia St, à l'angle de Miette Ave, vend du bon pain, des sandwiches et des gâteaux.

Distractions

Le *Chaba Cinema* (☎ 852-4749), au 604 Connaught Drive, en face de la gare du VIA Rail, présente le film d'une heure intitulé *Challenge* à 16h tous les jours en été. Tourné en grande partie sur le champ de glace de Columbia et commenté par Peter Ustinov, ce film présente les activités pratiquées dans les Rocheuses (kayak en eaux vives, ski héliporté, alpinisme) d'une façon assez séduisante pour lui permettre d'être présenté au festival de Cannes. Le film est produit par Wendy Wacko, qui vit à Jasper. Le Chaba Cinema passe également des films en exclusivité. L'entrée coûte 6,50 $.

La *boîte de nuit* de l'hôtel Athabasca invite régulièrement des orchestres de rock ou autres. Les amateurs de musique disco lui préféreront le *Champs* de l'hôtel Sawridge, ouvert tous les soirs. L'*Astoria*

Bar, dans l'hôtel Astoria, est connu pour son large choix de bières.

Comment s'y rendre

Bus. La gare routière de Greyhound (☎ 852-3962) se trouve dans la gare du VIA Rail station, sur Connaught Drive. Quatre bus par jour partent pour Kamloops, Vancouver et Edmonton.

Les tarifs, en aller simple, taxes comprises, sont : 44,78 $ pour Kamloops, 82,50 $ pour Vancouver et 41,46 $ pour Edmonton. Greyhound n'assure pas la liaison entre Jasper et Banff.

La Brewster Transportation (☎ 852-3332), installée elle aussi dans la gare du VIA Rail, assure une liaison quotidienne avec Banff. Le trajet dure quatre heures et demie et coûte 37 $. Un bus se rend également à Calgary pour 49,50 $. Ces tarifs incluent les taxes.

Train. Les billets s'achètent au guichet (☎ 852-4102) de la gare du VIA Rail, ouvert le lundi et le samedi de 8h30 à 16h, le mardi et le jeudi de 12h à 16h, le mercredi de 8h30 à 12h et de 16h30 à 20h15, et le vendredi et le dimanche de 12h à 20h. En direction de l'ouest, les trains vont à Prince George et Prince Rupert, vers le sud-ouest, à Vancouver *via* Kamloops, et vers l'est, à Saskatoon, Winnipeg et au-delà *via* Edmonton. Les départs pour Vancouver ont lieu les lundi, jeudi et samedi à 15h30, pour Winnipeg, les mardi, vendredi et dimanche à 14h55, et pour Prince Rupert les mercredi, vendredi et dimanche à 20h10. Les prix s'élèvent à 84,53 $ pour Kamloops, 78,11 $ pour Edmonton, 214 $ pour Winnipeg et 134,82 $ pour Vancouver.

Les trains de la "Rocky Mountaineer" effectuent le trajet *via* Jasper (ou Banff) entre Calgary et Vancouver. Ils partent les mardi, jeudi et dimanche à 9h. Le trajet jusqu'à Vancouver coûte 529 $ (voir le paragraphe *Comment s'y rendre* dans le chapitre sur Banff pour plus de détails.

Voiture. Les loueurs de voitures installés à Jasper sont les suivants :

Avis
: Petro Canada, 300 Connaught Drive (☎ 852-3970)

Budget
: Shell, 638 Connaught Drive (☎ 852-3222)

Hertz
: Avalanche Esso, 702 Connaught Drive (☎ 852-3888)

Tilden
: Gare du Via Rail, 607 Connaught Drive (☎ 852-4972)

Tilden loue de petites voitures pour 45 $ par jour. Les cent premiers kilomètres sont gratuits, puis vous paierez 20 cents du kilomètre. Chez Budget, le prix de base est de 44 $ par jour, puis les conditions sont les mêmes que chez Tilden.

Comment circuler

Bus. Jasper ne dispose pas de réseau de transports en commun, mais Maligne Tours (☎ 852-3370) assure un service de minibus 24 places qui débute devant le Maligne Lake Office, 626 Connaught Drive, et dessert divers sites du parc national de Jasper. Voici quelques exemples de tarifs : Jasper Tramway (5 $), canyon Maligne (6 $), Whistlers Campground et auberge de jeunesse Whistler Hostel (3 $), lac Maligne (10 $) et le Skyline Trail, côté sud, (10 $).

La compagnie Hikers' Wheels (☎ 852-2188) vous transportera vers n'importe quel point du parc national de Jasper et du parc provincial du Mt Robson, en Colombie-Britannique, pour moins de 20 $. Ses bus partent devant la Hava Java House, au 407 Patricia St. Ils peuvent également venir vous chercher à l'auberge de jeunesse ou au camping.

Bicyclette. Les loueurs de vélos ne manquent pas à Jasper. Les VTT représentent la spécialité de Beyond Bikes (☎ 852-5922), 4 Cedar Ave, qui les loue 4 $ l'heure, 12 $ la journée et 16 $ les 24h. Freewheel Cycle (☎ 852-3898), 600 Patricia St, en loue également pour 5 $ l'heure, 12 $ la demi-journée ou 18 $ la journée. Parmi les autres adresses figurent Sports Shop (☎ 852-3654), au 416 Connaught Drive derrière la banque CIBC, et Saito Sports & Hardware (☎ 852-5555), au 625 Patricia St. L'hôtel Jasper Park Lodge et le Sawridge Hotel louent eux aussi des deux-roues.

KANANASKIS COUNTRY

Adjacent au parc national de Banff, au sud-ouest de celui-ci, et à 90 km à l'ouest de Calgary, Kananaskis Country a été consacré aux loisirs. Cette région de 4 000 km² est équipée de toutes les installations possibles et imaginables pour le ski, l'escalade, le cyclotourisme, la randonnée, l'équitation, le bateau, le camping et les pique-niques. Kananaskis est surtout réputé pour son domaine de ski alpin de **Nakiska**, sur le Mt Allan (☎ 591-7777), que l'on atteint par la Hwy 40. C'est là que se sont déroulés les jeux Olympiques d'hiver en 1988. Les skieurs peuvent désormais skier sur ces pistes, à condition qu'aucune compétition ne s'y déroule. Le ski de fond est également à l'honneur, avec d'innombrables pistes qui sillonnent Kananaskis Country.

Serrée entre le parc national de Banff et Kananaskis Country, sur la Transcanadienne, la ville de **Canmore**, en pleine expansion, représente le cœur de cette région. Outre ses campings, hôtels et motels, elle abrite de nombreuses agences de tourisme qui organisent des activités de plein air dans toutes les Rocheuses.

On parvient à Kananaskis Country par la Hwy 40, qui effectue une boucle à travers la région. Elle quitte la Transcanadienne vers le sud et traverse le parc provincial de Peter Lougheed avant de rejoindre la Hwy 541, puis la Hwy 22. A l'intersection de ces deux routes, on peut soit aller vers le nord en direction de Calgary, soit choisir le sud et le Crowsnest Hwy. L'autre route principale passant par Kananaskis est la Hwy 66, qui part du sud-est de Calgary.

PARC NATIONAL DES LACS DE WATERTON

Ce parc national de 525 km², situé à l'extrémité sud-ouest de l'Alberta, à 130 km de Lethbridge, fut ouvert en 1895. Il est relié au parc national des Glaciers du Montana pour former le parc de la Paix internationale du glacier de Waterton. Chacun de ces deux parcs est toutefois géré de façon indépendante, et le billet d'entrée à l'un d'eux ne vous autorise pas l'accès à l'autre. Pour vous rendre au parc national de Glacier, il vous faudra donc quitter celui des lacs de Waterton, rouler vers le sud sur la Hwy 6 (Chief Mountain Hwy) et passer la douane.

Ici, les prairies se transforment en un beau paysage alpin très accidenté comportant de multiples lacs, chutes et vallées. Le parc accueille moins de visiteurs que ses deux voisins septentrionaux, Banff et Jasper. On y aperçoit plus souvent des animaux sauvages et le parc compte plus de 800 espèces de fleurs des champs. Le lac de Waterton est le plus profond des Rocheuses et la ville du même nom plus petite et moins huppée que Banff. Le bureau de renseignements du parc (☎ 859-2224), situé sur la route juste avant la ville de Waterton, ouvre de mai à septembre de 8h à 20h30.

Le parc comporte 255 km de sentiers balisés, dont certains conviennent également au cyclisme et à la randonnée à cheval. L'hiver, la plupart se transforment en piste de ski de fond. Sur le lac Supérieur de Waterton, la voile, la planche à voile et la plongée sont très pratiquées. Les Waterton Inter-Nation Shoreline Cruises (☎ 859-2362 en été, 285-2180 en hiver), PO Box 126, Waterton T0K 2M0, organisent des croisières sur le lac Supérieur de Waterton. Ses bateaux accueillent jusqu'à 200 passagers. En mai, l'itinéraire est réduit et il n'y a pas d'escale aux États-Unis. Du 1er juillet au 30 août, la plupart des bateaux s'arrêtent à Goat Haunt, dans le Montana. La croisière coûte 14 $.

Dans le nord-est du parc, on peut visiter **Bison Paddock**, où vit un petit troupeau de bisons des plaines. La route d'**Akamina Parkway** offre un itinéraire panoramique de 16 km vers l'ouest de Waterton, le long de la vallée de Cameron jusqu'au lac Cameron, tandis que les 15 km de la **Red Rock Parkway** suivent la vallée de Blakiston jusqu'au canyon de Red Rock.

ALBERTA

Où se loger

Le parc comprend trois campings gouvernementaux. Le *Waterton Townsite Camp ground*, sur la Hwy 5, au sud de la ville, est le plus grand et dispose de tous les équipements. Les emplacements y coûtent 13 $. Il existe par ailleurs quelques terrains privés juste à la sortie du parc. La ville de Waterton renferme pour sa part quelques hôtels et hébergements divers.

Le *Northland Lodge* (☎ 859-2353), sur Evergreen Ave, ouvert de mi-mai à fin septembre, est le moins cher. Les simples avec/sans s.d.b. y coûtent 46/52 $, les doubles 55 $. L'*El Cortez Motel* (☎ 859-2366), sur Mountview Rd, est bien tenu et pratique des prix raisonnables, avec des chambres à 55 $.

Le clou de la ville en matière d'hébergement est le *Prince of Wales Hotel* (☎ 859-2231), qui surplombe le lac. Même si vous ne pouvez pas vous offrir une chambre à 113 $ la nuit, faites-y un petit tour, pour le plaisir des yeux...

Colombie-Britannique

Entrée dans la confédération : 20/07/1871
Superficie : 948 596 km²
Population : 3 213 200 habitants
Capitale de la province : Victoria

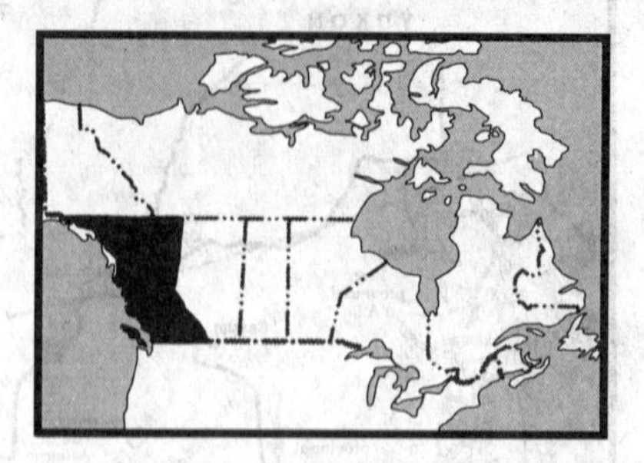

La Colombie-Britannique (en anglais *British Columbia*, souvent désignée par ses initiales, BC) est sans doute la plus belle province du Canada. Ses paysages figurent parmi les plus spectaculaires du monde. Les montagnes Rocheuses s'étendent à l'est. Au nord, l'intérieur des terres abonde en chaînes montagneuses, collines, forêts et lacs. Au sud, on trouve un petit désert, tandis que la luxuriante côte pacifique est riche en criques et en îles. La variété des paysages de Colombie-Britannique attire une faune tout aussi variée et offre un large éventail d'activités de plein air.

L'atmosphère de la Colombie-Britannique, et surtout de sa côte sud-ouest, la distingue des autres provinces du Canada. Dans ses mentalités, plus permissives et plus attachées au bien-être, on perçoit l'influence de la Californie. Cette combinaison de facteurs a fait du tourisme la seconde source de revenus d'une province qui ne manque pourtant pas d'industries lucratives.

Comme en Californie, les premières implantations sont la conséquence de la fièvre de l'or qui s'empara de la région dans les années 1850. Aujourd'hui, plus de la moitié de la population se regroupe au sud-ouest, dans les agglomérations de Vancouver et de Victoria. Le reste de la province, et en particulier le nord, demeurent pratiquement déserts, mais les autorités s'attachent à développer ces zones, parfois encore inaccessibles. Les habitants de Colombie-Britannique ont presque tous des ancêtres anglais, quoiqu'à Vancouver vive une importante communauté chinoise.

Victoria, capitale et centre d'affaires de la province, s'étend à la pointe sud de l'île de Vancouver, au sud-ouest du continent, à l'embouchure du Fraser. C'est de loin la plus grande agglomération de Colombie-Britannique.

La Transcanadienne (Hwy 1), principal axe routier du pays, relie Vancouver et le sud de la Colombie-Britannique au reste du Canada du sud. Sa section la plus fréquentée se situe entre Vancouver et Hope, le long du Fraser. La Yellowhead Hwy (Hwy 16, plus une partie des Hwys 37 et 5) relie Prince Rupert, au nord-ouest, à Prince George, à l'est, puis à Jasper et Edmonton, dans l'Alberta, et à Saskatoon et Winnipeg.

La Cassiar Hwy (Hwy 37, également nommée Stewart-Cassiar Hwy) dessert le nord-ouest de la province jusqu'au Yukon. Elle rejoint l'Alaska Hwy près d'Upper Liard, juste au-dessus de la frontière Colombie-Britannique/Yukon.

Enfin, la Hwy 97 débute dans l'État de Washington, aux États-Unis, et assure la liaison entre le centre-sud de la Colombie-Britannique et le nord, *via* Kamloops, Prince George et Dawson Creek. A partir de cette dernière ville, elle prend le nom d'Alaska Hwy (ou Alcan Hwy) et mène à Fairbanks, en Alaska, *via* Whitehorse, dans le Yukon.

HISTOIRE

Les premiers habitants connus de Colombie-Britannique arrivèrent probablement d'Asie il y a environ entre dix mille et douze mille ans, après la fin de l'ère gla-

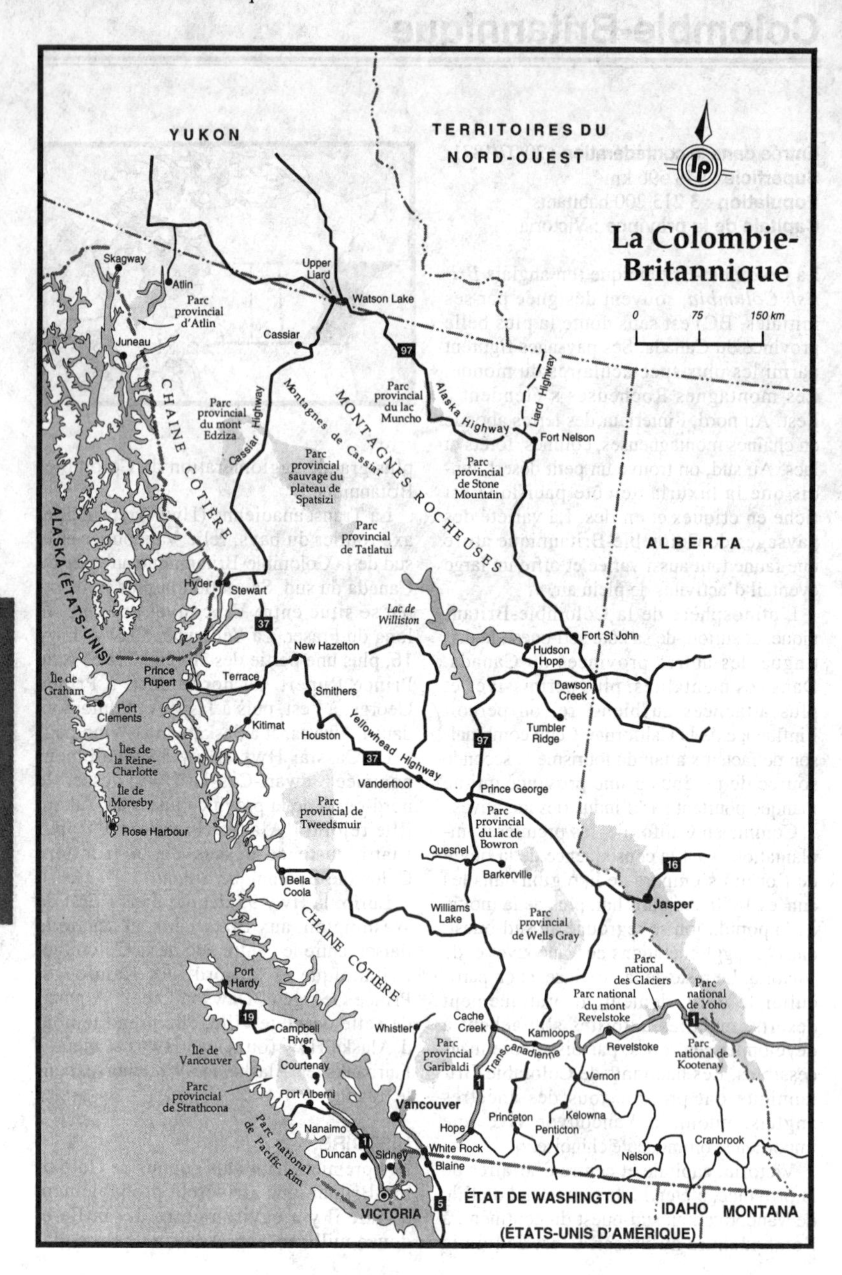

COLOMBIE-BRITANNIQUE

ciaire. Certains s'établirent le long de la côte pacifique, d'autres préférèrent l'intérieur des terres, à l'est de la chaîne côtière de Coast Mountains.

Parmi les peuples qui choisirent la côte pacifique, figurent les groupes Bella Coola, Cowichan, Gitskan, Haida, Kwakiutl, Niska, Nootka, Salish et Tsimshian. Grâce à un environnement fertile en vie animale, marine et végétale, ils purent élaborer une culture sophistiquée et un réseau commercial complexe. Ils développèrent également un système de classes très rigide.

Soumis au contraire à un climat extrême, les peuples de l'intérieur menaient une vie nomade déterminée par les impératifs de subsistance. Ils suivaient les troupeaux d'animaux migrateurs comme les caribous et les orignaux au nord ou les bisons au sud. Autour des cours d'eau du Sud – Fraser, Colombie et Thompson –, le saumon représentait une ressource importante pour les populations d'Athapaskans (aujourd'hui appelés Denes, que l'on prononce de-nay), parmi lesquels figurent Beavers, Chilcotins, Carriers, Sekanis et Tahltans. D'autres groupes importants sont les Salishs de l'intérieur (répartis en Lillooets, Okanagans, Shuswaps et Thompsons) et les Kootenays (ou Kootenai).

Vers la fin du XVIIIe siècle, des explorateurs européens en quête de nouvelles sources de richesse apparurent au large de la côte occidentale. Ce furent d'abord des Russes et des Espagnols, bientôt suivis de l'omniprésent explorateur anglais, le capitaine Cook, qui recherchait une voie navigable à travers l'Amérique du Nord, entre Pacifique et Atlantique : le légendaire passage du Nord-Ouest.

Il ne découvrit pas ce passage, mais ses descriptions des richesses que pouvait rapporter la fourrure attirèrent des négociants désireux d'exploiter ce lucratif marché. Les plus célèbres d'entre eux avaient pour noms Alexander Mackenzie, Simon Fraser et David Thompson. Furent ainsi établis, plusieurs comptoirs commerciaux qui passèrent sous le contrôle de la Compagnie de la Baie d'Hudson dans les années 1820. Entre-temps, le capitaine George Vancouver, soucieux de contrebalancer la présence espagnole, avait exploré pour le compte des Britanniques l'île qui porte aujourd'hui son nom ; il la déclara alors terre britannique. En 1849, après des années de conflits avec les États-Unis, l'île devint une colonie de la Couronne.

La découverte de minerai d'or le long du Fraser en 1858 attira une nuée d'aventuriers venus tenter leur chance. Bientôt, les terres de l'actuelle Colombie-Britannique furent à leur tour déclarées colonies de la couronne. Une seconde vague de chercheurs d'or déferla lorsque le précieux minerai fut découvert plus au nord, dans la région de Caribou. Cette ruée vers l'or ne dura que quelques années, mais la plupart de ceux qui en assuraient l'intendance résolurent ensuite de s'implanter dans la région. En 1866, les deux colonies furent unifiées et, après bien des négociations, rejoignirent la confédération canadienne en 1871 pour former la province de Colombie-Britannique.

L'arrivée en 1885 du chemin de fer transcontinental ouvrit les portes de l'est à la province. Les prairies se peuplèrent alors, créant une demande en ressources, en particulier en bois. La construction du canal de Panama, achevée en 1914, facilita l'accès aux marchés européens et à la côte est de l'Amérique du Nord. Ainsi l'économie de Colombie-Britannique connut-elle une phase d'expansion considérable.

Après la Première Guerre mondiale toutefois, un revirement de la situation intervint. La région connut une période difficile marquée par le chômage. Après une brève reprise, le krach boursier de 1929 à Wall Street déclencha une crise sévère. Il fallut attendre la Seconde Guerre mondiale pour voir revenir une prospérité, entretenue ensuite par la découverte de nouvelles ressources et le développement industriel.

Les deux grands partis politiques canadiens, libéraux et conservateurs, n'ont eu guère de succès dans la province, contrairement au Social Credit, le parti des petites entreprises, qui resta en place durant la

Potlatch

Le potlatch (mot du jargon chinook dérivé du terme Nootka *patschmatl*, qui signifie "donner" ou "cadeau") était une cérémonie célébrée dans les tribus indiennes de la côte nord-ouest, surtout chez les Kwakiutls. Son principal objectif était de valider le statut du chef ou du clan, mais les individus l'utilisaient aussi pour tenter d'améliorer leur statut social. Le potlatch consistait à échanger des cadeaux en public, allant parfois jusqu'à réduire à néant ses propres richesses dans une surenchère d'offrandes. Les grands événements de la communauté, en particulier mariages et funérailles, étaient souvent prétextes au potlatch.

En 1884, le gouvernement fédéral interdit la pratique du potlatch : n'hésitant pas à se dépouiller eux-mêmes de toutes leurs richesses, les Kwakiutls avaient en effet utilisé cette coutume pour tenter d'humilier leurs anciens ennemis. A la suite de cette loi, le potlatch se poursuivit toutefois dans la clandestinité. L'interdiction fut levée en 1951 et aujourd'hui, des potlatches à petite échelle ont à nouveau lieu. Au Canada, on utilise désormais le mot potlatch dans le sens de "fête"ou de "réunion bruyante". ■

majeure partie des années 70 et 80. En 1991, son principal rival, le New Democrat Party (Nouveau Parti démocrate), qui prône une forme de socialisme limité, accéda au pouvoir. La vie politique de la Colombie-Britannique est la plus explosive du pays. Les syndicats y sont puissants et actifs, l'électorat est très politisé.

GÉOGRAPHIE

L'angle nord-est de la Colombie-Britannique, du côté de la rivière de la Paix, appartient à la région géographique des plaines de l'Intérieur. Cependant, la majeure partie de la province est montagneuse, avec la cordillère de l'Ouest qui s'étend du nord-ouest au sud-est.

Au sein de cette cordillère se trouvent trois importants massifs : les montagnes Rocheuses à l'est, le Cassiar (nord) et les montagnes de Colombie (sud) au centre, et la chaîne des Coast Mountains à l'ouest.

La province ne compte plus ses lacs d'eau douce, ses rivières d'eaux vives et ses torrents, ni ses plateaux, dont le plus vaste est celui du Fraser, au sud-ouest. La côte est très accidentée, avec de nombreux fjords et îles, dont celle de Vancouver.

Au sud de la vallée d'Okanagan, près d'Osoyoos, s'étend un petit désert.

CLIMAT ET QUAND PARTIR

La Colombie-Britannique jouit de divers climats, qui varient selon la latitude, la distance par rapport à l'océan Pacifique, aux effets modérateurs, et l'altitude. La douceur caractérise la côte, avec des étés généralement secs et des hivers doux et très humides. L'intérieur est bien plus sec, surtout au sud dans la vallée d'Okanagan, avec des étés chauds et des hivers froids. Dans les montagnes, l'été est court, avec des nuits assez fraîches. L'hiver, les chutes de neige sont importantes.

Si vous ne venez pas spécifiquement pour les sports d'hiver, la meilleure période de visite se situe de mi-juin à mi-septembre. A cette époque, il ne pleut pas beaucoup, les températures sont douces et les journées longues. De plus, les axes routiers sont tous ouverts à la circulation.

FAUNE ET FLORE

Flore

Les estimations varient, mais on peut dire que la forêt couvre 60% de la Colombie-Britannique. Elle est surtout constituée de conifères : cèdres rouges d'Occident et sapins de Douglas poussent dans les régions côtières humides, tandis que les pins, sapins-ciguës et épicéas se trouvent dans l'intérieur, plus sec et plus élevé. Parmi les autres arbres courants en Colombie-Britannique figurent l'érable, le bouleau, le peuplier et le saule. Les prairies s'étendent dans les zones plus sèches de basse altitude tandis que, dans les régions de toundra, plus élevées, seules les plantes les plus résistantes comme la saxifrage ou le phlox parviennent à survivre. Quant aux fleurs sauvages, elles abondent. Certaines portent des noms intéressants, comme les “moustaches de vieil homme” ou “l'oignon qui dit oui”. L'une des plus courantes est le *fireweed*, que l'on aperçoit en bordure des routes.

Faune

Au large des côtes occidentales, dans les détroits, nagent des otaries, des phoques, des marsouins, diverses races de baleines (baleines grises, baleines bleues, épaulards, mégaptères, baleines de Mink, cachalots), et même des requins. Ces eaux sont riches en poissons, surtout en saumons, qui passent la majeure partie de leur existence dans l'océan, puis remontent les cours d'eaux vers l'intérieur des terres pour pondre, puis mourir. Parmi les poissons d'eau douce figurent le corégone, la perche, le goldeye, la barbote et diverses espèces de truites. Les eaux au large de l'île de Vancouver abritent les plus grosses pieuvres du monde. Le crabe est à la base de nombreuses spécialités culinaires de Colombie-Britannique.

Sur la terre ferme, les animaux les plus couramment rencontrés sont divers types de cervidés (cerfs de Virginie, cerfs à queue noire, mules, etc.), mais aussi des orignaux, des caribous, des couguars, des loups, des marmottes, des écureuils, des chèvres des montagnes, des béliers, ainsi que des ours bruns, noirs et grizzlis.

En Colombie-Britannique, on peut repérer plus de 440 espèces d'oiseaux. L'aigle chauve est très répandu ; on le voit généralement autour des rivières et des lacs.

Plongeon arctique ou huard

L'aigle royal est pour sa part menacé de disparition, mais on en aperçoit encore quelques-uns le long de la côte et dans les montagnes Rocheuses. Parmi les oiseaux d'eau figurent le héron, le cygne, l'oie, le canard, le grèbe et le huard. D'autres espèces couramment croisées dans la province sont le moineau, l'hirondelle, la grive, la fauvette, le hibou, la grouse, le faucon, le gobe-mouches et le geai. Le geai de Steller est l'un des emblèmes de la province.

Étant donné le nombre de lacs et de cours d'eau, il est normal de voir affluer les insectes avec le retour des beaux jours. Moustiques, taons et no-see-ums vous feront la vie dure si vous vous adonnez au camping ou à la randonnée (voir la rubrique *Désagréments et dangers* en début d'ouvrage).

Parcs nationaux et provinciaux

La Colombie-Britannique possède 6 parcs nationaux et plus de 340 parcs provinciaux, qui couvrent 5% du territoire de la province, soit une superficie supérieure à celle de la Suisse. Le *Road Map & Parks Guide*, distribué par les offices de tourisme, les recense tous avec leurs équipements. Il existe également des publications et des cartes sur chaque parc, que vous obtiendrez en écrivant (ou en vous rendant) aux adresses suivantes :

BC Parks
    Parliament Buildings, Victoria, BC V8V 1X4
Ministry of Environment, Lands & Parks
    Visitor Services, 4000 Seymour Place, Victoria V8V 1X5 (☎ 387-5002 ; fax 387-5757)
Outdoor Recreation Council of BC
    Suite 334, 1367 West Broadway, Vancouver, BC V6H 4A9 (☎ 737-3000/58 ; fax 738-7175)
Parks Canada Information Services
    Western Regional Office, Room 520, 220 4th Ave SE, PO Box 2989, Station M, Calgary, Alberta T2P 3H8 (☎ (403) 292-4401; fax (403) 292-4746)

Quatre des parcs nationaux se côtoient dans la région sud-est de la province : Yoho, Kootenay, Glacier et Mt Revelstoke. Yoho et Kootenay jouxtent le parc national de Banff, dans les Rocheuses de l'Alberta, tandis que les parcs de Glacier et du mont

Revelstoke se trouvent plus à l'est, dans les montagnes de Colombie. La Transcanadienne les traverse tous les quatre.

Le parc national de Pacific Rim s'étend le long de la côte occidentale de l'île de Vancouver. Le détroit de Barkley le divise en deux. On accède à la moitié nord par la Hwy 4 et l'on atteint la partie sud à partir de Port Alberni ou en prenant la Hwy 14 à partir de Victoria. Ce parc comprend également les îles de Broken Group. Enfin, le parc national de South Moresby Gwaii Haanas s'étend sur l'île de Moresby, dans l'archipel de la Reine-Charlotte. Il n'est accessible que par bateau ou à pied, à partir de Moresby Camp.

Les parcs provinciaux, quant à eux, parsèment toute la Colombie-Britannique. Leurs tailles sont extrêmement variables, des 6 568 km² du parc sauvage du plateau de Spatsizi, au nord-ouest, au parc des Ballingall Islets, qui s'étend sur un petit hectare entre le sud de l'île de Vancouver et le continent. La plupart sont desservis par des routes goudronnées ou gravillonnées, qui en ouvrent l'accès aux véhicules de tourisme traditionnels, tandis que certains sont réservés aux 4x4. D'autres encore ne bénéficient d'aucun accès routier : il faut s'y rendre à pied. Enfin, quelques-uns sont desservis par ferries.

Certains parcs restent ouverts toute l'année, mais la plupart ferment durant l'hiver. On n'y accède qu'entre avril ou mai jusqu'en septembre-octobre. Beaucoup possèdent des terrains de camping pour tentes et caravanes, des aires de pique-nique et des toilettes et proposent des activités telles que randonnée, baignade, canotage et pêche. Pour camper, il vous faudra le plus souvent acquitter une somme comprise entre 6 et 15,50 $ durant la haute saison. A proximité des parcs les plus fréquentés, on trouve des motels et des campings privés.

Certains sites chargés d'une signification historique ont également été classés comme parcs : c'est le cas de Barkerville, à l'est de Quesnel, de Fort Rodd Hill, près de Victoria, et de Fort Steele dans le Sud-Est, près de Cranbrook. Le ministère des Eaux et Forêts (☎ 387-6656, ou 660-7500 à Vancouver), Integrated Resource Branch – Recreation Section, 1450 Government St, Victoria, V8W 3E7, a par ailleurs aménagé diverses zones de camping et de loisirs. Vous obtiendrez tous les renseignements au bureau ci-dessus ou dans les offices du tourisme de la province.

ÉCONOMIE

Avec les importantes industries que sont l'exploitation forestière, le tourisme, l'exploitation minière, l'agriculture et la pêche, la Colombie-Britannique jouit d'un niveau de vie élevé. Toutes ces activités offrent fréquemment des emplois sans qualification. Ici, l'économie se remet plus rapidement que les autres provinces de la récession de la fin des années 80 et du début des années 90. Première activité de Colombie-Britannique, l'exploitation forestière emploie de façon directe ou indirecte 18% de la population active. Plus de cinq millions de touristes visitent chaque année la Colombie-Britannique, apportant environ 4,5 millions de dollars dans les caisses de la province, contre 4 pour l'exploitation minière (charbon, cuivre, zinc, or et argent).

Le chômage continue toutefois de sévir dans cette région, qui est la plus fortement syndicalisée du Canada (plus de 37% de la population active).

La Colombie-Britannique rencontre de sérieux problèmes d'environnement et de pollution, auxquelles elle a commencé à s'atteler. En 1990, Vancouver a accueilli Globe 90, le plus important congrès international sur les problèmes de l'industrie et de l'environnement.

Le gouvernement provincial a institué une commission des Ressources et de l'Environnement ayant pour mission la protection d'espèces animales et végétales. Cette commission entend accroître de 12% l'étendue des parcs et des régions protégées de la province. Néanmoins, certaines pommes de discorde subsistent au sein des diverses communautés : ainsi, la question de savoir si l'on pouvait entreprendre l'abattage d'arbres dans les vieilles forêts du détroit de Clayoquot, sur l'île de Vancouver, a créé de multiples tensions en 1993.

L'économie de la Colombie-Britannique est de plus en plus liée aux pays du "Pacific Rim" et une grande partie de sa croissance dépend désormais de ces relations commerciales avec le Japon et les autres pays d'Asie.

POPULATION

Avec plus de 3 millions d'habitants, la Colombie-Britannique arrive en troisième position parmi les provinces du Canada, mais occupe la première place pour ce qui est de la croissance de la population. Vancouver est la troisième ville du Canada, avec plus de 1,6 million d'habitants. L'immense majorité de la population peuple le sud de la province, et en particulier le petit angle sud-ouest du continent et la région de Victoria, au sud de l'île de Vancouver. En comparaison, le nord paraît vide.

La majorité des habitants de Colombie-Britannique descendent d'immigrants anglais et irlandais. Toutefois, des vagues d'immigration successives, surtout depuis la Seconde Guerre mondiale, ont produit une société multiraciale d'au moins une douzaine d'ethnies différentes. Ces dernières années, les migrants viennent surtout des autres régions du Canada plutôt que de l'étranger. Cependant, Vancouver a bénéficié d'arrivées en masse en provenance de Hong Kong.

Vingt-huit nations indiennes vivent par ailleurs dans la province. Aujourd'hui, leurs revendications ont pris de l'ampleur : ils réclament les terres sur lesquelles ils se considèrent un droit historique, revendiquant leur droit à l'autodétermination. Leur déclin en nombre a récemment été stoppé par l'introduction d'une meilleure médication, mais les problèmes de pauvreté, de chômage et d'alcoolisme subsistent.

RENSEIGNEMENTS

Offices du tourisme

Offices du tourisme locaux. Tourism BC est le nom de l'organisme qui gère une infrastructure très développée d'offices du

tourisme. Il contrôle aussi le vaste réseau des "Travel Infocentres", des bureaux d'information travaillant pour la plupart en collaboration avec les chambres de commerce locales. Certains sont ouverts toute l'année (généralement dans les villes), mais la plupart ne travaille qu'en saison, ouvrant leurs portes d'avril ou mai au premier week-end de septembre.

Pour tout renseignement touristique, vous pouvez donc contacter Tourism BC (☎ 685-0032 ou 1-800-663-6000 en Amérique du Nord ; fax 387-1590), Parliament Buildings, Victoria V8V 1X4.

Régions touristiques. La Colombie-Britannique est divisée en neuf régions touristiques qui possèdent chacune leur bureau :

Pour la région située à l'ouest du parc provincial de Wells Gray jusqu'à la côte :
Cariboo Chilcotin Tourist Association, 190 Yorkston Ave, PO Box 4900, Williams Lake, V2G 2V8 (☎ 392-2226 ; fax 392-2838)

COLOMBIE-BRITANNIQUE

Pour la région située au nord-est de Merritt jusqu'à la frontière avec l'Alberta :
High Country Tourism Association, 2 1490 Pearson Place, Kamloops, V1S 1J9 (☎ 372-7770 ; fax 828-4656)

Pour la région de Kootenay et des lacs d'Arrow :
Kootenay Country Tourist Association, 610 Railway St, Nelson, V1L 1H4 (☎ 352-6033 ; fax 352-1656)

Pour l'immense zone qui s'étend à l'ouest du parc national de Jasper, sur la frontière de l'Alberta, jusqu'aux frontières de l'Alaska et du Yukon, y compris les îles de la Reine-Charlotte :
North by North-West Tourism Association of BC, 3840 Alfred Ave, PO Box 1030, Smithers, VOJ 2NO (☎ 847-5227; fax 847-7585)

Pour la région du lac d'Okanagan et du Similkameen :
Okanagan Similkameen Tourist Association, 104 515 Hwy 97 South, Kelowna, V1Z 3J2 (☎ 769-5959 ; fax 861-7493)

Pour l'angle nord-est de la province :
Peace River Alaska Hwy Tourist Association, 10631 100th St, PO Box 6850, Fort St John, V1J 4J3 (☎ 785-2544 ; fax 785-4424)

Pour le coin sud-est de la province :
Rocky Mountain Visitors Association, 495 Wallinger Ave, PO Box 10, Kimberley, V1A 2Y5 (☎ 427-4838 ; fax 427-3344)

Pour le coin sud-ouest de la partie continentale de la province :
Tourism Association of South-Western BC, Suite 204, 1755 West Broadway, Vancouver, V6J 4S5 (☎ 739-9011 ; fax 739-0153)

Pour la région depuis Bute Inlet au nord de Rivers Inlet :
Tourism Association of Vancouver Island, 302 45 Bastion Square, Victoria, V8W 1J1 (☎ 382-3551 ; fax 382-3523)

Argent

Les cartes de crédit habituelles fonctionnent en Colombie-Britannique, mais la Visa et la MasterCard ont plus de chance d'être acceptées que l'American Express. On peut payer en dollars américains dans les zones touristiques, mais le taux de change varie. Une taxe générale de 6% est imposée dans la province. La bière, le vin et les alcools sont soumis à une taxe de 10%, tandis que celle qui frappe les hébergements varie de 8 à 10%. Les restaurants et les livres échappent aux taxes provinciales.

Symboles de la province

L'oiseau officiel de la province est le geai de Steller, au plumage bleu nuit (*Cyanacitta stelleri*). Sa fleur est le cornouiller du Pacifique (*Cornus nuttalli*), qui fleurit en avril et en mai, tandis que le cèdre rouge d'Occident (*Thuja plicata donn*) en est l'arbre officiel. Enfin, son emblème minéral est le jade.

Téléphone

L'indicatif de la Colombie-Britannique est le 604. Pour obtenir police-secours, composez le 911. Si vous remarquez un incendie de forêt, n'hésitez pas à appeler l'opérateur (0) et à lui demander le Zenith 5555, où vous obtiendrez des consignes sur la conduite à tenir.

Heure locale

La majeure partie de la Colombie-Britannique se trouve sur le fuseau horaire du Pacifique, soit trois heures de moins que celui de l'Eastern Standard Time. Toutefois, deux régions bordant l'Alberta sont sur le Mountain Standard Time : la première s'étend au nord-est, autour de la rivière de la Paix, la seconde au sud-est, dans la région des montagnes Rocheuses entre la frontière du Montana et du Vermount.

ACTIVITÉS CULTURELLES ET/OU SPORTIVES

Pour connaître les activités de la province, contactez le Ministry of Municipal Affairs (☎ 356-1185, ou 660-3352 à Vancouver), Recreation & Culture, Sports & Recreation Division, 333 Quebec St, Victoria, BC V8V 1X4.

Vous pouvez également vous renseigner aux adresses indiquées dans les paragraphes sur les parcs et les offices de tourisme. Enfin, la gamme de cartes de l'Outdoor Recreation Council of BC intitulée *Outdoor Recreation* fournit des renseignements très détaillés sur le sujet.

Ski

Le climat et le relief de la Colombie-Britannique offrent les conditions idéales pour le ski alpin et le ski de fond, qui se pratiquent dans les nombreux parcs nationaux et provinciaux. Les pistes tracées pour le ski de fond totalisent 1 500 km, mais on peut parcourir quelques milliers d'autres kilomètres non tracés. On peut également pratiquer l'héliski, ou encore explorer à ski les parties les plus retirées de la province.

Prenez la brochure de Tourism BC intitulée *British Columbia Skiing* (gratuite dans tous les Travel Infocentres), qui recense les principales pistes et stations de la région. La majeure partie de ces centres se trouvent au sud de l'île de Vancouver, à l'est des montagnes Rocheuses.

Randonnée

On peut pratiquer tous les genres de randonnées en Colombie-Britannique. Des petites promenades d'une ou deux heures le long de sentiers bien balisés et aisément accessibles, aux trekkings d'une ou deux semaines dans des régions isolées où il faut emporter nourriture et équipement et se faire déposer en hélicoptère. Les sentiers balisés entretenus représentent plus de 2 000 km de promenades dans les parcs provinciaux et nationaux.

Le nord de la province est réservé aux plus aventureux, avec le parc provincial de Tweedsmuir et, plus au nord encore, les parcs sauvages du plateau de Spatsizi et de Kwadachi.

Canoë

Avec l'océan Pacifique à l'ouest et les innombrables cours d'eau, lacs et rivières, le canoë se pratique beaucoup. Les sites les plus fréquentés sont les lacs d'Okanagan, Slocan, Wells Gray et Bowron. Sur l'océan, on peut naviguer autour des îles de Vancouver, du Golfe et de la Reine-Charlotte. Contactez la Recreational Canoeing Association of BC (☎ 275-6651), 1200 Hornby St, Vancouver, V6Z 2E2, pour les détails des itinéraires, etc.

Descente en eaux vives

Étant donné sa topographie, la Colombie-Britannique possède de nombreux cours d'eau qui se prêtent à ce sport de plus en plus populaire. Renseignez-vous auprès du Travel Infocentre local. Il n'est pas indispensable d'avoir déjà une expérience du rafting : ces organismes se chargent en effet de vous former. L'exploitation de ce sport comme source de revenus est réglementée par le gouvernement de la province et les organismes ne peuvent emmener leurs clients que sur des cours d'eau agréés par des experts. Les guides doivent justifier de leur qualification et le matériel utilisé est soumis à des normes officielles. Une journée de rafting en pleine nature coûte à peu près 200 $ tout compris, la sortie de base 90 $ environ.

Cyclotourisme

On trouve des bicyclettes à louer un peu partout en Colombie-Britannique. La brochure intitulée *Trail Bicycling in National Parks in Alberta and British Columbia* donne la liste des chemins praticables à vélo.

Pour obtenir renseignements et cartes, contactez la Bicycling Association of BC (☎ 737-3034), 1367, West Broadway, Vancouver V6H 4H9.

Pêche

Les tours operators proposent des locations de bateaux et des voyages organisés pour pêcheurs, qui incluent transport et hébergement. La pêche est réglementée : on ne la pratique que muni d'une autorisation. Renseignez-vous aux offices du tourisme ou aux adresses suivantes :

Department of Fisheries & Oceans
Communications Branch, 1090 West Pender St, Vancouver, V6E 2P1 (☎ 666-2074/0383)

Ministry of Environment, Lands & Parks
Recreational Fisheries Branch, 780 Blanshard St, Victoria, BC V8V 1X5 (☎ 387-1161, ou 584-8822 à Vancouver)

Plongée sous-marine

Riche et variée, la vie sous-marine des 7 000 km de côtes fait de la plongée une activité passionnante. La meilleure période se situe en hiver, lorsque le plancton est moins abondant et que la visibilité dépasse souvent 20 m. La température de l'eau, qui atteignait 15°C en été, tombe entre 7 et 10°C. Les meilleurs sites de plongée se situent au large du parc national de Pacific Rim, sur la côte occidentale de l'île de Vancouver, mais aussi dans le détroit de Georgie, entre la côte est de cette dernière et la Sunshine Coast du continent, au nord de Vancouver, ainsi que dans le détroit de la Reine-Charlotte, au large de la côte nord-est de l'île de Vancouver.

Voile

La voile remporte elle aussi un franc succès auprès des visiteurs. La meilleure période pour la pratiquer se situe de mi-avril à mi-octobre, mais on peut en faire presque toute l'année dans les eaux protégées de la côte pacifique. Les parcs marins côtiers offrent des points d'ancrage sûrs par tous les temps. On y trouve aussi des bateaux en location. Les lacs d'Harrison, d'Okanagan, d'Arrow et de Kootenay au sud, et celui de Williston au nord sont les plus appréciés pour la voile.

Surf

Long Beach, dans le parc national de Pacific Rim, sur l'île de Vancouver, a la réputation d'être le meilleur endroit de surf de Colombie-Britannique.

Deltaplane

Les sommets de Colombie-Britannique offrent l'un des meilleurs environnements au monde pour le deltaplane. Parmi les meilleures zones, citons le sud-est de l'île de Vancouver, l'île de Salt Spring, la vallée du Fraser, la région de Kamloops, la vallée de l'Okanagan, les montagnes de Kootenay et, au nord, les environs de Dawson Creek.

Pour obtenir de plus amples renseignements, contactez les Darryl Staples, Hang Gliding & Paragliding Association of BC (☎ 734-3377), 1846 Vine St, Vancouver, V6K 3J7. La brochure en anglais, intitulée *Western Canada Hang Gliding Site Guide*, décrit en détail les zones de lancement et d'atterrissage.

Baleines

Les orques (épaulards) évoluent au large de la côte occidentale de l'île de Vancouver. Elles fréquentent le détroit de Johnstone. La zone de Robson Bight a été déclarée réserve écologique : là, les hommes ne doivent en aucun cas venir déranger les baleines.

Les baleines grises du Pacifique migrent de Baja (Californie), jusqu'en Alaska : elles remontent vers le nord au printemps et redescendent au sud à l'automne. Vous les verrez entre Ucluelet et Tofino.

Spéléologie

Les amateurs peuvent la pratiquer dans deux grandes zones particulièrement adaptées : les grottes de Cody, au sud-est, au nord de Nelson, et celles du lac de Horne, sur l'île de Vancouver. Gold River, sur cette même île, offre également des possibilités d'exploration.

HÉBERGEMENT

La brochure intitulée *Super Camping* est disponible gratuitement dans les Travel Infocentres. Elle fournit, région par région, la liste des campings privés ou gouvernementaux avec leurs équipements, leurs périodes d'ouverture et leurs prix. Pendant l'été, il y a un droit d'entrée à payer dans la plupart des parcs provinciaux et nationaux.

Hostelling International possède actuellement cinq auberges de jeunesse en Colombie-Britannique : à Kamloops, à Penticton, à Vancouver, à Victoria et à Whistler. D'autres lui sont associées. Pour tout renseignement, contactez Hostelling International, BC Region (☎ 604-684-7111 ; fax 604-684-7181), Suite 402, 134 Abbott St, Vancouver, V6B 2K4.

Également disponible dans les Travel Infocentres, la brochure gratuite *Accommodations*, rééditée chaque année, donne la liste des hébergements agréés par Tourism BC. La plupart des hôtels et motels mentionnés pratiquent des tarifs modérés. La brochure mentionne également les YMCA et YWCA, quelques campings et certains B&B. Au dos, vous trouverez la liste des agences régionales de B&B.

Pour plus de renseignements sur les B&B de la province, contactez la British Columbia B&B Association (☎ 276-8616), PO

En haut à gauche : vue sur le centre-ville de Vancouver depuis le parc Stanley, Colombie-Britannique (TS)
En haut à droite : l'Horloge à vapeur, Gastown, Vancouver, Colombie-Britannique (TS)
En bas : Kamloops dans les collines sèches de Colombie-Britannique (TS)

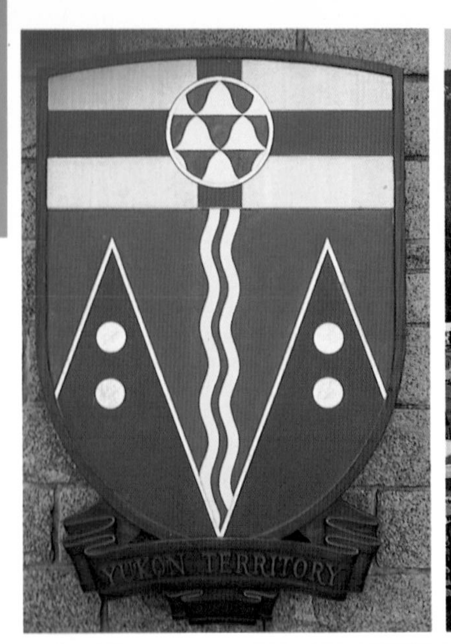

En haut à gauche : emblème officiel du Yukon (TS)
En haut à droite : vue aérienne de Whitehorse, Yukon (TS)
En bas : parc national de Kluane à l'automne, Yukon (DS)

Box 593, 810 West Broadway, Vancouver, V5Z 4E2.

Il est également utile de se procurer la liste des B&B de la province, brochure gratuite intitulée *British Columbia B&B Directory*, disponible dans les Travel Infocentres.

Vancouver

Nichée entre mer et montagnes, Vancouver occupe l'extrême sud-ouest de la Colombie-Britannique. Son environnement et sa personnalité en font, de loin, l'une des villes les plus attirantes du Canada. Ses parcs sont vastes et nombreux. L'un d'entre eux, le parc de Stanley, a les dimensions du quartier des affaires du centre-ville. Des plages de sable qui jalonnent le littoral offrent de nombreuses possibilités de sport et de détente, de même que les montagnes qui s'élèvent de l'autre côté. Le port, qui est le plus actif de toute la côte occidentale d'Amérique du Nord, fonctionne toute l'année dans un site naturel magnifique. Par lui transite presque tout le commerce canadien avec le Japon et l'Orient.

Les températures moyennes s'élèvent à 2°C en janvier, 17°C en juillet. Il y neige peu, de même que la chaleur est rarement étouffante. Le seul inconvénient est la pluie, surtout l'hiver, où elle tombe presque en permanence. Même l'été, elle peut durer des semaines.

HISTOIRE

La région fut d'abord peuplée d'Indiens Salish. En 1791, un explorateur espagnol, Don Jos Maria Narvaez, la découvrit. La colonisation ne débuta réellement qu'en 1865, avec la construction de la scierie Hastings Timber Mill. En 1867, une ville allait éclore autour du bar "Gassy" et de son propriétaire Jack Deighton. Gastown – nom que l'on donna à l'implantation – constitua donc le cœur autour duquel Vancouver devait s'épanouir.

En 1884, la compagnie de chemin de fer Canadian Pacific (CPR) décida que Vancouver serait le terminus de la toute nouvelle ligne nationale. Peu après, la ville acquit un statut officiel et prit pour nom celui de l'explorateur britannique George Vancouver qui, en 1792, avait pénétré dans le petit bras de mer de Burrard. Le 13 juin 1886, un incendie dévasta presque totalement la ville en moins d'une heure, tuant 21 personnes. Les travaux de reconstruction commencèrent immédiatement, si bien qu'en 1889, avec les ouvriers du CPR, la population passa à 8 000 habitants. La ville devint alors un port commercial négociant avec l'Orient. En 1901, la population atteint 42 000 habitants.

Au cours des dix années suivantes, la population connut encore un accroissement considérable par l'afflux d'immigrants avec le développement des activités de pêche et de traitement du bois. L'achèvement du canal de Panama amplifia encore l'importance du port. Enfin, la Seconde Guerre mondiale propulsa la ville dans la modernité. Dès lors, Vancouver évolua rapidement. La partie ouest devint la zone résidentielle de hauts immeubles qu'elle est aujourd'hui. En 1986, la ville accueillit une Exposition universelle (Expo 86) ; quelques installations importantes en subsistent. En avril 1993, la réputation internationale de Vancouver fut encore rehaussée grâce au sommet Eltsine-Clinton qui s'y tint.

ORIENTATION

Vancouver est bâtie sur une langue de terre limitée au nord par le bras de mer de Burrard (le Burrard Inlet) et au sud par le Fraser. Toutefois, la ville continue de s'étendre au sud et à l'est pour inclure des banlieues comme Richmond, Burnaby, New Westminster, Surrey, Coquitlam et Langley. Au nord du Burrard Inlet s'étendent Vancouver Nord et Vancouver Ouest.

En règle générale, les avenues de Vancouver sont orientées d'est en ouest et les rues du nord au sud. Certaines rues du centre-ville et de nombreuses avenues de toute l'agglomération ont reçu la désignation East (est) ou West (ouest) selon leur position par rapport à Main St.

Centre-ville

La véritable zone du centre-ville se situe dans la partie nord-ouest de Vancouver. Elle est constituée d'une péninsule, séparée de la portion sud de l'agglomération par le bras de mer de False Creek. Robson Square est un complexe de bureaux, restaurants, magasins et théâtres que l'on considère comme le véritable cœur de la ville. Il s'étend à l'angle de Robson St et de Howe St. Robson St et, un peu plus au nord, Georgia St, sont les deux grandes artères nord-ouest/sud-est. Toutes deux débouchent dans le parc de Stanley, mais Georgia St se prolonge à travers le parc jusqu'au pont de Lions Gate, qui enjambe le Burrard Inlet pour rejoindre la municipalité à part entière qu'est Vancouver Nord.

Au nord de Georgia St, bordé par Howe St et Burrard St, se trouve le quartier des bureaux et des banques. Robson St, où se côtoient restaurants et boutiques tenus par des membres de divers groupes ethniques, ne manque pas de charme.

La zone qui s'étend au sud de Robson St et à l'ouest de Howe St jusqu'à la plage de Sunset, dans l'English Bay ("Baie anglaise") est surtout résidentielle, avec des gratte-ciel abritant de luxueux appartements. Ce secteur très peuplé, à l'ouest du centre commerçant, porte le nom de West End (à ne confondre ni avec Vancouver Ouest, sur la rive nord, ni avec le West Side, partie de Vancouver située au sud de False Creek et à l'ouest de Main St). Davie St, entre Robson St et la plage, est une artère commerçante secondaire. C'est dans Granville St et Seymour St et autour que vous trouverez les hôtels les moins chers.

La majeure partie de Granville St, de Nelson St au nord jusqu'à West Hastings St, est interdite aux voitures, mais camions et bus y circulent. La journée, la rue est donc plutôt morne et tranquille, mais elle s'anime dès la tombée de la nuit. Son extrémité sud, du côté du pont, constitue le quartier chaud de Vancouver, avec lumières rouges, sex-shops et bars avec danseuses "exotiques". Granville St possède également deux grands magasins, Eaton's et Bay. Plus bas, en direction du Burrard Inlet, la galerie marchande très moderne du Pacific Centre se trouve en sous-sol. Tout près de Granville St, dans Georgia St, se concentrent les grands hôtels de la ville.

Plus au nord, au bas de Granville St, près du Burrard Inlet, s'étendent Granville Place et le Harbour Centre (centre du port). Là, on trouve des galeries commerciales modernes, avec vue sur le port.

Hastings St comporte quelques bureaux de prêteurs sur gages ainsi que des surplus, bars, restaurants et hôtels bon marché. Toutefois, sur quelques pâtés de maisons autour de Main St, le quartier est plutôt mal famé. Gastown s'étend au nord de West Hastings St, entre Columbia St et Richards St. Ce vieux quartier restauré, plutôt touristique, ne manque pas d'intérêt.

Tout proche vers le sud, le quartier chinois (Chinatown) s'étend autour de Pender St, Gore ST et Carrall St. Le stade de la Pacific National Exhibition (PNE) et le parc des expositions sont plus à l'est, sur East Hastings St, près du pont Second Narrows.

Le reste de l'agglomération

C'est au sud du West End et du centre-ville, au-delà de False Creek, que s'étend la majeure partie de Vancouver : une vaste zone surtout résidentielle.

A l'ouest. Côté ouest, au-delà du pont de Burrard ou de Granville, s'étend Kitsilano, ancien quartier populaire qui a vu ses prix monter en flèche. Aujourd'hui, il représente le quartier "jeune et branché" de la ville. L'artère principale de cette zone est West 4th Ave, bordée de boutiques, restaurants et cafés.

Entre Kitsilano et l'université, l'English Bay est bordée de plages. Juste avant le campus, on trouve l'un des quartiers huppés de Vancouver, d'où l'on a une magnifique vue sur la ville. L'université de Colombie-Britannique (l'UBC) se trouve pour sa part à l'extrémité ouest de la "bosse" accolée au détroit de Georgia. A marée basse, on peut longer la côte à pied jusqu'à la plage de Wreck, au sud de l'université.

COLOMBIE-BRITANNIQUE

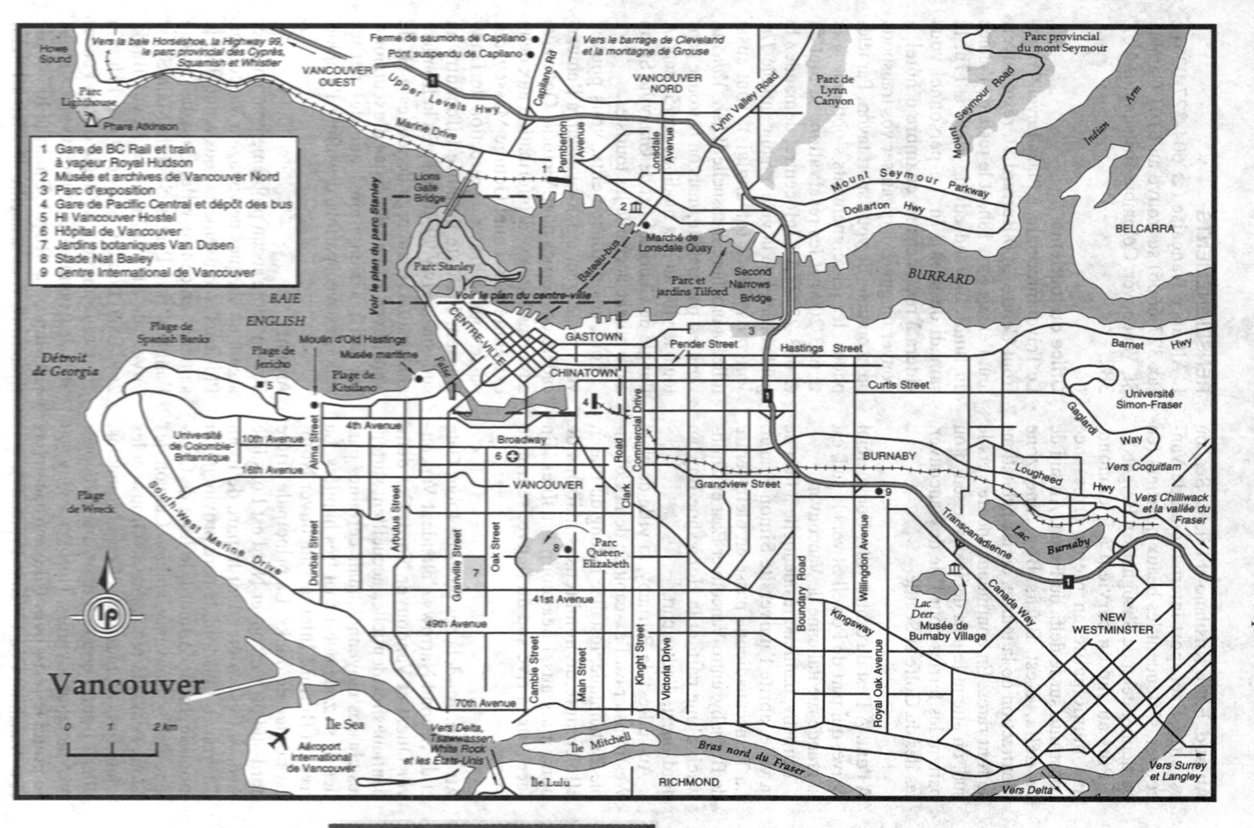
Vancouver
1 Gare de BC Rail et train à vapeur Royal Hudson
2 Musée et archives de Vancouver Nord
3 Parc d'exposition
4 Gare de Pacific Central et dépôt des bus
5 HI Vancouver Hostel
6 Hôpital de Vancouver
7 Jardins botaniques Van Dusen
8 Stade Nat Bailey
9 Centre International de Vancouver
Howe Sound
Vers la baie Horseshoe, la Highway 99, le parc provincial des Cyprès, Squamish et Whistler
Parc Lighthouse
Phare Atkinson
Ferme de saumons de Capilano
Pont suspendu de Capilano
VANCOUVER OUEST
Upper Levels Hwy
Marine Drive
Capilano Rd
Vers le barrage de Cleveland et la montagne de Grouse
VANCOUVER NORD
Pemberton Avenue
Lonsdale Avenue
Lynn Valley Road
Parc de Lynn Canyon
Parc provincial du mont Seymour
Mount Seymour Road
Mount Seymour Parkway
Dollarton Hwy
Indian Arm
BELCARRA
BURRARD
Lions Gate Bridge
Voir le plan du parc Stanley
Parc Stanley
Voir le plan du centre-ville
Bateau-bus
Marché de Lonsdale Quay
Parc et jardins Tilford
Second Narrows Bridge
BAIE ENGLISH
Plage de Spanish Banks
Détroit de Georgia
Plage de Jericho
Moulin d'Old Hastings
Musée maritime
Plage de Kitsilano
False
CENTRE-VILLE
GASTOWN
CHINATOWN
Pender Street
Hastings Street
Barnet Hwy
Curtis Street
Université Simon-Fraser
Gaglardi Way
Vers Coquitlam
4th Avenue
10th Avenue
16th Avenue
Alma Street
Université de Colombie-Britannique
Broadway
VANCOUVER
Clark Road
Commercial Drive
Grandview Street
BURNABY
Lougheed Hwy
Vers Chilliwack et la vallée du Fraser
Plage de Wreck
South-West Marine Drive
Dunbar Street
Arbutus Street
Granville Street
Oak Street
Parc Queen-Elizabeth
41st Avenue
49th Avenue
Transcanadienne
Lac Burnaby
Canada Way
Lac Deer
Musée de Burnaby Village
Boundary Road
Willingdon Avenue
Kingsway
NEW WESTMINSTER
Cambie Street
Main Street
Knight Street
Victoria Drive
Royal Oak Avenue
70th Avenue
0 1 2 km
Île Sea
Aéroport international de Vancouver
Vers Delta, Tsawwassen, White Rock et les États-Unis
Île Mitchell
Bras nord du Fraser
Île Lulu
RICHMOND
Vers Delta
Vers Surrey et Langley

COLOMBIE-BRITANNIQUE

Au sud. Entre Kitsilano et l'île de Sea, où est situé l'aéroport international de Vancouver, s'étendent les beaux quartiers (en particulier celui de Shaughnessy Heights).

Plus au sud on parvient à Richmond, une municipalité en pleine croissance construite sur le delta du Fraser. Au sud de ce delta, c'est Burns Bog, une zone d'extraction de la tourbe, où les habitations se font rares. En continuant encore vers le sud, on atteint le port de Tsawwassen, d'où partent les ferries pour l'île de Vancouver, les îles du Golfe et Seattle.

A l'est. A l'est du centre-ville, Commercial Drive, qui part de Powell St vers le sud, est la grande rue italienne de Vancouver.

Burnaby, banlieue résidentielle à l'est de la ville, abrite l'université Simon-Fraser. La Transcanadienne passe en plein centre de Burnaby, entre Vancouver East et Chilliwack d'une part, et la Horseshoe Bay, au nord-ouest, d'autre part.

Au sud-est de Burnaby, la ville de New Westminster est l'ex-capitale de la Colombie-Britannique. Installée le long du Fraser, elle compte de nombreuses maisons de bois, mais aussi beaucoup d'usines. En face, sur la rive sud du fleuve, se trouve Surrey.

Au nord. Au-delà des ponts de Lions Gate et de Second Narrows s'étendent Vancouver Ouest et Vancouver Nord. Ces deux banlieues résidentielles accueillent surtout les classes moyennes, mais certaines parties de sa zone ouest sont très huppées. La rive du Burrard Inlet, à Vancouver Nord, est bordée de docks. La principale artère nord-sud de Vancouver Nord est Lonsdale Ave. A l'est, s'étendent le parc de Lynn Canyon et, plus loin, le parc provincial du mont Seymour. Au nord, le long de Capilano Rd, se trouvent Capilano Canyon, les Lions Peaks, la montagne de Grouse et les contreforts du massif des Coast Mountains. Plus à l'ouest et au nord, on atteint le parc provincial de Cypress, Horseshoe Bay (où se prend le ferry pour l'île de Vancouver) et la Sunshine Coast ("côte du soleil").

RENSEIGNEMENTS

L'Alliance française (☎ 604-327-0201 ; fax 327-6606) se trouve au 6161 Cambie St, Vancouver, Colombie-Britannique V5Z 3B2.

Office du tourisme

Le Travel Infocentre, à Plaza Level, Waterfront Centre, 200 Burrard St, reste ouvert tout l'été de 8h à 18h, et le reste de l'année du lundi au vendredi de 8h30 à 17h, le samedi de 9h à 17h. Le personnel vous aidera à réserver une chambre d'hôtel, à trouver un guide, à organiser vos transports ou la pratique de votre sport favori. Par téléphone, les renseignements s'obtiennent au ☎ 683-2000 et les réservations se font au ☎ 683-2772. A l'Infocentre, demandez le guide officiel de la ville, gratuit, intitulé *The Vancouver Book* (en anglais). Tout aussi utile, la brochure mensuelle *Where Vancouver* n'est pas gratuite, mais on la trouve dans toute la ville au prix modique de 75 cents. A l'angle de Georgia St et de Granville St, un autre bureau accueille les touristes.

Pour vos déplacements, vous pouvez vous renseigner à Tsawwassen, à l'embarcadère des ferries pour Victoria. On trouve aussi des bureaux d'information aux deux extrémités du tunnel George Massey, qui passe sous le Fraser en direction de Tsawwassen. Il existe un autre Infocentre au sud, sur la Hwy 99, juste après la frontière américaine. L'auberge de jeunesse HI de Vancouver affiche des listes d'excursions, les tarifs aériens, ainsi que des petites annonces avec, parfois, des offres d'emploi.

Argent

Vous n'aurez aucun problème pour changer argent ou chèques de voyage à Vancouver. Plusieurs établissements vous accueillent le samedi : en centre-ville, Canada Trust, à l'angle d'East Pender St et de Main St est ouvert de 9h à 17h, et la Royal Bank, 269 East Pender St, de 9h à 15h. La Toronto Dominion, à l'angle d'East Pender St et de Columbia St, ouvre de 9h à 16h. A Kitsilano, la Royal Bank, 2907 West Broadway, vous accueille de 9h30 à 15h30.

Par ailleurs, la compagnie Thomas Cook dispose de plusieurs bureaux à Vancouver. L'un d'eux (☎ 687-6111) se trouve au 1016 West Georgia St et un autre au 130 999 Canada Place. American Express (☎ 669-2813) est juste à côté au 1040 West Georgia St. Tous trois ouvrent le samedi.

Les bureaux de change ne manquent pas, ils sont souvent ouverts tous les jours, surtout dans les zones touristiques. En centre-ville, vous trouverez par exemple l'International Foreign Exchange (☎ 683-9666), 1169 Robson St, ouvert du lundi au jeudi de 9h à 19h, le vendredi et le samedi de 9h à 21h, et le dimanche de 10h à 19h.

Poste

La poste principale (☎ 662-5725), au 349 West Georgia St, entre Homer St et Hamilton St, ouvre du lundi au vendredi de 8h30 à 17h30. Elle ne dispose pas d'un guichet poste restante séparé ; en revanche, elle possède un service Philatélie et une photocopieuse. Le bureau de l'American Express, 1040 West Georgia St, accepte de recevoir le courrier des détenteurs de cartes et le conserve un mois.

Consulats étrangers

Belgique
Suite 2900, 595 Burrard St, V6Z 2C7 (☎ 691-7566)

États-Unis
1075 West Pender St, V6E 2M6 (☎ 685-4311)

France
Suite 1201, 736 Granville St, V6Z 1H9 (☎ 681-2301)

Italie
Suite 705, 1200 Burrard St,V6Z 2C7 (☎ 684-7288)

Pays-Bas
Suite 721, Crown Trust Building, 475 Howe St, V6C 2B3 (☎ 684-6448)

Suisse
Suite 790, World Trade Centre, 999 Canada Place V6C 3E1 (☎ 684-2231)

Agence de voyages

Travel CUTS, l'organisme de voyages pour étudiants, possède quatre agences en ville. La première est au 501 602 West Hastings St (☎ 681-9136), la deuxième au 1516 Duranleau St, Granville Island (☎ 687-6033) et les deux autres sur chaque campus universitaire, UBC et Simon-Fraser.

Librairies

Duthie Books (☎ 684-4496), 919 Robson St, à l'angle de Hornby St, propose une série d'ouvrages consacrés au voyage et au Canada. Cette librairie a plusieurs succursales, dont une à l'université de Colombie-Britannique. La Book Warehouse (☎ 685-5711), 1150 Robson St, vend des livres de bonne qualité, à prix intéressants pour la plupart. Elle ouvre sept jours sur sept de 10h à 22h et offre le café à ses clients. La World Wide Books & Maps (☎ 687-3320), 736A Granville St, au bas d'un escalier, propose une grande variété de guides de voyages, d'atlas et de cartes.

Bonne librairie également, la Blackberry Books (☎ 685-6188/4113), 1663 Duranleau St, est située sur l'île de Granville. Elle ouvre tous les jours de 9h à 21h et possède deux succursales à Kitsilano. Toujours à Kitsilano, au 2667 West Broadway, la Travel Bug (☎ 737-1122) vend des guides touristiques, des cartes et des cassettes d'apprentissage des langues.

Manhattan Books située 1089 Robson St, Vancouver, B.C. V6E 1A9 (☎ 681-9074, contact : Marc Fournier) est une librairie où l'on peut trouver des livres et des cartes en français.

Bibliothèque

La bibliothèque municipale de Vancouver (☎ 665-2287), au 750 Burrard St, près de l'hôtel Vancouver, à l'angle de Robson St, est ouverte du lundi au jeudi de 10h à 21h, et les vendredi et samedi de 10h à 18h. L'hiver (d'octobre à mars), on peut aussi y aller le dimanche de 13h à 17h. La carte d'accès coûte 20 $ pour les touristes.

Services médicaux

L'hôpital général de Vancouver se trouve au 855 West 12th Ave. En cas d'urgence, composez le ☎ 875-4995. Pour tout renseignement médical, appelez le ☎ 875-4000.

Urgences

Info SIDA (☎ 687-2437)
Vancouver Crisis Centre (☎ 733-4111) 24 heures sur 24.
En cas de viol : Rape Relief Centre (☎ 872-8212) 24 heures sur 24.

Désagréments et dangers

De part et d'autre de Main St, Hastings St est à éviter la nuit, surtout le week-end, où les gens ont tendance à forcer un peu sur la boisson. Dès la tombée de la nuit, mieux vaut se cantonner aux grandes artères.

Organismes utiles

Le Western Canada Wilderness Committee (☎ 687-8224), 20 Water St dans le quartier de Gastown, vous renseignera sur les sentiers de randonnée et vous fournira toutes les cartes utiles à vos excursions.

La British Columbia Automobile Association (BCAA) (☎ 732-3911), au 999 West Broadway, assure un service de dépannage 24h sur 24. Il est réservé à ses membres, mais aussi à ceux d'autres associations d'automobilistes. Si les cultures indiennes vous intéressent, contactez le Native Heritage Centre (☎ 746-8119).

En cas de problème, les personnes à mobilité réduite peuvent joindre la Handicapped Resource Line (☎ 1-800-465-4911).

CENTRE-VILLE

Gastown

Ce nom provient du très bavard (*gassy* en anglais) Jack Deighton, marin anglais du XIXe siècle qui délaissa la mer pour ouvrir un bar à l'intention des ouvriers du bois. Le village qui se forma autour du Gassy (nom du bar) prit le nom de Gassy's town (la ville du Gassy), un nom qui fit mouche. Vancouver était née.

La zone actuelle de Gastown est bordée par Columbia St et Richards St ; Water St en est l'artère principale. Le Burrard Inlet s'étend au nord.

La zone de Gastown s'était peu à peu transformée en bas quartiers lorsque dans les années 70 on entreprit sa rénovation. Ses habitants les plus défavorisés migrèrent alors plus au sud, vers Hastings St. Les vieilles maisons victoriennes abritent désormais restaurants, bars, boutiques et galeries d'art. Marchands ambulants et musiciens des rues confèrent au quartier une atmosphère de fête. A l'extrémité ouest de Water St, se trouve la première horloge à vapeur du monde. On la voit fonctionner à travers ses vitres latérales et elle tinte toutes les 15 mn.

Quartier chinois

La quasi-totalité des personnes vivant dans la zone de West Pender St, bordée par Abbott St et Gore St, ont des ancêtres chinois (environ 35 000 individus).

D'ailleurs, même parmi les plus jeunes, certains de ses habitants ne parlent pas l'anglais. Ici, restaurants et petites épiceries abondent.

Devant toutes ces couleurs, les quelques balcons anciens typiquement chinois et les enseignes rédigées en caractères chinois, vous vous demanderez si vous n'êtes pas soudain passé en Extrême-Orient.

L'immeuble World's Thinnest (le plus fin du monde). Au 8 West Pender St, près de Carrall St, cet immeuble, appelé le Sam Kee, figure dans le *Guinness Book of Records*. Comme il ressemble à la façade d'un des grands immeubles situés juste derrière, auquel il est rattaché, on passe aisément à côté sans le remarquer.

Jardin chinois du Dr Sun Yat-Sen. Voici les seuls jardins classiques chinois (☎ 689-7133) grandeur nature au monde, en dehors de la Chine. Leur conception est subtile, l'effet produit exquis. Créés d'après les jardins de la dynastie Ming de la ville de Suzhou, ils constituent un véritable sanctuaire en plein centre-ville.

La visite guidée, comprise dans le prix d'entrée, est très bien conçue. Si possible, choisissez un jour de semaine, car il y a foule le week-end. Les jardins se trouvent au 578 Carrall St, derrière le centre culturel chinois. Ils sont ouverts tous les jours de 10h à 20h et l'entrée coûte 3,50 $, avec un tarif réduit à 2,50 $.

Robsonstrasse
C'est le nom local donné à la partie de Robson St comprise entre Howe St et Broughton St. Surtout allemande à l'origine, cette zone regroupe aujourd'hui de nombreux restaurants et boutiques de tous les pays. Le bas de la rue, du côté du parc de Stanley, comporte certains des restaurants les plus récents… et les meilleurs.

Parc de Stanley
Avec ses 400 ha, ce parc est le plus grand espace vert de la ville, et l'un des plus beaux du pays. La côte de 10 km qui l'entoure se prête à de belles randonnées.

Le long de la zone occidentale, on trouve plusieurs plages de sable. Le pont de Lions Gate qui aboutit à la pointe nord du parc est souvent embouteillé. Juste à côté, à l'ouest, **Prospect Point** représente un point d'observation idéal pour admirer les Narrows et les navires qui y passent. On y trouve un restaurant, parfait pour un café en terrasse. Près de **Brockton Point**, on peut voir un bel assemblage de mâts totémiques. Non loin de Brockton Oval s'étend un petit zoo gratuit.

Du côté sud du parc, près du Yatch Club, on voit l'**île de Deadman** ("île du Mort"), autrefois utilisée, paraît-il, par une tribu indienne du Nord comme camp de détention pour les femmes capturées lors des attaques. Par la suite, l'île devint un cimetière chinois et indien.

Aquarium de Vancouver. L'aquarium de Vancouver (☎ 682-1118), qui est le plus grand du Canada avec 9 000 créatures marines, se trouve dans le parc. Ses pensionnaires les plus populaires sont les dauphins et les orques, qui se produisent plusieurs fois par jour lors de spectacles. Il existe également un bassin spécial pour les belugas.

D'autres exhibitions mettent en scène pieuvres, crocodiles, piranhas… Il est

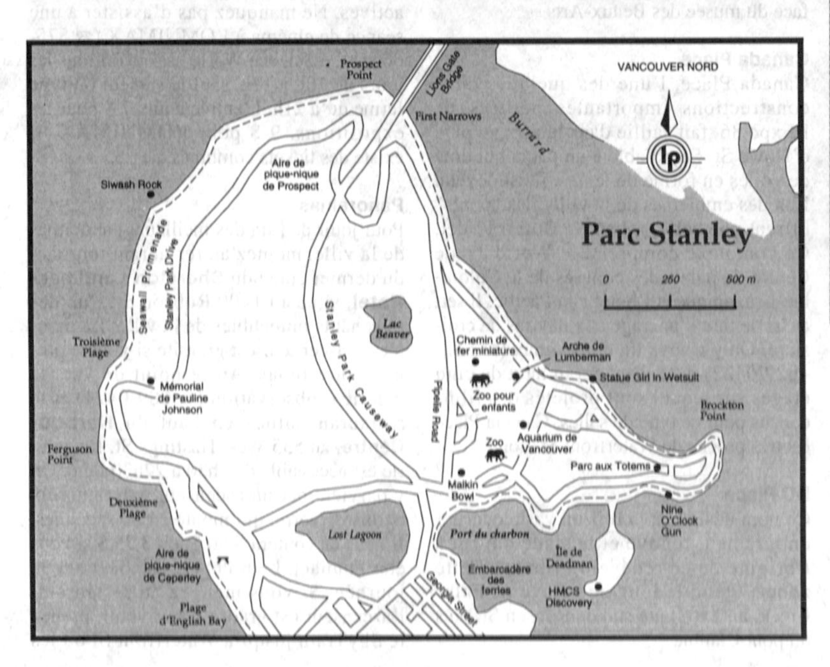

ouvert tous les jours de 9h30 à 20h de juillet à début septembre, et de 10h à 17h30 le reste de l'année. L'entrée coûte 8,50 $.

Musée des Beaux-Arts

Situé en plein cœur de la ville, le musée de Vancouver (☎ 682-5621), 750 Hornby St, abrite une exposition permanente des tableaux d'Emily Carr, qui figure parmi les peintres les plus célèbres du Canada et qui vécut quelque temps à Vancouver. On peut également admirer les œuvres d'artistes canadiens, américains et britanniques. L'été, le musée ouvre tous les jours de 9h30 à 20h, le reste de l'année, du lundi au mercredi et le samedi de 10h à 17h, le jeudi et le vendredi de 10h à 21h et le dimanche de 12h à 17h. L'entrée coûte 4,75 $.

Pendulum

Pièce sculpturale de 26 m de haut, ce balancier se trouve dans la Hong Kong Bank of Canada, dans West Georgia St, en face du musée des Beaux-Arts.

Canada Place

Canada Place, l'une des quelques rares constructions importantes héritées de l'Expo 86, fait saillie dans le port au pied d'Howe St. Semblable à un paquebot doté de voiles en forme de tentes, il est devenu l'un des emblèmes de la ville ; les "ponts" offrent une belle vue sur le Burrard Inlet. Ce complexe comprend le World Trade Centre, le palais des congrès de la Colombie-Britannique et l'hôtel Pan Pacific. Il sert aussi de lieu d'ancrage aux navires de croisière. On y trouve un dôme Imax (☎ 682-4629/6422) doté d'un écran haut de cinq étages sur lequel sont projetés des films conçus pour ce type de salles. Canada Place est très proche de Waterfront Station.

BC Place

Ce nom désigne à la fois un vaste quartier entièrement rénové et le stade qui fut à l'origine de ce redéveloppement. Cette zone s'étend le long de la rive de False Creek, à l'extrémité sud de Robson St, près du pont Cambie.

Le stade de BC Place (☎ 669-2300 pour les informations générales, ou 661-7373 pour les manifestations prévues) est au 777 Pacific Blvd South. Cette immense arène recouverte d'un dôme translucide fut inaugurée en 1983. Le toit est gonflé d'air : d'immenses ventilateurs y fonctionnent en effet en permanence. Il est soutenu en outre par des treillis métalliques qui s'entrecroisent, lui donnant une allure capitonnée.

Concerts, expositions commerciales, manifestations sportives et autres rassemblements se déroulent dans cette structure d'une capacité de 60 000 personnes. Pour y parvenir prenez le bus n°15 ou n°17, ou le SkyTrain jusqu'à Stadium Station.

Science World

Autre structure héritée de l'Expo 86, ce dôme géodésique est situé sur Quebec St, près de la gare de Main St. Il abrite à présent le Science World (☎ 687-7832), sorte de cité des sciences avec expositions interactives. Ne manquez pas d'assister à une séance de cinéma à l'OMNIMAX (☎ 875-6664). Le Science World est ouvert tous les jours de 10h à 17h, sauf le samedi où il ne ferme qu'à 21h. L'entrée coûte 7 $ pour les expositions, 9 $ pour l'OMNIMAX. Il existe des tickets combinés à 11 $.

Panoramas

Pour jouir de l'un des meilleurs panoramas de la ville, montez au restaurant tournant du dernier étage du **Sheraton Landmark Hotel**, situé au 1400 Robson St, l'un des plus hauts immeubles de la ville. La montée en ascenseur est gratuite si vous y prenez votre repas. Autre point de vue, la galerie d'observation (☎ 689-0421) et le restaurant situés en haut du **Harbour Centre**, au 555 West Hastings St. La galerie est accessible de 8h30 à 22h30 l'été. On y parvient par un ascenseur extérieur aux parois de verre, qui monte en 50 secondes. Il vous en coûtera 5,50 $, ou 3,75 $ si vous êtes étudiant. Le billet est valable toute la journée. Si vous mangez au restaurant, l'ascenseur est gratuit. Pour venir, prenez le SkyTrain jusqu'à Waterfront St ou les bus n°10, 14, 16 ou 20 en direction du port, sur Granville Mall.

L'OUEST

île de Granville

Au sud de False Creek, sous le pont de Granville, cette petite île autrefois industrielle a été transformée en un quartier très animé où se côtoient bureaux, restaurants, galeries d'art et salles de spectacles. Le centre d'information de l'île de Granville (☎ 666-5784), situé au 1592 Johnston St, est ouvert tous les jours de 9h à 18h.

Parmi les principaux centres d'intérêt figurent deux grands centres d'expression artistique, plusieurs théâtres et, côté nord-ouest, le très populaire marché où l'on trouve primeurs et poissons tous les jours de 9h à 18h.

L'île comporte par ailleurs diverses boutiques où les peintres, joailliers et tisserands locaux travaillent et exposent leurs œuvres. Les prix pratiqués sont assez raisonnables. Vous pouvez également visiter les galeries d'art de l'école des beaux-arts Emily Carr (☎ 844-3800), au 1299 Johnston St. La Granville Island Brewing Co (☎ 688-9927), 1441 Cartwright St, est une petite brasserie qui produit une bière écologique (fabriquée sans produits chimiques) et organise des visites gratuites avec dégustation à 13h et à 15h. Au nord-est de l'île, allez voir les jolies maisons flottantes. Enfin, sachez que la plupart des centres d'intérêt de l'île ferment le lundi.

Pour se rendre sur l'île à partir de Water St, à Gastown, ou de Granville St, en centre-ville, prenez le bus n°50 pour False Creek. Il s'arrête non loin du centre d'information. On peut également choisir le miniferry de False Creek (voir plus loin *Comment circuler*).

Parc Vanier

En bordure de l'English Bay, au sud de False Creek et avant le pont de Burrard, le parc Vanier, très appréciée des citadins, abrite le musée de Vancouver, le planétarium HR MacMillan et le musée de la Marine. Également dans le parc on trouve les archives de Vancouver, le conservatoire de musique, le centre des gardes-côtes canadiens et le Burrard Civic Marina.

Musée de Vancouver. Ce musée (☎ 736-4431), au 1100 Chestnut St, à l'ouest du pont de Burrard, est également appelé musée centenaire de Vancouver. Il retrace l'histoire locale, présentant des photographies anciennes de Colombie-Britannique, des découvertes archéologiques faites dans la région, l'histoire des Indiens Salish et l'ethnologie. On y trouve aussi quelques exemples d'artisanat indien. Les œuvres de vannerie sont impressionnantes, en particulier les paniers réalisés en racines de cèdres ou de pins. La partie du musée retraçant les diverses phases de l'exploration européenne et du développement de Vancouver est intéressante.

Le dernier fort de la Compagnie de la Baie d'Hudson – Fort Victoria – a été construit sur cet emplacement.

Le musée est ouvert tous les jours de mai à septembre de 10h à 21h. D'octobre à avril, on le visite du mardi au dimanche de 10h à 17h. L'entrée est à 5 $, avec un tarif réduit à 2,50 $. On peut également acheter un billet global donnant accès au musée de la Marine. Pour se rendre au musée de Vancouver (et à celui de la Marine, tout proche), il faut prendre le bus n°22 à Burrard St, en centre-ville.

Planétarium HR MacMillan. Ce planétarium (☎ 736-3656) fait partie du musée de Vancouver. Il présente des spectacles éducatifs et amusants projetés sur un dôme haut de 20 m. Ces spectacles étant pris d'assaut, pensez à réserver le plus tôt possible.

L'entrée coûte 5,50 $. On peut assister à des spectacles laser pour 7,50 $ du dimanche au jeudi à 20h30 et les vendredi et samedi à 21h30. Le planétarium ferme le lundi en hiver, mais ouvre 7 jours sur 7 les mois d'été.

Les vendredi, samedi et dimanche après-midi, par temps clair, l'**observatoire de Gordon Southam** (☎ 738-2855) est ouvert gratuitement au public.

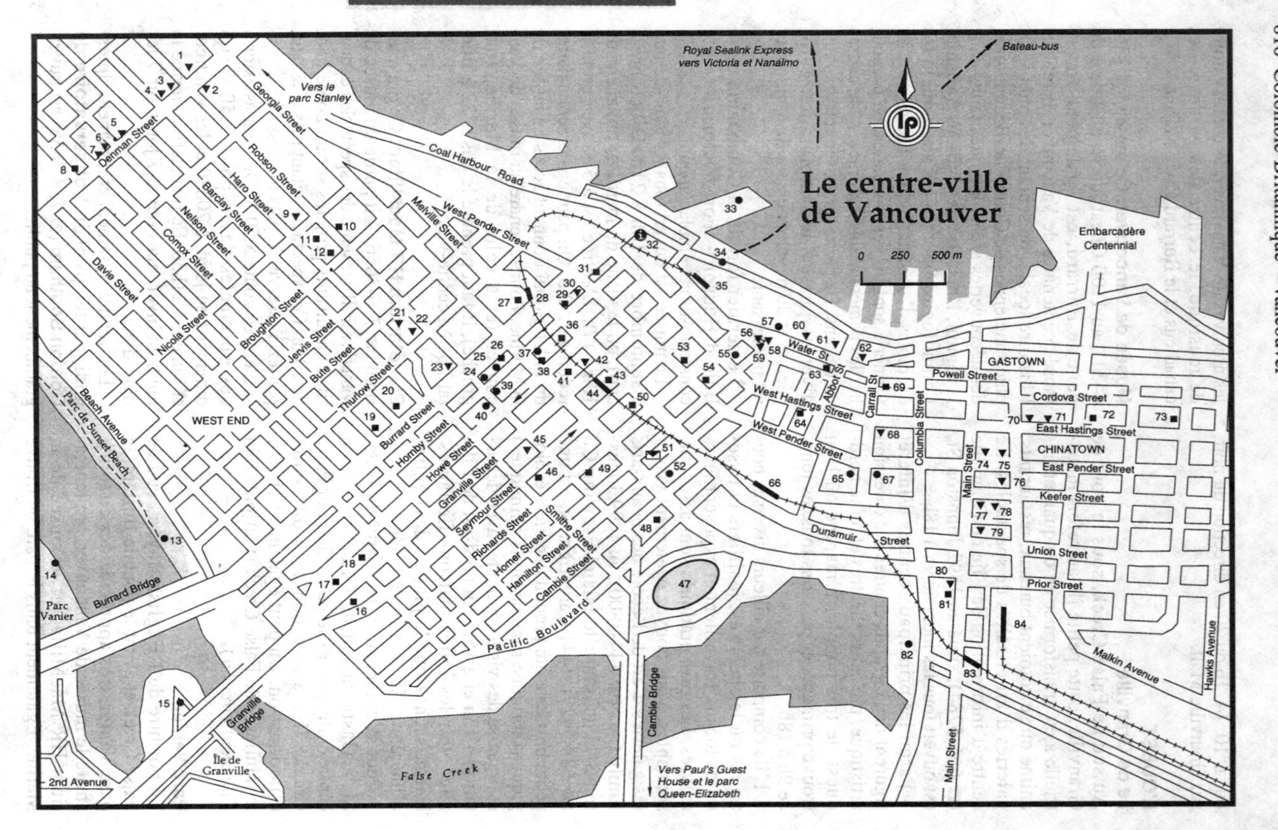
Le centre-ville
de Vancouver
0 250 500 m
Royal Sealink Express
vers Victoria et Nanaimo
Bateau-bus
Embarcadère
Centennial
GASTOWN
CHINATOWN
WEST END
Vers le
parc Stanley
Vers Paul's Guest
House et le parc
Queen-Elizabeth
Parc de Sunset Beach
Parc
Vanier
Île de
Granville
False Creek
Georgia Street
Robson Street
Haro Street
Barclay Street
Nelson Street
Comox Street
Nicola Street
Davie Street
Denman Street
Broughton Street
Jervis Street
Bute Street
Thurlow Street
Burrard Street
Hornby Street
Howe Street
Granville Street
Seymour Street
Richards Street
Homer Street
Hamilton Street
Cambie Street
Smithe Street
Melville Street
West Pender Street
Coal Harbour Road
Water St
Abbot St
Carrall St
West Hastings Street
West Pender Street
Columbia Street
Powell Street
Cordova Street
East Hastings Street
East Pender Street
Keefer Street
Union Street
Prior Street
Main Street
Malkin Avenue
Hawks Avenue
Dunsmuir Street
Pacific Boulevard
Cambie Bridge
Granville Bridge
Burrard Bridge
Beach Avenue
2nd Avenue

OÙ SE LOGER

8 English Bay Hotel
10 Riviera Motor Inn
11 Robsonstrasse City Motor Inn
12 Barclay Hotel
16 Cecil Hotel
17 Travelodge
18 Austin Motor Hotel
19 Century Plaza Hotel
20 YMCA
26 Hotel Vancouver
27 Royal Centre et Hyatt Regency
29 YWCA
31 Day's Inn
36 Delta Place Hotel
38 Hotel Georgia
41 Pacific Centre
43 St Regis Hotel
46 Dufferin Hotel
48 Georgian Court Hotel
49 Kingston Hotel
53 Marble Arch
54 Niagara Hotel
63 Dominion Hotel
64 Downtown Vancouver Hostel
69 Spinning Wheel Inn
72 Patricia Hotel
73 Harbourfront Inn
81 Auberge de jeunesse des randonneurs du Vincent's Hostel

OÙ SE RESTAURER

1 El Mariachi
2 Restaurant japonais Musashi
3 Café Slavia
4 Jumpstarts
5 Crumble's
6 Bud's Halibut & Chips
7 Ciao !
9 Saigon
21 Pepita's
22 Heidelberg House
23 White Spot
30 Jolly Taxpayer Hotel & Pub
42 Elephant & Castle
45 India Gate
56 Kilimanjaro
58 Water St Café
59 India Village
60 Maharajah
61 Old Spaghetti Factory
62 Brother's Restaurant
68 Only Seafoods Café
70 Restaurant végétarien Bodai
71 Restaurant végétarien Miu Jay Garden
74 Lu Zuan
75 Boulangerie et restaurant Max King
76 Boulangerie et café Maxim's
77 On On Tea Gardens
78 Hon's Wun Tun House
79 Punjab Restaurant
80 Mom's Kitchen

A VOIR ET A FAIRE

13 Centre aquatique de Vancouver
14 Planétarium HR MacMillan et musée de Vancouver
33 Canada Place
37 Pendulum
39 Musée des Beaux-Arts
47 Stade de BC Place
55 Harbour Centre
57 Horloge à vapeur
65 Immeuble World's Thinnest
67 Jardin chinois du Dr Sun Yat-sen
82 Science World

DIVERS

15 Marché de l'île de Granville
24 Duthie Books
25 Bibliothèque municipale
28 Gare de Burrard
32 Travel Infocentre
34 Granville Square
35 Gare de Waterfront
40 Robson Square
44 Gare de Granville
51 Poste principale
52 Queen Elizabeth Theatre et Vancouver Playhouse
66 Gare Stadium
83 Gare Main Street
84 Gare de Central Pacific et gare routière

Musée de la Marine. Ce musée (☎ 737-2211/2), au 1905 Ogden Ave, au bas de Cypress St, se trouve à cinq minutes de marche du musée de Vancouver. Il se divise en deux sections. La première, dédiée aux passionnés de navigation, présente de nombreuses maquettes de bois et quelques barques anciennes. Elle est ouverte de mai à septembre de 10h à 17h et l'entrée coûte 5 $, avec un tarif réduit à 2,50 $. L'autre section, reconnue Site national historique (☎ 666-3201), a le mérite d'être à la fois passionnante et gratuite. Vous y découvrirez le *St Roch*, un patrouilleur de l'Arctique appartenant à la police montée royale du Canada et construit en 1928, qui fut le premier à traverser le légendaire passage du Nord-Ouest d'est en ouest et d'ouest en est. De très intéressantes visites guidées sont organisées toutes les demi-heures environ. A partir du quai du musée, on peut prendre le ferry pour l'île de Granville.

Old Hastings Mill Store

Construit en 1865, il fut le premier entrepôt du Burrard Inlet. Il survécut au grand incendie de 1886 et fut déplacé en 1930 à l'endroit où il se trouve aujourd'hui, au 1575 Alma St, à l'angle de Point Grey Rd, à l'extrémité est de la plage de Jericho. Il abrite une petite collection d'objets indiens et de souvenirs locaux. Il est ouvert tout l'été de 11h à 16h, le week-end seulement de 13h à 16h le reste de l'année. L'entrée est gratuite. Téléphonez au 228-1213 pour plus de précisions.

Université de Colombie-Britannique

L'université de Colombie-Britannique (☎ 822-3131), souvent désignée par ses initiales UBC, est le point le plus à l'ouest de Vancouver, sur la péninsule qui s'enfonce dans le détroit de Georgia. L'immense campus, qui accueille 30 000 étudiants, s'étend sur 400 ha boisés.

Les bus n°4, 10 et 14, à prendre sur Granville St en direction du sud, y conduisent toutes les dix minutes. Le trajet dure environ une demi-heure.

Musée d'Anthropologie de l'UBC. Il s'agit d'un excellent musée (☎ 822-5087). Des cultures du monde entier y sont présentées à travers des objets d'art et d'artisanat. L'accent est mis sur les pays d'Asie, d'Afrique et du Pacifique, et surtout sur les œuvres des Indiens de Colombie-Britannique, avec une fantastique collection de mâts totémiques. L'été, le musée ouvre tous les jours de 11h à 17h, avec une nocturne le mardi jusqu'à 21h. Entre début septembre et fin juin, il ferme le lundi. Le prix d'entrée est de 5 $.

Jardins-mémorial de Nitobe. Ces magnifiques jardins japonais (☎ 822-4208) jouxtent le musée. Dessinés par un grand paysagiste japonais, ils représentent un irréprochable échantillon de cet art asiatique si symbolique.

Les jardins sont ouverts tous les jours de 10h à 18h en été, et du lundi au vendredi de 11h à 15h l'hiver. L'entrée coûte 2 $.

Tout près, le **parc aux Totems** réunit des sculptures et des édifices reconstituant en partie un village d'Indiens Haidas. L'entrée y est gratuite.

Plage de Wreck. Le long de South-West Marine Drive, vers le sud après le jardin des Roses et le musée d'Anthropologie, suivez le sentier n°3 ou n°4, balisés, et vous parviendrez à Wreck Beach, une sympathique plage de nudistes.

Complexe aquatique. Si la plage ci-dessus ne vous attire pas, essayez l'UBC Aquatic Centre (☎ 822-4521), sur le campus. Situé dans University Blvd, il comporte piscines, saunas, salles de musculation et de gymnastique. Ouvert au public.

Parc de la Reine-Elizabeth

Ces 52 ha de verdure entre Cambie St et Ontario St, près de la 33rd Ave, constituent le second parc de la ville en superficie. Du haut de la colline, près des serres de Bloedel, on jouit d'une magnifique vue sur la ville. Un joli jardin en contrebas entouré de petites falaises présente de superbes plantes dont certaines ont des feuilles d'un mètre de largeur. Près du parking, on trouve un jardin de style oriental, assez inhabituel, composé d'innombrables bassins et fontaines. Pour parvenir au parc, prenez le bus n°15 vers le sud-est sur Robson St.

Serres de Bloedel. Ces serres (☎ 872-5513) présentent trois zones climatiques, dont le désert et les tropiques, sous son dôme de plastique. Les serres sont ouvertes en semaine de 9h à 20h et le week-end de 10h à 21h. L'entrée est de 3 $.

Jardins botaniques de Vandusen

Ces 22 ha de jardins (☎ 266-7194) se trouvent au 5251 Oak St, entre 33rd Ave et 37th Ave. Ils comportent un petit lac et une importante collection de plantes ornementales venues des quatre coins du monde. Ils sont ouverts tous les jours de 10h à 20h en été. Le prix d'entrée est de 4,50 $ ou 2,25 $ pour les étudiants. Le bus n°17, à prendre dans Burrard St en direction du sud en centre-ville, vous y conduira.

LA CÔTE NORD

Marché du quai Lonsdale

De grands travaux ont transformé la zone qui entoure le terminal des bateaux-bus ("SeaBus") de la côte nord : création d'un parc au bord de l'eau, de bureaux, de complexes résidentiels et du marché du quai de Lonsdale (☎ 985-6261). En descendant du ferry, vous trouverez un bureau d'information qui vous renseignera sur les centres d'intérêt de la côte nord. La gare routière locale est juste à côté, elle aussi. Le marché est ouvert tous les jours de 9h30 à 18h30, avec nocturne jusqu'à 21h le vendredi. Pour vous y rendre, prenez le bateau-bus à Waterfront Station, dans le centre-ville.

Musée et archives de Vancouver Nord

Ce petit musée (☎ 987-5618), au 333 Chesterfield Ave, propose d'assez bonnes expositions en alternance sur de nombreux sujets comme les transports, les antiquités ou l'artisanat indien. Le prix d'entrée est libre. Le musée ouvre le mercredi et du vendredi au dimanche de 12h à 17h, avec nocturne le jeudi jusqu'à 21h.

Pont suspendu de Capilano

Ce pont (☎ 985-7474), au 3735 Capilano Rd, à gauche en allant vers le nord, enjambe le cours d'eau Capilano sur près de 140 m à une hauteur de 70 m. Ouvert tous les jours en été de 8h à la tombée de la nuit, il attire beaucoup de touristes. L'entrée au parc, qui n'offre guère d'intérêt en dehors de lui, ne vaut pas les 6 $ (4 $ pour les étudiants) demandés.

Si vous tenez tout de même à le voir, prenez le bus n°246, marqué "Highlands" dans West Georgia St en direction de l'ouest, ou le n°236 du quai de Lonsdale jusqu'au village d'Edgemont. Changez alors pour le n°232. (Ce bus se rend également au centre d'élevage de saumons de Capilano et au barrage de Cleveland. L'été, le n°236 continue jusqu'à la montagne de Grouse.) Si vous êtes en voiture, dirigez-vous vers le nord à partir du pont de Lions Gate jusqu'à Marine Drive, puis tournez à gauche (vers le nord) dans Capilano Rd.

Élevage de saumons de Capilano

Ce centre de pisciculture (☎ 666-1790) a été créé par l'État pour tenter d'endiguer la raréfaction de la population de saumons. Des expositions très bien conçues vous diront tout sur les méthodes d'élevage. L'entrée est gratuite. Le centre est installé dans le parc régional du Capilano, sur Capilano Rd, non loin du pont suspendu.

Barrage de Cleveland

Ce barrage (☎ 987-1411) bloque le lac Capilano, qui alimente Vancouver en eau potable. De là, on a une belle vue sur les Lions, deux sommets du massif des Coast Mountains. Vous trouverez également des sentiers de randonnée, et la visite est gratuite. Le barrage est situé au-delà de l'élevage de saumons, au nord en remontant Capilano Rd, qui devient alors Nancy Greene Way.

Montagne de Grouse

La montagne de Grouse (☎ 984-0661), au 6400 Nancy Greene Way (continuation nord de Capilano Rd), est célèbre pour son Superskyride (téléphérique de fabrication suisse) qui fonctionne tout l'été, de 9h à 22h en semaine et dès 8h le week-end. Le reste de l'année, les horaires se limitent à 11h à 17h, ou à 19h le week-end. D'en haut (1 110 m), vous verrez tout Vancouver, la côte, une partie de l'île de Vancouver et les terres qui s'étendent au nord. La montée vous coûtera non moins de 14,50 $ (voir *Pont suspendu de Capilano* pour l'itinéraire à suivre).

Parc de Lynn Canyon

Installé au cœur d'épaisses forêts, ce parc donne un bon aperçu de la végétation de la forêt humide, fort différente de ce que l'on trouve dans l'est du Canada. Il comporte de nombreux sentiers de randonnée. Au-dessus du canyon de Lynn passe un pont suspendu, moins grand que celui de Capilano, mais très similaire… et gratuit.

Le **centre écologique du parc de Lynn Canyon** (☎ 987-5922), au 3663 Park Rd, présente des expositions, des films et des montages audiovisuels sur la biologie de la région. Il est ouvert tous les jours de 10h à 17h. Pour aller au parc, prenez le bus n°228 ou n°229 sur le quai de Lonsdale. En voiture, prenez Lynn Valley Rd après le pont Second Narrows, puis tournez à droite (vers l'est) dans Peters Rd et suivez les panneaux indicateurs.

Parc et jardins de Tilford

Il s'agit d'une étendue de 1,2 ha de jardins fleuris, au 1200 Cotton Drive, au sud-ouest du parc de Lynn Canyon. On y trouve quelques spécimens d'arbres peu courants, des oiseaux tropicaux et beaucoup de fleurs, mais ces jardins ne valent guère le détour.

Train à vapeur de Royal Hudson

Cette locomotive à vapeur des années 30 tracte des wagons restaurés de Vancouver à Squamish, soit une excursion de cinq heures et demie aller-retour. Il suit la côte vers le nord, le long du rivage de Howe Sound, à travers de magnifiques paysages. L'expédition vous coûtera 26,17 $. Le train part de la gare du BC Rail, au 1311 West 1st St, à l'extrémité sud de Pemberton Ave, à Vancouver Nord.

Pour plus de détails sur les tarifs et les horaires assez compliqués, contactez First Tours (☎ 688-7246 ou 1-800-663-1500), près de Denman St. On peut ne parcourir que le voyage aller en train et rentrer en bateau par le MV *Britannia*, pour 54 $ (voir *Voyages organisés* dans le chapitre *Activités culturelles et/ou sportives*).

Parc du Phare

Dans cette zone de forêts d'origine, on trouve les plus grands arbres de Vancouver et de sa région. Des chemins mènent au phare (☎ 922-1211) et aux falaises, d'où l'on a une belle vue sur le détroit de Georgia. Le parc se trouve à Point Atkinson, à Vancouver Ouest. Prenez le pont de Lions Gate, puis tournez à gauche (vers l'ouest) dans Marine Drive, que vous suivrez sur 8 km. Si vous n'êtes pas motorisé, prenez le bus n°250 vers l'ouest dans West Georgia St.

VANCOUVER EST

L'université Simon-Fraser

L'université est installée au sommet du mont Burnaby, à Burnaby, à 20 km à l'est du centre-ville. Son étrange architecture moderne et sa vue sur Vancouver en font une visite intéressante. La conception des bâtiments a été – et reste – controversée. On y trouve d'immenses cours en demi-cercles et de nombreuses fontaines, dont une sur un toit. Certaines zones de ce complexe rappellent les sites archéologiques mayas du Mexique. Pour visiter l'université, téléphoner au 291-3111. Pour vous y rendre, prenez le bus n°10 ou n°14 dans East Hastings St, puis changez près de Boundary Rd pour le n°135, qui vous conduira jusqu'au campus.

Musée d'Archéologie et d'Ethnologie.

Installé sur le campus, ce musée (☎ 291-3325) présente une collection d'objets fabriqués par des Indiens de la côte pacifique. On y trouve aussi une cafétéria bon marché. Il est ouvert du lundi au vendredi de 10h à 16h. Une donation est souhaitée.

Musée-village de Burnaby

Situé au 6501 Deer Lake Ave, près du lac du Cerf, ce musée (☎ 293-6501) est installé dans le parc de Burnaby's Century, près de la Transcanadienne. Il représente la réplique d'un village du sud-ouest de la Colombie-Britannique entre 1890 et 1925.

On y voit une ancienne école, une imprimerie, une pharmacie et quelques autres institutions. Une immense maquette de train à vapeur est présentée non loin du village. Les employés, vêtus de costumes d'époque, sont très aimables. L'ensemble est ouvert tous les jours de 10h à 16h30 durant l'été. Les horaires sont réduits le reste de l'année. L'entrée coûte 5,25 $, ou 3,50 $ pour les étudiants. Prenez le bus n°120 dans East Hastings St.

Teleglobe Canada

Les expositions et présentations de Teleglobe Canada ont trait aux communications vidéo, sous-marines et par satellite et aux équipements électroniques.

Ouvert du lundi au vendredi de 8h à 16h, le musée est installé dans le **Vancouver International Centre**, au 3033 Beta Ave, Burnaby, sur Canada Way, à 13 km du centre-ville. Téléphonez au 293-4200 pour plus de détails. On parvient au musée par Willingdon Ave au sud de la Transcanadienne. Tournez ensuite à gauche dans Canada Way. Beta Ave est la deuxième rue sur la gauche. Le SkyTrain y mène aussi : descendez à Nanaimo Station et prenez le bus n°25.

ACTIVITÉS SPORTIVES

Baignade et sports nautiques

Les plages ne manquent pas en ville. Les Deuxième et Troisième Plages (Second et Third), dans le parc de Stanley, celles d'English Bay et de Sunset, en centre-ville, ou celles de Kitsilano et de Jericho, à l'extrémité sud de l'English Bay, sont idéales pour la baignade. Celle de Kitsilano est la plus grande et la plus fréquentée. L'été, non moins de 10 000 estivants en foulent le sable.

Le Centre aquatique de Vancouver (☎ 665-3424), au 1050 Beach Ave, près de la plage de Sunset, possède une piscine couverte chauffée, un jacuzzi, un bassin d'initiation à la plongée, un gymnase et un sauna. Il ouvre à 6h30 et l'entrée coûte 3 $. Il existe un complexe du même type à l'UBC (voir plus haut) et un autre (☎ 926-8585) à Vancouver Ouest, au 776 22nd St. La plage de Kitsilano dispose d'une piscine d'eau de mer chauffée découverte (☎ 731-0011) ouverte tout l'été du lundi au vendredi de 8h45 à 20h45 en semaine et de 10h à 20h45 les samedi et dimanche. L'entrée coûte 3 $.

Si vous vous sentez d'attaque pour descendre en canoë ou en kayak le Fraser ou le Chilliwack, les opportunités ne manquent pas, tant pour les débutants que pour les plus expérimentés. Sur l'île de Granville on loue des canoës. L'Ecomarine Ocean Kayak Centre (☎ 689-7575), au 1668 Duranleau St, loue des kayaks individuels à 17 $ les deux heures ou à 37 $ par jour.

Le centre possède également une agence au Jericho Sailing Centre de la plage de Jericho à Kitsilano, près de l'auberge de jeunesse HI, et organise par ailleurs des visites guidées dans les îles (voir plus bas *Voyages organisés*).

A Vancouver Nord, sur l'Indian Arm, Deep Cove Canoe & Kayak (☎ 929-2268), au 2156 Banbury Rd, propose lui aussi des locations de canoës avec, pour ceux qui le souhaitent, des cours d'initiation.

Au lac du Cerf, à l'est de la ville, à Burnaby, l'heure de location de canoë coûte 10 $ par personne chez Deer Lake Boat Rentals (☎ 255-0081).

Les amateurs de navigation de plaisance trouveront, le long de Duranleau St, plusieurs agences de location de bateaux dont, entre autres, Corcovado Yacht Charters (☎ 669-7907), 104 1676 Duranleau St, et Blue Ocean Yacht Services (☎ 682-8354) au 106A 1650 Duranleau St.

La Windsure Windsurfing School (☎ 224-7245), au 1300 Discovery St, au Jericho Sailing Centre, donne des leçons et loue des planches. L'English Bay est par ailleurs propice à la pêche au saumon, une spécialité de toute la côte ouest. Corcovado Yacht Charters et Blue Ocean Yacht Services louent bateau et matériel et organisent également des sorties en mer avec guide, plus coûteuses. Pour tout savoir sur les coins les plus poissonneux, téléphonez au Department of Fisheries & Oceans (☎ 666-3545/3271).

Au nord-ouest de la ville, près du parc de Lighthouse et de Porteau Cove, à 24 km au nord d'Horseshoe Bay, on peut pratiquer la plongée sous-marine : Howe Sound et l'Indian Arm, à l'extrémité est du Burrard Inlet, sont tout deux propices à cette activité. L'AB Divers World (☎ 732-1344), au 1817 West 4th Ave, et Diving Locker (☎ 736-2681), au 2745 West 4th Ave, tous deux situés à Kitsilano, proposent l'équipement, la formation et les sorties organisées.

Ski

Ski de fond et ski alpin se pratiquent dans les environs de Vancouver. Au nord de la ville, on trouve de grandes stations de sports d'hiver comme celles des **montagnes de Grouse,** de **Whistler** ou de **Blackcomb** (voir plus loin *Environs de Vancouver*). Grouse Mountain (☎ 984-0661) est la station la plus proche de la ville. Ses pistes éclairées, qui restent praticables jusqu'à 22h30, représentent un attrait important. Le forfait adulte journalier s'élève à 25 $.

Parmi les autres stations de ski des environs figurent celles de Cypress Bowl (également dotée de pistes éclairées) et de Hollyburn (☎ 926-5612, numéro commun aux deux), toutes deux situées dans le **parc provincial des Cyprès**, sur la rive nord de Vancouver.

Cypress Bowl dispose de quatre télésièges et d'un remonte-pente qui mènent au sommet des deux pics, mais c'est plutôt le ski de fond qui y est à l'honneur. Le **mont Seymour** (☎ 986-2261), à Vancouver Nord, est un parc provincial semi-sauvage situé à 16 km seulement du centre-ville. Réparties sur ses 3,5 km², on trouve des pistes de ski alpin et de ski de fond, mais aussi une pente aménagée pour la luge. On peut aussi skier en nocturne. Enfin, le parc provincial Garibaldi (☎ 929-1291) se cantonne aux pistes de ski de fond (voir plus loin *Environs de Vancouver*).

Il faut deux heures de route par la Hwy 7 pour parvenir à Hemlock Valley (☎ 797-4411), une station un peu plus éloignée à l'est de la ville en suivant la vallée du Fraser, et deux heures et demie pour aller à celle de Manning Park (☎ 840-8822), également à l'est (voir plus loin le paragraphe consacré à ce parc).

Randonnée

La randonnée se pratique dans tous les parcs qui entourent Vancouver et dont le plus proche est le parc provincial des Cyprès, à 8 km à peine au nord de Vancouver Ouest, par la Hwy 99. On trouve dans ce dernier huit sentiers balisés, dont ceux de Baden-Powell, du lac Yew et de Howe Sound Crest.

Le parc provincial du mont Seymour, à 15 km au nord-est de la ville, en possède 10 de longueurs et de difficultés variables. Par temps clair, ces deux parcs offrent des points de vue magnifiques. Méfiez-vous cependant, car le temps y change sans cesse. Les randonneurs peuvent également explorer le parc provincial Garibaldi (voir *Environs de Vancouver*).

Enfin, le parc provincial de Golden Ears ("oreilles d'or") est à 48 km à l'est de Vancouver. Pour s'y rendre, il faut prendre la Hwy 7 jusqu'à Haney, puis tourner à gauche (vers le nord) et suivre la route sur 13 km jusqu'au lac de l'Alouette.

Cyclisme

Parmi les zones dotées de pistes cyclables figurent le front de mer de 10 km du parc de Stanley, l'itinéraire de l'île de Granville, qui traverse le parc Vanier jusqu'à la plage de Kitsilano et, pour ceux qui souhaitent pousser davantage vers l'ouest, la route de Point Grey jusqu'au parc de la plage de Jericho, suivie du front de mer jusqu'à la plage de Spanish Banks (voir également plus loin *Environs de Vancouver*).

VOYAGES ORGANISÉS

Les bus Gray Line (☎ 879-3363) proposent de nombreuses visites organisées de la ville et de ses environs, mais aussi des excursions plus longues, pouvant aller jusqu'à 10 jours dans les Rocheuses. La plupart des itinéraires débutent devant l'hôtel Vancouver. Les billets s'achètent dans les grands hôtels. La visite de la ville la plus complète s'intitule Deluxe Grand City Tour : elle coûte 29,50 $ pour les anglophones et dure trois heures et demie.

Si vous préférez suivre cette visite en français, il vous en coûtera 35 $. Si deux heures vous suffisent, choisissez le bus anglais à étage (17 $). Une excursion de quatre heures (45 $) vous permettra de contempler les panoramas de Vancouver Nord et vous emmènera au sommet de la montagne de Grouse. Une journée d'excursion à Victoria coûte 79,50 $.

Town Tours (☎ 879-5852) propose une visite de Vancouver de trois heures et demie, comprenant le parc de Stanley et Gastown, pour 27 $. Vous pourrez par ailleurs découvrir la côte nord et la montagne de Grouse pour 40 $ en trois heures et demie. Excursion d'une journée à Victoria pour 75 $.

C'est Trolley Tours (☎ 451-5581) qui présente le meilleur rapport qualité/prix : 15 $ pour deux heures de visite.

Les Pacific Coach Lines (☎ 662-3222), dans la Pacifique Central Station, organisent elles aussi une série d'excursions d'une journée (île de Vancouver, la côte de Sunshine et Fort Langley) pour le prix approximatif d'un ticket de bus.

Plus originaux, les Dominion Tours (☎ 325-5522) proposent des sorties nocturnes de quatre heures à la montagne de Grouse comprenant un barbecue de saumon pour 56 $. Avec First Tours (☎ 688-7246; 1-800-663-1500), succursale des Harbour Ferries installée près du début de Denman St, vous parviendrez à Squamish à bord du MV *Britannia* et reviendrez par le train à vapeur de Royal Hudson, ou vice versa, en 7 heures. Il vous en coûtera 54 $, ou 45 $ si vous êtes étudiant.

On peut aussi effectuer l'aller-retour en train et ne payer que 26,17 $. Ces excursions ne sont possibles qu'entre début juin et mi-septembre. A partir de l'île de Granville, plusieurs agences proposent des croisières jusqu'à False Creek, l'English Bay et le Burrard Inlet.

Les Seaquest Harbour Tours (☎ 683-0545), au 1808 Boatlift Lane, organisent une heure et demie de croisière pour 15 $.

L'Ecomarine Ocean Kayak Centre (☎ 689-7575), 1668 Duranleau St, sur l'île de Granville, vous renseignera sur les îles du détroit de Georgia et de Clayoquot Sound, sur la côte ouest de l'île de Vancouver. La visite des îles centrales du Golfe dure trois jours et coûte 380 $.

Plusieurs agences proposent des visites en hélicoptère. Les Vancouver Helicopters (☎ 270-1484) vous feront ainsi découvrir la région de Vancouver pour 80 $ par personne ou vous emmèneront à la montagne de Grouse pour 170 $ l'aller-retour.

FESTIVALS

La brochure intitulée *The Vancouver Book*, disponible au Travel Infocentre, vous en fournira une liste exhaustive et mise à jour.

Janvier

Le *Polar Bear Swim*— très populaire, cette glaciale course à la nage se déroule dans l'English Bay, chaque 1er janvier depuis 1819.

Février

Nouvel an chinois – vers la mi-février, le quartier chinois sert de cadre à l'un des événements les plus populaires de Vancouver, avec danses, musique, feux d'artifices et dégustations.

Juin

Festival international de drakkars – cette manifestation annuelle se tient à False Creek durant trois jours à la fin juin. Elle attire près de 2 000 concurrents venus du monde entier et plus de 150 000 spectateurs. Outre les courses de bateaux, musique, pièces de théâtre et cuisine internationale sont au rendez-vous.

Juillet

Fête folklorique de Vancouver – c'est à la date du 1er juillet que se tient chaque année le plus grand festival multiculturel de la province. Les animations de toutes sortes, toutes gratuites, ont lieu à Gastown, à Robson Square et à l'Orpheum Theatre : musique, danse, représentations théâtrales et, bien sûr, costumes et spécialités culinaires.

Fête de la Mer – concerts, parades, feux d'artifice et barbecues de saumon se succèdent tout au long de ce festival, qui se déroule à la mi-juillet sur les rives de l'English Bay. Pour connaître le programme, téléphonez au 684-3378.

Festival de musique folk de Vancouver – ces concerts et ateliers rassemblent durant trois jours à la mi-juillet certains des meilleurs spécialistes de musique folk d'Amérique du Nord et attire 30 000 spectateurs. C'est au parc de la plage de Jericho que se déroulent la plupart des manifestations, près de l'auberge de jeunesse HI et de l'UBC. Pour vous procurer des billets, téléphonez au 873-9949.

Août

Carnaval – du 1er au 3 août, diverses cultures et ethnies sont à l'honneur dans des pavillons disséminés à travers la ville et proposant musique, danse, gastronomie, etc.

Spectacle aérien international d'Abbotsford – dans son genre, c'est le plus beau du monde. Durant trois jours, au début du mois d'août, tout ce qui est capable de voler se succède dans le ciel, des avions de combat au Concorde. Cette fête de l'aviation se tient à Abbotsford, à 56 km au sud-est de Vancouver, près de la frontière américaine.

Festival des arts de l'écrit – organisé du début à la mi-août à Sechelt, au nord sur la Sunshine Coast, après la baie d'Horseshoe, cette manifestation rassemble chaque année depuis 1982 des écrivains canadiens et leurs lecteurs.

Août-septembre

Foire nationale du Pacifique – connue sous le nom de PNE (Pacific National Exhibition, ☎ 253-2311), cette vaste foire est la deuxième du Canada après le CNE de Toronto. On y trouve un peu tout : concours, compétitions sportives, expositions internationales, concerts et spectacles, mais aussi attractions foraines. Chaque année, une parade de deux heures ouvre les réjouissances. La foire dure environ deux semaines, de fin août à la fête du Travail. Elle se tient au parc des Expositions, dans East Hastings St, près du pont Second Narrows. Pour vous y rendre, prenez le bus n°14 ou n°16 en ville.

Septembre

Festival d'avant-garde de Vancouver – ce festival de théâtre met en scène des comédiens, des danseurs et des musiciens du monde entier. Il dure deux semaines au début du mois de septembre et se déroule dans plusieurs théâtres de la ville, du côté de Main St, entre East 6th Ave et East17th Ave, dans le quartier du mont Pleasant. Renseignez-vous au ☎ 873-3646.

Octobre

Oktoberfest – organisé sur les trois premiers week-ends d'octobre, ce festival allemand se déroule à la Commodore Ballroom, au 870 Granville St. Flonflons, musique tyrolienne, danses bavaroises et bière à volonté.

OÙ SE LOGER

Camping

Il n'existe aucun camping d'État dans la zone de Vancouver et les parcs aménagés en ville pour les mobile homes (RV) sont interdits aux tentes. Les plus proches terrains pour campeurs se trouvent au sud de la ville, le long de la Hwy 99, qui mène à la frontière américaine. Il existe également un ou deux campings près de la gare des ferries pour l'île de Vancouver, à Tsawwassen.

Le *Timberland Motel & Campground* (☎ 531-1033), au 3418 King George Hwy (Hwy 99A), Surrey, accueille tentes et caravanes. L'emplacement coûte 12 $ et on y trouve douches et laverie automatique. Ce camping est à une demi-heure de route de Vancouver, à 6 km de la frontière américaine.

Le *Bayside Campground* (☎ 531-6563), au 16565 Beach Rd, Surrey, propose des emplacements à 15 $. Il est équipé de douches et est proche de la plage.

Au sud du bras médian du Fraser, le *Richmond RV Park* (☎ 270-7878), au 6200 River Rd, Richmond, près de Hollybridge Way, est l'un des terrains les plus proches de la ville. Ouvert d'avril à octobre, il réclame 15 $ pour un emplacement pour deux personnes, plus 2 $ par campeur supplémentaire. Le *ParkCanada RV Inns* (☎ 943-5811), au 4799 Hwy 17, Delta, se trouve au nord-est du terminal pour ferries de Tsawwassen. Il comporte des douches gratuites et des emplacements à 13 $.

Du côté est de la ville, au 675 Lougheed Hwy, Coquitlam, se trouve le *Four Acres Trailer Court* (☎ 936-3273), qui dispose de quelques emplacements pour tentes à 6 $, de douches et d'une laverie automatique. Il est situé à 25 km du centre-ville. (Le Lougheed Hwy s'appelle aussi Hwy 7.)

Auberges de jeunesse

Bien qu'éloignée du centre-ville, l'auberge de jeunesse *Vancouver Hostel* (☎ 224-3208 ; fax 224-4852), au 1515 Discovery St, Kitsilano, jouit d'une situation privilégiée. Proche de la plage du parc de la Plage de Jericho, elle n'est qu'à 20 mn de bus du centre de Vancouver. Elle est ouverte 24h sur 24, mais le couvre-feu est établi de 23h à 7h pour les 300 pensionnaires qu'elle peut accueillir. Elle dispose de cuisines, d'une cafétéria, d'une buanderie, d'une salle de télévision, d'un parking et d'un fax. Les tarifs s'élèvent à 13,50 $ pour les membres de la HI, à 18,50 $ pour les non-membres canadiens, et à 18,78 $ pour les non-membres étrangers. Apartir du centre-ville, prenez le bus n°4 dans Granville St Sud.

Le Globetrotter's Inn, à Vancouver Nord, n'accueille plus de voyageurs, mais deux auberges de jeunesse privées se sont chargées de le remplacer. La plus centrale, la *Downtown Vancouver Hostel* (☎ 669-8832), au 144 West Hastings St, propose des places en dortoirs à 10 $ et des simples/doubles à 20/25 $, petit déjeuner frugal et café compris. Toutes les chambres sont avec s.d.b. et cuisine. Actuellement en rénovation, le cinquième étage ouvrira bientôt avec des chambres exclusivement réservées aux femmes.

Plus à l'est, la petite *Harbourfront Inn* (☎ 254-0733), au 209 Heatley Ave, propose de lits en dortoirs à 15 $ par personne et des doubles à 35 $. Sachant qu'elle n'accueille pas plus de 25 personnes, mieux vaut réserver sa place par téléphone. Si l'établissement est complet, on peut passer la nuit dans le patio situé à l'arrière pour 5 $. Les chambres sont propres, les pensionnaires se partagent deux s.d.b. et une cuisine. Il n'y a pas de couvre-feu.

Au 927 Main St, près du Cobalt Motor Hotel, l'auberge des randonneurs du *Vincent's Hostel* (☎ 682-2441) est située à proximité du centre-ville et non loin de la gare Main St, du Science World et de la Pacifique Central Station. Elle vous accueille de 9h à 23h, n'impose pas de couvre-feu et demande 10/20/22/25 $ par personne en dortoirs/simple/double/lits jumeaux. Renseignez-vous également sur les tarifs à la semaine. On y accède en passant sous la pancarte "The Source".

La *YMCA* (☎ 681-0221) se trouve en plein centre-ville au 955 Burrard St. Les simples y coûtent 31,90 $ sans TV, ou 34,10 $ avec, les doubles 51,70 $ ou 53,90 $. On peut louer les simples à la semaine pour 165 $ (ou 172 $ avec TV), taxes incluses. La YMCA accepte les femmes et les couples ; elle dispose d'une piscine et d'un gymnase, ainsi que d'un mini restaurant bon marché.

La *YWCA* (☎ 662-8188), au 580 Burrard St, située un peu plus bas, du côté de Canada Place, non loin du Travel Infocentre, ressemble à un hôtel. Les simples y coûtent de 45 $ à 53 $, les lits jumeaux de 57 $ à 67 $, les doubles de 65 $ à 70 $ et les chambres pour quatre de 60 $ à 64 $. Les hommes seuls y sont acceptés, mais la salle de gymnastique est réservée aux femmes. L'établissement comporte salle de TV et cuisines (il faut toutefois apporter ses propres ustensiles). Il existe des possibilités de garde d'enfants, mais pas sur le site de la YWCA. Attention : un déménagement est prévu, mais ne devrait pas intervenir avant 1995.

L'*University of British Columbia* loue des chambres aux touristes de la première semaine de mai à fin août. La simple/double avec s.d.b. commune est à 18/36 $. Il existe aussi de petits appartements disponibles pour 80 $. Contactez le Conference Centre (☎ 822-1010) à Gage Towers, 5961 Student Union Blvd, UBC Campus, Vancouver. Le campus, très agréable, dispose d'une cafétéria, de quelques cafés, d'une laverie automatique, d'un pub et d'installations sportives.

La *Simon Fraser University* propose elle aussi des chambres de mai à août avec s.d.b. en commun. Les simples vont de 18 à 27 $, les doubles sont à 37 $.

Pour réserver, adressez-vous aux Housing & Conference Services (☎ 291-4503), Room 212, McTaggart-Cowan Hall, Burnaby, V5A 1S6.

Bed & Breakfast

Le guide intitulé *Accommodations* comporte une liste d'une douzaine d'agences couvrant Vancouver.

Parmi les B&B à tenter figurent l'*AAA B&B* (☎ 875-8888), située au 650 East

29th Ave, Vancouver V5V 2R9, qui propose des simples/doubles à partir de 35/45 $ et l'*Old English B&B Registry* (☎ 986-5069), au 1226 Silverwood Crescent, North Vancouver V7L 4L3, dont les chambres sont à 45/60 $. Le *Town & Country B&B* (☎ 731-5942), au 2803 West 4th Ave, Vancouver V6K 1K2, dispose d'un service de réservations sur toute la région et publie son propre guide d'hébergements.

Il existe d'autres B&B indépendants dont vous trouverez les coordonnées au Travel Infocentre. Certains sont très centraux, mais rares sont ceux qui disposent de plus de deux ou trois chambres, aussi est-il indispensable de téléphoner au préalable.

Particulièrement recommandée, la *Paul's Guest House* (☎ 872-4753), au sud du centre-ville, au 345 West 14th Ave, se situe entre Cambie St et Alberta St. Très appréciée des voyageurs, elle se trouve dans un quartier résidentiel. Paul, le propriétaire, qui parle 11 langues, se fera un plaisir de venir vous chercher à l'aéroport et de vous préparer le petit déjeuner. Les chambres sont propres et l'établissement propose un service de blanchisserie, une salle de TV et du café ou du thé gratuits à tout moment de la journée. Les simples vont de 30 à 35 $, les doubles coûtent 40 $.

Hôtels – petits budgets

Malgré le rapide développement de Vancouver, ces derniers ne manquent pas. La plupart sont bien entretenus et offrent un bon rapport qualité/prix. Toutefois, Vancouver étant l'une des villes les plus touristiques du Canada, il n'est pas toujours facile d'y trouver une chambre en été. L'hiver, en revanche, les prix ont tendance à baisser. N'hésitez pas à demander une réduction si vous restez une semaine.

C'est à Gastown, à Chinatown et dans Hastings St que vous trouverez le plus d'hôtels petits budgets. Cordova St et Abbot St en possèdent plusieurs elles aussi.

En plein centre de Gastown, le *Spinning Wheel Inn* (☎ 681-1627/2814), 210 Carrall St, jouit d'une situation privilégiée. S'il n'est malheureusement plus aussi bon marché qu'auparavant, il reste très abordable, avec des simples/doubles allant de 35 à 45 $. Le vétuste *Dominion Hotel* (☎ 681-6666), 210 Abbot St, à l'angle de Water St à Gastown, existe depuis 1899. Les chambres vont de 45 $ avec s.d.b. commune à 57 $ avec s.d.b. privée. Vous trouverez beaucoup d'autres hôtels de cette catégorie dans le quartier, mais la plupart d'entre eux ne sont guère recommandés.

Hastings St, située à quelques pâtés de maisons de Main St, est la partie la moins fréquentable de la ville (surtout la nuit), mais le *Patricia Hotel* (☎ 255-4301), au 403 East Hastings St, n'est pas une mauvaise adresse. L'établissement est grand et bien entretenu. Il présente un bon rapport qualité/prix avec des chambres à 32/39 $.

Au 435 West Pender St, à l'angle de Richards St, vous trouverez le *Niagara Hotel* (☎ 688-7574), reconnaissable à son enseigne représentant les chutes du Niagara dévalant quatre étages. Malgré l'ancienneté du bâtiment, c'est un bon hôtel, avec des simples/doubles avec TV et s.d.b. à 47/52 $. Tout près, le très central *Piccadilly Hotel* (☎ 669-1556), au 620 West Pender St, dispose de 45 petites chambres toute simples. Ses simples/doubles à 30/40 $ sont très demandées.

Au 518 Richards St, tout près de West Pender St, le *Marble Arch* (☎ 681-5435), propose des chambres de 41,15 $ à 48,15 $. Dans le même secteur, le *Kingston Hotel* (☎ 684-9024) au 757 Richards St fut à l'origine le premier B&B de la ville et continue à offrir le petit déjeuner à ses clients. Les simples vont de 35 $ à 50 $, les doubles de 45 $ à 65 $. C'est un vieil établissement de bonne qualité doté d'un sauna et d'un service de blanchisserie.

L'extrémité sud de Granville St, entre Nelson St et le pont, forme un quartier plutôt miteux. Quelques-uns de ses établissements sont acceptables, mais restent déconseillés aux femmes.

L'*Austin Motor Hotel* (☎ 685-7235), au 1221 Granville St, est correct et grand. Ses nombreuses simples/doubles sont à 42/50 $ et comprennent s.d.b., téléphone et TV. Les

Greenpeace

D'abord appelé le *Don't Make a Wave Committee*, Greenpeace fut fondé à Vancouver au début des années 70. Prônant la nécessité de trouver le juste équilibre entre le développement économique et la protection de l'environnement, l'organisation attira pour la première fois l'attention sur elle lorsque ses membres louèrent un bateau de pêche et se rendirent sur l'île d'Amchitka, en Alaska, afin de protester contre les essais atomiques qu'on y effectuait. Au milieu des années 80, elle se trouva sous le feu des projecteurs quand son paquebot, le *Rainbow Warrior*, fut dynamité par les services secrets français au large de la Nouvelle-Zélande. La France espérait ainsi mettre fin à l'action de Greenpeace contre les essais nucléaires du Pacifique Sud.

Aujourd'hui, l'organisation Greenpeace possède 59 bureaux répartis dans 31 pays. Elle poursuit ses campagnes de protection de l'environnement, agissant contre la pêche à la baleine, la prolifération du nucléaire, l'abattage des arbres dans les forêts tropicales et les zones tempérées, le déversement des déchets, radioactifs, etc. En Colombie-Britannique, ses bureaux (☎ 388-4325) se trouvent au 10A 634 Humboldt Ave, à Victoria. ■

clients ont droit au parking gratuit. Le *Cecil Hotel* (☎ 683-8505), 1336 Granville St, tout près du pont, propose des chambres pas trop vilaines à 39/45 $ la simple/double. En bas, on trouve un bar sympathique avec danseuses "exotiques" et musique rock.

Hôtels – catégorie moyenne

A l'angle de Seymour St, au 602 Dunsmuir St, le *St Regis Hotel* (☎ 681-1135) propose des chambres avec s.d.b. à partir de 60/65 $ et dispose d'un bar et d'un restaurant.

Le *Dufferin Hotel* (☎ 683-4251), 900 Seymour St, comporte des chambres indépendantes, dont certaines avec cuisine, une salle à manger et un parking. Les prix débutent à 60/65 $. Le *Travelodge* (☎ 682-2767) situé au 1304 Howe St, près du pont de Granville et non loin de la plage de Sunset propose des simples/doubles à 79/89 $, et une piscine découverte chauffée.

Le *Barclay Hotel* (☎ 688-8850), au 1348 Robson St, dispose de chambres climatisées avec TV et d'un pub sous licence. Les simples/ doubles coûtent 65/85 $. Le *Robsonstrasse City Motor Inn* (☎ 687-1674), au 1394 Robson St, loue des chambres à partir de 60 $ la nuit, mais pratique des tarifs dégressifs à la semaine ou au mois. De plus, ses clients bénéficient d'un parking souterrain. En face, au 1431 Robson St, le *Riviera Motor Inn* (☎ 685-1301) comporte des appartements avec cuisines équipées. Certains d'entre eux ont une belle vue sur la rive nord. Les prix des chambres débutent à 78/88 $.

Dignes d'être cités, l'*English Bay Hotel* (☎ 685-2231), 1150 Denman St, et le *Shato Inn Hotel* (☎ 681-8920), à quelques pâtés de maisons du parc de Stanley et de la plage de l'English Bay, 1825 Comox St, (sur Denman St). La belle vue sur la baie de l'English Bay Hotel coûte 70 $ la nuit. Vous paierez moins cher en réservant à la semaine ou au mois. Au Shato Inn Hotel, on paie de 55 à 65 $; pour les appartements avec cuisine, comptez 10 $ supplémentaires.

Hôtels – catégorie supérieure

Le vieil Abbotsford Hotel, 921 West Pender St, est devenu l'hôtel *Day's Inn* (☎ 681-4335) après des travaux de transformation. Très central, il comporte un bar, un restaurant et un parking gratuit. Les simples/doubles débutent à 95/105 $.

Avec ses lambris de bois et ses chandeliers, l'*Hotel Georgia* (☎ 682-5566), au 801 West Georgia St, est l'un des hôtels les plus élégants et les plus anciens de la ville. Ses chambres sont toutes climatisées, avec TV, vidéo et minibar. Les simples coûtent de 130 à 160 $, les doubles de 140 à 170 $. Un peu plus bas (au nord), on aperçoit le très moderne *Delta Place Hotel* (☎ 687-1122) au 654 Howe St. Ce dernier dispose de quelques courts de tennis, d'une bibliothèque et d'un centre de séminaires. Les prix des chambres débutent à 155/175 $.

Le *Four Seasons Hotel* (☎ 689-9333), au 791 West Georgia St, fait partie du bâtiment du Pacific Centre. Pour parvenir à la réception, prenez l'escalier roulant à gauche de la statue de bouddah. Les prix dépendent de la taille du lit et du nombre de personnes occupant la chambre ! Les simples/doubles débutent à 200/225 $.

Au 655 Burrard St, le *Hyatt Regency* (☎ 683-1234) est le plus grand hôtel de Vancouver. Les simples/doubles y coûtent 195/220 $. Au *Century Plaza Hotel* (☎ 687-0575), au 1015 Burrard St, les chambres sont équipées d'une cuisine et de la TV par câble. La simple coûte de 99 à 160 $, les doubles de 114 à 175 $.

L'*Hotel Vancouver* (☎ 684-3131), au 900 West Georgia St, reste le point de repère de la ville avec son toit de cuivre vert. C'est l'un des plus grands hôtels de Vancouver et l'on y trouve à peu près tout, de la piscine au sauna, en passant par trois restaurants. Ses tarifs s'étendent de 160 à 185 $. Non loin de BC Place, le très élégant *Georgian Court Hotel* (☎ 682-5555 ; 1-800-663-1155) au 773 Beatty St, propose des simples/doubles à 125/145 $.

COLOMBIE-BRITANNIQUE

Motels

Les motels se répartissent dans trois zones distinctes, toutes situées en bordure de ville et aisément accessibles en voiture. Nous vous signalons ici certains des moins chers.

La zone la plus proche du centre-ville couvre East Hastings St et le parc des Expositions et s'étend jusqu'à Burnaby à l'est. C'est un quartier proche du pont Second Narrows, qui traverse le Burrard Inlet et mène à Vancouver Nord. L'*Exhibition Park Best Western* (☎ 294-4751), 3475 East Hastings St, à l'angle de Cassiar St, loue des chambres à partir de 80/85 $.

Le deuxième quartier de motels se situe le long de Kingsway, artère importante qui part de Main St, au sud de 7th Ave ; on l'appelle également la Hwy 1A. Elle se trouve au sud de la Transcanadienne. L'un des motels les plus proches de la ville est le *Biltmore Motor Hotel* (☎ 872-5252) au 395 Kingsway. Il dispose de l'air conditionné, de la TV, d'un restaurant et d'un café sous licence. Les chambres sont à 59/65 $.

Enfin, la dernière zone de motels est la rive nord, au-delà du pont de Lions Gate. Elle s'étend le long de Marine Drive et jusqu'à Capilano Rd au nord. On trouve également quelques établissements sur l'Esplanade, qui couvre la rive nord d'est en ouest, dépassant le terminal des bateaux-bus. L'*Avalon Motor Hotel* (☎ 985-4181) est au 1025 Marine Drive, à Vancouver Nord, soit à 5 mn à l'est du pont en voiture. Les simples y coûtent de 65 à 89 $, les doubles de 70 à 89 $.

D'un bon rapport qualité/prix, le *Canyon Court Motel* (☎ 988-3181) est au 1748 Capilano Rd, à Vancouver Nord. Ses chambres vont de 75 à 85 $; supplément de 10 $ pour bénéficier de la TV ou d'une cuisine. Les prix baissent après le 1er octobre. L'établissement, proche de Lions Gate, du parc de Stanley et de la montagne de Grouse, dispose d'une blanchisserie et d'une piscine et offre le café à ses clients.

Parmi les motels les plus centraux figure le *City Centre Motel*, situé au 2111 Main St, à 10 mn de marche de la gare de Main St, vers le sud. On y trouve des simples/doubles à 55/60 $, avec café offert.

OÙ SE RESTAURER

Avec le continuel accroissement de sa population et de son niveau de vie, la réputation gastronomique de Vancouver est aujourd'hui plus justifiée que jamais.

Centre-ville

Commençons par les *White Spot*, une chaîne de restaurants de Colombie-Britannique née en 1928, où l'on sert une bonne cuisine familiale à prix raisonnables. Ils sont ouverts tous les jours. Dans le centre, vous en trouverez un au 1616 West Georgia St, à l'angle de Cardero St, un autre au 580 West Georgia St, à l'angle de Seymour St, et un troisième à l'angle de Burrard St et Robson St. Un sandwich servi avec frites et salade vous coûtera environ 6 $.

Doivent-ils leur popularité à l'originalité de leur nom ? Le *Jolly Taxpayer Hotel &*

Pub, 828 West Hastings St, près de Howe St, et l'*Elephant & Castle*, 700 Dunsmuir St, à l'angle de Granville St, sont deux pubs anglais où l'on déguste des saucisses-purée ou des fish & chips pour 7 $ seulement. A quelques pas de l'auberge de jeunesse des randonneurs du Vincent's Hostel, dans Main St, se trouve le rudimentaire, mais fort sympathique *Mom's Kitchen*, ouvert jour et nuit 7 jours sur 7. Le petit déjeuner y coûte 4 $ environ, le hamburger 4 $ également.

Si vous voulez faire une petite folie, entrez au *Punjab Restaurant*, 796 Main St, à l'angle d'Union St, à quelques pâtés de maisons au sud du quartier chinois. On y déguste une excellente cuisine indienne à des prix abordables : entrées à 3 $, plats végétariens à 9 $ ou non végétariens à 10 $ environ. L'établissement est petit, calme et très apprécié.

Toujours pour un petit festin abordable, le *Ferguson Point Tea House*, installé dans le parc de Stanley, vous accueillera dans une ambiance "Gatsby le Magnifique" avec vue sur l'English Bay. Les plats principaux, surtout à base de produits de la mer, vont de 9 à 15 $. Toujours dans le parc de Stanley, près du pont de Lions Gate, le *Prospect Point Café* propose une carte variée avec de nombreuses spécialités de poisson. Vous y paierez de 11 à 21 $ le repas, 9 $ environ pour un "fish & chips".

Situé sur l'île de Granville, au 1540 Old Bridge St, l'*Isadora's Co-operative Restaurant* est ouvert tous les jours et comporte une aire de jeux pour les enfants ; une partie de votre addition sera versée à des institutions charitables. Le *fish-burger* coûte 6,50 $, les sandwiches débutent à 6,25 $ et les plats principaux vont de 9 à 14 $.

Robson St. Cette rue constitue l'un des grands quartiers de restauration de Vancouver. Le *Robson Public Market*, au 1610 Robson St, est un marché où l'on trouve une boulangerie, une crèmerie, plusieurs marchands des quatre saisons, des épiceries fines, etc. Ouvert tous les jours jusqu'à 23h ou minuit, le *Pepita's*, au 1170 Robson St, propose de bons repas mexicains ou espagnols. Les quesadillas débutent à 5 $ et les plats principaux, comme les enchiladas, sont à 11 $. De plus, corn chips et salsa vous seront offerts. Pour très bien manger sans se ruiner, le *Saigon*, au 1500 Robson St, à l'angle de Nicola St, est un restaurant vietnamien très apprécié. Il propose un menu avec curries et fruits de mer, et un autre à 6 $ seulement pour le déjeuner.

Le *Heidelberg House*, au 1164 Robson St, sert depuis des années ses spécialités allemandes. A la carte, dont les prix restent modérés, figurent goulasch, schnitzels et sandwiches variés. Les saucisses bavaroises sont à 8,50 $. Quant à l'*India Gate*, situé au 616 Robson St, entre Granville St et Seymour St, sa réputation n'est plus à faire. La carte propose un vaste choix de plats indiens, végétariens de 6 à 9 $, mais aussi de spécialités de viandes.

Robson St possède également de nombreux salons de thé. Le *Starbuck's*, au n°1100, est assez populaire ; le *Grabbajabba* est très similaire.

Denman St. On y trouve un bon choix de restaurants – dont beaucoup de français, mexicains ou grecs – , surtout du côté de Georgia St. Le *Musashi Japanese Restaurant*, au 780 Denman St, entre Robson St et Alberni St, est simple, intime et bon marché ; il ferme le lundi. Presque en face, le *El Mariachi*, restaurant mexicain très populaire, propose des entrées à partir de 4 $ et des plats de résistance de 10 à 14 $. Il est ouvert tous les soirs de 17h à 23h. Le *Café Slavia*, au 815 Denman St, est un petit établissement sympathique et bon marché : on y sert des plats comme le goulasch ou les perogies (boulettes) à 7 $ environ. Au n°825, le *Jumpstarts* est un restaurant végétarien pas trop cher : les lasagnes végétariennes y coûtent 4,75 $. Le *Bud's Halibut & Chips*, au 1007 Denman St, est parfait pour un fish & chips (de 5 à 7 $). Ouvert tous les jours de 11h30 à 21h, il est souvent bondé. Tout près, à l'angle de Denman St et de Nelson St, le *Crumble's* sert du café accompagné d'un assortiment de gâteaux et pâtisseries, le tout pour 2,25 $. Le *Ciao !*, au n°1074, est un petit café italien avec des sandwiches à 3 $, des gâteaux à 4 $ et divers types de cafés, dont un expresso à 1,20 $. Au n°1110, l'*Arms Akimbo*, établissement végétarien, sert de bons jus de fruits frais.

Gastown. Véritable institution de Vancouver, le *Only Seafoods Café* se trouve dans Hastings St, à hauteur de Carrall St. Il ne possède ni toilettes, ni licence d'alcool, et ne peut accueillir que 25 clients. Pourtant, non moins de 500 personnes s'y restaurent chaque jour et quelque 200 litres de soupe de palourdes y sont servis. Là, ce sont les clients qui créent l'atmosphère. Un repas complet à base de palourdes revient à 6,25 $, ou à 8,25 $ si vous préférez la morue. L'établissement ouvre du lundi au jeudi de 11h30 à 21h30, le vendredi et le samedi de 11h à 22h. Il ferme le dimanche.

Pour déjeuner de soupes et de sandwiches, essayez le *Cottage Deli*, au 131 Water St, qui donne sur le Burrard Inlet.

Le *Brother's Restaurant*, 1 Water St, a adopté le thème monastique pour son décor. Des serveurs vêtus en moines servent des plats de poisson, de pâtes et de volaille, mais aussi des spécialités comme le "Monastery burger". Les entrées vont de 5 à 9 $, les plats de 7 à 16 $. L'établissement est ouvert tous les jours de 11h30 à 23h.

Le *Old Spaghetti Factory*, 53 Water St, est une valeur sûre appartenant à la chaîne canadienne du même nom. Le décor ne manque pas d'intérêt : le restaurant, rempli de vieilles machines, est éclairé par des lampes Tiffany et l'on y trouve même un tramway datant de 1910. Les entrées coûtent de 2,35 à 4,50 $, les plats de 7 à 12 $. Le restaurant est ouvert du lundi au samedi de 11h30 à 22h et le dimanche jusqu'à 21h.

Au 300 Water St, en face de l'horloge à vapeur, le *Water St Café* a été construit en 1875. On y mange bien : à midi, le plat de pâtes ou de poisson coûte 9 $.

Les amateurs de cuisine de l'Inde n'auront que l'embarras du choix. Le *Kilimanjaro*, au 332 Water St, dans le grand centre commercial Le Magasin, sert des plats africains inspirés de la cuisine indienne, de 7 à 13 $. Au *Maharajah*, 137A Water St, on déguste de bons curries – du plus doux au plus épicé – comme le malai kofta. Les entrées coûtent de 4 à 8 $, les plats de 9 à 14 $. L'*India Village*, à côté du Water St Café, pratique les mêmes prix.

Le *Bodai* au 337 East Hastings St, et le*Miu Jay Garden* tout proche au n°367, tous deux végétariens, servent des soupes et plats aussi appétissants que nourrissants, dont certains à base de fausse viande. Le second pratique des tarifs avantageux pour le déjeuner, avec des formules à 4,95 $.

Quartier chinois. Le *Ming's*, 147 East Pender St, propose une excellente formule-déjeuner tous les jours de 11h à 14h. Les plats, très variés, coûtent environ 4 $ chacun. Mieux vaut arriver tôt pour bénéficier du plus grand choix. Le *On On Tea Gardens*, 214 East Keefer St, bon marché et sans prétention, sert une bonne cuisine cantonnaise. Il est ouvert de 11h à 21h du mardi au dimanche. A côté, le *Hon's Wun Tun House*, fast-food chinois, sert des bols de nouilles à partir de 3,75 $; l'établissement est également réputé pour ses fameux *pot-stickers*, sortes de boulettes de pâte frites. Très populaire, il ouvre du lundi au samedi de 8h30 à 1h du matin et le dimanche de 8h30 à 20h.

Quelques établissements font à la fois boulangerie et restaurant. Ainsi, le *Maxim's Bakery & Café*, 257 East Keefer St, et le *Max King Bakery & Restaurant*, 277 East Pender St, proposent tous deux de délicieuses pâtisseries à partir de 80 cents.

Les restaurants vietnamiens commencent à faire leur apparition dans le quartier. Le *Lu Zuan*, 207A East Pender St, pratique des prix très raisonnables, avec des soupes aux fruits de mer ou au bœuf à 4,50 $ et des plats de résistance à 5,50 $.

Kitsilano

Kitsilano est le quartier des étudiants, des marginaux, des cafés et des magasins d'articles d'occasion. Située entre Burrard

St et Alma St, la West 4th Ave possède une vaste sélection de restaurants où de nombreuses nationalités sont représentées.

Au 1754 West 4th Ave, près de l'angle avec Burrard St, se trouve le *Heaven & Earth Curry House*, qui sert des spécialités végétariennes, mais aussi des plats de viande de 8 à 10 $. Vu de l'extérieur, il ne paie pas de mine, mais sa réputation de qualité n'est plus à faire. Le restaurant n'ouvre que le soir, pour le dîner. Au n°1938, le *Sophie's Cosmic Café*, 2095 West 4th Ave, à l'angle d'Arbutus St, est pris d'assaut à l'heure des repas. Il sert toute une gamme de hamburgers, dont un felafel végétarien à partir de 6 $, ou des sandwiches au steak à 8 $.

Séduisante taverne grecque, le *Ristorante Simpatico*, 2222 West 4th Ave, propose, comme son nom le suggère, des spécialités italiennes. Plus à l'ouest, au 2324 West 4th Ave, on parvient à l'accueillante *Maria's Taverna*, qui sert des feuilletés aux épinards ou du hommous à 3,50 $, ou encore de la moussaka à 9 $. Là encore, la carte comporte quelques plats italiens.

Au *Naam Restaurant*, situé au 2724 West 4th Ave, à la hauteur de MacDonald St, vous dégusterez une bonne cuisine végétarienne de style *new age*. Ici, la simplicité est à l'honneur et l'on passe de la musique folk tous les soirs. Atout supplémentaire, l'établissement reste ouvert 24h sur 24. Le repas complet coûte de 6 à 9 $, mais on peut se contenter d'un hot-dog au tofu à 2,75 $. Il y a aussi de très bons gâteaux à 3,50 $. Le *Topanga Café*, 2904 West 4th Ave, est lui aussi une bonne adresse : on y propose la classique cuisine mexicaine occidentalisée, avec une pizza mexicaine à 9,25 $ ou des tacos à partir de 8 $. Il ferme le dimanche.

Le *Nyala Café*, 2930 West 4th Ave, sert une cuisine éthiopienne à déguster sans couverts : ceux-ci sont remplacés par du pain. Les plats d'agneau, de poulet, de bœuf ou de poisson vont de 9 à 11 $. Les plats végétariens de 7 à 9 $. Le samedi soir, de 22h à 2h du matin, on danse sur des rythmes d'Afrique ou des Caraïbes.

Plus loin encore, au niveau des numéros 3000 de West Broadway, on trouve, entre autres restaurants étrangers, un établissement grec à des prix très raisonnables : c'est l'*Ouzeri*, situé au n°3189, à l'angle de Trutch St. Il est ouvert jusqu'au petit matin et propose des entrées comme le tzatziki à 3,25 $ et des plats de résistance comme les calamars à 6 $. L'*Andale's*, au 3211 West Broadway, sert des spécialités espagnoles et mexicaines. Les enchiladas débutent à 7 $ et la paella à 11 $. Pour un petit coup de fouet caféiné, faites un tour au *Yoka's*, au n°3171 : vous aurez le choix entre une vingtaine de variétés de cafés torréfiés sur place. Idéal pour un déjeuner léger ou un en-cas, le *Greens & Gourmet*, au 2681 West Broadway, est un restaurant diététique et végétarien très bon marché. Les entrées débutent à 1 $, les salades à 1,50 $ et les plats à 3 $. Plus proche de Main St, le *Sitar*, au 564 West Broadway, est un bon restaurant indien qui sert des spécialités de tandooris. Les entrées vont de 3 à 6 $, les plats de 8 à 12 $. En outre, un large choix de bières est proposé.

La Petite Inde

L'agglomération de Vancouver comporte la plus importante communauté originaire d'Inde de tout le Canada. La plupart de ses membres sont des sikhs venus du Panjab. Ils se concentrent surtout autour du Punjabi Market, situé au sud de Main St, entre 48th Ave et 51st Ave. C'est là que vous trouverez des épiceries indiennes et des boutiques vendant saris, épices et disques et cassettes importés d'Inde.

Le *Bombay Sweets*, 6556 Main St, est un restaurant simple et bon marché proposant des buffets, avec des spécialités de curry et de lentilles et diverses sortes de pains. On paie 5 $ pour le déjeuner, 7 $ pour le dîner et les plus gourmands repartent avec un sac de sucreries indiennes à 4,50 $ ou plus. Au *Zeenaz Restaurant*, 6460 Main St, on déguste une cuisine indienne africanisée : les épices employées sont plus raffinées. Le repas-buffet coûte 9,95 $ au déjeuner comme au dîner. Le *Pabla's Trade Centre*,

6587 Main St, juste en face du Bombay Sweets, est un marché composé de boutiques et d'un restaurant.

Commercial Drive

La portion de Commercial Drive située entre East 6th Ave et Parker St comporte plusieurs restaurants et cafés assez intéressants. Le *Joe's Café*, 1120 Commercial Drive, dont la réputation ne date pas d'hier, est un endroit idéal pour casser la croûte tout en liant connaissance avec toutes sortes de gens. On trouve également de nombreux petits restaurants ou salons de thé très bon marché dans les environs, par exemple le *Fettucini's Café*, 1210 Commercial Drive, en face du Joe's Café, ou *La Quena* au n°1111, qui propose un programme de soirées politiques, sociologiques ou musicales.

Vancouver Nord

Le marché du quai de Lonsdale est parfait pour prendre un morceau ou acheter des plats à emporter. Le très britannique *Cheshire Cheese Inn*, au niveau 2, vend des spécialités anglaises comme le pudding à la viande de bœuf et aux rognons à 7,45 $.

Plusieurs restaurants se concentrent à l'angle de Lonsdale Ave et de l'Esplanade. Au *Corsi Trattoria*, au 1 Lonsdale Ave, tout est fabriqué sur place, y compris les pâtes et le pain. Les entrées débutent à 4,25 $ et les fettuchini aux épinards coûtent 12,25 $. L'*Anotoli's* tout proche sert des dîners grecs à 11 $. Le *Frankie's Inn*, 59 Lonsdale Ave, sert l'habituelle cuisine occidentale en y ajoutant toutefois un petit plus caractéristique de Vancouver : des plats japonais, comme le sukiyaki, le tempura ou le teriyaki. Il propose une formule petit déjeuner à 3,25 $. L'endroit est très fréquenté par les ouvriers des quais tout proches. Il est ouvert du lundi au vendredi de 9h à 20h et le samedi de 9h à 15h30.

Au 69 Lonsdale Ave, le *Jägerhof* sert des spécialités de schnitzels, ainsi que de la viande de cerf et d'orignal. Le plat de viande, accompagné de soupe ou de salade, coûte 15 $. Au nord, au sommet de la colline, au 1352 Lonsdale Ave, le *Cazba* est un restaurant gréco-perse assez simple qui pratique des prix modérés. Les brochettes coûtent 10 $, les souvlakis 7 $. En face, au n°1445, le *Tanoor* sert de consistants plats de pâtes à 7,95 $, ou des feuilletés aux épinards au même prix.

DISTRACTIONS

Pour les distractions, la meilleure source de renseignements de Vancouver est – pour les anglophones – le *Georgia Straight*, un journal qui paraît le vendredi. L'hebdomadaire *WestEnder* et le mensuel *Playboard* recensent eux aussi les manifestations artistiques. Ces trois journaux sont gratuits et se trouvent un peu partout en ville. Les quotidiens locaux fournissent également la liste des distractions proposées à Vancouver. Si vous ne lisez pas l'anglais, rabattez-vous sur les Travel Infocentres.

Théâtre

Du boulevard à l'avant-garde, le théâtre est florissant à Vancouver. A côté de la grande poste, dans Hamilton St, le *Queen Elizabeth Theatre* (☎ 665-3050) présente de grandes productions internationales. Le *Vancouver Playhouse* et l'*Orpheum* appartiennent au même complexe. Le *Metro Theatre* (☎ 266-7191), 1370 South-West Marine Drive, et le *Firehall Arts Centre* (☎ 689-0926), 280 East Cordova St, propose des pièces d'auteurs canadiens et étrangers. L'*Arts Club* (☎ 687-1644) préfère pour sa part les productions expérimentales, représentées dans trois salles différentes : deux d'entre elles se trouvent dans Johnston St, sur l'île de Granville, la troisième est au 1181 Seymour St, à l'angle de Smithe St. Toujours sur l'île de Granville, le *Waterfront Theatre* (☎ 685-6217), au 1405 Anderson St, accueille de nombreuses compagnies locales.

Si vous voulez rire franchement, faites un tour au *Back Alley Theatre* (☎ 688-7013), 1161 Melville St : vous y verrez se produire les comédiens de la Vancouver Theatre Sports League. Les billets d'entrée sont à partir de 8 $. Le *Punchlines Comedy*

Theatre (☎ 684-3015), 15 Water St, propose un one-man-show comique du mardi au dimanche à 21h, avec une séance supplémentaire les vendredi et samedi soirs à 23h. Autre théâtre dédié à l'humour, le *Yuk Yuk's Comedy Club* (☎ 687-5233) au 750 Pacific Blvd, se trouve juste à côté du pont de Cambie. Il présente un spectacle le mercredi (soirée amateurs) et le jeudi à 21h, deux les vendredi et samedi à 21h et à 23h30. Le prix d'entrée varie en fonction de la notoriété de l'artiste.

Plusieurs théâtres d'avant-garde gagnent à être connus : le *Vancouver East Cultural Centre* (☎ 254-9578), 1895 Venables St (à l'est, près de Prior Street), le *Vancouver Little Theatre* (☎ 876-4165), 3102 Main St, et le *Station St Arts Centre* (☎ 688-3312), 930 Station St. Durant l'année, les deux universités organisent régulièrement des spectacles. Appelez l'université Simon-Fraser (☎ 291-3514) et l'UBC (☎ 822-2678).

On peut se procurer les billets de théâtre au petit comptoir situé au rez-de-chaussée de la Robson Galleria, 1025 Robson St. On y vend des places à moitié prix, généralement juste avant la représentation. Le guichet est ouvert de 12h à 13h et de 16h30 à 18h, du lundi au samedi. Vous pouvez réserver vos billets par téléphone en appelant le Vancouver Ticket Centre (☎ 280-4444), qui vous les vendra au prix normal.

Cinéma

Vancouver ne manque pas de grands cinémas. En centre-ville, on trouve le *Capitol 6* (☎ 669-8000), 820 Granville St, les *Granville Seven Cinemas* (☎ 684-4000), 855 Granville St et le *Vancouver Centre* (☎ 669-4442), 650 West Georgia St.

Au 919 Granville St, le *Paradise cinema*(☎ 681-1732) passe des films en exclusivité à moitié prix (2,50 $) tous les jours et le *Denman Place Discount Cinema* (☎ 663-2201), 1737 Comox St, propose trois films au prix de 1,75 $ le mardi.

Certains théâtres proposent une sélection de films américains et étrangers. Ainsi, l'*Hollywood Theatre* (☎ 738-3211) se trouve au 3123 West Broadway. L'entrée y coûte 3,25 $ du mardi au dimanche, 2,25 $ le lundi. L'entrée au *Ridge Theatre* (☎ 738-6311), au 3131 Arbutus St, à l'angle de 16th Ave, s'élève à 4 $. Parmi les autres théâtres figurent la *Pacific Cinémathèque* (☎ 688-3456), au 1131 Howe St, le *Starlight* (☎ 689-0096), 935 Denman St, à l'angle de Barclay St et le *Caprice Showcase Theatre* (☎ 683-6099), 965 Granville St.

Musique

Durant l'été, des concerts se tiennent à l'*Orpheum Theatre* (☎ 665-3050), 884 Granville St, tous les vendredis à midi. On peut y entendre du folk, du blues, du jazz ou de la musique classique. L'orchestre symphonique de Vancouver s'y produit souvent.

La vie nocturne ne manque pas d'animation dans le quartier de Gastown. Le très abordable *Savoy*, situé au 6 Powell St, est un bar très ordinaire où se produisent des orchestres de rock et de reggae. Au *Spinning Wheel*, au 210 Carrall St, on écoute surtout du rhythm & blues les vendredi et samedi soirs. Le reste de la semaine, le karaoké est à l'honneur. Tout près, le *Town Pump* (☎ 683-6695), 66 Water St, propose des orchestres de rock, de jazz ou de reggae. Quant au *Notorious* (☎ 684-1968), au 364 Water St, il passe aussi bien les derniers tubes à la mode que les grands classiques de musique pop. On y paie environ 6 $. Le *Lamplighter's Pub*, installé à l'hôtel Dominion, à l'angle de Water St et d'Abbott St, propose des orchestres de rhythm & blues toute la semaine.

Le *Railway Club* (☎ 681-1625), 579 Dunsmuir St, à l'angle de Seymour St, est une sorte de pub où se produisent des orchestres sept soirs sur sept. Le samedi après-midi, de 15h à 19h, est généralement consacré au jazz, avec des groupes de bonne qualité. A côté, Granville St déborde d'activité dès la tombée de la nuit. Le *Commodore Ballroom* (☎ 681-7838), 870 Granville St, accueille plus de 1 000 personnes : là, il y en a pour tous les goûts, de la musique punk à la Lambada. Au 1300 de la même rue, à l'angle de Drake St, le *Yale* (☎ 681-9253) est l'un des meilleurs bars de blues du pays. Des orchestres s'y produisent sept soirs sur sept de 21h30 à 1h30.

Le *Richard's on Richards* (☎ 687-6794), 1036 Richards St, est un bar pour célibataires chics très apprécié. L'entrée y coûte environ 9 $. Dans la même rue, au n°818, se trouve un club gay nommé le *Shaggy Horse* (☎ 688-2923). Tout aussi gay, mais plus ancien, le *Royal Hotel* (☎ 685-5335), 1025 Granville St, passe de la musique presque tous les soirs.

Des groupes de jazz surtout traditionnel se produisent au *Hot Jazz Club* (☎ 873-4131), 2120 Main St. L'entrée est à 10 $, mais un tarif réduit est accordé aux étudiants. Le *Landmark Jazz Bar*, à l'hôtel Sheraton Landmark, au 1400 Robson St, à l'angle de Nicola St, propose des spectacles allant du jazz classique à celui de la Nouvelle-Orléans, en passant par le be-bop.

La plupart des clubs ferment à 2h du matin, les pubs vers 24h ou 1h.

Manifestations sportives

Les BC Lions (☎ 583-7747) pratiquent en professionnels une version canadienne de football américain de juillet à septembre au stade de BC Place. Le billet d'entrée coûte de 15 à 48 $. Les Vancouver Canadians (☎ 872-5232), équipe de baseball locale, jouent chez eux au stade de Nat Bailey, au 4601 Ontario St, près du parc de la Reine-Élizabeth. L'entrée coûte 5,50 $. Si vous êtes là durant la saison de hockey sur glace, qui s'étend d'octobre à avril, tâchez de voir jouer les Vancouver Canucks (☎ 254-5141) au Pacific Coliseum du parc des Expositions. Vous paierez le billet d'entrée de 27,75 $ à 45,75 $.

Pour acheter les places ou obtenir des renseignements sur les matches, téléphonez au 280-4400/44.

ACHATS

Plusieurs boutiques de Vancouver vendent des produits fabriqués par des Indiens, mais il faut reconnaître que la plupart sont de piètre qualité. Toutefois, un magasin échappe à cette règle : Hill's Indian Craft, au 165 Water St, ouvert tous les jours de 9h à 21h, propose une belle sélection de sculptures, gravures et masques, ainsi que les excellents pulls Cowichan à environ 180 $, tricotés main et 100% laine.

L'Inuit Gallery, en face de "Le Magasin" dans Water St, vend des sculptures, des dessins et des tapisseries inuits, ainsi que des masques, des sculptures et des bijoux fabriqués par les Indiens de la côte nord-ouest, à des prix relativement élevés. Cette boutique est ouverte du lundi au samedi de 10h à 18h et le dimanche de 12h à 17h. Vous trouverez le même genre d'objets dans le même ordre de prix au Canadian Heritage, 146 Water St, et à la Marion Scott Gallery, 671 Howe St.

Les bons spécialistes de matériel de camping, d'équipement de plein air, de guides et de cartes ne manquent pas à Vancouver. En centre-ville, vous trouverez par exemple Gulliver's, au 757 West Hastings St et Wanderlust, au 1244 Davie St. Dans le quartier de Kitsilano, Travel Bug est au 2667 West Broadway et Coast Mountains Sports au 1828 West 4th Ave. Des réductions sont accordées aux pensionnaires de l'auberge de jeunesse Vancouver Hostel.

Spécialisé dans le matériel de camping et d'escalade, Mountain Equipment Co-operative (☎ 872-7859), 428 West 8th St, pratique des prix raisonnables.

Vancouver possède bon nombre de galeries marchandes. Dans le centre-ville, le Pacific Centre, au 700 West Georgia St, est relié au centre commercial de Vancouver Centre et aux grands magasins d'Eaton et de Bay. Dans l'immeuble de l'hôtel Hyatt Regency, au 665 Burrard St, vous trouverez de nombreuses boutiques rassemblées dans le Royal Centre. Le Harbour Centre est au 555 West Hastings St. Enfin, Granville Mall, Robsonstrasse et Denman St sont trois rues très commerçantes. A Vancouver Nord, le marché du quai de Lonsdale possède d'innombrables boutiques.

COMMENT S'Y RENDRE

Avion

L'aéroport international se trouve à une dizaine de kilomètres au sud de la ville, sur l'île de Sea, entre Vancouver et la municipalité de Richmond. A votre arrivée, juste après la zone de livraison des bagages, sur la droite, vous trouverez un bureau de change de la Royal Bank et un guichet d'information qui pourra vous réserver un hébergement et s'occuper de votre transfert. Un peu plus loin, les loueurs de voitures vous attendent.

Dans la zone des départs de l'aéroport se trouvent une librairie, un marchand de journaux et un petit bureau de poste (ouvert du lundi au vendredi de 9h à 12h et de 13h à 17h).

Un distributeur de billets de banque de la Royal Bank (ATM) permet de changer les coupures des principales monnaies étrangères ou délivre de l'argent aux détenteurs de cartes de crédit American Express.

En quittant Vancouver, il vous faudra acquitter une taxe d'aéroport (appelée AIF) de 5 $ si vous partez pour une ville canadienne, 10 $ si vous vous envolez vers les États-Unis, 15 $ pour toute autre destination.

Toutes les grandes compagnies aériennes du Canada ont des vols pour Vancouver, de même que la plupart des compagnies américaines et asiatiques. Certaines possèdent même un bureau à Vancouver.

Air Canada (et Air BC)
1040 West Georgia St (☎ 688-5515)
Air China
1040 West Georgia St (☎ 685-0921)
British Airways
1200 1188 West Georgia St (☎ 222-2508 ; 1-800-668-1080)
Canadian Airlines International
205 601 West Cordova St (☎ 279-6611)
Delta Air Lines
1030 West Georgia St (☎ 682-5933)
KLM Royal Dutch Airlines
305 1030 West Georgia St (☎ 682-4606, 278-3485)

Le billet coûte souvent moins cher lorsqu'on le réserve à l'avance. Les tarifs varient par ailleurs selon le jour de la semaine. Voici la liste des plus avantageux proposés sur certaines destinations par Canadian Airlines en aller simple, taxes comprises :

Destination	*Prix (aller simple)*
Toronto	842,09 $
Edmonton	332 $
Seattle	128,62 $
Yellowknife	682,66 $
Whitehorse	532 $

Une taxe de contrôle supplémentaire de 5 $US est à prévoir sur le vol pour Seattle ; les voyageurs à destination de cette ville passent la douane et le service d'immigration à Vancouver et n'ont donc plus à le faire en arrivant. Les tarifs d'Air Canada sont à peu près identiques à ceux des Canadian Airlines. Air BC est une compagnie locale affiliée à Air Canada et desservant l'île de Vancouver, certaines villes canadiennes et Seattle. Son tarif hors taxes Vancouver-Victoria est de 88 $ en aller simple.

Vous pouvez également choisir les United Airlines (☎ 1-800-241-6522) pour vous rendre à Seattle. Le vol dure trois quarts d'heure et certains vols continuent vers San Francisco ou d'autres villes américaines.

Certains voyageurs parcourant le continent trouvent plus avantageux d'aller par exemple de Seattle à Buffalo que de Vancouver à Toronto. Vous pourrez suivre leur exemple si, par exemple, vous visez New York : il est probable que le tarif sera moins cher de Seattle que de n'importe quel point du Canada. Il existe par ailleurs des liaisons par bus entre les aéroports canadiens et américains. De même, les vols pour l'Asie coûtent généralement moins cher au départ des villes de la côte ouest des États-Unis que de Vancouver.

Les Northwest Airlines (☎ 1-800-225-2525) et les Alaska Airlines (☎ 1-800-426-0333) desservent l'Alaska. Les American Airlines (☎ 1-800-433-7300) et Horizon Air (☎ 1-800-547-9308) proposent de nombreux vols vers les États de l'ouest des États-Unis.

Bus

La gare routière se trouve désormais près de la gare centrale du Pacifique (Pacific Central Station) (voir ci-dessous VIA Rail). Les bus Greyhound (☎ 662-3222), Maverick Coach Lines (☎ 662-8051, 255-

1171), Pacific Coach Lines (☎ 662-8074) et Cascade Coach Lines (☎ 795-7443) s'y arrêtent tous. Voici quelques exemples de tarifs en aller simple avec Greyhound (taxes comprises) : Banff (6 départs par jour), 88,33 $; Kelowna (2 départs par jour), 42,91 $, Calgary (8 départs par jour), 93,09 $.

Les Maverick Coach Lines proposent 8 départs quotidiens pour Nanaimo au prix de 17,30 $ (ferry compris). Le trajet dure trois heures et demie. Cette compagnie dessert également Powell River, Squamish, Whistler et Pemberton. Les Pacific Coach Lines proposent 8 bus quotidiens pour Victoria. Ils quittent la gare routière toutes les deux heures de 5h50 à 19h50. Le voyage aller coûte 21,25 $, ferry compris, et dure environ trois heures. Enfin, les bus Cascade Charter Service (☎ 662-7953) desservent la vallée du Fraser, avec des villes comme Abbotsford, Chilliwack, Harrison et Agassiz.

Si vous vous rendez aux États-Unis, les Quick Coach Lines (☎ 591-3571) proposent une navette quotidienne pour Seattle : vous paierez 26 $ pour le centre-ville, 33 $ pour l'aéroport de Sea Tac et 15 $ pour l'aéroport de Bellingham. Les départs ont lieu devant l'hôtel Sandman Inn, au 180 West Georgia St, en plein centre de Vancouver, mais le bus s'arrête également devant la plupart des grands hôtels de la ville.

Il est également possible de prendre un bus de la ville jusqu'à White Rock, située tout près de la frontière américaine : les n°s 351, 352 ou 354, au sud de Granville St, vous y mèneront.

Train

VIA Rail. Vancouver représente le terminus ouest du VIA Rail. La gare centrale du Pacifique se trouve non loin de Main St, au 1150 Station St, entre National Ave et Terminal Ave. La grande intersection la plus proche est l'angle entre Main St et Prior St. La gare porte l'enseigne Canadian National et un petit parc s'étend juste devant.

Pour toute information sur les horaires et tarifs, un numéro gratuit (☎ 1-800-561-8630) est à votre disposition 24h sur 24. La vente des billets, en revanche, est limitée à certaines heures : lundi et jeudi de 8h à 20h, mardi, mercredi et vendredi de 8h à 15h30, samedi de 12h30 à 20h et dimanche de 8h à 13h30. Quant à la consigne à bagages, elle ouvre de 8h à 22h (avec une demi-heure de fermeture de 15h30 à 16h).

Vers l'est, le train dessert Kamloops (63,13 $), Jasper (134,82 $), Edmonton (186,18 $), Saskatoon (232,19 $) et Winnipeg (300,67 $). Ces tarifs incluent les taxes. Les départs ont lieu les lundi, jeudi et samedi à 20h. Vous pouvez vous arrêter dans n'importe quelle gare de votre itinéraire, mais il vous faudra réserver à nouveau pour poursuivre votre périple.

L'itinéraire sud du VIA Rail allant de Vancouver à Winnipeg en passant par Banff, Calgary (voir le paragraphe ci-dessous) et Regina est désormais désaffectée. Le VIA Rail fournit toutefois un service de bus entre Kamloops et Penticton, Edmonton et Calgary et Saskatoon et Regina.

Il n'existe aucune liaison ferroviaire avec Seattle.

Rocky Mountaineer. Malgré la fermeture de la desserte sud du VIA Rail, il reste possible de se rendre en train de Vancouver à Calgary et Banff (et Jasper) par la compagnie privée nommée Rocky Mountaineer. Le seul inconvénient est le prix : l'aller simple direct pour Calgary coûte en effet 574 $, et 529 $ pour Banff ou Jasper (ces deux tarifs incluent les repas et une nuit d'hôtel à Kamloops). Ce train fonctionne de fin mai à début octobre : il quitte la gare centrale du Pacifique tous les dimanches à 7h45. Pour tout renseignement, contactez une agence de voyages ou la Great Canadian Railtour Company (☎ 984-3131 ; 1-800-665-7245), 104 340 Brooksbank Ave, North Vancouver.

BC Rail. La Colombie-Britannique possède sa propre compagnie de chemin de fer qui dessert, au nord de Vancouver, les villes de Squamish, Whistler, Lillooet, 100 Mile House, Williams Lake, Quesnel et

Prince George, où elle rejoint le VIA Rail (de Prince George, on peut se rendre ensuite à Prince Rupert à l'ouest ou à Jasper à l'est). Le train pour Prince George fonctionne tous les jours en été et trois fois par semaine seulement (lundi, jeudi et samedi) le reste de l'année. Il quitte Vancouver Nord à 7h et atteint Prince George à 20h30. Le tarif économique en aller simple/aller-retour (appelé coach) s'élève à 91/164 $. Le train pour Whistler part chaque jour à 7h et arrive à 9h34 ; la place coûte 14/26 $. Les départs ont lieu à la gare du BC Rail au 1311 West 1st St, à l'extrémité sud de Pemberton Ave, à Vancouver Nord. Téléphonez au 984-5246 pour tous renseignements.

Pour vous rendre à la gare, prenez le bus n°239 à l'ouest du terminal des bateaux-bus, sur le quai de Lonsdale.

Voiture

Si vous venez des États-Unis (de l'État de Washington), vous roulerez sur la Hwy 5 jusqu'à la ville frontalière de Blaine. La première ville que vous rencontrerez en Colombie-Britannique s'appelle White Rock. A proximité de Vancouver, la Hwy 99 traverse deux bras du Fraser, puis tourne dans Granville St, l'une des grandes artères du centre de Vancouver qui se transforme bientôt en rue piétonnière. Tout autour, les rues sont toutes en sens unique.

Si vous arrivez de l'est, vous vous trouverez probablement sur la Transcanadienne, qui emprunte le pont principal de Port Mann pour traverser le Fraser, puis serpente dans le quartier est de la ville avant de rencontrer Hastings St et d'aborder le pont Second Narrows vers Vancouver Nord. Pour le centre-ville, tournez à gauche lorsque vous atteignez Hastings St.

Si vous venez de Horseshoe Bay, au nord, la Transcanadienne traverse Vancouver Ouest et Vancouver Nord avant de prendre le pont Second Narrows pour Burnaby. Si vous allez en centre-ville, quittez l'autoroute à la sortie de Taylor Way, avant le pont. La Hwy 99 vous mènera alors sur le pont de Lions Gate et dans le parc de Stanley.

Location de voitures. Les plus importants loueurs de voitures possèdent plusieurs agences en ville, et parfois une à l'aéroport international. Pour certaines compagnies, il existe des bons de réduction que l'on se procure notamment au Travel Infocentre. Voici une liste de quelques compagnies, avec leur adresse principale :

ABC
1133 West Hastings St (☎ 681-8555)
Avis
757 Hornby St (☎ 682-1621)
Budget
450 West Georgia St (☎ 668-7000)
Hertz
1128 Seymour St (☎ 688-2411)
Lo-Cost
1105 Granville St (☎ 689-9664)
Rent-A-Wreck
1085 Kingsway (☎ 688-0001)
Thrifty
1400 Robson St (☎ 688-2207)
Tilden
1140 Alberni St (☎ 685-6111)

Lo-Cost et Rent-A-Wreck font partie des moins chers. Lo-Cost demande 27,95 $ par jour en kilométrage illimité, avec assurance et taxes, tandis que Rent-A-Wreck réclame 39,95 $ par jour plus 15 cents du kilomètre au-delà de 200 km. Les tarifs varient en fonction de la taille et de la marque de la voiture (ils sont généralement plus avantageux le week-end) et de la durée de location.

Partage de voiture. Lisez les petites annonces des journaux ou les pages jaunes. Parcourez aussi les tableaux d'affichage des auberges de jeunesse.

Ferry

BC Ferries. L'itinéraire principal qui relie Vancouver à l'île du même nom va de Tsawwassen à la baie de Swartz, juste au nord de Sidney. L'été, une quinzaine de ferries partent chaque jour dans chaque direction toutes les heures de 7h à 22h. Les dimanche après-midi, vendredi soirs et lundis fériés sont les jours les plus demandés et les voitures doivent parfois attendre le prochain ferry, voire le second, pour passer.

Il existe également des ferries pour Nanaimo au départ de Tsawwassen et de Horseshoe Bay. La traversée coûte 6 $ par adulte, 2,50 $ pour une bicyclette et 22,50 $ pour une petite voiture. Téléphonez au 227-0277 pour plus de précisions.

Pour vous rendre à Tsawwassen en bus, prenez le n°601 à l'angle de Granville St et de West 4th Ave jusqu'à Ladner Exchange. De là, prenez le bus n°640 jusqu'au terminal des ferries. Le ticket coûte 1,50 $, ou 3 $ aux heures de pointe. De la baie de Swartz, vous pouvez prendre le bus n°70 pour Victoria. Pour Horseshoe Bay, prenez le bus n°250 ou n°257 vers le nord dans Georgia St, à Vancouver.

Royal Sealink Express. Cette compagnie organise un service de traversées rapides de la gare de Waterfront, à Vancouver, jusqu'à Victoria et Nanaimo à bord de catamarans de 39 m ultrarapides ne transportant que des passagers. La traversée jusqu'à Victoria dure deux heures et demie et coûte 40 $; pour Nanaimo, une heure et quart suffit. Pour tout renseignement et réservation, téléphonez au 687-6925.

En stop

Le stop sur la Transcanadienne est interdit à moins de 40 km des limites de la ville. Vous avez la possibilité de prendre le bus n°9 le long d'East Broadway jusqu'à Boundary Rd, puis de marcher vers le sud jusqu'à la Grandview Hwy (qui rejoint la Transcanadienne), où vous pourrez tenter votre chance.

On peut également prendre le SkyTrain jusqu'à Scott Rd Station, puis le bus n°502 pour Langley le long de la Fraser Hwy avant de parvenir à la route principale.

COMMENT CIRCULER

BC Transit publie deux brochures contenant de précieuses informations sur les déplacements en ville. *Transit Guide* consiste en un plan de Vancouver avec les itinéraires des bus, des trains et des ferries. Elle coûte 1,25 $ et s'achète chez les marchands de journaux et en librairie. *Discover Vancouver on Transit* recense les centres d'intérêt de la ville et explique comment on s'y rend (la brochure inclut également Victoria). Elle est gratuite et disponible au Travel Infocentre.

Desserte de l'aéroport

Il existe deux façons de se rendre à l'aéroport en bus, mais la plus rapide consiste à prendre l'un des bus Airport Express devant la gare routière, près de la gare centrale du Pacifique. Le trajet coûte 8,25 $ (14 $ aller-retour, sans limite de dates). Le bus s'arrête également devant les plus grands hôtels. Il quitte la gare toutes les demi-heures à partir de 6h15 et le trajet dure environ 30 mn. Les bus à destination des hôtels de la ville quittent l'aéroport au niveau 2 de celui-ci, le dernier partant à 12h15. Ceux qui s'arrêtent à la gare routière partent de la Baie n°9 au premier niveau. Perimeter Transportation (☎ 273-9023) vous fournira les tarifs et les horaires.

On peut également se rendre à l'aéroport à bord des bus de la ville. Prenez d'abord le n°20 dans Granville St, dans la partie sud de la ville, jusqu'à 70th Ave, puis changez pour le n°100, qui vous mènera jusqu'à l'aéroport. Il vous faudra une heure en tout, mais vous ne paierez que 1,50 $ (ou 3 $ aux heures de pointe). Renseignez-vous au 261-5100.

Enfin, un taxi du centre-ville à l'aéroport coûte environ 24 $ pour 25 mn de trajet.

Bus, SkyTrain et SeaBus

Si Vancouver ne possède pas de métro, elle est toutefois dotée d'un réseau de bus, d'un système de transports en commun rapide (LRT) exploitant le SkyTrain et de liaisons par ferries utilisant les bateaux-bus (SeaBus). Pour en savoir plus sur les déplacements à l'intérieur de la ville, téléphonez au 261-5100 ou procurez-vous le *Transit Guide*. Évitez le bus aux heures de pointe : les embouteillages sont considérables.

Le système de transport en commun est divisé en trois zones : la zone interne couvre le centre de Vancouver, la suivante inclut les banlieues de Richmond, Burnaby,

New Westminster, Vancouver Nord, Vancouver Ouest et l'île de Sea, et la plus large couvre Ladner, Tsawwassen, Delta, Surrey, White Rock, Langley, Port Moody et Coquitlam.

En dehors des heures de pointe (soit du lundi au vendredi de 9h30 à 15h et après 18h30, ainsi que les week-ends et les jours fériés), vous ne paierez que 1,50 $ pour un trajet en bus, en SkyTrain ou en bateau-bus. En dehors de ces heures, le prix dépend du nombre de zones traversées : 1,50 $ pour une zone, 2,25 $ pour deux zones et 3 $ pour trois zones. Des forfaits à la journée sont vendus au prix de 4,50 $: ils permettent un nombre illimité de trajet en bus, en SkyTrain et en bateau-bus à partir de 9h30. Ils sont disponibles aux gares des bateaux-bus ou du SkyTrain ou dans les boutiques affichant le panneau "FareDealer".

SkyTrain. Le SkyTrain date de l'Expo 86. Il relie le centre de Vancouver à Burnaby, New Westminster et Whalley à Surrey. Les trains sont totalement robotisés (il n'y a donc pas de conducteur !) et voyagent la plupart du temps à ciel ouvert sur une voie spécialement conçue pour eux. Le premier part du centre-ville à 5h50 et le dernier s'y arrête à 1h17 les jours de semaine. Le samedi, le SkyTrain fonctionne de 6h15 à 1h17 et le dimanche de 8h47 à 12h17. Des bus assurent les liaisons à partir de la gare de Waterfront.

SeaBus. Ces catamarans ultramodernes fusent d'une rive à l'autre du Burrard Inlet entre la gare de Waterfront et le quai de Lonsdale, à Vancouver Nord. Ils partent toutes les quinze minutes en semaine, toutes les demi-heures le week-end et les jours fériés. Le trajet dure douze minutes à peine, mais le bateau offre une superbe vue sur le port et la ville. Évitez autant que possible les heures de pointe, où les bateaux-bus sont pris d'assaut.

La gare de Waterfront, qui constituait autrefois le terminus du chemin de fer Canadian Pacific, est un très beau bâtiment rénové avec goût.

Voiture

Si vous êtes motorisé, vous remarquerez vite que la ville ne possède ni voie express, ni périphérique. Toutes les voitures doivent donc traverser l'agglomération. Les embouteillages posent un immense problème, surtout du côté du pont de Lions Gate, de celui de Second Narrows, et en centre-ville. Pluies et neige ne font qu'aggraver les choses. Par ailleurs, le stationnement coûte cher et est difficile à trouver. La solution la plus sage consiste de toute évidence à se garer en dehors du centre et à prendre le bus ou le SkyTrain.

Miniferries de False Creek

Deux compagnies gèrent des miniferries qui traversent False Creek. Tous les jours de 10h à 20h, les Granville Island Ferries (☎ 684-7781) font la navette entre le Centre aquatique de Vancouver, sur la plage de Sunset, dans l'English Bay, l'île de Granville et le musée de la Marine de Vancouver, à Kitsilano Point. D'autres arrêts sont prévus à l'extrémité est de False Creek, dont un près du stade de BC Place. Le trajet du Centre aquatique au musée de la Marine coûte 1,50 $ aller seulement. L'Aquabus (☎ 874-9930) relie l'Arts Club Theatre, sur l'île de Granville, à Hornby St.

Taxi

La meilleure façon d'obtenir un taxi consiste à le réserver par téléphone. Parmi les compagnies de Vancouver figurent Black Top (☎ 681-2181, 683-4567), MacLure's (☎ 731-9211, 683-6666) et Yellow Cab (☎ 681-3311/1111). La prise en charge s'élève à 2,10 $, le prix au kilomètre à 1,18 $.

Bicyclette

Voilà une bonne façon de circuler en ville, même s'il est interdit d'emmener sa bicyclette à bord des bateaux-bus. Procurez-vous la carte de la Bicycling Association of BC, qui indique les meilleurs itinéraires pour les deux-roues (voir le paragraphe *Activités culturelles et/ou sportives* en début de chapitre). L'un des itinéraires les plus populaires est la route de 10 km du parc de Stanley, où l'on trouve de nombreux loueurs de vélos, parmi lesquels :

Action Rentals
1791 Robson St (☎ 683-5648)
Bayshore Bicycles
745 Denman St (☎ 688-2453, 689-5071)
Kitzco Beachwear & Rentals
1168 Denman St (☎ 684-6269)
Spokes Bicycle Rental & Coffee Bar
1798 West Georgia St (☎ 688-5141)
Stanley Park Rentals
676 Chilco St (☎ 681-5581)

Vous trouverez d'autres adresses dans les pages jaunes. Les tarifs débutent à 5 $ l'heure, 15 $ les 4 heures et 20 $ la journée.

Environs de Vancouver

NORD DE VANCOUVER

Parc provincial du mont Seymour

Situé à 13 km à peine au nord-est du centre-ville, ce parc constitue le plus rapide moyen de fuir l'agitation citadine. Il est desservi par une route et un télésiège mène au sommet de la montagne. Le parc possède de nombreux sentiers de randonnée. Certaines zones sont très accidentées, aussi est-il plus prudent, pour les randonneurs partant plusieurs jours, de signaler leur itinéraire au préalable. L'hiver, le parc devient le royaume du ski.

Il existe des parkings pour mobile homes, mais il n'y pas de terrains de camping. Il reste possible de planter sa tente au bord des nombreux chemins de montagne. Du quai de Lonsdale, prenez le bus n°229 ou n°239 jusqu'à Phibbs Exchange, puis le n°215. Si vous êtes en voiture, prenez le pont Second Narrows, puis tournez à droite (vers l'est) dans le Mt Seymour Parkway.

Côte de Sunshine

Ce nom couvre la région côtière au nord de Vancouver, entre Horseshoe Bay et Lund, à 23 km au nord de Powell River dont les paysages sont de toute beauté. La Hwy 101, qui longe la côte, est interrompue – et relayée par des ferries – en deux points : entre Horseshoe Bay et Langdale et entre Earl's Cove et Saltery Bay.

L'autoroute s'arrête définitivement à Lund. A Powell River, un ferry mène jusqu'à Comox, sur l'île de Vancouver. Quant au ferry pour Nanaimo, il part d'Horseshoe Bay. Si vous êtes en voiture, toutes ces traversées vous coûteront relativement cher. Renseignez-vous chez BC Ferries (☎ 277-0277) ou procurez-vous les horaires dans un Travel Infocentre.

La ville d'**Horseshoe Bay** ne manque pas de charme, mais la vie y coûte cher. De là, vous pouvez soit continuer vers le nord le long de la côte de Sunshine en prenant le ferry pour Langdale, soit préférer la Hwy 99 vers le nord-est jusqu'à Squamish, le parc provincial Garibaldi et Whistler.

Le Travel Infocentre (☎ 485-4701) de **Powell River** se trouve au 4690 Marine Ave. L'hôtel-club de Beach Gardens

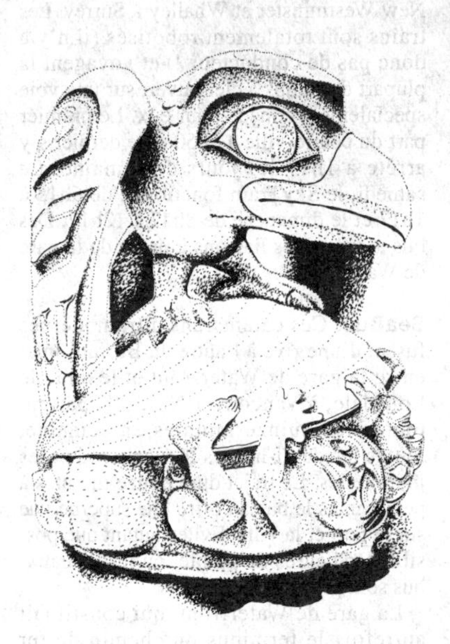

Le Corbeau et les premiers hommes, sculpté par Bill Reid, artiste haida

COLOMBIE-BRITANNIQUE

(☎ 485-6267), 7074 Westminster Ave, loue bateaux et matériel de plongée et organise des sorties-plongées en groupe. L'auberge de jeunesse *Fiddlehead Farm Hostel* (pas de téléphone) propose canoë, randonnées et baignades. Elle possède des dortoirs (20 $ la nuit, repas compris), ainsi qu'un terrain où l'on peut planter sa tente pour 15 $. Pour tout renseignement et réservation, écrivez à Linda Schreiber, Fiddlehead Farm, PO Box 421, Powell River V8A 5C2.

Du côté d'Egmont, près d'**Earl's Cove**, au sud de Powell River, on trouve d'excellents lieux de plongée. De Powell River, on peut également effectuer un circuit de 65 km en canoë, soit cinq à sept jours. Au nord de Lund, le **parc maritime de Desolation Sound** offre des possibilités de plongée, de canoë et de camping sauvage.

De Horseshoe Bay à Whistler

Squamish est la principale ville de cette région touristique. Son Travel Infocentre (☎ 892-9244), situé au 37950 Cleveland Ave, reste ouvert toute l'année. Non loin de là, Squamish Spit séduit les passionnés de planche à voile, tandis que le Stawamus Chief attire les amateurs de varappe. Squamish, c'est aussi le terminus du train à vapeur de la Royal Hudson (voir *Voyages organisés* dans le chapitre sur *Vancouver*).

Parc provincial de Shannon Falls. Au sud de Squamish, les chutes de Shannon dévalent un dénivelé de 335 m près de la route. Le parc est idéal pour la randonnée, l'escalade et le camping en été, le ski en hiver.

Parc provincial Garibaldi. Étendue sauvage de 195 m² couverte de montagnes, le parc Garibaldi est situé à 64 km au nord de Vancouver. L'endroit est pratiquement resté à l'état sauvage, si bien qu'il faut déjà toute une journée pour aller du parking situé au bord de la Hwy 99 jusqu'au camping. Toutefois, ses pistes de ski et de randonnée sont excellentes. Rendez-vous dans un Travel Infocentre, à Squamish ou à Whistler.

Le parc possède cinq zones de randonnée : Diamond Head, le lac Garibaldi, le lac Cheakamus, Singing Pass et le lac Wedgemount, où passent plus de 60 km de sentiers balisés. Pensez à emporter des victuailles et un équipement adapté.

Parc provincial de Brandywine Falls. A une dizaine de kilomètres au sud de Whistler (ne manquez pas la flèche) se trouvent des chutes d'eau où les pionniers, subjugués peut-être par la beauté du paysage, avaient apparemment coutume de jeter des bouteilles d'alcool.Ce bel endroit possède des sentiers de randonnée et un camping.

Mont Whistler

En bordure de l'extrémité nord du parc provincial Garibaldi se trouve cette importante station de sports d'hiver où l'on pratique le ski toute l'année. L'été, on peut en outre y faire de la randonnée, de la bicyclette ou du canoë, prendre le téléphérique qui mène au sommet, ou encore visiter un parc aquatique. Renseignez-vous sur les "tunnels chantants", une ancienne mine à explorer. Le village de Whistler possède hôtels, chalets, restaurants et bars.

Le domaine skiable de Whistler est composée de trois stations : Whistler Village, Blackcomb et Whistler's South Side. Cette dernière est la moins chère. Ensemble, les trois villages forment la plus grande station de ski du Canada. Le mont Blackcomb (☎ 932-3141 ; à Vancouver, ☎ 687-1032) constitue pour sa part le plus grand domaine de ski de descente d'Amérique du Nord, avec 1 600 m de pistes ininterrompues. Le mont Whistler arrive juste derrière, avec 1 530 m. Ici, le ski sur glacier se pratique toute l'année : c'est le seul point du Canada où le ski d'été est possible. A Whistler Village, les compagnies d'héliski offrent leurs services, ouvrant ainsi aux amateurs plus de 100 autres pistes sur les glaciers entourant la station. Les pistes de ski de fond ne manquent pas non plus.

Sur le mont Blackcomb, le forfait journalier adulte coûte 40 $. Les bulletins d'enneigement s'obtiennent en téléphonant au 932-4211. Sur le mont Whistler (☎ 932-3434 ; à Vancouver, ☎ 685-1007), le forfait est au même prix ; pour le bulletin d'enneigement, composez le ☎ 932-4191, ou le 687-6761 à Vancouver.

Où se loger. L'auberge de jeunesse HI *Whistler Hostel* (☎ 932-5492) est implantée dans un cadre exceptionnel, sur la route ouest d'Alta Lake Rd, à environ 5 km de la Hwy 99 et à 12 km de Whistler Village. La nuit coûte 13,50 $ pour les membres, 17,50 $ pour les autres. L'établissement, ouvert toute l'année de 8h à 10h et de 16h à 22h, peut loger 35 personnes. Mieux vaut réserver. Le train du BC Rail vous y arrêtera sur simple demande.

A la *Whistler Backpackers Guest House* (☎ 932-1177), 2124 Lake Placid Rd à Whistler, les chambres privées et les dortoirs coûtent 16 $ par jour l'hiver et 13 $ l'été.

Comment s'y rendre. La compagnie de bus Maverick Coach Lines (☎ 255-1171) propose 6 départs quotidiens de la gare centrale du Pacifique, à Vancouver. Le trajet dure deux heures et longe la magnifique baie de Howe lorsqu'on vient de Vancouver, ou traverse le massif des Coast Mountains si l'on vient de Squamish. Le voyage vous coûtera 13/25 $ l'aller/l'aller-retour. Une fois à Whistler, vous n'aurez pas besoin de bus pour circuler.

Par le BC Rail, l'aller-retour pour Whistler coûte 30,50 $ (voir la section *Comment s'y rendre* dans le chapitre sur *Vancouver*).

SUD DE VANCOUVER

Réserve d'oiseaux de Reifel

Cette réserve d'oiseaux de 340 ha (☎ 946-6980) se trouve sur l'île de Westham, à 10 km à l'ouest de Ladner, au sud de Richmond. Chaque année, plus de 240 espèces la traversent, parmi lesquelles figurent hérons, aigles, faucons et cygnes. La réserve comporte environ 3 km de sentiers et une tour d'observation. Elle ouvre tous les jours de 9h à 18h en été, jusqu'à 16h seulement l'hiver. L'entrée coûte 3,25 $. Aucun mode de transports en commun n'y mène. Si vous êtes motorisé, prenez la Hwy 99 vers le sud puis, après le tunnel George Massey, tournez tout de suite à droite (vers le sud-ouest) dans River Rd, que vous suivrez jusqu'à Westham Island Rd.

Temple bouddhique

Plus qu'un simple lieu de culte, ce centre bouddhiste chinois (☎ 274-2822), situé à Richmond au 9160 Steveston Hwy, comprend un temple, un jardin, un petit musée et une bibliothèque. Le temple, très beau, abrite quelques magnifiques œuvres d'art. L'entrée est gratuite et le centre ouvre tous les jours de 10h à 17h. Pour s'y rendre, prenez le bus n°403 dans Howe St.

Steveston

Cette petite ville sur la côte fait l'objet d'une intense promotion. Certes, l'endroit est agréable et l'on y mange des fish & chips fort corrects, mais de là à parler de pittoresque village de pêcheurs... Les bâtiments historiques y sont nombreux. Le musée Steveston (☎ 271-6868), datant de 1905, est ouvert du lundi au samedi de 9h30 à 17h, l'entrée est gratuite. Prenez les bus n°s 401, 402, 406 ou 407.

White Rock

En poussant encore vers le sud, dans la baie de Semiahmoo, au sud de Surrey et à 2 km de la frontière américaine, on trouve la banlieue et la plage de White Rock (roche blanche) qui tient son nom du grand rocher blanc qui orne sa plage. Prenez le SkyTrain jusqu'à 22nd St Station, puis le bus n°354 vers le sud dans Granville St ou le bus n°353 pour la plage.

Parc historique de Fort Langley

Le fort du XIXe siècle (☎ 888-4424) se trouve au 23433 Mavis St, à Fort Langley, à 48 km à l'est de Vancouver par la Transcanadienne. Construit en 1827, cet édifice servit de poste à la Compagnie de la Baie d'Hudson jusqu'en 1858, soit bien avant la naissance de Victoria ou de Vancouver. En 1858, ce fut là que la Colombie-Britannique fut proclamée colonie de la Couronne. La plupart des bâtiments furent restaurés en 1956. Le parc est ouvert l'été de 10h à 18h et l'entrée coûte 2,25 $.

Prenez le SkyTrain jusqu'à Scott Rd Station, puis le bus n°501 jusqu'à l'Exhibition Centre de Fort Langley, puis changez pour le bus n°507 jusqu'au parc.

Ferme de Vancouver Game

Ce site de 48 ha (☎ 856-6825), situé en bordure de 264th St, à Aldergrove, à 12 km au sud-est du fort, possède 60 espèces d'animaux dans de vastes enclos découverts. On y trouve entre autres des lions, des tigres, des éléphants et des bisons. La ferme est ouverte tous les jours de 8h à la tombée de la nuit ; l'entrée coûte 9 $.

L'île de Vancouver

L'île mesure 450 km de long et rassemble une population de plus de 500 000 habitants, dont la plupart vivent sur la côte sud-est. Les paysages sont très variés. Une chaîne montagneuse couvre le centre de l'île ; ses sommets enneigés mettent en valeur les forêts et les nombreux lacs et torrents. La côte est tantôt rocheuse et sujette aux tempêtes, tantôt sablonneuse et calme. Au sud de l'île, le détroit de Juan de Fuca est abrité par les imposantes Olympic Mountains de l'État américain de Washington, où culmine le mont Baker enneigé.

En face du détroit de Georgia, qui s'étend le long de la côte est de l'île, les Coast Mountains du continent masquent l'horizon. La côte occidentale, elle, est totalement exposée au Pacifique. Les eaux qui entourent l'île sont très poissonneuses : le saumon y vit en abondance.

La chaîne centrale nord-sud divise l'île en deux. La côte ouest, montagneuse et boisée, profondément creusée de fjords, est faiblement peuplée. Plus tempéré, l'est se prête bien à l'agriculture. Les industries de l'île (exploitation forestière et minière, pêche) et la majorité des grandes villes se trouvent de ce côté du massif. Au nord de la côte est, les villes et villages balnéaires ne manquent pas de terrains de camping, d'hôtels et de chambres chez l'habitant. Quelques coins restent encore inhabités, surtout au nord du fleuve Campbell. L'île présente le climat le plus doux du pays. Ce climat est particulièrement modéré au sud, où la péninsule de l'État de Washington le protège de l'océan. Ainsi pleut-il nettement moins à Victoria qu'à Vancouver ; les mois d'août et de septembre, qui offrent un ciel presque toujours bleu, sont très propices à la visite.

VICTORIA

Capitale et seconde ville de la province, Victoria s'étend à la pointe sud-est de l'île de Vancouver, à 90 km au sud de Vancouver. C'est une ville agréable et élégante dont résidents et touristes apprécient l'atmosphère de station balnéaire très britannique. Victoria fut un jour décrit par Rudyard Kipling comme un "Pavillon Brighton qui aurait l'Himalaya en toile de fond".

Malgré son titre de capitale provinciale, sa grande université et sa base navale, Victoria n'a rien d'une ville industrielle. Un tiers de ses 300 000 habitants travaille dans le secteur des services, en particulier le tourisme, 20% dans le secteur public. L'île attire un grand nombre de retraités, qui représentent environ 20% de la population.

Histoire

Ce furent les Indiens Salish qui peuplèrent les premiers cette région de l'île. Bien que le capitaine Cook accostât sur l'île de Nootka, sur la côte ouest, en 1778, il fallut attendre 1843 pour que la Compagnie de la Baie d'Hudson, représentée par James Douglas, y fonde un comptoir commercial de fourrure qu'il nomma Victoria, du nom de la reine d'Angleterre. A la fin des années 1850, la ville connut un essor aussi subit que considérable : on venait de découvrir de l'or dans la région de Cariboo et la ville servait de point de chute aux chercheurs d'or. Très vite, Victoria se remplit de boutiques et de maisons de tolérance et accueillit le "Gassy Jack" local, un certain Deighton qui allait jouer un rôle important dans le développement de Vancouver.

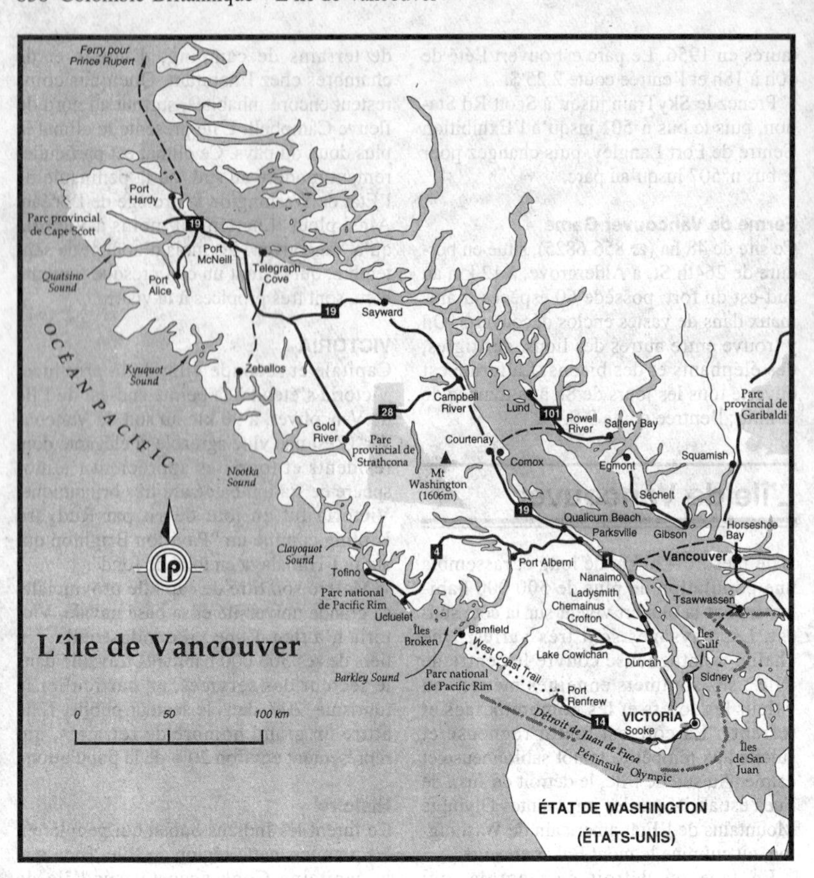

L'île de Vancouver

La ruée vers l'or prit fin avant que les chemins de fer Canadian Pacific n'aient eu le temps de tenir leur promesse de liaison ferroviaire, un projet qui ne fut jamais réalisé. En revanche, on construisit le fabuleux Empress Hotel qui, dès son ouverture en 1908, déclencha la vocation touristique de la ville. Sans connexion ferroviaire, il était devenu extrêmement difficile d'espérer un quelconque développement industriel. Siège du pouvoir politique naissant, jouissant d'une réputation grandissante de centre social plein de charme, Victoria s'épanouit donc à sa manière.

Aujourd'hui, on trouve à Victoria plus de Britanniques que n'importe où au Canada.

Les commerces ne manquent pas à Victoria. Le Port intérieur (Inner Harbour), en particulier, semble avoir été spécialement conçu pour alléger le portefeuille des touristes. La plupart de ses commerces sont en effet hors de prix. Mieux vaut n'y faire, au plus, qu'une petite visite.

Orientation

La ville s'étend à l'extrémité sud-est de l'île de Vancouver, plus près des États-Unis que du reste du Canada. Bordée d'eau de chaque côté, la zone centrale est agréable et plaisante à explorer à pied. Très peu de gratte-ciel s'élèvent à Victoria, aussi la vue est-elle le plus souvent dégagée.

Le cœur de la ville est le Port intérieur, qui fait partie du port de Victoria. Plusieurs des bâtiments les plus importants le dominent. L'Empress Hotel n'en est séparé que par les immenses pelouses de son parc. Non loin s'élève le gigantesque parlement provincial. Entre les deux, à l'angle, près du Carillon centenaire des Pays-Bas, se trouve le Musée royal BC. A l'est de celui-ci, s'étendent le parc de Thunderbird, avec ses mâts totémiques et, au sud, celui de Beacon Hill, le plus vaste de la ville. Entre le parc et l'océan, on découvre un quartier résidentiel de maisons bien entretenues.

Dans Wharf St, au nord de l'Empress Hotel, se trouve le principal Travel Infocentre, à l'angle du Port intérieur. Si vous suivez cette rue le long de l'eau, vous parviendrez à la vieille ville, qui vient d'être restauré. En s'éloignant légèrement de Wharf St, on parvient sur Bastion Square, la place centrale de la vieille ville, bordée de bâtiments historiques.

Parallèle à Wharf St, à quelques pâtés de maisons à l'est de celle-ci, se trouve Government St, l'une des principales artères du centre. De nombreux bâtiments administratifs la bordent : la grande poste, entre autres, est située entre Yates St et Bastion Square. En face, légèrement en diagonale, débute Trounce Alley, une ruelle dans laquelle les mineurs venaient vendre leur or. Aujourd'hui rénovée, elle comporte de nombreuses boutiques, dont certaines continuent à vendre de l'or.

A l'est, à un pâté de maisons de Government St, s'étend Douglas St, la principale rue commerçante de Victoria. La zone autour de Douglas St, de Government St et de Bastion Square est le centre d'affaires de Victoria. On y trouve banques, bureaux et grands magasins. Construit en 1890, l'hôtel de ville s'élève à l'angle de Douglas St et de Pandora Ave. Avec son toit mansardé, son clocher et ses fleurs, cet édifice couleur brun-mauve mérite toute votre attention. Plus à l'est encore, Blanshard St longe la limite du centre-ville. En la dépassant, on parvient dans les quartiers résidentiels. Marine Drive, le front de mer à l'est de la ville, constitue une zone très huppée où l'on trouve plages et parcs.

La limite nord du centre-ville est marquée par Fisgard St qui, entre Government St et Wharf St, abrite le quartier chinois, avec des lampadaires et des maisons de style très oriental. Vers le milieu de ce quartier, Fan Tan Alley possède quelques petits magasins et relie Fisgard St et Pandora Ave. Cette allée est fermée la nuit. Il y a environ 130 ans, à l'époque où ce *chinatown*, bien plus étendu, était le plus grand du Canada, elle était bordée de fumeries d'opium et de maisons de jeux.

Douglas St et Blanshard St remontent toutes deux jusqu'au nord de la ville : la première mène à la Transcanadienne et Nanaimo, la seconde à la Hwy 17 (Patricia Bay Hwy), à Sidney et à l'embarcadère des ferries de Swartz Bay. Au nord-ouest, Gorge Rd regroupe une forte concentration de motels. Elle forme un tronçon de l'Island Hwy 1A, qui coupe Douglas St et Blanshard St, longe le côté nord de la gorge et rejoint, plus à l'ouest, Craigflower Rd et la Transcanadienne.

L'aéroport international de Victoria se trouve à Sidney, à environ 20 km au nord de Victoria, par la Hwy 17. La gare routière est au 700 Douglas St, à l'angle de Belleville St et en face du jardin Crystal.

Renseignements

Pour contacter l'alliance française (☎ 604-382-5860 ; fax 721-8774), écrivez à Box 5006, Station B, Victoria, Colombie-Britannique, V8R 6N3.

Offices de tourisme. Le Travel Infocentre (☎ 382-2127), 812 Wharf St, se trouve au bord de l'eau du Port intérieur, en face de l'Empress Hotel. Il est ouvert tous les jours de 9h à 21h. Il existe également un autre bureau à 2 km au sud du terminal des ferries de Swartz Bay, en bordure de la Patricia Bay Hwy, ainsi qu'un autre à Sidney.

Si vous souhaitez obtenir les renseignements sur Victoria avant d'arriver en ville, contactez Tourism Victoria (☎ 382-2127), 710 1175 Douglas St, Victoria V8W 2E1.

Argent. Les grandes banques possèdent des agences le long de Douglas St. La Royal Bank en a une à l'angle de Douglas St et de Fort St. La Toronto Dominion Bank, 1070-1080 Douglas St, ouvre le samedi de 9h30 à 16h30. On peut changer de l'argent chez Money Mart, 1720 Douglas St, en face du grand magasin Bay, ainsi que chez Currency Exchange (ouvert 7 jours sur 7 de 7h à 22h), 724 Douglas St, en face des locations de voitures Budget, ou encore au bureau de l'American Express, à l'angle de View St et de Douglas St.

Poste. La grande poste, au 1230 Government St, à l'angle de Yates St, est ouverte du lundi au vendredi de 8h30 à 17h.

Librairies. Crown Publications (☎ 386-4636), 546 Yates St, vend des cartes et des publications de la province et de l'État sur les cultures indiennes ou sur la faune et la flore. Elle est ouverte du lundi au vendredi de 8h30 à 17h, le samedi à partir de 9h30. Maps BC (☎ 387-1441), 1802 Douglas St, est un autre bureau du gouvernement qui vend des cartes et des atlas de la province. Earth Quest Books (☎ 361-4533), 1286 Broad St, possède pour sa part un bon choix de guides de voyages et de cartes.

Munro's Books (☎ 382-2464), 1108 Government St, est installé dans un magnifique bâtiment ancien, restauré en 1984. Il est aujourd'hui classé monument historique. L'été, la librairie ouvre de 9h à 21h, le samedi de 9h à 18h, le dimanche à partir de 11h seulement jusqu'à 18h.

On trouve également plusieurs vendeurs de livres d'occasion dans Fort St : Renaissance Books, en particulier, est situé près du restaurant Da Tandoor.

Services médicaux. Le Royal Jubilee Hospital (☎ 595-9200 ; 595-9212 pour les urgences) est situé au 1900 Fort St. Victoria General Hospital (☎ 727-4212 ; 727-4181 pour les urgences) se trouve au 35 Helmcken Rd, au nord-ouest du centre-ville, près de la Transcanadienne.

Organismes utiles. Greenpeace (☎ 388-4325), 10A 634 Humboldt St, dispose de tous les renseignements sur les questions d'environnement et organise des soirées d'information. A Bastion Square, Friendly by Nature (☎ 388-9292), vous renseignera sur les problèmes écologiques spécifiques à la Colombie-Britannique.

Consigne. Des consignes automatiques sont à votre disposition près de la gare routière au prix de 2 $. Les jetons s'achètent dans la gare même.

Dangers et désagréments. La nuit, la section de Broad St comprise entre Yates St et Johnston St est souvent peuplée de prostituées et de clochards, de même à l'angle de Yates St et de Douglas St.

Visites à pied

Renseignez-vous au Travel Infocentre sur les visites guidées de la ville ou, si vous êtes anglophone, achetez la brochure intitulée *Victoria on Foot* (Terrapin, Victoria, 1989), de Barrie Leee.

Le Port intérieur

Musée royal BC. Cet excellent musée (☎ 387-3701), 675 Belleville St, est un must, même pour ceux qui, d'ordinaire, fuient ce genre d'endroits. Les collections, présentées avec art, concernent la géologie, la végétation, la vie animale et l'ethnologie.

Parmi les expositions relatives aux Indiens de Colombie-Britannique, ne manquez pas les reconstitutions de villages, le documentaire de 1914 intitulé *In the Land of the War Canoes* sur le peuple kwakiutl. Observez aussi l'artisanat des Haidas fait d'argillite, un schiste argileux noir très dense. Les pipes comptent parmi les plus belles créations de l'art indigène.

On peut aussi admirer une ville du XIXe et du début du XXe siècle entièrement reconstituée. Des films de Charlie Chaplin sont diffusés dans le vieux cinéma. Le musée comporte par ailleurs une intéressante collection d'objets des années 20 aux années 70. L'entrée coûte 5 $ (3 $ pour les étudiants). Du 1er octobre au 30 avril, elle est gratuite le lundi. Le musée propose des visites guidées gratuites. Il est ouvert tous les jours de 9h30 à 19h l'été et de 10h à 17h30 l'hiver.

Maison du docteur Helmcken. Située sur Eliot Square, près du Musée royal BC, cette maison est la plus ancienne de toute la Colombie-Britannique qui soit restée intacte depuis 1850. John Helmcken, médecin et politicien, se montrait très actif dans la vie locale. La maison est ouverte tout l'été de 11h à 17h et l'entrée coûte 3,25 $.

École de pionniers St Anne. Toujours sur Eliot Square, cette école fait partie du Musée royal BC. Le bâtiment, construit entre 1840 et 1860, est l'un des plus anciens de Colombie-Britannique encore utilisé.

Parc de Thunderbird. Située derrière le Musée royal BC, cette bande de pelouse comporte une collection de mâts totémiques, bruts ou peints, dont certains sont commentés. Dans l'atelier de sculpture, on peut voir travailler les artistes indiens.

Le parlement. Hérissés de tours, les bâtiments du parlement (☎ 387-6121), 501 Belleville St, face au Port intérieur, ont été réalisés par Francis Rattenbury et achevés en 1898. En haut du dôme principal, se détache la silhouette du capitaine George Vancouver, premier navigateur britannique à faire le tour de l'île. Rattenbury est également l'auteur de l'Empress Hotel et du musée de Cire, le Royal London Wax Museum, à l'allure de Parthénon. Les bâtiments sont ouverts de 8h30 à 17h, mais les visites guidées gratuites de 30 mn (en plusieurs langues) n'ont lieu que le week-end et les jours fériés entre 9h et 17h.

Les peintures de la rotonde inférieure retracent des scènes de l'histoire du Canada. Celles de la rotonde supérieure représentent quatre des grandes industries de la Colombie-Britannique. C'est au parlement que sont votées toutes les lois de la province (il n'y a pas de sénat). Vous pourrez assister aux débats à partir des galeries réservées au public lors des séances parlementaires. La nuit, plus de 3 000 ampoules éclairent le parlement de façon spectaculaire.

Musée de Cire Royal London. Ce musée (☎ 388-4461), 470 Belleville St, face aux bâtiments du parlement, contient plus de 200 personnages de cire, historiques ou contemporains. Il est ouvert tous les jours de 9h à 21h et l'entrée coûte 6,50 $.

Monde miniature. Au Monde miniature (Miniature World, ☎ 385-9731), 649 Humboldt St, près de l'Empress Hotel, vous trouverez de nombreuses maquettes dépeignant divers thèmes dans leurs moindres détails, par exemple l'univers de Dickens. Le clou du musée est un immense train électrique représentant le développement des chemins de fer Canadian Pacific de 1885 à 1915. Le Monde miniature est ouvert tous les jours de 9h à 20h et l'entrée coûte 6,50 $.

Douglas St

Parc de Beacon Hill. Au sud-est du centre-ville, dans Douglas St, ce parc de 62 ha est le plus vaste de Victoria. Le bus n°5 vous y mènera. Nulle part ailleurs que sur la côte ouest, vous ne verrez des arbres de cette taille. Il abrite également le plus haut totem du monde. L'extrémité sud du parc surplombe l'océan et offre un beau panorama sur la côte. A l'angle sud-ouest, le chemin qui longe la mer atteint la **borne Mile 0**, terminus de la Transcanadienne côté Pacifique.

Jardin Crystal. Ce jardin (☎ 381-1213), 713 Douglas St, semble être l'une des attractions commerciales les plus populaires, mais à 5 $ l'entrée, on ne peut pas dire qu'elle soit donnée. Dessiné par (qui d'autre ?) Francis Rattenbury, il s'inspirait du London's Crystal Palace et fut réalisé en 1925. Son attrait principal réside dans le

OÙ SE LOGER

3 Paul's Motor Inn
4 Imperial Inn
11 Fairfield Hotel
17 Hotel Douglas
22 Victoria Regent Hotel
23 Auberge de jeunesse Victoria Hostel
30 Dominion Hotel
35 Ritz Hotel
40 Strathcona Hotel
47 Green Gables Hotel
50 Empress Hotel
60 Crystal Court Motel
62 YMCA-YWCA
66 Auberge de jeunesse Victoria Hostel
72 Helm's Inn et T-Bird Motel
73 Beaconsfield Inn
74 Shamrock Motel
75 James Bay Inn

OÙ SE RESTAURER

5 Herald St Caffé
6 Don Mee
7 Hunan Village
8 Foo Hong
9 Taj Mahal
16 Café Mexico
18 Restaurant de poissons Chandler's
21 Boulangerie Rising Star
24 Day & Night
25 Periklis
29 Eugene's Restaurant et snack-bar
32 Restaurant japonais Koto
34 Murchie's
36 Dion's Restaurant
37 La Petite Colombe
38 Pagliacci's
41 Sticky Wicket Pub
44 Sam's Deli
45 Chauney's Restaurant
46 Smitty's Family Restaurant
48 Millos Restaurant
63 Blue Fox Restaurant
64 Da Tandoor
68 Barb's Place
71 French Connection

A VOIR

2 Maison de Point Ellice
14 Market Square
27 Bastion Square
31 Galerie Emily Carr
49 Musée de l'Automobile
51 Monde miniature
52 Centre des congrès de Victoria
53 Musée de cire Royal London
54 Parlement
55 Musée royal BC
56 Maison du docteur Helmcken et école de pionniers Ste-Anne
57 Parc de Thunderbird
59 Jardin Crystal
67 Galerie d'art Greater Victoria
69 Quai des Pêcheurs

DIVERS

1 Spinnaker's
10 The Bay
12 Swans Hotel
13 MacPherson Playhouse
15 Gare de l'E&N Railiner
20 Crown Publications
26 Terminal du Victoria Express et du Star Ferry
28 Grande poste
33 Munro's Books
39 Victoria Eaton Centre
42 Terminal du Clipper de Victoria
43 Travel Infocentre
58 Gare routière
61 Royal Theatre
65 BC Ferries
70 Terminal des ferries de Black Ball
76 Mile 0 (début de la route Transcanadienne)

salon de thé intérieur qui domine le jardin tropical plus vrai que nature. Il est ouvert tous les jours de 10h à 21h en juillet et en août. Le reste de l'année, il ferme à 17h30.

Centre des congrès de Victoria. Ce centre (☎ 361-1000), 720 Douglas St, près du jardin Crystal, a ouvert en 1989. Il peut accueillir 1 500 personnes et comporte des chutes d'eau intérieures et un mât totémique. Un passage couvert le relie à l'Empress Hotel.

Musée de l'Automobile. Situé au 813 Douglas St, ce musée (☎ 382-7118) rassemble plus de 40 petites merveilles. Les

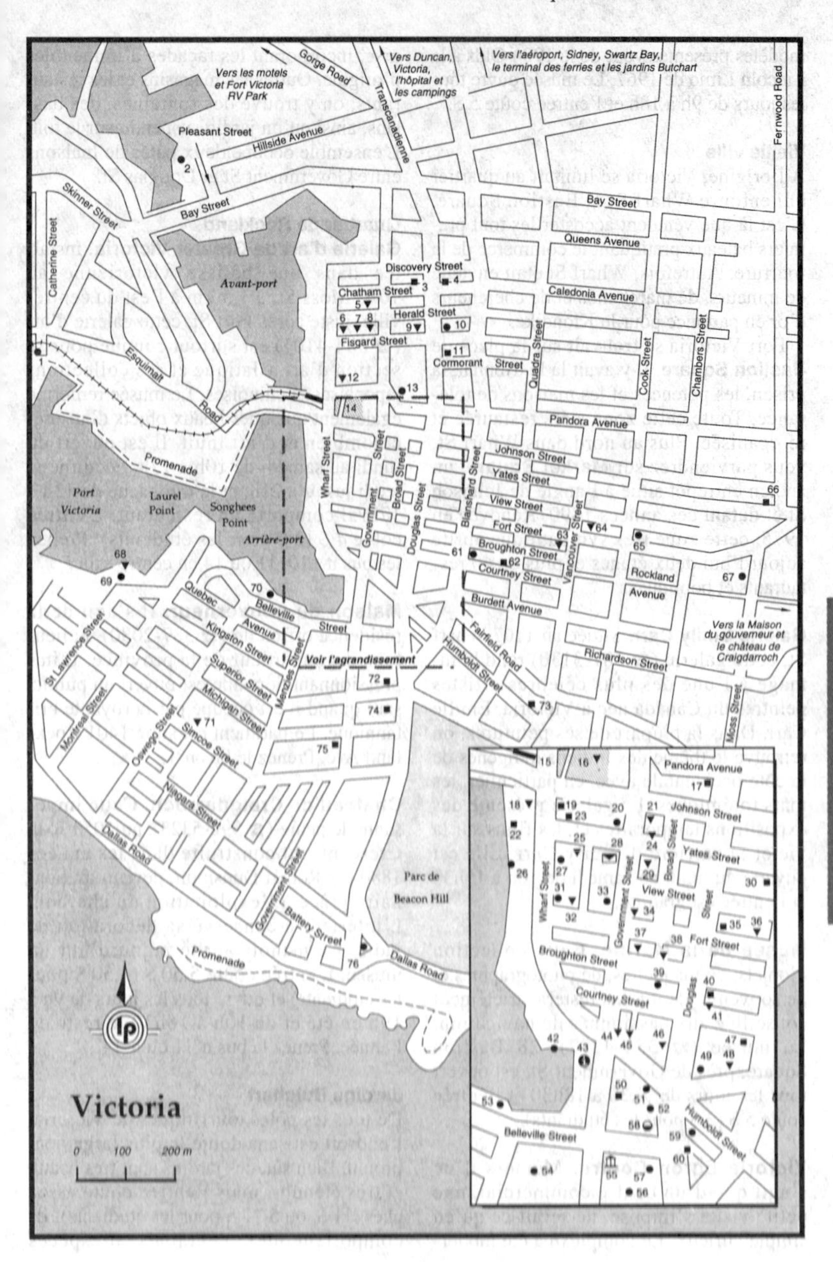
Vers les motels et Fort Victoria RV Park
Gorge Road
Vers Duncan, Victoria, l'hôpital et les campings
Vers l'aéroport, Sidney, Swartz Bay, le terminal des ferries et les jardins Butchart
Fernwood Road
Transcanadienne
Pleasant Street
Hillside Avenue
Skinner Street
Bay Street
Catherine Street
Queens Avenue
Avant-port
Discovery Street
Chatham Street
Caledonia Avenue
Herald Street
Fisgard Street
Cormorant Street
Quadra Street
Cook Street
Chambers Street
Esquimalt Road
Pandora Avenue
Johnson Street
Yates Street
View Street
Fort Street
Broughton Street
Courtney Street
Wharf Street
Government Street
Broad Street
Douglas Street
Blanshard Street
Vancouver Street
Promenade
Port Victoria
Laurel Point
Songhees Point
Arrière-port
Rockland Avenue
Burdett Avenue
Vers la Maison du gouverneur et le château de Craigdarroch
Quebec
Belleville Street
Kingston Street
Superior Street
Michigan Street
St Lawrence Street
Montreal Street
Oswego Street
Simcoe Street
Niagara Street
Dallas Road
Menzies Street
Voir l'agrandissement
Fairfield Road
Humboldt Street
Richardson Street
Moss Street
Parc de Beacon Hill
Battery Street
Victoria
0 100 200 m

modèles présentés vont de la 1904 Olds à la Lincoln Limo de 1967. Le musée ouvre tous les jours de 9h à 18h et l'entrée coûte 5 $.

Vieille ville
A l'origine, Victoria se limitait au quartier qui entoure Wharf St et Bastion Square. C'est là que venaient accoster les tout premiers bateaux pratiquant le commerce de la fourrure. Autrefois, Wharf St était envahie de mineurs, de marchands et de chercheurs d'or en partance pour le Klondike.

Fort Victoria se trouvait sur la place de **Bastion Square**. Il y avait là le tribunal, la prison, les potences et les maisons de tolérance. Toute cette zone a été restaurée et réorganisée. Plus au nord dans Wharf St, vous parviendrez sur **Market Square**, un ancien entrepôt situé à l'angle de Johnson St et datant des années 1890. Rénovée en 1975, cette zone très sympathique abrite aujourd'hui deux étages et plus de 40 restaurants et boutiques.

Galerie Emily Carr. Située au 1107 Wharf St, cette galerie (☎ 387-3130) rend hommage à l'une des plus célèbres artistes peintres du Canada née à Victoria, Emilie Carr. Dans la plupart de ses peintures, on retrouve le thème des Indiens indigènes de la côte occidentale avec, en particulier, les mâts totémiques. La galerie présente des expositions temporaires et des films sur la vie et la carrière d'Emily Carr. Elle est ouverte du lundi au samedi de 10h à 16h30 et l'entrée est gratuite.

Musée de la Marine. Cette collection d'objets, de maquettes, de photographies et de souvenirs de marins restera strictement conseillée aux passionnés de navigation. Le musée (☎ 385-4222), 28 Bastion Square, près de Government St, est ouvert tous les jours de 9h30 à 18h30 et l'entrée coûte 5 $ (3 $ pour les étudiants).

Victoria Eaton Centre. Même s'il ne s'agit que d'un centre commercial, une petite visite s'impose, ne serait-ce qu'en simple curieux. Le complexe a été modernisé, incorporant les façades d'immeubles d'origine. Outres les magasins et les restaurants, on y trouve des fontaines, des bassins, ainsi qu'un jardin suspendu sur le toit. L'ensemble occupe deux pâtés de maisons entre Government St et Douglas St.

Quartier de Rockland
Galerie d'art de Greater Victoria. Installée dans une bâtisse victorienne au 1040 Moss St, à 1,5 km à l'est du centre-ville, juste après Fort St, cette galerie d'art (☎ 384-4101) est surtout connue pour sa section d'art asiatique et ses collections japonaises et chinoises. Le musée renferme également quelques beaux objets d'art pré-colombien et d'art inuit. Il est ouvert du lundi au samedi de 10h à 17h, nocturne le jeudi jusqu'à 21h, et le dimanche de 13h à 17h. Il comporte un restaurant. L'entrée coûte 4 $ (2 $ pour les étudiants). Prenez les bus nos 10, 11 ou 14 en centre-ville.

Maison du gouverneur. Il s'agit de la résidence officielle (☎ 387-2080) du lieutenant-gouverneur de la province. L'impressionnant domaine est ouvert au public, sauf quand il est occupé par la royauté britannique. Le bâtiment est situé 1401 Rockland Ave. Prenez le bus n°1.

Château de Craigdarroch. Cette imposante demeure (☎ 592-5323), au 1050 Joan Crescent, fut construite dans les années 1880 par Robert Dunsmuir, devenu millionnaire grâce à l'exploitation du charbon. L'intérieur a conservé sa décoration de jadis. Le manoir abrite aujourd'hui un musée. L'entrée coûte 5,50 $ (4,50 $ pour les étudiants) et ouvre tous les jours de 9h à 19h en été et de 10h à 16h30 le reste de l'année. Prenez le bus n°11 ou n°14.

Jardins Butchart
De tous les pôles touristiques de Victoria, l'endroit est sans doute le plus largement promu. Bien sûr, ces jardins sont très beaux et très étendus, mais l'entrée coûte assez cher (11 $, ou 5,75 $ pour les étudiants). Ils comportent des centaines d'espèces

d'arbres, de bosquets et de fleurs, une roseraie anglaise et un jardin japonais. On y organise également concerts et spectacles de marionnettes en fin d'après-midi. Les samedis soir de juillet et d'août, spectaculaire feu d'artifice accompagné de musique (le prix d'entrée reste le même). Ouverts tous les jours de 9h à la tombée de la nuit, les jardins (☎ 652-4422), 800 Benvenuto Ave, se situent à 21 km au nord-ouest du centre-ville, à Brentwood Bay. Les bus nos 74 et 75 vous déposeront à 1 km de là en semaine et à 3 km le dimanche.

Observatoire d'astrophysique du dominion

On peut visiter cet observatoire (☎ 388-0012) en se rendant aux jardins Butchart. Là, vous scruterez l'espace à travers un télescope de 183 cm.

Sur place, on trouve également un musée et le matériel d'enregistrement des tremblements de terre. L'observatoire est situé au nord-ouest du centre, au 5071 West Saanich Rd, sur le mont Little Saanich, ouvre du lundi au vendredi de 9h15 à 16h30 et l'entrée est gratuite.

Village anglais

Un peu surfaite, mais très efficace, cette reconstitution de bâtiments anglais de l'époque Tudor se trouve dans Lampson St, en face du port de Victoria en venant de l'Empress Hotel. Les clous de ce village sont la maison natale de Shakespeare et la chaumière de sa femme Anne Hathaway (☎ 388-4353) au 429 Lampson St, meublée de pièces authentiques du XVIe siècle. Le village est ouvert tous les jours de 9h à 22h en été et de 9h à 17h l'hiver. L'entrée coûte 6 $. Prenez le bus n°24 en centre-ville.

Maison de Point Ellice

Magnifiquement conservée, cette maison (☎ 387-4697), construite en 1861, fut vendue en 1868 à Peter O'Reilly, membre du gouvernement et brillant homme d'affaires. La maison se visite pour 3,25 $ de mi-juin à fin septembre, du jeudi au lundi de 11h à 17h. Elle se trouve au nord du centre-ville, au 2616 Pleasant St, près de Bay St, au pont de Point Ellice. Pour y aller, prenez le bus n°14 en centre-ville.

Ferme de Craigflower

La ferme (☎ 387-4697) fut construite en 1856 par Kenneth McKenzie et servit de base à la première communauté agricole de l'île de Vancouver. La maison d'habitation fut décorée de nombreux meubles que son constructeur fit venir de son pays natal, l'Écosse. L'endroit devint une sorte de centre social pour le Fort Victoria et la base navale d'Esquimalt.

La ferme est ouverte le dimanche de 10h à 17h et l'entrée coûte 3,25 $. Elle se situe au nord-ouest de la ville, à l'angle de Craigflower Rd et d'Admiral's Rd, près de Gorge Water. Prenez le bus n°14 en ville.

Parc national historique de Fort Rodd Hill

Ce parc de 18 ha (☎ 363-4662) qui surplombe le port d'Esquimalt comporte plusieurs points d'intérêt historique, notamment les vestiges de trois batteries d'artillerie de la fin du siècle dernier. Il est ouvert tous les jours de 10h à 17h30, l'entrée est gratuite. Toujours dans le parc, le **phare de Fisgard** fut le premier phare du Canada occidental.

Le parc se trouve au 603 Fort Rodd Hill Rd, à 12 km au nord-ouest du centre-ville, du côté ouest du port d'Esquimalt. Le bus n°50 vous déposera à 1 km du parc.

Fisherman's Wharf

Situé dans le port de Victoria, à l'ouest de la baie en venant du Port intérieur, le long de Belleville St après Laurel Point, cet endroit animé vaut le coup d'œil. On peut parfois y acheter du poisson frais vendu sur les bateaux ou dans la petite cabane. Tout près, chez Barb's Place, vous ne manquerez pas de déguster un fish & chips (voir *Où se restaurer*).

Route panoramique de Marine Drive

A partir de Fisherman's Wharf ou du parc de Beacon Hill, Scenic Marine Drive longe la côte le long de Dallas Rd et de Beach Drive et offre une succession de merveilleux points de vue sur la mer. L'accès au bord de mer est toutefois limité par les propriétés privées.

Panoramas

A l'extrémité nord de Shelbourne St, le **Mt Douglas Park Lookout** est un point d'observation qui offre une vue magnifique sur la péninsule de Saanich, le détroit de Georgia et sur l'État américain de Washington.

Activités culturelles et/ou sportives

Baignade. Parmi les lieux les plus propices à la baignade figurent les grottes de **Sooke Potholes**, à une heure de route à l'ouest de Victoria par la Hwy 14, près de la ville de Sooke, sur la rive sud. Guettez les flèches au niveau de Milne's Landing. Sachez toutefois que l'eau est loin d'être chaude. Quelques sentiers de randonnée sont tracés. Ne vous faites pas surprendre une bouteille d'alcool à la main, car les amendes sont lourdes.

Très populaire lui aussi, le **parc municipal du lac Thetis**, à 20 mn de la ville, au nord-ouest par la Transcanadienne.

Plongée sous-marine. Le détroit de Georgia offre des possibilités de plongée d'excellent niveau. Les sites de plongée à partir de la plage abondent dans les environs de Victoria : Saanitch Inlet, Saxe Point Park, Ogden Point Breakwater, 10-Mile Point et Willis Point pour la plongée profonde. Race Rocks, à 18 km au sud-ouest du port de Victoria, offre de superbes paysages au-dessus et au-dessous du niveau de la mer. Poseidon Diving Systems (☎ 386-9191) est une boutique spécialisée assez centrale au 2519 Douglas St qui fournit matériel, locations et conseils.

Pêche. Les eaux qui entourent Victoria sont réputées pour leurs saumons. On y pratique la pêche en eaux profondes. Lacs d'eau douce et torrents, situés à une heure ou deux de Victoria et dans toute l'île offrent une bonne pêche. Le bras de mer de Saanich possède par ailleurs l'une des plus fortes concentrations de saumons du monde. D'innombrables organismes proposent des sorties de pêche en eaux profondes de durées variables. La plupart fournissent l'équipement et les appâts. Ainsi, Discovery Fishing Adventures (☎ 386-4191), 183 Bushby St, géré par Allan Crow, propose des sorties de quatre heures pour 175 $.

Autres activités. La planche à voile se pratique beaucoup, surtout à Cadboro Bay, près de l'université, et sur la plage de Willow, à Oak Bay. On peut louer des planches à l'un ou l'autre endroit pour 13 $, ou encore prendre des cours avec un professeur. Oak Bay est également réputée pour le canoë qu'on y pratique. Ocean River Sports (☎ 381-4233), 1437 Store St, loue canoës et kayaks, vend le matériel et organise des leçons. Quant à Sports Rent (☎ 385-7368), 3084 Blanshard St, il loue des canoës et des kayaks pour 30 $ par jour.

On peut également effectuer des randonnées à cheval dans les montagnes environnantes et au bord des lacs avec, parfois, nuits en bivouac. Renseignez-vous au Travel Infocentre. Lakeshore Trailrides (☎ 479-6853), 482 Sparton Rd, propose par exemple une heure de promenade pour 20 $. Le Crystal Pool & Fitness Centre (☎ 380-4686), 2275 Quadra St, à l'angle de Wark St – non loin du centre-ville à pied – possède une piscine, un sauna et un jacuzzi et des vestiaires. L'entrée à la piscine coûte 3 $.

Voyages organisés

Les compagnies sont nombreuses à proposer toute une série de visites, du centre-ville en bus au tour de l'île rapide. D'autres préfèrent se cantonner à un seul type de tour : sorties en bateau de jour ou de nuit, promenades en calèches ou randonnées-découvertes.

Gray Line (☎ 388-5248), 700 Douglas St, propose toute une série de visites organisées. Son tour de la ville en bus dure une heure et demie et coûte 12,50 $. Il passe par les monuments les plus importants et les plus beaux de Victoria. La plupart des visites comprennent l'entrée dans des lieux comme les jardins Butchart. Les tickets s'achètent à l'Empress Hotel, d'où s'effectuent les départs. Heritage Tours (☎ 474-4332), 713 Bexhill St, propose des tours de la ville plus personnalisés, en limousines pouvant contenir jusqu'à 6 personnes, au prix de 62 $ pour une heure et quart de visite, ou de 82 $ pour deux heures.

Tallyho Sightseeing (☎ 479-1113) propose une visite de la ville en calèche pour 9,50 $ par personne. Plus cher, Black Beauty Line (☎ 479-1113) organise lui aussi des visites en calèches le long de la baie de James pour 20 $ les 10 à 15 mn. Pour ces deux organismes, les départs se font à l'angle de Belleville St et de Menzies St.

Seagull Expeditions (☎ 744-4268), 247 East Sunningdale Rd, Qualicum Beach V9K IL3, propose un tour de l'île de six jours pour les voyageurs à budgets serrés. L'itinéraire inclut le parc national de Pacific Rim et le parc provincial de Strathcona, avec possibilité de randonnées pédestres dans la forêt tropicale. Le bus (24 personnes) part du 1905 Store St, près de l'auberge de jeunesse HI Victoria, le lundi à 8h30. Le prix de l'excursion s'élève à 130 $. Freedom Adventure Tours (☎ 592-2487), 2663 Currie Rd, Victoria V8S 3B9, propose des randonnées-camping dans les vallées de Clayoquot et de Carmanah et aux Sooke Potholes.

Festivals

Mai

Fête de Victoria – organisée au cours de la quatrième semaine de mai pour fêter l'anniversaire de la reine Victoria, cette manifestation comprend une parade, des spectacles montés par différents groupes ethniques de la ville ainsi que des événements sportifs. Appelez le 382-3111 pour connaître la liste des manifestations. Le festival s'achève par une course de voiliers appelée la Swiftsure Lightship Classic. Appelez le 592-2441 pour de plus amples renseignements.

Juin

Festival de jazz – fin juin, la Victoria Jazz Society (☎ 388-4423) organise son festival de jazz annuel en divers points de la ville.

Juin-juillet

Folkfest – fin juin-début juillet, la Folkfest célèbre la diversité culturelle du Canada. Des spectacles de danse et de musique se tiennent en face du Musée royal BC.

Juin-août

Festival international de Victoria – ce festival de musique classique dure tout l'été jusqu'à la mi-août. Pour obtenir renseignements et programmes, contactez la McPherson Playhouse (☎ 386-6121) ou appelez le 736-2119.

Août

Festival des autochtones – il se tient au mois d'août près du Musée royal BC et du Port intérieur. Il dure trois jours et comprend des expositions d'artisanat traditionnel, des danses et des courses de canoës. Vous obtiendrez tous les détails au 383-2663.

Août-septembre

Festival de théâtre d'avant-garde – parmi les quelque 50 représentations données à travers la ville figurent comédies, tragédies, acrobaties, jonglage et attractions de rues. Tout cela se déroule fin août et début septembre. Pour tout renseignement, téléphonez au 383-2663.

Septembre

Fête de la marine – durant le premier week-end de septembre, des vaisseaux de bois à voile ou à moteur s'affrontent dans diverses catégories. Les courses ont lieu dans le Port intérieur. Des attractions gratuites sont proposées aux spectateurs sur le quai. Renseignez-vous au 385-7766.

Où se loger

Camping. Le plus proche de la ville est le *Fort Victoria RV Park* (☎ 479-8112), 340 Island Hwy, en bordure d'Island Hwy 1A, à 6,5 km du centre-ville. Prenez le bus n°14 ou n°15 en ville : il s'arrêtera juste devant la grille. Le camping est surtout destiné aux véhicules, mais possède quelques emplacements pour tentes. Deux inconvénients majeurs : il n'y a pas d'arbres, donc pas d'ombre, et il est interdit de faire du feu. En revanche, on y trouve toutes les installations nécessaires, y compris des douches gratuites. L'emplacement coûte 19 $ pour deux personnes, électricité comprise.

Un peu plus éloigné, le *Thetis Lake Campground* (☎ 478-3845), 1938 Trans Canada Hwy (Transcanadienne), sur Rural Route 6, se trouve à environ 15 mn de route, au nord-ouest de la ville. Bien équipé, il possède entre autres douches et laverie automatique. On y trouve aussi une boutique et l'on peut se baigner dans le lac tout proche. Un emplacement pour deux personnes coûte 13,91 $, taxes comprises. Il faut compter 2 $ supplémentaires pour l'électricité. Il est ouvert toute l'année.

Il y a un camping gouvernemental dans le *parc provincial de Goldstream* (☎ 387-4363), sur la Transcanadienne, à 20 km au nord-ouest de Victoria. Un emplacement pour tente coûte 15,50 $ pour une à quatre personnes. Là, on peut nager, pêcher ou faire de la randonnée. Prenez le bus n°50 dans Douglas St. Au sud du parc provincial de Goldstream, à 3,5 km par la Transcanadienne, au 2960 Irwin Rd, sur la Rural Route 6, on trouve le *Humpback Valley Campground* (☎ 478-6960). Il fait partie d'une réserve naturelle et ouvre de début juin à fin septembre. Il comporte de nombreuses installations, ainsi que des locations de canoës et de kayaks, et demande 15 $ pour deux personnes.

Le Travel Infocentre vous renseignera sur les autres campings des environs.

Auberges de jeunesse. L'auberge de jeunesse de la HI, la *Victoria Hostel* (☎ 385-4511), 516 Yates St, se trouve dans la partie la plus ancienne de la ville, en haut de Wharf St. Elle peut loger jusqu'à 100 personnes et possède des chambres familiales, une grande salle commune, une cuisine, une buanderie et un précieux tableau d'affichage. La nuit coûte 13,50 $ pour les membres, 18,50 $ pour les autres. Il est possible d'y acquérir une carte de membre.

L'auberge de jeunesse est ouverte du dimanche au jeudi de 7h30 à 2h30 du matin, mais le bureau ferme à minuit. Durant l'été, mieux vaut réserver avant 16h. En haute saison, la préférence est donnée aux membres de la HI et l'on demande souvent à ceux qui ne le sont pas d'attendre 20h pour venir s'inscrire. Un tableau d'affichage fournit une liste de solutions de rechange.

Au 934 Selkirk Ave, à Esquimalt, après le pont de Johnson, se trouve la *Selkirk Guest House* (☎ 389-12130), affiliée à la HI. Pour les membres, la nuit en dortoir coûte 13,50 $, et 17,50 pour les autres. Les chambres individuelles sont à 30 $. L'auberge possède des douches et une buanderie. Le *Backpackers Victoria Hostel* (☎ 386-4471), 1418 Fernwood Rd, propose des doubles à 30 $ ou des lits en dortoir à 10 $. Il existe des tarifs dégressifs à la semaine ou au mois. Comptez une caution de 10 $ pour la clé. L'auberge de jeunesse se trouve sur une colline dominant la ville. Il n'y a pas de couvre-feu et l'on trouve restaurants et magasins juste à côté. Pour s'y rendre, il faut prendre les bus se dirigeant vers l'est dans Fort St ; le bus Haultain passe juste devant la porte.

La *YMCA* et la *YWCA* (☎ 386-7511) sont groupées dans le même immeuble au 880 Courtney St, mais seules les femmes peuvent y résider. On compte 31 lits, disposés dans des simples et des doubles avec s.d.b. commune. La simple/double coûte 31/46 $. L'établissement possède une cafétéria ouverte à tous et une piscine chauffée.

L'*université de Victoria* propose des chambres de début mai à fin août. Les simples/doubles sont à 30/42 $, petit déjeuner et parking compris. On peut également profiter des installations de l'université et le campus comporte plusieurs cafétérias sous licence. Contactez les Housing & Conference Services (☎ 721-8396), University of Victoria, PO Box 1700, Victoria V8W 2Y2. Pour y aller, prenez le bus n°14 dans Douglas St : il faut 20 mn jusqu'au campus.

B&B. Victoria possède plusieurs associations de B&B qui se chargent de sélectionner leurs membres et d'effectuer les réservations dans un bureau central. Vous trouverez la liste des agences de B&B dans la brochure intitulée *Accommodations*. Les prix vont de 35 à 75 $ pour une simple et de 45 à 120 $ pour une double, certaines pouvant même aller jusqu'à 190 $.

Parmi les associations, essayez par exemple *All Seasons B&B Agency* (☎ 655-7133), PO Box 5511, Station B, Victoria V8R 6S4, ou *Victoria Vacationer B&B* (☎ 382-9469), 1143 Leonard St. Par ailleurs, beaucoup de B&B préfèrent rester indépendants. En voici quelques-uns. Vous trouverez leurs publicités au Travel Infocentre.

Au nord-est du centre, *Renouf House* (☎ 595-4774) est installé dans un bâtiment historique de 1912 au 2010 Stanley Ave. La simple/double y coûte 35/45 $. *Battery St Guest House* (☎ 385-4632) est situé au sud du centre, près du parc de Beacon Hill, au 670 Battery St. C'est une maison ancienne datant de 1898 gérée par une Hollandaise. Les chambres coûtent 35/55 $. *Breland B&B* (☎ 383-0972), toujours au sud du centre, au 544 Toronto St, se trouve à proximité des commerces et des sites touristiques. Une simple/double y coûte 39/54 $ ou plus, avec possibilité de parking. *Craigmyle Guest House* (☎ 595-5411), 1037 Craigdarroch Rd, à un kilomètre et demi du centre-ville, est à deux pas du château de Craigdarroch. Les chambres sont à 55/70 $. Un voyageur nous a conseillé **Marion Simms B&B** (☎ 592-3070), 1730 Taylor St, à une dizaine de minutes du centre en bus. Les simples/doubles y coûtent 35/50 $, les petits déjeuners sont très copieux et les propriétaires très serviables.

Hôtels – petits budgets. On trouve plusieurs établissements à prix très raisonnables dans le centre-ville. L'été, quand les touristes affluent, les prix s'emballent.

Parmi les hôtels les plus anciens de la ville, comme le *Fairfield Hotel* (☎ 386-1621), 710 Cormorant St, à l'angle de Douglas St, ou le *Ritz Hotel* (☎ 383-1021), 710 Fort St, certains sont vraiment bon marché, mais ne s'adressent pas aux voyageurs de passage. S'il reste une chambre toutefois, on vous la louera pour environ 35 $ la nuit.

L'*Hotel Douglas* (☎ 383-4157), très central au 1450 Douglas St, à l'angle de Pandora Ave, possède des simples/doubles à 50/55 $. Le hall d'entrée est aussi une galerie d'art, et l'on trouve un bar et un restaurant en sous-sol.

Ouvert en 1897, le *Cherry Bank Hotel* (☎ 385-5380), 825 Burdett Ave, se situe à l'est du centre, sur une colline, en face du palais de justice. Il est simple, mais représente une valeur sûre, avec des simples/doubles à 45/51 $ avec s.d.b. commune, ou 65/71 $ avec s.d.b. privée. Ces prix incluent le petit déjeuner, mais les chambres n'ont ni TV, ni téléphone. L'établissement comporte un bar et un restaurant.

Autre bonne adresse, le *James Bay Inn* (☎ 384-7151) est un vaste hôtel assez vieillot avec des baies vitrées situé au 270 Government St, dans un quartier résidentiel de jolies petits bâtiments. Les chambres sont à 62 $ avec s.d.b. commune, à partir de 75 $ avec s.d.b. privée. L'établissement comporte une salle de TV, un bar, un restaurant et des distributeurs de nourriture.

Hôtels – catégorie moyenne. Au *Strathcona Hotel* (☎ 383-7137), 919 Douglas St, à quelques pâtés de maisons au nord du Port intérieur, la simple/double va de 45/50 à 104/114 $. Toutes les chambres sont avec s.d.b., téléphone et TV. Le parking est gratuit et l'hôtel comporte plusieurs bars et un restaurant. Au *Dominion Hotel* (☎ 384-4136), 759 Yates St, les simples/doubles débutent à 94/114 $. Le parking est gratuit et l'établissement possède un restaurant. Le *Green Gables Hotel* (☎ 385-6787), 850 Blanshard St, est tout près du Port intérieur et abrite une piscine couverte ainsi qu'un sauna et un restaurant. Les simples/doubles vont de 99 $ à 142 $.

Hôtels – catégorie supérieure. Le *Beaconsfield Inn* (☎ 384-4044), 998 Humboldt St, se trouve à quelques centaines de mètres à l'est du centre-ville et au nord du parc de Beacon Hill. Il est installé dans une demeure édouardienne et les tarifs incluent le petit déjeuner. Les chambres débutent à 120 $ simple ou double.

L'*Empress Hotel* (☎ 348-8111), 721 Government St, domine le Port intérieur et représente le cœur de Victoria. Lorsque vous regardez le bâtiment, la réception se trouve à gauche de l'entrée principale. Même si vous n'y séjournez pas, ne manquez pas d'y faire une visite. Les simples/doubles commencent à 195/220 $

et peuvent atteindre 275/300 $. Le *Victoria Regent Hotel* (☎ 386-2211), 1234 Wharf St, à l'angle de Yates St, est spécialisé dans les suites. Il faut compter au moins 155 $ pour une chambre simple ou double. L'établissement comporte un parking souterrain et le personnel se montre serviable.

Surplombant Oak Bay, l'*Oak Bay Beach Hotel* (☎ 598-4556), 1175 Beach Drive, se trouve en bord de mer, à l'est de la ville. Il fournit un service de navette jusqu'au centre, ainsi que des croisières-déjeuners. Le prix des chambres va de 116 à 236 $. Le *Laurel Point Inn* (☎ 386-8721), 680 Montreal St, à l'ouest du centre-ville, près de Laurel Point, est considéré comme le meilleur de tous, mais c'est aussi le plus cher. Comptez au moins 155 $ pour une simple/double, et sachez que les prix atteignent jusqu'à 495 $ la nuit.

Motels. Douglas St ne manque pas de motels, dont certains sont situés à la limite nord de la ville. Le *Doric Motel* (☎ 386-2481), 3025 Douglas St, est à 5 mn de route au nord du centre-ville. Il propose TV, buanderie et café gratuit. Les simples/doubles sont à 47/58 $, plus 5 $ pour la cuisine. Le *Paul's Motor Inn* (☎ 382-9231), 1900 Douglas St, possède un restaurant ouvert 24h sur 24. Les simples/doubles débutent à 77/82 $. L'*Imperial Inn* (☎ 382-2111), 1961 Douglas St, demande 65/75 $ pour ses simples/doubles et comporte un restaurant et un bar.

Le *Crystal Court Motel* (☎ 384-0551) est au 701 Belleville St, à l'angle de Douglas St, en face de la gare routière de Greyhound et du jardin Crystal. Les simples/doubles sont à 63/66 $, et il faut rajouter 2 $ à peine pour avoir une cuisine. L'établissement est propre et toutes les chambres sont avec TV, radio et téléphone. Le personnel est sympathique et serviable, mais sachez que l'on n'accepte que les espèces ou les chèques de voyages. Bien que le *T-Bird Motel* (☎ 385-5767), 600 Douglas St, et le *Helm's Inn* (☎ 385-5767), 668 Superior St, possèdent des adresses différentes, ils se sont associés et partagent réception et numéro de téléphone. Dans les deux, les simples/doubles débutent à 85 $ et toutes les chambres ont une cuisine. En face, le *Shamrock Motel* (☎ 385-8768), 675 Superior St, propose des simples/doubles à 89/99 $.

Autre artère riche en motels, Gorge Rd, au nord-ouest du centre-ville, forme une section de la Island Hwy 1A. De là, on est à peine à 5 mn du centre en voiture.

Au *Capri Motel* (☎ 384-0521), 21 Gorge Rd East, les simples/doubles coûtent 50/52 $. Au *Friendship Inn* (☎ 386-8335), 39 Gorge Rd East, elles débutent à 40/50 $, plus 5 à 10 $ pour la cuisine. Le *Budget Host Maple Leaf Inn* (☎ 388-9901), 120 Gorge Rd East, est équipé d'un sauna, d'une piscine chauffée et d'une laverie automatique. Les premiers prix s'élèvent à 58/62 $, plus 10 $ pour la cuisine. Le *Royal Victorian Inn* (☎ 385-5771), au n°230, demande de 35 à 39 $ pour une simple et de 50 à 56 $ pour une double. Il y a une piscine extérieure chauffée et une laverie automatique et le thé et le café sont offerts.

Où se restaurer

Malgré ses dimensions relativement réduites, Victoria possède une infinie variété de restaurants qui, pour la plupart, pratiquent des prix raisonnables. En tant que ville touristique dotée, qui plus est, de racines britanniques, elle ne manque pas de salons de thé. Certains établissements proposent des menus promotionnels au déjeuner là où, le soir, les prix deviennent prohibitifs. En ville, les pubs présentent généralement un bon rapport qualité/prix.

Où se restaurer – petits budgets. La *Public Cafeteria* de l'hôtel de ville, à l'angle de Douglas St et de Pandora Ave, est propre et propose des plats du jour à 4,50 $. Tentez aussi la *cafeteria* du grand magasin Bay, qui offre plus de choix. Modeste et bon enfant, le *Day & Night*, 622 Yates St, offre une nourriture simple de bonne qualité. Le petit déjeuner y est l'un des moins chers de la ville. Les sandwiches coûtent 4 $ et les plats de pâtes débutent au même prix. Le *Smitty's Family*

Restaurant, 850 Douglas St, est un classique, avec des petits déjeuners de crêpes et de café à 6 ou 7 $. Il ouvre de 6h à 13h.

Le *Scott's Restaurant*, 605 Yates St, reste ouvert 24h sur 24. C'est un établissement propre qui propose des hamburgers et des sandwiches à 5 $, des viandes grillées à 7 $ environ et des desserts à 2,50 $. Le *Dion's Restaurant*, 772 Fort St, entre Douglas St et Blanshard St ouvre de 8h30 à 22h. On y sert des soupes à 3,50 $, des sandwiches à partir de 3 $ et des salades de 4,25 à 7,25 $. La boulangerie *Rising Star Bakery*, dans Broad St entre Yates St et Johnson St, propose un café servi avec un croissant pour 2,50 $. On y trouve une grande variété de pains allant de 1,50 $ à 2,50 $.

Les fish & chips sont excellents à Victoria. Ainsi, *Barb's Place*, 310 St Lawrence St, au Fisherman's Wharf, est une sorte de cabane de bois installée sur un ponton audessus de l'eau. Les frites (1,85 $) sont servies dans du papier journal. Chez *Cook St Fish & Chips*, 252 Cook St près du parc de Beacon Hill, le fish & chips accompagné de coleslaw (sorte de salade de chou cru) coûte 4,95 $. Quant au *Sticky Wicket Pub*, à l'angle de Douglas St et Courtney St, il sert un fish & chips à 4,50 $, mais aussi d'autres spécialités comme les nachos (5,45 $) ou la pizza (à partir de 5,65 $) accompagnés de bières. L'établissement est ouvert de 11h30 à 23h.

Autre établissement tout aussi bon marché, mais non moins délicieux, *Eugene's Restaurant & Snack Bar*, 1280 Broad St sert des plats grecs classiques de 3,50 à 7 $. Il est ouvert du lundi au vendredi de 8h à 22h et le samedi de 10h à 21h (fermé le dimanche). A Bastion Square, en face de la boîte de nuit Harpo's, le *C'est Bon* est un petit café français qui propose un menu spécial déjeuner avec soupe, croissant et café pour 4,35 $. Mel Gibson y a déjeuné lorsqu'il tournait un film dans les environs.

Au 560 Johnson St, le centre de Market Square comporte plusieurs restaurants à essayer : le *Café Bistingo* est réputé pour ses sandwiches (à partir de 4,25 $) et la *Bavarian Bakery* pour son excellent pain (2 $ environ). Le *Café Mexico* propose des spécialités mexicaines sur le pouce, comme les tacos à 6 $; c'est un agréable petit établissement sous licence qui dispose d'un patio surplombant la cour.

Le *Sam's Deli*, sous l'auvent bordeaux du 805 Government St, à l'angle de Wharf St et presque en face du principal Travel Infocentre, est parfait pour rédiger ses cartes postales en sirotant un expresso. Très apprécié, l'endroit dégage une atmosphère européenne. On y déguste de bonnes soupes (à partir de 3 $), salades (4 $) et des sandwiches (3 $).

Où se restaurer – catégorie moyenne. Pour dîner, le *Spare Rib House*, installé dans le Cherry Bank Hotel, au 825 Burdett Ave, est très bon. On y sert des côtes de bœuf (à partir de 12 $), des steaks et du poisson. Un menu enfant est proposé à 3,95 $ et des soirées chansons sont organisées.

Le *Pagliacci's*, 1011 Broad St, entre Fort St et Broughton St, sert une cuisine surtout italienne. On y paie de 8 $ pour une salade à 16 $ pour un plat de résistance et l'on y mange bien. Des orchestres s'y produisent presque tous les soirs. C'est l'endroit "In" de la ville, aussi vaut-il mieux réserver le soir. Le *Taj Mahal* est un restaurant indien situé au 679 Herald St, tout près du quartier chinois, au nord-est. La carte propose une bonne sélection de spécialités (végétariennes et de Tandooris) et les plats sont épicés à la demande. Les prix, toutefois, sont assez élevés : de 3 à 8 $ pour l'entrée, de 8 à 17 $ pour le plat principal. L'établissement est ouvert du lundi au vendredi de 11h30 à 14h et le samedi de 12h à 14h, et tous les soirs pour le dîner à partir de 17h30. Bon choix également, mais prix équivalents chez *Da Tandoor*, au 1010 Fort St, ouvert le jeudi et le vendredi de 13h30 à14h pour le déjeuner, et tous les soirs pour le dîner, de 17h à 22h30.

En face de l'auberge de jeunesse HI, au 531 Yates St, le *Periklis* est un restaurant grec. Les entrées y coûtent de 2 à 6 $, les plats de 10 à 24 $. Il est ouvert du lundi au vendredi de 11h30 à 15h et tous les soirs à partir de 17h30. Grec lui aussi, le *Millos Restaurant*, 716 Burdett Ave, à l'est de Douglas St, derrière le musée de l'automobile, est installé dans un "moulin à vent" bleu et blanc. On y mange des entrées de 5 à 6,50 $ et des plats grecs à partir de 12 $.

Délimité par la Porte de l'Harmonius Interest vers Fisgard St, le quartier chinois ne manque pas de restaurants. Ainsi, le *Foo Hong*, 564 Fisgard St, est minuscule et tout simple, mais les plats cantonais y sont excellents. Les entrées y coûtent 4 $ environ, les plats de résistance 7 $. Le *Don Mee*, au 538 Fisgard St, prépare lui aussi une cuisine cantonaise. Les rouleaux de printemps sont à 2,50 $, les autres entrées à 5 $. Les plats vont de 5 à 12 $. Un peu plus cher que le Don Mee, le *Hunan Village* au 548 Fisgard St en face de Fan Tan Alley, propose des entrées de 3 à 9 $ et des plats de 9,50 à 12,50 $. La cuisine y est cantonaise.

Pour le goûter, entrez au *Blue Fox Restaurant*, 919 Fort St. Situé loin des foules, d'un style un peu guindé, il sert toute la journée des petits déjeuners à 4,50 $, ainsi qu'un grand choix de salades et de sandwiches. Entre View et Fort St, au 1110 Government St, le *Murchie's* propose sans doute les meilleurs thés et cafés de la ville, ainsi qu'un délicieux assortiment de pâtisseries et de chocolats. Un peu décentré, mais très apprécié des citadins, le *Blethering Place*, au 2250 Oak Bay Ave, propose du thé anglais de 7 $ à 9 $. Au 812 Wharf St, sur le port, au-dessous du Travel Infocentre, le *Milestone's*, avec ses quelques tables en terrasse, offre un joli cadre, idéal pour siroter une bière. On y déguste aussi des hamburgers à 6 $, des sandwiches à 8 $ et quelques plats végétariens (fettucini végétariens à 10 $). Le *Herald St Caffé*, au 546 Herald St, est un petit restaurant italien qui sert de délicieuses pâtes de 12 à 15 $ environ. On y trouve aussi des spécialités végétariennes, d'excellents desserts et un bar à vins qui s'anime dès 22h.

Où se restaurer – catégorie supérieure. A l'hôtel Empress, l'*Empress Room* sert de délicieuses entrées, dont des soupes à 6,25 $ et des salades à partir de 7,75 $, ainsi que des plats de poisson ou de viande de 23 à 30 $. Le *Bengal Lounge*, également dans l'hôtel, sert du poisson ou de la volaille, ainsi qu'un plat de curry différent chaque jour pour 12,50 $ (d'autres plats du jour sont moins chers). Cela vaut la peine d'y prendre un repas, ne serait-ce que pour le service et le style. Au *Crystal Room*, vous trouverez des plats et des tarifs similaires, mais le restaurant est souvent réservé pour des groupes de touristes. On déjeune pour moins cher en bas des escaliers, au *Garden Café*. Enfin, la tradition du thé de l'après-midi est respectée dans le lobby de l'hôtel, à condition d'arborer la tenue vestimentaire adéquate. Des réunions y sont souvent organisées entre 11h et 17h.

La Petite Colombe, au 604 Broughton St, à la hauteur de Government St, sert de bonnes crêpes, mais est surtout spécialisée dans le plats de poisson à la française. Les entrées débutent à 5 $ et les plats vont de 10 à 21 $. Ce petit restaurant jouit d'une bonne réputation. Mais le meilleur endroit pour le poisson est sans doute le *Chauney's Restaurant*, 614 Humboldt St, en face de l'Empress Hotel. Soupes et entrées aux fruits de mer coûtent 4 $ environ, la sole de Dover est à 21,95 $. Le restaurant sert aussi steaks et poulet et accueille des musiciens de musique classique six soirs par semaine.

Sur Bastion Square, en face du restaurant C'est Bon, à l'angle de Wharf St, se trouve l'élégant *Rebecca's*. On y sert surtout du poisson ; les entrées vont de 3 à 7 $, les plats de 8 à 15 $. Le *Chandler's Seafood Restaurant*, près du Victorian Regent Hotel et à l'angle de Yates St et de Wharf St, propose des entrées de 5 à 10 $ et des plats de 11 à 25 $. L'établissement dispose aussi d'un bar.

Le *Koto Japanese Restaurant*, au 510 Fort St, tout près de Wharf St, sert surtout des fruits de mer. Il possède également un buffet de salades et de sushis ; les plats coûtent de 12 à 26 $. Le restaurant est ouvert de 11h30 à 14h du lundi au samedi et tous les soirs à partir de 17h. Vous pouvez aussi vous restaurer au *French Connec-*

tion, 512 Simcoe St, situé à quelques pâtés de maisons au sud du parlement. Le repas vous coûtera de 13 à 19 $.

Distractions

Le *Monday Magazine*, hebdomadaire gratuit de loisirs, présente la liste exhaustive de tout ce que l'on peut voir en ville. Le Travel Infocentre vous renseignera également sur les spectacles à l'affiche.

Théâtre. Le *MacPherson Playhouse* (☎ 386-6121), au 3 Centennial Square, à l'angle de Pandora Ave et de Government St, propose régulièrement des pièces de boulevard (en anglais bien sûr). Le guichet est ouvert du lundi au samedi de 9h30 à 17h30. Le *Royal Theatre* (☎ 386-6121), 805 Broughton St, entre Blanshard St et Quadra St, actuellement en rénovation, inscrit habituellement à l'affiche toute une palette d'artistes comme Léonard Cohen ou les Neville Brothers. Les places s'achètent au MacPherson Playhouse. Parmi les autres théâtres intéressants figurent le *Belfry* (☎ 385-6815), 1291 Gladstone Ave, au nord-est du centre-ville, et le *Phoenix Theatre* (☎ 721-8000), sur le campus de l'université de Victoria.

L'*Open Space Gallery*, 510 Fort St, met en scène de jeunes poètes, danseurs ou musiciens.

Musique. L'une des boîtes de nuit les plus en vogue est le *Harpo's* (☎ 385-5333), au 15 Bastion Square, à l'angle de Wharf St, au-dessus du Rebecca's. Des orchestres viennent y rock, rock celtique, ska, reggae ou blues. Le prix de base est généralement de 5 $, parfois plus élevé, en fonction de la notoriété des artistes. Le Harpo's est ouvert du lundi au samedi de 21h à 2h du matin.

Dans le bâtiment du Strathcona Hotel, plusieurs clubs accueillent des orchestres : le *Forge* et le *Big Bad John's*, entre autres, dont l'entrée coûte 4 ou 5 $ et qui ouvrent jusqu'à 2h. Le Forge passe surtout des orchestres de rock et de blues, tandis que le Big Bad John's est plutôt conseillé aux amateurs de musique country et farwest.

Le *Merlin's Nightclub* (☎ 381-2331), 1208 Wharf St, est situé dans le Port intérieur, au bas de l'escalier de pierre, en face de Bastion Square. Il propose un programme différent chaque soir, dont une Ladies' Night (soirée gratuite pour les dames) le mercredi. Le Merlin's est ouvert du lundi au mercredi de 20h à 2h et du jeudi au samedi de 19h à 2h.

Quant au *Pagliacci's*, il doit sa popularité non seulement à sa table, mais aussi à ses spectacles. C'est le temple du jazz à Victoria, mais les concerts y alternent avec des pièces de théâtre comiques. Pour tout savoir sur les concerts de jazz organisés en ville, téléphonez au 658-5255.

Pubs. Les amateurs de bière seront servis à Victoria. La ville possède en effet bon nombre de brasseries (les *brew pubs*) qui fabriquent eux-mêmes leur bière.

Ouvert en 1984, le *Spinnaker's* fut la première brasserie canadienne à brasser sa propre bière. Il se situe au 308 Catherine St, au bord de l'eau du port de Victoria, près d'Esquimalt Rd, à l'ouest du centre-ville. Il propose un grand choix d'excellentes bières maison à partir de 3 $. Pour vous y rendre, traversez le pont de Johnson pour parvenir dans Esquimalt Rd, puis prenez à gauche un sentier qui longe la rive jusqu'au pub. L'arrière de l'établissement offre une belle vue sur la ville. En face du pont de Johnson, à l'angle de Pandora Ave et de Store St, le *Swans Hotel* propose lui aussi un large choix de bières faites maison. Vous paierez 2,90 $ la demi-pinte de bière brune. Parmi les autres brasseries figurent le *Garrick's Head*, 69 Bastion Square, et le *Sticky Wicket Pub*.

Cinéma. On trouve plusieurs grands cinémas d'exclusivité en ville. Le *Cineplex Odeon*, 780 Yates St, en face du Dominion Hotel, possède trois salles. La séance y coûte 8 $, le mardi à 4,25 $.

Achats

Les boutiques d'artisanat sont rassemblées dans Douglas St et Government St. On y vend des objets et des œuvres d'art fabriqués par des Indiens : chandails, mocassins, sculptures et gravures, entre autres. Sachez toutefois que les objets de qualité sont chers. Méfiez-vous des imitations et des sous-produits. Canadian Impressions (☎ 383-2641), 811 Government St, vend quelques articles de qualité et des objets artisanaux. Allez voir les gravures à l'étage : certaines vont de 25 à 170 $.

Sasquatch Trading Company (☎ 386-9033), 1233 Government St, en face de la grande poste, propose une bonne sélection de chandails Cowichan faits main. Les prix vont de 130 à 180 $, mais les pulls sont chauds et vous dureront plus de dix ans. Aucune teinture n'est utilisée. La boutique est ouverte tous les jours de 8h30 à 21h. Parmi les autres magasins vendant des produits de qualité figurent Cowichan Trading (☎ 383-0321), 1328 Government St, Indian Craft Shoppe (☎ 382-3643), 905 Government St, et Hills Indian Crafts (☎ 385-3911), 1008 Government St.

La section de Fort St allant de Blanshard St à Quadra St est le domaine des boutiques d'antiquités et de bric-à-brac.

Pour les fous de chocolat, Roger's Chocolates, 913 Government St, est depuis 1885 un plaisir pour le nez et le palais. Essayez les "Victoria Creams" : disques enrobés de chocolats avec un choix de plus de 20 parfums à 1,60 $. Tous les produits vendus ici sont fabriqués sur place. La boutique est ouverte du lundi au vendredi de 9h30 à 20h, le samedi de 9h30 à 17h30 et le dimanche de 11h à 17h.

Si vous n'avez pas d'idée précise, essayez le centre commercial Victoria Eaton Centre, qui comporte plus de 140 boutiques et restaurants. Il ouvre 7 jours sur 7 et l'entrée principale se trouve à l'angle de Government St et Fort St. Le grand magasin Bay, au 1701 Douglas St, est ouvert les lundi, mardi et samedi de 9h30 à 17h30, du mercredi au vendredi jusqu'à 21h et le dimanche de 12h à 17h.

A l'angle de Johnson St et de Wharf St, Market Square comporte deux étages de boutiques et de restaurants. Entrez chez The Rubber Rainbow : vous y trouverez une immense collection de préservatifs, dont un qui brille dans la nuit !

Comment s'y rendre

Avion. Deux compagnies aériennes ont des bureaux à Victoria : Air Canada (☎ 360-9074), 20 Centennial Square et Canadian Airlines (☎ 382-6111) 901 Gordon St. Toutes deux assurent la liaison Vancouver-Victoria. Le tarif économique de l'aller simple (taxes non comprises) s'élève à 88 $, mais Air Canada propose des tarifs aller-retour spécial week-end pour le même prix et Canadian Airlines un vol moins cher sous certaines conditions. L'aller simple pour Seattle sur les Canadian Airlines est de 280 $ plus les taxes.

Si vous allez vers l'est en passant par Vancouver, le prix du billet à partir de Victoria n'est que de quelques dollars supérieur à celui d'un billet à partir de Vancouver, aussi n'est-il pas intéressant de payer le prix du ferry pour aller prendre votre avion directement à Vancouver.

Plusieurs lignes aériennes partent de Seattle. Ainsi, Horizon Air (☎ 206-762-3646 à Seattle ; 1-800-547-9308), en association avec les Alaska Airlines, propose des vols réguliers pour des destinations en Alaska et aux États-Unis. Lake Union Air (☎ 1-800-826-1890) relie Victoria à Tofino, Nootka Sound et Campbell River au centre de l'île de Vancouver, aux îles de San Juan et à Seattle. Kenmore Air (☎ 206-486-1257 ; 1-800-543-9595) assure la liaison entre Victoria et Seattle par hydravion.

Bus. Bien qu'ils ne desservent pas l'île, les bus Greyhound ont un bureau (☎ 385-5248), à la gare routière du 700 Douglas St, où vous pourrez obtenir renseignements et billets. L'aller simple (taxes comprises) sur Greyhound jusqu'à Calgary coûte 114,34 $, 128,25 $ jusqu'à Edmonton. Des réductions sont accordées sur certains trajets si l'on réserve à l'avance.

Les Pacific Coach Lines (PCL) (☎ 385-4411) et les Island Coach Lines (☎ 385-4411) fonctionnent à partir de la même gare routière. Les Pacific Coach Lines couvrent l'île de Vancouver et certaines villes de la Colombie-Britannique méridionale et vont jusqu'à Seattle. Un bus part toutes les heures pour Vancouver entre 6h et 21h. Le trajet, qui comprend le prix du ferry, coûte 21,25/38,25 $ l'aller/l'aller-retour. Le tarif reste le même pour l'aéroport de Vancouver. Le bus vous dépose devant l'arrêt de la navette du Delta Pacific Resort. Le bus pour Seattle, *via* Sidney et Anacortes, part chaque matin à 10h et arrive à 17h. L'aller simple, prix du ferry inclus, coûte 28,60 $.

Les Island Coach Lines sillonnent l'île de Vancouver. Huit bus par jour partent pour Nanaimo et le nord de l'île. Les prix en aller simple s'élèvent à 8,80 $ pour Duncan, 15,40 $ pour Nanaimo, 26,40 $ pour Port Alberni et 74,05 $ pour Port Hardy.

Train. L'Esquimalt & Nanaimo Railiner (ou E&N Railiner), géré par VIA Rail (☎ 383-4324 ; 1-800-561-8630), relie Victoria à Nanaimo, à Parksville et à Courtenay. Un train part chaque jour dans chaque direction : de Victoria en direction du nord à 8h15, de Courtenay en direction du sud à 13h15. Le trajet, qui traverse de merveilleux paysages, prend environ trois heures et demie. L'aller simple pour Nanaimo coûte généralement 17,12 $, 22,47 $ pour Parkville et 32,10 $ pour Courtenay.

Pour connaître tous les horaires, prenez la brochure du E&N Railiner à la gare, dans une agence de voyages ou au Travel Infocentre. La gare ferroviaire, située au 405 Pandora Ave, est proche de la ville, au pont de Johnson, près de l'angle entre Johnson St et Wharf St. Elle reste ouverte de 7h30 à 12h et de 13h à 15h. Le train s'appelle le *Malahat*, et il est souvent nécessaire de réserver.

Ferries. Les BC Ferries (☎ 656-0757, 24h sur 24), 1112 Fort St, à l'angle de Cook St, effectuent de fréquents trajets entre Swartz Bay et Tsawwassen, sur le continent. Les 38 km de traversée prennent une heure quarante environ. Dix à quinze départs ont lieu chaque jour : les horaires varient selon les saisons. La traversée pour un piéton coûte 5,50 $ et 25,50 $ pour une voiture et son conducteur. Le trajet en bus n°70 du centre-ville au terminal des ferries coûte 1,25 $.

Les BC Ferries fonctionnent également entre Swartz Bay et cinq des îles sud du Golfe : Galiano, Mayne, Saturna, Salt Spring et Pender. Il y a trois ou quatre traversées par jour. Le tarif est de 4 $ par personne, plus 1,50 $ avec une bicyclette et 13,50 $ pour une voiture.

Les BC Ferries relient aussi, au nord, d'autres îles du détroit de Georgia aux villes côtières du nord de l'île de Vancouver. (voir le paragraphe sur *Port Hardy*, à la fin du chapitre sur l'île de Vancouver). La Royal Sealink (☎ 382-5465) assure un service express jusqu'à Vancouver au prix de 40 $ l'aller simple (voir le paragraphe *Comment s'y rendre* dans le chapitre sur *Vancouver*).

Le *Victoria Clipper* et le *Victoria Clipper II*, gérés par Clipper Navigation (☎ 382-8100), 1000 Wharf St, effectuent la liaison entre Seattle et Victoria. Les bateaux sont des catamarans à propulsion qui n'acceptent pas les voitures. Le trajet dure presque 3 heures et l'aller simple en été coûte 52 $US (un peu moins cher le reste de l'année).

Le ferry MV *Coho*, appartenant à Black Ball Transport (☎ 386-2202), 430 Belleville St, pratique des tarifs bien plus avantageux. Il va du Port intérieur à Port Angeles, juste en face, de l'autre côté du détroit de Juan de Fuca. Le voyage coûte 8 $US par personne, ou 32 $US avec une voiture, et dure une heure et demie. Il y a quatre départs par jour dans chaque direction durant l'été. De Victoria, les ferries partent à 6h20, 10h30, 15h et 19h30.

Le *Victoria Express* (☎ 361-9144) se rend également à Port Angeles. Le trajet dure une heure et l'aller-retour coûte 20 $. Le *Victoria Star*, géré par les Gray Line Cruises (☎ 1-800-443 4552), basées à Bellingham, effectue une traversée par jour jusqu'à Bellingham, dans l'État de Washington. Le ferry part de Wharf St, au bas de Bastion Square, et l'aller simple coûte 33,60 $.

Enfin, les Washington State Ferries (☎ 656-1531 ; ☎ 381-1551 à Victoria), 2499 Ocean Ave à Sidney, assurent un service de ferries de Swartz Bay à Anacortes, dans l'État de Washington, en passant par les îles de San Juan. L'aller coûte 6,05 $US, ou 31,25 $US avec une voiture. C'est un très beau voyage avec, parfois, des arrêts sur les îles (voir plus bas la rubrique sur les *îles de San Juan*).

Comment circuler

Desserte de l'aéroport. PBM Transport (☎ 383-7311), 2nd Floor, 3297 Douglas St, assure la desserte par bus de l'aéroport international de Victoria. Il part toutes les demi-heures devant l'Executive House Hotel au 777 Douglas St. Les 25 km de trajet coûtent 13 $. Le bus n°70 passe à moins de 1,5 km de l'aéroport, alors qu'un taxi du centre-ville à l'aéroport coûte de 28 à 35 $.

Bus. Pour tout savoir sur le réseau de bus de Victoria, appelez Busline (☎ 382-6161) ou procurez-vous la liste des itinéraires et tarifs du Travel Infocentre. Les bus de la ville couvrent une vaste superficie et sont assez fréquents (toutes les 10 à 30 mn). Le prix du ticket est de 1,25 $, ou de 1,75 $ si vous souhaitez vous rendre en banlieue, à Callwood ou à Sidney, par exemple. Préparez votre monnaie.

On peut également se procurer un forfait-journée à 4 $ pour des trajets illimités. Ces forfaits ne s'achètent pas dans les bus, mais en divers points de vente de la ville, par exemple dans les épiceries.

Le bus n°70 se rend au terminal des ferries de Swartz Bay. Le n°2 va à Oak Bay.

Voitures. L'un des loueurs les moins chers est ADA Rent A Used Car (☎ 388-6230), 892 Goldstream Ave, qui loue des voitures d'occasion à la journée, au prix de 13,95 $, ou 19,95 $ pour les plus récentes. Ajoutez à cela 10 cents du kilomètre et 7 $ d'assurance. Rent-A-Wreck (☎ 384-5343), 2634 Douglas St, pratique lui aussi des tarifs intéressants : location d'une voiture à partir de 18,95 $ par jour, plus 10 cents par kilomètre et 4,95 $ d'assurance. Les grandes compagnies sont représentées en ville et dans les environs.

En voici trois, que vous trouverez dans Douglas St et à côté :

Avis	843 Douglas St (☎ 386-8468)
Budget	727 Courtney St (☎ 388-7874)
Tilden	767 Douglas St (☎ 381-1115)

Budget propose un forfait journalier à 35 $ en kilométrage illimité, plus 12 $ d'assurance. Chez Avis, vous paierez 49 $ la journée en kilométrage illimité, plus 12,95 $ d'assurance.

Taxis. Il existe plusieurs compagnies de taxis en ville. Essayez Victoria Taxi (☎ 383-7111) et Blue Bird Cabs (☎ 382-4235). Vous pouvez également louer des *pedicabs*, vélos-taxis à trois roues : une façon plus originale de visiter...

Bicyclettes. En centre-ville, on peut louer des vélos chez Harbour Scooters (☎ 384-2133), 843 Douglas St, à côté de l'agence Avis. Les tarifs sont de 5 $ l'heure ou de 19 $ les 24 heures. Comptez également 2 $ d'assurance obligatoire. Chez Biker Bills (☎ 361-0091), 634 Humboldt Ave, en face de l'Empress Hotel, on paie 5 $ l'heure et 19,95 $ les 24 heures. La bicyclette peut vous être livrée à votre hôtel. L'auberge de jeunesse de la HI loue elle aussi des vélos.

Ferries. Victoria Harbour Ferry propose un court, mais sympathique trajet en ferry d'une demi-heure entre le Port intérieur et le parc de Songhees (face à l'Ocean Pointe Hotel), Fisherman's Wharf et Westbay Marina. Le bateau ne prend qu'une douzaine de voyageurs et le trajet coûte 2 $.

ENVIRONS DE VICTORIA

Côte occidentale

A l'ouest de Victoria, la Hwy 14 vous emmène des parcs et des jardins soignés de la ville à la sauvagerie virginale de la côte occidentale de l'île. L'autoroute traverse Sooke, puis longe la côte qui domine le détroit de Juan de Fuca jusqu'à Port Renfrew, à l'extrémité sud du West Coast Trail (voir le*parc national de Pacific Rim*).

Avant d'atteindre Sooke, suivez les panneaux situés à Milnes Landing indiquant les **Sooke Potholes**, où l'on peut se baigner, pique-niquer ou se promener. Le Travel Infocentre (☎ 642-6351) et le musée de Sooke se trouvent dans le même bâtiment au 2070 Phillip's Rd. Le réseau de bus de Victoria s'étend jusqu'à Sooke : pour y parvenir, prenez le bus n°50 jusqu'au Western Exchange, puis changez pour le n°61.

Plus loin sur la Hwy 14, les parcs provinciaux de **French Beach** (plage française) et de **China Beach** (plage de Chine), fouettés par le vent, offrent des possibilités de baignade, de camping et de randonnée.

Port Renfrew sert souvent de but à des excursions d'une journée. Son principal intérêt réside dans sa plage botanique. Pour rentrer à Victoria sans revenir sur vos pas, prenez la route forestière à travers l'île jusqu'à Lake Cowichan, que de meilleures routes relient à Duncan et à la Hwy 19. (Voir le paragraphe*Comment circuler* dans le chapitre sur *Duncan*.)

Îles de San Juan (États-Unis)

Au nord-est de la côte de Victoria s'étendent les îles de San Juan, qui appartiennent à l'État de Washington. Les trois plus grandes, San Juan, Orcas et Lopez, forment un cercle situé à mi-distance entre l'île de Vancouver et le continent américain.

Les Washington State Ferries relient Swartz Bay, à Sidney, avec Anacortes dans l'État de Washington, en passant par les îles, un itinéraire très plaisant. Des arrêts sont prévus à Orcas, Shaw, Lopez et San Juan. Les ferries acceptent voitures, bicyclettes et kayaks. D'Anacortes, des bus continuent jusqu'à Seattle. Pour en savoir plus sur ces derniers, contactez Gray Line (☎ 206-624-5077) à la gare routière de Greyhound, à l'angle de 8th Ave et de Stewart St, à Seattle.

Les îles se prêtent bien au vélo et le stop y est autorisé. Les ferries vendent de bonnes cartes routières. De nombreux campings et gîtes ruraux vous attendent sur les principales îles. Sachez que vous devrez passer la douane. Par ailleurs, les passagers sans voiture peuvent voyager gratuitement d'une île à l'autre, dans les deux directions.

Îles sud du Golfe

Au nord-est de Victoria, en face de Sidney, à l'extrémité nord de la péninsule de Saanich, cet archipel de près de 200 îles est serré entre le continent et le sud de l'île de Vancouver. Le ferry au départ de Tsawwassen se faufile entre une poignée d'îles au cours de sa traversée jusqu'à Sidney.

A quelques importantes exceptions près, la plupart sont petites et en majorité inhabitées, mais ce bras de mer parsemé d'îles n'en reste pas moins un véritable rêve pour le navigateur. La pêche est variée et excellente : plusieurs espèces de saumon y nagent en saison. Les BC Ferries relient les plus grandes îles, aussi n'aurez-vous pas besoin d'un bateau particulier pour vous y rendre. La traversée au départ de Tsawwassen coûte 7,50 $: de Swartz Bay et entre les îles, l'aller-retour s'élève à 4 $. Renseignez-vous au Travel Infocentre de Victoria sur les activités, les hébergements et les transports. Vous pourrez vous y procurer le journal gratuit intitulé *The Gulf Islander*, qui fournit également de nombreux renseignements.

Étant donné la douceur du climat, la faune et la flore abondantes et la beauté naturelle de ces sites, on ne peut rêver mieux que ces îles pour "changer d'air".

Les îles possèdent des circuits cyclables : contactez la Bicycling Association of BC pour tous les détails.

Île de Salt Spring. C'est la plus grande de toutes à la fois en superficie (29 km sur 14) et en population : 8 500 habitants l'hiver, trois fois plus l'été. De nombreux artistes ont choisi d'y vivre. Aussi les foires d'artisanat et les galeries d'art de réputation nationale ne manquent-elles pas ici. L'île possède par ailleurs une longue et intéressante histoire indienne, suivie d'une colonisation faite non pas par les Blancs, mais par des pionniers noirs américains. Fuyant les préjudices et les tensions sociales, un petit groupe de pionniers vint former une communauté à Vesuvius Bay. Malheureusement, les Indiens ne les apprécièrent pas plus que les Britanniques de la région. Pourtant, les Noirs tinrent bon, créèrent des fermes et installèrent des écoles. Plus tard arrivèrent des immigrants venus d'Angleterre et d'Irlande.

L'île possède trois embarcadères de ferries : celui de Long Harbour dessert Vancouver, Swartz Bay, les autres îles sud du Golfe et le continent américain. Ceux de Fulford Harbour et de Vesuvius Bay sont réservés aux ferries qui font l'aller-retour jusqu'à l'île de Vancouver : du premier jusqu'à Swartz Bay, du second jusqu'à Crofton.

Non loin de l'embarcadère de Long Harbour, **Ganges** est le principal village. C'est là que l'on trouve le plus grand nombre d'hébergements et de boutiques de souvenirs. L'été, une foire d'art et d'artisanat y est organisée. Un marché s'y tient tous les samedis matin. Les artistes font visiter leurs ateliers : le Travel Infocentre (☎ 537-5252), 121 Lower Ganges Rd, vous fournira la liste de ces derniers. Le **parc provincial de Mouat** n'est pas très loin et comporte 15 campings.

Au sud de Ganges, le **parc provincial du mont Maxwell** offre de très beaux panoramas, des coins poissonneux pour la pêche et des aires de pique-nique. Au **parc provincial de Ruckle**, ancien domaine agricole situé à 10 km à l'est de l'embarcadère pour ferries de Fulford Harbour, vous attendent randonnées en forêt ou le long de la côte, pêche et camping sauvage.

Où se loger. Le *Cusheon Creek Hostel* (☎ 537-4149), 640 Ocean Lake Rd, est une auberge de jeunesse de la HI. Là, vous avez le choix entre passer la nuit dans un dortoir traditionnel ou dans un tipi indien. Il vous en coûtera 13 $ si vous êtes membre, 16 $ sinon. L'auberge de jeunesse n'est qu'à quelques minutes de marche du lac ou de l'océan. Les B&B sont assez nombreux ; certains propriétaires viendront vous chercher à votre descente du ferry. Disséminés autour de l'île, les stations balnéaires disposent de maisons à louer, de campings, de plages, de bateaux en location, etc. Les prix des gîtes débutent à 45/50 $ la simple/double. Près des embarcadères, quelques motels louent des chambres à 50/60 $ environ.

Comment circuler. Les Salt Spring Island Bus (☎ 537-2311) circulent entre Ganges et les terminaux pour ferries. On peut se déplacer en bicyclette, mais l'île est assez grande et le terrain accidenté.

Îles de Pender nord et sud. Ces îles, reliées par un petit pont, abritent plus de 1 600 habitants. Là encore, les ateliers d'artistes et les terrains de golf abondent. Si vous êtes amateur de plages, essayez celle d'**Hamilton**, au port de Browning sur l'île de Pender Nord, ou **Mortimer Spit** sur Pender Sud (juste après avoir traversé le pont). En parcourant ces îles, peut-être aurez-vous la chance de rencontrer l'un des nombreux cerfs plus ou moins apprivoisés qui y vivent. Vous pourrez faire de la randonnée et du camping au **parc provincial centenaire de Prior**, sur Pender Nord, près de la plage **Medicine Beach**, au port de Bedwell. Sur Pender sud, le **mont Norman**, qui culmine à 260 m d'altitude, offre une vue magnifique.

Où se loger. L'hébergement se fait surtout en B&B ou en gîtes. Si votre budget est assez large, offrez-vous une nuit ou deux à la ferme historique de *Corbett House* (☎ 629-6305), sur Corbett Rd, à 1 km de l'embarcadère. Les simples/doubles y coûtent 60/80 $, petit déjeuner compris.

Île de Saturna. A Saturna Point, près du terminal des ferries du port de Lyall, on trouve un magasin et un pub. Le **parc maritime de Winter Cove** comporte de belles plages de sable. Au sommet du pic du **mont Warburton**, se trouve une réserve d'animaux où l'on peut voir des chèvres sauvages et de beaux panoramas. Juste au nord de l'île de Saturna, se trouve le **parc**

marin de Cabbage Island, idéal pour les baignades, la pêche et le camping sauvage.

Où se loger. L'hébergement se fait surtout en B&B. Le *Boot Cove Lodge* (☎ 539-2254), situé à moins de 2 km du terminal, propose des doubles à 90 $, petit déjeuner compris. On peut y louer bateaux ou bicyclettes et y prendre ses repas.

Île de Mayne. Le ferry de Tsawwassen à Swartz Bay se fraie un chemin dans Active Pass, l'étroit bras de mer qui sépare les îles de Mayne et de Galiano. C'est à Village Bay, au sud de la première, qu'ils font escale. **Miners Bay** comporte de nombreux bâtiments de la fin du XIXe siècle, dont le musée, qui servait jadis de prison. Les hébergements sont rares et ce sont surtout des B&B ; mieux réserver avant de venir.

Île de Galiano. Il faut visiter Galiano. Elle ne compte que 900 habitants répartis sur son territoire long et étroit. Elle est couverte à 75% de forêts et de broussailles. On trouve un Travel Infocentre (☎ 539-2233) à l'embarcadère des ferries de Sturdies Bay.

On peut pratiquer la randonnée sur presque toute la longueur de la côte est, et l'escalade sur le **mont Sutil** (323 m) ou le **mont Galiano** (342 m), d'où l'on aperçoit les montagnes Olympic qui s'élèvent à 90 km de là. Dans Porlia Pass et Active Pass, plongeurs et pêcheurs s'en donnent à cœur joie. La côte est bordée de falaises et de petites baies et le canoë se pratique le long de la rive ouest dans des eaux calmes. A la pointe nord-est de l'île se trouve le **parc provincial de Dionisio Point**, très accidenté, où l'on pratique natation, pêche, randonnée et camping sauvage.

Où se loger. Vous pouvez camper au *parc maritime de Montague Harbour*. Sur toute l'île, vous trouverez des B&B et des gîtes ruraux. Le *Sutil Lodge* (☎ 539-2930) date des années 20 et se trouve sur la plage de Montague Harbour. Il propose des simples/doubles à partir de 40/65 $ et ses locataires peuvent utiliser gratuitement ses canoës. De Sturdies Bay, deux ferries partent chaque jour pour Tsawwassen et Swartz Bay.

DUNCAN ET LA VALLÉE DE COWICHAN

A une soixantaine de kilomètres au nord de Victoria par la Transcanadienne, se trouve la petite ville de Duncan. Elle marque le début de la vallée de Cowichan, qui s'étend vers l'ouest et contient le grand lac Cowichan. L'embranchement pour ce dernier est situé à 8 km au nord de Duncan, à gauche (à l'est) de la Transcanadienne. Après l'embranchement, il faut parcourir 22 km. Là, s'étendait le territoire du peuple Cowichan, qui constituait la plus grande nation indienne de Colombie-Britannique. En dépit de nombreux problèmes, ces Indiens sont parvenus à conserver divers aspects de leur culture unique.

Pour une bonne excursion au départ de Victoria, remontez jusqu'à Chemainus, redescendez vers Duncan, puis poussez jusqu'au lac Cowichan. Dirigez-vous ensuite sur Port Renfrew et rejoignez la ville par la côte ouest. Le Travel Infocentre (☎ 746-4421) de Duncan, à l'angle de la Transcanadienne et de Coronation St, est ouvert tous les jours de 9h à 17h. Dans la ville de Lake Cowichan, le Travel Infocentre (☎ 749-4141) est ouvert du dimanche au jeudi de 9h à 17h et les vendredi et samedi de 8h30 à 20h. Duncan ne présente pas grand intérêt (en dehors de la vieille ville) ; la ville de Lake Cowichan non plus. Toutefois, la vallée et le lac se prêtent particulièrement bien au camping, à la randonnée, à la baignade, à la pêche et au canoë.

Depuis 1985, Duncan, "la ville des totems", a mis au point, en association avec les Indiens Cowichans, un projet de fabrication de mâts totémiques destinés à décorer la ville. On peut voir aujourd'hui plus de 20 exemples de cette forme d'art.

Centre historique indien

Si vous arrivez du sud par l'autoroute, prenez la première à gauche après le pont. Vous êtes dans Cowichan Way. Le centre (☎ 746-8119), 200 Cowichan Way, se trouve à 150 m sur la gauche. Vous y admirerez des expositions sur l'artisanat et les sculptures Cowichan et verrez les artistes travailler. L'entrée coûte 6 $; un film de 20 mn sur le centre est compris. Le tout est ouvert tous les jours de 9h30 à 17h30.

Musée de Cowichan Valley

Situé à la gare de Canada Ave, ce musée très local (☎ 746-6612) est ouvert tout l'été du lundi au samedi de 11h à 16h.

Musée de la Forêt

Le BC Forest Museum est situé à environ 3 km de Duncan, offrant sur ses 40 ha des attractions couvertes ou en plein air. On y voit un groupe de sapins Douglas hauts de 55 m qui se trouvaient déjà là à l'arrivée du capitaine Cook en 1778. Le prix d'entrée de 6 $ comprend un tour du site en train à vapeur. A l'intérieur, expositions et films sur l'exploitation forestière telle qu'on la pratiquait jadis. Le musée (☎ 748-9389) est ouvert tout l'été de 9h30 à 18h. Entrée : 6 $.

Visites de scieries

La vallée est vouée à l'industrie du bois. Certaines compagnies proposent des visites gratuites de leurs scieries : MacMillan Bloedel (☎ 746-1611), à la scierie de Chemainus (☎ 246-3221) ; Doman Industries (☎ 748-3711) et Fletcher Challenge (☎ 246-3241). Les visites ont lieu du lundi au vendredi durant l'été. A **Youbou**, à l'ouest de Lake Cowichan, on peut visiter une scierie en exploitation (appelez le 749-3244).

Activités culturelles et/ou sportives

On trouve de multiples sentiers de randonnée du côté du cours d'eau et du lac Cowichan. Parmi eux, le **Cowichan River Footpath** s'étend sur 18 km et traverse des paysages remarquables. Le sentier va jusqu'aux chutes de Skutz. De là, on peut soit revenir sur Duncan, soit continuer le long du cours d'eau.

Des cartes des itinéraires de randonnées sont vendues dans les magasins de sport. La température de l'eau du lac permet parfois la baignade.

Où se loger et où se restaurer

La région possède de nombreux hôtels et motels, surtout situés le long de la Transcanadienne à Duncan et dans les petites villes qui bordent le cours d'eau et le lac. L'un des moins chers, le *Duncan Motel* (☎ 748-2177), 2552 Alexander St, à Duncan, loue ses simples/doubles 34/36 $.

Le camping reste toutefois la meilleure solution pour l'hébergement, et les terrains ne manquent pas. Le *Lakeview Park Municipal Campground* (☎ 749-3350), sur la rive sud du lac Cowichan, se trouve à 3 km à l'ouest de la ville. Il possède des douches, des toilettes et fournit gratuitement le bois pour faire du feu. L'emplacement coûte 10 $ pour une tente. Plus à l'ouest le long du lac, le camping gouvernemental du *parc provincial de Gordon Bay* comporte 130 emplacements à 14,50 $ pour caravanes et tentes. Si vous n'aimez pas les foules, certaines compagnies d'exploitation forestière ont installé des sites de camping non surveillés du côté du lac Cowichan et de la côte ouest de l'île de Vancouver.

A Duncan, la plupart des restaurants se trouvent en bordure de la Transcanadienne, mais quelques-uns sont situés à l'intérieur de la vieille ville. Le *Good Rock Café* est un restaurant dans le style années 50 à l'angle de Government St et de Jubilee St : il n'y manque ni le juke box ni les vieux 45-tours suspendus au plafond. Le petit déjeuner, très bon, composé de café et de toasts, vous coûtera 4 $. Non loin de là, au 195 Kenneth St, vous attend l'*Arbutus Café*.

Comment s'y rendre

Les bus Island Coach Line relient Duncan à Victoria pour 8,80 $, taxes comprises. En train, le voyage sur l'E&N Railiner coûte 9,63 $, taxes comprises, avec un départ par jour dans chaque direction.

Comment circuler

La région qui entoure le lac Cowichan est sillonnée de routes forestières carrossables, dont certaines se révèlent toutefois difficiles. Un Travel Infocentre vous fournira conseils et réglementation. L'excellente route allant de Lake Cowichan à Port Renfrew est gravillonnée ; avec une carte simple, vous ne devriez rencontrer aucun problème. Les cartes détaillant tous les sentiers forestiers sont en revanche extrêmement compliquées.

Le stop est généralement toléré dans la région, comme sur l'ensemble de l'île.

DE DUNCAN A NANAIMO

Crofton

A 16 km au nord de Duncan, par la Hwy 1A, s'étend la petite ville de Crofton, où se prennent les ferries pour Vesuvius Bay, au nord de l'île de Salt Spring (voir ci-dessus *Îles sud du Golfe*).

Chemainus

A 10 km au nord de Crofton, Chemainus a imaginé une façon originale et intéressante de figurer sur les cartes touristiques. Lorsqu'en 1983, la scierie fut contrainte de cesser son activité, la municipalité résolut d'enrayer la mort lente qui la menaçait et conçut un projet de peintures murales. Un artiste fut chargé de peindre une gigantesque fresque retraçant l'histoire de la ville. Devant la réussite de l'initiative, d'autres commandes suivirent, à tel point que, aujourd'hui, on peut admirer une trentaine de peintures murales. Ainsi la ville a-t-elle retrouvé son animation et sa prospérité, et la scierie a rouvert.

Le Travel Infocentre (☎ 246-3944) est installé dans un ancien wagon sur Mill St. En face de Chemainus, on aperçoit les **îles de Thetis** et **Kuper**. Cette dernière abrite une réserve indienne.

Les ferries à destination des îles partent d'Oak St et les billets se vendent au bureau situé en face du Harborside Café. La traversée coûte 4 $, ou 8 $ avec une voiture. Il faut 30 mn à partir de Chemainus pour parvenir à l'une ou l'autre des îles. Celle de Thetis est surtout appréciée des navigateurs de plaisance et possède deux marinas. On trouve un pub à Quinn's Marina : tournez à gauche en descendant du ferry, puis à nouveau à gauche dans Harbour Drive à hauteur du panneau représentant une ancre. Tout de suite à gauche, en descendant du ferry, vous trouverez un restaurant, le Pump House.

Ladysmith

Petite ville située à 26 km au nord de Duncan, sur la Transcanadienne, Ladysmith est installée sur le 49e parallèle qui, sur le continent, sépare le Canada des États-Unis.

Le Travel Infocentre (☎ 245-8544) et le **Black Nugget Museum**, dans Gatacre Ave, sont réunis dans le même bâtiment, construit en 1896. La plupart des constructions du début du siècle ont été restaurées. On dit que le courant maritime chaud passant au nord de San Francisco se retrouve dans les eaux du **parc de Transfer Beach**, en plein cœur de la ville, où l'on peut camper. A 13 km au nord de Ladysmith, près de l'autoroute, sur Yellow Point Rd (suivez les flèches), les amateurs de pubs découvriront le **Crow & Gate**, le plus vieux pub britannique de la province, et le plus authentique.

Parc provincial des Pétroglyphes

A 3 km au sud de Nanaimo, sur la Transcanadienne, ce petit parc contient de très anciennes gravures sur roche (pétroglyphes) réalisées par des Indiens. Outre les hiéroglyphes d'origine, vous trouverez des moulages à reproduire.

NANAIMO

Nanaimo est la deuxième ville de l'île de Vancouver, avec une population dépassant 66 000 habitants. Plusieurs groupes indiens se partageaient autrefois la région, appelée Sne-Ny-Mos, terme salish signifiant "lieu de rencontre". Lorsqu'en 1852, du charbon y fut découvert, l'exploitation minière devint la principale industrie de la ville. Aujourd'hui, cette activité a perdu de l'importance, mais la ville est devenue un centre d'exploitation forestière ainsi qu'un important port de pêche.

C'est de Nanaimo que partent les ferries pour les îles Gabriola et Newcastle, mais n'embarquez pas tout de suite : la ville et ses environs immédiats présentent quelques centres d'intérêt.

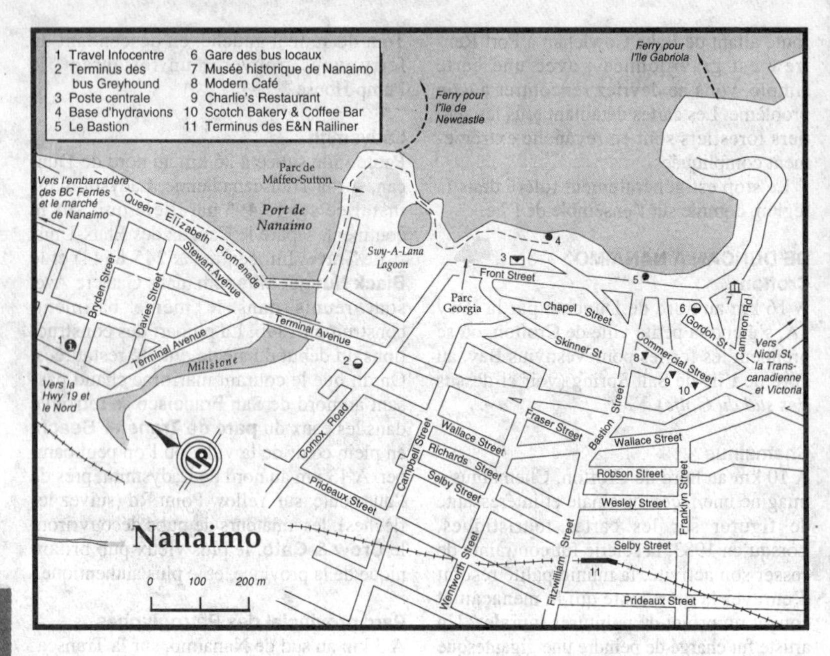

Orientation et renseignements

A 110 km au nord de Victoria, Nanaimo représente un point de chute pratique et un point de départ pour Vancouver et les îles proches du port. La plupart des restaurants et des magasins se situent dans Commercial St, Chapel St et Terminal Ave, plus ou moins parallèles au port.

Le Travel Infocentre (☎ 754-8474) est situé 266 Bryden St, au nord du centre-ville. La plupart des bâtiments d'origine ont été détruits. Une brochure éditée en anglais, *Step Into History,* recense les édifices que l'on peut visiter.

La poste principale, au 66 Front St, est ouverte en semaine de 8h30 à 17h. L'hôpital régional de Nanaimo (☎ 754-2121) est au 1200 Dufferin Crescent, au nord-ouest du centre-ville.

La gare routière est située derrière l'hôtel Tally Ho Island Inn au 1 Terminal Ave, tandis que la gare ferroviaire se trouve à l'est, au 321 Selby Rd.

Musée historique de Nanaimo

Situé au 100 Cameron Rd, ce petit musée (☎ 753-1821) retrace la croissance de la ville, l'histoire des Indiens et de la Compagnie de la Baie d'Hudson. Ouvert du lundi au vendredi de 9h à 18h et les samedi et dimanche de 10h à 18h. L'entrée coûte 2 $.

Le Bastion

Situé dans Front St, à l'angle de Bastion St, le Bastion est le plus beau des monuments anciens de Nanaimo. Construit à l'origine par la Compagnie de la Baie d'Hudson en 1853 pour protéger son personnel des Indiens, il n'a jamais servi. C'est aujourd'hui un musée ouvert tous les jours de 9h à 11h30 et de 12h à 17h. L'entrée est gratuite. Du mercredi au dimanche, à 12h, des coups de canon sont tirés.

Parcs

On trouve de nombreux parcs à Nanaimo et autour. La promenade, qui passe devant la plupart de ceux de la ville, débute au terminal des hydravions et remonte vers le nord et le **parc de Georgia**, où s'élèvent quelques mâts totémiques et où l'on peut voir une exposition de canoës d'Indiens, dont un grand canoë de guerre. Le chemin continue ensuite jusqu'au lagon de Swy-A-Lana Lagoon (les enfants adorent y patauger) et le **parc de Maffeo-Sutton**, d'où partent les ferries pour l'île de Newcastle.

Parc marin de l'île de Newcastle

Au large du centre-ville, s'étend l'île de Newcastle, paradis des cyclistes, des randonneurs et des baigneurs. Les voitures sont interdites sur l'île. L'été, un petit ferry relie l'île au continent toutes les heures.

Île de Gabriola

Un peu plus au large, se trouve l'île de Gabriola, la plus septentrionale des îles sud du Golfe. Elle comporte plusieurs plages et trois parcs provinciaux qui offrent des possibilités de baignade, de pêche et de randonnée. Dans les **Malaspina Galleries**, d'étranges grottes de grès ont été creusées par le vent et les marées.

Un ferry relie l'île à Nanaimo (voir plus loin *Comment s'y rendre*).

Activités culturelles et/ou sportives

En août 1990, Nanaimo devint la première ville d'Amérique du Nord à pratiquer le saut à l'élastique. Le pont de Saunders haut de 42 m, à 13 km au sud de Nanaimo, a été spécialement construit pour ce sport ; le saut coûte 95 $. Si l'expérience vous tente, appelez le 753-5867. Au large de la côte, la plongée de profondeur est possible parmi les îles nord du Golfe, où l'on trouve d'excellents sites comme Dodd Narrows, Gabriola Passage, Porlier Pass ou Northumberland Channel. On peut également partir en randonnée ou en canoë aux **lacs de Nanaimo**, au **cours d'eauNanaimo** et à la **montagne Verte** (Green Mountain). Les chemins partant du **parc du barrage de Colliery** mènent aux lacs de Harewood et d'Overton. Nanaimo possède également trois bons postes d'observation d'oiseaux : la **réserve du marais de Buttertubs**, la **réserve de Morrell** (pour les deux, prenez Comox Rd sur la gauche – vers l'est – de Terminal Ave) et le **parc du lagon de Piper**, près d'Hammond Bay au nord de la ville.

Manifestations

L'événement majeur de l'année est sans doute la course de baignoires de Nanaimo à Vancouver, qui a lieu à la mi-juillet dans le cadre de la fête de la mer. Des centaines de baignoires en fibre de verre se placent sur la ligne de départ. Plus de cent d'entre elles chavireront au cours des cinq premières minutes. En juin et en juillet, le festival de Nanaimo, appelé Shakespeare Plus, présente des pièces classiques et modernes au Malaspina College, au sud de la ville. Pour tout renseignement, téléphonez au 754-7587.

Où se loger

Camping. Les meilleurs campings ne se trouvent pas à Nanaimo, mais sur les îles au large. Ainsi le *parc maritime de l'île de Newcastle* propose-t-il 18 emplacements pour tentes. Plus loin, l'*île de Gabriola*, bien plus grande, possède plusieurs campings privés mais pas dans les parcs. Le *Jingle Pot Campsite & RV Park* (☎ 758-1614), 4012 Jingle Pot Rd, est à 8 km au nord de Nanaimo par la Hwy 19. Il comporte des douches, une laverie automatique et des emplacements pour tentes à 11 $. Le camping le plus proche de la ville est le *Beban Park Campground* (☎ 758-1177), 2300 Bowen Rd, à 1,5 km à l'ouest de la Hwy 19, avec des emplacements à 8 $. Le *Brannen Lake Campsites* (☎ 756-0404), 4228 Briggs Rd, est installé sur une ferme en exploitation. Les emplacements y sont à 11 $.

Auberges de jeunesse. Nanaimo possède deux mini-auberges de jeunesse affiliées à la HI. La plus proche est le *Nicol St Hostel* (☎ 753-1188), 65 Nicol St, située à quelques kilomètres au sud du centre. La nuit coûte 13 $ pour les membres, 15 $ pour les autres. Il faut arriver entre 16h et 23h. Le *Thomson Hostel* (☎ 722-2251), 1660 Cedar Hwy, est à une dizaine de kilomètres au sud de la ville. Le bus n°11 s'arrête juste devant. Une cuisine et des canoës sont mis à votre disposition et la nuit coûte 12 $, à moins que vous ne préfériez planter votre tente sur la pelouse pour 5 $ seulement par personne.

Le sympathique propriétaire peut venir vous chercher à la gare routière entre 18h et 21h, et vous y ramener le matin à 9h30.

B&B. Ils sont assez nombreux en ville : demandez-en la liste au Travel Infocentre. Avant juin et après septembre, les prix chutent de 5 $ environ par personne. En saison, les simples/doubles débutent à 35/45 $.

Motels. La plupart des motels se trouvent en bordure d'autoroute, au nord et au sud de la ville. L'un des moins chers, au sud, est le *Big 7 Motel* (☎ 754-2328), 736 Nicol St, qui propose des simples/doubles à 28/32 $ et comporte un restaurant. Deux pâtés de maisons plus loin au nord, le *Diplomat Motel* (☎ 753-3261), 333 Nicol St, demande 35/40 $ pour ses simples/ doubles.

Au nord de Nanaimo, au 950 North Terminal Ave, près de l'embarcadère des ferries, se trouve le *Colonial Motel* (☎ 754-4415). Les chambres y coûtent 37/43 $. Le *Bluebird Motel* (☎ 753-4151) au 955 North Terminal Ave, est à peu près similaire avec des simples/doubles à 43/49 $. Juste à côté, il y a un restaurant ouvert 24h sur 24.

Où se restaurer

Dans Stewart Ave, près du terminal des ferries, *au marché de Nanaimo* (Nanaimo Public Market), vous trouverez un restaurant (avec une formule déjeuner à 6 $) et un pub. Le marché est actuellement fermé pour rénovation.

Dans Commercial St, le *Modern Café* sert des soupes et des salades à partir de 5,50 $. Le *Scotch Bakery & Coffee Bar*, 87 Commercial St, propose un pain délicieux et d'excellents gâteaux à 70 cents environ. Du même côté, mais en hauteur sur la colline, le *Charlie's Restaurant* est un établissement spacieux qui sert des sandwiches à partir de 5,25 $, frites ou salade comprises.

Achats

Chez Hill's Indian Crafts, 20 Commercial St, vous pourrez acheter les fameux pulls Cowichan.

Comment s'y rendre

Bus et train. Les bus Island Coach Lines (☎ 753-4371) relient Nanaimo à certains villages ou villes du Nord et du Sud. Le billet aller pour Victoria coûte 15,40 $.

Côté rail, l'E&N Railiner s'arrête dans la ville une fois par jour dans chaque direction. L'aller simple pour Victoria coûte 17 $. Il n'y a pas de guichet à la gare, située au 321 Selby St ; téléphonez au 1-800-561-8630 pour les renseignements et les réservations.

Ferries. Le ferry parcourt en une heure et demie les 39 km qui séparent Nanaimo de Horseshoe Bay. Selon la saison, il y a entre 12 et 15 départs quotidiens dans chaque direction. Vous paierez 6 $ par personne, 22,50 $ avec une petite voiture. Le ferry de Nanaimo à Tsawwassen, appelé *Mid-Island Express*, part quatre fois par jour dans chaque direction et la traversée dure deux heures. L'embarcadère se trouve à Departure Bay, à l'extrémité nord de Stewart Ave.

Comment circuler

Bus. Pour tout savoir sur les bus locaux, téléphonez au 390-4531. Le bus n°2 dessert l'embarcadère des ferries de Stewart Ave.

Ferry. Les ferries pour l'île de Newcastle partent du parc de Mafeo-Sutton et l'aller-retour coûte 3 $. Le ferry pour l'île de Gabriola se prend à côté de Harbour Square Mall. La traversée coûte 8,25 $ pour une voiture, mais 3 $ seulement par piéton. Après 14h, vous resterez coincé dans l'île jusqu'au lendemain matin. Le voyage dure une vingtaine de minutes.

DE NANAIMO A CAMPBELL RIVER

Parksville et Qualicum Beach

Ces deux villes et la côte qui s'étend jusqu'à Comox sont connues pour leurs longues plages de sable. Vous trouverez un

La région de Clayoquot et ses forêts menacées
Le bras de mer de Clayoquot, sur la côte ouest de l'île de Vancouver, à 200 km au nord-ouest de Victoria, est le dernier lieu symbolique de la lutte qui oppose l'industrie d'exploitation forestière à ceux qui tentent de préserver les vieilles forêts canadiennes. Le débat, qui dure depuis une dizaine d'années, a atteint son paroxysme en avril 1993, lorsque le gouvernement de Colombie-Britannique investit 50 millions de dollars canadiens dans l'achat de parts de la MacMillan Bloedel, devenant ainsi le principal actionnaire de cette entreprise d'exploitation forestière. Une loi autorisant l'abattage des arbres par cette société dans certaines zones de la région de Clayoquot fut aussitôt votée. Malgré le jugement rendu par la cour d'appel de Colombie-Britannique, qui confirma la légalité de cette opération, le gouvernement provincial perdit dès lors le peu de confiance que lui accordaient les écologistes.

A partir de juillet 1993, des manifestants entreprirent donc de bloquer chaque matin le pont de Kennedy River pour empêcher les camions de déboisement de franchir le cours d'eau. Beaucoup furent arrêtés. Les écologistes établirent alors un campement permanent en bordure d'autoroute, à 30 km au sud de Tofino. Aujourd'hui, le conflit oppose en outre les villes de Tofino et d'Ucluelet : la première tire en effet ses ressources du tourisme, la seconde des emplois liés à l'exploitation forestière. Ce problème est encore compliqué par les revendications territoriales de 3 000 Indiens de la région. Ceux-ci ne sont pas opposés au déboisement, mais indiquent que, s'ils étaient amenés à y procéder eux-mêmes, ils le feraient avec plus de considération pour les problèmes d'environnement. ■

camping au **parc provincial de Rathtrevor Beach**, à 3 km au sud-est de Parksville.

De Parksville à Port Alberni

Au sud de Parksville, passe la Hwy 4, la route qui mène à Port Alberni et la côte ouest. On peut aussi rejoindre la Hwy 4 à partir de Qualicum Beach par la Hwy 4A. A Coombs, pensez à lever la tête en passant devant le grand magasin pour voir les chèvres qui broutent sur son toit !

Le **parc provincial d'Englishman River Falls**, à 13 km au sud-ouest de Parksville, à l'extrémité d'Errington Rd, est fort impressionnant et comporte des chutes d'eau, des sentiers de randonnée, des possibilités de baignade et de camping. Autre endroit agréable, le **parc provincial de Little Qualicum Falls** se prête lui aussi à la randonnée et au camping, mais aussi à la pêche. Au **mont Arrowsmith**, au sud-ouest, on pratique le ski en hiver et la randonnée en été.

Le **parc provincial de MacMillan** se trouve à l'extrémité ouest du lac Cameron. En bordure de route, **Cathedral Grove**, considéré par les Indiens comme un lieu sacré, est une pinède de forêt vierge comprenant de gigantesques sapins de Douglas et des cèdres rouges vieux de huit cents ans. Une série de sentiers traversent la pinède, qui représente un délicat écosystème : respectez les panneaux et ne touchez ni les arbres, ni les plantes. Vous trouverez un terrain de camping au lac de Cameron.

Port Alberni

Cette ville de 18 000 habitants vit de l'exploitation forestière et de la pêche. Plus de 300 bateaux de pêche, dont la plupart sont spécialisés dans le saumon, y ont leur point d'ancrage. A Harbour Quay, au bas d'Argyle St, se trouve une tour d'observation. C'est là qu'est installé le Forestry Visitor Centre, ouvert tous les jours de 10h à 20h. On peut visiter l'usine de papier et la scierie. Pour plus de renseignements, appelez le 724-7890. Les randonneurs peuvent se rendre aux chutes de Dalla (voir plus loin le *parc provincial de Strathcona*) par un autre itinéraire : ils traverseront en canoë le Grand Lac Central à partir de Port Alberni, puis prendront le sentier qui grimpe.

Au **parc provincial de Stamp Falls**, à 9 km au nord de Port Alberni, on voit parfois des saumons faire des bonds tandis qu'ils remontent le cours d'eau. Non loin, au **lac de Sproat**, vous pourrez admirer des sculptures sur pierre.

Les bateaux *Lady Rose* et *Frances Barkley* constituent sans doute les attractions les plus passionnantes de Port Alberni. Tous deux partent de Harbour Quay et remontent le long de la côte ouest de l'île. Ils appartiennent à la compagnie Alberni Marine Transportation (☎ 723-8313). Ces deux caboteurs, qui transportent courrier et marchandises en plus de leurs passagers, naviguent entre Kildonan, sur le bras de mer d'Alberni, Bamfield, à l'extrémité du West Coast Trail, les Broken Group Islands ("îles brisées") et Ucluelet. Si l'envie vous prend de faire du canoë ou du kayak du côté des Broken Group Islands, vous pouvez louer vos embarcations à bord.

La traversée coûte 16/32 $ l'aller/l'aller-retour jusqu'à Bamfield et 18/36 $ jusqu'à Ucluelet. Un aller-retour dans la journée permet aux passagers de passer quelque temps à Bamfield et à Ucluelet.

Les bateaux partent de Port Alberni pour Bamfield les mardi, jeudi et samedi toute l'année. Pour Ucluelet et les Broken Group Islands, les départs ont lieu les lundi, mercredi et vendredi du 1er juin au 30 septembre. En plein été, des minicroisières sont organisées jusqu'à Bamfield seulement le dimanche. Pensez à emporter un pull et un imperméable. Les Orient Stage Lines (☎ 723-6924), 4541 Margaret St, proposent chaque jour des départs en bus pour Tofino et Ucluelet. Les Western Bus Lines (☎ 723-3341), 452110th Ave, organisent des départs pour Bamfield le lundi, le mercredi et le vendredi.

COLOMBIE-BRITANNIQUE

Parc national de Pacific Rim

De tous les parcs de la région, celui-ci est sans doute l'ancêtre. Zone côtière sauvage, accidentée, inhospitalière et pourtant magnifique, le parc est une longue bande de terre divisée en trois parties distinctes. Chacune de ces parties est indépendante et accessible par un itinéraire différent.

L'observation de baleines fait partie des principaux centres d'intérêt de la côte occidentale. De la mi-février au mois de juin, les baleines grises du Pacifique migrent vers le nord le long de la côte, de Mexico à l'océan Arctique. La meilleure période pour les voir passer se situe à la mi-avril. A la fin de l'automne, elles repartent vers le sud.

Long Beach. Le tiers le plus au nord du parc se nomme Long Beach, longue plage de sable de 20 km. C'est la partie la plus accessible et la plus développée. La Hwy 4 venant de Port Alberni y mène, traversant des paysages de toute beauté du massif de Mackenzie, à l'extrémité sud du détroit de Clayoquot (prononcez Klak-OUOT).

L'été, des conférences et des visites guidées sont organisées par le Wickaninnish Centre, près de la plage. A chaque extrémité de Long Beach, se trouve un petit village de pêcheurs très apprécié des touristes : Tofino au nord, Ucluelet au sud.

On compte huit courts sentiers de randonnée dans le parc. Le bureau d'information du parc (☎ 726-4212) vous en fournira la description. Le South Beach Trail vous conduira dans une zone où vous pourrez regarder et entendre les immenses vagues s'échouer avec un bruit de tonnerre. Le Half Moon Bay Trail mène pour sa part vers une paisible baie de sable. Radar Hill vous offrira de magnifiques points de vue et des sentiers descendant vers de minuscules criques et des plages à l'abri des regards. Si la faune marine locale vous attire, vous serez séduit : phoques, otaries et marsouins sont plus nombreux que les orques ou que les baleines grises du Pacifique. Les meilleurs points d'observation des baleines grises sont Schooner Cove, Quistis Point, Radar Hill (avec son télescope) et la plage de Combers, près des Sea Lion Rocks.

C'est à Long Beach que l'on trouve les meilleurs endroits de surf de toute la Colombie-Britannique. Malheureusement, le temps y est souvent maussade : la plupart des journées sont froides, venteuses et pluvieuses. Pulls et imperméables fournissent une protection non seulement contre ces intempéries, mais aussi contre les moustiques qui abondent. Quant à la mer, elle est froide : on ne peut pratiquer aucun sport nautique sans combinaison.

Où se loger. Il y a deux campings à Long Beach. Le plus rudimentaire est le *Schooner Campground*, près de l'extrémité nord. L'emplacement y coûte 6 $. Le *Green Point Campground* (☎ 726-4245) possède en revanche eau chaude et toilettes (emplacement à 13 $). Ces deux campings sont souvent complets en été, arrivez tôt le matin.

Tofino. Au nord de Long Beach, le pittoresque village de pêcheurs de Tofino abrite 1 100 habitants en hiver et deux fois plus l'été. Le Travel Infocentre (☎ 725-3414), 380 Campbell St, ouvre tous les jours de 9h à 19h30. Également dans Campbell St se trouve le bureau des amis de Clayoquot Sound (☎ 725-4218) dont l'adresse postale est Friends of Clayoquot Sound, PO Box 489, Tofino, VOR 2ZO. Le Forestry Visitor Centre, 316 Main St, ouvre de 10h à 18h.

A voir et à faire. L'**Eagle Aerie Gallery**, dans Campbell St, abrite les toiles de Roy Henry Vickers, un artiste indien de Tofino.

Pour la pêche, renseignez-vous chez Smiley's, sur le quai de 1st St. Pour aller admirer des paysages, essayez Seaforth Charter (☎ 725-4252), 448 Campbell St, à la laverie automatique, ou Mackenzie Beach Resort (☎ 725-3439), à 2 km au sud de Tofino. Pour 35 $ environ, chacune de ces compagnies propose aussi des sorties en bateau pour aller admirer les baleines grises du Pacifique. Clayoquot Whaler vous emmènera promener tout en vous abreuvant de l'histoire et de la culture des Indiens du coin. Pour obtenir renseignements et billets, contactez Clayoquot Sound Charters (☎ 725-3195, 1-800-665-WHALES), 320 Main St. Les Zodiac Adventures (☎ 725-3330) vous emmèneront également voir baleines et autres animaux marins, et vous feront découvrir des sources chaudes ; leur bateau part de Meares Landing.

La Tofino Sea Kayaking Co (☎ 725-4222), également au 320 Main St, propose des sorties en kayak jusqu'aux îles environnantes à partir de 45 $ les quatre heures d'excursion. Les Tofino Airlines (☎ 725-4454) organisent quant à elles des survols des îles et des baleines au prix de 100 $ les 20 mn pour trois personnes. Les hydravions quittent le quai au bas de 1st St.

Hot Springs Cove représente une excursion intéressante : après 20 mn de marche, vous parviendrez à ces sources chaudes (les seules de l'île de Vancouver), qui surplombent l'océan. Elles se composent de plusieurs bassins, qui deviennent de plus en plus froid à mesure qu'ils se rapprochent de la mer. On peut louer un bateau ou un hydravion pour se rendre à la caverne : contactez Zodiac Adventures ou Seaforth Charters. Il est possible de passer une nuit en camping. L'excursion à l'**île de Meares** est vivement recommandée. Un quart d'heure de traversée suffit pour parvenir dans cet endroit magique. Ici, la forêt tropicale totalement vierge comprend des arbres d'une stature et d'un âge exceptionnels : l'un d'eux a plus de mille ans et mesure près de 19 m de diamètre !

Vous pouvez organiser votre visite de l'île au Weigh West Marine Resort (☎ 725-3277), 634 Campbell St. Il vous en coûtera 15 $, dont un dollar est reversé à l'association de lutte contre les projets d'exploitation forestière de Meares. L'île comporte plusieurs sentiers de randonnée assez difficiles, mais bien balisés. L'itinéraire de base dure deux heures et demie. Avant de partir pour l'île, renseignez-vous sur l'état des chemins, dont certains ont été sérieusement abîmés par les randonneurs. Le tableau d'affichage du magasin de Common Loaf Bake Shop vous fournira quelques détails.

Où se loger. Outre les campings de Long Beach, il existe quelques campings privés aux environs de Tofino. Sur la plage de Mackenzie, le *Bella Pacifica Resort & Campground* (☎ 725-3400) dispose de toutes les installations et les emplacements coûtent 18,50 $.

Au *Crystal Cove Beach Resort* (☎ 725-4213), 1165 Cedarwood Place, les emplacements débutent à 15 $. On y trouve également des petites maisons de bois à louer à partir de 100 $. La ville comporte en outre quelques B&B. Le *Backpackers' Hostel* (☎ 725-2288), 241 Campbell St, est une auberge de jeunesse qui propose des lits en dortoirs pour 10 $ et des doubles à 35 $. On peut également y louer des vélos et obtenir une réduction si l'on reste plus d'une semaine.

L'un des motels les moins chers est le *Dolphin Motel* (☎ 725-3377), 1190 Pacific Rim Hwy, à 3 km au sud de Tofino, avec des simples/doubles à 38/42 $.

Où se restaurer. Le *Common Loaf Bake Shop*, 180 1st St, est le meilleur. Il ne dispose que de quelques tables, mais sert un vaste choix de muffins, cookies... à 70 cents environ ; il est ouvert tous les jours de 8h à 21h30. L'*Organic Matters*, dans Campbell St près de 4th St, sert des plats à base de produits naturels et propose une soupe végétarienne et des salades au prix de 5,50 $.

Ucluelet. Ucluelet est un terme nootka qui signifie : "le peuple qui a un point d'ancrage sûr". Ce bourg de 1 500 habitants est moins pittoresque que Tofino. Le Travel Infocentre (☎ 726-4641), 1629 Peninsula Rd, est ouvert tout l'été de 9h à 18h.

La promenade jusqu'au phare d'**Amphitrite Point**, au pied de Peninsula Rd, vous séduira sans doute. Sur votre droite en allant vers la ville à partir du camping d'Ucluelet, vous trouverez l'équipe des Subtidal Adventures, spécialisée dans l'observation des baleines. En mars et en avril seulement, elle vous emmènera au large de la côte pour 34 $ les deux heures. Subtidal Adventures vous fera également naviguer du côté des Broken Group Islands, et pourra vous déposer sur l'une de ces îles si vous souhaitez y camper. Des sorties-plongées sont en outre organisées. Comme son nom l'indique, Ocean Kayak Tours (☎ 726-2868), propose des visites en kayak pour 30 $ les deux heures et demie.

Où se loger. L'*Ucluelet Campground* (☎ 726-4355), 260 Seaplane Base Rd, au-dessus du port, dispose de douches chaudes et de toilettes. L'emplacement y coûte 14 $. Il existe également plusieurs motels, surtout situés dans Peninsula Rd, et quelques hôtels assez simples, comme l'*Ucluelet Hotel* (☎ 726-4324), dans Main St, qui propose des simples/doubles à 25/35 $. Près de Long Beach, au 1755 Peninsula Rd, le *Pacific Rim Motel* (☎ 726-7728) demande 36/45 $ pour une simple/double.

Les Broken Group Islands. La section médiane du parc national de Pacific Rim est constituée des Broken Group Islands, ou "îles brisées", un archipel d'une centaines d'îles à l'entrée du **bras de mer de Barkley**, réputé pour ses rascasses. Avec sa faune abondante, cette zone constitue l'un des meilleurs sites du Canada pour la plongée sous-marine. On y trouve des épaves en eaux peu profondes et la vie aquatique y abonde. Toutefois, ces eaux présentent certains dangers et il est important de bien se préparer à l'aide de la *Marine Chart 3670*, une carte marine disponible au Canadian Hydrographic Service, Chart Sales, Institute of Ocean Sciences, 9860 Saanich Rd, PO Box 6000, Sidney V8L 4B2.

On ne peut atteindre cette partie du Canada qu'en bateau à partir de Bamfield, d'Ucluelet ou de Port Alberni. Les îles possèdent quelques campings privés.

Le West Coast Trail. La troisième section du parc – la plus au sud – est appelée le West Coast Trail ("sentier de la côte ouest"). C'est une bande de terre longue de 77 km qui s'étend de Port Renfrew à Bamfield. On peut en atteindre chaque extrémité par la route, mais il faut marcher pour aller de l'une à l'autre… Un trajet qui n'est pas sans difficulté sur ce terrain accidenté, souvent détrempé par les pluies. Pour protéger l'environnement et limiter le nombre de randonneurs, un système de quotas a été établi : on ne peut se lancer sur le sentier avant d'en avoir obtenu l'autorisation préalable (moyennant 25 $) en téléphonant au 728-1282. Si vous n'avez pas accompli cette formalité, vous pouvez toujours vous présenter au début du sentier et inscrire votre nom sur une liste d'attente. Toutefois, si le quota a été atteint, vous risquez de devoir attendre plusieurs jours. C'est à vous de dénicher l'endroit propice où camper. Vous traverserez des falaises, des plages et des zones de forêt tropicale. En tout, il vous faudra cinq à huit jours pour aller d'un bout à l'autre du sentier. Munissez-vous de provisions, vous ne trouverez rien en chemin. La partie sud est la plus ardue, mais vous y verrez des paysages vraiment spectaculaires. Vers le milieu de votre marche, vous passerez près de la vallée de Carmanah, une zone de forêt très ancienne menacée par des projets d'exploitation forestière.

A l'origine, ce sentier avait été aménagé pour faciliter le passage des secours lors des naufrages, fréquents dans cette zone. Il est ouvert du 1er mai au 1er octobre, les mois de juillet et août étant les plus secs, donc les plus propices à l'expédition. Enfin, vous l'aurez compris, ce sentier est réservé aux randonneurs expérimentés.

A l'extrémité nord du West Coast Trail, on atteint le village de **Bamfield**. Hormis une station d'observation marine et un poste de secours, on n'y trouve pas grand-chose. Le centre d'information du West Coast Trail (☎ 728-3234) est situé à 5 km au sud-est du village, sur la **baie de Panchena**.

A Bamfield, les hébergements se comptent sur les doigts de la main. On y trouve deux campings, dont le plus proche, à 8 km à l'est, est géré par des Indiens Ohiahts. L'autre est à 20 km au nord du village. Le complexe de *Sea Beam Resort* (☎ 728-3286) propose des simples/doubles à 20/40 $ ou des emplacements à 18 $ pour le camping. Côté B&B, tentez le *Barbara's* (☎ 728-1228), dans Panchena Rd.

On peut atteindre Bamfield par bateau à partir d'Ucluelet ou de Port Alberni. Le prix de l'aller simple sur le MV *Lady Rose* ou le *Frances Barkley* en provenance de Port Alberni s'élève à 16 $. Il existe également une piste gravillonnée de 100 km de Port Alberni à Bamfield. Le Panchena Bay Express, bus des Western Bus Lines (☎ 728-3491, 723-3341 à Port Alberni) relie la baie de Panchena et Bamfield à Port Alberni les lundi, mercredi et vendredi. De Victoria, le West Coast Trail Express (☎ 380-0580), navette pour 11 personnes, assure une liaison quotidienne avec Bamfield et la baie de Panchena pour 45 $.

Au sud, c'est à **Port Renfrew** qu'aboutit le sentier. On peut atteindre ce bourg par une mauvaise route à partir de Lake Cowichan ou par la Hwy 14, pavée sur presque toute sa longueur, à partir de Victoria. Un centre d'information sur le sentier (☎ 647-5434) est ouvert en saison dans le village. Pour atteindre le début du West Coast Trail, il faut trouver un bateau qui acceptera de vous faire traverser le San Juan, un étroit cours d'eau. L'extrême difficulté du terrain fait de la sortie de la baie le tronçon le plus fastidieux de la balade. A Port Renfrew, vous pourrez camper sur la plage ou descendre à l'unique hôtel du coin. Il existe aussi quelques B&B ainsi qu'un pub et un petit magasin assez mal approvisionné (voir plus haut *Environs de Victoria*).

Parc provincial de Horne Lake

Au nord de Qualicum Beach, à 16 km de la Hwy 19, les passionnés de spéléologie seront servis. Ils pourront en effet explorer les grottes calcaires du parc provincial de Horne Lake. Celles-ci ne sont pas aménagées et la route qui y conduit est une route d'exploitation forestière : soyez prudent ! La grotte de Riverbend comporte 383 m de galeries dans lesquelles on ne peut se promener sans guide. Les visites guidées ont lieu tous les jours en juillet et en août et les week-ends seulement en juin et en septembre. Dans les grottes de Main et Lower Main, on peut effectuer son exploration en solitaire. Munissez-vous de vêtements chauds et de bonnes chaussures.

Îles de Denman et de Hornby

Plus au nord au large de la côte est se trouvent deux îles du Golfe moins connues : Denman et Hornby. Celle de Hornby est parfaite pour l'observation d'oiseaux. Pour celle de Denman, la traversée en ferry à partir de Buckley Bay, à 20 km au sud de Courtenay, dure dix minutes. Pour l'île de Hornby, il faut prendre un deuxième ferry à

Gravely Bay sur l'île de Denman. La traversée coûte 2,50 $ par personne, ou 6,75 $ avec une petite voiture.

Chacune des îles possède des parcs provinciaux avec possibilités de randonnées, de baignade, de pêche et de plongée et des plages, mais seul, le **parc provincial de Fillongley**, sur l'île de Denman, autorise le camping. On y trouve plusieurs terrains privés et quelques gîtes et B&B.

Courtenay et Comox

A l'origine, ces deux villes servaient de centre commercial aux industries du bois, aux pêcheurs et aux exploitants agricoles locaux. Avec une population de 22 000 habitants à elles deux, elles représentent également aujourd'hui d'importants centres d'approvisionnement pour le mont Washington, à 32 km à l'ouest de Courtenay, et le Forbidden Plateau ("Plateau interdit") qui s'étend à l'extérieur du parc provincial de Strathcona. Courtenay est la plus importante de ces deux villes mitoyennes. Son Travel Infocentre (☎ 334-3234), 2040 Cliffe Ave, concerne les deux villes, il est ouvert tous les jours de 8h à 20h. Courtenay possède un petit musée (☎ 334-3234), 360 Cliffe Ave. Non loin se trouve l'élevage de saumons de Puntledge River. Sur la base militaire de Comox, un spectacle aérien international a lieu au mois d'août chaque année paire.

Le **parc provincial de Miracle Beach** (☎ 755-2483), au nord de Comox, comporte des chemins de randonnée, un camping et une longue plage de sable. Le **glacier de Comox** représente une randonnée de deux jours, tout comme le **mont Albert Edward**, qui offre de magnifiques panoramas. Si vous comptez passer la nuit en bivouac, vous devez vous faire enregistrer au préalable.

Pour une belle excursion circulaire, prenez le ferry de Tsawwassen à Victoria, sur l'île de Vancouver, remontez jusqu'à Courtenay, repassez en ferry sur le continent, de Little River, près de Comox, à Powell River, puis retournez à Vancouver par la Sunshine Coast.

Où se loger. A 6 km de Courtenay, au 4787 Lake Trail Rd, se trouve la petite auberge de jeunesse *North Comox Lake Mini-Hostel* (☎ 338-1914), où l'on paie 12 $ la nuit. On peut y prendre ses repas et quelqu'un viendra vous chercher à la gare routière ou ferroviaire. L'auberge est ouverte toute l'année et l'été, on peut dormir dans un tipi.

Si vous préférez les B&B, contactez les Courtenay North B&B Homes (☎ 338-1328), 825 Nikoliasen St, Courtenay V9N 6C9. Ce service de réservation couvre Courtenay, Comox, Campbell River et l'île de Quadra. Les prix vont généralement de 25 à 40 $ pour une simple et de 35 à 65 $ pour une double. Dans les deux villes, vous trouverez de nombreux motels et, près de Comox, des maisonnettes en location en bordure de plage. L'un des motels les moins chers est l'*Economy Inn* (☎ 334-4491), 2605 Cliffe Ave (nom de la route qui traverse la ville) à Courtenay. Il possède un sauna et une piscine et propose des simples/doubles à partir de 39/44 $.

LE NORD DE L'ÎLE DE VANCOUVER

Au nord de Campbell River, la Hwy 19 se dirige vers l'intérieur de l'île. Cette région rude, où la population est moins nombreuse et le tourisme moins développé, offre de multiples possibilités d'activités de plein air.

Campbell River

Avec sa population de près de 26 000 habitants, Campbell River, grand centre de pêche au saumon, marque le début de la partie nord de l'île. La ville sert également de point de départ à la visite du parc provincial de Strathcona. Le Travel Infocentre (☎ 287-4636), 1235 Shoppers Row, est ouvert tous les jours de 10h à 20h. Le même bâtiment abrite le musée de Campbell River, ouvert tous les jours de 10h à 16h. La poste principale se trouve dans Beech St, mais il y en a une autre à Tyee Plaza.

C'est surtout la pêche qui attire les visiteurs dans ce secteur, mais les parcs et les lacs qui entourent la ville permettent aussi, entre autres, la randonnée, la baignade, le canoë, la voile et la bicyclette. Au large de la côte, dans le **Discovery Passage**, la plongée sous-marine est excellente, surtout dans des sites comme Row & Be Damned, Whisky Point, Copper Cliffs et l'île de Steep. Sur l'**île de Quadra**, au large de la ville, vous pourrez observer la vie sous-marine et les oiseaux ou admirer d'anciennes gravures sur roches (pétroglyphes) du peuple kwakiutl, au Cap Mudge, dans le Sud. Certains pétroglyphes sont exposés au musée Kwakiutl à côté de costumes de la tribu, de masques de cérémonie et d'objets de fêtes. L'île possède également des sentiers de randonnée, dont une ascension de la montagne Chinoise. .

L'**île de Cortes**, à l'est de celle de Quadra, comporte d'innombrables plages désertes et une vie animale abondante.

Où se loger. Au nord et à l'ouest de Campbell River, vous trouverez des campings gouvernementaux dans le *parc provincial d'Elk Falls*, sur la Hwy 28, dans la *zone de loisirs de Loveland Bay*, au lac de Campbell et dans le *parc provincial de Morton Lake*, à 16 km de l'embranchement indiqué sur la Hwy 19. Dans ces trois campings, l'emplacement coûte respectivement 9,50 $, 6 $ et 7 $. Il existe par ailleurs plusieurs campings privés. Des terrains pour caravanes et des motels jalonnent l'autoroute au sud du centre-ville. Pour les B&B, contactez les Courtenay North B&B Homes (voir plus haut) ou le Travel Infocentre.

L'île de Quadra possède une auberge de jeunesse, la *Beach House* (☎ 287-9232, 285-3798). Elle ne loge pas plus de quatre ou cinq personnes, mieux vaut réserver.

Distractions. Pour écouter de la musique country et far-west, entrez à l'hôtel Quinsam, sur l'autoroute au nord du centre-ville.

Comment s'y rendre et comment circuler. Les bus Island Coach Lines (☎ 287-7151), à l'angle de 13th Ave et de Cedar St, desservent le nord jusqu'à Port Hardy (38,85 $ l'aller simple) une fois par jour. On compte quatre départs quotidiens vers le sud jusqu'à Victoria. Pour tout renseignement, téléphonez au 287-RIDE.

Des ferries quittent régulièrement Discovery Crescent, en face de Tyee Plaza, pour se rendre à Quathiaski Cove, sur l'île de Quadra. L'aller-retour coûte 2,50 $. Un autre ferry part de Heriot Bay, sur l'île de Quadra et se dirige vers Whaletown, sur l'île de Cortes. L'aller-retour coûte 3,50 $.

Parc provincial de Strathcona

C'est le plus grand parc de l'île, constitué d'une végétation restée à l'état sauvage. On l'atteint généralement par Campbell River, mais le mont Washington, à la limite extérieure du parc, et le Forbidden Plateau, sont accessibles à partir de Courtenay. Entre Campbell River et Gold River, la Hwy 28 traverse le parc et permet d'accéder aux campings et à quelques sentiers balisés.

Au **Forbidden Plateau**, à l'est du parc, le remonte-pente fonctionne aussi l'été et permet d'atteindre le sommet, où se trouve un restaurant. L'endroit offre de nombreux sentiers de randonnée. L'hiver, c'est une grande station de ski qui s'étend là, la plus ancienne de l'île. Le domaine skiable du **mont Washington** dispose pour sa part de cinq remonte-pentes et de 41 pistes, plus 35 km de pistes de ski de fond.

L'**Elk River Trail** et le **Flower Ridge Trail** sont deux itinéraires de randonnée très réputés, ils sont praticables par des randonneurs de tous âges. D'autres chemins, moins bien balisés, réclament une bonne préparation et mènent à des endroits lointains et déserts.

Le parc lui-même possède d'excellents sentiers de randonnée. Au sud, par exemple, le **Della Falls Trail** représente une difficile marche de deux à trois jours, mais offre de merveilleux paysages et se termine aux chutes de Della qui, avec 440 m de dénivelé, sont les plus hautes d'Amérique du Nord. Pensez à emporter une bonne carte du parc. Vous ferez d'autres belles marches dans le secteur du **lac Beauty** ou en traversant le **Big Interior Massif** en montant au sommet des Nine

Peaks. Du haut des pics les plus élevés, comme le Golden Hinde (le plus haut sommet de l'île qui culmine à 2 200 m), vous verrez à la fois l'océan qui s'étend à l'ouest et le détroit de Georgia à l'est. Vous n'aurez pas à vous soucier des grizzlis : il n'y en a pas sur l'île de Vancouver.

Où se loger. Le parc possède deux *campings* aménagés avec eau courante et toilettes : l'un est au lac de Buttle (au nord), près de l'entrée du parc, l'autre à Ralph River, à l'extrémité sud du lac, sur sa rive est. Les prix des emplacements sont respectivement de 12 et de 9,50 $. On peut également faire du camping sauvage dans le parc.

Le *Strathcona Park Lodge* (☎ 286-8206/3122) est un complexe hôtelier situé hors du parc, en bordure du lac d'Upper Campbell. Il est possible de camper sur sa plage et d'utiliser ses installations pour 15 $ la nuit. On peut même y louer le matériel de camping. Une auberge de jeunesse (☎ 286-2008) affiliée à la HI vous accueillera pour 15 $ et vous permettra d'utiliser sa cuisine commune.

Enfin, les petites maisons et les appartements, disposés face au lac vous coûteront de 55 à 125 $ la nuit.

Le complexe loue canoës, kayaks et bicyclettes et possède un centre de formation. Vous pouvez aussi pratiquer l'escalade, la voile, la randonnée et la natation, ou encore partir en voyage organisé pour la journée.

Gold River

Au centre de l'île, à l'ouest du parc provincial de Strathcona, Gold River, accessible par la Hwy 28, est le dernier arrêt de la route asphaltée. Entourée de grottes, cette petite ville sert de siège à l'association des spéléologues de Colombie-Britannique. Les visiteurs peuvent se joindre aux groupes qui partent visiter les **grottes d'Upana** ou celle **de Quatsino**, la plus profonde grotte verticale d'Amérique du Nord. Les amateurs de kayak pourront tenter leur chance dans la section d'eaux vives du cours d'eau, connu sous le nom de **Big Drop** ("grande chute"). Pour tout renseignement, interrogez le Travel Infocentre (☎ 283-2418) sur Village Square Plaza.

Les croisières d'été vont jusqu'à **Friendly Cove** où, en 1778, le capitaine Cook rencontra pour la première fois les Indiens de la côte ouest. L'*Uchuk III*, un dragueur de mines de la Seconde Guerre mondiale, reconverti en navire de charge,

L'épaulard, ou baleine tueuse

Utilisant leur sonar pour traquer les poissons, seize bandes d'épaulards, chacun comprenant une vingtaine d'animaux, se retrouvent dans le détroit de Johnstone chaque été pour se nourrir de saumons en migration. En bordure d'une plage de Robson Bight, un grand nombre de ces baleines viennent nager, frottant leurs flancs et leur ventre contre les galets et les rochers érodés par l'action de l'eau. Personne ne connaît le but de ce comportement, mais les baleines paraissent en tirer un immense plaisir, ce qui représente, sans doute, une raison suffisante.

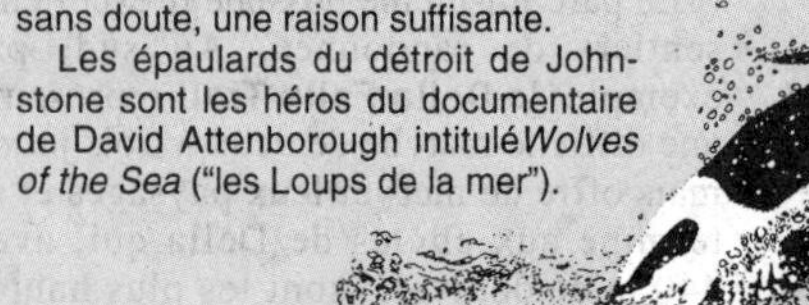

Les épaulards du détroit de Johnstone sont les héros du documentaire de David Attenborough intitulé *Wolves of the Sea* ("les Loups de la mer").

vous fera découvrir des villages isolés des **bras de mer de Nootka** et **de Kyuquot**.

Vallée des Mille Visages

Au nord de Campbell River, à l'ouest de la Hwy 19 à la Sayward Junction, la vallée des Mille Visages mérite une visite. Le long de ce chemin forestier, on peut en effet voir plus de 1 400 visages peints sur des blocs de bois de cèdre par Hetty Frederickson, artiste d'origine hollandaise. L'endroit est accessible tous les jours du 15 mai au 1er septembre de 10h à 17h et l'entrée au sentier et à l'exposition coûte 2,50 $. Non loin de là, au port de **Sayward**, on peut s'embarquer pour aller observer des baleines.

Telegraph Cove

A l'est de la Hwy 19, à 8 km au sud de Port McNeill, cette petite communauté est l'un des plus beaux villages sur pilotis de la côte occidentale de l'île. Autrefois consacré à l'industrie du bois, c'est un site idéal pour la pêche, mais son principal attrait réside dans la virée en bateau qui, entre juin et octobre, vous emmènera à Robson Bight, une réserve écologique située au sud de Telegraph Cove, dans le bras de mer de Johnstone, voir les épaulards. L'expédition, organisée par les Stubbs Island Charters (☎ 928-3185/17), vous paraîtra peut-être un peu chère à 60 $, mais elle dure cinq heures et le déjeuner est offert. Réservez à l'avance et prévoyez des vêtements chauds.

Port McNeill

Cette ville de plus de 2 600 habitants abrite les bureaux de trois grandes sociétés d'exploitation forestière. C'est également le point de départ pour les îles de Cormorant et de Malcolm et l'on y trouve plusieurs campings ainsi que des hôtels. Le Travel Infocentre (☎ 956-3131) se trouve à côté de l'embarcadère.

Les ferries se rendent à **Alert Bay**, sur l'île de Cormorant (la traversée dure trois quarts d'heure et coûte 3,50 $), où le musée d'Alert Bay et le centre culturel d'U'Mista présentent des exemples de l'art kwakiutl. Le parc écologique de Gator Gardens, avec ses cèdres géants et sa faune, vaut également qu'on s'y arrête.

La *Pacific Hostelry* (☎ 974-2026/5363) à Alert Bay est une auberge de jeunesse affiliée à la HI, ouverte toute l'année, qui peut accueillir 26 personnes (13 $ pour les membres, 15 $ pour les autres). Téléphonez pour réserver.

Port Hardy

A l'extrémité nord de l'île de Vancouver, cette petite ville est surtout connue comme point de départ du ferry *Queen of the North*, qui traverse le fameux passage Intérieur jusqu'à Prince Rupert. L'embarcadère se situe à 3 km au sud de la ville à Bear Cove, site sur lequel on a relevé les traces d'une présence humaine très précoce (il y a 8 000 à 10 000 ans). Le Travel Infocentre (☎ 949-7622), ouvert tout l'été de 9h à 20h, est au 7250 Market St.

Il n'y a pas grand-chose à voir dans la ville, en dehors d'un petit musée au 1110 Market St, ouvert du lundi au samedi de 10h à 17h, mais les eaux qui baignent Port Hardy se prêtent bien à la plongée sous-marine et à la pêche. Adressez-vous à North Island Diving & Water Sports (☎ 949-2664), à l'angle de Market St et de Hastings St. On peut également louer canoës et kayaks au bout de la jetée. Téléphonez au 949-7707 pour plus de détails.

Où se loger. Consultez le guide intitulé *Accommodations* ou renseignez-vous au Travel Infocentre. Plusieurs campings sont regroupés près du terminal des ferries. L'un des plus proches est le *Wildwoods Campsite* (☎ 949-6793). Il propose des emplacements à 10 $. Vous pouvez aussi choisir le *Sunny Sanctuary Campground* (☎ 949-8111), 8080 Goodspeed Rd, ou le *Quatse River Campground* (☎ 949-2395), 5050 Hardy Bay Rd. L'un des hôtels les moins chers est le*Seagate Hotel* (☎ 949-6348), 8600 Granville St, avec des chambres à partir de 40 $. La ville est souvent bondée la nuit, lorsqu'un ferry doit partir le lendemain : prenez soin de réserver.

Comment s'y rendre. Les bus Island Coach Lines (☎ 949-7532), à l'angle de Market St et de Hastings St, proposent un départ par jour pour Victoria au prix de 72,45 $. North Island Transportation, dont le bureau se trouve au même endroit, vous emmènera en navette jusqu'à l'embarcadère pour 4,30 $ l'aller simple. On viendra vous chercher et l'on vous déposera sur votre lieu d'hébergement.

Ferry – le Passage intérieur. Les BC Ferries parcourent l'Inside Passage, un itinéraire de quinze heures et 440 km le long de la côte et parmi les îles, qui traverse certains des plus beaux paysages de la province. Le bateau part tous les deux jours à 7h30 (arrivez à 6h30 si vous n'avez pas réservé) et atteint Prince Rupert à 22h30. (L'hiver, il n'y a qu'un départ par semaine.) Une courte escale est prévue à Bella Bella, située à un tiers du parcours. L'aller simple coûte 90 $, jusqu'à 275 $ avec une voiture et 408 $ pour un mobile home. Les tarifs sont moins élevés en basse saison.

Si vous embarquez avec un véhicule en période d'été, mieux vaut réserver bien à l'avance. Toutefois, il est possible de s'inscrire en liste d'attente, ce qui impose d'arriver le plus tôt possible au terminal des ferries (5h30 au plus tard) le jour du départ.

Une fois à Prince Rupert, vous pourrez poursuivre le périple à bord des ferries de l'Alaska State jusqu'à Juneau et Skagway, plus au nord. Prenez les BC Ferries jusqu'aux îles de la Reine-Charlotte ou passez par la terre ferme, en remontant la Colombie-Britannique jusqu'au Yukon, puis l'Alaska.

Parc provincial de Cape Scott

A 60 km à l'ouest de Port Hardy par une route gravillonnée, ce parc offre des plages virginales dans la baie de San Josef. Sachez toutefois que la côte occidentale de cette pointe nord de l'île est réputée pour ses vents très violents, ses fortes marées et ses pluies diluviennes.

Si vous faites du camping, n'oubliez ni vivres, ni matériel.

Le sud-ouest de la Colombie-Britannique

Au niveau de la petite ville de Hope, à 150 km de Vancouver, la route se divise. La Transcanadienne suit le Goldrush Trail (cette route qu'empruntaient les chariots des chercheurs d'or pour se rendre à Cariboo), remontant la vallée du Fraser vers le nord jusqu'à Cache Creek. Plus on va vers le nord et plus la terre s'assèche et les arbres se raréfient. A Cache Creek, le paysage ressemble à un décor de western.

Au nord-est de Hope, le Coquihalla Hwy monte vers Kamloops. C'est une large voie rapide toute droite que l'on emprunte moyennant 10 $. Les stations-service y sont rares : pensez à faire le plein avant de partir. Plus à l'ouest, entre Chilliwack et Vancouver, l'autoroute est désespérément plate et droite. Inutile d'essayer le stop sur cet axe : les voitures n'ont pas le droit de vous prendre. A l'est de Hope, le Crowsnest Hwy (Hwy 3) descend d'abord vers le sud dans le parc provincial de Manning, puis traverse la vallée d'Okanagan, magnifique verger de la Colombie-Britannique.

HOPE

Hope n'offre guère d'intérêt, mais constitue un bon point de départ pour le canyon du Fraser et la Colombie-Britannique du sud. Plusieurs lacs et non moins d'une dizaine de parcs provinciaux l'entourent.

Un tour au Travel Infocentre (☎ 869-7322), 919 Water Ave, près du fleuve s'impose. Les campings sont nombreux dans la région. A Hope, des motels bordent la vieille route reliant Old Princeton à Hope, mais se trouvent aussi en centre-ville, avec des simples ou des doubles à partir de 35 $. De la gare routière de Greyhound (☎ 869-5522), au 833 3rd Ave, à l'angle de Fort St, un bus part chaque jour pour Yale et Lytton à 10h15. L'aller simple (taxes non comprises) coûte 10,60 $ jusqu'à Lytton, 15,55 $ jusqu'à Vancouver.

LE CANYON DU FRASER

Le Fraser relie Vancouver au centre de la Colombie-Britannique ; le Thompson en est le principal affluent. En vous promenant au cœur de ce canyon aux parois abruptes, vous traverserez l'un des décors les plus spectaculaires de la province.

Le rafting se pratique beaucoup sur le Fraser et ses affluents, riches en eaux vives. Fraser Rafting Expeditions (☎ 863-2336), à **Yale**, à 32 km au nord de Hope, organise des descentes de rivières pouvant aller d'une journée (75 $) à dix jours. Les repas sont fournis. Avec Kumsheen (☎ 455-2296), à **Lytton**, au nord de Yale, la promenade peut durer de trois heures (62 $) à trois jours (298 $).

On fait beaucoup de bruit autour du **Hell's Gate Airtram**, à 25 km autour de Yale. Il s'agit d'une sorte de téléphérique qui plonge dans les eaux vives du Fraser. Regardez ce que cela donne de l'extérieur avant d'acquitter les 8 $ d'entrée.

Plusieurs parcs longent le canyon. Le **parc provincial d'Emory Creek**, juste au nord de Hope, propose campings, pêche et randonnée. Pêche également, mais aussi baignades sont possibles au **parc provincial d'Alexander Bridge**, à 1 km au nord de Spuzzum. Un pont suspendu, construit en 1926, enjambe le Fraser. On peut également camper dans les parcs provinciaux de Skihist et de Goldpan, au nord de Lytton.

PARC PROVINCIAL DE MANNING

Ce parc de 66 000 ha au cœur des Cascade Mountains, près de la frontière américaine, s'étend à deux heures de route à l'est de Vancouver. Prenez la Transcanadienne jusqu'à Hope, puis suivez la Crowsnest Hwy vers le sud-est. Cette dernière traverse le parc. La faune compte plus de 206 espèces d'oiseaux ainsi que de nombreux mammifères (marmottes, castors, suisses, ours noirs, cerfs à queue noire, coyotes...). On y pratique de multiples activités de plein air dont le ski de fond, l'hiver, avec 80 km de pistes tracées. Le **chemin de randonnée de Pacific Crest** débute dans ce parc et descend vers le sud jusqu'à Mexico.

Le parc possède quatre*campings* aménagés avec des emplacements à 9,50 $ et 15,50 $. Vous pouvez aussi choisir le *Manning Park Resort*, sur l'autoroute, qui propose des bungalows à partir de 59/64 $ en simple/double.

KAMLOOPS

La ville, installée au confluent du Thompson Nord et du Thompson Sud, s'appelait jadis "Kahmoloops", un terme shuswap qui signifie "rencontre des eaux". Aujourd'hui, la Transcanadienne traverse l'agglomération d'est en ouest. La Yellowhead Hwy (Hwy 5) remonte vers le nord, la Hwy 5A descend vers le sud et la Coquihalla Hwy vers le sud-ouest et Vancouver. Avec une position aussi stratégique, il n'est pas étonnant que la ville ait connu, depuis la fin des années 60, une croissance rapide, au point de devenir le centre des services et de l'industrie du district.

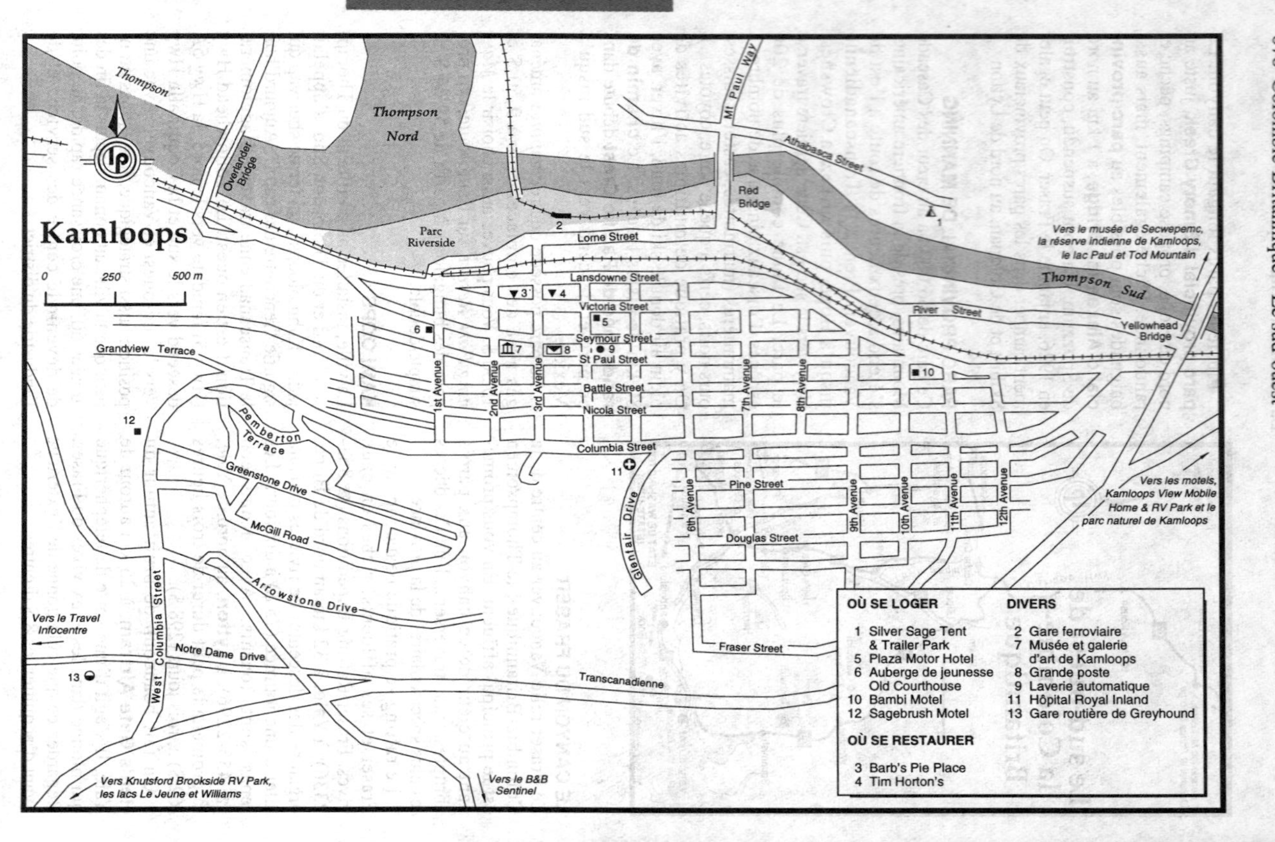
Kamloops
0
250
500 m
Thompson
Thompson Nord
Thompson Sud
Parc Riverside
Overlander Bridge
Red Bridge
Yellowhead Bridge
Mt Paul Way
Athabasca Street
River Street
Lorne Street
Lansdowne Street
Victoria Street
Seymour Street
St Paul Street
Battle Street
Nicola Street
Columbia Street
Pine Street
Douglas Street
Fraser Street
Glenfair Drive
1st Avenue
2nd Avenue
3rd Avenue
6th Avenue
7th Avenue
8th Avenue
9th Avenue
10th Avenue
11th Avenue
12th Avenue
Transcanadienne
West Columbia Street
Notre Dame Drive
Arrowstone Drive
McGill Road
Greenstone Drive
Pemberton Terrace
Grandview Terrace
Vers le musée de Secwepemc, la réserve indienne de Kamloops, le lac Paul et Tod Mountain
Vers les motels, Kamloops View Mobile Home & RV Park et le parc naturel de Kamloops
Vers le B&B Sentinel
Vers Knutsford Brookside RV Park, les lacs Le Jeune et Williams
Vers le Travel Infocentre
OÙ SE LOGER
1 Silver Sage Tent & Trailer Park
5 Plaza Motor Hotel
6 Auberge de jeunesse Old Courthouse
10 Bambi Motel
12 Sagebrush Motel
OÙ SE RESTAURER
3 Barb's Pie Place
4 Tim Horton's
DIVERS
2 Gare ferroviaire
7 Musée et galerie d'art de Kamloops
8 Grande poste
9 Laverie automatique
11 Hôpital Royal Inland
13 Gare routière de Greyhound

Mais Kamloops n'est pas totalement vouée aux affaires. Les quelque 200 lacs qui l'entourent en font une région propice aux sports nautiques. Les collines environnantes constituent un paysage intéressant et accueillent de nombreux ranches. L'été, les températures peuvent être très élevées.

Avec sa population de 68 000 habitants, Kamloops est une agglomération très étendue. Le centre-ville est calme, propre et agréable. Étant donné le rôle de carrefour pour les transports de Kamloops, les prix des hébergements risquent de vous réserver de mauvaises surprises. Vancouver se trouve à 356 km au sud-ouest, Calgary à 619 km à l'est.

Orientation et renseignements

La voie ferrée isole le Thompson du centre-ville. Parallèle aux rails, Lansdowne St, l'une des principales rues, s'étend d'est en ouest. A l'angle nord-ouest de la ville, bordé par Lorne St, le parc de Riverside est un lieu agréable pour les pique-niques et la baignade.

Le Travel Infocentre (☎ 374-3377 ; 1-800-667-0143 en Colombie-Britannique) est installé dans une caravane sur Notre Dame Drive, face à l'entrée principale du centre commercial d'Aberdeen Mall. Il est ouvert tous les jours de 8h à 20h en été. La poste principale (☎ 374-2444), 301 Seymour St, au niveau de 3rd Ave, est ouverte du lundi au vendredi de 8h30 à 17h. L'hôpital de Royal Inland (☎ 374-5111) est au 311 Columbia St.

A voir et à faire

Le **musée** et la **galerie d'art de Kamloops** (☎ 828-3576) sont installés dans le même bâtiment, au 207 Seymour St à l'angle de 2nd Ave. On peut y admirer des souvenirs du temps des pionniers et des outils et ornements salish. Tous deux ouvrent tous les jours de 9h à 20h et le prix d'entrée s'acquitte sous forme de don. Au nord de la ville, le **musée Secwepemc**, 345 Yellowhead Hwy, ouvert du lundi au vendredi de 9h à 20h, propose des expositions sur l'histoire et la culture du peuple shuswap. L'entrée coûte 2 $. Non loin de là, sur la réserve indienne de Kamloops, se trouve le **centre de Chief Louis** (☎ 828-9801).

Le **parc sauvage de Kamloops** (☎ 573-3242) est à 18 km à l'est par la Transcanadienne. Ouvert toute l'année, de 8h à 20h l'été et jusqu'à 17h le reste de l'année, il comporte de nombreux animaux vivant habituellement dans l'Ouest canadien, mais aussi des chameaux, des jaguars, des singes... L'entrée coûte 5,50 $.

Ici, on pêche le saumon, la truite et la truite arc-en-ciel. Le **cours d'eau Adams** est réputé pour ses très gros saumons sockeye. Il existe même une "truite de Kamloops". L'hiver, on pratique le ski alpin et le ski de fond. **Tod Mountain**, à 53 km au nord-est de Kamloops, en bordure de la Yellowhead Hwy, est idéal pour le ski alpin, avec 47 longues pistes. La station possède en outre 24 km de pistes de ski de fond. Téléphonez au 578-7232 pour obtenir le bulletin d'enneigement. Enfin, c'est au **lac Le Jeune**, à 25 km au sud de la ville, que l'on pratique le meilleur ski de fond,

Où se loger

Camping. Le *Silver Sage Tent & Trailer Park* (☎ 828-2077), au nord-est, au-delà du cours d'eau au 771 East Athabasca St, est le terrain le plus proche de la ville. Il comporte des emplacements à 12 $, une laverie automatique et des douches. Le *Knutsford Brookside RV Park* (☎ 372-5380) se situe à 12 km au sud-ouest de la ville par la Hwy 5A (celle qui va de Kamloops à Princeton), à 6 km au sud de la Transcanadienne. Le camping possède tous les équipements nécessaires. L'emplacement pour deux personnes débute à 11,50 $. Le *Kamloops View Mobile Home & RV Park* (☎ 573-3255) est à 8 km à l'est de la ville, sur la Transcanadienne. Il dispose d'une piscine et d'un plan d'eau pour la pêche. Deux personnes sous tente y paient 14 $.

On peut aussi camper dans le *parc provincial de Paul Lake*, à 24 km au nord-est de Kamloops (emplacements à 9,50 $), et dans celui *du lac Le Jeune*, à 37 km au sud-ouest de la ville. Arrivez avant 23h.

Auberges de jeunesse. Au 7 West Seymour St, à l'angle de la 1st Ave, l'auberge de jeunesse de la HI *Old Courthouse Hostel* (☎ 828-7991) est installée dans un très beau bâtiment ancien proche du centre-ville. On y trouve une cuisine, une buanderie, une salle de TV, un salon et une salle à manger. Le bureau d'accueil est ouvert de 8h à 11h et de 17h à 23h30. La nuit coûte 13,50 $ pour les membres, 18,50 $ pour les autres. De la gare routière de Greyhound, prenez le bus n°3 à l'angle de Seymour St et de 3rd Ave. L'auberge se trouve à deux pâtés de maisons vers l'ouest.

La YMCA et la YWCA n'ont pas de chambres à louer, mais les voyageurs peuvent s'y doucher (1,50 $).

B&B. Le Travel Infocentre possède la liste des B&B de Kamloops et de ses environs. On peut aussi essayer le Kamloops & Area B&B Registry (☎ 374-0668, 372-1297), 311 Columbia St, un service de réservations proposant des simples/doubles à 35/40 $. Parmi les B&B les moins chers figurent *Mather's B&B* (☎ 376-3801), 821 Schubert Drive, au nord-ouest du centre-ville, avec des simples/doubles à 25/35 $. *Sentinel House* (☎ 374-0841), 492 Sentinel Court, avec des chambres à 30/40 $ et *Mr & Mrs McKay* (☎ 372-0533), 2034 High Country Blvd, au sud-est du centre, avec des chambres à 30/60 $.

Motels. Il existe deux grandes zones de motels : Columbia St, à l'ouest du centre-ville, et la Transcanadienne, à l'est de la ville. Le *Monte Vista* (☎ 372-3033), 2349 Trans Canada Hwy (Transcanadienne), est un vieil établissement avec des simples/doubles à 30/33 $. Le *Kamloops Thrift Inn* (☎ 374-2488), au 2459 Trans Canada Hwy, possède une piscine chauffée et des chambres à 33/35 $ avec air conditionné et TV couleur.

Les motels de Columbia St sont plus chers. L'un des plus accessibles reste le *Sagebrush Motel* (☎ 372-3151), 660 West Columbia St, avec des chambres à 40/45 $, ou 55/60 $ avec s.d.b.

Autre établissement assez raisonnable, le *Bambi Motel* (☎ 372-7626), 1084 Battle St. Les chambres y sont à 36/38 $. Enfin, le très central *Plaza Motor Hotel* (☎ 372-7121), au 405 Victoria St, propose des simples/doubles à 46/53,50 $ (taxes comprises) et dispose d'un bar et d'un salon de thé au rez-de-chaussée.

Où se restaurer

Le *Tim Horton's*, 336 Victoria St, est un fast-food ouvert 24h sur 24 où l'on mange des sandwiches à partir de 2,65 $ et des beignets à 70 cents. Le *Plaza Café*, situé dans le Plaza Motor Hotel, sert des petits déjeuners et propose des formules soupe et sandwich à 3,95 $ pour le déjeuner. Il est ouvert de 6h à 20h. Le *Barb's Pie Place,* au 222 Victoria St, sert petits déjeuners et sandwiches à 4 $, ainsi que de délicieuses tartes aux fruits à 2,75 $.

Comment s'y rendre

Bus. La gare routière de Greyhound (☎ 374-1212), 725 Notre Dame Drive, au sud-ouest du centre-ville, près de West Columbia St, possède une cafétéria et une consigne automatique. Des bus réguliers partent chaque jour pour Vancouver, Calgary, Jasper, Edmonton, Prince George, Prince Rupert et Penticton. Voici quelques tarifs (comprenant les taxes) :

Destination	*Prix*
Jasper	44,78 $
Edmonton	86,24 $
Calgary	69,12 $
Vancouver	37,72 $
Prince George	55,43 $

Train. Le VIA Rail n'assure pas de service voyageurs à Kamloops, mais on peut réserver sa place sur la compagnie de chemin de fer de Rocky Mountaineer, qui s'arrête en ville pour la nuit (voir la section *Comment s'y rendre* de Vancouver).

Comment circuler

Pour tout savoir sur les bus locaux, appelez le Kamloops Transit Service (☎ 376-1216). Le prix du ticket de bus (voyage unique)

COLOMBIE-BRITANNIQUE

s'élève à 1 $ et le forfait journée coûte 2,50 $. Pour commander un taxi, appelez les Yellow Cabs (☎ 374-3333). Le stop est interdit dans l'enceinte de la ville.

DE KAMLOOPS A WILLIAMS LAKE

A l'ouest de Kamloops, la Transcanadienne se dirige sur **Cache Creek**, au nord duquel la Hwy 97 (Cariboo Hwy) suit le Goldrush Trail jusqu'à Barkerville, à l'est de Quesnel. Les collines sèches, couvertes de broussailles, qui entourent Cache Creek font place à d'interminables forêts au nord. A partir de 100 Mile House (qui doit son nom à la maison située à 100 miles du début de la Cariboo Wagon Rd), on peut aller jusqu'à Mahood Lake, dans le parc provincial de Wells Gray (voir plus bas).

Williams Lake est surtout un centre de transports réputé pour son "Stampede", un festival qui se déroule début juillet. Ces quatre jours de folie à travers la ville constituent la réponse de la Colombie-Britannique au fameux Stampede de Calgary. Outre le rodéo, ce festival inclut athlétisme et autres sports. Le prix des hébergements a, bien sûr, tendance à enfler durant cette période. Au nord de William Lake, se trouve **McLeese Lake**, modeste station balnéaire en bordure de lac, où l'on peut louer de petits chalets.

La vallée d'Okanagan

L'Okanagan, région magnifique et unique au Canada, est constituée d'une série de vallées qui s'étendent sur 180 km du nord au sud, dans la partie inférieure de la Colombie-Britannique centrale. A l'est, s'élèvent les Monashee Mountains, à l'ouest les Cascade Mountains. Toutes ces vallées ont été creusées par les glaciers et sont reliées par une série de lacs, dont le plus grand est celui d'Okanagan.

L'extrémité nord est composée de terres agricoles qui grimpent vers des hauteurs couvertes d'arbres à feuilles persistantes. Plus on avance vers le sud, plus le terrain devient sec. Près d'Osoyoos, proche de la frontière américaine, des cactus poussent sur des pentes désertiques où le niveau des précipitations ne dépasse pas 250 mm d'eau par an. La région de l'Okanagan est surtout habitée par des retraités.

On raconte que l'Ogopogo, monstre similaire à celui du loch Ness, habite le lac Okanagan. Les Indiens de la région furent les premiers à rapporter son existence : ils offraient à la créature des sacrifices d'animaux avant de s'aventurer sur le lac. Les apparitions du monstre restant peu fréquentes, personne n'a encore réussi à le fixer sur la pellicule. Pour obtenir une description détaillée des activités qu'offre la vallée, achetez la brochure *Okanagan Country* (14,95 $), de Murphy Shewchuk, en librairie ou chez les marchands de journaux.

VERGERS

Les étés chauds et secs attirent de nombreux touristes, mais ce climat, allié au sol fertile, fait aussi de la région le verger du pays. C'est en effet sur les quelque 100 km² de l'Okanagan que poussent les fruits les plus beaux.

Emplois saisonniers

La cueillette des fruits exige une main-d'œuvre importante. Le travail est difficile et les salaires sont bas, mais on n'exige pas toujours de permis de travail et vous aurez l'occasion de rencontrer de nombreux jeunes. Les périodes de récoltes sont approximativement :

Période de récolte	*Fruits*
25 juin-25 juillet	Cerises
15 juillet-10 août	Abricots
20 juillet-10 septembre	Pêches
20 août-1er septembre	Poires
28 août-30 septembre	Tomates
1er août-20 octobre	Pommes
1er septembre-20 septembre	Prunes
9 septembre-18 octobre	Raisin

Les Agricultural Employment Services (services d'embauche des travailleurs agricoles) possèdent quelques bureaux dans la vallée, divisée en régions sud et nord.

COLOMBIE-BRITANNIQUE

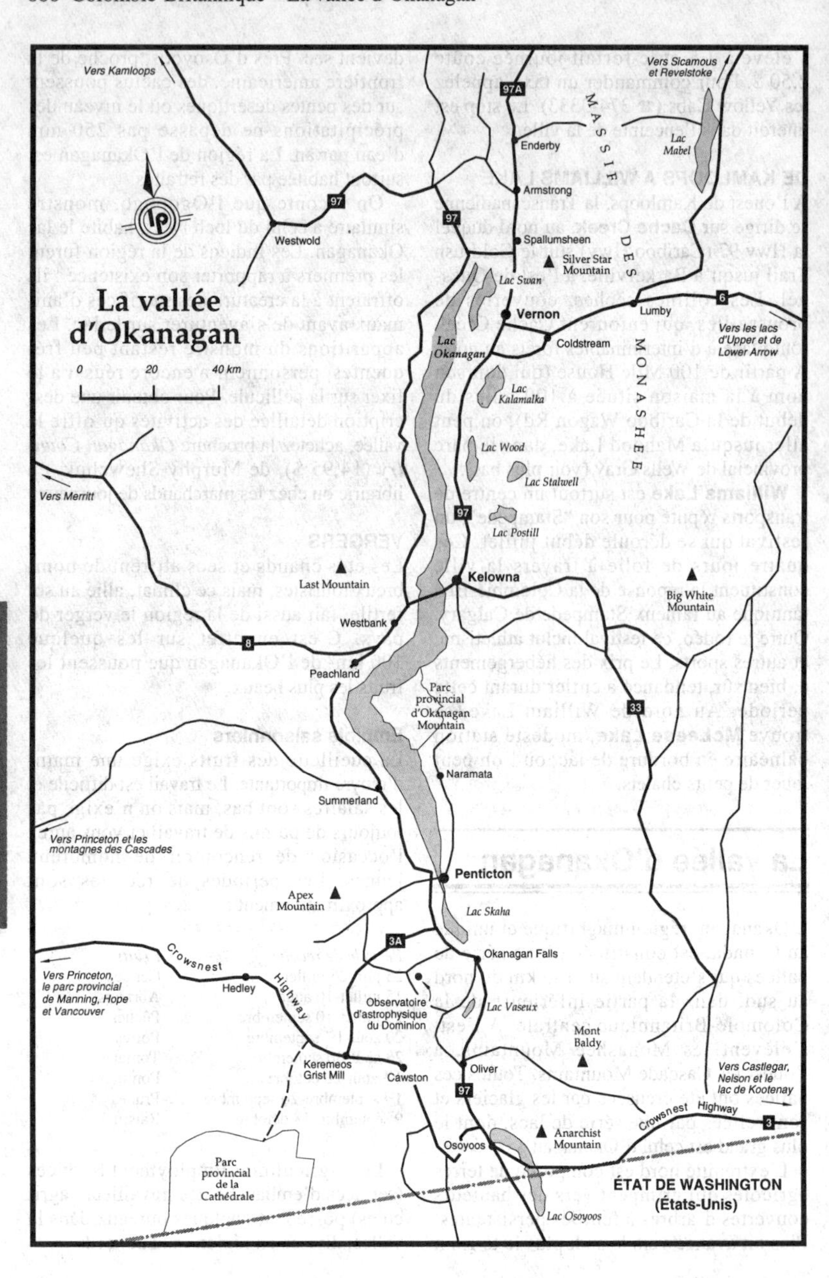

La vallée d'Okanagan
0
20
40 km
Vers Kamloops
Vers Sicamous et Revelstoke
97A
Enderby
Lac Mabel
MASSIF DES MONASHEE
Armstrong
97
Westwold
Spallumsheen
Silver Star Mountain
Lac Swan
Vernon
Lumby
6
Coldstream
Vers les lacs d'Upper et de Lower Arrow
Lac Okanagan
Lac Kalamalka
Lac Wood
Lac Stalwell
Vers Merritt
Lac Postill
Last Mountain
Kelowna
Big White Mountain
Westbank
8
Peachland
Parc provincial d'Okanagan Mountain
33
Naramata
Summerland
Vers Princeton et les montagnes des Cascades
Penticton
Apex Mountain
Lac Skaha
3A
Crowsnest Highway
Okanagan Falls
Vers Princeton, le parc provincial de Manning, Hope et Vancouver
Hedley
Observatoire d'astrophysique du Dominion
Lac Vaseux
Mont Baldy
Keremeos Grist Mill
Cawston
Oliver
Vers Castlegar, Nelson et le lac de Kootenay
Crowsnest Highway
3
Anarchist Mountain
Osoyoos
Parc provincial de la Cathédrale
ÉTAT DE WASHINGTON
(États-Unis)
Lac Osoyoos

Au nord
Kelowna (siège) – 1517 Water St (☎ 860-8384)
Vernon (et Armstrong) – 9 3100 35th St (☎ 542-9565)
Au sud
Penticton (siège) – 212 Main St (☎ 493-3727)
Creston – 139 10th Ave North (☎ 428-9455)
Grand Forks – 102 7337 2nd St (☎ 442-3035)
Keremeos – 710 7th St (☎ 499-5341)
Oliver – 9939 350th Ave (☎ 498-4496)
Osoyoos – 8523 76th Ave (☎ 495-6925)

OSOYOOS ET SES ENVIRONS

Petite bourgade située à l'extrémité sud de la vallée d'Okanagan, Osoyoos est unique sur plusieurs plans. Dans cette zone très sèche de mornes collines, la ville est installée au bord du lac Osoyoos aux eaux bleu foncé. Sur la rive est du lac, un petit désert, connu sous le nom de "désert de poche", s'étend sur une cinquantaine de kilomètres vers le nord, jusqu'au lac de Skaha. Ce désert ne dépasse jamais 20 km de largeur.

Avec moins de 200 mm de pluies par an, la région s'est surtout spécialisée dans la faune et la flore : on y trouve des colibris calliopes (les plus petits oiseaux du Canada), des crotales, des tortues, diverses espèces de souris et de coyotes et de nombreux cactus, buissons et arbustes caractéristiques des régions désertiques. En fait, cette région est une extension du désert du nord du Mexique. Avec son climat chaud et sec, la région d'Osoyoos produit les fruits et les légumes les plus précoces et les plus variés du Canada.

Orientation et renseignements

Osoyoos se trouve au croisement entre la Hwy 97, qui remonte vers Penticton au nord (en passant près de nombreux parcs provinciaux où l'on peut camper) et la Crowsnest Hwy, qui se dirige vers la région de Kootenay à l'est et vers Hope à l'ouest.

Le Travel Infocentre (☎ 495-7142) se situe légèrement au nord-ouest de la ville, à l'angle où la Crowsnest Hwy se sépare de la Hwy 97 pour aller vers l'ouest, près de la station d'essence d'Husky. Le bureau des Agricultural Employment Services, 8523 Main St, est ouvert du lundi au vendredi de 7h à 15h30. La gare routière de Greyhound (☎ 495-7252) est installée dans la station d'essence Pay 'n' Save de la Crowsnest Hwy, à l'est du centre-ville.

A voir et à faire

Le petit **musée d'Osoyoos** (☎ 495-6723), au bas de Main St, près du lac, propose des expositions sur l'histoire naturelle, les Indiens Inkameeps, les vergers et l'irrigation. Il est ouvert tous les jours entre mai et début septembre, de 10h à 16h30, et l'entrée coûte 2 $. Le climat fait du lac Osoyoos le plus chaud du pays.

A moins de 1 km à l'est du centre-ville, au-delà du pont, le **Moulin hollandais** (☎ 495-7318), est une réplique d'un autre moulin construit aux Pays-Bas en 1816. Il se visite en été : on y voit le grain en train d'être moulu et l'on y achète de délicieux pains et gâteaux. A 700 m à l'est d'Osoyoos, sur la Crowsnest Hwy, le **panorama d'Anarchist Mountain** offre un superbe point de vue sur la ville, la vallée, le désert, le lac et la frontière américaine. Il faut un véhicule pour s'y rendre.

Le **désert de poche**, près de Black Sage Rd, se situe sur le territoire d'une réserve d'Indiens Inkameeps. Pour s'y rendre, il faut une autorisation, à demander au bureau de la réserve.

Si vous suivez Black Sage Rd vers le nord jusqu'à Oliver, vous passerez devant plusieurs **fermes vinicoles**. A partir d'Oliver, Camp McKinney Rd longe à l'est le **domaine skiable du mont Baldy** (☎ 498-2262) qui offre 11 pistes de ski de descente et des pistes de ski de fond.

Au **parc provincial de Haynes Point**, qui s'étend sur une langue de terre qui s'enfonce dans le lac à 2 km au sud de la ville, on pratique la pêche, la natation et la randonnée.

A l'ouest d'Osoyoos, se trouve le **parc provincial de la Cathédrale**, une région sauvage et montagneuse de 33 km² caractérisée par d'étranges formations rocheuses. On y rencontre entre autres des cerfs à queue noire, des chèvres des montagnes et des moutons à cornes de Californie. On y accède par une route de pierraille qui part de la Crowsnest Hwy à 3 km à l'ouest de Keremeos. Entourée de vergers, **Keremeos** est surtout célèbre pour ses fruits et ses vins.

Où se loger

Camping. Le *parc provincial de Haynes Point* (☎ 494-0321) est équipé de douches. Un emplacement pour tente y coûte 14,50 $. Au *parc provincial de la Cathédrale* (☎ 494-0321), le camping est gratuit. Les campings privés, nombreux dans la région, manquent franchement de charme, ce qui ne les empêche pas d'être souvent bondés. Le *Cabana Beach Campground* (☎ 495-7705), 2231 East Lakeshore Drive, sur la Rural Route 1, à 3 km au sud-est de la ville, propose de petite cabines à louer, ainsi que des emplacements pour tentes et caravanes. Deux campeurs sous une même tente paieront de 16 à 22 $. Le *Brookvale Holiday Resort* (☎ 495-7514), 1219 45th St, également en bordure de la Rural Route 1, offre des services similaires. Un emplacement pour tente coûte de 13 à 18 $.

Auberges de jeunesse. Très récente, la *Osoyoos Backpackers Guesthouse* (☎ 495-2518/5288), 6902 62nd Ave, accueille les voyageurs au budget serré et les saisonniers agricoles. On y passe la nuit en dortoir pour 10 $ ou en chambre double pour 30 $. Cette auberge possède également une cuisine, une salle de TV et un parking.

Hôtels et motels. D'un bon rapport qualité/prix, le *Rialto Hotel* (☎ 495-6922) se trouve en centre-ville près du lac. Il dispose de la TV, de l'air conditionné, d'un restaurant et d'un pub. Les simples/doubles coûtent 25/35 $. Le *Boundary Motel* (☎ 495-6050) est situé sur la Rural Route 2, près de la frontière américaine. Les simples/ doubles y coûtent 34/36 $. Vous trouverez beaucoup d'autres motels le long de la 83rd St (Crowsnest Hwy), à l'est du centre-ville, après le pont, et quelques autres encore le long de la 89th St.

PENTICTON

Penticton, la plus méridionale des trois villes sœurs de l'Okanagan, se situe entre les lacs Okanagan et Skaha, qui sont reliés par la rivière Okanagan. Le soleil y brille en moyenne 600 heures en juillet et en août, soit une dizaine d'heures par jour : plus qu'à Honolulu !

Pour les Salish, Pen-Tak-Tin signifie "endroit où rester toujours", une idée que beaucoup de Blancs ont adoptée. Entre 1975 et 1985, la population est en effet passée de 13 000 à 25 000 habitants et elle s'élève aujourd'hui à 28 500 âmes ! Penticton existe depuis 1892, date à laquelle on commença à exploiter plusieurs mines des environs. Il n'y a pas grand-chose à faire ici, mais on ne peut rêver mieux que cette terre de pêchers et de plages pour faire une halte d'un jour ou deux.

Orientation

La zone du centre-ville s'étend au sud du lac Okanagan. Les rives du lac sont surtout occupées par le parc. Lakeshore Drive traverse ces terres vers l'ouest à partir du centre-ville jusqu'à Riverside Drive et la Hwy 97. A l'ouest, parallèle à Main St, l'artère principale, Martin St a elle aussi son importance. Sur Main St, les voitures circulent en sens unique vers le nord, tandis que sur Martin St, le trafic se fait vers le sud à partir de Westminster Ave.

Renseignements

Le Travel Infocentre (☎ 492-4103), installé dans le Pavillon du Jubilée de la chambre de commerce au 185 Lakeshore Drive, est ouvert du lundi au vendredi de 9h à 17h et le week-end de 10h à 16h. Il existe un deuxième bureau à l'angle de Westminster Ave et de Eckhardt Ave et un troisième sur la Hwy 97, au sud de la ville. La poste principale (☎ 492-5717) est elle aussi au sud du centre après Ellis Creek, au 56 Industrial Ave West. Au centre on trouve un autre bureau de poste (☎ 492-8394) à Gallop's Flowers, 187 Westminster Ave, à l'angle de Winnipeg St. La Toronto Dominion Bank, à l'angle de Nanaimo Ave et de

Martin St, est ouverte le samedi de 9h30 à 16h. L'hôpital régional de Penticton (☎ 492-4000) se trouve au 550 Carmi Ave. La librairie de Main St possède une phénoménale collection de livres d'occasion.

A voir et à faire

A proximité du centre, la **plage d'Okanagan** s'étend sur une longueur de 1 300 m. Allez visiter le *Sicamous*, un vieux bateau à aubes mis en cale sèche à l'extrémité ouest de la plage. Cette partie du lac d'Okanagan est l'un des meilleurs endroits de planche à voile de toute la vallée. California Connection (☎ 493-0244) y loue des planches et des catamarans de 12 à 35 $ l'heure. Au sud de la ville, la **plage de Skaha** mesure 1,5 km de long, on y pratique également la planche à voile. A la marina, on loue des bateaux de 22 à 40 $ l'heure chez Skaha Boat Rentals (☎ 492-2024).

Vous pourrez vous essayer au parachute ascensionnel sur les deux lacs : il vous en coûtera 37,50 $ les dix minutes. Contactez le 492-2242 pour plus de détails.

Penticton possède deux **caves à vins** : Cartier Wines (☎ 492-0621), 2210 Main St, près de l'embranchement pour Skaha Lake Rd, et Hillside Cellars (☎ 493-4424), 1350 Naramata Rd, au nord-est du centre-ville. Toutes deux organisent des visites gratuites avec dégustation.

Sur 2,25 km² de terre aride dominant le lac de Skaha, la réserve d'**Okanagan Game Farm** (☎ 497-5405) renferme environ 650 animaux de 130 espèces différentes, canadiennes ou exotiques. Située à 8 km au sud de Penticton, sur la Hwy 97, elle ouvre toute l'année de 8h à la tombée de la nuit. L'entrée coûte 8 $, 6 $ pour les étudiants.

Au complexe aquatique de **Wonderful Waterworld** (☎ 493-8121), 225 Yorkton Ave, au nord du lac de Skaha, vous trouverez des toboggans géants pour enfants et adultes. L'entrée coûte 1,50 $. Le complexe est ouvert tout l'été de 10h à 20h.

Festivals

L'événement majeur de l'année est le Peach Festival (fête des Pêches), une semaine de manifestations organisées depuis 1948 au début du mois d'août. Activités sportives, événements inédits, musique et danse, spectacles nocturnes sont à l'affiche, ainsi qu'une grande parade qui se tient le samedi. La semaine qui suit le festival est consacré à l'Annual British Columbia Square Dance Jamboree. Ce festival de danse de Colombie-Britannique se déroule six soirs de suite de 20h à 23h ; près de 3 500 danseurs y participent. Le parc Kings possède une immense piste de danse, mais la danse est aussi dans la rue et aux deux lacs (dans l'eau !).

A la fin du mois d'août, des athlètes viennent faire leurs preuves au cours de l'Ironman Canada Triathlon. Enfin, début octobre, pendant onze jours se tient la fête du vin de l'Okanagan, qui a pour centre Penticton, mais qui concerne toute la vallée.

Où se loger

La plage ferme de minuit à 6h. Si vous vous y endormez, vous risquez d'être brutalement réveillé par un policier en uniforme.

Camping. Les parcs pour tentes et caravanes sont nombreux, surtout au sud de la ville, autour du lac de Skaha. Certains sont juste à côté de la Hwy 97. On y paie de 15 à 20 $ pour deux personnes sous tente.

Auberges de jeunesse. Le *Penticton Hostel* (☎ 492-3992), 464 Ellis St, se trouve en plein centre-ville, au sud de la gare routière de Greyhound. Elle dispose de chambres particulières, d'une cuisine, d'une buanderie, d'un salon et d'un patio. On peut y louer des bicyclettes, et y passer la nuit donne droit à des réductions en ville. On vous y prodiguera des conseils pour trouver un emploi saisonnier de cueillette. La réception est ouverte tous les jours de 7h à 12h30 et de 16h à minuit. Les prix en dortoir s'élèvent à 13,50/18,50 $ pour les membres/non-membres.

B&B. Le Travel Infocentre vous fournira la liste des B&B locaux. A 22 km à l'ouest de Penticton, sur Green Mountain Rd, l'*Apex*

Alpine Guest Ranch (☎ 492-2454) loue ses chambres 40 $. Proche de la station de ski, le ranch organise promenades à cheval et randonnées. Du côté du centre-ville, le *Budget B&B* (☎ 492-6743), 230 Farrell St, est ouvert toute l'année avec des tarifs raisonnables à 35/45 $ la simple/ double.

Hôtels. Ils sont plutôt rares, et donc assez chers. C'est le *Three Gables Hotel* (☎ 492-3933), 353 Main St, qui pratique les prix les plus raisonnables, avec des simples/ doubles à partir de 42/50 $. Situé en centre-ville, à trois pâtés de maisons au sud du lac d'Okanagan, il dispose d'un pub en sous-sol. Installé sur la plage du même lac, au 21 Lakeshore Drive West, le *Coast Lakeside Resort* (☎ 493-8221), est l'une des meilleures adresses de la ville. Ses prix sont cependant élevés, de 85 à 172 $.

Motels. Penticton compte un nombre impressionnant de motels, surtout répartis le long des deux secteurs principaux : Lakeshore Drive/Riverside Drive et South Main St/Skaha Lake Rd. Le *Club Paradise Motel* (☎ 493-8400), 1000 Lakeshore Drive, est installé face au lac d'Okanagan. On y offre le café et les chambres ont toutes l'air conditionné. Vous y paierez de 40 à 60 $ la chambre. Également face au lac, mais plus proche du centre-ville, le *Slumber Lodge Penticton* (☎ 492-4008), 274 Lakeshore Drive, est plus cher, avec des simples/doubles à partir de 60/65 $.

A l'extrémité sud de la ville, l'*Holiday House Motel* (☎ 492-8422), 3355 Skaha Lake Rd, propose des simples/doubles à partir de 45/49 $. Le *Paradise Valley Motel* (☎ 492-2756), au n°3118, a des chambres à partir de 35/40 $. Ces deux établissements sont climatisés et proches de la plage de Skaha Lake Beach.

Où se restaurer

Presque tous les restaurants du centre-ville se trouvent dans Main St ou ses environs. L'*Elite*, 340 Main St (le restaurant à l'enseigne du style Las Vegas années 50) sert des plats classiques avec une formule soupe et salade à 4 $. *Grandma Lee's*, en face du Three Gables Hotel, est une sorte de cafétéria à prix modiques. A l'*Ortiz's Restaurante*, 452 Main St, la cuisine mexicaine est acceptable et consistante. Les plats principaux sont à 8 $ environ. Plus haut de gamme, le *Tumbleweed Grill*, 314 Main St, à hauteur de Nanaimo Ave, ajoute des saveurs espagnoles à sa carte mexicaine. Plus au sud, le *Turtle Island Café*, 718 Main St, est un restaurant populaire avec un patio à l'arrière. L'*Edible Dried Goods*, 407 Main St, vend du "cuir de fruits", une sorte de purée de fruits séchée en de fines feuilles. C'est l'aliment idéal des randonneurs. Il est ouvert tous les jours.

Distractions

Le *Tiffany's*, 535 Main St, est le temple de la musique rock. On y écoute des groupes venus de Vancouver. Tout près, le *Down Under Nite Club* passe du rock & roll et ouvre à 20h30. Le *Nite Moves* est une discothèque proche du Three Gables Hotel. Le *Chaparal's*, 218 Martin St, au niveau de Westminster Ave, propose de la musique country et l'on y danse. Plus calme, en soirée ou la journée, le *Three Gables Hotel* possède un large pub ouvert à partir de 10h30. Plus au sud, le très "british" *Barley Mill Pub*, 2460 Skaha Lake Rd, est parfait pour boire tranquillement une bière et faire une partie de fléchettes.

Comment s'y rendre

La gare routière de Greyhound (☎ 493-4101), 307 Ellis St à l'angle de Nanaimo Ave, à un pâté de maisons de Main St à l'est, est ouverte tous les jours de 6h à 19h et possède une cafétéria et une consigne automatique. Des bus partent tous les jours pour Vancouver (40,98 $), Kelowna (6,90 $), Vernon (12,63 $) et Kamloops (25,20 $). Ces tarifs incluent les taxes.

Comment circuler

Pour tout renseignement sur les bus locaux, contactez Penticton Transit (☎ 492-5602) ou allez au Travel Infocentre chercher la brochure *Penticton Rider's Guide*, qui indique itinéraires et tarifs. Le ticket pour un trajet coûte 1 $ et la carte à la journée 2,50 $. Les bus municipaux vont de la ville aux deux plages. Le n°202, à prendre à l'angle de Wade Ave et de Martin St, descend South Main St jusqu'au lac de Skaha. Les bus ne circulent ni le dimanche, ni les jours fériés, sauf les navettes allant d'un lac à l'autre en été.

ENVIRONS DE PENTICTON

Observatoire d'astrophysique du dominion

A 20 km au sud-ouest de Penticton, cet observatoire comporte des télescopes radio qui reçoivent des ondes radio de la voie lactée et d'autres galaxies. Ces ondes sont amplifiées et analysées pour fournir des informations inaccessibles aux équipements traditionnels. Des visites guidées sont organisées le dimanche entre 14 et 17h en juillet et août.

L'observatoire se trouve sur White Lake Rd, à 15 mn environ de route du premier embranchement au sud de Kaledan Junction sur la Hwy 97.

Summerland

Summerland est une petite station balnéaire en bordure de lac, au nord de Penticton. De **Giant's Head Mountain**, un volcan éteint qui s'élève au sud du centre-ville, on a une belle vue sur le lac d'Okanagan. En ville, on peut admirer de belles constructions historiques du XIXe siècle.

Station de recherches agricoles. A 11 km au nord de Penticton par la Hwy 97, ce centre a été conçu pour l'étude des arbres fruitiers, de leur croissance, de leurs pathologies et de leurs productions. Des visites guidées sont organisées l'été seulement, du lundi au vendredi à 13h, mais le domaine est ouvert de 7h30 à 20h30, ou jusqu'à 17h30 le reste de l'année.

Élevage de truites de Summerland. Situé au 13405 Lakeshore Drive, l'élevage (☎ 494-3346) se visite gratuitement de 8h30 à 11h30 et de 13h30 à 16h30 toute l'année. C'est l'un des trois élevages de la province destinés à repeupler les lacs.

Station de ski d'Apex

L'Apex Alpine Ski Resort (☎ 292-8222), à 37 km à l'ouest de Penticton, accessible par Green Mountain Rd, possède plus de 40 pistes pour tous niveaux, ainsi que des pistes de ski de fond.

KELOWNA

Kelowna se situe au milieu du lac d'Okanagan et à mi-chemin entre Vernon et Penticton. Le nom de la ville est un mot salish qui signifie "ours grizzli". De nombreux missionaires oblats arrivèrent ici en 1858. L'un d'eux, le père Pandosy, y établit une mission et planta les premiers pommiers de la région. Devant le succès de son entreprise, on décida en 1890 d'étendre cette plantation à grande échelle. En 1892, la ville de Kelowna fut créée. Elle est aujourd'hui le centre de la plus vaste région fruitière du Canada.

La clémence du climat, associée à des réserves d'eau satisfaisantes, font de Kelowna un cadre idéal pour la production de fruits et de vins et une destination touristique de premier plan. Avec 80 500 habitants, Kelowna est la plus grande ville de l'Okanagan. Elle joue un rôle central dans l'activité agricole de la région ; l'industrie du bois y est également développée, tout comme la production vinicole.

Orientation

Le grand City Park qui s'étend en bordure de lac forme la limite ouest de la ville. Bernard Ave débute de la grande sculpture blanche intitulée "Sails" et de la réplique d'Ogopogo (le monstre du lac), en bordure du parc, et constitue l'artère principale de la ville. La Hwy 97, appelée Harvey Ave dans l'agglomération, représente la limite sud du centre-ville. Elle part vers l'ouest après le pont et se dirige vers Penticton. Orientée vers l'est, sur une quinzaine de kilomètres, Harvey Ave est une artère hideuse bordée de stations-service, de fast-foods et de motels.

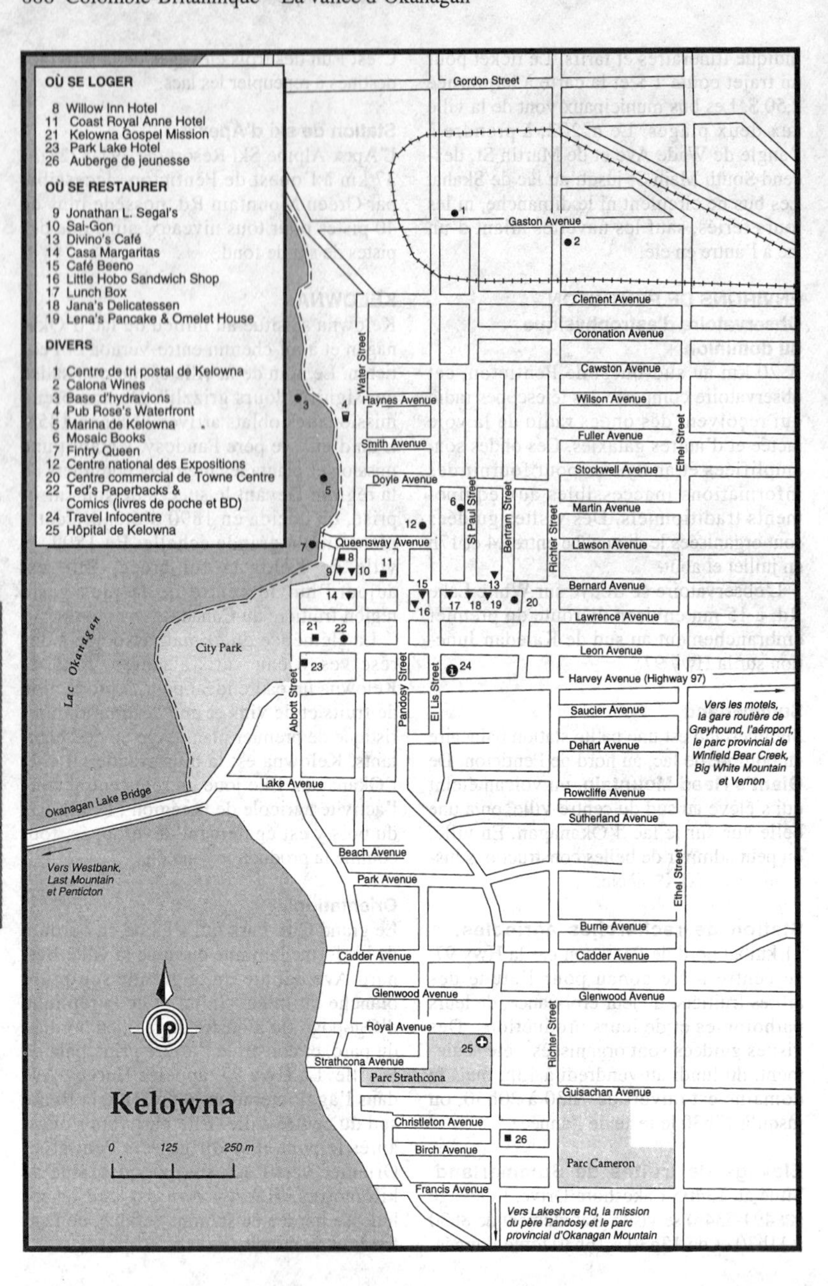
OÙ SE LOGER
8 Willow Inn Hotel
11 Coast Royal Anne Hotel
21 Kelowna Gospel Mission
23 Park Lake Hotel
26 Auberge de jeunesse
OÙ SE RESTAURER
9 Jonathan L. Segal's
10 Sai-Gon
13 Divino's Café
14 Casa Margaritas
15 Café Beeno
16 Little Hobo Sandwich Shop
17 Lunch Box
18 Jana's Delicatessen
19 Lena's Pancake & Omelet House
DIVERS
1 Centre de tri postal de Kelowna
2 Calona Wines
3 Base d'hydravions
4 Pub Rose's Waterfront
5 Marina de Kelowna
6 Mosaic Books
7 Fintry Queen
12 Centre national des Expositions
20 Centre commercial de Towne Centre
22 Ted's Paperbacks & Comics (livres de poche et BD)
24 Travel Infocentre
25 Hôpital de Kelowna
Gordon Street
Gaston Avenue
Clement Avenue
Coronation Avenue
Cawston Avenue
Wilson Avenue
Fuller Avenue
Stockwell Avenue
Martin Avenue
Lawson Avenue
Bernard Avenue
Lawrence Avenue
Leon Avenue
Harvey Avenue (Highway 97)
Saucier Avenue
Dehart Avenue
Rowcliffe Avenue
Sutherland Avenue
Burne Avenue
Cadder Avenue
Glenwood Avenue
Guisachan Avenue
Haynes Avenue
Smith Avenue
Doyle Avenue
Queensway Avenue
Water Street
Ethel Street
St Paul Street
Bertram Street
Richter Street
Abbott Street
Pandosy Street
El Lis Street
City Park
Lac Okanagan
Lake Avenue
Okanagan Lake Bridge
Vers Westbank, Last Mountain et Penticton
Vers les motels, la gare routière de Greyhound, l'aéroport, le parc provincial de Winfield Bear Creek, Big White Mountain et Vernon
Beach Avenue
Park Avenue
Royal Avenue
Strathcona Avenue
Parc Strathcona
Christleton Avenue
Birch Avenue
Francis Avenue
Parc Cameron
Vers Lakeshore Rd, la mission du père Pandosy et le parc provincial d'Okanagan Mountain
Kelowna
0
125
250 m

A l'extrémité nord de Pandosy St, au niveau de Queensway Ave, la tour d'horloge de la ville se dresse au milieu d'une fontaine qui marque le nouveau centre de la ville. Près de la fontaine, entourés de fleurs, se trouvent le musée et la galerie d'art, installés dans le National Exhibition Centre (Centre national des expositions).

La ville compte non moins de 65 parcs, dont sept longent les rives du lac.

Renseignements

Le Travel Infocentre (☎ 861-1515), 544 Harvey Ave (Hwy 97), au niveau d'Ellis St, est ouvert du lundi au vendredi de 9h à 17h et le week-end jusqu'à 16h.

Un autre bureau est installé sur la rive ouest du lac, près du pont d'Okanagan Lake, et il en existe un troisième sur la Hwy 97, à 10 km au nord de la ville, près de l'aéroport. Ces deux derniers fonctionnent de mai à septembre. La plupart des banques se trouvent dans Bernard Ave, entre Water St et Ellis St. La Toronto Dominion Bank, à l'angle de Bernard Ave et de Pandosy St, ouvre le samedi de 9h à 16h.

Si vous vous faites expédier du courrier à Kelowna, vous irez le chercher au centre de tri postal de Kelowna (☎ 762-2118), 530 Gaston Ave, au nord du centre-ville. Toutefois, la vente de timbres et les autres opérations postales s'effectuent dans les postes de la ville : vous en trouverez une dans le centre commercial de Towne Centre, sur Bernard Ave.

Mosaic Books (☎ 763-4418), 1420 St Paul St, vend des cartes de la région, des atlas, des guides de voyages ou autres. La librairie comporte également un rayon consacré à l'histoire et à la culture des Indiens du Canada. Ted's Paperbacks & Comics (☎ 763-1258), 269 Leon Ave achète et vend des livres d'occasion.

L'hôpital général de Kelowna (☎ 762-4000) est au sud d'Harvey Ave, au 2268 Pandosy St, à l'angle de Royal Ave.

Le City Park et la Promenade

C'est un excellent parc avec plages de sable, grands arbres, et une eau à peine plus fraîche que la température ambiante de l'été (23°C). On y trouve des jardins fleuris et des courts de tennis. La plage s'étend de la marina au **pont d'Okanagan Lake**, à l'ouest du City Park. Il s'agit là du plus grand pont flottant du Canada : celui-ci est soutenu par 12 pontons et est équipé d'un système qui ouvre le passage aux bateaux jusqu'à 18 m de hauteur. De Bernard Ave, la promenade au bord du lac remonte vers le nord, passant devant la marina, le lagon artificiel à écluse, jusqu'au nouveau complexe résidentiel.

Le Fintry Queen

Au bas de Bernard Ave, derrière la réplique d'Ogopogo, l'ancien ferry *Fintry Queen* (☎ 763-2780) mouille sur le lac. Reconverti en restaurant, il effectue également des sorties sur le lac. La croisière de deux heures coûte 9 $, le déjeuner 11 $ et le dîner 18,50 $.

Centre national des expositions

Renfermant le **musée centenaire de Kelowna** (☎ 763-2417) et le **musée des Beaux-Arts de Kelowna** (☎ 762-2226), ce centre fait partie du complexe municipal situé au 470 Queensway Ave, à l'angle de Pandosy St. On peut y voir la reconstitution d'une maison d'hiver souterraine traditionnelle du peuple salish. Le musée des Beaux-Arts comporte pour sa part une petite collection permanente de toiles d'artistes de la province.

L'entrée à ces deux musées est gratuite. Le centre est ouvert du lundi au samedi de 10h à 17h (du mardi au samedi en hiver).

La mission du père Pandosy

A l'endroit où cet oblat installa sa mission en 1859, quelques constructions d'origine subsistent dont l'église et l'école qui ont été restaurées. Le site n'est pas très étendu et il n'y a pas grand-chose à y voir, mais l'accès y est gratuit. Pour vous y rendre, prenez Lakeshore Rd vers le sud, puis tournez vers l'est dans Casorso Rd jusqu'à Benvoulin Rd. Le site est ouvert de 8h à la tombée de la nuit.

Plages
Outre celle de la ville, il existe plusieurs plages au sud du pont du lac d'Okanagan, le long de Lakeshore Rd. On peut s'y rendre à pied. La plupart des campings en bordure de lac disposent également de plages.

Activités culturelles et/ou sportives
La pêche se pratique sur le lac d'Okanagan et sur la plupart des 200 autres lacs qui entourent Kelowna. Les véliplanchistes partent de l'ancienne piste d'atterrissage pour hydravions, près de l'angle entre Water St et Cawston Ave. De la marina de Kelowna, on peut s'embarquer pour une croisière ou une partie de pêche.

A 8,5 km au nord-ouest de Kelowna, le **parc provincial de Bear Creek** permet également de pratiquer planche à voile et pêche, baignade, randonnée et camping sauvage. Le **parc provincial d'Okanagan Mountain**, qui s'étend sur 10,5 km^2 au sud de Kelowna par Lakeshore Rd, est un endroit très apprécié des randonneurs, qu'ils soient à pied ou à cheval. La plupart de ses sentiers datent du temps des trappeurs. Pour les skieurs, **Big White Mountain** (☎ 765-3101), 55 km à l'est de Kelowna, par la Hwy 33, se couvre d'une belle neige poudreuse en hiver. C'est la station de sport d'hiver la plus élevée de la province. Au sud-est de la ville, à Westbank (rive ouest), par la Hwy 97, se trouve **Crystal Mountain** (☎ 768-5189), qui possède des pistes éclairées la nuit.

COLOMBIE-BRITANNIQUE

Visites de caves à vins et à whisky. C'est une attraction à ne pas manquer. Il existe sept établissements vinicoles en Colombie-Britannique et cinq d'entre eux sont dans l'Okanagan.

A Kelowna, Calona Wines (☎ 762-9144), 1125 Richter St est le plus important producteur de Colombie-Britannique. A Westbank, à 13 km au sud-ouest de Kelowna, se trouve l'exploitation de Mission Hill (☎ 768-7611). Elle est située en bordure de la Rural Route 1, dans Mission Hill Rd, près de Boucherie Rd. En plus de la visite, on vous y fera déguster des vins. Les vins de l'exploitation de Cedarcreek Estate (☎ 764-8866), 5445 Lakeshore Rd, jouissent d'une réputation internationale. La distillerie Hiram Walker Okanagan (☎ 763-4922), 899 Jim Bailey Rd, Winfield, au nord de Kelowna, produit le whisky Canadian Club et propose des visites gratuites avec dégustation.

Où se loger
Le camping est le mode d'hébergement le plus économique de la région, avec l'inconvénient de vous éloigner de la ville. La plupart des motels bordent la Hwy 97, au nord du centre-ville. Les hôtels sont rares, aussi aurez-vous du mal à séjourner dans la ville même en été, sauf si vous réservez.

Camping. Le meilleur endroit pour camper est le *parc provincial de Bear Creek* (☎ 494-0321), équipé de douches et d'une laverie. L'emplacement s'élève à 15,50 $.

Les terrains de camping privés sont nombreux autour de Kelowna, surtout dans Westbank et au sud, le long de Lakeshore Rd. Ils sont généralement pris d'assaut. Pour aller à Westbank, prenez la Hwy 97 vers l'ouest, traversez le pont d'Okanagan Lake, puis tournez à gauche dans Boucherie Rd. Suivez-la jusqu'à la zone de loisirs. C'est un peu loin de la ville, il faut une voiture. Les emplacements coûtent de 10 à 19 $. A 6 km au sud de la ville, le *Tiny Town Tent & Trailer Park* (☎ 762-6302), 3327 Lakeshore Rd. Situé en bordure du lac, il possède une plage, des douches et un service de location de cycles. L'emplacement y coûte 13 $. Toujours sur la plage, mais plus au sud, le *Hiawatha RV Park* (☎ 861-4837), 3787 Lakeshore Rd est ouvert de mi-mai à mi-septembre et propose des emplacements pour tentes au prix de 22 $ pour deux personnes.

Auberges de jeunesse. La *Kelowna Gospel Mission* (☎ 763-3737), 251 Leon Ave, est propre et gratuite. Elle n'est pas vraiment destinée aux voyageurs, mais prodigue plutôt de l'aide aux personnes nécessiteuses. Le *Backpackers Hostel* (☎ 763-

6024) est à l'angle de Christleton Ave au 2343 Pandosy St, juste au sud de l'hôpital : une courte promenade de la plage. On y paie 10 $ la nuit en dortoir. L'établissement comporte des douches, une cuisine et un balcon. Il n'y a pas de couvre-feu.

B&B. Si vous préférez séjourner en B&B, contactez l'Okanagan B&B Association (☎ 764-2124), PO Box 5135, Station A, Kelowna, V1Y 8T9 ou interrogez le Travel Infocentre. Les prix pour des simples vont de 30 à 40 $ et de 45 à 55 $ pour les doubles.

Hôtels. Il n'y a pas d'hôtels bon marché à Kelowna. En centre-ville, le *Willow Inn Hotel* (☎ 762-2122), 235 Queensway Ave, à l'angle d'Abbott St, est juste à côté du City Park et du lac. Il possède un restaurant et un bar, mais n'est guère recommandé aux femmes seules. Les simples/doubles y coûtent 55/60 $, petit déjeuner compris. Juste à côté, mais plus haut de gamme, le *Park Lake Hotel* (☎ 860-7900), 1675 Abbott St, propose des chambres avec air conditionné et TV, films gratuits et minibar, à partir de 79/89 $. Le *Coast Royal Anne Hotel* (☎ 860-7200), 348 Bernard Ave, offre des prestations similaires pour ses chambres à partir de 85/95 $.

Motels. Au nord de la ville, sur la Hwy 97 après l'intersection avec la Hwy 33, on n'a que l'embarras du choix en matière de motels. Le *Western Budget Motel* (☎ 763-2484), 2679 Hwy 97 North, est le moins cher, avec des simples/doubles à partir de 30/33 $. Le*Town & Country Motel* (☎ 860-7121), 2629 Hwy 97 North, au niveau de la Hwy 33, propose des simples/doubles à partir de 39/42 $, air conditionné et TV compris. L'établissement possède en outre une piscine et un sauna. Plus proche, le *Ponderosa Motel* (☎ 860-2218), 1864 Hwy 97 North, reste raisonnable : ses simples/doubles avec cuisine débutent à 41/46 $.

Où se restaurer

Bernard Ave comporte de nombreux restaurants. Le *Lena's Pancake & Omelet House* est ouvert tous les jours et propose crêpes et omelettes à partir de 4,75 $. A côté, le *Jana's Delicatessen* vend saucisses et fromages européens et sert des déjeuners soupe et sandwiches à partir de 3,75 $.

Entre Pandosy St et Ellis Sts, le *Café Beeno*, 467 Bernard Ave, propose une bonne cuisine à des prix raisonnables. Chez *Lunch Box*, dans Bernard Ave, au niveau d'Ellis St, on peut s'installer en terrasse pour déguster toutes sortes de sandwiches à 4,50 $ ou des quiches variées.

Entre Water St et Mills St se trouvent une série de restaurants de catégorie moyenne. La *Casa Margaritas* sert une cuisine mexicaine. Le tacos y est à 5,50 $, les plats de résistance de 9 à 15 $. Le restaurant vietnamien *Sai-Gon* propose des rouleaux de printemps à 5,55 $ et des repas complets à partir de 8 $. Chez *Jonathan L Segal's*, on peut manger sur le toit, d'où l'on a une belle vue sur le lac ; sandwiches et hamburgers à partir de 5,50 $.

A l'est, dans Bernard Ave, à l'angle de Bertram St, le *Divino's Café*, qui sert une délicieuse cuisine italienne, est un peu plus sélect. Les plats de pâtes vont de 9 à 12 $ et le choix des vins locaux est assez étendu.

La petite *Little Hobo Sandwich Shop*, 438 Lawrence Ave est très fréquentée par les employés de bureaux. Elle ouvre de 7h30 à 14 h tous les jours sauf le dimanche. Vous trouverez le même établissement au 1626 Richter St.

Si vous préférez la cuisine épicée, entrez au *Shalimar's*, 538 Leon Ave, un restaurant indien, ou chez *Mon Thong*, 1530 Water St, qui sert des spécialités thaïlandaises.

Distractions

La Sunshine Theatre Company (☎ 763-1025) joue des pièces de théâtre durant l'été au *Kelowna Community Theatre*, à l'angle de Water St et de Doyle Ave. Chaque dimanche après-midi d'été, des concerts gratuits sont donnés dans le City Park. Le luxueux Coast Royal Anne Hotel comporte un bar très populaire, le *Sergeant O'Flaherty's*. L'entrée se fait par l'arrière de l'hôtel, dans Queensway Ave. Le *Rose's*

Waterfront Pub, à côté de Water St, est parfait pour une bière et offre une belle vue sur la promenade et le lac.

Le *Flashbacks Nite Club* (☎ 763-1199), 1268 Ellis St, propose du rock & roll, tandis que l'*Iggyz* (☎ 868-2886), 229 Bernard Ave, accueille des orchestres de rock.

Comment s'y rendre

Avion. L'aéroport se trouve à 20 km au nord de la ville, sur la Hwy 97. Les compagnies Air BC, Air Canada, Canadian Airlines, Central Mountain Air, Shuswap Air, Time Air et Trans-Provincial Air desservent toutes Kelowna.

Des avions pour Vancouver, Calgary et Edmonton décollent chaque jour. Les tarifs habituels en aller simple s'élèvent respectivement à 191,59 $, 248,84 $ et 363,33 $.

Bus. La gare routière de Greyhound (☎ 860-3835) est au nord du centre-ville, au 2366 Leckie Rd, près de la Hwy 97. Pour vous y rendre, prenez le bus n°110 à l'angle de Bernard Ave et d'Ellis St. Ce bus fait l'aller-retour environ toutes les demi-heures de 6h30 à 21h30 tous les jours. La gare est ouverte de 6h30 à 22h30 et le guichet de vente de billets de 7h à 19h.

Il y a cinq départs par jour pour Penticton et Vancouver, trois pour Osoyoos, deux pour Vernon et Kamloops, trois pour Prince George, Prince Rupert, Dawson Creek, Revelstoke et Calgary. Voici quelques exemples de prix : Calgary 67,89 $, Prince George 73,67 $, Prince Rupert 150,50 $ et Vancouver 42,91 $.

Stop. Si vous allez vers le sud, traversez le pont d'Okanagan Lake à pied avant de commencer à lever le pouce. Si vous vous rendez au nord, installez-vous sur la Hwy 97 à l'ouest de la zone commerciale.

Comment circuler

Desserte de l'aéroport. Le bus Kelowna Airporter (☎ 764-8519, 888-8755), 765 Turner Rd, assure la navette entre la ville et l'aéroport du dimanche au vendredi. Le trajet dure 15 mn et dessert toutes les arrivées. L'aller simple coûte 7 $ et le bus s'arrête devant les plus grands hôtels et, sur demande, devant les autres établissements. Le trajet en taxi coûte environ 20 $.

Bus. Pour tout savoir sur les bus locaux, contactez Kelowna Transit Systems (☎ 860-8121) ou prenez le *Kelowna Regional Rider's Guide* au Travel Infocentre. La ville est divisée en trois zones et le ticket pour un trajet dans la zone centrale coûte 1 $. Le forfait journalier est à 3,50 $.

Voiture. Tous les grands loueurs de voitures ont une agence à Kelowna.

Avis
  1310 Water St (☎ 762-5500)
Budget
  1553 Harvey Ave (☎ 860-2464)
Rent-A-Wreck
  2702 Hwy 97 North (☎ 763-6632)
Tilden Rent-A-Car
  1140 Harvey Ave (☎ 861-5242)
Thrifty Car Rentals
  1980 Springfield Rd (☎ 862-9091)

Hertz dispose d'un comptoir à l'aéroport. Les tarifs de Budget et Thrifty débutent à 38 $ par jour, plus 15 cents du kilomètre à partir de 100 km.

Taxis. Il existe plusieurs compagnies de taxis à Kelowna. Essayez les Kelowna Cabs (☎ 762-4444/2222/1433), 1943 Kirschner Rd, ou les Checkmate Cabs (☎ 861-4445), 1145 Gordon Drive.

VERNON ET SES ENVIRONS

Vernon, la plus septentrionale des trois villes sœurs de l'Okanagan, est installée dans une magnifique vallée entourée de trois lacs : l'Okanagan, le Kalamalka et le Swan. Les 23 500 habitants de Vernon sont étrangement cosmopolites : Allemands, Chinois et Indiens y cohabitent. Ces derniers possèdent une réserve à l'ouest de la ville. En elle-même, Vernon ne présente guère d'intérêt touristique, mais les hébergements y coûtent moins cher qu'à Kelowna ou Penticton.

Orientation

Entouré de collines, le centre-ville est un endroit calme, propre et net. Main St, également appelée 30th Ave, est bordée d'arbres et de bancs. Au nord, 32nd Ave représente un axe important, tout comme 25th Ave au sud. Au niveau de cette dernière, la Hwy 6, qui mène au sud-est à Nelson et à Nakusp, rencontre la Hwy 97 orientée nord-sud, qui devient 32nd St et divise la ville. Sur 32nd St, au nord de 30th Ave, se trouve une zone commerciale avec stations-service, motels et fast-foods. L'autre grand axe nord-sud est 27th St, qui rejoint la Hwy 97 au nord de la ville.

Dans 27th St, se trouve le palais de justice de la province, le bâtiment le plus impressionnant de la ville.

Renseignements

Le Travel Infocentre (☎ 542-1415) est installé à 5 km au nord de la ville sur la Hwy 97 (côté de circulation vers le sud) près de la rive sud-est du lac Swan. Le bureau est ouvert du lundi au vendredi de 9h30 à 16h30. Il y a un autre Travel Infocentre à 2,5 km au sud du centre-ville, sur la Hwy 97, en direction de Kelowna, près de la base militaire. Il est ouvert de mai à septembre. Si vous n'avez besoin que d'une carte et d'un guide touristique sur Vernon, contentez-vous de faire un tour à la chambre de commerce (☎ 545-0771), en centre-ville au 3700 33rd St.

La Bank of British Columbia, à l'angle de 30th Ave et de 34th St, est ouverte le samedi de 10h à 15h. La poste principale (☎ 545-8239), 3101 32nd Ave à l'angle de 31st St, face au centre municipal, est ouverte du lundi au vendredi de 8h30 à 17h. La librairie Bookland (☎ 545-1885), 3401 30th Ave, entre 33rd St et 34th St, vend des cartes topographiques de la région et des guides de voyages.

Le Vernon Jubilee Hospital (☎ 545-2211) est au 2101 32nd St.

Parc de Polson

Le parc de Polson, en bordure de 25th Ave et près de 32nd St, est très agréable, avec des milliers de fleurs, des allées ombragées et le petit cours d'eau de Verson Creek qui y serpente. L'influence japonaise et chinoise est évidente dans les jardins et les constructions de style cabines de plage qui parsèment le parc.

Palais de justice de la province

Entièrement construit à base de granit local, ce tribunal (☎ 549-5422) s'élève majestueusement à l'extrémité est du centre-ville, à l'angle de 30th Ave et de 27th St.

Archives et grand musée de Vernon

Ce musée (☎ 542-3142) se trouve dans le centre municipal, à l'angle de 32nd Ave et de 31st St, derrière la tour d'horloge du glockenspiel. Des objets retraçant l'histoire de la région y sont exposés, dont de vieux chariots, des vêtements d'époque et une collection de téléphones anciens. Il est ouvert tous les jours sauf le dimanche de 10h à 17h et l'entrée est gratuite.

Ranch historique O'Keefe

A 12 km au nord, sur la Hwy 97, cet ancien ranch (☎ 542-7868) fut fondé par la famille O'Keefe, qui y vécut de 1867 à 1977. Vous y verrez entre autres un chalet de bois d'origine, un grand magasin et Sainte-Anne, la plus vieille église catholique de style roman de la province. Le ranch est ouvert tous les jours du printemps à l'automne de 9h à 17h. L'entrée coûte 5 $.

Plages

Au bord du lac Kalamalka, à 4 km au sud de la ville, se trouve la **plage de Kalamalka**, qui comporte un camping. Pour y aller, prenez Kalamalka Rd vers le sud à partir de la Hwy 6. Sur le même lac, la **plage de Kin** s'étend à 7 km à l'ouest du centre-ville. Prenez 25th Ave, qui devient Okanagan Landing Rd, en direction de l'ouest, puis tournez à droite dans Tronson Rd. Là aussi, vous trouverez un camping.

Parcs provinciaux

Le **parc provincial de Kalamalka Lake**, d'une superficie de 8,9 km^2, s'étend au sud de la ville et sur la rive est du lac de Kalamalka. On s'y baigne, on y pêche, on y fait des randonnées et des pique-niques. Le **parc provincial d'Ellison**, à 25 km au sud-ouest de Vernon, sur le lac d'Okanagan, est le seul parc aquatique d'eau douce de l'ouest du Canada. La plongée sous-marine s'y pratique beaucoup.

Le **parc provincial de Silver Star** s'étend à 22 km au nord-est de Vernon. Prenez 48th Ave à partir de la Hwy 97. L'hiver, on trouve 50 km de pistes de ski de fond à **Silver Star Mountain**, ainsi que des pistes de ski alpin et de snowcat. A Lumby, le **parc provincial de Mabel Lake**, à 76 km au nord-est par la Hwy 6, possède des plages.

Où se loger

Vernon possède de nombreux campings, B&B, hôtels et, surtout, motels. Les hébergements du centre-ville sont moins chers qu'à Kelowna et Penticton, mais le camping est la seule option vraiment économique, car il n'y a pas d'auberge de jeunesse.

Camping. Le meilleur d'entre eux est, de loin, le *parc provincial d'Ellison* (☎ 494-0321). Malheureusement, ses 54 emplacements sont souvent pris d'assaut, aussi avez-vous intérêt à réserver. L'emplacement coûte 12 $. Le *parc provincial de Mable Lake* (☎ 494-0321), à 9,50 $ l'emplacement, accueille plus de campeurs.

Il existe aussi des campings privés, dont certains proches de la ville, aux lacs d'Okanagan et de Kalamalka. Eux aussi sont souvent bondés. Au *Seymour Marina* (☎ 542-6466), 7673 Okanagan Landing, l'emplacement coûte 15 $ pour deux. Suivez 25th Ave vers l'ouest à partir de la Hwy 97.

L'un des terrains les plus proches de la ville est le *Swan Lake RV Park* (☎ 545-2300), 7255 Old Kamloops Rd, à 5 km au nord de Vernon. On y trouve des emplacements à 10 $ (taxes en sus). Prenez 43rd Ave vers l'ouest, puis tournez à droite (vers le nord) dans Old Kamloops Rd.

B&B. Pour en avoir la liste, contactez le Travel Infocentre ou l'Okanagan High Country B&B (☎ 542-4593), Rural Route 8, Site 10, Comp 12, qui vous proposera des simples/doubles à partir de 30/40 $. Pas très loin du centre-ville, le *Lawton House Gallery* (☎ 545-6497), 2906 26th St, dispose d'une chambre double à 60 $ installée dans un atelier d'artiste. Entouré de verdure, le *Coldstream Cottage* (☎ 545-2450), 266 Cypress Drive, propose des chambres avec s.d.b. et TV à 45 $.

Hôtels. Le *National Hotel* (☎ 545-0731), 2922 30th Ave, à l'angle de 30th St, est un hôtel assez bien entretenu possédant un bar en sous-sol. Les simples sans/avec s.d.b. coûtent 20/24 $. Les chambres ont toutes la TV et l'air conditionné. Un sauna est disponible et il y a un barbier à l'ancienne au sous-sol. Le *Kalamalka Hotel* (☎ 549-1011), en face, est similaire. Plus au nord, le *Coast Vernon Lodge* (☎ 545-3385), 3914 32nd St à l'angle de 39th Ave, est plus cher. Les simples/doubles débutent à 64/72 $. L'hôtel possède un jardin tropical couvert, une discothèque et un night-club.

Motels. Ils sont vraiment très nombreux, à Vernon et autour, surtout le long de 32nd St (Hwy 97). Deux des plus centraux sont le *Polson Park Motel* (☎ 549-2231), 3201 24th Ave à l'angle de 32nd St en face du parc, et le *Schell Motel* (☎ 545-1351), 2810 35th St, à l'angle de 30th Ave. Le premier est d'un bon rapport qualité/prix et propose café gratuit, piscine chauffée, s.d.b., air conditionné et TV avec vidéo. Les simples/doubles sont à 33/42 $, 5 $ en sus pour bénéficier d'une cuisine. Le Schell dispose quant à lui d'une piscine chauffée, d'un sauna, de la TV et de l'air conditionné. Les chambres y sont à 33/42 $, plus 8 $ pour la cuisine.

Où se restaurer

En sous-sol, au 3313 30th Ave, près de l'angle de 34th St, le *Jackie's Coffee Shop* est très apprécié des gens de la région. La nourriture manque d'originalité et le décor

COLOMBIE-BRITANNIQUE

inexistant, mais le succès est là ! Les sandwiches avec soupe ou salade sont à 4,75 $. Le *Sheila's Soup & Sandwich*, 2908 32nd St, entre 29th Ave et 30th Ave, est une sorte de cafétéria qui sert de bons petits déjeuners et propose des formules déjeuners aux mêmes prix que le précédent.

La cafétéria de la *gare routière de Greyhound* propose des sandwiches à 3 $ et des formules déjeuner à 4 $. Elle est simple, mais propre. En face, le *Paddington Station*, 2921 31st Ave, sert du flétan accompagné de frites pour 7 $ et des salades à 3 $. Le *RJ's* fait partie de l'ancienne gare ferroviaire au 3131 29th St. On y mange du poulet à partir de 4,25 $ et des salades à partir de 3,75 $. S'ils travaillent beaucoup dans les jardins de la ville, les Asiatiques de Vernon ont également ouvert bon nombre de restaurants. Dans 33rd St, près de 29th Ave, le *Hong Kong Village* sert des plats de résistance allant de 6,50 à 9 $.

Si vous voulez faire une folie, entrez au *Kelly O'Bryan's*, 2905 29th St, près de la 30th Ave. Vous y dégusterez des pâtes, des fruits de mer, du bœuf ou des plats végétariens. Les fettuccini débutent à 8 $. Lumières tamisées, vitres teintées et thème irlandais composent le décor. Le *Boa Thong*, 3210 30th Ave, est un restaurant thaï avec des entrées à 6 $ et des plats à partir de 7 $.

Distractions

Le *Wildhouse Saloon*, à l'angle de 30th Ave et de 29th St, près du Kelly O'Bryan's, accueille des musiciens de country ou de country rock du mercredi au samedi soir de 20h à 2h du matin. A l'angle de 30th St et de 30th Ave, le *Cloud 9* préfère la musique rock. Le *Nite Magic*, 2900 29th Ave, organise des soirées karaoké ou comiques.

Comment s'y rendre

La gare routière de Greyhound (☎ 545-0527) est à l'angle de 31st Ave et de 30th St. Le guichet est ouvert de 5h30 à 21h, mais ferme entre 13h et 14h et de 17h15 à 18h15. Des bus partent régulièrement pour Vancouver, Kelowna, Penticton, Calgary, Jasper et Prince George. Exemples de tarifs, taxes comprises : Vancouver 45,58 $, Calgary 62,22 $ et Prince George 68,05 $.

Comment circuler

Pour vous renseigner sur les bus locaux, contactez KIA Transit (☎ 545-7221), 4210 24th Ave, ou demandez au Travel Infocentre le *Vernon Regional Rider's Guide*, qui fournit tous les détails sur les tarifs et les itinéraires. Le ticket pour un trajet coûte 1 $ et le forfait journalier 2,50 $. Pour le lac de Kalamalka, prenez le bus n°1 au sud de 33rd St. Pour le lac d'Okanagan, prenez le n°7 vers l'ouest sur 30th Ave.

Pour appeler un taxi, essayez les City Cabs (☎ 549-2227), au 2906 32nd St.

AU NORD DE VERNON

Sicamous est un important carrefour routier où la Hwy 97A croise la Transcanadienne. De là, cette dernière se dirige vers l'est en passant par Shuswap Lake jusqu'à Salmon Arm et Kamloops. A l'ouest, elle continue jusqu'à Revelstoke, puis aux parcs nationaux des monts Revelstoke, Glacier et Yoho jusqu'à Lake Louise, dans l'Alberta.

La région de Shuswap

La région des lacs de **Shuswap** et de **Mara** est très photogénique, avec des collines vertes ou boisées parsemées de fermes. Les parcs provinciaux abondent. Trois d'entre eux accueillent les campeurs : ceux de Shuswap Lake, d'Herald et de Yard Creek.

Salmon Arm, à l'extrémité nord de la vallée d'Okanagan, à la pointe sud de l'un des bras du lac de Shuswap, est une station balnéaire où l'exploitation forestière et l'agriculture ont également leur importance. Si vous y êtes en octobre, allez au nord jusqu'à l'Adams, dans le **parc provincial de Roderick Haig-Brown** : en scrutant ce cours d'eau, vous verrez de 25 000 à 2,5 millions de saumons sockeye remonter le cours d'eau pour aller pondre.

Un bon moyen d'explorer les lacs de Shuswap et de Mara consiste à louer une péniche à **Sicamous**, "la capitale des péniches du Canada" au style bien à elle. On en trouve aussi à louer à Salmon Arm.

Le sud-est de la Colombie-Britannique

La partie sud-est de la Colombie-Britannique est dominée par les chaînes montagneuses des Rocheuses, de Selkirk, de Purcell, de Monashee, de Cariboo et de Columbia. C'est une région idéale pour les activités de plein air. Nichées entre des massifs parallèles, s'étendent une série de vallées habitées. Parcs nationaux et provinciaux abondent dans toute la région. Ici, les étés sont courts : il n'est pas rare de voir la neige tomber sur les Rocheuses à la fin du mois d'août. L'angle sud-est de cette région est situé sur le fuseau horaire Mountain Standard Time, alors que le reste de la province est soumis au Pacific Standard Time, une différence d'une heure.

PARC PROVINCIAL DE WELLS GRAY

Dans les montagnes de Cariboo, cette immense étendue de 520 000 ha de nature

vierge, non aménagée et peu visitée, est située à mi-chemin entre Kamloops et Jasper, près de la Yellowhead Hwy (Hwy 5). A **Clearwater**, le Travel Infocentre (☎ 674-2646), à l'angle de la Yellowhead Hwy et de Clearwater Valley Rd, vous fournira renseignements et cartes.

Vous pouvez emprunter plus de 20 sentiers de randonnée, faire du mountain bike, du canoë sur les lacs et les rivières, de la descente en eaux vives sur la Rivière Clearwater, de l'escalade, du ski de descente ou de fond et de l'équitation. Parfois, seul le canoë permet d'accéder à certains chemins de randonnée, et seuls les marcheurs expérimentés et bien équipés peuvent se risquer à affronter glaciers ou champs de neige. La faune est nombreuse. Les **chutes de Helmcken**, où les eaux du Murtle effectuent un saut de 137 m dans le vide, sont les plus spectaculaires.

Où se loger

Wells Gray possède quatre *campings* homologués (Dawson Falls, Clearwater Lake, Falls Creek et Mahood Lake) où les emplacements coûtent 7 ou 9,50 $. Par ailleurs, les possibilités de camping sauvage sont nombreuses le long des plages des grands lacs.

Comment s'y rendre

Il existe trois points d'accès au parc. De Clearwater, au sud, la Clearwater Valley Rd pénètre dans le parc à Hemp Creek. De Blue River, une route de gravillons de 24 km, puis un chemin de 2,5 km mènent jusqu'au lac de Murtle, au sud-est. Enfin, de 100 Mile House, sur la Hwy 97, 88 km de route asphaltée conduisent au lac de Mahood, au sud-ouest.

PARC PROVINCIAL DU MONT ROBSON

Longeant le Fraser, la Yellowhead Hwy et le chemin de fer du VIA Rail traversent les 217 000 ha de parcs de cette vallée, qui rejoint le parc national de Jasper, dans l'Alberta. A l'extrémité occidentale de ce dernier, le mont Robson (3 954 m) est le point culminant des Rocheuses canadiennes. Au bas de la montagne, l'office du tourisme vous renseignera sur le parc. Le parc se prête à la pêche, à la randonnée, à la natation, à l'escalade et à l'ascension de glaciers (réservée aux plus expérimentés munis de l'équipement complet), au canoë, au rafting et à l'équitation. Plus de 170 espèces d'oiseaux y vivent.

Mitoyen au parc, côté ouest, le petit **parc provincial du mont Terry Fox** tient son nom du coureur qui tenta la traversée du pays pour recueillir des fonds en faveur de la recherche contre le cancer (voir encadré).

Où se loger

Le parc provincial du mont Robson comporte trois *campings* : deux près de l'office du tourisme à Robson Meadows et de Robson River, avec des emplacements à 14,50 $, et le troisième à Lucerne, sur la rive sud du lac de Yellowhead, à 10 km à l'ouest de la frontière avec l'Alberta, avec des emplacements à 9,50 $. On peut aussi faire du camping sauvage dans le parc et l'on

COLOMBIE-BRITANNIQUE

Terry Fox

Originaire de Port Coquitlam, en Colombie-Britannique, Terry Fox était étudiant et champion d'athlétisme de l'université Simon-Fraser lorsqu'à l'âge de 18 ans il apprit qu'il était atteint d'un cancer et devait se faire amputer de la jambe droite. Quatre ans plus tard, il tenta de traverser au pas de course le continent d'est en ouest afin de récolter des fonds pour la recherche contre le cancer. Il entreprit ce marathon de l'Espoir à St John, en Terre-Neuve, le 12 avril 1980. Après 143 jours de marathon, il fut contraint de s'arrêter à Thunder Bay, dans l'Ontario. L'athlète devait s'éteindre l'année suivante. Sa course permit cependant de rassembler plus de 24 millions de dollars. Depuis, chaque année, le second dimanche après la fête du Travail, en septembre, des Marathons Terry Fox sont organisés dans tout le pays, et même un peu partout dans le monde. L'argent recueilli est destiné à la recherche contre le cancer. ■

trouve quelques commerces près de sa limite ouest.

REVELSTOKE ET SES ENVIRONS

Située sur la Transcanadienne, à 70 km à l'est de Sicamous, cette bourgade de 7 800 habitants ne manque pas de charme. Ses rues paisibles et résidentielles sont bordées de chalets coquets. La ville cernée de montagnes se trouve à l'extrémité ouest du parc national du mont Revelstoke et à mi-chemin entre la vallée d'Okanagan et les Rocheuses.

First St constitue l'artère principale. Le Travel Infocentre (☎ 837-5345) est installé dans la chambre de commerce, à l'angle de 1st St et de Campbell Ave. La grande poste (☎ 837-3228), sur 3rd St à hauteur de Campbell Ave, est ouverte du lundi au vendredi de 8h30 à 17h. Pour vous documenter sur les parcs nationaux, contactez Parks Canada (☎ 837-7500), à l'angle de Boyle Ave et de 3rd St. Ce centre est ouvert du lundi au vendredi de 8h à 16h30.

La plupart des centres d'intérêt se trouvent dans ses environs, aussi vous faudra-t-il un moyen de transport.

Musée de Revelstoke

Le musée de Revelstoke (☎ 837-3067), à l'angle de 1st St et de Boyle Ave, ouvert du lundi au samedi de 12h à 21h, mérite qu'on lui consacre une visite. Il renferme une collection permanente de meubles, ainsi que des objets d'intérêt historique sur la région, ses mines, ses exploitations forestières et son chemin de fer. Entrée gratuite.

Parc national du mont Revelstoke

C'est un parc relativement petit qui s'étend à l'est de Revelstoke, dans les montagnes de Kelkirk aux sommets déchiquetés et aux vallées encaissées. On y accède par Summit Rd, une route de 26 km à prendre à 1,5 km à l'est de Revelstoke, sur la Transcanadienne. Summit Rd conduit au lac de Balsam, à 1,5 km du sommet, à travers des forêts de cèdres, des alpages et une végétation proche de la toundra au sommet. Une navette amène en haut, mais on peut également monter à pied.

De bonnes pistes de randonnée partent du sommet et le camping sauvage y est autorisé, mais il est interdit de planter sa tente à l'écart de ces sentiers. Les hivers très longs offrent de bonnes conditions de ski. L'été, il pleut presque en permanence.

Sources chaudes du Canyon

Situées à 35 km à l'est, en bordure de la Transcanadienne, entre les parcs nationaux de Revelstoke et des Glaciers, ces sources (☎ 837-2420) constituent un sympathique but de visite. Le site est composé d'une piscine d'eau chaude (à 40°C) et d'une autre plus grande, mais aussi plus fraîche.

Le site est ouvert de 9h à 21h. L'entrée coûte 4,50 $, un prix qui comprend un casier au vestiaire et une douche. Le forfait pour la journée s'élève à 6,50 $ et l'on peut louer un maillot de bain et une serviette pour 1,50 $ chacun.

Three Valley Gap

Sur la Transcanadienne, à 19 km à l'ouest de Revelstoke, on a reconstitué un village de pionniers avec un saloon, un hôtel, une boutique de barbier, une échoppe de maréchal-ferrant et un théâtre. L'entrée au village coûte 6,50 $.

Chaque soir, on peut assister à un spectacle donné au théâtre (7 $). Le site comporte un motel et à l'entrée, vous verrez un arbre vieux de 850 ans.

Barrages

BC Hydro (☎ 837-6211) propose des visites gratuites du **barrage de Revelstoke**, une construction haute de 175 m sur le Columbia, à 4 km au nord de la ville par la Hwy 23, à côté du parc provincial de Columbia View. On peut aussi visiter le **barrage de Mica**, à 149 km au nord de Revelstoke, dans un coude du Columbia, à l'extrémité de la Hwy 23.

Le mont Mackenzie

A 5 km au sud-est de Revelstoke, le mont Mackenzie constitue une importante station de sports d'hiver. Renseignez-vous au 837-5268.

Où se loger

Au sud de Revelstoke, sur la Hwy 23, on peut planter sa tente au *parc provincial de Blanket Creek* (☎ 825-4421). Le camping est équipé d'eau courante, mais non de douches. L'emplacement coûte 7 $. Il existe de nombreux campings privés à l'est et à l'ouest de Revelstoke, le long de la Transcanadienne. Le *Canyon Hot Springs* (☎ 837-2420) est bien équipé, avec des douches, des toilettes et une épicerie. L'emplacement y coûte 15 $.

Le *Piano Keep* (☎ 837-2120), 815 Mackenzie Ave, est un B&B installé dans une maison historique datant de 1905. La simple y coûte 55 $, la double entre 65 et 75 $. Vern Enyedy, son propriétaire, collectionne les pianos du monde entier.

En ville, le *King Edward Hotel* (☎ 837-5104), à l'angle de 2nd St et d'Orton Ave, est un bon hôtel pas très cher. Les simples sans/avec s.d.b. sont à 25,30/31,05 $ (taxes comprises), les doubles avec s.d.b. à 44,85 $. Le *Peaks Lodge* (☎ 837-2176), à 5 km à l'ouest de la ville, sur la Transcanadienne, demande 58/68 $ pour une simple/double avec TV, petit déjeuner compris.

Comment s'y rendre

La gare routière de Greyhound (☎ 837-5874) est installée à l'ouest de la ville, au 1899 Fraser Drive, perpendiculaire à la Transcanadienne. Greyhound effectue quatre trajets quotidiens vers l'est et vers l'ouest. Le tarif, taxes comprises, est de 56,60 $ pour Vancouver, 46,01 $ pour Calgary. Le train Rocky Mountaineer passe en ville le mardi et le jeudi (voir *Comment s'y rendre* dans le chapitre sur *Vancouver*).

PARC NATIONAL DES GLACIERS

Ce parc de 1 350 km^2 s'étend dans les montagnes de Columbia, à mi-chemin entre Revelstoke et Golden. Il compte plus de 420 glaciers et il y neige presque tous les jours en hiver. Avec ses pentes abruptes, les avalanches y sont nombreuses, aussi le ski, la spéléologie et l'alpinisme y sont-ils étroitement réglementés. On doit faire enregistrer chaque départ par les services du parc.

Du côté du col du Rogers, la route étroite, qui serpente sur 1 330 m, représente une zone dangereuse, à tel point qu'on l'appelle parfois Death Strip, “la piste de la mort”. A tout moment, une avalanche peut balayer une voiture hors de la voie. Toutefois, cette zone est étroitement surveillée.

Au col de Rogers, on trouve un bureau d'informations ouvert tous les jours de 8h à 20h en été, et un service de surveillance du parc (☎ 837-6274 pour les deux), ouvert 24h sur 24. L'été, le centre organise des promenades avec guide. Non loin de là s'étendent les deux seuls *campings* du parc : Illecillewaet River et Loop Brook. Ils disposent de l'eau courante et de toilettes. Le *Glacier Park Lodge* (☎ 837-2126), au col de Rogers, est un chalet qui propose des simples/doubles à partir de 92/97 $. On trouve une cafétéria ouverte 24h sur 24 et une station-service juste à côté.

GOLDEN

Si vous venez de l'Alberta par la Transcanadienne, cette ville de 3 800 habitants est la première agglomération digne de ce nom que vous rencontrerez en Colombie-Britannique. Elle se trouve aussi sur la Hwy 95, qui la relie à la ville de Radium Hot Springs et à Invermere au sud. Mais Golden n'est guère plus qu'une succession de motels, de fast-foods et de stations-service.

Le Travel Infocentre (☎ 344-7125), 500 10th Ave, est ouvert toute l'année du lundi au vendredi de 9h30 à 12h30 et de 13h à 16h30. Un autre office du tourisme (ouvert en saison seulement) se trouve en bordure d'autoroute près de la station-service d'Husky. Le *Golden Municipal Campground* (☎ 344-5412), 1407 South 9th St, est doté de douches (mais pas de machines à laver), l'emplacement coûte de 8 à 12 $.

Héliski

C'est au sud de Golden, dans les montagnes de Purcell, que se trouve le centre mondial de dépose sur glaciers : dans des secteurs comme les Gothics, les Caribous et, mieux connues sans doute, les Bugaboos. Ces dernières constituent une région de 1 500 km² de montagnes déchiquées exclusivement accessible par hélicoptère durant l'hiver. Ce sport dangereux et excitant attire les touristes fortunés venus du monde entier. Le ski que l'on pratique ainsi est exceptionnel et pour beaucoup, les dangers encourus en accroissent encore la valeur. Les avalanches sont juste assez fréquentes pour ajouter à la descente ce petit frisson supplémentaire. Les Canadian Mountain Holidays (☎ 403-762-4531 ; 1-800-6610-0252), 217 Bear St, Banff, Alberta T0L 0C0, est l'un des tour-operators les plus respectables proposant transport, logement en chalets confortables et dépose en hélicoptère sur les sommets. Les ABC Wilderness Adventures (☎ 344-2639), PO Box 1829, Golden, organisent des services similaires. Une semaine de ski peut ainsi coûter jusqu'à 4 000 $.

PARC NATIONAL DE YOHO

Situé dans les Rocheuses de Colombie-Britannique, le parc national de Yoho est bordé à l'est par la frontière de l'Alberta et le parc national de Banff et au sud par le parc national de Kootenay. Il offre des pics et des vallées, des rivières et des lacs à l'eau glaciale ainsi que de magnifiques alpages. Yoho est plus accessible que le parc des Glaciers et le temps y est plus clément. Son nom lui vient d'un mot cri signifiant "émerveillement" ou "étonnement". Le cours d'eau Kicking Horse traverse le parc.

Field

Installée au milieu du parc, **Field** est le premier village que l'on rencontre en Colombie-Britannique lorsqu'on roule vers l'ouest sur la Transcanadienne. On y admire de nombreuses maisons datant des débuts du chemin de fer. On y trouve une épicerie (fermée le dimanche) idéale pour s'approvisionner avant de partir séjourner dans le parc. Elle est en effet moins chère que le magasin situé à côté des chutes de Takakkaw. Field dispose aussi d'une poste, d'une station-service, d'un bureau d'informations (ouvert de 8h à 20h en été et jusqu'à 16h30 le reste de l'année) et du service de surveillance du parc (☎ 343-6324 pour les deux). BC Tourism et Alberta Tourism ont toutes deux un guichet dans le bureau d'information.

Près de Field, se trouve l'embranchement pour les **chutes de Takakkaw**, hautes de

Burgess Shale

Situé près de Field, dans le parc national de Yoho, le site de fossiles de Burgess Shale fut découvert accidentellement par Charles Walcott, de l'Institut smithsonien, Washington DC, alors qu'il se promenait à cheval. Ces lits de fossiles découverts sur les monts Field et Stephen comportent les restes fossilisés d'animaux marins vieux de 530 millions d'années. Le site est remarquable pour le nombre, la variété et le parfait état de conservation des fossiles de créatures à corps mou, comme les vers ou les éponges, ou à corps dur (qui subsistent avec leurs parties souples), comme les mollusques. C'est parce qu'ils ont été enterrés très profondément sous l'eau, à un niveau où le taux d'oxygène et, par là même, de dégradation organique, était très faible, que ces fossiles se sont si bien conservés. Étant donné son importance pour notre compréhension de l'évolution, le site de Burgess Shale a été inscrit au patrimoine mondial de l'Unesco.

Consciente de la nécessité de protéger le site, mais désireuse de laisser le public accéder à cette découverte et en tirer des enseignements, la direction du parc national de Yoho a résolu de permettre les visites tout en les limitant. On ne peut entrer que sous la conduite d'un guide agréé (qu'il faut réserver longtemps à l'avance et qui ne peut emmener que 15 personnes à la fois). Si vous n'arrivez pas à obtenir une place, ou si vous n'avez pas envie d'entreprendre la pénible ascension qui mène en haut des monts Stephen ou Field, vous pouvez toujours vous rabattre sur les expositions consacrées au site, soit au bureau d'information du parc situé près de Field, soit au camping de Kicking Horse River, ou encore à l'office du tourisme de Lake Louise, dans le parc national de Banff, dans l'Alberta. ■

254 m. Elles figurent parmi les plus hautes du Canada. Également près de Field, les fameux **tunnels en spirale** représentent, de la part des ingénieurs du Canadian Pacific, une prouesse qui permit aux trains de franchir le difficile col de Kicking Horse.

Randonnée

Dans la vallée de Yoho, le sentier reliant les chutes de Takakkaw aux **chutes de Twin** représente une bonne journée de marche. Vous trouverez un camping en chemin. Le merveilleux **lac Emerald**, d'un vert profond, est entouré de pistes de randonnée. L'été, ses eaux sont assez chaudes pour permettre un rapide plongeon. Le **lac O'Hara**, autre merveille de la région, possède lui aussi d'excellents sentiers. Vous pourrez marcher sur 13 km le long du Cataract Brook Trail, ou encore prendre le bus (voir plus loin *Comment s'y rendre et comment circuler*), mais une chose est sûre : vous ne serez pas seul.

Où se loger

Les cinq *campings* de Yoho sont vite pleins. Seul le terrain de Kicking Horse River est équipé de douches et l'emplacement y coûte 13 $. Pour celui de Lake O'Hara (☎ 343-6433), où vous ne paierez que 7,25 $, il faut réserver sa place. Les autres campings sont à Chancellor Peak (7,25 $), à Hoodoo Creek (10,50 $) et à Takakkaw Falls (7,25 $). L'auberge de jeunesse *Whiskey Jack Hostel* (☎ 283-5551) est affiliée à la HI. Située juste avant le camping de Takakkaw Falls, elle est ouverte de mi-juin à mi-septembre et accueille 27 pensionnaires. Tout proches, et hautement recommandés, les *Chalets de Cathedral Mountain* (☎ 343-6442) présentent un bon rapport qualité/prix. De là, Mel Reasoner, un guide de montagne, propose des visites du site de Burgess Shale. L'adresse postale pour réserver les chalets est PO Box 40, Field, BC, V0A 1G0.

Comment s'y rendre et comment circuler

Les bus Greyhound s'arrêtent à Field. A l'intérieur du parc, le seul moyen de transport est le bus qui conduit au lac O'Hara, mais il donne la préférence à ceux qui ont réservé leur place au camping ou au chalet Lake O'Hara Lodge. Pour effectuer une réservation sur le bus, téléphonez au 343-6433 entre 8h et 16h tous les jours. Le stop est autorisé.

PARC NATIONAL DE KOOTENAY

Le parc national de Kootenay s'étend uniquement en Colombie-Britannique, bordé par ceux de Banff et de Yoho. La Hwy 93 (route entre Banff et Windermere) représente la seule voie du parc praticable en voiture. De l'entrée nord du col Vermillion jusqu'à Radium Hot Springs, à l'extrémité sud du parc, campings, centres d'intérêt, sentiers de randonnée et panoramas sur la vallée alternent. Kootenay jouit d'un climat plus modéré que les autres parcs des Rocheuses. Dans ses régions sud surtout, les étés peuvent être chauds et secs. La preuve : c'est le seul parc du Canada à posséder à la fois des glaciers et des cactus.

Le Marble Canyon Information Centre (pas de téléphone), à 8 km au sud du col de Vermillion, est ouvert de juin à septembre du lundi au jeudi de 8h30 à 16h et du vendredi au dimanche de 8h à 20h. A l'entrée sud, le West Gate Information Centre (☎ 347-9505) est ouvert tous les jours de juin à début septembre de 9h à 21h, puis les week-ends seulement jusqu'à début octobre.

Arrêtez-vous à **Marble Canyon** pour une demi-heure de promenade. Le sentier suit le torrent du nom de Tokumm ; à diverses reprises, vous emprunterez de petits ponts en bois enjambant un précipice de plus en plus profond. Deux kilomètres plus loin vers le sud, un chemin facile vous mènera aux **Paint Pots**, des gisements d'ocre exploités d'abord par les Indiens Kootenays, puis par les colons européens qui utilisaient cette terre rouge orangé comme colorant. Vous pouvez également tenter la descente en eaux vives sur le cours d'eau Kootenay, ou le mountain bike dans le Golden Triangle.

Au sud du parc, là où la Hwy 93 rejoint la Hwy 95, se trouve **Radium Hot Springs**, une petite ville assez terne. Les sources chaudes, situées à 2 km au nord, méritent toujours une visite, mais les touristes y affluent en été, où elles ouvrent tous les jours de 9h à 21h. L'entrée coûte 2,75 $.

Où se loger

Le *Marble Canyon Campground*, en face de l'office du tourisme, est un bon camping, mais il n'a ni douches ni électricité. Le *McLeod Meadows Campground*, dans le sud du parc, est du même niveau. Le *Redstreak Campground*, près du centre d'informations de West Gate, possède en revanche tous les équipements, y compris des douches. Ces trois campings proposent des emplacements à 10,50 $. Radium Hot Springs compte de nombreux motels.

PARC PROVINCIAL DU MONT ASSINIBOINE

Entre les parcs nationaux de Banff et de Kootenay, ce parc, plus petit et moins connu, s'étend sur 39 km² et a été classé site historique mondial. Les sommets escarpés du mont Assiniboine (3 618 m) et de ses proches voisins attirent irrésistiblement les passionnés d'alpinisme.

L'accès se fait par la Hwy 93. Deux pistes de randonnée partent de l'autoroute à Vermillion Crossing, dans le parc national de Kootenay. Du parc national de Banff, dans l'Alberta, une route de pierraille, qui traverse la station de sports d'hiver de Sunshine Village, vous rapprochera du parc. Une autre route part de Spray Reservoir, au sud de Canmore, et mène au début du sentier près de Shark Mountain. Tous les sentiers parviennent au lac Magog, où l'on trouve la direction du parc, un camping, quelques chalets et le Mt Assiniboine Lodge (☎ 403-678-2883 à Banff). On peut faire du camping sauvage dans les autres parties du parc.

DE RADIUM HOT SPRINGS A CRANBROOK

Au sud de Radium Hot Springs, la Hwy 93/5 suit le cours du Columbia entre les montagnes de Purcell et les Rocheuses jusqu'à ce que la route se divise, juste après Wasa. De là, la Hwy 95 se dirige vers le sud-ouest jusqu'à Kimberley et Cranbrook, tandis que la Hwy 93 va vers le sud-est à Fort Steele.

Invermere, à 14 km au sud de Radium, est une station balnéaire ; on y pratique une série d'activités de plein air sur les rives du lac Windermere. Le Travel Infocentre (☎ 342-6316), à l'angle de 5A St et de 7th Ave, est ouvert tous les jours de mai à septembre. Le **mont Panorama**, dans les montagnes de Purcell, à 18 km au sud-ouest d'Invermere, est le deuxième domaine skiable de réputation mondiale (après celui de Whistler/Blackcomb)et jouit d'un décor spectaculaire. **Fairmont Hot Springs** est le nom d'une autre ville touristique dont les sources chaudes constituent l'attraction majeure. On y paie 4,50 $ pour une seule baignade ou 6 $ pour la journée. On peut aussi monter à cheval. A Skookumchuk, peu avant Wasa, une route de graviers offre un accès vers l'est au **parc provincial du Toit du Monde** (Top of the World Provincial Park), où l'on pratique randonnée et camping sauvage.

A 1 117 m d'altitude, **Kimberley** est la ville la plus élevée du Canada. Devenue l'une des "villes à thème" de la Colombie-Britannique en 1973, elle a dû prendre les traits d'un village bavarois.

Kimberley abrite aujourd'hui le plus grand clocher du monde encore en fonction, **cuckoo clock.** Non loin de là, **North Star Mountain** offre d'excellentes conditions de ski en hiver. Au nord-ouest, la **réserve sauvage de Purcell** (Purcell Wilderness Conservancy) se prête à la randonnée, à la pêche et au camping sauvage. On y parvient par la Hwy 95A. La Julyfest de Kimberley consiste en une semaine de danses, de parades et de dégustation de bières.

Le parc historique de **Fort Steele**, à 20 km au sud-est de Wasa, sur la Hwy 93, est la reconstitution d'une ville de Kootenay Est à la fin des années 1880. Fort Steele devint un centre commercial, social et administratif de Kootenay Est dès l'instant où, en 1892, on y découvrit des minerais d'argent et de plomb. Mais la chance tourna lorsque, en 1898, la compagnie de chemin de fer BC Southern Railway lui préféra Cranbrook pour établir une gare. A présent, Fort Steele compte plus de 60 bâtiments et maisons reconstruits ou restaurés. Le site est ouvert tous les jours de 9h30 à 20h et l'entrée coûte 5,50 $.

CRANBROOK

Installée au pied des montagnes Rocheuses, Cranbrook, avec près de 17 000 habitants, se trouve à 30 km au sud-est de Kimberley, sur la Crowsnest Hwy. Son Travel Infocentre (☎ 426-5914), 2279 Cranbrook St North, reste ouvert toute l'année. Il n'y a pas grand-chose à voir dans la ville elle-même, mais les activités de plein air y sont multiples.

Il y a un camping municipal équipé de toutes les installations utiles, mais ceux des parcs provinciaux de **Jim Smith Lake** et de **Moyie Lake**, au sud-ouest de la ville, sont plus séduisants. On y trouve l'eau courante, mais pas de douches. De nombreux motels longent l'autoroute au nord de la ville et quelques hôtels sont installés en centre-ville.

NAKUSP ET SES ENVIRONS

Nakusp, installée au bord du lac d'Upper Arrow, est la plus grande ville de la vallée au sud de Revelstoke, à l'est de la vallée d'Okanagan. Cette dernière, sèche, mais pittoresque, suit une enfilade de lacs entre les massifs montagneux de Monashee et de Selkirk. Au sud-ouest de Nakusp, la Hwy 6 se dirige sur Vernon, dans la vallée d'Okanagan et franchit le col de Monashee à 1 189 m d'altitude. Près de Vernon, la route traverse un magnifique paysage fait de petites fermes et de collines boisées.

Au sud-est de Nakusp, la Hwy 6 conduit à Castlegar et à Nelson, après le lac de Slocan et le parc provincial de Valhalla, où l'on pratique randonnée et camping sauvage. La région a conservé des vestiges de camps de prisonniers japonais et d'implantation de la secte Doukhobor. Le lac de Slocan est excellent pour le canoë, et le cours d'eau du même nom, qui part de la ville de Slocan, au sud du Kootenay, offre dans sa section supérieure des rapides de degré 3, idéaux pour le rafting.

A 12 km au nord-est de Nakusp, par la Hwy 23, se trouvent les agréables sources chaudes de Nakusp, ouvertes toute l'année. A côté s'étend un camping très fréquenté (emplacements à 8,50 $).

CASTLEGAR

Castlegar, bourg de 6 000 habitants, est installé en bordure du Kootenay à l'extrémité sud du lac de Lower Arrow, à l'intersection entre la Crowsnest Hwy et la Hwy 22. Son Travel Infocentre (☎ 365-6313), 1995 6th Ave, reste ouvert toute l'année. La poste (☎ 365-7237) est au 1011 4th St, et la gare routière de Greyhound (☎ 365-7744) au 365 Columbia Ave.

De nombreux membres de la secte pacifiste des doukhobors, chrétiens venus de Russie, s'installèrent ici au début du siècle. Un **village doukhobor** a été reconstitué et l'on peut aussi visiter un musée disposant d'un restaurant où l'on sert des spécialités doukhobors. A 17 km au nord-ouest de Castlegar, sur le lac de Lower Arrow, s'étend sur 2,25 km^2 le **parc provincial de Syringa Creek**, ouvert d'avril à octobre. Le camping est ouvert de mai à octobre, avec des emplacements à 12 $.

TRAIL

Trail est une ville industrielle à 27 km au sud-ouest de Castlegar, à l'intersection entre la Crowsnest Hwy et la Hwy 3A. Elle abrite Cominco, la plus grande fonderie d'argent, de zinc et de plomb du monde. Le Travel Infocentre (☎ 368-3144), 843 Rossland Ave, est ouvert toute l'année. La poste (☎ 364-2585), est au 805 Spokane St et la gare routière de Greyhound (☎ 368-8400) au 1355 Bay St.

On peut visiter gratuitement la **mine de Cominco**, à condition de réserver sa place au Travel Infocentre. Près de la Hwy 3B, à 4 km au nord-ouest de Trail par Rossland, se trouve le **domaine skiable de la montagne Rouge** (☎ 362-7384 à Rossland), qui possède 30 pistes de ski de descente sur un dénivelé de 850 m, ainsi que des pistes de ski de fond.

Essayez le **parc provincial de Nancy Greene**, au nord de la montagne Rouge, ou le **parc provincial de Champion Lakes**, au nord-ouest de Trail, par la Hwy 23. Tous deux proposent randonnée, baignade, pêche et terrains de camping.

NELSON ET SES ENVIRONS

A 43 km au nord-ouest de Castlegar, Nelson jouit d'un magnifique emplacement en bordure du lac de Kootenay et au cœur des montagnes de Selkirk. Cette ville très pittoresque, nichée à flanc de colline, compte plus de 350 demeures classées, soigneusement restaurées et bien entretenues, datant de la fin du siècle dernier. Une importante colonie d'artistes s'y est établie.

Baker St est la rue des magasins et des restaurants, Vernon St celle des bâtiments administratifs. L'été, le Travel Infocentre (☎ 352-3433), 8 Hall St, vous accueille du lundi au vendredi de 8h30 à 18h, le samedi et le dimanche de 9h à 17h. Le reste de l'année, il ferme le week-end. La poste (☎ 352-3538), 514 Vernon St, est ouverte du lundi au vendredi de 9h à 16h30. La gare routière de Greyhound (☎ 352-3939), 1112 Lakeside Drive, se trouve dans Chacko Mika Mall. Le **Tram N° 23**, tramway d'époque, a été restauré et suit désormais un itinéraire en bordure du lac, entre le pont proche du parc de Lakeside et le quai situé à l'extrémité de Hall St.

L'un des grands attraits de la région réside dans le ski. **Morning Mountain**, au nord-ouest de la ville par la Hwy 3A, et le **domaine skiable de Whitewater**, à 19 km au sud-est par la Hwy 6, raviront les amateurs de descente. Whitewater dispose lui aussi d'un bon réseau de pistes de ski de fond. Pour le hors-piste, le **parc provincial de Kokanee Glacier**, au nord-ouest par la Hwy 31, est idéal.

Parmi les autres activités praticables dans la région, figurent baignade, randonnée, pêche et camping au **parc provincial de Kokanee Creek**. On peut aussi visiter le *Moyie*, un vieux bateau à aubes installé à **Kaslo**, sur le lac de Kootenay, ou encore pêcher, faire de la randonnée, du bateau, de la natation et du camping sauvage dans le **parc provincial de Valhalla**, visiter la ville fantôme de **Sandon**, près de Silverton ou faire un tour en ferry entre Balfour et Kootenay Bay, sur le lac de Kootenay, se baigner dans les **sources chaudes d'Ainsworth**, sur la Hwy 31, ou explorer les **grottes dè Cody**, à 4 km au nord.

Où se loger

L'*Allen Hotel* (☎ 352-7573), 171 Baker St, est affilié à la HI. Il possède 10 chambres climatisées, certaines avec cuisine (à vous d'apporter vos ustensiles), ainsi qu'une buanderie. Étant donné sa taille réduite, mieux vaut réserver. Vous paierez 13 $ la nuit si vous êtes membre, 15 sinon. Côté B&B, consultez les listes fournies au Travel Infocentre ou contactez Lake City B&B Registry (☎ 352-5253), 624 Baker St, qui vous proposera des chambres à partir de 35/45 $. Les motels sont nombreux le long de l'autoroute au nord de la ville. L'un des hôtels les moins chers est le *Lord Nelson Hotel* (☎ 352-7211), 616 Vernon St, avec des simples/doubles à partir de 49/54 $. Les chambres y sont propres et ont toutes TV et téléphone. L'établissement possède un bar et un salon de thé.

Le nord-est de la Colombie-Britannique

Le nord-est de la province est une région peu développée, peu peuplée, dominée à l'ouest par les montagnes Rocheuses et bordée par la Plaine intérieure à l'est et au nord. La majorité de ce territoire n'est accessible qu'en avion.

Deux grandes routes relient la région au reste du pays : d'est en ouest, la Yellowhead Hwy va de la frontière avec l'Alberta à Prince Rupert, au bord de l'océan au nord-ouest. La Hwy 97 relie quant à elle le sud de la province avec Dawson Creek, où elle s'intègre à l'Alaska Hwy et monte vers le nord-ouest en direction du Yukon. Les deux autoroutes se rencontrent à Prince George, principale ville de la région. La Hwy 29 relie les grandes implantations qui entourent Dawson Creek. Le chemin de fer VIA Rail suit le trajet de la Yellowhead Hwy.

Tout comme l'angle sud-est de la province, la zone située autour de Dawson Creek est soumise au fuseau horaire du Mountain Standard Time.

PRINCE GEORGE

Prince George, "Porte du Nord", n'a rien d'attrayant, mais joue un précieux rôle de carrefour. Les chemins de fer BC Rail et VIA Rail s'y rencontrent, tout comme le Fraser et le Nechako, et la Yellowhead Hwy et la Hwy 97. La ville compte près de 70 000 habitants disséminés sur une vaste étendue. Elle possède des dizaines de motels et quelques hôtels. La fabrication du papier représente l'une des principales activités industrielles. Les prix sont élevés dans la région : vous le remarquerez surtout au restaurant.

Orientation et renseignements

La Hwy 97 en provenance de Cache Creek traverse le centre-ville et remonte vers le nord, Dawson Creek et l'Alaska Hwy. Entre Cache Creek et Prince George, elle est surtout connue sous le nom de Cariboo Hwy et fait partie du Goldrush Trail, le chemin des chercheurs d'or qui débute au nord de Hope. La Yellowhead Hwy (Hwy 16) traverse la ville d'est en ouest : vers l'ouest, c'est la longue route qui serpente jusqu'à Prince Rupert (734 km) sur la côte ; à partir de Prince George, vers l'est, elle se rend à Jasper (377 km), puis Edmonton. Vancouver se trouve à 781 km.

La zone du centre-ville, assez réduite, manque de caractère. Le Travel Infocentre (☎ 562-3700), 1198 Victoria St à l'angle de Patricia Blvd, provisoirement fermé durant la construction d'un nouveau bureau, devrait avoir rouvert à l'heure où vous lirez ces lignes. L'autre office du tourisme (☎ 563-5493) au sud du centre-ville, à l'angle de la Hwy 97 et de la Yellowhead Hwy ouvre tout l'été de 9h à 20h. La poste principale (☎ 561-5184), 1323 5th Ave, à l'angle de Quebec St, est ouverte du lundi au vendredi de 8h30 à 17h.

Mosquito Books (☎ 563-6495), 1209 5th Ave, à l'angle de Dominion St, propose un bon choix de cartes et de guides de voyages. Vous trouverez une laverie automatique sur George St, à hauteur de 2nd Ave.

A voir et à faire

Au **musée régional de Fort George** (☎ 562-1612), dans le parc de Fort George, au sud-est du centre-ville, à l'angle de 20th Ave et de Queensway, vous verrez des animaux empaillés, des objets cris, carriers et kwakiutls et quelques souvenirs de l'installation des pionniers. Il est ouvert tous les jours de 9h à 17h et l'entrée se règle sous forme de dons. L'usine à papier de Prince George (☎ 563-0161) organise des visites guidées de ses installations. Pour en suivre une, inscrivez-vous au Travel Infocentre.

Lacs et cours d'eau abondent autour de la ville, offrant de bonnes conditions de pêche. Des terrains de camping les bordent souvent, proposant des locations de bateaux. **Hart Highlands** (☎ 962-8006), Winslow Drive, est le domaine skiable le plus proche, puisqu'il se trouve dans l'enceinte de Prince George. Le ski alpin se pratique aussi (même de nuit !) au **mont Tabor** (☎ 963-7542), à 25 km à l'est, ou au **parc provincial de Purden Lake** (☎ 565-7777), à 50 km à l'est par la Yellowhead Hwy. Les amateurs de ski de fond ne sont pas oubliés : près du centre de l'île de Cottonwood et, plus loin, le parc provincial d'Eskers, au nord-ouest, les attendent, avec de nombreuses pistes qui se transforment en chemins de randonnée l'été. Demandez la brochure en anglais *Prince George & Area Hiking Guide* au Travel Infocentre pour plus de détails.

Où se loger

Le *Prince George Municipal Campground* (☎ 563-8131), 4188 18th Ave, face au parc des Expositions, au sud-ouest du centre-

COLOMBIE-BRITANNIQUE

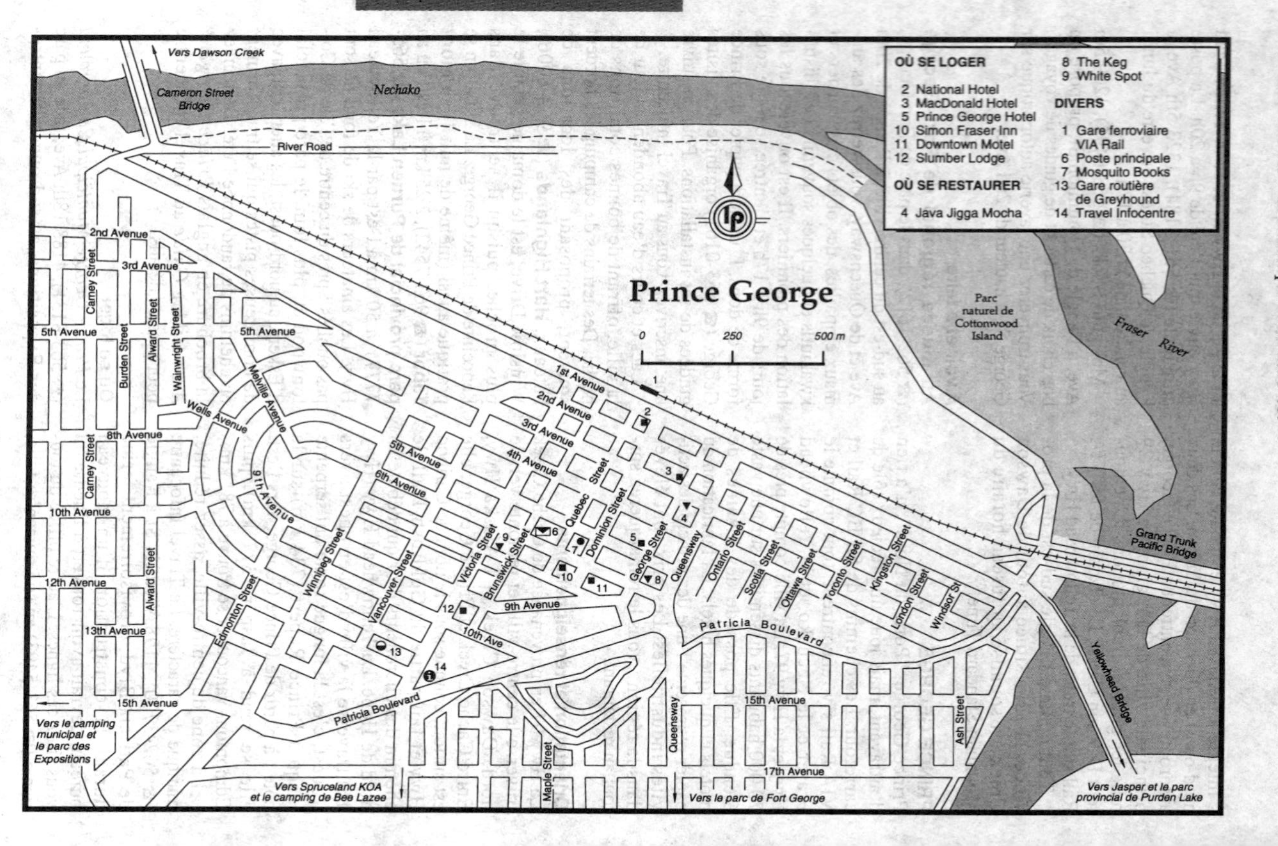
Prince George
0
250
500 m
OÙ SE LOGER
2 National Hotel
3 MacDonald Hotel
5 Prince George Hotel
10 Simon Fraser Inn
11 Downtown Motel
12 Slumber Lodge
OÙ SE RESTAURER
4 Java Jigga Mocha
8 The Keg
9 White Spot
DIVERS
1 Gare ferroviaire VIA Rail
6 Poste principale
7 Mosquito Books
13 Gare routière de Greyhound
14 Travel Infocentre
Fraser River
Nechako
Parc naturel de Cottonwood Island
Grand Trunk Pacific Bridge
Yellowhead Bridge
Vers Jasper et le parc provincial de Purden Lake
Vers le parc de Fort George
Vers Spruceland KOA et le camping de Bee Lazee
Vers le camping municipal et le parc des Expositions
Vers Dawson Creek
Cameron Street Bridge
River Road
Patricia Boulevard
Queensway
1st Avenue
2nd Avenue
3rd Avenue
4th Avenue
5th Avenue
6th Avenue
8th Avenue
9th Avenue
10th Avenue
10th Ave
12th Avenue
13th Avenue
15th Avenue
17th Avenue
Melville Avenue
Wells Avenue
Ash Street
Windsor St
London Street
Kingston Street
Toronto Street
Ottawa Street
Scotia Street
Ontario Street
George Street
Dominion Street
Quebec Street
Brunswick Street
Victoria Street
Vancouver Street
Winnipeg Street
Edmonton Street
Alward Street
Burden Street
Carney Street
Wainwright Street
Maple Street

ville, est ouvert de mai à début septembre. On y trouve des douches chaudes. Deux personnes sous tente paieront 11,25 $. Le *parc provincial de Purden Lake* (☎ 565-6340) propose des emplacements à 9,50 $. Il existe également quelques terrains privés : le *Spruceland KOA* (☎ 964-7272) est à 6 km au sud-ouest de la ville non loin de la Yellowhead Hwy. Bien équipé, il propose des emplacement à partir de 15 $ pour deux.

Le *Bee Lazee Campground* (☎ 963-7623), sur la Hwy 97 au sud de Prince George, dispose lui aussi de tout le confort, y compris de douches chaudes gratuites et d'une laverie automatique. Les emplacements débutent à 10 $.

B&B. Le Travel Infocentre possède des listes de B&B. *Adrienne's B&B* (☎ 561-2086), 1467 Fraser Crescent, perpendiculaire à 15th Ave, est assez proche du centre. Les simples/doubles y coûtent 35/45 $.

Hôtels. Les hôtels bon marché sont presque tous dans George St et ses environs. Le *National Hotel* (☎ 564-7010), 1201 1st Ave, à l'angle de Dominion St et à un pâté de maisons de la gare du VIA Rail, est correct, avec des simples/doubles à 30/32,50 $. Au rez-de-chaussée se trouvent un restaurant très populaire et un bar avec orchestres de musique country le soir. Le *Prince George Hotel* (☎ 564-7211), 487 George St, est toutefois d'un meilleur niveau. Les simples/doubles y coûtent 35,65/38 $ et toutes ont la TV. Là aussi, on passe de la musique tous les soirs au bar. Le *Simon Fraser Inn* (☎ 562-3181), 600 Quebec St, propose des chambres climatisées avec TV pour 60 $, petit déjeuner compris (bar en sous-sol et parking gratuit).

Motels. L'un des moins chers est le *Hi-Way Motel* (☎ 564-6869), 1737 20th Ave, avec des chambres à partir de 30/36 $ ou 38/40 $ avec air conditionné. Le *Downtown Motel* (☎ 563-9241), 650 Dominion St, est climatisé. Ses simples/doubles avec TV débutent à 34/38 $.

Le *Slumber Lodge* (☎ 563-1267), 910 Victoria St, est propre et dispose d'une laverie, chambre à 55/60 $, petit-déjeuner inclus.

Où se restaurer

Il n'y a pas beaucoup de restaurants dans le centre-ville. Le *Java Jigga Mocha*, à l'angle de George St et de 3rd Ave, sert jus de fruits, cafés variés à partir de 1 $ et soupes à partir de 2,60 $. Victoria St est surtout dédiée à la restauration rapide. Le très animé *White Spot*, 820 Victoria St, sert des plats de pâtes à 7 $, ainsi que des sandwiches et des hamburgers. Si vous voulez vraiment bien dîner, choisissez le *Keg*, 582 George St à l'angle de 6th Ave. On y mange des grillades à partir de 15 $ et des plats de poisson à partir de 16 $.

Comment s'y rendre

Bus. La gare routière de Greyhound (☎ 564-5454) est au 1566 12th Ave, près de l'angle entre Victoria St et Patricia Blvd. La vente des billets se fait du lundi au samedi de 6h30 à 18h et de 20h30 à 0h30, et le dimanche de 6h30 à 11h30, de 15h30 à 18h et de 20h30 à 0h30. La gare routière possède une cafétéria et une consigne automatique. Les bus pour Jasper et Edmonton partent à 7h et à 23h. Les départs pour Vancouver se font à 7h30, 11h15, 18h et 23h45, pour Prince Rupert à 8h45 et 23h15. Voici quelques tarifs en aller simple, taxes comprises : Vancouver 80,41 $, Jasper 41,03 $, Edmonton 82,50 $ et Prince Rupert 76,83 $.

Train. La gare du VIA Rail (☎ 564-5233, 1-800-561-8630), au 1300 1st Ave, en haut de Quebec St, est ouverte les mercredi, vendredi et dimanche de 19h à 3h et le mardi de 19h à 1h. C'est fermé les lundi, jeudi et samedi. Il y a trois départs par semaine vers l'ouest et Prince Rupert, trois autres vers l'est et Jasper et Edmonton. L'aller simple, taxes comprises, pour Prince Rupert s'élève à 74,90 $, pour Jasper à 58,85 $ et pour Edmonton à 123,05 $. La gare du BC Rail (☎ 561-4033) est au sud-est de la ville, au-delà du Fraser, sur Terminal Blvd, non loin de la Hwy 97. Le train part tous les jours à 7h15 pour Vancouver, au sud, longeant Cariboo Trail, la piste des chercheurs d'or, et traversant Quesnel, ancienne ville minière, Lillooet et Vancouver Nord.

L'aller simple pour Vancouver coûte 48,25 $ en classe économique ou 72,25 $ en "classe Cariboo", un prix qui inclut trois repas.

En stop. Le stop est interdit en ville. On peut en revanche en faire entre Prince George et Prince Rupert, mais il faut se méfier des intempéries. Les endroits où planter sa tente ne manquent, mais de nombreux campings ferment après la fête du Travail (premier week-end de septembre).

Comment circuler

Contactez Prince George Transit (☎ 563-0011), 1039 Great St, ouvert du lundi au vendredi de 8h à 16h30, pour vous renseigner sur les bus locaux. Vous pouvez aussi consulter la brochure *Prince George Rider's Guide*, disponible au Travel Infocentre. Un voyage simple dans la zone du centre coûte 1 $.

DE PRINCE GEORGE A SMITHERS

A partir de Prince George, la Yellowhead Hwy se dirige vers l'ouest jusqu'à Smithers, Terrace et Prince Rupert, d'où l'on prend le ferry pour aller soit vers le sud, sur l'île de Vancouver ou dans l'État américain de Washington, soit vers le nord en Alaska. La route emprunte un couloir creusé à travers les forêts et ponctué de lacs, de cours d'eau et de terres cultivées. (Voir également plus bas, *De Prince Rupert à Hazelton.*)

La première implantation de dimensions respectables est **Vanderhoof**, centre de services de la région surtout réputé pour son spectacle aérien international, organisé le quatrième week-end de juillet. A l'est, la Hwy 27 remonte vers le nord sur 66 km jusqu'au **site historique national de Fort St James**, ancien comptoir commercial de la Compagnie de la Baie d'Hudson situé sur la rive sud-est du lac Stuart. Non loin, les parcs provinciaux situés sur la plage de Paarens et à Sowchea Bay disposent de campings (pas de douches).

Dans les autres agglomérations rencontrées sur la route, on trouve bien entendu campings et motels. Si vous disposez d'un peu de temps, allez goûter à la nature sauvage en remontant vers le nord à partir du lac de Burns ou de Houston, jusqu'au **lac de Babine**. Le **parc provincial de Red Bluff** offre de belles pistes de randonnée.

A **Smithers**, dans la vallée de Bulkley, on pratique randonnée, escalade ou ski sur le mont d'Hudson Bay, à 24 km au sud de l'intersection avec la Yellowhead Hwy, ainsi que le rafting et le canoë sur le Bulkley. Le Travel Infocentre (☎ 847-9854), 1425 Main St, vous donnera tous les détails. Il existe des motels en bordure de route.

DE PRINCE GEORGE A DAWSON CREEK

Au nord de Prince George, montagnes et forêts laissent place à de douces collines et à des champs, qui se succèdent jusqu'à Dawson Creek. Sur les 150 premiers kilomètres, la route passe devant les lacs de **Summit**, **Bear** et **MacLeod**, entourés de parcs provinciaux et de campings. Au nord du lac de MacLeod, la Hwy 39 monte vers le nord jusqu'à Mackenzie, située sur les rives sud de l'immense **lac Williston**. Non loin de là, on pratique les sports d'hiver sur le **domaine skiable de Powder King** (☎ 997-6323) sur la montagne d'Azu.

A **Chetwynd**, on peut prendre la Hwy 29 vers le nord après Hudson's Hope (située à 20 mn de route du bras oriental du lac Williston) pour rejoindre l'Alaska Hwy, au nord de Fort St John.

DAWSON CREEK

Dawson Creek, une ville d'un peu moins de 11 000 habitants qui s'étend à 412 km au nord de Prince George, sur la Hwy 97, est surtout connue comme point de départ – Mile 0 – de l'Alaska (ou Alcan, abréviation d'Alaska-Canada) Hwy. A partir de là, l'Alaska Hwy se dirige vers le Yukon, tra-

COLOMBIE-BRITANNIQUE

Cariboo Trail, la piste des chercheurs d'or
Entre 1858 et 1861, le Cariboo Trail, qui forme aujourd'hui la Hwy 97, fut prolongé, au nord, de Kamloops à Quesnel. La piste, bordée de villages construits à la hâte, était empruntée par des chercheurs d'or accourus des quatre coins du monde. En 1862, Billy Barker, originaire des Cornouailles, tira le gros lot, empochant 1 000 $ au cours de ses deux premiers jours de prospection. Aussitôt, naquit Barkerville, qui allait devenir la plus grande ville à l'ouest de Chicago et au nord de San Francisco. La prospérité de cette région contribua grandement à faire de la Colombie-Britannique une colonie de la Couronne en 1858. ■

versant Watson Lake à partir de Dawson Creek et de Whitehorse, et remonte ensuite jusqu'à Fairbanks, en Alaska. Le Travel Infocentre de Dawson Creek (☎ 782-9595), 900 Alaska Ave, vous fournira plus de détails. Il est ouvert tout l'été de 8h à 20h, l'hiver du lundi au vendredi seulement de 9h à 17h.

Le meilleur endroit pour déjeuner est l'*Alaska Café & Pub*, 10209 10th St, en centre-ville près de la borne "Mile 0". Les plats de pâtes débutent à 5,25 $. On peut y loger en simple/double pour 35/40 $. Un voyageur nous a recommandé la boulangerie *Dawson Creek Bakery*, 1019 102nd Ave.

DE DAWSON CREEK AU YUKON

Lorsqu'on s'éloigne de Dawson Creek par le nord-ouest, le paysage change à nouveau. On laisse les prairies derrière soi et l'Alaska Hwy traverse la rivière de la Paix qui progresse vers les contreforts des montagnes Rocheuses. Hormis Fort St John et Fort Nelson, la plupart des villes que l'on traverse ne possèdent guère plus qu'une ou deux stations d'essence et quelques campings ou gîtes.

Fort St John est d'abord un centre de services pour les industries du pétrole et du gaz et les exploitations agricoles environnantes. A la station de Big Bam Ski Hill (☎ 785-7544), au nord-ouest de la ville, on peut faire des descentes à ski de jour comme de nuit. Le Travel Infocentre (☎ 785-6037) et le musée de la Paix de Fort St John-North sont tous deux au 9323 100th St, principale artère de la ville. **Fort Nelson** possède un musée à son extrémité occidentale. Au niveau du **Mile 244** (à 393 km de Dawson Creek), après Fort Nelson, le Liard Hwy (Hwy 77) part vers le nord en direction des Territoires du Nord-Ouest.

Dans le **parc provincial de Stone Mountain**, on trouve des chemins de randonnée et un camping avec des emplacements à partir de 9,50 $. On peut aussi pratiquer le camping sauvage. Il n'est pas rare que l'on aperçoive des orignaux mâchonnant nonchalamment quelques brins d'herbe. La "montagne de pierres" (*stone mountain*) dont le parc tire son nom est le mont St Paul (2 127 m).

Le **parc provincial du lac Muncho** comporte plusieurs chalets à louer et des terrains de camping. La faune y abonde (surtout les chèvres de montagne), on peut se baigner dans son lac couleur émeraude ou partir en randonnée. Le "Muncho", qui signifie "grand lac" en langue tagish, s'étend sur 12 km de long. C'est l'un des plus grands lacs naturels des Rocheuses.

AU SUD DE PRINCE GEORGE

Au sud de Prince George, la Hwy 97 suit le Goldrush Trail à travers la région nord du district de la ruée vers l'or connu sous le nom de Cariboo Country.

Quesnel

Ni la situation de Quesnel, installée au confluent du Fraser et du Quesnel, ni ses jardins fleuris soigneusement entretenus le long des rues ne peuvent masquer la réalité : Quesnel est avant tout vouée à l'exploitation forestière. Les fabriques de pâte à papier dominent la ville et l'odeur qui s'en dégage est omniprésente. Le Travel Infocentre (☎ 992-8716), 703 Carson

Ave, vous documentera sur les centres d'intérêt de la région : parc historique de Barkerville, parc provincial du lac de Bowron et l'Alexander Mackenzie Trail.

Parc historique de Barkerville

Cette ville restaurée datant de la ruée vers l'or est à 89 km à l'est de Quesnel, à l'extrémité de la Hwy 26. Au Théâtre royal, les spectacles de danseuses sont mis en scène comme au temps des chercheurs d'or. On trouve également un musée qui retrace l'histoire de la ville, objets authentiques à l'appui. L'été, il est ouvert tous les jours de 8h à 20h. L'entrée au parc coûte 5,50 $.

Deux terrains de camping avec douches proposent des emplacements à 12 $. Vous pouvez aussi séjourner à Wells, à 8 km à l'ouest de Barkerville, qui dispose d'un camping privé et de plusieurs motels. Aucun bus ne mène à Barkerville, vous devrez faire du stop si vous n'êtes pas motorisé.

Parc provincial du lac de Bowron

Situé près de Barkerville, ce parc possède un excellent parcours circulaire à suivre en canoë. Plusieurs lac, séparés par des rapides ou des portages, constituent un itinéraire suivant le périmètre du parc. Il vous faudra en moyenne 7 jours pour parcourir ces 116 km. Le nombre de participants à cette aventure est limité à 50 personnes par jour, aussi faut-il s'inscrire auprès de la direction du parc avant d'entreprendre l'expédition. Des locations de canoë sont proposées. Par ailleurs, les montagnes du parc et des environs ont toutes 2 000 m d'altitude environ. L'accès au parc se fait par une route de pierraille qui quitte la Hwy 26 juste avant d'arriver à Barkerville. Les emplacements pour tentes sont à 9,50 $.

Alexander Mackenzie Trail

Partant de Quesnel vers le nord-ouest, cette piste remise à neuf suit d'anciens sentiers qui partaient du Fraser pour atteindre à l'ouest Bella Coola, sur l'océan Pacifique. Mackenzie réalisa la première traversée du continent nord-américain en suivant cet itinéraire en 1793, alors qu'il recherchait une route d'approvisionnement rejoignant l'océan Pacifique. On peut encore distinguer les inscriptions qu'il grava dans la roche près de Bella Coola. Ce sentier de 420 km, qui serpente à travers forêts et montagnes, représente 16 pénibles journées de marche. Prévoyez au moins un approvisionnement en cours de route.

Vous pouvez ne parcourir que les segments les plus accessibles : par exemple, la section qui traverse l'extrémité sud du parc provincial de Tweedsmuir. Pour connaître les détails de l'itinéraire, contactez Alexander Mackenzie Trail Association, PO Box 425, Station A, Kelowna, V1Y 7P1.

La côte nord-ouest

Le nord-ouest de la Colombie-Britannique est une immense région peu développée et peu peuplée dont l'isolement constitue le principal attrait. Couverte de forêts, elle est composée de plusieurs massifs montagneux et de centaines de lacs et de cours d'eau.

PRINCE RUPERT

Après Vancouver, Rupert, comme on l'appelle souvent, est la plus grande ville de Colombie-Britannique. Construite au début du XXe siècle pour être le terminus occidental de la voie ferrée du Grand Trunk Pacific Railway, la ville est aujourd'hui le grand centre de pêche de la côte nord-ouest. De son port partent aussi des chargements de bois, de minéraux et de céréales. Autrefois capitale mondiale du flétan, elle a adopté le nouveau titre de "ville des arcs-en-ciel", une façon détournée de dire qu'il y pleut beaucoup. Malgré tout, le cadre y est magnifique. Entouré de montagnes, installé à l'embouchure de lu fleuve Skeena, surplombant une côte aux allures de fjord, le paysage est de toute beauté. Prince Rupert forme un bon point

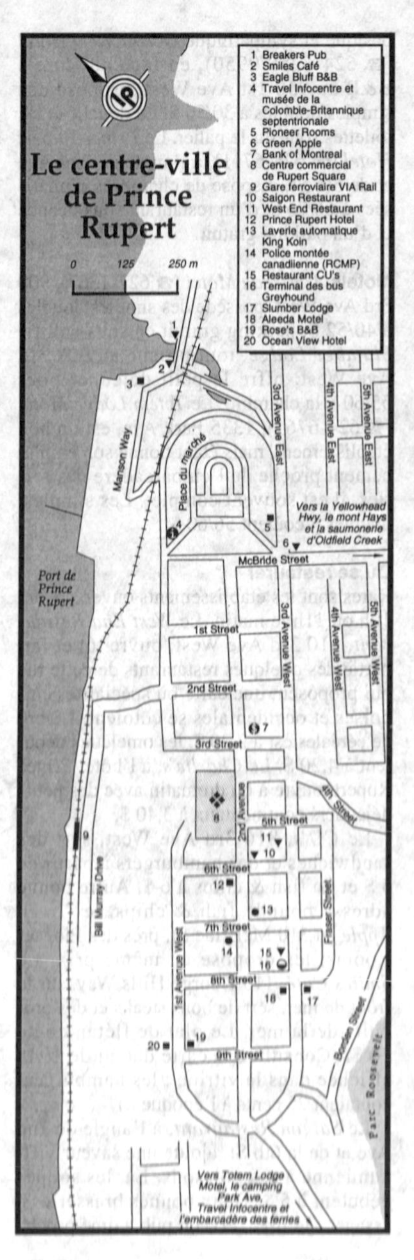

de départ pour l'Alaska et les îles de la Reine-Charlotte. L'été, des jeunes en quête de jobs de vacances y affluent.

Orientation et renseignements

Installée sur l'île de Kaien, Prince Rupert est reliée au continent par un pont. La Yellowhead Hwy traverse la ville en son milieu. Elle prend d'abord le nom de McBride St, puis celui de 2nd Ave qui, avec 3rd Ave, forme le centre-ville. McBride St divise la ville entre est et ouest. L'embarcadère des ferries se trouve à Fairview Bay, à 2 km au sud-ouest.

Le Travel Infocentre (☎ 624-5637), ouvert du lundi au samedi de 9h à 21h et le dimanche de 9h à 17h, se trouve dans le même bâtiment que le musée du Nord de la Colombie-Britannique, à l'angle de 1st Ave et de McBride St. Vous en trouverez un autre au camping de Park Ave, au sud de la ville, à 1 km de l'embarcadère des ferries. Il est ouvert jusqu'à minuit les jours d'arrivée et de départ de ferries.

La Bank of Montreal (☎ 624-9191), 180-309 2nd Ave West, ne prend qu'une commission forfaitaire de 2 $ quel que soit le nombre de chèques de voyage que vous changez. La poste (☎ 627-3085) se trouve dans le Rupert Square Shopping Mall, sur 2nd Ave West. Une laverie automatique, King Koin, se trouve 745 2nd Ave West, à l'angle de 7th St ; vous y trouverez également un petit bar. Enfin, l'hôpital (☎ 624-2171) est au sud-ouest du centre-ville, dans le parc de Roosevelt.

A voir et à faire

Le **Museum of Northern BC**, ou musée du nord de la Colombie-Britannique (☎ 624-3207) abrite une belle collection d'art et d'artisanat tsimshian comprenant masques, sculptures et créations en perles. Le musée est ouvert aux mêmes heures que le Travel Infocentre et l'entrée y est gratuite. Il organise par ailleurs des visites guidées des sites archéologiques du port. Le téléphérique utilisé pour atteindre le sommet du **mont Hays** (732 m) a fermé et l'on ignore s'il rouvrira. Toutefois, un chemin permet de monter à pied : il débute au parking, sur la Yellowhead Hwy, à 3 km de la ville. Des sentiers partant du parking mènent également au **mont Oldfield**, à **Grassy Bay** et aux **rapides de Butze**.

Dans Wantage Rd (tournez après le centre municipal), vous visiterez la petite **saumonerie d'Oldfield Creek** (☎ 624-6733), ouverte tous les jours en été de 8h à 16h.

A 16 km à l'est de la ville, le **lac Diana** et le **lac Prudhomme** sont deux parcs provinciaux où l'on peut pique-niquer, mais aussi se baigner, pêcher et faire de la randonnée ou du canoë. A 20 km au sud de Prince Rupert, la **conserverie North Pacific** (☎ 628-3538), 1889 Skeena Drive, à Port Edward, retrace l'histoire de la pêche et de la mise en conserve le long du fleuve Skeena. Elle est ouverte tous les jours en été de 10h à 17h et l'entrée coûte 5 $.

Où se loger

Camping. Vous pouvez camper au bord du lac dans le *parc provincial du lac Prudhomme* (☎ 847-7320), ouvert d'avril à novembre, pour 9,50 $. Le *Park Ave Campground* (☎ 624-5861), près de l'embarcadère des ferries, dispose de 87 sites, de douches chaudes, de machines à laver et de toilettes. Deux personnes sous tente paieront 10 $. Pensez à réserver en été.

B&B. Si vous cherchez un établissement bien situé, demandez l'*Eagle Bluff B&B* (☎ 627-4955), 100 Cow Bay Rd, près du port de plaisance. Ses cinq chambres débutent à 40 $ la simple avec s.d.b. commune et vont jusqu'à 65 $ pour une suite pouvant accueillir six personnes. Central lui aussi, le *Rose's B&B* (☎ 624-5539), 943 1st Ave West, dispose de simples/doubles à 40/50 $. Avantage de taille : Rose, la propriétaire, parle français.

Hôtels. Le moins cher de la ville est le *Pioneer Rooms* (☎ 624-2334), 167 3rd Ave East. Les prix vont de 15 à 35 $ la chambre simple, double ou avec lits jumeaux avec s.d.b. communes. L'établissement dispose d'un coin cuisine et d'un petit café. Le basique et sympathique *Ocean View Hotel* (☎ 624-6259/9950), en face du Rose's B&B au 950 1st Ave West, propose des simples/doubles à 30/50 $. La douche et les toilettes sont sur le palier. Le *Prince Rupert Hotel* (☎ 624-6711), à l'angle de 2nd Ave et de 6th St, dispose de chambres climatisées à 66/76 $, d'un restaurant sous licence et d'un parking gratuit.

Motels. L'*Aleeda Motel* (☎ 627-1367), 900 3rd Ave West, possède des simples/doubles à 40/52 $, parking gratuit en sous-sol. Le *Slumber Lodge*, tout proche au 909 3rd Ave West, offre le petit déjeuner pour 55/60 $ la chambre. Le *Totem Lodge Motel* (☎ 624-6761), 1335 Park Ave, est un bon établissement, mais étant donné son emplacement proche de l'embarcadère des ferries, il est souvent complet. Les simples/doubles y coûtent 56/60 $.

Où se restaurer

Rares sont les établissements ouverts avant 10h ou 11h le matin. Le *West End Restaurant*, 610 3rd Ave West, ouvre tôt et fait partie des quelques restaurants de cette rue qui proposent une carte où spécialités chinoises et occidentales se côtoient. Le bol de céréales est à 2,20 $, les omelettes débutent à 4,20 $. Le *Charlie's*, à l'hôtel Prince Rupert, ouvre à 6h du matin avec des petits déjeuners continentaux à 3,40 $.

Le *CU's*, 816 3rd Ave West, sert des sandwiches et des hamburgers à partir de 5 $ et du fish & chips à 6 $. Autre bonne adresse pour le fish & chips, le *Green Apple* au 310 McBride St, près des Pioneer Rooms, les propose au même prix. Le *Smiles Café*, 113 George Hills Way, sur le front de mer, sert de bons steaks et des produits de la mer. Le plat de flétan coûte 14 $. (Consultez la carte datant de 1945 affichée dans la vitrine : les hamburgers coûtaient 25 cents à l'époque...)

Le *Saigon Restaurant*, à l'angle de 2nd Ave et de la 6th St, ajoute une saveur vietnamienne à ses poissons. Là, les soupes débutent à 5 $. Deux bonnes brasseries à essayer : le *Breakers*, un pub animé proche du Smiles Café, et le *Solly's*, au 2209 Seal Cove Rd, à 4 km au nord du centre-ville.

Comment s'y rendre

Avion. Air BC (☎ 624-4554), 112 6th St, est proche de l'hôtel Prince Rupert. Les Canadian Airlines (☎ 624-9181) sont installées au 200 500 2nd Ave. Avec Air BC, l'aller simple pour Vancouver, taxes comprises, s'élève à 322,11 $ en tarif normal.

Bus. La gare routière de Greyhound (☎ 624-5090), dans 3rd Ave entre 7th St et 8th St, est ouverte du lundi au vendredi de 8h30 à 20h30 et le week-end de 9h à 11h et de 18h à 20h30. On y trouve des consignes automatiques. Les départs vers l'est ont lieu deux fois par jour, à 11h15 et 20h30. Les bus arrivent à Prince Rupert à 9h55 et à 19h25. Taxes comprises, vous paierez 76,83 $ pour Prince George, 157,240 $ pour Vancouver. Les Far West Bus Lines (☎ 624-6400), 225 2nd Ave West, proposent des départs pour Cassiar, au nord.

Train. La gare du VIA Rail (☎ 1-800-561-8630) est au 1150 Station St, près du port. Le bureau est ouvert les lundi, jeudi et samedi de 10h à 16h30 et mardi, vendredi et dimanche de 9h à 12h30. Les arrivées ont lieu les lundi, jeudi et samedi à 15h40, les départs les mardi, vendredi et dimanche à 11h30. L'aller simple pour Prince George coûte 74,90 $, mais en réservant plus de 7 jours à l'avance, vous obtiendrez une réduction de 40%.

Ferries. De Prince Rupert, les Alaska State Ferries partent vers le nord à travers le bras de terre de l'Alaska. Le premier arrêt est Ketchikan, mais on peut continuer plus au nord au-delà de Wrangell, Petersburg et Juneau jusqu'à Skagway, où le Klondike Hwy arrive du sud de Whitehorse, dans le Yukon. D'autres compagnies commerciales effectuent aussi la croisière, mais elles sont plus chères.

Le système de ferries, bien plus économique, vous permettra de voir à peu près les mêmes choses.

Les Alaska State Ferries (☎ 624-1744), également appelés Alaska Marine Hwy, disposent d'un bureau – ouvert de 7h à 14h (ou plus tard en cas de retard des ferries) – à l'embarcadère. L'aller simple jusqu'à Skagway coûte 118 $, ou 278 $ avec une voiture. Si vous êtes en voiture ou en mobile home, réservez bien à l'avance. Sinon, vous pourrez toujours tenter votre chance en vous inscrivant sur liste d'attente au dernier moment. Et même si vous parvenez à trouver une place, on vous indiquera que les véhicules locaux (c'est-à-dire immatriculés en Alaska) ont la priorité et peuvent vous contraindre à descendre provisoirement à chaque escale. A l'heure où nous écrivions ces lignes, un nouvel embarcadère était en construction.

L'itinéraire allant du bras de terre de l'Alaska à l'État de Washington porte le nom de passage Intérieur. Ce voyage long et coûteux offre de magnifiques paysages, avec de nombreux fjords, baies, îles et petits campements indiens. Il n'est pas rare de voir des phoques, des troupeaux d'otaries ou des orques. Il est possible de n'effectuer qu'une partie du trajet.

Les BC Ferries (☎ 624-9627) gèrent le bateau *Queen of the North* qui effectue la traversée de Rupert à l'île de Vancouver. Il est ingénieux de réserver, surtout si vous êtes motorisé. (Voir le paragraphe *Comment s'y rendre* dans le chapitre sur *Port Hardy* pour plus de détails.)

Si vous venez de Port Hardy et comptez poursuivre vers le nord jusqu'en Alaska en ferry, n'oubliez pas que les horaires des BC Ferries et des Alaska State Ferries ne coïncident pas et qu'il vous faudra dormir au moins une nuit à Prince Rupert. Les BC Ferries relient également Prince Rupert à Skidegate, dans les îles de la Reine-Charlotte. Il y a cinq départs par semaine dans chaque direction. Le prix de l'aller simple est de 18 $, ou 69 $ avec une petite voiture.

Comment circuler

Pour toute information sur les bus locaux, contactez les Coastal Bus Lines (☎ 624-3343), 225 2nd Ave West. De là, vous pouvez prendre le bus jusqu'au terminal des ferries. L'aller simple en bus coûte 1 $ et le forfait journalier 2,50 $.

ÎLES DE LA REINE-CHARLOTTE

Les îles de la Reine-Charlotte, également appelées les Galapagos canadiennes, constituent un archipel de 154 îles s'étendant à 80 km des côtes et à 50 km de la pointe sud de l'Alaska. Seule partie du Canada ayant échappé à la dernière période glaciaire, ces îles sont riches en faune et en flore nettement différentes de celles du continent. Zone en grande partie sauvage, elles sont réchauffées par un courant venant du Japon et les précipitations annuelles atteignent 127 cm. Tous ces facteurs se combinent pour créer un paysage de forêts tropicales de cèdres et d'épicéas vieilles de plus de mille ans.

Les îles représentent la terre traditionnelle de la nation haida, reconnue comme la première culture du pays à l'arrivée des Européens. L'art des Indiens Haidas – en particulier leurs mâts totémiques et leur travail de l'argile – est renommé dans le monde entier. Aujourd'hui, les fiers Haidas tiennent particulièrement à leur patrimoine naturel. Dans les années 80, ils menèrent un combat acharné pour préserver les îles d'une exploitation forestière exagérée. Les débats firent rage, mais le gouvernement fédéral finit par se résoudre à sauvegarder South Moresby et y créa un parc national. Le nom complet du parc est "Parc national de South Moresby Gwaii Haanas". Bien entendu, l'abattage des arbres se poursuit dans les autres parties des îles de la Reine-Charlotte.

Île de Graham

Environ 80% de la population vit sur l'île de Graham, la seule dotée d'un réseau routier digne de ce nom. Les principales villes sont **Skidegate** et **Queen Charlotte**, sur la rive sud-est, et **Masset**, sur la rive nord. Le

Les mâts totémiques

"Totem" est un terme ojibway signifiant "esprit protecteur" ou "marque de ma famille". Il fait référence à un objet, à une plante, à un animal ou à un phénomène naturel (ou à sa représentation) qui aurait une relation avec une tribu, un clan ou une famille. A l'origine, les mâts totémiques étaient les poutres ou les poteaux d'angles des maisons et portaient des inscriptions gravées. Plus tard, ils furent édifiés pour souligner le prestige du chef, proportionnel à la hauteur du mât et à la qualité des décorations. La confection de mâts totémiques était surtout répandue chez les Indiens de la côte nord-ouest du Pacifique.

L'île d'Anthony, dans l'archipel de la Reine-Charlotte, possède la plus importante collection de mâts totémiques du monde. En août 1993, un immense mât fut édifié à Victoria pour l'ouverture officielle des jeux du Commonwealth. Fait d'un tronc de cèdre rouge vieux de 250 ans, provenant de la vallée Nimpkish sur l'île de Vancouver, ce mât de 54,8 m reçut le nom d'"Esprit du Lekwammen" (*Lekwammen* signifiant "pays des vents"). Il symbolise la vitesse des athlètes.

Ce mât totémique est divisé en huit parties, chacune étant décorée et gravée par une tribu indienne de la côte pacifique. Les artistes d'Alert Bay se sont chargés de la partie la plus haute. ■

Travel Infocentre (☎ 559-4742) de Queen Charlotte est ouvert toute l'année ; on vous y fournira des renseignements sur les îles.

Près du terminal des ferries de Skidegate se trouve le musée des îles de la Reine-Charlotte (☎ 559-4643), qui propose de bonnes expositions sur l'histoire de la région, dont une excellente collection d'œuvres haidas. La Yellowhead Hwy passe à 110 km au nord de Queen Charlotte, par Tlell et Port Clements (réputée pour les épicéas dorés qui bordent le Yakoun), jusqu'à Masset, où l'on peut observer les oiseaux de la **réserve sauvage de Delkatla**, près de Tow Rd, au nord de la ville.

L'angle nord-est de l'île est occupé par le **parc provincial de Naikoon**, qui offre sentiers de randonnée et possibilités de baignade et de camping sauvage.

L'île compte plusieurs campings privés, en particulier dans le *parc provincial de Naikoon*, qui renferme deux terrains avec des emplacements à 9,50 $. On y trouve des toilettes, l'eau courante et du bois pour le feu. Ils restent ouverts toute l'année. Les villes disposent de B&B, de gîtes et de motels, mais mieux vaut réserver en été.

Île de Moresby

Comme la plupart de ses voisines, l'île de Moresby n'est accessible qu'en avion, en bateau ou à pied. **Sandspit**, sur la côte nord, une ville surtout vouée au traitement du bois, est la seule implantation permanente de l'île. Le bureau de Canada Parks (☎ 637-5362), sur Beach Rd, vous renseignera sur le parc national de South Moresby Gwaii Haanas. On peut camper gratuitement sur la plage de Sandspit et la ville dispose d'un ou de deux hôtels et B&B.

La minuscule **île d'Anthony**, près de l'extrémité sud de l'archipel, est un parc provincial inscrit au patrimoine mondial de l'Unesco. Elle abrite un ancien village haida, Ninstints, que l'on considère comme le site côtier indien le plus impressionnant du Pacifique nord-ouest. Trente-deux mâts totémiques s'y élèvent, ainsi que les vestiges de 10 habitations.

Comment s'y rendre

Le ferry allant de Prince Rupert à Skidegate, le MV *Queen of Prince Rupert*, effectue cinq traversées par semaine. Chacune d'elles dure six heures et demie et coûte 18 $, ou 69 $ avec une petite voiture. Certaines se font de jour, d'autres de nuit.

Un autre ferry se rend de Skidegate à Alliford Bay, sur l'île de Moresby. Le prix du retour s'élève à 2,50 $, ou à 7 $ avec une voiture.

DE PRINCE RUPERT A NEW HAZELTON

Prince Rupert est installée près de l'embouchure du **Skeena**. La Yellowhead Hwy, qui quitte la ville vers l'est, suit ce fleuve, traversant ainsi de magnifiques paysages de lacs, de forêts et de montagnes, avec des parcs provinciaux où l'on peut camper.

Terrace, à 147 km à l'est de Prince Rupert, est un centre d'exploitation forestière, de services et de transports. En ville, la Hwy 16 devient Keith Ave. Le Travel Infocentre (☎ 635-4689/2063), 4511 Keith Ave, au sud et à l'est du centre, est ouvert tous les jours en été de 9h à 20h et vous guidera à travers la région. La gare routière de Greyhound (☎ 635-7676) est toute proche au n°4620.

A 35 km à l'ouest de Terrace, on pratique ski alpin et ski de fond à **Shames Mountain**. A **Kitimat**, au sud de Terrace, à l'extrémité de la Hwy 37, des visites gratuites de la fonderie d'Alcan Aluminium et de la fabrique de papier Eurocan sont proposées.

Au **parc provincial de Nisga'a Memorial Lava Bed**, au nord de Terrace, vous aurez le choix entre pêche et randonnée, mais vous ne pourrez pas camper.

Au nord de New Hazelton, non loin de la Yellowhead Hwy, se trouve **K'san**, un village restauré du peuple gitksan, célèbre pour ses objets ciselés d'or, d'argent ou de bois. On y trouve des habitations, des mâts totémiques, ainsi que des outils. Les danseurs de K'san donnent des spectacles de danses traditionnelles.

LE CASSIAR HWY

Entre Terrace et New Hazelton, la Hwy 37, branche nord de la Yellowhead Hwy, se dirige vers Meziadin Junction et Stewart. La partie de la Hwy 37 qui s'étend vers le nord à partir de Meziadin Junction est appelée Cassiar Hwy (ou Stewart-Cassiar Hwy). Elle rencontre l'Alaska Hwy dans le Yukon. La Cassiar Hwy est en majeure partie une route de graviers : elle traverse de merveilleux paysages, avec des lieux comme le **parc sauvage du Plateau de Spatsizi** ou le **lac de Dease**. Sur son trajet, les stations-service sont rares : si vous conduisez, assurez-vous du bon état de votre véhicule et emportez pièces de rechange et bidons d'essence. Les projections de gravillons peuvent endommager le pare-brise.

Stewart et Hyder

67 km séparent Meziadin Junction de Stewart, située à l'ouest sur la frontière avec l'Alaska. En chemin, vous verrez le **glacier de l'Ours** (Bear Glacier), à 49 km de Stewart. De Stewart, la route part tout droit en direction de Hyder, en Alaska. On ne passe ni poste de douane, ni services d'immigration, et les commerçants de Hyder acceptent tous les dollars canadiens. Si vous passez à **Fish Creek**, située à 3 km de Hyder, entre fin juillet et septembre, vous verrez les saumons remonter le courant pour aller pondre en amont.

A Stewart, le *Stewart Lions Campground* (☎ 636-2537) sur 8th Ave, dispose d'emplacements de camping à 10 $. La ville ne possède que deux motels et un hôtel aux tarifs similaires. Pour les trois, un service de réservation est à votre disposition au *King Edward Hotel* (☎ 636-2244), sur 5th Ave. Les prix des simples/doubles débutent à 51/58 $. A Hyder, vous séjournerez au chalet *Grizzly Bear Lodge*.

La compagnie Seaport Limousine Service (☎ 636-2622), PO Box 217, Stewart, propose un bus pour Terrace. Il n'y a qu'un départ par jour dans chaque direction du lundi au vendredi. Le voyage dure quatre heures et coûte 26,75 $.

Parc provincial sauvage du Plateau de Spatsizi

Cette vaste région sauvage, qui comprend les Hautes Terres de Spatsizi, le plateau de Stikine et la source du fleuve du même nom, offre de nombreuses activités (randonnée, canoë, descente en eaux vives ou équitation).

Dans le parc, la **réserve écologique du lac de Gladys** abrite moutons, chèvres de montagne, orignaux, grizzlis et ours noirs, caribous et loups.

Parc provincial du mont Edziza

Ce parc a pour décor un paysage volcanique avec coulées de laves, cônes de scories et vastes champs dominés par un volcan éteint. On y accède par une route de pierraille reliant le lac de Dease à Telegraph Creek. On y trouve des chemins de randonnée et l'on peut y faire du camping sauvage.

Le fleuve Stikine

C'est l'un des meilleurs cours d'eau pour le canoë en eaux vives. Il traverse la chaîne des Coast Mountains jusqu'en Alaska et se jette dans l'océan Pacifique. En certains points élevés, ses rapides atteignent le niveau 5.

Sachez que la section ouest du Cassiar Hwy, jusqu'à Telegraph Creek, n'est pas navigable, et vous devez prévoir que l'on vienne vous chercher lorsque vous atteindrez l'océan.

ATLIN

Cette petite ville isolée à l'angle nord-ouest de la province est accessible par la route *via* le Yukon. Prenez la Hwy 7, qui quitte l'Alaska Hwy vers le sud. Il faut compter 60 km à partir de l'intersection entre les deux autoroutes jusqu'à Atlin.

La ville est installée sur la rive du lac d'Atlin, la plus importante étendue d'eau douce de Colombie-Britannique. Elle est entourée par les immenses champs de glace et les glaciers de la section nord du massif des Coast Moutains. Le parc provincial d'Atlin s'étend au sud.

Yukon et Territoires du Nord-Ouest

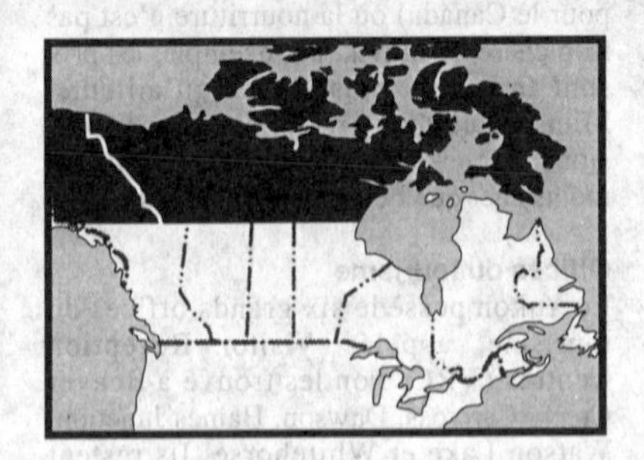

Certains disent que Dieu était fatigué lorsqu'il l'a créé
Certains disent que c'est une terre à fuir
Peut-être ; mais il y en a aussi qui ne l'échangeraient
Contre aucune autre terre au monde – et je suis de ceux-là.

Extrait de *The Spell of the Yukon*, **de Robert Service**

Le nord du Canada est formé de vastes territoires qui s'étendent des frontières nord des provinces jusqu'à une ligne située à 800 km du Pôle Nord, entre océans Pacifique et Atlantique. Un troisième océan, l'Arctique, ponctué d'une multitude d'îles, relie l'Alaska au Groënland.

Ces régions du soleil de minuit sont fidèles à leur réputation : toundras stériles qui restent gelées tout au long de l'année ou presque. Toutefois, ces territoires possèdent aussi des montagnes, des forêts, une vie animale abondante et ils jouissent de quelques tièdes journées d'été de vingt heures. Ainsi, le développement de ce Grand Nord s'est réalisé surtout là où l'on trouvait les conditions les plus hospitalières.

C'est pour des raisons politiques que le Yukon et le Nord-Ouest sont qualifiés de territoires et non de provinces. La relative faiblesse de leurs populations n'autorise pas ces régions à jouir d'un statut à part entière au Parlement.

Yukon

Le territoire du Yukon
Superficie : 483 450 km²
Population : 31 500 habitants
Capitale de la province : Whitehorse

Le Yukon est une zone triangulaire du nord-ouest canadien calée entre les Territoires du Nord-Ouest et l'Alaska. La Colombie-Britannique le borde au sud, la mer de Beaufort, dans l'océan Arctique, au nord. En superficie, cette région subarctique correspond grosso modo à un tiers de l'Alaska. Des chaînes de montagnes, dont certaines proviennent des Rocheuses, recouvrent presque entièrement le Yukon. Forêts, versants boisés, lacs et torrents caractérisent le paysage.

La région de Whitehorse accueille les deux tiers de la population, surtout regroupée dans les villes. La plupart des autres habitants peuplent les zones d'exploitation minière. Les Dene (prononcez De-NAY, qui signifie "personne", "individu"), ou Athapaskans, sont à peu près 3 000. Avec les Inuits, ils furent les premiers à occuper la région. Ensemble, ces deux peuples constituent environ un septième des habitants du territoire.

Robert Campbell, explorateur de la Compagnie de la Baie d'Hudson, fut le premier Européen à pénétrer dans la région dans les années 1840. Négociants en fourrure, prospecteurs et pêcheurs de baleines ne tardèrent pas à lui emboîter le pas. En 1870, cette zone fut rattachée aux Territoires du Nord-Ouest. Mais ce fut en 1896 que les véritables bouleversements intervinrent, avec la découverte d'or dans un affluent de la Klondike, près de ce qui allait devenir Dawson City. Dès lors, les événements se bousculèrent. Des quatre coins du monde, des aventuriers pleins d'espoir affluèrent en une incroyable ruée vers l'or. La population passa subitement à 38 000 habitants – nettement plus qu'aujourd'hui ! – et des routes furent créées. Les villes enflaient de jour en jour pour accueillir les chercheurs. En fait, organisateurs et fournisseurs s'enrichirent bien plus que la plupart de ces malheureux.

En 1898, le Yukon devint un territoire indépendant et se choisit Dawson City pour capitale. Mais celle-ci déclina à mesure que l'or s'épuisait. La construction de l'Alaska Hwy, en 1942, ouvrit le territoire au développement. En 1953, Whitehorse en devint la capitale en raison de la voie ferrée et de l'Alaska Hwy qui la desservaient désormais. Elle représente aujourd'hui le grand centre de distribution et de transports du Yukon.

L'activité principale du Yukon est l'exploitation minière ; et malgré l'importance de la pêche, des forêts et de la fourrure, le tourisme vient en deuxième position.

Le poète Robert Service et l'écrivain Jack London ont tous deux vécu et travaillé ici. Leurs textes restent vénérés des habitants, qui les citent souvent.

Pour le visiteur, le Yukon offre de multiples activités de plein air : camping, randonnées, escalade, canoë et pêche s'y pratiquent dans un environnement sauvage et enchanteur.

RENSEIGNEMENTS

Argent

En dehors de Whitehorse, les cartes de crédit les plus couramment acceptées sont la Visa, puis la MasterCard. On peut payer en dollars américains dans de nombreux hôtels et magasins, mais le taux de change varie d'un endroit à l'autre. Whitehorse est la dernière grande ville du nord (du moins pour le Canada) où la nourriture n'est pas trop chère. A Inuvik, par exemple, les prix sont trois fois plus élevés qu'ailleurs. Mieux vaut donc arriver avec ses provisions. Sachez cependant que l'Alaska est moins cher que l'ensemble du Yukon.

Offices du tourisme

Le Yukon possède six grands offices du tourisme, appelés Visitor Reception Centres (VRC) : on les trouve à Beaver Creek, Carcross, Dawson, Haines Junction, Watson Lake et Whitehorse. Ils restent ouverts de mi-mai à mi-septembre. Outre les informations et les cartes du territoire, ils proposent tous des expositions et des vidéodisques diffusés sur écrans TV. Ils ont même une station de radio destinée aux touristes, la CKYN Yukon Gold (96.1 FM). Tourism Yukon (☎ 667-5340), PO Box 2073, Whitehorse Y1A 2C6, vous enverra pour sa part une documentation gratuite sur le territoire.

Téléphone

Comme dans l'Alberta, l'indicatif téléphonique du territoire est le 403.

Heure locale

Le Yukon est aligné sur l'heure Pacifique.

Cartes

Des cartes topographiques du territoire sont disponibles à Whitehorse dans les établissements suivants :

Le pôle Nord

Le pôle Nord, ce point imaginaire à l'extrémité de l'axe du globe, se situe à 800 km au nord de l'île d'Ellesmere, en territoire neutre. C'est une zone d'eaux glacées en permanence sans juridiction nationale. En revanche, le pôle Nord magnétique, qui correspond à la direction, légèrement décalée, que désigne l'aiguille d'une boussole pour situer le vrai nord, se trouve au Canada. Bien qu'il se déplace d'année en année, le pôle Nord magnétique est généralement situé au nord de l'île de Bathurst, à l'ouest de celle de Cornwallis, sur une longitude de 100° environ. En 1966, ce point se trouvait au sud de l'île, en 1979, on le situait sur l'île même. Désormais, on le repère juste au-dessus de l'extrémité nord de l'île. Il finira sans doute par dériver vers le sud à nouveau, tant il est vrai que l'histoire se répète. ■

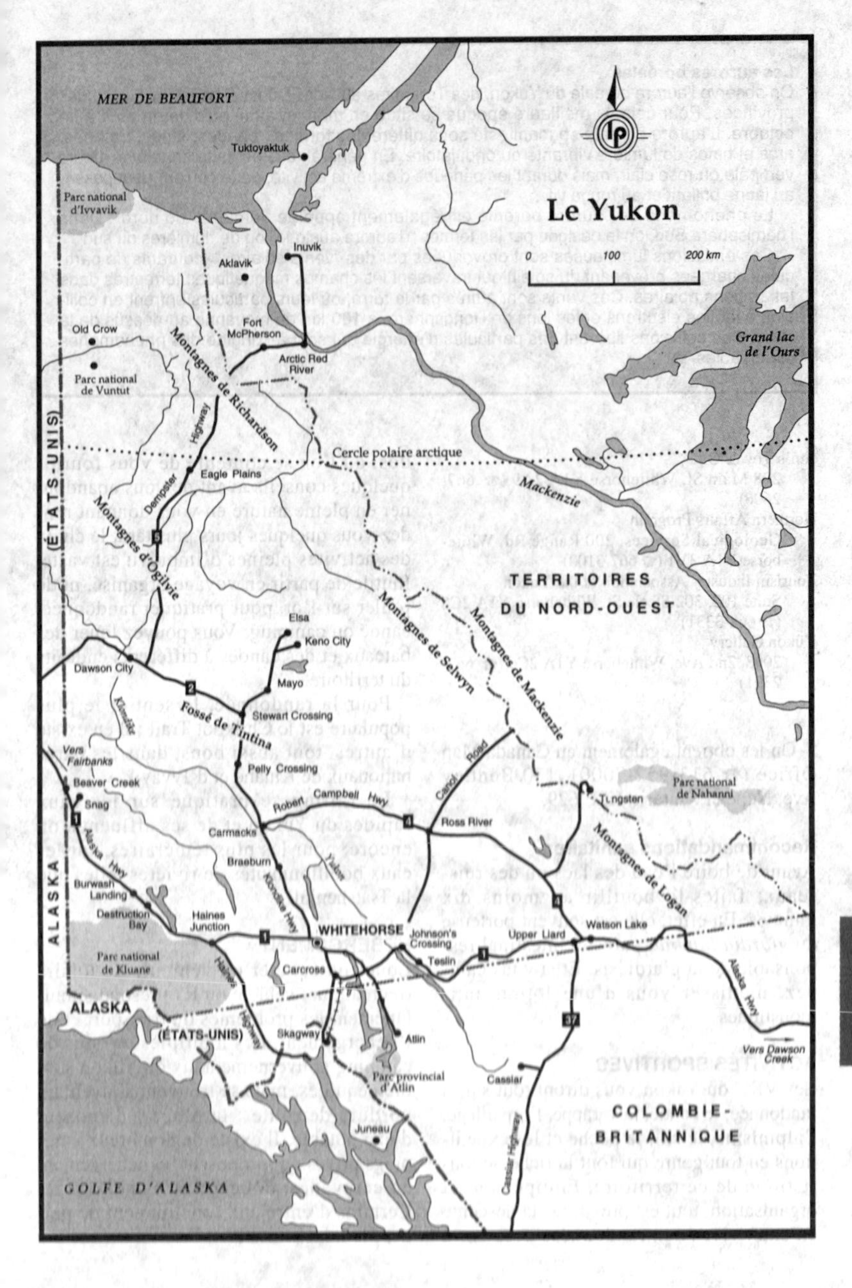
Le Yukon
0 100 200 km
MER DE BEAUFORT
Tuktoyaktuk
Parc national d'Ivvavik
Inuvik
Aklavik
Old Crow
Parc national de Vuntut
Fort McPherson
Arctic Red River
Montagnes de Richardson
Dempster Highway
Cercle polaire arctique
Eagle Plains
Mackenzie
Grand lac de l'Ours
Montagnes d'Ogilvie
(ÉTATS-UNIS)
Montagnes de Selwyn
Montagnes de Mackenzie
TERRITOIRES DU NORD-OUEST
Elsa
Keno City
Dawson City
Mayo
Fossé de Tintina
Stewart Crossing
Vers Fairbanks
Pelly Crossing
Beaver Creek
Snag
Robert Campbell Hwy
Canol Road
Ross River
Carmacks
Parc national de Nahanni
Tungsten
Montagnes de Logan
Alaska Hwy
Braeburn
Burwash Landing
Destruction Bay
Haines Junction
WHITEHORSE
Johnson's Crossing
Upper Liard
Watson Lake
Teslin
Parc national de Kluane
Carcross
ALASKA
(ÉTATS-UNIS)
Skagway
Atlin
Parc provincial d'Atlin
Cassiar
Vers Dawson Creek
COLOMBIE-BRITANNIQUE
Cassiar Highway
Juneau
GOLFE D'ALASKA
YUKON

Les aurores boréales

On observe l'aurore boréale du Yukon, des Territoires du Nord-Ouest et de la limite nord des provinces. Pour cela, la meilleure époque se situe en mars et avril, puis de fin août à fin octobre. L'aurore boréale se manifeste sous différentes formes : bandes, stries, traînées, arcs et halos de lumière vibrante ou ondulatoire. En général, elle est faite de faibles lueurs vert pâle ou rose clair, mais durant les périodes d'extrême activité, cette couleur peut passer au jaune brillant et au rouge vif.

Le phénomène de l'aurore boréale est également appelée "lumières du nord". Dans l'hémisphère Sud, on le désigne par les termes "d'aurore australe" ou de "lumières du sud".

Ces émissions lumineuses sont provoquées par des "vents solaires" (courants de particules chargées provenant du soleil) qui traversent les champs magnétiques terrestres dans les régions polaires. Ces vents sont attirés par la terre, où leurs particules entrent en collision avec les électrons et les ions de l'ionosphère, à 160 km en moyenne au-dessus de la terre. Ces collisions libèrent des particules d'énergie qui sont à l'origine des phénomènes observables. ■

Jim's Toy & Gift
208 Main St, Whitehorse Y1A 2A9 (☎ 667-2606)
Northern Affairs Program
Geological Services, 200 Range Rd, Whitehorse Y1A 3V1 (☎ 667-3100)
Tourism Industry Association of the Yukon
Suite 102, 302 Steele St, Whitehorse Y1A 2C5 (☎ 668-3331)
Yukon Gallery
2093, 2nd Ave, Whitehorse Y1A 2C6 (☎ 667-2391)

On les obtient également au Canada Map Office (☎ 613-952-7000), 130 Bentley Ave, Nepean, Ontario K2E 629.

Recommandations sanitaires

Avant de boire l'eau des lacs ou des ruisseaux, faites-la bouillir au moins dix minutes. En effet, elle est souvent porteuse du *giardia lambia*, parasite intestinal responsable de la giardiasis. Et si vous campez, munissez-vous d'une lotion anti-moustiques.

ACTIVITÉS SPORTIVES

Les VRC du Yukon vous diront tout sur la randonnée, le canoë, la varappe, l'orpaillage, l'alpinisme, le ski, la pêche et les expéditions en tout genre qui font la richesse touristique de ce territoire. Équipement et organisation, tout est prévu. De la descente en eaux vives aux randonnées avec sac à dos, où l'on se contente de vous fournir quelques conseils avant de vous abandonner en pleine nature en vous donnant rendez-vous quelques jours plus tard, le choix des activités pleines d'imprévu est vaste. Inutile de partir en voyage organisé, ni de rouler sur l'or, pour pratiquer randonnée, canoë ou camping. Vous pouvez louer des bateaux et des canoës à différents endroits du territoire.

Pour la randonnée, le sentier le plus populaire est le Chilkoot Trail ; il en existe d'autres, tout aussi bons, dans les parcs nationaux de Kluane et d'Ivvavik.

Le rafting se pratique sur les eaux rapides du Yukon et de ses affluents, ou encore, pour les plus téméraires, sur les eaux bouillonnantes de rivières telles que la Tsatshenini.

HÉBERGEMENT

Louer ou acheter un véhicule de loisirs (recreational vehicle ou RV) résoud simultanément les problèmes du transport et de l'hébergement. Les multiples terrains de camping gouvernementaux du Yukon sont bien équipés, mais se trouvent souvent en bordure de route ; la plupart disposent d'eau potable. Il existe de nombreux campings privés qui proposent un hébergement en caravanes, douches et blanchissage. Certains d'entre eux fonctionnent de pair avec le marché des RV.

COMMENT CIRCULER

Les grandes villes du Yukon sont reliées entre elles par avion et par bus (voir les paragraphes *Comment s'y rendre* des chapitres sur *Whitehorse* et *Dawson*).

Route

Conduire son propre véhicule représente la meilleure façon de se déplacer. Vous trouverez des loueurs de voitures et de RV à Whitehorse.

Le réseau routier du Yukon est assez étendu, même si son état laisse parfois à désirer. Sachez que la plupart des routes sont en pierraille, en dehors de l'Alaska Hwy et de la Klondike Hwy, qui sont asphaltées. Le Yukon possède trois routes principales : la Klondike Hwy, l'Alaska Hwy et la Dempster Hwy. Les VRC du Yukon vous fourniront toutes les indications nécessaires sur ces grands axes : état des routes et choses à voir autour. La plupart des villes de la partie sud du territoire sont reliées entre elles. Au nord, la Dempster Hwy va de Dawson à Inuvik, dans les Territoires du Nord-Ouest (voir le paragraphe consacré à cette route).

Pour ne rien manquer d'intéressant, l'itinéraire le plus judicieux consiste à prendre la Klondike Hwy de Whitehorse à Dawson, puis à suivre la Top of the World Hwy jusqu'à la frontière avec l'Alaska. De là, prenez la Taylor Hwy vers le sud jusqu'à Tetlin Junction, en Alaska, puis suivez l'Alaska Hwy vers le nord-ouest jusqu'à Fairbanks. Sur le chemin du retour, prenez l'Alaska Hwy vers le sud-est en passant par Beaver Creek, le parc national de Kluane et Haines Junction vers Whitehorse.

Essence. Sur les grands axes, les stations d'essence pratiquent des prix exorbitants, aussi est-il judicieux de faire le plein là où le carburant coûte le moins cher, même si l'on n'en a pas besoin. Pensez aussi à en conserver quelques litres dans un bidon. Les grandes routes possèdent généralement une station-service tous les 50 km, mais dans certaines zones, il arrive qu'on parcourt 150 km sans en rencontrer. Les prix de l'essence sont moins élevés dans les grandes villes, mais peuvent varier considérablement d'un endroit à l'autre sans raison apparente.

Les trois villes où les prix restent les plus raisonnables sont Dawson Creek, Whitehorse et Dawson en Colombie-Britannique. Évitez de faire le plein à Inuvik, où l'essence est la plus chère.

WHITEHORSE

Sur les rives du Yukon, Whitehorse est de loin la plus grande ville des Territoires du Nord-Ouest. D'une superficie de 421 km², c'est l'une des plus grosses agglomérations de tout le Canada. Pourtant, la ville elle-même reste de dimensions réduites. Whitehorse se situe sur l'Alaska Hwy, à mi-chemin entre Dawson Creek, en Colombie-Britannique, où débute cette autoroute, et Fairbanks en Alaska. Sa population s'élève à 24 000 habitants, appelés, de façon condescendante, les Sudistes par ceux qui peuplent les régions plus septentrionales du territoire. Malgré sa croissance, Whitehorse a gardé une atmosphère de "bout du monde".

Orientation

Whitehorse s'étend sur plusieurs kilomètres le long du Yukon. L'Alaska Hwy traverse la ville, mais ne pénètre pas dans le centre-ville, que l'on atteint par la South Access Rd ou la Two-Mile Hill Rd. Dans le centre-ville, les rues permettent de se repérer facilement. Le cœur de la cité se trouve entre 1st Ave et 6th Ave et entre Hanson St et Strickland St. Les principaux axes de circulation dans cette zone sont 2nd Ave et 4th Ave.

Renseignements

Offices du tourisme. Le VRC (☎ 667-2915), qui vous renseignera sur l'ensemble du Yukon, est situé à l'est de la ville sur l'Alaska Hwy, près de l'aéroport de Whitehorse et du musée des Transports du Yukon. Il ouvre tous les jours de 8h à 20h de mai à septembre. Le bâtiment en lui-même présente un intérêt architectural qui provoqua quelques controverses locales :

certains trouvaient sa conception trop moderne et déploraient que l'architecte qui en était l'auteur vînt de Vancouver, et non du Yukon. Le City Information Centre (☎ 667-7545) est installé dans l'immeuble T C Richards, au 302 Steele St, à l'angle de 3rd Ave. Il reste ouvert tous les jours de 8h à 20h de mai à septembre et de 9h à 17h du lundi au vendredi d'octobre à avril. La ville possède également un bureau d'information sur les parcs du Canada (☎ 667-4511 ou 668-3398), près du *Klondike*, un bateau de la marine marchande installé sur les rives du Yukon, au sud du centre-ville.

Poste. La poste centrale se trouve au sous-sol du Shoppers Drug Mart, à l'angle de 3rd Ave et de Main St. Elle est ouverte du lundi au vendredi de 8h à 18h et le samedi de 9h à 17h. Il en existe une autre dans le Qwanlin Mall. Plusieurs banques sont installées au carrefour de Main St et de 2nd Ave.

Livres et cartes. La Mac's Fireweed Books, entre 3rd Ave et 4th Ave dans Main St, vend une bonne sélection de livres sur l'histoire, la géographie et la vie animale du Yukon, ainsi que sur la culture des Canadiens autochtones de la région. Des cartes topographiques du Yukon sont par ailleurs disponibles dans divers points de Whitehorse (voir le paragraphe *Renseignements*, en début de chapitre).

Services médicaux. L'hôpital général de Whitehorse (☎ 668-9333) est installé à l'extrémité de Hospital Rd, sur la rive est du fleuve. Pour y parvenir, prenez le Robert Campbell Bridge à l'extrémité sud de 2nd Ave, traversez le fleuve et continuez dans Lewes Blvd, puis tournez à gauche.

A voir

Il n'y a pas grand-chose à voir dans la ville elle-même. Un jour suffit donc largement pour la visiter. Pour jouir d'une vue panoramique sur la ville, le fleuve et les montagnes environnantes, suivez le petit sentier abrupt qui débute à l'extrémité ouest de Hanson St.

Le Klondike. Ce bateau (☎ 667-4511) de la marine marchande est l'un des derniers et des plus grands navires à aubes utilisés sur le Yukon. Construit en 1929, il a fait son dernier voyage sur le fleuve en 1955.

OÙ SE LOGER

1 Sourdough City RV Park
2 Family Hotel
5 Fort Yukon Hotel
9 98 Hotel
10 Regina Hotel
11 Westmark Whitehorse Hotel
21 Gold Rush Inn
22 Town & Mountain Hotel
32 Fourth Ave Residence

OÙ SE RESTAURER

3 Qwanlin Mall
7 Mom's Kitchen
8 China Garden
15 No Pop Sandwich Shop
17 Talisman Café
19 Sam 'n' Andy's
28 The Deli

DIVERS

4 Gare routière de Greyhound
6 Prospect Yukon
12 Musée MacBride
13 Bateau *Youcon Kat*
14 Maison Donnenworth
16 Centre d'information municipal
18 Gare du petit train WP & YR
20 Northern Outdoors
23 Mac's Fireweed Books
24 Poste principale
25 Musée de l'ancienne église en rondins
26 Gratte-ciel en rondins
27 Immeuble médical du Klondyke
29 Yukon Conservation Society
30 Musée des transports du Yukon
31 Centre d'accueil des visiteurs
33 Hôpital de Whitehorse
34 Bateau *Le Klondike*

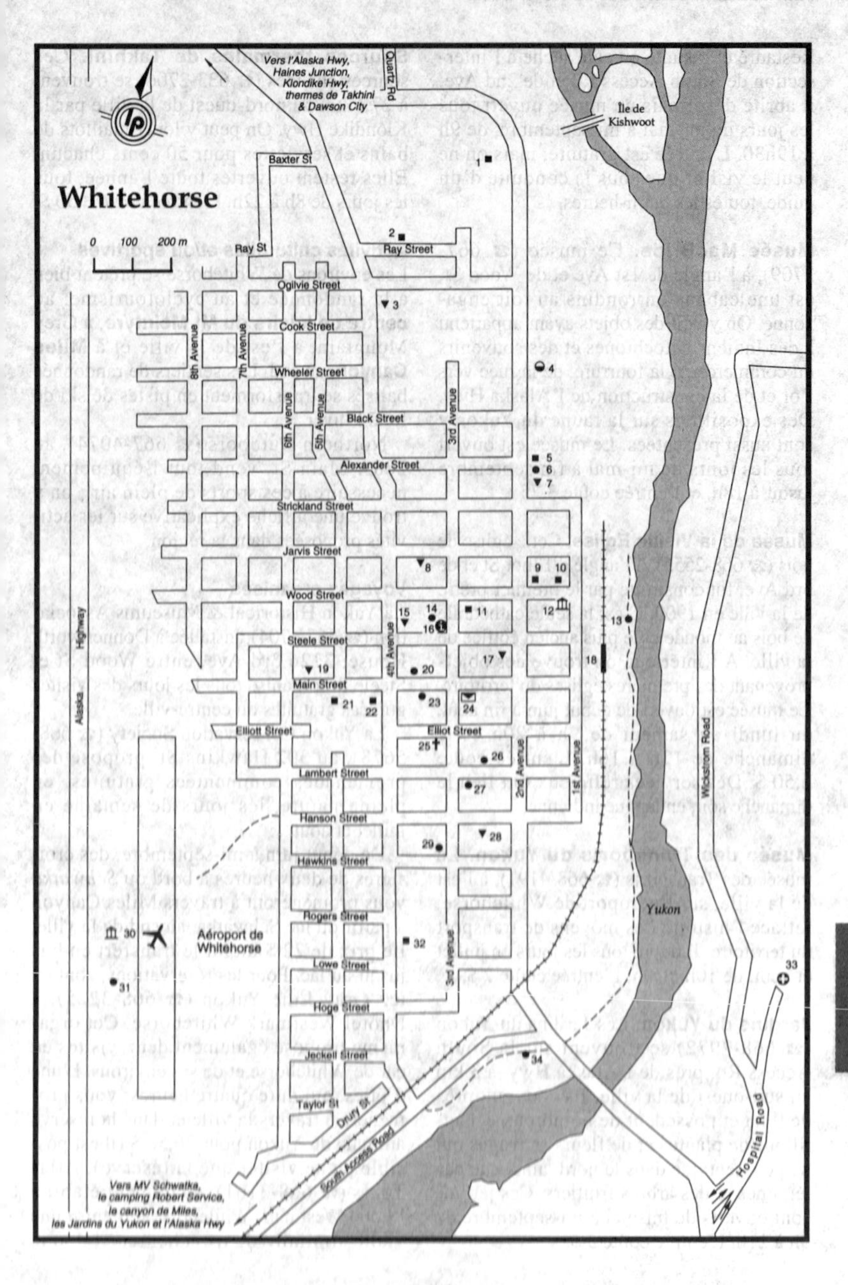
Whitehorse
0 100 200 m
Vers l'Alaska Hwy, Haines Junction, Klondike Hwy, thermes de Takhini & Dawson City
Quartz Rd
Île de Kishwoot
Baxter St
Ray St
Ray Street
Ogilvie Street
Cook Street
Wheeler Street
Black Street
Alexander Street
Strickland Street
Jarvis Street
Wood Street
Steele Street
Main Street
Elliott Street
Elliot Street
Lambert Street
Hanson Street
Hawkins Street
Rogers Street
Lowe Street
Hoge Street
Jeckell Street
Taylor St
Drury St
South Access Road
8th Avenue
7th Avenue
6th Avenue
5th Avenue
4th Avenue
3rd Avenue
2nd Avenue
1st Avenue
Alaska Highway
Wickstrom Road
Hospital Road
Yukon
Aéroport de Whitehorse
Vers MV Schwatka, le camping Robert Service, le canyon de Miles, les Jardins du Yukon et l'Alaska Hwy
1
2
3
4
5
6
7
8
9
10
11
12
13
14
15
16
17
18
19
20
21
22
23
24
25
26
27
28
29
30
31
32
33
34

Restauré et installé en cale sèche à l'intersection de South Access Rd et de 2nd Ave, il abrite désormais un musée ouvert tous les jours de mi-mai à mi-septembre, de 9h à 19h30. L'entrée est gratuite, mais on ne peut le visiter que sous la conduite d'un guide, toutes les demi-heures.

Musée MacBride. Ce musée (☎ 667-2709), à l'angle de 1st Ave et de Wood St, est une cabane en rondins au toit engazonné. On y voit des objets ayant appartenu à des Indiens autochtones et des souvenirs du commerce de la fourrure, de la ruée vers l'or et de la construction de l'Alaska Hwy. Des expositions sur la faune du Yukon y sont aussi présentées. Le musée est ouvert tous les jours de mi-mai à fin septembre jusqu'à 18h, et l'entrée coûte 3,25 $.

Musée de la Vieille Église. Cette église de bois (☎ 668-2555), à l'angle d'Elliot St et de 3rd Ave, fut construite par le premier prêtre de la ville en 1900. C'est la seule cathédrale de bois au monde et le plus ancien édifice de la ville. A l'intérieur, on trouve des objets provenant des premières églises du territoire. Ce musée est ouvert de début juin à fin août, du lundi au samedi de 9h à 20h et le dimanche de 12h à 16h. L'entrée coûte 2,50 $. Des services religieux ont lieu le dimanche soir, en langue indienne.

Musée des Transports du Yukon. Le musée des Transports (☎ 668-4191), à l'est de la ville, sur l'aéroport de Whitehorse, retrace l'histoire des moyens de transport du territoire. Il ouvre tous les jours en juillet et août, de 10h à 19h. L'entrée coûte 2 $.

Jardins du Yukon. Les Jardins du Yukon (☎ 668-7972) se trouvent sur la South Access Rd, près de l'Alaska Hwy, à 3 km au sud-ouest de la ville. Ils couvrent près de 9 ha et possèdent de nombreux échantillons de plantes et de fleurs sauvages qui ne poussent que dans le nord, ainsi que des légumes et des arbres fruitiers. Ces jardins sont ouverts de mi-mai à mi-septembre de 9h à 21h. L'entrée coûte 5 $.

Sources thermales de Takhini. Ces sources chaudes (☎ 633-2706) se trouvent à 27,5 km au nord-ouest de la ville par la Klondike Hwy. On peut y louer maillots de bains et serviettes pour 50 cents chacun. Elles restent ouvertes toute l'année, tous les jours de 8h à 22h. L'entrée coûte 3,50 $.

Activités culturelles et/ou sportives

Les environs de Whitehorse se prêtent bien à la randonnée et au cyclotourisme: au **centre de loisirs du Mt McIntyre**, à Grey Mountain, à l'est de la ville et à **Miles Canyon**, au sud. Les sentiers de randonnée balisés se transforment en pistes de ski de fond l'hiver.

Northern Outdoors (☎ 667-4074), au 208A Main St, vend tout l'équipement nécessaire à ces sports de plein air ; on y trouve une affiche explicative sur les activités proposées dans la région.

Voyages organisés

La Yukon Historical & Museums Association (☎ 667-4704), installée à Donnenworth House, 3126 3rd Ave, entre Wood St et Steele St, organise tous les jours des visites guidées gratuites du centre-ville.

La Yukon Conservation Society (☎ 668-5678), au 302 Hawkins St, propose des promenades commentées gratuites, en pleine nature, les jours de semaine en juillet et août.

De début juin à mi-septembre, des croisières de deux heures à bord du *Schwatka* vous promèneront à travers Miles Canyon à partir du lac Schwatka, au sud de la ville. Le prix de 22 $ inclut le transfert en bus jusqu'au lac. Pour les réservations, contactez Gray Line Yukon (☎ 668-3225), à l'hôtel Westmark Whitehorse. Cet organisme propose également deux visites en car de Whitehorse et de ses environs. L'une d'elles, qui dure quatre heures, vous promènera à travers la ville et dans la réserve animale du Yukon pour 26,50 $ (il est possible de ne visiter que la réserve). Atlas Tours (☎ 668-3161), également établi à l'hôtel Westmark Whitehorse, organise une visite similaire de trois heures et demie pour 30 $. On peut aussi effectuer une croisière de deux heures et demie sur le Yukon à bord du *Youcon Kat* (☎ 668-2927) pour 15 $. Cette promenade débute en face du musée MacBride.

Les possibilités ne manquent pas pour les amateurs d'expéditions plus aventureuses : descente de six heures en eaux vives sur le Blanchard et la Tsatshenini avec Atlas Tours pour 100 $, cours de canoë ou de kayak du niveau débutant à avancé sur le lac Chadburn, le Yukon et la Wheaton avec Sportslodge (☎ 668-6848), installé dans le centre Hougen, sur Main St. Un cours d'une journée pour débutants coûte 80 $. Cloudberry (☎ 668-3890) propose des leçons similaires.

Prospect Yukon (☎ 667-4837), au 2159 2nd Ave près de Mom's Kitchen, organise des visites guidées en canoë à partir de 99 $ la journée, et qui peuvent se prolonger jusqu'à 12 jours.

Où se loger

Camping. Le *Robert Service Campground* (☎ 668-8325) est installé à 1 km au sud de la ville par la South Access Rd. Ouvert de fin mai à début septembre, il dispose de toilettes et de douches. Le camping ferme de minuit à 7h. Un emplacement pour tente (il y en a 40) coûte 8 $. Le *Sourdough City RV Park* (☎ 668-7938), à l'extrémité nord de 2nd Ave, après la gare routière de Greyhound, propose une laverie automatique et des douches gratuites. Il est surtout réservé aux caravanes et mobil homes, mais vous pourrez planter votre tente sur les zones d'herbe, derrière la réception, pour 10 $. Le *Pioneer RV Park* (☎ 668-5944), à 8 km au sud de Whitehorse, en bordure de l'Alaska Hwy, dispose de l'eau potable, d'une laverie automatique et de douches. Les emplacements pour tentes sont à 8 $.

Vous pouvez aussi camper au *Takhini Hot Springs* (☎ 633-2706), à environ 27,5 km au nord-ouest de la ville par le Klondike Hwy, pour 7 $ (plus 2 $ avec l'électricité) et vous profiterez des sources chaudes, toutes proches. Au sud de Whitehorse se trouvent un camping géré par le Territoire du Yukon à Wolf Creek (16 km), et un autre au lac des Marécages (Marsh Lake, à 50 km). L'emplacement coûte 8 $ dans les deux.

B&B. Le City Information Centre distribue des brochures comportant la liste des B&B de Whitehorse et ses environs. Le *Barb's B&B* (☎ 667-4104), 64 Boswell Crescent, au sud du centre-ville sur la rive est du fleuve, propose deux simples/doubles avec s.d.b. à 55/60 $, et un dîner frugal est offert aux locataires. L'*International House B&B* (☎ 633-5490), 17 14th Ave à Porter Creek, au nord du centre-ville, pratique les mêmes tarifs pour les mêmes prestations.

Hôtels et motels. Pour une petite ville, Whitehorse possède un grand nombre d'hôtels et de motels, mais les prix sont assez élevés dans l'ensemble, puisqu'il faut compter en moyenne 60 à 75 $ pour une simple. En général, les petits établissements sont meilleur marché. La *Fourth Ave Residence* (☎ 667-4471), 4051 4th Ave, de type auberge de jeunesse, accorde une réduction de 10% aux membres de la HI. Une nuit en dortoir y coûte 18 $, contre 38/46 $ en simple sans/avec s.d.b. L'hôtel est actuellement en rénovation.

Le *98 Hotel* (☎ 667-2641), au 110 Wood St, est assez rudimentaire, mais bien central et pas très cher, puisqu'une simple y coûte 35 $, ou 45 $ avec s.d.b. L'établissement possède un bar ouvert jusqu'à 23h

Le *Fort Yukon Hotel* (☎ 667-2594), 2163 2nd Ave, se situe dans le même ordre de prix, avec des simples de 40 a 59 $. Les moins chères sont les plus bruyantes, les plus chères ont été rénovées.

Le *Family Hotel* (☎ 668-5558), sur Ray St, propose des simples à 60 $ avec s.d.b. et TV. Il est équipé d'une laverie automatique et d'un restaurant ouvert 24h sur 24. A côté du 98 Hotel, au 102 Wood St, se trouve le *Regina Hotel* (☎ 667-4243), plus huppé, avec un restaurant sous licence et un parking souterrain chauffé. Toutes les chambres sont avec s.d.b. et les simples/doubles coûtent 62/76 $.

Le *Town & Mountain Hotel* (☎ 668-7644), au 401 Main St, gère 30 chambres à 90/95 $ la simple/double, ainsi qu'un restaurant sous licence et un piano-bar. Enfin, le meilleur hôtel de la ville est le *Westmark Whitehorse Hotel* (☎ 668-4700), à l'angle de 2nd Ave et de Wood St. Il dispose de 181 chambres et accueille la revue des Frantic Follies.

Où se restaurer

Ici, la nourriture est plus chère qu'un peu plus au sud, mais les prix restent abordables. Il existe plusieurs fast-food et restaurants chinois, et la plupart des hôtels possèdent un restaurant.

Le *Mom's Kitchen*, dans une cabane de rondins située au 2157 2nd Ave, près du Fort Yukon Hotel, est parfait pour les petits déjeuners. Sandwiches et omelettes avec toasts et pommes de terre sautées y coûtent 6 $. On sert également des menus chinois à 7,50 $ au déjeuner. L'établissement ouvre tous les jours à 6h30. Des peintures ornent les murs du coquet et très populaire *Talisman Café*, 2112 2nd Ave, entre Steele St et Main St. Les pains perdus sont à 5,95 $, les sandwiches débutent à 5,50 $.

The Deli, au 203 Hanson St, pratique des prix raisonnables. On y mange léger pour 3 à 5 $ (soupes, salades ou saucisses maison), mais il ferme le dimanche. Le *No Pop Sandwich Shop*, au 312 Steele St, sert de bons sandwiches à 4 $ environ, et des hamburgers végétariens à 4,25 $. L'*Alpine Bakery*, à côté, fait du pain délicieux.

Au 506 Main St, le *Sam'n'Andy's* est un restaurant mexicain sous licence, avec un jardin. Les nachos coûtent 7,25 $ et les plats principaux vont de 7,50 à 15 $.

On trouve vingt-quatre variétés de pizzas chez *G&P Pizza House*, dans le complexe de Kopper King, près de la station-service Petro Canada sur l'Alaska Hwy. Elles ne sont pas particulièrement bon marché puisque les plus petites coûtent de 10 à 12 $, mais sont suffisantes pour nourrir deux personnes. Cet établissement dispose d'une succursale, 95 Lewes Blvd, dans la banlieue sud de Riverdale.

Le *China Garden*, au 309 Jarvis St, sert des plats de poulet et de poisson à partir de 10 $, du chow mein à partir de 8 $ et prépare un buffet spécial pour le déjeuner. Il ferme le dimanche.

Distractions

Strictement réservée aux touristes, la revue Frantic Follies, style année 1890, met en scène sketches satyriques, danseuses et poèmes de Robert Service. Le spectacle a lieu tous les soirs d'été au *Westmark Whitehorse Hotel* et l'entrée coûte 17,50 $. Les réservations se font par l'intermédiaire de Gray Line Yukon, dans le hall de l'hôtel.

Le camping *Robert Service Campground* organise régulièrement des soirées poésie.

Si vous voulez vous faire une idée de ce qui plaît aux habitants du cru, installez-vous au *Roadhouse Saloon*, près du Fort Yukon Hotel. Des artistes y jouent presque tous les soirs de la musique country et western.

Achats

Northern Images (☎ 668-5739), sur 4th Ave entre Jarvis St et Wood St, commercialise des œuvres d'art et d'artisanat réalisées par des Inuits et des Indiens.

Comment circuler

Avion. L'aéroport de Whitehorse se trouve à l'est de la ville le long de l'Alaska Hwy. Les Canadian Airlines (☎ 668-3535) relient quotidiennement la ville à Calgary, Edmonton et Vancouver. Le prix d'un aller (taxes comprises) est de 812 $ pour Edmonton et 532 $ pour Vancouver. On peut parfois obtenir de meilleurs tarifs en achetant son billet à l'avance.

Air North (☎ 668-2228) relie Whitehorse à Dawson et à Old Crow, ainsi qu'à certaines villes de l'Alaska comme Fairbanks, Anchorage et Juneau. Le billet aller pour Dawson coûte 290 $. Alkan Air (☎ 668-6616, ou 1-800-661-0432) assure la liaison avec des villes du Yukon et Inuvik, dans les Territoires du Nord-Ouest. L'aller-retour pour Inuvik coûte 780 $, plus les taxes, mais il existe un tarif week-end à 585 $, plus les taxes.

Bus. La gare routière de Greyhound (☎ 667-2223/2772), 2191 2nd Ave, est ouverte le lundi de 8h à 17h30, du mardi au vendredi de 5h à 17h30, le samedi de 5h à 12h et le dimanche de 5h à 9h. Les bus Greyhound quittent chaque jour la ville pour Edmonton et Vancouver. L'aller simple coûte 222,40 $ pour Edmonton et 280 $ pour Vancouver. Vous paierez moins cher en réservant une semaine à l'avance.

L'été, les Norline Coaches (☎ 668-3355) ont un bus par jour (ou deux par semaine l'hiver) pour Dawson. Les départs se font de la gare routière de Greyhound et le trajet coûte 72,76 $ (taxes comprises).

La Northwest Stage Line (☎ 668-6975) propose des bus pour le parc national de Kluane, Beaver Creek, Faro et Ross River dans le Yukon et pour Skagway et Anchorage en Alaska.

La Gray Line of Alaska (☎ 667-3225, ou 1-800-544-2206) gère les bus Alaskon Express qui desservent Skagway, Tok, Anchorage, Fairbanks et Haines en Alaska, ainsi que diverses petites villes sur la route. L'aller simple pour Fairbanks coûte 149 $US, pour Anchorage 179 $US. Certains trajets nécessitent une halte d'une nuit à l'hôtel dont le prix est en supplément.

L'Alaska Direct Busline (☎ 668-4833, ou 1-800-288-1305 en dehors des heures de bureau) propose des départs pour Anchorage, Skagway, Fairbanks et les villes situées sur ces trajets.

Train. Un petit train privé appelé le White Pass & Yukon Route (WP&YR) effectue les 177 km qui séparent Whitehorse de Skagway, en Alaska. Il traverse des paysages d'une rude beauté. Cette ligne fut ouverte en 1900 pour alimenter la ruée vers l'or.

Au départ, cette ligne subsistait largement grâce au transport de minerais, mais avec la chute des cours du métal, elle dut être supprimée entre 1982 et 1988. Actuellement, elle fonctionne entre Skagway et Fraser, au nord de la Colombie-Britannique, où un bus fait la liaison avec Whitehorse. Le train part chaque jour de Skagway à 12h45 et arrive à Whitehorse à 18h30. Dans le sens inverse, le bus quitte Whitehorse à 8h15 et le train arrive à Skagway à minuit. L'aller simple coûte 92 $US (environ 120 $ canadiens).

Pour tout renseignement et réservation, contactez Whitehorse Travel (☎ 668-5598) dans l'Immeuble médical et dentaire du Klondike, à l'angle de 3rd Ave et de Lambert St, ou encore Atlas Tours (☎ 668-3161), dans le Westmark Whitehorse Mall.

Voiture. Whitehorse est relié par l'Alaska Hwy à Watson Lake à l'est et à Haines Junction et Beaver Creek à l'ouest. La Klondike Hwy (Hwy 2) se dirige au sud vers Carcross, puis Skagway en Alaska ; au nord, elle relie Whitehorse à Stewart Crossing et Dawson.

On peut louer une voiture par l'intermédiaire des compagnies ci-dessous :

Budget
: 4178 4th Ave (☎ 667-6200, ou 1-800-268-8900)

Hertz
: 4158 4th Ave (☎ 667-2505, ou 1-800-263-0600)

Tilden
: 2089 2nd Ave (☎ 668-6872)

Norcan
: Mile 917.4, Alaska Hwy (☎ 668-2137, ou 800-268-8900)

Chez Tilden, le tarif à la journée débute à 38 $, avec les 100 premiers kilomètres gratuits ; vous paierez ensuite 14 cents du kilomètre.

Taxi. Whitehorse dispose de quatre compagnies de taxis. Les plus centrales sont :

5th Ave Taxi (☎ 667-4111), 102 3211 3rd Ave, Yellow Cab (☎ 668-4811), 2160 2nd Ave.

Comment circuler

Bus. La Whitehorse Transit (☎ 668-8381), au 110 Tlingit St, fait circuler ses bus tous les jours sauf dimanches et jours fériés. Le ticket pour un trajet coûte 1,25 $, mais une carte à la journée à 3 $ permet des déplacements illimités. Pour l'aéroport, prenez le bus de Hillcrest devant le centre commercial de Qwanlin. Le guide des bus, à demander au City Information Centre, fournit horaires et itinéraires.

L'ALASKA HIGHWAY

Avec ses 2 400 km de longueur, l'Alaska Hwy, ou Alcan Hwy, est la principale route du Yukon. Elle débute à Dawson Creek, en Colombie-Britannique, pénètre au Yukon par le sud-est et traverse Watson Lake, Whitehorse, Haines Junction et Beaver Creek avant d'atteindre Fairbanks, en Alaska. Projet conjoint du Canada et des

L'Alaska Highway

La construction de l'Alaska Hwy, réalisée en 1942, figure parmi les grandes prouesses techniques du XXe siècle. Dès 1930, le Canada et les États-Unis étaient tombés d'accord pour construire ensemble une route praticable par tous les temps entre le sud et Fairbanks. Toutefois, le projet resta au point mort jusqu'à la Seconde Guerre mondiale. L'attaque japonaise de Pearl Harbour, puis le bombardement de Dutch Harbour, dans les îles aléoutiennes, suivi de l'occupation de deux d'entre elles, Attu et Kiska, révélèrent l'importance stratégique de l'Alaska. Les succès militaires du Japon donnaient en effet à cette puissance le contrôle militaire du Pacifique, qui rendait possible une invasion de la côte ouest de l'Amérique du Nord. C'est pourquoi un mois avant que le Premier ministre canadien ne signât l'accord définitif, l'armée américaine avait déjà reçu l'ordre de se préparer à la construction de la route.

L'itinéraire élaboré reliait une série d'aérodromes existants : Fort St John, Fort Nelson, Watson Lake et Whitehorse, qui jalonnaient le Nord-Ouest. Les pilotes américains l'empruntaient dans le cadre du programme de prêt-bail : les avions étaient acheminés jusqu'à Fairbanks, où les équipages soviétiques venaient les chercher pour les transférer en Sibérie.

Des milliers de soldats américains et canadiens, dont beaucoup d'Indiens, ont donc participé à la réalisation de cette route gravillonnée de 2 450 km entre Dawson Creek en Colombie-Britannique et Fairbanks en Alaska. Les travaux débutèrent le 9 mars 1942 ; ils furent achevés avant que la chute des températures ne vienne les interrompre. Cet hiver devait être l'un des plus rudes jamais enregistré. Les conditions de travail furent terribles : des couches de glace se formèrent autour des piles de bois, les crues consécutives au dégel détruisirent les ponts, camions, tracteurs et autres machines furent ensevelis dans les tourbières. Durant les mois les plus froids, les hommes souffrirent d'engelures ; l'été, ils devinrent la cible des moustiques, guêpes et autres insectes piqueurs.

Malgré tout, la route à une voie fut réalisée au rythme impressionnant de 12 km par jour. Les équipes se rejoignirent, un peu plus de huit mois après le début des travaux, à Contact Creek, près de la frontière entre Yukon et Colombie-Britannique.

L'ouverture officielle eut lieu le 20 novembre 1942 à Soldiers' Summit (Mile 1061), un point qui surplombe le lac de Kluane, au sud-ouest du Yukon. Cinq soldats américains et huit membres de la police montée royale canadienne en uniformes s'alignèrent alors devant un ruban rouge, blanc et bleu tendu en travers de la route. Le ruban fut coupé par l'Américain E. L. Bartlett, membre du Congrès, et par le Parlementaire canadien Ian MacKenzie. L'année suivante, les ponts et chaussées canadiens en faisaient une route "tous-temps".

On invoque plusieurs raisons pour expliquer les innombrables virages et les pentes abruptes de la route. Ainsi raconte-t-on par exemple que l'Alaska Hwy fut construite de façon à empêcher les aviateurs japonais d'y atterrir. Toutefois, il est fort probable qu'en réalité, l'urgence de la situation empêcha les ingénieurs (talonnés par les bulldozers) de choisir le tracé avec tout le soin requis.

En avril 1946, la partie de la route placée en territoire canadien (1 965 km) fut officiellement cédée au Canada. Entre-temps, diverses sociétés privées, chapeautées par l'administration canadienne des ponts et chaussées, avaient entrepris l'élargissement, le gravillonnage et la modification du tracé de la route. On aplanit les pentes les plus abruptes, on remplaça les ponts provisoires par d'autres, plus solides. En 1949, l'Alaska Hwy fut ouverte à plein temps au public. Pour la première fois, la traversée sud-nord du continent par voie terrestre devenait possible à tout moment de l'année. L'achèvement de ces travaux ouvrit le

États-Unis, cette route fut construite en 1942 dans le cadre de l'effort de guerre : au départ d'ailleurs, elle porta le nom d'Alaska-Canada Military Hwy. Désormais, elle est livrée chaque été au trafic des véhicules de loisirs, qui la monopolisent : à certaines périodes, on peut voir dix de ces mobil homes pour une voiture ou un camion. A intervalles réguliers, apparaissent stations-service, magasins d'alimentation et hébergement en bordure de route.

L'Alcan est asphaltée sur presque toute sa longueur. Certaines portions subissent toutefois des travaux d'amélioration : poussière

nord-ouest à l'exploitation des ressources naturelles, modifia la répartition de la population sur le territoire et transforma définitivement le mode de vie des Indiens autochtones.

La route eut du mal à se trouver un nom : elle s'appela successivement "l'Alaskan International Hwy", "l'Alaska Military Hwy" et "l'Alcan (diminutif d'Alaska-Canadian) Hwy". Plus irrévérencieuses au début, les appellations "d'Oil Can Hwy" (route des bidons d'essence) ou de "Road to Tokyo" (route pour Tokyo) furent également employées. Officiellement, on l'appelle aujourd'hui "Alaska Hwy", mais beaucoup ont conservé l'affectueux diminutif de "Alcan".

L'Alaska Hwy débute au cairn Mile Zero de Dawson Creek, dans le nord-est de la Colombie-Britannique. Elle remonte vers le nord-ouest, passe par Whitehorse, capitale du Yukon, et prend fin à Fairbanks, en Alaska. En réalité, c'est à Delta Junction qu'elle se termine officiellement (Mile 1422), soit à environ 155 km au sud-est de Fairbanks (Mile 1523). Entre les deux, il faut suivre la Richardson Hwy, qui provient de Valdez, à Prince William Sound, au nord.

Des poteaux indicateurs de distances jalonnées en miles furent installés dans les années 40 pour aider les automobilistes à calculer le trajet parcouru. Avec les multiples améliorations du tracé, qui ont raccourci la route, on ne peut plus guère se fier à ces poteaux.

Côté canadien, des bornes kilométriques les ont remplacés dans les années 70, lors de l'adoption du système métrique, mais on continue de les utiliser en Alaska. Des deux côtés de la frontière toutefois, les communautés s'en servent encore pour leurs adresses postales et comme points de référence.

Jusqu'au milieu des années 70, les conditions de circulation sur l'Alaska Hwy étaient pénibles. Les projections de pierraille représentaient un risque permanent pour les réservoirs d'essence, les pare-brise et les phares, chaque véhicule rencontré soulevait un épais nuage de poussière et les stations-service se comptaient sur les doigts de la main. Les voyageurs devaient donc prévoir d'abondantes provisions de bouche, mais aussi vêtements chauds, bidons d'essence et pièces de rechange pour les véhicules.

Aujourd'hui, la route est goudronnée sur presque toute sa longueur, à l'exception de quelques tronçons en travaux (on répare nids de poule et dégâts causés par le gel) et les stations-service la jalonnent tous les 50 km environ. Des millions de dollars sont affectés chaque année à son entretien et à son amélioration.

Bien que praticable toute l'année, l'Alaska Hwy connaît un pic de fréquentation de mai à septembre avec l'afflux des touristes en mobil homes. Les températures sont alors plus clémentes et les conditions de route moins dangereuses. Durant cette période, centres de loisirs, services et hébergements en bordure de route sont tous ouverts. L'hiver, les camions chargés de bois, de pétrole ou de minerais sont nettement majoritaires ; on aperçoit aussi quelques convois militaires.

De la route, le paysage est magnifique. Au nord-ouest de Dawson Creek, on traverse une riche zone agricole très plate constituée de vastes champs de céréales et de canola (hybride du colza). Du côté de Fort Nelson, puis de Watson Lake et de Whitehorse, dans le Yukon, ces champs cèdent la place aux forêts de conifères, à la toundra, aux lacs et aux champs de glace des Rocheuses, avant d'arriver à Cassiar et à la Côte. De Whitehorse à Fairbanks, la route longe les massifs de St Elias, de Wrangell et de l'Alaska. De la voiture, on aperçoit de nombreux animaux sauvages : ours noirs et grizzlis, coyotes, orignaux, aigles et, avec beaucoup de chance, perdrix des neiges. ■

et projections de graviers posent alors de gros problèmes. Il est prudent de munir son véhicule d'un écran contre les projections, de protéger également le réservoir d'essence et les phares et de prévoir roue de secours, courroie de ventilateur et durite de rechange.

Watson Lake

C'est au trappeur britannique Franck Watson que la ville doit son nom. Qualifiée de Porte du Yukon, Watson Lake est la première agglomération rencontrée sur le territoire lorsqu'on remonte l'Alaska Hwy à partir de la Colombie-Britannique. La ville s'étire le long de l'autoroute. Le VRC (☎ 536-7469), à l'intersection de l'Alaska Hwy et du Robert Campbell Hwy, présente un excellent spectacle vidéo sur l'histoire du territoire et de l'Alaska Hwy. Ce centre est ouvert tous les jours de 8h à 20h de mi-mai à mi-septembre.

C'est la **Signpost forest**, devant le VRC, qui a fait la renommée de la ville. Le premier de ces poteaux fut planté en 1942 par Carl Lindlay : ce soldat américain affecté à la construction de l'Alaska Hwy souffrait du mal du pays. D'autres militaires vinrent ensuite ajouter leur propre poteau : aujourd'hui, on en compte environ 20 000. Lors des célébrations du cinquantenaire de l'autoroute, Carl Lindlay est revenu à Watson Lake pour la première fois depuis la guerre. A présent, chacun peut faire réaliser et planter le poteau de son choix sur place.

Le Canteen Show, reconstitution d'un spectacle pour soldats des années 40, se tient dans la tente militaire installée près de la Forêt de poteaux. Téléphonez au 536-7782 pour plus de renseignements.

A 36 km à l'ouest de Watson Lake, on rejoint la Cassiar Hwy, qui mène en Colombie-Britannique au sud.

Teslin

Située sur la rivière Nisutlin, à 280 km à l'ouest de Watson Lake, Teslin fut d'abord un comptoir commercial installé en 1903 pour les Tlingits. Le musée George Johnston (☎ 390-2550) évoque le peuple Tlingit et l'époque de la ruée vers l'or à travers photographies, expositions et objets divers. Il ouvre tous les jours de 10h à 20h de mai à septembre et l'entrée coûte 2 \$. On peut camper et faire du canoë sur le lac de Teslin, tout proche.

Johnson's Crossing et Canol Rd

A environ 53 km au nord de Teslin, Johnson's Crossing est installée à l'intersection de l'Alaska Hwy et de Canol Rd. Durant la Seconde Guerre mondiale, l'armée américaine construisit l'oléoduc de Canol en même temps que l'Alaska Hwy afin de transférer le pétrole de Norman Wells, dans les Territoires du Nord-Ouest, jusqu'à Whitehorse. La seule station-service de Canol Rd est située à Ross River, à l'intersection avec la Robert Campbell Hwy. La route prend fin près de la frontière des Territoires du Nord-Ouest. Pour aller plus loin, il faut suivre à pied le sentier de Canol Heritage (voir plus loin les *Territoires du Nord-Ouest*).

Haines Junction

A l'extérieur du parc national de Kluane, Haine Junction s'atteint par l'Alaska Hwy lorsqu'on vient de Whitehorse ou par la Haines Hwy (Hwy 3, également appelée Haines Rd) lorsqu'on vient de Haines, en Alaska. Le VRC (☎ 634-2345), dans Logan St, vous renseignera sur le parc, dont il propose une présentation audiovisuelle. Il y organise également des promenades sous la conduite de guides. Il est ouvert de mi-mai à mi-septembre tous les jours de 9h à 21h. Il existe un autre bureau de tourisme (☎ 841-5161) à Sheep Mountain, au nord-ouest de Haines Junction. Le village dispose aussi d'une poste, de stations-service, de deux campings et de plusieurs motels et chalets. La boutique *Village Bakery & Deli*, en face du VRC, est parfaite pour les affamés. Elle ouvre tout l'été aux mêmes horaires que le centre.

Parc national de Kluane

Le parc national de Kluane est une étendue sauvage et montagneuse de 22 015 km² à

YUKON

l'extrême sud-ouest du Yukon, en bordure du parc national de Wrangell-St Elias, en Alaska. Kluane signifie "beaucoup de poissons" et se prononce "Klou-A-ni".

Le parc est très montagneux : le Mt Logan, qui fait partie de la chaîne de St Elias, s'élève à 5 950 m. C'est le point culminant du Canada. Le Mt St Elias, à 5 488 m, le suit de près. Le parc est constitué de vallées, de lacs, de forêts alpines et de toundra, auxquels s'ajoute le plus vaste champ de glace non polaire du monde, séquelle de l'ère glaciaire.

Les hivers sont longs et rigoureux, les étés courts. Les températures agréables de mi-juin à mi-septembre en font une période idéale pour les visites.

Comme son nom l'indique, l'endroit est poissonneux. Quant à la faune, elle abonde : élans et moutons de Dall sont surtout présents sur le versant de Sheep Mountain (la montagne des Moutons), visibles de la route. Le parc accueille aussi des grizzlis, un petit troupeau de caribous et 150 espèces d'oiseaux, dont les aigles et les très rares faucons pèlerins.

L'environnement se prête particulièrement bien à la randonnée. Les bons sentiers sont nombreux : certains suivent d'anciens itinéraires de mineurs, d'autres des pistes indiennes. Un sentier balisé conduit au **glacier de Kaskawulsh**, l'un des rares à être accessibles à pied. La brochure en anglais *Hiking in Kluane National Park* comporte une carte et la liste des sentiers, avec leur longueur et leur point de départ. On peut également acheter des cartes topographiques au VRC. Les randonneurs devront toutefois prendre leurs précautions pour éviter de se faire attaquer par les ours (voir la rubrique *Désagréments et dangers*, dans les chapitres de présentation en début d'ouvrage).

La chaîne de St Elias fournit d'excellents sites d'escalade et d'alpinisme.

Le seul camping du parc se trouve au lac Kathleen, à 24 km au sud de Haines Junction, près de la Haines Hwy. Il est ouvert de mi-juin à mi-septembre et l'emplacement coûte 8 $ sans aucun équipement. Vous en trouverez d'autres dans les environs immédiats du parc. Bien entendu, rien ne vous empêche de faire du camping sauvage lors de vos randonnées.

Soldiers' Summit

Près du Visitor Centre de Sheep Mountain, un sentier part du parking situé en bordure de route pour mener au Soldiers' Summit, site de l'ouverture officielle de l'Alaska Hwy, le 20 novembre 1942. De là, la vue sur le lac de Kluane est magnifique.

Destruction Bay

Ce petit village de 50 habitants est installé sur la rive du lac de Kluane, à 108 km au nord de Haines Junction. Tout comme Burwash Landing et Beaver Creek, il fut tout d'abord un campement et un dépôt de vivres durant la construction de l'Alaska Hwy. On lui donna son nom actuel, "baie de la Destruction", à la suite d'une tempête qui dévasta le camp. On peut faire du bateau et pêcher sur le lac. Le village dispose d'une station-service, d'un camping et d'un motel.

Burwash Landing

A 16 km au nord de Destruction Bay, Burwash Landing se distingue par son **musée de Kluane** (☎ 841-5561), qui présente l'histoire des Tutchone du Sud, ou Dan, comme ils se nomment eux-mêmes (ils appartiennent à la famille des Dene, ou Athapaskan). On y trouve également un bureau de renseignements pour touristes. Le musée est ouvert de mi-mai à début septembre tous les jours de 9h à 21h. L'entrée coûte 3 $.

Beaver Creek

Beaver Creek est la ville la plus à l'ouest du Canada. On y parvient par l'Alaska Hwy, à 457 km au nord-ouest de Whitehorse, près de la frontière avec l'Alaska. Le VRC (☎ 862-7321), ouvert de mi-mai à mi-septembre tous les jours de 9h à 21h, vous renseignera sur le Yukon et l'Alaska. On trouve un poste-frontière canadien au nord de la ville. La douane américaine, elle, est à 30 km à l'ouest.

ATLIN (Colombie-Britannique)

Loin de tout, la petite ville d'Atlin, à 182 km au sud-est de Whitehorse en Colombie-Britannique, est accessible par route via le Yukon : prenez la Hwy 7 vers le sud à partir de l'Alaska Hwy. Ici, entre les forêts du parc provincial d'Atlin et les montagnes aux cimes enneigées qui entourent le lac du même nom, les paysages sont grandioses (voir également le chapitre *Colombie-Britannique*).

ROBERT CAMPBELL HIGHWAY

De Watson Lake, cette route de pierraille est l'un des deux seuls axes existant au nord de Dawson. Elle rejoint la Klondike Hwy près de Carmacks. Elle porte le nom d'un explorateur du XIXe siècle employé comme négociant par la Compagnie de la Baie d'Hudson. Elle traverse des paysages superbes. Étant donné son faible taux de fréquentation, les stations-service y sont rares. A 362 km de Watson Lake à l'intersection avec la Canol Rd, **Ross River** est la patrie des Kaska et le centre d'approvisionnement de l'industrie minière locale. On y trouve un camping et quelques motels. Il existe également un petit camping gouvernemental à 13 km à l'ouest, à Lapie Canyon.

Près de la ville minière de **Faro**, à 10 km de la Robert Campbell Hwy, on peut visiter la mine d'Anvil Dynasty (la plus grande du Yukon), qui produit cuivre, plomb et zinc. Pour cela, contactez Curragh Resources (☎ 994-2600), qui vous fournira tous les détails.

KLONDIKE HIGHWAY

Les 716 km de la Klondike Hwy, qui débute à Skagway, en Alaska, traversent l'angle nord-ouest de la Colombie-Britannique jusqu'à Whitehorse et Dawson. Autant dire que cette route suit plus ou moins le trajet des quelque 40 000 chercheurs d'or en 1898.

Ouverte toute l'année, elle est pratiquement asphaltée dans toute son intégralité, mais de longs tronçons restent encore en construction.

Skagway (Alaska)

Skagway s'étend à l'extrémité sud de la Klondike Hwy, qui la relie à Dawson au nord via Whitehorse. De Skagway à Whitehorse, la route, qui longe montagnes, lacs et prairies, prend trois heures. Achevée en 1900, la White Pass & Yukon Route (WP&YR), ligne de petit train qui traverse le col White, relie elle aussi ces deux villes. (Pour plus de renseignements sur ce train, lisez le paragraphe *Comment s'y rendre* dans le chapitre sur Whitehorse.)

Skagway sert de terminus septentrional aux lignes de ferries et de bateaux de croisière qui longent la côte ouest du continent à partir de San Francisco, Bellingham (État de Washington), Vancouver, de l'île de Vancouver ou de Prince Rupert. Pour tout renseignement sur les ferries redescendant vers le sud, contactez la compagnie Alaska State Ferries (☎ 907-983-2229, ou 907-465-3941 à Juneau), également appelée Alaska Marine Hwy.

Les ferries BC monopolisent pratiquement tout le trafic au sud de Prince Rupert, le long du Passage Intérieur (consultez la rubrique *Comment s'y rendre* dans les chapitres *Prince Rupert* et *Port Hardy*, en Colombie-Britannique, pour plus de précisions).

Piste de Chilkoot (Chilkoot Trail)

Skagway fut le point de chute de nombreux chercheurs d'or à l'époque de la ruée. De cette ville, commençait un long et pénible périple, mortel pour certains, jusqu'à la zone du Klondike, près de Dawson City, où l'or était censé se trouver. L'un de ces anciens itinéraires, la piste de Chilkoot, qui chemine par le col du Chilkoot, fait aujourd'hui la joie des randonneurs. Pour obtenir une documentation sur ce sentier, contactez le National Park Service Visitor Centre (☎ 907-983-2921), à l'angle de Broadway St et de 2nd Ave à Skagway, ou Parks Canada (☎ 667-4511, 668-3398) à Whitehorse. Avant d'entreprendre cette marche, vous devrez obtenir le feu vert de la douane canadienne en téléphonant au 403-821-4111.

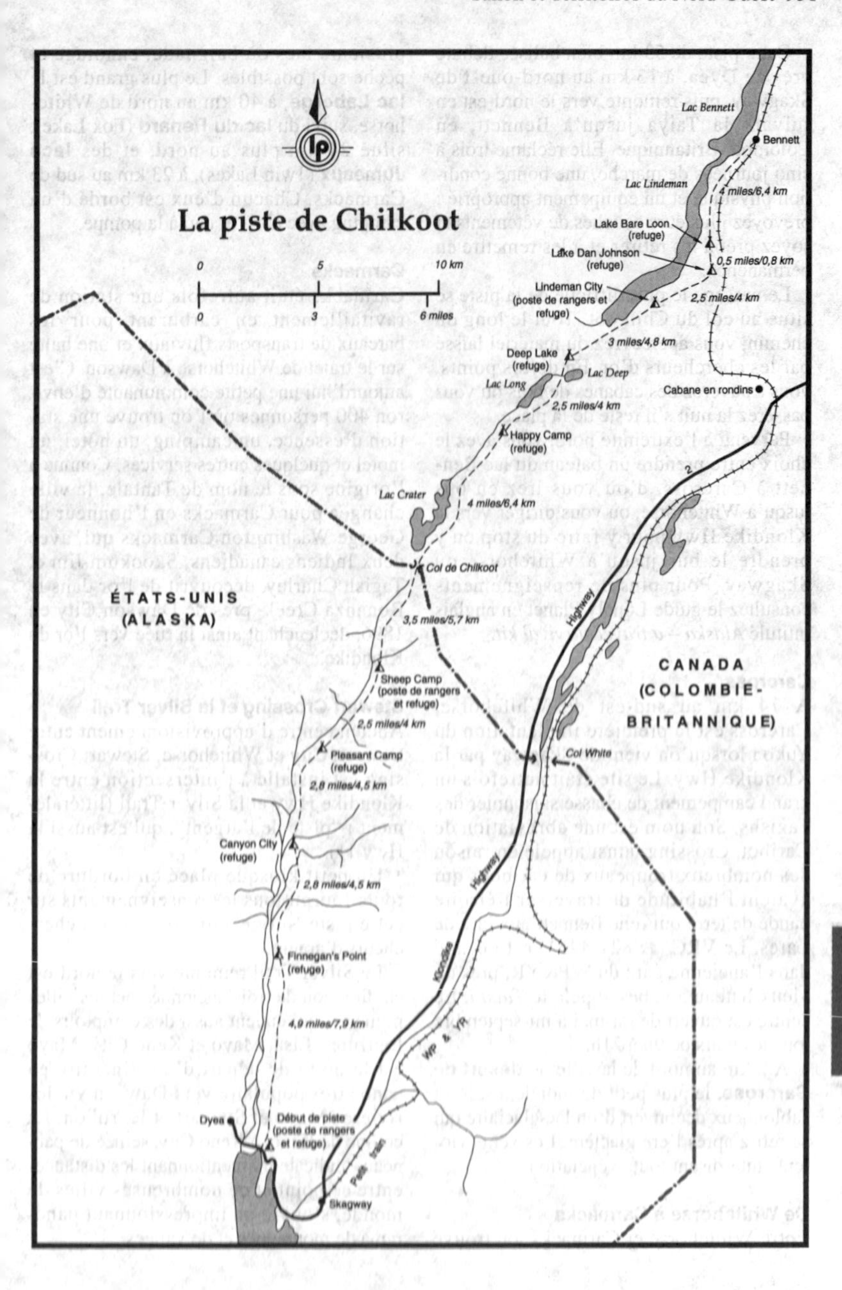
La piste de Chilkoot
0
5
10 km
0
3
6 miles
Lac Bennett
Bennett
Lac Lindeman
4 miles/6,4 km
Lake Bare Loon
(refuge)
Lake Dan Johnson
(refuge)
0,5 miles/0,8 km
Lindeman City
(poste de rangers et
refuge)
2,5 miles/4 km
3 miles/4,8 km
Deep Lake
(refuge)
Lac Deep
Lac Long
Cabane en rondins
2,5 miles/4 km
Happy Camp
(refuge)
2
Lac Crater
4 miles/6,4 km
Col de Chilkoot
Highway
ÉTATS-UNIS
(ALASKA)
3,5 miles/5,7 km
CANADA
(COLOMBIE-
BRITANNIQUE)
Sheep Camp
(poste de rangers
et refuge)
2,5 miles/4 km
Pleasant Camp
(refuge)
Col White
2,8 miles/4,5 km
Canyon City
(refuge)
2,8 miles/4,5 km
Klondike
Highway
Finnegan's Point
(refuge)
4,9 miles/7,9 km
WP & YR
Dyea
Début de piste
(poste de rangers
et refuge)
Skagway

Cette piste de 53 km bien balisée débute près de Dyea, à 13 km au nord-ouest de Skagway, puis remonte vers le nord-est en suivant la Taiya jusqu'à Bennett, en Colombie-Britannique. Elle réclame trois à cinq journées de marche, une bonne condition physique et un équipement approprié : prévoyez plusieurs couches de vêtements et soyez prêt à les retirer et à les remettre en permanence.

Le passage le plus difficile de la piste se situe au col du Chilkoot. Tout le long du chemin, vous apercevrez du matériel laissé par les chercheurs d'or. En divers points, vous trouverez des cabanes de bois où vous passerez la nuit s'il reste de la place.

Parvenu à l'extrémité nord, vous avez le choix entre prendre un bateau du lac Bennett à Carcross, d'où vous irez en bus jusqu'à Whitehorse, ou vous diriger vers la Klondike Hwy pour y faire du stop ou y prendre le bus jusqu'à Whitehorse ou Skagway. Pour plus de renseignements consultez le guide Lonely Planet en anglais intitulé *Alaska – a travel survival kit*.

Carcross

A 74 km au sud-est de Whitehorse, Carcross est la première implantation du Yukon lorsqu'on vient de Skagway par la Klondike Hwy. Le site était autrefois un grand campement de chasse saisonnier des Tagishs. Son nom est une abréviation de Caribou Crossing, ainsi appelé en raison des nombreux troupeaux de caribous qui avaient l'habitude de traverser l'étroite bande de terre qui relie Bennett aux lacs de Lares. Le VRC (☎ 821-4431) est installé dans l'ancienne gare du WP&YR, près du vieux bateau à aubes appelé le *Tutshi*. Le centre est ouvert de mi-mai à mi-septembre tous les jours de 9h à 21h.

A 2 km au nord de la ville, le **désert de Carcross**, le plus petit du monde, est le lit sablonneux découvert d'un lac glaciaire qui se retira après l'ère glacière. Les vents violents interdisent toute végétation.

De Whitehorse à Carmacks

Entre Whitehorse et Carmacks, on trouve plusieurs lacs où baignade, canotage et pêche sont possibles. Le plus grand est le **lac Laberge**, à 40 km au nord de Whitehorse, suivi du **lac du Renard** (Fox Lake), situé 24 km plus au nord, et des **lacs Jumeaux** (Twin Lakes), à 23 km au sud de Carmacks. Chacun d'eux est bordé d'un camping avec abris et eau à la pompe.

Carmacks

Carmacks était autrefois une station de ravitaillement en carburant pour les bateaux de transports fluviaux et une halte sur le trajet de Whitehorse à Dawson. C'est aujourd'hui une petite communauté d'environ 400 personnes où l'on trouve une station d'essence, un camping, un hôtel, un motel et quelques autres services. Connue à l'origine sous le nom de Tantale, la ville changea pour Carmacks en l'honneur de George Washington Carmacks qui, avec deux Indiens canadiens, Skookum Jim et Tagish Charley, découvrit de l'or dans le Bonanza Creek, près de Dawson City en 1896, déclenchant ainsi la ruée vers l'or du Klondike.

Stewart Crossing et la Silver Trail

Ancien centre d'approvisionnement entre Dawson City et Whitehorse, Stewart Crossing est installé à l'intersection entre la Klondike Hwy et la Silver Trail (littéralement : "piste de l'argent", qui est aussi la Hwy 11).

Un petit kiosque placé en bordure de route fournit tous les renseignements sur cette piste, suivie autrefois pa1 les chercheurs d'argent.

La Silver Trail remonte vers le nord-est en direction de trois anciennes petites villes minières, qui étaient aussi des comptoirs de fourrure : Elsa, Mayo et Keno City. Mayo est le point de départ d'un itinéraire en canoë très populaire vers Dawson via les rivières Mayo et Stewart et le Yukon. La colline de Keno, à Keno City, semée de panneaux indicateurs mentionnant les distances entre ce point et de nombreuses villes du monde, s'ouvre un impressionnant panorama de montagnes et de vallées.

Fossé de Tintina
On l'aperçoit de Dawson, malgré les 60 km qui l'en séparent. Situé au sud de la ville, le fossé de Tintina (Tintina Trench) est l'un des phénomènes géologiques les plus importants du Yukon. Il s'étend en ligne droite sur des centaines de kilomètres jusqu'en Alaska. De chaque côté, les flancs de la vallée gardent des traces visibles de la techtonique des plaques.

DAWSON CITY

Cette petite ville de 1 700 habitants est installée au confluent du Yukon et de la Klondike, à 240 km à peine au sud du cercle arctique. Elle fut le centre de la ruée vers l'or. Surnommée jadis "le Paris du nord", elle possède somptueux hôtels, restaurants gastronomiques, élégants bateaux à vapeur et boutiques de luxe. Les vestiges de ses jours de gloire, éphémères mais intenses, en font sans doute la ville la plus intéressante du Yukon. La plupart de ses constructions d'origine subsistent. Parks Canada se charge de restaurer et de protéger ces lieux chargés d'histoire et la loi oblige les nouvelles constructions à s'intégrer harmonieusement à l'architecture de la ville.

Non moins de 100 compagnies, soit 500 employés au total, continuent de chercher de l'or dans la région de Dawson. En 1992, on en trouva l'équivalent de 33 millions de dollars. Un entrepreneur a même demandé le droit de déplacer la ville, afin de pouvoir prospecter au-dessous, promettant de tout remettre en place ensuite et de dédommager habitants et municipalité pour la gêne occasionnée. Les résidents ont refusé.

Orientation et renseignements

Dawson n'est pas très étendue : elle se visite à pied en quelques heures. La Klondike Hwy débouche dans Front St (également appelée 1st Ave), près du Yukon.

A l'angle de Front St et King St, se trouve le VRC (☎ 993-5566), installé dans une grande maison de bois. Il est ouvert tous les jours de mi-mai à mi-septembre de 9h à 21h. Le personnel porte des costumes de la fin du siècle dernier. Regardez les films sur l'exploitation des mines, la ruée vers l'or et quelques autres thèmes, qui passent en permanence dans le centre.

En face du VRC, l'office du tourisme des Territoires du Nord-Ouest (☎ 993-5175) est ouvert tous les jours de juin à août de 9h à 21h. On y trouve cartes et informations sur ces territoires et sur la Dempster Hwy.

La poste principale (☎ 993-5342), sur 5th Ave entre Princess St et Harper St, ouvre du lundi au vendredi de 8h30 à 17h30. Si vous vous faites envoyer du courrier en poste restante, c'est là que vous irez le chercher. La poste d'origine fonctionne encore en été, de 12h à 18h, à l'angle de King St et de 3rd Ave.

Le Mémorial du Chef Isaac, à l'angle de Front St et York St, est un centre communautaire géré par le peuple Han équipé d'une laverie automatique et de douches. Il est ouvert du lundi au vendredi de 9h à 19h, et le week-end de 10h à 18h, et jusqu'à 23h pour la laverie.

A voir et à faire

Salle de jeux de Diamond Tooth Gertie. A l'angle de Queen St et de 4th Ave, un saloon de 1898 a été reconstitué avec ses tables de jeux, son piano de bastringue et ses danseuses.

Il est ouvert tous les jours de mai à septembre (sauf certains dimanches) de 19h à 2h du matin. L'entrée coûte 4,75 $.

Grand Théâtre du Palace. Ce rutilant opéra-dancing fut construit en 1899 à l'angle de 3rd Ave et de King St par Meadows, dit "Arizona Charlie". Comme les autres bâtiments restaurés de la ville, sa façade est digne des meilleurs décors de westerns. Des visites guidées gratuites du théâtre sont organisées.

Dans le théâtre, la troupe des Gaslight Follies joue des comédies musicales ou des mélodrames, dans lesquels la police montée affronte d'affreux bandits toujours vêtus de noir. Les spectacles ont lieu tous les soirs sauf mardi de fin mai à début septembre. Ils débutent à 20h et la place coûte 11,50 $ ou 13,50 $.

Musée de Dawson City. Situé sur 5th Ave, ce musée (☎ 993-5291) abrite une collection de 25 000 objets datant de la ruée vers l'or. Il est ouvert tous les jours de juin à début septembre de 10h à 18h et l'entrée coûte 3,25 $.

Bateau à aubes. Le *Keno*, l'un des derniers bateaux à aubes de la région, a été déclaré monument historique. Installé en bordure du Yukon, il se visite gratuitement.

Dôme Midnight. Cette colline surplombe la ville au nord. Pour y monter, il vous faudra parcourir 8 km sur la Klondike Hwy. Le dôme Midnight, qui s'élève à 880 m au-dessus du niveau de la mer, offre un beau panorama sur les montagnes d'Ogilvie, la vallée du Klondike, le Yukon et Dawson. Il doit son nom au fait que chaque 21 juin, le soleil de minuit disparaît quelques instants à peine derrière les montagnes d'Ogilvie, au nord, avant de se lever à nouveau.

Lectures. A 10h et 15h, Tom Byrne vient réciter des poèmes de Robert Service devant la cabane en rondins de 8th Ave, où ce dernier vécut de 1909 à 1912. Ces poèmes chantent les louanges de cette région sauvage et évoquent la difficulté de vivre dans un tel environnement. Plusieurs parties des "Songs of the Rolling Stone" furent écrites ici. Bien entendu, ce spectacle s'adresse aux anglophones.

En 1898, Jack London vécut dans le Yukon, où il rédigea de nombreux récits mettant en scène des animaux. Dans le chalet de 8th Ave, on récite ses textes et l'on parle de son œuvre tous les jours à partir de 13h. L'entrée est gratuite.

A vos batées ! Puisque vous êtes là, tentez votre chance : transformez-vous pour quelques heures en chercheur d'or et allez remuer le sable des petits cours d'eau voisins. Si vous préférez partir sous la conduite d'un guide, contactez Gold City Tours (☎ 993-5175) sur Front St, en face du bateau le *Keno*, ou le Guggie Ville RV Park (☎ 993-5008), à 2 km au sud de la ville sur Bonanza Creek Rd. Vous paierez 5,75 $ et serez quasiment assurés de trouver de l'or.

Mais vous pouvez également vous rendre en voiture sur l'un des anciens sites de prospection. Méfiez-vous toutefois, car la plupart des autres lieux de la région sont privés : étudiez bien le secteur avant de débuter vos recherches. Beaucoup sont morts pour moins que cela !

Voyages organisés. Le VRC organise des visites à pied de la ville quatre fois par jour. Le Gold City Tours (☎ 993-5175) propose quant à lui des visites en car de la ville, des mines d'or et du dôme Midnight. Enfin, le Dawson Trading Post (☎ 993-5316) loue des canoës et propose des randonnées-camping dans les environs.

Festivals

Si vous êtes là fin juillet, ne manquez pas la course du dôme Midnight et le festival de musique de trois jours. A la mi-août, vous assisterez aux journées de la Découverte, soixante-douze heures qui commémorent la découverte de l'or dans le Klondike en 1896 avec parades, musique, danse et courses de canoë. Début septembre, se tient la grande course internationale de cabinets du Klondike, sur 3 km : quatre personnes en propulsent une cinquième, installée sur le siège des toilettes, à travers les rues de la ville...

Où se loger

La concurrence effrénée que se livrent les hôteliers de Dawson a permis de maintenir les prix à un niveau raisonnable.

Campings. Le *Yukon River Campground*, sur la rive ouest du fleuve, offre toilettes, eau potable et emplacements ombragés à 8 $. Il est situé à 250 m par la route, sur la gauche lorsqu'on vient du ferry. On peut également planter sa tente à l'auberge de jeunesse (voir paragraphe suivant).

En ville, le *Gold Rush Campground* (☎ 993-5247), à l'angle de York St et de 5th Ave, est réservé aux véhicules. Les

YUKON

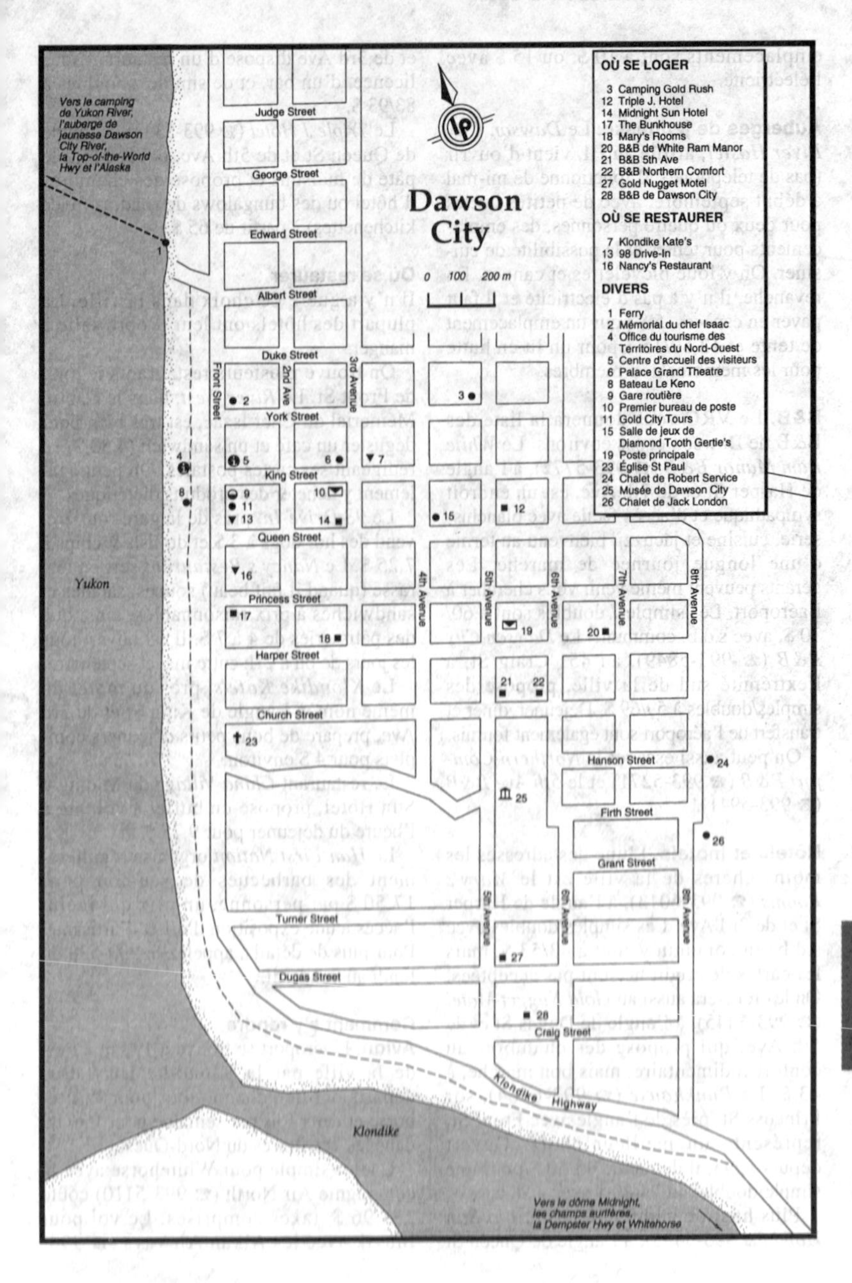
Dawson City
OÙ SE LOGER
3 Camping Gold Rush
12 Triple J. Hotel
14 Midnight Sun Hotel
17 The Bunkhouse
18 Mary's Rooms
20 B&B de White Ram Manor
21 B&B 5th Ave
22 B&B Northern Comfort
27 Gold Nugget Motel
28 B&B de Dawson City
OÙ SE RESTAURER
7 Klondike Kate's
13 98 Drive-In
16 Nancy's Restaurant
DIVERS
1 Ferry
2 Mémorial du chef Isaac
4 Office du tourisme des Territoires du Nord-Ouest
5 Centre d'accueil des visiteurs
6 Palace Grand Theatre
8 Bateau Le Keno
9 Gare routière
10 Premier bureau de poste
11 Gold City Tours
15 Salle de jeux de Diamond Tooth Gertie's
19 Poste principale
23 Église St Paul
24 Chalet de Robert Service
25 Musée de Dawson City
26 Chalet de Jack London
0 100 200 m
Vers le camping de Yukon River, l'auberge de jeunesse Dawson City River, la Top-of-the-World Hwy et l'Alaska
Vers le dôme Midnight, les champs aurifères, la Dempster Hwy et Whitehorse
Yukon
Klondike
Klondike Highway
Judge Street
George Street
Edward Street
Albert Street
Duke Street
York Street
King Street
Queen Street
Princess Street
Harper Street
Church Street
Hanson Street
Firth Street
Grant Street
Turner Street
Dugas Street
Craig Street
Front Street
2nd Ave
3rd Avenue
4th Avenue
5th Avenue
6th Avenue
7th Avenue
8th Avenue

emplacements sont à 10 $, ou 15 $ avec l'électricité.

Auberges de jeunesse. Le *Dawson City River Hostel*, affilié au HI, vient d'ouvrir (pas de téléphone). Il fonctionne de mi-mai à début septembre, avec de petites huttes pour deux ou quatre personnes, des emplacements pour tentes et la possibilité de cuisiner. On y loue bicyclettes et canoës. En revanche, il n'y a pas d'électricité et il faut payer en espèces, 5 $ pour un emplacement de tente et 12,50/15 $ pour un lit en hutte pour les membres/non-membres.

B&B. Le VRC vous donnera la liste des B&B de Dawson et ses environs. Le *White Ram Manor B&B* (☎ 993-5772), à l'angle de Harper St et de 7th Ave, est un endroit sympathique et d'accès facile avec blanchisserie, cuisine et jacuzzi, bienvenu au terme d'une longue journée de marche. Les gérants peuvent même venir vous chercher à l'aéroport. Les simples/ doubles sont à 60/ 70 $, avec s.d.b. commune. Le *Dawson City B&B* (☎ 993-5849), au 451 Craig St, à l'extrémité sud de la ville, propose des simples/doubles à 59/69 $. Déjeuner, dîner et transfert de l'aéroport sont également fournis.

On peut aussi essayer le *Northern Comfort B&B* (☎ 993-5271) et le *5th Ave B&B* (☎ 993-5941).

Hôtels et motels. L'une des adresses les moins chères de la ville est le *Mary's Rooms* (☎ 993-6013), à l'angle de Harper St et de 3rd Ave. Les simples/doubles avec s.d.b. en commun y sont à 43/53 $, mais les cartes de crédit ne sont pas acceptées. On les refusera aussi au *Gold Nugget Motel* (☎ 993-5445), à l'angle de Dugas St et de 5th Ave, qui propose des chambres au confort rudimentaire, mais bon marché, à 43 $. Le *Bunkhouse* (☎ 993-6164), sur Princess St, près de l'angle avec Front St, représente un meilleur choix. Ouvert depuis 1993, il demande 45/50 $ pour une simple/double, ou 75/80 $ avec s. d. b.

Plus haut de gamme, le *Midnight Sun Hotel* (☎ 993-5495), à l'angle de Queen St et de 3rd Ave dispose d'un restaurant sous licence, d'un bar, et de simples/ doubles à 83/93 $.

Le *Triple J Hotel* (☎ 993-5323), à l'angle de Queen St et de 5th Ave, occupe tout le pâté de maisons et propose des chambres d'hôtel ou des bungalows de rondins (avec kitchenettes) à partir de 65 $.

Où se restaurer

Il n'y a guère de choix dans la ville. La plupart des hôtels ont leur propre salle à manger.

On trouve plusieurs restaurants le long de Front St. Le *River West*, dans le Centre Mémorial du Chef Isaac, est très bien pour déguster un café et un sandwich (4,50 $) en rédigeant ses cartes postales. On peut également y acheter des produits diététiques.

Le *98 Drive-In*, près de la gare routière, vend des hot-dogs à 3 $ et du fish & chips à 7,25 $. Le *Nancy's Restaurant* sert en terrasse (quand il fait beau) soupes, salades et sandwiches à prix raisonnables, ainsi que des pâtisseries de 4 à 7 $. Il est ouvert tous les jours de 6h à 21h entre mai et septembre.

Le *Klondike Kate's*, près du motel du même nom, à l'angle de King St et de 3rd Ave, prépare de bons petits déjeuners complets pour 4 $ environ.

Le restaurant *China Village* du Midnight Sun Hotel, propose un buffet à volonté à l'heure du déjeuner pour 9,75 $.

Le *Han First Nation* organise régulièrement des barbecues de saumon pour 17,50 $ par personne, un prix qui inclut l'accès à une exposition d'art et d'artisanat. Pour plus de détails, appelez le 993-538 du lundi au vendredi.

Comment s'y rendre

Avion. L'aéroport se trouve à 19 km à l'est de la ville par la Klondike Hwy. Des départs ont lieu chaque jour pour Whitehorse et deux fois par semaine pour Inuvik, dans les Territoires du Nord-Ouest.

L'aller simple pour Whitehorse avec la compagnie Air North (☎ 993-5110) coûte 233,96 $, taxes comprises. Le vol pour Inuvik avec les Alkan Airways (☎ 993-

5440) coûte 290 $ l'aller et 460 $ l'aller-retour. Les départs se font le lundi et le jeudi, et le vol retour atterrit le lendemain à Dawson.

Pour prendre vos billets, contactez Gold City Tours, qui peut également organiser votre transfert entre la ville et l'aéroport.

Bus. A la gare routière située à l'angle de Front St et King St, Gold City Tours (☎ 993-5175) propose deux départs par semaine pour Inuvik. L'Arctic Tour Company (☎ 979-4100, à Inuvik) organise elle aussi trois départs par semaine dans chaque direction au prix de 198 $ l'aller simple, taxe en sus. Les Norline Coaches (☎ 668-3355), pour leur part, ont des bus pour Inuvik, Fairbanks et Whitehorse. L'aller simple pour cette dernière ville coûte 72,76 $, taxes comprises.

Voiture. Trois grandes routes relient Dawson au reste du continent : la Route du Toit du Monde (Hwy 9) en direction de l'Alaska, la Dempster Hwy vers les Territoires du Nord-Ouest et la Klondike Hwy vers le sud du Yukon (voir les paragraphes correspondants pour plus de détails).

LA DEMPSTER HIGHWAY

La Dempster Hwy (Hwy 5 dans le Yukon et Hwy 8 dans les Territoires du Nord-Ouest) débute à 40 km au sud-est de Dawson sur la Klondike Hwy. Elle remonte vers le nord en passant par les montagnes d'Ogilvie et de Richardson, au-delà du cercle arctique, qui descend sur Inuvik, dans les Territoires du Nord-Ouest, près des plages de la mer de Beaufort.

Cette route porte le nom du brigadier-chef Dempster, de la police montée royale du Nord-Ouest. Durant l'hiver 1910-1911, l'un des plus rigoureux enregistrés, quatre officiers qui se rendaient à Dawson City se perdirent dans les montagnes d'Ogilvie. Envoyé à leur recherche, Dempster les trouva morts de froid près de Fort McPherson, à moins de 40 km de l'endroit d'où ils étaient partis.

Depuis l'ouverture de cette route en 1979, il devient possible de traverser tout le continent nord-américain du sud au nord. Inuvik est très éloigné de Dawson (741 km sur une route de pierraille), mais le paysage est grandiose : montagnes, vallées, rivières et toundra à perte de vue. La route est ouverte toute l'année, mais la meilleure période pour l'emprunter se situe entre juin et septembre, lorsque les ferries du MacKenzie et du Peel peuvent circuler. L'hiver, ces fleuves gèlent : le pont naturel ainsi formé permet la traversée.

On trouve peu d'hébergements et de stations-service le long de la route (à Eagle Plains, dans le Yukon, et à Fort McPherson et Arctic Red River, dans les Territoires du Nord-Ouest). Il importe donc de se préparer à toutes les éventualités, y compris à la panne d'essence. Le gouvernement du Yukon a installé trois campings très rudimentaires à Tombstone Mountain (également appelée Campbell Mountain), Engineer Creek et Rock River.

Il y a également un camping géré par l'administration des Territoires du Nord-Ouest à 3 km au sud de Fort McPherson. Pour obtenir cartes de la région et renseignements, adressez-vous à l'office du tourisme des Territoires du Nord-Ouest (☎ 993-5175), à Dawson.

TOP OF THE WORLD HWY

A l'extrémité nord de Front St, à Dawson, un ferry gratuit traverse le Yukon et mène au départ de la très panoramique Top of the World Hwy, également appelée Hwy 9. Praticable l'été seulement, c'est une route de gravillons qui s'étend sur 108 km jusqu'à la frontière avec l'Alaska. Le petit poste de douane est ouvert de juin à mi-septembre tous les jours de 9h à 21h. En dehors de ces horaires, on ne peut pas passer. De la frontière, la Taylor Hwy traverse l'Alaska en direction du sud et de l'Alaska Hwy, qu'elle rejoint à Tetlin Junction.

PARC NATIONAL DE VUNTUT

Vuntut, mot Gwithch'in qui signifie "plaine de la vieille corneille", fut déclaré parc national en 1993. Il s'étend au sud du village d'Old Crow, l'implantation la plus septentrionale du Yukon.

Chaque printemps, époque des grandes migrations, un troupeau de caribous porcs-épics de 200 000 têtes continue de traverser la plaine pour se rendre sur les lieux de vêlage, en bordure de la mer de Beaufort. Au Canada, ces zones de vêlage sont protégées à l'intérieur du parc national d'Ivvavik, mais elles s'étendent jusqu'en Alaska où les compagnies pétrolières font actuellement pression afin de les ouvrir à la prospection. Les nombreux lacs et autres plans d'eau du parc national de Vuntut attirent chaque automne quelque 500 000 oiseaux d'eau. On ne peut accéder à ce parc de 4 400 km² que par avion ou à pied.

PARC NATIONAL D'IVVAVIK

Autrefois appelé parc national du nord du Yukon, Ivvavik est situé en bordure de la mer de Beaufort et de l'Alaska et couvre 10 170 km². Le parc est dominé par les British Mountains et sa végétation est surtout constituée de toundra. Placé sur l'itinéraire emprunté par les caribous porcs-épics lors de leur migration (voir ci-dessus), il accueille également d'innombrables oiseaux. L'équipement du parc est minimal : on ne peut y accéder par la route, mais il existe une petite piste d'atterrissage qui vous permettra d'y arriver en avion, grâce à une petite compagnie régionale.

Au large de la côte, l'île d'Herschel, premier parc territorial du Yukon, est un ancien site de pêche à la baleine. Elle est riche en oiseaux et la faune y abonde.

Territoires du Nord-Ouest

Superficie : 3 426 320 km²
Population : 57 700 habitants
Capitale territoriale : Yellowknife

Étalés sur 3 200 km entre le Yukon à l'ouest et le Groënland à l'est, les immenses Territoires du Nord-Ouest couvrent environ un tiers du Canada. La faible densité de la population est d'une personne pour 60 km². Près de la moitié du territoire se situe au nord du cercle Arctique ; là, de nombreuses îles de l'océan Arctique le composent.

Les territoires sont divisés en trois districts : MacKenzie, Franklin et Keewatin. Le district de MacKenzie, à l'ouest, est le seul accessible par route. C'est aussi le plus développé avec les plus grandes villes du territoire : Yellowknife, la capitale, et Inuvik. Le district de Franklin, au nord et à l'est, inclut les immenses îles de Baffin et d'Ellesmere. Le district de Keewatin est bordé au sud par les provinces du Manitoba et de la Saskatchewan est, et à l'est par la baie d'Hudson.

HISTOIRE

Les premiers habitants connus des Territoires du Nord-Ouest sont les Denes ou Athapaskans, venus d'Asie, qui s'installèrent dans la région il y a 10 000 à 40 000 ans. Les Inuits seraient arrivés il y a 4 000 à 8 000 ans.

Les Vikings furent les premiers Européens à fouler les Territoires du Nord-Ouest, aux environs de l'an mil. Plus tard, on se mit en quête du fameux Passage du Nord-Ouest, bras de mer qui relierait l'océan Atlantique à l'océan Pacifique et représenterait le chemin le plus court vers la Chine et ses richesses. Le Canada n'était alors guère plus qu'une escale sur la route de l'Asie. A partir de 1524, des aventuriers anglais, français et hollandais se lancèrent à leur tour à la recherche d'une voie maritime à travers le continent. Beaucoup y trouvèrent la mort, mais leurs explorations permirent d'établir des cartes de toute la région. En 1906, Roald Amundsen réalisait la première traversée complète du continent. Depuis, beaucoup d'autres l'ont imité, surtout à bord de vaisseaux militaires. Aujourd'hui, cette voie est peu fréquentée, servant surtout de ligne d'approvisionnement durant la très courte période du dégel estival.

Attirés par les perspectives d'enrichissement que représentaient la pêche à la baleine et le commerce de la fourrure, les Européens, tels Alexander MacKenzie, commencèrent à explorer en grands nombres la région durant les XVIIIe et XIXe siècles. Les missionnaires se joignirent à eux, construisant églises, écoles et hôpitaux. Jusqu'en 1870, date à laquelle le gouvernement canadien prit les choses en main, la Compagnie de la Baie d'Hudson et le gouvernement britannique se partageaient l'administration des Territoires.

Dès la découverte de pétrole près de Fort Norman dans les années 20, un gouvernement territorial fut mis en place. Dans les années 30, ce fut au tour du radium, découvert autour du Grand Lac de l'Ours, de déclencher des transformations rapides et un développement digne du XXe siècle. La Seconde Guerre mondiale provoqua ensuite la construction de bases aériennes et de stations météorologiques. La découverte d'or près de Yellowknife en 1934 démultiplia le nombre de ses habitants, si bien qu'en 1967, cette ville devint capitale des Territoires du Nord-Ouest.

Dans les années 50, le gouvernement fédéral lança des programmes de santé, d'éducation et d'aide sociale. Les années 60 virent quant à elles l'accessibilité aux territoires augmenter, avec la construction de routes et la multiplication des liaisons aériennes inter-villes.

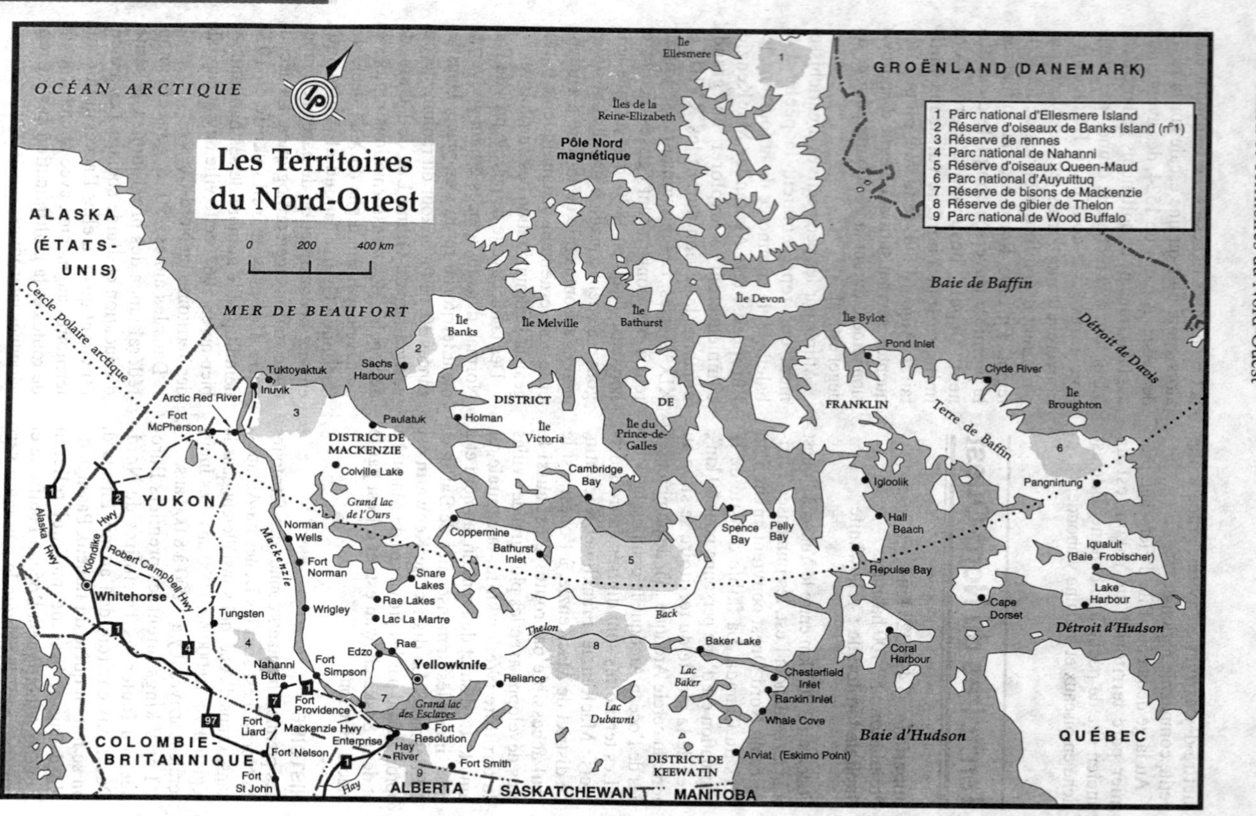
Les Territoires du Nord-Ouest
OCÉAN ARCTIQUE
GROËNLAND (DANEMARK)
1 Parc national d'Ellesmere Island
2 Réserve d'oiseaux de Banks Island (n°1)
3 Réserve de rennes
4 Parc national de Nahanni
5 Réserve d'oiseaux Queen-Maud
6 Parc national d'Auyuittuq
7 Réserve de bisons de Mackenzie
8 Réserve de gibier de Thelon
9 Parc national de Wood Buffalo
0 200 400 km
ALASKA (ÉTATS-UNIS)
MER DE BEAUFORT
Cercle polaire arctique
Île Ellesmere
Îles de la Reine-Elizabeth
Pôle Nord magnétique
Île Banks
Île Melville
Île Bathurst
Île Devon
Baie de Baffin
Détroit de Davis
Île Bylot
Pond Inlet
Clyde River
Île Broughton
FRANKLIN
Terre de Baffin
DISTRICT
DE
Île Victoria
Île du Prince-de-Galles
Sachs Harbour
Tuktoyaktuk
Inuvik
Arctic Red River
Fort McPherson
Paulatuk
Holman
DISTRICT DE MACKENZIE
Colville Lake
Grand lac de l'Ours
Cambridge Bay
Coppermine
Bathurst Inlet
Spence Bay
Pelly Bay
Igloolik
Hall Beach
Pangnirtung
Repulse Bay
Iqualuit (Baie Frobischer)
Lake Harbour
Cape Dorset
Détroit d'Hudson
Coral Harbour
YUKON
Klondike Hwy
Alaska Hwy
Robert Campbell Hwy
Whitehorse
Norman Wells
Fort Norman
Mackenzie
Snare Lakes
Rae Lakes
Lac La Martre
Wrigley
Tungsten
Back
Thelon
Baker Lake
Chesterfield Inlet
Rankin Inlet
Whale Cove
Arviat (Eskimo Point)
Lac Baker
Lac Dubawnt
Baie d'Hudson
QUÉBEC
DISTRICT DE KEEWATIN
Nahanni Butte
Fort Simpson
Edzo
Rae
Yellowknife
Reliance
Grand lac des Esclaves
Fort Providence
Fort Liard
Mackenzie Hwy
Enterprise
Fort Resolution
Hay River
Fort Smith
Fort Nelson
Fort St John
Hay
COLOMBIE-BRITANNIQUE
ALBERTA
SASKATCHEWAN
MANITOBA

La controverse qui oppose Canada et États-Unis sur la souveraineté sur le Grand Nord n'a toujours pas trouvé de solution. Les Américains continuent d'affirmer que certaines portions de territoire appartiennent au domaine international et qu'en conséquence, aucun pays ne peut y prétendre. A la grande consternation des Canadiens, les Américains se sont ainsi octroyés le droit de naviguer sur les eaux du Grand Nord sans leur demander la moindre autorisation.

Le 12 novembre 1992, après plus de quinze années de négociations, les Inuits et les gouvernements fédéral et territorial ont signé l'accord de Nunavut. Fruit de la plus importante revendication d'Indiens autochtones de l'histoire du pays, cet accord prévoit la création en 1999 d'un nouveau territoire, le Nunavut, sur la partie est des actuels Territoires du Nord-Ouest. La partie ouest, quant à elle, sera probablement rebaptisée, mais conservera Yellowknife pour capitale. Nunavut, qui signifie "notre terre", couvrira 219 000 km^2, soit un cinquième de la surface du Canada. L'Inuktitut en sera la langue officielle, au même titre que l'anglais.

GÉOGRAPHIE ET CLIMAT

Les Territoires du Nord-Ouest peuvent être divisés en deux régions géographiques : l'Arctique et le sub-Arctique. Leur ligne de partage part obliquement de la côte du Yukon jusqu'au coin sud-est du district de Keewatin, sur les rives de la baie d'Hudson. Au sud de cette ligne, le paysage est caractérisé par des forêts de conifères courts, qui s'étendent vers l'ouest jusqu'aux MacKenzie Mountains, à cheval sur la frontière du Yukon. Au nord, s'étendent les plaines désespérément plates de la toundra.

L'ère glaciaire a provoqué la formation de centaines de lacs et de rivières et d'une couche de terre perpétuellement gelée, le permafrost. Les hivers sont longs et extrêmement rigoureux, mais vous serez surpris par les étés dans la partie sud, où les températures peuvent atteindre 30°C, ce qui, couplé à la longueur des journées, rend la visite très agréable. Le climat est sec, les précipitations annuelles moyennes ne dépassant pas 30 cm.

FAUNE ET FLORE

Il n'est pas facile de survivre dans un tel environnement. Cependant, malgré les rudes conditions, on trouve ici une étonnante variété de faune et de flore. Les Territoires du Nord-Ouest possèdent ainsi plus de 800 espèces de plantes, qui vont des mousses, du lichen, des fougères et des herbes de la toundra arctique aux épicéas, aux mélèzes et aux bouleaux blancs de la zone sub-Arctique.

Par ailleurs, on trouve 80 espèces de mammifères terrestres et aquatiques et 60 espèces de poissons. Sur la côte nord et dans les eaux des îles du nord, on aperçoit baleines, morses et phoques en été. Dans les rivières et les lacs, les variétés de poissons incluent ombles-chevaliers, brochets, truites, brochetons (vairons), corégones et inconnus (cousins des corégones). Sur la terre, on trouve des ours polaires, des ours noirs et des grizzlis. Parmi les autres animaux figurent le bison, le mouton de Dall, le bœuf musqué, le renard, le loup, l'élan, le caribou, le castor, le porc-épic et la loutre.

Quant aux oiseaux, on en recense au moins 290 espèces, dont l'hirondelle de mer arctique, l'aigle, le faucon, la mouette, le sterne, le corbeau, l'oie, le hibou et la perdrix des neiges ainsi que le pingouin.

Parcs nationaux et territoriaux

Les Territoires du Nord-Ouest possèdent cinq parcs nationaux. Celui d'Auyuittuq se trouve sur la Terre de Baffin, à l'est. Celui de l'île d'Ellesmere est au nord de cette île, à l'extrémité du chenal de Robeson lorsqu'on vient du nord-ouest du Groënland. Le parc national de Nahanni s'étend dans les montagnes de MacKenzie, à l'extrême sud-ouest. Au nord de la Terre de Banks, le parc national d'Aulavik est le plus récent de tous. Enfin, le parc national de Wood Buffalo, au sud du Grand Lac des Esclaves, est le seul accessible par la route.

Le Passage du Nord-Ouest

Peu après 1492, il devint évident que Christophe Colomb avait accosté sur un "nouveau" continent et qu'il n'avait donc pas découvert de route permettant d'atteindre l'Asie par l'ouest. Beaucoup se lancèrent alors à la recherche d'une voie maritime permettant d'atteindre l'Orient en contournant les Amériques. Magellan la trouva le premier, par le sud en 1521. Toutefois, la découverte d'un accès similaire par le nord, ce fameux Passage du Nord-Ouest, allait demander beaucoup plus de temps.

Des explorateurs nombreux et célèbres, dont sir Martin Frobisher, sir Francis Drake, Henry Hudson et le capitaine James Cook, s'y sont essayé sans succès. L'échec le plus tragique fut celui de sir John Franklin et de ses 128 membres d'équipage, qui disparurent quelque part dans les îles de l'Arctique.

Enfin, au début du XXe siècle, un navigateur norvégien du nom de Roald Amundsen réalisa en trois ans (1903-1906) la première traversée d'est en ouest par le Passage du Nord-Ouest, sur un bateau de pêche reconverti, le *Gjöa*.

En 1942, le *St Roch*, goélette de la police montée royale canadienne, sous le commandement du sergent Henry Lawson, empruntait pour la première fois le Passage du Nord-Ouest d'ouest en est. Le même bateau se distingua à nouveau par la suite en réalisant la traversée d'est en ouest en une saison. Le *St Roch* est aujourd'hui exposé au Musée maritime de Vancouver. En 1960, le sous-marin américain *Seadragon* fut le premier à parcourir le trajet sous l'eau.

En 1988, un bateau de croisière new-yorkais faisait découvrir à des touristes le Passage du Nord-Ouest, de Terre-Neuve à l'Alaska. Cette croisière historique de 40 jours coûta à chaque passager la jolie somme de 20 000 $. ■

Les Territoires du Nord-Ouest comptent par ailleurs trois parcs historiques : ceux de l'île de Kekerten et de Qaummaarviit, situés au large de la côte est de la Terre de Baffin, et le Passage Nord-Ouest, à Gjoa Haven, sur l'île du roi William. Enfin, on trouve plus de 30 parcs gérés par le gouvernement territorial et destinés à la détente, ainsi que de nombreuses réserves naturelles. La plupart – et leurs campings respectifs – ouvrent de mi-mai à mi-septembre.

ETHNIES

Autour du MacKenzie et du Grand Lac des Esclaves, vivent les Dene, ou Athapaskan. Avec les Inuits, qui peuplent surtout la côte nord et les îles arctiques, ils constituent les peuples originaires du nord. Le mot Inuit désigne les Esquimaux du Canada dans leur ensemble, par opposition aux Esquimaux d'Asie et des îles Aléoutiennes, en Alaska. Le terme Esquimau n'est pas très apprécié des Inuits et on l'utilise de moins en moins. Quant au mot Inuit, il veut tout simplement dire "peuple". On dénombre 21 600 Inuits et 9 700 Dene. Les autres sont pour la plupart des Métis (4 000).

RENSEIGNEMENTS

Symboles officiels

L'arbre emblématique du territoire est le pin, la fleur l'avena des montagnes, membre de la famille des roses. Un logo représentant un ours apparaît sur la plupart des publications gouvernementales et toutes les plaques d'immatriculation des voitures sont en forme d'ours. Le gerfaut, le plus grand de tous les faucons, a été choisi parmi les oiseaux pour symboliser le territoire.

Offices du tourisme

Pour vous renseigner sur l'ensemble du territoire, contactez le Department of Economic Development & Tourism (☎ 403-873-7200, fax : 403-873-0294), Yellowknife, NWT, X1A 2L9. Il existe également un numéro gratuit pour les touristes : 1-800-661-0788.

La brochure gratuite *Explorers' Guide*, publiée chaque année, renferme de précieuses informations sur les voyages et les hébergements dans les Territoires du Nord-Ouest. Ces derniers ont été divisés en huit zones touristiques. Les bureaux régionaux à contacter sont donc les suivants :

Pour la côte arctique centrale et le Passage du Nord-Ouest :
Arctic Coast Tourism Association, Department EG, PO Box 91, Cambridge Bay X0E 0C0 (☎ 403-983-2224, fax : 403-983-2302)

Pour la Terre de Baffin et les îles de l'Arctique et le nord-est de l'Arctique :
Baffin Tourism Association, BO Box 1450, Iqaluit X0A 0H0 (☎ 819-979-6551, fax : 819-979-1261)

Pour la région qui s'étend au sud du Grand Lac des Esclaves :
Big River Tourism Association, Department EG, PO Box 185, Hay River X0E 0R0 (☎ 403-874-2422, fax : 403-874-6020)

Pour le sud-ouest des territoires :
Nahanni-Ram Tourism Association, Department EG, PO Box 177, Fort Simpson X0E 0N0 (☎ et fax : 403-695-3182)

Pour la zone qui s'étend au nord du Grand Lac des Esclaves :
Northern Frontier Visitors Association, Department EG, PO Box 1107, Yellowknife X1A 2N8 (☎ 403-873-3131, fax : 403-873-3654)

Pour le Grand Lac de l'Ours et la zone centrale du MacKenzie :
Sahtu Tourism Assocation, Department EG, PO Box 115, Norman Wells X0E 0V0 (☎ 403-587-2054, fax : 403-587-2935)

Pour le sud-est des Territoires, le long de la côte occidentale de la baie d'Hudson :
Travel Keewatin, Department EG, PO Box 328, Rankin Inlet X0C 0G0 (☎ 819-645-2618, fax : 819-645-2320)

Pour la mer de Beaufort et la côte arctique occidentale :
Western Arctic Tourism Association, Department EG, PO Box 2600, Inuvik X0E 0T0 (☎ 403-979-4321, fax : 403-979-2434)

Vous trouverez des VRC à Yellowknife, Inuvik, Fort Smith, Fort McPherson, Rae-Edzo et Hay River, ainsi qu'à la frontière du Yukon (sur la Dempster Hwy) et de l'Alberta (MacKenzie Hwy, sur le 60e parallèle). Tous sont ouverts de mai à septembre.

Téléphone

L'indicatif téléphonique du district de MacKenzie est le 403. C'est le même pour l'Alberta et le Yukon. Dans les districts de Franklin et de Keewatin, c'est le 819.

Heure locale

Les Territoires du Nord-Ouest couvrent quatre fuseaux horaires, d'ouest en est : des Rocheuses, du Centre, de l'Est et Atlantique. Lorsqu'il est midi à Yellowknife, il est 14h à Iqaluit, à l'est de la Terre de Baffin.

Cartes

On peut se procurer des cartes topographiques à Yellowknife, chez Energy, Mines & Resources (☎ 403-920-8299), au 8e étage de l'immeuble Precambian, 4920 52th St. Ce bureau est ouvert à la vente tout l'été du lundi au vendredi de 8h30 à 11h30 et de 12h30 à 16h30. Le Canada Map Office (☎ 613-952-7000), au 130 Bentley Ave, à Nepean, Ontario K2E 629, propose toutes sortes de cartes des territoires, y compris quelques-unes à très petite échelle, idéales pour les randonneurs. On vous donnera un index pour choisir les cartes qu'il vous faut.

On trouve très peu de cartes à Yellowknife, aussi est-il judicieux d'arriver avec les siennes.

Jours fériés

Outre les fêtes nationales, le premier lundi d'août est chômé.

ACTIVITÉS CULTURELLES ET/OU SPORTIVES

Pour la plupart des touristes, la visite des Territoires du Nord-Ouest est synonyme de randonnées, varappe, alpinisme, canoë, pêche et camping dans les parcs nationaux et territoriaux durant la courte saison d'été. Pour les autres, l'intérêt réside dans l'observation de la faune.

VOYAGES ORGANISÉS

Pour beaucoup, la meilleure façon de voir les parties les plus inaccessibles des Territoires du Nord-Ouest, en particulier les districts de Franklin et de Keewatin, consiste à choisir un voyage organisé. Il peut s'agir soit de visites générales, soit de sorties à thèmes, très spécialisées. Toutes sont assez chères.

L'*Explorers' Guide* fournit la liste des organismes à contacter, leur adresse et la description des visites qu'ils proposent. Pour de plus amples renseignements, adres-

Le mot le plus long
Voici le mot le plus long de la langue inuit Inuvialuktun (êtes-vous prêt ?) : *Tuktusiuriagatigitqingnapinngitkyptinnga.* Il signifie : "Tu ne reviendras plus jamais avec moi à la chasse au caribou". ■

sez-vous au Department of Economic Development & Tourism ou à l'office du tourisme de la région que vous comptez visiter, indiquée plus haut.

COMMENT S'Y RENDRE

Avion

Les Canadian Airlines assurent la liaison d'Edmonton, Winnipeg, Montréal et Whitehorse à Yellowknife, Inuvik, Fort Simpson, Iqaluit et d'autres villes. L'aller simple d'Edmonton à Yellowknife coûte 420 $, taxes comprises. Canadian North (☎ 403-873-5533/4484, à Yellowknife), filiale des Canadian Airlines, dessert plusieurs destinations des Territoires du Nord-Ouest, du Québec et du nord du Manitoba.

Air Canada propose des vols d'Edmonton et Calgary à Yellowknife, avec correspondance à bord des avions de NWT Air (☎ 403-920-2500, ou 1-800-661-0789 : numéro gratuit) pour Inuvik, la baie de Cambridge, Fort Simpson et Coppermine. NWT Air fait également la liaison entre Winnipeg et Rankin Inlet et entre Yellowknife et Iqaluit.

A partir de Whitehorse, Alkan Air (☎ 403-668-6616, à Whitehorse) propose quatre vols par semaine pour Inuvik. First Air (☎ 403-920-2680, ou 1-800-267-1247), au 4917 48th St, à Yellowknife, relie la plupart des capitales de provinces et des grandes villes du Canada, ainsi que Chicago (États-Unis) et Nuuk (Groënland) avec Yellowknife, Pangnirtung, l'île de Broughton, Rankin Inlet et d'autres destinations. Air Inuit (☎ 514-636-9445 à Dorval, au Québec) relie le nord du Québec aux communautés du district de Keewatin, dont Cap Dorset et la Terre de Baffin. Une dizaine de petites compagnies assurent des vols entre différents points des Territoires du Nord-Ouest. Beaucoup sont des charters et utilisent des flotteurs (sur les lacs) ou des roues pour atterrir en été, et des skis en hiver. L'*Explorers' Guide* recense ces compagnies pour chaque région. Pour connaître le prix du charter, il suffit bien souvent de faire un petit calcul en fonction de la distance : comptez environ 1,75 $ du kilomètre.

Bus

La compagnie Greyhound assure un service de bus du dimanche au vendredi entre Edmonton, dans l'Alberta, et Hay River, pour 104,80 $ l'aller simple. Des liaisons avec des villes plus septentrionales sont également proposées du lundi au samedi par Arctic Frontier (☎ 873-4892), installé au 328 Old Airport Rd, à Yellowknife. Si vous venez d'Edmonton et ne souhaitez pas aller à Hay River, vous pouvez changer à Enterprise et poursuivre votre voyage en bus via Fort Providence et Edzo, jusqu'à Yellowknife.

La compagnie Greyhound vous fournira tarifs et horaires. L'aller simple d'Edmonton à Yellowknife coûte 171,15 $, avec une arrivée à 22h50. Arctic Frontiers organise également des liaisons par bus entre Yellowknife et Fort Smith. La compagnie de bus North of 60 (☎ 872-2031 à Fort Smith) assure la liaison du mardi au samedi entre Fort Smith, Hay River et Fort Resolution. L'aller simple de Fort Smith à Hay River coûte 46,51 $. Tous ces tarifs s'entendent taxes comprises.

Voiture

Seul le district de MacKenzie, à l'ouest des Territoires du Nord-Ouest et au nord de l'Alberta, est accessible en voiture, par des routes qui sont pour la plupart en pierraille. La MacKenzie Hwy qui débute au nord d'Edmonton, est presque totalement asphaltée jusqu'à l'intersection avec la Hwy 3, au nord d'Enterprise.

Une combinaison de routes asphaltées et gravillonnées relient Hay River, le parc national de Wood Buffalo, Yellowknife et Fort Simpson. La MacKenzie Hwy est le tronçon allant du nord de l'Alberta à Fort Simpson et Fort Smith.

La Liard Hwy, qui quitte l'Alaska Hwy près de Fort Nelson et remonte vers le nord, est elle aussi gravillonnée. Elle relie le nord de la Colombie-Britannique avec Fort Liard, dans les Territoires du Nord-Ouest. Elle se dirige ensuite vers la MacKenzie Hwy (Hwy 1), qu'elle rejoint au sud de Fort Simpson. De là, la MacKenzie Hwy atteint Enterprise à l'est.

Le premier tronçon de la route, entre Fort Providence et Yellowknife, longe la réserve de bisons de MacKenzie, aussi n'est-il pas rare de voir l'une de ces bêtes traverser la voie. On y rencontre également souvent des oiseaux, tels les grues ou les perdrix. Les plans d'eau que l'on aperçoit de part et d'autre se sont formés durant la construction de la route, lorsqu'on a dû creuser des trous pour extraire sable et graviers. Dans la partie nord du district de MacKenzie, la Dempster Hwy relie le Yukon à Inuvik.

Cet itinéraire traverse de merveilleux décors montagnards jusqu'au delta du MacKenzie, qui se jette dans une zone de la gigantesque réserve de rennes avant d'atteindre son but : Inuvik. Les loueurs de voitures ne manquent pas à Inuvik, Hay River, Fort Smith, Yellowknife, Norman Wells, Tuktoyaktuk et Iqaliut.

Pour connaître l'état des routes et l'emplacement des ferries à emprunter lorsqu'on roule sur la Dempster Hwy, appelez le 1-800-661-0752 (appel gratuit) ou le 979-2678 (à Inuvik). Pour les autres routes principales, contactez le 1-800-661-0750 (gratuit) ou le 874-2208 (à Hay River). Pour tout ce qui concerne les ferries, téléphonez au 1-800-661-0751 (gratuit) ou, si vous vous trouvez à Yellowknife, au 873-7799.

Attention ! Durant six semaines, au cours du gel de fin d'automne et du dégel du début du printemps, les ferries ne peuvent pas traverser les rivières. Il n'y a donc pas d'accès routier, ni de liaisons par bus, pendant ces périodes. Cette restriction concerne aussi Yellowknife.

Précautions. Les distances sont longues entre deux stations-service : munissez-vous de bidons d'essence et de pièces de rechange pour la voiture, d'eau et de nourriture pour vous. Comme la plupart des routes des Territoires du Nord-Ouest ne sont pas pavées, il est judicieux de protéger réservoir d'essence, phares et pare-brise.

DISTRICT DE MACKENZIE

Le district de MacKenzie est le plus accessible, puisqu'il est le seul à posséder des routes. Il accueille donc la plupart des touristes. Le Yukon le borde à l'ouest, l'Alberta au sud. C'est la seule zone des Territoires du Nord-Ouest à pratiquer la sylviculture ; la pêche y est également à l'honneur.

La chaîne de montagnes de MacKenzie, dont les sommets atteignent 2 700 m, couvre la frontière avec le Yukon. Quant au fleuve du même nom, le plus long cours d'eau de tout le Canada, il coule au nord-ouest le long de la Vallée MacKenzie, du Grand Lac des Esclaves à la mer de Beaufort, dans l'océan Arctique. La population se regroupe surtout autour du Grand Lac des Esclaves et du Grand Lac de l'Ours, où l'on trouve de nombreuses mines. Les deux parcs nationaux du district sont celui de Nahanni, au sud-ouest, et celui de Wood Buffalo, qui s'étend au sud sur la frontière avec l'Alberta.

Le district de MacKenzie jouit d'étés assez chauds et secs. La moyenne des températures estivales est de 13 °C.

Le mobil home ou le camping est en fait la seule façon de visiter cette partie du territoire à prix raisonnables. Les voyages longues distances, la nourriture et l'hébergement dans les villes sont hors de prix.

Camping et canoë se pratiquent le long du réseau routier du district. A partir des campings installés en bordure de route, des excursions vous mèneront autour des lacs. Le camping sauvage est également possible à l'écart des axes routiers. Vous n'aurez alors aucun mal à vous trouver un lac pour vous seul. Renseignez-vous aux Visitor Information Centres pour plus de détails.

Chiots Husky

Et n'oubliez pas que la température de l'eau est assez froide pour tuer un homme en 15 mn, aussi vaut-il mieux ne pas trop s'éloigner du rivage en canoë.

Vous paierez 10 $ l'emplacement dans les campings situés le long des grandes routes. Pour planter votre tente, une autorisation vous sera demandée : on l'obtient aux Visitor Information Centres, aux bureaux d'information des parcs ou auprès des responsables administratifs lorsqu'ils visitent le camping. Les campings disposent de bois de chauffe. Ils sont ouverts du 15 mai au 15 septembre. N'oubliez surtout pas votre équipement anti-moustiques.

Yellowknife

Installée en plein cœur d'une immensité sauvage, dans une région habitée jadis par les Slaveys, la ville tire son nom des couteaux à lames de cuivre que ces Indiens utilisaient.

En 1898, des prospecteurs en route pour le Klondike y découvrirent d'abord de l'or, mais il fallut attendre 1934 et 1945, où des filons plus riches furent mis au jour, pour que la région attire des Européens en grands nombres. Aujourd'hui, Yellowknife compte 15 000 habitants, ce qui en fait de loin la plus grande ville des Territoires, dont elle est d'ailleurs la capitale (du moins jusqu'en 1999). Cette implantation moderne, à croissance rapide, située sur la rive nord du Grand Lac des Esclaves, à 341 km de Fort Smith par la route, est surtout une ville administrative. Elle sert également de centre de commerce et de services à la région : des Canadiens originaires de tout le pays y vivent et y travaillent aujourd'hui.

Orientation. Yellowknife est installée sur la rive nord du Grand Lac des Esclaves. Le MacKenzie Hwy la relie avec le sud. Elle se divise en deux parties : la vieille ville (au nord) et la nouvelle (au sud), reliées par Franklin Ave (5th Ave), l'artère principale. La MacKenzie Hwy, en provenance du sud, passe devant l'aéroport, le long de la 48th St, et débouche dans Franklin Ave.

Renseignements. Le Visitor Information Centre (☎ 873-3131) est au 2 4807 49th St, près du Prince of Wales Northern Heritage Centre. Il abrite également la Northern Frontier Visitors Association. Vous y obtiendrez des cartes, des itinéraires de canoë et un guide des implantations des territoires, ainsi que des brochures spécifiques à la pêche, au canoë et aux voyages en voiture. Le centre est ouvert tous les jours de 8h à 20h.

La poste principale, à l'angle de Franklin Ave et de la 49th St, fonctionne du lundi au vendredi de 9h à 17h30. La Bank of Montreal, dans le centre commercial de Centre Square, ouvre le samedi de 10h à 15h. La librairie Book Cellar, dans le centre commercial Panda II, propose un intéressant choix de livres sur la culture indienne et l'histoire des Territoires du Nord-Ouest. Si vous séjournez à la YWCA, vous pourrez utiliser la blanchisserie du 6e étage. Sinon, essayez la laverie automatique Arctic Laundromat, 4310 50th Ave.

Promenades à pied. Le centre d'information des visiteurs distribue une brochure proposant des itinéraires détaillés de quatre zones de la vieille ville : l'île de Latham, Le Rocher, les marécages de la Rivière de la Paix et ceux des Saules.

Prince of Wales Northern Heritage Centre. Ce musée (☎ 873-7551), près du lac Frame, sur la 49th St, représente une bonne prise de contact avec les Territoires du Nord-Ouest. On y voit des dioramas sur le mode de vie des Inuits et des Denes et sur les sciences naturelles. Le musée comporte également une galerie sur l'histoire de l'aviation dans les Territoires et une cafétéria. Il est ouvert tout l'été de 10h30 à 17h30. L'entrée est gratuite.

Fondation de recherche sur le chien esquimau. Ici, au chenil de Bowspringer (☎ 873-4252), au 101 Kam Lake Rd, à l'extrémité sud-ouest de la ville, se trouve un centre qui a su préserver la race Kingmik, chien inuit extrêmement rare. Le chenil, qui est aussi une clinique vétérinaire, en abrite une centaine.

Village culturel de Ndilo. A l'extrémité nord de l'île de Latham, Ndilo (littéralement "fin de la route", prononcez "Di-lo") vous fera voir les Dogrib Denes prendre part aux activités traditionnelles que sont le tannage du cuir et la préparation des repas. Parfois, les visiteurs ont même l'occasion de participer à la fabrication d'objets artisanaux.

Le village (☎ 873-2869) est ouvert du lundi au vendredi de 10h à 17h. Des visites guidées sont organisées.

L'Ingraham Trail. Cette petite route (Hwy 4) parcourt 72 km à partir du MacKenzie Hwy. Elle mène à des régions propices à la pêche, à la randonnée, au canoë, au camping et aux pique-niques, mais il faut un véhicule. La route est goudronnée jusqu'au virage vers le lac des Préludes.

Sur la **Rivière Yellowknife**, on pêche et l'on navigue en canoë sur des trajets plus ou moins longs. Au **lac Madeline**, vous trouverez un sentier de randonnée de 3,2 km.

Le parc du **lac des Préludes**, à 30 km à l'est de Yellowknife, est parfait pour la pêche, la randonnée et le camping.

Plus à l'est, à partir du **Bailey Bridge**, qui enjambe le Cameron, débute un sentier qui mène à de petites chutes où les gens de la région vont se baigner, malgré la température de l'eau, qui n'a rien à voir avec celle de Méditerranée. Le canoë se pratique également sur la rivière.

Au **lac Reid**, à 60 km de Yellowknife, vous pourrez camper, vous baigner, faire du canoë, ou encore revenir à pied jusqu'à la ville. La route aboutit au **lac Tibbett** qui est, paraît-il, excellent pour la pêche et qui représente aussi le point de départ de plusieurs itinéraires de canoë, dont celui qui rejoint le **lac Pensive**.

Parc territorial de Fred Henne. Dans ce parc, situé en face de l'aéroport de l'autre côté du MacKenzie Hwy, se trouvent la **Long Lake Beach**, réputée comme l'une des plus belles plage du Canada, ainsi que des chemins de randonnée. Des promenades à pied avec guides vous feront découvrir l'écologie et la géologie de la région. Renseignez-vous au 920-2472.

Voyages organisés. Raven Tours (☎ 873-4776) dispose d'un bureau à l'hôtel Yellowknife Inn et propose une visite de trois heures en car : vous découvrirez la ville et les mines d'or toutes proches pour 30 $. Cette visite peut se combiner avec une croisière sur le Grand Lac des Esclaves pour 50 $. Ainsi verrez-vous aussi le village de Dettah. Raven Tours organise en outre des excursions d'une demi-journée le long de l'Ingraham Trail, ainsi que des parties de pêche. Naocha Enterprises (☎ 873-8019) propose une croisière de deux heures dans la baie de Yellowknife pour 23 $ à bord du Noacha et une autre de quatre heures sur le Grand Lac des Esclaves pour 47 $, un tarif qui inclut un barbecue de poissons. Avec Whitlock Family (☎ 444-4876, ou 1-800-663-9157 : numéro gratuit), au 5414 52th St, vous naviguerez de nuit pendant quatre heures sur le lac pour 20 $, repas compris, à bord du Norweta, ou effectuerez une croisière de cinq jours sur le lac, ou une autre de 10 jours le long du MacKenzie jusqu'à Inuvik. Toutefois, les prix de ces croisières sont élevés (à partir de 2 495 $).

D'autres organismes de loisirs se spécialisent dans les voyages plus longs et chers dans la région de Yellowknife. Les Et-Then Expeditions (☎ 873-8716), par exemple, organisent des expéditions en traîneaux à chiens et des randonnées dans les régions désertiques. Ils s'occupent par ailleurs de handicapés et de personnes âgées. La Great Slave Sledging Company (☎ 920-4542) lance des expéditions d'une semaine à deux mois en traîneaux à chiens. La merveilleuse expérience que constitue ce voyage le long des itinéraires traditionnels des Indiens et la découverte de la faune n'a qu'un inconvénient : son prix prohibitif.

The Sportsman (☎ 873-2911), au 5118 50th St, et Overlander Sports (☎ 873-2474), au 5103 51th St, louent des canoës à la journée (25 $) et du matériel de camping.

Festivals. Divers festivals et manifestations ont lieu durant l'année. Le Visitor Information Centre vous en donnera la liste.

Fin mars, le carnaval des Caribous se caractérise par des parades, des concerts, des spectacles de café-théâtre et des concours divers, dont celui de construction d'igloos. Mais l'événement majeur du carnaval est le derby de chiens du Canada, une course de traîneaux tirés par des chiens sur une longueur de 240 km, qui dure trois jours. Par ailleurs, le Folk on the Rocks est un festival de musique folklorique de trois jours qui rassemble des musiciens venus de tout le pays et des États-Unis. Il se déroule au Long Lac, le deuxième ou le troisième week-end de juillet.

Où se loger. Hébergement et restaurants sont chers à Yellowknife. La solution la plus économique consiste à acheter de quoi manger au supermarché du centre commercial de YK Centre et de dormir dans l'un des campings.

Le camping le plus proche est celui du *parc territorial de Fred Henne* (☎ 920-2472). Il est bien équipé, avec douches et toilettes. L'emplacement coûte 10 $. Si vous arrivez en bus, demandez au chauffeur de vous déposer devant l'entrée. On peut également camper au *parc du lac des Preludes* ou au *parc du lac de Reid*, en bordure de l'Ingraham Trail, pour 10 $. Les deux terrains disposent de toilettes et de douches.

Le *YWCA Bayview Apartment Hotel* (☎ 920-2777), au 5004 54th St, à l'angle de Franklin Ave, accepte hommes et femmes dans ses 70 chambres, que l'on peut louer à la nuit, à la semaine ou au mois. La simple/double avec kitchenette coûte 75/85 $. On peut également loger en dortoir pour 20 $ la nuit. C'est une possibilité pour de longs séjours et rares sont les places. Mieux vaut donc réserver si vous optez pour cette solution (d'autant que le bus en provenance du sud arrive aux environs de 23h).

Le Visitor Information Centre vous donnera la liste des B&B, situés dans la vieille ville pour la plupart. Le moins cher est celui de *Barb Bromley's* (☎ 873-3746), au 8 Lessard Drive, près du Wildcat Café,

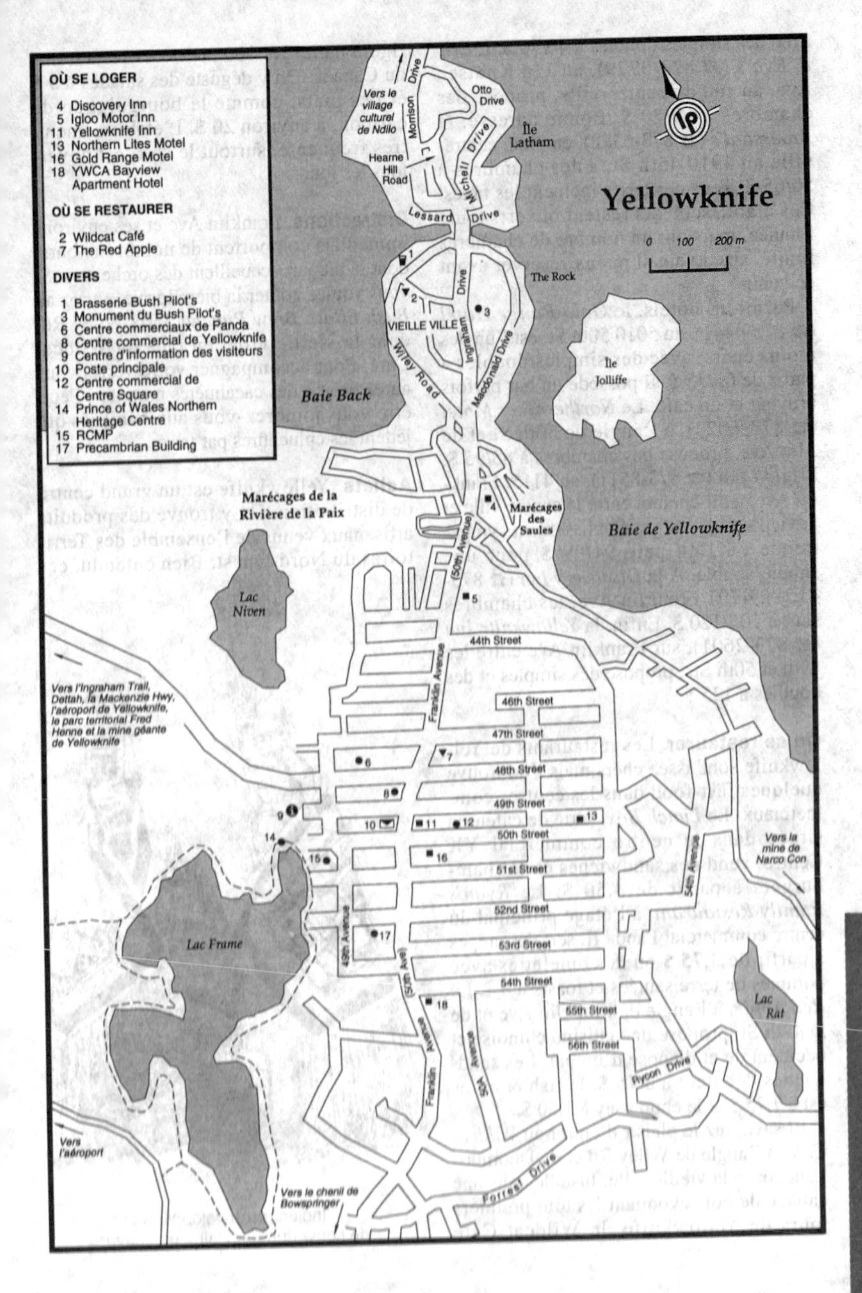

OÙ SE LOGER
4 Discovery Inn
5 Igloo Motor Inn
11 Yellowknife Inn
13 Northern Lites Motel
16 Gold Range Motel
18 YWCA Bayview Apartment Hotel
OÙ SE RESTAURER
2 Wildcat Café
7 The Red Apple
DIVERS
1 Brasserie Bush Pilot's
3 Monument du Bush Pilot's
6 Centre commerciaux de Panda
8 Centre commercial de Yellowknife
9 Centre d'information des visiteurs
10 Poste principale
12 Centre commercial de Centre Square
14 Prince of Wales Northern Heritage Centre
15 RCMP
17 Precambrian Building
Yellowknife
0 100 200 m
Vers le village culturel de Ndilo
Morrison Drive
Otto Drive
Michell Drive
Île Latham
Hearne Hill Road
Lessard Drive
Drive
The Rock
Ingraham
VIEILLE VILLE
Willey Road
Macdonald Drive
Île Jolliffe
Baie Back
Marécages de la Rivière de la Paix
Marécages des Saules
Baie de Yellowknife
(50th Avenue)
Lac Niven
44th Street
Franklin Avenue
Vers l'Ingraham Trail, Dettah, la Mackenzie Hwy, l'aéroport de Yellowknife, le parc territorial Fred Henne et la mine géante de Yellowknife
46th Street
47th Street
48th Street
49th Street
50th Street
51st Street
52nd Street
53rd Street
54th Street
55th Street
56th Street
54th Avenue
Vers la mine de Narco Con
Lac Frame
49th Avenue
(50th Ave)
Franklin Avenue
50A Avenue
Rycon Drive
Lac Rat
Vers l'aéroport
Vers le chenil de Bowspringer
Forrest Drive

avec des simples/doubles à 40/70 $. L'*Eric & Eva's* (☎ 873-5779), au 114 Knutsen Ave, au sud du centre-ville, propose des chambres à 60/70 $. Bonne adresse, le *Broussard's* (☎ 873-6382), en plein centre-ville au 4910 45th St, a des chambres à 50/65 $. Tous ces tarifs incluent les taxes. Ces établissements restent ouverts toute l'année, mais ont un nombre de chambres limité, aussi vaut-il mieux réserver avant de venir.

Parmi les hôtels, le *Gold Range Hotel* (☎ 873-4441), au 5010 50th St, est l'un des moins chers, avec des simples/doubles à partir de 65/75 $. Il possède un bar parfois bruyant et un café. Le *Northernlites Motel* (☎ 873-6023), à l'angle de 50th St et de 51st Ave, propose des chambres à 85/95 $. L'*Igloo Inn* (☎ 873-8511), au 4115, Franklin Ave, à mi-chemin entre le centre-ville et la vieille ville, est un établissement sympathique où l'on paie 94/99 $ pour une simple/double. A la *Discovery Inn* (☎ 873-4151), 4701 Franklin Ave, les chambres sont à 105/120 $. Enfin, la *Yellowknife Inn* (☎ 873-2601), sur Franklin Ave entre les 49th et 50th Sts, propose des simples et des doubles à 125 $.

Où se restaurer. Les restaurants de Yellowknife sont assez chers mais l'on trouve quelques fast-food dans les centres commerciaux. Le *Lunch Box*, sorte de cafétéria située dans le centre commercial YK Centre, vend des sandwiches et des hamburgers à partir de 4,50 $. Le *Ryan's Family Restaurant*, à l'étage principal du centre commercial Panda II, sert des crêpes à partir de 3,75 $ ou des omelettes avec pommes de terre sautées et toasts à 8 $. Le *Red Apple*, à l'angle de Franklin Ave et de la 47th St, propose une cuisine chinoise et occidentale et dispose d'un bar. Les sandwiches débutent à 3,75 $, le fish & chips est à 7,75 $ et le chop suey à 7,50 $.

Et savourez le plaisir d'entrer au *Wildcat Café*, à l'angle de Wiley Rd et de Doombos Lane, dans la vieille ville. Installé dans une cabane de bois évoquant les tout premiers jours de Yellowknife, le Wildcat Café figure parmi les 100 meilleurs restaurants du Canada. On y déguste des salades à 5 $ et des plats, comme le bourguignon de caribou, à environ 20 $. L'établissement, très fréquenté, surtout le soir, est ouvert tous les jours.

Distractions. Franklin Ave et ses environs immédiats comportent de nombreux bars, dont la plupart accueillent des orchestres. Si vous voulez goûter la bière locale, entrez au *Bush Pilot's Brew Pub*, au 3502 Wiley Rd, dans la vieille ville, en face du Wildcat Café. Pour accompagner votre verre, vous aurez droit à des cacahuètes gratuites. Peut-être vous joindrez-vous aux habitués qui jettent les épluchures par terre…

Achats. Yellowknife est un grand centre de distribution. On y trouve des produits artisanaux venus de l'ensemble des Territoires du Nord-Ouest. Bien entendu, ces

Indiennes enveloppées
de couvertures en laine de chèvre

TERRITOIRES DU NORD-OUEST

produits coûtent moins chers dans les villages isolés, mais leurs prix augmentent à mesure que l'on se dirige vers le sud du Canada. Toujours est-il que, artistiques ou purement fonctionnels, ces objets ne sont pas particulièrement bon marché, mais ils sont authentiques et généralement bien faits. Northern Images (☎ 873-5944), dans le centre commercial d'YK Centre, vend diverses œuvres inuites et denes.

Comment s'y rendre. Les bus longues distances partent devant l'hôtel Yellowknife Inn. Les billets s'achètent à la boutique du hall de l'hôtel, qui représente Frontier Coachlines et Arctic Frontier.

Comment circuler. Arctic Frontier (☎ 873-4437/8) gère un service de bus entre l'île de Latham le long de Franklin Ave et les banlieues sud de la ville. Le ticket coûte 2 $. Les deux compagnies de taxis locales sont City Cab (☎ 873-4444) et Gold Cabs (☎ 873-8888). Le tarif s'élève à 2,15 $ pour la prise en charge, plus 10 cents du kilomètre. Avis, Budget et Tilden sont également présentes à Yellowknife. Mais Rent-a-Relic (☎ 873-3400), à l'angle de la 41st St et de Franklin Ave, est moins cher, avec des tarifs débutant à 29 $ la journée.

De la frontière de l'Alberta à Yellowknife

Le premier tronçon de la MacKenzie Hwy suit la rivière Hay, qui coule vers le nord et se jette dans le Grand Lac des Esclaves.

A la frontière de l'Alberta, le Visitor Information Centre est ouvert tout l'été de 8h à 20h. Outre les habituels renseignements sur l'état des routes et les itinéraires, vous y trouverez une exposition d'artisanat et du café gratuit.

A 72 km au nord de la frontière, les **chutes d'Alexandra**, qui tombent d'une hauteur de 33 m, ont pris le nom de la princesse britannique Alexandra. Un petit sentier conduit à l'esplanade qui surplombe les chutes. Encore 2 km au nord, les **chutes de Louise** offrent quelques sentiers de randonnée et un camping, qui vous accueillera pour la nuit.

Enterprise, avec ses 60 habitants, est la première implantation que vous rencontrerez dans les Territoires du Nord-Ouest. Un petit bureau d'information, installé dans la station-service Esso, et un motel vous y attendent. A partir d'Enterprise, la MacKenzie Hwy est goudronnée à peu près en permanence jusqu'à l'intersection avec la Hwy 3, qui mène au ferry traversant le MacKenzie, à prendre à Fort Providence. (Au nord-est d'Enterprise, la Hwy 2 mène à Hay River.)

Le ferry du MacKenzie, le *Merv Hardie*, continue de fonctionner bien après le début de l'hiver, jusqu'à ce que le pont de glace ait atteint une épaisseur suffisante pour supporter de gros camions. Il effectue gratuitement la traversée du fleuve, qui dure 10 mn, de 6h à minuit.

Fort Providence, communauté slavey de 700 âmes, s'étend sur les bords du MacKenzie à 312 km au sud de Yellowknife. Ce site vit le jour en 1861, lorsqu'une mission catholique s'y établit, bientôt rejointe par la Compagnie de la Baie d'Hudson qui y installa un comptoir. A 2 km avant la ville, au bord du fleuve, se trouve un camping avec latrines et eau potable. La ville elle-même possède deux motels : le *Big River Motel* (☎ 699-4301) est équipé d'une station-service, d'une salle à manger, d'un magasin et de chambres à 60 $. Le *Snowshoe Inn* (☎ 699-3511), plus grand, demande 70/90 $ la simple/double.

Au nord de Fort Providence, la Hwy 3 longe la limite ouest de la **réserve de bisons de MacKenzie** sur près de 100 km. Cette réserve comporte le plus important troupeau de bisons des bois en liberté du monde. On en voit parfois certains sur le bord de la route. A partir de **Rae-Edzo**, la communauté jumelle de Dogribs, au nord, vers Yellowknife, on observe les affleurements de roches arrondies, couleur cuivre, l'une des barrières naturelles formant le bouclier canadien.

Hay River

La ville de Hay River, 3 200 habitants, s'étend sur la rive sud du Grand Lac des

Esclaves, à 38 km au nord d'Enterprise. Grand centre de distribution, elle est le point de départ des péniches qui transportent leurs chargements vers les points les plus isolés des Territoires du Nord-Ouest par le MacKenzie et le long de la côte de l'Arctique. La ville est également spécialisée dans le conditionnement du poisson. Le Visitor Information Centre (☎ 874-3180) se situe à l'angle du MacKenzie Hwy et de McBryan Drive.

Où se loger. Le *Hay River Campground* est installé sur l'île de Vale, près de l'ancienne partie de la ville. L'emplacement y coûte 10 $ et l'endroit dispose de douches chaudes et d'un barbecue. La ville possède pour sa part quelques hôtels et motels. Le *Cedar Rest Motel* (☎ 874-37632) est proche de la gare routière et ses chambres sont à partir de 37 $. Le *Migrator Motel* (☎ 874-6792) se situe dans le même secteur et dispose d'appartements meublés avec kitchenette à 60/65 $ pour une/deux personnes.

Comment s'y rendre. Outre les bus (voir le paragraphe *Comment s'y rendre* en début de chapitre), plusieurs compagnies aériennes desservent Hay River : les Canadian Airlines (☎ 874-2434) vous conduiront à Inuvik, Yellowknife et d'autres villes plus au sud. Les Buffalo Airways (☎ 874-3333) se rendent à Yellowknife. Air Providence (☎ 699-3551 à Fort Providence) relie la ville à Fort Providence. Enfin, les Ptarmigan Airways (☎ 873-4461 à Yellowknife) vont à Yellowknife, Fort Simpson et dans d'autres petites villes au bord du Grand Lac des Esclaves.

Fort Smith et le parc national de Wood Buffalo

Ville de 2500 habitants, Fort Smith est à la frontière de l'Alberta, au kilomètre 0 du réseau routier des Territoires du Nord-Ouest. C'est un ancien poste de négoce de la fourrure. Tout près, se trouve l'entrée du parc national de Wood Buffalo, dont la ville est le centre d'approvisionnement.

Achetez de quoi manger à Fort Smith car vous ne trouverez rien dans le parc. Le parc de la Reine-Élizabeth comporte un camping au bord de la rivière des Esclaves, près de la ville. A Fort Smith, le *Pinecrest Hotel* (☎ 872-2320) pratique des prix raisonnables à 45/50 $ la simple/ double sans s.d.b. Le *Pelican Rapids Inn* (☎ 872-2789) a des simples/doubles avec kitchenette pour 70/75 $.

Parc national de Nahanni

Il s'agit d'un parc très sauvage au sud-ouest du district de MacKenzie, près de la frontière du Yukon. Il est inscrit au patrimoine mondial par l'Unesco pour ses paysages exceptionnellement intacts. Ce parc possède en effet une faune très riche, avec de bonnes pistes de randonnée, des possibilités d'escalade et des décors particulièrement photogéniques. Il est surtout visité par des amateurs de canoë venus se mesurer aux eaux vives (qui figurent parmi les meilleures du continent) de la Nahanni sud, une rivière de 322 km. Sachez que ces eaux, qui se précipitent à travers trois énormes canyons, sont réservées aux plus expérimentés.

Toujours dans le parc, on trouve des sources d'eau sulfureuse à **Rabbitkettle** et **Wildmint**, ainsi que des chutes d'eau, en particulier les **chutes de Virginia**, qui font un saut de 96 m, soit deux fois la hauteur de celles du Niagara. Pour le camping, sept zones sommaires ont été aménagées, avec tables de pique-niques et foyers. Le principal point d'accès au parc est **Fort Simpson**, à 360 km à l'ouest de Yellowknife, au confluent du MacKenzie et de la rivière de Liard.

Le parc se situe à 145 km à l'ouest de Fort Simpson qui possède un bureau d'information, des installations pour campeurs et plusieurs hôtels.

Voyages organisés. De Fort Simpson, il existe des excursions en bateau, raft ou canoë à travers le parc. Le bureau d'information du parc vous fournira tous les détails. Simpson Air (☎ 695-2505), à Fort

Simpson, et Deh Cho Air (☎ 770-4103), à Fort Liard, organisent tous deux des visites du parc avec guide.

D'autres compagnies proposent des expéditions plus élaborées et plus chères dans le parc. Ainsi, Black Feather Wilderness Adventures (☎ 613-722-9717), 1341 Wellington St West, Ottawa, Ontario K1Y 3B8, organise des descentes en canoë et des randonnées avec guides. Trois semaines en canoë le long de la Nahanni Sud vous coûteront la somme rondelette de 3 395 $. Whitewolf Adventures (☎ 604-736-0664), 2565 West 2nd Ave, Vancouver, British Columbia V6K 1J7, propose également des excursions en canoë ou en raft.

Pour connaître des organismes similaires, consultez la section Nahanni-Ram de l'*Explorers' Guide*.

Comment s'y rendre. L'accès au parc n'est ni facile, ni bon marché. On s'y rend par voie aérienne ou fluviale. De Fort Simpson, de Fort Liard ou de Fort Nelson, en Colombie-Britannique, ou de Watson Lake, dans le Yukon, il existe des charters qui y mènent. Aucune route ne pénètre dans le parc, mais la Liard Hwy, qui relie Fort Liard à Fort Simpson le long de la rivière Liard, rend le parc un peu plus accessible. En effet, la route passe à moins de 30 km de la Butte de Nahanni et offre un accès, par la rivière, au parc territorial de Blackstone.

Le MacKenzie

Les 1 800 km du MacKenzie en font le plus long fleuve du Canada et le 13e du monde. Pendant des milliers d'années, le MacKenzie servit de voie navigable aux Indiens du Canada. Si son nom actuel honore la mémoire de l'Écossais Alexander MacKenzie, qui descendit le fleuve et en indiqua le tracé sur la carte en 1789, il est aussi connu comme le Deh Cho, un mot indien qui signifie "grand fleuve". Importante voie de transport, il relie Fort Providence avec Inuvik et la mer de Beaufort au nord. Cependant, étant donné le froid extrême qui règne ici, il n'est navigable que quatre mois par an.

Norman Wells

Sur la rive nord du MacKenzie, à mi-chemin entre Fort Simpson et Inuvik, cette ville de 800 habitants a longtemps été (et reste) une ville pétrolière. Elle possède un terrain de camping et plusieurs hôtels. Des avions en provenance d'Edmonton, de Yellowknife et d'Inuvik y atterrissent. Les Canadian Airlines (☎ 587-2361) ont un bureau à Norman Wells et North-Wright Air (☎ 587-2288) propose des vols pour Yellowknife et Inuvik.

Plus intéressant, le **Canol Heritage Trail** est un chemin de randonnée inscrit au patrimoine mondial par l'Unesco. Il mène à la frontière du Yukon, située à 372 km au sud-ouest. De là, une route conduit à Ross River et au réseau routier du Yukon. Créé à l'origine pour acheminer le pétrole jusqu'à Whitehorse durant la Seconde Guerre mondiale, ce chemin garde les vestiges de campements militaires et de matériel abandonné. On y voit aussi des pics, des canyons, de la toundra, ainsiq qu'une faune abondante. Il n'existe aucune installation le long de cet itinéraire.

Inuvik

Avec ses 3 500 habitants, Inuvik est la deuxième ville des Territoires du Nord-Ouest bien que sa création remonte à 1955 seulement. La population est à un tiers inuit, à un tiers dene et à un tiers européenne.Centre d'approvisionnement à l'origine, Inuvik s'étend sur le bras est du MacKenzie, à environ 90 km au sud de la côte de l'Arctique. Pendant deux mois, de fin mai à fin juillet, la ville ne connaît pas de nuits. Les premières chutes de neige ont lieu fin août. L'artisanat, y compris les parkas fabriqués sur place, est en vente dans la ville. Le Visitor Information Centre est sur MacKenzie Rd, l'artère principale.

A voir et à faire. Les deux pôles d'intérêt de la ville sont l'**église Notre-Dame-de-la-Victoire**, en forme d'igloo, et l'**Ingamo Hall**, un centre communautaire de trois étages en rondins de bois. Plusieurs courts sentiers de randonnée partent de la route de

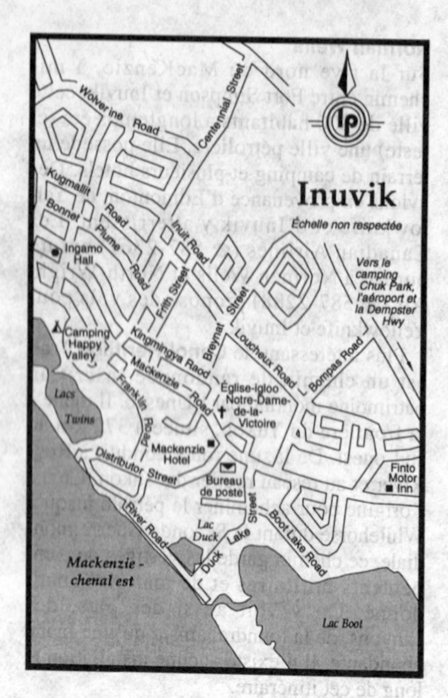

Loucheux. Des visites à pied, en car et en bateau, ainsi que des sorties "découverte de la nature" sont possibles. L'Arctic Tour Company (☎ 979-4100), 181 MacKenzie Rd, propose de visites d'une heure et demie de la ville et de la toundra environnante en car pour 20 $. (Voir également *Environs d'Inuvik*, ci-dessous.)

Festivals. Les Jeux de l'Arctique, les plus importants de leur catégorie, se déroulent généralement en juillet, mais la date et le lieu varient, aussi est-il préférable de se renseigner avant de s'y rendre.

Compétitions sportives, danse, musique, artisanat traditionnel typiquement Inuit et Dene y alternent. Le concours de la "meilleure femme" est également organisé à cette occasion : les habitantes doivent prouver leurs talents de femme d'intérieur en accomplissant diverses tâches, entre autre dépouiller un animal de sa peau.

Le Delta Daze est une célébration de moins grande envergure qui se tient lors du week-end de Thanksgiving (en octobre), avant l'arrivée de l'hiver.

Où se loger. A 3,5 km avant la ville, sur la Dempster Hwy, le *Chuk Park Campground* est ouvert de juin à octobre. On y trouve douches chaudes et bois de chauffe. Le bureau vous accueille sans interruption 24h sur 24. Le camping est géré par des Dene, qui demandent 10 $ par emplacement et organisent diverses activités. On y jouit d'une belle vue sur le delta et la brise tient les moustiques parfois à distance. En ville, le *Happy Valley Campground* a des installations similaires et pratique le même tarif.

De l'*Outlook B&B* (☎ 979-3789), au 78 Boot Lake Rd, au sud du centre-ville, on jouit d'un magnifique panorama sur les montagnes de Richardson et le delta du MacKenzie. Ce B&B de deux chambres est à 65/80 $ la simple/ double. En ville, essayez le *Robertson's B&B* (☎ 979-3111), au 41 MacKenzie Rd, où vous pourrez laver votre linge et faire la cuisine, mais aussi louer vélos et canoës. Tous deux sont ouverts toute l'année. Mieux vaut réserver en été.

Inuvik compte trois hôtels qui pratiquent à peu près les mêmes tarifs. Le moins cher est le *MacKenzie Hotel* (☎ 979-2861), à 100 $ la chambre. Le *Finto Motel Inn* (☎ 979-2647), à l'angle de MacKenzie Rd et de Marine Bypass, propose des simples/ doubles à 115/125 $.

Où se restaurer. Inuvik n'offre pas grand choix. Si vous êtes en voiture, vous avez intérêt à apporter vos provisions (surtout si vous venez de l'Alaska) et vous réaliserez de coquettes économies. Pour les autres, le *Roost*, qui vend sandwiches et hamburgers à emporter, est l'une des adresses les moins chères de la ville. Les hôtels ont leur propre restaurant, mais les prix restent élevés.

Comment s'y rendre. Des vols en provenance d'Edmonton, de Yellowknife et de Whitehorse desservent la ville (voir également le paragraphe *Comment s'y rendre* du chapitre d'introduction aux Territoires du Nord-Ouest). Aklak Air (☎ 979-3555/777) assure des liaisons avec divers points de la région, comme Tuktoyaktuk, Aklavik et Fort MacPherson. Arctic Wings & Rotors (☎ 979-2220) propose des vols pour Aklavik et Tuktoyaktuk. North-Wright Air (☎ 587-2288, à Norman Wells) relie Inuvik à Norman Wells. Ces compagnies ont également des vols charters.

Plusieurs compagnies de bus empruntent la Dempster Hwy entre Dawson et Inuvik. L'Arctic Tour Company (☎ 979-4100) assure trois départs par semaine dans chaque direction. Les Gold City Tours (☎ 993-5175, à Dawson) en organisent deux par semaine. Avec l'Arctic Tour Company, l'aller simple entre les deux villes coûte 198 $, plus les taxes.

Enfin, les bus Norline Coaches (☎ 668-3355, à Whitehorse) circulent entre Whitehorse et Inuvik.

Environs d'Inuvik

Inuvik se trouve sur le **delta du MacKenzie** qui couvre une superficie de 12 000 km², ce qui en fait le plus grand delta du Canada et l'une des régions du monde les plus fertiles en vie animale.

Plusieurs compagnies proposent toutes sortes de voyages sur le MacKenzie. L'Arctic Tour Company (☎ 979-4100) organise une croisière de deux heures le long du bras est du fleuve et du delta pour 29 $, ainsi qu'une croisière de quatre heures sous le soleil de minuit à travers le delta jusqu'à Tuktoyaktuk pour 120 $. Les Midnight Express Tours (☎ 979-2104) proposent des excursions similaires. Western Arctic Nature Tours (☎ 979-3300), près de l'église-igloo, est spécialisé dans l'écotourisme et organise des voyages à Tuktoyaktuk pour admirer les baleines blanches et à l'île d'Herschel, dans le Yukon, pour observer oiseaux et animaux sauvages.

Tuktoyaktuk

A environ 137 km au nord-est d'Inuvik, dans la baie de Kugmallit sur la côte arctique, se trouve Tuktoyaktuk, ou Tuk. Peuplée à l'origine par des chasseurs de baleines Karngmalit et les Inuits du MacKenzie, c'est le point de départ d'exploration dans la mer de Beaufort en vue de trouver gaz naturel et pétrole. En juillet et en août, on aperçoit de petites bandes de baleines blanches de la côte. Dans les environs de Tuk, côté terre ferme, il faut voir les **pingos**, énormes monticules constitués de terre et de vagues gelées.

Aklavik

A 113 km au nord du cercle arctique, à une cinquantaine de kilomètres à l'ouest d'Inuvik, Aklavik regroupe les populations inavaluit et gwich'in, qui vivaient du troc et s'affrontaient de temps en temps.

Jadis centre administratif de la région, Aklavik a subi de graves inondations. En 1950, les dégâts causés par ces multiples érosions ont contraint le gouvernement à transférer ses bureaux à Inuvik.

Chaque année à Pâques, le Jamboree du Trappeur fou ravive le souvenir d'Albert Johnson, le trappeur fou de la rivière du Rat. Cet homme assassinait les autres trappeurs pour récupérer l'or de leurs plombages dentaires. Il finit par être lui-même abattu en 1932 à Eagle River par la police montée dont il avait tué un officier.

Paulatuk

Cette petite communauté Karngmalit s'étend au bord de l'Arctique, au sud de la baie de Darnley, près de l'embouchure de l'Hornaday, à 400 km à l'est d'Inuvik.

Son nom, qui signifie "suie de charbon", provient du principal centre d'intérêt de la ville : les **montagnes fumantes**, qui renferment de l'ardoise à combustion lente, riche en sulfure, associée à des couches de charbon.

Terre de Banks

Située au large de Paulatuk, cette île de l'océan Arctique resta sans doute inhabitée pendant près de 3 500 ans. Aujourd'hui, la petite communauté inavaluit de **Sachs Harbour** en est l'unique implantation. La vie animale y abonde en revanche, avec entre autres deux réserves d'oiseaux. L'été, on peut admirer des vols d'oies des neiges et d'oiseaux marins. Au nord de l'île, dans le **parc national d'Aulavik**, la rivière Thomsen se prête au canoë et au rafting.

Île de Victoria

Riche en poissons, la **baie de Cambridge**, au sud-est de l'île, a toujours été un lieu de rassemblement d'Inuits venus y pêcher. Les explorateurs en quête du fameux Passage du Nord-Ouest ont souvent trouvé refuge sur l'île de Victoria. Sur la plage du port, vous verrez l'épave du *Maud*, la goélette de Roald Amundsen.

Aujourd'hui, la baie de Cambridge est un centre de transports et de services pour les communautés de la côte arctique. De la ville, marchez jusqu'au **mont Pelly** pour aller observer oiseaux et animaux sauvages.

DISTRICT DE FRANKLIN

Le district de Franklin est le plus septentrional. Il contient d'innombrables îles. Sur celle de Baffin, qui est l'une des plus vastes du monde, s'étend le parc national d'Auyuittuq. Le parc national de l'île d'Ellesmere occupe toute la partie nord de l'île du même nom, à l'extrême nord de l'Arctique canadien, non loin de la limite nord-ouest du Groënland. Aucun arbre n'a jamais poussé dans le district de Franklin, mais de nombreuses fleurs s'y épanouissent durant le court été. Les régions du nord sont presque toutes inhabitées. On y rencontre seulement, çà et là, une station météorologique, une installation militaire ou un centre de recherche biologique. L'accès au district se fait en avion ou en bateau.

Terre de Baffin

Iqaluit. On appelait autrefois cette ville Frobisher Bay. Elle se situe sur la côte est de la Terre de Baffin, dans la partie orientale des territoires. En 1984, ses habitants décidèrent de lui redonner son ancien nom, "Iqaluit" (prononcez "i-KA-lou-ite"), terme inuit signifiant "zone des poissons". En 1942, une base militaire américaine s'y établit, si bien que la ville est aujourd'hui une implantation assez importante de 2 600 habitants. Iqaluit constitue la première étape du voyage vers le parc national d'Auyuittuq.

Où se loger. L'hébergement coûte très cher. Le *Mariner Lodge* (☎ 979-0344) pratique les tarifs les moins élevés, à partir de 55 $ la chambre. Le *Kamotiq B&B* (☎ 979-5937/6327), dans la banlieue d'Apex, propose toute l'année des simples/doubles à 75/95 $. Au *Bayshore Inn* (☎ 979-6733), vous paierez 95 $ pour une double. Il y a également un camping.

Comment s'y rendre. Les Canadian Airlines (☎ 979-5331) possèdent une agence à Iqaluit. L'été, First Air (☎ 979-5810) assure un vol hebdomadaire pour Nuuk, capitale du Groënland. Cette compagnie assure également des liaisons régulières avec Montréal, Ottawa, Yellowknife et Edmonton.

Parc national d'Auyuittuq. Avec ses 21 470 km², c'est le troisième parc national du Canada. C'est aussi l'un des rares parcs nationaux du globe à se trouver au nord du cercle arctique. Auyuittuq, à prononcer "a-iou-I-touk", signifie "la terre qui ne fond jamais". Le parc, dont la nature est restée totalement vierge, se compose de montagnes, de vallées, de fjords et de prairies. La plupart des visiteurs parcourent à pied les 96 km du **col de Pangnirtung** entre fin juin et début septembre quand la neige a fondu. Le ski de fond (au printemps) et l'alpinisme sont également à l'honneur. Étant situé au nord du cercle arctique, le parc jouit de 24h de soleil par jour de mai à fin juillet. Pourtant, le temps y reste imprévisible et les températures très basses.

De nombreux organismes spécialisés proposent des excursions dans le parc. Pour les connaître, consultez l'*Explorers' Guide* des Territoires du Nord-Ouest.

Où se loger. Le parc possède deux campings rudimentaires, situés à Overlord et au lac du Sommet. On trouve également sept

TERRITOIRES DU NORD-OUEST

abris d'urgence le long du col de Pangnirtung, une difficile randonnée de quatre à sept jours qui exige une excellente condition physique. Pour plus de détails sur le site, contactez la direction du parc (☎ 473-8828), Auyuittuq National Park, Pangnirtung, NWT, X0A 0R0.

Comment s'y rendre. Tout le problème est là : l'accès au parc coûte très cher. Il nécessite en effet un premier avion (Canadian Airlines ou First Air) jusqu'à Iqaluit, située à 300 km du site, puis un deuxième jusqu'à Pangnirtung, proche de la limite sud du parc, ou jusqu'à l'île de Broughton, qui s'étend à l'est. First Air assure ces liaisons. De ces deux points, vous avez ensuite le choix entre la marche à pied ou le canoë (après la fonte des neiges, en juillet) pour pénétrer dans le parc.

Pangnirtung. Pang, comme on l'appelle souvent, est une ville de 1 100 habitants installée dans un splendide décor, en bordure d'un fjord entouré de montagnes, à l'entrée du parc national d'Auyuittuq. Située à l'extrémité sud du col de Pangnirtung, à 40 km au sud du cercle arctique, elle sert de point de chute aux visiteurs du parc. L'alcool y est interdit : la ville fait en effet partie des quelques communautés du nord à avoir voté cette loi dans l'espoir d'éradiquer le problème de l'alcoolisme. First Air a des liaisons quotidiennes avec Iqaliut.

A voir et à faire. Deux pistes de randonnées partent de la ville et longent deux cours d'eau : le Duval durant trois heures de marche et le Ikuvik à flanc de montagne qui nécessitent six heures de marches mais vous fera découvrir un merveilleux panorama sur le fjord. Pour ces deux excursions, il est recommandé d'avoir de bonnes chaussures. A une cinquantaine de kilomètres au sud de la ville, le **parc national**

Loup gris

historique de Kekerten est une ancienne station de pêche à la baleine. Un sentier serpente parmi les vestiges de maisons du XIXe siècle, d'outils et de tombes. Un centre d'information en retrace l'histoire. Le parc se trouve à deux heures de bateau de Pangnirtung.

Où se loger. Ici, on a le choix entre camper au *Pisuktinu-Tungavik* et loger pour 120 $ à l'*Auyuittuq Lodge* (☎ 473-8955), un chalet avec une salle à manger.

Achats. La ville est réputée pour ses tapisseries, vendues dans plusieurs magasins et à la coopérative inuite. Elles représentent essentiellement des scènes de la vie traditionnelle. Les prix vont de plusieurs centaines à plusieurs milliers de dollars.

Cap Dorset. Au cap Dorset, sur la côte sud-ouest de la terre de Baffin, les vestiges d'une ancienne civilisation inuit qui s'étendit de l'an 1000 avant J.-C. à l'an 1100 de notre ère, ont d'abord été découverts. Depuis, l'endroit est devenu un centre d'art Inuit contemporain. C'est également un lieu idéal pour la randonnée et un point d'observation privilégié de la population aviaire, avec la **réserve d'oiseaux de Dewey Sopper**.

Île de Bylot

Au large des côtes nord-est de la Terre de Baffin, à Lancaster Sound, cette île constitue une réserve d'oiseaux. Ici, les oies des neiges viennent construire leur nid chaque été, tout comme des milliers d'autres volatiles tels les guillemots à capuchon ou les mouettes tridactyles. Les eaux qui entourent cette île sont par ailleurs riches en poissons. L'accès se fait par bateau, au départ de Pond Inlet.

Île d'Ellesmere

Parc national de l'île d'Ellesmere. Ce parc national s'étend au sommet du monde, à l'extrême nord de l'île. Il est réservé aux amoureux de la nature en excellente condition physique. On y trouve le **cap Colombia**, point le plus au nord d'Amérique, le **mont Barbeau**, l'un des sommets les plus élevés du continent, le **lac Hazen**, ainsi que de nombreux glaciers. Autour du parc, plusieurs oasis thermiques permettent à quelques plantes et animaux de survivre en dépit du climat très rigoureux.

DISTRICT DE KEEWATIN

A l'ouest, le district de Keewatin consiste en un vaste plateau rocheux et désertique faisant partie du bouclier canadien. Presque 5 000 personnes y vivent. A l'est, ses frontières officielles incluent une grande partie de la baie d'Hudson et la baie de James. La majorité des Canadiens inuits le peuplent, installés le long des rivages occidentaux de la baie d'Hudson. Outre l'anglais, la langue de la région est l'Inuktitut, qui signifie "langage du peuple" et s'écrit sous forme de symboles. Toutes les communautés disposent d'hébergements, mais les prix sont élevés et il faut réserver à l'avance. Calm Air (☎ 645-2746) assure des vols réguliers entre Churchill, dans le Manitoba, et Rankin Inlet et dessert en outre d'autres communautés du district. NWT Air relie Rankin Inlet à Yellowknife et Iqaluit.

Arviat

Autrefois appelé Eskimo Point, Arviat est l'implantation la plus au sud du district de Keewatin. A l'origine, plusieurs groupes inuits vivant sur la côte ouest de la baie d'Hudson et dans la toundra y établissaient leur campement d'été. La Compagnie de la Baie d'Hudson y installa un comptoir dans les années 20. Arviat compte aujourd'hui 1 100 habitants, dont beaucoup vivent encore de la pêche, de la chasse et de la trappe. A partir d'Arviat, on peut se rendre à la **réserve d'oiseaux de la McConnell River**, située au sud. Dès le mois de juin, 400 000 oies des neiges viennent y faire leur nid, imitées par des perdrix des neiges, des sternes paradis, des faucons et bien d'autres.

Rankin Inlet

Rankin Inlet fut fondée en 1955. Centre minier à l'origine, la ville est aujourd'hui, avec ses 1 500 habitants, la plus importante communauté du district. Elle abrite les bureaux administratifs et représente le centre de distribution de la région. De la ville, on peut aller pêcher dans la baie ou dans les nombreuses rivières ou les lacs.

Dans la baie d'Hudson, à une cinquantaine de kilomètres de Rankin Inlet, l'**île Marble** abrite le cimetière de James Knight qui, au XVIIIe siècle, avec son équipage recherchaient le Passage du Nord-Ouest. On peut également y voir quelques baleiniers.

Les amateurs de randonnées iront faire un tour sur le **site archéologique d'Ijiraliq**, à l'embouchure de la Meliadine, et explorer les habitations souterraines des Inuits Thule du XVe siècle.

Lac Bakerr

Ce lac représente le centre géographique du Canada. Idéal pour la pêche, il sert de point de départ à des balades en canoë et à des descentes en eaux vives sur les rivières Dubawnt, Kazan et Hanbury-Thelon. A l'ouest du lac du Boulanger, la **réserve de gibier de Thelon**, fondée en 1927 par le gouvernement fédéral, a permis de sauvegarder l'espèce du bœuf musqué, alors en voie de disparition.

Aujourd'hui, de nombreux animaux y sont protégés. La région du lac du Boulanger est également réputée pour ses œuvres d'art inuit.

Baie de Repulse

Située sur le cercle arctique, à l'extrême sud de la péninsule de Melville, la baie de Repulse forme un port naturel. Pendant des siècles, des baleiniers y ont mouillé. Aujourd'hui, on peut y embarquer pour aller observer de près les baleines blanches (août est le meilleur mois) ou tout simplement opter pour une partie de pêche.

Glossaire

Acadiens – Premiers colons français venus s'établir en Nouvelle-Écosse.
ALENA - Accord de libre-échange nord-américain, regroupant le Canada, les États-Unis et le Mexique.
Atlantique (Provinces de l') – Les provinces de l'Atlantique sont le Nouveau-Brunswick, la Nouvelle-Écosse, l'île du Prince-Édouard et Terre-Neuve. Voir plus bas *Provinces Maritimes*.
aurore boréale – Également appelée aurore polaire ou lumières du nord, elle est provoquée par des particules du soleil chargées d'énergie prises au piège dans le champ magnétique terrestre storique. Ce phénomène se manifeste sous forme de faisceaux lumineux de couleurs en mouvement constant.

badlands – Terres arides et stériles où l'érosion a créé des formes étranges et irrégulières et où abondent les fossiles d'origine préhistorique. Ce type de paysages est surtout visible dans le sud de l'Alberta.
bakeapple – Spécialité culinaire de Terre-Neuve, cette espèce de baie est souvent utilisée pour la confection de confitures.
boîtes à chansons – Bars folkloriques, populaires au Québec, généralement bon marché où l'on passe la soirée dans une ambiance simple et décontractée.
Bouclier canadien – Également appelé Bouclier précambrien ou laurentien, c'est un vaste plateau rocheux formé il y a 2,5 milliards d'années qui couvre la majeure partie du nord du pays.
brew pub – Brasserie qui fabrique et sert sa propre production de bière(s).

ceilidh – A prononcer KAY-lii. Terme gaélique désignant une réunion informelle à l'occasion de laquelle on chante, on danse et l'on raconte des histoires. Surtout populaire dans l'Île-du-Prince-Édouard.
chalets d'information – Guichets d'offices du tourisme à Terre-Neuve.
cheminées de fées – Appelées "hoodoos" au Canada, ce sont des piliers de roche calcaire sculptés par l'érosion que l'on trouve dans les badlands, en particulier dans le sud de l'Alberta.
clearcut – Cauchemar d'écologiste : ce terme anglais désigne une zone sur laquelle les bûcherons ont abattu tous les arbres. Une vision qui, la première fois, peut provoquer un véritable choc chez le touriste.
Cowichan – Nom d'une nation indienne originaire de la région du lac Cowichan, sur l'île de Vancouver. C'est aussi le nom donné à des pulls tricotés main, 100% laine, désormais célèbres.
cuir de fruits (fruit leather) – Mélange de purées de fruits séchés en fines lanières que l'on presse ensuite les unes contre les autres. Produit énergétique, idéal pour le randonneur.

Doukhobours – Secte pacifiste de chrétiens russes dont une partie vint s'installer au Canada au XIXe siècle.

Écoles publiques/séparées – Les deux grands systèmes scolaires du Canada. Qu'elles soient "publiques" ou "séparées", les écoles sont toutes gratuites, mais les secondes, destinées aux catholiques, ajoutent une éducation religieuse aux matières obligatoires.

First Nations – Premières Nations. Terme désignant les peuples indiens du Canada.

flowerpots (pots de fleurs) – Étranges formations rocheuses, ces formes géologiques irrégulières sont créées par l'érosion due aux vagues. On en voit des exemples à Tobermory, dans l'Ontario, et dans Les Rokcs du Nouveau-Brunswick.

Gaz – C'est ainsi qu'on désigne l'essence au Québec. Dans le reste du pays, on utilise les mots anglais *gas* ou *gazoline*. Au

Canada, toutes les essences sont sans plomb et distribuées en versions classiques ou avec un indice d'octane supérieur. Dans ce dernier cas, elles coûtent plus cher.

Giardiasis (ou fièvre du castor) – La bactérie qui provoque cette maladie, présente dans de nombreux lacs et cours d'eau, affecte l'appareil digestif. On peut l'éviter en faisant bouillir l'eau avant de la consommer ou de l'utiliser.

Gîte du Passant - Association québécoise de Bed & Breakfast.

Grande Explosion – En 1917, un navire français de munitions transportant une énorme cargaison de TNT entra en collision avec un autre bateau étranger dans le port d'Halifax. Il en résulta la plus forte explosion non naturelle jamais enregistrée avant la bombe atomique lâchée sur le Japon en 1945.

Grande Noirceur - Période désignant les années du gouvernement Duplessis au Québec (1944-1959).

Groupe des Sept (Group of Seven) – Terme collectif désignant de célèbres peintres canadiens entre 1920 et 1930.

Haligoniens – Résidents d'Halifax.

Halloween – Fête célébrée le 31 octobre ayant pour origine d'anciennes croyances celtiques. A cette occasion, les enfants se déguisent sur le thème du surnaturel.

hoodoos – voir *cheminées de fées.*

Hudson's Bay Company (Compagnie de la Baie d'Hudson) – En 1670 se créa une compagnie anglaise qui entreprit de commercer dans toutes les régions baignées par des cours d'eau débouchant dans la baie d'Hudson. Au XVIIIe siècle, la Compagnie de la Baie d'Hudson et sa grande rivale, la Northwest Company (Compagnie du Nord-Ouest) établirent des forts et des comptoirs commerciaux dans une vaste zone formée de régions appartenant aux actuelles provinces s'étendant du Québec à l'Alberta. Les deux compagnies finirent par fusionner en 1821 et la Compagnie de la Baie d'Hudson administra ces territoires jusqu'en 1870, date à laquelle ils devinrent parties intégrantes du Dominion britannique du Canada. Le grand magasin Bay, que l'on trouve dans tout le pays, est le dernier vestige de la plus ancienne entreprise du Canada.

igloo – Habitation inuit traditionnelle construite à base de blocs de glace.

Innu – Autre nom donné aux peuples Montagnais et Naskapi.

interior camping – Dénomination des sites individuels, généralement isolés, accessibles à pied ou en canoë. Pour camper dans les parcs provinciaux ou nationaux, il est demandé de s'inscrire auprès des autorités du parc : une façon d'assurer votre sécurité…

inukshuk – Les Inuits préféraient traquer le caribou dans l'eau. Ils pouvaient ainsi le chasser en kayak. Pour cela, ils construisaient des silhouettes de pierres appelées “inukshuks” à proximité des lacs, afin d'inciter les animaux à entrer dans l'eau.

Loyalistes – Résidents d'Amérique qui maintinrent leur allégeance envers la Grande-Bretagne durant la guerre d'Indépendance américaine et qui s'enfuirent au Canada, Dominion britannique.

Liveyers – Descendants d'Européens regroupés le long du détroit de Belle-Île, dans le Labrador. Les Liveyers habitaient de petits villages le long des côtes rocheuses et vivaient de pêche et de chasse.

mall – Centre commercial généralement couvert et renfermant une multitude de magasins de détail. Les plus grands de ces centres possèdent également quelques restaurants fast-food.

Mennonites – Groupe d'utopistes religieux venus d'Europe. Ils résident en grand nombre dans la région de Kitchener-Waterloo, dans le sud de l'Ontario.

Métis – Canadiens descendant de l'union entre Français et Indiens.

Mounties – Membres de la Police montée royale du Canada.

mukluks – Mocassins ou bottes en peau de phoque, souvent ornés de fourrure, fabriqués par les Inuits.

muskeg – Tourbières du nord du Canada où des couches de plantes, d'herbes et parfois d'arbres flottent à la surface d'une eau stagnante.

Naskapi – Groupe d'Indiens canadiens, également appelé Innu, qui vivent dans le nord-est du Québec.
Newfie – A prononcer "Nioufie". Désignation humoristique des habitants de Terre-Neuve.
no-see-um – Nom donné aux minuscules insectes piqueurs que l'on ne voit pas toujours et qui ne se privent pas d'empoisonner la vie des randonneurs, campeurs, amateurs de canoë, etc., dans les forêts ou sur les plages. Mieux vaut se munir de moustiquaires si l'on veut au moins s'assurer de bonnes nuits de sommeil.

Ogopogo – Monstre similaire à celui du Loch Ness, censé habiter les eaux du lac d'Okanagan (Colombie-Britannique). Personne ne l'a jamais photographié.
outports – Petits villages côtiers isolés de Terre-Neuve, reliés au reste de la province par bateau.

Passage Intérieur – Route navigable entre le bras de terre de l'Alaska et l'État de Washington, le long de la côte occidentale de la Colombie-Britannique.
Passage du Nord-Ouest – Itinéraire navigable à travers l'Amérique du Nord entre l'Atlantique et le Pacifique. Convaincus que ce passage existait et sachant qu'il faciliterait grandement l'acheminement de marchandises, des explorateurs du monde entier se lancèrent à sa recherche pendant plus de 300 ans. Enfin, en 1906, Roald Amundsen le découvrit et effectua la première traversée.
permafrost – Couche profonde du sol, gelée en permanence, qui recouvre le Grand Nord canadien.
pétroglyphes – Peintures ou sculptures sur roche datant d'époques reculées.

potlatch – Réunion traditionnelle des peuples indiens de la côte ouest venus commémorer un événement important.
Provinces Maritimes – Également appelées les Maritimes ou les Provinces de l'Atlantique.
pysankas – Terme ukrainien désignant les œufs de Pâques peints.

qiviut – Laine du bœuf musqué que certains groupes inuits du Grand Nord tissaient pour en faire des vêtements.

Refus Global - Manifeste radical d'un groupe d'intellectuels et d'artistes contestataires québécois durant le gouvernement de Duplessis.
RV – Abréviation de *Recreational Vehicule*, véhicule de loisirs (il s'agit généralement de mobile homes).

screech – Rhum particulièrement fort que l'on ne trouvait jadis qu'à Terre-Neuve, mais qui est aujourd'hui répandu dans tout le pays, sous une forme plus diluée.
sourdough – Qualificatif donné aux personnes qui ont passé une année entière dans le Nord.
steamies – Hot-dogs québécois qui se distinguent des hot-dogs traditionnels par leur mode de cuisson particulier.
sub-compactes (voitures) – Ce sont les plus petites voitures disponibles à l'achat où à la location. Leurs dimensions sont plus réduites encore que les "compactes", elles-mêmes de taille inférieure aux voitures classiques.
sugar-making moon – "La lune qui donne le sucre." Terme indien ancien pour désigner le premier jour du printemps, où la sève se remet à circuler dans les arbres.

taïga – Forêts subarctiques du Grand Nord, aux arbres toujours verts.
toundra – Vastes plaines sans arbres de l'Arctique au sol gelé en permanence.

649 – Jeu de loterie nationale très populaire et qui offre les gains les plus élevés.

Lexique du français québécois

A c't'heure : à présent
Accomoder : rendre service à
Achaler : contrarier
Appointement : rendez-vous ; rétribution
Atriquer (s') : s'habiller de manière ridicule
Aubaine : rabais

Batterie : pile
Bicyclette à gaz : vélomoteur
Bienvenue : à votre service
Binerie : gargote
Bleus (avoir les) : être triste
Blonde : petite amie
Boucane : fumée
Bras (ça coûte un) : ça coûte une fortune

Caucus : réunion
Change : monnaie
Char : voiture
Chicane : querelle
Chum : ami fidèle
Colleux : affectueux
Comiques : bandes dessinées
Condo : appartement acquis en copropriété
Coquerelle : cafard
Couple (une) : quelques
Croche (être) : malhonnête
Cruiser : draguer
Cute : mignon(ne)

Défuntiser : briser
Degré : diplôme ; marche d'escalier
Dépanneur : épicerie ouverte tard le soir

Effoirer (s') : s'écrouler
En amour avec (être) : être amoureux de
Enfirouaper : duper, embrouiller, séduire
Épais : niais, imbécile

Faire du pouce : faire de l'auto-stop
Fardoches : broussailles
Fin : aimable, gentil
Foirer : faire la fête
Foufounes : fesses
Frette : froid
Fun (c'est le) : agréable, plaisant

Gang (la) : la bande
Garrocher : lancer, tirer
Gasoline : essence
Gelauder : geler légèrement
Gesteur : personne qui gesticule beaucoup
Gomme : chewing-gum

Jasette : bavardage
Joke (une) : une blague
Joual : parler populaire québécois

Licencié : autorisé

Magasinage : shopping, lèche-vitrines
Maringouin : moustique
Maudine, mautadit : maudit, être fâché
Mautadit (en) : beaucoup
Minoucher : caresser, cajoler
Misère (avoir de la) : éprouver de la difficulté, de la peine

Niaiser : berner
Niaiseux : imbécile
Niochon : nigaud
Nono : niais

Pantoute : nullement
Pas pire : pas mal
Placoter : causer
Platte : ennuyeux
Pogner : prendre
Poqué : fatigué

Quétaine : ringard, de peu d'intérêt

Seiner : demander
Souffleuse : chasse-neige
Spécial (en) : en solde

Tannant : embêtant
Taponner : tripoter, manipuler
Tarlais : idiot
Tataouiner : tergiverser, hésiter
Toffe : difficile à faire
Toune : air de musique, chanson populaire
Track : voie ferrée
Trouble : souci, ennui
Tuque : bonnet en laine

Virage en "U" : demi-tour
Virailler : tourner en rond, aller ici et là
Vues (aller aux) : aller au cinéma

Index

ABRÉVIATIONS

Alb - Alberta
CB - Colombie-Britannique
Man - Manitoba
NB - Nouveau-Brunswick
TN - Terre-Neuve
NE - Nouvelle-Écosse
TNO - Territoires du Nord-Ouest
Ont - Ontario
IPE - Île-du-Prince-Édouard
Qué - Québec
Sas - Saskatchewan
Yuk - Yukon

CARTES

TEXTE

Les références des cartes sont en **gras**

REMERCIEMENTS

Merci à tous ceux dont les noms suivent (acceptez nos excuses si votre nom n'est pas correctement orthographié) pour avoir pris le temps de nous écrire à propos de leurs expériences vécues au Canada.

Aux personnes dont nous avons pu omettre les noms, sachez que nous apprécions grandement votre contribution.

Sue Allen (GB), Nick Anning (GB), Maya Araki (C), Renee Auer (C), Glenn Barker (GB), Alex Gatey (USA), Ann Benueniste (C), Sven-Goran Bergh (S), Ernest Beyl (USA), John Bingeman (C), Marina Biral (I), Glenn Brady (USA), Alison Breugger (C), Linda Broschofsky (Aus), Steven D Brown (USA), Mrs JF Brown, Steven Brown (USA), Jonathan Buchanan (C), John Burchfield (GB), Helen Burich (C), John Butcher (GB), David Callan (C), John F Campbell (C), Caroline Casselman (C), L Chisholm (C), Jean Christie (Aus), Leonard Clarke (C), Mike Coburn (C), Cathryn Craik-Hugh (C), Jacqueline Dale (GB), Seann Day (USA), Peter de Wit (PB), Farida Deeming (D), Jean Dery (C), Linda B Deveau (C), Patricia Doucette (C), Isabelle Dumont, Christopher Eich (D), James Evans (C), Nancy Farley (C), Louise Faure (C), Ruth & Bernard Finkelstein (USA), Jette Finsborg (C), Mike Fisher (USA), Maria Fleuren (PB), Fiona Forrest (GB), Suzi Fraser (C), Aline Gillespie (Aus), Jane Gogarty (GB), Vera Gould (C), Julian Green (GB), Clarke Green (USA), Susan Harrison (C), Mats Heder (S), Erik Heegaard (DK), Sarah Honisett (C), Mark Horobin (GB), Sally Hughes (Aus), Anne Hughes (C), David & Greeba Hughes (GB), Brigitte Jacobs (USA), Chris Jeffries (USA), Lloyd Jones (C), Suzanne Jongeneel (C), David & Liz Joseph (GB), Karout Famil (PB), R J Keir (C), Donna Ketchen (C), Marjclei Kistemake (PB), Suzanne Kolmer (C), Kathleen Krauss (B), Rene Kreeftenberg (PB), Pat Lee (C), J Leishman (C), Jeffrey Levitz (C), Andrew D Lindenauer (USA), Bill Macdonald (C), Duff Malkin (C), Peter Mok (C), Chris Molisch (A), Jean-Guy Monette (C), Donna Murphy (Aus), P Nesbit (GB), Sue Norman (C), Shiela O'Brien (USA), Joe O'Grady (C), B Osborne (NZ), Shirley Pelletier (C), Roland Perrin (C), Roger & Shirley Randall (C), Lois Rockcastle (USA), Rosalia Salpeter (Aus), Mrs H Scholte (PB), Kelly Shaver (C), Carl & Mari Shepherd (C), Heidi Sigmond (T), Jan & Dave Smith (NZ), John S Sparks (USA), Richard Stadler (USA), S Steele (GB), Cindy Storie (C), Verdun Thomson (C), Nancy & Paul Travis (C), Leopold Unger (A), Cheryl Upright (C), Heather van Doorninck (C), Astrid van Duin (PB), Mark Varley (GB), Ivan Volund (DK), Ly Warde (C), Carol Waters (C), Basil Wetters (GB), Mrs P Whitear (GB), Caroline Whiting (Aus), Peter Wickenden (GB), Judit Zeita (GB)

Aus - Australie, A - Autriche, B - Belgique, Bré - Brésil, C - Canada, CH - Suisse, D - Allemagne, DK - Danemark, Fr - France, I - Italie, Ken - Kenya, N - Norvège, PB - Pays-Bas, NZ - Nouvelle-Zélande, E - Espagne, SU - Suède, GB- Grande-Bretagne, USA - États-Unis.

Guides Lonely Planet en français

Les guides de voyage Lonely Planet en français sont distribués en France, en Belgique, au Luxembourg, en Suisse et au Canada. Pour toute information complémentaire, écrivez à : Lonely Planet Publications – 71 *bis*, rue Cardinal Lemoine, 75005 Paris – France.

Afrique du Sud, Lesotho et Swaziland

Voyagez en Afrique australe et laissez-vous surprendre par la diversité de sa culture et son incroyable beauté. On ne peut choisir de meilleur endroit pour observer la faune africaine.

Australie

Île-continent, l'Australie est une terre d'aventure fascinante grâce à la diversité de ses paysages : la Grande Barrière de Corail, l'Outback, le bush sans oublier Sydney, la future capitale des Jeux Olympiques.

Bali et Lombok

Cet ouvrage entraîne les voyageurs à la découverte de la magie authentique du paradis balinais. Lombok, l'île voisine, est restée à l'écart du changement : il en émane une atmosphère toute particulière.

Caraïbes orientales

Forêts de la pluie, douceur des alizées, eaux turquoises... Des Antilles françaises aux Antilles néerlandaises en passant par les îles britanniques, vous découvrirez toute la saveur des Caraïbes.

Brésil

Des folies du carnaval à l'Amazonie qui abrite l'écosystème le plus riche de la terre, le Brésil est la patrie de toutes les démesures. Grâce à ce guide, découvrez au mieux ce pays fascinant.

Cambodge

L'un des derniers pays à avoir ouvert ses frontières aux touristes, le Cambodge permet enfin aux visiteurs d'admirer les superbes ruines d'Angkor. Une première Lonely Planet.

Chine

Unanimement cité comme l'ouvrage indispensable pour tout voyageur indépendant se rendant en République populaire de Chine, ce guide vous aidera à découvrir ce pays aux multiples facettes.

États Baltes et région de Kaliningrad

Partez pour une des dernières grandes aventures européennes, dans les trois États Baltes (Lituanie, Lettonie et Estonie), réputés pour posséder de véritables personnalités bien distinctes les unes des autres.

Guatemala

Visiter ce pays, c'est se rendre dans l'un des berceaux de la civilisation maya. Ce guide donne les clefs pour faire de ce voyage une expérience passionnante.

Hongrie

Une nouveauté dans la collection, qui saura vous guider non seulement dans la ville de Budapest tant affectionnée des voyageurs mais aussi à travers ce pays plein de charme, à la culture ouverte à tous.

Inde

Considéré comme LE guide sur l'Inde, cet ouvrage, lauréat d'un prix, offre toutes les informations pour vous aider à faire cette expérience inoubliable que représente un voyage dans ce pays.

Jordanie et Syrie

Ces pays offrent une incroyable richesse naturelle et historique… Des châteaux moyenâgeux, des vestiges de villes anciennes, des paysages désertiques incroyables et, bien sûr, l'antique Petra, capitale des Nabatéens.

La collection Guide de voyage est la traduction de la collection Travel Survival Kit. Lonely Planet France sélectionne uniquement des ouvrages réactualisés ou des nouveautés afin de proposer aux lecteurs les informations les plus récentes sur un pays.

Laos

Le seul guide existant sur ce pays, tout en longueur, où l'hospitalité n'est pas une simple légende. Une destination tropicale encore paradisiaque.

Malaisie, Singapour et Brunei

Partir dans cette région revient à ouvrir une première porte sur l'Asie. Cette édition, très complète, est un véritable compagnon de voyage.

Mexique

Un mélange unique de cultures espagnole et indienne, une histoire fascinante et un peuple extrêmement hospitalier font du Mexique le paradis des voyageurs.

Myanmar (Birmanie)

Le Myanmar est l'un des pays les plus intéressants d'Asie. Ce guide donne toutes les clés pour faire un voyage mémorable dans le triangle Yangon-Mandalay-Pagan et explorer des endroits bien moins connus comme Bago ou le lac Inle.

Népal

Des informations pratiques sur toutes les régions népalaises accessibles par la route, y compris le Teraï. Ce guide est aussi une bonne introduction au trekking, au rafting et aux randonnées en vélo tout terrain.

Nouvelle-Zélande

Spectacle unique des danses maories ou activité plein air hors pair, la Nouvelle-Zélande vous étonnera quels que soient vos centres d'intérêt.

Pologne

Des villes somptueuses, Cracovie ou Gdansk, qui incarnent l'histoire millénaire de la Pologne aux lacs au charme paisible et aux montagnes redoutables, pratiquement inconnus des voyageurs, ce guide est indispensable pour connaître ce pays sûr et chaleureux.

Sri Lanka

A Sri Lanka, certaines régions sont interdites aux voyageurs. Ce livre vous guidera vers des lieux plus accessibles, là où la population est chaleureuse, la nourriture excellente et les endroits agréables nombreux.

Thaïlande

Ouvrage de référence, ce guide fournit les dernières informations touristiques pour chaque région, des indications sur les possibilités de randonnée dans les montagnes du Triangle d'Or et la transcription en alphabet thaï de la toponymie du pays.

Trekking en Himalaya – Népal

Source d'informations et de conseils, cet ouvrage est indispensable pour préparer un trek dans cette région où les minorités ethniques partagent des traditions culturelles ancestrales et où les paysages sont spectaculaires.

Vietnam

Une des plus belles régions d'Asie ouverte depuis peu aux étrangers et qui change à grande vitesse. Grâce à cet ouvrage, vous pourrez apprécier les paysages les plus reculés du pays mais aussi la culture si particulière du peuple vietnamien.

Guides Lonely Planet en anglais

Les guides de voyage Lonely Planet en anglais couvrent l'Asie, l'Australie, le Pacifique, l'Amérique du Sud, l'Afrique, le Moyen-Orient ainsi que certaines régions d'Amérique du Nord et d'Europe. Les *travel survival kits* couvrent un pays et s'adressent à tous les budgets ; les *shoestring guides* donnent des informations en condensé pour les voyageurs à petit budget ; les *walking guides* s'adressent aux randonneurs ; les *city guides* vous font découvrir une ville ; les *phrasebooks* sont des manuels de conversation.

Australie et Pacifique

Australia
Bushwalking in Australia
Islands of Australia's Great Barrier Reef
Fiji
Melbourne city guide
Micronesia
New Caledonia
New Zealand
Tramping in New Zealand
Papua New Guinea
Bushwalking in Papua New Guinea
Papua New Guinea phrasebook
Rarotonga & the Cook Islands
Samoa
Solomon Islands
Sydney city guide
Tahiti & French Polynesia
Tonga
Vanuatu
Victoria

Asie du Sud-Est

Bali & Lombok
Bangkok city guide
Burmese phrasebook
Cambodia
Indonesia
Indonesia phrasebook
Laos
Malaysia, Singapore & Brunei
Myanmar (Burma)
Philippines
Pilipino phrasebook
Singapore city guide
South-East Asia on a shoestring
Thailand
Thai phrasebook
Vietnam
Vietnamese phrasebook

Asie du Nord-Est

China
Beijing city guide
Cantonese phrasebook
Mandarin Chinese phrasebook
Hong Kong, Macau & Canton
Japan
Japanese phrasebook
Korea
Korean phrasebook
Mongolia
North-East Asia on a shoestring
Seoul city guide
Taiwan
Tibet
Tibet phrasebook
Tokyo city guide

Sous-continent indien

Bangladesh
India
Hindi/Urdu phrasebook
Trekking in the Indian Himalaya
Karakoram Highway
Kashmir, Ladakh & Zanskar
Nepal
Trekking in the Nepal Himalaya
Nepali phrasebook
Pakistan
Sri Lanka
Sri Lanka phrasebook

Océan Indien

Madagascar & Comoros
Maldives & the Islands of the East Indian Ocean
Mauritius, Réunion & Seychelles

Asie Mineure

Trekking in Turkey
Turkish phrasebook

Commandes par courrier

Les guides de voyage Lonely Planet en anglais sont distribués dans le monde entier. Si vous n'arriviez pas à vous procurer un de ces titres, vous pouvez nous passer commande directement. Si vous résidez en Europe, écrivez à Lonely Planet, Barley Mow Centre, 10 Barley Mow Passage, Chiswick, London W4 4PH, G-B. Si vous résidez aux États-Unis ou au Canada, écrivez à Lonely Planet, Embarcadero West, 155 Filbert St, Suite 251, Oakland CA 94607, USA. Pour le reste du monde, écrivez à Lonely Planet, PO Box 617, Hawthorn, Victoria 3122, Australie.

Moyen-Orient

Arab Gulf States
Egypt & the Sudan
Arabic (Egyptian) phrasebook
Iran
Israel
Jordan & Syria
Yemen

Afrique

Africa on a shoestring
Central Africa
East Africa
Trekking in East Africa
Kenya
Swahili phrasebook
Morocco, Algeria & Tunisia
Moroccan Arabic phrasebook
South Africa, Lesotho & Swaziland
West Africa
Zimbabwe, Botswana & Namibia

Europe

Baltic States & Kaliningrad
Dublin city guide
Eastern Europe on a shoestring
Eastern Europe phrasebook
Finland
France
Greece
Hungary
Iceland, Greenland & the Faroe Islands
Ireland
Italy
Mediterranean Europe on a shoestring
Mediterranean Europe phrasebook
Poland
Scandinavian & Baltic Europe on a shoestring
Scandinavian Europe phrasebook
Switzerland
Trekking in Spain
Trekking in Greece
USSR
Russian phrasebook
Western Europe on a shoestring
Western Europe phrasebook

Amérique du Nord

Alaska
Canada
Hawaii

Amérique du Sud

Argentina, Uruguay & Paraguay
Bolivia
Brazil
Brazilian phrasebook
Chile & Easter Island
Colombia
Ecuador & the Galapagos Islands
Latin American Spanish phrasebook
Peru
Quechua phrasebook
South America on a shoestring
Trekking in the Patagonian Andes

Mexique

Baja California
Mexico

Amérique centrale

Central America on a shoestring
Costa Rica
Eastern Caribbean
La Ruta Maya

Lonely Planet Story

Maureen et Tony Wheeler, au retour du périple qui les avait menés de l'Angleterre à l'Australie par le bateau, le bus, la voiture, le stop et le train, s'entendirent demander mille fois : "Comment avez-vous fait ?"

C'est pour répondre à cette question qu'ils publient en 1973 le premier guide Lonely Planet. Écrit et illustré sur un coin de table, agrafé à la main, *Across Asia on the Cheap* devient vite un best-seller qui ne tarde pas à inspirer un nouvel ouvrage.

En effet, après dix-huit mois passés en Asie du Sud-Est, Tony et Maureen écrivent dans un petit hôtel chinois de Singapour leur deuxième guide, *South-East Asia on a shoestring*.

Très vite rebaptisé la "Bible jaune", il conquiert les routards du monde entier, et s'impose comme LE guide sur la région. Vendu à plus de cinq cent mille exemplaires, il en est à sa septième édition toujours sous sa couverture jaune, désormais familière.

Lonely Planet compte aujourd'hui plus de 140 titres en anglais à son catalogue. Ces ouvrages ont gardé la même approche aventureuse que leurs prédécesseurs et s'adressent tout particulièrement aux voyageurs épris d'indépendance.

Les guides, à l'origine spécialisés sur l'Asie, couvrent désormais la plupart des régions du monde : Pacifique, Amérique du Sud, Afrique, Moyen-Orient et Europe.

Les ouvrages sur la randonnée et les manuels de conversation (dans des langues inhabituelles comme le Quechua, le Swahili, le Népali ou l'Arabe égyptien) sont de plus en plus nombreux.

Tony et Maureen Wheeler continuent de voyager plusieurs mois par an. Ils écrivent et mettent à jour les ouvrages Lonely Planet et veillent à leur qualité.

Aujourd'hui l'équipe se compose de plus de 50 auteurs et de quelque 110 permanents, principalement des rédacteurs, des cartographes et des graphistes répartis entre les bureaux de Melboune, d'Oakland (Californie) et de Paris. Le bureau de Londres qui compte six personnes se charge de la distribution des guides en Europe et en Afrique. Les voyageurs eux-mêmes apportent une contribution inestimable aux ouvrages grâce aux informations contenues dans les milliers de lettres que nous recevons chaque année.

L'équipe de Lonely Planet est convaincue que les voyageurs peuvent apporter quelque chose de positif aux pays qu'ils visitent, non seulement en y dépensant de l'argent, mais aussi parce qu'ils en apprécient le patrimoine culturel et naturel.

Par ailleurs, en tant qu'entreprise, Lonely Planet contribue à aider les pays et les régions couverts par les guides : depuis 1986, une part des bénéfices est versée à des organisations qui luttent contre la faim en Afrique, à des projets humanitaires en Inde, à des projets agricoles en Amérique centrale, à Greenpeace et à Amnesty International. En 1994, 100 000 dollars australiens ont ainsi été versés à ces causes.

La philosophie de base de Lonely Planet est résumée ainsi par Tony Wheeler : "N'attendez pas pour partir d'être sûr de la réussite : Partez !".